2025 예비 고1

마더텅 3월 전국연합 학력평가 기출 모의고사 4개년 24회

예비 고1 전 과목 국어·수학·영어·한국사·사회·과학

문제편

목차&학습계획표

등급컷 활용법	등급컷은 자신의 수준을 객관적으로 확인할 수 있는 여러 지표 중 하나입니다. 등급컷을 토대로 본인의 등급을 예측해 보고, 앞으로의 공부 전략을 세우는 데에 참고하시기 바랍니다. 표에서 제시한 원점수 등급컷은 공식 자료가 아니라 여러 교육 업체에서 제공하는 자료들의 평균 수치이므로 약간의 오차가 있을 수 있습니다.

회차	출처		문제편	해설편	학습일	내 점수	등급컷							
							1등급	2등급	3등급	4등급	5등급	6등급	7등급	8등급
13	한국사	2024년 3월 전국연합 학력평가	p.151	p.205		등급 /50점	40	35	30	25	20	15	10	5
14		2023년 3월 전국연합 학력평가	p.155	p.211		등급 /50점	40	35	30	25	20	15	10	5
15		2022년 3월 전국연합 학력평가	p.159	p.217		등급 /50점	40	35	30	25	20	15	10	5
16		2021년 3월 전국연합 학력평가	p.163	p.223		등급 /50점	40	35	30	25	20	15	10	5
17	사회	2024년 3월 전국연합 학력평가	p.167	p.229		등급 /50점	40	35	30	25	20	15	10	5
18		2023년 3월 전국연합 학력평가	p.171	p.235		등급 /50점	40	35	30	25	20	15	10	5
19		2022년 3월 전국연합 학력평가	p.175	p.241		등급 /50점	40	35	30	25	20	15	10	5
20		2021년 3월 전국연합 학력평가	p.179	p.247		등급 /50점	40	35	30	25	20	15	10	5
21	과학	2024년 3월 전국연합 학력평가	p.183	p.253		등급 /50점	40	35	30	25	20	15	10	5
22		2023년 3월 전국연합 학력평가	p.187	p.259		등급 /50점	40	35	30	25	20	15	10	5
23		2022년 3월 전국연합 학력평가	p.191	p.265		등급 /50점	40	35	30	25	20	15	10	5
24		2021년 3월 전국연합 학력평가	p.195	p.271		등급 /50점	40	35	30	25	20	15	10	5

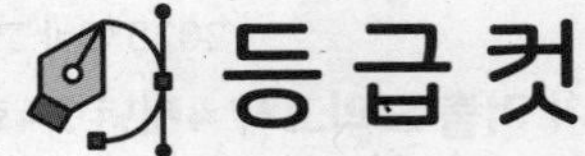

등급컷 활용법 등급컷은 자신의 수준을 객관적으로 확인할 수 있는 여러 지표 중 하나입니다.
등급컷을 토대로 본인의 등급을 예측해 보고, 앞으로의 공부 전략을 세우는 데에 참고하시기 바랍니다.
표에서 제시한 원점수 등급컷은 평가원의 공식 자료가 아니라 여러 교육 업체에서 제공하는 자료들의 평균 수치이므로 약간의 오차가 있을 수 있습니다.

회	과목	연도	각 회별 모의고사 특징	1등급	2등급	3등급	4등급	5등급	6등급	7등급	8등급
1회	국어	2024년	• 전형적인 유형의 적절한 난이도로 출제되었음. • 화법과 작문은 기존의 유형을 벗어나지 않았으나 8번과 10번의 경우 표현 방법에 대한 이해가 선행되어야 풀 수 있는 문제였음. • 언어는 평이한 수준이었음. 단어의 직접 구성 성분에 대해 묻는 문제인 12번은 낯설게 느껴졌을 수 있으나 선지는 어렵지 않게 구성되었음. • 독서의 경우 나이테와 관련된 기술 지문이 까다로워 독해에 어려움을 겪었을 것으로 예상됨. 사실적 이해를 요구한 40번 문제의 오답률이 높았으며, 글의 내용을 <보기>에 제시된 자료에 적용하는 42번 문제의 난도가 가장 높았음. 순자와 홉스의 사상을 다룬 인문 지문은 두 지문으로 구성되어 독해에 시간이 꽤 소요되었을 것임. 35번의 경우 추론적 사고가 요구되어 까다로운 편이었음. 입체주의와 관련된 예술 지문은 어렵지 않게 출제되었음. • 문학은 낯선 작품들이 많이 출제되었음. 현대시와 고전시가가 결합된 갈래 복합 17번은 작품의 주제를 확실히 파악하지 못하면 답을 찾기 어려웠을 것임. 화자의 정서와 태도를 묻는 19번 문제의 오답률도 높았음. 현대소설은 내용 자체는 어렵지 않았으나 학생들이 많이 어려워하는 서술상 특징을 묻는 문제의 변별력이 높았음. 고전 소설과 극은 평이한 수준으로 출제되었음.	91	85	77	67	55	44	34	24
2회	국어	2023년	• 전형적인 유형의 평이한 난이도로 출제되었음. • 화법과 작문은 기존에 출제된 유형의 문제들로 구성되어 있어 쉬운 편이었음. • 언어는 평이한 수준이었음. 어미에 대한 이해를 바탕으로 한 12번 문제가 어렵게 느껴졌을 수 있음. • 독서는 다른 영역에 비해 까다로운 편이었음. 경제 지문에서는 지문 내용을 <보기>에 적용하는 22번이 까다롭게 출제되었음. 프로이트와 융의 이론을 다룬 인문 지문에서는 두 글의 공통점을 묻는 28번의 오답률이 높은 편이었음. 스마트폰의 OLED와 관련된 기술 지문의 경우 원리와 과정을 이해하는 데 어려움을 겪은 학생들이 많았을 것으로 예상됨. 특히 사실적 이해와 추론적 사고를 요구한 38번 문제와 지문 내용과 그림을 관련짓는 41번 문제의 난도가 높았음. • 문학은 대체로 낯선 작품들이 출제되었음. 갈래 복합에서는 고전시가와 수필의 표현상 특징을 비교하는 24번 문제의 변별력이 높았음. 현대소설의 경우 37번은 등장인물에 대한 명확한 이해를 요구하는 문제로 오답률이 높은 편이었음. 현대시와 고전소설은 어렵지 않게 출제되어 풀 수 있었을 것임.	95	89	81	70	58	47	36	25
3회	국어	2022년	• 독서는 매우 까다롭게, 다른 영역은 무난한 난이도로 출제되었음. • 화법과 작문은 기존 유형을 따르고 있어 다른 영역에 비해 평이했음. • 언어의 경우 수사와 수 관형사를 구분하는 문제인 14번의 난도가 가장 높았으며 문장 성분, 표준 발음법, 지시 표현에 관한 문제는 비교적 쉬운 편이었음. • 독서는 어렵게 출제되었음. 사회 지문의 경우 생소한 용어가 등장하고, 다른 학자의 견해와 비교하며 내용을 정확히 이해하는 능력이 요구되어 학생들이 어려움을 느꼈을 것임. 내용 추론 문제인 17번과 구체적 사례에 적용하는 19번 문제의 오답률이 특히 높았음. 인문 지문은 예술에 대한 두 학자의 관점이 (가)와 (나)로 구성되어 주제 통합적 읽기 능력이 요구되었음. 기술은 정보량이 많아 독해에 시간이 많이 소요되었을 것임. 내용 이해, 추론, 적용 문제 모두 까다롭게 출제되었음. • 문학은 전반적으로 적정한 수준으로 출제되었음. 고전소설은 친숙한 작품이 출제되어 어렵지 않게 해결했을 것임. 현대시는 낯선 작품이 나왔지만 문제는 평이한 수준이었음. 갈래 복합과 현대소설의 경우 표현상의 특징과 관련된 문제의 오답률이 비교적 높았음.	76	68	60	52	44	37	30	23
4회	국어	2021년	• 전체적으로 다소 까다롭게 출제되었음. • 화법과 작문은 기존의 유형을 벗어나지 않은 평이한 수준이었음. • 언어에서는 모음 체계와 관련된 지문이 출제되었는데, 이중 모음에 대한 이해를 요구하는 12번 문제가 어렵게 느껴졌을 것임. 국어사전을 활용한 문제인 14번을 낯설게 느꼈다면 시간이 다소 소요되었을 것임. • 독서는 어렵게 출제되었음. '손실 보상 청구권'을 다루고 있는 사회 지문의 경우 지문 내용뿐 아니라 선지 판단도 매우 까다로워 난도가 높았음. '핵분열과 핵융합'에 대한 과학 지문은 그래프와 지문의 내용을 관련 짓는 28번 문제가 어렵게 느껴졌을 것임. • 문학은 적절한 난이도로 출제되었음. 현대시 「성호부근」의 경우 시 해석이 어렵게 느껴졌을 수 있으며, <보기>와 관련 지어 답을 도출하는 32번 문제의 변별력이 높았음. 갈래 복합과 고전소설은 각각 내용을 온전히 이해해야 해결할 수 있는 문제인 38번과 42번이 어렵게 느껴졌을 것임.	80	72	63	55	46	38	30	22
5회	수학	2024년	• 평이하게 출제됨. 삼각비나 이차함수와 같은 중3 과정의 개념을 묻는 문제가 고난도 문제로 주로 출제됨. • 30번에는 삼각형에서 평행선과 선분의 길이의 비, 피타고라스 정리를 이용하여 삼각비의 값을 구하는 문제가 출제됨. 밑변의 길이와 높이를 이용하여 삼각형의 넓이를 구하고, 두 변의 길이와 그 끼인각에 대한 삼각비의 값을 이용하여 삼각형의 넓이를 구한 뒤, 두 값을 비교하여 삼각비의 값을 찾아야 하는 고난도 문항이었음. • 21번은 피타고라스 정리와 삼각형의 내심의 정의를 이용해야 하는 문제였음. 삼각형의 세 내각의 이등분선이 내심에서 만남을 이용하고, 삼각형의 내접원의 반지름의 길이를 이용하여 삼각형의 넓이를 구할 수 있음을 활용하는 다양한 개념이 결합한 고난도 문항이었음.	88	77	63	50	37	29	19	13
6회	수학	2023년	• 전반적으로 평이하게 출제되었으나, 중학교 때 배웠던 도형에 관련된 문제들이 어렵게 출제됨. • 30번 문항에서는 접선에 대한 원의 성질을 이용하는 고난도 문제가 출제됨. 직각삼각형의 합동, 삼각형의 닮음 ,삼각비와 같은 여러 단원의 내용을 함께 이해하고 있어야 문제를 해결할 수 있었음. • 29번, 21번 문항은 도형의 닮음을 이용하는 문제로 닮음 관계에 있는 두 도형을 찾을 수 있어야 하고, 닮음비를 이용하여 도형의 넓이나 길이를 구하는 과정을 이해해야 함.	88	79	69	57	44	32	19	13
7회	수학	2022년	• 전반적으로 평이하게 출제되었으나, 중학교 때 배웠던 도형의 닮음, 이차함수 등 일부 단원에서 고난도 문항이 출제됨. • 30번, 21번 문항에서는 도형의 닮음을 이용하는 고난도 문제가 출제되었는데, 삼각형의 넓이, 피타고라스 정리와 같은 다른 단원에 대한 공식을 이용해야 문제를 해결할 수 있었음.	88	77	66	54	43	31	21	14
8회	수학	2021년	• 전반적으로 평이한 난이도로 출제되었으나, 중학교에서 배웠던 도형, 이차함수와 관련된 문제들이 어렵게 출제됨. • 30번 문항에서는 원의 성질을 이용한 고난도 문제가 출제됨. 원주각의 성질, 도형의 성질, 도형의 닮음, 피타고라스 정리 등 중학교 때 배운 도형과 관련된 여러 가지 공식을 이용해야 문제를 해결할 수 있었음.	85	74	63	51	39	28	18	12
9회	영어	2024년	• 2023년 3월 학력평가에 비해 약간 어렵게 출제됨. • 지문의 길이와 어휘 수준은 2023년 3월 학력평가와 비슷하지만 글의 소재가 어렵고 문장 구조 파악이 쉽지 않은 문제가 다수 출제되어 학생들의 체감 난이도는 훨씬 높았을 것. • 어법(29번) 문제는 빈출 문법 사항이 출제되어 무난한 수준이었지만 어휘(30번, 42번) 문제는 글의 논리적 흐름을 완벽히 이해해야 반의어 정답을 찾을 수 있는 문제여서 모두 오답률이 높았음. • 32번은 조직의 리더가 내부 반대자(dissenter)의 의견에 귀를 기울여야 할 필요성에 대해 설명하는 글로 지문의 첫 문장에 정답을 유추할 수 있는 내용이 언급되어 있음에도 불구하고 'pro-dissent'의 의미를 이해하지 못한 많은 학생들이 오답을 선택했을 것.	90	80	70	60	50	40	30	20
10회	영어	2023년	• 전반적인 난이도는 2022년 3월 학력평가와 비슷하거나 쉬운 수준으로 출제됨. • 의미 추론(21번)과 빈칸 추론(33번, 34번)은 높은 독해력을 요구하는 문제가 출제되었고, 주제 추론(23번)과 어휘(30번)는 경제 관련 소재의 어려운 지문이 제시되어 정답을 고르기가 쉽지 않았을 것. • 36번은 농경의 시작과 정착 생활에 대해 설명하는 글로 지문의 해석과 이해가 어렵지 않음에도 불구하고 정답의 단서인 'As a result'의 의미를 정확하게 파악하지 못한 학생들이 많아 오답률이 높았음.	90	80	70	60	50	40	30	20
11회	영어	2022년	• 2021년 3월 학력평가에 비해 어렵게 출제됨. • 전체적으로 평이한 수준으로 출제된 과거와 달리 지문의 길이가 길고 높은 수준의 어휘가 포함된 문제들이 다수 출제되어 전반적인 난이도가 상승하는 경향으로 변화하고 있음. • 34번은 스포츠에서 홈 경기장(home field)의 장점과 단점에 대해 설명하는 글로 지문의 요지 및 핵심 단어를 정확하게 파악하기 어렵고 선택지의 의미 또한 이해하기 쉽지 않아 오답률이 가장 높았음.	90	80	70	60	50	40	30	20
12회	영어	2021년	• 배점에 약간의 변화를 준 점을 제외하면 문제 유형 및 배열 순서는 2021학년도 수능과 동일하게 출제되었으며 전반적인 난이도는 2020년 3월 학력평가보다 높았음. • 길이가 길고 구조 파악이 어려운 문장과 까다로운 어휘가 포함된 지문들이 많아 학생들의 체감 난이도는 훨씬 높았을 것. • 학생들이 어려워하는 어법(29번)과 어휘(30번) 문제는 비교적 평이한 수준으로 출제되었으나 빈칸 추론(31번, 34번), 주어진 문장 위치 파악(38번, 39번), 장문에서의 어휘(42번) 문제가 특히 어렵게 출제됨. • 오답률이 가장 높았던 34번은 행동의 실질적 자유(effective freedom)에 관한 글로 추상적인 소재를 다룬 지문의 해석과 이해가 쉽지 않아 정답을 찾기 어려운 문제였음.	90	80	70	60	50	40	30	20

			각 회별 모의고사 특징	1등급	2등급	3등급	4등급	5등급	6등급	7등급	8등급
13회	한국사	2024년	• 2023년 3월 학력평가와 비슷한 난이도로 출제됨. • 6번에서 새로운 순서도를 활용하여 한꺼번에 여러 지식을 물어 보는 새로운 유형의 문제가 출제됨. • 정치사 외에 문화 분야의 문제 출제 비중이 높아짐. • 근현대사를 묻는 18번 문항과 20번 문항의 오답률이 높았음.	40	35	30	25	20	15	10	5
14회		2023년	• 어려운 사료 분석보다는 일상에서 접할 수 있는 소재를 다수 활용하여 친숙함을 높이고 난도를 낮추었음. • 2022년 3월 학력평가와 비슷하거나 약간 쉽게 출제됨. • 7번은 심리 테스트라는 익숙한 소재를 활용하여 인물사를 참신하게 출제한 문항이었음.	40	35	30	25	20	15	10	5
15회		2022년	• 2021년 3월 학력평가보다 쉬운 난도로 출제됨. • 악보, 메타버스, 유튜브 등 최신 기법의 자료가 많이 제시됨. • 전근대사와 정치사의 비중이 높았음.	40	35	30	25	20	15	10	5
16회		2021년	• 2020년 3월 학력평가보다 약간 까다롭게 출제됨. • 전근대사와 근현대사가 5:5의 비율로 출제됨. • 전근대사 문제에서는 사건의 인과 관계를 파악할 수 있는지를 묻는 문제가 다수 출제되어 단순 암기로 풀기에는 쉽지 않았음. • 근현대사 문제에서는 선지가 주로 근현대사 내용으로 구성되어 다소 어려웠음.	40	35	30	25	20	15	10	5
17회	사회	2024년	• 2023년 3월 학력평가보다 다소 어렵게 출제되었음. • 9번은 삽화를 통해 내용을 쉽게 파악할 수 있도록 한 신유형 문제였음. • 7번 철학자들의 주장과 근거 찾기 문제, 18번과 20번의 자료 해석 문제는 사회탐구 영역의 대표 유형 문항이므로 해당 유형에 대비할 수 있도록 연습할 필요가 있음.	40	35	30	25	20	15	10	5
18회		2023년	• 2022년 3월 학력평가에 비해 조금 어렵게 출제됨. • 중학교 교육과정을 중심으로 하였으나 아직 배우지 않은 고등학교 통합 사회의 내용도 일부 출제되어 다소 어려웠을 것임. • 도덕 6문항 + 지리 7문항 + 일반사회 7문항으로 구성되어 출제됨. • 공간적 분업을 묻는 8번 문제와 사회 집단 및 지위와 역할에 대해 묻는 20번 문제의 유형이 새로웠음.	40	35	30	25	20	15	10	5
19회		2022년	• 도덕 6문항 + 지리 7문항 + 일반사회 7문항으로 구성되어 출제됨. • 전체적으로 평이하지만 일부 문제가 조금 어렵게 출제됨. • 2021년 3월 학력평가와 비슷한 난이도임.	40	35	30	25	20	15	10	5
20회		2021년	• 도덕 7문항 + 지리 7문항 + 일반사회 6문항으로 구성되어 출제됨. • 제시문만으로 추론할 수 있는 선지가 다수 출제되어 체감 난도가 낮았음. • 다양한 실생활의 소재를 활용하여 기본적인 개념을 묻는 문항들이 출제됨.	40	35	30	25	20	15	10	5
21회	과학	2024년	• 2023년 3월 학력평가와 비슷한 단원에서 출제되어 난이도가 어렵지 않았음. • 2023년 3월 학력평가에 비해 고난도 문항 및 저난도 문항의 수가 줄고, 중간 난도의 문제가 많아짐. • 새로운 주제의, 길이가 긴 실험 형태의 문항이 출제되었으나 자료의 수치를 충분히 제공해 주어 해결이 까다롭지는 않았음. • 중학교 때 배운 용어를 잊지 않아야 풀 수 있으므로, 배운 내용을 철저히 복습해야 함.	40	35	30	25	20	15	10	5
22회		2023년	• 전체적인 난이도는 2022년 3월 학력평가와 비슷하게 출제되었으나, 최고난도 문항은 전년보다 쉽게 출제됨. • 실생활 소재보다는 전통적이고 중요한 개념과 도표를 활용하는 학문 중심으로 출제됨. • 12번은 뇌의 구조와 심장의 구조를 그림으로 제시하여, 정확하게 구조 및 기능을 알고 있어야 해결이 가능한 문항이었음.	40	35	30	25	20	15	10	5
23회		2022년	• 중학교 교과서에 제시된 개념 위주로 출제되었으나, 탐구 사고력을 요구하는 문항이 증가함. • 2021년 3월 학력평가와 출제된 내용이 달랐으며 약간 어렵게 출제됨. • 풀이 시간을 조절하기 쉽지 않은 난도였음. • 기존에 잘 출제되지 않았던 탄성력에 대한 내용을 묻는 문항이 출제됨.	40	35	30	25	20	15	10	5
24회		2021년	• 다소 어렵게 출제됨. • 쉬운 문항과 어려운 문항이 비교적 고르게 제시되어 변별력이 높았음. • 교육 과정이나 교과서의 탐구 주제를 탐구 문항으로 구성함. • 고난도 문항은 8번, 10번, 15번으로 화학에 치중되어 있음. • 5번, 13번, 20번 문항은 실수하기 좋은 문항이었음.	40	35	30	25	20	15	10	5

2025 고1 전국연합 학력평가 안내

영역별 문항 수 및 시험 시간

<table>
<tr><th colspan="3">구분</th><th>문항 수</th><th>원점수 만점</th><th>시험 시간</th></tr>
<tr><td>1교시</td><td colspan="2">국어</td><td>45문항</td><td>100</td><td>08:40~10:00 (80분)</td></tr>
<tr><td>2교시</td><td colspan="2">수학</td><td>30문항 단답형 9문항 포함</td><td>100</td><td>10:30~12:10 (100분)</td></tr>
<tr><td>3교시</td><td colspan="2">영어</td><td>45문항 듣기 평가 17문항 포함 (13:10부터 25분 이내)</td><td>100</td><td>13:10~14:20 (70분)</td></tr>
<tr><td rowspan="3">4교시</td><td colspan="2">한국사</td><td>20문항</td><td>50</td><td>14:50~15:20 (30분)</td></tr>
<tr><td rowspan="2">탐구</td><td>통합사회</td><td>20문항</td><td>50</td><td>15:35~16:05 (30분)</td></tr>
<tr><td>통합과학</td><td>20문항</td><td>50</td><td>16:07~16:37 (30분)</td></tr>
</table>

문항당 배점 및 출제 범위

<table>
<tr><th colspan="3">구분</th><th colspan="2">문항당 배점</th><th>문항 형태</th><th>출제 범위</th></tr>
<tr><td>1교시</td><td colspan="2">국어</td><td>2점, 3점</td><td>3점 문항에 점수 표시</td><td>5지 선다형</td><td rowspan="6">중학교 전 범위</td></tr>
<tr><td>2교시</td><td colspan="2">수학</td><td>2점, 3점, 4점</td><td>각 문항 끝에 점수 표시</td><td>5지 선다형 / 단답형</td></tr>
<tr><td>3교시</td><td colspan="2">영어</td><td>2점, 3점</td><td>3점 문항에 점수 표시</td><td>5지 선다형</td></tr>
<tr><td rowspan="3">4교시</td><td colspan="2">한국사</td><td>2점, 3점</td><td>3점 문항에 점수 표시</td><td>5지 선다형</td></tr>
<tr><td rowspan="2">탐구</td><td>통합사회</td><td>2점, 3점</td><td>3점 문항에 점수 표시</td><td>5지 선다형</td></tr>
<tr><td>통합과학</td><td>2점, 3점</td><td>3점 문항에 점수 표시</td><td>5지 선다형</td></tr>
</table>

시험 진행 요령

<table>
<tr><th colspan="2">구분</th><th>진행 요령</th><th>시간</th></tr>
<tr><td colspan="3">수험생 입실 완료</td><td>08:10까지</td></tr>
<tr><td rowspan="3">1교시</td><td>감독관 입실</td><td>시험지 책상 및 개인 소지품 정리 정돈 / 유의사항 설명</td><td>08:10</td></tr>
<tr><td>준비령</td><td>답안지 배부 및 작성 시 유의사항 설명
성명, 수험번호 등 기재 및 표기 지시 / 문제지 배부</td><td>08:35</td></tr>
<tr><td>국어 영역 시험</td><td>감독관 확인사항 처리 및 날인</td><td>08:40~10:00 (80분)</td></tr>
<tr><td colspan="3">휴식</td><td>10:00~10:20 (20분)</td></tr>
<tr><td rowspan="2">2교시</td><td>준비령</td><td>1교시와 같음</td><td>10:25</td></tr>
<tr><td>수학 영역 시험</td><td>1교시와 같음</td><td>10:30~12:10 (100분)</td></tr>
<tr><td colspan="3">점심</td><td>12:10~13:00 (50분)</td></tr>
<tr><td rowspan="3">3교시</td><td>준비령</td><td>1교시와 같음</td><td>13:05</td></tr>
<tr><td colspan="2">음질 테스트 및 듣기 평가 안내 방송</td><td>13:07~13:10 (3분)</td></tr>
<tr><td>영어 영역 시험</td><td>타종 없이 듣기 평가 안내 방송에 의해 시험 시작
1교시와 같음</td><td>13:10~14:20 (70분)</td></tr>
<tr><td colspan="3">휴식</td><td>14:20~14:40 (20분)</td></tr>
<tr><td rowspan="6">4교시</td><td>준비령</td><td>1교시와 같음</td><td>14:45</td></tr>
<tr><td>한국사 영역 시험</td><td>1교시와 같음</td><td>14:50~15:20 (30분)</td></tr>
<tr><td colspan="2">한국사 영역 문·답지 회수 / 탐구 영역 문·답지 배부</td><td>15:20~15:35 (15분)</td></tr>
<tr><td>탐구 영역(사회) 시험</td><td>1교시와 같음</td><td>15:35~16:05 (30분)</td></tr>
<tr><td colspan="2">탐구 영역(사회) 문·답지 회수</td><td>16:05~16:07 (2분)</td></tr>
<tr><td>탐구 영역(과학) 시험</td><td>1교시와 같음</td><td>16:07~16:37 (30분)</td></tr>
</table>

수능을 준비하는 고1을 위한 팁

학평은 고1이 체험할 수 있는, 수능과 가장 유사한 모의고사입니다.

학평 기출문제 분석을 통해 수능 문제의 유형을 파악하고, 자신만의 공부법을 정립해 수능을 탄탄히 준비할 수 있습니다.

학평은 현재 실력을 객관적으로 검증할 수 있는 기회! 학평 성적을 통해 자신의 수준을 정확히 알고 보완점을 찾아야 합니다. 학평 성적표에는 표준 점수, 백분위, 등급뿐만 아니라 영역별 조합 점수, 보충 학습이 필요한 문항 등 객관적인 정보가 담겨 있습니다. 또한 당해 연도 수능 응시 집단에서의 예상 성적 위치와 개인별 성적 변화, 그리고 지원 가능 대학 등을 알아 볼 수 있어 현실적으로 마음을 다잡고 실현 가능한 학습 목표를 세우는 데 도움이 됩니다.

2024년 3월 고1 전국연합 학력평가 문제지

국어 영역

제 1 교시

1회	시험 시간	80분
	날짜	월 일 요일
시작 시각 :	종료 시각	:

[1~3] 다음은 학생의 발표이다. 물음에 답하시오.

안녕하세요. 여러분, 체험 활동 때 방문했던 트릭 아트 체험관 기억나시나요? (고개를 끄덕이며) 네, 많이 기억하시는군요. 저는 특히 외나무다리 트릭 아트가 인상 깊었습니다. 바닥에 그려진 그림 위에 섰을 때 실제로 절벽 아래로 떨어질 것처럼 아슬아슬한 느낌이 들었던 기억이 아직도 생생합니다. 그래서 트릭 아트에 대해 관심이 생겨 오늘 발표를 하게 되었습니다.

트릭 아트란 주로 착시 현상을 활용하여 관람자에게 재미나 색다른 시각적 경험을 제공하는 예술 장르입니다. (㉠ 자료를 제시하며) 여기를 보시겠습니다. 여러분, 이 그림은 무엇을 그린 것일까요? (대답을 듣고) 네, 토끼라는 대답도, 오리라는 대답도 있네요. 이 그림에는 두 동물의 이미지가 중첩되어 있기 때문에 토끼로도, 오리로도 보입니다. (그림의 오른쪽 부분을 가리키며) 이쪽 둥근 부분에 시선을 두면 토끼로 보이고, (왼쪽 부분을 가리키며) 이쪽 길쭉한 부분에 시선을 두면 오리로 보입니다. 이 그림은 보는 사람의 시선에 따라 이미지가 다르게 보이는 착시 현상을 활용하여 관람자에게 일상에서 접해 보지 못했던 색다른 시각적 경험을 제공하고 있습니다.

아, 질문이 있군요. (ⓐ 질문을 듣고) 네, 눈은 외부의 시각 정보를 뇌에 전달하고, 뇌는 개인의 경험이나 지식에 비추어 이를 해석하고 판단합니다. 그런데 이 과정에서 시각 정보가 불분명하거나 해석에 혼선이 생길 때 착시 현상이 일어나게 됩니다. 방금 보셨던 그림은 이미지를 중첩시켜 불분명한 시각 정보를 제공함으로써 착시 현상이 발생한 것이라고 할 수 있습니다.

자, 이해되셨나요? (대답을 듣고) 네, 그러면 이번에는 착시 현상을 활용하여 바닥에 그린 그림이 입체적으로 보이는 트릭 아트를 보여 드리겠습니다. (㉡ 자료를 가리키며) 이 횡단보도는 표지선 아래에 음영을 넣어 입체적으로 보입니다. 바닥에 그려진 것이지만 공중에 떠 있는 듯한 착시 현상을 일으키고 있는 것입니다. 그래서 운전자의 시각에서 볼 때 실제로 장애물이 있는 것 같은 느낌이 들도록 함으로써 자연스럽게 감속을 유도하여 교통사고를 예방하는 데 유용합니다.

이외에도 트릭 아트는 건물 외벽, 광고판, 관광지의 포토존 등에서 다양하게 활용되고 있습니다. 제가 말씀드린 내용 이외에 트릭 아트에 대해 더 알고 싶으신 분은 도서관에 있는 관련 책들을 찾아보거나 제가 보여 드리는 트릭 아트 누리집에 들어가 보시기 바랍니다. 이상, 발표를 마치겠습니다.

1. 위 발표에 대한 설명으로 적절하지 않은 것은?

① 청중과 공유하고 있는 경험을 언급하여 주의를 환기하고 있다.
② 화제와 관련된 역사적 일화를 소개하여 청중의 호기심을 자극하고 있다.
③ 청중의 반응을 확인하면서 발표 내용에 대한 이해 여부를 점검하고 있다.
④ 비언어적 표현을 사용하여 청중이 설명 대상에 집중하도록 유도하고 있다.
⑤ 청중에게 정보를 추가로 탐색할 수 있는 방법을 안내하며 발표를 마무리하고 있다.

2. 다음은 발표자가 제시한 자료이다. 발표자의 자료 활용에 대한 이해로 가장 적절한 것은?

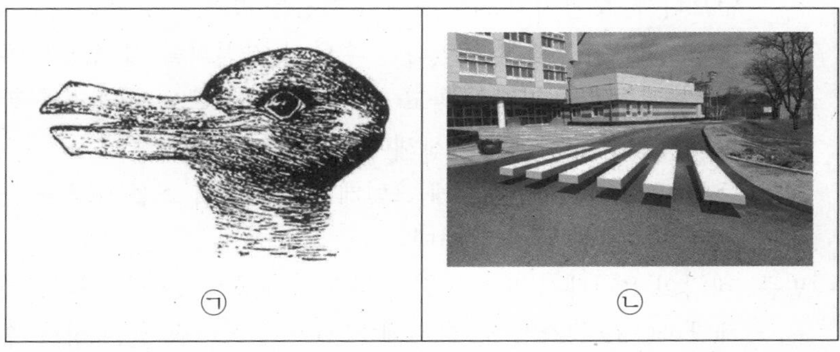

㉠ ㉡

① ㉠을 통해 착시 현상의 방해 요인을, ㉡을 통해 착시 현상의 발생 과정을 설명하고 있다.
② ㉠을 통해 트릭 아트의 전시 환경을, ㉡을 통해 착시 현상의 이해 방법을 설명하고 있다.
③ ㉠을 통해 트릭 아트의 긍정적 효과를, ㉡을 통해 트릭 아트의 부정적 효과를 설명하고 있다.
④ ㉠을 통해 트릭 아트의 사회적 의의를, ㉡을 통해 트릭 아트의 예술적 의의를 설명하고 있다.
⑤ ㉠을 통해 착시 현상의 시각적 효과를, ㉡을 통해 트릭 아트의 실용적 기능을 설명하고 있다.

3. 위 발표의 흐름을 고려할 때, ⓐ의 내용으로 가장 적절한 것은?

① 트릭 아트의 종류에는 어떤 것이 있나요?
② 착시 현상이 발생하는 이유는 무엇인가요?
③ 트릭 아트의 대표 작품에는 어떤 것이 있나요?
④ 트릭 아트를 만들 때는 착시 현상만 활용하나요?
⑤ 착시에 영향을 주는 또 다른 요인은 무엇이 있나요?

해설편 2쪽

[4～7] (가)는 '활동 1'에 따라 실시한 독서 토론이고, (나)는 '활동 2'에 따라 '하연'이 작성한 초고이다. 물음에 답하시오.

[활동지]

○ 활동 1 : 1970년대 소설인 「자전거 도둑」을 읽고, 아래의 주제로 독서 토론을 해 보자.

[주제] 자전거를 들고 간 수남의 행동은 정당한가?

○ 활동 2 : 토론 내용을 바탕으로 주장하는 글을 써 보자.

(가)

지현 먼저 소설의 상황에 대해 말해 볼게. 바람이 세게 부는 어느 날, 수남은 배달을 갔어. 배달을 끝내고 돌아가려는데 한 신사가 수남에게 너의 자전거가 바람에 넘어져 자신의 자동차에 흠집을 냈다고 말했지. 신사는 잘 보이지도 않는 흠집을 찾아 보상금을 요구해. 신사는 보상할 때까지 자전거를 묶어 두겠다고 하고 떠나버리는데 수남은 고민하다가 자전거를 들고 도망가 버렸어. 과연 수남의 행동은 정당할까?

민준 수남의 행동은 정당하다고 봐. 바람 때문에 자전거가 넘어져 흠집이 난 거잖아? 천재지변으로 인한 손해는 책임질 의무가 없으니까, 수남이 피해를 보상할 책임은 없어.

하연 하지만 바람이 세게 불었다면 수남이 자전거를 잘 묶었어야 해. 자전거가 쓰러질 거라고 예상할 수 있었으니 자전거를 관리하지 않은 수남에게 보상해야 할 책임이 있어.

지현 둘의 입장이 다르구나. 왜 그렇게 생각하는지 소설 내용을 근거로 이야기해 보는 게 어때?

민준 '바람이 유난해서'라는 구절이 나오니 예상치 못한 천재지변에 해당한다고 생각했어. 그런데 자전거가 쓰러질 걸 예상할 수 있었다고? 소설에는 그걸 알 수 있는 단서가 없어.

하연 바람이 유난해서 수남이 배달할 물건을 꼼꼼하게 묶는 장면이 있어. 상황이 심상치 않다고 느낀 거지. 그런데도 자전거는 잘 안 묶어 두었잖아.

지현 정리하면, 민준은 예상치 못한 천재지변으로 생긴 손해니까 수남에게 보상할 책임이 없고, 하연은 수남이 피해를 예측할 수 있었음에도 대처가 없었기에 보상할 책임이 있다고 보는 거구나.

하연 그래, 맞아.

지현 그러면 수남의 책임 여부 말고 다른 쟁점은 없을까?

[A]

하연 보상에 대한 합의 여부로도 행동이 정당한지 판단해 볼 수 있어. 합의가 이뤄졌는데 수남이 보상금을 주지 않고 자전거를 들고 도망간 건 정당하지 않아.

민준 합의가 이뤄진 건 아니야. 신사는 보상금을 요구하고 수남이 동의하기 전에 가 버렸잖아. 일방적으로 제안하고 갔는데 합의라고 볼 수 없지. 그렇기 때문에 수남이 자전거를 가져간 건 문제가 없어.

하연 일방적 제안은 아닌 거 같아. 신사는 수남이 울어서 보상금을 반으로 줄여 주잖아. 그리고 수남이 잘못했다는 대답도 해. 신사는 수남의 처지를 고려해 줬고, 수남도 잘못을 인정했으니 합의가 이뤄진 거야.

민준 신사가 수남의 처지를 고려한 것이라고 보기는 어려워. 부유한 어른이 잘 보이지도 않는 흠집을 일부러 찾아서 배달원 소년에게 5천 원이라는 당시로서는 엄청 큰돈을 요구했어. 이것은 일반적인 상식에 비추어 볼 때 지나치게 매정한 행동이야.

지현 같은 소설을 읽고도 상황을 보는 시각이 이렇게 다를 수 있다는 것이 흥미롭다. 독서 토론의 주제로 '활동 2'를 진행해 보면 어떨까?

(나)

수남의 행동은 정당하지 않다. 수남은 신사의 자동차에 난 흠집을 보상해야 할 책임이 있기 때문이다. 바람으로 인한 예상치 못한 천재지변이라서 책임이 없다는 주장도 있지만 이는 옳지 않다. 수남은 배달 물건은 꼼꼼하게 묶었지만, 자전거에는 아무런 조치를 취하지 않았다. 피해를 예상할 수 있었음에도 불구하고 적절하게 대처하지 않았기 때문에 책임이 있다. 실제로 태풍에 의해 주택 유리창이 떨어져 주차된 차가 파손되었을 때 예보를 듣고도 시설물 관리에 소홀한 주택 소유자가 그 파손에 대해 책임을 진 사례가 있다.

다음으로 신사와 수남은 보상에 합의했다고 볼 수 있기 때문에 수남의 행동은 정당하지 않다. 신사가 일방적으로 제안하고 떠났다면 합의가 이뤄지지 않았겠지만, 신사는 수남의 상황을 고려하여 보상금을 줄여 주었다. 또한 수남이 자신의 잘못을 인정하는 말을 했기 때문에 합의는 이루어진 것으로 보아야 한다. 물론 1970년대 배달원 소년의 입장에서 5천 원이 큰돈으로 느껴질 수 있지만 신사와 합의가 이루어졌으므로 금액에 상관없이 수남은 신사에게 보상금을 지급해야 한다.

수남은 도둑이 되어 버렸다. 자신의 잘못에 대한 책임을 지지 않고 합의된 것도 수행하지 않았다. 제목에서 말하는 '자전거 도둑'은 아이러니하게도 자신의 자전거를 자신이 훔친 수남인 것이다.

4. (가)의 독서 토론에서 '지현'의 역할에 대한 설명으로 적절하지 않은 것은?

① 소설 내용을 제시한 후 토론 주제를 언급하고 있다.
② 소설의 내용을 근거로 발언하도록 요청하고 있다.
③ 토론자들이 언급한 주장과 근거를 정리하고 있다.
④ 토론자들의 발언이 사실에 부합하는지 판단하고 있다.
⑤ 토론자들이 다른 쟁점에 대해 논의해 보도록 유도하고 있다.

5. [A]의 발화에 대한 설명으로 가장 적절한 것은?

① 민준은 하연의 주장에 일반적인 상식을 들어 반박하고 있다.
② 민준은 하연의 말에서 이해되지 않는 부분을 질문하고 있다.
③ 민준은 하연이 고려해야 하는 시대적 정보를 나열하고 있다.
④ 하연은 민준이 사용한 단어의 중의성에 대해 지적하고 있다.
⑤ 하연은 민준이 이해하지 못한 자신의 발언을 부연하고 있다.

○ 해설편 2쪽

6. (가)를 바탕으로 '하연'이 세운 '활동 2'의 글쓰기 계획 중 (나)에 반영되지 않은 것은? [3점]

① 토론 쟁점에 대한 나의 주장을 토론에서 다룬 순서대로 서술해야겠어.
② 토론 주제와 관련된 수남의 고민을 소설 속 구절에서 찾아 언급해야겠어.
③ 토론에서 언급된 상대방의 주장을 반박하면서 나의 주장을 강화해야겠어.
④ 토론에서 언급하지 않았던 새로운 사례를 찾아 나의 주장을 뒷받침해야겠어.
⑤ 토론에서 내세운 나의 주장을 바탕으로 제목에 담겨 있는 의미를 밝혀야겠어.

7. 〈보기〉의 자료를 활용하여 (나)의 초고를 보완하고자 할 때 그 내용으로 가장 적절한 것은?

<보 기>

[법률 전문가의 뉴스 인터뷰]
"보상의 의무를 다하지 않았을 때, 상대방에게 물건이 담보로 잡히는 경우가 있습니다. 형법 제323조에 따르면, 타인에게 담보로 제공된 물건은 타인이 물건을 점유하게 되거나 타인이 물건에 대한 권리를 갖게 됩니다. 이때 해당 물건을 가져가거나 숨겨 타인이 보상받을 수 있는 권리 등을 행사할 수 없게 한다면 권리행사 방해로 처벌받을 수 있습니다."

① 수남이 자전거를 가져간 행위는 신사의 권리행사를 방해하는 것이므로 법적인 처벌을 받을 수 있다는 내용을 추가한다.
② 수남이 잘못을 인정한 행위는 신사의 권리행사를 방해하는 것이므로 법적인 처벌을 받을 수 있다는 내용을 추가한다.
③ 수남의 자전거가 담보로 잡힌 것은 신사의 권리행사를 방해하는 것이므로 법적인 처벌을 받을 수 있다는 내용을 추가한다.
④ 수남이 자신의 자전거를 묶어둔 행위는 신사의 권리행사를 방해하는 것이므로 법적인 처벌을 받을 수 있다는 내용을 추가한다.
⑤ 신사가 수남에게 보상금을 요구한 행위는 수남의 권리행사를 방해하는 것이므로 법적인 처벌을 받을 수 있다는 내용을 추가한다.

[8～10] 다음은 작문 상황에 따라 쓴 학생의 초고이다. 물음에 답하시오.

[작문 상황]
자신의 경험을 바탕으로 정서를 표현하는 글을 쓴다.

[초고]
우리 할머니 댁은 남쪽 바다의 작은 섬에 있다. 내가 어렸을 때 우리 가족은 연휴나 방학이 되면 매번 할머니 댁을 방문했다. 나는 할머니 댁이 있는 섬에 가면 바다에서 헤엄을 치거나 바위틈에서 고둥과 게를 잡기도 했고 산에서 신나게 쌀 포대로 눈썰매를 타기도 했다. 그렇지만 무엇보다 가장 기억에 남는 것은 할머니와 함께 보냈던 시간이다.

할머니 댁은 섬 서쪽 바닷가의 큰 등대 근처에 있었다. 검정 바위로 만들어진 거북이 조각상이 새하얀 등대를 이고 있어서 동생과 나는 그 등대를 '거북이 등대'라고 불렀다. 아버지 차를 타고 가다가 거북이 등대가 환하게 웃으며 나를 반기면 할머니 댁에 가까워진 것이라서 할머니를 곧 뵙는다는 생각에 마음이 설레곤 했다. 할머니는 늘 우리를 마중 나오셨고, 나는 반가운 마음에 한달음에 뛰어가서 할머니 품에 안겼었다.

할머니는 마당 텃밭에서 옥수수를 기르셨다. 늦봄에 할머니댁에 가면 할머니와 같이 옥수수 씨를 뿌렸고, 여름 방학에는 점점 자라는 옥수수에 물 주는 일을 도와드렸다. 그러다 참지 못하고 옥수수 껍질을 살짝 열어서 얼마나 익었는지 들여다보다가 할머니께 꾸중을 듣기도 했다. 꾸중을 듣고 시무룩해 있는 나에게 할머니는, "뭐든지 다 때가 있고 시간이 필요한 법이란다. 기다릴 줄 알아야 해."라며 토닥여 주셨다. 나는 익어 가는 옥수수를 보며 기다림의 소중함을 깨달았다. 늦여름에는 연두색 옥수수수염이 점점 갈색빛으로 물들며 옥수수가 여물었다. 가을에는 기다림의 결실인 샛노란 옥수수를 수확하며 나는 한 뼘 더 성장했다.

할머니께서 끓여 주신 갈칫국을 먹었던 기억도 있다. 서울에서 갈치로 만든 음식을 먹다 보면 갈칫국을 끓여 주시던 할머니 생각이 나서 할머니가 그리워진다. 갈칫국은 양념장을 넣어 칼칼하게 졸인 갈치조림과 달리 갈치, 늙은 호박, 배추를 넣어서 맵지 않도록 맑게 끓인 요리이다. 내가 갈칫국이 먹고 싶다고 하면 할머니는 이른 새벽부터 어시장에서 싱싱한 갈치를 사 오셔서 갈칫국을 해 주셨다. 할머니의 갈칫국에서는 시원하면서도 구수한 맛이 났다. 지금도 그 맛이 혀끝에 맴돈다. 갈칫국을 맛있게 먹는 나를 흐뭇하게 바라보시던 할머니를 떠올리면 마음이 포근하고 따뜻해진다.

지금은 어렸을 때만큼 할머니를 자주 뵈러 가지 못해 할머니와의 추억이 더욱 소중하게 다가온다.

8. 초고에서 활용한 글쓰기 방식으로 적절하지 않은 것은?

① 의인법을 통해 대상과의 친밀감을 표현하고 있다.
② 계절의 흐름에 따른 대상의 변화를 나타내고 있다.
③ 의성어를 사용하여 대상을 생생하게 나타내고 있다.
④ 다른 대상과의 대비를 통해 차이점을 강조하고 있다.
⑤ 색채어를 활용하여 대상을 감각적으로 표현하고 있다.

해설편 3쪽

9. 다음은 글을 쓰기 전 학생이 구상한 내용이다. 초고에 반영되지 않은 것은?

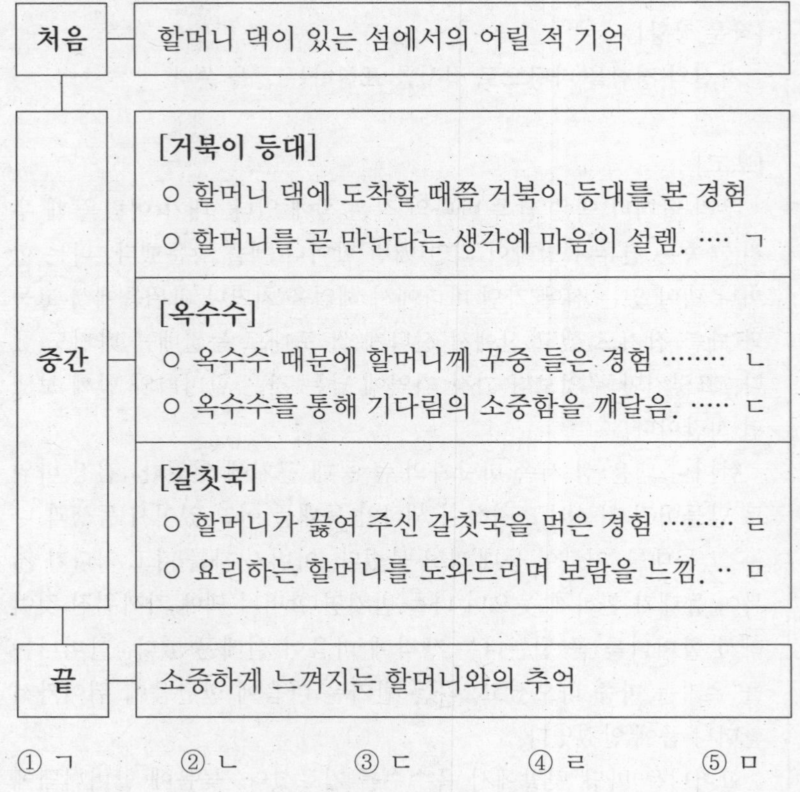

처음	할머니 댁이 있는 섬에서의 어릴 적 기억
중간	[거북이 등대] ○ 할머니 댁에 도착할 때쯤 거북이 등대를 본 경험 ○ 할머니를 곧 만난다는 생각에 마음이 설렘. …… ㄱ
	[옥수수] ○ 옥수수 때문에 할머니께 꾸중 들은 경험 …… ㄴ ○ 옥수수를 통해 기다림의 소중함을 깨달음. …… ㄷ
	[갈칫국] ○ 할머니가 끓여 주신 갈칫국을 먹은 경험 …… ㄹ ○ 요리하는 할머니를 도와드리며 보람을 느낌. … ㅁ
끝	소중하게 느껴지는 할머니와의 추억

① ㄱ ② ㄴ ③ ㄷ ④ ㄹ ⑤ ㅁ

10. 〈보기〉는 초고를 읽은 선생님의 조언이다. 이를 반영하여 초고에 추가할 내용으로 가장 적절한 것은? [3점]

> <보 기>
>
> **선생님** : 글이 마무리되지 않은 느낌이 들어. 글의 마지막에 할머니와의 추억이 너에게 주는 의미를 직유법을 사용하여 표현한 문장을 추가하면 더 좋겠어.

① 할머니 댁이 있는 섬의 풍경은 그림같이 아름다웠다. 그 풍경을 언제쯤 다시 볼 수 있을까.
② 섬에서 자란 나는 푸른 바다를 늘 그리워한다. 윤슬이 넘실거리는 바다는 내 마음의 고향이다.
③ 할머니와 함께한 시간이 그리워진다. 이번 방학에는 아버지께 말씀드려 할머니를 뵈러 가야겠다.
④ 할머니 손길로 익어 가는 옥수수처럼 나는 할머니의 사랑으로 물들었다. 할머니의 따뜻한 보살핌은 나를 채운 온기였다.
⑤ 할머니의 넘치는 사랑 덕분에 나의 어린 시절이 찬란하게 빛난다. 소중한 시간을 내게 선물해 주신 할머니께 감사드린다.

[11~12] 다음 글을 읽고 물음에 답하시오.

단어를 구성하는 요소에는 어근과 접사가 있다. 어근은 단어를 구성하는 요소 중 실질적인 의미를 나타내는 부분이며, 접사는 어근과 결합하여 어근에 특정한 의미를 더하거나 어근의 의미를 제한하는 부분이다. 접사는 어근의 앞에 위치하는 접두사와 어근 뒤에 위치하는 접미사로 나뉘는데, 항상 다른 말과 결합하여 쓰이기에 홀로 쓰이지 못함을 나타내는 붙임표(-)를 붙인다. 예를 들어 '햇-, 덧-, 들-'과 같은 말은 접두사이고, '-지기, -음, -게'와 같은 말은 접미사이다.

단어는 그 짜임에 따라 단일어와 복합어로 구분된다. 단일어는 하나의 어근으로만 이루어진 단어를 이르는 말이다. 그리고 복합어는 어근과 어근의 결합으로 이루어진 합성어와, 어근과 접사의 결합으로 이루어진 파생어를 아울러 이르는 말이다. 가령 '밤'이나 '문'과 같이 하나의 어근으로만 이루어진 단어는 단일어이며, 어근 '밤', '문'이 각각 또 다른 어근과 결합한 '밤나무', '자동문'은 합성어이다. 또한 어근 '밤'과 접두사 '햇-'이 결합한 '햇밤', 어근 '문'과 접미사 '-지기'가 결합한 '문지기'는 파생어이다.

[A] 복합어는 어근과 어근으로 이루어진 합성어나 어근과 접사로 이루어진 파생어에 어근이나 접사가 다시 결합하여 형성되기도 한다. 이와 같은 복잡한 짜임의 단어를 이해할 때 활용되는 방법으로 직접 구성 성분 분석이 있다. 직접 구성 성분 분석은 단어를 둘로 나누는 방법으로, 나뉜 두 부분 중 하나가 접사일 경우 그 단어를 파생어로 보고, 두 부분 모두 접사가 아닐 경우 합성어로 본다.
가령 단어 '코웃음'은 직접 구성 성분을 '코'와 '웃음'으로 보기에 합성어로 분류한다. 이는 '코'가 어근이며, '웃음'이 어근 '웃-'과 접미사 '-음'으로 이루어진 파생어임을 고려한 것이다. 물론 '코웃음'의 직접 구성 성분을 '코웃-'과 '-음'으로 분석할 수도 있다. 그러나 '코웃-'은 존재하지 않고 '코'와 '웃음'만 존재하며, 의미상으로도 '코 + 웃음'의 분석이 자연스럽기에 직접 구성 성분을 '코'와 '웃음'으로 분석한다. 이처럼 직접 구성 성분 분석은 단어의 짜임을 체계적으로 이해하는 데에 도움이 된다.

11. 윗글에 대한 이해로 적절하지 않은 것은?

① 단일어는 하나의 어근으로만 이루어진다.
② 합성어나 파생어는 모두 복합어에 포함된다.
③ 접사는 홀로 쓰이지 못하기에 붙임표(-)를 붙인다.
④ 복합어는 접사가 어근과 결합하는 위치에 따라 둘로 나뉜다.
⑤ 접사는 어근과 결합하여 어근에 특정한 의미를 더하거나 어근의 의미를 제한한다.

12. [A]를 참고할 때, 〈보기〉의 ㉠에 해당하는 짜임을 가진 단어로 가장 적절한 것은? [3점]

> <보 기>
>
> '가재의 집게발'에서 '집게발'은 아래와 같이 ㉠ 직접 구성 성분이 '[어근 + 접사] + 어근'으로 분석되는 합성어이다.

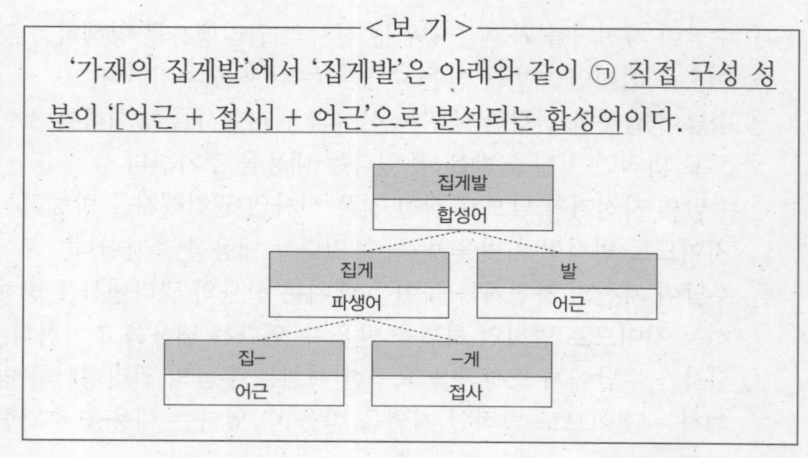

① 볶음밥 ② 덧버선 ③ 문단속
④ 들고양이 ⑤ 창고지기

해설편 3쪽

13. 〈보기〉는 수업의 일부이다. '학습 활동'의 결과로 가장 적절한 것은?

<보 기>

선생님 : 단어를 발음할 때, 어떤 음운이 앞이나 뒤의 음운의 영향으로 바뀌어 달라지는 경우가 있습니다. 그 결과, 조음 방법만 바뀌거나 조음 방법과 조음 위치가 모두 바뀝니다. 아래 자료를 참고해 '학습 활동'을 수행해 봅시다.

조음 위치 / 조음 방법	입술소리	잇몸소리	센입천장 소리	여린입천장 소리
파열음	ㅂ	ㄷ		ㄱ
파찰음			ㅈ	
비음	ㅁ	ㄴ		ㅇ
유음		ㄹ		

영향의 방향	음운이 바뀌는 양상	
달→님 (앞 음운의 영향)	달님[달림]	조음 방법의 변화
작←문 (뒤 음운의 영향)	작문[장문]	조음 방법의 변화
해돋이 (뒤 음운의 영향)	해돋이[해도지]	조음 방법과 조음 위치의 변화

[학습 활동]

뒤 음운의 영향을 받아서 앞 음운이 조음 방법만 바뀌는 단어를 ㄱ~ㄹ에서 골라 보자.

ㄱ. 난로[날로]　　ㄴ. 맏이[마지]
ㄷ. 실내[실래]　　ㄹ. 톱날[톰날]

① ㄱ, ㄴ　② ㄱ, ㄹ　③ ㄴ, ㄷ　④ ㄴ, ㄹ　⑤ ㄷ, ㄹ

14. 〈보기〉의 '탐구 과제'를 수행한 결과로 적절하지 <u>않은</u> 것은?

<보 기>

[탐구 과제]

'작다 / 적다' 중 적절한 말이 무엇인지 온라인 사전에서 '작다'를 검색한 결과를 근거로 하여 말해 보자.

ㄱ. 민수는 진서에 비해 말수가 (작다 / 적다).
ㄴ. 키가 커서 작년에 구매한 옷이 (작다 / 적다).
ㄷ. 오늘 일은 지난번에 비해 규모가 (작다 / 적다).
ㄹ. 그는 큰일을 하기에는 그릇이 아직 (작다 / 적다).
ㅁ. 백일장 대회의 신청 인원이 여전히 (작다 / 적다).

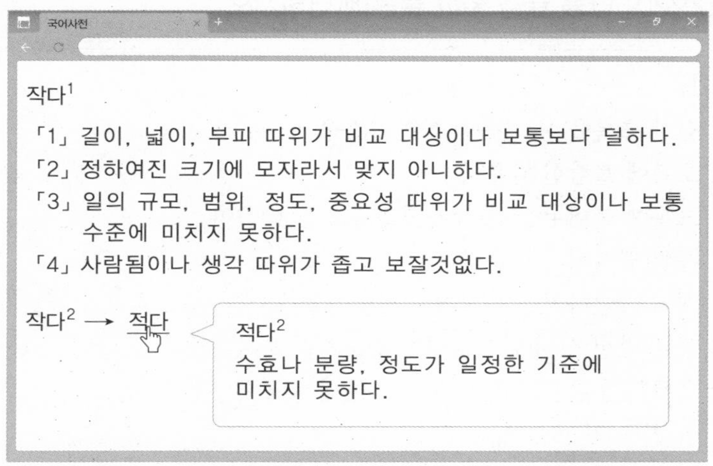

＊ → : 'a → b'는 a를 b로 바꿔 써야 함을 나타냄.

① ㄱ : '작다[1]'의 「1」을 고려할 때 '작다'가 맞겠군.
② ㄴ : '작다[1]'의 「2」를 고려할 때 '작다'가 맞겠군.
③ ㄷ : '작다[1]'의 「3」을 고려할 때 '작다'가 맞겠군.
④ ㄹ : '작다[1]'의 「4」를 고려할 때 '작다'가 맞겠군.
⑤ ㅁ : '작다[1]', '작다[2]'와 '적다[2]'를 고려할 때 '적다'가 맞겠군.

15. 〈보기〉의 '학습 자료'를 바탕으로 '학습 과제'를 수행한 결과로 적절하지 <u>않은</u> 것은?

<보 기>

[학습 자료]

○ 직접 인용 : 원래의 말이나 글을 그대로 큰따옴표(" ")에 넣어 인용하는 것. 조사 '라고'를 사용함.

○ 간접 인용 : 인용된 말이나 글을 자신의 관점에서 다시 서술하여 표현하는 것. 조사 '고'를 사용함.

[학습 과제]

밑줄 친 부분에 주목하여 직접 인용을 간접 인용으로 바꾸어 보자.

ㄱ. 지아가 "꽃이 벌써 <u>폈구나!</u>"라고 했다.
　→ 지아가 꽃이 벌써 <u>폈다</u>고 했다.
ㄴ. 지아가 "버스가 벌써 <u>갔어요</u>."라고 했다.
　→ 지아가 버스가 벌써 <u>갔다</u>고 했다.
ㄷ. 나는 어제 지아에게 "<u>내일</u> 보자."라고 했다.
　→ 나는 어제 지아에게 <u>오늘</u> 보자고 했다.
ㄹ. 전학을 간 지아는 "<u>이</u> 학교가 좋다."라고 했다.
　→ 전학을 간 지아는 <u>그</u> 학교가 좋다고 했다.
ㅁ. 지아는 나에게 "민지가 <u>너</u>를 불렀다."라고 했다.
　→ 지아는 나에게 민지가 <u>자기</u>를 불렀다고 했다.

① ㄱ　② ㄴ　③ ㄷ　④ ㄹ　⑤ ㅁ

[16~20] 다음 글을 읽고 물음에 답하시오.

(가)

잠깐 초록을 본 마음이 돌아가지 않는다.
초록에 붙잡힌 마음이
초록에 붙어 바람에 세차게 흔들리는 마음이
종일 떨어지지 않는다
여리고 연하지만 불길처럼 이글이글 휘어지는 초록
땅에 박힌 심지에서 끝없이 솟구치는 초록
나무들이 온몸의 진액을 다 쏟아내는 초록
㉠ 지금 저 초록 아래에서는
얼마나 많은 잔뿌리들이 발끝에 힘주고 있을까
초록은 수많은 수직선 사이에 있다
수직선들을 조금씩 지우며 번져가고 있다
직선과 사각에 **밀려 꺼졌다가는 다시 살아나고 있**다
흙이란 흙은 도로와 건물로 모조리 딱딱하게 덮인 줄 알았는데
이렇게 많은 초록이 **갑자기 일어날 줄은 몰랐다**
아무렇게나 버려지고 잘리고 갇힌 것들이
자투리땅에서 이렇게 크게 세상을 덮을 줄은 몰랐다
[A] 콘크리트 갈라진 틈에서도 솟아나고 있는
저 저돌적인 고요
단단하고 건조한 것들에게 옮겨 붙고 있는
저 촉촉한 불길

- 김기택, 「초록이 세상을 덮는다」 -

(나)

어져 내 일이야 무슨 일 하다 하고
굳은 이 다 빠지고 **검던 털**이 희었네
어우와 소장불노력하고 노대에 도상비로다*
〈제1수〉

셋 넷 다섯 어제인 듯 열 스물 얼핏 지나
서른 마흔 한 일 없이 쉰 예순 넘는단 말인가
장부의 허다 사업을 못 다 하고 늙었느냐
〈제2수〉

생원이 무엇인가 **급제도 헛일**이니
밭 갈고 논 매더면 설마한들 배고프리
이제야 아무리 애달픈들 몸이 늙어 못하올쇠
〈제3수〉

너희는 젊었느냐 나는 **이미 늙었구나**
젊다 하고 믿지 마라 나도 일찍 젊었더니
젊어서 흐느적흐느적하다가 늙어지면 거짓 것이*
〈제4수〉

㉡ 재산인들 부디 말며 과갑인들 마다 할까
재산이 유수하고 과갑은 재천하니*
하오면 못할 이 없기는 착한 일인가 하노라
〈제5수〉

내 몸이 못하고서 너희더러 하라기는
내 못하여 애달프니 너희나 하여라
청년의 아니하면 **늙은 후 또 내 되리**
〈제6수〉

- 김약련, 「두암육가」 -

* 소장불노력하고 노대에 도상비로다 : 젊어서 노력하지 않고, 늙어서 상심과 슬픔뿐이로다.
* 거짓 것이 : 거짓말처럼 허망한 것이.
* 재산이 유수하고 과갑은 재천하니 : 재산은 운수가 있어야 하고 과거 급제는 하늘에 달렸으니.

16. (가)와 (나)의 표현상 공통점으로 가장 적절한 것은?

① 대조적 표현을 활용하여 주제 의식을 부각하고 있다.
② 일부 시행을 명사로 마무리하여 여운을 남기고 있다.
③ 수미상관의 기법을 활용하여 리듬감을 조성하고 있다.
④ 명령적 어조를 사용하여 화자의 의지를 표출하고 있다.
⑤ 감탄사를 사용하여 대상에 대한 예찬을 드러내고 있다.

17. 〈보기〉를 바탕으로 (가)와 (나)를 감상한 내용으로 적절하지 않은 것은? [3점]

〈보 기〉

사물을 바라보거나 삶을 되돌아보며 사색하는 경험을 통해 깨달음을 얻을 수 있다. (가)의 화자는 도시 공간에서 마주한 '초록'에 사로잡혀 초록을 들여다보며 그것이 지닌 생명력을 깨닫고, 이에 대한 감탄과 놀라움을 드러낸다. (나)의 화자는 자신의 백발을 바라보며 현재의 처지를 한탄하는 데 그치지 않고 지난 삶을 돌아보며 깨달은 바를 젊은이에게 전달하고 있다.

① (가)의 '잠깐 초록을 본' 것과 (나)의 '검던 털'이 하얘진 모습을 본 것은 사색을 시작하는 계기가 되는군.
② (가)의 '초록에 붙잡힌 마음'은 '초록'에 매료된 심리를, (나)의 '밭 갈고 논 매더면 설마한들 배고프리'는 넉넉지 않은 현실을 초래한 지난 삶에 대한 아쉬움을 나타내고 있군.
③ (가)의 '수직선들을 조금씩 지우며'를 통해 '초록'이 도시 공간과 균형을 이루기를, (나)의 '늙은 후 또 내 되리'를 통해 젊은이가 과오를 저지르지 않기를 바라고 있군.
④ (가)의 '밀려 꺼졌다가는 다시 살아나고 있'는 것에서 '초록'의 끈질긴 생명력을, (나)의 '급제도 헛일'에서 출세를 위한 삶이 전부가 아님을 깨닫고 있군.
⑤ (가)의 '갑자기 일어날 줄은 몰랐다'는 '초록'의 새로운 모습을 발견한 놀라움을, (나)의 '이미 늙었구나'는 현재의 처지에 대한 탄식을 드러내고 있군.

18. [A]에 대한 설명으로 가장 적절한 것은?

① 지시 표현을 사용하여 대상에 대한 화자의 심리적 거부감을 나타내고 있다.
② 유사한 문장 구조를 반복하여 대상이 갖는 역동적 이미지를 나타내고 있다.
③ 점층적인 표현을 사용하여 대상에 대한 화자의 태도 변화를 드러내고 있다.
④ 하나의 문장을 두 개의 시행으로 나누어 대상의 순환 과정을 제시하고 있다.
⑤ 모순된 표현을 활용하여 대상과 자신을 동일시하는 화자의 모습을 드러내고 있다.

19. (나)에 대한 이해로 적절하지 않은 것은?

① 〈제1수〉의 '어져 내 일이야'에 담긴 한탄은, 〈제2수〉의 '장부의 허다 사업'을 못 다 한 데서 비롯되는군.
② 〈제1수〉의 '노대에 도상비로다'에 담긴 애상감은, 〈제4수〉의 '늙어지면 거짓 것이'로 이어지는군.
③ 〈제2수〉의 '서른 마흔 한 일 없이'에 담긴 반성은, 〈제4수〉의 '젊어서 흐느적흐느적'하지 말라는 당부로 나타나는군.
④ 〈제3수〉의 '이제야 아무리 애달픈들'과 〈제6수〉의 '내 못하여 애달프니'에는 세월의 무상감에서 벗어나고자 하는 심리가 드러나는군.
⑤ 〈제5수〉의 '하오면 못할 이 없기는 착한 일'은, 〈제6수〉의 '너희더러 하라'에서 권유하는 내용이겠군.

20. 시상의 흐름을 고려하여 ㉠과 ㉡을 비교한 내용으로 가장 적절한 것은?

① ㉠에는 대상을 향한 화자의 애정이, ㉡에는 청자를 향한 화자의 원망이 나타나 있다.
② ㉠에는 대상과 화자 사이의 이질감이, ㉡에는 대상에 대한 화자의 거부감이 드러나 있다.
③ ㉠에는 감춰진 진실에 대한 화자의 회의가, ㉡에는 화자의 현재 상황에 대한 의문이 나타나 있다.
④ ㉠에는 힘의 근원에 대한 화자의 상상이, ㉡에는 뜻대로 되지 않는 삶에 대한 화자의 인식이 드러나 있다.
⑤ ㉠에는 문제의 원인에 대한 화자의 성찰이, ㉡에는 예상치 못한 결과를 수용하는 화자의 모습이 나타나 있다.

[21～24] 다음 글을 읽고 물음에 답하시오.

20 세기 초 유럽에서 일어난 과학 문명의 발전은 현실을 이루는 법칙을 하나씩 부정하였다. 절대적이라고 믿어 왔던 시공간마저 상대적인 것으로 밝혀지면서, 사람들은 기존에 당연시되어 온 인식에 의문을 품었다. 이는 서양의 회화에도 영향을 미쳐 큐비즘이라는 새로운 미술 양식을 탄생시켰다.

큐비즘은 대상의 사실적 재현에 집중했던 전통 회화와 달리, 대상의 본질을 구현하기 위해 그 근원적 형태를 그려 내는 것을 목표로 삼았다. 이를 위해 대상의 본질과 관련 없는 세부적 묘사를 배제하고 구와 원기둥 등의 기하학적 형태로 대상을 단순화하여 질감과 부피감을 부각하였다. 색채 또한 본질 구현에 있어 부차적인 것으로 판단하여 몇 가지 색으로 제한하였다.

또한 큐비즘은 하나의 시점으로는 대상의 한쪽 형태밖에 표현할 수 없다고 생각하여, 하나의 시점에서 대상을 보고 표현하는 원근법을 거부하였다. 그리고 대상의 전체 형태를 표현하기 위해 다중 시점을 적용하였는데, 이는 여러 시점에서 관찰한 대상을 한 화면에 그려 내고자 한 기법이다. 예를 들어, 한 인물을 그릴 때 얼굴의 정면과 측면을 동시에 표현함으로써 대상의 전체 형태를 관람자들에게 보여 주는 것이다. 이렇게 큐비즘은 사실적 재현에서 벗어나 대상의 근원적 형태를 표현하려 하였으며, 관람자들에게 새로운 미적 인식을 환기하였다.

대상의 형태를 더 다양한 시점으로 보여 주려는 시도는 다중 시점의 극단화로 치달았는데, 이 시기의 큐비즘을 ⓐ 분석적 큐비즘이라고 일컫는다. 분석적 큐비즘은 대상을 여러 시점으로 해체하여 작은 격자 형태로 쪼개어 표현했고, 색채 또한 대상의 고유색이 아닌 무채색으로 한정하였다. 해체 정도가 심해짐에 따라 대상은 부피감이 사라질 정도로 완전히 분해되었다. 이로 인해 관람자는 대상이 무엇인지조차 알아볼 수 없게 되었고, 제목이나 삽입된 문자를 통해서만 대상이 무엇인지 추측할 수 있게 되었다.

㉠ 대상이 극단적으로 해체되어 형태를 파악하지 못하게 된 문제를 해결하기 위해, 큐비즘은 화면 안으로 실제 대상 혹은 대상의 특성을 잘 드러내는 화면 밖의 재료들을 끌어들였다. 이것을 ⓑ 종합적 큐비즘이라고 일컫는다. 종합적 큐비즘의 특징을 보여 주는 대표적 기법으로는 '파피에 콜레'가 있다. 이는 화면에 신문이나 벽지 등의 실제 종이를 오려 붙여 대상의 특성을 표현하는 기법이다. 예를 들어, 나무 탁자의 질감을 표현하기 위해 화면에 나뭇결무늬의 종이를 직접 붙였다. 화면에 붙인 종이의 색으로 인해 색채도 다시 살아났다.

큐비즘은 대상의 근원적 형태를 화면에 구현하기 위해 대상을 표현하는 새로운 방법을 모색하였다. 큐비즘이 대상의 형태를 실제에서 해방한 것은 회화 예술에 무한한 표현의 가능성을 가져다주었다. 이는 표현 대상을 보이는 세계에 한정하지 않는 현대 추상 회화의 탄생에 직접적인 영향을 미쳤다.

21. 윗글에서 알 수 있는 내용으로 적절하지 않은 것은?

① 큐비즘이 사용한 표현 기법
② 큐비즘이 등장한 시대적 배경
③ 큐비즘에 대한 다른 화가들의 논쟁
④ 큐비즘의 작품 경향이 변화된 양상
⑤ 큐비즘이 현대 추상 회화에 미친 영향

22. ㉠을 이해한 내용으로 가장 적절한 것은?

① 대상의 본질을 화면에 구현하기 위해 다중 시점에 집착한 결과이겠군.
② 인식의 절대적 기준을 제시하기 위해 대상의 변화를 무시한 결과이겠군.
③ 화면의 공간을 사실적으로 표현하기 위해 대상의 형태를 희생한 결과이겠군.
④ 기하학적 형태에서 탈피하기 위해 대상의 정면과 측면을 동시에 표현한 결과이겠군.
⑤ 관람자들에게 새로운 미적 인식을 환기하기 위해 대상을 있는 그대로 재현한 결과이겠군.

해설편 8쪽

23. ⓐ와 ⓑ에 대한 설명으로 가장 적절한 것은?

① ⓐ는 ⓑ와 달리 고유색을 통해 대상을 그려 낸다.
② ⓐ는 ⓑ와 달리 삽입된 문자로만 대상을 드러낸다.
③ ⓑ는 ⓐ와 달리 작은 격자 형태로 대상을 해체한다.
④ ⓑ는 ⓐ와 달리 화면 밖의 재료를 활용해 대상을 표현한다.
⑤ ⓐ와 ⓑ는 모두 질감과 부피감을 살려서 대상을 형상화한다.

24. 윗글을 바탕으로 〈보기〉의 작품을 감상한 내용으로 적절하지 <u>않은</u> 것은? [3점]

<보 기>

브라크의 「에스타크의 집들」은 집과 나무를 그린 풍경화이다. 그런데 회화 속 풍경은 실제와 다르다. 집에 당연히 있어야 할 문이 생략되어 있으며, 집들은 부피감이 두드러지는 입방체 형태로 단순화되어 있다. 그림자의 방향은 일관성 없이 다양하게 표현되어 광원이 하나가 아님을 알 수 있다. 그리고 집과 나무는 모두 황토색과 초록색, 회색으로 칠해져 있다. 큐비즘의 시작을 알린 이 풍경화는 처음 공개되었을 때 평론가로부터 "작은 입방체(cube)를 그렸다."라는 비판을 받았는데, 이는 '큐비즘(Cubism)'이라는 명칭의 기원이 되었다.

① 집이 입방체 형태로 단순화된 것은 대상의 근원적 형태를 드러내기 위한 것이겠군.
② 풍경의 모습이 실제와 다른 것은 관찰한 대상이 무엇인지 추측할 수 없도록 하기 위한 것이겠군.
③ 그림자의 방향이 일관성 없이 다양하게 표현된 것은 하나의 시점을 강제하는 원근법을 거부한 것이겠군.
④ 집에 당연히 있어야 할 문이 없는 것은 세부적 묘사는 대상의 본질과 관련이 없다는 생각을 반영한 것이겠군.
⑤ 색이 황토색, 초록색, 회색으로 제한된 것은 색채는 본질을 구현하는 데 부차적인 요소라는 생각에 근거한 것이겠군.

[25~28] 다음 글을 읽고 물음에 답하시오.

[앞부분의 줄거리] 설렁탕집 주인 '달평 씨'는 선행은 아무도 모르게 해야 한다는 신념을 가진 인물이다. 그러나 우연히 신문 기자들에 의해 선행이 과장되어 세상에 알려지면서 달평 씨는 대중들의 시선을 의식하게 되고, 본래 자신의 모습을 잃어버리는 첫 번째 죽음을 맞게 된다.

그러나 어쩐 일인지 세상 사람들의 관심은 달평 씨에게서 자꾸 멀어져가고 있었다. 그것을 눈치 못 챌 매스컴들이 아니었다. 달평 씨의 미담이 **세상 사람들에게 알려지는 기회가 부쩍 줄어**들었다.

그러나 달평 씨는 거기서 물러설 위인이 아니었다. 그가 **입을 더 크게 벌**렸다.

"나는 전과잡니다. 용서 못 받을 죄를 수없이 지고도 뻔뻔스럽게 살아온 흉악무도한 죄인입니다."

달평 씨는 듣기에 **끔찍한 지난날 자기의 악행**을 요목요목 들추어 만천하에 공개하기 시작했다. 치한, 사기, 모리배, 폭력…… 등등, 그는 초빙되어 간 그 강단에 서서 꾸벅꾸벅 조는 사람들의 머리를 들게 하고 그 쳐든 얼굴에 공포를 끼얹었다. 그다음에 그가 보여 주는 연기는 참회하는 자의 흐느낌과 손수건을 적시는 눈물이었다. 그리고 그는 결론짓곤 했다.

"여러분은 이제 내가 어째서 내 식구의 배를 굶겨 가면서 나보다 못사는 사람, 나보다 불우한 이웃을 위하는 일에 몸을 던졌는가를 아시게 되었을 겁니다."

청중들이 떠나갈 듯 박수를 치며 고개를 크게 주억거렸다.

"어머니, 그게 사실입니까? 아버지가 신문에 난 것처럼 그렇게 나쁜 죄를 많이 진 분입니까?"

달평 씨의 아들딸이 숨 가쁘게 달려와 어머니의 얼굴을 쳐다보았다. 그들은 그제야 어머니의 얼굴에 전에는 전혀 볼 수 없었던 그늘이 깔려 있음을 발견했다. 그네의 입에서 나온 대답 역시 전과는 달리 남편이 밖에서 한 말을 부정하는 것이었다.

"아니다, 느 아버진 결코 그렇게 나쁜 짓을 할 어른이 아니다."

"그럼, 뭡니까? 아버진 왜 당신의 입으로 그런 말을 하시는 겁니까?"

그러나 달평 씨의 부인은 더 대답하지 않고, 신문을 보고 부쩍 늘어난, 얼굴이 험악한 사람들의 식당 방문을 맞기 위해 일어서고 있었을 뿐이다. 어떻든 달평 씨의 그러한 ㉠ <u>폭탄선언</u>으로 인해 세상 사람들은 **다시 달평 씨를 입에 올리기 시작**했던 것이다. 얼굴이 험악하게 생긴 사람들이 찾아와 손을 벌리기 시작했고 그들이 만든 무슨 **친선 단체의 회장직 감투**가 여지없이 **달평 씨에게 씌워**지기도 했다.

그러나 날 샌 원수 없고 밤 지난 은혜 없다고 세상 사람들은 모든 걸 너무나 쉽게 잊었다. 세상 사람들은 달평 씨를 다시 그들의 관심 밖으로 내동댕이쳤다. 보은식당의 종업원들은 식당 안에서 나폴레옹처럼 초조하게 서성거리는 달평 씨의 모습을 더욱 자주 보게 되었다.

"오늘 A 주간 신문 기자가 왔다 갔지?"

어느 날 밖에 나갔다 들어온 달평 씨가 그의 부인한테 물었다.

"예, 왔었어요."

"와서 뭘 물읍데까?"

"당신이 정말 옛날에 그런 나쁜 짓을 한 사실이 있느냐고 묻더군요?"

"그래서?"

"모른다고 했지요, 제가 잘 모르는 일이기 때문에……."

후우 가슴이라도 쓸어내릴 듯 숨을 내쉬던 달평 씨가 손가락을 동그랗게 해 보이며 물었다.

"그래, 얼마나 쥐여 보냈소?"

"아무것도요, 마침 돈이 집에 하나도 없어서."

"뭐라구? 그래, 그 사람을 빈손으로 보냈단 말이야?"

"아무래도 식당 문을 닫아야 할까 봐요. 지난 기 세금도 아직……."

"뭐야? 도대체 여편네가 장살 어떻게 하길래 그따위 소릴 하는 거야?"

해설편 10쪽

그러나 달평 씨의 부인은 사자처럼 포효하는 남편한테 맞서 대들지 않았다. 언제나처럼 조용한 얼굴로 식당에 찾아온 손님을 맞았을 뿐이다.

이때 식당에 와 있던 달평 씨의 **아들딸들**이 어머니 대신 우, 하고 일어섰던 것이다.

"아버지, 도대체 왜 이러시는 거예요?"

"아버지, 지금 우리 집 형편이 어떻게 돌아가고 있는지 아시고나 계신 겁니까?"

"아빠, 아빠보다 열 배, 아니 백 배, 천 배, 만 배도 더 잘사는 사람들도 못하는 일을 아빠가 어떻게 하신다고 그러시는 거예요? 아빠, **오른손이 하는 일을 왼손이 모르게 하라는 말 생각 안 나**세요?"

"아버지, 제발 정신 좀 차리세요!"

자식들이 내쏟는 그 공박에 속수무책으로 멍청히 듣고만 있던 달평 씨가 벌떡 일어나 종업원들도 다 있는 그 자리에서 ㉡ 폭탄선언을 한 것이 바로 그때였다.

그것은 정말 대형 폭탄이었다. 어쩌면 달평 씨가 가진 마지막 카드였을 것이다.

"내 이 말은 더 있다가 하려 했었지만…… 기왕 아무 때고 알아야 할 일…… 올 것은 빨리 오는 게 피차……."

여느 때와 달리 말까지 더듬어 대는 달평 씨의 목소리는 사뭇 비장한 느낌까지 드는 것이었다. 종업원들까지 숨을 죽였다.

"너희 셋은 모두 내 핏줄이 아냐. 기철이 넌 호남선 기차간에서 주웠고, 기수 넌 서울역 광장에 버려진 걸 주워온 거고, 애숙이 넌 파주 양갈보촌이 네 고향이지. 물론 남들한테야 저기 있는 느덜 어머니 배 속으로 난 것처럼 연극을 해왔다만……."

얼굴이 하얗게 질린 달평 씨의 세 남매가 서로 얼굴을 마주 본 다음 황황히 눈길을 피하며, 구원이라도 청하듯 카운터에 앉은 그들 어머니 쪽으로 고개를 돌렸다.

그때 달평 씨의 부인이 이제까지 그 누구도 보지 못했던 분연한 얼굴 표정으로 일어섰던 것이다. 그네가 소리쳤다.

"여보, 이젠 당신 자식들까지 팔아먹을 작정이에요?"

가속으로 무너져 내려 더 어찌할 길 없는 남편의 그 두 번째 죽음의 순간에 이처럼 거연히 부르짖고 일어선 **그네의 외침**은 우리의 **달평 씨를 다시 한번 살려 낼 오직 한 가닥의 빛**이었던 것이다.

– 전상국, 「달평 씨의 두 번째 죽음」 –

25. 윗글에 대한 설명으로 적절하지 않은 것은?

① 공간적 배경을 통해 인물의 심리를 암시하고 있다.
② 비유적 표현을 통해 인물의 행동을 묘사하고 있다.
③ 대화를 통해 인물들 간의 갈등 상황을 드러내고 있다.
④ 시간의 흐름에 따라 사건을 순차적으로 전개하고 있다.
⑤ 서술자가 작중 상황에 대해 자신의 생각을 드러내고 있다.

26. 윗글을 이해한 내용으로 가장 적절한 것은?

① 청중들은 달평 씨의 강연을 듣고 나서 심드렁해했다.
② 달평 씨의 아들딸은 어머니의 발언으로 인해 아버지를 이해하게 되었다.
③ 종업원들은 달평 씨에게 경제적 어려움을 호소하며 도움을 요청했다.
④ 달평 씨는 A 주간 신문 기자를 만나 새로운 선행을 알릴 수 있었다.
⑤ 달평 씨의 부인은 어려워진 식당 운영에 대해 화를 내는 남편에게 맞서 대들지 않았다.

27. 〈보기〉를 참고하여 윗글을 감상한 내용으로 적절하지 않은 것은? [3점]

<보 기>

이 작품은 주인공인 '달평 씨'가 대중의 시선을 지나치게 의식하게 되면서 몰락해 가는 과정을 그리고 있다. 순수한 의도로 선행을 베풀어 오던 달평 씨는 언론에 의해 유명세를 치르게 된 후 그것에 중독되어, 자극적인 정보에만 반응하는 대중과 언론의 관심을 끌기 위해 보여 주기식 선행을 베풀고 거짓을 지어낸다. 그러한 허위의식으로 인해 그는 점점 자신의 정체성을 잃어가고, 끝내 가족까지 파탄에 이르게 한다.

① '세상 사람들에게 알려지는 기회가 부쩍 줄어들'자 '입을 더 크게 벌'리는 달평 씨의 모습에서 대중의 관심을 얻고자 하는 인물의 욕심이 드러나는군.
② '끔찍한 지난날 자기의 악행'을 공개하자 '다시 달평 씨를 입에 올리기 시작'하는 사람들을 통해 자극적인 정보에만 반응하는 대중들의 모습을 보여 주는군.
③ '달평 씨에게 씌워'진 '친선 단체의 회장직 감투'를 거부하지 않은 것은 불우한 사람들까지도 철저하게 속이려는 달평 씨의 허위의식을 보여 주는군.
④ '오른손이 하는 일을 왼손이 모르게 하라는 말 생각 안 나'느냐고 묻는 '아들딸들'의 말을 통해 달평 씨가 보여 주기식 선행을 베풀고 있음이 드러나는군.
⑤ '달평 씨를 다시 한번 살려 낼 오직 한 가닥의 빛'인 '그네의 외침'은 달평 씨가 더 이상 파탄의 길로 가지 않도록 하는 아내의 저항이겠군.

28. ㉠, ㉡을 이해한 내용으로 가장 적절한 것은?

① ㉠은 사건의 초점을 다른 인물로 전환시키려는 행위이다.
② ㉡은 다른 인물들이 과거에 벌인 일들을 폭로하는 행위이다.
③ ㉠은 상대의 입장을 이해하기 위한, ㉡은 상대의 의심을 피하기 위한 행위이다.
④ ㉡은 ㉠으로 인해 발생한 사건의 전말을 드러내려는 행위이다.
⑤ ㉠과 ㉡은 모두 반향을 일으켜 자신이 처한 상황을 바꾸어 보려는 행위이다.

[29~32] 다음 글을 읽고 물음에 답하시오.

춘풍 아내 곁에 앉아 하는 말이

[A] "마오 마오 그리 마오. 청루미색* 좋아 마오. 자고로 이런 사람이 어찌 망하지 않을까? 내 말을 자세히 들어보소. 미나리골 박화진이라는 이는 청루미색 즐기다가 나중에는 굶어 죽고, 남산 밑에 이 패두는 소년 시절 부자였으나 주색에 빠져 다니다가 늙어서는 상거지 되고, 모시전골 김 부자는 술 잘 먹기 유명하여 누룩 장수가 도망을 다니기로 장안에 유명터니 수만금을 다 없애고 끝내 똥 장수가 되었다니, 이것으로 두고 볼지라도 청루잡기 잡된 마음 부디부디 좋아 마소."

춘풍이 대답하되,

[B] "자네 내 말 들어보게. 그 말이 다 옳다 하되, 이 앞집 매갈쇠는 한잔 술도 못 먹어도 돈 한 푼 못 모으고, 비우고개 이도명은 오십이 다 되도록 주색을 몰랐으되 남의 집만 평생 살고, 탁골 사는 먹돌이는 투전 잡기 몰랐으되 수천 금 다 없애고 나중에는 굶어 죽었으니, 이런 일을 두고 볼지라도 주색잡기* 안 한다고 잘 사는 바 없느니라. 내 말 자네 들어보게. 술 잘 먹던 이태백은 호사스런 술잔으로 매일 장취 놀았으되 한림학사 다 지내고 투전에 으뜸인 원두표는 잡기를 방탕히 하여 소년부터 유명했으나 나중에 잘되어서 정승 벼슬 하였으니, 이로 두고 볼진대 주색잡기 좋아하기는 장부의 할 바라. 나도 이리 노닐다가 나중에 일품 정승 되어 후세에 전하리라."

아내의 말을 아니 듣고 수틀리면 때리기와 전곡 남용 일삼으니 이런 변이 또 있을까? 이리저리 놀고 나니 집안 형용 볼 것 없다.

㉠ "다 내 몸에 정해진 일이요, 내 이제야 허물을 뉘우치고 책망하는 마음이 절로 난다."

아내에게 지성으로 비는 말이

"노여워 말고 슬퍼 마소. 내 마음에 자책하여 가끔 말하기를, '오늘의 옳음과 어제의 잘못을 깨달았노라'고 한다오. 지난 일은 고사하고 가난하여 못 살겠네. 어이 하여 살잔 말인고? 오늘부터 집안의 모든 일을 자네에게 맡기나니 마음대로 치산하여 의식이 염려 없게 하여 주오."

춘풍 아내 이른 말이,

㉡ "부모 유산 수만금을 청루 중에 다 들이밀고 이 지경이 되었는데 이후에는 더욱 근심이 많을 것이니, 약간 돈냥이나 있다 한들 그 무엇이 남겠소?"

춘풍이 대답하되,

"자네 하는 말이 나를 별로 못 믿겠거든 이후로는 주색잡기 아니하기로 결단하는 각서를 써서 줌세."

[중략 줄거리] 춘풍 아내가 열심히 품을 팔아 집안을 일으키자 춘풍은 다시 교만해지고, 아내의 만류에도 호조에서 이천 냥을 빌려 평양으로 장사를 떠나게 된다. 춘풍이 평양에서 기생 추월의 유혹에 넘어가 장사는 하지 않고 재물을 모두 탕진한 채 추월의 하인이 되었다는 소식을 듣고 춘풍의 아내가 통곡한다.

이리 한참 울다가 도로 풀고 생각하되,

'우리 가장 경성으로 데려다가 호조 돈 이천 냥을 한 푼 없이 다 갚은 후에 의식 염려 아니하고 부부 둘이 화락하여 백 년 동락하여 보자. 평생의 한이로다.'

마침 그때 김 승지 댁이 있으되 승지는 이미 죽고, 맏자제가 문장을 잘해 소년 급제하여 한림 옥당 다 지내고 도승지를 지낸 고로, 작년에 평양 감사 두 번째 물망에 있다가 올해 평양 감사 하려고 도모한단 말을 사환 편에 들었것다. 승지 댁이 가난하여 아침저녁으로 국록을 타서 많은 식구들이 사는 중에 그 댁에 노부인 있다는 말을 듣고, 바느질품을 얻으려고 그 댁에 들어가니, 후원 별당 깊은 곳에 도승지의 모부인이 누웠는데 형편이 가난키로 식사도 부족하고 의복도 초췌하다. 춘풍 아내 생각하되,

'이 댁에 붙어서 우리 가장 살려내고 추월에게 복수도 할까.'

하고 바느질, 길쌈 힘써 일해 얻은 돈냥 다 들여서 승지 댁 노부인에게 아침저녁으로 진지를 올리고, 노부인께 맛난 차담상을 특별히 간간히 차려드리거늘, 부인이 감지덕지 치사하며 하는 말이,

"이 은혜를 어찌할꼬?"

주야로 유념하니, 하루는 춘풍의 처더러 이르는 말이,

㉢ "내 들으니 네가 집안이 기울어서 바느질품으로 산다 하던데, 날마다 차담상을 차려 때때로 들여오니 먹기는 좋으나 불안하도다."

춘풍 아내 여쭈되,

"소녀가 혼자 먹기 어렵기로 마누라님 전에 드렸는데 칭찬을 받사오니 오히려 감사하여이다."

대부인이 이 말을 듣고 춘풍의 처를 못내 기특히 생각하더라.

하루는 도승지가 대부인 전에 문안하고 여쭈되,

"요사이는 어머님 기후가 좋으신지 화기가 얼굴에 가득하옵니다."

대부인 하는 말씀이,

"기특한 일 보았도다. 앞집 춘풍의 지어미가 좋은 차담상을 매일 차려오니 내 기운이 절로 나고 정성에 감격하는구나."

승지가 이 말을 듣고 춘풍의 처를 귀하게 보아 매일 사랑하시더니, 천만 의외로 김 승지가 평양 감사가 되었구나. 춘풍 아내, 부인 전에 문안하고 여쭈되,

"승지 대감, 평양 감사 하였사오니 이런 경사 어디 있사오리까?"

부인이 이른 말이,

㉣ "나도 평양으로 내려 갈 제, 너도 함께 따라가서 춘풍이나 찾아보아라."

하니 춘풍 아내 여쭈되,

"소녀는 고사하옵고 오라비가 있사오니 비장*으로 데려가 주시길 바라나이다."

대부인이 이른 말이,

㉤ "네 청이야 아니 듣겠느냐? 그리하라."

허락하고 감사에게 그 말을 하니 감사도 허락하고,

"회계 비장 하라."

하니 좋을시고, 좋을시고. 춘풍의 아내 없던 오라비를 보낼 쏜가? 제가 손수 가려고 여자 의복 벗어놓고 남자 의복 치장한다.

— 작자 미상, 「이춘풍전」 —

* 청루미색 : 기생집의 아름다운 기녀.
* 주색잡기 : 술과 여자와 노름을 아울러 이르는 말.
* 비장 : 감사를 따라다니며 일을 돕는 무관 벼슬.

해설편 13쪽

29. 윗글을 이해한 내용으로 적절하지 않은 것은?

① 춘풍은 호조 돈 이천 냥을 빌려 평양으로 떠났다.
② 춘풍 아내는 바느질품을 팔며 생계를 이었다.
③ 춘풍 아내는 춘풍의 잘못에도 가정의 화목을 바라고 있다.
④ 도승지는 평양 감사직을 연이어 두 번 맡게 되었다.
⑤ 대부인은 도승지에게 춘풍 아내의 정성을 칭찬하였다.

30. [A], [B]에 대한 설명으로 가장 적절한 것은?

① [A]는 권위를 내세워 행위의 당위성을 강조하고 있다.
② [B]는 상대의 주장을 수용하여 태도에 변화를 보이고 있다.
③ [A]는 [B]의 내용을 예측하여 반박의 여지를 차단하고 있다.
④ [B]는 [A]의 반례를 들어서 자신의 행동을 합리화하고 있다.
⑤ [A]와 [B]는 모두 영웅의 행적을 주장의 근거로 삼고 있다.

31. ㉠~㉤을 이해한 내용으로 적절하지 않은 것은?

① ㉠ : 다른 사람의 잘못을 자신의 탓으로 여기고 있다.
② ㉡ : 앞으로의 상황이 악화될 것을 염려하고 있다.
③ ㉢ : 상대방의 호의를 부담스럽게 생각하고 있다.
④ ㉣ : 상대의 처지를 고려해 동행을 권유하고 있다.
⑤ ㉤ : 신의를 바탕으로 요청을 흔쾌히 수락하고 있다.

32. 〈보기〉를 바탕으로 윗글을 감상한 내용으로 적절하지 않은 것은? [3점]

<보 기>

이 작품은 남편이 저지른 일을 아내가 수습하는 서사가 중심이 된다. 춘풍은 가장이지만 경제관념 없이 현실적 쾌락만을 추구하며 자신이 초래한 문제를 해결하려 하지 않는다. 반면, 춘풍 아내는 적극적으로 현실의 문제를 해결하려는 의지를 갖고 주도면밀하게 목적을 달성한다. 이러한 두 인물의 대비되는 특징으로 인해 무능한 가장의 모습과 주체적인 아내의 역할 및 능력이 부각된다.

① 춘풍이 가난을 불평하며 아내에게 집안일에 대한 모든 권리를 넘기는 것에서 무책임한 가장의 모습을 엿볼 수 있군.
② 춘풍이 전곡을 남용하고 주색잡기에 빠져 있는 것에서 경제 관념 없이 현실적 쾌락을 추구하는 모습을 엿볼 수 있군.
③ 춘풍 아내가 사환에게 정보를 얻고 김 승지 댁 대부인에게 의도적으로 접근한 것에서 주도면밀한 모습을 엿볼 수 있군.
④ 춘풍 아내가 춘풍을 구하기 위해 비장의 지위를 획득하고 남장을 하는 것에서 적극적인 문제 해결 의지를 엿볼 수 있군.
⑤ 춘풍이 각서를 쓰고, 춘풍 아내가 차담상을 차리는 것에서 신분 상승을 통해 목적을 달성하려는 의도를 엿볼 수 있군.

1회 2024년 3월 국어

해설편 14쪽

[33~38] 다음 글을 읽고 물음에 답하시오.

(가)

기원전 3 세기경 중국의 전국시대 말기는 침략과 정벌의 전쟁이 빈번하게 벌어지는 혼란의 시대였다. 이와 동시에 국가의 혼란을 해결하기 위한 길을 ⓐ 모색한 여러 사상들이 융성한 시대이기도 했다.

이 시대에 활동했던 순자는 사회의 혼란과 무질서를 악(惡)이라고 규정하고 악은 온전히 인간의 성(性)에게서 비롯된 것으로 파악한다. 성이란 인간이 태어나면서부터 지니고 있는 동물적인 경향성을 일컫는 말로 욕망과 감정의 형태로 드러난다. 이 중에서 이익을 좋아하고 그것을 얻으려고 하는 인간의 성이 악을 초래한다고 보았다. 사회적 자원과 재화는 한정적인데 사람들이 모두 이기적인 욕망을 그대로 좇게 되면 그들 사이에 다툼과 쟁탈이 일어나게 된다는 것이다.

하지만 그는 인간이 성뿐만이 아니라 심(心)도 타고났기에 인간다워질 수 있고, 성에서 비롯한 사회 문제의 해결도 가능하다고 보았다. 심은 인간의 인지 능력을 뜻하는데, 인간의 감각 기관이 가져온 정보를 종합해서 인식하고 판단한다. 즉, 심은 성이 합리적인지 판단하여 성을 통제한다. 이러한 심의 작용을 통해 인간은 배우며 실천할 수 있는데, 이와 같은 인간의 의식적이고 후천적인 노력 또는 그것의 산물을 위(僞)라고 한다.

순자는 성을 변화시키는 위의 역할을 강조했는데, 특히 위의 핵심으로서 예(禮)를 언급하고 그것을 실천할 것을 주문한다. 예란 위를 ⓑ 축적하여 완전한 인격체가 된 성인(聖人)이 일찍이 사회의 혼란을 우려해 만든 일체의 사회적 규범을 말한다. 이는 개인의 도덕 규범이자 나라를 다스리는 규범으로, 개인의 모든 행위의 기준이자 사회의 위계 질서를 나누는 기준이 된다. 예의 가장 중요한 기능은 ㉠ 신분적 차이를 구분해서 직분을 정하는 것인데 이는 인간의 욕망 추구를 긍정하되 그 적절한 기준과 한계를 설정함을 의미한다. 사회 구성원이 자신의 위치에 맞게끔 욕망을 추구하게 함으로써 다툼과 쟁탈이 없는 안정된 사회를 만들 수 있다고 생각했기 때문이다.

이때 순자는 [군주]를 예의 근본으로 규정하고 그의 역할을 중시한다. 군주는 계승되어 온 예의 공통된 원칙을 지키고, 당대의 요구에 맞춰 예를 제정해야 한다. 구체적으로 군주는 백성들의 직분을 정해 주고 그들을 가르쳐 예의 길로 인도하는 역할을 수행한다. 이를 통해 백성들의 성은 교화되고 질서와 조화를 이룬 선(善)한 사회에 다다를 수 있다.

순자는 당대의 사상가들과 달리 사회 문제의 원인을 외적 상황에서 찾지 않고 인간의 타고난 성향에서 찾음으로써 인간 사회를 바라보는 새로운 관점을 제시하였다. 그러한 점에서 순자는 인간의 후천적 노력을 바탕으로 한 인간과 사회의 변화 가능성을 ⓒ 신뢰한 사상가라 할 수 있다.

(나)

홉스가 살던 17 세기는 종교 전쟁과 내전을 겪으며 혼란스러웠다. 이에 왕의 권력은 신으로부터 부여받은 것이라는 왕권신수설에 많은 사람들은 의문을 품게 되었다. 이러한 상황에서 홉스는 사회적 혼란을 해결하고자 신이 아닌 인간에 대한 탐구를 시작한다.

홉스는 국가 성립 과정을 설명하기 위해 국가가 성립하기 이전의 집단적 삶인 자연 상태를 가정한다. 그는 인간을 자기 보존을 추구하는 존재로 규정한다. 또한 인간은 자연 상태에서 누구나 절대적인 자유를 행사할 수 있는 권리를 지니는데, 이를 자연권이라고 말한다. 자연 상태에서 인간은 자기 보존을 위해 자신의 이익만을 추구하면서 끊임없이 싸우게 되는데 그는 전쟁과도 같은 이 상황을 '만인에 대한 만인의 투쟁'이라 ⓓ 명명한다. 하지만 이 상황에서 인간이 느끼는 죽음에 대한 공포는 평화와 안전을 바라게 하는 감정을 유발하기도 한다.

이때 인간의 이성은 평화로운 상태로 나아가기 위한 최선의 법칙을 발견하는데 홉스는 이를 자연법이라 일컫는다. 자연법의 가장 근본적인 원칙은 평화를 추구하고 따르라는 것이다. 그리고 이를 위해 인간의 이성은 자연 상태에서 가졌던 권리의 상당 부분을 포기하고 그것을 양도하는 ㉡ 사회 계약이 필요함을 깨닫는다.

개인이 자기 보존을 위해 자발적으로 동의한 사회 계약은 두 단계에 걸쳐 이루어진다. 첫 번째 단계에서 개인과 개인은 상호 적대적인 행위를 중지하고자 자연권의 대부분을 포기하는 계약을 맺는다. 그런데 이 계약은 누군가가 이를 위반할 경우에 그것을 제재할 수단이 없다는 한계가 있어 쉽게 파기될 수 있다. 이 계약의 불안정성을 해소하고 실효성을 보장하기 위해서는 계약 위반을 제재할 강제력과 그것을 집행할 수 있는 힘의 소유자를 세우는 일이 필요하다. 이에 개인은 계약 위반을 제재할 공동의 힘을 지닌 [통치자]와 두 번째 단계의 계약을 맺고 자신들의 권리를 그에게 양도한다.

이러한 계약의 과정을 거치며 '리바이어던'이라 불리는 국가가 탄생한다. 리바이어던은 본래 성서에 등장하는 무적의 힘을 가진 바다 괴물의 이름으로, 홉스는 이를 통해 계약으로 탄생한 국가의 강력한 공적 권력을 강조한 것이다. 통치자는 국가 권력의 실질적인 행사 주체로서 국가에 대한 복종을 요구하는 대신에 개인을 위험으로부터 보호하는 책무를 갖는다. 그는 강력한 처벌에 대한 규정을 만들고 개인들이 이에 따르게 함으로써 그들의 안전을 보장한다. 통치자가 개인들로부터 위임받은 권리를 정당하게 행사하여 개인들 간의 투쟁을 해소함으로써 비로소 평화로운 사회가 ⓔ 구현된다.

홉스의 사회 계약론은 인간의 본성에 대한 통찰을 바탕으로 국가가 성립하게 되는 과정을 제시하고 있다. 특히 국가가 지닌 힘의 원천을 신이 아닌 자유로운 개인들에게서 찾고 있다는 점에서 근대 주권 국가의 토대를 마련했다고 할 수 있다.

33. (가)와 (나)의 공통점으로 가장 적절한 것은?

① 인간 중심적인 시각에서 벗어나 사회 현상을 분석하고 있다.
② 현실을 개선하려는 사상가의 견해와 그 의의를 제시하고 있다.
③ 종교적인 믿음을 바탕으로 성립된 권력의 개념을 밝히고 있다.
④ 국가와 국가 간의 전쟁이 야기한 사상의 탄압 양상을 설명하고 있다.
⑤ 시대적 상황의 변화에 따라 달라진 지도자의 위상을 통시적으로 설명하고 있다.

해설편 15쪽

34. (가)의 [군주]와 (나)의 [통치자]에 대한 이해로 적절하지 않은 것은?

① 군주는 사회 구성원의 내면의 변화를 전제로 질서와 조화를 이룬 선한 사회를 만든다.
② 통치자는 신으로부터 부여받은 권리를 정당하게 행사함으로써 평화로운 사회를 만든다.
③ 군주는 백성을 사회적 위치에 맞게 행동하도록 인도하고, 통치자는 개인들의 상호 적대적인 행위의 중지를 요구한다.
④ 군주는 예를 바탕으로 한 교화를 통해, 통치자는 강력한 공적 권력을 바탕으로 한 처벌을 통해 사회의 질서를 도모한다.
⑤ 군주와 통치자는 모두 나라를 다스리는 지도자로서 사회적 역할을 이행해야 할 책무를 갖는다.

35. ㉠에 대한 설명으로 가장 적절한 것은?

① 개인의 욕망보다 사회의 요구를 강조하여 심의 부작용을 막기 위한 것이다.
② 인간의 성과 심의 차이를 구분하여 새로운 도덕적 기준을 세우기 위한 것이다.
③ 사회 구성원이 심을 체득하게 하여 혼란한 사회적 상황을 해결하기 위한 것이다.
④ 개인의 도덕 규범과 나라의 통치 규범을 구분하여 사회 문제의 원인을 찾기 위한 것이다.
⑤ 한정적인 사회적 자원과 재화를 적절하게 분배하여 사회의 안정성을 추구하기 위한 것이다.

36. ㉡을 이해한 내용으로 적절하지 않은 것은?

① 만인에 대한 만인의 투쟁 상황에서 벗어나기 위해 맺은 것이다.
② 자유를 향유할 수 있는 권리의 포기는 자발적인 동의하에 이루어진다.
③ 개인은 첫 번째 단계의 계약을 맺음으로써 공동의 힘을 제재할 수 있다.
④ 첫 번째 단계의 계약은 두 번째 단계의 계약과 달리 위반할 경우 제재 수단이 없다.
⑤ 두 번째 단계의 계약은 첫 번째 단계의 계약과 달리 개인의 권리 양도가 이루어진다.

37. (가)의 '순자'와 (나)의 '홉스'의 입장에서 〈보기〉의 상황을 이해한 내용으로 적절하지 않은 것은? [3점]

<보 기>

생물학자인 개릿 하딘은 공유지에서의 자유가 초래하는 혼란한 상황을 '공유지의 비극'이라 일컬었다. 그는 한 목초지에서 벌어지는 상황을 예로 들어 이를 설명하였다.

> 모두가 사용할 수 있는 목초지가 있다. 한 목동은 자신의 이익을 극대화하는 방법으로 가능한 한 많은 소 떼들을 목초지에 풀어 놓는다. 다른 목동들도 같은 방법을 취하게 되고 결국 목초지는 황폐화된다.

① 순자는 목동들이 '위'를 행하였다면 목초지의 황폐화를 막을 수 있었을 것이라고 생각하겠군.
② 홉스는 목동들이 처한 상황을 자기 보존을 추구하는 욕망이 발현된 '자연 상태'라고 생각하겠군.
③ 순자는 완전한 인격체가 만든 규범이, 홉스는 강력한 국가의 개입이 필요한 상황이라고 생각하겠군.
④ 순자는 '성'을 그대로 좇는 모습으로, 홉스는 '자연권'을 행사하는 모습으로 목동들의 이기적 행동을 이해하겠군.
⑤ 순자와 홉스는 모두 목동들이 공포를 느끼게 되면 문제 상황에 대한 합리적 판단 능력을 갖게 될 것이라고 생각하겠군.

38. ⓐ~ⓔ의 사전적 의미로 적절하지 않은 것은?

① ⓐ : 일이나 사건 따위를 해결할 수 있는 방법이나 실마리를 더듬어 찾음.
② ⓑ : 지식, 경험, 자금 따위를 모아서 쌓음.
③ ⓒ : 자기의 주장을 굽혀 남의 의견을 좇음.
④ ⓓ : 사람, 사물, 사건 등의 대상에 이름을 지어 붙임.
⑤ ⓔ : 어떤 내용이 구체적인 사실로 나타나게 함.

[39～43] 다음 글을 읽고 물음에 답하시오.

사계절이 뚜렷한 곳에서 자라는 나무는 매해 하나씩 나이테를 만들기 때문에 나이테를 세면 나무의 나이를 알 수 있다. 그렇다면 나이테는 단순히 나무의 나이를 알기 위해서만 활용되는 것일까? 그렇지 않다. 나이테는 현재 남아 있는 다양한 목제 유물들이 언제 만들어졌는지 그 제작 연도를 ⓐ 규명하는 데도 활용되고 있다.

나무의 나이테는 위치에 따라 크게 심재, 변재로 구분된다. 심재는 나무의 성장 초기에 형성된 안쪽 부분으로 생장이 거의 멈추면서 진액이 내부에 갇혀 색깔이 어둡게 변한 부분이다. 변재는 심재의 끝부터 껍질인 수피 전까지의 바깥 부분으로 물과 영양분을 공급하는 생장 세포가 활성화되어 있어 밝은 색상을 띠는 부분이다. 나무의 나이는 이 심재와 변재의 나이테 수를 합한 것이 된다.

그런데 나무의 나이테 너비를 살펴보면 매해 그 너비가 동일하지 않다. 그 이유는 '제한 요소의 법칙'에 의해서 나무의 생장량이 결정되기 때문이다. 나무가 생장하기 위해서는 물, 빛, 온도, 이산화 탄소 등의 다양한 환경 요소가 필요한데 환경 요소들은 해마다 다르기 때문에 나이테의 너비도 변하게 된다. 그렇다고 모든 환경 요소가 나이테의 너비 변화에 영향을 주는 것은 아니다. 여러 환경 요소 중에서 가장 부족한 요소가 나이테의 너비 변화에 가장 큰 영향을 주게 되는데 이것이 바로 제한 요소의 법칙이다.

나무가 가장 부족한 요소에 모든 생물학적 활동을 맞추는 것은 안전하게 생장하기 위한 전략이다. 만일 나무의 생장이 가장 풍족한 요소를 기준으로 이뤄진다면 생장에 필요한 생물학적 활동을 제한하는 요소가 많아져 ⓑ 고사할 위험이 높아지게 될 것이기 때문이다. 제한 요소의 법칙은 모든 나무의 생장에 예외 없이 적용되며, 그 결과로 동일한 수종이 유사한 생장 환경에서 자라면 나이테의 너비 변화 패턴이 유사하다. 하지만 수종이 같더라도 지역이 다르면 생장 환경이 다르기 때문에 나이테의 너비 변화 패턴은 달라지게 된다.

나이테를 활용하여 목제 유물에 사용된 나무의 벌채* 연도나 환경 조건을 추정하는 것을 연륜 연대 측정이라 하는데 이를 위해서는 나이테의 너비 변화 패턴을 그래프로 나타낸 ㉠ 연륜 연대기가 있어야 한다. 수천 년 살 수 있는 나무는 많지 않으나 아래 〈그림〉과 같은 방법으로 수천 년에 달하는 연륜 연대기 작성은 가능하다.

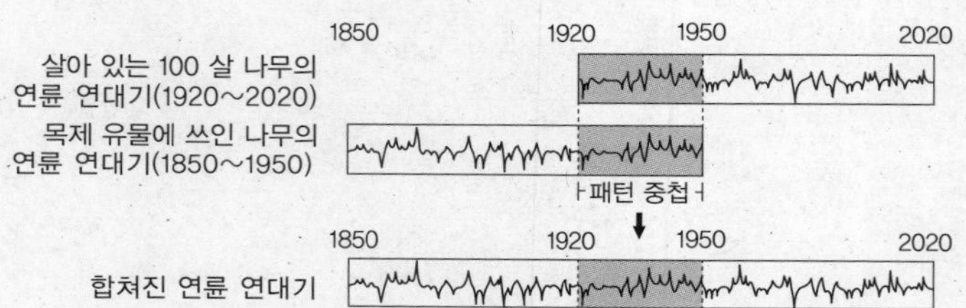

살아 있는 나무에서 나이테 너비를 ⓒ 측정하면 정확한 연도가 부여된 연륜 연대기를 작성할 수 있다. 다음으로 오래지 않은 과거에 제작된 목제 유물의 나이테로 연륜 연대기를 작성하여 이미 작성된 연륜 연대기와 비교하면 패턴이 겹치는 기간을 확인할 수 있다. 그 기간은 지금 살아 있는 나무와 과거 유물에 사용된 나무가 함께 생장하던 기간이 된다. 이러한 방법으로 보다 과거의 목제 유물로 작성된 연륜 연대기와 패턴 비교를 반복하면 수백, 수천 년에 달하는 나무의 연륜 연대기 작성이 가능해진다. 이렇게 작성된 장기간의 연륜 연대기를 표준 연대기라 하는데 우리나라는 현재 소나무, 참나무, 느티나무의 표준 연대기를 ⓓ 보유하고 있다. 연륜 연대 측정은 이 표준 연대기와 목제 유물의 나이테로 작성한 유물 연대기의 패턴을 비교함으로써 진행되고 그 방법은 다음과 같다.

[A]

먼저 목제 유물의 나이테에 변재가 있는지 확인해야 한다. 나무를 가공할 때는 벌레가 먹거나 쉽게 썩는 변재의 일부 또는 전체가 잘려 나가기도 하는데 만일 유물의 나이테에 변재가 없는 경우에는 벌채 연도를 추정할 수 없게 된다.

변재의 존재 여부를 확인한 후에는 목제 유물의 각 부분에서 나이테를 채취해 패턴이 중첩되는 부분을 비교하여 유물 연대기를 만든 다음, 비교 대상으로 사용할 표준 연대기를 정해야 한다. 이때 유물 연대기와 표준 연대기의 상관도를 나타내는 t값과 일치도를 나타내는 G값을 고려해야 하는데 100 년 이상의 기간을 상호 비교할 때 t값은 3.5 이상, G값은 65 % 이상의 값을 가져야 통계적으로 유의성이 있는 것으로 ⓔ 간주된다.

표준 연대기를 정한 후에는 유물 연대기와 표준 연대기의 패턴을 비교하여 중첩되는 부분의 시작 나이테의 연도부터 마지막 나이테의 연도를 확정하여 절대 연도를 부여한다. 유물의 나이테가 변재를 완전하게 갖고 있을 경우에는 마지막 나이테의 절대 연도가 벌채 연도가 된다. 하지만 변재의 바깥쪽 나이테 일부가 잘려 나갔다면 마지막 나이테의 절대 연도에 잘려 나간 변재 나이테 수를 더한 값이 벌채 연도가 되는데 이때는 수령별 평균 변재 나이테 수를 참고한다. 비슷한 수령의 나무가 갖는 평균 변재 나이테 수에서 유물에 남아 있는 변재 나이테 수를 빼, 나무를 가공할 때 잘라 낸 변재 나이테 수를 구한다. 그리고 이를 마지막 나이테의 절대 연도에 더해 벌채 연도를 확정한다. 그 다음, 벌채한 후 가공할 때까지 나무를 건조하는 일반적인 기간인 1～2 년을 더해 목제 유물의 제작 연도를 추정한다.

* 벌채 : 나무를 베어 냄.

39. 윗글에서 사용된 전개 방식으로 적절하지 않은 것은?

① 자문자답의 방식으로 화제를 제시하고 있다.
② 대상의 특성을 관련 개념을 통해 설명하고 있다.
③ 일정한 기준에 따라 대상을 나누어 설명하고 있다.
④ 어려운 개념을 친숙한 대상에 빗대어 설명하고 있다.
⑤ 반대 상황을 가정하여 현상에 대한 이해를 돕고 있다.

40. 윗글에서 알 수 있는 내용으로 가장 적절한 것은?

① 심재는 생장이 거의 멈춘 나이테로 수피에 인접하여 있다.
② 변재는 생장 세포에 있는 진액으로 인해 밝은 색상을 띤다.
③ 나무의 수령은 변재 나이테의 개수로 파악할 수 있다.
④ 나이테의 너비는 가장 풍족한 환경 요소로 결정된다.
⑤ 심재 나이테만 남아 있다면 연륜 연대 측정은 불가하다.

41. ㉠에 대한 설명으로 적절하지 않은 것은?

① 동일한 수종이라도 환경이 다르면 패턴이 달라진다.
② 패턴 비교를 반복하면 장기간의 연대기 작성이 가능하다.
③ 나이테의 너비가 일정하면 패턴 분석의 대상이 될 수 없다.
④ 제한 요소의 법칙에 따라 나무가 생장한 결과를 보여 준다.
⑤ 현재 국내에는 3종의 나무에 대한 표준 연대기가 존재한다.

42. [A]를 바탕으로 〈보기〉의 '연륜 연대 측정 자료'를 이해한 내용으로 적절하지 않은 것은? [3점]

<보 기>

[소나무 서랍장에 대한 연륜 연대 측정]

Ⅰ. 측정 참고 자료

○ 두 곳의 서랍에서 같은 나무의 나이테를 채취하였고, 이 중 서랍 2에서는 좁은 나이테 모양으로 보아 바깥쪽 나이테가 거의 수피에 근접한 것을 확인하였음.

○ 서랍 1, 2 연대기의 패턴을 비교하여 유물 연대기를 작성한 후 표준 연대기와 비교하여 절대 연도를 부여함.

Ⅱ. 유의성 및 수령별 평균 변재 나이테 수 자료

표준 연대기	t값	G값	평균 변재 나이테 수	
			수령 100 년	수령 150 년
a산 소나무	3.7	69 %	60 개	77 개
b산 소나무	3.2	60 %	58 개	65 개

Ⅲ. 소나무 서랍장 유물 연대기 및 절대 연도 부여 자료

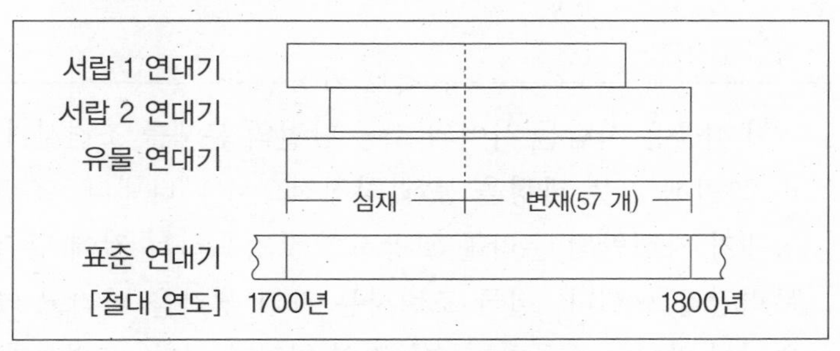

① t값과 G값을 고려할 때 표준 연대기는 a산 소나무의 연대기가 사용되었을 것이다.
② 유물 연대기와 표준 연대기의 패턴이 중첩되는 기간은 1700년부터 1800년까지일 것이다.
③ 마지막 나이테의 절대 연도를 고려할 때 서랍장에 사용된 나무의 벌채 연도는 1802년일 것이다.
④ 비슷한 수령의 소나무가 갖는 평균 변재 나이테 수를 참고하면 가공할 때 잘려 나간 변재 나이테 수는 3 개일 것이다.
⑤ 벌채한 나무의 건조 기간을 고려하면 서랍장의 제작 연도는 1804년에서 1805년 사이일 것이다.

43. ⓐ~ⓔ를 바꿔 쓴 것으로 적절하지 않은 것은?

① ⓐ : 밝히는
② ⓑ : 말라 죽을
③ ⓒ : 헤아리면
④ ⓓ : 가지고
⑤ ⓔ : 여겨진다

[44~45] 다음 글을 읽고 물음에 답하시오.

[앞부분의 줄거리] 동물원의 코끼리들이 도심으로 탈출했다. 근처 선거 유세장에서는 정치인이 부상을 당하였고, 일대는 쑥대밭이 되었다. 조련사는 유세를 방해하기 위해 일부러 코끼리를 풀어 준 혐의로 경찰서에 붙잡혀 와 조사를 받는다. 참고인 자격의 의사와 아들의 면회를 온 어머니도 함께 있다.

조련사 정말인데. 코끼리들은 공연하면서 많이 우는데. 답답하다고 우는데. 슬퍼서 우는데. 난 다 알고 있었는데. 코끼리들이 며칠 전서부터 도망갈 조짐을 보인 것도 알았는데. 도망가려고 의논하는 소릴 들었는데. 그리고 그날은 공원에 갈 때 다른 날과 다르게 빨리 걸었는데. 난 눈치를 챘는데. 오늘이구나. 다른 조련사들이 나한테 다 맡기고 매점에 갔을 때, 코끼리들이 주위를 살피기 시작했는데. 거위들이 꽥꽥댈 때 서로 눈을 마주쳤는데. 나도 코끼리랑 눈이 마주쳤지만 휘파람을 불었는데. 못 본 척 휘파람만 불었는데. 도망가라고. 가서 가족들 애인들 만나라고 일부러 못 본 척했는데.

어머니 겁을 많이 먹었어요. 두려우면 말이 많아져요.

어머니가 손수건을 꺼내 조련사를 닦아 주려 하나 조련사가 피한다.

의사 (조련사에게) 도망치지 마세요. 선생님은 지금 또 다른 거짓말을 만들고 그리로 도망가는 겁니다. 용기를 내서 직면하세요. 직면이 무슨 뜻인 줄 아시죠? 정정당당하게 직접 부딪치는 거예요. 지금이 가장 중요한 순간입니다.

조련사가 외면한다.

형사 (담배를 비벼 끄고) 야, 인마! 나 똑바로 쳐다봐. 너 아까 시인했지? 시켜서 했다고. 그들이 널 1년 전부터 코끼리 조련에 투입했잖아.

조련사가 외면한다.

어머니 있는 그대로 말씀드려. 넌 그저 착한 마음에 코끼리들을 풀어 주고 싶었잖아. 네가 그랬잖니? 동물들이 밧줄에 묶여 있는 것 보면 마음이 아프다고. 꼭 네가 묶인 것처럼 마음이 아프다고. 왜 말을 못 해? 왜 그렇게 말을 못 해?

조련사는 자신의 말이 받아들여지지 않는 것에 대해 너무 답답하다. 그는 발을 구르고 팔을 휘두르고 고개를 흔들며 몸으로 그 답답함을 호소한다.

조련사 진짜 그랬는데. 왜 내 말을 안 믿는데.
형사 (소리를 지른다) 가만히 앉아!
의사 직면하기 힘들어서 그런 겁니다.
어머니 얘야, 정신 차려.

(중략)

조련사 (꽤 지쳐 있다) 내가 했는데. 다 내가 했는데.

형사 (조련사의 어깨를 두드리며) 그만, 그만. 진정해. 거기까지. 잘했어. 오후에 기자단이 오면 나한테 했던 말을 그대로 하면 돼. 그러면 모든 일이 마무리되는 거야. 어마어마한 음모가 드러나는 거지. 걱정 마. 넌 가벼운 문책을 받는데 그치도록 손써 줄게.

이때, 친절한 노크 소리. 느닷없이 코끼리가 들어온다. 코끼리는 오로지 조련사에게만 보인다. 따라서 조련사와 코끼리의 대화는 아무도 들을 수 없다.

조련사 삼코!

코끼리가 조련사에게 다가와 그를 일으켜 세운 후 가슴에 번호표를 달아 준다.

코끼리 57621번째 코끼리가 된 걸 축하해.

코끼리가 조련사의 목에 화환을 걸어 준다. 코끼리가 조련사를 형사가 있는 쪽으로 보낸다. 이때부터 말하는 사람에게만 차례로 조명이 비춰진다. 조련사에게 조명이 비춰질 때마다 그는 조금씩 코끼리로 변해 있다.

형사 (조련사에게) 넌 톱기사로 다뤄질 거야. 다른 얘긴 집어치우고 유세장 얘기만 해. 어떻게 유세장으로 코끼리를 유인했는지. 고생했다. 배고프지? 좀 이따 따뜻한 국밥이라도 먹자. 기자 회견 때는 김창건 의원 이름을 분명히 말해. 그래야 네 혐의가 쉽게 풀릴 테니까.

조련사가 편안한 미소를 지으며 오른손을 올려 이마에 경례를 붙인다. 조련사가 어둠으로 사라지면 어둠 속에 있던 코끼리가 그에게 조끼를 입힌다. 코끼리가 그를 의사에게 보낸다.

의사 고백한 내용, 모두 녹음했어요. 코끼리를 사랑할 순 있지만 그건 병이에요. 병을 고치는 건 문제점을 인정하는 데서 출발하죠. 선생님의 인정은 정말 용감한 일입니다. 고비를 넘기셨어요. 선생님께도 곧 진짜 애인이 생길 수 있습니다. 코끼리가 아닌 진짜 여자.

조련사가 행복한 미소를 지으며 감사의 인사를 정중하게 한다. 조련사가 어둠으로 사라지면 코끼리가 그에게 화려한 벨벳 모자를 씌운다. 코끼리가 그를 어머니에게 보낸다.

어머니 어쩌겠니. 순진하기만 한 걸. 그렇게 생겨 먹은 걸. 인생 뭐 있니? 생긴 대로 사는 거지. 그래도 넌 여전히 착하고 멋지다. 그럼, 누구 아들인데. 누가 너처럼 용감할 수 있니? 그래, 다 풀어 줘. 다 초원으로 데리고 가. 개구리도 코끼리도, 엄마도 아빠도 다, 다 데리고 가. 사람들이 나중엔 알 거야. 네가 얼마나 좋은 일을 했는지. 혹시 아니? 노벨 평화상이라도 줄지.

조련사가 어머니를 살짝 포옹했다 푼다. 조련사가 어둠으로 사라지면 코끼리가 그에게 커다란 코가 붙어 있는 머리를 씌워 준다. 어느새 조련사는 코끼리와 똑같은 형상을 갖췄다. 조명이 서서히 무대 전체를 비춘다. 형사, 의사, 어머니는 자신의 의지가 관철된 듯, 결의에 찬 박수를 친다. 박수 소리가 점점 커져 우레 같은 박수 소리가 된다. 마치 서커스를 보려고 몰려든 관중의 박수 소리처럼. 조련사와 코끼리는 형사, 의사, 어머니 사이를 돌며 쇼를 시작한다.

– 이미경, 「그게 아닌데」 –

44. 윗글을 이해한 내용으로 적절하지 않은 것은?

① 조련사는 코끼리들이 동물원에서 탈출하려는 모습을 보고도 방관했다고 말했다.
② 형사는 조련사에게 배후 세력의 지시를 받았다는 것을 인정하라고 다그쳤다.
③ 어머니는 조련사가 한 행동의 원인을 조련사의 심리나 성품에서 찾았다.
④ 의사는 조련사의 말과 행동을 병과 연관 지어 해석했다.
⑤ 형사, 의사, 어머니는 서로 의견을 교환하며 조련사를 설득할 방법을 모색했다.

45. 〈보기〉를 바탕으로 윗글을 감상한 내용으로 적절하지 않은 것은? [3점]

〈보 기〉

이 작품은 사람들 사이의 소통 단절의 문제를 조련사가 코끼리로 변해 가는 과정을 통해 상징적으로 나타낸다. 조련사는 상대가 자신만의 논리를 일방적으로 강요하는 것에 답답함과 무력감을 느낀다. 결국 조련사는 자기 생각을 버리고 타인의 의지에 맞추어 순응하는 수동적인 처지가 된다. 조련사가 코끼리가 되는 결말은 그가 회복 불가능한 단절 상황에 놓이게 되었음을 의미한다.

① 조련사가 어머니의 손길을 피하고, 의사와 형사의 말을 외면하는 것에서 소통이 단절된 상황을 엿볼 수 있군.
② 조련사가 꽤 지쳐 있는 상태에서 자신이 했다는 말을 반복하는 것에서 소통이 어려운 상황에 대한 자포자기의 심정을 엿볼 수 있군.
③ 조련사가 코끼리로 조금씩 변하면서 형사, 의사의 말에 미소를 짓는 것에서 소통이 단절된 상황에서 벗어났음을 엿볼 수 있군.
④ 조련사가 코끼리의 형상을 갖춘 뒤 형사, 의사, 어머니가 결의에 찬 박수를 치는 것에서 자신들의 의지가 관철된 만족감을 엿볼 수 있군.
⑤ 조련사가 코끼리가 되어 형사, 의사, 어머니 사이를 돌며 쇼를 하는 것에서 동물원의 코끼리와 다를 바 없는 수동적인 처지로 전락했음을 엿볼 수 있군.

※ **확인 사항**
○ **답안지의 해당란에 필요한 내용을 정확히 기입(표기)했는지 확인하시오.**

제 1 교시

국어 영역

2회	시험 시간	80분
	날짜	월 일 요일
시작 시각 :	종료 시각	:

[1～3] 다음은 학생의 발표이다. 물음에 답하시오.

안녕하세요? 여러분, 병풍이 무엇인지 알고 계신가요? (청중의 반응을 살피며) 네, 고개를 끄덕이는 분들이 많으시네요. 최근 한 휴대폰 제조사에서 여러 번 접을 수 있는 병풍의 특징을 적용한 '병풍폰'을 개발한다는 기사를 보았습니다. 저는 이 기사를 보고 호기심이 생겨 전통 공예품 중 병풍에 대해 조사하여 발표하게 되었습니다.

'병풍'은 바람을 막는다는 의미를 지니는데, 바람을 막는 기능 외에 무엇을 가리는 용도로도 사용되는 소품입니다. (㉠ 자료를 제시하며) 병풍은 이렇게 펼치고 접을 수 있는 구조적 특징이 있어 공간을 효율적으로 사용할 수 있도록 하는 장점이 있습니다. 병풍을 펼쳐 공간을 분리하거나, 접어서 공간을 확장하여 사용할 수 있기 때문입니다. 이러한 구조적 특징으로 인해 야외나 다른 공간으로 병풍을 옮겨 사용하기 편리하고, 접었을 때 보관하기에도 용이합니다.

병풍은 공간을 꾸며 상황에 맞는 분위기를 조성하는 장식적 특징도 있습니다. 이러한 특징은 병풍에 그림을 넣는 데서 두드러지게 나타나는데, 병풍에는 상징적인 의미를 지닌 그림들을 사용하는 경우가 많습니다. 장수를 기원할 때는 십장생을, 선비의 지조를 강조하고자 할 때는 사군자를 그린 그림을 사용하기도 하였습니다. (㉡ 자료를 제시하며) 지금 보시는 이 병풍에는 꽃과 새가 그려져 있는데, 결혼식 때 신랑 신부의 행복과 부귀영화를 기원하는 상징적 의미를 담은 것입니다. 꽃과 새를 화려하게 그려 넣어 장식함으로써 결혼식의 경사스러운 분위기를 조성하는 데 사용합니다.

(㉢ 자료를 제시하며) 여러분, 이 병풍에는 어떤 특징이 있을까요? (청중의 대답을 듣고) 네, 맞습니다. 이 병풍은 글자와 그림이 어우러져 있는 '문자도 병풍'입니다. 문자도 병풍은 유교의 주요 덕목을 나타내는 글자를 그린 병풍입니다. 보시는 것처럼 '효'라는 한자와 다양한 소재들이 어우러져 있는데요, 각 소재들은 효자와 관련된 이야기에 등장하는 것들입니다. 이 중에서 가장 크게 보이는 잉어를 예로 들자면, 추운 겨울에 물고기를 드시고 싶어 하는 부모님을 위해 얼음을 깨고 물고기를 잡은 효자의 설화와 관련이 있습니다. 이러한 문자도 병풍은 집안을 장식하고 유교적 덕목을 되새기기 위한 용도로 사용되었습니다.

병풍은 우리 선조들의 생활 속에서 꾸준하게 사랑받아 온, 실용성과 예술성을 겸비한 생활용품입니다. 앞으로 여러분께서도 어디선가 병풍을 접했을 때 관심 있게 살펴봐 주시기 바랍니다. 그리고 발표 내용을 떠올리면서 병풍에 담긴 의미를 생각해 보고, 그 아름다움도 느껴 보시면 좋을 것 같습니다. 이상으로 발표를 마치겠습니다.

1. 위 발표에 대한 설명으로 적절하지 않은 것은?

① 발표 소재를 선정한 계기를 언급하며 발표를 시작하고 있다.
② 다른 대상과 대비하여 발표 소재의 장점을 강조하고 있다.
③ 구체적인 예를 들어 발표 내용에 대한 이해를 돕고 있다.
④ 질문을 던지는 방식을 활용하여 청중과 상호작용하고 있다.
⑤ 발표 소재에 대한 관심을 당부하며 발표를 마무리하고 있다.

2. 다음은 발표자가 제시한 자료이다. 발표자의 자료 활용에 대한 이해로 적절하지 않은 것은?

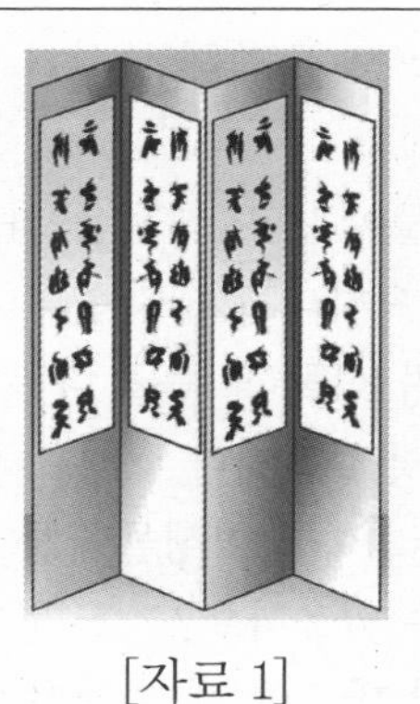
[자료 1]

[자료 2]

[자료 3]

① ㉠에서 [자료 1]을 활용하여, 펼치고 접을 수 있어 공간 활용의 효율성을 높이는 병풍의 구조적 특징을 설명하였다.
② ㉠에서 [자료 1]을 활용하여, 실내외 공간에 따라 그림이나 글자를 선택할 수 있는 병풍의 다양성을 설명하였다.
③ ㉡에서 [자료 2]를 활용하여, 기원하는 바를 그림에 담아 표현하는 병풍의 상징성을 설명하였다.
④ ㉡에서 [자료 2]를 활용하여, 공간을 꾸며 상황에 맞는 분위기를 조성하는 병풍의 장식적 특징을 설명하였다.
⑤ ㉢에서 [자료 3]을 활용하여, 글자와 그림을 통해 유교적 덕목을 되새길 수 있는 병풍의 용도를 설명하였다.

3. 다음은 발표를 듣고 학생이 보인 반응이다. 이를 이해한 내용으로 가장 적절한 것은?

얼마 전 카페에서 전체를 접고 펼 수 있는 구조로 된 창문을 보았어. 날씨가 나쁠 때는 펼쳐서 외부와 차단하고, 날씨가 좋을 때는 접어서 공간을 확장하여 사용하고 있었어. 발표 내용을 듣고 그 창문이 공간을 분리하고 확장하는 병풍의 구조적 특징과 유사하다고 생각하게 되었어. 박물관에서나 볼 수 있는 옛날 물건이라고만 생각했던 병풍이 가지는 현대적 가치를 생각해 보는 기회가 되었어.

① 자신의 경험과 관련지어 발표 소재에 대해 새롭게 인식하고 있다.
② 발표 내용이 발표 주제에 부합하는지 객관적으로 분석하고 있다.
③ 발표를 듣기 전에 지녔던 의문을 발표 내용을 통해 해소하고 있다.
④ 발표 내용 중 사실과 의견을 구분하여 선별적으로 수용하고 있다.
⑤ 배경지식을 활용하여 발표자의 견해를 비판적으로 평가하고 있다.

해설편 23쪽

[4~7] (가)는 생태 환경 동아리의 회의이고, (나)는 이를 바탕으로 작성한 안내문의 초고이다. 물음에 답하시오.

(가)

동아리 회장 지난 회의에서 우리 학교 학생들을 대상으로 반려 식물 키우기 캠페인을 하기로 결정했는데요, 오늘은 캠페인을 어떻게, 어떤 내용으로 진행할지에 대해 협의해 보겠습니다. 좋은 의견이 있으면 말씀해 주시기 바랍니다.

부원 1 이번 캠페인을 통해 많은 학생들이 반려 식물을 키워 보는 경험을 하는 것이 가장 중요하다고 생각합니다. 그렇게 하려면 학생들에게 반려 식물 모종을 나누어 주고 직접 키워 보도록 해야 할 것 같습니다.

부원 2 저도 같은 생각입니다. 다만 우리 학교 학생들에게 나누어 줄 모종을 충분히 준비할 수 있을까요?

부원 1 예전에 동아리 담당 선생님께서 학교에 생태 교육 예산이 있다고 말씀하신 것을 들은 적이 있는데, 혹시 그 예산으로 반려 식물 모종을 준비할 수 있지 않을까요?

동아리 회장 저도 그 이야기를 들어서 여쭈어보았더니 선생님께서 그 예산으로 300개 정도의 모종을 준비해 주실 수 있다고 말씀하셨고, 학생들이 키우기 좋은 반려 식물 세 가지도 추천해 주셨습니다.

부원 1 반가운 소식이네요. 그런데 모종의 수가 우리 학교 학생 수의 절반밖에 되지 않아 걱정입니다.

[A] **부원 2** 그래도 300명이나 되는 학생들이 반려 식물을 키우는 경험을 할 수 있고 반려 식물 키우기를 원치 않는 학생들도 있을 테니, 모종 300개로도 캠페인을 진행하는 데 무리가 없을 것 같습니다.

부원 1 말씀을 들어 보니 모종 수는 문제가 되지 않겠네요.

동아리 회장 그런데 캠페인이 모종 나누어 주기만으로 끝나면 안 될 것 같습니다. 나누어 줄 식물의 이름, 특징, 키우는 방법에 대한 정보도 함께 제공해야 하지 않을까요?

부원 1 좋은 의견이네요.

부원 2 저도 같은 생각입니다. 정보를 제공하면 반려 식물을 더 잘 키우는 데 도움이 될 수 있을 것입니다.

동아리 회장 반려 식물 모종 나누기와 함께 반려 식물과 관련한 정보를 제공해 주자는 의견에 모두 공감하는 것 같은데요, 반려 식물에 대한 정보를 담은 안내문을 만들어 모종과 함께 나누어 주면 어떨까요?

부원 2 좋은 생각입니다. 모종 나누기 행사 전에 안내문을 학교 게시판에 게시하면 캠페인의 홍보 효과도 얻을 수 있을 것 같아요.

동아리 회장 그렇네요. 그럼 안내문에는 어떤 내용을 어떤 순서로 제시할지 한 분씩 의견을 말씀해 주시기 바랍니다.

부원 1 먼저 반려 식물은 무엇인지, 반려 식물을 키우면 어떤 효과가 있는지 밝히면 좋겠어요. 그러면 학생들이 캠페인에 더 많은 관심을 가질 것 같습니다.

부원 2 그다음에 모종 나누기 행사를 안내하고, 반려 식물의 이름, 특징, 키우는 방법 등을 제시했으면 합니다.

[B] **부원 1** 하지만 안내문의 제한된 공간에 반려 식물을 키우는 방법까지 제시하는 것은 어렵지 않을까요? 나누어 주려는 반려 식물이 세 가지나 되는데, 이 세 가지 식물을 키우는 방법을 모두 안내하는 것은 무리일 것 같습니다.

동아리 회장 음, 각각의 반려 식물을 키우는 방법을 안내하는 홈페이지를 QR 코드로 연결해 두면 어떨까요?

부원 1 그러면 학생들이 스마트 기기를 이용해 반려 식물을 키우는 방법을 확인할 수 있어 매우 유용하겠네요.

부원 2 그리고 반려 식물을 키우며 수시로 생기는 궁금증을 해결할 수 있게 우리 동아리 블로그를 안내해도 좋겠어요.

부원 1 좋은 의견입니다. 고양이를 애지중지 키우는 사람을 뜻하는 '냥집사'처럼, 식물을 키우며 기쁨을 찾는 사람들이라는 의미로 '식집사'라는 용어를 쓰면 학생들이 더 흥미를 느낄 수 있지 않을까요?

동아리 회장 재미있겠는데요. 그럼 지금까지의 회의 내용을 바탕으로 안내문을 작성해 보도록 합시다.

(나)

반려 식물을 키우는 '식집사'가 되어 보세요!

▸ **반려 식물이란?**

생활공간에서 정서적으로 교감하는 식물을 일컫는 말이에요.

▸ **반려 식물을 키우면?**

생명을 키우는 성취감, 정서 안정, 공기 정화의 효과가 있어요.

▸ **반려 식물 모종 나누기 행사를 한다고요?**

☞ <3월 23일 하교 시간, 본관 앞>에서, 원하는 모종을 하나씩 나누어 드려요. (300개 한정)

<유칼립투스>	<아이비>	<칼라데아>

은은한 향기가 주는 마음의 평화	물만 주면 잘 자라는 공기 청정기	풍성한 잎이 전하는 싱그러운 생명감

▸ **반려 식물은 어떻게 키우나요?**

반려 식물을 키우는 방법을 QR 코드로 확인하세요.

<유칼립투스>	<아이비>	<칼라데아>

▸ **반려 식물을 키우면서 궁금증이 생기면?**

우리 동아리 블로그(blog.com/eco△△△)를 찾아 주세요.

생태 환경 동아리 '푸른누리'

4. (가)의 '동아리 회장'의 말하기 방식으로 적절하지 <u>않은</u> 것은?

① 지난 회의 내용을 환기하며 협의할 내용을 밝히고 있다.
② 의문의 형식을 활용하여 자신의 견해를 제안하고 있다.
③ 서로 공감한 내용을 바탕으로 새로운 의견을 제시하고 있다.
④ 논의된 내용을 구체화할 수 있는 발언을 유도하고 있다.
⑤ 회의 내용을 전체적으로 요약하며 회의를 마무리하고 있다.

5. [A], [B]에 대한 설명으로 가장 적절한 것은?

① [A]는 미래의 상황을 예측하는, [B]는 과거의 상황을 환기하는 발화이다.
② [A]는 상대의 의견을 보완하는, [B]는 상대의 의견을 뒷받침하는 발화이다.
③ [A]는 상대의 우려를 해소하는, [B]는 상대의 견해에 우려를 드러내는 발화이다.
④ [A]는 문제 해결의 방법을 요구하는, [B]는 문제 해결의 결과에 주목하는 발화이다.
⑤ [A]는 상대와 자신의 견해 차이를 확인하는, [B]는 상대와 자신의 공통된 견해를 확인하는 발화이다.

6. (가)의 내용이 (나)에 반영된 양상으로 적절하지 않은 것은?

① (가)에서 반려 식물 모종 나누기 행사를 안내하자는 의견에 따라, (나)에서 행사의 일시와 장소를 밝히고 있다.
② (가)에서 반려 식물과 관련한 정보를 제공하자는 의견에 따라, (나)에서 반려 식물의 이름, 특징 등을 제시하고 있다.
③ (가)에서 학생들이 캠페인에 적극적으로 동참하도록 촉구하자는 의견에 따라, (나)에서 캠페인의 취지를 설명하고 있다.
④ (가)에서 반려 식물을 키우며 생기는 궁금증을 해결하게 돕자는 의견에 따라, (나)에서 동아리 블로그를 소개하고 있다.
⑤ (가)에서 학생들이 흥미를 느낄 수 있도록 '식집사'라는 용어를 쓰자는 의견에 따라, (나)의 제목에서 해당 용어를 사용하고 있다.

7. (나)의 성격을 고려할 때, 〈보기〉의 자료를 활용하여 (나)를 보완하는 방안으로 가장 적절한 것은? [3점]

<보 기>

[신문 자료]
최근 반려 동물과 식물에 대한 관심이 커지면서 이와 관련한 문제점이 나타나고 있다. 반려 동물의 경우 이미 동물 학대, 동물 유기 등이 사회적 문제로 부각되고 있으며, 최근에는 반려 식물과 관련한 문제도 증가하고 있다. 반려 식물은 반려 동물에 비해 존재감이 미약해 관리를 소홀히 하여 생명을 잃는 경우가 많고, 버려지는 사례도 점점 늘고 있다.

① 반려 식물을 키우기 쉬운 이유를 밝히며 지속적인 관심과 노력이 필요하다는 점을 강조해야겠어.
② 반려 식물에 대한 관심이 부족한 점을 지적하며 반려 식물을 구입할 수 있는 방법에 대한 내용을 추가해야겠어.
③ 반려 식물의 유기를 금지하는 규정이 마련되어 있지 않은 점을 강조하며 이를 제정해야 한다는 내용을 추가해야겠어.
④ 반려 동물과 구별되는 반려 식물의 장점을 언급하며 반려 식물을 키우는 사람이 많아지고 있다는 점을 강조해야겠어.
⑤ 반려 식물이 생명을 지닌 존재임을 언급하며 정성을 기울여 반려 식물을 키워 줄 것을 권유하는 문구를 추가해야겠어.

[8～10] 다음은 작문 상황에 따라 쓴 학생의 초고이다. 물음에 답하시오.

[작문 상황]
일상의 체험을 바탕으로 수필을 써 학급 문집에 싣고자 함.

[초고]
우리 집 마당 구석에 있는 창고에는 낡고 작은 배달용 오토바이가 한 대 서 있다. 아버지는 이 오토바이를 오랜 친구처럼 여기신다. 틈틈이 먼지를 털고, 경적을 빠방 울리기도 하고, 시동도 부르릉 걸어보시고, 해진 안장을 툭툭 치며 환하게 웃으신다.

야트막한 언덕에 자리한 우리 학교는 인자한 미소를 띤 고목들이 오랜 전통을 말해 준다. 운동장을 발밑에 두고 중고등학교 건물이 다정히 서 있는데, 교실 유리창으로 내려다보이는 옛 시가지의 한적한 플라타너스 길은 운치가 있고 아름답다.

중학교에 갓 입학했을 때 늦잠을 자는 바람에 아버지의 등 뒤에 꼭 붙어서 오토바이로 급히 등교한 적이 있었다. 아버지는 교문에서 조금 떨어진 골목 모퉁이에서 나를 내려 주셨다. 식당 일로 분주한 아침이지만, 내가 교문에 들어설 때까지 플라타너스 가로수 옆에 서 계시다가 어서 들어가라는 손짓을 보내시고 "부릉부릉 부루룽" 소리를 내며 돌아서셨다. 그 소리가 여느 오토바이의 것과는 조금 달라서였을까, 옆을 지나치던 학생들은 재미있다는 표정으로 돌아보았다. 하지만 지금까지도 나는 아버지의 오토바이 소리를, 고요와 평안을 할퀴지 않는 따뜻하고 부드러운 소리로 기억하고 있다.

중학교 때 점심시간이 끝나 갈 무렵 운동장 옆 산책길을 걷다가 아버지의 오토바이 소리를 들은 적이 있었다. 우리 오토바이만의 음색이 내 마음속에 반가운 파문을 일으켰다. 저쪽 관공서 근처에 배달을 다녀오시나 보다. 매일 한두 번은 학교 교문 앞도 지나시나 보다. 아버지는 이 길을 지나실 때마다 과연 무슨 생각을 하실까 상상해 보았다. 그날 이후 아버지의 오토바이가 교문을 지나 플라타너스 가로수 길로 향하는 오르막을 오를 때 들려왔던 그 소리는 왠지 내 어깨를 다독다독하는 인사말처럼 느껴졌다. '오후도 즐겁게!', '아빠, 지나간다.', '오늘 화창하구나!'…….

아버지의 모습에서, 아버지의 오토바이 소리에서 든든한 힘을 얻어서 그런지 내겐 누군가의 마음을 더 깊이 헤아려 보는 상상력이 생긴 것 같다. 친구들과 놀다가 늦게 귀가할 때 아버지께서 내게 보내시는 "으흠" 헛기침 소리에서 '너무 늦었구나. 씻고 일찍 자렴.' 하는 깊은 사랑의 마음을 헤아릴 수도 있게 되었다.

내가 고등학생이 된 새봄. 아버지께서는 이제 오토바이 배달을 그만두셨다. 조금은 아쉽기도 하다.

8. 윗글에서 활용한 글쓰기 방법으로 적절하지 않은 것은?

① 중심 소재를 대하는 인물의 행동을 나열하며 시작한다.
② 의성어를 사용하여 중심 소재에 대한 인상을 부각한다.
③ 색채어를 사용하여 다양한 공간을 사실적으로 묘사한다.
④ 의인법을 사용하여 자연물에서 느끼는 친밀감을 나타낸다.
⑤ 구체적 일화를 제시하여 중심 소재에 대한 정서를 드러낸다.

2회 2023년 3월 국어

해설편 24쪽

9. 다음은 글을 쓰기 전에 학생이 떠올린 생각을 메모한 것이다. ㄱ~ㅁ 중 초고에 반영되지 않은 것은? [3점]

○ 처음
• 낡고 작은 오토바이를 친구처럼 여기시는 아버지 …… ㄱ
○ 중간
• 아름다운 플라타너스 길이 내려다보이는 우리 학교 ‥ ㄴ
• 오토바이에 나를 태워 학교에 데려다주셨던 아버지 ‥ ㄷ
• 학교 산책길에서 들었던 아버지의 오토바이 소리
• 힘든 오토바이 배달로 늘 고단해 하시던 아버지 …… ㄹ
• 오토바이 소리에 담긴 아버지의 마음에 대한 나의 상상
○ 끝
• 누군가의 마음을 더 깊이 헤아려 볼 수 있게 된 나 … ㅁ

① ㄱ ② ㄴ ③ ㄷ ④ ㄹ ⑤ ㅁ

10. 〈보기〉는 초고를 읽은 선생님의 조언이다. 이를 반영하여 초고에 추가할 내용으로 가장 적절한 것은?

<보 기>

선생님 : 글의 마지막 문장 뒤에, 아버지께서 오토바이 배달을 그만두셨을 때 네가 아쉬움을 느낀 이유를 추가하고, 비유를 활용한 표현도 있으면 좋겠어.

① 다정한 인사처럼 들렸던 아버지의 오토바이 소리를 더 이상 들을 수 없게 되어서.
② 이제 고등학교 신입생이 되어 학교생활을 새롭게 시작해야 한다는 부담감이 생겨서.
③ 아버지의 오토바이를 타고 함께 등교하는 소소한 즐거움을 더 이상 느낄 수 없어서.
④ 교문 앞을 지나 플라타너스 가로수 길을 오가시던 아버지의 모습을 더 이상 볼 수 없어서.
⑤ 중학교를 졸업하여 친구들과 함께했던 추억의 서랍장을 이제는 열어 볼 수 없을 것 같아서.

[11~12] 다음 글을 읽고 물음에 답하시오.

용언은 문장에서 다양한 형태로 활용하면서 주로 서술어의 역할을 하는 단어로, 동사와 형용사가 있다. 용언이 활용할 때 형태가 변하지 않는 부분을 어간이라고 하고, 형태가 변하는 부분을 어미라고 한다.

어간이나 어미는 문장에서 홀로 쓰일 수 없고, 어간 뒤에 어미가 결합하여 용언을 이룬다. 가령 '먹다'는 어간 '먹-'의 뒤에 어미 '-고', '-어'가 각각 결합하여 '먹고', '먹어'와 같이 활용한다. 그런데 일부 용언에서는 활용할 때 어간의 일부가 탈락하기도 한다. '노는'은 어간 '놀-'과 어미 '-는'이 결합하면서 'ㄹ'이 탈락한 경우이고, '커'는 어간 '크-'와 어미 '-어'가 결합하면서 'ㅡ'가 탈락한 경우이다.

어미는 크게 어말 어미와 선어말 어미로 구분된다. 어말 어미는 단어의 끝에 오는 어미이며, 선어말 어미는 어말 어미 앞에 오는 어미이다. '가다'의 활용형인 '가신다', '가겠고', '가셨던'을 어간, 선어말 어미, 어말 어미로 분석하면 아래와 같다.

활용형	어간	어미		
		선어말 어미		어말 어미
가신다	가-	-시-	-ㄴ-	-다
가겠고			-겠-	-고
가셨던		-시-	-었-	-던

어말 어미는 기능에 따라 종결 어미, 연결 어미, 전성 어미로 구분된다. 종결 어미는 '가신다'의 '-다'와 같이 문장을 종결하는 어미이고, 연결 어미는 '가겠고'의 '-고'와 같이 앞뒤의 말을 연결하는 어미이다. 그리고 전성 어미는 '가셨던'의 '-던'과 같이 용언이 다른 품사처럼 쓰이게 하는 어미이다. '-던'이나 '-(으)ㄴ', '-는', '-(으)ㄹ' 등은 용언이 관형사처럼, '-게', '-도록' 등은 용언이 부사처럼, '-(으)ㅁ', '-기' 등은 용언이 명사처럼 쓰이게 한다.

선어말 어미는 높임이나 시제 등을 나타낼 때 쓰인다. 활용할 때 어말 어미처럼 반드시 나타나지는 않지만, 한 용언에서 서로 다른 선어말 어미가 동시에 쓰이기도 한다. 위에서 '가신다', '가셨던'의 '-시-'는 높임을 나타내는 선어말 어미로, 문장의 주체를 높이는 기능을 한다. 그리고 '가신다', '가겠고', '가셨던'의 '-ㄴ-', '-겠-', '-었-'은 시제를 나타내는 선어말 어미로, 각각 현재, 미래, 과거 시제를 나타내는 기능을 한다.

11. 윗글을 통해 알 수 있는 내용으로 적절한 것은?

① 용언은 어간의 앞뒤에 어미가 결합한 단어이다.
② 어간은 단독으로 쓰여 하나의 용언을 이룰 수 있다.
③ 어미는 용언이 활용할 때 형태가 유지되는 부분이다.
④ 어말 어미는 용언이 활용할 때 나타나지 않을 수 있다.
⑤ 선어말 어미는 한 용언에 두 개가 동시에 쓰일 수 있다.

해설편 24쪽

12. 윗글을 바탕으로 〈보기〉의 ㄱ~ㅁ의 밑줄 친 부분을 탐구한 내용으로 적절하지 않은 것은?

<보 기>

ㄱ. 너도 그를 아니?
ㄴ. 사과가 맛있구나!
ㄷ. 산은 높고 강은 깊다.
ㄹ. 아침에 뜨는 해를 봐.
ㅁ. 그녀는 과자를 먹었다.

① ㄱ : 어간 '알-'에 어미 '-니'가 결합하면서 'ㄹ'이 탈락하였다.
② ㄴ : 어간 '맛있-'에 종결 어미 '-구나'가 결합하여 문장을 종결하고 있다.
③ ㄷ : 어간 '높-'에 연결 어미 '-고'가 결합하여 앞뒤의 말을 연결하고 있다.
④ ㄹ : 어간 '뜨-'에 전성 어미 '-는'이 결합하면서 용언이 부사처럼 쓰이고 있다.
⑤ ㅁ : 어간 '먹-'과 어말 어미 '-다' 사이에 선어말 어미 '-었-'이 결합하여 과거 시제를 나타내고 있다.

13. 〈보기〉의 '학습 과제'를 바르게 수행하였다고 할 때, ㉠에 들어갈 단어로 적절한 것은? [3점]

<보 기>

[학습 자료]

음운은 단어의 뜻을 구별해 주는 소리의 가장 작은 단위이다. 특정 언어에서 어떤 소리가 음운인지 아닌지는 최소 대립쌍을 통해 확인할 수 있다. 최소 대립쌍이란, 다른 모든 소리는 같고 단 하나의 소리 차이로 의미가 구별되는 단어의 쌍을 말한다. 예를 들어, 최소 대립쌍 '감'과 '잠'은 [ㄱ]과 [ㅈ]의 차이로 인해 의미가 구별되므로 'ㄱ'과 'ㅈ'은 서로 다른 음운이다.

[학습 과제]

앞사람이 말한 단어와 최소 대립쌍인 단어를 말해 보자.

① 꿀 ② 답 ③ 둘 ④ 말 ⑤ 풀

14. 다음 '탐구 학습지' 활동의 결과로 적절하지 않은 것은?

[탐구 학습지]

1. 문장의 중의성
○ 하나의 문장이 둘 이상의 의미로 해석되는 것

2. 중의성 해소 방법
○ 어순 변경, 쉼표나 조사 추가, 상황 설명 추가 등

3. 중의성 해소하기
- 과제 : 빈칸에 적절한 말 넣기
ㄱ. (조사 추가) ······ a
○ 중의적 문장 : 관객들이 다 도착하지 않았다.
○ 전달 의도 : (관객 중 일부가 도착하지 않음.) ······ b
○ 수정 문장 : 관객들이 다는 도착하지 않았다.

ㄴ. (어순 변경) ······ c
○ 중의적 문장 : 우리는 어제 전학 온 친구와 만났다.
○ 전달 의도 : (전학 온 친구와 만난 때가 어제임.) ······ d
○ 수정 문장 : 우리는 전학 온 친구와 어제 만났다.

ㄷ. 상황 설명 추가
○ 중의적 문장 : 민우는 나와 윤서를 불렀다.
○ 전달 의도 : '나와 윤서'를 부른 사람이 '민우'임.
○ 수정 문장 : (민우는 나와 둘이서 윤서를 불렀다.) ······ e
⋮

① a ② b ③ c ④ d ⑤ e

15. 밑줄 친 부분이 〈보기〉의 ㉠, ㉡에 해당하는 예로 적절하지 않은 것은?

<보 기>

'위 - 아래'나 '앞 - 뒤'는 방향상 대립하는 반의어이다. '위 - 아래'나 '앞 - 뒤'가 단독으로 쓰이거나 다른 단어와 결합해서 쓰일 때, 문맥에 따라서 ㉠ '위'나 '앞'이 '우월함'의 의미를, ㉡ '아래'나 '뒤'가 '열등함'의 의미를 갖거나 강화하기도 한다.

① ㉠ : 그가 머리 쓰는 게 너보다 한 수 위다.
② ㉠ : 이 회사의 기술 수준은 다른 곳에 앞선다.
③ ㉡ : 이번 행사는 치밀한 계획 아래 진행되었다.
④ ㉡ : 그녀는 남에게 뒤떨어지지 않고자 노력했다.
⑤ ㉡ : 우리 팀의 승률이 조금씩 뒷걸음질 치고 있다.

○ 해설편 25쪽

[16~18] 다음 글을 읽고 물음에 답하시오.

(가)

㉠ 밭둑에서 나는 바람과 놀고
할머니는 메밀밭에서
메밀을 꺾고 계셨습니다.

늦여름의 하늘빛이 메밀꽃 위에 빛나고
메밀꽃 사이사이로 할머니는 가끔
나와 바람의 장난을 살피시었습니다.

해마다 밭둑에서 자라고
아주 **커서도 덜 자**란 나는
늘 그러했습니다만

할머니는 저승으로 가버리시고
나도 벌써 몇 년인가
그 일은 까맣게 잊어버린 후

오늘 저녁 멍석을 펴고
마당에 누우니

온 **하늘** 가득
별로 피어 있는 어릴 적 **메밀꽃**

할머니는 나를 두고 메밀밭만 저승까지 가져가시어
날마다 저녁이면 메밀밭을 매시며
메밀꽃 사이사이로 **나를 살피**고 계셨습니다.

- 이성선, 「고향의 천정(天井) 1」 -

(나)

밥물 눈금을 찾지 못해 질거나 된 밥을 먹는 날들이 있더니
이제는 그도 좀 익숙해져서 손마디나 손등,
손가락 주름을 눈금으로 쓸 줄도 알게 되었다
촘촘한 손등 주름 따라 **밥맛을 조금씩 달리**해본다
손등 중앙까지 올라온 수위를 중지의 마디를 따라 오르내리다보면
물꼬를 트기도 하고 막기도 하면서
논에 물을 보러 가던 할아버지 생각도 나고,
저녁때가 되면 한 끼라도 아껴보자
친구 집에 마실을 가던 소년의 저녁도 떠오른다
한 그릇으로 두 그릇 세 그릇이 되어라 밥국을 끓이던 ㉡ <u>문현동</u>
가난한 지붕들이 내 손가락 마디에는 있다
일찍 철이 들어서 슬픈 귓속으로
봉지쌀 탈탈 터는 소리라도 들려올 듯,
얼굴보다 먼저 **늙은 손**이긴 해도
전기밥솥에는 없는 눈금을 내 손은 가졌다

- 손택수, 「밥물 눈금」 -

16. (가)와 (나)에 대한 설명으로 가장 적절한 것은?

① (가)는 (나)와 달리 설의법을 통해 화자의 의지를 표현하고 있다.
② (나)는 (가)와 달리 청각적 심상을 통해 화자의 정서를 부각하고 있다.
③ (가)는 격정적 어조를, (나)는 단정적 어조를 통해 화자의 기대감을 드러내고 있다.
④ (가)는 상승의 이미지를, (나)는 하강의 이미지를 통해 대상의 역동성을 강조하고 있다.
⑤ (가)와 (나)는 모두 계절감을 드러내는 시어를 통해 대상의 변화 양상을 나타내고 있다.

17. ㉠과 ㉡을 비교한 내용으로 가장 적절한 것은?

① ㉠은 화자가 벗어나려는, ㉡은 화자가 지향하는 공간이다.
② ㉠은 화자가 이질감을, ㉡은 화자가 동질감을 느끼는 공간이다.
③ ㉠은 화자의 슬픔이, ㉡은 화자의 그리움이 해소되는 공간이다.
④ ㉠은 화자의 동심이 허용되는, ㉡은 화자의 성숙함이 요구되는 공간이다.
⑤ ㉠은 화자가 경험한 적 없는 가상의, ㉡은 화자의 경험이 축적된 현실의 공간이다.

18. 〈보기〉를 바탕으로 (가), (나)를 감상한 내용으로 적절하지 <u>않은</u> 것은? [3점]

<보 기>

과거의 경험에 대한 기억은 어떤 계기를 통해 되살아나 현재의 삶에 영향을 미칠 수 있다. (가)의 화자는 할머니와의 기억을 통해 과거와 현재를 연결하며 깨달음과 정서적 충만감을 얻고 있다. 한편 (나)의 화자는 일상적 행위의 반복 속에서 유년의 기억을 되살리고, 그 기억을 현재와 연결하며 자신의 현재 모습을 긍정하게 된다.

① (가)의 화자는 별이 가득한 '하늘'을 보며, 자신이 여전히 '나를 살피'시는 할머니의 사랑 속에 있음을 깨닫고 있군.
② (나)의 화자는 유년의 기억을 통해 '전기밥솥에는 없는 눈금'을 지닌 '늙은 손'을 긍정하며 자기 위안을 얻고 있군.
③ (가)의 '커서도 덜 자'랐다는 것과 (나)의 '밥맛을 조금씩 달리'하는 것은 현재의 화자에게 정서적 충만감을 주는군.
④ (가)에서 '마당에 누'워 하늘을 보는 행위와 (나)에서 '손가락 주름'으로 '밥물'을 맞추는 행위는 회상의 계기가 되는군.
⑤ (가)의 화자가 '별'에서 '메밀꽃'을 떠올리는 것과 (나)의 화자가 '가난한 지붕들이 내 손가락 마디에는 있다'고 생각하는 것은 기억이 현재의 삶에 영향을 미치고 있음을 보여 주는군.

해설편 27쪽

[19～22] 다음 글을 읽고 물음에 답하시오.

경기가 침체되어 가계의 소비가 줄어들면 시중의 제품이 팔리지 않아 기업은 생산 규모를 축소하게 된다. 그 결과 실업률이 증가하고 가계의 수입이 감소하면서 소비는 더욱 위축된다. 이와 같은 악순환으로 경기 침체가 심화되면 국가는 이에서 벗어나기 위해 유동성을 늘리는 통화 정책을 시행한다.

유동성이란 자산 또는 채권을 손실 없이 현금화할 수 있는 정도로, 현금과 같은 화폐는 유동성이 높은 자산인 반면 토지나 건물과 같은 부동산은 유동성이 낮은 자산이다. 이처럼 유동성은 자산의 성격을 나타내는 용어이지만, 흔히 시중에 유통되는 화폐의 양, 즉 통화량을 나타내는 말로도 사용된다. 가령 시중에 통화량이 지나치게 많을 때 '유동성이 넘쳐 난다'고 표현하고, 반대로 통화량이 줄어들 때 '유동성이 감소한다'고 표현한다. 유동성이 넘쳐 날 경우 시중에 화폐가 흔해지는 상황이므로 화폐의 가치는 떨어지게 된다.

유동성은 금리와 밀접한 관련이 있기 때문에 국가는 정책적으로 금리를 올리고 내림으로써 유동성을 조절할 수 있다. 이때 금리는 예금이나 빌려준 돈에 붙는 이자율로, 이는 기준 금리와 시중 금리 등으로 구분된다. 기준 금리는 국가가 정책적인 차원에서 결정하는 금리로, 한 나라의 금융 및 통화 정책의 주체인 중앙은행에 의해 결정된다. 반면 시중 금리는 기준 금리의 영향을 받아 중앙은행 이외의 시중 은행이 세우는 표준적인 금리로, 가계나 기업의 금융 거래에 영향을 미친다. 가령 시중 금리가 내려가면 예금을 통한 이자 수익과 대출에 따른 이자 부담이 줄어 가계나 기업에서는 예금을 인출하거나 대출을 받으려는 경향성이 늘어난다. 그 결과 시중의 유동성이 증가하게 된다. 반대로 시중 금리가 올라가면 이자 수익과 대출 이자 부담이 모두 늘어나기 때문에 유동성이 감소하게 된다.

이와 같은 금리와 유동성의 관계를 고려하여, 중앙은행은 기준 금리를 조절하는 통화 정책을 통해 경기를 안정시키려고 한다. 만일 경기가 침체되면 중앙은행은 기준 금리를 인하하는 정책을 도입하여 시중 금리를 낮추도록 유도한다. 그 결과 유동성이 증가하여 가계의 소비가 늘고 주식이나 부동산에 대한 투자가 확대된다. 또한 기업의 생산과 고용이 늘고 다양한 분야에 대한 투자가 확대되어 물가가 상승하고 경기가 전반적으로 활성화된다. 반대로 경기가 과열되어 자산 가격이나 물가가 지나치게 오르면 중앙은행은 기준 금리를 인상하는 정책을 통해 유동성을 감소시킨다. 그 결과 기준 금리를 인하할 때와 반대의 현상이 나타나 자산 가격이 하락하고 물가가 안정되어 과열된 경기가 진정된다.

그러나 중앙은행이 경기 활성화를 위해 통화 정책을 시행했음에도 불구하고 애초에 의도한 결과가 나타나지 않기도 한다. 즉, 기준 금리를 인하하여 시중에 유동성을 충분히 공급하더라도, 증가한 유동성이 기대만큼 소비나 투자로 이어지지 않으면 경기가 활성화되지 않는다. 특히 심각한 경기 침체로 인해 경기 회복에 대한 전망이 불투명할 경우, 경제 주체들은 쉽게 소비를 늘리지 못하거나 투자를 결정하지 못해 돈을 손에 쥐고만 있게 된다. 이 경우 충분한 유동성이 경기 회복으로 이어지지 못해 경기 침체가 지속되는데, 마치 유동성이 함정에 빠진 것 같다고 하여 케인스는 이를 [유동성 함정]이라 불렀다. 그는 이러한 유동성 함정을 통해 통화 정책의 한계를 설명하면서, 정부가 재정 지출을 확대하여 소비와 투자를 유도하는 정책을 시행하는 것이 중요하다고 역설하였다.

19. 윗글을 통해 알 수 있는 내용이 아닌 것은?

① 중앙은행이 하는 역할
② 유동성이 높은 자산의 예
③ 기준 금리와 시중 금리의 관계
④ 경기 침체로 인해 나타나는 현상
⑤ 유동성에 대한 케인스 주장의 한계

20. 윗글을 바탕으로 할 때, 〈보기〉의 ㄱ～ㄷ에 들어갈 말로 적절한 것은?

<보 기>

국가의 통화 정책이 정상적으로 작동될 때, 중앙은행이 기준 금리를 (ㄱ) 시중의 유동성이 (ㄴ)하며, 화폐의 가치가 (ㄷ)한다.

	ㄱ	ㄴ	ㄷ
①	내리면	증가	하락
②	내리면	증가	상승
③	내리면	감소	상승
④	올리면	증가	상승
⑤	올리면	감소	하락

21. [유동성 함정]에 대해 이해한 내용으로 가장 적절한 것은?

① 시중에 유동성이 충분히 공급되더라도 경기 침체가 지속되는 상황을 의미한다.
② 시중 금리의 상승으로 유동성이 감소하여 물가가 하락하는 상황을 의미한다.
③ 기업의 생산과 가계의 소비가 줄어들어 유동성이 넘쳐 나는 상황을 의미한다.
④ 경기 과열로 인해 유동성이 높은 자산에 대한 선호가 늘어나는 상황을 의미한다.
⑤ 유동성이 감소하여 경기 회복에 대한 전망이 긍정적으로 바뀌는 상황을 의미한다.

해설편 29쪽

22. 윗글을 바탕으로 경제 주체들이 〈보기〉의 신문 기사를 읽고 보일 수 있는 반응으로 적절하지 않은 것은? [3점]

<보 기>

금융 당국 '빅스텝' 단행

금융 당국은 오늘 '빅스텝'을 단행하였다. 빅스텝이란 기준 금리를 한 번에 0.5 %p 인상하는 것을 의미한다. 이처럼 금리를 큰 폭으로 인상한 것은 과도하게 증가한 유동성으로 인해 물가가 지나치게 상승하고 부동산, 주식 등의 자산 가격이 폭등했기 때문이다.

① 투자자 : 부동산의 가격이 하락할 수 있으니, 당분간 부동산 투자를 미루고 시장 상황을 지켜봐야겠군.
② 소비자 : 위축된 소비 심리가 회복되어 지금보다 물가가 오를 수 있으니, 자동차 구매 시기를 앞당겨야겠군.
③ 기업인 : 대출을 통해 자금을 확보하는 것이 부담스러워질 수 있으니, 공장을 확장하려던 계획을 보류해야겠군.
④ 공장장 : 당분간 우리 공장에서 생산한 부품에 대한 수요가 줄 수 있으니, 재고가 늘어날 것에 대비해야겠군.
⑤ 은행원 : 시중 은행에 저축하려는 사람들이 늘어날 수 있으니, 다양한 상품을 개발하여 고객을 유치해야겠군.

[23~27] 다음 글을 읽고 물음에 답하시오.

(가)

나는 이럴망정 외방의 늙은 종이
공물 바치고 돌아갈 때 하는 일 다 보았네
㉠ 우리 댁(宅) 살림이 예부터 이렇던가
전민(田民)*이 많단 말이 일국에 소문이 났는데
먹고 입으며 드나드는 종이 백여 명이 넘는데도
무슨 일 하느라 텃밭을 묵혔는가
농장이 없다던가 호미 연장 못 가졌나
날마다 무엇하려 밥 먹고 다니면서
열 나무 정자 아래 **낮잠만 자**는가
아이들 탓이던가
㉡ 우리 댁 종의 버릇 보노라면 이상하다
소 먹이는 아이들이 상마름을 능욕하고
오고 가는 어리석은 손님이 큰 양반을 기롱*한다
㉢ 그릇된 재산 모아 다른 꾀로 제 일하니
큰 집의 많은 일을 뉘라서 힘써 할까
곡식 창고 비었거든 창고지기인들 어찌하며
세간이 흩어지니 질그릇인들 어찌할까
내 잘못된 줄 내 몰라도 남 잘못된 줄 모르겠는가
㉣ 풀어헤치거니 맺히거니, 헐뜯거니 돕거니
하루 열두 때 어수선을 핀 것인가

(중략)

크게 기운 집에 상전님 혼자 앉아
명령을 뉘 들으며 논의를 뉘와 할까
낮 시름 밤 근심 혼자 맡아 계시거니
옥 같은 얼굴이 편하실 적 몇 날인가
이 집 이리 되기 뉘 탓이라 할 것인가
㉤ 생각 없는 종의 일은 묻지도 아니하려니와
돌이켜 생각하니 상전님 탓이로다
내 상전 그르다 하기에는 종의 죄 많건마는
그렇다 세상 보며 민망하여 여쭙니다
새끼 꼬는 일 멈추시고 내 말씀 들으소서
[A] 집일을 고치려거든 종들을 휘어잡고
종들을 휘어잡으려거든 상벌을 밝히시고
상벌을 밝히시려거든 어른 종을 믿으소서
진실로 이리 하시면 **가도(家道)*** 절로 일 겁니다

– 이원익, 「고공답주인가」 –

* 전민 : 농사짓는 일을 생업으로 삼는 사람.
* 기롱 : 남을 속이거나 비웃으며 놀림.
* 가도 : 집안에서 마땅히 지켜야 할 도덕적 규범.

(나)

"사람답게 살아라."라는 말은 소설가 김정한이 평생을 두고 자주 한 말이다. 나는 그의 문장 가운데 다음의 구절을 좋아한다. "어딜 가도 산이 있고 들이 있고 그리고 인간이 살았다. 인간이 사는 곳에는 으레 나뭇가리가 있고 그 곁에는 코흘리개들이 놀곤 하였다. 조국이란 것이 점점 가슴에 느껴졌다." 이 명료한 문장을 읽고 있으면 사람이 떼를 이루어 사는 세상의 풍경이 한눈에 들어오는 것만 같다. 그것도 느리고 큰 자연과 더불어. 사람의 생활이라는 것도 눈에 들어오는 문장이다.

[B] 이래저래 만나게 되는 사람들과 이런저런 사연으로 이별을 경험하게 된 사람들, 그리고 그들의 눈물과 사랑을 하고 있는 저 뜨거운 가슴도 짐작을 하게 된다. 조각돌처럼 까다롭고 별난 사람도 있고, 몽돌처럼 둥글둥글한 사람도 있고, 조각을 한 듯 잘생긴 사람도 있고, 마음에 태풍이 지나가는 사람도 있고, 마음에 4월의 봄볕이 내리는 사람도 있다. 그들 모두 하나의 무리를 이루고 사는 것이 이 세상 아닌가 싶은 생각이 드는 것이다.

(중략)

나는 가끔 생각하기를 마당이 있는 집이 내게 있다면 주변의 돌들을 모아서 돌탑을 쌓고 싶다고 소망한다. 그리고 나의 아이들과 아내에게도 돌탑을 하나씩 쌓을 것을 부탁하고 싶다. 산사에 올라가다 보면 길가나 바위 위에 누군가 쌓아 올린 돌탑들처럼 나의 작은 마당 한쪽 한쪽에 돌탑을 쌓아 놓고 싶은 것이다. 아래에는 큰 돌이 필요하고 위를 향해 쌓아 갈수록 보다 작은 돌들이 필요할 것이다. 그리고 각각의 장소에서 구해 온 돌들은 각각의 크기와 모양과 빛깔을 지니고 있을 것이다. 반듯한 것도 있고 움푹 팬 것도 있을 것이다. 마치 여러 종류의 꽃과 풀들이 자라나서 하나의 화단을 이루듯이 그 돌들은 **서로 업고 업혀서** 하나의 탑을 이룰 것이다.

그런데 돌탑을 쌓아 본 사람은 돌탑을 쌓는 데에는 **잔돌**이 필요하다는 것을 알 것이다. 불안하게 **기우뚱하는 돌탑**의 층을 바로잡아 주려면 이 잔돌을 괴는 일이 무엇보다 필요하다. 잔돌을 굄으로써 **탑**은 한 층 한 층 **수평을 이루게** 된다. 못생긴 나무도 숲을 이루는 한 나무요, 쓸모없는 나무는 없다는 말이 있듯이 보잘것없고 작은 잔돌이라도 탑을 올리는 데에는 꼭 필요하다. 돌탑을 쌓아 올리면서 배우는 것 가운데 하나는 이 잔돌의 소중함을 아는 일이다.

해설편 30쪽

사람 사는 세상도 다를 바 없다. 잔돌 같은 사람이 필요하다. 의견이 맞지 않아 다툴 때 그 대화의 매정한 분위기를 무너뜨려 주는 사람이 우리 주변에는 더러 있다. 잔돌처럼 작용해 의견이 다른 사람들의 의견과 의견의 대립을 풀어 주는 사람이 있다. 이런 부드러운 개입의 고마움을 우리는 간혹 잊고 사는 것이 아닐까 싶다.

봄 산이 봄 산인 이유는 새잎이 돋고 꽃이 거기에 있기 때문이다. 수많은 꽃은 자기의 존재감을 주장하지 않는다. 그냥 **스스로**의 생명력으로 피어나 봄 산의 아름다움을 이룬다. 이 세세하고 능동적인 존재의 움직임을 보살폈으면 한다. 돌탑에 다시 비유하자면 잔돌과 같은 그 무엇이기 때문이다.

– 문태준, 「돌탑과 잔돌」 –

23. (가)와 (나)의 공통점으로 가장 적절한 것은?

① 부재하는 대상에 대한 그리움을 표현하고 있다.
② 순수한 자연 세계에 대한 동경을 나타내고 있다.
③ 부정적 현실에 대한 냉소적 태도를 드러내고 있다.
④ 현실이나 세상에 대해 통찰한 내용을 전달하고 있다.
⑤ 자신이 처한 상황에 순응하는 태도를 보여 주고 있다.

24. [A]와 [B]에 대한 설명으로 가장 적절한 것은?

① [A]는 [B]와 달리 대조적 의미를 지닌 구절을 활용하여 대상의 속성을 드러내고 있다.
② [B]는 [A]와 달리 자연물에 글쓴이의 감정을 이입하여 표현의 효과를 높이고 있다.
③ [A]는 반어법을 활용하여, [B]는 역설법을 활용하여 주제 의식을 강조하고 있다.
④ [A]와 [B]는 모두 유사한 문장 구조를 반복하여 전달 의도를 강조하고 있다.
⑤ [A]와 [B]는 모두 말을 건네는 어투를 사용하여 청자의 행동 변화를 호소하고 있다.

25. (나)의 글쓴이에 대한 이해로 적절한 것만을 고른 것은?

ㄱ. 자연과 대비되는 인간의 유한성을 자각한다.
ㄴ. 사람들이 서로 더불어 사는 세상을 긍정한다.
ㄷ. 주장을 굽히지 않는 삶을 살았던 자신을 반성한다.
ㄹ. 세상에는 갈등을 중재할 사람이 필요하다고 생각한다.

① ㄱ, ㄴ
② ㄱ, ㄷ
③ ㄴ, ㄷ
④ ㄴ, ㄹ
⑤ ㄷ, ㄹ

26. 〈보기〉를 참고할 때 (가)의 ㉠~㉤에 대한 이해로 적절하지 <u>않은</u> 것은?

<보 기>

「고공답주인가」는 고공(종)이 상전에게 답을 하는 형식을 통해 국가 경영을 집안 다스리는 일에 빗대어 표현하고 있다. 이 작품에서 상전은 왕, 종은 신하를 가리키는데, 화자는 임진왜란으로 인해 나라가 황폐해지고 위계질서가 무너진 상황에서 당파 싸움만 일삼으며 재물을 탐하는 신하들을 비판하고 있다. 그리고 국가를 경영하는 왕으로서의 책임을 강조하고 있다.

① ㉠ : 나라가 황폐해진 상황이 예전부터 지금까지 이어지고 있다는 것을 드러내고 있다.
② ㉡ : 상하의 위계질서가 무너져 신하들의 기강이 해이해진 상황을 나타내고 있다.
③ ㉢ : 나라를 돌보는 일을 외면한 채 부정한 방법으로 재물을 탐하는 신하들의 모습을 드러내고 있다.
④ ㉣ : 시도 때도 없는 당파 싸움으로 인해 혼란스러운 조정의 모습을 나타내고 있다.
⑤ ㉤ : 나라가 어지러워진 책임이 신하뿐만 아니라 왕에게도 있다는 인식을 드러내고 있다.

27. 〈보기〉를 바탕으로 (가), (나)를 감상한 내용으로 적절하지 <u>않은</u> 것은? [3점]

<보 기>

전체는 구성 요소들의 집합체이다. 그러므로 전체를 이루는 구성 요소들은 그 자체로는 두드러지지 않을지라도 전체를 위해 없어서는 안 되는 존재이다. 그리고 다양성을 지닌 구성 요소들은 각각의 역할을 능동적으로 수행할 때 존재의 의미를 획득하게 되고 전체는 조화로운 모습을 이루게 된다.

① (가)의 '가도'가 바로 선 집안은 구성 요소들이 어우러져 조화로운 모습을 갖춘 전체를 의미한다고 볼 수 있겠군.
② (나)의 '탑'이 '수평을 이루게' 하는 '잔돌'은 두드러지지 않지만 전체를 위해 없어서는 안 될 구성 요소로 볼 수 있겠군.
③ (가)의 '낮잠만 자'는 종과 달리 (나)의 '스스로' 핀 꽃은 능동적으로 존재의 의미를 획득한 구성 요소로 볼 수 있겠군.
④ (가)의 '먹고 입으며 드나드는'과 (나)의 '서로 업고 업혀서'는 다양성을 지닌 존재들의 필요성을 강조한 것으로 볼 수 있겠군.
⑤ (가)의 '크게 기운 집'은 구성 요소들이 역할을 제대로 수행하지 않은 결과로, (나)의 '기우뚱하는 돌탑'은 필요한 구성 요소들이 제대로 갖추어지지 않은 결과로 볼 수 있겠군.

해설편 31쪽

[28～33] 다음 글을 읽고 물음에 답하시오.

(가)

19 세기에 분트는 인간의 정신세계가 의식으로 이루어져 있다고 보고, 실험을 통해 인간의 정신 현상과 행동을 설명하는 실험심리학을 주창하였다. 이때 의식이란 깨어 있는 상태에서 자신이나 세계를 인식하는 모든 정신 작용을 의미한다. 그러나 프로이트는 정신 질환을 겪는 환자들을 치료하면서 인간에게 의식과는 다른 무의식 세계가 있다는 것을 발견하였다. 이에 그는 인간을 무의식의 지배를 받는 비합리적 존재로 간주하고, [정신분석이론]을 통해 인간의 정신세계를 ⓐ 규명하려 하였다.

프로이트에 의하면 인간의 정신세계 중 의식이 차지하는 영역은 빙산의 일각일 뿐, 무의식이 정신세계의 대부분을 차지한다. 그는 무의식의 심연에는 '원초아'가, 무의식에서 의식에 걸쳐 '자아'와 '초자아'가 존재한다고 보았다. 원초아는 성적 에너지를 바탕으로 본능적인 욕구를 충족하려는 선천적 정신 요소이다. 반면 자아는 외적 상황으로 인해 충족되지 못하고 지연되거나 좌절된 원초아의 욕구를 사회적으로 용인될 수 있는 방법으로 충족하려는 정신 요소이다. 마지막으로 초자아는 도덕률에 따라 원초아의 욕구를 억제하고 양심에 따라 행동하도록 하는 정신 요소로, 어린 시절 부모의 종교나 가치관 등을 내재화하는 과정에서 후천적으로 발달한다.

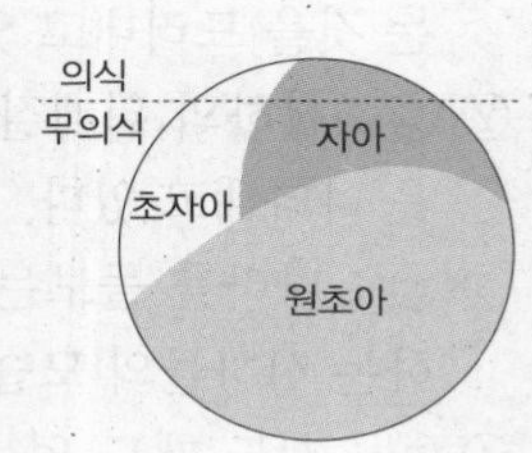

이러한 원초아, 자아, 초자아는 역동적으로 상호작용하면서 개인의 성격을 형성한다. 가령, 원초아가 강할 때는 본능적인 욕구에 집착하는 충동적인 성격이, 초자아가 강할 때는 엄격하게 도덕을 지키려는 원칙주의적 성격이 나타난다. 자아는 원초아와 초자아의 요구 사이에서 이를 조정하는 역할을 하기 때문에, 정신적 균형을 이루기 위해서는 자아의 발달이 중요하다. 만일 자아가 제 역할을 하지 못하면 정신 요소의 균형이 깨져 불안감이 생기는데, 자아는 이를 해소하기 위해 무의식적으로 방어기제를 사용하게 된다. 대표적인 방어기제로는 억압이나 승화 등이 있다. 억압은 자아가 수용하기 힘든 욕구를 무의식 속으로 억누르는 것을, 승화는 그러한 욕구를 예술과 같이 가치 있는 활동으로 ⓑ 전환하는 것을 의미한다. 개인마다 습관적으로 사용하는 방어기제가 다르기 때문에 어떤 방어기제를 사용하느냐 또한 개인의 성격 형성에 영향을 미친다.

프로이트는 어린 시절에 해소되지 않은 원초아의 욕구나 정신 요소 간의 갈등은 성인이 된 후에도 지속적으로 영향을 주기 때문에, 이 시기에 부모와의 상호작용 경험이 성격 형성에 큰 영향을 준다고 설명하였다. 특히 그는 성인의 정신 질환을 어린 시절의 심리적 갈등이 재현된 것으로 보고, 이를 치유하기 위해서는 무의식에 내재되어 있는 과거의 상처를 의식의 세계로 끌어내는 과정이 필요하다고 주장하였다. 이러한 프로이트의 이론은 기존의 이론에서 ⓒ 간과한 무의식에 대한 탐구를 통해 인간 이해에 대한 지평을 넓혔다는 평을 받고 있다.

(나)

융은 프로이트의 정신분석이론에 반기를 들고, [분석심리학]을 주창하였다. 무의식을 단지 의식에서 수용할 수 없는 원초적 욕구나 해결되지 못한 갈등의 창고로만 본 프로이트와 달리, 융은 무의식을 인간이 잠재적 가능성을 실현할 때 필요한 창조적인 에너지의 샘으로 보았다는 점에서, 그의 분석심리학은 프로이트의 이론과 구별된다.

융은 정신세계의 가장 바깥쪽에는 의식이, 그 안쪽에는 개인 무의식이, 그리고 맨 안쪽에는 집단 무의식이 순서대로 자리잡고 있다고 보았다. 의식은 생각이나 감정, 기억과 같이 인간이 직접 인식할 수 있는 영역으로, 여기에는 '자아'가 존재한다. 자아는 의식을 지배하는 동시에 무의식과 교류하며 이를 조정하는 역할을 한다. 개인 무의식은 의식에 의해 ⓓ 배제된 생각이나 감정, 기억 등이 존재하는 영역이다. 이곳에 존재하는 '그림자'는 자아에 의해 억압된 '또 하나의 나'라고 할 수 있다. 마지막으로 집단 무의식은 태어날 때부터 누구나 가지고 있는 원초적이며 보편적인 무의식이다. 거기에는 진화를 통해 축적되어 온 인류의 경험이 '원형'의 형태로 존재한다. 가령 어두운 상황에서 누구나 공포심을 느끼는 것이 원형에 해당한다.

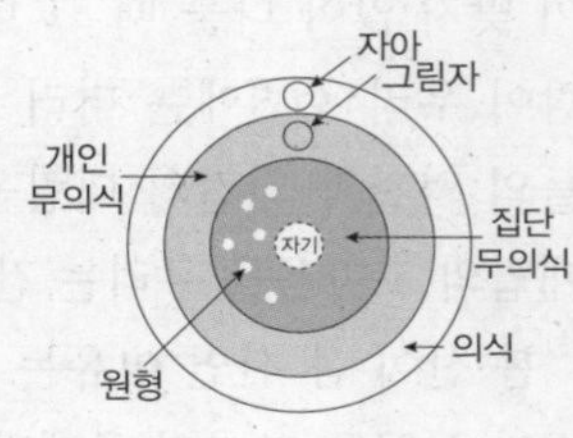

융에 따르면 집단 무의식의 가장 안쪽에는 '자기'가 존재한다. 이는 정신세계에 내재하는 개인의 근원적인 모습이라고 할 수 있다. 융은 자아가 성찰을 통해 무의식의 심연에 존재하는 자기를 발견하면, 인간은 비로소 타인과 구별되는 고유한 존재가 된다고 보고 이를 개별화라고 불렀다. 이는 의식에 존재하는 자아가 무의식과 끊임없이 상호작용하며 무의식의 영역을 의식으로 통합하는 과정, 즉 ㉠ 무의식을 의식화하는 과정을 통해 이루어진다. 이 과정에서 자아는 자신의 또 다른 모습인 그림자와 ⓔ 대면하게 되고, 집단 무의식에 존재하는 여러 원형들을 발견하게 된다. 결국 자아가 무의식의 심연에 존재하는 자기를 찾아가는 과정은 정신세계를 구성하는 자아와 그림자, 그리고 여러 원형들이 대립에서 벗어나 하나의 정신으로 통합되면서 정신적 균형을 이루는 과정이라 할 수 있다. 이러한 과정에서 개인은 내면의 성숙을 이루며 자신의 정체성을 찾게 된다.

28. (가), (나)의 공통점으로 가장 적절한 것은?

① 인간의 무의식을 주장한 이론에 대한 상반된 평가를 제시하고 있다.
② 기존과 다른 관점에서 인간의 정신세계를 설명한 이론을 소개하고 있다.
③ 인간의 무의식을 설명한 이론이 등장하게 된 역사적 사건을 소개하고 있다.
④ 인간의 정신 질환을 분류하고 각각의 특징을 설명한 이론을 제시하고 있다.
⑤ 인간의 정신세계를 설명한 이론이 다른 학문 영역에 미친 영향을 분석하고 있다.

해설편 34쪽

29. (가)의 내용과 일치하지 않는 것은?

① 분트는 인간의 정신세계가 의식으로만 구성되어 있다고 보았다.
② 프로이트는 인간을 무의식의 지배를 받는 비합리적 존재로 여겼다.
③ 프로이트는 원초아가 강할 때 본능적인 욕구에 집착하는 성격이 나타난다고 생각했다.
④ 프로이트는 세 가지 정신 요소들이 상호작용하면서 개인의 성격이 형성된다고 보았다.
⑤ 프로이트는 의식적으로 사용하는 방어기제와 무의식적으로 사용하는 방어기제를 구분하였다.

30. (가)의 '프로이트'와 (나)의 '융'의 관점에서 〈보기〉를 이해한 내용으로 적절하지 않은 것은? [3점]

<보 기>

[헤르만 헤세의 연보]

○ 1877 : 기독교인다운 엄격한 생활을 중시하는 경건주의 집안에서 태어남. ……… ㉮
○ 1881~1886 : 자유분방한 기질로 인해 엄한 아버지의 교육 방식에 반항하며 불안감을 느낌. ……… ㉯
○ 1904~1913 : 잠재된 문학적 재능을 발휘하여 왕성하게 작품 창작을 하며 불안에서 벗어남. ……… ㉰
○ 1916~1919 : 아버지의 죽음을 접하고 심한 우울증을 경험함. ……… ㉱
○ 1945~1962 : 성찰적 글쓰기 활동 속에서 심리적 안정감을 느끼며 여생을 보냄. ……… ㉲
○ 1962 : 몬타놀라에서 죽음.

① ㉮ : 프로이트는 엄격한 집안 분위기가 헤세의 초자아가 발달하는 데 영향을 주었다고 보겠군.
② ㉯ : 프로이트는 헤세의 불안감을 원초아와 초자아의 요구를 자아가 제대로 조정하지 못한 결과라고 보겠군.
③ ㉰ : 프로이트는 헤세의 왕성한 창작 활동을 승화로, 융은 이를 무의식의 창조적 에너지가 발현된 것으로 보겠군.
④ ㉱ : 프로이트는 헤세의 우울증을 유년기의 불안이 재현된 것으로, 융은 이를 자아와 그림자가 통합된 것으로 보겠군.
⑤ ㉲ : 융은 헤세가 성찰하는 글쓰기 활동을 통해 자기를 발견하는 과정에서 심리적 안정감을 느낀 것으로 보겠군.

31. (가)의 정신분석이론과 (나)의 분석심리학에서 모두 동의하는 진술로 가장 적절한 것은?

① 자아는 의식과 무의식의 세계에 걸쳐서 존재한다.
② 무의식은 성적 에너지로만 이루어진 정신 요소이다.
③ 무의식은 개인의 경험을 초월해 원형의 형태로 유전된다.
④ 무의식에는 자아에 의해 억압된 열등한 자아가 존재한다.
⑤ 정신적 균형을 이루기 위해서는 자아의 역할이 중요하다.

32. ㉠을 이해한 내용으로 가장 적절한 것은?

① 의식의 확장을 통해 타인과의 경계를 허무는 과정이다.
② 자신의 근원적인 모습을 찾아 나가는 개별화의 과정이다.
③ 의식에 의해 발견된 무의식의 욕구가 억눌리는 과정이다.
④ 무의식이 의식에서 분화되어 정체성이 실현되는 과정이다.
⑤ 과거의 경험들을 반복함으로써 성격이 형성되는 과정이다.

33. ⓐ~ⓔ의 사전적 의미로 적절하지 않은 것은?

① ⓐ : 어떤 사실을 자세히 따져서 바로 밝힘.
② ⓑ : 주기적으로 자꾸 되풀이하여 돎.
③ ⓒ : 큰 관심 없이 대강 보아 넘김.
④ ⓓ : 받아들이지 아니하고 물리쳐 제외함.
⑤ ⓔ : 서로 얼굴을 마주 보고 대함.

[34~37] 다음 글을 읽고 물음에 답하시오.

[앞부분의 줄거리] 국민학교 2학년생인 '나'는 걸구대(궐기대회)가 열릴 때마다 멧돼지를 서너 마리씩 미국 대통령이나 유엔 사무총장과 같은 외국 귀인들에게 보낸다는 것을 알고 의아해한다.

어린 소견에 도무지 알다가도 모를 노릇이었다. 그런 식으로 마구 보내 주다가는 오래지 않아 나라 안의 멧돼지는 깡그리 씨가 마를 판이었다. 그렇잖아도 가뜩이나 육고기가 부족한 가난뱅이 나라에서 서양 부자 나라의 지체 높은 양반들한테 뭣 때문에 툭하면 그 귀한 멧돼지들을 보낸단 말인가. 또 보낸다면 그 멀고 먼 나라까지 무슨 수로, 그리고 어떤 모양으로 그 짐승들을 보낸단 말인가.

멧돼지 보내기가 몇 번이나 되풀이된 다음, 마지막 순서로 혈서 쓰기가 시작되었다. 검정색 학생복 차림의 피 끓는 청년 학도들이 차례차례 연단에 올라 손가락을 깨물어 하얀 천 위에다 붉게 혈서를 쓰고 있었다. 그쯤에서 진력이 날 대로 나버린 급우 녀석들이 나를 향해 자꾸만 눈짓을 보내왔다. 엎어지면 코 닿을 자리에 집이 있는 내가 몇몇 친한 녀석들을 데리고 몰래 광장을 빠져나와 걸구대가 끝날 때까지 우리 식당에서 즐거운 시간을 함께 보낸 적이 종종 있었던 까닭이었다. 녀석들과 함께 걸구대에서 막 도망쳐 나오려는 순간이었다. 바로 그때 새롭게 연단에 오른 청년의 모습이 내 발목을 꽉 붙잡았다. 그보다 앞서 혈서를 쓴 학생들과 달리 그는 학생복 차림이 아니었다. 검정물로 염색한 군복을 걸친 그 헙수룩한 모습이 먼빛으로 봐도 어쩐지 많이 눈에 익어 보였다. 잠시 후에 열 손가락을 모조리 깨물어 혈서를 쓴, 참으로 보기 드문 열혈 애국 청년이 등장했음을 걸구대 사회자가 확성기를 통해 널리 알렸다. 곧이어 '북진통일'이라고 대문짝만 하게 적힌 혈서가 청중에게 공개되었다. 치솟는 박수갈채로 역전 광장이 갑자기 떠나갈 듯 요란해졌다. 설마 그럴 리가 있겠느냐고, 혹시 내가 잘못 봤을지도 모른다고 생각하면서 나는 고개를 저었다. 나는 몇몇 급우들과 함께 슬며시 광장을 벗어나고 말았다.

내가 결코 잘못 본 게 아니라는 사실이 이윽고 밝혀졌다. 창권이 형은 열 손가락에 빨갛게 핏물이 밴 붕대를 친친 감은 채 식당에 돌아옴으로써 어머니와 나를 기절초풍케 만들었다. 너무도 어처구니가 없는 나머지 어머니는 형이 돌아오면 퍼부으려고 잔뜩 별러서 장만했던 욕바가지를 꺼내들 엄두조차 못 낼 정도였다. 아프지 않더냐는 내 걱정에 형은 마치 남의 살점 얘기하듯 심상하게 대꾸했다.

"괭기찮어. 어쩨피 남어도는 피니깨."

그 혈서 사건 이후부터 창권이 형은 자기 몸 안에 들끓는 더운 피를 덜어내기 위해 이따금 주먹으로 자신의 코쭝배기를 후려쳐 일부러 코피를 쏟아 내야 하는 수고를 더 이상 할 필요가 없게 되었다. 그리고 어머니 말마따나 형은 정말 우리 식당에서 아무짝에도 쓸모없는 인간으로 완전히 바뀌어 버렸다. 역전 광장에서는 사흘이 멀다 하고 크고 작은 걸구대가 잇달아 벌어졌다. 덕분에 형의 상처 난 **손가락들은 좀체 아물 새가 없**었다. 걸구대 때마다 단골로 혈서를 쓰는 열혈 애국 청년 노릇에 워낙 바쁘다 보니 식당 안에 진드근히 붙어 있을 겨를도 없었다. 어머니는 결국 역마살이 뻗쳐 하고많은 날들을 밖으로만 나대는 형의 발을 묶어 식당 안에 주저앉히려는 노력을 포기할 지경에 이르렀다. 형은 어느덧 장국밥을 전문으로 하는 식당의 허드재비 심부름꾼에서 당당한 손님으로 격이 달라져 있었다.

중요한 일로 높은 사람들을 만나러 간다며 아침 일찍 집을 나선 창권이 형이 해 질 녘에 다따가* 고등학생으로 변해 돌아왔다. 그동안 형의 변모는 너무나 급격해서 그러잖아도 눈알이 팽팽 돌 지경이었는데, 방금 새로 사 입은 빳빳한 학생복에 어엿이 어느 학교의 교표까지 붙인 학생모 차림은 상상을 뛰어넘는 것이라서 어머니와 나는 다시 한번 할 말을 잃고 말았다.

"일트레면은 가짜배기 나이롱 고등과 학생인 심이지."

언제 학교에 들어갔었느냐는 내 물음에 형은 천연덕스레 대꾸하고 나서 한바탕 히히거렸다. 가짜 대학생 이야기는 더러 들어봤어도 가짜 고등학생은 형이 처음이었다.

"핵교도 안 댕기는 반거충이 청년이 단골 혈서가란 속내가 알려지는 날이면 넘들 보기에도 모냥이 숭칙허다고, 날더러 당분간 **고등과 학생 숭내를 내고 댕기**란다."

형은 모자에 붙은 교표에 호호 입김을 불어 소맷부리로 정성스레 광을 내기 시작했다. 안 그래도 새것임을 만천하에 광고하듯 ㉠ <u>너무 번뜩여서 오히려 탈인 그 금빛의 교표</u>를 형은 내친김에 아예 순금제로 바꿔 놓을 작정인 듯 시간 가는 줄 모르고 일삼아 닦고 또 닦아 댔다. 나는 국민학교 졸업이 학력의 전부인 형을 한동안 물끄러미 바라보았다. 가정 형편이 어려워 어릴 때부터 남의집살이로 잔뼈를 굵혀 나온 형은 자신을 진짜배기 고등학생으로 착각하고 있는 기색이었다.

"요담번 궐기대회 때부텀 나가 맥아더 원수에게 보내는 멧세지 낭독까장 맡어서 허기로 결정이 나뿌렀다."

형은 교표 닦기를 끝마친 후 호주머니에서 피난민 시체로부터 선사 받은 금장의 회중시계를 꺼내어 더욱더 공력을 들여 삐까번쩍 광을 내기 시작했다. 정말 갈수록 태산이었다. 형은 걸구대에서 자신이 맡은 역할이 단골 혈서가 노릇 말고 다른 중요한 것이 더 있음을 자랑스레 밝히는 중이었다. 나는 멧돼지를 멧세지라 잘못 발음한 형의 실수를 부득이 지적하지 않을 수 없었다. 하지만 무식한 가짜 고등학생은, 멧돼지가 아니라고, 꼬부랑말로 **멧세지**가 맞다고 턱도 없는 우김질을 끝까지 계속했다.

(중략)

창권이 형의 마지막 활약상은 그리 오래 지속되지 못했다. 그날도 형은 군산으로 원정을 떠나 적성중립국 감시위원들의 추방을 요구하는 **시위대의 선두에 섰**다. 시위 분위기가 무르익자 형은 그만 흥분을 가누지 못하고 미군 부대 철조망을 타 넘는 만용을 부렸다. 바로 그때 경비병들이 송아지만 한 셰퍼드들을 풀어놓았다. 형은 셰퍼드들의 집중 공격을 받아 엉덩이 살점이 뭉텅 뜯겨 나가고 왼쪽 발뒤꿈치의 인대가 끊어지는 **중상을 입**었다. 형이 병원에서 퇴원할 때는 이미 한쪽 다리를 저는 불구의 몸으로 변해 있었다.

퇴원한 뒤에도 창권이 형은 한동안 우리 집에 계속 머물렀다. 형의 그 가짜배기 애국 학도 행각을 애초부터 꼴같잖게 여기던 어머니는 쩔쑥쩔쑥 기우뚱거리는 걸음걸이로 하릴없이 식당 안팎을 서성이는 먼촌붙이 조카를 눈엣가시로 알고 노골적으로 박대했다. 우리 식당에 빌붙어 눈칫밥이나 축내며 지내던 어느 날, 형은 마침내 시골집으로 돌아갈 결심을 굳혔다.

떠나기 전날 밤, 창권이 형은 보퉁이를 다 꾸린 다음 크게 선심이라도 쓰는 척하면서 내게 금장 회중시계를 만져 볼 기회를 딱 한 차례 허락했다. 행여 닳기라도 할까 봐 오래 구경시키는 것마저도 꺼려 하던 그 귀물 단지를 형이 내 손에 통째로 맡긴 것은 그때가 처음이자 마지막이었다. 피난민 시체로부터 받은 선물이라고 주장하던 그 **회중시계**가 내 작은 손바닥 위에 제법 묵직한 중량감으로 올라앉아 있었다. 등잔불 그늘 안에서도 말갛고 은은한 광휘를 발산하는 금시계를 일삼아 들여다보고 있자니 마치 형의 금빛 찬란하던 한때를 그것이 째깍째깍 증언하는 듯한 느낌이 언뜻 들었다. 전쟁 기간을 통틀어 형의 수중에 남겨진 **유일한 전리품**이었다.

"형이 옳았어."

회중시계를 되돌려 주면서 형의 호의에 대한 답례 삼아 뭔가 형에게 위로가 될 적당한 말을 찾느라 나는 복잡한 머릿속을 한참이나 뒨장질하지 않으면 안 되었다.

"멧돼지가 아니었어. 멧세지가 맞는 말이여."

내 말에 아무런 대꾸 없이 형은 그저 보일락말락 미소만 시부저기 흘리고 있을 따름이었다.

– 윤흥길, 「아이젠하워에게 보내는 멧돼지」 –

* 다따가 : 난데없이 갑자기.

해설편 37쪽

34. 윗글에 대한 설명으로 가장 적절한 것은?

① 이야기 내부 인물이 중심인물의 행동과 그에 대한 자신의 생각을 서술하고 있다.
② 이야기 내부 인물이 인물과 인물 사이의 갈등을 해소하는 과정을 보여 주고 있다.
③ 이야기 내부 인물이 과거와 현재를 반복적으로 교차하며 자신의 경험을 전달하고 있다.
④ 이야기 외부 서술자가 특정 소재와 관련된 인물의 내면 심리를 묘사하고 있다.
⑤ 이야기 외부 서술자가 서로 다른 공간에서 동시에 일어나는 사건들을 나열하고 있다.

35. 윗글을 읽고 알 수 있는 내용이 아닌 것은?

① '나'는 궐기대회가 끝나기 전 친구들과 도중에 나온 적이 있었다.
② '나'는 창권이 형이 궐기대회에서 혈서를 쓴 사실을 어머니를 통해 전해 들었다.
③ 창권이 형은 열혈 애국 청년 노릇으로 바빠지게 되자 식당 심부름꾼으로 일할 겨를이 없었다.
④ 창권이 형은 퇴원 후 어머니에게 노골적인 박대를 받던 끝에 고향으로 돌아갈 결심을 했다.
⑤ 어머니는 창권이 형이 궐기대회에서 박수갈채를 받으며 애국학도로 행세하는 것을 못마땅하게 여겼다.

36. ㉠에 대한 이해로 가장 적절한 것은?

① 빛나는 교표로는 오히려 창권이 형의 능청스러운 성격을 은폐하기 어려움을 의미한다.
② 교표가 빛이 날수록 오히려 창권이 형이 자신의 행동을 부끄럽게 생각할 수 있음을 의미한다.
③ 번뜩이는 교표로 인해 궐기대회에서 창권이 형이 맡는 역할이 오히려 축소될 수 있음을 의미한다.
④ 교표를 정성스럽게 닦는 행위 때문에 오히려 창권이 형이 불안감을 더 크게 느끼게 됨을 의미한다.
⑤ 지나치게 새것으로 보이는 교표 때문에 오히려 창권이 형의 학력 위조가 쉽게 탄로 날 수 있음을 의미한다.

37. 〈보기〉를 바탕으로 윗글을 감상한 내용으로 적절하지 않은 것은? [3점]

<보 기>

이 작품은 6·25 전쟁으로 인해 혼란해진 사회를 배경으로 한다. 창권이 형은 궐기대회에서 애국 학도로 활약하게 되는 과정에서 권력층에 편승하는 모습을 보인다. 정치적 목적을 위해 대중을 기만하는 권력층에 이용당하다 결국 몰락하게 되는 창권이 형을 통해 어리석은 인물이 가진 욕망의 허망함을 풍자하고 있다. 그리고 궐기대회에서 벌어지는 일을 제대로 이해하지 못하는 어린 '나'를 통해 궐기대회가 희화화된다.

① '멧세지'를 보내는 것을 '멧돼지 보내기'로 오해한 '나'를 통해 궐기대회가 희화화되는군.
② '좀체 아물 새가 없'는 '손가락들'은 표면적으로는 애국심의 증거이지만 이면적으로는 창권이 형이 권력층에 이용당하는 인물임을 엿볼 수 있게 하는군.
③ '고등과 학생 숭내를 내고 댕기'라고 지시하는 것에서 자신들의 목적을 위해 대중을 속이는 권력층의 부정적 면모가 드러나는군.
④ '시위대의 선두에 섰'다가 '중상을 입'은 비극을 통해 권력층에 편승하려는 창권이 형의 부질없는 욕망이 풍자되고 있군.
⑤ '유일한 전리품'이었던 '회중시계'는 전쟁 시기에 애국 학도로서의 신념을 지키지 못한 창권이 형의 고뇌를 상징하는군.

해설편 37쪽

[38～42] 다음 글을 읽고 물음에 답하시오.

맑고 화창한 날 밖에서 스마트폰 화면이 잘 보이지 않았던 경험이 한 번쯤은 있을 것이다. 이는 화면에 반사된 햇빛이 화면에서 나오는 빛과 많이 ⓐ 혼재될수록 야외 시인성이 저하되기 때문이다. 야외 시인성이란, 빛이 밝은 야외에서 대상을 명확하게 인식할 수 있는 성질을 의미한다. 그렇다면 스마트폰에는 야외 시인성 개선을 위해 어떠한 기술이 적용되어 있을까?

㉠ 스마트폰 화면의 명암비가 높으면 우리는 화면에 표현된 이미지를 선명하다고 인식한다. 명암비는 가장 밝은 색과 가장 어두운 색을 화면이 얼마나 잘 표현하는지를 나타내는 수치로, 흰색을 표현할 때의 휘도를 검은색을 표현할 때의 휘도로 나눈 값이다. 여기서 휘도는 화면에서 나오는 빛이 사람의 눈에 얼마나 들어오는지를 나타내는 양이다. 가령, 흰색을 표현할 때의 휘도가 2,000 cd/m^{2}이고 검은색을 표현할 때의 휘도가 2 cd/m^{2}인 스마트폰의 명암비는 1,000이다.

명암비는 휘도를 측정하는 환경에 따라 암실 명암비와 명실 명암비로 구분된다. 암실 명암비는 햇빛과 같은 외부광 없이 오로지 화면에서 나오는 빛만을 인식할 수 있는 조건에서의 명암비를, 명실 명암비는 외부광이 ⓑ 존재하는 조건에서의 명암비를 의미한다. 스마트폰의 야외 시인성을 높이기 위해서는 명실 명암비를 높여야 한다. 이를 위해 화면에서 흰색을 표현할 때의 휘도를 높이는 방법과 검은색을 표현할 때의 휘도를 낮추는 방법을 사용할 수 있다.

그런데 스마트폰에 흔히 사용되는 OLED는 흰색을 표현할 때의 휘도를 높이는 데 한계가 있다. OLED는 화면의 내부에 있는 기판* 에서 빛을 내는 소자로, 빨간색, 초록색, 파란색 빛을 조합하여 다양한 색을 ⓒ 구현한다. 이렇게 OLED가 색을 표현할 때, 출력되는 빛의 세기를 높이면 해당 색의 휘도가 높아진다. 그러나 강한 세기의 빛을 출력할수록 OLED의 수명이 ⓓ 단축되는 문제가 있다. 이러한 이유로 OLED 스마트폰에는 편광판과 위상지연필름을 활용하여, 외부광의 반사로 높아진, 검은색을 표현할 때의 휘도를 낮추는 기술이 적용되고 있다.

〈그림〉은 OLED 스마트폰에 적용된 편광판의 원리를 나타낸 것이다. 일반적으로 빛은 진행하는 방향에 수직인 모든 방향으로 진동하며 나아간다. 빛이 편광판을 통과하면 그중 편광판의 투과축과 평행한 방향으로 진동하며 나아가는 선형 편광만 남고, 투과축의 수직 방향으로 진동하는 빛은 차단된다. 이러한 과정에서 편광판을 통과한 빛의 세기는 감소하게 된다.

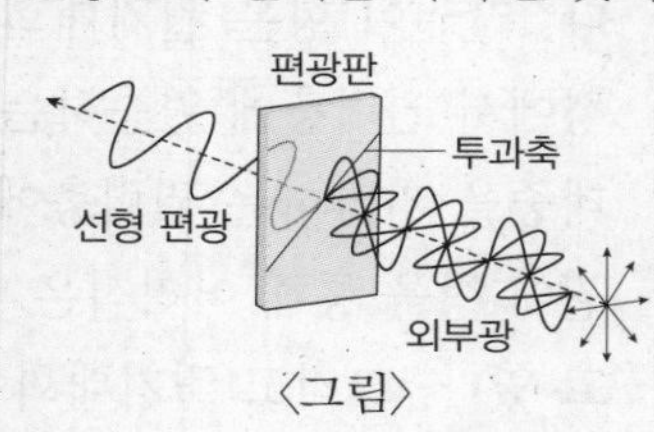

〈그림〉

[A] 이러한 원리를 이용해 OLED 스마트폰에서 야외 시인성을 높이는 기술을 설명하면 다음과 같다. 먼저 스마트폰 화면 안으로 들어오는 외부광은 편광판을 거치면서 일부가 차단되고 투과축과 평행한 방향으로 진동하는 선형 편광만 남게 된다. 그런 다음 이 선형 편광은 위상지연필름을 지나면서 회전하며 나아가는 빛인 원형 편광으로 편광의 형태가 바뀐다. 이 원형 편광은 스마트폰 화면의 내부 기판에 반사된 뒤, 다시 위상지연필름을 통과하며 선형 편광으로 바뀐다. 그런데 이 선형 편광의 진동 방향은 외부광이 처음 편광판을 통과했을 때 남은 선형 편광의 진동 방향과 수직을 이루게 되어 편광판에 가로막히게 된다. 그 결과 기판에 반사된 외부광은 화면 밖으로 빠져나가지 못하게 된다.

이와 같은 기술은 OLED 스마트폰의 야외 시인성을 높이는 데에는 매우 효과적이지만, 편광판을 사용할 수밖에 없기 때문에 스마트폰 화면이 일정 수준의 명암비를 유지하기 위해서는 ㉡ OLED가 내는 빛의 세기를 높게 유지해야 한다는 단점이 존재한다. 그리고 외부광이 화면의 외부 표면에 반사되어 나타나는 야외 시인성의 저하도 ⓔ 방지하지 못한다. 최근에는 이러한 문제점들을 개선하기 위한 연구가 다양한 분야에서 이루어지고 있다.

* 기판 : 전기 회로가 편성되어 있는 판.

38. 윗글에서 알 수 있는 내용으로 가장 적절한 것은?

① 햇빛은 진행하는 방향에 수직인 모든 방향으로 진동한다.
② OLED는 네 가지의 색을 조합하여 다양한 색을 구현한다.
③ 사람의 눈에 들어오는 빛의 양이 많으면 휘도는 낮아진다.
④ 야외 시인성은 사물 간의 크기 차이를 비교하는 기준이다.
⑤ OLED는 화면의 외부 표면에 반사되는 외부광을 차단한다.

39. ㉠에 대한 설명으로 적절하지 않은 것은?

① 명실 명암비를 높이면 야외 시인성이 높아지게 된다.
② 흰색을 표현할 때의 휘도가 낮아질수록 암실 명암비가 높아진다.
③ 휘도를 측정하는 환경에 따라 명실 명암비와 암실 명암비로 나뉜다.
④ 흰색을 표현할 때의 휘도를 검은색을 표현할 때의 휘도로 나눈 값이다.
⑤ 화면에 반사된 외부광이 눈에 많이 들어올수록 명실 명암비가 낮아진다.

40. ㉡의 이유를 추론한 것으로 가장 적절한 것은?

① OLED가 내는 빛의 휘도를 조절할 수 없기 때문이다.
② OLED가 내는 빛이 강할수록 수명이 길어지기 때문이다.
③ OLED가 내는 빛 중 일부가 편광판에서 차단되기 때문이다.
④ OLED가 내는 빛이 약하면 명암비 계산이 어렵기 때문이다.
⑤ OLED가 내는 빛의 세기를 높이는 데 한계가 있기 때문이다.

해설편 39쪽

41. 〈보기〉는 [A]의 과정을 나타낸 그림이다. 윗글을 바탕으로 〈보기〉를 이해한 내용으로 적절하지 않은 것은? [3점]

<보 기>

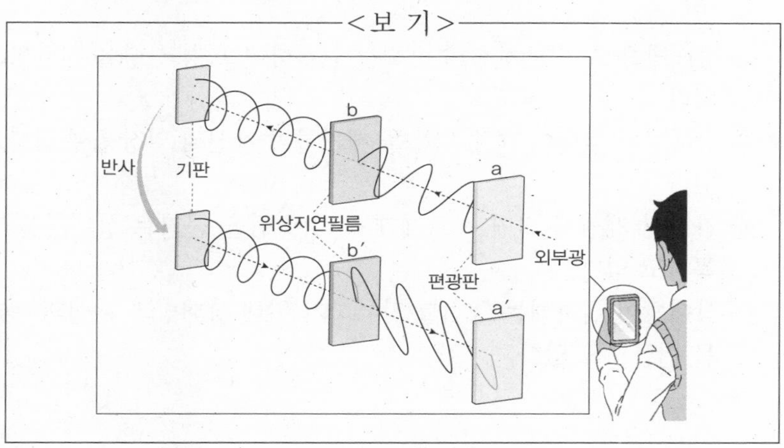

① 외부광은 a를 거치면서 투과축과 평행한 방향으로 진동하는 빛만 남게 된다.
② a를 거쳐 b로 나아가는 빛은 진행 방향에 수직인 방향으로 진동한다.
③ b를 거친 빛은 기판에 의해 a를 거쳐 b로 나아가는 빛과 같은 형태의 편광으로 바뀌게 된다.
④ b′를 거친 빛의 진동 방향은 a를 거쳐 b로 나아가는 빛의 진동 방향과 수직을 이룬다.
⑤ b′를 거친 빛은 진동 방향이 a′의 투과축과 수직을 이루므로 화면 밖으로 빠져나가지 못하게 된다.

42. 문맥상 ⓐ~ⓔ와 바꾸어 쓰기에 적절하지 않은 것은?

① ⓐ : 뒤섞일수록
② ⓑ : 있는
③ ⓒ : 고른다
④ ⓓ : 줄어드는
⑤ ⓔ : 막지

[43~45] 다음 글을 읽고 물음에 답하시오.

[앞부분의 줄거리] 전생에 부부였던 남해 용왕의 딸과 동해 용왕의 아들은 각각 금방울과 해룡으로 환생한다. 해룡은 피란 도중에 부모와 헤어져 장삼과 변 씨의 집에서 자라게 된다.

어느 추운 겨울날, 눈보라가 내리치는 밤에 변 씨는 소룡과 함께 따뜻한 방에서 자고 해룡에게는 방아질을 시켰다. 해룡은 어쩔 수 없이 밤새도록 방아를 찧었는데, 얇은 홑옷만 입은 아이가 어찌 추위를 견딜 수 있겠는가? 추위를 이기지 못해 잠깐 쉬려고 제 방에 들어가니, 눈보라가 방 안에까지 들이치고 덮을 것이 하나도 없었다. 해룡이 몸을 잔뜩 웅크리고 엎드려 있는데, 갑자기 방 안이 대낮처럼 밝아지고 여름처럼 더워져 온몸에 땀이 났다. 놀라고 또 이상해 바로 일어나 밖을 자세히 살펴보니, 아직 날이 밝지 않았는데 하얀 눈이 뜰에 가득했다. 방앗간에 나가 보니 밤에 못다 찧은 것이 다 찧어져 그릇에 담겨 있었다. 해룡이 더욱 놀라고 괴이하게 여겨 방으로 돌아오니 방 안은 여전히 밝고 더웠다.

아무리 생각해도 이상해 방 안을 두루 살펴보니, 침상 위에 예전에 없었던 북만 한 방울 같은 것이 놓여 있었다. 해룡이 잡으려 했으나, 방울이 이리 미끈 달아나고 저리 미끈 달아나며 요리 구르고 저리 굴러 잡히지 않았다. 더욱 놀라고 신통해서 자세히 보니, 금빛이 방 안에 가득하고, 방울이 움직일 때마다 향취가 가득히 퍼져 코를 찔렀다. 이에 해룡은 생각했다.

'이것은 반드시 무슨 까닭이 있어서 일어난 일일 테니, 좀 더 두고 지켜봐야겠다.'

해룡은 마음속으로 기뻐하며 자리에 누웠다. 그동안 굶주림과 추위에 시달린 몸이 따뜻해지니, 마음이 절로 놓여 아침 늦도록 곤히 잠을 잤다. 이때 변 씨 모자는 추워 잠을 자지 못하고 떨며 앉아 있다가 날이 밝자마자 밖으로 나와보니, 눈이 쌓여 온 집 안을 뒤덮었고 찬바람이 얼굴을 깎듯이 세차게 불어 몸을 움직이는 것마저 어려웠다. 이에 변 씨는 생각했다.

'해룡이 틀림없이 얼어 죽었겠구나.'

해룡을 불러도 대답이 없자, 해룡이 얼어 죽었으리라 생각하고 눈을 헤치고 나와 문틈으로 방 안을 엿보았다. 그랬더니 해룡이 벌거벗은 채 깊이 잠들어 있는데 놀라서 깨우려다가 자세히 살펴보니 하얀 눈이 온 세상 가득 쌓여 있는데, 오직 해룡이 자고 있는 사랑채 위에는 눈이 한 점도 없고 더운 기운이 연기처럼 일어나고 있었다. 이것이 어찌 된 일인지 알 수가 없었다.

변 씨가 놀라 소룡에게 이런 상황을 이야기했다.

"매우 이상한 일이니, 해룡의 거동을 두고 보자꾸나."

문득 해룡이 놀라 잠에서 깨어 내당으로 들어가 변 씨에게 문안을 올린 뒤 비를 잡고 눈을 쓸려 하는데, 갑자기 한 줄기 광풍이 일어나며 반 시간도 채 안 되어 눈을 다 쓸어버리고는 그쳤다. 해룡은 이미 짐작하고 있었으나, 변 씨는 그 까닭을 전혀 알지 못해 더욱 신통히 여기며 마음속으로 생각했다.

'분명 해룡이 요술을 부려 사람을 속인 것이로다. 만약 해룡을 집에 오래 두었다가는 큰 화를 당하리라.'

변 씨는 어떻게든 해룡을 죽여 없앨 생각으로 이리저리 궁리하다가, 한 가지 계교를 생각해 내고는 해룡을 불러 말했다.

[A] "가군*이 돌아가신 뒤 우리 가산이 점점 줄어들게 된 것은 너 또한 잘 알 것이다. 구호동에 우리 집 논밭이 있는데, 근래에는 호환이 자주 일어나 사람을 다치게 해 농사를 짓지 못하고 묵혀둔 지 벌써 수십여 년이 되었구나. 이제 그 땅을 다 일구어 너를 장가보내고 우리도 네 덕에 잘살게 된다면, 어찌 기쁘지 않겠느냐? 다만 너를 그 위험한 곳에 보내면, 혹시 후회할 일이 생길까 걱정이구나."

해룡이 기꺼이 허락하고 농기구를 챙겨 구호동으로 가려 하니, 변 씨가 짐짓 말리는 체했다. 이에 해룡이 웃으며 말했다.

"사람의 목숨은 하늘에 달려 있으니, 어찌 짐승에게 해를 당하겠나이까?"

해룡이 가벼운 발걸음으로 집을 나서자, 변 씨가 문밖에까지 나와 당부하며 말했다.

"쉬이 잘 다녀오너라."

해설편 41쪽

해룡이 공손하게 대답하고 구호동으로 들어가 보니, 사면이 절벽으로 둘러싸여 있고 그 사이에 작은 들판이 하나 있는데, 초목이 아주 무성했다. 해룡이 등나무 넝쿨을 붙들고 들어가니, 오직 호랑이와 표범, 승냥이와 이리의 자취뿐이요, 인적은 아예 없었다. 해룡은 조금도 두려워하지 않고 옷을 벗은 뒤 잠깐 쉬었다. 해가 서산으로 넘어가려 할 무렵 자리에서 일어나 밭을 두어 이랑 갈고 있는데, 갑자기 바람이 거세게 불고 모래가 날리면서 산꼭대기에서 이마가 흰 칡범이 주홍색 입을 벌리고 달려들었다. 해룡이 정신을 바싹 차리고 손으로 호랑이를 내리치려 할 때, 또 서쪽에서 큰 호랑이가 벽력같은 소리를 지르며 달려들어 해룡이 매우 위급한 상황에 처하게 되었다. 그 순간 갑자기 등 뒤에서 금방울이 달려와 두 호랑이를 한 번씩 들이받았다. 호랑이들이 소리를 지르며 달려들었으나, 금방울이 나는 듯이 뛰어서 연달아 호랑이를 들이받으니 두 호랑이가 동시에 거꾸러졌다.

해룡이 달려들어 호랑이 두 마리를 다 죽이고 돌아보니, 금방울이 번개같이 굴러다니며 한 시간도 채 안 되어 그 넓은 밭을 다 갈아 버렸다. 해룡은 기특하게 여기며 금방울에게 거듭거듭 사례했다. 해룡이 죽은 호랑이를 끌고 산을 내려오면서 돌아보니, 금방울은 어디로 갔는지 사라지고 없었다.

한편, 변 씨는 해룡을 구호동 사지에 보내고 생각했다.

'해룡은 반드시 호랑이에게 물려 죽었을 것이다.'

변 씨가 집 안팎을 들락날락하며 매우 기뻐하고 있는데, 문득 밖에서 사람들이 요란하게 떠드는 소리가 들려와 급히 나아가 보니, 해룡이 큰 호랑이 두 마리를 끌고 왔다. 변 씨는 크게 놀랐지만 무사히 잘 다녀온 것을 칭찬했다. 또한 큰 호랑이를 잡은 것을 기뻐하는 체하며 해룡에게 말했다.

"일찍 들어가 쉬어라."

해룡이 변 씨의 칭찬에 감사드리고 제 방으로 들어가 보니, 방울이 먼저 와 있었다.

– 작자 미상, 「금방울전」 –

* 가군 : 남에게 자기 남편을 이르는 말.

43. 윗글의 내용에 대한 이해로 적절하지 않은 것은?

① 변 씨는 소룡에게 잠자는 해룡을 깨우라고 지시했다.
② 변 씨는 해룡을 도운 것이 금방울이라는 것을 몰랐다.
③ 해룡은 밤에 방아질을 하다가 추워 방 안으로 들어갔다.
④ 해룡은 방 안에서 움직이는 금방울을 보고 신통해했다.
⑤ 금방울은 구호동에서 사라진 후 해룡보다 먼저 방에 도착했다.

44. [A]에 대한 설명으로 가장 적절한 것은?

① 지난 일의 책임을 상대방에게 전가하며 태도 변화를 촉구하고 있다.
② 상대방으로 인한 자신의 손해를 언급하며 요청 사항을 전달하고 있다.
③ 상대방의 역할에 대해 의문을 제기하며 자신의 입장을 수정하고 있다.
④ 자신이 제안한 바가 서로에게 이익이 됨을 근거로 상대방을 설득하고 있다.
⑤ 상대방이 취하려는 행위를 만류하기 위해 상대방과 자신의 관계를 언급하고 있다.

45. 〈보기〉는 윗글의 서사 구조를 도식화한 것이다. ㄱ~ㄹ에 대한 설명으로 적절하지 않은 것은? [3점]

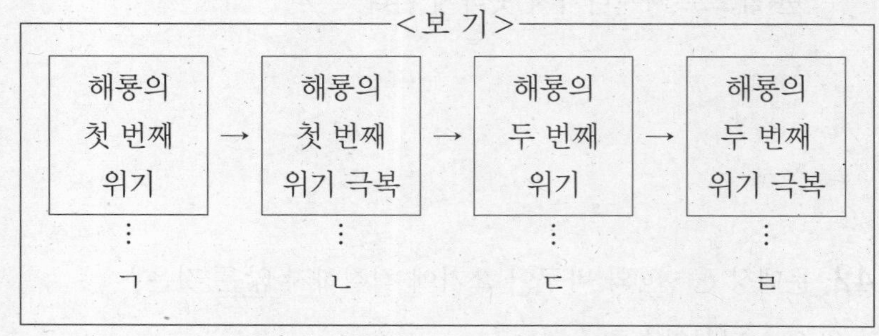

① ㄱ은 집에서 얼어 죽게 될, ㄷ은 구호동에서 짐승에게 해를 입게 될 상황이다.
② ㄱ과 ㄷ은 모두 해룡에게 수행하기 어려운 과제가 주어지는 상황이다.
③ ㄴ은 장차 해룡에게 화를 입을 것을 염려한 변 씨가 ㄷ을 계획하는 계기가 된다.
④ ㄴ과 ㄹ은 신이한 능력을 지닌 금방울에 의해 주도적으로 진행된다.
⑤ ㄱ ~ ㄹ의 과정에서 해룡은 겉과 속이 다르게 자신을 대하는 변 씨의 이중성을 눈치채고 반발하게 된다.

※ 확인 사항
○ 답안지의 해당란에 필요한 내용을 정확히 기입(표기)했는지 확인하시오.

국어 영역

제 1 교시

3회	시험 시간	80분
	날짜	월 일 요일
시작 시각 :	종료 시각	:

[1~3] 다음은 학생의 발표이다. 물음에 답하시오.

안녕하세요? 저는 환경 동아리 '지지자-지구를 지키는 자'의 부장입니다. 우리 동아리는 지구 온난화의 심각성을 알리는 캠페인을 진행하고 있습니다. 오늘은 이와 관련하여 영구 동토층이 녹으면서 생기는 문제에 대해 알려드리고자 합니다.

영구 동토층에 대해 들어보신 적 있나요? (청중의 반응을 확인하고) 영구 동토층은 온도가 섭씨 0도 이하로 유지되어 여름에도 녹지 않는 토양층을 말합니다. 영구 동토층이 분포해 있는 지대는 지구 전체 면적의 약 14%에 해당하며, 시베리아, 캐나다 북부, 알래스카 등 북극권에 주로 분포해 있습니다. 대부분의 영구 동토층은 수천 년에서 수만 년 동안 얼어붙은 상태였지만 최근에 빠른 속도로 녹고 있습니다.

이것이 왜 문제가 될까요? 영구 동토층이 녹으면 그곳에 묻혀 있던 대량의 이산화 탄소와 메테인이 대기 중으로 방출되기 때문입니다. 수업 시간에 배운 것처럼 이산화 탄소와 메테인은 지구 온난화를 일으키는 대표적인 온실가스입니다. 과학자들은 영구 동토층에 묻혀 있는 탄소의 양이 대기 중에 존재하는 탄소의 양의 2배에 이를 것으로 추정하고 있습니다. 메테인은 방출되는 양이 상대적으로 적지만 지구 온난화에 끼치는 영향은 이산화 탄소의 20배 이상이라고 합니다. (㉠ 자료를 제시하며) 보시는 자료에서 왼쪽 그래프는 영구 동토층이 녹지 않고 유지되는 지역의, 오른쪽 그래프는 영구 동토층이 급격히 녹고 있는 지역의 온실가스 농도를 나타냅니다. 왼쪽의 경우는 이산화 탄소나 메테인과 같은 온실가스 방출량이 미미하지만, 오른쪽에서는 이들 가스의 방출량이 급격히 증가한 것을 확인할 수 있습니다.

이어서 보실 자료는 2007년부터 10년간 북극권의 연평균 기온을 지구 전체의 연평균 기온과 비교한 그래프입니다. (㉡ 자료를 제시하며) 붉은 선과 파란 선 모두 기온이 상승하고 있음을 보여 줍니다. 그런데 북극권의 연평균 기온을 나타내는 붉은 선이 더 가파르게 올라가는 것에 주목할 필요가 있습니다. 이런 추세로 북극권 기온이 상승하면 그곳에 분포한 영구 동토층이 빠르게 녹아 처음에 보신 오른쪽 그래프와 같은 상황이 가속화됩니다.

영구 동토층에서 방출된 온실가스는 북극권의 기온을 상승시키고 이는 결국 지구 전체의 온난화를 악화시킵니다. 그런 점에서 영구 동토층이 녹지 않도록 전 지구적 노력이 필요합니다. 제가 말씀드린 내용을 주변에 많이 알려 주시고, 우리 동아리의 캠페인에도 지속적인 관심을 부탁합니다. 감사합니다.

1. 위 발표에 대한 설명으로 적절하지 <u>않은</u> 것은?

① 용어의 뜻을 설명하며 청중의 이해를 돕고 있다.
② 질문을 하면서 청중이 발표에 집중하도록 하고 있다.
③ 학습 경험을 언급하며 관련된 내용을 설명하고 있다.
④ 예상되는 반론을 반박하며 발표의 설득력을 높이고 있다.
⑤ 캠페인에 대한 관심을 요청하며 발표를 마무리하고 있다.

2. 발표자가 ㉠과 ㉡을 활용한 방식에 대한 설명으로 가장 적절한 것은?

① ㉠을 활용해 영구 동토층이 녹는 원인을 제시하고, ㉡을 활용해 해당 원인의 소멸 과정을 보여 주었다.
② ㉠을 활용해 영구 동토층이 생성된 과정을 제시하고, ㉡을 활용해 해당 과정의 발생 원인을 보여 주었다.
③ ㉠을 활용해 영구 동토층이 녹는 속도의 차이를 보여 주고, ㉡을 활용해 그 차이를 줄이기 위한 방안을 제시하였다.
④ ㉠을 활용해 영구 동토층이 녹을 때 생기는 문제를 보여 주고, ㉡을 활용해 이 문제가 악화될 수 있음을 강조하였다.
⑤ ㉠을 활용해 영구 동토층이 유지된 지역의 문제 상황을 보여 주고, ㉡을 활용해 해당 문제가 가져올 결과를 제시하였다.

3. 다음은 발표를 들은 학생들의 반응이다. 발표의 내용을 고려하여 학생의 반응을 이해한 내용으로 적절하지 <u>않은</u> 것은? [3점]

○ **학생 1** : 영구 동토층은 녹지 않는 것으로 알고 있었는데, 발표를 듣고 그렇지 않다는 것을 알게 되었어. 영구 동토층이 녹아서 문제가 생긴 사례를 더 찾아봐야지.
○ **학생 2** : 영구 동토층이 주로 북극권에 분포해 있다고 했는데, 나머지는 어디에 분포해 있을지 궁금해. 발표에서 참조한 자료의 출처를 물어봐야겠어.
○ **학생 3** : 영구 동토층이 녹는 문제의 심각성을 알리자는 캠페인의 취지에 동의해. 인근 학교와 지역 사회에 이 문제를 어떻게 공유할지 생각해 봐야겠어.

① '학생 1'은 발표 내용을 듣고 알게 된 정보를 통해 기존의 지식을 수정하고 있다.
② '학생 2'는 발표자가 언급하지 않은 발표 내용에 대해 궁금증을 드러내고 있다.
③ '학생 3'은 발표 내용을 수용하면서 주변에 알릴 방법을 고민하고 있다.
④ '학생 1'과 '학생 3'은 발표 내용과 관련하여 추가적인 활동을 계획하고 있다.
⑤ '학생 2'와 '학생 3'은 발표에 활용된 정보에 출처가 언급되지 않았음을 지적하고 있다.

해설편 45쪽

[4~7] (가)는 교지 편집부 학생들이 나눈 대화이고, (나)는 이를 바탕으로 학생이 작성한 초고이다. 물음에 답하시오.

(가)

학생 1 지난번에 우리가 청소년의 SNS(사회 관계망 서비스) 이용 실태와 청소년의 심리적 특성을 관련지어 교지에 글을 쓰기로 했었지? 조사해 온 내용을 이야기해 보자.

학생 2 내가 본 자료에는 청소년의 SNS 이용 시간이 타 연령대의 이용 시간보다 길다고 나와 있었어.

학생 3 내가 본 논문에서는 SNS 이용 시간이 길어지는 경향을 심리적 측면과 연결지어 설명하고 있었어. 사람들이 SNS를 반복적으로 오래 이용하다 보면 그 안에 있는 정보를 놓칠 수 있다거나 사람들과 연결되지 못하고 고립될 수 있다는 불안을 느끼기 쉽다고 해. 이때 느끼는 불안을 포모 증후군이라고 부른대.

학생 1 SNS를 이용하다 보면 고립될 수 있다는 불안을 느끼기 쉽다는 거지? 포모라는 말에 대해 더 설명해 줄래?

[A] **학생 3** 상품을 살 때 매진이 임박했다고 하면 나만 놓칠까 봐 불안해지잖아. 이런 소비자의 불안감을 이용하는 판매 전략을 포모라고 불렀대. 그런데 SNS가 널리 사용되면서 '정보 수집'이나 '인간관계 맺기'에서 뒤처질까 봐 불안해하는 사람들이 많아지게 되었고, 사람들의 이러한 불안 심리를 포모 증후군이라고 부르게 된 거지.

학생 2 그런데 포모 증후군이 청소년의 심리적 특성과 무슨 상관이 있어?

[B] **학생 3** 내 생각에도 포모 증후군을 설명하는 요인 중에서 '정보 수집'과 관련된 부분은 청소년들과는 거리가 멀어 보여. 하지만 '인간관계 맺기'와 관련된 부분은 청소년이 다른 세대에 비해 또래 관계를 중시하는 심리적 성향과 관련된다고 생각해. 또래 관계가 중요하기 때문에 SNS에 수시로 접속해서 교류에서 소외되지 않으려 노력하게 되고, 그만큼 많은 시간을 SNS를 이용하는 데 쓸 수밖에 없어. 그런데 또래 관계를 중시하는 걸 넘어 관계가 멀어질까 봐 심하게 불안하다면 포모 증후군을 의심해 봐야 하는 거지.

학생 1 그렇구나. 우리 글에서 청소년의 SNS 이용 시간이 긴 것을 포모 증후군의 '인간관계 맺기'와 관련지어 설명하는 것이 좋겠다. 이와 관련해 학생들에게 제안할 만한 내용이 있으면 이야기해 보자.

학생 3 SNS 과다 사용 문제를 다룬 논문에 따르면, 심리적 문제를 해결할 때는 자신이 어떤 상태인지 성찰하는 게 중요하다고 해. SNS를 이용하면서 불안한 기분을 느낀다면, 경각심을 갖고 자기 자신을 성찰해 보자고 제안하자.

학생 2 청소년기의 포모 증후군이 또래 관계를 중시하는 성향과 관련된다는 점에서, 친구를 SNS에서가 아닌 일상생활 속에서 직접 만나자고 제안해 보자.

학생 3 청소년기의 특성에 대한 전문가의 견해도 필요할 것 같아.

학생 1 정말 좋은 의견이야. 글을 쓸 때 필요한 자료는 도서관에 가서 같이 찾아보자.

(나) 학생의 초고

청소년의 대부분은 SNS를 이용한다. 설문 결과에 따르면, 청소년의 SNS 이용 시간은 타 연령대보다 훨씬 긴 것으로 나타난다. 설문 응답자 전체의 SNS 하루 평균 이용 시간은 1시간 미만이지만, 청소년의 77%는 평균 3시간 이상, 19%는 평균 5시간 이상 SNS를 이용하는 것으로 나타났다.

청소년의 이러한 SNS 이용 실태는 청소년기의 특성에서 그 이유를 찾을 수 있다. 전문가에 따르면 청소년은 타인의 기준과 인정을 중요시하는 특성이 있다. 이러한 이유로 자신을 남에게 보여 줄 수 있는 SNS에 빠져들기 쉽다. 또한 청소년은 또래 관계에 과하게 의존한다는 특성이 있다. SNS는 쉽고 빠르게 수많은 인간관계를 맺을 수 있는 세계라는 점에서 청소년에게 특히 매력적이다.

청소년의 과다한 SNS 이용 실태는 '포모 증후군'을 우려하게 한다. '포모(FOMO ; Fear Of Missing Out)'는 원래 제품 공급량을 줄여 소비자를 조급하게 하는 마케팅 용어였지만, 최근에는 SNS 속 정보나 관계에서의 소외를 불안해하는 심리를 가리키는 말이 되었다. 청소년기에는 또래 관계를 중시하는 심리적 성향이 강하기 때문에, 대체로 SNS를 사용하지 못하는 상황에서 불안한 기분을 느끼는 경우가 많고, SNS에 수시로 접속해서 또래 사이의 교류에서 소외되지 않으려 노력하는 경향이 강하다.

포모 증후군이 걱정된다면 청소년들은 무엇을 할 수 있을까? 첫째, 개인의 측면에서는 경각심을 갖고 자신의 SNS 이용을 돌이켜 보자. SNS 속 모든 인간관계와 연결되는 것은 불가능함에도 불구하고 그렇게 되지 못하는 것을 불안해하는 것은 아닌지 돌아볼 필요가 있다. 둘째, 사회적 측면에서는 일상생활 속에서 직접 만나는 친구와의 관계를 더 돈독히 하자.

㉮

4. (가)의 '학생 1'에 대한 설명으로 적절하지 않은 것은?

① 일부 대화 참여자의 발언이 맥락에서 벗어났음을 지적하고 논의의 범위를 제한할 것을 요청하고 있다.
② 대화 참여자의 발언에 대해 평가하고 논의와 관련하여 대화 참여자들이 해야 할 일을 제시하고 있다.
③ 대화 참여자의 발언의 일부를 재진술하고 논의와 관련된 추가적인 설명을 요구하고 있다.
④ 대화 참여자의 발언 내용에 동의하고 더 논의할 내용을 제시하고 있다.
⑤ 지난번 대화 내용을 환기하고 이번에 논의할 내용을 밝히고 있다.

5. [A], [B]에 대한 이해로 가장 적절한 것은?

① [A]에서 전문가의 관점을 소개하고, [B]에서는 소개한 관점의 의의를 제시하고 있다.
② [A]에서 용어에 대해 설명하고, [B]에서는 설명한 내용의 일부를 활용하여 자신의 견해를 드러내고 있다.
③ [A]에서 상대방 발언의 핵심 내용을 정리하고, [B]에서는 정리한 내용에 대한 자신의 견해를 밝히고 있다.
④ [A]에서 구체적 사례를 나열하여 제시하고, [B]에서는 일정한 기준에 따라 제시한 사례를 분류하고 있다.
⑤ [A]에서 자신의 견해를 요약하여 제시하고, [B]에서는 다른 의견을 받아들여 자신의 견해를 수정하고 있다.

해설편 45쪽

6. (가)의 대화 내용이 (나)에 반영된 양상으로 적절하지 않은 것은? [3점]

① (가)에서 포모 증후군에 대해 설명한 내용이, (나)의 3문단에서 청소년기의 심리적 특성과 함께 제시되었다.
② (가)에서 SNS 사용에 대해 청소년들에게 제안하려는 내용이, (나)의 4문단에서 개인의 측면과 사회적 측면으로 구분되어 제시되었다.
③ (가)에서 청소년의 SNS 이용 시간과 관련하여 언급한 내용이, (나)의 1문단에서 설문 결과에 나타난 수치와 함께 구체적으로 제시되었다.
④ (가)에서 청소년기의 특성에 대한 전문가의 견해가 필요하다는 의견이, (나)의 2문단에서 전문가가 제시한 청소년기의 두 가지 특징으로 구체화되어 반영되었다.
⑤ (가)에서 포모 증후군과 청소년의 SNS 이용 시간의 관련성에 대해 언급한 내용이, (나)의 2문단에서 청소년의 SNS 과다 사용과 포모 증후군의 악순환 관계로 제시되었다.

7. ㉮에 들어갈 문장을 〈조건〉에 따라 작성한 것으로 가장 적절한 것은?

<조 건>

○ 문단의 내용과 어긋나지 않도록 할 것.
○ 내용의 대비가 드러나도록 비교의 방식을 활용할 것.

① 포모 증후군은 아닌지 걱정만 하기보다는 사용 시간 점검으로 현명한 SNS 사용자가 되자.
② 이번 주말 현실 속 친구들과 시간을 보냈다면, 다음 주말은 SNS 친구들에게 더 집중하도록 하자.
③ 내 손을 잡아 줄 옆자리 친구만큼 내 마음을 잡아 줄 SNS 친구도 소중하다는 것을 잊지 말아야 한다.
④ SNS 속 친구 목록의 길이에 마음을 쓰기보다 곁에서 마음을 나누는 몇몇 친구와의 시간을 소중히 여길 필요가 있다.
⑤ 일상생활에서 직접 만나는 친구를 SNS 속에서 자주 만나며 연결되지 못하는 불안에서 벗어나 우정의 폭을 넓혀 보자.

[8～10] 다음은 '작문 상황'에 따라 학생이 쓴 글의 초고이다. 물음에 답하시오.

[작문 상황]
○ 작문 목적 : 도서부 선정 '3월의 책'인 『페스트』의 독서 감상문을 작성한다.
○ 예상 독자 : 우리 학교 학생들
○ 글을 쓸 때 고려할 사항 :
– 작품의 특징을 다양한 측면에서 소개한다.
– 학생들이 『페스트』를 읽도록 권유한다.

[학생의 초고]

도서부 선정 '3월의 책'은 알베르 카뮈의 소설 『페스트』이다. 이 책은 1947년에 발표된 작품으로 오랑이라는 도시가 페스트로 인해 봉쇄되면서 전염병에 맞서는 다양한 인간을 다룬 소설이다. 작가는 사람들이 매일같이 죽어 나가는 끔찍한 모습을 매우 담담한 어조로 서술하고 있다. 그는 오랑에서 머물던 중 전염병으로 수많은 사람이 죽는 것을 목격하였고 이때의 경험을 작품 속에 사실적으로 담아내었다.

[A] 『페스트』의 등장인물은 전염병의 창궐이라는 비극적 재난 상황에 대응하는 방식에 따라 두 가지 유형으로 나뉜다. 긍정적 인물 유형으로는 보건대 조직을 제안하는 타루를 비롯하여 의사 리외, 공무원 그랑, 성직자 파늘루, 기자 랑베르가 있다. 이들은 동지애를 발휘하여, 페스트에 걸려 고통받는 사람들을 돕는다. 반면 부정적 인물인 코타르는 비극적 재난을 틈타 밀수로 부를 축적하는 이기적인 모습을 보인다. 이런 대조를 통해 카뮈는 공동체의 어려움을 이겨 내기 위해서는 구성원들의 연대 의식이 필요함을 역설한다.

카뮈는 '탁월한 통찰과 진지함으로 우리 시대 인간의 정의를 밝힌 작가'라는 평을 받으며 1957년에 노벨 문학상을 수상하였다. 그는 수상 후의 연설에서, 예술은 인간의 보편적인 감정을 제시하여 많은 사람들을 감동시키는 수단이라고 하였다. 작가가 말한 것처럼 『페스트』는 모두가 공감할 수 있는 현실의 모습과 정서를 표현하고 있다. 따뜻한 봄이 왔지만 여전히 마음이 춥다면 『페스트』를 읽어보자. 어려움에 처한 사람이라면 이 책을 읽고 자신의 상황에 대처할 수 있는 실마리를 얻을 수 있을 것이다.

8. '학생의 초고'에 나타난 글쓰기 전략을 〈보기〉에서 모두 골라 바르게 짝지은 것은?

<보 기>

㉠ 『페스트』를 읽었을 때의 효용을 밝히며 읽기를 권유한다.
㉡ 『페스트』의 내용을 개괄하여 작품의 대강을 파악하도록 한다.
㉢ 작품의 주요 구절을 인용하며 『페스트』를 추천하는 이유를 설명한다.
㉣ 다른 책과의 비교를 통해 『페스트』가 갖는 독자적인 가치를 강조한다.

① ㉠, ㉡ ② ㉠, ㉣ ③ ㉡, ㉢
④ ㉡, ㉣ ⑤ ㉢, ㉣

3회 2022년 3월 국어

○ 해설편 46쪽

9. 〈보기〉는 윗글을 쓰기 위해 학생이 참고한 자료이다. 학생의 자료 활용에 대한 설명으로 적절하지 않은 것은?

<보 기>

ㄱ. 알베르 카뮈(1913 ~ 1960)는 프랑스의 소설가로 '탁월한 통찰과 진지함으로 우리 시대 인간의 정의를 밝힌 작가'라는 평을 받으며 1957년에 노벨 문학상을 수상하였다. 주요 작품으로는 『이방인』, 『페스트』 등이 있다.

– 문학가 사전의 '알베르 카뮈' 항목 중 일부

ㄴ. 제가 보기에 예술이란 고독한 향락이 아닙니다. 그것은 인간의 공통적인 괴로움과 기쁨의 유별난 이미지를 제시함으로써 최대 다수의 사람들을 감동시키는 수단입니다.

– 카뮈의 노벨 문학상 수상 후 연설 중 일부

ㄷ. 1941년부터 오랑에서 생활하던 카뮈는 그 지역에 장티푸스가 창궐하여 매일같이 사람들이 죽어가는 상황과 그로 인해 발생하는 혼란을 목격하였다. 이때의 경험은 『페스트』의 창작에 영감을 주었다.

– 출판사의 책 소개 중 일부

① ㄱ을 활용하여 작가에 대한 평가를 제시하고 있다.
② ㄴ을 활용하여 예술의 필요성에 대한 작가의 인식이 작품 창작의 동기가 되었음을 설명하고 있다.
③ ㄴ을 활용하여 작품이 보편적인 공감을 획득하고 있음을 작가의 예술관과 연결하여 드러내고 있다.
④ ㄷ을 활용하여 특정 도시가 작품 속 공간으로 설정된 배경을 드러내고 있다.
⑤ ㄷ을 활용하여 전염병에 대한 작가의 경험이 작품의 사실성을 갖추는 데 기여하였음을 밝히고 있다.

10. 〈보기〉는 선생님의 조언에 따라 [A]를 수정한 것이다. 선생님이 했을 조언으로 가장 적절한 것은?

<보 기>

작가는 재난이라는 상황을 부각하기보다 그 속에서 살아가는 인간의 다양한 모습에 주목한다. 최전선에서 환자를 치료하는 의사 리외, 민간 보건대 조직을 주도한 타루, 묵묵히 자신의 임무를 수행하는 말단 공무원 그랑, 신념과 다르게 돌아가는 현실 속에서 내적 갈등으로 고민하는 성직자 파늘루, 탈출을 시도하다 오랑에 남아 페스트와 싸운 기자 랑베르, 혼란 속에서 자신의 이익을 추구하는 밀수업자 코타르 등 비극적인 재난 속에서 작품의 인물들은 각자의 선택을 한다. 페스트라는 질병과의 전쟁 속에서 매일 패배하면서도 굴하지 않는 다양한 인간 군상을 통해, 카뮈는 '인간은 어떤 존재여야 하는가?'라는 질문을 던지고 그에 대한 답을 암시한다.

① 책의 장점만 제시하기보다 책의 단점에 대해서도 언급하고, 책에 대한 균형 잡힌 시각을 드러낼 수 있는 내용으로 문단을 마무리하는 게 좋겠어.
② 인물 유형을 단순화하기보다는 다양한 인물의 모습을 보여 주고, 뒤 문단에서 언급된 작가에 대한 평가와 자연스럽게 연결될 수 있는 내용으로 문단을 마무리하는 게 좋겠어.
③ 인물 간 갈등의 원인만 제시하기보다는 갈등의 해소 과정을 보여 주고, 갈등 상황에 대처할 때 독자가 가져야 할 태도와 마음가짐에 대한 내용으로 문단을 마무리하는 게 좋겠어.
④ 인물에 대한 정보를 간략하게 제시하기보다는 소설 속 인물의 행동을 자세하게 언급하고, 우리 사회에 필요한 바람직한 인간상을 제시하는 내용으로 문단을 마무리하는 게 좋겠어.
⑤ 책의 내용을 자세하게 소개하는 대신 책에서 받은 인상을 간략하게 제시하고, 뒤 문단에서 언급된 독서 행위의 의미를 이끌어 낼 수 있는 내용으로 문단을 마무리하는 게 좋겠어.

해설편 46쪽

[11～12] 다음 글을 읽고 물음에 답하시오.

문법적으로 적절한 문장은 필수적인 문장 성분을 온전히 갖추어야 한다. 이때 필수적인 문장 성분은 서술어에 따라 달라진다. 예를 들어 '풀다'가 서술어로 쓰이면 이 서술어는 주어와 목적어를 요구한다. 따라서 다른 맥락이 주어지지 않는다면 '*나는 풀었다.'라는 문장은 서술어가 요구하는 문장 성분이 온전히 갖추어지지 않아서 문법적으로 부적절한 문장이 된다.

서술어가 요구하는 문장 성분에 대한 정보는 국어사전에서 확인할 수 있다. 다음은 국어사전의 일부이다.

[A]

> **풀다** 동
> 1 【…을】
> 「1」 묶이거나 감기거나 얽히거나 합쳐진 것 따위를 그렇지 아니한 상태로 되게 하다.
> ⋮
> 「5」 모르거나 복잡한 문제 따위를 알아내거나 해결하다.
> 2 【…에 …을】
> 「1」 액체에 다른 액체나 가루 따위를 섞다.

【 】 기호 안에는 표제어 '풀다'가 서술어로 쓰일 때 요구하는 문장 성분에 대한 정보가 제시되어 있다. 이러한 정보를 '문형 정보'라고 한다. 원칙적으로 서술어는 주어를 항상 요구하므로 문형 정보에는 주어를 제외한 필수적 문장 성분에 대한 정보가 제시된다. 하나의 단어가 여러 의미를 가진 경우도 있다. 이러한 단어가 서술어로 쓰일 때 어떤 의미로 쓰이는지에 따라 서술어가 요구하는 문장 성분이 다를 수 있으며, 국어사전에서도 문형 정보가 다르게 제시된다.

필수적인 문장 성분이 갖추어져 있어도 문장 성분 간에 호응이 되지 않으면 문법적으로 부적절한 문장이 될 수 있다. 호응이란 어떤 말이 오면 거기에 응하는 말이 오는 것을 말한다.

> 길을 걷다가 흙탕물이 신발에 튀었다. 나는 신발에 얼룩을 남기고 싶지 않았다. *그래서 나는 물에 세제와 신발을 풀었다. 다행히 금세 자국이 없어졌다.

위 예에서 밑줄 친 문장이 문법적으로 부적절한 이유는 [㉠]와 서술어가 호응하지 않기 때문이다. 여기에 쓰인 '풀다'의 [㉠]로는 [㉡]이 와야 호응이 이루어진다.

※ '*'는 문법적으로 부적절한 문장임을 나타냄.

11. [A]를 이해한 내용으로 적절하지 않은 것은? [3점]

① 2-「1」의 의미로 쓰이는 '풀다'는 부사어를 요구한다.
② 문형 정보에 주어가 표시되지 않았지만 '풀다'는 주어를 요구한다.
③ 1-「1」과 2-「1」의 의미로 쓰이는 '풀다'는 모두 목적어를 요구한다.
④ '풀다'가 1-「1」의 의미로 쓰일 때와 1-「5」의 의미로 쓰일 때는 필수적 문장 성분의 개수가 같다.
⑤ '그는 십 분 만에 선물 상자의 매듭을 풀었다.'에 쓰인 '풀다'의 문형 정보는 사전에 【…에 …을】로 표시된다.

12. ㉠, ㉡에 들어갈 말로 적절한 것은?

	㉠	㉡
①	목적어	액체나 가루 따위에 해당하는 말
②	목적어	복잡한 문제 따위에 해당하는 말
③	부사어	액체에 해당하는 말
④	주어	복잡한 문제 따위에 해당하는 말
⑤	주어	액체에 해당하는 말

13. 〈보기 1〉의 '표준 발음법'에 따라 〈보기 2〉의 ㉠~㉤을 발음한다고 할 때, 적절하지 않은 것은?

<보 기 1>

표준 발음법
제10항 겹받침 'ㄳ', 'ㄵ', 'ㄼ, ㄽ, ㄾ', 'ㅄ'은 어말 또는 자음 앞에서 각각 [ㄱ, ㄴ, ㄹ, ㅂ]으로 발음한다.
제11항 겹받침 'ㄺ, ㄻ, ㄿ'은 어말 또는 자음 앞에서 각각 [ㄱ, ㅁ, ㅂ]으로 발음한다. 다만, 용언의 어간 말음 'ㄺ'은 'ㄱ' 앞에서 [ㄹ]로 발음한다.
제14항 겹받침이 모음으로 시작된 조사나 어미, 접미사와 결합되는 경우에는, 뒤엣것만을 뒤 음절 첫소리로 옮겨 발음한다.
제23항 받침 'ㄱ(ㄲ, ㅋ, ㄳ, ㄺ), ㄷ(ㅅ, ㅆ, ㅈ, ㅊ, ㅌ), ㅂ(ㅍ, ㄼ, ㄿ, ㅄ)' 뒤에 연결되는 'ㄱ, ㄷ, ㅂ, ㅅ, ㅈ'은 된소리로 발음한다.

<보 기 2>

책장에서 ㉠ 읽지 않은 시집을 발견했다. 차분히 ㉡ 앉아 마음에 드는 시를 예쁜 글씨로 공책에 ㉢ 옮겨 적었다. 소리 내어 시를 ㉣ 읊고, 시에 대한 감상을 적어 보기도 했다. 마음이 평온해지는 ㉤ 값진 경험이었다.

① ㉠은 제11항, 제23항 규정에 따라 [일찌]로 발음해야겠군.
② ㉡은 제14항 규정에 따라 [안자]로 발음해야겠군.
③ ㉢은 제11항 규정에 따라 [옴겨]로 발음해야겠군.
④ ㉣은 제11항, 제23항 규정에 따라 [읍꼬]로 발음해야겠군.
⑤ ㉤은 제10항, 제23항 규정에 따라 [갑찐]으로 발음해야겠군.

14. 〈보기 1〉의 밑줄 친 부분에 해당하는 단어를 〈보기 2〉에서 있는 대로 모두 고른 것은?

<보 기 1>

선생님 : 하나의 단어가 수사로 쓰이기도 하고 수 관형사로도 쓰이는 경우가 많습니다. 그런데 수 관형사로만 쓰이는 단어도 있습니다.

<보 기 2>

○ 나는 필통에서 연필 하나를 꺼냈다.
○ 그 마트는 매월 둘째 주 화요일에 쉰다.
○ 이번 학기에 책 세 권을 읽는 게 내 목표야.
○ 여섯 명이나 이 일에 자원해서 정말 기쁘다.

① 하나 ② 세 ③ 하나, 여섯
④ 둘째, 세 ⑤ 둘째, 여섯

15. ㉠~㉥에 대한 설명으로 적절하지 않은 것은?

<보 기>

지현 : 저기 ㉠ 버스 온다. 얼른 타자. 우리가 오늘 영화를 볼 장소로 가는 버스야.
경준 : ㉡ 차에 사람이 많아 보여. 차라리 택시를 타자.
지현 : 좋아. 그런데 ㉢ 이곳이 원래 사람이 이렇게 많았나?
경준 : ㉣ 여기가 혼잡한 데는 아닌데 주말이라 그런 것 같아. 급하게 와서 그런지 목이 마르네. 물병 좀 꺼내 줄래? 배낭을 열면 물병이 두 개 있어.
지현 : 잠시만. ㉤ 이 중에서 더 작은 ㉥ 것을 주면 돼?
경준 : 응, 고마워. 그런데 ㉦ 우리가 오늘 보기로 한 영화는 누가 추천한 거야?
지현 : ㉧ 자기가 봤는데 재미있더라면서 민재가 추천해 줬어.

① ㉡은 '버스'의 상위어로서 ㉠을 가리킨다.
② ㉢과 ㉣은 다른 단어이지만, 같은 곳을 가리킨다.
③ ㉤은 '배낭'을, ㉥은 '물병'을 가리킨다.
④ ㉦은 화자와 청자를 모두 포함한다.
⑤ ㉧은 '민재'를 가리킨다.

[16~20] 다음 글을 읽고 물음에 답하시오.

㉠ 마르크스는 사물의 경제적 가치를 사용가치와 교환가치로 구분하면서 자본주의 사회에서는 경제적 가치가 교환가치에 의해 결정된다고 보았다. 사용가치는 사물의 기능적 가치를, 교환가치는 시장 거래를 통해 부여된 가치를 의미하는데 사물 자체의 유용성은 고정적이므로 시장에서의 수요와 공급에 의해서만 경제적 가치가 결정된다고 보았기 때문이다. 또한 그는 사물의 거래 가격은 결국 사물의 생산 비용에 의해 결정된다는 점에서 소비를 생산에 종속된 현상으로 보고 소비의 자율성을 인정하지 않았다.

마르크스의 이러한 주장과 달리 ㉡ 보드리야르는 교환가치가 아닌 사용가치가 경제적 가치를 결정하며, 자본주의 사회는 소비 우위의 사회라고 주장했다. 이때 보드리야르가 제시한 사용가치는 사물 자체의 유용성에 대한 가치가 아니라 욕망의 대상으로서 기호(sign)가 ⓐ 지니는 기능적 가치, 즉 기호가치를 의미한다.

기호는 어떤 대상을 지시하는 상징으로서 문자나 음성같이 감각으로 지각되는 기표와 의미 내용인 기의로 구성되는데, 기표와 기의의 관계는 자의적이다. 가령 '남성'이란 문자는 필연적으로 어떤 대상을 지시하는 것이 아니며 '여성'이란 기호와의 관계 속에서 의미 내용이 결정된다. 다시 말해, 어떤 기호의 의미 내용을 결정하는 것은 기표와 기의의 관계가 아니라 기호들 간의 관계, 즉 [기호 체계]이다.

[A] 보드리야르는 자본주의 사회에서 대량 생산 기술이 급속하게 발전하면서 소비자가 기호가치 때문에 사물을 소비한다고 보았다. 대량 생산 기술의 발전으로 수요를 충족하고 남을 만큼의 공급이 이루어져 사물 자체의 유용성은 더 이상 소비를 결정하는 요인으로 작용할 수 없기 때문이다. 예를 들어 소비자는 특정 계층 또는 집단의 일원이라는 상징을 얻기 위해 명품 가방을 소비한다. 이때 사물은 소비자가 속하고 싶은 집단과 다른 집단 간의 차이를 부각하는 기호로서 기능한다. 따라서 보드리야르에 따르면 자본주의 사회에서 소비의 원인은 사물이 상징하는 특정 사회적 지위에 대한 욕구이다.

보드리야르는 현대인이 자연 발생적인 욕구에 따라 자유롭게 소비하는 것처럼 보이지만 사실은 강제된 욕구에 따르는 것에 불과하다고 보았다. 이는 기호가 다른 기호와의 관계 속에서 그 의미 내용이 결정되는 것과 관계된다. 특정 사물의 상징은 기호 체계, 즉 사회적 상징체계 속에서 유동적이며, 따라서 ㉢ 상징체계 변화에 따라 욕구도 유동적이다. 이때 대중매체는 사물의 기의에 영향을 미침으로써 욕구를 강제할 수 있다. 현실이 대중매체를 통해 전달될 때 현실은 현실 그 자체가 아니라 다른 기호와 조합될 수 있는 기호로서 추상화되기 때문이다. 가령 텔레비전 속 유명 연예인이 소비하는 사물은 유명 연예인이라는 기호에 의해 새로운 의미 내용이 부여된다. 요컨대 특정 사물에 대한 현대인의 욕망은 대중매체를 매개로 하여 자기도 모르는 사이에 강제된다.

보드리야르는 기술 문명이 초래한 사물의 풍요 속에서 현대인의 일상생활이 사물의 기호가치와 이에 대한 소비에 의해 규정된다고 보고 자본주의 사회를 소비사회로 명명하였다. 그의 이론은 소비가 인간에 미치는 영향을 비판적으로 성찰해야 한다는 점을 시사한다.

16. '자본주의 사회'에 대한 ㉠, ㉡의 주장을 이해한 내용으로 가장 적절한 것은?

① ㉠ : 소비가 생산에 종속되므로 사용가치와 교환가치는 결국 동일하다.
② ㉠ : 사물 자체의 유용성은 변하지 않으므로 소비자의 욕구를 중심으로 분석해야 한다.
③ ㉡ : 소비자에게 소비의 자율성이 존재하므로 교환가치가 사용가치를 결정한다.
④ ㉡ : 개인에게 욕구가 강제되므로 소비를 통해 집단 간의 사회적 차이가 소멸한다.
⑤ ㉡ : 경제적 가치는 사회적 상징체계에 따라 결정되므로 기호가치가 소비의 원인이다.

17. [기호 체계]를 바탕으로 [A]를 이해한 내용으로 적절하지 않은 것은?

① 사물은 기표로서의 추상성과 기의로서의 구체성을 갖는다.
② 사물과 그것이 상징하는 특정한 사회적 지위와의 관계는 자의적이다.
③ 사물은 사물 자체가 아닌 사물 간의 관계를 통해 의미 내용이 결정된다.
④ 소비는 사물이라는 기호를 통해 특정 계층 또는 집단의 일원이라는 상징을 얻는 행위이다.
⑤ 기호가치는 사물의 기의와 그에 대한 소비자의 욕구와 관련될 뿐 사물의 기표에 의해 결정되는 것은 아니다.

해설편 48쪽

18. ㉢의 전제로 가장 적절한 것은?

① 상징체계 변화에 의해 사물 자체의 유용성이 변화한다.
② 사물에 대한 욕구는 사람마다 제각기 다른 양상을 보인다.
③ 사물의 기호가치가 변화하면 사물에 대한 욕구도 변화한다.
④ 사물을 소비하는 행위는 개인의 자연 발생적 욕구에 따른 것이다.
⑤ 사물이 지시하는 의미 내용과 사물에 대한 욕구는 서로 독립적이다.

19. 윗글의 '보드리야르'의 관점을 바탕으로 〈보기〉를 이해한 내용으로 적절하지 않은 것은? [3점]

<보 기>

개성이란 타인과 구별되는 개인만의 고유한 특성으로, 현대 사회의 개인은 개성을 추구함으로써 자신의 고유함을 드러내려 한다. 이때 사물은 개성을 드러낼 수 있는 수단이다. 찢어진 청바지를 입는 것, 타투나 피어싱을 하는 것은 사물을 통한 개성 추구의 사례이다. 이런 점에서 '당신의 삶에 차이를 만듭니다'와 같은 광고 문구는 개성에 대한 현대인의 지향을 단적으로 드러낸 것이라 할 수 있다.

① 타인과 구별되는 개성이란 개인이 소속되길 바라는 집단의 차별화된 속성일 수 있겠군.
② 소비사회에서 사물을 통한 개성의 추구는 그 사물의 기호가치에 대한 욕구에서 비롯되겠군.
③ 찢어진 청바지는 개인만의 고유한 특성을 드러내는 수단이자 젊은 세대의 일원이라는 기호를 상징하는 것일 수 있겠군.
④ '당신의 삶에 차이를 만듭니다'라는 광고 문구는 그 광고의 상품을 소비함으로써 사회적 차이를 드러내고 싶다는 욕구를 강제하는 것일 수 있겠군.
⑤ 타투나 피어싱을 한 유명 연예인을 텔레비전에서 보고, 이를 따라하기 위해 돈을 지불하는 것은 대중매체를 매개로 하여 추상화된 기호를 소비하는 것일 수 있겠군.

20. 문맥상 의미가 ⓐ와 가장 가까운 것은?

① 그는 항상 지갑에 현금을 지니고 있었다.
② 그녀는 어릴 때의 모습을 그대로 지니고 있다.
③ 우리는 자기가 맡은 일에 책임을 지녀야 한다.
④ 사람은 누구나 고정 관념을 지니고 살기 마련이다.
⑤ 그는 어린 시절의 추억을 항상 마음속에 지니고 있다.

[21～25] 다음 글을 읽고 물음에 답하시오.

(가)

플라톤은 초월 세계인 이데아계와 감각 세계인 현상계를 구분했다. 영원불변의 이데아계는 현상계에 나타난 모든 사물의 근본이 되는 보편자, 즉 형상(form)이 존재하는 곳으로 이성으로만 인식될 수 있는 관념의 세계이다. 반면 현상계는 이데아계의 형상을 바탕으로 만들어진 세계로 끊임없이 변화하는 사물이 감각에 의해 지각된다. 플라톤에 따르면 ㉠ 현상계의 모든 사물은 형상을 본뜬 그림자에 불과하다.

이러한 관점에서 플라톤은 예술을 감각 가능한 현상의 모방이라고 보았다. 예를 들어 목수는 이성을 통해 침대의 형상을 인식하고 그것을 모방하여 침대를 만든다. 그리고 화가는 감각을 통해 이 침대를 보고 그림을 그린다. 결국 침대 그림은 보편자에서 두 단계 떨어져 있는 열등한 것이며, 형상에 대한 참된 인식을 방해하는 허구의 허구에 불과하다. 이데아계의 형상을 모방하여 생겨난 것이 현상인데, 예술은 현상을 다시 모방한 것이기 때문이다.

플라톤은 시가 회화와 다르다고 보았다. 고대 그리스에서 음유시인은 허구의 허구인 서사시나 비극을 창작하고, 이를 작품 속 등장인물의 성격에 어울리는 말투, 몸짓 같은 감각 가능한 현상으로 연기함으로써 다시 허구를 만들어 냈다. 이 과정에서 음유시인의 연기는 인물의 성격을 드러내는데, 이는 감각 가능한 외적 특성을 모방해 감각으로 파악될 수 없는 내적 특성을 드러내는 것이다.

플라톤은 음유시인이 용기나 절제 같은 덕성을 갖춘 인간이 아닌 저급한 인간의 면모를 모방할 수밖에 없다고 주장했다. 가령 화를 잘 내는 인물은 목소리가 거칠어지고 안색이 붉어지는 등 다양한 감각 가능한 현상들을 모방함으로써 쉽게 표현할 수 있지만, 용기나 절제력이 있는 인물에 수반되는 감각 가능한 현상은 표현하기 어렵기 때문이다. 따라서 플라톤은 음유시인의 연기를 보는 관객들이 이성이 아닌 감정이나 욕구와 같은 비이성적인 것들에 지배되어 타락하게 된다고 보았다.

(나)

아리스토텔레스는 이데아계가 존재한다고 보지 않았다. 예컨대 사람은 나이가 들며 늙는데, 만약 이데아계의 변하지 않는 어린아이의 형상과 성인의 형상을 바탕으로 각각 현상계의 어린아이와 성인이 생겨났다면, 현상계에서 어린아이가 성인으로 성장하는 것을 설명할 수 없기 때문이다.

아리스토텔레스는 [형상]이 항상 사물의 생성과 변화의 바탕이 되는 [질료]에 내재한다고 보고, 이를 가능태와 현실태라는 개념을 통해 설명하였다. 가능태란 형상을 실현시킬 수 있는 가능적 힘이자 질료를 의미하며, 현실태란 가능태에 형상이 실현된 어떤 상태이다. 가령 도토리는 떡갈나무가 되기 위한 가능태라면, 도토리가 떡갈나무가 된 상태가 현실태이다. 이처럼 생성·변화하는 모든 것은 목적을 향해 움직이므로 가능태에 있는 것은 형상이 완전히 실현된 상태인 '완전 현실태'를 향해 나아가는데, 이 이행 과정이 운동이다. 즉 운동의 원인은 외부가 아닌 가능태 자체에 내재한다.

아리스토텔레스에게 있어 예술의 목적은 개개의 사물에 내재하고 있는 보편자, 즉 형상을 표현해 내는 것이다. 이런 점에서 그는 시가 역사보다 우월하다고 주장했다. 역사는 개별적 사건들의 기록일 뿐이지만 시는 개별적 사건에 깃들어 있는 보편자를 표현한 것이기 때

3회 2022년 3월 국어

문이다.

아리스토텔레스는 인간이 예술을 통해 쾌감을 느낄 수 있다고 보았다. 특히 비극시는 파멸하는 주인공을 통해 인간의 근본적 한계를 다루기 때문에, 시를 창작하면 인간 존재의 본질을 인식하는 앎의 쾌감을 느낄 수 있다고 하였다. 비극시 속 이야기는 음유시인이 경험 세계의 개별자들 속에서 보편자를 인식해 내어, 그것을 다시 허구의 개별자로 표현한 결과물인 것이다. 또한 관객은 음유시인의 연기를 통해 앎의 쾌감을 느낄 수 있을 뿐 아니라 그와 다른 종류의 쾌감도 경험할 수 있다. 관객은 고통을 받는 인물의 이야기를 통해 그에 대한 연민과 함께, 자신도 유사한 고통을 겪을 수 있다는 공포를 느낀다. 이러한 과정에서 감정이 고조됐다가 해소되면서 얻게 되는 쾌감, 즉 카타르시스를 경험한다.

21. (가)와 (나)에 대한 설명으로 가장 적절한 것은?

① (가)와 (나)는 모두 특정 사상가의 예술을 바라보는 관점이 변화하게 된 이유를 설명하고 있다.
② (가)와 (나)는 모두 특정 사상가가 예술을 평가하는 데 바탕이 된 철학적 관점을 설명하고 있다.
③ (가)와 달리 (나)는 특정 사상가가 생각하는 예술의 불완전성을 설명하고 있다.
④ (나)와 달리 (가)는 특정 사상가의 예술관에 내재한 장점과 단점을 제시하고 있다.
⑤ (가)는 특정 사상가의 예술관이 보이는 한계를, (나)는 특정 사상가의 예술관이 주는 의의를 제시하고 있다.

22. (가)의 '플라톤'의 사상을 이해한 내용으로 적절하지 <u>않은</u> 것은?

① 예술은 형상에 대한 참된 인식을 방해한다.
② 형상은 감각이 아닌 이성을 통해서만 인식할 수 있다.
③ 현상계의 사물을 모방한 예술은 형상보다 열등한 것이다.
④ 예술의 표현 대상은 사물이 아니라 사물 안에 존재하는 형상이다.
⑤ 이데아계는 현상계에 나타난 모든 사물의 형상이 존재하는 곳이다.

23. (나)의 '아리스토텔레스'의 관점에서 [형상]과 [질료]에 대해 이해한 내용으로 적절하지 <u>않은</u> 것은?

① 형상은 질료와 분리되어 존재할 수 없다.
② 질료는 형상을 실현시킬 수 있는 가능적 힘이다.
③ 형상이 질료에 실현되는 원인은 가능태 자체에 내재한다.
④ 형상과 질료 사이의 관계는 현실태와 가능태 사이의 관계와 같다.
⑤ 생성 · 변화하는 것은 형상이 질료에 완전히 실현된 상태인 완전 현실태를 향한다.

24. (가)와 (나)를 참고할 때, '아리스토텔레스'의 입장에서 ㉠을 비판한 것으로 가장 적절한 것은?

① 현상계의 사물이 형상을 본뜬 것이라면 현상계의 사물이 생성 · 변화하는 이유를 설명할 수 없다.
② 형상이 변하지 않는 것이라면 현상계에 존재하는 사물들이 모두 제각기 다른 이유를 설명할 수 없다.
③ 형상과 현상계의 사물이 서로 독립적이라면 현상계에서 사물이 시시각각 변화하는 현상을 설명할 수 없다.
④ 형상이 현상계를 초월하여 존재하는 것이라면 형상을 포함하지 않는 사물을 감각으로 느끼는 것은 불가능하다.
⑤ 현상계의 모든 사물이 형상의 그림자에 불과하다면 그림자만 볼 수 있는 인간이 형상을 인식하는 것은 불가능하다.

25. (가)의 '플라톤'과 (나)의 '아리스토텔레스'가 〈보기〉에 대해 보일 반응으로 적절하지 <u>않은</u> 것은? [3점]

<보 기>

고대 그리스의 비극시 『오이디푸스 왕』의 주인공 오이디푸스는 자신에게 주어진 숙명에 의해 파멸당하는 인물이다. 비극시를 공연하는 음유시인은 목소리, 몸짓으로 작품 속 오이디푸스를 관객 앞에서 연기한다. 음유시인의 연기에 몰입한 관객은 덕성을 갖춘 주인공이 특별한 잘못이 없는데도 불행해지는 모습을 보고 연민과 공포를 느낀다.

① 플라톤 : 오이디푸스는 덕성을 갖춘 현상 속 인물을 본떠 만든 허구의 허구이며, 그에 대한 음유시인의 연기는 이를 다시 본뜬 허구이다.
② 플라톤 : 음유시인은 오이디푸스의 덕성을 연기하는 데 주력하겠지만, 관객은 이를 감각으로 파악할 수 없기 때문에 감정과 욕구에 지배되어 타락하게 된다.
③ 플라톤 : 음유시인의 목소리와 몸짓을 통해 오이디푸스의 성격이 드러난다면, 감각 가능한 외적 특성을 모방하는 과정에서 감각되지 않는 내적 특성이 표현된 것이다.
④ 아리스토텔레스 : 음유시인이 현상 속 인간의 개별적 모습들에서 보편자를 인식해 내어, 이를 다시 오이디푸스라는 허구의 개별자로 표현한 것이다.
⑤ 아리스토텔레스 : 오이디푸스가 숙명에 의해 파멸당하는 것을 본 관객들은 인간 존재의 본질을 이해하는 쾌감을 느낄 뿐 아니라 카타르시스를 경험할 수 있다.

해설편 52쪽

[26~30] 다음 글을 읽고 물음에 답하시오.

컴퓨터 네트워크에서 데이터가 전송될 때 수신된 데이터에 오류가 있는 경우가 있다. 오류를 검출하기 위해 송신기는 오류 검출 부호를 포함한 데이터를 전송하고 수신기는 수신한 데이터를 검사하여 오류가 있으면 재전송을 요청한다.

수신한 데이터에 오류가 있는지 검출하는 가장 간단한 방식은 ㉠ 패리티 검사이다. 이 방식은 전송할 데이터에 패리티 비트라는 오류 검출 부호를 추가하는 방법으로, 패리티 비트를 추가하여 데이터의 1의 개수를 짝수나 홀수로 만든다. 1의 개수를 짝수로 만드는 방식을 짝수 패리티, 홀수로 만드는 방식을 홀수 패리티라고 하고 송 · 수신기는 모두 같은 방식을 사용해야 한다. 예를 들어 짝수 패리티를 사용한다면 송신기는 항상 데이터의 1의 개수를 짝수로 만들어서 전송하지만 만일 수신한 데이터의 1의 개수가 홀수가 되면 수신기는 오류가 발생했다고 판단하는 것이다. 하지만 패리티 검사는 ㉮ 수신한 데이터에서 짝수 개의 비트에 오류가 동시에 있으면 이를 검출하기 어렵다. 또한 오류의 발생 여부를 검출할 수 있을 뿐 데이터 내 오류의 위치는 알아낼 수 없다.

전송할 데이터를 2차원 배열로 구성해서 패리티 비트를 생성하면 오류의 발생 여부뿐만 아니라 오류의 위치도 알아낼 수 있다. 예를 들어 송신기가 1100011 1111111을 전송한다고 하자. 송신기는 이를 1100011 / 1111111 과 같이 2차원 배열로 구성하고 가로 방향인 모든 행과 세로 방향인 모든 열에 패리티 비트를 생성한 후 이를 포함한 데이터를 전송한다. 수신기는 수신한 데이터의 각각의 행과 열의 1의 개수를 세어 오류를 검사한다. 만약 어떤 비트에 오류가 발생하면 그 비트가 포함된 행과 열에서 모두 오류가 검출된다. 따라서 오류가 발생한 위치를 알 수 있다. 다만 동일한 행 또는 열에서 짝수 개의 오류가 발생하면 오류가 발생한 정확한 위치를 알 수 없다.

㉡ CRC 방식은 미리 선택된 생성 부호를 사용해서 오류 검출 부호를 생성하는 방식이다. 전송할 데이터를 생성 부호로 나누어서 오류 검출 부호를 생성하는 데 모듈로-2 연산을 활용한다. 모듈로-2 연산은 자릿수가 제한된 상태에서 나머지를 구하는 연산으로 해당 자릿수의 비트 값이 같으면 0, 다르면 1이 된다.

```
               111101
        1011 ) 110101000
생성 부호 ↑     1011 ↑ 전송할 데이터
                 1100
                 1011
                  1111
                  1011
                   1000
                   1011
                    0110
                    0000
                     1100
                     1011
                      111
                      ↑ 오류 검출 부호
```

〈그림〉

〈그림〉과 같이 생성 부호가 1011이고 전송할 데이터가 110101인 경우를 보자. 전송할 데이터는 오류 검출 부호를 추가해야 하기 때문에 그만큼의 비트가 더 필요하다. 송신기는 전송할 데이터의 오른쪽 끝에 생성 부호의 비트 수보다 하나 작은 비트 수만큼 0을 추가한 후 이를 생성 부호로 나누고 그 나머지가 오류 검출 부호가 된다. 송신기는 오류 검출 부호를 포함한 데이터 ㉢ 110101111만을 전송하고 수신기는 수신한 데이터를 송신기와 동일한 생성 부호로 나눈다. 수신한 데이터는 전송할 데이터에 나머지를 추가했으므로 오류가 없다면 생성 부호로 나누었을 때 나머지가 0이 된다. 이때 나머지가 0이 아니면 수신한 데이터에 오류가 있다고 판단한다. CRC 방식은 복잡하지만 여러 개의 오류가 동시에 생겨도 이를 검출할 수 있어서 오류 검출 확률이 높다.

26. 윗글에서 알 수 있는 내용으로 적절하지 않은 것은?

① CRC 방식은 모듈로-2 연산을 사용해서 생성 부호를 만들어 낸다.
② 패리티 검사에서 송신기와 수신기는 동일한 패리티 방식을 사용해야 한다.
③ CRC 방식에서 생성 부호의 비트 수는 오류 검출 부호의 비트 수보다 하나가 더 많다.
④ 짝수 패리티는 패리티 비트를 포함한 데이터의 1의 개수가 짝수인지 여부를 검사한다.
⑤ CRC 방식은 여러 개의 오류가 동시에 생겨도 검출할 수 있어서 오류 검출 확률이 높다.

27. ㉠과 ㉡에 대해 이해한 내용으로 적절하지 않은 것은?

① ㉠은 ㉡과 달리 데이터에 포함된 1의 개수가 짝수나 홀수가 되도록 오류 검출 부호를 생성한다.
② ㉡은 ㉠과 달리 데이터의 오류를 검출하기 위해 송신기와 수신기 모두에서 오류 검사를 해야 한다.
③ ㉠과 ㉡은 모두, 수신한 데이터의 오류 발생 여부를 수신기가 판단한다.
④ ㉠과 ㉡은 모두, 데이터를 전송하기 전에 오류 검출 부호를 생성해야 한다.
⑤ ㉠과 ㉡은 모두, 전송할 데이터가 같더라도 오류 검출 부호는 다를 수 있다.

28. ㉮의 이유로 가장 적절한 것은?

① 송신기가 패리티 비트를 생성하는 것이 불가능하기 때문에
② 전송되는 데이터에 포함된 1의 개수가 항상 홀수로 나타나기 때문에
③ 전송되는 데이터에 포함된 1의 개수가 항상 짝수로 나타나기 때문에
④ 오류가 발생했을 때 전송되는 패리티 비트의 크기가 늘어나기 때문에
⑤ 수신한 데이터가 정상일 때와 수신한 데이터에 오류가 있을 때의 패리티 비트가 동일하기 때문에

29. 윗글을 바탕으로 〈보기〉를 설명한 내용으로 적절하지 않은 것은? [3점]

<보 기>

송신기는 오류 검출 방식으로 홀수 패리티를 활용하기로 하였다. 수신기는 수신한 데이터에 오류가 있다고 다음과 같이 판단하였다.

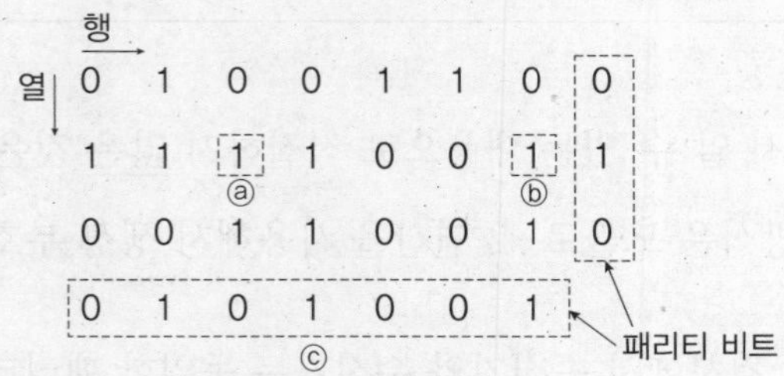

(단, 패리티 비트의 오류는 없다고 가정한다.)

① 첫 번째 행은 패리티 비트를 포함한 데이터의 1의 개수가 홀수이므로 오류가 없다고 판단했을 것이다.
② 여섯 번째 열은 패리티 비트를 포함한 데이터의 1의 개수가 홀수이므로 오류가 없다고 판단했을 것이다.
③ ⓐ가 포함된 행과 열의 패리티 비트를 포함한 데이터의 1의 개수가 각각 짝수이므로 수신기는 ⓐ를 오류라고 판단했을 것이다.
④ 수신한 데이터에서 ⓑ도 0으로 바뀌어서 수신되었다면 데이터의 오류 발생 여부를 검출할 수 없었을 것이다.
⑤ 짝수 패리티를 활용했다면 송신기는 ⓒ를 1010110으로 생성했을 것이다.

30. 〈보기〉는 수신기가 ㉢의 오류를 검사한 연산이다. 윗글을 바탕으로 〈보기〉를 이해한 내용으로 적절하지 않은 것은?

<보 기>

```
          111101
1011)110101111
      1011
       1100
       1011
        1111
        1011
         1001
         1011
          0101
          0000
           1011
           1011
              0
```

① 수신기는 송신기와 동일한 생성 부호인 '1011'을 사용하여 모듈로-2 연산을 하였군.
② 수신기가 수신한 데이터의 오른쪽 끝에 있는 '111'은 송신기에서 생성한 오류 검출 부호이군.
③ 수신기가 모듈로-2 연산을 할 때는 수신한 데이터에 생성 부호보다 하나 작은 비트 수만큼의 0을 추가하지 않았군.
④ 수신기가 연산한 몫인 '111101'이 송신기가 전송한 데이터와 동일하기 때문에 수신기는 오류가 없다고 판단했겠군.
⑤ 수신기가 연산한 결과의 나머지가 0이 아니었다면 수신기는 송신기에 재전송을 요청했겠군.

[31～33] 다음 글을 읽고 물음에 답하시오.

(가)

사개 틀린* 고풍(古風)의 ㉠ 툇마루에 없는 듯이 앉아
아직 **떠오를 기척도 없는 달**을 기다린다
아무런 생각 없이
아무런 **뜻 없이**

이제 저 감나무 그림자가
사뿐 한 치씩 옮아오고
이 마루 위에 빛깔의 방석이
보시시 깔리우면

나는 내 하나인 외론 **벗**
가냘픈 **내 그림자**와
말없이 몸짓 없이 **서로 맞대고 있으려니**
이 밤 옮기는 발짓이나 들려오리라

- 김영랑, 「사개 틀린 고풍의 툇마루에」 -

* 사개 틀린 : 사개가 틀어진. 한옥에서 못을 사용하지 않고 목재의 모서리를 깎아 요철을 끼워 맞추는 부분을 '사개'라고 한다.

(나)

우수* 날 저녁
그 전날 저녁부터
오늘까지 연 닷새 간을
고향, 내 새벽 ㉡ 산 여울을
찰박대며 뛰어 건너는
이쁜 발자욱 소리 하날
듣고 지내었더니
그 **새끼발가락** 하날
가만가만 만지작일 수도 있었더니
나 실로 정결한 말씀만 고를 수 있었더니
그가 왔다.
진솔* 속곳을 갈아입고
그가 왔다.
이른 아침,
난 그를 위해 닭장으로 내려가고
따뜻한 **달걀**
두 알을 집어내었다.
경칩*이 멀지 않다 하였다.

- 정진규, 「따뜻한 달걀」 -

* 우수(雨水), 경칩(驚蟄) : 입춘(立春)과 춘분(春分) 사이에 드는 절기. 우수는 눈이 그치고 봄비가 오기 시작하는 시기, 경칩은 벌레가 깨어나고 겨울잠을 자던 개구리가 땅 밖으로 나오는 시기이다.
* 진솔 : 옷이나 버선 따위가 한 번도 빨지 않은 새것 그대로인 것.

해설편 56쪽

31. (가)와 (나)의 공통점으로 가장 적절한 것은?

① 음성 상징어를 활용하여 움직임의 정도를 드러내고 있다.
② 원경과 근경을 대비하여 심리적 거리감을 표현하고 있다.
③ 청자를 명시적으로 드러내어 화자의 바람을 표출하고 있다.
④ 가정의 진술을 활용하여 현실 극복의 의지를 드러내고 있다.
⑤ 추측을 나타내는 표현으로 시상을 종결하여 시적 여운을 자아내고 있다.

32. ㉠과 ㉡에 대한 설명으로 가장 적절한 것은?

① ㉠과 ㉡은 모두 오랜 세월의 흔적을 간직한 일상적 삶의 공간이다.
② ㉠과 ㉡은 모두 화자가 현실을 관조하며 스스로를 성찰하는 공간이다.
③ ㉠은 상승하는 대상과 친밀감을, ㉡은 하강하는 대상과 일체감을 느끼는 공간이다.
④ ㉠은 고독하고 적막한 상황이, ㉡은 생동하는 청량한 기운이 형상화되는 공간이다.
⑤ ㉠은 지나온 삶에 대한 그리움이, ㉡은 현재의 삶에 대한 만족감이 드러나는 공간이다.

33. 〈보기〉를 참고하여 (가)와 (나)를 감상한 내용으로 적절하지 않은 것은? [3점]

─<보 기>─

(가)와 (나)는 자연의 순환적 질서에 감응하는 화자의 모습을 보여 준다. (가)의 화자는 밤이 깊어지면서 달이 떠오르기를 기다리고 있고, (나)의 화자는 절기가 바뀌면서 봄빛이 점점 뚜렷해지고 있음을 느끼고 있다. 시간의 흐름에 따른 자연의 점진적 변화를 감지하기 위해 화자는 온몸의 감각을 집중하면서, 자연을 자신과 교감을 이루는 주체로 인식한다.

① (가)의 화자가 '아무런 생각'이나 '뜻 없이' 달이 떠오르기를 기다리는 것은, 자연의 변화를 감지하기 위해 온몸의 감각을 집중하는 것으로 볼 수 있군.
② (나)에서 소리로 인식되던 대상의 '새끼발가락'을 만질 수 있게 되었다는 것은, 시간의 흐름에 따라 자연이 변화하는 양상을 표현한 것으로 볼 수 있군.
③ (가)의 '떠오를 기척도 없는 달'과 (나)의 '이쁜 발자욱 소리' 하나는 자연의 순환적 질서가 지연되는 것에 대한 화자의 조바심을 유발하는 것으로 볼 수 있군.
④ (가)에서는 달이 뜨는 것을 '이 밤 옮기는 발짓'을 한다고 표현하고, (나)에서는 뚜렷해진 봄빛을 '진솔 속곳을 갈아입'은 것으로 표현하여 자연을 행위의 주체로 인식하고 있군.
⑤ (가)에서는 달이 만든 '내 그림자'를 '벗' 삼아 '서로 맞대고 있으려'는 데서, (나)에서는 '경칩'을 예감하며 '달걀'의 온기를 느끼는 데서 화자와 자연이 교감하는 모습이 나타나는군.

[34~37] 다음 글을 읽고 물음에 답하시오.

(가)

가마를 급히 타고 **솔 아래 굽은 길**로 오며 가며 하는 때
녹양에 우는 **꾀꼬리 교태 겨워하는**구나
나무 풀 우거지어 녹음이 짙어진 때
기다란 난간에서 긴 졸음을 내어 펴니
물 위의 서늘한 바람은 그칠 줄을 모르도다
된서리 걷힌 후에 산빛이 금수(錦繡)로다
누렇게 익은 벼는 또 어찌 넓은 들에 펼쳐졌는가
㉠ 어부 피리도 흥에 겨워 달을 따라 부는구나
초목이 다 진 후에 강산이 묻혔거늘
조물주 야단스러워 빙설로 꾸며 내니
경궁요대*와 옥해은산*이 눈 아래 벌였구나
천지가 풍성하여 **간 데마다 승경(勝景)**이로다
인간 세상 떠나와도 **내 몸이 쉴 틈 없**다
이것도 보려 하고 저것도 들으려 하고
바람도 쐬려 하고 달도 맞으려 하고
밤일랑 언제 줍고 고기는 언제 낚고
사립문 뉘 닫으며 진 꽃일랑 뉘 쓸려뇨
㉡ 아침 시간 모자라니 저녁이라 싫을쏘냐
오늘이 부족하니 내일이라 넉넉하랴
이 산에 앉아보고 **저 산**에 걸어 보니
번거로운 마음에도 **버릴 일이 전혀 없**다
쉴 사이 없는데 오는 길을 알리랴
다만 지팡이가 다 무디어 가는구나
ⓐ 술이 익었으니 벗이야 없을쏘냐
노래 부르게 하고 악기를 타고 또 켜게 하고 방울 흔들며
온갖 소리로 취흥을 재촉하니
근심이라 있으며 시름이라 붙었으랴
누웠다가 앉았다가 굽혔다가 젖혔다가
읊다가 휘파람 불다가 마음 놓고 노니
천지도 넓디넓고 세월도 한가하다
태평성대 몰랐는데 이때가 그때로다
신선이 어떠한가 이 몸이 그로구나
㉢ 강산풍월 거느리고 내 백 년을 다 누리면
악양루* 위의 이백이 살아온들
호탕한 회포는 이보다 더할쏘냐

- 송순, 「면앙정가」 -

* 경궁요대(瓊宮瑤臺) : 아름다운 구슬로 장식한 집과 누각.
* 옥해은산(玉海銀山) : 옥같이 맑은 바다와 은빛의 산.
* 악양루 : 당나라 시인 이백이 시를 지으면서 풍류를 즐긴 곳.

(나)

동해 가까운 거리로 와서 나는 **가재미**와 가장 친하다. 광어, 문어, 고등어, 평메, 횟대…… 생선이 많지만 모두 한두 끼에 나를 물리게 하고 만다. 그저 **한없이 착하고 정다운** 가재미만 이 흰밥과 빨간 고추장과 함께 **가난하고 쓸쓸한** 내 상에 한 끼도 빠지지 않고 오른다. 나는 이 가재미를 처음 십 전 하나에 뼘가웃*씩 되는 것 여섯 마리를 받아 들고 왔다. 다음부터는 할머니가 두 두름 마흔 개에 이십오 전씩에 사오시는데 큰 가재미보다도 잔 것을 내가 좋아해서 모두 손길

만큼 한 것들이다. 그동안 나는 한 달포 이 고을을 떠났다 와서 오랜만에 내 가재미를 찾아 생선장으로 갔더니 섭섭하게도 이 물선*은 보이지 않았다. 음력 팔월 초상이 되어서야 이내 친한 것이 온다고 한다. ㉣ 나는 어서 그때가 와서 우리들 흰밥과 고추장과 다 만나서 아침저녁 기뻐하게 되기만 기다린다. 그때엔 또 이십오 전에 두어 두름씩 해서 나와 같이 ⓑ 이 물선을 좋아하는 H한테도 보내어야겠다.

묘지와 뇌옥과 교회당과의 사이에서 생명과 죄와 신을 생각하기 좋은 운흥리를 떠나서 오백 년 오래된 이 고을에서도 다 못한 곳 옛날이 헐리지 않은 **중리**로 왔다. 예서는 물보다 구름이 더 많이 흐르는 성천강이 가까웁고 또 백모관봉*의 시허연 눈도 바라보인다. 이곳의 좌우로 긴 회담*들이 맞물고 늘어선 좁은 골목이 나는 좋다. 이 골목의 공기는 하이야니 밤꽃의 내음새가 난다. 이 골목을 나는 나귀를 타고 **일없이 왔다갔다 하고 싶다**. 또 예서 한 오 리 되는 학교까지 나귀를 타고 다니고 싶다. 나귀를 한 마리 사기로 했다. ㉤ 그래 소장 마장을 가보나 나귀는 나지 않는다. 촌에서 다니는 아이들이 있어서 수소문해도 나귀를 팔겠다는 데는 없다. 얼마 전엔 어느 아이가 **재래종의 조선 말** 한 필을 사면 어떠냐고 한다. 값을 물었더니 한 오 원 주면 된다고 한다. 이 좀말*로 할까고 머리를 기울여도 보았으나 그래도 나는 그 **처량한 당나귀**가 좋아서 좀더 이 놈을 구해 보고 있다.

– 백석, 「가재미 · 나귀」 –

* 뼘가웃 : 한 뼘의 반 정도 되는 길이.
* 물선 : 음식을 만드는 재료.
* 백모관봉 : 흰 관모 모양의 봉우리. 정상에 흰 눈이 덮인 산의 모습을 가리키는 말로, 여기서는 백운산을 말함.
* 회담 : 석회를 바른 담.
* 좀말 : 아주 작은 말.

34. (가)와 (나)의 공통점으로 가장 적절한 것은?

① 색채어를 활용하여 사물의 역동성을 표현하고 있다.
② 말을 건네는 방식을 통해 독자의 주의를 환기하고 있다.
③ 영탄적 표현을 활용하여 대상에 대한 경외감을 드러내고 있다.
④ 연쇄적 표현을 통해 주변 사물을 사실감 있게 제시하고 있다.
⑤ 계절감을 환기하는 사물을 통해 자연의 모습을 드러내고 있다.

35. ㉠~㉤에 대해 이해한 내용으로 적절하지 않은 것은?

① ㉠ : 감각적 경험을 통해 환기된 장면을 묘사하여 인간이 자연물과 어우러지는 상황을 제시하고 있다.
② ㉡ : 시간을 표현하는 시어를 대응시켜 현재와 같은 상황이 이후에도 이어질 것임을 드러내고 있다.
③ ㉢ : 역사적 인물과 견주며 삶에 대한 만족감을 드러내고 있다.
④ ㉣ : 기대하는 일이 실현되었을 때 느낄 심정을 직접적으로 표출하고 있다.
⑤ ㉤ : 원하는 것을 구하기 위해 시도한 방법이 실패하는 과정에서 느낀 체념을 드러내고 있다.

36. 〈보기〉를 바탕으로 (가), (나)를 이해한 내용으로 적절하지 않은 것은? [3점]

<보 기>

문학 작품에서 공간을 체험하는 주체는 공간 및 주변 경물에 대한 인식을 드러내며, 이 인식은 주체의 지향이나 삶에서 중시하는 가치를 암시한다. (가)의 화자는 '면앙정' 주변의 자연에 대한 인식과 함께 풍류 지향적인 태도를 드러내고 있고, (나)의 글쓴이는 공간의 변화와 대상에 대한 인식을 관련지으며 자신이 소중하게 생각하는 삶의 가치를 암시하고 있다.

① (가) : '솔 아래 굽은 길'을 오가는 화자는 '꾀꼬리'의 '교태겨워하는' 모습에 주목하면서 자연을 즐기는 자신의 태도와의 동일성을 발견하고 있다.
② (가) : '간 데마다 승경'이라는 화자의 인식은 '내 몸이 쉴 틈 없'는 다양한 일들을 통해 자연의 다채로운 풍광을 즐길 수 있으리라는 기대로 이어지고 있다.
③ (가) : '이 산'과 '저 산'에서 '번거로운 마음'과 '버릴 일이 전혀 없'음을 동시에 느끼는 화자의 모습에는 '인간 세상'의 번잡한 일상을 여전히 의식하고 있음이 드러나 있다.
④ (나) : '동해 가까운 거리로 와서' 주목하게 된 '가재미'에 대한 글쓴이의 인식은 '가난하고 쓸쓸한' 삶 속에서 '한없이 착하고 정다운' 것을 소중히 여기는 태도를 드러내고 있다.
⑤ (나) : '중리'로 와서 '재래종의 조선 말'보다 '처량한 당나귀'와 '일없이 왔다갔다 하고 싶다'는 글쓴이의 바람은 일상의 작은 존재에 대해 느끼는 우호적 인식을 드러내고 있다.

37. ⓐ와 ⓑ에 대한 이해로 가장 적절한 것은?

① ⓐ는 화자에게 심리적 위안을 주는, ⓑ는 글쓴이에게 고독감을 느끼게 하는 매개체이다.
② ⓐ는 화자가 느끼는 흥을 심화하는, ⓑ는 글쓴이가 느끼는 기쁨을 확장하는 매개체이다.
③ ⓐ는 화자가 내면의 만족감을 드러내는, ⓑ는 글쓴이가 현실에 대한 불만을 표출하는 매개체이다.
④ ⓐ는 화자에게 삶의 목표를 일깨워 주는, ⓑ는 글쓴이에게 심경 변화의 계기를 제공하는 매개체이다.
⑤ ⓐ는 화자에게 이상적 세계의 모습을, ⓑ는 글쓴이에게 윤리적 삶의 태도를 떠올리게 하는 매개체이다.

해설편 59쪽

[38~41] 다음 글을 읽고 물음에 답하시오.

권중만이는 벌써 오륙 년째나 동네를 드나드는 밭떼기 전문의 채소 장수였다. 동네에서 **채소를 돈거리로 갈기 시작**한 것도 권을 보고 한 일이었다. 권의 발걸음이 그치지 않는 한 안팎 삼동네의 채소는 사철 시장이 보장된 것이나 다름이 없었으니까. 동네에서는 권이 얼굴만 비쳐도 반드시 손님으로 대접하였다. 사람이 눅어서 흥정을 하는 데도 그만하면 무던하였지만 그보다는 그동안 동네에 베푼 바가 그러고도 남음이 있는 덕분이었다.

권은 알 만한 사람은 다들 일러 오던 채소 정보통이었다. 권은 대개 어느 고장에서 무엇을 얼마나 하고 있으며 또한 근간의 작황이 어떠하므로 장차 회계가 어떻게 되리라는 것까지도 미리 사심 없이 귀띔하기를 일삼곤 하였다. 영두는 그의 남다른 정확성에 혀를 둘렀고, 한 번은 그 비결이 무엇인가를 물어본 적도 있었다. 권은 장삿속에 부러 비쌔면서 유세를 부려봄직도 하건만, 천성이 능준하여 그러는지 그저 고지식하게 말하는 데에만 서슴이 없을 따름이었다.

"그건 어려울 거 하나 없시다. 큰 종묘상 몇 군데에서 씨앗이 나간 양만 알아도 얼거리가 대충 드러나니까……."

"몇 년 동안의 씨앗 수급 상황만 알면 사오 년 앞까지도 내다볼 수가 있다는 얘기네요."

"그건 아마 어려울 거요. 왜냐하면 빵이랑 라면이랑 고기 먹고 크는 핵가족 아이들은 김치를 거의 안 먹고, 좀 배운 척하는 젊은 주부들 역시 김장엔 전혀 신경을 안 쓰고…… 그러니 애들이 김치맛을 알 겨를도 없거니와, 공장 김치나 시장 김치는 그만큼 맛도 우습고 비싸서 먹는댔자 양념으로나 먹으니 어떻게 대중을 하겠수."

"그럼 무 배추 농사는 머지않아 거덜이 나고 만다는 얘기요?"

"그럴 리야 있겠수. 왜냐하면 일본에서는 요즘 우리나라 김치 붐이 일어서 갈수록 인기가 높다거든."

"**국내 수요**가 주는 대신에 **대일 수출**이 느니 그게 그거란 얘기군요."

"그게 아니라 일본에서 유행하면 여기서도 유행하니깐 김치도 자연히 그렇게 되지 않겠느냐 이거지."

(중략)

이론이 갖추어진 사람들은 불로소득을 노리는 밭떼기 장수들로 하여 농산물이 제값을 받지 못하고 유통 구조가 어지러워진다고 몰아세우기에 항상 자신만만한 것 같았다. 물론 옳은 말이었다. 그렇지만 영두가 보기에는 **밭떼기 장수**들이야말로 가장 **미더운 물주요 필요악 이상의 불가결한 존재**였다. 그들이 아니면 누가 미리 목돈을 쥐여줄 것이며, 다음의 뒷그루 재배에는 또 무엇으로 때맞추어 투자를 할 수 있을 것인가. 출하와 수송에 따른 군일과 부대 비용을 줄여주는 것도 오로지 그들이 아니었던가.

그러기에 지난번의 그 일은 더욱 권중만이답지 않은 처사였다. 권은 텃밭에 간 알타리무를 가져가면서 뜻밖에도 만 원만 접어 달라고 않던 짓을 하였다. 영두는 내키지 않았다. 돈 만 원이 커서가 아니었다. 만 원이면 자기 내외의 하루 품인데, 그 금쪽같은 시간을 명색 없이 차압당하는 꼴이나 다름이 없기 때문이었다. 권은 정색을 하고 말했다.

[A]
"요새는 아파트 사람들도 약아져서 밑동에 붙은 흙을 보고 사가기 땜에 이렇게 숙전*에서 자란 건 인기가 없어요. 왜냐하면 흙 색깔이 서울 근처의 하천부지 흙하고 비슷해서 납이 들었느니 수은이 들었느니…… 중금속 채소라고 만져도 안 본다구."

"그럼 일일이 흙을 털어서 내놓는 거요?"

"턴다고 되나. 반대로 벌겋게 묻혀야지."

"그렇게 놀랜흙*을 묻혀 놓으면 새로 야산 개간을 해서 심은 무공해 채소로 알고 사간다…… 이제 보니 채소도 위조품이 있구먼."

"있지. 황토를 파다 놓고 한 차에 만 원씩 그 짓만 해 주는 이도 있고…… 어디, 이 씨가 직접 해 주고 [만 원] 더 벌어 볼려우?"

논흙에서 희읍스름한 매흙 빛깔이 나듯이 집터서리의 텃밭도 찰흙색을 띠는 것이 당연한데, 그 위에 벌건 황토를 뒤발하여 개간지의 산물로 조작하되 그것도 갈고 가꾼 사람이 직접 해 줬으면 하고 유혹을 하니 듣던 중에 그처럼 욕된 말이 없었다.

영두는 성질이 나서 견딜 수가 없었으나 한두 번 신세진 사람도 아니고 하여 대거리를 하자고 나댈 수도 없었다. **자칫 못 먹을 것을 만들어서 파는 사람으로 취급받지 않**으려면 속절없이 농담으로 들어 넘기는 것이 상수란 생각도 들었다.

그래서 조용히 말했다.

[B]
"권씨 말대로 하면 농사짓는 사람은 벌써 다 병이 들었거나 갈 데로 갔어야 할 텐데 거꾸로 더 팔팔하니 무슨 조화 속인지 모르겠네……."

권은 얼굴을 붉혔으나 그래도 그저 숙어들기가 어색한지 은근히 번나가는 소리를 했다.

"하지만 사먹는 사람들이야 어디 그러우. 사먹는 사람들은 내다 팔 것들만 약을 치고 집에서 먹을 것은 그러지 않을 거라고 생각하지."

영두는 속으로 찔끔하였다. 권의 말도 아주 틀린 말은 아니었던 것이다.

영두는 무 배추에 진딧물이 끼여 오가리가 들고 배추벌레와 노린재가 끓어 수세미처럼 구멍이 나도 집에서 먹을 것에는 분무기를 쓴 적이 없었다. **볼품이 없는 것**일수록 **구수한 맛이 더하던 이치**를 익히 알고 있기 때문이었다.

그러나 그런 물건을 내놓을 경우에는 **값이 있을 리가 없**었다.

언젠가는 농가에서 채소를 농약으로 코팅하여 내놓는다고 신문에 글까지 쓴 사람도 있었지만, 그런 일이야말로 마지못해 없는 돈 들여 가면서 농약을 만져 온 농가에 물을 것이 아니요, 벌레가 조금만 갉은 자국이 있어도 칠색팔색을 하며 달아나던 햇내기 소비자들이 자초한 일이라고 아니할 수가 없는 거였다.

벌레 닿은 자국이 불결스럽다 하여 진딧물 하나 없이 깨끗한 푸성귀만 찾는다면, 그것은 마치 두메의 자갈길 흙먼지엔 질색을 하면서도 도심의 오염된 대기는 보이지 않는다는 이유만으로 무심히 활개를 쳐 온 축들의 어리석음과도 견줄 만한 것이었다.

– 이문구, 「산 너머 남촌」 –

* 숙전(熟田) : 해마다 농사를 지어 잘 길들인 밭.
* 놀랜흙 : 생토(生土). 생땅의 흙.

38. 윗글에 대한 설명으로 가장 적절한 것은?

① 빈번하게 장면을 전환하여 사건 전개의 긴박감을 드러내고 있다.
② 서술자가 특정 인물의 관점에서 사건과 인물의 심리를 전달하고 있다.
③ 동시에 일어난 별개의 사건을 병치하여 사태의 전모를 드러내고 있다.
④ 인물 간의 대화를 통해 인물이 겪은 사건의 비현실적인 면모를 드러내고 있다.
⑤ 인물의 표정 변화와 내면 변화를 반대로 서술하여 그 인물의 특성을 부각하고 있다.

39. [A]와 [B]에 대한 이해로 가장 적절한 것은?

① [A]에서 '권중만'은 자신의 우월한 지위를 과시하며 상대의 동의를 요구하고 있고, [B]에서 '영두'는 상대와의 개인적 친밀감을 환기하며 서운함을 드러내고 있다.
② [A]에서 '권중만'은 자신의 경험을 들어 상대의 문제에 대한 해결책을 제시하고 있고, [B]에서 '영두'는 상대가 저질렀던 잘못을 지적하며 상대의 사과를 요구하고 있다.
③ [A]에서 '권중만'은 자신이 상대에게 제시한 요구의 이유를 사람들의 선입견과 관련지어 밝히고 있고, [B]에서 '영두'는 상대의 말에 논리적 한계가 있음을 지적하며 항변하고 있다.
④ [A]에서 '영두'는 상대의 제안에서 모순을 지적하며 새로운 대안을 제시하고 있고, [B]에서 '권중만'은 다른 사람들의 사례를 들어 자신의 행동에 대해 변명하고 있다.
⑤ [A]에서 '영두'는 상대의 문제의식에 대한 공감을 드러내며 구체적인 조언을 요구하고 있고, [B]에서 '권중만'은 상대의 예상치 못한 반응에 당황하며 자신의 잘못을 사과하고 있다.

40. [만 원]에 대한 설명으로 가장 적절한 것은?

① '권중만'과 '영두' 사이의 갈등이 해소된 이유이다.
② '영두'가 '권중만'의 조언을 수용하게 된 이유이다.
③ '권중만'이 '영두'에게 친밀감을 보이게 된 이유이다.
④ '영두'가 '권중만'에게 양보를 강요하게 된 이유이다.
⑤ '영두'가 '권중만'에게 부정적으로 반응하게 된 이유이다.

41. 〈보기〉를 바탕으로 윗글을 감상한 내용으로 적절하지 않은 것은? [3점]

<보 기>

이 작품은 1980년대 농민들의 생활을 형상화하고 있다. 작가는 농민들이 농사의 경제적 이익을 고려하거나 농산물의 유통과 판매까지 감안하게 된 상황을 보여 준다. 작품 속 '영두'는 먹거리를 생산하는 농민으로서 가져야 할 태도를 인식하면서도 이러한 태도를 지켜나가기 어려운 현실 속에서 가치관의 혼란을 겪고 있다. 작가는 이를 통해 당대 농민들이 겪고 있던 어려움을 현실감 있게 보여 준다.

① 농민들이 권중만을 보고 '채소를 돈거리로 갈기 시작'하는 상황은, 농사를 통한 경제적 이익 창출을 고려하는 농민들의 면모를 드러내는군.
② 영두가 '국내 수요'와 '대일 수출'을 언급하며 권중만과 이야기를 나누는 모습은, 농산물의 유통과 판매까지 감안하는 농민의 현실을 드러내는군.
③ 영두가 '밭떼기 장수'를 '미더운 물주요 필요악 이상의 불가결한 존재'로 받아들이는 것은, 다른 농민들의 어려운 상황을 이용해 경제적 이익을 추구하는 영두의 모습을 드러내는군.
④ 영두가 '자칫 못 먹을 것을 만들어서 파는 사람으로 취급받지 않'으려 하는 것은, 먹거리를 생산하는 농민이 가져야 할 태도에 대해 인식하고 있음을 드러내는군.
⑤ 영두가 '구수한 맛이 더하던 이치'에도 불구하고 '볼품이 없는 것'이 '값이 있을 리가 없'다고 판단하는 것은 농사에 대한 가치관을 따르기 어려운 현실에 대한 인식을 드러내는군.

[42~45] 다음 글을 읽고 물음에 답하시오.

[A] 이때 춘향 어미는 삼문간에서 들여다보고 땅을 치며 우는 말이,
"신관 사또는 사람 죽이러 왔나? 팔십 먹은 늙은 것이 무남독녀 딸 하나를 금이야 옥이야 길러내어 이 한 몸 의탁코자 하였더니, 저 지경을 만든단 말이오? 마오 마오. 너무 마오!"
와르르 달려들어 춘향을 얼싸안고,
"아따, 요년아. 이것이 웬일이냐? 기생이라 하는 것이 수절이 다 무엇이냐? 열 소경의 외막대 같은 네가 이 지경이 되었으니 어디 가서 의탁하리? 할 수 없이 죽었구나."
향단이 들어와서 춘향의 다리를 만지면서,
"여보 아가씨, 이 지경이 웬일이오? 한양 계신 도련님이 내년 삼월 오신댔는데, 그동안을 못 참아서 황천객이 되시겠네. 아가씨, 정신 차려 말 좀 하오. 백옥 같은 저 다리에 유혈이 낭자하니 웬일이며, 실낱같이 가는 목에 큰칼*이 웬일이오?"

(중략)

해설편 61쪽

칼머리 세워 베고 우연히 잠이 드니, 향기 진동하며 여동 둘이 내려와서 춘향 앞에 꿇어앉으며 여쭈오되,

"소녀들은 **황릉묘 시녀**로서 부인의 명을 받아 낭자를 모시러 왔사오니 사양치 말고 가사이다."

춘향이 공손히 답례하는 말이,

"황릉묘라 하는 곳은 **소상강 만 리 밖** 멀고도 먼 곳인데, 어떻게 가잔 말인가?"

"가시기는 염려 마옵소서."

손에 든 **봉황 부채** 한 번 부치고 두 번 부치니 **구름같이 이는 바람** 춘향의 몸 훌쩍 날려 공중에 오르더니 여동이 앞에 서서 길을 인도하여 석두성을 바삐 지나 한산사 구경하고, 봉황대 올라가니 왼쪽은 동정호요 오른쪽은 팽려호로다. 적벽강 구름 밖에 열두 봉우리 둘렀는데, 칠백 리 동정호의 오초동남 여울목에 오고 가는 상인들은 순풍에 돛을 달아 범피중류 떠나가고, 악양루에서 잠깐 쉬고, 푸른 풀 무성한 군산에 당도하니, 흰 마름꽃 핀 물가에 갈까마귀 오락가락 소리하고, 숲속 원숭이가 자식 찾는 슬픈 소리, 나그네 마음 처량하다. 소상강 당도하니 경치도 기이하다. 대나무는 숲을 이루어 아황 여영 눈물 흔적 뿌려 있고, 거문고 비파 소리 은은히 들리는데, 십층 누각이 구름 속에 솟았도다. 영롱한 전주발과 안개 같은 비단 장막으로 주위를 둘렀는데, 위의도 웅장하고 기세도 거룩하다.

여동이 앞에 서서 춘향을 인도하여 문 밖에 세워 두고 대전에 고하니,

"**춘향이 바삐 들라** 하라."

춘향이 황송하여 계단 아래 엎드리니 부인이 명령하시되,

"대전 위로 오르라."

춘향이 대전 위에 올라 손을 모아 절을 하고 공손히 자리에서 일어나 좌우를 살펴보니, 제일 층 옥가마 위에 아황 부인 앉아 있고 제이 층 황옥가마에는 여영 부인 앉았는데, 향기 진동하고 옥으로 만든 장식 소리 쟁쟁하여 하늘나라가 분명하다. 춘향을 불러다 자리를 권하여 앉힌 후에,

"춘향아, 들어라. 너는 **전생** 일을 모르리라. 너는 부용성 영주궁의 **운화 부인 시녀**로서 서왕모 요지연에서 장경성에 눈길 주어 복숭아로 희롱하다 인간 세상에 귀양 가서 시련을 겪고 있거니와 머지않아 장경성을 다시 만나 부귀영화를 누릴 것이니 **마음을 변치 말고 열녀를 본받**아 후세에 이름을 남기라."

춘향이 일어서서 두 부인께 절을 한 후에 달나라 구경하려다가 발을 잘못 디뎌 깨달으니 한바탕 꿈이라. 잠을 깨어 탄식하는 말이,

"이 꿈이 웬 꿈인가? 뜻 이룰 큰 꿈인가? 내가 죽을 꿈이로다."

[B]
칼을 비스듬히 안고
"애고 목이야, 애고 다리야. 이것이 웬일인고?"
향단이 원미를 가지고 와서,
"여보, 아가씨. 원미 쑤어 왔으니 정신 차려 잡수시오."
춘향이 하는 말이,
"원미라니 무엇이냐, 죽을 먹어도 이죽을 먹고, 밥을 먹어도 이밥을 먹지, 원미라니 나는 싫다. 미음물이나 하여다오."

미음을 쑤어다가 앞에 놓고,

[C]
"이것을 먹고 살면 무엇할꼬? 어두침침 옥방 안에 칼머리 비스듬히 안고 앉았으니, 벼룩 빈대 온갖 벌레 무른 등의 피를 빨고, 궂은 비는 부슬부슬, 천둥은 우루루, 번개는 번쩍번쩍, 도깨비는 휘휘, 귀신 우는 소리 더욱 싫다. 덤비는 것이 헛것이라. 이것이 웬일인고? 서산에 해 떨어지면 온갖 귀신 모여든다. 살인하고 잡혀 와서 아흔 되어 죽은 귀신, 나라 곡식 훔쳐 먹다 곤장 맞아 죽은 귀신, 죽은 아낙 능욕하여 고문당해 죽은 귀신, 제각기 울음 울고, 제 서방 해치고 남의 서방 즐기다가 잡혀 와서 죽은 귀신 처량히 슬피 울며 '동무 하나 들어왔네' 하고 달려드니 처량하고 무서워라. 아무래도 못 살겠네. 동방의 귀뚜라미 소리와 푸른 하늘에 울고 가는 기러기는 나의 근심 자아낸다."

한없는 근심과 그리움으로 날을 보낸다.

이때 이 도령은 서울 올라가서 밤낮을 가리지 않고 공부하여 글짓는 솜씨가 당대에 제일이라. 나라가 태평하고 백성이 평안하니 태평과를 보려 하여 팔도에 널리 알려 선비를 모으니 춘당대 넓은 뜰에 구름 모이듯 모였구나. 이 도령 복색 갖춰 차려 입고 시험장 뜰에 가서 글 제목 나오기 기다린다.

시험장이 요란하여 현제판을 바라보니 '강구문동요*'라 하였겠다. 시험지를 펼쳐놓고 한번에 붓을 휘둘러 맨 먼저 글을 내니, 시험관이 받아보고 글자마다 붉은 점이요 구절마다 붉은 동그라미를 치는구나. 이름을 뜯어 보고 승정원 사령이 호명하니, 이 도령 이름 듣고 임금 앞에 나아간다.

– 작자 미상, 「춘향전」 –

* 칼 : 죄인에게 씌우던 형틀.
* 강구문동요(康衢聞童謠) : 길거리에서 태평세월을 칭송하는 아이들 노래를 들음.

42. [A]와 [B]를 통해 인물을 이해한 내용으로 가장 적절한 것은?

① [A]에서는 '춘향 어미'의 비난을 통해, [B]에서는 '향단'의 옹호를 통해 '신관 사또'에 대한 두 인물의 상반된 인식을 알 수 있다.

② [A]에서는 '춘향 어미'의 만류를 통해, [B]에서는 '향단'의 재촉을 통해 '춘향'의 수절에 대한 두 인물의 상반된 인식을 알 수 있다.

③ [A]에서는 앞날을 걱정하는 '춘향 어미'를 통해, [B]에서는 '춘향'의 현재 상태를 염려하는 '향단'을 통해 '춘향'의 고난에 대한 상이한 반응을 확인할 수 있다.

④ [A]에서는 격앙된 '춘향 어미'를 진정시키는 모습을 통해, [B]에서는 '춘향'에게 음식을 정성스레 건네는 모습을 통해 '향단'의 침착한 태도를 확인할 수 있다.

⑤ [A]에서 '도련님'의 약속을 신뢰하는 '춘향 어미'의 모습과 [B]에서 '춘향'의 앞날을 걱정하는 '향단'의 모습으로 인해 '춘향'의 내적 갈등이 심화되고 있음을 확인할 수 있다.

43. [C]에 대한 이해로 적절하지 않은 것은?

① 공간의 특징을 열거하여 자신의 비참한 처지를 드러내고 있다.
② 비현실적인 존재를 언급하며 자신이 느끼는 두려움을 드러내고 있다.
③ 청각적 경험을 자극하는 자연물을 통해 자신의 근심을 드러내고 있다.
④ 미래에 대한 부정적 전망과 함께 자신의 신세에 대한 한탄을 드러내고 있다.
⑤ 자신과 같이 억울한 처지에 놓인 사람들에 대한 연민의 감정을 드러내고 있다.

※ 〈보기〉를 참고하여 44번과 45번의 두 물음에 답하시오.

< 보 기 >

서사적 모티프란 전체 이야기를 구성하는 작은 이야기 단위이다. 이 작품에서는 황릉묘의 주인이자 정절의 표상인 아황 부인과 여영 부인이 등장하는 황릉묘 모티프가 사용되었다. 이는 천상계와 인간 세상, 전생과 현생, 꿈과 현실의 대응을 형성하면서 공간적 상상력을 풍요롭게 하는 동시에 주인공의 또 다른 정체성을 드러낸다.

서사적 모티프는 작품을 읽는 독자에게 서사 이해의 실마리를 제공함으로써 작품의 전개 방향을 예측하게 한다. 황릉묘 모티프에서 '머지않아 장경성을 다시 만나 부귀영화를 누릴 것'이라는 두 부인의 말을 감안하여, 독자는 이어지는 내용에서

[㉮]

44. 〈보기〉를 참고하여 윗글을 감상한 내용으로 적절하지 않은 것은? [3점]

① 춘향이 잠이 들어 '황릉묘 시녀'를 만난 것은 황릉묘 모티프를 통해 꿈과 현실의 연결이 일어나게 됨을 보여 주는군.
② '봉황 부채'에 의한 '구름 같이 이는 바람'을 타고 '소상강 만리 밖' 황릉묘까지 춘향이 날려가는 것은 꿈속 공간의 초월적 성격을 드러내는군.
③ 아황 부인과 여영 부인이 '춘향이 바삐 들라'라고 명령하는 것은 자신의 문제를 서둘러 해결하고자 하는 춘향에게 인간 세상에 대비되는 천상계의 질서가 있음을 보여 주는군.
④ '전생'에 춘향이 '운화 부인 시녀'였다는 아황 부인과 여영 부인의 말은 전생과 현생의 대응을 드러내면서 공간적 상상력의 확장을 유도하는군.
⑤ 아황 부인과 여영 부인이 춘향에게 '마음을 변치 말고 열녀를 본받'으라고 당부하는 것은 춘향이 정절을 지켜나갈 인물임을 암시하는군.

45. 〈보기〉의 ㉮에 들어갈 내용으로 가장 적절한 것은?

① '내가 죽을 꿈이로다'라는 춘향의 말보다는 이 도령이 과거에 급제한 상황에 주목하며 두 인물의 재회를 예상할 것이다.
② 꿈에 대해 자문하며 탄식하는 춘향의 모습을 보고 춘향이 현실에서의 정체성에 의문을 갖게 되리라고 예상할 것이다.
③ 두 부인과의 만남이 꿈임을 깨닫는 춘향의 모습을 보고 꿈과 현실의 대비가 주는 허무함을 절감하게 될 것이다.
④ 춘향이 자신의 실수로 꿈에서 깨어나는 장면을 춘향의 고난이 지속될 것이라는 암시로 받아들일 것이다.
⑤ 꿈에서 '달나라 구경'을 이루지 못하고 깨어난 춘향이 꿈에 대한 미련을 보이리라고 예상할 것이다.

※ 확인 사항
○ 답안지의 해당란에 필요한 내용을 정확히 기입(표기)했는지 확인하시오.

제 1 교시

국어 영역

4회	시험 시간	80분
	날짜	월 일 요일
시작 시각 :	종료 시각	:

[1~3] 다음은 학생의 발표이다. 물음에 답하시오.

안녕하세요. 저는 1학년 5반 ○○○입니다. 여러분은 중학교 때 어떤 자율 동아리 활동을 하셨나요? 고등학교에 와서 무언가 새로운 것에 도전하고 싶지는 않으신가요? 여러분께 저와 제 친구들이 만든 정말 멋진 자율 동아리 '직접 함께 오토마타'를 소개합니다.

오토마타가 뭐냐고요? (㉠ 모형 딱따구리를 꺼내 손잡이를 돌리며) 이렇게 손잡이를 돌리면 앞뒤로 움직이는 조형물을 만들어 본 적 있죠? 초등학교 과학 시간이나 만들기 시간에 대부분 공작 키트로 만들어 보셨을 텐데요. 이처럼 오토마타는 크랭크, 기어, 캠 같은 부품들로 이루어진 기계 장치를 통해 특정한 동작을 반복하도록 만들어진 조형물을 뜻합니다.

그런데 우리 동아리는 시중에서 판매하는 공작 키트를 구입해서 주어진 부품을 설명서대로 조립하는 동아리가 (두 팔을 교차해 가위표를 만들며) 아닙니다. 우리 동아리는 오토마타의 설계도를 그려서 부품을 만들어 조립하고, 아름다운 조형물로 완성하기까지의 모든 과정을 직접 해 보는 동아리입니다. 한발 더 나아가 코딩을 활용한 오토마타를 만들어 내는 것을 목표로 합니다. (㉡ 동영상을 띄우고) 작년 □□시 오토마타 경진 대회에 나온 작품들입니다. 버튼을 누르니까 코딩된 내용에 따라 다양한 움직임을 보여 주죠? 이렇게 멋진 오토마타를 여러분과 직접 함께 만들고 싶습니다.

특히 과학에 관심이 많거나 발명을 좋아하는 분, 미술을 좋아하거나 프로그래밍에 도전하고 싶은 분은 반드시 우리 동아리에 가입하라고 말씀드리고 싶습니다. 여러분이 머릿속으로 상상했던 대로 움직이는 조형물을 실제로 만들어 볼 수 있을 것입니다. 우리 동아리에 들어와 활동하면 여러분의 진로 선택에 분명 도움이 될 것입니다.

우리는 3D 프린터를 활용하여 각종 부품을 직접 만들고, 메이커실에서 그 부품들을 조립할 계획입니다. 제가 벌써 담당 선생님께 매주 화요일과 목요일 방과 후에 3D 프린터와 메이커실을 사용할 수 있도록 허락을 받아 두었습니다. 게다가 담당 선생님께서 (엄지를 치켜들며) 코딩계의 전설이라 하십니다. (웃으며) 오토마타 동아리에 들어오면 코딩을 제대로 배울 수 있습니다.

우리 동아리에서는 한 사람이 최소 한 작품 이상을 만들어 10월에 열리는 학교 축제 때 전시하고자 합니다. 두세 명씩 모여 공동 작업도 진행할 예정이니 진정한 협업을 경험해 보고 싶다면 따로 신청해 주시기 바랍니다.

자율 동아리 '직접 함께 오토마타'에 가입하고 싶은 친구들은 다음 주 화요일까지 1학년 5반에서 저 ○○○을 찾아 가입 신청서를 내시면 됩니다. 각종 문의도 환영합니다. 많은 친구들이 함께하면 좋겠습니다. 감사합니다.

1. 위 발표에 대한 설명으로 적절하지 않은 것은?

① 용어의 뜻을 풀이하며 청중의 이해를 돕고 있다.
② 구체적 정보를 제공하며 청중을 설득하려 하고 있다.
③ 비언어적 표현을 사용하여 전달의 효과를 높이고 있다.
④ 질문을 던지는 방식으로 청중의 관심을 유발하고 있다.
⑤ 앞에서 설명한 내용을 요약하며 발표를 마무리하고 있다.

2. ㉠과 ㉡의 활용에 대한 설명으로 가장 적절한 것은?

① ㉠을 활용해 동아리에 대한 관심을 유도하고, ㉡을 활용해 동아리 활동의 주의 사항을 드러냈다.
② ㉠을 활용해 청중의 경험을 환기하고, ㉡을 활용해 동아리가 목표로 하는 결과물의 수준을 제시하였다.
③ ㉠을 활용해 동아리 활동의 결과물을 보여 주고, ㉡을 활용해 오토마타 작품의 발전 단계를 설명하였다.
④ ㉠을 활용해 동아리 활동을 위한 준비물을 알려 주고, ㉡을 활용해 오토마타 작품이 지닌 특징을 보여 주었다.
⑤ ㉠을 활용해 오토마타 부품이 작동하는 원리를 설명하고, ㉡을 활용해 오토마타에서 코딩이 중요한 까닭을 강조하였다.

3. 〈보기〉는 발표를 들은 학생들의 반응이다. 발표의 내용을 고려하여 학생의 반응을 이해한 내용으로 적절하지 않은 것은?

<보 기>

학생 1 : 3D 프린터나 메이커실을 사용할 수 있다는 것을 알고 이 동아리에 가입하고 싶어졌어. 먼저 화요일, 목요일 방과 후에 나에게 다른 일정이 없는지 확인해야겠어.

학생 2 : 오토마타 동아리에서 코딩을 제대로 배운다는 것이 가능할까? 우리 학교에 코딩을 제대로 배울 수 있는 다른 동아리는 없는지 찾아 봐야겠어.

학생 3 : 미술을 전공할 생각인데, 이 동아리의 장점이 진로에 도움이 될 것 같아. 오토마타와 미술에 대한 자료를 더 찾아 본 후에 가입을 결정하는 것이 좋겠어.

① '학생 1'은 발표에서 알게 된 내용 중 일부를 동아리 가입을 결정하는 핵심 정보라고 판단하고 있다.
② '학생 2'는 발표자가 말한 내용의 실현 가능성에 대해 궁금해하고 있다.
③ '학생 3'은 발표자가 말한 내용을 자신의 진로와 관련지어 긍정적으로 평가하고 있다.
④ '학생 1'과 '학생 3'은 발표자가 말한 내용이 타당한 근거에 바탕한 것인지를 따져 보고 있다.
⑤ '학생 2'와 '학생 3'은 발표에서 알게 된 내용과 관련하여 추가적인 정보 탐색을 계획하고 있다.

해설편 67쪽

[4~7] (가)는 인터뷰이고, (나)는 (가)를 바탕으로 학생이 교지에 싣기 위해 쓴 글의 초고이다. 물음에 답하시오.

(가)

학생 안녕하세요. 저는 ○○고에 다니는 △△△입니다. 조선 왕릉과 관련하여 장묘 전통, 공간 구성, 석물 등에 대해 학예사님의 설명을 듣고자 찾아왔습니다.

학예사 반갑습니다. 직접 보며 설명하면 더 좋을 것 같아요. 성종이 모셔져 있는 능까지 걸으면서 이야기 나눌까요?

학생 네, 좋아요. 조선 왕릉이 유네스코 세계 유산으로 등재되었는데요, 등재 기준의 내용 중에서 자연 친화적 장묘 전통에 대한 설명을 부탁드릴게요.

학예사 조선은 자연 훼손과 인위적인 구조물 배치를 최소화하는 것을 원칙으로 하여 왕릉을 조성했습니다. 봉분을 수십 미터 높이로 조성하거나 지하에 궁전과 같은 공간을 만들기도 했던 중국과 비교하면, 조선 왕릉의 자연 친화적 성격이 돋보입니다.

학생 그렇군요. 예전에 건원릉이나 광릉에 갔을 때도, 왕릉이라기보다는 자연 속에 있는 것과 같은 편안함을 느꼈습니다. 이곳 선릉도 자연 친화적 공간이라는 인상을 받았습니다.

학예사 기능적 필요에 의한 건축물만을 최소한으로 배치하고 자연과의 조화 속에서 왕릉을 조성했기에 그런 것이지요.

학생 조선 왕릉은 진입 공간, 제향 공간, 능침 공간으로 구분된다고 알고 있는데, 세계 유산 등재 기준 내용에 포함되어 있는 공간 구성의 독창성과 어떤 관련이 있나요?

학예사 여기 선릉을 예로 들어서 설명드릴게요. 아까 지났던 홍살문까지가 진입 공간, 홍살문에서 여기 정자각까지가 제향 공간, 그리고 저 위가 왕릉의 핵심 공간인 능침 공간입니다. 그러면 질문 하나 할게요. 정자각까지 오는 동안 능침 공간이 잘 보였나요?

학생 아니요. 능침 공간은 지대가 높은 곳에 조성되어 있는데도 정자각에 가려서 잘 보이지 않았어요.

학예사 바로 그런 점이 조선 왕릉이 가진 공간 구성의 독창성과 관련됩니다. 능침 공간으로 올라가서 설명해 드릴게요. 대개 정자각에 도달할 때까지 능침 공간은 참배객에게 잘 보이지 않습니다. 하지만 지금 있는 능침 공간에서는 왕릉을 전체적으로 조망할 수 있습니다. 공간에 따라 지면 높이를 다르게 하여 조망 범위가 다르도록 했기 때문입니다. 그리고 제향 공간의 건축물인 정자각의 배치를 활용하여 능침 공간을 향한 참배객의 시야를 제한하였습니다. 이러한 방식으로 공간의 위계를 만들어 능침 공간의 권위와 성스러움을 확보했습니다. 이러한 점이 조선 왕릉의 독창성입니다.

학생 조선 왕릉은 공간에 따라 조망 범위를 다르게 하는 방식으로 공간의 위계를 조성했다고 이해하면 될까요?

학예사 맞습니다. 잘 이해했네요.

[A]

학생 감사합니다. 마지막 질문인데요, 능침 공간에 배치된 석물에 대한 설명을 부탁드릴게요.

학예사 지금 보이는 것처럼 능침 공간에는 예술적 가치가 높은 석물이 배치되었습니다. 봉분에 병풍석과 난간석을 둘렀고, 봉분 주변에 혼유석, 양 모양과 호랑이 모양의 석상 등을 두었습니다. 그리고 장명등, 문신과 무신 형상의 석인상, 석마 등을 배치하여 질서 있는 공간미를 보여 주었습니다.

[B]

학생 설명해 주신 내용을 들으면 석물은 공간미를 위한 요소라는 생각이 듭니다. 석물의 예술적 가치가 높다고 하셨는데 이에 대한 설명도 부탁드릴게요.

학예사 왕릉에 배치된 석물은 능침을 수호하는 상징적 의미를 가지면서도, 고유한 예술미를 바탕으로 왕릉의 장엄함을 강조하는 격조 높은 조각품이라 할 수 있습니다. 예를 들어 석인상은 사각 기둥의 느낌이 나도록 형태가 단순화되어 있으면서도 수호신상과 같은 엄숙함을 느끼게 하는 예술미를 드러냅니다.

학생 덕분에 많은 것을 알 수 있었습니다. 귀한 시간 내주셔서 감사합니다.

학예사 네, 저도 즐거웠습니다. 조선 왕릉이 세계 유산으로 등재된 것은 기록 문화와 제례 의식과 관련된 기준도 있으니 더 살펴봐도 좋겠네요.

학생 네, 잘 찾아볼게요. 감사합니다.

(나)

조선 왕릉은 자연 친화적 장묘 전통, 인류 역사의 중요한 단계를 잘 보여 주는 왕릉 조성과 기록 문화, 조상 숭배의 전통이 이어지고 있는 살아 있는 유산이라는 점에서 가치를 인정받아, 2009년 유네스코 세계 유산으로 등재되었다.

조선은 자연과의 조화 속에서 왕릉을 조성하는 자연 친화적 원칙을 지켜 왔다. 이를 바탕으로, 조선 왕릉은 공간의 위계를 만들어 능침 공간의 권위와 성스러움을 확보하는 공간 구성의 독창성을 드러낸다. 조선 왕릉은 지면의 높이 차이를 만들고 정자각의 배치를 활용하여 제향 공간과 능침 공간의 조망 범위를 다르게 함으로써 공간의 위계를 조성하였다.

[C] 능침 공간은 왕의 공간인 상계, 신하의 공간인 중계와 하계로 영역이 나뉘어 영역별로 다양한 석물이 배치되었다. 상계의 봉분에는 불교적 장식 요소를 새겨 넣은 병풍석과 난간석을 두르고, 봉분 주변에는 영혼이 노니는 석상인 혼유석, 악귀로부터 능을 수호하는 양 석상과 호랑이 석상 등을 두었다. 중계에는 어두운 사후 세계를 밝히는 장명등, 문신 형상의 석인상, 석마 등을, 하계에는 무신 형상의 석인상, 석마 등을 두었다. 이들은 조선의 내세관과 함께, 문치주의를 표방했던 조선 왕조의 지향을 드러낸다.

조선 왕릉이 잘 보존되고 살아 있는 유산으로 평가 받는 이유는 조선의 기록 문화와 제례 의식 덕분이라고 할 수 있다. 장례 과정을 담은 『국장도감의궤』, 왕릉의 조성 과정을 담은 『산릉도감의궤』 등의 기록물들은 왕릉을 유지하고 보수할 수 있게 하는 자료가 되고 있다. 또한 지금까지도 종묘에서 정례적으로 봉행되는 제례 의식은 조상을 기억하고 존경하는 전통이 살아 있음을 보여 준다.

4. (가)의 '학생'에 대한 설명으로 적절하지 않은 것은?

① 알고 싶은 내용을 서두에 밝히며 인터뷰를 시작하고 있다.
② 자신이 알고 있는 정보를 바탕으로 학예사에게 질문하고 있다.
③ 학예사의 설명에 대한 자신의 이해가 적절한지 확인하고 있다.
④ 학예사가 설명한 내용에 대해 자신의 경험을 밝히며 공감을 드러내고 있다.
⑤ 학예사의 설명을 바탕으로 자신의 생각을 수정하며 질문을 덧붙이고 있다.

해설편 67쪽

5. [A], [B]에 대한 설명으로 가장 적절한 것은? [3점]

① [A], [B] 모두에서 학생은 학예사의 이전 답변을 인용하며 추가적인 설명을 요청하고 있다.
② [A], [B] 모두에서 학생은 학예사가 제시한 사례의 적절성에 의문을 제기하며 새로운 사례를 요청하고 있다.
③ 학예사는 학생의 요청에 따라 [A]에서 자신이 설명한 내용을 [B]에서 보충하고 있다.
④ 학예사는 학생의 이해를 돕기 위해 [A]에서 자신이 설명한 내용을 [B]에서 반복하고 있다.
⑤ 학예사는 [A]의 설명에 대한 학생의 잘못된 이해를 [B]에서의 설명을 통해 바로잡고 있다.

6. 〈보기〉는 (나)를 작성하기 위해 세운 글쓰기 계획이다. 〈보기〉에서 (나)에 반영된 것만을 있는 대로 고른 것은?

<보 기>

ㄱ. 조선 왕릉이 유네스코 세계 유산으로 등재되었다는 점을 고려하여, 조선 왕릉이 어떤 점에서 가치를 인정받았는지를 글의 첫머리에 밝히며 시작해야겠어.
ㄴ. 조선 왕릉의 자연 친화적 장묘 전통이 인정받았다는 점을 고려하여, 조선의 고유한 장묘 문화가 형성되는 데 우리나라의 자연 환경이 영향을 끼쳤음을 밝혀야겠어.
ㄷ. 조선 왕릉에 공간 구성의 독창성이 있다는 점을 고려하여, 조선 왕릉에 나타나는 공간의 위계에 대해 설명해야겠어.
ㄹ. 조선 왕릉과 관련한 기록 문화와 제례 의식이 있다는 점을 고려하여, 왕릉과 관련된 기록물과 현재 유지되고 있는 제례 의식의 사례를 찾아 제시해야겠어.

① ㄱ, ㄴ ② ㄱ, ㄷ ③ ㄴ, ㄹ
④ ㄱ, ㄷ, ㄹ ⑤ ㄴ, ㄷ, ㄹ

7. [C]에 나타난 글쓰기 방식에 대한 이해로 가장 적절한 것은?

① 능침 공간에 배치된 석물의 예술미를 분석하고 왕릉들을 비교하며 설명하고 있다.
② 능침 공간의 특정 석물에 대한 평가들을 소개하고 평가 간의 차이를 부각하고 있다.
③ 능침 공간에 배치된 석물의 형태 변화 양상을 설명하고 시기별 특징을 드러내고 있다.
④ 능침 공간에 배치된 석물에 대한 설명을 인용하고 이를 비판적 관점에서 검토하고 있다.
⑤ 능침 공간을 세 영역으로 구분하고 각 영역에 배치된 석물에 대해 설명을 덧붙이고 있다.

[8~10] (가)는 작문 상황이고 (나)는 (가)를 바탕으로 쓴 학생의 초고이다. 물음에 답하시오.

(가) 작문 상황

○ 작문 목적 : '채식하는 날' 도입에 대한 학생들의 부정적 인식을 해소한다.
○ 예상 독자 : 우리 학교 학생 전체
○ 예상 독자 분석 결과 : 설문 조사 결과 다수의 학생이 '채식하는 날' 도입에 부정적인 것으로 나타났다. 반대하는 이유로는 ㉠ '채식 급식은 맛이 없다.', ㉡ '채식이 건강에 도움이 안 된다.' 등이 제시되었다. 그리고 '채식하는 날' 도입에 대한 기타 의견으로는 ㉢ '왜 도입하는지 모르겠다.', ㉣ '어떻게 운영되는지 모르겠다.' 등이 제시되었다.
○ 내용 구성 방안 : 채식이 건강에 주는 이점과 ㉤ 환경에 기여하는 점을 중심으로 글을 작성한다.

(나) 학생의 초고

최근 우리 학교에서는 '채식하는 날' 도입 여부에 대한 논의가 활발하게 진행 중이다. '채식하는 날'이 도입되면 매주 월요일에는 모든 학생에게 육류, 계란 등을 제외한 채식 중심의 급식이 제공된다. 그런데 '채식하는 날' 도입 여부에 대한 설문 조사 결과, 약 65%의 학생이 반대하는 것으로 나타났다. 하지만 나는 건강을 위한 선택이 기후 위기를 막는 데도 도움이 된다는 점에서 '채식하는 날'을 도입해야 한다고 생각한다.

'채식하는 날' 도입이 필요한 이유는 다음과 같다. 먼저, '채식하는 날'이 도입되면 학생들의 채소류 섭취가 늘 것이다. 우리 학교 학생들은 급식 시간에 육류를 중심으로 음식을 골라 먹는 경향이 강하다. 잔반에서 채소류가 차지하는 비율도 높다. 이런 상황에 대해 영양 선생님께서는 학교에서 영양소가 골고루 포함된 급식을 제공하더라도 학생들아 육류 중심으로 영양소를 섭취한다며 걱정하셨다. 그러면서 '채식하는 날'을 도입하면 다양한 방식으로 조리한 맛있는 채소류 음식을 제공할 예정이고, 학생들도 영양소가 골고루 포함된 채소류 음식을 즐기게 되면 몸도 건강해지고 식습관도 개선될 것이라고 말씀하셨다.

다음으로 '채식하는 날'이 도입되면 육류 소비 과정에서 발생하는 온실가스의 배출을 줄여 지구의 기후 위기를 막으려는 노력에 동참할 수 있다. 채식 중심의 급식 제도를 운영하는 한 공공 기관에서는 이 제도를 통해 온실가스 감축에 큰 기여를 하고 있다고 홍보하기도 했다. 통계에 따르면 현재 전 세계 온실가스 배출원 중에서 축산 분야가 가장 높은 비율을 차지한다고 한다. 다시 말해 육류 소비를 적게 하면 온실가스 배출을 줄이는 데 기여하는 셈이라고 할 수 있다.

따라서 '채식하는 날'이 도입되면 건강에 도움이 될 뿐만 아니라 기후 위기를 막는 데도 기여하게 될 것이다. ⓐ 그러므로 나는 우리 학교에서도 '채식하는 날'을 도입하여 학생들이 육류 위주의 식습관을 버리고 채소류 위주의 식습관을 형성하도록 이끌어야 한다고 생각한다.

4회 2021년 3월 국어

8. (가)를 고려하여 학생이 구상한 내용 중 (나)에 나타나지 않은 것은?

> • ㉠을 고려하여, 학생들에게 좋은 평가를 받은 채식 식단의 사례를 제시한다. ················ ①
> • ㉡을 고려하여, 채소류 섭취를 늘려 영양소를 골고루 섭취하는 것이 건강에 도움이 됨을 밝힌다. ················ ②
> • ㉢을 고려하여, 학생의 급식 실태를 밝히며 '채식하는 날' 도입의 필요성을 제시한다. ················ ③
> • ㉣을 고려하여, '채식하는 날'의 운영 주기와 식단에 포함되지 않는 식재료를 설명한다. ················ ④
> • ㉤을 고려하여, 육류 소비를 줄이면 온실가스의 발생량을 줄이는 데 기여한다는 점을 제시한다. ················ ⑤

9. 다음은 (나)를 보완하기 위해 추가로 수집한 자료이다. 자료의 활용 방안으로 적절하지 않은 것은?

> ㄱ. 전문 서적
>
> 육류 섭취량이 지나치게 많아지면 단백질과 지방의 섭취량이 적정 수준을 초과하게 되고, 육류에 거의 없는 비타민, 미네랄, 식이 섬유 등은 부족하게 된다. 지방의 과잉 섭취나 특정 영양소의 부족은 건강에 악영향을 끼친다.
>
> – 『영양학』 –
>
> ㄴ. 인터뷰 내용
>
> "우리 시에서는 1년 간 590여 개의 공공 급식소에서 '고기 없는 화요일'이라는 제도를 운영했습니다. 이를 통해 30년생 소나무 755만 그루를 심은 것과 같은 온실가스 감축 효과를 얻었습니다. 그리고 이 제도 덕분에 채식을 즐기는 습관을 가지게 되었다는 사람, 과체중 문제를 해결했다는 사람도 있었습니다."
>
> – ○○시 정책 홍보 담당자 –
>
> ㄷ. 통계 자료

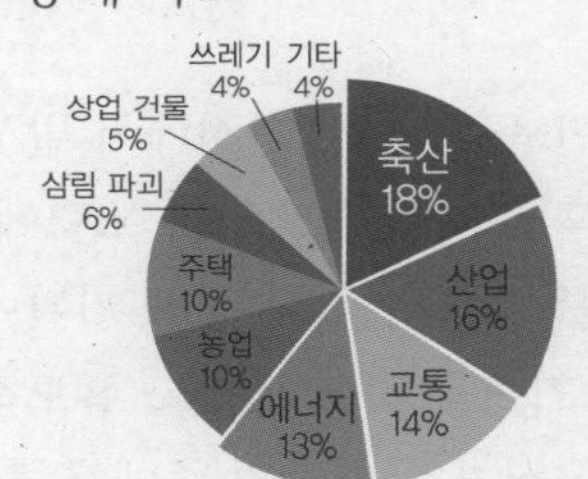

〈그림〉 전 세계 온실가스 배출 비율

> 축산 분야를 통해 배출되는 온실가스는 전 세계 온실가스 배출량의 약 18%를 차지하며, 이는 산업, 교통, 에너지 분야 등에 비해 가장 높은 수치에 해당한다.
>
> – 유엔식량농업기구 보고서 –

① 2문단에 ㄱ의 내용을 추가하고 그 출처도 함께 밝혀 글의 신뢰성을 높인다.
② 2문단에 ㄴ을 활용하여 채식이 건강과 식습관에 긍정적인 변화를 준 사례를 제시한다.
③ 3문단에 제시된 공공 기관의 사례를 ㄴ의 수치를 들어 구체화한다.
④ 3문단에 ㄷ의 〈그림〉을 삽입하여 통계 자료의 내용을 시각적으로 보여 준다.
⑤ 3문단에 ㄴ과 ㄷ을 활용하여 제도적 변화보다 개인의 노력이 중요함을 드러낸다.

10. 〈보기〉는 (나)를 읽은 선생님의 조언이다. 〈보기〉를 반영하여 ⓐ를 수정하기 위한 구상으로 가장 적절한 것은? [3점]

> <보 기>
>
> **선생님** : '채식하는 날'의 도입 목적을 잘못 이해하고 초고를 써서 읽는 사람이 오해할 수 있어요. 학교 급식은 곡류, 육류, 채소류 등을 다양하게 제공하여 학생의 건강에 필요한 영양소를 골고루 충족시키는 것을 목적으로 하는데, '채식하는 날'의 도입 목적도 이와 다르지 않아요. 이러한 점을 고려하여 마지막 문장을 수정해야 해요.

① '채식하는 날'의 도입 목적은 육류 음식보다 채소류 음식이 학생의 건강에 더 도움이 된다는 사실을 알리고 채소류 음식을 더 많이 먹이는 데 있다는 내용으로 수정해야겠군.
② '채식하는 날'의 도입 목적은 육류를 먹지 말자는 것이 아니라 채소류 음식을 접할 기회를 늘려 영양소를 균형 있게 섭취하게 하는 데 있다는 내용으로 수정해야겠군.
③ '채식하는 날'의 도입 목적은 채소류 음식만으로 필요한 영양소를 모두 충족할 수 있음을 알려 채소류 위주의 식습관을 형성하는 데 있다는 내용으로 수정해야겠군.
④ '채식하는 날'의 도입 목적은 육류만 편식하는 학생들의 태도를 바꾸어 학교 급식의 잔반 중 채소류가 차지하는 비율을 줄이는 데 있다는 내용으로 수정해야겠군.
⑤ '채식하는 날'의 도입 목적은 채소류 위주의 식습관 형성이 건강 증진과 기후 위기 방지에 기여한다는 점을 알리는 데 있다는 내용으로 수정해야겠군.

[11~12] 다음 글을 읽고 물음에 답하시오.

> 모음은 크게 두 부류로 나눌 수 있다. 발음할 때 입술 모양이나 혀의 위치가 변하지 않는 모음을 '단모음'이라 한다. '표준어 규정'은 원칙적으로 'ㅏ, ㅐ, ㅓ, ㅔ, ㅗ, ㅚ, ㅜ, ㅟ, ㅡ, ㅣ'를 단모음으로 발음할 것을 규정하고 있다.
>
> 입술 모양이나 혀의 위치가 발음 도중에 변하는 모음은 '이중 모음'이라 하는데, 이중 모음은 홀로 쓰일 수 없는 소리인 '반모음'이 단모음과 결합한 모음이다. 예를 들어 이중 모음인 'ㅑ'의 발음은, 'ㅣ'를 짧게 발음하는 것과 유사한 소리인 반모음 '[j]' 뒤에서 'ㅏ'가 결합한 소리이다. 'ㅑ'와 마찬가지로 'ㅒ, ㅕ, ㅖ, ㅛ, ㅠ, ㅢ'의 발음은, 각각 반모음 '[j]'와 단모음 'ㅐ, ㅓ, ㅔ, ㅗ, ㅜ, ㅡ'가 결합한 소리이다. 'ㅗ'나 'ㅜ'를 짧게 발음하는 것과 유사한 반모음 '[w]'도 있는데 'ㅘ, ㅙ, ㅝ, ㅞ'의 발음은 각각 반모음 '[w]'와 단모음 'ㅏ, ㅐ, ㅓ, ㅔ'가 결합한 소리이다. 반모음이 단모음 뒤에서 결합한 소리인 'ㅢ'를 제외하고, 이중 모음의 발음은 모두 반모음이 단모음 앞에서 결합한 소리이다.
>
> 'ㅚ'와 'ㅟ'는 단모음으로 발음하는 것이 원칙이지만 현실에서 이중 모음으로 발음하는 경우가 많다. 'ㅚ'를 이중 모음으로 발음할 경우에는 반모음 '[w]'와 'ㅔ' 소리를 연속하여 발음하며, 'ㅟ'를 이중 모음으로 발음할 경우에는 반모음 '[w]'와 'ㅣ' 소리를 연속하여 발음한다. '표준어 규정'에서도 현실 발음을 고려하여 이와 같이 'ㅚ'와 'ㅟ'를 이중 모음으로 발음하는 것을 허용하고 있다.

○ 해설편 68쪽

11. 윗글에 대한 이해로 적절하지 <u>않은</u> 것은?

① 'ㅠ'는 발음할 때 입술 모양이나 혀의 위치가 변한다.
② 'ㅐ'는 발음할 때 입술 모양이나 혀의 위치가 변하지 않는다.
③ 'ㅖ'의 발음은 반모음 '[j]' 뒤에서 단모음 'ㅔ'가 결합한 소리이다.
④ 'ㅘ'의 발음은 단모음 'ㅗ' 뒤에서 반모음 '[j]'가 결합한 소리이다.
⑤ 반모음 '[w]'는 홀로 쓰일 수 없고 단모음과 결합하여 이중 모음을 이룬다.

12. 〈보기〉는 학생들의 대화이다. 윗글을 바탕으로 할 때 〈보기〉의 ㉠, ㉡에 들어갈 내용으로 적절한 것은? [3점]

<보 기>

학생 1 '표준어 규정'에 따르면 'ㅚ'는 단모음으로 발음하는 것이 원칙이지만 이중 모음으로 발음하는 것도 허용하더라고. 그러면 '참외'는 [차뫼]로 발음하는 것이 원칙이지만, ____㉠____로 발음하는 것도 허용한다고 할 수 있겠어.

학생 2 그래, 맞아. '표준어 규정'에서는 'ㅟ'도 이중 모음으로 발음하는 것을 허용하고 있어. 이에 따른 'ㅟ'의 이중 모음 발음은 'ㅑ, ㅒ, ㅕ, ㅖ, ㅘ, ㅙ, ㅛ, ㅝ, ㅞ, ㅠ, ㅢ'의 발음 중에 ____㉡____.

	㉠	㉡
①	[차뭬]	포함되어 있지 않아
②	[차뭬]	'ㅢ' 소리에 해당해
③	[차뫠]	'ㅝ' 소리에 해당해
④	[차메]	포함되어 있지 않아
⑤	[차메]	'ㅢ' 소리에 해당해

13. ㉠~㉤에 대한 설명으로 적절하지 <u>않은</u> 것은?

<보 기>

㉠ 그는 우리와 함께 일하기를 거부했다.
㉡ 개는 사람보다 후각이 훨씬 예민하다.
㉢ 나는 그가 우리를 도와준 일을 잊지 않았다.
㉣ 날이 추워지면 방한 용품이 필요하다.
㉤ 수만 명의 관객들이 공연장을 가득 메웠다.

① ㉠ : '우리와 함께 일하기를'이 안은문장에서 목적어의 역할을 하고 있군.
② ㉡ : '후각이 훨씬 예민하다'가 안은문장에서 서술어의 역할을 하고 있군.
③ ㉢ : '그가 우리를 도와준'이 안은문장에서 관형어의 역할을 하고 있군.
④ ㉣ : '날이 추워지다.'와 '방한 용품이 필요하다.'가 대등하게 이어진 문장이군.
⑤ ㉤ : '관객들이'가 주어이고 '메웠다'가 서술어인 홑문장이군.

14. 〈보기 1〉은 국어사전의 일부이고, 〈보기 2〉는 원고지에 쓴 글을 고친 것이다. 〈보기 1〉을 바탕으로 〈보기 2〉의 ㉠~㉢을 이해한 내용으로 적절하지 <u>않은</u> 것은?

<보 기 1>

드리다 [드리다] 동 [드리어(드려), 드리니]
【…에/에게 …을】
[1] '주다'의 높임말.
[2] 윗사람에게 그 사람을 높여 말이나, 인사, 부탁, 약속, 축하 따위를 하다.

들이다 [드리다] 동 [들이어(들여), 들이니]
[1]【…을 …에】밖에서 속이나 안으로 향해 가게 하거나 오게 하다.
[2]【…에/에게 …을】어떤 일에 돈, 시간, 노력, 물자 따위를 쓰다.

<보 기 2>

새해 첫날 아침, 친구들과 함께 선생
님 댁을 방문했다. 선생님께서는 (우리를) 사랑방
에 ㉠들이면서 매우 기뻐하셨다. 우리는
함께 세배를 하고 선생님께 감사의 마
음을 담은 편지를 ㉡드려 선생님을 흐뭇
하게 했다. 정성을 ㉢드려(→들여) 쓴 편지였다.

① ㉠은 '들이다'[1]의 의미로 사용되었군.
② ㉠을 포함한 문장에 '우리를'을 넣어야 하는 이유는 필요한 문장 성분이 빠졌기 때문이군.
③ ㉡과 '할머니께 말씀을 드리다.'의 '드리다'는 모두 '드리다'[1]의 의미로 사용되었군.
④ ㉢은 '들이다'[2]의 의미로 사용되었기 때문에 '들여'라고 고쳐 써야 하는군.
⑤ ㉠과 ㉡은 사전에서 각각의 표제어 아래 제시된 여러 의미 중 하나로 풀이되는군.

15. 〈보기〉는 수업의 일부이다. 선생님의 설명을 참고할 때 ㉠에 해당하는 것은?

<보 기>

선생님 : 훈민정음의 초성 중 기본자는 발음 기관의 모양을 본뜨는 '상형'의 원리로 만들어졌어요. 'ㄱ'은 혀뿌리가 목구멍을 막는 모양을, 'ㄴ'은 혀가 윗잇몸에 닿는 모양을, 'ㅁ'은 입 모양을, 'ㅅ'은 이[齒] 모양을, 'ㅇ'은 목구멍 모양을 본뜬 것이에요. 기본자에 소리의 세기에 따라 획을 더하는 '가획'의 원리를 적용하여 가획자 'ㅋ, ㄷ, ㅌ, ㅂ, ㅍ, ㅈ, ㅊ, ㆆ, ㅎ'을 만들었고, 상형이나 가획의 원리를 적용하지 않고 별도로 이체자 'ㆁ, ㄹ, ㅿ'을 만들었지요. 중성은 하늘, 땅, 사람의 모양을 본떠서 기본자 'ㆍ, ㅡ, ㅣ'를 만들고, '합성'의 원리를 적용하여 초출자 'ㅗ, ㅏ, ㅜ, ㅓ'와 재출자 'ㅛ, ㅑ, ㅠ, ㅕ'를 만들었어요. 종성은 초성의 글자를 다시 사용했답니다. 그러면 선생님과 함께 카드놀이를 하며 훈민정음에 대하여 공부해 봅시다. ㉠ 아래의 카드 중 [조건]을 모두 만족하는 글자 카드를 찾아볼까요?

[조건]
- 초성 : 이[齒] 모양을 본뜬 기본자에 가획하여 만든 글자
- 중성 : 초출자 'ㅗ'에 기본자 'ㆍ'를 결합하여 만든 글자
- 종성 : 상형이나 가획의 원리를 적용하지 않고 별도로 만든 글자

[16~20] 다음 글을 읽고 물음에 답하시오.

조선 시대의 유학자들은 왕권의 기반이 민심에 있으며 민심을 천심으로 받아들여야 한다고 보는 민본(民本) 사상을 통치 기조로 삼을 것을 주장했다. 이러한 관점에서 군주는 백성의 뜻을 하늘의 뜻으로 받들며 섬기고 덕성을 갖춘 성군으로서 백성의 모범이 되어야 하며, 백성을 사랑하는 애민의 태도로 백성의 삶을 안정시키고 백성을 교화해야 하는 존재라고 강조했다. 또한 백성은 보살핌과 가르침을 받는 존재로서 통치에 ⓐ 순응해야 한다고 보았다.

군주와 백성에 대한 이러한 관점은 조선 개국을 주도하고 통치 체제를 설계한 정도전의 주장에도 드러난다. 정도전은 군주나 관료가 백성에 대한 통치권을 지닌 것은 백성을 지배하기 위한 것이 아니라 백성을 보살피고 안정시키기 위한 것이라고 보았다. 군주나 관료가 지배자가 아니라 백성을 위해 일하는 봉사자일 때 이들의 지위나 녹봉은 그 정당성이 확보된다고 여긴 것이다. 또한 왕권이 정상적으로 작동하기 위해서는 왕을 정점으로 하여 관료 조직을 위계적으로 ⓑ 정비하는 것과 더불어, 민심을 받들어 백성을 보살피는 자로서 군주가 덕성을 갖추는 것이 중요하다고 보았다. 백성을 위하는 관료의 자질 향상 및 책무의 중요성을 강조한 한편, 관료의 비행을 감독하는 감사 기능의 강화를 주장하기도 했다. 이러한 정도전의 주장은 백성을 보살핌의 대상으로 바라본 민본 사상의 관점에 입각한 것이라 할 수 있다.

조선 중기의 학자 이이 역시 군주의 바람직한 덕성을 강조한 한편 군주와 백성의 관계를 부모와 자식의 관계에 빗대어 백성을 보살펴야 하는 대상이라 논했다. 이이는 특히 애민은 부모가 자녀를 가르치듯 군주가 백성들을 도덕적으로 교화함으로써 실현되며, 교화를 ⓒ 순조롭게 이루기 위해서는 우선 백성들을 경제적으로 안정시켜야 한다는 점을 강조했다. 또한 백성은 군주에 대한 신망을 지닐 수도 버릴 수도 있는 존재이므로, 군주는 백성을 두려워하는 외민(畏民)의 태도를 지녀야 함을 역설했다. 백성을 보살피고 교화해야 할 대상으로 여긴 점은 정도전의 관점과 상통하는 지점이다. 다만 군주가 백성에 대한 두려움을 가지고 백성의 신망을 유지하기 위해 노력해야 한다는 것을 강조한 점에서 차이가 있다.

조선 후기의 학자 정약용은 환자나 극빈자, 노인과 어린이 등 사회적 약자에 속하는 백성을 적극적으로 보호하는 것이 애민의 내용이라고 주장했다. 이는 백성을 보살핌의 대상으로 바라보는 시각을 구체화한 것이라 할 수 있다. 한편 정약용은 백성을 통치 체제 유지에 기여해야 하는 존재라 보고, 백성이 각자의 경제적 형편에 ⓓ 부합하는 역할을 수행해야 한다고 주장하여 백성에 대한 기존의 관점과 차이를 드러냈다. 그는 가난한 백성인 '소민'은 교화를 따름으로써, 부유한 백성인 '대민'은 생산 수단을 제공하고 납세의 부담을 맡음으로써 통치 질서의 안정에 기여해야 한다고 논했다. 이는 조선 후기 농업 기술과 상 · 공업의 발달로 인해 재산을 축적한 백성들이 등장한 현실을 고려한 것으로, 백성이 국가를 유지하는 근간이라고 보는 관점에 ⓔ 기반한 주장이었다.

[A] 조선 시대 학자들의 이와 같은 주장은 군주를 비롯한 통치 계층이 백성을 존중하는 정책을 펼치는 바탕이 되었다. 백성을 대상으로 한 교육 제도, 관료의 횡포를 견제하는 감찰 제도, 민생 안정을 위한 조세 및 복지 제도, 백성의 민원을 수렴하는 소원 제도 등은 백성을 위한 정책이 구현된 사례라 할 수 있다.

16. 윗글에 대한 설명으로 가장 적절한 것은?

① 조선 시대 관료 조직의 위계를 분석하고 있다.
② 조선 시대 조세 제도의 문제점을 나열하고 있다.
③ 조선 시대 학자들의 백성에 대한 관점을 비교하고 있다.
④ 조선 시대 군주들의 통치관을 비판적으로 서술하고 있다.
⑤ 조선 시대 상업의 발달 과정을 통시적으로 기술하고 있다.

17. 외민(畏民)에 대한 이해로 가장 적절한 것은?

① 백성이 군주에 대해 지녀야 할 마음가짐이다.
② 관료의 비행을 감독하기 위해 마련한 제도이다.
③ 군주와 백성을 부모와 자식의 관계에 비유하는 근거이다.
④ 민생이 안정되었을 때 드러나는 백성의 이상적 모습이다.
⑤ 백성이 군주에 대한 신망을 버릴 수 있다고 보는 관점이다.

해설편 70쪽

18. 윗글을 바탕으로 〈보기〉를 이해한 내용으로 적절하지 않은 것은? [3점]

<보 기>

ㄱ. 옛날에 바야흐로 온 세상을 제압하고 나서 천자가 벼슬을 내리고 녹봉을 나누어 준 것은 신하들을 위해서가 아니라 백성들을 위한 것이었다. … 임금이 관리에게 책임을 지우는 것도 한결같이 백성에 근본을 두고, 관리가 임금에게 보고하는 것도 한결같이 백성에 근본을 두면, 백성은 중요한 존재가 된다.

– 정도전, 『삼봉집』 –

ㄴ. 청컨대 전하의 식사와 옷에서부터, 바치는 물건들과 대궐 안에서 일상적으로 쓰는 물건들 일체를 삼분의 일 줄이십시오. 이런 방식으로 헤아려서 모든 팔도의 진상 · 공물들도 삼분의 일 줄이십시오. 이렇게만 하신다면 은택이 아래로 미치어 백성들이 실질적인 혜택을 받게 될 것입니다.

– 이이, 『율곡전서』 –

ㄷ. 만일 목화 농사가 흉작이 되어 면포의 가격이 뛰어 오르는데 수백 리 밖의 고장은 풍년이 들어 면포의 값이 매우 쌀 경우 수령은 일단 백성에게 군포를 납부하지 말도록 해야 한다. 그리고 아전 중 청렴한 자를 골라 풍년이 든 곳에 가서 면포를 구입해 오도록 하여 군포를 바친다. 그리고 면포를 구입하는 데 쓴 돈은 백성들이 균등하게 부담케 하면 백성에게 큰 혜택이 돌아갈 것이다.

– 정약용, 『목민심서』 –

① ㄱ은 관료의 녹봉이 백성을 위해 일하는 봉사자로서 얻는 것이라는 주장과 관련된다.
② ㄴ은 군주가 백성을 보살피는 존재라는 시각을 바탕으로 한다.
③ ㄷ은 대민과 소민에 따라 납세 부담에 차이가 있어야 한다는 주장을 구현하는 방법이다.
④ ㄱ과 ㄷ은 민본 사상의 관점에서 바람직한 관료의 면모를 보여준다.
⑤ ㄴ과 ㄷ은 백성의 경제적 안정을 중시하는 관점에서 제안된 방안에 해당한다.

19. 다음은 윗글을 읽은 학생의 독후 활동이다. ㉮에 들어갈 내용으로 가장 적절한 것은?

독후 활동

유사한 화제를 다룬 다음 자료를 읽고, 관점의 차이를 정리해 보자.

[자료]

조선 시대의 교육은 신분 질서 유지를 통해 통치 계층의 우위를 확보하는 데 기여했다. 현실적으로 통치 계층이 아닌 백성은 정치에 참여하는 관료가 되기 어려웠는데, 이는 신분에 따라 교육 기회가 제한된 것과 관련된다. 한편, 백성을 대상으로 하는 교육은 대체로 도덕적 교화를 위한 것에 한정되었다.

[결론]

[자료]와 [A]는 조선 시대의 (㉮)에 대하여 관점의 차이를 보이고 있다.

① 백성이 교육 기회를 얻고자 노력했는지
② 교육이 본질적으로 백성을 위한 것인지
③ 교육 방식이 현대적으로 계승되었는지
④ 신분 질서가 어떤 의미를 지니는지
⑤ 백성이 어떻게 정치에 참여했는지

20. 문맥상 ⓐ~ⓔ와 바꿔 쓰기에 적절하지 않은 것은?

① ⓐ : 따라야
② ⓑ : 가다듬는
③ ⓒ : 끊임없이
④ ⓓ : 걸맞은
⑤ ⓔ : 바탕을 둔

해설편 71쪽

[21~25] 다음 글을 읽고 물음에 답하시오.

공익을 위한 적법한 행정 작용으로 개인의 재산권*에 특별한 희생이 발생한 경우, 개인은 자신이 입은 재산상 손실을 보상하도록 요구할 수 있는 권리인 '손실 보상 청구권'을 갖는다. 여기서 '특별한 희생'이란 보호할 필요가 있는 재산권에 대한 침해를 이르는 말로, 이로 인한 손실은 국가가 보상해야 한다. 가령 감염병예방법에 따르면, 행정 기관이 감염병 예방을 위해 의료기관의 병상이나 연수원, 숙박 시설 등을 동원한 경우 이로 인한 손실을 개인에게 보상하여야 하는데, 이때의 재산권 침해가 특별한 희생에 해당하는 것이다.

손실 보상 청구권은 ⓐ 공적 부담의 평등을 위해 인정되는 헌법상 권리이다. 행정 작용으로 누군가에게 특별한 희생이 발생하면, 그로 인한 부담을 공공이 분담하는 것이 평등 원칙에 부합하기 때문이다. 또한 헌법 제23조 제3항은 "공공필요에 의한 재산권의 수용·사용 또는 제한 및 그에 대한 보상은 법률로써 하되, 정당한 보상을 지급하여야 한다."라고 하여, '공공필요에 의한 재산권의 수용·사용 또는 제한', 즉 공용 침해와 이에 대한 보상이 법률에 규정되어야 함을 명시하고 있다. 공용 침해 중 수용이란 개인의 재산권을 국가로 이전하는 것, 사용이란 행정 기관이 개인의 재산권을 일시적으로 사용하는 것, 제한이란 개인의 재산권 사용 또는 그로 인한 수익을 한정하는 것을 의미한다. 한편 제23조 제3항은 내용상 분리될 수 없는 사항은 함께 규정되어야 한다는 의미의 '불가분 조항'이다. 따라서 ⓑ 공용 침해 규정과 보상 규정은 하나의 법률에서 규정되어야 한다.

그러나 헌법은 제23조 제1항에서 "모든 국민의 재산권은 보장된다. 그 내용과 한계는 법률로 정한다."라고 규정하여, 재산권은 법률에 의해 구체화된다고 밝히고 있다. 또한 제2항에서 "재산권의 행사는 공공복리에 적합하도록 하여야 한다."라고 하여, 개인의 재산권 행사가 공익에 적합하여야 한다는 재산권의 '사회적 제약'을 규정하고 있다. 특히 토지처럼 공공성이 강한 사유 재산은 재산권 행사에 더욱 강한 사회적 제약을 받을 수 있다. 만약 재산권 침해가 ⓒ 사회적 제약의 범위 내에 있다면 이로 인한 손실은 보상의 대상이 되지 않는다. 즉 재산권 침해가 특별한 희생에 해당할 때만 보상이 가능한 것이다.

재산권의 사회적 제약과 특별한 희생의 구별에 대해 ㉠ 경계 이론과 ㉡ 분리 이론은 서로 다른 입장을 취한다. 경계 이론에 따르면 ⓓ 양자는 별개가 아니라 단지 침해의 정도에 있어서만 차이가 있을 뿐이다. 재산권 침해는 그 정도가 사회적 제약의 범위를 넘어서면 특별한 희생으로 바뀐다는 것이다. 따라서 경계 이론은 사회적 제약을 벗어나는 재산권 침해는 보상 규정이 없어도 보상이 이루어져야 한다고 본다. 보상을 규정하지 않은 채 공용 침해를 규정하고 있는 법률은, 불가분 조항인 헌법 제23조 제3항에 위반되어 위헌이고, 위헌임이 밝혀진 법률에 근거한 공용 침해 행위는 위법한 행정 작용이 된다는 것이다. 경계 이론은 적법한 공용 침해 행위의 경우에 보상이 인정된다면, 위법한 공용 침해 행위의 경우에도 헌법 제23조 제3항을 근거로 보상을 인정해야 한다는 입장이다.

이에 반해 분리 이론은 재산권의 사회적 제약에 대한 헌법 제23조 제2항의 규정과 특별한 희생에 대한 제3항의 규정은 ⓔ 입법자의 의사에 따라 완전히 분리된다고 주장한다. 따라서 재산권 침해를 규정한 법률에 보상 규정이 없는 경우 입법자가 이러한 재산권 침해를 특별한 희생이 아닌 사회적 제약으로 규정한 것으로 본다. 재산권 침해가 사회적 제약 또는 특별한 희생 중 무엇에 해당하는지 결정하는 것은 법률을 제정하는 입법자의 권한이라는 것이다. 만약 해당 법률에 규정된 재산권 침해가 헌법 제23조 제2항에서 규정한 재산권의 공익 적합성을 넘어서서 개인의 재산권을 과도하게 침해한다면, 이러한 법률은 헌법 제23조 제2항을 위반하여 위헌이고, 위헌임이 밝혀진 법률에 근거한 행정 작용은 위법하게 된다. 분리 이론은 이러한 경우 ㉢ 손실을 보상하는 것이 아니라, 위법한 행정 작용 자체를 제거해야 한다고 본다. 재산권을 존속시키는 것이 재산권을 침해하면서 그 손실을 보상하는 것보다 우선한다고 보기 때문이다.

* 재산권 : 재산의 소유권, 사용·수익권, 처분권 등 일체의 재산적 가치가 있는 권리.

21. 윗글에 대한 이해로 가장 적절한 것은?

① 헌법이 개인에게 보장하는 재산권의 내용은 법률로써 그 내용이 구체화된 것이다.
② 공용 침해 중 '사용'과 달리 '제한'의 경우, 행정 작용에도 불구하고 개인의 재산권은 국가로 이전되지 않는다.
③ 재산권을 침해하는 모든 행정 작용에 대해, 개인은 자신이 입은 손실을 보상하도록 요구할 수 있는 권리를 갖는다.
④ 재산권의 사회적 제약을 규정하는 모든 법률은 공용 침해와 손실 보상이 내용상 분리될 수 없다는 원칙에 어긋난다.
⑤ 감염병 예방을 위해 행정 기관이 사설 연수원을 일정 기간 동원하는 것은 공공필요에 의한 재산권의 '수용'에 해당한다.

22. ㉠과 ㉡에 대한 이해로 적절하지 않은 것은?

① ㉠은 법률에 보상 규정이 없는 경우에도 헌법 제23조 제3항을 근거로 하여, 행정 작용으로 인한 재산상 손실을 보상할 수 있다고 본다.
② ㉡은 헌법 제23조 제2항과 제3항의 규정은 전혀 다른 내용을 규정하고 있다고 본다.
③ ㉠은 행정 작용으로 인한 재산상 손실을 항상 보상해야 한다고 보는 반면, ㉡은 보상하지 않을 수 있다고 본다.
④ ㉠은 재산권 침해의 정도를, ㉡은 입법자의 의사를 기준으로 손실 보상 청구권의 성립 여부를 판단해야 한다고 본다.
⑤ ㉠과 ㉡은 모두 보상 규정 없이 사회적 제약의 범위를 벗어나는 재산권 침해를 규정한 법률은 위헌이라고 본다.

23. ㉢의 전제로 가장 적절한 것은?

① 재산권은 입법자의 의사에 따라 보상 없이 제한해야 하는 권리이다.
② 공용 침해 규정과 손실 보상 규정이 동일한 법률에서 규정될 필요는 없다.
③ 재산권의 사회적 제약은 입법자의 의사에 따라 제한 없이 규정될 수 있다.
④ 행정 작용이 공익을 목적으로 한다면 이로 인한 손실은 보상할 필요가 없다.
⑤ 입법자가 별도로 규정하지 않는 한, 재산권은 그대로 보존되어야 하는 권리이다.

해설편 73쪽

24. 윗글을 참고하여 〈보기〉의 '헌법 재판소'의 판단에 대해 추론한 내용으로 적절하지 않은 것은? [3점]

―――――――――――― <보 기> ――――――――――――

A 법률에 따르면, 국가는 도시 환경을 보전하기 위해 개발 제한 구역을 지정할 수 있고, 개발 제한 구역으로 지정된 토지에서는 건축 등 토지 사용이 제한된다. 하지만 A 법률은 개발 제한 구역 지정으로 인한 손실을 보상하는 규정은 포함하고 있지 않았다. 이러한 상황에서 A 법률에 대한 헌법 소원이 제기되었다.

헌법 재판소는 분리 이론의 입장을 취하면서, 토지 재산권의 공공성을 고려하면 A 법률은 원칙적으로 합헌이라고 판단하였다. 하지만 개발 제한 구역으로 지정되어 토지를 사용할 방법이 전혀 없는 등 개인에게 가혹한 부담이 발생하는 예외적인 경우에는 사회적 제약을 벗어나서 토지 소유자의 재산권을 과도하게 침해한다고 판단하였다. 따라서 이러한 예외적인 경우까지 고려하지 않은 A 법률은 헌법에 위반된다고 판단하였다.

① 헌법 재판소는 개발 제한 구역을 지정하는 행위가 헌법 제23조 제2항에 위반되는지를 판단하였겠군.
② 헌법 재판소는 개발 제한 구역을 지정하는 행위가 헌법 제23조 제3항과는 관련이 없다고 판단하였겠군.
③ 헌법 재판소는 개발 제한 구역을 지정하는 행위가 헌법에 위반되었는지 여부를 토지의 공공성을 근거로 판단하였겠군.
④ 헌법 재판소는 개발 제한 구역 지정으로 인한 재산권 침해는 개인에게 가혹한 부담이 발생하지 않는 범위 내에서만 가능하다고 판단하였겠군.
⑤ 헌법 재판소는 개발 제한 구역을 지정하는 행위가 개인에게 가혹한 부담을 초래한 경우, 이때의 재산권 침해는 특별한 희생에 해당한다고 판단하였겠군.

25. 문맥상 ⓐ~ⓔ를 바꿔 쓴 것으로 적절하지 않은 것은?

① ⓐ : 행정 작용으로 인한 부담을 개인이 모두 떠안게 되는 불평등을 조정하기 위해
② ⓑ : 공공필요에 의해 개인의 재산권을 수용 · 사용 · 제한하는 규정과
③ ⓒ : 헌법 제23조 제2항에 규정된 재산권의 한계 안에
④ ⓓ : 경계 이론의 입장과 분리 이론의 입장은 전혀 다른 것이 아니라
⑤ ⓔ : 재산권 침해 정도에 따라 구분되는 것이 아니라 입법자의 서로 다른 의사가 반영된 것이라고

[26~30] 다음 글을 읽고 물음에 답하시오.

원자핵은 양성자나 중성자와 같은 핵자들의 결합으로 이루어져 있다. 원자핵을 구성하는 양성자와 중성자의 개수를 모두 더한 것을 질량수라고 하는데, 질량수가 큰 하나의 원자핵이 질량수가 작은 두 개의 원자핵으로 쪼개지는 것을 핵분열이라고 하고 질량수가 작은 두 개의 원자핵이 결합하여 질량수가 큰 하나의 원자핵이 되는 것을 핵융합이라고 한다.

핵분열이나 핵융합은 핵자당 결합 에너지로 설명할 수 있다. 원자핵의 질량은 그 원자핵을 구성하는 개별 핵자들의 질량을 모두 더한 것보다 작다. 이처럼 핵자들이 결합하여 원자핵이 되면서 질량이 줄어든 것을 질량 결손이라고 한다. '질량-에너지 등가 원리'에 따르면 질량과 에너지는 상호 간의 전환이 가능하고, 이때 에너지는 질량에 광속의 제곱을 곱한 값과 같다. 한편 핵자들의 결합에서 줄어든 질량은 에너지로 전환되는데, 이 에너지는 원자핵의 결합 에너지와 그 크기가 같다. 원자핵의 결합 에너지란 원자핵을 개별 핵자들로 분리할 때 가해야 하는 에너지이다. 원자핵의 결합 에너지를 질량수로 나눈 것을 핵자당 결합 에너지라고 하고 그 값은 원자핵의 종류에 따라 다르다.

원자핵을 구성하는 핵자들은 핵자당 결합 에너지가 클수록 더 강력하게 결합되어 있고 이는 원자핵이 더 안정된 상태라는 것을 의미한다. 모든 원자핵은 안정된 상태가 되려는 성질이 있으므로, 핵자당 결합 에너지가 작은 원자핵들은 핵분열이나 핵융합을 거쳐 핵자당 결합 에너지가 큰 상태가 된다. 핵분열이나 핵융합도 반응 전후로 질량 결손이 일어나고, 줄어든 질량은 에너지로 전환된다.

핵분열과 핵융합에서 발생하는 에너지를 발전에 이용할 수 있다. ㉠ 우라늄-235(^{235}U) 원자핵을 사용하는 핵분열 발전의 경우, 우라늄 원자핵에 중성자를 흡수시키면 질량수가 작고 핵자당 결합 에너지가 큰 원자핵들로 분열된다. 이때 2 ~ 3 개의 중성자가 방출되는데 이 중성자는 다른 우라늄 원자핵에 흡수되어 연쇄 반응을 일으킨다. 이 과정에서 질량 결손으로 인해 전환되는 에너지를 발전에 이용하는 것이다.

핵분열 발전에서는 중성자의 속도를 느리게 해야 한다. 중성자가 너무 빠르게 움직이면 원자핵에 흡수될 확률이 낮기 때문이다. 특히 핵분열 과정에서 방출된 중성자는 속도가 매우 빠르기 때문에 이를 느리게 해야 연쇄 반응을 일으킬 수 있다. 그래서 물이나 흑연을 감속재로 사용하여 중성자의 속도를 느리게 만든다. 한편 연쇄 반응이 급격하게 일어나면 과도한 에너지가 발생하여 폭발이 일어날 수 있기 때문에 제어봉을 사용한다. 제어봉은 중성자를 흡수하는 장치로, 핵분열에 관여하는 중성자 수를 조절하여 급격한 연쇄 반응을 방지한다.

핵융합 발전을 위한 시도도 계속되고 있다. 태양이 에너지를 생성하는 방법이 바로 핵융합이다. ⓐ 수소(^{1}H) 원자핵을 원료로 하는 태양의 핵융합은 주로 태양의 중심부에서 일어난다. 먼저 수소 원자핵 2 개가 융합하여 중수소(^{2}H) 원자핵이 되고, 중수소 원자핵은 수소 원자핵과 융합하여 헬륨-3(^{3}He) 원자핵이 된다. 그리고 2 개의 헬륨-3 원자핵이 융합하여 헬륨-4(^{4}He) 원자핵이 된다. 이러한 과정에서 줄어든 질량이 에너지로 전환되는 것이다.

지구는 태양과 물리적 조건이 달라서 태양의 핵융합을 똑같이 재현할 수 없다. 가장 많이 시도하는 방식은 ⓑ D-T 핵융합이다. 이 방식에서는 중수소 원자핵과 삼중 수소(^{3}H) 원자핵이 융합하여 헬

륨-4 원자핵이 된다. 중수소 원자핵과 삼중 수소 원자핵을 핵융합 발전의 원료로 사용하는 이유는 다른 원자핵들의 핵융합보다 반응 확률이 높고 질량 결손으로 전환되는 에너지도 크기 때문이다.

하지만 지구에서 핵융합을 일으키는 것은 간단하지 않다. 양(+)의 전하를 띤 원자핵은 음(-)의 전하를 띤 전자와 전기적 인력에 의해 단단히 결합되어 있어서 일반적인 상태에서 원자핵이 융합하는 것은 불가능하다. 따라서 핵융합 반응을 일으키기 위해서는 물질을 원자핵과 전자가 분리된 상태인 플라스마 상태로 만들어야 한다. 또한 원자핵은 양의 전하를 띠고 있어서 서로 가까이 다가갈수록 척력이 강하게 작용한다. 척력을 이겨내고 원자핵이 융합하게 하기 위해서는 플라스마의 온도를 높여 원자핵이 고속으로 움직일 수 있도록 해야 한다. 따라서 핵융합 발전을 위한 핵융합로에서는 ㉡ 플라스마를 1억 ℃ 이상으로 가열해서 핵융합의 확률을 높인다. 융합로에서 플라스마의 온도를 높인 이후에는 고온 상태를 일정 시간 이상 유지하는 것도 중요하다. 플라스마는 융합로의 벽에 접촉하면 온도가 내려가기 때문에 자기장을 활용해서 플라스마가 벽에 닿지 않게 하여 고온 상태를 유지할 수 있도록 한다. 안정적인 핵융합 발전을 위해서는 고온의 플라스마를 높은 밀도로 최소 300 초 이상 유지해야 한다.

26. 윗글의 내용과 일치하는 것은?

① 양성자의 질량과 중성자의 질량을 더한 것을 질량수라고 한다.
② 원자핵과 전자 사이에는 척력이 작용하여 서로 단단하게 결합되어 있다.
③ 원자핵의 결합 에너지는 핵자당 결합 에너지를 질량수로 나눈 것이다.
④ 질량-에너지 등가 원리에 따르면 질량은 에너지에 광속의 제곱을 곱한 값과 같다.
⑤ 핵자들이 결합하여 원자핵이 될 때 줄어든 질량이 전환된 에너지의 크기는 그 원자핵을 다시 개별 핵자들로 분리할 때 필요한 에너지의 크기와 같다.

27. ㉠에 대한 이해로 적절하지 않은 것은?

① 우라늄-235 원자핵에 전자를 흡수시켜 핵분열을 일으킨다.
② 물이나 흑연을 감속재로 사용하여 중성자의 속도를 조절한다.
③ 제어봉으로 중성자를 흡수하여 과도한 에너지가 발생하지 않도록 한다.
④ 우라늄-235 원자핵이 분열되면 우라늄-235 원자핵보다 질량수가 작은 원자핵들로 나뉜다.
⑤ 우라늄-235 원자핵이 분열되면서 방출되는 중성자의 속도를 느리게 해서 연쇄 반응을 일으킨다.

28. 윗글을 읽은 학생이 〈보기〉의 설명을 이해한 내용으로 가장 적절한 것은? [3점]

<보 기>

선생님 : 이 그림은 여러 원자핵의 핵자당 결합 에너지를 나타내고 있어요. 철($^{56}_{26}Fe$) 원자핵은 다른 원자핵들에 비해 핵자당 결합 에너지가 크죠? 철 원자핵은 모든 원자핵 중에서 핵자당 결합 에너지가 가장 크고 가장 안정된 상태예요. 철 원자핵보다 질량수가 작은 원자핵은 핵융합을, 질량수가 큰 원자핵은 핵분열을 통해 핵자당 결합 에너지가 높은 원자핵이 된답니다.

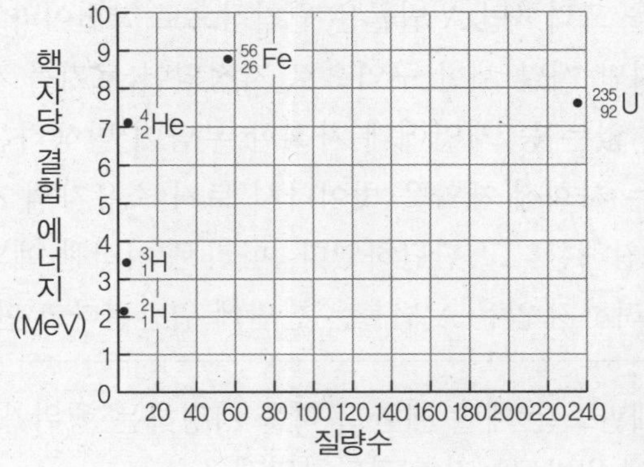

※ 원자핵의 질량수(A)와 양성자 수(Z)는 원소 기호(X)에 다음과 같이 표기한다.

$$^{A}_{Z}X$$

① 헬륨-4 원자핵은 핵융합을 거치면 더 안정된 상태의 원자핵으로 변하겠군.
② 중수소 원자핵은 삼중 수소 원자핵과 양성자의 수는 같지만 더 안정된 상태이겠군.
③ 철 원자핵의 결합 에너지는 철 원자핵의 핵자당 결합 에너지에 26을 곱한 값과 같겠군.
④ 우라늄-235 원자핵이 핵분열하여 생성된 원자핵들은 핵자당 결합 에너지가 9 MeV 이상이겠군.
⑤ 우라늄-235 원자핵은 철 원자핵에 비해 원자핵을 구성하고 있는 핵자들이 더 강력하게 결합되어 있겠군.

29. ⓐ와 ⓑ에 대한 설명으로 적절하지 않은 것은?

① ⓐ의 과정에서 헬륨-4 원자핵의 개수는 늘어난다.
② ⓑ는 중수소 원자핵과 삼중 수소 원자핵을 원료로 사용한다.
③ 헬륨-4 원자핵은 ⓑ에서와 달리 ⓐ에서는 헬륨-3 원자핵이 융합하여 생성된다.
④ ⓐ와 ⓑ에서는 모두 반응 전후로 질량 결손이 일어나고 줄어든 질량은 에너지로 전환된다.
⑤ ⓑ를 일으키기 위해서는 ⓐ가 일어나기 위한 물리적 조건과 동일한 조건을 만들어 주어야 한다.

해설편 77쪽

30. ㉡의 이유로 가장 적절한 것은?

① 원자핵이 융합로의 벽에 접촉하지 않게 하기 위해
② 자기장을 발생시켜 플라스마의 온도를 유지하기 위해
③ 원자핵이 척력을 이겨내고 서로 융합할 수 있도록 하기 위해
④ 전자를 고속으로 움직이게 하여 핵융합의 효율을 높이기 위해
⑤ 원자핵들 사이에 전기적 인력을 발생시켜 핵융합의 확률을 높이기 위해

[31~33] 다음 글을 읽고 물음에 답하시오.

(가)

1
양철로 만든 **달이 하나 수면 위에 떨어지**고
부숴지는 **얼음** 소리가
날카로운 호적같이 옷소매에 스며든다.

해맑은 밤바람이 이마에 서리는
여울가 모래밭에 **홀로** 거닐면
노을에 빛나는 은모래같이
호수는 **한포기 화려한 꽃밭**이 되고

여윈 추억의 가지가지엔
조각난 빙설(氷雪)이 눈부신 빛을 하다.

2
낡은 고향의 허리띠같이
강물은 길―게 **얼어붙**고

차창에 서리는 황혼 저 멀―리
노을은
나 어린 **향수(鄕愁)**처럼 **희미한 날개를 펴고 있었다.**

3
앙상한 잡목림 사이로
한낮이 겨운 하늘이 투명한 기폭(旗幅)을 떨어뜨리고

푸른 옷을 입은 **송아지**가 한마리
조그만 그림자를 바람에 나부끼며
서글픈 얼굴을 하고 **논둑 위에 서 있다.**

― 김광균, 「성호부근」 ―

(나)

갈아놓은 논고랑에 고인 물을 본다.
마음이 행복해진다.
나뭇가지가 꾸부정하게 비치고
햇살이 번지고
날아가는 **새 그림자**가 잠기고
나의 얼굴이 들어 있다.
늘 홀로이던 내가
그들과 **함께 있**다.
누가 높지도 낮지도 않다.
모두가 **아름답다**.
그 안에 나는 거꾸로 서 있다.
거꾸로 서 있는 모습이
본래의 내 모습인 것처럼
아프지 않다.
산도 곁에 거꾸로 누워 있다.
늘 떨며 우왕좌왕하던 내가
저 세상에 건너가 서 있기나 한 듯
무심하고 아주 선명하다.

― 이성선, 「논두렁에 서서」 ―

31. (가)와 (나)에 대한 설명으로 가장 적절한 것은?

① (가)와 (나)는 음성 상징어를 사용하여 대상의 생동감을 강조하고 있다.
② (가)와 (나)는 현재 시제를 활용하여 시적 상황에 주목하도록 하고 있다.
③ (가)와 (나)는 청자와 대화하는 방식을 활용하여 주제를 형상화하고 있다.
④ (가)와 달리 (나)는 시선을 원경에서 근경으로 이동하면서 시상을 전개하고 있다.
⑤ (나)와 달리 (가)는 동일한 시어를 반복하여 리듬감을 형성하고 있다.

32. 〈보기〉를 바탕으로 (가)를 이해한 내용으로 적절하지 <u>않은</u> 것은? [3점]

<보 기>

(가)는 숫자로 구별된 세 개의 장면으로 구성되어 있다. 각 장면에서는 다양한 이미지를 통해 겨울 호수와 그 부근의 풍경이 형상화되고, 이 과정에서 애상적 정서가 환기된다.

① '1'에서는 '한포기 화려한 꽃밭'으로 표현된 호수의 모습에 '양철'과 '얼음'이 환기하는 날카롭고 차가운 감각이 연결되면서 겨울 호수의 이미지가 형상화되고 있다.
② '1'에서 '달이 하나 수면 위에 떨어지'는 모습은 겨울 호숫가를 '홀로' 거니는 화자의 상황과 맞물리면서 쓸쓸한 정서를 드러내고 있다.
③ '2'의 '강물'과 '노을'은 '낡은 고향'과 '향수'의 이미지로 연결되면서 고향에 대한 그리움의 정서를 떠올리게 한다.
④ '2'의 '희미한 날개를 펴고 있었다'는 '3'의 '논둑 위에 서 있다'와 연결되면서, '송아지'의 '서글픈 얼굴'이 드러내는 정서가 극복될 수 있는 가능성을 암시하고 있다.
⑤ '1', '2', '3'에서는 각각 '조각난 빙설', '얼어붙은 '강물', '앙상한 잡목림'과 같은 시구가 스산한 분위기를 자아내면서 애상적 정서를 심화하고 있다.

해설편 78쪽

33. (나)를 감상한 내용으로 적절하지 않은 것은?

① 화자는 '늘 떨며 우왕좌왕하던' 과거 자신의 모습과 '곁에 거꾸로 누워 있'는 '산'의 모습을 동일시하고 있군.
② '누가 높지도 낮지도 않'은 모습을 '아름답다'고 한 것에서 화자가 물에 비친 세상을 긍정적으로 보고 있음을 알 수 있군.
③ '거꾸로 서 있는 모습'을 '아프지 않'은 것으로 받아들이는 화자에게서 물에 비친 자신의 모습을 부정적이지 않은 것으로 수용하는 태도가 드러나는군.
④ '늘 홀로'라고 생각했던 화자는 '나뭇가지', '햇살', '새 그림자'와 '나의 얼굴'이 '함께 있'는 모습에서 자신이 다른 존재들과 공존하고 있음을 발견하는군.
⑤ 물에 비친 자신의 모습을 '무심하고 아주 선명하다'라고 한 것에서, 화자가 물을 보는 행위를 통해 자기 자신에 대한 인식을 달리하게 되었음을 알 수 있군.

[34~37] 다음 글을 읽고 물음에 답하시오.

만두 집을 했던 엄마가 어떻게 피아노를 가르칠 생각을 했는지 알 수 없다. 욕심이거나 뭔가 강요하려 한 것은 아니었다. 엄마는 배움이 짧았고, 자신의 교육적 선택에 늘 자신감을 갖지 못했다. 다만 그때 엄마는 어떤 '보통'의 기준들을 따라가고 있었으리라. **놀이 공원에 가고, 엑스포에 가는 것**처럼, 어느 시기에는 어떠어떠한 것을 해야 한다는 풍문들을 말이다. 돌이켜보면 어릴 때 엑스포에 가고 박물관에 간 것이 그렇게 재밌었던 것 같지는 않다. 하지만 나를 엑스포에 보내주고, 놀이 공원에 함께 가 준 엄마에게 고마운 마음이 든다. 누구나 겪는, **평범한 유년의 프로그램** 중 하나였을 뿐이지만, 무지한 눈으로 시대의 풍문들에 고개 끄덕였을, 김밥을 싸고 관광버스에 올랐을 엄마의 피로한 얼굴이 떠오르는 까닭이다. 이따금 내가 회전목마 위에서 비명을 지르는 동안, 한 손으로 얼굴을 가린 채 벤치에 누워 있던 엄마의 모습이 떠오르곤 한다. 신을 벗고 짧은 잠을 청하던 엄마의 얼굴은 도 — 처럼 낮고 고요했던가 그렇지 않았던가. 엄마를 따라 하느라, 피아노 의자 위에 누워 있던 나를 보고, 선생님은 라 — 처럼 놀랐던가 그렇지 않았던가. 일과 중 가장 중요한 일이 '엄마 100원만'인 줄 알았던 때이긴 했지만. 나는 헨델이 없는 헨델의 방에서 음악을 했고, 엄마는 **베토벤같이 풀린 파마머리를 한 채 귀머거리처럼 만두를 빚**었다. ㉠ <u>마침 동네에 음악 학원이 생겼고, 엄마의 만두가 불티나게 팔리던 시절이라 가능했던 일인지도 모른다.</u>

엄마는 내게 피아노를 사줬다. 읍내서부터 먼짓길을 달려 온 **파란 트럭**이 집 앞에 섰을 때, 엄마가 무척 기뻐했던 기억이 난다. **세탁기도 냉장고도 아닌 피아노라니.** 어쩐지 우리 삶의 질이 **한 뼘쯤 세련돼진** 것 같았다. 피아노는 노릇한 원목으로 돼, 학원에 있는 어떤 것보다 좋아 보였다. ㉡ <u>원목 위에 양각된 우아한 넝쿨무늬, 은은한 광택의 금속 페달, 건반 위에 깔린 레드 카펫</u>은 또 얼마나 선정적인 빛깔이던지. 그것은 우리 집에 있는 가재들과 때깔부터 달랐다. 다만 좀 멋쩍은 것은 피아노가 가정집 '거실'이 아닌, ⓐ <u>만두 가게</u> 안에 놓인다는 사실이었다. 우리 가족은 **생계와 주거**를 한 건물 안에서 해결하고 있었다. ㉢ <u>낮에는 방에 손님을 들이고, 밤에는 식구들이 이불을 펴고 자는 식으로 말이다.</u> 피아노는 나와 언니가 쓰는 작은 방에 놓였다. 안방은 주방을, 작은방은 홀을 마주보고 있었다.

나는 오후 내 가게에 붙어 피아노를 연주했다. 울림 폭을 크게 해주는 오른쪽 페달을 밟고, 멋을 부려 「소녀의 기도」나 「아드린느를 위한 발라드」와 같은 곡을 말이다. 찜통에선 수증기가 푹푹 나고, 홀에서는 장사꾼과 농부들이 흙 묻은 장화를 신은 채 우적우적 만두를 씹고 있는 공간에서, 누구라도 만두를 삼키다 말고 울고 가게 만들었을 그런 연주를. 쉽고 아름답지만 촌스러워서 누구라도 가게 앞을 지나다 **얼굴을 붉히게 만들었을**, 그러나 좀더 정직한 사람이라면 만두 접시를 집어던지며 '다 때려치우라 그래!' 소리쳤을 그런 연주를 말이다. 한번은 연주가 끝난 뒤 박수 소리가 들려 고개를 돌린 적이 있다. 홀에서 웬 백인 남자가 **손뼉을 치**며 "원더풀"이라 외치고 있었다. 외국인과 나 사이에 어정쩡한 침묵이 흘렀다. 나는 부끄러웠지만 수줍게 한마디 했다. 땡큐…… 집 안에선 밀가루 입자가 햇빛을 받으며 분분히 날렸고, 건반을 짚은 손가락 아래론 지문이 하얗게 묻어났다.

[중략 부분의 줄거리] 아빠의 빚보증 때문에 가게가 어려워졌지만 엄마는 피아노만은 빼앗기지 않고 싶어 했다. 대학 진학을 앞두고 언니의 서울 반지하방으로 이사하게 된 '나'는, 피아노를 가지고 가달라는 엄마의 부탁을 받게 된다.

언니의 표정은 뜨악했다. 외삼촌이 담배를 피우는 사이, 나는 사정을 설명하느라 애를 먹었다. 엄마가 다 얘기한 줄 알았는데, 언니는 아무것도 모르고 있었다. 언니가 답답한 듯 말했다.

"여기, ⓑ <u>반지하야.</u>"

나는 조그맣게 대꾸했다.

"나도 알아."

우리는 트럭 앞에 모여 피아노를 올려다봤다. ㉣ <u>그것은 몰락한 러시아 귀족처럼 끝까지 체면을 차리며 우아하고 담담하게 서 있었다.</u> **외삼촌의 트럭**은 길 한가운데를 막고 있었다. 우리는 서둘러 목장갑을 꼈다. 외삼촌이 피아노의 한쪽 끝을, 언니와 내가 반대쪽을 잡았다. 외삼촌이 신호를 보냈다. 나는 깊은 숨을 쉰 뒤 피아노를 번쩍 들어 올렸다. 1980년대 산(産) **피아노가 잠시 세기말 도시의 하늘 위로 비상**했다. 그 모습이 꽤 아름다워 하마터면 탄성을 지를 뻔했다. 우리는 한 걸음씩 이동했다. 다리가 후들거리고 진땀이 났다. 사람들이 **우리를 흘깃거**렸다. 뒤에서 승용차 한 대가 비켜달라는 듯 경적을 울려댔다. 곧 건물 2층에 사는 집주인이 체육복 차림으로 내려왔다. 동글동글한 체구에, 아침 체조를 빼먹지 않을 것같이 생긴 50대 중반의 사내였다. 그는 집 앞에서 벌어진 풍경이 믿기지 않는다는 듯 아연한 표정으로 서 있었다. 나는 피아노를 든 채 어색하게 웃으며 목례했다. 언니 역시 눈치껏 사내에게 인사했다. **좁고 가파른 계단** 아래로 피아노가 천천히 머리를 디밀고 있었다. **세탁기도, 냉장고도 아닌 피아노라니.** 우리 삶이 **세 뼘쯤 민망해지는 기분**이었다. 갑자기 **쿵 — 하는 소리**가 났다. 외삼촌이 피아노를 놓친 모양이었다. 우당탕탕 — 피아노가 계단을 미끄러져 나갔다. 언니와 나는 다급하게 피아노 다리를 붙잡았다. 윙 — 하는 공명감 사이로, 악기 속 여러 개의 시간이 뭉개지는 소리가 났다. 피아노 넝쿨무늬가 고장 난 스프링처럼 흔들리고 있는 모습이 보였다. 충격 때문에 몸에서 떨어져 나간 모양이었다. 그제야 나는 내가 **오랫동안 양각된 거라 믿어온 문양이 사실은 본드로 붙여져 있던 것**이라는 걸 깨달았다. 우리는 외삼촌의 안색을 살폈다. 외삼촌은 괜찮다는 신호를 보낸 뒤 다시 계단을 내려갔다. 나는 외삼촌의 부상이나 피아노의 상

해설편 80쪽

태가 걱정되지 않았다. 그보다는 쿵 — 소리, 내가 처음 도착한 도시에 울려 퍼지는 그 사실적이고, 커다랗고, 노골적인 소리에 **얼굴이 붉어**졌다. 집주인은 어이없고 못마땅하다는 표정으로 ㉤ 언니와, 나와, 피아노와, 외삼촌과, 다시 피아노를 번갈아 쳐다봤다.

"학생."

주인 남자가 언니를 불렀다. 언니는 재빨리 계단을 올라갔다. 출구 쪽, 네모난 햇살 아래 뭔가 열심히 설명하고 있는 언니의 모습이 보였다. 언니는 승용차 운전자에게도 양해를 구했다. 우리는 결국 관리비를 더 내고, 피아노를 절대 치지 않겠다는 조건으로 집주인을 돌려보냈다. 집주인은 돌아서며 한마디 했는데, 치지도 않을 피아노를 왜 갖고 있느냐는 거였다.

– 김애란, 「도도한 생활」 –

34. 윗글의 서술상 특징으로 가장 적절한 것은?

① 동일한 사건을 여러 인물의 관점에서 다양하게 서술하고 있다.
② 서술자가 교체되면서 인물 간의 갈등을 다각적으로 조명하고 있다.
③ 이야기 외부의 서술자가 특정 인물의 관점에서 사건을 해석하고 있다.
④ 사건에 개입되지 않은 인물의 관점을 통해 사건을 객관적으로 전달하고 있다.
⑤ 이야기 내부의 서술자가 인물의 행위를 묘사하며 자신의 내면을 드러내고 있다.

35. ㉠~㉤에 대한 이해로 적절하지 않은 것은?

① ㉠은 추측과 짐작을 드러내는 표현을 사용하여 현재의 시각에서 지나간 일의 의미를 진술하고 있다.
② ㉡은 외양에 대한 묘사를 나열하여 인물이 대상에서 받은 인상의 근거를 제시하고 있다.
③ ㉢은 앞서 언급한 내용을 부연하여 자신의 경험에 대한 이해의 폭이 확장되었음을 강조하고 있다.
④ ㉣은 비유적인 표현을 사용하여 어울리지 않는 곳에 놓이게 된 대상을 바라보는 마음을 드러내고 있다.
⑤ ㉤은 쉼표를 빈번하게 사용하여 예기치 않은 상황에 대한 인물의 불편한 심리를 부각하고 있다.

36. ⓐ와 ⓑ를 바탕으로 윗글을 이해한 내용으로 적절하지 않은 것은?

① '파란 트럭'에 의해 ⓐ로 옮겨져 엄마를 기쁘게 했던 피아노는, '외삼촌의 트럭'에 의해 ⓑ로 옮겨지면서 언니를 당황하게 했다.
② ⓐ에서 '나'는 '손뼉을 치'는 사람이 부끄러워하는 모습을 발견하고 있고, ⓑ에서 '나'는 '우리를 흘깃거'리는 시선에서 부끄러움을 느끼고 있다.
③ ⓐ는 우리 가족이 '생계와 주거'를 모두 해결해야 했던 공간이고, ⓑ는 '나'와 언니가 '좁고 가파른 계단'을 오르내리며 살아야 하는 공간이다.
④ ⓐ에서 '나'가 누구라도 '얼굴을 붉히게 만들었을' 연주를 했던 피아노는 ⓑ로 옮겨지는 과정에서 '쿵 — 하는 소리'로 '나'의 '얼굴이 붉어'지게 했다.
⑤ ⓐ에서 피아노에 대한 반가움을 드러내던 '세탁기도 냉장고도 아닌 피아노라니.'라는 표현은, ⓑ로 피아노가 옮겨지는 과정에서 나타나는 무안함을 드러내는 데 활용되고 있다.

37. <보기>를 참고하여 윗글을 감상한 내용으로 적절하지 않은 것은? [3점]

<보 기>

엄마가 내게 사 준 피아노는 엄마가 꿈꾸었던 '도도한 생활'의 상징으로, 부모로서 자녀가 누리기를 희망했던 삶의 기준을 의미한다. '나'는 성년이 되면서 엄마가 애써 마련해준 환경에서 벗어나 새로운 환경에 직면하게 되는데, 이 환경은 '나'의 욕구를 제한하고 지금까지 '나'가 살아왔던 환경을 재평가하도록 한다. 윗글은 이러한 과정에서 인물이 겪는 각성의 순간을 포착하고 있다.

① '놀이공원에 가고, 엑스포에 가는 것'과 같은 '평범한 유년의 프로그램'은, 엄마가 자녀에게 마련해주고 싶었던 환경의 일부이겠군.
② '베토벤같이 풀린 파마머리를 한 채 귀머거리처럼 만두를 빚'던 모습은, 피아노가 상징하는 삶에 가까워지기 위한 엄마의 수고를 보여 주는군.
③ '한 뼘쯤 세련돼진' 느낌을 주던 피아노에서 '세 뼘쯤 민망해지는 기분'을 느끼게 된 것은 '나'를 둘러싼 환경의 변화 때문이겠군.
④ '피아노가 잠시 세기말 도시의 하늘 위로 비상'하는 모습에서 '나'는 자신의 욕구를 제한해 온 환경이 변화하고 있음을 확인하게 되는군.
⑤ '오랫동안 양각된 거라 믿어온 문양이 사실은 본드로 붙여져 있던 것'임을 깨달으면서, '나'는 엄마가 애써 마련해준 환경이 그리 견고하지 못한 것이었음을 알게 되는군.

해설편 81쪽

[38~41] 다음 글을 읽고 물음에 답하시오.

(가)

[A]
고인(古人)*도 날 못 보고 **나**도 고인 못 뵈네
고인을 못 봐도 **가던 길** 앞에 있네
가던 길 앞에 있거든 아니 가고 어찌할까

〈제9수〉

[B]
당시(當時)에 가던 길을 몇 해를 버려 두고
어디 가 다니다가 이제야 돌아왔는고
이제야 돌아왔으니 **딴 데** 마음 말으리

〈제10수〉

청산(靑山)은 어찌하여 만고(萬古)에 푸르르며
유수(流水)는 어찌하여 주야(晝夜)에 그치지 않는고
우리도 그치지 마라 만고상청(萬古常靑)*하리라

〈제11수〉

– 이황, 「도산십이곡」 –

* 고인 : 옛 성인(聖人), 성현.
* 만고상청 : 아주 오랜 세월 동안 항상 푸름.

(나)

지나간 성인들의 가르침은 하나같이 간단하고 명료했다. 들으면 누구나 다 알아들을 수 있는 내용이었다. 그런데 학자(이 안에는 물론 신학자도 포함되어야 한다)라는 사람들이 튀어나와 불필요한 접속사와 수식어로써 **말의 갈래를 쪼개고 나누**어 명료한 진리를 어렵게 만들어 놓았다. 어떻게 살아야 할 것인가에 대한 자기 **자신의 문제는 묻어** 둔 채, 이미 뱉어 버린 말의 찌꺼기를 가지고 시시콜콜하게 뒤적거리며 이러쿵저러쿵 따지려 든다. 생동하던 언행은 이렇게 해서 지식의 울안에 갇히고 만다.

이와 같은 학문이나 지식을 나는 신용하고 싶지 않다. 현대인들은 자기 행동은 없이 남의 흉내만을 내면서 살려는 데에 맹점이 있다. 사색이 따르지 않는 지식을, 행동이 없는 지식인을 어디에다 쓸 것인가. 아무리 바닥이 드러난 세상이기로, 진리를 사랑하고 실현해야 할 지식인들까지 곡학아세(曲學阿世)*와 비겁한 침묵으로써 처신하려 드니, 그것은 지혜로운 일이 아니라 진리에 대한 배반이다.

얼마만큼 많이 알고 있느냐는 것은 대단한 일이 못 된다. 아는 것을 어떻게 살리고 있느냐가 중요하다. 인간의 탈을 쓴 인형은 많아도 인간다운 인간이 적은 현실 앞에서 지식인이 할 일은 무엇일까. 먼저 무기력하고 나약하기만 한 그 인형의 집에서 나오지 않고서는 어떠한 사명도 할 수가 없을 것이다.

[무학(無學)]이란 말이 있다. 전혀 배움이 없거나 배우지 않았다는 뜻이 아니다. 학문에 대한 무용론도 아니다. 많이 배웠으면서도 배운 자취가 없는 것을 가리킴이다. 학문이나 지식을 코에 걸지 않고 지식 과잉에서 오는 관념성을 경계한 뜻에서 나온 말일 것이다. 지식이나 정보에 얽매이지 않은 자유롭고 발랄한 삶이 소중하다는 말이다. 여러 가지 지식에서 추출된 진리에 대한 신념이 일상화되지 않고서는 지식 본래의 기능을 다할 수 없다. 지식이 인격과 단절될 때 그 지식인은 사이비요 위선자가 되고 만다.

책임을 질 줄 아는 것은 인간뿐이다. 이 시대의 실상을 모른 체하려는 무관심은 비겁한 회피요, 일종의 범죄다. 사랑한다는 것은 함께 나누어 짊어진다는 뜻이다. 우리에게는 우리 이웃의 기쁨과 아픔에 대해 나누어 가질 책임이 있다. 우리는 인형이 아니라 **살아 움직이는 인간**이다. 우리는 **끌려가는 짐승**이 아니라 신념을 가지고 당당하게 살아야 할 인간이다.

– 법정, 「인형과 인간」 –

* 곡학아세 : 바른 길에서 벗어난 학문으로 세상 사람들에게 아첨함.

38. (가)와 (나)의 공통점으로 가장 적절한 것은?

① 옛사람의 행적을 긍정적으로 바라보고 있다.
② 새로운 도전에 대한 기대감을 형상화하고 있다.
③ 사물의 아름다움에 대한 예찬적 태도를 드러내고 있다.
④ 자연과 하나 되는 삶의 과정을 순차적으로 제시하고 있다.
⑤ 지식인의 부정적 태도에 대한 냉소적인 인식을 나타내고 있다.

39. [A]와 [B]에 대한 설명으로 적절하지 <u>않은</u> 것은?

① [A]는 유사한 문장 구조를 활용하여 운율감을 형성하고 있다.
② [B]는 시간과 관련된 표현을 활용하여 상황 변화의 기점을 강조하고 있다.
③ [A]와 [B]는 모두 의문형 어구를 활용하여 화자의 태도를 드러내고 있다.
④ [A]와 [B]는 모두 부정 표현을 사용하여 반성하는 자세를 드러내고 있다.
⑤ [A]와 [B]는 모두 앞 구절의 일부를 다음 구절에서 반복하여 내용을 연결하고 있다.

해설편 82쪽

※ 〈보기〉를 참고하여 40번과 41번의 두 물음에 답하시오.

<보 기>

문학 작품의 감상 과정에서 독자는 작품에 제시된 대상이나 상황 간의 관계를 파악함으로써 내용을 더 잘 이해할 수 있다. (가)와 (나)의 독자는 이러한 방식을 통해 ㉠ 학문의 길을 걷는 사람이 지녀야 하는 올바른 삶의 태도를 발견하게 된다.

40. (가)와 (나)를 감상한 내용으로 적절하지 않은 것은? [3점]

① (가)의 9수에서는 '고인'과 '나'가 만나지 못하는 현실을 인식하고 학문 수양이라는 '가던 길'을 매개로 '고인'을 따르겠다는 화자의 의도가 드러나고 있다.
② (가)의 10수에서는 '당시에 가던 길'과 '딴 데'가 대비되면서 학문 수양 이외에 다른 것에는 힘을 쏟지 않겠다는 화자의 의지가 드러나고 있다.
③ (가)의 11수에서는 '청산'과 '유수'의 공통적 속성이 '우리도 그치지' 않겠다는 다짐과 연결되면서 끊임없이 학문에 정진하겠다는 자세가 드러나고 있다.
④ (나)에서는 '말의 갈래를 쪼개고 나누'는 태도와 '자신의 문제는 묻어' 두는 태도가 대비되면서 학문 수양에서 자기 중심적 태도를 버려야겠다는 다짐이 드러나고 있다.
⑤ (나)에서는 '살아 움직이는 인간'과 '끌려가는 짐승'이 대비되면서 학문을 통해 배운 신념을 바탕으로 당당하게 살아가겠다는 태도가 드러나고 있다.

41. (나)의 무학(無學)의 의미를 바탕으로 〈보기〉의 ㉠을 설명한 내용으로 적절하지 않은 것은?

① 지식의 과잉에서 오는 관념성을 경계하는 태도이다.
② 배움이 부족하여 지식을 인격과 별개로 보는 태도이다.
③ 많이 배웠으면서 배운 자취를 자랑하지 않는 태도이다.
④ 지식에서 추출된 진리에 대한 신념이 일상화된 태도이다.
⑤ 지식이나 정보에 얽매이지 않은 자유롭고 발랄한 태도이다.

[42~45] 다음 글을 읽고 물음에 답하시오.

각설 토끼는 만수산에 들어가 바위 구멍에 숨어 사니 신세가 태평하고 만사에 무심하여 혹은 일어났다 앉았다 하고 혹은 벽에 기대어 눕기도 하는 중 용왕의 말이 귀에 들리는 듯하고 용궁의 경치가 눈앞에 삼삼하여 기쁨을 이기지 못한 채 마음에 생각하기를,

'내 만수산의 일개 토끼로서 간사한 놈의 꼬임으로 거의 죽을 뻔하였지. 그러나 두세 치밖에 안 되는 혀로 만승의 임금을 유혹하여 용궁을 두루 구경하고 만수산으로 돌아왔으니 비록 소장*의 구변*이나 양평*의 지혜라도 이보다 낫지 못할 거야. 이후에 다시는 동해 가를 밟지도 말고 맹세코 용궁 사람들과 말도 말고 돌베개에 팔이나 괴고 살아갈 뿐야.'

이때 홀연히 한 떼의 검은 구름이 남쪽으로부터 오더니 조금 있다가 광풍이 일어나 소나기가 쏟아진다. 또 우레 소리가 울리고 번갯불이 번쩍번쩍하더니 조용하고 컴컴해져 지척을 분간할 수 없었다. 토끼가 크게 놀라,

'이는 필시 용왕의 조화야.'

하고, 막 피하여 숨으려 할 제 뇌공이 바위 구멍으로 쳐들어오더니 토끼를 잡아가는데 날아가듯 빨라 잠깐 사이에 남천문 밖에 이르렀다. 토끼가 혼이 나가고 기운을 잃어 땅에 엎어졌다가 다시 깨어나 머리를 들고 보니 천상의 백옥경이었다. 토끼가 영문을 몰라 섬돌 아래에 기고 있는데 문지기가 달려들어와,

"동해용왕 광연이 명을 받아 문 밖에 왔습니다."

한다. 토끼가 이 말을 듣고 크게 놀라 마음속으로 생각하기를,

'이는 반드시 용왕이 상제에게 고하여 나를 죽이려 하는구나. 지난번에는 궤변으로 죽을 고비를 넘겼으나 이번에는 죽음을 면할 수 없을 거야.'

하고, 머리를 구부리고 턱을 고인 채 말없이 정신 나간 듯 있었더니 조금 이따가 전상에서 한 선관이 부른다.

"상제의 명이니 용왕과 토끼를 판결하라."

말이 끝나기도 전에 용왕은 전하에 꿇어 앉고 토끼를 바라보면서 몹시 한스러워 했다. 한 선관이 지필묵을 두 사람 앞에 놓더니,

"상제의 명이니 각자 느낀 바를 진술하고 **처분을 기다리**라."

한다. 용왕이 붓을 잡고 진술을 하는데 그 대강은 이러했다.

[A] "엎드려 생각건대 소신은 모든 관리들의 장으로서 직책이 사해의 우두머리가 되어 구름과 안개를 일으키는 변화를 부리고 하늘에 오르내려 비를 내립니다. 삼가 나라의 신을 받들어 아래로 수많은 백성을 훈육하고 감히 어리석은 정성을 다하여 위로 임금님의 은혜에 보답하여 왔습니다. 하온데 한 병이 깊이 들어 몸의 위태로움이 바늘 방석에 앉은 듯하고 백 가지 약이 효험이 없으니 목숨이 조석에 달려 있습니다. 그러나 삼신산이 아득히 머니 선약을 어디서 구하며 편작이 이미 죽고 양의가 다시 나오지 않았습니다만 도사의 한마디 말을 듣고 만수산에서 토끼를 얻었으나 마침내 그 간교한 꾀에 빠져 후회한들 무슨 소용이 있겠습니까마는 세상에 놓쳐버렸으니 다만 속수무책일 뿐입니다. 오늘 이렇게 다시 와 뵈오니 굶은 자가 밥을 얻은 듯하고 온갖 병이 다 나아 고목에 꽃이 핀 듯합니다. 엎드려 원하옵건대 전하께서는 제왕께서 작은 것을 가지고 큰 것을 바꾼 인자함을 본받아 소신의 병으로 죽게 된 목숨을 구해주소서. 엎드려 임금님께 비오니 가엾고 불쌍히 여겨 주소서."

토끼가 또한 진술하기를,

[B] "엎드려 생각건대 소신은 만수산에서 낳고 만수산에서 자라 오로지 성명*을 산중에서 다하였을 뿐 세상에 출세함을 구하지 않았습니다. 수양산에서 고사리 캐 먹다 죽은 백이의 높은 절개를 본받고 동고에서 시를 읊은 도잠의 기풍을 따랐습니다. 아침에 구름 낀 산에 올라 고라니 사슴들과 짝하여 놀고 밤에는 월궁에서 상아*와 함께 약방아를 찧었습니다. 그러는 동안에 세상 사람들에게 해를 끼치지 않았는데 어찌하다 용왕에게 원망을 사서 결박하여 섬돌 아래 놓이니 절인 생선이 줄에 꾀인 듯하고 전상에서 호령하니 뜨거운 불바람이 부는 듯합니다. 사는 것을 좋아하고 죽는 것을 싫어하는 마음에 어찌 대소가 있겠습니까? 목숨을 살려 몸을 보전함에 귀천이 있을 수 없고 더불어 죄 없이 죽게 됨은 속여서라도 살아남과 같지 않으니 오늘 뜻밖에 용왕의 비위를 거슬렀으니 어찌 감히 삶을 구하겠으며 다시 위태로운 땅을 밟아 스스로 화를 받을 것을 알겠습니다. 말을 이에 마치고자 하오니 엎드려 비옵건대 살펴주소서."

옥황이 다 읽고 나서 여러 신선들과 의논하니 일광노가 나와 말한다.

"두 사람이 진술한 바로 그 옳고 그름이 불을 보듯 환하게 되었습니다. 폐하께서 병든 자를 위하여 죄 없는 자를 죽인다면 그 원망을 어찌하겠습니까? **강자를 누르고 약자를 도와 공정한 처결을 하소서.**"

옥황이 그 말이 옳다 하고 다음과 같이 판결하였다.

"대체로 천지는 만물이 머물다 가는 여관과 같고 세월은 백 대에 걸쳐 지나는 손님과 같다. **낳으면 늙고 늙으면 죽는 것은 인간의 일상적 일**이오 사물의 항상 되는 일인즉 진실로 이에 초연하여 혼자 존재함을 듣지 못 했고 날개가 돋아 신선이 된다함을 듣지 못했노라. 또 혹 병이 들어 일찍 죽는 자나 혹 상처를 입어 죽는 자는 모두 다 명이니 어찌 원혼이겠는가? 동해용왕 광연은 병이 들었으나 도리어 살고 만수산 토끼는 죄가 없으나 죽는다면 이는 마땅히 살 자가 죽는 것이다. 광연이 비록 살아날 약이 있다 하나 **토끼인들 어찌 죽음을 싫어하는 마음이 없겠는가?** 광연은 용궁으로 보내고 토끼는 세상으로 놓아주어 그 천명을 즐기게 함이 하늘의 뜻에 순응함이라."

이에 다시 뇌공을 시켜 토끼를 만수산에 압송하니 토끼가 백배사례하며 가버렸다.

[C]

이날 용왕이 적혼공에게,

"옥황이 죄 없이 죽는다 하여 토끼를 보내주는 모양이니 너는 문 밖에 그가 나오는 것을 기다리고 있다가 바로 죽여라. 그렇지 않으면 죽음을 면할 수 없으리니 입조심을 하여 비밀이 새어나지 않도록 해라."

하니 적혼공이,

"대왕의 입에서 나와 소신의 귀에 들어온 말을 어찌 아는 이가 있겠습니까?"

말을 마치자 우레 소리가 나고 광풍이 갑자기 일어 뇌공이 토끼를 압령하여 북쪽을 향하여 가니 날아가는 화살 같고 추상 같았다. 적혼공이 감히 손도 못 대고 손을 놓고 물러가니 용왕이 크게 탄식하며,

"하늘이 망해놓은 화이니 다시 바랄 게 없구나."

하고 적혼공과 더불어 손을 잡고 통곡하며 돌아갔다.

– 작자 미상, 「토공전」 –

* 소장 : 중국 전국 시대의 소진과 장의를 아울러 이르는 말.
* 구변 : 말을 잘하는 재주나 솜씨.
* 양평 : 중국 한나라 시대의 장양과 진평을 아울러 이르는 말.
* 성명 : '목숨'이나 '생명'을 달리 이르는 말.
* 상아 : 달 속에 있다는 전설 속의 선녀. 항아.

42. 윗글을 이해한 내용으로 적절하지 않은 것은?

① 만수산에서 토끼는 갑작스러운 날씨 변화가 옥황 때문이라고 생각하여 두려워했다.
② 토끼는 백옥경에서 용왕을 만나기 전까지는 자신이 잡혀 온 이유를 알지 못했다.
③ 만수산에서 토끼는 자신의 뛰어난 말솜씨에 대해 자부심을 느꼈다.
④ 토끼는 용궁에서 만수산으로 돌아온 것에 대해 만족감을 느꼈다.
⑤ 만수산에서 지내던 토끼는 용궁에서의 기억을 떠올렸다.

43. [A]와 [B]를 비교한 내용으로 적절하지 않은 것은?

① [A]와 [B]는 모두 자신의 내력을 요약하며 진술을 시작하고 있다.
② [A]와 [B]는 모두 비유적 표현을 사용하여 자신이 고난에 처했음을 부각하고 있다.
③ [A]는 제안의 문제점을 스스로 인정하고 있고, [B]는 제안에 대한 확신을 드러내고 있다.
④ [A]에는 자신에게 유리한 결과를 기대하는 모습이, [B]에는 자신에게 불리한 결과를 예상하는 모습이 나타나 있다.
⑤ [A]와 [B]는 모두 자신의 요구를 제시하며 진술을 마무리하고 있다.

44. 〈보기〉를 바탕으로 윗글을 감상한 내용으로 적절하지 않은 것은? [3점]

< 보 기 >

윗글은『토끼전』을 고쳐 쓴 한문 소설로 재판을 통해 갈등을 해결하는 송사 설화의 모티프가 나타난다. 용왕과 토끼는 옥황상제가 주관하는 재판 상황에 놓이게 되고, 이 상황에서는 지위의 우열보다는 진술의 우위가 판결에 영향을 미친다. 이 판결의 내용은 지위의 높고 낮음보다 생명의 가치를 존중하는 작가의 의식을 드러내고 있다.

① '상제의 명이니 용왕과 토끼를 판결하라.'라는 말에서, 송사 설화의 모티프가 쓰였음을 확인할 수 있군.
② 꿇어 앉아 함께 '처분을 기다리'는 것에서, 용왕과 토끼가 재판 당사자로서 대등한 처지에 놓이게 되었음을 알 수 있군.
③ '강자를 누르고 약자를 도와 공정한 처결을 하소서.'라는 일광노의 말에서, 토끼의 진술에 대한 지지를 확인할 수 있군.
④ '낳으면 늙고 늙으면 죽는 것은 인간의 일상적 일'이라는 말에서, 옥황이 판결을 망설이는 이유를 짐작할 수 있군.
⑤ '토끼인들 어찌 죽음을 싫어하는 마음이 없겠는가?'라는 말에서, 모든 생명은 소중하다는 작가의 의식을 확인할 수 있군.

45. [C]의 서사적 기능으로 가장 적절한 것은?

① 적혼공의 말을 통해 앞서 일어난 사건을 평가하고 있다.
② 용왕의 시도가 실패하였음을 보여 주어 주제 의식을 강조하고 있다.
③ 용왕의 탄식을 통해 용왕과 옥황 간의 새로운 갈등을 예고하고 있다.
④ 뇌공에 의해 공간이 전환되는 과정에서 공간적 배경의 사실성을 강조하고 있다.
⑤ 용왕의 지시를 따르지 않는 적혼공의 반응을 제시하여 독자의 흥미를 유발하고 있다.

※ **확인 사항**
○ **답안지의 해당란에 필요한 내용을 정확히 기입(표기)했는지 확인하시오.**

해설편 85쪽

제 2 교시 수학 영역

5회	시험 시간	100분
	날짜	월 일 요일
시작 시각 :	종료 시각	:

5 지 선 다 형

1. $\sqrt{20}+\sqrt{5}$의 값은? [2점]

① $2\sqrt{5}$ ② $3\sqrt{5}$ ③ $4\sqrt{5}$
④ $5\sqrt{5}$ ⑤ $6\sqrt{5}$

2. 일차방정식 $\frac{x}{2}+7=2x-8$의 해는? [2점]

① 2 ② 4 ③ 6
④ 8 ⑤ 10

3. 일차함수 $y=ax$의 그래프를 y축의 방향으로 -3만큼 평행이동한 그래프가 점 $(2,\ 9)$를 지날 때, 상수 a의 값은? [2점]

① 6 ② 7 ③ 8
④ 9 ⑤ 10

4. 그림과 같이 $\angle B=90°$인 직각삼각형 ABC에서 $\overline{AB}=3$, $\overline{BC}=2$일 때, 선분 AC를 한 변으로 하는 정사각형의 넓이는? [3점]

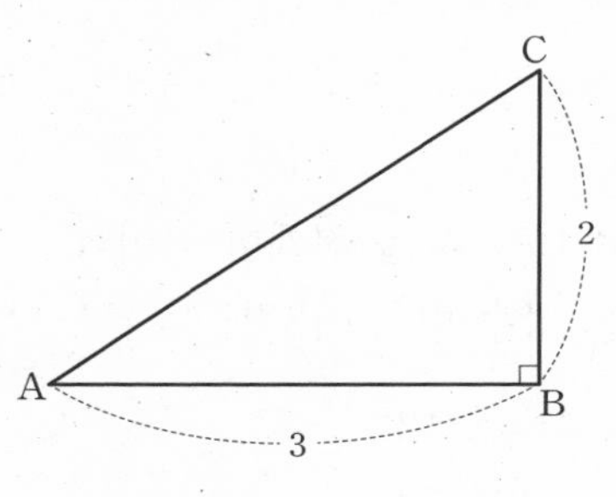

① 11 ② 12 ③ 13
④ 14 ⑤ 15

해설편 87쪽

5. 다음은 어느 동호회 회원 15명의 나이를 줄기와 잎 그림으로 나타낸 것이다. 이 자료의 최빈값은? [3점]

(1|7은 17세)

줄기	잎				
1	7	8	9	9	
2	0	5	5	8	8
3	4	4	4	5	
4	1	6			

① 19세 ② 25세 ③ 28세
④ 34세 ⑤ 41세

6. 다항식 $(x+a)(x-3)$을 전개한 식이 x^2+bx+6일 때, ab의 값은? (단, a, b는 상수이다.) [3점]

① 10 ② 12 ③ 14
④ 16 ⑤ 18

7. 두 일차방정식

$$x-2y=7,\ 2x+y=-1$$

의 그래프의 교점의 좌표를 $(a,\ b)$라 할 때, $a+b$의 값은? [3점]

① -6 ② -5 ③ -4
④ -3 ⑤ -2

해설편 87쪽

8. 서로 다른 두 개의 주사위를 동시에 던질 때, 각각의 주사위에서 나오는 눈의 수의 차가 2 또는 4일 확률은? [3점]

① $\frac{1}{3}$ ② $\frac{4}{9}$ ③ $\frac{5}{9}$
④ $\frac{2}{3}$ ⑤ $\frac{7}{9}$

9. 그림과 같이 원 위의 세 점 A, B, C와 원 밖의 한 점 P에 대하여 직선 PA와 직선 PB는 원의 접선이고, $\angle \mathrm{ACB}=65°$이다. 각 BPA의 크기는? [3점]

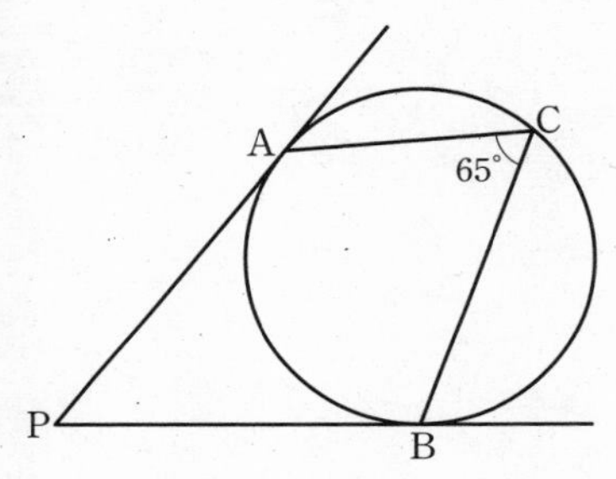

① 35° ② 40° ③ 45°
④ 50° ⑤ 55°

10. x에 대한 이차방정식 $(x-a)^2=27$의 두 근이 모두 양수가 되도록 하는 자연수 a의 최솟값은? [3점]

① 5 ② 6 ③ 7
④ 8 ⑤ 9

해설편 88쪽

11. 다음은 어느 학교의 학생 45명을 대상으로 한 달 동안의 독서 시간을 조사하여 나타낸 도수분포표이다.

독서 시간(시간)	학생 수(명)
0[이상] ~ 5[미만]	7
5 ~ 10	11
10 ~ 15	a
15 ~ 20	10
20 ~ 25	b
합계	45

이 도수분포표에서 독서 시간이 10시간 이상 15시간 미만인 계급의 상대도수가 0이 아닌 유한소수일 때, $2a+b$의 값은? [3점]

① 24 ② 26 ③ 28
④ 30 ⑤ 32

12. 두 밑변 AD, BC의 길이가 각각 x^2-2x+3, $2x^2+x+6$이고 높이가 4인 사다리꼴 ABCD가 있다. 선분 CD의 중점을 E라 할 때, 사각형 ABED의 넓이는? [3점]

① $3x^2-x+8$ ② $3x^2-x+9$ ③ $4x^2-3x+12$
④ $4x^2-3x+13$ ⑤ $5x^2-3x+14$

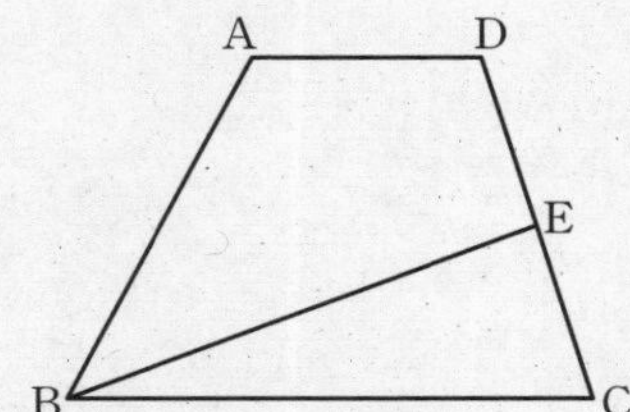

해설편 89쪽

13. [그림 1]과 같이 한 모서리의 길이가 4인 정육면체가 있다. 이 정육면체의 한 꼭짓점 A에서 만나는 세 모서리의 중점을 각각 B, C, D라 하자. 이 정육면체에서 네 점 A, B, C, D를 꼭짓점으로 하는 사면체를 잘라 내어 [그림 2]와 같은 입체도형을 만들었다. [그림 2]의 입체도형의 부피는? [3점]

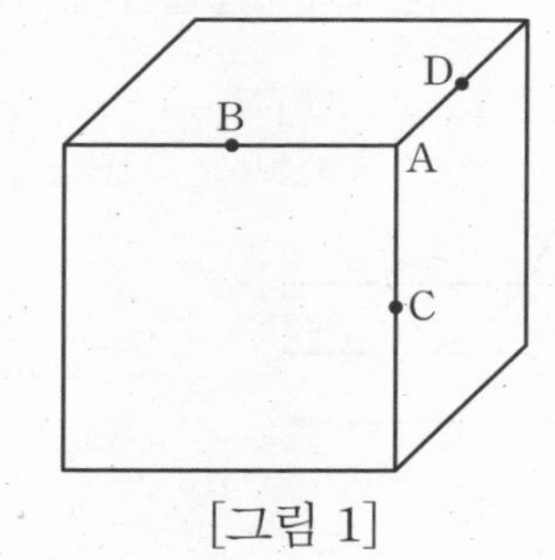

[그림 1]

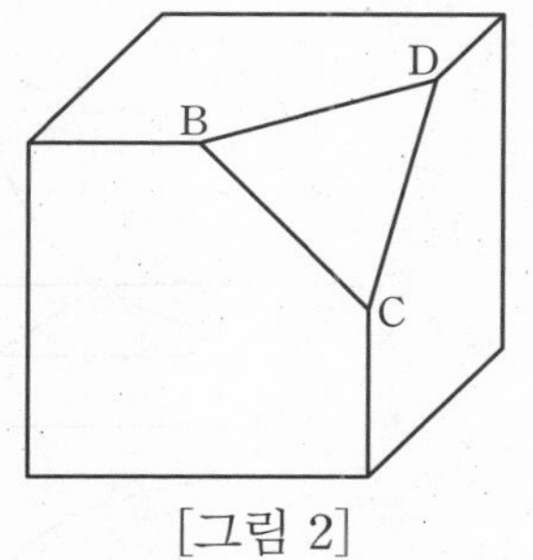

[그림 2]

① $\frac{179}{3}$ ② $\frac{182}{3}$ ③ $\frac{185}{3}$
④ $\frac{188}{3}$ ⑤ $\frac{191}{3}$

14. 다음은 과수원 A의 사과 6개와 과수원 B의 사과 6개의 당도를 brix 단위로 측정한 결과에 대한 두 학생의 대화이다.

위 학생들의 대화를 만족시키는 두 상수 a, b에 대하여 $a+b$의 값은? [4점]

① $\frac{37}{3}$ ② $\frac{40}{3}$ ③ $\frac{43}{3}$
④ $\frac{46}{3}$ ⑤ $\frac{49}{3}$

해설편 89쪽

15. 두 온라인 서점 A, B에서 판매하는 정가가 12000원인 어느 도서의 할인율과 배송비는 표와 같다.

	온라인 서점 A	온라인 서점 B
도서 할인율	5%	10%
배송비	0원	4000원

온라인 서점 A에서 이 도서를 한번에 x권 주문할 때 지불하는 금액이 온라인 서점 B에서 이 도서를 한번에 x권 주문할 때 지불하는 금액보다 더 크게 되도록 하는 x의 최솟값은?

(단, 배송비는 한 번만 지불한다.) [4점]

① 5 ② 6 ③ 7
④ 8 ⑤ 9

16. 그림과 같이 양수 a에 대하여 두 반비례 관계 $y=\frac{a}{x}$, $y=-\frac{2a}{x}$의 그래프가 직선 $y=6$과 만나는 점을 각각 A, B라 하고, 두 선분 OA, OB가 직선 $y=3$과 만나는 점을 각각 C, D라 하자. 사각형 ABDC의 넓이가 27일 때, a의 값은?

(단, O는 원점이다.) [4점]

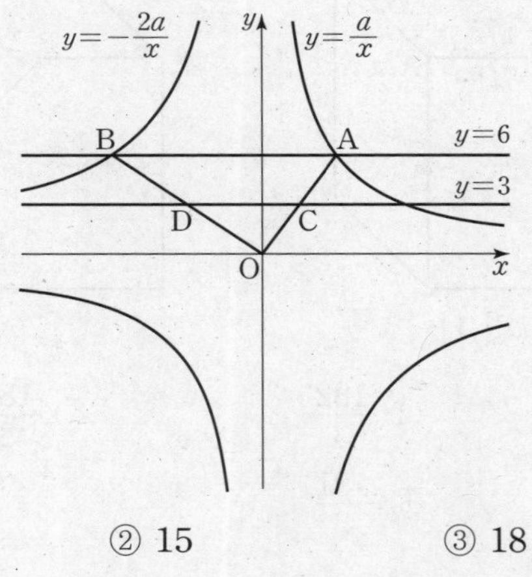

① 12 ② 15 ③ 18
④ 21 ⑤ 24

해설편 90쪽

17. 그림과 같이 원점 O를 지나고 제4사분면 위의 점 A를 꼭짓점으로 하는 이차함수 $y=f(x)$의 그래프가 있다. 두 점 $\mathrm{B}(-5,\ 0)$, $\mathrm{C}(0,\ -6)$에 대하여 선분 AB와 선분 OC가 점 D에서 만난다. 삼각형 OCA의 넓이가 6이고, 삼각형 OBD의 넓이와 삼각형 DCA의 넓이가 같을 때, $f(10)$의 값은?

(단, 점 D는 점 C가 아니다.) [4점]

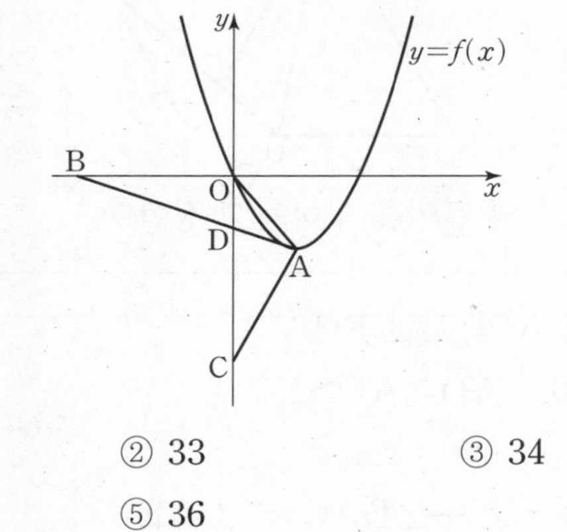

① 32 ② 33 ③ 34 ④ 35 ⑤ 36

18. 원 모양의 종이를 이용하여 그림과 같은 한복 저고리 모양과 한복 바지 모양을 만들 수 있다.

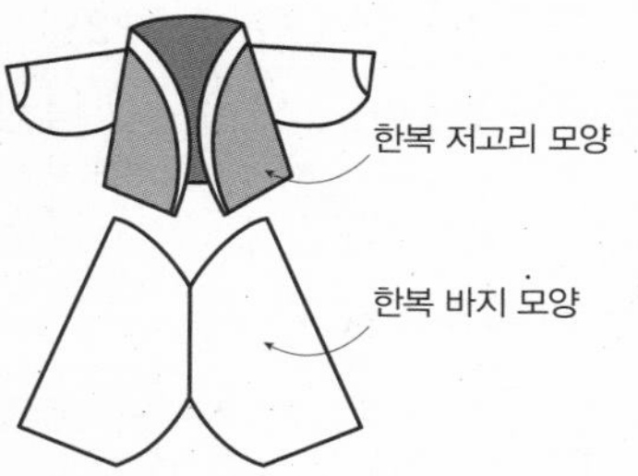

다음은 반지름의 길이가 4cm인 원 모양의 종이 두 장을 이용하여 한복 바지 모양을 만드는 과정이다.

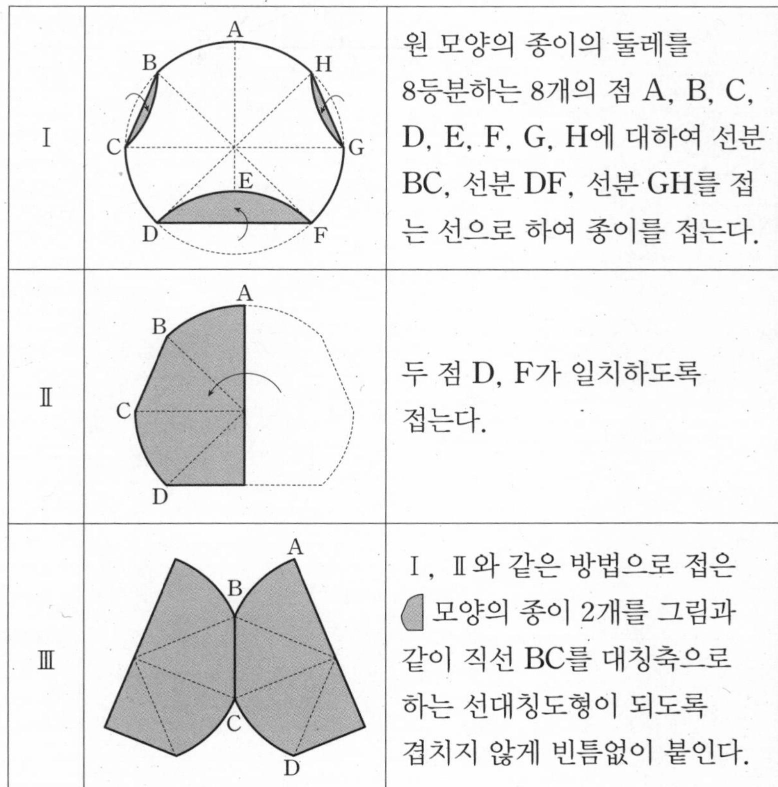

Ⅰ		원 모양의 종이의 둘레를 8등분하는 8개의 점 A, B, C, D, E, F, G, H에 대하여 선분 BC, 선분 DF, 선분 GH를 접는 선으로 하여 종이를 접는다.
Ⅱ		두 점 D, F가 일치하도록 접는다.
Ⅲ		Ⅰ, Ⅱ와 같은 방법으로 접은 모양의 종이 2개를 그림과 같이 직선 BC를 대칭축으로 하는 선대칭도형이 되도록 겹치지 않게 빈틈없이 붙인다.

위와 같은 방법으로 만든 모양의 도형의 넓이는 $a\mathrm{cm}^2$이다. a의 값은? (단, 종이의 두께는 고려하지 않는다.) [4점]

① $6+6\pi+6\sqrt{2}$ ② $8+6\pi+6\sqrt{2}$ ③ $6+8\pi+8\sqrt{2}$ ④ $8+8\pi+8\sqrt{2}$ ⑤ $10+8\pi+10\sqrt{2}$

해설편 91쪽

19. 한 변의 길이가 $x(x>4)$인 정사각형 ABCD에 대하여 선분 CD 위에 $\overline{CE}=2$인 점 E와 선분 AD 위에 $\overline{FD}=2$인 점 F가 있다. 선분 BC의 연장선 위에 $\overline{CG}=x-2$인 점 G를 잡을 때, 삼각형 EGF의 넓이는 7이다. x의 값은? [4점]

① $2+2\sqrt{2}$ ② $2+3\sqrt{2}$ ③ $3+3\sqrt{2}$
④ $4+3\sqrt{2}$ ⑤ $3+4\sqrt{2}$

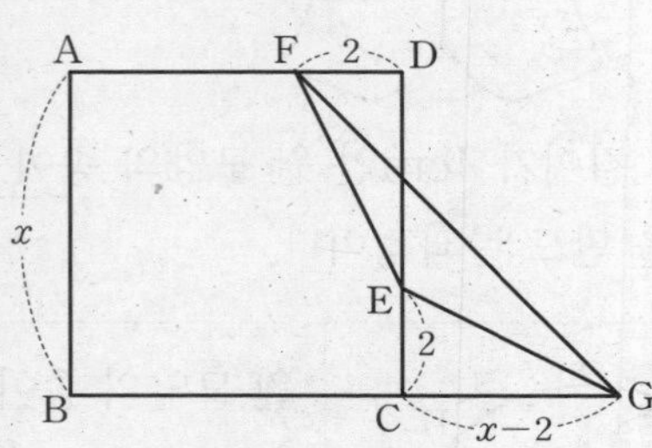

20. 그림과 같이 한 변의 길이가 12인 정삼각형 ABC의 변 BC 위에 $\overline{DC}=4$인 점 D가 있다. 선분 AD를 한 변으로 하는 정삼각형 ADE에 대하여 선분 AC와 선분 DE가 만나는 점을 F라 하자.

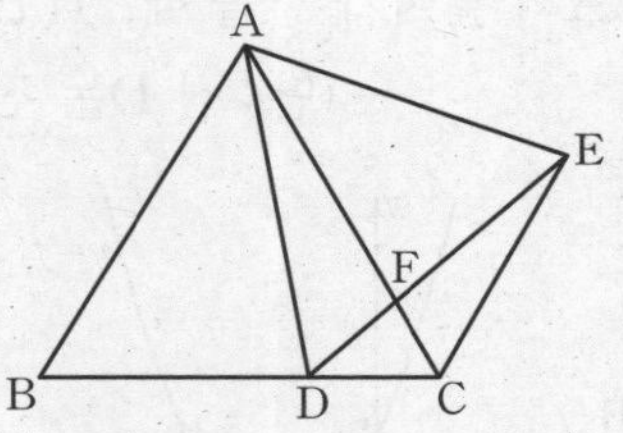

다음은 선분 CF의 길이를 구하는 과정이다.

> 두 정삼각형 ABC, ADE에서
> $\overline{AB}=\overline{AC}$, $\overline{AD}=\overline{AE}$
> 이고,
> $\angle BAD=60°-\angle DAC=\angle CAE$
> 이므로 삼각형 ABD와 삼각형 ACE는 서로 합동이다.
> 그러므로
> $\angle ECA=60°$, $\overline{CE}=$ (가)
> 이다.
> 한편 각 AFD와 각 CFE는 서로 맞꼭지각이고,
> $\angle FDA=\angle ECF$이므로
> $\angle DAF=\angle FEC$
> 이다.
> 또한 $\angle ACD=\angle ECF$이므로 삼각형 ACD와 삼각형 ECF는 서로 닮은 도형이고,
> 삼각형 ACD와 삼각형 ECF의 닮음비는 (나) : 2이다.
> 따라서
> $\overline{CF}=$ (다)
> 이다.

위의 (가), (나), (다)에 알맞은 수를 각각 p, q, r이라 할 때, $p+q+r$의 값은? (단, 선분 AB와 선분 DE는 만나지 않는다.) [4점]

① $\frac{41}{3}$ ② 14 ③ $\frac{43}{3}$
④ $\frac{44}{3}$ ⑤ 15

21. 그림과 같이 $\overline{AB}=\overline{AC}=25$이고 $\overline{BC}=40$인 이등변삼각형 ABC에 대하여 점 C에서 직선 AB에 내린 수선의 발을 D라 하자. 삼각형 ABC의 내심을 I, 삼각형 DBC의 내심을 J라 할 때, 선분 IJ의 길이는? [4점]

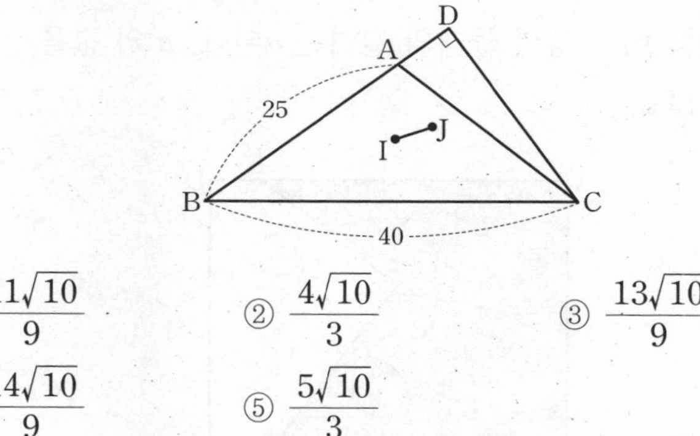

① $\frac{11\sqrt{10}}{9}$ ② $\frac{4\sqrt{10}}{3}$ ③ $\frac{13\sqrt{10}}{9}$

④ $\frac{14\sqrt{10}}{9}$ ⑤ $\frac{5\sqrt{10}}{3}$

단답형

22. 이차함수 $y=x^2-2x+6$의 그래프의 꼭짓점의 좌표가 $(a,\ b)$일 때, $a+b$의 값을 구하시오. [3점]

23. $\angle B=90°$인 직각삼각형 ABC에서 $\overline{BC}=9$, $\sin A=\frac{3}{5}$일 때, 선분 AC의 길이를 구하시오. [3점]

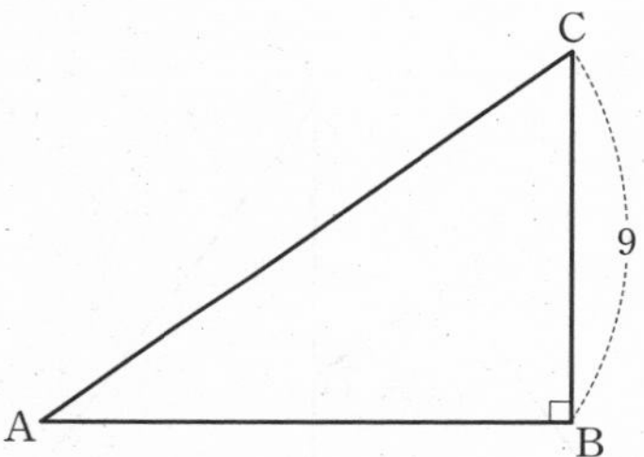

해설편 93쪽

24. 두 자리의 자연수 m과 세 자리의 자연수 n에 대하여 $m \times n = 1265$일 때, $m+n$의 값을 구하시오. [3점]

25. 그림과 같이 $\overline{AB}=\overline{AC}$, $\angle A < 90°$인 이등변삼각형 ABC의 외심을 O라 하자. 점 O에서 선분 AB에 내린 수선의 발을 D라 하고, 직선 AO와 선분 BC의 교점을 E라 하자. $\overline{AO}=3\overline{OE}$이고 삼각형 ADO의 넓이가 6일 때, 삼각형 ABC의 넓이를 구하시오. [3점]

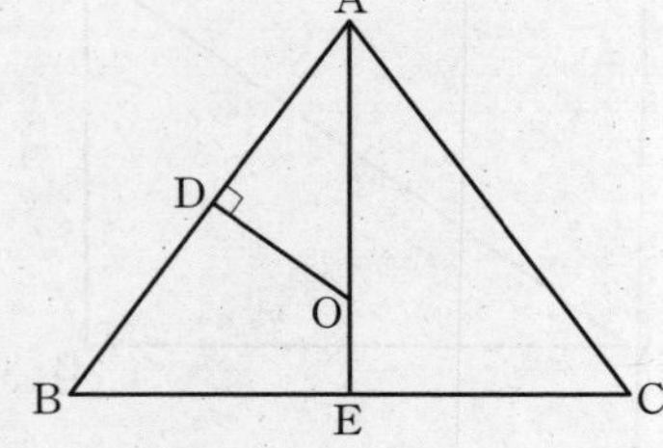

26. 그림과 같이 한 변의 길이가 $4\sqrt{2}$인 정사각형 ABCD의 선분 AD 위에 $\overline{DE}=\frac{\sqrt{2}}{2}$인 점 E가 있다. 정사각형 내부의 한 점 F에 대하여 $\angle CFE = 90°$이고 $\overline{EF} : \overline{FC} = 4 : 7$이다. 정사각형 ABCD에서 사각형 EFCD를 잘라 내어 ◣ 모양의 도형을 만들었을 때, 이 도형의 둘레의 길이는 a이다. a^2의 값을 구하시오. [4점]

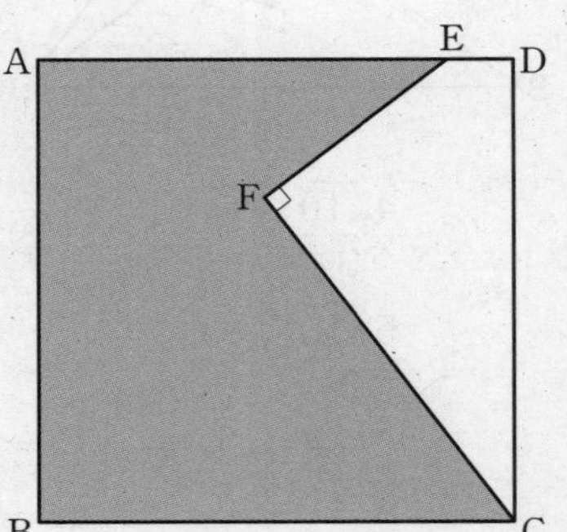

해설편 94쪽

27. 네 수 $-\frac{1}{2}$, $\frac{6}{5}$, $-\frac{3}{4}$, $\frac{2}{9}$ 중 서로 다른 두 수를 곱하여 나올 수 있는 값으로 가장 큰 수를 a, 가장 작은 수를 b라 할 때, $120(a-b)$의 값을 구하시오. [4점]

28. 그림과 같이 $\overline{AB}=\sqrt{41}$, $\overline{BC}=4$, $\angle C>90°$인 삼각형 ABC의 무게중심을 G라 하자. 직선 AG와 선분 BC가 만나는 점을 D라 할 때, 삼각형 ADC의 넓이가 4이다.

$\overline{DG}\times\tan(\angle CDA)=\frac{q}{p}$일 때, $p+q$의 값을 구하시오.

(단, p와 q는 서로소인 자연수이다.) [4점]

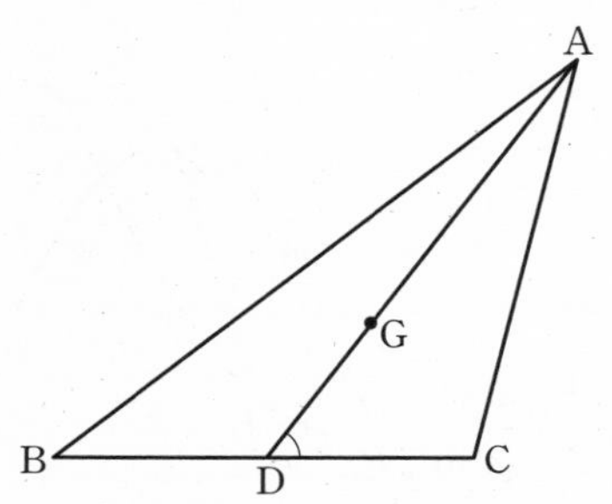

해설편 95쪽

29. 그림과 같이 양수 a에 대하여 꼭짓점이 $A(-3,\ -a)$이고 점 $B(1,\ 0)$을 지나는 이차함수 $y=f(x)$의 그래프와 꼭짓점이 $C(3,\ 3a)$인 이차함수 $y=g(x)$의 그래프가 있다. 점 A에서 x축에 내린 수선의 발을 D라 할 때, 사각형 ABCD의 넓이는 16이다. 이차함수 $y=g(x)$의 그래프가 y축과 만나는 점이 선분 CD 위에 있을 때, $f(-1)\times g(-3)$의 값을 구하시오. [4점]

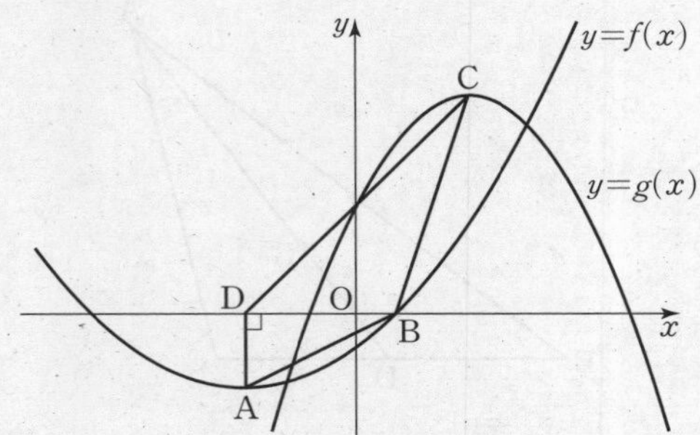

30. 그림과 같이 $\overline{AB}=5\sqrt{5}$, $\overline{BC}=12$, $\angle CBA<90°$이고 넓이가 120인 평행사변형 ABCD가 있다. 선분 AD 위에 $\overline{AE}=3\overline{ED}$인 점 E를 잡고, 선분 CB의 연장선 위에 $\overline{BF}=\overline{ED}$인 점 F를 잡는다. 점 E를 지나고 직선 AB와 평행한 직선이 선분 DF와 만나는 점을 G라 할 때, $\sin(\angle AGF)=\frac{q}{p}\sqrt{85}$이다. $p+q$의 값을 구하시오. (단, p와 q는 서로소인 자연수이다.) [4점]

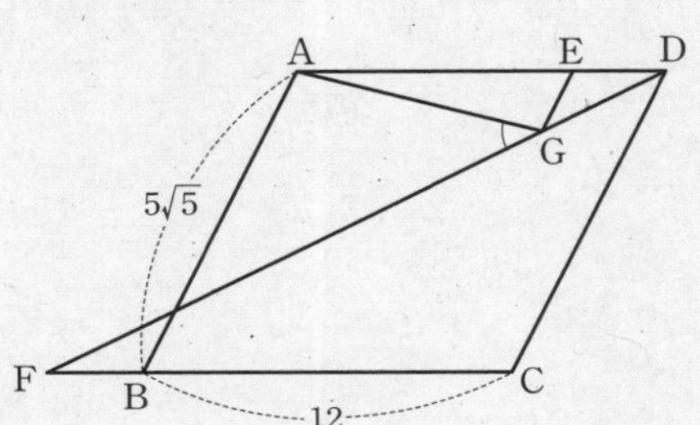

※ 확인 사항
○ 답안지의 해당란에 필요한 내용을 정확히 기입(표기)했는지 확인하시오.

해설편 95쪽

제 2 교시

수학 영역

6회	시험 시간	100분
	날짜	월 일 요일
시작 시각 :	종료 시각	:

5지선다형

1. $\sqrt{\dfrac{12}{5}} \times \sqrt{\dfrac{5}{3}}$ 의 값은? [2점]

① 1　② 2　③ 3　④ 4　⑤ 5

2. 다항식 $(2x+1)^2-(2x^2+x-1)$의 일차항의 계수는? [2점]

① 1　② 2　③ 3　④ 4　⑤ 5

3. 그림과 같이 $\overline{AC}=8\sqrt{3}$, $\angle A=30°$, $\angle B=90°$인 직각삼각형 ABC에서 선분 AB의 길이는? [2점]

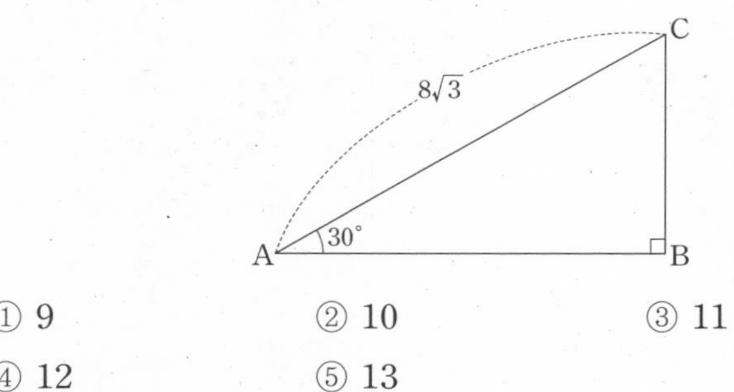

① 9　② 10　③ 11　④ 12　⑤ 13

4. 좌표평면 위의 두 점 $(1, -1)$, $(2, 1)$을 지나는 직선의 y절편은? [3점]

① -3　② -2　③ -1　④ 0　⑤ 1

해설편 97쪽

5. 어느 회사가 위치한 지역의 일일 최저 기온(℃)과 이 회사의 일일 난방비(원)를 30일 동안 조사한 결과, 일일 최저 기온이 높을수록 일일 난방비가 감소한다고 한다. 일일 최저 기온을 x℃, 일일 난방비를 y원이라 할 때, x와 y 사이의 상관관계를 나타낸 산점도로 가장 적절한 것은? [3점]

①
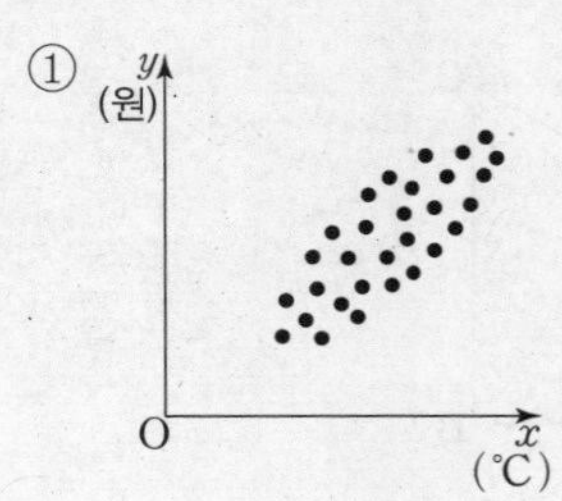

②
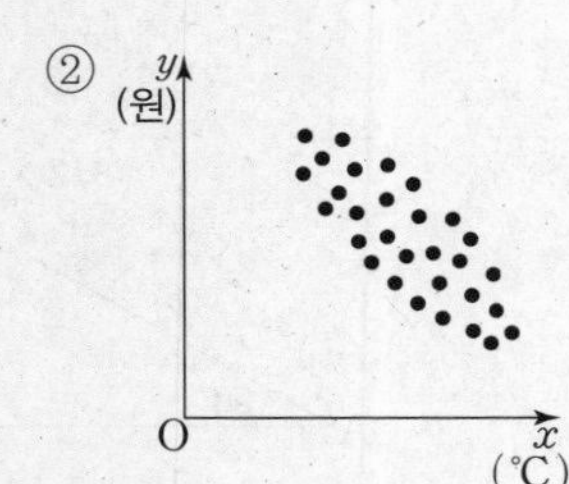

③
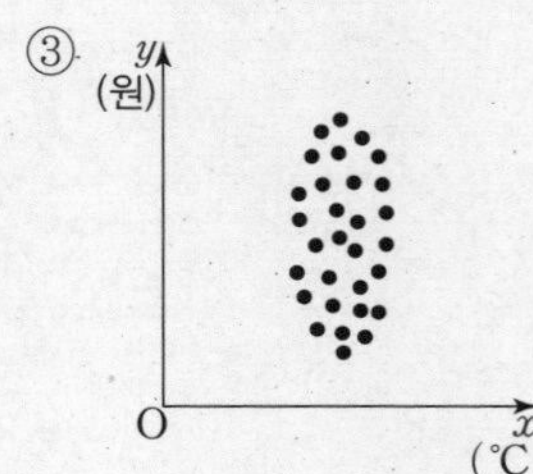

④
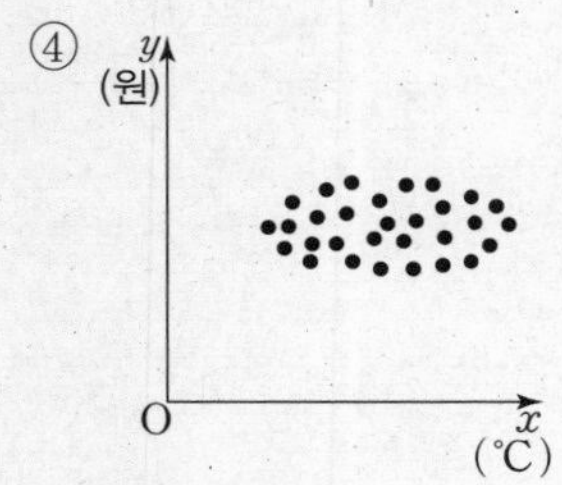

⑤
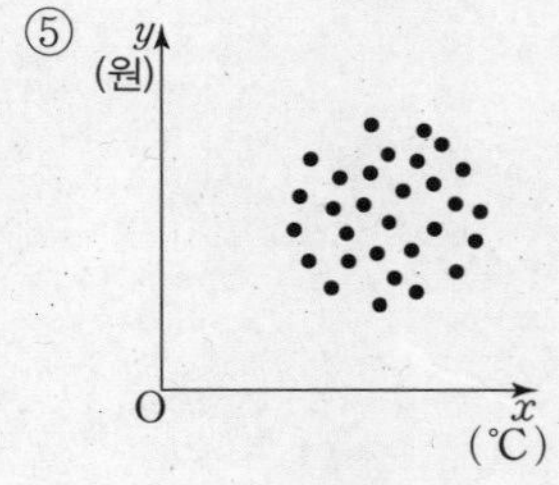

6. 원 위의 두 점 A, B에 대하여 호 AB의 길이가 원의 둘레의 길이의 $\frac{1}{5}$일 때, 호 AB에 대한 원주각의 크기는? [3점]

① $36°$ ② $40°$ ③ $44°$
④ $48°$ ⑤ $52°$

7. 한 변의 길이가 2인 정사각형을 밑면으로 하는 직육면체의 부피가 12일 때, 이 직육면체의 겉넓이는? [3점]

① 24 ② 26 ③ 28
④ 30 ⑤ 32

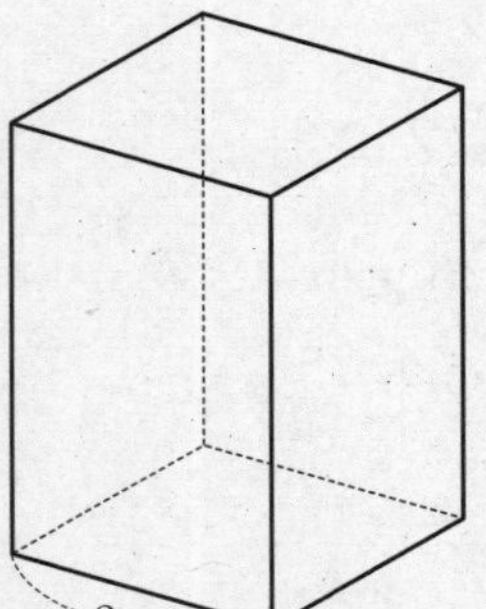

해설편 97쪽

8. 다음은 어느 학급 학생 25명을 대상으로 키를 조사하여 나타낸 도수분포표이다.

키(cm)	학생 수(명)
150이상 ~ 160미만	a
160 ~ 170	8
170 ~ 180	b
180 ~ 190	6
합계	25

이 학생들 중에서 키가 170 cm 미만인 학생 수가 조사한 학생 수의 40 %일 때, 키가 170 cm 이상 180 cm 미만인 학생 수는? [3점]

① 7 ② 8 ③ 9 ④ 10 ⑤ 11

9. 두 일차방정식 $ax+2y-b=0$, $2ax+by-3=0$의 그래프의 교점의 좌표가 $(2,\ 1)$일 때, $a+b$의 값은? (단, a, b는 상수이다.) [3점]

① $\frac{3}{2}$ ② 2 ③ $\frac{5}{2}$ ④ 3 ⑤ $\frac{7}{2}$

10. 그림과 같이 제1사분면 위의 점 $\mathrm{A}(a,\ b)$는 이차함수 $y=x^2-3x+2$의 그래프 위에 있다. 이 이차함수의 그래프가 y축과 만나는 점 B에 대하여 삼각형 OAB의 넓이가 4일 때, $a+b$의 값은? (단, O는 원점이다.) [3점]

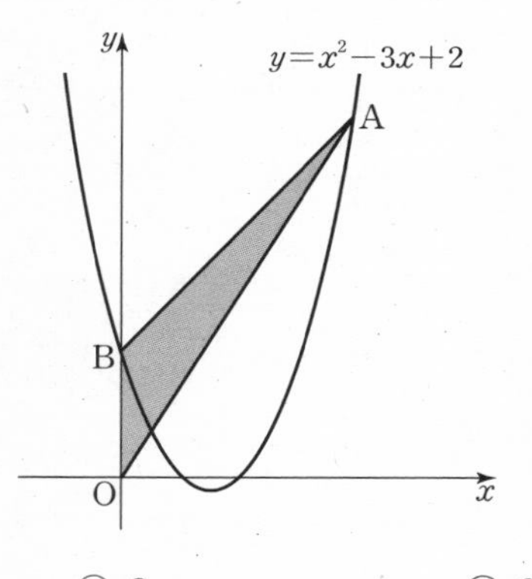

① 7 ② 8 ③ 9 ④ 10 ⑤ 11

해설편 98쪽

11. 어느 학생이 집에서 출발하여 갈 때는 시속 3 km로, 집으로 돌아올 때는 같은 경로를 시속 4 km로 이동하려고 한다. 이동한 전체 시간이 2시간 이하가 되도록 할 때, 이 학생이 집에서 출발하여 집으로 돌아올 때까지 이동한 거리의 최댓값은? [3점]

① $\frac{45}{7}$ km ② $\frac{48}{7}$ km ③ $\frac{51}{7}$ km
④ $\frac{54}{7}$ km ⑤ $\frac{57}{7}$ km

12. 이차함수 $y=f(x)$의 그래프 위의 서로 다른 네 점 $\mathrm{A}(1,\ 1)$, $\mathrm{B}(8,\ 1)$, $\mathrm{C}(6,\ 4)$, $\mathrm{D}(a,\ b)$에 대하여 $\overline{\mathrm{AB}} /\!/ \overline{\mathrm{CD}}$일 때, $a+b$의 값은? [3점]

① 5 ② 6 ③ 7
④ 8 ⑤ 9

해설편 99쪽

13. 두 자연수 a, b에 대하여 다항식 $2x^2+9x+k$가 $(2x+a)(x+b)$로 인수분해되도록 하는 실수 k의 최솟값은? [3점]

① 1 ② 4 ③ 7 ④ 10 ⑤ 13

14. 수직선 위의 두 점 P, Q가 원점에 있다. 동전을 한 번 던질 때마다 두 점 P, Q가 다음 규칙에 따라 이동한다.

> (가) 동전의 앞면이 나오면 점 P가 양의 방향으로 2만큼 이동한다.
> (나) 동전의 뒷면이 나오면 점 Q가 음의 방향으로 1만큼 이동한다.

동전을 30번 던진 후 두 점 P, Q 사이의 거리가 46일 때, 동전의 앞면이 나온 횟수는? [4점]

① 12 ② 13 ③ 14 ④ 15 ⑤ 16

해설편 100쪽

15. 그림과 같이 $\overline{AB}=a$ $(4<a<8)$, $\overline{BC}=8$인 직사각형 ABCD가 있다. 점 B를 중심으로 하고 점 A를 지나는 원이 선분 BC와 만나는 점을 P, 점 C를 중심으로 하고 점 P를 지나는 원이 선분 CD와 만나는 점을 Q라 하자. 사각형 APQD의 넓이가 $\frac{79}{4}$일 때, a의 값은? [4점]

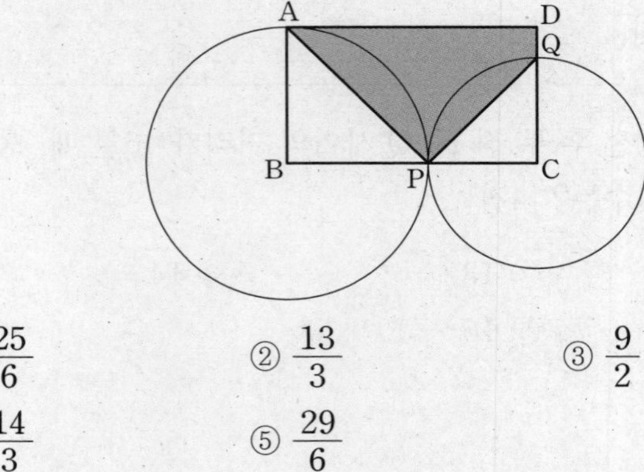

① $\frac{25}{6}$　② $\frac{13}{3}$　③ $\frac{9}{2}$
④ $\frac{14}{3}$　⑤ $\frac{29}{6}$

16. 그림과 같이 마름모 ABCD와 이 마름모의 외부의 한 점 E에 대하여 $\angle ADE=72°$이고 직선 CD가 선분 BE를 수직이등분할 때, 각 CEB의 크기는? (단, $0°<\angle ADC<72°$) [4점]

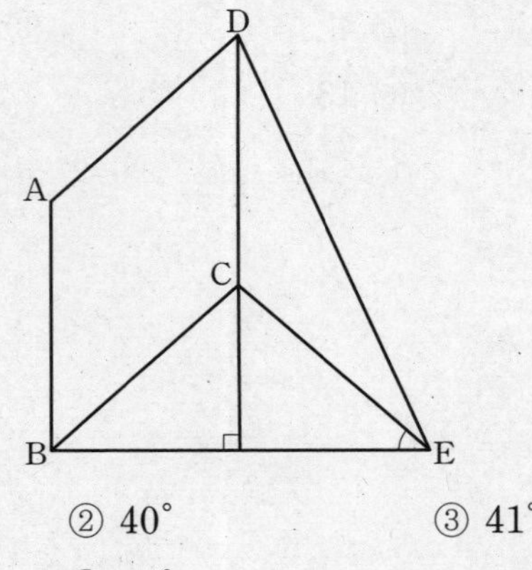

① 39°　② 40°　③ 41°
④ 42°　⑤ 43°

17. 두 이차함수 $f(x)=ax^2-4ax+5a+1$, $g(x)=-x^2-2ax$의 그래프의 꼭짓점을 각각 A, B라 하자. 이차함수 $y=f(x)$의 그래프가 y축과 만나는 점 C에 대하여 사각형 OACB의 넓이가 7일 때, 양수 a의 값은? (단, O는 원점이다.) [4점]

① $\frac{2}{5}$　② $\frac{1}{2}$　③ $\frac{3}{5}$　④ $\frac{7}{10}$　⑤ $\frac{4}{5}$

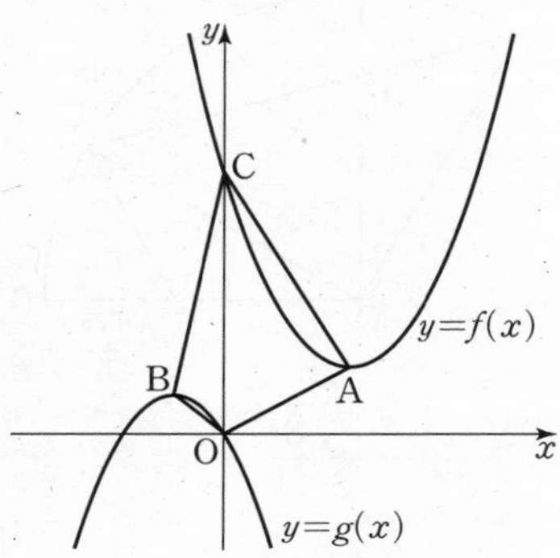

18. [그림1]과 같이 $\overline{AB}=\overline{AC}=\sqrt{2}$, $\angle CAB=90°$인 삼각형 ABC의 무게중심 D에 대하여 $\overline{DE}=\overline{DF}=2\sqrt{2}$, $\angle FDE=90°$이고 $\overline{BC}\,/\!/\,\overline{EF}$인 삼각형 DEF가 있다.

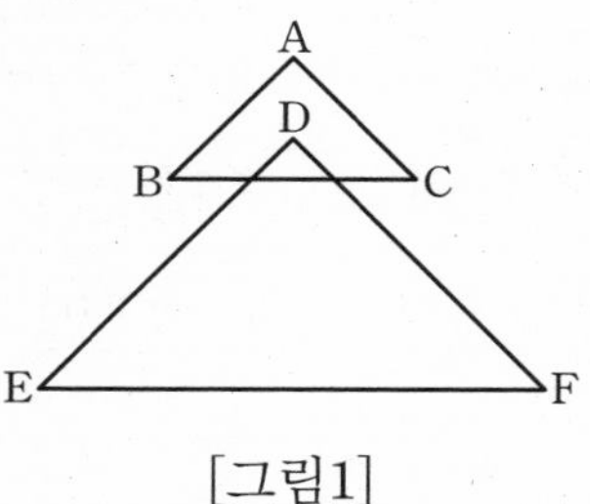

[그림1]

[그림2]와 같이 두 삼각형 ABC와 DEF로 만들어지는 모양 도형의 둘레의 길이는? (단, 점 A는 삼각형 DEF의 외부에 있다.) [4점]

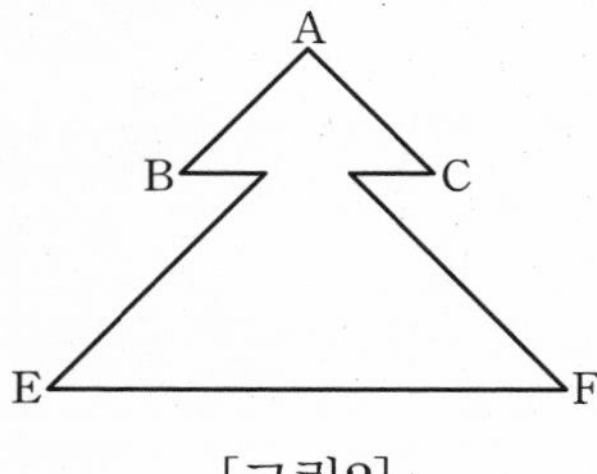

[그림2]

① $\frac{16+16\sqrt{2}}{3}$　② $\frac{17+16\sqrt{2}}{3}$　③ $\frac{16+17\sqrt{2}}{3}$　④ $\frac{17+17\sqrt{2}}{3}$　⑤ $\frac{18+17\sqrt{2}}{3}$

해설편 101쪽

19. 그림과 같이 반비례 관계 $y=\frac{a}{x}(a>0)$의 그래프가 두 정비례 관계 $y=mx$, $y=nx$의 그래프와 제1사분면에서 만나는 점을 각각 P, Q라 하자. 점 P를 지나고 y축과 평행한 직선이 정비례 관계 $y=nx$의 그래프와 만나는 점 R에 대하여 삼각형 PRQ의 넓이가 $\frac{3}{2}$이다. 점 Q의 x좌표가 점 P의 x좌표의 2배일 때, 실수 a의 값은? (단, $m>n>0$) [4점]

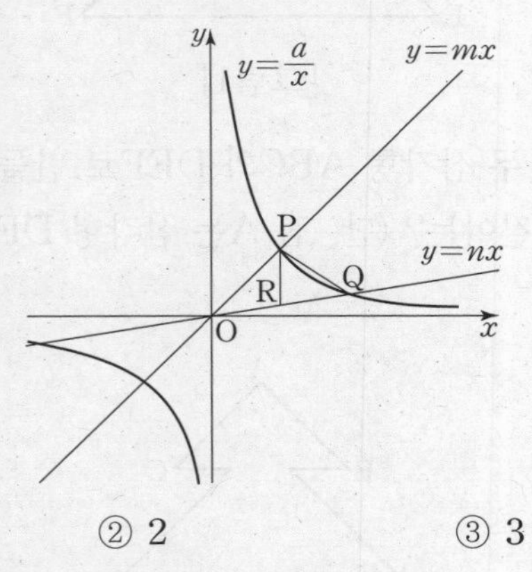

① 1 ② 2 ③ 3
④ 4 ⑤ 5

20. 그림과 같이 중심이 O이고 중심각의 크기가 120°인 부채꼴 OAB가 있다. ∠AOC=∠DOB=30°인 호 AB 위의 두 점 C, D에 대하여 선분 OC와 선분 AD가 만나는 점을 E라 하자. 선분 OD의 수직이등분선과 선분 OB가 만나는 점 F에 대하여 $\overline{BF}=\frac{2\sqrt{3}}{3}$일 때, 삼각형 ODE의 넓이는? [4점]

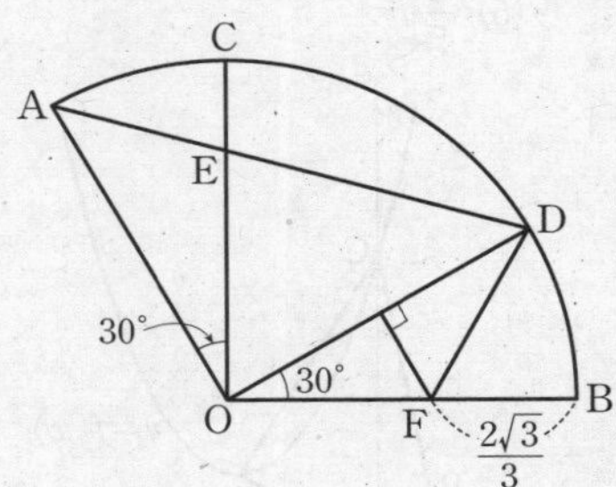

① $\frac{3+\sqrt{3}}{2}$ ② $\frac{4+\sqrt{3}}{2}$ ③ $\frac{3+2\sqrt{3}}{2}$
④ $2+\sqrt{3}$ ⑤ $\frac{3+3\sqrt{3}}{2}$

21. 그림과 같이 삼각형 ABC의 내심 I를 지나고 선분 BC에 평행한 직선이 두 선분 AB, AC와 만나는 점을 각각 D, E라 하자. $\overline{AI}=3$이고, 삼각형 ABC의 내접원의 반지름의 길이가 1이다. 삼각형 ABC의 넓이가 $5\sqrt{2}$일 때, 〈보기〉에서 옳은 것만을 있는 대로 고른 것은? [4점]

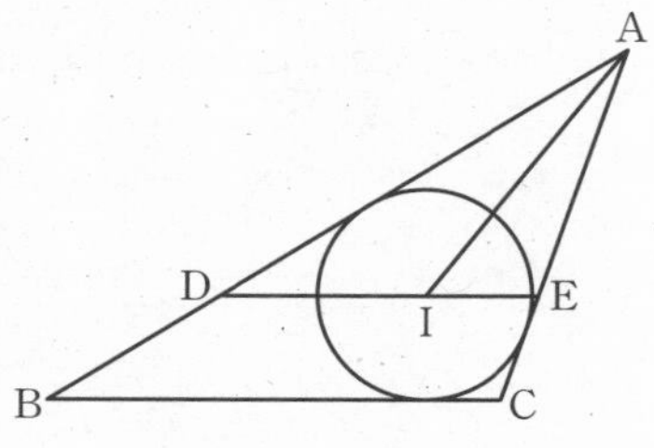

〈보기〉

ㄱ. $\angle BID=\angle IBD$

ㄴ. 삼각형 ADE의 둘레의 길이는 $7\sqrt{2}$이다.

ㄷ. $\overline{DE}=2\sqrt{2}$

① ㄱ ② ㄱ, ㄴ ③ ㄱ, ㄷ
④ ㄴ, ㄷ ⑤ ㄱ, ㄴ, ㄷ

단답형

22. 이차방정식 $x^2-2ax+5a=0$의 한 근이 $x=3$일 때, 상수 a의 값을 구하시오. [3점]

23. 연립일차방정식 $\begin{cases} x-y=4 \\ 2x+y=11 \end{cases}$의 해가 $x=a$, $y=b$일 때, $a+b$의 값을 구하시오. [3점]

6회 2023년 3월 수학

24. 그림과 같이 $\angle B=72°$, $\angle C=48°$인 삼각형 ABC가 있다. 점 C를 지나고 직선 AB에 평행한 직선 위의 점 D와 선분 AB 위의 점 E에 대하여 $\angle CDE=52°$이다. 선분 DE와 선분 AC의 교점을 F라 할 때, $\angle EFC=x°$이다. x의 값을 구하시오.

(단, $\angle BCD>90°$이고, 점 E는 점 A가 아니다.) [3점]

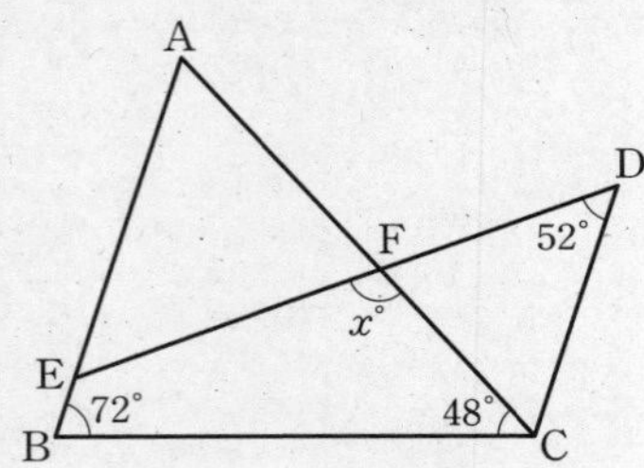

25. 한 개의 주사위를 두 번 던져서 나오는 눈의 수를 차례로 a, b라 할 때, $a+b$가 14의 약수가 되도록 하는 모든 순서쌍 (a, b)의 개수를 구하시오. [3점]

26. 세 실수 a, b, c에 대하여 다음 자료의 중앙값이 6.5, 평균이 6, 최빈값이 c일 때, $a+b+c$의 값을 구하시오. [4점]

9, 5, 6, 4, 8, 1, a, b

해설편 104쪽

27. 가로의 길이가 150 cm, 세로의 길이가 120 cm인 직사각형 ABCD 모양의 종이가 있다. [그림1]과 같이 $\overline{CE}=60$ cm인 선분 BC 위의 점 E와 $\overline{CF}=48$ cm인 선분 CD 위의 점 F에 대하여 두 선분 CE, CF를 변으로 하는 직사각형 모양의 종이를 잘라내고 남은 ⌐ 모양의 종이를 만들었다.

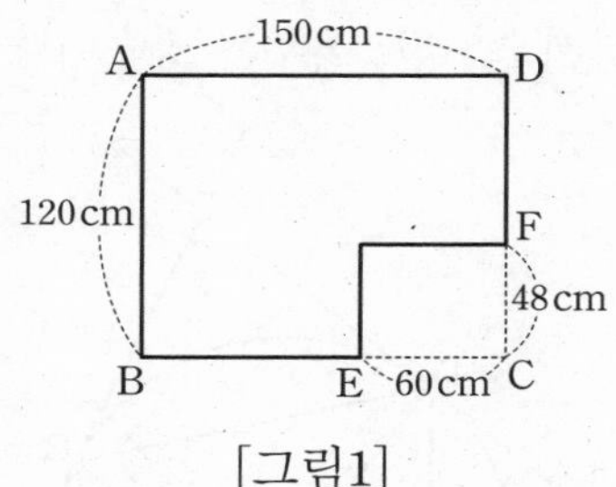

[그림1]

[그림2]와 같이 ⌐ 모양의 종이의 내부에 한 변의 길이가 자연수이고 모두 합동인 정사각형 모양의 종이를 서로 겹치지 않고 빈틈없이 붙이려고 할 때, 붙일 수 있는 종이의 개수의 최솟값을 구하시오. [4점]

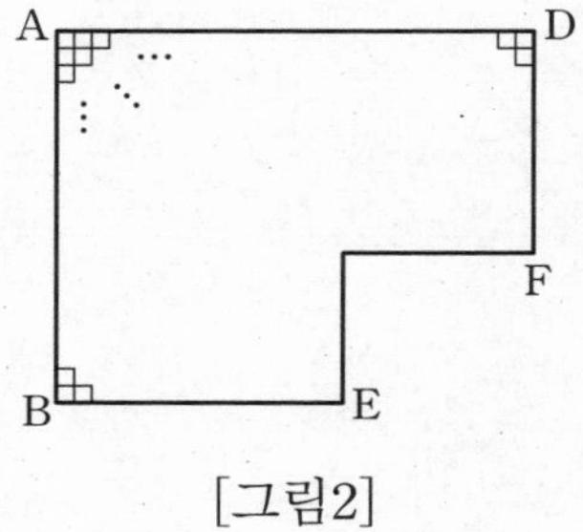

[그림2]

28. $p<q$인 두 소수 p, q에 대하여 $p^2q<n\leq pq^2$을 만족시키는 자연수 n의 개수가 308일 때, $p+q$의 값을 구하시오. [4점]

해설편 105쪽

29. 그림과 같이 삼각형 ABC의 선분 AC 위의 점 D와 직선 BD 위의 점 E에 대하여 $\overline{DE}:\overline{DA}:\overline{DB}=1:2:4$이다. 점 D를 지나고 직선 BC와 평행한 직선이 두 선분 AB, EC와 만나는 점을 각각 F, G라 할 때, $\overline{FD}=2$, $\overline{DG}=1$이고 삼각형 AFD의 넓이가 3이다. 삼각형 EDG의 넓이가 $\frac{q}{p}$일 때, $p+q$의 값을 구하시오. (단, 점 E는 삼각형 ABC의 외부에 있고, p와 q는 서로소인 자연수이다.) [4점]

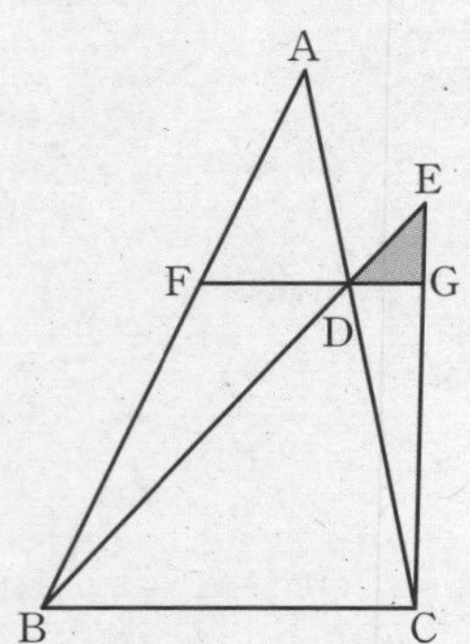

30. 그림과 같이 $\overline{AB}=\overline{BC}=2$인 삼각형 ABC에 외접하는 원 O가 있다. 점 B를 지나고 직선 AC에 수직인 직선이 원 O와 만나는 점 중 B가 아닌 점을 D, 선분 AC와 선분 BD가 만나는 점을 E라 하자. 원 O 위의 점 C에서의 접선과 점 D에서의 접선이 만나는 점을 F라 할 때, $\overline{FD}=2$이다. $\overline{AE}=\frac{a+b\sqrt{17}}{2}$일 때, a^2+b^2의 값을 구하시오. (단, a, b는 정수이다.) [4점]

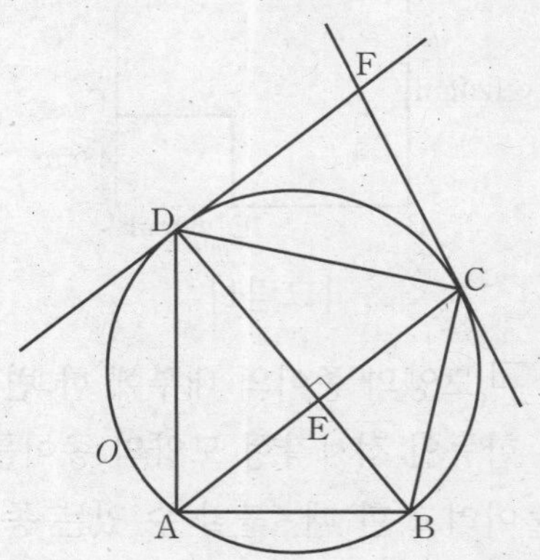

※ 확인 사항
○ 답안지의 해당란에 필요한 내용을 정확히 기입(표기) 했는지 확인하시오.

해설편 105쪽

2022년 3월 고1 전국연합 학력평가 문제지

제 2 교시

수학 영역

7회	시험 시간	100분
	날짜	월 일 요일
시작 시각 :	종료 시각 :	

5지선다형

1. $\sqrt{\dfrac{20}{3}} \times \sqrt{\dfrac{6}{5}}$의 값은? [2점]

① $\sqrt{2}$ ② $2\sqrt{2}$ ③ $3\sqrt{2}$ ④ $4\sqrt{2}$ ⑤ $5\sqrt{2}$

2. 다항식 $(2x-1)(x+3)$의 전개식에서 x의 계수는? [2점]

① 1 ② 2 ③ 3 ④ 4 ⑤ 5

3. $\sin 60^\circ \times \cos 30^\circ$의 값은? [2점]

① $\dfrac{1}{4}$ ② $\dfrac{3}{8}$ ③ $\dfrac{1}{2}$ ④ $\dfrac{5}{8}$ ⑤ $\dfrac{3}{4}$

4. 이차함수 $y=-x^2+4x+3$의 그래프의 꼭짓점의 y좌표는? [3점]

① 4 ② 5 ③ 6 ④ 7 ⑤ 8

해설편 107쪽

5. 다음은 어느 봉사 동아리 학생들의 한 달 동안의 봉사 시간을 조사하여 나타낸 히스토그램이다.

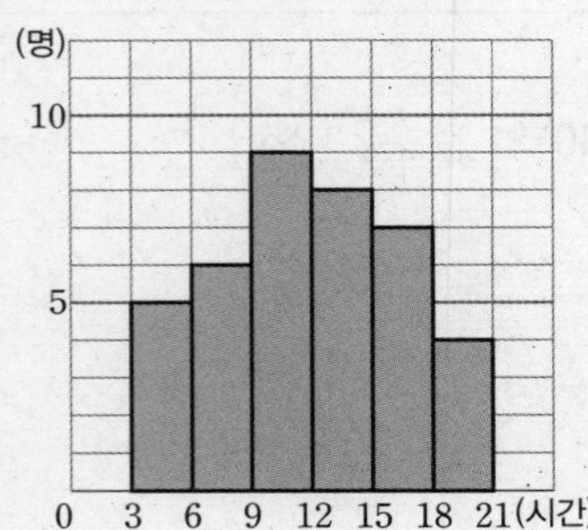

한 달 동안의 봉사 시간이 6시간 이상 12시간 미만인 학생의 수는? [3점]

① 11 ② 13 ③ 15
④ 17 ⑤ 19

6. 그림과 같이 삼각형 ABC의 외심을 O라 하자. $\angle OBC=17°$, $\angle OCA=52°$일 때, 각 OAB의 크기는? [3점]

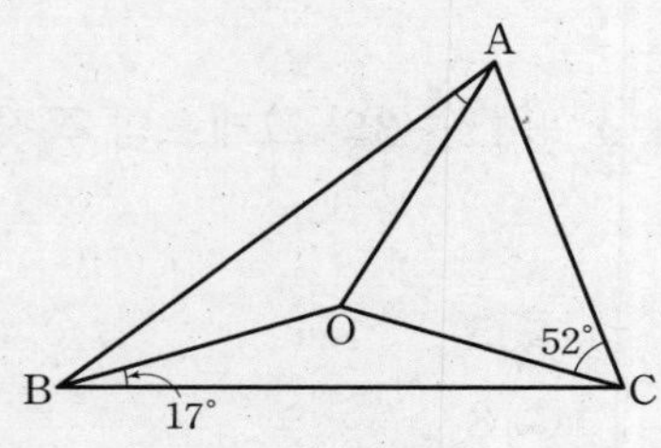

① 18° ② 19° ③ 20°
④ 21° ⑤ 22°

7. 일차부등식 $\frac{x+5}{2}-x\leq a$의 해가 $x\geq 4$일 때, 실수 a의 값은? [3점]

① $\frac{1}{8}$ ② $\frac{1}{4}$ ③ $\frac{3}{8}$
④ $\frac{1}{2}$ ⑤ $\frac{5}{8}$

해설편 107쪽

8. 그림과 같이 밑면의 반지름의 길이가 3이고 높이가 8인 원뿔과 밑면의 반지름의 길이가 2인 원기둥이 있다. 두 입체도형의 부피가 같을 때, 원기둥의 겉넓이는? [3점]

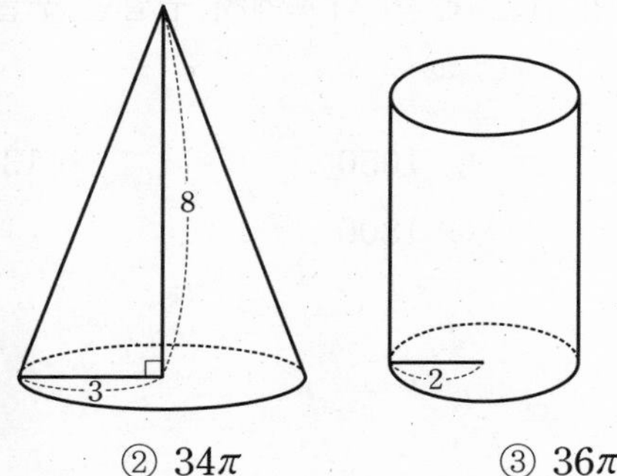

① 32π ② 34π ③ 36π
④ 38π ⑤ 40π

9. 두 일차방정식

$$ax+4y=12,\ 2x+ay=a+5$$

의 그래프의 교점이 y축 위에 있을 때, 상수 a의 값은? [3점]

① 2 ② $\frac{5}{2}$ ③ 3
④ $\frac{7}{2}$ ⑤ 4

10. $2-\sqrt{6}$보다 크고 $5+\sqrt{15}$보다 작은 정수의 개수는? [3점]

① 7 ② 8 ③ 9
④ 10 ⑤ 11

해설편 108쪽

11. 세 변의 길이가 각각 x, $x+1$, $x+3$인 삼각형이 직각삼각형일 때, x의 값은? (단, $x>2$) [3점]

① $2\sqrt{3}$ ② $2+\sqrt{3}$ ③ $1+2\sqrt{3}$
④ $3\sqrt{3}$ ⑤ $2+2\sqrt{3}$

12. 어느 학교에서 학생들에게 나누어 줄 구슬을 구입하였다. 구입한 구슬을 한 상자에 250개씩 n개의 상자에 담았더니 50개의 구슬이 남았고, 한 상자에 200개씩 $n+1$개의 상자에 담았더니 100개의 구슬이 남았다. 이 학교에서 구입한 구슬의 총 개수는? [3점]

① 800 ② 1050 ③ 1300
④ 1550 ⑤ 1800

해설편 109쪽

13. 두 이차방정식

$$x^2-x-2=0,\ 2x^2+kx-6=0$$

이 공통인 해를 갖도록 하는 모든 실수 k의 값의 합은? [3점]

① -5 ② -4 ③ -3
④ -2 ⑤ -1

14. 그림과 같이 반비례 관계 $y=\dfrac{a}{x}$ $(a>0)$의 그래프가 두 직선 $x=2$, $y=2$와 만나는 점을 각각 A, B라 하자. 점 C(2, 2)에 대하여 사각형 OACB의 넓이가 $\dfrac{22}{7}$일 때, 상수 a의 값은?

(단, O는 원점이고, 점 A의 y좌표는 2보다 작다.) [4점]

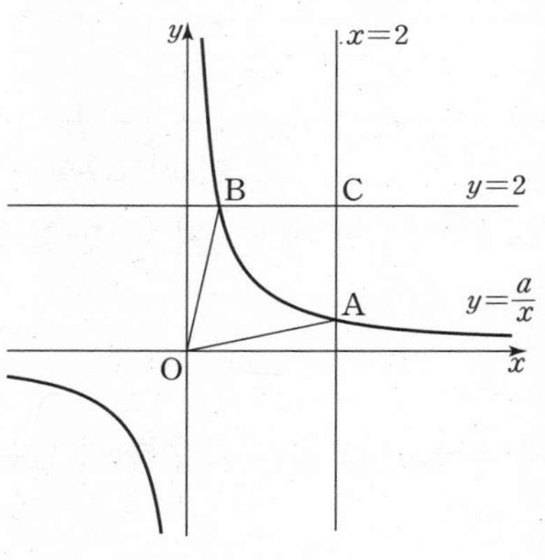

① $\dfrac{6}{7}$ ② 1 ③ $\dfrac{8}{7}$
④ $\dfrac{9}{7}$ ⑤ $\dfrac{10}{7}$

해설편 109쪽

15. 다음은 어느 학급 학생 20명의 수학 과목의 중간고사 점수와 기말고사 점수에 대한 산점도이다.

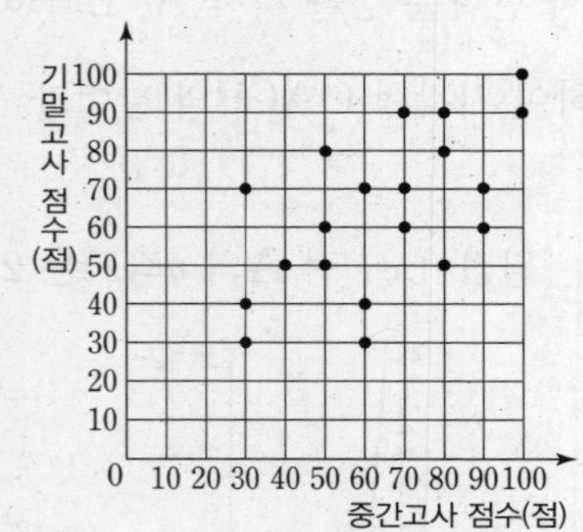

위의 산점도에 대하여 〈보기〉에서 옳은 것만을 있는 대로 고른 것은? [4점]

〈보기〉

ㄱ. 중간고사와 기말고사의 점수에 변화가 없는 학생의 수는 5이다.

ㄴ. 기말고사 점수가 중간고사 점수보다 높은 학생의 비율은 학급 학생 20명의 40%이다.

ㄷ. 중간고사 점수의 평균은 기말고사 점수의 평균보다 크다.

① ㄱ ② ㄱ, ㄴ ③ ㄱ, ㄷ
④ ㄴ, ㄷ ⑤ ㄱ, ㄴ, ㄷ

16. 서로 다른 네 실수 a, b, $\frac{1}{6}$, $\frac{2}{3}$에 대응하는 점을 수직선 위에 나타내면 이웃한 두 점 사이의 거리가 모두 같다. $ab<0$일 때, $a+b$의 최댓값은? [4점]

① $\frac{3}{4}$ ② $\frac{5}{6}$ ③ $\frac{11}{12}$
④ 1 ⑤ $\frac{13}{12}$

해설편 110쪽

17. 한 개의 주사위를 두 번 던져서 나오는 눈의 수를 차례로 a, b라 하자. $a^2\times3^b\times5$가 $2^2\times3^5$의 배수일 확률은? [4점]

① $\frac{1}{6}$ ② $\frac{7}{36}$ ③ $\frac{2}{9}$
④ $\frac{1}{4}$ ⑤ $\frac{5}{18}$

18. 그림과 같이 $\angle ABC=60°$인 삼각형 ABC의 두 변 AB, AC의 중점을 각각 D, E라 하자. 선분 DE를 지름으로 하는 원이 선분 BC와 접할 때, 이 원이 선분 AB와 만나는 점 중 D가 아닌 점을 F라 하자.

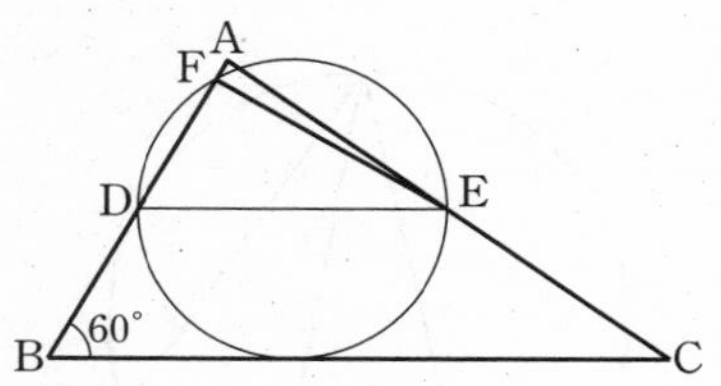

다음은 삼각형 ABC의 넓이가 16일 때, 삼각형 AFE의 넓이를 구하는 과정이다.

> 원의 반지름의 길이를 r라 하면
> $\overline{DE}=2r$, $\overline{BC}=4r$
> 이다.
> 점 A에서 선분 BC에 내린 수선의 발을 H라 하면
> $\overline{AH}=$ (가) $\times r$
> 이고, $\triangle ABC=16$이므로
> $r=$ (나)
> 이다.
> 삼각형 ADE와 삼각형 ABC는 서로 닮음이므로
> $\triangle ADE=4$이다.
> 삼각형 FDE에서 꼭짓점 F는 원 위의 점이므로
> 삼각형 FDE의 넓이는 (다) 이다.
> 따라서 구하는 삼각형 AFE의 넓이는 $4-$ (다) 이다.

위의 (가), (나), (다)에 알맞은 수를 각각 a, b, c라 할 때, $a\times b\times c$의 값은? [4점]

① $5\sqrt{3}$ ② $6\sqrt{3}$ ③ $7\sqrt{3}$
④ $8\sqrt{3}$ ⑤ $9\sqrt{3}$

7회 2022년 3월 수학

19. 그림과 같이 $\overline{AB}=\overline{AC}$인 이등변삼각형 ABC에 외접하는 원이 있다. 선분 AC 위의 점 D에 대하여 원과 직선 BD가 만나는 점 중 B가 아닌 점을 E라 하자. $\overline{AE}=2\overline{BC}$, $\overline{CD}=1$이고 $\angle ADB+\angle AEB=180°$일 때, 선분 BC의 길이는? [4점]

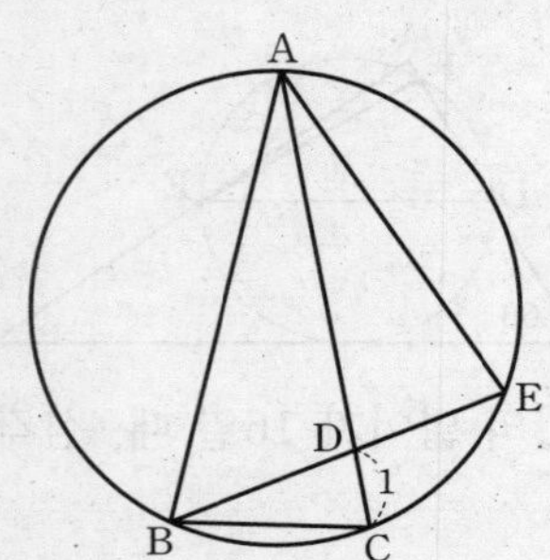

① $3-\sqrt{2}$ ② $\frac{7}{3}$ ③ $1+\sqrt{2}$
④ $\frac{5}{2}$ ⑤ $4-\sqrt{2}$

20. 그림과 같이 제1사분면 위의 점 A를 꼭짓점으로 하는 이차함수 $y=ax^2+bx$의 그래프가 직선 $x=3$에 대하여 대칭이다. 점 $B\left(0, \frac{10}{3}\right)$에서 선분 OA에 내린 수선의 발 H에 대하여 $\overline{BH}=2$일 때, $a+b$의 값은?

(단, a, b는 상수이고, O는 원점이다.) [4점]

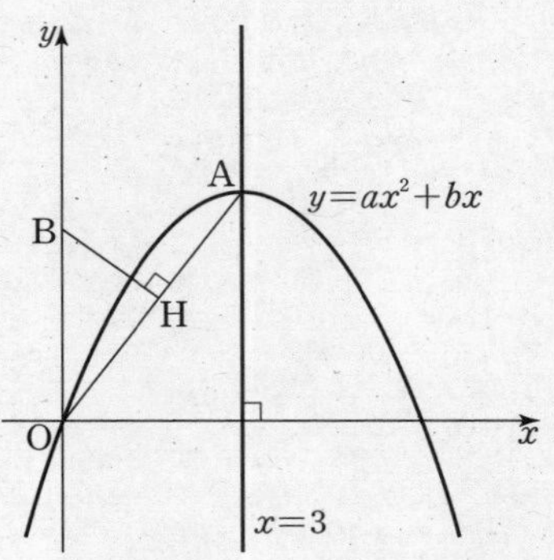

① $\frac{20}{9}$ ② $\frac{7}{3}$ ③ $\frac{22}{9}$
④ $\frac{23}{9}$ ⑤ $\frac{8}{3}$

21. 그림과 같이 삼각형 ABC에서 선분 AB 위의 점 D에 대하여 $\overline{BD}=2\overline{AD}$이다. 점 A에서 선분 CD에 내린 수선의 발 E에 대하여 $\overline{AE}=4$, $\overline{BE}=\overline{CE}=10$일 때, 삼각형 ABC의 넓이는?

(단, $\angle CAB>90°$) [4점]

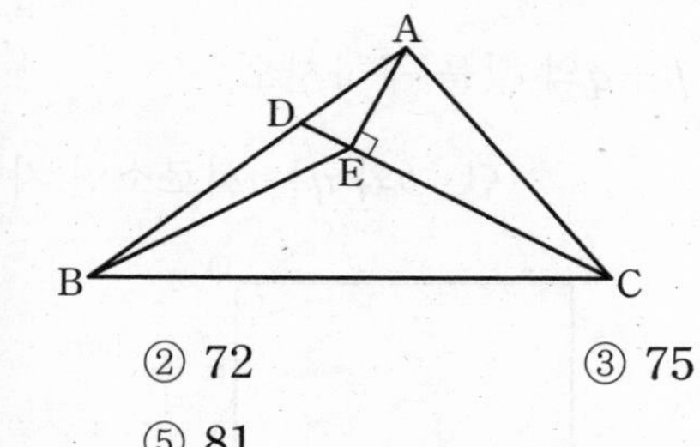

① 69 ② 72 ③ 75
④ 78 ⑤ 81

단답형

22. 일차함수 $y=3x+a$의 그래프가 점 $(-3,\ 2)$를 지날 때, 상수 a의 값을 구하시오. [3점]

23. 다항식 $x^2-2x-80$이 $x+a$를 인수로 가진다. a가 자연수일 때, a의 값을 구하시오. [3점]

해설편 113쪽

24. 그림과 같이 오각형 ABCDE에서 $\angle A=105^\circ$, $\angle B=x^\circ$, $\angle C=y^\circ$, $\angle D=109^\circ$, $\angle E=92^\circ$일 때, $x+y$의 값을 구하시오. [3점]

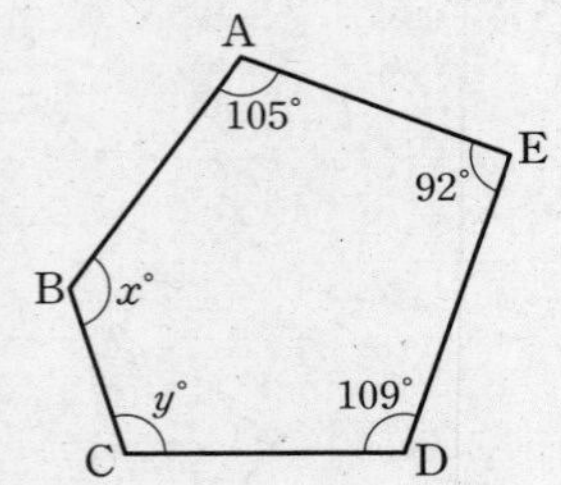

25. 다음 조건을 만족시키는 두 자리의 자연수 n의 최댓값을 구하시오. [3점]

> (가) n은 4의 배수이다.
> (나) n의 소인수의 개수가 3이다.

26. 그림과 같이 길이가 1인 선분 AB 위의 점 C에 대하여 선분 AC를 한 변으로 하는 정사각형 ACDE가 있다. 선분 CD를 삼등분하는 점 중 점 D에 가까운 점을 F라 하자. 정사각형 ACDE의 넓이와 삼각형 BFC의 넓이의 합이 $\frac{5}{8}$일 때, $\overline{AC}=\frac{q}{p}$이다. $p+q$의 값을 구하시오.

(단, p와 q는 서로소인 자연수이다.) [4점]

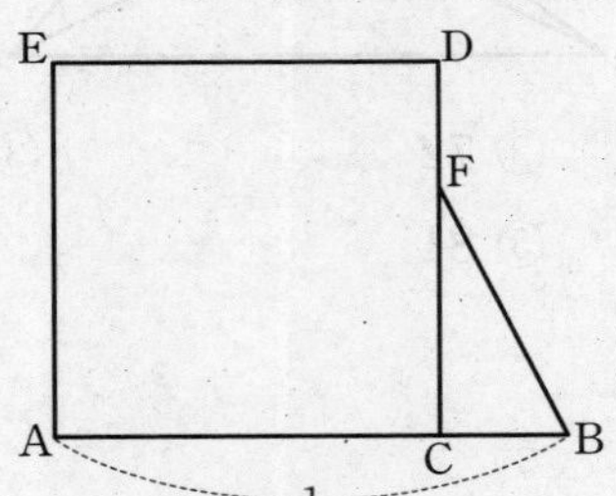

27. 그림과 같이 반지름의 길이가 2이고 중심각의 크기가 90°인 부채꼴 OAB가 있다. 선분 OA를 지름으로 하는 반원의 호 위의 점 P에 대하여 직선 OP가 호 AB와 만나는 점을 Q라 하고, 점 Q에서 선분 OA에 내린 수선의 발을 H라 하자. ∠QOA=30°일 때, 삼각형 PHQ의 넓이는 $\frac{a\sqrt{3}-b}{4}$이다. $a+b$의 값을 구하시오.

(단, a와 b는 자연수이다.) [4점]

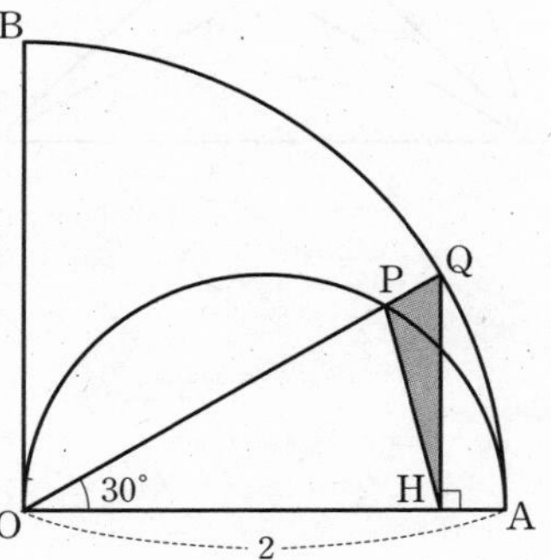

28. 다음은 8명의 학생이 1년 동안 읽은 책의 권수를 조사하여 나타낸 자료이다.

4, 3, 12, 5, 4, a, b, c

이 자료의 중앙값과 평균이 모두 7일 때, 분산을 구하시오. [4점]

해설편 115쪽

29. 좌표평면에서 이차항의 계수가 양수인 이차함수 $y=f(x)$의 그래프 위의 두 점 A, B가 다음 조건을 만족시킨다.

> (가) $a<2<b$인 두 수 a, b에 대하여 $\mathrm{A}(a,\ 1)$, $\mathrm{B}(b,\ 1)$이다.
> (나) 점 $\mathrm{C}(2,\ 1)$에 대하여 $\overline{\mathrm{AC}}=3\overline{\mathrm{BC}}$이다.

이차함수 $y=f(x)$의 그래프 위의 점 D에 대하여 삼각형 ADB가 $\angle\mathrm{ADB}=90°$인 이등변삼각형이고 넓이가 16일 때, $f(8)$의 값을 구하시오. [4점]

30. 그림과 같이 $\overline{\mathrm{AD}}\,/\!/\,\overline{\mathrm{BC}}$인 사다리꼴 ABCD에서 두 대각선의 교점을 E라 하자. 점 E를 지나고 선분 AD와 평행한 직선이 선분 CD와 만나는 점을 F라 하고, 두 선분 AC, BF의 교점을 G라 하자. $\overline{\mathrm{AD}}=4$, $\overline{\mathrm{EF}}=3$일 때, 사다리꼴 ABCD의 넓이는 삼각형 EGF의 넓이의 k배이다. $9k$의 값을 구하시오. [4점]

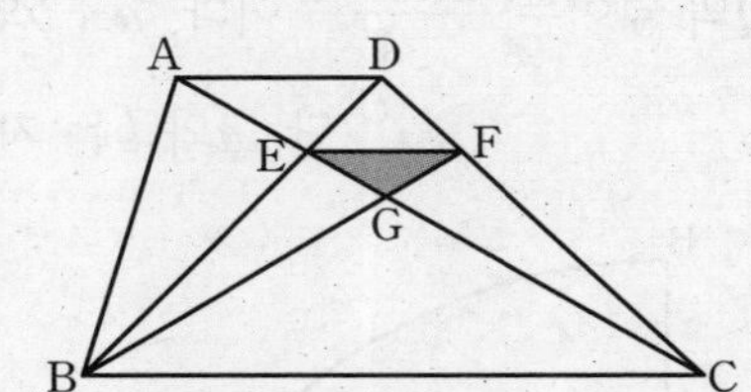

※ 확인 사항
○ 답안지의 해당란에 필요한 내용을 정확히 기입(표기) 했는지 확인하시오.

해설편 115쪽

2021년 3월 고1 전국연합 학력평가 문제지

제 2 교시

수학 영역

8회	시험 시간	100분
	날짜	월 일 요일
시작 시각 :	종료 시각	:

5 지 선 다 형

1. $6\div(-4)-\frac{5}{2}\times(-3)$의 값은? [2점]

① 4 ② 5 ③ 6 ④ 7 ⑤ 8

2. 다항식 $2x(3x-1)-x(2x+3)$을 간단히 하였을 때, x^2의 계수는? [2점]

① 1 ② 2 ③ 3 ④ 4 ⑤ 5

3. $\sqrt{\frac{2}{3}}\times\sqrt{\frac{15}{2}}+\sqrt{20}$의 값은? [2점]

① $\frac{5\sqrt{5}}{2}$ ② $3\sqrt{5}$ ③ $\frac{7\sqrt{5}}{2}$ ④ $4\sqrt{5}$ ⑤ $\frac{9\sqrt{5}}{2}$

4. $9x^2+12x+k$가 완전제곱식이 되기 위한 상수 k의 값은? [3점]

① $\frac{1}{9}$ ② $\frac{1}{4}$ ③ 1 ④ 4 ⑤ 9

해설편 117쪽

5. 그림과 같이 밑면의 지름의 길이가 4인 원기둥의 겉넓이가 38π일 때, 이 원기둥의 높이는? [3점]

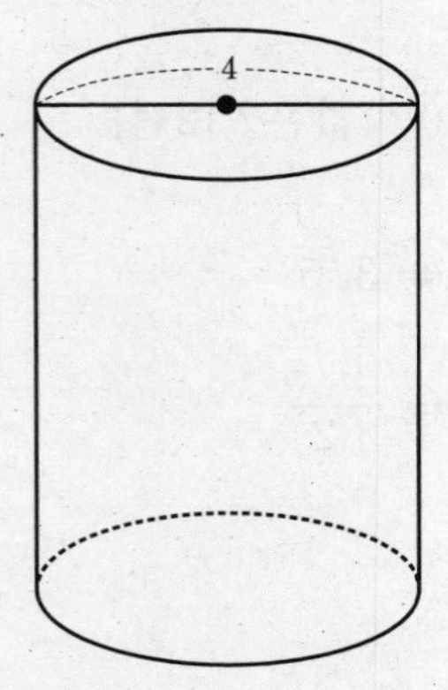

① $\frac{11}{2}$　　② 6　　③ $\frac{13}{2}$

④ 7　　⑤ $\frac{15}{2}$

6. 일차함수 $y=ax+b$의 그래프는 일차함수 $y=-\frac{2}{3}x$의 그래프와 평행하다. 일차함수 $y=ax+b$의 그래프의 x절편이 3일 때, $a+b$의 값은? (단, a와 b는 상수이다.) [3점]

① $\frac{7}{6}$　　② $\frac{4}{3}$　　③ $\frac{3}{2}$

④ $\frac{5}{3}$　　⑤ $\frac{11}{6}$

7. 다음은 어느 고등학교 1학년 학생 20명이 1년간 실시한 봉사활동 시간을 줄기와 잎 그림으로 나타낸 것이다. 이 자료의 중앙값은? [3점]

(2|0은 20시간)

줄기	잎
0	4 5
1	1 2 4 7 7
2	0 1 1 5 8 9
3	4 4 8 9
4	0 0 2

① 23시간　　② 24시간　　③ 25시간

④ 26시간　　⑤ 27시간

해설편 117쪽

8. $5^3\times6^4$이 n자리의 수일 때, n의 값은? [3점]

① 4　② 5　③ 6　④ 7　⑤ 8

9. 한 개의 주사위를 두 번 던질 때, 첫 번째 던져서 나온 눈의 수가 두 번째 던져서 나온 눈의 수보다 작을 확률은? [3점]

① $\frac{11}{36}$　② $\frac{1}{3}$　③ $\frac{13}{36}$　④ $\frac{7}{18}$　⑤ $\frac{5}{12}$

10. 일차부등식 $2a-x\le-3(x-2)$가 참이 되는 자연수 x의 개수가 4일 때, 정수 a의 값은? [3점]

① -2　② -1　③ 0　④ 1　⑤ 2

해설편 118쪽

11. [그림 1]은 가로의 길이가 $2x$, 세로의 길이가 $x+2$인 직사각형에서 가로의 길이가 1, 세로의 길이가 x인 직사각형을 잘라 낸 도형을 나타낸 것이다. [그림 2]는 세로의 길이가 x인 직사각형을 나타낸 것이다. [그림 1]의 도형과 [그림 2]의 직사각형의 넓이가 서로 같을 때, [그림 2]의 직사각형의 둘레의 길이는? $\left(단,\ x>\dfrac{1}{2}\right)$ [3점]

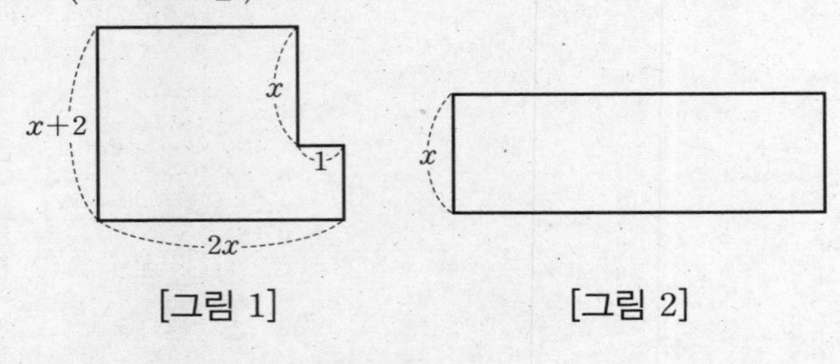

[그림 1] [그림 2]

① $4x+4$ ② $4x+6$ ③ $6x+6$
④ $6x+8$ ⑤ $8x+8$

12. 다음은 어느 반 학생 20명의 작년에 읽은 책의 수와 올해 읽은 책의 수에 대한 산점도이다.

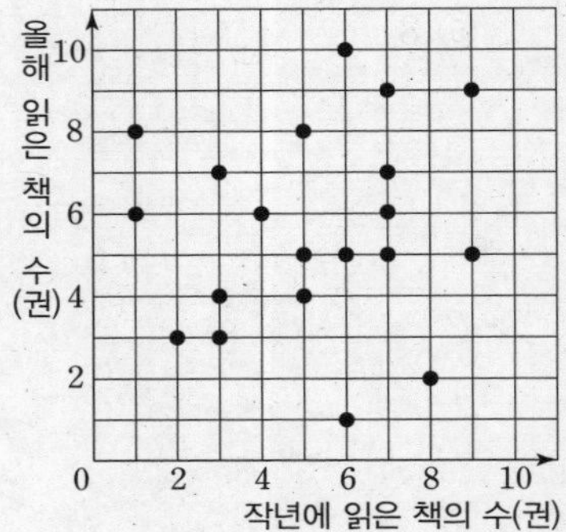

작년보다 올해 책을 더 많이 읽은 학생의 수를 a, 작년과 올해 해마다 5권 이상의 책을 읽은 학생의 수를 b라 할 때, $a+b$의 값은? [3점]

① 19 ② 21 ③ 23
④ 25 ⑤ 27

해설편 119쪽

13. 어느 제과점에서 두 종류의 선물 세트 A, B를 각각 1상자씩 만드는 데 필요한 사탕과 쿠키의 개수는 다음과 같다.

	A	B
사탕(개)	20	5
쿠키(개)	15	25

선물 세트 A를 a상자, 선물 세트 B를 b상자 만드는 데 필요한 사탕과 쿠키의 개수가 각각 360, 440일 때, $a+b$의 값은? [3점]

① 24 ② 26 ③ 28
④ 30 ⑤ 32

14. 그림과 같이 정비례 관계 $y=-\frac{1}{2}x$의 그래프와 반비례 관계 $y=\frac{a}{x}$ $(a<0)$의 그래프가 있다. 이 두 그래프가 만나는 두 점을 A, B라 할 때, 두 점 A, B의 x좌표의 합이 0이다. 점 A를 지나고 x축에 평행한 직선과 점 B를 지나고 y축에 평행한 직선이 만나는 점을 C라 할 때, 삼각형 ABC의 넓이는 16이다. 상수 a의 값은? (단, 점 A는 제4사분면 위의 점이다.) [4점]

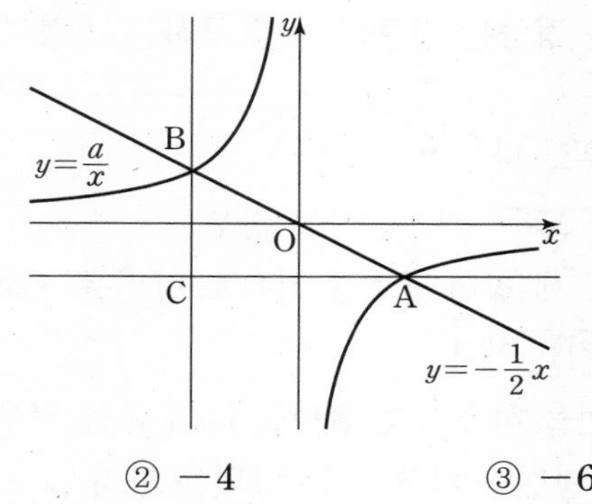

① -2 ② -4 ③ -6
④ -8 ⑤ -10

8회 2021년 3월 수학

해설편 120쪽

15. 어느 동아리에서 부원 A, B, C, D, E의 5명 중에서 3명을 선택하여 다음과 같이 동아리실 청소 당번을 정하려고 한다.

> • 월요일, 수요일, 금요일의 당번을 각각 1명씩 서로 다르게 정한다.
> • A는 당번을 하고, B와 C 중 적어도 1명은 당번을 한다.

다음은 당번을 정하는 경우의 수를 구하는 과정의 일부이다.

> 세 가지 경우로 나누어 구한다.
> (i) B와 C가 모두 당번을 하는 경우
> A, B, C 세 명이 당번을 하므로 당번을 정하는 경우의 수는 (가) 이다.
> (ii) B는 당번을 하고 C는 당번을 하지 않는 경우
> A, B가 당번을 하고, C는 당번을 하지 않으므로 당번을 정하는 경우의 수는 (나) 이다.
> (iii) C는 당번을 하고 B는 당번을 하지 않는 경우
> ⋮ (중략)
> (i), (ii), (iii)에 의하여 당번을 정하는 경우의 수는 (다) 이다.

위의 (가), (나), (다)에 알맞은 수를 각각 a, b, c라 할 때, $a+b+c$의 값은? [4점]

① 40 ② 44 ③ 48 ④ 52 ⑤ 56

16. 그림과 같이 $\angle A=52°$인 예각삼각형 ABC의 외심을 O라 하고, 선분 BO의 연장선과 변 AC가 만나는 점을 D라 하자. $\overline{BD}=\overline{BC}$일 때, $\angle OCD$의 크기는? [4점]

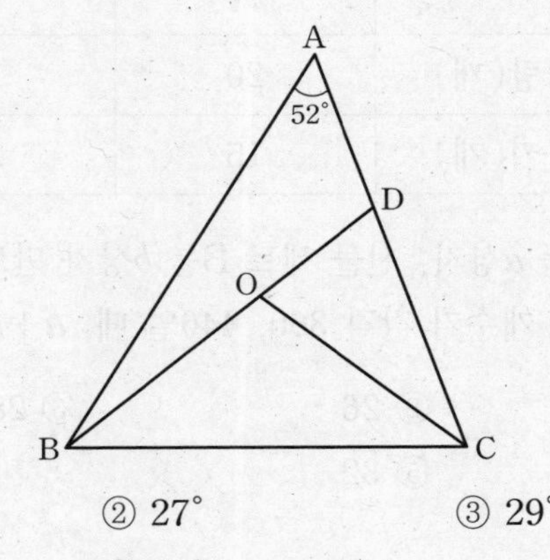

① 25° ② 27° ③ 29° ④ 31° ⑤ 33°

해설편 121쪽

17. 다음 그림은 어느 수학 전시관의 입장권을 나타낸 것이다. 이 입장권은 고객용과 회수용의 두 부분으로 나누어져 있고 고객용 부분의 넓이가 입장권의 넓이의 $\frac{\sqrt{15}}{5}$이다. 회수용 부분의 넓이가 4일 때, 입장권의 넓이는? [4점]

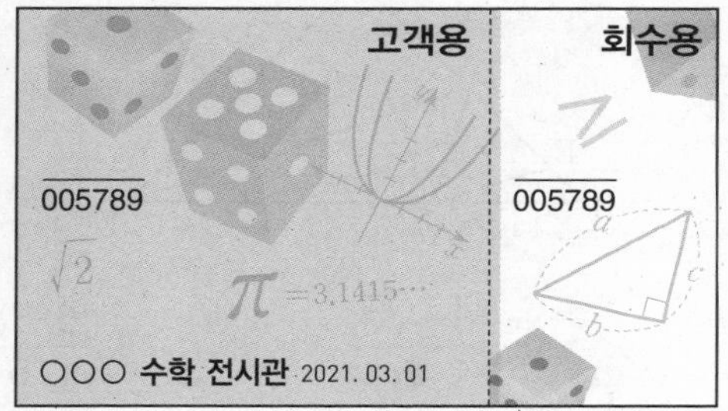

① $10+2\sqrt{15}$ ② $11+2\sqrt{15}$ ③ $4+4\sqrt{15}$
④ $8+3\sqrt{15}$ ⑤ $9+3\sqrt{15}$

18. 한 변의 길이가 2인 정사각형 ABCD의 변 AB 위의 점 E와 변 AD 위의 점 F에 대하여 다음이 성립한다.

> (가) $\overline{EB} : \overline{FD} = 2 : 1$
>
> (나) 삼각형 AEF의 넓이는 $\frac{10}{9}$이다.

선분 AF의 길이는? [4점]

① $\frac{17}{9}$ ② $\frac{11}{6}$ ③ $\frac{16}{9}$
④ $\frac{31}{18}$ ⑤ $\frac{5}{3}$

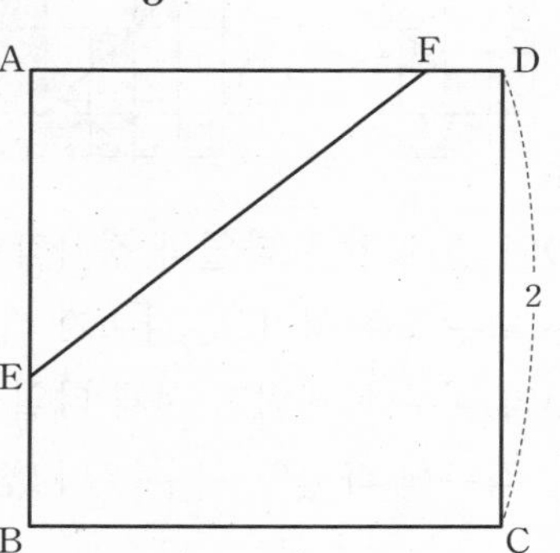

해설편 122쪽

19. 어느 평평한 광장의 네 지점 A, B, C, D를 꼭짓점으로 하는 정사각형 ABCD가 있다. 그림은 크기가 같은 정사각형 모양의 흰색 타일과 검은색 타일을 겹치지 않게 이어 붙여 정사각형 ABCD의 내부를 빈틈없이 채운 모양을 일부 생략하여 나타낸 것이다.

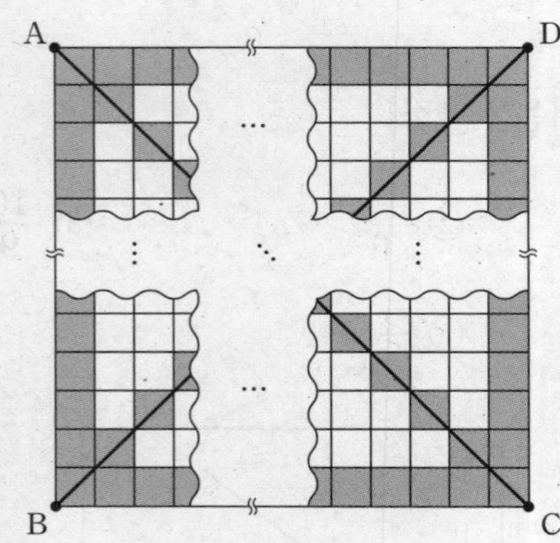

정사각형 ABCD의 변에 닿은 타일과 정사각형 ABCD의 대각선 위에 놓인 타일은 모두 검은색이고, 나머지 타일은 흰색이다. 정사각형 ABCD의 내부에 채워진 전체 타일 중에서 흰색 타일의 개수가 168일 때, 검은색 타일의 개수는? [4점]

① 156 ② 121 ③ 100 ④ 88 ⑤ 64

20. 그림과 같이 $\angle A=90^\circ$, $\overline{AB}=\overline{AC}=3$인 직각삼각형 ABC가 있다. 변 AB 위의 두 점 D, E와 변 BC 위의 점 F에 대하여 삼각형 DEF는 높이가 1인 정삼각형이다. $\angle DCA=x$일 때, $\tan x$의 값은? (단, $\overline{AD}<\overline{AE}$) [4점]

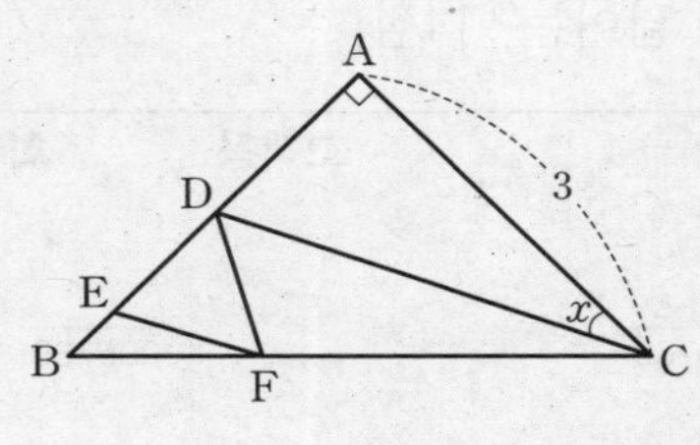

① $\frac{5-\sqrt{3}}{9}$ ② $\frac{6-\sqrt{3}}{9}$ ③ $\frac{5-\sqrt{3}}{6}$ ④ $\frac{7-\sqrt{3}}{9}$ ⑤ $\frac{6-\sqrt{3}}{6}$

21. 그림과 같이 $\overline{AB}=6$, $\overline{BC}=8$인 삼각형 ABC가 있다. 변 BC의 중점 M과 변 AC의 중점 N에 대하여 두 선분 AM, BN이 점 P에서 서로 수직으로 만날 때, 〈보기〉에서 옳은 것만을 있는 대로 고른 것은? [4점]

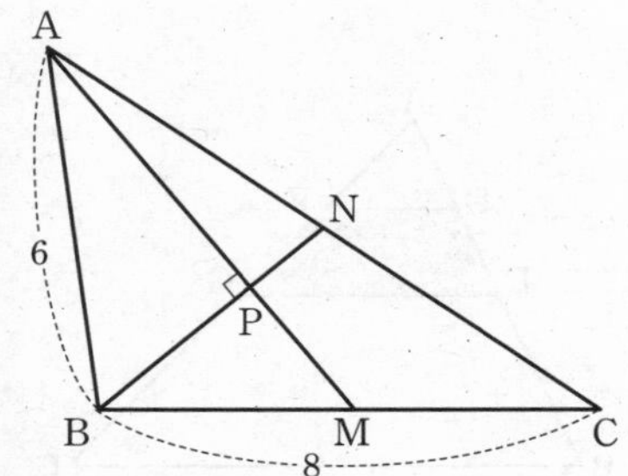

〈보기〉

ㄱ. $3\overline{AP}=2\overline{AM}$

ㄴ. $\overline{BN}=\sqrt{21}$

ㄷ. 삼각형 ABC의 넓이는 $4\sqrt{35}$이다.

① ㄱ ② ㄷ ③ ㄱ, ㄴ
④ ㄴ, ㄷ ⑤ ㄱ, ㄴ, ㄷ

단답형

22. 일차방정식 $\frac{5-x}{2}=x-8$의 해가 $x=a$일 때, a의 값을 구하시오. [3점]

23. 30 이하의 자연수 중에서 99와 서로소인 자연수의 개수를 구하시오. [3점]

해설편 124쪽

24. 다음은 어느 편의점에서 30일 동안 판매한 마스크의 일일 판매량을 조사하여 나타낸 히스토그램이다. 이 히스토그램에서 일일 판매량이 30개 이상인 일수는 전체의 a %이다. a의 값을 구하시오. [3점]

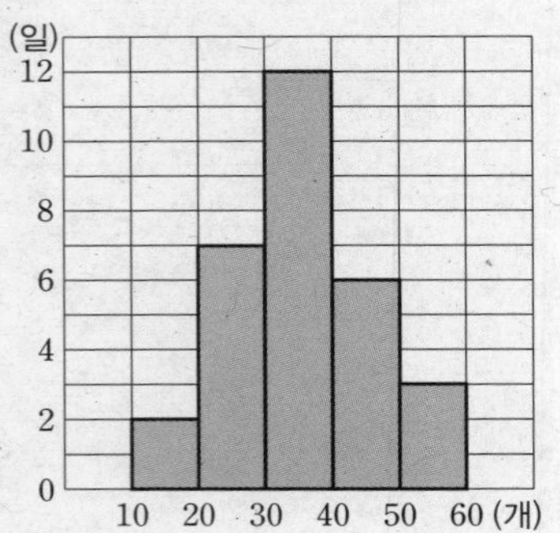

25. 다음 조건을 만족시키는 정수 a의 개수를 구하시오. [3점]

> (가) $-50 < a < 50$
>
> (나) $\frac{a}{7}$는 정수가 아닌 유리수이다.

26. 그림과 같이 삼각형 ABC의 변 AB 위의 두 점 D, E와 변 AC 위의 두 점 F, G에 대하여

$$\overline{AD}=\overline{DE},\ \overline{AE}=\overline{EB},\ \overline{AF}=\overline{FG},\ \overline{AG}=\overline{GC}$$

이다. 사각형 DEGF의 넓이가 24일 때, 삼각형 ABC의 넓이를 구하시오. [4점]

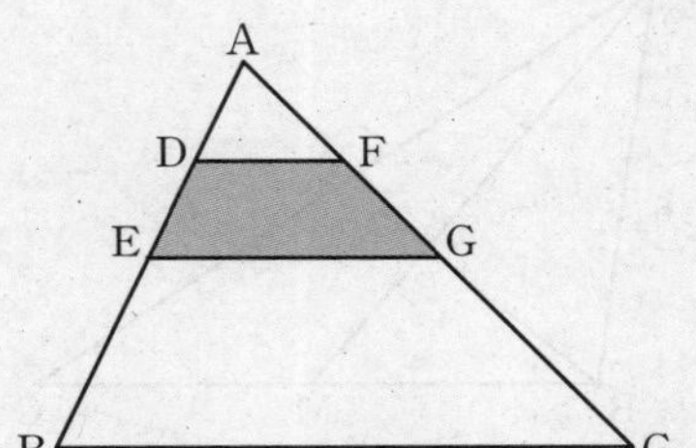

해설편 125쪽

27. 그림과 같이 이차함수 $y=ax^2$ $(a>0)$의 그래프 위의 두 점 $\mathrm{A}(p,\ 3)$, $\mathrm{B}(q,\ 3)$이 있다. 두 점 $\mathrm{C}(-1,\ -1)$, $\mathrm{D}(1,\ -1)$에 대하여 사각형 ACDB의 넓이가 자연수가 되도록 하는 자연수 a의 최댓값을 구하시오. (단, $p<q$) [4점]

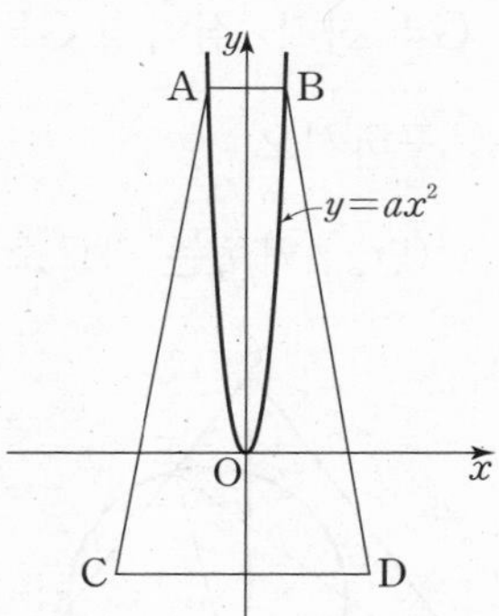

28. 그림과 같이 $\angle\mathrm{BCA}=90°$, $\overline{\mathrm{BC}}=30$, $\overline{\mathrm{AC}}=16$인 직각삼각형 ABC가 있다. 변 AB의 중점 M과 변 BC의 중점 N에 대하여 선분 MN의 연장선 위에 $\overline{\mathrm{ND}}=9$가 되도록 점 D를 잡는다.

$\angle\mathrm{ADC}=x$일 때, $\sin x=\dfrac{q}{p}$이다. $p+q$의 값을 구하시오.

(단, $\overline{\mathrm{MD}}>\overline{\mathrm{ND}}$이고 p와 q는 서로소인 자연수이다.) [4점]

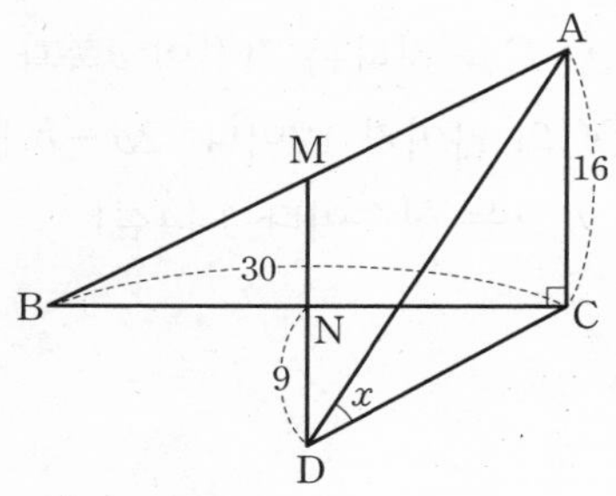

해설편 126쪽

29. 좌표평면에 꼭짓점이 점 A로 일치하는 두 이차함수

$$y=-x^2+2x,$$
$$y=ax^2+bx+c\,(a>0)$$

의 그래프가 있다. 함수 $y=ax^2+bx+c$의 그래프가 y축과 만나는 점을 B라 하고, 점 B를 지나고 x축에 평행한 직선이 함수 $y=ax^2+bx+c$의 그래프와 만나는 점 중 B가 아닌 점을 C라 하자. 두 점 A, C를 지나는 직선이 y축과 만나는 점을 D라 할 때, 삼각형 BDC의 넓이가 12이다. $2a-b+c$의 값을 구하시오. (단, a, b, c는 상수이다.) [4점]

30. 그림과 같이 $\overline{\mathrm{AB}}=\overline{\mathrm{AC}}=25$, $\overline{\mathrm{BC}}=30$인 삼각형 ABC가 있다. 점 A에서 변 BC에 내린 수선의 발을 D라 하고, 점 B에서 변 AC에 내린 수선의 발을 E라 하자. 선분 DE를 지름으로 하는 원이 변 BC와 만나는 점 중 D가 아닌 점을 F, 변 AC와 만나는 점 중 E가 아닌 점을 G라 하자. 삼각형 GFC의 둘레의 길이가 $\frac{q}{p}$일 때, $p+q$의 값을 구하시오.

(단, p와 q는 서로소인 자연수이다.) [4점]

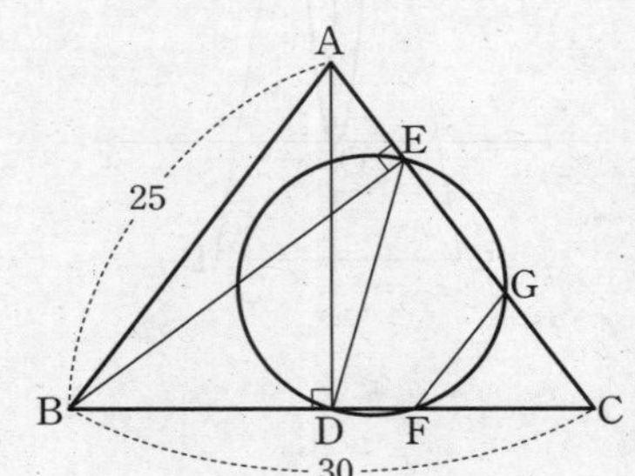

※ 확인 사항

○ 답안지의 해당란에 필요한 내용을 정확히 기입(표기) 했는지 확인하시오.

해설편 127쪽

2024년 3월 고1 전국연합 학력평가 문제지

제 3 교시

영어 영역

9회	시험 시간	70분
	날짜	월 일 요일
시작 시각 :	종료 시각	:

1번부터 17번까지는 듣고 답하는 문제입니다. 1번부터 15번까지는 한 번만 들려주고, 16번부터 17번까지는 두 번 들려줍니다. 방송을 잘 듣고 답을 하시기 바랍니다.

1. 다음을 듣고, 남자가 하는 말의 목적으로 가장 적절한 것을 고르시오.

① 학교 체육관 공사 일정을 알리려고
② 학교 수업 시간표 조정을 안내하려고
③ 학교 통학 시 대중교통 이용을 권장하려고
④ 학교 방과 후 수업 신청 방식을 설명하려고
⑤ 학교 셔틀버스 운행 시간 변경을 공지하려고

2. 대화를 듣고, 여자의 의견으로 가장 적절한 것을 고르시오.

① 전기 자전거 이용 전에 배터리 상태를 점검하여야 한다.
② 전기 자전거 운행에 관한 규정이 더 엄격해야 한다.
③ 전기 자전거의 속도 규정에 대한 논의가 필요하다.
④ 전기 자전거 구입 시 가격을 고려해야 한다.
⑤ 전기 자전거 이용 시 헬멧을 착용해야 한다.

3. 다음을 듣고, 여자가 하는 말의 요지로 가장 적절한 것을 고르시오.

① 학업 목표를 분명히 설정하는 것이 필요하다.
② 친구와의 협력은 학교생활의 중요한 덕목이다.
③ 과제 제출 마감 기한을 확인하고 준수해야 한다.
④ 적절한 휴식은 성공적인 과업 수행의 핵심 요소이다.
⑤ 할 일의 목록을 활용하는 것이 시간 관리에 유용하다.

4. 대화를 듣고, 그림에서 대화의 내용과 일치하지 않는 것을 고르시오.

5. 대화를 듣고, 남자가 할 일로 가장 적절한 것을 고르시오.

① 따뜻한 옷 챙기기
② 체스 세트 가져가기
③ 읽을 책 고르기
④ 간편식 구매하기
⑤ 침낭 준비하기

6. 대화를 듣고, 여자가 지불할 금액을 고르시오. [3점]

① $15 ② $20 ③ $27 ④ $30 ⑤ $33

7. 대화를 듣고, 남자가 체육 대회 연습을 할 수 없는 이유를 고르시오.

① 시험공부를 해야 해서
② 동아리 면접이 있어서
③ 축구화를 가져오지 않아서
④ 다리가 완전히 회복되지 않아서
⑤ 가족 식사 모임에 참석해야 해서

8. 대화를 듣고, Science Open Lab Program에 관해 언급되지 않은 것을 고르시오.

① 지원 가능 학년
② 실험 재료 구입 필요성
③ 지원서 제출 기한
④ 참가 인원수
⑤ 시상 여부

9. Triwood High School Volunteer Program에 관한 다음 내용을 듣고, 일치하지 않는 것을 고르시오.

① 노인을 도와주는 봉사 활동이다.
② 봉사자는 대면으로 활동한다.
③ 스마트폰 사용 방법 교육을 한다.
④ 봉사자는 매주 토요일에 세 시간씩 참여한다.
⑤ 지원자는 이메일로 참가 신청서를 보내야 한다.

10. 다음 표를 보면서 대화를 듣고, 여자가 주문할 휴대용 선풍기를 고르시오.

Portable Fan

	Model	Number of Speed Options	Color	LED Display	Price
①	A	1	blue	×	$15
②	B	3	white	○	$26
③	C	3	yellow	×	$31
④	D	4	pink	×	$37
⑤	E	5	green	○	$42

11. 대화를 듣고, 남자의 마지막 말에 대한 여자의 응답으로 가장 적절한 것을 고르시오.

① I can help you find it.
② I already bought a new one.
③ I had it before biology class.
④ You should report it to the police.
⑤ It was a birthday gift from my dad.

해설편 129쪽

12. 대화를 듣고, 여자의 마지막 말에 대한 남자의 응답으로 가장 적절한 것을 고르시오.

① Thank you. Everything looks delicious.
② Yes. I have an appointment this Saturday.
③ You're welcome. I made it with my dad's recipe.
④ Sounds good. What time did you make a reservation?
⑤ That's too bad. Why don't we try another restaurant?

13. 대화를 듣고, 남자의 마지막 말에 대한 여자의 응답으로 가장 적절한 것을 고르시오. [3점]

Woman: ______________________________

① No problem. You can find other projects at the organization.
② Sure. Let's choose one from your old children's books.
③ Congratulations. You finally made your first audiobook.
④ I hope so. You're going to be a wonderful writer.
⑤ Exactly. Kids grow faster than you think.

14. 대화를 듣고, 여자의 마지막 말에 대한 남자의 응답으로 가장 적절한 것을 고르시오.

Man: ______________________________

① Well, let's do the presentation together.
② Cheer up! I know you did your best.
③ Yes, I got a good grade on science.
④ Wow! it was a really nice presentation.
⑤ Right. I have already finished the project.

15. 다음 상황 설명을 듣고, Robert가 Michelle에게 할 말로 가장 적절한 것을 고르시오. [3점]

Robert: ______________________________

① When can I use the library?
② Where can I find the library?
③ How can I join the reading club?
④ Why do you want to go to the library?
⑤ What time does the lost and found open?

[16 ~ 17] 다음을 듣고, 물음에 답하시오.

16. 남자가 하는 말의 주제로 가장 적절한 것은?

① useful foods to relieve coughs
② importance of proper food recipes
③ various causes of cough symptoms
④ traditional home remedies for fever
⑤ connection between weather and cough

17. 언급된 음식 재료가 아닌 것은?

① ginger ② lemon ③ pineapple
④ honey ⑤ banana

이제 듣기 문제가 끝났습니다. 18번부터는 문제지의 지시에 따라 답을 하시기 바랍니다.

18. 다음 글의 목적으로 가장 적절한 것은?

Dear Ms. Jane Watson,

I am John Austin, a science teacher at Crestville High School. Recently I was impressed by the latest book you wrote about the environment. Also my students read your book and had a class discussion about it. They are big fans of your book, so I'd like to ask you to visit our school and give a special lecture. We can set the date and time to suit your schedule. Having you at our school would be a fantastic experience for the students. We would be very grateful if you could come.

Best regards,
John Austin

① 환경 보호의 중요성을 강조하려고
② 글쓰기에서 주의할 점을 알려 주려고
③ 특강 강사로 작가의 방문을 요청하려고
④ 작가의 팬 사인회 일정 변경을 공지하려고
⑤ 작가가 쓴 책의 내용에 관하여 문의하려고

19. 다음 글에 드러난 Sarah의 심경 변화로 가장 적절한 것은?

Marilyn and her three-year-old daughter, Sarah, took a trip to the beach, where Sarah built her first sandcastle. Moments later, an enormous wave destroyed Sarah's castle. In response to the loss of her sandcastle, tears streamed down Sarah's cheeks and her heart was broken. She ran to Marilyn, saying she would never build a sandcastle again. Marilyn said, "Part of the joy of building a sandcastle is that, in the end, we give it as a gift to the ocean." Sarah loved this idea and responded with enthusiasm to the idea of building another castle — this time, even closer to the water so the ocean would get its gift sooner!

① sad → excited ② envious → anxious
③ bored → joyful ④ relaxed → regretful
⑤ nervous → surprised

20. 다음 글에서 필자가 주장하는 바로 가장 적절한 것은?

Magic is what we all wish for to happen in our life. Do you love the movie *Cinderella* like me? Well, in real life, you can also create magic. Here's the trick. Write down all the real-time challenges that you face and deal with. Just change the challenge statement into positive statements. Let me give you an example here. If you struggle with getting up early in the morning, then write a positive statement such as "I get up early in the morning at 5:00 am every day." Once you write these statements, get ready to witness magic and confidence. You will be surprised that just by writing these statements, there is a shift in the way you think and act. Suddenly you feel more powerful and positive.

해설편 131쪽

① 목표한 바를 꼭 이루려면 생각을 곧바로 행동으로 옮겨라.
② 자신감을 얻으려면 어려움을 긍정적인 진술로 바꿔 써라.
③ 어려운 일을 해결하려면 주변 사람에게 도움을 청하라.
④ 일상에서 자신감을 향상하려면 틈틈이 마술을 배워라.
⑤ 실생활에서 마주하는 도전을 피하지 말고 견뎌 내라.

21. 밑줄 친 push animal senses into Aristotelian buckets가 다음 글에서 의미하는 바로 가장 적절한 것은? [3점]

Consider the seemingly simple question *How many senses are there*? Around 2,370 years ago, Aristotle wrote that there are five, in both humans and animals — sight, hearing, smell, taste, and touch. However, according to the philosopher Fiona Macpherson, there are reasons to doubt it. For a start, Aristotle missed a few in humans: the perception of your own body which is different from touch and the sense of balance which has links to both touch and vision. Other animals have senses that are even harder to categorize. Many vertebrates have a different sense system for detecting odors. Some snakes can detect the body heat of their prey. These examples tell us that "senses cannot be clearly divided into a limited number of specific kinds," Macpherson wrote in *The Senses*. Instead of trying to push animal senses into Aristotelian buckets, we should study them for what they are.

* vertebrate: 척추동물 ** odor: 냄새

① sort various animal senses into fixed categories
② keep a balanced view to understand real senses
③ doubt the traditional way of dividing all senses
④ ignore the lessons on senses from Aristotle
⑤ analyze more animals to find real senses

22. 다음 글의 요지로 가장 적절한 것은?

When we think of leaders, we may think of people such as Abraham Lincoln or Martin Luther King, Jr. If you consider the historical importance and far-reaching influence of these individuals, leadership might seem like a noble and high goal. But like all of us, these people started out as students, workers, and citizens who possessed ideas about how some aspect of daily life could be improved on a larger scale. Through diligence and experience, they improved upon their ideas by sharing them with others, seeking their opinions and feedback and constantly looking for the best way to accomplish goals for a group. Thus we all have the potential to be leaders at school, in our communities, and at work, regardless of age or experience.

* diligence: 근면

① 훌륭한 리더는 고귀한 목표를 위해 희생적인 삶을 산다.
② 위대한 인물은 위기의 순간에 뛰어난 결단력을 발휘한다.
③ 공동체를 위한 아이디어를 발전시키는 누구나 리더가 될 수 있다.
④ 다른 사람의 의견을 경청하는 자세는 목표 달성에 가장 중요하다.
⑤ 근면하고 경험이 풍부한 사람들은 경제적으로 성공할 수 있다.

23. 다음 글의 주제로 가장 적절한 것은?

Crop rotation is the process in which farmers change the crops they grow in their fields in a special order. For example, if a farmer has three fields, he or she may grow carrots in the first field, green beans in the second, and tomatoes in the third. The next year, green beans will be in the first field, tomatoes in the second field, and carrots will be in the third. In year three, the crops will rotate again. By the fourth year, the crops will go back to their original order. Each crop enriches the soil for the next crop. This type of farming is sustainable because the soil stays healthy.

* sustainable: 지속 가능한

① advantage of crop rotation in maintaining soil health
② influence of purchasing organic food on farmers
③ ways to choose three important crops for rich soil
④ danger of growing diverse crops in small spaces
⑤ negative impact of crop rotation on the environment

24. 다음 글의 제목으로 가장 적절한 것은?

Working around the whole painting, rather than concentrating on one area at a time, will mean you can stop at any point and the painting can be considered "finished." Artists often find it difficult to know when to stop painting, and it can be tempting to keep on adding more to your work. It is important to take a few steps back from the painting from time to time to assess your progress. Putting too much into a painting can spoil its impact and leave it looking overworked. If you find yourself struggling to decide whether you have finished, take a break and come back to it later with fresh eyes. Then you can decide whether any areas of your painting would benefit from further refinement.

* tempting: 유혹하는 ** refinement: 정교하게 꾸밈

① Drawing Inspiration from Diverse Artists
② Don't Spoil Your Painting by Leaving It Incomplete
③ Art Interpretation: Discover Meanings in a Painting
④ Do Not Put Down Your Brush: The More, the Better
⑤ Avoid Overwork and Find the Right Moment to Finish

해설편 133쪽

25. 다음 도표의 내용과 일치하지 않는 것은?

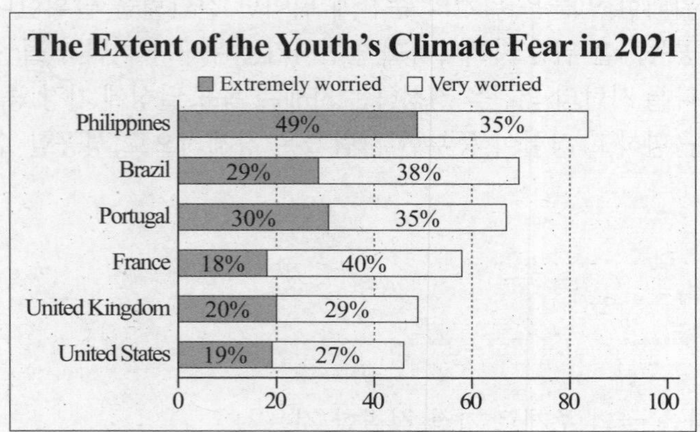

The above graph shows the extent to which young people aged 16–25 in six countries had fear about climate change in 2021. ① The Philippines had the highest percentage of young people who said they were extremely or very worried, at 84 percent, followed by 67 percent in Brazil. ② More than 60 percent of young people in Portugal said they were extremely worried or very worried. ③ In France, the percentage of young people who were extremely worried was higher than that of young people who were very worried. ④ In the United Kingdom, the percentage of young generation who said that they were very worried was 29 percent. ⑤ In the United States, the total percentage of extremely worried and very worried youth was the smallest among the six countries.

26. Jaroslav Heyrovsky에 관한 다음 글의 내용과 일치하지 않는 것은?

Jaroslav Heyrovsky was born in Prague on December 20, 1890, as the fifth child of Leopold Heyrovsky. In 1901 Jaroslav went to a secondary school called the Akademicke Gymnasium. Rather than Latin and Greek, he showed a strong interest in the natural sciences. At Czech University in Prague he studied chemistry, physics, and mathematics. From 1910 to 1914 he continued his studies at University College, London. Throughout the First World War, Jaroslav served in a military hospital. In 1926, Jaroslav became the first Professor of Physical Chemistry at Charles University in Prague. He won the Nobel Prize in chemistry in 1959.

① 라틴어와 그리스어보다 자연 과학에 강한 흥미를 보였다.
② Czech University에서 화학, 물리학 및 수학을 공부했다.
③ 1910년부터 1914년까지 런던에서 학업을 이어 나갔다.
④ 제1차 세계 대전이 끝난 후 군 병원에 복무했다.
⑤ 1959년에 노벨 화학상을 수상했다.

27. Spring Tea Class for Young People에 관한 다음 안내문의 내용과 일치하지 않는 것은?

Spring Tea Class for Young People

Join us for a delightful Spring Tea Class for young people, where you'll experience the taste of tea from various cultures around the world.

Class Schedule
- Friday, April 5 (4:30 p.m. – 6:00 p.m.)
- Saturday, April 6 (9:30 a.m. – 11:00 a.m.)

Details
- We will give you tea and snacks.
- We offer special tips for hosting a tea party.

Participation Fee
- Age 13 – 15: $25 per person
- Age 16 – 18: $30 per person

Note

If you have any food allergy, you should email us in advance at youth@seasonteaclass.com.

① 수강생은 전 세계 다양한 문화권의 차를 경험할 수 있다.
② 금요일 수업은 오후에 1시간 30분 동안 진행된다.
③ 수강생에게 차와 간식을 제공할 것이다.
④ 15세 이하의 수강생은 30달러의 참가비를 내야 한다.
⑤ 음식 알레르기가 있는 수강생은 이메일을 미리 보내야 한다.

28. Clothes Upcycling Contest 2024에 관한 다음 안내문의 내용과 일치하는 것은?

Clothes Upcycling Contest 2024

Are you passionate about fashion and the environment? Then we have a contest for you!

- **Participants**
  – Anyone living in Lakewood, aged 11 to 18
- **How to participate**
  – Take before and after photos of your upcycled clothes.
  – Email the photos at lovelw@lwplus.com.
  – Send in the photos from April 14 to May 12.
- **Winning Prize**
  – A $100 gift card to use at local shops
  – The winner will be announced on our website on May 30.

For more details, visit our website www.lovelwplus.com.

해설편 136쪽

① Lakewood에 사는 사람이면 누구든지 참가할 수 있다.
② 참가자는 출품 사진을 직접 방문하여 제출해야 한다.
③ 참가자는 5월 14일까지 출품 사진을 제출할 수 있다.
④ 우승 상품은 지역 상점에서 쓸 수 있는 기프트 카드이다.
⑤ 지역 신문을 통해 우승자를 발표한다.

29. 다음 글의 밑줄 친 부분 중, 어법상 틀린 것은? [3점]

It would be hard to overstate how important meaningful work is to human beings — work ① that provides a sense of fulfillment and empowerment. Those who have found deeper meaning in their careers find their days much more energizing and satisfying, and ② to count their employment as one of their greatest sources of joy and pride. Sonya Lyubomirsky, professor of psychology at the University of California, has conducted numerous workplace studies ③ showing that when people are more fulfilled on the job, they not only produce higher quality work and a greater output, but also generally earn higher incomes. Those most satisfied with their work ④ are also much more likely to be happier with their lives overall. For her book *Happiness at Work*, researcher Jessica Pryce-Jones conducted a study of 3,000 workers in seventy-nine countries, ⑤ finding that those who took greater satisfaction from their work were 150 percent more likely to have a happier life overall.

* numerous: 수많은

30. 다음 글의 밑줄 친 부분 중, 문맥상 낱말의 쓰임이 적절하지 않은 것은? [3점]

The rate of speed at which one is traveling will greatly determine the ability to process detail in the environment. In evolutionary terms, human senses are adapted to the ① speed at which humans move through space under their own power while walking. Our ability to distinguish detail in the environment is therefore ideally ② suited to movement at speeds of perhaps five miles per hour and under. The fastest users of the street, motorists, therefore have a much more limited ability to process details along the street — a motorist simply has ③ enough time or ability to appreciate design details. On the other hand, pedestrian travel, being much slower, allows for the ④ appreciation of environmental detail. Joggers and bicyclists fall somewhere in between these polar opposites; while they travel faster than pedestrians, their rate of speed is ordinarily much ⑤ slower than that of the typical motorist.

* distinguish: 구별하다 ** pedestrian: 보행자

[31 ~ 34] 다음 빈칸에 들어갈 말로 가장 적절한 것을 고르시오.

31. Every species has certain climatic requirements — what degree of heat or cold it can endure, for example. When the climate changes, the places that satisfy those requirements change, too. Species are forced to follow. All creatures are capable of some degree of ______________ . Even creatures that appear immobile, like trees and barnacles, are capable of dispersal at some stage of their life — as a seed, in the case of the tree, or as a larva, in the case of the barnacle. A creature must get from the place it is born — often occupied by its parent — to a place where it can survive, grow, and reproduce. From fossils, scientists know that even creatures like trees moved with surprising speed during past periods of climate change.

* barnacle: 따개비 ** dispersal: 분산 *** fossil: 화석

① endurance
② movement
③ development
④ transformation
⑤ communication

32. No respectable boss would say, "I make it a point to discourage my staff from speaking up, and I maintain a culture that prevents disagreeing viewpoints from ever getting aired." If anything, most bosses even say that they are pro-dissent. This idea can be found throughout the series of conversations with corporate, university, and nonprofit leaders, published weekly in the business sections of newspapers. In the interviews, the featured leaders are asked about their management techniques, and regularly claim to continually encourage ________________ from more junior staffers. As Bot Pittman remarked in one of these conversations: "I want us to listen to these dissenters because they may intend to tell you why we can't do something, but if you listen hard, what they're really telling you is what you must do to get something done." [3점]

* dissent: 반대

① unconditional loyalty
② positive attitude
③ internal protest
④ competitive atmosphere
⑤ outstanding performance

33. One of the most striking characteristics of a sleeping animal or person is that they do not respond normally to environmental stimuli. If you open the eyelids of a sleeping mammal the eyes will not see normally — they ____________________. Some visual information apparently gets in, but it is not normally processed as it is shortened or weakened; same with the other sensing systems. Stimuli are registered but not processed normally and they fail to wake the individual. Perceptual disengagement probably serves the function of protecting sleep, so some authors do not count it as part of the definition of sleep itself. But as sleep would be impossible without it, it seems essential to its definition. Nevertheless, many animals (including humans) use the intermediate state of drowsiness to derive some benefits of sleep without total perceptual disengagement. [3점]

* stimuli: 자극 ** disengagement: 이탈 *** drowsiness: 졸음

① get recovered easily
② will see much better
③ are functionally blind
④ are completely activated
⑤ process visual information

34. A number of research studies have shown how experts in a field often experience difficulties when introducing newcomers to that field. For example, in a genuine training situation, Dr Pamela Hinds found that people expert in using mobile phones were remarkably less accurate than novice phone users in judging how long it takes people to learn to use the phones. Experts can become insensitive to how hard a task is for the beginner, an effect referred to as the 'curse of knowledge'. Dr Hinds was able to show that as people acquired the skill, they then began to underestimate the level of difficulty of that skill. Her participants even underestimated how long it had taken themselves to acquire that skill in an earlier session. Knowing that experts forget how hard it was for them to learn, we can understand the need to ____________________, rather than making assumptions about how students 'should be' learning. [3점]

* novice: 초보

① focus on the new functions of digital devices
② apply new learning theories recently released
③ develop varieties of methods to test students
④ forget the difficulties that we have had as students
⑤ look at the learning process through students' eyes

35. 다음 글에서 전체 흐름과 관계 없는 문장은?

A group of psychologists studied individuals with severe mental illness who experienced weekly group music therapy, including singing familiar songs and composing original songs. ① The results showed that the group music therapy improved the quality of participants' life, with those participating in a greater number of sessions experiencing the greatest benefits. ② Focusing on singing, another group of psychologists reviewed articles on the efficacy of group singing as a mental health treatment for individuals living with a mental health condition in a community setting. ③ The findings showed that, when people with mental health conditions participated in a choir, their mental health and wellbeing significantly improved. ④ The negative effects of music were greater than the psychologists expected. ⑤ Group singing provided enjoyment, improved emotional states, developed a sense of belonging and enhanced self-confidence.

* therapy: 치료 ** efficacy: 효능

[36 ~ 37] 주어진 글 다음에 이어질 글의 순서로 가장 적절한 것을 고르시오.

36.

In many sports, people realized the difficulties and even impossibilities of young children participating fully in many adult sport environments.

(A) As examples, baseball has T ball, football has flag football and junior soccer uses a smaller and lighter ball and (sometimes) a smaller field. All have junior competitive structures where children play for shorter time periods and often in smaller teams.

(B) In a similar way, tennis has adapted the court areas, balls and rackets to make them more appropriate for children under 10. The adaptations are progressive and relate to the age of the child.

(C) They found the road to success for young children is unlikely if they play on adult fields, courts or arenas with equipment that is too large, too heavy or too fast for them to handle while trying to compete in adult-style competition. Common sense has prevailed: different sports have made adaptations for children.

* prevail: 널리 퍼지다

① (A) − (C) − (B) ② (B) − (A) − (C)
③ (B) − (C) − (A) ④ (C) − (A) − (B)
⑤ (C) − (B) − (A)

해설편 140쪽

37.

> With no horses available, the Inca empire excelled at delivering messages on foot.

(A) When a messenger neared the next hut, he began to call out and repeated the message three or four times to the one who was running out to meet him. The Inca empire could relay messages 1,000 miles (1,610 km) in three or four days under good conditions.

(B) The messengers were stationed on the royal roads to deliver the Inca king's orders and reports coming from his lands. Called Chasquis, they lived in groups of four to six in huts, placed from one to two miles apart along the roads.

(C) They were all young men and especially good runners who watched the road in both directions. If they caught sight of another messenger coming, they hurried out to meet them. The Inca built the huts on high ground, in sight of one another. [3점]

* excel: 탁월하다 ** messenger: 전령

① (A) – (C) – (B) ② (B) – (A) – (C)
③ (B) – (C) – (A) ④ (C) – (A) – (B)
⑤ (C) – (B) – (A)

[38 ~ 39] 글의 흐름으로 보아, 주어진 문장이 들어가기에 가장 적절한 곳을 고르시오.

38.

> Research in the 1980s and 1990s, however, demonstrated that the "tongue map" explanation of how we taste was, in fact, totally wrong.

The tongue was mapped into separate areas where certain tastes were registered: sweetness at the tip, sourness on the sides, and bitterness at the back of the mouth. (①) As it turns out, the map was a misinterpretation and mistranslation of research conducted in Germany at the turn of the twentieth century. (②) Today, leading taste researchers believe that taste buds are not grouped according to specialty. (③) Sweetness, saltiness, bitterness, and sourness can be tasted everywhere in the mouth, although they may be perceived at a little different intensities at different sites. (④) Moreover, the mechanism at work is not place, but time. (⑤) It's not that you taste sweetness at the tip of your tongue, but rather that you register that perception *first*.

* taste bud: 미뢰

39.

> Environmental factors can also determine how the animal will respond during the treatment.

No two animals are alike. (①) Animals from the same litter will display some of the same features, but will not be exactly the same as each other; therefore, they may not respond in entirely the same way during a healing session. (②) For instance, a cat in a rescue center will respond very differently than a cat within a domestic home environment. (③) In addition, animals that experience healing for physical illness will react differently than those accepting healing for emotional confusion. (④) With this in mind, every healing session needs to be explored differently, and each healing treatment should be adjusted to suit the specific needs of the animal. (⑤) You will learn as you go; healing is a constant learning process.

* litter: (한 배에서 태어난) 새끼들

40. 다음 글의 내용을 한 문장으로 요약하고자 한다. 빈칸 (A), (B)에 들어갈 말로 가장 적절한 것은?

> The mind has parts that are known as the conscious mind and the subconscious mind. The subconscious mind is very fast to act and doesn't deal with emotions. It deals with memories of your responses to life, your memories and recognition. However, the conscious mind is the one that you have more control over. You think. You can choose whether to carry on a thought or to add emotion to it and this is the part of your mind that lets you down frequently because — fueled by emotions — you make the wrong decisions time and time again. When your judgment is clouded by emotions, this puts in biases and all kinds of other negativities that hold you back. Scared of spiders? Scared of the dark? There are reasons for all of these fears, but they originate in the conscious mind. They only become real fears when the subconscious mind records your reactions.

⬇

> While the controllable conscious mind deals with thoughts and ____(A)____, the fast-acting subconscious mind stores your responses, ____(B)____ real fears.

	(A)		(B)
①	emotions	……	forming
②	actions	……	overcoming
③	emotions	……	overcoming
④	actions	……	avoiding
⑤	moralities	……	forming

9회 2024년 3월 영어

[41 ~ 42] 다음 글을 읽고, 물음에 답하시오.

Norms are everywhere, defining what is "normal" and guiding our interpretations of social life at every turn. As a simple example, there is a norm in Anglo society to say *Thank you* to strangers who have just done something to (a) help, such as open a door for you, point out that you've just dropped something, or give you directions. There is no law that forces you to say *Thank you*. But if people don't say *Thank you* in these cases it is marked. People expect that you will say it. You become responsible. (b) Failing to say it will be both surprising and worthy of criticism. Not knowing the norms of another community is the (c) central problem of cross-cultural communication. To continue the *Thank you* example, even though another culture may have an expression that appears translatable (many don't), there may be (d) similar norms for its usage, for example, such that you should say *Thank you* only when the cost someone has caused is considerable. In such a case it would sound ridiculous (i.e., unexpected, surprising, and worthy of criticism) if you were to thank someone for something so (e) minor as holding a door open for you.

41. 윗글의 제목으로 가장 적절한 것은?

① Norms: For Social Life and Cultural Communication
② Don't Forget to Say "Thank you" at Any Time
③ How to Be Responsible for Your Behaviors
④ Accept Criticism Without Hurting Yourself
⑤ How Did Diverse Languages Develop?

42. 밑줄 친 (a)~(e) 중에서 문맥상 낱말의 쓰임이 적절하지 않은 것은?

① (a) ② (b) ③ (c) ④ (d) ⑤ (e)

[43 ~ 45] 다음 글을 읽고, 물음에 답하시오.

(A)

Long ago, when the world was young, an old Native American spiritual leader Odawa had a dream on a high mountain. In his dream, Iktomi, the great spirit and searcher of wisdom, appeared to (a) him in the form of a spider. Iktomi spoke to him in a holy language.

(B)

Odawa shared Iktomi's lesson with (b) his people. Today, many Native Americans have dream catchers hanging above their beds. Dream catchers are believed to filter out bad dreams. The good dreams are captured in the web of life and carried with the people. The bad dreams pass through the hole in the web and are no longer a part of their lives.

(C)

When Iktomi finished speaking, he spun a web and gave it to Odawa. He said to Odawa, "The web is a perfect circle with a hole in the center. Use the web to help your people reach their goals. Make good use of their ideas, dreams, and visions. If (c) you believe in the great spirit, the web will catch your good ideas and the bad ones will go through the hole." Right after Odawa woke up, he went back to his village.

(D)

Iktomi told Odawa about the cycles of life. (d) He said, "We all begin our lives as babies, move on to childhood, and then to adulthood. Finally, we come to old age, where we must be taken care of as babies again." Iktomi also told (e) him that there are good and bad forces in each stage of life. "If we listen to the good forces, they will guide us in the right direction. But if we listen to the bad forces, they will lead us the wrong way and may harm us," Iktomi said.

43. 주어진 글 (A)에 이어질 내용을 순서에 맞게 배열한 것으로 가장 적절한 것은?

① (B) − (D) − (C) ② (C) − (B) − (D)
③ (C) − (D) − (B) ④ (D) − (B) − (C)
⑤ (D) − (C) − (B)

44. 밑줄 친 (a)~(e) 중에서 가리키는 대상이 나머지 넷과 다른 것은?

① (a) ② (b) ③ (c) ④ (d) ⑤ (e)

45. 윗글에 관한 내용으로 적절하지 않은 것은?

① Odawa는 높은 산에서 꿈을 꾸었다.
② 많은 미국 원주민은 드림캐처를 현관 위에 건다.
③ Iktomi는 Odawa에게 거미집을 짜서 주었다.
④ Odawa는 잠에서 깨자마자 자신의 마을로 돌아갔다.
⑤ Iktomi는 Odawa에게 삶의 순환에 대해 알려 주었다.

※ 확인 사항
○ 답안지의 해당란에 필요한 내용을 정확히 기입(표기)했는지 확인하시오.

해설편 147쪽

MP3
RA124_10

2023년 3월 고1 전국연합 학력평가 문제지

제 3 교시

영어 영역

10회	시험 시간	70분
	날짜	월 일 요일
시작 시각 :	종료 시각	:

1번부터 17번까지는 듣고 답하는 문제입니다. 1번부터 15번까지는 한 번만 들려주고, 16번부터 17번까지는 두 번 들려줍니다. 방송을 잘 듣고 답을 하시기 바랍니다.

1. 다음을 듣고, 남자가 하는 말의 목적으로 가장 적절한 것을 고르시오.

① 아이스하키부의 우승을 알리려고
② 아이스하키부 훈련 일정을 공지하려고
③ 아이스하키부 신임 감독을 소개하려고
④ 아이스하키부 선수 모집을 안내하려고
⑤ 아이스하키부 경기의 관람을 독려하려고

2. 대화를 듣고, 여자의 의견으로 가장 적절한 것을 고르시오.

① 과다한 항생제 복용을 자제해야 한다.
② 오래된 약을 함부로 폐기해서는 안 된다.
③ 약을 복용할 때는 정해진 시간을 지켜야 한다.
④ 진료 전에 자신의 증상을 정확히 확인해야 한다.
⑤ 다른 사람에게 처방된 약을 복용해서는 안 된다.

3. 대화를 듣고, 두 사람의 관계를 가장 잘 나타낸 것을 고르시오.

① 관람객 – 박물관 관장
② 세입자 – 건물 관리인
③ 화가 – 미술관 직원
④ 고객 – 전기 기사
⑤ 의뢰인 – 건축사

4. 대화를 듣고, 그림에서 대화의 내용과 일치하지 않는 것을 고르시오.

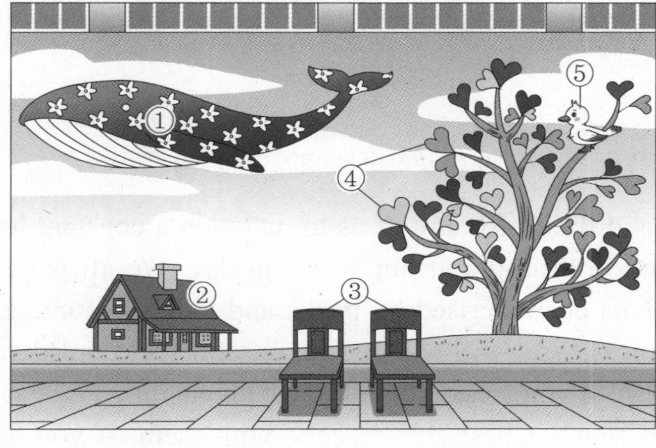

5. 대화를 듣고, 남자가 할 일로 가장 적절한 것을 고르시오.

① 티켓 디자인하기 ② 포스터 게시하기
③ 블로그 개설하기 ④ 밴드부원 모집하기
⑤ 콘서트 장소 대여하기

6. 대화를 듣고, 여자가 지불할 금액을 고르시오. [3점]

① $70 ② $90 ③ $100 ④ $110 ⑤ $120

7. 대화를 듣고, 남자가 지갑을 구매하지 못한 이유를 고르시오.

① 해당 상품이 다 팔려서
② 브랜드명을 잊어버려서
③ 계산대의 줄이 길어서
④ 공항에 늦게 도착해서
⑤ 면세점이 문을 닫아서

8. 대화를 듣고, Youth Choir Audition에 관해 언급되지 않은 것을 고르시오.

① 지원 가능 연령 ② 날짜 ③ 심사 기준
④ 참가비 ⑤ 지원 방법

9. 2023 Career Week에 관한 다음 내용을 듣고, 일치하지 않는 것을 고르시오.

① 5일 동안 열릴 것이다.
② 미래 직업 탐색을 돕는 프로그램이 있을 것이다.
③ 프로그램 참가 인원에 제한이 있다.
④ 특별 강연이 마지막 날에 있을 것이다.
⑤ 등록은 5월 10일에 시작된다.

10. 다음 표를 보면서 대화를 듣고, 여자가 구입할 프라이팬을 고르시오.

Frying Pans

	Model	Price	Size (inches)	Material	Lid
①	A	$30	8	Aluminum	○
②	B	$32	9.5	Aluminum	○
③	C	$35	10	Stainless Steel	×
④	D	$40	11	Aluminum	×
⑤	E	$70	12.5	Stainless Steel	○

11. 대화를 듣고, 남자의 마지막 말에 대한 여자의 응답으로 가장 적절한 것을 고르시오.

① I don't think I can finish editing it by then.
② I learned it by myself through books.
③ This short movie is very interesting.
④ You should make another video clip.
⑤ I got an A+ on the team project.

해설편 149쪽

12. 대화를 듣고, 여자의 마지막 말에 대한 남자의 응답으로 가장 적절한 것을 고르시오.

① All right. I'll come pick you up now.
② I'm sorry. The library is closed today.
③ No problem. You can borrow my book.
④ Thank you so much. I'll drop you off now.
⑤ Right. I've changed the interior of my office.

13. 대화를 듣고, 남자의 마지막 말에 대한 여자의 응답으로 가장 적절한 것을 고르시오.

Woman: ____________________

① Try these tomatoes and cucumbers.
② I didn't know peppers are good for skin.
③ Just wear comfortable clothes and shoes.
④ You can pick tomatoes when they are red.
⑤ I'll help you grow vegetables on your farm.

14. 대화를 듣고, 여자의 마지막 말에 대한 남자의 응답으로 가장 적절한 것을 고르시오. [3점]

Man: ____________________

① You're right. I'll meet her and apologize.
② I agree with you. That's why I did it.
③ Thank you. I appreciate your apology.
④ Don't worry. I don't think it's your fault.
⑤ Too bad. I hope the two of you get along.

15. 다음 상황 설명을 듣고, John이 Ted에게 할 말로 가장 적절한 것을 고르시오. [3점]

John: ____________________

① How can we find the best sunrise spot?
② Why do you go mountain climbing so often?
③ What time should we get up tomorrow morning?
④ When should we come down from the mountain top?
⑤ Where do we have to stay in the mountain at night?

[16 ~ 17] 다음을 듣고, 물음에 답하시오.

16. 여자가 하는 말의 주제로 가장 적절한 것은?

① indoor sports good for the elderly
② importance of learning rules in sports
③ best sports for families to enjoy together
④ useful tips for winning a sports game
⑤ history of traditional family sports

17. 언급된 스포츠가 아닌 것은?

① badminton ② basketball ③ table tennis
④ soccer ⑤ bowling

이제 듣기 문제가 끝났습니다. 18번부터는 문제지의 지시에 따라 답을 하시기 바랍니다.

18. 다음 글의 목적으로 가장 적절한 것은?

To whom it may concern,

I am a resident of the Blue Sky Apartment. Recently I observed that the kid zone is in need of repairs. I want you to pay attention to the poor condition of the playground equipment in the zone. The swings are damaged, the paint is falling off, and some of the bolts on the slide are missing. The facilities have been in this terrible condition since we moved here. They are dangerous to the children playing there. Would you please have them repaired? I would appreciate your immediate attention to solve this matter.

Yours sincerely,
Nina Davis

① 아파트의 첨단 보안 설비를 홍보하려고
② 아파트 놀이터의 임시 폐쇄를 공지하려고
③ 아파트 놀이터 시설의 수리를 요청하려고
④ 아파트 놀이터 사고의 피해 보상을 촉구하려고
⑤ 아파트 공용 시설 사용 시 유의 사항을 안내하려고

19. 다음 글에 드러난 'I'의 심경 변화로 가장 적절한 것은?

On a two-week trip in the Rocky Mountains, I saw a grizzly bear in its native habitat. At first, I felt joy as I watched the bear walk across the land. He stopped every once in a while to turn his head about, sniffing deeply. He was following the scent of something, and slowly I began to realize that this giant animal was smelling me! I froze. This was no longer a wonderful experience; it was now an issue of survival. The bear's motivation was to find meat to eat, and I was clearly on his menu.

* scent: 냄새

① sad → angry ② delighted → scared
③ satisfied → jealous ④ worried → relieved
⑤ frustrated → excited

20. 다음 글에서 필자가 주장하는 바로 가장 적절한 것은?

It is difficult for any of us to maintain a constant level of attention throughout our working day. We all have body rhythms characterised by peaks and valleys of energy and alertness. You will achieve more, and feel confident as a benefit, if you schedule your most demanding tasks at times when you are best able to cope with them. If you haven't thought about energy peaks before, take a few days to observe yourself. Try to note the times when you are at your best. We are all different. For some, the peak will come first thing in the morning, but for others it may take a while to warm up.

* alertness: 기민함

해설편 151쪽

① 부정적인 감정에 에너지를 낭비하지 말라.
② 자신의 신체 능력에 맞게 운동량을 조절하라.
③ 자기 성찰을 위한 아침 명상 시간을 확보하라.
④ 생산적인 하루를 보내려면 일을 균등하게 배분하라.
⑤ 자신의 에너지가 가장 높은 시간을 파악하여 활용하라.

21. 밑줄 친 The divorce of the hands from the head가 다음 글에서 의미하는 바로 가장 적절한 것은? [3점]

If we adopt technology, we need to pay its costs. Thousands of traditional livelihoods have been pushed aside by progress, and the lifestyles around those jobs removed. Hundreds of millions of humans today work at jobs they hate, producing things they have no love for. Sometimes these jobs cause physical pain, disability, or chronic disease. Technology creates many new jobs that are certainly dangerous. At the same time, mass education and media train humans to avoid low-tech physical work, to seek jobs working in the digital world. The divorce of the hands from the head puts a stress on the human mind. Indeed, the sedentary nature of the best-paying jobs is a health risk — for body and mind.

* chronic: 만성의 ** sedentary: 주로 앉아서 하는

① ignorance of modern technology
② endless competition in the labor market
③ not getting along well with our coworkers
④ working without any realistic goals for our career
⑤ our increasing use of high technology in the workplace

22. 다음 글의 요지로 가장 적절한 것은?

When students are starting their college life, they may approach every course, test, or learning task the same way, using what we like to call "the rubber-stamp approach." Think about it this way: Would you wear a tuxedo to a baseball game? A colorful dress to a funeral? A bathing suit to religious services? Probably not. You know there's appropriate dress for different occasions and settings. Skillful learners know that "putting on the same clothes" won't work for every class. They are flexible learners. They have different strategies and know when to use them. They know that you study for multiple-choice tests differently than you study for essay tests. And they not only know what to do, but they also know how to do it.

① 숙련된 학습자는 상황에 맞는 학습 전략을 사용할 줄 안다.
② 선다형 시험과 논술 시험은 평가의 형태와 목적이 다르다.
③ 문화마다 특정 행사와 상황에 맞는 복장 규정이 있다.
④ 학습의 양보다는 학습의 질이 학업 성과를 좌우한다.
⑤ 학습 목표가 명확할수록 성취 수준이 높아진다.

23. 다음 글의 주제로 가장 적절한 것은?

As the social and economic situation of countries got better, wage levels and working conditions improved. Gradually people were given more time off. At the same time, forms of transport improved and it became faster and cheaper to get to places. England's industrial revolution led to many of these changes. Railways, in the nineteenth century, opened up now famous seaside resorts such as Blackpool and Brighton. With the railways came many large hotels. In Canada, for example, the new coast-to-coast railway system made possible the building of such famous hotels as Banff Springs and Chateau Lake Louise in the Rockies. Later, the arrival of air transport opened up more of the world and led to tourism growth.

① factors that caused tourism expansion
② discomfort at a popular tourist destination
③ importance of tourism in society and economy
④ negative impacts of tourism on the environment
⑤ various types of tourism and their characteristics

24. 다음 글의 제목으로 가장 적절한 것은?

Success can lead you off your intended path and into a comfortable rut. If you are good at something and are well rewarded for doing it, you may want to keep doing it even if you stop enjoying it. The danger is that one day you look around and realize you're so deep in this comfortable rut that you can no longer see the sun or breathe fresh air; the sides of the rut have become so slippery that it would take a superhuman effort to climb out; and, effectively, you're stuck. And it's a situation that many working people worry they're in now. The poor employment market has left them feeling locked in what may be a secure, or even well-paying — but ultimately unsatisfying — job.

* rut: 틀에 박힌 생활

① Don't Compete with Yourself
② A Trap of a Successful Career
③ Create More Jobs for Young People
④ What Difficult Jobs Have in Common
⑤ A Road Map for an Influential Employer

해설편 153쪽

25. 다음 도표의 내용과 일치하지 않는 것은?

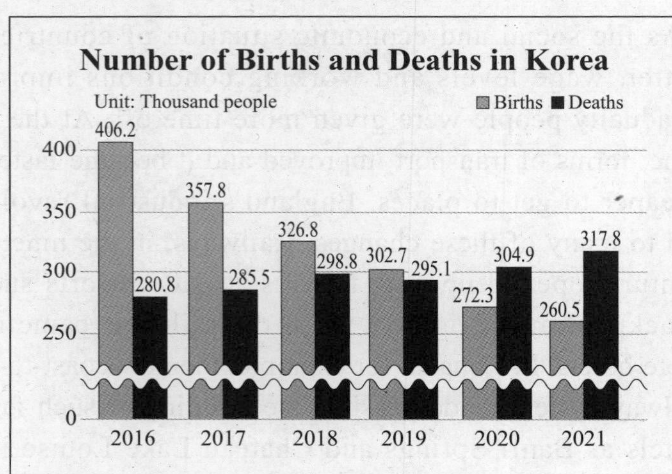

The above graph shows the number of births and deaths in Korea from 2016 to 2021. ① The number of births continued to decrease throughout the whole period. ② The gap between the number of births and deaths was the largest in 2016. ③ In 2019, the gap between the number of births and deaths was the smallest, with the number of births slightly larger than that of deaths. ④ The number of deaths increased steadily during the whole period, except the period from 2018 to 2019. ⑤ In 2021, the number of deaths was larger than that of births for the first time.

26. Lilian Bland에 관한 다음 글의 내용과 일치하지 않는 것은?

Lilian Bland was born in Kent, England in 1878. Unlike most other girls at the time she wore trousers and spent her time enjoying adventurous activities like horse riding and hunting. Lilian began her career as a sports and wildlife photographer for British newspapers. In 1910 she became the first woman to design, build, and fly her own airplane. In order to persuade her to try a slightly safer activity, Lilian's dad bought her a car. Soon Lilian was a master driver and ended up working as a car dealer. She never went back to flying but lived a long and exciting life nonetheless. She married, moved to Canada, and had a kid. Eventually, she moved back to England, and lived there for the rest of her life.

① 승마와 사냥 같은 모험적인 활동을 즐겼다.
② 스포츠와 야생 동물 사진작가로 경력을 시작했다.
③ 자신의 비행기를 설계하고 제작했다.
④ 자동차 판매원으로 일하기도 했다.
⑤ 캐나다에서 생의 마지막 기간을 보냈다.

27. Call for Articles에 관한 다음 안내문의 내용과 일치하지 않는 것은?

Call for Articles

Do you want to get your stories published? *New Dream Magazine* is looking for future writers! This event is open to anyone aged 13 to 18.

Articles

- Length of writing: 300–325 words
- Articles should also include high-quality color photos.

Rewards

- Five cents per word
- Five dollars per photo

Notes

- You should send us your phone number together with your writing.
- Please email your writing to us at article@ndmag.com.

① 13세에서 18세까지의 누구나 참여할 수 있다.
② 기사는 고화질 컬러 사진을 포함해야 한다.
③ 사진 한 장에 5센트씩 지급한다.
④ 전화번호를 원고와 함께 보내야 한다.
⑤ 원고를 이메일로 제출해야 한다.

28. Greenhill Roller Skating에 관한 다음 안내문의 내용과 일치하는 것은?

Greenhill Roller Skating

Join us for your chance to enjoy roller skating!

- **Place**: Greenhill Park, 351 Cypress Avenue
- **Dates**: Friday, April 7 – Sunday, April 9
- **Time**: 9 a.m. – 6 p.m.
- **Fee**: $8 per person for a 50-minute session

Details

– Admission will be on a first-come, first-served basis with no reservations.

– Children under the age of 10 must be accompanied by an adult.

– We will lend you our roller skates for free.

Contact the Community Center for more information at 013-234-6114.

해설편 156쪽

① 오전 9시부터 오후 9시까지 운영한다.
② 이용료는 시간 제한 없이 1인당 8달러이다.
③ 입장하려면 예약이 필요하다.
④ 10세 미만 어린이는 어른과 동행해야 한다.
⑤ 추가 요금을 내면 롤러스케이트를 빌려준다.

29. 다음 글의 밑줄 친 부분 중, 어법상 틀린 것은? [3점]

The most noticeable human characteristic projected onto animals is ① that they can talk in human language. Physically, animal cartoon characters and toys ② made after animals are also most often deformed in such a way as to resemble humans. This is achieved by ③ showing them with humanlike facial features and deformed front legs to resemble human hands. In more recent animated movies the trend has been to show the animals in a more "natural" way. However, they still use their front legs ④ like human hands (for example, lions can pick up and lift small objects with one paw), and they still talk with an appropriate facial expression. A general strategy that is used to make the animal characters more emotionally appealing, both to children and adults, ⑤ are to give them enlarged and deformed childlike features.

* deform: 변형하다 ** paw: (동물의) 발

30. 다음 글의 밑줄 친 부분 중, 문맥상 낱말의 쓰임이 적절하지 않은 것은? [3점]

The major philosophical shift in the idea of selling came when industrial societies became more affluent, more competitive, and more geographically spread out during the 1940s and 1950s. This forced business to develop ① closer relations with buyers and clients, which in turn made business realize that it was not enough to produce a quality product at a reasonable price. In fact, it was equally ② essential to deliver products that customers actually wanted. Henry Ford produced his best-selling T-model Ford in one color only (black) in 1908, but in modern societies this was no longer ③ possible. The modernization of society led to a marketing revolution that ④ strengthened the view that production would create its own demand. Customers, and the desire to ⑤ meet their diverse and often complex needs, became the focus of business.

* affluent: 부유한

[31 ~ 34] 다음 빈칸에 들어갈 말로 가장 적절한 것을 고르시오.

31. People differ in how quickly they can reset their biological clocks to overcome jet lag, and the speed of recovery depends on the ______________ of travel. Generally, it's easier to fly westward and lengthen your day than it is to fly eastward and shorten it. This east-west difference in jet lag is sizable enough to have an impact on the performance of sports teams. Studies have found that teams flying westward perform significantly better than teams flying eastward in professional baseball and college football. A more recent study of more than 46,000 Major League Baseball games found additional evidence that eastward travel is tougher than westward travel.

* jet lag: 시차로 인한 피로감

① direction
② purpose
③ season
④ length
⑤ cost

32. If you want the confidence that comes from achieving what you set out to do each day, then it's important to understand ______________. Over-optimism about what can be achieved within a certain time frame is a problem. So work on it. Make a practice of estimating the amount of time needed alongside items on your 'things to do' list, and learn by experience when tasks take a greater or lesser time than expected. Give attention also to fitting the task to the available time. There are some tasks that you can only set about if you have a significant amount of time available. There is no point in trying to gear up for such a task when you only have a short period available. So schedule the time you need for the longer tasks and put the short tasks into the spare moments in between.

* gear up: 준비를 갖추다, 대비하다

① what benefits you can get
② how practical your tasks are
③ how long things are going to take
④ why failures are meaningful in life
⑤ why your leisure time should come first

33. In Lewis Carroll's *Through the Looking-Glass*, the Red Queen takes Alice on a race through the countryside. They run and they run, but then Alice discovers that they're still under the same tree that they started from. The Red Queen explains to Alice: "*here*, you see, it takes all the running you can do, to keep in the same place." Biologists sometimes use this Red Queen Effect to explain an evolutionary principle. If foxes evolve to run faster so they can catch more rabbits, then only the fastest rabbits will live long enough to make a new generation of bunnies that run even faster — in which case, of course, only the fastest foxes will catch enough rabbits to thrive and pass on their genes. Even though they might run, the two species ________________________________. [3점]

* thrive: 번성하다

① just stay in place
② end up walking slowly
③ never run into each other
④ won't be able to adapt to changes
⑤ cannot run faster than their parents

34. Everything in the world around us was finished in the mind of its creator before it was started. The houses we live in, the cars we drive, and our clothing — all of these began with an idea. Each idea was then studied, refined and perfected before the first nail was driven or the first piece of cloth was cut. Long before the idea was turned into a physical reality, the mind had clearly pictured the finished product. The human being designs his or her own future through much the same process. We begin with an idea about how the future will be. Over a period of time we refine and perfect the vision. Before long, our every thought, decision and activity are all working in harmony to bring into existence what we ________________________________. [3점]

* refine: 다듬다

① didn't even have the potential to accomplish
② have mentally concluded about the future
③ haven't been able to picture in our mind
④ considered careless and irresponsible
⑤ have observed in some professionals

35. 다음 글에서 전체 흐름과 관계 없는 문장은?

Whose story it is affects *what* the story is. Change the main character, and the focus of the story must also change. If we look at the events through another character's eyes, we will interpret them differently. ① We'll place our sympathies with someone new. ② When the conflict arises that is the heart of the story, we will be praying for a different outcome. ③ Consider, for example, how the tale of Cinderella would shift if told from the viewpoint of an evil stepsister. ④ We know Cinderella's kingdom does not exist, but we willingly go there anyway. ⑤ *Gone with the Wind* is Scarlett O'Hara's story, but what if we were shown the same events from the viewpoint of Rhett Butler or Melanie Wilkes?

* sympathy: 공감

[36 ~ 37] 주어진 글 다음에 이어질 글의 순서로 가장 적절한 것을 고르시오.

36.

In the Old Stone Age, small bands of 20 to 60 people wandered from place to place in search of food. Once people began farming, they could settle down near their farms.

(A) While some workers grew crops, others built new houses and made tools. Village dwellers also learned to work together to do a task faster.

(B) For example, toolmakers could share the work of making stone axes and knives. By working together, they could make more tools in the same amount of time.

(C) As a result, towns and villages grew larger. Living in communities allowed people to organize themselves more efficiently. They could divide up the work of producing food and other things they needed.

* dweller: 거주자

① (A) − (C) − (B)
② (B) − (A) − (C)
③ (B) − (C) − (A)
④ (C) − (A) − (B)
⑤ (C) − (B) − (A)

해설편 160쪽

37.

Natural processes form minerals in many ways. For example, hot melted rock material, called magma, cools when it reaches the Earth's surface, or even if it's trapped below the surface. As magma cools, its atoms lose heat energy, move closer together, and begin to combine into compounds.

(A) Also, the size of the crystals that form depends partly on how rapidly the magma cools. When magma cools slowly, the crystals that form are generally large enough to see with the unaided eye.

(B) During this process, atoms of the different compounds arrange themselves into orderly, repeating patterns. The type and amount of elements present in a magma partly determine which minerals will form.

(C) This is because the atoms have enough time to move together and form into larger crystals. When magma cools rapidly, the crystals that form will be small. In such cases, you can't easily see individual mineral crystals. [3점]

* compound: 화합물

① (A) – (C) – (B)　② (B) – (A) – (C)
③ (B) – (C) – (A)　④ (C) – (A) – (B)
⑤ (C) – (B) – (A)

[38 ~ 39] 글의 흐름으로 보아, 주어진 문장이 들어가기에 가장 적절한 곳을 고르시오.

38.

Bad carbohydrates, on the other hand, are simple sugars.

All carbohydrates are basically sugars. (①) Complex carbohydrates are the good carbohydrates for your body. (②) These complex sugar compounds are very difficult to break down and can trap other nutrients like vitamins and minerals in their chains. (③) As they slowly break down, the other nutrients are also released into your body, and can provide you with fuel for a number of hours. (④) Because their structure is not complex, they are easy to break down and hold few nutrients for your body other than the sugars from which they are made. (⑤) Your body breaks down these carbohydrates rather quickly and what it cannot use is converted to fat and stored in the body.

* carbohydrate: 탄수화물　** convert: 바꾸다

39.

It was also found that those students who expected the lecturer to be warm tended to interact with him more.

People commonly make the mistaken assumption that because a person has one type of characteristic, then they automatically have other characteristics which go with it. (①) In one study, university students were given descriptions of a guest lecturer before he spoke to the group. (②) Half the students received a description containing the word 'warm', the other half were told the speaker was 'cold'. (③) The guest lecturer then led a discussion, after which the students were asked to give their impressions of him. (④) As expected, there were large differences between the impressions formed by the students, depending upon their original information of the lecturer. (⑤) This shows that different expectations not only affect the impressions we form but also our behaviour and the relationship which is formed. [3점]

40. 다음 글의 내용을 한 문장으로 요약하고자 한다. 빈칸 (A), (B)에 들어갈 말로 가장 적절한 것은?

To help decide what's risky and what's safe, who's trustworthy and who's not, we look for *social evidence*. From an evolutionary view, following the group is almost always positive for our prospects of survival. "If everyone's doing it, it must be a sensible thing to do," explains famous psychologist and best selling writer of *Influence*, Robert Cialdini. While we can frequently see this today in product reviews, even subtler cues within the environment can signal trustworthiness. Consider this: when you visit a local restaurant, are they busy? Is there a line outside or is it easy to find a seat? It is a hassle to wait, but a line can be a powerful cue that the food's tasty, and these seats are in demand. More often than not, it's good to adopt the practices of those around you.

* subtle: 미묘한　** hassle: 성가신 일

⬇

We tend to feel safe and secure in ___(A)___ when we decide how to act, particularly when faced with ___(B)___ conditions.

	(A)		(B)
①	numbers	……	uncertain
②	numbers	……	unrealistic
③	experiences	……	unrealistic
④	rules	……	uncertain
⑤	rules	……	unpleasant

[41 ~ 42] 다음 글을 읽고, 물음에 답하시오.

Chess masters shown a chess board in the middle of a game for 5 seconds with 20 to 30 pieces still in play can immediately reproduce the position of the pieces from memory. Beginners, of course, are able to place only a few. Now take the same pieces and place them on the board randomly and the (a) difference is much reduced. The expert's advantage is only for familiar patterns — those previously stored in memory. Faced with unfamiliar patterns, even when it involves the same familiar domain, the expert's advantage (b) disappears.

The beneficial effects of familiar structure on memory have been observed for many types of expertise, including music. People with musical training can reproduce short sequences of musical notation more accurately than those with no musical training when notes follow (c) unusual sequences, but the advantage is much reduced when the notes are ordered randomly. Expertise also improves memory for sequences of (d) movements. Experienced ballet dancers are able to repeat longer sequences of steps than less experienced dancers, and they can repeat a sequence of steps making up a routine better than steps ordered randomly. In each case, memory range is (e) increased by the ability to recognize familiar sequences and patterns.

* expertise: 전문 지식 ** sequence: 연속, 순서
*** musical notation: 악보

41. 윗글의 제목으로 가장 적절한 것은?

① How Can We Build Good Routines?
② Familiar Structures Help Us Remember
③ Intelligence Does Not Guarantee Expertise
④ Does Playing Chess Improve Your Memory?
⑤ Creative Art Performance Starts from Practice

42. 밑줄 친 (a)~(e) 중에서 문맥상 낱말의 쓰임이 적절하지 않은 것은?

① (a) ② (b) ③ (c) ④ (d) ⑤ (e)

[43 ~ 45] 다음 글을 읽고, 물음에 답하시오.

(A)

Once upon a time, there was a king who lived in a beautiful palace. While the king was away, a monster approached the gates of the palace. The monster was so ugly and smelly that the guards froze in shock. He passed the guards and sat on the king's throne. The guards soon came to their senses, went in, and shouted at the monster, demanding that (a) he get off the throne.

* throne: 왕좌

(B)

Eventually the king returned. He was wise and kind and saw what was happening. He knew what to do. He smiled and said to the monster, "Welcome to my palace!" He asked the monster if (b) he wanted a cup of coffee. The monster began to grow smaller as he drank the coffee.

(C)

The king offered (c) him some take-out pizza and fries. The guards immediately called for pizza. The monster continued to get smaller with the king's kind gestures. (d) He then offered the monster a full body massage. As the guards helped with the relaxing massage, the monster became tiny. With another act of kindness to the monster, he just disappeared.

(D)

With each bad word the guards used, the monster grew more ugly and smelly. The guards got even angrier — they began to brandish their swords to scare the monster away from the palace. But (e) he just grew bigger and bigger, eventually taking up the whole room. He grew more ugly and smelly than ever.

* brandish: 휘두르다

43. 주어진 글 (A)에 이어질 내용을 순서에 맞게 배열한 것으로 가장 적절한 것은?

① (B) – (D) – (C)
② (C) – (B) – (D)
③ (C) – (D) – (B)
④ (D) – (B) – (C)
⑤ (D) – (C) – (B)

44. 밑줄 친 (a)~(e) 중에서 가리키는 대상이 나머지 넷과 다른 것은?

① (a) ② (b) ③ (c) ④ (d) ⑤ (e)

45. 윗글에 관한 내용으로 적절하지 않은 것은?

① 왕이 없는 동안 괴물이 궁전 문으로 접근했다.
② 왕은 미소를 지으며 괴물에게 환영한다고 말했다.
③ 왕의 친절한 행동에 괴물의 몸이 계속 더 작아졌다.
④ 경비병들은 괴물을 마사지해 주기를 거부했다.
⑤ 경비병들은 겁을 주어 괴물을 쫓아내려 했다.

※ 확인 사항
○ 답안지의 해당란에 필요한 내용을 정확히 기입(표기) 했는지 확인하시오.

해설편 165쪽

2022년 3월 고1 전국연합 학력평가 문제지

제 3 교시

영어 영역

11회	시험 시간	70분
	날짜	월 일 요일
시작 시각 :	종료 시각	:

1번부터 17번까지는 듣고 답하는 문제입니다. 1번부터 15번까지는 한 번만 들려주고, 16번부터 17번까지는 두 번 들려줍니다. 방송을 잘 듣고 답을 하시기 바랍니다.

1. 다음을 듣고, 남자가 하는 말의 목적으로 가장 적절한 것을 고르시오.

① 농구 리그 참가 등록 방법의 변경을 알리려고
② 확정된 농구 리그 시합 일정을 발표하려고
③ 농구 리그의 심판을 추가 모집하려고
④ 농구 리그 경기 관람을 권장하려고
⑤ 농구 리그 우승 상품을 안내하려고

2. 대화를 듣고, 여자의 의견으로 가장 적절한 것을 고르시오.

① 평소에 피부 상태를 잘 관찰할 필요가 있다.
② 여드름을 치료하려면 피부과 병원에 가야 한다.
③ 얼굴을 손으로 만지는 것은 얼굴 피부에 해롭다.
④ 지성 피부를 가진 사람은 자주 세수를 해야 한다.
⑤ 손을 자주 씻는 것은 감염병 예방에 도움이 된다.

3. 대화를 듣고, 두 사람의 관계를 가장 잘 나타낸 것을 고르시오.

① 방송 작가 – 연출자
② 만화가 – 환경 운동가
③ 촬영 감독 – 동화 작가
④ 토크쇼 진행자 – 기후학자
⑤ 제품 디자이너 – 영업 사원

4. 대화를 듣고, 그림에서 대화의 내용과 일치하지 않는 것을 고르시오.

5. 대화를 듣고, 여자가 남자에게 부탁한 일로 가장 적절한 것을 고르시오.

① 장난감 사 오기 ② 풍선 달기
③ 케이크 가져오기 ④ 탁자 옮기기
⑤ 아이들 데려오기

6. 대화를 듣고, 남자가 지불할 금액을 고르시오. [3점]

① $14 ② $16 ③ $18 ④ $20 ⑤ $22

7. 대화를 듣고, 두 사람이 오늘 실험을 할 수 없는 이유를 고르시오.

① 실험용 키트가 배달되지 않아서
② 실험 주제를 변경해야 해서
③ 과학실을 예약하지 못해서
④ 보고서를 작성해야 해서
⑤ 남자가 감기에 걸려서

8. 대화를 듣고, Stanville Free-cycle에 관해 언급되지 않은 것을 고르시오.

① 참가 대상 ② 행사 장소 ③ 주차 가능 여부
④ 행사 시작일 ⑤ 금지 품목

9. River Valley Music Camp에 관한 다음 내용을 듣고, 일치하지 않는 것을 고르시오.

① 4월 11일부터 5일 동안 진행된다.
② 학교 오케스트라 단원이 아니어도 참가할 수 있다.
③ 자신의 악기를 가져오거나 학교에서 빌릴 수 있다.
④ 마지막 날에 공연을 촬영한다.
⑤ 참가 인원에는 제한이 없다.

10. 다음 표를 보면서 대화를 듣고, 여자가 주문할 소형 진공청소기를 고르시오.

Handheld Vacuum Cleaners

	Model	Price	Working Time	Weight	Washable Filter
①	A	$50	8 minutes	2.5 kg	×
②	B	$80	12 minutes	2.0 kg	○
③	C	$100	15 minutes	1.8 kg	○
④	D	$120	20 minutes	1.8 kg	×
⑤	E	$150	25 minutes	1.6 kg	○

11. 대화를 듣고, 남자의 마지막 말에 대한 여자의 응답으로 가장 적절한 것을 고르시오.

① Why don't you rinse your eyes with clean water?
② Can you explain more about the air pollution?
③ I need to get myself a new pair of glasses.
④ I agree that fine dust is a serious problem.
⑤ We should go outside and take a walk.

12. 대화를 듣고, 여자의 마지막 말에 대한 남자의 응답으로 가장 적절한 것을 고르시오.

① That's not fair. I booked this seat first.
② Thank you. My friend will be glad to know it.
③ You're welcome. Feel free to ask me anything.
④ Not at all. I don't mind changing seats with you.
⑤ That's okay. I think the seat next to it is available.

13. 대화를 듣고, 남자의 마지막 말에 대한 여자의 응답으로 가장 적절한 것을 고르시오.

Woman: ______________________________

① Smells good. Can I try the pizza?
② Great. I'll bring chips and popcorn.
③ No problem. I'll cancel the tickets.
④ Sorry. I don't like watching baseball.
⑤ Sure. Here's the hammer I borrowed.

14. 대화를 듣고, 여자의 마지막 말에 대한 남자의 응답으로 가장 적절한 것을 고르시오. [3점]

Man: ______________________________

① Exactly. This is a best-selling novel.
② Sounds cool. I'll join a book club, too.
③ Not really. Books make good presents.
④ New year's resolutions are hard to keep.
⑤ Let's buy some books for your book club.

15. 다음 상황 설명을 듣고, Brian이 Sally에게 할 말로 가장 적절한 것을 고르시오. [3점]

Brian: ______________________________

① You shouldn't touch a guide dog without permission.
② The dog would be happy if we give it some food.
③ I'm sure it's smart enough to be a guide dog.
④ I suggest that you walk your dog every day.
⑤ I'm afraid that dogs are not allowed in here.

[16 ~ 17] 다음을 듣고, 물음에 답하시오.

16. 여자가 하는 말의 주제로 가장 적절한 것은?

① activities that help build muscles
② ways to control stress in daily life
③ types of joint problems in elderly people
④ low-impact exercises for people with bad joints
⑤ importance of daily exercise for controlling weight

17. 언급된 운동이 아닌 것은?

① swimming ② cycling ③ horseback riding
④ bowling ⑤ walking

이제 듣기 문제가 끝났습니다. 18번부터는 문제지의 지시에 따라 답을 하시기 바랍니다.

18. 다음 글의 목적으로 가장 적절한 것은?

Dear Ms. Robinson,

The Warblers Choir is happy to announce that we are invited to compete in the International Young Choir Competition. The competition takes place in London on May 20. Though we wish to participate in the event, we do not have the necessary funds to travel to London. So we are kindly asking you to support us by coming to our fundraising concert. It will be held on March 26. In this concert, we shall be able to show you how big our passion for music is. Thank you in advance for your kind support and help.

Sincerely,
Arnold Reynolds

① 합창 대회 결과를 공지하려고
② 모금 음악회 참석을 요청하려고
③ 음악회 개최 장소를 예약하려고
④ 합창곡 선정에 조언을 구하려고
⑤ 기부금 사용 내역을 보고하려고

19. 다음 글에 드러난 Zoe의 심경 변화로 가장 적절한 것은?

The principal stepped on stage. "Now, I present this year's top academic award to the student who has achieved the highest placing." He smiled at the row of seats where twelve finalists had gathered. Zoe wiped a sweaty hand on her handkerchief and glanced at the other finalists. They all looked as pale and uneasy as herself. Zoe and one of the other finalists had won first placing in four subjects so it came down to how teachers ranked their hard work and confidence. "The Trophy for General Excellence is awarded to Miss Zoe Perry," the principal declared. "Could Zoe step this way, please?" Zoe felt as if she were in heaven. She walked into the thunder of applause with a big smile.

① hopeful → disappointed ② guilty → confident
③ nervous → delighted ④ angry → calm
⑤ relaxed → proud

20. 다음 글에서 필자가 주장하는 바로 가장 적절한 것은?

When I was in the army, my instructors would show up in my barracks room, and the first thing they would inspect was our bed. It was a simple task, but every morning we were required to make our bed to perfection. It seemed a little ridiculous at the time, but the wisdom of this simple act has been proven to me many times over. If you make your bed every morning, you will have accomplished the first task of the day. It will give you a small sense of pride and it will encourage you to do another task and another. By the end of the day, that one task completed will have turned into many tasks completed. If you can't do little things right, you will never do the big things right.

* barracks room: (병영의) 생활관 ** accomplish: 성취하다

해설편 169쪽

① 숙면을 위해서는 침대를 깔끔하게 관리해야 한다.
② 일의 효율성을 높이려면 협동심을 발휘해야 한다.
③ 올바른 습관을 기르려면 정해진 규칙을 따라야 한다.
④ 건강을 유지하기 위해서는 기상 시간이 일정해야 한다.
⑤ 큰일을 잘 이루려면 작은 일부터 제대로 수행해야 한다.

21. 밑줄 친 Leave those activities to the rest of the sheep이 다음 글에서 의미하는 바로 가장 적절한 것은? [3점]

A job search is not a passive task. When you are searching, you are not browsing, nor are you "just looking". Browsing is not an effective way to reach a goal you claim to want to reach. If you are acting with purpose, if you are serious about anything you chose to do, then you need to be direct, focused and whenever possible, clever. Everyone else searching for a job has the same goal, competing for the same jobs. You must do more than the rest of the herd. Regardless of how long it may take you to find and get the job you want, being proactive will logically get you results faster than if you rely only on browsing online job boards and emailing an occasional resume. Leave those activities to the rest of the sheep.

① Try to understand other job-seekers' feelings.
② Keep calm and stick to your present position.
③ Don't be scared of the job-seeking competition.
④ Send occasional emails to your future employers.
⑤ Be more active to stand out from other job-seekers.

22. 다음 글의 요지로 가장 적절한 것은?

Many people view sleep as merely a "down time" when their brain shuts off and their body rests. In a rush to meet work, school, family, or household responsibilities, people cut back on their sleep, thinking it won't be a problem, because all of these other activities seem much more important. But research reveals that a number of vital tasks carried out during sleep help to maintain good health and enable people to function at their best. While you sleep, your brain is hard at work forming the pathways necessary for learning and creating memories and new insights. Without enough sleep, you can't focus and pay attention or respond quickly. A lack of sleep may even cause mood problems. In addition, growing evidence shows that a continuous lack of sleep increases the risk for developing serious diseases.

* vital: 매우 중요한

① 수면은 건강 유지와 최상의 기능 발휘에 도움이 된다.
② 업무량이 증가하면 필요한 수면 시간도 증가한다.
③ 균형 잡힌 식단을 유지하면 뇌 기능이 향상된다.
④ 불면증은 주위 사람들에게 부정적인 영향을 미친다.
⑤ 꿈의 내용은 깨어 있는 시간 동안의 경험을 반영한다.

23. 다음 글의 주제로 가장 적절한 것은? [3점]

The whole of human society operates on knowing the future weather. For example, farmers in India know when the monsoon rains will come next year and so they know when to plant the crops. Farmers in Indonesia know there are two monsoon rains each year, so next year they can have two harvests. This is based on their knowledge of the past, as the monsoons have always come at about the same time each year in living memory. But the need to predict goes deeper than this; it influences every part of our lives. Our houses, roads, railways, airports, offices, and so on are all designed for the local climate. For example, in England all the houses have central heating, as the outside temperature is usually below 20℃, but no air-conditioning, as temperatures rarely go beyond 26℃, while in Australia the opposite is true: most houses have air-conditioning but rarely central heating.

① new technologies dealing with climate change
② difficulties in predicting the weather correctly
③ weather patterns influenced by rising temperatures
④ knowledge of the climate widely affecting our lives
⑤ traditional wisdom helping our survival in harsh climates

24. 다음 글의 제목으로 가장 적절한 것은?

Our ability to accurately recognize and label emotions is often referred to as *emotional granularity*. In the words of Harvard psychologist Susan David, "Learning to label emotions with a more nuanced vocabulary can be absolutely transformative." David explains that if we don't have a rich emotional vocabulary, it is difficult to communicate our needs and to get the support that we need from others. But those who are able to distinguish between a range of various emotions "do much, much better at managing the ups and downs of ordinary existence than those who see everything in black and white." In fact, research shows that the process of labeling emotional experience is related to greater emotion regulation and psychosocial well-being.

* nuanced: 미묘한 차이가 있는

① True Friendship Endures Emotional Arguments
② Detailed Labeling of Emotions Is Beneficial
③ Labeling Emotions: Easier Said Than Done
④ Categorize and Label Tasks for Efficiency
⑤ Be Brave and Communicate Your Needs

11회 2022년 3월 영어

해설편 172쪽

25. 다음 도표의 내용과 일치하지 <u>않는</u> 것은?

Percentage of UK People Who Used Online Course and Online Learning Material
(in 2020, by age group)

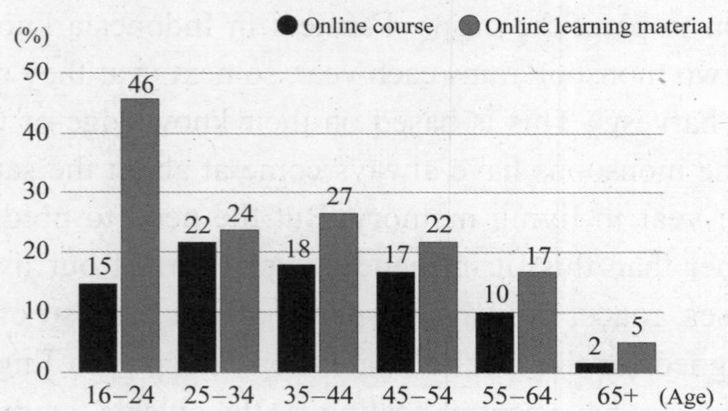

The above graph shows the percentage of people in the UK who used online courses and online learning materials, by age group in 2020. ① In each age group, the percentage of people who used online learning materials was higher than that of people who used online courses. ② The 25–34 age group had the highest percentage of people who used online courses in all the age groups. ③ Those aged 65 and older were the least likely to use online courses among the six age groups. ④ Among the six age groups, the gap between the percentage of people who used online courses and that of people who used online learning materials was the greatest in the 16–24 age group. ⑤ In each of the 35–44, 45–54, and 55–64 age groups, more than one in five people used online learning materials.

26. Antonie van Leeuwenhoek에 관한 다음 글의 내용과 일치하지 <u>않는</u> 것은?

Antonie van Leeuwenhoek was a scientist well known for his cell research. He was born in Delft, the Netherlands, on October 24, 1632. At the age of 16, he began to learn job skills in Amsterdam. At the age of 22, Leeuwenhoek returned to Delft. It wasn't easy for Leeuwenhoek to become a scientist. He knew only one language — Dutch — which was quite unusual for scientists of his time. But his curiosity was endless, and he worked hard. He had an important skill. He knew how to make things out of glass. This skill came in handy when he made lenses for his simple microscope. He saw tiny veins with blood flowing through them. He also saw living bacteria in pond water. He paid close attention to the things he saw and wrote down his observations. Since he couldn't draw well, he hired an artist to draw pictures of what he described.

* cell: 세포 ** vein: 혈관

① 세포 연구로 잘 알려진 과학자였다.
② 22살에 Delft로 돌아왔다.
③ 여러 개의 언어를 알았다.
④ 유리로 물건을 만드는 방법을 알고 있었다.
⑤ 화가를 고용하여 설명하는 것을 그리게 했다.

27. Rachel's Flower Class에 관한 다음 안내문의 내용과 일치하지 <u>않는</u> 것은?

Rachel's Flower Class

Make Your Life More Beautiful!

Class Schedule (Every Monday to Friday)

Flower Arrangement	11 a.m. – 12 p.m.
Flower Box Making	1 p.m. – 2 p.m.

Price
- $50 for each class
  (flowers and other materials included)
- Bring your own scissors and a bag.

Other Info.
- You can sign up for classes either online or by phone.
- No refund for cancellations on the day of your class

To contact, visit www.rfclass.com or call 03-221-2131.

① 플라워 박스 만들기 수업은 오후 1시에 시작된다.
② 수강료에 꽃값과 다른 재료비가 포함된다.
③ 수강생은 가위와 가방을 가져와야 한다.
④ 수업 등록은 전화로만 할 수 있다.
⑤ 수업 당일 취소 시 환불을 받을 수 없다.

28. Nighttime Palace Tour에 관한 다음 안내문의 내용과 일치하는 것은?

Nighttime Palace Tour

Date: Friday, April 29 – Sunday, May 15

Time

Friday	7 p.m. – 8:30 p.m.
Saturday & Sunday	6 p.m. – 7:30 p.m.
	8 p.m. – 9:30 p.m.

Tickets & Booking
- $15 per person (free for kids under 8)
- Bookings will be accepted up to 2 hours before the tour starts.

Program Activities
- Group tour with a tour guide (1 hour)
- Trying traditional foods and drinks (30 minutes)

※ You can try on traditional clothes with no extra charge.
※ For more information, please visit our website, www.palacenighttour.com.

① 금요일에는 하루에 두 번 투어가 운영된다.
② 8세 미만 어린이의 티켓은 5달러이다.
③ 예약은 투어 하루 전까지만 가능하다.
④ 투어 가이드의 안내 없이 궁궐을 둘러본다.
⑤ 추가 비용 없이 전통 의상을 입어 볼 수 있다.

29. 다음 글의 밑줄 친 부분 중, 어법상 틀린 것은?

We usually get along best with people who we think are like us. In fact, we seek them out. It's why places like Little Italy, Chinatown, and Koreatown ① exist. But I'm not just talking about race, skin color, or religion. I'm talking about people who share our values and look at the world the same way we ② do. As the saying goes, birds of a feather flock together. This is a very common human tendency ③ what is rooted in how our species developed. Imagine you are walking out in a forest. You would be conditioned to avoid something unfamiliar or foreign because there is a high likelihood that ④ it would be interested in killing you. Similarities make us ⑤ relate better to other people because we think they'll understand us on a deeper level than other people.

* species: 종(생물 분류의 기초 단위)

30. 다음 글의 밑줄 친 부분 중, 문맥상 낱말의 쓰임이 적절하지 않은 것은? [3점]

Rejection is an everyday part of our lives, yet most people can't handle it well. For many, it's so painful that they'd rather not ask for something at all than ask and ① risk rejection. Yet, as the old saying goes, if you don't ask, the answer is always no. Avoiding rejection ② negatively affects many aspects of your life. All of that happens only because you're not ③ tough enough to handle it. For this reason, consider rejection therapy. Come up with a ④ request or an activity that usually results in a rejection. Working in sales is one such example. Asking for discounts at the stores will also work. By deliberately getting yourself ⑤ welcomed you'll grow a thicker skin that will allow you to take on much more in life, thus making you more successful at dealing with unfavorable circumstances.

* deliberately: 의도적으로

[31 ~ 34] 다음 빈칸에 들어갈 말로 가장 적절한 것을 고르시오.

31. Generalization without specific examples that humanize writing is boring to the listener and to the reader. Who wants to read platitudes all day? Who wants to hear the words great, greater, best, smartest, finest, humanitarian, on and on and on without specific examples? Instead of using these 'nothing words,' leave them out completely and just describe the ______________. There is nothing worse than reading a scene in a novel in which a main character is described up front as heroic or brave or tragic or funny, while thereafter, the writer quickly moves on to something else. That's no good, no good at all. You have to use less one word descriptions and more detailed, engaging descriptions if you want to make something real.

* platitude: 상투적인 말

① similarities
② particulars
③ fantasies
④ boredom
⑤ wisdom

32. Face-to-face interaction is a uniquely powerful — and sometimes the only — way to share many kinds of knowledge, from the simplest to the most complex. It is one of the best ways to stimulate new thinking and ideas, too. Most of us would have had difficulty learning how to tie a shoelace only from pictures, or how to do arithmetic from a book. Psychologist Mihàly Csikszentmihàlyi found, while studying high achievers, that a large number of Nobel Prize winners were the students of previous winners: they had access to the same literature as everyone else, but ______________ made a crucial difference to their creativity. Within organisations this makes conversation both a crucial factor for high-level professional skills and the most important way of sharing everyday information.

* arithmetic: 계산 ** literature: (연구) 문헌

① natural talent
② regular practice
③ personal contact
④ complex knowledge
⑤ powerful motivation

11 회 2022년 3월 영어

33. Most times a foreign language is spoken in film, subtitles are used to translate the dialogue for the viewer. However, there are occasions when foreign dialogue is left unsubtitled (and thus incomprehensible to most of the target audience). This is often done if the movie is seen mainly from the viewpoint of a particular character who does not speak the language. Such absence of subtitles allows the audience to feel a similar sense of incomprehension and alienation that the character feels. An example of this is seen in *Not Without My Daughter*. The Persian language dialogue spoken by the Iranian characters is not subtitled because the main character Betty Mahmoody does not speak Persian and the audience is ______________. [3점]

* subtitle: 자막(을 넣다) ** incomprehensible: 이해할 수 없는
*** alienation: 소외

① seeing the film from her viewpoint
② impressed by her language skills
③ attracted to her beautiful voice
④ participating in a heated debate
⑤ learning the language used in the film

34. One dynamic that can change dramatically in sport is the concept of the home-field advantage, in which perceived demands and resources seem to play a role. Under normal circumstances, the home ground would appear to provide greater perceived resources (fans, home field, and so on). However, researchers Roy Baumeister and Andrew Steinhilber were among the first to point out that these competitive factors can change; for example, the success percentage for home teams in the final games of a playoff or World Series seems to drop. Fans can become part of the perceived demands rather than resources under those circumstances. This change in perception can also explain why a team that's struggling at the start of the year will ______________ to reduce perceived demands and pressures. [3점]

* perceive: 인식하다 ** playoff: 우승 결정전

① often welcome a road trip
② avoid international matches
③ focus on increasing ticket sales
④ want to have an eco-friendly stadium
⑤ try to advertise their upcoming games

35. 다음 글에서 전체 흐름과 관계 없는 문장은?

Who hasn't used a cup of coffee to help themselves stay awake while studying? Mild stimulants commonly found in tea, coffee, or sodas possibly make you more attentive and, thus, better able to remember. ① However, you should know that stimulants are as likely to have negative effects on memory as they are to be beneficial. ② Even if they could improve performance at some level, the ideal doses are currently unknown. ③ If you are wide awake and well-rested, mild stimulation from caffeine can do little to further improve your memory performance. ④ In contrast, many studies have shown that drinking tea is healthier than drinking coffee. ⑤ Indeed, if you have too much of a stimulant, you will become nervous, find it difficult to sleep, and your memory performance will suffer.

* stimulant: 자극제 ** dose: 복용량

[36 ~ 37] 주어진 글 다음에 이어질 글의 순서로 가장 적절한 것을 고르시오.

36.

Toward the end of the 19th century, a new architectural attitude emerged. Industrial architecture, the argument went, was ugly and inhuman; past styles had more to do with pretension than what people needed in their homes.

(A) But they supplied people's needs perfectly and, at their best, had a beauty that came from the craftsman's skill and the rootedness of the house in its locality.

(B) Instead of these approaches, why not look at the way ordinary country builders worked in the past? They developed their craft skills over generations, demonstrating mastery of both tools and materials.

(C) Those materials were local, and used with simplicity — houses built this way had plain wooden floors and whitewashed walls inside.

* pretension: 허세, 가식

① (A) − (C) − (B) ② (B) − (A) − (C)
③ (B) − (C) − (A) ④ (C) − (A) − (B)
⑤ (C) − (B) − (A)

해설편 179쪽

37.

Robert Schumann once said, "The laws of morals are those of art." What the great man is saying here is that there is good music and bad music.

(A) It's the same with performances: a bad performance isn't necessarily the result of incompetence. Some of the worst performances occur when the performers, no matter how accomplished, are thinking more of themselves than of the music they're playing.

(B) The greatest music, even if it's tragic in nature, takes us to a world higher than ours; somehow the beauty uplifts us. Bad music, on the other hand, degrades us.

(C) These doubtful characters aren't really listening to what the composer is saying — they're just showing off, hoping that they'll have a great 'success' with the public. The performer's basic task is to try to understand the meaning of the music, and then to communicate it honestly to others. [3점]

* incompetence: 무능 ** degrade: 격하시키다

① (A) – (C) – (B) ② (B) – (A) – (C)
③ (B) – (C) – (A) ④ (C) – (A) – (B)
⑤ (C) – (B) – (A)

[38 ~ 39] 글의 흐름으로 보아, 주어진 문장이 들어가기에 가장 적절한 곳을 고르시오.

38.

But, when there is biodiversity, the effects of a sudden change are not so dramatic.

When an ecosystem is biodiverse, wildlife have more opportunities to obtain food and shelter. Different species react and respond to changes in their environment differently. (①) For example, imagine a forest with only one type of plant in it, which is the only source of food and habitat for the entire forest food web. (②) Now, there is a sudden dry season and this plant dies. (③) Plant-eating animals completely lose their food source and die out, and so do the animals that prey upon them. (④) Different species of plants respond to the drought differently, and many can survive a dry season. (⑤) Many animals have a variety of food sources and don't just rely on one plant; now our forest ecosystem is no longer at the death! [3점]

* biodiversity: (생물학적) 종 다양성 ** habitat: 서식지

39.

Since the dawn of civilization, our ancestors created myths and told legendary stories about the night sky.

We are connected to the night sky in many ways. (①) It has always inspired people to wonder and to imagine. (②) Elements of those narratives became embedded in the social and cultural identities of many generations. (③) On a practical level, the night sky helped past generations to keep track of time and create calendars — essential to developing societies as aids to farming and seasonal gathering. (④) For many centuries, it also provided a useful navigation tool, vital for commerce and for exploring new worlds. (⑤) Even in modern times, many people in remote areas of the planet observe the night sky for such practical purposes.

* embed: 깊이 새겨 두다 ** commerce: 무역

40. 다음 글의 내용을 한 문장으로 요약하고자 한다. 빈칸 (A), (B)에 들어갈 말로 가장 적절한 것은?

The common blackberry (*Rubus allegheniensis*) has an amazing ability to move manganese from one layer of soil to another using its roots. This may seem like a funny talent for a plant to have, but it all becomes clear when you realize the effect it has on nearby plants. Manganese can be very harmful to plants, especially at high concentrations. Common blackberry is unaffected by damaging effects of this metal and has evolved two different ways of using manganese to its advantage. First, it redistributes manganese from deeper soil layers to shallow soil layers using its roots as a small pipe. Second, it absorbs manganese as it grows, concentrating the metal in its leaves. When the leaves drop and decay, their concentrated manganese deposits further poison the soil around the plant. For plants that are not immune to the toxic effects of manganese, this is very bad news. Essentially, the common blackberry eliminates competition by poisoning its neighbors with heavy metals.

* manganese: 망가니즈(금속 원소) ** deposit: 축적물

⬇

The common blackberry has an ability to ___(A)___ the amount of manganese in the surrounding upper soil, which makes the nearby soil quite ___(B)___ for other plants.

	(A)		(B)
①	increase	……	deadly
②	increase	……	advantageous
③	indicate	……	nutritious
④	reduce	……	dry
⑤	reduce	……	warm

[41 ~ 42] 다음 글을 읽고, 물음에 답하시오.

The longest journey we will make is the eighteen inches between our head and heart. If we take this journey, it can shorten our (a) misery in the world. Impatience, judgment, frustration, and anger reside in our heads. When we live in that place too long, it makes us (b) unhappy. But when we take the journey from our heads to our hearts, something shifts (c) inside. What if we were able to love everything that gets in our way? What if we tried loving the shopper who unknowingly steps in front of us in line, the driver who cuts us off in traffic, the swimmer who splashes us with water during a belly dive, or the reader who pens a bad online review of our writing?

Every person who makes us miserable is (d) like us — a human being, most likely doing the best they can, deeply loved by their parents, a child, or a friend. And how many times have we unknowingly stepped in front of someone in line? Cut someone off in traffic? Splashed someone in a pool? Or made a negative statement about something we've read? It helps to (e) deny that a piece of us resides in every person we meet.

* reside: (어떤 장소에) 있다

41. 윗글의 제목으로 가장 적절한 것은?

① Why It Is So Difficult to Forgive Others
② Even Acts of Kindness Can Hurt Somebody
③ Time Is the Best Healer for a Broken Heart
④ Celebrate the Happy Moments in Your Everyday Life
⑤ Understand Others to Save Yourself from Unhappiness

42. 밑줄 친 (a)~(e) 중에서 문맥상 낱말의 쓰임이 적절하지 않은 것은?

① (a) ② (b) ③ (c) ④ (d) ⑤ (e)

[43 ~ 45] 다음 글을 읽고, 물음에 답하시오.

(A)

One day a young man was walking along a road on his journey from one village to another. As he walked he noticed a monk working in the fields. The young man turned to the monk and said, "Excuse me. Do you mind if I ask (a) you a question?" "Not at all," replied the monk.

* monk: 수도승

(B)

A while later a middle-aged man journeyed down the same road and came upon the monk. "I am going to the village in the valley," said the man. "Do you know what it is like?" "I do," replied the monk, "but first tell (b) me about the village where you came from." "I've come from the village in the mountains," said the man. "It was a wonderful experience. I felt as though I was a member of the family in the village."

(C)

"I am traveling from the village in the mountains to the village in the valley and I was wondering if (c) you knew what it is like in the village in the valley." "Tell me," said the monk, "what was your experience of the village in the mountains?" "Terrible," replied the young man. "I am glad to be away from there. I found the people most unwelcoming. So tell (d) me, what can I expect in the village in the valley?" "I am sorry to tell you," said the monk, "but I think your experience will be much the same there." The young man lowered his head helplessly and walked on.

(D)

"Why did you feel like that?" asked the monk. "The elders gave me much advice, and people were kind and generous. I am sad to have left there. And what is the village in the valley like?" he asked again. "(e) I think you will find it much the same," replied the monk. "I'm glad to hear that," the middle-aged man said smiling and journeyed on.

43. 주어진 글 (A)에 이어질 내용을 순서에 맞게 배열한 것으로 가장 적절한 것은?

① (B) − (D) − (C)
② (C) − (B) − (D)
③ (C) − (D) − (B)
④ (D) − (B) − (C)
⑤ (D) − (C) − (B)

44. 밑줄 친 (a)~(e) 중에서 가리키는 대상이 나머지 넷과 다른 것은?

① (a) ② (b) ③ (c) ④ (d) ⑤ (e)

45. 윗글에 관한 내용으로 적절하지 않은 것은?

① 한 수도승이 들판에서 일하고 있었다.
② 중년 남자는 골짜기에 있는 마을로 가는 중이었다.
③ 수도승은 골짜기에 있는 마을에 대해 질문받았다.
④ 수도승의 말을 듣고 젊은이는 고개를 숙였다.
⑤ 중년 남자는 산속에 있는 마을을 떠나서 기쁘다고 말했다.

※ 확인 사항
○ 답안지의 해당란에 필요한 내용을 정확히 기입(표기) 했는지 확인하시오.

해설편 184쪽

2021년 3월 고1 전국연합 학력평가 문제지

제 3 교시

영어 영역

12회	시험 시간	70분
	날짜	월 일 요일
시작 시각 :	종료 시각	:

1번부터 17번까지는 듣고 답하는 문제입니다. 1번부터 15번까지는 한 번만 들려주고, 16번부터 17번까지는 두 번 들려줍니다. 방송을 잘 듣고 답을 하시기 바랍니다.

1. 다음을 듣고, 남자가 하는 말의 목적으로 가장 적절한 것을 고르시오.

① 교내 청소 일정을 공지하려고
② 학교 시설 공사의 지연에 대해 사과하려고
③ 하교 시 교실 창문을 닫을 것을 요청하려고
④ 교내의 젖은 바닥을 걸을 때 조심하도록 당부하려고
⑤ 깨끗한 교실 환경 조성을 위한 아이디어를 공모하려고

2. 대화를 듣고, 여자의 의견으로 가장 적절한 것을 고르시오.

① 짧은 낮잠은 업무 효율을 높인다.
② 야식은 숙면에 방해가 될 수 있다.
③ 사람마다 최적의 수면 시간이 다르다.
④ 베개를 바꾸면 숙면에 도움이 될 수 있다.
⑤ 숙면을 위해 침실을 서늘하게 하는 것이 좋다.

3. 대화를 듣고, 두 사람의 관계를 가장 잘 나타낸 것을 고르시오.

① 파티 주최자 – 요리사
② 슈퍼마켓 점원 – 손님
③ 배달 기사 – 음식점 주인
④ 영양학자 – 식품 제조업자
⑤ 인테리어 디자이너 – 의뢰인

4. 대화를 듣고, 그림에서 대화의 내용과 일치하지 않는 것을 고르시오.

5. 대화를 듣고, 남자가 할 일로 가장 적절한 것을 고르시오.

① 영화 예매하기
② 지갑 가져오기
③ 시간표 출력하기
④ 학생증 재발급받기
⑤ 영화 감상문 제출하기

6. 대화를 듣고, 여자가 지불할 금액을 고르시오. [3점]

① $72 ② $80 ③ $90 ④ $100 ⑤ $110

7. 대화를 듣고, 남자가 보고서를 완성하지 못한 이유를 고르시오.

① 실험을 다시 해서
② 제출일을 착각해서
③ 주제가 변경되어서
④ 컴퓨터가 고장 나서
⑤ 심한 감기에 걸려서

8. 대화를 듣고, Spring Virtual Run에 관해 언급되지 않은 것을 고르시오.

① 달리는 거리 ② 참가 인원 ③ 달리는 장소
④ 참가비 ⑤ 기념품

9. Family Night at the Museum에 관한 다음 내용을 듣고, 일치하지 않는 것을 고르시오.

① 박물관 정규 운영 시간 종료 후에 열린다.
② 행성과 별 모형 아래에서 잠을 잔다.
③ 참가자들에게 침낭이 제공된다.
④ 6세부터 13세까지를 위한 프로그램이다.
⑤ 사전 등록 없이 현장에서 참가할 수 있다.

10. 다음 표를 보면서 대화를 듣고, 여자가 구매할 스마트 워치를 고르시오.

Smart Watches

	Model	Waterproof	Warranty	Price
①	A	×	2 years	$90
②	B	○	3 years	$110
③	C	○	1 year	$115
④	D	×	2 years	$120
⑤	E	○	4 years	$125

11. 대화를 듣고, 여자의 마지막 말에 대한 남자의 응답으로 가장 적절한 것을 고르시오.

① Oh, I should get it exchanged.
② Sure. I'll order a shirt for you.
③ Well, it's too expensive for me.
④ No. Please find me a smaller size.
⑤ Sorry, but this shirt is not on sale.

해설편 187쪽

12. 대화를 듣고, 남자의 마지막 말에 대한 여자의 응답으로 가장 적절한 것을 고르시오.

① Good. Let's meet around six.
② That's okay. I don't like donuts.
③ I want to open my own donut shop.
④ Don't worry. I can do that by myself.
⑤ Thanks for sharing your donut recipe.

13. 대화를 듣고, 여자의 마지막 말에 대한 남자의 응답으로 가장 적절한 것을 고르시오. [3점]

Man: ______________________________

① This coffee place is very popular.
② You can stop using plastic straws.
③ I'll order drinks when you're ready.
④ Your drink will be ready in a minute.
⑤ The cups come in various colors and shapes.

14. 대화를 듣고, 남자의 마지막 말에 대한 여자의 응답으로 가장 적절한 것을 고르시오. [3점]

Woman: ______________________________

① Luckily, I didn't get hurt in the accident.
② I have enough money to get a new bike.
③ You really need one for your own safety.
④ You may feel sleepy after biking to school.
⑤ We can put our bikes in the school parking lot.

15. 다음 상황 설명을 듣고, Jasper가 Mary에게 할 말로 가장 적절한 것을 고르시오.

Jasper: ______________________________

① Where is the audition being held?
② How about writing your own song?
③ Let's play a different song this time.
④ I think you should be our lead singer.
⑤ Don't you think we need more practice?

[16 ~ 17] 다음을 듣고, 물음에 답하시오.

16. 남자가 하는 말의 주제로 가장 적절한 것은?

① eco-friendly toys for pets
② roles of toys in pets' well-being
③ types of pets' unusual behaviors
④ foods that are dangerous to pets
⑤ difficulties in raising children with pets

17. 언급된 동물이 <u>아닌</u> 것은?

① cat ② hamster ③ dog
④ turtle ⑤ parrot

이제 듣기 문제가 끝났습니다. 18번부터는 문제지의 지시에 따라 답을 하시기 바랍니다.

18. 다음 글의 목적으로 가장 적절한 것은?

> Dear members of Eastwood Library,
>
> Thanks to the Friends of Literature group, we've successfully raised enough money to remodel the library building. John Baker, our local builder, has volunteered to help us with the remodelling but he needs assistance. By grabbing a hammer or a paint brush and donating your time, you can help with the construction. Join Mr. Baker in his volunteering team and become a part of making Eastwood Library a better place! Please call 541-567-1234 for more information.
>
> Sincerely,
> Mark Anderson

① 도서관 임시 휴관의 이유를 설명하려고
② 도서관 자원봉사자 교육 일정을 안내하려고
③ 도서관 보수를 위한 모금 행사를 제안하려고
④ 도서관 공사에 참여할 자원봉사자를 모집하려고
⑤ 도서관에서 개최하는 글쓰기 대회를 홍보하려고

19. 다음 글에 드러난 Shirley의 심경으로 가장 적절한 것은?

On the way home, Shirley noticed a truck parked in front of the house across the street. New neighbors! Shirley was dying to know about them. "Do you know anything about the new neighbors?" she asked Pa at dinner. He said, "Yes, and there's one thing that may be interesting to you." Shirley had a billion more questions. Pa said joyfully, "They have a girl just your age. Maybe she wants to be your playmate." Shirley nearly dropped her fork on the floor. How many times had she prayed for a friend? Finally, her prayers were answered! She and the new girl could go to school together, play together, and become best friends.

① curious and excited ② sorry and upset
③ jealous and annoyed ④ calm and relaxed
⑤ disappointed and unhappy

20. 다음 글에서 필자가 주장하는 바로 가장 적절한 것은?

At a publishing house and at a newspaper you learn the following: *It's not a mistake if it doesn't end up in print.* It's the same for email. Nothing bad can happen if you haven't hit the Send key. What you've written can have misspellings, errors of fact, rude comments, obvious lies, but it doesn't matter. If you haven't sent it, you still have time to fix it. You can correct any mistake and nobody will ever know the difference. This is easier said than done, of course. Send is your computer's most attractive command. But before you hit the Send key, make sure that you read your document carefully one last time.

해설편 189쪽

① 중요한 이메일은 출력하여 보관해야 한다.
② 글을 쓸 때에는 개요 작성부터 시작해야 한다.
③ 이메일을 전송하기 전에 반드시 검토해야 한다.
④ 업무와 관련된 컴퓨터 기능을 우선 익혀야 한다.
⑤ 업무상 중요한 내용은 이메일보다는 직접 전달해야 한다.

21. 밑줄 친 <u>translate it from the past tense to the future tense</u>가 다음 글에서 의미하는 바로 가장 적절한 것은? [3점]

Get past the 'I wish I hadn't done that!' reaction. If the disappointment you're feeling is linked to an exam you didn't pass because you didn't study for it, or a job you didn't get because you said silly things at the interview, or a person you didn't impress because you took entirely the wrong approach, accept that it's *happened* now. The only value of 'I wish I hadn't done that!' is that you'll know better what to do next time. The learning pay-off is useful and significant. This 'if only I ...' agenda is virtual. Once you have worked that out, it's time to <u>translate it from the past tense to the future tense</u>: 'Next time I'm in this situation, I'm going to try to ...'.

* agenda: 의제 ** tense: 시제

① look for a job linked to your interest
② get over regrets and plan for next time
③ surround yourself with supportive people
④ study grammar and write clear sentences
⑤ examine your way of speaking and apologize

22. 다음 글의 요지로 가장 적절한 것은?

If you care deeply about something, you may place greater value on your ability to succeed in that area of concern. The internal pressure you place on yourself to achieve or do well socially is normal and useful, but when you doubt your ability to succeed in areas that are important to you, your self-worth suffers. Situations are uniquely stressful for each of us based on whether or not they activate our doubt. It's not the pressure to perform that creates your stress. Rather, it's the self-doubt that bothers you. Doubt causes you to see positive, neutral, and even genuinely negative experiences more negatively and as a reflection of your own shortcomings. When you see situations and your strengths more objectively, you are less likely to have doubt as the source of your distress.

* distress: 괴로움

① 비판적인 시각은 객관적인 문제 분석에 도움이 된다.
② 성취 욕구는 스트레스를 이겨 낼 원동력이 될 수 있다.
③ 적절한 수준의 스트레스는 과제 수행의 효율을 높인다.
④ 실패의 경험은 자존감을 낮추고, 타인에 의존하게 한다.
⑤ 자기 의심은 스트레스를 유발하고, 객관적 판단을 흐린다.

23. 다음 글의 주제로 가장 적절한 것은?

When two people are involved in an honest and open conversation, there is a back and forth flow of information. It is a smooth exchange. Since each one is drawing on their past personal experiences, the pace of the exchange is as fast as memory. When one person lies, their responses will come more slowly because the brain needs more time to process the details of a new invention than to recall stored facts. As they say, "Timing is everything." You will notice the time lag when you are having a conversation with someone who is making things up as they go. Don't forget that the other person may be reading your body language as well, and if you seem to be disbelieving their story, they will have to pause to process that information, too.

* lag: 지연

① delayed responses as a sign of lying
② ways listeners encourage the speaker
③ difficulties in finding useful information
④ necessity of white lies in social settings
⑤ shared experiences as conversation topics

24. 다음 글의 제목으로 가장 적절한 것은?

Think, for a moment, about something you bought that you never ended up using. An item of clothing you never ended up wearing? A book you never read? Some piece of electronic equipment that never even made it out of the box? It is estimated that Australians alone spend on average $10.8 billion AUD (approximately $9.99 billion USD) every year on goods they do not use — more than the total government spending on universities and roads. That is an average of $1,250 AUD (approximately $1,156 USD) for each household. All the things we buy that then just sit there gathering dust are waste — a waste of money, a waste of time, and waste in the sense of pure rubbish. As the author Clive Hamilton observes, 'The difference between the stuff we buy and what we use is waste.'

① Spending Enables the Economy
② Money Management: Dos and Don'ts
③ Too Much Shopping: A Sign of Loneliness
④ 3R's of Waste: Reduce, Reuse, and Recycle
⑤ What You Buy Is Waste Unless You Use It

해설편 192쪽

25. 다음 도표의 내용과 일치하지 않는 것은?

Devices Students Used to Access Digital Content

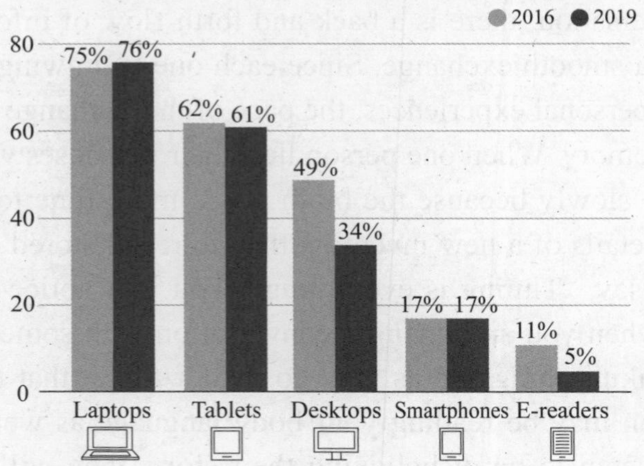

The above graph shows the percentage of students from kindergarten to 12th grade who used devices to access digital educational content in 2016 and in 2019. ① Laptops were the most used device for students to access digital content in both years. ② Both in 2016 and in 2019, more than 6 out of 10 students used tablets. ③ More than half the students used desktops to access digital content in 2016, and more than a third used desktops in 2019. ④ The percentage of smartphones in 2016 was the same as that in 2019. ⑤ E-readers ranked the lowest in both years, with 11 percent in 2016 and 5 percent in 2019.

26. Elizabeth Catlett에 관한 다음 글의 내용과 일치하지 않는 것은?

Elizabeth Catlett was born in Washington, D.C. in 1915. As a granddaughter of slaves, Catlett heard the stories of slaves from her grandmother. After being disallowed entrance from the Carnegie Institute of Technology because she was black, Catlett studied design and drawing at Howard University. She became one of the first three students to earn a master's degree in fine arts at the University of Iowa. Throughout her life, she created art representing the voices of people suffering from social injustice. She was recognized with many prizes and honors both in the United States and in Mexico. She spent over fifty years in Mexico, and she took Mexican citizenship in 1962. Catlett died in 2012 at her home in Mexico.

① 할머니로부터 노예 이야기를 들었다.
② Carnegie Institute of Technology로부터 입학을 거절당했다.
③ University of Iowa에서 석사 학위를 취득했다.
④ 미국과 멕시코에서 많은 상을 받았다.
⑤ 멕시코 시민권을 결국 받지 못했다.

27. Spring Farm Camp에 관한 다음 안내문의 내용과 일치하지 않는 것은?

Spring Farm Camp

Our one-day spring farm camp gives your kids true, hands-on farm experience.

When: Monday, April 19 – Friday, May 14
Time: 9 a.m. – 4 p.m.
Ages: 6 – 10
Participation Fee: $70 per person (lunch and snacks included)
Activities:
- making cheese from goat's milk
- picking strawberries
- making strawberry jam to take home

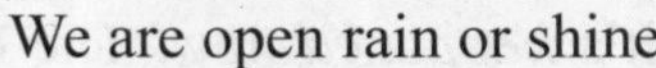

We are open rain or shine.
For more information, go to www.b_orchard.com.

① 6세 ~ 10세 어린이가 참가할 수 있다.
② 참가비에 점심과 간식이 포함되어 있다.
③ 염소젖으로 치즈를 만드는 활동을 한다.
④ 딸기잼을 만들어 집으로 가져갈 수 있다.
⑤ 비가 오면 운영하지 않는다.

28. Great Aquarium에 관한 다음 안내문의 내용과 일치하는 것은?

Great Aquarium

Opening Hours: 10 a.m. – 6 p.m., daily
Last entry is at 5 p.m.

Events

Fish Feeding	10 a.m. – 11 a.m.
Penguin Feeding	1 p.m. – 2 p.m.

Ticket Prices

Age	Price
Kids (12 and under)	$25
Adults (20 – 59)	$33
Teens (13 – 19)	$30
Seniors (60 and above)	

* Ticket holders will receive a free drink coupon.

Booking Tickets
- ALL visitors are required to book online.
- Booking will be accepted up to 1 hour before entry.

① 마지막 입장 시간은 오후 6시이다.
② 물고기 먹이 주기는 오후 1시에 시작한다.
③ 60세 이상의 티켓 가격은 33달러이다.
④ 티켓 소지자는 무료 음료 쿠폰을 받는다.
⑤ 예약은 입장 30분 전까지 가능하다.

해설편 194쪽

29. 다음 글의 밑줄 친 부분 중, 어법상 틀린 것은? [3점]

Although there is usually a correct way of holding and playing musical instruments, the most important instruction to begin with is ① that they are not toys and that they must be looked after. ② Allow children time to explore ways of handling and playing the instruments for themselves before showing them. Finding different ways to produce sounds ③ are an important stage of musical exploration. Correct playing comes from the desire ④ to find the most appropriate sound quality and find the most comfortable playing position so that one can play with control over time. As instruments and music become more complex, learning appropriate playing techniques becomes ⑤ increasingly relevant.

30. 다음 글의 밑줄 친 부분 중, 문맥상 낱말의 쓰임이 적절하지 않은 것은? [3점]

When the price of something fundamental drops greatly, the whole world can change. Consider light. Chances are you are reading this sentence under some kind of artificial light. Moreover, you probably never thought about whether using artificial light for reading was worth it. Light is so ① cheap that you use it without thinking. But in the early 1800s, it would have cost you four hundred times what you are paying now for the same amount of light. At that price, you would ② notice the cost and would think twice before using artificial light to read a book. The ③ increase in the price of light lit up the world. Not only did it turn night into day, but it allowed us to live and work in big buildings that ④ natural light could not enter. Nearly nothing we have today would be ⑤ possible if the cost of artificial light had not dropped to almost nothing.

* artificial: 인공의

[31 ~ 34] 다음 빈칸에 들어갈 말로 가장 적절한 것을 고르시오.

31. One of the most important aspects of providing good care is making sure that an animal's needs are being met consistently and predictably. Like humans, animals need a sense of control. So an animal who may get enough food but doesn't know when the food will appear and can see no consistent schedule may experience distress. We can provide a sense of control by ensuring that our animal's environment is _______________: there is always water available and always in the same place. There is always food when we get up in the morning and after our evening walk. There will always be a time and place to eliminate, without having to hold things in to the point of discomfort. Human companions can display consistent emotional support, rather than providing love one moment and withholding love the next. When animals know what to expect, they can feel more confident and calm.

* eliminate: 배설하다

① silent
② natural
③ isolated
④ dynamic
⑤ predictable

32. When a child is upset, the easiest and quickest way to calm them down is to give them food. This acts as a distraction from the feelings they are having, gives them something to do with their hands and mouth and shifts their attention from whatever was upsetting them. If the food chosen is also seen as a treat such as sweets or a biscuit, then the child will feel 'treated' and happier. In the shorter term using food like this is effective. But in the longer term it can be harmful as we quickly learn that food is a good way to _________________. Then as we go through life, whenever we feel annoyed, anxious or even just bored, we turn to food to make ourselves feel better.

① make friends
② learn etiquettes
③ improve memory
④ manage emotions
⑤ celebrate achievements

해설편 195쪽

33. Scientists believe that the frogs' ancestors were water-dwelling, fishlike animals. The first frogs and their relatives gained the ability to come out on land and enjoy the opportunities for food and shelter there. But they ____________. A frog's lungs do not work very well, and it gets part of its oxygen by breathing through its skin. But for this kind of "breathing" to work properly, the frog's skin must stay moist. And so the frog must remain near the water where it can take a dip every now and then to keep from drying out. Frogs must also lay their eggs in water, as their fishlike ancestors did. And eggs laid in the water must develop into water creatures, if they are to survive. For frogs, metamorphosis thus provides the bridge between the water-dwelling young forms and the land-dwelling adults. [3점]

* metamorphosis: 탈바꿈

① still kept many ties to the water
② had almost all the necessary organs
③ had to develop an appetite for new foods
④ often competed with land-dwelling species
⑤ suffered from rapid changes in temperature

34. It is important to distinguish between being legally allowed to do something, and actually being able to go and do it. A law could be passed allowing everyone, if they so wish, to run a mile in two minutes. That would not, however, increase their *effective* freedom, because, although allowed to do so, they are physically incapable of it. Having a minimum of restrictions and a maximum of possibilities is fine. But in the real world most people will never have the opportunity either to become all that they are allowed to become, or to need to be restrained from doing everything that is possible for them to do. Their effective freedom depends on actually ____________. [3점]

* restriction: 제약 ** restrain: 저지하다

① respecting others' rights to freedom
② protecting and providing for the needy
③ learning what socially acceptable behaviors are
④ determining how much they can expect from others
⑤ having the means and ability to do what they choose

35. 다음 글에서 전체 흐름과 관계 없는 문장은?

Today's music business has allowed musicians to take matters into their own hands. ① Gone are the days of musicians waiting for a gatekeeper (someone who holds power and prevents you from being let in) at a label or TV show to say they are worthy of the spotlight. ② In today's music business, you don't need to ask for permission to build a fanbase and you no longer need to pay thousands of dollars to a company to do it. ③ There are rising concerns over the marketing of child musicians using TV auditions. ④ Every day, musicians are getting their music out to thousands of listeners without any outside help. ⑤ They simply deliver it to the fans directly, without asking for permission or outside help to receive exposure or connect with thousands of listeners.

[36 ~ 37] 주어진 글 다음에 이어질 글의 순서로 가장 적절한 것을 고르시오.

36.

Almost all major sporting activities are played with a ball.

(A) A ball might have the correct size and weight but if it is made as a hollow ball of steel it will be too stiff and if it is made from light foam rubber with a heavy center it will be too soft.

(B) The rules of the game always include rules about the type of ball that is allowed, starting with the size and weight of the ball. The ball must also have a certain stiffness.

(C) Similarly, along with stiffness, a ball needs to bounce properly. A solid rubber ball would be too bouncy for most sports, and a solid ball made of clay would not bounce at all.

* stiffness: 단단함

① (A) – (C) – (B)
② (B) – (A) – (C)
③ (B) – (C) – (A)
④ (C) – (A) – (B)
⑤ (C) – (B) – (A)

37.

If you had to write a math equation, you probably wouldn't write, "Twenty-eight plus fourteen equals forty-two." It would take too long to write and it would be hard to read quickly.

(A) For example, the chemical formula for water is H_2O. That tells us that a water molecule is made up of two hydrogen ("H" and "2") atoms and one oxygen ("O") atom.

(B) You would write, "28 + 14 = 42." Chemistry is the same way. Chemists have to write chemical equations all the time, and it would take too long to write and read if they had to spell everything out.

(C) So chemists use symbols, just like we do in math. A chemical formula lists all the elements that form each molecule and uses a small number to the bottom right of an element's symbol to stand for the number of atoms of that element. [3점]

* chemical formula: 화학식 ** molecule: 분자

① (A) − (C) − (B) ② (B) − (A) − (C)
③ (B) − (C) − (A) ④ (C) − (A) − (B)
⑤ (C) − (B) − (A)

[38 ~ 39] 글의 흐름으로 보아, 주어진 문장이 들어가기에 가장 적절한 곳을 고르시오.

38.

Meanwhile, improving by 1 percent isn't particularly notable, but it can be far more meaningful in the long run.

It is so easy to overestimate the importance of one defining moment and underestimate the value of making small improvements on a daily basis. Too often, we convince ourselves that massive success requires massive action. (①) Whether it is losing weight, winning a championship, or achieving any other goal, we put pressure on ourselves to make some earthshaking improvement that everyone will talk about. (②) The difference this tiny improvement can make over time is surprising. (③) Here's how the math works out: if you can get 1 percent better each day for one year, you'll end up thirty-seven times better by the time you're done. (④) Conversely, if you get 1 percent worse each day for one year, you'll decline nearly down to zero. (⑤) What starts as a small win or a minor failure adds up to something much more.

39.

Before a trip, research how the native inhabitants dress, work, and eat.

The continued survival of the human race can be explained by our ability to adapt to our environment. (①) While we may have lost some of our ancient ancestors' survival skills, we have learned new skills as they have become necessary. (②) Today, the gap between the skills we once had and the skills we now have grows ever wider as we rely more heavily on modern technology. (③) Therefore, when you head off into the wilderness, it is important to fully prepare for the environment. (④) How they have adapted to their way of life will help you to understand the environment and allow you to select the best gear and learn the correct skills. (⑤) This is crucial because most survival situations arise as a result of a series of events that could have been avoided. [3점]

* inhabitant: 주민

40. 다음 글의 내용을 한 문장으로 요약하고자 한다. 빈칸 (A), (B)에 들어갈 말로 가장 적절한 것은?

In one study, researchers asked pairs of strangers to sit down in a room and chat. In half of the rooms, a cell phone was placed on a nearby table; in the other half, no phone was present. After the conversations had ended, the researchers asked the participants what they thought of each other. Here's what they learned: when a cell phone was present in the room, the participants reported the quality of their relationship was worse than those who'd talked in a cell phone-free room. The pairs who talked in the rooms with cell phones thought their partners showed less empathy. Think of all the times you've sat down to have lunch with a friend and set your phone on the table. You might have felt good about yourself because you didn't pick it up to check your messages, but your unchecked messages were still hurting your connection with the person sitting across from you.

* empathy: 공감

⬇

The presence of a cell phone ____(A)____ the connection between people involved in conversations, even when the phone is being ____(B)____.

	(A)		(B)
①	weakens	……	answered
②	weakens	……	ignored
③	renews	……	answered
④	maintains	……	ignored
⑤	maintains	……	updated

해설편 200쪽

[41 ~ 42] 다음 글을 읽고, 물음에 답하시오.

As kids, we worked hard at learning to ride a bike; when we fell off, we got back on again, until it became second nature to us. But when we try something new in our adult lives we'll usually make just one attempt before judging whether it's (a) worked. If we don't succeed the first time, or if it feels a little awkward, we'll tell ourselves it wasn't a success rather than giving it (b) another shot.

That's a shame, because repetition is central to the process of rewiring our brains. Consider the idea that your brain has a network of neurons. They will (c) connect with each other whenever you remember to use a brain-friendly feedback technique. Those connections aren't very (d) reliable at first, which may make your first efforts a little hit-and-miss. You might remember one of the steps involved, and not the others. But scientists have a saying: "neurons that fire together, wire together." In other words, repetition of an action (e) blocks the connections between the neurons involved in that action. That means the more times you try using that new feedback technique, the more easily it will come to you when you need it.

41. 윗글의 제목으로 가장 적절한 것은?

① Repeat and You Will Succeed
② Be More Curious, Be Smarter
③ Play Is What Makes Us Human
④ Stop and Think Before You Act
⑤ Growth Is All About Keeping Balance

42. 밑줄 친 (a)~(e) 중에서 문맥상 낱말의 쓰임이 적절하지 않은 것은?

① (a) ② (b) ③ (c) ④ (d) ⑤ (e)

[43 ~ 45] 다음 글을 읽고, 물음에 답하시오.

(A)

Once upon a time, there lived a young king who had a great passion for hunting. His kingdom was located at the foot of the Himalayas. Once every year, he would go hunting in the nearby forests. (a) He would make all the necessary preparations, and then set out for his hunting trip.

(B)

Seasons changed. A year passed by. And it was time to go hunting once again. The king went to the same forest as the previous year. (b) He used his beautiful deerskin drum to round up animals. But none came. All the animals ran for safety, except one doe. She came closer and closer to the drummer. Suddenly, she started fearlessly licking the deerskin drum.

* round up: ~을 몰다 ** doe: 암사슴

(C)

Like all other years, the hunting season had arrived. Preparations began in the palace and the king got ready for (c) his hunting trip. Deep in the forest, he spotted a beautiful wild deer. It was a large stag. His aim was perfect. When he killed the deer with just one shot of his arrow, the king was filled with pride. (d) The proud hunter ordered a hunting drum to be made out of the skin of the deer.

* stag: 수사슴

(D)

The king was surprised by this sight. An old servant had an answer to this strange behavior. "The deerskin used to make this drum belonged to her mate, the deer who we hunted last year. This doe is mourning the death of her mate," (e) the man said. Upon hearing this, the king had a change of heart. He had never realized that an animal, too, felt the pain of loss. He made a promise, from that day on, to never again hunt wild animals.

* mourn: 애도하다

43. 주어진 글 (A)에 이어질 내용을 순서에 맞게 배열한 것으로 가장 적절한 것은?

① (B) − (D) − (C) ② (C) − (B) − (D)
③ (C) − (D) − (B) ④ (D) − (B) − (C)
⑤ (D) − (C) − (B)

44. 밑줄 친 (a)~(e) 중에서 가리키는 대상이 나머지 넷과 다른 것은?

① (a) ② (b) ③ (c) ④ (d) ⑤ (e)

45. 윗글에 관한 내용으로 적절하지 않은 것은?

① 왕은 매년 근처의 숲으로 사냥 여행을 갔다.
② 암사슴은 북 치는 사람으로부터 도망갔다.
③ 왕은 화살로 단번에 수사슴을 맞혔다.
④ 한 나이 든 신하가 암사슴의 행동의 이유를 알고 있었다.
⑤ 왕은 다시는 야생 동물을 사냥하지 않겠다고 약속했다.

※ 확인 사항
○ 답안지의 해당란에 필요한 내용을 정확히 기입(표기)했는지 확인하시오.

해설편 203쪽

2024년 3월 고1 전국연합 학력평가 문제지

제 4 교시

한국사 영역

13회	시험 시간	30분
시작 시각 :	날짜	월 일 요일
	종료 시각	:

1. (가) 시대의 사회 모습으로 옳은 것은?

농경과 목축이 시작된 [(가)] 시대 마을 유적이 김포시에서 대규모로 발굴되었습니다. 이 유적지에는 대략 50~80기 정도의 움집이 있었을 것으로 추정되며, 다수의 빗살무늬 토기 파편이 출토되었습니다.

① 불교가 공인되었다.
② 간석기가 사용되었다.
③ 팔관회가 개최되었다.
④ 전시과가 운영되었다.
⑤ 대동법이 시행되었다.

2. (가) 국가에서 제작된 문화유산으로 옳은 것은? [3점]

강진에는 [(가)] 청자를 만들었던 가마터들이 남아 있습니다. 그리고 그곳에서 청자 파편 및 청자 제작 흔적이 발견되었습니다. 이를 통해 [(가)] 초기에 주로 순청자가 만들어졌으며, 이후 12세기 무렵부터 상감 청자가 제작되었다는 사실을 엿볼 수 있습니다.

① 
산수무늬 벽돌

② 
이불병좌상

③ 

측우기

④ 석굴암 본존불상

⑤ 팔만대장경판

3. (가) 국가에 대한 설명으로 옳은 것은?

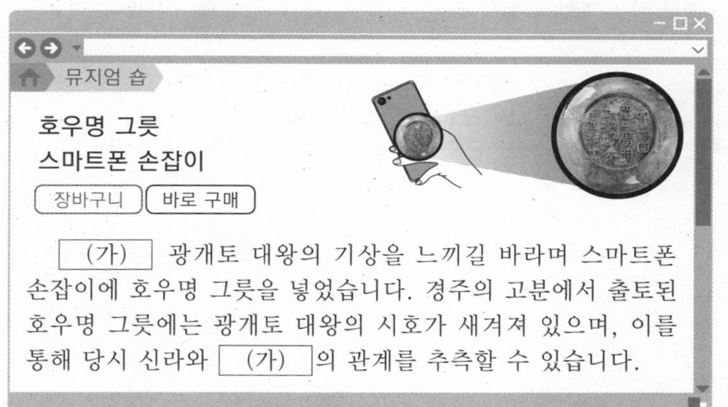

① 태학을 설립하였다.
② 8조법을 제정하였다.
③ 집현전을 설치하였다.
④ 우산국을 정복하였다.
⑤ 독서삼품과를 시행하였다.

4. (가), (나) 시기 사이에 있었던 사실로 옳은 것은? [3점]

(가) 장수왕이 군대 3만 명을 거느리고 백제를 침공하여 도읍인 한성을 함락시킨 뒤, 왕을 죽이고 남녀 8천 명을 사로잡았다.
(나) 백제 왕이 관산성을 공격하였다. …(중략)… 신라의 김무력이 군대를 이끌고 나아가 서로 맞붙어 싸웠다. 신라의 장군 도도가 갑자기 공격하여 백제 왕을 죽였다.

① 홍경래가 난을 일으켰다.
② 성왕이 사비로 천도하였다.
③ 정조가 규장각을 정비하였다.
④ 최승로가 시무 28조를 건의하였다.
⑤ 김윤후가 처인성에서 몽골군을 격퇴하였다.

5. (가)에 들어갈 내용으로 가장 적절한 것은?

탐구 활동 계획서

○ 주제 : 조선 전기 과학 기술의 발달
○ 조사할 내용
- 『농사직설』 편찬 - 앙부일구 사용
- 자격루 제작 - [(가)]

① 칠정산 편찬
② 수원 화성 축조
③ 경주 첨성대 건설
④ 직지심체요절 간행
⑤ 불국사 3층 석탑 건립

해설편 205쪽

6. (가)에 들어갈 알파벳으로 옳은 것은? [3점]

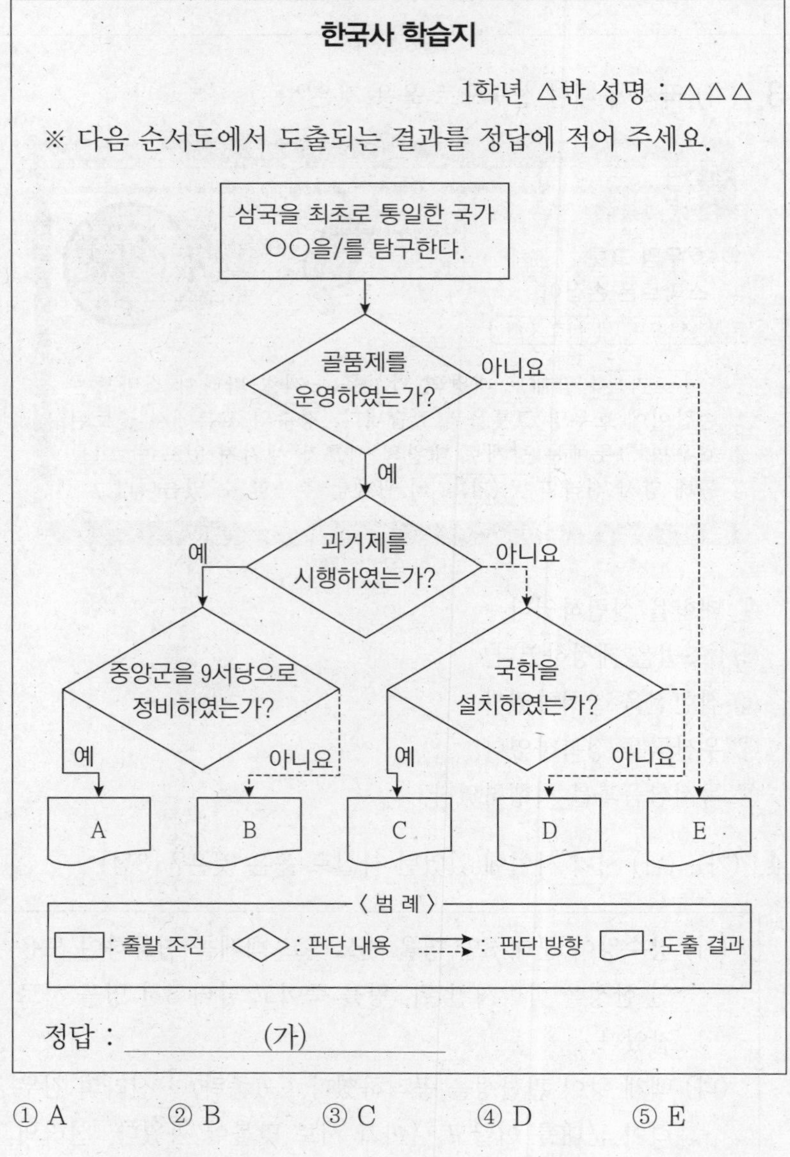

① A ② B ③ C ④ D ⑤ E

7. (가) 인물에 대한 설명으로 옳은 것은?

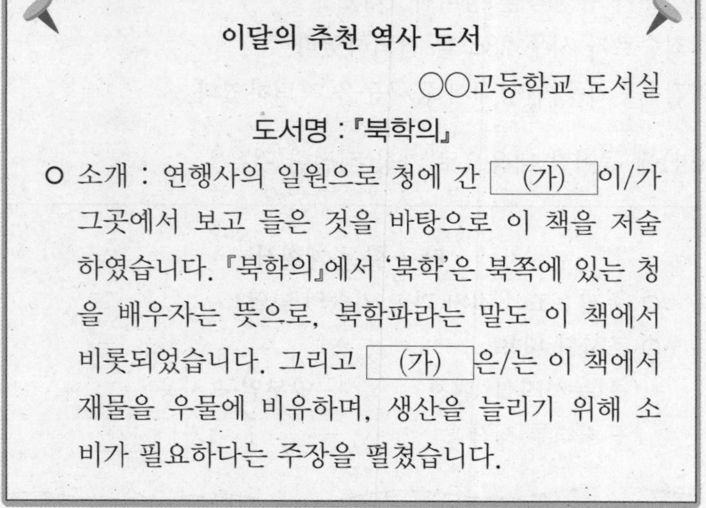
이달의 추천 역사 도서

○○고등학교 도서실

도서명 : 『북학의』

○ 소개 : 연행사의 일원으로 청에 간 (가) 이/가 그곳에서 보고 들은 것을 바탕으로 이 책을 저술하였습니다. 『북학의』에서 '북학'은 북쪽에 있는 청을 배우자는 뜻으로, 북학파라는 말도 이 책에서 비롯되었습니다. 그리고 (가) 은/는 이 책에서 재물을 우물에 비유하며, 생산을 늘리기 위해 소비가 필요하다는 주장을 펼쳤습니다.

① 동학을 창시하였다.
② 삼국사기를 저술하였다.
③ 독립 협회를 창립하였다.
④ 상공업 진흥을 주장하였다.
⑤ 살수에서 적군을 물리쳤다.

8. (가)에 들어갈 내용으로 옳은 것은?

① 균역법을 시행함.
② 후삼국을 통일함.
③ 훈민정음을 반포함.
④ 쌍성총관부를 공격함.
⑤ 대한국 국제를 제정함.

9. 다음 상황이 나타난 시기를 연표에서 옳게 고른 것은? [3점]

> 왕이 보현원으로 행차하는 도중에 술자리를 열고 무신들에게 수박희를 시켰다. 대장군 이소응이 수박희를 하다가 도망가자 문신 한뢰가 갑자기 나가서 이소응의 뺨을 때리니 …(중략)… 정중부 등 무신들은 낯빛이 변하고 서로 눈짓을 하였다. …(중략)… 이의방 등 무신들이 보현원으로 먼저 가서 거짓 왕명으로 병사들을 모았고, 보현원 문 앞에서 여러 문신들을 죽였다.

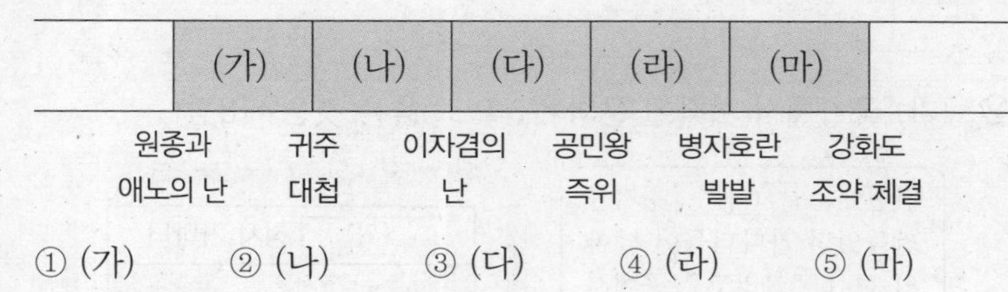

① (가) ② (나) ③ (다) ④ (라) ⑤ (마)

10. (가) 국가에 대한 설명으로 옳은 것은? [3점]

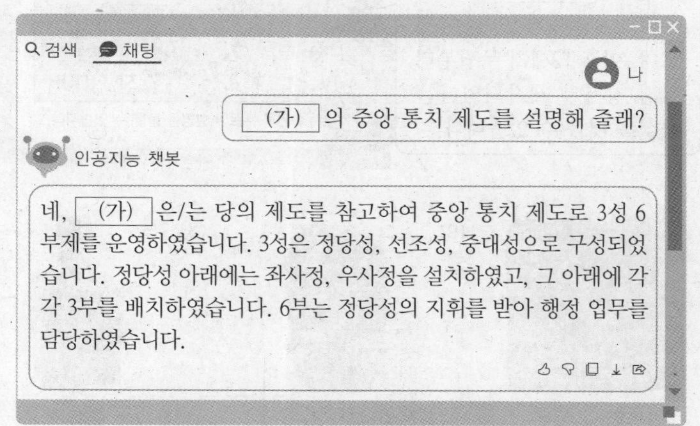

① 화랑도를 조직하였다.
② 회사령을 제정하였다.
③ 단발령을 시행하였다.
④ 도병마사를 설치하였다.
⑤ 해동성국이라 불리었다.

○ 해설편 206쪽

11. (가)에 들어갈 제도로 옳은 것은?

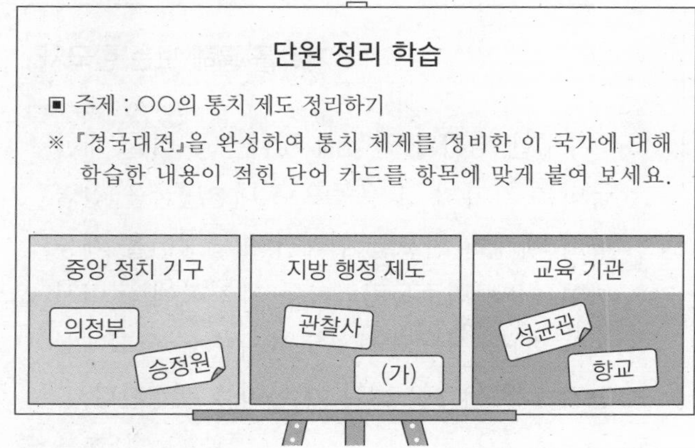

① 8도 ② 사출도 ③ 22담로
④ 9주 5소경 ⑤ 5경 15부 62주

12. (가) 인물에 대한 설명으로 옳은 것은? [3점]

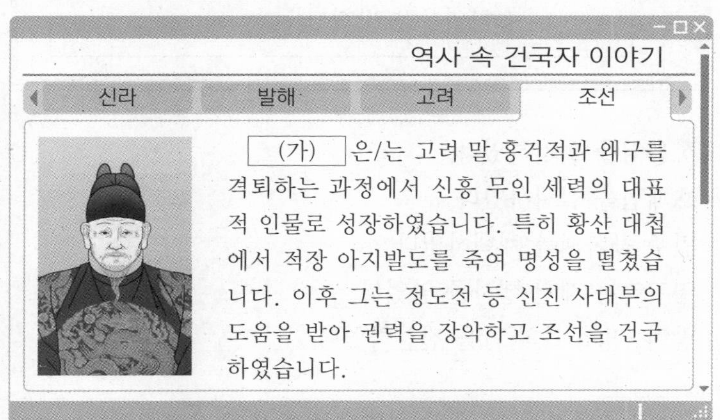

① 동의보감을 편찬하였다.
② 나당 연합을 성사시켰다.
③ 해동 천태종을 창시하였다.
④ 위화도 회군을 단행하였다.
⑤ 왕오천축국전을 저술하였다.

13. 밑줄 친 '전쟁' 중에 있었던 사실로 옳은 것은?

> ○월 ○일 선비들이 모여 의병 일으킬 일을 의논하기를, "왜적이 쳐들어와 임금께서 난리를 피해 한양을 떠나시니, 바야흐로 뜻있는 선비가 나라와 군왕을 위해 병기를 베개 삼아 <u>전쟁</u>에 나서서 순국할 날이 됐습니다."라고 하였다.
> …(중략)…
> △월 △일 전라 좌수사 이순신이 견내량에서 적선을 불태우고 부숴 버렸다.

① 별무반이 조직되었다.
② 척화비가 건립되었다.
③ 천리장성이 축조되었다.
④ 갑오개혁이 추진되었다.
⑤ 조·명 연합군이 결성되었다.

14. 밑줄 친 '개혁'의 내용으로 옳은 것은? [3점]

> **한국사 신문**
>
> **기묘년, 사림이 화를 입다**
>
> 중종의 총애를 받으며 각종 <u>개혁</u>을 통해 유교적 이상 정치를 실현하려던 조광조와 그를 따르는 사림 세력이 국정을 어지럽혔다는 죄목으로 유배되었다. 이들은 중종반정 이후 공신에 오른 훈구 세력 가운데 공이 없는 신하들을 공신 명단에서 삭제해야 한다고 주장하였다. 이러한 주장은 중종을 난처하게 만들었으며, 훈구 세력의 반발을 초래하였다.

① 현량과를 실시하였다.
② 영정법을 시행하였다.
③ 별기군을 창설하였다.
④ 교정도감을 운영하였다.
⑤ 군국기무처를 설치하였다.

15. (가)에 들어갈 내용으로 가장 적절한 것은?

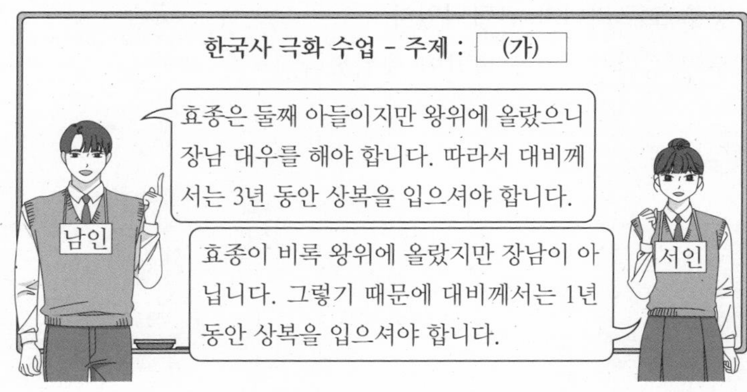

① 녹읍 폐지
② 예송의 전개
③ 탕평책 실시
④ 노비안검법 시행
⑤ 급진 개화파의 개혁

16. 자료를 활용한 탐구 주제로 가장 적절한 것은? [3점]

> ○ 비변사에서 보고하기를, "각 도의 납속하는 사람들에 대해 …(중략)… 바치는 곡식의 양에 따라 등급을 매기고, 이에 따라 관직을 내려 널리 곡식을 모으는 길을 마련해야 합니다."라고 하였다.
> ○ 신필현이 아뢰기를, "지방의 좀 넉넉한 민가에서는 곡식을 바치고 공명첩을 얻는 바람에 관직을 받은 사람이 많습니다."라고 하였다.

① 신라 말 호족의 성장
② 고려 시대 여성의 지위
③ 조선 후기 신분제의 동요
④ 조선 전기 대외 관계의 변화
⑤ 일제 강점기 근대 문물의 수용

해설편 207쪽

17. 밑줄 친 '이 시기' 문화에 대한 설명으로 옳은 것은?

① 삼국유사가 편찬되었다.
② 무령왕릉이 축조되었다.
③ 한글 소설이 유행하였다.
④ 충주 고구려비가 건립되었다.
⑤ 부여 정림사지 5층 석탑이 세워졌다.

18. (가) 운동에 대한 설명으로 옳은 것은?

① 고구려 부흥을 내세웠다.
② 서경 천도를 주장하였다.
③ 만민 공동회 개최를 요구하였다.
④ 집강소를 통해 개혁을 추진하였다.
⑤ 대한매일신보 등 언론의 지원을 받았다.

19. (가) 정부에 대한 설명으로 옳은 것은? [3점]

> **자료를 통해 보는 한국사**
>
> 유구한 역사와 전통에 빛나는 우리들 대한 국민은 기미 3 · 1 운동으로 대한민국을 건립하여 세계에 선포한 위대한 독립정신을 계승하여 이제 민주독립국가를 재건함에 있어서 …(중략)… 선거된 대표로서 구성된 국회에서 단기 4281년 7월 12일 이 헌법을 제정한다.
>
> –『관보』 제1호 –
>
> 해설 : 이 자료는 제헌 헌법의 전문(前文)이다. 여기에서 제헌 국회는 대한민국 정부가 3 · 1 운동을 계기로 상하이에서 수립된 (가) 의 독립 정신을 계승하였음을 밝혔다.

① 장용영을 설치하였다.
② 호패법을 실시하였다.
③ 민주 공화제를 채택하였다.
④ 영고라는 제천 행사를 열었다.
⑤ 망이 · 망소이의 난을 진압하였다.

20. (가) 민주화 운동에 대한 설명으로 옳은 것은? [3점]

월별로 정리한 (가)

1987년 1월	박종철, 경찰에 강제 연행되어 남영동 대공 분실에서 고문을 받다 사망
1987년 4월	4 · 13 호헌 조치 발표
1987년 5월	천주교 정의 구현 전국 사제단에 의해 박종철 고문치사 은폐 · 조작 사건 폭로
1987년 6월	이한열, 시위 도중 최루탄에 피격. 민주 헌법 쟁취 국민운동 본부가 주최한 국민대회 개최

① 신탁 통치를 반대하였다.
② 대통령 직선제를 요구하였다.
③ 을사늑약 체결에 항의하였다.
④ 3 · 15 부정 선거를 규탄하였다.
⑤ 시민군을 조직하여 계엄군에 맞섰다.

※ **확인 사항**
○ **답안지의 해당란에 필요한 내용을 정확히 기입(표기) 했는지 확인하시오.**

해설편 209쪽

제 4 교시

한국사 영역

14회	시험 시간	30분
	날짜	월 일 요일
시작 시각 :	종료 시각	:

1. (가) 시대 사람들의 생활 모습으로 옳은 것은?

> 조사 보고서
>
> **연천 전곡리 유적**
>
> 1학년 ○반 ○모둠
>
> 
> ▲ 출토된 주먹도끼
>
> 1978년 주한 미군 그렉 보웬이 경기도 연천의 한탄강변에서 (가) 시대의 대표 유물인 주먹도끼를 발견하였다. 이 주먹도끼는 뾰족하게 날을 세워 찍개보다 정밀하게 가공한 것으로 동아시아에서 처음 발견되어 세계 고고학계의 주목을 받았다. 이후 추가 발굴을 통해 찍개, 찌르개를 비롯한 다양한 종류의 뗀석기가 출토되었다.

① 고인돌을 축조하였다.
② 철제 무기를 사용하였다.
③ 농경과 목축을 시작하였다.
④ 빗살무늬 토기를 제작하였다.
⑤ 주로 동굴이나 바위 그늘에서 살았다.

2. (가) 나라에 대한 설명으로 옳은 것은?

> **수행평가 활동지**
>
> **1학년 ○반 ○번 이름 : ○○○**
>
> ▣ 활동 1. 철기를 바탕으로 성장한 나라 중 하나를 골라 조사하기
> - 내가 조사한 나라 : (가)
> - 풍속 : 족외혼, 책화
> - 특징 2가지 : 1. 왕이 없음. 2. 고구려의 간섭을 받음.
>
> ▣ 활동 2. 조사한 나라의 풍속을 그림으로 표현하기
>
> 
>

① 경국대전을 완성하였다.
② 수도를 강화도로 옮겼다.
③ 무천이라는 제천 행사를 열었다.
④ 골품제라는 신분 제도를 운영하였다.
⑤ 위만이 왕위를 차지하여 집권하였다.

3. 밑줄 친 '그'가 활동한 시기의 상황으로 가장 적절한 것은? [3점]

① 벽란도가 국제 무역항으로 번성하였다.
② 당에 신라인들의 집단 거주 지역이 존재하였다.
③ 조선이 연행사를 통해 서양 문물을 수용하였다.
④ 부산, 원산 등 개항장을 중심으로 무역이 이루어졌다.
⑤ 고조선이 한과 한반도 남부 사이에서 중계 무역을 하였다.

4. (가) 국가에 대한 설명으로 옳은 것은?

> (가)의 의자왕이 장군 계백에게 결사대 5,000명을 거느리고 황산으로 나가 신라 군사와 싸우게 하였다. 네 번 싸워서 모두 이겼으나 결국에는 군사가 적고 힘이 모자라서 패하고 계백이 전사하였다.

① 장용영을 설치하였다.
② 수도를 사비로 옮겼다.
③ 광개토 대왕릉비를 건립하였다.
④ 군사 행정 구역으로 양계를 두었다.
⑤ 교육 기관으로 국자감을 운영하였다.

5. (가) 국가에 대한 설명으로 옳은 것은? [3점]

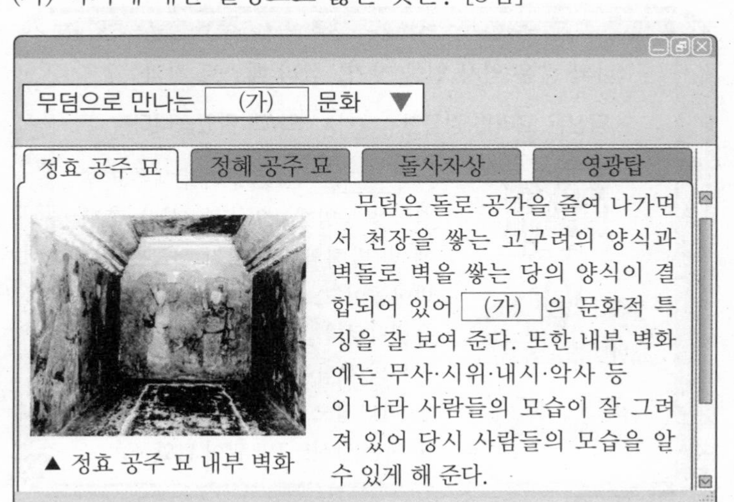

▲ 정효 공주 묘 내부 벽화

① 해동성국이라 불렸다.
② 균역법을 실시하였다.
③ 대가야를 병합하였다.
④ 교정도감을 설치하였다.
⑤ 정림사지 5층 석탑을 건립하였다.

○ 해설편 211쪽

6. (가)에 들어갈 문화유산으로 가장 적절한 것은?

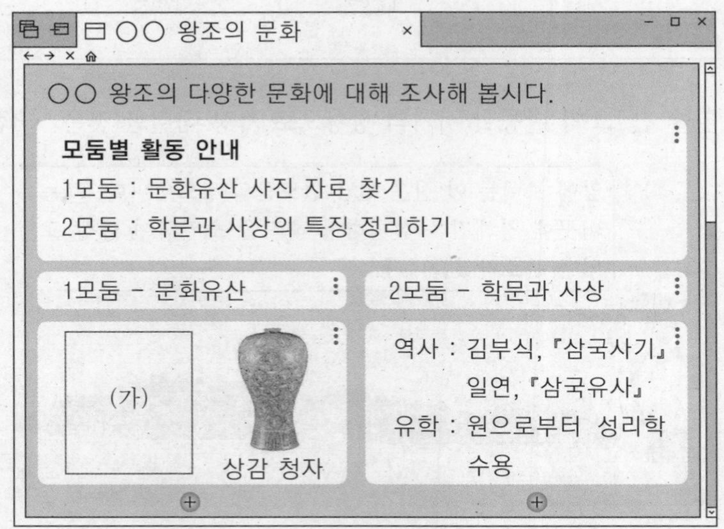

① 호우명 그릇 ② 산수무늬 벽돌 ③ 측우기 ④ 서당도 ⑤ 팔만대장경판

7. (가) 인물에 대한 설명으로 옳은 것은? [3점]

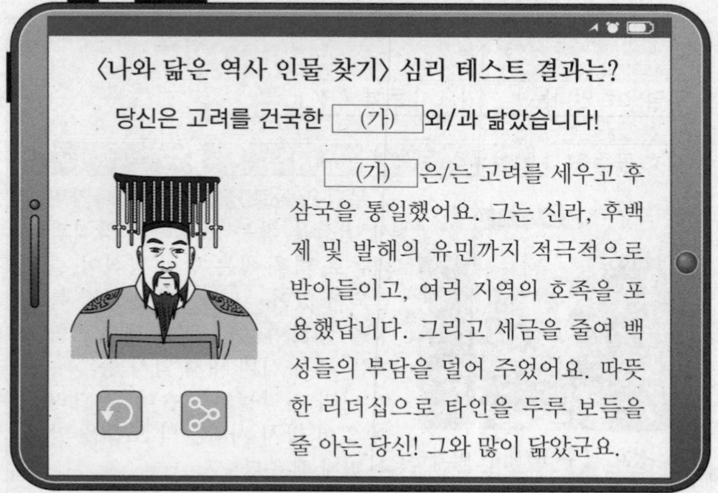

① 훈요 10조를 남겼다.
② 규장각을 육성하였다.
③ 영정법을 시행하였다.
④ 우산국을 정복하였다.
⑤ 기철 등 친원 세력을 제거하였다.

8. 밑줄 친 '임금'의 재위 시기에 있었던 사실로 옳은 것은?

> 임금께서 『기기도설』을 내려보내 무거운 물건을 끌어 올리는 방법을 강구하도록 하셨기에 나는 거중기 도안을 작성하여 바쳤다. …(중략)… 성 쌓는 일을 끝마쳤을 때 임금께서 "다행히 거중기를 사용하여 수원 화성을 쌓는 데 4만 냥을 절약했다."라고 말씀하셨다.

① 탕평책이 실시되었다.
② 집현전이 설치되었다.
③ 독립신문이 발행되었다.
④ 노비안검법이 시행되었다.
⑤ 불국사 3층 석탑이 조성되었다.

9. (가) 국가에 대한 설명으로 옳은 것은? [3점]

① 강동 6주 지역을 확보하였다.
② 동진에서 불교를 수용하였다.
③ 에도 막부에 통신사를 파견하였다.
④ 살수에서 수의 군대를 격퇴하였다.
⑤ 일본과 강화도 조약을 체결하였다.

10. (가), (나) 시기 사이에 있었던 사실로 옳은 것은? [3점]

> (가) 의종이 보현원 문에 들어서고 신하들이 물러날 무렵에 이의방, 이고 등이 여러 문신을 죽였다. …(중략)… 정중부가 끝내 의종을 거제현으로 추방하고 새로운 왕을 즉위시켰다.
>
> (나) 원종이 도읍을 다시 개경으로 옮겼다. 왕이 장군 김지저를 강화로 보내 삼별초를 혁파하고 그 명단을 가지고 돌아오라 명하였다.

① 대조영이 발해를 건국하였다.
② 노비 만적이 봉기를 모의하였다.
③ 법흥왕이 금관가야를 병합하였다.
④ 조광조가 현량과 실시를 건의하였다.
⑤ 이순신이 명량 해전에서 승리하였다.

해설편 212쪽

11. (가) 제도에 대한 탐구 활동으로 가장 적절한 것은? [3점]

> 호조가 아뢰기를, "[(가)]을/를 경기 지방에 시행한 지 20년이 되어 갑니다. 팔도 전체에 통용시키면 모든 백성들이 그 혜택을 받을 수 있을 텐데, 방납으로 이익을 얻는 무리들이 저지하여 확대하지 못한 지 오래입니다. …(중략)… [(가)]을/를 2~3개 도에 추가로 실시하여 공물을 토지 결수에 따라 쌀로 거두면, 수십만 석을 장만할 수 있습니다."라고 하였다.

① 공인이 성장한 배경을 조사한다.
② 과전법이 제정된 목적을 찾아본다.
③ 녹읍 폐지가 끼친 영향을 알아본다.
④ 산미 증식 계획의 결과를 분석한다.
⑤ 금융 실명제 도입의 과정을 파악한다.

12. 다음 상황이 전개된 시기를 연표에서 옳게 고른 것은? [3점]

> 이성계의 다섯 번째 아들 이방원은 정도전이 재상 중심의 정치를 강조하고 왕권을 제한하려는 것에 불만을 가졌다. 이에 그는 제1차 왕자의 난을 통해 정도전과 남은 및 그들이 지지한 세자 방석을 죽이고 권력을 장악하였다.

과거제 도입	(가)	귀주 대첩	(나)	조선 건국	(다)	중종 반정	(라)	신미 양요	(마)	을미 사변

① (가) ② (나) ③ (다) ④ (라) ⑤ (마)

13. 밑줄 친 '이 시기'에 볼 수 있는 모습으로 가장 적절한 것은?

> [시조로 배우는 한국사]
>
> **떳떳할 상(常) 평평할 평(平) 통할 통(通) 보배 보(寶) 자**
>
> **구멍은 네모지고 사면(四面)이 둥글어 땍대굴 굴러가는 곳마다 사람들이 반기는구나**
>
> **어째서 조그만 금(金) 조각을 두 개의 창[戈]이 다투는지 나는 아니 좋더라**
>
> 〈작품 해설〉
> 이 작품은 이 시기에 서민들 사이에 유행했던 사설시조의 하나로, 당시 사람들이 갖고자 했던 상평통보를 묘사하고 있습니다. 상평통보는 장시가 전국적으로 확산되었던 이 시기에 주조되어 유통된 화폐로, 세금이나 소작료 납부 등에 사용되었습니다.

① 주자감에서 공부하는 학생
② 판소리 공연을 관람하는 상인
③ 황룡사 9층 목탑을 만드는 목수
④ 무령왕릉 조성에 동원되는 농민
⑤ 석굴암 본존불을 조각하는 장인

14. 밑줄 친 '봉기'에 대한 설명으로 옳은 것은? [3점]

> 지금 봉기를 일으킨 홍경래 등이 정주성을 점거하고 있고 곽산, 용천, 철산 등지에서도 함부로 날뛰면서 산발적으로 노략질을 하고 있습니다. 그러나 그들은 통일된 지휘 계통이 없으니 생각지도 못한 때에 출격하여 그 퇴로를 차단하고 좌우에서 협력하여 공격하면 이 적도들을 없애고 여러 성을 회복할 수 있을 것입니다.

① 백제 부흥을 목표로 하였다.
② 순종의 장례일에 시작되었다.
③ 집강소가 설치되는 계기가 되었다.
④ 대한매일신보 등 언론의 지원을 받았다.
⑤ 평안도 지역에 대한 차별에 반발하여 일어났다.

15. (가) 정부에 대한 설명으로 옳은 것은?

> 이곳은 3·1 운동을 계기로 1919년 상하이에 수립된 [(가)]의 청사 중 하나입니다. 이 청사는 1926년부터 1932년까지 사용되었습니다.

① 칠정산을 편찬하였다.
② 대한국 국제를 반포하였다.
③ 이자겸의 난을 진압하였다.
④ 민주 공화제를 채택하였다.
⑤ 전민변정도감을 설치하였다.

16. (가)에 들어갈 사건으로 옳은 것은?

> **한국사 신문**
>
> [속보] 김옥균, 파란만장한 삶을 마감하다
>
> 3월 28일, 망명 중이던 김옥균이 중국에서 홍종우가 쏜 총에 맞아 현장에서 숨졌다. 그는 급진 개화파로서 10년 전인 1884년 박영효, 홍영식 등과 함께 근대 국가 건설을 목표로 [(가)]을/를 일으켰으나, 청군의 개입으로 거사가 실패하자 조선을 떠나 해외에서 도피 생활을 이어가던 중이었다.

① 임오군란 ② 갑신정변 ③ 갑오개혁
④ 정유재란 ⑤ 무오사화

해설편 213쪽

17. (가) 전쟁이 끼친 영향으로 가장 적절한 것은? [3점]

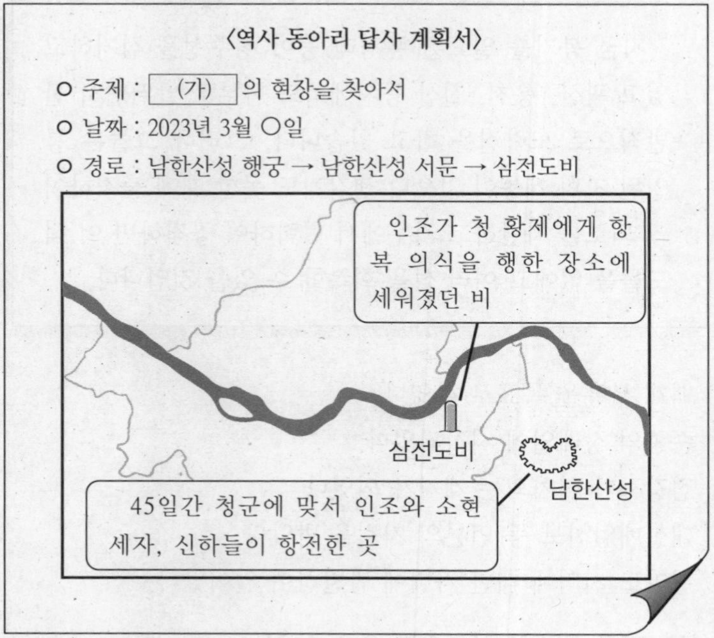

① 후금이 건국되었다.
② 비변사가 조직되었다.
③ 쌍성총관부가 설치되었다.
④ 조선에서 북벌론이 대두되었다.
⑤ 전국 각지에 척화비가 세워졌다.

18. (가)에 들어갈 교육 기관으로 옳은 것은?

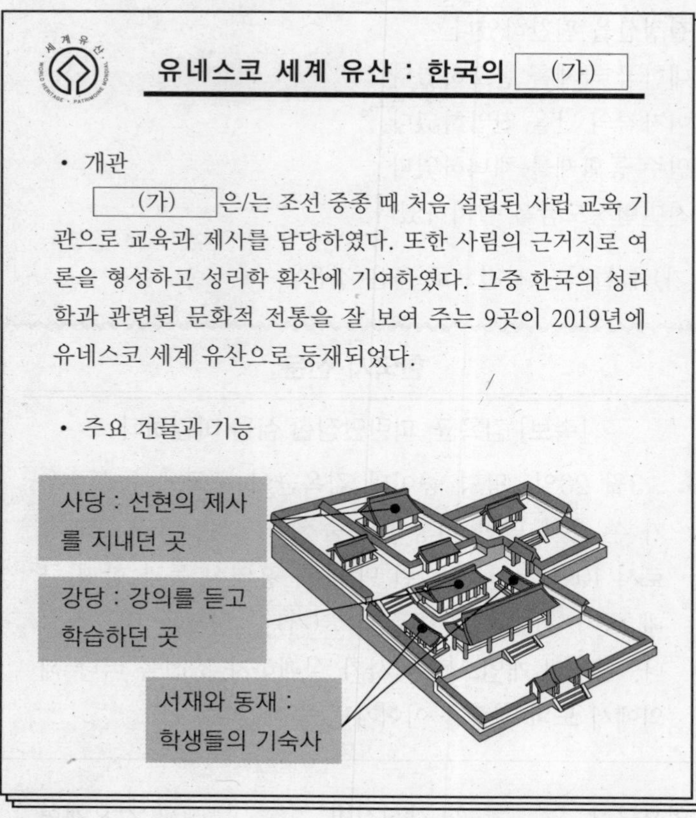

① 태학 ② 향교 ③ 서당 ④ 서원 ⑤ 성균관

19. 밑줄 친 '전하'의 업적으로 옳은 것은?

① 마한을 병합하였다.
② 동의보감을 편찬하였다.
③ 훈민정음을 창제하였다.
④ 천리장성을 축조하였다.
⑤ 김흠돌의 난을 진압하였다.

20. 밑줄 친 '전쟁' 중 있었던 사실로 옳은 것은? [3점]

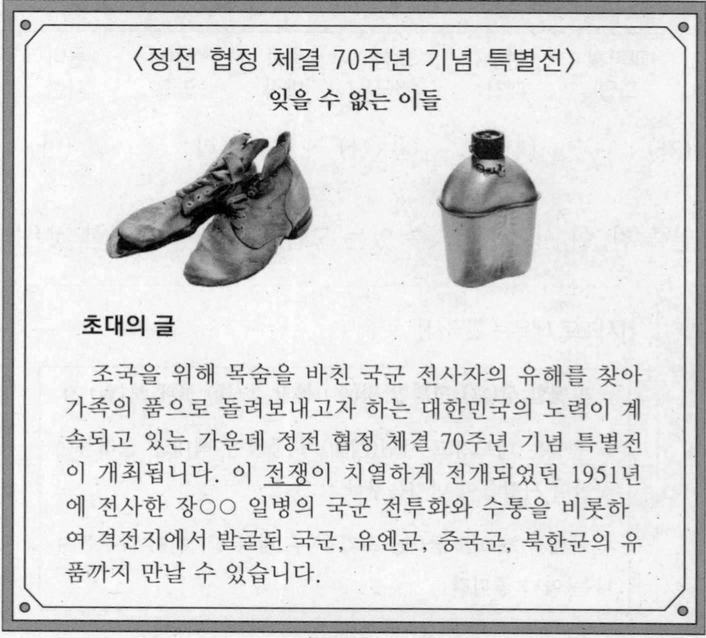

① 4 · 19 혁명이 일어났다.
② 대한민국 정부가 수립되었다.
③ 인천 상륙 작전이 전개되었다.
④ 7 · 4 남북 공동 성명이 발표되었다.
⑤ 남북한이 국제 연합에 동시 가입하였다.

※ 확인 사항
○ 답안지의 해당란에 필요한 내용을 정확히 기입(표기)했는지 확인하시오.

제 4 교시

한국사 영역

15회	시험 시간	30분
	날짜	월 일 요일
시작 시각 :	종료 시각	:

1. 밑줄 친 '유물'로 옳은 것은?

제△△호 ○○신문 △△△△년 △△월 △△일

소리로 듣고 손으로 읽는 역사책 출간

이번에 출간된 『듣고, 느끼는 □□□ 시대 이야기』는 시각 장애인을 대상으로 하였다. 책은 점자로 되어 있고, 소리 펜을 이용해 음성 해설을 듣게 되어 있다. 석기와 불을 사용하기 시작한 시대를 다룬 이 책은 동굴 속 생활과 사냥을 주제로 한 '이야기 하나', 이 시대의 대표적인 <u>유물</u>을 소개한 '이야기 둘' 등으로 이루어져 있다.

2. (가) 국가에 대한 설명으로 옳은 것은?

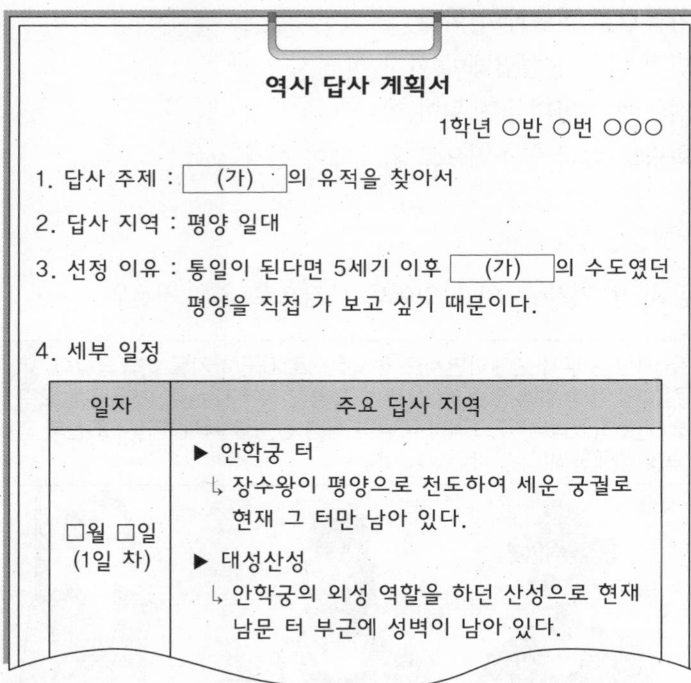

역사 답사 계획서

1학년 ○반 ○번 ○○○

1. 답사 주제 : (가) 의 유적을 찾아서
2. 답사 지역 : 평양 일대
3. 선정 이유 : 통일이 된다면 5세기 이후 (가) 의 수도였던 평양을 직접 가 보고 싶기 때문이다.
4. 세부 일정

일자	주요 답사 지역
□월 □일 (1일 차)	▶ 안학궁 터 ↳ 장수왕이 평양으로 천도하여 세운 궁궐로 현재 그 터만 남아 있다. ▶ 대성산성 ↳ 안학궁의 외성 역할을 하던 산성으로 현재 남문 터 부근에 성벽이 남아 있다.

① 금관가야를 병합하였다.
② 무령왕릉을 축조하였다.
③ 일본에 수신사를 파견하였다.
④ 영고라는 제천 행사를 열었다.
⑤ 광개토 대왕릉비를 건립하였다.

3. (가), (나) 시기 사이에 있었던 사실로 옳은 것은? [3점]

(가) 지증왕 13년, 우산국이 복속하여 해마다 토산물을 바치기로 하였다.
(나) 신문왕 5년, 거열주를 나누어 청주를 설치하니 비로소 9주가 갖추어졌다.

① 삼국이 통일되었다.
② 칠정산이 편찬되었다.
③ 과거제가 도입되었다.
④ 경국대전이 반포되었다.
⑤ 지방에 12목이 설치되었다.

4. (가) 국가에 대한 설명으로 옳은 것은?

① 해동성국으로 불렸다.
② 전국을 8도로 나누었다.
③ 22담로에 왕족을 파견하였다.
④ 소도라는 신성 지역을 두었다.
⑤ 골품제라는 신분 제도를 운영하였다.

5. (가)에 들어갈 내용으로 가장 적절한 것은? [3점]

[서술형] 다음 자료를 읽고 물음에 답하시오.

그는 원에 있으면서 국제 정세를 파악하고, 고려로 돌아와 즉위 후 반원 <u>개혁</u>을 단행하였다. 몽골의 풍습을 금지하고, 기철 등의 친원 세력을 제거하였다.

1. 밑줄 친 '개혁'에 해당하는 정책 한 가지를 10자 내외로 쓰시오. [5점]

(가)

① 경복궁을 중건하였다.
② 홍문관을 설치하였다.
③ 천리장성을 축조하였다.
④ 쌍성총관부를 공격하였다.
⑤ 9서당 10정을 정비하였다.

해설편 217쪽

6. (가) 인물에 대한 설명으로 옳은 것은? [3점]

① 목민심서를 저술하였다.
② 금국 정벌을 주장하였다.
③ 대동여지도를 제작하였다.
④ 현량과 실시를 건의하였다.
⑤ 인내천 사상을 강조하였다.

7. (가) 전쟁 중에 볼 수 있는 모습으로 가장 적절한 것은?

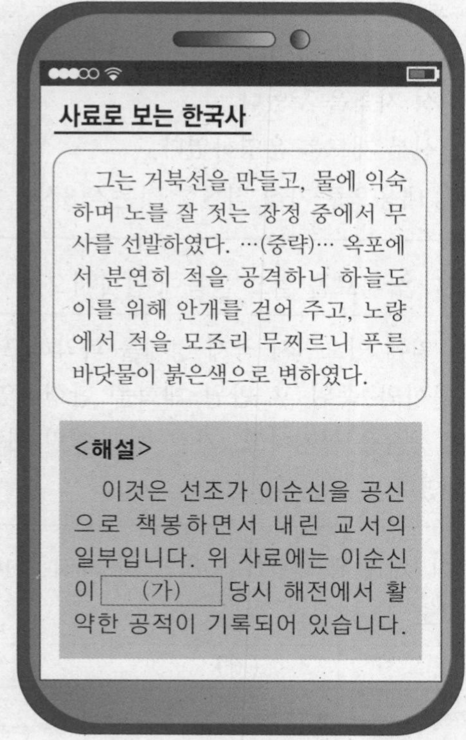

① 청해진을 설치하는 장보고
② 별무반 편성을 건의하는 윤관
③ 황산벌에서 결사 항전하는 계백
④ 왜군에 맞서 의병을 이끄는 곽재우
⑤ 살수에서 적의 군대를 물리치는 을지문덕

8. (가) 왕에 대한 설명으로 옳은 것은?

① 훈요 10조를 남겼다.
② 대동법을 실시하였다.
③ 집강소를 설치하였다.
④ 순수비를 건립하였다.
⑤ 4군 6진 지역을 개척하였다.

9. 밑줄 친 '그'의 주장으로 가장 적절한 것은? [3점]

> 연행사의 일원으로 청의 수도 연경(베이징)에 다녀온 그는 『열하일기』에 다음과 같이 썼다. "중국에서 풍부한 재물이 한 곳에만 집중되지 않고 골고루 유통되는 것은 수레를 사용하기 때문이다. …(중략)… 조선은 청보다 땅이 작음에도 불구하고 영남 아이들은 새우젓을 모르고, 서북 사람들은 감과 감자를 구별하지 못한다."

① 녹읍을 폐지해야 한다.
② 상공업을 진흥해야 한다.
③ 민립 대학을 설립해야 한다.
④ 전국에 척화비를 세워야 한다.
⑤ 화랑도를 국가 조직으로 확대해야 한다.

10. 밑줄 친 '거부'로 인해 일어난 사건으로 옳은 것은?

① 정묘호란　② 갑오개혁
③ 신미양요　④ 귀주 대첩
⑤ 6 · 10 만세 운동

해설편 218쪽

11. 다음 자료를 활용한 탐구 활동으로 가장 적절한 것은?

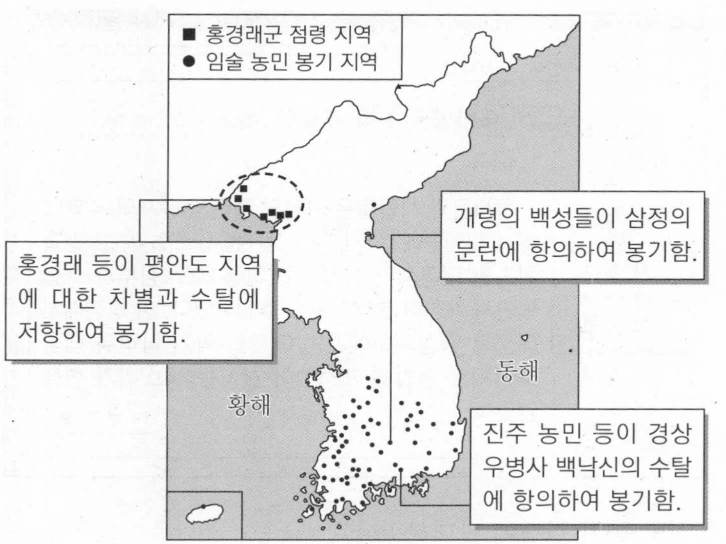

① 세도 정치의 폐단을 조사한다.
② 백제와 고구려의 부흥 운동을 분석한다.
③ 이자겸의 난이 일어난 배경을 알아본다.
④ 항일 의병 운동이 전개된 과정을 정리한다.
⑤ 무신 집권기에 일어난 신분 해방 운동을 찾아본다.

12. (가) 사건에 대한 설명으로 옳은 것은?

① 순종의 인산일에 일어났다.
② 급진 개화파가 주도하였다.
③ 풍수지리설의 영향을 받았다.
④ 새마을 운동이 추진되는 배경이 되었다.
⑤ 강화도 조약이 체결되는 결과를 가져왔다.

13. (가) 정부가 실시한 정책으로 옳은 것은? [3점]

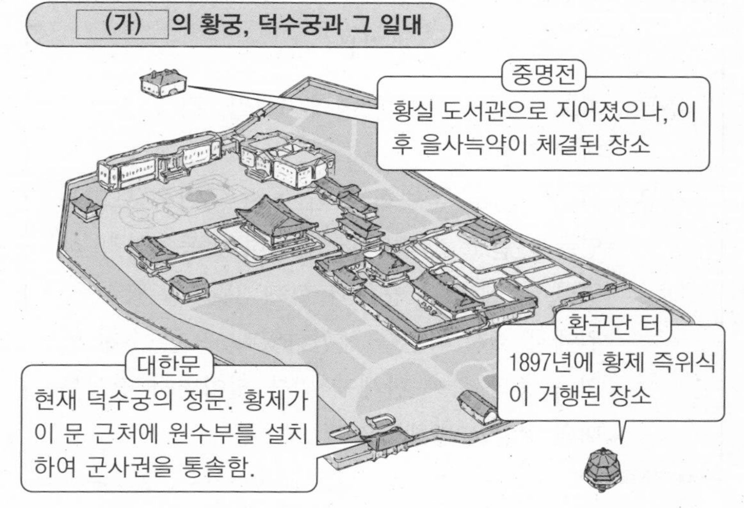

① 태학을 설립하였다.
② 과전법을 실시하였다.
③ 탕평비를 건립하였다.
④ 웅진으로 천도하였다.
⑤ 대한국 국제를 반포하였다.

14. 밑줄 친 '신문'이 발행된 시기를 연표에서 옳게 고른 것은? [3점]

조선 건국		병자호란 발발		운요호 사건		국권 피탈		광주 학생 항일 운동		8·15 광복
	(가)		(나)		(다)		(라)		(마)	

① (가) ② (나) ③ (다) ④ (라) ⑤ (마)

15. 다음 자료의 상황이 나타난 시기에 있었던 사실로 옳은 것은? [3점]

> ○ 서울 청운동에 사는 최○○은/는 인왕산에서 네 번 솔잎을 긁어간 일로 경찰서에서 태형 20대의 즉결 처분을 받았다.
> ○ 의주부 석군면에서 화전을 경작하던 10명이 헌병 분대에 불려 가 삼림령 위반으로 각각 태형 20대의 처분을 받았다.

① 도병마사 설치
② 국가 총동원법 공포
③ 경부 고속 국도 개통
④ 토지 조사 사업 실시
⑤ 화폐 정리 사업 단행

15회 2022년 3월 한국사

16. 다음 자료에 나타난 민족 운동의 배경으로 가장 적절한 것은?

> **판결문**
>
> 주문 : 피고인 심○○을/를 징역 6개월, 집행 유예 3년에 처한다.
>
> 이유 : 심○○은/는 손병희 등이 조선 독립을 모의하였음을 듣고 그 취지에 동의하여 동조하려 하였다. 이에 많은 군중과 함께 3월 1일 탑골 공원에서 조선 독립을 선언하였다. 또한 수천 인의 군중과 함께 만세 시위를 벌이면서 경성부 내의 치안을 방해하였다.

① 단발령이 시행되었다.
② 임오군란이 일어났다.
③ 2 · 8 독립 선언이 발표되었다.
④ 영국이 거문도를 불법으로 점령하였다.
⑤ 모스크바 3국 외상 회의가 개최되었다.

17. (가)에 해당하는 조직으로 옳은 것은?

> **광복군 행진곡**
>
> 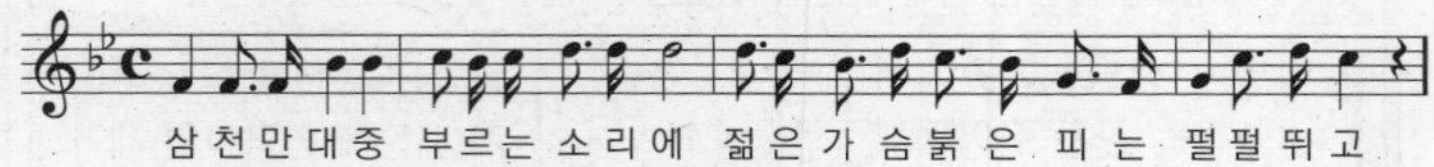
>
>
> 이 노래는 (가) 이/가 충칭에서 창설한 한국광복군이 불렀던 군가의 일부이다. 일제에 맞서 싸워 조국의 광복을 쟁취하려는 의지를 담고 있다. 일제가 태평양 전쟁을 일으키자 (가) 은/는 실제로 한국광복군을 연합군의 일원으로 전쟁에 참여하게 하였다.

① 신간회 ② 의열단
③ 독립 협회 ④ 조선 건국 동맹
⑤ 대한민국 임시 정부

18. 밑줄 친 '전쟁' 중에 있었던 사실로 옳은 것은? [3점]

> 동포들의 생명과 자유를 적의 수중에 맡긴 채 정부가 수도를 부산으로 옮긴 지도 2개월여가 되었습니다. 전쟁 발발 당시의 불리했던 국면 등을 국군과 유엔군이 극복하였고 …(중략)… 한반도와 극동 평화를 보장하기 위하여 압록강 및 두만강까지 진격할 것입니다.

① 훈련도감이 설치되었다.
② 위화도 회군이 일어났다.
③ 봉오동 전투가 벌어졌다.
④ 인천 상륙 작전이 전개되었다.
⑤ 미소 공동 위원회가 개최되었다.

19. (가) 민주화 운동에 대한 설명으로 옳은 것은? [3점]

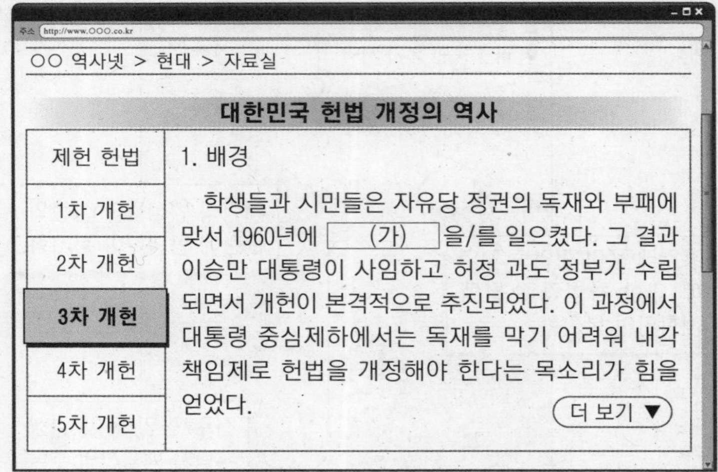

① 신탁 통치 결정에 반대하였다.
② 6 · 10 만세 운동을 촉발시켰다.
③ 단독 정부 수립 반대를 내세웠다.
④ 5 · 18 민주화 운동을 계승하였다.
⑤ 3 · 15 부정 선거를 계기로 일어났다.

20. 다음 연설이 행해진 정부 시기에 있었던 사실로 옳은 것은? [3점]

① 교정도감이 설치되었다.
② 홍범 14조가 반포되었다.
③ 남북한 총선거가 결정되었다.
④ 남북한이 개성 공단 조성에 합의하였다.
⑤ 반민족 행위 특별 조사 위원회가 조직되었다.

> ※ 확인 사항
> ○ **답안지의 해당란에 필요한 내용을 정확히 기입(표기)했는지 확인하시오.**

해설편 221쪽

2021년 3월 고1 전국연합 학력평가 문제지

제 4 교시

한국사 영역

16회	시험 시간	30분
	날짜	월 일 요일
시작 시각 :	종료 시각	:

1. (가) 시대에 볼 수 있는 모습으로 가장 적절한 것은?

① 청동 방울을 지닌 제사장
② 움집에서 불을 피우는 청년
③ 철을 댄 쟁기로 밭을 가는 농민
④ 채집과 사냥을 하며 이동 생활을 하는 무리
⑤ 흉년에 대한 책임을 지고 물러나게 된 국왕

2. (가)에 들어갈 내용으로 가장 적절한 것은? [3점]

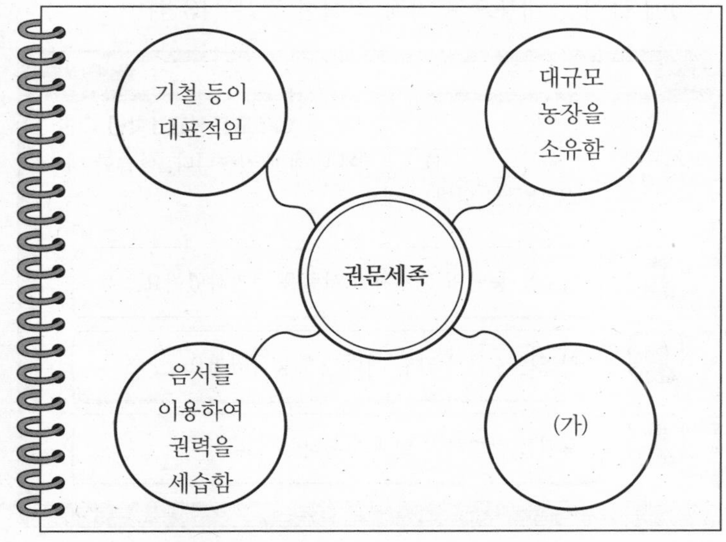

① 북학론을 주장함
② 화랑으로 선발됨
③ 제가 회의에 참여함
④ 백제 부흥 운동을 주도함
⑤ 원 간섭기의 지배 세력임

3. 밑줄 친 '전쟁' 중에 있었던 사실로 옳은 것은?

① 이종무가 대마도를 정벌하였다.
② 이순신이 명량에서 크게 이겼다.
③ 을지문덕이 살수에서 승리하였다.
④ 강감찬이 귀주에서 대승을 거두었다.
⑤ 홍경래가 평안도 지역에서 난을 일으켰다.

4. (가)에 들어갈 내용으로 적절한 것은? [3점]

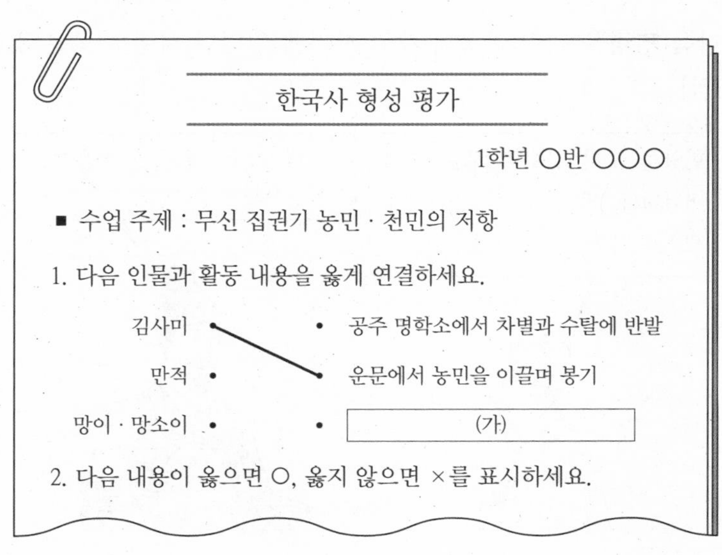

① 당의 침입에 맞서 저항
② 삼정 문란의 시정을 요구
③ 신라 말 지배층의 수탈에 항거
④ 외세의 침략과 정부의 개화 정책에 반발
⑤ 신분 해방을 목표로 노비들을 모아 봉기 도모

해설편 223쪽

5. 다음 자료를 활용한 탐구 주제로 가장 적절한 것은?

> ㅇ 소수림왕 2년에 전진의 왕 부견이 사신과 승려 순도를 보내 불상과 경문을 전하였다.
> ㅇ 침류왕 1년에 승려 마라난타가 동진에서 오자 왕이 궁궐 안으로 맞아들여 머물게 하였다.
> ㅇ 법흥왕 14년에 이차돈이 불법(佛法)을 위하여 제 몸을 희생하였다.

① 삼국 시대 불교의 수용
② 고려 전기 유학의 발달
③ 고려 후기 성리학의 확산
④ 조선 전기 유교 윤리의 보급
⑤ 조선 후기 붕당 정치의 전개

6. 다음 제도가 시행된 국가에서 있었던 사실로 옳은 것은?

> ㅇ 진골의 방의 길이와 넓이는 24척을 넘지 못한다.
> ㅇ 6두품의 방의 길이와 넓이는 21척을, 담장은 8척을 넘지 못한다.
> ㅇ 5두품의 방의 길이와 넓이는 18척을, 담장은 7척을 넘지 못한다.
> ㅇ 4두품에서 백성까지 방의 길이와 넓이는 15척을, 담장은 6척을 넘지 못한다.

① 별무반이 조직되었다.
② 과거제가 시행되었다.
③ 수원 화성이 축조되었다.
④ 화백 회의가 개최되었다.
⑤ 22담로에 왕족이 파견되었다.

7. 다음 명령을 내린 국왕의 재위 시기에 있었던 사실로 옳은 것은? [3점]

① 5소경이 설치되었다.
② 천리장성이 축조되었다.
③ 노비안검법이 실시되었다.
④ 국호가 조선으로 정해졌다.
⑤ 팔만대장경판이 조판되었다.

8. (가)에 들어갈 문화유산으로 옳은 것은?

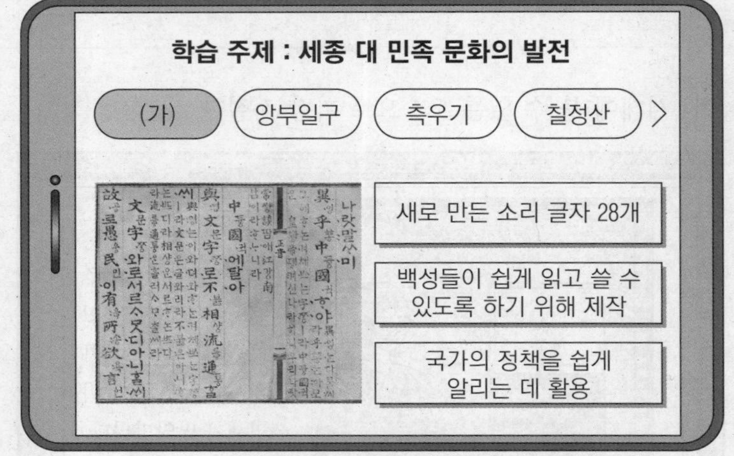

① 삼국사기 ② 삼국유사 ③ 훈민정음
④ 동의보감 ⑤ 경국대전

9. (가) 국가에 대한 설명으로 옳은 것은?

> 대저 (가) 의 역사로 말하면, 고구려가 멸망하여 폐허가 되자 대조영(고왕)이 유민 등을 수습하여 나라를 세웠다. 무왕이 중국의 등주를 공격하여 그 자사를 사살하였고 … (중략)… 남쪽으로 일본과 교류하고 서쪽으로 돌궐과 통하였다.

① 해동성국으로 불렸다.
② 규장각을 설치하였다.
③ 금관가야를 병합하였다.
④ 수도를 평양으로 옮겼다.
⑤ 지방 행정 구역을 8도로 나누었다.

10. (가)에 들어갈 내용으로 가장 적절한 것은? [3점]

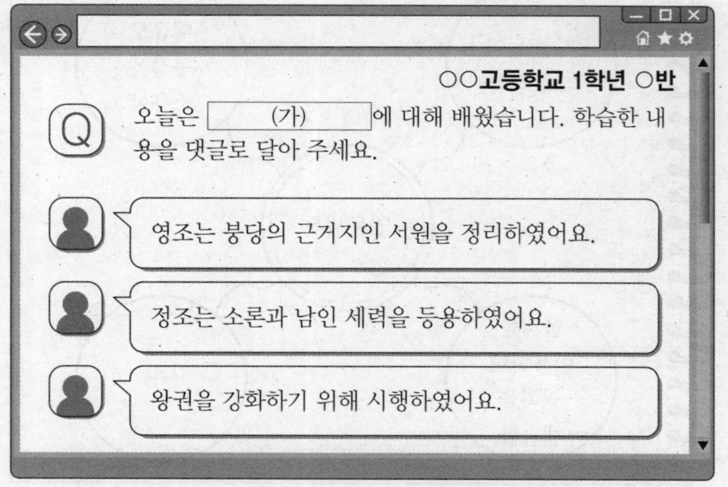

① 사화의 발생
② 탕평책의 추진
③ 삼국 통일의 완성
④ 세도 정치의 폐단
⑤ 서경 천도 운동의 전개

11. 다음 기사의 취지에 따라 전개된 운동에 대한 설명으로 옳은 것은? [3점]

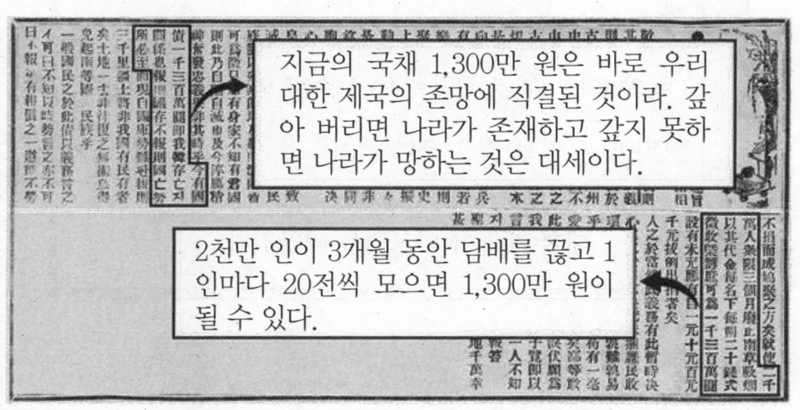

① 서양과의 통상을 반대하였다.
② 수신사의 파견으로 이어졌다.
③ 구식 군인의 주도로 일어났다.
④ 사심관 제도가 시행되는 배경이 되었다.
⑤ 언론의 지원을 받아 전국적으로 확산되었다.

12. 다음 자료에서 학생이 선정한 인물에 대한 설명으로 옳은 것은?

> **수행 평가**
>
> 1학년 ○반 ○○○
>
> 다음에서 한 명의 이름을 선택하고, 해당 인물의 활동을 담은 3행시를 지어 주세요.
>
> 김옥균, 박지원, 안중근, 전봉준, 정약용
>
> [학생 답안]

선정 인물	작성한 시
○△□	○주 화약을 체결하고 △기의 뜻을 이루고자 하니 □영한 백성의 뜻이 집강소에서 실현되리라.

① 거중기를 설계하였다.
② 갑신정변을 주도하였다.
③ 동학 농민군을 이끌었다.
④ 이토 히로부미를 처단하였다.
⑤ 청과의 통상 확대를 주장하였다.

13. (가) 운동에 대한 설명으로 옳은 것은? [3점]

> **[연극 동아리 발표회]**
>
> 11월 3일 '학생 독립운동 기념일'을 맞아 오늘 오후 6시부터 (가) 을/를 소재로 한 연극을 온라인으로 중계하오니, 학교 홈페이지에 접속하셔서 시청 바랍니다.
>
> – 구성 –
>
> ⊙ 제1막 : 나주역 사건, 한·일 학생 간 충돌이 일어나다.
> ⊙ 제2막 : 광주의 학생들, 식민지 노예 교육에 반대하다.
> ⊙ 제3막 : 학생들의 함성, 광주를 넘어 전국으로 뻗어 가다.

① 신간회의 지원을 받았다.
② 광무개혁의 토대가 되었다.
③ 임술 농민 봉기로 이어졌다.
④ 고종 강제 퇴위에 반대하였다.
⑤ 영남 지역의 유생들이 주도하였다.

14. (가) 단체에 대한 설명으로 옳은 것은? [3점]

> 종로 네거리에서 관민 공동회가 열렸는데, 19세였던 나도 학교의 대표로 참가하였다. 여기서 (가) 의 회원들은 철도와 광산을 비롯한 각종 이권을 외국인에게 주지 말 것을 주장하고 헌의 6조를 결의하였다. 이때 회원들은 관리들이 지켜보는 앞에서 정부의 잘못을 비판하였는데, 그 모습은 꽤 인상적이었다.

① 독립문을 건립하였다.
② 새마을 운동을 이끌었다.
③ 한국광복군을 창설하였다.
④ 백운동 서원을 설립하였다.
⑤ 대동법의 시행을 건의하였다.

15. (가)에 들어갈 내용으로 가장 적절한 것은?

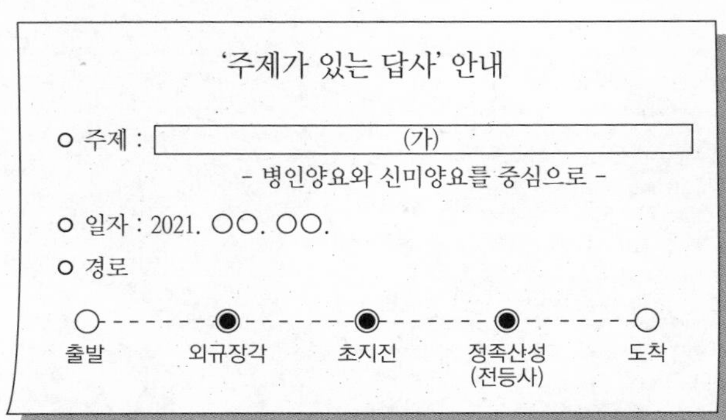

① 삼별초의 항쟁지, 제주도
② 영국의 불법 점령지, 거문도
③ 외침 방어의 요충지, 강화도
④ 조선 수군의 큰 승리, 한산도
⑤ 장보고의 해상 활동 거점, 완도

한국사 영역

16. 다음 신문에 나타난 시기에 있었던 사실로 옳은 것은? [3점]

> **한국사 신문**
>
> **토지 조사 사업, 누구를 위한 사업인가**
>
> 조선 총독부는 임시 토지 조사국을 설치한 이후 토지 조사 사업을 밀어붙이고 있다. 이 사업으로 조선 총독부의 지세 수입은 증가하고 있다. 반면, 다수의 소작농은 기존에 관습적으로 인정받던 경작권을 잃게 되는 등 경제적으로 많은 어려움에 처할 것으로 예상된다.

① 비변사가 설치되었다.
② 호포제가 시행되었다.
③ 균역법이 마련되었다.
④ 대한국 국제가 반포되었다.
⑤ 헌병 경찰 제도가 실시되었다.

17. 밑줄 친 '이 전투'가 있었던 지역을 지도에서 옳게 고른 것은?

왼쪽의 우표는 이 전투 승리 100주년을 기념하기 위해 발행되었다. 1920년 10월 김좌진, 홍범도 등이 이끄는 독립군 부대가 연합하여 이 전투에서 일본군을 크게 물리쳤다.

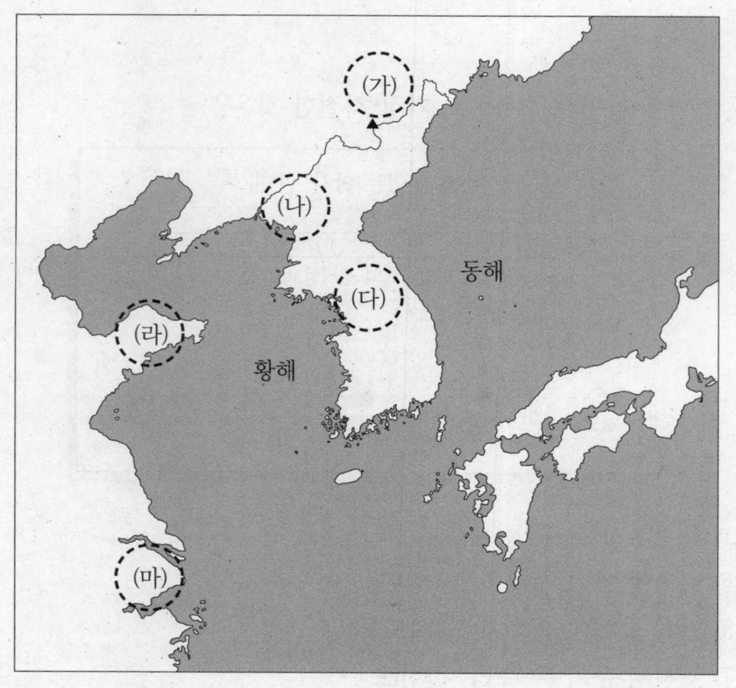

① (가)　② (나)　③ (다)　④ (라)　⑤ (마)

18. 밑줄 친 '이 늑약'의 결과로 옳은 것은? [3점]

> [용어 사전]
>
> **늑약** (勒 억지로 할 늑, 約 약속할 약)
>
> (의미) 억지로 맺은 조약
>
> (예문) 1905년 일제가 강요한 이 늑약으로 인하여 대한 제국이 외교권을 빼앗겼다.

① 척화비가 세워졌다.
② 통감부가 설치되었다.
③ 개경 환도가 이루어졌다.
④ 나당 연합군이 결성되었다.
⑤ 4군과 6진 지역이 개척되었다.

19. 다음 결의안이 채택된 시기를 연표에서 옳게 고른 것은?

> 안전 보장 이사회는 북한군의 무력 침략을 평화를 파괴하는 행위로 규정한다. 전투를 즉각 중지하고 군대를 즉시 38도선 이북으로 철수할 것을 북한에 촉구한다. …(중략)… 안전 보장 이사회는 무력 침략을 격퇴하고 국제 평화와 안전을 회복하는 데 필요한 원조를 대한민국에 제공해 줄 것을 유엔 회원국에 권고하는 바이다.

강화도 조약 체결	(가)	대한 제국 수립	(나)	국권 피탈	(다)	8·15 광복	(라)	대한민국 정부 수립	(마)	6월 민주 항쟁

① (가)　② (나)　③ (다)　④ (라)　⑤ (마)

20. (가)에 들어갈 내용으로 옳은 것은? [3점]

> (가) (으)로 이승만 대통령이 하야함에 따라 허정 과도 정부가 수립되었다. 허정 과도 정부는 국민의 여론에 따라 내각 책임제와 국회 양원제를 골자로 하는 개헌을 단행하였다. 새 헌법에 따라 실시된 총선거에서 민주당이 승리하였고, 장면 내각이 출범하게 되었다.

① 3 · 1 운동　② 4 · 19 혁명
③ 위정척사 운동　④ 브나로드 운동
⑤ 5 · 18 민주화 운동

> ※ 확인 사항
> ○ **답안지의 해당란에 필요한 내용을 정확히 기입(표기)했는지 확인하시오.**

해설편 227쪽

2024년 3월 고1 전국연합 학력평가 문제지

제 4 교시

탐구 영역 (사회)

17회	시험 시간	30분
	날짜	월 일 요일
시작 시각 :	종료 시각	:

1. (가)의 주장을 (나)와 같이 나타낼 때, ㉠에 대한 반론의 근거로 가장 적절한 것은? [3점]

(가)	개인이 생산한 정보를 사회 구성원들이 무상으로 공유하는 것은 개인의 소유권을 침해하므로 옳지 않다.
(나)	○ 도덕 원리 : 개인의 소유권을 침해하는 것은 옳지 않다. ○ 사실 판단 : ㉠ ○ 도덕 판단 : 개인이 생산한 정보를 사회 구성원들이 무상으로 공유하는 것은 옳지 않다.

① 정보의 무상 공유는 양질의 정보 생산을 방해한다.
② 정보 생산자에게 창작에 대한 경제적 보상을 해야 한다.
③ 정보 역시 다른 재화처럼 생산자의 소유권을 인정해야 한다.
④ 정보를 생산하는 데에는 개인의 많은 시간과 노력이 투입된다.
⑤ 정보는 기존 정보들을 토대로 생산되므로 배타적 소유권을 인정받기 어렵다.

2. 갑, 을의 입장으로 적절한 것만을 〈보기〉에서 고른 것은?

> 갑 : 이민자들은 거주국의 문화를 받아들여야 한다. 이민자들의 문화가 거주국의 문화에 동화되면 사회의 단결력을 증진할 수 있기 때문이다.
> 을 : 이민자들의 문화와 거주국의 문화 각각의 정체성을 동등하게 존중해야 한다. 여러 문화가 존중되고 조화를 이루면 문화적 역동성을 증진할 수 있기 때문이다.

<보 기>

ㄱ. 갑 : 거주국 문화에 이민자 문화를 편입시켜야 한다.
ㄴ. 을 : 다양한 문화가 공존하면 문화적 역동성이 증진된다.
ㄷ. 을 : 단일 문화를 형성하여 사회의 단결력을 증진해야 한다.
ㄹ. 갑과 을 : 여러 문화의 정체성은 동등하게 존중되어야 한다.

① ㄱ, ㄴ ② ㄱ, ㄷ ③ ㄴ, ㄷ ④ ㄴ, ㄹ ⑤ ㄷ, ㄹ

3. 다음 글의 입장으로 가장 적절한 것은?

> 남북한의 서로 다른 체제를 통합하는 데 드는 통일 비용으로 인해 통일에 부정적인 사람들이 있다. 그러나 통일 비용은 크게 걱정할 문제가 아니다. 분단이 지속되는 한 국방비 · 외교비와 같은 분단 비용은 계속 발생하지만, 통일 비용은 통일 전후 한시적으로만 발생한다. 장기적으로 볼 때 통일로 인한 이익의 합, 즉 통일 편익이 통일 비용보다 더 크다.

① 통일 비용은 통일 이전에만 한시적으로 발생한다.
② 분단 비용은 통일 이후에도 지속적으로 발생한다.
③ 통일로 얻게 되는 장기적 이익이 통일 비용보다 크다.
④ 통일 편익은 분단 때문에 치러야 하는 소모적 비용이다.
⑤ 분단 비용은 서로 다른 체제를 통합하는 데 드는 비용이다.

4. 다음 가상 편지에서 강조하는 내용으로 가장 적절한 것은?

> ○○에게
> 요즘 자네가 행복에 이르는 방법에 대해 고민하고 있다고 들었네. 행복은 인간의 영혼 중에서 이성과 관련된 능력을 탁월하게 발휘하는 것을 의미한다네. 따라서 이성을 통해 도덕적 행위가 무엇인지를 파악하고 이를 반복적으로 실천한다면 좋은 품성을 기를 수 있을 걸세. 그러면 인간 행위의 최종 목적인 행복에 다가갈 수 있다네.

① 현실 세계에서는 행복한 삶에 도달할 수 없다.
② 좋은 품성은 한 번의 도덕적 행위만으로 형성된다.
③ 인간이 추구하는 궁극적인 목적은 존재하지 않는다.
④ 도덕적 행위를 습관화하는 것은 행복에 이르는 데 기여한다.
⑤ 인간의 기능을 탁월하게 발휘하는 것은 행복과 관계가 없다.

5. 갑, 을의 입장으로 적절한 것만을 〈보기〉에서 있는 대로 고른 것은? [3점]

> 갑 : 법을 지켜야 하는 근거는 국민의 동의에 있다. 이러한 동의에는 명시적인 것뿐만 아니라 암묵적인 것도 있다. 예를 들어 단지 한 국가에 거주하고 있는 것만으로도 그 나라의 법을 지켜야 할 의무가 발생한다.
> 을 : 법을 지켜야 하는 근거는 국가가 제공하는 혜택에 있다. 만일 국가가 제공하는 평화, 안전, 공공재와 같은 혜택이 사라진다면 국민이 법을 지켜야 할 의무도 사라진다.

<보 기>

ㄱ. 갑 : 명시적 동의만으로는 준법의 의무가 성립할 수 없다.
ㄴ. 갑 : 한 국가에 살고 있는 것만으로 준법의 의무는 발생할 수 있다.
ㄷ. 을 : 국가의 혜택을 누리는 사람은 준법의 의무를 지닌다.
ㄹ. 갑과 을 : 국민은 국가의 법을 무조건 지켜야 한다.

① ㄱ, ㄴ ② ㄱ, ㄹ ③ ㄴ, ㄷ
④ ㄱ, ㄷ, ㄹ ⑤ ㄴ, ㄷ, ㄹ

○ 해설편 229쪽

6. 다음 신문 칼럼의 입장으로 적절한 것만을 〈보기〉에서 고른 것은?

○○신문	○○○○년 ○○월 ○○일

칼 럼

오늘날 인류는 심각한 환경 위기에 직면해 있다. 자연을 단지 인간의 소유물이자 이익 추구의 수단으로 보고 무분별하게 착취한 결과, 환경이 심각하게 파괴되었고 이로 인해 인류의 삶마저 위협받고 있다. 이제 인간은 자연의 본래적 가치를 존중해야 한다. 인간은 자연의 지배자가 아니며, 자연의 모든 존재는 인간과 평등한 구성원이라는 점을 인정해야만 한다.

<보 기>

ㄱ. 자연의 모든 존재는 평등하다.
ㄴ. 자연은 인간의 소유물로서 존재한다.
ㄷ. 자연은 그 자체로 소중한 가치를 지닌다.
ㄹ. 자연은 인간이 정복하고 지배해야 할 대상이다.

① ㄱ, ㄴ ② ㄱ, ㄷ ③ ㄴ, ㄷ ④ ㄴ, ㄹ ⑤ ㄷ, ㄹ

7. 다음은 사상가 갑, 을의 가상 대화이다. 갑, 을의 입장으로 가장 적절한 것은? [3점]

삶도 제대로 모르는데 죽음을 어찌 알겠습니까? 죽음을 아는 것보다는 현실에서 인(仁)을 실천하는 것이 더 중요합니다. 다만 상례(喪禮)에서 슬퍼하는 것은 어진 사람이라면 마땅히 해야 할 도리입니다.

죽음은 우리에게 아무것도 아닙니다. 죽음은 경험할 수 없기 때문입니다. 인간이 죽으면 모든 감각은 없어지므로 쾌락과 고통을 느낄 수 없습니다. 따라서 죽음을 걱정하며 현실에서 고통을 느낄 필요가 없습니다.

갑

을

① 갑 : 도덕적 실천은 살아 있는 사람만을 대상으로 한다.
② 갑 : 죽음은 자연스러운 과정이므로 슬퍼할 필요가 없다.
③ 을 : 인간의 감각은 죽음 이후에도 사라지지 않는다.
④ 을 : 죽음은 인간이 경험하게 되는 가장 큰 고통이다.
⑤ 갑과 을 : 죽음보다 현실의 삶에 더 관심을 기울여야 한다.

8. 다음 자료는 어느 자연재해 발생 시 행동 요령의 일부이다. (가)에 대한 설명으로 옳은 것만을 〈보기〉에서 고른 것은?

<보 기>

ㄱ. 건물의 내진 설계를 통해 피해를 줄일 수 있다.
ㄴ. 해저에서 발생 시 해안에 해일 피해를 줄 수 있다.
ㄷ. (가) 재해에 대비한 전통 가옥 시설로 우데기가 있다.
ㄹ. 기후적 요인에 의해 발생하는 대표적인 자연재해이다.

① ㄱ, ㄴ ② ㄱ, ㄷ ③ ㄴ, ㄷ ④ ㄴ, ㄹ ⑤ ㄷ, ㄹ

9. 다음은 우리나라의 섬 (가)의 지명이 변천된 과정을 나타낸 것이다. (가)에 대한 설명으로 옳지 않은 것은?

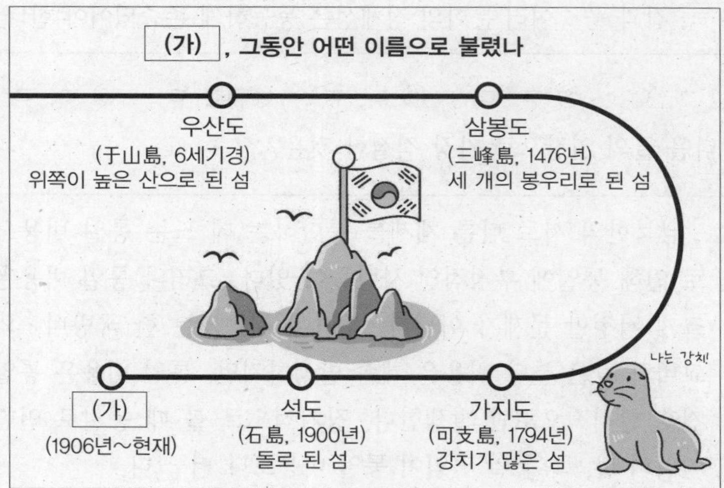

① 섬 전체가 천연 보호 구역이다.
② 행정구역상 경상북도에 속한다.
③ 맑은 날 울릉도에서 육안으로 볼 수 있다.
④ 우리나라에서 가장 동쪽에 있는 영토이다.
⑤ 조선 시대에 우리나라의 영토로 편입되었다.

해설편 230쪽

10. 다음 자료는 어느 여행 프로그램을 소개한 것이다. (가)에 공통으로 들어갈 내용으로 가장 적절한 것은? [3점]

세계 지리 기행 ― 그리스 편 '눈부신 섬으로의 여행'	
 (1부) 환상의 섬 산토리니	[(가)] 이 지역은 하얀 벽과 파란 지붕에 강렬한 햇빛이 내리쬐어 더욱 눈이 부시다. 화산섬에서 새하얀 마을을 산책하고 있노라니 마치 영화 속 장면에 들어온 것 같은 기분이 드는데…….
 (2부) 올리브 나무의 섬 크레타	올리브는 [(가)] 이 지역에서 수목 농업으로 재배되는 대표 작물이다. 무려 3,000년 이상의 세월을 견딘 것으로 전해지는 올리브 나무를 구경하고 농장에서 갓 만든 신선한 올리브유를 맛보자!

① 겨울이 춥고 건조한　② 여름이 덥고 건조한
③ 여름이 서늘하고 습한　④ 일 년 내내 스콜이 내리는
⑤ 연중 봄과 같이 온화한

11. 다음 자료의 (가) 국가를 지도의 A~E에서 고른 것은? [3점]

〈 (가) 의 국장〉
사자 문양의 방패가 왕관과 지팡이, 훈장 등으로 장식되어 있다.

[(가)]은/는 네덜란드어, 프랑스어, 독일어를 공용어로 사용한다. 국장의 아래쪽에 그려진 리본에는 프랑스어와 네덜란드어로 '단결이 힘이다'라는 문구가 쓰여 있다. 하지만 국장의 문구와는 달리 남부의 프랑스어 권역과 북부의 네덜란드어 권역 간 갈등이 매우 심각하다. 여기에 지역 간 경제 격차까지 커지면서 나라가 남과 북으로 갈라질 위기에 처해 있다.

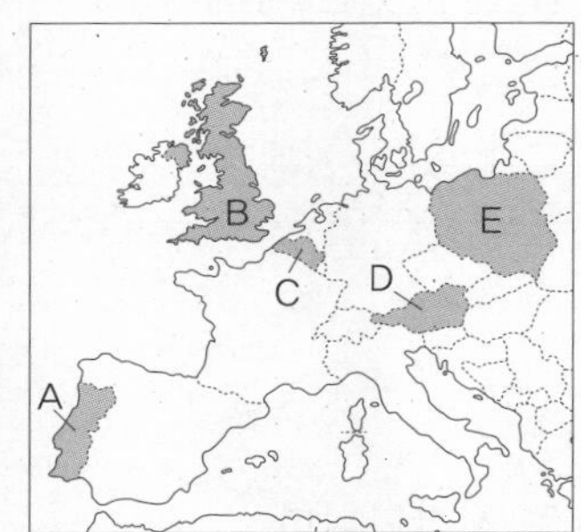

① A
② B
③ C
④ D
⑤ E

12. 다음 자료의 (가)에 들어갈 내용으로 가장 적절한 것은?

세계적으로 유명한 커피 생산국 중 하나인 콜롬비아는 자국 커피의 국제 경쟁력을 높이기 위한 [(가)]의 일환으로 '콜롬비아 커피(Café de Colombia)'를 지리적 표시제에 등록하였다. 또한 안데스 산지를 배경으로 커피 농장의 농부와 당나귀의 모습을 담은 마크를 만들었다. 이 마크는 콜롬비아에서 생산된 원두를 100% 사용한 제품에만 표시할 수 있게 함으로써 콜롬비아 커피의 품질에 대한 신뢰도를 높였다.

① 적정 기술　② 환경 규제　③ 공간적 분업
④ 지역화 전략　⑤ 공적 개발 원조

13. 다음은 세계의 인구에 대한 수업 장면이다. 교사의 질문에 옳게 대답한 학생만을 고른 것은? (단, A, B는 각각 아프리카, 유럽 중 하나임.) [3점]

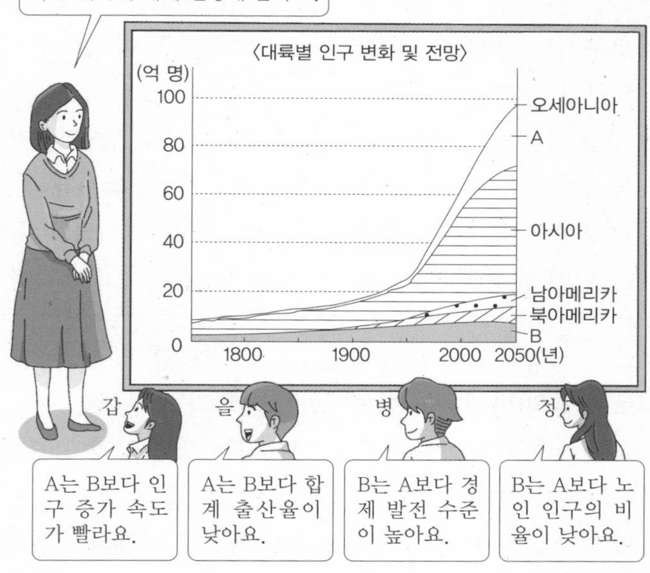

① 갑, 을　② 갑, 병　③ 을, 병　④ 을, 정　⑤ 병, 정

14. 밑줄 친 ㉠~㉤에 대한 설명으로 옳은 것은?

> 법조인이 되기를 바랐던 ㉠ 아버지의 뜻에 따라 로스쿨에서 공부하던 갑은 화가가 되고 싶어 ㉡ 로스쿨을 그만두었다. 그 후 ㉢ 지역 미술 동호회에서 그림의 기초를 배우며 재능을 갈고닦아 과감히 국립미술학교 입학시험에 응시했지만 탈락했다. 갑은 이에 굴하지 않고 ㉣ 박물관, 미술관 등을 다니며 다양한 작품을 보고 꾸준히 연습한 결과 자신만의 독자적인 화풍을 만들어 마침내 ㉤ ○○ 미술 대상을 받았다.

① ㉠은 귀속 지위이다.
② ㉡은 갑의 역할 갈등이다.
③ ㉢은 공동 사회에 해당한다.
④ ㉣은 재사회화에 해당한다.
⑤ ㉤은 갑의 역할 행동에 대한 보상이다.

15. 다음 대화에 대한 설명으로 옳은 것은? [3점]

> 갑 : 이번 ㉠ 선거에서 당선된 ㉡ 군수가 교통 취약 계층을 위한 정책을 선거 공약으로 제시했었어. 교통 취약 계층이 택시를 한 달에 10회 무료로 이용할 수 있게 하는 이 ㉢ 정책은 곧 시행되겠지?
> 을 : 그게 군수 마음대로 되겠어? 정책이 시행되려면 A에서 ㉣ 조례가 제정되어야 해.

① A는 집행 기관에 해당한다.
② ㉠은 국회 의원 선거이다.
③ ㉡은 지방 자치 단체의 장(長)이다.
④ ㉡은 ㉢ 시행에 필요한 예산안을 확정할 수 있다.
⑤ ㉣은 ㉡이 제정할 수 있는 자치 법규이다.

해설편 231쪽

16. 다음 자료에서 가장 두드러지게 나타난 문화의 속성에 대한 진술로 옳은 것은?

> ○○ 지역에서 맨손으로 식사하는 문화가 형성된 배경에는 아래와 같은 다양한 요소들이 관련되어 있다.
> - 더운 날씨 때문에 국물을 뜨겁게 먹지 않아 별도의 식사 도구가 필요하지 않음.
> - ○○ 지역의 쌀이 찰기가 없어 손가락으로 밥을 짓이기듯 뭉쳐서 먹어야 편하고 음식의 질감을 더 잘 느끼게 됨.
> - 다섯 손가락이 각각 공간, 공기, 불, 물, 대지를 상징한다고 믿어 맨손으로 식사하면 자연과 연결된다고 생각함.

① 문화는 고정되어 있지 않고 끊임없이 변화한다.
② 새로운 삶의 방식들이 더해지면서 문화가 풍부해진다.
③ 문화는 후천적인 학습에 의해 향유되는 생활 양식이다.
④ 문화는 구성원들의 사고와 행동에 동질성을 갖게 한다.
⑤ 문화 요소들은 서로 밀접한 관계를 맺으며 연결되어 있다.

17. A, B에 대한 옳은 설명만을 〈보기〉에서 고른 것은? (단, A, B는 각각 비례 대표 국회 의원, 지역구 국회 의원 중 하나임.) [3점]

> 현행 우리나라 A의 선출 방식이 가진 문제점은 최다 득표자에게 투표한 표만 의미가 있고, 당선되지 않은 후보자에게 투표한 표는 무시된다는 데에 있다. 반면에 B의 선출 방식에서는 작은 정당이 각 지역에서 얻은 적은 수의 표를 전국 단위에서 합산하므로 작은 정당에 투표한 표가 의석으로 연결될 수도 있다.

<보 기>
ㄱ. A, B의 임기는 5년으로 동일하다.
ㄴ. A는 지역구 국회 의원, B는 비례 대표 국회 의원이다.
ㄷ. A와 달리 B는 '특정 지역의 대표'라는 성격을 가진다.
ㄹ. B를 선출할 때에는 A를 선출할 때와 다른 별도의 투표용지를 활용한다.

① ㄱ, ㄴ ② ㄱ, ㄷ ③ ㄴ, ㄷ ④ ㄴ, ㄹ ⑤ ㄷ, ㄹ

18. 그림은 X재 시장의 변화를 나타낸 것이다. 그 요인으로 옳은 것은? (단, X재는 수요와 공급 법칙을 따르며, 수요와 공급 중 하나만 변동함.) [3점]

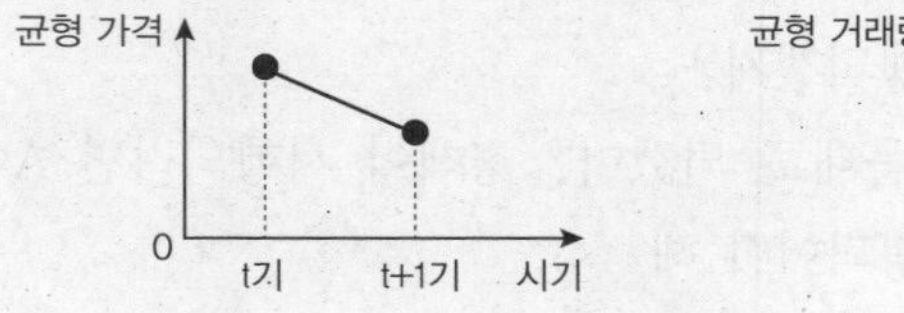

균형 거래량
0
t기 t+1기 시기

① 인구의 증가
② 생산 기술의 혁신
③ 공급자 수의 증가
④ 소비자의 선호도 감소
⑤ 생산 재료 가격의 상승

19. 갑, 을이 각각 경험한 실업의 유형으로 옳은 것은?

> 갑 : 겨울에 스키 강사를 했었는데 봄이 되어 일자리를 잃었어. 그래서 나는 일자리를 찾아보고 있는데, 너는 회사에 잘 다니고 있니?
> 을 : 아니. 로봇과 인공지능이 산업 전반에 활용되면서 나도 최근에 일자리를 잃었어. 그래서 구직 활동 중이야.

	갑	을
①	계절적 실업	경기적 실업
②	계절적 실업	구조적 실업
③	구조적 실업	경기적 실업
④	구조적 실업	계절적 실업
⑤	경기적 실업	구조적 실업

20. 〈자료 1〉은 국제 사회의 행위 주체를 학습하기 위한 십자말풀이이고, 〈자료 2〉는 〈자료 1〉을 활용한 수업 장면이다. 갑~무 중 옳지 않은 진술을 한 학생은? [3점]

〈자료 1〉

					㉠	
					㉡	
	㉢				적	
㉣						
	연					
	합					

[가로 열쇠]
㉡ 영토, 국민, 주권을 가진 국제 사회의 행위 주체
㉣ 개인과 민간단체가 회원으로 가입할 수 있는 국제기구

[세로 열쇠]
㉠ (가)
㉢ 영어 약자로 UN

〈자료 2〉
교사 : 힌트 하나 줄까요? ㉠은 '다'로 시작합니다.
갑 : ㉠의 예로 그린피스, 국경 없는 의사회를 들 수 있지요.
을 : ㉡은 '국가'입니다.
병 : ㉢은 정부 간 국제기구의 예에 해당해요.
정 : ㉣은 '국제 비정부 기구'이지요.
무 : (가)에는 '세계 여러 나라에서 생산과 판매를 하며 국제적으로 활동하는 기업'이 들어갈 수 있어요.

① 갑 ② 을 ③ 병 ④ 정 ⑤ 무

> ※ 확인 사항
> ○ **답안지의 해당란에 필요한 내용을 정확히 기입(표기)했는지 확인하시오.**

○ 해설편 232쪽

제 4 교시

탐구 영역 (사회)

18회	시험 시간	30분
	날짜	월 일 요일
시작 시각 :	종료 시각	:

1. 다음을 주장한 사상가의 입장에서 〈문제 상황〉 속 A에게 제시할 조언으로 가장 적절한 것은?

> 인간은 모든 사람에게 적용될 수 있는 도덕 법칙을 스스로 수립한다. 동시에 오로지 의무이기 때문에 도덕 법칙을 준수한다는 점에서 인간은 자신이 자율성을 지닌 존엄한 존재임을 확인할 수 있다.
>
> 〈문제 상황〉
>
> 고등학생 A는 친구 B의 이어폰을 식당에서 우연히 보았다. B와 다투었던 A는 자신에게 이어폰의 위치를 묻는 B에게 사실대로 말해 주어야 할지 고민 중이다.

① 자율적으로 수립한 도덕 법칙에 따라 행동하세요.
② 관련된 모든 사람이 행복을 누릴 수 있도록 행동하세요.
③ 자신의 장기적인 이익 최대화를 목표로 하여 행동하세요.
④ 자연스러운 욕망을 도덕 판단 기준으로 삼아 행동하세요.
⑤ 다른 사람들로부터 좋은 평판을 얻을 수 있도록 행동하세요.

2. 다음 가상 편지를 쓴 사상가의 입장으로 적절한 것만을 〈보기〉에서 고른 것은? [3점]

> ○○에게
>
> 자네가 정의의 원칙에 대해 물었기에 나의 생각을 말하겠네. 정의의 원칙은 누구에게도 유리하거나 불리하지 않도록 설정된 가상 상황에서 도출될 때 공정성이 보장된다네. 내가 제시하는 정의의 원칙은 다음과 같다네. 첫째, 모든 사람은 기본적 자유를 평등하게 누려야 한다. 둘째, 사회적·경제적 불평등은 최소 수혜자에게 최대의 이익을 보장하도록, 그리고 공정한 기회균등의 조건 아래 모든 사람에게 개방된 직책이나 직위와 결부되도록 편성되어야 한다. 이러한 정의의 원칙이 적용된다면 공정성이 확보된 정의로운 사회가 될 것이네.

<보 기>

ㄱ. 정의로운 사회에서는 경제적 불평등이 존재하지 않는다.
ㄴ. 정의의 원칙은 누구에게도 유리하거나 불리하지 않은 상황에서 선택된다.
ㄷ. 정의로운 사회 실현을 위해서는 최소 수혜자의 이익을 고려할 필요가 없다.
ㄹ. 정의의 원칙에 의하면 모든 사람의 기본적 자유는 평등하게 보장되어야 한다.

① ㄱ, ㄴ ② ㄱ, ㄷ ③ ㄴ, ㄷ ④ ㄴ, ㄹ ⑤ ㄷ, ㄹ

3. 다음을 주장한 사상가의 입장으로 가장 적절한 것은? [3점]

> 인간의 삶에는 본래 어떤 의미가 주어져 있는 것이 아니라 인간 스스로 자기 삶에 의미를 부여하는 것이다. 진정한 자기의 모습으로 살아가고 싶다면 죽음 앞으로 미리 달려가 보아야 한다. 죽음을 회피하지 말고 죽음을 직시하며 죽음 앞에서 볼 때 인간은 본래적 실존을 회복할 수 있다.

① 참된 자신의 모습을 발견하기 위해 죽음을 회피해야 한다.
② 인간은 자신의 삶과 죽음에 스스로 의미를 부여할 수 없다.
③ 죽음에 대한 성찰은 삶을 보다 의미 있게 만들어 줄 수 있다.
④ 죽음에 대해 사유하는 누구도 삶의 소중함을 발견할 수 없다.
⑤ 죽음에 관한 숙고는 극복할 수 없는 절망에 이르게 할 뿐이다.

4. 그림의 강연자가 지지할 입장으로 가장 적절한 것은?

> 노예 제도를 시행하고 영토 확장을 위해 전쟁을 벌이는 정부는 정의롭지 않기에 나는 이 정부에 세금을 낼 수 없습니다. 세금을 납부하여 정부가 폭력을 행사하게 하는 것은 법을 어기는 것보다 더 정의롭지 않습니다. 법에 대한 존경심보다 먼저 정의에 대한 존경심을 기르는 것이 바람직합니다.

① 합법적인 절차로 제정된 모든 법을 지켜야 한다.
② 정의롭지 못한 국가의 법에 비판 없이 복종해야 한다.
③ 부정의한 법에 불복종하는 것은 정의 실현에 기여한다.
④ 법을 지키는 것이 정의를 실현하는 것보다 올바른 일이다.
⑤ 국가가 시행하는 정책에 대한 불복종은 정당화될 수 없다.

5. 다음을 주장한 사상가의 입장으로 적절한 것만을 〈보기〉에서 고른 것은?

> 모든 사람의 인간다운 삶을 위해 소극적 평화뿐만 아니라 적극적 평화까지 이루어야 한다. 신체적 폭력, 전쟁, 테러 등의 직접적 폭력을 제거할 때 소극적 평화가 실현된다. 또한 빈곤, 기아, 차별 등과 같은 잘못된 사회 제도나 구조에 의한 간접적 폭력이 존재한다. 간접적 폭력은 의도하지 않아도 발생하며 이 폭력마저 사라져야 적극적 평화를 이룩할 수 있다.

<보 기>

ㄱ. 모든 사람은 폭력이 없는 평화로운 삶을 누려야 한다.
ㄴ. 의도 없이 발생한 빈곤이나 차별은 폭력으로 볼 수 없다.
ㄷ. 적극적 평화 실현을 위해 불평등한 제도를 개선해야 한다.
ㄹ. 적극적 평화는 전쟁이 사라지는 것만으로도 실현될 수 있다.

① ㄱ, ㄴ ② ㄱ, ㄷ ③ ㄴ, ㄷ ④ ㄴ, ㄹ ⑤ ㄷ, ㄹ

해설편 235쪽

6. 다음 신문 칼럼의 입장으로 가장 적절한 것은?

○○신문 ○○○○년 ○○월 ○○일

칼 럼

심각해지는 환경 파괴와 이로 인한 기후 변화 문제에 대응하기 위해 우리는 다음 사상가의 말에 귀를 기울일 필요가 있다. "인간은 지구라는 생명 공동체의 정복자가 아니라 단지 구성원이자 시민일 뿐이다. 생명 공동체의 온전함과 안정성 그리고 아름다움의 보존에 이바지하는 것은 옳다. 그렇지 않으면 그르다." 이 사상가의 말처럼 인간은 자연과 조화를 이루는 겸손한 구성원으로 살아가야 한다.

① 인간은 이성을 지니므로 본질적으로 자연보다 우월하다.
② 자연은 인간의 행복과 풍요로움을 위한 수단에 불과하다.
③ 자연은 인간에게 유용성을 가져다줄 때만 가치를 지닌다.
④ 자연이 지닌 가치는 오직 경제적 관점에서 평가되어야 한다.
⑤ 인간과 동식물은 생명 공동체에서 상호 의존하는 구성원들이다.

7. 그림은 세계 어느 지역에서 운전할 때 조심해야 하는 상황이다. 이 지역의 기후 특성에 대한 설명으로 옳은 것은?

〈눈이나 얼음 위에서 운전할 때〉

〈운전 중 순록을 만났을 때〉

① 겨울이 춥고 길다.
② 일 년 내내 스콜이 내린다.
③ 상록 활엽수의 밀림이 넓게 분포한다.
④ 열대 저기압의 영향을 빈번하게 받는다.
⑤ 여름에 아열대 고압대의 영향을 많이 받는다.

8. 다음 자료의 (가)에 들어갈 내용으로 가장 적절한 것은? [3점]

그림은 휴대 전화가 세계 여러 국가의 협력 업체에서 생산된 부품으로 만들어진다는 것을 나타내고 있습니다. 이는 (가) 의 사례입니다.

① 플랜테이션
② 공간적 분업
③ 산업 공동화
④ 지역 브랜드
⑤ 탄소 발자국

9. 다음 자료의 ㉠, ㉡에 대한 설명으로 옳지 않은 것은?

포항이나 울진 등에서 배를 세 시간 넘게 타고 가야 하는 ㉠ 울릉도에 공항이 건설되어 화면과 같은 모습으로 바뀔 예정입니다. 울릉도는 경치가 빼어나고 ㉡ 독도로 가는 관문이기도 해 매년 수십만 명이 방문하는 관광 명소입니다.

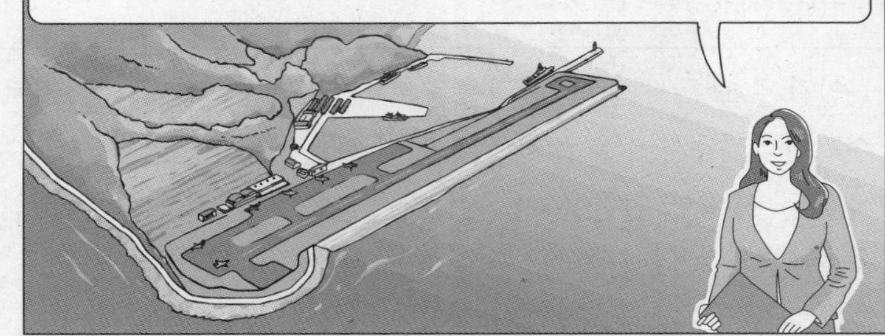

① ㉠은 우리나라 영토의 가장 동쪽에 위치한다.
② ㉡은 영해 설정 시 통상 기선을 적용한다.
③ ㉠은 ㉡보다 면적이 넓다.
④ ㉠, ㉡은 모두 화산섬이다.
⑤ ㉠, ㉡은 모두 행정 구역상 경상북도에 속한다.

10. 다음 자료의 (가) 국가를 지도의 A~E에서 고른 것은?

제가 와 있는 (가) 은/는 국토 면적이 세계에서 여섯 번째로 넓습니다. '애버리지니'라고 불리는 원주민들이 살아왔지만 오늘날 주민들은 대부분 유럽인의 후손으로 영어를 주로 사용합니다. 지금 먹고 있는 피자는 캥거루 고기를 재료로 사용해서 맛이 아주 독특합니다.

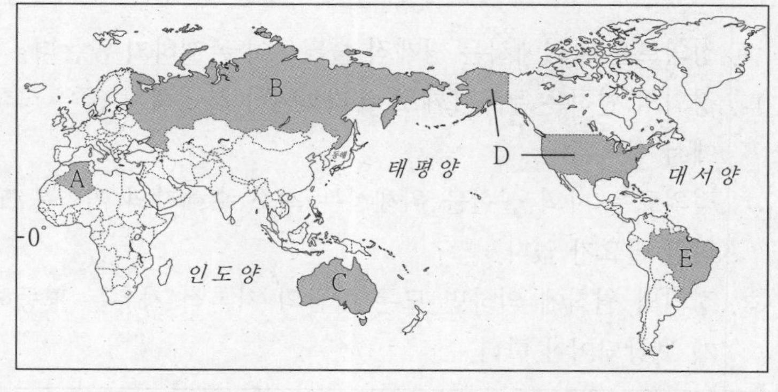

① A ② B ③ C ④ D ⑤ E

해설편 236쪽

11. 다음 글의 ㉠, ㉡ 국가에 대한 옳은 설명만을 〈보기〉에서 고른 것은? [3점]

> 국제 연합(UN)은 2022년 11월 15일 세계 인구가 80억 명을 넘어섰으며, 2080년에 104억 명으로 정점을 찍을 것이라고 예측했다. 인구 정점 시기까지 늘어날 세계 인구 24억 명 가운데 출생아는 대부분 ㉠ 콩고 민주 공화국, 에티오피아, 나이지리아 등 개발 도상국에서 태어나는 반면 ㉡ 독일, 일본, 미국 등 선진국에서는 오히려 출생아 수가 꾸준히 감소할 것으로 예상했다.

<보 기>

ㄱ. ㉠은 ㉡보다 합계 출산율을 높이기 위한 정책이 필요하다.
ㄴ. ㉠은 ㉡보다 청장년층 인구의 감소로 노동력 부족 문제가 심각하다.
ㄷ. ㉠은 ㉡보다 이촌향도 현상으로 인해 도시 인구가 빠르게 증가한다.
ㄹ. ㉠은 ㉡보다 각 국가의 총인구에서 유소년층 인구가 차지하는 비율이 높다.

① ㄱ, ㄴ ② ㄱ, ㄷ ③ ㄴ, ㄷ ④ ㄴ, ㄹ ⑤ ㄷ, ㄹ

12. 다음 자료를 통해 파악할 수 있는 환경 문제를 해결하기 위한 방안으로 가장 적절한 것은? [3점]

① 나무 심기
② 외출 시 전등 끄기
③ 샤워할 때 물 아껴 쓰기
④ 자가용 대신 대중교통 이용하기
⑤ 일회용 플라스틱 제품 사용 줄이기

13. 다음 자료의 (가), (나)에 들어갈 신·재생 에너지로 옳은 것은? [3점]

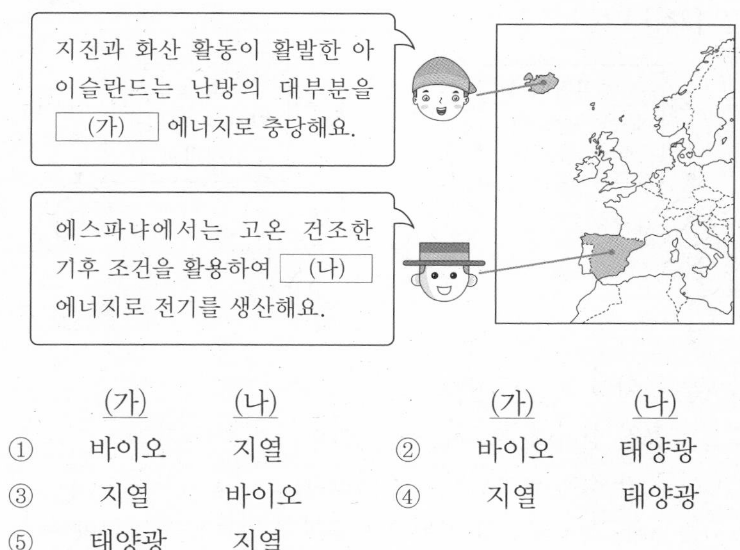

	(가)	(나)		(가)	(나)
①	바이오	지열	②	바이오	태양광
③	지열	바이오	④	지열	태양광
⑤	태양광	지열			

14. 다음 자료에 대한 설명으로 옳은 것은?

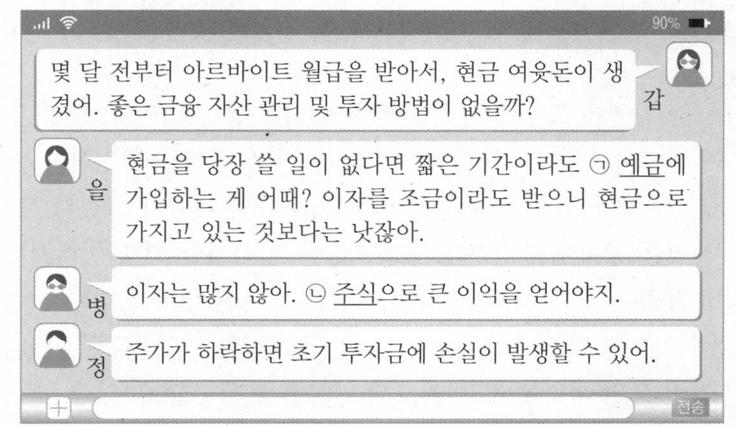

① 갑은 소득보다 지출이 큰 상황일 것이다.
② 을은 병과 달리 수익성을 강조하고 있다.
③ 원금을 잃지 않을 가능성은 ㉠이 ㉡보다 높다.
④ 정은 ㉡을 ㉠보다 선호할 것이다.
⑤ ㉡과 달리 ㉠은 시세 차익을 기대할 수 있다.

15. 표는 갑국과 을국의 정부 형태를 구분한 것이다. 이에 대한 설명으로 옳은 것은? (단, 갑국, 을국은 각각 전형적인 대통령제, 전형적인 의원 내각제 중 하나를 채택하고 있음.) [3점]

구분	갑국	을국
국민의 선거로 입법부가 구성되는가?	예	㉠
국민의 선거로 행정부가 구성되는가?	아니요	예

① ㉠은 '아니요'이다.
② 갑국의 행정부 수반은 법률안 거부권을 행사할 수 있다.
③ 을국의 행정부는 갑국과 달리 법률안 제출권을 가진다.
④ 을국의 행정부와 입법부는 갑국보다 엄격하게 분리되어 있다.
⑤ 갑국의 행정부 수반은 임기가 보장되어 을국에 비해 안정적으로 정책을 수행할 수 있다.

○ 해설편 237쪽

16. 그림은 정치 주체 A~C를 구분한 것이다. 이에 대한 설명으로 옳은 것은? (단, A~C는 각각 시민 단체, 이익 집단, 정당 중 하나임.) [3점]

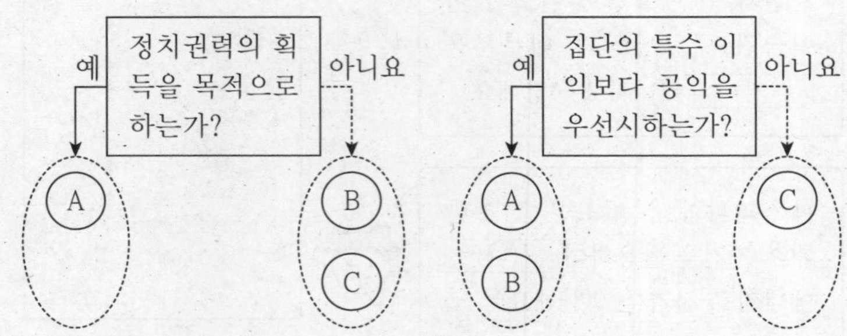

① A는 정치적 책임을 진다.
② B는 공직 선거에 후보자를 공천한다.
③ C는 국가 정책을 수립하고 집행한다.
④ B는 A와 달리 시민의 여론을 수렴하여 법률안을 발의한다.
⑤ C는 B와 달리 시민들이 자발적으로 만든 집단이다.

17. 밑줄 친 ㉠~㉣에 대한 설명으로 옳지 않은 것은?

> ㉠ 인권은 모든 인간이 마땅히 누려야 할 권리이다. 이를 확인하고 보장하기 위해 헌법에 기본적인 내용을 규정하고 있고, 이렇게 헌법에 보장된 인권을 ㉡ 기본권이라고 한다. 기본권은 누구에게나 인정되고 소중한 것이지만 언제 어디서나 보장되는 것은 아니다. 어떤 사람의 기본권 행사가 다른 사람의 기본권 행사를 침해하거나 ㉢ 공동체의 이익을 해칠 염려가 있으면 국가는 ㉣ 법률로써 기본권을 제한할 수 있다.

① ㉠은 다른 사람에게 양도할 수 없다.
② 자유권과 평등권은 ㉡에 해당한다.
③ 질서 유지와 공공복리는 ㉢에 해당한다.
④ ㉣의 경우라도 기본권의 본질적인 내용은 침해할 수 없다.
⑤ ㉠은 ㉡과 달리 법률에 규정되어 있어야 보장된다.

18. 그림은 X재 시장에서 수요, 공급의 변화를 나타낸 것이다. 이에 대한 설명으로 옳은 것은? (단, X재는 수요 법칙, 공급 법칙을 따름.) [3점]

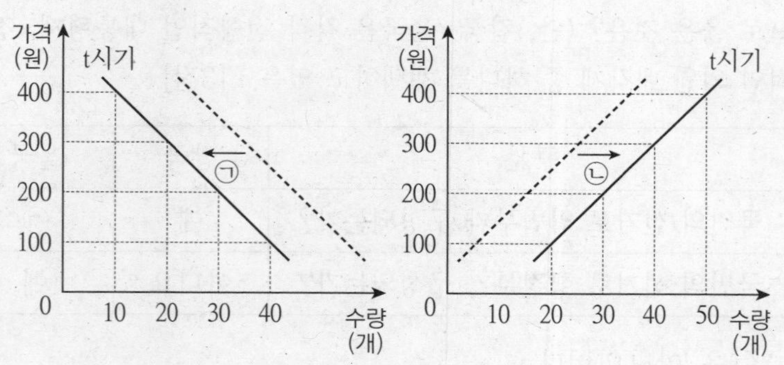

① t시기의 균형 가격은 200원이다.
② t시기의 균형 거래량은 20개이다.
③ 대체재의 가격 상승은 ㉠의 요인이다.
④ 생산 요소의 가격 상승은 ㉡의 요인이다.
⑤ 가격이 300원이면 t시기에 초과 수요가 발생한다.

19. 다음 자료의 A, B에 대한 옳은 설명만을 <보기>에서 고른 것은? (단, A, B는 각각 공법, 사법 중 하나임.) [3점]

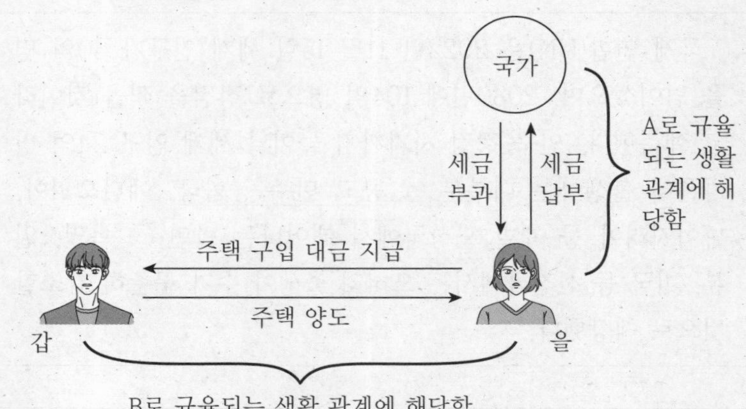

<보 기>

ㄱ. 헌법, 형법은 A에 해당한다.
ㄴ. B는 개인과 국가 간의 공적인 생활 관계를 규율한다.
ㄷ. A와 B의 중간적인 성격을 띤 법은 사회법이다.
ㄹ. A는 사법이고 B는 공법이다.

① ㄱ, ㄴ ② ㄱ, ㄷ ③ ㄴ, ㄷ ④ ㄴ, ㄹ ⑤ ㄷ, ㄹ

20. 다음 자료는 갑의 자서전에 등장하는 장면을 나타낸 것이다. 밑줄 친 ㉠~㉥에 대한 설명으로 옳은 것은?

① ㉠은 구성원의 의지에 따라 인위적으로 형성된 이익 사회에 해당한다.
② ㉥은 갑의 역할 갈등에 해당한다.
③ ㉡은 ㉢과 달리 성취 지위이다.
④ ㉣은 ㉢으로 활동한 갑의 역할 행동에 대한 보상이다.
⑤ ㉤은 ㉠과 달리 구성원 간 친밀한 대면 접촉이 이루어지는 사회 집단에 해당한다.

> ※ 확인 사항
> ○ **답안지의 해당란에 필요한 내용을 정확히 기입(표기)했는지 확인하시오.**

○ 해설편 238쪽

제 4 교시

탐구 영역 (사회)

19회	시험 시간	30분
	날짜	월 일 요일
시작 시각 :	종료 시각	:

1. 다음 글의 입장으로 적절하지 않은 것은?

> 가족 간의 도리로 효(孝)와 자애(慈愛)를 들 수 있다. 우선 효는 자녀의 도리로서, 부모를 정성껏 공경하는 것이다. 경제적 지원만으로 부모님께 효를 다했다고 생각해서는 안 되며 진심 어린 섬김을 실천해야 한다. 다음으로 자애는 부모의 도리로서, 대가를 바라지 않고 자녀에게 아낌없이 사랑을 베푸는 것이다. 부모는 사랑하는 마음으로 헌신하면서 자녀를 올바른 길로 이끌어야 한다.

① 자녀는 가식적인 마음과 행동으로 부모를 섬겨서는 안 된다.
② 부모와 자녀는 서로를 존중하며 각자의 도리를 다해야 한다.
③ 자녀는 물질적 봉양만으로 도리를 다했다고 여겨서는 안 된다.
④ 부모는 자녀를 위해 헌신하며 아낌없는 사랑을 베풀어야 한다.
⑤ 부모는 자녀의 경제적 보답을 기대하며 사랑을 실천해야 한다.

2. 갑, 을의 입장으로 가장 적절한 것은? [3점]

사회 안에서 기존 문화와 이주민 문화가 모두 대등한 지위를 가지고 각자의 특성을 유지할 때 조화로운 사회를 실현할 수 있습니다.

사회 안에서 기존 문화와 이주민 문화가 함께 녹아들어 새로운 하나의 문화가 되어야 진정한 사회 통합을 실현할 수 있습니다.

① 갑 : 다양한 문화의 고유한 정체성을 인정해야 한다.
② 갑 : 문화 간의 우열을 구분하여 위계질서를 세워야 한다.
③ 을 : 기존 문화를 버리고 이주민 문화로 대체해야 한다.
④ 을 : 문화의 단일성이 아닌 문화의 다양성을 추구해야 한다.
⑤ 갑, 을 : 이주민 문화를 기존 문화로 흡수하고 통합해야 한다.

3. 다음을 주장한 사상가의 입장에서 〈사례〉 속 A에게 제시할 조언으로 가장 적절한 것은?

> 도덕적 행위는 쾌락을 추구하는 경향성이나 욕구를 따르는 행위가 아니며, 단지 불쌍히 여기는 감정에 따라 남을 돕는 행위도 아니다. 도덕적 행위는 의무 의식에 따라 그 자체로 옳은 것을 실천하는 행위이다.

<사 례>

> 아침에 급하게 등교하던 고등학생 A는 길에서 혼자 울고 있는 어린 아이를 보고 도와줘야 할지 고민하고 있다.

① 인간의 자연스러운 감정과 본능적 욕구에 따라 행동하세요.
② 충분한 보상과 대가를 받을 수 있는지 계산하고 행동하세요.
③ 자기 자신과 어린 아이의 이익이 최대가 되도록 행동하세요.
④ 주변 사람들로부터 칭찬받을 수 있는지 따져 보고 행동하세요.
⑤ 인간이라면 마땅히 행해야 할 도덕적 의무에 따라 행동하세요.

4. (가)를 주장한 사상가의 입장에서 볼 때, (나)의 ㉠에 들어갈 내용으로 적절한 것만을 〈보기〉에서 고른 것은?

(가)	인간은 도울 수 있는 모든 생명체를 도와주고 어떤 생명체에도 해가 되는 행동을 하지 않을 때 비로소 윤리적이다. 윤리적 인간은 생명체가 인간에게 얼마나 이익이 되는지를 묻지 않는다. 생명은 그 자체가 거룩하기 때문에 나뭇잎 하나를 함부로 따지 않고, 어떤 꽃도 망가뜨리지 않으며, 어떤 곤충도 밟아 죽이지 않도록 항상 주의해야 한다.
(나)	학 생 : 생명체를 대할 때 어떤 태도를 지녀야 합니까? 사상가 : ______㉠______

<보 기>

ㄱ. 인간에게 유용한 생명체만을 도와야 합니다.
ㄴ. 동물이나 식물을 함부로 해치지 않아야 합니다.
ㄷ. 도구적 가치를 근거로 하여 생명체를 보호해야 합니다.
ㄹ. 생명의 존엄성을 깨닫고 모든 생명체를 사랑해야 합니다.

① ㄱ, ㄴ ② ㄱ, ㄷ ③ ㄴ, ㄷ ④ ㄴ, ㄹ ⑤ ㄷ, ㄹ

5. 그림의 강연자가 지지할 입장으로 가장 적절한 것은? [3점]

정의는 사회 제도의 제1 덕목입니다. 공정한 사회가 되려면 정의의 원칙이 필요합니다. 정의의 원칙에 따르면 우선 모든 사람은 양심의 자유나 종교의 자유와 같은 기본적 자유를 평등하게 누려야 합니다. 다음으로 사회적·경제적 불평등 속에서는 사회적 약자에게 가장 큰 이익이 돌아가야 하고, 모든 구성원은 경쟁에 참여할 공정한 기회를 균등하게 보장받아야 합니다.

① 사회적 약자를 배려하는 제도를 시행해야 한다.
② 소득에 따라 직업에 대한 접근 기회를 제한해야 한다.
③ 특정 계층만이 사회 지도층 자리에 오를 수 있어야 한다.
④ 사회 정의 실현을 위해 빈부 격차가 모두 사라져야 한다.
⑤ 기본적 자유를 개인의 능력에 따라 차등적으로 보장해야 한다.

해설편 241쪽

탐구 영역 (사회)

6. 갑, 을의 입장으로 적절한 것만을 〈보기〉에서 고른 것은? [3점]

> 갑 : 과학은 자연을 탐구하여 객관적 진리를 발견하는 것에만 주목해야 한다. 따라서 과학자는 자신의 연구가 사회에 미칠 영향에 대해 책임질 필요가 없다.
> 을 : 과학은 자연에 대한 객관적 진리 발견 외에도 인류 복지 증진에 기여해야 한다. 따라서 과학자는 자신의 연구 결과가 사회에 미칠 영향에 대해 책임질 필요가 있다.

〈보 기〉

ㄱ. 갑 : 과학자는 모든 연구 과정에서 사실 판단을 배제해야 한다.
ㄴ. 을 : 과학자의 연구는 인류의 행복 실현에 이바지해야 한다.
ㄷ. 을 : 과학자는 자신의 연구 결과에 대한 책임으로부터 자유로워야 한다.
ㄹ. 갑, 을 : 과학자의 임무에는 자연에 대한 객관적 진리 탐구가 포함된다.

① ㄱ, ㄴ ② ㄱ, ㄷ ③ ㄴ, ㄷ ④ ㄴ, ㄹ ⑤ ㄷ, ㄹ

7. 다음 자료의 ㉠을 지도의 A~E에서 고른 것은? [3점]

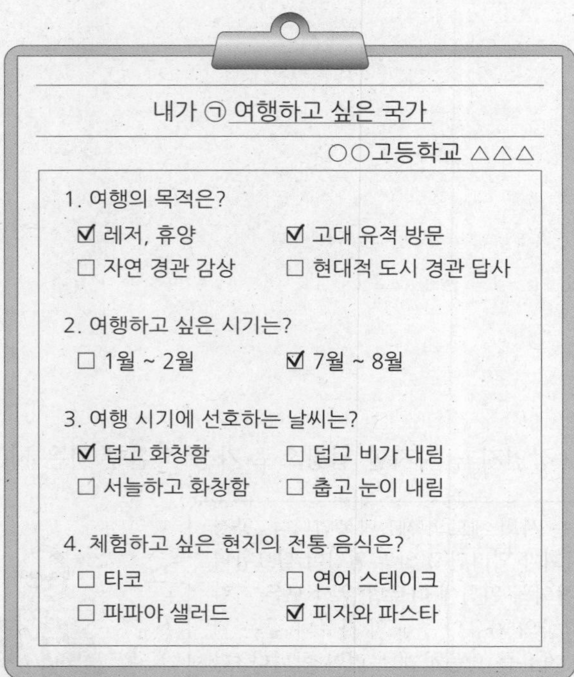

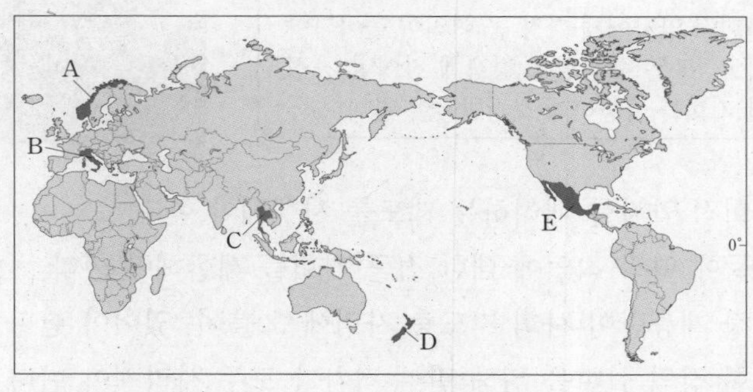

① A ② B ③ C ④ D ⑤ E

8. 다음 자료의 (가)에 주민 생활 모습을 표현할 경우 가장 적절한 것은?

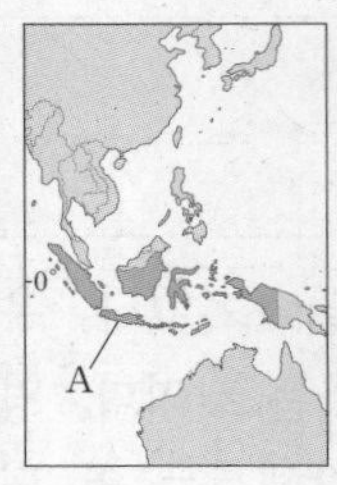

A 국가의 화폐(1992년 발행)

① 순록을 유목하는 모습
② 올리브를 수확하는 모습
③ 고무나무에서 수액을 채취하는 모습
④ 라마와 알파카를 대규모로 키우는 모습
⑤ 오아시스 주변에서 대추야자를 재배하는 모습

9. (가), (나) 지형의 형성 과정을 설명할 때, 공통적으로 포함되는 지형 형성 작용으로 옳은 것은?

(가) 시 스택과 시 아치(프랑스)

(나) 해안 절벽(제주도)

① 바람의 퇴적 작용 ② 빙하의 침식 작용
③ 조류의 퇴적 작용 ④ 파랑의 침식 작용
⑤ 파랑의 퇴적 작용

10. 다음 자료의 (가)에 들어갈 내용으로 가장 적절한 것은? [3점]

> 북부 아프리카에 위치한 국가인 말리에는 독특한 형태의 모스크가 있다. 모스크의 상징인 돔 지붕과 첨탑 대신 평평한 지붕 위에 진흙 탑이 올려져 있고, 초승달과 별 장식 대신 풍요와 번창을 의미하는 타조알 장식이 있다. 이처럼 문화는 다른 지역으로 전파되면서 원래의 모습이 변형되기도 한다. ___(가)___ 도 그러한 사례 중 하나이다.

① 세계 대부분의 국가에서 청바지를 입는 것
② 라틴 아메리카 대부분의 국가에서 에스파냐어를 사용하는 것
③ 멕시코의 과달루페에 검은 머리, 갈색 피부의 성모상이 있는 것
④ 프랑스가 공공장소에서 히잡 착용을 금지하는 법을 제정한 것
⑤ 인도에서 힌디어를 포함한 20여 개 언어를 공용어로 사용하는 것

해설편 242쪽

11. A를 주제로 다큐멘터리를 제작할 때, (가)에 들어갈 장면으로 가장 적절한 것은?

① 
침수된 집과 도로

② 
물이 말라 갈라진 호수 바닥

③ 
용암이 흘러내리는 분화구

④ 
지진으로 갈라진 도로

⑤ 
도로에 가득 쌓인 눈

12. 다음 자료는 인구 이동의 사례이다. 이에 대한 옳은 설명만을 〈보기〉에서 고른 것은? [3점]

(가) 아프리카 소말리아에 살던 라흐마는 자기 집을 떠나야 했다. ㉠ 지속된 가뭄으로 강바닥이 드러나고 가축에게 먹일 풀이 말라 죽었기 때문이다. 난민촌에 거주하고 있는 그는 고향으로 돌아갈 날을 기다리고 있다.
(나) 베트남에 살던 응옥 뚜엔은 돈을 벌기 위해 ㉡ 싱가포르로 이주하였다. 그녀는 이곳에서 가사 도우미로 일하며 소득의 대부분을 베트남에 있는 가족에게 송금한다.

〈보 기〉
ㄱ. ㉠의 주요 발생 원인은 인구 증가이다.
ㄴ. ㉡은 인구 유입이 인구 유출보다 활발하다.
ㄷ. (가)는 환경적 요인, (나)는 경제적 요인으로 발생하였다.
ㄹ. (가), (나)는 모두 강제적 이동에 해당한다.

① ㄱ, ㄴ ② ㄱ, ㄷ ③ ㄴ, ㄷ ④ ㄴ, ㄹ ⑤ ㄷ, ㄹ

13. 신문 기사 내용과 같은 정책이 필요한 이유로 가장 적절한 것은?

○○신문 2021년 △월 △일

최근 우리나라 정부는 2030년까지 이산화 탄소 포집 · 저장 및 관련 기술 개발에 대규모로 투자할 계획을 발표했다. 이산화 탄소 포집 · 저장 기술이란 산업 시설에서 배출된 불순물 중 이산화 탄소만을 분리하여 액화한 후 저장하는 것을 말한다. 우리나라에서는 한국에너지기술연구원이 최초로 이산화 탄소 포집 기술을 개발하여 관련 기업에 기술을 이전해 주고 있다.

① 미세 먼지 감소 ② 삼림 파괴 방지
③ 수질 오염 방지 ④ 전자 쓰레기 감소
⑤ 지구 온난화 완화

14. 다음은 갑국의 정부 형태의 특징을 정리한 것이다. 이에 대한 설명으로 옳은 것은? (단, 갑국의 정부 형태는 전형적인 대통령제와 전형적인 의원 내각제 중 하나이다.) [3점]

- 국가 원수는 국가를 대표하는 상징적 존재이다.
- 행정부 수반인 총리(수상)는 의회 의원 중에서 선출된다.
- 총리는 내각을 구성하고 행정을 담당한다.

① 미국에서 채택된 정부 형태이다.
② 행정부 수반은 의회를 해산할 수 없다.
③ 의회 의원은 내각의 각료(장관)를 겸직할 수 있다.
④ 국가 원수는 독자적으로 국정을 운영할 권한이 있다.
⑤ 행정부의 내각은 의회 의원 선거 결과와 상관없이 구성된다.

15. 자료의 ㉠, ㉡에 들어갈 카드로 옳은 것은? [3점]

교사 : 시민 단체, 이익 집단, 정당을 구분하는 탐구 활동을 해 보겠습니다. (가)가 정당만 될 수 있도록 ㉠, ㉡에 들어갈 수 있는 질문 카드를 찾아봅시다.

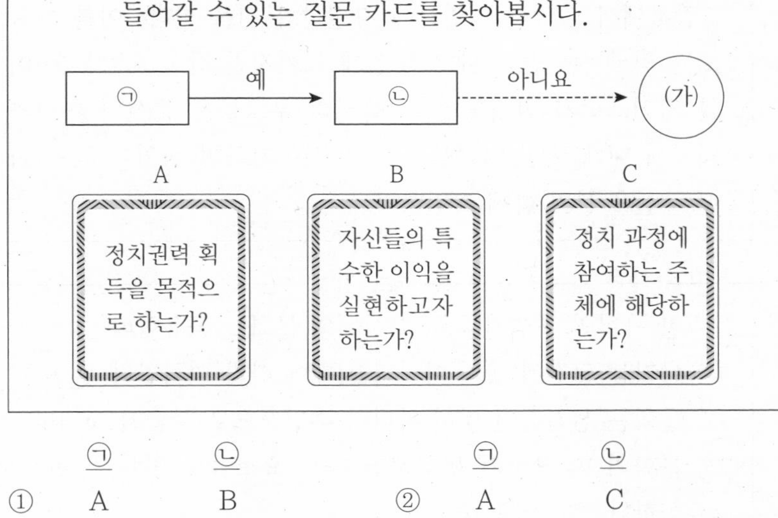

	㉠	㉡		㉠	㉡
①	A	B	②	A	C
③	B	A	④	B	C
⑤	C	A			

해설편 243쪽

16. 그림은 빵 시장의 변화를 나타낸 것이다. 이에 대한 설명으로 옳은 것은? (단, 떡은 빵의 대체재이다.)

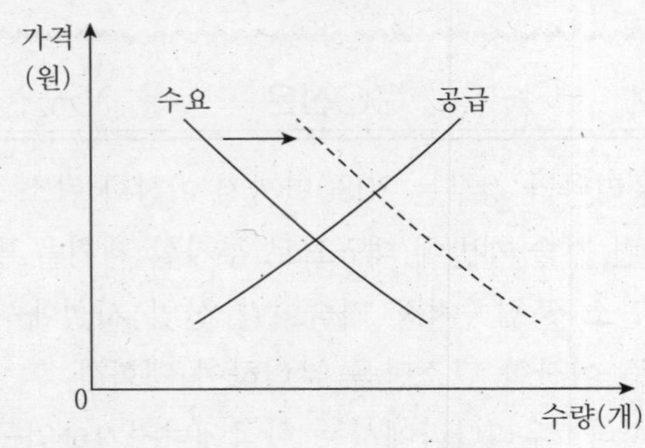

① 빵의 공급량은 증가한다.
② 빵의 판매 수입은 감소한다.
③ 빵의 균형 가격은 하락한다.
④ 떡의 가격이 하락하면 나타날 수 있는 변화이다.
⑤ 빵의 생산 비용이 감소하면 나타날 수 있는 변화이다.

17. 그림은 원 / 달러 환율의 변동 (가), (나)에 따른 경제 주체 A, B의 유 · 불리를 나타낸 것이다. 이에 대한 설명으로 옳은 것은? [3점]

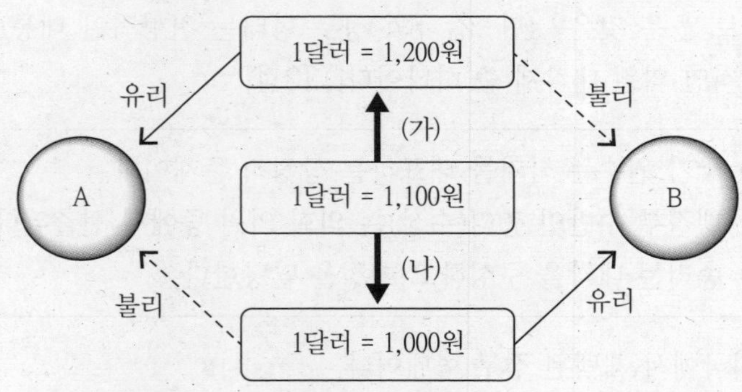

① (가)는 원 / 달러 환율 하락을 의미한다.
② (나)는 원화 대비 달러화 가치의 상승을 의미한다.
③ 미국 여행을 가려는 우리나라 사람은 A에 해당한다.
④ 미국산 원료를 수입하려는 우리나라 기업은 B에 해당한다.
⑤ 달러화를 원화로 환전하려는 우리나라 사람은 B에 해당한다.

18. 다음 사례에서 부각되는 문화의 속성에 대한 옳은 진술만을 〈보기〉에서 고른 것은?

갑국에서 성인들은 얼굴에 강렬한 문신을 한다. 이를 처음 보는 외국 사람들은 매우 낯설게 여기지만 갑국 사람들은 이를 자연스럽게 받아들인다. 갑국의 부모들은 문신의 형태와 의미에 대해 어린 자녀들과 자주 이야기하며 성인이 되면 어떤 문신을 할지 함께 고민한다.

〈보 기〉

ㄱ. 한 사회의 구성원들은 그 사회의 문화를 공유한다.
ㄴ. 문화는 고정된 것이 아니라 시대에 따라 변화한다.
ㄷ. 문화는 선천적인 것이 아니라 후천적으로 학습된 것이다.
ㄹ. 문화의 한 요소가 변화하면 다른 요소들도 연쇄적으로 변화한다.

① ㄱ, ㄴ ② ㄱ, ㄷ ③ ㄴ, ㄷ ④ ㄴ, ㄹ ⑤ ㄷ, ㄹ

19. 그림에서 ㉠~㉣은 갑이 자신의 소속 집단에서 차지하고 있는 지위를 나타낸 것이다. 이에 대한 옳은 설명만을 〈보기〉에서 고른 것은?

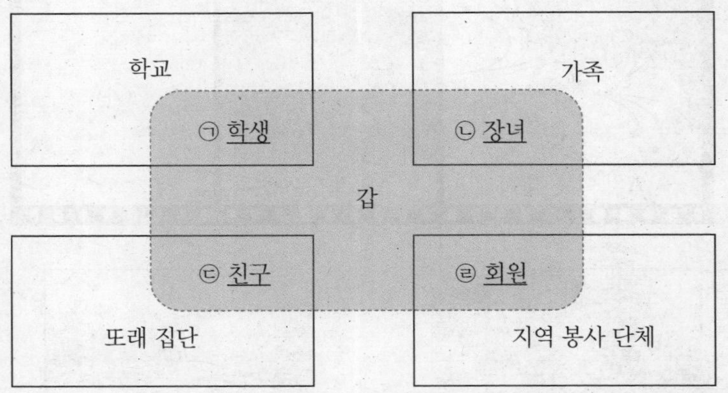

〈보 기〉

ㄱ. ㉠의 역할 행동에 대한 보상의 예로 모범 학생상 수상을 들 수 있다.
ㄴ. ㉢과 달리 ㉠은 태어날 때부터 자연적으로 주어지는 귀속 지위에 해당한다.
ㄷ. ㉠과 ㉣의 역할을 동시에 수행해야 하는 상황에서 두 역할이 충돌하는 경우는 역할 갈등에 해당한다.
ㄹ. ㉡과 ㉣은 모두 개인의 능력이나 노력으로 얻게 되는 성취 지위에 해당한다.

① ㄱ, ㄴ ② ㄱ, ㄷ ③ ㄴ, ㄷ ④ ㄴ, ㄹ ⑤ ㄷ, ㄹ

20. 그림에 대한 설명으로 옳은 것은? (단, (가), (나)는 각각 민사 소송, 형사 소송 중 하나이다.) [3점]

〈(가)의 과정〉

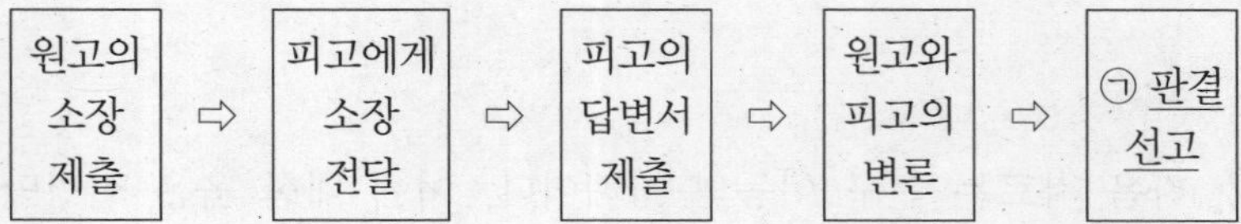

〈(나)의 과정〉

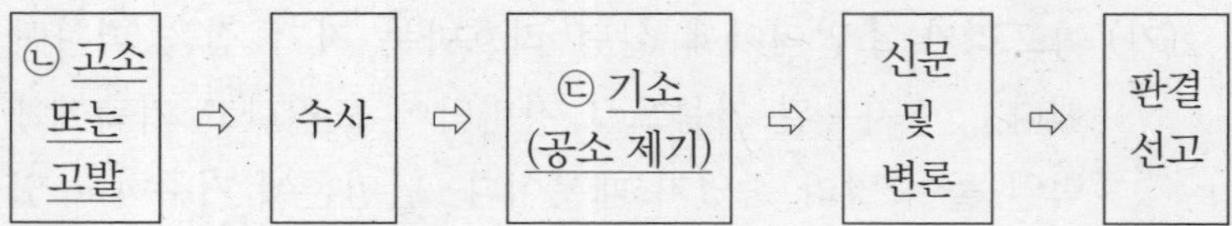

① ㉠에서 판사는 유무죄를 판단한다.
② ㉡의 주체가 (나)에서 원고가 된다.
③ ㉢은 범죄 피해자가 할 수 있다.
④ (가)의 재판에는 배심원이 참여할 수 있다.
⑤ (가)는 민사 소송, (나)는 형사 소송이다.

※ **확인 사항**
○ **답안지의 해당란에 필요한 내용을 정확히 기입(표기)했는지 확인하시오.**

해설편 244쪽

2021년 3월 고1 전국연합 학력평가 문제지

제 4 교시

탐구 영역 (사회)

20회	시험 시간	30분
	날짜	월 일 요일
시작 시각 :	종료 시각	:

1. 다음 갑 사상가의 입장에서 〈사례〉 속 A에게 제시할 조언으로 가장 적절한 것은?

> 갑 : 행위의 옳고 그름은 행위의 결과에 의해 결정되지 않는다. 선하고 옳은 것을 추구하려는 선의지와 도덕 법칙을 준수하려는 의무 의식에 따른 행위만이 도덕적 가치를 지닌다.
>
> 〈사례〉
>
> 지하철에서 고등학생 A는 몸이 불편한 사람을 보고 자신의 자리를 양보해야 할지 고민하고 있다.

① 자연적인 욕구를 충실히 따라 행동하세요.
② 사회 전체의 행복 증진을 고려하여 행동하세요.
③ 사람들에게 칭찬을 받을 수 있도록 행동하세요.
④ 다수가 인정하는 사회적 관습에 따라 행동하세요.
⑤ 선한 의지를 바탕으로 도덕적 의무에 따라 행동하세요.

2. 다음 글의 입장만을 〈보기〉에서 고른 것은? [3점]

> 과학 기술의 영향력이 점점 더 확대되고 있으므로 과학 기술자는 연구 과제 설정과 연구 결과에 윤리적 책임을 져야 한다. 이에 따라 과학 기술자는 자신의 연구 목적이 인류에 이바지하는 것인지 검토해야 하며, 자신의 연구가 사회에 어떤 영향을 가져올 수 있는지 예측하여 이를 공개해야 한다.

<보 기>

ㄱ. 과학 기술자의 연구 결과는 선악 판단의 대상이 아니다.
ㄴ. 과학 기술자는 연구 결과의 부작용을 공개해서는 안 된다.
ㄷ. 과학 기술자는 과학 기술의 사회적 영향력을 고려해야 한다.
ㄹ. 과학 기술자는 연구가 인류 복지에 공헌하는지 검토해야 한다.

① ㄱ, ㄴ ② ㄱ, ㄷ ③ ㄴ, ㄷ ④ ㄴ, ㄹ ⑤ ㄷ, ㄹ

3. 그림의 강연자가 지지할 입장으로 가장 적절한 것은?

> 다양한 사람들과 교류를 하다 보면 갈등이 발생하기 마련입니다. 갈등 상황에 대처할 때, 언어적·물리적 폭력으로 상대에게 상처를 주거나 갈등 자체를 외면하기도 합니다. 하지만 견해가 다르더라도 서로를 존중하면서 의사소통하는 자세가 필요합니다. 이런 평화적 과정을 거쳐야 갈등을 근본적으로 해결할 수 있습니다.

① 평화적인 방법으로 대화하면서 갈등을 해결해야 한다.
② 갈등은 해결 불가능하므로 자신의 입장을 고수해야 한다.
③ 자신과 다른 견해를 가진 사람과는 교류하지 않아야 한다.
④ 강압적 방법을 사용하더라도 갈등을 신속히 해결해야 한다.
⑤ 일상생활에서 발생하는 갈등을 해결하기보다 회피해야 한다.

4. 다음 가상 편지를 쓴 사람의 입장만을 〈보기〉에서 고른 것은?

> ○○○ 선생님께
>
> 선생님, 경제 개발을 위해 그린벨트를 해제한다는 기사를 보고 걱정이 앞섭니다. 자연은 모든 존재가 서로 의존하면서 함께 살아가는 거대한 생태계이며, 인간은 자연의 주인이 아니라 자연의 한 구성원일 뿐입니다. 토양, 물, 식물, 동물 등은 원래 그 자체로 소중한 가치를 지니고 있습니다. 따라서 인간의 경제적 이익을 위해 자연을 무분별하게 이용해서는 안 됩니다. … (후략).

<보 기>

ㄱ. 자연 만물은 상호 의존하는 관계에 있다.
ㄴ. 인간은 자연의 본래적 가치를 존중해야 한다.
ㄷ. 인간의 삶에 도움을 주는 자연만이 가치를 지닌다.
ㄹ. 이성을 지닌 존재인 인간이 자연을 지배해야 한다.

① ㄱ, ㄴ ② ㄱ, ㄷ ③ ㄴ, ㄷ ④ ㄴ, ㄹ ⑤ ㄷ, ㄹ

5. 다음을 주장한 사상가의 입장으로 적절하지 않은 것은? [3점]

> 정의로운 사회에서 모든 사람들은 표현의 자유, 신체의 자유 등 기본적 자유를 누릴 수 있는 평등한 권리를 가져야 한다. 그리고 사회적 지위나 직책을 얻을 수 있는 기회를 공정하게 보장받아야 한다. 단, 사회적·경제적 불평등은 가장 불리한 여건에 있는 사람들에게 최대 이익이 보장되는 경우에만 허용된다.

① 기본적 자유는 모두가 평등하게 누려야 한다.
② 재화는 모든 사람에게 똑같이 분배되어야 한다.
③ 사회적 약자의 처지를 개선하는 제도가 필요하다.
④ 정의로운 사회에서도 경제적 불평등은 허용될 수 있다.
⑤ 공직자가 될 수 있는 기회는 모두에게 개방되어야 한다.

6. 다음을 주장한 사상가의 입장만을 〈보기〉에서 고른 것은? [3점]

> 완전한 우정은 덕에 있어 서로 닮은 선한 사람들 사이의 친함이다. 친구를 위하여 좋은 것을 바라는 사람들이야말로 가장 참된 친구이다. 쾌락이나 유용성 때문에 친구가 된 사람들은 쾌락이나 유용성이 사라지면 쉽게 헤어진다. 서로가 상대방 자체를 위해 친구가 될 수 있는 것은 선한 사람들뿐이다.

<보 기>

ㄱ. 완전한 우정은 이익과 쾌락을 근거로 해야 한다.
ㄴ. 선하지 않은 사람들은 친구 관계를 맺을 수 없다.
ㄷ. 친구를 위하고 아끼는 마음으로 우정을 나누어야 한다.
ㄹ. 선한 사람 간에는 지속적인 교우 관계가 유지될 수 있다.

① ㄱ, ㄴ ② ㄱ, ㄷ ③ ㄴ, ㄷ ④ ㄴ, ㄹ ⑤ ㄷ, ㄹ

○ 해설편 247쪽

7. 다음 신문 칼럼의 입장으로 가장 적절한 것은?

> ○○신문 ○○○○년 ○○월 ○○일
>
> **칼 럼**
>
> 다문화 사회에서 조화롭게 살아가기 위해서는 다양한 문화를 이해하고 존중하는 태도가 필요하다. 하지만 명예 살인과 같이 부당하게 생명을 해치거나 인간 존엄성을 훼손하는 문화까지 인정해서는 안 된다. 따라서 다른 문화를 바라볼 때 보편적 도덕 가치에 어긋남이 없는지 살펴야 한다. … (후략).

① 다양한 문화를 하나의 문화로 통합해야 한다.
② 다른 문화에 대한 배타적인 태도를 유지해야 한다.
③ 보편 윤리를 기준으로 다른 문화를 성찰해야 한다.
④ 자기 문화의 관점으로만 다른 문화를 평가해야 한다.
⑤ 어떠한 경우에도 다른 문화를 비판하지 말아야 한다.

8. 학생의 대답 (가)에 들어갈 내용으로 옳은 것은? [3점]

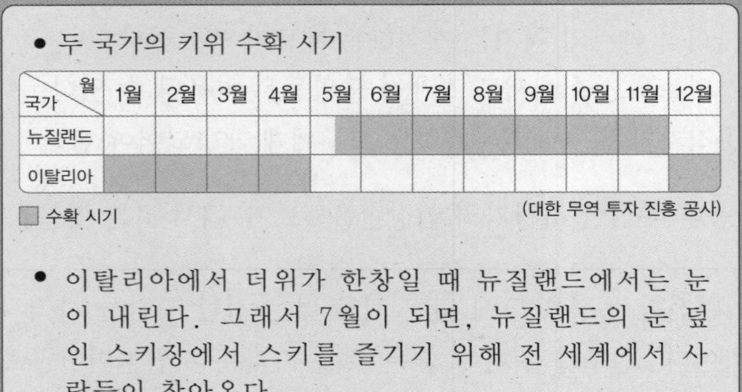

• 두 국가의 키위 수확 시기

국가 \ 월	1월	2월	3월	4월	5월	6월	7월	8월	9월	10월	11월	12월
뉴질랜드					◨	■	■	■	■	■	■	
이탈리아	■	■	■	■								■

■ 수확 시기 (대한 무역 투자 진흥 공사)

• 이탈리아에서 더위가 한창일 때 뉴질랜드에서는 눈이 내린다. 그래서 7월이 되면, 뉴질랜드의 눈 덮인 스키장에서 스키를 즐기기 위해 전 세계에서 사람들이 찾아온다.

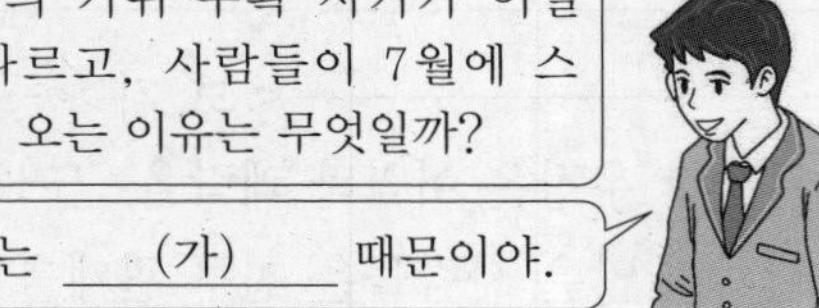

① 해발 고도가 높기
② 남반구에 위치하기
③ 섬으로 이루어졌기
④ 편서풍의 영향을 받기
⑤ 날짜 변경선에 가깝기

9. 다음 자료는 두 지역의 도로 표지판이다. (가), (나) 지역에 대한 옳은 설명만을 〈보기〉에서 고른 것은? [3점]

낙타 주의 표지판 순록 주의 표지판

〈보 기〉

ㄱ. (가)의 전통 가옥은 벽이 두껍고 지붕이 평평하다.
ㄴ. (나)는 일 년 내내 비가 많이 내린다.
ㄷ. (가)는 (나)보다 연평균 기온이 높다.
ㄹ. (가)는 카카오, (나)는 올리브가 대표적인 작물이다.

① ㄱ, ㄴ ② ㄱ, ㄷ ③ ㄴ, ㄷ ④ ㄴ, ㄹ ⑤ ㄷ, ㄹ

10. 다음 자료를 통해 옳게 추론한 내용만을 〈보기〉에서 고른 것은?

'바인 미'는 프랑스의 식민 지배 당시 전해진 빵인 바게트에 속 재료를 넣어 만든 베트남식 샌드위치이다. 밀가루로 만든 바게트에 햄, 치즈, 토마토 등을 넣어 만드는 프랑스식과 달리 바인미는 밀가루와 쌀가루를 섞어 만든 바게트에 절인 무나 오이, 고수와 각종 고기를 넣어 만든다.

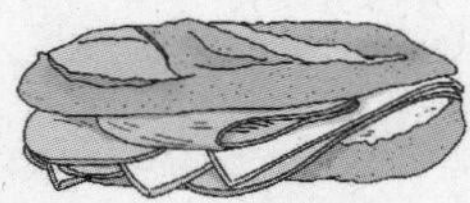

프랑스식 바게트 샌드위치

베트남식 바게트 샌드위치

〈보 기〉

ㄱ. 서로 다른 문화가 만나면 갈등이 지속된다.
ㄴ. 문화는 한 지역에서 다른 지역으로 전파된다.
ㄷ. 문화는 종교에 따라 지역마다 다르게 나타난다.
ㄹ. 둘 이상의 문화가 만나면 문화 변용이 나타나기도 한다.

① ㄱ, ㄴ ② ㄱ, ㄷ ③ ㄴ, ㄷ ④ ㄴ, ㄹ ⑤ ㄷ, ㄹ

○ 해설편 248쪽

11. 다음 영상 대화의 ㉠~㉤ 중 적절하지 않은 내용을 고른 것은? [3점]

① ㉠ ② ㉡ ③ ㉢ ④ ㉣ ⑤ ㉤

12. ㉠ 현상이 중국 후이저우에 미칠 영향으로 옳은 내용만을 〈보기〉에서 고른 것은?

대한민국 기업, 베트남에 대규모 투자

대한민국의 다국적 기업 ○○은/는 중국 후이저우에 공장을 설립하여 2007년부터 스마트폰을 생산해 왔다. 그러나 임금이 상승하고 실적 부진이 계속되자 2019년에 ㉠ 후이저우의 공장 가동을 중단하고 스마트폰 생산 공장을 베트남으로 이전하였다. 베트남의 경우, 생산된 제품의 품질을 유지하면서도 중국보다 저렴한 임금의 생산직 직원을 대규모로 고용할 수 있기 때문이다. 또한 세금 면제나 감세의 혜택도 기대할 수 있다.

– 「○○신문」, 2019년 ○월 ○일 –

<보 기>

ㄱ. 일자리가 감소하여 실업 문제가 발생할 것이다.
ㄴ. 상인들의 매출 감소로 지역 경제가 침체될 것이다.
ㄷ. 다양한 중소기업들이 들어서면서 인구가 증가할 것이다.
ㄹ. 금융 자본이 집중되어 다른 국가와의 경제 협력이 강화될 것이다.

① ㄱ, ㄴ ② ㄱ, ㄷ ③ ㄴ, ㄷ ④ ㄴ, ㄹ ⑤ ㄷ, ㄹ

13. 다음은 우리나라의 어느 섬에 대한 스무고개 놀이 장면이다. (가)에 들어갈 질문으로 옳은 것은? [3점]

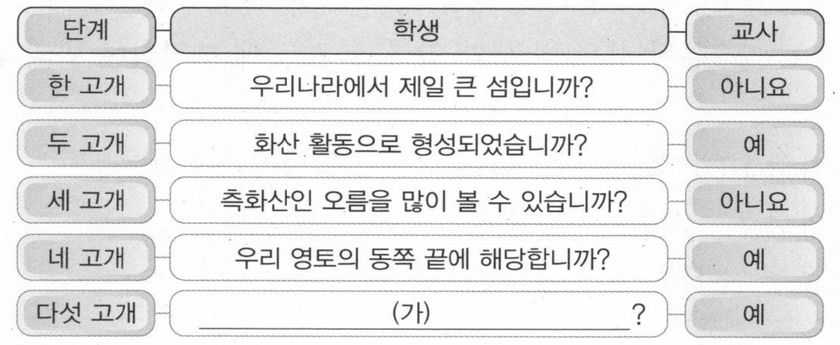

단계	학생	교사
한 고개	우리나라에서 제일 큰 섬입니까?	아니요
두 고개	화산 활동으로 형성되었습니까?	예
세 고개	측화산인 오름을 많이 볼 수 있습니까?	아니요
네 고개	우리 영토의 동쪽 끝에 해당합니까?	예
다섯 고개	(가) ?	예

① 화구호인 백록담이 있습니까
② 행정 구역상 강원도에 속합니까
③ 영해 설정 시 직선 기선이 적용됩니까
④ 종합 해양 과학 기지가 건설되어 있습니까
⑤ 주변 해저에 메탄 하이드레이트가 많이 매장되어 있습니까

14. 다음 자료는 뉴스 보도의 일부이다. (가)에 들어갈 내용으로 적절하지 않은 것은?

① 주민들의 건강이 위협을 받고 있습니다.
② 선진국의 책임을 묻는 여론이 커지고 있습니다.
③ 가나 정부의 환경 비용 부담이 커지고 있습니다.
④ 이산화 탄소 배출량이 감소하고 대기 오염이 완화되고 있습니다.
⑤ 전자 쓰레기의 국가 간 이동 규제에 대한 필요성이 높아지고 있습니다.

15. 다음 자료의 밑줄 친 두 시장의 공통점으로 옳은 것은? [3점]

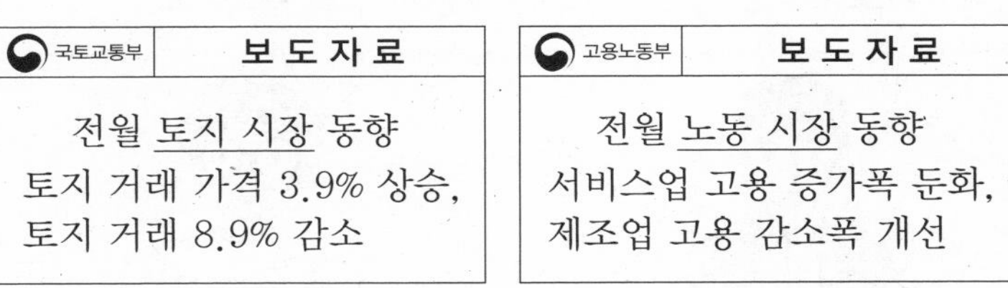

① 공공재가 거래된다.
② 가계가 수요자이다.
③ 정부가 공급자이다.
④ 생산 요소가 거래된다.
⑤ 정부가 가격을 결정한다.

해설편 249쪽

탐구 영역 (사회)

16. A에 대한 설명으로 옳은 것은?

> 교 사 : 법은 규율하는 생활 영역에 따라 크게 세 가지로 분류됩니다. 법 생활 영역 (A)에 해당하는 법의 종류를 말해보세요.
> 학생 1 : 근로 기준법, 남녀 고용 평등법이 있어요.
> 학생 2 : 소비자 기본법도 있어요.
> 교 사 : 모두 옳게 잘 말했어요.

① 공법과 사법의 중간적 성격을 지닌다.
② 혼인과 이혼, 상속, 유언 등을 다룬다.
③ 현대 복지 국가에서 중요성이 약화되고 있다.
④ 개인의 자유를 최대한 보장하기 위해 등장했다.
⑤ 국민의 권리와 의무, 정부 구성 원리가 담겨 있다.

17. 그림을 통해 추론할 수 있는 현대 사회의 특징으로 가장 적절한 것은?

① 제조업의 비중이 높다.
② 대면적 인간 관계가 보편적이다.
③ 지식과 정보의 습득이 용이하다.
④ 일터와 가정의 경계가 뚜렷하다.
⑤ 생산자와 소비자의 구분이 명확하다.

18. 그림을 통해 공통으로 추론할 수 있는 내용으로 옳은 것은?

눈길에 넘어져서 병원에 갔더니 치료비가 많이 나왔어요.

동네에 공장이 들어와 일자리가 늘어났지만 공장 출입 차량들 때문에 먼지가 많아졌어요.

① 국내 총생산은 국민의 삶의 질을 반영한다.
② 국내 총생산이 클수록 생활 수준이 높아진다.
③ 국내 총생산의 증가는 행복한 삶의 필요 조건이다.
④ 국내 총생산이 증가하는 과정에서 환경 문제가 발생한다.
⑤ 국내 총생산의 증가와 국민의 행복이 비례하지는 않는다.

19. 다음은 ○○시가 주민 갑에게 통보한 문자 내용이다. ○○시가 밑줄 친 조치를 취할 때 유의해야 할 내용으로 적절하지 <u>않은</u> 것은? [3점]

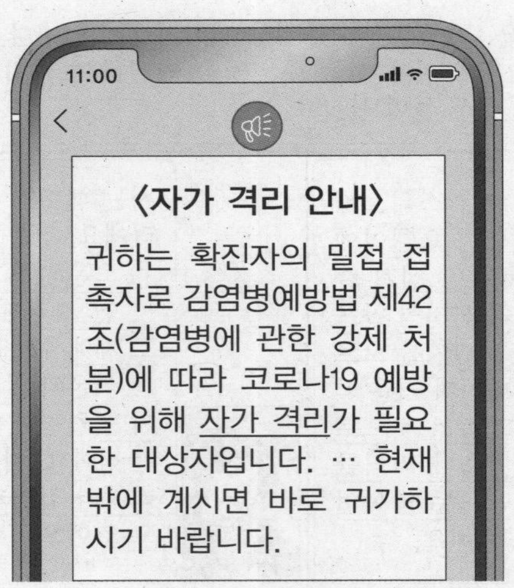

① 법률에 근거해야 한다.
② 질서유지, 공공복리 등을 목적으로 해야 한다.
③ 갑의 권리보다 타인의 권리를 우선시해야 한다.
④ 자유와 권리의 본질적 내용을 침해해서는 안 된다.
⑤ 달성하려고 하는 공익이 침해되는 갑의 이익보다 커야 한다.

20. 표는 우리나라의 주요 공직 선거를 정리한 것이다. 이에 대한 옳은 설명만을 〈보기〉에서 고른 것은? [3점]

<table>
<tr><th>종류</th><th colspan="2">공직자</th></tr>
<tr><td>대통령 선거</td><td colspan="2">㉠ <u>대통령</u></td></tr>
<tr><td rowspan="2">국회의원 선거</td><td colspan="2">㉡ <u>지역구 의원</u></td></tr>
<tr><td colspan="2">비례 대표 의원</td></tr>
<tr><td rowspan="4">지방 선거</td><td>(가)</td><td>시장, 도지사, 구청장, 군수</td></tr>
<tr><td rowspan="2">지방 의회 의원</td><td>㉢ <u>지역구 의원</u></td></tr>
<tr><td>비례 대표 의원</td></tr>
<tr><td colspan="2">교육감</td></tr>
</table>

〈보 기〉

ㄱ. (가)는 지방 자치 단체장이다.
ㄴ. ㉠의 임기는 4년이다.
ㄷ. ㉡의 지역 선거구는 법률에 의해 정해진다.
ㄹ. ㉢은 간접 선거로 선출된다.

① ㄱ, ㄴ ② ㄱ, ㄷ ③ ㄴ, ㄷ ④ ㄴ, ㄹ ⑤ ㄷ, ㄹ

> **※ 확인 사항**
> **○ 답안지의 해당란에 필요한 내용을 정확히 기입(표기)했는지 확인하시오.**

해설편 251쪽

2024년 3월 고1 전국연합 학력평가 문제지

제 4 교시

탐구 영역 (과학)

21회	시험 시간	30분
	날짜	월 일 요일
시작 시각 :	종료 시각	:

1. 그림은 프라이팬을 가열하여 달걀 요리를 하면서 세 학생이 대화하는 모습을 나타낸 것이다.

제시한 내용이 옳은 학생만을 있는 대로 고른 것은?

① A ② B ③ A, C ④ B, C ⑤ A, B, C

2. 다음은 부력과 관련된 실험이다.

[실험 과정]

(가) 용수철저울에 질량이 100g인 추를 매달고 추가 정지한 상태에서 용수철저울의 눈금을 읽는다.

(나) (가)의 추를 물속에 완전히 잠기게 한 후, 추가 정지한 상태에서 용수철저울의 눈금을 읽는다.

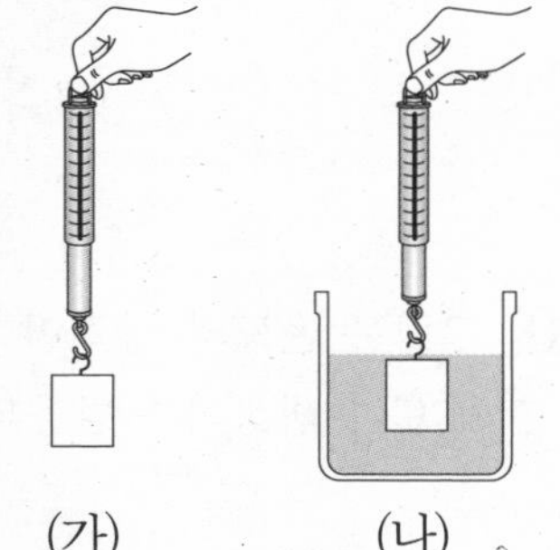

(다) 질량이 200g인 추로 바꾸어 (가), (나) 과정을 반복한다.

[실험 결과]

추의 질량(g)	(가)에서의 측정값(N)	(나)에서의 측정값(N)
100	ω	㉠
200	㉡	㉢

이에 대한 옳은 설명만을 〈보기〉에서 있는 대로 고른 것은?

<보 기>

ㄱ. ㉠, ㉢은 각각의 추에 작용하는 부력의 크기이다.

ㄴ. ㉡은 ω이다.

ㄷ. ㉢은 ㉡보다 작다.

① ㄱ ② ㄷ ③ ㄱ, ㄴ ④ ㄱ, ㄷ ⑤ ㄴ, ㄷ

3. 그림은 렌즈 A 가까이에 물체를 놓았을 때, 물체보다 크고 바로 선 상이 생긴 모습을 나타낸 것이다. A는 볼록 렌즈와 오목 렌즈 중 하나이다.

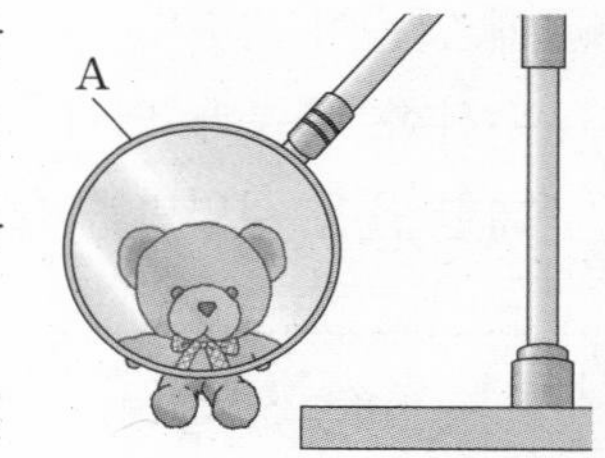

A에 대한 옳은 설명만을 〈보기〉에서 있는 대로 고른 것은? [3점]

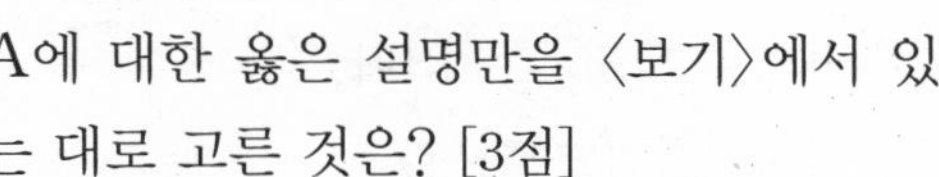

<보 기>

ㄱ. 볼록 렌즈이다.

ㄴ. 빛을 모으는 데 이용할 수 있다.

ㄷ. A를 이용하여 물체보다 작고 바로 선 상도 만들 수 있다.

① ㄱ ② ㄷ ③ ㄱ, ㄴ ④ ㄴ, ㄷ ⑤ ㄱ, ㄴ, ㄷ

4. 그림은 건전지, 자석, 코일을 이용하여 만든 간이 전동기에서 코일이 자석으로부터 힘을 받아 회전하고 있는 어느 순간의 모습을 나타낸 것이다. P, Q는 코일의 서로 맞은편에 있는 지점이다.

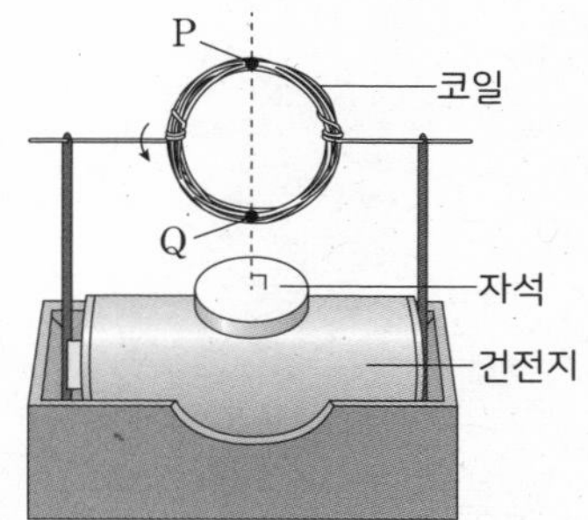

이에 대한 설명으로 옳지 <u>않은</u> 것은?

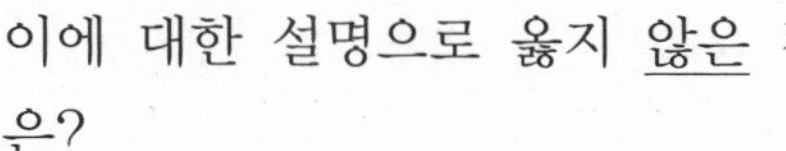

① P와 Q가 자석으로부터 받는 힘의 방향은 같다.

② 전동기에서는 전기 에너지가 운동 에너지로 전환된다.

③ 자석의 극을 반대로 바꾸면 코일의 회전 방향이 반대로 바뀐다.

④ 전지의 극을 반대로 바꾸면 코일의 회전 방향이 반대로 바뀐다.

⑤ 자석을 세기가 더 강한 것으로 바꾸면 코일이 더 빠르게 회전한다.

5. 그림과 같이 지면으로부터 같은 높이에서 테니스공과 야구공을 손으로 잡고 있다가 가만히 놓았다. 질량은 야구공이 테니스공보다 크다.

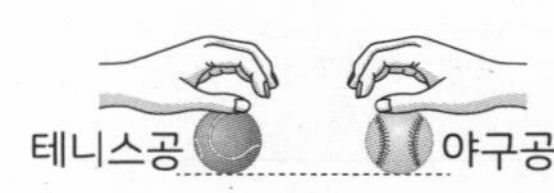

지면

이에 대한 옳은 설명만을 〈보기〉에서 있는 대로 고른 것은? (단, 공기 저항과 공의 크기는 무시한다.) [3점]

<보 기>

ㄱ. 떨어지는 동안 테니스공의 역학적 에너지는 일정하다.

ㄴ. 떨어지는 동안 두 공의 단위 시간당 속력의 변화량은 같다.

ㄷ. 지면에 도달하는 순간, 운동 에너지는 야구공이 테니스공보다 크다.

① ㄱ ② ㄴ ③ ㄱ, ㄷ ④ ㄴ, ㄷ ⑤ ㄱ, ㄴ, ㄷ

해설편 253쪽

6. 그림과 같이 삼각 플라스크에 수산화 바륨과 염화 암모늄을 넣고 유리 막대로 섞었더니 플라스크의 바깥쪽 표면에 얼음이 생겼다.

수산화 바륨과 염화 암모늄의 반응에 대한 옳은 설명만을 〈보기〉에서 있는 대로 고른 것은?

〈보 기〉

ㄱ. 반응이 일어날 때 주변의 온도가 낮아진다.
ㄴ. 반응이 일어날 때 열에너지를 흡수한다.
ㄷ. 이 반응을 이용하여 손난로를 만들 수 있다.

① ㄱ ② ㄷ ③ ㄱ, ㄴ ④ ㄴ, ㄷ ⑤ ㄱ, ㄴ, ㄷ

7. 그림은 나트륨 원자가 전자를 잃고 나트륨 이온이 되는 과정을 나타낸 것이다.

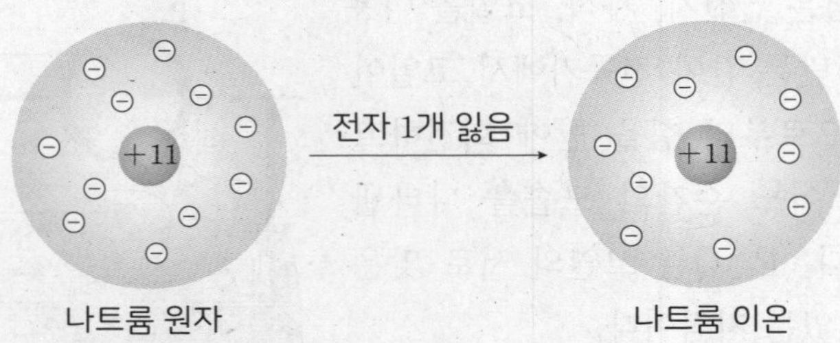

이에 대한 옳은 설명만을 〈보기〉에서 있는 대로 고른 것은?

〈보 기〉

ㄱ. 전자는 음(−)의 전하를 띤다.
ㄴ. 나트륨 이온은 양이온이다.
ㄷ. 나트륨 원자가 나트륨 이온이 될 때 원자핵의 전하량은 변하지 않는다.

① ㄱ ② ㄴ ③ ㄱ, ㄷ ④ ㄴ, ㄷ ⑤ ㄱ, ㄴ, ㄷ

8. 표는 비커 (가)~(다)에 들어 있는 액체에 대한 자료이다. ㉠은 물과 에탄올 중 하나이다.

비커	(가)	(나)	(다)
액체	물	에탄올	㉠
부피(mL)	100	100	200
질량(g)	100	78.9	200

이에 대한 옳은 설명만을 〈보기〉에서 있는 대로 고른 것은? (단, 액체의 온도는 모두 같다.)

〈보 기〉

ㄱ. ㉠은 물이다.
ㄴ. 질량은 물질의 특성이다.
ㄷ. 밀도는 물이 에탄올보다 크다.

① ㄴ ② ㄷ ③ ㄱ, ㄴ ④ ㄱ, ㄷ ⑤ ㄱ, ㄴ, ㄷ

9. 그림 (가)는 삼각 플라스크의 입구를 비눗물로 막고 뜨거운 바람으로 가열할 때 비눗물 막이 부푸는 모습을, (나)는 삼각 플라스크에 작은 드라이아이스 조각을 넣고 입구를 비눗물로 막았을 때 비눗물 막이 부푸는 모습을 나타낸 것이다.

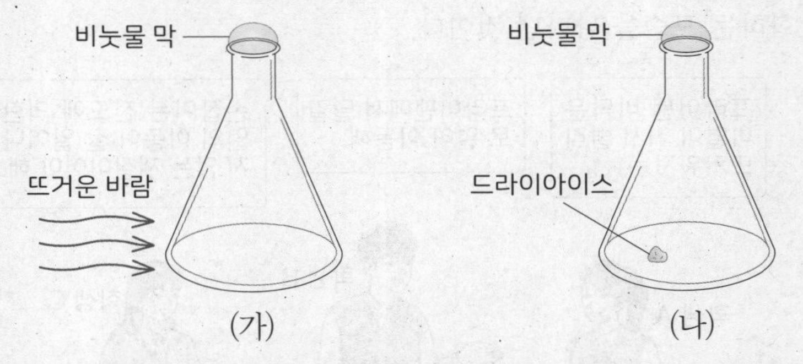

비눗물 막이 부푸는 동안 플라스크 속 기체에 대한 옳은 설명만을 〈보기〉에서 있는 대로 고른 것은? [3점]

〈보 기〉

ㄱ. (가)에서 기체 분자의 운동이 활발해진다.
ㄴ. (나)에서 기체 분자의 크기가 커진다.
ㄷ. (가)와 (나)에서 모두 기체 분자의 개수가 많아진다.

① ㄱ ② ㄴ ③ ㄷ ④ ㄱ, ㄴ ⑤ ㄱ, ㄷ

10. 그림은 온도와 압력이 일정할 때 기체 A와 기체 B가 반응하여 기체 C가 생성되는 반응의 부피 관계를 나타낸 것이다.

반응 전 용기 속 입자 모형이 오른쪽 그림과 같을 때, A와 B가 반응하여 C가 생성된 후 용기 속 입자 모형으로 가장 적절한 것은? [3점]

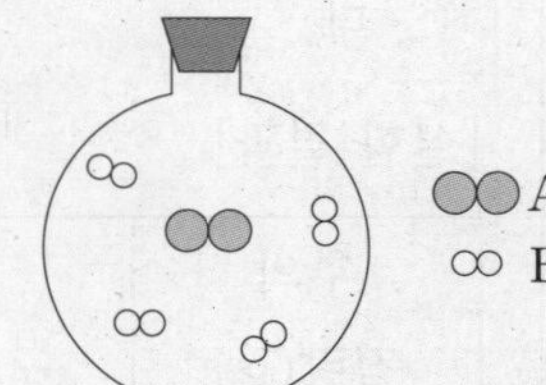

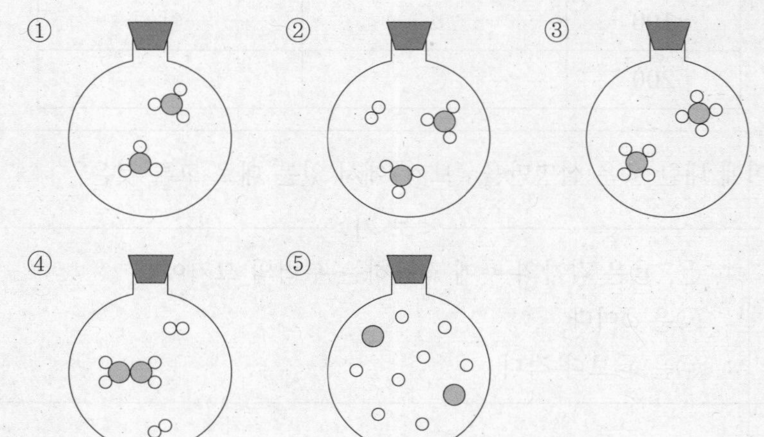

해설편 254쪽

11. 표는 생물 ㉠~㉢의 특징을 나타낸 것이다. ㉠~㉢은 고사리, 대장균, 침팬지를 순서 없이 나타낸 것이다.

생물	특징
㉠	단세포 생물이다.
㉡	광합성을 한다.
㉢	세포벽이 없는 세포로 구성된다.

이에 대한 옳은 설명만을 〈보기〉에서 있는 대로 고른 것은?

<보 기>

ㄱ. ㉠은 고사리이다.
ㄴ. ㉡의 세포에는 핵이 있다.
ㄷ. ㉢은 먹이를 섭취하여 영양분을 얻는다.

① ㄱ ② ㄴ ③ ㄱ, ㄷ ④ ㄴ, ㄷ ⑤ ㄱ, ㄴ, ㄷ

12. 그림은 어떤 집안의 유전병 (가)에 대한 가계도를 나타낸 것이다. (가)는 우성 대립유전자 A와 열성 대립유전자 a에 의해 결정된다.

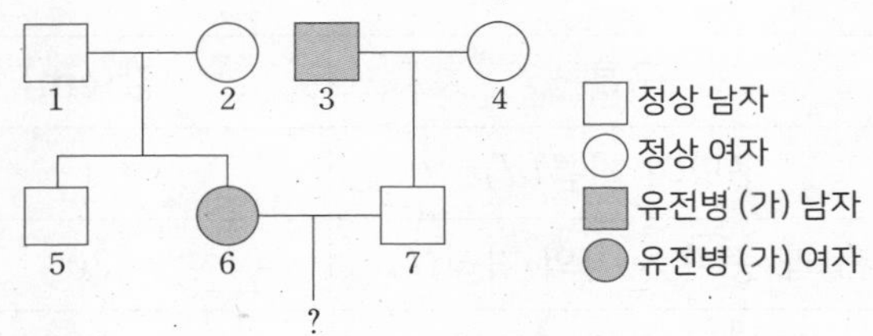

이에 대한 옳은 설명만을 〈보기〉에서 있는 대로 고른 것은? (단, 돌연변이는 고려하지 않는다.) [3점]

<보 기>

ㄱ. (가)는 우성 형질이다.
ㄴ. 2와 7은 (가)에 대한 유전자형이 같다.
ㄷ. 6과 7 사이에서 아이가 태어날 때, 이 아이에게서 (가)가 발현될 확률은 $\frac{1}{4}$이다.

① ㄱ ② ㄴ ③ ㄱ, ㄷ ④ ㄴ, ㄷ ⑤ ㄱ, ㄴ, ㄷ

13. 그림은 정상인에서 혈당량이 증가했을 때 일어나는 혈당량 조절 과정의 일부를 나타낸 것이다. ㉠은 글루카곤과 인슐린 중 하나이다.

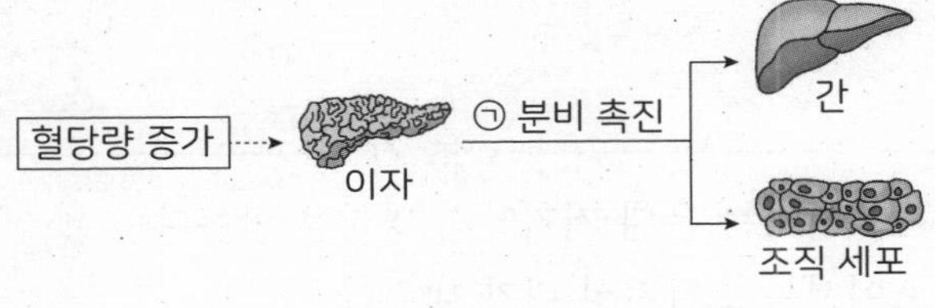

㉠에 대한 옳은 설명만을 〈보기〉에서 있는 대로 고른 것은?

<보 기>

ㄱ. 인슐린이다.
ㄴ. 간에서 글리코젠의 합성을 촉진한다.
ㄷ. 조직 세포로의 포도당 흡수를 촉진한다.

① ㄱ ② ㄷ ③ ㄱ, ㄴ ④ ㄴ, ㄷ ⑤ ㄱ, ㄴ, ㄷ

14. 그림은 소화계에서 일어나는 영양소의 소화 과정을 나타낸 것이다. ㉠과 ㉡은 각각 라이페이스와 아밀레이스 중 하나이다.

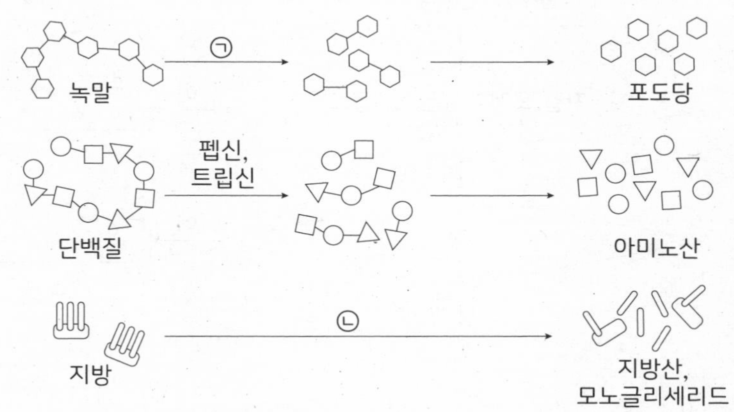

이에 대한 옳은 설명만을 〈보기〉에서 있는 대로 고른 것은? [3점]

<보 기>

ㄱ. 침에는 ㉠이 있다.
ㄴ. 이자에서 ㉡이 분비된다.
ㄷ. 소장에서 아미노산은 융털의 암죽관으로 흡수된다.

① ㄱ ② ㄷ ③ ㄱ, ㄴ ④ ㄴ, ㄷ ⑤ ㄱ, ㄴ, ㄷ

15. 표는 사람에서 일어나는 세포 분열 Ⅰ과 Ⅱ의 특징을, 그림은 사람의 염색체 1쌍을 나타낸 것이다. Ⅰ과 Ⅱ 중 하나는 감수 분열이고, 나머지 하나는 체세포 분열이다.

세포 분열	특징
Ⅰ	㉠
Ⅱ	2가 염색체가 관찰되는 시기가 있다.

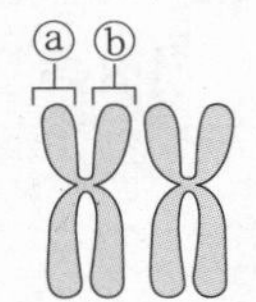

이에 대한 옳은 설명만을 〈보기〉에서 있는 대로 고른 것은? (단, 돌연변이는 고려하지 않는다.) [3점]

<보 기>

ㄱ. Ⅱ는 감수 분열이다.
ㄴ. '딸세포의 염색체 수가 모세포 염색체 수의 절반이다.'는 ㉠으로 적절하다.
ㄷ. ⓐ는 ⓑ의 상동 염색체이다.

① ㄱ ② ㄴ ③ ㄱ, ㄷ ④ ㄴ, ㄷ ⑤ ㄱ, ㄴ, ㄷ

해설편 255쪽

16. 그림은 암석을 분류하는 과정을 나타낸 것이다.

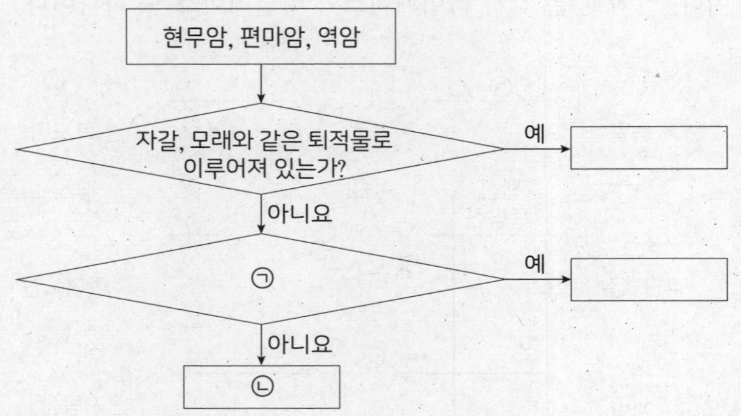

㉠과 ㉡에 들어갈 내용으로 가장 적절한 것은?

	㉠	㉡
①	마그마가 식어 굳어진 것인가?	역암
②	마그마가 식어 굳어진 것인가?	현무암
③	어둡고 밝은 줄무늬가 관찰되는가?	역암
④	어둡고 밝은 줄무늬가 관찰되는가?	현무암
⑤	어둡고 밝은 줄무늬가 관찰되는가?	편마암

17. 그림은 우리나라 주변의 해류에 대해 세 학생이 대화하는 모습을 나타낸 것이다.

제시한 내용이 옳은 학생만을 있는 대로 고른 것은?

① A ② B ③ A, C ④ B, C ⑤ A, B, C

18. 그림은 지구에서 6개월 간격으로 측정한 별 S의 시차를 나타낸 것이다.

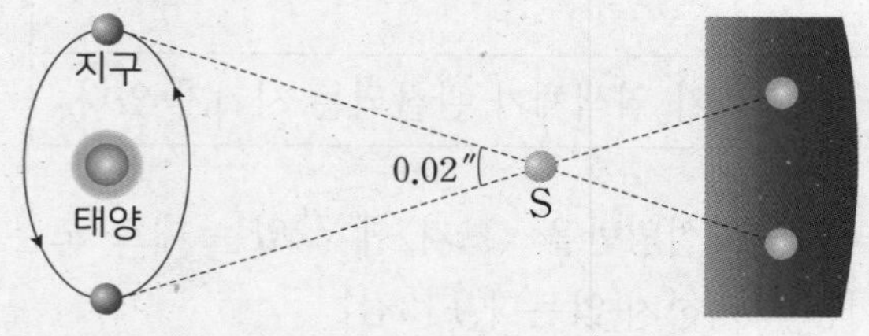

이에 대한 옳은 설명만을 〈보기〉에서 있는 대로 고른 것은? [3점]

〈보 기〉

ㄱ. S의 연주 시차는 0.02″이다.
ㄴ. S까지의 거리는 100pc(파섹)이다.
ㄷ. S보다 가까운 별의 연주 시차는 S의 연주 시차보다 작다.

① ㄱ ② ㄴ ③ ㄱ, ㄷ ④ ㄴ, ㄷ ⑤ ㄱ, ㄴ, ㄷ

19. 다음은 닮음비를 이용하여 사진 속 달의 크기를 측정하는 탐구이다.

[탐구 과정]
(가) 벽면에 달 사진을 붙이고 3m 떨어진 곳에 선다.
(나) 종이에 원형의 구멍을 뚫고 구멍의 지름(d)을 측정한다.
(다) 아래 그림과 같이 종이를 달 사진에 평행하게 두고, 종이의 구멍을 통해 달 사진을 본다.
(라) 종이를 앞뒤로 움직여 구멍이 사진 속 달의 크기와 일치할 때, 눈과 종이 사이의 거리(l)를 측정한다.
(마) 비례식 [㉠]을/를 이용하여 사진 속 달의 지름(D)을 구한다.

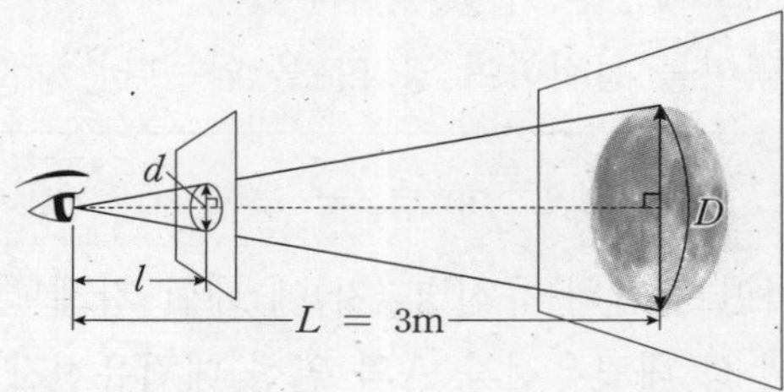

[탐구 결과]

구분	값(cm)
구멍의 지름(d)	1
눈과 종이 사이의 거리(l)	30
사진 속 달의 지름(D)	㉡

이에 대한 옳은 설명만을 〈보기〉에서 있는 대로 고른 것은? [3점]

〈보 기〉

ㄱ. '$l : L = d : D$'는 ㉠으로 적절하다.
ㄴ. ㉡은 20이다.
ㄷ. d를 크게 하면 l은 작아진다.

① ㄱ ② ㄴ ③ ㄱ, ㄷ ④ ㄴ, ㄷ ⑤ ㄱ, ㄴ, ㄷ

20. 그림은 우리나라 주변의 전선 배치와 강수 구역을 나타낸 것이다.

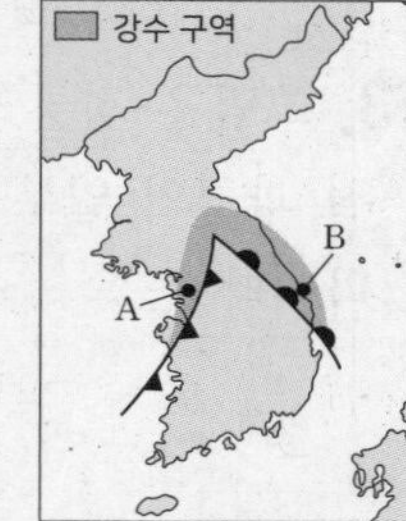

이에 대한 옳은 설명만을 〈보기〉에서 있는 대로 고른 것은? [3점]

〈보 기〉

ㄱ. 우리나라는 온대 저기압의 영향을 받는다.
ㄴ. A에서는 소나기성 비가 내린다.
ㄷ. B에서는 층운형 구름이 발달한다.

① ㄱ ② ㄷ ③ ㄱ, ㄴ ④ ㄴ, ㄷ ⑤ ㄱ, ㄴ, ㄷ

※ 확인 사항
○ 답안지의 해당란에 필요한 내용을 정확히 기입(표기)했는지 확인하시오.

해설편 257쪽

2023년 3월 고1 전국연합 학력평가 문제지

제 4 교시

탐구 영역 (과학)

22회	시험 시간	30분
	날짜	월 일 요일
시작 시각 :	종료 시각	:

1. 그림은 전구 A, B가 연결되어 빛이 나고 있는 모습을 나타낸 것이다. C는 A에 연결된 전선 위의 점이다.

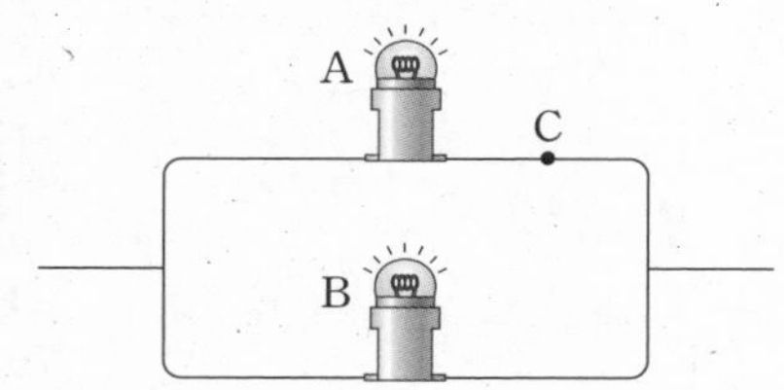

이에 대한 옳은 설명만을 〈보기〉에서 있는 대로 고른 것은?

〈보 기〉
ㄱ. A와 B의 연결 방법은 직렬연결이다.
ㄴ. C에서 전선이 끊어지면 A와 B가 함께 꺼진다.
ㄷ. A와 B의 연결 방법은 멀티탭에 꽂혀 작동하는 전기 기구들 사이의 연결 방법과 같다.

① ㄴ ② ㄷ ③ ㄱ, ㄴ ④ ㄱ, ㄷ ⑤ ㄴ, ㄷ

2. 그림과 같이 점 A에 가만히 놓은 물체가 곡면을 따라 높이가 가장 낮은 점 B를 지나 운동하고 있다. 점 C, D는 곡면상의 점이고, A와 D의 높이는 같다.

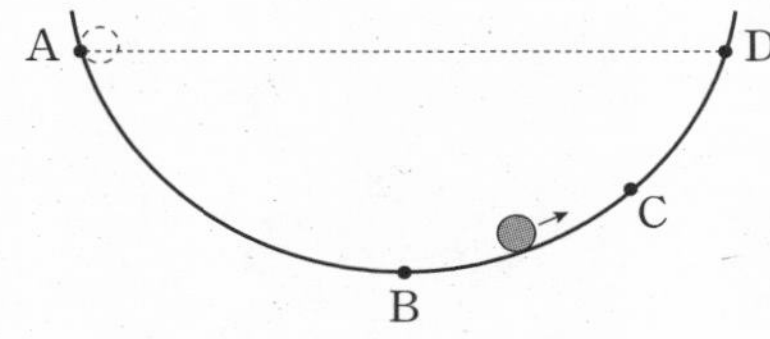

이에 대한 옳은 설명만을 〈보기〉에서 있는 대로 고른 것은? (단, 물체의 크기, 모든 마찰과 공기 저항은 무시한다.)

〈보 기〉
ㄱ. D에서 물체의 속력은 0이다.
ㄴ. 물체의 역학적 에너지는 B에서가 C에서보다 크다.
ㄷ. 물체가 A에서 B로 운동하는 동안, 물체의 위치 에너지가 운동 에너지로 전환된다.

① ㄱ ② ㄴ ③ ㄱ, ㄷ ④ ㄴ, ㄷ ⑤ ㄱ, ㄴ, ㄷ

3. 그림은 질량이 같은 물체 A, B를 접촉시킨 순간부터 A와 B의 온도를 시간에 따라 나타낸 것이다.

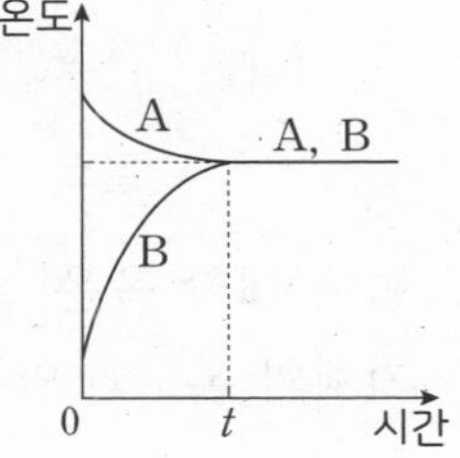

이에 대한 옳은 설명만을 〈보기〉에서 있는 대로 고른 것은? (단, 열은 A와 B 사이에서만 이동한다.) [3점]

〈보 기〉
ㄱ. 0부터 t까지 A가 잃은 열량은 B가 얻은 열량보다 작다.
ㄴ. t 이후 A와 B는 열평형 상태에 있다.
ㄷ. A의 비열이 B의 비열보다 크다.

① ㄱ ② ㄴ ③ ㄱ, ㄷ ④ ㄴ, ㄷ ⑤ ㄱ, ㄴ, ㄷ

4. 그림 (가)는 용수철저울에 매달린 추가 물에 절반 정도 잠긴 채 정지해 있는 모습을, (나)는 (가)의 추가 물에 완전히 잠긴 채 정지해 있는 모습을 나타낸 것이다.

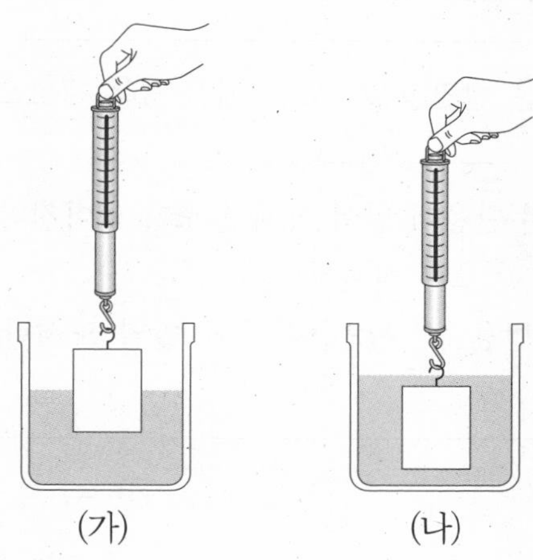

(나)에서가 (가)에서보다 크기가 큰 힘만을 〈보기〉에서 있는 대로 고른 것은? [3점]

〈보 기〉
ㄱ. 추에 작용하는 중력
ㄴ. 추에 작용하는 부력
ㄷ. 용수철저울로 측정한 힘

① ㄴ ② ㄷ ③ ㄱ, ㄴ ④ ㄱ, ㄷ ⑤ ㄱ, ㄴ, ㄷ

5. 그림은 빛의 삼원색에 해당하는 빛 A, B, C를 흰색 종이에 비추는 모습을 나타낸 것이다. P, Q는 빛이 겹쳐진 영역의 색이다.

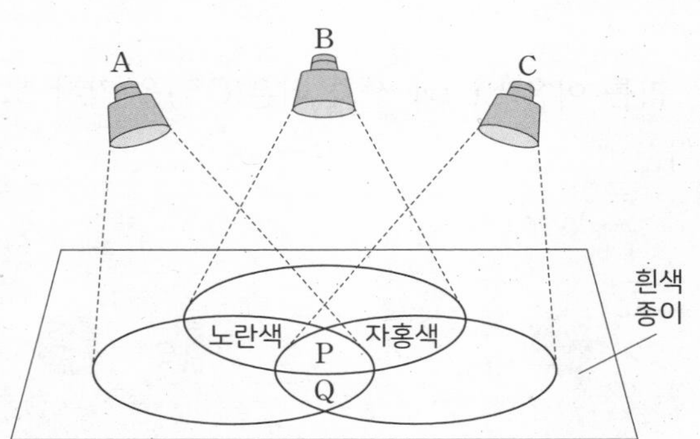

이에 대한 옳은 설명만을 〈보기〉에서 있는 대로 고른 것은? (단, 종이에 도달하는 A, B, C의 세기는 동일하다.) [3점]

〈보 기〉
ㄱ. B는 빨간색 빛이다.
ㄴ. Q는 청록색이다.
ㄷ. C의 조명만 끄면 P는 노란색으로 바뀐다.

① ㄱ ② ㄴ ③ ㄱ, ㄷ ④ ㄴ, ㄷ ⑤ ㄱ, ㄴ, ㄷ

해설편 259쪽

6. 다음은 2가지 화학 반응이 일어날 때의 열에너지 출입에 대한 설명이다.

> (가) 수산화 바륨과 염화 암모늄이 반응할 때 열에너지를 흡수한다.
> (나) 산화 칼슘과 물이 반응할 때 열에너지를 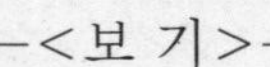 하므로 온도가 높아진다.

이에 대한 옳은 설명만을 〈보기〉에서 있는 대로 고른 것은?

<보 기>
ㄱ. (가)에서 반응이 일어날 때 온도가 낮아진다.
ㄴ. '방출'은 ㉠으로 적절하다.
ㄷ. (나)의 반응을 이용하여 즉석 발열 도시락을 만들 수 있다.

① ㄱ ② ㄴ ③ ㄱ, ㄷ ④ ㄴ, ㄷ ⑤ ㄱ, ㄴ, ㄷ

7. 다음은 물질의 특성을 이용한 사례 (가)와 (나)에 대한 설명이다.

(가)	(나)
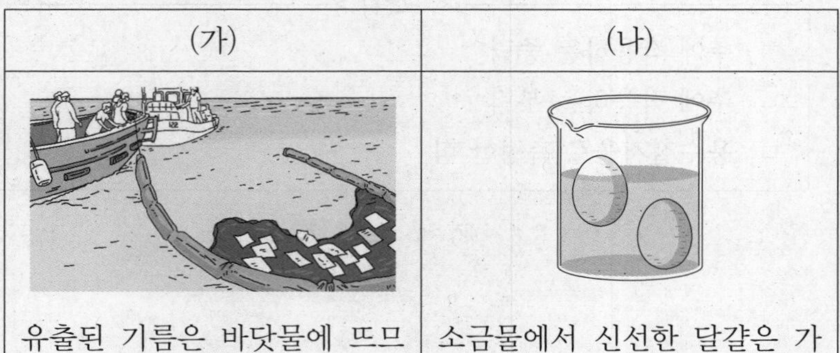	
유출된 기름은 바닷물에 뜨므로 기름막이와 흡착포로 기름을 제거할 수 있다.	소금물에서 신선한 달걀은 가라앉고 오래된 달걀은 뜨므로 구별할 수 있다.

(가)와 (나)에서 공통으로 이용된 물질의 특성으로 가장 적절한 것은?

① 밀도 ② 비열 ③ 용해도 ④ 녹는점 ⑤ 끓는점

8. 그림은 리튬 이온(Li^+)과 산화 이온(O^{2-})을 각각 모형으로 나타낸 것이다.

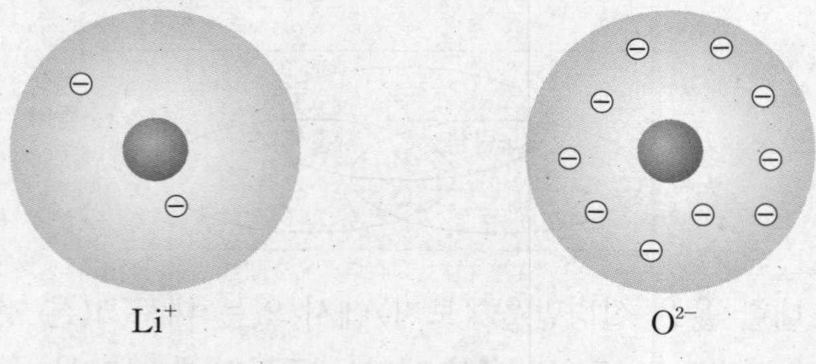

Li 원자의 전자 수(㉠)와 O 원자에서 원자핵의 전하량(㉡)으로 옳은 것은? [3점]

	㉠	㉡		㉠	㉡
①	1	+8	②	1	+12
③	2	+10	④	3	+8
⑤	3	+12			

9. 그림 (가)는 물이 들어 있는 가는 유리관의 한쪽 끝을 손으로 막은 것을, (나)는 유리관을 손으로 감쌌을 때 물이 빠져나가는 것을 나타낸 것이다.

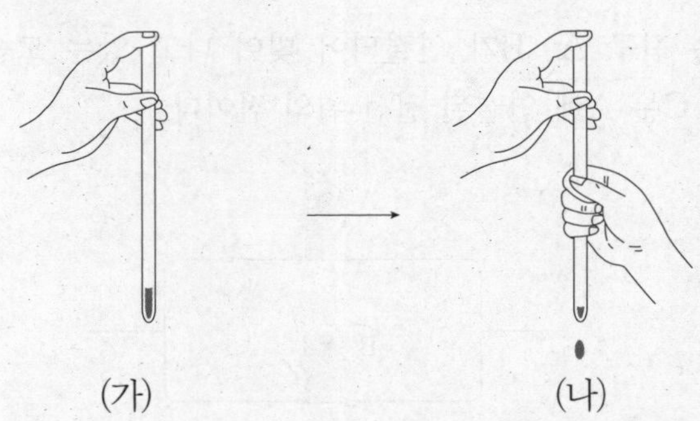

(가)에서 (나)로 될 때, 유리관 속 기체에 대한 옳은 설명만을 〈보기〉에서 있는 대로 고른 것은? (단, 물의 증발은 무시한다.)

<보 기>
ㄱ. 부피가 증가한다.
ㄴ. 분자 수가 증가한다.
ㄷ. 분자의 운동이 활발해진다.

① ㄱ ② ㄴ ③ ㄱ, ㄷ ④ ㄴ, ㄷ ⑤ ㄱ, ㄴ, ㄷ

10. 그림은 기체 반응 (가)와 (나)에서 부피 관계를 각각 모형으로 나타낸 것이다.

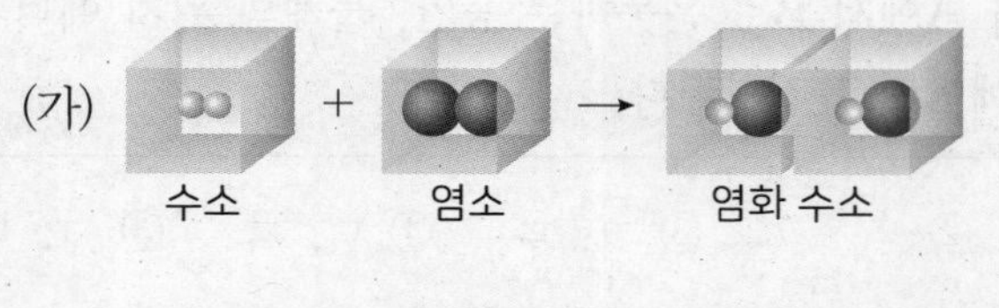

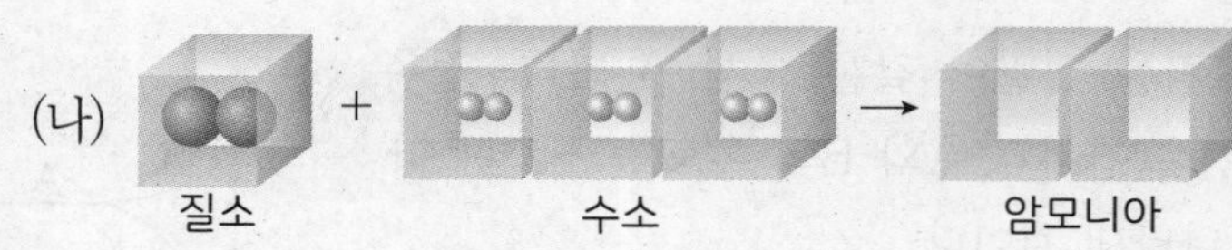

이에 대한 옳은 설명만을 〈보기〉에서 있는 대로 고른 것은? (단, 기체의 온도와 압력은 일정하다.) [3점]

<보 기>
ㄱ. (가)에서 수소와 염소는 1 : 1의 질량비로 반응한다.
ㄴ. 질소와 수소가 반응하여 암모니아를 생성할 때 기체의 부피는 감소한다.
ㄷ. 암모니아의 분자 모형은 (모형)이다.

① ㄱ ② ㄴ ③ ㄷ ④ ㄱ, ㄴ ⑤ ㄴ, ㄷ

해설편 260쪽

11. 그림은 식물의 잎에서 일어나는 광합성을 나타낸 것이다. A와 B는 각각 산소와 이산화 탄소 중 하나이다.

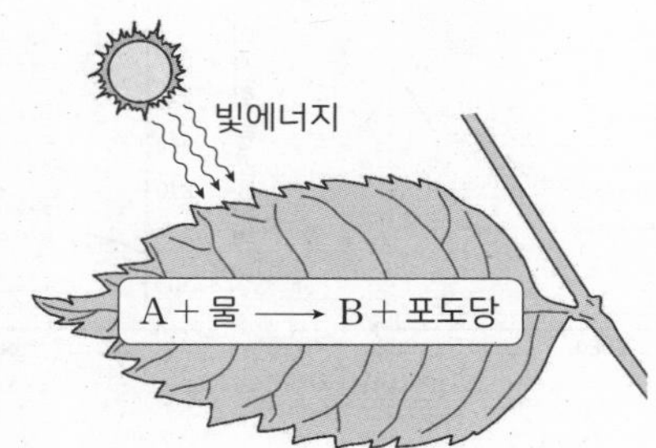

이에 대한 옳은 설명만을 <보기>에서 있는 대로 고른 것은?

<보 기>
ㄱ. A는 이산화 탄소이다.
ㄴ. 기공을 통해 A와 B가 출입한다.
ㄷ. 광합성에서 포도당이 분해된다.

① ㄱ ② ㄷ ③ ㄱ, ㄴ ④ ㄴ, ㄷ ⑤ ㄱ, ㄴ, ㄷ

12. 그림은 사람의 뇌 구조를 나타낸 것이다. A~C는 각각 대뇌, 연수, 중간뇌 중 하나이다.
이에 대한 설명으로 옳지 않은 것은?

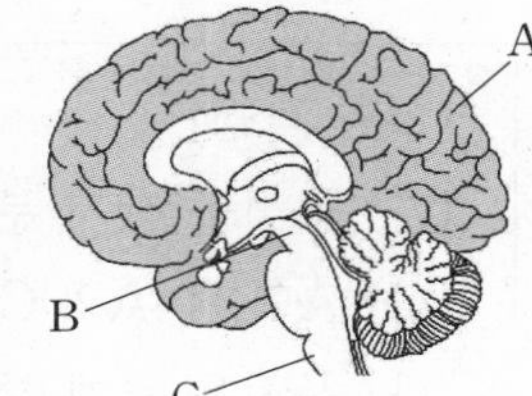

① A는 대뇌이다.
② A에 연합 뉴런이 있다.
③ B는 동공 크기를 조절한다.
④ C는 심장 박동을 조절한다.
⑤ 뇌는 말초 신경계에 속한다.

13. 그림은 어떤 동물에서 체세포 분열이 일어나고 있는 여러 세포를 나타낸 것이다. A와 B는 각각 전기 세포와 중기 세포 중 하나이다.

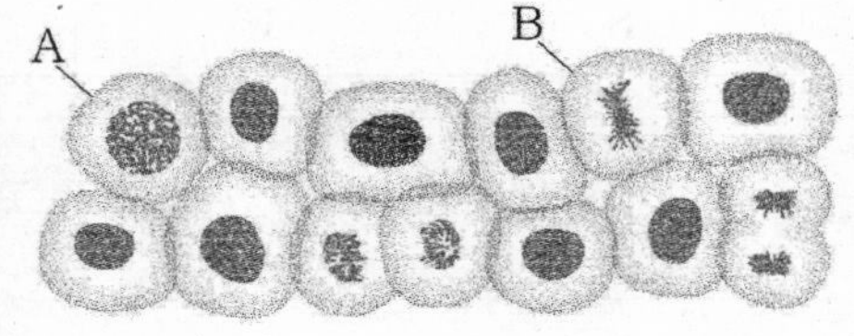

이에 대한 옳은 설명만을 <보기>에서 있는 대로 고른 것은? (단, 돌연변이는 고려하지 않는다.) [3점]

<보 기>
ㄱ. A는 전기 세포이다.
ㄴ. B에서 염색체가 관찰된다.
ㄷ. 체세포 분열 결과 만들어진 딸세포는 모세포보다 염색체 수가 적다.

① ㄱ ② ㄷ ③ ㄱ, ㄴ ④ ㄴ, ㄷ ⑤ ㄱ, ㄴ, ㄷ

14. 그림은 사람의 심장 구조를 나타낸 것이다. A와 B는 각각 우심실과 좌심방 중 하나이다.

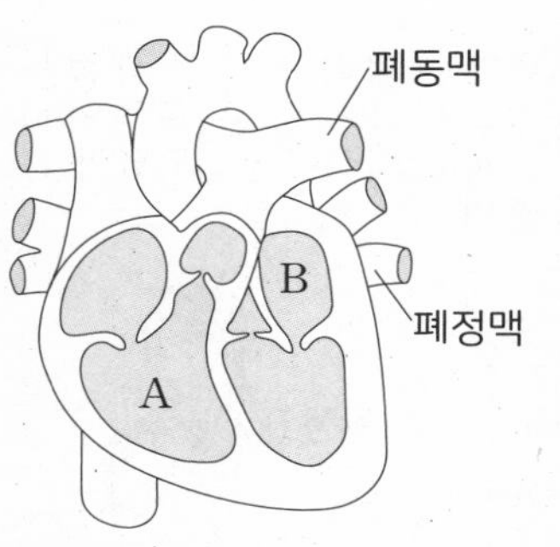

이에 대한 옳은 설명만을 <보기>에서 있는 대로 고른 것은? [3점]

<보 기>
ㄱ. B는 우심실이다.
ㄴ. A가 수축할 때 A와 폐동맥 사이의 판막이 닫힌다.
ㄷ. 혈액의 산소 농도는 폐정맥에서가 폐동맥에서보다 높다.

① ㄱ ② ㄷ ③ ㄱ, ㄴ ④ ㄴ, ㄷ ⑤ ㄱ, ㄴ, ㄷ

15. 다음은 영양소 검출 반응 실험이다.

[실험 과정 및 결과]
(가) 시험관 A~C에 달걀 흰자액을 각각 10mL씩 넣는다.
(나) A에 증류수, B에 수단Ⅲ 용액, C에 뷰렛 용액(5% 수산화 나트륨 수용액 + 1% 황산 구리 수용액)을 0.5 mL씩 넣는다.

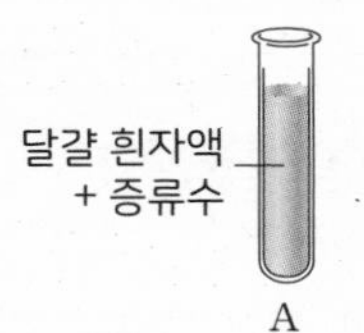

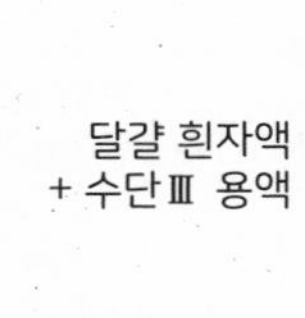

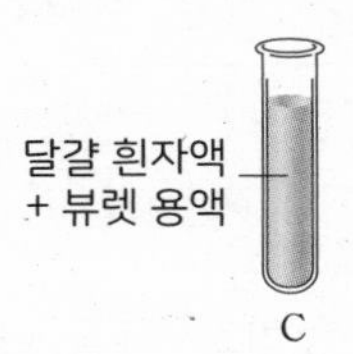

(다) 반응 후 각 시험관의 색깔 변화는 표와 같다.

시험관	A	B	C
색깔 변화	변화 없음	㉠	보라색으로 변함

이에 대한 옳은 설명만을 <보기>에서 있는 대로 고른 것은? [3점]

<보 기>
ㄱ. ㉠은 '청람색으로 변함'이다.
ㄴ. C의 색깔 변화로 달걀 흰자액에 단백질이 있음을 알 수 있다.
ㄷ. 수단Ⅲ 용액은 지방 검출에 이용한다.

① ㄱ ② ㄷ ③ ㄱ, ㄴ ④ ㄴ, ㄷ ⑤ ㄱ, ㄴ, ㄷ

해설편 261쪽

16. 다음은 베게너가 주장한 대륙 이동설의 증거에 대한 세 학생의 대화이다.

제시한 의견이 옳은 학생만을 있는 대로 고른 것은?

① A ② C ③ A, B ④ B, C ⑤ A, B, C

17. 그림 (가)는 지구의 수권 분포를, (나)는 육지의 물 분포를 나타낸 것이다.

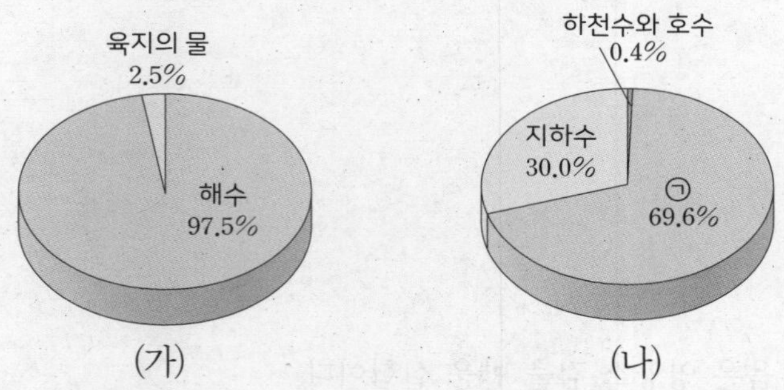

(가) (나)

이에 대한 옳은 설명만을 〈보기〉에서 있는 대로 고른 것은?

<보 기>
ㄱ. 지구의 물은 대부분 해수이다.
ㄴ. ㉠은 빙하이다.
ㄷ. 생활용수로 바로 활용할 수 있는 물이 수권 전체에서 차지하는 비율은 2%보다 크다.

① ㄱ ② ㄷ ③ ㄱ, ㄴ ④ ㄴ, ㄷ ⑤ ㄱ, ㄴ, ㄷ

18. 그림은 어느 날 우리나라에서 관측한 별의 일주 운동 모습을 나타낸 것이다.

이에 대한 옳은 설명만을 〈보기〉에서 있는 대로 고른 것은? [3점]

<보 기>
ㄱ. 북쪽 하늘을 관측한 것이다.
ㄴ. 별 A의 일주 운동은 시계 방향으로 일어난다.
ㄷ. 별의 일주 운동은 지구의 공전 때문에 나타나는 현상이다.

① ㄱ ② ㄴ ③ ㄱ, ㄷ ④ ㄴ, ㄷ ⑤ ㄱ, ㄴ, ㄷ

19. 그림 (가)는 1955년부터 2020년까지 지구의 평균 기온 변화를, (나)는 이 기간 동안 대기 중 이산화 탄소 농도 변화를 나타낸 것이다.

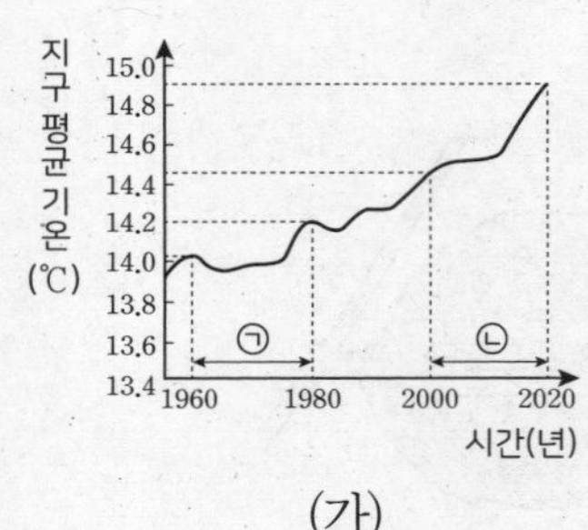

(가)

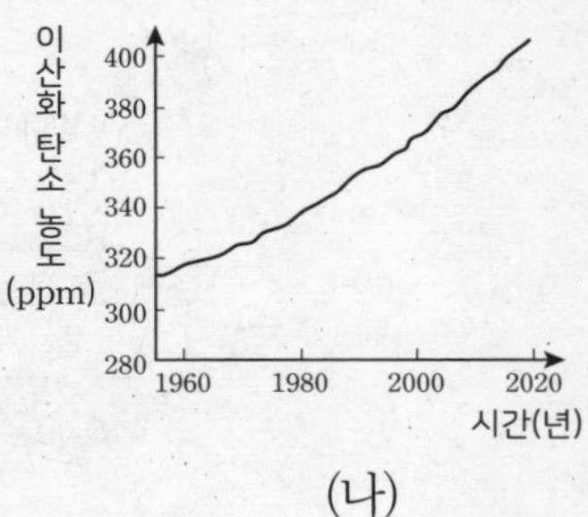

(나)

이에 대한 옳은 설명만을 〈보기〉에서 있는 대로 고른 것은?

<보 기>
ㄱ. 지구의 평균 기온 변화 폭은 ㉠ 기간이 ㉡ 기간보다 크다.
ㄴ. 이 기간 동안 이산화 탄소 농도 증가는 지구의 평균 기온 상승에 영향을 주었을 것이다.
ㄷ. 이 기간 동안 해수면의 평균 높이는 높아졌을 것이다.

① ㄱ ② ㄷ ③ ㄱ, ㄴ ④ ㄴ, ㄷ ⑤ ㄱ, ㄴ, ㄷ

20. 다음은 우주 팽창에 따른 은하 사이의 거리 변화를 알아보기 위한 모형 실험이다.

[실험 과정]
(가) 풍선을 작게 분 다음 ㉠ 스티커 A～D를 붙인다.
(나) A와 B, A와 C, A와 D 사이의 거리를 각각 줄자로 잰다.
(다) 풍선을 크게 분 다음 (나)의 과정을 반복한다.

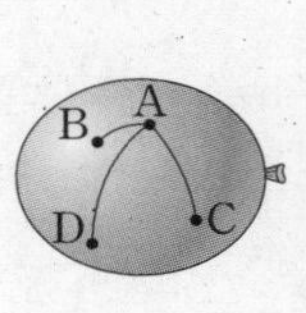

(나)

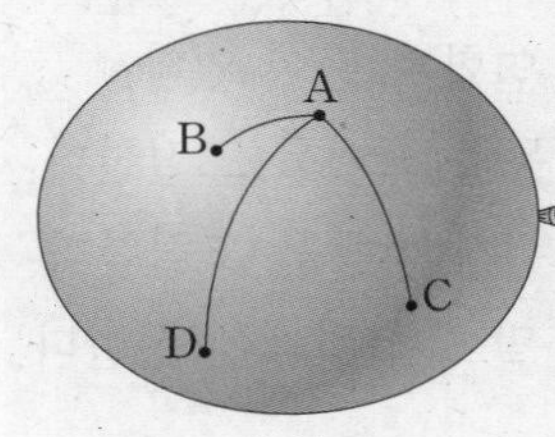

(다)

[실험 결과]

과정	A와 B 사이의 거리(cm)	A와 C 사이의 거리(cm)	A와 D 사이의 거리(cm)
(나)	4	8	10
(다)	8	16	20

이에 대한 옳은 설명만을 〈보기〉에서 있는 대로 고른 것은? [3점]

<보 기>
ㄱ. ㉠은 은하에 해당한다.
ㄴ. B와 C 사이의 거리는 (나)보다 (다)에서 멀다.
ㄷ. 스티커 사이의 거리가 멀수록 풍선의 팽창에 따른 거리 변화값이 크다.

① ㄱ ② ㄴ ③ ㄱ, ㄷ ④ ㄴ, ㄷ ⑤ ㄱ, ㄴ, ㄷ

※ 확인 사항
○ 답안지의 해당란에 필요한 내용을 정확히 기입(표기)했는지 확인하시오.

해설편 263쪽

2022년 3월 고1 전국연합 학력평가 문제지

제 4 교시

탐구 영역 (과학)

23회	시험 시간	30분
	날짜	월 일 요일
시작 시각 :	종료 시각	:

1. 그림은 열의 이동과 관련된 현상 A~C를 나타낸 것이다.

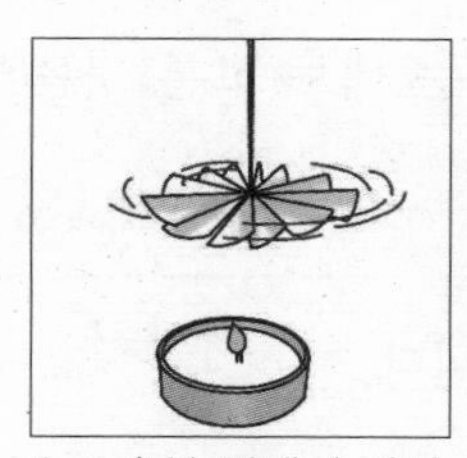
A : 촛불 위에서 바람개비가 돌아간다.

B : 에어컨의 찬 공기가 아래로 내려온다.

C : 난로를 쬐는 손바닥이 손등보다 따뜻하다.

대류에 의한 현상만을 있는 대로 고른 것은?

① A ② B ③ C ④ A, B ⑤ B, C

2. 그림은 대전되지 않은 금속구 A와 대전된 금속구 B가 음(−)전하로 대전된 막대 P에 의해 각각 끌려오거나 밀려나는 모습을 나타낸 것이다. A와 B는 절연된 실에 매달려 있다.

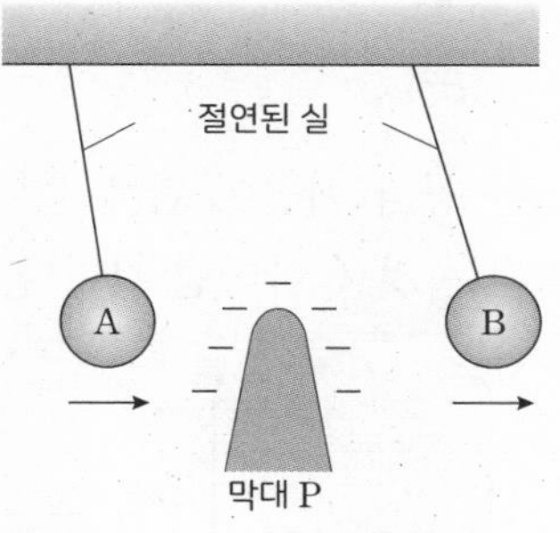

이에 대한 옳은 설명만을 〈보기〉에서 있는 대로 고른 것은? (단, A, B, P는 서로 접촉하지 않는다.) [3점]

〈보 기〉
ㄱ. A에서 전자는 P에 가까운 쪽으로 이동한다.
ㄴ. B는 음(−)전하로 대전되어 있다.
ㄷ. P를 제거하면, A와 B에는 서로 당기는 전기력이 작용한다.

① ㄱ ② ㄴ ③ ㄱ, ㄷ ④ ㄴ, ㄷ ⑤ ㄱ, ㄴ, ㄷ

3. 그림은 두 공 A와 B를 각각 지면으로부터 높이가 $2h$와 h인 지점에서 가만히 놓았을 때, A와 B가 자유 낙하하는 모습을 나타낸 것이다. A와 B의 질량은 각각 m과 $2m$이다.

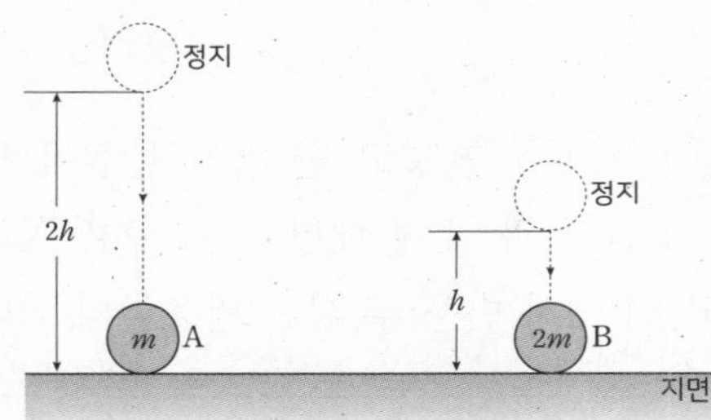

지면에 도달하는 순간, A가 B보다 큰 물리량만을 〈보기〉에서 있는 대로 고른 것은? (단, 지면에서 공의 위치 에너지는 0이고, 공의 크기와 공기 저항은 무시한다.)

〈보 기〉
ㄱ. 속력 ㄴ. 운동 에너지 ㄷ. 역학적 에너지

① ㄱ ② ㄷ ③ ㄱ, ㄴ ④ ㄴ, ㄷ ⑤ ㄱ, ㄴ, ㄷ

4. 다음은 소리를 분석하는 실험이다.

[실험 과정]
(가) 서로 다른 두 소리굽쇠에서 발생하는 소리를 각각 녹음한다.
(나) 소리 분석 프로그램을 이용하여 녹음된 소리 A, B를 분석한다.

[실험 결과]

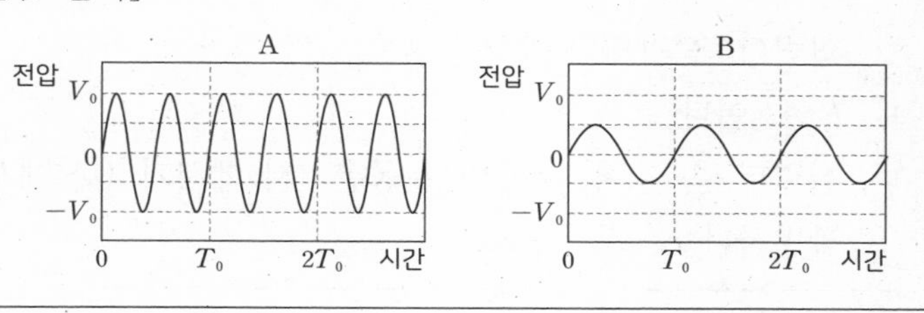

이에 대한 옳은 설명만을 〈보기〉에서 있는 대로 고른 것은?

〈보 기〉
ㄱ. 소리의 주기는 A가 B보다 짧다.
ㄴ. 소리의 높이는 A가 B보다 높다.
ㄷ. 소리의 크기는 A가 B보다 크다.

① ㄱ ② ㄴ ③ ㄱ, ㄷ ④ ㄴ, ㄷ ⑤ ㄱ, ㄴ, ㄷ

5. 그림과 같이 동일한 용수철 A와 B가 연직 아래로 같은 길이만큼 늘어난 채 정지해 있다. A와 B의 탄성력의 크기는 각각 F_A와 F_B이고, 왼손이 A를 직접 당기는 힘과 오른손이 B에 매달린 추를 당기는 힘의 크기는 각각 f_A와 f_B이다.

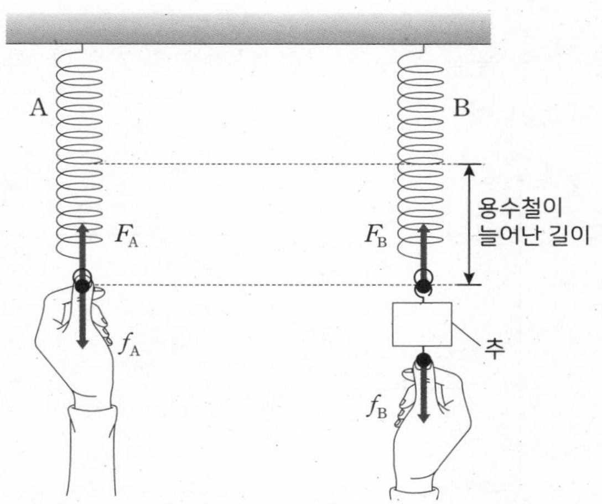

힘의 크기를 옳게 비교한 것은? [3점]

	탄성력의 크기	손이 당기는 힘의 크기
①	$F_A > F_B$	$f_A > f_B$
②	$F_A > F_B$	$f_A < f_B$
③	$F_A = F_B$	$f_A > f_B$
④	$F_A = F_B$	$f_A = f_B$
⑤	$F_A < F_B$	$f_A < f_B$

23회 2022년 3월 과학

해설편 265쪽

6. 그림 (가)는 t_1℃에서 실린더에 헬륨(He) 기체가 들어 있는 모습을, (나)는 피스톤 위에 추를 올려놓았을 때의 모습을, (다)는 온도를 t_2℃로 변화시켰을 때의 모습을 나타낸 것이다.

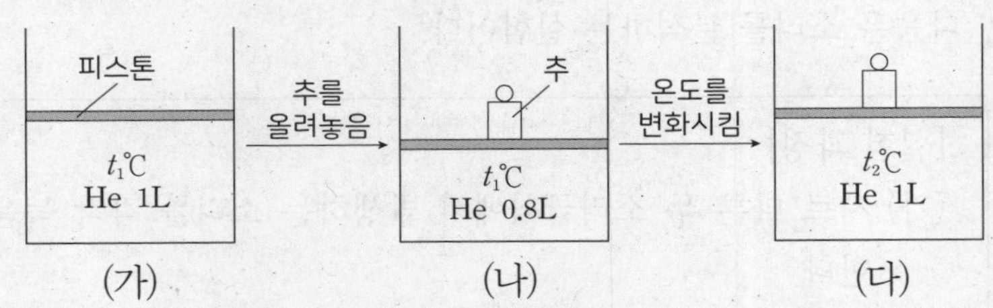

이에 대한 옳은 설명만을 〈보기〉에서 있는 대로 고른 것은? (단, 대기압은 일정하고, 피스톤의 질량과 마찰은 무시한다.)

〈보 기〉
ㄱ. 실린더 속 기체의 압력은 (나)>(가)이다.
ㄴ. $t_2 > t_1$이다.
ㄷ. 실린더 속 기체 분자의 운동은 (다)에서가 (나)에서보다 활발하다.

① ㄱ ② ㄷ ③ ㄱ, ㄴ ④ ㄴ, ㄷ ⑤ ㄱ, ㄴ, ㄷ

7. 그림은 고체 물질 X를 일정한 열원으로 가열할 때 시간에 따른 온도를 나타낸 것이다.

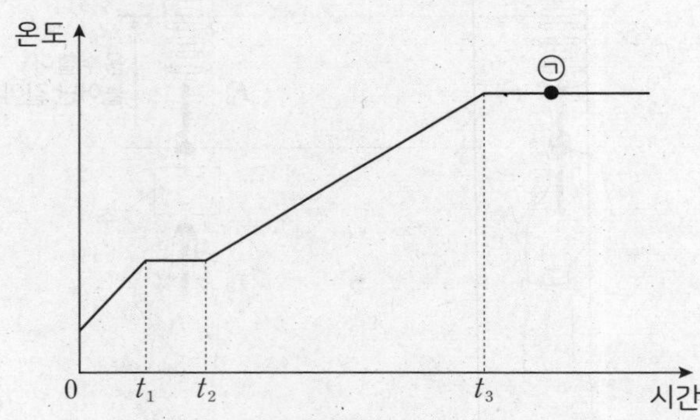

이에 대한 옳은 설명만을 〈보기〉에서 있는 대로 고른 것은?

〈보 기〉
ㄱ. t_1부터 t_2까지 X는 액화된다.
ㄴ. t_2부터 t_3까지 X가 흡수한 열은 상태 변화에만 이용된다.
ㄷ. ㉠에서 X는 2가지 상태로 존재한다.

① ㄱ ② ㄴ ③ ㄷ ④ ㄱ, ㄴ ⑤ ㄱ, ㄷ

8. 표는 원자 X～Z의 이온에 대한 자료이다.

이온	X^{2+}	Y^-	Z^{2-}
전자 수	10	10	10

이에 대한 옳은 설명만을 〈보기〉에서 있는 대로 고른 것은? (단, X～Z는 임의의 원소 기호이다.) [3점]

〈보 기〉
ㄱ. 원자 X가 전자 2개를 잃어 X^{2+}이 된다.
ㄴ. 원자의 전자 수는 Y>X이다.
ㄷ. 원자핵의 전하량은 $Z^{2-} > Y^-$이다.

① ㄱ ② ㄴ ③ ㄱ, ㄷ ④ ㄴ, ㄷ ⑤ ㄱ, ㄴ, ㄷ

9. 그림은 스타이로폼 공과 쇠공이 함께 들어 있는 비커에 물을 넣었을 때 공이 분리되는 것을 나타낸 것이다.

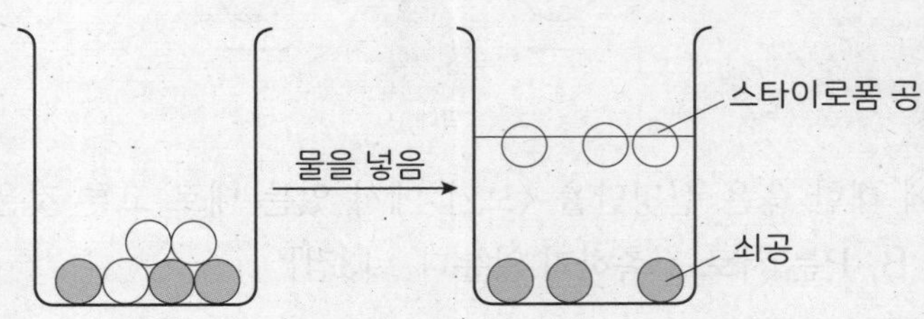

이와 같이 공이 분리된 이유를 설명할 수 있는 물질의 특성으로 가장 적절한 것은?

① 굳기 ② 밀도 ③ 끓는점
④ 녹는점 ⑤ 용해도

10. 표는 용기에 X와 Y를 넣고 한 가지 물질이 모두 소모될 때까지 반응시킨 실험 Ⅰ과 Ⅱ에 대한 자료이다. X와 Y가 반응하여 Z가 생성되고, Ⅰ에서 반응 후 남은 반응물의 질량은 2g이다.

실험	반응 전		반응 후
	X의 질량(g)	Y의 질량(g)	Z의 질량(g)
Ⅰ	1	6	5
Ⅱ	3	x	10

x는? [3점]

① 7 ② 8 ③ 11 ④ 12 ⑤ 15

해설편 266쪽

11. 표는 생물 (가)와 (나)에서 핵막과 세포벽의 유무를 나타낸 것이다. (가)와 (나)는 각각 대장균과 아메바 중 하나이다.

구분	핵막	세포벽
(가)	있음	없음
(나)	없음	있음

이에 대한 옳은 설명만을 〈보기〉에서 있는 대로 고른 것은? [3점]

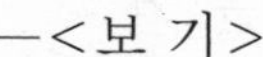

<보 기>

ㄱ. (가)는 아메바이다.
ㄴ. (나)는 단세포 생물이다.
ㄷ. (나)는 원핵생물계에 속한다.

① ㄱ ② ㄴ ③ ㄱ, ㄷ ④ ㄴ, ㄷ ⑤ ㄱ, ㄴ, ㄷ

12. 그림은 뉴런 A~C가 연결된 모습을 나타낸 것이다. A~C는 각각 연합 뉴런, 운동 뉴런, 감각 뉴런 중 하나이다.

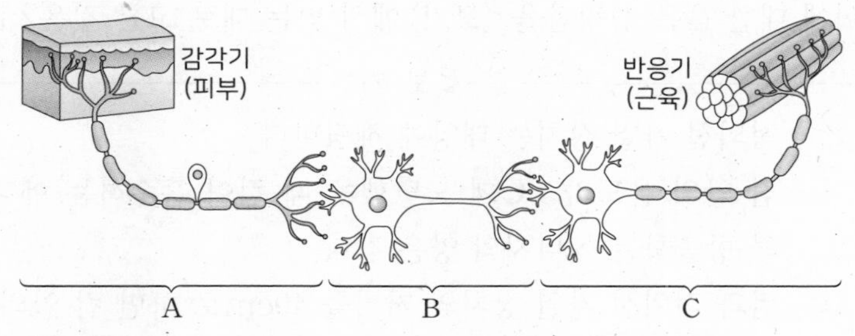

이에 대한 옳은 설명만을 〈보기〉에서 있는 대로 고른 것은?

<보 기>

ㄱ. A는 운동 뉴런이다.
ㄴ. B는 중추 신경계를 구성한다.
ㄷ. C에 신경 세포체가 있다.

① ㄱ ② ㄷ ③ ㄱ, ㄴ ④ ㄴ, ㄷ ⑤ ㄱ, ㄴ, ㄷ

13. 그림은 혈액의 구성 성분 A~C를 나타낸 것이다. A~C는 각각 혈소판, 적혈구, 백혈구 중 하나이다.
이에 대한 설명으로 옳지 않은 것은?

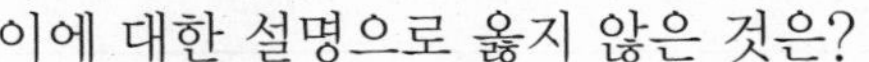

① A는 백혈구이다.
② B는 식균 작용을 한다.
③ B에 헤모글로빈이 있다.
④ C는 혈액 응고에 관여한다.
⑤ A~C는 모두 혈구에 해당한다.

14. 다음은 검정말을 이용한 광합성 실험이다.

[실험 과정 및 결과]
(가) ㉠ 날숨을 불어넣어 노란색으로 변화시킨 BTB 용액을 시험관 A~C에 넣는다.
(나) 그림과 같이 B와 C에만 검정말을 넣고, C는 빛이 통하지 않도록 은박지로 감싼다.

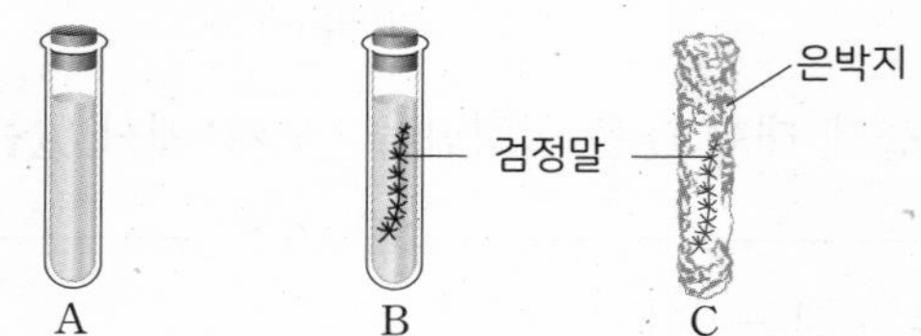

(다) 일정 시간 동안 빛을 비춘 후 A~C의 BTB 용액 색깔을 관찰한 결과는 표와 같다. ⓐ는 노란색과 파란색 중 하나이다.

시험관	A	B	C
색깔	노란색	파란색	ⓐ

이에 대한 옳은 설명만을 〈보기〉에서 있는 대로 고른 것은? (단, 제시된 조건 이외의 조건은 같다.) [3점]

<보 기>

ㄱ. ㉠에 이산화 탄소가 있다.
ㄴ. (다)의 B에서 광합성이 일어났다.
ㄷ. ⓐ는 노란색이다.

① ㄱ ② ㄷ ③ ㄱ, ㄴ ④ ㄴ, ㄷ ⑤ ㄱ, ㄴ, ㄷ

15. 그림은 아버지, 어머니, 딸, 아들로 구성된 어떤 가족의 유전병 (가)에 대한 가계도이다. (가)는 우성 대립유전자 A와 열성 대립유전자 a에 의해 결정된다.

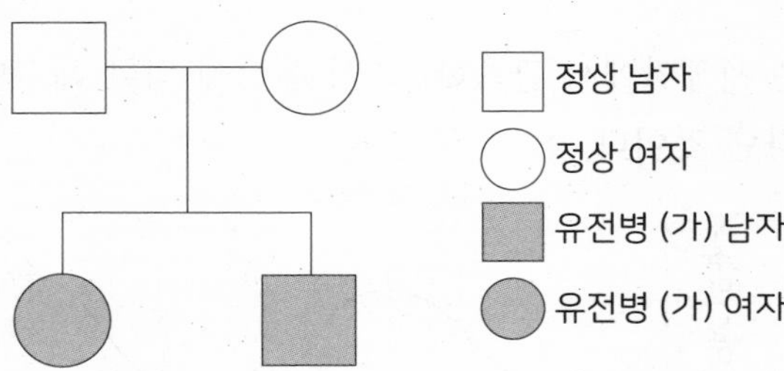

이에 대한 옳은 설명만을 〈보기〉에서 있는 대로 고른 것은? (단, 돌연변이는 고려하지 않는다.) [3점]

<보 기>

ㄱ. 아버지는 A와 a를 모두 가진다.
ㄴ. 딸과 아들은 (가)의 유전자형이 같다.
ㄷ. 셋째 아이가 태어날 때, 이 아이에게서 (가)가 나타날 확률은 $\frac{1}{2}$이다.

① ㄱ ② ㄷ ③ ㄱ, ㄴ ④ ㄴ, ㄷ ⑤ ㄱ, ㄴ, ㄷ

해설편 267쪽

16. 그림은 지구 내부의 층상 구조를 나타낸 것이다.

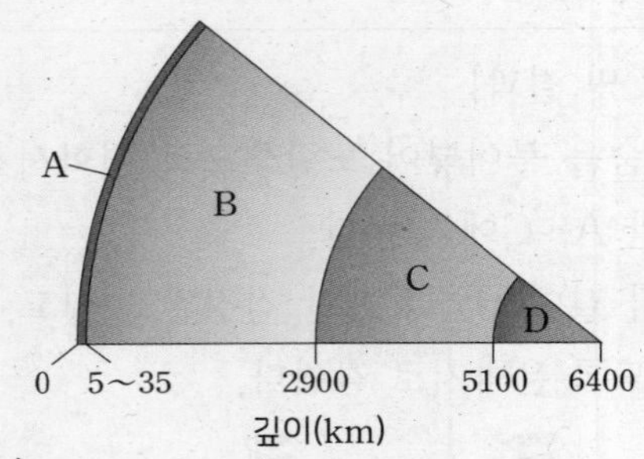

A~D 층에 대한 옳은 설명만을 〈보기〉에서 있는 대로 고른 것은?

〈보 기〉

ㄱ. B는 맨틀이다.
ㄴ. C는 고체 상태이다.
ㄷ. 밀도는 A가 D보다 크다.

① ㄱ ② ㄴ ③ ㄱ, ㄷ ④ ㄴ, ㄷ ⑤ ㄱ, ㄴ, ㄷ

17. 그림은 별 S에서 나온 빛이 거리가 멀어짐에 따라 퍼져 나가는 모습을 나타낸 것이다.

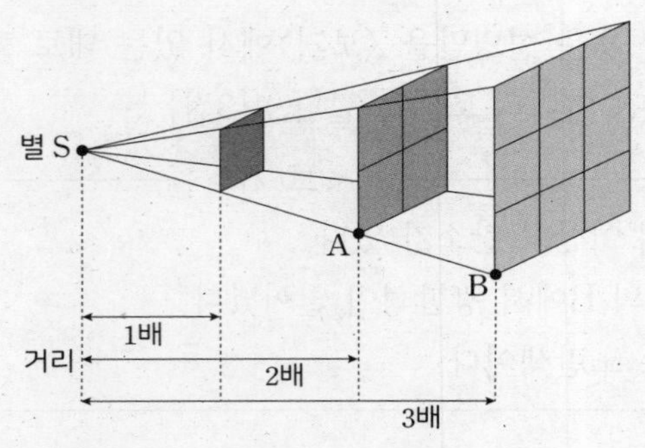

이에 대한 옳은 설명만을 〈보기〉에서 있는 대로 고른 것은? [3점]

〈보 기〉

ㄱ. 거리가 멀어질수록 별빛이 비추는 면적은 넓어진다.
ㄴ. 거리가 2배 멀어지면 관측되는 별의 밝기는 $\frac{1}{4}$배가 된다.
ㄷ. 별 S의 절대 등급은 A 지점과 B 지점에서 같다.

① ㄱ ② ㄴ ③ ㄱ, ㄷ ④ ㄴ, ㄷ ⑤ ㄱ, ㄴ, ㄷ

18. 그림은 서해안에서 관측한, 조석 현상에 의한 해수면의 높이 변화를 나타낸 것이다.

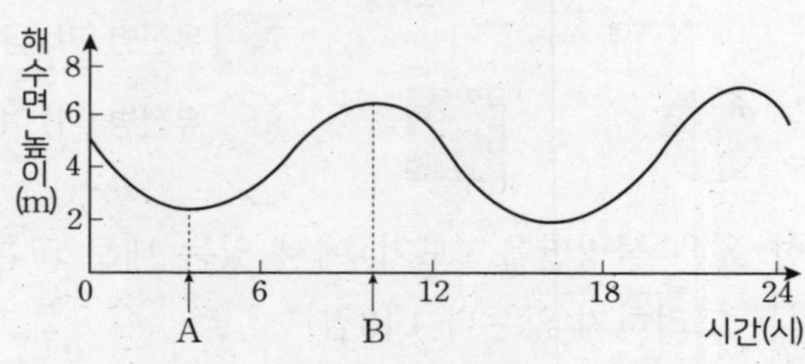

이에 대한 옳은 설명만을 〈보기〉에서 있는 대로 고른 것은?

〈보 기〉

ㄱ. A일 때 만조이다.
ㄴ. 6시에는 밀물이 나타난다.
ㄷ. 이날 갯벌이 가장 넓게 드러나는 때는 B이다.

① ㄱ ② ㄴ ③ ㄱ, ㄷ ④ ㄴ, ㄷ ⑤ ㄱ, ㄴ, ㄷ

19. 다음은 지구의 복사 평형의 원리를 알아보기 위한 실험이다.

[실험 과정]

(가) 검은색 알루미늄 컵에 온도계를 꽂은 뚜껑을 덮고, 적외선 가열 장치에서 30cm 정도 떨어진 곳에 컵을 놓는다.

(나) 적외선 가열 장치를 켜고 2분 간격으로 컵 안의 온도를 측정하여 그래프를 그린다.

[실험 결과]

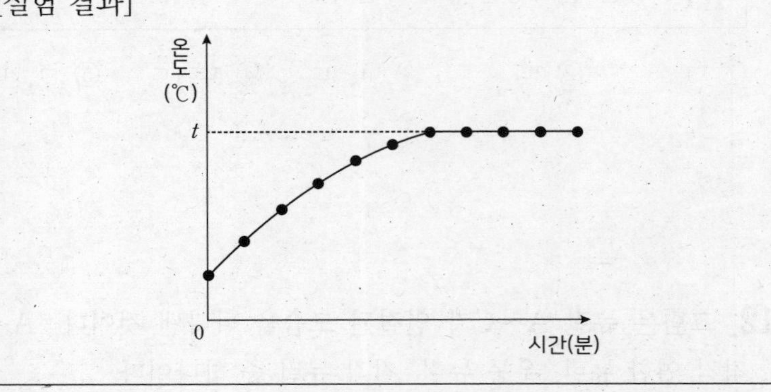

이에 대한 옳은 설명만을 〈보기〉에서 있는 대로 고른 것은? [3점]

〈보 기〉

ㄱ. 적외선 가열 장치는 태양에 해당한다.
ㄴ. 컵 안의 온도가 t℃에 도달했을 때 컵이 흡수하는 에너지와 방출하는 에너지의 양은 같다.
ㄷ. 컵과 적외선 가열 장치의 거리를 40cm로 하면 컵 안의 온도는 t℃보다 높은 온도에서 일정해진다.

① ㄱ ② ㄷ ③ ㄱ, ㄴ ④ ㄴ, ㄷ ⑤ ㄱ, ㄴ, ㄷ

20. 그림은 어느 날 일식이 일어났을 때 태양, 달, 지구의 상대적인 위치를 나타낸 것이다.

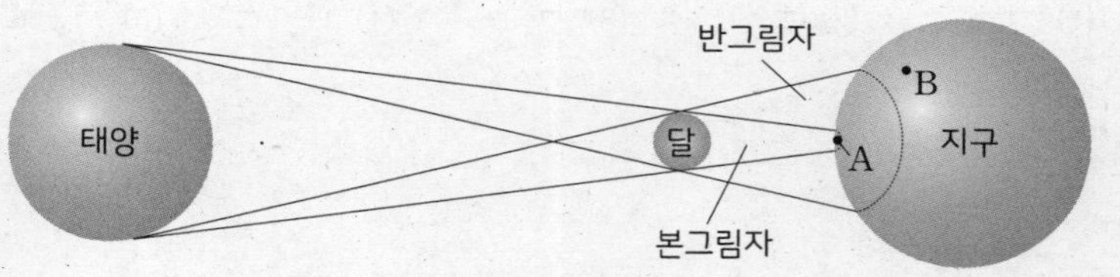

이에 대한 옳은 설명만을 〈보기〉에서 있는 대로 고른 것은? [3점]

〈보 기〉

ㄱ. 이날 보름달이 관측된다.
ㄴ. 이때 A 지역에서는 개기 일식이 관측된다.
ㄷ. 이때 B 지역에서는 일식이 관측되지 않는다.

① ㄱ ② ㄷ ③ ㄱ, ㄴ ④ ㄴ, ㄷ ⑤ ㄱ, ㄴ, ㄷ

※ 확인 사항

○ **답안지의 해당란에 필요한 내용을 정확히 기입(표기)했는지 확인하시오.**

○ 해설편 269쪽

제 4 교시

탐구 영역 (과학)

24회	시험 시간	30분
	날짜	월 일 요일
시작 시각 :	종료 시각	:

1. 다음은 선생님이 제시한 과제와 학생 A, B, C의 답변이다.

답변의 내용이 옳은 학생만을 있는 대로 고른 것은?

① A ② C ③ A, B ④ B, C ⑤ A, B, C

2. 다음은 전압과 전류의 관계를 알아보는 실험 과정이다.

[실험 과정]

(가) 저항값이 100Ω인 니크롬선 A를 전원 장치에 연결한 회로를 구성한다.

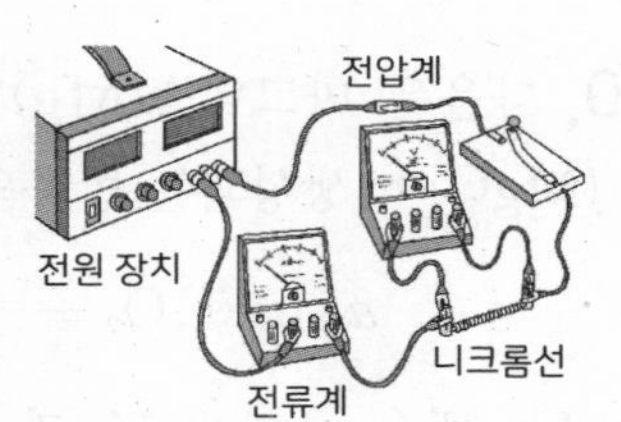

(나) 스위치를 닫고 전원 장치의 전압을 증가시키며 니크롬선에 걸리는 전압과 니크롬선에 흐르는 전류의 세기를 측정한다.

(다) (가)에서 A를 저항값이 200Ω인 니크롬선 B로 바꾼 후 (나)를 수행한다.

A, B에 흐르는 전류의 세기를 전압에 따라 나타낸 그래프로 가장 적절한 것은? [3점]

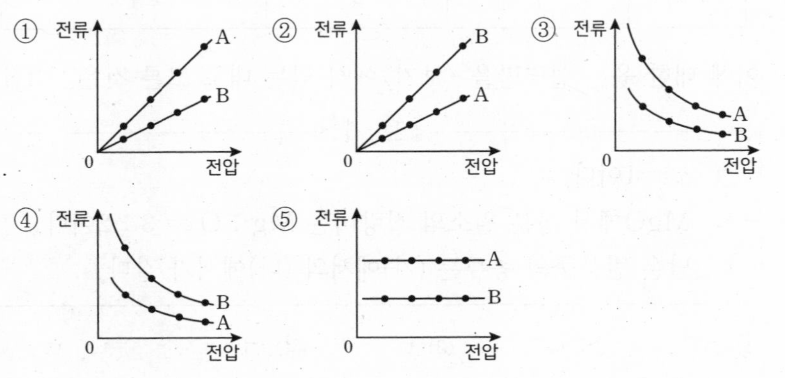

3. 그림은 빛의 삼원색에 해당하는 빨강, 초록, 파랑 빛이 나오는 화소로 구성된 화면에서 색을 표현할 때, 화면의 각 지점 A와 B를 확대한 모습을 나타낸 것이다. A에서는 초록빛이, B에서는 빨강 빛이 나오는 화소가 꺼져 있다.

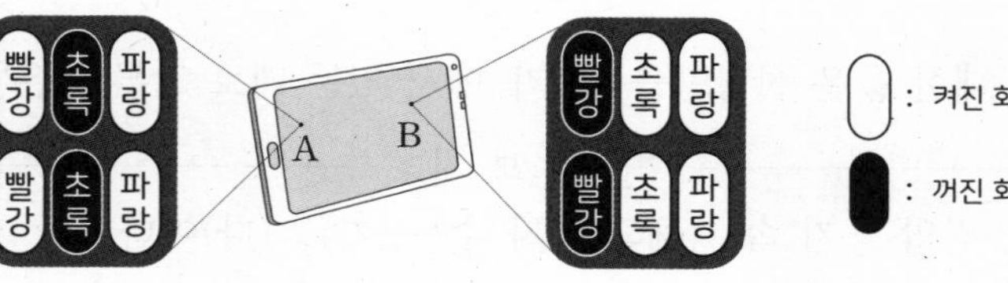

A와 B에서 표현한 색으로 가장 적절한 것은? (단, 켜진 화소의 밝기는 모두 같다.)

	A	B		A	B
①	노란색	자홍색	②	노란색	청록색
③	자홍색	노란색	④	자홍색	청록색
⑤	청록색	자홍색			

4. 그림은 물체 A를 액체 B에 넣은 후, A와 B의 온도를 시간에 따라 나타낸 것이다. t일 때 A와 B의 온도가 같아졌다. 이에 대한 옳은 설명만을 〈보기〉에서 있는 대로 고른 것은? (단, 열은 A와 B 사이에서만 이동한다.)

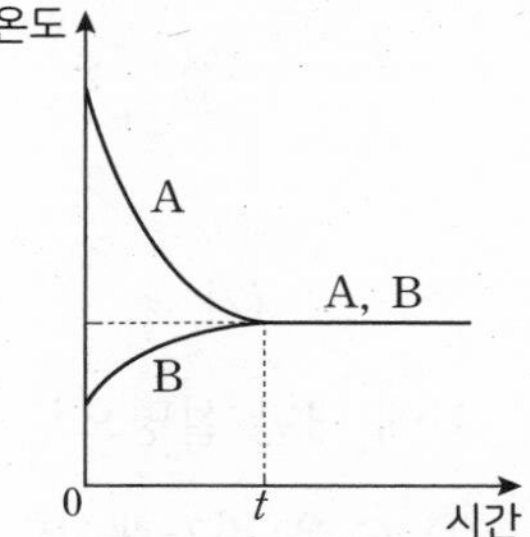

<보 기>

ㄱ. 0부터 t까지 열은 B에서 A로 이동한다.

ㄴ. 0부터 t까지 B의 입자 운동은 점점 활발해진다.

ㄷ. t 이후 A와 B는 서로 열평형 상태에 있다.

① ㄱ ② ㄴ ③ ㄱ, ㄷ ④ ㄴ, ㄷ ⑤ ㄱ, ㄴ, ㄷ

5. 그림 (가)는 물체 A가 용수철저울에 매달려 정지해 있는 모습을, (나)는 (가)의 A를 물에 넣었을 때 A가 물속에서 정지해 있는 모습을 나타낸 것이다. (가)와 (나)에서 용수철저울로 측정한 힘의 크기는 각각 40N, 30N이다.

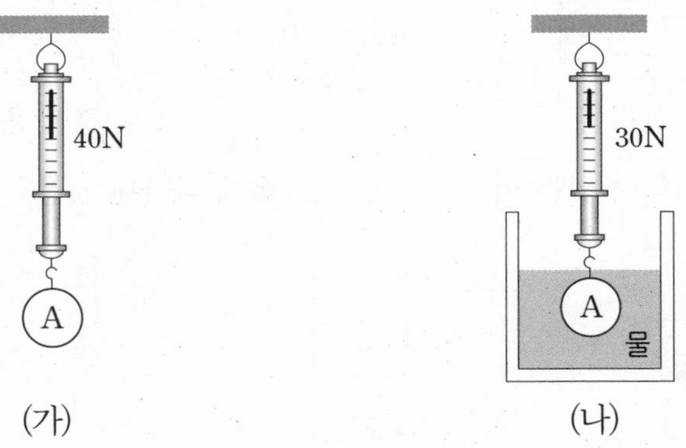

(나)에서 A에 작용하는 부력의 크기는? [3점]

① 10N ② 30N ③ 40N ④ 50N ⑤ 70N

해설편 271쪽

6. 그림 (가)는 감압 용기에 풍선을 넣은 모습을, (나)는 (가)의 감압 용기에서 공기를 빼낸 후의 모습을 나타낸 것이다.

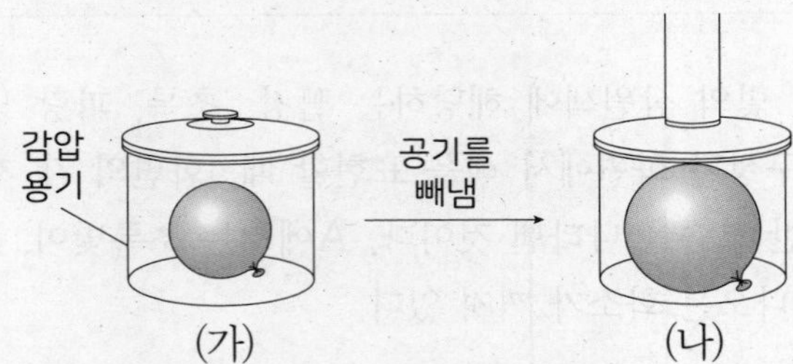

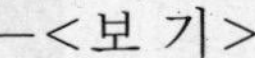

이에 대한 옳은 설명만을 〈보기〉에서 있는 대로 고른 것은? [3점]

<보 기>

ㄱ. 감압 용기 속 기체의 분자 수는 (가) > (나)이다.
ㄴ. 풍선 속 기체의 압력은 (가)에서와 (나)에서가 같다.
ㄷ. (나)의 감압 용기에 공기를 다시 넣어 주면 풍선의 부피는 증가한다.

① ㄱ ② ㄷ ③ ㄱ, ㄴ ④ ㄴ, ㄷ ⑤ ㄱ, ㄴ, ㄷ

7. 그림은 이온 (가)~(다)를 모형으로 나타낸 것이다.

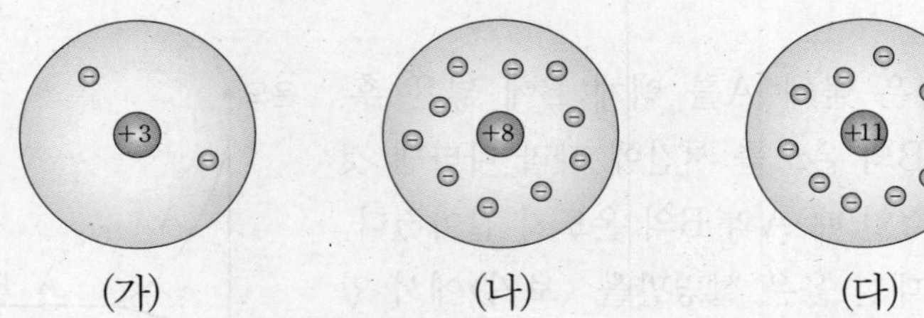

이에 대한 설명으로 옳은 것은?

① ⊖은 원자핵이다.
② (가)는 음이온이다.
③ (나)는 양이온이다.
④ 원자핵의 전하량은 (가) > (나)이다.
⑤ 원자일 때 전자 수는 (다) > (나)이다.

8. 그림은 염화 나트륨(NaCl) 수용액 (가)와 질산 은($AgNO_3$) 수용액 (나)를 혼합하였을 때, (나)와 혼합 용액에 들어 있는 이온을 모형으로 나타낸 것이다.

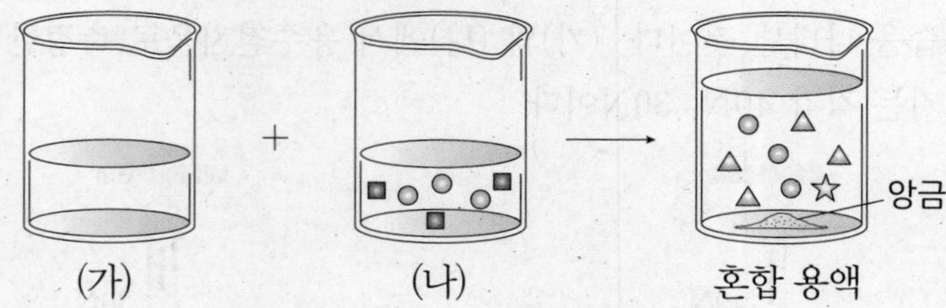

(가)에 들어 있는 이온을 모형으로 옳게 나타낸 것은? [3점]

9. 그림 (가)는 액체 X와 Y의 혼합물을 가열하여 분리하는 장치를, (나)는 액체 Y와 Z의 혼합물을 분리하는 장치를 나타낸 것이다. (가)에서는 X가, (나)에서는 Y가 먼저 분리된다.

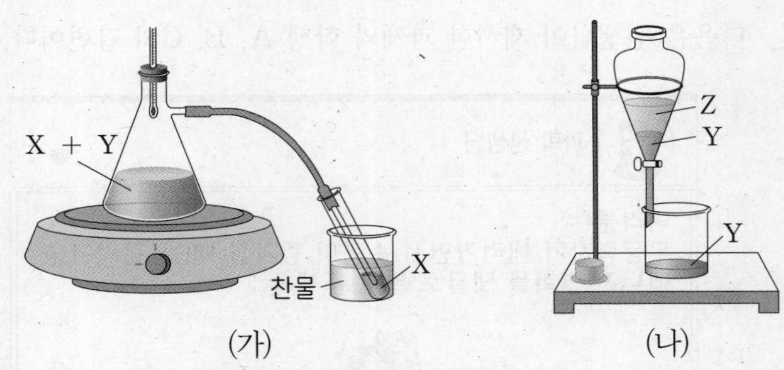

이에 대한 옳은 설명만을 〈보기〉에서 있는 대로 고른 것은?

<보 기>

ㄱ. 끓는점은 X가 Y보다 높다.
ㄴ. (나)에서 액체의 밀도는 Y > Z이다.
ㄷ. (나)에서 혼합물이 분리되는 원리를 이용하여 원유에서 휘발유를 분리할 수 있다.

① ㄱ ② ㄴ ③ ㄷ ④ ㄱ, ㄷ ⑤ ㄴ, ㄷ

10. 다음은 마그네슘(Mg)과 산소(O_2)가 반응하여 산화 마그네슘(MgO)이 생성되는 반응의 화학 반응식이다.

$$a\text{Mg} + \text{O}_2 \longrightarrow a\text{MgO} \quad (a\text{는 반응 계수})$$

표는 반응 용기에 Mg과 O_2의 질량을 달리하여 넣고, 반응물 중 하나가 모두 소모될 때까지 반응시킨 실험 (가)와 (나)에 대한 자료이다.

실험	반응 전 반응물의 질량(g)		반응 후 남은 반응물의 질량(g)
	Mg	O_2	
(가)	3	3	1
(나)	7	4	1

이에 대한 옳은 설명만을 〈보기〉에서 있는 대로 고른 것은? [3점]

<보 기>

ㄱ. $a = 1$이다.
ㄴ. MgO에서 성분 원소의 질량비는 Mg : O = 3 : 2이다.
ㄷ. 남은 반응물의 종류는 (가)에서와 (나)에서가 같다.

① ㄱ ② ㄴ ③ ㄷ ④ ㄱ, ㄷ ⑤ ㄴ, ㄷ

해설편 272쪽

11. 그림은 식물에서 일어나는 반응의 일부를 나타낸 것이다. (가)와 (나)는 각각 광합성과 호흡 중 하나이다.

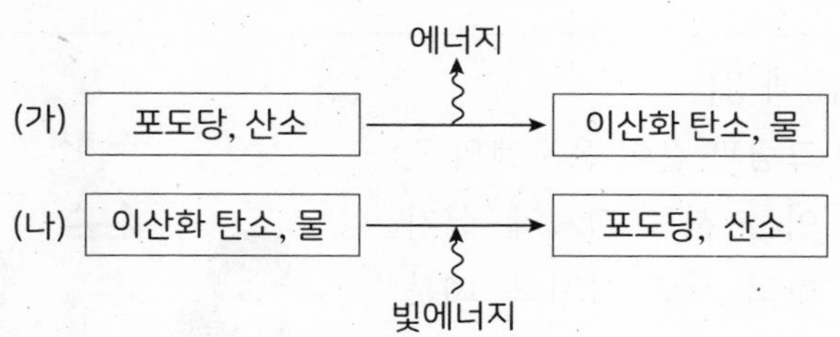

이에 대한 옳은 설명만을 〈보기〉에서 있는 대로 고른 것은? [3점]

〈보 기〉
ㄱ. (가)는 호흡이다.
ㄴ. (가)는 빛이 없을 때만 일어난다.
ㄷ. 엽록체에서 (나)가 일어난다.

① ㄱ ② ㄴ ③ ㄷ ④ ㄱ, ㄷ ⑤ ㄴ, ㄷ

12. 표는 사람의 감각 기관 A～C의 특징을 나타낸 것이다. A～C는 각각 귀, 눈, 코 중 하나이다.

감각 기관	특징
A	후각 세포가 있어 냄새를 맡을 수 있다.
B	주변의 밝기에 따라 ㉠ 동공의 크기가 조절된다.
C	공기의 진동을 자극으로 받아들여 소리를 감지한다.

이에 대한 옳은 설명만을 〈보기〉에서 있는 대로 고른 것은? [3점]

〈보 기〉
ㄱ. A는 코이다.
ㄴ. 어두운 곳에서 밝은 곳으로 이동하면 ㉠은 커진다.
ㄷ. C에는 달팽이관이 있다.

① ㄱ ② ㄴ ③ ㄱ, ㄷ ④ ㄴ, ㄷ ⑤ ㄱ, ㄴ, ㄷ

13. 그림은 고양이의 분류 단계를 나타낸 것이다.

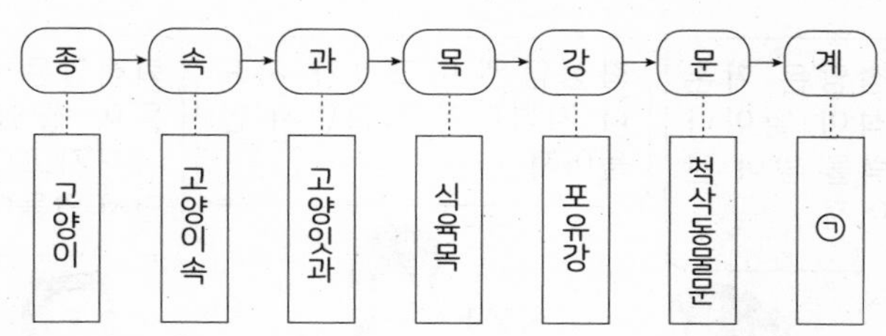

이에 대한 옳은 설명만을 〈보기〉에서 있는 대로 고른 것은?

〈보 기〉
ㄱ. ㉠은 동물계이다.
ㄴ. 식육목에 속하는 생물은 척삭동물문에 속한다.
ㄷ. 종은 자연 상태에서 서로 교배하여 생식 능력을 가진 자손을 낳을 수 있는 무리이다.

① ㄱ ② ㄴ ③ ㄱ, ㄷ ④ ㄴ, ㄷ ⑤ ㄱ, ㄴ, ㄷ

14. 그림은 사람의 기관 A～D를 나타낸 것이다. A～D는 각각 간, 위, 쓸개, 이자 중 하나이다.

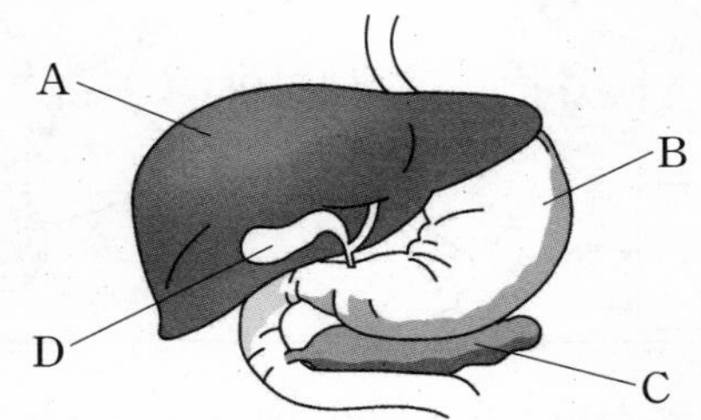

이에 대한 설명으로 옳은 것은?

① A는 위이다.
② B에서 단백질이 소화된다.
③ C에서 펩신이 분비된다.
④ D에서 쓸개즙이 생성된다.
⑤ A～D는 모두 순환계에 속한다.

15. 그림은 어떤 가족의 유전병 (가)에 대한 가계도를 나타낸 것이다. (가)는 1쌍의 대립유전자에 의해 결정되며, 대립유전자에는 우성 대립유전자 A와 열성 대립유전자 a가 있다.

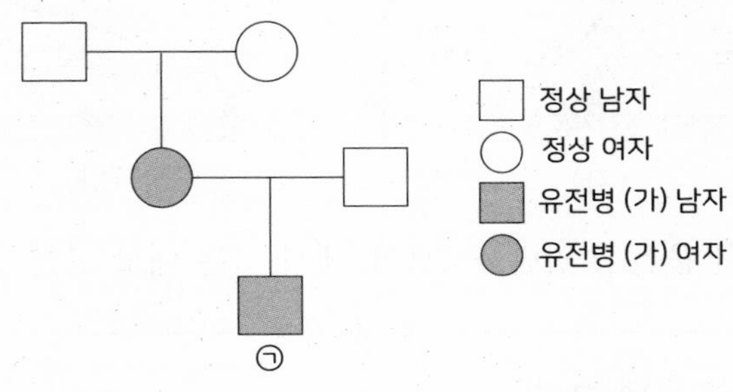

㉠의 동생이 태어날 때, 이 아이에게서 (가)가 발현될 확률은? (단, 돌연변이는 고려하지 않는다.) [3점]

① 0 ② $\frac{1}{4}$ ③ $\frac{1}{2}$ ④ $\frac{3}{4}$ ⑤ 1

해설편 273쪽

16. 다음은 암석의 생성 과정에 대한 학생 A, B, C의 대화이다.

제시한 내용이 옳은 학생만을 있는 대로 고른 것은?

① A ② C ③ A, B ④ B, C ⑤ A, B, C

17. 그림은 전 세계의 지진 및 화산 분포와 판의 경계를 나타낸 것이다.

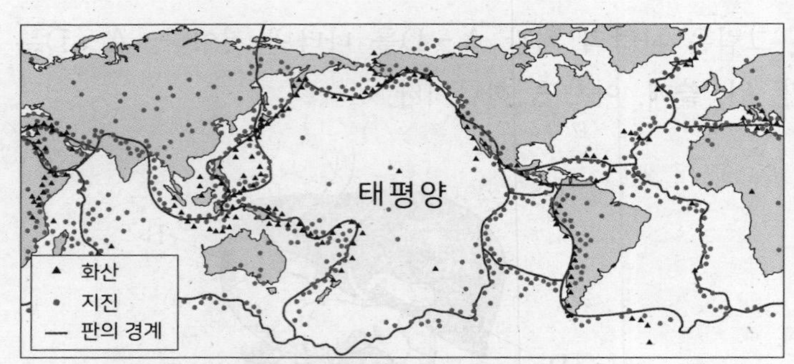

이에 대한 옳은 설명만을 〈보기〉에서 있는 대로 고른 것은?

<보 기>

ㄱ. 태평양에서 지진은 중앙부보다 가장자리에서 활발하다.
ㄴ. 지진이 발생하는 곳에서는 항상 화산이 분출한다.
ㄷ. 지진대는 대체로 판의 경계와 일치한다.

① ㄱ ② ㄴ ③ ㄱ, ㄷ ④ ㄴ, ㄷ ⑤ ㄱ, ㄴ, ㄷ

18. 그림 (가)와 (나)는 온난 전선과 한랭 전선 부근의 모습을 순서 없이 나타낸 것이다.

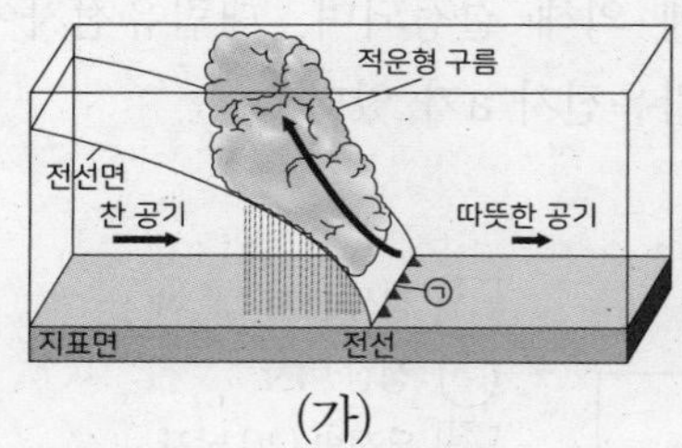

(가)

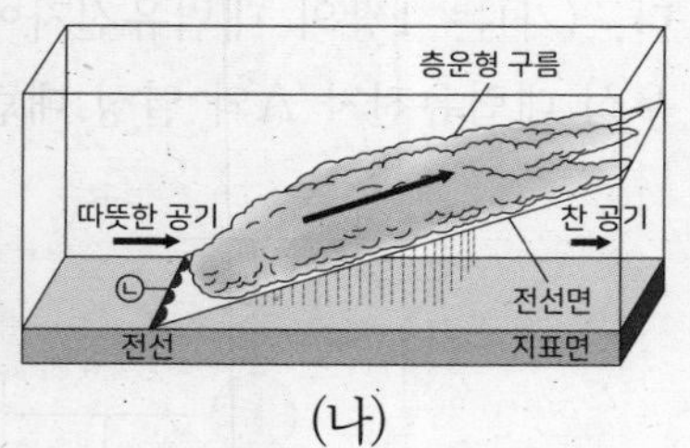

(나)

이에 대한 옳은 설명만을 〈보기〉에서 있는 대로 고른 것은? [3점]

<보 기>

ㄱ. ㉠은 한랭 전선이다.
ㄴ. (나)에서는 소나기가 내린다.
ㄷ. 전선의 이동 속도는 ㉠이 ㉡보다 느리다.

① ㄱ ② ㄷ ③ ㄱ, ㄴ ④ ㄴ, ㄷ ⑤ ㄱ, ㄴ, ㄷ

19. 다음은 해양에서 혼합층이 형성되는 원리를 알아보기 위한 실험이다.

[실험 과정]

(가) 그림과 같이 온도계의 깊이를 서로 다르게 설치하고 가열 장치로 10분 동안 가열한 후, 깊이에 따른 수온을 측정한다.

(나) 가열 장치를 켜둔 상태에서 3분 동안 선풍기로 수면 위에 바람을 일으킨 후, 깊이에 따른 수온을 측정한다.

[실험 결과]

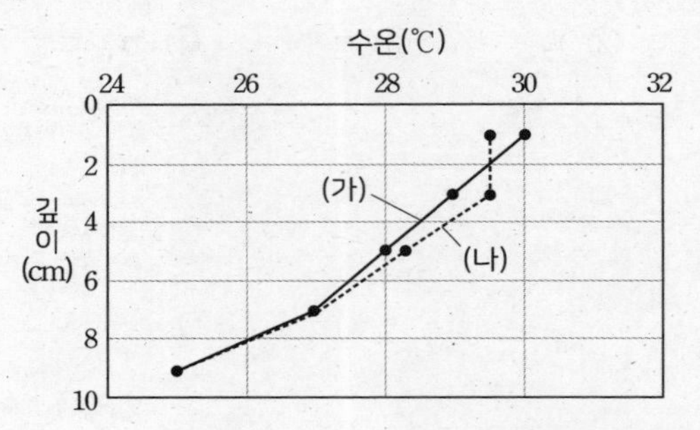

이에 대한 옳은 설명만을 〈보기〉에서 있는 대로 고른 것은?

<보 기>

ㄱ. 가열 장치는 태양에 해당한다.
ㄴ. 혼합층은 (가)보다 (나)에서 잘 나타난다.
ㄷ. (나)에서 선풍기의 바람을 더 강하게 하면 수온이 일정한 구간의 두께는 증가한다.

① ㄱ ② ㄴ ③ ㄱ, ㄷ ④ ㄴ, ㄷ ⑤ ㄱ, ㄴ, ㄷ

20. 그림 (가), (나), (다)는 우리나라에서 7일 간격으로 관측한 달의 모습을 나타낸 것이다.

(가)

(나)

(다)

이에 대한 옳은 설명만을 〈보기〉에서 있는 대로 고른 것은? [3점]

<보 기>

ㄱ. (가)는 상현달이다.
ㄴ. (나)를 관측한 날에 일식이 일어날 수 있다.
ㄷ. 태양과 달 사이의 거리는 (다)일 때 가장 멀다.

① ㄱ ② ㄷ ③ ㄱ, ㄴ ④ ㄴ, ㄷ ⑤ ㄱ, ㄴ, ㄷ

※ 확인 사항

○ 답안지의 해당란에 필요한 내용을 정확히 기입(표기)했는지 확인하시오.

해설편 274쪽

2025 예비 고1 마더텅 3월 전국연합 학력평가 기출 모의고사 4개년 24회

정답표

국어 영역

1회 2024년 3월 고1 전국연합 학력평가 문제편 p.7 해설편 p.2

1	②	2	⑤	3	②	4	④	5	①	6	②	7	①	8	③	9	⑤	10	④
11	④	12	①	13	②	14	①	15	⑤	16	①	17	③	18	②	19	④	20	④
21	③	22	①	23	④	24	②	25	①	26	⑤	27	③	28	⑤	29	④	30	④
31	①	32	⑤	33	②	34	②	35	⑤	36	③	37	⑤	38	③	39	④	40	⑤
41	③	42	③	43	③	44	⑤	45	③										

2회 2023년 3월 고1 전국연합 학력평가 문제편 p.23 해설편 p.23

1	②	2	②	3	①	4	⑤	5	③	6	③	7	⑤	8	③	9	④	10	①
11	⑤	12	④	13	③	14	⑤	15	③	16	②	17	④	18	③	19	⑤	20	①
21	①	22	②	23	④	24	④	25	④	26	①	27	④	28	②	29	⑤	30	④
31	⑤	32	②	33	②	34	①	35	②	36	⑤	37	⑤	38	①	39	②	40	③
41	③	42	③	43	①	44	④	45	⑤										

3회 2022년 3월 고1 전국연합 학력평가 문제편 p.39 해설편 p.45

1	④	2	④	3	⑤	4	①	5	②	6	⑤	7	④	8	①	9	②	10	②
11	⑤	12	①	13	①	14	②	15	③	16	⑤	17	①	18	③	19	③	20	④
21	②	22	④	23	④	24	①	25	②	26	①	27	②	28	⑤	29	④	30	④
31	①	32	④	33	③	34	⑤	35	⑤	36	③	37	②	38	②	39	③	40	⑤
41	③	42	③	43	⑤	44	③	45	①										

4회 2021년 3월 고1 전국연합 학력평가 문제편 p.55 해설편 p.67

1	⑤	2	②	3	④	4	⑤	5	③	6	④	7	⑤	8	①	9	⑤	10	②
11	④	12	①	13	④	14	③	15	②	16	③	17	⑤	18	③	19	②	20	③
21	①	22	③	23	⑤	24	⑤	25	④	26	⑤	27	①	28	①	29	⑤	30	③
31	②	32	④	33	①	34	⑤	35	③	36	②	37	④	38	①	39	④	40	④
41	②	42	①	43	③	44	④	45	②										

수학 영역

5회 2024년 3월 고1 전국연합 학력평가 문제편 p.71 해설편 p.87

1	②	2	⑤	3	①	4	③	5	④	6	①	7	⑤	8	①	9	④	10	②
11	②	12	③	13	④	14	③	15	③	16	⑤	17	⑤	18	④	19	②	20	①
21	②	22	6	23	15	24	126	25	32	26	578	27	153	28	29	29	9	30	91

6회 2023년 3월 고1 전국연합 학력평가 문제편 p.83 해설편 p.97

1	②	2	③	3	④	4	①	5	②	6	①	7	⑤	8	③	9	③	10	④
11	②	12	③	13	②	14	⑤	15	③	16	④	17	⑤	18	①	19	④	20	①
21	②	22	9	23	6	24	112	25	7	26	23	27	420	28	18	29	25	30	2

7회 2022년 3월 고1 전국연합 학력평가 문제편 p.95 해설편 p.107

1	②	2	⑤	3	⑤	4	④	5	③	6	④	7	④	8	①	9	②	10	③
11	⑤	12	③	13	①	14	①	15	⑤	16	②	17	③	18	④	19	③	20	①
21	②	22	11	23	8	24	234	25	84	26	7	27	5	28	10	29	13	30	320

8회 2021년 3월 고1 전국연합 학력평가 문제편 p.107 해설편 p.117

1	③	2	④	3	②	4	④	5	⑤	6	②	7	①	8	③	9	⑤	10	②
11	③	12	①	13	①	14	④	15	③	16	⑤	17	①	18	⑤	19	④	20	②
21	⑤	22	7	23	18	24	70	25	84	26	128	27	48	28	25	29	31	30	149

영어 영역

9회 2024년 3월 고1 전국연합 학력평가 문제편 p.119 해설편 p.129

1	⑤	2	②	3	⑤	4	⑤	5	②	6	③	7	⑤	8	④	9	④	10	③
11	③	12	⑤	13	②	14	①	15	①	16	①	17	④	18	③	19	①	20	②
21	①	22	③	23	①	24	⑤	25	③	26	④	27	④	28	④	29	②	30	③
31	②	32	③	33	③	34	⑤	35	④	36	④	37	③	38	①	39	②	40	①
41	①	42	④	43	⑤	44	④	45	②										

10회 2023년 3월 고1 전국연합 학력평가 문제편 p.127 해설편 p.149

1	⑤	2	⑤	3	③	4	⑤	5	②	6	②	7	①	8	③	9	④	10	②
11	②	12	①	13	③	14	①	15	③	16	③	17	④	18	③	19	②	20	⑤
21	⑤	22	①	23	①	24	②	25	⑤	26	⑤	27	③	28	④	29	⑤	30	④
31	①	32	③	33	①	34	②	35	④	36	④	37	②	38	④	39	⑤	40	①
41	②	42	③	43	④	44	④	45	④										

11회 2022년 3월 고1 전국연합 학력평가 문제편 p.135 해설편 p.167

1	①	2	③	3	②	4	④	5	④	6	③	7	①	8	③	9	⑤	10	③
11	①	12	⑤	13	②	14	②	15	①	16	④	17	④	18	②	19	③	20	⑤
21	⑤	22	①	23	④	24	②	25	⑤	26	③	27	④	28	⑤	29	③	30	⑤
31	②	32	③	33	①	34	①	35	④	36	③	37	②	38	④	39	②	40	①
41	⑤	42	⑤	43	②	44	④	45	⑤										

12회 2021년 3월 고1 전국연합 학력평가 문제편 p.143 해설편 p.187

1	④	2	④	3	①	4	③	5	④	6	③	7	①	8	②	9	⑤	10	②
11	①	12	①	13	②	14	③	15	④	16	②	17	④	18	④	19	①	20	③
21	②	22	⑤	23	①	24	⑤	25	③	26	⑤	27	⑤	28	④	29	③	30	③
31	⑤	32	④	33	①	34	⑤	35	③	36	②	37	③	38	②	39	④	40	②
41	①	42	⑤	43	②	44	⑤	45	②										

한국사 영역

13회 2024년 3월 고1 전국연합 학력평가 문제편 p.151 해설편 p.205

1	②	2	⑤	3	①	4	②	5	①	6	③	7	④	8	②	9	③	10	⑤
11	①	12	④	13	⑤	14	①	15	②	16	③	17	③	18	④	19	③	20	②

14회 2023년 3월 고1 전국연합 학력평가 문제편 p.155 해설편 p.211

1	⑤	2	③	3	②	4	②	5	①	6	⑤	7	①	8	①	9	①	10	②
11	①	12	③	13	②	14	⑤	15	④	16	②	17	④	18	④	19	③	20	③

15회 2022년 3월 고1 전국연합 학력평가 문제편 p.159 해설편 p.217

1	③	2	⑤	3	①	4	①	5	④	6	②	7	④	8	⑤	9	②	10	③
11	①	12	②	13	⑤	14	③	15	④	16	③	17	⑤	18	④	19	⑤	20	④

16회 2021년 3월 고1 전국연합 학력평가 문제편 p.163 해설편 p.223

1	④	2	⑤	3	②	4	⑤	5	①	6	④	7	④	8	③	9	①	10	②
11	⑤	12	③	13	①	14	①	15	③	16	⑤	17	①	18	②	19	⑤	20	②

탐구 영역(사회)

17회 2024년 3월 고1 전국연합 학력평가 문제편 p.167 해설편 p.229

1	⑤	2	①	3	③	4	④	5	③	6	②	7	⑤	8	①	9	⑤	10	②
11	③	12	④	13	②	14	⑤	15	③	16	⑤	17	④	18	④	19	②	20	①

18회 2023년 3월 고1 전국연합 학력평가 문제편 p.171 해설편 p.235

1	①	2	④	3	③	4	③	5	②	6	⑤	7	①	8	②	9	①	10	③
11	⑤	12	⑤	13	④	14	③	15	④	16	①	17	⑤	18	①	19	②	20	④

19회 2022년 3월 고1 전국연합 학력평가 문제편 p.175 해설편 p.241

1	⑤	2	①	3	⑤	4	④	5	①	6	④	7	②	8	③	9	④	10	③
11	①	12	③	13	⑤	14	③	15	①	16	①	17	④	18	②	19	②	20	⑤

20회 2021년 3월 고1 전국연합 학력평가 문제편 p.179 해설편 p.247

1	⑤	2	⑤	3	①	4	①	5	②	6	⑤	7	③	8	②	9	②	10	④
11	③	12	①	13	⑤	14	④	15	④	16	①	17	③	18	⑤	19	③	20	②

탐구 영역(과학)

21회 2024년 3월 고1 전국연합 학력평가 문제편 p.183 해설편 p.253

1	④	2	②	3	③	4	①	5	⑤	6	③	7	⑤	8	④	9	①	10	②
11	④	12	②	13	⑤	14	③	15	①	16	④	17	③	18	②	19	①	20	⑤

22회 2023년 3월 고1 전국연합 학력평가 문제편 p.187 해설편 p.259

1	②	2	③	3	④	4	①	5	⑤	6	⑤	7	①	8	④	9	③	10	②
11	③	12	⑤	13	③	14	②	15	④	16	⑤	17	③	18	①	19	④	20	⑤

23회 2022년 3월 고1 전국연합 학력평가 문제편 p.191 해설편 p.265

1	④	2	④	3	①	4	⑤	5	③	6	⑤	7	③	8	①	9	②	10	②
11	⑤	12	④	13	②	14	⑤	15	③	16	①	17	⑤	18	②	19	③	20	④

24회 2021년 3월 고1 전국연합 학력평가 문제편 p.195 해설편 p.271

1	③	2	①	3	④	4	④	5	①	6	①	7	⑤	8	④	9	②	10	②
11	④	12	③	13	⑤	14	②	15	③	16	⑤	17	③	18	①	19	⑤	20	①

2025 예비 고1 마더텅 3월 전국연합 학력평가 기출 모의고사 4개년 24회

정답표

국어 영역

1회 2024년 3월 고1 전국연합 학력평가
문제편 p.7 해설편 p.2

1	②	2	⑤	3	②	4	④	5	①	6	②	7	①	8	③	9	⑤	10	④
11	④	12	①	13	②	14	①	15	⑤	16	①	17	③	18	②	19	④	20	④
21	③	22	①	23	④	24	②	25	①	26	⑤	27	③	28	⑤	29	④	30	④
31	①	32	⑤	33	②	34	②	35	⑤	36	③	37	⑤	38	③	39	④	40	⑤
41	③	42	③	43	③	44	⑤	45	③										

2회 2023년 3월 고1 전국연합 학력평가
문제편 p.23 해설편 p.23

1	②	2	②	3	①	4	⑤	5	③	6	③	7	⑤	8	③	9	④	10	①
11	⑤	12	④	13	③	14	⑤	15	③	16	②	17	④	18	③	19	⑤	20	①
21	①	22	②	23	④	24	④	25	④	26	①	27	④	28	②	29	⑤	30	④
31	⑤	32	②	33	②	34	①	35	②	36	⑤	37	⑤	38	①	39	②	40	③
41	③	42	③	43	①	44	④	45	⑤										

3회 2022년 3월 고1 전국연합 학력평가
문제편 p.39 해설편 p.45

1	④	2	④	3	⑤	4	①	5	②	6	⑤	7	④	8	①	9	②	10	②
11	⑤	12	①	13	①	14	②	15	③	16	⑤	17	①	18	③	19	③	20	④
21	②	22	④	23	④	24	①	25	②	26	①	27	②	28	⑤	29	④	30	④
31	①	32	④	33	③	34	⑤	35	⑤	36	③	37	②	38	②	39	③	40	⑤
41	③	42	③	43	⑤	44	③	45	①										

4회 2021년 3월 고1 전국연합 학력평가
문제편 p.55 해설편 p.67

1	⑤	2	②	3	④	4	⑤	5	③	6	④	7	⑤	8	①	9	⑤	10	②
11	④	12	①	13	④	14	③	15	②	16	③	17	⑤	18	③	19	②	20	③
21	①	22	③	23	⑤	24	⑤	25	④	26	⑤	27	①	28	①	29	⑤	30	③
31	②	32	④	33	①	34	⑤	35	③	36	②	37	④	38	①	39	④	40	④
41	②	42	①	43	③	44	④	45	②										

수학 영역

5회 2024년 3월 고1 전국연합 학력평가
문제편 p.71 해설편 p.87

1	②	2	⑤	3	①	4	③	5	④	6	①	7	⑤	8	①	9	④	10	②
11	②	12	③	13	④	14	③	15	③	16	⑤	17	⑤	18	④	19	②	20	①
21	②	22	6	23	15	24	126	25	32	26	578	27	153	28	29	29	9	30	91

6회 2023년 3월 고1 전국연합 학력평가
문제편 p.83 해설편 p.97

1	②	2	③	3	④	4	①	5	②	6	①	7	⑤	8	③	9	③	10	④
11	②	12	③	13	②	14	⑤	15	③	16	④	17	⑤	18	①	19	④	20	①
21	②	22	9	23	6	24	112	25	7	26	23	27	420	28	18	29	25	30	2

7회 2022년 3월 고1 전국연합 학력평가
문제편 p.95 해설편 p.107

1	②	2	⑤	3	⑤	4	④	5	③	6	④	7	④	8	①	9	②	10	③
11	⑤	12	③	13	①	14	①	15	⑤	16	②	17	③	18	④	19	③	20	①
21	②	22	11	23	8	24	234	25	84	26	7	27	5	28	10	29	13	30	320

8회 2021년 3월 고1 전국연합 학력평가
문제편 p.107 해설편 p.117

1	③	2	④	3	②	4	④	5	⑤	6	②	7	①	8	③	9	⑤	10	②
11	③	12	①	13	①	14	④	15	③	16	⑤	17	①	18	⑤	19	④	20	②
21	⑤	22	7	23	18	24	70	25	84	26	128	27	48	28	25	29	31	30	149

영어 영역

9회 2024년 3월 고1 전국연합 학력평가
문제편 p.119 해설편 p.129

1	⑤	2	②	3	⑤	4	⑤	5	②	6	③	7	⑤	8	④	9	④	10	③
11	③	12	⑤	13	②	14	①	15	①	16	①	17	④	18	③	19	①	20	②
21	①	22	③	23	①	24	⑤	25	③	26	④	27	④	28	④	29	②	30	③
31	②	32	③	33	③	34	⑤	35	④	36	④	37	③	38	①	39	②	40	①
41	①	42	④	43	⑤	44	④	45	②										

10회 2023년 3월 고1 전국연합 학력평가
문제편 p.127 해설편 p.149

1	⑤	2	⑤	3	③	4	⑤	5	②	6	②	7	①	8	③	9	④	10	②
11	②	12	①	13	③	14	①	15	③	16	③	17	④	18	③	19	②	20	⑤
21	⑤	22	①	23	①	24	②	25	⑤	26	⑤	27	③	28	④	29	⑤	30	④
31	①	32	③	33	①	34	②	35	④	36	④	37	②	38	④	39	⑤	40	①
41	②	42	③	43	④	44	④	45	④										

11회 2022년 3월 고1 전국연합 학력평가
문제편 p.135 해설편 p.167

1	①	2	③	3	②	4	④	5	④	6	③	7	①	8	③	9	⑤	10	③
11	①	12	⑤	13	②	14	②	15	①	16	④	17	④	18	②	19	③	20	⑤
21	⑤	22	①	23	④	24	②	25	⑤	26	③	27	④	28	⑤	29	③	30	⑤
31	②	32	③	33	①	34	①	35	④	36	③	37	②	38	④	39	②	40	①
41	⑤	42	⑤	43	②	44	④	45	⑤										

12회 2021년 3월 고1 전국연합 학력평가
문제편 p.143 해설편 p.187

1	④	2	④	3	①	4	③	5	④	6	③	7	①	8	②	9	⑤	10	②
11	①	12	①	13	②	14	③	15	④	16	②	17	④	18	④	19	①	20	③
21	②	22	⑤	23	①	24	⑤	25	③	26	⑤	27	⑤	28	④	29	③	30	③
31	⑤	32	④	33	①	34	⑤	35	③	36	②	37	③	38	②	39	④	40	②
41	①	42	⑤	43	②	44	⑤	45	②										

한국사 영역

13회 2024년 3월 고1 전국연합 학력평가
문제편 p.151 해설편 p.205

1	②	2	⑤	3	①	4	②	5	①	6	③	7	④	8	②	9	③	10	⑤
11	①	12	④	13	⑤	14	①	15	②	16	③	17	③	18	④	19	③	20	②

14회 2023년 3월 고1 전국연합 학력평가
문제편 p.155 해설편 p.211

1	⑤	2	③	3	②	4	②	5	①	6	⑤	7	①	8	①	9	①	10	②
11	①	12	③	13	②	14	⑤	15	④	16	②	17	④	18	④	19	③	20	③

15회 2022년 3월 고1 전국연합 학력평가
문제편 p.159 해설편 p.217

1	③	2	⑤	3	①	4	①	5	④	6	②	7	④	8	⑤	9	②	10	③
11	①	12	②	13	⑤	14	③	15	④	16	③	17	⑤	18	④	19	⑤	20	④

16회 2021년 3월 고1 전국연합 학력평가
문제편 p.163 해설편 p.223

1	④	2	⑤	3	②	4	⑤	5	①	6	④	7	④	8	③	9	①	10	②
11	⑤	12	③	13	①	14	①	15	③	16	⑤	17	①	18	②	19	⑤	20	②

탐구 영역(사회)

17회 2024년 3월 고1 전국연합 학력평가
문제편 p.167 해설편 p.229

1	⑤	2	①	3	③	4	④	5	③	6	②	7	⑤	8	①	9	⑤	10	②
11	③	12	④	13	②	14	⑤	15	③	16	⑤	17	④	18	④	19	②	20	①

18회 2023년 3월 고1 전국연합 학력평가
문제편 p.171 해설편 p.235

1	①	2	④	3	③	4	③	5	②	6	⑤	7	①	8	②	9	①	10	③
11	⑤	12	⑤	13	④	14	③	15	④	16	①	17	⑤	18	①	19	②	20	④

19회 2022년 3월 고1 전국연합 학력평가
문제편 p.175 해설편 p.241

1	⑤	2	①	3	⑤	4	④	5	①	6	④	7	②	8	③	9	④	10	③
11	①	12	③	13	⑤	14	③	15	①	16	①	17	④	18	②	19	②	20	⑤

20회 2021년 3월 고1 전국연합 학력평가
문제편 p.179 해설편 p.247

1	⑤	2	⑤	3	①	4	①	5	②	6	⑤	7	③	8	②	9	②	10	④
11	③	12	①	13	⑤	14	④	15	④	16	①	17	③	18	⑤	19	③	20	②

탐구 영역(과학)

21회 2024년 3월 고1 전국연합 학력평가
문제편 p.183 해설편 p.253

1	④	2	②	3	③	4	①	5	⑤	6	③	7	⑤	8	④	9	①	10	②
11	④	12	②	13	⑤	14	③	15	①	16	④	17	③	18	②	19	①	20	⑤

22회 2023년 3월 고1 전국연합 학력평가
문제편 p.187 해설편 p.259

1	②	2	③	3	④	4	①	5	⑤	6	⑤	7	①	8	④	9	③	10	②
11	③	12	⑤	13	③	14	②	15	④	16	⑤	17	③	18	①	19	④	20	⑤

23회 2022년 3월 고1 전국연합 학력평가
문제편 p.191 해설편 p.265

1	④	2	④	3	①	4	⑤	5	③	6	⑤	7	③	8	①	9	②	10	②
11	⑤	12	④	13	②	14	⑤	15	③	16	①	17	⑤	18	②	19	③	20	④

24회 2021년 3월 고1 전국연합 학력평가
문제편 p.195 해설편 p.271

1	③	2	①	3	④	4	④	5	①	6	①	7	⑤	8	④	9	②	10	②
11	④	12	③	13	⑤	14	②	15	③	16	⑤	17	③	18	①	19	⑤	20	①

대학수학능력시험 OMR 카드 작성 연습도 실전처럼!

실제 수능 시험에서 수험생님들께 가장 중요한 것은 시험 시간 관리입니다.
수능 시험은 제한된 시간 내 OMR 카드 작성까지 마쳐야 하기 때문에
OMR 카드 작성 연습이 반드시 필요합니다.
이에 따라 <2025 예비 고1 마더텅 3월 전국연합 학력평가 기출 모의고사 4개년 24회>는
수험생님들의 실전 연습을 위해 실제 수능과 똑같은 OMR 카드를 제공합니다.
마더텅에서 준비한 OMR 카드 작성 연습을 통해 수능에서 좋은 결과 있기를 바랍니다.

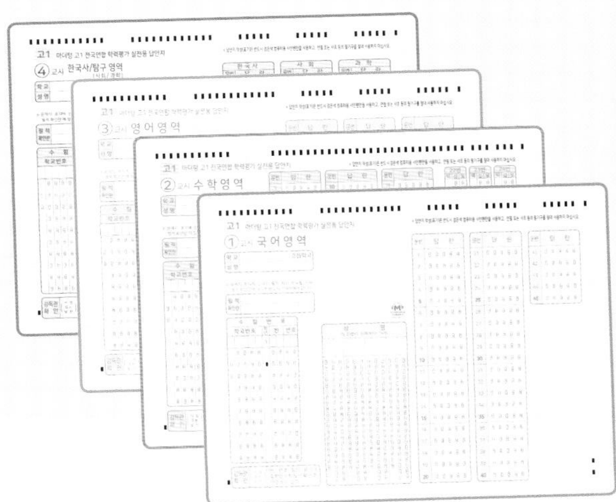

대학수학능력시험 답안 작성 시 유의 사항 및 작성 요령

유의 사항

- 답안지는 시험감독관이 지급하는 검은색 컴퓨터용 사인펜만을 사용하여 작성.
  ※이미지 스캐너를 이용하여 채점하므로, 컴퓨터용 사인펜 이외 연필, 샤프 등을 사용하거나, 특히, 펜의 종류와 상관없이 예비마킹을 할 경우에는 중복 답안 등으로 채점되어 불이익을 받을 수 있음.
- 답안지는 컴퓨터로 처리되므로 구기거나 이물질로 더럽혀서는 안 됨. 또한, 다른 어떠한 형태의 표시도 하여서는 안 됨.
- 한번 표기한 답을 수정하고자 하는 경우에는 흰색 수정테이프만을 사용하여 완전히 지워야 함. (수정액 또는 수정스티커 사용 금지)
  - 수정테이프는 수험생이 수정 요구 시 시험감독관이 제공함.
  - 수정테이프가 떨어지는 등 불완전한 수정 처리로 인해 발생하는 모든 책임은 수험생에게 있으니 주의 바람.
  - 수험생이 희망할 경우 답안지 교체를 할 수 있음.
  - 시험실에서 제공하는 것 외의 수정테이프, 컴퓨터용 사인펜을 사용하는 경우 채점 등의 과정에서 불이익을 받을 수 있음.
- 한 문항에 답을 2개 이상 표기한 경우(수학 영역의 단답형 제외)와 불완전한 표기를 하여 오류로 판독된 경우, 해당 문항을 "0점" 처리함.
- 기타 답안 작성 및 표기의 잘못으로 인하여 일어나는 모든 불이익은 수험생 본인이 감수하여야 함.

작성 요령

- 성명란에는 수험생의 성명을 한글로 정확하게 정자로 기입.
- 필적확인란에는 검은색 컴퓨터용 사인펜으로 문제지 표지에 제시된 문구를 반드시 기입.
- 수험번호란에는 <수험번호 작성 예시>와 같이 수험번호를 아라비아 숫자로 먼저 기입하고,
  수험번호의 숫자 해당란의 숫자에 "▮"와 같이 정확하게 표기.
- 배부 받은 문제지 문형을 확인한 후 해당 문형을 답안지 문형란에 표기.
  ※수험번호 끝자리가 홀수이면 홀수형, 수험번호 끝자리가 짝수이면 짝수형의 문제지를 받아야 함.

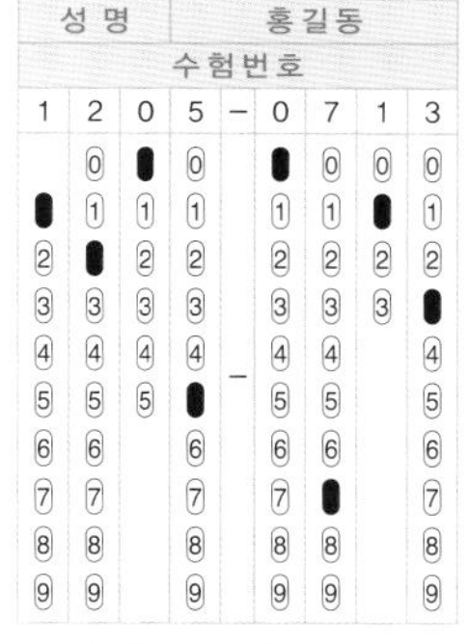

수험번호 작성 예시

- 답안 표기 예시

바르게 표기한 것	잘못 표기한 것				
	2곳에 표기한 것	칼로 긁은 것, 불완전한 수정처리	지운 흔적이 있는 것, 불완전한 수정처리	주위만 표시한 것	가운데만 표시한 것

- 2교시 수학 영역의 단답형 답안 표기는 십진법에 의하되, 반드시 자리에 맞추어 표기.
- 2교시 수학 영역의 단답형 답안 표기 시 정답이 한 자릿수인 경우, 십의 자리에 '0'을 표기한 것도 인정함.
  (예 : 정답이 8인 경우 08이나 8로 표기한 것 모두 인정함.)

초판 3쇄 2025년 2월 13일 **발행처** ㈜마더텅 **발행인** 문숙영
책임 편집 김선아
디자인 김연실, 양은선 **인디자인 편집** 박경아
제작 이주영 **홍보** 정반석
주소 서울시 금천구 가마산로 96, 708호 **등록번호** 제1-2423호(1999년 1월 8일)

국어 영역 **편집** 임정희 **해설 집필** 김다영, 김혜영, 도순미, 이범영, 정지영 **교정** 김선아, 김혜영, 나예영, 박지애, 이범영, 임정희, 정지영 **컷** 곽원영
수학 영역 **편집** 김진국, 이혜림 **STAFF** 박태호 **교정** 김진영, 박옥녀, 박한솔, 박현미, 신현진, 유소영, 장혜윤, 최영미 **컷** 유수미
영어 영역 **편집** 정다혜, 성현영 **집필** 변선영, 서연서, 신재진, 김효원, 박예은, 신다을, 신준기, 오승연, 오정연, 유지원
교정 변선영, 신재진, 윤장환(서울 세화여고), 정은주, 황윤영(서울 세화여고), 조해라, 이성수, 강희원, 김다현, 윤병철, 윤은채, 김미희, 류가영
한국사 **해설 집필** 백종원 **교정** 김선아, 백종원, 유시내, 최현우 **컷** 곽원영, 김서영
사회 **해설 집필** 김은지, 조창준 **교정** 김선아, 김은지, 노희진, 유혜주, 조창준 **컷** 곽원영, 김서영
과학 **해설 집필** 이준희 **교정** 김선아, 장혜원 **컷** 곽원영

마더텅 교재를 풀면서 궁금한 점이 생기셨나요?

교재 관련 내용 문의나 오류신고 사항이 있으면 아래 문의처로 보내 주세요!
문의하신 내용에 대해 성심성의껏 답변해 드리겠습니다. 또한 교재의 내용 오류 또는 오·탈자, 그 외 수정이 필요한 사항에 대해 가장 먼저 신고해 주신 분께는 감사의 마음을 담아 네이버페이 포인트 1천 원 을 보내 드립니다!

*기한: 2025년 6월 30일 *오류신고 이벤트는 당사 사정에 따라 조기 종료될 수 있습니다. *홈페이지에 게시된 정오표 기준으로 최초 신고된 오류에 한하여 상품권을 보내 드립니다.

카카오톡 mothertongue **이메일** mothert1004@toptutor.co.kr **고객센터 전화** 1661-1064(07:00~22:00)
문자 010-6640-1064(문자수신전용) **교재 Q&A게시판** **홈페이지** www.toptutor.co.kr

book.toptutor.co.kr

구하기 어려운 교재는
마더텅 인터넷 서점을 이용하세요.
즉시 배송해 드립니다.

구입 후 겉표지를 뜯어내고 사용하세요.
문제편과 해설편이 분리되는 것은
파본이 아니니 안심하세요.

마더텅 학습 교재 이벤트에 참여해 주세요. 참여해 주신 모든 분께 선물을 드립니다.

이벤트 1 1분 간단 교재 사용 후기 이벤트

마더텅은 고객님의 소중한 의견을 반영하여 보다 좋은 책을 만들고자 합니다.
교재 구매 후, <교재 사용 후기 이벤트>에 참여해 주신 모든 분께는 감사의 마음을 담아 네이버페이 포인트 1천 원 을 보내 드립니다. 지금 바로 QR 코드를 스캔해 소중한 의견을 보내 주세요!

이벤트 2 마더텅 교재로 공부하는 인증샷 이벤트

인스타그램에 <마더텅 교재로 공부하는 인증샷>을 올려 주시면
참여해 주신 모든 분께 감사의 마음을 담아 네이버페이 포인트 2천 원 을 보내 드립니다.
지금 바로 QR 코드를 스캔해 작성한 게시물의 URL을 입력해 주세요!

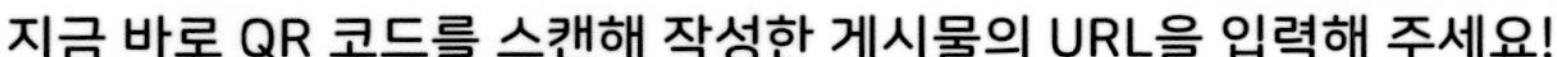

필수 태그 #마더텅 #마더텅기출 #공스타그램

※ 자세한 사항은 해당 QR 코드를 스캔하거나 홈페이지 이벤트 공지 글을 참고해 주세요.
※ 당사 사정에 따라 이벤트의 내용이나 상품이 변경될 수 있으며 변경 시 홈페이지에 공지합니다.
※ 만 14세 미만은 부모님께서 신청해 주셔야 합니다.
※ 상품은 이벤트 참여일로부터 2~3일(영업일 기준) 내에 발송됩니다.
※ 동일 교재로 두 가지 이벤트 모두 참여 가능합니다. (단, 같은 이벤트 중복 참여는 불가합니다.)
※ 이벤트 기간: 2025년 6월 30일까지 (*해당 이벤트는 당사 사정에 따라 조기 종료될 수 있습니다.)

2025 예비 고1

마더텅 3월 전국연합 학력평가 기출 모의고사 4개년 24회

예비 고1 전 과목 **국어 · 수학 · 영어 · 한국사 · 사회 · 과학**

정답과 해설편

2025 예비 고1 마더텅 3월 전국연합 학력평가 기출 모의고사 4개년 24회

정답표

국어 영역

1회 2024년 3월 고1 전국연합 학력평가 문제편 p.7 해설편 p.2

1	②	2	⑤	3	②	4	④	5	①	6	②	7	①	8	③	9	⑤	10	④
11	④	12	①	13	②	14	①	15	⑤	16	①	17	③	18	②	19	④	20	④
21	③	22	①	23	④	24	②	25	①	26	⑤	27	③	28	⑤	29	④	30	④
31	①	32	⑤	33	②	34	②	35	⑤	36	③	37	⑤	38	③	39	④	40	⑤
41	③	42	③	43	③	44	⑤	45	③										

2회 2023년 3월 고1 전국연합 학력평가 문제편 p.23 해설편 p.23

1	②	2	②	3	①	4	⑤	5	③	6	③	7	⑤	8	③	9	④	10	①
11	⑤	12	④	13	③	14	⑤	15	③	16	②	17	④	18	③	19	⑤	20	①
21	①	22	②	23	④	24	④	25	④	26	①	27	④	28	②	29	⑤	30	④
31	⑤	32	②	33	②	34	①	35	②	36	⑤	37	⑤	38	①	39	②	40	③
41	③	42	③	43	①	44	④	45	⑤										

3회 2022년 3월 고1 전국연합 학력평가 문제편 p.39 해설편 p.45

1	④	2	④	3	⑤	4	①	5	②	6	⑤	7	④	8	①	9	②	10	②
11	⑤	12	①	13	①	14	②	15	③	16	⑤	17	①	18	③	19	③	20	④
21	②	22	④	23	④	24	①	25	②	26	①	27	②	28	⑤	29	④	30	④
31	①	32	④	33	③	34	⑤	35	⑤	36	③	37	②	38	②	39	③	40	⑤
41	③	42	③	43	⑤	44	③	45	①										

4회 2021년 3월 고1 전국연합 학력평가 문제편 p.55 해설편 p.67

1	⑤	2	②	3	④	4	⑤	5	③	6	④	7	⑤	8	①	9	⑤	10	②
11	④	12	①	13	④	14	③	15	②	16	③	17	⑤	18	③	19	②	20	③
21	①	22	③	23	⑤	24	⑤	25	④	26	⑤	27	①	28	①	29	⑤	30	③
31	②	32	④	33	①	34	⑤	35	③	36	②	37	④	38	①	39	④	40	④
41	②	42	①	43	③	44	④	45	②										

수학 영역

5회 2024년 3월 고1 전국연합 학력평가 문제편 p.71 해설편 p.87

1	②	2	⑤	3	①	4	③	5	④	6	①	7	⑤	8	①	9	④	10	②
11	②	12	③	13	④	14	③	15	③	16	⑤	17	⑤	18	④	19	②	20	①
21	②	22	6	23	15	24	126	25	32	26	578	27	153	28	29	29	9	30	91

6회 2023년 3월 고1 전국연합 학력평가 문제편 p.83 해설편 p.97

1	②	2	③	3	④	4	①	5	②	6	①	7	⑤	8	③	9	③	10	④
11	②	12	③	13	②	14	⑤	15	③	16	④	17	⑤	18	①	19	④	20	①
21	②	22	9	23	6	24	112	25	7	26	23	27	420	28	18	29	25	30	2

7회 2022년 3월 고1 전국연합 학력평가 문제편 p.95 해설편 p.107

1	②	2	⑤	3	⑤	4	④	5	③	6	④	7	④	8	①	9	②	10	③
11	⑤	12	③	13	①	14	①	15	⑤	16	②	17	③	18	④	19	③	20	①
21	②	22	11	23	8	24	234	25	84	26	7	27	5	28	10	29	13	30	320

8회 2021년 3월 고1 전국연합 학력평가 문제편 p.107 해설편 p.117

1	③	2	④	3	②	4	④	5	⑤	6	②	7	①	8	③	9	⑤	10	②
11	③	12	①	13	①	14	④	15	③	16	⑤	17	①	18	⑤	19	④	20	②
21	⑤	22	7	23	18	24	70	25	84	26	128	27	48	28	25	29	31	30	149

영어 영역

9회 2024년 3월 고1 전국연합 학력평가 문제편 p.119 해설편 p.129

1	⑤	2	②	3	⑤	4	⑤	5	②	6	③	7	⑤	8	④	9	④	10	③
11	③	12	⑤	13	②	14	①	15	①	16	①	17	④	18	③	19	①	20	②
21	①	22	③	23	①	24	⑤	25	③	26	④	27	④	28	④	29	②	30	③
31	②	32	③	33	③	34	⑤	35	④	36	④	37	③	38	①	39	②	40	①
41	①	42	④	43	⑤	44	④	45	②										

10회 2023년 3월 고1 전국연합 학력평가 문제편 p.127 해설편 p.149

1	⑤	2	⑤	3	③	4	⑤	5	②	6	②	7	①	8	③	9	④	10	②
11	②	12	①	13	③	14	①	15	③	16	③	17	④	18	③	19	②	20	⑤
21	⑤	22	①	23	①	24	②	25	⑤	26	⑤	27	③	28	④	29	⑤	30	④
31	①	32	③	33	①	34	②	35	④	36	④	37	②	38	④	39	⑤	40	①
41	②	42	③	43	④	44	④	45	④										

11회 2022년 3월 고1 전국연합 학력평가 문제편 p.135 해설편 p.167

1	①	2	③	3	②	4	④	5	④	6	③	7	①	8	③	9	⑤	10	③
11	①	12	⑤	13	②	14	②	15	①	16	④	17	④	18	②	19	③	20	⑤
21	⑤	22	①	23	④	24	②	25	⑤	26	③	27	④	28	⑤	29	③	30	⑤
31	②	32	③	33	①	34	①	35	④	36	③	37	②	38	④	39	②	40	①
41	⑤	42	⑤	43	②	44	④	45	⑤										

12회 2021년 3월 고1 전국연합 학력평가 문제편 p.143 해설편 p.187

1	④	2	④	3	①	4	③	5	④	6	③	7	①	8	②	9	⑤	10	②
11	①	12	①	13	②	14	③	15	④	16	②	17	④	18	④	19	①	20	③
21	②	22	⑤	23	①	24	⑤	25	③	26	⑤	27	⑤	28	④	29	③	30	③
31	⑤	32	④	33	①	34	⑤	35	③	36	②	37	③	38	②	39	④	40	②
41	①	42	⑤	43	②	44	⑤	45	②										

한국사 영역

13회 2024년 3월 고1 전국연합 학력평가 문제편 p.151 해설편 p.205

1	②	2	⑤	3	①	4	②	5	①	6	③	7	④	8	②	9	③	10	⑤
11	①	12	④	13	⑤	14	①	15	②	16	③	17	③	18	④	19	③	20	②

14회 2023년 3월 고1 전국연합 학력평가 문제편 p.155 해설편 p.211

1	⑤	2	③	3	②	4	②	5	①	6	⑤	7	①	8	①	9	①	10	②
11	①	12	③	13	②	14	⑤	15	④	16	②	17	④	18	④	19	③	20	③

15회 2022년 3월 고1 전국연합 학력평가 문제편 p.159 해설편 p.217

1	③	2	⑤	3	①	4	①	5	④	6	②	7	④	8	⑤	9	②	10	③
11	①	12	②	13	⑤	14	③	15	④	16	③	17	⑤	18	④	19	⑤	20	④

16회 2021년 3월 고1 전국연합 학력평가 문제편 p.163 해설편 p.223

1	④	2	⑤	3	②	4	⑤	5	①	6	④	7	④	8	③	9	①	10	②
11	⑤	12	③	13	①	14	①	15	③	16	⑤	17	①	18	②	19	⑤	20	②

탐구 영역(사회)

17회 2024년 3월 고1 전국연합 학력평가 문제편 p.167 해설편 p.229

1	⑤	2	①	3	③	4	④	5	③	6	②	7	⑤	8	①	9	⑤	10	②
11	③	12	④	13	②	14	⑤	15	③	16	⑤	17	④	18	④	19	②	20	①

18회 2023년 3월 고1 전국연합 학력평가 문제편 p.171 해설편 p.235

1	①	2	④	3	③	4	③	5	②	6	⑤	7	①	8	②	9	①	10	③
11	⑤	12	⑤	13	④	14	③	15	④	16	①	17	⑤	18	①	19	②	20	④

19회 2022년 3월 고1 전국연합 학력평가 문제편 p.175 해설편 p.241

1	⑤	2	①	3	⑤	4	④	5	①	6	④	7	②	8	③	9	④	10	③
11	①	12	③	13	⑤	14	③	15	①	16	①	17	④	18	②	19	②	20	⑤

20회 2021년 3월 고1 전국연합 학력평가 문제편 p.179 해설편 p.247

1	⑤	2	⑤	3	①	4	①	5	②	6	⑤	7	③	8	②	9	②	10	④
11	③	12	①	13	⑤	14	④	15	④	16	①	17	③	18	⑤	19	③	20	②

탐구 영역(과학)

21회 2024년 3월 고1 전국연합 학력평가 문제편 p.183 해설편 p.253

1	④	2	②	3	③	4	①	5	⑤	6	③	7	⑤	8	④	9	①	10	②
11	④	12	②	13	⑤	14	③	15	①	16	④	17	③	18	②	19	①	20	⑤

22회 2023년 3월 고1 전국연합 학력평가 문제편 p.187 해설편 p.259

1	②	2	③	3	④	4	①	5	⑤	6	⑤	7	①	8	④	9	③	10	②
11	③	12	⑤	13	③	14	②	15	④	16	⑤	17	③	18	①	19	④	20	⑤

23회 2022년 3월 고1 전국연합 학력평가 문제편 p.191 해설편 p.265

1	④	2	④	3	①	4	⑤	5	③	6	⑤	7	③	8	①	9	②	10	②
11	⑤	12	④	13	②	14	⑤	15	③	16	①	17	⑤	18	②	19	③	20	④

24회 2021년 3월 고1 전국연합 학력평가 문제편 p.195 해설편 p.271

1	③	2	①	3	④	4	④	5	①	6	①	7	⑤	8	④	9	②	10	②
11	④	12	③	13	⑤	14	②	15	③	16	⑤	17	③	18	①	19	⑤	20	①

2025 예비 고1

마더텅 3월 전국연합 학력평가 기출 모의고사 4개년 24회

예비 고1 전 과목 국어·수학·영어·한국사·사회·과학

정답과 해설편

1회 2024년 3월 학평 정답과 해설 국어

문제편 p.7

1회 모의고사 특징

- 전형적인 유형의 적절한 난이도로 출제되었음.
- 화법과 작문은 기존의 유형을 벗어나지 않았으나 8번과 10번의 경우 표현 방법에 대한 이해가 선행되어야 풀 수 있는 문제였음.
- 언어는 평이한 수준이었음. 단어의 직접 구성 성분에 대해 묻는 문제인 12번은 낯설게 느껴졌을 수 있으나 선지는 어렵지 않게 구성되었음.
- 독서의 경우 나이테와 관련된 기술 지문이 까다로워 독해에 어려움을 겪었을 것으로 예상됨. 사실적 이해를 요구한 40번 문제의 오답률이 높았으며, 글의 내용을 <보기>에 제시된 자료에 적용하는 42번 문제의 난도가 높았음. 순자와 홉스의 사상을 다룬 인문 지문은 두 지문으로 구성되어 독해에 시간이 꽤 소요되었을 것임. 35번의 경우 추론적 사고가 요구되어 까다로운 편이었음. 입체주의와 관련된 예술 지문은 어렵지 않게 출제되었음.
- 문학은 낯선 작품들이 많이 출제되었음. 현대시와 고전시가가 결합된 갈래 복합 17번은 작품의 주제를 확실히 파악하지 못했으면 답을 찾기 어려웠을 것임. 화자의 정서와 태도를 묻는 19번 문제의 오답률도 높았음. 현대소설은 내용 자체는 어렵지 않았으나 학생들이 많이 어려워하는 서술상 특징을 묻는 25번 문제의 변별력이 높았음. 고전소설과 극은 평이한 수준으로 출제되었음.

오답률 TOP 5

문항 번호	17	42	35	40	25
분류	문학 갈래 복합	독서 기술	독서 인문	독서 기술	문학 현대소설
난도	상	상	중상	중상	중상

정답표

01	②	02	⑤	03	②	04	④	05	①
06	②	07	①	08	③	09	⑤	10	④
11	④	12	①	13	②	14	①	15	⑤
16	①	17	③	18	②	19	④	20	④
21	③	22	①	23	④	24	②	25	①
26	⑤	27	③	28	⑤	29	④	30	④
31	①	32	⑤	33	②	34	②	35	⑤
36	③	37	⑤	38	③	39	④	40	⑤
41	③	42	③	43	③	44	⑤	45	③

[01 ~ 03] 발표

01 말하기 방식 - 틀린 것 고르기 정답률 95% 정답 ②

위 발표에 대한 설명으로 적절하지 않은 것은?

① **청중과 공유하고 있는 경험을 언급하여 주의를 *환기하고 있다.** *불러일으키고

근거 ❶문단 여러분, 체험 활동 때 방문했던 트릭 아트(빛의 반사와 굴절, 음영과 원근 따위를 이용하여 그림을 입체적이고 실감 나게 표현하는 미술 기법. 또는 그런 작품) 체험관 기억나시나요?

→ 적절하므로 오답!

② **화제와 관련된 역사적 *일화를 소개하여 청중의 호기심을 자극하고 있다.** *세상에 널리 알려지지 아니한 흥미 있는 이야기

풀이 발표자가 화제인 '트릭 아트'와 관련된 역사적 일화를 소개하여 청중의 호기심을 자극하는 부분은 나타나지 않는다.

→ 틀려서 정답!

③ **청중의 반응을 확인하면서 발표 내용에 대한 이해 여부를 점검하고 있다.**

근거 ❹문단 자, 이해되셨나요?

→ 적절하므로 오답!

④ ***비언어적 표현을 사용하여 청중이 설명 대상에 집중하도록 유도하고 있다.** *몸짓, 표정, 시선, 침묵 등으로 자신의 생각과 느낌을 나타내는 것

근거 ❷문단 (그림의 오른쪽 부분을 가리키며) 이쪽 둥근 부분에 시선을 두면 토끼로 보이고, (왼쪽 부분을 가리키며) 이쪽 길쭉한 부분에 시선을 두면 오리로 보입니다.
❹문단 (자료를 가리키며) 이 횡단보도는 표지선 아래에 음영을 넣어 입체적으로 보입니다.

→ 적절하므로 오답!

⑤ **청중에게 정보를 추가로 탐색할 수 있는 방법을 안내하며 발표를 마무리하고 있다.**

근거 ❺문단 제가 말씀드린 내용 이외에 트릭 아트에 대해 더 알고 싶으신 분은 도서관에 있는 관련 책들을 찾아보거나 제가 보여 드리는 트릭 아트 누리집에 들어가 보시기 바랍니다.

→ 적절하므로 오답!

02 자료 활용 방식 - 맞는 것 고르기 정답률 95% 정답 ⑤

다음은 발표자가 제시한 자료이다. 발표자의 자료 활용에 대한 이해로 가장 적절한 것은?

⑤ **㉠을 통해 착시 현상의 시각적 효과를, ㉡을 통해 트릭 아트의 실용적 기능을 설명하고 있다.**

근거 ❷문단 이 그림은 보는 사람의 시선에 따라 이미지가 다르게 보이는 착시 현상을 활용하여 관람자에게 일상에서 접해 보지 못했던 색다른 시각적 경험을 제공하고 있습니다.
❹문단 운전자의 시각에서 볼 때 실제로 장애물이 있는 것 같은 느낌이 들도록 함으로써 자연스럽게 감속(속도를 줄임)을 유도하여(이끌어) 교통사고를 예방하는 데 유용합니다.

풀이 발표자는 색다른 시각적 경험을 제공하는 착시 현상을 설명하기 위해 ㉠을, 교통사고 예방이라는 실용적 기능을 가지는 착시 현상을 설명하기 위해 ㉡을 활용하고 있다.

03 말하기 내용 추론 - 맞는 것 고르기 정답률 95% 정답 ②

위 발표의 흐름을 고려할 때, ⓐ의 내용으로 가장 적절한 것은?

② **착시 현상이 발생하는 이유는 무엇인가요?**

근거 ❸문단 네, 눈은 외부의 시각 정보를 뇌에 전달하고, 뇌는 개인의 경험이나 지식에 비추어 이를 해석하고 판단합니다. 그런데 이 과정에서 시각 정보가 불분명하거나 해석에 혼선(서로 다르게 파악하여 혼란이 생김)이 생길 때 착시 현상이 일어나게 됩니다. 방금 보셨던 그림은 이미지를 중첩시켜(거듭 겹치거나 포개어) 불분명한 시각 정보를 제공함으로써 착시 현상이 발생한 것이라고 할 수 있습니다.

풀이 ⓐ에 대해 발표자는 시각 정보를 처리하는 눈과 뇌의 역할과 그 과정에서 착시 현상이 일어나는 이유 및 발표자가 제시한 자료에서 착시 현상이 일어나는 이유를 설명하고 있다. 따라서 발표의 흐름을 고려할 때 청중이 착시 현상이 발생하는 이유에 대해 질문하였음을 추론할 수 있다.

[04 ~ 07] (가) 토론 (나) 주장하는 글

04 사회자의 역할 - 틀린 것 고르기 정답률 90% 정답 ④

(가)의 독서 토론에서 '지현'의 역할에 대한 설명으로 적절하지 않은 것은?

① **소설 내용을 제시한 후 토론 주제를 언급하고 있다.**

근거 (가) 지현 먼저 소설의 상황에 대해 말해 볼게. 바람이 세게 부는 어느 날, 수남은 배달을 갔어. 배달을 끝내고 돌아가려는데 한 신사가 수남에게 너의 자전거가 바람에 넘어져 자신의 자동차에 흠집을 냈다고 말했지. 신사는 잘 보이지도 않는 흠집을 찾아 보상금을 요구해. 신사는 보상할 때까지 자전거를 묶어 두겠다고 하고 떠나버리는데 수남은 고민하다가 자전거를 들고 도망가 버렸어. 과연 수남의 행동은 정당할까?

→ 적절하므로 오답!

② **소설의 내용을 근거로 발언하도록 요청하고 있다.**

근거 (가) 지현 왜 그렇게 생각하는지 소설 내용을 근거로 이야기해 보는 게 어때?

→ 적절하므로 오답!

③ **토론자들이 언급한 주장과 근거를 정리하고 있다.**

근거 (가) 지현 정리하면, 민준은 예상치 못한 천재지변(자연 현상으로 인한 재앙)으로 생긴 손해니까 수남에게 보상할(흠집에 대한 대가를 갚을) 책임이 없고, 하연은 수남이 피해를 예측할 수 있었음에도 대처가 없었기에 보상할 책임이 있다고 보는 거구나.

→ 적절하므로 오답!

④ **토론자들의 발언이 사실에 *부합하는지 판단하고 있다.** *들어맞는지

풀이 (가)에서 '지현'이 토론자들의 발언이 사실인지 아닌지를 판단하는 부분은 나타나지 않는다.

→ 틀려서 정답!

⑤ **토론자들이 다른 *쟁점에 대해 논의해 보도록 유도하고 있다.** *서로 다투는 중심이 되는 점

근거 (가) 지현 그러면 수남의 책임 여부 말고 다른 쟁점은 없을까?

→ 적절하므로 오답!

05 의사소통 방식 - 맞는 것 고르기 정답률 80%, 매력적 오답 ③ 10% 정답 ①

[A]의 발화에 대한 설명으로 가장 적절한 것은?

① **민준은 하연의 주장에 일반적인 상식을 들어 *반박하고 있다.** *반대하여 말하고

근거 [A] (가) 하연 신사는 수남의 처지를 고려해 줬고,
[A] (가) 민준 신사가 수남의 처지를 고려한 것이라고 보기는 어려워. 부유한 어른이 잘 보이지도 않는 흠집을 일부러 찾아서 배달원 소년에게 5천 원이라는 당시로서는 엄청 큰돈을 요구했어. 이것은 일반적인 상식에 비추어 볼 때 지나치게 매정한(얄미울 정도로 쌀쌀맞고 인정이 없는) 행동이야.

풀이 '민준'은 어른이 어린아이에게 큰돈을 요구하는 것은 매정한 행동이라는 일반적인 상식을 근거로 들어, 신사가 수남의 처지를 고려해 줬다는 '하연'의 주장에 반박하고 있다.

● 수험생님들의 편의를 위해 해설을 회차별로 자를 수 있게 구성하였습니다.

문제편 7쪽

매력적 오답

③ 민준은 하연이 고려해야 하는 시대적 정보를 *나열하고 있다. *죽 벌여 놓고

근거 [A] (가) 민준 5천 원이라는 당시로서는 엄청 큰돈

풀이 '민준'이 '하연'에게 당시 시대 기준으로 돈의 액수를 이해해야 한다고 말하는 모습은 보이나, 소설의 시대적 배경인 1970년대 시대적 상황과 관련된 정보를 나열하고 있지는 않다.

06 작문 계획의 반영 - 틀린 것 고르기 정답률 85% 정답 ②

(가)를 바탕으로 '하연'이 세운 '활동 2'의 글쓰기 계획 중 (나)에 반영되지 않은 것은? 3점

① 토론 *쟁점에 대한 나의 주장을 토론에서 다룬 순서대로 서술해야겠어. *서로 다투는 점

근거 (가) 지현 그러면 수남의 책임 여부 말고 다른 쟁점은 없을까?
(가) 하연 보상에 대한 합의(둘 이상의 당사자의 의사가 일치함) 여부(그러함과 그러하지 아니함)로도 행동이 정당한지 판단해 볼 수 있어.
(나) ❶문단 수남의 행동은 정당하지 않다. 수남은 신사의 자동차에 난 흠집을 보상해야 할 책임이 있기 때문이다. (책임 여부와 관련된 주장)
(나) ❷문단 신사와 수남은 보상에 합의했다고 볼 수 있기 때문에 수남의 행동은 정당하지 않다. (합의 여부와 관련된 주장)
→ 적절하므로 오답!

② 토론 주제와 관련된 수남의 고민을 소설 속 *구절에서 찾아 언급해야겠어. *한 토막의 말이나 글

풀이 (나)에 토론 주제인 '자전거를 들고 간 수남의 행동은 정당한가?'와 관련된 수남의 고민을 소설 속 구절에서 찾아 언급하는 부분은 나타나지 않는다.
→ 틀려서 정답!

③ 토론에서 언급된 상대방의 주장을 반박하면서 나의 주장을 강화해야겠어.

근거 (가) 민준 천재지변으로 인한 손해는 책임질 의무(규범에 의하여 부과되는 부담이나 구속)가 없으니까, 수남이 피해를 보상할 책임은 없어. (상대방의 주장)
(나) ❶문단 바람으로 인한 예상치 못한 천재지변이라서 책임이 없다는 주장도 있지만 이는 옳지 않다. 수남은 … 자전거에는 아무런 조치를 취하지 않았다. … 적절하게 대처하지 않았기 때문에 책임이 있다. 실제로 태풍에 의해 주택 유리창이 떨어져 주차된 차가 파손되었을 때 예보(앞으로 일어날 일을 미리 알리는 보도)를 듣고도 시설물 관리에 소홀한 주택 소유자가 그 파손에 대해 책임을 진 사례가 있다. (주장에 대한 반박)
(가) 민준 일방적으로 제안하고 갔는데 합의라고 볼 수 없지. (상대방의 주장)
(나) ❷문단 신사가 일방적으로 제안하고 떠났다면 합의가 이뤄지지 않았겠지만, 신사는 수남의 상황을 고려하여 보상금을 줄여 주었다. 또한 수남이 자신의 잘못을 인정하는 말을 했기 때문에 합의는 이루어진 것으로 보아야 한다. (주장에 대한 반박)
→ 적절하므로 오답!

④ 토론에서 언급하지 않았던 새로운 사례를 찾아 나의 주장을 뒷받침해야겠어.

근거 (나) ❶문단 실제로 태풍에 의해 주택 유리창이 떨어져 주차된 차가 파손되었을 때 예보를 듣고도 시설물 관리에 소홀한 주택 소유자가 그 파손에 대해 책임을 진 사례가 있다.
→ 적절하므로 오답!

⑤ 토론에서 내세운 나의 주장을 바탕으로 제목에 담겨 있는 의미를 밝혀야겠어.

근거 (나) ❸문단 수남은 도둑이 되어 버렸다. 자신의 잘못에 대한 책임을 지지 않고 합의된 것도 수행하지(해내지) 않았다. 제목에서 말하는 '자전거 도둑'은 아이러니하게도(모순되게도) 자신의 자전거를 자신이 훔친 수남인 것이다.
→ 적절하므로 오답!

07 자료 활용 방안 - 맞는 것 고르기 정답률 90% 정답 ①

〈보기〉의 자료를 활용하여 (나)의 초고를 보완하고자 할 때 그 내용으로 가장 적절한 것은?

| 보 기 |
[법률 전문가의 뉴스 인터뷰]
"보상의 의무를 다하지 않았을 때, 상대방에게 물건이 담보(채무 불이행 때 채무의 변제(빚을 갚음)를 확보하는 수단으로 채권자(빚을 받아낼 권리를 가진 사람)에게 제공하는 것. 여기서는 '수남'이 보상을 하지 않았을 때 '신사'가 빚을 확보하는 수단으로 제공받은 '자전거'를 뜻함)로 잡히는(맡겨지는) 경우가 있습니다. 형법 제323조에 따르면, 타인(다른 사람)에게 담보로 제공된 물건은 타인이 물건을 점유하게(차지하게) 되거나 타인이 물건에 대한 권리를 갖게 됩니다. 이때 해당 물건을 가져가거나 숨겨 타인이 보상받을 수 있는 권리 등을 행사할 수 없게 한다면 권리행사(권리의 내용을 실현하는 행위) 방해로 처벌받을 수 있습니다."

① 수남이 자전거를 가져간 행위는 신사의 권리행사를 방해하는 것이므로 법적인 처벌을 받을 수 있다는 내용을 추가한다.

풀이 〈보기〉의 내용에 의하면 '수남'이 보상의 의무를 다하지 않았을 때 '신사'에게 자전거를 담보로 잡힐 수 있다. 그리고 '신사'는 자전거를 점유하게 되거나 자전거에 대한 권리를 갖게 된다. 따라서 '수남'이 자전거를 가져가거나 숨긴다면 '신사'가 보상받을 수 있는 권리 등을 행사할 수 없게 되어 '수남'은 권리행사 방해로 처벌받을 수 있게 된다. 따라서 이를 활용하여 자전거를 가져간 '수남'의 행위는 법적인 처벌을 받을 수 있다는 내용을 추가할 수 있다.

■ 「자전거 도둑」 줄거리
시골에서 상경한 소년 수남은 뒷길의 전기 용품점에서 일을 하고 있다. 전기 용품점 주인 영감은 항상 수남을 아껴 준다. 바람이 몹시 심하게 불던 어느 날, 배달을 나갔던 수남은 세워 둔 그의 자전거가 넘어지는 바람에 한 신사의 자동차에 흠집을 내고 말았다. 신사는 수남에게 수리비를 요구하고, 수남이 이를 내지 않으려 하자 신사는 그의 자전거에 자물쇠를 채우고 수리비를 내면 자전거를 돌려 주겠다고 한다. 곤란한 상황에 처한 수남은 구경꾼들의 속삭임에 넘어가 본인의 자전거를 훔쳐 달아난다. 이를 본 전기 용품점 주인 영감은 잘했다며 오히려 수남을 칭찬하고, 주인 영감이 자신의 이익만을 생각하는 부도덕한 어른이라는 사실에 수남은 실망을 하게 된다. 수남은 도둑질만은 하지 말라던 아버지의 말씀과 도둑질로 순경에게 잡혀간 형의 모습이 떠오르며 죄책감을 느끼고, 결국 자신을 도덕적으로 견제해 줄 아버지가 그리워져 고향으로 가기 위해 서울을 떠난다.

[08 ~ 10] 정서를 표현하는 글

1등급 문제

08 작문 전략 - 틀린 것 고르기 정답률 60%, 매력적 오답 ④ 25% 정답 ③

초고에서 활용한 글쓰기 방식으로 적절하지 않은 것은?

① *의인법을 통해 대상과의 친밀감을 표현하고 있다. *사람이 아닌 대상을 사람처럼 표현하는 수사법

근거 [초고] ❷문단 거북이 등대가 환하게 웃으며 나를 반기면
→ 적절하므로 오답!

② 계절의 흐름에 따른 대상의 변화를 나타내고 있다.

근거 [초고] ❸문단 늦봄에 … 옥수수 씨를 뿌렸고, 여름 방학에는 점점 자라는 옥수수
[초고] ❸문단 늦여름에는 연두색 옥수수수염이 점점 갈색빛으로 물들며 … 가을에는 … 샛노란 옥수수
→ 적절하므로 오답!

③ *의성어를 사용하여 대상을 생생하게 나타내고 있다. *사람이나 사물의 소리를 흉내 낸 말. '쌕쌕', '멍멍', '땡땡', '우당탕', '퍼덕퍼덕' 등

풀이 초고에서 의성어를 사용하여 대상을 생생하게 나타내는 부분은 나타나지 않는다.
→ 틀려서 정답!

■ 의성어를 사용하여 대상을 생생하게 나타내는 작품
• 함민복, 「길의 열매 집을 매단 골목길이여」 (2019년 고1 9월 학평)
얼어붙은 길 위에 던진 연탄재가 부지직 소리를 낸다.
→ '부지직(물기 있는 물건이 뜨거운 열에 닿아서 급히 타는 소리)'과 같은 의성어를 사용하여 연탄재가 타는 모습을 생생하게 나타내고 있다.

④ 다른 대상과의 *대비를 통해 차이점을 강조하고 있다. *두 가지의 차이를 밝히기 위하여 서로 맞대어 비교함

근거 [초고] ❹문단 갈칫국은 양념장을 넣어 칼칼하게 졸인 갈치조림과 달리 갈치, 늙은 호박, 배추를 넣어서 맵지 않도록 맑게 끓인 요리이다. (갈칫국과 갈치조림 대비)
→ 적절하므로 오답!

⑤ *색채어를 활용하여 대상을 감각적으로 표현하고 있다. *빛깔을 나타내는 말

근거 [초고] ❷문단 검정 바위로 만들어진 거북이 조각상이 새하얀 등대를 이고 있어서
[초고] ❸문단 연두색 옥수수수염이 점점 갈색빛으로 물들며 … 샛노란 옥수수
→ 적절하므로 오답!

09 작문 계획의 반영 - 틀린 것 고르기 정답률 95% 정답 ⑤

다음은 글을 쓰기 전 학생이 구상한 내용이다. 초고에 반영되지 않은 것은?

① ㄱ : 할머니를 곧 만난다는 생각에 마음이 설렘.

근거 [초고] ❷문단 할머니 댁에 가까워진 것이라서 할머니를 곧 뵙는다는 생각에 마음이 설레곤 했다.
→ 적절하므로 오답!

② ㄴ : 옥수수 때문에 할머니께 꾸중 들은 경험

근거 [초고] ❸문단 그러다 참지 못하고 옥수수 껍질을 살짝 열어서 얼마나 익었는지 들여다보다가 할머니께 꾸중을 듣기도 했다.
→ 적절하므로 오답!

③ ㄷ : 옥수수를 통해 기다림의 소중함을 깨달음.

근거 [초고] ❸문단 나는 익어 가는 옥수수를 보며 기다림의 소중함을 깨달았다.
→ 적절하므로 오답!

④ ㄹ : 할머니가 끓여 주신 갈칫국을 먹은 경험

근거 [초고] ❹문단 할머니께서 끓여 주신 갈칫국을 먹었던 기억도 있다.
[초고] ❹문단 갈칫국을 맛있게 먹는 나를 흐뭇하게 바라보시던 할머니
→ 적절하므로 오답!

⑤ ㅁ : 요리하는 할머니를 도와드리며 보람을 느낌.

풀이 초고에서 '나'가 요리하는 할머니를 도와드리며 보람을 느끼는 모습은 보이지 않는다.
→ 틀려서 정답!

문제편 9쪽

10	조건에 따른 표현 - 맞는 것 고르기 정답률 75%, 매력적 오답 ① 10%	정답 ④

<보기>는 초고를 읽은 선생님의 조언이다. 이를 반영하여 초고에 추가할 내용으로 가장 적절한 것은? [3점]

> | 보기 |
> 선생님 : 글이 마무리되지 않은 느낌이 들어. 글의 마지막에 할머니와의 추억이 너에게 주는 의미를 직유법(비슷한 성질이나 모양을 가진 두 사물을 '같이', '처럼', '듯이'와 같은 연결어로 결합하여 직접 비유하는 수사법)을 사용하여 표현한 문장을 추가하면 더 좋겠어.

④ 할머니 손길로 익어 가는 옥수수처럼 나는 할머니의 사랑으로 물들었다. 할머니의 따뜻한 보살핌은 나를 채운 온기였다.

풀이 연결어 '처럼'을 이용하여 '할머니의 사랑으로 물드는 나'를 '할머니 손길로 익어 가는 옥수수'로 비유하여 표현하였다. 또한 '할머니의 따뜻한 보살핌은 나를 채운 온기였다는 내용을 통해 할머니와의 추억이 주는 의미를 표현하였다.

매력적 오답

① 할머니 댁이 있는 섬의 풍경은 그림같이 아름다웠다. 그 풍경을 언제쯤 다시 볼 수 있을까.

풀이 연결어 '같이'를 이용하여 '아름다운 섬의 풍경'을 '그림'으로 비유하여 표현하였다. 직유법은 나타나 있지만 할머니와의 추억이 '나'에게 주는 의미를 표현한 것은 아니므로 적절하지 않다.

[11 ~ 12] 언어 - 단어의 짜임

1 [1]단어를 구성하는 요소에는 어근과 접사가 있다. [2]어근은 단어를 구성하는 요소 중 실질적인 의미를 나타내는 부분이며, 접사는 어근과 결합하여 어근에 특정한 의미를 더하거나 어근의 의미를 제한하는 부분이다. [3]접사는 어근의 앞에 위치하는 접두사와 어근 뒤에 위치하는 접미사로 나뉘는데, 항상 다른 말과 결합하여 쓰이기에 홀로 쓰이지 못함을 나타내는 붙임표(-)를 붙인다. [4]예를 들어 '햇-, 덧-, 들-'과 같은 말은 접두사이고, '-지기, -음, -게'와 같은 말은 접미사이다.

2 [1]단어는 그 짜임에 따라 단일어와 복합어로 구분된다. [2]단일어는 하나의 어근으로만 이루어진 단어를 이르는 말이다. [3]그리고 복합어는 어근과 어근의 결합으로 이루어진 합성어와, 어근과 접사의 결합으로 이루어진 파생어를 아울러 이르는 말이다. [4]가령 '밤'이나 '문'과 같이 하나의 어근으로만 이루어진 단어는 단일어이며, 어근 '밤', '문'이 각각 또 다른 어근과 결합한 '밤나무', '자동문'은 합성어이다. [5]또한 어근 '밤'과 접두사 '햇-'이 결합한 '햇밤', 어근 '문'과 접미사 '-지기'가 결합한 '문지기'는 파생어이다.

3 [1]복합어는 어근과 어근으로 이루어진 합성어나 어근과 접사로 이루어진 파생어에 어근이나 접사가 다시 결합하여 형성되기도 한다. [2]이와 같은 복잡한 짜임의 단어를 이해할 때 활용되는 방법으로 직접 구성 성분 분석이 있다. [3]직접 구성 성분 분석은 단어를 둘로 나누는 방법으로, 나뉜 두 부분 중 하나가 접사일 경우 그 단어를 파생어로 보고, 두 부분 모두 접사가 아닐 경우 합성어로 본다.

4 [A] [1]가령 단어 '코웃음'은 직접 구성 성분을 '코'와 '웃음'으로 보기에 합성어로 분류한다. [2]이는 '코'가 어근이며, '웃음'이 어근 '웃-'과 접미사 '-음'으로 이루어진 파생어임을 고려한 것이다. [3]물론 '코웃음'의 직접 구성 성분을 '코웃-'과 '-음'으로 분석할 수도 있다. [4]그러나 '코웃-'은 존재하지 않고 '코'와 '웃음'만 존재하며, 의미상으로도 '코 + 웃음'의 분석이 자연스럽기에 직접 구성 성분을 '코'와 '웃음'으로 분석한다. [5]이처럼 직접 구성 성분 분석은 단어의 짜임을 체계적으로 이해하는 데에 도움이 된다.

11	단어의 짜임에 대한 이해 - 틀린 것 고르기 정답률 90%	정답 ④

윗글에 대한 이해로 적절하지 않은 것은?

① 단일어는 하나의 어근으로만 이루어진다.

근거 ❷-2 단일어는 하나의 어근으로만 이루어진 단어를 이르는 말
→ 적절하므로 오답!

② 합성어나 파생어는 모두 복합어에 포함된다.

근거 ❷-3 복합어는 어근과 어근의 결합으로 이루어진 합성어와, 어근과 접사의 결합으로 이루어진 파생어를 아울러 이르는 말
→ 적절하므로 오답!

③ 접사는 홀로 쓰이지 못하기에 붙임표(-)를 붙인다.

근거 ❶-3 접사는 어근의 앞에 위치하는 접두사와 어근 뒤에 위치하는 접미사로 나뉘는데, 항상 다른 말과 결합하여 쓰이기에 홀로 쓰이지 못함을 나타내는 붙임표(-)를 붙인다.
→ 적절하므로 오답!

접사

④ 복합어는 접사가 어근과 결합하는 위치에 따라 둘로 나뉜다.

근거 ❶-3 접사는 어근의 앞에 위치하는 접두사와 어근 뒤에 위치하는 접미사로 나뉘는데,
❷-3 복합어는 어근과 어근의 결합으로 이루어진 합성어와, 어근과 접사의 결합으로 이루어진 파생어를 아울러 이르는 말
→ 틀려서 정답!

⑤ 접사는 어근과 결합하여 어근에 특정한 의미를 더하거나 어근의 의미를 제한한다.

근거 ❶-2 접사는 어근과 결합하여 어근에 특정한 의미를 더하거나 어근의 의미를 제한하는 부분
→ 적절하므로 오답!

12	직접 구성 성분 - 맞는 것 고르기 정답률 80%	정답 ①

[A]를 참고할 때, <보기>의 ㉠에 해당하는 짜임을 가진 단어로 가장 적절한 것은? [3점]

> | 보기 |
> '가재의 집게발'에서 '집게발'은 아래와 같이 ㉠ 직접 구성 성분이 '[어근 + 접사] + 어근'으로 분석되는 합성어이다.

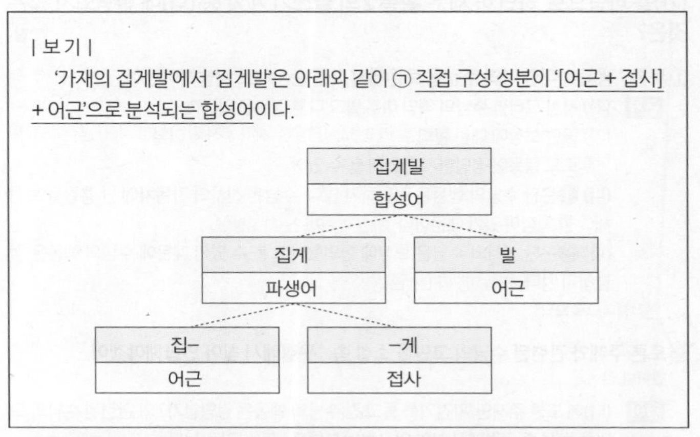

근거 ❸-3 직접 구성 성분 분석은 단어를 둘로 나누는 방법으로, 나뉜 두 부분 중 하나가 접사일 경우 그 단어를 파생어로 보고, 두 부분 모두 접사가 아닐 경우 합성어로 본다.

① 볶음밥

풀이

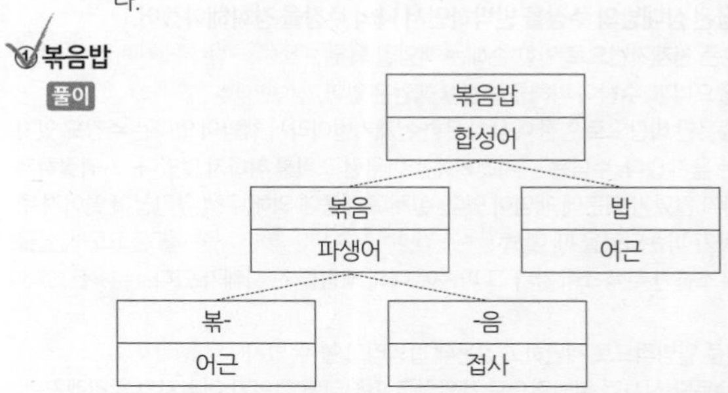

'볶음밥'은 의미상 '볶음'과 '밥'으로 먼저 나뉜다. '볶음'은 다시 '볶-'과 '-음'으로 나뉜다. 따라서 '볶음밥'은 직접 구성 성분이 '[어근 + 접사] + 어근'으로 분석되는 합성어로 적절하다.
→ 맞아서 정답!

② 덧버선

풀이

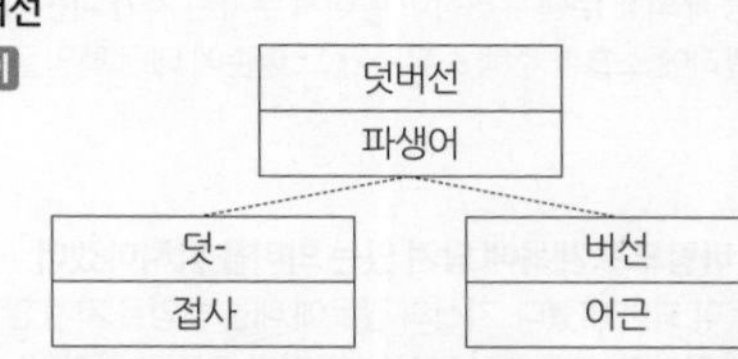

'덧버선'은 의미상 '덧-(겹쳐 신는)'과 '버선'으로 나뉜다. 직접 구성 성분이 '접사 + 어근'으로 분석되므로 ㉠에 해당하는 짜임을 가진 단어로 적절하지 않다.
→ 적절하지 않으므로 오답!

③ 문단속

풀이

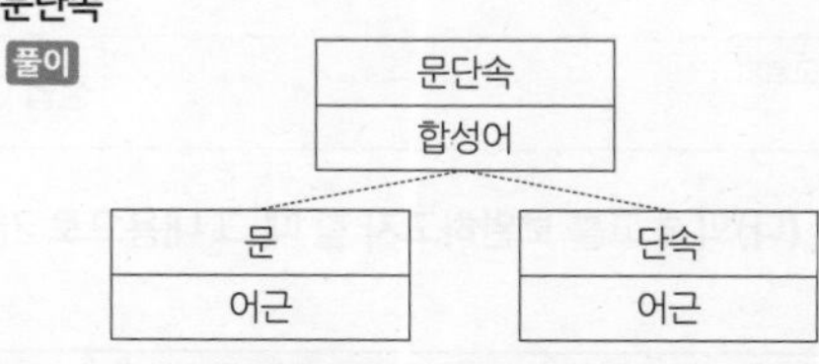

'문단속'은 의미상 '문'과 '단속'으로 나뉜다. 직접 구성 성분이 '어근 + 어근'으로 분석되므로 ㉠에 해당하는 짜임을 가진 단어로 적절하지 않다.
→ 적절하지 않으므로 오답!

④ 들고양이

풀이

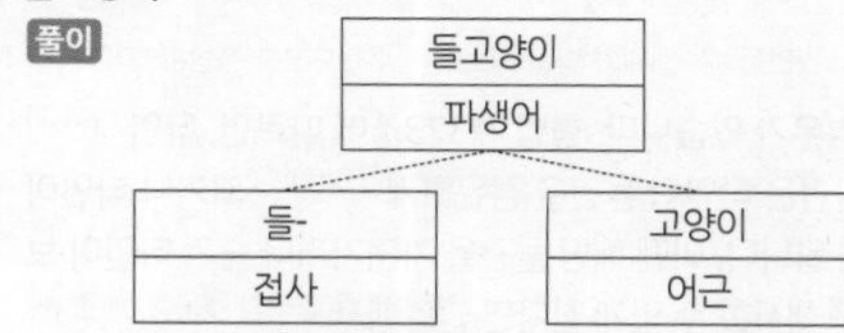

'들고양이'는 의미상 '들-(야생으로 자라는)'과 '고양이'로 나뉜다. 직접 구성 성분이 '접사 + 어근'으로 분석되므로 ㉠에 해당하는 짜임을 가진 단어로 적절하지 않다.
→ 적절하지 않으므로 오답!

⑤ 창고지기

풀이

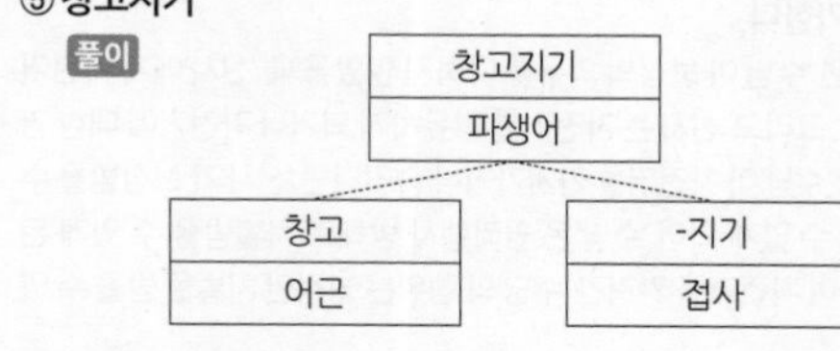

문제편 10쪽

'창고지기'는 의미상 '창고'와 '-지기(그것을 지키는 사람)'로 나뉜다. 직접 구성 성분이 '어근 + 접사'로 분석되므로 ㉠에 해당하는 짜임을 가진 단어로 적절하지 않다.
→ 적절하지 않으므로 오답!

13 | 음운의 동화 - 맞는 것 고르기 | 정답률 75%, 매력적 오답 ③ 10% | 정답 ②

<보기>는 수업의 일부이다. '학습 활동'의 결과로 가장 적절한 것은?

| 보기 |

선생님 : 단어를 발음할 때, 어떤 음운이 앞이나 뒤의 음운의 영향으로 바뀌어 달라지는 경우가 있습니다. 그 결과, 조음 방법(특정 음운을 발음하는 방법)만 바뀌거나 조음 방법과 조음 위치(특정 음운이 발음되는 입안의 위치)가 모두 바뀝니다. 아래 자료를 참고해 '학습 활동'을 수행해 봅시다.

조음 위치 / 조음 방법	입술소리	잇몸소리	센입천장 소리	여린입천장 소리
파열음	ㅂ	ㄷ		ㄱ
파찰음			ㅈ	
비음	ㅁ	ㄴ		ㅇ
유음		ㄹ		

영향의 방향	음운이 바뀌는 양상	
달님 (앞 음운의 영향)	달님[달림]	조음 방법의 변화 유음화 : 'ㄴ'이 앞 음운인 'ㄹ'의 영향을 받아 조음 방법이 비음에서 유음으로 변화함
작문 (뒤 음운의 영향)	작문[장문]	조음 방법의 변화 비음화 : 'ㄱ'이 뒤 음운인 'ㅁ'의 영향을 받아 조음 방법이 파열음에서 비음으로 변화함
해돋이 (뒤 음운의 영향)	해돋이[해도지]	조음 방법과 조음 위치의 변화 구개음화 : 'ㄷ'이 뒤 음운인 'ㅣ'의 영향을 받아 조음 방법이 파열음에서 파찰음으로, 조음 위치가 잇몸소리에서 센입천장소리로 변화함

[학습 활동]

뒤 음운의 영향을 받아서 앞 음운이 조음 방법만 바뀌는 단어를 ㄱ~ㄹ에서 골라 보자.

ㄱ. 난로[날로]　　ㄴ. 맏이[마지]
ㄷ. 실내[실래]　　ㄹ.톱날[톰날]

ㄱ. 난로[날로]
풀이 '난로'는 'ㄴ'이 뒤 음운인 'ㄹ'의 영향을 받아 조음 방법이 비음에서 유음으로 변화하는 유음화가 일어난다.

ㄴ. 맏이[마지]
풀이 '맏이'는 'ㄷ'이 뒤 음운인 'ㅣ'의 영향을 받아 조음 방법이 파열음에서 파찰음으로, 조음 위치가 잇몸소리에서 센입천장소리로 변화하는 구개음화가 일어난다. 뒤 음운의 영향을 받기는 하였으나 조음 방법과 조음 위치가 모두 바뀌므로 '학습 활동'의 결과로 적절하지 않다.

ㄷ. 실내[실래]
풀이 '실내'는 'ㄴ'이 앞 음운인 'ㄹ'의 영향을 받아 조음 방법이 비음에서 유음으로 변화하는 유음화가 일어난다. 조음 방법만 바뀌기는 하였으나 뒤 음운이 아닌 앞 음운의 영향을 받았으므로 '학습 활동'의 결과로 적절하지 않다.

ㄹ. 톱날[톰날]
풀이 '톱날'은 'ㅂ'이 뒤 음운인 'ㄴ'의 영향을 받아 조음 방법이 파열음에서 비음으로 변화하는 비음화가 일어난다.

① ㄱ, ㄴ　　② ㄱ, ㄹ → 맞아서 정답!
③ ㄴ, ㄷ　　④ ㄴ, ㄹ　　⑤ ㄷ, ㄹ

14 | 유의어 - 틀린 것 고르기 | 정답률 85% | 정답 ①

<보기>의 '탐구 과제'를 수행한 결과로 적절하지 않은 것은?

| 보기 |

[탐구 과제]

'작다 / 적다' 중 적절한 말이 무엇인지 온라인 사전에서 '작다'를 검색한 결과를 근거로 하여 말해 보자.

ㄱ. 민수는 진서에 비해 말수가 (작다 / 적다).
ㄴ. 키가 커서 작년에 구매한 옷이 (작다 / 적다).
ㄷ. 오늘 일은 지난번에 비해 규모가 (작다 / 적다).
ㄹ. 그는 큰일을 하기에는 그릇이 아직 (작다 / 적다).
ㅁ. 백일장 대회의 신청 인원이 여전히 (작다 / 적다).

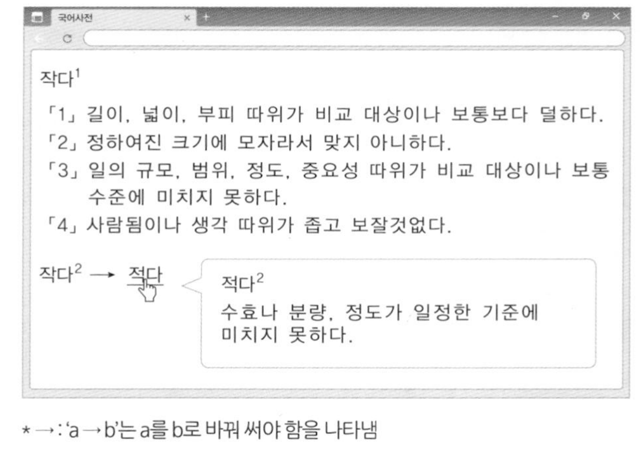
국어사전

작다1
「1」 길이, 넓이, 부피 따위가 비교 대상이나 보통보다 덜하다.
「2」 정하여진 크기에 모자라서 맞지 아니하다.
「3」 일의 규모, 범위, 정도, 중요성 따위가 비교 대상이나 보통 수준에 미치지 못하다.
「4」 사람됨이나 생각 따위가 좁고 보잘것없다.

작다2 → 적다
적다2
수효나 분량, 정도가 일정한 기준에 미치지 못하다.

* → : 'a → b'는 a를 b로 바꿔 써야 함을 나타냄

① ㄱ : '작다1'의 「1」을 고려할 때 '작다'가 맞겠군.
근거 적다2 수효(낱낱의 수)나 분량, 정도가 일정한 기준에 미치지 못하다.
풀이 '말수'는 '사람이 입으로 하는 말의 수효'의 의미이다. ㄱ은 '민수는 진서에 비해 말의 수효가 일정한 기준에 미치지 못하다'의 의미이므로 '작다1', '작다2'와 '적다2'를 고려할 때 '적다'가 적절하다.
→ 틀려서 정답!

② ㄴ : '작다1'의 「2」를 고려할 때 '작다'가 맞겠군.
근거 작다1 「2」 정하여진 크기에 모자라서 맞지 아니하다.
풀이 ㄴ은 '키가 커서 작년에 구매한 옷이 정하여진 크기에 모자라서 맞지 아니하다'의 의미이므로 '작다1'의 「2」를 고려할 때 '작다'가 적절하다.
→ 적절하므로 오답!

③ ㄷ : '작다1'의 「3」을 고려할 때 '작다'가 맞겠군.
근거 작다1 「3」 일의 규모, 범위, 정도, 중요성 따위가 비교 대상이나 보통 수준에 미치지 못하다.
풀이 ㄷ은 '오늘 일은 규모가 비교 대상인 지난번에 미치지 못하다'의 의미이므로 '작다1'의 「3」을 고려할 때 '작다'가 적절하다.
→ 적절하므로 오답!

④ ㄹ : '작다1'의 「4」를 고려할 때 '작다'가 맞겠군.
근거 작다1 「4」 사람됨이나 생각 따위가 좁고 보잘것없다.
풀이 '그릇'은 '어떤 일을 해 나갈 만한 능력이나 도량'을 비유적으로 이르는 말이다. ㄹ은 '그는 큰일을 하기에는 능력이나 도량이 좁고 보잘것없다'의 의미이므로 '작다1'의 「4」를 고려할 때 '작다'가 적절하다.
→ 적절하므로 오답!

⑤ ㅁ : '작다1', '작다2'와 '적다2'를 고려할 때 '적다'가 맞겠군.
근거 적다2 수효나 분량, 정도가 일정한 기준에 미치지 못하다.
풀이 ㅁ은 '백일장 대회의 신청 인원이 여전히 일정한 기준에 미치지 못하다'의 의미이므로 '작다1', '작다2'와 '적다2'를 고려할 때 '적다'가 적절하다.
→ 적절하므로 오답!

15 | 직접 인용과 간접 인용 - 틀린 것 고르기 | 정답률 75%, 매력적 오답 ③ 15% | 정답 ⑤

<보기>의 '학습 자료'를 바탕으로 '학습 과제'를 수행한 결과로 적절하지 않은 것은?

| 보기 |

[학습 자료]

○ 직접 인용 : 원래의 말이나 글을 그대로 큰따옴표(" ")에 넣어 인용하는 것. 조사 '라고'를 사용함.
○ 간접 인용 : 인용된 말이나 글을 자신의 관점에서 다시 서술하여 표현하는 것. 조사 '고'를 사용함.

[학습 과제]

밑줄 친 부분에 주목하여 직접 인용을 간접 인용으로 바꾸어 보자.

ㄱ. 지아가 "꽃이 벌써 폈구나!"라고 했다.
→ 지아가 꽃이 벌써 폈다고 했다.
ㄴ. 지아가 "버스가 벌써 갔어요."라고 했다.
→ 지아가 버스가 벌써 갔다고 했다.
ㄷ. 나는 어제 지아에게 "내일 보자."라고 했다.
→ 나는 어제 지아에게 오늘 보자고 했다.
ㄹ. 전학을 간 지아는 "이 학교가 좋다."라고 했다.
→ 전학을 간 지아는 그 학교가 좋다고 했다.
ㅁ. 지아는 나에게 "민지가 너를 불렀다."라고 했다.
→ 지아는 나에게 민지가 자기를 불렀다고 했다.

① ㄱ
풀이 직접 인용에서의 '폈구나'는 감탄의 의미를 나타내기 위해 감탄형 종결 어미 '-구나'를 사용한 것이다. 따라서 간접 인용에서는 평서형 종결 어미 '-다'를 결합하여 '폈다'로 바꾸는 것이 적절하다.
→ 적절하므로 오답!

문제편 11쪽

② ㄴ

풀이 직접 인용에서의 '갔어요'는 '지아'가 청자를 높이기 위해 종결 어미 '-어요'를 사용한 것이다. 따라서 간접 인용에서는 높임의 의미가 없는 종결 어미 '-다'를 결합하여 '갔다'로 바꾸는 것이 적절하다.

→ 적절하므로 오답!

③ ㄷ

풀이 직접 인용에서의 '내일'은 어제 시점을 기준으로 표현한 것이므로, 간접 인용에서는 '오늘'로 수정하는 것이 적절하다.

→ 적절하므로 오답!

④ ㄹ

풀이 직접 인용에서의 '이'는 화자인 '지아'에게 가까운 장소를 나타내는 지시 표현이다. 따라서 간접 인용에서는 '나'를 기준으로 하여, '나'에게 먼 장소를 나타내는 지시 표현인 '그'로 바꾸는 것이 적절하다.

→ 적절하므로 오답!

⑤ ㅁ

풀이 직접 인용에서의 대명사 '너'는 청자인 '나'를 지칭하는 것이다. 따라서 간접 인용에서는 '너'를 '나'로 바꾸어 '지아는 나에게 민지가 나를 불렀다고 했다'로 바꾸는 것이 적절하다.

→ 틀려서 정답!

[16 ~ 20] 갈래 복합

(가) 현대시 - 김기택, 「초록이 세상을 덮는다」

• 김기택 중요 작가

「새」(2020학년도 수능), 「풀벌레들의 작은 귀를 생각함」(2016학년도 수능AB), 「멸치」(2013학년도 9월 모평) 기출. 고3 평가원 문제에 3번 이상 출제된 시인이다. 일상의 풍경 속에 은폐되어 있는 비일상적인 요소들에 주목하는 작품들을 주로 썼다. 김기택의 대표적인 시는 주제와 특징을 정리해 두는 것이 좋다.

• 주제

도시를 생명력 넘치게 변화시키는 초록의 힘에 감탄한다.

• 지문 이해

1~4행	5~9행	10~20행
초록을 본 화자가 초록에 매료됨	땅과 나무에서 초록이 솟구치고 쏟아져 나옴	초록이 도시를 뒤덮으며 생명력 넘치게 변화시킴

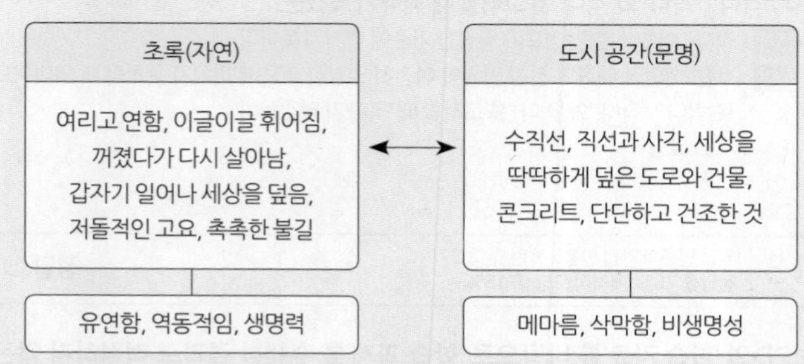

• 어휘 풀이

* 심지 : 초 따위에 불을 붙이기 위하여 꼬아서 꽂은 실오라기나 헝겊.
* 진액 : 생물의 몸 안에서 생겨나는 액체.
* 저돌적 : 거침없이 나아가는 것.
* 저돌적인 고요 : 조용히 그러나 거침없이 나아가는 초록의 생명력.

(나) 고전시가 - 김약련, 「두암육가(두암이 쓴 여섯 수의 노래. 두암은 김약련의 호)」

작품 이해 단계 [1]화자 [2]상황 및 대상 [3]정서 및 태도 [4]주제

1

[1] 어져 내 일이야 무슨 일 하다 하고 (내: [1] 화자 : '나' / 어져: 감탄사)
[2] 굳은 이 다 빠지고 검던 털이 희었네 ([2] 상황 : 늙어서 굳은 이가 빠지고 검던 털이 희어진 상황)
[3] 어우와 소장불노력하고 노대에 도상비로다 (어우와: 감탄사 / 소장불노력하고 노대에 도상비로다: 젊어서 노력하지 않고, 늙어서 상심과 슬픔뿐이로다 / [3] 정서 및 태도 : 늙음을 한탄하고 젊어서 노력하지 않은 것을 후회한다.)

〈제1수〉

2

[1] 셋 넷 다섯 어제인 듯 열 스물 얼핏 지나 (얼핏: 잠깐 사이에)
[2] 서른 마흔 한 일 없이 쉰 예순 넘는단 말인가 ([2] 상황 : 예순이 넘은 상황)
[3] 장부의 허다 사업을 못 다 하고 늙었느냐 (장부: 어른 丈 사내 夫 : 남자 / 허다: 매우 許 많을 多 : 매우 많은 / [3] 정서 : 장부의 사업을 못다 한 것을 한탄한다.)

〈제2수〉

3

[1] 생원이 무엇인가 급제도 헛일이니 (생원: 조선 시대에, 과거 시험 중 생원과에 합격한 사람 / 급제: 급제 及 시험 第 : 시험에 합격함)
[2] 밭 갈고 논 매더면 설마한들 배고프리 (설마한들: 마음 아파한들 / [2] 상황 : 젊은 시절 농사를 짓지 않아 가난하게 사는 상황)
[3] 이제야 아무리 애달픈들 몸이 늙어 못하올쇠 ([3] 정서 : 몸이 늙어 농사를 짓지 못하는 것을 한탄한다.)

〈제3수〉

4

[1] 너희는 젊었느냐 나는 이미 늙었구나
[2] 젊다 하고 믿지 마라 나도 일찍 젊었더니 ([3] 태도 : 젊은이들에게 젊음을 믿지 말라고 당부한다.)
[3] 젊어서 흐느적흐느적하다가 늙어지면 거짓 것이니 (흐느적흐느적하다가: 생활이나 마음을 다잡지 못하고 살다가 / 거짓 것이니: 거짓말처럼 허망한 것 / [3] 정서 : 젊어서 흐느적거리며 살다가 늙은 것이 허망하다.)

〈제4수〉

5

[1] ㉡ 재산인들 부디 말며 과갑인들 마다 할까 (과갑: 과거 급제 / 마다: 거절할까)
[2] 재산이 유수하고 과갑은 재천하니 (유수: 있을 有 운수 數 : 정해진 운수가 있고 / 재천: 있을 在 하늘 天 : 하늘에 달렸으니 / [3] 태도 : 재산 축적과 과거 급제는 하늘에 달린 일이라 생각한다.)
[3] 하오면 못할 이 없기는 착한 일인가 하노라 ([3] 태도 : 젊은이들에게 착한 일을 하며 살라고 당부한다.)

〈제5수〉

6

[1] 내 몸이 못하고서 너희더러 하라기는 ([3] 정서 : 젊었을 때 근면하고 착하게 살지 못한 것을 애달파한다.)
[2] 내 못하여 애달프니 너희나 하여라
[3] 청년의 아니하면 늙은 후 또 내 되리 ([3] 태도 : 젊은이들에게 경각심을 심어 주며 올바른 삶을 당부한다.)

〈제6수〉

[4] 주제 : 늙어 버린 현재와 지난날의 잘못을 한탄하며 젊은이들에게 올바른 삶을 당부한다.

• 현대어 풀이

1
[1] 아아, 내가 한 일이야 무슨 일을 했다 하고
[2] 굳은 이가 다 빠지고 검던 털이 희었네
[3] 아아, 젊어서 노력하지 않으니 늙어서 상심과 슬픔뿐이로구나

〈제1수〉

2
[1] 셋 넷 다섯 살이 어제인 듯 열 스물이 얼핏 지나
[2] 서른 마흔에 한 일 없이 쉰 예순이 넘는단 말인가
[3] 장부의 수많은 일을 못다 하고 늙었느냐

〈제2수〉

3
[1] 생원이 무엇인가 급제도 쓸데없으니
[2] 밭 갈고 논 맸으면 설마한들 배고팠겠는가
[3] 이제야 아무리 애달파도 몸이 늙어 (농사일을) 못 하는구나

〈제3수〉

4
[1] 너희는 젊었느냐 나는 이미 늙었구나
[2] 젊다 하고 (젊음만) 믿지 마라 나도 일찍 젊었더니
[3] 젊어서 흐느적거리며 살다가 늙어지면 거짓말처럼 허망한 것이

〈제4수〉

5
[1] 재산인들 부디 모으지 말라고 하겠으며 과거 급제인들 마다하겠느냐
[2] 재산은 운수가 있어야 하고 과거 급제는 하늘에 달렸으니
[3] 한다면 못 할 사람이 없는 것(운수와 하늘의 뜻 없이 내 노력으로 할 수 있는 일)은 착한 일인가 하노라

〈제5수〉

6
[1] 내가 (착한 일을) 못 하고서 너희에게 하라는 것은
[2] 내가 못 하여 애달프니 너희나 하라는 것이다
[3] 청년 시절에 (착한 일을) 아니하면 늙은 후에 또 나처럼 되리

〈제6수〉

• 지문 이해

늙음에 대한 한탄	과거의 삶에 대한 후회
• 굳은 이 다 빠지고 검던 털이 희었네 • 이제야 아무리 애달픈들 몸이 늙어 못하올쇠	• 소장불노력하고 노대에 도상비로다 • 장부의 허다 사업을 못 다 하고 늙었느냐 • 생원이 무엇인가 ~ 설마한들 배고프리

↓

젊은이들을 향한 당부
• 젊다 하고 믿지 마라 ~ 늙어지면 거짓 것이 • 하오면 못할 이 없기는 착한 일인가 하노라 • 청년의 아니하면 늙은 후 또 내 되리

16 표현상 공통점 - 맞는 것 고르기
정답률 75%, 매력적 오답 ② 10% | 정답 ①

(가)와 (나)의 표현상 공통점으로 가장 적절한 것은?

선지	핵심 체크 내용	(가)	(나)
①	대조적 표현 → 주제 의식 부각	O	O
②	일부 시행 명사로 마무리 → 여운을 남김	O	X

문제편 12쪽

③	수미상관 기법 → 리듬감 조성	X	X
④	명령적 어조	X	O
	화자의 의지 표출	X	X
⑤	감탄사 사용	X	O
	대상에 대한 예찬	O	X

① *대조적 표현을 활용하여 주제 의식을 **부각하고 있다. *대상 간의 차이점을 밝히는 표현 **강조하고

근거 (가)-5행 여리고 연하지만 불길처럼 이글이글 휘어지는 초록/ 10행 초록은 수많은 수직선 사이에 있다/ 12~13행 직선과 사각에 밀려 꺼졌다가는 다시 살아나고 있다/ 흙이란 흙은 도로와 건물로 모조리 딱딱하게 덮인 줄 알았는데/ 19~20행 단단하고 건조한 것들에게 옮겨 붙고 있는/ 저 촉촉한 불길
(나) ❶-2 굳은 이 다 빠지고 검던 털이 희었네// ❹-1 너희는 젊었느냐 나는 이미 늙었구나

풀이 (가)는 여림, 연함, 휘어짐, 촉촉함의 속성을 가지고 있는 '초록'과 직선, 사각, 딱딱함, 단단함, 건조함의 속성을 가지고 있는 '도로와 건물'을 대조함으로써 메마르고 삭막한 세상을 덮는 역동적이고 유연한 자연의 생명력을 부각하고 있다. (나)는 '굳은 이'와 '빠진 이', '검던 털'과 '하얗게 센 털'을 각각 대조하여 늙음에 대한 화자의 탄식을, '젊은 너희'와 '늙은 화자'를 대조하여 젊은 시절에 대한 화자의 후회와 젊은이들에 대한 당부를 강조하고 있다.

→ 맞아서 정답!

② 일부 시행을 명사로 마무리하여 *여운을 남기고 있다. (가)만 해당 *시가 끝난 후에도 감동이 여전히 남아 있는 느낌

근거 (가)-5행 휘어지는 초록/ 6행 솟구치는 초록 / 7행 쏟아내는 초록/ 18행 저돌적인 고요/ 20행 촉촉한 불길

풀이 (가)에서는 일부 시행을 '초록, 고요, 불길'과 같은 명사로 마무리하여 여운을 남기고 있으나 (나)에서는 명사로 마무리한 시행이 나타나지 않는다.

→ 적절하지 않으므로 오답!

■여운
여운은 시가 끝난 후에도 진한 감동이 여전히 남아 있는 느낌을 말한다. 명사로 끝맺기, 상징적 의미를 지닌 결말, 감각적 이미지로 마무리, 서술어 생략을 통한 불완전한 문장 종결, 의문형 종결 등의 방식으로 여운을 줄 수 있다.

■시행을 명사로 마무리하여 여운을 주는 작품
- **박용래, 「월훈」** (2008·2024학년도 9월 모평)
  어느덧 밖에는 눈발이라도 치는지, 펄펄 함박눈이라도 흩날리는지, 창호지 문살에 돋는 월훈(月暈)(달 언저리에 둥그렇게 생기는 구름 같은 허연 테. 달무리)
  → 시상이 집약된 시어로 여운을 남긴다.
- **박목월, 「나그네」** (2001학년도 수능)
  2연, 3연, 4연, 5연의 마지막 시어 : 나그네, 삼백 리, 저녁놀, 나그네
  → 각 연을 명사로 끝내 여운을 남긴다.

③ *수미상관의 기법을 활용하여 리듬감을 조성하고 있다. *시의 처음과 끝에 동일하거나 유사한 구절을 반복하여 배치하는 방식

풀이 (가)와 (나) 모두 수미상관을 사용하여 리듬감을 조성하고 있지 않다.

→ 적절하지 않으므로 오답!

■수미상관의 방식
수미상관의 방식을 통해 운율을 형성하고 주제를 강조하며, 구조적 균형감과 안정감을 부여한다.
- **김소월, 「진달래꽃」** (2017년 고1 9월 학평)
  나 보기가 역겨워/ 가실 때에는/ 말없이 고이 보내 드리우리다 (1연)
  나 보기가 역겨워/ 가실 때에는/ 죽어도 아니 눈물 흘리우리다 (4연)

■수미상관의 방식을 통해 리듬감을 조성하는 작품
- **이용악, 「그리움」** (2021학년도 수능)
  눈이 오는가 북쪽엔/ 함박눈 쏟아져 내리는가 (1연)
  눈이 오는가 북쪽엔/ 함박눈 쏟아져 내리는가 (5연)
  → 첫 연과 마지막 연에 동일한 구절을 반복하여 배치하는 수미상관의 방식을 통해 리듬감을 주고 있다.

④ *명령적 어조를 사용하여 화자의 의지를 표출하고 있다. (나)만 해당 *'-아라/-어라' 등의 종결 어미를 사용하여 명령이나 요구의 뜻을 나타내는 말투

근거 (나) ❹-2 젊다 하고 믿지 마라// ❻-2 내 못하여 애달프니 너희나 하여라

풀이 (나)의 '믿지 마라', '너희나 하여라'에서 명령적 어조를 사용하고 있으나 이는 화자의 의지를 표출하려는 의도가 아니라 젊은이들에게 자신의 깨달음을 전달하기 위한 것이다. (가)에서는 명령적 어조도, 화자의 의지가 표출된 부분도 드러나지 않는다.

→ 적절하지 않으므로 오답!

■명령적 어조를 사용하여 화자의 의지를 표출하는 작품
- **정훈, 「용추유영가」** (2020년 고2 9월 학평)
  아이야 사립문 닫아라 세상 알까 하노라
  → '-아라'라는 명령적 어조를 사용하여 바깥세상으로 통하는 문을 닫고 세상과 단절하려는 화자의 의지를 표출하고 있다.

⑤ 감탄사를 사용하여 대상에 대한 *예찬을 드러내고 있다. (나)만 해당 (가)만 해당 *훌륭하거나 좋거나 아름답다고 찬양함

근거 (가)-17~20행 콘크리트 갈라진 틈에서도 솟아나고 있는/ 저 저돌적인 고요/ 단단하고 건조한 것들에게 옮겨 붙고 있는/ 저 촉촉한 불길
(나) ❶-1 어져 내 일이야/ 3 어우와 소장불노력하고 노대에 도상비로다

풀이 (가)는 세상을 뒤덮는 초록에 대한 예찬이 드러나 있으나 감탄사를 사용하고 있지는 않다. (나)는 '어져', '어우와'에서 감탄사를 사용하여 늙음에 대한 탄식을 드러내고 있을 뿐, 대상을 예찬하고 있지는 않다.

→ 적절하지 않으므로 오답!

오답률 TOP ❶ 1등급 문제

17 감상의 적절성 - 틀린 것 고르기
정답률 35%, 매력적 오답 ② 40% ④ 15% 정답 ③

〈보기〉를 바탕으로 (가)와 (나)를 감상한 내용으로 적절하지 않은 것은? [3점]

| 보 기 |
[1] 사물을 바라보거나 삶을 되돌아보며 사색하는(생각할 思 탐구할 索 : 깊이 생각하는) 경험을 통해 깨달음을 얻을 수 있다. [2] (가)의 화자는 도시 공간에서 마주한 '초록'에 사로잡혀 초록을 들여다보며 그것(여기서는 초록)이 지닌 생명력을 깨닫고, 이에 대한 감탄과 놀라움을 드러낸다. [3] (나)의 화자는 자신의 백발을 바라보며 현재의 처지를 한탄하는(뉘우칠 恨 한숨 歎 : 한숨을 쉬며 탄식하는) 데 그치지 않고 지난 삶을 돌아보며 깨달은 바를 젊은이에게 전달하고 있다.

① (가)의 '잠깐 초록을 본' 것과 (나)의 '검던 털'이 하얘진 모습을 본 것은 사색을 시작하는 계기가 되는군.

근거 〈보기〉-1 사물을 바라보거나 삶을 되돌아보며 사색하는 경험을 통해 깨달음을 얻을 수 있다.
(가)-1행 **잠깐 초록을 본** 마음이 돌아가지 않는다./ 5행 여리고 연하지만 불길처럼 이글이글 휘어지는 초록/ 14~16행 이렇게 많은 초록이 갑자기 일어날 줄은 몰랐다/ ~ 이렇게 크게 세상을 덮을 줄은 몰랐다/ 18행 저 저돌적인 고요/ 20행 저 촉촉한 불길
(나) ❶-2~3 굳은 이 다 빠지고 **검던 털**이 희었네/ ~ 소장불노력하고 노대에 도상비로다// ❷-3 장부의 허다 사업을 못 다 하고 늙었느냐// ❹-3 젊어서 흐느적흐느적하다가 늙어지면 거짓 것이

풀이 (가)의 화자는 '잠깐 초록을 본' 것을 계기로 초록의 유연함과 역동성, 생명력에 대해 사색하고 있다. (나)의 화자는 '검던 털'이 하얘진 자신의 모습을 본 것을 계기로 자신의 늙음과 지난날에 대해 사색하고 있다.

→ 적절하므로 오답!

② (가)의 '초록에 붙잡힌 마음'은 '초록'에 *매료된 심리를, (나)의 '밭 갈고 논 매더면 설마한들 배고프리'는 넉넉지 않은 현실을 **초래한 지난 삶에 대한 아쉬움을 나타내고 있군. *마음이 사로잡힌 **생겨나게 한

근거 〈보기〉-2 (가)의 화자는 도시 공간에서 마주한 '초록'에 사로잡혀/ 3 현재의 처지를 한탄하는 데 그치지 않고 지난 삶을 돌아보며 깨달은 바
(가)-2~4행 **초록에 붙잡힌 마음**이/ 초록에 붙어 바람에 세차게 흔들리는 마음이/ 종일 떨어지지 않는다
(나) ❸-1~2 생원이 무엇인가 급제도 헛일이니/ **밭 갈고 논 매더면 설마한들 배고프리**

풀이 (가)의 '초록에 붙잡힌 마음'은 마음이 초록에 붙어 종일 떨어지지 않을 정도로 '초록'에 매료된 화자의 심리를 나타내고 있다. (나)의 '밭 갈고 논 매더면 설마한들 배고프리'는 과거에 급제했으나 농사를 짓지 않아 넉넉지 않은 상황에 처한 것에 대한 아쉬움이 드러난 표현이다.

→ 적절하므로 오답!

③ (가)의 '수직선들을 조금씩 지우며'를 통해 '초록'이 도시 공간과 균형을 이루기를, (나)의 '늙은 후 또 내 되리'를 통해 젊은이가 *과오를 저지르지 않기를 바라고 있군. 도시 공간을 변화시키는 모습을 발견하고 있고 *잘못

근거 〈보기〉-2~3 (가)의 화자는 도시 공간에서 마주한 '초록'에 사로잡혀 초록을 들여다보며 그것이 지닌 생명력을 깨닫고, 이에 대한 감탄과 놀라움을 드러낸다. (나)의 화자는 ~ 지난 삶을 돌아보며 깨달은 바를 젊은이에게 전달하고 있다.
(가)-10~11행 초록은 수많은 수직선 사이에 있다/ **수직선들을 조금씩 지우며** 번져가고 있다
(나) ❹-3 젊어서 흐느적흐느적하다가 늙어지면 거짓 것이// ❻-2~3 내 못하여 애달프니 너희나 하여라/ 청년의 아니하면 **늙은 후 또 내 되리**

풀이 (나)의 '늙은 후 또 내 되리'는 젊은이들이 화자의 젊은 시절처럼 흐느적흐느적 살다가는 자신과 같은 신세가 될 것이라는 의미로, 젊은이들이 과오를 저지르지 않기를 바라는 화자의 마음이 담겨 있다. (가)의 '수직선들을 조금씩 지우며'는 '초록'이 '수직선'의 도시 공간을 뒤덮어 생명력 넘치는 공간으로 변화시키는 모습을 나타낸 것이다. 따라서 '초록'이 도시 공간과 균형을 이루기를 바란다는 설명은 적절하지 않다.

→ 틀려서 정답!

④ (가)의 '밀려 꺼졌다가는 다시 살아나고 있'는 것에서 '초록'의 끈질긴 생명력을, (나)의 '급제도 헛일'에서 출세를 위한 삶이 전부가 아님을 깨닫고 있군.

근거 〈보기〉-2~3 (가)의 화자는 ~ 초록을 들여다보며 그것이 지닌 생명력을 깨닫고, ~ (나)의 화자는 ~ 지난 삶을 돌아보며 깨달은 바
(가)-10~12행 초록은 ~/ 직선과 사각에 **밀려 꺼졌다가는 다시 살아나고 있**다
(나) ❸-1~2 생원이 무엇인가 **급제도 헛일**이니/ 밭 갈고 논 매더면 설마한들 배고프리

풀이 (가)의 화자는 '초록'이 직선과 사각에 '밀려 꺼졌다가는 다시 살아나고 있'는 것에서 '초록'의 끈질긴 생명력을 깨닫고 있다. (나)의 화자는 '급제도 헛일'에서 과거에 급제했으나 가난하게 살아가는 자신의 모습을 통해 출세를 위한 삶이 전부가 아님을 깨닫고 있다.

→ 적절하므로 오답!

⑤ (가)의 '갑자기 일어날 줄은 몰랐다'는 '초록'의 새로운 모습을 발견한 놀라움을, (나)의 '이미 늙었구나'는 현재의 처지에 대한 탄식을 드러내고 있군.

근거 〈보기〉-2~3 (가)의 화자는 ~ 초록을 들여다보며 그것이 지닌 생명력을 깨닫고, 이에 대한 감탄과 놀라움을 드러낸다. (나)의 화자는 자신의 백발을 바라보며 현재의 처지를 한탄
(가)-13~14행 흙이란 흙은 도로와 건물로 모조리 딱딱하게 덮인 줄 알았는데/ 이렇게 많은 초록이 **갑자기 일어날 줄은 몰랐다**

문제편 12쪽

(나) ❹-1 너희는 젊었느냐 나는 이미 늙었구나/ 3 젊어서 흐느적흐느적하다가 늙어지면 거짓 것이

풀이 (가)의 '갑자기 일어날 줄은 몰랐다'는 도로와 건물로 딱딱하게 덮인 줄 알았던 흙에서 많은 초록이 일어난 것을 본 화자가 그 역동적 생명력에 대한 놀라움을 드러낸 것이다. (나)의 '이미 늙었구나'는 이룬 것 없이 허망하게 늙어 버린 현재 자신의 처지에 대한 탄식을 드러낸 것이다.

→ 적절하므로 오답!

18 시구의 의미 - 맞는 것 고르기 정답률 85% | 정답 ②

[A]에 대한 설명으로 가장 적절한 것은?

[A] (가)-17~20행 콘크리트 갈라진 틈에서도 솟아나고 있는/ 저 저돌적인 고요/ 단단하고 건조한 것들에게 옮겨 붙고 있는/ 저 촉촉한 불길

① *지시 표현을 사용하여 대상에 대한 화자의 심리적 거부감을 나타내고 있다. *이, 그, 저와 같이 어떤 대상을 가리킬 때 사용되는 표현 (감탄을)

풀이 [A]에서 '저'라는 지시 표현을 사용하였으나 이를 통해 '초록'에 대한 심리적 거부감을 나타내고 있지는 않다. 화자는 대상인 '초록'의 생명력에 감탄하고 있다.

→ 적절하지 않으므로 오답!

② 유사한 문장 구조를 반복하여 대상이 갖는 *역동적 이미지를 나타내고 있다. *힘차고 활발하게 움직이는 이미지

풀이 [A]의 '솟아나고 있는/ 저 저돌적인 고요'와 '옮겨 붙고 있는/ 저 촉촉한 불길'에서 유사한 문장 구조를 반복하여 콘크리트 바닥에서 저돌적으로 솟아나며 단단하고 건조한 것들에게 옮겨 붙는 '초록'의 역동적 이미지를 나타내고 있다.

→ 맞아서 정답!

③ *점층적인 표현을 사용하여 대상에 대한 화자의 태도 변화를 드러내고 있다. *그 정도를 점점 크게 하거나 강하게 하거나 높게 하는 등의 표현

풀이 [A]에서 콘크리트 바닥에서 저돌적으로 솟아나는 것과 단단하고 건조한 것들에게 옮겨 붙는 것은 '초록'의 역동성을 대등하게 보여 주는 표현이므로 점층적인 표현이 사용되었다고 보기는 어렵다. 또한 화자는 '초록'에 대해 긍정적인 태도로 일관하고 있으므로 대상에 대한 태도 변화를 드러내고 있지도 않다.

→ 적절하지 않으므로 오답!

> ■ 점층적 표현이 드러나는 작품
>
> • 정몽주, 「단심가」
> 이 몸이 주거주거 일백 번 고쳐 주거/ 백골이 진토(티끌과 흙)되어 넋시라도 잇고 업고,/ 님 향한 일편단심이야 가실 줄이 이시랴.
> → '이 몸이 주거주거 < 일백 번 고쳐 주거 < 백골이 진토되어'와 같이 죽음에 대한 강도를 점점 높이고 있으므로 점층적 표현이다.
>
> • 김광욱, 「율리유곡」 (2011학년도 수능, 2022학년도 6월 모평)
> 공명도 잊었노라 부귀도 잊었노라/ 세상 번우한(괴롭고 조심스러운) 일 다 주어 잊었노라/ 내 몸을 내마저 잊으니 남이 아니 잊으랴
> → 세속적 욕심을 버리는 화자의 태도가 점점 강하게 표현되고 있다.(공명 < 부귀 < 세상 번우한 일)

④ 하나의 문장을 두 개의 시행으로 나누어 대상의 *순환 과정을 제시하고 있다. *주기적으로 자꾸 되풀이하여 도는 과정

풀이 [A]는 하나의 문장인 '콘크리트 갈라진 틈에서도 솟아나고 있는/ 저 저돌적인 고요'와 '단단하고 건조한 것들에게 옮겨 붙고 있는/ 저 촉촉한 불길'을 각각 두 개의 시행으로 나누고 있으나 '초록'의 순환 과정을 제시하고 있지는 않다.

→ 적절하지 않으므로 오답!

⑤ *모순된 표현을 활용하여 대상과 자신을 **동일시하는 화자의 모습을 드러내고 있다. *논리적으로 앞뒤가 맞지 않는 표현 **똑같은 것으로 보는

풀이 '저돌적인 고요'와 '촉촉한 불길'에서 모순된 표현을 사용하고 있으나 화자가 '초록'과 자신을 동일시하는 모습은 나타나지 않는다.

→ 적절하지 않으므로 오답!

19 내용 이해 - 틀린 것 고르기 정답률 70%, 매력적 오답 ⑤ 10% | 정답 ④

(나)에 대한 이해로 적절하지 않은 것은?

① <제1수>의 '어져 내 일이야'에 담긴 한탄은, <제2수>의 '장부의 허다 사업'을 못 다 한 데서 비롯되는군.

근거 (나) ❶-1 어져 내 일이야 무슨 일 하다 하고/ 3 소장불노력하고 노대에 도상비로다// ❷-3 장부의 허다 사업을 못 다 하고 늙었느냐

풀이 <제1수>의 '어져 내 일이야'에는 젊어서 노력하지 않아 '장부의 허다 사업'을 다 못 하고 늙어 버린 데에서 비롯된 한탄과 슬픔이 나타나 있다.

→ 적절하므로 오답!

② <제1수>의 '노대에 도상비로다'에 담긴 *애상감은, <제4수>의 '늙어지면 거짓 것이'로 이어지는군. *슬퍼하거나 가슴 아파하는 감정

근거 (나) ❶-3 소장불노력하고 노대에 도상비로다// ❹-3 젊어서 흐느적흐느적하다가 늙어지면 거짓 것이

풀이 <제1수>의 '노대에 도상비로다'는 '늙어서 슬픔과 상심뿐이로다'라는 의미로 현재 처지에 대한 화자의 애상감이 나타난다. 이는 <제4수>의 '늙어지면 거짓 것이'에서 허망감으로 이어지고 있다.

→ 적절하므로 오답!

③ <제2수>의 '서른 마흔 한 일 없이'에 담긴 반성은, <제4수>의 '젊어서 흐느적흐느적'하지 말라는 당부로 나타나는군.

근거 (나) ❷-2~3 서른 마흔 한 일 없이 쉰 예순 넘는단 말인가/ 장부의 허다 사업을 못 다 하고 늙었느냐// ❹-2~3 젊다 하고 믿지 마라 나도 일찍 젊었더니/ 젊어서 흐느적흐느적하다가 늙어지면 거짓 것이

풀이 <제2수>에서 남자로 태어나 '서른 마흔 한 일 없이' 살아온 것에 대한 화자의 반성은 <제4수>에서 젊은이들에게 '젊어서 흐느적흐느적' 살아가지 말라는 당부로 나타나 있다.

→ 적절하므로 오답!

④ <제3수>의 '이제야 아무리 애달픈들'과 <제6수>의 '내 못하여 애달프니'에는 세월의 *무상감에서 벗어나고자 하는 심리가 드러나는군. *덧없고 허무하다는 느낌 (자신의 삶에 대한 안타까움)

근거 (나) ❸-2~3 밭 갈고 논 매더면 설마한들 배고프리/ 이제야 아무리 애달픈들 몸이 늙어서 못하올쇠// ❻-2 내 못하여 애달프니 너희나 하여라

풀이 <제3수>의 '이제야 아무리 애달픈들'에는 넉넉지 못한 처지에 농사를 짓고 싶어도 몸이 늙어서 할 수 없는 화자의 안타까움이 드러난다. <제6수>의 '내 못하여 애달프니'에는 화자가 젊어서 착한 일을 하지 못한 것에 대해 안타까워하며 젊은이들에게 착한 일을 권유하는 심리가 드러나 있다.

→ 틀려서 정답!

⑤ <제5수>의 '하오면 못할 이 없기는 착한 일'은, <제6수>의 '너희더러 하라'에서 권유하는 내용이겠군.

근거 (나) ❺-3 하오면 못할 이 없기는 착한 일인가 하노라// ❻-1 내 몸이 못하고서 너희더러 하라기는

풀이 <제5수>의 '하오면 못할 이 없기는 착한 일'은 화자가 젊은 시절에 하지 못한 일로, <제6수>의 '너희더러 하라'에서 권유하는 내용에 해당한다.

→ 적절하므로 오답!

20 화자의 정서 - 맞는 것 고르기 정답률 90% | 정답 ④

*시상의 흐름을 고려하여 ㉠과 ㉡을 비교한 내용으로 가장 적절한 것은? *시에 드러난 시인의 생각이나 감정

(가)-8~9행 ㉠ 지금 저 초록 아래에서는/ 얼마나 많은 잔뿌리들이 발끝에 힘주고 있을까
(나) ❺-1~2 ㉡ 재산인들 부디 말며 과갑인들 마다 할까/ 재산이 유수하고 과갑은 재천하니

① ㉠에는 대상을 향한 화자의 애정이, ㉡에는 청자를 향한 화자의 원망이 나타나 있다. (당부가)

풀이 ㉠에는 대상인 초록을 향한 화자의 애정이 나타난다고 볼 수 있으나, ㉡에는 청자인 젊은이들에 대한 화자의 당부가 드러날 뿐, 원망이 드러나 있지 않다.

→ 적절하지 않으므로 오답!

② ㉠에는 대상과 화자 사이의 *이질감이, ㉡에는 대상에 대한 화자의 거부감이 드러나 있다. *성질이 서로 달라 낯설거나 잘 맞지 않는 느낌

풀이 ㉠에는 대상인 초록과 화자 사이의 이질감이 드러나 있지 않다. ㉡에서 화자는 대상인 재산과 과갑을 마다하지 않는다고 하였으므로 대상에 대한 화자의 거부감이 드러나 있다고 볼 수 없다.

→ 적절하지 않으므로 오답!

③ ㉠에는 감춰진 진실에 대한 화자의 *회의가, ㉡에는 화자의 현재 상황에 대한 의문이 나타나 있다. *의심을 품음

풀이 ㉠에는 초록 아래의 상황을 상상하는 화자의 태도가 드러날 뿐, 감춰진 진실에 대한 회의는 드러나지 않는다. ㉡은 재산이나 과갑을 마다하지 않는다는 것을 의문의 형식으로 표현한 것이지 화자의 현재 상황에 대한 의문을 표현한 것이 아니다.

→ 적절하지 않으므로 오답!

④ ㉠에는 힘의 *근원에 대한 화자의 상상이, ㉡에는 뜻대로 되지 않는 삶에 대한 화자의 인식이 드러나 있다. *시작되는 근본

근거 (가)-6~7행 땅에 박힌 심지에서 끝없이 솟구치는 초록/ 나무들이 온몸의 진액을 다 쏟아내는 초록
(나) ❸-1~2 생원이 무엇인가 급제도 헛일이니/ 밭 갈고 논 매더면 설마한들 배고프리

풀이 ㉠에는 땅과 나무들이 초록을 만들어 내는 힘의 근원이 잔뿌리에서 오는 것이라는 화자의 상상이 드러나 있다. ㉡은 재산 축적이나 과거 급제를 마다하지 않은 화자가 궁핍하게 살아가는 것에서 재산이나 과갑은 노력으로 얻을 수 있는 것이 아닌 운수와 하늘의 뜻에 달렸다는 화자의 운명론적 인식을 드러낸 것이다.

→ 맞아서 정답!

⑤ ㉠에는 문제의 원인에 대한 화자의 *성찰이, ㉡에는 예상치 못한 결과를 **수용하는 화자의 모습이 나타나 있다. *반성 **받아들이는

풀이 (가)의 화자는 땅과 나무에서 나오는 초록을 문제로 인식하지 않으므로 ㉠에 문제의 원인에 대한 화자의 성찰이 드러난다는 것은 적절하지 않다. ㉡에는 재산을 모으는 일이나 과거에 급제하는 것이 뜻대로 되지 않는다는 화자의 생각이 나타나 있을 뿐, 예상치 못한 결과를 수용하는 화자의 모습이 드러난다고 보기 어렵다.

→ 적절하지 않으므로 오답!

문제편 12쪽

[21 ~ 24] 예술 - 큐비즘의 특징과 의의

1 [1]20 세기 초 유럽에서 일어난 과학 문명의 발전은 현실을 이루는 법칙을 하나씩 부정하였다. [2]절대적이라고(絶對的-, 비교하거나 상대될 만한 것이 없다고) 믿어 왔던 시공간(時空間, 시간과 공간)마저 상대적인(相對的-, 서로 맞서거나 비교되는 관계에 있는) 것으로 밝혀지면서, 사람들은 기존에 당연시되어(當然視-, 당연한 것으로 여겨져) 온 인식(認識, 사물을 구별하여 가르고, 판단하여 앎)에 의문을 품었다. [3]이(기존 인식에 대한 의문)는 서양의 회화(繪畫, 여러 가지 선이나 색채로 평면상에 형상을 그려 내는 조형 미술)에도 영향을 미쳐 큐비즘(cubism, 입체파)이라는 새로운 미술 양식(樣式, 시대나 부류에 따라 각기 독특하게 지니는 문학, 예술의 형식)을 탄생시켰다.

→ 큐비즘의 등장 배경

2 [1]큐비즘은 대상의 사실적 재현(再現, 다시 나타냄)에 집중했던 전통 회화와 달리, 대상의 본질(本質, 처음부터 가지고 있는 사물 그 자체의 성질이나 모습)을 구현하기(具現-, 구체적인 모습으로 뚜렷이 나타나게 하기) 위해 그 근원적(根源的, 비롯되는 근본) 형태를 그려 내는 것을 목표로 삼았다. [2]이를 위해 대상의 본질과 관련 없는 세부적(細部的, 아주 작은 부분까지 세세한) 묘사를 배제하고(排除-, 받아들이지 않고 제외하고) 구(球, 공처럼 둥글게 생긴 모양)와 원기둥(圓-, 위와 아래에 있는 면이 서로 평행이고, 합동인 원으로 되어 있는 입체 도형) 등의 기하학적(幾何學的, 직선, 원, 다각형 등 기하학에 바탕을 둔) 형태로 대상을 단순화하여 질감(質感, 재질의 차이에서 받는 느낌)과 부피감(-感, 물건이 공간에서 차지하는 크기의 느낌)을 부각하였다.(浮刻-, 특징지어 두드러지게 하였다.) [3]색채 또한 본질 구현에 있어 부차적인(副次的-, 주된 것이 아니라 그것에 덧붙어서 따르게 된) 것으로 판단하여 몇 가지 색으로 제한하였다.(制限-, 일정한 한도를 정하였다.)

→ 큐비즘의 목표와 표현 방식 ①

3 [1]또한 큐비즘은 하나의 시점(視點, 어떤 대상을 볼 때에 시력의 중심이 가 닿는 점)으로는 대상의 한쪽 형태밖에 표현할 수 없다고 생각하여, 하나의 시점에서 대상을 보고 표현하는 원근법(遠近法, 물체나 공간을 멀고 가까움을 느낄 수 있도록 표현하는 기법)을 거부하였다.(拒否-, 받아들이지 않았다.) [2]그리고 대상의 전체 형태를 표현하기 위해 다중(多重, 여러 겹) 시점을 적용하였는데, 이(다중 시점)는 여러 시점에서 관찰한 대상을 한 화면에 그려 내고자 한 기법이다. [3]예를 들어, 한 인물을 그릴 때 얼굴의 정면(正面, 앞쪽으로 향한 면)과 측면(側面, 왼쪽이나 오른쪽의 면)을 동시에 표현함으로써 대상의 전체 형태를 관람자(觀覽者, 구경하는 사람)들에게 보여 주는 것이다. [4]이렇게 큐비즘은 사실적 재현에서 벗어나 대상의 근원적 형태를 표현하려 하였으며, 관람자들에게 새로운 미적(美的, 사물의 아름다움에 관한) 인식을 환기하였다.(喚起-, 불러일으켰다.)

〈참고 작품〉

▲ 조르주 브라크(Georges Braque), '라 로슈귀용의 성(La Roche-Guyon, le château)'(1909), © Georges Braque / ADAGP, Paris – SACK, Seoul, 2024
: 절벽에 위치하여 폐허가 된 저택을 그림. 실제와 다른 색채를 사용하였고 납작한 평면이 겹쳐진 형태를 보임

▲ 파블로 피카소(Pablo Picasso), '아비뇽의 아가씨들(Les Demoiselles d'Avignon)'(1907), © 2024 – Succession Pablo Picasso – SACK (Korea)
: 각지고 분리된 신체, 왜곡된 얼굴 등 기하학적 형태로 대상이 단순화됨

→ 큐비즘의 표현 방식 ②

4 [1]대상의 형태를 더 다양한 시점으로 보여 주려는 시도(試圖, 이루려고 계획하거나 행동함)는 다중 시점의 극단화(極端化, 한쪽으로 크게 치우침)로 치달았는데(힘차고 빠르게 나아갔는데), 이 시기의 큐비즘을 ⓐ 분석적 큐비즘이라고 일컫는다. [2]분석적 큐비즘은 대상을 여러 시점으로 해체하여(解體-, 나누거나 분리하여) 작은 격자(格子, 바둑판처럼 가로세로를 일정한 간격으로 직각이 되게 짠 구조나 물건, 형식) 형태로 쪼개어 표현했고, 색채 또한 대상의 고유색(固有色, 갖고 있는 본래의 색깔)이 아닌 무채색(無彩色, 검정, 하양, 회색 등 색상이나 채도는 없고 명도의 차이만 가지는 색)으로 한정하였다.(限定-, 제한하여 정하였다.) [3]해체 정도가 심해짐에 따라 대상은 부피감이 사라질 정도로 완전히 분해되었다. [4]이로 인해 관람자는 대상이 무엇인지조차 알아볼 수 없게 되었고, 제목이나 삽입된(揷入-, 넣어진) 문자를 통해서만 대상이 무엇인지 추측할 수 있게 되었다.

〈참고 작품〉

▲ 조르주 브라크(Georges Braque), '기타를 든 사람(L'homme à la Guitare)'(1911~12), © Georges Braque / ADAGP, Paris – SACK, Seoul, 2024
: 제목을 통해서만 대상 추측

▲ 파블로 피카소(Pablo Picasso), '투우 경기 애호가(투우사)(L'aficionado(Le Torero))'(1912), © 2024 – Succession Pablo Picasso – SACK (Korea)
: 왼쪽 하단에 있는 'Le Torero'라는 글자를 통해 대상 추측

→ 큐비즘의 변화 양상 ① : 분석적 큐비즘

5 [1]㉠ 대상이 극단적으로 해체되어 형태를 파악하지 못하게 된 문제를 해결하기 위해, 큐비즘은 화면 안으로 실제 대상 혹은 대상의 특성(特性, 일정한 사물에만 있는 특수한 성질)을 잘 드러내는 화면 밖의 재료들을 끌어들였다. [2]이것을 ⓑ 종합적 큐비즘이라고 일컫는다.(가리켜 말한다.) [3]종합적 큐비즘의 특징을 보여 주는 대표적 기법(技法, 기교와 방법)으로는 '파피에 콜레'가 있다. [4]이(파피에 콜레)는 화면에 신문이나 벽지 등의 실제 종이를 오려 붙여 대상의 특성을 표현하는 기법이다. [5]예를 들어, 나무 탁자의 질감을 표현하기 위해 화면에 나뭇결무늬의 종이를 직접 붙였다. [6]화면에 붙인 종이의 색으로 인해 색채도 다시 살아났다.

〈참고 작품〉

▲ 조르주 브라크(Georges Braque), '과일 접시와 유리컵(Fruit Dish and Glass)'(1912), © Georges Braque / ADAGP, Paris – SACK, Seoul, 2024
: 벽지와 종이를 오려 붙여 접시, 유리컵, 배, 포도를 표현

▲ 파블로 피카소(Pablo Picasso), '유리잔과 수즈의 병(Verre et Bouteille de Suze)'(1912), © 2024 – Succession Pablo Picasso – SACK (Korea)
: 판지를 오려 붙여 유리잔과 '수즈'라는 술의 병을 표현

→ 큐비즘의 변화 양상 ② : 종합적 큐비즘

6 [1]큐비즘은 대상의 근원적 형태를 화면에 구현하기 위해 대상을 표현하는 새로운 방법을 모색하였다.(摸索-, 더듬어 찾았다.) [2]큐비즘이 대상의 형태를 실제에서 해방한(解放-, 벗어나게 한) 것은 회화 예술에 무한한(無限-, 제한이나 한계가 없는) 표현의 가능성을 가져다주었다. [3]이는 표현 대상을 보이는 세계에 한정하지 않는 현대 추상 회화(抽象繪畫, 비구상적(일정한 형태와 성질을 갖추고 있지 않은 것)이고 반사실주의적 경향의 미술)의 탄생에 직접적인 영향을 미쳤다.

→ 큐비즘의 의의

■지문 이해

❶ 큐비즘의 등장 배경

- 20 세기 초 과학 문명의 발전으로 사람들은 기존의 인식에 의문을 품었고, 서양 회화에도 영향을 미쳐 큐비즘을 탄생시킴

❷~❸ 큐비즘의 목표와 표현 방식

- 목표 : 대상의 본질을 구현하기 위해 근원적 형태를 그려 내는 것
- 표현 방식
  - 대상의 본질과 관련 없는 세부적 묘사 배제
  - 기하학적 형태로 대상을 단순화하여 질감과 부피감 부각
  - 색채를 본질 구현에 있어 부차적인 것으로 판단하여 몇 가지 색으로 제한
  - 여러 시점에서 관찰한 대상을 한 화면에 그려 내는 기법인 다중 시점을 적용

  → 사실적 재현에서 벗어나 대상의 근원적 형태를 표현하려 함

  → 관람자들에게 새로운 미적 인식을 환기함

❹ 큐비즘의 변화 양상 ① : 분석적 큐비즘

- 대상의 형태를 더 다양한 시점으로 보여 주려는 시도 → 다중 시점의 극단화
- 분석적 큐비즘
  - 대상을 여러 시점으로 해체하여 작은 격자 형태로 쪼개어 표현
  - 색채를 대상의 고유색이 아닌 무채색으로 한정
  - 해체 정도가 심해져 대상의 부피감이 사라질 정도로 완전히 분해됨
  - 관람자는 대상을 알아볼 수 없고, 제목이나 삽입된 문자를 통해 대상을 추측

❺ 큐비즘의 변화 양상 ② : 종합적 큐비즘

- 종합적 큐비즘
  - 대상이 극단적으로 해체되어 형태를 파악하지 못하게 된 문제를 해결하기 위해 화면 안에 실제 대상이나 대상의 특성을 잘 드러내는 화면 밖 재료를 활용
  - 파피에 콜레 : 화면에 신문, 벽지 등을 오려 붙여 대상의 특성을 표현하는 기법
  - 화면에 붙인 종이의 색으로 인해 색채도 다시 살아남

❻ 큐비즘의 의의

- 대상의 근원적 형태 구현을 위해 대상을 표현하는 새로운 방법을 모색함
- 대상의 형태를 실제에서 해방하여 회화 예술에 무한한 표현의 가능성을 가져다 줌
- 현대 추상 회화의 탄생에 직접적 영향을 미침

문제편 13쪽

21 세부 정보 이해 - 틀린 것 고르기 정답률 95% | 정답 ③

윗글에서 알 수 있는 내용으로 적절하지 않은 것은?

① **큐비즘이 사용한 표현 기법**

근거 ❸-2 대상의 전체 형태를 표현하기 위해 다중 시점을 적용하였는데, 이는 여러 시점에서 관찰한 대상을 한 화면에 그려 내고자 한 기법, ❺-3~4 종합적 큐비즘의 특징을 보여 주는 대표적 기법으로는 '파피에 콜레'가 있다. 이는 화면에 신문이나 벽지 등의 실제 종이를 오려 붙여 대상의 특성을 표현하는 기법

→ 적절하므로 오답!

② **큐비즘이 등장한 시대적 배경**

근거 ❶-1 20 세기 초 유럽에서 일어난 과학 문명의 발전은 … , ❶-3 서양의 회화에도 영향을 미쳐 큐비즘이라는 새로운 미술 양식을 탄생시켰다.

→ 적절하므로 오답!

③ **큐비즘에 대한 다른 화가들의 *논쟁** *論爭, 서로 다른 의견을 가진 사람들이 각각 자기의 주장을 말이나 글로 논하여 다툼

풀이 윗글에서 큐비즘에 대한 다른 화가들의 논쟁은 다루지 않았다.

→ 틀려서 정답!

④ **큐비즘의 작품 *경향이 변화된 **양상** *傾向, 현상, 사상, 행동 등에서 나타나는 일정한 방향성 **樣相, 모양 · 상태

근거 ❹-1 대상의 형태를 더 다양한 시점으로 보여 주려는 시도는 다중 시점의 극단화로 치달았는데, 이 시기의 큐비즘을 분석적 큐비즘이라고 일컫는다, ❺-1~2 대상이 극단적으로 해체되어 형태를 파악하지 못하게 된 문제를 해결하기 위해, 큐비즘은 화면 안으로 실제 대상 혹은 대상의 특성을 잘 드러내는 화면 밖의 재료들을 끌어들였다. 이것을 종합적 큐비즘이라고 일컫는다.

→ 적절하므로 오답!

⑤ **큐비즘이 현대 추상 회화에 미친 영향**

근거 ❻-3 표현 대상을 보이는 세계에 한정하지 않는 현대 추상 회화의 탄생에 직접적인 영향을 미쳤다.

→ 적절하므로 오답!

22 세부 정보 이해 - 맞는 것 고르기 정답률 85% | 정답 ①

㉠을 이해한 내용으로 가장 적절한 것은?

㉠ 대상이 극단적으로 해체되어 형태를 파악하지 못하게 된 문제

① **대상의 본질을 화면에 구현하기 위해 다중 시점에 *집착한 결과이겠군.** *執着-, 마음이 쏠려 잊지 못하고 매달린

근거 ❷-1 큐비즘은 … 대상의 본질을 구현하기 위해 그 근원적 형태를 그려 내는 것을 목표로 삼았다, ❸-2 (큐비즘은) 다중 시점을 적용하였는데, 이는 여러 시점에서 관찰한 대상을 한 화면에 그려 내고자 한 기법, ❸-4 큐비즘은 사실적 재현에서 벗어나 대상의 근원적 형태를 표현하려 하였으며, ❹-1 대상의 형태를 더 다양한 시점으로 보여 주려는 시도는 다중 시점의 극단화로 치달았는데

풀이 큐비즘은 여러 시점에서 관찰한 대상을 한 화면에 그려 내는 다중 시점 기법을 적용하여 대상의 근원적 형태를 표현하려 하였다. 대상의 형태를 더 다양한 시점으로 보여 주려 한 큐비즘의 시도는 다중 시점의 극단화로 치달아, 대상의 해체 정도가 심해져 그 형태를 파악하지 못하게 되었다. 즉 분석적 큐비즘에서 대상이 극단적으로 해체되어 형태를 파악하지 못하게 된 문제는 다중 시점의 극단화로 인한 것이라고 볼 수 있다. 따라서 ㉠이 대상의 본질을 화면에 구현하기 위해 다중 시점에 집착한 결과라고 보는 것은 ㉠을 이해한 내용으로 적절하다.

→ 맞아서 정답!

② **인식의 절대적 기준을 제시하기 위해 대상의 변화를 무시한 결과이겠군.**

풀이 큐비즘이 인식의 절대적 기준을 제시하려고 했다거나 대상의 변화를 무시하였다는 내용은 윗글에서 찾아볼 수 없다.

→ 적절하지 않으므로 오답!

③ **화면의 공간을 사실적으로 표현하기 위해 대상의 형태를 희생한 결과이겠군.**

근거 ❷-1 큐비즘은 대상의 사실적 재현에 집중했던 전통 회화와 달리, 대상의 본질을 구현하기 위해 그 근원적 형태를 그려 내는 것을 목표로 삼았다.

풀이 큐비즘은 대상의 사실적 재현에서 벗어나 대상의 본질을 구현하기 위해 그 근원적 형태를 그려 내고자 하였으며, 하나의 시점으로는 대상의 한쪽 형태밖에 표현할 수 없다고 보고 대상의 전체 형태를 표현하기 위해 여러 시점에서 관찰한 대상을 한 화면에 그려 내는 다중 시점을 적용하였다. 따라서 ㉠을 '화면의 공간을 사실적으로 표현하기 위해' 대상의 형태를 희생한 결과라고 보는 것은 적절하지 않다.

→ 적절하지 않으므로 오답!

④ **기하학적 형태에서 *탈피하기 위해 대상의 정면과 측면을 동시에 표현한 결과이겠군.** *脫皮-, 완전히 벗어나기

근거 ❷-2 (큐비즘은) 대상의 본질과 관련 없는 세부적 묘사를 배제하고 구와 원기둥 등의 기하학적 형태로 대상을 단순화하여 질감과 부피감을 부각

풀이 큐비즘은 대상의 사실적 재현에서 벗어나 기하학적 형태로 대상을 단순화하여 질감과 부피감을 부각하였다. 따라서 ㉠을 '기하학적 형태에서 탈피하기 위해' 대상의 정면과 측면을 동시에 표현한 결과라고 보는 것은 적절하지 않다.

→ 적절하지 않으므로 오답!

⑤ **관람자들에게 새로운 미적 인식을 환기하기 위해 대상을 있는 그대로 재현한 결과이겠군.**

근거 ❷-1 큐비즘은 대상의 사실적 재현에 집중했던 전통 회화와 달리, 대상의 본질을 구현하기 위해 그 근원적 형태를 그려 내는 것을 목표로 삼았다, ❸-4 큐비즘은 사실적 재현에서 벗어나 대상의 근원적 형태를 표현하려 하였으며, 관람자들에게 새로운 미적 인식을 환기

풀이 큐비즘은 대상을 있는 그대로 재현한 것이 아니라, 대상의 사실적 재현에서 벗어나 대상의 본질을 구현하기 위해 그 근원적 형태를 표현하려 하였다. 따라서 ㉠을 '대상을 있는 그대로 재현한 결과'라고 보는 것은 적절하지 않다.

→ 적절하지 않으므로 오답!

23 핵심 개념 파악 - 맞는 것 고르기 정답률 85% | 정답 ④

ⓐ와 ⓑ에 대한 설명으로 가장 적절한 것은?

ⓐ 분석적 큐비즘 ⓑ 종합적 큐비즘

① **ⓐ는 ⓑ와 달리 고유색을 통해 대상을 그려 낸다.** (무채색)

근거 ❹-2 분석적 큐비즘(ⓐ)은 … 색채 또한 대상의 고유색이 아닌 무채색으로 한정, ❺-6 (종합적 큐비즘(ⓑ)은) 화면에 붙인 종이의 색으로 인해 색채도 다시 살아났다.

→ 적절하지 않으므로 오답!

② **ⓐ는 ⓑ와 달리 삽입된 문자로만 대상을 드러낸다.**

근거 ❹-4 (분석적 큐비즘(ⓐ) 작품에서) 관람자는 대상이 무엇인지조차 알아볼 수 없게 되었고, 제목이나 삽입된 문자를 통해서만 대상이 무엇인지 추측할 수 있게 되었다.

풀이 분석적 큐비즘은 대상의 해체 정도가 심해져 관람자가 제목이나 삽입된 문자를 통해 대상이 무엇인지 추측할 수 있게 되었다. 따라서 분석적 큐비즘이 '삽입된 문자로만' 대상을 드러낸다는 설명은 적절하지 않다.

→ 적절하지 않으므로 오답!

③ **ⓑ는 ⓐ와 달리 작은 격자 형태로 대상을 해체한다.**

근거 ❹-2 분석적 큐비즘(ⓐ)은 대상을 여러 시점으로 해체하여 작은 격자 형태로 쪼개어 표현

→ 적절하지 않으므로 오답!

④ **ⓑ는 ⓐ와 달리 화면 밖의 재료를 활용해 대상을 표현한다.**

근거 ❺-1~4 화면 안으로 실제 대상 혹은 대상의 특성을 잘 드러내는 화면 밖의 재료들을 끌어들였다. 이것을 종합적 큐비즘(ⓑ)이라고 일컫는다. 종합적 큐비즘의 특징을 보여 주는 대표적 기법으로는 '파피에 콜레'가 있다. 이는 화면에 신문이나 벽지 등의 실제 종이를 오려 붙여 대상의 특성을 표현하는 기법

→ 맞아서 정답!

⑤ **ⓐ와 ⓑ는 모두 질감과 부피감을 살려서 대상을 형상화한다.**

근거 ❹-3 (분석적 큐비즘(ⓐ) 작품에서) 해체 정도가 심해짐에 따라 대상은 부피감이 사라질 정도로 완전히 분해, ❺-3~5 종합적 큐비즘(ⓑ)의 특징을 보여 주는 대표적 기법으로는 '파피에 콜레'가 있다. 이는 화면에 신문이나 벽지 등의 실제 종이를 오려 붙여 대상의 특성을 표현하는 기법이다. 예를 들어, 나무 탁자의 질감을 표현하기 위해 화면에 나뭇결무늬의 종이를 직접 붙였다.

풀이 분석적 큐비즘은 대상의 부피감이 사라질 정도로 대상을 완전히 분해하여 표현하였다고 하였으므로, 분석적 큐비즘이 질감과 부피감을 살려 대상을 형상화한다는 설명은 적절하지 않다. 한편 종합적 큐비즘은 화면 밖 재료를 활용하여 대상의 질감을 표현하는 파피에 콜레 기법을 사용하였으나 부피감을 살려 대상을 형상화하였는지는 윗글에서 확인할 수 없다.

→ 적절하지 않으므로 오답!

24 구체적인 사례에 적용 - 틀린 것 고르기 정답률 90% | 정답 ②

윗글을 바탕으로 〈보기〉의 작품을 감상한 내용으로 적절하지 않은 것은? [3점]

| 보기 |

조르주 브라크(Georges Braque), '에스타크의 집들(Houses at L'Estaque)' (1908), © Georges Braque / ADAGP, Paris – SACK, Seoul, 2024

[1]브라크의 「에스타크의 집들」은 집과 나무를 그린 풍경화이다. [2]그런데 회화 속 풍경은 실제와 다르다. [3]집에 당연히 있어야 할 문이 생략되어 있으며, 집들은 부피감이 두드러지는(겉으로 뚜렷하게 드러나는) 입방체(立方體, 정육면체, cube) 형태로 단순화되어 있다. [4]그림자의 방향은 일관성(一貫性, 한결같은 성질) 없이 다양하게 표현되어 광원(光源, 빛을 내는 물체)이 하나가 아님을 알 수 있다. [5]그리고 집과 나무는 모두 황토색과 초록색, 회색으로 칠해져 있다. [6]큐비즘의 시작을 알린 이 풍경화는 처음 공개되었을 때 평론가로부터 "작은 입방체(cube)를 그렸다."라는 비판을 받았는데, 이는 '큐비즘(Cubism)'이라는 명칭(名稱, 사람이나 사물 등을 일컫는 이름)의 기원(起源, 처음으로 생긴 근원)이 되었다.

① **집이 입방체 형태로 단순화된 것은 대상의 근원적 형태를 드러내기 위한 것이겠군.**

근거 ❷-1~2 큐비즘은 … 대상의 본질을 구현하기 위해 그 근원적 형태를 그려 내는 것을 목표로 삼았다. 이를 위해 … 구와 원기둥 등의 기하학적 형태로 대상을 단순화하여 질감과 부피감을 부각

→ 적절하므로 오답!

② **풍경의 모습이 실제와 다른 것은 관찰한 대상이 무엇인지 추측할 수 없도록 하기 위한 것이겠군.**

○ 문제편 13쪽

근거 〈보기〉-3~5 집에 당연히 있어야 할 문이 생략되어 있으며, 집들은 부피감이 두드러지는 입방체 형태로 단순화되어 있다. 그림자의 방향은 일관성 없이 다양하게 표현 … 집과 나무는 모두 황토색과 초록색, 회색으로 칠해져 있다, ❷-1~3 큐비즘은 … 대상의 본질을 구현하기 위해 그 근원적 형태를 그려 내는 것을 목표로 삼았다. 이를 위해 대상의 본질과 관련 없는 세부적 묘사를 배제하고 구와 원기둥 등의 기하학적 형태로 대상을 단순화하여 질감과 부피감을 부각하였다. 색채 또한 … 몇 가지 색으로 제한, ❸-2 대상의 전체 형태를 표현하기 위해 다중 시점을 적용하였는데, 이는 여러 시점에서 관찰한 대상을 한 화면에 그려 내고자 한 기법

풀이 〈보기〉에서 소개된 브라크의 작품 속 풍경은 문이 생략되고, 집들이 입방체 형태로 단순화되어 있으며, 집과 나무가 모두 황토색과 초록색, 회색으로 칠해져 있다. 또한 그림자의 방향이 다양하게 표현되어 있다. 이처럼 작품에서 대상의 본질과 관련 없는 세부적 묘사 배제, 기하학적 형태로 대상을 단순화, 색채의 제한, 다중 시점 적용 등의 방식을 사용한 것은 대상의 본질을 구현하기 위해 그 근원적 형태를 그려 내는 것을 목표로 삼았기 때문이다. 큐비즘의 이러한 기법이 관찰한 대상이 무엇인지 추측할 수 없도록 하기 위한 것인지는 윗글을 통해 알 수 없다.

→ 틀려서 정답!

③ 그림자의 방향이 일관성 없이 다양하게 표현된 것은 하나의 시점을 강제하는 원근법을 거부한 것이겠군.

근거 ❸-1~2 큐비즘은 하나의 시점으로는 대상의 한쪽 형태밖에 표현할 수 없다고 생각하여, 하나의 시점에서 대상을 보고 표현하는 원근법을 거부하였다. 그리고 대상의 전체 형태를 표현하기 위해 다중 시점을 적용

→ 적절하므로 오답!

④ 집에 당연히 있어야 할 문이 없는 것은 세부적 묘사는 대상의 본질과 관련이 없다는 생각을 *반영한 것이겠군. *反映-, 나타낸

근거 ❷-2 대상의 본질과 관련 없는 세부적 묘사를 배제

→ 적절하므로 오답!

⑤ 색이 황토색, 초록색, 회색으로 제한된 것은 색채는 본질을 구현하는 데 부차적인 요소라는 생각에 근거한 것이겠군.

근거 ❷-3 색채 또한 본질 구현에 있어 부차적인 것으로 판단하여 몇 가지 색으로 제한

→ 적절하므로 오답!

[25 ~ 28] 현대소설 - 전상국, 「달평 씨의 두 번째 죽음」

• 중심 내용

달평 씨는 대중들의 관심을 받게 되면서 본래의 모습을 잃어버리게 된다.

↓

달평 씨는 사람들의 관심이 멀어지자 자신의 죄를 참회하며 살고 있다는 폭탄선언을 하게 된다.

↓

또다시 달평 씨가 사람들에게서 잊힌 후 달평 씨는 기자에게 돈을 주지 않았다는 이유로 아내에게 화를 낸다.

↓

달평 씨는 자신을 공박하는 자식들에게 자신의 친자식이 아니라는 폭탄선언을 하고 달평 씨의 부인은 그런 달평 씨에게 화를 내며 소리친다.

• 인물 관계도

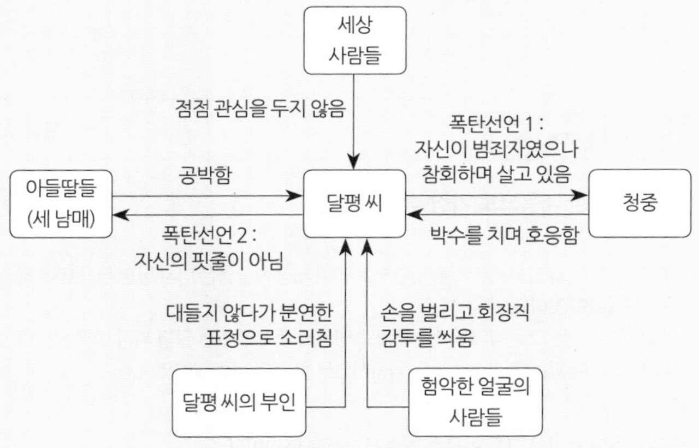

• 전체 줄거리 ([ ] : 지문 내용)

'왼손이 하는 일을 오른손이 모르게 하라.' 이것이 달평 씨의 신조(믿을 信 가지 條 : 굳게 믿어 지키고 있는 생각)이다. 참된 선행은 내세우면 안 되며 자신조차도 그 일을 잊어버릴 수 있어야 한다는 것이다. 달평 씨는 아내와 함께 곰국을 파는 보은식당을 운영하고 있다. 자수성가한 달평 씨는 근검한 사람으로 자식들의 존경을 받고 있으며 주변의 평판도 좋다. 달평 씨의 아내는 조용한 성격으로 달평 씨의 일에 간섭하지 않으며 실질적으로 식당을 운영해 나간다. 그런데 달평 씨는 일 년에 대여섯 번씩 훌쩍 집을 나갔다가 돈을 쓰고 돌아온다. 남몰래 불우한 사람들을 돕는 것이다. 어느 날 달평 씨는 수해를 당한 남쪽 지방에서 가족을 잃은 아이를 도와주러 갔다가 그를 오해한 청년이 던진 돌에 머리를 다치는 사고를 입는다. 이 과정에서 그동안 달평 씨가 베푼 선행이 과장되고 미화되어(아름다울 美 될 化 : 아름답게 꾸며져) 언론에 공개된다. 이후 사람들의 관심이 달평 씨에게 집중되자 달평 씨는 다른 사람의 눈치를 보며 자신의 모습을 잃어버리는 첫 번째 죽음을 맞이한다. 달평 씨의 도움을 받았다며 감사 인사를 전하러 식당에 찾아온 사람이 69명이 된 날, 달평 씨는 갑자기 활기를 되찾는다. 달평 씨는 연설을 다니며 자신이 불우한 어린 시절을 보냈다는 등의 거짓말을 하면서 사람들의 관심을 받고자 한다. [시간이 흘러 사람들의 관심이 점점 사라지게 되자 달평 씨는 강연에서 자신이 전과자였으며 자신의 죄를 참회하기 위해 선행을 베풀고 있다는 거짓말로 사람들의 박수를 받는다. 또다시 사람들의 관심이 사그라들자 달평 씨는 초조한 나날을 보내고, 급기야는 자신을 찾아온 기자에게 돈을 쥐여 보내지 않고 식당 문을 닫아야겠다고 말하는 아내에게 화를 낸다. 이를 본 자식들이 달평 씨를 공박하자 달평 씨는 자식들이 자신의 핏줄이 아니라는 거짓말을 하기에 이른다. 달평 씨의 아내는 달평 씨를 두 번째 죽음에서 살려내기 위해 화를 내며 소리친다.]

• 어휘 풀이

* 미담 : 사람을 감동시킬 만큼 아름다운 내용을 가진 이야기.
* 흉악무도한 : 성질이 거칠고 도덕적 의리를 소중히 여기는 마음이 없는.
* 요목요목 : 하나하나 빠짐없이.
* 모리배 : 온갖 수단과 방법으로 자신의 이익만을 꾀하는 사람.
* 주억거렸다 : 끄덕였다.
* 감투 : '직위'를 속되게 이르는 말.
* 날 샌 원수 없고 밤 지난 은혜 없다 : 날을 새우고 나면 원수같이 여기던 감정은 풀리고 밤을 자고 나면 은혜에 대한 고마운 감정이 식어진다는 뜻으로, 원한이나 은혜는 시간이 지나면 곧 잊게 됨을 비유적으로 이르는 말.
* 주간 신문 : 한 주일에 한 번씩 발행하는 신문.
* 포효하는 : 사람, 기계, 자연물 따위가 세고 거칠게 소리를 내는.
* 공박 : 남의 잘못을 몹시 따지고 공격함.
* 속수무책 : 손을 묶은 것처럼 어찌할 도리가 없어 꼼짝 못함.
* 기왕 : 이미 이렇게 된 바에.
* 피차 : 이쪽과 저쪽의 양쪽.
* 황황히 : 어쩔 줄 모를 정도로 급하게.
* 분연한 : 성을 벌컥 내며 분해하는 기색이 있는.
* 거연히 : 생각할 겨를이 없이 급하게.

오답률 TOP ⑤ 1등급 문제

25 서술상 특징 - 틀린 것 고르기
정답률 60%, 매력적 오답 ⑤ 35%
정답 ①

윗글에 대한 설명으로 적절하지 않은 것은?

① 공간적 배경을 통해 인물의 심리를 *암시하고 있다. (인물의 말과 행동을) *간접적으로 드러내고

풀이 '강연장'과 '식당'이라는 공간적 배경이 나타나 있으나 이를 통해 인물의 심리를 암시하고 있지는 않다. 윗글에서 인물의 심리는 인물의 말이나 행동을 통해 암시되고 있다.

→ 틀려서 정답!

■ 공간적 배경을 통해 인물의 심리를 암시하는 작품

• **김동리, 「역마」** (2013학년도 9월 모평)

뻐꾸기는 또다시 산울림처럼 건드러지게 울고, 늘어진 버들가지엔 햇빛이 젖어 흐르는 아침이었다. 새벽녘에 잠깐 가는 비가 지나가고, 날은 다시 유달리 맑게 갠 화개 장터 삼거리 길 위에서, 성기는 그 어머니와 하직을 하고 있었다. ~ 한 걸음, 한 걸음, 발을 옮겨 놓을수록 그의 마음은 한결 가벼워져, 멀리 버드나무 사이에서 그의 뒷모양을 바라보고 서 있을 어머니의 주막이 그의 시야에서 완전히 사라져 갈 무렵해서는, 육자배기 가락(남도 지방에서 부르는 잡가의 하나)으로 제법 콧노래까지 흥얼거리며 가고 있는 것이었다.

→ 화창한 화개 장터 삼거리 길이라는 공간적 배경을 통해 '성기'의 홀가분하고 홍겨운 심리를 암시하고 있다.

② 비유적 표현을 통해 인물의 행동을 *묘사하고 있다. *그림 그리듯이 서술하고

근거 보은식당의 종업원들은 식당 안에서 나폴레옹처럼 초조하게 서성거리는 달평 씨의 모습을 더욱 자주 보게 되었다./ 달평 씨의 부인은 사자처럼 포효하는 남편한테 맞서 대들지 않았다.

풀이 달평 씨를 '나폴레옹'에 비유하여 식당 안에서 초조하게 서성거리는 행동을, '사자'에 비유하여 아내에게 포효하는 행동을 묘사하고 있다.

→ 적절하므로 오답!

③ 대화를 통해 인물들 간의 갈등 상황을 드러내고 있다.

근거 달평 씨의 아들딸들이 어머니 대신 우, 하고 일어섰던 것이다. "아버지, 도대체 왜 이러시는 거예요?" ~ "아버지, 제발 정신 좀 차리세요!" 자식들이 내쏟는 그 공박에 속수무책으로 멍청히 듣고만 있던 달평 씨가 ~ "너희 셋은 모두 내 핏줄이 아냐. ~ 물론 남들한테야 저기 있는 느덜 어머니 배 속으로 난 것처럼 연극을 해왔다만……"/ 달평 씨의 부인이 이제까지 그 누구도 보지 못했던 분연한 얼굴 표정으로 일어섰던 것이다. ~ "여보, 이젠 당신 자식들까지 팔아먹을 작정이에요?"

풀이 대화를 통해 달평 씨와 그의 아들딸 간의 갈등 상황, 달평 씨와 아내와의 갈등 상황을 드러내고 있다.

→ 적절하므로 오답!

④ 시간의 흐름에 따라 사건을 *순차적으로 전개하고 있다. *순서대로

풀이 달평 씨가 강연장에서 거짓말을 하고, 사람들에게 또다시 잊힌 후에 돈 문제로 아내에게 화를 내고, 자식들에게 거짓말을 하자 아내가 소리를 지르는 사건이 시간의 흐름에 따라 전개되고 있다.

→ 적절하므로 오답!

⑤ *서술자가 **작중 상황에 대해 자신의 생각을 드러내고 있다. *소설에서 이야기를 이끌어 가는 사람 **작품 속

근거 그러나 날 샌 원수 없고 밤 지난 은혜 없다고 세상 사람들은 모든 걸 너무나 쉽게 잊

문제편 14쪽

었다./ 가속으로 무너져 내려 더 어찌할 길 없는 남편의 그 두 번째 죽음의 순간에 이처럼 거연히 부르짖고 일어선 그녀의 외침은 우리의 달평 씨를 다시 한번 살려 낼 오직 한 가닥의 빛이었던 것이다.

풀이 서술자는 세상 사람들의 관심이 달평 씨에게 멀어진 것은 사람들이 모든 걸 너무 쉽게 잊기 때문이라는 생각과 달평 씨의 부인이 달평 씨에게 소리친 것이 달평 씨를 두 번째 죽음의 순간에서 살려 낼 빛이었다는 생각을 드러내고 있다.

→ 적절하므로 오답!

■서술자의 개입(= 편집자적 논평)

작품 속 등장인물이 아닌 작품 밖의 서술자가 작품 속 상황이나 인물에 대한 감상, 느낌, 논평을 드러내는 것으로, 대개는 고전소설에 많이 등장한다.

- **작자 미상, 「유충렬전」** (2006학년도 수능, 2015학년도 9월 모평AB)
  태후가 유 원수를 치사한(칭찬한) 후에 조카 강 승상을 부르시니, ~ 태후가 강 승상을 보고 하시는 말씀이야 어찌 말로 다 표현할 수 있으리오.
  → '태후'가 '강 승상'에게 말로 표현할 수 없을 만큼 미안해하고 있음을 서술자가 직접적으로 서술하고 있다.
- **작자 미상, 「흥부전」** (2015학년도 6월 모평A)
  흥부 마음 인후하여 청산유수와 곤륜옥결이라(어질고 덕이 후하여 푸른 산과 맑게 흐르는 물과 같고, 중국에 있는 곤륜산의 옥처럼 깨끗하다). 성덕을 본받고 악인을 저어하며 물욕에 탐이 없고 주색에 무심하니(훌륭한 덕을 본받으려 하고 나쁜 사람을 멀리하며 재물을 탐하지 않고 술과 여자에 마음을 두지 않으니) 마음이 이러하매 부귀를 바랄쏘냐(돈과 명예를 바라겠는가)?
  → 어질고 도덕적인 '흥부'의 성품을 서술자가 직접적으로 서술하고 있다.

26 내용 이해 - 맞는 것 고르기 정답률 85% | 정답 ⑤

윗글을 이해한 내용으로 가장 적절한 것은?

① 청중들은 달평 씨의 강연을 듣고 나서 *심드렁해했다. (감명받은 모습을 보였다 / *거의 관심을 보이지 않았다)

근거 청중들이 떠나갈 듯 박수를 치며 고개를 크게 주억거렸다.

풀이 청중들은 달평 씨의 강연을 듣고 떠나갈 듯 박수를 치며 고개를 크게 주억거렸으므로 적절하지 않다.

→ 적절하지 않으므로 오답!

② 달평 씨의 아들딸은 어머니의 발언으로 인해 아버지를 이해하게 되었다.

근거 "어머니, 그게 사실입니까? 아버지가 신문에 난 것처럼 그렇게 나쁜 죄를 많이 진 분입니까?"/ "아니다, 느 아버진 결코 그렇게 나쁜 짓을 할 어른이 아니다." "그럼, 뭡니까? 아버진 왜 당신의 입으로 그런 말을 하시는 겁니까?" 그러나 달평 씨의 부인은 더 대답하지 않고, 신문을 보고 부쩍 늘어난, 얼굴이 험악한 사람들의 식당 방문을 맞기 위해 일어서고 있었을 뿐이다.

풀이 달평 씨의 아들딸은 어머니에게 아버지가 사람들에게 거짓말을 하는 이유를 물었으나 어머니는 이에 대해 대답하지 않았으므로 적절하지 않은 설명이다.

→ 적절하지 않으므로 오답!

③ 종업원들은 달평 씨에게 경제적 어려움을 호소하며 도움을 요청했다.

풀이 식당의 종업원들이 달평 씨에게 경제적 어려움을 호소하며 도움을 요청한 부분은 나타나지 않는다.

→ 적절하지 않으므로 오답!

④ 달평 씨는 A 주간 신문 기자를 만나 새로운 선행을 알릴 수 있었다.

근거 "오늘 A 주간 신문 기자가 왔다 갔지?" 어느 날 밖에 나갔다 들어온 달평 씨가 그의 부인한테 물었다. ~ "당신이 정말 옛날에 그런 나쁜 짓을 한 사실이 있느냐고 묻더군요?" ~ "모른다고 했지요, 제가 잘 모르는 일이기 때문에……."

풀이 A 주간 신문 기자는 달평 씨가 없을 때 찾아와 달평 씨의 아내만 만났으므로 적절하지 않은 설명이다.

→ 적절하지 않으므로 오답!

⑤ 달평 씨의 부인은 어려워진 식당 운영에 대해 화를 내는 남편에게 맞서 대들지 않았다.

근거 "아무래도 식당 문을 닫아야 할까 봐요. 지난 기 세금도 아직……." "뭐야? 도대체 여편네가 장살 어떻게 하길래 그따위 소릴 하는 거야?" 그러나 달평 씨의 부인은 사자처럼 포효하는 남편한테 맞서 대들지 않았다. 언제나처럼 조용한 얼굴로 식당에 찾아온 손님을 맞았을 뿐이다.

풀이 달평 씨의 부인은 어려워진 식당 운영을 아내 탓으로 돌리며 사자처럼 포효하는 남편에게 맞서 대들지 않고 조용한 얼굴로 손님을 맞았다고 하였으므로 적절한 설명이다.

→ 맞아서 정답!

27 감상의 적절성 - 틀린 것 고르기 정답률 75%, 매력적 오답 ④ 15% | 정답 ③

<보기>를 참고하여 윗글을 감상한 내용으로 적절하지 않은 것은? [3점]

| 보 기 |

[1]이 작품은 주인공인 '달평 씨'가 대중의 시선을 지나치게 의식하게 되면서 몰락해(가라앉을 沒 떨어질 落 : 보잘것없어져) 가는 과정을 그리고 있다. [2]순수한 의도로 선행을 베풀어 오던 달평 씨는 언론에 의해 유명세를 치르게(유명해지게) 된 후 그것에 중독되어, 자극적인 정보에만 반응하는 대중과 언론의 관심을 끌기 위해 보여 주기식 선행을 베풀고 거짓을 지어낸다. [3]그러한 허위의식(헛될 虛 거짓 僞 뜻 意 알 識 : 진실이 아닌 것을 진실인 것처럼 꾸미는 태도)으로 인해 그는 점점 자신의 정체성(순수할 正 근본 體 성질 性 : 어떤 존재가 본질적으로 가지고 있는 특성)을 잃어 가고, 끝내 가족까지 파탄(깨뜨릴 破 터질 綻 : 파괴)에 이르게 한다.

① '세상 사람들에게 알려지는 기회가 부쩍 줄어들'자 '입을 더 크게 벌'리는 달평 씨의 모습에서 대중의 관심을 얻고자 하는 인물의 욕심이 드러나는군.

근거 <보기>-2 달평 씨는 언론에 의해 유명세를 치르게 된 후 그것에 중독되어, ~ 대중과 언론의 관심을 끌기 위해 보여 주기식 선행을 베풀고 거짓을 지어낸다.
달평 씨의 미담이 **세상 사람들에게 알려지는 기회가 부쩍 줄어들**었다. 그러나 달평 씨는 거기서 물러설 위인이 아니었다. 그가 **입을 더 크게 벌**렸다. "나는 전과잡니다. ~ "여러분은 이제 내가 어째서 내 식구의 배를 굶겨 가면서 나보다 못사는 사람, 나보다 불우한 이웃을 위하는 일에 몸을 던졌는가를 아시게 되었을 겁니다."

풀이 달평 씨는 자신의 미담이 '세상 사람들에게 알려지는 기회가 부쩍 줄어들'자 '입을 더 크게 벌'려 자신이 전과자였다는 더욱 심한 거짓말을 통해 대중의 관심을 얻고자 하는 욕심을 드러내고 있다.

→ 적절하므로 오답!

② '끔찍한 지난날 자기의 악행'을 공개하자 '다시 달평 씨를 입에 올리기 시작'하는 사람들을 통해 자극적인 정보에만 반응하는 대중들의 모습을 보여 주는군.

근거 <보기>-2 자극적인 정보에만 반응하는 대중
달평 씨는 듣기에 **끔찍한 지난날 자기의 악행**을 요목요목 들추어 만천하에 공개하기 시작했다./ 어떻든 달평 씨의 그러한 폭탄선언으로 인해 세상 사람들은 **다시 달평 씨를 입에 올리기 시작**했던 것이다.

풀이 달평 씨가 강연에서 '끔찍한 지난날 자기의 악행'을 공개하자 '다시 달평 씨를 입에 올리기 시작'하는 사람들을 통해 부정적인 정보일지라도 자극적인 것에만 반응하는 대중들의 모습을 엿볼 수 있다.

→ 적절하므로 오답!

③ '달평 씨에게 씌워'진 '친선 단체의 회장직 감투'를 거부하지 않은 것은 불우한 사람들까지도 철저하게 속이려는 달평 씨의 허위의식을 보여 주는군. (명예와 유명세를 향한 달평 씨의 욕망을)

근거 <보기>-2~3 달평 씨는 ~ 유명세를 치르게 된 후 그것에 중독되어, ~ 보여 주기식 선행을 베풀고 거짓을 지어낸다. 그러한 허위의식
얼굴이 험악하게 생긴 사람들이 찾아와 손을 벌리기 시작했고 그들이 만든 무슨 **친선 단체의 회장직 감투**가 여지없이 **달평 씨에게 씌워**지기도 했다.

풀이 달평 씨가 자신에게 씌워진 '친선 단체의 회장직 감투'를 거부하지 않은 것은 명예와 유명세를 얻고 싶어 하는 달평 씨의 욕망을 보여 준다. 불우한 사람들까지도 철저하게 속이려는 허위의식을 보여 준다고 보기는 어렵다.

→ 틀려서 정답!

④ '오른손이 하는 일을 왼손이 모르게 하라는 말 생각 안 나'느냐고 묻는 '아들딸들'의 말을 통해 달평 씨가 보여 주기식 선행을 베풀고 있음이 드러나는군.

근거 <보기>-2 달평 씨는 ~ 보여 주기식 선행을 베풀고 거짓을 지어낸다.
이때 식당에 와 있던 달평 씨의 **아들딸들**이 어머니 대신 우, 하고 일어섰던 것이다./ 아빠, **오른손이 하는 일을 왼손이 모르게 하라는 말 생각 안 나**세요?"

풀이 '아들딸들'이 달평 씨에게 '오른손이 하는 일을 왼손이 모르게 하라는 말 생각 안 나'느냐고 묻는 것을 통해 달평 씨가 순수한 의도로 선행을 베풀었던 예전과 달리 현재는 보여 주기식 선행을 베풀고 있음이 드러난다.

→ 적절하므로 오답!

⑤ '달평 씨를 다시 한번 살려 낼 오직 한 가닥의 빛'인 '그네의 외침'은 달평 씨가 더 이상 파탄의 길로 가지 않도록 하는 아내의 저항이겠군.

근거 <보기>-3 그는 점점 자신의 정체성을 잃어 가고, 끝내 가족까지 파탄에 이르게 한다.
"여보, 이젠 당신 자식들까지 팔아먹을 작정이에요?" 가속으로 무너져 내려 더 어찌할 길 없는 남편의 그 두 번째 죽음의 순간에 이처럼 거연히 부르짖고 일어선 **그네의 외침**은 우리의 **달평 씨를 다시 한번 살려 낼 오직 한 가닥의 빛**이었던 것이다.

풀이 달평 씨의 부인이 달평 씨에게 자식들까지 팔아먹을 작정이냐고 소리친다. 이 '그네의 외침'은 정체성을 잃어버린 달평 씨가 끝내 가족까지 파탄에 이르게 하지 않도록 하는 아내의 저항으로 볼 수 있다.

→ 적절하므로 오답!

28 내용 이해 - 맞는 것 고르기 정답률 85% | 정답 ⑤

㉠, ㉡을 이해한 내용으로 가장 적절한 것은?

> 어떻든 달평 씨의 그러한 ㉠ 폭탄선언으로 인해 세상 사람들은 다시 달평 씨를 입에 올리기 시작했던 것이다.
> 자식들이 내뱉는 그 공박에 속수무책으로 멍청히 듣고만 있던 달평 씨가 벌떡 일어나 종업원들도 다 있는 그 자리에서 ㉡ 폭탄선언을 한 것이 바로 그때였다.

① ㉠은 사건의 초점을 다른 인물로 전환시키려는 행위이다. (자신에게 집중시키려는)

풀이 ㉠은 달평 씨가 사건의 초점을 자신에게 집중시켜 사람들의 관심을 받고자 하는 행위이지, 다른 인물로 전환시키려는 행위로 볼 수 없다.

→ 적절하지 않으므로 오답!

② ㉡은 다른 인물들이 과거에 벌인 일들을 *폭로하는 행위이다. (*감춰져 있던 사실을 드러내는)

풀이 ㉡은 자식들이 자신의 친자가 아니라는 달평 씨의 거짓말로, 다른 인물들이 과거에 벌인 일들을 폭로하는 행위는 아니다.

→ 적절하지 않으므로 오답!

③ ㉠은 상대의 입장을 이해하기 위한, ㉡은 상대의 의심을 피하기 위한 행위이다. (공박)

풀이 ㉠은 달평 씨가 청중들의 입장을 이해하기 위한 행위로 볼 수 없으며, ㉡은 달평 씨가 아들딸의 공박을 피하기 위한 행위이다.

→ 적절하지 않으므로 오답!

④ ㉡은 ㉠으로 인해 발생한 사건의 *전말을 드러내려는 행위이다. (*처음부터 끝까지 일이 진행되어 온 경과)

문제편 15쪽

풀이 ㉡은 자식들이 자신의 친자가 아니라는 달평 씨의 거짓말로, 달평 씨가 과거에 범죄자였다고 한 ㉠으로 인해 발생한 사건이 아니다.

→ 적절하지 않으므로 오답!

⑤ ㉠과 ㉡은 모두 *반향을 일으켜 자신이 처한 상황을 바꾸어 보려는 행위이다. *어떤 사건이나 발표 따위가 세상에 영향을 미치어 일어나는 반응

풀이 ㉠은 자신이 범죄자였다는 달평 씨의 거짓말로, 반향을 일으켜 점점 대중들에게 잊혀 가는 상황을 바꾸어 보려는 행위이다. ㉡은 자식들이 자신의 친자가 아니라는 달평 씨의 거짓말로, 반향을 일으켜 자식들에게 공박을 받는 상황을 바꾸어 보려는 행위이다.

→ 맞아서 정답!

[29 ~ 32] 고전소설 - 작자 미상, 「이춘풍전」

1 [1] 춘풍 아내 (춘풍의) 곁에 앉아 하는 말이

[A] "마오 마오 그리 마오. [2] 청루미색(푸를 靑 다락 樓 아름다울 美 낯 色 : 기생집의 아름다운 기녀) 좋아 마오. [3] 자고로 이런 사람(청루미색을 즐기는 사람)이 어찌 망하지 않을까? [4] 내(춘풍 아내) 말을 자세히 들어보소. [5] 미나리골 박화진(청루미색을 즐기다가 망한 사례 ①)이라는 이는 청루미색 즐기다가 나중에는 굶어 죽고, 남산 밑에 이 패두(청루미색을 즐기다가 망한 사례 ②. '패두'는 형조에 속하여 죄인의 볼기 치는 일을 맡아 하던 사령)는 소년 시절 부자였으나 주색(술 酒 여색 色 : 술과 여자)에 빠져 다니다가 늙어서는 상거지(아주 비참할 정도로 형편없는 불쌍한 거지) 되고, 모시전골 김 부자(청루미색을 즐기다가 망한 사례 ③)는 술 잘 먹기 유명하여 누룩(밀이나 콩으로 만든, 술을 빚는 데 쓰는 발효제) 장수가 도망을 다니기로 장안에 유명터니 수만금을 다 없애고 끝내 또 장수가 되었다니, 이것으로 두고 볼지라도 청루잡기(푸를 靑 다락 樓 섞일 雜 기술 技 : 기생집에서 하는 잡스러운 여러 가지 노름) 잡된 마음 부디부디 좋아 마소."

[6] 춘풍이 대답하되,

[B] "자네(춘풍의 아내) 내(춘풍) 말 들어보게. [7] 그 말이 다 옳다 하되, 이 앞집 매갈쇠(주색잡기를 안 해도 못산 사례 ①)는 한잔 술도 못 먹어도 돈 한 푼 못 모으고, 비우고개 이도명(주색잡기를 안 해도 못산 사례 ②)은 오십이 다 되도록 주색을 몰랐으되 남의 집만 평생 살고, 탁골 사는 먹돌이(주색잡기를 안 해도 못산 사례 ③)는 투전(싸울 鬪 종이 牋 : 노름의 일종) 잡기(섞일 雜 기술 技 : 잡스러운 여러 가지 노름) 몰랐으되 수천 금 다 없애고 나중에는 굶어 죽었으니, 이런 일을 두고 볼지라도 주색잡기(술 酒 여색 色 섞일 雜 재주 技 : 술과 여자와 노름) 안 한다고 잘 사는 바 없느니라. [8] 내 말 자네 들어보게. [9] 술 잘 먹던 이태백(중국 당나라의 시인. 주색잡기를 좋아했으나 성공한 사례 ①)은 호사스런(사치 豪 사치 奢 : 화려한) 술잔으로 매일 장취(오래도록 長 취할 醉 : 술에 늘 취해) 놀았으되 한림학사(중국 당나라 때에, 한림원에 속한 벼슬) 다 지내고 투전에 으뜸인 원두표(조선 인조 때의 무신. 주색잡기를 좋아했으나 성공한 사례 ②)는 잡기를 방탕히 하여 소년부터 유명했으나 나중에 잘되어서 정승 벼슬 하였으니, 이로 두고 볼진대 주색잡기 좋아하기는 장부(어른 丈 남자 夫 : 성인 남자)의 할 바라. [10] 나도 이리 노닐다가 나중에 일품(첫째 一 품계 品 : 뛰어난) 정승 되어 후세(뒤 後 세대 世 : 다음 세대)에 (이름을) 전하리라."

→ 청루미색을 경계하라는 아내의 말에도 불구하고 춘풍은 자신의 주색잡기를 합리화한다.

2 [1] (춘풍이) 아내의 말을 아니 듣고 수틀리면(마음에 들지 않으면) 때리기와 전곡(돈 錢 곡식 穀 : 돈과 곡식) 남용(함부로 할 濫 쓸 用 : 함부로 씀) 일삼으니 이런 변(재앙 變 : 불행한 일)이 또 있을까? [2] 이리저리 놀고 나니 집안 형용(모양 形 모양 容 : 모습) 볼 것 없다.

[3] ㉠ "다 내 몸에 정해진 일이요, 내 이제야 허물(잘못)을 뉘우치고 (나를) 책망하는(꾸짖을 責 책망할 望 : 잘못을 꾸짖는) 마음이 절로 난다."

[4] 아내에게 지성으로(지극할 至 정성 誠 : 지극한 정성으로) 비는 말이

"노여워 말고 슬퍼 마소. [5] 내 마음에 자책하여(자기 自 꾸짖을 責 : 잘못을 뉘우쳐) 가끔 말하기를, '오늘의 옳음과 어제의 잘못을 깨달았노라'고 한다오. [6] 지난 일은 고사하고(잠깐 姑 내버려 둘 捨 : 말할 것도 없고) 가난하여 못 살겠네. [7] 어이 하여 살잔 말인고? [8] 오늘부터 집안의 모든 일을 자네(춘풍의 아내)에게 맡기나니 마음대로 치산하여(다스릴 治 재산 産 : 집안 살림살이를 잘 돌보고 다스려) 의식(옷 衣 밥 食 : 의복과 음식)이 염려(생각 念 걱정 慮 : 걱정) 없게 하여 주오."

[9] 춘풍 아내 이른 말이,

㉡ "부모 유산 수만금을 청루(푸를 靑 다락 樓 : 기생들이 있는 집) 중에 다 들이밀고 이 지경이 되었는데 이후에는 더욱 근심이 많을 것이니, 약간 돈냥(많지 않은 돈)이나 있다 한들 그 무엇이 남겠소?"

[10] 춘풍이 대답하되,

"자네 하는 말이 나를 별로 못 믿겠거든 이후로는 주색잡기 아니하기로 결단하는(결심 決 결단 斷 : 결심하는) 각서(깨달을 覺 글 書 : 약속을 지키겠다는 내용을 적은 문서)를 써서 줌세."

→ 주색잡기로 가산을 탕진한 춘풍은 집안의 모든 일을 아내에게 맡기고, 주색잡기를 금하겠다는 각서를 쓰고자 한다.

3 [중략 줄거리] [1] 춘풍 아내가 열심히 품을 팔아(일해) 집안을 일으키자 춘풍은 다시 교만해지고(교만할 驕 거만할 慢 : 잘난 체하며 남을 업신여기고), 아내의 만류(당길 挽 붙잡을 留 : 붙들고 못 하게 말림)에도 호조(호적상 집의 수효와 식구 수, 나라에 바치던 물건과 세금, 돈과 곡식에 관한 일을 맡아보던 관아)에서 이천 냥을 빌려 평양으로 장사를 떠나게 된다. [2] 춘풍이 평양에서 기생 추월의 유혹에 넘어가 장사는 하지 않고 재물을 모두 탕진한(방탕할 蕩 없어질 盡 : 다 써서 없앤) 채 추월의 하인이 되었다는 소식을 듣고 춘풍의 아내가 통곡한다.

→ 아내의 만류에도 불구하고 평양으로 장사를 떠난 춘풍은 재물을 탕진하고 추월의 하인이 된다.

4 [1] (춘풍의 아내가) 이리 한참 울다가 도로 풀고 생각하되,

[2] '우리 가장(춘풍) 경성(서울 京 도시 城 : 한양)으로 데려다가 호조 돈 이천 냥을 한 푼 없이 다 갚은 후에 의식 염려 아니하고 부부 둘이 화락하여(화목할 和 즐거워할 樂 : 화평하게 즐기며) 백 년 동락하여(함께 同 즐거워할 樂 : 같이 즐겨) 보자. [3] 평생의 한이로다.'

[4] 마침 그때 김 승지(조선 시대에, 승정원에 속한 벼슬) 댁이 있으되 승지는 이미 죽고, 맏자제(맏아들)가 문장을 잘해(글을 뛰어나게 잘 지어) 소년 급제하여(어려서 과거에 급제하여) 한림옥당(조선 시대 벼슬 이름) 다 지내고 도승지(승정원의 으뜸 벼슬)를 지낸 고로, 작년에 평양 감사(조선 시대에 둔, 각 도의 으뜸 벼슬) 두 번째 물망에 있다가(유력한 인물이었다가) 올해 평양 감사 하려고 도모한단(계획할 圖 꾀할 謀 : 계획한단) 말을 사환(심부름꾼 使 부를 喚 : 관청 등에서 잔심부름을 시키기 위하여 고용한 사람) 편에 들었것다. [5] 승지 댁이 가난하여 아침저녁으로 국록(나라 國 녹봉 祿 : 나라에서 벼슬아치에게 주던 곡식, 명주, 베, 돈 따위)을 타서 많은 식구들이 사는 중에 그 댁에 노부인 있다는 말을 듣고, 바느질품(바느질을 해 주고 돈을 받아 생계를 잇는 일)을 얻으려고 그 댁에 들어가니, 후원(뒤 後 동산 園 : 집 뒤에 있는 정원) 별당(따로 別 집 堂 : 몸채의 곁이나 뒤에 따로 지은 집이나 방) 깊은 곳에 도승지의 모부인(어머니)이 누웠는데 형편이 가난키로 식사도 부족하고 의복도 초췌하다(파리할 憔 시들 悴 : 낡고 해졌다). [6] 춘풍 아내 생각하되,

'이 댁에 붙어서 우리 가장 살려내고 추월에게 복수도 할까.'

[7] 하고 바느질, 길쌈(실을 내어 옷감을 짜는 일) 힘써 일해 얻은 돈냥 다 들여서 승지 댁 노부인에게 아침저녁으로 진지를 올리고, 노부인께 맛난 차담상(손님을 대접하기 위해 내놓은, 차와 과자 따위를 차린 상)을 특별히 간간히(기쁘고 즐거운 마음으로) 차려드리거늘, 부인이 감지덕지(감동할 感 어조사 之 은혜 德 어조사 之 : 매우 고맙게 여겨) 치사하며(이를 致 사례할 謝 : 고맙다는 뜻을 표시하며) 하는 말이,

[8] "이 은혜를 어찌할꼬?"

[9] 주야로(낮 晝 밤 夜 : 계속) 유념하니(머무를 留 생각 念 : 마음속에 깊이 간직하여 생각하니), 하루는 춘풍의 처더러 이르는 말이,

㉢ "내 들으니 네가 집안이 기울어서 바느질품으로 산다 하던데, 날마다 차담상을 차려 때때로 들여오니 먹기는 좋으나 불안하도다."

[10] 춘풍 아내 여쭈되,

"소녀(춘풍의 아내)가 혼자 먹기 어렵기로 마누라님(도승지의 모부인. 대부인) 전(어른이 계신 자리의 앞을 높여 이르는 말)에 드렸는데 칭찬을 받사오니 오히려 감사하여이다."

[11] 대부인이 이 말을 듣고 춘풍의 처를 못내(매우) 기특히 생각하더라.

[12] 하루는 도승지가 대부인 전에 문안하고(물을 問 편안 安 : 안부 인사를 드리고) 여쭈되,

"요사이는 어머님(도승지의 모부인. 대부인) 기후(기운 氣 상황 候 : 몸과 마음의 형편)가 좋으신지 화기(화할 和 기운 氣 : 생기 있는 기색)가 얼굴에 가득하옵니다."

[13] 대부인 하는 말씀이,

"기특한 일 보았도다. [14] 앞집 춘풍의 지어미(아내)가 좋은 차담상을 매일 차려오니 내 기운이 절로 나고 정성에 감격하는구나."

[15] 승지가 이 말을 듣고 춘풍의 처를 귀하게 보아 매일 사랑하시더니, 천만 의외로(일천 千 일만 萬 뜻 意 밖 外 : 뜻밖에) 김 승지가 평양 감사가 되었구나. [16] 춘풍 아내, 부인 전에 문안하고 여쭈되,

"승지 대감, 평양 감사 하였사오니 이런 경사(경사 慶 일 事 : 축하할 만한 기쁜 일) 어디 있사오리까?"

[17] 부인이 이른 말이,

㉣ "나도 평양으로 내려 갈 제, 너도 함께 따라가서 춘풍이나 찾아보아라."

[18] 하니 춘풍 아내 여쭈되,

"소녀는 고사하옵고 오라비가 있사오니 비장(도울 裨 장수 將 : 감사를 따라다니며 일을 돕는 무관 벼슬)으로 데려가 주시길 바라나이다."

[19] 대부인이 이른 말이,

㉤ "네 청(청할 請 : 부탁)이야 아니 듣겠느냐? [20] 그리하라."

[21] 허락하고 감사에게 그 말을 하니 감사도 허락하고,

"회계 비장 하라."

[22] 하니 좋을시고, 좋을시고. [23] 춘풍의 아내 없던(있지도 않은) 오라비를 보낼 쏜가? [24] 제가 손수(직접) 가려고 여자 의복 벗어놓고 남자 의복 치장한다(다스릴 治 꾸밀 粧 : 갖추어 입는다).

→ 도승지와 대부인의 마음을 얻은 춘풍의 아내는 평양 감사가 된 승지와 동행하고자 비장 차림으로 남장을 한다.

• 중심 내용

춘풍이 주색잡기로 가산을 탕진하자 아내가 집안을 다시 일으키지만, 춘풍은 평양으로 장사를 떠나 재물을 탕진하고 기생 추월의 하인이 된다. 춘풍을 구하고 추월에게 복수하기 위해 춘풍의 아내는 비장 차림으로 남장을 하여 평양 감사와 동행하고자 한다.

• 전체 줄거리 ([ ] : 지문 내용)

숙종 때 한양 다락골에 살던 이춘풍은 본래 큰 부자의 아들이었으나, 부모가 세상을 떠나자 [가정은 돌보지 않고 주색잡기에 빠져 가산을 모두 탕진한다. 그러자 그의 아내 김 씨가 5년간 쉴 새 없이 바느질품을 팔아 돈을 모아서 의식 걱정 없이 지내게 된다. 하지만 춘풍은 다시 방탕한 마음이 일어 아내의 만류에도 불구하고 호조에서 돈 이천 냥을 빌려 평양으로 장사를 떠난다. 평양에서 춘풍은 기생 추월의 계획적 유혹에 빠져 일 년 만에 재물을 모두 탕진하고는 오갈 데가 없어 급기야는 추월의 집 하인이 된다. 한양에서 춘풍의 소식을 듣고 분노하던 김 씨는 평양 감사의 물망에 오른 도승지 댁을 찾아가 대부인의 마음을 얻는다. 마침내 평양 감사가 된 도승지로부터 비장 자리를 얻은 김 씨는 남장을 한 채 감사의 평양길에 동행한다.] 평양에서 김 씨는 회계 비장을 맡아 유능한 일솜씨로 감사의 신임을 얻는다. 어느 날, 비장 차림으로 추월의 집을 찾은 김 씨는 남루한 행색의 춘풍을 보고는 추월에 대한 복수를 재차 다짐한다. 추월은 유능하다고 소문난 회계 비장을 유혹해 보지만, 비장은 며칠 뒤 춘풍과 추월을 잡아들여 호조에서 빌려 간 돈을 갚으라며 형벌로 다스린다. 곤장을 맞은 추월은 열흘 안에 춘풍에게 오천 냥을 갚기로 약속한

문제편 16쪽

다. 추월에 대한 복수를 마친 김 씨는 상경하여 춘풍의 귀향을 기다린다. 돈을 되찾은 춘풍은 장사로 큰돈을 번 것처럼 의기양양하게 집으로 돌아와 아내 앞에서 거드름을 피운다. 춘풍의 철없는 행동에 김 씨는 회계 비장의 차림으로 춘풍 앞에 나타나 평양에서의 춘풍의 행적을 폭로하며 꾸짖는다. 비장이 자신의 아내임을 알게 된 춘풍은 부끄러워하면서 지난 일을 뉘우친다.

• 인물 관계도

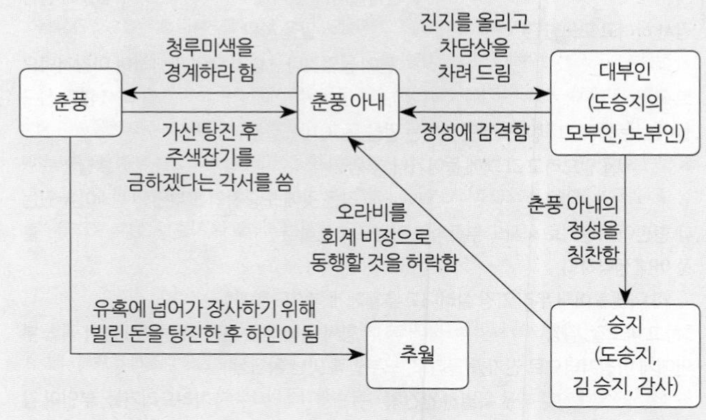

29 내용 이해 - 틀린 것 고르기 정답률 80% | 정답 ④

윗글을 이해한 내용으로 적절하지 않은 것은?

① 춘풍은 호조 돈 이천 냥을 빌려 평양으로 떠났다.

근거 ❸-1 춘풍은 아내의 만류에도 호조에서 이천 냥을 빌려 평양으로 장사를 떠나게 된다.

풀이 춘풍은 아내의 만류에도 불구하고 호조에서 돈 이천 냥을 빌려 평양으로 장사를 떠났다.

→ 적절하므로 오답!

② 춘풍 아내는 바느질품을 팔며 생계를 이었다.

근거 ❹-7 바느질, 길쌈 힘써 일해 얻은 돈냥 다 들여서 승지 댁 노부인에게 아침저녁으로 진지를 올리고,/ 9 "내 들으니 네가 집안이 기울어서 바느질품으로 산다 하던데,

풀이 춘풍 아내는 춘풍이 가산을 탕진하자 바느질품을 팔고, 길쌈을 해서 생계를 이어 나갔다.

→ 적절하므로 오답!

③ 춘풍 아내는 춘풍의 잘못에도 가정의 화목을 바라고 있다.

근거 ❸ 아내의 만류에도 호조에서 이천 냥을 빌려 평양으로 장사를 떠나게 된다. 춘풍이 평양에서 기생 추월의 유혹에 넘어가 장사는 하지 않고 재물을 모두 탕진한 채 추월의 하인이 되었다는 소식을 듣고 춘풍의 아내가 통곡한다./ ❹-2 '우리 가장 경성으로 데려다가 호조 돈 이천 냥을 한 푼 없이 다 갚은 후에 의식 염려 아니하고 부부 둘이 화락하여 백 년 동락하여 보자.

풀이 춘풍이 평양에서 기생 추월의 유혹에 넘어가 재물을 모두 탕진하고 급기야는 추월의 하인이 되었다는 소식을 들은 춘풍 아내는 한참을 통곡하다가 호조에서 빌린 돈을 모두 갚고 부부 둘이 화목하게 백 년을 함께 즐기며 살아보자는 다짐을 한다. 따라서 춘풍의 아내는 춘풍의 잘못에도 불구하고 가정의 화목을 소망하고 있음을 알 수 있다.

→ 적절하므로 오답!

④ 도승지는 평양 감사직을 연이어 두 번 맡게 되었다. (올해 처음으로)

근거 ❹-4 작년에 평양 감사 두 번째 물망에 있다가/ 15 천만 의외로 김 승지가 평양 감사가 되었구나.

풀이 작년에 평양 감사 두 번째 물망에 있던 도승지는 처음으로 평양 감사가 되었다. 따라서 도승지가 평양 감사직을 두 번 연임하게 되었다는 설명은 적절하지 않다.

→ 틀려서 정답!

⑤ 대부인은 도승지에게 춘풍 아내의 정성을 칭찬하였다.

근거 ❹-12~14 하루는 도승지가 대부인 전에 문안하고 여쭈되, "요사이는 어머님 기후가 좋으신지 화기가 얼굴에 가득하옵니다." 대부인 하는 말씀이, "기특한 일 보았도다. 앞집 춘풍의 지어미가 좋은 차담상을 매일 차려오니 내 기운이 절로 나고 정성에 감격하는구나."

풀이 대부인은 '화기가 얼굴에 가득하'다는 아들 도승지의 말에 춘풍의 아내가 매일 좋은 차담상을 차려오는 덕분에 기운이 난다며 춘풍 아내의 정성을 칭찬했다.

→ 적절하므로 오답!

30 말하기 방식 - 맞는 것 고르기 정답률 85% | 정답 ④

[A], [B]에 대한 설명으로 가장 적절한 것은?

[A] ❶-1~5 "마오 마오 그리 마오. 청루미색 좋아 마오. 자고로 이런 사람이 어찌 망하지 않을까? 내 말을 자세히 들어보소. 미나리골 박화진이라는 이는 청루미색 즐기다가 나중에는 굶어 죽고, 남산 밑에 이 패두는 소년 시절 부자였으나 주색에 빠져 다니다가 늙어서는 상거지 되고, 모시전골 김 부자는 술 잘 먹기 유명하여 누룩 장수가 도망을 다니기로 장안에 유명터니 수만금을 다 없애고 끝내 똥 장수가 되었다니, 이것으로 두고 볼지라도 청루잡기 잡된 마음 부디부디 좋아 마소."

[B] ❶-6~10 "자네 내 말 들어보게. 그 말이 다 옳다 하되, 이 앞집 매갈쇠는 한잔 술도 못 먹어도 돈 한 푼 못 모으고, 비우고개 이도명은 오십이 다 되도록 주색을 몰랐으되 남의 집만 평생 살고, 탁골 사는 먹돌이는 투전 잡기 몰랐으되 수천 금 다 없애고 나중에는 굶어 죽었으니, 이런 일을 두고 볼지라도 주색잡기 안 한다고 잘 사는 바 없느니라. 내 말 자네 들어보게. 술 잘 먹던 이태백은 호사스런 술잔으로 매일 장취 놀았으되 한림학사 다 지내고 투전에 으뜸인 원두표는 잡기를 방탕히 하여 소년부터 유명했으나 나중에 잘되어서 정승 벼슬 하였으니, 이로 두고 볼진대 주색잡기 좋아하기는 장부의 할 바라. 나도 이리 노닐다가 나중에 일품 정승 되어 후세에 전하리라."

① [A]는 *권위를 내세워 행위의 **당위성을 강조하고 있다. (다른 사람의 사례를 근거로) *힘, 영향력 **마땅히 그렇게 해야 할 성질

근거 [A] ❶-1~3 "마오 마오 그리 마오. 청루미색 좋아 마오. 자고로 이런 사람이 어찌 망하지 않을까?/5 이것으로 두고 볼지라도 청루잡기 잡된 마음 부디부디 좋아 마소."

풀이 [A]는 청루미색을 경계하라는 춘풍 아내의 말로, 청루미색을 즐기다가 망한 사람들(박화진, 이 패두, 김 부자)의 사례를 주장의 근거로 삼고 있다. [A]에서는 춘풍 아내가 청루미색을 경계해야 할 당위성을 강조하고는 있으나 그 과정에서 자신의 권위를 내세우고 있지는 않다.

→ 적절하지 않으므로 오답!

② [B]는 상대의 주장을 수용하여 태도에 변화를 보이고 있다. (반박하며 자신의 입장을 고수하고 있다)

근거 [B] ❶-9~10 이로 두고 볼진대 주색잡기 좋아하기는 장부의 할 바라. 나도 이리 노닐다가 나중에 일품 정승 되어 후세에 전하리라."

풀이 [B]에서 춘풍은 주색잡기를 안 해도 못산 사람들(매갈쇠, 이도명, 먹돌이)과 주색잡기를 좋아했으나 성공한 사람들(이태백, 원두표)을 근거로 들어 청루미색을 좋아하면 망한다는 아내의 논리에 반박하며 자신의 주색잡기를 합리화하고 있다. 따라서 [B]에서 춘풍은 상대인 아내의 주장을 수용하지 않았고, 자신의 태도를 변함없이 고수하고 있다.

→ 적절하지 않으므로 오답!

③ [A]는 [B]의 내용을 예측하여 *반박의 **여지를 차단하고 있다. *반대하여 말함 **가능성

풀이 [A]는 청루미색에 빠져 망한 사람들의 사례를 근거로 청루미색에 대한 경계를 주장하고 있다. [B]의 내용을 예측하는 부분도, 이를 통해 반박의 여지를 차단하는 부분도 나타나지 않는다.

→ 적절하지 않으므로 오답!

④ [B]는 [A]의 *반례를 들어서 자신의 행동을 **합리화하고 있다. *반대되는 사례 **올바르고 마땅하다고 하고

근거 [B] ❶-7~10 이 앞집 매갈쇠는 ~ 나도 이리 노닐다가 나중에 일품 정승 되어 후세에 전하리라."

풀이 [B]는 [A]에서 말한 청루미색에 빠져 망한 사람들과는 반대되는 사례들, 즉 주색잡기에 빠지지 않았으나 가난하게 산 사람들과 주색잡기에 빠졌더라도 높은 벼슬에 오른 사람들의 사례를 들어 주색잡기를 좋아하는 자신의 행동을 합리화하는 근거로 삼고 있다.

→ 맞아서 정답!

⑤ [A]와 [B]는 모두 *영웅의 **행적을 주장의 근거로 삼고 있다. (대체로 주변 인물들의) *지혜와 재능이 뛰어나고 용맹하여 보통 사람이 하기 어려운 일을 해내는 사람. 위인 **평생 한 일

근거 [A] ❶-5 미나리골 박화진이라는 이는 ~ 남산 밑에 이 패두는 ~ 모시전골 김 부자는
[B] ❶-7~9 이 앞집 매갈쇠는 ~ 비우고개 이도명은 ~ 탁골 사는 먹돌이는 ~ 술 잘 먹던 이태백은 ~ 투전에 으뜸인 원두표는

풀이 [B]에서 춘풍이 언급한 '이태백'이나 '원두표'는 위인으로 볼 수 있지만, 그 외 [A]와 [B]에서 아내와 춘풍이 언급한 인물들은 그들의 주변 인물들로 이해하는 것이 적절하다.

→ 적절하지 않으므로 오답!

1등급 문제

31 인물의 심리 및 태도 - 틀린 것 고르기 정답률 60%, 매력적 오답 ③ 25% | 정답 ①

㉠ ~ ㉤을 이해한 내용으로 적절하지 않은 것은?

① ㉠ : 다른 사람의 잘못을 자신의 탓으로 여기고 있다. (자신의)

근거 ❷-3 ㉠ "다 내 몸에 정해진 일이요, 내 이제야 허물을 뉘우치고 책망하는 마음이 절로 난다."

풀이 아내의 만류에도 불구하고 주색잡기로 가산을 탕진한 춘풍은 ㉠에서 자신의 허물을 뉘우치고 책망하고 있으므로, 다른 사람의 잘못을 자신의 탓으로 여기고 있다는 이해는 적절하지 않다.

→ 틀려서 정답!

② ㉡ : 앞으로의 상황이 악화될 것을 *염려하고 있다. *걱정하고

근거 ❷-9 ㉡ "부모 유산 수만금을 청루 중에 다 들이밀고 이 지경이 되었는데 이후에는 더욱 근심이 많을 것이니, 약간 돈냥이나 있다 한들 그 무엇이 남겠소?"

풀이 춘풍 아내는 춘풍이 부모로부터 물려받은 많은 유산을 기생집에 다 들이밀고 가산을 탕진한 상황에서 '이후에는 더욱 근심이 많을 것'이라며 앞으로의 상황이 현재보다 더 나빠질 것을 걱정하고 있다.

→ 적절하므로 오답!

③ ㉢ : 상대방의 *호의를 부담스럽게 생각하고 있다. *친절한 마음씨

근거 ❹-9 ㉢ "내 들으니 네가 집안이 기울어서 바느질품으로 산다 하던데, 날마다 차담상을 차려 때때로 들여오니 먹기는 좋으나 불안하도다."

풀이 ㉢에서 대부인은 바느질품으로 생계를 잇는다는 춘풍 아내가 차담상을 매일같이 차려오는 것이 마음이 편하지 않다(불안하도다)고 말하고 있다. 여기에는 춘풍 아내의 호의에 부담감을 느끼고 있는 대부인의 심정이 담겨 있다.

→ 적절하므로 오답!

④ ㉣ : 상대의 처지를 고려해 *동행을 권유하고 있다. *같이 길을 감

문제편 17쪽

근거 ❹-17 ⓔ"나도 평양으로 내려 갈 제, 너도 함께 따라가서 춘풍이나 찾아보아라."

풀이 춘풍 아내의 상황을 알고 있던 대부인은 춘풍 아내에게 자신과 평양에 함께 가서 남편을 찾아볼 것을 권유하는데, 이는 상대의 입장과 처지를 배려한 것으로 볼 수 있다.

→ 적절하므로 오답!

⑤ ⓜ : *신의를 바탕으로 요청을 **흔쾌히 수락하고 있다. *믿음과 의리 **기쁘고 즐겁게

근거 ❹-19~20 ⓜ"네 청이야 아니 듣겠느냐? 그리하라."

풀이 어려운 형편에도 날마다 차담상을 차려오는 춘풍 아내의 정성에 감격해 그에 대한 신의가 두터웠던 대부인은 자신의 오라비를 비장으로 평양에 데려가 달라는 춘풍 아내의 요청을 흔쾌히 수락하고 있다.

→ 적절하므로 오답!

32 감상의 적절성 - 틀린 것 고르기 정답률 80% 정답 ⑤

〈보기〉를 바탕으로 윗글을 감상한 내용으로 적절하지 않은 것은? [3점]

| 보기 |

[1]이 작품은 남편이 저지른 일을 아내가 수습하는(거두어 바로잡는) 서사(이야기)가 중심이 된다. [2]춘풍은 가장이지만 경제관념(재물을 유용하게 쓰려고 하는 생각) 없이 현실적 쾌락(즐거움)만을 추구하며 자신이 초래한(일으킨) 문제를 해결하려 하지 않는다. [3]반면, 춘풍 아내는 적극적으로 현실의 문제를 해결하려는 의지를 갖고 주도면밀하게(빈틈없이) 목적을 달성한다. [4]이러한 두 인물의 대비되는(비교되어 차이가 드러나는) 특징으로 인해 무능한(일을 해결할 능력이 없는) 가장의 모습과 주체적인(일을 스스로 처리하는) 아내의 역할 및 능력이 부각된다.

① 춘풍이 가난을 불평하며 아내에게 집안일에 대한 모든 권리를 넘기는 것에서 무책임한 가장의 모습을 엿볼 수 있군.

근거 〈보기〉-2 춘풍은 가장이지만 경제관념 없이 현실적 쾌락만을 추구하며 자신이 초래한 문제를 해결하려 하지 않는다.

❷-6~8 지난 일은 고사하고 가난하여 못 살겠네. 어이 하여 살잔 말인고? 오늘부터 집안의 모든 일을 자네에게 맡기나니 마음대로 치산하여 의식이 염려 없게 하여 주오."

풀이 춘풍은 가장이지만 현실적 쾌락만을 추구하다 가산을 탕진하고는 가난하여 못 살겠다며 아내에게 집안의 모든 일을 맡기고 걱정 없게 해 달라고 한다. 이처럼 자신이 초래한 문제를 해결하려 들지 않고 아내에게 책임을 미루는 춘풍의 모습에서 무책임한 가장의 면모를 엿볼 수 있다.

→ 적절하므로 오답!

② 춘풍이 전곡을 남용하고 주색잡기에 빠져 있는 것에서 경제관념 없이 현실적 쾌락을 추구하는 모습을 엿볼 수 있군.

근거 〈보기〉-2 춘풍은 가장이지만 경제관념 없이 현실적 쾌락만을 추구하며

❷-1 아내의 말을 아니 듣고 수틀리면 때리기와 전곡 남용 일삼으니/ 9 춘풍 아내 이른 말이, "부모 유산 수만금을 청루 중에 다 들이밀고 이 지경이 되었는데

풀이 집안의 전곡을 남용하고 주색잡기에 빠진 춘풍의 모습에서 가장이지만 생활인으로서의 경제관념이 전혀 없고 현실적 쾌락만을 추구하는 면모를 엿볼 수 있다.

→ 적절하므로 오답!

③ 춘풍 아내가 사환에게 정보를 얻고 김 승지 댁 대부인에게 의도적으로 접근한 것에서 주도면밀한 모습을 엿볼 수 있군.

근거 〈보기〉-3 춘풍 아내는 적극적으로 현실의 문제를 해결하려는 의지를 갖고 주도면밀하게 목적을 달성한다.

❹-4 마침 그때 김 승지 댁이 있으되 ~ 맏자제가 ~ 작년에 평양 감사 두 번째 물망에 있다가 올해 평양 감사 하려고 도모한단 말을 사환 편에 들었것다./ 6~7 '이 댁에 붙어서 우리 가장 살려내고 추월에게 복수도 할까.' 하고 바느질, 길쌈 힘써 일해 얻은 돈냥 다 들여서 승지 댁 노부인에게 아침저녁으로 진지를 올리고, 노부인께 맛난 차담상을 특별히 간간히 차려드리거늘,

풀이 춘풍 아내는 작년에 평양 감사 두 번째 물망에 있던 김 승지 댁 맏자제가 올해 평양 감사를 도모한단 말을 사환을 통해 듣고 그 댁 대부인에게 의도적으로 접근한다. 이를 통해 춘풍 아내의 주도면밀한 면모를 엿볼 수 있다.

→ 적절하므로 오답!

④ 춘풍 아내가 춘풍을 구하기 위해 비장의 지위를 획득하고 남장을 하는 것에서 적극적인 문제 해결 의지를 엿볼 수 있군.

근거 〈보기〉-3 춘풍 아내는 적극적으로 현실의 문제를 해결하려는 의지를 갖고 주도면밀하게 목적을 달성한다.

❹-18 "소녀는 고사하옵고 오라비가 있사오니 비장으로 데려가 주시길 바라나이다."/ 23~24 춘풍의 아내 없던 오라비를 보낼 쏜가? 제가 손수 가려고 여자 의복 벗어놓고 남자 의복 치장한다.

풀이 춘풍 아내는 춘풍이 평양에서 재물을 모두 탕진하고 추월의 하인이 되자 그를 구하기 위해 대부인에게 접근해 비장의 지위를 얻고 남장을 한다. 이 모습에서 현실의 문제에 대한 적극적인 해결 의지를 갖고 주도면밀하게 목적을 하나씩 달성해 나가는 춘풍 아내의 면모를 확인할 수 있다.

→ 적절하므로 오답!

■ 남장을 하여 적극적인 문제 해결 의지를 보이는 작품

• **작자 미상, 「홍계월전」**(2016학년도 6월 모평A)

어의 땅에 엎드려 아뢰기를, "평국(홍계월)의 맥을 보오니 남자의 맥이 아니오매 이상하여이다." 천자 그 말을 들으시고 이르기를, "평국이 여자면 어찌 적진에 나가 적진 십만 대병을 소멸하고 왔으리오. ~ '어의가 나의 맥을 보았으니 필시 본색이 탄로 날지라 이제는 할 일 없이 되었으니, 여복을 갈아입고 규중에 몸을 숨어 세월을 보냄이 옳다.'

→ 서달이 전쟁을 일으키자 남장을 한 평국은 원수가 되어 전쟁터에 나가 서달을 잡고, 적군을 소멸한다.

• **작자 미상, 「장국진전」**(2023년 고1 6월 학평)

이 부인은 즉시 남장을 하고 머리에 용인 투구를 쓰고, 몸에 청사 전포를 입고, 왼손에 비린도, 오른손에 홀기를 들고는, 시부모와 유 부인과 주위 사람들에게 이별을 고하고 필마단기로 달마국을 향하여 집을 떠나니라.

→ 달마국을 정벌하기 위해 전장으로 떠난 남편 장국진이 병으로 앓아눕자 그의 아내 이 부인은 남편을 구하고 싸움을 결단 짓기 위해 남장을 한 채 전장으로 향한다.

⑤ 춘풍이 각서를 쓰고, 춘풍 아내가 차담상을 차리는 것에서 신분 상승을 통해 목적을 달성하려는 의도를 엿볼 수 있군.

근거 ❷-10 "자네 하는 말이 나를 별로 못 믿겠거든 이후로는 주색잡기 아니하기로 결단하는 각서를 써서 줌세."

❹-6~7 '이 댁에 붙어서 우리 가장 살려내고 추월에게 복수도 할까.' 하고 바느질, 길쌈 힘써 일해 얻은 돈냥 다 들여서 승지 댁 노부인에게 아침저녁으로 진지를 올리고, 노부인께 맛난 차담상을 특별히 간간히 차려드리거늘,

풀이 주색잡기로 가산을 탕진한 춘풍은 아내의 신뢰를 얻고자 주색잡기를 하지 않겠다는 각서를 썼다. 따라서 춘풍이 각서를 쓴 것은 '신분 상승을 통해 목적을 달성하려는 의도'와는 무관함을 알 수 있다. 또한 춘풍 아내는 춘풍을 살려내고 추월에게 복수를 하기 위해 대부인에게 차담상을 차려 주었다. 이는 대부인의 신뢰를 얻어 자신의 목적을 달성하려는 의도일 뿐, 신분 상승을 통해 목적을 달성하려는 의도로는 볼 수 없다.

→ 틀려서 정답!

[33 ~ 38] 인문

(가)

1 [1]기원전 3 세기경 중국의 전국시대(戰國時代, 춘추 시대 다음부터 진나라가 중국을 통일할 때까지의 약 200 년간) 말기(末期, 끝이 되는 때나 시기)는 침략(侵略, 정당한 이유 없이 남의 나라에 쳐들어감)과 정벌(征伐, 적이나 죄 있는 무리를 무력으로 침)의 전쟁이 빈번하게(頻繁–, 거듭하는 횟수가 번거로울 정도로 잦게) 벌어지는 혼란(混亂, 뒤죽박죽이 되어 어지럽고 질서가 없음)의 시대였다. [2]이와 동시에 국가의 혼란을 해결하기 위한 길을 ⓐ 모색한 여러 사상(思想, 사회, 정치, 인생 등에 대한 일정한 견해나 생각)들이 융성한(隆盛–, 기운차게 일어나거나 대단히 번성한) 시대이기도 했다.

→ 중국 전국시대 말기의 시대적 상황

2 [1]이 시대(전국시대 말기)에 활동했던 순자는 사회의 혼란과 무질서(無秩序, 질서가 없음)를 악(惡)(악하다 악)이라고 규정하고(規定–, 내용, 성격, 의미 등을 밝혀 정하고) 악은 온전히(穩全–, 본바탕 그대로 고스란히) 인간의 성(性)(성품 성)에게서 비롯된(처음으로 시작된) 것으로 파악한다.(把握–, 확실하게 이해하여 안다.) [2]성이란 인간이 태어나면서부터 지니고 있는 동물적인 경향성(傾向性, 어떤 방향으로 기울어지거나 쏠리는 현상)을 일컫는(가리켜 말하는) 말로 욕망과 감정의 형태로 드러난다. [3]이(욕망과 감정의 형태로 드러나는 인간의 '성') 중에서 이익을 좇아하고 그것(이익)을 얻으려고 하는 인간의 성이 악을 초래한다고(招來–, 결과로서 생겨나게 한다고) 보았다. [4]사회적 자원(資源, 인간 생활 및 경제 생산에 이용되는 원료를 통틀어 이르는 말)과 재화(財貨, 사람이 바라는 것을 충족해 주는 모든 물건)는 한정적인데(限定的–, 수량이나 범위에 일정한 한도가 정해져 있는데) 사람들이 모두 이기적인(利己的–, 자기 자신의 이익만을 꾀하는) 욕망을 그대로 좇게 되면 그들 사이에 다툼과 쟁탈(爭奪, 서로 다투어 빼앗음)이 일어나게 된다는 것이다.

→ 순자의 사상 ① : '악(惡)'과 '성(性)'의 개념

3 [1]하지만 그(순자)는 인간이 성뿐만이 아니라 심(心)(마음 심)도 타고났기에 인간다워질 수 있고, 성에서 비롯한 사회 문제의 해결도 가능하다고 보았다. [2]심은 인간의 인지(認知, 어떤 사실을 인정하여 앎) 능력을 뜻하는데, 인간의 감각 기관이 가져온 정보를 종합해서 인식하고(認識–, 사물을 분별하고 판단하여 알고) 판단한다. [3]즉, 심은 성이 합리적인지(合理的–, 이치에 합당한 것인지) 판단하여 성을 통제한다.(統制–, 일정한 방향, 계획, 목적에 따라 제한한다.) [4]이러한 심의 작용을 통해 인간은 배우며 실천할 수 있는데, 이와 같은 인간의 의식적이고(意識的–, 인식하거나 자각하면서 일부러 하는 것이고) 후천적인(後天的–, 태어날 때부터 가지고 난 것이 아니라, 태어난 후에 얻어진) 노력 또는 그것의 산물(産物, 그것에 의해 생겨나는 사물이나 현상)을 위(僞)(거짓 위)라고 한다.

→ 순자의 사상 ② : '심(心)'과 '위(僞)'의 개념

4 [1]순자는 성을 변화시키는 위의 역할을 강조했는데, 특히 위의 핵심으로서 예(禮)(예절 예)를 언급하고 그것('예')을 실천할 것을 주문한다.(注文–, 요구하거나 부탁한다.) [2]예란 위를 ⓑ 축적하여 완전한 인격체(人格體, 인격이 있는 주체)가 된 성인(聖人)(지혜와 덕이 매우 뛰어나 우러러 본받을 만한 사람)이 일찍이 사회의 혼란을 우려해(憂慮–, 근심하거나 걱정하여) 만든 일체(一切, 모든 것)의 사회적 규범(規範, 인간이 행동하고 판단할 때 따르고 지켜야 할 가치 판단 기준)을 말한다. [3]이('예')는 개인의 도덕 규범이자 나라를 다스리는 규범으로, 개인의 모든 행위의 기준이자 사회의 위계질서(位階秩序, 지위, 계층, 직책 등 상하 관계에서의 차례와 순서)를 나누는 기준이 된다. [4]예의 가장 중요한 기능은 ㉠ 신분(身分, 개인의 사회적 위치나 계급)적 차이를 구분해서 직분(職分, 마땅히 하여야 할 본분)을 정하는 것인데 이는 인간의 욕망 추구(追求, 목적을 이룰 때까지 뒤좇아 구함)를 긍정하되(肯定–, 옳다고 인정하되) 그(욕망 추구)의 적절한 기준과 한계를 설정함을 의미한다. [5]사회 구성원이 자신의 위치에 맞게끔 욕망을 추구하게 함으로써 다툼과 쟁탈이 없는 안정된(安定–, 바뀌어 달라지지 않고 일정한 상태가 유지되는) 사회를 만들 수 있다고 생각했기 때문이다.

→ 순자의 사상 ③ : '예(禮)'의 개념과 기능

5 [1]이때 순자는 군주를 예의 근본(根本, 본바탕)으로 규정하고 그(군주)의 역할을 중시한다. [2]군주는 계승되어(繼承–, 이어져) 온 예의 공통된 원칙을 지키고, 당대(當

문제편 17쪽

代, 그 시대)의 요구에 맞춰 예를 제정해야(制定−, 만들어 정해야) 한다. [3]구체적으로 군주는 백성들의 직분을 정해 주고 그들(백성들)을 가르쳐 예의 길로 인도하는(引導−, 이끌어 지도하는) 역할을 수행한다.(遂行−, 해낸다.) [4]이를 통해 백성들의 성은 교화되고(敎化−, 가르침을 받고 이끌려 좋은 방향으로 나아가게 되고) 질서와 조화를 이룬 선(善)(착하다 선)한 사회에 다다를(목적한 곳에 이를) 수 있다.

→ 순자의 사상 ④ : 예의 근본인 군주의 역할

6 [1]순자는 당대의 사상가들과 달리 사회 문제의 원인을 외적(外的, 외부적인) 상황에서 찾지 않고 인간의 타고난 성향(性向, 성질에 따른 경향)에서 찾음으로써 인간 사회를 바라보는 새로운 관점(觀點, 보고 생각하는 태도, 방향)을 제시하였다.(提示−, 나타내어 보였다.) [2]그러한 점에서 순자는 인간의 후천적 노력을 바탕으로 한 인간과 사회의 변화 가능성을 ⓒ 신뢰한 사상가라 할 수 있다.

→ 순자 사상의 의의

(나)

1 [1]홉스가 살던 17 세기는 종교 전쟁(宗敎戰爭, 십자군 전쟁, 30 년 전쟁 등 서로 다른 종교나 종파 간 대립과 충돌로 일어난 전쟁)과 내전(內戰, 한 나라 안에서 일어나는 싸움)을 겪으며 혼란스러웠다. [2]이에 왕의 권력(權力, 남을 자신의 뜻에 따르게 하거나 지배할 수 있는 권리와 힘)은 신으로부터 부여받은(附與−, 권리, 명예, 임무 등이 주어진) 것이라는 왕권신수설에 많은 사람들은 의문을 품게 되었다. [3]이러한 상황에서 홉스는 사회적 혼란을 해결하고자 신이 아닌 인간에 대한 탐구를 시작한다.

→ 17 세기 혼란스러운 시대적 상황

2 [1]홉스는 국가 성립(成立, 제대로 이루어짐) 과정을 설명하기 위해 국가가 성립하기 이전의 집단적 삶인 자연 상태(自然狀態, 사람의 손을 더하지 않은 본래 그대로의 상태)를 가정한다.(假定−, 임시로 사실인 것처럼 정한다.) [2]그(홉스)는 인간을 자기 보존(自己保存, 자기의 생명을 잘 보살펴 남기고 발전시키려는 본능)을 추구하는 존재로 규정한다. [3]또한 인간은 자연 상태에서 누구나 절대적인(絶對的−, 아무런 조건이나 제약이 붙지 않는) 자유를 행사할(行使−, 실현할) 수 있는 권리를 지니는데, 이를 자연권이라고 말한다. [4]자연 상태에서 인간은 자기 보존을 위해 자신의 이익만을 추구하면서 끊임없이 싸우게 되는데 그(홉스)는 전쟁과도 같은 이 상황을 '만인(萬人, 모든 사람)에 대한 만인의 투쟁(鬪爭, 이기거나 극복하기 위한 싸움)'이라 ⓓ 명명한다. [5]하지만 이 상황에서 인간이 느끼는 죽음에 대한 공포는 평화와 안전을 바라게 하는 감정을 유발하기도(誘發−, 일어나게 하기도) 한다.

→ 홉스의 사상 ① : 자연권의 개념과 자연 상태에서의 인간

3 [1]이때 인간의 이성은 평화로운 상태로 나아가기 위한 최선의 법칙을 발견하는데 홉스는 이를 자연법이라 일컫는다. [2]자연법의 가장 근본적인 원칙은 평화를 추구하고 따르라는 것이다. [3]그리고 이를 위해 인간의 이성은 자연 상태에서 가졌던 권리의 상당(相當, 일정한 정도) 부분을 포기하고 그것을 양도하는(讓渡−, 넘겨주는) ⓛ 사회 계약이 필요함을 깨닫는다.

→ 홉스의 사상 ② : 자연법의 개념과 사회 계약의 필요성

4 [1]개인이 자기 보존을 위해 자발적으로(自發的−, 남이 시키거나 요청하지 않아도 자기 스스로 나서서) 동의한(同意−, 의견을 같이한) 사회 계약은 두 단계에 걸쳐 이루어진다. [2]첫 번째 단계에서 개인과 개인은 상호(相互, 상대가 되는 이쪽과 저쪽이 함께) 적대적인(敵對的−, 적으로 대하는) 행위를 중지하고자(中止−, 그만두고자) 자연권의 대부분을 포기하는 계약을 맺는다. [3]그런데 이 계약은 누군가가 이를 위반할(違反−, 지키지 않고 어길) 경우에 그것(계약 위반)을 제재할(制裁−, 제한하거나 금지할) 수단이 없다는 한계가 있어 쉽게 파기될(破棄−, 깨져 버릴) 수 있다. [4]이 계약의 불안정성을 해소하고(解消−, 해결하여 없애 버리고) 실효성(實效性, 실제로 효과를 나타내는 성질)을 보장하기(保障−, 어려움 없이 이루어지도록 보호하기) 위해서는 계약 위반을 제재할 강제력(強制力, 강제하는 힘이나 권력)과 그것을 집행할(執行−, 실제로 시행할) 수 있는 힘의 소유자(所有者, 가지고 있는 사람)를 세우는 일이 필요하다. [5]이에 개인은 계약 위반을 제재할 공동(共同, 둘 이상의 사람이나 단체가 같은 자격으로 관계를 가짐)의 힘을 지닌 통치자와 두 번째 단계의 계약을 맺고 자신들(개인들)의 권리를 그(통치자)에게 양도한다.

→ 홉스의 사상 ③ : 사회 계약의 두 단계

5 [1]이러한 계약의 과정을 거치며 '리바이어던'이라 불리는 국가가 탄생한다. [2]리바이어던은 본래(本來, 생겨난 그 처음) 성서(聖書, 기독교의 경전)에 등장하는 무적(無敵, 매우 강하여 겨룰 만한 맞수가 없음)의 힘을 가진 바다 괴물의 이름으로, 홉스는 이(리바이어던)를 통해 계약으로 탄생한 국가의 강력한 공적(公的, 국가나 사회에 관계되는) 권력을 강조한 것이다. [3]통치자는 국가 권력의 실질적인(實質的−, 실제를 이루는 바탕이 되는) 행사(行事, 시행함) 주체(主體, 어떤 행동의 주가 되는 것)로서 국가에 대한 복종(服從, 남의 명령이나 의사를 그대로 따라서 좇음)을 요구하는(要求−, 할 것을 청하는) 대신에 개인을 위험으로부터 보호하는 책무(責務, 책임이나 임무)를 갖는다. [4]그(통치자)는 강력한 처벌에 대한 규정을 만들고 개인들이 이(처벌 규정)에 따르게 함으로써 그들(개인들)의 안전을 보장한다. [5]통치자가 개인들로부터 위임받은(委任−, 책임 지워 맡겨진) 권리를 정당하게(正當−, 이치에 맞아 올바르고 마땅하게) 행사하여 개인들 간의 투쟁을 해소함으로써 비로소 평화로운 사회가 ⓔ 구현된다.

→ 홉스의 사상 ④ : '리바이어던' 국가의 역할

6 [1]홉스의 사회 계약론은 인간의 본성에 대한 통찰(洞察, 예리한 관찰력으로 사물을 꿰뚫어 봄)을 바탕으로 국가가 성립하게 되는 과정을 제시하고 있다. [2]특히 국가가 지닌 힘의 원천(源泉, 비롯되는 근본, 원인)을 신이 아닌 자유로운 개인들에게서 찾고 있다는 점에서 근대 주권 국가(主權國家, 다른 나라의 간섭을 받지 않고, 주권을 완전히 행사할 수 있는 독립된 나라)의 토대(土臺, 밑바탕)를 마련했다고 할 수 있다.

→ 홉스 사상의 의의

■ 지문 이해

(가)

〈순자의 사상과 의의〉

❶ 중국 전국시대 말기의 시대적 상황

- 전쟁이 빈번한 혼란의 시대이자 혼란 해결의 길을 모색한 사상들이 융성한 시대

순자의 사상

❷ '악(惡)'과 '성(性)'의 개념

- 악 : 사회의 혼란과 무질서로, 인간의 '성'에게서 비롯된 것
- 성 : 인간이 선천적으로 지닌 동물적 경향성으로, 욕망과 감정의 형태로 드러남
  → 이익을 좋아하고 얻으려는 인간의 성이 악을 초래하여 인간 사이에 다툼과 쟁탈이 일어남

❸ '심(心)'과 '위(僞)'의 개념

- 심 : 인간의 인지 능력으로, 성이 합리적인지 판단하여 성을 통제함. 성에서 비롯한 사회 문제 해결
- 위 : 심의 작용을 통한 인간의 의식적·후천적 노력 또는 그것의 산물

❹ '예(禮)'의 개념과 기능

- 예 : '위'의 핵심. 위를 축적하여 완전한 인격체가 된 성인이 사회의 혼란을 우려해 만든 일체의 사회적 규범
- 예의 가장 중요한 기능은 신분적 차이를 구분해 직분을 정하는 것
  - 인간의 욕망 추구를 긍정하되 기준과 한계를 설정함 → 직분에 맞는 욕망을 추구 → 다툼과 쟁탈 없는 안정된 사회

❺ 예의 근본인 군주의 역할

- 계승되어 온 예의 공통된 원칙을 지키고 당대의 요구에 맞춰 예를 제정함
- 백성들의 직분을 정해 주고 그들을 가르쳐 예의 길로 인도함
  → 백성들의 성이 교화되고 질서와 조화를 이룬 선한 사회에 다다를 수 있음

❻ 순자 사상의 의의

- 사회 문제의 원인을 인간의 타고난 성향에서 찾음으로써 인간 사회를 바라보는 새로운 관점을 제시함
  → 순자는 인간의 후천적 노력을 바탕으로 한 인간과 사회의 변화 가능성을 신뢰한 사상가

(나)

〈홉스의 사상과 의의〉

❶ 17 세기 혼란스러운 시대적 상황

- 종교 전쟁과 내전으로 인한 혼란, 왕권신수설에 대한 의문
  → 홉스는 사회적 혼란을 해결하고자 신이 아닌 인간에 대한 탐구를 시작함

홉스의 사상

❷ 자연권의 개념과 자연 상태에서의 인간

- 자연권 : 인간이 자연 상태에서 지니는, 절대적인 자유를 행사할 수 있는 권리
- 만인에 대한 만인의 투쟁 : 자연 상태에서 인간이 자기 보존을 위해 자신의 이익만을 추구하며 끊임없이 싸우게 되는 상황 → 죽음에 대한 공포가 평화와 안전을 바라게 하는 감정을 유발하기도 함

❸ 자연법의 개념과 사회 계약의 필요성

- 자연법 : 인간의 이성이 발견한, 평화로운 상태로 나아가기 위한 최선의 법칙
- 평화를 추구하고 따르라는 자연법의 근본 원칙을 지키기 위해 인간의 이성은 사회 계약이 필요함을 깨달음

❹ 사회 계약의 두 단계

- 사회 계약 : 개인이 자기 보존을 위해 자발적으로 동의한 것
  - 첫 번째 단계의 계약 : 개인 간 상호 적대적 행위를 중지하고자 자연권의 대부분을 포기하는 계약. 제재 수단이 없어 쉽게 파기될 수 있음
  - 두 번째 단계의 계약 : 첫 번째 단계의 계약의 불안정성을 해소하고 실효성을 보장하기 위해 계약 위반을 제재할 공동의 힘을 지닌 통치자를 세워 그에게 자신들의 권리를 양도함

❺ '리바이어던' 국가의 역할

- 두 단계의 계약 과정을 거치며 '리바이어던' 국가가 탄생함
  - 계약으로 탄생한 국가의 강력한 공적 권력을 강조함
  - 통치자는 개인들의 복종을 요구하는 대신, 강력한 처벌 규정을 만들어 그들의 안전을 보장함
  - 통치자가 개인들로부터 위임받은 권리를 정당하게 행사하여 개인 간 투쟁을 해소 → 평화로운 사회 구현

❻ 홉스 사상의 의의

- 개인의 본성에 대한 통찰을 바탕으로 국가 성립 과정을 제시함
- 국가의 힘의 원천을 신이 아닌 개인들에게서 찾음 → 근대 주권 국가의 토대를 마련함

○ 문제편 18쪽

33 글의 서술 방식 파악 - 맞는 것 고르기 정답률 80% **정답 ②**

(가)와 (나)의 공통점으로 가장 적절한 것은?

근거 (가)-❶-1 기원전 3 세기경 중국의 전국시대 말기는 침략과 정벌의 전쟁이 빈번하게 벌어지는 혼란의 시대, (가)-❷-1 이 시대에 활동했던 순자는 … , (가)-❻-1 순자는 … 인간 사회를 바라보는 새로운 관점을 제시, (나)-❶-1 홉스가 살던 17 세기는 종교 전쟁과 내전을 겪으며 혼란스러웠다, (나)-❶-3 이러한 상황에서 홉스는 사회적 혼란을 해결하고자 신이 아닌 인간에 대한 탐구를 시작, (나)-❻-1~2 홉스의 사회 계약론은 … 근대 주권 국가의 토대를 마련했다고 할 수 있다.

풀이 (가)는 전국시대 말기 혼란의 시대에서 사회 문제의 원인을 제시하고 안정된 사회를 만들기 위해 예의 실천이 필요하다고 주장한 순자의 견해를 소개하고, 그 의의를 밝히고 있다. 또 (나)는 17 세기 당시 혼란스러운 시대적 상황에서 사회적 혼란을 해결하고자 한 홉스의 사회 계약론을 설명하고, 그 의의를 제시하였다. 따라서 정답은 ② 번이다.

① 인간 중심적인 시각에서 벗어나 사회 현상을 분석하고 있다.

근거 (가)-❻-1 순자는 당대의 사상가들과 달리 사회 문제의 원인을 외적 상황에서 찾지 않고 인간의 타고난 성향에서 찾음으로써 인간 사회를 바라보는 새로운 관점을 제시, (나)-❻-1 홉스의 사회 계약론은 인간의 본성에 대한 통찰을 바탕으로 국가가 성립하게 되는 과정을 제시

풀이 (가)와 (나) 모두 당대 사회 문제의 원인을 인간 외적 상황이 아니라 인간의 본성에서 찾고 있으므로, 인간 중심적인 시각에서 벗어나 사회 현상을 분석하였다는 설명은 적절하지 않다.

② 현실을 *개선하려는 사상가의 **견해와 그 ***의의를 제시하고 있다. *改善-. 잘못된 것이나 부족한 것, 나쁜 것 등을 고쳐 더 좋게 만들려는 **見解. 의견이나 생각 ***意義. 중요성, 가치

→ 맞아서 정답!

(나)

③ 종교적인 믿음을 바탕으로 성립된 권력의 *개념을 밝히고 있다. *概念. 여러 견해나 생각 속에서 공통된 요소를 뽑아내어 종합하여서 얻은 하나의 보편적인 견해나 생각

근거 (나)-❶-2 왕의 권력은 신으로부터 부여받은 것이라는 왕권신수설

풀이 (나)에서 '왕권신수설'의 개념을 밝히고 있다. 그러나 (가)에서는 종교적인 믿음을 바탕으로 성립된 권력의 개념을 밝히고 있지 않다.

④ 국가와 국가 간의 전쟁이 *야기한 사상의 **탄압 ***양상을 설명하고 있다. *惹起-. 일으킨 **彈壓. 권력이나 무력 등으로 억지로 눌러 꼼짝 못 하게 함 ***樣相. 모양, 상태

풀이 (가)와 (나)에서 각 사상가가 활동한 시기가 전쟁으로 혼란했던 것은 맞지만, 해당 글에서 전쟁이 야기한 사상의 탄압 양상을 설명하지는 않았다.

⑤ 시대적 상황의 변화에 따라 달라진 지도자의 *위상을 **통시적으로 설명하고 있다. *位相. 다른 것과의 관계 속에서 가지는 위치나 상태 **通時的-. 시간의 흐름에 따라 나타나는 변화와 관련하여

34 세부 정보 이해 - 틀린 것 고르기 정답률 75% **정답 ②**

(가)의 군주와 (나)의 통치자에 대한 이해로 적절하지 않은 것은?

= 백성들의 성의 교화

① 군주는 사회 구성원의 *내면의 변화를 **전제로 질서와 조화를 이룬 선한 사회를 만든다. *內面. 겉으로 드러나지 않는 사람의 정신적 · 심리적 측면 **前提-. 먼저 내세워

근거 (가)-❺-3~4 군주는 백성들의 직분을 정해 주고 그들을 가르쳐 예의 길로 인도하는 역할을 수행한다. 이를 통해 백성들의 성은 교화되고 질서와 조화를 이룬 선(善)한 사회에 다다를 수 있다.

→ 적절하므로 오답!

개인들로부터 위임받은

② 통치자는 신으로부터 부여받은 권리를 정당하게 행사함으로써 평화로운 사회를 만든다.

근거 (나)-❹-5 개인은 계약 위반을 제재할 공동의 힘을 지닌 통치자와 두 번째 단계의 계약을 맺고 자신들의 권리를 그에게 양도, (나)-❺-5 통치자가 개인들로부터 위임받은 권리를 정당하게 행사하여 개인들 간의 투쟁을 해소함으로써 비로소 평화로운 사회가 구현된다.

풀이 홉스의 견해에 따르면 통치자의 권리는 신으로부터 부여받은 것이 아니라, 개인들로부터 위임받은 것이다.

→ 틀려서 정답!

③ 군주는 백성을 사회적 위치에 맞게 행동하도록 인도하고, 통치자는 개인들의 상호 적대적인 행위의 중지를 요구한다.

근거 (가)-❺-3 군주는 백성들의 직분을 정해 주고 그들을 가르쳐 예의 길로 인도하는 역할을 수행, (나)-❹-2~3 첫 번째 단계에서 개인과 개인은 상호 적대적인 행위를 중지하고자 자연권의 대부분을 포기하는 계약을 맺는다. 그런데 이 계약은 누군가가 이를 위반할 경우에 그것을 제재할 수단이 없다는 한계가 있어 쉽게 파기될 수 있다, (나)-❹-5 이에 개인은 계약 위반을 제재할 공동의 힘을 지닌 통치자와 두 번째 단계의 계약을 맺고 자신들의 권리를 그에게 양도

풀이 순자의 견해에 따르면 군주는 백성들의 직분을 정해 주고 그들이 자신의 위치에 맞게 행동하도록 인도하는 역할을 한다. 한편 홉스의 견해에 따르면 개인과 개인이 상호 적대적 행위를 중지하고자 맺은 첫 번째 단계의 사회 계약에서는 계약 위반을 제재할 수단이 없으므로, 개인은 계약 위반을 제재할 힘을 지닌 통치자와 두 번째 단계의 계약을 맺고 자신의 권리를 통치자에게 양도한다. 개인들로부터 권리를 위임받은 통치자는 개인들의 상호 적대적 행위 중지를 요구할 수 있는 강력한 처벌 규정을 만들어 이에 따르게 할 수 있다.

→ 적절하므로 오답!

④ 군주는 예를 바탕으로 한 교화를 통해, 통치자는 강력한 공적 권력을 바탕으로 한 처벌을 통해 사회의 질서를 도모한다.

근거 (가)-❺-2~4 군주는 계승되어 온 예의 공통된 원칙을 지키고, 당대의 요구에 맞춰 예를 제정해야 한다. 구체적으로 군주는 백성들의 직분을 정해 주고 그들을 가르쳐 예의 길로 인도하는 역할을 수행한다. 이를 통해 백성들의 성은 교화되고 질서와 조화를 이룬 선(善)한 사회에 다다를 수 있다, (나)-❺-2~4 홉스는 이를 통해 계약으로 탄생한 국가의 강력한 공적 권력을 강조한 것이다. 통치자는 국가 권력의 실질적인 행사 주체로서 국가에 대한 복종을 요구하는 대신에 개인을 위험으로부터 보호하는 책무를 갖는다. 그는 강력한 처벌에 대한 규정을 만들고 개인들이 이에 따르게 함으로써 그들의 안전을 보장

→ 적절하므로 오답!

⑤ 군주와 통치자는 모두 나라를 다스리는 지도자로서 사회적 역할을 *이행해야 할 책무를 갖는다. *履行-. 실제로 행해야

근거 (가)-❺-2~3 군주는 계승되어 온 예의 공통된 원칙을 지키고, 당대의 요구에 맞춰 예를 제정해야 한다. 구체적으로 군주는 백성들의 직분을 정해 주고 그들을 가르쳐 예의 길로 인도하는 역할을 수행, (나)-❺-3 통치자는 국가 권력의 실질적인 행사 주체로서 국가에 대한 복종을 요구하는 대신에 개인을 위험으로부터 보호하는 책무를 갖는다.

→ 적절하므로 오답!

오답률 TOP ③ 1등급 문제

35 핵심 개념 파악 - 맞는 것 고르기 정답률 55%, 매력적 오답 ① 10% ③ 20% **정답 ⑤**

㉠에 대한 설명으로 가장 적절한 것은?

> ㉠ 신분적 차이를 구분해서 직분을 정하는 것

성

① 개인의 욕망보다 사회의 요구를 강조하여 심의 부작용을 막기 위한 것이다.

근거 (가)-❷-2~3 성이란 인간이 태어나면서부터 지니고 있는 동물적인 경향성을 일컫는 말로 욕망과 감정의 형태로 드러난다. 이 중에서 이익을 좋아하고 그것을 얻으려고 하는 인간의 성이 악을 초래한다고 보았다, (가)-❹-1~5 순자는 성을 변화시키는 위의 역할을 강조했는데, 특히 위의 핵심으로서 예를 언급하고 그것을 실천할 것을 주문한다. 예란 … 일체의 사회적 규범을 말한다. 이는 개인의 도덕 규범이자 나라를 다스리는 규범으로, 개인의 모든 행위의 기준이자 사회의 위계 질서를 나누는 기준이 된다. 예의 가장 중요한 기능은 신분적 차이를 구분해서 직분을 정하는 것인데 이는 인간의 욕망 추구를 긍정하되 그 적절한 기준과 한계를 설정함을 의미한다. 사회 구성원이 자신의 위치에 맞게끔 욕망을 추구하게 함으로써 다툼과 쟁탈이 없는 안정된 사회를 만들 수 있다고 생각했기 때문이다.

풀이 순자는 이익을 좋아하고 그것을 얻으려고 하는 인간의 성, 즉 개인의 이기적인 욕망으로부터 사회 문제가 발생한다고 보았다. 그리고 이러한 성의 부작용을 막기 위해 사회적 규범으로서 예의 실천을 주문하였다. ㉠은 예의 가장 중요한 기능으로서 개인의 욕망에 사회적으로 요구되는 적절한 기준과 한계를 적용하는 것이므로, 개인의 욕망보다 사회적 요구를 강조하여 성의 부작용을 막기 위한 것이라 볼 수 있다.

→ 적절하지 않으므로 오답!

② 인간의 성과 심의 차이를 구분하여 새로운 도덕적 기준을 세우기 위한 것이다.

근거 (가)-❷-2 성이란 인간이 태어나면서부터 지니고 있는 동물적인 경향성, (가)-❸-2 심은 인간의 인지 능력, (가)-❹-1~3 순자는 성을 변화시키는 위의 역할을 강조했는데, 특히 위의 핵심으로서 예를 언급하고 그것을 실천할 것을 주문한다. 예란 위를 축적하여 완전한 인격체가 된 성인이 일찍이 사회의 혼란을 우려해 만든 일체의 사회적 규범을 말한다. 이는 개인의 도덕 규범이자 나라를 다스리는 규범으로, 개인의 모든 행위의 기준이자 사회의 위계 질서를 나누는 기준이 된다, (가)-❺-2 군주는 계승되어 온 예의 공통된 원칙을 지키고, 당대의 요구에 맞춰 예를 제정해야 한다.

풀이 순자가 성과 심의 차이를 구분하고 개인의 도덕 규범으로서 예의 실천을 주문한 것은 맞으나, 예는 성인이 일찍이 만든 사회적 규범이며 계승되어 오는 것이라는 점에서 예의 중요한 기능인 ㉠이 '새로운' 도덕적 기준을 세우기 위한 것이라는 설명은 적절하지 않다. 또한 ㉠은 사회의 위계 질서를 나누는 기준으로서 예의 기능으로, 인간의 본성인 성과 심의 구분과는 관련이 없다.

→ 적절하지 않으므로 오답!

③ 사회 구성원이 심을 *체득하게 하여 혼란한 사회적 상황을 해결하기 위한 것이다. *體得-. 몸소 체험하여 알게

근거 (가)-❸-1 그는 인간이 성뿐만이 아니라 심(心)도 타고났기에 인간다워질 수 있고,

풀이 순자는 인간이 '심'을 타고났다고 보았으므로, 심을 체득하게 한다는 설명은 적절하지 않다.

→ 적절하지 않으므로 오답!

④ 개인의 도덕 규범과 나라의 통치 규범을 구분하여 사회 문제의 원인을 찾기 위한 것이다.

근거 (가)-❹-2~3 예란 위를 축적하여 완전한 인격체가 된 성인(聖人)이 일찍이 사회의 혼란을 우려해 만든 일체의 사회적 규범을 말한다. 이는 개인의 도덕 규범이자 나라를 다스리는 규범으로, 개인의 모든 행위의 기준이자 사회의 위계 질서를 나누는 기준이 된다, (가)-❷-1 순자는 사회의 혼란과 무질서를 악(惡)이라고 규정하고 악은 온전히 인간의 성(性)에게서 비롯된 것으로 파악

풀이 순자의 견해에 따르면 예는 개인의 도덕 규범이자 나라를 다스리는 규범이다. 따라서 개인의 도덕 규범과 나라의 통치 규범을 구분한다는 것은 ㉠에 대한 설명으로 적절하지 않다. 또한 ㉠은 다툼과 쟁탈이 없는 안정된 사회를 만들기 위한 것이지 사회 문제의 원인을 찾기 위한 것은 아니다. 순자에 따르면 혼란스러운 사회 문제의 원인은 '성'이다.

→ 적절하지 않으므로 오답!

⑤ 한정적인 사회적 자원과 재화를 적절하게 분배하여 사회의 안정성을 추구하기 위한 것이다.

근거 (가)-❷-3~4 이익을 좋아하고 그것을 얻으려고 하는 인간의 성이 악을 초래한다고 보았다. 사회적 자원과 재화는 한정적인데 사람들이 모두 이기적인 욕망을 그대로

1회 2024년 3월 국어

○ 문제편 18쪽

좇게 되면 그들 사이에 다툼과 쟁탈이 일어나게 된다는 것, (가)-❹-4~5 예의 가장 중요한 기능은 신분적 차이를 구분해서 직분을 정하는 것인데 이는 인간의 욕망 추구를 긍정하되 그 적절한 기준과 한계를 설정함을 의미한다. 사회 구성원이 자신의 위치에 맞게끔 욕망을 추구하게 함으로써 다툼과 쟁탈이 없는 안정된 사회를 만들 수 있다고 생각했기 때문

풀이 순자의 견해에 따르면 예는 신분적 차이를 구분하여 직분을 정함으로써 욕망 추구의 적절한 기준과 한계를 설정하는 기능을 한다. 이를 통해 사회 구성원은 자신의 위치에 맞게끔 욕망을 추구하게 되고, 한정적 사회적 자원과 재화가 적절히 분배되어 다툼과 쟁탈 없는 안정된 사회를 만들 수 있다.

→ 맞아서 정답!

36 핵심 개념 파악 - 틀린 것 고르기 정답률 75% **정답 ③**

㉡을 이해한 내용으로 적절하지 않은 것은?

㉡ 사회 계약

① 만인에 대한 만인의 투쟁 상황에서 벗어나기 위해 맺은 것이다.

근거 (나)-❷-4~5 자연 상태에서 인간은 자기 보존을 위해 자신의 이익만을 추구하면서 끊임없이 싸우게 되는데 그는 전쟁과도 같은 이 상황을 '만인에 대한 만인의 투쟁'이라 명명한다. 하지만 이 상황에서 인간이 느끼는 죽음에 대한 공포는 평화와 안전을 바라게 하는 감정을 유발하기도 한다, (나)-❸-1 이때 인간의 이성은 평화로운 상태로 나아가기 위한 최선의 법칙을 발견하는데 홉스는 이를 자연법이라 일컫는다, (나)-❸-3 인간의 이성은 자연 상태에서 가졌던 권리의 상당 부분을 포기하고 그것을 양도하는 사회 계약이 필요함을 깨닫는다.

풀이 홉스에 따르면 인간은 만인에 대한 만인의 투쟁과 같은 상황에서 벗어나 평화로운 상태로 나아가기 위해 사회 계약을 맺는다.

→ 적절하므로 오답!

② 자유를 *향유할 수 있는 권리의 포기는 자발적인 동의하에 이루어진다. *享有-, 누려 가질

근거 (나)-❷-3 인간은 자연 상태에서 누구나 절대적인 자유를 행사할 수 있는 권리를 지니는데, (나)-❸-2~3 자연법의 가장 근본적인 원칙은 평화를 추구하고 따르라는 것이다. 그리고 이를 위해 인간의 이성은 자연 상태에서 가졌던 권리의 상당 부분을 포기하고 그것을 양도하는 사회 계약이 필요함을 깨닫는다, (나)-❹-1 개인이 자기 보존을 위해 자발적으로 동의한 사회 계약

→ 적절하므로 오답!

③ 개인은 첫 번째 단계의 계약을 맺음으로써 공동의 힘을 제재할 수 있다. (두 번째 단계)

근거 (나)-❹-5 개인은 계약 위반을 제재할 공동의 힘을 지닌 통치자와 두 번째 단계의 계약을 맺고 자신들의 권리를 그에게 양도한다.

→ 틀려서 정답!

④ 첫 번째 단계의 계약은 두 번째 단계의 계약과 달리 위반할 경우 제재 수단이 없다.

근거 (나)-❹-3 이(첫 번째 단계의) 계약은 누군가가 이를 위반할 경우에 그것을 제재할 수단이 없다는 한계가 있어 쉽게 파기될 수 있다.

→ 적절하므로 오답!

⑤ 두 번째 단계의 계약은 첫 번째 단계의 계약과 달리 개인의 권리 양도가 이루어진다.

근거 (나)-❹-5 개인은 계약 위반을 제재할 공동의 힘을 지닌 통치자와 두 번째 단계의 계약을 맺고 자신들의 권리를 그에게 양도한다.

→ 적절하므로 오답!

37 구체적인 상황에 적용 - 틀린 것 고르기 정답률 75% **정답 ⑤**

(가)의 '순자'와 (나)의 '홉스'의 입장에서 <보기>의 상황을 이해한 내용으로 적절하지 않은 것은? [3점]

| 보기 |

생물학자인 개릿 하딘은 공유지(公有地, 소유권이 특정 개인에게 있지 않고 사회 구성원 모두에게 있는 땅)에서의 자유가 초래하는 혼란한 상황을 '공유지의 비극'이라 일컬었다. 그(개릿 하딘)는 한 목초지(牧草地, 가축의 사료가 되는 풀이 자라고 있는 곳)에서 벌어지는 상황을 예로 들어 이('공유지의 비극')를 설명하였다.

> 모두가 사용할 수 있는 목초지가 있다. 한 목동(牧童, 풀을 뜯기며 가축을 치는 아이)은 자신의 이익을 극대화하는(極大化-, 아주 크게 하는) 방법으로 가능한 한 많은 소 떼들을 목초지에 풀어 놓는다. 다른 목동들도 같은 방법을 취하게 되고 결국 목초지는 황폐화된다.(荒廢化-, 돌보아 살피지 않아 거칠고 못 쓰게 된다.)

① 순자는 목동들이 '위'를 행하였다면 목초지의 황폐화를 막을 수 있었을 것이라고 생각하겠군.

근거 (가)-❷-3~4 이익을 좋아하고 그것을 얻으려고 하는 인간의 성이 악을 초래한다고 보았다. 사회적 자원과 재화는 한정적인데 사람들이 모두 이기적인 욕망을 그대로 좇게 되면 그들 사이에 다툼과 쟁탈이 일어나게 된다는 것, (가)-❸-3~4 심은 성이 합리적인지 판단하여 성을 통제한다. 이러한 심의 작용을 통해 인간은 배우며 실천할 수 있는데, 이와 같은 인간의 의식적이고 후천적인 노력 또는 그것의 산물을 위(僞)라고 한다.

풀이 순자는 목동들이 심의 작용을 통해 이기적인 욕망을 좇는 성을 통제하는 의식적이고 후천적인 노력, 즉 '위'를 행하였다면 목초지의 황폐화를 막을 수 있었을 것이라고 보았을 것이다.

→ 적절하므로 오답!

② 홉스는 목동들이 처한 상황을 자기 보존을 추구하는 욕망이 발현된 '자연 상태'라고 생각하겠군.

근거 (나)-❷-4 자연 상태에서 인간은 자기 보존을 위해 자신의 이익만을 추구

풀이 홉스의 견해에 따르면 목동들이 자신의 이익을 극대화하기 위해 가능한 한 많은 소 떼를 목초지에 풀어 놓아 목초지가 황폐화된 것은 목동들이 자기 보존을 위해 자신의 이익만을 추구하였기 때문이라고 볼 수 있다. 따라서 홉스는 목동들이 처한 상황을 자기 보존을 추구하는 욕망이 발현된 '자연 상태'라고 생각했을 것이다.

→ 적절하므로 오답!

③ 순자는 완전한 인격체가 만든 규범이, 홉스는 강력한 국가의 개입이 필요한 상황이라고 생각하겠군.

근거 (가)-❷-3~4 이익을 좋아하고 그것을 얻으려고 하는 인간의 성이 악을 초래한다고 보았다. 사회적 자원과 재화는 한정적인데 사람들이 모두 이기적인 욕망을 그대로 좇게 되면 그들 사이에 다툼과 쟁탈이 일어나게 된다는 것, (가)-❹-1~2 순자는 성을 변화시키는 위의 역할을 강조했는데, 특히 위의 핵심으로서 예(禮)를 언급하고 그것을 실천할 것을 주문한다. 예란 위를 축적하여 완전한 인격체가 된 성인(聖人)이 일찍이 사회의 혼란을 우려해 만든 일체의 사회적 규범, (나)-❷-4 자연 상태에서 인간은 자기 보존을 위해 자신의 이익만을 추구, (나)-❺-2 홉스는 이를 통해 계약으로 탄생한 국가의 강력한 공적 권력을 강조, (나)-❺-5 통치자가 개인들로부터 위임받은 권리를 정당하게 행사하여 개인들 간의 투쟁을 해소함으로써 비로소 평화로운 사회가 구현

풀이 목동들이 이기적인 욕망을 그대로 좇아 일어나게 된 목초지의 상황에 대해, 순자는 완전한 인격체인 성인이 만든 사회적 규범인 예를 통해 다툼과 쟁탈이 없는 안정된 상황을 만들 수 있다고 보았을 것이다. 또한 홉스는 목동들이 자기 보존을 위해 자신의 이익만을 추구하여 벌어진 목초지의 상황에 대해, 국가의 강력한 공적 권력과 그것의 실질적 행사 주체인 통치자의 역할을 통해 혼란을 해소할 수 있다고 보았을 것이다.

→ 적절하므로 오답!

④ 순자는 '성'을 그대로 좇는 모습으로, 홉스는 '자연권'을 행사하는 모습으로 목동들의 이기적 행동을 이해하겠군.

근거 (가)-❷-3~4 이익을 좋아하고 그것을 얻으려고 하는 인간의 성이 악을 초래한다고 보았다. 사회적 자원과 재화는 한정적인데 사람들이 모두 이기적인 욕망을 그대로 좇게 되면 그들 사이에 다툼과 쟁탈이 일어나게 된다는 것, (나)-❷-3~4 인간은 자연 상태에서 누구나 절대적인 자유를 행사할 수 있는 권리를 지니는데, 이를 자연권이라고 말한다. 자연 상태에서 인간은 자기 보존을 위해 자신의 이익만을 추구하면서 끊임없이 싸우게 되는데

풀이 순자는 자신의 이익을 극대화하고자 가능한 한 많은 소 떼를 목초지에 풀어 놓는 목동들의 이기적 행동에 대해 이익을 좋아하고 그것을 얻으려 하는 '성'을 그대로 좇는 모습이라고 보았을 것이다. 한편 홉스는 목동들의 행동에 대해, 자연 상태에서 자기 보존을 위해 자신의 이익만을 추구할 수 있는 '자연권'을 행사한 것이라고 보았을 것이다.

→ 적절하므로 오답!

⑤ 순자와 홉스는 모두 목동들이 공포를 느끼게 되면 문제 상황에 대한 합리적 판단 능력을 갖게 될 것이라고 생각하겠군. (홉스는)

근거 (가)-❸-1~3 그(순자)는 인간이 성뿐만이 아니라 심(心)도 타고났기에 인간다워질 수 있고, 성에서 비롯한 사회 문제의 해결도 가능하다고 보았다. 심은 인간의 인지 능력을 뜻하는데, 인간의 감각 기관이 가져온 정보를 종합해서 인식하고 판단한다. 즉, 심은 성이 합리적인지 판단하여 성을 통제, (나)-❷-4~5 자연 상태에서 인간은 자기 보존을 위해 자신의 이익만을 추구하면서 끊임없이 싸우게 되는데 그(홉스)는 전쟁과도 같은 이 상황을 '만인에 대한 만인의 투쟁'이라 명명한다. 하지만 이 상황에서 인간이 느끼는 죽음에 대한 공포는 평화와 안전을 바라게 하는 감정을 유발하기도 한다, (나)-❸-1 이때 인간의 이성은 평화로운 상태로 나아가기 위한 최선의 법칙을 발견하는데, (나)-❸-3 인간의 이성은 자연 상태에서 가졌던 권리의 상당 부분을 포기하고 그것을 양도하는 사회 계약이 필요함을 깨닫는다.

풀이 홉스의 견해에 따르면 인간은 자연 상태에서 자신의 이익만을 추구하면서 끊임없이 싸우게 되고, 그러한 상황에서 느끼는 공포로 인해 인간의 이성은 평화로운 상태로 나아가기 위해 자연 상태에서 가졌던 권리의 상당 부분을 포기하고 그것을 양도하는 사회 계약이 필요함을 깨닫게 된다. 따라서 홉스는 <보기>의 목동들이 처한 혼란스러운 상황에서 목동들이 공포를 느끼게 되면 이성을 통해 평화로운 상태로 나아가기 위해 사회 계약이 필요함을 깨닫게 될 것이라고 보았을 것이다. 한편 순자는 인간이 타고난 '심'을 통해 성에서 비롯된 사회 문제를 해결할 수 있다고 보았다. 이때 심은 인간의 인지 능력으로, 성이 합리적인지 판단하고 통제한다. 이러한 순자의 견해에 따르면 인간의 합리적 판단 능력은 타고난 것이므로, <보기>의 상황에서 목동들이 '공포를 느끼게 되면' 문제 상황에 대한 합리적 판단 능력을 갖게 될 것이라고 생각하지는 않았을 것이다.

→ 틀려서 정답!

38 단어의 사전적 의미 - 틀린 것 고르기 정답률 90% **정답 ③**

ⓐ~ⓔ의 사전적 의미로 적절하지 않은 것은?

ⓐ 모색 ⓑ 축적 ⓒ 신뢰 ⓓ 명명 ⓔ 구현

① ⓐ : 일이나 사건 따위를 해결할 수 있는 방법이나 실마리를 더듬어 찾음.

풀이 '모색(摸 찾다 모 索 찾다 색)'의 사전적 의미는 '일이나 사건 따위를 해결할 수 있는 방법이나 실마리를 더듬어 찾음'이다.

예문 학문 연구를 위해 이론적 모색에 충실하여야 한다.

→ 적절하므로 오답!

② ⓑ : 지식, 경험, 자금 따위를 모아서 쌓음.

● 문제편 19쪽

풀이 '축적(蓄 모으다 축 積 쌓다 적)'의 사전적 의미는 '지식, 경험, 자금 따위를 모아서 쌓음. 또는 모아서 쌓은 것'이다.

예문 우리 회사는 오랜 연구와 투자로 기술 축적을 이루어 냈다.

→ 적절하므로 오답!

③ ⓒ : 자기의 주장을 굽혀 남의 의견을 좇음.

풀이 '신뢰(信 믿다 신 賴 의지하다 뢰)'의 사전적 의미는 '굳게 믿고 의지함'이다. '자기의 주장을 굽혀 남의 의견을 좇음'의 뜻을 가진 단어는 '신뢰'가 아니라 '양보(讓 양보하다 양 步 걸음 보)'이다.

예문 우리는 그에게 절대적인 지지와 신뢰를 보내고 있다.

→ 틀려서 정답!

④ ⓓ : 사람, 사물, 사건 등의 대상에 이름을 지어 붙임.

풀이 '명명(命 이름짓다 명 名 이름 명)'의 사전적 의미는 '사람, 사물, 사건 등의 대상에 이름을 지어 붙임'이다.

예문 해군은 이번에 새로 만든 배의 이름을 '이순신'이라고 명명하였다.

→ 적절하므로 오답!

⑤ ⓔ : 어떤 내용이 구체적인 사실로 나타나게 함.

풀이 '구현(具 갖추다 구 現 나타나다 현)'의 사전적 의미는 '어떤 내용이 구체적인 사실로 나타나게 함'이다.

예문 인간다운 삶은 생명 유지에서 그치지 않고 인간 존엄성의 구현으로 나아가는 것이어야 한다.

→ 적절하므로 오답!

[39 ~ 43] 기술 - 연륜 연대 측정의 개념과 방법

1 [1]사계절이 뚜렷한 곳에서 자라는 나무는 매해(每-. 해마다) 하나씩 나이테를 만들기 때문에 나이테를 세면 나무의 나이를 알 수 있다. [2]그렇다면 나이테는 단순히 나무의 나이를 알기 위해서만 활용되는 것일까? [3]그렇지 않다. [4]나이테는 현재 남아 있는 다양한 목제(木製. 나무로 만든 물건) 유물(遺物. 앞선 세대의 인류가 뒤에 오는 세대에 남긴 물건)들이 언제 만들어졌는지 그 제작(製作. 만듦) 연도를 ⓐ 규명하는 데도 활용되고 있다.

→ 나무 나이테의 활용

2 [1]나무의 나이테는 위치에 따라 크게 심재(心 중심 심 材 재목 재), 변재(邊 가장자리 변 材 재목 재)로 구분된다. [2]심재는 나무의 성장 초기에 형성된(形成-. 이루어진) 안쪽 부분으로 생장(生長. 나서 자람)이 거의 멈추면서 진액(津液. 생물의 몸 안에서 생겨나는 액체)이 내부(內部. 안쪽의 부분)에 갇혀 색깔이 어둡게 변한 부분이다. [3]변재는 심재의 끝부터 껍질인 수피(樹 나무 수 皮 껍질 피) 전까지의 바깥 부분으로 물과 영양분을 공급하는(供給-. 내주는) 생장 세포가 활성화되어(活性化-. 그 기능을 하고) 있어 밝은 색상을 띠는 부분이다. [4]나무의 나이는 이 심재와 변재의 나이테 수를 합한 것이 된다.

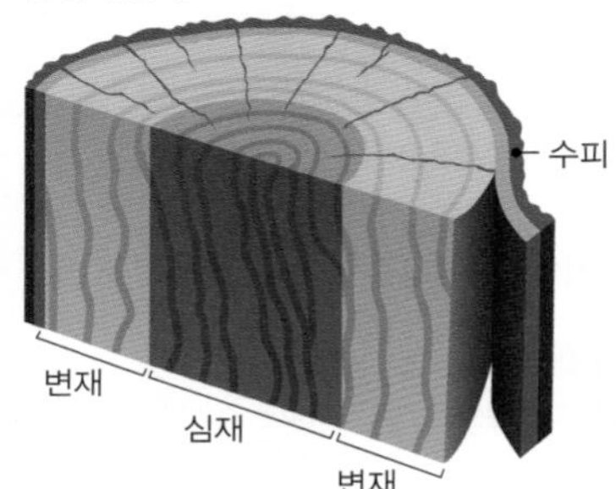

〈참고 그림〉
❷-2~3 심재는 나무의 성장 초기에 형성된 안쪽 부분으로 색깔이 어둡게 변한 부분이다. 변재는 심재의 끝부터 껍질인 수피 전까지의 바깥 부분으로 밝은 색상을 띠는 부분이다.

→ 위치에 따른 나이테의 종류와 나무 나이 계산 방법

3 [1]그런데 나무의 나이테 너비(가로로 건너지른 거리)를 살펴보면 매해 그 너비가 동일하지 않다. [2]그(나무의 나이테 너비가 해마다 변화하는) 이유는 '제한 요소의 법칙'에 의해서 나무의 생장량이 결정되기 때문이다. [3]나무가 생장하기 위해서는 물, 빛, 온도, 이산화 탄소 등의 다양한 환경 요소(環境要素. 생물을 둘러싸고 있으면서 그 생사나 생육 상태에 영향을 주는 요인)가 필요한데 환경 요소들은 해마다 다르기 때문에 나이테의 너비도 변하게 된다. [4]그렇다고 모든 환경 요소가 나이테의 너비 변화에 영향을 주는 것은 아니다. [5]여러 환경 요소 중에서 가장 부족한 요소가 나이테의 너비 변화에 가장 큰 영향을 주게 되는데 이것이 바로 제한 요소의 법칙이다.

→ 나무의 나이테 너비가 변화하는 이유 : 제한 요소의 법칙

4 [1]나무가 가장 부족한 요소에 모든 생물학적 활동을 맞추는 것은 안전하게 생장하기 위한 전략(戰略. 방법이나 책략)이다. [2]만일 나무의 생장이 가장 풍족한(豐足-. 매우 넉넉하여 부족함이 없는) 요소를 기준으로 이뤄진다면 생장에 필요한 생물학적 활동을 제한하는 요소가 많아져(그보다 부족한 환경 요소들의 경우 기준을 충족하지 못하여 나무의 생물학적 활동을 제한하게 되므로) ⓑ 고사할 위험이 높아지게 될 것이기 때문이다. [3]제한 요소의 법칙은 모든 나무의 생장에 예외(例外. 일반적 규칙이나 관례에서 벗어나는 일) 없이 적용되며, 그 결과로 동일한 수종(樹種. 나무의 종류)이 유사한(類似-. 서로 비슷한) 생장 환경에서 자라면 나이테의 너비 변화 패턴(pattern. 일정한 형태, 양식, 유형)이 유사하다. [4]하지만 수종이 같더라도 지역이 다르면 생장 환경이 다르기 때문에 나이테의 너비 변화 패턴은 달라지게 된다.

→ 제한 요소의 법칙이 적용되는 이유

5 [1]나이테를 활용하여 목제 유물에 사용된 나무의 벌채* 연도나 환경 조건을 추정하는(推定-. 미루어 생각하여 판정하는) 것을 연륜(年 해 연 輪 바퀴 륜. 나이테) 연대 측정이라 하는데 이(연륜 연대 측정)를 위해서는 나이테의 너비 변화 패턴을 그래프로 나타낸 ㉠ 연륜 연대기가 있어야 한다. [2]수천 년 살 수 있는 나무는 많지 않으나 아래 〈그림〉과 같은 방법으로 수천 년에 달하는(達-. 이르는) 연륜 연대기 작성은 가능하다.

→ 연륜 연대 측정의 개념

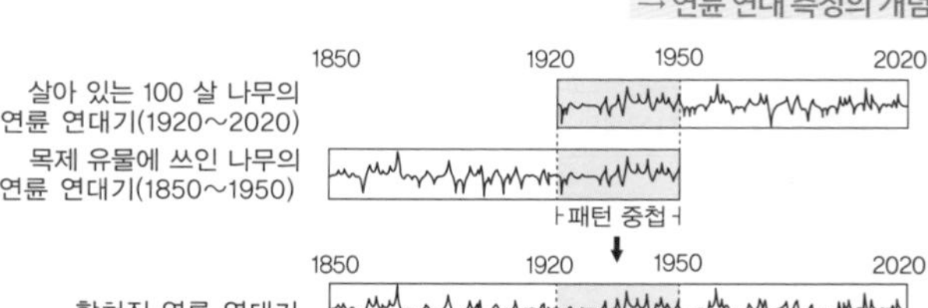

6 [1]살아 있는 나무에서 나이테 너비를 ⓒ 측정하면 정확한 연도가 부여된(附與-. 붙여진) 연륜 연대기를 작성할 수 있다. [2]다음으로 오래지 않은 과거에 제작된 목제 유물의 나이테로 연륜 연대기를 작성하여 이미 작성된 연륜 연대기와 비교하면 패턴이 겹치는 기간을 확인할 수 있다. [3]그(패턴이 겹치는) 기간은 지금 살아 있는 나무와 과거 유물에 사용된 나무가 함께 생장하던 기간이 된다. [4]이러한 방법으로 보다 과거의 목제 유물로 작성된 연륜 연대기와 패턴 비교를 반복하면 수백, 수천 년에 달하는 나무의 연륜 연대기 작성이 가능해진다. [5]이렇게 작성된 장기간(長期間. 긴 기간)의 연륜 연대기를 표준 연대기라 하는데 우리나라는 현재 소나무, 참나무, 느티나무의 표준 연대기를 ⓓ 보유하고 있다. [6]연륜 연대 측정은 이 표준 연대기와 목제 유물의 나이테로 작성한 유물 연대기의 패턴을 비교함으로써 진행되고 그 방법은 다음과 같다.

→ 연륜 연대기와 표준 연대기의 작성 방법

[A]

7 [1]먼저 목제 유물의 나이테에 변재가 있는지 확인해야 한다. [2]나무를 가공할(加工-. 자재를 처리하여 새로운 제품을 만들) 때는 벌레가 먹거나 쉽게 썩는 변재의 일부(一部. 한 부분) 또는 전체가 잘려 나가기도 하는데 만일 유물의 나이테에 변재가 없는 경우에는 벌채 연도를 추정할 수 없게 된다.

→ 연륜 연대 측정 방법 ①

8 [1]변재의 존재 여부(있는지 없는지)를 확인한 후에는 목제 유물의 각 부분에서 나이테를 채취해(採取-. 얻어 내어) 패턴이 중첩되는(重疊-. 겹치는) 부분을 비교하여 유물 연대기를 만든 다음, 비교 대상으로 사용할 표준 연대기를 정해야 한다. [2]이때 유물 연대기와 표준 연대기의 상관도(相關度. 서로 관련을 가지는 정도)를 나타내는 t값과 일치도(一致度. 서로 어긋나지 아니하고 같거나 들어맞는 정도)를 나타내는 G값을 고려해야(考慮-. 따져 봐야) 하는데 100 년 이상의 기간을 상호(相互. 서로) 비교할 때 t값은 3.5 이상, G값은 65 % 이상의 값을 가져야 통계적으로 유의성(有意性. 의미를 갖는 성질)이 있는 것으로 ⓔ 간주된다.

→ 연륜 연대 측정 방법 ②

9 [1]표준 연대기를 정한 후에는 유물 연대기와 표준 연대기의 패턴을 비교하여 중첩되는 부분의 시작 나이테의 연도부터 마지막 나이테의 연도를 확정하여(確定-. 확실하게 정하여) 절대 연도를 부여한다. [2]유물의 나이테가 변재를 완전하게 갖고 있을 경우에는 마지막 나이테의 절대 연도가 벌채 연도가 된다. [3]하지만 변재의 바깥쪽 나이테 일부가 잘려 나갔다면 마지막 나이테의 절대 연도에 잘려 나간 변재 나이테 수를 더한 값이 벌채 연도가 되는데 이때는 수령별(樹齡別. 나무의 나이에 따른) 평균 변재 나이테 수를 참고한다. [4]비슷한 수령의 나무가 갖는 평균 변재 나이테 수에서 유물에 남아 있는 변재 나이테 수를 빼, 나무를 가공할 때 잘라 낸 변재 나이테 수를 구한다. [5]그리고 이를 마지막 나이테의 절대 연도에 더해 벌채 연도를 확정한다. [6]그 다음, 벌채한 후 가공할 때까지 나무를 건조하는 일반적인 기간인 1~2 년을 더해 목제 유물의 제작 연도를 추정한다.

→ 연륜 연대 측정 방법 ③

* 벌채 : 나무를 베어 냄

■ 지문 이해

❶ 나무 나이테의 활용

• 나이테는 나무의 나이뿐 아니라 목제 유물의 제작 연도 규명에도 활용됨

❷ 위치에 따른 나이테의 종류와 나무 나이 계산 방법

• 심재 : 나무 성장 초기에 형성된 안쪽 부분, 진액이 갇혀 어두운 색깔
• 변재 : 심재 끝부터 수피 전까지의 바깥 부분, 생장 세포가 활성화되어 있어 밝은 색깔
• 나무의 나이 = 심재 나이테 수 + 변재 나이테 수

❸ 나무의 나이테 너비가 변화하는 이유

• '제한 요소의 법칙'에 의해 나무의 생장량이 결정되기 때문에, 나무의 나이테는 매해 그 너비가 변함 → 여러 환경 요소 중 가장 부족한 요소가 나이테 너비 변화에 가장 큰 영향을 주는 것

❹ 제한 요소의 법칙이 적용되는 이유

• 나무의 생장이 가장 풍족한 요소를 기준으로 이루어질 경우 고사할 위험이 높아짐 → 안전한 생장을 위해 가장 부족한 요소에 생물학적 활동을 맞춤
• 제한 요소의 법칙은 모든 나무의 생장에 적용되며 동일 수종, 유사한 생장 환경에서는 나이테 너비 변화 패턴이 유사하게 나타남

❺ 연륜 연대 측정의 개념

• 연륜 연대 측정
- 나이테를 활용해 목제 유물에 사용된 나무의 벌채 연도, 환경 조건을 추정하는 것
- 나이테 너비 변화 패턴을 그래프로 나타낸 연륜 연대기가 필요함
- 표준 연대기와 목제 유물의 유물 연대기의 패턴을 비교하여 진행됨(❻)

❻ 연륜 연대기와 표준 연대기의 작성 방법

① 살아 있는 나무에서 나이테 너비를 측정하여 정확한 연도가 부여된 연륜 연대기 작성
② 오래지 않은 과거에 제작한 목제 유물의 나이테로 연륜 연대기를 작성하여 ①과 패턴 비교 후 패턴이 겹치는 기간 확인
③ 보다 과거의 목제 유물로 작성된 연륜 연대기와 ②의 패턴 비교
↓(반복)
④ 수백, 수천 년에 달하는 나무의 연륜 연대기(표준 연대기) 작성이 가능해짐

❼~❾ 연륜 연대 측정 방법

① 목제 유물 나이테에 변재가 있는지 확인 : 변재가 없는 경우 벌채 연도 추정 불가능
② 목제 유물 각 부분에서 나이테를 채취하여 패턴이 중첩되는 부분을 비교해 유물 연대기를 만듦
③ 비교 대상으로 사용할 표준 연대기를 정함 : t값, G값을 고려해 통계적으로 유의성이 있어야 함
④ 유물 연대기와 표준 연대기의 패턴을 비교 : 중첩 부분의 나이테 연도를 확정하여 절대 연도 부여
• 벌채 연도
- 유물의 나이테가 변재를 완전히 갖고 있을 경우 : 마지막 나이테의 절대 연도
- 변재 나이테 일부가 잘려 나갔을 경우 : 마지막 나이테의 절대 연도 + 잘려 나간 변재 나이테 수(수령별 평균 변재 나이테 수 - 유물에 남아 있는 변재 나이테 수)
• 목제 유물의 제작 추정 연도 = 벌채 연도 + 나무 건조 기간(1~2 년)

39 글의 서술 방식 파악 - 틀린 것 고르기
정답률 65%, 매력적 오답 ⑤ 15% | 정답 ④

윗글에서 사용된 전개 방식으로 적절하지 않은 것은?

① *자문자답의 방식으로 **화제를 제시하고 있다. *自問自答, 스스로 묻고 스스로 대답함 **話題, 이야깃거리

근거 ❶-2~3 나이테는 단순히 나무의 나이를 알기 위해서만 활용되는 것일까? 그렇지 않다.
→ 적절하므로 오답!

② 대상의 특성을 관련 개념을 통해 설명하고 있다.

근거 ❸-1~5 나무의 나이테 너비를 살펴보면 매해 그 너비가 동일하지 않다. 그 이유는 '제한 요소의 법칙'에 의해서 나무의 생장량이 결정되기 때문이다. … 이것이 바로 제한 요소의 법칙이다.

풀이 윗글에서는 나무의 나이테 너비가 매해 동일하지 않은 이유를 '제한 요소의 법칙'이라는 개념을 통해 설명하고 있다.
→ 적절하므로 오답!

③ 일정한 기준에 따라 대상을 나누어 설명하고 있다.

근거 ❷-1 나무의 나이테는 위치에 따라 크게 심재, 변재로 구분된다, ❾-2~3 유물의 나이테가 변재를 완전하게 갖고 있을 경우에는 마지막 나이테의 절대 연도가 벌채 연도가 된다. 하지만 변재의 바깥쪽 나이테 일부가 잘려 나갔다면 마지막 나이테의 절대 연도에 잘려 나간 변재 나이테 수를 더한 값이 벌채 연도가 되는데
→ 적절하므로 오답!

④ 어려운 개념을 *친숙한 대상에 **빗대어 설명하고 있다. *親熟-, 친하여 익숙한 **바로 말하지 않고 빙 둘러서

풀이 윗글에서 '제한 요소의 법칙', '연륜 연대 측정', '연륜 연대기와 표준 연대기' 등의 개념을 친숙한 대상에 빗대어서 설명하는 부분은 나타나지 않는다.
→ 틀려서 정답!

⑤ 반대 상황을 *가정하여 현상에 대한 이해를 돕고 있다. *假定-, 사실인 것처럼 정하여

근거 ❹-1~2 나무가 가장 부족한 요소에 모든 생물학적 활동을 맞추는 것은 안전하게 생장하기 위한 전략이다. 만일 나무의 생장이 가장 풍족한 요소를 기준으로 이뤄진다면 생장에 필요한 생물학적 활동을 제한하는 요소가 많아져 고사할 위험이 높아지게 될 것이기 때문

풀이 나무가 가장 부족한 요소에 모든 생물학적 활동을 맞추는 이유를 설명하기 위하여 나무의 생장이 가장 풍족한 요소를 기준으로 이뤄지는 상황을 가정하고 있다.
→ 적절하므로 오답!

오답률 TOP ❹ 1등급 문제

40 세부 정보 이해 - 맞는 것 고르기
정답률 55%, 매력적 오답 ②③ 15% | 정답 ⑤

윗글에서 알 수 있는 내용으로 가장 적절한 것은?

① 심재는 생장이 거의 멈춘 나이테로 수피에 *인접하여 있다. (수피 → 변재) *鄰接-, 옆에 닿아

근거 ❷-2~3 심재는 나무의 성장 초기에 형성된 안쪽 부분으로 생장이 거의 멈추면서 진액이 내부에 갇혀 색깔이 어둡게 변한 부분이다. 변재는 심재의 끝부터 껍질인 수피 전까지의 바깥 부분

풀이 심재가 생장이 거의 멈춘 나이테라는 설명은 적절하지만, 수피에 인접해 있다는 설명은 적절하지 않다. 껍질인 수피에 인접한 바깥 부분은 심재가 아니라 변재에 해당한다.
→ 적절하지 않으므로 오답!

② 변재는 생장 세포에 있는 진액으로 인해 밝은 색상을 띤다. (→ 생장 세포가 활성화되어 있어)

근거 ❷-2~3 심재는 … 진액이 내부에 갇혀 색깔이 어둡게 변한 부분이다. 변재는 … 물과 영양분을 공급하는 생장 세포가 활성화되어 있어 밝은 색상을 띠는 부분

풀이 변재가 밝은 색상을 띠는 이유는 생장 세포가 활성화되어 있기 때문이다. 진액이 있는 부분은 변재가 아니라 심재이다.
→ 적절하지 않으므로 오답!

③ 나무의 수령은 변재 나이테의 개수로 파악할 수 있다. (→ 심재와 변재)

근거 ❷-4 나무의 나이는 이 심재와 변재의 나이테 수를 합한 것
→ 적절하지 않으므로 오답!

④ 나이테의 너비는 가장 풍족한 환경 요소로 결정된다. (→ 부족한)

근거 ❸-5 여러 환경 요소 중에서 가장 부족한 요소가 나이테의 너비 변화에 가장 큰 영향을 주게 되는데
→ 적절하지 않으므로 오답!

⑤ 심재 나이테만 남아 있다면 연륜 연대 측정은 *불가하다. *不可-, 가능하지 않다.

근거 ❼-2 만일 유물의 나이테에 변재가 없는 경우에는 벌채 연도를 추정할 수 없게 된다.

풀이 유물의 나이테에 변재 나이테는 남아 있지 않고 심재 나이테만 남아 있다면, 벌채 연도를 추정할 수 없어 연륜 연대 측정이 불가능하다.
→ 맞아서 정답!

41 세부 정보 이해 - 틀린 것 고르기
정답률 75%, 매력적 오답 ④ 10% | 정답 ③

㉠에 대한 설명으로 적절하지 않은 것은?

㉠ 연륜 연대기

① 동일한 수종이라도 환경이 다르면 패턴이 달라진다.

근거 ❹-4 수종이 같더라도 지역이 다르면 생장 환경이 다르기 때문에 나이테의 너비 변화 패턴은 달라지게 된다, ❺-1 나이테의 너비 변화 패턴을 그래프로 나타낸 연륜 연대기

풀이 연륜 연대기는 나이테의 너비 변화 패턴을 그래프로 나타낸 것이다. 이때 수종이 같더라도 생장 환경이 다르면 나이테의 너비 변화 패턴이 달라진다고 하였으므로, 동일한 수종이라도 환경이 다르면 패턴이 달라진다는 설명은 적절하다.
→ 적절하므로 오답!

② 패턴 비교를 반복하면 장기간의 연대기 작성이 가능하다.

근거 ❻-4 이러한 방법으로 보다 과거의 목제 유물로 작성된 연륜 연대기와 패턴 비교를 반복하면 수백, 수천 년에 달하는 나무의 연륜 연대기 작성이 가능해진다.
→ 적절하므로 오답!

③ 나이테의 너비가 *일정하면 패턴 분석의 대상이 될 수 없다. *一定-, 달라지지 않고 같으면

근거 ❺-1 나이테의 너비 변화 패턴을 그래프로 나타낸 연륜 연대기

풀이 연륜 연대기는 나이테의 너비 변화 패턴을 그래프로 나타낸 것이다. 어떤 나무의 나이테의 너비가 일정하다면, 해당 나무의 나이테는 '너비가 일정한' 패턴을 가지는 것이다. 따라서 나이테의 너비가 일정한 경우에도 패턴 분석의 대상이 될 수 있다.
→ 틀려서 정답!

④ 제한 요소의 법칙에 따라 나무가 생장한 결과를 보여 준다.

근거 ❸-5 여러 환경 요소 중에서 가장 부족한 요소가 나이테의 너비 변화에 가장 큰 영향을 주게 되는데 이것이 바로 제한 요소의 법칙, ❹-3 제한 요소의 법칙은 모든 나무의 생장에 예외 없이 적용, ❺-1 나이테의 너비 변화 패턴을 그래프로 나타낸 연륜 연대기

풀이 연륜 연대기는 나이테의 너비 변화 패턴을 그래프로 나타낸 것이다. 모든 나무는 제한 요소의 법칙에 따라 나이테의 너비 변화가 나타나므로, 연륜 연대기가 제한 요소의 법칙에 따라 나무가 생장한 결과를 보여 준다는 설명은 적절하다.
→ 적절하므로 오답!

⑤ 현재 국내에는 3종의 나무에 대한 표준 연대기가 존재한다.

근거 ❻-5 우리나라는 현재 소나무, 참나무, 느티나무의 표준 연대기를 보유하고 있다.
→ 적절하므로 오답!

오답률 TOP ❷ 1등급 문제

42 구체적인 사례에 적용 - 틀린 것 고르기
정답률 40%, 매력적 오답 ② 10% ④ 25% ⑤ 20% | 정답 ③

[A]를 바탕으로 〈보기〉의 '연륜 연대 측정 자료'를 이해한 내용으로 적절하지 않은 것은? [3점]

| 보 기 |

[소나무 서랍장에 대한 연륜 연대 측정]

Ⅰ. 측정 참고 자료
○ 두 곳의 서랍에서 같은 나무의 나이테를 채취하였고, 이 중 서랍 2에서는 좁은 나이테 모양으로 보아 바깥쪽 나이테가 거의 수피에 근접한(近接-, 가까운) 것을 확인하였음.
(← 나이테에 변재가 있음 : 벌채 연도 추정이 가능함)

● 문제편 20쪽

ㅇ 서랍 1, 2 연대기의 패턴을 비교하여 유물 연대기를 작성한 후 표준 연대기와 비교하여 절대 연도를 부여함.

Ⅱ. 유의성 및 수령별 평균 변재 나이테 수 자료

표준 연대기	t값	G값	평균 변재 나이테 수	
			수령 100 년	수령 150 년
a산 소나무	3.7	69 %	60 개	77 개
b산 소나무	3.2	60 %	58 개	65 개

통계적으로 유의성 있음

Ⅲ. 소나무 서랍장 유물 연대기 및 절대 연도 부여 자료

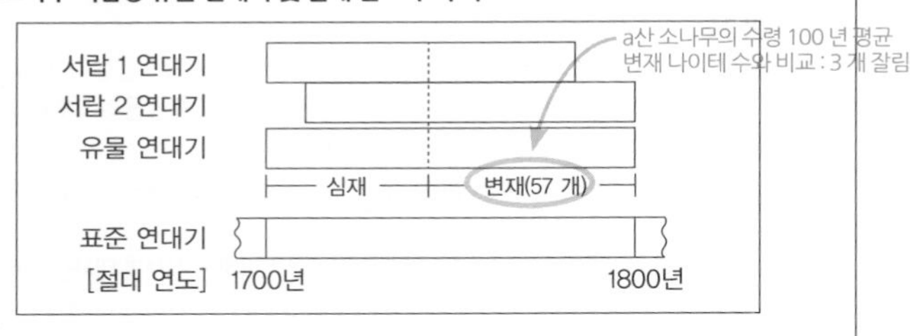

① t값과 G값을 고려할 때 표준 연대기는 a산 소나무의 연대기가 사용되었을 것이다. (t값 3.7, G값 69 %)

근거 ⑧-2 유물 연대기와 표준 연대기의 상관도를 나타내는 t값과 일치도를 나타내는 G값을 고려해야 하는데 100 년 이상의 기간을 상호 비교할 때 t값은 3.5 이상, G값은 65 % 이상의 값을 가져야 통계적으로 유의성이 있는 것으로 간주된다.

풀이 서랍장의 유물 연대기와 비교 대상으로 사용할 표준 연대기를 정하기 위해서는 t값과 G값을 고려해야 하는데, t값은 3.5 이상, G값은 65 % 이상의 값을 가져야 통계적으로 유의성이 있다고 볼 수 있다. <보기>에서 a산 소나무는 t값 3.7, G값 69 %로 통계적으로 유의성이 있다고 볼 수 있는 반면, b산 소나무는 t값 3.2, G값 60 %로 통계적 유의성이 있다고 볼 수 없다. 따라서 t값과 G값을 고려할 때 표준 연대기는 a산 소나무의 연대기가 사용되었을 것이다.

→ 적절하므로 오답!

② 유물 연대기와 표준 연대기의 패턴이 중첩되는 기간은 1700년부터 1800년까지일 것이다.

근거 <보기-Ⅲ>

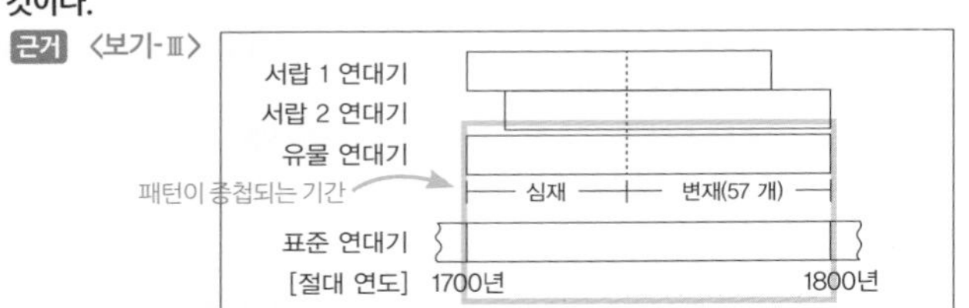

풀이 <보기>의 소나무 서랍장 유물 연대기 및 절대 연도 부여 자료를 살펴보면, 소나무 서랍장의 유물 연대기와 표준 연대기의 패턴이 중첩되는 기간은 1700년부터 1800년까지임을 알 수 있다.

→ 적절하므로 오답!

③ 마지막 나이테의 절대 연도를 고려할 때 서랍장에 사용된 나무의 벌채 연도는 1802년일 것이다. (1800년 / 1803년)

근거 ⑨-2~5 유물의 나이테가 변재를 완전하게 갖고 있을 경우에는 마지막 나이테의 절대 연도가 벌채 연도가 된다. 하지만 변재의 바깥쪽 나이테 일부가 잘려 나갔다면 마지막 나이테의 절대 연도(1800년)에 잘려 나간 변재 나이테 수를 더한 값이 벌채 연도가 되는데 이때는 수령별 평균 변재 나이테 수(60 개)를 참고한다. 비슷한 수령의 나무가 갖는 평균 변재 나이테 수에서 유물에 남아 있는 변재 나이테 수(57 개)를 빼, 나무를 가공할 때 잘라 낸 변재 나이테 수를 구한다. 그리고 이를 마지막 나이테의 절대 연도에 더해 벌채 연도(1800 + 3)를 확정한다.

풀이 먼저 t값과 G값을 고려하였을 때, 소나무 서랍장의 유물 연대기와 비교할 표준 연대기는 a산 소나무의 표준 연대기가 사용되었을 것이다. a산 소나무의 표준 연대기와 소나무 서랍장 유물 연대기의 패턴을 비교하였을 때, 소나무 서랍장에 사용된 소나무의 절대 연도는 1700년부터 1800년까지이다. 이때 유물의 나이테가 변재를 완전하게 갖고 있을 경우에는 마지막 나이테의 절대 연도가 벌채 연도가 되지만, 변재의 나이테 일부가 잘려 나갔다면 마지막 나이테의 절대 연도에 잘려 나간 변재 나이테 수를 더한 값이 벌채 연도가 된다. <보기>에서 소나무 서랍장의 변재 나이테 수는 57 개로, 비교 대상인 a산 소나무의 비슷한 수령(수령 100 년)의 나무가 갖는 평균 변재 나이테 수 즉 60 개와 비교해 보면 소나무 서랍장을 가공할 때 변재 나이테를 3 개 잘라낸 것을 확인할 수 있다. 따라서 소나무 서랍장 유물의 마지막 나이테의 절대 연도인 1800년에 잘라 낸 변재 나이테 수인 3을 더하여 서랍장에 사용된 나무의 벌채 연도가 1803년임을 알 수 있다.

→ 틀려서 정답!

④ 비슷한 수령의 소나무가 갖는 평균 변재 나이테 수를 참고하면 가공할 때 잘려 나간 변재 나이테 수는 3 개일 것이다. (60 개)

근거 ⑨-4~5 비슷한 수령의 나무가 갖는 평균 변재 나이테 수에서 유물에 남아 있는 변재 나이테 수를 빼, 나무를 가공할 때 잘라 낸 변재 나이테 수를 구한다. 그리고 이를 마지막 나이테의 절대 연도에 더해 벌채 연도를 확정한다.

풀이 <보기>에서 소나무 서랍장의 변재 나이테 수는 57 개로, 비교군인 a산 소나무의 비슷한 수령(수령 100 년)의 나무가 갖는 평균 변재 나이테 수, 즉 60 개와 비교해 보면 소나무 서랍장을 가공할 때 변재 나이테를 3 개 잘라낸 것을 확인할 수 있다. 참고로 <보기>에서 서랍 2의 바깥쪽 나이테가 거의 수피에 근접한 것을 확인했다고 하였으므로, 서랍 2는 1800년 이후 오래 살지 않았음을 알 수 있다. 따라서 수령 150 년이 아닌 수령 100 년의 나무가 비교군이 된다.

→ 적절하므로 오답!

⑤ 벌채한 나무의 건조 기간을 고려하면 서랍장의 제작 연도는 1804년에서 1805년 사이일 것이다. (1~2 년)

근거 ⑨-6 벌채한 후 가공할 때까지 나무를 건조하는 일반적인 기간인 1~2 년을 더해 목제 유물의 제작 연도를 추정한다.

풀이 ③번 정답 풀이를 참조하여 소나무 서랍장에 사용된 나무의 벌채 연도가 1803년임을 알 수 있다. 목제 유물의 제작 연도는 벌채 후 가공까지 나무를 건조하는 일반적인 기간인 1~2 년을 더해 추정하므로, 벌채한 나무의 건조 기간을 고려하면 서랍장의 제작 연도는 1804년에서 1805년 사이일 것이다.

→ 적절하므로 오답!

43 문맥적 의미 파악 - 틀린 것 고르기

정답률 70%, 매력적 오답 ② 20% | 정답 ③

ⓐ~ⓔ를 바꿔 쓴 것으로 적절하지 않은 것은?

ⓐ규명하는 ⓑ고사할 ⓒ측정하면 ⓓ보유하고 ⓔ간주된다

① ⓐ : 밝히는

풀이 ⓐ에서 쓰인 '규명(糾 규명하다 규 明 밝히다 명)하다'는 '어떤 사실을 자세히 따져서 바로 밝히다'의 뜻이므로, ⓐ의 '규명하는'을 '밝히는'으로 바꿔 쓰는 것은 문맥상 적절하다.

→ 적절하므로 오답!

② ⓑ : 말라 죽을

풀이 ⓑ에서 쓰인 '고사(枯 마르다 고 死 죽다 사)하다'는 '나무나 풀 따위가 말라 죽다'의 뜻이므로, ⓑ의 '고사할'을 '말라 죽을'로 바꿔 쓰는 것은 문맥상 적절하다.

→ 적절하므로 오답!

③ ⓒ : 헤아리면

풀이 ⓒ에서 쓰인 '측정(測 재다 측 定 정하다 정)하다'는 '일정한 양을 기준으로 하여 같은 종류의 다른 양의 크기를 재다'의 의미이다. 한편 '헤아리다'는 '수량을 세다'의 의미로, ⓒ와 바꿔 쓸 경우 해당 문장의 의미가 달라진다. ⓒ는 '자, 저울 따위의 계기를 이용하여 길이, 너비, 높이, 깊이, 무게, 온도, 속도 따위의 정도를 알아보다'의 뜻을 지닌 '재다'로 바꿔 쓰는 것이 더 적절하다.

→ 틀려서 정답!

④ ⓓ : 가지고

풀이 ⓓ에서 쓰인 '보유(保 지키다 보 有 가지다 유)하다'는 '가지고 있거나 간직하고 있다'의 뜻으로, '가지다'와 바꿔 써도 문맥상 의미가 달라지지 않는다. 따라서 ⓓ의 '보유하고'를 '가지고'로 바꿔 쓰는 것은 문맥상 적절하다.

→ 적절하므로 오답!

⑤ ⓔ : 여겨진다

풀이 ⓔ에서 쓰인 '간주(看 보다 간 做 짓다 주)되다'는 '상태, 모양, 성질 따위가 그와 같다고 여겨지다'의 뜻으로, ⓔ의 '간주된다'를 '여겨진다'로 바꿔 쓰는 것은 문맥상 적절하다.

→ 적절하므로 오답!

[44 ~ 45] 극 - 이미경, 「그게 아닌데」

• 중심 내용

동물원을 탈출한 코끼리들이 선거 유세장을 엉망으로 만들자 조련사는 경찰서에 붙잡혀 와 조사를 받는다.

↓

코끼리들이 도망가려고 의논하는 소리를 들었다는 조련사의 말을 아무도 믿어 주지 않고, 각자의 생각대로 조련사가 말해 주기를 종용한다.

↓

형사, 의사, 어머니는 각자 자신의 의지가 관철되었다고 믿고, 진실을 인정받지 못한 조련사는 코끼리의 형상으로 변해 쇼를 시작한다.

• 전체 줄거리 ([ ] : 지문 내용)

[어느 날 동물원에서 코끼리 다섯 마리가 탈출하여 도시를 엉망으로 만들고, 유력한 대선 후보의 선거 유세장을 아수라장으로 만든다. 선거 유세를 방해하기 위해 일부러 코끼리들을 풀어 줬다는 혐의로 경찰서에 붙잡혀 온 조련사는 코끼리들이 며칠 전부터 도망갈 조짐을 보였으며, 도망가려고 코끼리들이 의논하는 소리를 들었다는 말을 한다. 그러나 수사를 맡은 형사는 이 사건을 단순한 코끼리의 난동이 아닌, 상대 정당의 사주(남을 부추겨 좋지 않은 일을 시킴)를 받은 조련사가 대선 후보의 유세를 계획적으로 방해한 '정치적인 사건'으로 몰아간다.] 또한, 피의자 인권 보호 임무를 맡은 [의사는 조련사가 동물과의 성적 접촉을 통해 쾌감을 느끼는 성도착증 환자일 뿐 범죄 행위와는 무관하다는 주장을 편다. 한편, 조련사를 면회 온 그의 어머니 역시] 조련사가 어렸을 적부터 억압당하고 있는 동물이나 사람을 풀어 주는 것을 좋아했고, [이번 일도 묶여 있는 코끼리들이 안타까워 착한 마음에 풀어 준 것이며] 급기야는 아들이 일을 저지른 것은 감옥으로 가서 죄수들을 풀어 주기 위한 것이라는 주장까지 편다. 결국 조련사는 사실은 코끼리가 진짜 코끼리가 아니라 원래 사람이었고 예전의 가족과 애인을 만나려고 도망친 것이라고 하지만, 이마저도 아무도 귀담아듣지 않은 채 각자의 주장만을 막무가내로 관철시키려는 상황이 계속된다. 조련사는 결국 의사, 형사, 어머니가 각각 원하는 대답을 해 준다. [그러던 중 느닷없이 코끼리가 들어와 조련사에게 57621번째 코끼리가 된 걸 축하한다고 말한다. 조련사는 점차 코끼리의 형상으로 변해 가고, 마침내 코끼리가 된 조련사는 형사, 의사, 어머니 사이를 돌며 쇼를 시작한다.]

• 인물 간의 소통 양상과 코끼리의 상징성

사건의 당사자인 '조련사'를 둘러싼 주변 인물인 '형사', '의사', '어머니'는 모두 당사자의 말은 전혀 듣지 않고 오로지 자신의 입장과 관점에서만 사안을 바라보고 해석한다. 이들과의 소통에 장벽을 느낀 '조련사'는 "그게 아닌데……."라는 말을 반복하며 정상적으로 소통이 되지 않는 상황에 대한 문제의식을 드러낸다. '코끼리'가 사실은 동물이 아니라 말이 통하지 않는 사회에 지쳐버린 사람들이란 점, '조련사' 역시 소통의 벽에 부딪혀 결국은 '코끼리'로 변해버렸다는 점에서 비현실적인 설정을 통해 진정한 소통이 이루어지지 않는 사회적 문제를 우화적 기법으로 지적한 작품으로 볼 수 있다.

• 어휘 풀이

* 도심 : 도시의 중심부.
* 일대 : 일정 지역 전부.
* 쑥대밭 : 매우 어지럽거나 못 쓰게 된 모양을 비유적으로 이르는 말.
* 참고인 : 범죄 수사를 위하여 수사 기관에서 조사를 받는 사람 가운데 피의자 이외의 사람.
* 시인했지 : 어떤 내용이나 사실이 옳거나 그러하다고 인정했지.
* 문책 : 잘못을 캐묻고 꾸짖음.
* 형상 : 사물의 생긴 모양이나 상태.
* 관철된 : 어려움에도 꺾이지 않고 목적이 기어이 이루어진.
* 결의 : 뜻을 정하여 굳게 마음을 먹음. 또는 그런 마음.

44 내용 이해 - 틀린 것 고르기 / 정답률 70% | 정답 ⑤

윗글을 이해한 내용으로 적절하지 않은 것은?

① 조련사는 코끼리들이 동물원에서 탈출하려는 모습을 보고도 *방관했다고 말했다.
*직접 나서지 않고 곁에서 보기만 했다고

근거 조련사 못 본 척 휘파람만 불었는데. 도망가라고. 가서 가족들 애인들 만나라고 일부러 못 본 척했는데.

풀이 조련사는 코끼리들이 동물원에서 탈출하려고 할 때 이를 알아차렸으나 일부러 못 본 척하며 이를 방관했다고 말했다.

→ 적절하므로 오답!

② 형사는 조련사에게 *배후 세력의 지시를 받았다는 것을 인정하라고 **다그쳤다. *뒤에서 어떤 일이나 행동을 조종하는 세력 **몰아붙였다

근거 형사 (담배를 비벼 끄고) 야, 인마! 나 똑바로 쳐다봐. 너 아까 시인했지? 시켜서 했다고. 그들(상대 정당의 배후 세력)이 널 1년 전부터 코끼리 조련에 투입했잖아.

풀이 형사는 조련사에게 배후 세력이 시켜서 코끼리들을 탈출시켰고 그들이 1년 전부터 계획적으로 조련사를 코끼리 조련에 투입시켰다는 점을 인정하라고 다그쳤다.

→ 적절하므로 오답!

③ 어머니는 조련사가 한 행동의 원인을 조련사의 심리나 성품에서 찾았다.

근거 어머니 넌 그저 착한 마음에 코끼리들을 풀어 주고 싶었잖아. 네가 그랬잖니? 동물들이 밧줄에 묶여 있는 것 보면 마음이 아프다고. 꼭 네가 묶인 것처럼 마음이 아프다고.

풀이 어머니는 아들인 조련사가 밧줄에 묶여 있는 동물들의 모습에 마음이 아파 착한 마음에 코끼리들을 풀어 준 것이라며 조련사의 착한 성품에서 그의 행동의 원인을 찾고 있다.

→ 적절하므로 오답!

④ 의사는 조련사의 말과 행동을 병과 연관 지어 해석했다.

근거 의사 코끼리를 사랑할 순 있지만 그건 병이에요.

풀이 의사는 조련사의 말과 행동을 코끼리를 사랑하는 병에서 비롯된 것으로 바라보고 있다.

→ 적절하므로 오답!

서로 의견 교환 없이, 그저 각자의 주장을 조련사에게 관철시키려고만 했다

⑤ 형사, 의사, 어머니는 서로 의견을 교환하며 조련사를 설득할 방법을 *모색했다. *찾았다

풀이 코끼리의 동물원 탈출 사건에 대한 조련사의 말은 전혀 받아들여지지 않고, 이에 대해 조련사는 답답함을 호소한다. 형사, 의사, 어머니는 각자의 입장과 관점에서만 사안을 해석할 뿐 조련사의 말을 귀담아듣지도, 서로의 의견에 귀 기울이지도 않는다. 따라서 세 사람이 서로 의견을 교환하는 모습은 나타나지 않으며, 함께 조련사를 설득할 방법을 모색한 것이 아니라 각자의 주장을 조련사에게 관철시키고자 했을 뿐이다.

→ 틀려서 정답!

45 감상의 적절성 - 틀린 것 고르기 / 정답률 75%, 매력적 오답 ④ 10% | 정답 ③

<보기>를 바탕으로 윗글을 감상한 내용으로 적절하지 않은 것은? [3점]

| 보기 |

[1] 이 작품은 사람들 사이의 소통 단절(흐름이 연속되지 아니함)의 문제를 조련사가 코끼리로 변해 가는 과정을 통해 상징적으로 나타낸다. [2] 조련사는 상대가 자신만의 논리(생각)를 일방적으로 강요하는 것에 답답함과 무력감(스스로 힘이 없음을 알았을 때 드는 허탈하고 맥 빠진 듯한 느낌)을 느낀다. [3] 결국 조련사는 자기 생각을 버리고 타인의 의지에 맞추어 순응하는(따르는) 수동적인(스스로 움직이지 않고 다른 것의 작용을 받아 움직이는) 처지가 된다. [4] 조련사가 코끼리가 되는 결말은 그가 회복 불가능한 단절 상황에 놓이게 되었음을 의미한다.

① 조련사가 어머니의 손길을 피하고, 의사와 형사의 말을 외면하는 것에서 소통이 단절된 상황을 엿볼 수 있군.

근거 <보기>-1 이 작품은 사람들 사이의 소통 단절의 문제
지시문 어머니가 손수건을 꺼내 조련사를 닦아 주려 하나 조련사가 피한다. ~ 조련사가 외면한다.

풀이 조련사의 정황 설명을 어머니, 의사, 형사가 귀담아듣지 않고 자신들의 말만 하자 조련사는 손수건으로 자신을 닦아 주려는 어머니를 피하고, 의사와 형사의 말을 외면한다. 이를 통해 사람들 사이에 소통이 단절된 상황을 엿볼 수 있다.

→ 적절하므로 오답!

■소통이 단절된 상황을 엿볼 수 있는 작품

• 이근삼, 「원고지」 (2014학년도 9월 모평AB)

잠시 후 피곤하다는 듯이 두 손을 옆으로 뻗치면서 크게 기지개를 한다. '아아' 하고 토하는 큰 하품은 무엇에 두들겨 맞아 죽는 비명같이 비참하게 들려 오히려 관객들을 놀라게 한다. 장녀가 플랫폼에 나타난다.

장녀 저의 아버지랍니다. 밖에서 돌아오시면 늘 이렇게 달콤한 하품을 하신답니다.

→ 아버지의 '비명' 같은 하품을 '달콤한 하품'이라고 말하는 장녀의 대사를 통해 가족 간의 소통이 원활하지 않은 상황을 엿볼 수 있다.

② 조련사가 꽤 지쳐 있는 상태에서 자신이 했다는 말을 반복하는 것에서 소통이 어려운 상황에 대한 *자포자기의 심정을 엿볼 수 있군. *절망에 빠져 자신을 스스로 포기하고 돌아보지 아니함

근거 <보기>-2 조련사는 상대가 자신만의 논리를 일방적으로 강요하는 것에 답답함과 무력감을 느낀다.
조련사 (꽤 지쳐 있다) 내가 했는데. 다 내가 했는데.

풀이 상대가 자신만의 논리를 일방적으로 강요하는 것에 꽤 지쳐 있는 상태에서 조련사가 자신이 했다는 말을 반복하는 것은 소통이 되지 않는 상황에 대한 무력감, 자포자기의 심정이 반영된 것으로 이해할 수 있다.

→ 적절하므로 오답!

③ 조련사가 코끼리로 조금씩 변하면서 형사, 의사의 말에 미소를 짓는 것에서 소통이 단절된 상황에서 벗어났음을 엿볼 수 있군.
그가 회복 불가능한 단절 상황에 놓이게 되었음을 알 수 있군

근거 <보기>-3~4 결국 조련사는 자기 생각을 버리고 타인의 의지에 맞추어 순응하는 수동적인 처지가 된다. 조련사가 코끼리가 되는 결말은 그가 회복 불가능한 단절 상황에 놓이게 되었음을 의미한다.
지시문 조련사가 편안한 미소를 지으며 오른손을 올려 이마에 경례를 붙인다./ 지시문 조련사가 행복한 미소를 지으며 감사의 인사를 정중하게 한다.

풀이 점차 코끼리로 변해 가던 조련사는 여전히 각자의 생각과 주장만을 말하고 있는 형사, 의사 앞에서 미소를 지으며 경례를 붙인다거나 정중히 감사 인사를 한다. <보기>를 바탕으로 볼 때 이러한 조련사의 모습은 그가 회복 불가능한 단절 상황에 놓이게 되었음을 의미하는 것이다.

→ 틀려서 정답!

④ 조련사가 코끼리의 형상을 갖춘 뒤 형사, 의사, 어머니가 결의에 찬 박수를 치는 것에서 자신들의 의지가 관철된 만족감을 엿볼 수 있군.

근거 <보기>-3 결국 조련사는 자기 생각을 버리고 타인의 의지에 맞추어 순응하는 수동적인 처지가 된다.
지시문 조련사는 코끼리와 똑같은 형상을 갖췄다./ 지시문 형사, 의사, 어머니는 자신의 의지가 관철된 듯, 결의에 찬 박수를 친다.

풀이 <보기>를 바탕으로 볼 때 조련사가 코끼리가 되는 것은 자기 생각을 버리고 타인의 의지에 맞추어 순응하는 수동적인 처지가 되는 것을 의미한다. 따라서 코끼리와 똑같은 형상을 갖춘 조련사 앞에서 자신의 의지가 관철된 듯, 결의에 찬 박수를 치는 형사, 의사, 어머니의 모습에서는 자신들의 생각대로 목적을 이룬 만족감을 엿볼 수 있다.

→ 적절하므로 오답!

⑤ 조련사가 코끼리가 되어 형사, 의사, 어머니 사이를 돌며 쇼를 하는 것에서 동물원의 코끼리와 다를 바 없는 수동적인 처지로 *전락했음을 엿볼 수 있군. *나쁜 상태에 빠졌음

근거 <보기>-3~4 결국 조련사는 자기 생각을 버리고 타인의 의지에 맞추어 순응하는 수동적인 처지가 된다. 조련사가 코끼리가 되는 결말은 그가 회복 불가능한 단절 상황에 놓이게 되었음을 의미한다.
지시문 조련사는 코끼리와 똑같은 형상을 갖췄다./ 지시문 조련사와 코끼리는 형사, 의사, 어머니 사이를 돌며 쇼를 시작한다.

풀이 <보기>에 따르면 조련사가 코끼리로 변한 것은 자기 생각을 버리고 타인의 의지에 맞추어 순응하는 수동적인 처지가 된 것을 의미한다. 따라서 코끼리가 된 조련사가 형사, 의사, 어머니 사이를 돌며 쇼를 시작하는 것은 그가 동물원의 코끼리들과 다를 바 없는 수동적인 처지로 전락해 버렸음을 의미한다고 볼 수 있다.

→ 적절하므로 오답!

문제편 22쪽

2회 2023년 3월 학평 **정답과 해설 국어** 문제편 p.23

✪2회 모의고사 특징

✔ 전형적인 유형의 평이한 난이도로 출제되었음.

✔ 화법과 작문은 기존에 출제된 유형의 문제들로 구성되어 있어 쉬운 편이었음.

✔ 언어는 평이한 수준이었음. 어미에 대한 이해를 바탕으로 한 12번 문제가 어렵게 느껴졌을 수 있음.

✔ 독서는 다른 영역에 비해 까다로운 편이었음. 경제 지문에서는 지문 내용을 <보기>에 적용하는 22번이 까다롭게 출제되었음. 프로이트와 융의 이론을 다룬 인문 지문에서는 두 글의 공통점을 묻는 28번의 오답률이 높은 편이었음. 스마트폰의 OLED와 관련된 기술 지문의 경우 원리와 과정을 이해하는 데 어려움을 겪은 학생들이 많았을 것으로 예상됨. 특히 사실적 이해와 추론적 사고를 요구한 38번 문제와 지문 내용과 그림을 관련짓는 41번 문제의 난도가 높았음.

✔ 문학은 대체로 낯선 작품들이 출제되었음. 갈래 복합에서는 고전시가와 수필의 표현상 특징을 비교하는 24번 문제의 변별력이 높았음. 현대소설의 경우 37번은 등장인물에 대한 명확한 이해를 요구하는 문제로 오답률이 높은 편이었음. 현대시와 고전소설은 어렵지 않게 풀 수 있었을 것임.

오답률 TOP⑤

문항 번호	41	38	24	37	36
분류	독서 기술	독서 기술	문학 갈래 복합	문학 현대소설	문학 현대소설
난도	중상	중상	중상	중	중

✔정답표

01	②	02	②	03	①	04	⑤	05	③
06	③	07	⑤	08	③	09	④	10	①
11	⑤	12	④	13	③	14	⑤	15	③
16	②	17	④	18	③	19	⑤	20	①
21	①	22	②	23	④	24	④	25	④
26	①	27	④	28	②	29	⑤	30	④
31	⑤	32	②	33	②	34	①	35	②
36	⑤	37	⑤	38	①	39	②	40	③
41	③	42	③	43	①	44	④	45	⑤

[01 ~ 03] 발표

01 말하기 방식 - 틀린 것 고르기 / 정답률 90% — 정답 ②

위 발표에 대한 설명으로 적절하지 않은 것은?

① 발표 소재를 선정한 계기를 언급하며 발표를 시작하고 있다.

근거 ❶문단 최근 한 휴대폰 제조사에서 여러 번 접을 수 있는 병풍의 특징을 적용한 '병풍폰'을 개발한다는 기사를 보았습니다. 저는 이 기사를 보고 호기심이 생겨 전통 공예품(실용적이면서 예술적 가치가 있게 만든 물품) 중 병풍에 대해 조사하여 발표하게 되었습니다.

→ 적절하므로 오답!

② 다른 대상과 *대비하여 발표 소재의 장점을 강조하고 있다. *맞대어 비교하여

근거 ❷문단 병풍은 이렇게 펼치고 접을 수 있는 구조적 특징이 있어 공간을 효율적으로 사용할 수 있도록 하는 장점이 있습니다.

풀이 발표 소재인 병풍의 장점을 소개하고 있으나, 다른 대상과 대비하고 있지는 않다.

→ 틀려서 정답!

③ 구체적인 예를 들어 발표 내용에 대한 이해를 돕고 있다.

근거 ❸문단 장수(오래도록 삶)를 기원할 때는 십장생(오래도록 살고 죽지 않는다는 열 가지. 해, 산, 물, 돌, 구름, 소나무, 불로초, 거북, 학, 사슴)을, 선비의 지조(원칙과 신념을 굽히지 아니하고 끝까지 지켜 나가는 꿋꿋한 의지)를 강조하고자 할 때는 사군자(고결함을 상징하는 매화 · 난초 · 국화 · 대나무)를 그린 그림을 사용 … 이 병풍에는 꽃과 새가 그려져 있는데, 결혼식 때 신랑 신부의 행복과 부귀영화(재산이 많고 지위가 높으며 귀하게 되어서 세상에 드러나 온갖 영광을 누림)를 기원하는 상징적 의미를 담은 것입니다.

❹문단 이 중에서 가장 크게 보이는 잉어를 예로 들자면, 추운 겨울에 물고기를 드시고 싶어 하는 부모님을 위해 얼음을 깨고 물고기를 잡은 효자의 설화와 관련이 있습니다.

→ 적절하므로 오답!

④ 질문을 던지는 방식을 활용하여 청중과 상호작용하고 있다.

근거 ❶문단 여러분, 병풍이 무엇인지 알고 계신가요?

❹문단 여러분, 이 병풍에는 어떤 특징이 있을까요?

→ 적절하므로 오답!

⑤ 발표 소재에 대한 관심을 당부하며 발표를 마무리하고 있다.

근거 ❺문단 앞으로 여러분께서도 어디선가 병풍을 접했을 때 관심 있게 살펴봐 주시기 바랍니다.

→ 적절하므로 오답!

02 자료 활용 방식 - 틀린 것 고르기 / 정답률 90% — 정답 ②

다음은 발표자가 제시한 자료이다. 발표자의 자료 활용에 대한 이해로 적절하지 않은 것은?

② ㉠에서 [자료 1]을 활용하여, 실내외 공간에 따라 그림이나 글자를 선택할 수 있는 병풍의 다양성을 설명하였다.

근거 ❷문단 (㉠ 자료를 제시하며) 병풍은 이렇게 펼치고 접을 수 있는 구조적 특징이 있어 공간을 효율적으로 사용할 수 있도록 하는 장점이 있습니다. 병풍을 펼쳐 공간을 분리하거나, 접어서 공간을 확장하여 사용할 수 있기 때문입니다. 이러한 구조적 특징으로 인해 야외나 다른 공간으로 병풍을 옮겨 사용하기 편리하고, 접었을 때 보관하기에도 용이합니다.

풀이 발표자는 공간을 분리하거나, 접어서 공간을 확장하여 사용할 수 있다는 병풍의 구조적 특징을 설명하기 위해 [자료 1]을 활용하고 있다.

03 듣기 전략 - 맞는 것 고르기 / 정답률 90% — 정답 ①

다음은 발표를 듣고 학생이 보인 반응이다. 이를 이해한 내용으로 가장 적절한 것은?

① 자신의 경험과 관련지어 발표 소재에 대해 새롭게 인식하고 있다.

풀이 학생은 카페에서 전체를 접고 펼 수 있는 구조로 된 창문을 본 경험과 병풍의 구조적 특징을 관련지어, 병풍의 현대적 가치에 대해 새롭게 인식하고 있다.

■실용성과 예술성을 겸비한 병풍

▲ 병풍은 펼치고 접을 수 있는 구조적 특징이 있어 공간을 효율적으로 사용할 수 있는 장점이 있다. 이러한 특징으로 인해 다른 공간으로 병풍을 옮겨 사용하기 편리하고, 접었을 때 보관이 용이하다.(❷문단)

◀ 꽃과 새가 그려져 있는 병풍으로, 결혼식 때 신랑 신부의 행복과 부귀영화를 기원하는 상징적 의미를 담고 있다. 병풍의 화려한 장식은 결혼식의 경사스러운 분위기를 조성한다.(❸문단)

◀ 글자와 그림이 어우러져 있는 '문자도 병풍'은 집안을 장식하고 유교적 덕목을 되새기기 위한 용도로 사용된다.(❹문단)

<출처 : 국립중앙박물관>

[04 ~ 07] (가) 회의 (나) 안내문

04 사회자의 역할 - 틀린 것 고르기 / 정답률 90% — 정답 ⑤

(가)의 '동아리 회장'의 말하기 방식으로 적절하지 않은 것은?

① 지난 회의 내용을 환기하며 협의할 내용을 밝히고 있다.

근거 (가) 동아리 회장 지난 회의에서 우리 학교 학생들을 대상으로 반려(짝이 되는 동무) 식물 키우기 캠페인을 하기로 결정했는데요, 오늘은 캠페인을 어떻게, 어떤 내용으로 진행할지에 대해 협의해 보겠습니다.

→ 적절하므로 오답!

② 의문의 형식을 활용하여 자신의 견해를 제안하고 있다.

근거 (가) 동아리 회장 나누어 줄 식물의 이름, 특징, 키우는 방법에 대한 정보도 함께 제공해야 하지 않을까요?

(가) 동아리 회장 반려 식물에 대한 정보를 담은 안내문을 만들어 모종(옮겨 심으려고 가꾼, 벼 이외의 온갖 어린 식물)과 함께 나누어 주면 어떨까요?

(가) 동아리 회장 음, 각각의 반려 식물을 키우는 방법을 안내하는 홈페이지를 QR 코드로 연결해 두면 어떨까요?

→ 적절하므로 오답!

③ 서로 공감한 내용을 바탕으로 새로운 의견을 제시하고 있다.

근거 (가) 동아리 회장 반려 식물 모종 나누기와 함께 반려 식물과 관련한 정보를 제공해 주자는 의견에 모두 공감하는 것 같은데요, 반려 식물에 대한 정보를 담은 안내문을 만들어 모종과 함께 나누어 주면 어떨까요?

→ 적절하므로 오답!

④ 논의된 내용을 구체화할 수 있는 발언을 유도하고 있다.
근거 (가) 동아리 회장 그럼 안내문에는 어떤 내용을 어떤 순서로 제시할지 한 분씩 의견을 말씀해 주시기 바랍니다.
→ 적절하므로 오답!

⑤ 회의 내용을 전체적으로 요약하며 회의를 마무리하고 있다.
근거 (가) 동아리 회장 그럼 지금까지의 회의 내용을 바탕으로 안내문을 작성해 보도록 합시다.
풀이 동아리 회장은 회의 내용을 바탕으로 안내문을 작성해 보자고 제안하면서 회의를 마무리하고 있다. 회의 내용을 전체적으로 요약하는 모습은 보이지 않는다.
→ 틀려서 정답!

05 의사소통 방식 - 맞는 것 고르기 정답률 90% | 정답 ③

[A], [B]에 대한 설명으로 가장 적절한 것은?

> [A] (가) 부원 2 그래도 300명이나 되는 학생들이 반려 식물을 키우는 경험을 할 수 있고 반려 식물 키우기를 원치 않는 학생들도 있을 테니, 모종 300개로도 캠페인을 진행하는 데 무리가 없을 것 같습니다.
> [B] (가) 부원 1 하지만 안내문의 제한된 공간에 반려 식물 키우는 방법까지 제시하는 것은 어렵지 않을까요? 나누어 주려는 반려 식물이 세 가지나 되는데, 이 세 가지 식물을 키우는 방법을 모두 안내하는 것은 무리일 것 같습니다.

③ [A]는 상대의 *우려를 해소하는, [B]는 상대의 견해에 우려를 드러내는 발화이다. *근심과 걱정
풀이 [A]는 학생 수에 비해 나누어 줄 모종의 수가 적은 점을 우려하는 부원 1의 우려를 해소하는 발화이고, [B]는 안내문에 행사 안내와 더불어 반려 식물의 이름, 특징, 키우는 방법을 제시하자는 부원 2의 견해에 우려를 드러내는 발화이다.

06 작문 계획의 반영 - 틀린 것 고르기 정답률 85% | 정답 ③

(가)의 내용이 (나)에 반영된 양상으로 적절하지 않은 것은?

① (가)에서 반려 식물 모종 나누기 행사를 안내하자는 의견에 따라, (나)에서 행사의 일시와 장소를 밝히고 있다.
근거 (가) 부원 2 그다음에 모종 나누기 행사를 안내하고,
(나) <3월 23일 하교 시간, 본관 앞>에서, 원하는 모종을 하나씩 나누어 드려요.
→ 적절하므로 오답!

② (가)에서 반려 식물과 관련한 정보를 제공하자는 의견에 따라, (나)에서 반려 식물의 이름, 특징 등을 제시하고 있다.
근거 (가) 동아리 회장 나누어 줄 식물의 이름, 특징, 키우는 방법에 대한 정보도 함께 제공해야 하지 않을까요?
(나) <유칼립투스> 은은한 향기가 주는 마음의 평화
<아이비> 물만 주면 잘 자라는 공기 청정기
<칼라데아> 풍성한 잎이 전하는 싱그러운 생명감
→ 적절하므로 오답!

③ (가)에서 학생들이 캠페인에 적극적으로 동참하도록 촉구하자는 의견에 따라, (나)에서 캠페인의 *취지를 설명하고 있다. *근본이 되는 목적이나 긴요한 뜻
풀이 (가)에는 학생들이 캠페인에 적극적으로 동참하도록 촉구하자는 의견이 제시되어 있지 않다. 또한 (나)에 캠페인의 취지를 설명하는 부분도 나타나지 않는다.
→ 틀려서 정답!

④ (가)에서 반려 식물을 키우며 생기는 궁금증을 해결하게 돕자는 의견에 따라, (나)에서 동아리 블로그를 소개하고 있다.
근거 (가) 부원 2 그리고 반려 식물을 키우며 수시로 생기는 궁금증을 해결할 수 있게 우리 동아리 블로그를 안내해도 좋겠어요.
(나) **반려 식물을 키우면서 궁금증이 생기면?** 우리 동아리 블로그(blog.com/eco△△△)를 찾아 주세요.
→ 적절하므로 오답!

⑤ (가)에서 학생들이 흥미를 느낄 수 있도록 '식집사'라는 용어를 쓰자는 의견에 따라, (나)의 제목에서 해당 용어를 사용하고 있다.
근거 (가) 부원 1 고양이를 애지중지 키우는 사람을 뜻하는 '냥집사'처럼, 식물을 키우며 기쁨을 찾는 사람들이라는 의미로 '식집사'라는 용어를 쓰면 학생들이 더 흥미를 느낄 수 있지 않을까요?
(나) **반려 식물을 키우는 '식집사'가 되어 보세요!**
→ 적절하므로 오답!

07 자료 활용 방안 - 맞는 것 고르기 정답률 90% | 정답 ⑤

(나)의 성격을 고려할 때, <보기>의 자료를 활용하여 (나)를 보완하는 방안으로 가장 적절한 것은? 3점

⑤ 반려 식물이 생명을 지닌 존재임을 언급하며 정성을 기울여 반려 식물을 키워 줄 것을 권유하는 문구를 추가해야겠어.
풀이 <보기>는 최근 반려 동물과 식물에 대한 관심이 커지면서 다양한 문제가 발생하고 있으며, 특히 반려 식물이 생명을 잃거나 버려지는 사례가 점점 늘고 있다는 내용의 신문 자료이다. 따라서 이를 활용하여 (나)에 정성을 기울여 반려 식물을 키워 줄 것을 권유하는 문구를 추가할 수 있다.

[08 ~ 10] 수필

08 작문 전략 - 틀린 것 고르기 정답률 75%, 매력적 오답 ④ 15% | 정답 ③

윗글에서 활용한 글쓰기 방법으로 적절하지 않은 것은?

① *중심 소재를 대하는 인물의 행동을 나열하며 시작한다. *여기서는 '아버지'
근거 ❶문단 (아버지께서는) 틈틈이 먼지를 털고, 경적을 빠방 울리기도 하고, 시동도 부르릉 걸어 보시고, 해진 안장을 툭툭 치며 환하게 웃으신다.
→ 적절하므로 오답!

② *의성어를 사용하여 중심 소재에 대한 인상을 부각한다. *소리를 흉내 낸 말
근거 ❶문단 경적을 빠방 울리기도 하고, 시동도 부르릉 걸어 보시고,
❸문단 "부릉부릉 부루릉" 소리를 내며 돌아서셨다.
→ 적절하므로 오답!

③ *색채어를 사용하여 다양한 공간을 사실적으로 묘사한다. *색깔을 나타내는 말
근거 ❷문단 야트막한 언덕에 자리한 우리 학교는 인자한 미소를 띤 고목들이 오랜 전통을 말해 준다. 운동장을 발밑에 두고 중고등학교 건물이 다정히 서 있는데, 교실 유리창으로 내려다보이는 옛 시가지의 한적한 플라타너스 길은 운치가 있고 아름답다.
풀이 우리 학교의 모습과 교실 유리창으로 내려다보이는 옛 시가지의 모습을 사실적으로 묘사하고 있으나, 색채어를 사용하고 있지는 않다.
→ 틀려서 정답!

④ 의인법을 사용하여 자연물에서 느끼는 친밀감을 나타낸다.
근거 ❷문단 인자한 미소를 띤 고목들
❷문단 중고등학교 건물이 다정히 서 있는데,
→ 적절하므로 오답!

⑤ 구체적 *일화를 제시하여 중심 소재에 대한 정서를 드러낸다. *세상에 널리 알려지지 아니한 흥미 있는 이야기
근거 ❸문단 중학교에 갓 입학했을 때 늦잠을 자는 바람에 아버지의 등 뒤에 꼭 붙어서 오토바이로 급히 등교한 적이 있었다. … 하지만 지금까지도 나는 아버지의 오토바이 소리를, 고요와 평안을 할퀴지 않는 따뜻하고 부드러운 소리로 기억하고 있다.
❹문단 중학교 때 점심시간이 끝나 갈 무렵 운동장 옆 산책길을 걷다가 아버지의 오토바이 소리를 들은 적이 있었다. 우리 오토바이만의 음색이 내 마음속에 반가운 파문을 일으켰다. … 아버지는 이 길을 지나실 때마다 과연 무슨 생각을 하실까 상상해 보았다. 그날 이후 … 그 소리는 왠지 내 어깨를 다독다독하는 인사말처럼 느껴졌다. '오후도 즐겁게!', '아빠, 지나간다.', '오늘 화창하구나!'…….
→ 적절하므로 오답!

09 작문 계획의 반영 - 틀린 것 고르기 정답률 95% | 정답 ④

다음은 글을 쓰기 전에 학생이 떠올린 생각을 메모한 것이다. ㄱ~ㅁ 중 초고에 반영되지 않은 것은? 3점

① ㄱ: 낡고 작은 오토바이를 친구처럼 여기시는 아버지
근거 ❶문단 우리 집 마당 구석에 있는 창고에는 낡고 작은 배달용 오토바이가 한 대 서 있다. 아버지는 이 오토바이를 오랜 친구처럼 여기신다.
→ 적절하므로 오답!

② ㄴ: 아름다운 플라타너스 길이 내려다보이는 우리 학교
근거 ❷문단 교실 유리창으로 내려다보이는 옛 시가지의 한적한 플라타너스 길은 운치가 있고 아름답다.
→ 적절하므로 오답!

③ ㄷ: 오토바이에 나를 태워 학교에 데려다주셨던 아버지
근거 ❸문단 중학교에 갓 입학했을 때 늦잠을 자는 바람에 아버지의 등 뒤에 꼭 붙어서 오토바이로 급히 등교한 적이 있었다.
→ 적절하므로 오답!

④ ㄹ: 힘든 오토바이 배달로 늘 고단해 하시던 아버지
풀이 학생의 초고에 힘든 오토바이 배달로 늘 고단해 하시던 아버지와 관련된 내용은 반영되어 있지 않다.
→ 틀려서 정답!

⑤ ㅁ: 누군가의 마음을 더 깊이 헤아려 볼 수 있게 된 나
근거 ❺문단 아버지의 모습에서, 아버지의 오토바이 소리에서 든든한 힘을 얻어서 그런지 내겐 누군가의 마음을 더 깊이 헤아려 보는 상상력이 생긴 것 같다.
→ 적절하므로 오답!

10 조건에 따른 표현 - 맞는 것 고르기 정답률 95% | 정답 ①

<보기>는 초고를 읽은 선생님의 조언이다. 이를 반영하여 초고에 추가할 내용으로 가장 적절한 것은?

> | 보기 |
> 선생님 : 글의 마지막 문장 뒤에, 아버지께서 오토바이 배달을 그만두셨을 때 네가 아쉬움을 느낀 이유를 추가하고, 비유를 활용한 표현도 있으면 좋겠어.

① 다정한 인사처럼 들렸던 아버지의 오토바이 소리를 더 이상 들을 수 없게 되어서.
풀이 '아버지의 오토바이 소리를 더 이상 들을 수 없게 되어서'에서 아버지께서 오토바이

문제편 25쪽

배달을 그만두셨을 때 아쉬움을 느낀 이유가 드러나 있다. 또한 '아버지의 오토바이 소리'를 '다정한 인사'로 표현한 데서 비유적 표현의 하나인 직유법('~같이, ~처럼, ~듯이' 등을 사용하여 어떤 대상을 다른 대상에 직접 빗대어 표현)을 확인할 수 있다.

[11 ~ 12] 언어 - 용언의 어간과 어미

1 [1]용언은 문장에서 다양한 형태로 활용하면서 주로 서술어의 역할을 하는 단어로, 동사와 형용사가 있다. [2]용언이 활용할 때 형태가 변하지 않는 부분을 어간이라고 하고, 형태가 변하는 부분을 어미라고 한다.

2 [1]어간이나 어미는 문장에서 홀로 쓰일 수 없고, 어간 뒤에 어미가 결합하여 용언을 이룬다. [2]가령 '먹다'는 어간 '먹-'의 뒤에 어미 '-고', '-어'가 각각 결합하여 '먹고', '먹어'와 같이 활용한다. [3]그런데 일부 용언에서는 활용할 때 어간의 일부가 탈락하기도 한다. [4]'노는'은 어간 '놀-'과 어미 '-는'이 결합하면서 'ㄹ'이 탈락한 경우이고, '커'는 어간 '크-'와 어미 '-어'가 결합하면서 'ㅡ'가 탈락한 경우이다.

3 [1]어미는 크게 어말 어미와 선(先 먼저 선)어말 어미로 구분된다. [2]어말 어미는 단어의 끝에 오는 어미이며, 선어말 어미는 어말 어미 앞에 오는 어미이다. [3]'가다'의 활용형인 '가신다', '가겠고', '가셨던'을 어간, 선어말 어미, 어말 어미로 분석하면 아래와 같다.

활용형	어간	어미		
		선어말 어미		어말 어미
가신다	가-	-시- 주체 높임	-ㄴ- 현재 시제	-다 종결 어미
가겠고			-겠- 미래 시제	-고 연결 어미
가셨던		-시- 주체 높임	-었- 과거 시제	-던 전성 어미

4 [1]어말 어미는 기능에 따라 종결 어미, 연결 어미, 전성 어미로 구분된다. [2]종결 어미는 '가신다'의 '-다'와 같이 문장을 종결하는 어미이고, 연결 어미는 '가겠고'의 '-고'와 같이 앞뒤의 말을 연결하는 어미이다. [3]그리고 전성 어미는 '가셨던'의 '-던'과 같이 용언이 다른 품사처럼 쓰이게 하는 어미이다. [4]'-던'이나 '-(으)ㄴ', '-는', '-(으)ㄹ' 등은 용언이 관형사처럼, '-게', '-도록' 등은 용언이 부사처럼, '-(으)ㅁ', '-기' 등은 용언이 명사처럼 쓰이게 한다.

5 [1]선어말 어미는 높임이나 시제 등을 나타낼 때 쓰인다. [2]활용할 때 어말 어미처럼 반드시 나타나지는 않지만, 한 용언에서 서로 다른 선어말 어미가 동시에 쓰이기도 한다. [3]위에서 '가신다', '가셨던'의 '-시-'는 높임을 나타내는 선어말 어미로, 문장의 주체를 높이는 기능을 한다. [4]그리고 '가신다', '가겠고', '가셨던'의 '-ㄴ-', '-겠-', '-었-'은 시제를 나타내는 선어말 어미로, 각각 현재, 미래, 과거 시제를 나타내는 기능을 한다.

11 용언의 활용 - 맞는 것 고르기 / 정답률 80% | 정답 ⑤

윗글을 통해 알 수 있는 내용으로 적절한 것은?

① 용언은 어간의 앞뒤에 어미가 결합한 단어이다.
근거 ❷-1 어간 뒤에 어미가 결합하여 용언을 이룬다.
→ 적절하지 않으므로 오답!

② 어간은 단독으로 쓰여 하나의 용언을 이룰 수 있다. (없다)
근거 ❷-1 어간이나 어미는 문장에서 홀로 쓰일 수 없고, 어간 뒤에 어미가 결합하여 용언을 이룬다.
→ 적절하지 않으므로 오답!

③ 어미는 용언이 활용할 때 형태가 유지되는 부분이다. (어간은)
근거 ❶-2 용언이 활용할 때 형태가 변하지 않는 부분을 어간이라고 하고, 형태가 변하는 부분을 어미라고 한다.
→ 적절하지 않으므로 오답!

④ 어말 어미는 용언이 활용할 때 나타나지 않을 수 있다. (선어말 어미)
근거 ❺-2 (선어말 어미는) 활용할 때 어말 어미처럼 반드시 나타나지는 않지만,
→ 적절하지 않으므로 오답!

⑤ 선어말 어미는 한 용언에 두 개가 동시에 쓰일 수 있다.
근거 ❺-2 한 용언에서 서로 다른 선어말 어미가 동시에 쓰이기도 한다.
→ 맞아서 정답!

12 용언의 활용 - 틀린 것 고르기 / 정답률 80%, 매력적 오답 ② 10% | 정답 ④

윗글을 바탕으로 〈보기〉의 ㄱ ~ ㅁ의 밑줄 친 부분을 탐구한 내용으로 적절하지 않은 것은?

| 보기 |
ㄱ. 너도 그를 아니?
ㄴ. 사과가 맛있구나!
ㄷ. 산은 높고 강은 깊다.
ㄹ. 아침에 뜨는 해를 봐.
ㅁ. 그녀는 과자를 먹었다.

① ㄱ : 어간 '알-'에 어미 '-니'가 결합하면서 'ㄹ'이 탈락하였다.
근거 ❷-3~4 일부 용언에서는 활용할 때 어간의 일부가 탈락하기도 한다. '노는'은 어간 '놀-'과 어미 '-는'이 결합하면서 'ㄹ'이 탈락한 경우이고,
풀이 '아니'는 어간 '알-'과 어미 '-니'가 결합하면서 어간 받침 'ㄹ'이 탈락한 경우이다.
→ 적절하므로 오답!

② ㄴ : 어간 '맛있-'에 종결 어미 '-구나'가 결합하여 문장을 종결하고 있다.
근거 ❹-2 종결 어미는 '가신다'의 '-다'와 같이 문장을 종결하는 어미이고,
풀이 '맛있구나'는 어간 '맛있-'에 화자가 새롭게 알게 된 사실에 주목함을 나타내는 종결 어미 '-구나'가 결합하여 문장을 종결하고 있다.
→ 적절하므로 오답!

③ ㄷ : 어간 '높-'에 연결 어미 '-고'가 결합하여 앞뒤의 말을 연결하고 있다.
근거 ❹-2 연결 어미는 '가겠고'의 '-고'와 같이 앞뒤의 말을 연결하는 어미이다.
풀이 '높고'는 어간 '높-'에 두 가지 이상의 사실을 대등하게 벌여 놓는 연결 어미 '-고'가 결합하여 앞뒤의 말을 연결하고 있다.
→ 적절하므로 오답!

④ ㄹ : 어간 '뜨-'에 전성 어미 '-는'이 결합하면서 용언이 부사처럼 쓰이고 있다. (관형사)
근거 ❹-3~4 전성 어미는 '가셨던'의 '-던'과 같이 용언이 다른 품사처럼 쓰이게 하는 어미이다. '-던'이나 '-(으)ㄴ', '-는', '-(으)ㄹ' 등은 용언이 관형사처럼, … 쓰이게 한다.
풀이 '뜨는'은 어간 '뜨-'에 앞말이 관형어 구실을 하게 하고 이야기하는 시점에서 볼 때 사건이나 행위가 현재 일어남을 나타내는 전성 어미 '-는'이 결합하여 명사 '해'를 꾸며 주는 관형사처럼 쓰이고 있다.
→ 틀려서 정답!

⑤ ㅁ : 어간 '먹-'과 어말 어미 '-다' 사이에 선어말 어미 '-었-'이 결합하여 과거 시제를 나타내고 있다.
근거 ❺-4 '가신다', '가겠고', '가셨던'의 '-ㄴ-', '-겠-', '-었-'은 시제를 나타내는 선어말 어미로, 각각 현재, 미래, 과거 시제를 나타내는 기능을 한다.
풀이 '먹었다'는 어간 '먹-'에 이야기하는 시점에서 볼 때 사건이나 행위가 이미 일어났음을 나타내는 선어말 어미 '-었-'이 결합하여 과거 시제를 나타내고 있다.
→ 적절하므로 오답!

13 최소 대립쌍 - 맞는 것 고르기 / 정답률 80%, 매력적 오답 ④ 10% | 정답 ③

〈보기〉의 '학습 과제'를 바르게 수행하였다고 할 때, ㉠에 들어갈 단어로 적절한 것은? [3점]

| 보기 |
[학습 자료]
음운은 단어의 뜻을 구별해 주는 소리의 가장 작은 단위이다. 특정 언어에서 어떤 소리가 음운인지 아닌지는 최소 대립쌍을 통해 확인할 수 있다. 최소 대립쌍이란, 다른 모든 소리는 같고 단 하나의 소리 차이로 의미가 구별되는 단어의 쌍을 말한다. 예를 들어, 최소 대립쌍 '감'과 '잠'은 [ㄱ]과 [ㅈ]의 차이로 인해 의미가 구별되므로 'ㄱ'과 'ㅈ'은 서로 다른 음운이다.

[학습 과제]
앞사람이 말한 단어와 최소 대립쌍인 단어를 말해 보자.

① 꿀
풀이 '꿀'은 [ㄲ]과 [ㄱ]의 차이로 인해 '굴'과 의미가 구별되지만 '달'과는 최소 대립쌍이 아니다.
→ 적절하지 않으므로 오답!

② 답
풀이 '답'은 [ㅂ]과 [ㄹ]의 차이로 인해 '달'과 의미가 구별되지만 '굴'과는 최소 대립쌍이 아니다.
→ 적절하지 않으므로 오답!

③ 둘

풀이 ㉠에는 앞사람이 말한 '달', 뒷사람이 말한 '굴' 모두와 최소 대립쌍인 단어가 들어가야 한다. '둘'은 [ㅏ]와 [ㅜ]의 차이로 인해 '달'과 의미가 구별되고, [ㄷ]과 [ㄱ]의 차이로 인해 '굴'과 의미가 구별되므로 ㉠에 들어갈 단어로 적절하다.

→ 맞아서 정답!

④ 말

풀이 '말'은 [ㅁ]과 [ㄷ]의 차이로 인해 '달'과 의미가 구별되지만 '굴'과는 최소 대립쌍이 아니다.

→ 적절하지 않으므로 오답!

⑤ 풀

풀이 '풀'은 [ㅍ]과 [ㄱ]의 차이로 인해 '굴'과 의미가 구별되지만 '달'과는 최소 대립쌍이 아니다.

→ 적절하지 않으므로 오답!

14 문장의 중의성 - 틀린 것 고르기 정답률 85% 정답 ⑤

다음 '탐구 학습지' 활동의 결과로 적절하지 않은 것은?

[탐구 학습지]

1. 문장의 중의성
 ㅇ 하나의 문장이 둘 이상의 의미로 해석되는 것

2. 중의성 해소 방법
 ㅇ 어순 변경, 쉼표나 조사 추가, 상황 설명 추가 등

3. 중의성 해소하기
 - 과제 : 빈칸에 적절한 말 넣기
 ㄱ. (조사 추가) ………… a
 ㅇ 중의적 문장 : 관객들이 다 도착하지 않았다.
 ㅇ 전달 의도 : (관객 중 일부가 도착하지 않음.) ………… b
 ㅇ 수정 문장 : 관객들이 다는 도착하지 않았다.

풀이 '관객들이 다 도착하지 않았다'는 '관객들이 한 명도 오지 않았다'는 의미와 '관객들이 일부만 왔다'는 의미 두 가지로 해석된다. 수정 문장 '관객들이 다는 도착하지 않았다'는 중의적 문장에 조사 '는'을 추가하여 두 가지 의미 중 관객들이 일부만 왔다는 의미로 한정하였다.

 ㄴ. (어순 변경) ………… c
 ㅇ 중의적 문장 : 우리는 어제 전학 온 친구와 만났다.
 ㅇ 전달 의도 : (전학 온 친구와 만난 때가 어제임.) ………… d
 ㅇ 수정 문장 : 우리는 전학 온 친구와 어제 만났다.

풀이 '우리는 어제 전학 온 친구와 만났다'는 '친구가 전학을 온 때가 어제'라는 의미와 '전학 온 친구와 만난 때가 어제'라는 의미 두 가지로 해석된다. 수정 문장 '우리는 전학 온 친구와 어제 만났다'는 부사어 '어제'의 위치를 '만났다' 앞으로 옮김으로써 두 가지 의미 중 전학 온 친구와 만난 때가 어제라는 의미로 한정하였다.

 ㄷ. 상황 설명 추가
 ㅇ 중의적 문장 : 민우는 나와 윤서를 불렀다.
 ㅇ 전달 의도 : '나와 윤서'를 부른 사람이 '민우'임.
 ㅇ 수정 문장 : (민우는 나와 둘이서 윤서를 불렀다.) ………… e

풀이 '민우는 나와 윤서를 불렀다'는 '윤서'를 부른 사람이 '민우와 나'라는 의미와 '나와 윤서'를 부른 사람이 '민우'라는 의미 두 가지로 해석된다. 수정 문장 '민우는 나와 둘이서 윤서를 불렀다'는 '둘이서'라는 상황 설명을 추가함으로써 두 가지 의미 중 '윤서'를 부른 사람이 '민우와 나'라는 의미로 한정하였다. '나와 윤서'를 부른 사람이 '민우'라는 전달 의도를 반영하지 못하였으므로 e는 적절하지 않다. 전달 의도를 반영하기 위해서는 '민우는 혼자서 나와 윤서를 불렀다'처럼 '혼자서'라는 상황 설명을 추가해야 한다.

⋮

① a ② b ③ c ④ d ⑤ e → 틀려서 정답!

15 방향 반의어 - 틀린 것 고르기 정답률 90% 정답 ③

밑줄 친 부분이 <보기>의 ㉠, ㉡에 해당하는 예로 적절하지 않은 것은?

| 보기 |

'위 - 아래'나 '앞 - 뒤'는 방향상 대립하는 반의어이다. '위 - 아래'나 '앞 - 뒤'가 단독으로 쓰이거나 다른 단어와 결합해서 쓰일 때, 문맥에 따라서 ㉠ '위'나 '앞'이 '우월함'의 의미를, ㉡ '아래'나 '뒤'가 '열등함'의 의미를 갖거나 강화하기도 한다.

① ㉠ : 그가 머리 쓰는 게 너보다 한 수 위다.

풀이 '위'가 '신분, 지위, 등급, 정도 따위에서 어떠한 것보다 더 높거나 나은 쪽'이라는 의미로 쓰여 '우월함'의 의미를 나타낸다.

→ 적절하므로 오답!

② ㉠ : 이 회사의 기술 수준은 다른 곳에 앞선다.

풀이 '앞서다'가 '발전이나 진급, 중요성 따위의 정도가 남보다 높은 수준에 있거나 빠르다'라는 의미로 쓰여 '우월함'의 의미를 나타낸다.

→ 적절하므로 오답!

③ ㉡ : 이번 행사는 치밀한 계획 아래 진행되었다.

풀이 '아래'가 '조건, 영향 따위가 미치는 범위'라는 의미로 쓰였다. '열등함'의 의미를 갖지 않으므로 ㉡에 해당하는 예로 적절하지 않다.

→ 틀려서 정답!

> ■ '아래'가 '열등함'의 의미를 갖는 경우
> '아래'가 '신분, 지위, 정도 따위에서 어떠한 것보다 낮은 쪽'이라는 의미로 쓰일 때 '열등함'의 의미를 갖는 경우가 있다.
> (예) 그는 바둑 실력이 나보다 한 수 아래이다.
> 그는 업무 능력은 뛰어나지만 사람을 다루는 능력은 나보다 아래이다.

④ ㉡ : 그녀는 남에게 뒤떨어지지 않고자 노력했다.

풀이 '뒤떨어지다'가 '발전 속도가 느려 도달하여야 할 수준이나 기준에 이르지 못하다'라는 의미로 쓰여 '열등함'의 의미를 나타낸다.

→ 적절하므로 오답!

⑤ ㉡ : 우리 팀의 승률이 조금씩 뒷걸음질 치고 있다.

풀이 '뒷걸음질'이 '본디보다 뒤지거나 뒤떨어짐'이라는 의미로 쓰여 '열등함'의 의미를 나타낸다.

→ 적절하므로 오답!

tip · 반의어(반대 反 의미 意 단어 語)

1. 반의어의 개념
한 쌍의 단어가 서로 공통되는 의미 요소를 공유하면서 동시에 한 개의 의미 요소만 반대되는 경우 '반의 관계에 있다' 또는 '반의어'라고 부른다.
(예) '아버지'와 '어머니' → '어른', '나를 낳아 준 사람'이라는 공통점이 있으면서 '성별'이라는 한 개의 의미 요소만 반대된다.

2. 복합적 반의어
의미가 여럿인 다의어의 경우 하나의 단어에 여러 개의 단어들이 대립하여 반의 관계를 이루는 경우가 있다.

(예)			
벗다	모자를 벗다	↔	모자를 쓰다
	안경을 벗다	↔	안경을 끼다
	옷을 벗다	↔	옷을 입다
	신발을 벗다	↔	신발을 신다
	고통을 벗다	↔	고통을 지다

3. 반의어의 종류
① 상보 반의어 : 의미가 철저하게 두 부분으로 나뉘는 단어 쌍
 (예) 남↔여, 참↔거짓, 합격↔불합격
② 정도 반의어 : 정도, 등급에 있어 대립되는 단어 쌍
 (예) 길다↔짧다, 쉽다↔어렵다, 춥다↔덥다
③ 방향 반의어 : 관계(상하)나 이동 측면에서 대립되는 단어 쌍
 (예) 부모↔자식, 스승↔제자, 위↔아래, 앞↔뒤

문제편 27쪽

[16 ~ 18] 현대시

(가) 이성선, 「고향의 천정(天井) 1」

• 주제

'나'는 과거를 회상하며 할머니를 그리워한다.

• 지문 이해

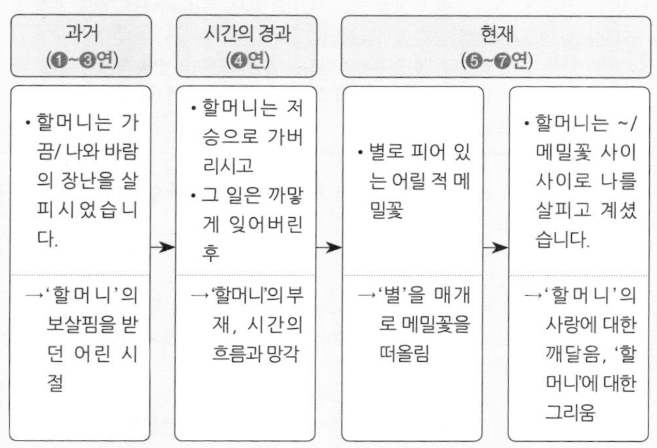

• 어휘 풀이

* 밭둑 : 밭의 경계가 되고 사람이 걸어 다닐 수 있도록 한 둑.
* 아주 커서도 덜 자란 : 나이로는 자랐지만 충분히 성숙하지는 않은.

(나) 손택수, 「밥물 눈금」

• 주제

가난했던 과거를 떠올리며, '나'의 현재 모습을 긍정적으로 인식한다.

• 지문 이해

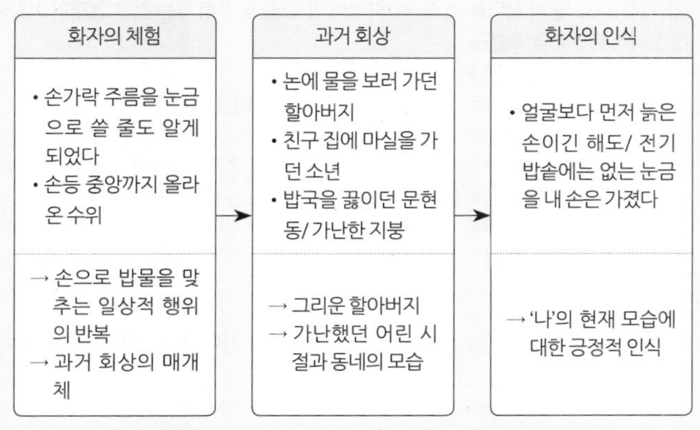

• 어휘 풀이

* 밥물 눈금 : 밥을 지을 때 쌀의 양에 맞는 적절한 물의 양을 알려 주는 눈금.
* 수위 : 물의 높이.
* 물꼬 : 논에 물이 넘어 들어오거나 나가게 하기 위하여 만든 좁은 통로.
* 마실 : 이웃에 놀러 다니는 일.
* 밥국 : 식은 밥에 김치나 나물을 넣어서 죽처럼 끓인 국.
* 봉지쌀 : 봉지에 담아서 파는 적은 분량의 쌀.

16 | 표현상 특징 - 맞는 것 고르기 | 정답률 70%, 매력적 오답 ③ 10% | 정답 ②

(가)와 (나)에 대한 설명으로 가장 적절한 것은?

선지	핵심 체크 내용	(가)	(나)
①	설의법 → 화자의 의지를 표현함	X	X
②	청각적 심상 → 화자의 정서 부각	X	O
③	격정적 어조 → 화자의 기대감	X	-
	단정적 어조 → 화자의 기대감	-	X
④	상승의 이미지	O	-
	대상의 역동성 강조	X	-
	하강의 이미지	-	O
	대상의 역동성 강조	-	X
⑤	계절감을 드러내는 시어	O	X
	대상의 변화 양상	X	X

① (가)는 (나)와 달리 *설의법을 통해 화자의 의지를 표현하고 있다. *이미 알고 있는 사실을 의도적으로 의문의 형식으로 나타내어 뜻을 강조하는 표현법

풀이 (가)와 (나)에는 모두 설의법이 나타나지 않으며 화자의 의지를 표현하고 있지도 않다. (가)의 화자는 '할머니'의 사랑에 대한 깨달음과 그리움을, (나)의 화자는 과거를 회상하며 자신의 현재 모습에 대한 긍정적 인식을 표현하고 있을 뿐이다.

→ 적절하지 않으므로 오답!

■설의법이 나타나는 작품

• **윤선도, 「만흥」** (2007학년도 9월 모평, 2021학년도 9월 모평)
강산이 좋다 한들 내 분(分)으로 누었느냐/ 임금 은혜를 이제 더욱 아노이다./ 아무리 갚고자 하여도 하올 일이 없어라
(자연이 좋다고 한들 나의 분수로 (이렇게 편안히) 누웠겠는가/ 임금의 은혜를 이제야 더욱 알겠도다./ (그러나) 아무리 (이 은혜를) 갚고자 하여도 갚을 길이 없구나)
→ '강산이 좋다 한들 내 분(分)으로 누었느냐'는 자연이 아무리 좋다고 한들 (임금의 은혜가 아니면) 나의 분수로 이렇게 편안히 지낼 수가 없다는 뜻으로, 설의적 표현을 활용하여 임금의 은혜에 감사하는 화자의 정서를 강조하고 있다.

• **정극인, 「상춘곡」** (2011학년도 수능, 2020학년도 9월 모평)
수풀에 우는 새는 춘기(春氣)를 못내 계워/ 소리마다 교태(嬌態)로다/ 물아일체(物我一體)어니 흥(興)이야 다를소냐
(수풀에서 우는 새는 봄의 기운을 끝내 이기지 못하여/ 소리마다 아양을 떠는 모습이로다/ 사물과 내가 하나가 되니 흥겨움이야 다르겠느냐)
→ '물아일체(物我一體)어니 흥(興)이야 다를소냐'에서는 사물(봄의 기운을 이기지 못하여 소리마다 아양을 떠는 새)과 내가 하나가 되니 흥겨움이 다르지 않다는 것을 설의적으로 표현하여 봄날에 느끼는 화자의 흥겨움을 강조하고 있다.

② (나)는 (가)와 달리 *청각적 심상을 통해 화자의 정서를 부각하고 있다. *소리와 같이 귀로 느낄 수 있는 이미지

근거 (나)-12~13행 일찍 철이 들어서 슬픈 귓속으로/ 봉지쌀 탈탈 터는 소리라도 들려올 듯,

풀이 (나)는 '봉지쌀 탈탈 터는 소리'라는 청각적 심상을 통해 가난했던 어린 시절을 떠올리며 슬픔을 느끼는 화자의 정서를 부각하고 있다. 한편, (가)에는 할머니를 그리워하는 화자의 정서는 드러나나 청각적 심상이 나타나지 않는다.

→ 맞아서 정답!

③ (가)는 *격정적 어조를, (나)는 **단정적 어조를 통해 화자의 기대감을 드러내고 있다. *감정을 강렬하게 드러내는 말투 **딱 잘라서 판단하고 결정하는 말투

풀이 (가)에서 화자는 어린 시절의 추억과 '할머니'의 사랑에 대한 깨달음을 차분한 어조로 전달하고 있으므로 격정적 어조와는 거리가 멀며, 화자의 기대감을 드러내고 있지도 않다. (나)에서 화자는 '밥물 눈금'을 통해 떠올린 가난했던 어린 시절에 대한 기억과 현재 자신의 모습에 대한 긍정적 인식을 담담한 어조로 전달하고 있으므로 단정적 어조가 드러난다고 보기 어려우며 화자의 기대감을 드러내고 있지도 않다.

→ 적절하지 않으므로 오답!

④ (가)는 *상승의 이미지를, (나)는 상승의 이미지와 **하강의 이미지를 통해 대상의 ***역동성을 강조하고 있다. *위 上 오를 乘 : 위로 올라가는 이미지 **아래 下 내릴 降 : 아래로 내려가는 이미지 ***힘 力 움직일 動 성질 性 : 힘차고 활발하게 움직이는 성질이나 특성

근거 (가)-❺~❻연 오늘 저녁 멍석을 펴고/ 마당에 누우니// ~ 별로 피어 있는 어릴 적 메밀꽃
(나)-5행 손등 중앙까지 올라온 수위를 중지의 마디를 따라 오르내리다보면

풀이 (가)에서는 '멍석을 펴고 마당에 누'워 밤하늘의 '별'을 올려다보는 화자의 행위에서 상승의 이미지가 나타난다. 그러나 이를 통해 대상의 역동성을 강조하고 있지는 않다. (나)에서는 '수위를 중지의 마디를 따라 오르내리다보면'에서 상승의 이미지와 하강의 이미지가 함께 나타난다. 그러나 이를 통해 대상의 역동성을 강조하고 있지는 않다.

→ 적절하지 않으므로 오답!

■상승 이미지
위로 올라가는 느낌의 이미지로 흔히 이상과 희망의 추구, 초월적 세계에의 지향, 기쁨과 즐거움 같은 시적 화자의 긍정적 정서와 어울린다.

■상승 이미지가 드러나는 작품

• **조지훈, 「마음의 태양」** (2005학년도 9월 모평)
마음 나라의 원광은 떠오른다.
항시 날아오르는 노고지리('종달새'의 옛말)같이
→ 상승 이미지를 통해 아름답고 높은 넋으로 살고 싶은 화자의 마음을 드러낸다.

• **함형수, 「해바라기의 비명-청년 화가 L을 위하여」**
푸른 보리밭 사이로 하늘을 쏘는 노고지리가 있거든 아직도 날아오르는 나의 꿈이라고 생각하라.
→ 상승 이미지를 통해 화자의 열정적인 삶의 소망을 드러낸다.

■하강 이미지
아래로 떨어지는 느낌의 이미지로 흔히 좌절, 슬픔, 비애의 정서와 어울린다.

■하강 이미지가 드러나는 작품

• **김광균, 「외인촌」** (2000학년도 수능)
잠기어 가고// 창을 내리고// 별빛이 내리고
→ '잠기어', '내리고'에서 하강 이미지가 드러난다.

• **황동규, 「기항지1」** (2004학년도 6월 모평)
긴 눈 내릴 듯/ 낮게 낮게 비치는 불빛
→ '내릴', '낮게' 등의 하강 이미지를 통해 쓸쓸한 분위기를 만든다.

○ 문제편 28쪽

■하강의 이미지를 통해 대상의 역동성을 강조하고 있는 작품
• **김수영, 「폭포」**(2013학년도 수능)
폭포는 곧은 절벽을 무서운 기색도 없이 떨어진다// ~ 나타(느리고 게으름)와 안정(편안하고 고요함)을 뒤집어 놓은 듯이/ 높이도 폭도 없이/ 떨어진다
→ '떨어진다'라는 하강의 이미지를 통해 게으름과 편안함을 거부하며 쉴 새 없이 떨어지는 '폭포'의 역동성을 강조하고 있다.

⑤ (가)와 (나)는 모두 *계절감을 드러내는 시어를 통해 대상의 변화 **양상을 나타내고 있다. *계절 季 철 節 느낄 感 : 계절의 느낌 **모양 樣 모양 相 : 모습

근거 (가) ❷연-1행 늦여름의 하늘빛이 메밀꽃 위에 빛나고
풀이 (가)의 '늦여름'은 여름의 계절감을 드러내는 시어이다. 그러나 이를 통해 대상의 변화 양상을 나타내고 있지는 않다. (나)에서는 계절감을 드러내는 시어를 찾아볼 수 없으며, 대상의 변화 양상을 나타내고 있지도 않다.
→ 적절하지 않으므로 오답!

■계절감을 드러내는 시어를 통해 대상의 변화 양상을 나타내는 작품
• **황지우, 「겨울-나무로부터 봄-나무에로」**(2010학년도 9월 모평, 2015학년도 9월 모평A)
자기의 뜨거운 혀로 싹을 내밀고/ 천천히, 서서히, 문득, 푸른 잎이 되고/ 푸르른 사월 하늘 들이받으면서/ 나무는 자기의 온몸으로 나무가 된다
→ '싹', '푸른 잎', '푸르른 사월 하늘' 등의 계절감을 드러내는 시어를 통해 봄을 맞이한 나무의 변화 양상을 나타내고 있다.

17 시어의 의미 - 맞는 것 고르기
정답률 80%, 매력적 오답 ③ 15% | 정답 ④

㉠과 ㉡을 비교한 내용으로 가장 적절한 것은?

(가) ❶연-1행 ㉠ 밭둑에서 나는 바람과 놀고
(나)-10행 한 그릇으로 두 그릇 세 그릇이 되어라 밥국을 끓이던 ㉡ 문현동

① ㉠은 화자가 벗어나려는, ㉡은 화자가 지향하는 공간이다.
근거 (가) ❷연-2~3행 할머니는 가끔/ 나와 바람의 장난을 살피시었습니다.
(나)-12행 일찍 철이 들어서 슬픈 귓속으로
풀이 ㉠(밭둑)은 화자가 할머니의 보살핌을 받으며 바람과 놀던 추억의 공간이므로 화자가 벗어나려는 공간으로 볼 수 없다. ㉡(문현동)은 가난으로 인해 화자를 일찍 철이 들게 했던 슬픈 공간이므로 화자가 지향하는 공간으로 볼 수 없다.
→ 적절하지 않으므로 오답!

② ㉠은 화자가 *이질감을, ㉡은 화자가 **동질감을 느끼는 공간이다. *다를 異 성질 質 느낄 感 : 성질이 서로 달라 낯설거나 잘 맞지 않는 느낌 **같을 同 성질 質 느낄 感 : 성질이 서로 비슷해서 익숙하거나 잘 맞는 느낌
풀이 ㉠(밭둑)은 화자가 할머니와 함께했던 추억의 공간이므로 화자가 이질감을 느끼는 공간으로 볼 수 없다. 반면에 ㉡(문현동)은 어린 시절 가난했던 화자와 마찬가지로 사람들이 가난하게 살아가던 공간이므로 화자가 동질감을 느끼는 공간으로 볼 수 있다.
→ 적절하지 않으므로 오답!

■화자가 동질감을 느끼는 대상이 나타나는 작품
• **박목월, 「나무」**(2017학년도 9월 모평)
온양에서 서울로 돌아오자, 놀랍게도 그들은 이미 내 안에 뿌리를 펴고 있었다. 묵중한 그들의. 침울한 그들의. 아아 고독한 모습. 그 후로 나는 뽑아낼 수 없는 몇 그루의 나무를 기르게 되었다.
→ 화자는 '묵중'하고, '침울'하며, '고독한 모습'의 '나무(들)'에게서 동질감을 느끼고 있다.

③ ㉠은 화자의 슬픔이, ㉡은 화자의 그리움이 해소되는 공간이다.
풀이 ㉠(밭둑)은 화자가 할머니의 보살핌을 받으면서 천진난만하게 보낼 수 있었던 유년의 공간이므로 화자의 슬픔이 해소되는 공간으로 보기는 어렵다. ㉡(문현동)은 유년의 화자가 가난한 삶을 살았던 공간이므로 화자의 그리움이 해소되는 공간으로 보기는 어렵다.
→ 적절하지 않으므로 오답!

④ ㉠은 화자의 *동심이 허용되는, ㉡은 화자의 성숙함이 요구되는 공간이다. *아이 童 마음 心 : 어린아이의 마음 혹은 어린아이처럼 순수하고 맑은 마음
근거 (가) ❷연-3행 나와 바람의 장난
(나)-12행 일찍 철이 들어서 슬픈 귓속으로
풀이 ㉠(밭둑)에서 화자는 바람과 놀고 바람과 장난을 친다. 따라서 ㉠(밭둑)은 화자의 동심이 허용되는 공간으로 볼 수 있다. ㉡(문현동)은 가난으로 인해 화자를 일찍 철들게 했던 곳이므로 화자의 성숙함이 요구되는 공간으로 볼 수 있다.
→ 맞아서 정답!

⑤ ㉠은 화자가 경험한 적 없는 *가상의, ㉡은 화자의 경험이 **축적된 현실의 공간이다.
*거짓 假 생각 想 : 사실이 아니거나 사실 여부가 분명하지 않은 것을 사실이라고 가정하여 생각하는 **모을 蓄 쌓을 積 : 모여서 쌓인
풀이 ㉠(밭둑)은 할머니와 함께한 화자의 유년의 추억의 공간이므로 화자가 경험한 적 없는 가상의 공간으로 볼 수 없다. ㉡(문현동)은 화자가 유년기에 경험한 공간이므로 화자의 경험이 축적된 현실의 공간으로 볼 수 있다.
→ 적절하지 않으므로 오답!

18 감상의 적절성 - 틀린 것 고르기
정답률 75% | 정답 ③

<보기>를 바탕으로 (가), (나)를 감상한 내용으로 적절하지 않은 것은? [3점]

| 보기 |
[1] 과거의 경험에 대한 기억은 어떤 계기(맺을 契 기회 機 : 결정적인 원인이나 기회)를 통해 되살아나 현재의 삶에 영향을 미칠 수 있다. [2] (가)의 화자는 할머니와의 기억을 통해 과거와 현재를 연결하며 깨달음과 정서적 충만감(가득할 充 가득 찰 滿 느낄 感 : 한껏 가득하게 찬 느낌이나 감정)을 얻고 있다. [3] 한편 (나)의 화자는 일상적 행위의 반복 속에서 유년(어릴 幼 나이 年 : 어린 나이나 때)의 기억을 되살리고, 그 기억을 현재와 연결하며 자신의 현재 모습을 긍정하게 된다.

① (가)의 화자는 별이 가득한 '하늘'을 보며, 자신이 여전히 '나를 살피'시는 할머니의 사랑 속에 있음을 깨닫고 있군.
근거 <보기>-2 (가)의 화자는 할머니와의 기억을 통해 과거와 현재를 연결하며 깨달음과 정서적 충만감을 얻고 있다.
(가)-❻~❼연 온 **하늘** 가득/ 별로 피어 있는 어릴 적 메밀꽃// 할머니는 나를 두고 메밀밭만 저승까지 가져가시어/ 날마다 저녁이면 메밀밭을 매시며/ 메밀꽃 사이사이로 **나를 살피**고 계셨습니다.
풀이 (가)의 화자는 별이 가득한 '하늘'을 보며, 저승에 가신 할머니가 여전히 '나를 살피'고 계신다고 생각하며, 자신이 여전히 할머니의 사랑 속에 있음을 깨닫고 있다.
→ 적절하므로 오답!

② (나)의 화자는 유년의 기억을 통해 '전기밥솥에는 없는 눈금'을 지닌 '늙은 손'을 긍정하며 자기 *위안을 얻고 있군. *위로할 慰 편안할 安 : 위로하여 마음을 편하게 함
근거 <보기>-3 (나)의 화자는 일상적 행위의 반복 속에서 유년의 기억을 되살리고, 그 기억을 현재와 연결하며 자신의 현재 모습을 긍정하게 된다.
(나)-2~3행 이제는 그도 좀 익숙해져서 손마디나 손등,/ 손가락 주름을 눈금으로 쓸 줄도 알게 되었다/ 14~15행 얼굴보다 먼저 **늙은 손**이긴 해도/ **전기밥솥에는 없는 눈금**을 내 손은 가졌다
풀이 (나)의 화자는 '손가락 주름', '손등 주름' 등을 통해서 밥물을 맞추는 일상적 행위의 반복 속에서 유년의 기억을 떠올리고, '전기밥솥에는 없는 눈금'을 지닌 자신의 '늙은 손'을 긍정하며 위안을 얻고 있다.
→ 적절하므로 오답!

③ (가)의 '커서도 덜 자'랐다는 것과 (나)의 '밥맛을 조금씩 달리'하는 것은 현재의 화자에게 정서적 충만감을 주는군.
근거 (가) ❸연-2행 아주 **커서도 덜 자**란 나는
(나)-4행 촘촘한 손등 주름 따라 **밥맛을 조금씩 달리**해본다
풀이 (가)의 '커서도 덜 자'랐다는 것은 화자가 나이로는 자랐지만 충분히 성숙하지는 않았다는 의미이므로 이것이 현재의 화자에게 정서적 충만감을 준다고 보기는 어렵다. (나)의 '밥맛을 조금씩 달리'하는 것은 밥물을 맞추는 일에 어려움을 겪던 화자가 이제는 익숙하게 밥물을 맞추게 되었음을 의미할 뿐, 이것이 현재의 화자에게 정서적 충만감을 준다고 볼 수는 없다.
→ 틀려서 정답!

④ (가)에서 '마당에 누'워 하늘을 보는 행위와 (나)에서 '손가락 주름'으로 '밥물'을 맞추는 행위는 회상의 계기가 되는군.
근거 <보기>-1 과거의 경험에 대한 기억은 어떤 계기를 통해 되살아나
(가) ❺연-2행~❻연 **마당에 누**우니// 온 하늘 가득/ 별로 피어 있는 어릴 적 메밀꽃
(나)-1행 **밥물** 눈금을 찾지 못해 질거나 된 밥을 먹는 날들이 있더니/ 3행 **손가락 주름**을 눈금으로 쓸 줄도 알게 되었다
풀이 (가)의 화자는 '마당에 누'워 밤하늘의 별을 보다가 할머니와 함께했던 과거의 추억을 떠올리게 된다. (나)의 화자는 '손가락 주름'으로 '밥물'을 맞추다가 가난했던 유년 시절을 떠올리게 된다. 따라서 (가)에서 '마당에 누'워 하늘을 보는 행위와 (나)에서 '손가락 주름'으로 '밥물'을 맞추는 행위는 모두 회상의 계기가 된다고 볼 수 있다.
→ 적절하므로 오답!

⑤ (가)의 화자가 '별'에서 '메밀꽃'을 떠올리는 것과 (나)의 화자가 '가난한 지붕들이 내 손가락 마디에는 있다'고 생각하는 것은 기억이 현재의 삶에 영향을 미치고 있음을 보여 주는군.
근거 <보기>-1 과거의 경험에 대한 기억은 ~ 현재의 삶에 영향을 미칠 수 있다.
(가) ❻연-2행 **별**로 피어 있는 어릴 적 **메밀꽃**
(나)-11행 **가난한 지붕들이 내 손가락 마디에는 있다**
풀이 (가)의 화자가 현재 올려다보고 있는 밤하늘의 '별'에서 할머니와 함께했던 과거의 '메밀꽃'을 떠올리는 것은 과거의 경험에 대한 기억이 현재의 삶에 영향을 미치고 있음을 보여 주는 것이라 할 수 있다. 또한 (나)의 화자가 현재 자신의 늙고 주름진 '손가락 마디'에 과거의 '가난한 지붕들'이 있다고 생각하는 것은 과거의 경험에 대한 기억이 현재의 삶에 영향을 미치고 있음을 보여 주는 것이라 할 수 있다.
→ 적절하므로 오답!

문제편 28쪽

[19 ~ 22] 사회 - <경기 안정을 위한 중앙은행의 통화 정책>

1 [1]경기(景氣, 경제 활동 상태)가 침체되어(沈滯−, 활발하게 이루어지지 못하고 제자리에 머무르게 되어) 가계(家計, 경제 주체로서의 가정)의 소비(消費, 욕망을 충족하기 위해 재화나 용역을 쓰는 일)가 줄어들면 시중(市中, 사람들이 오가며 일상적으로 생활하고 활동하는 곳)의 제품이 팔리지 않아 기업은 생산(生産, 생활에 필요한 각종 물건을 만들어 냄) 규모(規模, 크기나 범위)를 축소하게(縮小−, 줄이게) 된다. [2]그 결과 실업률(失業率, 노동하고자 하는 생각과 능력을 가진 인구 중 일자리를 잃거나 일할 기회를 얻지 못한 사람이 차지하는 비율)이 증가하고(增加−, 늘고) 가계의 수입(收入, 경제 활동을 통해 벌어들이는 돈이나 물품)이 감소하면서(減少−, 줄면서) 소비는 더욱 위축된다.(萎縮−, 줄어들게 된다.) [3]이와 같은 악순환(惡循環, 나쁜 현상이 끊임없이 되풀이됨)으로 경기 침체가 심화되면(深化−, 점점 깊어지면) 국가는 이(경기 침체)에서 벗어나기 위해 유동성(流 흐르다 유 動 움직이다 동 性 성질 성)을 늘리는 통화 정책(通貨政策, 화폐의 수량을 늘리거나 줄여서 국내 경제의 흐름을 통제하고 조절하려는 정책)을 시행한다.(施行−, 실제로 행한다.)

→ 경기 침체의 악순환에서 벗어나기 위한 국가의 통화 정책

2 [1]유동성이란 자산(資産, 개인이나 법인이 가진 경제적 가치가 있는 유형 · 무형의 재산) 또는 채권(債券, 국가, 지방 자치 단체, 은행, 회사 등이 사업에 필요한 돈을 빌리기 위해 발행하는 유가 증권)을 손실(損失, 손해를 봄) 없이 현금화할(現金化−, 현금으로 바꿀) 수 있는 정도로, 현금과 같은 화폐는 유동성이 높은 자산인 반면(反面, 반대로) 토지나 건물과 같은 부동산은 유동성이 낮은 자산이다. [2]이처럼 유동성은 자산의 성격을 나타내는 용어이지만, 흔히 시중에 유통되는(流通−, 널리 쓰이는) 화폐의 양, 즉 통화량을 나타내는 말로도 사용된다. [3]가령(假令, 예를 들어) 시중에 통화량이 지나치게 많을 때 '유동성이 넘쳐 난다'고 표현하고, 반대로 통화량이 줄어들 때 '유동성이 감소한다'고 표현한다. [4]유동성이 넘쳐 날 경우 시중에 화폐가 흔해지는 상황이므로 화폐의 가치는 떨어지게 된다.

→ 유동성의 개념

3 [1]유동성은 금리(金 돈 금 利 이자 리)와 밀접한(密接−, 아주 가까운) 관련이 있기 때문에 국가는 정책적으로 금리를 올리고 내림으로써 유동성을 조절할 수 있다. [2]이때 금리는 예금이나 빌려준 돈에 붙는 이자율로, 이는 기준 금리와 시중 금리 등으로 구분된다. [3]기준 금리는 국가가 정책적인 차원에서 결정하는 금리로, 한 나라의 금융 및 통화 정책의 주체인 중앙은행(우리나라는 '한국은행'이 여기에 해당함)에 의해 결정된다. [4]반면 시중 금리는 기준 금리의 영향을 받아 중앙은행 이외(以外, 밖)의 시중 은행이 세우는 표준적인 금리로, 가계나 기업의 금융 거래에 영향을 미친다. [5]가령 시중 금리가 내려가면 예금을 통한 이자 수익(收益, 이익을 거두어들임)과 대출(貸出, 돈을 빌림)에 따른 이자 부담(負擔, 의무나 책임을 짐)이 줄어 가계나 기업에서는 예금을 인출하거나(引出−, 찾거나) 대출을 받으려는 경향성(傾向性, 어떤 방향으로 기울어지는 성향)이 늘어난다. [6]그 결과 시중의 유동성이 증가하게 된다. [7]반대로 시중 금리가 올라가면 이자 수익과 대출 이자 부담이 모두 늘어나기 때문에 유동성이 감소하게 된다.

→ 금리와 유동성의 관계

4 [1]이와 같은 금리와 유동성의 관계를 고려하여(考慮−, 생각하고 헤아려), 중앙은행은 기준 금리를 조절하는 통화 정책을 통해 경기를 안정시키려고(安定−, 일정한 상태를 유지시키려고) 한다. [2]만일 경기가 침체되면 중앙은행은 기준 금리를 인하하는(引下−, 낮추는) 정책을 도입하여 시중 금리를 낮추도록 유도한다.(誘導−, 이끈다.) [3]그 결과 유동성이 증가하여 가계의 소비가 늘고 주식이나 부동산에 대한 투자(投資, 이익을 얻기 위해 자금을 댐)가 확대된다. [4]또한 기업의 생산과 고용(雇用, 일한 데 대한 값을 주고 사람을 부림)이 늘고 다양한 분야에 대한 투자가 확대되어 물가(物價, 물건의 값)가 상승하고 경기가 전반적으로 활성화된다.(活性化−, 활발해진다.) [5]반대로 경기가 과열되어(過熱−, 지나치게 상승되어) 자산 가격이나 물가가 지나치게 오르면 중앙은행은 기준 금리를 인상하는(引上−, 올리는) 정책을 통해 유동성을 감소시킨다. [6]그 결과 기준 금리를 인하할 때와 반대의 현상이 나타나(시중 금리↑, 가계 소비↓, 투자↓, 기업 생산과 고용↓, 물가↓) 자산 가격이 하락하고 물가가 안정되어 과열된 경기가 진정된다.(鎭靜−, 가라앉는다.)

→ 경기에 따라 기준 금리를 조절하는 중앙은행의 통화 정책

5 [1]그러나 중앙은행이 경기 활성화를 위해 통화 정책을 시행했음에도 불구하고 애초에(−初−, 본래) 의도한 결과가 나타나지 않기도 한다. [2]즉, 기준 금리를 인하하여 시중에 유동성을 충분히 공급하더라도, 증가한 유동성이 기대만큼 소비나 투자로 이어지지 않으면 경기가 활성화되지 않는다. [3]특히 심각한 경기 침체로 인해 경기 회복에 대한 전망(展望, 내다보이는 장래의 상황)이 불투명할(不透明−, 분명하지 않을) 경우, 경제 주체들은 쉽게 소비를 늘리지 못하거나 투자를 결정하지 못해 돈을 손에 쥐고만 있게 된다.(소비하거나 투자하지 않고 가지고만 있게 된다.) [4]이 경우 충분한 유동성이 경기 회복으로 이어지지 못해 경기 침체가 지속되는데(持續−, 오래 계속되는데), 마치 유동성이 함정(陷穽, 빠져나올 수 없는 상황이나 남을 해치기 위한 계략)에 빠진 것 같다고 하여 케인스는 이를 유동성 함정이라 불렀다. [5]그(케인스)는 이러한 유동성 함정을 통해 통화 정책의 한계를 설명하면서, 정부가 재정 지출을 확대하여 소비와 투자를 유도하는 정책을 시행하는 것이 중요하다고 역설하였다.(力說−, 힘주어 말하였다.)

→ 통화 정책의 한계를 설명한 케인스의 '유동성 함정'

■ 지문 이해

❶ 경기 침체의 악순환에서 벗어나기 위한 국가의 통화 정책
- 경기 침체, 가계 소비↓, 기업 생산↓ ⇒ 실업률↑, 가계 수입↓, 소비↓↓ ⇒ 경기 침체 심화
- 국가는 경기 침체의 악순환에서 벗어나기 위해 유동성을 늘리는 통화 정책을 시행함

❷ 유동성의 개념
- 유동성 : 자산 또는 채권을 손실 없이 현금화할 수 있는 정도
- 유동성은 자산의 성격을 나타내는 용어이지만, 시중에 유통되는 화폐의 양(= 통화량)을 나타내는 말로도 사용됨
  - '유동성이 넘쳐 난다' : 시중에 통화량이 지나치게 많음, 화폐가 흔함, 화폐 가치↓
  - '유동성이 감소한다' : 시중에 통화량이 줄어듦

❸ 금리와 유동성의 관계
- 금리 : 예금이나 빌려준 돈에 붙는 이자율
  - 기준 금리 : 국가(중앙은행)가 정책적 차원에서 결정하는 금리
  - 시중 금리 : 기준 금리의 영향을 받아 시중 은행이 세우는 표준적 금리, 가계나 기업의 금융 거래에 영향을 미침
- 시중 금리↓ ⇒ 예금 이자 수익↓, 대출 이자 부담↓ ⇒ 유동성↑
  시중 금리↑ ⇒ 예금 이자 수익↑, 대출 이자 부담↑ ⇒ 유동성↓

❹ 경기에 따라 기준 금리를 조절하는 중앙은행의 통화 정책
- 경기가 침체되면 기준 금리를 인하하는 정책을 도입, 시중 금리를 낮추도록 유도
  ⇒ 유동성↑, 소비↑, 투자↑, 생산↑, 고용↑, 물가↑, 경기 활성화
- 경기가 과열되어 자산 가격이나 물가가 지나치게 오르면 기준 금리를 인상하는 정책을 도입
  ⇒ 유동성↓, 소비↓, 투자↓, 생산↓, 고용↓, 자산 가격↓, 물가↓, 경기 진정

❺ 통화 정책의 한계를 설명한 케인스의 '유동성 함정'
- 케인스의 '유동성 함정' : 경기 침체로 기준 금리를 인하하여 시중에 유동성을 충분히 공급하더라도, 그 유동성이 소비나 투자로 이어지지 않아 경기 회복으로 이어지지 못해 경기 침체가 지속되는 것
- 케인스는 유동성 함정을 통해 통화 정책의 한계를 설명하고, 정부가 재정 지출을 확대하여 소비와 투자를 유도하는 정책을 시행해야 한다고 주장함

19 | 세부 정보 이해 - 틀린 것 고르기 | 정답률 80% | 정답 ⑤

윗글을 통해 알 수 있는 내용이 아닌 것은?

① 중앙은행이 하는 역할

근거 ❸-3 기준 금리는 국가가 정책적인 차원에서 결정하는 금리로, 한 나라의 금융 및 통화 정책의 주체인 중앙은행에 의해 결정된다, ❹-1~2 중앙은행은 기준 금리를 조절하는 통화 정책을 통해 경기를 안정시키려고 한다. 만일 경기가 침체되면 중앙은행은 기준 금리를 인하하는 정책을 도입하여 시중 금리를 낮추도록 유도한다, ❹-5 반대로 경기가 과열되어 자산 가격이나 물가가 지나치게 오르면 중앙은행은 기준 금리를 인상하는 정책을 통해 유동성을 감소시킨다.

→ 적절하므로 오답!

② 유동성이 높은 자산의 예

근거 ❷-1 현금과 같은 화폐는 유동성이 높은 자산

→ 적절하므로 오답!

③ 기준 금리와 시중 금리의 관계

근거 ❸-2~4 이(금리)는 기준 금리와 시중 금리 등으로 구분된다. 기준 금리는 국가가 정책적인 차원에서 결정하는 금리로, 한 나라의 금융 및 통화 정책의 주체인 중앙은행에 의해 결정된다. 반면 시중 금리는 기준 금리의 영향을 받아 중앙은행 이외의 시중 은행이 세우는 표준적인 금리로, 가계나 기업의 금융 거래에 영향을 미친다, ❹-2 만일 경기가 침체되면 중앙은행은 기준 금리를 인하하는 정책을 도입하여 시중 금리를 낮추도록 유도한다.

→ 적절하므로 오답!

④ 경기 침체로 인해 나타나는 현상

근거 ❶-1~2 경기가 침체되어 가계의 소비가 줄어들면 시중의 제품이 팔리지 않아 기업은 생산 규모를 축소하게 된다. 그 결과 실업률이 증가하고 가계의 수입이 감소하면서 소비는 더욱 위축된다.

→ 적절하므로 오답!

⑤ 유동성에 대한 케인스 주장의 한계

근거 ❺-5 그(케인스)는 이러한 유동성 함정을 통해 통화 정책의 한계를 설명하면서, 정부가 재정 지출을 확대하여 소비와 투자를 유도하는 정책을 시행하는 것이 중요하다고 역설하였다.

풀이 윗글을 통해 케인스가 '유동성 함정'을 통해 통화 정책의 한계를 설명하였음을 알 수 있으나, 유동성에 대한 케인스 주장의 한계는 찾아볼 수 없다.

→ 틀려서 정답!

20 핵심 개념 파악 - 맞는 것 고르기
정답률 70%, 매력적 오답 ② 15% | 정답 ①

윗글을 바탕으로 할 때, 〈보기〉의 ㄱ ~ ㄷ에 들어갈 말로 적절한 것은?

| 보기 |
국가의 통화 정책이 정상적으로 작동될 때, 중앙은행이 기준 금리를 (ㄱ) 시중의 유동성이 (ㄴ)하며, 화폐의 가치가 (ㄷ)한다.

근거 ❷-3~4 시중에 통화량이 지나치게 많을 때 '유동성이 넘쳐 난다'고 표현하고, 반대로 통화량이 줄어들 때 '유동성이 감소한다'고 표현한다. 유동성이 넘쳐 날 경우 시중에 화폐가 흔해지는 상황이므로 화폐의 가치는 떨어지게 된다, ❹-1~3 중앙은행은 기준 금리를 조절하는 통화 정책을 통해 경기를 안정시키려고 한다. 만일 경기가 침체되면 중앙은행은 기준 금리를 인하하는 정책을 도입하여 시중 금리를 낮추도록 유도한다. 그 결과 유동성이 증가하여, ❹-5 반대로 경기가 과열되어 자산 가격이나 물가가 지나치게 오르면 중앙은행은 기준 금리를 인상하는 정책을 통해 유동성을 감소시킨다.

풀이 경기가 침체되면 중앙은행이 기준 금리를 인하하는(ㄱ) 정책을 도입하고, 그 결과 유동성이 증가(ㄴ)한다. 유동성이 증가한다는 것은 시중에 화폐가 많아져 화폐의 가치가 떨어진다(ㄷ)는 것을 의미한다. 반대로 경기가 과열되면 중앙은행은 기준 금리를 인상하는 정책을 도입하여, 유동성을 감소시킨다. 유동성이 감소한다는 것은 시중에 유통되는 화폐의 양이 줄어든다는 것을 의미하므로, 화폐의 가치는 상승한다. 따라서 정답은 ①번이다.

	ㄱ	ㄴ	ㄷ	
①	내리면	증가	하락	→ 맞아서 정답!
②	내리면	증가	상승	
③	내리면	감소	상승	
④	올리면	증가	상승	
⑤	올리면	감소	하락	

21 세부 정보 이해 - 맞는 것 고르기
정답률 90% | 정답 ①

유동성 함정에 대해 이해한 내용으로 가장 적절한 것은?

① 시중에 유동성이 충분히 공급되더라도 경기 침체가 지속되는 상황을 의미한다.
근거 ❺-2~4 기준 금리를 인하하여 시중에 유동성을 충분히 공급하더라도, 증가한 유동성이 기대만큼 소비나 투자로 이어지지 않으면 경기가 활성화되지 않는다. 특히 심각한 경기 침체로 인해 경기 회복에 대한 전망이 불투명할 경우, 경제 주체들은 쉽게 소비를 늘리지 못하거나 투자를 결정하지 못해 돈을 손에 쥐고만 있게 된다. 이 경우 충분한 유동성이 경기 회복으로 이어지지 못해 경기 침체가 지속되는데, 마치 유동성이 함정에 빠진 것 같다고 하여 케인스는 이를 유동성 함정이라 불렀다.
→ 맞아서 정답!

② 시중 금리의 상승으로 유동성이 감소하여 물가가 하락하는 상황을 의미한다.
근거 ❹-5~6 경기가 과열되어 자산 가격이나 물가가 지나치게 오르면 중앙은행은 기준 금리를 인상하는 정책을 통해 유동성을 감소시킨다. 그 결과 기준 금리를 인하할 때와 반대의 현상이 나타나 자산 가격이 하락하고 물가가 안정되어 과열된 경기가 진정된다.
풀이 중앙은행이 기준 금리를 인상할 때 나타날 수 있는 상황으로, 유동성 함정과는 무관하다.
→ 적절하지 않으므로 오답!

③ 기업의 생산과 가계의 소비가 줄어들어 유동성이 넘쳐 나는 상황을 의미한다.
풀이 케인스가 말하는 '유동성 함정'은 심각한 경기 침체 상황에서 시중에 유동성이 충분히 공급되더라도 경기 회복이 이루어지지 못해 경기 침체가 지속되는 상황을 의미하므로, 시중의 유동성이 충분한 상황인 것은 맞다. 그러나 이때 시중의 충분한 유동성은 기준 금리 인하 정책을 통해 유동성을 공급한 결과이지, 기업의 생산과 가계의 소비가 줄어든 결과라고 볼 수 없다.
→ 적절하지 않으므로 오답!

④ 경기 과열로 인해 유동성이 높은 자산에 대한 *선호가 늘어나는 상황을 의미한다. *選好, 여럿 가운데서 특별히 가려서 좋아함
풀이 유동성 함정은 심각한 '경기 침체' 상황에서 시중에 유동성이 충분히 공급되더라도 경기 회복으로 이어지지 못해 경기 침체가 지속되는 것을 의미한다. 또한 윗글에서 경기가 과열되면 유동성이 높은 자산에 대한 선호가 늘어난다는 언급은 찾아볼 수 없다.
→ 적절하지 않으므로 오답!

⑤ 유동성이 감소하여 경기 회복에 대한 전망이 긍정적으로 바뀌는 상황을 의미한다.
풀이 유동성 함정은 심각한 경기 침체로 인해 '경기 회복에 대한 전망이 불투명'할 경우, 시중에 '유동성이 충분히 공급'되더라도 경기 회복이 이루어지지 못해 경기 침체가 지속되는 상황을 의미한다.
→ 적절하지 않으므로 오답!

22 구체적인 사례에 적용 - 틀린 것 고르기
정답률 65%, 매력적 오답 ① 15% | 정답 ②

윗글을 바탕으로 경제 주체들이 〈보기〉의 신문 기사를 읽고 보일 수 있는 반응으로 적절하지 않은 것은? [3점]

| 보기 |
금융 당국(當局, 직접 맡아 하는 기관) **'빅스텝' 단행**(斷行, 결단하여 실행함)
금융 당국은 오늘 '빅스텝'을 단행하였다. 빅스텝이란 기준 금리를 한 번에 0.5 %p 인상하는 것을 의미한다(← 기준 금리 인상 정책). 이처럼 금리를 큰 폭으로 인상한 것은 과도하게(過度-, 정도에 지나치게) 증가한 유동성으로 인해 물가가 지나치게 상승하고 부동산, 주식 등의 자산 가격이 폭등했기(暴騰-, 갑자기 큰 폭으로 올랐기) 때문이다.

▶ 지문 핵심 개념 정리

중앙은행의 통화 정책과 그 결과	
경기가 침체되었을 경우	경기가 과열되었을 경우
가계 소비↓, 기업 생산↓, 실업률↑, 가계 수입↓(❶-1~2)	자산 가격↑, 물가↑(❹-5)
⇓	⇓
기준 금리 인하 정책을 도입하여 시중 금리를 낮추도록 유도(❹-2)	기준 금리 인상 정책을 도입하여 시중 금리를 높이도록 유도(❹-5)
⇓	⇓
유동성↑, 소비↑, 투자↑, 생산↑, 고용↑, 물가↑, 경기 활성화(❹-3~4)	유동성↓, 자산 가격↓, 물가↓, 경기 진정(❹-5~6)

① 투자자 : 부동산의 가격이 하락할 수 있으니, 당분간 부동산 투자를 미루고 시장 상황을 지켜봐야겠군.
풀이 경기가 과열되면 중앙은행은 기준 금리를 인상하는 정책을 통해 유동성을 감소시키고, 그 결과 자산 가격이 하락한다. 〈보기〉에서 금융 당국은 빅스텝을 단행하여 기준 금리를 인상하였다. 따라서 투자자는 기준 금리 인상의 결과로 유동성이 감소하고 부동산과 같은 자산 가격이 하락할 것으로 보고, 당분간 투자를 미루고 시장 상황을 지켜볼 것이다.
→ 적절하므로 오답!

② 소비자 : 위축된 소비 심리가 회복되어 지금보다 물가가 오를 수 있으니, 자동차 구매 시기를 앞당겨야겠군.
풀이 위축된 소비 심리가 회복된다거나 물가가 오르고 가계 소비가 는다는 것은 경기가 침체되어 중앙은행이 '기준 금리를 인하하는 정책'을 도입한 결과에 해당하는 내용이므로, 〈보기〉와 같이 기준 금리를 인상한다는 신문 기사를 읽고 보일 수 있는 반응으로 적절하지 않다.
→ 틀려서 정답!

③ 기업인 : 대출을 통해 자금을 확보하는 것이 부담스러워질 수 있으니, 공장을 확장하려던 계획을 *보류해야겠군. *保留-, 나중으로 미루어 두어야겠군.
근거 ❸-7 시중 금리가 올라가면 이자 수익과 대출 이자 부담이 모두 늘어나기 때문에 유동성이 감소하게 된다.
풀이 기준 금리를 인상하는 정책을 시행하여 시중 금리가 올라가면 대출 이자 부담이 늘어나게 된다. 따라서 기업인이 대출을 통해 자금을 확보하는 것이 부담스러워질 수 있음을 예상하여 공장 확장 계획을 보류하겠다고 반응한 것은 적절하다.
→ 적절하므로 오답!

④ 공장장 : 당분간 우리 공장에서 생산한 부품에 대한 *수요가 줄 수 있으니, **재고가 늘어날 것에 대비해야겠군. *需要, 일정한 가격으로 사려고 하는 욕구 **在庫, 창고에 있는 물건
풀이 기준 금리를 인상하는 정책을 통해 유동성을 감소시킬 경우, 가계의 소비가 줄고 기업의 생산이 주는 등 기준 금리를 인하할 때와 반대의 현상이 나타난다. 따라서 공장장이 해당 공장에서 생산한 부품에 대한 수요가 줄 것을 예상하고 재고가 늘어날 것에 대비해야겠다고 반응한 것은 적절하다.
→ 적절하므로 오답!

⑤ 은행원 : 시중 은행에 저축하려는 사람들이 늘어날 수 있으니, 다양한 상품을 개발하여 고객을 *유치해야겠군. *誘致-, 이끌어 들여야겠군.
근거 ❸-7 시중 금리가 올라가면 이자 수익과 대출 이자 부담이 모두 늘어나기 때문에 유동성이 감소하게 된다.
풀이 기준 금리를 인상하는 정책을 시행하여 시중 금리가 올라가면 이자 수익이 늘어난다. 따라서 해당 신문 기사를 읽은 은행원이, 늘어난 이자 수익을 얻기 위해 저축하려는 사람들이 늘어날 수 있음을 예상하고 다양한 상품을 개발해 이들을 고객으로 유치해야겠다고 반응한 것은 적절하다.
→ 적절하므로 오답!

문제편 29쪽

[23 ~ 27] 갈래 복합

(가) 고전시가 - 이원익, 「고공답주인가(품 팔 雇 장인 工 대답할 答 주인 主 사람 人 노래 歌 : 고공(종)이 주인에게 답하는 노래)」

작품 이해 단계 1 화자 2 상황 및 대상 3 정서 및 태도 4 주제

(1 화자 : '나' / '지방에서 온 관리'를 비유한 말. '외방'은 다른 지방)
1 나는 이럴망정 외방의 늙은 종이
(바칠 貢 물건 物 : 궁중이나 나라에 세금으로 바치던 특산물)
2 (우리 집에) 공물 바치고 돌아갈 때 하는 일 다 보았네
(댁 宅 : 집. '나라'를 비유한 말)
3 ㉠ 우리 댁(宅) 살림이 예부터 이렇던가
(살아가는 형편 / 예전, 과거)
4 전민(田民)이 많단 말이 일국에 소문이 났는데
(농사지을 田 백성 民 : 농민 / 모든 ㅡ 나라 國 : 온 나라)
→ 2 상황 : 과거에는 집안에 농민이 많았었던 상황

5 먹고 입으며 드나드는 종이 백여 명이 넘는데도
('나라의 관리'를 의미함)
6 무슨 일 하느라 텃밭을 묵혔는가
(쇠로 만든 농기구 / 농사짓지 않고 그대로 놔두었는가)
7 농장이 없다던가 호미 연장 못 가졌나
(농사 農 논밭 場 : 농사지을 땅)
8 날마다 무엇하려 밥 먹고 다니면서
9 열 나무 정자 아래 낮잠만 자는가
(경치가 좋은 곳에 놀거나 쉬기 위하여 지은 집)
10 아이들 탓이던가
→ 2 상황 : 종들이 게으름을 피우고 일하지 않는 상황

11 ㉡ 우리 댁 종의 버릇 보노라면 이상하다
(지주를 대신하여 땅을 관리하는 사람. 여기서는 '상급 관리'를 의미함)
12 소 먹이는 아이들이 상마름을 능욕하고
('하급 관리'를 의미함 / 업신여길 凌 욕될 辱 : 업신여겨 치욕스럽게 하고)
13 오고 가는 어리석은 손님이 큰 양반을 기롱한다
(속일 欺 놀릴 弄 : 속이거나 비웃으며 놀린다)
14 ㉢ 그릇된 재산 모아 다른 꾀로 제 일하니
(옳지 못한 / 누가)
→ 2 상황 : 종들 사이의 위계질서가 무너지고 종들이 재산을 모아 탐욕을 부리는 상황

15 큰 집의 많은 일을 뉘라서 힘써 할까
(여기서는 '나라'를 의미함)
16 곡식 창고 비었거든 창고지기인들 어찌하며
(창고를 관리하고 지키는 사람)
17 세간이 흩어지니 질그릇인들 어찌할까
(집안 살림에 쓰는 온갖 물건 / 표면에 약을 바르지 않고 진흙만으로 구워 만든, 질이 좋지 않은 그릇)
18 내 잘못된 줄 내 몰라도 남 잘못된 줄 모르겠는가
(남을 해치는 말을 하거나)
19 ㉣ 풀어헤치거니 맺히거니, 헐뜯거니 돕거니
(흩어지거니 / 모이거니)
20 하루 열두 때 (집안을) 어수선을 핀 것인가
(하루 종일 / 어지럽힌 것인가)
→ 2 상황 : 종들이 자신의 이익을 위해 서로 헐뜯고 다투는 상황

(중략)

('형편이 기울어진 나라'를 비유한 말)
21 크게 기운 집에 상전님 혼자 앉아
(집주인. '임금'을 비유한 말)
22 (상전님의) 명령을 뉘 들으며 논의를 뉘와 할까
(누가 / 누구와)
23 낮 시름 밤 근심 혼자 맡아 계시거니
24 옥 같은 얼굴이 편하실 적 몇 날인가
→ 2 상황 : 크게 기운 집에서 상전님이 혼자 근심하는 상황

25 이 집 이리 되기 뉘 탓이라 할 것인가
(누구)
26 ㉤ 생각 없는 종의 일은 묻지도 아니하려니와
27 돌이켜 생각하니 상전님 탓이로다
→ 3 태도 : 집이 이렇게 된 것은 종의 탓도 크지만 상전님의 탓도 있다고 생각한다.

28 내 상전 그르다 하기에는 종의 죄 많건마는
(잘못했다고 / 말씀을 올립니다)
29 그렇다 세상 보며 민망하여 여쭙니다
(민망할 憫 멍할 惘 : 보기에 답답하고 안타까워)
30 새끼 꼬는 일 멈추시고 내 말씀 들으소서
(짚을 꼬아 줄을 만드는 일. 여기서는 '사소한 일'을 의미함)

[A]
31 집일을 고치려거든 종들을 휘어잡고
('나랏일'을 의미함 / 손아귀에 넣고 부리고)
32 종들을 휘어잡으려거든 상벌을 밝히시고
(고위 관리인 '화자'를 비유한 말 / 상줄 賞 벌할 罰 : 잘한 것에 상을 주고 잘못한 것에 벌을 주는 일)
33 상벌을 밝히시려거든 어른 종을 믿으소서
(이렇게 / 일어날)
34 진실로 이리 하시면 가도(家道) 절로 일 겁니다
(집 家 도리 道 : 집안에서 마땅히 지켜야 할 도덕적 규범. 여기서는 '나라의 규범'을 의미함)
→ 3 태도 : 어른 종을 믿어 상벌을 밝히고 종들을 휘어잡으면 가도가 일어날 것이라고 생각한다.

4 주제 :
'종'을 비판하고, '상전'에게 집안을 일으킬 방법에 대해 이야기한다.

• 현대어 풀이

1 나는 이럴망정 다른 지방에서 온 늙은 종이
2 (집에) 공물 바치고 돌아갈 때 하는 일을 다 보았네
3 우리 집 살림이 예전부터 이렇던가
4 농민이 많단 말이 온 나라에 소문이 났는데
5 먹고 입으며 (집에) 드나드는 종이 백여 명이 넘는데도
6 무슨 일 하느라 텃밭을 농사짓지 않고 놔두었는가
7 농장이 없다던가 호미 연장을 못 가졌나
8 날마다 무엇을 하려고 밥 먹고 다니면서
9 열 나무 정자 아래에서 낮잠만 자는가
10 아이들 탓이던가
11 우리 집 종의 버릇을 보노라면 이상하다
12 소 먹이는 아이들이 상마름을 욕보이고
13 오고 가는 어리석은 손님이 큰 양반을 속이고 놀린다
14 옳지 못한 방법으로 재산 모아 다른 꾀로 자기의 일을 하니
15 큰 집의 많은 일을 누가 힘써 할까
16 곡식 창고가 비었거든 창고지기인들 어찌하며(할 일이 있겠으며)
17 살림살이가 흩어지니 질그릇인들 어찌할까(질그릇에 담을 것이 있겠는가)
18 내가 잘못된 줄 내가 몰라도 남이 잘못된 줄을 모르겠는가
19 흩어지거니 모이거니(당파를 결성하거니), 헐뜯거니 돕거니(당파 싸움을 하거니)
20 하루 종일 (집안을) 어지럽힌 것인가

(중략)

21 크게 기울어진 집에 상전님 혼자 앉아
22 (상전의) 명령을 누가 들으며 논의를 누구와 할까
23 낮 시름 밤 근심 혼자 맡아 계시거니
24 (상전의) 옥 같은 얼굴이 편하실 적 몇 날일까
25 이 집이 이렇게 된 것이 누구의 탓이라 할 것인가
26 생각 없는 종의 탓임은 말할 것도 없지만
27 돌이켜 생각하니 상전님의 탓이로다
28 내가 상전이 잘못했다고 하기에는 종의 죄가 많지만
29 그렇다 해도 세상 보려니 민망하여 말씀드립니다
30 새끼 꼬는 일을 멈추시고 내 말씀을 들으소서
31 집일을 고치려거든 종들을 휘어잡고
32 종들을 휘어잡으려거든 상벌을 밝히시고
33 상벌을 밝히시려거든 어른 종을 믿으소서
34 진실로 이렇게 하시면 가도가 절로 일어날 겁니다

• 지문 이해

크게 기운 집	종	상전님	어른 종('나')
형편이 기울어진 나라	탐욕스럽고 게으른 관리	임금	임금에게 조언하는 고위 관리

(나) 수필 - 문태준, 「돌탑과 잔돌」

• 중심 내용

김정한의 문장을 읽으면 다양한 사람들이 모여 세상을 이루고 있음을 생각하게 된다.
↓
돌탑을 쌓을 때 잔돌이 필요하다는 것에서 잔돌의 소중함을 알게 되었다.
↓
세상에는 세세하고 능동적인 잔돌 같은 사람이 필요하다.

• 어휘 풀이

* 나뭇가리 : 땔나무를 쌓은 더미.
* 명료한 : 뚜렷하고 분명한.
* 몽돌 : 모가 나지 않고 둥근 돌.
* 산사 : 산속에 있는 절.
* 잔돌 : 조그마한 돌.
* 괴는 : 아래를 받쳐 안정시키는.

◀ 돌탑
돌탑을 쌓을 때 한 층 한 층의 수평을 이루게 해 주는 잔돌이 필요하듯 사람 사는 세상에도 사람 사이의 의견 대립을 풀어 줄 수 있는 잔돌 같은 사람이 필요하다.

23 | 작품 간 공통점 - 맞는 것 고르기 | 정답률 85% | 정답 ④

(가)와 (나)의 공통점으로 가장 적절한 것은?

① *부재하는 대상에 대한 그리움을 표현하고 있다. (*존재하지 않는)

풀이 (가)와 (나) 모두 대상의 부재를 언급하고 있지 않으며, 그리움을 표현하고 있지도 않다.
→ 적절하지 않으므로 오답!

■ 부재하는 대상에 대한 그리움을 표현하는 작품
• **이수익, 「결빙의 아버지」** (2018학년도 6월 모평)
밤마다 나는 벌벌 떨면서/ 아버지 가랭이 사이로 시린 발을 밀어 넣고/ 그 가슴팍에 벌레처럼 파고들어 얼굴을 묻은 채/ 겨우 잠이 들곤 했었지요.// ~// 나를 품어 주던 그 가슴이 이제는 한 줌 뼛가루로 삭아/ 붉은 흙에 자취 없이 뒤섞여 있음을 생각하면/ 옛날처럼 나는 다시 아버지 곁에 눕고 싶습니다.
→ 화자는 자신을 품에 안고 추위를 막아 주던 아버지에 대한 그리움을 표현하고 있다.

문제편 30쪽

② **순수한 자연 세계에 대한 *동경을 나타내고 있다.** *간절히 그리워함

풀이 (가)에는 순수한 자연 세계에 대한 동경이 드러나 있지 않다. (나)에서는 인간과 자연이 더불어 사는 세상에 대한 긍정적인 시선이 드러나 있지만, 순수한 자연 세계에 대한 동경이 나타난다고 보기 어렵다.

→ 적절하지 않으므로 오답!

■순수한 자연 세계에 대한 동경을 나타내는 작품
- **권호문, 「한거십팔곡」**(2019학년도 9월 모평, 2024학년도 6월 모평)
비록 못 이뤄도 임천(수풀 林 샘 泉 : 자연)이 좋으니라/ 무심어조(없을 無 마음 心 물고기 魚 새 鳥 : 욕심 없는 물고기와 새)는 절로 한가하나니/ 조만간 세사(세상 世 일 事 : 세속의 일)를 잊고 너(무심어조)를 좇으려 하노라
→ '세사'를 잊고 '임천'에서 '무심어조'를 따르겠다는 것에서 순수한 자연 세계에 대한 화자의 동경이 드러난다.

(가)만 해당

③ **부정적 현실에 대한 *냉소적 태도를 드러내고 있다.** *쌀쌀한 태도로 업신여기어 비웃는

풀이 (가)는 나라의 상황을 집안의 상황에 빗대어 임금과 신하의 잘못으로 나라가 기울어져 가는 부정적 현실을 비판하고 있으나, 이에 대해 비웃는 냉소적 태도는 드러나 있지 않다. (나)에는 부정적 현실이나 냉소적 태도가 드러나 있지 않다.

→ 적절하지 않으므로 오답!

■부정적 현실에 대한 냉소적 태도를 드러내는 작품
- **황지우, 「새들도 세상을 뜨는구나」**
흰 새 떼들이/ 자기들끼리 끼룩거리면서/ 자기들끼리 낄낄대면서/ 일렬 이열 삼렬 횡대로 자기들의 세상을/ 이 세상(자유를 억압하는 현실)에서 떼어 메고/ 이 세상 밖(이상 세계) 어디론가 날아간다
→ '끼룩거리면서', '낄낄대면서'를 통해 자유가 허용되지 않는 억압적 현실에 대한 냉소적 태도를 드러내고 있다.
- **김혜순, 「한강물 얼고, 눈이 내린 날」**(2021학년도 9월 모평)
언 강물과 언 하늘(자유를 억압하는 현실)이 맞붙은 사이로/ 저어가지 못하는 배들이 나란히/ 날아가지 못하는 말들이 나란히/ 숨죽이고 있는 것을 비웃으며, 우리는/ 빙그르르. 올 겨울 몹시 춥고 얼음이 꽝꽝꽝 얼고.
→ '우리'가 '비웃는' 행위를 통해 자유가 억압된 현실에 대한 냉소적 태도를 드러내고 있다.

④ **현실이나 세상에 대해 *통찰한 내용을 전달하고 있다.** *예리하게 꿰뚫어 본

근거 (가)-5~6 먹고 입으며 드나드는 종이 백여 명이 넘는데도/ 무슨 일 하느라 텃밭을 묵혔는가/ 14~15 그릇된 재산 모아 다른 꾀로 제 일하니/ 큰 집의 많은 일을 뉘라서 힘써 할까/ 19~20 풀어헤치거니 맺히거니, 헐뜯거니 돕거니/ 하루 열두 때 어수선을 핀 것인가/ 27 돌이켜 생각하니 상전님 탓이로다

(나) 이래저래 만나게 되는 사람들 ~ 그들 모두 하나의 무리를 이루고 사는 것이 이 세상 아닌가 싶은 생각이 드는 것이다./ 사람 사는 세상도 다를 바 없다. ~ 부드러운 개입의 고마움을 우리는 간혹 잊고 사는 것이 아닐까 싶다.

풀이 (가)의 화자는 자신이 처한 현실을 통찰하여 종과 상전의 탓으로 집안의 살림이 무너지게 된 현실과 이를 바로잡을 수 있는 방법을 전달하고 있다. 한편 (나)의 글쓴이는 자신이 살아가는 세상을 통찰하여 다양한 사람들이 살아가는 세상에 잔돌 같은 사람이 필요함을 전달하고 있다.

→ 맞아서 정답!

⑤ **자신이 처한 상황에 *순응하는 태도를 보여 주고 있다.** *적응하여 따르는

풀이 (가)의 화자는 자신이 처한 상황에 순응하는 것이 아니라, 잘못된 상황을 바로잡으려는 태도를 보이고 있다. 또한 (나)에서 글쓴이가 자신이 처한 상황에 순응하는 태도를 보이는 부분은 찾을 수 없다.

→ 적절하지 않으므로 오답!

■자신이 처한 상황에 순응하는 태도를 보여 주는 작품
- **정희성, 「저문 강에 삽을 씻고」**(2014년 고3 4월 학평B, 2018년 고2 6월 학평)
일이 끝나 저물어/ 스스로 깊어 가는 강을 보며/ 쭈그려 앉아 담배나 피우고/ 나는 돌아갈 뿐이다./ ~/ 흐르는 물에 삽을 씻고/ 먹을 것 없는 사람들의 마을로/ 다시 어두워 돌아가야 한다.
→ 노동자인 화자는 매일 반복되는 힘겨운 현실에 순응하는 태도를 보이고 있다.
- **백석, 「흰 바람벽이 있어」**(2015년 고3 3월 학평A, 2021년 고2 3월 학평)
이 흰 바람벽(방이나 칸살의 옆을 둘러막은 둘레의 벽)엔/ 내 쓸쓸한 얼굴을 쳐다보며/ 이러한 글자들이 지나간다/ — 나는 이 세상에서 가난하고 외롭고 높고 쓸쓸하니 살어가도록 태어났다/ 그리고 이 세상을 살아가는데/ 내 가슴은 너무도 많이 뜨거운 것으로 호젓한(쓸쓸한) 것으로 사랑으로 슬픔으로 가득 찬다
→ 화자는 바람벽에 떠오르는 글자를 보며 자신이 처한 가난하고 외로운 상황을 운명으로 받아들이며 순응하고 있다.

오답률 TOP ③ 1등급 문제

24 표현상 특징 - 맞는 것 고르기
정답률 60%, 매력적 오답 ③ 25%

정답 ④

[A]와 [B]에 대한 설명으로 가장 적절한 것은?

선지	핵심 체크 내용	[A]	[B]
①	대조적 의미의 구절 → 대상의 속성 드러냄	X	O
②	자연물에 감정 이입 → 표현의 효과 높임	X	X
③	반어법 → 주제 의식 강조	X	-
	역설법 → 주제 의식 강조	-	X
④	유사한 문장 구조 반복 → 전달 의도 강조	O	O
⑤	말을 건네는 어투 → 청자의 행동 변화 호소	O	X

[A] (가)-31~33 집일을 고치려거든 종들을 휘어잡고/ 종들을 휘어잡으려거든 상벌을 밝히시고/ 상벌을 밝히시려거든 어른 종을 믿으소서

[B] (나) 이래저래 만나게 되는 사람들과 이런저런 사연으로 이별을 경험하게 된 사람들, 그리고 그들의 눈물과 사랑을 하고 있는 저 뜨거운 가슴도 짐작을 하게 된다. 조각돌처럼 까다롭고 별난 사람도 있고, 몽돌처럼 둥글둥글한 사람도 있고, 조각을 한 듯 잘생긴 사람도 있고, 마음에 태풍이 지나가는 사람도 있고, 마음에 4월의 봄볕이 내리는 사람도 있다. 그들 모두 하나의 무리를 이루고 사는 것이 이 세상 아닌가 싶은 생각이 드는 것이다.

① **[A]는 [B]와 달리 *대조적 의미를 지닌 구절을 활용하여 대상의 속성을 드러내고 있다.** *반대되는

풀이 [B]는 '조각돌처럼 까다롭고 별난 사람'과 '몽돌처럼 둥글둥글한 사람', '마음에 태풍이 지나가는 사람'과 '마음에 4월의 봄볕이 내리는 사람'을 대조적으로 제시하여 다양한 사람들의 속성을 드러내고 있다. 반면에 [A]는 대조적 의미를 지닌 구절을 활용하여 대상의 속성을 드러내고 있지 않다.

→ 적절하지 않으므로 오답!

② **[B]는 [A]와 달리 *자연물에 글쓴이의 감정을 이입하여 표현의 효과를 높이고 있다.**
*글쓴이의 감정을 자연물에 불어넣어 자연물과 글쓴이가 동일한 감정을 가진 것으로 표현하여

풀이 [B]에 자연물인 '돌'이 나타나 있지만 글쓴이의 감정을 이입하고 있지는 않다. [A]에는 자연물도, 감정 이입의 표현 방식도 나타나지 않는다.

→ 적절하지 않으므로 오답!

■자연물에 화자의 감정을 이입하여 표현의 효과를 높이고 있는 작품
- **조우인, 「자도사」**(2023학년도 6월 모평)
차라리 죽어서 자규(두견새)의 넋이 되어/ 밤마다 이화(배꽃)에 피눈물 울어 내어/ 오경(새벽 3시에서 5시 사이)에 잔월(새벽까지 지지 않고 희미하게 남아 있는 달)을 섞어 임의 잠을 깨우리라
→ '자규'가 밤마다 피눈물을 흘린다고 '자규'에 감정 이입을 하여, 화자의 마음을 알아주지 않는 임에 대한 원망의 감정을 효과적으로 보여 준다.

③ **[A]는 *반어법을 활용하여, [B]는 **역설법을 활용하여 주제 의식을 강조하고 있다.**
*실제 의미와는 반대로 표현하는 방법 **표면적으로 말이 안 되지만 중요한 진리를 담고 있는 표현 방법

풀이 [A]에 반어법은 사용되지 않았고, [B]에도 역설법은 사용되지 않았다.

→ 적절하지 않으므로 오답!

■반어적 표현
속마음과 반대로 말하는 것을 말한다. 예를 들어, 할머니가 자신의 손녀에게 "참 밉게도 생겼다."라고 말한다든지, 접시를 깬 아이에게 "잘~한다."라고 말하는 것 등은 속마음과 반대로 표현한 반어적 표현이다. 반어적 표현이 사용되면 시적 화자가 말할 법한 내용과 반대되기 때문에 독자의 주목이나 호기심을 끌게 된다.

■반어적 표현이 드러난 작품
- **김소월, 「진달래꽃」**(2017년 고1 9월 학평)
죽어도 아니 눈물 흘리우리다
→ 임이 나를 떠나게 된다면 몹시 슬프겠지만, 속마음과는 반대로 '죽어도 눈물을 흘리지 않겠다'라고 말하고 있다.
- **김소월, 「먼 후일」**(2012년 고1 9월 학평)
먼 후일 당신이 찾으시면/ 그때에 내 말이 '잊었노라'// 당신이 속으로 나무라면/ '무척 그리다가 잊었노라'// 그래도 당신이 나무라면/ '믿기지 않아서 잊었노라'// 오늘도 어제도 아니 잊고/ 먼 후일 그 때에 '잊었노라'
→ '당신'을 잊지 못하는 '내' 마음을 '잊었노라'라고 반대로 표현하고 있다. '잊었노라'라는 반어적 표현에 약간의 변화를 주어 매 연마다 반복적으로 제시함으로써 '당신'을 잊지 못하는 화자의 애절한 마음을 효과적으로 표현하고 있다.

■역설적 표현
어떤 말이 겉으로 볼 때는 논리적으로 맞지 않지만 그 속에 더욱 깊은 뜻이 담겨 있는 표현 방식이다.

■역설적 표현이 드러난 작품
- **이형기, 「낙화」**(2014학년도 수능A)
결별이 이룩하는 축복에 싸여
→ '결별'은 일반적으로 슬프고 부정적인 상황이기에 '축복'할 일이 아니다. 그러나 화자가 '성숙'하게 되는 계기가 되므로 이 시에서는 '결별'을 '축복'이라 표현하고 있다.
- **한용운, 「님의 침묵」**(2009학년도 수능)
아아 님은 갔지마는 나는 님을 보내지 아니하였습니다.
→ '님이 갔다'와 '님을 보내지 않았다'는 서로 모순되는 표현이다. 그러나 이를 통해 '님'이 곁에 없지만, 나는 여전히 '님'을 생각하고 있음을 나타낸다.
- **조지훈, 「승무」**(2010학년도 수능)
정작으로 고와서 서러워라.
→ '고운 것'은 일반적으로 '서러움'의 정서를 일으키지 않는다. 그런데 이 작품에서 시

문제편 31쪽

적 화자가 서러움을 느끼는 것은 '정작으로 고운' 젊은 여인의 승무를 보니 그 여인에게서 어떤 사연으로 인한 한(恨)이 느껴지기 때문이다.

■반어와 역설의 구별
반어와 역설은 둘 다 그 이면에 다른 의미가 담겨 있다는 공통점이 있다. 반어인지 역설인지 헷갈릴 때에는 그 이면의 의미는 생각하지 말고 그 문장 자체에 모순(앞뒤가 서로 맞지 않음)이 있는지 없는지 살펴보고, 모순이 있으면 역설이라고 생각하면 된다.

④ **[A]와 [B]는 모두 *유사한 문장 구조를 반복하여 전달 의도를 강조하고 있다.** *비슷한

풀이 [A]는 '~을 ~거든 ~을 ~고(소서)'의 문장 구조를 반복하여 나라를 바로잡기 위한 방법을 전달하려는 의도를 강조하고 있다. [B]는 '~ ㄴ/는 사람도 있고(있다)'의 문장 구조를 반복하여 세상에 다양한 사람이 있음을 전달하려는 의도를 강조하고 있다.

→ 맞아서 정답!

⑤ **[A]와 [B]는 모두 말을 건네는 어투를 사용하여 *청자의 행동 변화를 **호소하고 있다.** *듣는 이 **불러일으키고 ([A]는)

풀이 [A]는 청자인 '상전'에게 말을 건네는 어투(~소서)를 사용하여 청자가 화자의 말을 듣고 종들을 잘 관리하기를 호소하고 있다. 그러나 [B]는 독백 형식으로 화자의 생각을 드러낼 뿐, 말을 건네는 어투를 사용하여 청자의 행동 변화를 호소하고 있지 않다.

→ 적절하지 않으므로 오답!

25	글쓴이의 태도 - 맞는 것 고르기 정답률 80%	정답 ④

(나)의 글쓴이에 대한 이해로 적절한 것만을 고른 것은?

ㄱ. **자연과 *대비되는 인간의 **유한성을 ***자각한다.** *반대되는 **인간의 삶에 한계가 있음 ***스스로 깨닫는다

근거 (나) "어딜 가도 산이 있고 들이 있고 그리고 인간이 살았다. ~ 그것도 느리고 큰 자연과 더불어.

풀이 (나)에 자연과 인간이 더불어 살아가는 모습은 제시되어 있으나, 글쓴이가 자연의 영원성과 대비되는 인간의 유한성을 자각하는 모습은 드러나지 않는다.

→ 적절하지 않으므로 오답!

ㄴ. **사람들이 서로 더불어 사는 세상을 *긍정한다.** *옳다고 인정한다

근거 (나) 이(김정한의) 명료한 문장을 읽고 있으면 사람이 떼를 이루어 사는 세상의 풍경이 한눈에 들어오는 것만 같다./ 그들 모두 하나의 무리를 이루고 사는 것이 이 세상 아닌가 싶은 생각이 드는 것이다.

풀이 (나)의 글쓴이는 김정한의 문장을 읽고 사람들이 떼를 이루어 사는 풍경을 생각하며, 그들이 무리를 이루고 사는 것이 이 세상이라고 생각한다. 이를 통해 사람들이 더불어 사는 세상을 긍정하고 있음을 알 수 있다.

→ 맞아서 정답!

ㄷ. **주장을 굽히지 않는 삶을 살았던 자신을 *반성한다.** *잘못을 뉘우친다

풀이 (나)에서 글쓴이가 주장을 굽히지 않았던 삶을 살았던 자신을 반성하는 내용은 나타나지 않는다.

→ 적절하지 않으므로 오답!

ㄹ. **세상에는 갈등을 *중재할 사람이 필요하다고 생각한다.** *다툼에 끼어들어 화해시킬

근거 (나) 잔돌 같은 사람이 필요하다. 의견이 맞지 않아 다툴 때 그 대화의 매정한 분위기를 무너뜨려 주는 사람이 우리 주변에는 더러 있다. 잔돌처럼 작용해 의견이 다른 사람들의 의견과 의견의 대립을 풀어 주는 사람이 있다.

풀이 (나)의 글쓴이는 의견이 맞지 않아 다툴 때 대화의 매정한 분위기를 무너뜨려 주고 의견의 대립을 풀어 주는 잔돌 같은 사람이 필요하다고 생각하므로 적절한 설명이다.

→ 맞아서 정답!

① ㄱ, ㄴ

② ㄱ, ㄷ

③ ㄴ, ㄷ

④ ㄴ, ㄹ → 맞아서 정답!

⑤ ㄷ, ㄹ

26	내용 이해 - 틀린 것 고르기 정답률 75%, 매력적 오답 ② 10%	정답 ①

<보기>를 참고할 때 (가)의 ㉠ ~ ㉤에 대한 이해로 적절하지 않은 것은?

| 보 기 |

[1]「고공답주인가」는 고공(종)이 상전에게 답을 하는 형식을 통해 국가 경영을 집안 다스리는 일에 빗대어 표현하고 있다. [2]이 작품에서 상전은 왕, 종은 신하를 가리키는데, 화자는 임진왜란으로 인해 나라가 황폐해지고(거칠 荒 무너질 廢 : 망가지고) 위계질서(지위 位 차례 階 차례 秩 차례 序 : 상하 관계에서 마땅히 있어야 하는 차례와 순서)가 무너진 상황에서 당파(무리 黨 갈래 派 : 조선 시대에, 정치 세력 결집 단체였던 붕당 안에서 정치적인 입장에 따라 다시 나뉜 파벌) 싸움만 일삼으며 재물을 탐하는 신하들을 비판하고 있다. [3]그리고 국가를 경영하는 왕으로서의 책임을 강조하고 있다.

① **㉠ : 나라가 황폐해진 상황이 예전부터 지금까지 이어지고 있다는 것을 드러내고 있다.** (이어진 것이 아님)

근거 <보기>-2 화자는 임진왜란으로 인해 나라가 황폐해지고

(가)-3~4 ㉠ 우리 댁 살림이 예부터 이렇던가/ 전민이 많단 말이 일국에 소문이 났는데

풀이 <보기>에 따르면 이 작품은 국가를 집안에 비유하고 있다. ㉠에서 화자는 '우리 댁 살림이 예부터 이렇던가'라고 하면서 과거에는 농사짓는 백성들이 많았음을 언급하고 있다. 따라서 ㉠은 예전에는 지금과 달리 나라의 살림이 풍족했음을 드러내고 있다.

→ 틀려서 정답!

② **㉡ : 상하의 위계질서가 무너져 신하들의 *기강이 **해이해진 상황을 나타내고 있다.** *규율과 법도 **(긴장이나 규율이) 풀려 느슨해진

근거 <보기>-2 이 작품에서 상전은 왕, 종은 신하를 가리키는데, 화자는 임진왜란으로 인해 나라가 황폐해지고 위계질서가 무너진 상황

(가)-11~12 ㉡ 우리 댁 종의 버릇 보노라면 이상하다/ 소 먹이는 아이들이 상마름을 능욕하고

풀이 <보기>에 따르면 이 작품에서 종은 신하를 가리킨다. ㉡에서 '소 먹이는 아이들'이 자신보다 지위가 높은 '상마름'을 능욕하는 것은 상하의 위계질서가 무너져 신하들의 기강이 해이해진 상황을 나타내고 있다.

→ 적절하므로 오답!

③ **㉢ : 나라를 돌보는 일을 외면한 채 부정한 방법으로 재물을 탐하는 신하들의 모습을 드러내고 있다.**

근거 <보기>-2 종은 신하를 가리키는데, ~ 재물을 탐하는 신하들을 비판하고 있다.

(가)-14~15 ㉢ 그릇된 재산 모아 다른 꾀로 제 일하니/ 큰 집의 많은 일을 뉘라서 힘써 할까

풀이 <보기>에 따르면 이 작품에서 종은 신하를 가리킨다. ㉢에서 종들이 '그릇된 재산'을 모으고 '다른 꾀'로 '제 일'을 하느라 '큰 집'의 일을 하지 않는 것은 나라를 돌보는 일을 외면한 채 부정한 방법으로 재물을 탐하는 신하들의 모습을 드러낸 것이다.

→ 적절하므로 오답!

④ **㉣ : 시도 때도 없는 당파 싸움으로 인해 혼란스러운 *조정의 모습을 나타내고 있다.** *임금이 나라의 정치를 신하들과 의논하거나 집행하는 곳

근거 <보기>-2 종은 신하를 가리키는데, ~ 당파 싸움만 일삼으며 재물을 탐하는 신하들을 비판하고 있다.

(가)-19~20 ㉣ 풀어헤치거니 맺히거니, 헐뜯거니 돕거니/ 하루 열두 때 어수선을 핀 것인가

풀이 <보기>에 따르면 이 작품은 당파 싸움을 일삼는 신하들을 비판하고 있다고 하였다. ㉣은 서로 흩어지고 모이면서 당파를 결성하고 헐뜯고 도우면서 어수선하게 당파 싸움을 일삼는 신하들을 비판하고 있다.

→ 적절하므로 오답!

⑤ **㉤ : 나라가 어지러워진 책임이 신하뿐만 아니라 왕에게도 있다는 인식을 드러내고 있다.**

근거 <보기>-2~3 이 작품에서 상전은 왕, ~ 국가를 경영하는 왕으로서의 책임을 강조하고 있다.

(가)-25~27 이 집 이리 되기 뉘 탓이라 할 것인가/ ㉤ 생각 없는 종의 일은 묻지도 아니하려니와/ 돌이켜 생각하니 상전님 탓이로다

풀이 <보기>에 따르면 이 작품에서 상전은 왕을 가리키며, 국가를 경영하는 왕으로서의 책임을 강조하고 있다. ㉤은 집안이 이렇게 된 것이 상전의 탓이라는 것으로, 나라가 어지러워진 책임이 신하뿐만 아니라 왕에게도 있다는 인식을 드러내고 있다.

→ 적절하므로 오답!

27	감상의 적절성 - 틀린 것 고르기 정답률 75%, 매력적 오답 ③ 10%	정답 ④

<보기>를 바탕으로 (가), (나)를 감상한 내용으로 적절하지 않은 것은? [3점]

| 보 기 |

[1]전체는 구성 요소들의 집합체(모일 集 합할 合 물질 體 : 모여 이루어진 덩어리)이다. [2]그러므로 전체를 이루는 구성 요소들은 그 자체로는 두드러지지 않을지라도 전체를 위해 없어서는 안 되는 존재이다. [3]그리고 다양성을 지닌 구성 요소들은 각각의 역할을 능동적으로(능할 能 움직일 動 ~의 的 : 스스로) 수행할 때 존재의 의미를 획득하게 되고 전체는 조화로운 모습을 이루게 된다.

① **(가)의 '가도'가 바로 선 집안은 구성 요소들이 어우러져 조화로운 모습을 갖춘 전체를 의미한다고 볼 수 있겠군.**

근거 <보기>-3 다양성을 지닌 구성 요소들은 각각의 역할을 능동적으로 수행할 때 존재의 의미를 획득하게 되고 전체는 조화로운 모습을 이루게 된다.

(가)-31~34 집일을 고치려거든 종들을 휘어잡고/ 종들을 휘어잡으려거든 상벌을 밝히시고/ 상벌을 밝히시려거든 어른 종을 믿으소서/ 진실로 이리 하시면 **가도** 절로 일 겁니다

풀이 어른 종을 믿어 상벌을 밝히고 종들을 휘어잡으면 '가도'가 일어날 것이라고 한 것으로 보아, '가도'가 바로 선 집안은 구성원들이 어우러져 조화로운 모습을 갖춘 전체를 의미한다고 볼 수 있다.

→ 적절하므로 오답!

② **(나)의 '탑'이 '수평을 이루게' 하는 '잔돌'은 두드러지지 않지만 전체를 위해 없어서는 안 될 구성 요소로 볼 수 있겠군.**

근거 <보기>-2 전체를 이루는 구성 요소들은 그 자체로는 두드러지지 않을지라도 전체를 위해 없어서는 안 되는 존재이다.

(나) 돌탑을 쌓아 본 사람은 돌탑을 쌓는 데에는 **잔돌**이 필요하다는 것을 알 것이다. 불안하게 기우뚱하는 돌탑의 층을 바로잡아 주려면 이 잔돌을 괴는 일이 무엇보다 필요하다. 잔돌을 굄으로써 **탑**은 한 층 한 층 **수평을 이루게** 된다.

풀이 돌탑을 쌓을 때 괴는 '잔돌'은 '탑'이 수평을 이루려면 없어서는 안 되는 존재이다. 따라서 '잔돌'은 그 자체로는 두드러지지 않지만 전체를 위해 없어서는 안 되는 구성 요소로 볼 수 있다.

→ 적절하므로 오답!

문제편 31쪽

③ (가)의 '낮잠만 자'는 종과 달리 (나)의 '스스로' 핀 꽃은 능동적으로 존재의 의미를 획득한 구성 요소로 볼 수 있겠군.

근거 <보기>-3 다양성을 지닌 구성 요소들은 각각의 역할을 능동적으로 수행할 때 존재의 의미를 획득하게 되고

(가)-5~9 종이 백여 명이 넘는데도/ 무슨 일 하느라 텃밭을 묵혔는가/ 농장이 없다던가 호미 연장 못 가졌나/ 날마다 무엇하려 밥 먹고 다니면서/ 열 나무 정자 아래 **낮잠만 자**는가

(나) 수많은 꽃은 자기의 존재감을 주장하지 않는다. 그냥 **스스로**의 생명력으로 피어나 봄 산의 아름다움을 이룬다. 이 세세하고 능동적인 존재의 움직임을 보살폈으면 한다.

풀이 (가)의 종은 자신의 역할인 농사일을 하지 않고 '낮잠만 자'고 있으므로 능동적으로 존재의 의미를 획득한 요소로 볼 수 없다. 이와 달리 (나)의 '스스로' 핀 꽃은 봄 산의 아름다움을 이루므로 능동적으로 존재의 의미를 획득한 구성 요소로 볼 수 있다.

→ 적절하므로 오답!

④ (가)의 '먹고 입으며 드나드는'과 (나)의 '서로 업고 업혀서'는 다양성을 지닌 존재들의 필요성을 강조한 것으로 볼 수 있겠군.

근거 <보기>-3 다양성을 지닌 구성 요소들은 각각의 역할을 능동적으로 수행할 때 존재의 의미를 획득하게 되고 전체는 조화로운 모습을 이루게 된다.

(가)-5~6 **먹고 입으며 드나드는** 종이 백여 명이 넘는데도/ 무슨 일 하느라 텃밭을 묵혔는가

(나) 아래에는 큰 돌이 필요하고 위를 향해 쌓아 갈수록 보다 작은 돌들이 필요할 것이다. 그리고 각각의 장소에서 구해 온 돌들은 각각의 크기와 모양과 빛깔을 지니고 있을 것이다. 반듯한 것도 있고 움푹 팬 것도 있을 것이다. ~ 그 돌들은 **서로 업고 업혀서** 하나의 탑을 이룰 것이다.

풀이 (나)의 '서로 업고 업혀서'는 다양한 크기와 모양의 돌들이 모여 하나의 '탑'을 이루는 모습을 나타낸 것이므로, 다양성을 지닌 존재들의 필요성을 강조한 것으로 볼 수 있다. 반면에 (가)의 '먹고 입으며 드나드는' 종은 자신의 역할을 다하지 않는 모습으로, 다양성을 지닌 존재들의 필요성을 강조한 것으로 볼 수 없다.

→ 틀려서 정답!

⑤ (가)의 '크게 기운 집'은 구성 요소들이 역할을 제대로 수행하지 않은 결과로, (나)의 '기우뚱하는 돌탑'은 필요한 구성 요소들이 제대로 갖추어지지 않은 결과로 볼 수 있겠군.

근거 <보기>-2~3 전체를 이루는 구성 요소들은 그 자체로는 두드러지지 않을지라도 전체를 위해 없어서는 안 되는 존재이다. 그리고 다양성을 지닌 구성 요소들은 각각의 역할을 능동적으로 수행할 때 존재의 의미를 획득하게 되고 전체는 조화로운 모습을 이루게 된다.

(가)-21 **크게 기운 집**에 상전님 혼자 앉아

(나) 불안하게 **기우뚱하는 돌탑**의 층을 바로잡아 주려면 이 잔돌을 괴는 일이 무엇보다 필요하다.

풀이 (가)의 '크게 기운 집'은 '형편이 기울어진 나라'를 빗댄 것으로, 나라를 구성하는 신하와 임금이 자신의 역할을 제대로 수행하지 않은 결과로 볼 수 있다. (나)의 '기우뚱하는 돌탑'은 돌탑을 쌓는 데 필요한 큰 돌이나 잔돌이 없을 때 일어날 수 있는 결과이므로, 필요한 구성 요소들이 제대로 갖추어지지 않은 결과로 볼 수 있다.

→ 적절하므로 오답!

[28 ~ 33] 인문

(가)

1 [1]19 세기에 분트는 인간의 정신세계가 의식으로 이루어져 있다고 보고, 실험을 통해 인간의 정신 현상과 행동을 설명하는 실험심리학을 **주창하였다.**(主唱-. 앞장서서 주장하였다.) [2]이때 의식이란 깨어 있는 상태에서 자신이나 세계를 **인식하는**(認識-. 분별하고 판단하여 아는) 모든 정신 작용을 의미한다. [3]그러나 프로이트는 정신 질환을 겪는 환자들을 치료하면서 인간에게 의식과는 다른 무의식 세계가 있다는 것을 발견하였다. [4]이에 **그**(프로이트)는 인간을 무의식의 **지배**(支配. 생각이나 행동에 적극적으로 영향을 미침)를 받는 **비합리적**(非合理的. 정당한 이치나 도리에 맞지 않는) 존재로 **간주하고**(看做-. 여기고), 정신분석이론을 통해 인간의 정신세계를 ⓐ 규명하려 하였다.

→ 정신분석이론을 통해 인간의 정신세계를 규명하려 한 프로이트

2 [1]프로이트에 의하면 인간의 정신세계 중 의식이 차지하는 영역은 빙산의 **일각**(一角. 한 부분)일 뿐, 무의식이 정신세계의 대부분을 차지한다. [2]**그**(프로이트)는 무의식의 **심연**(深淵. 깊은 곳)에는 '원초아'가, 무의식에서 의식에 걸쳐 '자아'와 '초자아'가 존재한다고 보았다. [3]원초아는 성적 에너지를 바탕으로 **본능적인**(本能的-. 본능에 따라 움직이려 하는) **욕구**(欲求. 무엇을 얻거나 무슨 일을 하고자 바라는 일)를 **충족하려는**(充足-. 채우려는) **선천적**(先天的. 태어날 때부터 지니고 있는) 정신 요소이다. [4]반면 자아는 외적 상황으로 인해 충족되지 못하고 **지연되거나**(遲延-. 늦추어지거나) **좌절된**(挫折-. 꺾이게 된) 원초아의 욕구를 사회적으로 **용인될**(容認-. 받아들여져 인정될) 수 있는 방법으로 충족하려는 정신 요소이다. [5]마지막으로 초자아는 **도덕률**(道德律. 도덕적 행위의 기준이 되는 보편타당한 법칙)에 따라 원초아의 욕구를 **억제하고**(抑制-. 억눌러 그치게 하고) 양심에 따라 행동하도록 하는 정신 요소로, 어린 시절 부모의 종교나 **가치관**(價値觀. 인간이 자기를 포함한 세계나 그 속의 사상에 대해 가지는 평가의 근본적 태도) 등을 **내재화하는**(內在化-. 받아들여 자기 것으로 하는) 과정에서 **후천적으로**(後天的-. 태어난 후에 얻어져) 발달한다.

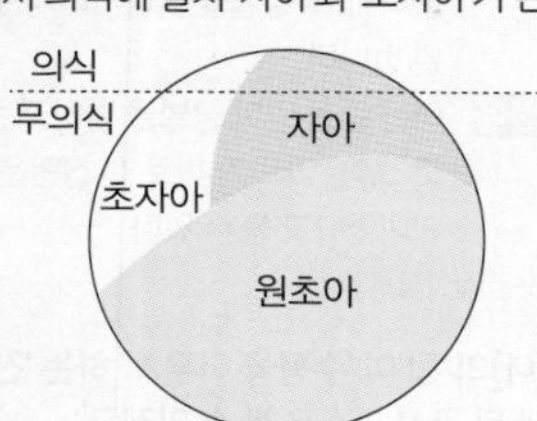

→ 무의식과 의식의 구성 및 '원초아', '자아', '초자아'의 개념

3 [1]이러한 원초아, 자아, 초자아는 **역동적으로**(力動的-. 힘차고 활발하게) 상호작용하면서 개인의 성격을 **형성한다.**(形成-. 이룬다.) [2]가령, 원초아가 강할 때는 본능적인 욕구에 **집착하는**(執着-. 늘 마음이 쏠려 잊지 못하고 매달리는) **충동적인**(衝動的-. 마음속에서 어떤 욕구 같은 것이 갑작스럽게 일어나는) 성격이, 초자아가 강할 때는 **엄격하게**(嚴格-. 매우 엄하고 철저하게) 도덕을 지키려는 **원칙주의적**(原則主義的. 규칙이나 법칙대로 하려는) 성격이 나타난다. [3]자아는 원초아와 초자아의 요구 사이에서 이를 **조정하는**(調停-. 중간에서 서로 타협점을 찾아 합의하도록 하는) 역할을 하기 때문에, 정신적 균형을 이루기 위해서는 자아의 발달이 중요하다. [4]만일 자아가 제 역할을 하지 못하면 정신 요소의 균형이 깨져 불안감이 생기는데, 자아는 **이**(불안감)를 **해소하기**(解消-. 해결하여 없애기) 위해 무의식적으로 **방어기제**(防禦機制. 자아가 불안으로부터 자신을 보호하기 위해 사용하는 심리 의식이나 행위)를 사용하게 된다. [5]대표적인 방어기제로는 억압이나 승화 등이 있다. [6]억압은 자아가 수용하기 힘든 욕구를 무의식 속으로 억누르는 것을, 승화는 그러한 욕구를 예술과 같이 가치 있는 활동으로 ⓑ 전환하는 것을 의미한다. [7]개인마다 습관적으로 사용하는 방어기제가 다르기 때문에 어떤 방어기제를 사용하느냐 또한 개인의 성격 형성에 영향을 미친다.

→ '원초아', '자아', '초자아'의 상호작용을 통해 형성되는 개인의 성격

4 [1]프로이트는 어린 시절에 해소되지 않은 원초아의 욕구나 정신 요소 간의 갈등은 성인이 된 후에도 **지속적으로**(持續的-. 오래 계속되어) 영향을 주기 때문에, 이 시기에 부모와의 상호작용 경험이 성격 형성에 큰 영향을 준다고 설명하였다. [2]특히 **그**(프로이트)는 성인의 정신 질환을 어린 시절의 심리적 갈등이 **재현된**(再現-. 다시 나타난) 것으로 보고, 이를 **치유하기**(治癒-. 치료하여 낫게 하기) 위해서는 무의식에 내재되어 있는 과거의 상처를 의식의 세계로 끌어내는 과정이 필요하다고 주장하였다. [3]이러한 프로이트의 이론은 **기존의 이론**(분트의 실험심리학)에서 ⓒ 간과한 무의식에 대한 탐구를 통해 인간 이해에 대한 **지평**(地平. 전망, 가능성)을 넓혔다는 **평**(評. 평가)을 받고 있다.

→ 프로이트의 정신분석이론이 지닌 의의

(나)

1 [1]융은 프로이트의 정신분석이론에 **반기를 들고**(반대의 뜻을 나타내고), 분석심리학을 주창하였다. [2]무의식을 단지 의식에서 수용할 수 없는 **원초적**(原初的. 일이나 현상이 비롯하는 맨 처음이 되는) 욕구나 해결되지 못한 갈등의 창고로만 본 프로이트와 달리, 융은 무의식을 인간이 **잠재적**(潛在的. 겉으로 드러나지 않고 숨은 상태로 존재하는) 가능성을 실현할 때 필요한 창조적인 에너지의 **샘**(기운이 솟아나게 하는 근원)으로 보았다는 점에서, **그**(융)의 분석심리학은 프로이트의 이론과 구별된다.

→ '무의식'에 대한 관점을 달리한 융의 분석심리학

2 [1]융은 정신세계의 가장 바깥쪽에는 의식이, 그 안쪽에는 개인 무의식이, 그리고 맨 안쪽에는 집단 무의식이 순서대로 자리잡고 있다고 보았다. [2]의식은 생각이나 감정, 기억과 같이 인간이 직접 인식할 수 있는 영역으로, **여기**(의식)에는 '자아'가 존재한다. [3]자아는 의식을 지배하는 동시에 무의식과 **교류하며**(交流-. 서로 통하게 하며) **이**(무의식)를 조정하는 역할을 한다. [4]개인 무의식은 의식에 의해 ⓓ 배제된 생각이나 감정, 기억 등이 존재하는 영역이다. [5]이곳에 존재하는 '그림자'는 자아에 의해 억압된 '또 하나의 나'라고 할 수 있다. [6]마지막으로 집단 무의식은 **태어날 때부터 누구나 가지고 있는**(= 선천적인) 원초적이며 **보편적인**(普遍的-. 모든 것에 두루 미치거나 통하는) 무의식이다. [7]거기에는 진화를 통해 **축적되어**(蓄積-. 모여서 쌓여) 온 인류의 경험이 '원형'의 형태로 존재한다. [8]가령 어두운 상황에서 누구나 공포심을 느끼는 것이 원형에 해당한다.

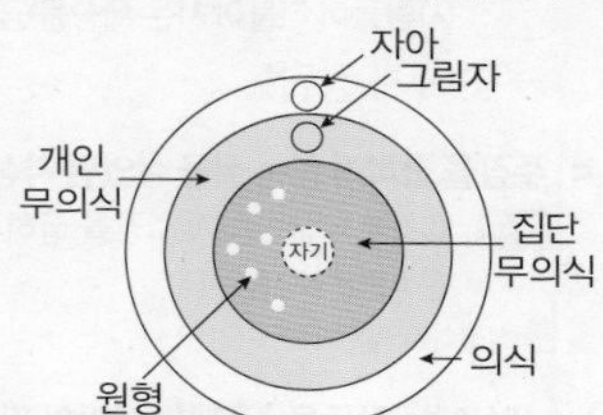

→ '의식', '개인 무의식', '집단 무의식'의 개념

3 [1]융에 따르면 집단 무의식의 가장 안쪽에는 '자기'가 존재한다. [2]**이**('자기')는 정신세계에 내재하는 개인의 **근원적인**(根源的-. 처음으로 시작되는 근본이나 원인이 되는) 모습이라고 할 수 있다. [3]융은 자아가 **성찰**(省察. 자기의 마음을 반성하고 살핌)을 통해 무의식의 심연에 존재하는 자기를 발견하면, 인간은 비로소 **타인**(他人. 다른 사람)과 구별되는 **고유한**(固有-. 본래부터 가지고 있어 특유한) 존재가 된다고 보고 이를 개별화라고 불렀다. [4]**이**(개별화)는 의식에 존재하는 자아가 무의식과 끊임없이 상호작용하며 무의식의 영역을 의식으로 **통합하는**(統合-. 하나의 전체를 이루는) 과정, 즉 ㉠ 무의식을 의식화하는 과정을 통해 이루어진다. [5]이 과정에서 자아는 자신의 또 다른 모습인 그림자와 ⓔ 대면하게 되고, 집단 무의식에 존재하는 여러 원형들을 발견하게 된다. [6]결국 자아가 무의식의 심연에 존재하는 자기를 찾아가는 과정은 정신세계를 구성하는 자아와 그림자, 그리고 여러 원형들이 **대립**(對立. 서로 반대되거나 모순된 관계)에서 벗어나 하나의 정신으로 통합되면서 정신적 균형을 이루는 과정이라 할 수 있다. [7]이러한 과정에서 개인은 내면의 **성숙**(成熟. 자라서 어른스럽게 됨)을 이루며 자신의 **정체성**(正體性. 변하지 않는 존재의 본질을 깨닫는 성질)을 찾게 된다.

→ '개별화'의 개념 및 개별화가 이루어지는 과정

■ 지문 이해

(가)

<프로이트의 정신분석이론>

❶ 정신분석이론을 통해 인간의 정신세계를 규명하려 한 프로이트

- 분트의 '실험심리학' : 인간의 정신세계는 의식으로 이루어져 있다고 봄

↕

- 프로이트의 '정신분석이론' : 인간은 무의식의 지배를 받는 비합리적 존재

문제편 32쪽

❷ 무의식과 의식의 구성 및 '원초아', '자아', '초자아'의 개념

- 원초아 ← 무의식의 심연에 존재함
  - 성적 에너지를 바탕으로 본능적 욕구를 충족하려는 선천적 정신 요소
- 자아 ← 무의식에서 의식에 걸쳐 존재
  - 외적 상황으로 지연되거나 좌절된 원초아의 욕구를 사회적으로 용인될 수 있는 방법으로 충족하려는 정신 요소
- 초자아 ← 무의식에서 의식에 걸쳐 존재
  - 도덕률에 따라 원초아의 욕구를 억제하고 양심에 따라 행동하도록 하는 정신 요소
  - 부모의 종교, 가치관 등을 내재화하는 과정에서 후천적으로 발달함

❸ '원초아', '자아', '초자아'의 상호작용을 통해 형성되는 개인의 성격

- 원초아, 자아, 초자아는 역동적으로 상호작용하면서 개인의 성격을 형성함
- 자아 : 원초아와 초자아의 요구를 조정하는 역할
  - 정신적 균형을 위해서는 자아의 발달이 중요함
  - 자아가 제 역할을 하지 못하면 정신 요소의 균형이 깨져 불안감이 생김 → 무의식적으로 방어기제를 사용함
- 방어기제 : 어떤 방어기제를 사용하는지가 개인의 성격 형성에 영향을 미침
  - 억압 : 자아가 수용하기 힘든 욕구를 무의식 속으로 억누르는 것
  - 승화 : 자아가 수용하기 힘든 욕구를 예술 등 가치 있는 활동으로 전환하는 것

❹ 프로이트의 정신분석이론이 지닌 의의

- 성인의 정신 질환을 어린 시절의 심리적 갈등이 재현된 것으로 봄 → 치유를 위해 무의식에 내재된 과거의 상처를 의식 세계로 끌어내는 과정이 필요하다고 주장함
- 기존 이론에서 간과한 무의식에 대한 탐구를 통해 인간 이해의 지평을 넓힘

(나)
<융의 분석심리학>

❶ '무의식'에 대한 관점을 달리한 융의 분석심리학

- 프로이트의 '무의식' : 의식에서 수용할 수 없는 원초적 욕구나 해결되지 못한 갈등의 창고

↕

- 융의 '무의식' : 인간의 잠재적 가능성 실현에 필요한 창조적인 에너지의 샘

❷ '의식', '개인 무의식', '집단 무의식'의 개념

- 의식 ← 정신세계의 가장 바깥쪽
  - 인간이 직접 인식할 수 있는 영역
  - 의식을 지배하고, 무의식과 교류하며 이를 조정하는 '자아'가 존재함
- 개인 무의식 ← 의식의 안쪽
  - 의식에 의해 배제된 생각, 감정, 기억 등이 존재하는 영역
  - 자아에 의해 억압된 또 하나의 나인 '그림자'가 존재함
- 집단 무의식 ← 정신세계의 맨 안쪽
  - 태어날 때부터 누구나 갖고 있는 원초적이며 보편적인 무의식
  - 인류의 경험이 '원형'의 형태로 존재함

❸ '개별화'의 개념 및 개별화가 이루어지는 과정

- 집단 무의식 가장 안쪽에는 정신세계에 내재하는 개인의 근원적인 모습인 '자기'가 존재함
- 개별화
  - 자아가 무의식에서 '자기'를 발견하여 타인과 구별되는 고유한 존재가 되는 것
  - 무의식을 의식화하는 과정을 통해 이루어짐
- 개별화가 이루어지는 과정
  - 자아, 그림자, 원형들이 대립에서 벗어나 하나의 정신으로 통합되면서 정신적 균형을 이루는 과정
  → 이 과정에서 개인은 내면의 성숙을 이루고, 정체성을 찾게 됨

28 | 글의 서술 방식 파악 - 맞는 것 고르기 | 정답률 65%, 매력적 오답 ① 25% | 정답 ②

(가), (나)의 공통점으로 가장 적절한 것은?

근거 (가)-❶-1 19세기에 분트는 인간의 정신세계가 의식으로 이루어져 있다고 보고, 실험을 통해 인간의 정신 현상과 행동을 설명하는 실험심리학을 주창하였다, (가)-❶-3~4 그러나 프로이트는 … 인간에게 의식과는 다른 무의식 세계가 있다는 것을 발견하였다. 이에 그는 … 정신분석이론을 통해 인간의 정신세계를 규명, (가)-❹-3 이러한 프로이트의 이론은 기존의 이론에서 간과한 무의식에 대한 탐구를 통해 인간 이해에 대한 지평을 넓혔다는 평을 받고 있다, (나)-❶-1~2 융은 프로이트의 정신분석이론에 반기를 들고, 분석심리학을 주창하였다. … 그의 분석심리학은 프로이트의 이론과 구별된다.

풀이 (가)에서는 인간의 정신세계가 의식으로 이루어져 있다고 본 분트의 실험심리학과 다른 관점에서, 무의식을 바탕으로 인간의 정신세계를 규명하려 한 프로이트의 정신분석이론을 소개하였다. 또한 (나)에서는 프로이트가 무의식을 의식에서 수용할 수 없는 원초적 욕구나 해결되지 못한 갈등의 창고로만 본 것과 달리, 무의식을 창조적 에너지의 샘으로 본 융의 분석심리학을 소개하고 있다. 따라서 정답은 ②번이다.

① 인간의 무의식을 주장한 이론에 대한 *상반된 평가를 제시하고 있다. *相反-, 서로 반대된

풀이 (가)와 (나)는 공통적으로 인간의 무의식을 주장한 프로이트와 융의 이론을 다루고 있으나, 이에 대한 상반된 평가를 제시하고 있지는 않다.

② 기존과 다른 관점에서 인간의 정신세계를 설명한 이론을 소개하고 있다.

→ 맞아서 정답!

③ 인간의 무의식을 설명한 이론이 등장하게 된 역사적 사건을 소개하고 있다.

④ 인간의 정신 질환을 분류하고 각각의 특징을 설명한 이론을 제시하고 있다.

⑤ 인간의 정신세계를 설명한 이론이 다른 학문 영역에 미친 영향을 분석하고 있다.

29 | 세부 정보 이해 - 틀린 것 고르기 | 정답률 75% | 정답 ⑤

(가)의 내용과 일치하지 않는 것은?

① 분트는 인간의 정신세계가 의식으로만 구성되어 있다고 보았다.

근거 (가)-❶-1 19세기에 분트는 인간의 정신세계가 의식으로 이루어져 있다고 보고
→ 적절하므로 오답!

② 프로이트는 인간을 무의식의 지배를 받는 비합리적 존재로 여겼다.

근거 (가)-❶-4 그(프로이트)는 인간을 무의식의 지배를 받는 비합리적 존재로 간주하고
→ 적절하므로 오답!

③ 프로이트는 원초아가 강할 때 본능적인 욕구에 집착하는 성격이 나타난다고 생각했다.

근거 (가)-❸-2 원초아가 강할 때는 본능적인 욕구에 집착하는 충동적인 성격이, 초자아가 강할 때는 엄격하게 도덕을 지키려는 원칙주의적 성격이 나타난다.
→ 적절하므로 오답!

④ 프로이트는 세 가지 정신 요소(원초아, 자아, 초자아)들이 상호작용하면서 개인의 성격이 형성된다고 보았다.

근거 (가)-❸-1 원초아, 자아, 초자아는 역동적으로 상호작용하면서 개인의 성격을 형성한다.
→ 적절하므로 오답!

⑤ 프로이트는 의식적으로 사용하는 방어기제와 무의식적으로 사용하는 방어기제를 구분하였다.

근거 (가)-❸-4 자아가 제 역할을 하지 못하면 정신 요소의 균형이 깨져 불안감이 생기는데, 자아는 이를 해소하기 위해 무의식적으로 방어기제를 사용하게 된다.

풀이 프로이트에 따르면, 자아는 방어기제를 '무의식적으로' 사용한다. 따라서 프로이트가 의식적으로 사용하는 방어기제와 무의식적으로 사용하는 방어기제를 구분하였다는 설명은 적절하지 않다.

→ 틀려서 정답!

30 | 구체적인 사례에 적용 - 틀린 것 고르기 | 정답률 65%, 매력적 오답 ③ 10% | 정답 ④

(가)의 '프로이트'와 (나)의 '융'의 관점에서 <보기>를 이해한 내용으로 적절하지 않은 것은? 3점

| 보기 |

[헤르만 헤세의 연보]

- 1877 : 기독교인다운 엄격한 생활을 중시하는(重視-, 매우 크고 중요하게 여기는) 경건주의 집안에서 태어남. ……… ㉮
- 1881~1886 : 자유분방한(自由奔放-, 격식이나 관습에 얽매이지 않고 행동이 자유로운) 기질(氣質, 개인의 성격적 소질)로 인해 엄한 아버지의 교육 방식에 반항하며 불안감을 느낌. ……… ㉯
- 1904~1913 : 잠재된 문학적 재능을 발휘하여(發揮-, 떨쳐 나타내어) 왕성하게(旺盛-, 매우 활발하게) 작품 창작을 하며 불안에서 벗어남. ……… ㉰
- 1916~1919 : 아버지의 죽음을 접하고(接-, 겪고) 심한 우울증을 경험함. ……… ㉱
- 1945~1962 : 성찰적(省察的, 지나간 일을 되돌아보며 반성하고 살피는) 글쓰기 활동 속에서 심리적 안정감을 느끼며 여생(餘生, 남은 인생)을 보냄. ……… ㉲
- 1962 : 몬타뇰라에서 죽음.

① ㉮ : 프로이트는 엄격한 집안 분위기가 헤세의 초자아가 발달하는 데 영향을 주었다고 보겠군.

근거 (가)-❷-5 초자아는 도덕률에 따라 원초아의 욕구를 억제하고 양심에 따라 행동하도록 하는 정신 요소로, 어린 시절 부모의 종교나 가치관 등을 내재화하는 과정에서 후천적으로 발달한다.

풀이 프로이트는 초자아가 어린 시절 부모의 종교나 가치관 등을 내재화하는 과정에서 후천적으로 발달한다고 보았다. 따라서 프로이트는 엄격한 집안 분위기가 헤세의 초자아 발달에 영향을 주었다고 보았을 것이다.
→ 적절하므로 오답!

② ㉯ : 프로이트는 헤세의 불안감을 원초아와 초자아의 요구를 자아가 제대로 조정하지 못한 결과라고 보겠군.

근거 (가)-❸-3~4 자아는 원초아와 초자아의 요구 사이에서 이를 조정하는 역할을 하기 때문에, 정신적 균형을 이루기 위해서는 자아의 발달이 중요하다. 만일 자아가 제 역할을 하지 못하면 정신 요소의 균형이 깨져 불안감이 생기는데

풀이 프로이트는 자아가 원초아와 초자아의 요구를 조정하는 역할을 제대로 하지 못할 경우, 정신 요소의 균형이 깨져 불안감이 생긴다고 보았다. 따라서 프로이트는 헤세의 불안감을 원초아와 초자아의 요구를 자아가 제대로 조정하지 못한 결과라고 보았을 것이다.
→ 적절하므로 오답!

③ ㉰ : 프로이트는 헤세의 왕성한 창작 활동을 승화로, 융은 이를 무의식의 창조적 에너지가 발현된 것으로 보겠군.

근거 (가)-❸-6 승화는 그러한 욕구(자아가 수용하기 힘든 욕구, 불안감)를 예술과 같이 가

○ 문제편 32쪽

치 있는 활동으로 전환하는 것을 의미한다, (나)-❶-2 융은 무의식을 인간이 잠재적 가능성을 실현할 때 필요한 창조적인 에너지의 샘으로 보았다는 점

→ 적절하므로 오답!

④ ㉣ : 프로이트는 헤세의 우울증을 *유년기의 불안이 재현된 것으로, 융은 이를 자아와 그림자가 통합된 것으로 보겠군. *幼年期, 어린이가 성장 · 발달하는 단계의 하나로, 유아기와 소년기의 중간 시기

근거 (가)-❹-2 그(프로이트)는 성인의 정신 질환을 어린 시절의 심리적 갈등이 재현된 것으로 보고, (나)-❸-6~7 자아가 무의식의 심연에 존재하는 자기를 찾아가는 과정은 정신세계를 구성하는 자아와 그림자, 그리고 여러 원형들이 대립에서 벗어나 하나의 정신으로 통합되면서 정신적 균형을 이루는 과정이라 할 수 있다. 이러한 과정에서 개인은 내면의 성숙을 이루며 자신의 정체성을 찾게 된다.

풀이 <보기>에서 헤세가 아버지의 죽음을 접하고 심한 우울증을 겪은 것에 대해 프로이트는 이를 어린 시절의 불안감이 재현된 것으로 보았을 것이라는 설명은 적절하다. 한편 융은 개인이 자신의 근원적인 모습인 '자기'를 발견하는 '개별화'는, 정신세계를 구성하는 자아와 그림자, 여러 원형들이 대립에서 벗어나 하나의 정신으로 통합되면서 정신적으로 균형을 이루는 과정을 통해 이루어진다고 보고, 이러한 과정에서 개인은 내면의 성숙을 이루고 자신의 정체성을 찾게 된다고 하였다. <보기>에서 헤세가 아버지의 죽음을 접하고 심한 우울증을 경험하는 것은 정신적 균형이 이루어지고, 내면의 성숙을 이루고, 정체성을 찾은 모습이라고 볼 수 없다. 따라서 융이 헤세의 우울증을 자아와 그림자가 통합된 것으로 보았을 것이라는 설명은 적절하지 않다.

→ 틀려서 정답!

⑤ ㉤ : 융은 헤세가 성찰하는 글쓰기 활동을 통해 자기를 발견하는 과정에서 심리적 안정감을 느낀 것으로 보겠군.

근거 (나)-❸-3 융은 자아가 성찰을 통해 무의식의 심연에 존재하는 자기를 발견하면, 인간은 비로소 타인과 구별되는 고유한 존재가 된다고 보고 이를 개별화라고 불렀다, (나)-❸-6~7 자아가 무의식의 심연에 존재하는 자기를 찾아가는 과정은 정신세계를 구성하는 자아와 그림자, 그리고 여러 원형들이 대립에서 벗어나 하나의 정신으로 통합되면서 정신적 균형을 이루는 과정이라 할 수 있다. 이러한 과정에서 개인은 내면의 성숙을 이루며 자신의 정체성을 찾게 된다.

풀이 융은 헤세가 성찰하는 글쓰기 활동을 통해 자기를 발견하는 과정을 정신세계를 구성하는 자아, 그림자, 원형들이 대립에서 벗어나 통합되면서 정신적 균형을 이루는 과정인 '개별화'라고 보았을 것이다. 또한 그 과정에서 헤세가 내면의 성숙을 이루고 정체성을 찾게 되어 심리적 안정감을 느꼈다고 보았을 것이다.

→ 적절하므로 오답!

31 | 세부 정보 이해 - 맞는 것 고르기 | 정답률 70%, 매력적 오답 ① 15% | 정답 ⑤

(가)의 정신분석이론과 (나)의 분석심리학에서 모두 동의하는 진술로 가장 적절한 것은?

① 자아는 의식과 무의식의 세계에 걸쳐서 존재한다.

근거 (가)-❷-2 그(프로이트)는 … 무의식에서 의식에 걸쳐 '자아'와 '초자아'가 존재한다고 보았다, (나)-❷-2 의식은 … 여기에는 '자아'가 존재한다, (나)-❸-4 의식에 존재하는 자아

풀이 (가)의 정신분석이론에서는 자아가 의식과 무의식에 걸쳐 존재한다고 보았지만, (나)의 분석심리학에서는 자아가 의식에 존재한다고 보았다.

→ 적절하지 않으므로 오답!

② 무의식은 성적 에너지로만 이루어진 정신 요소이다.

근거 (가)-❷-2~3 그는 무의식의 심연에는 '원초아'가, 무의식에서 의식에 걸쳐 '자아'와 '초자아'가 존재한다고 보았다. 원초아는 성적 에너지를 바탕으로 본능적인 욕구를 충족하려는 선천적 정신 요소, (나)-❶-2 융은 무의식을 인간이 잠재적 가능성을 실현할 때 필요한 창조적인 에너지의 샘으로 보았다는 점에서, 그의 분석심리학은 프로이트의 이론과 구별된다.

풀이 (가)의 정신분석이론에서는 무의식에 '자아'와 '초자아', 그리고 성적 에너지를 바탕으로 하는 '원초아'가 존재한다고 보았으므로, 무의식을 '성적 에너지로만 이루어진 정신 요소'라고 보지는 않았다. 한편 (나)의 분석심리학에서는 무의식을 잠재적 가능성 실현에 필요한 창조적 에너지의 샘으로 보았다. 따라서 무의식은 성적 에너지로만 이루어진 정신 요소라는 진술은 (가)와 (나) 어디에도 해당되지 않는다.

→ 적절하지 않으므로 오답!

③ 무의식은 개인의 경험을 *초월해 원형의 형태로 유전된다. *超越-, 뛰어넘어

근거 (나)-❷-6~7 집단 무의식은 태어날 때부터 누구나 가지고 있는 원초적이며 보편적인 무의식이다. 거기에는 진화를 통해 축적되어 온 인류의 경험이 '원형'의 형태로 존재

풀이 (나)의 분석심리학에만 해당되는 진술이다.

→ 적절하지 않으므로 오답!

④ 무의식에는 자아에 의해 억압된 *열등한 자아가 존재한다. *劣等-, 수준이 낮은

근거 (나)-❷-4~5 개인 무의식은 의식에 의해 배제된 생각이나 감정, 기억 등이 존재하는 영역이다. 이곳에 존재하는 '그림자'는 자아에 의해 억압된 '또 하나의 나'라고 할 수 있다.

풀이 (나)의 분석심리학에서는 개인 무의식의 영역에 존재하는 '그림자'가 자아에 의해 억압된 '또 하나의 나'라고 보았지만, 이것을 '열등한' 자아라고 설명하지는 않았다. 또한 (가)의 정신분석이론에서 무의식 속에 자아에 의해 억압된 열등한 자아가 존재한다고 보지 않았다. 따라서 무의식에 자아에 의해 억압된 열등한 자아가 존재한다는 진술은 (가)와 (나) 어디에도 해당되지 않는다.

→ 적절하지 않으므로 오답!

⑤ 정신적 균형을 이루기 위해서는 자아의 역할이 중요하다.

근거 (가)-❸-3 자아는 원초아와 초자아의 요구 사이에서 이를 조정하는 역할을 하기 때문에, 정신적 균형을 이루기 위해서는 자아의 발달이 중요하다, (나)-❸-6 자아가 무의식의 심연에 존재하는 자기를 찾아가는 과정은 … 정신적 균형을 이루는 과정

→ 맞아서 정답!

32 | 핵심 개념 이해 - 맞는 것 고르기 | 정답률 75%, 매력적 오답 ④ 15% | 정답 ②

㉠을 이해한 내용으로 가장 적절한 것은?

㉠ 무의식을 의식화하는 과정

① 의식의 확장을 통해 타인과의 *경계를 **허무는 과정이다. *境界, 구분되는 한계 **헐어 무너지게 하는

근거 (나)-❸-3~4 융은 자아가 성찰을 통해 무의식의 심연에 존재하는 자기를 발견하면, 인간은 비로소 타인과 구별되는 고유한 존재가 된다고 보고 이를 개별화라고 불렀다. 이는 의식에 존재하는 자아가 무의식과 끊임없이 상호작용하며 무의식의 영역을 의식으로 통합하는 과정, 즉 무의식을 의식화하는 과정을 통해 이루어진다.

풀이 융에 따르면 무의식을 의식화하는 과정을 통해 이루어지는 '개별화'는 자아가 무의식의 심연에 존재하는 자기를 발견하여 '타인과 구별되는' 고유한 존재가 되는 것을 말한다.

→ 적절하지 않으므로 오답!

② 자신의 근원적인 모습을 찾아 나가는 개별화의 과정이다. (= 자기)

근거 (나)-❸-2~4 이(자기)는 정신세계에 내재하는 개인의 근원적인 모습이라고 할 수 있다. 융은 자아가 성찰을 통해 무의식의 심연에 존재하는 자기를 발견하면, 인간은 비로소 타인과 구별되는 고유한 존재가 된다고 보고 이를 개별화라고 불렀다. 이는 의식에 존재하는 자아가 무의식과 끊임없이 상호작용하며 무의식의 영역을 의식으로 통합하는 과정, 즉 무의식을 의식화하는 과정을 통해 이루어진다.

풀이 융은 집단 무의식의 가장 안쪽에 존재하는 '자기'를 개인의 근원적인 모습이라고 보고, 자아가 '자기'를 발견하여 타인과 구별되는 고유한 존재가 되는 것을 '개별화'라고 하였다. 또 그는 이러한 개별화가 '무의식을 의식화하는 과정(㉠)'을 통해 이루어진다고 설명하였다. 따라서 '자신의 근원적인 모습을 찾아 나가는 개별화의 과정'이라는 것은 ㉠을 설명한 내용으로 적절하다.

→ 맞아서 정답!

③ 의식에 의해 발견된 무의식의 욕구가 억눌리는 과정이다.

근거 (나)-❸-6 자아가 무의식의 심연에 존재하는 자기를 찾아가는 과정은 정신세계를 구성하는 자아와 그림자, 그리고 여러 원형들이 대립에서 벗어나 하나의 정신으로 통합되면서 정신적 균형을 이루는 과정

풀이 무의식을 의식화하는 과정은 의식에 의해 발견된 무의식의 욕구가 '억눌리는' 과정이 아니라 자아, 무의식에 존재하는 그림자, 여러 원형들이 하나의 정신으로 통합되면서 정신적 균형을 이루는 과정이다.

→ 적절하지 않으므로 오답!

④ 무의식이 의식에서 *분화되어 정체성이 실현되는 과정이다. *分化-, 나뉘어

근거 (나)-❸-4 무의식의 영역을 의식으로 통합하는 과정, 즉 무의식을 의식화하는 과정, (나)-❸-6~7 자아가 무의식의 심연에 존재하는 자기를 찾아가는 과정은 정신세계를 구성하는 자아와 그림자, 그리고 여러 원형들이 대립에서 벗어나 하나의 정신으로 통합되면서 정신적 균형을 이루는 과정이라 할 수 있다. 이러한 과정에서 개인은 내면의 성숙을 이루며 자신의 정체성을 찾게 된다.

풀이 개인이 자신의 정체성을 찾는 것은 무의식이 의식에서 분화되는 과정이 아니라, 무의식의 영역을 의식으로 통합하는 과정을 통해 이루어진다.

→ 적절하지 않으므로 오답!

⑤ 과거의 경험들을 반복함으로써 성격이 형성되는 과정이다.

풀이 윗글에서 ㉠과 관련하여 근거를 찾을 수 없는 내용이다.

→ 적절하지 않으므로 오답!

33 | 단어의 사전적 의미 - 틀린 것 고르기 | 정답률 85% | 정답 ②

ⓐ~ⓔ의 사전적 의미로 적절하지 않은 것은?

ⓐ 규명 ⓑ 전환 ⓒ 간과 ⓓ 배제 ⓔ 대면

① ⓐ : 어떤 사실을 자세히 따져서 바로 밝힘.

풀이 '규명(糾 규명하다 규 明 밝히다 명)'의 사전적 의미는 '어떤 사실을 자세히 따져서 바로 밝힘'이다.

예문 원인 규명에 최선을 다하고 있다.

→ 적절하므로 오답!

② ⓑ : 주기적으로 자꾸 되풀이하여 돎.

풀이 '전환(轉 바꾸다 전 換 바꾸다 환)'의 사전적 의미는 '다른 방향이나 상태로 바뀌거나 바꿈'이다. '주기적으로 자꾸 되풀이하여 돎'의 뜻을 가진 단어는 '전환'이 아니라 '순환(循 돌다 순 環 고리 환)'이다.

예문 지금은 발상의 전환이 필요할 때이다.

→ 틀려서 정답!

③ ⓒ : 큰 관심 없이 대강 보아 넘김.

풀이 '간과(看 보다 간 過 지나다 과)'의 사전적 의미는 '큰 관심 없이 대강 보아 넘김'이다.

예문 한 측면에 대한 일방적 강조는 다른 측면에 대한 간과로 이어질 수 있다.

→ 적절하므로 오답!

④ ⓓ : 받아들이지 아니하고 물리쳐 제외함.

◐ 문제편 33쪽

풀이 '배제(排 물리치다 배 除 덜다 제)'의 사전적 의미는 '받아들이지 아니하고 물리쳐 제외함'이다.

예문 특정 업체의 독점 배제를 위한 조치가 필요하다.

→ 적절하므로 오답!

⑤ ⓔ : 서로 얼굴을 마주 보고 대함.

풀이 '대면(對 대하다 대 面 얼굴 면)'의 사전적 의미는 '서로 얼굴을 마주 보고 대함'이다.

예문 그들은 뜻밖의 대면에 할 말을 잃었다.

→ 적절하므로 오답!

[34 ~ 37] 현대소설 - 윤흥길, 「아이젠하워(Eisenhower, 미국의 제34대 대통령(1953~1961))에게 보내는 멧돼지」

• 윤흥길 중요 작가

「아홉 켤레의 구두로 남은 사내」(2016학년도 수능B), 「매우 잘생긴 우산 하나」(2022학년도 수능) 기출. 고3 평가원 시험에 2번 이상 출제된 작가이다. 왜곡된 역사 현실과 삶의 부조리를 드러내며, 그것을 극복하려는 인간의 노력을 묘사하는 작품을 썼다. 윤흥길의 대표 작품들은 기본 줄거리와 특징을 정리해 두는 것이 좋다.

• 중심 내용

어린 '나'는 궐기대회 때마다 외국 귀인들에게 멧돼지를 보낸다는 사실을 의아해한다.

↓

'나'는 외국에 멧돼지를 보내는 것을 도무지 이해할 수가 없다.

↓

'나'는 궐기대회에서 열 손가락을 깨물어 혈서를 쓰는 청년의 모습이 눈에 익어 보였다.

↓

열 손가락에 붕대를 감은 채 돌아온 창권이 형을 본 어머니와 '나'는 기절초풍한다.

↓

창권이 형은 궐기대회 때마다 단골로 혈서를 쓰는 열혈 애국 청년 노릇에 빠졌다.

↓

고등학생 차림으로 귀가한 창권이 형은 궐기대회에서 메시지 낭독까지 맡아 하게 되었음을 자랑스럽게 밝힌다.

↓

시위대의 선두에 섰던 창권이 형은 만용을 부리다가 불구의 몸이 된다.

↓

어머니의 박대를 받던 창권이 형은 시골집으로 돌아갈 결심을 한다.

↓

떠나기 전날 밤, 창권이 형은 내게 회중시계를 만져 보게 해 주고, '나'는 멧돼지가 아니라 멧세지가 맞다며 형이 옳았음을 인정한다.

• 전체 줄거리 ([ ] : 지문 내용)

오랫동안 동창회와 담을 쌓은 채 소식이 없던 하인철이 갑자기 동창회에 참석한다. 무역업을 한다고 밝힌 인철에 대해 아는 사람은 아무도 없었다. 김 교장이 인철을 다음 이야기 당번으로 지목하자, 그가 이야기를 들려준다. (외화)

'나(인철)'가 겪은 6·25 전쟁은 이리역을 수원역으로 잘못 안 미군의 폭격으로부터 시작되었다. 국민학교 2학년이었던 '나'는 친구들과 폭격을 피해 학교 방공호(적의 항공기 공습이나 대포, 미사일 따위의 공격을 피하기 위하여 땅속에 파 놓은 굴이나 구덩이)에 숨었다가 비행기 폭격에 직접적인 피해를 입었다는 철도역을 구경하러 달려간다. 역전 광장 입구에서 '나'는 우리 식당 허드레꾼으로 일하는 먼촌(먼 친척) 형인 창권이 형을 만난다. 형은 피난민 시체 옆에서 주운 것이라는 금장 회중시계를 자랑스럽게 꺼내 보인다.

전쟁이 터진 지 한 달 만에 인민군(북한 군대)이 시내를 점령하자 우리 식당은 문을 닫게 되었고, 그 바람에 창권이 형은 고향집으로 돌아갔다가 두 달 후 유엔군이 시내에 주둔하자(임무 수행을 위해 머무르자) 다시 돌아온다. 수복(잃었던 땅을 되찾음)이 되자 역전 광장에서는 궐기대회가 종종 열렸고, 우리 학교는 전교생이 궐기대회에 동원되곤 하였다. [그날도 역전 광장에서는 북진통일을 부르짖는 궐기대회가 열렸고, '나'는 그곳에서 열 손가락을 깨물어 혈서를 쓰는 창권이 형을 보게 된다. 이후 궐기대회에서 단골 혈서가 노릇을 하던 창권이 형은 어느 날 고등학생 차림으로 귀가하여 앞으로는 궐기대회에서 자기가 메시지 낭독까지 맡아 하게 되었음을 자랑스럽게 밝힌다. 그러자 '나'는 멧돼지를 멧세지라 잘못 발음하였다며 형의 실수를 지적한다.] 형은 단골 혈서가에서 소문난 반공(공산주의에 반대함) 웅변가로 확실하게 자리를 잡아간다. 각종 궐기대회에서 영웅적인 활약을 하는 형이 자랑스러웠던 '나'는 그만 급우들 앞에서 형의 정체가 우리 식당 심부름꾼으로 일하는 가짜배기 나이롱 학생이라는 것을 밝히고 만다. 형의 실체를 놓고 '나'와 급우들 사이에 시비가 벌어지자 담임 선생님은 내게 그런 소리를 함부로 떠들면 안 된다고 엄중한 경고를 한다.

한편, 휴전 반대 시위의 실패로 기세가 꺾이기 시작한 [형은 군산으로 원정을 떠나 적성 중립국 감시위원들의 추방을 요구하는 시위대의 선두에 서서 만용을 부리다가 불구의 몸이 되고 만다. 시골집으로 떠나기 전날 밤, 형은 내게 자신의 유일한 전리품인 금장 회중시계를 만져 볼 기회를 주고, '나'는 멧돼지가 아니라 멧세지가 맞다며 형이 옳았음을 인정한다.] 시골집으로 돌아간 형은 이후 두 번 다시 돌아오지 않았다. (내화)

창권이 형을 두고 '영웅이다, 전시 상황에서 흔히 있을 수 있는 이용물에 불과하다, 자기가 이용당하는 줄도 모르고 허수아비 노릇에 고꾸라진 불쌍한 종자다' 등의 설왕설래(말씀 說 갈 往 말씀 說 갈 來 : 무슨 일의 옳고 그름을 따지느라고 말로 옥신각신함)가 이어지자 김지겸은 하인철에게 결론을 내려보라고 한다. 그러나 하인철은 수수께끼 같은 웃음만 보일 뿐이다. (외화)

• 인물 관계도

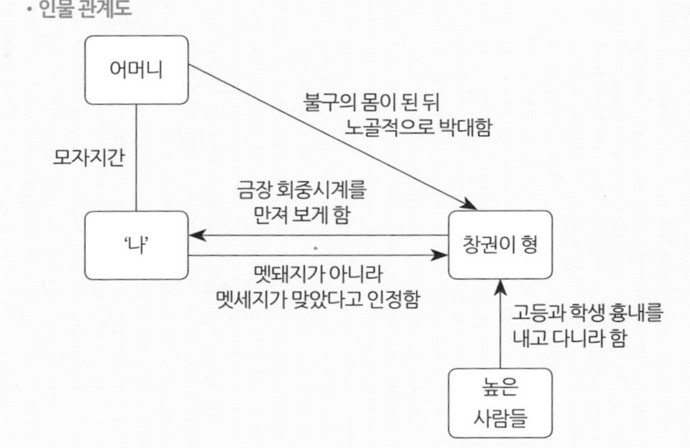

• 어휘 풀이

* 궐기대회 : 어떤 문제에 대하여 해결책을 촉구하기 위해 뜻있는 사람들이 일어나 행동하는 모임.
* 귀인 : 사회적 지위가 높고 귀한 사람.
* 소견 : 어떤 일이나 사물을 살펴보고 가지게 되는 생각이나 의견.
* 지체 : 사회에서 차지하고 있는 신분이나 지위.
* 연단 : 연설이나 연을 하는 사람이 올라서는 단.
* 진력 : 있는 힘을 다함.
* 협수룩한 : 옷차림이 어지럽고 허름한.
* 먼빛 : 멀리서 언뜻 보이는 모양.
* 별러서 : 준비를 단단히 해서.
* 심상하게 : 별일 아니라는 듯이.
* 진드근히 : 참을성 있고 의젓하게.
* 역마살 : 늘 분주하게 이리저리 떠돌아다니게 된 운수.
* 허드재비 : 그다지 중요하지 않은 일(을 하는).
* 다따가 : 난데없이 갑자기.
* 교표 : 학교를 상징하는 무늬를 새긴 리본이나 배지.
* 천연덕스레 : 아무렇지 않은 척.
* 반거충이 : 무엇을 배우다가 중도에 그만두어 다 이루지 못한 사람.
* 잔뼈를(가) 굵혀 : 오랜 기간 일정한 곳이나 직장에서 일을 하여 그 일에 익숙해.
* 공력 : 정성과 힘.
* 우김질 : 우기는 짓.
* 적성중립국 감시위원들의 추방을 요구 : 1953년 6·25 전쟁이 휴전으로 일단락되면서, 유엔군 측과 공산군 측은 휴전 협정의 준수 여부를 감시하기 위해 유엔군 측이 추천한 스웨덴과 스위스, 공산군 측이 추천한 폴란드, 체코슬로바키아 등 네 나라로 구성된 중립국 감시위원단이 구성되었음. 그런데 1955년 여름, 폴란드와 체코슬로바키아가 중립국 감시 위원회 활동을 하면서 북측을 위해 스파이 활동을 했다는 사실이 발표되자 전국에서 적성 감시 위원단을 몰아내기 위한 대규모 규탄 대회와 시위가 벌어졌음.
* 만용 : 분별없이 함부로 날뛰는 객기나 허세.
* 먼촌붙이 : 먼 촌수의 피붙이.
* 보퉁이 : 물건을 싸서 꾸려 놓은 보따리.
* 전리품 : 전쟁 때에 적에게서 빼앗은 물품.

34 서술상 특징 - 맞는 것 고르기 | 정답률 80% | 정답 ①

윗글에 대한 설명으로 가장 적절한 것은?

① 이야기 내부 인물이 중심인물의 행동과 그에 대한 자신의 생각을 서술하고 있다.

근거 형은 모자에 붙은 교표에 호호 입김을 불어 소맷부리로 정성스레 광을 내기 시작했다. ~ 나는 국민학교 졸업이 학력의 전부인 형을 한동안 물끄러미 바라보았다. 가정형편이 어려워 어릴 때부터 남의집살이로 잔뼈를 굵혀 나온 형은 자신을 진짜배기 고등학생으로 착각하고 있는 기색이었다./ 형은 교표 닦기를 끝마친 후 호주머니에서 피난민 시체로부터 선사 받은 금장의 회중시계를 꺼내어 더욱더 공력을 들여 삐까번쩍 광을 내기 시작했다. 정말 갈수록 태산이었다.

풀이 윗글은 이야기 내부 인물인 '나'가 중심인물인 창권이 형의 행동과 그에 대한 자신의 생각을 서술하고 있는 1인칭 관찰자 시점의 작품이다.

→ 맞아서 정답!

② 이야기 내부 인물이 인물과 인물 사이의 갈등을 해소하는 과정을 보여 주고 있다.

근거 형의 그 가짜배기 애국 학도 행각을 애초부터 꼴같잖게 여기던 어머니는 껄쑥껄쑥 기우뚱거리는 걸음걸이로 하릴없이 식당 안팎을 서성이는 먼촌붙이 조카를 눈엣가시로 알고 노골적으로 박대했다.

풀이 윗글에서는 창권이 형을 못마땅하게 여기는 어머니가 형을 노골적으로 박대하는 부분 등에서 인물과 인물 사이의 갈등이 나타난다고 볼 수 있다. 그러나 이야기 내부 인물이 인물과 인물 사이의 갈등을 해소하는 과정을 보여 주고 있지는 않다.

→ 적절하지 않으므로 오답!

문제편 33쪽

③ 이야기 내부 인물이 과거와 현재를 반복적으로 *교차하며 자신의 경험을 전달하고 있다. *번갈아 보여 주며

풀이 윗글에서는 이야기 내부 인물인 '나'가 창권이 형과 얽힌 경험들을 시간의 흐름에 따라 전달하고 있을 뿐 과거와 현재를 반복적으로 교차하고 있지는 않다.

→ 적절하지 않으므로 오답!

이야기 내부 인물이

④ 이야기 외부 서술자가 특정 소재와 관련된 인물의 내면 심리를 묘사하고 있다.

근거 등잔불 그늘 안에서도 말갛고 은은한 광휘를 발산하는 금시계를 일삼아 들여다보고 있자니 마치 형의 금빛 찬란하던 한때를 그것이 째깍째깍 증언하는 듯한 느낌이 언뜻 들었다. 전쟁 기간을 통틀어 형의 수중에 남겨진 유일한 전리품이었다.

풀이 창권이 형의 금장 회중시계와 관련된 '나'의 내면 심리가 묘사된 부분은 있으나, 이를 묘사한 주체는 이야기 외부 서술자가 아닌 이야기 내부 인물인 '나'이다.

→ 적절하지 않으므로 오답!

■이야기 외부 서술자가 특정 소재와 관련된 인물의 내면 심리를 서술하고 있는 작품

• **전광용, 「꺼삐딴 리」**(2014학년도 9월 모평A)

이인국 박사는 양복 조끼 호주머니에서 십팔금 회중시계를 꺼내어 시간을 보았다. ~ 이인국 박사는 시계를 볼 때마다 참말 '기적'임에 틀림없었던 사태를 연상하게 된다. 왕진 가방과 함께 38선을 넘어온 피란 유물의 하나인 시계. 가방은 미군 의사에게서 얻은 새것으로 갈아 매어 흔적도 없게 된 지금, 시계는 목숨을 걸고 삶의 도피행을 같이한 유일품이요, 어찌 보면 인생의 반려이기도 한 것이다.

→ 이야기 외부 서술자(3인칭 시점)가 '회중시계'와 관련된 '이인국 박사'의 내면 심리를 서술하고 있다.

⑤ 이야기 외부 서술자가 서로 다른 공간에서 동시에 일어나는 사건들을 *나열하고 있다. *죽 늘어놓고

풀이 윗글은 이야기 내부 인물인 '나'가 궐기대회가 열린 장소와 '나'의 집에서 창권이 형을 관찰한 내용이 시간의 흐름에 따라 서술되고 있다.

→ 적절하지 않으므로 오답!

■소설의 시점

• 서술자는 소설에서 이야기를 이끌어 가는 사람(서술 주체)을 가리킨다. (≠ 작가)
• 서술자는 실제 작가와 동일하지 않으며, 이야기(사건)와 독자 사이에서 서로를 소개하는 역할을 한다.
• 현대소설에서는 한 작품에 여러 시점이 혼합되어 사용되기도 한다.
  예) 전영택, 「화수분」: 작품 전체는 1인칭 관찰자 시점이나 부분적으로 전지적 작가 시점이 나타난다.

1) 1인칭 시점 : 작품 속 등장인물에 '나' 또는 '우리'가 나온다.
  ① 1인칭 주인공 시점 ('나' = 서술자 = 주인공)
    • '나'가 주인공이며 자신의 이야기를 한다. 따라서 가장 주관적인 시점이다.
    • '나'가 자신의 감정과 생각을 직접적으로 말한다.
    • '나'가 자신의 속마음을 말하고, 그 이야기를 독자가 듣는 것이므로, '나'와 독자가 심리적으로 친밀하게 느낀다. 따라서 둘의 심리적 거리는 매우 가깝다.
  ② 1인칭 관찰자 시점 ('나' = 서술자 ≠ 주인공)
    • '나'가 다른 사람의 이야기를 하므로 '나'는 주인공이 아니다.
    • 주인공의 감정과 생각은 '나'의 추측을 통해 간접적으로 제시된다.
    • '나'가 주인공을 관찰하여 말하기 때문에, 1인칭 주인공 시점과 비교할 때 좀 더 객관적인 시점이다.
    • 주인공의 생각과 심리를 직접적으로 알 수 없으므로 긴장감과 신비감을 준다.

2) 3인칭 시점 : 주인공이 '그, 그녀' 또는 제3자의 이름(예) 철수, 영희 등)이며 이야기를 이끌어 가는 서술자는 작품 속 등장인물이 아니다.
  ① 전지(온전할 全 알 知 : 모든 것을 안다는 뜻, 서술자를 신과 같은 입장에 둠)적 작가 시점
    • 작품 밖 서술자가 모든 등장인물들의 감정과 생각, 행동 등을 말해 준다.
    • 작품 밖 서술자가 인물과 사건에 대한 모든 상황을 말해 주므로, 다른 시점에 비해 독자의 상상력이 제한된다.
    • 고전소설에는 작품 밖 서술자가 작품 안에 등장하여 인물과 사건에 대해 자신의 생각을 나타내는 경우가 많다. (= 서술자의 개입, 편집자적 논평)
      예) 작자 미상, 「유충렬전」(2006학년도 수능, 2015학년도 9월 모평AB)
      "태후가 ~ 하시는 말씀이야 어찌 말로 다 표현할 수 있으리오."
    • 현대소설에서 서술자가 여러 등장인물들 중 어느 한 인물을 주인공으로 내세워 그 인물의 시각에서 이야기를 진행하는 경우도 있다. 이런 경우, 서술자는 독자로 하여금 초점이 되는 인물의 내면에 공감하도록 유도하는 경우가 많다. (= 제한적 전지적 시점)
    • 제약이 가장 적은 시점이기에 작품 수가 가장 많다. 고전소설은 대부분 전지적 작가 시점이다.
  ② 작가 관찰자 시점 (= 3인칭 관찰자 시점)
    • 서술자가 작품 밖에서 등장인물들의 행동과 대화를 관찰하여 전달하므로, 인물들의 감정이나 생각은 나오지 않는다.
    • 다른 시점들에 비해 가장 객관적인 시점이다.
    • 독자는 행동과 대화만으로 등장인물들의 심리를 추측해야 하므로, 독자의 상상력과 추리력이 가장 많이 필요한 시점이다.

35	내용 이해 – 틀린 것 고르기 정답률 80%	정답 ②

윗글을 읽고 알 수 있는 내용이 아닌 것은?

① '나'는 궐기대회가 끝나기 전 친구들과 도중에 나온 적이 있었다.

근거 엎어지면 코 닿을 자리에 집이 있는 내가 몇몇 친한 녀석들을 데리고 몰래 광장을 빠져나와 걸구대가 끝날 때까지 우리 식당에서 즐거운 시간을 함께 보낸 적이 종종 있었던 까닭이었다.

풀이 '나'는 몇몇 친한 녀석들과 몰래 광장을 빠져나와 궐기대회가 끝날 때까지 우리 식당에서 즐거운 시간을 함께 보낸 적이 종종 있었다고 하였다. 따라서 '나'가 궐기대회가 끝나기 전 친구들과 도중에 나온 적이 있었음을 알 수 있다.

→ 적절하므로 오답!

직접 목격했고, 차후에 확실히 알게 되었다

② '나'는 창권이 형이 궐기대회에서 혈서를 쓴 사실을 어머니를 통해 전해 들었다.

근거 검정물로 염색한 군복을 걸친 그 헙수룩한 모습이 먼빛으로 봐도 어쩐지 많이 눈에 익어 보였다./ 설마 그럴 리가 있겠느냐고, 혹시 내가 잘못 봤을지도 모른다고 생각하면서 나는 고개를 저었다./ 내가 결코 잘못 본 게 아니라는 사실이 이윽고 밝혀졌다. 창권이 형은 열 손가락에 빨갛게 핏물이 밴 붕대를 친친 감은 채 식당에 돌아옴으로써 어머니와 나를 기절초풍케 만들었다.

풀이 '나'는 창권이 형이 궐기대회에서 혈서를 쓴 사실을 어머니를 통해 전해 들은 것이 아니다. '나'는 궐기대회에서 혈서를 쓰는 청년을 먼빛으로 보고 많이 눈에 익다고 생각했고, 열 손가락에 빨갛게 핏물이 밴 붕대를 친친 감은 채 식당에 돌아온 형을 봄으로써 궐기대회에서 군복 차림으로 혈서를 쓴 인물이 창권이 형임을 확실하게 알게 된 것이다.

→ 틀려서 정답!

③ 창권이 형은 열혈 애국 청년 노릇으로 바빠지게 되자 식당 심부름꾼으로 일할 겨를이 없었다.

근거 걸구대 때마다 단골로 혈서를 쓰는 열혈 애국 청년 노릇에 워낙 바쁘다 보니 식당 안에 진드근히 붙어 있을 겨를도 없었다./ 형은 어느덧 장국밥을 전문으로 하는 식당의 허드재비 심부름꾼에서 당당한 손님으로 격이 달라져 있었다.

풀이 식당의 허드재비 심부름꾼이던 창권이 형은 궐기대회 때마다 단골로 혈서를 쓰는 열혈 애국 청년 노릇으로 바빠져서 식당에 붙어 있을 겨를조차 없게 되었다고 하였으므로 적절하다.

→ 적절하므로 오답!

④ 창권이 형은 퇴원 후 어머니에게 노골적인 박대를 받던 끝에 고향으로 돌아갈 결심을 했다.

근거 어머니는 껑쑥껑쑥 기우뚱거리는 걸음걸이로 하릴없이 식당 안팎을 서성이는 먼촌붙이 조카를 눈엣가시로 알고 노골적으로 박대했다. 우리 식당에 빌붙어 눈칫밥이나 축내며 지내던 어느 날, 형은 마침내 시골집으로 돌아갈 결심을 굳혔다.

풀이 창권이 형이 퇴원한 후 어머니는 먼촌붙이 조카인 창권이 형을 노골적으로 박대했고, 이로 인해 형은 마침내 시골집으로 돌아갈 결심을 굳히게 되었으므로 적절하다.

→ 적절하므로 오답!

⑤ 어머니는 창권이 형이 궐기대회에서 박수갈채를 받으며 애국 학도로 행세하는 것을 못마땅하게 여겼다.

근거 형의 그 가짜배기 애국 학도 행각을 애초부터 꼴같잖게 여기던 어머니

풀이 어머니는 창권이 형의 가짜배기 애국 학도 행각을 애초부터 꼴같잖게 여겼으므로 적절하다.

→ 적절하므로 오답!

오답률 TOP 5

36	소재의 의미 – 맞는 것 고르기 정답률 65%, 매력적 오답 ① 15% ④ 10%	정답 ⑤

㉠에 대한 이해로 가장 적절한 것은?

안 그래도 새것임을 만천하에 광고하듯 ㉠ 너무 번뜩여서 오히려 탈인 그 금빛의 교표를 형은 내친김에 아예 순금제로 바꿔 놓을 작정인 듯 시간 가는 줄 모르고 일삼아 닦고 또 닦아 댔다.

신분을 위장하기

① 빛나는 교표로는 오히려 창권이 형의 *능청스러운 성격을 **은폐하기 어려움을 의미한다. *엉큼한 마음을 숨기고 겉으로는 아무렇지 않게 행동하는 **숨기기

풀이 '교표'는 창권이 형을 고등학생으로 위장하는 역할을 하는 것으로, 창권이 형의 능청스러운 성격을 은폐하기 위한 소재로 볼 수 없다.

→ 적절하지 않으므로 오답!

② 교표가 빛이 날수록 오히려 창권이 형이 자신의 행동을 부끄럽게 생각할 수 있음을 의미한다.

근거 "일트레면은 가짜배기 나이롱 고등 학생인 심이지." 언제 학교에 들어갔었느냐는 내 물음에 형은 천연덕스레 대꾸하고 나서 한바탕 히히거렸다./ 가정 형편이 어려워 어릴 때부터 남의집살이로 잔뼈를 굵혀 나온 형은 자신을 진짜배기 고등학생으로 착각하고 있는 기색이었다.

풀이 창권이 형은 자신을 가짜배기 나이롱 고등 학생이라고 하며 한바탕 히히거리고, 자신을 진짜배기 고등학생으로 착각하고 있는 기색이었으므로 자신의 행동을 부끄럽게 생각한다고 보기 어렵다.

→ 적절하지 않으므로 오답!

③ 번뜩이는 교표로 인해 궐기대회에서 창권이 형이 맡는 역할이 오히려 축소될 수 있음을 의미한다.

근거 "요담번 궐기대회 때부텀 나가 맥아더 원수에게 보내는 멧세지 낭독까장 맡어서 허기로 결정이 나뿌렀다."/ 형은 걸구대에서 자신이 맡은 역할이 단골 혈서가 노릇 말고 다른 중요한 것이 더 있음을 자랑스레 밝히는 중이었다.

풀이 '교표'는 궐기대회에서 단골 혈서가 노릇을 하고 있는 창권이 형의 신분을 고등학생으로 위장하기 위한 것이었고, 다음번 궐기대회 때부터는 형이 맥아더 원수에게 보내는 메세지 낭독까지 하는 것으로 역할이 확대되었으므로, 번뜩이는 교표로 인해 궐기대회에서 창권이 형이 맡는 역할이 오히려 축소되었다고 이해하는 것은 적절하지 않다.

→ 적절하지 않으므로 오답!

④ 교표를 정성스럽게 닦는 행위 때문에 오히려 창권이 형이 불안감을 더 크게 느끼게 됨을 의미한다.

근거 형은 내친김에 아예 순금제로 바꿔 놓을 작정인 듯 시간 가는 줄 모르고 일삼아 닦고 또 닦아 댔다./ 가정 형편이 어려워 어릴 때부터 남의집살이로 잔뼈를 굵혀 나온 형

문제편 35쪽

은 자신을 진짜배기 고등학생으로 착각하고 있는 기색이었다.

풀이 창권이 형은 시간 가는 줄 모르고 교표를 정성스럽게 닦았고, 자신을 진짜배기 고등학생으로 착각하고 있는 기색이었으므로 창권이 형이 불안감을 더 크게 느끼게 되는 것과는 거리가 멀다.

→ 적절하지 않으므로 오답!

⑤ 지나치게 새것으로 보이는 교표 때문에 오히려 창권이 형의 학력 위조가 쉽게 탄로 날 수 있음을 의미한다.

풀이 '교표'는 창권이 형을 고등학생으로 위장하는 역할을 하지만 너무 번뜩여서 오히려 창권이 형이 가짜 고등학생임을 탄로 나게 할 위험이 있다. 따라서 지나치게 새것으로 보이는 교표 때문에 오히려 창권이 형의 학력 위조가 쉽게 탄로 날 수 있을 것이라는 설명은 적절하다.

→ 맞아서 정답!

오답률 TOP ④ 1등급 문제

37 감상의 적절성 - 틀린 것 고르기
정답률 60%, 매력적 오답 ① 10% ④ 20% | 정답 ⑤

〈보기〉를 바탕으로 윗글을 감상한 내용으로 적절하지 않은 것은? [3점]

| 보기 |

[1] 이 작품은 6 · 25 전쟁으로 인해 혼란해진 사회를 배경으로 한다. [2] 창권이 형은 궐기대회에서 애국 학도로 활약하게 되는 과정에서 권력층에 편승하는(편할 便 탈 乘 : 남의 세력을 이용하여 자신의 이익을 거두는) 모습을 보인다. [3] 정치적 목적을 위해 대중(클 大 무리 衆 : 많은 사람의 무리)을 기만하는(속일 欺 속일 瞞 : 속이는) 권력층에 이용당하다 결국 몰락하게(가라앉을 沒 떨어질 落 : 약해져서 보잘것없어지게) 되는 창권이 형을 통해 어리석은 인물이 가진 욕망의 허망함(공허할 虛 헛될 妄 : 어이없고 허무함)을 풍자하고(풍자할 諷 꾸짖을 刺 : 경계하거나 비판하고) 있다. [4] 그리고 궐기대회에서 벌어지는 일을 제대로 이해하지 못하는 어린 '나'를 통해 궐기대회가 희화화된다(희롱할 戱 그릴 畫 될 化 : 우스꽝스럽게 묘사되거나 풍자된다).

① '멧세지'를 보내는 것을 '멧돼지 보내기'로 오해한 '나'를 통해 궐기대회가 희화화되는군.

근거 〈보기〉-4 궐기대회에서 벌어지는 일을 제대로 이해하지 못하는 어린 '나'를 통해 궐기대회가 희화화된다.
멧돼지 보내기가 몇 번이나 되풀이된 다음, 마지막 순서로 혈서 쓰기가 시작되었다. 하지만 무식한 가짜 고등학생은, 멧돼지가 아니라고, 꼬부랑말로 **멧세지**가 맞다고 턱도 없는 우김질을 끝까지 계속했다.

풀이 국민학교 2학년생인 '나'는 궐기대회에서 벌어지는 일을 제대로 이해하지 못해 '멧세지'를 보내는 것을 '멧돼지 보내기'로 오해하는데, 이러한 '나'를 통해 궐기대회가 우스꽝스럽게 희화화되고 있다.

→ 적절하므로 오답!

② '좀체 아물 새가 없'는 '손가락들'은 표면적으로는 애국심의 증거이지만 *이면적으로는 창권이 형이 권력층에 이용당하는 인물임을 엿볼 수 있게 하는군. *속 裏 겉 面 ~의 的 : 겉으로 나타나거나 눈에 보이지 않는 부분의 측면에서는

근거 〈보기〉-3 정치적 목적을 위해 대중을 기만하는 권력층에 이용당하다
덕분에 형의 상처 난 **손가락들**은 **좀체 아물 새가 없**었다.

풀이 궐기대회 때마다 단골로 혈서를 쓰는 열혈 애국 청년 노릇에 바쁜 창권이 형의 '좀체 아물 새가 없'는 '손가락들'은 표면적으로는 애국심의 증거로 볼 수 있지만 이면적으로는 그가 정치적 목적을 위해 대중을 기만하는 권력층에 이용당하는 인물임을 엿볼 수 있게 한다.

→ 적절하므로 오답!

③ '고등과 학생 숭내를 내고 댕기'라고 지시하는 것에서 자신들의 목적을 위해 대중을 속이는 권력층의 부정적 면모가 드러나는군.

근거 〈보기〉-3 정치적 목적을 위해 대중을 기만하는 권력층
중요한 일로 높은 사람들을 만나러 간다며 아침 일찍 집을 나선 창권이 형이 해 질 녘에 다따가 고등학생으로 변해 돌아왔다./ "핵교도 안 댕기는 반거충이 청년이 단골 혈서가란 속내가 알려지는 날이면 넘들 보기에도 모냥이 숭칙허다고, 날더러 당분간 **고등과 학생 숭내를 내고 댕기**란다."

풀이 높은 사람들이 단골 혈서가인 창권이 형의 실체가 탄로 날 것을 우려하여 그에게 '고등과 학생 숭내를 내고 댕기'라고 지시한 것에서 정치적 목적을 위해 대중을 기만하는 권력층의 부정적 면모가 드러난다.

→ 적절하므로 오답!

④ '시위대의 선두에 섰'다가 '중상을 입'은 비극을 통해 권력층에 편승하려는 창권이 형의 *부질없는 욕망이 풍자되고 있군. *쓸모없는

근거 〈보기〉-2~3 창권이 형은 궐기대회에서 애국 학도로 활약하게 되는 과정에서 권력층에 편승하는 모습을 보인다. ~ 결국 몰락하게 되는 창권이 형을 통해 어리석은 인물이 가진 욕망의 허망함을 풍자하고 있다.
그날도 형은 군산으로 원정을 떠나 적성중립국 감시위원들의 추방을 요구하는 **시위대의 선두에 섰**다./ 형은 세퍼드들의 집중 공격을 받아 엉덩이 살점이 뭉텅 뜯겨 나가고 왼쪽 발뒤꿈치의 인대가 끊어지는 **중상을 입**었다.

풀이 궐기대회에서 애국 학도로 활약하게 되는 과정에서 권력층에 편승하는 모습을 보인 창권이 형은 '시위대의 선두에 섰'다가 '중상을 입'는 비극을 겪는데, 이를 통해 어리석은 인물이 가진 욕망의 허망함이 풍자되고 있다.

→ 적절하므로 오답!

⑤ '유일한 전리품'이었던 '회중시계'는 전쟁 시기에 애국 학도로서의 신념을 지키지 못한 창권이 형의 고뇌를 상징하는군.

근거 〈보기〉-2~3 창권이 형은 궐기대회에서 애국 학도로 활약하게 되는 과정에서 권력층에 편승하는 모습을 보인다. ~ 창권이 형을 통해 어리석은 인물이 가진 욕망의 허망함을 풍자하고 있다.
피난민 시체로부터 받은 선물이라고 주장하던 그 **회중시계**가 내 작은 손바닥 위에 제법 묵직한 중량감으로 올라앉아 있었다./ 전쟁 기간을 통틀어 형의 수중에 남겨진 **유일한 전리품**이었다.

풀이 '나'는 창권이 형의 '유일한 전리품'이었던 '회중시계'를 들여다보며 시계가 형의 금빛 찬란하던 한때를 증언하는 듯한 느낌을 받는다. 그러나 '회중시계'가 전쟁 시기에 애국 학도로서의 신념을 지키지 못한 창권이 형의 고뇌를 상징한다고 볼 수는 없다. 애초에 창권이 형에게는 애국 학도로서의 신념이 존재하지 않았고, 다만 자신의 욕망을 위해서 열혈 애국 청년 노릇에 몰두했다고 이해하는 것이 적절하기 때문이다.

→ 틀려서 정답!

[38 ~ 42] 기술 - 〈편광판의 원리를 이용해 OLED 스마트폰에서 야외 시인성을 높이는 기술〉

1 [1]맑고 화창한 날 밖에서 스마트폰 화면이 잘 보이지 않았던 경험이 한 번쯤은 있을 것이다. [2]이는 화면에 반사된(反射-, 부딪혀서 나아가던 방향이 반대로 바뀐) 햇빛이 화면에서 나오는 빛과 많이 ⓐ 혼재될수록 야외(野外, 건물의 밖) 시인성(視認性, 분별하여 알아보기 쉬운 성질)이 저하되기(低下-, 떨어져 낮아지기) 때문이다. [3]야외 시인성이란, 빛이 밝은 야외에서 대상을 명확하게(明確-, 아주 뚜렷하고 확실하게) 인식할(認識-, 분별하고 판단하여 알) 수 있는 성질을 의미한다. [4]그렇다면 스마트폰에는 야외 시인성 개선(改善, 고쳐 더 좋게 만듦)을 위해 어떠한 기술이 적용되어 있을까?

→ 맑은 날 밖에서 스마트폰 화면이 잘 보이지 않는 이유 및 야외 시인성의 개념

2 [1]㉠ 스마트폰 화면의 명암비가 높으면 우리는 화면에 표현된 이미지를 선명하다고(鮮明-, 뚜렷하다고) 인식한다. [2]명암비는 가장 밝은 색과 가장 어두운 색을 화면이 얼마나 잘 표현하는지를 나타내는 수치(數値, 계산하여 얻은 값)로, 흰색을 표현할 때의 휘도(輝 빛 휘 度 정도 도)를 검은색을 표현할 때의 휘도로 나눈 값이다. [3]여기서 휘도는 화면에서 나오는 빛이 사람의 눈에 얼마나 들어오는지를 나타내는 양이다. [4]가령, 흰색을 표현할 때의 휘도가 2,000 cd/m^2이고 검은색을 표현할 때의 휘도가 2 cd/m^2인 스마트폰의 명암비는 1,000(흰색을 표현할 때의 휘도 ÷ 검은색을 표현할 때의 휘도 = 2,000 ÷ 2 = 1,000)이다.

→ 명암비의 개념과 계산 방법

3 [1]명암비는 휘도를 측정하는(測定-, 재는) 환경에 따라 암실(暗 어둡다 암 室 방 실, 밖으로부터 빛이 들어오지 못하게 만든 방) 명암비와 명실(明 밝다 명 室 방 실) 명암비로 구분된다. [2]암실 명암비는 햇빛과 같은 외부(外部, 바깥)광(光, 빛) 없이 오로지 화면에서 나오는 빛만을 인식할 수 있는 조건에서의 명암비를, 명실 명암비는 외부광이 ⓑ 존재하는 조건에서의 명암비를 의미한다. [3]스마트폰의 야외 시인성을 높이기 위해서는 명실 명암비를 높여야 한다. [4]이를 위해 화면에서 흰색을 표현할 때의 휘도를 높이는 방법과 검은색을 표현할 때의 휘도를 낮추는 방법을 사용할 수 있다.

→ 명암비의 종류와 야외 시인성을 높이기 위한 방법

4 [1]그런데 스마트폰에 흔히 사용되는 OLED는 흰색을 표현할 때의 휘도를 높이는 데 한계(限界, 실제 작용할 수 있는 범위)가 있다. [2]OLED는 화면의 내부에 있는 기판*에서 빛을 내는 소자(素子, 장치의 구성 요소가 되는 낱낱의 부품)로, 빨간색, 초록색, 파란색 빛을 조합하여(組合-, 한데 모아 한 덩어리로 짜서) 다양한 색을 ⓒ 구현한다. [3]이렇게 OLED가 색을 표현할 때, 출력되는(出力-, 나오는) 빛의 세기를 높이면 해당(該當, 바로 그) 색의 휘도가 높아진다. [4]그러나 강한 세기의 빛을 출력할수록 OLED의 수명(壽命, 사용에 견디는 기간)이 ⓓ 단축되는 문제가 있다. [5]이러한 이유로 OLED 스마트폰에는 편광판(偏光板, 자연광을 투과하면 직선 편광으로 변화하는 얇은 판, 여기서 편광은 일정한 방법으로 진동하는 빛을 말함)과 위상지연(位相遲延, 단일 주파수의 파동이 어떤 점에서 계통이 다른 점으로 퍼져 갈 때 짧은 시간에 생기는 늦추어짐)필름을 활용하여, 외부광의 반사로 높아진, 검은색을 표현할 때의 휘도를 낮추는 기술이 적용되고(適用-, 맞추어져 쓰이고) 있다.

→ OLED 스마트폰의 야외 시인성을 높이기 위해 적용되는 기술

5 [1]〈그림〉은 OLED 스마트폰에 적용된 편광판의 원리를 나타낸 것이다. [2]일반적으로 빛은 진행하는 방향에 수직인 모든 방향으로 진동하며 나아간다. [3]빛이 편광판을 통과하면 그(진행 방향에 수직으로 진동하며 나아가는 빛)중 편광판의 투과축(透過軸, 편광판에서 전자기파의 전기장이 투과할 수 있는 축)과 평행한 방향으로 진동하며 나아가는 선형(線形, 선처럼 가늘고 긴 모양) 편광만 남고, 투과축의 수직 방향으로 진동하는 빛은 차단된다.(遮斷-, 막혀져 통하지 못하게 된다.) [4]이러한 과정에서 편광판을 통과한 빛의 세기는 감소하게(減少-, 줄게) 된다.

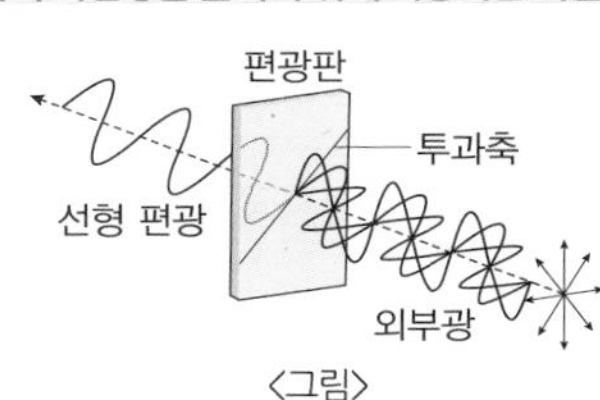

〈그림〉

〈참고 그림〉 편광판의 원리

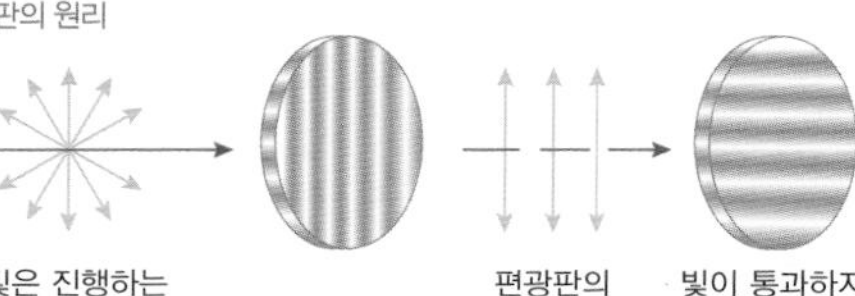

→ OLED 스마트폰에 적용된 편광판의 원리

6 [A] [1]이러한 원리를 이용해 OLED 스마트폰에서 야외 시인성을 높이는 기술을 설명하면 다음과 같다. [2]먼저 스마트폰 화면 안으로 들어오는 외부광은 편광판을 거치면서 일부(一部. 한 부분. 여기서는 투과축의 수직 방향으로 진동하는 빛을 뜻함)가 차단되고 투과축과 평행한 방향으로 진동하는 선형 편광만 남게 된다. [3]그런 다음 이 선형 편광은 위상지연필름을 지나면서 회전하며 나아가는 빛인 원형(圓形. 둥근 모양) 편광으로 편광의 형태가 바뀐다. [4]이 원형 편광은 스마트폰 화면의 내부 기판에 반사된 뒤, 다시 위상지연필름을 통과하며 선형 편광으로 바뀐다. [5]그런데 이 선형 편광의 진동 방향은 외부광이 처음 편광판을 통과했을 때 남은 선형 편광의 진동 방향(= 편광판의 투과축과 평행한 방향)과 수직을 이루게 되어(= 투과축의 수직 방향) 편광판에 가로막히게 된다.(= 편광판의 투과축의 수직 방향으로 진동하는 빛이므로 차단된다) [6]그 결과 기판에 반사된 외부광은 화면 밖으로 빠져나가지 못하게 된다.

→ 편광판의 원리를 이용해 OLED 스마트폰에서 야외 시인성을 높이는 기술

7 [1]이와 같은 기술은 OLED 스마트폰의 야외 시인성을 높이는 데에는 매우 효과적이지만, 편광판을 사용할 수밖에 없기 때문에 스마트폰 화면이 일정 수준의 명암비를 유지하기(維持-. 그대로 이어 가기) 위해서는 ㉡ OLED가 내는 빛의 세기를 높게 유지해야 한다는 단점이 존재한다. [2]그리고 외부광이 화면의 외부 표면에 반사되어 나타나는 야외 시인성의 저하도 ⓔ 방지하지 못한다. [3]최근에는 이러한 문제점들을 개선하기 위한 연구가 다양한 분야에서 이루어지고 있다.

→ 편광판의 원리를 이용해 OLED 스마트폰에서 야외 시인성을 높이는 기술의 장단점

* 기판 : 전기 회로가 편성되어(編成-. 짜여 만들어져) 있는 판

■지문 이해

❶ 맑은 날 밖에서 스마트폰 화면이 잘 보이지 않는 이유 및 야외 시인성의 개념
- 맑은 날 밖에서 스마트폰 화면이 잘 보이지 않는 이유 : 화면에 반사된 햇빛이 화면에서 나오는 빛과 많이 혼재될수록 야외 시인성이 저하되기 때문
- 야외 시인성 : 빛이 밝은 야외에서 대상을 명확하게 인식할 수 있는 성질

❷ 명암비의 개념과 계산 방법
- 스마트폰 화면의 명암비가 높으면 화면에 표현된 이미지를 선명하다고 인식함
- 명암비
  - 가장 밝은 색과 가장 어두운 색을 화면이 얼마나 잘 표현하는지 나타내는 수치
  - 흰색을 표현할 때의 휘도 ÷ 검은색을 표현할 때의 휘도

❸ 명암비의 종류와 야외 시인성을 높이기 위한 방법
- 암실 명암비 : 외부광 없이 화면에서 나오는 빛만 인식할 수 있는 조건에서의 명암비
- 명실 명암비 : 외부광이 존재하는 조건에서의 명암비
  → 스마트폰의 야외 시인성을 높이려면 명실 명암비를 높여야 함

❹ OLED 스마트폰의 야외 시인성을 높이기 위해 적용되는 기술
- 흰색을 표현할 때의 휘도를 높이는 방법 : OLED에서 출력되는 빛의 세기를 높이면 색의 휘도가 높아지지만, 강한 세기의 빛을 출력할수록 OLED의 수명이 단축됨 ← 한계가 있음
- 검은색을 표현할 때의 휘도를 낮추는 방법 : 편광판과 위상지연필름을 활용해, 외부광의 반사로 높아진, 검은색을 표현할 때의 휘도를 낮추는 기술이 적용됨

❺ OLED 스마트폰에 적용된 편광판의 원리
- 빛이 편광판을 통과하면 편광판의 투과축과 평행한 방향으로 진동하며 나아가는 선형 편광만 남고, 수직 방향으로 진동하는 빛은 차단됨 → 빛의 세기 감소

❻ 편광판의 원리를 이용해 OLED 스마트폰에서 야외 시인성을 높이는 기술
① 외부광이 편광판을 거쳐 투과축과 평행한 방향으로 진동하는 선형 편광만 남게 됨
② ①의 선형 편광이 위상지연필름을 지나며 원형 편광으로 형태가 바뀜
③ 원형 편광이 스마트폰 화면의 내부 기판에 반사됨
④ 위상지연필름을 통과하며 ①의 선형 편광과 수직을 이루는 진동 방향의 선형 편광으로 바뀜
⑤ 편광판에 가로막혀 화면 밖으로 빠져나가지 못하게 됨

❼ 편광판의 원리를 이용해 OLED 스마트폰에서 야외 시인성을 높이는 기술의 장단점
- 장점 : OLED 스마트폰의 야외 시인성을 높이는 데에는 매우 효과적임
- 단점
  - 빛의 세기가 감소하는 편광판을 사용하기 때문에 명암비 유지를 위해 OLED가 내는 빛의 세기를 높게 유지해야 함
  - 외부광이 화면 외부 표면에 반사되어 나타나는 야외 시인성 저하를 방지하지 못함

오답률 TOP ❷ 1등급 문제

38 세부 정보 이해 - 맞는 것 고르기 | 정답률 60%, 매력적 오답 ③⑤ 15% | 정답 ①

윗글에서 알 수 있는 내용으로 가장 적절한 것은?

① 햇빛은 진행하는 방향에 수직인 모든 방향으로 진동한다.

근거 ❺-2 일반적으로 빛은 진행하는 방향에 수직인 모든 방향으로 진동하며 나아간다.
→ 맞아서 정답!

② OLED는 네(세) 가지의 색을 조합하여 다양한 색을 구현한다.

근거 ❹-2 OLED는 화면의 내부에 있는 기판에서 빛을 내는 소자로, 빨간색, 초록색, 파란색 빛을 조합하여 다양한 색을 구현한다.
→ 적절하지 않으므로 오답!

③ 사람의 눈에 들어오는 빛의 양이 많으면 휘도는 낮아진다(높아진다).

근거 ❷-3 휘도는 화면에서 나오는 빛이 사람의 눈에 얼마나 들어오는지를 나타내는 양
풀이 휘도는 화면에서 나오는 빛이 사람의 눈에 얼마나 들어오는가를 나타내는 양이므로, 사람의 눈에 들어오는 빛의 양이 많으면 휘도는 높아진다.
→ 적절하지 않으므로 오답!

④ 야외 시인성은 사물 간의 크기 차이를 비교하는 기준이다.

근거 ❶-3 야외 시인성이란, 빛이 밝은 야외에서 대상을 명확하게 인식할 수 있는 성질을 의미한다.
→ 적절하지 않으므로 오답!

⑤ OLED는 화면의 외부 표면에 반사되는 외부광을 차단한다.

근거 ❹-2 OLED는 화면의 내부에 있는 기판에서 빛을 내는 소자로, 빨간색, 초록색, 파란색 빛을 조합하여 다양한 색을 구현한다, ❼-2 (OLED는) 외부광이 화면의 외부 표면에 반사되어 나타나는 야외 시인성의 저하도 방지하지 못한다.
풀이 OLED는 화면의 내부에 있는 기판에서 빛을 내는 소자이므로, 화면의 외부 표면에 반사되는 외부광을 차단하는 역할을 하지는 않는다. 또한 OLED는 화면의 외부 표면에 반사되는 외부광을 차단하지 못하여 야외 시인성의 저하도 방지하지 못한다.
→ 적절하지 않으므로 오답!

39 세부 정보 이해 - 틀린 것 고르기 | 정답률 65%, 매력적 오답 ⑤ 15% | 정답 ②

㉠에 대한 설명으로 적절하지 않은 것은?

㉠ 스마트폰 화면의 명암비

① 명실 명암비를 높이면 야외 시인성이 높아지게 된다.

근거 ❸-3 스마트폰의 야외 시인성을 높이기 위해서는 명실 명암비를 높여야 한다.
→ 적절하므로 오답!

② 흰색을 표현할 때의 휘도가 낮아질수록 암실 명암비가 높아진다(낮아진다).

근거 ❷-2 명암비는 … 흰색을 표현할 때의 휘도를 검은색을 표현할 때의 휘도로 나눈 값, ❷-4 가령, 흰색을 표현할 때의 휘도가 2,000 cd/m²이고 검은색을 표현할 때의 휘도가 2 cd/m²인 스마트폰의 명암비는 1,000이다.
풀이 명암비는 흰색을 표현할 때의 휘도를 검은색을 표현할 때의 휘도로 나눈 값이므로, 암실 명암비와 명실 명암비 모두 흰색을 표현할 때의 휘도가 낮아질수록 명암비가 낮아진다.
→ 틀려서 정답!

③ 휘도를 측정하는 환경에 따라 명실 명암비와 암실 명암비로 나뉜다.

근거 ❸-1 명암비는 휘도를 측정하는 환경에 따라 암실 명암비와 명실 명암비로 구분된다.
→ 적절하므로 오답!

④ 흰색을 표현할 때의 휘도를 검은색을 표현할 때의 휘도로 나눈 값이다.

근거 ❷-2 명암비는 … 흰색을 표현할 때의 휘도를 검은색을 표현할 때의 휘도로 나눈 값이다.
→ 적절하므로 오답!

⑤ 화면에 반사된 외부광이 눈에 많이 들어올수록 명실 명암비가 낮아진다.

근거 ❶-2 화면에 반사된 햇빛이 화면에서 나오는 빛과 많이 혼재될수록 야외 시인성이 저하, ❸-2~3 명실 명암비는 외부광이 존재하는 조건에서의 명암비를 의미한다. 스마트폰의 야외 시인성을 높이기 위해서는 명실 명암비를 높여야 한다.
풀이 윗글에서 야외 시인성을 높이기 위해서는 명실 명암비를 높여야 한다고 하였으므로, 이를 통해 명실 명암비가 낮을 때는 야외 시인성이 낮을 것임을 알 수 있다. 또 윗글에서는 화면에 반사된 햇빛(외부광)이 화면에서 나오는 빛과 뒤섞여 눈에 많이 들어올수록 야외 시인성이 낮아진다고 하였다. 따라서 화면에 반사된 외부광이 눈에 많이 들어올수록 명실 명암비가 낮아진다는 설명은 적절하다.
→ 적절하므로 오답!

40 추론의 적절성 판단 - 맞는 것 고르기 | 정답률 70%, 매력적 오답 ④⑤ 10% | 정답 ③

㉡의 이유를 추론한 것으로 가장 적절한 것은?

㉡ OLED가 내는 빛의 세기를 높게 유지해야 한다

근거 ❺-3~4 빛이 편광판을 통과하면 그중 편광판의 투과축과 평행한 방향으로 진동하며 나아가는 선형 편광만 남고, 투과축의 수직 방향으로 진동하는 빛은 차단된다. 이러한 과정에서 편광판을 통과한 빛의 세기는 감소하게 된다.
풀이 빛이 편광판을 통과하면 투과축의 수직 방향으로 진동하는 빛은 차단되고, 이 과정에서 편광판을 통과한 빛의 세기는 감소한다. 윗글에서 소개한 OLED 스마트폰의 야외 시인성을 높이는 기술에서는 편광판을 사용하므로, 외부광의 경우와 마찬가지로 OLED가 내는 빛 중 투과축의 수직 방향으로 진동하는 빛이 차단되면서 화면에서 나오는 빛의 세기가 감소할 것이다. 따라서 OLED가 내는 빛의 세기를 높게 유지해야 하는 이유는 편광판 사용으로 인해 OLED가 내는 빛 중 일부가 편광판에서 차단되

○ 문제편 36쪽

어, 화면에서 나오는 빛의 세기가 감소되기 때문이라고 추론할 수 있다. 따라서 정답은 ③번이다.

① OLED가 내는 빛의 휘도를 조절할 수 없기 때문이다.

근거 ❹-3 OLED가 색을 표현할 때, 출력되는 빛의 세기를 높이면 해당 색의 휘도가 높아진다.

② OLED가 내는 빛이 강할수록 수명이 길어지기 때문이다.

근거 ❹-4 강한 세기의 빛을 출력할수록 OLED의 수명이 단축되는 문제가 있다.

③ OLED가 내는 빛 중 일부가 편광판에서 차단되기 때문이다.

→ 맞아서 정답!

④ OLED가 내는 빛이 약하면 명암비 계산이 어렵기 때문이다.

근거 ❷-2 명암비는 가장 밝은 색과 가장 어두운 색을 화면이 얼마나 잘 표현하는지를 나타내는 수치로, 흰색을 표현할 때의 휘도를 검은색을 표현할 때의 휘도로 나눈 값

풀이 명암비는 흰색을 표현할 때의 휘도를 검은색을 표현할 때의 휘도로 나눈 값이다. 명암비 계산에 사용되는 휘도는 OLED에서 나오는 빛의 세기와 관련이 있으므로 그 세기가 약하면 측정이 어려워 계산이 어려울 것이라 추론할 수 있다. 그러나 이는 편광판을 사용하여 OLED 스마트폰의 야외 시인성을 높이고자 할 때 OLED가 내는 빛의 세기를 높게 유지해야 하는 이유와 관련이 없다.

⑤ OLED가 내는 빛의 세기를 높이는 데 한계가 있기 때문이다.

근거 ❹-4 강한 세기의 빛을 출력할수록 OLED의 수명이 단축되는 문제가 있다.

풀이 윗글에서는 강한 세기의 빛을 출력할수록 OLED의 수명이 단축되는 문제가 있다고 설명하면서 OLED가 내는 빛의 세기를 높이는 데 한계가 있음을 밝히고 있다. 그러나 OLED가 내는 빛의 세기를 높이는 데 한계가 있기 때문에 OLED가 내는 빛의 세기를 높게 유지해야 하는 것은 아니다.

오답률 TOP❶ 1등급 문제

41 | 세부 정보 이해 - 틀린 것 고르기

정답률 50%, 매력적 오답 ② 20% ④ 15% | 정답 ③

<보기>는 [A]의 과정을 나타낸 그림이다. 윗글을 바탕으로 <보기>를 이해한 내용으로 적절하지 않은 것은? 3점

| 보기 |

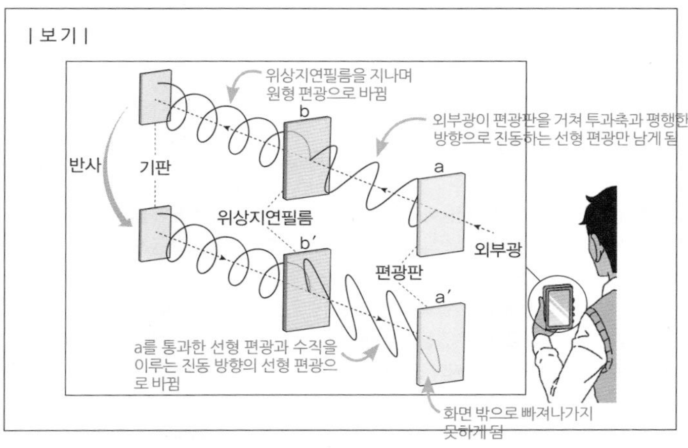

① 외부광은 a를 거치면서 투과축과 평행한 방향으로 진동하는 빛만 남게 된다.

근거 ❻-2 스마트폰 화면 안으로 들어오는 외부광은 편광판(a)을 거치면서 일부가 차단되고 투과축과 평행한 방향으로 진동하는 선형 편광만 남게 된다.

→ 적절하므로 오답!

② a를 거쳐 b로 나아가는 빛은 진행 방향에 수직인 방향으로 진동한다.

근거 ❺-2 일반적으로 빛은 진행하는 방향에 수직인 모든 방향으로 진동하며 나아간다.

풀이 모든 빛은 진행하는 방향에 수직인 방향으로 진동하며 나아간다. 따라서 a를 거쳐 b로 나아가는 빛, 즉 편광판의 투과축과 평행한 방향으로 진동하며 나아가는 빛 역시 진행 방향에 수직인 방향으로 진동한다.

→ 적절하므로 오답!

원형 편광 / 선형 편광 / 다른

③ b를 거친 빛은 기판에 의해 a를 거쳐 b로 나아가는 빛과 같은 형태의 편광으로 바뀌게 된다.

근거 ❻-2~3 먼저 스마트폰 화면 안으로 들어오는 외부광은 편광판(a)을 거치면서 일부가 차단되고 투과축과 평행한 방향으로 진동하는 선형 편광만 남게 된다. 그런 다음 이 선형 편광은 위상지연필름(b)을 지나면서 회전하며 나아가는 빛인 원형 편광으로 편광의 형태가 바뀐다.

→ 틀려서 정답!

④ b′를 거친 빛의 진동 방향은 a를 거쳐 b로 나아가는 빛의 진동 방향과 수직을 이룬다.

근거 ❻-4~5 이 원형 편광은 스마트폰 화면의 내부 기판에 반사된 뒤, 다시 위상지연필름(b′)을 통과하며 선형 편광으로 바뀐다. 그런데 이 선형 편광의 진동 방향은 외부광이 처음 편광판(a)을 통과했을 때 남은 선형 편광의 진동 방향과 수직을 이루게 되어

→ 적절하므로 오답!

⑤ b′를 거친 빛은 진동 방향이 a′의 투과축과 수직을 이루므로 화면 밖으로 빠져나가지 못하게 된다.

근거 ❻-4~6 이 원형 편광은 스마트폰 화면의 내부 기판에 반사된 뒤, 다시 위상지연필름(b′)을 통과하며 선형 편광으로 바뀐다. 그런데 이 선형 편광의 진동 방향은 외부광이 처음 편광판을 통과했을 때 남은 선형 편광의 진동 방향과 수직을 이루게 되어 편광판(a′)에 가로막히게 된다. 그 결과 기판에 반사된 외부광은 화면 밖으로 빠져나가지 못하게 된다.

→ 적절하므로 오답!

42 | 문맥적 의미 파악 - 틀린 것 고르기

정답률 90% | 정답 ③

문맥상 ⓐ~ⓔ와 바꾸어 쓰기에 적절하지 않은 것은?

ⓐ 혼재될수록 ⓑ 존재하는 ⓒ 구현한다 ⓓ 단축되는 ⓔ 방지하지

① ⓐ : 뒤섞일수록

풀이 ⓐ에서 쓰인 '혼재(混 섞이다 혼 在 있다 재)되다'는 '뒤섞여 있다'의 뜻으로, '뒤섞이다'와 바꿔 써도 문맥상 의미가 달라지지 않는다. 따라서 ⓐ의 '혼재될수록'을 '뒤섞일수록'으로 바꿔 쓰는 것은 문맥상 적절하다.

→ 적절하므로 오답!

② ⓑ : 있는

풀이 ⓑ에서 쓰인 '존재(存 있다 존 在 있다 재)하다'는 '현실에 실재하다(실제로 존재하다)'의 뜻으로, '실제로 존재하는 상태이다'를 뜻하는 '있다'와 바꿔 써도 문맥상 의미가 달라지지 않는다. 따라서 ⓑ의 '존재하는'을 '있는'으로 바꿔 쓰는 것은 문맥상 적절하다.

→ 적절하므로 오답!

③ ⓒ : 고른다

풀이 ⓒ에서 쓰인 '구현(具 갖추다 구 現 나타나다 현)하다'는 '어떤 내용을 구체적인 사실로 나타나게 하다'의 의미이다. 한편 '고르다'는 '여럿 중에서 가려내거나 뽑다'의 의미로, ⓒ와 바꿔 쓸 경우 해당 문장의 의미가 달라진다. 따라서 ⓒ를 '고른다'로 바꿔 쓰는 것은 적절하지 않다. ⓒ는 '보이지 아니하던 어떤 대상이 모습을 드러내다'의 뜻을 지닌 '나타낸다'로 바꿔 쓰는 것이 더 적절하다.

→ 틀려서 정답!

④ ⓓ : 줄어드는

풀이 ⓓ에서 쓰인 '단축(短 짧다 단 縮 줄이다 축)되다'는 '시간이나 거리 따위가 짧게 줄어들다'의 뜻으로, '줄어들다'와 바꿔 써도 문맥상 의미가 달라지지 않는다. 따라서 ⓓ의 '단축되는'을 '줄어드는'으로 바꿔 쓰는 것은 문맥상 적절하다.

→ 적절하므로 오답!

⑤ ⓔ : 막지

풀이 ⓔ에서 쓰인 '방지(防 막다 방 止 그치다 지)하다'는 '어떤 일이나 현상이 일어나지 못하게 막다'의 뜻으로, '막다'와 바꿔 써도 문맥상 의미가 달라지지 않는다. 따라서 ⓔ의 '방지하지'를 '막지'로 바꿔 쓰는 것은 문맥상 적절하다.

→ 적절하므로 오답!

문제편 37쪽

[43 ~ 45] 고전소설 - 작자 미상, 「금방울전」

1 **[앞부분의 줄거리]** 1 전생(앞 前 살 生 : 이 세상에 태어나기 이전의 생애)에 부부였던 남해 용왕의 딸과 동해 용왕의 아들은 각각 금방울과 해룡으로 환생한다(다시 날 還 살 生 : 죽은 후 다시 태어난다). 2 해룡은 피란(피할 避 난리 亂 : 전쟁을 피해 옮겨 감) 도중에 부모와 헤어져 장삼과 변 씨의 집에서 자라게 된다.

→ 금방울과 해룡은 전생에 부부였고, 해룡은 전쟁 중에 부모와 헤어지고 장삼과 변 씨와 함께 살게 된다.

2 1 어느 추운 겨울날, 눈보라가 내리치는 밤에 변 씨는 소룡과 함께 따뜻한 방에서 자고 해룡에게는 방아질(방아로 곡식을 찧는 일)을 시켰다. 2 해룡은 어쩔 수 없이 밤새도록 방아를 찧었는데, 얇은 홑옷(한 겹으로 지은 옷)만 입은 아이(여기서는 해룡)가 어찌 추위를 견딜 수 있겠는가(추위를 견딜 수 없었다)? 3 추위를 이기지 못해 잠깐 쉬려고 제(해룡의) 방에 들어가니, 눈보라가 방 안에까지 들이치고 덮을 것이 하나도 없었다. 4 해룡이 몸을 잔뜩 웅크리고 엎드려 있는데, 갑자기 방 안이 대낮처럼 밝아지고 여름처럼 더워져 온몸에 땀이 났다. 5 놀라고 또 이상해 바로 일어나 밖을 자세히 살펴보니, 아직 날이 밝지 않았는데 하얀 눈이 뜰에 가득했다. 6 방앗간(방아로 곡식을 찧거나 빻는 곳)에 나가 보니 밤에 못다 찧은 것이 다 찧어져 그릇에 담겨 있었다. 7 해룡이 더욱 놀라고 괴이하게(기이할 怪 괴이할 異 : 이상하게) 여겨 방으로 돌아오니 방 안은 여전히 밝고 더웠다.

8 아무리 생각해도 이상해 방 안을 두루(빠짐없이 골고루) 살펴보니, 침상(잘 寢 평상 牀 : 침대) 위에 예전에 없었던 북만 한(북 정도 크기의) 방울 같은 것이 놓여 있었다. 9 해룡이 잡으려 했으나, 방울이 이리 미끈 달아나고 저리 미끈 달아나며 요리(이리) 구르고 저리 굴러 잡히지 않았다. 10 더욱 놀라고 신통해서(신령 神 통할 通 : 신기해서) 자세히 보니, 금빛이 방 안에 가득하고, 방울이 움직일 때마다 향취(향기 香 냄새 臭 : 향기로운 냄새)가 가득히 퍼져 코를 찔렀다(향기가 강하게 느껴졌다). 11 이에 해룡은 생각했다.

12 '이것은 반드시 무슨 까닭이 있어서 일어난 일일 테니, 좀 더 두고 지켜봐야겠다.'

13 해룡은 마음속으로 기뻐하며 자리에 누웠다. 14 그동안 굶주림과 추위에 시달린 몸이 따뜻해지니, 마음이 절로 놓여 아침 늦도록 곤히(곤할 困 : 몹시 지쳐 깊이 잠든 상태로) 잠을 잤다.

→ 겨울밤에 변 씨는 해룡에게 방아질을 시키는데 해룡은 금방울의 도움으로 일을 끝내고 따뜻하게 잠을 잔다.

3 1 이때 변 씨 모자(어머니 母 아들 子 : 어머니와 아들. 여기서는 변 씨와 소룡)는 추워 잠을 자지 못하고 떨며 앉아 있다가 날이 밝자마자 밖으로 나와보니, 눈이 쌓여 온 집 안을 뒤덮었고 찬바람이 얼굴을 깎듯이 세차게 불어 몸을 움직이는 것마저 어려웠다. 2 이에 변 씨는 생각했다.

3 '해룡이 틀림없이 얼어 죽었겠구나.'

4 해룡을 불러도 대답이 없자, 해룡이 얼어 죽었으리라 생각하고 눈을 헤치고 나와 문틈으로 방 안을 엿보았다. 5 그랬더니 해룡이 벌거벗은 채 깊이 잠들어 있는데 놀라서 깨우려다가 자세히 살펴보니 하얀 눈이 온 세상 가득 쌓여 있는데, 오직 해룡이 자고 있는 사랑채(바깥주인이 머물며 손님을 대접하는 집채) 위에는 눈이 한 점도(조금도) 없고 더운 기운이 연기처럼 일어나고 있었다. 6 이것이 어찌 된 일인지 알 수가 없었다.

7 변 씨가 놀라 소룡에게 이런 상황을 이야기했다.

8 "매우 이상한 일이니, 해룡의 거동(행할 擧 움직일 動 : 행동)을 두고 보자꾸나."

→ 변 씨는 해룡이 밤새 추위에 얼어 죽지 않은 것을 보고 놀라고 이상하게 생각한다.

4 1 문득 해룡이 놀라 잠에서 깨어 내당(안 內 집 堂 : 안방. 안주인이 머무는 방)으로 들어가 변 씨에게 문안(물을 問 편안 安 : 안부 인사)을 올린 뒤 비(빗자루)를 잡고 눈을 쓸려 하는데, 갑자기 한 줄기 광풍(사나울 狂 바람 風 : 거센 바람)이 일어나며 반 시간도 채 안 되어 눈을 다 쓸어버리고는 (바람이) 그쳤다. 2 해룡은 이미 (금방울의 도움으로 일어난 일임을) 짐작하고 있었으나, 변 씨는 그 까닭을 전혀 알지 못해 더욱 신통히(신기할 神 통할 通 : 신기하게) 여기며 마음속으로 생각했다.

3 '분명 해룡이 요술을 부려 사람을 속인 것이로다. 4 만약 해룡을 집에 오래 두었다가는 큰 화(재앙 禍 : 불행한 일)를 당하리라.'

→ 변 씨는 해룡이 바람을 일으켜 눈을 다 쓸어버리는 것을 보고 해룡이 요술을 부린다고 생각한다.

5 1 변 씨는 어떻게든 해룡을 죽여 없앨 생각으로 이리저리 궁리하다가, 한 가지 계교(꾀할 計 책략 巧 : 나쁜 꾀)를 생각해 내고는 해룡을 불러 말했다.

[A] 2 "가군(집 家 남편 君 : 남에게 자기 남편을 이르는 말. 여기서는 장삼)이 돌아가신 뒤 우리 가산(집 家 재산 産 : 한집안의 재산)이 점점 줄어들게 된 것은 너(여기서는 해룡) 또한 잘 알 것이다. 3 구호동에 우리 집 논밭이 있는데, 근래(가까울 近 올 來 : 요즈음, 최근)에는 호환(범 虎 근심 患 : 호랑이에게 당하는 화)이 자주 일어나 사람을 다치게 해 농사를 짓지 못하고 묵혀둔(사용하지 않고 그대로 둔) 지 벌써 수십여 년이 되었구나. 4 이제 그 땅을 다 일구어(가꾸어) 너를 장가보내고 우리(여기서는 변 씨와 소룡)도 네 덕에 잘살게 된다면, 어찌 기쁘지 않겠느냐(매우 기쁠 것이다)? 5 다만 너를 그 위험한 곳에 보내면, 혹시 후회할 일이 생길까 걱정이구나."

6 해룡이 기꺼이(기쁘게) 허락하고 농기구를 챙겨 구호동으로 가려 하니, 변 씨가 짐짓(마음으로는 그렇지 않으나 일부러 그렇게) 말리는 체했다. 7 이에 해룡이 웃으며 말했다.

8 "사람의 목숨은 하늘에 달려 있으니, 어찌 짐승에게 해를 당하겠나이까?"

9 해룡이 가벼운 발걸음으로 집을 나서자, 변 씨가 문밖에까지 나와 당부(마땅 當 부탁할 付 : 부탁)하며 말했다.

10 "쉬이 잘 다녀오너라."

→ 변 씨는 해룡을 죽일 생각으로 호랑이가 자주 나타나는 구호동으로 보내 농사짓게 한다.

6 1 해룡이 공손하게 대답하고 구호동으로 들어가 보니, 사면(넉 四 낯 面 : 동서남북의 모든 방향)이 절벽으로 둘러싸여 있고 그(절벽) 사이에 작은 들판이 하나 있는데, 초목(풀 草 나무 木 : 풀과 나무)이 아주 무성했다. 2 해룡이 등나무 넝쿨(길게 뻗어 나가면서 다른 것을 감거나 땅바닥에 퍼지기도 하는 식물의 줄기)을 붙들고 들어가니, 오직 호랑이와 표범, 승냥이와 이리의 자취(흔적)뿐이요, 인적(사람 人 발자취 跡 : 사람의 발자취)은 아예 없었다. 3 해룡은 조금도 두려워하지 않고 옷을 벗은 뒤 잠깐 쉬었다. 4 해가 서산으로 넘어가려 할(저물) 무렵 자리에서 일어나 밭을 두어(둘쯤 되는) 이랑(불룩하게 흙을 쌓아 만든 곳) 갈고 있는데, 갑자기 바람이 거세게 불고 모래가 날리면서 산꼭대기에서 이마가 흰 칡범(몸에 줄무늬가 있는 호랑이)이 주홍색 입을 벌리고 달려들었다. 5 해룡이 정신을 바싹 차리고 손으로 호랑이를 내리치려 할 때, 또 서쪽에서 큰 호랑이가 벽력같은(벼락 霹 벼락 靂 : 벼락같은. 크고 요란한) 소리를 지르며 달려들어 해룡이 매우 위급한 상황에 처하게 되었다. 6 그 순간 갑자기 등 뒤에서 금방울이 달려와 두 호랑이를 한 번씩 들이받았다. 7 호랑이들이 소리를 지르며 달려들었으나, 금방울이 나는 듯이 뛰어서 연달아 호랑이를 들이받으니 두 호랑이가 동시에 거꾸러졌다(엎어졌다).

8 해룡이 달려들어 호랑이 두 마리를 다 죽이고 돌아보니, 금방울이 번개같이 굴러다니며 한 시간도 채 안 되어 그 넓은 밭을 다 갈아 버렸다. 9 해룡은 기특하게 여기며 금방울에게 거듭거듭(여러 번) 사례했다(사례할 謝 인사 禮 : 고마운 뜻을 나타냈다). 10 해룡이 죽은 호랑이를 끌고 산을 내려오면서 돌아보니, 금방울은 어디로 갔는지 사라지고 없었다.

→ 구호동에서 금방울이 나타나 호랑이로부터 해룡을 구한 후 밭을 다 갈고 사라진다.

7 1 한편, 변 씨는 해룡을 구호동 사지(죽을 死 땅 地 : 죽을 지경의 매우 위험한 곳)에 보내고 생각했다.

2 '해룡은 반드시 호랑이에게 물려 죽었을 것이다.'

3 변 씨가 집 안팎을 들락날락하며 매우 기뻐하고 있는데, 문득 밖에서 사람들이 요란하게 떠드는 소리가 들려와 급히 나아가 보니, 해룡이 큰 호랑이 두 마리를 끌고 왔다. 4 변 씨는 크게 놀랐지만 무사히 잘 다녀온 것을 칭찬했다. 5 또한 큰 호랑이를 잡은 것을 기뻐하는 체하며 해룡에게 말했다.

6 "일찍 들어가 쉬어라."

7 해룡이 변 씨의 칭찬에 감사드리고 제 방으로 들어가 보니, 방울이 먼저 와 있었다.

→ 변 씨는 해룡이 호랑이를 잡아 무사히 돌아오자 기뻐하는 척하고, 해룡이 방에 들어가니 방울이 먼저 와 있었다.

• 중심 내용

변 씨는 해룡을 죽이기 위해 여러 위험에 빠뜨리지만 해룡은 그때마다 금방울의 도움으로 위기에서 벗어난다.

• 전체 줄거리 ([ ] : 지문 내용)

원래 해룡은 동해 용왕의 아들이고 금방울은 남해 용왕의 딸이었다. 이 둘은 결혼을 하고 신부의 집으로 가는 길에 요괴의 공격을 받아 남해 용왕의 딸은 죽고 동해 용왕의 아들은 장원 부인의 몸속으로 피한다. 그 후 동해 용왕의 아들은 장원의 아들 해룡으로, 남해 용왕의 딸은 막 씨에게서 금방울로 태어난다. 금방울은 여러 재주로 막 씨를 도와 온갖 어려움을 극복한다. 금방울은 장원의 부인이 병을 얻었을 때 목숨을 구해 주게 되는데, 이를 계기로 장원 부부는 막 씨와 친해지고 금방울은 장원 부부의 사랑을 받는다. 한편 해룡은 세 살 때 전쟁 중에 부모인 장원 부부와 헤어지고 장삼과 함께 살게 된다. 장삼이 죽자 그의 아내 [변 씨는 해룡에게 한겨울 추위에 밤새 방아를 찧게 하거나 호랑이가 자주 나타나는 곳에서 농사를 짓게 해 해룡을 죽이려 하지만 그때마다 해룡은 금방울의 도움으로 위기에서 벗어난다.] 결국 해룡은 변 씨의 구박을 견디지 못해 변 씨 집을 나와 산으로 들어가는데 금색 털을 가진 머리 아홉 개의 요괴를 만나 위태롭게 된다. 이때 갑자기 나타난 금방울이 해룡을 구하고 요괴에게 대신 먹힌다. 그 후 해룡은 지하국을 찾아가 요괴를 죽여 금방울을 구하고, 요괴에게 납치되었던 금선 공주를 구해 금선 공주와 결혼하여 황제의 사위가 된다. 이후 해룡은 전쟁에 나가 금방울의 도움으로 적을 물리치고, 금방울은 막 씨와 장원 부부에게 돌아가 방울의 껍질을 벗고 아름다운 여인으로 변신한다. 전쟁에서 돌아온 해룡이 나랏일을 하러 지방에 갔다가 장원 부부를 만나게 되고, 금방울이 여인이 된 사실을 알게 된다. 한편 황제는 금방울의 도움으로 전쟁에서 이겼다는 해룡의 말을 듣고 금방울을 양녀로 삼아 금령 공주라고 칭하고 해룡과 결혼시킨다. 해룡은 금선 공주, 금령 공주와 함께 행복하게 살다가 하늘로 올라가 신이 된다.

• 인물 관계도

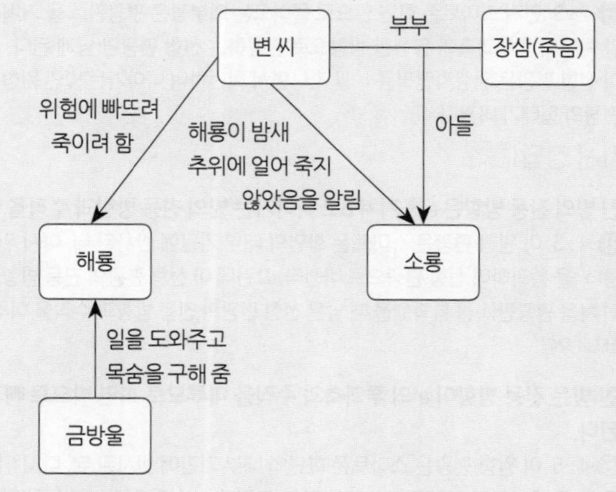

문제편 37쪽

43 내용 이해 - 틀린 것 고르기
정답률 80%
정답 ①

윗글의 내용에 대한 이해로 적절하지 않은 것은?

해룡이 밤새 얼어 죽지 않은 사실을 전한다
① 변 씨는 소룡에게 잠자는 해룡을 깨우라고 지시했다.

근거 ❸-4~7 (변 씨는) 해룡을 불러도 대답이 없자, ~ 깨우려다가 자세히 살펴보니 하얀 눈이 온 세상 가득 쌓여 있는데, 오직 해룡이 자고 있는 사랑채 위에는 눈이 한 점도 없고 더운 기운이 연기처럼 일어나고 있었다. ~ 변 씨가 놀라 소룡에게 이런 상황을 이야기했다.

풀이 변 씨는 잠자는 해룡을 깨우려다가 해룡이 밤새 추위에 얼어 죽지 않은 것을 확인하고 이를 소룡에게 알려 주고 있을 뿐 소룡에게 잠자는 해룡을 깨우라고 지시하고 있지 않다.

→ 틀려서 정답!

② 변 씨는 해룡을 도운 것이 금방울이라는 것을 몰랐다.

근거 ❸-5~6 해룡이 벌거벗은 채 깊이 잠들어 있는데 놀라서 깨우려다가 자세히 살펴보니 하얀 눈이 온 세상 가득 쌓여 있는데, 오직 해룡이 자고 있는 사랑채 위에는 눈이 한 점도 없고 더운 기운이 연기처럼 일어나고 있었다. 이것이 어찌 된 일인지 알 수가 없었다.
❹ 해룡이 ~ 비를 잡고 눈을 쓸려 하는데, 갑자기 한 줄기 광풍이 일어나며 반 시간도 채 안 되어 눈을 다 쓸어버리고는 그쳤다. ~ 변 씨는 그 까닭을 전혀 알지 못해 더욱 신통히 여기며 마음속으로 생각했다. '분명 해룡이 요술을 부려 사람을 속인 것이로다. 만약 해룡을 집에 오래 두었다가는 큰 화를 당하리라.'

풀이 변 씨는 해룡이 밤새 추위 속에 얼어 죽지 않고 방아를 모두 찧고 광풍으로 순식간에 눈을 쓸어버리는 것을 보고 해룡이 요술을 부린다고 생각할 뿐 금방울이 해룡을 도운 것임을 알지 못한다.

→ 적절하므로 오답!

③ 해룡은 밤에 방아질을 하다가 추워 방 안으로 들어갔다.

근거 ❷-1~3 어느 추운 겨울날, 눈보라가 내리치는 밤에 변 씨는 ~ 해룡에게는 방아질을 시켰다. 해룡은 어쩔 수 없이 밤새도록 방아를 찧었는데, 얇은 홑옷만 입은 아이가 어찌 추위를 견딜 수 있겠는가? 추위를 이기지 못해 잠깐 쉬려고 제 방에 들어가니,

풀이 해룡은 한겨울 밤에 얇은 홑옷만 입고 방아질을 하다가 추위를 견디지 못해 방 안으로 들어간다.

→ 적절하므로 오답!

④ 해룡은 방 안에서 움직이는 금방울을 보고 *신통해했다. *신기해

근거 ❷-8~10 방 안을 두루 살펴보니, ~ 방울 같은 것이 놓여 있었다. 해룡이 잡으려 했으나, 방울이 이리 미끈 달아나고 저리 미끈 달아나며 요리 구르고 저리 굴러 잡히지 않았다. 더욱 놀라고 신통해서 자세히 보니,

풀이 해룡은 방 안에서 이리저리 움직이면서 잡히지 않는 금방울을 보고 신통하게 여겼다.

→ 적절하므로 오답!

⑤ 금방울은 구호동에서 사라진 후 해룡보다 먼저 방에 도착했다.

근거 ❻-1 해룡이 ~ 구호동으로 들어가 보니,/ 7~10 호랑이들이 소리를 지르며 달려들었으나, 금방울이 나는 듯이 뛰어서 연달아 호랑이를 들이받으니 두 호랑이가 동시에 거꾸러졌다. 해룡이 달려들어 호랑이 두 마리를 다 죽이고 돌아보니, 금방울이 번개같이 굴러다니며 한 시간도 채 안 되어 그 넓은 밭을 다 갈아 버렸다. ~ 해룡이 죽은 호랑이를 끌고 산을 내려오면서 돌아보니, 금방울은 어디로 갔는지 사라지고 없었다.
❼-7 해룡이 ~ 제 방으로 들어가 보니, 방울이 먼저 와 있었다.

풀이 구호동에서 해룡이 호랑이의 공격으로 위기에 처하자 금방울은 갑자기 나타나 해룡이 호랑이를 잡도록 도와주고 밭을 모두 갈아 버리고는 사라진다. 그 후 집에 도착한 해룡이 방에 들어가 보니, 금방울은 해룡보다 먼저 방에 와 있었다.

→ 적절하므로 오답!

44 말하기 방식 - 맞는 것 고르기
정답률 70%, 매력적 오답 ③ 15%
정답 ④

[A]에 대한 설명으로 가장 적절한 것은?

> [A] ❺-2~5 "가군이 돌아가신 뒤 우리 가산이 점점 줄어들게 된 것은 너 또한 잘 알 것이다. 구호동에 우리 집 논밭이 있는데, 근래에는 호환이 자주 일어나 사람을 다치게 해 농사를 짓지 못하고 묵혀둔 지 벌써 수십여 년이 되었구나. 이제 그 땅을 다 일구어 너를 장가보내고 우리도 네 덕에 잘살게 된다면, 어찌 기쁘지 않겠느냐? 다만 너를 그 위험한 곳에 보내면, 혹시 후회할 일이 생길까 걱정이구나."

① 지난 일의 책임을 상대방에게 *전가하며 태도 변화를 **촉구하고 있다. *떠넘기며 **재촉하여 요구하고

풀이 변 씨가 남편이 죽은 후 집안 사정이 어려워진 지난 일을 말하고는 있지만 그 책임을 해룡에게 전가하고 있지는 않다.

→ 적절하지 않으므로 오답!

이익을
② 상대방으로 인한 자신의 손해를 언급하며 요청 사항을 전달하고 있다.

풀이 변 씨는 구호동의 묵혀 둔 땅을 일구면 자신이 부유하게 살 수 있을 것이라고 말하며 해룡에게 구호동으로 가서 농사지을 것을 요구하고 있다. 따라서 변 씨는 상대방으로 인한 자신의 손해가 아닌 이익을 언급하며 요청 사항을 전달하고 있음을 알 수 있다.

→ 적절하지 않으므로 오답!

③ 상대방의 역할에 대해 의문을 제기하며 자신의 입장을 수정하고 있다.

풀이 [A]에서 변 씨가 해룡의 역할에 의문을 제기하거나 자신의 입장을 수정하는 부분은 찾을 수 없다.

→ 적절하지 않으므로 오답!

④ 자신이 제안한 바가 서로에게 이익이 됨을 근거로 상대방을 설득하고 있다.

풀이 변 씨는 자신의 제안대로 해룡이 구호동의 묵혀 둔 땅을 일구어 집안 사정이 나아지면 해룡이 결혼하는 데에도 도움이 되고 자신도 부유하게 살 수 있을 것이라고 말한다. 따라서 변 씨는 자신의 제안이 서로에게 이익이 됨을 근거로 해룡을 설득하고 있음을 알 수 있다.

→ 맞아서 정답!

⑤ 상대방이 취하려는 행위를 *만류하기 위해 상대방과 자신의 관계를 언급하고 있다.
*못 하도록 말리기

풀이 [A]에서 변 씨가 해룡이 취하려는 행위를 만류하거나 해룡과 자신의 관계를 언급하는 부분은 찾을 수 없다.

→ 적절하지 않으므로 오답!

45 서사 구조 - 틀린 것 고르기
정답률 75%
정답 ⑤

<보기>는 윗글의 서사 구조를 *도식화한 것이다. ㄱ ~ ㄹ에 대한 설명으로 적절하지 않은 것은? *그림으로 나타낸 [3점]

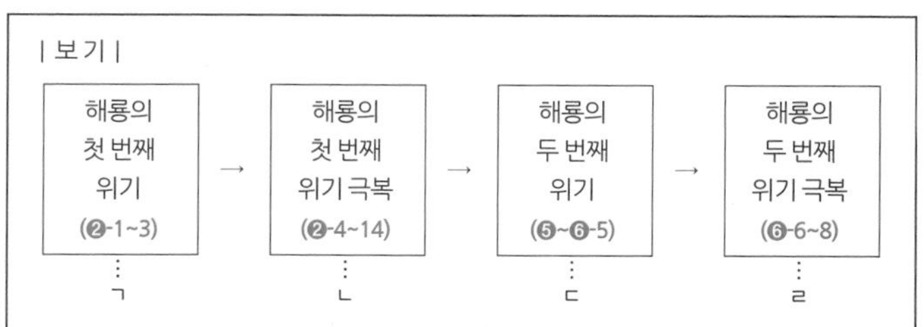

① ㄱ은 집에서 얼어 죽게 될, ㄷ은 구호동에서 짐승에게 *해를 입게 될 상황이다. *피해

근거 ❷-1~3 어느 추운 겨울날, 눈보라가 내리치는 밤에 ~ 해룡은 어쩔 수 없이 밤새도록 방아를 찧었는데, 얇은 홑옷만 입은 아이가 ~ 추위를 이기지 못해 잠깐 쉬려고 제 방에 들어가니, 눈보라가 방 안에까지 들이치고 덮을 것이 하나도 없었다.
❻-1 해룡이 ~ 구호동으로 들어가 보니,/ 4~5 칡범이 주홍색 입을 벌리고 달려들었다. ~ 또 서쪽에서 큰 호랑이가 벽력같은 소리를 지르며 달려들어 해룡이 매우 위급한 상황에 처하게 되었다.

풀이 ㄱ은 해룡이 한겨울 추위에 얇은 홑옷만 입고 덮을 것이 전혀 없는 방에서 얼어 죽게 될 상황이고, ㄷ은 구호동에서 호랑이들이 달려들어 해룡이 해를 입게 될 위험한 상황이다.

→ 적절하므로 오답!

② ㄱ과 ㄷ은 모두 해룡에게 수행하기 어려운 *과제가 주어지는 상황이다. *처리하거나 해결해야 할 문제

근거 ❷-1 어느 추운 겨울날, 눈보라가 내리치는 밤에 변 씨는 ~ 해룡에게는 방아질을 시켰다.
❺-3~4 구호동에 우리 집 논밭이 있는데, 근래에는 호환이 자주 일어나 사람을 다치게 해 농사를 짓지 못하고 묵혀둔 지 벌써 수십여 년이 되었구나. 이제 그 땅을 다 일구어 너를 장가보내고 우리도 네 덕에 잘살게 된다면, 어찌 기쁘지 않겠느냐?/ ❻-4~5 밭을 두어 이랑 갈고 있는데, ~ 칡범이 주홍색 입을 벌리고 달려들었다. ~ 또 서쪽에서 큰 호랑이가 벽력같은 소리를 지르며 달려들어 해룡이 매우 위급한 상황에 처하게 되었다.

풀이 ㄱ은 한겨울 추위 속에서 방아를 찧어야 하는 상황이고 ㄷ은 호랑이가 나타나는 위험한 곳에서 농사를 지어야 하는 상황이므로 ㄱ과 ㄷ은 모두 해룡에게 수행하기 어려운 과제가 주어지는 상황임을 알 수 있다.

→ 적절하므로 오답!

③ ㄴ은 *장차 해룡에게 화를 입을 것을 **염려한 변 씨가 ㄷ을 계획하는 ***계기가 된다. *앞으로 **걱정한 ***결정적인 원인

근거 ❸-2~6 변 씨는 생각했다. '해룡이 틀림없이 얼어 죽었겠구나.' ~ 해룡이 자고 있는 사랑채 위에는 눈이 한 점도 없고 더운 기운이 연기처럼 일어나고 있었다. 이것이 어찌 된 일인지 알 수가 없었다.
❹-2~❺-4 변 씨는 ~ '분명 해룡이 요술을 부려 사람을 속인 것이로다. 만약 해룡을 집에 오래 두었다가는 큰 화를 당하리라.' 변 씨는 어떻게든 해룡을 죽여 없앨 생각으로 이리저리 궁리하다가, 한 가지 계교를 생각해 내고는 해룡을 불러 말했다. ~ 구호동에 우리 집 논밭이 있는데, ~ 그 땅을 다 일구어 너를 장가보내고 우리도 네 덕에 잘살게 된다면, 어찌 기쁘지 않겠느냐?

풀이 ㄴ에서 해룡이 밤새 추위에 얼어 죽지 않는 것을 본 변 씨는 해룡이 요술을 부렸다고 생각하고 해룡을 집에 오래 두면 화를 입을 것을 염려해 해룡을 구호동으로 보내 죽이려는 ㄷ을 계획하게 된다.

→ 적절하므로 오답!

④ ㄴ과 ㄹ은 *신이한 능력을 지닌 **금방울에 의해 주도적으로 진행된다. *신기하고 이상한 **금방울이 주체가 되어

근거 ❷-3~4 추위를 이기지 못해 잠깐 쉬려고 제 방에 들어가니, 눈보라가 방 안에까지 들이치고 덮을 것이 하나도 없었다. 해룡이 몸을 잔뜩 웅크리고 엎드려 있는데, 갑자기 방 안이 대낮처럼 밝아지고 여름처럼 더워져 온몸에 땀이 났다./ 8~10 방 안을 두루 살펴보니, ~ 방울 같은 것이 놓여 있었다. ~ 자세히 보니, 금빛이 방 안에 가득하고, 방울이 움직일 때마다 향취가 가득히 퍼져 코를 찔렀다.
❻-4~7 칡범이 주홍색 입을 벌리고 달려들었다. ~ 또 서쪽에서 큰 호랑이가 벽력같은 소리를 지르며 달려들어 해룡이 매우 위급한 상황에 처하게 되었다. ~ 금방울이 나는 듯이 뛰어서 연달아 호랑이를 들이받으니 두 호랑이가 동시에 거꾸러졌다.

풀이 금방울은 ㄴ에서 방 안을 따뜻하게 해 해룡이 추위에 얼어 죽지 않게 하고 ㄹ에서 해룡을 공격하는 호랑이를 들이받아 해룡의 목숨을 구한다. 따라서 ㄴ과 ㄹ은 신이한 능력을 지닌 금방울에 의해 주도적으로 진행되고 있음을 알 수 있다.

→ 적절하므로 오답!

문제편 38쪽

⑤ ㄱ ~ ㄹ의 과정에서 해룡은 겉과 속이 다르게 자신을 대하는 변 씨의 *이중성을 눈치채고 **반발하게 된다. *서로 다른 두 가지의 성질 **거스르고 반항하게

눈치채지 못하고 변 씨를 따르게 된다

근거 ❷-1 어느 추운 겨울날, 눈보라가 내리치는 밤에 변 씨는 ~ 해룡에게는 방아질을 시켰다.

❸-2~3 변 씨는 생각했다. '해룡이 틀림없이 얼어 죽었겠구나.'

❺-1~6 변 씨는 어떻게든 해룡을 죽여 없앨 생각으로 이리저리 궁리하다가, 한 가지 계교를 생각해 내고는 해룡을 불러 말했다. ~ 구호동에 우리 집 논밭이 있는데, 근래에는 호환이 자주 일어나 사람을 다치게 해 농사를 짓지 못하고 묵혀둔 지 벌써 수십여 년이 되었구나. 이제 그 땅을 다 일구어 너를 장가보내고 우리도 네 덕에 잘살게 된다면, 어찌 기쁘지 않겠느냐? 다만 너를 그 위험한 곳에 보내면, 혹시 후회할 일이 생길까 걱정이구나." 해룡이 기꺼이 허락하고 농기구를 챙겨 구호동으로 가려 하니, 변 씨가 짐짓 말리는 체했다.

❼ 한편, 변 씨는 해룡을 구호동 사지에 보내고 생각했다. '해룡은 반드시 호랑이에게 물려 죽었을 것이다.' 변 씨가 집 안팎을 들락날락하며 매우 기뻐하고 있는데, ~ 해룡이 큰 호랑이 두 마리를 끌고 왔다. 변 씨는 크게 놀랐지만 무사히 잘 다녀온 것을 칭찬했다. 또한 큰 호랑이를 잡은 것을 기뻐하는 체하며 해룡에게 말했다. ~ 해룡이 변 씨의 칭찬에 감사드리고

풀이 변 씨는 해룡이 죽기를 바라고 해룡을 추위 속에 방아를 찧게 하거나 호랑이가 자주 나타나 위험한 구호동으로 보내면서 겉으로는 해룡을 걱정하는 척하고 해룡이 구호동에서 무사히 살아 돌아오자 기뻐하는 척하는데 해룡은 이를 알지 못하고 변 씨의 요구를 따르고 있다. 따라서 ㄱ ~ ㄹ의 과정에서 해룡은 겉과 속이 다르게 자신을 대하는 변 씨의 이중성을 눈치채지도 못하고 반발하고 있지도 않다.

→ 틀려서 정답!

3 회 2022년 3월 학평 정답과 해설 국어 문제편 p.39

3회 모의고사 특징

- ✔ 독서는 매우 까다롭게, 다른 영역은 무난한 난이도로 출제되었음.
- ✔ 화법과 작문은 기존 유형을 따르고 있어 다른 영역에 비해 평이했음.
- ✔ 언어의 경우 수사와 수 관형사를 구분하는 문제인 14번의 난도가 가장 높았으며 문장 성분, 표준 발음법, 지시 표현에 관한 문제는 비교적 쉬운 편이었음.
- ✔ 독서는 어렵게 출제되었음. 사회 지문의 경우 생소한 용어가 등장하고, 다른 학자의 견해와 비교하며 내용을 정확히 이해하는 능력이 요구되어 학생들이 어려움을 느꼈을 것임. 내용 추론 문제인 17번과 구체적 사례에 적용하는 19번 문제의 오답률이 특히 높았음. 인문 지문은 예술에 대한 두 학자의 관점이 (가)와 (나)로 구성되어 주제 통합적 읽기 능력이 요구되었음. 기술은 정보량이 많아 독해에 시간이 많이 소요되었을 것임. 내용 이해, 추론, 적용 문제 모두 까다롭게 출제되었음.
- ✔ 문학은 전반적으로 적정한 수준으로 출제되었음. 고전소설은 친숙한 작품이 출제되어 어렵지 않게 해결했을 것임. 현대시는 낯선 작품이 나왔지만 문제는 평이한 수준이었음. 갈래 복합과 현대소설의 경우 표현상의 특징과 관련된 문제의 오답률이 비교적 높았음.

오답률 TOP5

문항 번호	19	17	25	14	34
분류	독서 사회	독서 사회	독서 인문	언어 품사	문학 갈래 복합
난도	최상	최상	상	상	상

정답표

01	④	02	④	03	⑤	04	①	05	②
06	⑤	07	④	08	①	09	②	10	②
11	⑤	12	①	13	①	14	②	15	③
16	⑤	17	①	18	③	19	③	20	④
21	②	22	④	23	④	24	①	25	②
26	①	27	②	28	⑤	29	④	30	④
31	①	32	④	33	③	34	⑤	35	⑤
36	③	37	②	38	②	39	③	40	⑤
41	③	42	③	43	⑤	44	③	45	①

[01 ~ 03] 발표

01 말하기 방식 - 틀린 것 고르기 정답률 85%, 매력적 오답 ③ 10% 정답 ④

위 발표에 대한 설명으로 적절하지 않은 것은?

① 용어의 뜻을 설명하며 청중의 이해를 돕고 있다.
근거 ❷문단 영구 동토층은 온도가 섭씨 0도 이하로 유지되어 여름에도 녹지 않는 토양층을 말합니다.
→ 적절하므로 오답!

② 질문을 하면서 청중이 발표에 집중하도록 하고 있다.
근거 ❸문단 이것(영구 동토층이 최근 빠른 속도로 녹고 있는 것)이 왜 문제가 될까요?
→ 적절하므로 오답!

③ 학습 경험을 언급하며 관련된 내용을 설명하고 있다.
근거 ❸문단 수업 시간에 배운 것처럼 이산화 탄소와 메테인은 지구 온난화를 일으키는 대표적인 온실가스입니다.
→ 적절하므로 오답!

④ 예상되는 반론을 반박하며 발표의 설득력을 높이고 있다.
풀이 발표에서 발표자가 예상되는 반론을 반박하는 부분은 나타나지 않는다.
→ 틀려서 정답!

⑤ 캠페인에 대한 관심을 요청하며 발표를 마무리하고 있다.
근거 ❺문단 우리 동아리의 캠페인에도 지속적인 관심을 부탁합니다.
→ 적절하므로 오답!

02 자료 활용 방식 - 맞는 것 고르기 정답률 70%, 매력적 오답 ⑤ 15% 정답 ④

발표자가 ㉠과 ㉡을 활용한 방식에 대한 설명으로 가장 적절한 것은?

④ ㉠을 활용해 영구 동토층이 녹을 때 생기는 문제를 보여 주고, ㉡을 활용해 이 문제가 악화될 수 있음을 강조하였다.
근거 ❸문단 (㉠ 자료를 제시하며) … 왼쪽(영구 동토층이 녹지 않고 유지되는 지역)의 경우는 이산화 탄소나 메테인과 같은 온실가스 방출량이 미미하지만, 오른쪽(영구 동토층이 급격히 녹고 있는 지역)에서는 이들 가스의 방출량이 급격히 증가한 것을 확인할 수 있습니다.
❹문단 (㉡ 자료를 제시하며) … 북극권의 연평균 기온을 나타내는 붉은 선이 더 가파르게 올라가는 것에 주목할 필요가 있습니다. 이런 추세로 북극권 기온이 상승하면 그곳에 분포한 영구 동토층이 빠르게 녹아 처음에 보신 오른쪽 그래프와 같은 상황이 가속화됩니다.
풀이 발표자는 ㉠을 활용하여 영구 동토층이 녹지 않고 유지되는 지역에 비해 영구 동토층이 급격히 녹고 있는 지역에서 이산화 탄소나 메테인의 방출량이 급격히 증가하는 문제가 있음을 보여 주고 있다. 그리고 ㉡을 활용하여 북극권의 연평균 기온이 급격히 상승한다면 영구 동토층이 녹아 이산화 탄소와 메테인의 방출량이 늘어나는 문제가 악화될 수 있음을 강조하고 있다.

매력적 오답

⑤ ㉠을 활용해 영구 동토층이 유지된 지역의 문제 상황을 보여 주고, ㉡을 활용해 해당 문제가 가져올 결과를 제시하였다.
풀이 ㉠은 영구 동토층이 유지된 지역이 아니라 유지되지 않은 지역의 문제 상황을 보여 주는 자료이다. 그리고 ㉡을 활용해 ㉠에서 나타난 문제가 가져올 결과를 제시하는 것이 아니라 ㉠에서 나타난 문제가 얼마나 심각한 것인지를 강조하고 있다.

03 듣기 전략 - 틀린 것 고르기 정답률 90% 정답 ⑤

다음은 발표를 들은 학생들의 반응이다. 발표의 내용을 고려하여 학생의 반응을 이해한 내용으로 적절하지 않은 것은? [3점]

⑤ '학생 2'와 '학생 3'은 발표에 활용된 정보에 출처가 언급되지 않았음을 지적하고 있다. ('학생 2'는)
풀이 '학생 2'는 발표에서 참조한 자료의 출처에 대한 궁금증을 언급하고 있다. 그러나 '학생 3'은 영구 동토층이 녹는 문제를 인근 학교와 지역 사회에 어떻게 공유할지 고민해야겠다고 할 뿐, 발표에 활용된 정보의 출처에 대한 지적은 언급하지 않았다.

[04 ~ 07] (가) 대화 (나) 소개글

04 의사소통 방식 - 틀린 것 고르기 정답률 90% 정답 ①

(가)의 '학생 1'에 대한 설명으로 적절하지 않은 것은?

① 일부 대화 참여자의 발언이 맥락에서 벗어났음을 지적하고 논의의 범위를 제한할 것을 요청하고 있다.
풀이 (가)의 '학생 1'이 일부 대화 참여자의 발언을 지적하는 부분은 나타나지 않는다.
→ 틀려서 정답!

② 대화 참여자의 발언에 대해 평가하고 논의와 관련하여 대화 참여자들이 해야 할 일을 제시하고 있다.
근거 (가) 학생 1 정말 좋은 의견이야. 글을 쓸 때 필요한 자료는 도서관에 가서 같이 찾아보자.
→ 적절하므로 오답!

③ 대화 참여자의 발언의 일부를 재진술하고 논의와 관련된 추가적인 설명을 요구하고 있다.
근거 (가) 학생 1 SNS를 이용하다 보면 고립될 수 있다는 불안을 느끼기 쉽다는 거지? 포모라는 말에 대해 더 설명해 줄래?
→ 적절하므로 오답!

④ 대화 참여자의 발언 내용에 동의하고 더 논의할 내용을 제시하고 있다.
근거 (가) 학생 1 그렇구나. 우리 글에서 청소년의 SNS 이용 시간이 긴 것을 포모 증후군의 '인간관계 맺기'와 관련지어 설명하는 것이 좋겠다. 이와 관련해 학생들에게 제안할 만한 내용이 있으면 이야기해 보자.
→ 적절하므로 오답!

⑤ 지난번 대화 내용을 환기하고 이번에 논의할 내용을 밝히고 있다.
근거 (가) 학생 1 지난번에 우리가 청소년의 SNS(사회 관계망 서비스) 이용 실태와 청소년의 심리적 특성을 관련지어 교지에 글을 쓰기로 했었지? 조사해 온 내용을 이야기해 보자.
→ 적절하므로 오답!

05 의사소통 방식 - 맞는 것 고르기 정답률 85% 정답 ②

[A], [B]에 대한 이해로 가장 적절한 것은?

② [A]에서 용어에 대해 설명하고, [B]에서는 설명한 내용의 일부를 활용하여 자신의 견해를 드러내고 있다.
근거 [A] (가) 학생 3 소비자의 불안감을 이용하는 판매 전략을 포모라고 불렀대. 그런데 SNS가 널리 사용되면서 '정보 수집'이나 '인간관계 맺기'에서 뒤처질까 봐 불안해하는 사람들이 많아지게 되었고, 사람들의 이러한 불안 심리를 포모 증후군이라고 부르게 된 거지.
[B] (가) 학생 3 포모 증후군을 설명하는 요인 중에서 … '인간관계 맺기'와 관련된 부분은 청소년이 … 심리적 성향과 관련된다고 생각해. 또래 관계가 중요하기 때문에 … 교류에서 소외되지 않으려 노력하게 되고, 그만큼 많은 시간을 SNS를 이용하는 데 쓸 수밖에 없어. 그런데 또래 관계를 중시하는 걸 넘어 관계가 멀어질까 봐 심하게 불안해한다면 포모 증후군을 의심해 봐야 하는 거지.
풀이 [A]에서는 '포모 증후군'이라는 용어에 대해 설명하고 있고 [B]에서는 포모 증후군에

문제편 39쪽

대한 설명 중 '인관관계 맺기'에 관련된 부분을 활용하여 포모 증후군과 청소년의 심리적 성향이 관련된다는 자신의 견해를 드러내고 있다.

06 작문 계획의 반영 - 틀린 것 고르기
정답률 75%, 매력적 오답 ④ 10% | 정답 ⑤

(가)의 대화 내용이 (나)에 반영된 양상으로 적절하지 않은 것은? [3점]

⑤ (가)에서 포모 증후군과 청소년의 SNS 이용 시간의 관련성에 대해 언급한 내용이, (나)의 2문단에서 청소년의 SNS 과다 사용과 포모 증후군의 악순환 관계로 제시되었다.

근거 (가) 학생 3 포모 증후군을 설명하는 요인 중에서 … '인간관계 맺기'와 관련된 부분은 청소년이 다른 세대에 비해 또래 관계를 중시하는 심리적 성향과 관련된다고 생각해. 또래 관계가 중요하기 때문에 SNS에 수시로 접속해서 교류에서 소외되지 않으려 노력하게 되고, 그만큼 많은 시간을 SNS를 이용하는 데 쓸 수밖에 없어.
(나) ❷문단 청소년의 이러한 SNS 이용 실태는 청소년기의 특성에서 그 이유를 찾을 수 있다.

풀이 (가)에 포모 증후군과 청소년의 SNS 이용 시간의 관련성에 대해 언급한 내용은 나타나 있으나, (나)의 2문단에서 청소년의 SNS 과다 사용과 포모 증후군의 악순환 관계가 제시되고 있지는 않다. (나)의 2문단은 청소년의 SNS 이용 실태를 청소년기의 특성과 연관 지어 설명한 내용이다.

매력적 오답

④ (가)에서 청소년기의 특성에 대한 전문가의 견해가 필요하다는 의견이, (나)의 2문단에서 전문가가 제시한 청소년기의 두 가지 특징으로 구체화되어 반영되었다.

근거 (가) 학생 3 청소년기의 특성에 대한 전문가의 견해도 필요할 것 같아.
(나) ❷문단 전문가에 따르면 청소년은 타인의 기준과 인정을 중요시하는 특성이 있다. … 또한 청소년은 또래 관계에 과하게 의존한다는 특성이 있다.

07 조건에 따른 표현 - 맞는 것 고르기
정답률 90% | 정답 ④

㉮에 들어갈 문장을 〈조건〉에 따라 작성한 것으로 가장 적절한 것은?

| 조건 |
○ 문단의 내용과 어긋나지 않도록 할 것.
○ 내용의 대비가 드러나도록 비교의 방식을 활용할 것.

④ SNS 속 친구 목록의 길이에 마음을 쓰기보다 곁에서 마음을 나누는 몇몇 친구와의 시간을 소중히 여길 필요가 있다.

근거 (나) ❹문단 둘째, 사회적 측면에서는 일상생활 속에서 직접 만나는 친구와의 관계를 더 돈독히 하자.

풀이 일상생활 속에서 직접 만나는 친구와의 관계를 더 돈독히 하자는 문단의 내용과 어긋나지 않으며, 'SNS 속 친구 목록의 길이에 마음 쓰기'와 '마음을 나누는 몇몇 친구와의 시간을 소중히 여기기'를 비교의 방식(~보다)을 활용하여 대비하고 있다.

[08 ~ 10] 독서 감상문

08 작문 전략 - 맞는 것 고르기
정답률 90% | 정답 ①

'학생의 초고'에 나타난 글쓰기 전략을 〈보기〉에서 모두 골라 바르게 짝지은 것은?

① ㉠, ㉡

㉠『페스트』를 읽었을 때의 *효용을 밝히며 읽기를 권유한다. *보람이나 쓸모

근거 [학생의 초고] ❸문단 『페스트』를 읽어보자. … 어려움에 처한 사람이라면 이 책을 읽고 자신의 상황에 대처할 수 있는 실마리를 얻을 수 있을 것이다.

㉡『페스트』의 내용을 *개괄하여 작품의 **대강을 파악하도록 한다. *중요한 내용이나 줄거리를 대강 추려 내어 **기본적인 부분만을 따 낸 줄거리

근거 [학생의 초고] ❶문단 이 책은 1947년에 발표된 작품으로 오랑이라는 도시가 페스트로 인해 봉쇄되면서 전염병에 맞서는 다양한 인간을 다룬 소설이다.

09 자료 활용 방식 - 틀린 것 고르기
정답률 70%, 매력적 오답 ③ 15% | 정답 ②

〈보기〉는 윗글을 쓰기 위해 학생이 참고한 자료이다. 학생의 자료 활용에 대한 설명으로 적절하지 않은 것은?

② ㄴ을 활용하여 예술의 필요성에 대한 작가의 인식이 작품 창작의 동기가 되었음을 설명하고 있다.

풀이 ㄴ이 예술의 필요성에 대한 작가의 인식이라고 볼 수는 있지만, 학생의 초고에서 ㄴ을 활용하여 예술의 필요성에 대한 작가의 인식이 작품 창작의 동기가 되었음을 설명하는 부분은 나타나지 않는다.

매력적 오답

③ ㄴ을 활용하여 작품이 보편적인 공감을 획득하고 있음을 작가의 예술관과 연결하여 드러내고 있다.

근거 [학생의 초고] ❸문단 그(카뮈)는 수상 후의 연설에서, 예술은 인간의 보편적인 감정을 제시하여 많은 사람들을 감동시키는 수단이라고 하였다. 작가가 말한 것처럼 『페스트』는 모두가 공감할 수 있는 현실의 모습과 정서를 표현하고 있다.

풀이 학생은 ㄴ을 활용하여 작가의 예술관과 연결하여 『페스트』가 보편적인 공감을 획득하고 있음을 드러내고 있다.

1등급 문제

10 작문 내용의 점검 및 고쳐쓰기 - 맞는 것 고르기
정답률 55%, 매력적 오답 ④ 35% | 정답 ②

〈보기〉는 선생님의 조언에 따라 [A]를 수정한 것이다. 선생님이 했을 조언으로 가장 적절한 것은?

[A] [학생의 초고] ❷문단 (1) 『페스트』의 등장인물은 전염병의 창궐이라는 비극적 재난 상황에 대응하는 방식에 따라 두 가지 유형으로 나뉜다. 긍정적 인물 유형으로는 보건대 조직을 제안하는 타루를 비롯하여 의사 리외, 공무원 그랑, 성직자 파늘루, 기자 랑베르가 있다. 이들은 동지애를 발휘하여, 페스트에 걸려 고통받는 사람들을 돕는다. 반면 부정적 인물인 코타르는 비극적 재난을 틈타 밀수로 부를 축적하는 이기적인 모습을 보인다. (2) 이런 대조를 통해 카뮈는 공동체의 어려움을 이겨 내기 위해서는 구성원들의 연대 의식이 필요함을 역설한다.

| 보기 |
(1) 작가는 재난이라는 상황을 부각하기보다 그 속에서 살아가는 인간의 다양한 모습에 주목한다. 최전선에서 환자를 치료하는 의사 리외, 민간 보건대 조직을 주도한 타루, 묵묵히 자신의 임무를 수행하는 말단 공무원 그랑, 신념과 다르게 돌아가는 현실 속에서 내적 갈등으로 고민하는 성직자 파늘루, 탈출을 시도하다 오랑에 남아 페스트와 싸운 기자 랑베르, 혼란 속에서 자신의 이익을 추구하는 밀수업자 코타르 등 비극적인 재난 속에서 작품의 인물들은 각자의 선택을 한다. (2) 페스트라는 질병과의 전쟁 속에서 매일 패배하면서도 굴하지 않는 다양한 인간 군상을 통해, 카뮈는 '인간은 어떤 존재여야 하는가?'라는 질문을 던지고 그에 대한 답을 암시한다.

② 인물 유형을 단순화하기보다는 다양한 인물의 모습을 보여 주고, 뒤 문단에서 언급된 작가에 대한 평가와 자연스럽게 연결될 수 있는 내용으로 문단을 마무리하는 게 좋겠어.

근거 [학생의 초고] ❸문단 카뮈는 '탁월한 통찰과 진지함으로 우리 시대 인간의 정의를 밝힌 작가'라는 평을 받으며

풀이 등장인물을 긍정적 인물과 부정적 인물로 단순히 분류한 [A]와 달리, 〈보기〉에서는 작품에 등장하는 다양한 인물의 모습을 제시하고 있다. 또한 뒤 문단에서 언급된 카뮈에 대한 평가를 바탕으로 카뮈가 『페스트』를 통해 하고자 하는 말이 무엇인지를 수정하여 밝히고 있다.

매력적 오답

④ 인물에 대한 정보를 간략하게 제시하기보다는 소설 속 인물의 행동을 자세하게 언급하고, 우리 사회에 필요한 바람직한 인간상을 제시하는 내용으로 문단을 마무리하는 게 좋겠어.

풀이 [A]에서 간략하게 언급된 인물에 대한 정보를 〈보기〉에서 보다 자세하게 언급했다고 볼 수도 있으나, 그 내용이 우리 사회에 필요한 바람직한 인간상과 연결되어 문단이 마무리되고 있다고 보기는 어렵다.

[11 ~ 12] 언어 - 필수적인 문장 성분과 문장 성분의 호응

1 [1]문법적으로 적절한 문장은 필수적인 문장 성분을 온전히 갖추어야 한다. [2]이때 필수적인 문장 성분은 서술어에 따라 달라진다. [3]예를 들어 '풀다'가 서술어로 쓰이면 이 서술어는 주어와 목적어를 요구한다. [4]따라서 다른 맥락이 주어지지 않는다면 '*나는 풀었다.'라는 문장은 서술어가 요구하는 문장 성분이 온전히 갖추어지지 않아서 문법적으로 부적절한 문장이 된다.

2 [1]서술어가 요구하는 문장 성분에 대한 정보는 국어사전에서 확인할 수 있다. [2]다음은 국어사전의 일부이다.

[A]
풀다 동 ← 하나의 단어이지만 의미에 따라 문형 정보가 다르게 제시됨
1 【…을】
「1」 묶이거나 감기거나 얽히거나 합쳐진 것 따위를 그렇지 아니한 상태로 되게 하다.
⋮
「5」 모르거나 복잡한 문제 따위를 알아내거나 해결하다.
2 【…에 …을】
「1」 액체에 다른 액체나 가루 따위를 섞다.

문제편 41쪽

[3]【 】 기호 안에는 표제어 '풀다'가 서술어로 쓰일 때 요구하는 문장 성분에 대한 정보가 제시되어 있다. [4]이러한 정보를 '문형 정보'라고 한다. [5]원칙적으로 서술어는 주어를 항상 요구하므로 문형 정보에는 주어를 제외한 필수적 문장 성분에 대한 정보가 제시된다. [6]하나의 단어가 여러 의미를 가진 경우도 있다. [7]이러한 단어가 서술어로 쓰일 때 어떤 의미로 쓰이는지에 따라 서술어가 요구하는 문장 성분이 다를 수 있으며, 국어사전에서도 문형 정보가 다르게 제시된다.

3 [1]필수적인 문장 성분이 갖추어져 있어도 문장 성분 간에 호응이 되지 않으면 문법적으로 부적절한 문장이 될 수 있다. [2]호응이란 어떤 말이 오면 거기에 응하는 말이 오는 것을 말한다.

> 길을 걷다가 흙탕물이 신발에 튀었다. 나는 신발에 얼룩을 남기고 싶지 않았다. *그래서 나는 물에 세제와 신발을 풀었다. 다행히 금세 자국이 없어졌다.

[3]위 예에서 밑줄 친 문장이 문법적으로 부적절한 이유는 [㉠]와 서술어가 호응하지 않기 때문이다. [4]여기에 쓰인 '풀다'의 [㉠]로는 [㉡]이 와야 호응이 이루어진다.

※ '*'는 문법적으로 부적절한 문장임을 나타냄

11 | 필수적 문장 성분 - 틀린 것 고르기 | 정답률 75% | 정답 ⑤

[A]를 이해한 내용으로 적절하지 않은 것은? [3점]

① [2]「1」의 의미로 쓰이는 '풀다'는 부사어를 요구한다.

근거 풀다 [2]【…에 …을】

풀이 문형 정보에 부사격 조사 '에'가 나타나는 것으로 보아 [2]「1」의 의미로 쓰이는 '풀다'는 부사어를 요구한다.

→ 적절하므로 오답!

② 문형 정보에 주어가 표시되지 않았지만 '풀다'는 주어를 요구한다.

근거 ❷-5 원칙적으로 서술어는 주어를 항상 요구하므로 문형 정보에는 주어를 제외한 필수적 문장 성분에 대한 정보가 제시된다.

→ 적절하므로 오답!

③ [1]「1」과 [2]「1」의 의미로 쓰이는 '풀다'는 모두 목적어를 요구한다.

근거 풀다 [1]【…을】
[2]【…에 …을】

풀이 문형 정보에 목적격 조사 '을'이 나타나므로 [1]「1」과 [2]「1」의 의미로 쓰이는 '풀다'는 모두 목적어를 요구한다.

→ 적절하므로 오답!

④ '풀다'가 [1]「1」의 의미로 쓰일 때와 [1]「5」의 의미로 쓰일 때는 필수적 문장 성분의 개수가 같다.

근거 풀다 [1]【…을】

풀이 '풀다 [1]'의 하위 항목으로 「1」과 「5」가 나타나므로 '풀다 [1]「1」'과 '풀다 [1]「5」'는 모두 '풀다 [1]'의 문형 정보를 따른다. 따라서 [1]「1」의 의미로 쓰일 때의 '풀다'와 [1]「5」의 의미로 쓰일 때의 '풀다'는 모두 주어와 목적어를 필수적으로 요구한다.

→ 적절하므로 오답!

⑤ '그는 십 분 만에 선물 상자의 매듭을 풀었다.'에 쓰인 '풀다'의 문형 정보는 사전에 【…에 …을】로 표시된다.

【…을】

근거 풀다 [1]【…을】
「1」 묶이거나 감기거나 얽히거나 합쳐진 것 따위를 그렇지 아니한 상태로 되게 하다.

풀이 '그는 십 분 만에 선물 상자의 매듭을 풀었다'의 '풀다'는 선물 상자에 묶여 있는 매듭을 그렇지 아니한 상태로 되게 한다는 의미이다. '풀다 [1]「1」'의 의미로 쓰였으므로 이때의 '풀다'는 주어 외에 목적어만 필수적으로 요구한다. 따라서 사전에 【…을】로 표시된다.

→ 틀려서 정답!

■ 서술어의 자릿수

1. 한 자리 서술어

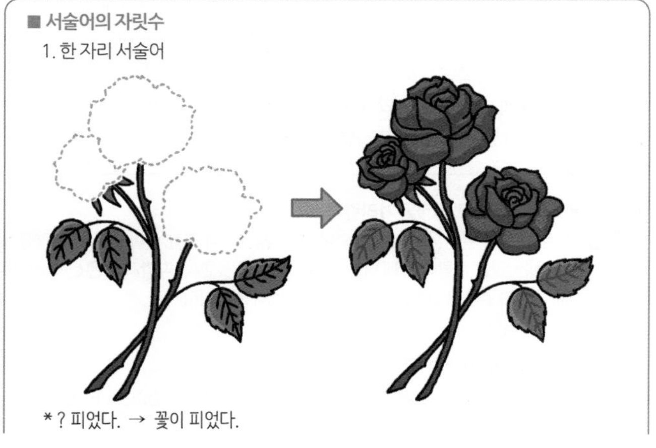

* ? 피었다. → 꽃이 피었다.

2. 두 자리 서술어

* 고양이가 ? 잡았다. → 고양이가 쥐를 잡았다.

3. 세 자리 서술어

* 동생은 나에게 ? 주었다. → 동생은 나에게 책을 주었다.

*는 잘못된 문장

12 | 문장 성분 간의 호응 - 맞는 것 고르기 | 정답률 85% | 정답 ①

㉠, ㉡에 들어갈 말로 적절한 것은?

근거 풀다 [2]【…에 …을】
「1」 액체에 다른 액체나 가루 따위를 섞다.

풀이 '그래서 나는 물에 세제와 신발을 풀었다'는 '그래서 나는 물에 세제를 풀었다'와 '그래서 나는 물에 신발을 풀었다'가 합쳐진 문장이다. 두 문장 중 전자는 올바른 문장이나 후자는 부적절한 문장이다. 그 이유는 목적어 '신발을'과 서술어 '풀었다'가 호응하지 않기 때문이다. 따라서 ㉠에는 '목적어'가 들어가야 한다. 한편 밑줄 친 문장에서 '풀다'는 '풀다 [2]「1」'의 의미로 쓰였으므로 주어 외에 부사어와 목적어를 반드시 요구한다. 이때 뜻풀이로 미루어 보아 부사어에는 액체에 해당하는 말이, 목적어에는 다른 액체나 가루 따위에 해당하는 말이 와야 하므로 ㉡에는 '액체나 가루 따위에 해당하는 말'이 적절하다. 따라서 정답은 ①번이다.

	㉠	㉡
①	목적어	액체나 가루 따위에 해당하는 말 → 맞아서 정답!
②	목적어	복잡한 문제 따위에 해당하는 말
③	부사어	액체에 해당하는 말
④	주어	복잡한 문제 따위에 해당하는 말
⑤	주어	액체에 해당하는 말

tip • 정확한 문장 표현

문장 성분 간의 호응

(1) 주어와 서술어의 호응

(예) 무엇보다 중요한 점은 목표가 분명해야 한다.
→ (고쳐 쓴 문장) 무엇보다 중요한 점은 목표가 분명해야 한다는 것이다.

(2) 부사어와 서술어의 호응

부사어	호응하는 서술어
결코, 절대로, 비단	-지 않겠다, -아니다 : 부정어와 호응
하물며	-랴, -ㄴ가?
왜냐하면	때문이다, 까닭이다
모름지기	-해야 한다
아마	-(으)ㄹ 것이다, -(으)ㄹ는지도

(예) 다행히 크게 다치지는 않았지만 절대로 조심해야 합니다.
→ (고쳐 쓴 문장) 다행히 크게 다치지는 않았지만 절대로 방심해서는 안 됩니다.
→ (고쳐 쓴 문장) 다행히 크게 다치지는 않았지만 반드시 조심해야 합니다.

(3) 부사어와 연결 어미의 호응

부사어	호응하는 연결 어미
비록	-ㄹ지라도, -지만, -어도
만약	-이면

(예) 비록 초보일수록 열심히 할 것이다.
→ (고쳐 쓴 문장) 비록 초보이지만 열심히 할 것이다.

(4) 수식어(꾸미는 말)와 피수식어(꾸밈을 받는 말)의 호응 : 거리가 가까울수록 좋음

(예) 한결같이 어려운 이웃을 돕는 사람들도 있습니다.
→ (고쳐 쓴 문장) 어려운 이웃을 한결같이 돕는 사람들도 있습니다.

문제편 43쪽

13 표준 발음법 - 틀린 것 고르기
정답률 70%, 매력적 오답 ④ 10% | 정답 ①

<보기 1>의 '표준 발음법'에 따라 <보기 2>의 ㉠ ~ ㉤을 발음한다고 할 때, 적절하지 않은 것은?

| 보기 1 |
표준 발음법
제10항 겹받침 'ㄳ', 'ㄵ', 'ㄼ, ㄽ, ㄾ', 'ㅄ'은 어말 또는 자음 앞에서 각각 [ㄱ, ㄴ, ㄹ, ㅂ]으로 발음한다.
제11항 겹받침 'ㄺ, ㄻ, ㄿ'은 어말 또는 자음 앞에서 각각 [ㄱ, ㅁ, ㅂ]으로 발음한다. 다만, 용언의 어간 말음 'ㄺ'은 'ㄱ' 앞에서 [ㄹ]로 발음한다.
제14항 겹받침이 모음으로 시작된 조사나 어미, 접미사와 결합되는 경우에는, 뒤엣것만을 뒤 음절 첫소리로 옮겨 발음한다.
제23항 받침 'ㄱ(ㄲ, ㅋ, ㄳ, ㄺ), ㄷ(ㅅ, ㅆ, ㅈ, ㅊ, ㅌ), ㅂ(ㅍ, ㄼ, ㄿ, ㅄ)' 뒤에 연결되는 'ㄱ, ㄷ, ㅂ, ㅅ, ㅈ'은 된소리로 발음한다.

| 보기 2 |
책장에서 ㉠ 읽지 않은 시집을 발견했다. 차분히 ㉡ 앉아 마음에 드는 시를 예쁜 글씨로 공책에 ㉢ 옮겨 적었다. 소리 내어 시를 ㉣ 읊고, 시에 대한 감상을 적어 보기도 했다. 마음이 평온해지는 ㉤ 값진 경험이었다.

① ㉠은 제11항, 제23항 규정에 따라 [일찌]로 발음해야겠군. [익찌]
근거 제11항 겹받침 'ㄺ, ㄻ, ㄿ'은 어말 또는 자음 앞에서 각각 [ㄱ, ㅁ, ㅂ]으로 발음한다.
제23항 받침 'ㄱ(ㄲ, ㅋ, ㄳ, ㄺ), … 뒤에 연결되는 'ㄱ, ㄷ, ㅂ, ㅅ, ㅈ'은 된소리로 발음한다.
풀이 '읽지'는 제11항에 따라 겹받침 'ㄺ'이 자음 앞에서 'ㄱ'으로 발음된다. 그리고 받침 'ㄱ(ㄺ)' 뒤에 'ㅈ'이 연결되므로 제23항에 따라 'ㅈ'이 된소리 'ㅉ'으로 발음된다. 따라서 '읽지'는 [익찌]로 발음해야 한다.
→ 틀려서 정답!

② ㉡은 제14항 규정에 따라 [안자]로 발음해야겠군.
근거 제14항 겹받침이 모음으로 시작된 조사나 어미, 접미사와 결합되는 경우에는, 뒤엣것만을 뒤 음절 첫소리로 옮겨 발음한다.
풀이 겹받침 'ㄵ'이 모음으로 시작된 어미 '-아'와 결합되므로 제14항에 따라 'ㅈ'만을 뒤 음절 첫소리로 옮겨 발음해야 한다. 따라서 '앉아'는 [안자]로 발음하는 것이 적절하다.
→ 적절하므로 오답!

③ ㉢은 제11항 규정에 따라 [옴겨]로 발음해야겠군.
근거 제11항 겹받침 'ㄺ, ㄻ, ㄿ'은 어말 또는 자음 앞에서 각각 [ㄱ, ㅁ, ㅂ]으로 발음한다.
풀이 겹받침 'ㄻ'이 자음 앞에 있으므로 제11항에 따라 'ㅁ'으로 발음된다. 따라서 '옮겨'는 [옴겨]로 발음하는 것이 적절하다.
→ 적절하므로 오답!

④ ㉣은 제11항, 제23항 규정에 따라 [읍꼬]로 발음해야겠군.
근거 제11항 겹받침 'ㄺ, ㄻ, ㄿ'은 어말 또는 자음 앞에서 각각 [ㄱ, ㅁ, ㅂ]으로 발음한다.
제23항 받침 … ㅂ(ㅍ, ㄼ, ㄿ, ㅄ)' 뒤에 연결되는 'ㄱ, ㄷ, ㅂ, ㅅ, ㅈ'은 된소리로 발음한다.
풀이 '읊고'는 제11항에 따라 겹받침 'ㄿ'이 자음 앞에서 'ㅂ'으로 발음된다. 그리고 받침 'ㅂ(ㄿ)' 뒤에 'ㄱ'이 연결되므로 제23항에 따라 'ㄱ'이 된소리 'ㄲ'으로 발음된다. 따라서 '읊고'는 [읍꼬]로 발음해야 한다.
→ 적절하므로 오답!

⑤ ㉤은 제10항, 제23항 규정에 따라 [갑찐]으로 발음해야겠군.
근거 제10항 겹받침 'ㄳ', 'ㄵ', 'ㄼ, ㄽ, ㄾ', 'ㅄ'은 어말 또는 자음 앞에서 각각 [ㄱ, ㄴ, ㄹ, ㅂ]으로 발음한다.
제23항 받침 … ㅂ(ㅍ, ㄼ, ㄿ, ㅄ)' 뒤에 연결되는 'ㄱ, ㄷ, ㅂ, ㅅ, ㅈ'은 된소리로 발음한다.
풀이 '값진'은 제10항에 따라 겹받침 'ㅄ'이 자음 앞에서 'ㅂ'으로 발음된다. 그리고 받침 'ㅂ(ㅄ)' 뒤에 'ㅈ'이 연결되므로 제23항에 따라 'ㅈ'이 된소리 'ㅉ'으로 발음된다. 따라서 '값진'은 [갑찐]으로 발음해야 한다.
→ 적절하므로 오답!

오답률 TOP 4 | 1등급 문제

14 품사 통용 - 맞는 것 고르기
정답률 35%, 매력적 오답 ①⑤ 10% ③ 15% ④ 30% | 정답 ②

<보기 1>의 밑줄 친 부분에 해당하는 단어를 <보기 2>에서 있는 대로 모두 고른 것은?

| 보기 1 |
선생님 : 하나의 단어가 수사로 쓰이기도 하고 수 관형사로도 쓰이는 경우가 많습니다. 그런데 수 관형사로만 쓰이는 단어도 있습니다.

| 보기 2 |
ㅇ 나는 필통에서 연필 하나를 꺼냈다. (수사)
ㅇ 그 마트는 매월 둘째 주 화요일에 쉰다. (수 관형사)
ㅇ 이번 학기에 책 세 권을 읽는 게 내 목표야. (수 관형사)
ㅇ 여섯 명이나 이 일에 자원해서 정말 기쁘다. (수 관형사)

하나
풀이 수사는 체언으로 뒤에 조사가 결합할 수 있다. '나는 필통에서 연필 하나를 꺼냈다'의 '하나'는 목적격 조사 '를'과 결합하는 것으로 보아 수사에 해당한다. '하나'는 수사나 명사로만 쓰이며 수량이 하나임을 나타내는 수 관형사는 '한'이다.

둘째
풀이 '그 마트는 매월 둘째 주 화요일에 쉰다'의 '둘째'는 '순서가 두 번째가 되는 차례의'를 뜻하는 말로 체언 '주'를 꾸며 주는 수 관형사이다. 그러나 '첫째, 부모님의 말씀을 잘 들어라. 둘째, 공부를 열심히 해라'처럼 '순서가 두 번째가 되는 차례'를 지칭하는 수사로 쓰이기도 한다는 점에서 수 관형사로만 쓰이는 단어로 볼 수 없다.

세
풀이 '이번 학기에 책 세 권을 읽는 게 내 목표야'의 '세'는 '그 수량이 셋임을 나타내는 말'로 체언 '권'을 꾸며 주는 관형사이다. '세'는 수 관형사로만 쓰이며 유사한 의미를 지니는 수사는 '셋'이다.

여섯
풀이 '여섯 명이나 이 일에 자원해서 정말 기쁘다'의 '여섯'은 '다섯에 하나를 더한 수의'를 뜻하는 말로 체언 '명'을 꾸며 주는 수 관형사이다. 그러나 '여섯'은 '이번 달에 읽어야 할 책이 여섯이나 된다'처럼 수사로도 쓰이므로 수 관형사로만 쓰이는 단어로 볼 수 없다.

① 하나 ② 세 → 맞아서 정답! ③ 하나, 여섯
④ 둘째, 세 ⑤ 둘째, 여섯

tip · 품사 통용
하나의 단어가 두 가지 이상의 품사로 쓰이는 것. '조사'의 결합 가능 여부로 품사를 구분할 수 있음. 뒤에 조사가 붙으면 체언임. (단, 동사와 형용사 통용은 제외)

명사/관형사 통용	예) 철수는 객관적으로 판단했다(명사) 그것은 객관적 판단이다(관형사)
명사/부사 통용	예) 내일이 내 생일이다(명사) 오늘은 그만하고 내일 다시 하자(부사)
명사/조사 통용	예) 참을 만큼만 참겠다((의존) 명사) 너만큼 착한 사람은 못 봤다(조사)
명사/감탄사 통용	예) 앞장서서 만세를 부르다(명사) 만세! 드디어 해방이다!(감탄사)
수사/관형사 통용	예) 다섯을 세고 뒤를 돌아라(수사) 다섯 사람이 길을 간다(관형사)
동사/형용사 통용	예) 벌써 날이 밝아 온다(동사) 오늘은 달이 매우 밝다(형용사)

15 담화 표현 - 틀린 것 고르기
정답률 90% | 정답 ③

㉠ ~ ㉧에 대한 설명으로 적절하지 않은 것은?

| 보기 |
지현 : 저기 ㉠ 버스 온다. 얼른 타자. 우리가 오늘 영화를 볼 장소로 가는 버스야.
경준 : ㉡ 차에 사람이 많아 보여. 차라리 택시를 타자.
지현 : 좋아. 그런데 ㉢ 이곳이 원래 사람이 이렇게 많았나?
경준 : ㉣ 여기가 혼잡한 데는 아닌데 주말이라 그런 것 같아. 급하게 와서 그런지 목이 마르네. 물병 좀 꺼내 줄래? 배낭을 열면 물병이 두 개 있어.
지현 : 잠시만. ㉤ 이 중에서 더 작은 ㉥ 것을 주면 돼?
경준 : 응, 고마워. 그런데 ㉦ 우리가 오늘 보기로 한 영화는 누가 추천한 거야?
지현 : ㉧ 자기가 봤는데 재미있더라면서 민재가 추천해 줬어.

① ㉡은 '버스'의 상위어로서 ㉠을 가리킨다.
풀이 ㉡은 '바퀴가 굴러서 나아가게 되어 있는, 사람이나 짐을 실어 옮기는 기관'을 뜻하고, ㉠은 '많은 사람이 함께 타는 대형 자동차'를 뜻한다. 따라서 ㉡은 ㉠의 상위어이며, 지현과 경준이 함께 바라보고 있는 버스를 카리킨다.
→ 적절하므로 오답!

② ㉢과 ㉣은 다른 단어이지만, 같은 곳을 가리킨다.
풀이 ㉢과 ㉣은 다른 단어이지만 모두 지현과 경준이 현재 있는 장소를 가리킨다.
→ 적절하므로 오답!

③ ㉤은 '배낭'을, ㉥은 '물병'을 가리킨다. ('물병 두 개'를)
풀이 문맥상 ㉤은 배낭 안에 있는 두 개의 물병을 가리키는 말이고, ㉥은 ㉤ 중에서 더 작은 물병을 가리키는 말이다.
→ 틀려서 정답!

문제편 43쪽

④ ⓢ은 화자와 청자를 모두 포함한다.

풀이 ⓢ은 영화를 보기로 한 대상을 지칭하는 말로, 화자인 경준과 청자인 지현을 모두 포함한다.

→ 적절하므로 오답!

⑤ ⓞ은 '민재'를 가리킨다.

풀이 ⓞ은 민재가 한 말을 간접 인용 표현으로 바꾸면서 민재를 재귀 대명사로 대신하여 표현한 것이다.

→ 적절하므로 오답!

[16 ~ 20] 사회 - <자본주의 사회에서의 경제적 가치에 관한 보드리야르의 견해>

1 [1]㉠ 마르크스는 사물의 경제적 가치를 사용가치와 교환가치로 구분하면서 자본주의 사회에서는 경제적 가치가 교환가치에 의해 결정된다고 보았다. [2]사용가치는 사물의 기능적(機能的, 하는 구실이나 작용과 관련된) 가치를, 교환가치는 시장 거래를 통해 부여된 가치를 의미하는데 사물 자체의 유용성(有用性, 쓸모가 있고 이용할 만한 특성)은 고정적이므로 시장에서의 수요(需要, 재화나 서비스를 일정 가격으로 사려고 하는 욕구)와 공급(供給, 교환이나 판매를 위해 시장에 재화나 서비스를 제공하는 것)에 의해서만 경제적 가치가 결정된다고 보았기 때문이다. [3]또한 그(마르크스)는 사물의 거래 가격은 결국 사물의 생산 비용에 의해 결정된다는 점에서 소비를 생산에 종속된(從屬-, 딸려 있는) 현상으로 보고 소비의 자율성(自律性, 자기 스스로의 원칙에 따라 일을 하거나 스스로 통제할 수 있는 특성)을 인정하지 않았다.

→ 자본주의 사회에서의 경제적 가치에 대한 마르크스의 견해

2 [1]마르크스의 이러한 주장과 달리 ㉡ 보드리야르는 교환가치가 아닌 사용가치가 경제적 가치를 결정하며, 자본주의 사회는 소비 우위의(消費優位-, 생산보다 소비를 더 중시하는) 사회라고 주장했다. [2]이때 보드리야르가 제시한 사용가치는 사물 자체의 유용성에 대한 가치가 아니라 욕망(欲望, 무엇을 가지거나 누리고자 욕심을 내는 마음)의 대상으로서 기호(sign)가 ⓐ 지니는 기능적 가치, 즉 기호가치를 의미한다.

→ 자본주의 사회에서의 경제적 가치에 대한 보드리야르의 견해 ①

3 [1]기호는 어떤 대상을 지시하는 상징(象徵, 추상적인 개념이나 사물을 구체적인 사물로 나타낸 것)으로서 문자나 음성같이 감각으로 지각되는(知覺-, 대상이 인식되는) 기표(記標, 겉으로 드러나는 형식)와 의미 내용인 기의(記意, 기표가 담고 있는 의미)로 구성되는데, 기표와 기의의 관계는 자의적이다.(恣意的-, 일정한 질서나 법칙에 따른 것이 아니다.) [2]가령 '남성'이란 문자는 필연적으로(必然的-, 결과가 반드시 그렇게 될 수밖에 없이) 어떤 대상을 지시하는 것이 아니며 '여성'이란 기호와의 관계 속에서 의미 내용이 결정된다. [3]다시 말해, 어떤 기호의 의미 내용(기의)을 결정하는 것은 기표와 기의의 관계가 아니라 기호들 간의 관계, 즉 기호 체계이다.

→ '기호'와 '기호 체계'

4 [A] [1]보드리야르는 자본주의 사회에서 대량 생산 기술이 급속하게 발전하면서 소비자가 기호가치 때문에 사물을 소비한다고 보았다. [2]대량 생산 기술의 발전으로 수요를 충족하고(充足-, 분량을 채워 모자람이 없게 하고) 남을 만큼의 공급이 이루어져 사물 자체의 유용성은 더 이상 소비를 결정하는 요인(要因, 조건이 되는 요소)으로 작용할 수 없기 때문이다. [3]예를 들어 소비자는 특정 계층(階層, 사회적 지위가 비슷한 사람들의 층) 또는 집단의 일원(一員, 속한 한 구성원)이라는 상징을 얻기 위해 명품(名品, 세계적으로 이름난 비싼 가격의 상품) 가방을 소비한다. [4]이때 사물은 소비자가 속하고 싶은 집단과 다른 집단 간의 차이를 부각하는(浮刻-, 두드러지게 하는) 기호로서 기능한다. [5]따라서 보드리야르에 따르면 자본주의 사회에서 소비의 원인은 사물이 상징하는 특정 사회적 지위(社會的地位, 개인이 사회 전체의 위계 구조 속에서 재산, 직업, 출신, 교육, 성별 등을 기준으로 하여 차지하는 위치)에 대한 욕구이다.

→ 보드리야르의 견해 ② : 소비의 원인

5 [1]보드리야르는 현대인이 자연 발생적인(自然發生的-, 저절로 생겨나는) 욕구에 따라 자유롭게 소비하는 것처럼 보이지만 사실은 강제된(強制-, 자유의사를 억누르고 원하지 않는 일을 억지로 하게 된) 욕구에 따르는 것에 불과하다고(不過-, 지나지 않는다고) 보았다. [2]이(현대인이 강제된 욕구에 따라 소비하는 것)는 기호가 다른 기호와의 관계(기호 체계) 속에서 그 의미 내용(기의)이 결정되는 것과 관계된다. [3]특정 사물의 상징은 기호 체계, 즉 사회적 상징체계 속에서 유동적(流動的, 고정되지 않고 움직이는 것)이며, 따라서 ㉢ 상징체계 변화에 따라 욕구도 유동적이다. [4]이때 대중매체(大衆媒體, 신문, 잡지, 영화, 텔레비전 등 많은 사람에게 대량으로 정보와 사상을 전달하는 매체)는 사물의 기의(기호의 의미 내용)에 영향을 미침으로써 욕구를 강제할 수 있다. [5]현실이 대중매체를 통해 전달될 때 현실은 현실 그 자체가 아니라 다른 기호와 조합될(組合-, 모아져 한 덩어리로 짜일) 수 있는 기호로서 추상화되기(抽象化-, 추상적인 것으로 되기) 때문이다. [6]가령 텔레비전 속 유명 연예인이 소비하는 사물은 유명 연예인이라는 기호에 의해 새로운 의미 내용(기의)이 부여된다. [7]요컨대 특정 사물에 대한 현대인의 욕망은 대중매체를 매개로 하여(대중매체를 통해 특정 사물과 욕망의 관계를 맺어 줌으로써) 자기도 모르는 사이에 강제된다.

→ 보드리야르의 견해 ③ : 강제된 욕구에 따른 소비

6 [1]보드리야르는 기술 문명이 초래한(招來-, 불러온) 사물의 풍요(豐饒, 많아서 넉넉함) 속에서 현대인의 일상생활이 사물의 기호가치와 이에 대한 소비에 의해 규정된다고(規定-, 밝혀져 정해진다고) 보고 자본주의 사회를 소비사회로 명명하였다.(命名-, 이름을 지어 붙였다.) [2]그(보드리야르)의 이론은 소비가 인간에 미치는 영향을 비판적으로 성찰해야(省察-, 반성하고 살펴야) 한다는 점을 시사한다.(示唆-, 간접적으로 알려 준다.)

→ 보드리야르의 이론이 주는 시사점

■지문 이해

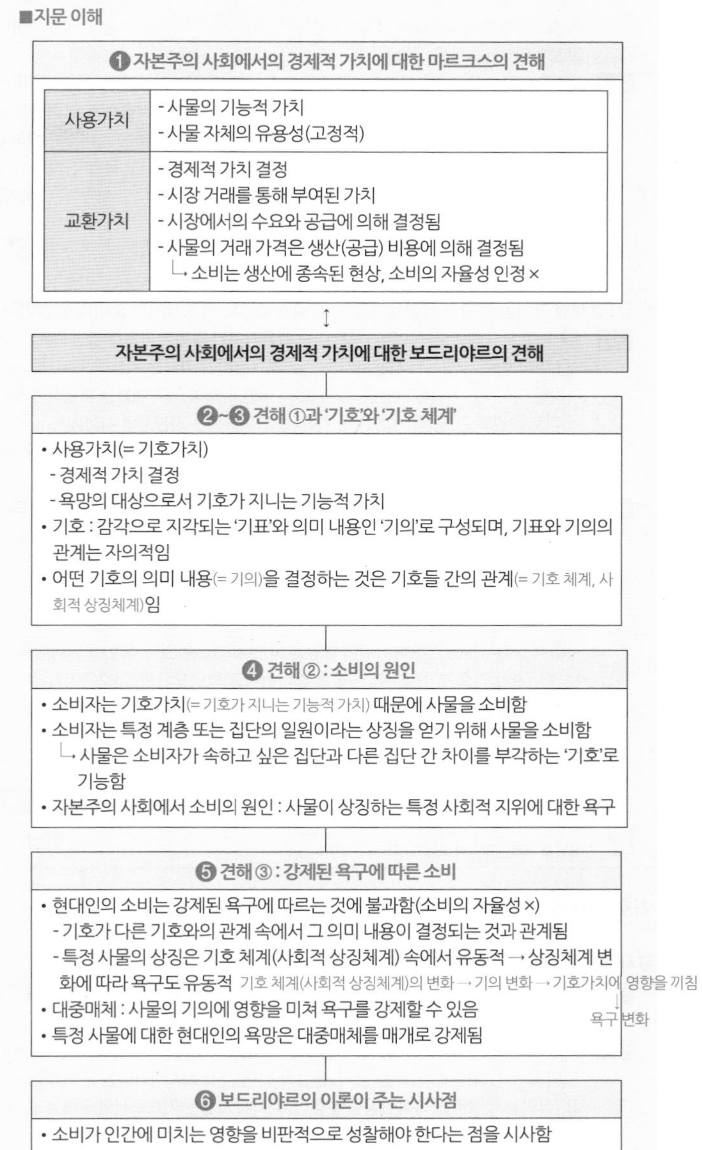

16 세부 정보 이해 - 맞는 것 고르기
정답률 75%
정답 ⑤

'자본주의 사회'에 대한 ㉠, ㉡의 주장을 이해한 내용으로 가장 적절한 것은?

㉠ 마르크스 ㉡ 보드리야르

① ㉠ : 소비가 생산에 종속되므로 사용가치와 교환가치는 결국 동일하다.

근거 ❶-1~3 마르크스는 사물의 경제적 가치를 사용가치와 교환가치로 구분하면서 … 사용가치는 사물의 기능적 가치를, 교환가치는 시장 거래를 통해 부여된 가치를 의미 … 또한 그(마르크스)는 … 소비를 생산에 종속된 현상으로 보고

풀이 마르크스(㉠)가 소비를 생산에 종속된 현상으로 보았다는 설명은 적절하지만, 사용가치와 교환가치를 구분하고 있으므로 사용가치와 교환가치가 동일하다고 보았다는 설명은 적절하지 않다.

→ 적절하지 않으므로 오답!

② ㉠ : 사물 자체의 유용성은 변하지 않으므로 소비자의 욕구를 중심으로 분석해야 한다.

근거 ❶-2 사물 자체의 유용성은 고정적, ❶-3 또한 그(마르크스)는 사물의 거래 가격은 결국 사물의 생산 비용에 의해 결정된다는 점에서 소비를 생산에 종속된 현상으로 보고 소비의 자율성을 인정하지 않았다.

풀이 마르크스(㉠)가 사물 자체의 유용성을 고정적인 것으로 본 것은 맞다. 그러나 그는 소비를 생산에 종속된 현상으로 보아 소비의 자율성을 인정하지 않았으므로, 자본주의 사회에서의 경제적 가치를 소비자의 욕구를 중심으로 분석해야 한다고 보지 않았다.

→ 적절하지 않으므로 오답!

③ ㉡ : 소비자에게 소비의 자율성이 존재하므로 교환가치가 사용가치를 결정한다.

근거 ❷-1 보드리야르는 교환가치가 아닌 사용가치가 경제적 가치를 결정하며, ❺-1 보드리야르는 현대인이 자연 발생적인 욕구에 따라 자유롭게 소비하는 것처럼 보이지만 사실은 강제된 욕구에 따르는 것에 불과하다고 보았다.

풀이 보드리야르(㉡)는 교환가치가 사용가치를 결정한다고 본 것이 아니라, 사용가치가 경제적 가치를 결정한다고 보았다. 또한 그는 현대인이 자연 발생적인 욕구에 따라 자유롭게 소비하는 것처럼 보이지만, 사실은 강제된 욕구에 따르는 것이라고 보았다.

→ 적절하지 않으므로 오답!

④ ㉡ : 개인에게 욕구가 강제되므로 소비를 통해 집단 간의 사회적 차이가 소멸한다.

근거 ❹-1 보드리야르는 자본주의 사회에서 … 소비자가 기호가치 때문에 사물을 소비한다고 보았다, ❹-4 사물은 소비자가 속하고 싶은 집단과 다른 집단 간의 차이를 부

문제편 44쪽

각하는 기호로서 기능한다, ❺-1 보드리야르는 현대인이 자연 발생적인 욕구에 따라 자유롭게 소비하는 것처럼 보이지만 사실은 강제된 욕구에 따르는 것에 불과하다고 보았다.

풀이 보드리야르(㉢)는 현대인의 소비가 강제된 욕구에 따르는 것이라고 보았다. 따라서 보드리야르가 개인에게 욕구가 강제된다고 보았다는 설명은 적절하다. 그러나 보드리야르(㉢)는 소비자가 기호가치 때문에 사물을 소비하며, 사물은 소비자가 속하고 싶은 집단과 다른 집단 간 차이를 '부각하는' 기호로서 기능한다고 보았다. 따라서 보드리야르(㉢)가 소비를 통해 집단 간의 사회적 차이가 소멸한다고 보았다는 설명은 적절하지 않다.

→ 적절하지 않으므로 오답!

⑤ ㉡ : 경제적 가치는 사회적 상징체계(=기호 체계)에 따라 결정되므로 기호가치가 소비의 원인이다.

근거 ❷-1~2 보드리야르는 교환가치가 아닌 사용가치가 경제적 가치를 결정하며, … 이때 보드리야르가 제시한 사용가치는 … 기호(sign)가 지니는 기능적 가치, 즉 기호가치를 의미, ❸-1 의미 내용인 기의, ❸-3 어떤 기호의 의미 내용을 결정하는 것은 … 기호들 간의 관계, 즉 기호 체계, ❹-1 보드리야르는 자본주의 사회에서 … 소비자가 기호가치 때문에 사물을 소비한다고 보았다, ❺-3 기호 체계, 즉 사회적 상징체계

풀이 보드리야르(㉢)는 어떤 기호의 의미 내용(기의)은 기호 체계(사회적 상징체계)에 의해 결정된다고 하였다. 기호는 기표와 기의로 구성되므로, 기호 체계에 따라 결정된 기의는 기호에 영향을 끼치게 되고, 기호가 지니는 기능적 가치인 기호가치에도 영향을 끼친다. 즉 기호 체계가 기호가치에 영향을 끼치게 되는 것이다. 보드리야르(㉢)는 사용가치, 즉 기호가치가 경제적 가치를 결정한다고 보았으므로, 기호 체계, 즉 사회적 상징체계는 경제적 가치에 영향을 끼친다고 볼 수 있다. 또한 보드리야르(㉢)는 소비자가 기호가치 때문에 사물을 소비한다고 보았으므로, 기호가치가 소비의 원인이라는 설명 역시 적절하다.

→ 맞아서 정답!

오답률 TOP❷ 1등급 문제

17 세부 정보 이해 - 틀린 것 고르기
정답률 30%, 매력적 오답 ② 25% ⑤ 30% | 정답 ①

기호 체계를 바탕으로 [A]를 이해한 내용으로 적절하지 않은 것은?

① 사물은 기표로서의 추상성(→구체성)과 기의로서의 구체성(→추상성)을 갖는다.

근거 ❸-1 기호는 어떤 대상을 지시하는 상징으로서 문자나 음성같이 감각으로 지각되는 기표와 의미 내용인 기의로 구성되는데, ❹-4 사물은 … 기호로서 기능한다.

풀이 윗글에서 보드리야르는 사물이 기호로서 기능한다고 하였다. 이때 '기호'는 '기표'와 '기의'로 구성되는데, '기표'는 문자, 음성과 같이 감각으로 지각되는 구체적인 것이고, '기의'는 추상적인 의미 내용을 말한다. 따라서 사물은 기표로서의 구체성과 기의로서의 추상성을 갖는다고 설명하는 것이 적절하다.

→ 틀려서 정답!

② 사물(기표)과 그것이 상징하는 특정한 사회적 지위(기의)와의 관계는 자의적이다.

근거 ❸-1 기호는 어떤 대상을 지시하는 상징으로서 문자나 음성같이 감각으로 지각되는 기표와 의미 내용인 기의로 구성되는데, 기표와 기의의 관계는 자의적이다, ❹-3~4 예를 들어 소비자는 특정 계층 또는 집단의 일원이라는 상징을 얻기 위해 명품 가방을 소비한다. 이때 사물은 소비자가 속하고 싶은 집단과 다른 집단 간의 차이를 부각하는 기호로서 기능한다.

풀이 보드리야르에 따르면 구체적인 '사물'은 기표에, 그것이 상징하는 '특정한 사회적 지위'는 기의에 해당한다. 기표와 기의의 관계는 자의적이라고 하였으므로, 사물과 그것이 상징하는 특정한 사회적 지위와의 관계는 자의적이라는 설명은 적절하다.

→ 적절하므로 오답!

③ 사물은 사물 자체가 아닌 사물 간의 관계를 통해 의미 내용이 결정된다.

근거 ❸-3 어떤 기호의 의미 내용을 결정하는 것은 기표와 기의의 관계가 아니라 기호들 간의 관계, 즉 기호 체계, ❹-4 사물은 … 기호로서 기능한다.

풀이 보드리야르는 사물이 기호로서 기능한다고 하였다. 이때 기호의 의미 내용을 결정하는 것은 그 기호 자체의 기표와 기의의 관계가 아니라, 기호들 간의 관계인 '기호 체계'에 의해 결정된다.

→ 적절하므로 오답!

④ 소비는 사물이라는 기호를 통해 특정 계층 또는 집단의 일원이라는 상징을 얻는 행위이다.

근거 ❹-3~5 예를 들어 소비자는 특정 계층 또는 집단의 일원이라는 상징을 얻기 위해 명품 가방을 소비한다. 이때 사물은 소비자가 속하고 싶은 집단과 다른 집단 간의 차이를 부각하는 기호로서 기능한다. 따라서 보드리야르에 따르면 자본주의 사회에서 소비의 원인은 사물이 상징하는 특정 사회적 지위에 대한 욕구이다.

풀이 보드리야르에 따르면 소비자는 사물이라는 기호를 소비함으로써 특정 계층 또는 집단의 일원이라는 상징을 얻는다.

→ 적절하므로 오답!

⑤ 기호가치는 사물의 기의와 그에 대한 소비자의 욕구와 관련될 뿐 사물의 기표에 의해 결정되는 것은 아니다.

근거 ❷-2 보드리야르가 제시한 사용가치는 사물 자체의 유용성에 대한 가치가 아니라 욕망의 대상으로서 기호(sign)가 지니는 기능적 가치, 즉 기호가치를 의미, ❹-1~2 보드리야르는 … 소비자가 기호가치 때문에 사물을 소비한다고 보았다. … 사물 자체의 유용성은 더 이상 소비를 결정하는 요인으로 작용할 수 없기 때문, ❹-5 보드리야르에 따르면 자본주의 사회에서 소비의 원인은 사물이 상징하는 특정 사회적 지위에 대한 욕구

풀이 보드리야르에 따르면 기호가치는 욕망의 대상으로서 기호가 지니는 기능적 가치를 의미하며, 사물 자체의 유용성에 대한 가치가 아니다. 또한 그는 소비자가 기호가치 때문에 사물을 소비하며, 소비의 원인이 사물이 상징하는 특정 사회적 지위에 대한 욕구에 있다고 하였다. 따라서 기호가치는 그 사물이 상징하는 특정 사회적 지위인 '기의'와 그에 대한 소비자의 욕구와 관련되는 것이지, 사물 자체가 가진 구체성, 즉 '기표'에 의해 결정되는 것이 아니다.

→ 적절하므로 오답!

18 추론의 적절성 판단 - 맞는 것 고르기
정답률 75%, 매력적 오답 ① 10% | 정답 ③

㉢의 *전제로 가장 적절한 것은? *前提, 결론의 근거가 되는 판단

㉢ 상징체계 변화에 따라 욕구도 유동적이다.

① 상징체계 변화에 의해 사물 자체의 유용성이 변화한다.

근거 ❷-2 보드리야르가 제시한 사용가치는 사물 자체의 유용성에 대한 가치가 아니라 욕망의 대상으로서의 기호가 지니는 기능적 가치, 즉 기호가치를 의미한다.

풀이 보드리야르에 따르면 상징체계 변화는 기의의 변화를 가져오고 기호가치에도 영향을 미친다. 그러나 그는 사용가치가 사물 자체의 유용성에 대한 가치가 아닌 기호가치를 의미한다고 함으로써 사물 자체의 유용성과 기호가치를 무관한 것으로 보았다. 따라서 '상징체계 변화에 의해 사물 자체의 유용성이 변화한다'는 것은 ㉢의 전제로 적절하지 않다.

→ 적절하지 않으므로 오답!

② 사물에 대한 욕구는 사람마다 제각기 다른 양상을 보인다.

근거 ❺-1 보드리야르는 현대인이 자연 발생적인 욕구에 따라 자유롭게 소비하는 것처럼 보이지만 사실은 강제된 욕구에 따르는 것에 불과하다고 보았다, ❺-7 특정 사물에 대한 현대인의 욕망은 대중매체를 매개로 하여 자기도 모르는 사이에 강제된다.

풀이 윗글에서 보드리야르는 자본주의 사회에서 현대인의 사물에 대한 욕구는 강제된다고 하였으므로, 사물에 대한 욕구가 사람마다 제각기 다른 양상을 보인다는 것은 ㉢의 전제로 적절하지 않다.

→ 적절하지 않으므로 오답!

③ 사물의 기호가치가 변화하면 사물에 대한 욕구도 변화한다.

근거 ❹-1 보드리야르는 … 소비자가 기호가치 때문에 사물을 소비한다고 보았다, ❹-5 보드리야르에 따르면 자본주의 사회에서 소비의 원인은 사물이 상징하는 특정 사회적 지위(기의)에 대한 욕구, ❺-2 기호가 다른 기호와의 관계(기호 체계, 사회적 상징체계) 속에서 그 의미 내용(기의)이 결정되는 것, ❺-3 특정 사물의 상징은 기호 체계, 즉 사회적 상징체계 속에서 유동적이며, 따라서 상징체계 변화에 따라 욕구도 유동적이다.

풀이 보드리야르는 사용가치, 즉 기호가치가 경제적 가치를 결정한다고 보았으며, 어떤 기호의 의미 내용은 기호 체계에 의해 결정된다고 하였다. 기호 체계, 즉 사회적 상징체계가 변화하면 기호의 의미 내용인 기의도 변화하고, 기의가 변화하면 기표와 기의로 구성된 기호에 영향을 끼쳐 기호가 지니는 기능적 가치인 기호가치에도 영향을 끼친다. 보드리야르는 소비자가 기호가치 때문에 사물을 소비한다고 하였는데, 기호가치가 변화하면 사물을 소비하고자 하는 소비자의 욕구도 변화하게 된다. 결국 사회적 상징체계의 변화에 따라 사물의 기호가치가 변화하게 되고, 이에 따라 사물에 대한 소비자의 욕구도 변화한다는 것이다. 따라서 '사물의 기호가치가 변화하면 사물에 대한 욕구도 변화한다'는 내용은 ㉢의 전제로 적절하다.

→ 맞아서 정답!

④ 사물을 소비하는 행위는 개인의 자연 발생적 욕구에 따른 것이다.

근거 ❺-1 보드리야르는 현대인이 자연 발생적인 욕구에 따라 자유롭게 소비하는 것처럼 보이지만 사실은 강제된 욕구에 따르는 것에 불과하다고 보았다.

풀이 보드리야르는 자본주의 사회에서 현대인의 소비가 자연 발생적 욕구에 따른 것이 아니라, 사물에 대한 강제된 욕구에 따른 것이라고 보았다. 따라서 사물을 소비하는 행위가 개인의 자연 발생적 욕구에 따른 것이라는 전제는 적절하지 않다.

→ 적절하지 않으므로 오답!

⑤ 사물이 지시하는 의미 내용과 사물에 대한 욕구는 서로 독립적이다.

근거 ❹-5 보드리야르에 따르면 자본주의 사회에서 소비(사물에 대한 욕구)의 원인은 사물이 상징하는 특정 사회적 지위(사물이 지시하는 의미 내용)에 대한 욕구이다.

풀이 보드리야르는 사물에 대한 욕구에 따라 소비를 하게 되는 원인을 사물이 상징하는 특정 사회적 지위, 즉 사물이 지시하는 의미 내용에 대한 욕구 때문이라고 보았다. 따라서 사물이 지시하는 의미 내용과 사물에 대한 욕구가 서로 독립적이라는 전제는 적절하지 않다.

→ 적절하지 않으므로 오답!

오답률 TOP❶ 1등급 문제

19 구체적인 사례에 적용 - 틀린 것 고르기
정답률 20%, 매력적 오답 ① 25% ② ④ 20% ⑤ 15% | 정답 ③

윗글의 '보드리야르'의 관점을 바탕으로 〈보기〉를 이해한 내용으로 적절하지 않은 것은? [3점]

| 보기 |

개성이란 타인(他人, 다른 사람)과 구별되는 개인만의 고유한(固有-, 처음부터 특별히 가지고 있는) 특성으로, 현대 사회의 개인은 개성을 추구함으로써 자신의 고유함을 드러내려 한다. 이때 사물은 개성을 드러낼 수 있는 수단이다. 찢어진 청바지를 입는 것, 타투(tattoo, 문신)나 피어싱(piercing, 몸의 일부분에 구멍을 내어 각종 장신구를 다는 일)을 하는 것은 사물을 통한 개성 추구의 사례이다. 이런 점에서 '당신의 삶에 차이를 만듭니다'와 같은 광고 문구는 개성에 대한 현대인의 지향(志向, 어떤 목표로 뜻이 쏠리어 향함)을 단적으로(端的-, 아주 뚜렷하게) 드러낸 것이라 할 수 있다.

① 타인과 구별되는 개성이란 개인이 소속되길 바라는 집단의 *차별화된 속성일 수 있겠군. *差別化-, 등급이나 수준 등의 차이가 두어져 구별된

근거 ❹-3~4 예를 들어 소비자는 특정 계층 또는 집단의 일원이라는 상징을 얻기 위해 명품 가방을 소비한다. 이때 사물은 소비자가 속하고 싶은 집단과 다른 집단 간의 차

문제편 44쪽

이를 부각하는 기호로서 기능한다.

풀이 보드리야르의 관점에서 타인과 구별되는 개성이란, 개인이 속하고 싶은 집단과 다른 집단 간의 차이를 부각하는 차별화된 속성이라고 볼 수 있다.

→ 적절하므로 오답!

② 소비사회에서 사물을 통한 개성의 추구는 그 사물의 기호가치에 대한 욕구에서 비롯되겠군.

근거 ❷-1~2 보드리야르는 … 사용가치가 경제적 가치를 결정하며, 자본주의 사회는 소비 우위의 사회라고 주장했다. 이때 보드리야르가 제시한 사용가치는 사물 자체의 유용성에 대한 가치가 아니라 욕망의 대상으로서 기호(sign)가 지니는 기능적 가치, 즉 기호가치를 의미

풀이 보드리야르는 자본주의 사회가 소비 우위의 사회이며, 욕망의 대상으로서 기호가 지니는 기능적 가치인 '기호가치'가 경제적 가치를 결정한다고 보았다. 따라서 보드리야르는 사물을 소비함으로써 개성을 추구하는 것은 그 사물이 가진 기호가치에 대한 욕구에서 비롯된 것이라고 보았을 것이다.

→ 적절하므로 오답!

③ 찢어진 청바지는 개인만의 고유한 특성을 드러내는 수단이자 젊은 세대의 일원이라는 기호를 상징하는 것일 수 있겠군.

근거 ❹-3 소비자는 특정 계층 또는 집단의 일원이라는 상징을 얻기 위해 명품 가방을 소비, ❹-5 보드리야르에 따르면 자본주의 사회에서 소비의 원인은 사물이 상징하는 특정 사회적 지위에 대한 욕구, ❺-1 보드리야르는 현대인이 자연 발생적인 욕구에 따라 자유롭게 소비하는 것처럼 보이지만 사실은 강제된 욕구에 따르는 것에 불과하다고 보았다.

풀이 보드리야르는 사물을 소비함으로써 개인만의 고유한 특성을 드러낼 수 있다고 보지 않았다. 그는 소비자가 특정 계층 또는 집단의 일원이라는 상징을 얻기 위해, 즉 사물이 상징하는 특정 사회적 지위에 대한 욕구 때문에 사물을 소비한다고 보았다. 따라서 보드리야르는 찢어진 청바지를 '개인만의 고유한 특성을 드러내는 수단'이라고 보지 않았을 것이다.

→ 틀려서 정답!

④ '당신의 삶에 차이를 만듭니다'라는 광고 문구는 그 광고의 상품을 소비함으로써 사회적 차이를 드러내고 싶다는 욕구를 강제하는 것일 수 있겠군.

근거 ❺-1 보드리야르는 현대인이 자연 발생적인 욕구에 따라 자유롭게 소비하는 것처럼 보이지만 사실은 강제된 욕구에 따르는 것에 불과하다고 보았다, ❺-7 특정 사물에 대한 현대인의 욕망은 대중매체를 매개로 하여 자기도 모르는 사이에 강제된다.

풀이 보드리야르의 견해에 따르면 '당신의 삶에 차이를 만듭니다'라는 광고 문구는 그 광고의 상품에 대해 소비자가 속하고 싶은 집단과 다른 집단 간의 차이를 부각하는 기호로서의 의미 내용을 부여하고, 소비자에게 이를 소비함으로써 사회적 차이를 드러내고 싶다는 욕구를 강제하는 것이라고 볼 수 있다.

→ 적절하므로 오답!

⑤ 타투나 피어싱을 한 유명 연예인을 텔레비전에서 보고, 이를 따라하기 위해 돈을 지불하는 것은 대중매체를 매개로 하여 추상화된 기호를 소비하는 것일 수 있겠군.

근거 ❺-5~6 현실이 대중매체를 통해 전달될 때 현실은 현실 그 자체가 아니라 다른 기호와 조합될 수 있는 기호로서 추상화되기 때문이다. 가령 텔레비전 속 유명 연예인이 소비하는 사물은 유명 연예인이라는 기호에 의해 새로운 의미 내용이 부여된다.

→ 적절하므로 오답!

1등급 문제

20	문맥적 의미 파악 - 맞는 것 고르기 정답률 55%, 매력적 오답 ② 20% ③ 10%	정답 ④

문맥상 의미가 ⓐ와 가장 가까운 것은?

(사용가치는) 욕망의 대상으로서 기호(sign)가 ⓐ 지니는 기능적 가치

풀이 ⓐ에서 '지니다'는 문맥상 '바탕으로 갖추고 있다'의 의미로 쓰였다.

① 그는 항상 지갑에 현금을 지니고 있었다.

풀이 '몸에 간직하여 가지다'의 의미이다.

예문 그는 어머니가 준 목걸이를 늘 몸에 지니고 다닌다.

→ 적절하지 않으므로 오답!

② 그녀는 어릴 때의 모습을 그대로 지니고 있다.

풀이 '본래의 모양을 그대로 간직하다'의 의미이다.

예문 근대화 바람에도 이 마을은 옛 모습들을 지니고 있다.

→ 적절하지 않으므로 오답!

③ 우리는 자기가 맡은 일에 책임을 지녀야 한다.

풀이 '어떠한 일 따위를 맡아 가지다'의 의미이다.

예문 교사로서 책임을 지니고 학생들을 지도해야 한다.

→ 적절하지 않으므로 오답!

④ 사람은 누구나 고정 관념을 지니고 살기 마련이다.

풀이 '바탕으로 갖추고 있다'의 의미이다.

예문 그는 착한 성품을 지녔다.

→ 맞아서 정답!

⑤ 그는 어린 시절의 추억을 항상 마음속에 지니고 있다.

풀이 '기억하여 잊지 않고 새겨 두다'의 의미이다.

예문 돌아가신 어머니의 유언을 마음에 지니고 있다.

→ 적절하지 않으므로 오답!

[21 ~ 25] 인문

(가)

1 [1]플라톤은 초월 세계(超越世界, 경험이나 인식을 벗어난 세계)인 이데아계와 감각 세계(感覺世界, 지각이나 감각으로 경험할 수 있는 세계)인 현상계를 구분했다. [2]영원불변(永遠不變, 영원히 변하지 않음)의 이데아계는 현상계에 나타난 모든 사물의 근본(根本, 사물의 본질, 본바탕)이 되는 보편자, 즉 형상(form)이 존재하는 곳으로 이성(理性, 감각적 능력에 상대하여 개념적으로 생각하는 능력을 이르는 말)으로만 인식될 수 있는 관념(觀念, 현실에 의하지 않는 추상적 생각)의 세계이다. [3]반면 현상계는 이데아계의 형상을 바탕으로 만들어진 세계로 끊임없이 변화하는 사물이 감각에 의해 지각된다(知覺-, 판단하여 알게 된다.) [4]플라톤에 따르면 ㉠ 현상계의 모든 사물은 형상을 본뜬(本-, 본보기로 삼아 그대로 좇아 만든) 그림자에 불과하다.

→ 플라톤의 철학적 관점 : 이데아계와 현상계를 구분

2 [1]이러한 관점에서 플라톤은 예술을 감각 가능한 현상의 모방(模倣, 다른 것을 본뜨거나 본받음)이라고 보았다. [2]예를 들어 목수는 이성을 통해 침대의 형상을 인식하고 그것(침대의 형상)을 모방하여 침대(이데아계의 형상을 본떠 만든 현상계의 사물)를 만든다. [3]그리고 화가는 감각을 통해 이(목수가 침대의 형상을 인식하고 그것을 모방하여 만든) 침대를 보고 그림(이데아계의 형상을 모방하여 만든 현상계의 사물을 다시 모방한 것)을 그린다. [4]결국 침대 그림은 보편자(= 형상)에서 두 단계 떨어져 있는 열등한(劣等-, 수준이나 등급이 낮은) 것이며, 형상에 대한 참된 인식을 방해하는 허구(虛構, 사실에 없는 일을 사실처럼 만들어 냄)의 허구에 불과하다. [5]이데아계의 형상을 모방하여 생겨난 것이 현상인데, 예술은 현상을 다시 모방한 것이기 때문이다.

→ 예술에 관한 플라톤의 견해 ① : 예술은 감각 가능한 현상의 모방

3 [1]플라톤은 시가 회화와 다르다고 보았다. [2]고대 그리스에서 음유시인(吟遊詩人, 시를 지어 읊으며 여기저기 떠돌아다니는 사람)은 허구의 허구인 서사시(敍事詩, 역사적 사실이나 신화, 전설, 영웅의 이야기 등을 시간의 흐름에 따른 서사적 형태로 쓴 시)나 비극(悲劇, 인생의 슬픔과 비참함을 제재로 주인공의 파멸, 패배, 죽음 등 불행한 결말을 갖는 극 형식)을 창작하고, 이(창작한 서사시나 비극)를 작품 속 등장인물의 성격에 어울리는 말투, 몸짓 같은 감각 가능한 현상으로 연기함으로써 다시 허구를 만들어 냈다. [3]이(음유시인이 작품을 창작하고, 창작한 작품을 연기하는) 과정에서 음유시인의 연기는 인물의 성격을 드러내는데, 이(음유시인이 말투, 몸짓 등을 연기하여 드러내는 인물의 성격)는 감각 가능한 외적(外的, 겉으로 드러나 보이는) 특성을 모방해 감각으로 파악될 수 없는 내적(內的, 정신이나 마음과 관련된) 특성을 드러내는 것이다.

→ 예술에 관한 플라톤의 견해 ② : 음유시인의 연기

4 [1]플라톤은 음유시인이 용기나 절제(節制, 적절히 조절하여 제한함) 같은 덕성(德性, 어질고 너그러운 성질)을 갖춘 인간이 아닌 저급한(低級-, 수준이 낮은) 인간의 면모(面貌, 겉모습이나 됨됨이)를 모방할 수밖에 없다고 주장했다. [2]가령 화를 잘 내는 인물은 목소리가 거칠어지고 안색(顔色, 얼굴에 나타나는 표정이나 빛깔)이 붉어지는 등 다양한 감각 가능한 현상들을 모방함으로써 쉽게 표현할 수 있지만, 용기나 절제력이 있는 인물에 수반되는(隨伴-, 더불어 생기는) 감각 가능한 현상은 표현하기 어렵기 때문이다. [3]따라서 플라톤은 음유시인의 연기를 보는 관객들이 이성이 아닌 감정이나 욕구와 같은 비이성적인 것들에 지배되어(支配-, 영향을 받게 되어) 타락하게(墮落-, 잘못된 길로 빠지게) 된다고 보았다.

→ 예술에 관한 플라톤의 견해 ③ : 관객의 타락

(나)

1 [1]아리스토텔레스는 이데아계가 존재한다고 보지 않았다. [2]예컨대 사람은 나이가 들며 늙는데, 만약 이데아계의 변하지 않는 어린아이의 형상과 성인의 형상을 바탕으로 각각 현상계의 어린아이와 성인이 생겨났다면, 현상계에서 어린아이가 성인으로 성장하는 것을 설명할 수 없기 때문이다.

→ 아리스토텔레스의 철학적 관점 ① : 이데아계는 존재하지 않음

2 [1]아리스토텔레스는 형상이 항상 사물의 생성과 변화의 바탕이 되는 질료에 내재한다고(內在-, 안에 들어 있다고) 보고, 이를 가능태와 현실태라는 개념을 통해 설명하였다. [2]가능태란 형상을 실현시킬 수 있는 가능적 힘이자 질료를 의미하며, 현실태란 가능태에 형상이 실현된 어떤 상태이다. [3]가령 도토리는 떡갈나무가 되기 위한 가능태라면, 도토리가 떡갈나무가 된 상태가 현실태이다. [4]이처럼 생성·변화하는 모든 것은 목적을 향해 움직이므로 가능태에 있는 것은 형상이 완전히 실현된 상태인 '완전 현실태'를 향해 나아가는데, 이(가능태에 있는 것이 완전 현실태를 향해 나아가는) 이행(移行, 변해 가는) 과정이 운동이다. [5]즉 운동의 원인은 외부가 아닌 가능태 자체에 내재한다.

→ 아리스토텔레스의 철학적 관점 ② : 형상이 질료에 내재함

3 [1]아리스토텔레스에게 있어 예술의 목적은 개개의 사물에 내재하고 있는 보편자, 즉 형상을 표현해 내는 것이다. [2]이런 점에서 그(아리스토텔레스)는 시가 역사보다 우월하다고 주장했다. [3]역사는 개별적 사건들의 기록일 뿐이지만 시는 개별적 사건에 깃들어 있는 보편자를 표현한 것이기 때문이다.

→ 예술에 관한 아리스토텔레스의 견해 ① : 예술의 목적

4 [1]아리스토텔레스는 인간이 예술을 통해 쾌감(快感, 상쾌하고 즐거운 느낌)을 느낄 수 있다고 보았다. [2]특히 비극시는 파멸하는(破滅-, 파괴되어 없어지는) 주인공을 통해 인간의 근본적 한계를 다루기 때문에, 시를 창작하면 인간 존재의 본질을 인식하는 앎의 쾌감을 느낄 수 있다고 하였다. [3]비극시 속 이야기는 음유시인이 경험 세계의 개별자들 속에서 보편자를 인식해 내어, 그것(개별자들 속에서 인식해 낸 보편자)을 다시 허구의 개별자로 표현한 결과물인 것이다. [4]또한 관객은 음유시인의 연기를 통해 앎의 쾌감을 느낄 수 있을 뿐 아니라 그(앎의 쾌감)와 다른 종류의 쾌감도 경험할

문제편 45쪽

수 있다. [5]관객은 고통을 받는 인물의 이야기를 통해 그(고통을 받는 인물)에 대한 연민(憐憫, 불쌍하고 가련하게 여김)과 함께, 자신(관객)도 유사한 고통을 겪을 수 있다는 공포를 느낀다. [6]이러한 과정에서 감정이 고조됐다가(高調-, 높아졌다가) 해소되면서(解消-, 풀려서 없어지면서) 얻게 되는 쾌감, 즉 카타르시스를 경험한다.

→ 예술에 관한 아리스토텔레스의 견해 ②: 예술을 통해 얻는 쾌감

■ 지문 이해

(가)

〈플라톤의 철학적 관점과 예술관〉

❶ 플라톤의 철학적 관점 : 이데아계와 현상계를 구분

이데아계	현상계
- 초월 세계, 영원불변 - 보편자, 즉 형상이 존재하는 곳 - 이성으로만 인식될 수 있는 관념의 세계	- 감각 세계 - 이데아계의 형상을 바탕으로 만들어진 세계 - 변화하는 사물이 감각에 의해 지각됨

→ 현상계의 모든 사물은 형상을 본뜬 그림자에 불과함

예술에 관한 플라톤의 견해

❷ 예술은 감각 가능한 현상의 모방
- 예술은 형상을 모방한 현상을 다시 모방한 것
  - 보편자에서 두 단계 떨어져 있는 열등한 것
  - 형상에 대한 참된 인식을 방해하는 허구의 허구에 불과함

❸ 음유시인의 연기
- 음유시인은 허구의 허구인 작품을 창작하고, 이를 연기함으로써 다시 허구를 만들어 냄
- 음유시인의 연기는 감각 가능한 외적 특성을 모방해 감각으로 파악될 수 없는 내적 특성을 드러내는 것

❹ 관객의 타락
- 음유시인은 덕성을 갖춘 인간이 아닌 저급한 인간의 면모를 모방할 수밖에 없음
- 관객들은 이성이 아닌 감정, 욕구 등의 비이성적 것들에 지배되어 타락하게 됨

(나)

〈아리스토텔레스의 철학적 관점과 예술관〉

아리스토텔레스의 철학적 관점

❶ 이데아계는 존재하지 않음

❷ 형상이 질료에 내재함
- 형상은 항상 사물의 생성·변화의 바탕이 되는 질료에 내재함
  - 가능태 : 형상을 실현시킬 수 있는 가능적 힘 = 질료
  - 현실태 : 가능태에 형상이 실현된 상태
- 가능태에 있는 것은 '완전 현실태'를 향해 나아가며, 이 이행 과정이 '운동'임
- 운동의 원인은 외부가 아닌 가능태 자체에 내재함

예술에 관한 아리스토텔레스의 견해

❸ 예술의 목적
- 예술의 목적 : 개개의 사물에 내재한 보편자, 즉 형상을 표현해 내는 것
  → 시는 개별적 사건에 깃든 보편자를 표현한 것이므로 역사보다 우월함

❹ 예술을 통해 얻는 쾌감
- 인간은 예술을 통해 쾌감을 느낄 수 있음
  - 시를 창작하면 인간 존재의 본질을 인식하는 앎의 쾌감을 느낄 수 있음
  - 관객은 음유시인의 연기를 통해 앎의 쾌감을 느낄 수 있음
  - 관객은 감정이 고조됐다가 해소되면서 얻게 되는 쾌감인 카타르시스를 경험함

21	글의 서술 방식 파악 - 맞는 것 고르기 정답률 70%, 매력적 오답 ⑤ 15%	정답 ②

(가)와 (나)에 대한 설명으로 가장 적절한 것은?

① (가)와 (나)는 모두 특정 *사상가의 예술을 바라보는 관점이 변화하게 된 이유를 설명하고 있다. *思想家, 어떤 사상을 잘 알고 이를 적극적으로 주장하는 사람

근거 (가)-❷-1 플라톤은 예술을 감각 가능한 현상의 모방이라고 보았다, (나)-❸-1 아리스토텔레스에게 있어 예술의 목적은 개개의 사물에 내재하고 있는 보편자, 즉 형상을 표현해 내는 것

풀이 (가)와 (나)는 각각 플라톤과 아리스토텔레스가 예술을 바라보는 관점을 설명하고 있지만, 관점의 변화나 관점이 변화하게 된 이유를 설명하고 있지는 않다.

→ 적절하지 않으므로 오답!

② (가)와 (나)는 모두 특정 사상가가 예술을 평가하는 데 바탕이 된 철학적 관점을 설명하고 있다.

근거 (가)-❶-1~4 플라톤은 초월 세계인 이데아계와 감각 세계인 현상계를 구분 … 플라톤에 따르면 현상계의 모든 사물은 형상을 본뜬 그림자에 불과, (가)-❷-1 이러한 관점에서 플라톤은 예술을 감각 가능한 현상의 모방이라고 보았다, (나)-❶-1 아리스토텔레스는 이데아계가 존재한다고 보지 않았다, (나)-❷-1 아리스토텔레스는 형상이 항상 … 질료에 내재한다고 보고, 이를 가능태와 현실태라는 개념을 통해 설명, (나)-❸-1 아리스토텔레스에게 있어 예술의 목적은 개개의 사물에 내재하고 있는 보편자, 즉 형상을 표현해 내는 것

풀이 (가)에서는 예술에 대한 플라톤의 관점을 설명하기 위해 먼저 ❶문단에서 그 바탕이 되는 플라톤의 철학적 관점을 설명하였다. 또 (나)에서는 예술에 대한 아리스토텔레스의 관점을 설명하기 위해 ❶문단과 ❷문단에서 그의 철학적 관점을 설명하고 있다. 따라서 (가)와 (나) 모두 특정 사상가가 예술을 평가하는 데 바탕이 된 철학적 관점을 설명하고 있다는 설명은 적절하다.

→ 맞아서 정답!

③ (가)와 달리 (나)는 특정 사상가가 생각하는 예술의 *불완전성을 설명하고 있다. (나)와 달리 (가)는 *不完全性, 완전하지 못한 성질

근거 (가)-❷-4~5 침대 그림은 보편자에서 두 단계 떨어져 있는 열등한 것이며, 형상에 대한 참된 인식을 방해하는 허구의 허구에 불과하다. 이데아계의 형상을 모방하여 생겨난 것이 현상인데, 예술은 현상을 다시 모방한 것이기 때문, (가)-❹-1 플라톤은 음유시인이 … 저급한 인간의 면모를 모방할 수밖에 없다고 주장, (가)-❹-3 플라톤은 음유시인의 연기를 보는 관객들이 … 타락하게 된다고 보았다, (나)-❸-2 그(아리스토텔레스)는 시가 역사보다 우월하다고 주장

풀이 특정 사상가가 생각하는 예술의 불완전성을 설명하고 있는 것은 (나)가 아니라 (가)이다.

→ 적절하지 않으므로 오답!

④ (나)와 달리 (가)는 특정 사상가의 예술관에 내재한 장점과 단점을 제시하고 있다.

풀이 (가)와 (나)는 각각 플라톤과 아리스토텔레스의 철학적 관점과 이를 바탕으로 한 그들의 예술관에 대해 설명하고 있을 뿐, 그 예술관에 내재한 장점이나 단점을 제시하고 있지는 않다.

→ 적절하지 않으므로 오답!

⑤ (가)는 특정 사상가의 예술관이 보이는 한계를, (나)는 특정 사상가의 예술관이 주는 *의의를 제시하고 있다. *意義, 중요성이나 가치

풀이 (가)와 (나)는 각각 플라톤과 아리스토텔레스의 철학적 관점과 이를 바탕으로 한 그들의 예술관을 설명하여 사실적 정보를 전달하고 있을 뿐, 그 예술관의 한계나 의의를 제시하고 있지는 않다.

→ 적절하지 않으므로 오답!

1등급 문제

22	세부 정보 이해 - 틀린 것 고르기 정답률 55%, 매력적 오답 ② 20% ③ 10%	정답 ④

(가)의 '플라톤'의 사상을 이해한 내용으로 적절하지 않은 것은?

① 예술은 형상에 대한 참된 인식을 방해한다.

근거 (가)-❷-4 침대 그림(예술)은 보편자에서 두 단계 떨어져 있는 열등한 것이며, 형상에 대한 참된 인식을 방해하는 허구의 허구에 불과하다.

→ 적절하므로 오답!

② 형상은 감각이 아닌 이성을 통해서만 인식할 수 있다.

근거 (가)-❶-2~3 영원불변의 이데아계는 … 형상(form)이 존재하는 곳으로 이성으로만 인식될 수 있는 관념의 세계이다. 반면 현상계는 … 끊임없이 변화하는 사물이 감각에 의해 지각된다.

풀이 플라톤은 이데아계에 존재하는 형상은 이성으로만 인식될 수 있으며, 현상계의 사물은 감각에 의해 지각된다고 보았다.

→ 적절하므로 오답!

③ 현상계의 사물을 모방한 예술은 형상보다 열등한 것이다.

근거 (가)-❷-4~5 침대 그림은 보편자에서 두 단계 떨어져 있는 열등한 것이며, 형상에 대한 참된 인식을 방해하는 허구의 허구에 불과하다. 이데아계의 형상을 모방하여 생겨난 것이 현상인데, 예술은 현상을 다시 모방한 것이기 때문

풀이 플라톤은 예술이 이데아계의 형상을 모방한 현상을 다시 모방한 것이기 때문에, 형상보다 열등한 것이라고 보았다.

→ 적절하므로 오답!

사물 안에 존재하는 형상이 아니라 감각에 의해 지각되는 사물

④ 예술의 표현 대상은 사물이 아니라 사물 안에 존재하는 형상이다.

근거 (가)-❶-3 현상계는 … 끊임없이 변화하는 사물이 감각에 의해 지각된다, (가)-❷-1 플라톤은 예술을 감각 가능한 현상의 모방이라고 보았다, (가)-❷-5 이데아계의 형상을 모방하여 생겨난 것이 현상인데, 예술은 현상을 다시 모방한 것

풀이 플라톤은 예술이 이데아계의 형상을 모방하여 생겨난 '현상'을 다시 모방한 것이라고 보았다. 따라서 그의 관점에서 예술의 표현 대상은 사물 안에 존재하는 형상이 아니라 감각에 의해 지각되는 사물이다.

→ 틀려서 정답!

⑤ 이데아계는 현상계에 나타난 모든 사물의 형상이 존재하는 곳이다.

근거 (가)-❶-2 영원불변의 이데아계는 … 형상(form)이 존재하는 곳, (가)-❶-3~4 현상계는 이데아계의 형상을 바탕으로 만들어진 세계로 끊임없이 변화하는 사물이 감각에 의해 지각된다. 플라톤에 따르면 현상계의 모든 사물은 형상을 본뜬 그림자에 불과

풀이 플라톤에 따르면 현상계는 이데아계의 형상을 바탕으로 만들어진 세계로, 현상계의 모든 사물은 이데아계에 존재하는 형상을 본뜬 것이다.

→ 적절하므로 오답!

1등급 문제

23	핵심 개념 파악 - 틀린 것 고르기 정답률 40%, 매력적 오답 ①⑤ 15% ② 10% ③ 20%	정답 ④

(나)의 '아리스토텔레스'의 관점에서 형상과 질료에 대해 이해한 내용으로 적절하지 않은 것은?

문제편 46쪽

① **형상은 질료와 분리되어 존재할 수 없다.**

근거 (나)-❷-1 아리스토텔레스는 형상이 항상 사물의 생성과 변화의 바탕이 되는 질료에 내재한다고 보고

풀이 아리스토텔레스는 형상이 항상 질료 안에 들어 있다고 보았다. 따라서 아리스토텔레스의 관점에서 형상은 질료와 분리되어 존재할 수 없다는 설명은 적절하다.

→ 적절하므로 오답!

② **질료는 형상을 실현시킬 수 있는 가능적 힘이다.**

근거 (나)-❷-2 가능태란 형상을 실현시킬 수 있는 가능적 힘이자 질료를 의미하며

→ 적절하므로 오답!

현실태

③ **형상이 질료에 실현되는 원인은 가능태 자체에 내재한다.**

근거 (나)-❷-2 가능태란 형상을 실현시킬 수 있는 가능적 힘이자 질료를 의미하며, 현실태란 가능태에 형상이 실현된 어떤 상태, (나)-❷-4~5 가능태에 있는 것은 형상이 완전히 실현된 상태인 '완전 현실태'를 향해 나아가는데, 이 이행 과정이 운동이다. 즉 운동의 원인은 외부가 아닌 가능태 자체에 내재한다.

풀이 아리스토텔레스는 '현실태'가 가능태, 즉 질료에 형상이 실현된 상태를 말한다고 하였다. 또한 그는 가능태가 형상이 완전히 실현된 상태인 완전 현실태를 향해 나아가는 과정을 '운동'이라고 하였고, 운동의 원인은 가능태 자체에 내재한다고 하였다. 따라서 형상이 질료에 실현되는 원인은 가능태 자체에 내재한다는 설명은 적절하다.

→ 적절하므로 오답!

④ **형상과 질료 사이의 관계는 현실태와 가능태 사이의 관계와 같다.**

근거 (나)-❷-1 아리스토텔레스는 형상이 항상 사물의 생성과 변화의 바탕이 되는 질료에 내재한다고 보고, (나)-❷-2 가능태란 형상을 실현시킬 수 있는 가능적 힘이자 질료를 의미하며, 현실태란 가능태에 형상이 실현된 어떤 상태

풀이 아리스토텔레스는 형상이 항상 질료에 내재한다고 보았다. 또 그는 가능태를 형상을 실현시킬 수 있는 가능적 힘이자 질료로, 현실태를 가능태에 '형상이 실현된 상태'로 보았다. 따라서 아리스토텔레스는 형상과 질료 사이의 관계를 현실태와 가능태 사이의 관계와 같다고 보지 않았다.

〈참고 그림〉

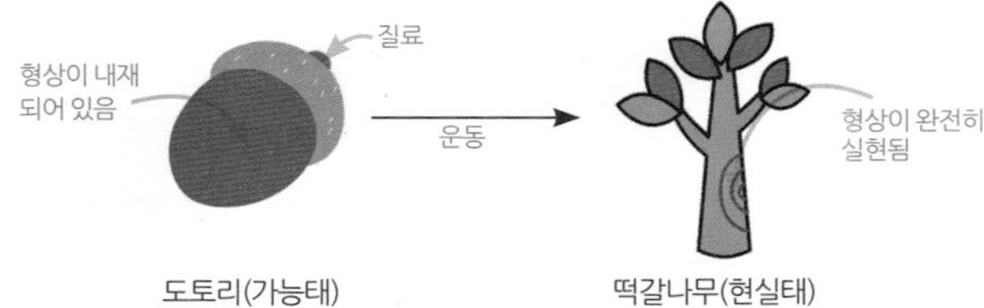

→ 틀려서 정답!

⑤ **생성·변화하는 것은 형상이 질료에 완전히 실현된 상태인 완전 현실태를 향한다.**

근거 (나)-❷-2 가능태란 형상을 실현시킬 수 있는 가능적 힘이자 질료를 의미하며, 현실태란 가능태에 형상이 실현된 어떤 상태, (나)-❷-4 생성·변화하는 모든 것은 목적을 향해 움직이므로 가능태에 있는 것은 형상이 완전히 실현된 상태인 '완전 현실태'를 향해 나아가는데

풀이 아리스토텔레스는 현실태란 가능태에 형상이 실현된 어떤 상태라고 하였으므로, 그가 말하는 '완전 현실태'는 가능태에 형상이 완전히 실현된 상태를 뜻함을 알 수 있다. 따라서 아리스토텔레스의 관점에서 생성·변화하는 것은 형상이 가능태로서의 질료에 완전히 실현된 상태인 완전 현실태를 향한다고 볼 것이다.

→ 적절하므로 오답!

1등급 문제

24	추론의 적절성 판단 - 맞는 것 고르기 정답률 60%, 매력적 오답 ③ 15% ⑤ 10%	정답 ①

(가)와 (나)를 참고할 때, '아리스토텔레스'의 입장에서 ㉠을 비판한 것으로 가장 적절한 것은?

㉠ 현상계의 모든 사물은 형상을 본뜬 그림자에 불과하다.

① **현상계의 사물이 형상을 본뜬 것이라면 현상계의 사물이 생성·변화하는 이유를 설명할 수 없다.**

근거 (나)-❶-2 예컨대 사람은 나이가 들며 늙는데, 만약 이데아계의 변하지 않는 어린아이의 형상과 성인의 형상을 바탕으로 각각 현상계의 어린아이와 성인이 생겨났다면, 현상계에서 어린아이가 성인으로 성장하는 것을 설명할 수 없기 때문

풀이 아리스토텔레스는 이데아계가 존재하지 않는다고 보고, 만약 현상계의 사물이 이데아계의 형상을 본뜬 것이라면 현상계의 사물이 성장, 즉 변화하는 것을 설명할 수 없다고 하였다. 따라서 아리스토텔레스의 입장에서 ㉠을 비판한 내용으로 적절하다.

→ 맞아서 정답!

② **형상이 변하지 않는 것이라면 현상계에 존재하는 사물들이 모두 제각기 다른 이유를 설명할 수 없다.**

근거 (가)-❶-2 영원불변의 이데아계는 … 형상(form)이 존재하는 곳, (가)-❶-4 플라톤에 따르면 현상계의 모든 사물은 형상을 본뜬 그림자에 불과

풀이 플라톤은 형상이 존재하는 이데아계는 변하지 않으며, 현상계에 존재하는 모든 사물들은 이데아계의 형상을 본뜬 그림자에 불과하다고 보았다. 이러한 플라톤의 관점에서 현상계의 사물들이 제각기 다른 이유는 그 사물들 각각이 서로 다른 형상을 본떴기 때문이라고 설명할 수 있다. 따라서 ㉠을 비판한 내용으로 적절하지 않다.

→ 적절하지 않으므로 오답!

③ **형상과 현상계의 사물이 서로 독립적이라면 현상계에서 사물이 시시각각 변화하는 현상을 설명할 수 없다.**

근거 (가)-❶-3 현상계는 이데아계의 형상을 바탕으로 만들어진 세계

풀이 플라톤은 이데아계와 현상계를 구분했지만, 이데아계에 존재하는 형상과 현상계의 사물을 서로 독립적이라고 보지는 않았다. 그는 현상계가 이데아계의 형상을 바탕으로 만들어진 세계이며, 현상계의 모든 사물은 형상을 본뜬 그림자에 불과하다고 보았다. 따라서 ㉠을 비판한 내용으로 적절하지 않다.

→ 적절하지 않으므로 오답!

④ **형상이 현상계를 초월하여 존재하는 것이라면 형상을 포함하지 않는 사물을 감각으로 느끼는 것은 불가능하다.**

근거 (가)-❶-2~3 영원불변의 이데아계는 현상계에 나타난 모든 사물의 근본이 되는 보편자, 즉 형상(form)이 존재하는 곳으로 이성으로만 인식될 수 있는 관념의 세계이다. 반면 현상계는 이데아계의 형상을 바탕으로 만들어진 세계로 끊임없이 변화하는 사물이 감각에 의해 지각된다.

풀이 플라톤이 형상을 초월 세계인 이데아계에 존재하는 것이라고 본 것은 맞지만, 그는 현상계가 이데아계의 형상을 바탕으로 만들어졌으며, 현상계의 모든 사물은 형상을 본뜬 그림자라고 보았다. 즉 플라톤의 관점에서 현상계의 모든 사물은 형상을 바탕으로 한 것이므로, '형상을 포함하지 않는 사물'은 존재하지 않는다. 따라서 ㉠을 비판한 내용으로 적절하지 않다.

→ 적절하지 않으므로 오답!

⑤ **현상계의 모든 사물이 형상의 그림자에 불과하다면 그림자만 볼 수 있는 인간이 형상을 인식하는 것은 불가능하다.**

근거 (가)-❶-2 영원불변의 이데아계는 현상계에 나타난 모든 사물의 근본이 되는 보편자, 즉 형상(form)이 존재하는 곳으로 이성으로만 인식될 수 있는 관념의 세계

풀이 플라톤은 이데아계를 이성으로만 인식될 수 있는 관념의 세계라고 보았다. 이러한 그의 관점에 따르면 인간은 이데아계에 존재하는 형상을 이성으로 인식할 수 있다. 따라서 '인간이 형상을 인식하는 것은 불가능하다'는 것은 플라톤의 관점에 대한 비판으로 적절하지 않다.

→ 적절하지 않으므로 오답!

오답률 TOP ③ 1등급 문제

25	반응의 적절성 판단 - 틀린 것 고르기 정답률 35%, 매력적 오답 ③ 30% ④ 25%	정답 ②

(가)의 '플라톤'과 (나)의 '아리스토텔레스'가 〈보기〉에 대해 보일 반응으로 적절하지 않은 것은? [3점]

| 보기 |

[1]고대 그리스의 비극시 『오이디푸스 왕』의 주인공 오이디푸스는 자신에게 주어진 숙명(宿命, 타고난 정해진 운명)에 의해 파멸당하는 인물이다. [2]비극시를 공연하는 음유시인은 목소리, 몸짓으로 작품 속 오이디푸스를 관객 앞에서 연기한다. [3]음유시인의 연기에 몰입한 관객은 덕성을 갖춘 주인공이 특별한 잘못이 없는데도 불행해지는 모습을 보고 연민과 공포를 느낀다.

① **플라톤 : 오이디푸스는 덕성을 갖춘 현상 속 인물을 본떠 만든 허구의 허구이며, 그에 대한 음유시인의 연기는 이를 다시 본뜬 허구이다.**

근거 (가)-❸-2 고대 그리스에서 음유시인은 허구의 허구인 서사시나 비극을 창작하고, 이를 … 연기함으로써 다시 허구를 만들어 냈다.

풀이 플라톤에 따르면 고대 그리스의 비극시 『오이디푸스 왕』의 주인공 오이디푸스는 허구의 허구이며, 그에 대한 음유시인의 연기는 허구의 허구를 다시 본뜬 허구이다.

→ 적절하므로 오답!

덕성을 갖춘 인간이 아닌 저급한 인간의 면모를 모방하여

② **플라톤 : 음유시인은 오이디푸스의 덕성을 연기하는 데 *주력하겠지만, 관객은 이를 감각으로 파악할 수 없기 때문에 감정과 욕구에 지배되어 타락하게 된다.** *注力-. 온 힘을 기울이겠지만

이성이 아닌

근거 (가)-❹-1 플라톤은 음유시인이 용기나 절제 같은 덕성을 갖춘 인간이 아닌 저급한 인간의 면모를 모방할 수밖에 없다고 주장, (가)-❹-3 음유시인의 연기를 보는 관객들이 이성이 아닌 감정이나 욕구와 같은 비이성적인 것들에 지배되어 타락하게 된다고 보았다.

풀이 플라톤은 음유시인이 연기를 통해 인물의 성격을 드러내는데, 이때 용기나 절제와 같은 덕성을 갖춘 인간이 아닌 저급한 인간의 면모를 모방할 수밖에 없다고 하였다. 또한 이러한 음유시인의 연기를 보는 관객들은 감정, 욕구 등 비이성적인 것들에 지배되어 타락하게 된다고 보았다. 따라서 음유시인이 오이디푸스의 덕성을 연기하는 데 주력할 것이라거나, 관객이 음유시인의 연기를 감각으로 파악할 수 없다는 것은 플라톤의 반응으로 적절하지 않다.

→ 틀려서 정답!

③ **플라톤 : 음유시인의 목소리와 몸짓을 통해 오이디푸스의 성격이 드러난다면, 감각 가능한 외적 특성을 모방하는 과정에서 감각되지 않는 내적 특성이 표현된 것이다.**

근거 (가)-❸-2~3 음유시인은 … 작품 속 등장인물의 성격에 어울리는 말투, 몸짓 같은 감각 가능한 현상으로 연기 … 이 과정에서 음유시인의 연기는 인물의 성격을 드러내는데, 이는 감각 가능한 외적 특성을 모방해 감각으로 파악될 수 없는 내적 특성을 드러내는 것

→ 적절하므로 오답!

④ **아리스토텔레스 : 음유시인이 현상 속 인간의 개별적 모습들에서 보편자를 인식해 내어, 이를 다시 오이디푸스라는 허구의 개별자로 표현한 것이다.**

근거 (나)-❹-3 비극시 속 이야기는 음유시인이 경험 세계의 개별자들 속에서 보편자를 인식해 내어, 그것을 다시 허구의 개별자로 표현한 결과물인 것

→ 적절하므로 오답!

⑤ **아리스토텔레스 : 오이디푸스가 숙명에 의해 파멸당하는 것을 본 관객들은 인간 존재의 본질을 이해하는 쾌감을 느낄 뿐 아니라 카타르시스를 경험할 수 있다.**

근거 〈보기〉-3 관객은 … 연민과 공포를 느낀다, (나)-❹-2 인간 존재의 본질을 인식하는 앎의 쾌감, (나)-❹-5~6 관객은 고통을 받는 인물의 이야기를 통해 그에 대한 연민과 함께, 자신도 유사한 고통을 겪을 수 있다는 공포를 느낀다. 이러한 과정에서 … 카타르시스를 경험

→ 적절하므로 오답!

○ 문제편 46쪽

[26 ~ 30] 기술 - <데이터 오류의 검출 방식>

1 [1]컴퓨터 네트워크에서 데이터(data, 컴퓨터가 처리할 수 있는 정보)가 전송될(傳送-, 전하여 보내어질) 때 수신된(受信-, 받은) 데이터에 오류(誤謬, 잘못되어 어긋남)가 있는 경우가 있다. [2]오류를 검출하기(檢出-, 존재하는지 알아내기) 위해 송신기(送信機, 데이터를 전기 신호로 바꾸어 내보내는 장치)는 오류 검출 부호를 포함한 데이터를 전송하고 수신기는 수신한 데이터를 검사하여 오류가 있으면 재전송(再電送, 다시 전하여 보냄)을 요청한다.

→ 컴퓨터 네트워크에서 데이터 오류의 발생과 검출

2 [1]수신한 데이터에 오류가 있는지 검출하는 가장 간단한 방식은 ㉠ 패리티 검사이다. [2]이 방식(패리티 검사)은 전송할 데이터에 패리티 비트라는 오류 검출 부호를 추가하는 방법으로, 패리티 비트를 추가하여 데이터의 1의 개수를 짝수나 홀수로 만든다. [3]1의 개수를 짝수로 만드는 방식을 짝수 패리티, 홀수로 만드는 방식을 홀수 패리티라고 하고 송·수신기는 모두 같은 방식을 사용해야 한다. [4]예를 들어 짝수 패리티를 사용한다면 송신기는 항상 데이터의 1의 개수를 짝수로 만들어서 전송하지만 만일 수신한 데이터의 1의 개수가 홀수가 되면 수신기는 오류가 발생했다고 판단하는 것이다. [5]하지만 패리티 검사는 ㉮ 수신한 데이터에서 짝수 개의 비트(bit, 정보량의 최소 기본 단위)에 오류가 동시에 있으면 이(오류)를 검출하기 어렵다. [6]또한 오류의 발생 여부를 검출할 수 있을 뿐 데이터 내 오류의 위치는 알아낼 수 없다.

〈참고 그림〉

• 짝수 패리티를 사용한 경우

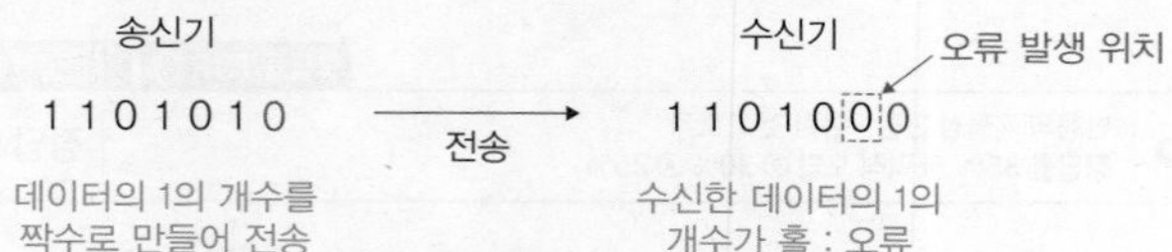

❷-4 짝수 패리티를 사용했을 때 수신한 데이터의 1의 개수가 홀수가 되면 수신기는 오류가 발생했다고 판단한다.

• 짝수 패리티를 사용, 짝수 개의 오류가 발생한 경우

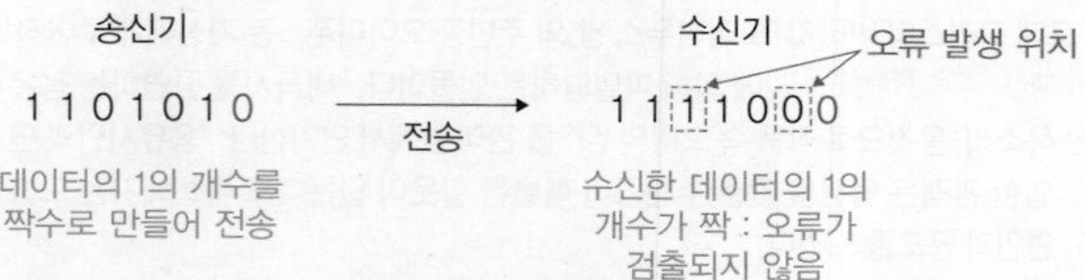

❷-5 패리티 검사는 수신한 데이터에서 짝수 개의 비트에 오류가 동시에 있으면 이를 검출하기 어렵다.

→ 데이터 오류 검출 방식 ① : 패리티 검사의 방법과 단점

3 [1]전송할 데이터를 2차원 배열(二次元配列, 데이터를 가로(행)와 세로(열)로 묶어 나타냄)로 구성해서 패리티 비트를 생성하면 오류의 발생 여부뿐만 아니라 오류의 위치도 알아낼 수 있다. [2]예를 들어 송신기가 1100011 1111111을 전송한다고 하자. [3]송신기는 이를 $\begin{matrix}1100011\\1111111\end{matrix}$과 같이 2차원 배열로 구성하고 가로 방향인 모든 행과 세로 방향인 모든 열에 패리티 비트를 생성한 후 이(생성한 패리티 비트)를 포함한 데이터를 전송한다. [4]수신기는 수신한 데이터의 각각의 행과 열의 1의 개수를 세어 오류를 검사한다. [5]만약 어떤 비트에 오류가 발생하면 그(오류가 발생한) 비트가 포함된 행과 열에서 모두 오류가 검출된다. [6]따라서 오류가 발생한 위치를 알 수 있다. [7]다만 동일한 행 또는 열에서 짝수 개의 오류가 발생하면 오류가 발생한 정확한 위치를 알 수 없다.

〈참고 그림〉

• 짝수 패리티를 사용한 경우

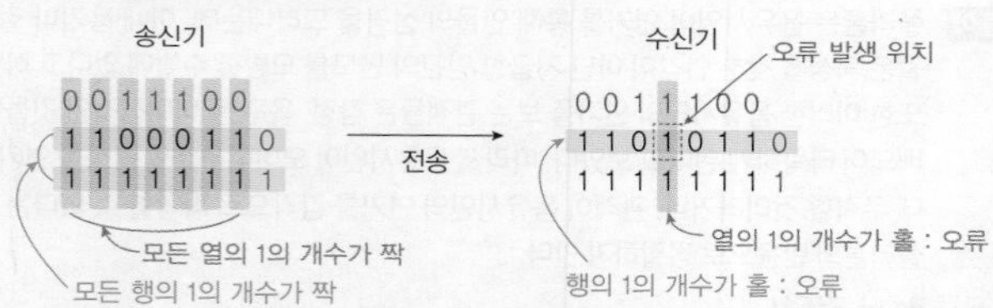

❸-5~6 만약 어떤 비트에 오류가 발생하면 그 비트가 포함된 행과 열에서 모두 오류가 검출된다. 따라서 오류가 발생한 위치를 알 수 있다.

• 짝수 패리티를 사용, 동일한 행에서 짝수 개의 오류가 발생한 경우

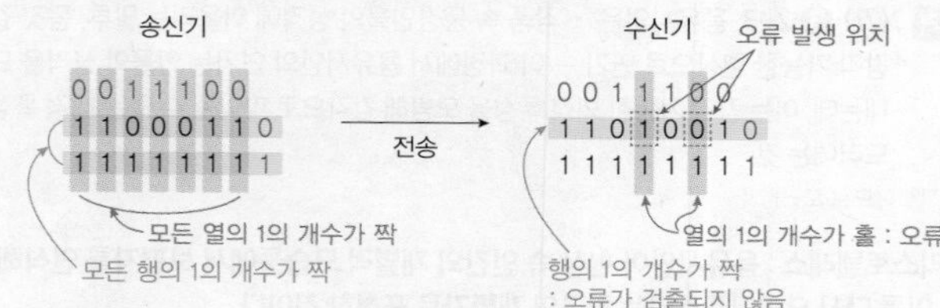

❸-7 동일한 행 또는 열에서 짝수 개의 오류가 발생하면 오류가 발생한 정확한 위치를 알 수 없다.

→ 데이터 오류 검출 방식 ① : 전송할 데이터를 2차원 배열로 구성한 패리티 검사

4 [1]㉡ CRC 방식은 미리 선택된 생성 부호를 사용해서 오류 검출 부호를 생성하는 방식이다. [2]전송할 데이터를 생성 부호로 나누어서 오류 검출 부호를 생성하는 데 모듈로-2 연산을 활용한다. [3]모듈로-2 연산은 자릿수가 제한된(制限-, 정해진) 상태에서 나머지를 구하는 연산으로 해당 자릿수의 비트 값이 같으면 0, 다르면 1이 된다.

→ 데이터 오류 검출 방식 ② : CRC 방식

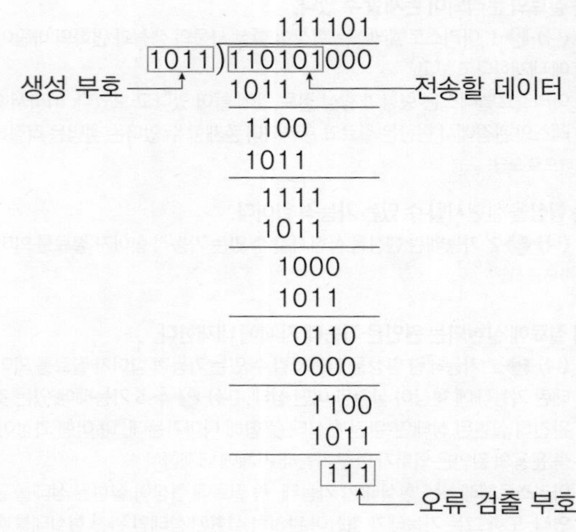

〈그림〉

5 [1]〈그림〉과 같이 생성 부호가 1011이고 전송할 데이터가 110101인 경우를 보자. [2]전송할 데이터는 오류 검출 부호를 추가해야 하기 때문에 그만큼의 비트가 더 필요하다. [3]송신기는 전송할 데이터의 오른쪽 끝에 생성 부호의 비트 수보다 하나 작은 비트 수만큼 0을 추가한 후 이를 생성 부호로 나누고 그(생성 부호로 나눈 값의) 나머지가 오류 검출 부호가 된다. [4]송신기는 오류 검출 부호를 포함한 데이터 ⓒ 110101 111만을 전송하고 수신기는 수신한 데이터를 송신기와 동일한 생성 부호로 나눈다. [5]수신한 데이터는 전송할 데이터에 나머지를 추가했으므로 오류가 없다면 생성 부호로 나누었을 때 나머지가 0이 된다. [6]이때 나머지가 0이 아니면 수신한 데이터에 오류가 있다고 판단한다. [7]CRC 방식은 복잡하지만 여러 개의 오류가 동시에 생겨도 이(동시에 생긴 여러 개의 오류)를 검출할 수 있어서 오류 검출 확률이 높다.

(전송할 데이터 / 오류 검출 부호 = 송신기에서 연산 결과의 나머지)

→ 데이터 오류 검출 방식 ② : CRC 방식의 과정과 CRC 방식의 장단점

■ 지문 이해

❶ 컴퓨터 네트워크에서 데이터 오류의 발생과 검출
• 데이터 전송 시 수신된 데이터의 오류가 발생할 수 있음
- 송신기 : 오류 검출 부호를 포함한 데이터 전송
- 수신기 : 수신한 데이터를 검사하여 오류 검출 시 재전송 요청

데이터 오류 검출 방식 ① : 패리티 검사	데이터 오류 검출 방식 ② : CRC 방식
❷ 패리티 검사의 방법과 단점 • 전송할 데이터에 오류 검출 부호인 '패리티 비트'를 추가하여 데이터의 1의 개수를 짝수나 홀수로 만드는 방법 • 송·수신기는 짝수 패리티/홀수 패리티 중 같은 방식을 사용해야 함 • 송신기가 짝수 패리티를 사용해 전송 → 수신한 데이터의 1의 개수가 홀수일 경우 수신기는 오류가 발생했다고 판단함 • 단점 - 수신한 데이터에서 짝수 개의 비트에 오류가 동시에 있을 경우 오류 검출이 어려움 - 오류 발생 여부만 검출할 뿐, 데이터 내 오류의 위치는 알 수 없음	**❹ CRC 방식** • 미리 선택된 생성 부호를 사용하여 오류 검출 부호를 생성하는 방식 • 전송할 데이터를 생성 부호로 나누어 오류 검출 부호를 생성 : 모듈로-2 연산 활용
❸ 전송할 데이터를 2차원 배열로 구성한 패리티 검사 • 오류 발생 여부와 오류의 위치를 알 수 있음 • 송신기가 데이터를 2차원 배열로 구성하고 모든 행과 열에 패리티 비트를 생성한 후 이를 전송하면, 수신기는 수신한 데이터의 각 행과 열의 1의 개수를 세어 오류를 검사함 • 오류 발생 시 해당 비트가 포함된 행과 열 모두에서 오류가 검출됨 → 오류 발생 위치 파악 가능 • 단점 : 같은 행이나 열에서 짝수 개의 오류가 발생할 경우 오류 발생의 정확한 위치를 알 수 없음	**❺ CRC 방식의 과정과 CRC 방식의 장단점** • 송신기 : 전송할 데이터의 오른쪽 끝에 생성 부호의 비트 수보다 하나 작은 비트 수만큼 0을 추가함 → 생성 부호로 나눔 → 나머지가 오류 검출 부호가 됨 → 오류 검출 부호를 포함한 데이터를 전송함 • 수신기 : 수신한 데이터를 송신기와 동일한 생성 부호로 나눔 - 나머지가 0 : 수신한 데이터에 오류가 없다고 판단 - 나머지가 0이 아님 : 수신한 데이터에 오류가 있다고 판단 • 장점 : 오류가 동시에 생겨도 검출할 수 있어 오류 검출 확률이 높음 • 단점 : 복잡함

1등급문제

26 세부 정보 이해 - 틀린 것 고르기
정답률 40%, 매력적 오답 ③ 40% ④ 15%
정답 ①

윗글에서 알 수 있는 내용으로 적절하지 않은 것은?

① CRC 방식은 모듈로-2 연산을 사용해서 생성 부호를 만들어 낸다. (오류 검출 부호를 생성한다)

근거 ❹-1~2 CRC 방식은 미리 선택된 생성 부호를 사용해서 오류 검출 부호를 생성하

문제편 47쪽

는 방식이다. 전송할 데이터를 생성 부호로 나누어서 오류 검출 부호를 생성하는 데 모듈로-2 연산을 활용

풀이 CRC 방식은 모듈로-2 연산을 사용해서 생성 부호를 만들어 내는 것이 아니라, 미리 선택된 생성 부호를 사용한다. CRC 방식에서 모듈로-2 연산은 전송할 데이터를 미리 선택된 생성 부호로 나누어 오류 검출 부호를 생성하는 데 활용된다.

→ 틀려서 정답!

② 패리티 검사에서 송신기와 수신기는 동일한 패리티 방식을 사용해야 한다.

근거 ❷-3 1의 개수를 짝수로 만드는 방식을 짝수 패리티, 홀수로 만드는 방식을 홀수 패리티라고 하고 송·수신기는 모두 같은 방식을 사용해야 한다.

→ 적절하므로 오답!

③ CRC 방식에서 생성 부호의 비트 수는 오류 검출 부호의 비트 수보다 하나가 더 많다.

근거 ❺-2~3 전송할 데이터는 오류 검출 부호를 추가해야 하기 때문에 그만큼의 비트가 더 필요하다. 송신기는 전송할 데이터의 오른쪽 끝에 생성 부호의 비트 수보다 하나 작은 비트 수만큼 0을 추가한 후

풀이 CRC 방식에서 전송할 데이터는 오류 검출 부호만큼의 비트가 더 필요하다고 하였고, 송신기는 전송할 데이터에 생성 부호의 비트 수보다 하나 작은 비트 수를 추가한다고 하였다. 이를 통해 오류 검출 부호의 비트 수는 생성 부호의 비트 수보다 하나 작음을 알 수 있다. 따라서 CRC 방식에서 생성 부호의 비트 수는 오류 검출 부호의 비트 수보다 하나가 더 많다는 설명은 적절하다.

→ 적절하므로 오답!

④ 짝수 패리티는 패리티 비트를 포함한 데이터의 1의 개수가 짝수인지 여부를 검사한다.

근거 ❷-2~4 이 방식(패리티 검사)은 … 패리티 비트를 추가하여 데이터의 1의 개수를 짝수나 홀수로 만든다. 1의 개수를 짝수로 만드는 방식을 짝수 패리티, … 예를 들어 짝수 패리티를 사용한다면 송신기는 항상 데이터의 1의 개수를 짝수로 만들어서 전송하지만 만일 수신한 데이터의 1의 개수가 홀수가 되면 수신기는 오류가 발생했다고 판단하는 것

풀이 짝수 패리티를 사용할 경우 송신기는 패리티 비트를 추가하여 데이터 1의 개수를 짝수로 만들어서 전송하고, 수신기는 수신한 데이터의 1의 개수가 짝수인지를 검사하여 오류 발생 여부를 판단한다. 만약 수신한 데이터의 1의 개수가 홀수가 되면 수신기는 오류가 발생했다고 판단한다.

→ 적절하므로 오답!

⑤ CRC 방식은 여러 개의 오류가 동시에 생겨도 검출할 수 있어서 오류 검출 확률이 높다.

근거 ❺-7 CRC 방식은 복잡하지만 여러 개의 오류가 동시에 생겨도 이를 검출할 수 있어서 오류 검출 확률이 높다.

→ 적절하므로 오답!

1등급 문제

27	핵심 개념 파악 - 틀린 것 고르기 정답률 45%, 매력적 오답 ③ ⑤ 15% ④ 20%	정답 ②

㉠과 ㉡에 대해 이해한 내용으로 적절하지 않은 것은?

㉠ 패리티 검사 ㉡ CRC 방식

① ㉠은 ㉡과 달리 데이터에 포함된 1의 개수가 짝수나 홀수가 되도록 오류 검출 부호를 생성한다.

근거 ❷-2 이 방식(패리티 검사)은 전송할 데이터에 패리티 비트라는 오류 검출 부호를 추가하는 방법으로, 패리티 비트를 추가하여 데이터의 1의 개수를 짝수나 홀수로 만든다, ❹-1 CRC 방식은 미리 선택된 생성 부호를 사용해서 오류 검출 부호를 생성하는 방식

→ 적절하므로 오답!

② ㉡은 ㉠과 달리 데이터의 오류를 검출하기 위해 송신기와 수신기 모두에서 오류 검사를 해야 한다. (㉠과 ㉡은 모두 / 수신기에서)

근거 ❶-2 오류를 검출하기 위해 송신기는 오류 검출 부호를 포함한 데이터를 전송하고 수신기는 수신한 데이터를 검사하여 오류가 있으면 재전송을 요청한다.

풀이 패리티 검사(㉠)와 CRC 방식(㉡)은 모두 수신기가 데이터를 검사하여 오류를 검출한다.

→ 틀려서 정답!

③ ㉠과 ㉡은 모두, 수신한 데이터의 오류 발생 여부를 수신기가 판단한다.

근거 ❷-4 만일 수신한 데이터의 1의 개수가 홀수가 되면 수신기는 오류가 발생했다고 판단하는 것, ❺-4~6 수신기는 수신한 데이터를 송신기와 동일한 생성 부호로 나눈다. 수신한 데이터는 전송할 데이터에 나머지를 추가했으므로 오류가 없다면 생성 부호로 나누었을 때 나머지가 0이 된다. 이때 나머지가 0이 아니면 수신한 데이터에 오류가 있다고 판단

→ 적절하므로 오답!

④ ㉠과 ㉡은 모두, 데이터를 전송하기 전에 오류 검출 부호를 생성해야 한다.

근거 ❷-2 이 방식(패리티 검사)은 … 패리티 비트라는 오류 검출 부호, ❸-3 송신기는 … 가로 방향인 모든 행과 세로 방향인 모든 열에 패리티 비트를 생성한 후 이를 포함한 데이터를 전송, ❹-1 CRC 방식은 미리 선택된 생성 부호를 사용해서 오류 검출 부호를 생성하는 방식, ❺-4 송신기는 오류 검출 부호를 포함한 데이터 110101111만을 전송

풀이 패리티 검사(㉠)는 오류 검출 부호인 패리티 비트를 생성한 후 데이터를 전송하며, CRC 방식(㉡)은 미리 선택된 생성 부호를 사용하여 오류 검출 부호를 생성하고, 생성된 오류 검출 부호를 포함한 데이터를 전송한다. 즉 ㉠과 ㉡은 모두 데이터를 전송하기 전에 오류 검출 부호를 생성한다.

→ 적절하므로 오답!

⑤ ㉠과 ㉡은 모두, 전송할 데이터가 같더라도 오류 검출 부호는 다를 수 있다.

근거 ❷-2~3 이 방식(패리티 검사)은 전송할 데이터에 패리티 비트라는 오류 검출 부호를 추가하는 방법으로, 패리티 비트를 추가하여 데이터의 1의 개수를 짝수나 홀수로 만든다. 1의 개수를 짝수로 만드는 방식을 짝수 패리티, 홀수로 만드는 방식을 홀수 패리티라고 하고, ❹-1~2 CRC 방식은 미리 선택된 생성 부호를 사용해서 오류 검출 부호를 생성하는 방식이다. 전송할 데이터를 생성 부호로 나누어서 오류 검출 부호를 생성하는 데 모듈로-2 연산을 활용

풀이 패리티 검사(㉠)는 전송할 데이터에 오류 검출 부호인 패리티 비트를 추가하여 데이터의 1의 개수를 짝수나 홀수로 만든다. 전송할 데이터가 같더라도, 짝수 패리티를 사용하는 경우와 홀수 패리티를 사용하는 경우의 오류 검출 부호는 서로 다르다. 한편 CRC 방식(㉡)은 미리 선택된 생성 부호를 사용하여 오류 검출 부호를 생성하는 방식으로, 전송할 데이터를 생성 부호로 나누어 그 나머지를 오류 검출 부호로 사용한다. 따라서 전송할 데이터가 같더라도, 미리 선택된 생성 부호가 서로 다르다면 전송할 데이터를 생성 부호로 나누어 생성한 오류 검출 부호도 다를 수 있다. 따라서 ㉠과 ㉡은 모두 전송할 데이터가 같더라도 오류 검출 부호는 다를 수 있다.

→ 적절하므로 오답!

1등급 문제

28	추론의 적절성 판단 - 맞는 것 고르기 정답률 40%, 매력적 오답 ② 10% ③ 35%	정답 ⑤

㉮의 이유로 가장 적절한 것은?

㉮ 수신한 데이터에서 짝수 개의 비트에 오류가 동시에 있으면 이를 검출하기 어렵다.

근거 ❷-2 이 방식(패리티 검사)은 전송할 데이터에 패리티 비트라는 오류 검출 부호를 추가하는 방법으로, 패리티 비트를 추가하여 데이터의 1의 개수를 짝수나 홀수로 만든다, ❷-4 예를 들어 짝수 패리티를 사용한다면 송신기는 항상 데이터의 1의 개수를 짝수로 만들어서 전송하지만 만일 수신한 데이터의 1의 개수가 홀수가 되면 수신기는 오류가 발생했다고 판단하는 것

풀이 수신한 데이터에서 짝수 개의 비트에 오류가 동시에 있을 경우, 수신한 데이터의 1의 개수의 홀짝 여부는 송신기에서의 '전송할 데이터에 패리티 비트를 추가하여 만든' 1의 개수의 홀짝 여부와 달라지지 않는다. 예를 들어 짝수 패리티를 사용하여 전송한 데이터에서 한 개의 오류가 발생하였을 경우 수신한 데이터의 1의 개수는 홀수가 되어 수신기가 오류를 검출할 수 있다. 그러나 두 개의 오류, 즉 짝수 개의 오류가 발생하였을 경우에는 송신기에서 전송된 데이터와 수신기에서 수신한 데이터가 같지 않음에도 불구하고 수신한 데이터의 1의 개수는 짝수가 되므로, 수신기는 오류를 검출할 수 없다. 홀수 패리티를 사용하여 전송한 데이터에서도 한 개의 오류가 발생하였을 경우 수신한 데이터의 1의 개수는 짝수가 되어 수신기가 오류를 검출할 수 있지만, 두 개의 오류가 발생하였을 경우에는 수신한 데이터의 1의 개수가 송신기에서 전송된 데이터의 1의 개수와 마찬가지로 홀수가 되고, 패리티 비트에 의해서도 수신한 데이터의 1의 개수의 홀짝 여부가 달라지지 않으므로, 수신기가 오류를 검출할 수 없다.

요컨대 수신한 데이터에서 짝수 개의 비트에 오류가 동시에 있으면, 오류가 있음에도 불구하고 수신한 데이터의 1의 개수의 홀짝 여부가 송신기에서 전송된 데이터의 1의 개수의 홀짝 여부와 달라지지 않으며, 수신한 데이터에 오류가 없을 때와 수신한 데이터에 오류가 있을 때의 패리티 비트가 동일하기 때문에 수신기가 오류를 검출하기 어렵다. 따라서 ㉮의 이유로 가장 적절한 것은 ⑤번이다.

① 송신기가 패리티 비트를 생성하는 것이 불가능하기 때문에

근거 ❷-2 이 방식(패리티 검사)은 전송할 데이터에 패리티 비트라는 오류 검출 부호를 추가하는 방법

풀이 패리티 검사에서 패리티 비트 생성은 송신기가 데이터를 전송하기 전에 이루어지므로, 수신기의 오류 검출과는 관계가 없다.

② 전송되는 데이터에 포함된 1의 개수가 항상 홀수로 나타나기 때문에

풀이 송신기가 짝수 패리티를 사용할 경우 전송되는 데이터의 1의 개수는 짝수가 되고, 홀수 패리티를 사용할 경우 전송되는 데이터의 1의 개수는 홀수가 된다. 즉 전송되는 데이터에 포함된 1의 개수는 사용되는 방식에 따라 달라진다.

③ 전송되는 데이터에 포함된 1의 개수가 항상 짝수로 나타나기 때문에

풀이 송신기가 사용하는 방식이 짝수 패리티인지 홀수 패리티인지에 따라 전송되는 데이터의 1의 개수는 전자의 경우 짝수가, 후자의 경우 홀수가 된다. 즉 전송되는 데이터에 포함된 1의 개수는 사용하는 방식에 따라 달라진다.

④ 오류가 발생했을 때 전송되는 패리티 비트의 크기가 늘어나기 때문에

풀이 패리티 비트는 데이터를 전송하기 전에 추가하는 것으로, 전송 과정에서 패리티 비트의 크기가 늘어나거나 줄어들지 않는다.

⑤ 수신한 데이터가 정상일 때와 수신한 데이터에 오류가 있을 때의 패리티 비트가 동일하기 때문에

→ 맞아서 정답!

문제편 47쪽

1등급 문제

29 구체적인 사례에 적용 - 틀린 것 고르기
정답률 45%, 매력적 오답 ③ ⑤ 20%

정답 ④

윗글을 바탕으로 〈보기〉를 설명한 내용으로 적절하지 않은 것은? [3점]

| 보기 |

송신기는 오류 검출 방식으로 홀수 패리티를 활용하기로 하였다. 수신기는 수신한 데이터에 오류가 있다고 다음과 같이 판단하였다.

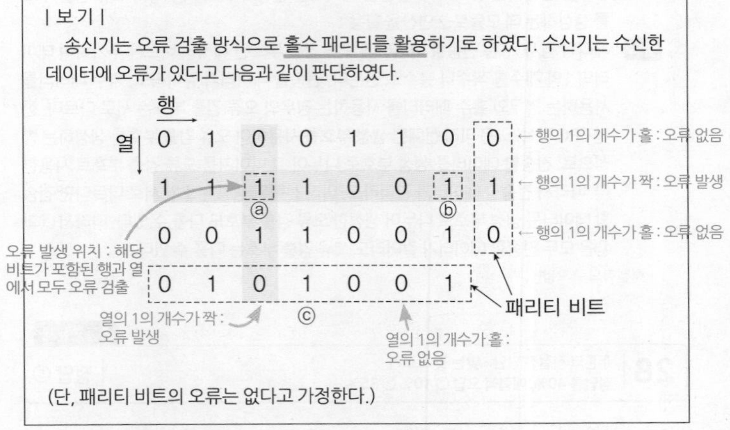

(단, 패리티 비트의 오류는 없다고 가정한다.)

▶ 지문 핵심 개념 정리

패리티 검사
• 전송할 데이터에 오류 검출 부호인 '패리티 비트'를 추가하여 데이터의 1의 개수를 짝수나 홀수로 만듦(❷-2) • 짝수 패리티 : 1의 개수를 짝수로 만드는 방식(❷-3) • 홀수 패리티 : 1의 개수를 홀수로 만드는 방식(❷-3) • 송신기가 짝수 패리티를 사용해 데이터의 1의 개수를 짝수로 만들어 전송 → 수신기가 수신한 데이터의 1의 개수가 홀수일 경우 오류가 발생했다고 판단(❷-4)

전송할 데이터를 2차원 배열로 구성하여 패리티 비트를 생성하는 방법
• 송신기가 2차원 배열로 구성한 데이터의 모든 행과 열에 패리티 비트 생성 후 전송 → 수신기가 수신한 데이터의 각 행과 열의 1의 개수를 세어 오류 검사(❸-3~4) • 오류 발생 시 해당 비트가 포함된 행과 열 모두에서 오류 검출 → 오류 발생 위치 파악(❸-5~6) • 같은 행이나 열에서 짝수 개의 오류 발생 시 오류의 정확한 위치를 알 수 없음(❸-7)

① 첫 번째 행은 패리티 비트를 포함한 데이터의 1의 개수가 홀수이므로 오류가 없다고 판단했을 것이다.

풀이 홀수 패리티를 활용한 〈보기〉의 데이터에서, 패리티 비트를 포함한 첫 번째 행의 1의 개수는 3 개로 홀수이다. 따라서 수신기는 수신한 데이터의 해당 행에 오류가 없다고 판단하였을 것이다.

→ 적절하므로 오답!

② 여섯 번째 열은 패리티 비트를 포함한 데이터의 1의 개수가 홀수이므로 오류가 없다고 판단했을 것이다.

풀이 홀수 패리티를 활용한 〈보기〉의 데이터에서, 패리티 비트를 포함한 여섯 번째 열의 1의 개수는 1 개로 홀수이므로 수신기는 오류가 없다고 판단하였을 것이다.

→ 적절하므로 오답!

두 번째 행, 세 번째 열

③ ⓐ가 포함된 행과 열의 패리티 비트를 포함한 데이터의 1의 개수가 각각 짝수이므로 수신기는 ⓐ를 오류라고 판단했을 것이다.

풀이 ⓐ가 포함된 행과 열은 두 번째 행과 세 번째 열이다. 홀수 패리티를 활용한 〈보기〉의 데이터에서, 두 번째 행의 1의 개수는 6 개로 짝수이므로 수신기는 수신한 데이터의 해당 행에 오류가 발생했다고 판단하였을 것이다. 또 패리티 비트를 포함한 세 번째 열의 1의 개수도 2 개로 짝수이므로, 수신기는 수신한 데이터의 해당 열에 오류가 발생했다고 판단하였을 것이다. ⓐ가 포함된 행과 열에서 모두 오류가 검출되었으므로, 수신기는 ⓐ를 오류라고 판단했을 것이다.

→ 적절하므로 오답!

오류가 발생한 정확한 위치를 알 수 없었을

④ 수신한 데이터에서 ⓑ도 0으로 바뀌어서 수신되었다면 데이터의 오류 발생 여부를 검출할 수 없었을 것이다.

풀이 수신한 데이터에서 ⓐ와 같은 행의 ⓑ도 0으로 바뀌어서 수신되었다면, 해당 행에서 오류 2 개가 동시에 발생한 것으로, 패리티 비트를 포함한 두 번째 행의 1의 개수가 5 개로 홀수가 된다. 1의 개수가 홀수이므로 수신기는 수신한 데이터의 해당 행에 오류가 없다고 판단할 것이다. 그러나 이때 ⓑ가 포함된 일곱 번째 열은 패리티 비트를 포함한 1의 개수가 2 개가 되어 수신기는 수신한 데이터의 해당 열에 오류가 발생했다고 판단할 것이다. 즉 동일한 행에서 짝수 개의 오류가 발생하여 오류가 발생한 행의 위치를 알 수 없으므로 오류가 발생한 정확한 위치를 알 수는 없으나, ⓐ와 ⓑ가 각각 포함된 세 번째 열과 일곱 번째 열에 오류가 발생하였다는 것은 알 수 있다. 따라서 데이터의 오류 발생 여부를 검출할 수 없었을 것이라는 설명은 적절하지 않다.

〈참고 그림〉

열의 1의 개수가 짝 : 오류 발생

0 1 0 0 1 1 0 0
1 1 1 1 0 0 0 1 ← 행의 1의 개수가 홀 : 오류 없음
ⓐ ⓑ
0 0 1 1 0 0 1 0
0 1 0 1 0 0 1

오류가 있는 비트가 포함된 행에서는 오류가 검출되지 않으나 열에서는 오류 검출 : 오류가 발생한 정확한 위치를 알 수 없음

열의 1의 개수가 짝 : 오류 발생

→ 틀려서 정답!

⑤ 짝수 패리티를 활용했다면 송신기는 ⓒ를 1010110으로 생성했을 것이다.

풀이 짝수 패리티는 데이터의 1의 개수를 짝수로 만드는 방식이고, 홀수 패리티는 데이터의 1의 개수를 홀수로 만드는 방식이다. 〈보기〉에서는 홀수 패리티를 활용하여 송신기에서 각 열의 1의 개수가 홀수가 되도록 모든 열의 패리티 비트를 생성하여, ⓒ를 0101001로 생성하였다. 만약 〈보기〉에서 짝수 패리티를 활용하였다면, 송신기는 각 열의 1의 개수가 짝수가 되도록 모든 열의 패리티 비트를 생성하여야 하므로, ⓒ를 1010110으로 생성하였을 것이다.

→ 적절하므로 오답!

1등급 문제

30 자료 해석의 적절성 판단 - 틀린 것 고르기
정답률 35%, 매력적 오답 ② ③ 25%

정답 ④

〈보기〉는 수신기가 ⓒ의 오류를 검사한 연산이다. 윗글을 바탕으로 〈보기〉를 이해한 내용으로 적절하지 않은 것은?

송신기는 오류 검출 부호를 포함한 데이터 ⓒ 110101111만을 전송하고

| 보기 |

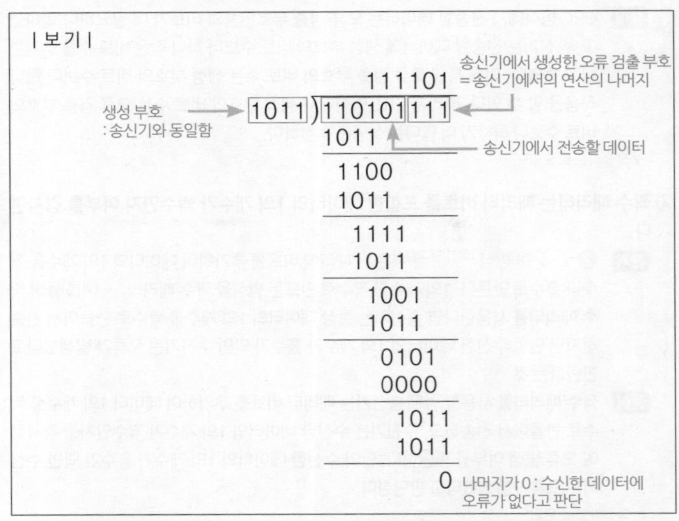

① 수신기는 송신기와 동일한 생성 부호인 '1011'을 사용하여 모듈로-2 연산을 하였군.

근거 ❹-2 (CRC 방식에서) 전송할 데이터를 생성 부호로 나누어서 오류 검출 부호를 생성하는 데 모듈로-2 연산을 활용한다, ❺-4 수신기는 수신한 데이터를 송신기와 동일한 생성 부호로 나눈다.

→ 적절하므로 오답!

② 수신기가 수신한 데이터의 오른쪽 끝에 있는 '111'은 송신기에서 생성한 오류 검출 부호이군.

근거 ❺-3~4 송신기는 전송할 데이터의 오른쪽 끝에 생성 부호의 비트 수보다 하나 작은 비트 수만큼 0을 추가한 후 이를 생성 부호로 나누고 그 나머지(111)가 오류 검출 부호가 된다. 송신기는 오류 검출 부호를 포함한 데이터 110101111만을 전송

풀이 송신기에서 연산한 결과의 나머지가 오류 검출 부호가 되며, 송신기는 이 오류 검출 부호를 포함한 데이터 110101111을 전송한다. 따라서 수신기가 수신한 데이터의 오른쪽 끝 '111'은 송신기에서 생성한 오류 검출 부호에 해당한다.

→ 적절하므로 오답!

③ 수신기가 모듈로-2 연산을 할 때는 수신한 데이터에 생성 부호보다 하나 작은 비트 수만큼의 0을 추가하지 않았군.

근거 ❺-2~3 전송할 데이터는 오류 검출 부호를 추가해야 하기 때문에 그만큼의 비트가 더 필요하다. 송신기는 전송할 데이터의 오른쪽 끝에 생성 부호의 비트 수보다 하나 작은 비트 수만큼 0을 추가, ❺-4 수신기는 수신한 데이터를 송신기와 동일한 생성 부호로 나눈다.

풀이 모듈로-2 연산 시 전송할 데이터에 생성 부호보다 하나 작은 비트 수만큼의 0을 추가하는 과정은 송신기에서 이루어진다. 수신기는 송신기가 전송한 데이터를 수신하여 이것을 송신기와 동일한 생성 부호로 나눌 뿐, 이 과정에서 수신한 데이터에 비트를 추가하지 않는다.

→ 적절하므로 오답!

결과 나머지가 0이므로

④ 수신기가 연산한 몫인 '111101'이 송신기가 전송한 데이터와 동일하기 때문에 수신기는 오류가 없다고 판단했겠군.

근거 ❺-5~6 수신한 데이터는 전송할 데이터에 나머지를 추가했으므로 오류가 없다면 생성 부호로 나누었을 때 나머지가 0이 된다. 이때 나머지가 0이 아니면 수신한 데이터에 오류가 있다고 판단한다.

풀이 CRC 방식에서 오류 유무의 판단은 수신기가 연산한 몫이 아니라, 수신기가 수신한 데이터를 생성 부호로 나누었을 때 나머지가 0인지 그렇지 않은지에 따라 이루어진다. 〈보기〉의 경우 수신기가 연산한 결과 나머지가 0이므로, 수신기는 오류가 없다고 판단하였을 것이다.

→ 틀려서 정답!

⑤ 수신기가 연산한 결과의 나머지가 0이 아니었다면 수신기는 송신기에 재전송을 요청했겠군.

근거 ❶-2 오류를 검출하기 위해 송신기는 오류 검출 부호를 포함한 데이터를 전송하고 수신기는 수신한 데이터를 검사하여 오류가 있으면 재전송을 요청한다, ❺-5~6 수신한 데이터는 전송할 데이터에 나머지를 추가했으므로 오류가 없다면 생성 부호로 나누었을 때 나머지가 0이 된다. 이때 나머지가 0이 아니면 수신한 데이터에 오류가 있다고 판단한다.

풀이 〈보기〉에서 수신기가 연산한 결과, 나머지가 0이 아니었다면 수신기는 데이터에 오류가 있다고 판단하여 송신기에 재전송을 요청했을 것이다.

→ 적절하므로 오답!

문제편 48쪽

[31 ~ 33] 현대시

(가) 김영랑, 「사개 틀린 고풍의 툇마루에」

• 김영랑 중요 작가

「연」(2024학년도 9월 모평), 「청명」(2020학년도 9월 모평), 「모란이 피기까지는」(2015학년도 9월 모평B), 「거문고」(2010학년도 6월 모평), 「독을 차고」(2005학년도 6월 모평), 「내 마음 아실 이」(2003학년도 수능) 기출. 고3 평가원 문제에 6번 이상 출제된 시인이다. 잘 다듬어진 언어로 섬세한 서정을 노래한 순수 서정시의 극치를 보여 주는 작품을 창작했다. 김영랑의 대표적인 시는 주제와 특징을 정리해 두는 것이 좋다.

• 주제

사개 틀린 고풍의 툇마루에 고요히 앉아 홀로 달을 기다린다.

• 지문 이해

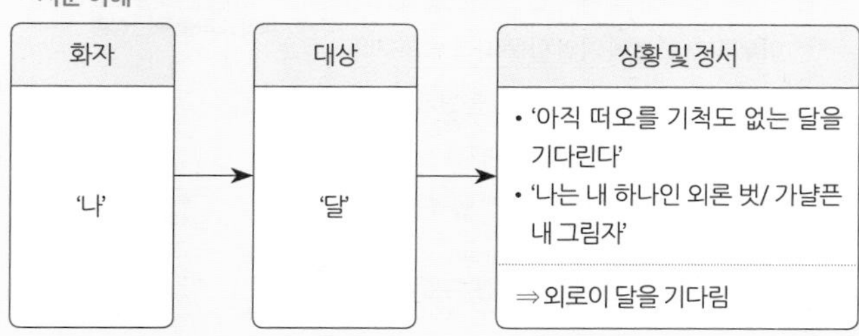

• 어휘 풀이

* 사개 : 한옥에서 못을 사용하지 않고 목재의 모서리를 깎아 요철을 끼워 맞추는 부분.
* 틀린 : 틀어진.
* 고풍 : 예스러운 풍취나 모습.
* 치 : 길이의 단위. 한 치는 한 자의 10분의 1 또는 약 3.03cm에 해당한다.
* 보시시 : 포근하게 살며시.

(나) 정진규, 「따뜻한 달걀」

• 주제

경건하고 정성스러운 마음으로 새봄을 맞이한다.

• 지문 이해

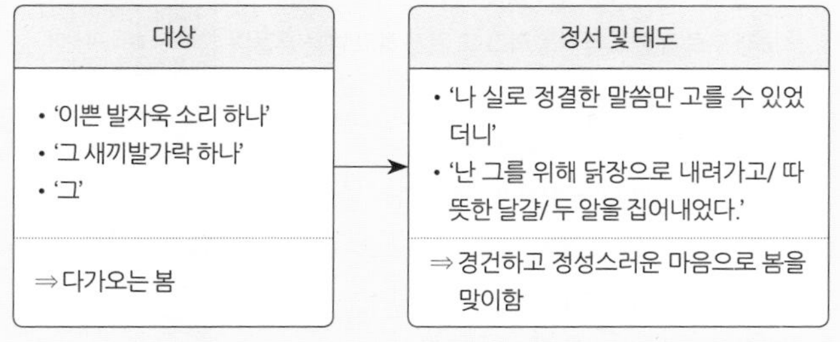

• 어휘 풀이

* 우수 : 이십사절기의 하나. 봄에 들어선다는 입춘과 겨울잠을 자던 개구리가 놀라서 깬다는 경칩 사이에 있음.
* 여울 : 강이나 바다에서 바닥이 얕거나 폭이 좁아 물살이 빠르게 흐르는 곳.
* 찰박대며 : 얕은 물이나 진창을 거칠게 밟거나 치는 소리를 자꾸 내며.
* 정결한 : 순수하고 깨끗하며 단아한.
* 진솔 속곳 : 새 속옷.
* 경칩 : 이십사절기의 하나. 겨울잠을 자던 벌레, 개구리 따위가 깨어 꿈틀거리기 시작한다는 시기.

1등급 문제

31 | 표현상 공통점 - 맞는 것 고르기 | 정답률 40%, 매력적 오답 ② 15% ③ ⑤ 20% | 정답 ①

(가)와 (나)의 공통점으로 가장 적절한 것은?

선지	핵심 체크 내용	(가)	(나)
①	음성 상징어를 활용 → 움직임의 정도를 드러냄	O	O
②	원경과 근경을 대비 → 심리적 거리감을 표현함	X	X
③	청자를 명시적으로 드러냄	X	X
	화자의 바람을 표출함	O	O
④	가정의 진술을 활용	O	X
	현실 극복의 의지를 드러냄	X	X
⑤	추측을 나타내는 표현으로 시상을 종결 → 시적 여운을 자아냄	O	X

① *음성 상징어를 활용하여 움직임의 정도를 드러내고 있다. *소리를 흉내 낸 말인 의성어와 모양을 흉내 낸 말인 의태어

근거 (가) ❷연-2행 사뿐 한 치씩 옮아오고/ 4행 보시시 깔리우면
(나)-9행 가만가만 만지작일 수도 있었더니

풀이 (가)에서는 매우 가볍게 움직이는 모양을 의미하는 '사뿐', 포근하게 살며시를 의미하는 '보시시'라는 음성 상징어를 활용하여, 달그림자가 가볍게 조금씩 움직이는 모습을 드러내고 있다. (나)에서는 움직임 따위가 드러나지 않도록 조용조용을 의미하는 '가만가만'이라는 음성 상징어를 활용하여 조금씩 다가오는 봄의 기운을 조심스럽게 느껴보는 화자의 움직임을 드러내고 있다.

→ 맞아서 정답!

② *원경과 근경을 대비하여 심리적 거리감을 표현하고 있다. *멀리 보이는 경치와 가까이 보이는 경치를 서로 맞대어 비교하여

풀이 (가)와 (나)는 모두 원경과 근경을 대비하고 있지 않다. 또한, (가)에서는 화자가 대상인 달을 기다리고 있고, (나)에서는 화자가 대상인 봄을 환영하며 정성스럽게 맞이하고 있으므로 (가)와 (나) 모두 화자와 대상 간에 심리적 거리감이 존재한다고 보기 어렵다.

→ 적절하지 않으므로 오답!

③ 청자를 *명시적으로 드러내어 화자의 바람을 표출하고 있다. *나타날 明 보일 示 ~의 的 : 겉으로 분명하게

풀이 (가)의 화자는 달이 떠오르기를 기다리며 달의 움직임을 느끼고 싶어 하고, (나)의 화자는 다가오는 봄의 기운을 느끼며 완연한 봄이 찾아오길 바라고 있다. 하지만 (가)와 (나) 모두 청자가 시의 표면에 드러나 있지 않으므로 청자를 명시적으로 드러내고 있다는 설명은 적절하지 않다.

→ 적절하지 않으므로 오답!

■ 청자를 명시적으로 드러내어 화자의 바람을 표출하고 있는 작품

• **서정주, 「추천사」**(2007학년도 9월 모평)
향단아 그넷줄을 밀어라/ 머언 바다로/ 배를 내어 밀듯이,/ 향단아// ~ 산호도 섬도 없는 저 하늘로/ 나를 밀어 올려 다오./ 채색한 구름같이 나를 밀어 올려 다오
→ 청자인 '향단'을 명시적으로 드러내어 현실 세계에서 벗어나 이상 세계로 가고자 하는 화자의 바람을 표출하고 있다.

④ *가정의 진술을 활용하여 현실 극복의 의지를 드러내고 있다. *사실이 아닌 것을 임시로 사실인 것처럼 정하는 말하기 ((가)만 해당)

근거 (가)-❷연 이제 저 감나무 그림자가/ 사뿐 한 치씩 옮아오고/ 이 마루 위에 빛깔의 방석이/ 보시시 깔리우면

풀이 (가)에서는 '~면'과 같은 가정의 진술을 활용하고 있으나 이는 달이 떠오르기를 바라는 화자의 심정을 드러낼 뿐, 현실 극복의 의지와는 관계가 없다. (나)에서는 가정의 진술도, 현실 극복의 의지도 드러나지 않는다.

→ 적절하지 않으므로 오답!

⑤ 추측을 나타내는 표현으로 *시상을 종결하여 **시적 여운을 자아내고 있다. *시를 끝맺어 **시가 끝난 후에도 남아 있는 시의 정서나 감동 ((가)만 해당)

근거 (가) ❸연-4행 이 밤 옮기는 발짓이나 들려오리라
(나)-18행 경칩이 멀지 않다 하였다.

풀이 (가)는 '들려오리라'라는 추측을 나타내는 표현으로 시상을 종결하여 떠오를 달에 대한 화자의 기대감을 드러내며 시적 여운을 자아내고 있다. 한편, (나)는 앞으로 다가올 일을 전하며 시상을 끝맺고 있으므로 추측을 나타내는 표현으로 시상을 종결하여 시적 여운을 자아낸다는 설명은 적절하지 않다.

→ 적절하지 않으므로 오답!

32 | 시어의 의미 - 맞는 것 고르기 | 정답률 70%, 매력적 오답 ① 15% | 정답 ④

㉠과 ㉡에 대한 설명으로 가장 적절한 것은?

(가) ❶연-1행 사개 틀린 고풍의 ㉠ 툇마루에 없는 듯이 앉아
(나)-4행 고향, 내 새벽 ㉡ 산 여울을

① ㉠과 ㉡은 모두 오랜 세월의 흔적을 간직한 *일상적 삶의 공간이다. *날마다 볼 수 있는 (㉠은)

풀이 사개가 틀어졌다는 표현과 고풍이라는 시어를 통해 ㉠(툇마루)의 오랜 세월을, 또한 ㉠(툇마루)에서 매일 뜨고 지는 달을 기다리는 행위에서 일상적인 삶의 공간인 ㉠(툇마루)의 의미를 파악할 수 있다. 한편 ㉡(산 여울)은 봄이 오는 기척을 느낄 수 있는 고향의 자연 공간으로 이해하는 것이 적절하다.

→ 적절하지 않으므로 오답!

② ㉠과 ㉡은 모두 화자가 현실을 *관조하며 스스로를 **성찰하는 공간이다. *볼 觀 비출 照 : 고요한 마음으로 대상을 잔잔히 바라보며 **살필 省 살필 察 : 자기의 마음을 반성하고 살피는

풀이 (가)의 화자는 ㉠(툇마루)에 앉아 달을 기다리고 있고, (나)의 화자는 고향의 ㉡(산 여울)에서 느껴지는 봄기운을 반가워하고 있으므로 ㉠(툇마루)과 ㉡(산 여울)은 모두 화자가 현실을 관조하며 스스로를 성찰하는 공간으로 볼 수 없다.

→ 적절하지 않으므로 오답!

③ ㉠은 상승하는 대상과 친밀감을, ㉡은 하강하는 대상과 *일체감을 느끼는 공간이다. *한 一 몸 體 느낄 感 : 어우러져 한덩어리가 되는 느낌

근거 (가) ❶연-1~2행 ㉠ 툇마루에 없는 듯이 앉아/ 아직 떠오를 기척도 없는 달을 기다린다// ❸연-2~3행 가냘픈 내 그림자와/ 말없이 몸짓 없이 서로 맞대고 있으려니

풀이 (가)의 화자는 ㉠(툇마루)에 앉아 달이 떠오르기를 고대하고 있으므로 ㉠(툇마루)은 상승하는 대상인 달과 친밀감을 느끼는 공간으로 볼 수 있다. 한편, (나)에서는 하강하는 대상이 나타나지 않으므로 ㉡(산 여울)이 하강하는 대상과 일체감을 느끼는 공간이라는 설명은 적절하지 않다.

→ 적절하지 않으므로 오답!

④ ㉠은 고독하고 적막한 상황이, ㉡은 *생동하는 **청량한 기운이 형상화되는 공간이다. *살 生 움직일 動 : 생기 있게 살아 움직이는 **맑을 淸 밝을 亮 : 맑고 깨끗한

근거 (가) ❸연-1~3행 나는 내 하나인 외론 벗/ 가냘픈 내 그림자와/ 말없이 몸짓 없이 서로 맞대고 있으려니
(나)-4~7행 고향, 내 새벽 ㉡ 산 여울을/ 찰박대며 뛰어 건너는/ 이쁜 발자욱 소리 하나/ 듣고 지내었더니

풀이 ㉠(툇마루)에서 달이 떠오르기를 말없이 몸짓 없이 적막하게 기다리는 화자는 자신의

그림자를 '외론 벗'이라고 표현하며 외로움을 드러내고 있다. 따라서 ㉠(툇마루)은 고독하고 적막한 상황이 형상화되는 공간이라 할 수 있다. 한편 ㉡(산 여울)은 봄이 찰박대며 뛰어다니는 이쁜 발자국 소리가 나는 공간으로 그려지고 있으므로 생동하는 청량한 기운이 형상화되는 공간이라 할 수 있다.

→ 맞아서 정답!

⑤ ㉠은 지나온 삶에 대한 그리움이, ㉡은 현재의 삶에 대한 만족감이 드러나는 공간이다.

풀이 (가)의 화자는 ㉠(툇마루)에서 달이 떠오르기를 기다리고 있으므로 ㉠(툇마루)에 대해 지나온 삶에 대한 그리움이 드러나는 공간이라는 설명은 적절하지 않다. (나)의 화자는 ㉡(산 여울)에서 느껴지는 봄의 기운을 반갑게 맞이하고 있으므로 ㉡(산 여울)은 현재의 삶에 대한 만족감이 드러나는 공간이라고 볼 수 있다.

→ 적절하지 않으므로 오답!

33 감상의 적절성 - 틀린 것 고르기
정답률 65%, 매력적 오답 ① ② 10%
정답 ③

<보기>를 참고하여 (가)와 (나)를 감상한 내용으로 적절하지 않은 것은? [3점]

| 보기 |

(가)와 (나)는 자연의 순환적 질서에 감응하는(느낄 感 응할 應 : 어떤 느낌을 받아 마음이 따라 움직이는) 화자의 모습을 보여 준다. (가)의 화자는 밤이 깊어지면서 달이 떠오르기를 기다리고 있고, (나)의 화자는 절기(절기 節 기후 氣 : 한 해를 스물넷으로 나눈, 계절의 표준이 되는 것)가 바뀌면서 봄빛이 점점 뚜렷해지고 있음을 느끼고 있다. 시간의 흐름에 따른 자연의 점진적(점점 漸 나아갈 進 ~의 的 : 조금씩 앞으로 나아가는) 변화를 감지하기(느낄 感 알 知 : 느끼어 알기) 위해 화자는 온몸의 감각을 집중하면서, 자연을 자신과 교감(주고받을 交 감응할 感 : 서로의 마음을 함께 나누어 가짐)을 이루는 주체로 인식한다.

① (가)의 화자가 '아무런 생각'이나 '뜻 없이' 달이 떠오르기를 기다리는 것은, 자연의 변화를 감지하기 위해 온몸의 감각을 집중하는 것으로 볼 수 있군.

근거 <보기>-3 시간의 흐름에 따른 자연의 점진적 변화를 감지하기 위해 화자는 온몸의 감각을 집중하면서,
(가) ❶연-3~4행 **아무런 생각** 없이/ 아무런 **뜻 없이**

풀이 <보기>를 참고할 때 (가)의 화자가 '아무런 생각'이나 '뜻 없이' 달이 떠오르기를 기다리는 것은, 시간의 흐름에 따른 자연의 점진적 변화를 감지하기 위해서 온몸의 감각을 집중하는 것으로 볼 수 있다.

→ 적절하므로 오답!

② (나)에서 소리로 인식되던 대상의 '새끼발가락'을 만질 수 있게 되었다는 것은, 시간의 흐름에 따라 자연이 변화하는 *양상을 표현한 것으로 볼 수 있군. *모습

근거 <보기>-3 시간의 흐름에 따른 자연의 점진적 변화를 감지
(나)-4~9행 고향, 내 새벽 산 여울via/ 찰박대며 뛰어 건너는/ 이쁜 발자욱 소리 하날/ 듣고 지내었더니/ 그 **새끼발가락** 하날/ 가만가만 만지작일 수도 있었더니

풀이 (나)에서 '찰박대며 뛰어 건너는 이쁜 발자욱 소리'로 인식되던 봄의 '새끼발가락'을 만질 수 있게 되었다는 것, 즉 소리가 만질 수 있는 형태로 다가왔다는 것은 시간의 흐름에 따라 봄빛이 더욱 뚜렷해졌음을 표현한 것으로 볼 수 있다.

→ 적절하므로 오답!

③ (가)의 '떠오를 기척도 없는 달'과 (나)의 '이쁜 발자욱 소리' 하나는 자연의 순환적 질서가 지연되는 것에 대한 화자의 *조바심을 유발하는 것으로 볼 수 있군. *조마조마하여 불안을 느끼는 마음

근거 <보기>-1 (가)와 (나)는 자연의 순환적 질서에 감응하는 화자의 모습을 보여 준다.
(가) ❶연-2행 아직 **떠오를 기척도 없는 달**을 기다린다
(나)-4~7행 고향, 내 새벽 산 여울via/ 찰박대며 뛰어 건너는/ **이쁜 발자욱 소리** 하날/ 듣고 지내었더니

풀이 (가)의 화자는 자연의 순환적 질서에 따라 '떠오를 기척도 없는 달'이 떠오르기를 고요히 기다리고 있으며, (나)의 화자는 봄이 오는 자연의 순환적 질서에 감응하여 봄의 '이쁜 발자욱 소리'에 귀 기울이고 있다. 따라서 (가)와 (나) 모두에 자연의 순환적 질서가 지연되는 것에 대한 조바심은 드러나 있지 않다.

→ 틀려서 정답!

④ (가)에서는 달이 뜨는 것을 '이 밤 옮기는 발짓'을 한다고 표현하고, (나)에서는 뚜렷해진 봄빛을 '진솔 속곳을 갈아입'은 것으로 표현하여 자연을 행위의 주체로 인식하고 있군.

근거 <보기>-3 자연을 자신과 교감을 이루는 주체로 인식한다.
(가) ❸연-4행 **이 밤 옮기는 발짓**이나 들려오리라
(나)-12~13행 **진솔 속곳을 갈아입**고/ 그가 왔다.

풀이 (가)에서는 달이 떠서 움직이는 것을 '이 밤 옮기는 발짓'으로 표현하여 자연인 달을 행위의 주체로 나타내고 있다. 또한 (나)에서는 봄빛이 뚜렷해진 것을 그(봄)가 '진솔 속곳을 갈아입'고라고 표현하여 자연인 봄을 행위의 주체로 제시하고 있다.

→ 적절하므로 오답!

⑤ (가)에서는 달이 만든 '내 그림자'를 '벗' 삼아 '서로 맞대고 있으려'는 데서, (나)에서는 '경칩'을 예감하며 '달걀'의 온기를 느끼는 데서 화자와 자연이 교감하는 모습이 나타나는군.

근거 <보기>-3 자연을 자신과 교감을 이루는 주체로 인식한다.
(가) ❸연-1~3행 나는 내 하나인 외론 **벗**/ 가냘픈 **내 그림자**와/ 말없이 몸짓 없이 **서로 맞대고 있으려니**
(나)-15~18행 난 그를 위해 닭장으로 내려가고/ 따뜻한 **달걀**/ 두 알을 집어내었다./ **경칩**이 멀지 않다 하였다.

풀이 (가)의 화자가 달빛이 만들어준 '내 그림자'를 '벗' 삼아 서로 맞대고 있으려는 것은 자연과 교감하는 모습으로 볼 수 있다. 또한 (나)에서 봄을 위해 집어낸 '달걀'에서 온기를 느끼고 머지않아 다가올 '경칩'을 예감하는 화자의 모습은 자연과 교감을 느끼는 모습으로 이해할 수 있다.

→ 적절하므로 오답!

[34 ~ 37] 갈래 복합

(가) 고전시가 - 송순, 「면앙정가(전라남도 담양 제월봉 아래에 있는 정자인 면앙정에서 부른 노래)」

작품 이해 단계 ① 화자 ② 상황 및 대상 ③ 정서 및 태도 ④ 주제

가마를 급히 타고 **솔 아래 굽은 길**로 오며 가며 하는 때
(솔 → 소나무)
녹양에 우는 **꾀꼬리 교태 겨워하는**구나
(교태 → 아리따울 嬌 모습 態 : 아양을 부리는구나 / 녹양 → 푸를 綠 버드나무 楊 : 푸른 버드나무)
나무 풀 우거지어 녹음이 짙어진 때
(녹음 → 푸를 綠 그늘 陰 : 푸른 잎이 우거진 나무의 그늘)
기다란 난간에서 긴 졸음을 내어 펴니
물 위의 서늘한 바람은 그칠 줄을 모르도다
→ ② 상황 : 여름에 꾀꼬리 소리를 듣고 난간에서 서늘한 바람을 쐬는 상황

된서리 걷힌 후에 산빛이 금수(錦繡)로다
(금수 → 비단 錦 수놓을 繡 : 수놓은 비단. '단풍 든 산의 아름다운 모습'을 비유 / 된서리 → 가을의 서리)
누렇게 익은 벼는 또 어찌 넓은 들에 펼쳐졌는가
㉠ 어부 피리도 흥에 겨워 달을 따라 부는구나
→ ② 상황 : 가을에 단풍 든 산과 누렇게 익은 벼를 보고 어부의 피리 소리를 듣는 상황

초목이 다 진 후에 강산이 (눈에) 묻혔거늘
조물주 야단스러워 빙설로 꾸며 내니
(조물주 → 지을 造 만물 物 주인 主 : 우주의 만물을 만들고 다스리는 신 / 빙설 → 얼음 氷 눈 雪 : 얼음과 눈)
경궁요대와 옥해은산이 눈 아래 벌였구나
(경궁요대 → 구슬 瓊 집 宮 아름다운 옥 瑤 대 臺 : 아름다운 구슬로 장식한 궁전과 누각 / 옥해은산 → 옥 玉 바다 海 은 銀 산 山 : 옥같이 맑은 바다와 은빛의 산 / 벌였구나 → 펼쳐졌구나)
천지가 풍성하여 **간 데마다 승경(勝景)**이로다
(승경 → 뛰어날 勝 경치 景 : 뛰어난 경치)
→ ② 상황 : 겨울에 눈 덮인 아름다운 경치를 감상하는 상황

인간 세상 떠나와도 (경치를 감상하느라) **내 몸이 쉴 틈 없다**
(인간 세상 → 속세. 자연과 대비되는 공간 / 내 → ① 화자 : '내(나)')
→ ②③ 상황 및 태도 : 자연을 감상하느라 쉴 여유가 없다.
이것도 보려 하고 저것도 들으려 하고
바람도 쐬려 하고 달도 맞으려 하고
밤일랑 언제 줍고 고기는 언제 낚고
사립문 뉘 닫으며 진 꽃일랑 뉘 쓸려뇨
(뉘 → 누가 / 사립문 → 나뭇가지를 엮어서 만든 문)
㉡ 아침 시간 모자라니 저녁이라 (경치 감상하기) 싫을쏘냐
오늘이 부족하니 내일이라 넉넉하랴
이 산에 앉아보고 **저 산**에 걸어 보니
번거로운 마음에도 **버릴 일이 전혀 없**다
쉴 사이 없는데 (이곳으로) 오는 길을 (다른 사람들에게) 알리랴
다만 지팡이가 다 무디어 가는구나

ⓐ 술이 익었으니 벗이야 없을쏘냐
노래 부르게 하고 악기를 타고 또 켜게 하고 방울 흔들며
온갖 소리로 취흥을 재촉하니
(취흥 → 취할 醉 흥취 興 : 술에 취하여 일어나는 흥취)
→ ②③ 상황 및 정서 : 벗과 술을 마시며 흥겨움을 느낀다.

근심이라 있으며 시름이라 붙었으랴
누웠다가 앉았다가 굽혔다가 젖혔다가
(시를) 읊다가 휘파람 불다가 마음 놓고 노니
천지도 넓디넓고 세월도 한가하다
→ ②③ 상황 및 정서 : 근심과 시름 없이 한가롭게 세월을 보낸다.

태평성대 몰랐는데 이때가 그때로다
(태평성대 → 매우 太 편안할 平 임금 聖 시대 代 : 어진 임금이 잘 다스리어 백성들이 살기 좋은 세상 / 이때 → 지금 / 그때 → 태평성대)
신선이 어떠한가 이 몸이 그로구나
(신선 → 신선 / 이 몸 → '나')
→ ③ 정서 : 신선처럼 지내는 지금의 삶이 태평성대처럼 만족스럽다.

㉢ 강산풍월 거느리고 내 백 년을 다 누리면
(강산풍월 → 강 江 산 山 바람 風 달 月 : 자연의 아름다운 풍경 / 백 년 → 삶. 평생)
악양루 위의 이백이 살아온들
(악양루 → 중국 당나라 시인 이백(이태백)이 시를 지으면서 풍류를 즐긴 곳)
호탕한 회포는 이보다 더할쏘냐
(이 → 자연에서의 삶 / 회포 → 품을 懷 마음 抱 : 마음속에 품은 생각이나 정 / 호탕한 → 호걸 豪 호탕할 宕 : 시원스럽고 넓은)

④ 주제 :
면앙정 주변의 자연을 감상하며 풍류를 즐기는 삶에 만족한다.

• 현대어 풀이

(여름) 가마를 급히 타고 소나무 아래 굽은 길로 오며 가며 하는 때
푸른 버드나무에서 우는 꾀꼬리는 아양을 부리는구나
나무와 풀이 우거지어 녹음이 짙어진 때
기다란 난간에서 긴 졸음을 내어 펴니
물 위의 서늘한 바람은 그칠 줄을 모르는구나
(가을) 가을 서리가 걷힌 후에 산빛이 수놓은 비단 같구나
누렇게 익은 벼는 또 어찌 넓은 들에 펼쳐졌는가
어부도 흥에 겨워 달을 따라 피리를 부는구나
(겨울) 초목이 다 진 후에 강산이 (눈에) 묻혔거늘
조물주가 야단스러워 얼음과 눈으로 세상을 꾸며 내니
(눈 덮인) 아름다운 궁전과 누각, 새하얀 바다와 산들이 눈 아래 펼쳐졌구나
천지가 풍성하여 가는 데마다 뛰어난 경치로다
인간 세상을 떠나와도 (경치를 감상하느라) 내 몸이 쉴 틈 없다
이것도 보려 하고 저것도 들으려 하고
바람도 쐬려 하고 달도 맞으려 하고
밤은 언제 줍고 고기는 언제 낚고
사립문은 누가 닫으며 진 꽃일랑 누가 쓸겠는가
아침에도 (경치를 감상하느라) 시간이 모자란데 저녁이라 싫겠는가
오늘이 부족한데 내일이라고 (시간이) 넉넉하겠는가
이 산에 앉아보고 저 산에 걸어 보니

문제편 49쪽

(이리저리 바쁘게 다니느라) 번거롭지만 버릴 일이 전혀 없다
쉴 사이가 없는데 (이곳 면앙정으로) 오는 길을 (다른 사람들에게) 알리겠는가
다만 지팡이가 다 닳아 가는구나
술이 익었는데 벗이 없겠는가
노래를 부르게 하고 악기를 타고 또 켜게 하고 방울을 흔들며
온갖 소리로 취한 흥을 재촉하니
근심이라 있으며 시름이라 붙었겠는가
누웠다가 앉았다가 굽혔다가 젖혔다가
(시를) 읊다가 휘파람 불다가 하며 마음 놓고 노니
천지도 넓디넓고 세월도 한가하다
태평성대를 모르고 지냈는데 지금이 태평성대구나
신선이 어떠한 것인가 내가 신선이로구나
아름다운 자연을 거느리고 내 평생을 다 누리면
악양루 위의 이백이 살아온다 해도
시원스럽고 넓은 마음이야 이보다 더하겠는가

• 지문 이해

면앙정 주변의 경치(1~12)	여름(1~5)	• '녹양에 우는 꾀꼬리' • '나무 풀 우거지어 녹음이 짙어진 때'
	가을(6~8)	• '된서리 걷힌 후에 산빛이 금수로다' • '누렇게 익은 벼는 또 어찌 넓은 들에 펼쳐졌는가'
	겨울(9~12)	• '조물주 야단스러워 빙설로 꾸며 내니' • '경궁요대와 옥해은산이 눈 아래 벌였구나'
자연을 즐기는 생활(13~23)		• '인간 세상 떠나와도 내 몸이 쉴 틈 없다' • '이것도 보려 하고 ~ 저 산에 걸어 보니' • '번거로운 마음에도 버릴 일이 전혀 없다' • '쉴 사이 없는데 오는 길을 알리랴' • '다만 지팡이가 다 무디어 가는구나'
자연 속에서 즐기는 풍류와 삶에 대한 만족감(24~35)		• '취흥을 재촉하니 ~ 근심이라 있으며 시름이라 붙었으랴' • '천지도 넓디넓고 세월도 한가하다' • '태평성대 몰랐는데 이때가 그때로다' • '신선이 어떠한가 이 몸이 그로구나' • '호탕한 회포는 이보다 더할쏘냐'

(나) 수필 - 백석, 「가재미·나귀」

• 중심 내용

'나'는 착하고 정다운 가재미를 좋아하여 자주 먹는다.
↓
음력 팔월이 되어 가재미를 다시 만나기를 기대한다.
↓
'나'는 운흥리에서 성천강과 백운산 근처의 중리로 이사를 오게 되었다.
↓
나귀를 구하는 일이 쉽지 않지만 그래도 나귀와 함께 이곳을 다니고 싶다.

• 어휘 풀이

* 전 : 우리나라의 옛 화폐 단위. 1전은 1원의 100분의 1.
* 뼘가웃 : 한 뼘의 반 정도 되는 길이.
* 두름 : 물고기를 짚으로 한 줄에 열 마리씩 두 줄로 엮은 것을 세는 단위.
* 달포 : 한 달이 조금 넘는 기간.
* 생선장 : 생선 따위의 어물을 파는 시장.
* 초상 : 초순. 1일부터 10일 사이.
* 뇌옥 : 교도소.
* 백모관봉 : 눈이 덮인 산봉우리의 모습이 관리들의 모자인 관모를 쓰고 있는 것과 같다는 의미. 여기서는 함경남도 함주군과 정평군 사이에 있는 백운산을 의미.
* 시허연 : 매우 허연.
* 회담 : 석회를 바른 담.
* 소장 : 소를 사고파는 시장.
* 마장 : 말을 사고파는 시장.
* 재래종 : 예전부터 전하여 내려오는 품종.
* 필 : 말이나 소를 세는 단위.

오답률 TOP 5 | 1등급 문제

34 표현상 공통점 - 맞는 것 고르기
정답률 35%, 매력적 오답 ① 15% ④ 35%
정답 ⑤

(가)와 (나)의 공통점으로 가장 적절한 것은?

선지	핵심 체크 내용	(가)	(나)
①	색채어 활용	O	O
	사물의 역동성을 표현함	X	X
②	말을 건네는 방식 → 독자의 주의를 환기함	O	X
③	영탄적 표현 → 대상에 대한 경외감을 드러냄	O	X
④	연쇄적 표현	X	X
	주변 사물을 사실감 있게 제시함	O	O
⑤ ✓	계절감을 환기하는 사물 → 자연의 모습을 드러냄	O	O

① ***색채어를 활용하여 사물의 **역동성을 표현하고 있다.*** *색깔을 나타내는 말 **힘차고 활발하게 움직이는 성질

근거 (가)-2 녹양에 우는 꾀꼬리/ 3 녹음이 짙어진 때/ 7 누렇게 익은 벼
(나) 흰밥과 빨간 고추장/ 시허연 눈도 바라보인다./ 이 골목의 공기는 하이야니 밤꽃의 내음새가 난다.

풀이 (가)의 '녹양', '녹음', '누렇게 익은 벼', (나)의 '흰밥과 빨간 고추장', '시허연 눈', '하이야니 밤꽃의 내음새'에 색채어가 활용되어 있지만 대상의 활발한 움직임을 나타내는 역동성은 드러나지 않는다.

→ 적절하지 않으므로 오답!

→ (가)만 해당

② **말을 건네는 방식을 통해 독자의 주의를 *환기하고 있다.** *불러일으키고

근거 (가)-7 누렇게 익은 벼는 또 어찌 넓은 들에 펼쳐졌는가/ 17~19 사립문 뉘 닫으며 진 꽃일랑 뉘 쓸려뇨/ 아침 시간 모자라니 저녁이라 싫을쏘냐/ 오늘이 부족하니 내일이라 넉넉하랴/ 22 쉴 사이 없는데 오는 길을 알리랴/ 24 술이 익었으니 벗이야 없을쏘냐/ 27 근심이라 있으며 시름이라 붙었으랴/ 35 호탕한 회포는 이보다 더할쏘냐

풀이 (가)에서는 물음의 형식을 활용한 말을 건네는 방식을 통해 독자의 주의를 불러일으키고 있다. 반면에 (나)에서는 말을 건네는 방식이 사용되지 않았다.

→ 적절하지 않으므로 오답!

■대화와 대화체 구분 (대화 ⊂ 대화체)
화자가 혼잣말하는 것이 아니라 청자에게 말을 건네고 이에 대해 청자가 답을 해야 '대화'이다. 대화체는 상대에게 말을 건네는 말투로 '대화'를 포괄하는 표현이다.

• 대화와 독백, 대화체와 독백체 구별하기
<대화와 독백은 시적 상황(내용)과 관련 / 대화체, 독백체는 문체(표현 형식)를 의미>

대 화 체		독 백 체
대화	독백	
실제 화자 ⇄ 실제 청자	화자 → 가상의 청자	화자의 혼잣말
• 화자와 청자가 실제로 말을 주고받음 (청자의 반응이 시에 나타남)	• 가상의 청자에게 말을 건네는 듯한 말투 ('~야, ~이여' 등의 부르는 말이 있음)	• 순수하게 혼잣말하는 듯한 말투
	화자 → 독자	**※ 독백체의 판단 기준 :** 주제가 시인의 내면 세계와 직접 관련되어 시적 화자가 자기 자신에 대해 생각하고 고민하는 모습이 나타난다.
	• 독자에게 말을 건네는 듯한 말투 ('~라'와 같은 명령형, '~자'와 같은 청유형)	

■대화가 나타나는 작품

• **백석, 「고향」** (2004학년도 수능)
고향이 어데냐 (의원)
평안도 정주라는 곳이라 (화자)
→ 의원의 물음과 화자의 대답이 오고 가는 대화가 나타난다.

• **작자 미상, 「댁들에 동난지이 사오」**
댁들에 동난지이 사오. (게젓 장수) 저 장스야, 네 황후 긔 무서시라 웨난다. (고객) (여러분, 동난젓 사십시오. 저 장수(게젓 장수)야, 네 물건 그 무엇이라 외치는 것이냐?)
→ 게젓 장수와 고객들의 대화가 나타난다.

• **작자 미상, 「시집살이 노래」** (2014학년도 6월 모평AB)
형님 형님 사촌 형님 시집살이 어떱뎁까 (사촌 동생)
이애 이애 그말 마라. 시집살이 개집살이 (사촌 형님)
→ 사촌 동생의 물음과 사촌 형님의 대답이 오고 가는 대화가 나타난다.

■청자의 반응은 나타나지 않지만 대화체가 나타나는 작품

• **서정주, 「추천사-춘향의 말1」** (2007학년도 9월 모평)
향단아 그넷줄을 밀어라/ 머언 바다로/ 배를 내어 밀듯이,/ 향단아
바람이 파도를 밀어 올리듯이/ 그렇게 나를 밀어 올려 다오./ 향단아.
→ 향단이의 반응은 나타나지 않지만, '향단아'라는 부르는 말이 있고 '밀어라', '다오'와 같은 명령형이 나타나므로 대화체이다.

• **서정주, 「꽃밭의 독백-사소 단장」** (2009학년도 9월 모평)
문 열어라 꽃아. 문 열어라 꽃아.
→ 꽃의 반응은 나타나지 않지만, '꽃아'와 같이 부르는 말이 있고 '열어라'와 같은 명령형이 나타나므로 대화체이다.

■독백체가 나타나는 작품

• **윤동주, 「자화상」** (2011학년도 수능)
산모퉁이를 돌아 논가 외딴 우물을 홀로/ 찾아가선 가만히 들여다봅니다.
→ 부정적 현실에서 자신의 모습을 성찰하는 독백체이다.

• **김영랑, 「내 마음을 아실 이」** (2003학년도 수능)
내 마음을 아실 이 ~ 사랑도 모르리, 내 혼자 마음은.
→ 자신의 마음을 알아줄 임에 대한 간절한 그리움을 표현한 독백체이다.

→ (가)만 해당

③ ***영탄적 표현을 활용하여 대상에 대한 **경외감을 드러내고 있다.*** *감탄사나 감탄형 어미 등을 이용하여 감정을 강하게 나타내는 방법 **공경하면서 두려워하는 감정

근거 (가)-5~6 물 위의 서늘한 바람은 그칠 줄을 모르도다/ 된서리 걷힌 후에 산빛이 금수로다/ 11~12 경궁요대와 옥해은산이 눈 아래 벌였구나/ 천지가 풍성하여 간 데마다 승경이로다

문제편 50쪽

풀이 (가)에는 '-도다', '-로다', '-구나' 등의 감탄형 종결 어미를 활용한 영탄적 표현을 통해 아름다운 자연에 대한 경외감을 드러내고 있다. 반면에 (나)에는 영탄적 표현이 사용되지 않았다.

→ 적절하지 않으므로 오답!

④ *연쇄적 표현을 통해 주변 사물을 사실감 있게 제시하고 있다. *앞 구절의 끝 어구를 다음 구절의 앞 구절에 이어받아 표현하는 방법

근거 (가)-1~12 가마를 급히 타고 ~ 간 데마다 승경이로다

(나) 예서는 물보다 구름이 더 많이 흐르는 성천강이 가까웁고 또 백모관봉의 시허연 눈도 바라보인다./ 이곳의 좌우로 긴 회담들이 맞물고 늘어선 좁은 골목이 나는 좋다. 이 골목의 공기는 하이야니 밤꽃의 내음새가 난다.

풀이 (가)와 (나)에 주변 풍경을 사실감 있게 제시한 부분들은 나타나지만 연쇄적 표현은 사용되어 있지 않다.

→ 적절하지 않으므로 오답!

■ 연쇄적 표현이 나타나는 작품
- 이원익, 「고공답주인가」(2016학년도 수능B)

집일을 곳치거든 죵들을 휘오시고/ 죵들을 휘오거든 상벌을 밝히시고/ 상벌을 밝히거든 어른 죵을 미드쇼셔

→ '죵들을 ~ 밝히거든'에서 앞 구절의 끝말을 다음 구절의 첫말에 이어받아 나타내는 연쇄가 나타난다.

⑤ 계절감을 환기하는 사물을 통해 자연의 모습을 드러내고 있다.

근거 (가)-2~3 녹양에 우는 꾀꼬리 교태 겨워하는구나/ 나무 풀 우거지어 녹음이 짙어진 때/ 6~7 된서리 걷힌 후에 산빛이 금수로다/ 누렇게 익은 벼는 또 어찌 넓은 들에 펼쳐졌는가/ 10~11 조물주 야단스러워 빙설로 꾸며 내니/ 경궁요대와 옥해은산이 눈 아래 벌였구나

(나) 백모관봉의 시허연 눈도 바라보인다.

풀이 (가)에서는 여름의 계절감을 환기하는 '녹양', '녹음', 가을의 계절감을 환기하는 '된서리', '금수', '누렇게 익은 벼', 겨울의 계절감을 환기하는 '빙설', '경궁요대', '옥해은산'을 통해 면앙정 주변의 자연의 모습을 나타내고 있다. (나)에서는 겨울의 계절감을 환기하는 '눈'을 통해 백운산의 모습을 드러내고 있다.

→ 맞아서 정답!

1등급 문제

35	내용 이해 - 틀린 것 고르기 정답률 50%, 매력적 오답 ① ② ③ 15%	정답 ⑤

㉠ ~ ㉤에 대해 이해한 내용으로 적절하지 않은 것은?

① ㉠ : 감각적 경험을 통해 환기된 장면을 묘사하여 인간이 자연물과 어우러지는 상황을 제시하고 있다.

근거 (가)-8 ㉠ 어부 피리도 흥에 겨워 달을 따라 부는구나

풀이 어부의 피리 소리를 듣고 어부가 흥에 겨워 달을 따라 피리를 분다는 것은 청각적 경험을 통해 환기된 장면을 묘사하여 인간이 자연물과 어우러지는 상황을 표현한 것이다.

→ 적절하므로 오답!

② ㉡ : 시간을 표현하는 시어를 대응시켜 현재와 같은 상황이 이후에도 이어질 것임을 드러내고 있다.

근거 (가)-18~19 ㉡ 아침 시간 모자라니 저녁이라 싫을쏘냐/ 오늘이 부족하니 내일이라 넉넉하랴

풀이 '아침'과 '저녁', '오늘'과 '내일'이라는 시간을 표현하는 시어를 대응시켜 쉴 겨를 없이 자연을 감상하는 상황이 이후에도 이어질 것임을 드러내고 있다.

→ 적절하므로 오답!

③ ㉢ : 역사적 인물과 견주며 삶에 대한 만족감을 드러내고 있다.

근거 (가)-33~35 ㉢ 강산풍월 거느리고 내 백 년을 다 누리면/ 악양루 위의 이백이 살아온들/ 호탕한 회포는 이보다 더할쏘냐

풀이 이백과 비교할 때 현재의 자신이 더 낫다는 점에서 역사적 인물인 이백과 견주며 자신의 삶에 대한 만족감을 드러내고 있다.

→ 적절하므로 오답!

④ ㉣ : 기대하는 일이 실현되었을 때 느낄 심정을 직접적으로 표출하고 있다.

근거 (나) 음력 팔월 초상이 되어서야 이내 친한 것('가재미')이 온다고 한다. ㉣ 나는 어서 그때가 와서 우리들 흰밥과 고추장과 다 만나서 아침저녁 기뻐하게 되기만 기다린다.

풀이 음력 팔월 초에 '가재미'가 나오면 흰밥과 고추장과 함께 먹을 일을 기대하며 기뻐하고 있으므로 기대하는 일이 실현되었을 때 느낄 심정을 직접적으로 표출하고 있다고 볼 수 있다.

→ 적절하므로 오답!

⑤ ㉤ : 원하는 것을 구하기 위해 시도한 방법이 실패하는 과정에서 느낀 체념을 드러내고 있다. (실패했지만 단념하지 않을 것임을)

근거 (나) 나귀를 한 마리 사기로 했다. ㉤ 그래 소장 마장을 가보나 나귀는 나지 않는다. 촌에서 다니는 아이들이 있어서 수소문해도 나귀를 팔겠다는 데는 없다. 얼마 전엔 어느 아이가 재래종의 조선 말 한 필을 사면 어떠냐고 한다. ~ 이 좀말로 할까고 머리를 기울여도 보았으나 그래도 나는 그 처량한 당나귀가 좋아서 좀더 이 놈을 구해보고 있다.

풀이 글쓴이는 나귀를 사기 위해 소장, 마장을 가봤지만 나귀를 구하지 못했고, 어느 아이가 조선 말 한 필을 권해서 생각도 해 보았지만 아무래도 당나귀가 좋아서 좀 더 구해 보고 있다고 하였다. 따라서 원하는 것을 구하기 위해 시도한 방법이 실패하는 과정에서 느낀 체념을 드러내고 있다고 볼 수 없다.

→ 틀려서 정답!

36	감상의 적절성 - 틀린 것 고르기 정답률 65%, 매력적 오답 ③ 10%	정답 ③

<보기>를 바탕으로 (가), (나)를 이해한 내용으로 적절하지 않은 것은? [3점]

| 보 기 |

[1] 문학 작품에서 공간을 체험하는 주체는 공간 및 주변 경물(경치 景 만물 物 : 계절에 따라 달라지는 경치)에 대한 인식을 드러내며, 이 인식은 주체의 지향이나 삶에서 중시하는 가치를 암시한다(넌지시 暗 보일 示 : 넌지시 드러낸다). [2] (가)의 화자는 '면앙정' 주변의 자연에 대한 인식과 함께 풍류(경치 風 흐를 流 : 멋스럽게 노는 생활) 지향적인 태도를 드러내고 있고, (나)의 글쓴이는 공간의 변화와 대상에 대한 인식을 관련지으며 자신이 소중하게 생각하는 삶의 가치를 암시하고 있다.

① (가) : '솔 아래 굽은 길'을 오가는 화자는 '꾀꼬리'의 '교태 겨워하는' 모습에 주목하면서 자연을 즐기는 자신의 태도와의 *동일성을 발견하고 있다. *서로 같은 성질

근거 <보기> 문학 작품에서 공간을 체험하는 주체는 공간 및 주변 경물에 대한 인식을 드러내며, 이 인식은 주체의 지향이나 삶에서 중시하는 가치를 암시한다. (가)의 화자는 '면앙정' 주변의 자연에 대한 인식

(가)-1~2 가마를 급히 타고 **솔 아래 굽은 길**로 오며 가며 하는 때/ 녹양에 우는 **꾀꼬리 교태 겨워하는**구나

풀이 '솔 아래 굽은 길'을 오가는 화자는 '꾀꼬리'의 울음소리를 듣고 그 '교태 겨워하는' 모습에 주목한다. 이는 자연을 즐기는 자신의 모습이 꾀꼬리와 동일하다고 여겨 자신의 흥겨움을 꾀꼬리에 투영한 것이므로 적절한 설명이다.

→ 적절하므로 오답!

② (가) : '간 데마다 승경'이라는 화자의 인식은 '내 몸이 쉴 틈 없는' 다양한 일들을 통해 자연의 다채로운 *풍광을 즐길 수 있으리라는 기대로 이어지고 있다. *자연의 모습

근거 <보기> 문학 작품에서 공간을 체험하는 주체는 공간 및 주변 경물에 대한 인식을 드러내며, 이 인식은 주체의 지향이나 삶에서 중시하는 가치를 암시한다. (가)의 화자는 '면앙정' 주변의 자연에 대한 인식과 함께 풍류 지향적인 태도를 드러내고 있고,

(가)-12~13 천지가 풍성하여 **간 데마다 승경**이로다/ 인간 세상 떠나와도 **내 몸이 쉴 틈 없다**

풀이 면앙정 주변의 경치가 뛰어나다는 화자의 인식은 자연의 다양한 모습을 즐기느라 쉴 틈이 없을 것이라는 기대로 이어지고 있다.

→ 적절하므로 오답!

③ (가) : '이 산'과 '저 산'에서 '번거로운 마음'과 '버릴 일이 전혀 없'음을 동시에 느끼는 화자의 모습에는 '인간 세상'의 번잡한 일상을 여전히 의식하고 있음이 드러나 있다. (자연을 즐기느라 바빠게 돌아다니는 삶을 만족하고 있음)

근거 (가)-20~21 **이 산**에 앉아보고 **저 산**에 걸어 보니/ **번거로운 마음**에도 **버릴 일이 전혀 없다**

풀이 화자는 '이 산'과 '저 산'의 경치를 즐기느라 바빠 '번거로운 마음'이지만 '버릴 일이 전혀 없'다고 함으로써 자연과 더불어 사는 현재의 삶에 만족함을 드러내고 있다. 따라서 '인간 세상'의 번잡한 일상을 의식하고 있다는 설명은 적절하지 않다.

→ 틀려서 정답!

④ (나) : '동해 가까운 거리로 와서' 주목하게 된 '가재미'에 대한 글쓴이의 인식은 '가난하고 쓸쓸한' 삶 속에서 '한없이 착하고 정다운' 것을 소중히 여기는 태도를 드러내고 있다.

근거 <보기>-2 (나)의 글쓴이는 공간의 변화와 대상에 대한 인식을 관련지으며 자신이 소중하게 생각하는 삶의 가치를 암시하고 있다.

(나) **동해 가까운 거리로 와서** 나는 **가재미**와 가장 친하다. ~ 그저 **한없이 착하고 정다운** 가재미만 이 흰밥과 빨간 고추장과 함께 **가난하고 쓸쓸한** 내 상에 한 끼도 빠지지 않고 오른다.

풀이 (나)의 글쓴이는 '동해 가까운 거리로 와서' '한없이 착하고 정다운' '가재미'와 가장 친하여 '가난하고 쓸쓸한 삶' 속에서 언제나 함께한다고 하였으므로 '가재미'에 대해 소중히 여기는 태도를 드러내고 있다고 할 수 있다.

→ 적절하므로 오답!

⑤ (나) : '중리'로 와서 '재래종의 조선 말'보다 '처량한 당나귀'와 '일없이 왔다갔다 하고 싶다'는 글쓴이의 바람은 일상의 작은 존재에 대해 느끼는 우호적 인식을 드러내고 있다.

근거 <보기>-2 (나)의 글쓴이는 공간의 변화와 대상에 대한 인식을 관련지으며 자신이 소중하게 생각하는 삶의 가치를 암시하고 있다.

(나) 옛날이 헐리지 않은 **중리**로 왔다./ 이(중리의) 골목을 나는 나귀를 타고 **일없이 왔다갔다 하고 싶다**./ 수소문해도 나귀를 팔겠다는 데는 없다. 얼마 전엔 어느 아이가 **재래종의 조선 말** 한 필을 사면 어떠냐고 한다. ~ 이 좀말로 할까고 머리를 기울여도 보았으나 그래도 나는 그 **처량한 당나귀**가 좋아서 좀더 이 놈을 구해보고 있다.

풀이 글쓴이는 '중리'로 와서 나귀를 구하고 싶었지만 구하지 못했고 어느 아이가 '재래종의 조선 말'을 사는 것이 어떠냐고 권하자 그래도 '처량한 당나귀'와 '일없이 왔다갔다 하고 싶다'는 바람을 이야기한다. 이를 통해 일상의 작은 존재에 대해 느끼는 글쓴이의 우호적 인식을 드러내고 있다.

→ 적절하므로 오답!

37	소재의 기능 - 맞는 것 고르기 정답률 80%	정답 ②

ⓐ와 ⓑ에 대한 이해로 가장 적절한 것은?

(가)-24~27 ⓐ 술이 익었으니 벗이야 없을쏘냐/ 노래 부르게 하고 악기를 타고 또 켜게 하고 방울 흔들며/ 온갖 소리로 취흥을 재촉하니/ 근심이라 있으며 시름이라 붙었으랴

(나) 그때엔 또 이십오 전에 두어 두름씩 해서 나와 같이 ⓑ 이 물선('가재미')을 좋아하는 H한테도 보내어야겠다.

문제편 50쪽

① ⓐ는 화자에게 *심리적 위안을 주는, ⓑ는 글쓴이에게 **고독감(기쁨)을 느끼게 하는 ***매개체이다. *마음을 위로하여 편안함 **외로움 ***소재

풀이 ⓐ(술)는 화자에게 근심과 시름을 덜어주고 흥을 느끼게 한다는 점에서 심리적 위안을 준다고 할 수 있지만, ⓑ(이 물선)는 글쓴이가 좋아하는 소재이므로 고독감을 느끼게 한다고 볼 수 없다.

→ 적절하지 않으므로 오답!

② ⓐ는 화자가 느끼는 흥을 심화하는, ⓑ는 글쓴이가 느끼는 기쁨을 확장하는 매개체이다.

풀이 (가)의 화자는 ⓐ(술)를 마시며 노래를 부르고 악기를 연주하며 흥에 취해 있으므로 ⓐ(술)는 화자의 흥을 돋우는 소재이다. ⓑ(이 물선)는 글쓴이와 H가 모두 좋아해 H에게 보내려는 소재이므로 글쓴이가 느끼는 기쁨을 확장하는 매개체이다.

→ 맞아서 정답!

③ ⓐ는 화자가 내면의 만족감을 드러내는, ⓑ는 글쓴이가 현실에 대한 불만을 표출하는 매개체이다.

풀이 (가)의 화자는 자연 속에서 술을 마시며 즐기고 있으므로 ⓐ(술)는 내면의 만족감을 드러내는 소재라 할 수 있다. 하지만 ⓑ(이 물선)는 글쓴이가 좋아하는 것이므로 현실에 대한 불만을 표출하는 매개체라 할 수 없다.

→ 적절하지 않으므로 오답!

④ ⓐ는 화자에게 삶의 목표를 일깨워 주는, ⓑ는 글쓴이에게 심경 변화의 계기를 제공하는 매개체이다.

풀이 ⓐ(술)는 화자로 하여금 자연 속에서 풍류를 즐기며 살아가는 삶의 목표를 일깨워 준다고 볼 수 있지만, ⓑ(이 물선)는 글쓴이에게 심경 변화의 계기를 제공하고 있지 않다.

→ 적절하지 않으므로 오답!

⑤ ⓐ는 화자에게 이상적 세계의 모습을, ⓑ는 글쓴이에게 윤리적 삶의 태도를 떠올리게 하는 매개체이다.

풀이 ⓐ(술)는 화자가 지향하는 삶, 즉 자연 속에서 풍류를 즐기는 이상적 세계의 모습을 떠올리게 하는 매개체라고 볼 수 있다. 하지만 ⓑ(이 물선)는 글쓴이가 좋아하는 것일 뿐, 윤리적 삶의 태도를 떠올리게 하는 매개체는 아니다.

→ 적절하지 않으므로 오답!

[38 ~ 41] 현대소설 - 이문구, 「산 너머 남촌」

• 중심 내용

밭떼기 장수인 권중만은 너그럽고 베푼 바가 많아 동네에서 대접을 받는다.

↓

채소 정보통인 권중만은 농민인 영두와 농작물의 유통과 판매에 대해 이야기한다.

↓

영두는 밭떼기 장수들을 가장 미더운 물주이자 불가결한 존재로 생각한다.

↓

권중만은 아파트 사람들이 밑동에 묻은 흙을 보고 채소를 사 간다며 영두에게 채소에 황토를 묻히는 일을 제안한다.

↓

영두는 권중만의 말에 반박하지만 사람들은 농민들이 내다 팔 채소에만 농약을 칠 것이라 생각한다는 권중만의 말을 듣고 속으로 찔끔한다.

↓

영두는 농약을 치게 된 것이 깨끗한 채소만을 찾는 소비자들이 자초한 일이라고 생각한다.

• 인물 관계도

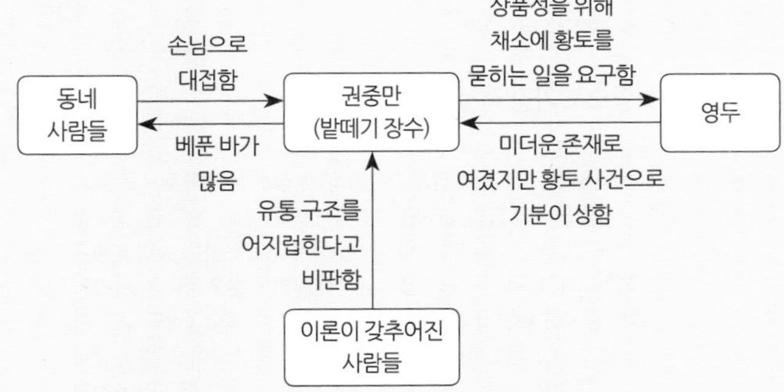

• 전체 줄거리 ([ ] : 지문 내용)

올해로 회갑(돌아올 回 첫째 천간 甲 : 예순한 살)을 맞은 이문정은 농사꾼으로, 아느기 마을에서 터줏대감(동네를 지키는, 덕과 식견을 갖춘 어른)으로 불린다. 문정은 세시 풍속(해마다 일정한 시기에 되풀이하여 행해 온 고유의 풍속)을 중시하고 땅을 소중히 여기며 자연의 순리대로 살아가는 사람이다. 자식 교육을 위해 이농을 꿈꾸는 문정의 둘째 아들 영두는 사전 답사 겸 서울 견학에 나선다. 영두는 이농에 성공해 서울에 자리를 잡은 봉득을 찾아가지만 봉득 부부의 물욕에 찌든 속물적인 모습에 실망한다. 여관에 온 영두는 밭떼기 장수 권중만의 말을 떠올리며 채소 도매 시장을 보러 갈까 생각한다. [영두는 농산물 유통 상황에 밝은 중만을 미더운 존재로 생각하지만, 얼마 전 도시 사람들이 채소에 묻은 흙을 보고 무공해인지 따진다며 중만이 영두에게 황토를 묻히는 일을 요구해 기분이 상한 일이 있었다.] 하지만 영두는 시장에 가는 것을 이내 포기하고 용산 시외버스 터미널로 간다. 그곳에서 극기 훈련 중인 대기업 신입 사원들을 본 영두는 사원들을 상품처럼 취급하는 비인간적인 모습에 당혹스러워한다. 영두는 아버지(문정)의 말을 떠올리며 도시에서의 삶을 포기하고 집으로 돌아온다. 한편 문정은 중풍(뇌혈관의 장애로 갑자기 정신을 잃고 넘어져서 몸의 마비가 오는 병)으로 몸져누운 친구 심길섭을 찾아간다. 길섭은 아들 의곤이 빨리 장가가기를 바라며 문정에게 중매를 부탁한다. 문정은 의곤의 중매를 위해 싸리다방 양 마담에게 좋은 처녀가 있으면 알려달라며 도움을 청한다. 그곳에서 도굴꾼(무덤을 몰래 파서 그 속에 있는 귀중품을 훔치는 사람)인 엄승달을 만난 문정은 자리를 옮겨 승달과 이야기를 나눈다. 돌아오는 길에 싸리다방에 들른 문정은 수원에서 회사 경리(기관이나 단체에서 돈이나 물자를 관리하는 사무) 일을 하다 그만둔 하순남이라는 처녀를 우연히 만난다. 중매를 서 주겠다는 문정의 말에 순남은 농사짓는 남자가 좋다며 반색(반가운 기색)을 한다. 그 후 문정의 주선으로 의곤과 순남의 만남이 성사되어 둘은 결혼을 약속하게 된다. 기분이 좋아진 문정은 술에 취해 양 마담을 만나러 싸리다방으로 향하지만 다방에 들른 영두를 만나 집으로 가는 택시 안에서 잠이 든다.

• 어휘 풀이

* 밭떼기 : 밭에 나 있는 작물을 밭에 나 있는 채로 전부 사는 일.
* 돈거리 : 팔면 돈을 받을 수 있는 물건.
* 삼동네 : 가까운 동네.
* 눅어서 : 너그러워서.
* 근간 : 최근.
* 작황 : 농작물이 잘되고 못된 상황.
* 회계 : 나가고 들어오는 돈을 따져서 셈을 함. 여기서는 채소 가격을 의미.
* 사심 : 자기 욕심.
* 혀를 둘렀고 : 몹시 놀라서 말을 못했고.
* 장삿속 : 이익을 꾀하는 장사꾼의 속마음.
* 비쌔면서 : 남의 부탁이나 제안에 여간해서 응하지 아니하면서.
* 능준하여 : 역량이나 수량 따위가 표준에 미치고도 남아서 넉넉하여.
* 종묘상 : 농작물의 씨앗이나 묘목을 파는 가게.
* 얼거리 : 구조물의 골자. 또는 골자로만 된 구조물.
* 붐 : boom. 어떤 사회 현상이 갑작스레 유행하거나 번성하는 일.
* 대일 : 일본을 대상으로 한.
* 불로소득 : 일하지 않고 얻는 수익.
* 물주 : 밑천을 대는 사람.
* 필요악 : 없는 것이 바람직하지만 사회적인 상황에서 어쩔 수 없이 요구되는 악.
* 뒷그루 : 같은 땅에 한 해에 여러 번의 농작물을 심을 때에 나중 번의 농사.
* 출하 : 상품을 시장으로 보냄.
* 부대 : 덧붙는.
* 숙전 : 해마다 농사를 지어 잘 길들인 밭.
* 놀랜흙 : 생땅의 흙.
* 희읍스름한 : 조금 흰.
* 매흙 : 벽의 표면에 바르는 잿빛 흙.
* 집터서리 : 집의 바깥 언저리.
* 상수 : 가장 좋은 방법.
* 숙어들기가 : 의견을 굽히기가.
* 오가리가 들고 : 잎이 오글쪼글해지고.
* 햇내기 : 경험이 없어 잘 모르는 사람.

1등급 문제

38 서술상 특징 - 맞는 것 고르기
정답률 45%, 매력적 오답 ③ 10% ④ 25% ⑤ 15%
정답 ②

윗글에 대한 설명으로 가장 적절한 것은?

① 빈번하게 *장면을 **전환하여 사건 전개의 ***긴박감을 드러내고 있다. *하나의 시간과 장소에서 벌어지는 사건 **바꾸어 ***다급하고 절박한 느낌

풀이 윗글은 권중만에 대한 소개, 영두와 권중만의 대화 장면, 영두의 내면 심리 위주로 서술되어 있다. 장면의 빈번한 전환이나 사건 전개의 긴박감은 드러나 있지 않다.

→ 적절하지 않으므로 오답!

■ 빈번하게 장면을 전환하여 사건 전개의 긴박감을 드러내는 작품

• **작자 미상, 「소대성전」** (2015학년도 수능A, 2020년 고2 3월 학평)

호왕(청나라 왕)이 또한 계책(어떤 일을 이루기 위한 꾀)을 생각하고 대장 경한을 불러 말하기를, ~ 경한이 군을 거느려 장안으로 가니라. (장면 1) 이때 원수(소대성)가 적진(적의 군대가 있는 곳)을 대하여 진욕(모욕을 줌)을 무수히 하되 호왕이 끝내 나오지 아니하거늘 ~ "이놈(호왕)이 여러 날 나지 아니하매 고이하게(이상하게) 여겼더니 장안을 범하였도다." ~ 원수 총망 중에(급하게) 하직하고(작별을 아뢰고) 일진(한 무리의 군사) 명마(훌륭한 말)를 거느려 장안을 향하니라. (장면 2) 호왕이 크게 기뻐하여 철기(철갑을 입고 말을 탄 병사) 삼천을 거느려 그날 밤 삼경(깊은 밤)에 명진(명나라 군대의 진영)에 다다르니 ~ 상(임금)이 대경하여(크게 놀라) ~ 북문으로 달아나더니 날이 이미 밝으며 황강 강가에 다다르니 ~ 호왕이 창으로 상의 가슴을 겨누며 꾸짖어 말하기를, "죽기를 서러워하거든 항서(항복한다는 내용의 글)를 써 올리라." (장면 3) ~ 이때 원수 장안으로 가 호왕을 찾으니 호왕은 없고 (장면 4) ~ 원수 황강으로 가며 분기충천하여(매우 분노하여) ~ 멀리 바라보니 상이 강변에 넘어졌는지라 원수가 우레(천둥) 같은 소리를 벽력(벼개)같이 지르며, "호왕은 나의 임금을 해치 말라." (장면 5)

→ 윗글은 호왕이 계책을 세워 경한과 대화하는 장면, 오랑캐가 장안에 침범했다는 말을 듣고 원수가 장안으로 가는 장면, 그 틈을 타 호왕이 명진에 침입해 상을 사로잡아 항복을 요구하는 장면, 원수가 위기에 처한 천자를 구하는 장면으로 빈번하게 전환되어 긴박감을 드러내고 있다.

○ 문제편 51쪽

⑥ **서술자가 특정 인물의 관점에서 사건과 인물의 심리를 전달하고 있다.**

근거 그렇지만 영두가 보기에는 밭떼기 장수들이야말로 가장 미더운 물주요 필요악 이상의 불가결한 존재였다. ~ 출하와 수송에 따른 군입과 부대 비용을 줄여 주는 것도 오로지 그들이 아니었던가./ 그러기에 지난번의 그 일은 더욱 권중만이답지 않은 처사였다. ~ 그 금쪽같은 시간을 명색 없이 차압당하는 꼴이나 다름이 없기 때문이었다./ 논흙에서 희읍스름한 매흙 빛깔이 나뭇이 집터서리의 텃밭도 찰흙색을 띠는 것이 당연한데, ~ 듣던 중에 그처럼 욕된 말이 없었다./ 영두는 성질이 나서 견딜 수가 없었으나 ~ 속절없이 농담으로 들어넘기는 것이 상수란 생각도 들었다./ 영두는 속으로 찔끔하였다. ~ 그런 물건을 내놓을 경우에는 값이 있을 리가 없었다.

풀이 영두와 권중만이 대화하는 장면과 영두의 심리 모두 서술자가 영두의 관점에서 전달하고 있다.

→ 맞아서 정답!

③ **동시에 일어난 별개의 사건을 *병치하여 **사태의 전모를 드러내고 있다.** *나란히 제시하여 ** 벌어진 사건의 전체 내용

풀이 윗글에는 영두와 권중만의 대화 장면과 영두의 과거 회상 장면이 나타나 있지만 이를 동시에 일어난 사건으로 볼 수 없다. 따라서 동시에 일어난 별개의 사건을 병치하여 사태의 전모를 드러내고 있다는 설명은 적절하지 않다.

→ 적절하지 않으므로 오답!

■ 동시에 일어난 별개의 사건을 병치하는 작품

• **조위한, 「최척전」** (2017학년도 6월 모평, 2023학년도 수능)

옥영은 돈우(頓于)라는 왜병(일본 병사)에게 붙잡혀 일본으로 갔다. ~ 돈우는 영리한 옥영을 사랑하여 도망치지 않도록 좋은 옷과 맛있는 음식을 주어 그의 마음을 위로하였다. (일본에서 옥영의 삶)

~ 이때(같은 시간) 최척은 중국 소흥부에 살고 있었는데, 여유문과 의형제를 맺었다. 여유문은 자기 누이동생과 최척을 맺어(결혼시켜) 주려고도 했으나 최척이 끝내 사양하였다. (중국에서 최척의 삶)

→ 옥영과 최척이 전쟁으로 헤어진 후 옥영은 일본에서, 최척은 중국에서 각각 살아가는 모습을 서술하고 있다.

• **작자 미상, 「심청전」** (2012학년도 6월 모평, 2021학년도 9월 모평)

심청이 수궁에 머물 적에 옥황상제의 명이니 ~ 시녀를 보내어 아침저녁으로 문안하고, ~ 사흘마다 작은 잔치, ~ 상당에는 비단 백 필, 하당에는 진주 서 되였다. (용궁)

이때 무릉촌 장 승상 댁 부인이 ~ '심 소저가 물에 빠져 죽었는가?' 하여 무수히 슬퍼하고 탄식하더니, (장 승상 댁)

→ 인당수에 몸을 던진 심청을 용궁의 시녀들이 돌봐 주는 장면과 장 승상 댁 부인이 심청이가 물에 빠져 죽은 줄 알고 슬퍼하는 장면을 나란히 배치하고 있다.

④ **인물 간의 대화를 통해 인물이 겪은 사건의 비현실적인 *면모를 드러내고 있다.** *모습

근거 "그건 어려울 거 하나 없시다. ~ "그게 아니라 일본에서 유행하면 여기서도 유행하니깐 김치도 자연히 그렇게 되지 않겠느냐 이거지."/ "요새는 아파트 사람들도 약아져서 밑동에 붙은 흙을 보고 사가기 땜에 이렇게 숙전에서 자란 건 인기가 없어요. ~ 어디, 이 씨가 직접 해 주고 만 원 더 벌어 볼려우?"/ "권씨 말대로 하면 농사짓는 사람은 벌써 다 병이 들었거나 갈 데로 갔어야 할 텐데 거꾸로 더 팔팔하니 무슨 조화 속인지 모르겠네……."/ "하지만 사먹는 사람들이야 어디 그러우. ~ 집에서 먹을 것은 그러지 않을 거라고 생각하지."

풀이 윗글에는 영두와 권중만의 대화가 나타나 있지만, 이 대화에 사건의 비현실적 면모가 나타나지 않는다.

→ 적절하지 않으므로 오답!

■ 인물 간의 대화를 통해 인물이 겪은 사건의 비현실적 면모를 드러내는 작품

• **남영로, 「옥루몽」** (2014학년도 수능B)

강남홍이 보살(덕이 높은 승려)을 따라 올라 한 곳을 바라보니 일월 광채 휘황한데(눈부시게 빛나는데) 누각(높은 집) 하나가 허공에 솟았거늘 ~ 누각 위를 바라보니 한 선관(신선)과 다섯 선녀가 난간에 의지하여 취하여 자는지라. 보살께 문 왈(묻기를), "이곳은 어느 곳이며 저 선관, 선녀는 어떠한 사람입니까?" 보살이 미소 지으며 왈, "이곳은 백옥루(하늘 위에 있는 누각)요 제일 위에 누운 선관은 문창성이요 차례로 누운 선녀는 제방옥녀와 천요성과 홍란성과 제천선녀와 도화성이니, 홍란성은 즉 그대의 전신(전생의 모습)이니라."

→ 강남홍과 보살의 대화를 통해 강남홍이 천상계인 백옥루에 와 있으며 선녀인 홍란성이 자신의 전생의 모습임을 알게 되므로 인물 간의 대화를 통해 인물이 겪은 사건의 비현실적 면모를 드러내고 있다.

⑤ **인물의 표정 변화와 내면 변화를 반대로 서술하여 그 인물의 특성을 부각하고 있다.**

근거 권은 정색을 하고 말했다. "요새는 아파트 사람들도 약아져서 ~ 중금속 채소라고 만져도 안 본다구."/ 권은 얼굴을 붉혔으나 그래도 그저 숙어들이가 어색한지 은근히 볕나가는 소리를 했다. "하지만 사먹는 사람들이야 ~ 생각하지."

풀이 권중만이 정색을 하는 부분과 얼굴을 붉히는 부분에서 표정 변화가 드러나 있지만 표정 변화와 내면 변화를 반대로 서술하여 인물의 특성을 부각하고 있지 않다.

→ 적절하지 않으므로 오답!

1등급 문제

39	말하기 방식 - 맞는 것 고르기 정답률 60%, 매력적 오답 ④ 20%	정답 ③

[A]와 [B]에 대한 이해로 가장 적절한 것은?

[A] "요새는 아파트 사람들도 약아져서 밑동에 붙은 흙을 보고 사가기 땜에 이렇게 숙전에서 자란 건 인기가 없어요. 왜냐하면 흙 색깔이 서울 근처의 하천부지 흙하고 비슷해서 납이 들었느니 수은이 들었느니…… 중금속 채소라고 만져도 안 본다구." "그럼 일일이 흙을 털어서 내놓는 거요?" "턴다고 되나. 반대로 벌겋게 묻혀야지." "그렇게 놀랜흙을 묻혀 놓으면 새로 야산 개간을 해서 심은 무공해 채소로 알고 사간다…… 이제 보니 채소도 위조품이 있구먼."

[B] "권씨 말대로 하면 농사짓는 사람은 벌써 다 병이 들었거나 갈 데로 갔어야 할 텐데 거꾸로 더 팔팔하니 무슨 조화 속인지 모르겠네……." 권은 얼굴을 붉혔으나 그래도 그저 숙어들이가 어색한지 은근히 볕나가는 소리를 했다. "하지만 사먹는 사람들이야 어디 그러우. 사먹는 사람들은 내다 팔 것들만 약을 치고 집에서 먹을 것은 그러지 않을 거라고 생각하지."

① **[A]에서 '권중만'은 자신의 우월한 지위를 *과시하며 상대의 동의를 요구하고 있고, [B]에서 '영두'는 상대와의 개인적 친밀감을 **환기하며 서운함을 드러내고 있다.** *자랑하며 **떠오르게 하며

풀이 [A]에서 '권중만'은 자신의 지위가 '영두'보다 우월함을 과시하며 상대의 동의를 구하고 있지 않다. [B]에서 '영두'는 '권중만'의 말이 적절하지 않음을 지적할 뿐, '권중만'과의 친밀감을 환기하며 서운함을 드러내고 있지 않다.

→ 적절하지 않으므로 오답!

② **[A]에서 '권중만'은 자신의 경험을 들어 상대의 문제에 대한 해결책을 제시하고 있고, [B]에서 '영두'는 상대가 저질렀던 잘못을 지적하며 상대의 사과를 요구하고 있다.**

풀이 [A]에서 '권중만'은 아파트 사람들이 밑동에 붙은 흙을 보고 채소를 사 가기 때문에 놀랜흙을 묻혀서 채소를 판 자신의 경험을 이야기하고 있지만 '영두'의 문제에 대한 해결책을 제시하고 있지는 않다. [B]에서 '영두'는 '권중만'의 잘못을 지적하고 있지만 사과를 요구하고 있지는 않다.

→ 적절하지 않으므로 오답!

③ **[A]에서 '권중만'은 자신이 상대에게 제시한 요구의 이유를 사람들의 *선입견과 관련지어 밝히고 있고, [B]에서 '영두'는 상대의 말에 논리적 한계가 있음을 지적하며 **항변하고 있다.** *어떤 대상에 대하여 이미 마음속에 가지고 있는 고정적인 생각 **반대의 뜻을 드러내고

근거 권은 텃밭에 간 알타리무를 가져가면서 뜻밖에도 만 원만 접어 달라고 않던 짓을 하였다./ 황토를 파다 놓고 한 차에 만 원씩 그 짓만 해 주는 이도 있고…… 어디, 이 씨가 직접 해 주고 만 원 더 벌어 볼려우?" ('권중만'의 요구)/ "요새는 아파트 사람들도 약아져서 밑동에 붙은 흙을 보고 사가기 땜에 이렇게 숙전에서 자란 건 인기가 없어요. (요구의 이유)

"권씨 말대로 하면 농사짓는 사람은 벌써 다 병이 들었거나 갈 데로 갔어야 할 텐데 거꾸로 더 팔팔하니 무슨 조화 속인지 모르겠네……." (상대의 말의 논리적 한계 지적)

풀이 '권중만'은 [A]에서 숙전에서 자란 채소는 무공해 채소가 아닐 것이라고 생각하는 사람들의 선입견으로 인해 인기가 없다고 이야기한다. 이는 '영두'에게 채소 가격에서 만 원을 깎아주거나 개간지에서 재배한 것처럼 보이게 하기 위해 채소에 황토를 묻힐 것을 요구하는 이유가 된다. 한편 [B]에서 '영두'는 '권중만'의 말대로라면 농민들이 스스로 재배한 채소 때문에 병들거나 죽었어야 하는데 오히려 더 건강하다는 점을 들어 '권중만'의 말에 논리적 한계가 있음을 지적하며 항변하고 있다.

→ 맞아서 정답!

④ **[A]에서 '영두'는 상대의 제안에서 *모순을 지적하며 새로운 **대안을 제시하고 있고, [B]에서 '권중만'은 다른 사람들의 사례를 들어 자신의 행동에 대해 변명하고 있다.** *앞뒤가 맞지 않음 **대처 방안

풀이 [A]에서 '영두'는 채소도 위조품이 있다면서 '권중만'의 말이 적절하지 않음을 지적하고 있으나 '권중만'의 제안이 모순되었음을 지적하며 새로운 대안을 제시하고 있지는 않다. [B]에서 '권중만'은 농민들이 내다 팔 것에만 약을 친다고 생각하는 아파트 사람들의 사례를 들고 있지만 자신의 행동에 대해 변명하고 있지는 않다.

→ 적절하지 않으므로 오답!

⑤ **[A]에서 '영두'는 상대의 *문제의식에 대한 공감을 드러내며 구체적인 조언을 요구하고 있고, [B]에서 '권중만'은 상대의 예상치 못한 반응에 당황하며 자신의 잘못을 사과하고 있다.** *문제점을 찾아서 그에 적극적으로 대처하려는 태도

풀이 [A]에서 '영두'는 '권중만'이 가진 생각에 공감하지도, 구체적인 조언을 요구하고 있지도 않다. [B]에서 '권중만'은 '영두'의 지적에 얼굴을 붉혔으므로 상대의 예상치 못한 반응에 당황했다고 볼 수는 있으나 자신의 잘못을 사과하고 있지는 않다.

→ 적절하지 않으므로 오답!

40	소재의 기능 - 맞는 것 고르기 정답률 75%, 매력적 오답 ② 10%	정답 ⑤

만 원에 대한 설명으로 가장 적절한 것은?

"그렇게 놀랜흙을 묻혀 놓으면 새로 야산 개간을 해서 심은 무공해 채소로 알고 사간다…… 이제 보니 채소도 위조품이 있구먼." "있지. 황토를 파다 놓고 한 차에 만 원씩 그 짓만 해 주는 이도 있고…… 어디, 이 씨가 직접 해 주고 만 원 더 벌어 볼려우?" 논흙에서 희읍스름한 매흙 빛깔이 나뭇이 집터서리의 텃밭도 찰흙색을 띠는 것이 당연한데, 그 위에 벌건 황토를 뒤발하여 개간지의 산물로 조작하되 그것도 갈고 가꾼 사람이 직접 해 줬으면 하고 유혹을 하니 듣던 중에 그처럼 욕된 말이 없었다. 영두는 성질이 나서 견딜 수가 없었으나 한두 번 신세진 사람도 아니고 하여 대거리를 하자고 나댈 수도 없었다.

① **'권중만'과 '영두' 사이의 갈등이 해소된 이유이다.** (유발된)

풀이 '권중만'이 '채소'에 황토를 묻히는 일을 '영두'에게 요구하고 만 원을 제안하자 '영두'는 부정적인 반응을 보인다. 따라서 '만 원'은 '권중만'과 '영두' 사이의 갈등이 해소된 이유가 아니라 오히려 인물들이 갈등하게 되는 원인이다.

→ 적절하지 않으므로 오답!

② **'영두'가 '권중만'의 *조언을 수용하게 된 이유이다.** *말로 거들거나 깨우쳐 주어서 돕는 말

풀이 '권중만'이 '영두'에게 채소에 황토를 묻혀 파는 일을 요구하고 '만 원'을 제안한 것을 조언으로 보기는 어려우며, '영두'가 이 제안을 수용하고 있지도 않다.

→ 적절하지 않으므로 오답!

③ **'권중만'이 '영두'에게 친밀감을 보이게 된 이유이다.**

○ 문제편 52쪽

풀이 '권중만'이 '만 원'으로 인해 '영두'에게 친밀감을 보이고 있지는 않다.
→ 적절하지 않으므로 오답!

④ ~~'영두'가 '권중만'에게 양보를 강요하게 된 이유~~이다.
풀이 '영두'가 '권중만'에게 양보를 강요하는 모습은 나타나지 않는다.
→ 적절하지 않으므로 오답!

⑤ **'영두'가 '권중만'에게 부정적으로 반응하게 된 이유이다.**
풀이 '권중만'은 채소에 일부러 황토를 묻혀 개간지에서 재배한 것처럼 보여야 사람들이 무공해 채소로 알고 사 간다면서 '영두'에게 황토를 묻히는 일을 요구하고 '만 원'을 제안한다. '영두'는 이에 대해 그처럼 욕된 말이 없다고 느끼며 성질이 나서 견딜 수 없었다고 하였으므로 '만 원'은 '영두'가 '권중만'에게 부정적으로 반응하게 된 이유라고 할 수 있다.
→ 맞아서 정답!

41	감상의 적절성 - 틀린 것 고르기 정답률 65%, 매력적 오답 ④ 15%	정답 ③

〈보기〉를 바탕으로 윗글을 감상한 내용으로 적절하지 않은 것은? [3점]

| 보 기 |
[1] 이 작품은 1980년대 농민들의 생활을 형상화하고(보여 주고) 있다. [2] 작가는 농민들이 농사의 경제적 이익을 고려하거나 농산물의 유통(상품 따위가 생산자에서 소비자, 수요자에 도달하기까지 여러 단계에서 교환되고 분배되는 활동)과 판매까지 감안하게(생각하게) 된 상황을 보여 준다. [3] 작품 속 '영두'는 먹거리를 생산하는 농민으로서 가져야 할 태도를 인식하면서도 이러한 태도를 지켜나가기 어려운 현실 속에서 가치관의 혼란을 겪고 있다. [4] 작가는 이를 통해 당대(일이 있는 바로 그 시대. 여기서는 1980년대) 농민들이 겪고 있던 어려움을 현실감 있게 보여 준다.

① **농민들이 권중만을 보고 '채소를 돈거리로 갈기 시작'하는 상황은, 농사를 통한 경제적 이익 *창출을 고려하는 농민들의 **면모를 드러내는군.** *만들어냄 **모습
근거 〈보기〉-2 농민들이 농사의 경제적 이익을 고려하거나
권중만이는 벌써 오륙 년째나 동네를 드나드는 밭떼기 전문의 채소 장수였다. 동네에서 **채소를 돈거리로 갈기 시작**한 것도 권을 보고 한 일이었다.
풀이 농민들이 밭떼기 장수인 권중만을 보고 돈을 벌기 위한 목적으로 채소를 재배하기 시작하는 상황은 농사를 통한 경제적 이익을 고려하는 농민들의 면모를 드러낸다.
→ 적절하므로 오답!

② **영두가 '국내 수요'와 '대일 수출'을 언급하며 권중만과 이야기를 나누는 모습은, 농산물의 유통과 판매까지 감안하는 농민의 현실을 드러내는군.**
근거 〈보기〉-2 농민들이 ~ 농산물의 유통과 판매까지 감안하게 된 상황을 보여 준다.
"그럼 무 배추 농사는 머지않아 거덜이 나고 만다는 얘기요?" "그럴 리야 있겠수. 왜냐하면 일본에서는 요즘 우리나라 김치 붐이 일어서 갈수록 인기가 높다거든." "**국내 수요**가 주는 대신에 **대일 수출**이 느니 그게 그거란 얘기군요."
풀이 농민인 영두가 무, 배추 농사의 전망에서부터 '국내 수요'나 '대일 수출'을 언급하며 권중만과 이야기하는 모습에서 농산물의 유통과 판매까지 감안하는 농민의 현실이 드러난다.
→ 적절하므로 오답!

③ **영두가 '밭떼기 장수'를 '미더운 물주요 필요악 이상의 불가결한 존재'로 받아들이는 것은, ~~다른 농민들의 어려운 상황을 이용해~~ 경제적 이익을 추구하는 영두의 모습을 드러내는군.** 농사를 통해
근거 영두가 보기에는 **밭떼기 장수**들이야말로 가장 **미더운 물주요 필요악 이상의 불가결한 존재**였다. 그들이 아니면 누가 미리 목돈을 쥐여줄 것이며, 다음의 뒷그루 재배에는 또 무엇으로 때맞추어 투자를 할 수 있을 것인가. 출하와 수송에 따른 군일과 부대 비용을 줄여 주는 것도 오로지 그들이 아니었던가.
풀이 영두는 '밭떼기 장수'로 인해 농민들이 목돈을 벌 수 있고 때맞추어 투자도 할 수 있으며 군일과 부대 비용이 줄어든다고 생각하여 그들을 '미더운 물주요 필요악 이상의 불가결한 존재'로 받아들이고 있다. 이는 영두가 농사를 경제적 이익 창출 수단으로 여기게 되었음을 의미하는 것이지 영두가 다른 농민들의 어려운 상황을 이용해 경제적 이익을 추구하고 있는 모습을 드러낸 것이 아니다.
→ 틀려서 정답!

④ **영두가 '자칫 못 먹을 것을 만들어서 파는 사람으로 취급받지 않'으려 하는 것은, 먹거리를 생산하는 농민이 가져야 할 태도에 대해 인식하고 있음을 드러내는군.**
근거 〈보기〉-3 '영두'는 먹거리를 생산하는 농민으로서 가져야 할 태도를 인식
자칫 못 먹을 것을 만들어서 파는 사람으로 취급받지 않으려면 속절없이 농담으로 들어넘기는 것이 상수란 생각도 들었다. 그래서 조용히 말했다. "권씨 말대로 하면 농사짓는 사람은 벌써 다 병이 들었거나 갈 데로 갔어야 할 텐데 거꾸로 더 팔팔하니 무슨 조화 속인지 모르겠네……."
풀이 영두는 '자칫 못 먹을 것을 만들어서 파는 사람으로 취급받지 않'으려고 스스로 재배한 채소를 먹는 농민들이 건강에 아무 문제가 없음을 이야기하고 있다. 이는 영두가 먹거리를 생산하는 농민이 가져야 할 태도에 대해 인식하고 있음을 드러내는 것이다.
→ 적절하므로 오답!

⑤ **영두가 '구수한 맛이 더하던 이치'에도 불구하고 '볼품이 없는 것'이 '값이 있을 리가 없'다고 판단하는 것은 농사에 대한 가치관을 따르기 어려운 현실에 대한 인식을 드러내는군.**
근거 〈보기〉-3 '영두'는 먹거리를 생산하는 농민으로서 가져야 할 태도를 인식하면서도 이러한 태도를 지켜나가기 어려운 현실 속에서 가치관의 혼란을 겪고 있다.
영두는 무 배추에 진딧물이 끼여 오가리가 들고 배추벌레와 노린재가 끓어 수세미처럼 구멍이 나도 집에서 먹을 것에는 분무기를 쓴 적이 없었다. **볼품이 없는 것**일수록 **구수한 맛이 더하던 이치**를 익히 알고 있기 때문이었다. 그러나 그런 물건을 내놓을 경우에는 **값이 있을 리가 없**었다.

풀이 영두는 농약을 치지 않아 '볼품이 없는 것'이 오히려 '구수한 맛이 더하던 이치'가 있음을 알면서도 그런 물건이 '값이 있을 리가 없'다고 판단하고 있다. 이는 농사가 돈을 벌기 위한 수단이 되면서 건강과 맛보다는 상품성을 고려하게 되는 것이므로 농사에 대한 가치관을 따르기 어려운 현실에 대한 인식을 나타내고 있다.
→ 적절하므로 오답!

[42 ~ 45] 고전소설 - 작자 미상, 「춘향전」

1 [1] 이때 춘향 어미는 삼문간(관청 앞에 세운 세 문 사이)에서 (춘향을) 들여다보고 땅을 치며 우는 말이,

[A]
[2] "신관(새 新 벼슬아치 官 : 새로 부임한 관리) 사또는 사람 죽이러 왔나? [3] 팔십 먹은 늙은 것(여기서는 춘향 어미)이 무남독녀(없을 無 사내 男 홀로 獨 여자 女 : 아들이 없는 집안의 외동딸. 여기서는 춘향) 딸 하나를 금이야 옥이야 길러내어 이 한 몸 의탁코자(의지할 依 맡길 托 : 의지하여 맡기고자) 하였더니, 저 지경을 만든단 말이오? [4] 마오 마오. [5] 너무 마오!"
[6] 와르르 달려들어 춘향을 얼싸안고,
[7] "아따, 요년아. [8] 이것이 웬일이냐? [9] 기생(잔치나 술자리에서 노래나 춤 또는 풍류로 흥을 돋우는 것을 직업으로 하는 여자. '춘향'의 신분)이라 하는 것이 수절(지킬 守 절개 節 : 정절을 지킴)이 다 무엇이냐? [10] 열 소경의 외막대 같은(열 명의 소경이 함께 쓰는 하나의 막대로, 매우 긴요하고 소중한. '소경'은 눈이 보이지 않는 사람) 네가 이 지경이 되었으니 어디 가서 의탁하리? [11] 할 수 없이 죽었구나."
[12] 향단(춘향의 몸종)이 들어와서 춘향의 다리를 만지면서,
[13] "여보 아가씨(춘향), 이 지경이 웬일이오? [14] 한양 계신 도련님(이 도령)이 내년 삼월 오신댔는데, 그동안을 못 참아서 황천객(나라의 이름 黃 저승 泉 사람 客 : 죽은 사람)이 되시겠네. [15] 아가씨, 정신 차려 말 좀 하오. [16] 백옥(흴 白 옥 玉 : 빛깔이 하얀 옥) 같은 저 다리에 유혈(흐를 流 피 血 : 흘러나오는 피)이 낭자하니(어지러울 狼 뒤섞여 어지러울 藉 : 여기저기 흩어져 어지러우니) 웬일이며, 실낱(실의 가닥)같이 가는 목에 큰 칼(죄인에게 씌우던 형틀)이 웬일이오?"

→ 춘향 어미와 향단은 칼을 쓰고 유혈이 낭자한 춘향의 모습에 안타까워한다.

(중략)

2 [1] 칼머리(형벌을 가하는 기구인 칼에서 사람의 머리가 드나드는 구멍이 있는 끝부분) 세워 베고 우연히 잠이 드니, 향기 진동하며 여동(여자 女 아이 童 : 여자아이) 둘이 내려와서 춘향 앞에 꿇어앉으며 여쭈오되,
[2] "소녀(여동)들은 **황릉묘 시녀**(모실 侍 여자 女 : 항상 몸 가까이에서 시중을 드는 여자)로서 부인의 명(명령 命 : 명령)을 받아 낭자(예전에, '처녀'를 높여 이르던 말. 여기서는 춘향)를 모시러 왔사오니 사양치(사양할 辭 사양할 讓 : 거절하지) 말고 가사이다."
[3] 춘향이 공손히 답례하는(답할 答 예절 禮 : 예를 갖추어 답하는) 말이,
[4] "황릉묘(고대 중국의 순임금의 두 아내인 아황과 여영을 모신 사당)라 하는 곳은 **소상강**(중국 호남성 장사현에 위치한 강) **만 리 밖** 멀고도 먼 곳인데, 어떻게 가잔 말인가?"
[5] "(황릉묘에) 가시기는 염려(생각할 念 걱정할 慮 : 걱정) 마옵소서."
[6] (여동이) 손에 든 **봉황**(중국의 전설에 나오는 상상의 새) **부채** 한 번 부치고 두 번 부치니 **구름같이 이는 바람** 춘향의 몸 훌쩍 날려 공중에 오르더니 여동이 앞에 서서 길을 인도하여 석두성을 바삐 지나 한산사 구경하고, 봉황대 올라가니 왼쪽은 동정호(중국 양자강 주변에 있는 호수)요 오른쪽은 팽려호(중국 양자강 주변에 있는 호수)로다. [7] 적벽강 구름 밖에 열두 봉우리 둘렀는데, 칠백 리 동정호의 오초동남(나라 이름 吳 초나라 楚 동녘 東 남녘 南 : 동쪽에는 오나라 남쪽에는 초나라) 여울목(물살이 세차게 흐르는 곳)에 오고 가는 상인들은 순풍(따를 順 바람 風 : 배가 가는 쪽으로 부는 바람)에 돛을 달아 범피중류 떠나가고(뜰 泛 저 彼 가운데 中 흐를 流 : 배가 물 한가운데로 떠나가고), 악양루(중국 후난성에 있는 누각)에서 잠깐 쉬고, 푸른 풀 무성한 군산(모일 群 산 山 : 한데 모여 있는 산)에 당도하니(당할 當 이를 到 : 다다르니), 흰 마름꽃 핀 물가에 갈까마귀 오락가락 소리하고, 숲속 원숭이가 자식 찾는 슬픈 소리, 나그네 마음 처량하다(쓸쓸할 凄 슬퍼할 凉 : 외롭거나 쓸쓸하다). [8] 소상강 당도하니 경치도 기이하다(기이할 奇 이상할 異 : 기묘하고 이상하다). [9] 대나무는 숲을 이루어 아황 여영(고대 중국의 순임금의 두 아내로서 절개가 굳은 열녀의 상징임) 눈물 흔적 뿌려 있고, 거문고 비파(현악기의 하나) 소리 은은히 들리는데, 십층 누각(다락 樓 집 閣 : 사방이 탁 트이게 높이 지은 다락집)이 구름 속에 솟았도다. [10] 영롱한 전주발(〈참고〉 문맥상 진주로 만든 발(줄 따위를 여러 개 나란히 늘어뜨려 무엇을 가리는 데 쓰는 물건)을 의미한다고 보는 것이 적절함)과 안개 같은 비단 장막으로 주위를 둘렀는데, 위의(위엄 威 거동 儀 : 위엄이 있고 엄숙한 태도나 차림새)도 웅장하고 기세(기운 氣 기세 勢 : 기운차게 뻗치는 모양이나 상태)도 거룩하다(성스럽다).

→ 꿈에서 춘향은 황릉묘 시녀들의 인도를 받아 황릉묘로 간다.

3 [1] 여동이 앞에 서서 춘향을 인도하여(끌 引 이끌 導 : 이끌어) 문 밖에 세워 두고 대전(클 大 궁궐 殿 : 임금이 거처하는 궁전)에 고하니(알릴 告 : 알리니),
[2] "**춘향이 바삐 들라** 하라."
[3] 춘향이 황송하여(황공해할 惶 송구스러울 悚 : 분에 넘쳐 고맙고도 송구하여) 계단 아래 엎드리니 (아황과 여영) 부인이 명령하시되,
[4] "대전 위로 오르라."
[5] 춘향이 대전 위에 올라 손을 모아 절을 하고 공손히 자리에서 일어나 좌우를 살펴보니, 제일 층 옥가마 위에 아황 부인 앉아 있고 제이 층 황옥가마에는 여영 부인 앉았는데, 향기 진동하고 옥으로 만든 장식 소리 쟁쟁하여(옥 소리 琤 옥 소리 琤 : 또렷하고 맑아) 하늘나라가 분명하다. [6] 춘향을 불러다 자리를 권하여 앉힌 후에,

문제편 52쪽

[7]"춘향아, 들어라. [8]너는 **전생**(앞 前 살 生 : 이 세상에 태어나기 이전의 생애) 일을 모르리라. [9]**너**(춘향)는 부용성 영주궁의 **운화 부인 시녀**(춘향의 전생)로서 **서왕모**(중국 신화에 나오는 선녀) **요지연**(신선이 살았다는 중국 곤륜산에 있다는 연못)에서 **장경성**(이 도령의 전생)에 눈길 주어 복숭아로 **희롱하다**(놀 戱 희롱할 弄 : 서로 즐기며 놀다가) 인간 세상에 **귀양**(죄인을 먼 곳으로 보내어 일정한 기간 동안 제한된 곳에서만 살게 하던 형벌) 가서 시련을 겪고 있거니와 머지않아 **장경성**(현생의 이 도령)을 다시 만나 **부귀영화**(부유할 富 귀할 貴 영예로울 榮 빛날 華 : 많은 재산과 높은 지위로 누릴 수 있는 영광스럽고 호화로운 생활)를 누릴 것이니 **마음을 변치 말고 열녀**(굳셀 烈 여자 女 : 절개가 굳은 여자)**를 본받**아 후세에 이름을 남기라."

→ 부인들은 춘향에게 전생 일을 알려 주고, 열녀를 본받으라고 말한다.

4 [1]춘향이 일어서서 **두 부인**(아황과 여영 부인)께 절을 한 후에 달나라 구경하려다가 발을 잘못 디뎌 깨달으니 한바탕 꿈이라. [2]잠을 깨어 **탄식하는**(탄식할 歎 숨 쉴 息 : 한숨을 쉬며 한탄하는) 말이,

[3]"이 꿈이 웬 꿈인가? [4]뜻 이룰 큰 꿈인가? [5]내가 죽을 꿈이로다."

[B]
[6]칼을 비스듬히 안고
[7]"애고 목이야, 애고 다리야. [8]이것이 웬일인고?"
[9]향단이 **원미**(으뜸 元 맛 味 : 쌀을 굵게 갈아 쑨 죽)를 가지고 와서,
[10]"여보, 아가씨. [11]원미 쑤어 왔으니 정신 차려 잡수시오."
[12]춘향이 하는 말이,
[13]"원미라니 무엇이냐, 죽을 먹어도 **이죽**(멥쌀로 쑨 부드러운 죽)을 먹고, 밥을 먹어도 **이밥**(멥쌀로 지은 부드러운 밥)을 먹지, 원미라니 나는 싫다. [14]**미음**(쌀 米 마실 飮 : 멥쌀이나 좁쌀에 물을 충분히 붓고 푹 끓여 체에 걸러 낸 음식으로 죽보다 묽음) 물이나 하여다오."

[15]미음을 **쑤어다가**(만들어다가) 앞에 놓고,

[C]
[16]"이것을 먹고 살면 무엇할꼬? [17]어두침침 **옥방**(감옥 獄 방 房 : 감옥에서, 죄수를 가두어 두는 방) 안에 **칼머리**(형벌을 가하는 기구인 칼에서 사람의 머리가 드나드는 구멍이 있는 끝부분) 비스듬히 안고 앉았으니, 벼룩 빈대 온갖 벌레 **무른**(여리고 부드러운) 등의 피를 빨고, 궂은 비는 부슬부슬, 천둥은 우루루, 번개는 번쩍번쩍, 도깨비는 휙휙, 귀신 우는 소리 더욱 싫다. [18]덤비는 것이 헛것이라. [19]이것이 웬일인고? [20]서산에 해 떨어지면 온갖 귀신 모여든다. [21]살인하고 잡혀 와서 **아흔**(90세) 되어 죽은 귀신, 나라 곡식 훔쳐 먹다 **곤장**(몽둥이 棍 몽둥이 杖 : 예전에, 죄인의 볼기를 치던 형벌 기구) 맞아 죽은 귀신, 죽은 아낙 **능욕하여**(범할 凌 욕되게 할 辱 : 욕보이고 더럽혀) 고문당해 죽은 귀신, 제각기 울음 울고, 제 서방 해치고 남의 서방 즐기다가 잡혀 와서 죽은 귀신 **처량히**(쓸쓸할 凄 슬퍼할 凉 : 외롭거나 쓸쓸히) 슬피 울며 '동무 하나 들어왔네' 하고 달려드니 처량하고 무서워라. [22]아무래도 못 살겠네. [23]**동방**(동녘 東 방위 方 : 동쪽)의 귀뚜라미 소리와 푸른 하늘에 울고 가는 기러기는 나의 근심 자아낸다."

[24]한없는 근심과 그리움으로 날을 보낸다.

→ 꿈에서 깬 춘향은 옥에 갇힌 자신의 처지를 비관하며 근심과 그리움으로 날을 보낸다.

5 [1]이때 이 도령은 서울 올라가서 밤낮을 가리지 않고 공부하여 글짓는 솜씨가 **당대**(그 當 시대 代 : 바로 그 시대)에 제일이라. [2]나라가 **태평하고**(매우 太 무사할 平 : 안정되고) 백성이 **평안하니**(무사할 平 편안할 安 : 걱정이나 탈이 없으니) **태평과**(나라에 경사가 있을 때 특별히 실시하던 관리 선발 시험)를 보려 하여 **팔도**(여덟 八 길 道 : 우리나라 전체)에 널리 알려 선비를 모으니 **춘당대**(서울 창경궁 안에 있는, 옛날에 관리 선발 시험을 실시하던 곳) 넓은 뜰에 구름 모이듯 모였구나. [3]이 도령 **복색**(옷 服 빛 色 : 예전에, 신분이나 직업에 따라서 다르게 맞추어서 차려입던 옷의 꾸밈새와 빛깔) 갖춰 차려 입고 시험장 뜰에 가서 글 제목 나오기 기다린다.

[4]시험장이 요란하여 **현제판**(매달 懸 제목 題 널빤지 板 : 관리 선발 시험을 볼 때 문제를 써서 내걸던 널빤지)을 바라보니 **'강구문동요**(칭송할 康 네거리 衢 들을 聞 아이 童 노래 謠 : 길거리에서 태평세월을 칭송하는 아이들 노래를 들음)'라 하였겠다. [5](이 도령이) 시험지를 펼쳐놓고 한번에 붓을 휘둘러 맨 먼저 글을 내니, 시험관이 받아보고 글자마다 **붉은 점**(뛰어난 표현 옆에 찍는 점)이요 구절마다 **붉은 동그라미**(훌륭한 문장의 옆에 치는 동그라미)를 치는구나. [6]이름을 뜯어 보고 **승정원**(조선 시대, 임금의 명령을 전달하고 여러 가지 사항들을 임금에게 보고하는 일을 맡아보던 관아) **사령**(부릴 使 벼슬 令 : 조선 시대에, 각 관아에서 심부름하던 사람)이 **호명하니**(부를 呼 이름 名 : 이름을 부르니), 이 도령 이름 듣고 임금 앞에 나아간다.

→ 서울의 이 도령은 태평과에 응시하여 탁월한 실력을 발휘한다.

• 춘향전 {중요 작품}

2018학년도 9월 모평 기출. 봉건 사회에서 신분을 초월한 남녀 간의 사랑을 다루고 있는 판소리계 소설로 언제든 다시 나올 수 있는 작품이므로 기본 줄거리와 특징을 알아 두는 것이 좋다.

• 중심 내용

정절을 지키려다 신관 사또 때문에 옥에 갇혀 수난을 겪는 춘향의 모습에 춘향 어미와 향단은 안타까워한다. 옥중에서 잠이 든 춘향은 꿈에서 황릉묘로 가게 되는데 그곳에서 아황 부인과 여영 부인을 만나 자신의 전생 일을 알게 되고, 열녀를 본받으라는 말을 듣는다. 꿈에서 깬 춘향은 자신의 처지를 비관하며 근심과 그리움으로 날을 보낸다. 한편 서울로 올라간 이 도령은 태평과에 응시하여 탁월한 실력을 발휘한다.

• 전체 줄거리 ([ ] : 지문 내용)

전라도 남원 부사의 아들 이몽룡은 단옷날 광한루에 갔다가 그네를 타는 춘향의 모습을 보고 반한다. 몽룡은 춘향의 집으로 찾아가 춘향과 부부의 연을 맺고, 행복한 나날을 보낸다. 그러던 어느 날, 몽룡은 남원 부사의 임기가 끝난 아버지를 따라 **한양**(서울)으로 가게 되어 춘향과 이별한다. 그 후 남원 부사로 새로 부임한 신관 사또인 변학도가 춘향에게 **수청**(기생이 높은 벼슬아치에게 몸을 바쳐 시중을 들던 일)을 강요하고, 춘향이 이를 거절하자 춘향을 옥에 가두어 버린다. [옥에 갇혀 갖은 수난을 겪던 춘향은 꿈속에서 순임금의 두 왕비였던 아황 부인과 여영 부인을 만나 자신의 전생에 관한 이야기와 열녀를 본받으라는 말을 듣는다. 한편 한양에서 장원 급제한 몽룡은] 암행어사의 신분으로 남원에 와서, 변학도의 횡포에 대해 모두 듣게 된다. 이몽룡은 변학도의 생일잔치에서 변학도를 **봉고파직**(봉할 封 곳간 庫 그만둘 罷 직책 職 : 어사가 못된 짓을 많이 한 관리를 파면하고, 관가의 창고를 봉하여 잠금)하고, 옥에 갇힌 춘향을 구한다. 한양으로 간 춘향은 **정렬부인**(지조를 굳게 지킨 부인에게 내리던 칭호)에 봉해지고, 이몽룡은 벼슬이 좌의정에까지 이른다. 이후에 춘향과 몽룡은 슬하에 여러 자녀를 두고 행복하게 산다.

• 인물 관계도

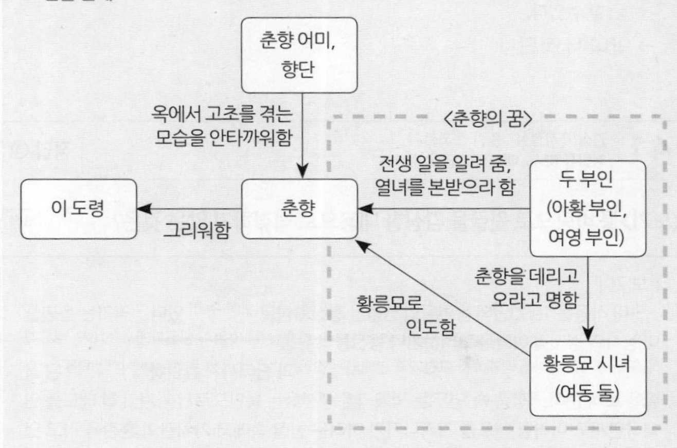

1등급 문제

42 인물 이해 - 맞는 것 고르기
정답률 55%, 매력적 오답 ② 10% ④ 20% | 정답 ③

[A]와 [B]를 통해 인물을 이해한 내용으로 가장 적절한 것은?

① [A]에서는 '춘향 어미'의 비난을 통해, [B]에서는 '향단'의 *옹호를 통해 '신관 사또'에 대한 두 인물의 **상반된 인식을 알 수 있다. *끌어안을 擁 보호할 護 : 감싸 주고 편들어 지킴 **서로 相 어긋날 反 : 서로 반대되거나 어긋난

근거 [A] ❶-2~3 "신관 사또는 사람 죽이러 왔나? 팔십 먹은 늙은 것이 무남독녀 딸 하나를 금이야 옥이야 길러내어 이 한 몸 의탁코자 하였더니, 저 지경을 만든단 말이오?"
[B] ❹-10~11 "여보, 아가씨. 원미 쑤어 왔으니 정신 차려 잡수시오."

풀이 [A]에서 '춘향 어미'는 춘향을 옥에 가둔 '신관 사또'에 대해 '신관 사또는 사람 죽이러 왔냐'고 비난하고 있다. 그러나 [B]에서는 '춘향'에게 원미를 권하는 '향단'의 말만 확인할 수 있을 뿐, '신관 사또'에 대한 '향단'의 옹호는 나타나지 않는다.

→ 적절하지 않으므로 오답!

② [A]에서는 '춘향 어미'의 *만류를 통해, [B]에서는 '향단'의 재촉을 통해 '춘향'의 수절에 대한 두 인물의 상반된 인식을 알 수 있다. *붙들고 못 하게 말림
'춘향 어미'의 인식

근거 [A] ❶-9 기생이라 하는 것이 수절이 다 무엇이냐?

풀이 [A]에서는 '기생이라 하는 것이 수절이 다 무엇이냐'는 말을 통해 '춘향 어미'가 '춘향'의 수절을 만류하고 있음을 알 수 있다. 그러나 [B]에서는 '향단'이 '춘향'에게 무언가를 재촉하는 내용도, '춘향'의 수절에 대한 '향단'의 인식도 나타나지 않는다.

→ 적절하지 않으므로 오답!

③ [A]에서는 앞날을 걱정하는 '춘향 어미'를 통해, [B]에서는 '춘향'의 현재 상태를 염려하는 '향단'을 통해 '춘향'의 고난에 대한 *상이한 반응을 확인할 수 있다. *서로 다른

근거 [A] ❶-10~11 열 소경의 외막대 같은 네가 이 지경이 되었으니 어디 가서 의탁하리? 할 수 없이 죽었구나."
[B] ❹-10~11 "여보, 아가씨. 원미 쑤어 왔으니 정신 차려 잡수시오."

풀이 옥에서 갖은 고초를 겪고 있는 '춘향'에게 [A]에서는 어디 가서 의탁하냐며 자신의 앞날을 걱정하는 '춘향 어미'의 반응을, [B]에서는 원미를 쑤어 와 '춘향'에게 권하며 '춘향'의 현재 상태를 염려하는 '향단'의 반응을 확인할 수 있다. 따라서 [A]와 [B]에서 '춘향'의 고난에 대한 '춘향 어미'와 '향단'의 상이한 반응을 각각 확인할 수 있다.

→ 맞아서 정답!

④ [A]에서는 *격앙된 '춘향 어미'를 진정시키는 모습을 통해, [B]에서는 '춘향'에게 음식을 정성스레 건네는 모습을 통해 '향단'의 침착한 태도를 확인할 수 있다. *기운이나 감정 따위가 격렬히 일어나 높아진

근거 [A] ❶-1 이때 춘향 어미는 삼문간에서 들여다보고 땅을 치며 우는 말이,/ 6 와르르 달려들어 춘향을 얼싸안고,
[B] ❹-10~11 "여보, 아가씨. 원미 쑤어 왔으니 정신 차려 잡수시오."

풀이 [A]에서는 땅을 치며 울고, 와르르 달려들어 춘향을 얼싸안는 등의 행동을 통해 격앙된 '춘향 어미'의 모습을 확인할 수는 있으나, 이를 진정시키는 '향단'의 모습은 확인할 수 없다. 한편, [B]에서는 '향단'이 '춘향'을 걱정하며 원미를 쑤어 와 '춘향'에게 권하고는 있지만 '춘향'에게 음식을 정성스레 건네는 구체적인 모습은 나타나지 않으며, 이를 통해 '향단'의 침착한 태도를 확인할 수 있다고 보기도 어렵다.

→ 적절하지 않으므로 오답!

언급하는 '향단'

⑤ [A]에서 '도련님'의 약속을 신뢰하는 '춘향 어미'의 모습과 [B]에서 '춘향'의 앞날을 걱정하는 '향단'의 모습으로 인해 '춘향'의 *내적 갈등이 심화되고 있음을 확인할 수 있다. *한 인물의 내면의 심리적인 갈등

근거 [A] ❶-12~14 향단이 들어와서 춘향의 다리를 만지면서, "여보 아가씨, 이 지경이 웬일이오? 한양 계신 도련님이 내년 삼월 오신댔는데, 그동안을 못 참아서 황천객이 되시겠네.

풀이 [A]에서 '도련님'의 약속을 언급하고 있는 인물은 '향단'이며, '춘향 어미'가 '도련님'의 약속을 신뢰하는 모습은 확인할 수 없다. 또한, 이로 인해 '춘향'의 내적 갈등이 심화

문제편 53쪽

되는 부분도 확인할 수 없다. 한편, [B]에서 '향단'은 '춘향'에게 원미를 권하고 있을 뿐, '춘향'의 앞날을 걱정하는 모습은 찾아볼 수 없으며, 이로 인해 '춘향'의 내적 갈등이 심화되는 부분 역시 확인할 수 없다.

→ 적절하지 않으므로 오답!

1등급 문제

43 | 인물의 심리 - 틀린 것 고르기 정답률 60%, 매력적 오답 ③ ④ 15% | 정답 ⑤

[C]에 대한 이해로 적절하지 않은 것은?

① 공간의 특징을 *열거하여 자신의 비참한 처지를 드러내고 있다. *죽 늘어놓아

근거 [C] ❹-17 어두침침 옥방 안에 칼머리 비스듬히 안고 앉았으니, 벼룩 빈대 온갖 벌레 무른 등의 피를 빨고, 궂은 비는 부슬부슬, 천둥은 우루루, 번개는 번쩍번쩍,

풀이 [C]에서는 어두침침한 옥방의 특징을 열거하여 옥방에 갇힌 춘향의 비참한 처지를 드러내고 있다.

→ 적절하므로 오답!

② 비현실적인 존재를 언급하며 자신이 느끼는 두려움을 드러내고 있다.

근거 [C] ❹-17 도깨비는 휘휘, 귀신 우는 소리 더욱 싫다./ 20~21 서산에 해 떨어지면 온갖 귀신 모여든다. 살인하고 잡혀 와서 아흔 되어 죽은 귀신, 나라 곡식 훔쳐 먹다 곤장 맞아 죽은 귀신, ~ 처량히 슬피 울며 '동무 하나 들어왔네' 하고 달려드니 처량하고 무서워라.

풀이 [C]에서는 춘향이 도깨비, 귀신과 같은 비현실적인 존재를 언급하며, 그 존재에 대한 춘향의 무서움을 드러내고 있다.

→ 적절하므로 오답!

③ 청각적 경험을 자극하는 자연물을 통해 자신의 근심을 드러내고 있다.

근거 [C] ❹-23 동방의 귀뚜라미 소리와 푸른 하늘에 울고 가는 기러기는 나의 근심 자아낸다."

풀이 [C]에서 귀뚜라미 소리와 울고 가는 기러기가 춘향의 근심을 자아낸다고 하였으므로 청각적 경험을 자극하는 자연물을 통해 춘향의 근심을 드러내고 있다.

→ 적절하므로 오답!

④ 미래에 대한 부정적 전망과 함께 자신의 신세에 대한 한탄을 드러내고 있다.

근거 [C] ❹-16 "이것을 먹고 살면 무엇할꼬?/ 18~19 덤비는 것이 헛것이라. 이것이 웬일인고?

풀이 [C]에서 춘향은 앞에 놓인 미음을 먹고 살면 무엇하겠느냐며 미래에 대한 부정적 전망을 드러내고 있다. 또한 춘향은 옥에 갇힌 자신의 처지에 대해 '이것이 웬일인고?'라 하면서 자신의 신세에 대해 한탄하고 있다.

→ 적절하므로 오답!

⑤ 자신과 같이 억울한 처지에 놓인 사람들에 대한 *연민의 감정을 드러내고 있다. *불쌍하게 여김

근거 [C] ❹-20~21 서산에 해 떨어지면 온갖 귀신 모여든다. 살인하고 잡혀 와서 아흔 되어 죽은 귀신, ~ 처량히 슬피 울며 '동무 하나 들어왔네' 하고 달려드니 처량하고 무서워라.

풀이 [C]에서 죽은 귀신들에 대해 열거한 내용들을 토대로 볼 때 이들이 춘향과 같이 억울한 처지에 놓인 사람들이라고 볼 수 없으며, 이들에 대한 연민의 감정도 드러나지 않는다.

→ 틀려서 정답!

※ <보기>를 참고하여 44번과 45번의 두 물음에 답하시오.

| 보기 |

[1] 서사적 모티프란 전체 이야기를 구성하는 작은 이야기 단위이다. [2] 이 작품에서는 황릉묘의 주인이자 정절(곧을 貞 절개 節 : 여자의 곧은 절개)의 표상(모범 表 상징할 象 : 대표적인 상징)인 아황 부인과 여영 부인이 등장하는 황릉묘 모티프가 사용되었다. [3] 이는 천상계(하늘 天 위 上 세계 界 : 하늘 위의 세계)와 인간 세상, 전생(앞 前 살 生 : 이 세상에 태어나기 이전의 생애)과 현생(지금 現 살 生 : 지금 살고 있는 이 세상에서의 삶), 꿈과 현실의 대응(대할 對 응할 應 : (주어진 어떤 관계에 의하여) 서로 짝이 되는 일)을 형성하면서 공간적 상상력을 풍요롭게 하는 동시에 주인공의 또 다른 정체성(본 正 근본 體 성질 性 : 어떤 존재가 본질적으로 가지고 있는 특성)을 드러낸다.

[4] 서사적 모티프는 작품을 읽는 독자에게 서사(펼 敍 일 事 : 시간의 흐름에 따른 사건의 서술) 이해의 실마리를 제공함으로써 작품의 전개 방향을 예측하게 한다. [5] 황릉묘 모티프에서 '머지않아 장경성을 다시 만나 부귀영화를 누릴 것'이라는 두 부인의 말을 감안하여(헤아릴 勘 생각 案 : 참고하여), 독자는 이어지는 내용에서 [㉮]

1등급 문제

44 | 서사 구조 - 틀린 것 고르기 정답률 60%, 매력적 오답 ④ 15% | 정답 ③

<보기>를 참고하여 윗글을 감상한 내용으로 적절하지 않은 것은? [3점]

① 춘향이 잠이 들어 '황릉묘 시녀'를 만난 것은 황릉묘 모티프를 통해 꿈과 현실의 연결이 일어나게 됨을 보여 주는군.

근거 <보기>-2~3 이 작품에서는 ~ 황릉묘 모티프가 사용되었다. 이는 ~ 꿈과 현실의 대응을 형성하면서

❷-1~2 칼머리 세워 베고 우연히 잠이 드니, 향기 진동하며 여동 둘이 내려와서 춘향 앞에 꿇어앉으며 여쭈오되, "소녀들은 **황릉묘 시녀**로서 부인의 명을 받아 낭자를 모시러 왔사오니 사양치 말고 가사이다."

풀이 <보기>를 참고할 때 우연히 잠이 든 춘향이 자신을 모시러 왔다는 '황릉묘 시녀'를 만난 것은 황릉묘 모티프를 통해 꿈과 현실의 연결이 일어나게 됨을 보여 주는 것이라 고 할 수 있다.

→ 적절하므로 오답!

② '봉황 부채'에 의한 '구름 같이 이는 바람'을 타고 '소상강 만리 밖' 황릉묘까지 춘향이 날려가는 것은 꿈속 공간의 *초월적 성격을 드러내는군. *넘을 超 넘을 越 ~의 的 : 비현실적인

근거 <보기>-3 이는 천상계와 인간 세상, 전생과 현생, 꿈과 현실의 대응을 형성하면서 공간적 상상력을 풍요롭게 하는 동시에

❷-4~6 "황릉묘라 하는 곳은 **소상강 만 리 밖** 멀고도 먼 곳인데, 어떻게 가잔 말인가?" "가시기는 염려 마옵소서." 손에 든 **봉황 부채** 한 번 부치고 두 번 부치니 **구름같이 이는 바람** 춘향의 몸 훨쩍 날려 공중에 오르더니/ 8 소상강 당도하니

풀이 춘향의 꿈속에서 '황릉묘 시녀'들은 '봉황 부채'로 '구름 같이 이는 바람'을 일으켜 춘향을 '소상강 만리 밖' 황릉묘까지 날아가게 한다. 이러한 비현실적인 요소는 꿈속 공간의 초월적 성격을 드러내는 것으로 볼 수 있다.

→ 적절하므로 오답!

③ 아황 부인과 여영 부인이 '춘향이 바삐 들라'라고 명령하는 것은 자신의 문제를 서둘러 해결하고자 하는 춘향에게 인간 세상에 *대비되는 천상계의 질서가 있음을 보여 주는군. *대할 對 견줄 比 : 대조되는

황릉묘에 당도한 '춘향'을 반갑게 맞이하고 있음

근거 ❸-1~2 여동이 앞에 서서 춘향을 인도하여 문 밖에 세워 두고 대전에 고하니, "**춘향이 바삐 들라** 하라."

풀이 윗글에서 춘향은 옥에 갇힌 자신의 처지를 비관하고는 있으나 자신의 문제를 서둘러 해결하고자 하는 모습은 나타나지 않는다. 또한 아황 부인과 여영 부인이 '춘향이 바삐 들라'라고 명령하는 것이 춘향에게 인간 세상에 대비되는 천상계의 질서가 있음을 보여 주는 것이라고 보기도 어렵다. 아황 부인과 여영 부인이 춘향에게 이같이 명령하는 것은 황릉묘에 당도한 춘향에 대한 두 부인의 반가움의 표현으로 이해하는 것이 적절하다.

→ 틀려서 정답!

④ '전생'에 춘향이 '운화 부인 시녀'였다는 아황 부인과 여영 부인의 말은 전생과 현생의 대응을 드러내면서 공간적 상상력의 확장을 유도하는군.

근거 <보기>-3 이는 ~ 전생과 현생, 꿈과 현실의 대응을 형성하면서 공간적 상상력을 풍요롭게 하는 동시에

❸-7~9 "춘향아, 들어라. 너는 **전생** 일을 모르리라. 너는 부용성 영주궁의 **운화 부인 시녀**로서 서왕모 요지연에서 장경성에 눈길 주어 복숭아로 희롱하다 인간 세상에 귀양 가서 시련을 겪고 있거니와 머지않아 장경성을 다시 만나 부귀영화를 누릴 것이니

풀이 <보기>를 참고할 때 '전생'에 춘향이 '운화 부인 시녀'였다는 아황 부인과 여영 부인의 말은 전생(운화 부인 시녀)과 현생(춘향)의 대응을 드러내면서, 이야기를 전생과 연결하며 공간적 상상력을 풍요롭게 한다.

→ 적절하므로 오답!

⑤ 아황 부인과 여영 부인이 춘향에게 '마음을 변치 말고 열녀를 본받'으라고 당부하는 것은 춘향이 정절을 지켜나갈 인물임을 암시하는군.

근거 <보기>-2 이 작품에서는 황릉묘의 주인이자 정절의 표상인 아황 부인과 여영 부인이 등장하는 황릉묘 모티프가 사용되었다./ 4 서사적 모티프는 작품을 읽는 독자에게 서사 이해의 실마리를 제공함으로써 작품의 전개 방향을 예측하게 한다.

❸-9 머지않아 장경성을 다시 만나 부귀영화를 누릴 것이니 **마음을 변치 말고 열녀를 본받아** 후세에 이름을 남기라."

풀이 <보기>를 참고할 때 정절의 표상인 아황 부인과 여영 부인이 춘향에게 '마음을 변치 말고 열녀를 본받'으라고 당부하는 것은 독자로 하여금 앞으로 춘향이 정절을 지켜 나갈 것을 예측하게 한다.

→ 적절하므로 오답!

45 | 감상의 적절성 - 맞는 것 고르기 정답률 65%, 매력적 오답 ③ ④ 10% | 정답 ①

<보기>의 ㉮에 들어갈 내용으로 가장 적절한 것은?

① '내가 죽을 꿈이로다'라는 춘향의 말보다는 이 도령이 과거에 *급제한 상황에 주목하며 두 인물의 **재회를 예상할 것이다. *급제 及 과거 第 : 합격한 **다시 한 번 再 만날 會 : 다시 만남

근거 <보기>-2~3 이 작품에서는 ~ 황릉묘 모티프가 사용되었다. 이는 천상계와 인간 세상, 전생과 현생, 꿈과 현실의 대응을 형성/ 5 황릉묘 모티프에서 '머지않아 장경성을 다시 만나 부귀영화를 누릴 것'이라는 두 부인의 말을 감안하여,

❹-3~5 "이 꿈이 웬 꿈인가? 뜻 이룰 큰 꿈인가? 내가 죽을 꿈이로다."/ ❺-5~6 시험지를 펼쳐놓고 한번에 붓을 휘둘러 맨 먼저 글을 내니, 시험관이 받아보고 글자마다 붉은 점이요 구절마다 붉은 동그라미를 치는구나. 이름을 뜯어 보고 승정원 사령이 호명하니, 이 도령 이름 듣고 임금 앞에 나아간다.

풀이 <보기>에 따르면 황릉묘 모티프는 전생과 현생의 대응을 형성한다고 하였으므로, 전생의 운화 부인 시녀와 장경성은 현생에서 각각 춘향과 이 도령에 대응된다고 볼 수 있다. 따라서 춘향이 장경성을 다시 만나 부귀영화를 누릴 것이라는 두 부인의 말을 감안할 때, 독자는 이어지는 내용에서 '내가 죽을 꿈이로다'라는 춘향의 말보다는 이 도령이 과거에 급제한 상황에 주목하며 두 인물의 재회를 예상하게 될 것이다.

→ 맞아서 정답!

② 꿈에 대해 *자문하며 탄식하는 춘향의 모습을 보고 춘향이 현실에서의 **정체성에 의문을 갖게 되리라고 예상할 것이다. *스스로 自 물을 問 : 자신에게 물으며 **본 正 근본 體 성질 性 : 어떤 존재가 본질적으로 가지고 있는 특성

근거 <보기>-5 황릉묘 모티프에서 '머지않아 장경성을 다시 만나 부귀영화를 누릴 것'이라는 두 부인의 말을 감안하여,

❹-2~5 잠을 깨어 탄식하는 말이, "이 꿈이 웬 꿈인가? 뜻 이룰 큰 꿈인가? 내가 죽을 꿈이로다."

풀이 윗글에서 춘향이 꿈에 대해 자문하며 탄식하고 있는 것은 맞지만 ㉮의 앞부분에 두 부인이 춘향의 긍정적인 미래를 언급하고 있으므로 춘향이 현실에서의 정체성에 의문을 갖게 되리라고 예상할 것이라는 말은 ㉮에 들어갈 내용으로서 적절하지 않다.

→ 적절하지 않으므로 오답!

문제편 54쪽

③ **두 부인과의 만남이 꿈임을 깨닫는 춘향의 모습을 보고 꿈과 현실의 대비가 주는 허무함을 *절감하게 될 것이다.** *간절히 切 느낄 感 : 절실히 느끼게

근거 <보기>-5 황릉묘 모티프에서 '머지않아 장경성을 다시 만나 부귀영화를 누릴 것'이라는 두 부인의 말을 감안하여,
❹-2~5 잠을 깨어 탄식하는 말이, "이 꿈이 웬 꿈인가? 뜻 이룰 큰 꿈인가? 내가 죽을 꿈이로다."

풀이 윗글에서 춘향은 두 부인과의 만남이 꿈임을 깨닫고 있다. 그러나 이러한 춘향의 모습을 보고 독자는 꿈과 현실의 대비가 주는 허무함을 절감하기보다는 춘향이 곧 장경성과 재회할 것이라는 두 부인의 예언에 주목하여, 춘향의 앞날에 대해 긍정적인 전망을 할 것이다.

→ 적절하지 않으므로 오답!

④ **춘향이 자신의 실수로 꿈에서 깨어나는 장면을 춘향의 고난이 지속될 것이라는 암시로 받아들일 것이다.**

근거 <보기>-5 황릉묘 모티프에서 '머지않아 장경성을 다시 만나 부귀영화를 누릴 것'이라는 두 부인의 말을 감안하여,
❹-1~2 춘향이 일어서서 두 부인께 절을 한 후에 달나라 구경하려다가 발을 잘못 디뎌 깨달으니 한바탕 꿈이라. 잠을 깨어 탄식하는 말이,

풀이 춘향이 달나라를 구경하려다가 실수로 발을 헛디뎌 꿈에서 깨어나지만 독자는 이를 춘향의 고난이 지속될 것이라는 암시로 받아들이기보다는 춘향의 앞날에 대한 두 부인의 예언을 바탕으로 춘향의 앞날을 긍정적으로 전망할 것이다.

→ 적절하지 않으므로 오답!

⑤ **꿈에서 '달나라 구경'을 이루지 못하고 깨어난 춘향이 꿈에 대한 미련을 보이리라고 예상할 것이다.**

근거 <보기>-5 황릉묘 모티프에서 '머지않아 장경성을 다시 만나 부귀영화를 누릴 것'이라는 두 부인의 말을 감안하여,
❹-1~2 춘향이 일어서서 두 부인께 절을 한 후에 달나라 구경하려다가 발을 잘못 디뎌 깨달으니 한바탕 꿈이라. 잠을 깨어 탄식하는 말이,

풀이 춘향은 '달나라 구경'을 하려다가 발을 잘못 디뎌 꿈에서 깨어난다. 그러나 독자는 이를 바탕으로 춘향이 꿈에 대한 미련을 보이리라고 예상하기보다는 춘향의 앞날에 대한 두 부인의 예언에 주목하여 춘향의 긍정적인 미래를 예상할 것이다.

→ 적절하지 않으므로 오답!

● 문제편 54쪽

4회 2021년 3월 학평 정답과 해설 국어

문제편 p.55

4회 모의고사 특징

- ✓ 전체적으로 다소 까다롭게 출제되었음.
- ✓ 화법과 작문은 기존의 유형을 벗어나지 않은 평이한 수준이었음.
- ✓ 언어에서는 모음 체계와 관련된 지문이 출제되었는데, 이중 모음에 대한 이해를 요구하는 12번 문제가 어렵게 느껴졌을 것임. 국어사전을 활용한 문제인 14번을 낯설게 느꼈다면 시간이 다소 소요되었을 것임.
- ✓ 독서는 어렵게 출제되었음. '손실 보상 청구권'을 다루고 있는 사회 지문의 경우 지문 내용뿐 아니라 선지 판단도 매우 까다로워 난도가 높았음. '핵분열과 핵융합'에 대한 과학 지문은 그래프와 지문의 내용을 관련 짓는 28번 문제가 어렵게 느껴졌을 것임.
- ✓ 문학은 적절한 난이도로 출제되었음. 현대시 「성호부근」의 경우 시 해석이 어렵게 느껴졌을 수 있으며, <보기>와 관련 지어 답을 도출하는 32번 문제의 변별력이 높았음. 갈래 복합과 고전소설은 각각 내용을 온전히 이해해야 해결할 수 있는 문제인 38번과 42번이 어렵게 느껴졌을 것임.

오답률 TOP 5

문항 번호	24	22	23	25	38
분류	독서 사회	독서 사회	독서 사회	독서 사회	문학 갈래 복합
난도	최상	최상	최상	최상	최상

정답표

01	⑤	02	②	03	④	04	⑤	05	③
06	④	07	⑤	08	①	09	⑤	10	②
11	④	12	①	13	④	14	③	15	②
16	③	17	⑤	18	③	19	②	20	③
21	①	22	③	23	⑤	24	⑤	25	④
26	⑤	27	①	28	①	29	⑤	30	③
31	②	32	④	33	①	34	⑤	35	③
36	②	37	④	38	①	39	④	40	④
41	②	42	①	43	③	44	④	45	②

[01 ~ 03] 발표

01 말하기 방식 - 틀린 것 고르기 / 정답률 85% — 정답 ⑤

위 발표에 대한 설명으로 적절하지 않은 것은?

① 용어의 뜻을 풀이하며 청중의 이해를 돕고 있다.

근거 ❷문단 오토마타는 크랭크(왕복 운동을 회전 운동으로 바꾸거나 그 반대의 일을 하는 기계 장치), 기어(둘레에 일정한 간격으로 톱니를 내어 만든 바퀴), 캠(회전 운동을 왕복 운동, 요동 운동 따위로 바꾸는 기계 장치) 같은 부품들로 이루어진 기계 장치를 통해 특정한 동작을 반복하도록 만들어진 조형물을 뜻합니다.

→ 적절하므로 오답!

② 구체적 정보를 제공하며 청중을 설득하려 하고 있다.

풀이 발표자는 동아리 가입을 설득하기 위해 ❸문단에서 동아리가 어떤 활동을 하는지 소개하고 ❹문단에서 동아리에 가입하면 어떠한 장점이 있는지 구체적으로 제시하고 있다.

→ 적절하므로 오답!

③ *비언어적 표현을 사용하여 전달의 효과를 높이고 있다. *몸짓, 표정, 시선, 침묵 등으로 자신의 생각과 느낌을 나타내는 것

근거 ❸문단 그런데 우리 동아리는 시중에서 판매하는 공작(물건을 만듦) 키트(모형 · 기계 따위에서 조립 부품 한 벌)를 구입해서 주어진 부품을 설명서대로 조립하는 동아리가 (두 팔을 교차해 가위표를 만들며) 아닙니다.

❺문단 게다가 담당 선생님께서 (엄지를 치켜들며) 코딩계의 전설이라 하십니다.

→ 적절하므로 오답!

④ 질문을 던지는 방식으로 청중의 관심을 유발하고 있다.

근거 ❶문단 여러분은 중학교 때 어떤 자율 동아리 활동을 하셨나요? 고등학교에 와서 무언가 새로운 것에 도전하고 싶지는 않으신가요?

→ 적절하므로 오답!

⑤ 앞에서 설명한 내용을 요약하며 발표를 마무리하고 있다.

풀이 발표자가 발표를 마무리하면서 앞에서 설명한 내용을 요약하는 모습은 나타나지 않는다.

→ 틀려서 정답!

02 자료 활용 방식 - 맞는 것 고르기 / 정답률 80%, 매력적 오답 ③ 10% — 정답 ②

㉠과 ㉡의 활용에 대한 설명으로 가장 적절한 것은?

② ㉠을 활용해 청중의 경험을 *환기하고, ㉡을 활용해 동아리가 목표로 하는 결과물의 수준을 제시하였다. *불러 일으키고

근거 ❷문단 (㉠ 모형 딱따구리를 꺼내 손잡이를 돌리며) 이렇게 손잡이를 돌리면 앞뒤로 움직이는 조형물을 만들어 본 적 있죠? 초등학교 과학 시간이나 만들기 시간에 대부분 공작 키트로 만들어 보셨을 텐데요.

❸문단 (㉡ 동영상을 띄우고) 작년 □□시 오토마타 경진 대회에 나온 작품들입니다. 버튼을 누르니까 코딩된 내용에 따라 다양한 움직임을 보여 주죠? 이렇게 멋진 오토마타를 여러분과 직접 함께 만들고 싶습니다.

풀이 발표자는 청중의 과거 경험을 환기시켜 흥미를 불러일으키기 위해 ㉠을 활용하고 있다. 그리고 이 동아리에서 목표로 하는 작품의 수준을 알려 주기 위해 ㉡을 활용하고 있다.

매력적 오답

③ ㉠을 활용해 동아리 활동의 결과물을 보여 주고, ㉡을 활용해 오토마타 작품의 발전 단계를 설명하였다.

풀이 ㉠은 초등학교 과학 시간이나 만들기 시간에 공작 키트로 만들어 본 모형 딱따구리로, 이를 활용해 동아리 활동의 결과물을 보여 주는 것이 아니다. 그리고 ㉡은 작년 오토마타 경진 대회에 나온 작품들을 보여 주는 것으로, 오토마타 작품의 발전 단계를 설명하기 위해 활용되지는 않았다.

03 듣기 전략 - 틀린 것 고르기 / 정답률 90% — 정답 ④

<보기>는 발표를 들은 학생들의 반응이다. 발표의 내용을 고려하여 학생의 반응을 이해한 내용으로 적절하지 않은 것은?

④ '학생 1'과 '학생 3'은 발표자가 말한 내용이 *타당한 근거에 바탕한 것인지를 따져 보고 있다. *일의 이치로 보아 옳은

풀이 '학생 1'은 발표에서 알게 된 동아리에 대한 정보를 바탕으로 자신의 일정을 확인하고 있다. 그리고 '학생 3'은 발표자가 언급한 동아리의 장점이 자신에게 도움이 될지 따져보고 있다. '학생 1'과 '학생 3'이 발표자가 말한 내용이 타당한 근거에 바탕한 것인지를 따져 보는 부분은 나타나지 않는다.

[04 ~ 07] (가) 인터뷰 (나) 소개하는 글

04 의사소통 방식 - 틀린 것 고르기 / 정답률 80%, 매력적 오답 ④ 10% — 정답 ⑤

(가)의 '학생'에 대한 설명으로 적절하지 않은 것은?

① 알고 싶은 내용을 서두에 밝히며 인터뷰를 시작하고 있다.

근거 (가) 학생 조선 왕릉과 관련하여 장묘(장사를 지내고 묘를 쓰는 일) 전통, 공간 구성, 석물(무덤 앞에 세우는, 돌로 만들어 놓은 여러 가지 물건) 등에 대해 학예사님의 설명을 듣고자 찾아왔습니다.

→ 적절하므로 오답!

② 자신이 알고 있는 정보를 바탕으로 학예사에게 질문하고 있다.

근거 (가) 학생 조선 왕릉은 진입 공간, 제향(나라에서 지내는 제사) 공간, 능침(임금이나 왕후의 무덤) 공간으로 구분된다고 알고 있는데, 세계 유산 등재 기준 내용에 포함되어 있는 공간 구성의 독창성과 어떤 관련이 있나요?

→ 적절하므로 오답!

③ 학예사의 설명에 대한 자신의 이해가 적절한지 확인하고 있다.

근거 (가) 학생 조선 왕릉은 공간에 따라 조망(먼 곳을 바라봄) 범위를 다르게 하는 방식으로 공간의 위계를 조성했다고 이해하면 될까요?

→ 적절하므로 오답!

④ 학예사가 설명한 내용에 대해 자신의 경험을 밝히며 공감을 드러내고 있다.

근거 (가) 학예사 조선은 자연 훼손과 인위적인 구조물 배치를 최소화하는 것을 원칙으로 하여 왕릉을 조성했습니다. 봉분(흙을 둥글게 쌓아 올려서 만든 무덤)을 수십 미터 높이로 조성하거나 지하에 궁전과 같은 공간을 만들기도 했던 중국과 비교하면, 조선 왕릉의 자연 친화적 성격이 돋보입니다.

(가) 학생 그렇군요. 예전에 건원릉(조선 태조의 무덤)이나 광릉(조선 세조와 정희 왕후의 무덤)에 갔을 때도, 왕릉이라기보다는 자연 속에 있는 것과 같은 편안함을 느꼈습니다.(자신의 경험) 이곳 선릉(성종과 정현 왕후의 무덤)도 자연 친화적 공간이라는 인상을 받았습니다.(학예사의 설명에 대해 공감)

→ 적절하므로 오답!

⑤ 학예사의 설명을 바탕으로 자신의 생각을 수정하며 질문을 덧붙이고 있다.

풀이 학생이 학예사의 설명을 바탕으로 자신의 생각을 수정하며 질문을 덧붙이는 부분은 나타나지 않는다.

→ 틀려서 정답!

05 의사소통 방식 - 맞는 것 고르기 / 정답률 85% — 정답 ③

[A], [B]에 대한 설명으로 가장 적절한 것은? 3점

③ 학예사는 학생의 요청에 따라 [A]에서 자신이 설명한 내용을 [B]에서 보충하고 있다.

근거 [A] (가) 학예사 지금 보이는 것처럼 능침 공간에는 예술적 가치가 높은 석물이 배치되었습니다. 봉분에 병풍석과 난간석을 둘렀고, 봉분 주변에 혼유석, 양 모양과 호랑이 모양의 석상 등을 두었습니다. 그리고 장명등, 문신과 무신 형상의 석인상, 석마

등을 배치하여 질서 있는 공간미를 보여 주었습니다.([A]에서 석물의 예술적 가치에 대해 설명)

[B] (가) 학생 석물의 예술적 가치가 높다고 하셨는데 이에 대한 설명도 부탁드릴게요.(추가 설명 요청)

[B] (가) 학예사 왕릉에 배치된 석물은 능침을 수호하는 상징적 의미를 가지면서도, 고유한 예술미를 바탕으로 왕릉의 장엄함을 강조하는 격조 높은 조각품이라 할 수 있습니다. 예를 들어 석인상은 사각 기둥의 느낌이 나도록 형태가 단순화되어 있으면서도 수호신상과 같은 엄숙함을 느끼게 하는 예술미를 드러냅니다.([B]에서 석물의 예술미에 대해 보충 설명)

06 작문 계획의 반영 - 맞는 것 고르기 / 정답률 85% | 정답 ④

<보기>는 (나)를 작성하기 위해 세운 글쓰기 계획이다. <보기>에서 (나)에 반영된 것만을 있는 대로 고른 것은?

④

ㄱ. 조선 왕릉이 유네스코 세계 유산으로 등재되었다는 점을 고려하여, 조선 왕릉이 어떤 점에서 가치를 인정받았는지를 글의 첫머리에 밝히며 시작해야겠어.

근거 (나) ❶문단 조선 왕릉은 자연 친화적 장묘 전통, 인류 역사의 중요한 단계를 잘 보여 주는 왕릉 조성과 기록 문화, 조상 숭배의 전통이 이어지고 있는 살아 있는 유산이라는 점에서 가치를 인정받아, 2009년 유네스코 세계 유산으로 등재되었다.

ㄷ. 조선 왕릉에 공간 구성의 독창성이 있다는 점을 고려하여, 조선 왕릉에 나타나는 공간의 위계에 대해 설명해야겠어.

근거 (나) ❷문단 조선 왕릉은 지면의 높이 차이를 만들고 정자각의 배치를 활용하여 제향 공간과 능침 공간의 조망 범위를 다르게 함으로써 공간의 위계를 조성하였다.

ㄹ. 조선 왕릉과 관련한 기록 문화와 제례 의식이 있다는 점을 고려하여, 왕릉과 관련된 기록물과 현재 유지되고 있는 제례 의식의 사례를 찾아 제시해야겠어.

근거 (나) ❹문단 조선 왕릉이 잘 보존되고 살아 있는 유산으로 평가 받는 이유는 조선의 기록 문화와 제례 의식 덕분이라고 할 수 있다. 장례 과정을 담은 『국장도감의궤』, 왕릉의 조성 과정을 담은 『산릉도감의궤』 등 … 또한 지금까지도 종묘에서 정례적(정기적으로 계속하여 행하는 것)으로 봉행되는(제사나 의식 따위를 치르게 되는) 제례 의식은 조상을 기억하고 존경하는 전통이 살아 있음을 보여 준다.

07 작문 전략 - 맞는 것 고르기 / 정답률 90% | 정답 ⑤

[C]에 나타난 글쓰기 방식에 대한 이해로 가장 적절한 것은?

⑤ 능침 공간을 세 영역으로 구분하고 각 영역에 배치된 석물에 대해 설명을 덧붙이고 있다.

근거 [C] (나) ❸문단 능침 공간은 왕의 공간인 상계, 신하의 공간인 중계와 하계로 영역이 나뉘어 영역별로 다양한 석물이 배치되었다.(능침 공간을 세 영역으로 구분) 상계의 봉분에는 불교적 장식 요소를 새겨 넣은 병풍석과 난간석을 두르고, 봉분 주변에는 영혼이 노니는 석상인 혼유석, 악귀로부터 능을 수호하는 양 석상과 호랑이 석상 등을 두었다. 중계에는 어두운 사후 세계를 밝히는 장명등, 문신 형상의 석인상, 석마 등을, 하계에는 무신 형상의 석인상, 석마 등을 두었다.(각 영역에 배치된 석물에 대해 설명)

■조선 왕릉의 공간 구성

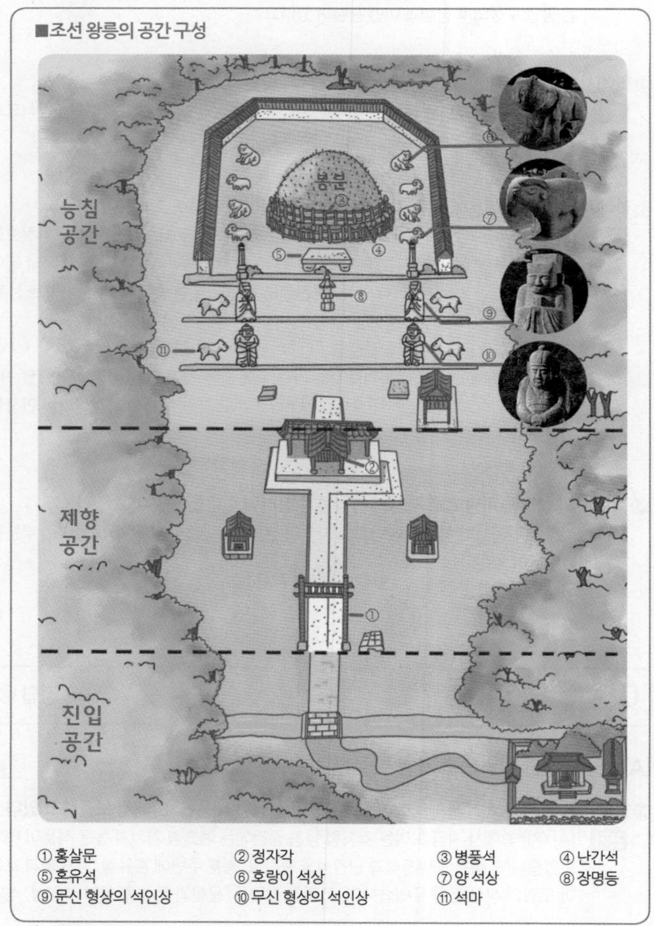

①홍살문 ②정자각 ③병풍석 ④난간석
⑤혼유석 ⑥호랑이 석상 ⑦양 석상 ⑧장명등
⑨문신 형상의 석인상 ⑩무신 형상의 석인상 ⑪석마

[08 ~ 10] 설득하는 글

08 작문 계획의 반영 - 틀린 것 고르기 / 정답률 75%, 매력적 오답 ④ 15% | 정답 ①

(가)를 고려하여 학생이 구상한 내용 중 (나)에 나타나지 않은 것은?

- **㉠을 고려하여, 학생들에게 좋은 평가를 받은 채식 식단의 사례를 제시한다.** ······ ①

근거 (나) ❷문단 '채식하는 날'을 도입하면 다양한 방식으로 조리한 맛있는 채소류 음식을 제공할 예정이고,

풀이 다양한 방식으로 조리한 맛있는 채소류 음식을 제공할 예정이라는 내용은 언급되어 있으나 구체적인 사례는 제시하고 있지 않다.

→ 틀려서 정답!

- **㉡을 고려하여, 채소류 섭취를 늘려 영양소를 골고루 섭취하는 것이 건강에 도움이 됨을 밝힌다.** ······ ②

근거 (나) ❷문단 '채식하는 날'을 도입하면 … 학생들도 영양소가 골고루 포함된 채소류 음식을 즐기게 되면 몸도 건강해지고 식습관도 개선될 것이라고 말씀하셨다.

→ 적절하므로 오답!

- **㉢을 고려하여, 학생의 급식 실태를 밝히며 '채식하는 날' 도입의 필요성을 제시한다.** ······ ③

근거 (나) ❷문단 '채식하는 날'이 도입되면 학생들의 채소류 섭취가 늘 것이다. 우리 학교 학생들은 급식 시간에 육류를 중심으로 음식을 골라 먹는 경향이 강하다. 잔반에서 채소류가 차지하는 비율도 높다. 이런 상황에 대해 영양 선생님께서는 학교에서 영양소가 골고루 포함된 급식을 제공하더라도 학생들이 육류 중심으로 영양소를 섭취한다며 걱정하셨다.

→ 적절하므로 오답!

- **㉣을 고려하여, '채식하는 날'의 운영 주기와 식단에 포함되지 않는 식재료를 설명한다.** ······ ④

근거 (나) ❶문단 '채식하는 날'이 도입되면 매주 월요일에는 모든 학생에게 육류, 계란 등을 제외한 채식 중심의 급식이 제공된다.

→ 적절하므로 오답!

- **㉤을 고려하여, 육류 소비를 줄이면 온실가스의 발생량을 줄이는 데 기여한다는 점을 제시한다.** ······ ⑤

근거 (나) ❸문단 '채식하는 날'이 도입되면 육류 소비 과정에서 발생하는 온실가스의 배출을 줄여 지구의 기후 위기를 막으려는 노력에 동참할 수 있다. / 육류 소비를 적게 하면 온실가스 배출을 줄이는 데 기여하는 셈이라고 할 수 있다.

→ 적절하므로 오답!

09 자료 활용 방안 - 틀린 것 고르기 / 정답률 70%, 매력적 오답 ② 20% | 정답 ⑤

다음은 (나)를 보완하기 위해 추가로 수집한 자료이다. 자료의 활용 방안으로 적절하지 않은 것은?

⑤ 3문단에 ㄴ과 ㄷ을 활용하여 제도적 변화보다 개인의 노력이 중요함을 드러낸다.

풀이 ㄴ은 '채식하는 날'과 비슷한 '고기 없는 화요일'이라는 제도를 운영하여 온실가스 감축 효과를 얻었다는 ○○시의 사례이며, ㄷ은 축산 분야에서 배출되는 온실가스 비율이 다른 분야에 비해 가장 높다는 보고서이다. 그리고 ❸문단은 '채식하는 날'을 통해 육류 소비 과정에서 발생하는 온실가스의 배출을 줄여 지구의 기후 위기를 막을 수 있다는 내용이다. 따라서 ❸문단에 ㄴ과 ㄷ을 활용하여 '채식하는 날'의 도입이 지구의 기후 위기를 막는 데 기여할 수 있다는 점을 강조할 수는 있지만, 제도적 변화보다 개인의 노력이 중요함을 드러내는 자료로 활용하는 것은 적절하지 않다.

매력적 오답

② 2문단에 ㄴ을 활용하여 채식이 건강과 식습관에 긍정적인 변화를 준 사례를 제시한다.

풀이 ❷문단은 '채식하는 날'을 도입하게 되면 영양소가 골고루 포함된 채소류 음식을 즐기게 되고, 몸도 건강해지며 식습관도 개선될 것이라는 내용을 담고 있다. 그리고 ㄴ은 '채식하는 날'과 비슷한 '고기 없는 화요일'이라는 제도를 운영하여 채식을 즐기는 습관을 가지게 된 사람과 과체중 문제를 해결했다는 사람의 사례를 제시하고 있다. 따라서 ㄴ을 활용하여 ❷문단에 채식이 건강과 식습관에 긍정적인 변화를 준 사례를 제시한다는 방안은 적절하다.

10 조건에 따른 고쳐쓰기 - 맞는 것 고르기 / 정답률 80% | 정답 ②

<보기>는 (나)를 읽은 선생님의 조언이다. <보기>를 반영하여 ⓐ를 수정하기 위한 구상으로 가장 적절한 것은? [3점]

ⓐ 그러므로 나는 우리 학교에서도 '채식하는 날'을 도입하여 학생들이 육류 위주의 식습관을 버리고 채소류 위주의 식습관을 형성하도록 이끌어야 한다고 생각한다.

② '채식하는 날'의 도입 목적은 육류를 먹지 말자는 것이 아니라 채소류 음식을 접할 기회를 늘려 영양소를 균형 있게 섭취하게 하는 데 있다는 내용으로 수정해야겠군.

근거 <보기> 선생님 학교 급식은 곡류, 육류, 채소류 등을 다양하게 제공하여 학생의 건강에 필요한 영양소를 골고루 충족시키는 것을 목적으로 하는데, '채식하는 날'의 도입 목적도 이와 다르지 않아요.

문제편 57쪽

풀이 ⓐ에서는 '채식하는 날'을 도입하여 학생들이 육류 위주의 식습관을 버려야 한다고 이야기하고 있다. 이에 대해 선생님께서 '채식하는 날'의 도입 목적이 영양소를 골고루 충족하는 것이라 지적하고 이으므로, '채식하는 날'의 도입 목적이 채소류 음식을 접할 기회를 늘려 영양소를 균형 있게 섭취하게 하는 데 있다는 내용으로 수정하는 것이 적절하다.

[11 ~ 12] 언어 - 이중 모음의 발음

1 [1]모음은 크게 두 부류로 나눌 수 있다. [2]발음할 때 입술 모양이나 혀의 위치가 변하지 않는 모음을 '단모음'이라 한다. [3]'표준어 규정'은 원칙적으로 'ㅏ, ㅐ, ㅓ, ㅔ, ㅗ, ㅚ, ㅜ, ㅟ, ㅡ, ㅣ'를 단모음으로 발음할 것을 규정하고 있다.

2 [1]입술 모양이나 혀의 위치가 발음 도중에 변하는 모음은 '이중 모음'이라 하는데, 이중 모음은 홀로 쓰일 수 없는 소리인 '반모음'이 단모음과 결합한 모음이다. [2]예를 들어 이중 모음인 'ㅑ'의 발음은, 'ㅣ'를 짧게 발음하는 것과 유사한 소리인 반모음 '[j]' 뒤에서 'ㅏ'가 결합한 소리이다. [3]'ㅑ'와 마찬가지로 'ㅒ, ㅕ, ㅖ, ㅛ, ㅠ, ㅢ'의 발음은, 각각 반모음 '[j]'와 단모음 'ㅐ, ㅓ, ㅔ, ㅗ, ㅜ, ㅡ'가 결합한 소리이다. [4]'ㅗ'나 'ㅜ'를 짧게 발음하는 것과 유사한 반모음 '[w]'도 있는데 'ㅘ, ㅙ, ㅝ, ㅞ'의 발음은 각각 반모음 '[w]'와 단모음 'ㅏ, ㅐ, ㅓ, ㅔ'가 결합한 소리이다. [5]반모음이 단모음 뒤에서 결합한 소리인 'ㅢ(단모음 'ㅡ' + 반모음 '[j]')'를 제외하고, 이중 모음의 발음은 모두 반모음이 단모음 앞에서 결합한 소리이다.

3 [1]'ㅚ'와 'ㅟ'는 단모음으로 발음하는 것이 원칙이지만 현실에서 이중 모음으로 발음하는 경우가 많다. [2]'ㅚ'를 이중 모음으로 발음할 경우에는 반모음 '[w]'와 'ㅔ' 소리를 연속하여 발음하며, 'ㅟ'를 이중 모음으로 발음할 경우에는 반모음 '[w]'와 'ㅣ' 소리를 연속하여 발음한다. [3]'표준어 규정'에서도 현실 발음을 고려하여 이와 같이 'ㅚ'와 'ㅟ'를 이중 모음으로 발음하는 것을 허용하고 있다.

11 | 단모음과 이중 모음 - 틀린 것 고르기 정답률 85% | 정답 ④

윗글에 대한 이해로 적절하지 않은 것은?

① **'ㅠ'는 발음할 때 입술 모양이나 혀의 위치가 변한다.**

근거 ❷-1 입술 모양이나 혀의 위치가 발음 도중에 변하는 모음은 '이중 모음'이라 하는데, 이중 모음은 홀로 쓰일 수 없는 소리인 '반모음'이 단모음과 결합한 모음이다.
❷-3 ㅠ, … 의 발음은, 각각 반모음 '[j]'와 단모음 … ㅜ, … 가 결합한 소리이다.

→ 적절하므로 오답!

② **'ㅐ'는 발음할 때 입술 모양이나 혀의 위치가 변하지 않는다.**

근거 ❶-2~3 발음할 때 입술 모양이나 혀의 위치가 변하지 않는 모음을 '단모음'이라 한다. … ㅐ, … 를 단모음으로 발음할 것을 규정하고 있다.

→ 적절하므로 오답!

③ **'ㅖ'의 발음은 반모음 '[j]' 뒤에서 단모음 'ㅔ'가 결합한 소리이다.**

근거 ❷-3 'ㅒ, ㅕ, ㅖ, ㅛ, ㅠ, ㅢ'의 발음은, 각각 반모음 '[j]'와 단모음 'ㅐ, ㅓ, ㅔ, ㅗ, ㅜ, ㅡ'가 결합한 소리이다.
❷-5 'ㅢ'를 제외하고, 이중 모음의 발음은 모두 반모음이 단모음 앞에서 결합한 소리이다.

→ 적절하므로 오답!

④ **'ㅘ'의 발음은 단모음 'ㅗ' 뒤에서 반모음 '[j]'가 결합한 소리이다.** (반모음 '[w]', 단모음 'ㅏ')

근거 ❷-4~5 'ㅘ, ㅙ, ㅝ, ㅞ'의 발음은 각각 반모음 '[w]'와 단모음 'ㅏ, ㅐ, ㅓ, ㅔ'가 결합한 소리이다. … 'ㅢ'를 제외하고, 이중 모음의 발음은 모두 반모음이 단모음 앞에서 결합한 소리이다.

→ 틀려서 정답!

⑤ **반모음 '[w]'는 홀로 쓰일 수 없고 단모음과 결합하여 이중 모음을 이룬다.**

근거 ❷-1 이중 모음은 홀로 쓰일 수 없는 소리인 '반모음'이 단모음과 결합한 모음이다.
❷-4 'ㅗ'나 'ㅜ'를 짧게 발음하는 것과 유사한 반모음 '[w]'

→ 적절하므로 오답!

1등급 문제

12 | 'ㅚ'와 'ㅟ'의 발음 - 맞는 것 고르기 정답률 55%, 매력적 오답 ②④ 15% | 정답 ①

<보기>는 학생들의 대화이다. 윗글을 바탕으로 할 때 <보기>의 ㉠, ㉡에 들어갈 내용으로 적절한 것은? [3점]

| 보기 |

학생 1 : '표준어 규정'에 따르면 'ㅚ'는 단모음으로 발음하는 것이 원칙이지만 이중 모음으로 발음하는 것도 허용하더라고. 그러면 '참외'는 [차뫼]로 발음하는 것이 원칙이지만, ___㉠___로 발음하는 것도 허용한다고 할 수 있겠어.

학생 2 : 그래, 맞아. '표준어 규정'에서는 'ㅟ'도 이중 모음으로 발음하는 것을 허용하고 있어. 이에 따른 'ㅟ'의 이중 모음 발음은 'ㅑ, ㅒ, ㅕ, ㅖ, ㅘ, ㅙ, ㅛ, ㅝ, ㅞ, ㅠ, ㅢ'의 발음 중에 ___㉡___.

㉠

근거 ❸-2 'ㅚ'를 이중 모음으로 발음할 경우에는 반모음 '[w]'와 'ㅔ' 소리를 연속하여 발음하며,
❷-4 'ㅗ'나 'ㅜ'를 짧게 발음하는 것과 유사한 반모음 '[w]'

풀이 'ㅚ'를 이중 모음으로 발음할 경우에는 반모음 '[w]'와 'ㅔ' 소리를 연속하여 발음한다. 이때 '[w]'는 'ㅗ'나 'ㅜ'를 짧게 발음하는 것과 유사하다고 하였으므로 ㉠에는 반모음 'ㅗ'나 'ㅜ' 발음이 들어가야 한다. 단모음 'ㅔ'는 반모음 'ㅜ'와는 결합할 수 있지만 반모음 'ㅗ'와는 결합할 수 없으므로 ㉠에는 [차뭬]가 적절하다.

㉡

근거 ❸-2 'ㅟ'를 이중 모음으로 발음할 경우에는 반모음 '[w]'와 'ㅣ' 소리를 연속하여 발음한다.
❷-2~5 이중 모음인 'ㅑ'의 발음은, … 반모음 '[j]' 뒤에서 'ㅏ'가 결합한 소리 … 'ㅒ, ㅕ, ㅖ, ㅛ, ㅠ, ㅢ'의 발음은, 각각 반모음 '[j]'와 단모음 'ㅐ, ㅓ, ㅔ, ㅗ, ㅜ, ㅡ'가 결합한 소리 … 'ㅘ, ㅙ, ㅝ, ㅞ'의 발음은 각각 반모음 '[w]'와 단모음 'ㅏ, ㅐ, ㅓ, ㅔ'가 결합한 소리이다. 반모음이 단모음 뒤에서 결합한 소리인 'ㅢ'

풀이 'ㅟ'를 이중 모음으로 발음할 경우에는 반모음 '[w]'와 'ㅣ' 소리를 연속하여 발음하는데, 이중 모음인 'ㅑ, ㅒ, ㅕ, ㅖ, ㅘ, ㅙ, ㅛ, ㅝ, ㅞ, ㅠ, ㅢ' 중에서 반모음 '[w]'와 'ㅣ' 소리를 연속하여 발음하는 경우는 없으므로 ㉡에는 '포함되어 있지 않아'가 적절하다.

	㉠	㉡	
①	[차뭬]	포함되어 있지 않아	→ 맞아서 정답!
②	[차뭬]	'ㅢ' 소리에 해당해	

근거 ❷-3 'ㅒ, ㅕ, ㅖ, ㅛ, ㅠ, ㅢ'의 발음은, 각각 반모음 '[j]'와 단모음 'ㅐ, ㅓ, ㅔ, ㅗ, ㅜ, ㅡ'가 결합한 소리
❷-5 반모음이 단모음 뒤에서 결합한 소리인 'ㅢ'

풀이 'ㅢ'는 단모음 'ㅡ'와 반모음 '[j]'가 결합한 것이므로 반모음 '[w]'와 'ㅣ' 소리를 연속하여 발음하는 'ㅟ'와 같은 발음으로 볼 수 없다.

③ [차뫠] 'ㅢ' 소리에 해당해

근거 ❸-2 'ㅚ'를 이중 모음으로 발음할 경우에는 반모음 '[w]'와 'ㅔ' 소리를 연속하여 발음하며,
❷-4 'ㅘ, ㅙ, ㅝ, ㅞ'의 발음은 각각 반모음 '[w]'와 단모음 'ㅏ, ㅐ, ㅓ, ㅔ'가 결합한 소리이다.

풀이 'ㅚ'를 이중 모음으로 발음할 경우에는 반모음 '[w]'와 'ㅔ' 소리를 연속하여 발음한다고 하였으므로 '참외'의 발음에 'ㅐ'는 포함될 수 없다. 또한 'ㅟ'의 발음은 반모음 '[w]'와 단모음 'ㅣ'가 결합한 소리이므로 반모음 '[w]'와 'ㅣ' 소리를 연속하여 발음하는 'ㅟ'와 같은 발음으로 볼 수 없다.

	㉠	㉡
④	[차메]	포함되어 있지 않아
⑤	[차메]	'ㅢ' 소리에 해당해

13 | 문장의 짜임 - 틀린 것 고르기 정답률 65%, 매력적 오답 ② 10% | 정답 ④

㉠ ~ ㉤에 대한 설명으로 적절하지 않은 것은?

| 보기 |

㉠ 그는 우리와 함께 일하기를 거부했다.
㉡ 개는 사람보다 후각이 훨씬 예민하다.
㉢ 나는 그가 우리를 도와준 일을 잊지 않았다.
㉣ 날이 추워지면 방한 용품이 필요하다.
㉤ 수만 명의 관객들이 공연장을 가득 메웠다.

① **㉠ : '우리와 함께 일하기를'이 *안은문장에서 **목적어의 역할을 하고 있군.** *홑문장을 전체 문장의 한 성분으로 안고 있는 문장 **서술어의 행위나 동작의 대상이 되는 문장 성분

풀이

㉠ 그는	[우리와 함께 일하기]를 거부했다.
주어 목적어[부사어 부사어 서술어]	서술어

'우리와 함께 일하기를'은 주어와 서술어의 관계를 가지는 명사절인 '우리와 함께 일하기'가 목적격 조사 '를'과 결합하여 안은문장에서 목적어의 역할을 하고 있다. 참고로 안긴문장의 주어 '그는'은 생략되어 나타나지 않는다.

→ 적절하므로 오답!

② **㉡ : '후각이 훨씬 예민하다'가 안은문장에서 *서술어의 역할을 하고 있군.** *주어의 동작, 상태, 성질 따위를 풀이하는 기능을 하는 문장 성분

풀이

㉡ 개는 사람보다	[후각이 훨씬 예민하다.]
주어 부사어	서술어[주어 부사어 서술어]

'후각이 훨씬 예민하다'는 주어와 서술어의 관계를 가지면서 안은문장의 주어인 '개는'의 성질을 서술하고 있으므로 안은문장에서 서술어의 역할을 하는 서술절이다.

→ 적절하므로 오답!

③ **㉢ : '그가 우리를 도와준'이 안은문장에서 *관형어의 역할을 하고 있군.** *체언을 수식하는 문장 성분

풀이

㉢ 나는	[그가 우리를 도와준] 일을 잊지 않았다.
주어 관형어[주어 목적어 서술어]	목적어 서술어

'그가 우리를 도와준'은 주어와 서술어의 관계를 가지면서 체언 '일'을 꾸며 주고 있으므로 안은문장에서 관형어의 역할을 하는 관형절이다.

→ 적절하므로 오답!

④ **㉣ : '날이 추워지다.'와 '방한 용품이 필요하다.'가 *대등하게 이어진 문장이군.** (종속적으로) *앞 절과 뒤 절이 '나열, 대조' 등의 대등한 의미 관계를 가지는 문장

풀이

㉣ [날이 추워지면] [방한 용품이 필요하다.]
[주어 서술어] [관형어 주어 서술어]

대등하게 이어진 문장은 앞 절과 뒤 절이 '나열, 대조' 등 대등한 의미 관계를 가지는 문장이다. 그러나 ㉣은 연결 어미 '-면'을 통해 앞 절 '날이 추워지다'가 뒤 절 '방한 용품이 필요하다'의 조건임을 나타내고 있으므로 대등하게 이어진 문장이 아니라 종속적으로 이어진 문장이다.

→ 틀려서 정답!

⑤ ㉤ : '관객들이'가 주어이고 '메웠다'가 서술어인 *홑문장이군. *주어와 서술어의 관계가 한 번 나타나는 문장

풀이

㉤수만	명의	관객들이	공연장을	가득	메웠다.
관형어	관형어	주어	목적어	부사어	서술어

㉤은 주어(관객들이)와 서술어(메웠다)의 관계가 한 번만 나타나는 것으로 보아 홑문장에 해당한다.

→ 적절하므로 오답!

14 사전 활용 - 틀린 것 고르기

정답률 75% | 정답 ③

〈보기 1〉은 국어사전의 일부이고, 〈보기 2〉는 원고지에 쓴 글을 고친 것이다. 〈보기 1〉을 바탕으로 〈보기 2〉의 ㉠ ~ ㉢을 이해한 내용으로 적절하지 않은 것은?

| 보기1 |

드리다 [드리다] 동 [드리어(드려), 드리니]

【…에/에게 …을】

[1] '주다'의 높임말.

[2] 윗사람에게 그 사람을 높여 말이나, 인사, 부탁, 약속, 축하 따위를 하다.

들이다 [드리다] 동 [들이어(들여), 들이니]

[1]【…을 …에】밖에서 속이나 안으로 향해 가게 하거나 오게 하다.

[2]【…에/에게 …을】어떤 일에 돈, 시간, 노력, 물자 따위를 쓰다.

| 보기2 |

	새	해		첫	날		아	침	,	친	구	들	과		함	께		선	생
님		댁	을		방	문	했	다	.	선	생	님	께	서	는	(우리를)		사	랑	방
에	㉠	들	이	면	서		매	우		기	뻐	하	셨	다	.	우	리	는	
함	께		세	배	를		하	고		선	생	님	께		감	사	의		마
음	을		담	은		편	지	를	㉡	드	려		선	생	님	을		흐	뭇
하	게		했	다	.	정	성	을	㉢	~~드~~	~~려~~ (들여)		쓴		편	지	였	다	.

① ㉠은 '들이다'[1]의 의미로 사용되었군.

근거 들이다 [1] 밖에서 속이나 안으로 향해 가게 하거나 오게 하다.

풀이 ㉠은 밖에 있는 대상을 사랑방 안으로 오게 하였다는 의미이므로 ㉠이 '들이다'[1]의 의미로 사용되었다는 설명은 적절하다.

→ 적절하므로 오답!

② ㉠을 포함한 문장에 '우리를'을 넣어야 하는 이유는 필요한 문장 성분이 빠졌기 때문이군.

근거 들이다 [1]【…을 …에】

풀이 사전에서【 】는 해당 단어가 문장에서 쓰일 때 꼭 필요로 하는 문장 성분을 의미한다. 【…을 …에】로 보아 '들이다'[1]은 주어 외에 목적어와 부사어를 반드시 필요로 하는데, ㉠을 포함한 문장에 목적어가 빠져 있으므로 목적어 '우리를'을 추가해야 한다.

→ 적절하므로 오답!

③ ㉡과(㉡은) '할머니께 말씀을 드리다.'의 '드리다'는 모두 '드리다'[1]의 의미로 사용되었군.

근거 드리다 [1] '주다'의 높임말.

[2] 윗사람에게 그 사람을 높여 말 … 따위를 하다.

풀이 ㉡은 선생님께 편지를 주었음을 높여 표현한 것이므로 '드리다'[1]의 의미로 사용되었다. 그러나 '할머니께 말씀을 드리다'는 윗사람에게 그 사람을 높여 말을 한다는 의미이므로 이때의 '드리다'는 '드리다'[2]의 뜻을 지닌다.

→ 틀려서 정답!

④ ㉢은 '들이다'[2]의 의미로 사용되었기 때문에 '들여'라고 고쳐 써야 하는군.

근거 들이다 [들이어(들여), 들이니]

[2] 어떤 일에 돈, 시간, 노력, 물자 따위를 쓰다.

풀이 ㉢은 선생님께 편지를 쓰는 일에 정성을 썼다는 의미이므로 '들이다'[2]의 의미로 사용된 것이다. 따라서 사전에 제시된 활용형을 참고하여 '들이어' 혹은 '들여'라고 고치는 것이 적절하다.

→ 적절하므로 오답!

⑤ ㉠과 ㉡은 사전에서 각각의 표제어 아래 제시된 여러 의미 중 하나로 풀이되는군.

풀이 '드리다'와 '들이다'는 모두 둘 이상의 뜻을 가지는 다의어이다. 따라서 ㉠과 ㉡은 각각의 표제어 아래 제시된 여러 의미 중 하나로 풀이된다.

→ 적절하므로 오답!

15 훈민정음의 제자 원리 - 맞는 것 고르기

정답률 85% | 정답 ②

〈보기〉는 수업의 일부이다. 선생님의 설명을 참고할 때 ㉠에 해당하는 것은?

| 보기 |

선생님 : 훈민정음의 **초성**(첫소리, 자음) 중 기본자는 발음 기관의 모양을 본뜨는 '상형'의 원리로 만들어졌어요. 'ㄱ'은 혀뿌리가 목구멍을 막는 모양을, 'ㄴ'은 혀가 윗잇몸에 닿는 모양을, 'ㅁ'은 입 모양을, 'ㅅ'은 이[齒] 모양을, 'ㅇ'은 목구멍 모양을 본뜬 것이에요. 기본자에 소리의 세기에 따라 획을 더하는 '가획'의 원리를 적용하여 가획자 'ㅋ, ㄷ, ㅌ, ㅂ, ㅍ, ㅈ, ㅊ, ㆆ, ㅎ'을 만들었고, 상형이나 가획의 원리를 적용하지 않고 별도로 **이체자**(異體字, 모양을 달리한 글자) 'ㆁ, ㄹ, ㅿ'을 만들었지요. **중성**(가운뎃소리, 모음)은 하늘, 땅, 사람의 모양을 본떠서 기본자 'ㆍ, ㅡ, ㅣ'를 만들고, '합성'의 원리를 적용하여 초출자 'ㅗ, ㅏ, ㅜ, ㅓ'와 재출자 'ㅛ, ㅑ, ㅠ, ㅕ'를 만들었어요. 종성은 초성의 글자를 다시 사용했답니다. 그러면 선생님과 함께 카드놀이를 하며 훈민정음에 대하여 공부해 봅시다. ㉠ 아래의 카드 중 [조건]을 모두 만족하는 글자 카드를 찾아볼까요?

[조건]

- 초성 : 이[齒] 모양을 본뜬 기본자에 가획하여 만든 글자
- 중성 : 초출자 'ㅗ'에 기본자 'ㆍ'를 결합하여 만든 글자
- 종성 : 상형이나 가획의 원리를 적용하지 않고 별도로 만든 글자

풀이 '이[齒] 모양을 본뜬 기본자'는 'ㅅ'이고 'ㅅ'에 가획하여 만든 글자는 'ㅈ, ㅊ'이다. 따라서 초성에는 'ㅈ'이나 'ㅊ'이 들어가야 한다. 그리고 초출자 'ㅗ'에 기본자 'ㆍ'를 결합하여 만든 글자는 'ㅛ'이다. 마지막으로 상형이나 가획의 원리를 적용하지 않고 별도로 만든 글자는 이체자이므로 종성에는 'ㆁ, ㄹ, ㅿ' 중 하나가 들어가야 한다. 따라서 정답은 ②번이다.

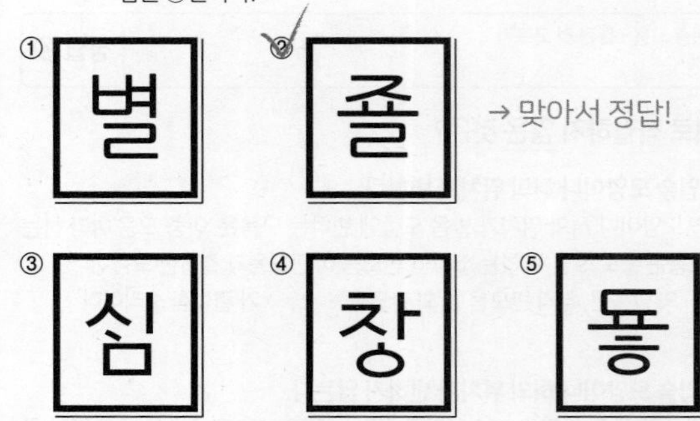

→ 맞아서 정답!

[16 ~ 20] 인문 - 〈민본 사상을 바탕으로, 조선 시대 학자들이 제시한 '백성'에 대한 관점〉

1 [1]조선 시대의 유학자들은 **왕권**(王權, 임금이 지닌 권력이나 권리)의 **기반**(基盤, 기초가 되는 바탕)이 **민심**(民心, 백성의 마음)에 있으며 민심을 **천심**(天心, 하늘의 뜻)으로 받아들여야 한다고 보는 **민본(民本)**(백성 민, 근본 본) 사상을 **통치**(統治, 나라를 다스림) **기조**(基調, 기본적 방향)로 삼을 것을 주장했다. [2]이러한 관점에서 **군주**(君主, 세습에 의해 나라를 다스리는 최고 지위의 사람)는 백성의 뜻을 하늘의 뜻으로 **받들며**(소중히 여기고 마음속으로 따르며) **섬기고**(잘 모시어 소중히 대하고) **덕성**(德性, 어질고 너그러운 성질)을 갖춘 **성군**(聖君, 마음이 너그럽고 착하며 슬기롭고 덕이 높은 임금)으로서 백성의 모범이 되어야 하며, 백성을 사랑하는 **애민**(愛 사랑 애 民 백성 민)의 태도로 백성의 삶을 안정시키고 백성을 **교화해야**(敎化-, 가르치고 이끌어 좋은 방향으로 나아가게 해야) 하는 존재라고 강조했다. [3]또한 백성은 보살핌과 가르침을 받는 존재로서 통치에 ⓐ 순응해야 한다고 보았다.

→ 조선 시대 통치 기조인 민본 사상에서의 군주와 백성에 대한 관점

2 [1]군주와 백성에 대한 이러한 관점은 조선 **개국**(開國, 새로 나라를 세움)을 **주도하고**(主導-, 이끌고) 통치 **체제**(體制, 조직과 양식, 지배하는 상태)를 설계한 정도전의 주장에도 드러난다. [2]정도전은 군주나 **관료**(官僚, 관직에 있는 벼슬아치)가 백성에 대한 **통치권**(統治權, 국민과 국토를 다스리는 국가의 최고 권력)을 지닌 것은 백성을 **지배하기**(支配-, 자기의 뜻이나 규칙대로 따르게 하여 다스리기) 위한 것이 아니라 백성을 보살피고 안정시키기 위한 것이라고 보았다. [3]군주나 관료가 지배자가 아니라 백성을 위해 일하는 봉사자일 때 **이들**(군주나 관료)의 **지위**(地位, 사회적 신분에 따른 자리, 위치)나 **녹봉**(祿俸, 벼슬아치에게 벼슬살이의 대가로 나눠 주던 금품)은 그 **정당성**(正當性, 이치에 맞아 올고 정의로운 성질)이 **확보된다고**(確保-, 확실히 갖춰진다고) 여긴 것이다. [4]또한 왕권이 정상적으로 작동하기 위해서는 왕을 **정점**(頂點, 가장 높은 위치)으로 하여 관료 조직을 **위계적으로**(位階的-, 등급을 매겨 높고 낮음을 나누어) ⓑ 정비하는 것과 더불어, 민심을 받들어 백성을 보살피는 **자**(者, 사람)로서 군주가 덕성을 갖추는 것이 중요하다고 보았다. [5]백성을 위하는 관료의 **자질**(資質, 능력이나 실력의 정도) **향상**(向上, 나아지게 함) 및 **책무**(責務, 직업상 맡은 일에 따른 책임이나 의무)의 중요성을 강조한 한편, 관료의 **비행**(非行, 잘못된 행위)을 감독하는 **감사**(監 살피다 감 査 조사하다 사) 기능의 **강화**(强化, 더 강하게 함)를 주장하기도 했다. [6]이러한 정도전의 주장은 백성을 보살핌의 대상으로 바라본 민본 사상의 관점에 **입각한**(立脚-, 근거를 두어 그 입장에 선) 것이라 할 수 있다.

→ 조선 개국 시기 : 백성에 대한 정도전의 관점

문제편 59쪽

3 [1]조선 중기의 학자 이이 역시 군주의 바람직한 덕성을 강조한 한편 군주와 백성의 관계를 부모와 자식의 관계에 빗대어 백성을 보살펴야 하는 대상이라 논했다. [2]이이는 특히 애민은 부모가 자녀를 가르치듯 군주가 백성들을 도덕적으로 교화함으로써 실현되며, 교화를 ⓒ 순조롭게 이루기 위해서는 우선 백성들을 경제적으로 안정시켜야 한다는 점을 강조했다. [3]또한 백성은 군주에 대한 신망(信望, 믿고 기대함)을 지닐 수도 버릴 수도 있는 존재이므로, 군주는 백성을 두려워하는 외민(畏民)(두려워하다 외, 백성 민)의 태도를 지녀야 함을 역설했다.(力說-, 힘주어 말했다.) [4]백성을 보살피고 교화해야 할 대상으로 여긴 점은 정도전의 관점과 상통하는(相通-, 서로 공통되는 부분이 존재하는) 지점이다. [5]다만 군주가 백성에 대한 두려움을 가지고 백성의 신망을 유지하기 위해 노력해야 한다는 것을 강조한 점에서 차이가 있다.

→ 조선 중기 : 백성에 대한 이이의 관점

4 [1]조선 후기의 학자 정약용은 환자나 극빈자(極貧者, 몹시 가난한 사람), 노인과 어린이 등 사회적 약자(弱者, 힘이나 세력이 약한 사람 또는 그 집단)에 속하는 백성을 적극적으로 보호하는 것이 애민의 내용이라고 주장했다. [2]이는 백성을 보살핌의 대상으로 바라보는 시각을 구체화한 것이라 할 수 있다. [3]한편 정약용은 백성을 통치 체제 유지에 기여해야(寄與-, 도움이 되도록 힘을 써야) 하는 존재라 보고, 백성이 각자의 경제적 형편에 ⓓ 부합하는 역할을 수행해야 한다고 주장하여 백성에 대한 기존의 관점과 차이를 드러냈다. [4]그(정약용)는 가난한 백성인 '소민'은 교화를 따름으로써, 부유한 백성인 '대민'은 생산 수단을 제공하고 납세(納稅, 세금을 냄)의 부담을 맡음으로써 통치 질서의 안정에 기여해야 한다고 논했다. [5]이는 조선 후기 농업 기술과 상·공업의 발달로 인해 재산을 축적한(蓄積-, 모아서 쌓은) 백성들이 등장한 현실을 고려한 것으로, 백성이 국가를 유지하는 근간(根幹, 본바탕이나 중심이 되는 중요한 것)이라고 보는 관점에 ⓔ 기반한 주장이었다.

→ 조선 후기 : 백성에 대한 정약용의 관점

5 [A] [1]조선 시대 학자들의 이와 같은 주장은 군주를 비롯한 통치 계층이 백성을 존중하는 정책을 펼치는 바탕이 되었다. [2]백성을 대상으로 한 교육 제도, 관료의 횡포(橫暴, 제멋대로 굴며 몹시 난폭함)를 견제하는(牽制-, 지나치게 세력을 펴거나 자유롭게 행동하지 못하도록 일정한 힘을 가해 억누르는) 감찰(監察, 잘못되지 않도록 행동을 살핌) 제도, 민생 안정을 위한 조세(租稅, 국가가 필요한 경비의 사용을 위해 국민에게 강제로 거두어들이는 금전) 및 복지 제도(福祉制度, 국민의 행복한 삶, 즉 복지를 증진하기 위해 다양한 정책을 펴는 제도), 백성의 민원(民願, 행정 기관에 원하는 바를 요구하는 일)을 수렴하는(收斂-, 여러 의견을 하나로 모아 정리하는) 소원(訴冤, 억울한 일을 당하여 관에 하소연함) 제도 등은 백성을 위한 정책이 구현된(具現-, 구체적인 사실로 나타난) 사례라 할 수 있다.

→ 논의들이 지닌 의의

■지문 이해

❶ 조선 시대 통치 기조인 민본 사상에서의 군주와 백성에 대한 관점
- 조선 시대 유학자들은 민본 사상을 통치 기조로 삼을 것을 주장함
- 군주 : 민심을 천심으로 받들며 섬기고 덕성을 갖춘 성군으로, 백성의 모범이 되며 애민의 태도로 백성의 삶을 안정시키고 백성을 교화해야 하는 존재
- 백성 : 보살핌과 가르침을 받으며, 통치에 순응해야 하는 존재

❷ 조선 개국 시기 : 백성에 대한 정도전의 관점
- 군주, 관료가 통치권을 지닌 것은 백성을 보살피고 안정시키기 위한 것이라고 봄
- 군주, 관료가 지배자가 아닌 봉사자일 때 그 지위와 녹봉의 정당성이 확보된다고 여김
- 군주의 덕성을 중요시함
- 관료의 자질 향상·책무의 중요성 강조, 감사 기능의 강화 주장
→ 백성을 보살핌의 대상으로 바라본 민본 사상의 관점에 입각한 주장

❸ 조선 중기 : 백성에 대한 이이의 관점
- 군주의 덕성을 강조함
- 애민은 부모가 자녀를 가르치듯 군주가 백성들을 도덕적으로 교화함으로써 실현된다고 봄
- 교화를 위해서는 백성들의 경제적 안정이 우선되어야 함을 강조함
- 군주는 백성을 두려워하는 외민의 태도를 지녀야 함을 역설함
→ 백성을 보살피고 교화해야 할 대상으로 여김

❹ 조선 후기 : 백성에 대한 정약용의 관점
- 사회적 약자에 속하는 백성을 적극적으로 보호하는 것이 애민의 내용이라고 주장함 → 백성을 보살핌의 대상으로 바라보는 시각을 구체화함
- 백성을 통치 체제 유지에 기여해야 하는 존재라 보고, 백성 각자의 경제적 형편에 부합하는 역할을 수행해야 한다고 주장함
→ 백성이 국가를 유지하는 근간이라고 보는 관점에 기반한 주장

❺ 논의들이 지닌 의의
- 조선 시대 통치 계층이 백성을 존중하는 정책을 펼치는 바탕이 됨

16 | 글의 서술 방식 파악 - 맞는 것 고르기 / 정답률 80% | 정답 ③

윗글에 대한 설명으로 가장 적절한 것은?

근거 ❶-1~3 조선 시대의 유학자들은 … 민본(民本) 사상을 통치 기조로 삼을 것을 주장했다. 이러한 관점에서 … 백성은 보살핌과 가르침을 받는 존재, ❷-2 정도전은 군주나 관료가 백성에 대한 통치권을 지닌 것은 백성을 지배하기 위한 것이 아니라 백성을 보살피고 안정시키기 위한 것이라고 보았다, ❷-6 정도전의 주장은 백성을 보살핌의 대상으로 바라본 민본 사상의 관점에 입각한 것, ❸-4~5 (이이가) 백성을 보살피고 교화해야 할 대상으로 여긴 점은 정도전의 관점과 상통하는 지점이다. 다만 군주가 백성에 대한 두려움을 가지고 백성의 신망을 유지하기 위해 노력해야 한다는 것을 강조한 점에서 차이가 있다, ❹-3 정약용은 … 백성에 대한 기존의 관점과 차이를 드러냈다.

풀이 윗글에서는 민본 사상을 기조로, 정도전, 이이, 정약용 등 조선 시대 유학자들이 백성에 대해 어떤 관점을 가지고 있었는지를 설명하고, 이들의 주장을 비교하여 그 공통점과 차이점을 제시하고 있다. 따라서 정답은 ③번이다.

① 조선 시대 관료 조직의 위계를 분석하고 있다.

② 조선 시대 조세 제도의 문제점을 나열하고 있다.

③ 조선 시대 학자들의 백성에 대한 관점을 비교하고 있다. → 맞아서 정답!

④ 조선 시대 군주들의 통치관을 *비판적으로 서술하고 있다. *批判的-, 옳고 그름을 판단하여 밝히거나 잘못된 점을 지적하여

⑤ 조선 시대 상업의 발달 과정을 *통시적으로 **기술하고 있다. *通時的-, 시간의 흐름에 따라 나타나는 변화와 관련하여 **記述-, 기록하여 서술하고

17 | 세부 정보 이해 - 맞는 것 고르기 / 정답률 80% | 정답 ⑤

외민(畏民)에 대한 이해로 가장 적절한 것은?

① 백성이 군주에 대해 지녀야 할 마음가짐이다. (군주가 백성에 대해)

근거 ❸-3 군주는 백성을 두려워하는 외민(畏民)의 태도를 지녀야 함을 역설

풀이 백성이 군주에 대해 지녀야 할 마음가짐이 아니라, 군주가 백성에 대해 지녀야 할 마음가짐이다.

→ 적절하지 않으므로 오답!

② 관료의 비행을 감독하기 위해 마련한 제도이다. (감사 기능)

근거 ❷-5~6 관료의 비행을 감독하는 감사 기능의 강화를 주장하기도 했다. 이러한 정도전의 주장은 백성을 보살핌의 대상으로 바라본 민본 사상의 관점에 입각한 것

풀이 윗글에서 정도전이 민본 사상의 관점에 입각하여 관료의 비행을 감독하는 감사 기능의 강화를 주장하였다는 내용이 나오긴 하지만, 이는 군주가 백성을 두려워하는 외민(畏民)의 태도를 가져야 한다는 내용과는 관계가 없다.

→ 적절하지 않으므로 오답!

③ 군주와 백성을 부모와 자식의 관계에 비유하는 근거이다. ('애민')

근거 ❸-1~2 조선 중기의 학자 이이 역시 … 군주와 백성의 관계를 부모와 자식의 관계에 빗대어 백성을 보살펴야 하는 대상이라 논했다. 이이는 특히 애민은 부모가 자녀를 가르치듯 군주가 백성들을 도덕적으로 교화함으로써 실현되며

풀이 군주와 백성을 부모와 자식의 관계에 비유하는 것은 '외민'이 아니라 '애민'에 근거한 다.

→ 적절하지 않으므로 오답!

④ 민생이 안정되었을 때 드러나는 백성의 *이상적 모습이다. *理想的, 생각할 수 있는 범위 안에서 가장 완전하다고 생각되는

근거 ❶-2~3 이러한(민본 사상을 통치 기조로 삼아야 한다는) 관점에서 … 백성은 보살핌과 가르침을 받는 존재로서 통치에 순응해야 한다고 보았다.

풀이 윗글에서 조선 시대 민본 사상을 통치 기조로 삼아야 한다는 관점에서 본 백성의 이상적 모습을 언급하고 있지만, 이는 군주가 백성을 두려워하는 '외민(畏民)'의 태도를 가져야 한다는 내용과는 관계가 없다.

→ 적절하지 않으므로 오답!

⑤ 백성이 군주에 대한 신망을 버릴 수 있다고 보는 관점이다.

근거 ❸-3 백성은 군주에 대한 신망을 지닐 수도 버릴 수도 있는 존재이므로, 군주는 백성을 두려워하는 외민(畏民)의 태도를 지녀야 함을 역설

→ 맞아서 정답!

1등급 문제

18 | <보기>와 내용 비교 - 틀린 것 고르기 / 정답률 45%, 매력적 오답 ② 15% ④ 25% | 정답 ③

윗글을 바탕으로 〈보기〉를 이해한 내용으로 적절하지 않은 것은? [3점]

| 보기 |

ㄱ. [1]옛날에 바야흐로(이제 한창) 온 세상을 제압하고(制壓-, 억눌러 통제하고) 나서 천자(天子, 하늘의 뜻을 받아 하늘을 대신하여 천하를 다스리는 사람을 이르는 말로 왕, 임금을 뜻함)가 벼슬을 내리고 녹봉을 나누어 준 것은 신하들을 위해서가 아니라 백성들을 위한 것이었다. … [2]임금이 관리에게 책임을 지우는(지게 하는) 것도 한결같이 백성에 근본을 두고, 관리가 임금에게 보고하는 것도 한결같이 백성에 근본을 두면, 백성은 중요한 존재가 된다.

- 정도전, 『삼봉집』 -

ㄴ. [3]청컨대(請-, 부탁하여 바라건대) 전하의 식사와 옷에서부터, 바치는 물건들과 대궐 안에서 일상적으로 쓰는 물건들 일체(一切, 모든 것)를 삼분의 일 줄이십시오. [4]이런 방식으로 헤아려서 모든 팔도(八道, 조선 시대에, 전국을 여덟 개로 나눈 행정 구역)의 진상(進上, 보배롭고 귀한 물품이나 그 지방에서 특별히 나는 물건 등을 임금에게 바침)·공물(貢物, 해당 지역의 특산물을 세금으로 바치는 것)들도 삼분의 일 줄이십시오. [5]이렇게만 하신다면 은택(恩澤, 은혜와 덕택)이 아래로 미치어 백성들이 실질적인 혜택을 받게 될 것입니다.

- 이이, 『율곡전서』 -

문제편 60쪽

ㄷ. [6]만일 목화 농사가 **흉작**(凶作, 농작물의 수확이 평균 수확량을 훨씬 밑도는 일)이 되어 **면포**(綿布, 솜에서 뽑아내어 만든 무명실로 짠 천)의 가격이 뛰어 오르는데 수백 리 밖의 고장은 **풍년**(豐年, 곡식이 잘 자라고 여물어 보통 수확을 올린 해보다 수확이 많은 해)이 들어 면포의 값이 매우 쌀 경우 **수령**(守令, 각 고을을 맡아 다스리던 지방관)은 일단 백성에게 **군포**(軍布, 병역을 면제해 주는 대신 받아들이던, 무명실 등으로 짠 천)를 **납부하지**(納付-, 내지) 말도록 해야 한다. [7]그리고 **아전**(衙前, 조선 시대에 각 관아의 벼슬아치 밑에서 일을 보던 사람) 중 **청렴한**(淸廉-, 성품과 행실이 높고 맑으며 탐욕이 없는) 자를 골라 풍년이 든 곳에 가서 면포를 구입해 오도록 하여 군포를 바친다. [8]그리고 면포를 구입하는 데 쓴 돈은 백성들이 **균등하게**(均等-, 차별이 없게) 부담케 하면 백성에게 큰 혜택이 돌아갈 것이다.

- 정약용, 『목민심서』 -

① ㄱ은 관료의 녹봉이 백성을 위해 일하는 봉사자로서 얻는 것이라는 주장과 관련된다.

근거 〈보기〉-1 천자가 벼슬을 내리고 녹봉을 나누어 준 것은 신하들을 위해서가 아니라 백성들을 위한 것, ❷-2~3 정도전은 군주나 관료가 백성에 대한 통치권을 지닌 것은 … 백성을 보살피고 안정시키기 위한 것이라고 보았다. 군주나 관료가 지배자가 아니라 백성을 위해 일하는 봉사자일 때 이들의 지위나 녹봉은 그 정당성이 확보된다고 여긴 것

→ 적절하므로 오답!

② ㄴ은 군주가 백성을 보살피는 존재라는 시각을 바탕으로 한다.

근거 〈보기〉-3~5 대궐 안에서 일상적으로 쓰는 물건들 일체를 삼분의 일 줄이십시오. 이런 방식으로 헤아려서 모든 팔도의 진상·공물들도 삼분의 일 줄이십시오. 이렇게만 하신다면 은택이 아래로 미치어 백성들이 실질적인 혜택을 받게 될 것, ❶-2~3 **이러한**(민본 사상의) 관점에서 군주는 … 애민의 태도로 백성의 삶을 안정시키고 백성을 교화해야 하는 존재라고 강조했다. 또한 백성은 보살핌과 가르침을 받는 존재, ❸-1 백성을 보살펴야 하는 대상이라 논했다.

풀이 〈보기〉의 ㄴ에서는 군주에게 일상적으로 사용하는 물건을 줄여 백성으로부터 거두는 진상과 공물을 줄이고, 그 혜택이 백성들에게 돌아갈 수 있도록 하라고 조언하고 있다. 이는 애민의 태도로 백성의 삶을 안정시키고 백성을 보살핌의 대상으로 보는 관점을 바탕으로 한 것이다.

→ 적절하므로 오답!

③ ㄷ은 대민과 소민에 따라 납세 부담에 차이가 있어야 한다는 주장을 구현하는 방법이다.

근거 〈보기〉-6~8 만일 목화 농사가 흉작이 되어 면포의 가격이 뛰어 오르는데 수백 리 밖의 고장은 풍년이 들어 면포의 값이 매우 쌀 경우 … 풍년이 든 곳에 가서 면포를 구입해 오도록 하여 군포를 바친다. 그리고 면포를 구입하는 데 쓴 돈은 백성들이 균등하게 부담케 하면 백성에게 큰 혜택이 돌아갈 것, ❹-3~4 백성이 각자의 경제적 형편에 부합하는 역할을 수행해야 한다고 주장하여 … 가난한 백성인 '소민'은 교화를 따름으로써, 부유한 백성인 '대민'은 생산 수단을 제공하고 납세의 부담을 맡음으로써 통치 질서의 안정에 기여해야 한다고 논했다.

풀이 〈보기〉의 ㄷ에서는 흉작이 된 고장의 수령이 청렴한 아전에게 풍년이 든 고장에서 면포를 구입해 오게 하여 군포를 바치고, 면포 구입에 쓴 돈을 백성들에게 균등하게 부담하게 한다고 하였다. 이는 대민과 소민을 구분하지 않고 흉작이 든 고장의 백성들이 똑같이 납세를 부담하는 것이므로, 대민과 소민에 따라 납세 부담에 차이가 있어야 한다는 주장을 구현하는 방법이라고 보기는 어렵다.

→ 틀려서 정답!

④ ㄱ과 ㄷ은 민본 사상의 관점에서 바람직한 관료의 *면모를 보여 준다. *面貌, 됨됨이

근거 〈보기〉-2 임금이 관리에게 책임을 지우는 것도 한결같이 백성에 근본을 두고, 관리가 임금에게 보고하는 것도 한결같이 백성에 근본을 두면, 백성은 중요한 존재가 된다, 〈보기〉-6~8 만일 목화 농사가 흉작이 되어 면포의 가격이 뛰어 오르는데 … 수령은 일단 백성에게 군포를 납부하지 말도록 해야 한다. … 면포를 구입하는 데 쓴 돈은 백성들이 균등하게 부담케 하면 백성에게 큰 혜택이 돌아갈 것이다, ❶-2 **이러한**(민본 사상의) 관점에서 군주는 백성의 뜻을 하늘의 뜻으로 받들며 섬기고 … 백성의 삶을 안정시키고 백성을 교화해야 하는 존재, ❷-2 군주나 관료가 백성에 대한 통치권을 지닌 것은 백성을 지배하기 위한 것이 아니라 백성을 보살피고 안정시키기 위한 것

풀이 〈보기〉의 ㄱ에서 군주와 관료가 '백성에 근본을 두는 것'과 ㄷ에서 '백성에게 혜택이 돌아가게 하는 것'은 모두 민본 사상의 관점에서 백성의 뜻을 하늘의 뜻으로 받들고 백성을 보살피고 안정시키고자 하는 바람직한 관료의 면모라 할 수 있다.

→ 적절하므로 오답!

⑤ ㄴ과 ㄷ은 백성의 경제적 안정을 중시하는 관점에서 제안된 방안에 해당한다.

근거 〈보기〉-4~5 모든 팔도의 진상·공물들도 삼분의 일 줄이십시오. 이렇게만 하신다면 은택이 아래로 미치어 백성들이 실질적인 혜택을 받게 될 것, 〈보기〉-6~8 목화 농사가 흉작이 되어 면포의 가격이 뛰어 오르는데 수백 리 밖의 고장은 풍년이 들어 면포의 값이 매우 쌀 경우 … 면포를 구입하는 데 쓴 돈은 백성들이 균등하게 부담케 하면 백성에게 큰 혜택이 돌아갈 것

풀이 〈보기〉의 ㄴ에서는 백성들이 경제적 혜택을 받을 수 있도록 진상·공물을 줄이는 것을 제안하고 있다. 또 ㄷ에서는 흉년이 든 고장의 백성들로 하여금 풍년이 들어 면포 값이 매우 싼 고장에서 면포를 구입하여 군포를 납부하게 함으로써 그 백성들에게 경제적으로 큰 혜택을 줄 것을 제안하고 있다. 즉 ㄴ과 ㄷ은 모두 백성의 경제적 안정을 중시하는 관점에서 제안된 방안에 해당한다.

→ 적절하므로 오답!

19 추론의 적절성 판단 - 맞는 것 고르기
정답률 75%, 매력적 오답 ④ 15%
정답 ②

다음은 윗글을 읽은 학생의 독후 활동이다. ㉮에 들어갈 내용으로 가장 적절한 것은?

독후 활동

[1]유사한 **화제**(話題, 이야깃거리)를 다룬 다음 자료를 읽고, 관점의 차이를 정리해 보자.

[자료]

[2]조선 시대의 교육은 신분 질서 유지를 통해 통치 계층의 **우위**(優位, 남보다 나은 위치)를 확보하는 데 기여했다. [3]현실적으로 통치 계층이 아닌 백성은 정치에 참여하는 관료가 되기 어려웠는데, 이는 신분에 따라 교육 기회가 제한된 것과 관련된다. [4]한편, 백성을 대상으로 하는 교육은 대체로 도덕적 교화를 위한 것에 **한정되었다.**(限定-, 제한되어 정해졌다.)

[결론]

[5][자료]와 [A]는 조선 시대의 (　　㉮　　)에 대하여 관점의 차이를 보이고 있다.

① 백성이 교육 기회를 얻고자 노력했는지

풀이 윗글과 독후 활동의 [자료] 모두에서 조선 시대 백성이 교육 기회를 얻고자 노력했는지와 관련된 내용은 찾을 수 없다. 따라서 이에 대한 두 글의 관점 차이를 확인할 수 없다.

→ 적절하지 않으므로 오답!

② 교육이 *본질적으로 백성을 위한 것인지 *本質的-, 근본적인 성질과 관련하여

근거 〈독후 활동〉-2 조선 시대의 교육은 신분 질서 유지를 통해 통치 계층의 우위를 확보하는 데 기여, 〈독후 활동〉-3 신분에 따라 교육 기회가 제한, 〈독후 활동〉-4 백성을 대상으로 하는 교육은 대체로 도덕적 교화를 위한 것에 한정, ❺-2 백성을 대상으로 한 교육 제도, … 등은 백성을 위한 정책이 구현된 사례라 할 수 있다.

풀이 독후 활동의 [자료]에서는 조선 시대 교육이 본질적으로 백성을 위한 것이 아니라, 통치 계층의 우위 확보에 기여하기 위한 것이었다는 관점을 보여 준다. 반면 윗글에서는 백성을 대상으로 한 교육 제도 등이 '백성을 위한 정책'이었다고 하여, 교육이 본질적으로 백성을 위한 것이었다는 관점을 보이고 있다. 따라서 [자료]와 [A]가 조선 시대의 '교육이 본질적으로 백성을 위한 것인지'에 대하여 관점의 차이를 보이고 있다는 [결론]은 적절하다.

→ 맞아서 정답!

③ 교육 방식이 현대적으로 *계승되었는지 *繼承-, 이어져 나아갔는지

풀이 윗글과 독후 활동의 [자료] 모두에서 조선 시대 교육 방식의 현대적 계승과 관련된 내용은 나오지 않으므로, 이에 대한 두 글의 관점 차이를 확인할 수 없다.

→ 적절하지 않으므로 오답!

④ 신분 질서가 어떤 의미를 지니는지

풀이 윗글과 독후 활동의 [자료] 모두에서 조선 시대의 신분 질서가 지닌 의미와 관련된 내용을 찾을 수 없다. 따라서 이에 대한 두 글의 관점 차이를 확인할 수 없다.

→ 적절하지 않으므로 오답!

⑤ 백성이 어떻게 정치에 참여했는지

풀이 윗글과 독후 활동의 [자료] 모두에서 백성이 어떻게 정치에 참여했는지에 관해서는 설명하지 않았다. 따라서 이에 대한 두 글의 관점 차이를 확인할 수 없다.

→ 적절하지 않으므로 오답!

20 문맥적 의미 파악 - 틀린 것 고르기
정답률 90%
정답 ③

문맥상 ⓐ~ⓔ와 바꿔 쓰기에 적절하지 않은 것은?

ⓐ순응해야　ⓑ정비하는　ⓒ순조롭게　ⓓ부합하는　ⓔ기반한

① ⓐ : 따라야

풀이 ⓐ에서 쓰인 '순응(順 따르다 순 應 응하다 응)하다'는 '환경이나 변화에 적응하여 익숙하여지거나 체계, 명령 따위에 적응하여 따르다'의 의미이다. 그리고 '따르다'는 '관례, 유행이나 명령, 의견 따위를 그대로 실행하다'의 의미를 가지고 있다. 따라서 ⓐ의 '순응해야'를 '따라야'로 바꿔 쓰는 것은 문맥상 적절하다.

예문 우리 조상들은 자연에 순응하며 모든 생명을 귀하게 여겼다.
그는 아버지의 뜻을 따라서 법대에 진학했다.

→ 적절하므로 오답!

② ⓑ : 가다듬는

풀이 ⓑ에서 쓰인 '정비(整 가지런하다 정 備 갖추다 비)하다'는 '흐트러진 체계를 정리하여 제대로 갖추다'의 의미이다. 그리고 '가다듬다'는 '흐트러진 조직이나 대열을 바로 다스리고 꾸리다'의 의미를 가지고 있다. 따라서 ⓑ의 '정비하는'을 '가다듬는'으로 바꿔 쓰는 것은 문맥상 적절하다.

예문 병력이 다시 부대를 정비하고 대기하고 있다.
그들은 전열을 가다듬어 다시 진격했다.

→ 적절하므로 오답!

③ ⓒ : 끊임없이

풀이 ⓒ에서 쓰인 '순조(順 순하다 순 調 고르다 조)롭다'는 '일 따위가 아무 탈이나 말썽 없이 예정대로 잘되어 가는 상태에 있다'의 의미이다. 한편 '끊임없이'는 '계속하거나 이어져 있던 것이 끊이지 아니하게'의 의미이다. 따라서 ⓒ를 '끊임없이'로 바꿔 쓰는 것은 문맥상 적절하지 않다.

예문 선거가 순조롭게 끝났다.
작은 사고가 끊임없이 일어났다.

→ 틀려서 정답!

문제편 61쪽

④ ⓓ : 걸맞은

풀이 ⓓ에서 쓰인 '부합(符 들어맞다 부 合 맞다 합)하다'는 '사물이나 현상이 서로 꼭 들어맞다'의 의미이다. 그리고 '걸맞다'는 '두 편을 견주어 볼 때 서로 어울릴 만큼 비슷하다'의 의미를 가지고 있다. 따라서 ⓓ의 '부합하는'을 '걸맞은'으로 바꿔 쓰는 것은 문맥상 적절하다.

예문 국민 투표는 민주 정치의 근본이념과 부합하는 제도이다.
그는 직업에 걸맞은 단단한 체격을 갖추고 있었다.

→ 적절하므로 오답!

⑤ ⓔ : 바탕을 둔

풀이 ⓔ에서 쓰인 '기반(基 터 기 盤 받침 반)하다'는 '기초가 되는 바탕이나 토대를 두다'의 의미이다. 따라서 ⓔ의 '기반한'을 '바탕을 둔'으로 바꿔 쓰는 것은 문맥상 적절하다.

예문 요즘엔 실화에 기반한 영화가 많다.
성리학은 이기론에 바탕을 둔 학문이다.

→ 적절하므로 오답!

[21 ~ 25] 사회 - <손실 보상 청구권과 관련한, 경계 이론과 분리 이론의 입장>

1 [1]공익(公益, 사회 전체의 이익)을 위한 적법한(適法-, 법규에 맞는) 행정 작용(行政作用, 행정 주체가 행정 목적을 실제로 이루기 위해 행하는 모든 작용)으로 개인의 재산권*에 특별한 희생(犧牲, 다른 사람이나 어떤 목적을 위하여 자신의 재산, 이익 등을 바치거나 버림)이 발생한 경우, 개인은 자신이 입은 재산상(財産上, 재산과 관계된) 손실(損失, 잃어버리거나 모자라서 보는 손해)을 보상하도록(補償-, 끼친 손해를 갚도록) 요구할 수 있는 권리인 '손실 보상 청구권'을 갖는다. [2]여기서 '특별한 희생'이란 보호할 필요가 있는 재산권에 대한 침해(侵害, 침범하여 해를 끼침)를 이르는 말로, 이(공익을 위한 적법한 행정 작용으로 개인의 재산권에 발생한 특별한 희생)로 인한 손실은 국가가 보상해야 한다. [3]가령(假令, 예를 들어) 감염병예방법에 따르면, 행정 기관이 감염병 예방을 위해 의료기관의 병상(病牀, 병든 사람이 눕는 침상)이나 연수원(硏修院, 직원이나 회원을 교육하는 기관), 숙박 시설(宿泊施設, 잠을 자고 머무를 수 있도록 만든 시설) 등을 동원한(動員-, 목적 달성을 위해 물건, 수단, 방법을 집중한) 경우 이로 인한 손실을 개인에게 보상하여야 하는데, 이때의 재산권 침해가 특별한 희생에 해당하는 것이다.

→ 손실 보상 청구권과 '특별한 희생'의 개념

2 [1]손실 보상 청구권은 ⓐ 공적(公的, 국가나 사회에 관계되는) 부담(負擔, 의무나 책임을 짐)의 평등을 위해 인정되는 헌법상 권리이다. [2]행정 작용으로 누군가에게 특별한 희생이 발생하면, 그(행정 작용으로 발생한 누군가의 특별한 희생)로 인한 부담을 공공(公共, 국가나 사회 구성원에게 두루 관계되는 것)이 분담하는(分擔-, 나누어서 맡는) 것이 평등 원칙에 부합하기(符合-, 꼭 들어맞기) 때문이다. [3]또한 헌법 제23조 제3항은 "공공필요에 의한 재산권의 수용(收 거두다 수 用 쓰다 용)·사용(使 쓰다 사 用 쓰다 용) 또는 제한(制 절제하다 제 限 한정하다 한) 및 그(공공필요에 의한 재산권의 수용·사용·제한)에 대한 보상은 법률로써 하되, 정당한(正當-, 이치에 맞아 올바르고 마땅한) 보상을 지급하여야(支給-, 정해진 몫만큼 내주어야) 한다."라고 하여, '공공필요에 의한 재산권의 수용·사용 또는 제한', 즉 공용 침해와 이(공용 침해)에 대한 보상이 법률에 규정되어야(規定-, 양이나 범위 등이 제한되어 정해져야) 함을 명시하고(明示-, 분명하게 드러내 보이고) 있다. [4]공용 침해 중 수용이란 개인의 재산권을 국가로 이전하는(移轉-, 넘겨주는) 것, 사용이란 행정 기관이 개인의 재산권을 일시적으로(一時的-, 짧은 어느 한 시기 동안) 사용하는 것, 제한이란 개인의 재산권 사용 또는 그(개인의 재산권 사용)로 인한 수익(收益, 이익을 거두어들임)을 한정하는 것을 의미한다. [5]한편 제23조 제3항은 내용상 분리될(分離-, 서로 나뉘어 떨어질) 수 없는 사항(事項, 항목이나 내용)은 함께 규정되어야 한다는 의미의 '불가분(不 아니다 불 可 허락하다 가 分 나누다 분, 나눌 수 없음) 조항(條項, 법률이나 규정의 조목, 항목)'이다. [6]따라서 ⓑ 공용 침해 규정과 보상 규정은 하나의 법률에서 규정되어야 한다.

→ 재산권의 침해가 특별한 희생에 해당하는 경우 : 헌법 제23조 제3항

3 [1]그러나 헌법은 제23조 제1항에서 "모든 국민의 재산권은 보장된다. [2]그(국민의 재산권 보장에 대한) 내용과 한계(限界, 실제 작용할 수 있는 범위)는 법률로 정한다."라고 규정하여, 재산권은 법률에 의해 구체화된다고(具體化-, 형태와 성질을 갖춘다고) 밝히고 있다. [3]또한 제2항에서 "재산권의 행사(行使, 권리의 내용을 실제로 이룸)는 공공복리에 적합하도록 하여야 한다."라고 하여, 개인의 재산권 행사가 공익에 적합하여야 한다는 재산권의 '사회적 제약(社會的制約, 사회 집단과 관계된 일의 내용에 따르는 조건이나 제한)'을 규정하고 있다. [4]특히 토지(土地, 땅)처럼 공공성(公共性, 한 개인이나 단체가 아닌 일반 사회 구성원 전체에 두루 관련되는 성질)이 강한 사유 재산(私有財産, 개인이나 사법인(私法人)이 마음대로 사들이거나 처분할 수 있는 현금, 부동산, 지적 재산권 등의 재산)은 재산권 행사에 더욱 강한 사회적 제약을 받을 수 있다. [5]만약 재산권 침해가 ⓒ 사회적 제약의 범위 내에 있다면 이(사회적 제약의 범위 내에 있는 재산권 침해)로 인한 손실은 보상의 대상이 되지 않는다. [6]즉 재산권 침해가 특별한 희생에 해당할 때만 보상이 가능한 것이다.

→ 재산권의 사회적 제약 : 헌법 제23조 제2항

4 [1]재산권의 사회적 제약과 특별한 희생의 구별에 대해 ㉠ 경계 이론과 ㉡ 분리 이론은 서로 다른 입장을 취한다. [2]경계 이론에 따르면 ⓓ 양자(재산권의 사회적 제약과 특별한 희생)는 별개(別個, 관련성이 없이 서로 다름)가 아니라 단지 침해의 정도(程度, 분량이나 수준)에 있어서만 차이가 있을 뿐이다. [3]재산권 침해는 그(침해의) 정도가 사회적 제약의 범위를 넘어서면 특별한 희생으로 바뀐다는 것이다. [4]따라서 경계 이론은 사회적 제약을 벗어나는 재산권 침해(특별한 희생)는 보상 규정이 없어도 보상이 이루어져야 한다고 본다. [5]보상을 규정하지 않은 채 공용 침해를 규정하고 있는 법률은, 불가분 조항인 헌법 제23조 제3항에 위반되어(違反-, 지켜지지 않고 어겨져) 위헌(違憲, 헌법의 조항이나 정신을 어기는 일)이고, 위헌임이 밝혀진 법률에 근거한(根據-, 그 바탕을 둔) 공용 침해 행위는 위법한(違法-, 법률을 어긴) 행정 작용이 된다는 것이다. [6]경계 이론은 적법한 공용 침해 행위의 경우에 보상이 인정된다면, 위법한 공용 침해 행위의 경우에도 헌법 제23조 제3항을 근거로 보상을 인정해야 한다는 입장이다.

→ 재산권의 사회적 제약과 특별한 희생의 구별에 대한 경계 이론의 입장

5 [1]이(경계 이론의 입장)에 반해(反-, 반대로) 분리 이론은 재산권의 사회적 제약에 대한 헌법 제23조 제2항의 규정과 특별한 희생에 대한 제3항의 규정은 ⓔ 입법자(立法者, 법률을 만들어 정하는 사람)의 의사(意思, 생각)에 따라 완전히 분리된다고 주장한다. [2]따라서 재산권 침해를 규정한 법률에 보상 규정이 없는 경우 입법자가 이러한(규정한 법률에 보상 규정이 없는) 재산권 침해를 특별한 희생이 아닌 사회적 제약으로 규정한 것으로 본다. [3]재산권 침해가 사회적 제약 또는 특별한 희생 중 무엇에 해당하는지 결정하는 것은 법률을 제정하는(制定-, 만들어 정하는) 입법자의 권한(權限, 권리나 권력이 미치는 범위)이라는 것이다. [4]만약 해당 법률에 규정된 재산권 침해가 헌법 제23조 제2항에서 규정한 재산권의 공익 적합성을 넘어서서(사회적 제약의 범위를 넘어서서) 개인의 재산권을 과도하게 침해한다면, 이러한 법률은 헌법 제23조 제2항을 위반하여 위헌이고, 위헌임이 밝혀진 법률에 근거한 행정 작용은 위법하게 된다. [5]분리 이론은 이러한 경우 ⓒ 손실을 보상하는 것이 아니라, 위법한 행정 작용 자체를 제거해야 한다고 본다. [6]재산권을 존속시키는(存續-, 그대로 남아 있게 하는) 것이 재산권을 침해하면서 그 손실을 보상하는 것보다 우선한다고(優先-, 앞서 다루어진다고) 보기 때문이다.

→ 재산권의 사회적 제약과 특별한 희생의 구별에 대한 분리 이론의 입장

* 재산권 : 재산의 소유권(所有權, 물건을 지배하는 권리), 사용·수익권(使用收益權, 물건을 사용하거나 그 물건으로 수익을 얻을 수 있는 권리), 처분권(處分權, 물건의 소유권을 옮기거나 그 물건에 담보권을 설정하는 등의 행위를 할 수 있는 권리) 등 일체의(一切-, 모든) 재산적 가치가 있는 권리

■ 지문 이해

❶ 손실 보상 청구권과 '특별한 희생'의 개념

- 손실 보상 청구권 : 공익을 위한 적법한 행정 작용으로 개인의 재산권에 특별한 희생이 발생한 경우, 재산상 손실을 보상하도록 요구할 수 있는 권리. 공적 부담의 평등을 위해 인정되는 헌법상 권리임(❷)
- 특별한 희생 : 보호할 필요가 있는 재산권에 대한 침해
- 특별한 희생으로 인한 손실은 국가가 보상해야 함

❷ 재산권의 침해가 특별한 희생에 해당하는 경우 : 헌법 제23조 제3항

- 공공필요에 의한 재산권의 수용·사용·제한, 즉 공용 침해와 이에 대한 보상이 법률에 규정되어야 함을 명시함
  - 수용 : 개인의 재산권을 국가로 이전하는 것
  - 사용 : 행정 기관이 개인의 재산권을 일시적으로 사용하는 것
  - 제한 : 개인의 재산권 사용 또는 그로 인한 수익을 한정하는 것
- 불가분 조항 : 공용 침해 규정과 보상 규정은 하나의 법률에서 규정되어야 함

❸ 재산권의 사회적 제약 : 헌법 제23조 제2항

- 개인의 재산권 행사가 공익에 적합하여야 한다는 재산권의 사회적 제약을 규정함
- 재산권 침해가 사회적 제약의 범위 내에 있을 때 이때의 손실은 보상의 대상×
  → 재산권 침해가 특별한 희생에 해당할 때만 보상이 가능함

재산권의 사회적 제약과 특별한 희생의 구별에 대한 입장

❹ 경계 이론	❺ 분리 이론
• 침해의 정도 차이 : 재산권 침해의 정도가 사회적 제약의 범위를 넘어서면 특별한 희생으로 바뀜 → 보상 규정이 없어도 보상이 이루어져야 한다고 봄 • 헌법 제23조 제3항을 근거로 위헌 여부를 판단함 • 적법한 공용 침해 행위의 경우에 보상이 인정된다면, 위법한 공용 침해 행위의 경우에도 헌법 제23조 제3항을 근거로 보상을 인정해야 한다는 입장	• 입법자의 의사에 따라 완전히 분리됨 : 재산권 침해를 규정한 법률에 보상 규정이 없는 경우 입법자가 사회적 제약으로 규정한 것으로 봄 • 헌법 제23조 제2항을 근거로 위헌 여부를 판단함 • 위헌인 법률에 근거한 위법한 행정 작용의 경우, 손실을 보상하는 것이 아니라 위법한 행정 작용 자체를 제거해야 한다는 입장 • 재산권의 존속을 우선함

4회 2021년 3월 국어

○ 문제편 62쪽

1등급 문제

21 세부 정보 이해 - 맞는 것 고르기
정답률 50%, 매력적 오답 ② 15% ③ 20%
정답 ①

윗글에 대한 이해로 가장 적절한 것은?

① 헌법이 개인에게 보장하는 재산권의 내용은 법률로써 그 내용이 구체화된 것이다.

근거 ❸-1 헌법은 제23조 제1항에서 "모든 국민의 재산권은 보장된다. 그 내용과 한계는 법률로 정한다."라고 규정하여, 재산권은 법률에 의해 구체화된다고 밝히고 있다.

→ 맞아서 정답!

② 공용 침해 중 '사용'과 달리 '제한'의 경우, 행정 작용에도 불구하고 개인의 재산권은 국가로 이전되지 않는다.

'사용'과 '제한'은 모두

근거 ❷-4 공용 침해 중 수용이란 개인의 재산권을 국가로 이전하는 것, 사용이란 행정 기관이 개인의 재산권을 일시적으로 사용하는 것, 제한이란 개인의 재산권 사용 또는 그로 인한 수익을 한정하는 것을 의미한다.

풀이 공용 침해 중 '사용'은 행정 기관이 개인의 재산권을 일시적으로 사용하는 것이고, '제한'은 개인의 재산권 사용이나 그로 인한 수익을 한정하는 것이다. 개인의 재산권이 국가로 이전되는 것은 '사용'이나 '제한'이 아니라, '수용'에 해당한다.

→ 적절하지 않으므로 오답!

③ 재산권을 침해하는 모든 행정 작용에 대해, 개인은 자신이 입은 손실을 보상하도록 요구할 수 있는 권리를 갖는다.

근거 ❸-5~6 만약 재산권 침해가 사회적 제약의 범위 내에 있다면 이로 인한 손실은 보상의 대상이 되지 않는다. 즉 재산권 침해가 특별한 희생에 해당할 때만 보상이 가능한 것

풀이 재산권 침해가 특별한 희생에 해당할 때만 보상이 가능하다.

→ 적절하지 않으므로 오답!

④ 재산권의 사회적 제약을 규정하는 모든 법률은 공용 침해와 손실 보상이 내용상 분리될 수 없다는 원칙에 어긋난다.

근거 ❷-3 헌법 제23조 제3항은 "공공필요에 의한 재산권의 수용·사용 또는 제한 및 그에 대한 보상은 법률로써 하되, 정당한 보상을 지급하여야 한다."라고 하여 … 공용 침해와 이에 대한 보상이 법률에 규정되어야 함을 명시, ❷-6 공용 침해 규정과 보상 규정은 하나의 법률에서 규정되어야 한다, ❸-3 제2항에서 "재산권의 행사는 공공복리에 적합하도록 하여야 한다"라고 하여, 개인의 재산권 행사가 공익에 적합하여야 한다는 재산권의 '사회적 제약'을 규정, ❸-5 만약 재산권 침해가 사회적 제약의 범위 내에 있다면 이로 인한 손실은 보상의 대상이 되지 않는다.

풀이 손실 보상 청구권은 재산권의 침해가 특별한 희생에 해당될 때 보상을 요구할 수 있는 권리이다. 헌법 제23조 제2항은 재산권 행사에 대한 사회적 제약과 관련된 것으로, 재산권 침해가 사회적 제약을 벗어나는 특별한 희생에 해당될 때만 보상이 가능하다고 언급했다. 한편 특별한 희생에 해당되는 경우 헌법 제23조 제3항에서 공용 침해와 이에 대한 보상이 법률에 규정되어야 한다는 원칙을 담고 있다. 따라서 재산권 침해가 특별한 희생에 해당하지 않으면 공용 침해와 손실 보상이 내용상 분리될 수 없다는 원칙은 적용되지 않는다.

→ 적절하지 않으므로 오답!

⑤ 감염병 예방을 위해 행정 기관이 사설 연수원을 일정 기간 동원하는 것은 공공필요에 의한 재산권의 '수용'에 해당한다.

'사용'

근거 ❷-4 공용 침해 중 수용이란 개인의 재산권을 국가로 이전하는 것, 사용이란 행정 기관이 개인의 재산권을 일시적으로 사용하는 것

풀이 감염병 예방을 위해 행정 기관이 사설 연수원을 일정 기간 동원하는 것은 공용 침해 중 행정 기관이 개인의 재산권을 일시적으로 사용하는 '사용'에 해당한다.

→ 적절하지 않으므로 오답!

오답률 TOP ❷ 1등급 문제

22 핵심 개념 파악 - 틀린 것 고르기
정답률 30%, 매력적 오답 ② 20% ④ 10% ⑤ 35%
정답 ③

㉠과 ㉡에 대한 이해로 적절하지 않은 것은?

㉠ 경계 이론 ㉡ 분리 이론

① ㉠은 법률에 보상 규정이 없는 경우에도 헌법 제23조 제3항을 근거로 하여, 행정 작용으로 인한 재산상 손실을 보상할 수 있다고 본다.

근거 ❹-4~6 경계 이론은 사회적 제약을 벗어나는 재산권 침해는 보상 규정이 없어도 보상이 이루어져야 한다고 본다. 보상을 규정하지 않은 채 공용 침해를 규정하고 있는 법률은, 불가분 조항인 헌법 제23조 제3항에 위반되어 위헌이고, 위헌임이 밝혀진 법률에 근거한 공용 침해 행위는 위법한 행정 작용이 된다는 것이다. 경계 이론은 적법한 공용 침해 행위의 경우에 보상이 인정된다면, 위법한 공용 침해 행위의 경우에도 헌법 제23조 제3항을 근거로 보상을 인정해야 한다는 입장

→ 적절하므로 오답!

② ㉡은 헌법 제23조 제2항과 제3항의 규정은 전혀 다른 내용을 규정하고 있다고 본다.

근거 ❺-1 분리 이론은 재산권의 사회적 제약에 대한 헌법 제23조 제2항의 규정과 특별한 희생에 대한 제3항의 규정은 입법자의 의사에 따라 완전히 분리된다고 주장

→ 적절하므로 오답!

③ ㉠은 행정 작용으로 인한 재산상 손실을 항상 보상해야 한다고 보는 반면, ㉡은 보상하지 않을 수 있다고 본다.

근거 ❸-5~6 만약 재산권 침해가 사회적 제약의 범위 내에 있다면 이로 인한 손실은 보상의 대상이 되지 않는다. 즉 재산권 침해가 특별한 희생에 해당할 때만 보상이 가능한 것, ❹-3~4 재산권 침해는 그 정도가 사회적 제약의 범위를 넘어서면 특별한 희생으로 바뀐다는 것이다. 따라서 경계 이론은 사회적 제약을 벗어나는 재산권 침해는 보상 규정이 없어도 보상이 이루어져야 한다고 본다, ❺-2 (분리 이론은) 재산권 침해를 규정한 법률에 보상 규정이 없는 경우 입법자가 이러한 재산권 침해를 특별한 희생이 아닌 사회적 제약으로 규정한 것으로 본다.

풀이 재산권 침해는 특별한 희생에 해당할 때만 보상이 가능하다. 경계 이론(㉠)과 분리 이론(㉡)은 재산권의 사회적 제약과 특별한 희생의 구별에 대해 서로 다른 입장을 가지고 있지만, 재산권 침해가 특별한 희생에 해당할 때에만 보상이 가능하다는 점 자체에 대해 입장 차를 보이는 것이 아니다.

경계 이론(㉠)에서는 재산권 침해의 정도가 사회적 제약의 범위를 넘어서면 특별한 희생으로 바뀐다고 보고, 특별한 희생에 해당할 경우 보상해야 한다고 보았다. 한편 분리 이론(㉡)에서는 법률에서 보상 규정이 있는 특별한 희생에 해당하는 경우 재산상 손실을 보상해야 한다고 보았다. 따라서 경계 이론(㉠)과 분리 이론(㉡)은 모두 행정 작용으로 인한 재산상 손실이 '특별한 희생'에 해당할 경우 보상해야 한다고 본다.

→ 틀려서 정답!

④ ㉠은 재산권 침해의 정도를, ㉡은 입법자의 의사를 기준으로 손실 보상 청구권의 성립 여부를 판단해야 한다고 본다.

근거 ❹-2 경계 이론에 따르면 양자(재산권의 사회적 제약과 특별한 희생)는 별개가 아니라 단지 침해의 정도에 있어서만 차이가 있을 뿐, ❺-1 이에 반해 분리 이론은 … 입법자의 의사에 따라 완전히 분리된다고 주장

→ 적절하므로 오답!

⑤ ㉠과 ㉡은 모두 보상 규정 없이 사회적 제약의 범위를 벗어나는 재산권 침해를 규정한 법률은 위헌이라고 본다.

근거 ❹-4~5 경계 이론은 사회적 제약을 벗어나는 재산권 침해는 보상 규정이 없어도 보상이 이루어져야 한다고 본다. 보상을 규정하지 않은 채 공용 침해를 규정하고 있는 법률은, 불가분 조항인 헌법 제23조 제3항에 위반되어 위헌이고, ❺-2 (분리 이론에 따르면) 재산권 침해를 규정한 법률에 보상 규정이 없는 경우 입법자가 이러한 재산권 침해를 특별한 희생이 아닌 사회적 제약으로 규정한 것으로 본다, ❺-4 만약 해당 법률에 규정된 재산권 침해가 헌법 제23조 제2항에서 규정한 재산권의 공익 적합성을 넘어서서 개인의 재산권을 과도하게 침해한다면, 이러한 법률은 헌법 제23조 제2항을 위반하여 위헌이고

풀이 보상 규정 없이 사회적 제약의 범위를 벗어나는 재산권 침해를 규정한 법률에 대해 경계 이론(㉠)은 헌법 제23조 제3항에, 분리 이론(㉡)은 헌법 제23조 제2항에 위반되어 위헌이라고 본다.

→ 적절하므로 오답!

오답률 TOP ❸ 1등급 문제

23 추론의 적절성 판단 - 맞는 것 고르기
정답률 30%, 매력적 오답 ② ④ 20% ⑤ 25%
정답 ⑤

ⓒ의 *전제로 가장 적절한 것은? *前提, 먼저 내세우는 것

ⓒ 손실을 보상하는 것이 아니라, 위법한 행정 작용 자체를 제거해야 한다

근거 ❺-2 재산권 침해를 규정한 법률에 보상 규정이 없는 경우 입법자가 이러한 재산권 침해를 특별한 희생이 아닌 사회적 제약으로 규정한 것으로 본다, ❺-4~6 만약 해당 법률에 규정된 재산권 침해가 헌법 제23조 제2항에서 규정한 재산권의 공익 적합성을 넘어서서 개인의 재산권을 과도하게 침해한다면, 이러한 법률은 헌법 제23조 제2항을 위반하여 위헌이고, 위헌임이 밝혀진 법률에 근거한 행정 작용은 위법하게 된다. 분리 이론은 이러한 경우 손실을 보상하는 것이 아니라, 위법한 행정 작용 자체를 제거해야 한다고 본다. 재산권을 존속시키는 것이 재산권을 침해하면서 그 손실을 보상하는 것보다 우선한다고 보기 때문

풀이 분리 이론에서는 재산권 침해를 규정한 법률에 보상 규정이 없는 경우 입법자가 이러한 재산권 침해를 사회적 제약으로 규정한 것으로 본다. 또 법률에 규정된 재산권 침해가 개인의 재산권을 과도하게 침해한다면, 그 법률은 헌법 제23조 제2항을 위반하여 위헌이고, 해당 법률에 근거한 행정 작용은 위법하다고 본다. 이 경우 분리 이론에서는 손실을 보상하는 것이 아니라 위법한 행정 작용 자체를 제거해야 한다고 보는데(ⓒ), 이는 위법한 행정 작용을 제거하여 '재산권을 그대로 있도록 보존하는 것'이, 재산권을 침해하면서 그 손실을 보상하는 것보다 우선시된다고 보기 때문이다. 따라서 입법자가 별도로 규정하여 재산권의 침해에 대해 그 손실을 보상하도록 하는 '특별한 희생'이 아닌 한, 재산권은 그대로 보존되어야 하는 권리라는 내용이 ⓒ의 전제로 적절하다. 따라서 정답은 ⑤번이다.

① 재산권은 입법자의 의사에 따라 보상 없이 제한해야 하는 권리이다.

근거 ❺-2 재산권 침해를 규정한 법률에 보상 규정이 없는 경우 입법자가 이러한 재산권 침해를 특별한 희생이 아닌 사회적 제약으로 규정한 것으로 본다.

풀이 분리 이론에서는 재산권의 침해에 대한 보상 규정이 없는 경우, 입법자가 이러한 재산권 침해를 사회적 제약으로 규정한 것으로 본다. 그러나 '재산권'을 입법자의 의사에 따라 보상 없이 제한해야 하는 권리라고 보지는 않았다. 따라서 ⓒ의 전제로 적절하지 않다.

→ 적절하지 않으므로 오답!

② 공용 침해 규정과 손실 보상 규정이 동일한 법률에서 규정될 필요는 없다.

근거 ❷-5~6 제23조 제3항은 내용상 분리될 수 없는 사항은 함께 규정되어야 한다는 의미의 '불가분 조항'이다. 따라서 공용 침해 규정과 보상 규정은 하나의 법률에서 규정되어야 한다.

풀이 헌법 제23조 제3항은 불가분 조항이므로 공용 침해 규정과 보상 규정이 하나의 법률에서 규정되어야 한다. 따라서 공용 침해 규정과 손실 보상 규정이 동일한 법률에서 규정될 필요는 없다는 것은 적절하지 않은 설명이며, 헌법 제23조 제2항과 관련한 ⓒ의 전제로도 적절하지 않다.

→ 적절하지 않으므로 오답!

③ 재산권의 사회적 제약은 입법자의 의사에 따라 제한 없이 규정될 수 있다.

근거 ❺-4 만약 해당 법률에 규정된 재산권 침해가 헌법 제23조 제2항에서 규정한 재산권의 공익 적합성을 넘어서서 개인의 재산권을 과도하게 침해한다면, 이러한 법률은 헌법 제23조 제2항을 위반하여 위헌이고, 위헌임이 밝혀진 법률에 근거한 행정 작용은 위법하게 된다.

풀이 분리 이론에서는 법률에 규정된 재산권의 침해가 헌법 제23조 제2항에서 규정한 재산권의 공익 적합성을 넘어서서 개인의 재산권을 과도하게 침해할 경우 위헌이라고

문제편 62쪽

본다. 따라서 재산권의 사회적 제약은 '제한 없이' 규정될 수 없다.

→ 적절하지 않으므로 오답!

④ 행정 작용이 공익을 목적으로 한다면 이로 인한 손실은 보상할 필요가 없다.

근거 ❶-1 공익을 위한 적법한 행정 작용으로 개인의 재산권에 특별한 희생이 발생한 경우, 개인은 자신이 입은 재산상 손실을 보상하도록 요구할 수 있는 권리인 '손실 보상 청구권'을 갖는다, ❸-5~6 만약 재산권 침해가 사회적 제약의 범위 내에 있다면 이로 인한 손실은 보상의 대상이 되지 않는다. 즉 재산권 침해가 특별한 희생에 해당할 때만 보상이 가능한 것

풀이 공익을 목적으로 한 적법한 행정 작용으로 개인의 재산권에 '특별한 희생'이 발생하였을 때, 개인은 재산상의 손실을 보상받을 수 있으며, 이는 분리 이론의 입장에서도 마찬가지이다. 따라서 행정 작용이 공익을 목적으로 한다면 이로 인한 손실은 보상할 필요가 없다는 것은 적절하지 않은 설명이며, ⓒ의 전제로도 적절하지 않다.

→ 적절하지 않으므로 오답!

⑤ 입법자가 *별도로 규정하지 않는 한, 재산권은 그대로 **보존되어야 하는 권리이다.

*別途-, 덧붙여 추가로 **保存-, 잘 보호되고 지켜져 남겨져야

→ 맞아서 정답!

오답률 TOP❶ 1등급 문제

24	구체적인 상황에 적용 – 틀린 것 고르기 정답률 20%, 매력적 오답 ② 40% ③ 20% ④ 15%	정답 ⑤

윗글을 참고하여 <보기>의 '헌법 재판소'의 판단에 대해 추론한 내용으로 적절하지 않은 것은? 3점

| 보 기 |

[1]A 법률에 따르면, 국가는 도시 환경을 보전하기(保全-, 온전하게 보호하여 유지하기) 위해 개발 제한 구역을 지정할(指定-, 가리켜 정할) 수 있고, 개발 제한 구역으로 지정된 토지에서는 건축 등 토지 사용이 제한된다. [2]하지만 A 법률은 개발 제한 구역 지정으로 인한 손실을 보상하는 규정은 포함하고 있지 않았다. [3]이러한 상황에서 A 법률에 대한 헌법 소원(憲法訴願, 국가 권력이 국민의 기본권을 침해하는 경우에, 침해받은 국민이 헌법 재판소에 효력을 없애줄 것을 요청하는 제도)이 제기되었다.

[4]헌법 재판소(憲法裁判所, 헌법에 관한 분쟁이나 의심스러운 부분을 법적인 절차에 따라 해결하는 특별 재판소)는 분리 이론의 입장을 취하면서, 토지 재산권의 공공성을 고려하면 A 법률은 원칙적으로 합헌(合憲, 헌법의 근본적 목적에 맞는 일)이라고 판단하였다. [5]하지만 개발 제한 구역으로 지정되어 토지를 사용할 방법이 전혀 없는 등 개인에게 가혹한(苛酷-, 몹시 모질고 혹독한) 부담이 발생하는 예외적인 경우에는 사회적 제약을 벗어나서 토지 소유자의 재산권을 과도하게 침해한다고 판단하였다. [6]따라서 이러한 예외적인 경우까지 고려하지 않은 A 법률은 헌법에 위반된다고 판단하였다.

▶ 지문 핵심 개념 정리

<보기>	윗글
• 헌법 재판소가 분리 이론의 입장을 취함(<보기>–4)	• 분리 이론의 입장(❺)
• A 법률은 손실 보상 규정을 포함하고 있지 않음(<보기>–2)	• 재산권 침해를 규정한 법률에 보상 규정이 없는 경우, 입법자가 이를 '사회적 제약'으로 규정한 것으로 봄(❺–2) • 재산권 침해가 사회적 제약의 범위 내에 있다면 이로 인한 손실은 보상의 대상이 되지 않음(❺–4)
• 토지 재산권의 공공성을 고려하면 A 법률은 원칙적으로 합헌이라고 판단(<보기>–4)	• 헌법 제23조 제2항에서 규정한 재산권의 공익 적합성의 위반 여부를 판단(❺–4)
• 토지 소유자의 재산권을 과도하게 침해하는 예외적 경우까지 고려하지 않은 A 법률이 헌법에 위반된다고 판단(<보기>–5~6)	• 법률에 규정된 재산권 침해가 헌법 제23조 제2항의 규정을 넘어서서 개인의 재산권을 과도하게 침해 → 헌법 제23조 제2항을 위반하여 위헌이고, 위헌임이 밝혀진 법률에 근거한 행정 작용은 위법이 됨(❺–4)
	• 손실을 보상하는 것이 아니라, 위법한 행정 작용 자체를 제거해야 한다고 봄(❺–5)

① 헌법 재판소는 개발 제한 구역을 지정하는 행위가 헌법 제23조 제2항에 위반되는지를 판단하였겠군.

풀이 A 법률이 손실 보상 규정을 포함하고 있지 않으므로, 분리 이론의 입장을 취하고 있는 헌법 재판소에서는 A 법률에 따른 개발 제한 구역 지정으로 인한 재산권의 침해가 사회적 제약으로 규정된다고 보고, 해당 법률에 규정된 재산권 침해가 헌법 제23조 제2항에 위반되는지를 판단하였을 것이다.

→ 적절하므로 오답!

② 헌법 재판소는 개발 제한 구역을 지정하는 행위가 헌법 제23조 제3항과는 관련이 없다고 판단하였겠군.

풀이 <보기>에서 A 법률은 개발 제한 구역 지정으로 인한 손실을 보상하는 규정을 포함하고 있지 않다. 분리 이론에 따르면 이처럼 재산권 침해를 규정한 법률에 보상 규정이 없는 경우 입법자가 이를 특별한 희생이 아닌 '사회적 제약'으로 규정한 것으로 보고, 재산권의 사회적 제약과 특별한 희생이 완전히 분리된다고 주장한다. 따라서 분리 이론의 입장을 취하는 <보기>의 헌법 재판소는 개발 제한 구역을 지정하는 행위가, '특별한 희생'에 대한 헌법 제23조 제3항의 규정과는 관련이 없다고 판단하였을 것이다.

→ 적절하므로 오답!

③ 헌법 재판소는 개발 제한 구역을 지정하는 행위가 헌법에 위반되었는지 여부를 토지의 공공성을 근거로 판단하였겠군.

풀이 분리 이론의 입장을 취하고 있는 <보기>의 헌법 재판소는 개발 제한 구역 지정에 관한 A 법률이 손실 보상 규정을 포함하고 있지 않으므로, 개발 제한 구역 지정으로 인한 재산권 침해가 '사회적 제약'에 해당한다고 보았을 것이다. 윗글에서 헌법 제23조 제2항은 개인의 재산권 행사가 공익에 적합해야 한다는 재산권의 사회적 제약을 규정하고 있고, 토지처럼 공공성이 강한 사유 재산은 재산권 행사에 더욱 강한 사회적 제약을 받을 수 있다고 하였다. 또한 <보기>에서 헌법 재판소는 토지 재산권의 공공성을 고려하여 A 법률의 헌법 위반 여부를 판단하고 있다. 이러한 내용을 바탕으로 했을 때 <보기>의 헌법 재판소는 토지 재산권의 공공성을 근거로, A 법률에 따라 개발 제한 구역을 지정하는 행위가 합헌인지 위헌인지를 판단하였을 것임을 추론할 수 있다.

→ 적절하므로 오답!

④ 헌법 재판소는 개발 제한 구역 지정으로 인한 재산권 침해는 개인에게 가혹한 부담이 발생하지 않는 범위 내에서만 가능하다고 판단하였겠군.

풀이 <보기>에서 헌법 재판소는 토지 재산권의 공공성을 고려하면 A 법률은 원칙적으로 합헌이지만, 개발 제한 구역 지정으로 인해 개인에게 가혹한 부담이 발생하는 예외적인 경우에 대해 사회적 제약을 벗어나 토지 소유자의 재산권을 과도하게 침해한다고 보고, 이러한 예외적인 경우까지 고려하지 않은 A 법률이 헌법에 위반된다고 판단하였다. 따라서 <보기>의 헌법 재판소는 개발 제한 구역 지정으로 인한 재산권 침해가 개인에게 가혹한 부담이 발생하지 않는 범위 내에서만 가능하다고 판단하였을 것이다.

→ 적절하므로 오답!

⑤ 헌법 재판소는 개발 제한 구역을 지정하는 행위가 개인에게 가혹한 부담을 *초래한 경우, 이때의 재산권 침해는 특별한 희생에 해당한다고 판단하였겠군. *招來-, 생겨나게 한

(사회적 제약)

풀이 <보기>에서 A 법률은 개발 제한 구역 지정으로 인한 손실을 보상하는 규정을 포함하고 있지 않다. 분리 이론에 따르면 이처럼 재산권 침해를 규정한 법률에 보상 규정이 없는 경우, 입법자가 이를 특별한 희생이 아닌 '사회적 제약'으로 규정한 것으로 본다. 따라서 분리 이론의 입장을 취하는 <보기>의 헌법 재판소는 개발 제한 구역 지정으로 인한 재산권 침해가 '특별한 희생'이 아니라 '사회적 제약'에 해당한다고 판단하였을 것이다.

한편 분리 이론의 입장에서 법률에 규정된 재산권 침해가 헌법 제23조 제2항에서 규정한 재산권의 공익 적합성을 넘어서서 개인의 재산권을 과도하게 침해할 경우, 이러한 법률은 위헌이고, 위헌임이 밝혀진 법률에 근거한 행정 작용은 위법하다고 본다. 따라서 분리 이론의 입장을 취하는 <보기>의 헌법 재판소는 개발 제한 구역을 지정하는 행위가 개인에게 가혹한 부담을 초래한 경우, 그 근거가 되는 A 법률이 헌법 제23조 제2항을 위반한 위헌이고, 해당 개발 제한 구역 지정 행위가 위법하다고 판단할 것이다. 분리 이론은 재산권의 사회적 제약과 특별한 희생이 완전히 분리된다는 입장이므로, 이때에도 여전히 재산권 침해가 '특별한 희생'에 해당한다고 판단하지는 않을 것이다.

→ 틀려서 정답!

오답률 TOP❹ 1등급 문제

25	문맥적 의미 파악 – 틀린 것 고르기 정답률 35%, 매력적 오답 ③ 25% ⑤ 30%	정답 ④

문맥상 ⓐ~ⓔ를 바꿔 쓴 것으로 적절하지 않은 것은?

ⓐ 공적 부담의 평등을 위해 ⓑ 공용 침해 규정과 ⓒ 사회적 제약의 범위 내에
ⓓ 양자는 별개가 아니라 ⓔ 입법자의 의사에 따라 완전히 분리된다고

① ⓐ : 행정 작용으로 인한 부담을 개인이 모두 떠안게 되는 불평등을 *조정하기 위해 *調整-, 기준에 맞게 고쳐 정리하기

근거 ❷-1~2 손실 보상 청구권은 공적 부담의 평등을 위해 인정되는 헌법상 권리이다. 행정 작용으로 누군가에게 특별한 희생이 발생하면, 그로 인한 부담을 공공이 분담하는 것이 평등 원칙에 부합하기 때문

풀이 공적 부담의 평등은 행정 작용으로 발생한 특별한 희생으로 인한 부담을 개인이 모두 지는 것이 아니라, 공공이 분담하여 평등 원칙에 부합하도록 하는 것이다. 따라서 ⓐ를 '행정 작용으로 인한 부담을 개인이 모두 떠안게 되는 불평등을 조정하기 위해'로 바꿔 쓰는 것은 문맥상 적절하다.

→ 적절하므로 오답!

(공용 침해)

② ⓑ : 공공필요에 의해 개인의 재산권을 수용·사용·제한하는 규정과

근거 ❷-3 '공공필요에 의한 재산권의 수용·사용 또는 제한', 즉 공용 침해

풀이 윗글에서 '공공필요에 의한 재산권의 수용·사용 또는 제한'을 '공용 침해'라고 설명하고 있으므로, ⓑ를 '공공필요에 의해 개인의 재산권을 수용·사용·제한하는 규정과'로 바꿔 쓰는 것은 문맥상 적절하다.

→ 적절하므로 오답!

(재산권의 사회적 제약 규정)

③ ⓒ : 헌법 제23조 제2항에 규정된 재산권의 한계 안에

근거 ❸-3 (헌법 제23조) 제2항에서 "재산권의 행사는 공공복리에 적합하도록 하여야 한다."라고 하여, 개인의 재산권 행사가 공익에 적합하여야 한다는 재산권의 '사회적 제약'을 규정

풀이 헌법 제23조 제2항에서는 재산권 행사가 공공복리에 적합해야 한다는 재산권의 '사회적 제약'을 규정하고 있다. 이는 재산권을 행사할 수 있는 범위, 즉 재산권의 한계를 규정한 것이다. 따라서 ⓒ에서 재산권의 침해가 '사회적 제약의 범위 내에' 있다는 말은 문맥상 재산권의 침해가 '헌법 제23조 제2항에서 규정된 재산권의 한계 내에' 있다는 말과 바꿔 쓸 수 있다.

→ 적절하므로 오답!

(재산권의 사회적 제약과 특별한 희생은)

④ ⓓ : 경계 이론의 입장과 분리 이론의 입장은 전혀 다른 것이 아니라

근거 ❹-1~2 재산권의 사회적 제약과 특별한 희생의 구별에 대해 경계 이론과 분리 이론은 서로 다른 입장을 취한다. 경계 이론에 따르면 양자는 별개가 아니라 단지 침해의 정도에 있어서만 차이가 있을 뿐

풀이 ⓓ에서 말하는 '양자'는 '경계 이론의 입장'과 '분리 이론의 입장'을 뜻하는 것이 아니라, 재산권의 '사회적 제약'과 '특별한 희생'을 뜻한다. 따라서 윗글의 ⓓ를 '경계 이론의 입장과 분리 이론의 입장은 전혀 다른 것이 아니라'로 바꿔 쓰는 것은 문맥상 적절하지 않으며, '재산권의 사회적 제약과 특별한 희생은 전혀 다른 것이 아니라'로 바꿔

쓰는 것이 적절하다.

→ 틀려서 정답!

⑤ ⓔ : 재산권 침해 정도에 따라 구분되는 것이 아니라 입법자의 서로 다른 의사가 반영된 것이라고

근거 ❹-1~2 재산권의 사회적 제약과 특별한 희생의 구별에 대해 경계 이론과 분리 이론은 서로 다른 입장을 취한다. 경계 이론에 따르면 양자는 별개가 아니라 단지 침해의 정도에 있어서만 차이가 있을 뿐이다, ❺-1 이에 반해 분리 이론은 … 입법자의 의사에 따라 완전히 분리된다고 주장

풀이 재산권의 사회적 제약과 특별한 희생의 구별에 대해 경계 이론에서는 침해의 정도에 따라 구분되는 것이라고 주장한 반면, 분리 이론은 침해의 정도에 따라 구분되는 것이 아니라 입법자의 의사에 따라 서로 완전히 분리된다고 주장한다. 따라서 윗글의 ⓔ를 '재산권 침해 정도에 따라 구분되는 것이 아니라 입법자의 서로 다른 의사가 반영된 것이라고'로 바꿔 쓰는 것은 문맥상 적절하다.

→ 적절하므로 오답!

[26 ~ 30] 과학 - 〈핵분열과 핵융합의 원리 및 이를 이용한 발전〉

1 [1]원자핵(原子核, 양전하를 띠고 원자의 중심에 위치하며 원자 질량의 대부분을 차지함)은 양성자(陽性子, 중성자와 함께 원자핵을 구성하는 입자로, 양전하를 띰)나 중성자(中性子, 원자핵을 구성하는 입자로, 전하가 없음)와 같은 핵자(核子, 핵을 이루고 있는 기본 입자)들의 결합(結合, 둘 이상이 서로 관계를 맺어 하나가 됨)으로 이루어져 있다. [2]원자핵을 구성하는 양성자와 중성자의 개수를 모두 더한 것을 질량수라고 하는데, 질량수가 큰 하나의 원자핵이 질량수가 작은 두 개의 원자핵으로 쪼개지는 것을 핵분열이라고 하고 질량수가 작은 두 개의 원자핵이 결합하여 질량수가 큰 하나의 원자핵이 되는 것을 핵융합이라고 한다.

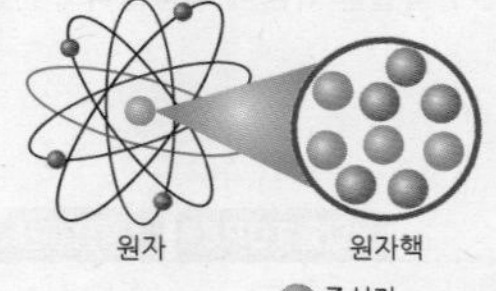

〈참고 그림〉
❶-1 원자핵은 양성자나 중성자와 같은 핵자들의 결합으로 이루어져 있다.

→ 핵분열과 핵융합의 개념

2 [1]핵분열이나 핵융합은 핵자당(當, 마다) 결합 에너지로 설명할 수 있다. [2]원자핵의 질량은 그 원자핵을 구성하는 개별 핵자들의 질량을 모두 더한 것보다 작다. [3]이처럼 핵자들이 결합하여 원자핵이 되면서 질량이 줄어든 것을 질량 결손(缺損, 어느 부분이 없거나 잘못되어 불완전함)이라고 한다. [4]'질량-에너지 등가(等價, 같은 값이나 가치) 원리'에 따르면 질량과 에너지는 상호 간(相互間, 서로 상대가 되는 이쪽과 저쪽 사이)의 전환(轉換, 다른 상태로 바뀜)이 가능하고, 이때 에너지는 질량에 광속(光速, 진공 속에서 빛이 나아가는 속도. 1 초에 약 30만 ㎞)의 제곱을 곱한 값과 같다. [5]한편 핵자들의 결합에서 줄어든 질량은 에너지로 전환되는데, 이 에너지는 원자핵의 결합 에너지와 그 크기가 같다. [6]원자핵의 결합 에너지란 원자핵을 개별 핵자들로 분리할 때 가해야(加-, 줘야) 하는 에너지이다. [7]원자핵의 결합 에너지를 질량수로 나눈 것을 핵자당 결합 에너지라고 하고 그 값은 원자핵의 종류에 따라 다르다.

→ 핵자당 결합 에너지로 설명한 핵분열과 핵융합의 원리 ①

3 [1]원자핵을 구성하는 핵자들은 핵자당 결합 에너지가 클수록 더 강력하게 결합되어 있고 이는 원자핵이 더 안정된(安定-, 바뀌어 달라지지 않고 일정하게 유지되는) 상태라는 것을 의미한다. [2]모든 원자핵은 안정된 상태가 되려는 성질이 있으므로, 핵자당 결합 에너지가 작은 원자핵들은 핵분열이나 핵융합을 거쳐 핵자당 결합 에너지가 큰 상태가 된다. [3]핵분열이나 핵융합도 반응 전후로 질량 결손이 일어나고, 줄어든 질량은 에너지로 전환된다.

→ 핵자당 결합 에너지로 설명한 핵분열과 핵융합의 원리 ②

4 [1]핵분열과 핵융합에서 발생하는 에너지를 발전(發電, 전기를 일으킴)에 이용할 수 있다. [2]㉠ 우라늄-235(^{235}U) 원자핵을 사용하는 핵분열 발전의 경우, 우라늄 원자핵에 중성자를 흡수시키면 질량수가 작고 핵자당 결합 에너지가 큰 원자핵들로 분열된다.(分裂-, 쪼개진다.) [3]이때 2~3 개의 중성자가 방출되는데(放出-, 내보내지는데) 이 중성자는 다른 우라늄 원자핵에 흡수되어 연쇄 반응(連鎖反應, 생성 물질의 하나가 다시 반응물로 작용하여 생성과 소멸을 계속하는 반응)을 일으킨다. [4]이 과정에서 질량 결손으로 인해 전환되는 에너지를 발전에 이용하는 것이다.

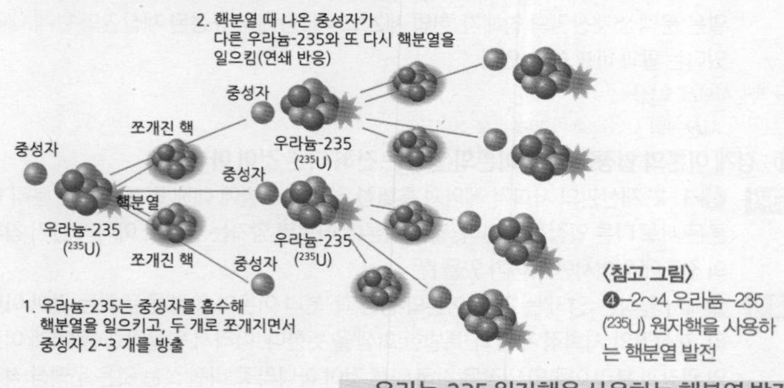

〈참고 그림〉
❹-2~4 우라늄-235(^{235}U) 원자핵을 사용하는 핵분열 발전

→ 우라늄-235 원자핵을 사용하는 핵분열 발전

5 [1]핵분열 발전에서는 중성자의 속도를 느리게 해야 한다. [2]중성자가 너무 빠르게 움직이면 원자핵에 흡수될 확률이 낮기 때문이다. [3]특히 핵분열 과정에서 방출된 중성자는 속도가 매우 빠르기 때문에 이(중성자의 속도)를 느리게 해야 연쇄 반응을 일으킬 수 있다. [4]그래서 물이나 흑연(黑鉛, 순수한 탄소로 이루어진 광물의 하나로, 연필심으로도 쓰임)을 감속재(減 덜다 감 速 빠르다 속 材 재료 재, 원자로 안에서 핵분열 반응의 속도를 조절하는 재료)로 사용하여 중성자의 속도를 느리게 만든다. [5]한편 연쇄 반응이 급격하게 일어나면 과도한 에너지가 발생하여 폭발이 일어날 수 있기 때문에 제어봉(制 억제하다 제 御 다스리다 어 棒 막대 봉, 원자로 안의 연쇄 반응을 제어하기 위해 원자로 안에 넣었다 꺼냈다 하는 막대)을 사용한다. [6]제어봉은 중성자를 흡수하는 장치로, 핵분열에 관여하는(關與-, 관계하여 참여하는) 중성자 수를 조절하여 급격한 연쇄 반응을 방지한다.(防止-, 일어나지 못하게 막는다.)

→ 핵분열 발전에서 감속재와 제어봉의 역할

6 [1]핵융합 발전을 위한 시도도 계속되고 있다. [2]태양이 에너지를 생성하는 방법이 바로 핵융합이다. [3]ⓐ 수소(^{1}H) 원자핵을 원료로 하는 태양의 핵융합은 주로 태양의 중심부에서 일어난다. [4]먼저 수소 원자핵 2 개가 융합하여(融合-, 서로 다른 것이 구별이 없게 하나로 합하여져) 중수소(^{2}H) 원자핵이 되고, 중수소 원자핵은 수소 원자핵과 융합하여 헬륨-3(^{3}He) 원자핵이 된다. [5]그리고 2 개의 헬륨-3 원자핵이 융합하여 헬륨-4(^{4}He) 원자핵이 된다. [6]이러한 과정에서 줄어든 질량이 에너지로 전환되는 것이다.

〈참고 그림〉

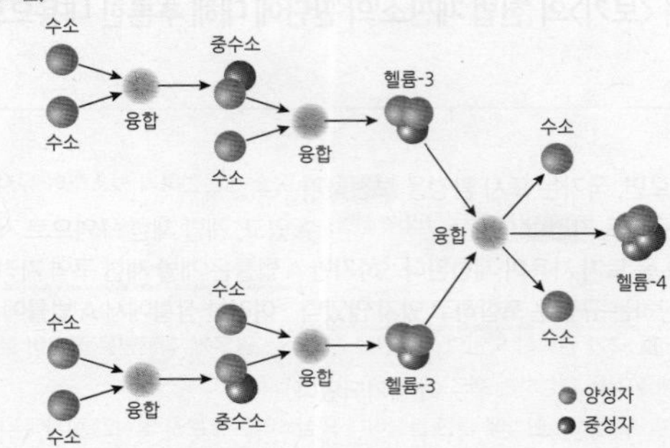

❻-3~6 수소(^{1}H) 원자핵을 원료로 하는 태양의 핵융합

→ 수소 원자핵을 원료로 하는 태양의 핵융합

7 [1]지구는 태양과 물리적 조건이 달라서 태양의 핵융합을 똑같이 재현할(再現-, 다시 나타낼) 수 없다. [2]가장 많이 시도하는 방식은 ⓑ D-T(Deuterium-Tritium, 중수소-삼중수소) 핵융합이다. [3]이(D-T 핵융합) 방식에서는 중수소 원자핵과 삼중 수소(^{3}H) 원자핵이 융합하여 헬륨-4 원자핵이 된다. [4]중수소 원자핵과 삼중 수소 원자핵을 핵융합 발전의 원료로 사용하는 이유는 다른 원자핵들의 핵융합보다 반응 확률이 높고 질량 결손으로 전환되는 에너지도 크기 때문이다.

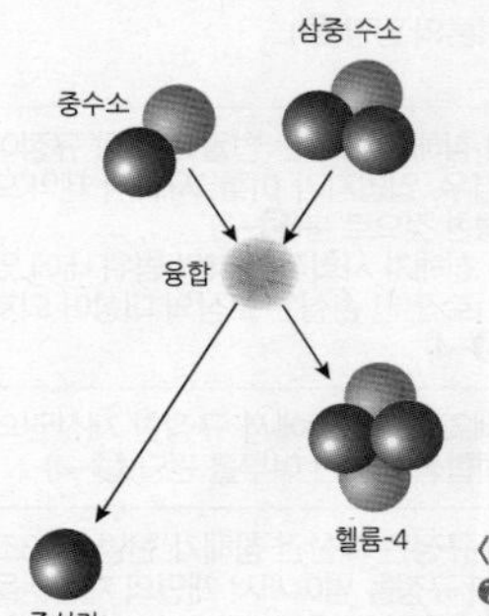

〈참고 그림〉
❼-3 D-T 핵융합 방식에서는 중수소 원자핵과 삼중 수소 원자핵이 융합하여 헬륨-4 원자핵이 된다.

→ 핵융합 발전을 위한 시도 : D-T 핵융합

8 [1]하지만 지구에서 핵융합을 일으키는 것은 간단하지 않다. [2]양(+)의 전하를 띤 원자핵은 음(-)의 전하를 띤 전자와 전기적 인력(引力, 서로 끌어당기는 힘)에 의해 단단히 결합되어 있어서 일반적인 상태에서 원자핵이 융합하는 것은 불가능하다. [3]따라서 핵융합 반응을 일으키기 위해서는 물질을 원자핵과 전자가 분리된 상태인 플라스마 상태로 만들어야 한다. [4]또한 원자핵은 양의 전하를 띠고 있어서 서로 가까이 다가갈수록 척력(斥力, 서로 밀어 내는 힘)이 강하게 작용한다. [5]척력을 이겨내고 원자핵이 융합하게 하기 위해서는 플라스마의 온도를 높여 원자핵이 고속(高速, 매우 빠른 속도)으로 움직일 수 있도록 해야 한다. [6]따라서 핵융합 발전을 위한 핵융합로(核融合爐, 핵융합을 유지하고 조정하여 핵융합 에너지를 이용하기 위한 장치)에서는 ㉡ 플라스마를 1억 ℃ 이상으로 가열해서 핵융합의 확률을 높인다. [7]융합로에서 플라스마의 온도를 높인 이후에는 고온 상태를 일정 시간 이상 유지하는 것도 중요하다. [8]플라스마는 융합로의 벽에 접촉하면 온도가 내려가기 때문에 자기장(磁氣場, 자석의 주위나 전류의 주위처럼 자기의 작용이 미치는 공간)을 활용해서 플라스마가 벽에 닿지 않게 하여 고온 상태를 유지할 수 있도록 한다. [9]안정적인 핵융합 발전을 위해서는 고온의 플라스마를 높은 밀도(密度, 물질의 단위 부피만큼의 질량, 빽빽한 정도)로 최소 300 초 이상 유지해야 한다.

→ 지구에서 핵융합 반응을 일으키기 위한 방법

■지문 이해

❶ 핵분열과 핵융합의 개념
• 핵분열 : 질량수가 큰 하나의 원자핵이 질량수가 작은 두 개의 원자핵으로 쪼개지는 것 • 핵융합 : 질량수가 작은 두 개의 원자핵이 결합해 질량수가 큰 하나의 원자핵이 되는 것

◐ 문제편 63쪽

❷ 핵자당 결합 에너지로 설명한 핵분열과 핵융합의 원리 ①

- 핵자들이 결합하여 원자핵이 될 때 질량 결손이 일어나 질량이 줄어듦
- 줄어든 질량은 원자핵의 결합 에너지와 크기가 같은 에너지로 전환됨
- 원자핵의 결합 에너지 ÷ 질량수 = 핵자당 결합 에너지
- 핵자당 결합 에너지 값은 원자핵의 종류에 따라 다름

❸ 핵자당 결합 에너지로 설명한 핵분열과 핵융합의 원리 ②

- 원자핵을 구성하는 핵자 : 핵자당 결합 에너지가 클수록 더 강력하게 결합되어 있으며 원자핵이 더 안정된 상태임
- 안정된 상태가 되려는 원자핵의 성질 → 핵자당 결합 에너지가 작은 원자핵들은 핵분열, 핵융합을 거쳐 핵자당 결합 에너지가 큰 상태가 됨
- 핵분열, 핵융합 반응 전후로 질량 결손이 일어나며, 줄어든 질량은 에너지로 전환됨

핵분열 발전

❹ 우라늄-235 원자핵을 사용하는 핵분열 발전

- 우라늄 원자핵에 중성자를 흡수시킴 → 질량수가 작고 핵자당 결합 에너지가 큰 원자핵들로 분열됨 → 2~3 개의 중성자가 방출됨 → 방출된 중성자들은 다른 우라늄 원자핵에 흡수되어 연쇄 반응을 일으킴
- 이 과정에서 질량 결손으로 인해 전환되는 에너지를 발전에 이용함

❺ 핵분열 발전에서 감속재와 제어봉의 역할

- 감속재 : 중성자가 너무 빠르면 원자핵에 흡수될 확률이 낮으므로, 중성자의 속도를 느리게 하기 위해 사용
- 제어봉 : 급격한 연쇄 반응으로 인한 과도한 에너지 발생을 막기 위해 사용. 중성자를 흡수하여 핵분열에 관여하는 중성자 수를 조절 → 급격한 연쇄 반응을 방지함

핵융합 발전

❻ 수소 원자핵을 원료로 하는 태양의 핵융합

- 수소 원자핵 2 개가 융합하여 중수소 원자핵이 됨 → 중수소 원자핵이 수소 원자핵과 융합하여 헬륨-3 원자핵이 됨 → 2 개의 헬륨-3 원자핵이 융합하여 헬륨-4 원자핵이 됨
- 융합 과정에서 줄어든 질량이 에너지로 전환됨

❼ 핵융합 발전을 위한 시도 : D-T 핵융합

- 지구는 태양과 물리적 조건이 달라서 태양의 핵융합을 똑같이 재현할 수 없음
- D-T 핵융합 : 중수소 원자핵과 삼중 수소 원자핵이 융합하여 헬륨-4 원자핵이 됨

❽ 지구에서 핵융합 반응을 일으키기 위한 방법

- 물질을 원자핵과 전자가 분리된 플라스마 상태로 만들어야 함
- 원자핵 사이의 척력을 이겨내고 융합하게 하기 위해 플라스마의 온도를 높여 원자핵이 고속으로 움직이도록 함 : 핵융합로에서는 플라스마를 1억 ℃ 이상으로 가열함
- 플라스마가 융합로의 벽에 접촉해 온도가 내려가지 않도록 자기장을 활용

tip • 핵분열 관련 지식채널e 영상 - '핵폭탄의 어머니'라 불린 과학자

• https://jisike.ebs.co.kr/jisike/vodReplayView?siteCd=JE&prodId=352&courseId=BP0PAPB0000000009&stepId=01BP0PAPB0000000009&lectId=60051470
[ebs 홈페이지에 '핵폭탄의 어머니라 불린 과학자'를 검색!]

1등급 문제

26 세부 정보 이해 - 맞는 것 고르기 | 정답률 55%, 매력적 오답 ① ④ 15% ② 10% | 정답 ⑤

윗글의 내용과 일치하는 것은?

① 양성자의 질량과 중성자의 질량을 더한 것을 질량수라고 한다. (개수와 / 개수를)

근거 ❶-2 원자핵을 구성하는 양성자와 중성자의 개수를 모두 더한 것을 질량수라고 하는데

→ 적절하지 않으므로 오답!

② 원자핵과 전자 사이에는 척력이 작용하여 서로 단단하게 결합되어 있다. (인력)

근거 ❽-2 양(+)의 전하를 띤 원자핵은 음(-)의 전하를 띤 전자와 전기적 인력에 의해 단단히 결합되어 있어서

→ 적절하지 않으므로 오답!

③ 원자핵의 결합 에너지는 핵자당 결합 에너지를 질량수로 나눈 것이다. (에 질량수를 곱한)

근거 ❷-7 원자핵의 결합 에너지를 질량수로 나눈 것을 핵자당 결합 에너지라고 하고

풀이 원자핵의 결합 에너지를 질량수로 나눈 것이 핵자당 결합 에너지이다. 따라서 원자핵의 결합 에너지는 핵자당 결합 에너지에 질량수를 곱한 값이다.

→ 적절하지 않으므로 오답!

④ 질량-에너지 등가 원리에 따르면 질량은 에너지에 광속의 제곱을 곱한 값과 같다. (에너지는 질량에)

근거 ❷-4 '질량-에너지 등가 원리'에 따르면 질량과 에너지는 상호 간의 전환이 가능하고, 이때 에너지는 질량에 광속의 제곱을 곱한 값과 같다.

→ 적절하지 않으므로 오답!

⑤ 핵자들이 결합하여 원자핵이 될 때 줄어든 질량이 전환된 에너지의 크기는 그 원자핵을 다시 개별 핵자들로 분리할 때 필요한 에너지의 크기와 같다. (= 원자핵의 결합 에너지)

근거 ❷-5~6 핵자들의 결합에서 줄어든 질량은 에너지로 전환되는데, 이 에너지는 원자핵의 결합 에너지와 그 크기가 같다. 원자핵의 결합 에너지란 원자핵을 개별 핵자들로 분리할 때 가해야 하는 에너지이다.

→ 맞아서 정답!

27 세부 정보 이해 - 틀린 것 고르기 | 정답률 65%, 매력적 오답 ④ 15% | 정답 ①

㉠에 대한 이해로 적절하지 않은 것은?

㉠ 우라늄-235(^{235}U) 원자핵을 사용하는 핵분열 발전

① 우라늄-235 원자핵에 전자를 흡수시켜 핵분열을 일으킨다. (중성자)

근거 ❹-2 우라늄-235(^{235}U) 원자핵을 사용하는 핵분열 발전의 경우, 우라늄 원자핵에 중성자를 흡수시키면 질량수가 작고 핵자당 결합 에너지가 큰 원자핵들로 분열된다.

→ 틀려서 정답!

② 물이나 흑연을 감속재로 사용하여 중성자의 속도를 조절한다.

근거 ❺-3~4 핵분열 과정에서 방출된 중성자는 속도가 매우 빠르기 때문에 이를 느리게 해야 연쇄 반응을 일으킬 수 있다. 그래서 물이나 흑연을 감속재로 사용하여 중성자의 속도를 느리게 만든다.

→ 적절하므로 오답!

③ 제어봉으로 중성자를 흡수하여 과도한 에너지가 발생하지 않도록 한다.

근거 ❺-5~6 (핵분열 과정에서) 연쇄 반응이 급격하게 일어나면 과도한 에너지가 발생하여 폭발이 일어날 수 있기 때문에 제어봉을 사용한다. 제어봉은 중성자를 흡수하는 장치로, 핵분열에 관여하는 중성자 수를 조절하여 급격한 연쇄 반응을 방지한다.

→ 적절하므로 오답!

④ 우라늄-235 원자핵이 분열되면 우라늄-235 원자핵보다 질량수가 작은 원자핵들로 나뉜다.

근거 ❶-2 질량수가 큰 하나의 원자핵이 질량수가 작은 두 개의 원자핵으로 쪼개지는 것을 핵분열이라고 하고, ❹-2 우라늄-235(^{235}U) 원자핵을 사용하는 핵분열 발전의 경우, 우라늄 원자핵에 중성자를 흡수시키면 질량수가 작고 핵자당 결합 에너지가 큰 원자핵들로 분열된다.

→ 적절하므로 오답!

⑤ 우라늄-235 원자핵이 분열되면서 방출되는 중성자의 속도를 느리게 해서 연쇄 반응을 일으킨다.

근거 ❺-3~4 핵분열 과정에서 방출된 중성자는 속도가 매우 빠르기 때문에 이를 느리게 해야 연쇄 반응을 일으킬 수 있다. 그래서 물이나 흑연을 감속재로 사용하여 중성자의 속도를 느리게 만든다.

풀이 핵분열 과정에서 우라늄-235 원자핵이 분열되면서 방출되는 중성자는 속도가 매우 빠르기 때문에, 물이나 흑연 등의 감속재를 사용하여 중성자의 속도를 느리게 만들어 연쇄 반응을 일으킨다.

→ 적절하므로 오답!

1등급 문제

28 자료 해석의 적절성 판단 - 맞는 것 고르기 | 정답률 40%, 매력적 오답 ② ③ ④ ⑤ 15% | 정답 ①

윗글을 읽은 학생이 〈보기〉의 설명을 이해한 내용으로 가장 적절한 것은? [3점]

| 보기 |

선생님 : [1]이 그림은 여러 원자핵의 핵자당 결합 에너지를 나타내고 있어요. [2]철($^{56}_{26}Fe$) 원자핵은 다른 원자핵들에 비해 핵자당 결합 에너지가 크죠? [3]철 원자핵은 모든 원자핵 중에서 핵자당 결합 에너지가 가장 크고 가장 안정된 상태예요. [4]철 원자핵보다 질량수가 작은 원자핵은 핵융합을, 질량수가 큰 원자핵은 핵분열을 통해 핵자당 결합 에너지가 높은 원자핵이 된답니다.

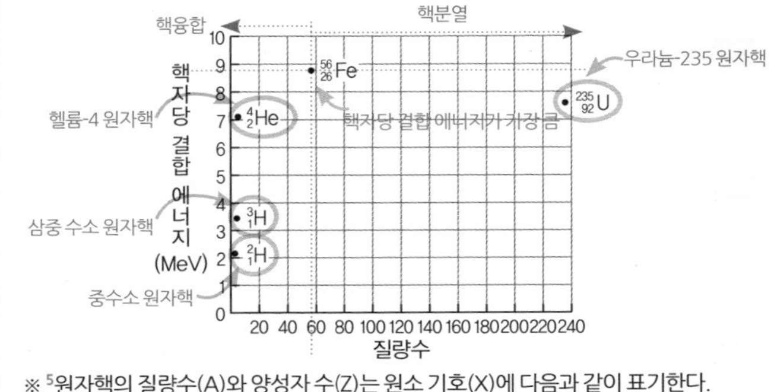

※ [5]원자핵의 질량수(A)와 양성자 수(Z)는 원소 기호(X)에 다음과 같이 표기한다.

$^{A}_{Z}X$

① 헬륨-4 원자핵은 핵융합을 거치면 더 안정된 상태의 원자핵으로 변하겠군.

근거 〈보기〉-4 철 원자핵보다 질량수가 작은 원자핵은 핵융합을, … 통해 핵자당 결합 에너지가 높은 원자핵이 된답니다, ❸-1 원자핵을 구성하는 핵자들은 핵자당 결합 에너지가 클수록 더 강력하게 결합되어 있고 이는 원자핵이 더 안정된 상태라는 것을 의미

풀이 헬륨-4($^{4}_{2}He$) 원자핵은 철($^{56}_{26}Fe$) 원자핵보다 질량수가 작으므로, 헬륨-4 원자핵은 핵융합을 통해 핵자당 결합 에너지가 높은 원자핵이 된다는 것을 알 수 있다. 윗글에

문제편 64쪽

서 원자핵을 구성하는 핵자들의 핵자당 결합 에너지가 클수록 더 안정된 상태라고 설명하고 있으므로, 헬륨-4 원자핵은 핵융합을 거치면 더 안정된 상태의 원자핵으로 변할 것이라는 해석은 적절하다.

→ 맞아서 정답!

② 중수소 원자핵은 삼중 수소 원자핵과 양성자의 수는 같지만 더 안정된 상태이겠군.

근거 <보기>-5 원자핵의 질량수(A)와 양성자 수(Z)는 원소 기호(X)에 다음과 같이 표기한다. $^{A}_{Z}X$, ❸-1 원자핵을 구성하는 핵자들은 핵자당 결합 에너지가 클수록 더 강력하게 결합되어 있고 이는 원자핵이 더 안정된 상태라는 것을 의미

풀이 <보기>에서 중수소 원자핵은 $^{2}_{1}H$로, 삼중 수소 원자핵은 $^{3}_{1}H$로 표기하였는데, 이를 통해 중수소 원자핵의 양성자의 수와 삼중 수소 원자핵의 양성자의 수가 같다는 점을 확인할 수 있다. 한편, <보기>의 그림을 보면 중수소($^{2}_{1}H$) 원자핵보다 삼중 수소($^{3}_{1}H$) 원자핵의 핵자당 결합 에너지가 더 크다. 윗글에서 원자핵을 구성하는 핵자당 결합 에너지가 클수록 더 안정된 상태라고 하였으므로, 삼중 수소 원자핵이 중수소 원자핵보다 더 안정된 상태이다.

→ 적절하지 않으므로 오답!

③ 철 원자핵의 결합 에너지는 철 원자핵의 핵자당 결합 에너지에 26을 곱한 값과 같겠군.

근거 <보기>-2 철($^{56}_{26}Fe$) 원자핵, <보기>-5 원자핵의 질량수(A)와 양성자 수(Z)는 원소 기호(X)에 다음과 같이 표기한다. $^{A}_{Z}X$, ❷-7 원자핵의 결합 에너지를 질량수로 나눈 것을 핵자당 결합 에너지라고 하고

풀이 원자핵의 결합 에너지를 질량수로 나눈 것이 핵자당 결합 에너지라고 하였으므로, 원자핵의 결합 에너지는 핵자당 결합 에너지에 질량수를 곱한 값임을 알 수 있다. <보기>에서 철 원자핵은 $^{56}_{26}Fe$로 표기하였는데, 이를 통해 철 원자핵의 질량수가 56이라는 점을 확인할 수 있다. 따라서 철 원자핵의 결합 에너지는 핵자당 결합 에너지에 26이 아니라 56을 곱한 값과 같다.

→ 적절하지 않으므로 오답!

④ 우라늄-235 원자핵이 핵분열하여 생성된 원자핵들은 핵자당 결합 에너지가 9 MeV 이상이겠군.

근거 <보기>-3 철 원자핵은 모든 원자핵 중에서 핵자당 결합 에너지가 가장 크고

풀이 <보기>에서 선생님은 철($^{56}_{26}Fe$) 원자핵이 모든 원자핵 중에서 핵자당 결합 에너지가 가장 크다고 하였다. <보기>의 그림에서 철($^{56}_{26}Fe$) 원자핵의 핵자당 결합 에너지가 9 MeV보다 작으므로, 우라늄-235 원자핵이 핵분열하여 생성된 원자핵들의 핵자당 결합 에너지는 9 MeV를 넘지 않을 것이다.

→ 적절하지 않으므로 오답!

⑤ 우라늄-235 원자핵은 철 원자핵에 비해 원자핵을 구성하고 있는 핵자들이 더 강력하게 결합되어 있겠군.

근거 <보기>-3 철 원자핵은 모든 원자핵 중에서 핵자당 결합 에너지가 가장 크고 가장 안정된 상태, ❸-1 원자핵을 구성하는 핵자들은 핵자당 결합 에너지가 클수록 더 강력하게 결합되어 있고

풀이 <보기>에서 선생님은 철($^{56}_{26}Fe$) 원자핵이 모든 원자핵 중에서 핵자당 결합 에너지가 가장 크다고 하였다. <보기>의 그림을 통해서도 철($^{56}_{26}Fe$) 원자핵의 핵자당 결합 에너지가 우라늄-235($^{235}_{92}U$) 원자핵의 핵자당 결합 에너지보다 더 크다는 것을 확인할 수 있다. 윗글에서 원자핵을 구성하는 핵자들은 핵자당 결합 에너지가 클수록 더 강력하게 결합되어 있다고 하였으므로, 철 원자핵이 우라늄-235 원자핵에 비해 원자핵을 구성하고 있는 핵자들이 더 강력하게 결합되어 있을 것이다.

→ 적절하지 않으므로 오답!

1등급 문제

29 세부 정보 이해 - 틀린 것 고르기 | 정답률 50%, 매력적 오답 ① ③ ④ 15% | 정답 ⑤

ⓐ와 ⓑ에 대한 설명으로 적절하지 않은 것은?

ⓐ 수소(^{1}H) 원자핵을 원료로 하는 태양의 핵융합
ⓑ D-T 핵융합

① ⓐ의 과정에서 헬륨-4 원자핵의 개수는 늘어난다.

근거 ❻-3~5 수소(^{1}H) 원자핵을 원료로 하는 태양의 핵융합은 주로 태양의 중심부에서 일어난다. 먼저 수소 원자핵 2 개가 융합하여 중수소(^{2}H) 원자핵이 되고, 중수소 원자핵은 수소 원자핵과 융합하여 헬륨-3(^{3}He) 원자핵이 된다. 그리고 2 개의 헬륨-3 원자핵이 융합하여 헬륨-4(^{4}He) 원자핵이 된다.

풀이 수소 원자핵을 원료로 하는 태양의 핵융합(ⓐ) 과정을 거쳐 헬륨-4 원자핵이 만들어진다. 따라서 ⓐ의 과정에서 헬륨-4 원자핵의 개수는 늘어난다.

→ 적절하므로 오답!

② ⓑ는 중수소 원자핵과 삼중 수소 원자핵을 원료로 사용한다.

근거 ❼-3 이(D-T 핵융합) 방식에서는 중수소 원자핵과 삼중 수소(^{3}H) 원자핵이 융합하여 헬륨-4 원자핵이 된다.

→ 적절하므로 오답!

③ 헬륨-4 원자핵은 ⓑ에서와 달리 ⓐ에서는 헬륨-3 원자핵이 융합하여 생성된다.

근거 ❻-5 (ⓐ에서는) 2 개의 헬륨-3 원자핵이 융합하여 헬륨-4(^{4}He) 원자핵이 된다, ❼-3 이(D-T 핵융합) 방식(ⓑ)에서는 중수소 원자핵과 삼중 수소(^{3}H) 원자핵이 융합하여 헬륨-4 원자핵이 된다.

풀이 수소 원자핵을 원료로 하는 태양의 핵융합(ⓐ)에서는 2 개의 헬륨-3 원자핵이 융합하여 헬륨-4 원자핵이 생성되고, D-T 핵융합 방식(ⓑ)에서는 중수소 원자핵과 삼중 수소 원자핵이 융합하여 헬륨-4 원자핵이 된다.

→ 적절하므로 오답!

④ ⓐ와 ⓑ에서는 모두 반응 전후로 질량 결손이 일어나고 줄어든 질량은 에너지로 전환된다.

근거 ❸-3 핵분열이나 핵융합도 반응 전후로 질량 결손이 일어나고, 줄어든 질량은 에너지로 전환된다.

풀이 ⓐ와 ⓑ는 모두 핵융합으로, 반응 전후로 질량 결손이 일어나고 줄어든 질량은 에너지로 전환된다.

→ 적절하므로 오답!

⑤ ⓑ를 일으키기 위해서는 ⓐ가 일어나기 위한 물리적 조건과 동일한 조건을 만들어 주어야 한다.

근거 ❼-1 지구는 태양과 물리적 조건이 달라서 태양의 핵융합을 똑같이 재현할 수 없다.

풀이 지구와 태양은 물리적 조건이 달라 지구에서는 수소 원자핵을 원료로 하는 태양의 핵융합(ⓐ)을 똑같이 재현할 수 없으므로, 중수소 원자핵과 삼중 수소 원자핵을 원료로 하는 D-T 핵융합 방식(ⓑ)을 시도한다고 하였다. 따라서 ⓑ를 일으키기 위해 ⓐ가 일어나기 위한 물리적 조건과 동일한 조건을 만들어 주어야 한다는 설명은 적절하지 않다.

→ 틀려서 정답!

1등급 문제

30 추론의 적절성 판단 - 맞는 것 고르기 | 정답률 60%, 매력적 오답 ④ 15% ⑤ 10% | 정답 ③

㉡의 이유로 가장 적절한 것은?

㉡ 플라스마를 1억 ℃ 이상으로 가열

근거 ❽-4~6 원자핵은 양의 전하를 띠고 있어서 서로 가까이 다가갈수록 척력이 강하게 작용한다. 척력을 이겨내고 원자핵이 융합하게 하기 위해서는 플라스마의 온도를 높여 원자핵이 고속으로 움직일 수 있도록 해야 한다. 따라서 핵융합 발전을 위한 핵융합로에서는 플라스마를 1억 ℃ 이상으로 가열해서 핵융합의 확률을 높인다.

풀이 원자핵은 양의 전하를 띠고 있어 서로 가까이 다가갈수록 척력이 강하게 작용하기 때문에, 원자핵이 척력을 이겨내고 서로 융합할 수 있는 확률을 높이기 위해 플라스마를 1억 ℃ 이상의 고온으로 가열한다. 따라서 정답은 ③번이다.

① 원자핵이 융합로의 벽에 접촉하지 않게 하기 위해

근거 ❽-8 자기장을 활용해서 플라스마가 벽에 닿지 않게 하여

풀이 원자핵과 전자가 분리된 상태인 플라스마가 융합로의 벽에 접촉하지 않게 하기 위해서는 자기장을 활용한다. 원자핵이 융합로의 벽에 접촉하지 않게 하기 위해 플라스마를 가열하는 것은 아니다.

→ 적절하지 않으므로 오답!

② 자기장을 발생시켜 플라스마의 온도를 유지하기 위해

근거 ❽-7~8 융합로에서 플라스마의 온도를 높인 이후에는 고온 상태를 일정 시간 이상 유지하는 것도 중요하다. 플라스마는 융합로의 벽에 접촉하면 온도가 내려가기 때문에 자기장을 활용해서 플라스마가 벽에 닿지 않게 하여 고온 상태를 유지할 수 있도록 한다.

풀이 자기장을 발생시켜 플라스마의 온도를 유지하기 위해 플라스마를 1억 ℃ 이상으로 가열하는 것이 아니라, 플라스마를 가열한 후 고온 상태를 유지하기 위해 자기장을 활용해 벽에 닿지 않게 하는 것이다.

→ 적절하지 않으므로 오답!

③ 원자핵이 척력을 이겨내고 서로 융합할 수 있도록 하기 위해

→ 맞아서 정답!

④ 전자를 고속으로 움직이게 하여 핵융합의 효율을 높이기 위해

근거 ❽-5~6 플라스마의 온도를 높여 원자핵이 고속으로 움직일 수 있도록 해야 한다. … 플라스마를 1억 ℃ 이상으로 가열해서 핵융합의 확률을 높인다.

풀이 플라스마를 가열하는 것은 '전자'가 아니라 '원자핵'을 고속으로 움직일 수 있도록 하기 위해서이다.

→ 적절하지 않으므로 오답!

⑤ 원자핵들 사이에 전기적 인력을 발생시켜 핵융합의 확률을 높이기 위해

근거 ❽-4~5 원자핵은 양의 전하를 띠고 있어서 서로 가까이 다가갈수록 척력이 강하게 작용한다. 척력을 이겨내고 원자핵이 융합하게 하기 위해서는 플라스마의 온도를 높여 원자핵이 고속으로 움직일 수 있도록 해야 한다.

풀이 원자핵은 양의 전하를 띠고 있어서, 원자핵들 사이에는 척력이 작용한다. 이러한 척력을 이겨내고 원자핵이 융합할 수 있도록 하기 위해 플라스마를 가열하여 핵융합의 확률을 높인다.

→ 적절하지 않으므로 오답!

문제편 64쪽

[31 ~ 33] 현대시

(가) 김광균, 「성호부근」

• 김광균 중요 작가

「추일서정」(2020학년도 6월 모평), 「와사등」(2015학년도 6월 모평B, 2008학년도 수능) 기출. 고3 평가원 시험에 3번 이상 출제된 작가이다. 한국 모더니즘을 대표하는 작가로 도시적 감수성을 세련된 감각으로 노래한 시인이다. 김광균의 대표 시들은 기본적인 정서와 특징 등을 정리하는 것이 필요하다.

• 주제

겨울 호수 주변의 모습을 보며 옛 추억을 떠올리고 고향을 그리워한다.

• 지문 이해

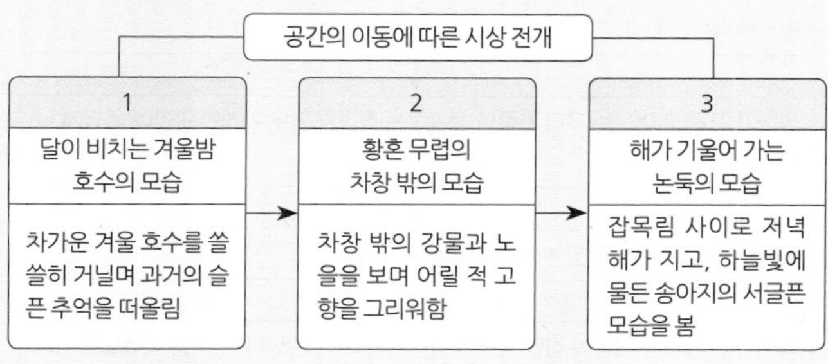

• 어휘 풀이

* 호적 : 신호로 부는 피리.
* 서리는 : 어떤 기운이 어리어 나타나는.
* 여울가 : 물살이 세게 흐르는 곳 주변.
* (빛을) 하다 : (빛을) 내다.
* 황혼 : 해가 어스름해질 때. 또는 그때의 어스름한 빛.
* 잡목림 : 잡목(다른 나무와 함께 섞여서 자라는 여러 가지 나무)들이 자라는 숲.
* 겨운 : 지난.
* 기폭 : 깃대에 달린 천이나 종이로 된 부분.

(나) 이성선, 「논두렁에 서서」

• 주제

물에 비친 '나'의 모습을 보며 자신에 대해 긍정적으로 바라보게 된다.

• 지문 이해

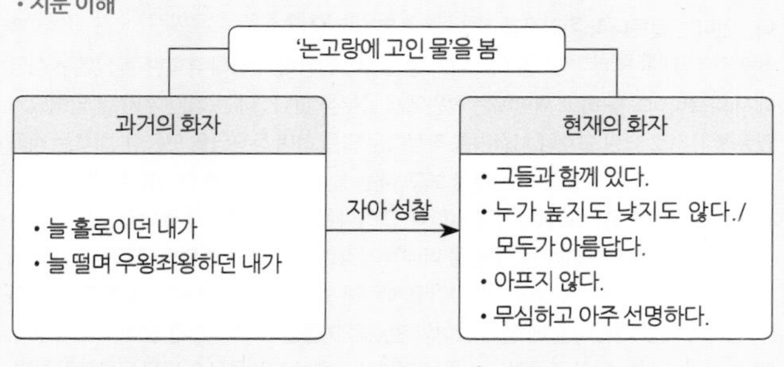

• 어휘 풀이

* 논고랑 : 벼 포기를 줄지어 심은 두둑과 두둑 사이에 골이 진 곳.
* 누가 높지도 낮지도 않다 : 모두 평등하다.

31 표현상 특징 - 맞는 것 고르기 | 정답률 65%, 매력적 오답 ④ 20% | 정답 ②

(가)와 (나)에 대한 설명으로 가장 적절한 것은?

선지	핵심 체크 내용	(가)	(나)
①	음성 상징어 사용 → 대상의 생동감 강조	X	X
②	현재 시제 활용 → 시적 상황에 주목하도록 함	O	O
③	청자와 대화하는 방식 활용 → 주제 형상화	X	X
④	시선을 원경에서 근경으로 이동 → 시상 전개	X	X
⑤	동일한 시어 반복 → 리듬감 형성	X	O

① (가)와 (나)는 *음성 상징어를 사용하여 대상의 생동감을 강조하고 있다. *소리를 흉내 낸 의성어와 모양을 흉내 낸 의태어

풀이 (가)와 (나) 모두 음성 상징어인 의성어나 의태어를 사용하여 대상의 생동감을 강조한 부분은 나타나지 않는다.

→ 적절하지 않으므로 오답!

■음성 상징어

소리나 모양을 음성으로 나타낸 말을 가리킨다. 의성어(소리를 흉내 낸 말)와 의태어(모양을 흉내 낸 말)를 포괄하는 말이다.

1. '음성 상징어'로 표현된 기출 선지

① 모습이나 소리를 흉내 낸 말을 사용하여 인상 깊게 표현하고 있다.

• **작자 미상, 「흥부전」**(2014년 고1 3월 학평)

제비 새끼 하나가 공중에서 뚝(의태어) 떨어져, 대발 틈에 발이 빠져 자끈(의성어, 의태어) 부러져

② 음성 상징어를 사용하여 대상을 생생하게 묘사하고 있다.

• **작자 미상, 「수궁가」**(2014년 고1 11월 학평)

만화방창 화림 중의 펄펄(의태어) 뛰던 발 그려, ~ 들락날락(의태어) 오락가락(의태어) 앙그주춤(엉거주춤)(의태어) 기난 듯이

③ 음성 상징어를 활용하여 행동의 격렬함을 강조한다.

• **박경리, 「토지」**(2020학년도 6월 모평)

손이 빰 위로 날았다. 앞가슴을 잡고 와락와락(의태어) 흔들어 댄다. ~ 고래고래(의태어) 소리를 지른다.

2. '의태어'로 표현된 기출 선지

① 의성어와 의태어를 구사하여 화자의 상황을 구체화하고 있다.

• **한용운, 「알 수 없어요」**(2013학년도 6월 모평)

언뜻언뜻 보이는 푸른 하늘/ ~ 작은 시내는 구비구비 누구의 노래입니까

② 의태어를 사용하여 인물의 행동을 생생하게 묘사하고 있다.

• **작자 미상, 「장끼전」**(2013년 고1 9월 학평)

장끼란 놈 얼룩 꽁지깃 펼쳐 들고 꾸벅꾸벅 고개짓하며

3. '의성어'로 표현된 기출 선지

① 의성어의 변화로 화자의 심리를 드러내고 있다.

• **곽재구, 「구두 한 켤레의 시」**(2012학년도 수능)

찰랑찰랑 강물 소리가 들린다/ ~ 출렁출렁 아니 덜그럭덜그럭

② (가)와 (나)는 *현재 시제를 활용하여 시적 상황에 주목하도록 하고 있다. *현재를 나타내는 시간 표현(-는-, -ㄴ-)

근거 (가) ❶연-3행 옷소매에 스며든다./ ❼연-3행 논둑 위에 서 있다.
(나)-2행 마음이 행복해진다./ 6행 나의 얼굴이 들어 있다./ 8~11행 함께 있다./ 누가 높지도 낮지도 않다./ 모두가 아름답다./ 그 안에 나는 거꾸로 서 있다./ 14~15행 아프지 않다./ 산도 곁에 거꾸로 누워 있다./ 18행 무심하고 아주 선명하다.

풀이 (가)는 '스며든다', '서 있다'와 같은 현재 시제를 활용하여 겨울 호수 부근의 풍경을 바라보는 시적 상황에 주목하도록 하고 있다. (나)도 '행복해진다', '들어 있다', '선명하다' 등의 현재 시제를 사용하여 논고랑에 고인 물을 바라보며 화자의 인식이 변화하는 시적 상황에 주목하도록 하고 있다.

→ 맞아서 정답!

③ (가)와 (나)는 청자와 대화하는 방식을 활용하여 주제를 형상화하고 있다. (혼잣말하는 방식으로)

풀이 (가)와 (나) 모두 청자와 대화하는 방식이 아닌, 혼잣말하는 방식으로 주제를 형상화하고 있다.

→ 적절하지 않으므로 오답!

■청자와 대화하는 방식

3회(2022년 3월 학평) 34번 문제 ②번 선지 참고 → 59쪽

④ (가)와 달리 (나)는 시선을 *원경에서 **근경으로 이동하면서 시상을 전개하고 있다. ((가)와 (나)는)

*멀리 보이는 경치 **가까이 보이는 경치

근거 (가) ❶연-1행 달이 하나 수면 위에 떨어지고// ❷연-4행 호수는 한포기 화려한 꽃밭// ❹연-2행 강물은 길—게 얼어붙고// ❺연-2행 노을은// ❻연 앙상한 잡목림 사이로/ 한낮이 겨운 하늘/ ❼연-1행 송아지가 한 마리
(나)-1~6행 논고랑에 고인 물을 본다./ ~/ ~ 나뭇가지가 꾸부정하게 비치고/ 햇살이 번지고/ 날아가는 새 그림자가 잠기고/ 나의 얼굴이 들어 있다.

풀이 (나)에서 '논고랑에 고인 물'을 보는 화자의 시선이 '나뭇가지', '햇살', '새 그림자', '나의 얼굴'로 이동하고 있지만, 원경에서 근경으로 이동하고 있지는 않다. (가)도 수면에 비친 '달', '호수', '강물', '노을', '잡목림 사이'의 '하늘', '송아지'로 화자의 시선이 이동하고 있으나 원경에서 근경으로의 이동으로는 볼 수 없다.

→ 적절하지 않으므로 오답!

⑤ (나)와 달리 (가)는 동일한 시어를 반복하여 리듬감을 형성하고 있다. ((나)는)

근거 (나)-11행 그 안에 나는 거꾸로 서 있다./ 12행 거꾸로 서 있는 모습이/ 15행 산도 곁에 거꾸로 누워 있다.

풀이 (나)는 '거꾸로'라는 시어를 반복하여 리듬감을 형성하고 있으나, (가)에는 동일한 시어를 반복하여 리듬감을 형성하는 부분이 나타나지 않는다.

→ 적절하지 않으므로 오답!

32 감상의 적절성 - 틀린 것 고르기 | 정답률 75% | 정답 ④

<보기>를 바탕으로 (가)를 이해한 내용으로 적절하지 않은 것은? [3점]

| 보 기 |

[1] (가)는 숫자로 구별된 세 개의 장면으로 구성되어 있다. [2] 각 장면에서는 다양한 이미지를 통해 겨울 호수와 그 부근의 풍경이 형상화되고(모양 形 모양 象 될 化 : 구체적으로 표현되고), 이 과정에서 애상적(슬플 哀 애태울 傷 ~의 的 : 슬픔의) 정서가 환기된다(부를 喚 일어날 起 : 떠오른다).

① '1'에서는 '한포기 화려한 꽃밭'으로 표현된 호수의 모습에 '양철'과 '얼음'이 환기하는 날카롭고 차가운 감각이 연결되면서 겨울 호수의 이미지가 형상화되고 있다.

근거 <보기>-2 다양한 이미지를 통해 겨울 호수와 그 부근의 풍경이 형상화되고,
(가)-❶연 **양철**로 만든 달이 하나 수면 위에 떨어지고/ 부숴지는 **얼음** 소리가/ 날카로운 호적같이 옷소매에 스며든다.// ❷연-4행 호수는 **한포기 화려한 꽃밭**이 되고

풀이 (가)에서는 겨울 호수를 '한포기 화려한 꽃밭'에 비유하여 아름답게 형상화하는 한편 호수에 비친 '달'을 차가운 '양철'에, 호수의 '얼음 소리'를 '날카로운 호적'에 비유하여 날카롭고 차가운 이미지도 함께 드러내고 있다.

문제편 65쪽

→ 적절하므로 오답!

② '1'에서 '달이 하나 수면 위에 떨어지'는 모습은 겨울 호숫가를 '홀로' 거니는 화자의 상황과 맞물리면서 쓸쓸한 정서를 드러내고 있다.

근거 〈보기〉-2 다양한 이미지를 통해 겨울 호수와 그 부근의 풍경이 형상화되고, 이 과정에서 애상적 정서가 환기된다.
(가) ❶연-1행 양철로 만든 **달이 하나 수면 위에 떨어지고**// ❷연-2행 여울가 모래밭에 **홀로** 거닐면

풀이 (가)에서 '달'이 호수를 비추는 모습은 겨울밤 호숫가를 '홀로' 거니는 화자의 상황과 어울려 쓸쓸한 정서를 더욱 부각한다.

→ 적절하므로 오답!

③ '2'의 '강물'과 '노을'은 '낡은 고향'과 '향수'의 이미지로 연결되면서 고향에 대한 그리움의 정서를 떠올리게 한다.

근거 〈보기〉-2 다양한 이미지를 통해 겨울 호수와 그 부근의 풍경이 형상화되고, 이 과정에서 애상적 정서가 환기된다.
(가) ❹연-1~2행 **낡은 고향**의 허리띠같이/ **강물**은 길—게 얼어붙고// ❺연-2~3행 **노을**은/ 나 어린 **향수**처럼 희미한 날개를 펴고 있었다.

풀이 (가)의 화자는 얼어붙은 '강물'을 '낡은 고향'의 허리띠, 지는 '노을'을 나이 어린 '향수'에 비유하여 고향에 대한 그리움을 드러내고 있다.

→ 적절하므로 오답!

④ '2'의 '희미한 날개를 펴고 있었다'는 '3'의 '논둑 위에 서 있다'와 연결되면서, '송아지'의 '서글픈 얼굴'이 드러내는 정서가 극복될 수 있는 가능성을 *암시하고 있다. *넌지시 드러내고

근거 (가) ❺연-2~3행 노을은/ 나 어린 향수처럼 **희미한 날개를 펴고 있었다**.// ❼연-1행 **송아지**가 한 마리/ 3행 **서글픈 얼굴**을 하고 **논둑 위에 서 있다**.

풀이 (가)는 희미한 날개를 편 '노을'을 '향수'에 비유함으로써 고향에 대한 그리움이라는 애상적 정서를 드러내고 있다. 또한 '송아지'의 '서글픈 얼굴'에서도 애상적 정서가 환기되고 있다. 그러나 희미한 날개를 편 '노을'과 논둑 위에 서 있는 '송아지'가 내용상 연결되고 있지는 않으며, 애상적 정서가 극복될 수 있는 가능성 또한 암시되어 있지 않다.

→ 틀려서 정답!

⑤ '1', '2', '3'에서는 각각 '조각난 빙설', '얼어붙'은 '강물', '앙상한 잡목림'과 같은 시구가 *스산한 분위기를 자아내면서 애상적 정서를 심화하고 있다. *쓸쓸한

근거 〈보기〉-2 다양한 이미지를 통해 겨울 호수와 그 부근의 풍경이 형상화되고, 이 과정에서 애상적 정서가 환기된다.
(가) ❸연-2행 **조각난 빙설**이 눈부신 빛을 하다.// ❹연-2행 **강물**은 길—게 **얼어붙고**// ❻연-1행 **앙상한 잡목림** 사이로

풀이 '조각난 빙설', '얼어붙'은 '강물', '앙상한 잡목림'은 차갑고 스산한 분위기를 자아내 아픈 추억을 떠올리며 고향을 그리워하는 화자의 애상적 정서를 심화하고 있다.

→ 적절하므로 오답!

1등급 문제

33	화자의 태도 - 틀린 것 고르기 정답률 60%, 매력적 오답 ③ 10% ⑤ 20%	정답 ①

(나)를 감상한 내용으로 적절하지 않은 것은?

물에 거꾸로 비치는 현재

① 화자는 '늘 떨며 우왕좌왕하던' 과거 자신의 모습과 '곁에 거꾸로 누워 있'는 '산'의 모습을 동일시하고 있군.

근거 (나)-12~16행 거꾸로 서 있는 모습이/ 본래의 내 모습인 것처럼/ 아프지 않다./ **산**도 **곁에 거꾸로 누워 있다**./ **늘 떨며 우왕좌왕하던** 내가

풀이 (나)의 화자는 물에 비쳐 거꾸로 보이는 자신이 아프지 않다고 하며 '산'도 '곁에 거꾸로 누워 있'다고 하였다. 이는 자신을 '산'과 동일시하면서 현재 자신의 모습을 긍정적으로 인식하고 있음을 보여 주는 것이다. 따라서 '늘 떨며 우왕좌왕하던' 과거 자신의 모습을 '산'과 동일시한다는 설명은 적절하지 않다.

→ 틀려서 정답!

② '누가 높지도 낮지도 않'은 모습을 '아름답다'고 한 것에서 화자가 물에 비친 세상을 긍정적으로 보고 있음을 알 수 있군.

근거 (나)-1행 논고랑에 고인 물을 본다./ 7~10행 늘 홀로이던 내가/ 그들과 함께 있다./ **누가 높지도 낮지도 않다**./ 모두가 **아름답다**.

풀이 (나)의 화자는 물에 비친 '나'와 '그들(나뭇가지, 햇살, 새 그림자)'을 보며 '누가 높지도 낮지도 않'고 모두가 '아름답다'고 하고 있다. 이는 차별 없이 모두가 평등한 세상을 긍정적으로 여기는 화자의 인식이 드러난 것이다.

→ 적절하므로 오답!

③ '거꾸로 서 있는 모습'을 '아프지 않'은 것으로 받아들이는 화자에게서 물에 비친 자신의 모습을 부정적이지 않은 것으로 *수용하는 태도가 드러나는군. *받아들이는

근거 (나)-12~14행 **거꾸로 서 있는 모습**이/ 본래의 내 모습인 것처럼/ **아프지 않다**.

풀이 (나)의 화자는 물에 비친 거꾸로 서 있는 자신의 모습이 본래의 모습인 것처럼 아프지 않다고 하였다. 이는 자신의 모습을 있는 그대로 받아들이는 태도가 드러난 것이다.

→ 적절하므로 오답!

④ '늘 홀로'라고 생각했던 화자는 '나뭇가지', '햇살', '새 그림자'와 '나의 얼굴'이 '함께 있'는 모습에서 자신이 다른 존재들과 *공존하고 있음을 발견하는군. *함께하고

근거 (나)-3~8행 **나뭇가지**가 꾸부정하게 비치고/ **햇살**이 번지고/ 날아가는 **새 그림자**가 잠기고/ **나의 얼굴**이 들어 있다./ **늘 홀로**이던 내가/ 그들과 **함께 있다**.

풀이 (나)의 화자는 '늘 홀로'였던 자신이 '나뭇가지', '햇살', '새 그림자'와 함께 물에 비친 모습을 그들과 '함께 있'다라고 함으로써 자신이 다른 존재들과 공존하고 있음을 드러내고 있다.

→ 적절하므로 오답!

⑤ 물에 비친 자신의 모습을 '무심하고 아주 선명하다'라고 한 것에서, 화자가 물을 보는 행위를 통해 자기 자신에 대한 인식을 달리하게 되었음을 알 수 있군.

근거 (나)-16~18행 늘 떨며 우왕좌왕하던 내가/ 저 세상에 건너가 서 있기나 한 듯/ **무심하고 아주 선명하다**.

풀이 (나)의 화자는 '늘 떨며 우왕좌왕'했지만 물에 비친 자신의 모습이 '무심하고 아주 선명하'게 보인다고 하였다. 이를 통해 불안과 긴장 속에 살던 화자가 물을 보는 행위를 통해 자신에 대해 긍정적인 인식을 갖게 되었음을 알 수 있다.

→ 적절하므로 오답!

[34 ~ 37] 현대소설 - 김애란, 「도도한 생활」

• 중심 내용

'나'의 어린 시절에 엄마는 만두 가게를 하면서 '나'의 교육을 위해 노력했고 '나'에게 피아노를 배우게 한다.

↓

엄마가 사 준 피아노는 우리 가족이 생활하는 집이자 만두 가게인 공간에 놓이게 된다.

↓

'나'는 만두 가게 손님들 앞에서 피아노를 친다.

↓

아빠가 선 빚보증 때문에 집안 형편이 어려워지고 '나'는 엄마가 사 준 피아노를 가지고 서울에 있는 언니의 반지하방으로 이사한다.

↓

피아노를 본 언니가 당황해하고 삼촌과 언니, '나'는 피아노를 반지하방으로 옮기기 시작한다.

↓

피아노를 옮기며 '나'는 부끄러움을 느끼고 피아노를 들이는 것을 못마땅해하는 집주인에게 언니는 피아노를 절대 치지 않겠다는 약속을 한다.

• 전체 줄거리 ([ ] : 지문 내용)

[만두 가게를 하는 엄마는 어린 '나'에게 피아노를 사 주고, 그 피아노는 살림집이자 가게로 쓰이는 공간에 놓인다. '나'는 만두 가게에 놓인 피아노를 손님들 앞에서 치고, 엄마는 그 모습을 좋아한다. '나'는 중학교에 올라가서는 가끔 악보를 사다가 유행가를 연주하지만 고등학교에 가서는 더 이상 피아노를 치지 않는다. 고등학교 3학년 겨울 방학에 아빠가 선 빚보증 때문에 집안 형편이 어려워지고, '나'는 서울에 있는 대학의 컴퓨터학과에 합격한다. '나'는 피아노를 가지고 서울에 있는 언니의 반지하방으로 이사하고, 피아노를 들이는 것을 못마땅해하는 집주인에게 언니는 피아노를 절대 치지 않겠다고 약속을 한다.] 언니는 전문대학 치기공과(치과 진료에 필요한 장치를 전문적으로 제작 · 수리 · 가공하는 등의 치과 업무를 배우는 학과)를 다니다가 영문과에 편입하기 위해 휴학한 후 낮에는 식당에서 아르바이트를 하고 새벽에는 학원에서 공부를 한다. '나'는 디귿 자가 잘 입력되지 않는 컴퓨터로 학원 교재나 시험지를 작성하는 일을 하며 등록금을 모은다. 하루는 비가 내려 반지하방으로 빗물이 새는 것을 보고 '나'는 놀라서 언니에게 전화를 걸지만 언니는 걸레로 닦아내면 된다고 담담하게 말한다. 그러나 빗물은 계속해서 들어와 이내 발등까지 차오르고 '나'는 쓰레받기로 빗물을 퍼내기 시작한다. 그러던 중 아빠에게 전화가 오고 돈이 필요하다는 아빠의 말에 '나'는 "어떻게든 해 보겠다."라고 한 뒤 전화를 끊는다. 이후 언니의 예전 애인이 술에 취해 찾아와 언니의 이름을 부르며 현관 앞에 고꾸라진다. '나'는 그를 피아노 의자로 옮기고 빗물을 퍼내려 노력하지만 물은 어느새 무릎까지 찬다. 더 이상 물을 퍼내기가 어려워진 '나'는 피아노가 물에 잠기고 있다는 사실을 깨닫고 검은 비가 출렁이는 반지하방에서 피아노를 치기 시작한다.

• 인물 관계도

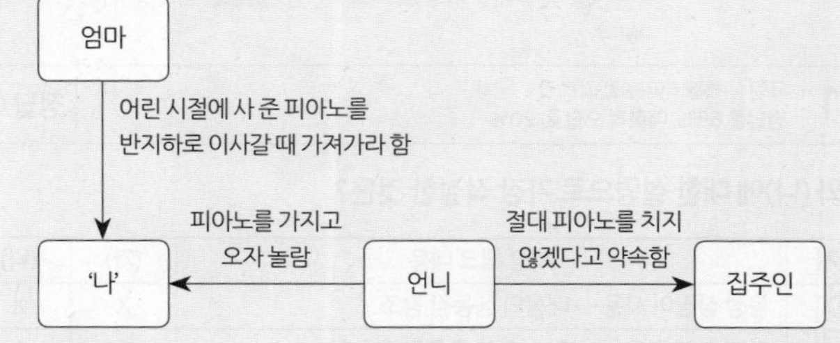

• 어휘 풀이

* 엑스포 : 세계 여러 나라가 참가하여 각국의 생산품을 합동으로 전시하는 국제 박람회.
* 풍문 : 바람처럼 떠도는 소문.
* 유년 : 어린 나이나 때. 또는 어린 나이의 아이.
* 불티나게 : 물건이 내놓기가 무섭게 빨리 팔리거나 없어지게.
* 양각된 : 조각에서, 평평한 면에 글자나 그림 따위가 도드라지게 새겨진.
* 페달 : 악기의 발로 밟는 장치. 피아노의 경우에는 음을 연장하거나 약음(弱音)을 조절하는 기능을 한다.
* 가재 : 한집안의 재물이나 재산. 살림 도구나 돈 따위를 이른다.
* 멋쩍은 : 어색하고 쑥스러운.
* 가계 : 집안 살림을 꾸려 나가는 방도나 형편.
* 뜨악했다 : 마음이 선뜻 내키지 않아 꺼림칙하고 싫어했다.
* 애를 먹었다 : 속이 상할 정도로 어려움을 겪었다.
* 아연한 : 너무 놀라거나 어이가 없어서 또는 기가 막혀서 입을 딱 벌리고 말을 못 하는.

문제편 66쪽

34 서술상 특징 - 맞는 것 고르기 정답률 85% 정답 ⑤

윗글의 서술상 특징으로 가장 적절한 것은?

① 동일한 사건을 여러 인물의 관점에서 다양하게 서술하고 있다.

근거 만두 집을 했던 엄마가 어떻게 피아노를 가르칠 생각을 했는지 알 수 없다. ~ 나는 오후 내 가게에 붙어 피아노를 연주했다. ~ "여기, 반지하야." 나는 조그맣게 대꾸했다. "나도 알아." 우리는 트럭 앞에 모여 피아노를 올려다봤다. ~ 집주인은 돌아서며 한마디 했는데, 치지도 않을 피아노를 왜 갖고 있느냐는 거였다.

풀이 윗글은 어린 시절에 엄마가 '나'에게 피아노를 사준 사건, '나'가 만두 가게에 놓인 피아노를 치는 사건, 어른이 된 '나'가 언니의 반지하방으로 이사하면서 피아노를 가져간 사건 등 여러 사건이 '나'의 관점에서 서술되고 있다.

→ 적절하지 않으므로 오답!

② *서술자가 교체되면서 인물 간의 갈등을 **다각적으로 조명하고 있다. *이야기를 이끌어 가는 이가 바뀌면서 **여러 측면에서 다양하게 보여 주고

근거 집주인은 어이없고 못마땅하다는 표정으로 언니와, 나와, 피아노와, 외삼촌과, 다시 피아노를 번갈아 쳐다봤다. ~ 우리는 결국 관리비를 더 내고, 피아노를 절대 치지 않겠다는 조건으로 집주인을 돌려보냈다.

풀이 윗글에는 '나'와 언니가 반지하방으로 피아노를 옮기면서 집주인과 갈등하는데, 이를 서술자인 '나'의 시점에서 서술하고 있을 뿐 서술자를 교체하면서 다각적으로 조명하고 있지 않다.

→ 적절하지 않으므로 오답!

③ 이야기 외부의 서술자가 특정 인물의 관점에서 사건을 해석하고 있다. (내부의 서술자인 '나'의)

근거 만두 집을 했던 엄마가 어떻게 피아노를 가르칠 생각을 했는지 알 수 없다. ~ 다만 그때 엄마는 어떤 '보통'의 기준들을 따라가고 있었으리라. ~ 집주인은 돌아서며 한마디 했는데, 치지도 않을 피아노를 왜 갖고 있느냐는 거였다.

풀이 윗글은 1인칭 주인공 시점(이야기 내부의 서술자인 '나'가 자신의 경험과 속마음을 말하는 시점)으로, 이야기 내부의 서술자인 '나'의 관점에서 사건을 해석하고 있다.

→ 적절하지 않으므로 오답!

④ 사건에 개입되지 않은(개입된) 인물의 관점을 통해 사건을 *객관적으로(주관적으로) 전달하고 있다. *감정이나 생각을 담지 않고

근거 나를 엑스포에 보내주고, 놀이 공원에 함께 가 준 엄마에게 고마운 마음이 든다. 세탁기도 냉장고도 아닌 피아노라니. 어쩐지 우리 삶의 질이 한 뼘쯤 세련돼진 것 같았다.
나는 부끄러웠지만 수줍게 한마디 했다.
세탁기도, 냉장고도 아닌 피아노라니. 우리 삶이 세 뼘쯤 민망해지는 기분이었다.

풀이 윗글은 1인칭 주인공 시점으로, 사건을 경험한 '나'의 관점에서 감정이나 생각을 드러내며 사건을 주관적으로 전달하고 있다.

→ 적절하지 않으므로 오답!

⑤ 이야기 내부의 서술자가 인물의 행위를 *묘사하며 자신의 내면을 드러내고 있다. *눈으로 보는 것처럼 자세하게 표현하며

근거 나를 엑스포에 보내주고, 놀이 공원에 함께 가 준 엄마에게 고마운 마음이 든다. ('나'의 내면)
한 손으로 얼굴을 가린 채 벤치에 누워 있던 엄마의 모습/ 엄마는 베토벤같이 풀린 파마머리를 한 채 귀머거리처럼 만두를 빚었다. (엄마의 행동 묘사)
홀에서 웬 백인 남자가 손뼉을 치며 "원더풀"이라 외치고 있었다. ~ 나는 부끄러웠지만 (백인 남자의 행동 묘사와 '나'의 내면)
외삼촌이 피아노의 한쪽 끝을, 언니와 내가 반대쪽을 잡았다. 외삼촌이 신호를 보냈다. 나는 깊은 숨을 쉰 뒤 피아노를 번쩍 들어 올렸다. (외삼촌, 언니, '나'의 행동 묘사)
그는 집 앞에서 벌어진 풍경이 믿기지 않는다는 듯 아연한 표정으로 서 있었다. 나는 피아노를 든 채 어색하게 웃으며 목례했다. 언니 역시 눈치껏 사내에게 인사했다. (집주인, 언니, '나'의 행동 묘사)
우리 삶이 세 뼘쯤 민망해지는 기분이었다. ('나'의 내면)

풀이 윗글은 1인칭 주인공 시점으로, 이야기 내부의 서술자인 '나'가 여러 인물들의 행위를 묘사하며 자신의 내면을 드러내고 있다.

→ 맞아서 정답!

■소설의 시점
2회(2023년 3월 학평) 34번 문제 ⑤번 선지 참고 → 38쪽

35 표현상 특징 - 틀린 것 고르기 정답률 75%, 매력적 오답 ⑤ 10% 정답 ③

㉠ ~ ㉤에 대한 이해로 적절하지 않은 것은?

① ㉠은 추측과 짐작을 드러내는 표현을 사용하여 현재의 시각에서 지나간 일의 의미를 진술하고 있다.

근거 ㉠ 마침 동네에 음악 학원이 생겼고, 엄마의 만두가 불티나게 팔리던 시절이라 가능했던 일인지도 모른다.

풀이 ㉠에서는 '가능했던 일인지도 모른다'라는 추측과 짐작을 드러내는 표현을 사용하여 '나'의 현재 시각에서 어린 시절에 피아노를 배울 수 있었던 이유에 대해 이야기하고 있다.

→ 적절하므로 오답!

② ㉡은 *외양에 대한 묘사를 나열하여 인물이 대상에서 받은 인상의 근거를 제시하고 있다. *겉모습

근거 피아노는 노릇한 원목으로 돼, 학원에 있는 어떤 것보다 좋아 보였다. ㉡ 원목 위에 양각된 우아한 넝쿨무늬, 은은한 광택의 금속 페달, 건반 위에 깔린 레드 카펫은 또 얼마나 선정적인 빛깔이던지.

풀이 ㉡은 피아노의 넝쿨무늬, 금속 페달, 카펫에 대한 묘사를 나열하여 '나'가 자신의 피아노가 학원에 있는 피아노보다 좋아 보였다고 느낀 근거를 제시하고 있다.

→ 적절하므로 오답!

③ ㉢은 앞서 언급한 내용을 *부연하여 자신의 경험에 대한 이해의 폭이 확장되었음을(대해 구체적인 설명을 서술하고 있다) 강조하고 있다. *더 자세하게 덧붙여

근거 우리 가족은 생계와 주거를 한 건물 안에서 해결하고 있었다. ㉢ 낮에는 방에 손님을 들이고, 밤에는 식구들이 이불을 펴고 자는 식으로 말이다.

풀이 ㉢은 앞서 언급한 내용에 대해 덧붙여 말함으로써 자신의 경험에 대해 더 구체적으로 설명하고 있을 뿐 자신의 경험에 대한 이해의 폭이 확장되었음을 강조하고 있지 않다.

→ 틀려서 정답!

④ ㉣은 *비유적인 표현을 사용하여 어울리지 않는 곳에 놓이게 된 대상을 바라보는 마음을 드러내고 있다. *표현하려는 대상을 비슷한 다른 대상에 빗댄

근거 "여기, 반지하야."/ 우리는 트럭 앞에 모여 피아노를 올려다봤다. ㉣ 그것은 몰락한 러시아 귀족처럼 끝까지 체면을 차리며 우아하고 담담하게 서 있었다.

풀이 ㉣은 피아노를 '몰락한 러시아 귀족'에 빗대어, '반지하'라는 어울리지 않는 공간에 놓이게 된 피아노를 바라보는 '나'의 안타까움을 드러내고 있다.

→ 적절하므로 오답!

⑤ ㉤은 쉼표를 *빈번하게 사용하여 **예기치 않은 상황에 대한 인물의 불편한 심리를 ***부각하고 있다. *자주 **예상하지 ***강조

근거 집주인은 어이없고 못마땅하다는 표정으로 ㉤ 언니와, 나와, 피아노와, 외삼촌과, 다시 피아노를 번갈아 쳐다봤다.

풀이 ㉤은 쉼표를 여러 번 사용하여 '나'와 언니, 외삼촌이 반지하방으로 피아노를 옮기고 있는 예상치 못한 상황에 대한 집주인의 불편한 심리를 강조하고 있다.

→ 적절하므로 오답!

36 내용 이해 - 틀린 것 고르기 정답률 65%, 매력적 오답 ⑤ 15% 정답 ②

ⓐ와 ⓑ를 바탕으로 윗글을 이해한 내용으로 적절하지 않은 것은?

> 다만 좀 멋쩍은 것은 피아노가 가정집 '거실'이 아닌, ⓐ 만두 가게 안에 놓인다는 사실이었다.
> "여기, ⓑ 반지하야."

① '파란 트럭'에 의해 ⓐ로 옮겨져 엄마를 기쁘게 했던 피아노는, '외삼촌의 트럭'에 의해 ⓑ로 옮겨지면서 언니를 당황하게 했다.

근거 엄마는 내게 피아노를 사줬다. 읍내서부터 먼짓길을 달려 온 **파란 트럭**이 집 앞에 섰을 때, 엄마가 무척 기뻐했던 기억이 난다.
언니의 표정은 뜨악했다. ~ 언니가 답답한 듯 말했다. "여기, ⓑ 반지하야." ~ 우리는 트럭 앞에 모여 피아노를 올려다봤다. ~ **외삼촌의 트럭**은 길 한가운데를 막고 있었다.

풀이 '나'의 어린 시절에 피아노가 '파란 트럭'에 실려 ⓐ(만두 가게)로 왔을 때 엄마는 기뻐했지만, '나'가 성인이 되어 언니가 살고 있는 ⓑ(반지하)로 이사할 때 피아노가 '외삼촌의 트럭'에 실려 오자 언니는 당황한다.

→ 적절하므로 오답!

② ⓐ에서 '나'는 '손뼉을 치'는 사람이 부끄러워하는 모습을 발견하고 있고(칭찬하자 부끄러워하고), ⓑ에서 '나'는 '우리를 흘깃거'리는 시선에서 부끄러움을 느끼고 있다.

근거 홀에서 웬 백인 남자가 **손뼉을 치**며 "원더풀"이라 외치고 있었다. ~ 나는 부끄러웠지만 수줍게 한마디 했다.
나는 깊은 숨을 쉰 뒤 피아노를 번쩍 들어 올렸다. ~ 사람들이 **우리를 흘깃거**렸다.
세탁기도, 냉장고도 아닌 피아노라니. 우리 삶이 세 뼘쯤 민망해지는 기분이었다.

풀이 ⓐ(만두 가게)에서 '나'의 피아노 연주를 듣고 백인 남자가 손뼉을 치자 부끄러워한 것은 '나'이지 백인 남자가 아니다. 한편 '나'는 피아노를 ⓑ(반지하)로 옮기면서 자신들을 흘깃거리는 사람들의 시선에 부끄러움을 느끼고 있다.

→ 틀려서 정답!

③ ⓐ는 우리 가족이 '생계와 주거'를 모두 해결해야 했던 공간이고, ⓑ는 '나'와 언니가 '좁고 가파른 계단'을 오르내리며 살아야 하는 공간이다.

근거 다만 좀 멋쩍은 것은 피아노가 가정집 '거실'이 아닌, ⓐ 만두 가게 안에 놓인다는 사실이었다. 우리 가족은 **생계와 주거**를 한 건물 안에서 해결하고 있었다.
좁고 가파른 계단 아래로 피아노가 천천히 머리를 디밀고 있었다.

풀이 ⓐ(만두 가게)는 만두를 파는 가게이자 우리 가족이 생활하는 살림집이기도 해 '생계와 주거'를 모두 해결했던 공간이고, ⓑ(반지하)는 '좁고 가파른 계단'을 오르내리며 '나'와 언니가 함께 살게 된 공간이다.

→ 적절하므로 오답!

④ ⓐ에서 '나'가 누구라도 '얼굴을 붉히게 만들었을' 연주를 했던 피아노는 ⓑ로 옮겨지는 과정에서 '쿵 ― 하는 소리'로 '나'의 '얼굴이 붉어'지게 했다.

근거 쉽고 아름답지만 촌스러워서 누구라도 가게 앞을 지나다 **얼굴을 붉히게 만들었을**, ~ 그런 연주를 말이다.
갑자기 **쿵 ― 하는 소리**가 났다. 외삼촌이 피아노를 놓친 모양이었다./ 쿵 ― 소리, 내가 처음 도착한 도시에 울려 퍼지는 그 사실적이고, 커다랗고, 노골적인 소리에 **얼굴이 붉어**졌다.

풀이 '나'는 어린 시절에 ⓐ(만두 가게)에서 누구라도 얼굴을 붉히게 만들었을 피아노 연주를 했고, 성인이 되어 ⓑ(반지하)로 이사하면서 피아노를 옮기다가 떨어뜨려 소리가 나자 얼굴을 붉히며 부끄러워한다.

→ 적절하므로 오답!

⑤ ⓐ에서 피아노에 대한 반가움을 드러내던 '세탁기도 냉장고도 아닌 피아노라니.'라는 표현은, ⓑ로 피아노가 옮겨지는 과정에서 나타나는 *무안함을 드러내는 데 활용되고 있다. *창피함

근거 엄마는 내게 피아노를 사줬다. ~ **세탁기도 냉장고도 아닌 피아노라니**. 어쩐지 우리 삶의 질이 한 뼘쯤 세련돼진 것 같았다. 피아노는 ~ 학원에 있는 어떤 것보다 좋아 보였다.
세탁기도, 냉장고도 아닌 피아노라니. 우리 삶이 세 뼘쯤 민망해지는 기분이었다.

풀이 '나'는 어린 시절에 피아노가 ⓐ(만두 가게)로 실려 왔을 때엔 '세탁기도 냉장고도 아닌 피아노라니.'라며 반가워했지만, 성인이 되어 ⓑ(반지하)로 피아노를 옮기게 되었을 때엔 '세탁기도, 냉장고도 아닌 피아노라니.'라며 무안해한다.
→ 적절하므로 오답!

1등급 문제

37 감상의 적절성 – 틀린 것 고르기
정답률 55%, 매력적 오답 ② 20% ⑤ 15%
정답 ④

<보기>를 참고하여 윗글을 감상한 내용으로 적절하지 않은 것은? [3점]

| 보기 |
[1] 엄마가 내게 사 준 피아노는 엄마가 꿈꾸었던 '도도한 생활'의 상징(구체적으로 보여 주는 것)으로, 부모로서 자녀가 누리기를 희망했던 삶의 기준을 의미한다. [2] '나'는 성년(성인)이 되면서 엄마가 애써 마련해준 환경에서 벗어나 새로운 환경에 직면하게(마주하게) 되는데, 이 환경은 '나'의 욕구를 제한하고(집주인이 피아노를 치지 못하게 하고) 지금까지 '나'가 살아왔던 환경을 재평가하도록 한다. [3] 윗글은 이러한 과정에서 인물이 겪는 각성(피아노의 양각 문양이 사실은 본드로 붙여져 있던 것임을 깨달음)의 순간을 포착하고 있다.

① '놀이공원에 가고, 엑스포에 가는 것'과 같은 '평범한 유년의 프로그램'은, 엄마가 자녀에게 마련해주고 싶었던 환경의 일부이겠군.
근거 <보기>-2 '나'는 ~ 엄마가 애써 마련해준 환경에서
그때 엄마는 어떤 '보통'의 기준들을 따라가고 있었으리라. **놀이 공원에 가고, 엑스포에 가는 것**처럼,/ 누구나 겪는, **평범한 유년의 프로그램** 중 하나였을 뿐이지만, 무지한 눈으로 시대의 풍문들에 고개 끄덕였을,
풀이 놀이공원이나 엑스포에 가는 것과 같은 '평범한 유년의 프로그램'은 자녀 교육을 위해 다른 사람들이 하는 만큼 엄마가 '나'에게 마련해주고 싶었던 환경의 일부로 볼 수 있다.
→ 적절하므로 오답!

② '베토벤같이 풀린 파마머리를 한 채 귀머거리처럼 만두를 빚'던 모습은, 피아노가 상징하는 삶에 가까워지기 위한 엄마의 수고를 보여 주는군.
근거 <보기>-1 엄마가 내게 사 준 피아노는 엄마가 꿈꾸었던 '도도한 생활'의 상징으로, 부모로서 자녀가 누리기를 희망했던 삶의 기준을 의미한다.
만두 집을 했던 엄마가 어떻게 피아노를 가르칠 생각을 했는지 알 수 없다./ 엄마는 **베토벤같이 풀린 파마머리를 한 채 귀머거리처럼 만두를 빚었다.**
풀이 <보기>에서 피아노는 엄마가 꿈꾸었던 '도도한 생활'의 상징으로, 부모로서 자녀가 누리기를 희망했던 삶의 기준이라고 말한다. 이를 통해 엄마가 '베토벤같이 풀린 파마머리를 한 채 귀머거리처럼 만두를 빚'는 수고를 하면서 '나'를 피아노 학원에 보냈던 것은 피아노가 상징하는 '도도한 생활'을 '나'가 누리길 원했기 때문이라고 볼 수 있다.
→ 적절하므로 오답!

③ '한 뼘쯤 세련돼진' 느낌을 주던 피아노에서 '세 뼘쯤 민망해지는 기분'을 느끼게 된 것은 '나'를 둘러싼 환경의 변화 때문이겠군.
근거 <보기>-2~3 '나'는 성년이 되면서 엄마가 애써 마련해준 환경에서 벗어나 새로운 환경에 직면하게 되는데, ~ 이러한 과정에서 인물이 겪는 각성의 순간을 포착하고 있다.
세탁기도 냉장고도 아닌 피아노라니. 어쩐지 우리 삶의 질이 **한 뼘쯤 세련돼진** 것 같았다.
"여기, 반지하야."
좁고 가파른 계단 아래로 피아노가 천천히 머리를 디밀고 있었다. 세탁기도, 냉장고도 아닌 피아노라니. 우리 삶이 **세 뼘쯤 민망해지는 기분**이었다.
풀이 '나'는 어린 시절에 엄마가 사준 피아노를 보았을 땐 '한 뼘쯤 세련돼진' 삶을 누리게 된 느낌을 받았지만 성인이 되어 언니의 반지하방으로 이사(환경의 변화)하며 피아노를 옮길 땐 '세 뼘쯤 민망해지는 기분'을 느끼게 된다.
→ 적절하므로 오답!

④ '피아노가 잠시 세기말 도시의 하늘 위로 비상'하는 모습에서 '나'는 자신의 욕구를 *제한해 온 환경이 변화하고 있음을 확인하게 되는군. *막아
근거 나는 깊은 숨을 쉰 뒤 피아노를 번쩍 들어 올렸다. 1980년대 산 **피아노가 잠시 세기말 도시의 하늘 위로 비상**했다.
풀이 '피아노가 잠시 세기말 도시의 하늘 위로 비상'하는 모습은 피아노가 들어 올려진 모습을 나타낸 것일 뿐, '나'가 자신의 욕구를 제한해 온 환경이 변화하고 있음을 확인하게 되는 것은 아니다.
→ 틀려서 정답!

⑤ '오랫동안 양각된 거라 믿어온 문양이 사실은 본드로 붙여져 있던 것'임을 깨달으면서, '나'는 엄마가 애써 마련해준 환경이 그리 *견고하지 못한 것이었음을 알게 되는군. *굳고 단단하지
근거 <보기>-2 '나'는 성년이 되면서 엄마가 애써 마련해준 환경에서 벗어나 새로운 환경에 직면하게 되는데, ~ 지금까지 '나'가 살아왔던 환경을 재평가하도록 한다.
원목 위에 양각된 우아한 넝쿨무늬,
피아노 넝쿨무늬가 고장 난 스프링처럼 흔들리고 있는 모습이 보였다. 충격 때문에 몸에서 떨어져 나간 모양이었다. 그제야 나는 내가 **오랫동안 양각된 거라 믿어온 문양이 사실은 본드로 붙여져 있던 것**이라는 걸 깨달았다.
풀이 '나'는 어린 시절에 엄마가 사준 피아노의 넝쿨무늬가 양각된 것으로 믿었는데 성인이 되어 반지하방으로 피아노를 옮기다가 떨어져 나간 넝쿨무늬를 보며, 사실은 본드로 붙여져 있던 것임을 알게 된다. 이를 통해 '나'는 엄마가 마련해주었던 환경이 견고하지 못한 것임을 깨닫게 되었다고 볼 수 있다.
→ 적절하므로 오답!

[38 ~ 41] 갈래 복합

(가) 고전시가 - 이황, 「도산십이곡(도산 서원에서 지은 열두 곡)」

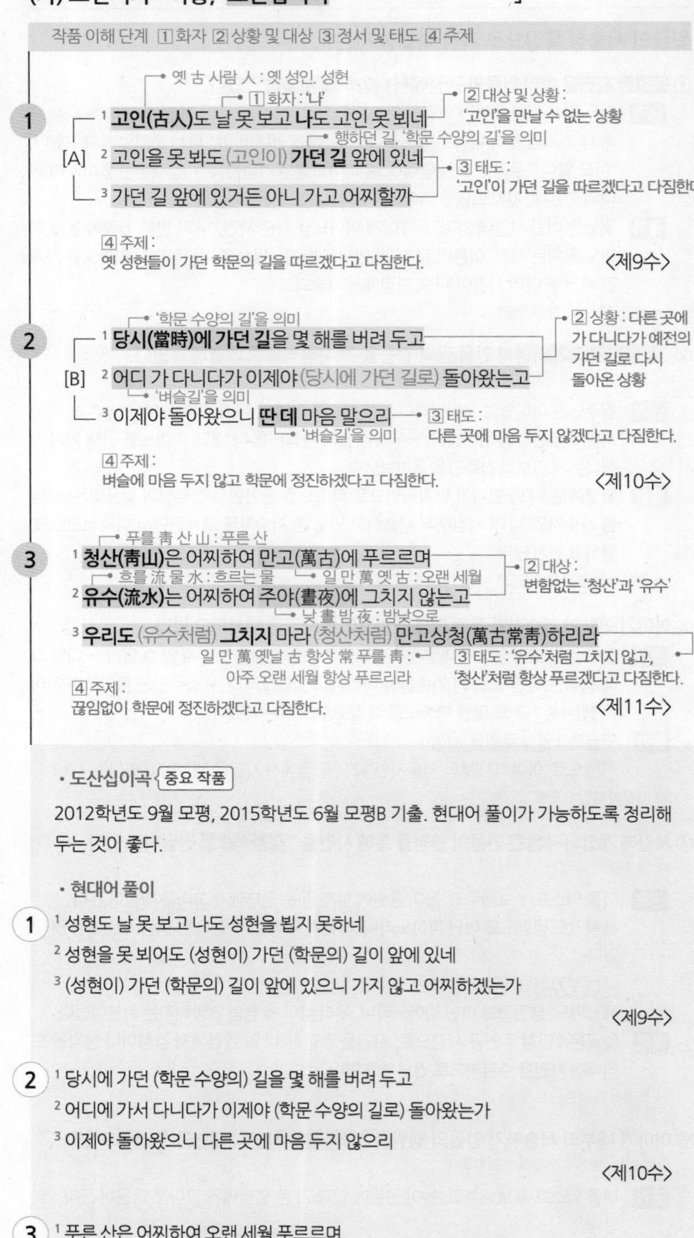

• 도산십이곡 중요 작품
2012학년도 9월 모평, 2015학년도 6월 모평B 기출. 현대어 풀이가 가능하도록 정리해 두는 것이 좋다.

• 현대어 풀이

1
[1] 성현도 날 못 보고 나도 성현을 뵙지 못하네
[2] 성현을 못 뵈어도 (성현이) 가던 (학문의) 길이 앞에 있네
[3] (성현이) 가던 (학문의) 길이 앞에 있으니 가지 않고 어찌하겠는가
<제9수>

2
[1] 당시에 가던 (학문 수양의) 길을 몇 해를 버려 두고
[2] 어디에 가서 다니다가 이제야 (학문 수양의 길로) 돌아왔는가
[3] 이제야 돌아왔으니 다른 곳에 마음 두지 않으리
<제10수>

3
[1] 푸른 산은 어찌하여 오랜 세월 푸르르며
[2] 흐르는 물은 어찌하여 밤낮으로 그치지 않는가
[3] 우리도 (물처럼) 그치지 말고 (산처럼) 오랜 세월 항상 푸르리라
<제11수>

• 지문 이해

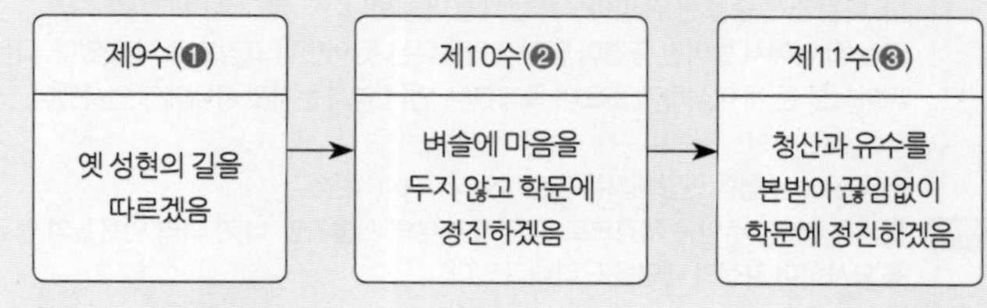

(나) 수필 - 법정, 「인형과 인간」

• 중심 내용

성인들의 가르침을 어렵게 만드는 지식인들에 대해 비판한다.
↓
사색과 실천이 없는 지식인들의 처신은 진리에 대한 배반이다.
↓
지식인은 무기력하고 나약한 인형의 삶에서 벗어나 사명을 다해야 한다.
↓
지식인은 많은 배움을 통해 얻은 진리를 실천하는 무학의 태도를 가져야 한다.
↓
우리는 시대의 실상을 알고 이웃을 사랑하며 신념을 가지고 살아야 할 인간이다.

• 어휘 풀이
* 성인 : 지혜와 덕이 매우 뛰어나 길이 우러러 본받을 만한 사람.
* 신학자 : 종교 특히 기독교의 진리에 대하여 연구하는 사람.
* 시시콜콜하게 : 자질구레한 것까지 낱낱이 따지며.
* 생동하던 : 생기 있게 살아 움직이던.
* 맹점 : 미처 생각이 미치지 못한, 모순되는 점이나 틈.

문제편 67쪽

* 사색 : 어떤 것에 대하여 깊이 생각하고 이치를 따짐.
* 곡학아세 : 바른길에서 벗어난 학문으로 세상 사람에게 아첨함.
* 처신하려 : 세상을 살아가는 데 가져야 할 몸가짐이나 행동을 취하려.
* 인형 : 자기의 주관을 펴지 못하고 다른 사람의 말이나 뜻에 따라 움직이는 사람을 비유적으로 이르는 말.
* 무용론 : 필요가 없다는 주장.
* 코에 걸지 : 자랑삼아 내세우지.
* 관념성 : 개인의 주관에 의하여 오직 관념 또는 표상으로서만 존재하는 성질.
* 사이비 : 겉으로는 비슷하나 속은 완전히 다름. 또는 그런 것.
* 위선자 : 겉으로만 착한 체를 하거나 거짓으로 꾸미는 사람.
* 실상 : 실제 모양이나 상태.
* 회피 : 꾀를 부려 마땅히 져야 할 책임을 지지 아니함.

오답률 TOP ⑤ 1등급 문제

38 작품 간 공통점 - 맞는 것 고르기
정답률 35%, 매력적 오답 ② 15% ⑤ 35% 정답 ①

(가)와 (나)의 공통점으로 가장 적절한 것은?

① 옛사람의 *행적을 긍정적으로 바라보고 있다. *평생 한 일이나 업적

근거 (가) ❶-2~3 고인을 못 봐도 가던 길 앞에 있네/ 가던 길 앞에 있거든 아니 가고 어찌할까
(나) 지나간 성인들의 가르침은 하나같이 간단하고 명료했다. 들으면 누구나 다 알아들을 수 있는 내용이었다.

풀이 (가)에서는 고인이 가던 길을 따르겠다는 의지를 보이고 있고, (나)에서는 지나간 성인의 가르침이 간단하고 명료하다고 하였으므로 (가)와 (나) 모두 옛사람의 행적을 긍정적으로 바라보고 있다는 설명은 적절하다.

→ 맞아서 정답!

② 새로운 도전에 대한 기대감을 *형상화하고 있다. *드러내고

근거 (가)-❷ 당시에 가던 길을 몇 해를 버려 두고/ 어디 가 다니다가 이제야 돌아왔는고/ 이제야 돌아왔으니 딴 데 마음 말으리

풀이 (가)에서 화자가 현재 추구하고자 하는 학문 수양의 길은 과거에 떠났다가 다시 돌아온 길이므로 새로운 도전이라 할 수 없다. (나)에도 새로운 도전에 대한 기대감은 드러나 있지 않다.

→ 적절하지 않으므로 오답!

③ 사물의 아름다움에 대한 *예찬적 태도를 드러내고 있다. *높여 찬양하는

근거 (가) ❸-1~2 청산은 어찌하여 만고에 푸르르며/ 유수는 어찌하여 주야에 그치지 않는고

풀이 (가)는 청산과 유수로 대표되는 자연의 영원성(속성)을 예찬하여 학문 수양을 향한 화자의 의지를 부각하고 있으나 자연 그 자체의 아름다움을 예찬하고 있지는 않다. (나)에도 사물의 아름다움에 대한 예찬적 태도는 드러나 있지 않다.

→ 적절하지 않으므로 오답!

④ 자연과 하나 되는 삶의 과정을 *순차적으로 제시하고 있다. *차례대로

근거 (가)-❸ 청산은 어찌하여 만고에 푸르르며/ 유수는 어찌하여 주야에 그치지 않는고/ 우리도 그치지 마라 만고상청하리라

풀이 (가)에 청산과 유수의 불변성을 본받으려는 화자의 태도는 드러나지만 화자와 자연이 하나 되는 삶의 과정이 제시되어 있지는 않다. (나)에도 자연과 하나 되는 삶의 과정이 순차적으로 드러나 있지 않다.

→ 적절하지 않으므로 오답!

⑤ 지식인의 부정적 태도에 대한 *냉소적인 인식을 나타내고 있다. *부정적으로 여겨 비웃는 (→ (나)만 해당)

근거 (나) 학자(이 안에는 물론 신학자도 포함되어야 한다)라는 사람들이 튀어나와 불필요한 접속사와 수식어로써 말의 갈래를 쪼개고 나누어 명료한 진리를 어렵게 만들어 놓았다. 어떻게 살아야 할 것인가에 대한 자기 자신의 문제는 묻어 둔 채, 이미 뱉어 버린 말의 찌꺼기를 가지고 시시콜콜하게 뒤적거리며 이러쿵저러쿵 따지려 든다./ 사색이 따르지 않는 지식을, 행동이 없는 지식인을 어디에다 쓸 것인가. ~ 진리를 사랑하고 실현해야 할 지식인들까지 곡학아세와 비겁한 침묵으로써 처신하려 드니, 그것은 지혜로운 일이 아니라 진리에 대한 배반이다.

풀이 (나)에서는 진리를 사랑하고 실현해야 할 지식인들이 오히려 진리를 어렵게 만들고 곡학아세하거나 행동하지 않고 침묵하는 것에 대한 냉소적 태도가 드러나 있다. (가)에는 이러한 내용을 찾아볼 수 없다.

→ 적절하지 않으므로 오답!

1등급 문제

39 표현상 특징 - 틀린 것 고르기
정답률 60%, 매력적 오답 ③ 15% ⑤ 10% 정답 ④

[A]와 [B]에 대한 설명으로 적절하지 않은 것은?

> [A] (가)-❶ 고인도 날 못 보고 나도 고인 못 뵈네/ 고인을 못 봐도 가던 길 앞에 있네/ 가던 길 앞에 있거든 아니 가고 어찌할까
> [B] (가)-❷ 당시에 가던 길을 몇 해를 버려 두고/ 어디 가 다니다가 이제야 돌아왔는고/ 이제야 돌아왔으니 딴 데 마음 말으리

① [A]는 유사한 문장 구조를 활용하여 운율감을 형성하고 있다.

근거 [A] (가) ❶-1 고인도 날 못 보고 나도 고인 못 뵈네

풀이 [A]의 초장에서 'A도 B(를) 못 보다(뵈다)'라는 비슷한 문장 구조를 통해 운율감을 형성하고 있다.

→ 적절하므로 오답!

② [B]는 시간과 관련된 표현을 활용하여 상황 변화의 *기점을 강조하고 있다. *시작되는 지점

근거 [B] (가) ❷-1~2 당시에 가던 길을 몇 해를 버려 두고/ 어디 가 다니다가 이제야 돌아왔는고

풀이 화자는 과거에 가던 학문의 길에서 벗어났다가 다시 돌아오게 된 상황 변화의 기점을 시간과 관련된 표현인 '이제야(말하고 있는 이때에 이르러서야 비로소)'를 활용하여 강조하고 있다.

→ 적절하므로 오답!

③ [A]와 [B]는 모두 *의문형 어구를 활용하여 화자의 태도를 드러내고 있다. *의문을 나타내는 종결 어미인 '-느냐', '-ㄴ가' 등이 붙은 어구

근거 [A] (가) ❶-3 가던 길 앞에 있거든 아니 가고 어찌할까// [B] (가) ❷-2 어디 가 다니다가 이제야 돌아왔는고

풀이 [A]는 의문형 어구인 '어찌할까'를 활용하여 성인의 삶을 본받겠다는 의지적 태도를, [B]는 의문형 어구인 '돌아왔는고'를 활용하여 과거에 대한 반성적 태도를 드러내고 있다.

→ 적절하므로 오답!

④ [A]와 [B]는 모두 부정 표현을 사용하여 반성하는 자세를 드러내고 있다. (→ [B]만 해당)

근거 [A] (가)-❶ 고인도 날 못 보고 ~/ 고인을 못 봐도 ~/ ~ 아니 가고 어찌할까
[B] (가) ❷-3 이제야 돌아왔으니 딴 데 마음 말으리

풀이 [B]에서는 '말다('말으리')'라는 부정 표현을 사용하여 앞서 학문의 길에서 벗어나 있던 과거를 반성하며 앞으로의 의지를 다지고 있다. [A]에서도 부정 표현인 '못'과 '아니'가 사용되었지만, 이는 성인을 만나지 못하더라도 성인이 가신 길을 따르지 않을 수 없다는 의지를 드러낸 것일 뿐, 반성하는 자세를 드러낸 것은 아니다.

→ 틀려서 정답!

⑤ [A]와 [B]는 모두 앞 구절의 일부를 다음 구절에서 반복하여 내용을 연결하고 있다.

근거 [A] (가)-❶ 고인도 날 못 보고 나도 고인 못 뵈네(초장)/ 고인을 못 봐도 가던 길 앞에 있네(중장)/ 가던 길 앞에 있거든 아니 가고 어찌할까(종장)
[B] (가) ❷-2~3 어디 가 다니다가 이제야 돌아왔는고(중장)/ 이제야 돌아왔으니 딴 데 마음 말으리(종장)

풀이 [A]는 초장의 뒷 구절('고인 못 뵈네')이 중장의 앞 구절('고인을 못 봐도')에, 중장의 뒷 구절('가던 길 앞에 있네')이 종장의 앞 구절('가던 길 앞에 있거든')에 반복되며, [B]에서도 중장의 뒷 구절('이제야 돌아왔는고')이 종장의 앞 구절('이제야 돌아왔으니')로 연결되고 있다. 따라서 [A]와 [B] 모두 앞 구절의 일부를 다음 구절에서 반복하여 내용을 유기적으로 연결하고 있다.

→ 적절하므로 오답!

※ <보기>를 참고하여 40번과 41번의 두 물음에 답하시오.

> | 보기 |
> [1] 문학 작품의 감상 과정에서 독자는 작품에 제시된 대상이나 상황 간의 관계를 파악함으로써 내용을 더 잘 이해할 수 있다. [2] (가)와 (나)의 독자는 이러한 방식을 통해 ㉠ 학문의 길을 걷는 사람이 지녀야 하는 올바른 삶의 태도를 발견하게 된다.

1등급 문제

40 감상의 적절성 - 틀린 것 고르기
정답률 60%, 매력적 오답 ① 15% 정답 ④

(가)와 (나)를 감상한 내용으로 적절하지 않은 것은? [3점]

① (가)의 9수에서는 '고인'과 '나'가 만나지 못하는 현실을 인식하고 학문 수양이라는 '가던 길'을 *매개로 '고인'을 따르겠다는 화자의 의도가 드러나고 있다. *연결 고리

근거 (가)-❶ **고인**도 날 못 보고 **나**도 고인 못 뵈네/ 고인을 못 봐도 **가던 길** 앞에 있네/ 가던 길 앞에 있거든 아니 가고 어찌할까

풀이 (가)의 화자는 9수에서 '고인'과 만나지 못하는 현실을 인식하지만, '고인'이 갈고닦은 학문의 길을 매개로 하여 '고인'을 따르겠다는 의지를 드러내고 있다.

→ 적절하므로 오답!

② (가)의 10수에서는 '당시에 가던 길'과 '딴 데'가 *대비되면서 학문 수양 이외에 다른 것에는 힘을 쏟지 않겠다는 화자의 의지가 드러나고 있다. *반대되면서

근거 (가)-❷ **당시에 가던 길**을 몇 해를 버려 두고/ 어디 가 다니다가 이제야 돌아왔는고/ 이제야 돌아왔으니 **딴 데** 마음 말으리

풀이 '당시의 가던 길'은 학문 수양에 정진했던 과거의 삶을 의미하고, '딴 데'는 학문의 길에서 벗어난 벼슬길을 의미한다. 화자는 이 둘을 대비하면서 이제는 학문 수양 이외에 다른 것('딴 데')에 마음을 두거나 힘을 쏟지 않겠다는 의지를 드러내고 있다.

→ 적절하므로 오답!

③ (가)의 11수에서는 '청산'과 '유수'의 공통적 속성이 '우리도 그치지' 않겠다는 다짐과 연결되면서 끊임없이 학문에 *정진하겠다는 자세가 드러나고 있다. *힘써 나아가겠다는

근거 (가)-❸ **청산**은 어찌하여 만고에 푸르르며/ **유수**는 어찌하여 주야에 그치지 않는고/ **우리도 그치지** 마라 만고상청하리라

풀이 (가)에 나타난 '청산'과 '유수'는 변함없는 속성을 가지고 있다. 화자는 '청산'과 '유수'를 본받아 '우리도 그치지' 말고 '만고상청(오랜 세월 항상 푸름)'하자고 다짐하며 끊임없이 학문에 정진하겠다는 자세를 드러내고 있다.

→ 적절하므로 오답!

④ (나)에서는 '말의 갈래를 쪼개고 나누'는 태도와 '자신의 문제는 묻어' 두는 태도가 대비(→ 유사하게 연결되면서)되면서 학문 수양에서 자기 중심적 태도를 버려야겠다는 다짐이(→ 버려야 한다는 인식이) 드러나고 있다.

근거 (나) 그런데 학자(이 안에는 물론 신학자도 포함되어야 한다)라는 사람들이 튀어나와 불필요한 접속사와 수식어로써 **말의 갈래를 쪼개고 나누**어 명료한 진리를 어렵게

만들어 놓았다. 어떻게 살아야 할 것인가에 대한 자기 **자신의 문제는 묻어** 둔 채,/ 사랑한다는 것은 함께 나누어 짊어진다는 뜻이다. 우리에게는 우리 이웃의 기쁨과 아픔에 대해 나누어 가질 책임이 있다.

풀이 (나)에서는 성인의 명료한 진리를 쪼개고 나누어 어렵게 만들고 자신의 삶의 문제를 묻어 두고 돌아보지 않는 지식인의 태도를 모두 비판하고 있으므로 '말의 갈래를 쪼개고 나누'는 태도와 '자신의 문제는 묻어' 두는 태도가 대비된다고 볼 수 없다. 또한 자기 중심적 태도를 버려야 한다는 인식이 드러나 있지만 이를 다짐하고 있지는 않다.

→ 틀려서 정답!

⑤ (나)에서는 '살아 움직이는 인간'과 '끌려가는 짐승'이 대비되면서 학문을 통해 배운 신념을 바탕으로 당당하게 살아가겠다는 태도가 드러나고 있다.

근거 (나) 우리는 인형이 아니라 **살아 움직이는 인간**이다. 우리는 **끌려가는 짐승**이 아니라 신념을 가지고 당당하게 살아야 할 인간이다.

풀이 (나)에서는 능동적으로 살아 움직이는 '인간'과 수동적으로 끌려다니는 '짐승'을 대비하여 학문을 통해 배운 신념을 바탕으로 사랑을 실천하며 당당하게 살아가겠다는 화자의 태도가 드러난다.

→ 적절하므로 오답!

1등급 문제

41 내용 이해 - 틀린 것 고르기
정답률 50%, 매력적 오답 ① ④ ⑤ 10% ③ 20%
정답 ②

(나)의 무학(無學)의 의미를 바탕으로 〈보기〉의 ㉠을 설명한 내용으로 적절하지 않은 것은?

〈보기〉-2 (가)와 (나)의 독자는 이러한 방식을 통해 ㉠ 학문의 길을 걷는 사람이 지녀야 하는 올바른 삶의 태도를 발견하게 된다.

① 지식의 과잉에서 오는 관념성을 경계하는 태도이다.

근거 (나) 지식 과잉에서 오는 관념성을 경계한 뜻에서 나온 말일 것이다.

풀이 글쓴이는 지식의 과잉에서 오는 관념성, 즉 현실에 관심을 두지 않은 채 간단명료한 진리를 어려운 이론에 가두려는 태도를 경계하고 있다.

→ 적절하므로 오답!

② 배움이 부족하여 지식을 인격과 별개로 보는 태도이다.

근거 (나) 많이 배웠으면서도 배운 자취가 없는 것을 가리킴이다./ 지식이 인격과 단절될 때 그 지식인은 사이비요 위선자가 되고 만다.

풀이 글쓴이는 많이 배웠으면서도 배운 자취가 없는 것이 '무학'이라고 하였으며, 지식이 인격과 단절되는 것을 경계하고 있으므로 배움이 부족한 것이나 지식과 인격을 별개로 보는 것을 지식인의 올바른 태도로 보기는 어렵다.

→ 틀려서 정답!

③ 많이 배웠으면서도 배운 자취를 자랑하지 않는 태도이다.

근거 (나) 많이 배웠으면서도 배운 자취가 없는 것을 가리킴이다. 학문이나 지식을 코에 걸지 않고

풀이 글쓴이는 많이 배웠으면서도 이를 내세우지 않아 배운 자취가 없는 것을 '무학'이라 하였으므로 적절한 설명이다.

→ 적절하므로 오답!

④ 지식에서 추출된 진리에 대한 신념이 일상화된 태도이다.

근거 (나) 여러 가지 지식에서 추출된 진리에 대한 신념이 일상화되지 않고서는 지식 본래의 기능을 다할 수 없다.

풀이 글쓴이는 여러 가지 지식에서 얻은 진리를 믿고 실천하는 것이 지식 본래의 기능이라 하였으므로 적절한 설명이다.

→ 적절하므로 오답!

⑤ 지식이나 정보에 얽매이지 않은 자유롭고 발랄한 태도이다.

근거 (나) 지식이나 정보에 얽매이지 않은 자유롭고 발랄한 삶이 소중하다는 말이다.

풀이 글쓴이는 배움을 지식과 정보에 가두지 않는 자유롭고 발랄한 태도를 지향하므로 적절한 설명이다.

→ 적절하므로 오답!

[42 ~ 45] 고전소설 - 작자 미상, 「토공전」

1 [1] 각설(앞서 하던 이야기에서 화제를 돌려 다음 이야기를 꺼낼 때 쓰는 말) 토끼는 만수산에 들어가 바위 구멍에 숨어 사니 신세가 태평하고(클 太 편안할 平 : 아무 근심 걱정이 없고) 만사에 무심하여(여러 일에 걱정을 하거나 관심을 두지 않아) 혹은 일어났다 앉았다 하고 혹은 벽에 기대어 눕기도 하는 중 용왕의 말이 귀에 들리는 듯하고 용궁의 경치가 눈앞에 삼삼하여(또렷하여) 기쁨을 이기지 못한 채 마음에 생각하기를,

[2] '내 만수산의 일개(한 一 낱 介 : 보잘것없는 한 낱) 토끼로서 간사한 놈의 꼬임으로 거의 죽을 뻔하였지. [3] 그러나 두세 치(길이의 단위로, 한 치는 약 3cm에 해당)밖에 안 되는 혀로 만승(일 만 萬 탈 乘 : 일만 대의 수레를 거느릴 수 있는 사람. 하늘의 뜻을 대신하여 천하를 다스리는 사람인 천자를 이르는 말)의 임금을 유혹하여 용궁을 두루 구경하고 만수산으로 돌아왔으니 비록 소장의 구변(소진과 장의의 뛰어난 말솜씨)이나 양평의 지혜(장양과 진평의 빼어난 지혜)라도 이(토끼 자신의 뛰어난 말솜씨와 지혜)보다 낫지 못할 거야. [4] 이후에 다시는 동해 가(주위)를 밟지도 말고 맹세코 용궁 사람들과 말도 말고 돌베개에 팔이나 괴고 살아갈 뿐야.'

→ 용궁에서 살아 돌아온 토끼는 자신의 구변과 지혜를 자화자찬하며, 소박하게 살겠다는 다짐을 한다.

2 [1] 이때 홀연히(갑자기) 한 떼의 검은 구름이 남쪽으로부터 오더니 조금 있다가 광풍(미칠 狂 바람 風 : 사납게 부는 바람)이 일어나 소나기가 쏟아진다. [2] 또 우레 소리가 울리고 번갯불이 번쩍번쩍하더니 조용하고 컴컴해져 지척(가까울 咫 길이 尺 : 아주 가까운 거리)을 분간할 수 없었다. [3] 토끼가 크게 놀라,

'이는 필시(반드시 必 무릇 是 : 아마도 틀림없이) 용왕의 조화(만들 造 될 化 : 꾸민 일)야.'

[4] 하고, 막 피하여 숨으려 할 제 뇌공(우레 雷 존칭 公 : 천둥을 맡고 있다는 신)이 바위 구멍으로 쳐들어오더니 토끼를 잡아가는데 날아가듯 빨라 잠깐 사이에 남천문 밖에 이르렀다. [5] 토끼가 혼이 나가고 기운을 잃어 땅에 엎어졌다가 다시 깨어나 머리를 들고 보니 천상의 백옥경(하늘 위에 옥황상제가 사는 수도)이었다. [6] 토끼가 영문(일이 돌아가는 형편)을 몰라 섬돌(집채의 앞뒤에 오르내릴 수 있게 놓은 돌층계) 아래에 기고 있는데 문지기(드나드는 문을 지키는 사람)가 달려들어와,

"동해용왕 광연이 명을 받아 문 밖에 왔습니다."

한다. [7] 토끼가 이 말을 듣고 크게 놀라 마음속으로 생각하기를,

'이는 반드시 용왕이 상제(옥황상제)에게 고하여(알릴 告 : 알려) 나를 죽이려 하는구나. [8] 지난 번에는 궤변(속일 詭 말 잘할 辯 : 이치에 맞지 않는 말솜씨)으로 죽을 고비를 넘겼으나 이번에는 죽음을 면할 수 없을 거야.'

[9] 하고, 머리를 구부리고 턱을 고인 채 말없이 정신 나간 듯 있었더니 조금 이따가 전상(궁궐 殿 위 上 : 궁전의 위)에서 한 선관(신선 仙 벼슬 官 : 신선의 세계에서 벼슬살이를 하는 신선)이 부른다.

[10] **"상제의 명이니(명령이니) 용왕과 토끼를 판결하라."**

[11] 말이 끝나기도 전에 용왕은 전하(궁궐 殿 아래 下 : 궁궐 아래)에 꿇어 앉고 토끼를 바라보면서 몹시 한스러워 했다. [12] 한 선관이 지필묵(종이 紙 붓 筆 먹 墨 : 종이와 붓과 먹)을 두 사람 앞에 놓더니,

"상제의 명이니 각자 느낀 바를 진술하고 **처분을 기다리**라."

한다. [13] 용왕이 붓을 잡고 진술(늘어놓을 陳 말할 述 : 일이나 상황에 대해 자세히 이야기함)을 하는데 그 대강(기본적인 줄거리)은 이러했다.

→ 천상의 백옥경으로 잡혀 간 토끼는 상제의 명으로 용왕과 함께 각자 느낀 바를 진술한다.

3 [A] [1] "엎드려 생각건대 소신(작을 小 신하 臣 : 신하가 임금을 상대하여 자기를 낮추어 이르던 말. 여기서는 용왕)은 모든 관리들의 장(어른 長 : 우두머리)으로서 직책이 사해(온 세상, 천하)의 우두머리가 되어 구름과 안개를 일으키는 변화를 부리고 하늘에 오르내려 비를 내립니다. [2] 삼가(조심스럽고 정중하게) 나라의 신을 받들어 아래로 수많은 백성을 훈육하고 감히 어리석은 정성을 다하여 위로 임금님의 은혜에 보답하여 왔습니다. [3] 하온데 한 병이 깊이 들어 몸의 위태로움이 바늘 방석에 앉은 듯하고 백 가지 약이 효험(효과 效 효과 驗 : 효과)이 없으니 목숨이 조석(아침 朝 저녁 夕 : 곧 결판나거나 끝장날 상황)에 달려 있습니다. [4] 그러나 삼신산(진시황과 한무제가 늙지 않고, 죽지도 않는 약을 구하기 위하여 남자아이와 여자아이 수천 명을 보냈다고 하는, 중국 전설에 나오는 산)이 아득히 머니 선약(신선 仙 약 藥 : 효험이 뛰어난 약)을 어디서 구하며 편작(중국 전국 시대의 이름난 의사)이 이미 죽고 양의(훌륭할 良 의원 醫 : 의술이 뛰어난 의사)가 다시 나오지 않았습니다만 도사의 한마디 말을 듣고 만수산에서 토끼를 얻었으나 마침내 그 간교한(간사할 奸 교묘할 巧 : 간사하고 교활한) 꾀에 빠져 후회한들 무슨 소용이 있겠습니까마는 세상에 놓쳐버렸으니 다만 속수무책(묶을 束 손 手 없을 無 계책 策 : 어찌할 도리가 없음)일 뿐입니다. [5] 오늘 이렇게 다시 와 뵈오니 굶은 자가 밥을 얻은 듯하고 온갖 병이 다 나아 고목에 꽃이 핀 듯합니다. [6] 엎드려 원하옵건대 전하께서는 제왕께서 작은 것을 가지고 큰 것을 바꾼 인자함을 본받아 소신의 병으로 죽게 된 목숨을 구해주소서. [7] 엎드려 임금님께 비오니 가엾고 불쌍히 여겨 주소서."

→ 용왕은 자신의 지위가 높고 중요한 일을 한다는 점을 강조하면서 목숨을 구해달라고 진술한다.

4 [1] 토끼가 또한 진술하기를,

[B] "엎드려 생각건대 소신은 만수산에서 낳고 만수산에서 자라 오로지 성명(생명 性 목숨 命 : 생명)을 산중에서 다하였을 뿐 세상에 출세함(높은 지위에 오름)을 구하지 않았습니다. [2] 수양산에서 고사리 캐 먹다 죽은 백이(중국 은나라 시기의 충신)의 높은 절개(우뚝할 節 절개 槪 : 신념을 굽히지 않는 꿋꿋한 태도)를 본받고 동고에서 시를 읊은 도잠(중국 동진의 시인인 도연명의 본명)의 기풍(기운 氣 모습 風 : 타고난 마음씨와 모습)을 따랐습니다. [3] 아침에 구름 낀 산에 올라 고라니 사슴들과 짝하여 놀고 밤에는 월궁(달 月 궁전 宮 : 전설에서, 달 속에 있다는 궁전)에서 상아(항아 嫦 항아 娥 : 달 속에 있다는 전설 속의 선녀)와 함께 약방아를 찧었습니다. [4] 그러는 동안에 세상 사람들에게 해를 끼치지 않았는데 어찌하다 용왕에게 원망을 사서 결박하여(맺을 結 묶을 縛 : 몸을 마음대로 움직이지 못하게 단단히 묶어) 섬돌 아래 놓이니 절인 생선이 줄에 꾀인 듯하고 전상(궁궐 殿 위 上 : 궁전의 위)에서 호령하니 뜨거운 불바람이 부는 듯합니다. [5] 사는 것을 좋아하고 죽는 것을 싫어하는 마음에 어찌 대소(클 大 작을 小 : 큰 것과 작은 것)가 있겠습니까? [6] 목숨을 살려 몸을 보전함에 귀천(귀할 貴 천할 賤 : 귀함과 천함)이 있을 수 없고 더불어 죄 없이 죽게 됨('용왕'이 원하는 바)은 속여서라도 살아남('토끼'가 원하는 바)과 같지 않으니 오늘 뜻밖에 용왕의 비위(지라 脾 위 胃 : 어떤 것을 좋아하거나 싫어하는 성미)를 거슬렸으니 어찌 감히 삶을 구하겠으며 다시 위태로운 땅을 밟아 스스로 화를 받을 것을 알겠습니다. [7] 말을 이에 마치고자 하오니 엎드려 비옵건대 살펴주소서."

→ 토끼는 자신이 다른 존재에게 해를 끼친 적이 없다는 점과 모든 존재의 생명은 소중하다는 점을 들면서 자신을 살려달라고 진술한다.

5 [1] 옥황(상제)이 다 읽고 나서 여러 신선들과 의논하니 일광노가 나와 말한다.

[2] "두 사람이 진술한 바로 그 옳고 그름이 불을 보듯 환하게 되었습니다. [3] 폐하(옥황, 상제)께서 병든 자(용왕)를 위하여 죄 없는 자(토끼)를 죽인다면 그 원망을 어찌하겠습니

문제편 69쪽

까? [4]**강자**(용왕)**를 누르고 약자**(토끼)**를 도와 공정한 처결**(처리할 處 결단할 決 : 결정하여 처리함)**을 하소서.**"

[5]옥황이 그 말이 옳다 하고 다음과 같이 판결하였다.

[6]"**대체로 천지는 만물이 머물다 가는 여관과 같고 세월은 백 대에 걸쳐 지나는 손님과 같다**(삶은 일시적인 것이다). [7]**낳으면 늙고 늙으면 죽는 것은 인간의 일상적 일**이오 사물의 항상 되는 일인즉(태어나 늙고 죽는 것은 자연스러운 일이므로) 진실로 이에 **초연하여**(넘을 超 그러할 然 : 아랑곳하지 않고 의연하게) 혼자 존재함을 듣지 못했고 날개가 돋아 신선이 된다함을 듣지 못 했노라. [8]또 혹 병이 들어 일찍 죽는 자나 혹 상처를 입어 죽는 자는 모두 다 **명**(목숨 命 : 이미 정해져 있는 목숨이나 처지)이니 어찌 **원혼**(원통할 冤 넋 魂 : 억울하게 죽은 사람의 넋)이겠는가? [9]동해용왕 광연은 병이 들었으나 도리어 살고 만수산 토끼는 죄가 없으나 죽는다면 이는 마땅히 살 자가 죽는 것이다. [10]광연이 비록 살아날 약이 있다 하나 **토끼인들 어찌 죽음을 싫어하는 마음이 없겠는가?** [11]광연은 용궁으로 보내고 토끼는 세상으로 놓아주어 그 **천명**(하늘 天 목숨 命 : 타고난 수명)을 즐기게 함이 하늘의 뜻에 순응함이라."

[12]이에 다시 **뇌공**(우레 雷 존칭 公 : 천둥을 맡고 있다는 신)을 시켜 토끼를 만수산에 **압송하니**(누를 押 보낼 送 : 보내니) 토끼가 **백배사례하며**(일백 百 절 拜 사례할 謝 예도 禮 : 거듭 절을 하며 고맙다는 뜻을 나타내며) 가버렸다.

→ 일광노의 말을 들은 옥황은 생로병사는 자연스러운 일이니 용왕과 토끼가 각자의 천명을 즐기는 것이 맞다고 판결한다.

6

[C]

[1]이날 용왕이 적혼공에게,

"옥황이 죄 없이 죽는다 하여 토끼를 보내주는 모양이니 너는 문 밖에 **그**(토끼)가 나오는 것을 기다리고 있다가 바로 죽여라. [2]그렇지 않으면 죽음을 면할 수 없으리니 입조심을 하여 비밀이 새어나지 않도록 해라."

[3]하니 적혼공이,

"**대왕**(용왕)의 입에서 나와 **소신**(적혼공)의 귀에 들어온 말을 어찌 아는 이가 있겠습니까?"

[4]말을 마치자 우레 소리가 나고 **광풍**(미칠 狂 바람 風 : 사납게 부는 바람)이 갑자기 일어 **뇌공**(우레 雷 존칭 公 : 천둥을 맡고 있다는 신)이 토끼를 **압령하여**(누를 押 거느릴 領 : 맡아서 데리고 와) 북쪽을 향하여 가니 날아가는 화살 같고 **추상 같았다**(가을 秋 서리 霜 : 기세등등하고 엄했다). [5]적혼공이 감히 손도 못 대고 손을 놓고 물러가니 용왕이 크게 탄식하며,

"하늘이 망해놓은 화이니 다시 바랄 게 없구나."

[6]하고 적혼공과 더불어 손을 잡고 통곡하며 돌아갔다.

→ 용왕은 적혼공에게 명령하여 문 밖으로 나오는 토끼를 바로 죽이려고 하나, 이에 실패한다.

• 중심 내용

용궁에서 살아 돌아온 토끼는 천상의 백옥경으로 잡혀 가서 상제의 명으로 용왕과 함께 각자 느낀 바를 진술하고 상제는 생로병사는 자연스러운 일이니 용왕과 토끼가 각자의 천명을 즐기는 것이 맞다고 판결한다. 판결 후 용왕은 문 밖으로 나오는 토끼를 죽이려고 시도하나 실패한다.

• 전체 줄거리 ([ ] : 지문 내용)

용왕이 병이 나자 도사가 나타나 육지에 있는 토끼의 간을 먹으면 낫는다고 한다. 용왕은 토끼의 간을 구해 오도록 명령하고, 이에 자라가 육지로 가서 토끼를 잡아 용궁으로 데려온다. 자신을 용궁으로 데려 온 내막을 알게 된 토끼는 꾀를 내어 자신의 간을 몸 밖으로 꺼내 볕에 말려 놓고 왔다고 거짓말을 하여 위기를 모면한다. 토끼를 놓친 것을 안 용왕은 옥황상제에게 글을 올려 토끼를 다시 용궁으로 보내달라고 간청하고, 이에 [옥황상제는 토끼와 용왕을 불러들여 각자의 진술을 들은 뒤 용왕은 용궁으로 보내고 토끼는 세상으로 놓아주어 각자의 천명을 즐기게 하라는 판결을 내린다.]

• 인물 관계도

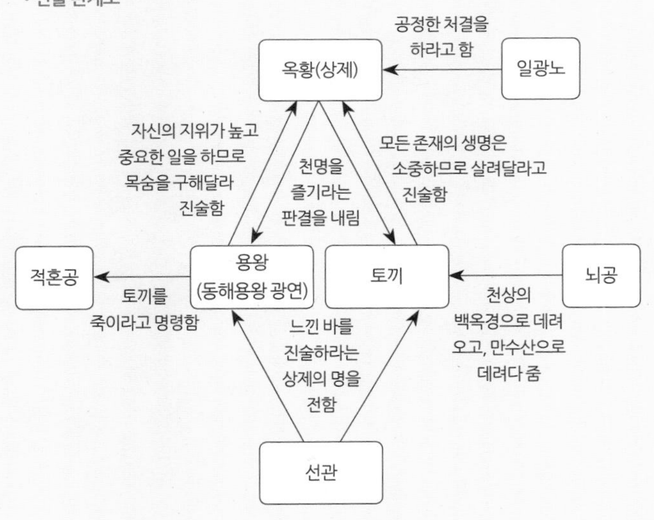

1등급 문제

42 인물의 심리 – 틀린 것 고르기
정답률 35%, 매력적 오답 ② 35% ③ 15% ④ 10%
정답 ①

윗글을 이해한 내용으로 적절하지 않은 것은?

① 만수산에서 토끼는 갑작스러운 날씨 변화가 ~~옥황~~(용왕) 때문이라고 생각하여 두려워했다.

근거 ❷-1~4 이때 홀연히 한 떼의 검은 구름이 남쪽으로부터 오더니 조금 있다가 광풍이 일어나 소나기가 쏟아진다. ~ 토끼가 크게 놀라, '이는 필시 용왕의 조화야.' 하고, 막 피하여 숨으려 할 제

풀이 만수산에서 토끼는 갑자기 검은 구름이 오고, 광풍이 불며 소나기가 쏟아지는 등의 날씨 변화에 대해 용왕의 조화라고 생각하여 두려워한다.

→ 틀려서 정답!

② 토끼는 백옥경에서 용왕을 만나기 전까지는 자신이 잡혀 온 이유를 알지 못했다.

근거 ❷-5~7 다시 깨어나 머리를 들고 보니 천상의 백옥경이었다. 토끼가 영문을 몰라 섬돌 아래에 기고 있는데 문지기가 달려들어와, ~ 토끼가 이 말을 듣고 크게 놀라 마음속으로 생각하기를, '이는 반드시 용왕이 상제에게 고하여 나를 죽이려 하는구나.

풀이 천상의 백옥경에 잡혀 온 토끼는 용왕이 문 밖에 와 있다는 문지기의 말을 듣고서 용왕이 상제에게 고하여 자신을 죽이려 한다고 추측하고 있으므로, 용왕을 만나기 전까지는 자신이 잡혀 온 이유를 모르는 상황이다.

→ 적절하므로 오답!

③ 만수산에서 토끼는 자신의 뛰어난 말솜씨에 대해 자부심을 느꼈다.

근거 ❶-3 그러나 두세 치밖에 안 되는 혀로 만승의 임금을 유혹하여 용궁을 두루 구경하고 만수산으로 돌아왔으니 비록 소장의 구변이나 양평의 지혜라도 이보다 낫지 못할 거야.

풀이 만수산으로 돌아온 토끼는 소진과 장의의 뛰어난 말솜씨나 장양과 진평의 빼어난 지혜라도 토끼 자신의 뛰어난 말솜씨와 지혜보다는 낫지 못할 것이라며 자부심을 느끼고 있다.

→ 적절하므로 오답!

④ 토끼는 용궁에서 만수산으로 돌아온 것에 대해 만족감을 느꼈다.

근거 ❶-1 토끼는 만수산에 들어가 바위 구멍에 숨어 사니 신세가 태평하고 만사에 무심하여 / 3 용궁을 두루 구경하고 만수산으로 돌아왔으니

풀이 토끼는 용궁을 두루 구경하고 만수산으로 돌아와 바위 구멍에 숨어 사는 것에 대해 신세가 태평하고 만사에 무심하다면서 만족감을 느끼고 있다.

→ 적절하므로 오답!

⑤ 만수산에서 지내던 토끼는 용궁에서의 기억을 떠올렸다.

근거 ❶-1 혹은 일어났다 앉았다 하고 혹은 벽에 기대어 눕기도 하는 중 용왕의 말이 귀에 들리는 듯하고 용궁의 경치가 눈앞에 삼삼하여

풀이 만수산으로 돌아온 토끼는 용왕의 말이 귀에 들리는 듯하고, 용궁의 경치가 눈앞에 뚜렷하다고 하면서 용궁에서 있었던 일을 떠올리고 있다.

→ 적절하므로 오답!

1등급 문제

43 말하기 방식 – 틀린 것 고르기
정답률 55%, 매력적 오답 ④ 20%
정답 ③

[A]와 [B]를 비교한 내용으로 적절하지 않은 것은?

① [A]와 [B]는 모두 자신의 *내력을 요약하며 진술을 시작하고 있다. *겪어 온 자취

근거 [A] ❸-1~2 소신은 모든 관리들의 장으로서 직책이 사해의 우두머리가 되어 ~ 삼가 나라의 신을 받들어 아래로 수많은 백성을 훈육하고 감히 어리석은 정성을 다하여 위로 임금님의 은혜에 보답하여 왔습니다.

[B] ❹-1~2 소신은 만수산에서 낳고 만수산에서 자라 오로지 성명을 산중에서 다하였을 뿐 세상에 출세함을 구하지 않았습니다. ~ 백이의 높은 절개를 본받고 동고에서 시를 읊은 도잠의 기풍을 따랐습니다.

풀이 [A]에서 용왕은 모든 관리들의 우두머리로서 나라의 신을 받들고 백성을 훈육해 온 자신의 내력을 요약하며 진술을 시작하고 있다. [B]에서 토끼는 만수산에서 태어나고 자라 백이의 절개를 본받고 도잠의 기풍을 따르며 세상에 출세함을 구하지 않았던 자신의 내력을 요약하며 진술을 시작하고 있다.

→ 적절하므로 오답!

② [A]와 [B]는 모두 *비유적 표현을 사용하여 자신이 고난에 처했음을 부각하고 있다.
*어떤 대상을 비슷한 다른 대상에 빗댄 표현

근거 [A] ❸-3 하온데 한 병이 깊이 들어 몸의 위태로움이 바늘 방석에 앉은 듯하고

[B] ❹-4 어찌하다 용왕에게 원망을 사서 결박하여 섬돌 아래 놓이니 절인 생선이 줄에 꾀인 듯하고 전상에서 호령하니 뜨거운 불바람이 부는 듯합니다.

풀이 [A]의 용왕은 자신의 처지를 '바늘 방석에 앉은 듯'하다고 빗댐으로써, [B]의 토끼는 자신의 상황이 '절인 생선이 줄에 꾀인 듯'하고 '뜨거운 불바람이 부는 듯'하다고 빗댐으로써 각자 자신이 고난에 처했음을 부각하고 있다.

→ 적절하므로 오답!

③ [A]는 *제안의 문제점을 스스로 인정하고 있고, [B]는 제안에 대한 확신을 드러내고 있다. *의견으로 내놓음

근거 [A] ❸-6 엎드려 원하옵건대 전하께서는 제왕께서 작은 것을 가지고 큰 것을 바꾼 인자함을 본받아 소신의 병으로 죽게 된 목숨을 구해주소서.

[B] ❹-6~7 오늘 뜻밖에 용왕의 비위를 거슬렀으니 어찌 감히 삶을 구하겠으며 다시 위태로운 땅을 밟아 스스로 화를 받을 것을 알겠습니다. 말을 이에 마치고자 하오니 엎드려 비옵건대 살펴주소서."

풀이 [A]에서 용왕은 제왕의 인자함을 본받아 자신의 목숨을 구해달라고 제안하지만, 그 제안의 문제점을 스스로 인정하는 부분은 나타나지 않는다. [B]에서 토끼는 '엎드려 비옵건대 살펴'달라고 요청 혹은 제안하는 부분이 나타나지만, 자신이 용왕의 비위를 언짢게 했기 때문에 화를 받을 것임을 안다고 말한 부분을 통해 자신의 제안에 대한 확신이 나타난다고 볼 수 없다.

→ 틀려서 정답!

④ [A]에는 자신에게 유리한 결과를 기대하는 모습이, [B]에는 자신에게 불리한 결과를 예상하는 모습이 나타나 있다.

근거 [A] ❸-5 오늘 이렇게 다시 와 뵈오니 굶은 자가 밥을 얻은 듯하고 온갖 병이 다 나아 고목에 꽃이 핀 듯합니다.

[B] ❹-6 오늘 뜻밖에 용왕의 비위를 거슬렀으니 어찌 감히 삶을 구하겠으며 다시 위태로운 땅을 밟아 스스로 화를 받을 것을 알겠습니다.

풀이 [A]에서 용왕이 굶은 자가 밥을 얻은 듯하고 병이 나아 고목에 꽃이 핀 듯하다며 긍

4 회 2021년 3월 국어

문제편 70쪽

정적인 상황을 언급하는 것으로 볼 때, 용왕이 자신에게 유리한 결과를 기대하고 있음을 짐작할 수 있다. [B]에서는 토끼가 스스로 화를 받을 것을 알고 있다고 언급하는 것을 통해 자신에게 불리한 결과를 예상하고 있음을 알 수 있다.

→ 적절하므로 오답!

⑤ [A]와 [B]는 모두 자신의 요구를 제시하며 진술을 마무리하고 있다.

근거 [A] ❸-6~7 엎드려 원하옵건대 전하께서는 ~ 소신의 병으로 죽게 된 목숨을 구해 주소서. 엎드려 임금님께 비오니 가엾고 불쌍히 여겨 주소서."

[B] ❹-7 말을 이에 마치고자 하오니 엎드려 비옵건대 살펴주소서."

풀이 [A]에서 용왕은 병으로 죽게 된 자신의 목숨을 구해달라는 요구를 제시하며 진술을 마무리하고 있다. [B]에서 토끼는 죄 없이 죽게 된 자신의 입장과 처지를 살펴달라는 요구를 제시하며 진술을 마무리하고 있다.

→ 적절하므로 오답!

1등급 문제

44 감상의 적절성 - 틀린 것 고르기
정답률 60%, 매력적 오답 ② 10% ③ 15%
정답 ④

〈보기〉를 바탕으로 윗글을 감상한 내용으로 적절하지 않은 것은? [3점]

| 보기 |

[1] 윗글은 『토끼전』을 고쳐 쓴 한문 소설로 재판을 통해 갈등을 해결하는 송사 설화(송사할 訟 일 事 말씀 說 말씀 話 : 억울한 일을 관청에 호소하여 해결하는 과정을 주요 내용으로 하는 이야기)의 모티프(motif, 이야기 요소)가 나타난다. [2] 용왕과 토끼는 옥황상제가 주관하는(주인 主 주관할 管 : 책임지고 맡아 관리하는) 재판 상황에 놓이게 되고, 이 상황에서는 지위(지위 地 자리 位 : 사회적 신분에 따르는 위치)의 우열(뛰어날 優 못할 劣 : 나음과 못함)보다는 진술(늘어놓을 陳 말할 述 : 일이나 상황에 대한 자세한 이야기)의 우위(뛰어날 優 자리 位 : 남보다 나은 위치나 수준)가 판결에 영향을 미친다. [3] 이 판결의 내용은 지위의 높고 낮음보다 생명의 가치를 존중하는 작가의 의식을 드러내고 있다.

■송사 설화의 모티프가 나타나는 작품

• **작자 미상, 「황새결송」** (2016년 고2 9월 학평)
→ 뇌물을 받은 형조(법률, 소송 등에 관한 일을 맡아보던 관아) 관원들의 잘못된 판결로 재산을 빼앗기게 된 부자가 뇌물을 받은 황새의 잘못된 판결에 관한 이야기를 꾸며서 들려주고, 이를 들은 형조 관원들은 대답할 말이 없어 부끄러워한다.

• **작자 미상, 「서대주전」** (2017년 고2 3월 학평)
→ 서대주(쥐)가 타남주(다람쥐)가 모아 놓은 밤을 몰래 훔치자 타남주는 서대주를 관가에 고소한다. 그러나 서대주는 형리와 옥졸에게 뇌물을 주고, 원님 앞에서는 타남주의 고발이 거짓말이라고 교묘하게 꾸며서 말한다. 이에 속아 넘어간 원님은 서대주를 돌려보내고 타남주를 무고죄(허위 사실을 신고한 죄)로 멀리 귀양 보낸다.

① '상제의 명이니 용왕과 토끼를 판결하라.'라는 말에서, 송사 설화의 모티프가 쓰였음을 확인할 수 있군.

근거 〈보기〉-1 재판을 통해 갈등을 해결하는 송사 설화의 모티프가 나타난다.

❷-10 **"상제의 명이니 용왕과 토끼를 판결하라."**

풀이 상제의 명에 따라 용왕과 토끼 사이에 있었던 사건에 대해 판결하라는 말에서, 재판을 통해 갈등을 해결하는 송사 설화의 모티프가 쓰였음을 확인할 수 있다.

→ 적절하므로 오답!

② 꿇어 앉아 함께 '처분을 기다리'는 것에서, 용왕과 토끼가 재판 당사자로서 *대등한 처지에 놓이게 되었음을 알 수 있군. *대할 對 가지런할 等 : 서로 비슷한

근거 〈보기〉-2 용왕과 토끼는 옥황상제가 주관하는 재판 상황에 놓이게 되고, 이 상황에서는 지위의 우열보다는 진술의 우위가 판결에 영향을 미친다.

❷-11~12 말이 끝나기도 전에 용왕은 전하에 꿇어 앉고 토끼를 바라보면서 몹시 한스러워 했다. ~ "상제의 명이니 각자 느낀 바를 진술하고 **처분을 기다리**라."

풀이 높은 지위의 용왕이 꿇어 앉아 토끼와 함께 상제의 처분을 기다리는 장면을 통해 옥황상제가 주관하는 재판 상황에서 용왕과 토끼는 재판 당사자로서 대등한 처지에 놓이게 되었음을 알 수 있다.

→ 적절하므로 오답!

③ '강자를 누르고 약자를 도와 공정한 처결을 하소서.'라는 일광노의 말에서, 토끼의 진술에 대한 *지지를 확인할 수 있군. *어떤 사람의 정책 · 의견 등을 옳거나 좋다고 여겨 이를 위하여 힘을 씀

근거 〈보기〉-2 용왕과 토끼는 옥황상제가 주관하는 재판 상황에 놓이게 되고, 이 상황에서는 지위의 우열보다는 진술의 우위가 판결에 영향을 미친다.

❺-2~4 "두 사람이 진술한 바로 그 옳고 그름이 불을 보듯 환하게 되었습니다. 폐하께서 병든 자를 위하여 죄 없는 자를 죽인다면 그 원망을 어찌하겠습니까? **강자를 누르고 약자를 도와 공정한 처결을 하소서.**"

풀이 용왕과 토끼의 진술 이후 일광노는 두 사람의 진술을 바탕으로 강자인 용왕을 누르고, 약자인 토끼를 도와 공정한 처결을 할 것을 옥황에게 조언한다. 따라서 일광노는 토끼의 진술을 지지하고 있음을 확인할 수 있다.

→ 적절하므로 오답!

옥황은 판결을 망설이지 않았음을

④ '낳으면 늙고 늙으면 죽는 것은 인간의 일상적 일'이라는 말에서, 옥황이 판결을 망설이는 이유를 짐작할 수 있군.

근거 〈보기〉-3 이 판결의 내용은 지위의 높고 낮음보다 생명의 가치를 존중하는 작가의 의식을 드러내고 있다.

❺-7 **낳으면 늙고 늙으면 죽는 것은 인간의 일상적 일**이오 사물의 항상 되는 일인즉 진실로 이에 초연하여 혼자 존재함을 듣지 못 했고 날개가 돋아 신선이 된다함을 듣지 못했노라.

풀이 옥황은 판결에서 삶은 일시적이며 생로병사('낳으면 늙고 늙으면 죽는 것')는 일상적인 일이므로, 각자 타고난 수명을 즐기는 것이 마땅하다는 판결을 내리면서 토끼를 지지한다. 옥황이 이러한 판결을 내리는 과정에서 망설이는 모습은 찾아볼 수 없다.

→ 틀려서 정답!

⑤ '토끼인들 어찌 죽음을 싫어하는 마음이 없겠는가?'라는 말에서, 모든 생명은 소중하다는 작가의 의식을 확인할 수 있군.

근거 〈보기〉-3 이 판결의 내용은 지위의 높고 낮음보다 생명의 가치를 존중하는 작가의 의식을 드러내고 있다.

❺-10 광연이 비록 살아날 약이 있다 하나 **토끼인들 어찌 죽음을 싫어하는 마음이 없겠는가?**

풀이 토끼를 통해 용왕이 살 수 있는 방법이 있다 하더라도 토끼 또한 살고 싶은 마음이 있을 것이라는 옥황의 판결에서 지위의 높고 낮음보다 생명의 가치를 존중하는 작가의 의식을 확인할 수 있다.

→ 적절하므로 오답!

45 서사적 기능 - 맞는 것 고르기
정답률 65%, 매력적 오답 ③ ⑤ 10%
정답 ②

[C]의 *서사적 기능으로 가장 적절한 것은? *이야기 전개 과정에서의 역할

① 적혼공의 말을 통해 앞서 일어난 사건을 평가하고 있다.

근거 [C] ❻-3 "대왕의 입에서 나와 소신의 귀에 들어온 말을 어찌 아는 이가 있겠습니까?"

풀이 적혼공은 비밀이 새어나갈 염려가 없음을 강조하고 있을 뿐 앞서 일어난 사건을 평가하고 있지 않다.

→ 적절하지 않으므로 오답!

② 용왕의 시도가 실패하였음을 보여 주어 주제 의식을 강조하고 있다.

근거 [C] ❻-4~5 말을 마치자 우레 소리가 나고 광풍이 갑자기 일어 뇌공이 토끼를 압령하여 북쪽을 향하여 가니 날아가는 화살 같고 추상 같았다. 적혼공이 감히 손도 못 대고 손을 놓고 물러가니 용왕이 크게 탄식하며,

풀이 문 밖으로 나오는 토끼를 적혼공의 손을 빌려 죽이려던 용왕의 시도가 실패하였음을 보여 줌으로써 용왕으로 대표되는 권력층의 이기심과 폭력성을 폭로하고, 지위와 상관없이 모든 생명은 소중하다는 주제 의식을 강조하고 있다.

→ 맞아서 정답!

③ 용왕의 탄식을 통해 용왕과 옥황 간의 새로운 갈등을 예고하고 있다.

근거 [C] ❻-5~6 용왕이 크게 탄식하며, "하늘이 망해놓은 화이니 다시 바랄 게 없구나." 하고 적혼공과 더불어 손을 잡고 통곡하며 돌아갔다.

풀이 토끼를 죽이려던 시도가 실패로 끝나자 용왕은 크게 탄식하며 자포자기하며 돌아가고 있으므로, 용왕과 옥황 간의 새로운 갈등을 예고하고 있다는 설명은 적절하지 않다.

→ 적절하지 않으므로 오답!

비현실성, 환상성이 드러나고 있다

④ 뇌공에 의해 공간이 전환되는 과정에서 공간적 배경의 사실성을 강조하고 있다.

근거 [C] ❻-4 말을 마치자 우레 소리가 나고 광풍이 갑자기 일어 뇌공이 토끼를 압령하여 북쪽을 향하여 가니 날아가는 화살 같고 추상 같았다.

풀이 뇌공에 의해 토끼가 천상의 백옥경에서 만수산으로 이동할 때, 우레 소리가 나고 거센 바람이 갑자기 불며 날아가는 화살과 추상과 같았다고 서술되어 있다. 이를 통해 공간이 전환되는 과정에서 비현실성과 환상성이 드러나고 있다. 따라서 공간적 배경의 사실성을 강조한다고 보기 어렵다.

→ 적절하지 않으므로 오답!

⑤ 용왕의 지시를 따르지 않는 적혼공의 반응을 제시하여 독자의 흥미를 유발하고 있다.

근거 [C] ❻-3~5 "대왕의 입에서 나와 소신의 귀에 들어온 말을 어찌 아는 이가 있겠습니까?" ~ 뇌공이 토끼를 압령하여 북쪽을 향하여 가니 ~ 적혼공이 감히 손도 못 대고 손을 놓고 물러가니

풀이 적혼공은 문 밖으로 나오는 토끼를 죽이라는 용왕의 지시를 따르려 했으나 토끼가 뇌공에 의해 순식간에 만수산으로 이동하는 바람에 이에 실패한 것일 뿐 용왕의 지시를 따르지 않은 것은 아니다.

→ 적절하지 않으므로 오답!

문제편 70쪽

5회 2024년 3월 학평 정답과 해설 수학

문제편 p.71

5회 특징

- 2023년 시험과 비슷한 난이도로 평이하게 출제되었다. 삼각비와 이차함수와 같은 중3 과정의 개념을 묻는 문제가 고난도 문제로 주로 출제되었다.
- 30번에는 삼각형에서 평행선과 선분의 길이의 비, 피타고라스 정리를 이용하여 삼각비의 값을 구하는 문제가 출제되었다. 밑변의 길이와 높이를 이용하여 삼각형의 넓이를 구하고, 두 변의 길이와 그 끼인각에 대한 삼각비의 값을 이용하여 삼각형의 넓이를 구한 뒤, 두 값을 비교하여 삼각비의 값을 찾아야 하는 고난도 문항이었다.
- 21번은 피타고라스 정리와 삼각형의 내심의 정의를 이용해야 하는 문제였다. 삼각형의 세 내각의 이등분선이 내심에서 만남을 이용하고, 삼각형의 내접원의 반지름의 길이를 이용하여 삼각형의 넓이를 구할 수 있음을 활용하는 다양한 개념이 결합한 고난도 문항이었다.

오답률 TOP 5

문항 번호	30	21	28	29	26
분류	중3 삼각비	중2 도형의 성질	중3 삼각비	중3 이차함수	중3 실수와 그 계산
난도	최상	상	상	상	상

정답표

1	②	2	⑤	3	①	4	③	5	④
6	①	7	⑤	8	①	9	④	10	②
11	②	12	③	13	④	14	③	15	③
16	⑤	17	⑤	18	④	19	②	20	①
21	②	22	6	23	15	24	126	25	32
26	578	27	153	28	29	29	9	30	91

01 [정답률 95%] 정답 ②

$\sqrt{20}+\sqrt{5}$의 값은? (2점)

① $2\sqrt{5}$ ② $3\sqrt{5}$ ③ $4\sqrt{5}$ ④ $5\sqrt{5}$ ⑤ $6\sqrt{5}$

Step 1 근호를 포함한 식의 계산을 이용한다.

$\sqrt{20}+\sqrt{5}=2\sqrt{5}+\sqrt{5}=3\sqrt{5}$

$a>0, b>0$일 때 $\sqrt{a^2b}=a\sqrt{b}$이므로 $\sqrt{20}=\sqrt{2^2\times5}=2\sqrt{5}$

02 [정답률 96%] 정답 ⑤

일차방정식 $\frac{x}{2}+7=2x-8$의 해는? (2점)

① 2 ② 4 ③ 6 ④ 8 ⑤ 10

Step 1 등식을 변형하여 일차방정식을 푼다.

$\frac{x}{2}+7=2x-8$에서 $x+14=4x-16$ → 주어진 등식의 양변에 2를 곱해주었다.

$3x=30$ $\therefore x=10$

03 [정답률 96%] 정답 ①

일차함수 $y=ax$의 그래프를 y축의 방향으로 -3만큼 평행이동한 그래프가 점 $(2, 9)$를 지날 때, 상수 a의 값은? (2점)

① 6 ② 7 ③ 8 ④ 9 ⑤ 10

Step 1 평행이동한 그래프의 식을 구한다.

일차함수 $y=ax$의 그래프를 y축의 방향으로 -3만큼 평행이동하면 $y=ax-3$

암기 일차함수 $y=mx+n$의 그래프는 일차함수 $y=mx$의 그래프를 y축의 방향으로 n만큼 평행이동한 직선이다.

Step 2 a의 값을 구한다.

일차함수 $y=ax-3$의 그래프가 점 $(2, 9)$를 지나므로 → $y=ax-3$에 $x=2$, $y=9$ 대입

$9=2a-3$, $2a=12$ $\therefore a=6$

04 [정답률 95%] 정답 ③

그림과 같이 $\angle B=90°$인 직각삼각형 ABC에서 $\overline{AB}=3$, $\overline{BC}=2$일 때, 선분 AC를 한 변으로 하는 정사각형의 넓이는? (3점)

① 11 ② 12 ③ 13 ④ 14 ⑤ 15

Step 1 피타고라스 정리를 이용한다.

직각삼각형 ABC에서 피타고라스 정리를 이용하면

$\overline{AC}^2=\overline{AB}^2+\overline{BC}^2=3^2+2^2=13$

따라서 선분 AC를 한 변으로 하는 정사각형의 넓이는 $\overline{AC}^2=13$

암기

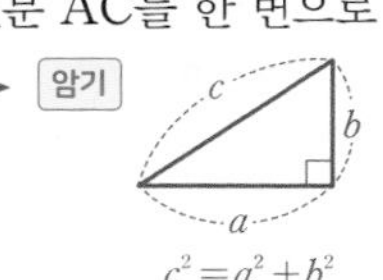

$c^2=a^2+b^2$

05 [정답률 96%] 정답 ④

다음은 어느 동호회 회원 15명의 나이를 줄기와 잎 그림으로 나타낸 것이다. 이 자료의 최빈값은? (3점)

→ 최빈값: 자료의 값 중에서 가장 많이 나타난 값

(1|7은 17세)

줄기	잎
1	7 8 9 9
2	0 5 5 8 8
3	4 4 4 5
4	1 6

① 19세 ② 25세 ③ 28세 ④ 34세 ⑤ 41세

Step 1 15명의 나이를 정리하여 나타낸다.

주어진 줄기와 잎 그림을 이용하여 15명의 나이를 정리하여 나타내면 다음과 같다.

(단위 : 세)

17	18	19	19	20	25	25	28
28	34	34	34	35	41	46	

→ 34세가 3개로 가장 많다.

Step 2 자료의 최빈값을 구한다.

주어진 자료에서 34세가 3개로 가장 많으므로 최빈값은 34세이다.

06 [정답률 97%]

정답 ①

$(x+m)(x+n) = x^2+(m+n)x+mn$임을 이용

다항식 $(x+a)(x-3)$을 전개한 식이 x^2+bx+6일 때, ab의 값은? (단, a, b는 상수이다.) (3점)

✔① 10 ② 12 ③ 14
④ 16 ⑤ 18

Step 1 곱셈 공식을 이용하여 주어진 다항식을 전개한다.

$(x+a)(x-3)=x^2+(a-3)x-3a$

이 식이 x^2+bx+6과 같으므로 $a-3=b$, $-3a=6$ (→ 상수항 비교, → 일차항의 계수 비교)

$\therefore a=-2,\ b=-5$

따라서 $ab=(-2)\times(-5)=10$

07 [정답률 92%]

정답 ⑤

두 일차방정식

$$x-2y=7,\ 2x+y=-1$$

의 그래프의 교점의 좌표를 (a, b)라 할 때, $a+b$의 값은? (3점)

① -6 ② -5 ③ -4
④ -3 ✔⑤ -2

Step 1 교점의 좌표가 연립방정식의 해임을 확인한다.

주어진 두 일차방정식의 그래프의 교점의 좌표가 (a, b)이므로

$x=a$, $y=b$는 연립방정식 $\begin{cases} x-2y=7 & \cdots\cdots ㉠ \\ 2x+y=-1 & \cdots\cdots ㉡ \end{cases}$의 해이다.

Step 2 연립방정식을 풀어 a, b의 값을 구한다.

㉡에서 $y=-2x-1$ ······ ㉢

이를 ㉠에 대입하면 $x-2(-2x-1)=7$, $5x+2=7$

$5x=5$ $\therefore x=1$ → 한 일차방정식을 한 미지수에 대한 식으로 나타낸 후 다른 식에 대입한다.

이를 ㉢에 대입하면 $y=-3$

따라서 $a=1$, $b=-3$이므로 $a+b=1+(-3)=-2$

08 [정답률 85%]

정답 ①

서로 다른 두 개의 주사위를 동시에 던질 때, 각각의 주사위에서 나오는 눈의 수의 차가 2 또는 4일 확률은? (3점)

✔① $\frac{1}{3}$ ② $\frac{4}{9}$ ③ $\frac{5}{9}$
④ $\frac{2}{3}$ ⑤ $\frac{7}{9}$

Step 1 전체 경우의 수, 나오는 눈의 수의 차가 2 또는 4인 경우의 수를 각각 구한다.

서로 다른 두 개의 주사위를 동시에 던져서 나오는 전체 경우의 수는 $6\times6=36$ → 주사위 두 개를 던지는 사건은 동시에 일어나므로 두 경우의 수를 곱해준다.

두 개의 주사위를 동시에 던져서 나오는 눈의 수를 각각 a, b라 하면

(i) 두 눈의 수의 차가 2인 경우

두 눈의 수를 순서쌍 (a, b)로 나타내면 $(1, 3)$, $(2, 4)$, $(3, 5)$, $(4, 6)$, $(3, 1)$, $(4, 2)$, $(5, 3)$, $(6, 4)$로 경우의 수는 8

(ii) 두 눈의 수의 차가 4인 경우

두 눈의 수를 순서쌍 (a, b)로 나타내면 $(1, 5)$, $(2, 6)$, $(5, 1)$, $(6, 2)$로 경우의 수는 4 → 두 경우를 동일하다고 착각하지 않도록 주의한다.

따라서 (i), (ii)에서 두 개의 주사위에서 나오는 눈의 수의 차가 2 또는 4인 경우의 수는 $8+4=12$

Step 2 확률을 구한다.

그러므로 구하는 확률은 $\frac{12}{36}=\frac{1}{3}$

09 [정답률 89%]

정답 ④

그림과 같이 원 위의 세 점 A, B, C와 원 밖의 한 점 P에 대하여 직선 PA와 직선 PB는 원의 접선이고, $\angle ACB=65^\circ$이다. 각 BPA의 크기는? (3점)

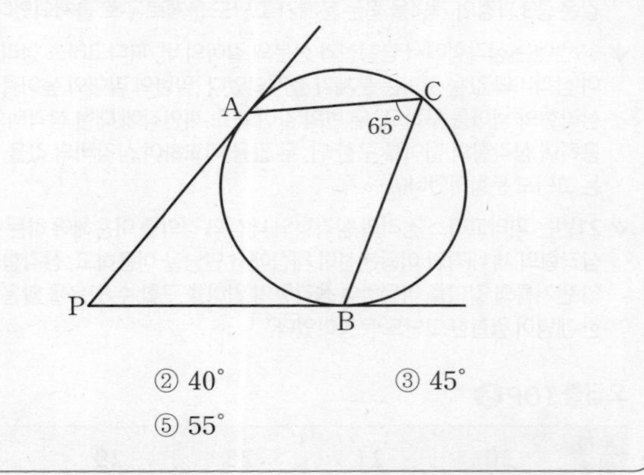

① 35° ② 40° ③ 45°
✔④ 50° ⑤ 55°

Step 1 원주각과 중심각의 크기 사이의 관계를 이용한다.

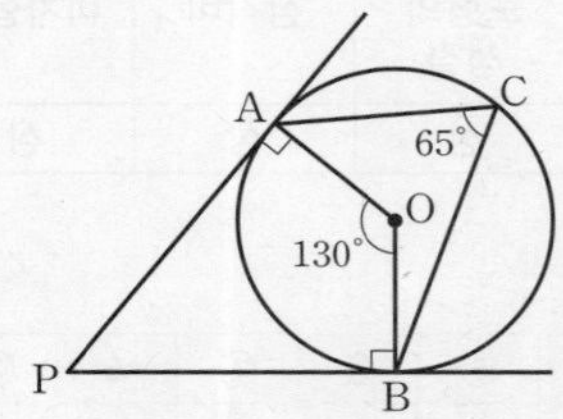

그림과 같이 원의 중심을 O라 하면 중심각의 크기는 원주각의 크기의 2배이므로 $\angle AOB=2\angle ACB=2\times65^\circ=130^\circ$ → $\angle ACB$는 호 AB의 원주각, $\angle AOB$는 호 AB의 중심각이다.

Step 2 각 BPA의 크기를 구한다.

원의 접선은 원의 반지름에 수직이므로 $\angle OAP=\angle OBP=90^\circ$

사각형 APBO의 내각의 크기의 합은 360°이므로

$\angle BPA+\angle OAP+\angle AOB+\angle OBP=360^\circ$

$\angle BPA+90^\circ+130^\circ+90^\circ=360^\circ$ $\therefore \angle BPA=50^\circ$

10 [정답률 76%]

정답 ②

x에 대한 이차방정식 $(x-a)^2=27$의 두 근이 모두 양수가 되도록 하는 자연수 a의 최솟값은? (3점)

① 5 ✔② 6 ③ 7
④ 8 ⑤ 9

Step 1 이차방정식을 푼다.

$(x-a)^2=27$에서 $x-a$는 27의 제곱근이므로

$x-a=\pm\sqrt{27}=\pm3\sqrt{3}$ $\therefore x=a\pm3\sqrt{3}$ → $\sqrt{27}=\sqrt{3^2\times3}=3\sqrt{3}$

Step 2 자연수 a의 최솟값을 구한다.

이차방정식의 두 근이 모두 양수이어야 하므로

$a+3\sqrt{3}>0$, $a-3\sqrt{3}>0$에서 $a>3\sqrt{3}$

이때 $5<3\sqrt{3}<6$이므로 자연수 a의 최솟값은 6이다. → $\sqrt{25}<\sqrt{27}<\sqrt{36}$에서 $5<3\sqrt{3}<6$

문제편 72쪽

11 [정답률 57%] 정답 ②

다음은 어느 학교의 학생 45명을 대상으로 한 달 동안의 독서 시간을 조사하여 나타낸 도수분포표이다.

독서 시간(시간)	학생 수(명)
0이상 ~ 5미만	7
5 ~ 10	11
10 ~ 15	a
15 ~ 20	10
20 ~ 25	b
합계	45

이 도수분포표에서 독서 시간이 10시간 이상 15시간 미만인 계급의 상대도수가 0이 아닌 유한소수일 때, $2a+b$의 값은? (3점)

① 24 ② 26 ③ 28
④ 30 ⑤ 32

Step 1 도수의 합을 이용하여 $a+b$의 값을 구한다.

주어진 도수분포표에서 도수의 합이 45이므로

$7+11+a+10+b=45$ $\quad\therefore a+b=17$ (독서 시간별 학생 수의 합이 45가 되어야 한다.)

Step 2 독서 시간이 10시간 이상 15시간 미만인 계급의 상대도수가 유한소수임을 이용한다.

독서 시간이 10시간 이상 15시간 미만인 계급의 상대도수는 $\frac{a}{45}$ ($=\frac{(\text{계급의 도수})}{(\text{도수의 총합})}$)

45를 소인수분해하면 $45=3^2\times5$

즉, $\frac{a}{45}=\frac{a}{3^2\times5}$가 0이 아닌 유한소수이려면 기약분수로 나타내었을 때 분모의 소인수가 2 또는 5뿐이어야 하므로 a가 9의 배수이어야 한다. (a가 9의 배수이면서 $a+b=17$이 되는 경우를 생각해 본다.)

따라서 $a=9$, $b=8$이므로 $2a+b=2\times9+8=26$ (a가 18 이상이면 b가 음수가 되어 모순이다.)

12 [정답률 75%] 정답 ③

두 밑변 AD, BC의 길이가 각각 x^2-2x+3, $2x^2+x+6$이고 높이가 4인 사다리꼴 ABCD가 있다. 선분 CD의 중점을 E라 할 때, 사각형 ABED의 넓이는? (3점)

① $3x^2-x+8$ ② $3x^2-x+9$ ③ $4x^2-3x+12$
④ $4x^2-3x+13$ ⑤ $5x^2-3x+14$

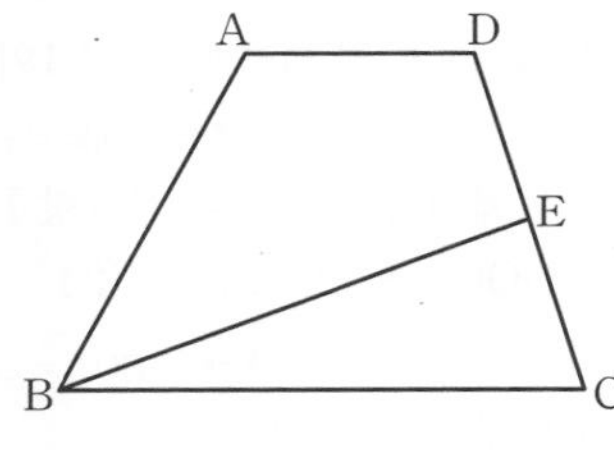

Step 1 사각형 ABCD의 넓이를 구한다.

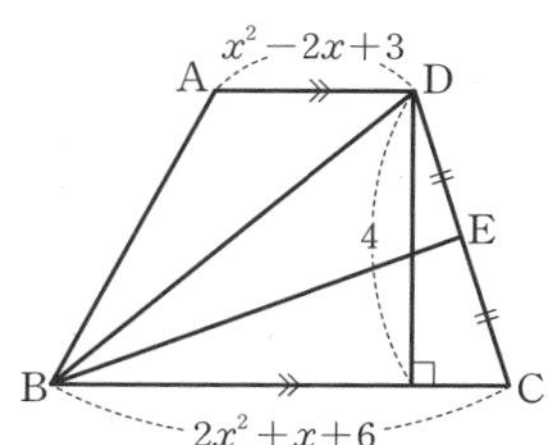

사다리꼴 ABCD의 넓이는

$\square ABCD=\frac{1}{2}\times\{(x^2-2x+3)+(2x^2+x+6)\}\times4$ (윗변의 길이, 아랫변의 길이, 높이)

$=2(3x^2-x+9)=6x^2-2x+18$

Step 2 사각형 ABED의 넓이를 구한다.

삼각형 BCD의 넓이는

$\triangle BCD=\frac{1}{2}\times(2x^2+x+6)\times4=4x^2+2x+12$

이때 선분 CD의 중점이 E이므로 두 삼각형 DBE, BCE의 넓이는 서로 같다. (밑변의 길이 $\overline{CE}=\overline{DE}$)

따라서 삼각형 BCE의 넓이는

$\triangle BCE=\frac{1}{2}\triangle BCD=\frac{1}{2}(4x^2+2x+12)=2x^2+x+6$

그러므로 사각형 ABED의 넓이는

$\square ABED=\square ABCD-\triangle BCE=(6x^2-2x+18)-(2x^2+x+6)$

$=4x^2-3x+12$

13 [정답률 71%] 정답 ④

[그림 1]과 같이 한 모서리의 길이가 4인 정육면체가 있다. 이 정육면체의 한 꼭짓점 A에서 만나는 세 모서리의 중점을 각각 B, C, D라 하자. 이 정육면체에서 네 점 A, B, C, D를 꼭짓점으로 하는 사면체를 잘라 내어 [그림 2]와 같은 입체도형을 만들었다. [그림 2]의 입체도형의 부피는? (3점)

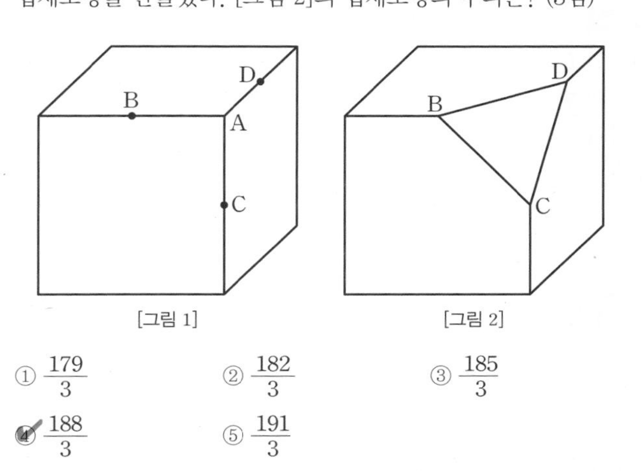

[그림 1] [그림 2]

① $\frac{179}{3}$ ② $\frac{182}{3}$ ③ $\frac{185}{3}$
④ $\frac{188}{3}$ ⑤ $\frac{191}{3}$

Step 1 정육면체와 사면체의 부피를 구한다.

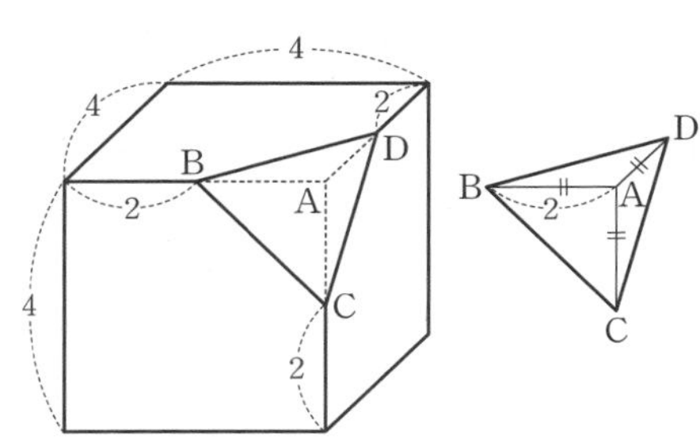

한 모서리의 길이가 4인 정육면체의 부피는 $4^3=64$

네 점 A, B, C, D를 꼭짓점으로 하는 사면체는 $\overline{AB}=\overline{AD}=2$인 직각삼각형 ABD를 밑면으로 하고 높이가 2인 삼각뿔이므로 (밑넓이가 S이고 높이가 h인 뿔의 부피는 $\frac{1}{3}Sh$이다.)

부피는 $\frac{1}{3}\times\left(\frac{1}{2}\times2\times2\right)\times2=\frac{4}{3}$ (밑면의 넓이, 높이)

따라서 [그림 2]의 입체도형의 부피는 $64-\frac{4}{3}=\frac{188}{3}$

문제편 74쪽

14 [정답률 71%] 정답 ③

다음은 과수원 A의 사과 6개와 과수원 B의 사과 6개의 당도를 brix 단위로 측정한 결과에 대한 두 학생의 대화이다.

> 과수원 A의 사과 6개의 당도의 평균은 11이고 분산은 $\frac{5}{3}$야. 과수원 B의 사과는 어때?

> 과수원 B의 사과 6개 각각의 당도는
>
> 11, 9, 12, 9, a, $a+1$
>
> 이므로 평균은 과수원 A의 사과 6개의 당도의 평균과 같고, 분산은 b가 되네. 그러니까 과수원 A의 사과 6개의 당도가 더 고르구나.

위 학생들의 대화를 만족시키는 두 상수 a, b에 대하여 $a+b$의 값은? (4점)

① $\frac{37}{3}$ ② $\frac{40}{3}$ ③ $\frac{43}{3}$ ④ $\frac{46}{3}$ ⑤ $\frac{49}{3}$

Step 1 당도의 평균을 이용하여 a의 값을 구한다.

과수원 B의 사과 6개의 당도의 평균은 → $=\frac{(\text{전체 자료의 합})}{(\text{자료의 개수})}$

$\frac{11+9+12+9+a+(a+1)}{6}=\frac{2a+42}{6}$

이때 과수원 A의 사과 6개의 당도의 평균이 11이고, 이 값이 과수원 B의 사과 6개의 당도의 평균과 같으므로

$\frac{2a+42}{6}=11$, $2a=24$ $\therefore a=12$

Step 2 당도의 분산을 구한다.

과수원 B의 사과 6개의 각각의 당도는 11, 9, 12, 9, 12, 13이므로 당도의 편차는 순서대로 0, -2, 1, -2, 1, 2이다. → (자료의 값)$-$(평균)

따라서 과수원 B의 사과 6개의 당도의 분산은 → (편차)^{2}의 평균

$\frac{0^2+(-2)^2+1^2+(-2)^2+1^2+2^2}{6}=\frac{14}{6}=\frac{7}{3}$ $\therefore b=\frac{7}{3}$

따라서 $a+b=12+\frac{7}{3}=\frac{43}{3}$

15 [정답률 79%] 정답 ③

두 온라인 서점 A, B에서 판매하는 정가가 12000원인 어느 도서의 할인율과 배송비는 표와 같다.

	온라인 서점 A	온라인 서점 B
도서 할인율	5%	10%
배송비	0원	4000원

온라인 서점 A에서 이 도서를 한번에 x권 주문할 때 지불하는 금액이 온라인 서점 B에서 이 도서를 한번에 x권 주문할 때 지불하는 금액보다 더 크게 되도록 하는 x의 최솟값은? (단, 배송비는 한 번만 지불한다.) (4점)

① 5 ② 6 ③ 7 ④ 8 ⑤ 9

Step 1 각 온라인 서점에서 도서를 주문할 때 지불하는 금액을 구한다.

온라인 서점 A에서 도서를 x권 구매할 때 지불하는 금액은

$12000\times\left(1-\frac{5}{100}\right)\times x$(원) (12000 → 정가, $\left(1-\frac{5}{100}\right)$ → 5% 할인)

온라인 서점 B에서 도서를 x권 구매할 때 지불하는 금액은

$12000\times\left(1-\frac{10}{100}\right)\times x+4000$(원) ($\left(1-\frac{10}{100}\right)$ → 10% 할인, 4000 → 배송비)

Step 2 x에 대한 부등식을 세운 후 푼다.

온라인 서점 A에서 도서를 x권 구매할 때 지불하는 금액이 온라인 서점 B에서 도서를 x권 구매할 때 지불하는 금액보다 더 커야 하므로

$12000\times\left(1-\frac{5}{100}\right)\times x>12000\times\left(1-\frac{10}{100}\right)\times x+4000$

$3x\left(1-\frac{5}{100}\right)>3x\left(1-\frac{10}{100}\right)+1$ ← 부등식의 양변을 4000으로 나눠준다.

$3x\times\frac{95}{100}>3x\times\frac{90}{100}+1$

$3x\times\frac{5}{100}>1$, $\frac{3}{20}x>1$ $\therefore x>\frac{20}{3}$ → $=6.666\cdots$

따라서 x의 최솟값은 7이다.

16 [정답률 56%] 정답 ⑤

그림과 같이 양수 a에 대하여 두 반비례 관계 $y=\frac{a}{x}$, $y=-\frac{2a}{x}$의 그래프가 직선 $y=6$과 만나는 점을 각각 A, B라 하고, 두 선분 OA, OB가 직선 $y=3$과 만나는 점을 각각 C, D라 하자. 사각형 ABDC의 넓이가 27일 때, a의 값은? (단, O는 원점이다.) (4점)

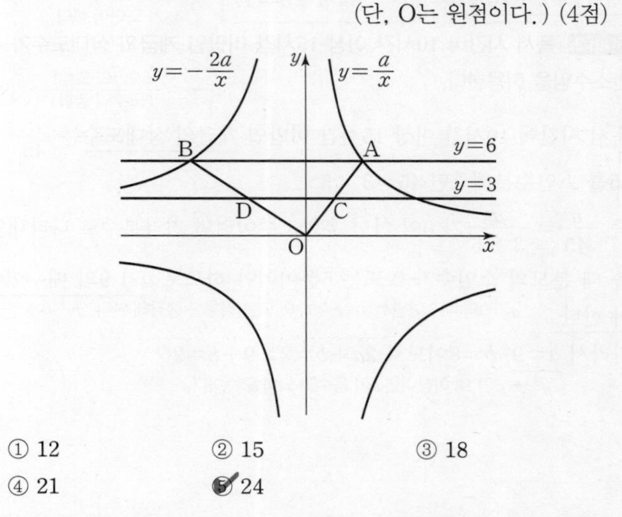

① 12 ② 15 ③ 18 ④ 21 ⑤ 24

Step 1 선분 AB의 길이를 구한다.

반비례 관계 $y=\frac{a}{x}$, $y=-\frac{2a}{x}$의 그래프가 직선 $y=6$과 만나는 점이 각각 A, B이므로 $A\left(\frac{a}{6}, 6\right)$, $B\left(-\frac{a}{3}, 6\right)$ → 두 점의 y좌표가 6이므로 그래프의 식에 $y=6$을 대입하여 두 점의 x좌표를 구한다.

$\therefore \overline{AB}=\frac{a}{6}-\left(-\frac{a}{3}\right)=\frac{a}{2}$

Step 2 삼각형 BOA의 넓이를 구한다.

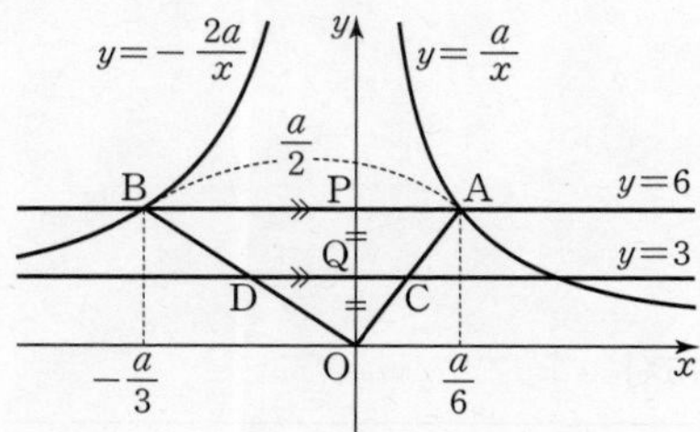

그림과 같이 두 직선 $y=6$, $y=3$이 y축과 만나는 점을 각각 P, Q라 하자. → 두 직선 $y=3$, $y=6$이 평행하기 때문이다. (동위각)

두 삼각형 DOC, BOA에서 ∠DOC는 공통이고, ∠ODC=∠OBA이므로 두 삼각형은 서로 닮음이다.

평행선 사이에 있는 선분의 길이의 비를 이용하면

$\overline{OQ}:\overline{OP}=\overline{OC}:\overline{OA}=1:2$ ($\overline{OQ}$ → $=3$, $\overline{OP}$ → $=6$)

따라서 두 삼각형 BOA, DOC의 닮음비가 2 : 1이므로 넓이의 비는 4 : 1이다. → 닮음비가 $m:n$인 두 도형의 넓이의 비는 $m^2:n^2$

이때 사각형 ABDC의 넓이가 27이므로 삼각형 DOC의 넓이를 S라 하면 $\triangle BOA:\triangle DOC=S+27:S=4:1$

$4S=S+27$, $3S=27$ $\therefore S=9$ → $\triangle BOA=\triangle DOC+\square ABDC$

따라서 삼각형 BOA의 넓이는 36이다.

문제편 75쪽

Step 3 a의 값을 구한다.

삼각형 BOA의 넓이가 36이므로 $\frac{1}{2}\times\overline{AB}\times\overline{OP}=\frac{1}{2}\times\frac{a}{2}\times6=36$ (→ 높이, → 밑변의 길이)

$\frac{3}{2}a=36$ $\quad\therefore a=24$

17 [정답률 58%]

정답 ⑤

그림과 같이 원점 O를 지나고 제4사분면 위의 점 A를 꼭짓점으로 하는 이차함수 $y=f(x)$의 그래프가 있다. 두 점 B$(-5,\ 0)$, C$(0,\ -6)$에 대하여 선분 AB와 선분 OC가 점 D에서 만난다. 삼각형 OCA의 넓이가 6이고, 삼각형 OBD의 넓이와 삼각형 DCA의 넓이가 같을 때, $f(10)$의 값은?

(단, 점 D는 점 C가 아니다.) (4점)

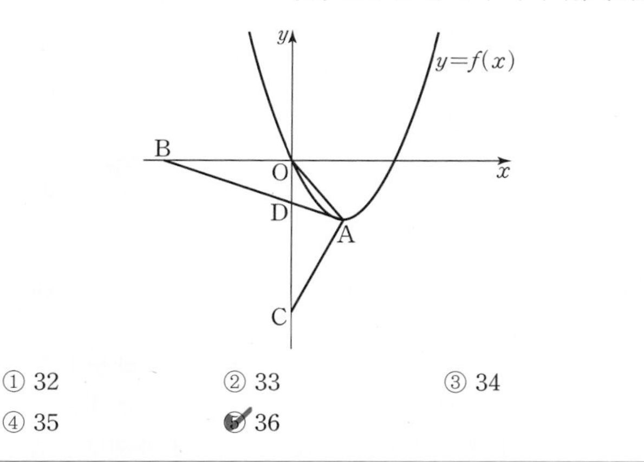

① 32 ② 33 ③ 34
④ 35 ⑤ 36

Step 1 삼각형 OCA의 넓이를 이용하여 점 A의 x좌표를 구한다.

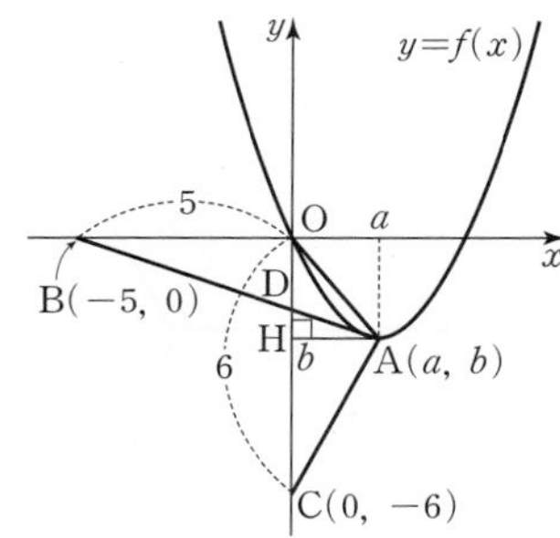

이차함수 $y=f(x)$의 그래프의 꼭짓점 A의 좌표를 $(a,\ b)$ $(a>0,\ b<0)$라 하자. → 점 A는 제4사분면 위에 있으므로 (x좌표)>0, (y좌표)<0

점 A에서 y축에 내린 수선의 발을 H라 하면 삼각형 OCA의 넓이가 6이므로 (→ =(점 A의 x좌표))

$\frac{1}{2}\times\overline{OC}\times\overline{AH}=\frac{1}{2}\times6\times a=6$ $\quad\therefore a=2$

(→ |(점 C의 y좌표)|)

Step 2 두 삼각형 OBD, DCA의 넓이가 같음을 이용하여 점 A의 y좌표를 구한다.

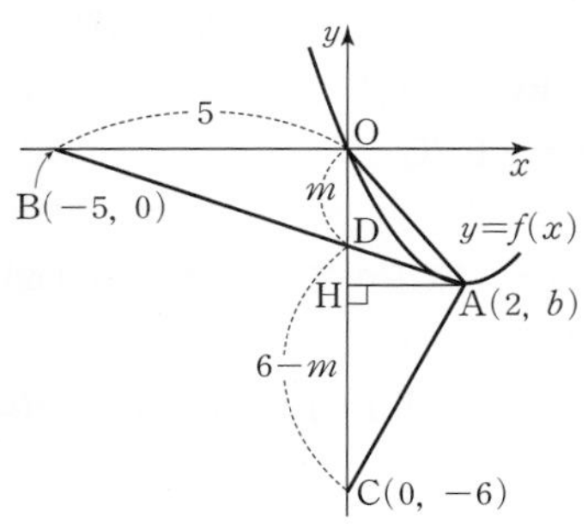

$\overline{OD}=m$이라 하면 $\overline{CD}=6-m$ → $=\overline{OC}-\overline{OD}$

이때 두 삼각형 OBD, DCA의 넓이가 같으므로

$\frac{1}{2}\times\overline{OB}\times\overline{OD}=\frac{1}{2}\times\overline{CD}\times\overline{AH}$에서 (→ =△OBD, → =△DCA)

$\frac{1}{2}\times5\times m=\frac{1}{2}\times(6-m)\times2$

$\frac{5}{2}m=6-m,\ \frac{7}{2}m=6$ $\quad\therefore m=\frac{12}{7}$

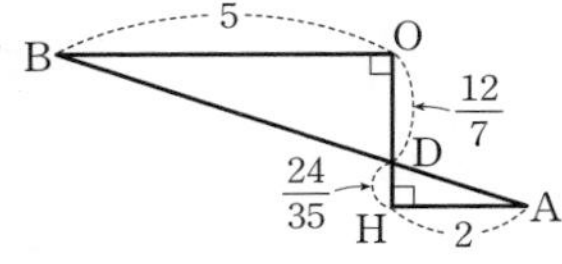

두 직각삼각형 BDO, ADH에서 $\angle BDO=\angle ADH$ (맞꼭지각)이므로 두 삼각형은 서로 닮음이다. 이때 $\overline{BO}=5$, $\overline{AH}=2$이므로 두 삼각형의 닮음비는 $5:2$이다.

따라서 $\overline{OD}:\overline{HD}=5:2$에서 $\frac{12}{7}:\overline{HD}=5:2$

$5\overline{HD}=\frac{24}{7}$ $\quad\therefore \overline{HD}=\frac{24}{35}$

$\therefore \overline{OH}=\overline{OD}+\overline{HD}=\frac{12}{7}+\frac{24}{35}=\frac{84}{35}=\frac{12}{5}$ → |(점 A의 y좌표)|

따라서 $b=-\frac{12}{5}$이다.

Step 3 $f(x)$를 구한다.

이차함수 $y=f(x)$의 그래프의 꼭짓점이 $\left(2,\ -\frac{12}{5}\right)$이므로

$f(x)=k(x-2)^2-\frac{12}{5}$ (k는 0이 아닌 상수)

> 암기 점 $(p,\ q)$를 꼭짓점으로 하는 이차함수의 식은 $y=a(x-p)^2+q\ (a\neq0)$ 꼴로 나타내어진다.

이때 이차함수 $y=f(x)$의 그래프가 원점 O를 지나므로

$f(0)=4k-\frac{12}{5}=0$ $\quad\therefore k=\frac{3}{5}$

따라서 $f(x)=\frac{3}{5}(x-2)^2-\frac{12}{5}$이므로

$f(10)=\frac{3}{5}\times8^2-\frac{12}{5}=\frac{180}{5}=36$

18 [정답률 71%]

정답 ④

원 모양의 종이를 이용하여 그림과 같은 한복 저고리 모양과 한복 바지 모양을 만들 수 있다.

다음은 반지름의 길이가 4cm인 원 모양의 종이 두 장을 이용하여 한복 바지 모양을 만드는 과정이다.

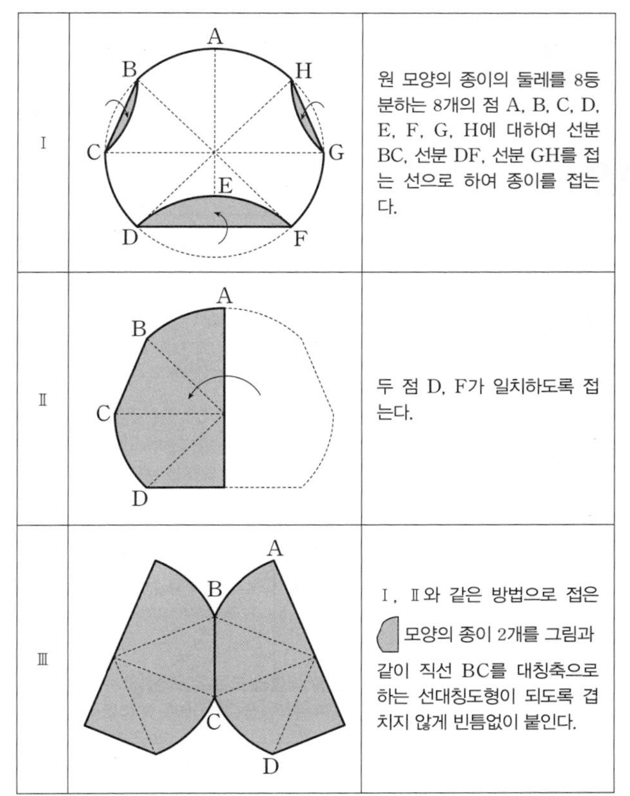

I	(그림: A, B, C, D, E, F, G, H)	원 모양의 종이의 둘레를 8등분하는 8개의 점 A, B, C, D, E, F, G, H에 대하여 선분 BC, 선분 DF, 선분 GH를 접는 선으로 하여 종이를 접는다.
II	(그림: A, B, C, D)	두 점 D, F가 일치하도록 접는다.
III	(그림: A, B, C, D)	I, II와 같은 방법으로 접은 모양의 종이 2개를 그림과 같이 직선 BC를 대칭축으로 하는 선대칭도형이 되도록 겹치지 않게 빈틈없이 붙인다.

위와 같은 방법으로 만든 모양의 도형의 넓이는 $a\mathrm{cm}^2$이다. a의 값은?

(단, 종이의 두께는 고려하지 않는다.) (4점)

① $6+6\pi+6\sqrt{2}$ ② $8+6\pi+6\sqrt{2}$ ③ $6+8\pi+8\sqrt{2}$
④ $8+8\pi+8\sqrt{2}$ ⑤ $10+8\pi+10\sqrt{2}$

○ 문제편 77쪽

Step 1 넓이를 구해야 하는 각각의 도형의 특징을 파악한다.

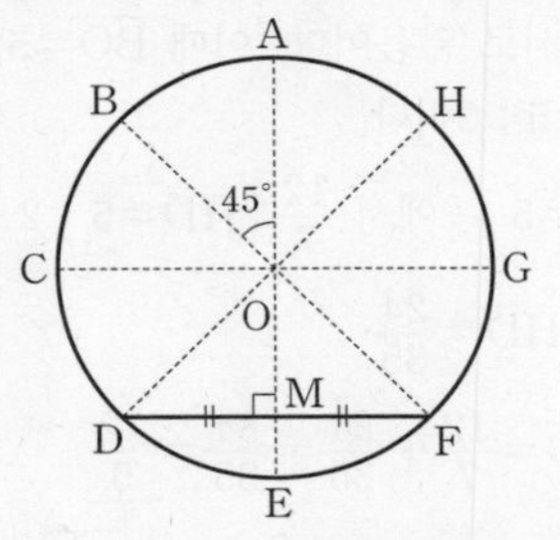

8개의 점 A, B, C, D, E, F, G, H는 원 모양의 둘레를 8등분하므로 위 그림의 8개의 부채꼴은 중심각의 크기가 모두 45°이다. ($\frac{360°}{8}=45°$)
이때 원의 중심을 O, 선분 DF의 중점을 M이라 하면 직선 OM은 선분 DF를 수직이등분하므로 $\angle OMD=90°$이다.

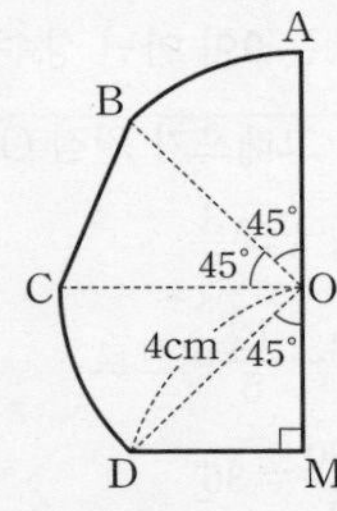

그림과 같이 접은 도형에서 두 부채꼴 OAB, OCD는 중심각의 크기가 45°인 부채꼴, 삼각형 OBC는 꼭지각의 크기가 45°인 이등변삼각형, 삼각형 ODM은 빗변의 길이가 4cm인 직각이등변삼각형이다.

Step 2 각 도형의 넓이를 구한다.

부채꼴 OAB의 넓이는 $\pi\times4^2\times\frac{45}{360}=2\pi\ (\text{cm}^2)$
(반지름의 길이가 r이고 중심각의 크기가 $x°$인 부채꼴의 넓이는 $\pi r^2\times\frac{x}{360}$)

삼각형 OBC의 넓이는 $\frac{1}{2}\times4\times4\times\sin45°=4\sqrt{2}\ (\text{cm}^2)$
($S=\frac{1}{2}ab\sin\theta$)

직각삼각형 ODM에서 $\cos45°=\frac{\overline{OM}}{\overline{OD}}$

$\therefore \overline{OM}=4\times\cos45°=2\sqrt{2}\ (\text{cm})$

이때 삼각형 ODM은 $\overline{OM}=\overline{DM}$인 직각이등변삼각형이므로 삼각형 ODM의 넓이는 $\frac{1}{2}\times2\sqrt{2}\times2\sqrt{2}=4\ (\text{cm}^2)$

Step 3 a의 값을 구한다.

따라서 접은 ◖ 모양의 도형의 넓이는
$4+2\pi\times2+4\sqrt{2}=4+4\pi+4\sqrt{2}\ (\text{cm}^2)$ (부채꼴은 OAB, OCD로 2개이다.)

$\therefore a=2(4+4\pi+4\sqrt{2})=8+8\pi+8\sqrt{2}$

19 [정답률 59%]

정답 ②

한 변의 길이가 $x(x>4)$인 정사각형 ABCD에 대하여 선분 CD 위에 $\overline{CE}=2$인 점 E와 선분 AD 위에 $\overline{FD}=2$인 점 F가 있다. 선분 BC의 연장선 위에 $\overline{CG}=x-2$인 점 G를 잡을 때, 삼각형 EGF의 넓이는 7이다. x의 값은? (4점)

① $2+2\sqrt{2}$ ② $2+3\sqrt{2}$ ③ $3+3\sqrt{2}$
④ $4+3\sqrt{2}$ ⑤ $3+4\sqrt{2}$

Step 1 삼각형 EGF의 넓이를 x에 대한 식으로 나타낸다.

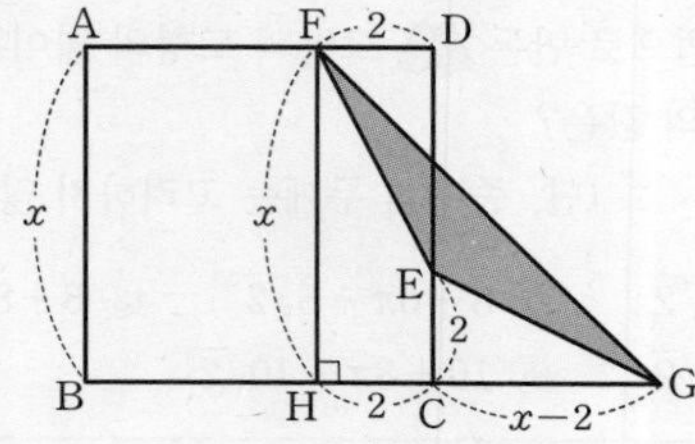

위 그림과 같이 점 F에서 선분 BC에 내린 수선의 발을 H라 하면
$\overline{FH}=x$, $\overline{CH}=2$

삼각형 FHG의 넓이는 $\frac{1}{2}\times\overline{FH}\times\overline{GH}=\frac{1}{2}x^2$ ($\overline{GH}=\overline{CG}+\overline{CH}=(x-2)+2=x$)

사다리꼴 FHCE의 넓이는

$\frac{1}{2}\times(\overline{FH}+\overline{CE})\times\overline{CH}=\frac{1}{2}\times(x+2)\times2=x+2$

삼각형 ECG의 넓이는

$\frac{1}{2}\times\overline{CG}\times\overline{CE}=\frac{1}{2}\times(x-2)\times2=x-2$

따라서 삼각형 EGF의 넓이는

$\triangle EGF=\triangle FHG-\square FHCE-\triangle ECG$

$=\frac{1}{2}x^2-(x+2)-(x-2)=\frac{1}{2}x^2-2x$

Step 2 이차방정식을 풀어 x의 값을 구한다.

이때 삼각형 EGF의 넓이가 7이므로

$\frac{1}{2}x^2-2x=7$, $x^2-4x=14$ $\quad\therefore x^2-4x-14=0$

(이차방정식 $ax^2+bx+c=0$의 해는 $x=\frac{-b\pm\sqrt{b^2-4ac}}{2a}$)

이차방정식의 근의 공식을 이용하면

$x=\frac{-(-4)\pm\sqrt{(-4)^2-4\times1\times(-14)}}{2\times1}=\frac{4\pm\sqrt{72}}{2}=2\pm3\sqrt{2}$

($=2\pm\frac{\sqrt{72}}{2}=2\pm\frac{6\sqrt{2}}{2}=2\pm3\sqrt{2}$)

이때 $x>4$이므로 $x=2+3\sqrt{2}$

20 [정답률 66%]

정답 ①

그림과 같이 한 변의 길이가 12인 정삼각형 ABC의 변 BC 위에 $\overline{DC}=4$인 점 D가 있다. 선분 AD를 한 변으로 하는 정삼각형 ADE에 대하여 선분 AC와 선분 DE가 만나는 점을 F라 하자.

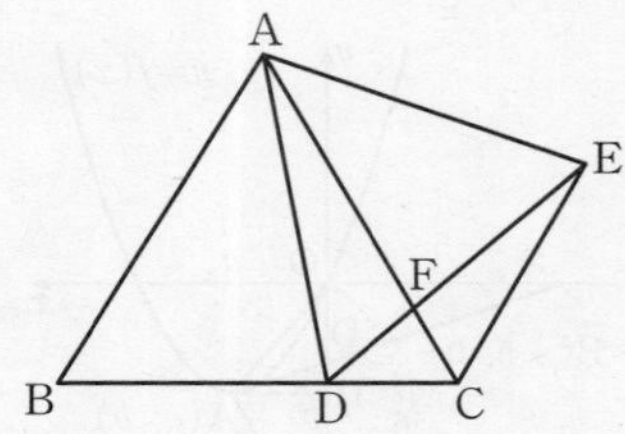

다음은 선분 CF의 길이를 구하는 과정이다.

> 두 정삼각형 ABC, ADE에서
> $\overline{AB}=\overline{AC}$, $\overline{AD}=\overline{AE}$
> 이고,
> $\angle BAD=60°-\angle DAC=\angle CAE$
> 이므로 삼각형 ABD와 삼각형 ACE는 서로 합동이다.
> 그러므로
> $\angle ECA=60°$, $\overline{CE}=$ (가)
> 이다.
> 한편 각 AFD와 각 CFE는 서로 맞꼭지각이고,
> $\angle FDA=\angle ECF$이므로
> $\angle DAF=\angle FEC$
> 이다.
> 또한 $\angle ACD=\angle ECF$이므로 삼각형 ACD와 삼각형 ECF는 서로 닮은 도형이고,
> 삼각형 ACD와 삼각형 ECF의 닮음비는 (나) : 2
> 이다.
> 따라서
> $\overline{CF}=$ (다)
> 이다.

위의 (가), (나), (다)에 알맞은 수를 각각 p, q, r이라 할 때, $p+q+r$의 값은?

(단, 선분 AB와 선분 DE는 만나지 않는다.) (4점)

① $\frac{41}{3}$ ② 14 ③ $\frac{43}{3}$
④ $\frac{44}{3}$ ⑤ 15

문제편 78쪽

두 변의 길이와 그 끼인각의 크기가 같으므로 SAS 합동이다.

Step 1 삼각형의 합동을 이용하여 빈칸 (가)에 들어갈 수를 구한다.

두 정삼각형 ABC, ADE에서 $\overline{AB}=\overline{AC}$, $\overline{AD}=\overline{AE}$이고,

$\angle BAD=60^\circ-\angle DAC=\angle CAE$이므로 삼각형 ABD와 삼각형 ACE는 서로 합동이다.

(60° = ∠BAC, $=\angle DAE-\angle DAC=60^\circ-\angle DAC$)

그러므로 $\angle ECA=60^\circ$, $\overline{CE}=\overline{BD}=$ (가) 8 이다. ($=\overline{BC}-\overline{DC}=12-4=8$)

Step 2 삼각형의 닮음을 이용하여 빈칸 (나), (다)에 들어갈 수를 구한다.

한편 각 AFD와 각 CFE는 서로 맞꼭지각이고, $\angle FDA=\angle ECF$이므로 $\angle DAF=\angle FEC$이다. ($\therefore \angle AFD=\angle CFE$, 두 각 모두 60°이다.)

또한 $\angle ACD=\angle ECF$이므로 삼각형 ACD와 삼각형 ECF는 서로 닮은 도형이고, 삼각형 ACD와 삼각형 ECF의 닮음비는

$\overline{AC}:\overline{CE}=12:8=$ (나) 3 $:2$이다. (대응하는 변의 길이의 비를 이용한다.)

따라서 $\overline{CD}:\overline{CF}=3:2$이므로 $3\overline{CF}=2\overline{CD}$

$\therefore \overline{CF}=\frac{2}{3}\overline{CD}=\frac{2}{3}\times4=$ (다) $\frac{8}{3}$

Step 3 $p+q+r$의 값을 구한다.

$p=8$, $q=3$, $r=\frac{8}{3}$이므로 $p+q+r=8+3+\frac{8}{3}=\frac{41}{3}$

21 [정답률 35%]

오답률 TOP ❷ **정답 ②**

그림과 같이 $\overline{AB}=\overline{AC}=25$이고 $\overline{BC}=40$인 이등변삼각형 ABC에 대하여 점 C에서 직선 AB에 내린 수선의 발을 D라 하자. 삼각형 ABC의 내심을 I, 삼각형 DBC의 내심을 J라 할 때, 선분 IJ의 길이는? (4점)

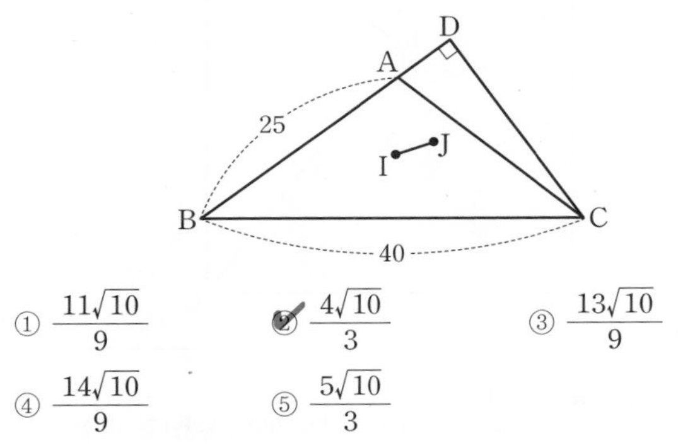

① $\frac{11\sqrt{10}}{9}$ ② $\frac{4\sqrt{10}}{3}$ ③ $\frac{13\sqrt{10}}{9}$

④ $\frac{14\sqrt{10}}{9}$ ⑤ $\frac{5\sqrt{10}}{3}$

Step 1 $\overline{AD}$, $\overline{CD}$의 길이를 각각 구한다.

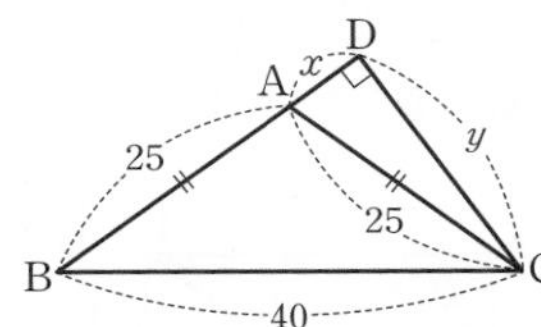

$\overline{AD}=x$, $\overline{CD}=y$라 하면 직각삼각형 ACD에서

$x^2+y^2=625$ ······ ㉠ ($\overline{AD}^2+\overline{CD}^2=\overline{AC}^2$에서 $x^2+y^2=25^2$)

직각삼각형 BCD에서 $(25+x)^2+y^2=1600$ ($\overline{BD}^2+\overline{CD}^2=\overline{BC}^2$에서 $(25+x)^2+y^2=40^2$)

$(x^2+50x+625)+y^2=1600$

$\therefore x^2+50x+y^2=975$ ······ ㉡

㉡$-$㉠을 하면 $50x=350$ $\quad\therefore x=7$

이를 ㉠에 대입하면 $49+y^2=625$

$y^2=576$ $\quad\therefore y=24$

Step 2 두 삼각형 ABC, DBC의 내접원의 반지름의 길이를 각각 구한다.

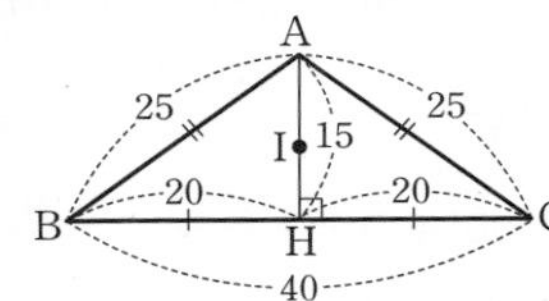

삼각형 ABC의 꼭짓점 A에서 변 BC에 내린 수선의 발을 H라 하면 선분 AH는 변 BC를 수직이등분하므로 $\overline{BH}=\overline{CH}=20$

(△ABC는 이등변삼각형이므로 I는 선분 AH 위의 점이다.)

직각삼각형 ABH에서

$\overline{AH}^2=\overline{AB}^2-\overline{BH}^2=25^2-20^2=225$ $\quad\therefore \overline{AH}=15$

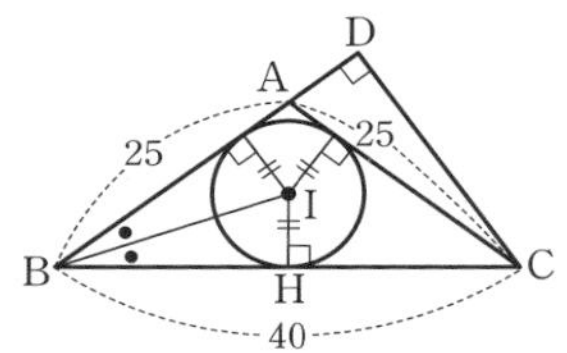

삼각형 ABC의 내접원의 반지름의 길이를 r_1이라 하면

$\triangle ABC=\frac{1}{2}\times(25+40+25)\times r_1=\frac{1}{2}\times40\times15$

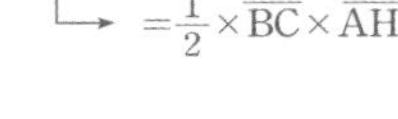

$45r_1=300$ $\quad\therefore r_1=\frac{20}{3}$

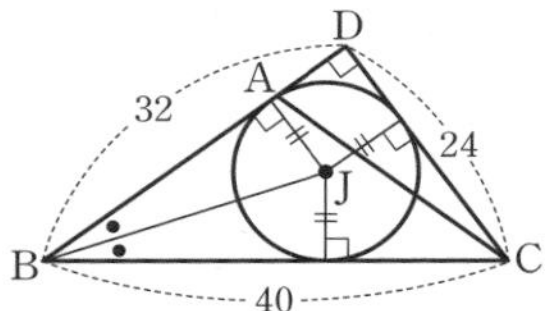

삼각형 DBC의 내접원의 반지름의 길이를 r_2라 하면

$\triangle DBC=\frac{1}{2}\times(32+40+24)\times r_2=\frac{1}{2}\times32\times24$ ($=\frac{1}{2}\times\overline{BD}\times\overline{CD}$)

$48r_2=384$ $\quad\therefore r_2=8$

Step 3 삼각형의 닮음과 피타고라스 정리를 이용하여 선분 IJ의 길이를 구한다.

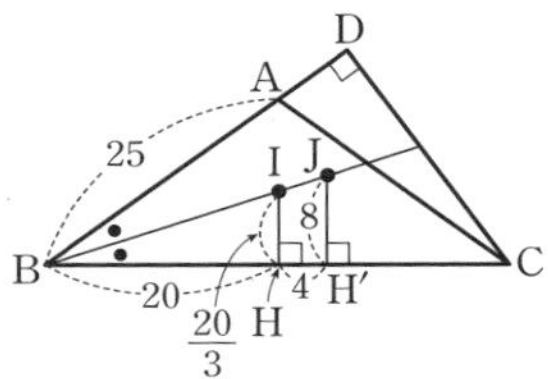

점 J에서 선분 BC에 내린 수선의 발을 H′이라 하면 $\overline{JH'}=r_2=8$

두 점 I, J는 모두 각 DBC의 이등분선 위의 점이므로 두 삼각형 IBH, JBH′은 서로 닮음이다. ($\angle IBH$는 공통, $\angle IHB=\angle JH'B=90^\circ$)

이때 $\overline{IH}:\overline{JH'}=\frac{20}{3}:8=5:6$이므로

$\overline{BH}:\overline{BH'}=5:6$에서 $5\overline{BH'}=6\overline{BH}$

$\therefore \overline{BH'}=\frac{6}{5}\overline{BH}=\frac{6}{5}\times20=24$

$\therefore \overline{HH'}=\overline{BH'}-\overline{BH}=24-20=4$

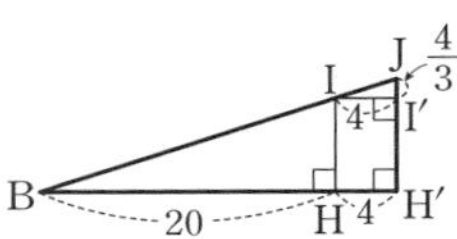

점 I에서 선분 JH′에 내린 수선의 발을 I′이라 하면

$\overline{JI'}=\overline{JH'}-\overline{IH}=8-\frac{20}{3}=\frac{4}{3}$, $\overline{II'}=\overline{HH'}=4$

따라서 직각삼각형 JII′에서

$\overline{IJ}^2=\overline{II'}^2+\overline{JI'}^2=4^2+\left(\frac{4}{3}\right)^2=\frac{160}{9}$

$\therefore \overline{IJ}=\frac{\sqrt{160}}{3}=\frac{4\sqrt{10}}{3}$ ($\sqrt{160}=\sqrt{4^2\times10}=4\sqrt{10}$)

22 [정답률 85%]

정답 6

이차함수 $y=x^2-2x+6$의 그래프의 꼭짓점의 좌표가 (a, b)일 때, $a+b$의 값을 구하시오. (3점)

Step 1 이차함수의 식을 $y=m(x-p)^2+q$ 꼴로 바꾸어 꼭짓점의 좌표를 구한다.

$y=x^2-2x+6=(x^2-2x+1)+5=(x-1)^2+5$

따라서 주어진 이차함수의 그래프의 꼭짓점의 좌표는 $(1, 5)$이므로

$a=1$, $b=5$

$\therefore a+b=1+5=6$

문제편 79쪽

23 [정답률 91%] 정답 15

$\angle B=90°$인 직각삼각형 ABC에서 $\overline{BC}=9$, $\sin A=\frac{3}{5}$일 때, 선분 AC의 길이를 구하시오. (3점)

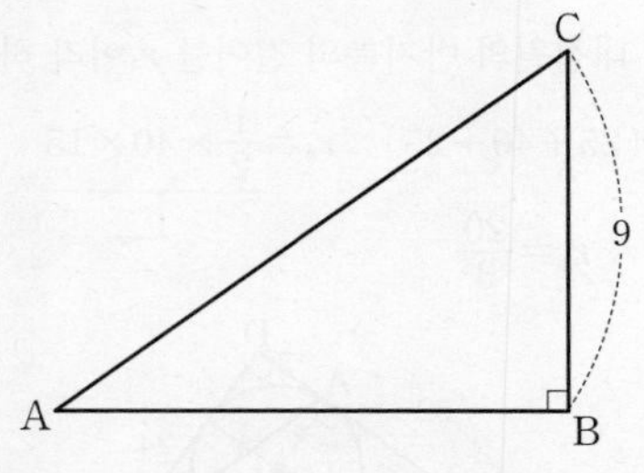

Step 1 삼각비를 이용하여 선분 AC의 길이를 구한다.

직각삼각형 ABC에서 $\sin A=\frac{\overline{BC}}{\overline{AC}}=\frac{9}{\overline{AC}}=\frac{3}{5}$

$\therefore \overline{AC}=9\times\frac{5}{3}=15$

24 [정답률 71%] 정답 126

두 자리의 자연수 m과 세 자리의 자연수 n에 대하여 $m\times n=1265$일 때, $m+n$의 값을 구하시오. (3점)

Step 1 1265를 소인수분해한다.

1265를 소인수분해하면 $1265=5\times253=5\times11\times23$

Step 2 m, n의 값을 구한다.

이때 m은 두 자리의 자연수, n은 세 자리의 자연수이므로

$m=11$, $n=115$ ($=5\times23$)

$\therefore m+n=11+115=126$

25 [정답률 49%] 정답 32

그림과 같이 $\overline{AB}=\overline{AC}$, $\angle A<90°$인 이등변삼각형 ABC의 외심을 O라 하자. 점 O에서 선분 AB에 내린 수선의 발을 D라 하고, 직선 AO와 선분 BC의 교점을 E라 하자. $\overline{AO}=3\overline{OE}$이고 삼각형 ADO의 넓이가 6일 때, 삼각형 ABC의 넓이를 구하시오. (3점)

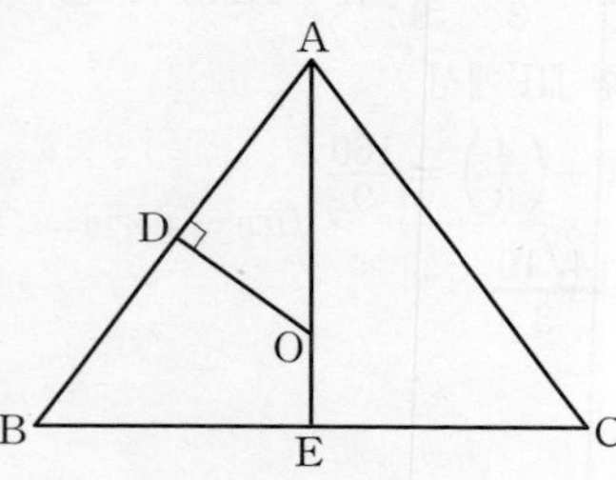

Step 1 두 삼각형 ADO, BDO가 서로 합동임을 이용한다.

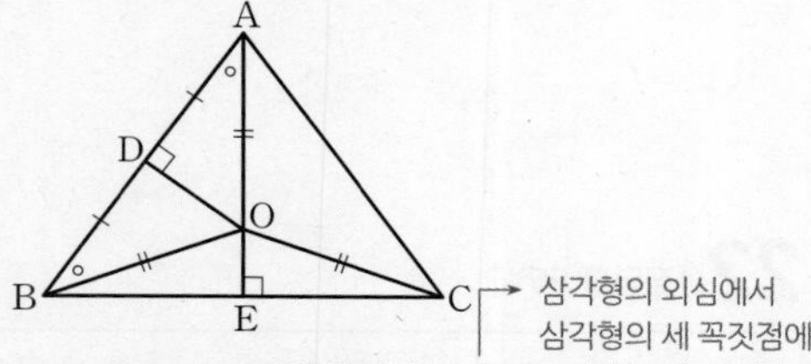

삼각형의 외심에서 삼각형의 세 꼭짓점에 이르는 거리는 같다.

점 O는 삼각형 ABC의 외심이므로 $\overline{OA}=\overline{OB}=\overline{OC}$

삼각형 OAB는 이등변삼각형이고, 점 O에서 선분 AB에 내린 수선의 발이 D이므로 직선 OD는 선분 AB를 수직이등분한다.

따라서 두 삼각형 ADO, BDO는 서로 합동이므로

$\triangle ADO=\triangle BDO=6$ $\quad\therefore \triangle ABO=12$

Step 2 두 삼각형 ABO, ACO가 서로 합동임을 이용한다.

두 삼각형 ABO, ACO에서 $\overline{AB}=\overline{AC}$, $\overline{BO}=\overline{CO}$이고 $\overline{AO}$는 공통이므로 $\triangle ABO\equiv\triangle ACO$ (대응하는 세 변의 길이가 각각 같으므로 SSS 합동이다.)

$\therefore \triangle ACO=\triangle ABO=12$

Step 3 삼각형 ABC의 넓이를 구한다.

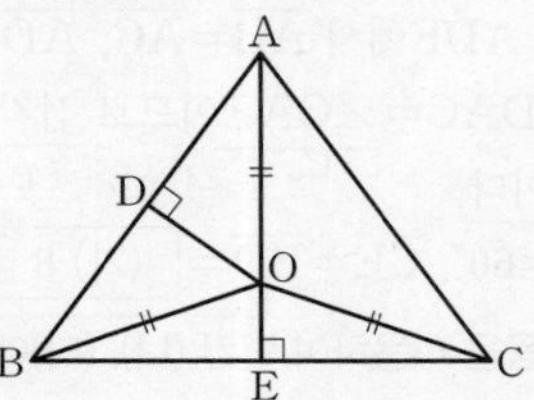

$\overline{AO}=3\overline{OE}$이므로 (두 삼각형 ABO, OBE의 밑변의 길이의 비는 $\overline{AO}:\overline{OE}=3:1$)

$\triangle ABO=3\triangle OBE=12$ $\quad\therefore \triangle OBE=4$

$\triangle ACO=3\triangle OCE=12$ $\quad\therefore \triangle OCE=4$

따라서 삼각형 ABC의 넓이는

$\triangle ABC=\triangle ABO+\triangle ACO+\triangle OBE+\triangle OCE$

$=12+12+4+4=32$

26 [정답률 49%] 오답률 TOP 5 정답 578

그림과 같이 한 변의 길이가 $4\sqrt{2}$인 정사각형 ABCD의 선분 AD 위에 $\overline{DE}=\frac{\sqrt{2}}{2}$인 점 E가 있다. 정사각형 내부의 한 점 F에 대하여 $\angle CFE=90°$이고 $\overline{EF}:\overline{FC}=4:7$이다. 정사각형 ABCD에서 사각형 EFCD를 잘라 내어 ◧ 모양의 도형을 만들었을 때, 이 도형의 둘레의 길이는 a이다. a^2의 값을 구하시오. (4점)

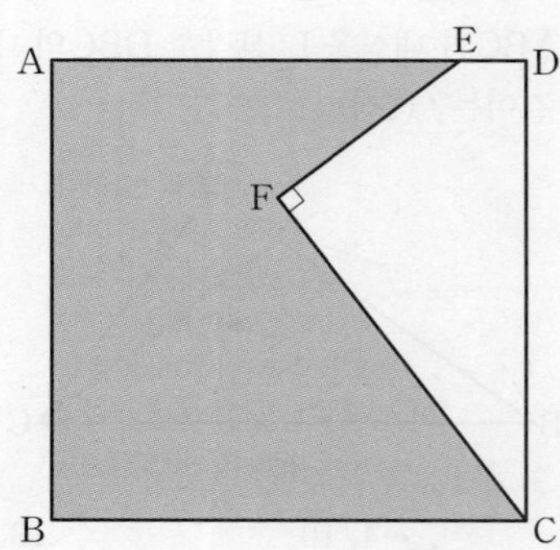

Step 1 $\overline{EC}^2$의 값을 구한다.

$\overline{DE}=\frac{\sqrt{2}}{2}$, $\overline{CD}=4\sqrt{2}$이므로 직각삼각형 DEC에서 (□ABCD는 한 변의 길이가 $4\sqrt{2}$인 정사각형)

$\overline{EC}^2=\overline{DE}^2+\overline{CD}^2=\frac{65}{2}$ ($(4\sqrt{2})^2=32$, $\left(\frac{\sqrt{2}}{2}\right)^2=\frac{1}{2}$)

Step 2 두 선분 EF, FC의 길이를 구한다.

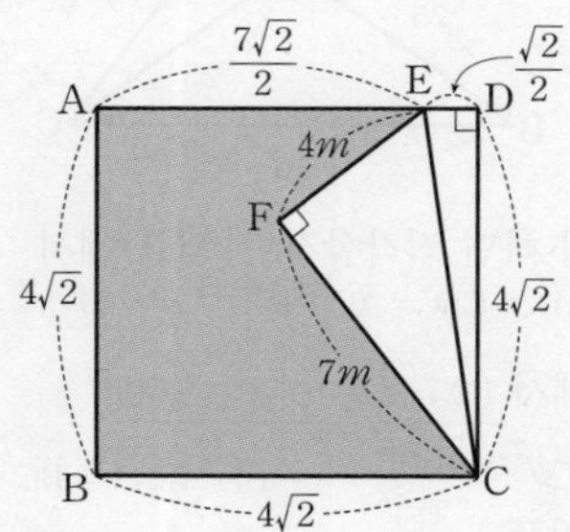

$\overline{EF}:\overline{FC}=4:7$이므로 $\overline{EF}=4m$, $\overline{FC}=7m\,(m>0)$으로 놓으면

직각삼각형 EFC에서

$\overline{EF}^2+\overline{FC}^2=\overline{EC}^2$, $16m^2+49m^2=\frac{65}{2}$ ($\overline{EF}^2=(4m)^2$, $\overline{FC}^2=(7m)^2$)

$65m^2=\frac{65}{2}$, $m^2=\frac{1}{2}$ $\quad\therefore m=\frac{\sqrt{2}}{2}\ (\because m>0)$

$\therefore \overline{EF}=2\sqrt{2}$, $\overline{FC}=\frac{7\sqrt{2}}{2}$

Step 3 도형의 둘레의 길이를 구한다.

따라서 ◧ 모양의 둘레의 길이는 ($\overline{AE}=\overline{AD}-\overline{DE}=4\sqrt{2}-\frac{\sqrt{2}}{2}=\frac{7\sqrt{2}}{2}$)

$\overline{AE}+\overline{EF}+\overline{FC}+\overline{BC}+\overline{AB}=\frac{7\sqrt{2}}{2}+2\sqrt{2}+\frac{7\sqrt{2}}{2}+4\sqrt{2}+4\sqrt{2}$

$=17\sqrt{2}=a$

$\therefore a^2=(17\sqrt{2})^2=578$

문제편 79쪽

27 [정답률 62%] 정답 153

네 수 $-\frac{1}{2}$, $\frac{6}{5}$, $-\frac{3}{4}$, $\frac{2}{9}$ 중 서로 다른 두 수를 곱하여 나올 수 있는 값으로 가장 큰 수를 a, 가장 작은 수를 b라 할 때, $120(a-b)$의 값을 구하시오. (4점)

Step 1 두 수를 곱하여 나올 수 있는 값으로 가장 큰 수는 양수임을 이용한다.

주어진 네 수 중 서로 다른 두 수를 곱하여 나올 수 있는 값으로 가장 큰 수는 양수이고, 곱하여 양수가 되려면 곱하는 두 수가 모두 양수이거나 모두 음수이어야 한다. (양수)×(양수)=(양수), (음수)×(음수)=(양수)

두 수가 모두 양수일 때 $\frac{6}{5}\times\frac{2}{9}=\frac{4}{15}$

두 수가 모두 음수일 때 $\left(-\frac{1}{2}\right)\times\left(-\frac{3}{4}\right)=\frac{3}{8}$

이때 $\frac{4}{15}=\frac{32}{120}$, $\frac{3}{8}=\frac{45}{120}$이므로 $\frac{4}{15}<\frac{3}{8}$

$\therefore a=\frac{3}{8}$

Step 2 두 수를 곱하여 나올 수 있는 값으로 가장 작은 수는 음수임을 이용한다. $\left|\frac{6}{5}\right|=1.2$, $\left|-\frac{3}{4}\right|=0.75$, $\left|-\frac{1}{2}\right|=0.5$, $\left|\frac{2}{9}\right|=0.222\cdots$

주어진 네 수 중 서로 다른 두 수를 곱하여 나올 수 있는 값으로 가장 작은 수는 음수이고, 곱하여 음수가 되려면 곱하는 두 수 중 하나는 양수, 다른 하나는 음수이어야 한다.

주어진 네 수를 절댓값이 큰 순서대로 나열하면 $\frac{6}{5}$, $-\frac{3}{4}$, $-\frac{1}{2}$, $\frac{2}{9}$

음수는 절댓값이 클수록 그 값이 작아지므로 두 양수 중 절댓값이 큰 $\frac{6}{5}$, 두 음수 중 절댓값이 큰 $-\frac{3}{4}$의 곱이 b가 된다.

$\therefore b=\frac{6}{5}\times\left(-\frac{3}{4}\right)=-\frac{9}{10}$ ↳ 두 수의 절댓값이 클수록 두 수의 절댓값의 곱 또한 커진다.

Step 3 $a-b$의 값을 구한다.

$a-b=\frac{3}{8}-\left(-\frac{9}{10}\right)=\frac{15+36}{40}=\frac{51}{40}$

$\therefore 120(a-b)=120\times\frac{51}{40}=153$

28 [정답률 35%] 오답률 TOP 3 정답 29

그림과 같이 $\overline{AB}=\sqrt{41}$, $\overline{BC}=4$, $\angle C>90°$인 삼각형 ABC의 무게중심을 G라 하자. 직선 AG와 선분 BC가 만나는 점을 D라 할 때, 삼각형 ADC의 넓이가 4이다.

$\overline{DG}\times\tan(\angle CDA)=\frac{q}{p}$일 때, $p+q$의 값을 구하시오.

(단, p와 q는 서로소인 자연수이다.) (4점)

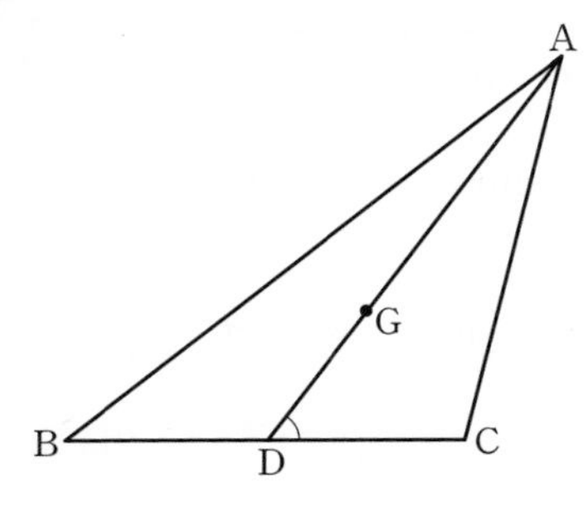

Step 1 선분 DC의 길이를 구한다.

점 G는 삼각형 ABC의 무게중심이므로 $\overline{BD}=\overline{DC}$ ↳ 삼각형의 세 중선은 무게중심을 지남을 이용한다.

$\therefore \overline{DC}=2$ $=\frac{1}{2}\overline{BC}=2$

Step 2 피타고라스 정리를 이용하여 $\overline{AD}$의 길이를 구한다.

그림과 같이 점 A에서 직선 BC에 내린 수선의 발을 H라 하자.

삼각형 ADC의 넓이가 4이므로

$\triangle ADC=\frac{1}{2}\times\overline{DC}\times\overline{AH}=4$ (삼각형 ADC의 높이, $\overline{DC}=2$) $\therefore \overline{AH}=4$

따라서 $\overline{CH}=a$라 하면 직각삼각형 ABH에서

$\overline{AB}^2=\overline{BH}^2+\overline{AH}^2$, $41=(4+a)^2+16$

$(4+a)^2=25$ $\therefore a=1$ ($\because a>0$) → $4+a=5$ 또는 $4+a=-5$

따라서 직각삼각형 ADH에서

$\overline{AD}^2=\overline{DH}^2+\overline{AH}^2=3^2+4^2=25$ $\therefore \overline{AD}=5$

Step 3 $\overline{DG}\times\tan(\angle CDA)$의 값을 구한다.

점 G는 선분 AD의 길이를 2 : 1로 나누므로 $\overline{DG}=\frac{1}{3}\overline{AD}=\frac{5}{3}$

↳ 무게중심은 중선의 길이를 꼭짓점으로부터 2 : 1로 나눈다.

직각삼각형 ADH에서

$\tan(\angle CDA)=\tan(\angle ADH)=\frac{\overline{AH}}{\overline{DH}}=\frac{4}{3}$

$\therefore \overline{DG}\times\tan(\angle CDA)=\frac{5}{3}\times\frac{4}{3}=\frac{20}{9}$

따라서 $p=9$, $q=20$이므로 $p+q=9+20=29$

29 [정답률 37%] 오답률 TOP 4 정답 9

그림과 같이 양수 a에 대하여 꼭짓점이 $A(-3, -a)$이고 점 $B(1, 0)$을 지나는 이차함수 $y=f(x)$의 그래프와 꼭짓점이 $C(3, 3a)$인 이차함수 $y=g(x)$의 그래프가 있다. 점 A에서 x축에 내린 수선의 발을 D라 할 때, 사각형 ABCD의 넓이는 16이다. 이차함수 $y=g(x)$의 그래프가 y축과 만나는 점이 선분 CD 위에 있을 때, $f(-1)\times g(-3)$의 값을 구하시오.

(4점)

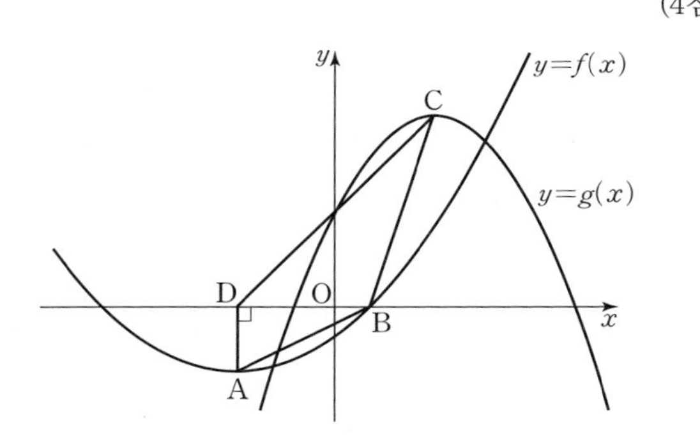

Step 1 사각형 ABCD의 넓이를 이용하여 a의 값을 구한다.

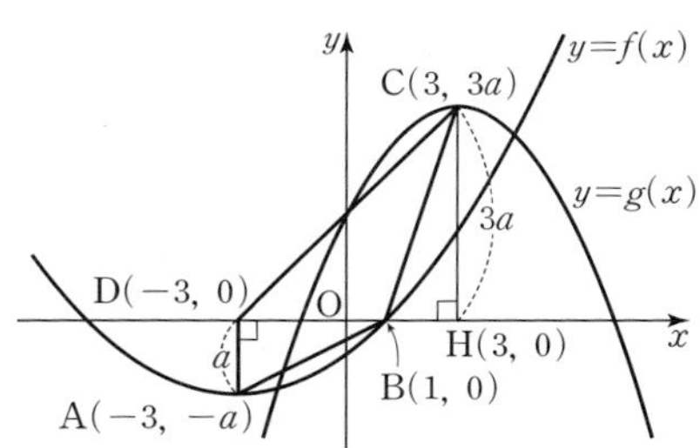

점 A에서 x축에 내린 수선의 발 D의 좌표는 $D(-3, 0)$

점 C에서 x축에 내린 수선의 발을 H라 하면 $H(3, 0)$

$\therefore \overline{AD}=a$, $\overline{CH}=3a$

이때 $\overline{BD}=4$이므로 사각형 ABCD의 넓이는 (두 점 B, D의 x좌표의 차, 공통 밑변)

$\square ABCD=\triangle ABD+\triangle CDB=\frac{1}{2}\times\overline{BD}\times\overline{AD}+\frac{1}{2}\times\overline{BD}\times\overline{CH}$

$=\frac{1}{2}\times4\times a+\frac{1}{2}\times4\times3a=8a$

이때 사각형 ABCD의 넓이가 16이므로 $8a=16$ $\therefore a=2$

문제편 81쪽

Step 2 이차함수 $f(x)$의 식을 구한다.

이차함수 $y=f(x)$의 그래프의 꼭짓점이 $A(-3,\ -2)$이므로

$f(x)=m(x+3)^2-2$ (m은 상수) → 꼭짓점이 $(p,\ q)$인 이차함수의 그래프의 식은 $y=k(x-p)^2+q$ 꼴이다.

함수 $y=f(x)$의 그래프가 점 $B(1,\ 0)$을 지나므로

$f(1)=16m-2=0 \qquad \therefore m=\frac{1}{8}$

$\therefore f(x)=\frac{1}{8}(x+3)^2-2$

Step 3 이차함수 $g(x)$의 식을 구한다.

$C(3,\ 6)$, $D(-3,\ 0)$이므로 직선 CD의 기울기는

$\frac{0-6}{-3-3}=\frac{-6}{-6}=1$

직선 CD의 y절편을 b라 하면 직선 CD를 그래프로 하는 일차함수의 식은 $y=x+b$

이 그래프가 점 $(-3,\ 0)$을 지나므로 $-3+b=0 \qquad \therefore b=3$

따라서 선분 CD와 y축이 만나는 점의 좌표는 $(0,\ 3)$이다.

이차함수 $y=g(x)$의 그래프의 꼭짓점이 $C(3,\ 6)$이므로

$g(x)=n(x-3)^2+6$ (n은 상수)

함수 $y=g(x)$의 그래프가 점 $(0,\ 3)$을 지나므로

$g(0)=9n+6=3 \qquad \therefore n=-\frac{1}{3}$

$\therefore g(x)=-\frac{1}{3}(x-3)^2+6$

Step 4 $f(-1)\times g(-3)$의 값을 구한다.

$f(-1)=\frac{1}{8}\times(-1+3)^2-2=-\frac{3}{2}$

$g(-3)=-\frac{1}{3}\times(-3-3)^2+6=-6$

$\therefore f(-1)\times g(-3)=\left(-\frac{3}{2}\right)\times(-6)=9$

30 [정답률 10%]

오답률 TOP 1 **정답 91**

그림과 같이 $\overline{AB}=5\sqrt{5}$, $\overline{BC}=12$, $\angle CBA<90°$이고 넓이가 120인 평행사변형 ABCD가 있다. 선분 AD 위에 $\overline{AE}=3\overline{ED}$인 점 E를 잡고, 선분 CB의 연장선 위에 $\overline{BF}=\overline{ED}$인 점 F를 잡는다. 점 E를 지나고 직선 AB와 평행한 직선이 선분 DF와 만나는 점을 G라 할 때, $\sin(\angle AGF)=\frac{q}{p}\sqrt{85}$이다. $p+q$의 값을 구하시오. (단, p와 q는 서로소인 자연수이다.) (4점)

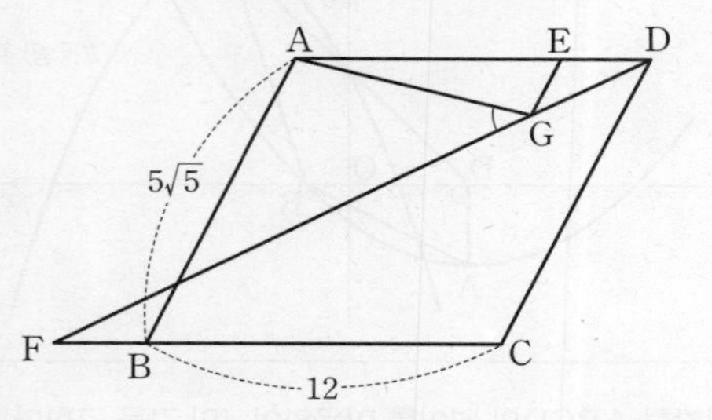

Step 1 $\sin(\angle ABC)$의 값을 구한다.

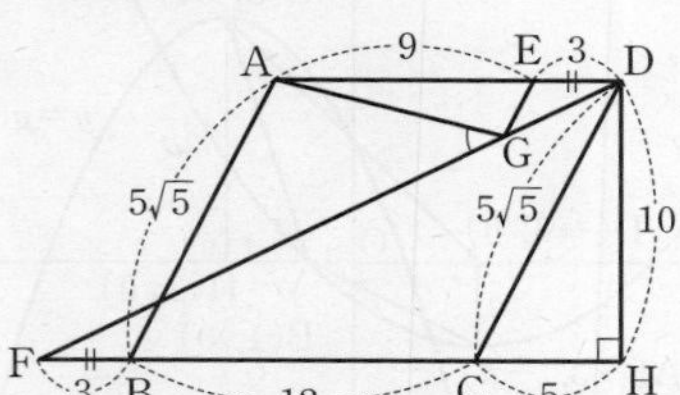

그림과 같이 점 D에서 직선 BC에 내린 수선의 발을 H라 하면 평행사변형 ABCD의 넓이가 120이므로

$\overline{BC}\times\overline{DH}=12\overline{DH}=120 \qquad \therefore \overline{DH}=10$ (밑변의 길이, 높이)

$\overline{CD}=\overline{AB}=5\sqrt{5}$이므로 직각삼각형 DCH에서 (평행사변형의 두 쌍의 대변의 길이는 각각 같다.)

$\overline{CH}^2=\overline{CD}^2-\overline{DH}^2=(5\sqrt{5})^2-10^2=25 \qquad \therefore \overline{CH}=5$

$\therefore \sin(\angle ABC)=\sin(\angle DCH)=\frac{\overline{DH}}{\overline{CD}}=\frac{2}{\sqrt{5}}$ → $\frac{10}{5\sqrt{5}}$

Step 2 $\overline{EG}$의 길이를 구한다.

점 E가 $\overline{AE}=3\overline{ED}$를 만족시키고, $\overline{AD}=12$이므로

$\overline{AE}=9$, $\overline{ED}=3 \qquad \therefore \overline{BF}=\overline{ED}=3$ → $=\overline{AE}+\overline{ED}=3\overline{ED}+\overline{ED}=4\overline{ED}$

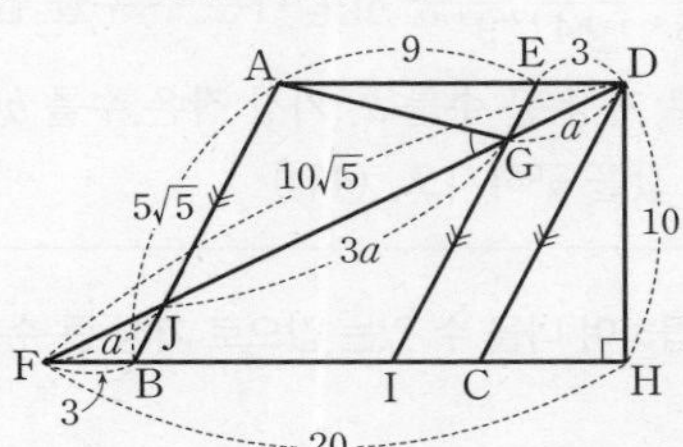

그림과 같이 직선 EG와 선분 BC의 교점을 I라 하면 (=3)

$\overline{AB}\,/\!/\,\overline{EI}\,/\!/\,\overline{DC}$

두 삼각형 FBJ, DEG에서 $\angle BFJ=\angle EDG$(엇각), $\overline{FB}=\overline{DE}$, $\angle FBJ=\angle DEG$이므로 두 삼각형은 ASA 합동이다.

두 선분 AB, DF의 교점을 J라 하면 삼각형 AJD에서

$\overline{DE}:\overline{DA}=\overline{DG}:\overline{DJ}=1:4$ (=12)

따라서 $\overline{DG}=a$, $\overline{DJ}=4a\ (a>0)$로 놓으면 $\overline{FJ}=\overline{DG}=a$

$\therefore \overline{DF}=\overline{DJ}+\overline{FJ}=4a+a=5a$

직각삼각형 DFH에서

$\overline{DF}^2=\overline{FH}^2+\overline{DH}^2=20^2+10^2=500 \qquad \therefore \overline{DF}=10\sqrt{5}$

→ $\overline{FH}=\overline{BF}+\overline{BC}+\overline{CH}=3+12+5=20$

따라서 $10\sqrt{5}=5a$이므로 $a=2\sqrt{5}$

$\therefore \overline{GJ}=3a=6\sqrt{5}$

$\overline{BJ}=\overline{EG}=b$라 하면 삼각형 FIG에서

$\overline{BJ}:\overline{IG}=\overline{FJ}:\overline{FG}=1:4 \qquad \therefore \overline{IG}=4b$

$\overline{EI}=\overline{EG}+\overline{IG}=b+4b=5b$이므로 → 삼각형에서 평행선과 선분의 길이의 비를 이용하였다.

$5b=5\sqrt{5} \qquad \therefore b=\sqrt{5}$

따라서 $\overline{EG}=\sqrt{5}$이다.

Step 3 $\overline{AG}$의 길이를 구한다.

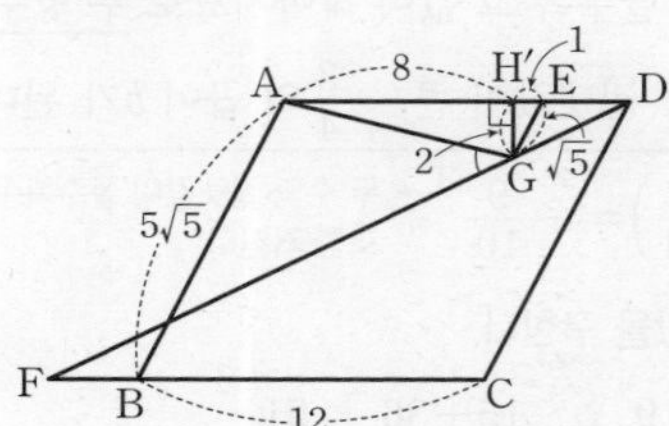

그림과 같이 점 G에서 선분 AD에 내린 수선의 발을 H'이라 하면

직각삼각형 GEH'에서 $\sin(\angle GEH')=\sin(\angle ABC)$이므로

$\frac{\overline{GH'}}{\overline{EG}}=\frac{2}{\sqrt{5}} \qquad \therefore \overline{GH'}=\frac{2}{\sqrt{5}}\overline{EG}=\frac{2}{\sqrt{5}}\times\sqrt{5}=2$

$\overline{EH'}^2=\overline{EG}^2-\overline{GH'}^2=(\sqrt{5})^2-2^2=1 \qquad \therefore \overline{EH'}=1$

따라서 $\overline{AH'}=8$이므로 직각삼각형 AGH'에서 → $=\overline{AE}-\overline{EH'}=9-1=8$

$\overline{AG}^2=\overline{AH'}^2+\overline{GH'}^2=8^2+2^2=68 \qquad \therefore \overline{AG}=2\sqrt{17}$

→ $\sqrt{68}=\sqrt{2^2\times17}=2\sqrt{17}$

Step 4 $\sin(\angle AGF)$의 값을 구한다.

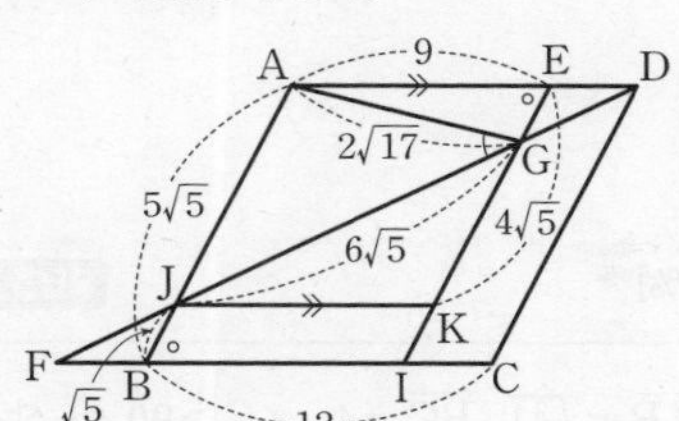

점 J를 지나고 선분 AE와 평행한 직선이 선분 EI와 만나는 점을 K라 하면 $\overline{EK}=4\sqrt{5}$

→ $=\overline{AJ}=\overline{AB}-\overline{BJ}=5\sqrt{5}-\sqrt{5}=4\sqrt{5}$

따라서 삼각형 AJG의 넓이는

$\frac{1}{2}\times\overline{AE}\times\overline{EK}\times\sin(\angle AEK)=\frac{1}{2}\times9\times4\sqrt{5}\times\frac{2}{\sqrt{5}}=36$

($\sin(\angle AEK)=\sin(\angle ABC)$, $=\square AJKE$)

$\triangle AJG=\frac{1}{2}\times\overline{AG}\times\overline{JG}\times\sin(\angle AGF)$에서

$\frac{1}{2}\times2\sqrt{17}\times6\sqrt{5}\times\sin(\angle AGF)=36$

$6\sqrt{85}\times\sin(\angle AGF)=36$

$\therefore \sin(\angle AGF)=\frac{36}{6\sqrt{85}}=\frac{6}{\sqrt{85}}=\frac{6}{85}\sqrt{85}$

따라서 $p=85$, $q=6$이므로 $p+q=85+6=91$

문제편 82쪽

6회 2023년 3월 학평 정답과 해설 수학

문제편 p.83

6회 특징

✓ 전반적으로 평이하게 출제되었으나, 중학교 때 배웠던 도형에 관련된 문제들이 어렵게 출제되었다.

✓ 30번 문항에서는 접선에 대한 원의 성질을 이용하는 고난도 문제가 출제되었다. 직각삼각형의 합동, 삼각형의 닮음, 삼각비와 같은 여러 단원의 내용을 함께 이해하고 있어야 문제를 해결할 수 있었다.

✓ 29번, 21번 문항은 도형의 닮음을 이용하는 문제로 닮음 관계에 있는 두 도형을 찾을 수 있어야 하고, 닮음비를 이용하여 도형의 넓이나 길이를 구하는 과정을 이해해야 한다.

오답률 TOP 5

문항 번호	30	29	21	20	27
분류	중3 원의 성질	중2 도형의 닮음	중2 도형의 닮음	중3 삼각비	중1 수와 연산
난도	최상	최상	최상	상	상

정답표

1	②	2	③	3	④	4	①	5	②
6	①	7	⑤	8	③	9	③	10	④
11	②	12	③	13	②	14	⑤	15	③
16	④	17	⑤	18	①	19	④	20	①
21	②	22	9	23	6	24	112	25	7
26	23	27	420	28	18	29	25	30	2

01 [정답률 95%] 정답 ②

$\sqrt{\frac{12}{5}}\times\sqrt{\frac{5}{3}}$ 의 값은? (2점)

① 1 ② 2 ③ 3
④ 4 ⑤ 5

Step 1 근호를 포함한 식의 곱셈을 계산한다.

$\sqrt{\frac{12}{5}}\times\sqrt{\frac{5}{3}}=\sqrt{\frac{12}{5}\times\frac{5}{3}}=\sqrt{4}=2$

→ $\sqrt{4}=\sqrt{2^2}=2$

02 [정답률 91%] 정답 ③

다항식 $(2x+1)^2-(2x^2+x-1)$의 일차항의 계수는? (2점)

① 1 ② 2 ③ 3
④ 4 ⑤ 5

Step 1 곱셈 공식을 이용하여 주어진 다항식을 정리한다.

$(2x+1)^2-(2x^2+x-1)=(4x^2+4x+1)-(2x^2+x-1)$

← $(ax+b)^2=a^2x^2+2abx+b^2$

$=4x^2+4x+1-2x^2-x+1$

$=2x^2+3x+2$

따라서 구하는 일차항의 계수는 3이다.

03 [정답률 95%] 정답 ④

그림과 같이 $\overline{AC}=8\sqrt{3}$, $\angle A=30°$, $\angle B=90°$인 직각삼각형 ABC에서 선분 AB의 길이는? (2점)

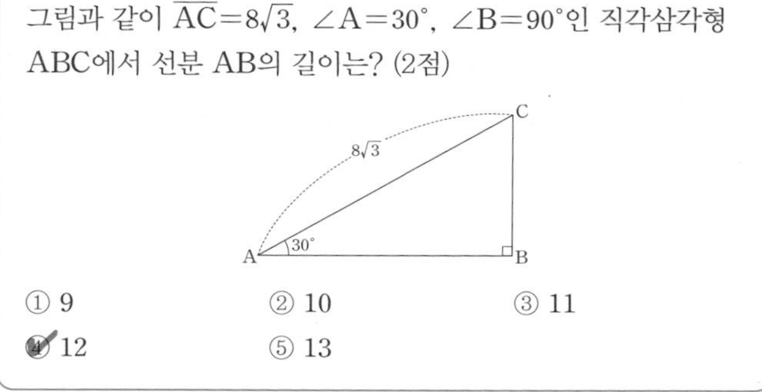

① 9 ② 10 ③ 11
④ 12 ⑤ 13

Step 1 삼각비를 이용하여 선분 AB의 길이를 구한다.

삼각형 ABC에서 $\cos 30°=\frac{\overline{AB}}{\overline{AC}}$이므로 $\frac{\sqrt{3}}{2}=\frac{\overline{AB}}{8\sqrt{3}}$

$\therefore \overline{AB}=\frac{\sqrt{3}}{2}\times 8\sqrt{3}=12$

04 [정답률 85%] 정답 ①

좌표평면 위의 두 점 $(1,\ -1)$, $(2,\ 1)$을 지나는 직선의 y절편은? (3점)

① -3 ② -2 ③ -1
④ 0 ⑤ 1

Step 1 두 점 $(1,\ -1)$, $(2,\ 1)$을 지나는 직선의 방정식을 구한다.

두 점 $(1,\ -1)$, $(2,\ 1)$을 지나는 직선의 방정식을 $y=ax+b$라 하면 a는 직선의 기울기이므로 $a=\frac{1-(-1)}{2-1}=2$

즉, 직선 $y=2x+b$가 점 $(1,\ -1)$을 지나므로

→ 두 점 (x_1, y_1), (x_2, y_2)를 지나는 직선의 기울기는 $\frac{y_2-y_1}{x_2-x_1}$ (단, $x_1\neq x_2$)

$-1=2+b \quad \therefore b=-3$

따라서 직선 $y=2x-3$의 y절편은 -3이다.

→ $y=2x-3$에 $x=0$을 대입하면 $y=-3$

05 [정답률 92%] 정답 ②

어느 회사가 위치한 지역의 일일 최저 기온(℃)과 이 회사의 일일 난방비(원)를 30일 동안 조사한 결과, 일일 최저 기온이 높을수록 일일 난방비가 감소한다고 한다. 일일 최저 기온을 x℃, 일일 난방비를 y원이라 할 때, x와 y 사이의 상관관계를 나타낸 산점도로 가장 적절한 것은? (3점)

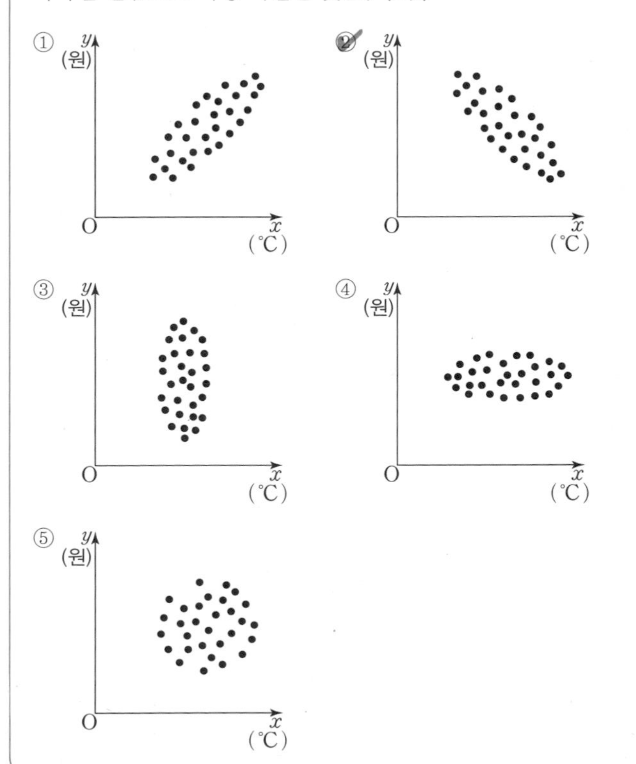

Step 1 일일 최저 기온과 일일 난방비 사이의 관계를 이용하여 적절한 산점도를 찾는다.

일일 최저 기온(x°C)이 높을수록 이 회사의 일일 난방비(y원)가 감소하므로 x의 값이 증가할 때, y의 값은 감소한다.
따라서 두 변량 x, y는 음의 상관관계를 가지므로 적절한 산점도는 ②이다.

06 [정답률 89%]

정답 ①

원 위의 두 점 A, B에 대하여 호 AB의 길이가 원의 둘레의 길이의 $\frac{1}{5}$일 때, 호 AB에 대한 원주각의 크기는? (3점)

① 36°　② 40°　③ 44°
④ 48°　⑤ 52°

Step 1 호 AB의 길이를 이용하여 중심각의 크기를 구한다.

호의 길이는 중심각의 크기에 정비례하므로
호 AB에 대한 중심각의 크기는 $360° \times \frac{1}{5} = 72°$

Step 2 원주각의 성질을 이용하여 호 AB에 대한 원주각의 크기를 구한다.

호 AB에 대한 원주각의 크기는 중심각의 크기의 $\frac{1}{2}$이므로 → 원주각의 성질
호 AB에 대한 원주각의 크기는 $72° \times \frac{1}{2} = 36°$

07 [정답률 90%]

정답 ⑤

한 변의 길이가 2인 정사각형을 밑면으로 하는 직육면체의 부피가 12일 때, 이 직육면체의 겉넓이는? (3점)

① 24　② 26　③ 28
④ 30　⑤ 32

2

Step 1 주어진 직육면체의 부피가 12임을 이용하여 높이를 구한 후, 직육면체의 겉넓이를 구한다.

주어진 직육면체의 높이를 h라 하면 직육면체의 밑면은 한 변의 길이가 2인 정사각형이므로 그 부피는 $2\times2\times h=4h$
이 직육면체의 부피가 12이므로 $4h=12$　$\therefore h=3$
따라서 구하는 직육면체의 겉넓이는
$2\times(2\times2)+4\times(2\times3)=8+24=32$
(2: 밑면의 개수, 4: 옆면의 개수, 2×2: 밑면의 넓이, 2×3: 옆면의 넓이)

08 [정답률 92%]

정답 ③

다음은 어느 학급 학생 25명을 대상으로 키를 조사하여 나타낸 도수분포표이다.

키(cm)	학생 수(명)
150^이상^ ~ 160^미만^	a
160 ~ 170	8
170 ~ 180	b
180 ~ 190	6
합계	25

이 학생들 중에서 키가 170 cm 미만인 학생 수가 조사한 학생 수의 40 %일 때, 키가 170 cm 이상 180 cm 미만인 학생 수는? (3점)

① 7　② 8　③ 9
④ 10　⑤ 11

Step 1 주어진 조건을 이용하여 a의 값을 구한다.

조사한 학생 수는 25이고 키가 170 cm 미만인 학생 수는 $a+8$이므로
$\frac{a+8}{25}=\frac{40}{100}$, $a+8=10$　$\therefore a=2$ → $\frac{a+8}{25}\times100=40(\%)$

Step 2 모든 계급의 도수의 합이 25임을 이용하여 b의 값을 구한다.

모든 계급의 도수의 합이 25이므로 → =(조사한 학생의 수)
$2+8+b+6=25$　$\therefore b=9$
따라서 구하는 학생 수는 9이다.

09 [정답률 87%]

정답 ③

두 일차방정식 $ax+2y-b=0$, $2ax+by-3=0$의 그래프의 교점의 좌표가 (2, 1)일 때, $a+b$의 값은?
(단, a, b는 상수이다.) (3점)

① $\frac{3}{2}$　② 2　③ $\frac{5}{2}$
④ 3　⑤ $\frac{7}{2}$

○ 문제편 84쪽

Step 1 교점의 좌표가 (2, 1)임을 이용하여 a, b에 대한 연립방정식을 세운다.

주어진 두 일차방정식의 그래프의 교점의 좌표가 (2, 1)이므로 $x=2$, $y=1$을 각각 대입하면 (→ 두 일차방정식의 그래프가 점 (2, 1)을 지난다.)

$2a+2-b=0$, $4a+b-3=0$

$\therefore \begin{cases} 2a-b=-2 & \cdots\cdots ㉠ \\ 4a+b=3 & \cdots\cdots ㉡ \end{cases}$

Step 2 연립방정식을 풀어 a, b의 값을 구한다.

㉠과 ㉡의 각 변을 더하면 $6a=1$ $\quad \therefore a=\frac{1}{6}$

$a=\frac{1}{6}$을 ㉠에 대입하면 $\frac{1}{3}-b=-2$ $\quad \therefore b=\frac{7}{3}$

따라서 $a=\frac{1}{6}$, $b=\frac{7}{3}$이므로 $a+b=\frac{1}{6}+\frac{7}{3}=\frac{5}{2}$ (→ $=\frac{1}{6}+\frac{14}{6}=\frac{15}{6}$)

10 [정답률 85%]

정답 ④

그림과 같이 제1사분면 위의 점 A(a, b)는 이차함수 $y=x^2-3x+2$의 그래프 위에 있다. 이 이차함수의 그래프가 y축과 만나는 점 B에 대하여 삼각형 OAB의 넓이가 4일 때, $a+b$의 값은? (단, O는 원점이다.) (3점)

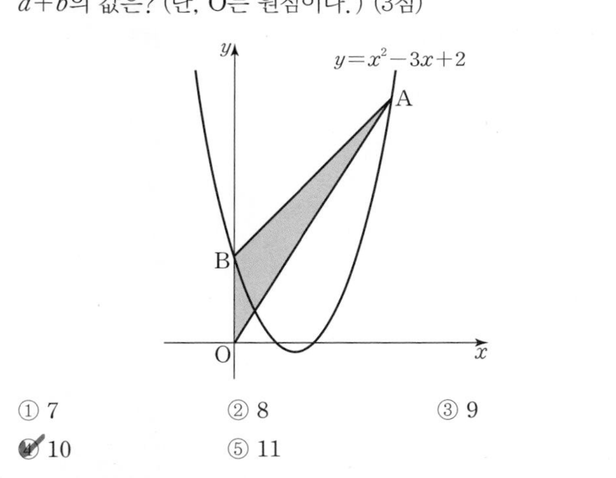

① 7 ② 8 ③ 9 ④ 10 ⑤ 11

Step 1 삼각형 OAB의 넓이가 4임을 이용하여 점 A의 x좌표를 구한다.

점 B는 이차함수 $y=x^2-3x+2$의 그래프가 y축과 만나는 점이므로 $x=0$을 대입하면 (→ 이차함수 $y=ax^2+bx+c$의 그래프가 y축과 만나는 점의 좌표는 $(0, c)$이다.)

$y=0^2-3\times0+2=2$ $\quad \therefore$ B(0, 2)

점 A에서 y축에 내린 수선의 발을 H라 하면 $\overline{OB}=2$, $\overline{AH}=a$이므로 삼각형 OAB의 넓이는

$\frac{1}{2}\times\overline{OB}\times\overline{AH}=\frac{1}{2}\times2\times a=a$

이때 삼각형 OAB의 넓이가 4이므로 $a=4$

Step 2 주어진 이차함수에 $x=4$를 대입하여 b의 값을 찾는다.

즉, 점 A의 x좌표는 4이므로 $b=4^2-3\times4+2=6$

따라서 점 A의 좌표는 (4, 6)이므로 $a+b=4+6=10$ (→ $y=x^2-3x+2$에 $x=4$, $y=b$ 대입)

11 [정답률 79%]

정답 ②

어느 학생이 집에서 출발하여 갈 때는 시속 3 km로, 집으로 돌아올 때는 같은 경로를 시속 4 km로 이동하려고 한다. 이동한 전체 시간이 2시간 이하가 되도록 할 때, 이 학생이 집에서 출발하여 집으로 돌아올 때까지 이동한 거리의 최댓값은? (3점)

① $\frac{45}{7}$ km ② $\frac{48}{7}$ km ③ $\frac{51}{7}$ km ④ $\frac{54}{7}$ km ⑤ $\frac{57}{7}$ km

Step 1 갈 때 이동한 거리를 a km로 놓고 왕복 시간을 a를 이용하여 나타낸다.

이 학생이 집에서 출발하여 갈 때 이동한 거리를 a km라 하면

(시간)$=\frac{(거리)}{(속력)}$이므로 갈 때 걸리는 시간은 $\frac{a}{3}$, 돌아올 때 걸리는 시간은 $\frac{a}{4}$이다. (→ (거리)$=a$, (속력)$=3$ / (거리)$=a$, (속력)$=4$)

즉, 집에서 출발하여 집으로 돌아올 때까지 걸리는 시간은

$\frac{a}{3}+\frac{a}{4}=\frac{7}{12}a$

Step 2 일차부등식을 이용하여 이동한 거리의 최댓값을 구한다.

이때 이동한 전체 시간이 2시간 이하이어야 하므로

$\frac{7}{12}a\le2$ $\quad \therefore a\le\frac{24}{7}$

한편, 학생이 이동한 전체 거리는 $2a$이므로 $2a\le\frac{48}{7}$ (→ 갈 때 a km, 올 때 a km를 이동하였다.)

따라서 이동한 전체 거리의 최댓값은 $\frac{48}{7}$ km이다.

12 [정답률 68%]

정답 ③

이차함수 $y=f(x)$의 그래프 위의 서로 다른 네 점 A(1, 1), B(8, 1), C(6, 4), D(a, b)에 대하여 $\overline{AB}/\!/\overline{CD}$일 때, $a+b$의 값은? (3점)

① 5 ② 6 ③ 7 ④ 8 ⑤ 9

Step 1 두 점 A, B의 y좌표가 같음을 이용하여 함수 $y=f(x)$의 그래프의 축을 구한다.

이차함수 $y=f(x)$의 그래프 위의 두 점 A, B의 y좌표가 같으므로 선분 AB의 수직이등분선은 이차함수 $y=f(x)$의 그래프의 축이다. (→ 이차함수의 축으로부터 같은 거리만큼 떨어져 있다.)

함수 $y=f(x)$의 그래프의 축의 방정식을 $x=p$라 하면

$p=\frac{1+8}{2}=\frac{9}{2}$ (→ 선분 AB의 중점의 x좌표)

Step 2 $\overline{AB}/\!/\overline{CD}$임을 이용하여 a, b의 값을 구한다.

선분 AB는 x축과 평행하고 $\overline{AB}/\!/\overline{CD}$이므로 선분 CD는 x축에 평행하다. 즉, 선분 CD의 수직이등분선은 함수 $y=f(x)$의 그래프의 축이고, 두 점 C, D는 y좌표가 같으므로 $\frac{6+a}{2}=\frac{9}{2}$, $b=4$ (→ 두 점 C, D의 y좌표)

따라서 $a=3$, $b=4$이므로 $a+b=3+4=7$

6회 2023년 3월 수학

13 [정답률 78%]

정답 ②

두 자연수 a, b에 대하여 다항식 $2x^2+9x+k$가 $(2x+a)(x+b)$로 인수분해되도록 하는 실수 k의 최솟값은? (3점)

① 1 ② 4 ③ 7
④ 10 ⑤ 13

Step 1 표를 이용하여 $2x^2+9x+k=(2x+a)(x+b)$를 만족시키는 실수 k의 최솟값을 구한다.

$2x^2+9x+k=(2x+a)(x+b)$에서 → $(px+q)(rx+s)=prx^2+(ps+qr)x+qs$

$(2x+a)(x+b)=2x^2+(a+2b)x+ab$이므로

$a+2b=9$, $ab=k$ ⋯⋯ ㉠

이때 a, b는 자연수이므로 ㉠을 만족시키는 a, b, k의 값을 표로 나타내면 다음과 같다.

a	b	k
1	4	4
3	3	9
5	2	10
7	1	7

따라서 실수 k의 최솟값은 4이다.

14 [정답률 85%]

정답 ⑤

수직선 위의 두 점 P, Q가 원점에 있다. 동전을 한 번 던질 때마다 두 점 P, Q가 다음 규칙에 따라 이동한다.

(가) 동전의 앞면이 나오면 점 P가 양의 방향으로 2만큼 이동한다.
(나) 동전의 뒷면이 나오면 점 Q가 음의 방향으로 1만큼 이동한다.

동전을 30번 던진 후 두 점 P, Q 사이의 거리가 46일 때, 동전의 앞면이 나온 횟수는? (4점)

① 12 ② 13 ③ 14
④ 15 ⑤ 16

Step 1 동전의 앞면이 나온 횟수를 x로 놓고 두 점 P, Q 사이의 거리가 46이 되는 x의 값을 구한다.

동전의 앞면이 나온 횟수를 x라 하면 30번 중 뒷면이 나온 횟수는 $30-x$이다.

즉, 두 조건 (가), (나)에서 두 점 P, Q의 위치는 각각 $\mathrm{P}(2x)$, $\mathrm{Q}(x-30)$이므로 (→ 2만큼 x번 이동, → -1만큼 $(30-x)$번 이동)

$|2x-(x-30)|=46$, $|x+30|=46$

$x+30=\pm46$ $\therefore x=16$ ($\because x>0$)

따라서 동전의 앞면이 나온 횟수는 16이다.

15 [정답률 72%]

정답 ③

그림과 같이 $\overline{\mathrm{AB}}=a$ $(4<a<8)$, $\overline{\mathrm{BC}}=8$인 직사각형 ABCD가 있다. 점 B를 중심으로 하고 점 A를 지나는 원이 선분 BC와 만나는 점을 P, 점 C를 중심으로 하고 점 P를 지나는 원이 선분 CD와 만나는 점을 Q라 하자. 사각형 APQD의 넓이가 $\frac{79}{4}$일 때, a의 값은? (4점)

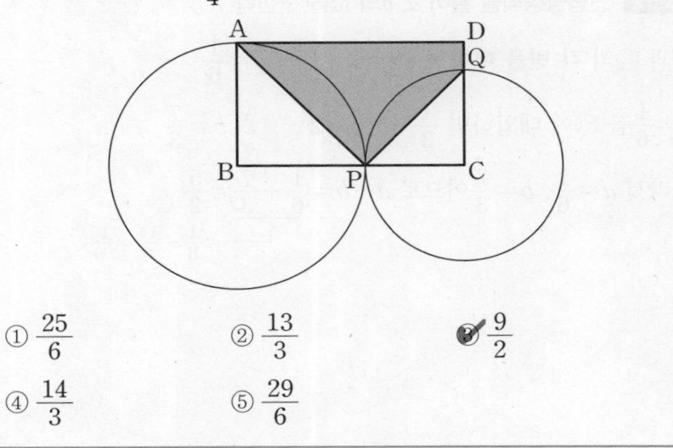

① $\frac{25}{6}$ ② $\frac{13}{3}$ ③ $\frac{9}{2}$
④ $\frac{14}{3}$ ⑤ $\frac{29}{6}$

Step 1 사각형 APQD의 넓이를 a를 이용하여 나타낸다.

점 B를 중심으로 하고 점 A를 지나는 원의 반지름의 길이는 a이므로 $\overline{\mathrm{BP}}=a$이고, $\overline{\mathrm{BC}}=8$에서 $\overline{\mathrm{PC}}=\overline{\mathrm{QC}}=8-a$

($\overline{\mathrm{BP}}=\overline{\mathrm{AB}}$, $\overline{\mathrm{PC}}=\overline{\mathrm{QC}}$ → 점 C를 중심으로 하는 원의 반지름의 길이)

$\triangle\mathrm{ABP}=\frac{1}{2}\times\overline{\mathrm{BP}}\times\overline{\mathrm{AB}}=\frac{1}{2}a^2$

$\triangle\mathrm{PCQ}=\frac{1}{2}\times\overline{\mathrm{PC}}\times\overline{\mathrm{QC}}=\frac{1}{2}(8-a)^2$

사각형 APQD의 넓이는

$\square\mathrm{APQD}=\square\mathrm{ABCD}-\triangle\mathrm{ABP}-\triangle\mathrm{PCQ}$

$=8a-\frac{1}{2}a^2-\frac{1}{2}(8-a)^2$

$=8a-\frac{1}{2}a^2-\frac{1}{2}(a^2-16a+64)$

$=-a^2+16a-32$

Step 2 $\square\mathrm{APQD}=\frac{79}{4}$임을 이용하여 a의 값을 구한다.

이때 사각형 APQD의 넓이가 $\frac{79}{4}$이므로

$-a^2+16a-32=\frac{79}{4}$, $-4a^2+64a-128=79$

$4a^2-64a+207=0$, $(2a-9)(2a-23)=0$

$\therefore a=\frac{9}{2}$ ($\because 4<a<8$)

문제편 87쪽

16 [정답률 76%]

정답 ④

그림과 같이 마름모 ABCD와 이 마름모의 외부의 한 점 E에 대하여 $\angle \mathrm{ADE}=72^\circ$이고 직선 CD가 선분 BE를 수직이등분할 때, 각 CEB의 크기는?

(단, $0^\circ<\angle \mathrm{ADC}<72^\circ$) (4점)

① 39° ② 40° ③ 41°
④ 42° ⑤ 43°

Step 1 사각형 ABCD가 마름모임을 이용하여 길이가 같은 변을 찾는다.

사각형 ABCD는 마름모이므로 두 대각선 AC, BD는 서로 수직이등분한다.

두 대각선 AC, BD의 교점을 M이라 하면 $\overline{\mathrm{AM}}=\overline{\mathrm{CM}}$, $\overline{\mathrm{BM}}=\overline{\mathrm{DM}}$, $\angle \mathrm{AMB}=\angle \mathrm{CMB}=\angle \mathrm{CMD}=\angle \mathrm{AMD}=90^\circ$이므로 네 직각삼각형 AMB, CMB, CMD, AMD는 모두 합동(SAS 합동)이다.

→ 두 대각선 AC, BD가 서로 수직이등분한다.

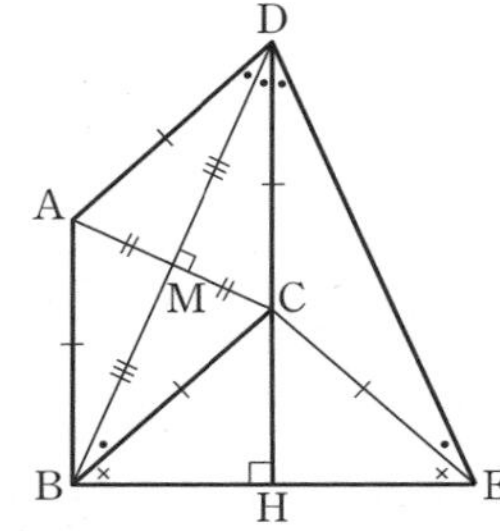

Step 2 직선 CD가 선분 BE를 수직이등분함을 이용하여 크기가 같은 각을 찾는다.

→ 삼각형 CBE는 이등변삼각형이므로 $\overline{\mathrm{CB}}=\overline{\mathrm{CE}}$이고, 마름모의 네 변의 길이는 같으므로 $\overline{\mathrm{CB}}=\overline{\mathrm{CD}}$

직선 CD와 선분 BE의 교점을 H라 하면 직선 CD가 선분 BE를 수직이등분하므로 두 삼각형 CBE, DBE는 이등변삼각형이다.

즉, $\overline{\mathrm{CB}}=\overline{\mathrm{CE}}=\overline{\mathrm{CD}}$, $\overline{\mathrm{DB}}=\overline{\mathrm{DE}}$이고 $\angle \mathrm{CBE}=\angle \mathrm{CEB}$, $\angle \mathrm{DBE}=\angle \mathrm{DEB}$이므로 $\angle \mathrm{DBC}=\angle \mathrm{DEC}$

→ $\angle \mathrm{DBC}=\angle \mathrm{DBE}-\angle \mathrm{CBE}$, $\angle \mathrm{DEC}=\angle \mathrm{DEB}-\angle \mathrm{CEB}$

이때 두 삼각형 DBC, DEC가 이등변삼각형이므로

$\angle \mathrm{DBC}=\angle \mathrm{BDC}=\angle \mathrm{DEC}=\angle \mathrm{EDC}$

두 삼각형 AMD, CMD는 합동이므로 $\angle \mathrm{ADB}=\angle \mathrm{CDB}$

$\angle \mathrm{ADE}=72^\circ$에서 $\angle \mathrm{ADE}=\angle \mathrm{ADB}+\angle \mathrm{CDB}+\angle \mathrm{EDC}=72^\circ$

따라서 $\angle \mathrm{ADB}=\angle \mathrm{CDB}=\angle \mathrm{EDC}=\dfrac{1}{3}\times 72^\circ=24^\circ$ ...... ㉠

이므로 $\angle \mathrm{DEC}=\angle \mathrm{EDC}=24^\circ$

Step 3 각 CEB의 크기를 구한다.

두 이등변삼각형 DBC, DEC에서 ㉠에 의해

$\angle \mathrm{BCD}=\angle \mathrm{ECD}=180^\circ-24^\circ-24^\circ=132^\circ$

$\therefore \angle \mathrm{BCE}=360^\circ-\underbrace{132^\circ}_{\angle \mathrm{BCD}}-\underbrace{132^\circ}_{\angle \mathrm{ECD}}=96^\circ$

따라서 각 CEB의 크기는 $\dfrac{1}{2}(180^\circ-96^\circ)=\dfrac{1}{2}\times 84^\circ=42^\circ$

17 [정답률 66%]

정답 ⑤

두 이차함수 $f(x)=ax^2-4ax+5a+1$, $g(x)=-x^2-2ax$의 그래프의 꼭짓점을 각각 A, B라 하자. 이차함수 $y=f(x)$의 그래프가 y축과 만나는 점 C에 대하여 사각형 OACB의 넓이가 7일 때, 양수 a의 값은? (단, O는 원점이다.) (4점)

① $\dfrac{2}{5}$ ② $\dfrac{1}{2}$ ③ $\dfrac{3}{5}$
④ $\dfrac{7}{10}$ ⑤ $\dfrac{4}{5}$

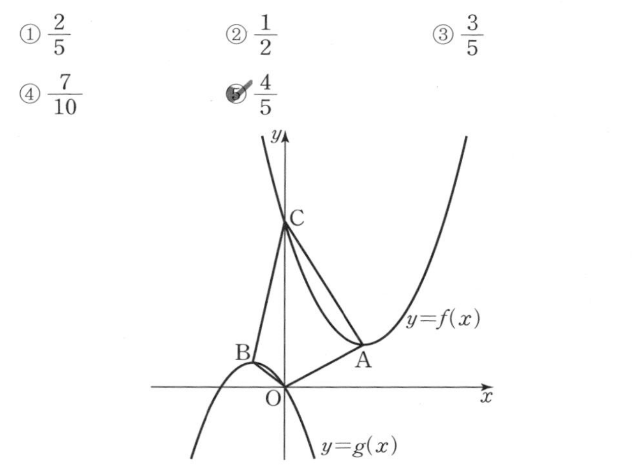

Step 1 두 이차함수 $f(x)$, $g(x)$를 표준형으로 바꾸어 세 점 A, B, C의 좌표를 구한다.

두 이차함수 $f(x)$, $g(x)$를 표준형으로 나타내면 (→ 표준형: $a(x-p)^2+q$의 꼴)

$f(x)=ax^2-4ax+5a+1=a(x^2-4x+4)+a+1$

$\quad=a(x-2)^2+a+1$

$g(x)=-x^2-2ax=-(x^2+2ax+a^2)+a^2=-(x+a)^2+a^2$

따라서 두 점 A, B의 좌표는 $\mathrm{A}(2,\ a+1)$, $\mathrm{B}(-a,\ a^2)$

점 C의 y좌표는 $f(0)=5a+1$이므로 $\mathrm{C}(0,\ 5a+1)$ (→ 점 C의 x좌표)

Step 2 사각형 OACB를 두 삼각형 OAC, OBC로 나누어 넓이를 구한다.

$\square\mathrm{OACB}=\triangle\mathrm{OAC}+\triangle\mathrm{OBC}$

$\quad=\dfrac{1}{2}\times 2\times \underbrace{(5a+1)}_{\overline{\mathrm{OC}}}+\dfrac{1}{2}\times a\times \underbrace{(5a+1)}_{\overline{\mathrm{OC}}}$

(2: 점 A와 y축 사이의 거리, a: 점 B와 y축 사이의 거리)

$\quad=\dfrac{(a+2)(5a+1)}{2}$

이때 사각형 OACB의 넓이는 7이므로 $\dfrac{(a+2)(5a+1)}{2}=7$

$(a+2)(5a+1)=14$, $5a^2+11a+2=14$

$5a^2+11a-12=0$, $(5a-4)(a+3)=0$

$\therefore a=\dfrac{4}{5}$ ($\because a>0$)

문제편 88쪽

18 [정답률 64%]

정답 ①

[그림1]과 같이 $\overline{AB}=\overline{AC}=\sqrt{2}$, $\angle CAB=90°$인 삼각형 ABC의 무게중심 D에 대하여 $\overline{DE}=\overline{DF}=2\sqrt{2}$, $\angle FDE=90°$이고 $\overline{BC} /\!/ \overline{EF}$인 삼각형 DEF가 있다.

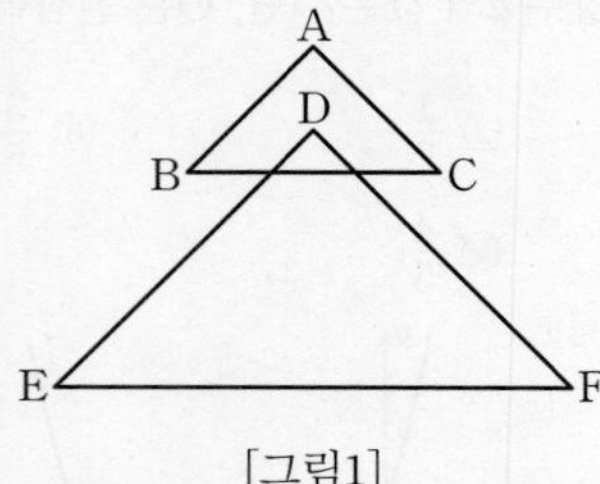

[그림1]

[그림2]와 같이 두 삼각형 ABC와 DEF로 만들어지는 모양 도형의 둘레의 길이는? (단, 점 A는 삼각형 DEF의 외부에 있다.) (4점)

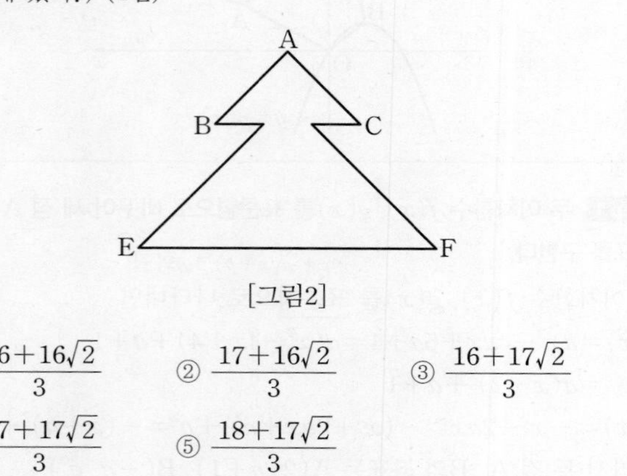

[그림2]

① $\dfrac{16+16\sqrt{2}}{3}$ ② $\dfrac{17+16\sqrt{2}}{3}$ ③ $\dfrac{16+17\sqrt{2}}{3}$

④ $\dfrac{17+17\sqrt{2}}{3}$ ⑤ $\dfrac{18+17\sqrt{2}}{3}$

Step 1 점 D가 삼각형 ABC의 무게중심임을 이용하여 삼각형 DPQ의 각 변의 길이를 구한다.

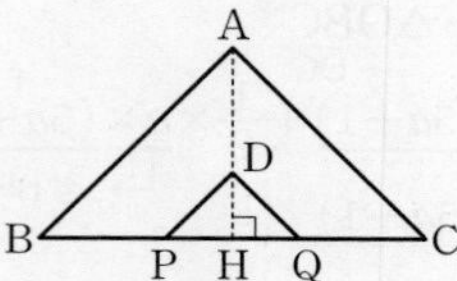

점 A에서 선분 BC에 내린 수선의 발을 H, 선분 BC와 두 선분 DE, DF가 만나는 점을 각각 P, Q라 하자.

삼각형 ABC는 직각이등변삼각형이므로 $\overline{AH}=\overline{BH}=\overline{HC}=1$, $\overline{BC}=2$
(→ $\overline{AB}=\overline{AC}$, $\angle CAB=90°$)
(→ $\overline{AB}:\overline{AC}:\overline{BC}=1:1:\sqrt{2}$)

점 D는 삼각형 ABC의 무게중심이므로 $\overline{DH}=\dfrac{1}{3}\overline{AH}=\dfrac{1}{3}$
(→ $\overline{AH}:\overline{DH}=3:1$)

삼각형 DEF는 직각이등변삼각형이고 $\overline{BC} /\!/ \overline{EF}$이므로
(→ $\overline{DE}=\overline{DF}$, $\angle FDE=90°$)

$\angle DPQ=\angle DEF=45°$ (동위각)

$\angle DQP=\angle DFE=45°$ (동위각)

즉, 삼각형 DPQ는 직각이등변삼각형이므로
(→ $\angle DPQ=\angle DQP$, $\angle QDP=90°$)

$\overline{DH}=\overline{PH}=\overline{HQ}=\dfrac{1}{3}$, $\overline{DP}=\overline{DQ}=\dfrac{\sqrt{2}}{3}$

Step 2 모양 도형의 둘레의 길이를 구한다.

직각이등변삼각형 DEF에서 $\overline{DE}=\overline{DF}=2\sqrt{2}$이므로

$\overline{EF}=2\sqrt{2}\times\sqrt{2}=4$

따라서 구하는 도형의 둘레의 길이는

$\overline{AB}+\overline{AC}+\overline{BP}+\overline{QC}+\overline{PE}+\overline{QF}+\overline{EF}$

$=\sqrt{2}+\sqrt{2}+(\overline{BC}-\overline{PQ})+(\overline{DE}-\overline{DP})+(\overline{DF}-\overline{DQ})+4$

$=4+2\sqrt{2}+\left(2-\dfrac{2}{3}\right)+\left(2\sqrt{2}-\dfrac{\sqrt{2}}{3}\right)+\left(2\sqrt{2}-\dfrac{\sqrt{2}}{3}\right)$

$=\dfrac{16}{3}+\dfrac{16\sqrt{2}}{3}=\dfrac{16+16\sqrt{2}}{3}$

19 [정답률 50%]

정답 ④

그림과 같이 반비례 관계 $y=\dfrac{a}{x}(a>0)$의 그래프가 두 정비례 관계 $y=mx$, $y=nx$의 그래프와 제1사분면에서 만나는 점을 각각 P, Q라 하자. 점 P를 지나고 y축과 평행한 직선이 정비례 관계 $y=nx$의 그래프와 만나는 점 R에 대하여 삼각형 PRQ의 넓이가 $\dfrac{3}{2}$이다. 점 Q의 x좌표가 점 P의 x좌표의 2배일 때, 실수 a의 값은? (단, $m>n>0$) (4점)

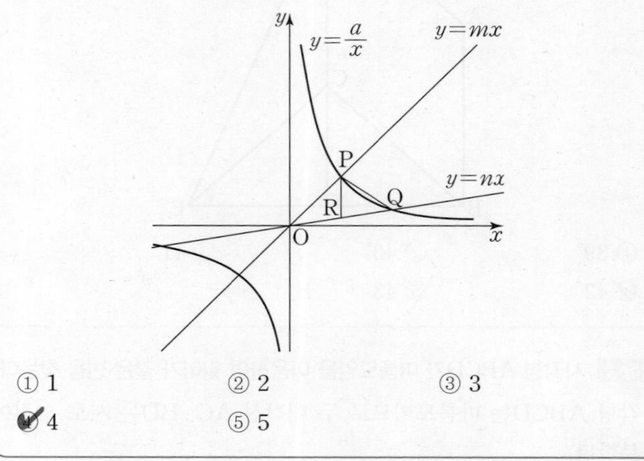

① 1 ② 2 ③ 3

④ 4 ⑤ 5

Step 1 정비례, 반비례 관계를 이용하여 세 점 P, Q, R의 좌표를 구한다.

점 P의 좌표를 (p, q)라 하면 점 R의 x좌표는 p이고, 점 Q의 x좌표는 $2p$이다.
(→ 선분 PR가 y축과 평행하므로 두 점의 x좌표는 같다.)

두 점 P, Q는 반비례 관계 $y=\dfrac{a}{x}$의 그래프 위의 점이며 점 Q의 x좌표는 점 P의 x좌표의 2배이고 점 Q의 y좌표는 점 P의 y좌표의 $\dfrac{1}{2}$배이므로 점 Q의 좌표는 $Q\left(2p, \dfrac{1}{2}q\right)$
(→ 반비례 관계)

또한 두 점 Q, R는 정비례 관계 $y=nx$의 그래프 위의 점이며 점 R의 x좌표는 점 Q의 x좌표의 $\dfrac{1}{2}$배이고 점 R의 y좌표는 점 Q의 y좌표의 $\dfrac{1}{2}$배이므로 점 R의 좌표는 $R\left(p, \dfrac{1}{4}q\right)$
(→ 정비례 관계)

Step 2 삼각형 PRQ의 넓이가 $\dfrac{3}{2}$임을 이용하여 실수 a의 값을 구한다.

점 Q에서 선분 PR에 내린 수선의 발을 H라 하면

$\overline{PR}=q-\dfrac{1}{4}q=\dfrac{3}{4}q$, $\overline{HQ}=2p-p=p$

$\therefore \triangle PRQ=\dfrac{1}{2}\times\overline{PR}\times\overline{HQ}=\dfrac{1}{2}\times\dfrac{3}{4}q\times p=\dfrac{3}{8}pq$

이때 삼각형 PRQ의 넓이가 $\dfrac{3}{2}$이므로

$\dfrac{3}{8}pq=\dfrac{3}{2}$ $\quad\therefore pq=4$

점 P가 반비례 관계 $y=\dfrac{a}{x}$의 그래프 위의 점이므로

$q=\dfrac{a}{p}$ $\quad\therefore pq=a$ (→ $x=p$, $y=q$ 대입)

따라서 실수 a의 값은 4이다.

문제편 89쪽

20 [정답률 36%]

오답률 TOP 4 정답 ①

그림과 같이 중심이 O이고 중심각의 크기가 120°인 부채꼴 OAB가 있다. $\angle AOC = \angle DOB = 30°$인 호 AB 위의 두 점 C, D에 대하여 선분 OC와 선분 AD가 만나는 점을 E라 하자. 선분 OD의 수직이등분선과 선분 OB가 만나는 점 F에 대하여 $\overline{BF} = \frac{2\sqrt{3}}{3}$일 때, 삼각형 ODE의 넓이는? (4점)

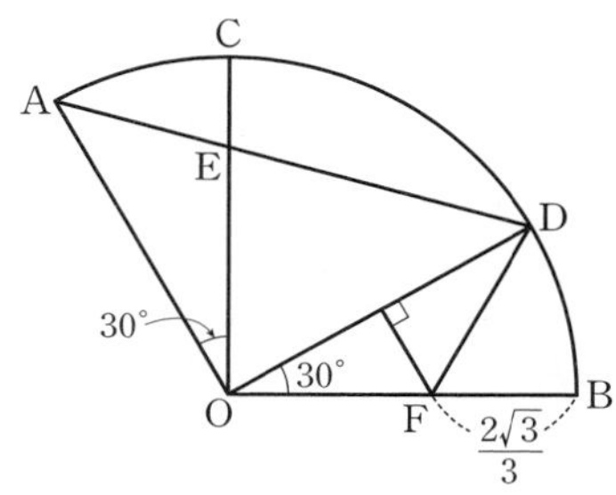

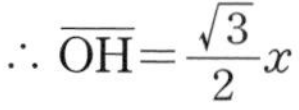 $\frac{3+\sqrt{3}}{2}$ ② $\frac{4+\sqrt{3}}{2}$ ③ $\frac{3+2\sqrt{3}}{2}$

④ $2+\sqrt{3}$ ⑤ $\frac{3+3\sqrt{3}}{2}$

Step 1 $\overline{OF}=x$로 놓고 부채꼴 OAB의 반지름의 길이를 구한다.

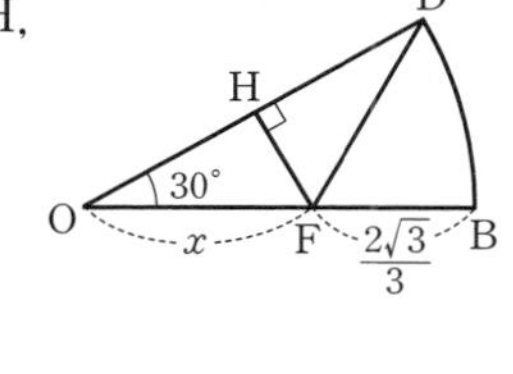

점 F에서 선분 OD에 내린 수선의 발을 H, $\overline{OF}=x$라 하면 직각삼각형 OFH에서 $\angle FOH = \angle DOB = 30°$이므로

$\cos 30° = \frac{\overline{OH}}{\overline{OF}}$, $\frac{\sqrt{3}}{2} = \frac{\overline{OH}}{x}$

$\therefore \overline{OH} = \frac{\sqrt{3}}{2}x$

부채꼴 OAB의 반지름의 길이를 r라 하면 선분 HF는 선분 OD의 수직이등분선이므로 (→ 주어진 조건이다.) (→ 점 H는 선분 OD의 중점이다.)

$r = \overline{OD} = 2\overline{OH} = 2 \times \frac{\sqrt{3}}{2}x = \sqrt{3}x$

이때 $\overline{OB} = \overline{OF} + \overline{FB} = x + \frac{2\sqrt{3}}{3}$이므로

$\sqrt{3}x = x + \frac{2\sqrt{3}}{3}$, $(\sqrt{3}-1)x = \frac{2\sqrt{3}}{3}$

$\therefore x = \frac{2\sqrt{3}}{3(\sqrt{3}-1)} = \frac{2\sqrt{3}(\sqrt{3}+1)}{3(\sqrt{3}-1)(\sqrt{3}+1)} = \frac{3+\sqrt{3}}{3}$ (→ 분모의 유리화)

따라서 부채꼴 OAB의 반지름의 길이는

$r = \sqrt{3}x = \sqrt{3} \times \frac{3+\sqrt{3}}{3} = \sqrt{3}+1$

Step 2 삼각비를 이용하여 삼각형 ODE의 높이를 구한다.

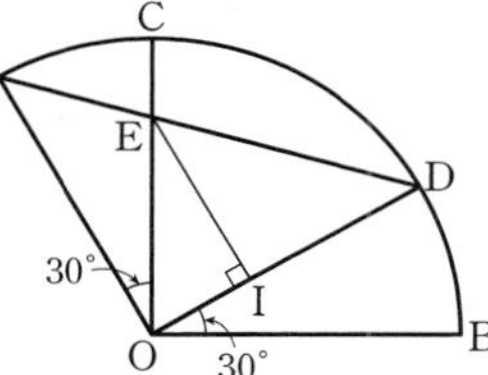

점 E에서 선분 OD에 내린 수선의 발을 I, $\overline{OI}=b$라 하면 $\angle AOB = 120°$이므로 $\angle EOD = 60°$이다. ($= \angle AOB - \angle AOC - \angle DOB$)

직각삼각형 EOI에서

$\tan 60° = \frac{\overline{EI}}{\overline{OI}}$, $\sqrt{3} = \frac{\overline{EI}}{b}$

$\therefore \overline{EI} = b\sqrt{3}$

한편 삼각형 AOD는 직각이등변삼각형이므로 (→ $\overline{OA}=\overline{OD}$, $\angle AOD = \angle AOC + \angle COD = 90°$)

$\angle OAD = \angle ODA = 45°$

즉, 직각삼각형 EID에서 $\angle IDE = 45°$이므로

$\tan 45° = \frac{\overline{EI}}{\overline{ID}}$, $1 = \frac{b\sqrt{3}}{\overline{ID}}$ $\therefore \overline{ID} = b\sqrt{3}$

$\overline{OD} = \overline{OI} + \overline{ID}$에서 $\sqrt{3}+1 = b + b\sqrt{3} = b(\sqrt{3}+1)$

따라서 $b=1$이므로 $\overline{EI} = \sqrt{3}$

Step 3 삼각형 ODE의 넓이를 구한다.

따라서 구하는 삼각형 ODE의 넓이는

$\triangle ODE = \frac{1}{2} \times \overline{OD} \times \overline{EI} = \frac{1}{2} \times (\sqrt{3}+1) \times \sqrt{3} = \frac{3+\sqrt{3}}{2}$

21 [정답률 25%]

오답률 TOP 3 정답 ②

그림과 같이 삼각형 ABC의 내심 I를 지나고 선분 BC에 평행한 직선이 두 선분 AB, AC와 만나는 점을 각각 D, E라 하자. $\overline{AI}=3$이고, 삼각형 ABC의 내접원의 반지름의 길이가 1이다. 삼각형 ABC의 넓이가 $5\sqrt{2}$일 때, [보기]에서 옳은 것만을 있는 대로 고른 것은? (4점)

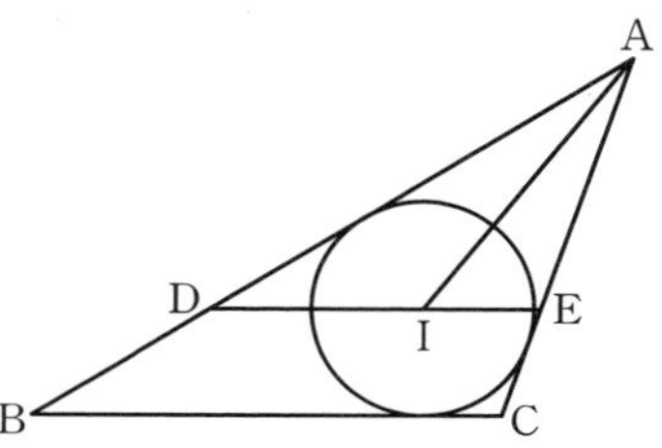

[보기]

ㄱ. $\angle BID = \angle IBD$

ㄴ. 삼각형 ADE의 둘레의 길이는 $7\sqrt{2}$이다.

ㄷ. $\overline{DE} = 2\sqrt{2}$

① ㄱ ✔② ㄱ, ㄴ ③ ㄱ, ㄷ

④ ㄴ, ㄷ ⑤ ㄱ, ㄴ, ㄷ

Step 1 내심의 성질을 이용하여 ㄱ의 참, 거짓을 판별한다.

ㄱ. 두 선분 DE, BC가 평행하므로 $\angle BID = \angle IBC$ (엇각)

이때 점 I는 삼각형 ABC의 내심이므로 선분 BI는 $\angle B$의 이등분선이다. (→ 내심의 성질)

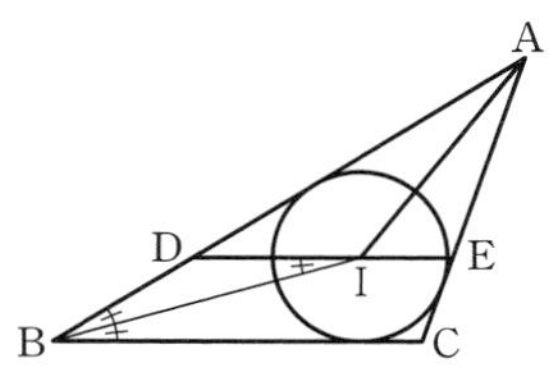

즉, $\angle IBD = \angle IBC$이므로 $\angle BID = \angle IBD$ (참)

Step 2 피타고라스 정리를 이용하여 ㄴ의 참, 거짓을 판별한다.

ㄴ. ㄱ에서 $\angle BID = \angle IBD$이므로 삼각형 BID는 $\overline{DB}=\overline{DI}$인 이등변삼각형이고

$\overline{AB} = \overline{AD} + \overline{DB} = \overline{AD} + \overline{DI}$ …… ㉠

또한 $\angle ICB = \angle EIC$ (엇각)이고 선분 CI는 $\angle C$의 이등분선이므로 $\angle EIC = \angle ECI$

즉, 삼각형 CEI는 $\overline{EI}=\overline{EC}$인 이등변삼각형이므로

$\overline{AC} = \overline{AE} + \overline{EC} = \overline{AE} + \overline{EI}$ …… ㉡

㉠, ㉡에 의하여 삼각형 ADE의 둘레의 길이는

$\overline{AD} + \overline{AE} + \overline{DE} = \overline{AD} + \overline{AE} + \overline{DI} + \overline{EI} = \overline{AB} + \overline{AC}$

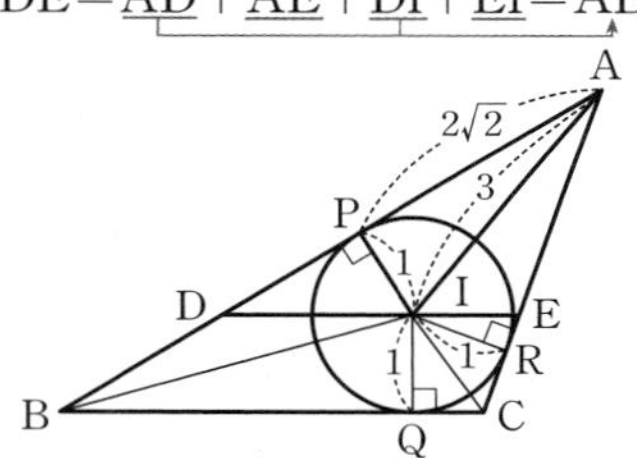

점 I에서 세 선분 AB, BC, CA에 내린 수선의 발을 각각 P, Q, R라 하면 직각삼각형 API에서

$\overline{AP} = \sqrt{\overline{AI}^2 - \overline{PI}^2} = \sqrt{3^2-1^2} = 2\sqrt{2}$

이때 두 삼각형 API, ARI는 서로 합동(RHS 합동)이므로 (→ $\overline{AI}$ 공통, $\overline{IP}=\overline{IR}=1$)

$\overline{AR} = \overline{AP} = 2\sqrt{2}$

같은 방법으로 $\overline{BP}=\overline{BQ}$, $\overline{CQ}=\overline{CR}$이므로 $\triangle ABC = 5\sqrt{2}$에서 (→ 주어진 조건이다.)

$\triangle ABC = \triangle ABI + \triangle BCI + \triangle CAI$ (→ 두 삼각형 BPI, BQI는 서로 합동이고, 두 삼각형 CQI, CRI는 서로 합동이다.)

$= \frac{1}{2} \times \overline{AB} \times 1 + \frac{1}{2} \times \overline{BC} \times 1 + \frac{1}{2} \times \overline{CA} \times 1$ (→ $\overline{IP}$, $\overline{IQ}$, $\overline{IR}$)

$= \frac{1}{2}(\overline{AB} + \overline{BC} + \overline{CA})$

$= \frac{1}{2}(\overline{AP} + \overline{BP} + \overline{BQ} + \overline{CQ} + \overline{CR} + \overline{AR})$

$= \frac{1}{2}(4\sqrt{2} + 2\overline{BP} + 2\overline{CR})$

$= 2\sqrt{2} + \overline{BP} + \overline{CR}$

● 문제편 90쪽

즉, $2\sqrt{2}+\overline{BP}+\overline{CR}=5\sqrt{2}$이므로 $\overline{BP}+\overline{CR}=3\sqrt{2}$

따라서 삼각형 ADE의 둘레의 길이는

$\overline{AD}+\overline{AE}+\overline{DE}=\overline{AB}+\overline{AC}$

$=\overline{AP}+\overline{BP}+\overline{AR}+\overline{CR}$

$=4\sqrt{2}+3\sqrt{2}=7\sqrt{2}$ (참)

Step 3 닮음비를 이용하여 ㄷ의 참, 거짓을 판별한다.

ㄷ. ㄴ에서 $\overline{BP}+\overline{CR}=3\sqrt{2}$이고 $\overline{BP}=\overline{BQ}$, $\overline{CR}=\overline{CQ}$이므로

$\overline{BC}=\overline{BQ}+\overline{CQ}=\overline{BP}+\overline{CR}=3\sqrt{2}$

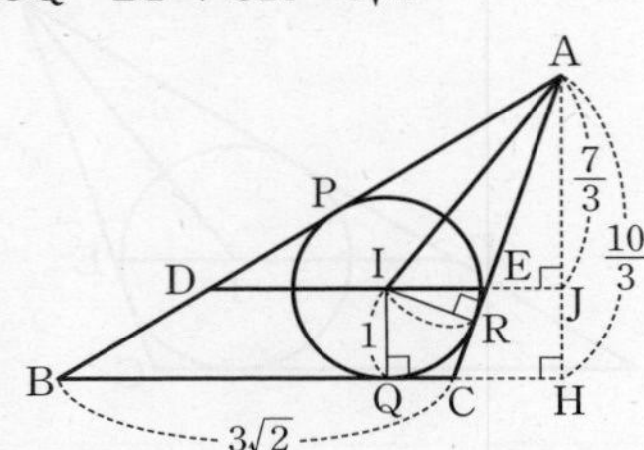

점 A에서 직선 BC에 내린 수선의 발을 H라 하면 삼각형 ABC의 넓이는

$\triangle ABC=\frac{1}{2}\times\overline{BC}\times\overline{AH}=\frac{1}{2}\times3\sqrt{2}\times\overline{AH}=\frac{3\sqrt{2}}{2}\overline{AH}$

이때 $\triangle ABC=5\sqrt{2}$이므로 $\frac{3\sqrt{2}}{2}\overline{AH}=5\sqrt{2}$에서 $\overline{AH}=\frac{10}{3}$

점 A에서 직선 DE에 내린 수선의 발을 J라 하면 사각형 IQHJ는 직사각형이고 $\overline{IQ}=1$이므로 $\overline{HJ}=1$

→ 네 각의 크기가 모두 90°이기 때문이다.

즉, $\overline{AJ}=\overline{AH}-\overline{HJ}=\frac{10}{3}-1=\frac{7}{3}$

따라서 두 삼각형 ABC, ADE는 서로 닮음(AA 닮음)이고

→ ∠BAC는 공통, ∠ABC=∠ADE (동위각)

닮음비는 $\frac{10}{3}:\frac{7}{3}=10:7$이므로

$\overline{DE}=\frac{7}{10}\times\overline{BC}=\frac{7}{10}\times3\sqrt{2}=\frac{21\sqrt{2}}{10}$ (거짓)

그러므로 옳은 것은 ㄱ, ㄴ이다.

22 [정답률 94%] 정답 9

이차방정식 $x^2-2ax+5a=0$의 한 근이 $x=3$일 때, 상수 a의 값을 구하시오. (3점)

Step 1 주어진 이차방정식에 $x=3$을 대입하여 상수 a의 값을 구한다.

이차방정식 $x^2-2ax+5a=0$의 한 근이 $x=3$이므로

$9-6a+5a=0$, $9-a=0$ $\therefore a=9$

→ $x^2-2ax+5a=0$에 $x=3$ 대입

23 [정답률 94%] 정답 6

연립일차방정식 $\begin{cases} x-y=4 \\ 2x+y=11 \end{cases}$의 해가 $x=a$, $y=b$일 때, $a+b$의 값을 구하시오. (3점)

Step 1 연립일차방정식을 풀어 해를 구한다.

연립일차방정식

$\begin{cases} x-y=4 & \cdots\cdots ㉠ \\ 2x+y=11 & \cdots\cdots ㉡ \end{cases}$

→ $(x-y)+(2x+y)=4+11$

에서 ㉠, ㉡을 각 변끼리 더하면 $3x=15$ $\therefore x=5$

$x=5$를 ㉠에 대입하면 $5-y=4$ $\therefore y=1$

따라서 $a=5$, $b=1$이므로 $a+b=5+1=6$

24 [정답률 75%] 정답 112

그림과 같이 $\angle B=72°$, $\angle C=48°$인 삼각형 ABC가 있다. 점 C를 지나고 직선 AB에 평행한 직선 위의 점 D와 선분 AB 위의 점 E에 대하여 $\angle CDE=52°$이다. 선분 DE와 선분 AC의 교점을 F라 할 때, $\angle EFC=x°$이다. x의 값을 구하시오. (단, $\angle BCD>90°$이고, 점 E는 점 A가 아니다.) (3점)

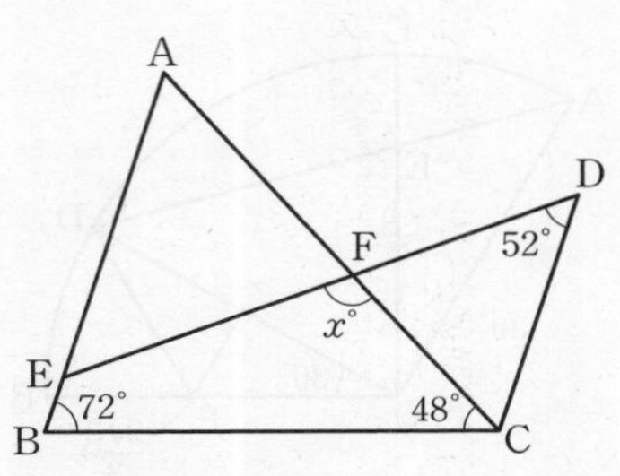

Step 1 $\overline{AB}/\!/\overline{DC}$임을 이용하여 x의 값을 구한다.

두 선분 AB, DC는 서로 평행하므로

$\angle AED=\angle EDC=52°$ (엇각)

이때 $\angle BEF=180°-52°=128°$이고 사각형 BCFE의 네 내각의 크기의 합은 360°이므로

→ n각형의 내각의 크기의 합은 $180°\times(n-2)$

$128°+72°+48°+x°=360°$

$248°+x°=360°$, $x°=112°$ $\therefore x=112$

25 [정답률 78%] 정답 7

한 개의 주사위를 두 번 던져서 나오는 눈의 수를 차례로 a, b라 할 때, $a+b$가 14의 약수가 되도록 하는 모든 순서쌍 (a, b)의 개수를 구하시오. (3점)

Step 1 경우를 나누어 순서쌍 (a, b)의 개수를 구한다.

14의 약수는 1, 2, 7, 14이고 a, b는 주사위의 눈의 수이므로 14의 약수 중 $a+b$의 값으로 가능한 것은 2 또는 7이다.

→ a, b는 6 이하의 자연수

→ $2\le a+b\le12$

(i) $a+b=2$일 때,

$a+b=2$를 만족시키는 순서쌍 (a, b)는 $(1, 1)$이므로 가능한 순서쌍 (a, b)의 개수는 1이다.

(ii) $a+b=7$일 때,

$a+b=7$을 만족시키는 순서쌍 (a, b)는 $(1, 6)$, $(2, 5)$, $(3, 4)$, $(4, 3)$, $(5, 2)$, $(6, 1)$이므로 가능한 순서쌍 (a, b)의 개수는 6이다.

(i), (ii)에서 구하는 순서쌍 (a, b)의 개수는 $1+6=7$

26 [정답률 80%] 정답 23

세 실수 a, b, c에 대하여 다음 자료의 중앙값이 6.5, 평균이 6, 최빈값이 c일 때, $a+b+c$의 값을 구하시오. (4점)

9, 5, 6, 4, 8, 1, a, b

Step 1 $a\le b$로 놓고 자료의 중앙값이 6.5임을 이용하여 a의 값을 구한다.

두 실수 a, b에 대하여 $a\le b$라 할 때, a, b를 제외한 자료의 값을 작은 것부터 크기순으로 나열하면 1, 4, 5, 6, 8, 9

이때 자료의 중앙값인 6.5보다 작은 값의 개수는 1, 4, 5, 6의 4이고 변량의 개수는 8이므로 두 실수 a, b는 모두 6보다 커야 한다.

→ 중앙값보다 작은 자료의 개수와 큰 자료의 개수가 같아야 한다.

또한 중앙값이 6.5이고 변량의 개수가 짝수이므로

→ 변량의 개수 n이 짝수이면 $\frac{n}{2}$번째와 $\left(\frac{n}{2}+1\right)$번째 변량의 평균이 중앙값이다.

$6.5=\frac{6+a}{2}$, $13=6+a$ $\therefore a=7$

문제편 91쪽

Step 2 평균이 6임을 이용하여 $a+b+c$의 값을 구한다.

한편, 자료의 평균이 6이므로 $\frac{1+4+5+6+7+8+9+b}{8}=6$

$\frac{40+b}{8}=6$, $40+b=48$ $\quad\therefore b=8$

즉, 자료의 값을 작은 것부터 크기순으로 정렬하면 1, 4, 5, 6, 7, 8, 8, 9이므로 최빈값은 8
→ 자료 중 8의 개수가 가장 많다.

$\therefore c=8$

따라서 $a=7$, $b=8$, $c=8$이므로 $a+b+c=7+8+8=23$

27 [정답률 42%]

오답률 TOP 5 **정답 420**

가로의 길이가 150 cm, 세로의 길이가 120 cm인 직사각형 ABCD 모양의 종이가 있다. [그림1]과 같이 $\overline{CE}=60$ cm인 선분 BC 위의 점 E와 $\overline{CF}=48$ cm인 선분 CD 위의 점 F에 대하여 두 선분 CE, CF를 변으로 하는 직사각형 모양의 종이를 잘라내고 남은 ⌐ 모양의 종이를 만들었다.

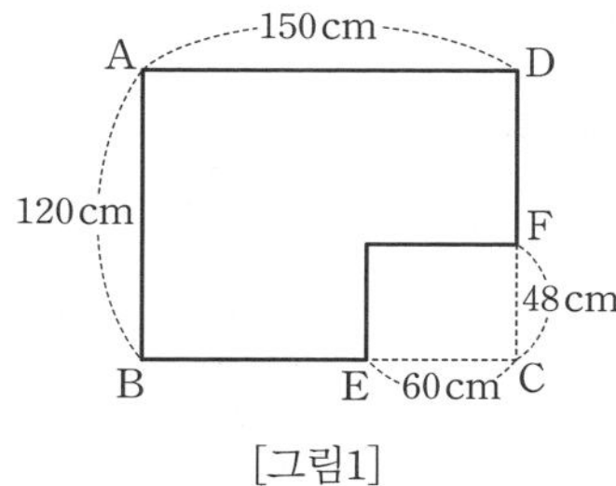

[그림1]

[그림2]와 같이 ⌐ 모양의 종이의 내부에 한 변의 길이가 자연수이고 모두 합동인 정사각형 모양의 종이를 서로 겹치지 않고 빈틈없이 붙이려고 할 때, 붙일 수 있는 종이의 개수의 최솟값을 구하시오. (4점)

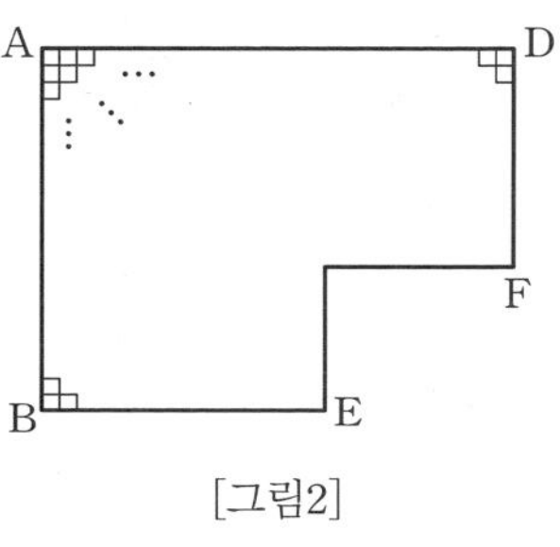

[그림2]

Step 1 ⌐ 모양의 도형을 세 개의 직사각형으로 나눈 후, 정사각형 모양의 종이를 빈틈없이 붙일 조건을 각각 파악한다.

점 F에서 선분 AB에 내린 수선의 발을 H, 점 E에서 선분 AD에 내린 수선의 발을 I, 두 선분 HF, IE의 교점을 J라 하자.

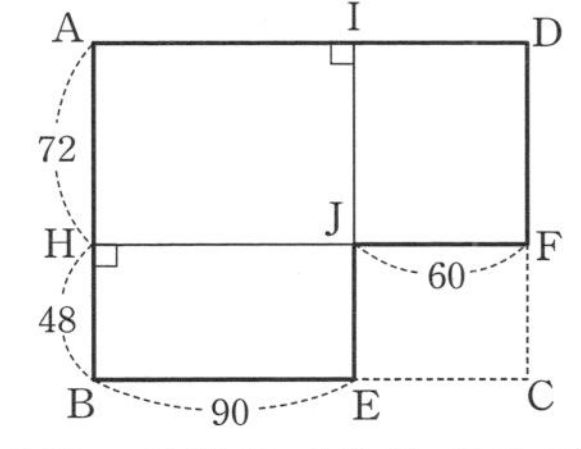

직사각형 AHJI의 내부에 한 변의 길이가 자연수인 정사각형을 서로 겹치지 않고 빈틈없이 붙이려면 정사각형 모양의 종이의 한 변의 길이는 두 선분 AH, HJ의 길이의 공약수이어야 한다.
→ 정사각형의 한 변의 길이는 72의 약수이고, 90의 약수이다.

이때 붙이는 정사각형 모양의 종이의 개수가 최소가 되려면 넓이는 최대가 되어야 하므로 한 변의 길이는 최대가 되어야 한다.

즉, 조건을 만족시키는 정사각형 모양의 종이의 한 변의 길이는 72와 90의 최대공약수이므로
→ 정사각형의 넓이가 커질수록 붙이는 종이의 개수는 줄어든다.

$72=2^3\times3^2$, $90=2\times3^2\times5$에서 $2\times3^2=18$

마찬가지로 직사각형 HBEJ의 내부에 붙일 정사각형 모양의 종이의 한 변의 길이는 48과 90의 최대공약수이므로

$48=2^4\times3$, $90=2\times3^2\times5$에서 $2\times3=6$

또한 직사각형 IJFD의 내부에 붙일 정사각형 모양의 종이의 한 변의 길이는 72와 60의 최대공약수이므로

$72=2^3\times3^2$, $60=2^2\times3\times5$에서 $2^2\times3=12$

Step 2 세 직사각형에 붙이는 정사각형 모양의 종이가 모두 합동임을 이용하여 정사각형의 한 변의 길이를 구한다.

이때 세 직사각형 AHJI, HBEJ, IJFD의 내부에 붙이는 정사각형 모양의 종이는 모두 합동이므로 한 변의 길이는 18, 6, 12의 최대공약수인 6이다.
→ 결과적으로 구하는 정사각형의 한 변의 길이는 네 수 72, 90, 48, 60의 최대공약수이다.

Step 3 붙일 수 있는 종이의 개수의 최솟값을 구한다.

따라서 ⌐ 모양의 종이의 넓이는 $150\times120-60\times48$이고 붙이는 정사각형 모양의 종이의 넓이는 $6\times6=36$이므로 구하는 종이의 개수의 최솟값은
→ □ABCD−□JECF

$(150\times120-60\times48)\div36$

$=25\times20-10\times8$
→ 네 수 150, 120, 60, 48 모두 6으로 나누어 준다.

$=500-80=420$

28 [정답률 47%]

정답 18

$p<q$인 두 소수 p, q에 대하여 $p^2q<n\le pq^2$을 만족시키는 자연수 n의 개수가 308일 때, $p+q$의 값을 구하시오. (4점)

Step 1 $pq^2-p^2q=308$을 만족시키는 경우를 구한다.

$p^2q<n\le pq^2$을 만족시키는 자연수 n의 개수가 308이므로

$pq^2-p^2q=308$ $\quad\therefore pq(q-p)=308$
→ $a<x\le b$를 만족시키는 자연수 x의 개수는 $b-a$ (단, a, b는 $a<b$인 자연수)

이때 p, q가 자연수이고 $p<q$이므로 $q-p$도 자연수이다.

즉, 세 자연수 p, q, $q-p$ 중 가장 큰 자연수는 q이다.
→ $p<q$, $p-q<q$

즉, $308=2^2\times7\times11$에서 q는 308의 가장 큰 소인수이므로 $q=11$

p 또한 308의 소인수이므로 $p=2$ 또는 $p=7$
→ p는 소수이므로 4 또는 14가 될 수 없다.

Step 2 경우를 나누어 $p+q$의 값을 구한다.

(i) $p=2$일 때,
$p=2$, $q=11$이므로 $pq(q-p)=2\times11\times(11-2)=198$

(ii) $p=7$일 때,
$p=7$, $q=11$이므로 $pq(q-p)=7\times11\times(11-7)=308$

(i), (ii)에서 $p=7$, $q=11$이므로 $p+q=7+11=18$

29 [정답률 18%]

오답률 TOP 2 **정답 25**

그림과 같이 삼각형 ABC의 선분 AC 위의 점 D와 직선 BD 위의 점 E에 대하여 $\overline{DE}:\overline{DA}:\overline{DB}=1:2:4$이다. 점 D를 지나고 직선 BC와 평행한 직선이 두 선분 AB, EC와 만나는 점을 각각 F, G라 할 때, $\overline{FD}=2$, $\overline{DG}=1$이고 삼각형 AFD의 넓이가 3이다. 삼각형 EDG의 넓이가 $\frac{q}{p}$일 때, $p+q$의 값을 구하시오. (단, 점 E는 삼각형 ABC의 외부에 있고, p와 q는 서로소인 자연수이다.) (4점)

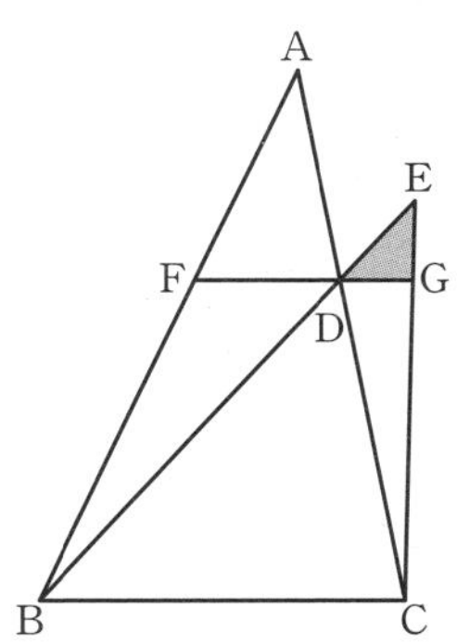

Step 1 $\overline{DE}:\overline{DB}=1:4$임을 이용하여 삼각형 EDG의 넓이를 삼각형 BCD의 넓이로 나타낸다.

두 삼각형 EDG, EBC에서 $\overline{DG}/\!/\overline{BC}$이므로 두 삼각형은 서로 닮음(AA 닮음)이다.
→ ∠E 공통, ∠EGD=∠ECB (동위각)

이때 $\overline{DE}:\overline{DB}=1:4$이므로 $\overline{DE}:\overline{BE}=1:5$
→ $\overline{DE}=a$, $\overline{DB}=4a$라 하면 $\overline{DE}:\overline{BE}=a:5a=1:5$

즉, 두 삼각형 EDG, EBC의 닮음비가 1 : 5이고 넓이의 비는

$1^2:5^2=1:25$이므로 $\triangle EBC=25\times\triangle EDG$
→ 두 도형의 닮음비가 $a:b$이면 넓이의 비는 $a^2:b^2$

또한 두 삼각형 BCD, DCE에서 $\overline{DB}:\overline{DE}=4:1$이므로

$\triangle BCD=\frac{4}{5}\times\triangle EBC=\frac{4}{5}\times 25\times\triangle EDG=20\times\triangle EDG$

→ 점 C에서 선분 BE에 내린 수선의 발을 H라 하면 $\triangle BCD=\frac{1}{2}\times\overline{DB}\times\overline{CH}=\frac{1}{2}\times\left(\frac{4}{5}\times\overline{BE}\right)\times\overline{CH}=\frac{4}{5}\times\left(\frac{1}{2}\times\overline{BE}\times\overline{CH}\right)=\frac{4}{5}\times\triangle EBC$

$\therefore\ \triangle EDG=\frac{1}{20}\times\triangle BCD$

Step 2 △AFD=3임을 이용하여 삼각형 EDG의 넓이를 구한다.

두 삼각형 AFD, ABC에서 $\overline{FD}/\!/\overline{BC}$이므로 두 삼각형은 서로 닮음(AA 닮음)이다. → ∠A 공통, ∠AFD=∠ABC (동위각)

이때 $\overline{FD}:\overline{BC}=2:5$이므로 두 삼각형 AFD, ABC의 닮음비는 $2:5$이고 넓이의 비는 $2^2:5^2=4:25$

→ =2 → 두 삼각형 EDG, EBC의 닮음비가 1 : 5이고 $\overline{DG}=1$이므로 $\overline{BC}=5$

$\therefore\ \triangle ABC=\frac{25}{4}\times\triangle AFD=\frac{25}{4}\times 3=\frac{75}{4}$

또한 두 삼각형 ABD, BCD에서 $\overline{AD}:\overline{DC}=2:3$이므로

→ 두 삼각형 AFD, ABC의 닮음비가 2 : 5이므로 $\overline{AD}=2a$, $\overline{AC}=5a$라 하면 $\overline{DC}=3a$이므로 $\overline{AD}:\overline{DC}=2:3$

$\triangle BCD=\frac{3}{5}\times\triangle ABC=\frac{3}{5}\times\frac{75}{4}=\frac{45}{4}$

즉, 삼각형 EDG의 넓이는

$\triangle EDG=\frac{1}{20}\times\triangle BCD=\frac{1}{20}\times\frac{45}{4}=\frac{9}{16}$

따라서 $p=16$, $q=9$이므로 $p+q=16+9=25$

→ 점 B에서 선분 AC에 내린 수선의 발을 I라 하면

$\triangle BDC=\frac{1}{2}\times\overline{DC}\times\overline{BI}=\frac{1}{2}\times\left(\frac{3}{5}\times\overline{AC}\right)\times\overline{BI}$

$=\frac{3}{5}\times\left(\frac{1}{2}\times\overline{AC}\times\overline{BI}\right)$

$=\frac{3}{5}\times\triangle ABC$

30 [정답률 14%]

오답률 TOP 1 **정답 2**

그림과 같이 $\overline{AB}=\overline{BC}=2$인 삼각형 ABC에 외접하는 원 O가 있다. 점 B를 지나고 직선 AC에 수직인 직선이 원 O와 만나는 점 중 B가 아닌 점을 D, 선분 AC와 선분 BD가 만나는 점을 E라 하자. 원 O 위의 점 C에서의 접선과 점 D에서의 접선이 만나는 점을 F라 할 때, $\overline{FD}=2$이다.

$\overline{AE}=\frac{a+b\sqrt{17}}{2}$일 때, a^2+b^2의 값을 구하시오.

(단, a, b는 정수이다.) (4점)

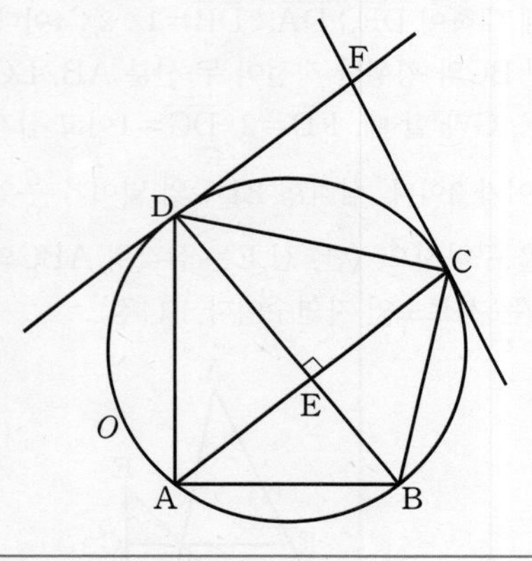

Step 1 현의 수직이등분선의 성질을 이용하여 원 O의 중심을 찾는다.

두 삼각형 ABE, CBE에서 선분 BE는 공통, ∠AEB=∠CEB=90°, $\overline{AB}=\overline{BC}$이므로 두 직각삼각형 ABE, CBE는 서로 합동(RHS 합동)이다. (=2, $\overline{AC}\perp\overline{BD}$)

즉, 직선 BD는 선분 AC의 수직이등분선이므로 원 O의 중심은 선분 BD 위에 있고 선분 BD는 원 O의 지름이므로 삼각형 BCD는 ∠BCD=90°인 직각삼각형이다.

→ 원에서 현의 수직이등분선은 그 원의 중심을 지난다.

→ 원의 지름이 빗변인 삼각형은 직각삼각형이다.

Step 2 직각삼각형 CEB와 합동인 도형을 찾는다.

두 직각삼각형 BCE, BDC에서 ∠DBC는 공통, ∠BEC=∠BCD=90°이므로 두 도형은 서로 닮음(AA 닮음)이다.

→ 원 밖의 한 점에서 원에 그은 두 접선의 길이는 같다.

한편, 원 O 밖의 점 F에서 원 O에 그은 두 접선에 대하여 점 F와 두 접점 C, D 사이의 거리는 같으므로 $\overline{FC}=\overline{FD}=2$

즉, 삼각형 FDC는 이등변삼각형이므로 원 O의 중심을 O, 두 선분 CD, OF의 교점을 G라 하면 직선 OF는 선분 CD의 수직이등분선이다.

직선 FD는 점 D에서 원 O에 접하므로 $\overline{FD}\perp\overline{OD}$

직각삼각형 FDG에서

∠FDG=∠FDO−∠CDB=∠FDO−∠BCE

이때 $\overline{FD}\perp\overline{OD}$이므로 ∠FDG=90°−∠BCE이고 ∠DGF=90°이므로 ∠GFD=∠BCE

그러므로 두 직각삼각형 BCE, DFG에서 $\overline{BC}=\overline{DF}=2$, ∠BCE=∠DFG이므로 두 도형은 서로 합동(RHA 합동)이다.

Step 3 삼각비를 이용하여 선분 AE의 길이를 구한다.

선분 AE의 길이를 x, 선분 BE의 길이를 y라 하면 $\overline{AE}=\overline{CE}=x$이고 직각삼각형 ABE에서

$\overline{AE}^2+\overline{BE}^2=\overline{AB}^2$이므로 $x^2+y^2=4$ ...... ㉠ → 피타고라스 정리

두 직각삼각형 BCE, DFG가 서로 합동이므로

$\overline{FG}=\overline{CE}=x$, $\overline{DG}=\overline{BE}=y$

$\therefore\ \overline{CD}=2\times\overline{DG}=2y$

두 직각삼각형 CDE, BCE에서

$\sin(\angle CDE)=\frac{\overline{CE}}{\overline{CD}}=\frac{x}{2y}$, $\sin(\angle BCE)=\frac{\overline{BE}}{\overline{BC}}=\frac{y}{2}$

이때 ∠CDE=∠BCE이므로 → 두 직각삼각형 BCE, BDC가 AA 닮음이기 때문이다.

$\frac{x}{2y}=\frac{y}{2}$, $2x=2y^2$ $\quad\therefore\ x=y^2$

㉠에서 y^2에 x를 대입하면

$x^2+x=4$, $x^2+x-4=0$ $\quad\therefore\ x=\frac{-1+\sqrt{17}}{2}$ ($\because x>0$)

→ x는 선분 AE의 길이이므로 0보다 크다.

따라서 $a=-1$, $b=1$이므로 $a^2+b^2=(-1)^2+1^2=2$

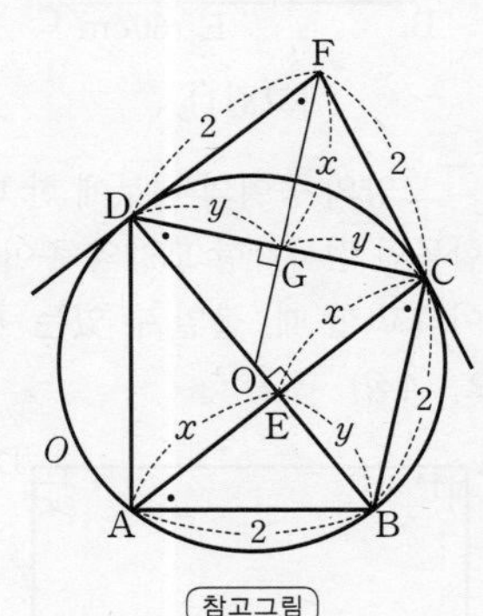

참고그림

문제편 94쪽

7회 2022년 3월 학평 정답과 해설 수학

문제편 p.95

7회 특징

✓ 전반적으로 평이하게 출제되었으나, 중학교 때 배웠던 도형의 닮음, 이차함수 등 일부 단원에서 고난도 문항이 출제되었다.

✓ 30번, 21번 문항에서는 도형의 닮음을 이용하는 고난도 문제가 출제되었는데, 삼각형의 넓이, 피타고라스 정리와 같은 다른 단원에 대한 공식을 이용해야 문제를 해결할 수 있었다.

오답률 TOP 5

문항 번호	30	29	21	17	28
분류	중2 도형의 닮음	중3 이차함수	중2 도형의 닮음	중2 확률	중3 통계
난도	최상	최상	상	상	상

정답표

1	②	2	⑤	3	⑤	4	④	5	③
6	④	7	④	8	①	9	②	10	③
11	⑤	12	③	13	①	14	①	15	⑤
16	②	17	③	18	④	19	③	20	①
21	②	22	11	23	8	24	234	25	84
26	7	27	5	28	10	29	13	30	320

01 [정답률 94%]

정답 ②

$\sqrt{\frac{20}{3}}\times\sqrt{\frac{6}{5}}$의 값은? (2점)

① $\sqrt{2}$ ② $2\sqrt{2}$ ③ $3\sqrt{2}$
④ $4\sqrt{2}$ ⑤ $5\sqrt{2}$

Step 1 근호를 포함한 식을 간단히 한다.

$\sqrt{\frac{20}{3}}\times\sqrt{\frac{6}{5}}=\sqrt{\frac{20}{3}\times\frac{6}{5}}=\sqrt{8}=2\sqrt{2}$

└ $\sqrt{a}\times\sqrt{b}=\sqrt{ab}$ (단, $a>0$, $b>0$)

02 [정답률 95%]

정답 ⑤

다항식 $(2x-1)(x+3)$의 전개식에서 x의 계수는? (2점)

① 1 ② 2 ③ 3
④ 4 ⑤ 5

Step 1 다항식을 전개하여 x의 계수를 구한다.

$(2x-1)(x+3)=2x^2+6x-x-3=2x^2+5x-3$

따라서 x의 계수는 5이다. └ 동류항끼리는 서로 묶어줄 수 있다.

03 [정답률 89%]

정답 ⑤

$\sin 60^\circ\times\cos 30^\circ$의 값은? (2점)

└ 특수각에 대한 삼각비의 값을 이용한다.

① $\frac{1}{4}$ ② $\frac{3}{8}$ ③ $\frac{1}{2}$
④ $\frac{5}{8}$ ⑤ $\frac{3}{4}$

Step 1 삼각비의 값을 이용한다.

$\sin 60^\circ\times\cos 30^\circ=\frac{\sqrt{3}}{2}\times\frac{\sqrt{3}}{2}=\frac{3}{4}$

알아야 할 기본개념

특수각에 대한 삼각비의 값

	sin	cos	tan
30°	$\frac{1}{2}$	$\frac{\sqrt{3}}{2}$	$\frac{\sqrt{3}}{3}$
45°	$\frac{\sqrt{2}}{2}$	$\frac{\sqrt{2}}{2}$	1
60°	$\frac{\sqrt{3}}{2}$	$\frac{1}{2}$	$\sqrt{3}$

04 [정답률 87%]

정답 ④

이차함수 $y=-x^2+4x+3$의 그래프의 꼭짓점의 y좌표는? (3점)

└ 이차함수의 그래프의 꼭짓점의 좌표를 구할 수 있도록 식을 변형한다.

① 4 ② 5 ③ 6
④ 7 ⑤ 8

Step 1 이차함수의 식을 $y=a(x-p)^2+q$의 꼴로 변형한다.

└ 꼭짓점의 좌표는 (p, q)이다.

주어진 이차함수의 식을 변형하면

$y=-x^2+4x+3=-(x^2-4x+4)+7=-(x-2)^2+7$

따라서 이차함수의 그래프의 꼭짓점의 좌표는 $(2, 7)$이므로 구하는 꼭짓점의 y좌표는 7이다.

05 [정답률 95%]

정답 ③

다음은 어느 봉사 동아리 학생들의 한 달 동안의 봉사 시간을 조사하여 나타낸 히스토그램이다.

(명) 10 5 0 3 6 9 12 15 18 21(시간)

한 달 동안의 봉사 시간이 6시간 이상 12시간 미만인 학생의 수는? (3점)

① 11 ② 13 ③ 15
④ 17 ⑤ 19

Step 1 주어진 히스토그램에서 봉사 시간이 6시간 이상 12시간 미만인 칸을 확인한다.

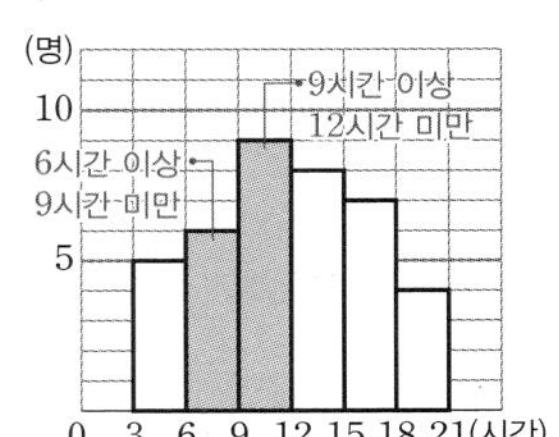

한 달 동안의 봉사 시간이 6시간 이상 9시간 미만인 학생은 6명, 9시간 이상 12시간 미만인 학생은 9명이므로 구하는 학생의 수는

$6+9=15$

06 [정답률 94%]

정답 ④

그림과 같이 삼각형 ABC의 외심을 O라 하자. $\angle OBC=17°$, $\angle OCA=52°$일 때, 각 OAB의 크기는? (3점)

→ $\overline{OA}=\overline{OB}=\overline{OC}$

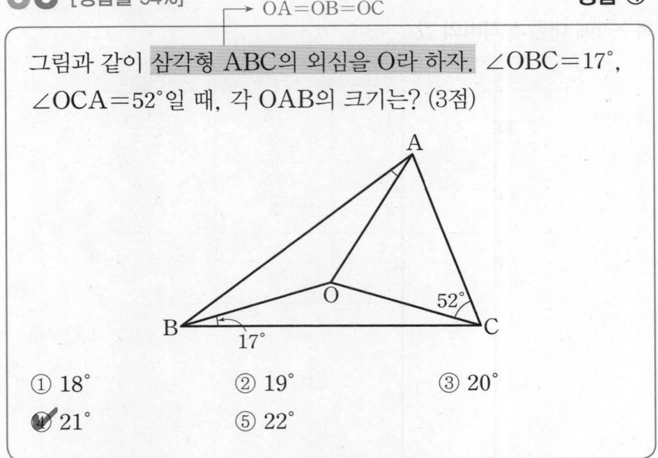

① 18° ② 19° ③ 20° ④ 21° ⑤ 22°

Step 1 세 선분 OA, OB, OC가 외접원의 반지름임을 확인한다.

삼각형 ABC의 외접원을 그려보면 점 O가 삼각형 ABC의 외심이므로 외접원의 중심이다. → 외심의 정의에 해당한다.

이때 세 선분 OA, OB, OC는 외접원의 반지름이므로

$\overline{OA}=\overline{OB}=\overline{OC}$

Step 2 세 삼각형 OAB, OBC, OCA가 이등변삼각형임을 이용하여 각 OAB의 크기를 구한다.

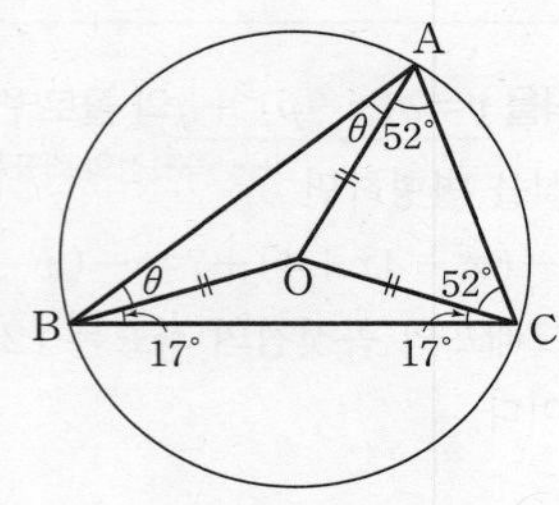

세 삼각형 OAB, OBC, OCA가 이등변삼각형이므로 $\angle OAB=\theta$라 하면

$\angle OBA=\angle OAB=\theta$, $\angle OCB=\angle OBC=17°$,

$\angle OAC=\angle OCA=52°$ → 이등변삼각형의 두 밑각의 크기가 서로 같음을 이용

이때 삼각형 ABC에서 $2\times(\theta+17°+52°)=180°$ → 삼각형의 세 내각의 크기의 합

$\theta+17°+52°=90°$ $\therefore \theta=21°$

따라서 각 OAB의 크기는 21°이다.

07 [정답률 93%]

정답 ④

일차부등식 $\frac{x+5}{2}-x\le a$의 해가 $x\ge 4$일 때, 실수 a의 값은? (3점)

→ 일차부등식을 먼저 푼 후, 주어진 해와 비교한다.

① $\frac{1}{8}$ ② $\frac{1}{4}$ ③ $\frac{3}{8}$ ④ $\frac{1}{2}$ ⑤ $\frac{5}{8}$

Step 1 주어진 일차부등식을 푼다.

일차부등식 $\frac{x+5}{2}-x\le a$에서

$x+5-2x\le 2a$

$-x\le 2a-5$

$\therefore x\ge -2a+5$ → 부호가 바뀌면 부등호의 방향도 바뀐다.

Step 2 a의 값을 구한다.

이때 일차부등식의 해가 $x\ge 4$이므로

$-2a+5=4$, $-2a=-1$

$\therefore a=\frac{1}{2}$

08 [정답률 84%]

정답 ①

그림과 같이 밑면의 반지름의 길이가 3이고 높이가 8인 원뿔과 밑면의 반지름의 길이가 2인 원기둥이 있다. 두 입체도형의 부피가 같을 때, 원기둥의 겉넓이는? (3점)

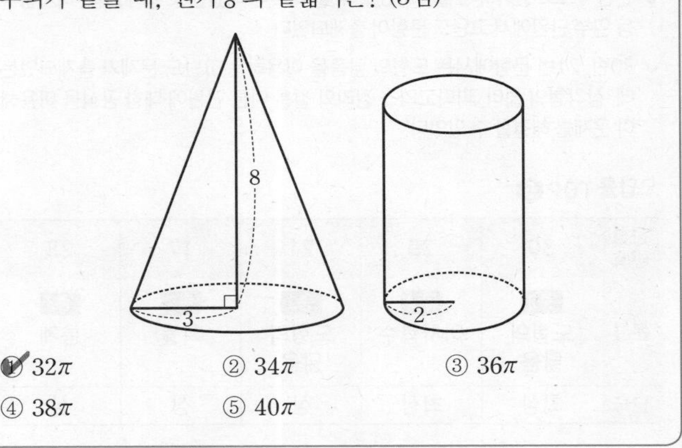

① 32π ② 34π ③ 36π ④ 38π ⑤ 40π

Step 1 원기둥의 높이를 구한다.

주어진 원뿔의 밑면의 넓이는 $\pi\times 3^2=9\pi$이므로

원뿔의 부피는 $\frac{1}{3}\times 9\pi\times 8=24\pi$ → (원뿔의 부피) $=\frac{1}{3}\times$(밑면의 넓이)$\times$(높이)

원기둥의 높이를 h라 하면 원기둥의 부피는 $\pi\times 2^2\times h=4\pi h$ → 원기둥의 밑면의 넓이

이때 원뿔과 원기둥의 부피가 같으므로

$24\pi=4\pi h$ $\therefore h=6$

Step 2 원기둥의 겉넓이를 구한다.

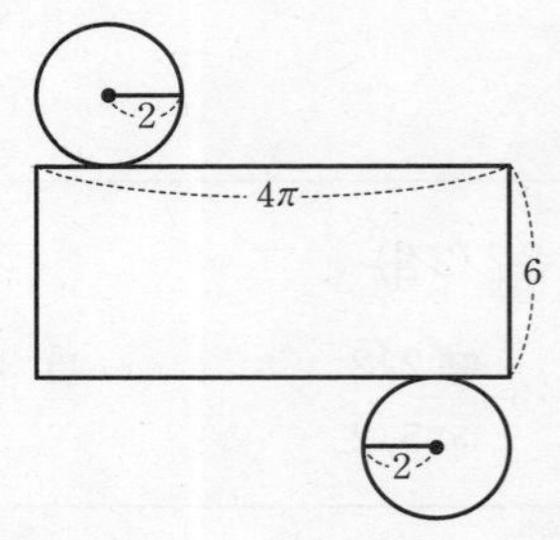

원기둥의 밑면의 둘레의 길이는 $2\pi\times 2=4\pi$이므로

원기둥의 옆넓이는 $4\pi\times 6=24\pi$

따라서 원기둥의 겉넓이는 $(4\pi\times 2)+24\pi=32\pi$ → 두 밑면의 넓이

09 [정답률 78%]

정답 ②

두 일차방정식

$$ax+4y=12,\ 2x+ay=a+5$$

의 그래프의 교점이 y축 위에 있을 때, 상수 a의 값은? (3점)

→ 그래프의 교점의 x좌표가 0이다.

① 2 ② $\frac{5}{2}$ ③ 3 ④ $\frac{7}{2}$ ⑤ 4

Step 1 두 그래프의 교점의 좌표를 구한다.

주어진 두 일차방정식의 그래프의 교점이 y축 위에 있으므로 각각의 그래프와 y축의 교점이 같아야 한다.

$ax+4y=12$에 $x=0$을 대입하면 → 이때의 y의 값이 교점의 y좌표이다.

$4y=12$ $\therefore y=3$

따라서 교점의 좌표는 $(0, 3)$이다.

Step 2 a의 값을 구한다.

$2x+ay=a+5$에 $x=0$, $y=3$을 대입하면

$3a=a+5$, $2a=5$

$\therefore a=\frac{5}{2}$

문제편 96쪽

10 [정답률 71%] 정답 ③

$2-\sqrt{6}$보다 크고 $5+\sqrt{15}$보다 작은 정수의 개수는? (3점)

① 7 ② 8 ③ 9
④ 10 ⑤ 11

Step 1 $2-\sqrt{6}$과 $5+\sqrt{15}$의 값의 범위를 파악한다.

$2<\sqrt{6}<3$에서 $-3<-\sqrt{6}<-2$이므로
$-1<2-\sqrt{6}<0$ ← 각 변에 동일하게 2를 더한다.
$3<\sqrt{15}<4$에서 $8<5+\sqrt{15}<9$

Step 2 조건을 만족시키는 정수의 개수를 구한다.

따라서 $2-\sqrt{6}$보다 크고 $5+\sqrt{15}$보다 작은 정수는
0, 1, 2, 3, ⋯, 8의 9개이다.

11 [정답률 85%] 정답 ⑤

세 변의 길이가 각각 x, $x+1$, $x+3$인 삼각형이 직각삼각형일 때, x의 값은? (단, $x>2$) (3점)

① $2\sqrt{3}$ ② $2+\sqrt{3}$ ③ $1+2\sqrt{3}$
④ $3\sqrt{3}$ ⑤ $2+2\sqrt{3}$

Step 1 피타고라스 정리를 이용하여 x에 대한 식을 세운다.

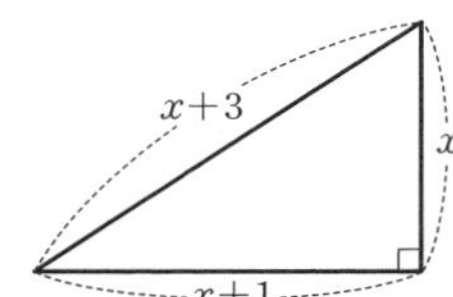

직각삼각형의 세 변 중 가장 긴 변이 빗변이므로 빗변의 길이는 $x+3$이다. → x, $x+1$, $x+3$ 중 가장 큰 값이 $x+3$이다.
직각삼각형에서 피타고라스 정리를 이용하면
$(x+3)^2=x^2+(x+1)^2$
$x^2+6x+9=x^2+x^2+2x+1$
$\therefore x^2-4x-8=0$ ⋯⋯ ㉠

Step 2 근의 공식을 이용하여 x의 값을 구한다.

㉠에서 근의 공식을 이용하면
$x=-(-2)\pm\sqrt{(-2)^2-1\times(-8)}$ → $=\sqrt{4+8}=\sqrt{12}=2\sqrt{3}$
$=2\pm2\sqrt{3}$
이때 $x>2$이므로 $x=2+2\sqrt{3}$

12 [정답률 89%] 정답 ③

어느 학교에서 학생들에게 나누어 줄 구슬을 구입하였다. 구입한 구슬을 한 상자에 250개씩 n개의 상자에 담았더니 50개의 구슬이 남았고, 한 상자에 200개씩 $n+1$개의 상자에 담았더니 100개의 구슬이 남았다. 이 학교에서 구입한 구슬의 총 개수는? (3점)

① 800 ② 1050 ③ 1300
④ 1550 ⑤ 1800

Step 1 주어진 조건을 이용하여 n에 대한 식을 세운다.

구슬을 한 상자에 250개씩 n개의 상자에 담았더니 50개의 구슬이 남았으므로 구슬의 총 개수는 $250n+50$ ⋯⋯ ㉠ (→ 남은 구슬의 개수, → 상자에 담은 구슬의 개수)
구슬을 한 상자에 200개씩 $n+1$개의 상자에 담았더니 100개의 구슬이 남았으므로 구슬의 총 개수는 $200(n+1)+100$ ⋯⋯ ㉡

Step 2 n의 값을 구한다.

두 식 ㉠, ㉡의 값이 같아야 하므로
$250n+50=200(n+1)+100$ → 구슬의 총 개수는 두 상황 모두 동일하기 때문이다.
$250n+50=200n+300$
$50n=250$ $\therefore n=5$

Step 3 구슬의 총 개수를 구한다.

따라서 이 학교에서 구입한 구슬의 총 개수는 $250\times5+50=1300$ → ㉠에 $n=5$ 대입

13 [정답률 81%] 정답 ①

두 이차방정식 (→ $(x+1)(x-2)=0$으로 바로 좌변을 인수분해할 수 있다.)
$x^2-x-2=0$, $2x^2+kx-6=0$
이 공통인 해를 갖도록 하는 모든 실수 k의 값의 합은? (3점)

① -5 ② -4 ③ -3
④ -2 ⑤ -1

Step 1 주어진 이차방정식을 푼다.

이차방정식 $x^2-x-2=0$을 풀면 $(x+1)(x-2)=0$
$\therefore x=-1$ 또는 $x=2$

Step 2 공통인 해가 무엇인지에 따라 경우를 나누어본다.

공통인 해에 따라 경우를 나누어보면 다음과 같다.
(i) $x=-1$이 공통인 해일 때
$2x^2+kx-6=0$에 $x=-1$을 대입하면 → 이차방정식에 그 방정식의 해를 대입하면 등식이 성립한다.
$2\times(-1)^2+k\times(-1)-6=0$
$2-k-6=0$ $\therefore k=-4$
(ii) $x=2$가 공통인 해일 때
$2x^2+kx-6=0$에 $x=2$를 대입하면
$2\times2^2+k\times2-6=0$
$8+2k-6=0$ $\therefore k=-1$
따라서 (i), (ii)에서 조건을 만족시키는 모든 실수 k의 값의 합은
$-4+(-1)=-5$

14 [정답률 71%] 정답 ①

그림과 같이 반비례 관계 $y=\frac{a}{x}$ $(a>0)$의 그래프가 두 직선 $x=2$, $y=2$와 만나는 점을 각각 A, B라 하자.
점 C(2, 2)에 대하여 사각형 OACB의 넓이가 $\frac{22}{7}$일 때, 상수 a의 값은?
(단, O는 원점이고, 점 A의 y좌표는 2보다 작다.) (4점)

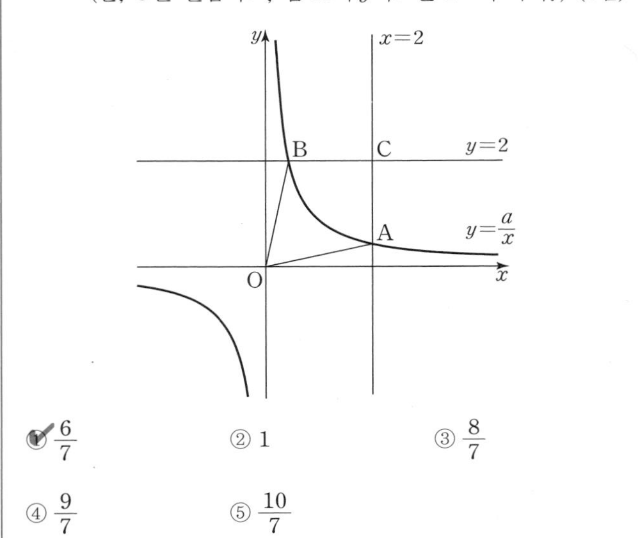

① $\frac{6}{7}$ ② 1 ③ $\frac{8}{7}$
④ $\frac{9}{7}$ ⑤ $\frac{10}{7}$

문제편 97쪽

Step 1 두 점 A, B의 좌표를 구한다.

점 A는 직선 $x=2$와 곡선 $y=\frac{a}{x}$의 교점이므로 $A\left(2, \frac{a}{2}\right)$
→ $y=\frac{a}{x}$에 $x=2$ 대입

점 B는 직선 $y=2$와 곡선 $y=\frac{a}{x}$의 교점이므로 $B\left(\frac{a}{2}, 2\right)$
→ $y=\frac{a}{x}$에 $y=2$를 대입하면 $2=\frac{a}{x}$ $\therefore x=\frac{a}{2}$

Step 2 사각형 OACB의 넓이를 a에 대한 식으로 나타낸다.

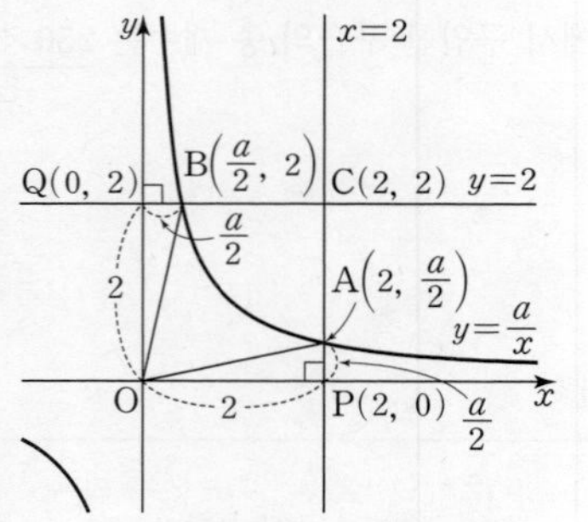

그림과 같이 직선 $x=2$가 x축과 만나는 점을 P, 직선 $y=2$가 y축과 만나는 점을 Q라 하면 $P(2, 0)$, $Q(0, 2)$
따라서 사각형 OACB의 넓이는

$\square OACB=\square OPCQ-(\triangle OPA+\triangle OBQ)$ → 한 변의 길이가 2인 정사각형

$=2\times2-\left(\frac{1}{2}\times2\times\frac{a}{2}+\frac{1}{2}\times\frac{a}{2}\times2\right)$

$=4-a$

Step 3 a의 값을 구한다.

이때 사각형 OACB의 넓이가 $\frac{22}{7}$이므로

$4-a=\frac{22}{7}$ $\quad\therefore a=\frac{6}{7}$

15 [정답률 69%]

정답 ⑤

다음은 어느 학급 학생 20명의 수학 과목의 중간고사 점수와 기말고사 점수에 대한 산점도이다.

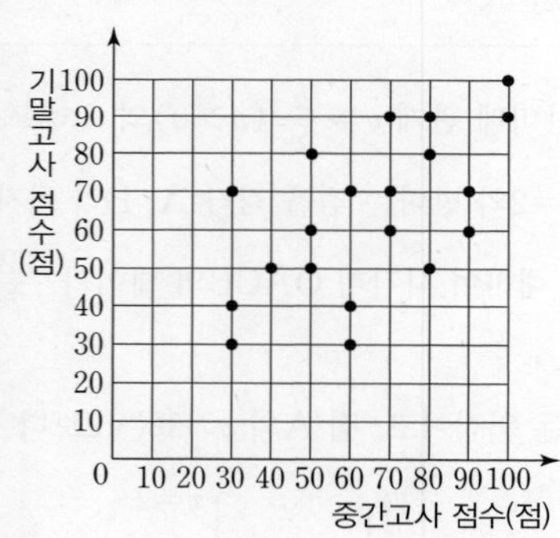

위의 산점도에 대하여 [보기]에서 옳은 것만을 있는 대로 고른 것은? (4점)

[보기]
ㄱ. 중간고사와 기말고사의 점수에 변화가 없는 학생의 수는 5이다.
ㄴ. 기말고사 점수가 중간고사 점수보다 높은 학생의 비율은 학급 학생 20명의 40%이다. → 8명을 의미한다.
ㄷ. 중간고사 점수의 평균은 기말고사 점수의 평균보다 크다. → 중간고사 점수와 기말고사 점수의 차이를 이용하면 쉽게 파악할 수 있다.

① ㄱ ② ㄱ, ㄴ ③ ㄱ, ㄷ
④ ㄴ, ㄷ ⑤ ㄱ, ㄴ, ㄷ

Step 1 중간고사와 기말고사의 점수가 같은 학생의 수를 구한다.

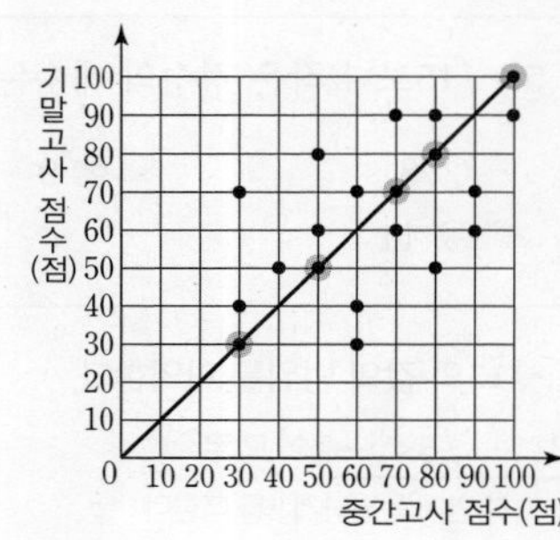

ㄱ. 중간고사와 기말고사의 점수에 변화가 없는 학생의 수는 위 산점도의 대각선 위에 있는 점의 개수와 같으므로 5이다. (참)

Step 2 기말고사 점수가 중간고사 점수보다 높은 학생의 비율을 구한다.

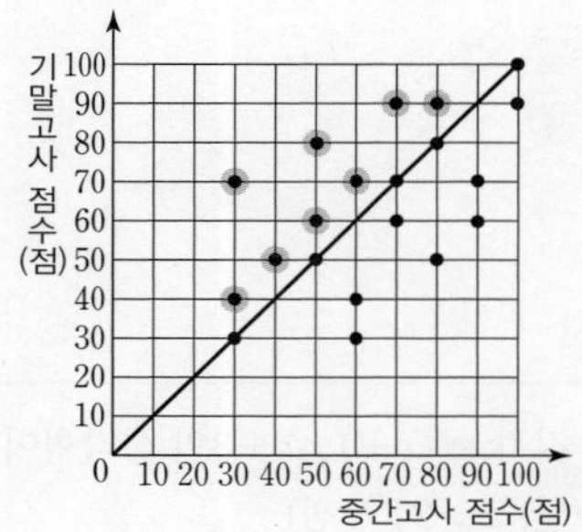

ㄴ. 기말고사 점수가 중간고사 점수보다 높은 학생의 수는 위 산점도에서 대각선의 위쪽에 있는 점의 개수와 같으므로 8이다.
따라서 그 비율은 $\frac{8}{20}\times100=40$ (%) (참)

Step 3 중간고사 점수와 기말고사 점수의 차이를 이용하여 ㄷ의 참, 거짓을 확인한다.

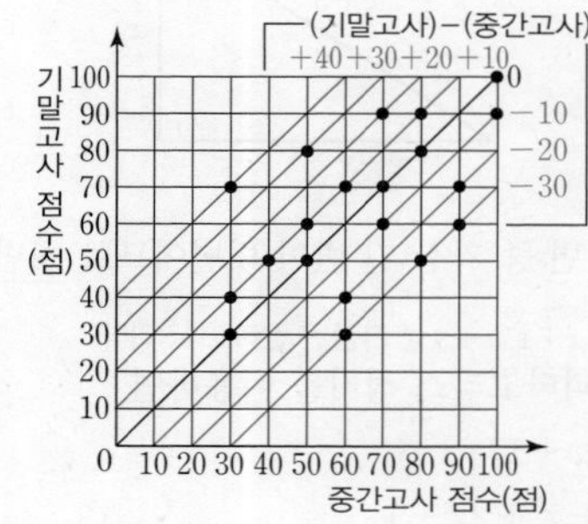

ㄷ. 위 그림과 같이 산점도에 줄을 그어 살펴보면
중간고사와 기말고사 점수가 같은 학생의 수는 5
기말고사 점수가 중간고사 점수보다 10점 높은 학생의 수는 5 → 위 산점도에서 +10에 해당하는 선 위의 점의 개수
20점 높은 학생의 수는 1
30점 높은 학생의 수는 1
40점 높은 학생의 수는 1
10점 낮은 학생의 수는 2
20점 낮은 학생의 수는 2
30점 낮은 학생의 수는 3
즉, 20명의 학생에 대하여
(기말고사 점수의 총합)−(중간고사 점수의 총합)
$=10\times5+20\times1+30\times1+40\times1$
$+(-10)\times2+(-20)\times2+(-30)\times3$
$=140-150=-10$
이므로 중간고사 점수의 총합이 기말고사 점수의 총합보다 10점 높다.
따라서 중간고사 점수의 평균은 기말고사 점수의 평균보다 크다. (참)
→ (중간고사 점수의 총합)÷20 → (기말고사 점수의 총합)÷20

그러므로 옳은 것은 ㄱ, ㄴ, ㄷ이다.

문제편 100쪽

16 [정답률 81%] 정답 ②

서로 다른 네 실수 a, b, $\frac{1}{6}$, $\frac{2}{3}$에 대응하는 점을 수직선 위에 나타내면 이웃한 두 점 사이의 거리가 모두 같다. $ab<0$일 때, $a+b$의 최댓값은? (4점)

① $\frac{3}{4}$ ✔② $\frac{5}{6}$ ③ $\frac{11}{12}$
④ 1 ⑤ $\frac{13}{12}$

Step 1 a, b 중 작은 수가 $\frac{1}{6}$보다 작음을 확인한다.

두 실수 a, b에 대하여 $a<b$라 하면 $ab<0$이므로 $a<0$, $b>0$
따라서 $a<\frac{1}{6}$임을 알 수 있다. (→ 이렇게 놓으면 문제를 풀 때 훨씬 수월하다.)

Step 2 경우를 나누어 가능한 $a+b$의 값을 파악한다.

a, b의 값에 따라 경우를 나누어보면 다음과 같다.

(i) $a<b<\frac{1}{6}<\frac{2}{3}$일 때

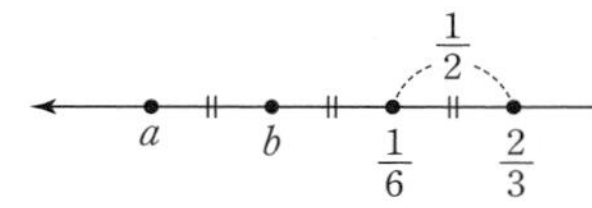

$\frac{2}{3}-\frac{1}{6}=\frac{1}{2}$이므로 이웃한 두 점 사이의 거리는 $\frac{1}{2}$이다.
즉, $b=\frac{1}{6}-\frac{1}{2}=-\frac{1}{3}<0$이므로 $b>0$을 만족시키지 않는다.

(ii) $a<\frac{1}{6}<b<\frac{2}{3}$일 때

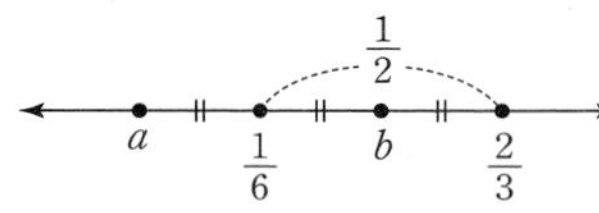

이웃한 두 점 사이의 거리는 $\frac{1}{2}\times\frac{1}{2}=\frac{1}{4}$이고,
$a=\frac{1}{6}-\frac{1}{4}=-\frac{1}{12}<0$, $b=\frac{1}{6}+\frac{1}{4}=\frac{5}{12}>0$
이므로 $ab<0$을 만족시킨다.
따라서 이때의 $a+b$의 값은 $a+b=-\frac{1}{12}+\frac{5}{12}=\frac{1}{3}$

(iii) $a<\frac{1}{6}<\frac{2}{3}<b$일 때

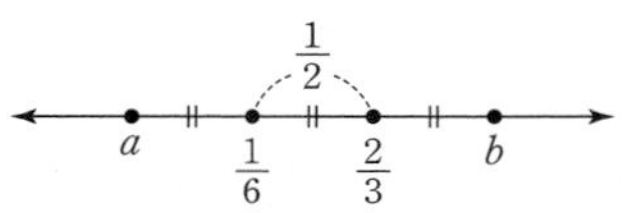

이웃한 두 점 사이의 거리가 $\frac{1}{2}$이고,
$a=\frac{1}{6}-\frac{1}{2}=-\frac{1}{3}<0$, $b=\frac{2}{3}+\frac{1}{2}=\frac{7}{6}>0$
이므로 $ab<0$을 만족시킨다.
따라서 이때의 $a+b$의 값은 $a+b=-\frac{1}{3}+\frac{7}{6}=\frac{5}{6}$

Step 3 $a+b$의 최댓값을 구한다.

(i)~(iii)에서 가능한 $a+b$의 값은 $\frac{1}{3}$, $\frac{5}{6}$이므로 구하는 $a+b$의 최댓값은 $\frac{5}{6}$이다.

17 [정답률 42%] 오답률 TOP 4 정답 ③

한 개의 주사위를 두 번 던져서 나오는 눈의 수를 차례로 a, b라 하자. $a^2\times3^b\times5$가 $2^2\times3^5$의 배수일 확률은? (4점)
(→ a가 짝수이어야만 $2^2\times3^5$의 배수가 될 수 있다.)

① $\frac{1}{6}$ ② $\frac{7}{36}$ ✔③ $\frac{2}{9}$
④ $\frac{1}{4}$ ⑤ $\frac{5}{18}$

Step 1 전체 경우의 수를 구한다.

한 개의 주사위를 두 번 던져서 나오는 눈의 경우의 수는 $6\times6=36$

Step 2 a가 2의 배수임을 이용하여 a, b의 순서쌍 (a, b)의 개수를 구한다.

$a^2\times3^b\times5$가 $2^2\times3^5$의 배수가 되려면 $a^2\times3^b\times5$가 2를 소인수로 가져야 하므로 a가 2의 배수이어야 한다. (→ $2^2\times3^5$의 배수는 당연히 짝수이다.)

(i) $a=2$일 때
$2^2\times3^b\times5$가 $2^2\times3^5$의 배수이어야 하므로 가능한 b의 값은 5, 6이다.
따라서 a, b의 순서쌍 (a, b)는 $(2, 5)$, $(2, 6)$의 2개이다.

(ii) $a=4$일 때
$4^2\times3^b\times5=2^4\times3^b\times5$가 $2^2\times3^5$의 배수이어야 하므로 가능한 b의 값은 5, 6이다. (밑이 같은 수끼리 비교하면 b가 5 이상이어야 함을 알 수 있다.)
따라서 a, b의 순서쌍 (a, b)는 $(4, 5)$, $(4, 6)$의 2개이다.

(iii) $a=6$일 때
$6^2\times3^b\times5=(2\times3)^2\times3^b\times5=2^2\times3^{b+2}\times5$
가 $2^2\times3^5$의 배수이어야 하므로 $b+2\geq5$에서 가능한 b의 값은 3, 4, 5, 6이다.
따라서 a, b의 순서쌍 (a, b)는 $(6, 3)$, $(6, 4)$, $(6, 5)$, $(6, 6)$의 4개이다.

Step 3 확률을 구한다.

(i)~(iii)에서 구한 순서쌍 (a, b)는 8개이므로 구하는 확률은
$\frac{8}{36}=\frac{2}{9}$

18 [정답률 62%] 정답 ④

그림과 같이 $\angle ABC=60°$인 삼각형 ABC의 두 변 AB, AC의 중점을 각각 D, E라 하자. 선분 DE를 지름으로 하는 원이 선분 BC와 접할 때, 이 원이 선분 AB와 만나는 점 중 D가 아닌 점을 F라 하자.

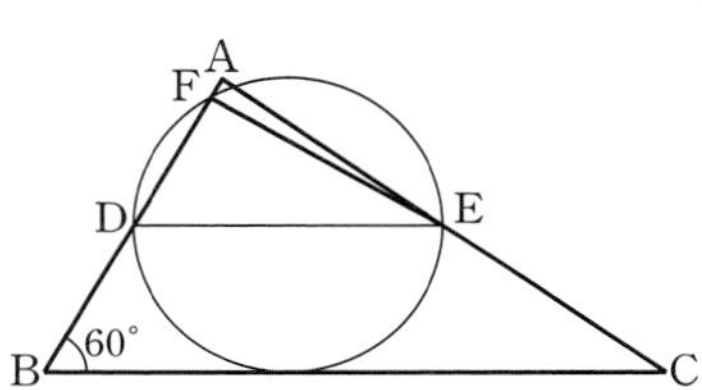

다음은 삼각형 ABC의 넓이가 16일 때, 삼각형 AFE의 넓이를 구하는 과정이다.

> 원의 반지름의 길이를 r라 하면
> $\overline{DE}=2r$, $\overline{BC}=4r$
> 이다.
> 점 A에서 선분 BC에 내린 수선의 발을 H라 하면
> $\overline{AH}=$ (가) $\times r$
> 이고, $\triangle ABC=16$이므로
> $r=$ (나)
> 이다.
> 삼각형 ADE와 삼각형 ABC는 서로 닮음이므로
> $\triangle ADE=4$이다.
> 삼각형 FDE에서 꼭짓점 F는 원 위의 점이므로
> 삼각형 FDE의 넓이는 (다) 이다.
> 따라서 구하는 삼각형 AFE의 넓이는 $4-$ (다) 이다.

위의 (가), (나), (다)에 알맞은 수를 각각 a, b, c라 할 때, $a\times b\times c$의 값은? (4점)

① $5\sqrt{3}$ ② $6\sqrt{3}$ ③ $7\sqrt{3}$
✔④ $8\sqrt{3}$ ⑤ $9\sqrt{3}$

7회 2022년 3월 수학

○ 문제편 100쪽

Step 1 삼각형의 닮음을 이용하여 (가)에 알맞은 수를 구한다.

($\overline{AD}=\overline{DB}$, $\overline{AE}=\overline{EC}$이므로 $\overline{BC}=2\overline{DE}$)

원의 반지름의 길이를 r라 하면 $\overline{DE}=2r$, $\overline{BC}=4r$이다.

점 A에서 선분 BC에 내린 수선의 발을 H, 점 D에서 선분 BC에 내린 수선의 발을 H′이라 하면 두 삼각형 BH′D, BHA는 닮음이다.

→ ∠B는 공통, ∠BH′D=∠BHA=90°이므로 AA 닮음

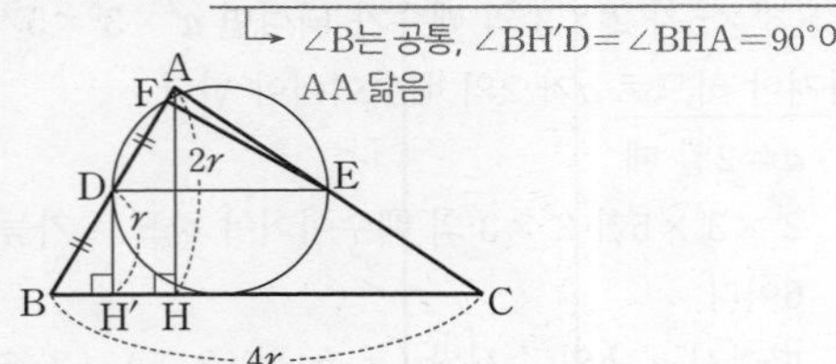

이때 선분 DE를 지름으로 하는 원이 선분 BC에 접하므로 $\overline{DH'}=r$

두 삼각형 BH′D, BHA의 닮음비가 1 : 2이므로

$\overline{DH'}:\overline{AH}=1:2$에서 $\overline{AH}=$ (가) 2 $\times r$

→ $\overline{BD}=\overline{AD}$이므로 $\overline{BD}:\overline{BA}=1:2$

Step 2 삼각형 ABC의 넓이가 16임을 이용하여 (나)에 알맞은 수를 구한다.

삼각형 ABC의 넓이가 16이므로

$\triangle ABC=\frac{1}{2}\times\overline{BC}\times\overline{AH}=\frac{1}{2}\times4r\times2r=16$

$4r^2=16,\ r^2=4\quad\therefore r=$ (나) 2

Step 3 삼각비를 이용하여 (다)에 알맞은 수를 구한다.

$\overline{AD}:\overline{AB}=\overline{AE}:\overline{AC}=1:2$이고, ∠DAE는 공통이므로 두 삼각형 ADE, ABC는 서로 닮음이고 닮음비는 1 : 2이다.

→ 두 점 D, E가 각각 선분 AB, AC의 중점

따라서 ∠ADE=∠ABC=60°이다.

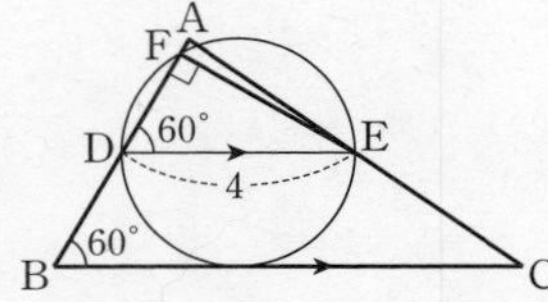

$\overline{BC}=4r=8$이므로 $\overline{DE}=\frac{1}{2}\overline{BC}=4$

각 DFE는 호 DE에 대한 원주각이므로 ∠DFE=90°

따라서 직각삼각형 FDE에서

$\sin 60°=\frac{\overline{EF}}{\overline{DE}}\qquad\therefore \overline{EF}=\overline{DE}\sin 60°=4\times\frac{\sqrt{3}}{2}=2\sqrt{3}$

$\cos 60°=\frac{\overline{DF}}{\overline{DE}}\qquad\therefore \overline{DF}=\overline{DE}\cos 60°=4\times\frac{1}{2}=2$

→ 특수각에 대한 삼각비의 값은 꼭 암기해야 한다.

그러므로 삼각형 FDE의 넓이는

$\triangle FDE=\frac{1}{2}\times\overline{DF}\times\overline{EF}=\frac{1}{2}\times2\times2\sqrt{3}=$ (다) $2\sqrt{3}$

⋮

따라서 $a=2$, $b=2$, $c=2\sqrt{3}$이므로

$a\times b\times c=2\times2\times2\sqrt{3}=8\sqrt{3}$

19 [정답률 62%]

정답 ③

그림과 같이 $\overline{AB}=\overline{AC}$인 이등변삼각형 ABC에 외접하는 원이 있다. 선분 AC 위의 점 D에 대하여 원과 직선 BD가 만나는 점 중 B가 아닌 점을 E라 하자. $\overline{AE}=2\overline{BC}$, $\overline{CD}=1$이고 ∠ADB+∠AEB=180°일 때, 선분 BC의 길이는? (4점)

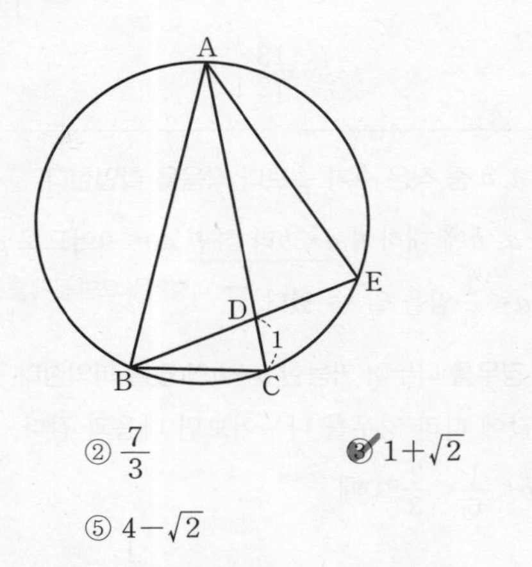

① $3-\sqrt{2}$　② $\frac{7}{3}$　③ $1+\sqrt{2}$

④ $\frac{5}{2}$　⑤ $4-\sqrt{2}$

Step 1 주어진 조건을 이용하여 크기가 같은 각을 찾는다.

두 각 ACB, AEB는 호 AB에 대한 원주각의 크기이므로

∠ACB=∠AEB …… ㉠

∠ADB+∠ADE=180°이고, ∠ADB+∠AEB=180°로 주어졌으므로 ∠ADE=∠AEB …… ㉡

두 각 ADE, BDC는 맞꼭지각이므로 ∠ADE=∠BDC …… ㉢

삼각형 ABC는 이등변삼각형이므로 ∠ABC=∠ACB …… ㉣

→ 두 밑각의 크기가 서로 같다.

따라서 ㉠~㉣에서

∠ABC=∠ACB=∠AEB=∠ADE=∠BDC

Step 2 삼각형의 닮음을 이용하여 선분의 길이에 대한 식을 세운다.

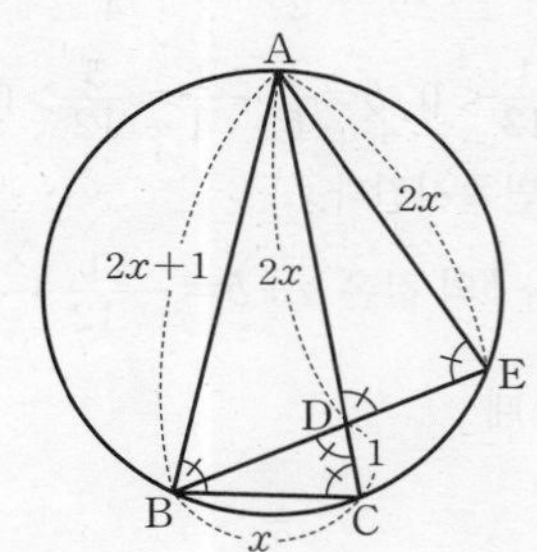

위 그림과 같이 $\overline{BC}=x$라 하면 $\overline{AE}=2\overline{BC}=2x$

삼각형 ADE는 이등변삼각형이므로 $\overline{AD}=2x$

삼각형 ABC도 $\overline{AB}=\overline{AC}$인 이등변삼각형이므로

$\overline{AB}=\overline{AD}+\overline{CD}=2x+1$

두 삼각형 ABC, BCD는 서로 닮음이므로

→ 두 밑각의 크기가 서로 같으므로 AA 닮음

$\overline{AB}:\overline{BC}=\overline{BC}:\overline{CD}$에서

$(2x+1):x=x:1$

→ 내항의 곱과 외항의 곱이 서로 같다.

$x^2=2x+1,\ x^2-2x-1=0$

Step 3 선분 BC의 길이를 구한다.

$x^2-2x-1=0$에서 근의 공식을 이용하면

→ $ax^2+2bx+c=0$에서 $x=\frac{-b\pm\sqrt{b^2-ac}}{a}$

$x=-(-1)\pm\sqrt{(-1)^2-1\times(-1)}=1\pm\sqrt{2}$

이때 $x>0$이므로 $x=1+\sqrt{2}$

→ 선분의 길이는 양수이다.

○ 문제편 102쪽

20 [정답률 47%] 정답 ①

그림과 같이 제1사분면 위의 점 A를 꼭짓점으로 하는 이차함수 $y=ax^2+bx$의 그래프가 직선 $x=3$에 대하여 대칭이다. 점 $\mathrm{B}\left(0, \frac{10}{3}\right)$에서 선분 OA에 내린 수선의 발 H에 대하여 $\overline{\mathrm{BH}}=2$일 때, $a+b$의 값은?

(단, a, b는 상수이고, O는 원점이다.) (4점)

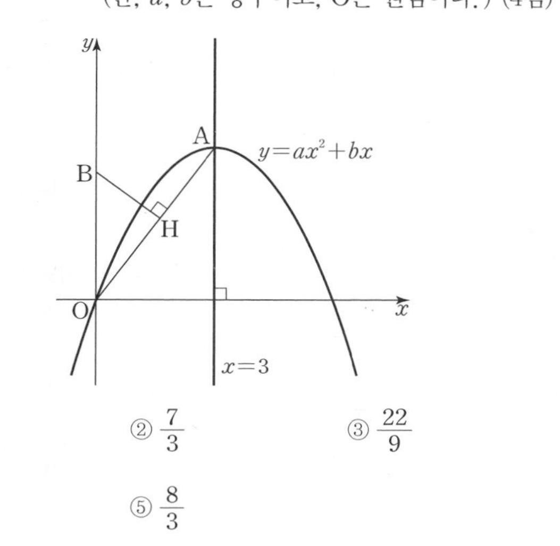

① $\frac{20}{9}$ ② $\frac{7}{3}$ ③ $\frac{22}{9}$ ④ $\frac{23}{9}$ ⑤ $\frac{8}{3}$

Step 1 $\overline{\mathrm{OA}}$의 길이를 구한다.

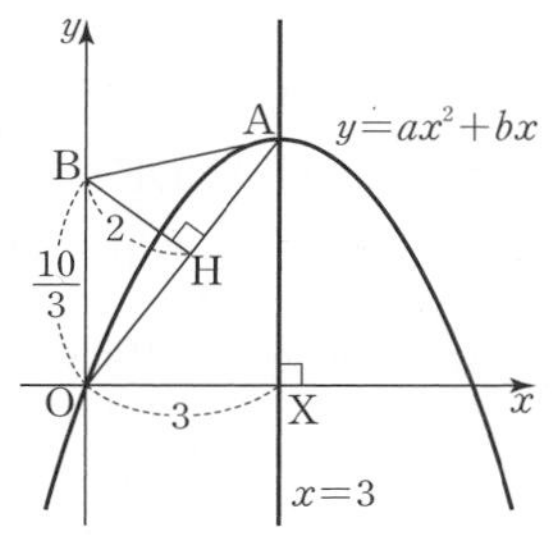

그림과 같이 직선 $x=3$이 x축과 만나는 점을 X라 하자.
삼각형 OAB의 넓이를 구해보면

$\triangle\mathrm{OAB}=\frac{1}{2}\times\overline{\mathrm{OB}}\times\overline{\mathrm{OX}}=\frac{1}{2}\times\overline{\mathrm{BH}}\times\overline{\mathrm{OA}}$

이때 $\overline{\mathrm{OB}}=\frac{10}{3}$, $\overline{\mathrm{OX}}=3$이므로 (점 X의 x좌표) (점 B의 y좌표)

$\frac{1}{2}\times\frac{10}{3}\times3=\frac{1}{2}\times2\times\overline{\mathrm{OA}}$ $\quad\therefore \overline{\mathrm{OA}}=5$

Step 2 점 A의 좌표를 구한다.

직각삼각형 AOX에서 피타고라스 정리를 이용하면

$\overline{\mathrm{AX}}^2=\overline{\mathrm{OA}}^2-\overline{\mathrm{OX}}^2=5^2-3^2=16$

$\therefore \overline{\mathrm{AX}}=4$ ($\because \overline{\mathrm{AX}}>0$)

따라서 점 A의 좌표는 $(3, 4)$이다.

Step 3 a, b의 값을 구한다.

이차함수 $y=ax^2+bx$의 그래프의 꼭짓점이 $\mathrm{A}(3, 4)$이므로 이차함수의 식을

$y=a(x-3)^2+4$

와 같이 쓸 수 있다. (꼭짓점이 (p, q)인 이차함수의 그래프의 식은 $y=m(x-p)^2+q$와 같이 쓸 수 있다.)

이때 이차함수의 그래프가 원점을 지나므로

$0=a\times(0-3)^2+4$, $9a+4=0$ (이차함수의 식에 $x=0$, $y=0$ 대입)

$\therefore a=-\frac{4}{9}$

따라서 주어진 이차함수의 식은

$y=-\frac{4}{9}(x-3)^2+4=-\frac{4}{9}x^2+\frac{8}{3}x$

즉, $a=-\frac{4}{9}$, $b=\frac{8}{3}$이므로 $a+b=-\frac{4}{9}+\frac{8}{3}=\frac{20}{9}$

✪ 다른 풀이 삼각형의 닮음을 이용하는 풀이

Step 1 삼각형의 닮음을 이용하여 $\overline{\mathrm{OA}}$의 길이를 구한다.

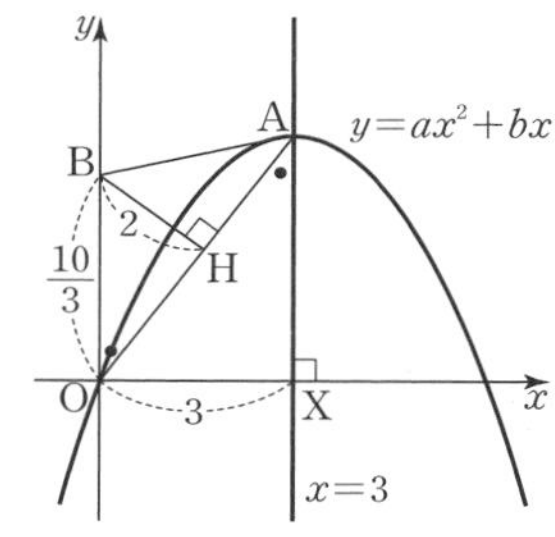

그림과 같이 직선 $x=3$이 x축과 만나는 점을 X라 하면

$\angle\mathrm{BHO}=\angle\mathrm{OXA}=90^\circ$

또한, 두 각 BOH, XAO는 엇각이고 $\overline{\mathrm{OB}}/\!/\overline{\mathrm{XA}}$이므로

$\angle\mathrm{BOH}=\angle\mathrm{XAO}$

따라서 대응하는 두 쌍의 각의 크기가 같으므로 두 삼각형 BOH, OAX는 서로 닮음이다.

즉, $\overline{\mathrm{BO}}:\overline{\mathrm{BH}}=\overline{\mathrm{OA}}:\overline{\mathrm{OX}}$이므로 (대응하는 변을 이용하여 비례식을 세운다.)

$\frac{10}{3}:2=\overline{\mathrm{OA}}:3$, $2\overline{\mathrm{OA}}=10$

$\therefore \overline{\mathrm{OA}}=5$

(이하 동일)

21 [정답률 37%] 오답률 TOP 3 정답 ②

그림과 같이 삼각형 ABC에서 선분 AB 위의 점 D에 대하여 $\overline{\mathrm{BD}}=2\overline{\mathrm{AD}}$이다. 점 A에서 선분 CD에 내린 수선의 발 E에 대하여 $\overline{\mathrm{AE}}=4$, $\overline{\mathrm{BE}}=\overline{\mathrm{CE}}=10$일 때, 삼각형 ABC의 넓이는?

(단, $\angle\mathrm{CAB}>90^\circ$) (4점)

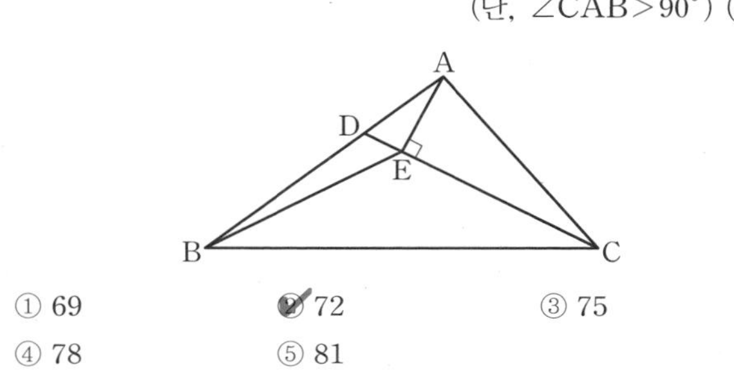

① 69 ② 72 ③ 75 ④ 78 ⑤ 81

Step 1 점 B에서 직선 CD에 내린 수선의 발 H에 대하여 $\overline{\mathrm{BH}}$의 길이를 구한다.

점 B에서 직선 CD에 내린 수선의 발을 H라 하자.

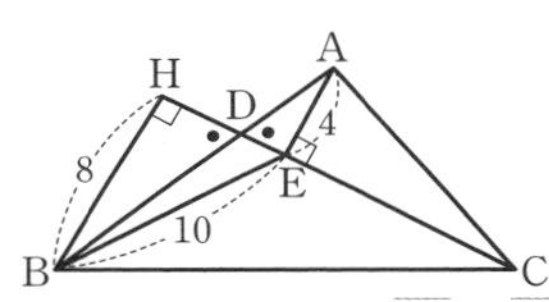

두 삼각형 ADE, BDH에서 $\overline{\mathrm{AD}}:\overline{\mathrm{BD}}=1:2$이고 ($\overline{\mathrm{BD}}=2\overline{\mathrm{AD}}$에서 알아낼 수 있다.)

$\angle\mathrm{BHD}=\angle\mathrm{AED}=90^\circ$, $\angle\mathrm{BDH}=\angle\mathrm{ADE}$ (맞꼭지각)이므로

삼각형 ADE와 BDH는 서로 닮음이고, 닮음비는 $1:2$이다. (두 각의 크기가 같으므로 AA 닮음)

따라서 $\overline{\mathrm{AE}}:\overline{\mathrm{BH}}=1:2$에서 $\overline{\mathrm{BH}}=8$이다.

Step 2 $\overline{\mathrm{CD}}$의 길이를 구한다.

직각삼각형 BEH에서 피타고라스 정리를 이용하면

$\overline{\mathrm{EH}}^2=\overline{\mathrm{BE}}^2-\overline{\mathrm{BH}}^2=10^2-8^2=36$

$\therefore \overline{\mathrm{EH}}=6$ ($\because \overline{\mathrm{EH}}>0$)

이때 $\overline{\mathrm{DE}}:\overline{\mathrm{DH}}=1:2$이므로 $\overline{\mathrm{DE}}=2$, $\overline{\mathrm{DH}}=4$

따라서 $\overline{\mathrm{CD}}=\overline{\mathrm{CE}}+\overline{\mathrm{DE}}=12$이다.

Step 3 삼각형 ABC의 넓이를 구한다.

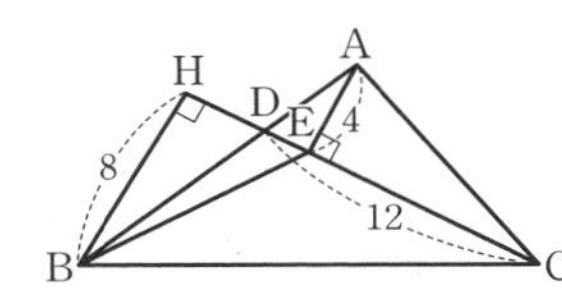

문제편 102쪽

$\triangle ADC=\frac{1}{2}\times\overline{CD}\times\overline{AE}=\frac{1}{2}\times12\times4=24$

$\triangle DBC=\frac{1}{2}\times\overline{CD}\times\overline{BH}=\frac{1}{2}\times12\times8=48$ → 높이, 밑변의 길이

따라서 삼각형 ABC의 넓이는

$\triangle ABC=\triangle ADC+\triangle DBC=24+48=72$

22 [정답률 88%]

정답 11

일차함수 $y=3x+a$의 그래프가 점 $(-3,\ 2)$를 지날 때, 상수 a의 값을 구하시오. (3점)

Step 1 점의 좌표를 일차함수의 식에 대입한다.

일차함수 $y=3x+a$의 그래프가 점 $(-3,\ 2)$를 지나므로 일차함수의 식에 $x=-3$, $y=2$를 대입하면 → 지나는 점의 x좌표와 y좌표를 각각 대입

$2=3\times(-3)+a \quad \therefore a=11$

23 [정답률 76%]

→ 인수분해하여 $x+a$ 꼴이 있는지 살펴본다.

정답 8

다항식 $x^2-2x-80$이 $x+a$를 인수로 가진다. a가 자연수일 때, a의 값을 구하시오. (3점)

Step 1 주어진 다항식을 인수분해한다.

다항식 $x^2-2x-80$을 인수분해하면

$x^2-2x-80=(x+8)(x-10)$

$\begin{matrix}1 & 8\\ 1 & -10\end{matrix}$

Step 2 a의 값을 구한다.

두 일차식 $x+8$, $x-10$이 다항식의 인수이고, 자연수 a에 대하여 $x+a$가 다항식의 인수이므로 $a=8$ → $a\neq-10$

24 [정답률 80%]

정답 234

그림과 같이 오각형 ABCDE에서 $\angle A=105°$, $\angle B=x°$, $\angle C=y°$, $\angle D=109°$, $\angle E=92°$일 때, $x+y$의 값을 구하시오. (3점)

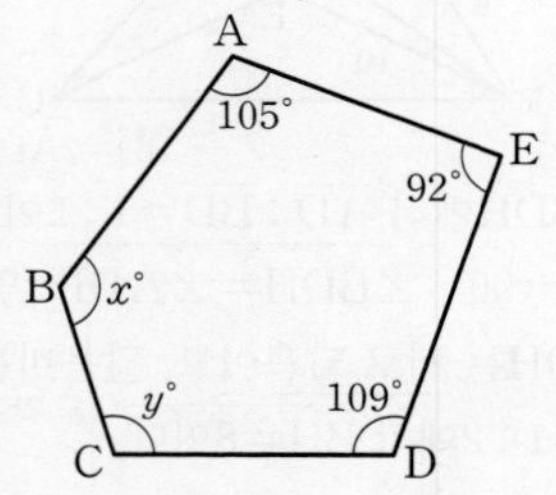

Step 1 오각형의 내각의 크기의 합이 540°임을 확인한다.

n각형의 내각의 크기의 합은 $180°\times(n-2)$이므로

오각형의 내각의 크기의 합은 $180°\times3=540°$ → $n=5$일 때를 의미

Step 2 $x+y$의 값을 구한다.

주어진 오각형 ABCDE에서

$\angle A+\angle B+\angle C+\angle D+\angle E$

$=105°+x°+y°+109°+92°$

$=306°+x°+y°$

$=540°$

$\therefore x+y=234$

25 [정답률 51%]

정답 84

다음 조건을 만족시키는 두 자리의 자연수 n의 최댓값을 구하시오. (3점)

(가) n은 4의 배수이다.
(나) n의 소인수의 개수가 3이다.

Step 1 두 자리 자연수 중 4의 배수인 것을 큰 수부터 소인수분해한다.

두 자리 자연수 중 4의 배수인 것을 큰 수부터 소인수분해하면 다음과 같다. → 소인수의 개수가 3인 수를 찾는다.

$96=4\times24=2^2\times(2^3\times3)=2^5\times3$이므로 96의 소인수는 2, 3의 2개이다.

$92=4\times23=2^2\times23$이므로 92의 소인수는 2, 23의 2개이다.

$88=4\times22=2^2\times(2\times11)=2^3\times11$이므로 88의 소인수는 2, 11의 2개이다.

$84=4\times21=2^2\times3\times7$이므로 84의 소인수는 2, 3, 7의 3개이다.

⋮

따라서 조건을 만족시키는 두 자리 자연수 n의 최댓값은 84이다.

26 [정답률 61%]

정답 7

그림과 같이 길이가 1인 선분 AB 위의 점 C에 대하여 선분 AC를 한 변으로 하는 정사각형 ACDE가 있다. 선분 CD를 삼등분하는 점 중 점 D에 가까운 점을 F라 하자. 정사각형 ACDE의 넓이와 삼각형 BFC의 넓이의 합이 $\frac{5}{8}$일 때, $\overline{AC}=\frac{q}{p}$이다. $p+q$의 값을 구하시오. → 정사각형의 한 변의 길이를 x로 놓고, x에 대한 이차방정식을 세운다.

(단, p와 q는 서로소인 자연수이다.) (4점)

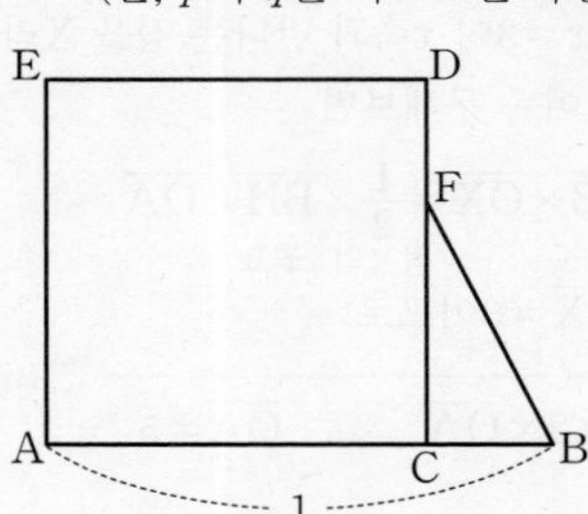

Step 1 정사각형 ACDE의 한 변의 길이를 x로 놓고, 선분 BC, CF의 길이를 x로 나타낸다.

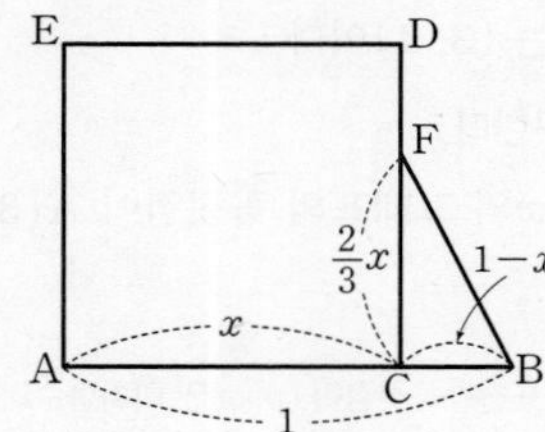

위 그림과 같이 정사각형 ACDE의 한 변의 길이를 x라 하자.

→ 문제에서 구하는 $\overline{AC}$의 길이가 x의 값이다. (단, $0<x<1$)

선분 BC의 길이는 $\overline{BC}=\overline{AB}-\overline{AC}=1-x$

선분 CD를 삼등분하는 점 중 점 D에 가까운 점이 F이므로

$\overline{CF}=\frac{2}{3}x$

Step 2 x의 값을 구한다.

이때 정사각형 ACDE의 넓이와 삼각형 BFC의 넓이의 합이 $\frac{5}{8}$이므로

$x^2+\frac{1}{2}\times\frac{2}{3}x\times(1-x)=\frac{5}{8}$ → $=\frac{1}{2}\times\overline{CF}\times\overline{BC}$

$x^2+\frac{1}{3}x-\frac{1}{3}x^2=\frac{5}{8}$, $\frac{2}{3}x^2+\frac{1}{3}x-\frac{5}{8}=0$

$16x^2+8x-15=0$ ← 양변에 24를 곱한다.

문제편 103쪽

$(4x+5)(4x-3)=0$

$\therefore x=-\frac{5}{4}$ 또는 $x=\frac{3}{4}$

이때 $0<x<1$이므로 $x=\frac{3}{4}$

Step 3 $p+q$의 값을 구한다.

따라서 $\overline{AC}=\frac{3}{4}$이므로 $p=4$, $q=3$

$\therefore p+q=4+3=7$

27 [정답률 43%]

정답 5

그림과 같이 반지름의 길이가 2이고 중심각의 크기가 $90°$인 부채꼴 OAB가 있다. 선분 OA를 지름으로 하는 반원의 호 위의 점 P에 대하여 직선 OP가 호 AB와 만나는 점을 Q라 하고, 점 Q에서 선분 OA에 내린 수선의 발을 H라 하자. $\angle QOA=30°$일 때, 삼각형 PHQ의 넓이는 $\frac{a\sqrt{3}-b}{4}$이다. $a+b$의 값을 구하시오. (단, a와 b는 자연수이다.) (4점)

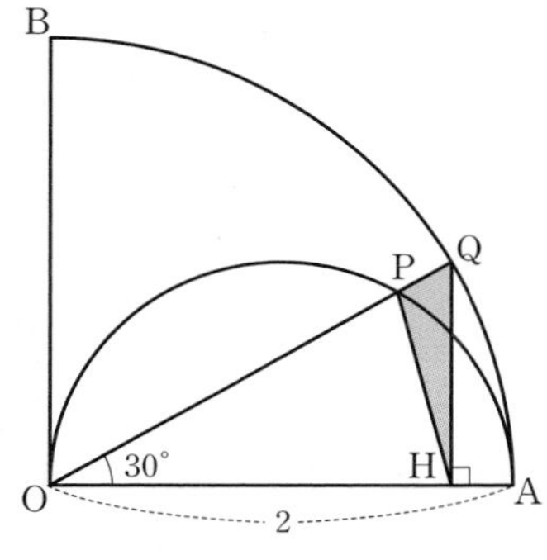

Step 1 $\overline{HQ}$의 길이를 구한다.

직각삼각형 OHQ에서 $\overline{OQ}=2$이므로 $\sin 30°=\frac{\overline{HQ}}{\overline{OQ}}$에서

→ 부채꼴 OAB의 반지름의 길이

$\overline{HQ}=\overline{OQ}\sin 30°=2\times\frac{1}{2}=1$

Step 2 $\overline{PQ}$의 길이를 구한다.

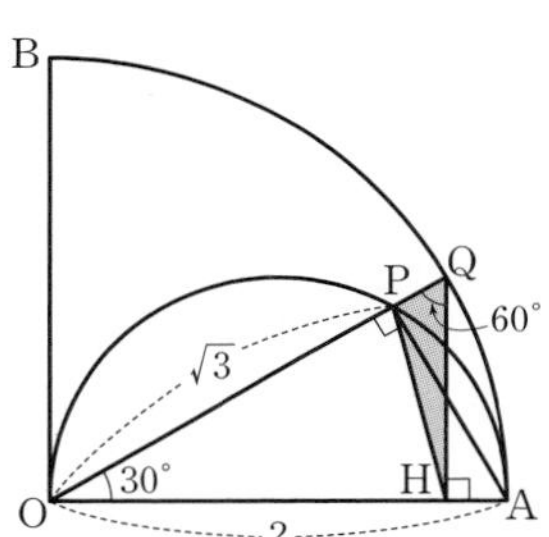

위 그림과 같이 선분 PA를 그으면 각 OPA는 반원에 대한 원주각이므로 $\angle OPA=90°$

따라서 직각삼각형 OPA에서

$\cos 30°=\frac{\overline{OP}}{\overline{OA}}$ $\quad\therefore \overline{OP}=\overline{OA}\cos 30°=2\times\frac{\sqrt{3}}{2}=\sqrt{3}$

$\therefore \overline{PQ}=\overline{OQ}-\overline{OP}=2-\sqrt{3}$

Step 3 a, b의 값을 구한다.

삼각형 PHQ에서 $\angle PQH=60°$이므로 그 넓이는

$\triangle PHQ=\frac{1}{2}\times\overline{HQ}\times\overline{PQ}\times\sin 60°$

→ 두 변 HQ, PQ의 끼인각이 $\angle PQH$로 $60°$이다.

$=\frac{1}{2}\times1\times(2-\sqrt{3})\times\frac{\sqrt{3}}{2}$

$=\frac{2\sqrt{3}-3}{4}$

따라서 $a=2$, $b=3$이므로 $a+b=2+3=5$

28 [정답률 42%]

오답률 TOP 5 **정답 10**

다음은 8명의 학생이 1년 동안 읽은 책의 권수를 조사하여 나타낸 자료이다.

$4,\ 3,\ 12,\ 5,\ 4,\ a,\ b,\ c$

이 자료의 중앙값과 평균이 모두 7일 때, 분산을 구하시오. (4점)

→ 주어진 조건을 이용해서 a, b, c의 값을 찾아내는 게 핵심이다.

→ 자료의 개수가 짝수일 때는 이와 같이 중앙값을 중앙의 두 변량의 평균으로 계산한다.

Step 1 $a\le b\le c$로 놓고, 주어진 중앙값을 이용하여 a의 값을 구한다.

자료가 8개이므로 자료의 중앙값은 변량을 작은 값부터 순서대로 나열했을 때, 4번째 변량과 5번째 변량의 평균이다.

$a\le b\le c$로 가정하면 $a\le5$일 때, 중앙값이 7이 될 수 없다.

즉, $a>5$

→ $a=5$이면 중앙값은 5, $a<5$이면 중앙값은 5보다 작다.

3 4 4 5 a _ _ _

위와 같이 자료를 작은 값부터 순서대로 나열하면 5와 a의 평균이 7이므로 $a=9$

→ 두 변량의 평균이 7이다.

→ $\frac{5+a}{2}=7$, $5+a=14$ $\quad\therefore a=9$

Step 2 b, c의 값을 구한다.

→ $=a$

자료의 평균이 7이므로 $\frac{3+4+4+5+9+12+b+c}{8}=7$

$37+b+c=56$ $\quad\therefore b+c=19$

이때 $9\le b\le c$이므로 $b=9$, $c=10$이다.

Step 3 자료의 분산을 구한다.

→ 변량은 읽은 책의 권수이므로 자연수

따라서 주어진 자료는 3, 4, 4, 5, 9, 9, 10, 12이고 평균이 7이므로 자료의 편차는 순서대로

→ (변량)−(평균)

$-4,\ -3,\ -3,\ -2,\ 2,\ 2,\ 3,\ 5$

이다.

그러므로 자료의 분산은

$\frac{(-4)^2+(-3)^2+(-3)^2+(-2)^2+2^2+2^2+3^2+5^2}{8}=10$

29 [정답률 16%]

오답률 TOP 2 **정답 13**

좌표평면에서 이차항의 계수가 양수인 이차함수 $y=f(x)$의 그래프 위의 두 점 A, B가 다음 조건을 만족시킨다.

(가) $a<2<b$인 두 수 a, b에 대하여 $A(a,\ 1)$, $B(b,\ 1)$이다.
(나) 점 $C(2,\ 1)$에 대하여 $\overline{AC}=3\overline{BC}$이다.

이차함수 $y=f(x)$의 그래프 위의 점 D에 대하여 삼각형 ADB가 $\angle ADB=90°$인 이등변삼각형이고 넓이가 16일 때, $f(8)$의 값을 구하시오. (4점)

Step 1 선분 AB의 길이를 구한다.

삼각형 ADB가 $\angle ADB=90°$인 이등변삼각형이므로 $\overline{AD}=\overline{BD}$

점 D에서 선분 AB에 내린 수선의 발을 H라 하면 직선 DH는 선분 AB의 수직이등분선이면서 이차함수 $y=f(x)$의 그래프의 축이다.

따라서 점 D는 이차함수 $y=f(x)$의 그래프의 꼭짓점이다.

→ 두 점 A, B의 y좌표가 1로 같기 때문이다.

7회 2022년 3월 수학

문제편 105쪽

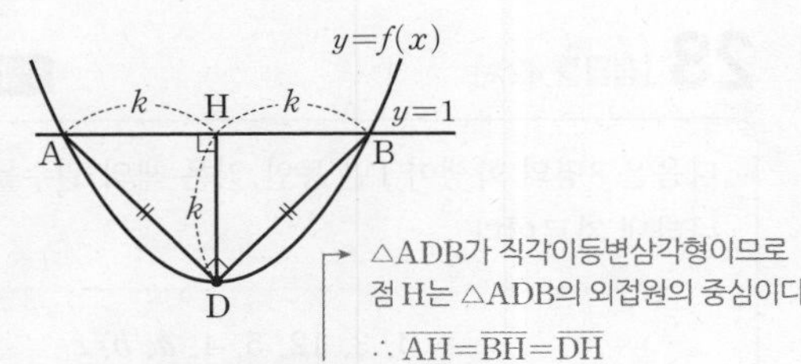

→ △ADB가 직각이등변삼각형이므로 점 H는 △ADB의 외접원의 중심이다.
$\therefore \overline{AH}=\overline{BH}=\overline{DH}$

그림과 같이 $\overline{AH}=k\ (k>0)$라 하면 $\overline{BH}=\overline{DH}=k$

이때 이등변삼각형 ADB의 넓이가 16이므로

$\frac{1}{2}\times\overline{AB}\times\overline{DH}=\frac{1}{2}\times 2k\times k=k^2=16$

$\therefore k=4\ (\because k>0)$

따라서 선분 AB의 길이는 $\overline{AB}=\overline{AH}+\overline{BH}=4+4=8$

Step 2 세 점 A, B, D의 좌표를 구한다.

점 C(2, 1)에 대하여 $\overline{AC}=3\overline{BC}$이고, $\overline{AB}=8$이므로

$\overline{AC}=6$, $\overline{BC}=2$ → 길이가 8인 선분을 3 : 1로 나눈다고 생각하면 된다.

따라서 A$(-4,\ 1)$, B$(4,\ 1)$이고, 이차함수의 그래프의 축이 직선

$x=0$이므로 D$(0,\ -3)$이다. → $1-k=1-4=-3$, → $\frac{-4+4}{2}=0$

Step 3 $f(8)$의 값을 구한다.

$f(x)=mx^2-3$으로 놓으면 함수 $y=f(x)$의 그래프가

점 A$(-4,\ 1)$을 지나므로 → 꼭짓점이 (p,q)인 이차함수의 그래프의 식은 $y=m(x-p)^2+q\ (m\neq0)$와 같이 쓸 수 있으므로 꼭짓점이 $(0,q)$일 때는 $y=mx^2+q$이다.

$m\times(-4)^2-3=1$, $16m=4$

$\therefore m=\frac{1}{4}$

따라서 $f(x)=\frac{1}{4}x^2-3$이므로 $f(8)=\frac{1}{4}\times8^2-3=13$

30 [정답률 13%]

오답률 TOP ① **정답 320**

그림과 같이 $\overline{AD}/\!/\overline{BC}$인 사다리꼴 ABCD에서 두 대각선의 교점을 E라 하자. 점 E를 지나고 선분 AD와 평행한 직선이 선분 CD와 만나는 점을 F라 하고, 두 선분 AC, BF의 교점을 G라 하자. $\overline{AD}=4$, $\overline{EF}=3$일 때, 사다리꼴 ABCD의 넓이는 삼각형 EGF의 넓이의 k배이다. $9k$의 값을 구하시오. (4점)

→ 삼각형의 닮음을 이용해서 각각의 삼각형의 넓이를 구한다.

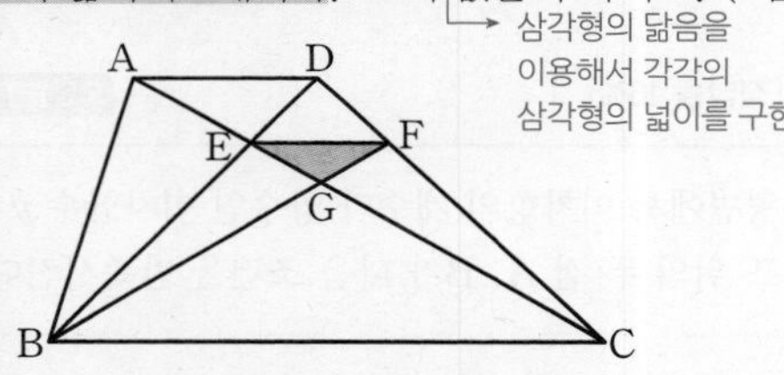

Step 1 $\overline{BC}$의 길이를 구한다.

두 삼각형 ACD, ECF에서 $\overline{AD}/\!/\overline{EF}$이므로 삼각형 ACD와 ECF는 서로 닮음이다.

→ $\overline{AD}/\!/\overline{EF}$이니까 ∠DAC=∠FEC (동위각), 각 ACD는 공통이므로 AA 닮음

$\overline{AD}:\overline{EF}=4:3$이므로 $\overline{AC}:\overline{EC}=4:3$

$\therefore \overline{AE}:\overline{EC}=1:3$

따라서 닮음인 두 삼각형 AED, CEB의 닮음비가 1 : 3이므로

$\overline{BC}=3\overline{AD}=12$ → ∠AED=∠CEB (맞꼭지각), $\overline{AD}/\!/\overline{BC}$에서 ∠EAD=∠ECB (엇각)이므로 AA 닮음

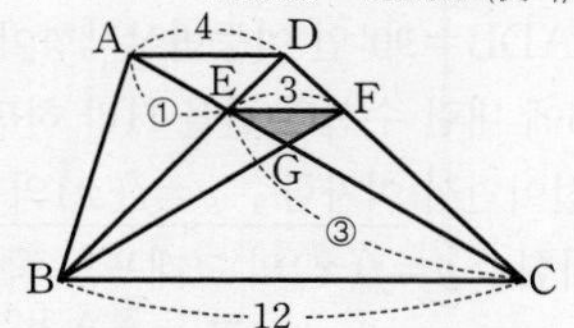

Step 2 각각의 삼각형의 넓이의 관계를 구한다. → $\overline{EF}/\!/\overline{BC}$이니까 ∠GFE=∠GBC (엇각), ∠GEF=∠GCB (엇각)이므로 AA 닮음

두 삼각형 EGF, CGB는 서로 닮음이고,

$\overline{EF}:\overline{CB}=3:12=1:4$이므로 닮음비는 1 : 4이다.

따라서 삼각형 EGF의 넓이를 S라 하면

$\triangle CGB=4^2\times S=16S$ → 넓이의 비는 닮음비의 제곱

$\overline{EG}:\overline{CG}=\overline{FG}:\overline{BG}=1:4$이므로 $\triangle CFG=\triangle BGE=4S$

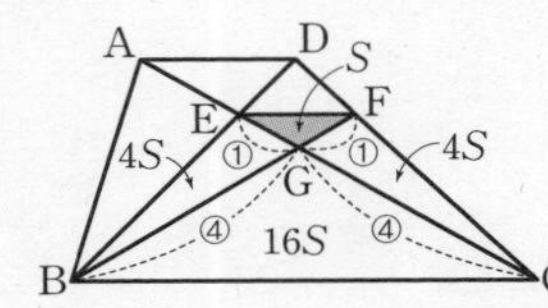

두 삼각형 AED, CEB의 닮음비가 1 : 3이므로

$\triangle AED:\triangle CEB=1^2:3^2=1:9$

이때 $\triangle CEB=\triangle CGB+\triangle BGE=16S+4S=20S$이므로

$\triangle AED=\frac{20}{9}S$

또한 $\overline{AE}:\overline{EC}=1:3$이므로

$\triangle ABE:\triangle CEB=1:3$에서 $\triangle ABE=\frac{20}{3}S$

두 삼각형 AED, DEF의 넓이의 비는 4 : 3이므로

$\triangle DEF=\frac{3}{4}\triangle AED=\frac{3}{4}\times\frac{20}{9}S=\frac{5}{3}S$ → 밑변이 각각 $\overline{AD}$, $\overline{EF}$이고 높이가 같은 삼각형이라고 생각한다.

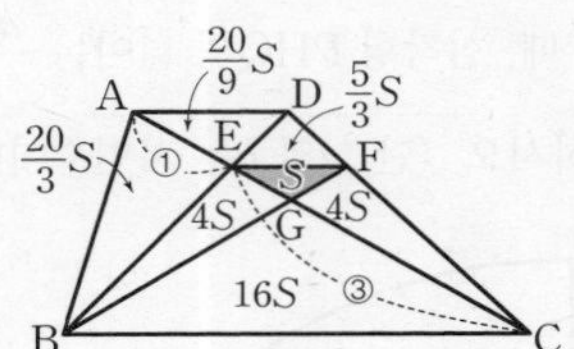

Step 3 k의 값을 구한다.

사다리꼴 ABCD의 넓이는

$\square ABCD=\triangle CGB+\triangle CGF+\triangle BGE+\triangle ABE+\triangle AED+\triangle DEF+\triangle EGF$

$=16S+4S+4S+\frac{20}{3}S+\frac{20}{9}S+\frac{5}{3}S+S=\frac{320}{9}S$

따라서 사다리꼴 ABCD의 넓이는 삼각형 EGF의 넓이의 $\frac{320}{9}$배이므로 $k=\frac{320}{9}$

$\therefore 9k=9\times\frac{320}{9}=320$

문제편 106쪽

8회 2021년 3월 학평 정답과 해설 수학

문제편 p.107

8회 특징

- 전반적으로 평이한 난이도로 출제되었으나, 중학교에서 배웠던 도형, 이차함수와 관련된 문제들이 어렵게 출제되었다.
- 30번 문항에서는 원의 성질을 이용한 고난도 문제가 출제되었다. 원주각의 성질, 도형의 성질, 도형의 닮음, 피타고라스 정리 등 중학교 때 배운 도형과 관련된 여러 가지 공식을 이용해야 문제를 해결할 수 있었다.

오답률 TOP 5

문항 번호	30	27	28	29	25
분류	중3 원의 성질	중3 이차함수	중3 삼각비	중3 이차함수	중1 정수와 유리수
난도	최상	상	상	상	상

정답표

1	③	2	④	3	②	4	④	5	⑤
6	②	7	①	8	③	9	⑤	10	②
11	③	12	①	13	①	14	④	15	③
16	⑤	17	①	18	⑤	19	④	20	②
21	⑤	22	7	23	18	24	70	25	84
26	128	27	48	28	25	29	31	30	149

01 [정답률 95%] 정답 ③

$6\div(-4)-\frac{5}{2}\times(-3)$의 값은? (2점)

① 4 ② 5 ③ 6
④ 7 ⑤ 8

Step 1 정수와 유리수의 사칙연산을 이용한다.

$6\div(-4)-\frac{5}{2}\times(-3)$

$=6\times\left(-\frac{1}{4}\right)+\frac{5}{2}\times3$ → 원래의 나눗셈에서 나누는 수의 역수를 취한 후 곱셈으로 바꿔주었어.

$=-\frac{3}{2}+\frac{15}{2}$

$=6$

02 [정답률 96%] 정답 ④

다항식 $2x(3x-1)-x(2x+3)$을 간단히 하였을 때, x^2의 계수는? (2점)

① 1 ② 2 ③ 3
④ 4 ⑤ 5

Step 1 다항식의 연산을 이용하여 주어진 식을 간단히 한다.

$2x(3x-1)-x(2x+3)$ → 분배법칙 $a(b+c)=ab+ac$를 이용

$=(6x^2-2x)-(2x^2+3x)$

$=(6x^2-2x^2)-(2x+3x)$ → 동류항끼리 묶어서 정리

$=4x^2-5x$

따라서 x^2의 계수는 4이다.

03 [정답률 94%] 정답 ②

$\sqrt{\frac{2}{3}}\times\sqrt{\frac{15}{2}}+\sqrt{20}$의 값은? (2점)

① $\frac{5\sqrt{5}}{2}$ ② $3\sqrt{5}$ ③ $\frac{7\sqrt{5}}{2}$
④ $4\sqrt{5}$ ⑤ $\frac{9\sqrt{5}}{2}$

Step 1 제곱근의 성질을 이용한다.

$\sqrt{\frac{2}{3}}\times\sqrt{\frac{15}{2}}+\sqrt{20}=\sqrt{\frac{2}{3}\times\frac{15}{2}}+\sqrt{2^2\times5}$ ($\sqrt{a}\times\sqrt{b}=\sqrt{ab}$, $\sqrt{a^2b}=a\sqrt{b}$ (단, $a>0, b>0$))

$=\sqrt{5}+2\sqrt{5}$

$=3\sqrt{5}$

04 [정답률 95%] 정답 ④

$9x^2+12x+k$가 완전제곱식이 되기 위한 상수 k의 값은? (3점)

① $\frac{1}{9}$ ② $\frac{1}{4}$ ③ 1
④ 4 ⑤ 9

Step 1 완전제곱식을 세운 후 원래의 식과 비교한다.

$9x^2+12x+k=(3x)^2+2\times(3x)\times2+k=(3x+2)^2$

이어야 하므로 $k=2^2=4$ ($a^2+2ab+b^2=(a+b)^2$에서 $a=3x, b=2$)

05 [정답률 89%] 정답 ⑤

그림과 같이 밑면의 지름의 길이가 4인 원기둥의 겉넓이가 38π일 때, 이 원기둥의 높이는? (3점)

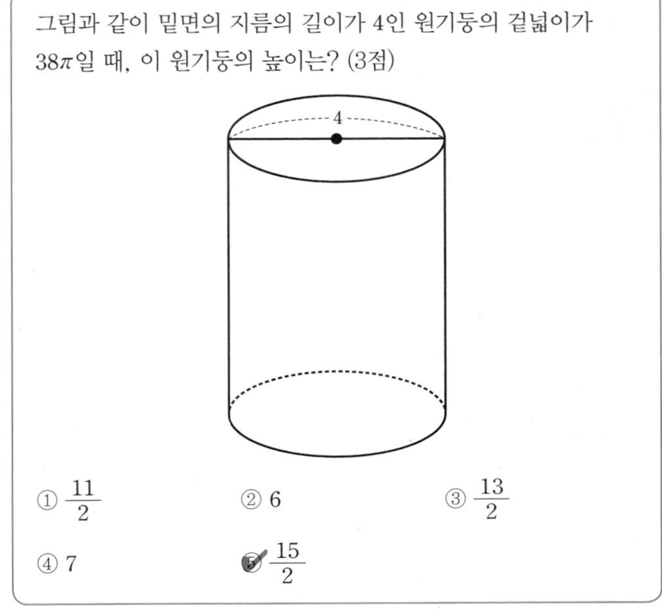

① $\frac{11}{2}$ ② 6 ③ $\frac{13}{2}$
④ 7 ⑤ $\frac{15}{2}$

문제편 107쪽

Step 1 원기둥의 밑면의 넓이와 옆면의 넓이를 각각 구한다.

원기둥의 밑면의 지름의 길이가 4이므로 밑면의 반지름의 길이는 2이다.

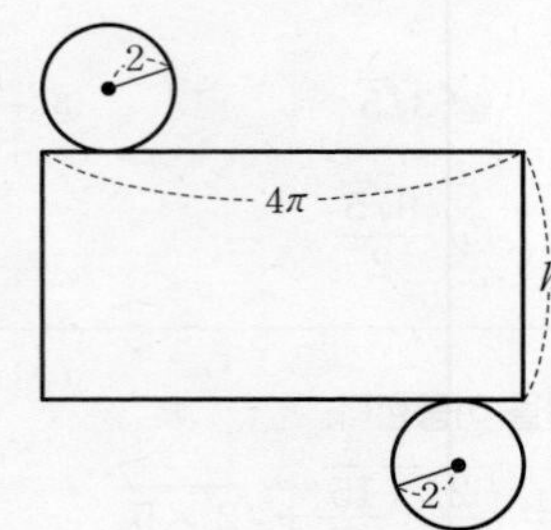

위 그림과 같이 원기둥의 전개도를 그리고 원기둥의 높이를 h라 하면 원기둥의 두 밑면의 넓이의 합은

$2\times(\pi\times2^2)=8\pi$ → 반지름의 길이가 2인 원이 2개

원기둥의 밑면의 둘레의 길이는 $2\pi\times2=4\pi$ → 원기둥의 전개도에서 옆면의 가로의 길이와 같아.

따라서 원기둥의 옆면의 넓이는 $4\pi\times h=4\pi h$ → (세로의 길이)=(원기둥의 높이)

Step 2 주어진 원기둥의 겉넓이를 이용하여 원기둥의 높이를 구한다.

이때 원기둥의 겉넓이가 38π이므로

$8\pi+4\pi h=38\pi$, $4\pi h=30\pi$

$\therefore h=\frac{30\pi}{4\pi}=\frac{15}{2}$

따라서 구하는 원기둥의 높이는 $\frac{15}{2}$이다.

06 [정답률 90%]

정답 ②

일차함수 $y=ax+b$의 그래프는 일차함수 $y=-\frac{2}{3}x$의 그래프와 평행하다. 일차함수 $y=ax+b$의 그래프의 x절편이 3일 때, $a+b$의 값은? (단, a와 b는 상수이다.) (3점)

① $\frac{7}{6}$ ② $\frac{4}{3}$ ③ $\frac{3}{2}$
④ $\frac{5}{3}$ ⑤ $\frac{11}{6}$

Step 1 평행한 두 일차함수의 그래프의 기울기가 서로 같음을 이용한다.

일차함수 $y=ax+b$의 그래프가 일차함수 $y=-\frac{2}{3}x$의 그래프와 평행하므로 $a=-\frac{2}{3}$ → (기울기)$=a$

일차함수 $y=-\frac{2}{3}x+b$의 그래프의 x절편이 3이므로 → $y=0$일 때의 x의 값이 3

$0=-\frac{2}{3}\times3+b \quad \therefore b=2$

$\therefore a+b=-\frac{2}{3}+2=\frac{4}{3}$

07 [정답률 90%]

정답 ①

다음은 어느 고등학교 1학년 학생 20명이 1년간 실시한 봉사 활동 시간을 줄기와 잎 그림으로 나타낸 것이다. 이 자료의 중앙값은? (3점)

(2|0은 20시간)

줄기	잎
0	4 5
1	1 2 4 7 7
2	0 1 1 5 8 9
3	4 4 8 9
4	0 0 2

→ 줄기가 2이고 잎이 8이니까 이 자료는 '28시간'을 의미

① 23시간 ② 24시간 ③ 25시간
④ 26시간 ⑤ 27시간

Step 1 주어진 자료를 작은 값부터 크기순으로 나타낸다.

주어진 봉사 활동 시간을 작은 값부터 크기순으로 나타내보면

4, 5, 11, 12, 14, 17, 17, 20, 21, 21, 25, 28, 29, 34, 34, 38, 39, 40, 40, 42

(21 → 10번째, 25 → 11번째)

Step 2 자료의 중앙값을 구한다.

이때 자료의 개수가 20이므로 중앙값은 중앙에 위치한 두 자료의 평균, 즉 10번째와 11번째 자료의 평균이다. → 두 자료의 값을 더한 뒤 2로 나눠주면 돼.

따라서 구하는 중앙값은 $\frac{21+25}{2}=23$(시간)

08 [정답률 82%]

정답 ③

$5^3\times6^4$이 n자리의 수일 때, n의 값은? (3점)

① 4 ② 5 ③ 6
④ 7 ⑤ 8

Step 1 주어진 수를 10의 거듭제곱 꼴로 묶어 정리한다.

주어진 수를 정리하면

$5^3\times6^4=5^3\times(2^4\times3^4)$ → $6^4=(2\times3)^4=2^4\times3^4$

$=5^3\times2^3\times2\times3^4$ → $=2\times81=162$

$=10^3\times162$

$=162000$

Step 2 n의 값을 구한다.

따라서 주어진 수는 6자리의 수이므로 $n=6$

09 [정답률 83%]

정답 ⑤

한 개의 주사위를 두 번 던질 때, 첫 번째 던져서 나온 눈의 수가 두 번째 던져서 나온 눈의 수보다 작을 확률은? (3점)

① $\frac{11}{36}$ ② $\frac{1}{3}$ ③ $\frac{13}{36}$
④ $\frac{7}{18}$ ⑤ $\frac{5}{12}$

Step 1 전체 경우의 수를 구한다.

한 개의 주사위를 두 번 던질 때 나오는 눈의 수에 대한 모든 경우의 수는 $6\times6=36$

Step 2 첫 번째 던져서 나온 눈의 수가 두 번째 던져서 나온 눈의 수보다 작은 경우의 수를 구한다.

주사위를 첫 번째 던져서 나온 눈의 수를 m, 두 번째 던져서 나온 눈의 수를 n이라 하면 m이 n보다 작은 순서쌍 (m, n)은

$m=1$일 때 (1, 2), (1, 3), (1, 4), (1, 5), (1, 6)

$m=2$일 때 (2, 3), (2, 4), (2, 5), (2, 6)

$m=3$일 때 (3, 4), (3, 5), (3, 6)

$m=4$일 때 (4, 5), (4, 6)

$m=5$일 때 (5, 6) → 주의 $m=6$일 때 $m<n$인 주사위의 눈의 수 n은 존재하지 않아.

따라서 이때의 경우의 수는 $5+4+3+2+1=15$

그러므로 구하는 확률은 $\frac{15}{36}=\frac{5}{12}$

문제편 108쪽

10 [정답률 87%] 정답 ②

일차부등식 $2a-x\leq-3(x-2)$가 참이 되는 자연수 x의 개수가 4일 때, 정수 a의 값은? (3점)

① -2 ② -1 ③ 0
④ 1 ⑤ 2

Step 1 일차부등식을 푼다.

주어진 일차부등식을 풀면

$2a-x\leq-3(x-2)$에서 $2a-x\leq-3x+6$

$3x-x\leq6-2a$

$2x\leq6-2a$

$\therefore x\leq3-a$ ← 부등식의 양변을 2로 나누어도 부등호의 방향은 변하지 않아.

Step 2 부등식이 참이 되는 자연수 x의 개수가 4가 되도록 하는 정수 a의 값을 구한다.

주어진 부등식이 참이 되는 자연수 x의 개수가 4이므로

$4\leq3-a<5$, $1\leq-a<2$

$\therefore -2<a\leq-1$ ← 각 변의 부호를 바꾸면서 부등호의 방향도 바꿔주었어.

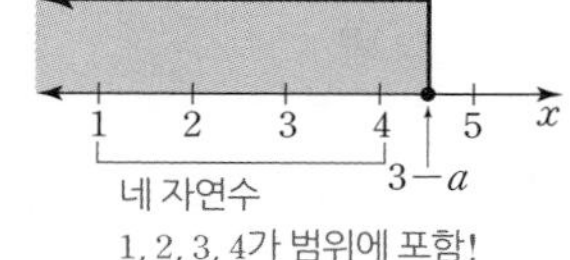

이때 a는 정수이므로 $a=-1$

11 [정답률 90%] 정답 ③

[그림 1]은 가로의 길이가 $2x$, 세로의 길이가 $x+2$인 직사각형에서 가로의 길이가 1, 세로의 길이가 x인 직사각형을 잘라낸 도형을 나타낸 것이다. [그림 2]는 세로의 길이가 x인 직사각형을 나타낸 것이다. [그림 1]의 도형과 [그림 2]의 직사각형의 넓이가 서로 같을 때, [그림 2]의 직사각형의 둘레의 길이는? $\left(\text{단, } x>\frac{1}{2}\right)$ (3점)

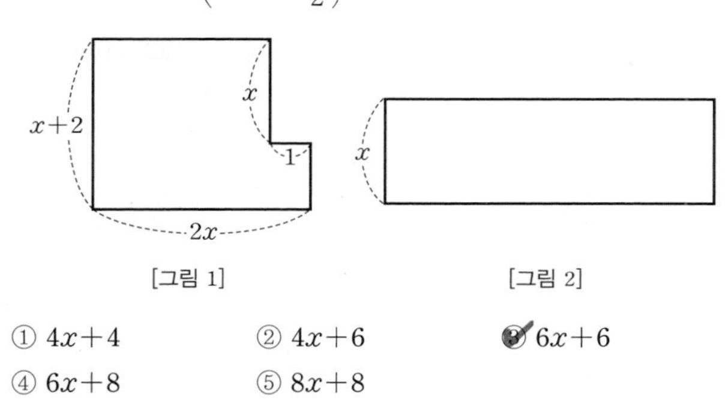

① $4x+4$ ② $4x+6$ ③ $6x+6$
④ $6x+8$ ⑤ $8x+8$

Step 1 [그림 1]의 도형의 넓이를 구한다.

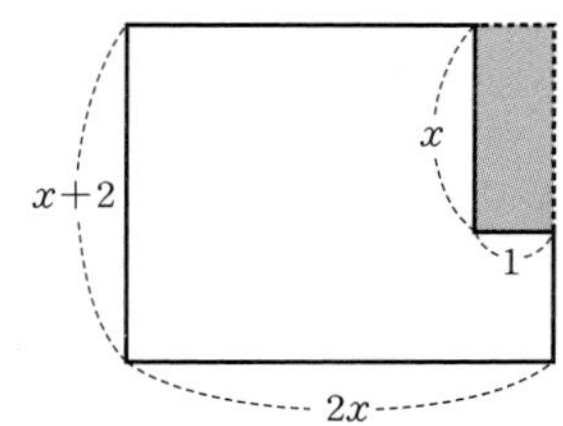

[그림 1]의 도형의 넓이는

$2x(x+2)-x\times1=(2x^2+4x)-x$ (전체 직사각형의 넓이 − 색칠한 직사각형의 넓이)

$=2x^2+3x$

$=x(2x+3)$ …… ㉠

Step 2 [그림 2]의 직사각형의 가로의 길이를 구한다.

[그림 2]의 직사각형의 가로의 길이를 a라 하면 직사각형의 넓이는

$a\times x=ax$ …… ㉡

[그림 1]의 도형의 넓이와 [그림 2]의 직사각형의 넓이가 같으므로 두 식 ㉠, ㉡을 비교하면

$x(2x+3)=ax$에서

$a=2x+3$ ($\because x\neq0$)

Step 3 [그림 2]의 직사각형의 둘레의 길이를 구한다.

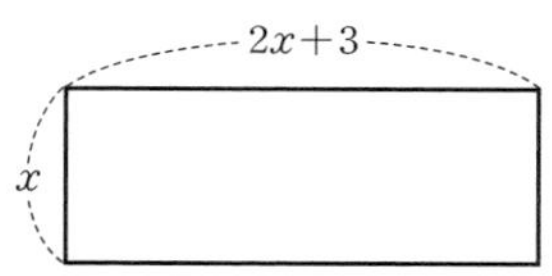

따라서 [그림 2]의 직사각형의 둘레의 길이는

$2\times\{x+(2x+3)\}=2(3x+3)=6x+6$ (x: 세로의 길이, $2x+3$: 가로의 길이)

12 [정답률 81%] 정답 ①

다음은 어느 반 학생 20명의 작년에 읽은 책의 수와 올해 읽은 책의 수에 대한 산점도이다.

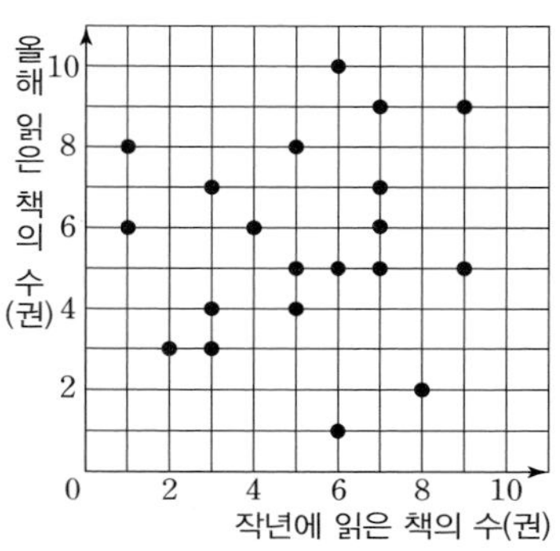

작년보다 올해 책을 더 많이 읽은 학생의 수를 a, 작년과 올해 해마다 5권 이상의 책을 읽은 학생의 수를 b라 할 때, $a+b$의 값은? (3점)

① 19 ② 21 ③ 23
④ 25 ⑤ 27

Step 1 산점도에 대각선을 그어 a의 값을 구한다.

작년보다 올해 책을 더 많이 읽은 학생의 수는 산점도에서 작년과 올해 읽은 책의 수가 같은 점을 이은 대각선보다 위쪽에 있는 점의 개수와 같으므로 9이다. (아래쪽에 있으면 작년에 읽은 책의 수가 더 많아.)

$\therefore a=9$

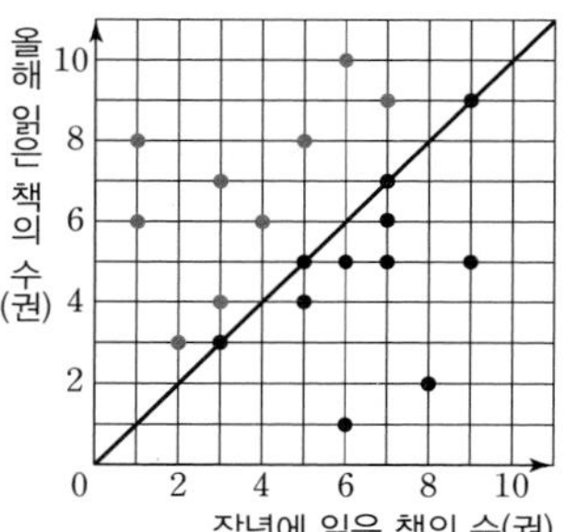

문제편 109쪽

Step 2 읽은 책의 수가 5권인 선을 기준으로 하여 b의 값을 구한다.

작년과 올해 해마다 5권 이상의 책을 읽은 학생의 수는 산점도에서 색칠된 부분(경계선 포함)에 있는 점의 개수와 같으므로 10이다.

$\therefore b=10$

5권 '이상'이므로 5권도 포함!

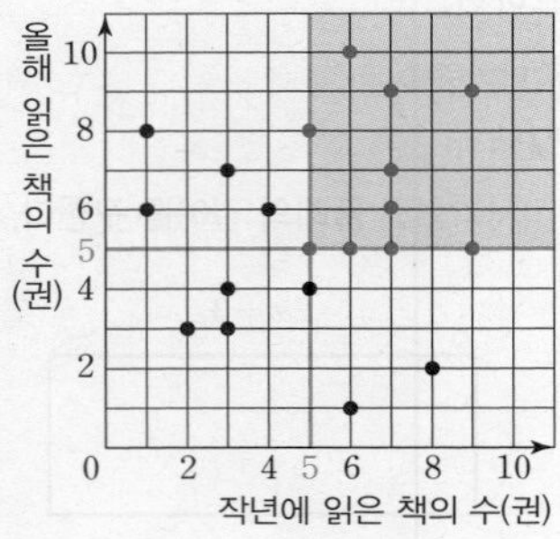

$\therefore a+b=9+10=19$

13 [정답률 79%]

정답 ①

어느 제과점에서 두 종류의 선물 세트 A, B를 각각 1상자씩 만드는 데 필요한 사탕과 쿠키의 개수는 다음과 같다.

	A	B
사탕(개)	20	5
쿠키(개)	15	25

선물 세트 A를 a상자, 선물 세트 B를 b상자 만드는 데 필요한 사탕과 쿠키의 개수가 각각 360, 440일 때, $a+b$의 값은? (3점)

① 24 ② 26 ③ 28 ④ 30 ⑤ 32

선물 세트 B를 1상자 만드는 데 사탕 5개와 쿠키 25개가 필요해.

Step 1 주어진 조건을 이용하여 a, b에 대한 연립방정식을 세운다.

선물 세트 A를 a상자 만드는 데 필요한 사탕과 쿠키의 개수는 각각 $20a$, $15a$이고, 선물 세트 B를 b상자 만드는 데 필요한 사탕과 쿠키의 개수는 각각 $5b$, $25b$이다.

이때 선물 세트 A를 a상자, 선물 세트 B를 b상자 만드는 데 필요한 사탕과 쿠키의 개수가 각각 360, 440이므로 다음과 같이 연립방정식을 세울 수 있다.

→ 각 선물 세트를 만드는 데 필요한 사탕과 쿠키의 개수를 각각 더해.

$\begin{cases} 20a+5b=360 & \cdots\cdots ㉠ \\ 15a+25b=440 & \cdots\cdots ㉡ \end{cases}$

Step 2 연립방정식을 풀어 a, b의 값을 구한다.

㉡의 양변을 5로 나누면

$3a+5b=88$ ······ ㉢

→ b의 계수를 ㉠과 동일하게 하기 위한 과정

㉠−㉢을 하면

$17a=272 \quad \therefore a=16$

이를 ㉢에 대입하면

$3\times16+5b=88$, $48+5b=88$

$5b=40 \quad \therefore b=8$

$\therefore a+b=16+8=24$

14 [정답률 69%]

정답 ④

그림과 같이 정비례 관계 $y=-\frac{1}{2}x$의 그래프와 반비례 관계 $y=\frac{a}{x}$ $(a<0)$의 그래프가 있다. 이 두 그래프가 만나는 두 점을 A, B라 할 때, 두 점 A, B의 x좌표의 합이 0이다. 점 A를 지나고 x축에 평행한 직선과 점 B를 지나고 y축에 평행한 직선이 만나는 점을 C라 할 때, 삼각형 ABC의 넓이는 16이다. 상수 a의 값은?

(단, 점 A는 제4사분면 위의 점이다.) (4점)

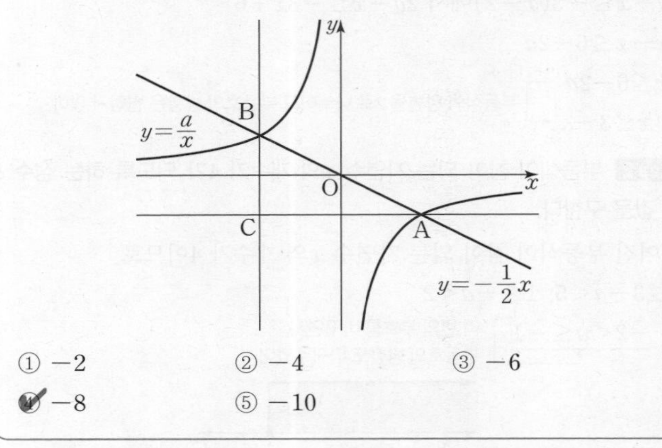

① −2 ② −4 ③ −6 ④ −8 ⑤ −10

Step 1 세 점 A, B, C의 좌표를 각각 구한다.

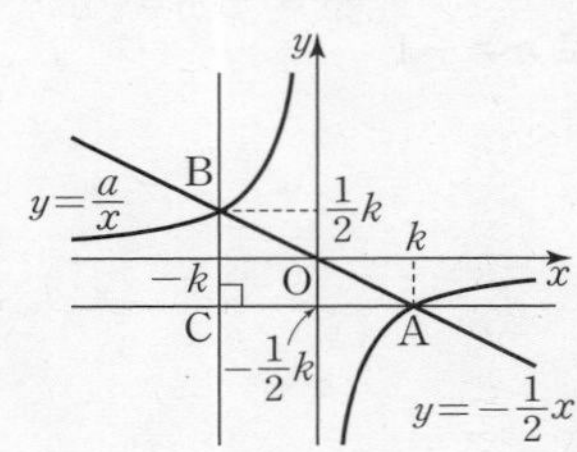

점 A의 x좌표를 k라 하면 두 점 A, B의 x좌표의 합이 0이므로 점 B의 x좌표는 $-k$이다.

두 점 A, B는 각각 직선 $y=-\frac{1}{2}x$ 위의 점이므로

$A\left(k,\ -\frac{1}{2}k\right)$, $B\left(-k,\ \frac{1}{2}k\right)$이다. → $y=-\frac{1}{2}x$에 $x=-k$ 대입

점 A를 지나고 x축에 평행한 직선과 점 B를 지나고 y축에 평행한 직선의 교점이 C이므로 $C\left(-k,\ -\frac{1}{2}k\right)$

→ x좌표가 점 B와 동일

→ y좌표가 점 A와 동일

Step 2 k의 값을 구한다.

$\overline{AC}=k-(-k)=2k$

$\overline{BC}=\frac{1}{2}k-\left(-\frac{1}{2}k\right)=k$

이때 삼각형 ABC의 넓이가 16이므로 $\frac{1}{2}\times\overline{AC}\times\overline{BC}=16$에서

→ $\angle C=90°$인 직각삼각형

$\frac{1}{2}\times2k\times k=16$, $k^2=16$

$\therefore k=4$ ($\because k>0$)

→ 점 A는 제4사분면 위의 점이므로 x좌표가 0보다 커야 해.

Step 3 a의 값을 구한다.

점 A의 좌표는 $(4,\ -2)$이고 점 A는 반비례 관계 $y=\frac{a}{x}$의 그래프 위의 점이므로

→ $\left(k,\ -\frac{1}{2}k\right)$에 $k=4$ 대입

$-2=\frac{a}{4} \quad \therefore a=-8$

문제편 111쪽

15 [정답률 63%] 정답 ③

어느 동아리에서 부원 A, B, C, D, E의 5명 중에서 3명을 선택하여 다음과 같이 동아리실 청소 당번을 정하려고 한다.

- 월요일, 수요일, 금요일의 당번을 각각 1명씩 서로 다르게 정한다.
- A는 당번을 하고, B와 C 중 적어도 1명은 당번을 한다.

다음은 당번을 정하는 경우의 수를 구하는 과정의 일부이다.

세 가지 경우로 나누어 구한다.
(i) B와 C가 모두 당번을 하는 경우
A, B, C 세 명이 당번을 하므로 당번을 정하는 경우의 수는 (가) 이다.
(ii) B는 당번을 하고 C는 당번을 하지 않는 경우
A, B가 당번을 하고, C는 당번을 하지 않으므로 당번을 정하는 경우의 수는 (나) 이다.
(iii) C는 당번을 하고 B는 당번을 하지 않는 경우
⋮ (중략)
(i), (ii), (iii)에 의하여 당번을 정하는 경우의 수는 (다) 이다.

위의 (가), (나), (다)에 알맞은 수를 각각 a, b, c라 할 때, $a+b+c$의 값은? (4점)

① 40 ② 44 ③ 48
④ 52 ⑤ 56

Step 1 직접 경우를 나열하여 빈칸 (가)~(다)에 들어갈 수를 구한다.

당번을 정하는 경우를 부원의 순서쌍으로 나타내어 보면 다음과 같다.

(i) B와 C가 모두 당번을 하는 경우
A, B, C 세 명이 당번을 하므로 당번을 정하는 경우는
(A, B, C), (A, C, B), (B, A, C), (B, C, A), (C, A, B), (C, B, A)
(월요일, 수요일, 금요일)
따라서 당번을 정하는 경우의 수는 (가) 6 이다.

(ii) B는 당번을 하고 C는 당번을 하지 않는 경우
A, B가 당번을 하고, C는 당번을 하지 않으므로 당번을 정하는 경우는 (→ D, E 중 한 명이 대신 당번을 하게 돼.)
(A, B, D), (A, D, B), (B, A, D), (B, D, A),
(D, A, B), (D, B, A), (A, B, E), (A, E, B),
(B, A, E), (B, E, A), (E, A, B), (E, B, A)
따라서 당번을 정하는 경우의 수는 (나) 12 이다. (A, B, D → 6가지, A, B, E → 6가지)

(iii) C는 당번을 하고 B는 당번을 하지 않는 경우
A, C가 당번을 하고, B는 당번을 하지 않으므로 당번을 정하는 경우는
(A, C, D), (A, D, C), (C, A, D), (C, D, A),
(D, A, C), (D, C, A), (A, C, E), (A, E, C),
(C, A, E), (C, E, A), (E, A, C), (E, C, A)
따라서 당번을 정하는 경우의 수는 12이다.

(i), (ii), (iii)에 의하여 당번을 정하는 경우의 수는
$6+12+12=$ (다) 30 이다.

Step 2 $a+b+c$의 값을 구한다.

즉, $a=6$, $b=12$, $c=30$이므로 $a+b+c=6+12+30=48$

16 [정답률 47%] 정답 ⑤

그림과 같이 $\angle A=52^\circ$인 예각삼각형 ABC의 외심을 O라 하고, 선분 BO의 연장선과 변 AC가 만나는 점을 D라 하자. $\overline{BD}=\overline{BC}$일 때, $\angle OCD$의 크기는? (4점)

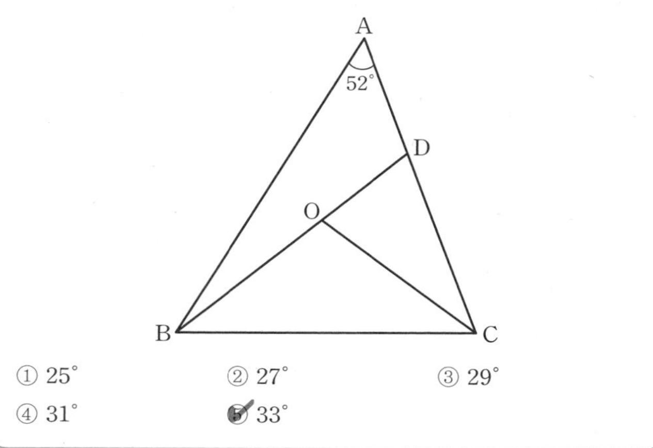

① 25° ② 27° ③ 29°
④ 31° ⑤ 33°

Step 1 $\angle BOC$의 크기를 구한다.

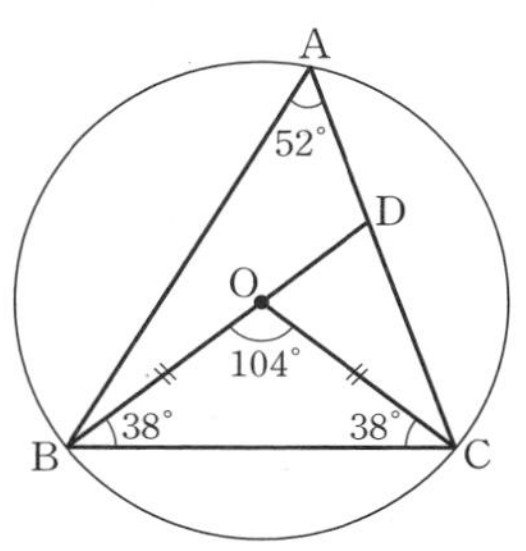

점 O가 삼각형 ABC의 외심이므로 그림을 그려보면 한 호에 대한 중심각의 크기는 원주각의 크기의 2배이므로
$\angle BOC=2\angle BAC=2\times 52^\circ=104^\circ$ (호 BC에 대한 중심각, 호 BC에 대한 원주각)

Step 2 $\angle OBC$의 크기를 구한다.

$\overline{OB}=\overline{OC}$이므로 삼각형 BOC는 이등변삼각형이다. (→ 삼각형 ABC의 외접원의 반지름)
즉, 두 밑각 $\angle OBC$, $\angle OCB$의 크기가 같으므로
$\angle OBC=\angle OCB=\frac{1}{2}\times(180^\circ-104^\circ)=38^\circ$

Step 3 $\angle OCD$의 크기를 구한다.

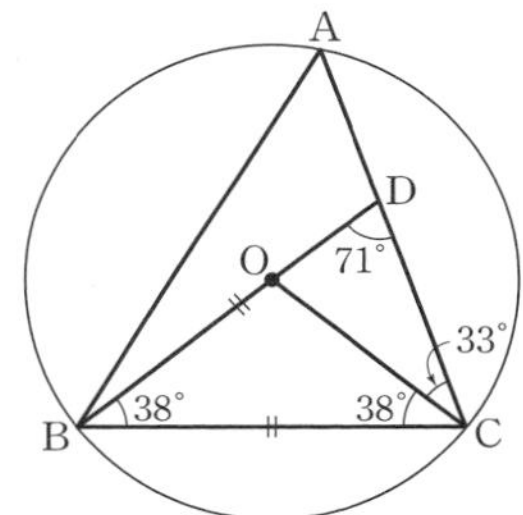

$\overline{BD}=\overline{BC}$이므로 삼각형 BCD는 이등변삼각형이다.
즉, 두 밑각 $\angle BCD$, $\angle BDC$의 크기가 같으므로
$\angle BCD=\angle BDC=\frac{1}{2}\times(180^\circ-38^\circ)=71^\circ$ (38° $=\angle OBC$)
$\therefore \angle OCD=\angle BCD-\angle OCB=71^\circ-38^\circ=33^\circ$

8회 2021년 3월 수학

문제편 112쪽

17 [정답률 48%]

정답 ①

다음 그림은 어느 수학 전시관의 입장권을 나타낸 것이다. 이 입장권은 고객용과 회수용의 두 부분으로 나누어져 있고 고객용 부분의 넓이가 입장권의 넓이의 $\frac{\sqrt{15}}{5}$이다. 회수용 부분의 넓이가 4일 때, 입장권의 넓이는? (4점)

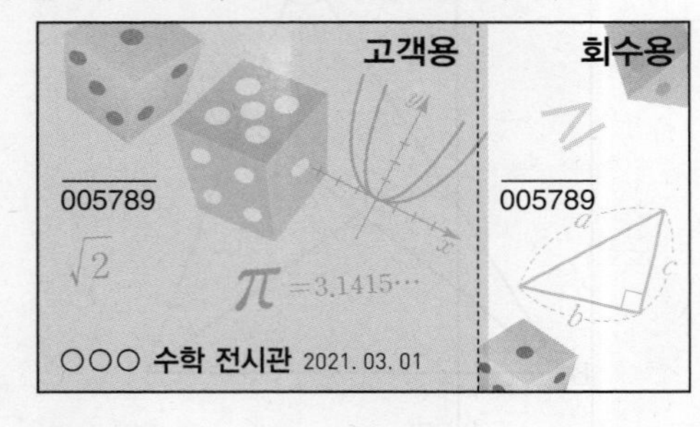

✔ $10+2\sqrt{15}$ ② $11+2\sqrt{15}$ ③ $4+4\sqrt{15}$
④ $8+3\sqrt{15}$ ⑤ $9+3\sqrt{15}$

Step 1 입장권의 넓이를 미지수로 놓고, 주어진 조건을 이용하여 입장권의 넓이에 대한 식을 세운다.

입장권의 넓이를 k라 하면 고객용 부분의 넓이가 입장권의 넓이의 $\frac{\sqrt{15}}{5}$이므로 고객용 부분의 넓이는 $\frac{\sqrt{15}}{5}k$이다.

따라서 회수용 부분의 넓이는 $k-\frac{\sqrt{15}}{5}k=k\times\frac{5-\sqrt{15}}{5}$
→ (입장권의 넓이)−(고객용 부분의 넓이)

이때 회수용 부분의 넓이가 4이므로 $k\times\frac{5-\sqrt{15}}{5}=4$

Step 2 제곱근의 성질, 분모의 유리화를 이용하여 입장권의 넓이를 구한다.

세운 식을 k에 대하여 정리하면

$$k=4\times\frac{5}{5-\sqrt{15}}=\frac{20}{5-\sqrt{15}}$$
$$=\frac{20(5+\sqrt{15})}{(5-\sqrt{15})(5+\sqrt{15})}$$
→ $(a+\sqrt{b})(a-\sqrt{b})=a^2-b$임을 이용!
$$=\frac{20(5+\sqrt{15})}{5^2-(\sqrt{15})^2}$$
$$=\frac{20(5+\sqrt{15})}{10}$$
$$=2(5+\sqrt{15})$$
$$=10+2\sqrt{15}$$

따라서 구하는 입장권의 넓이는 $10+2\sqrt{15}$이다.

18 [정답률 52%]

정답 ⑤

한 변의 길이가 2인 정사각형 ABCD의 변 AB 위의 점 E와 변 AD 위의 점 F에 대하여 다음이 성립한다.

(가) $\overline{EB}:\overline{FD}=2:1$

(나) 삼각형 AEF의 넓이는 $\frac{10}{9}$이다.

선분 AF의 길이는? (4점)

① $\frac{17}{9}$ ② $\frac{11}{6}$ ③ $\frac{16}{9}$
④ $\frac{31}{18}$ ✔ $\frac{5}{3}$

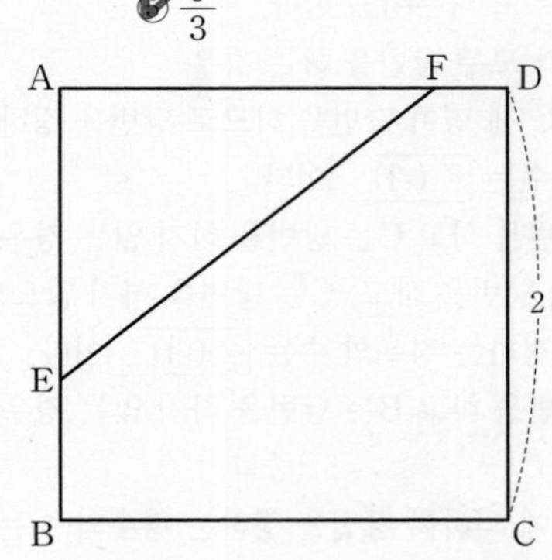

Step 1 주어진 상황을 이차방정식으로 나타낸다.

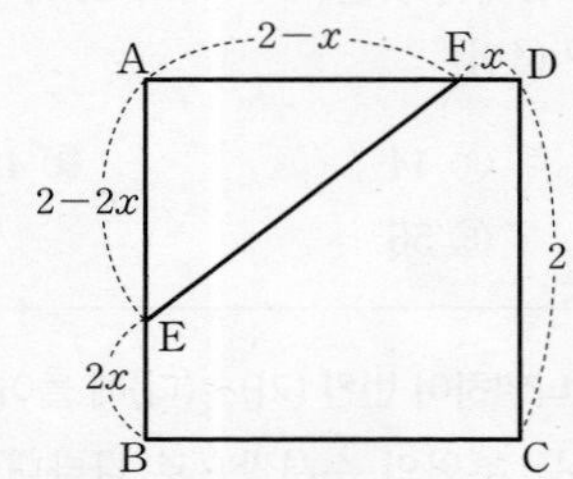

→ x는 선분의 길이이므로 양수야.

$\overline{FD}=x\,(x>0)$라 하면 조건 (가)에서 $\overline{EB}:\overline{FD}=2:1$이므로

$\overline{EB}=2\overline{FD}=2x$

이때 정사각형 ABCD의 한 변의 길이가 2이므로

$\overline{AE}=\overline{AB}-\overline{EB}=2-2x$ → 정사각형의 한 변

$\overline{AF}=\overline{AD}-\overline{FD}=2-x$ …… ㉠

조건 (나)에서 삼각형 AEF의 넓이가 $\frac{10}{9}$이므로

$\frac{1}{2}\times\overline{AF}\times\overline{AE}=\frac{10}{9}$ $\quad\therefore \frac{1}{2}(2-x)(2-2x)=\frac{10}{9}$

Step 2 세운 이차방정식을 푼다.

이차방정식을 정리하여 풀면

$9(2-x)(2-2x)=20$ → **Step 1**의 이차방정식의 양변에 18을 곱했어.
$9\times(4-4x-2x+2x^2)=20$
$9\times(2x^2-6x+4)=20$
$18x^2-54x+36=20$
$18x^2-54x+16=0$
$9x^2-27x+8=0$ → 양변을 2로 나누었어.
$(3x-1)(3x-8)=0$

$\therefore x=\frac{1}{3}$ 또는 $x=\frac{8}{3}$

이때 $0<x<1$이어야 하므로 $x=\frac{1}{3}$
→ $\overline{EB}=2x<2$이어야 하므로 $x<1$

Step 3 선분 AF의 길이를 구한다.

이를 ㉠에 대입하면 $\overline{AF}=2-\frac{1}{3}=\frac{5}{3}$

문제편 113쪽

19 [정답률 41%]

정답 ④

어느 평평한 광장의 네 지점 A, B, C, D를 꼭짓점으로 하는 정사각형 ABCD가 있다. 그림은 크기가 같은 정사각형 모양의 흰색 타일과 검은색 타일을 겹치지 않게 이어 붙여 정사각형 ABCD의 내부를 빈틈없이 채운 모양을 일부 생략하여 나타낸 것이다.

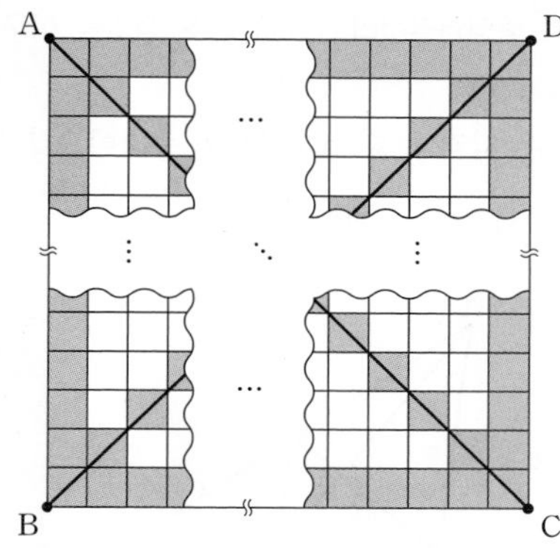

정사각형 ABCD의 변에 닿은 타일과 정사각형 ABCD의 대각선 위에 놓인 타일은 모두 검은색이고, 나머지 타일은 흰색이다. 정사각형 ABCD의 내부에 채워진 전체 타일 중에서 흰색 타일의 개수가 168일 때, 검은색 타일의 개수는? (4점)

① 156 ② 121 ③ 100 ④ 88 ⑤ 64

Step 1 가로, 세로에 놓이는 타일의 개수가 홀수일 때, 짝수일 때의 배치가 달라짐을 확인한다.

정사각형 ABCD의 내부에 정사각형 모양의 타일을 가로 x개, 세로 x개(단, x는 자연수)로 이어 붙였다고 하자.

x가 홀수이면 다음 그림과 같이 정사각형 ABCD의 두 대각선의 교차점 위에 검은색 타일이 배치된다.

→ □ABCD가 정사각형이므로 가로, 세로에 놓이는 타일의 개수가 서로 같아야 해.

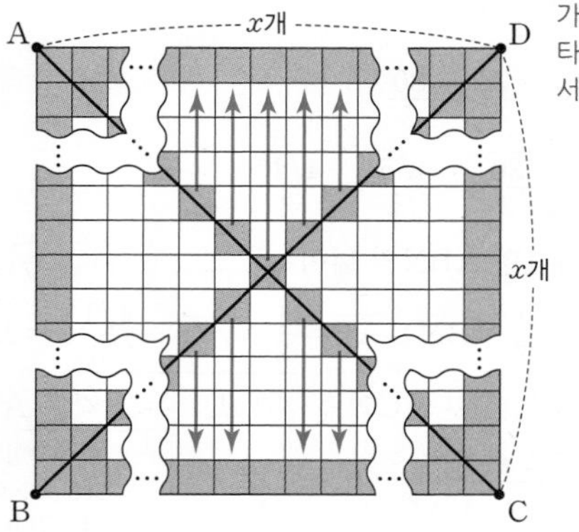

x가 짝수이면 다음 그림과 같이 정사각형 ABCD의 두 대각선의 교차점 위에 검은색 타일이 배치되지 않는다.

→ 두 대각선 위의 교차점에서 검은색 타일이 겹쳐지지 않는다는 뜻이야.

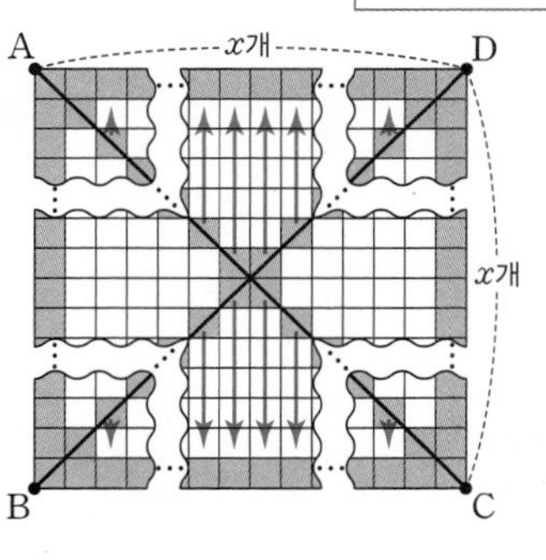

Step 2 흰 타일의 개수를 구한다.

x가 홀수일 때 대각선 위의 검은색 타일을 각각 위아래로 배치하면 다음과 같다.

→ 대각선의 교점 위의 타일을 위로 배치한다고 생각해.

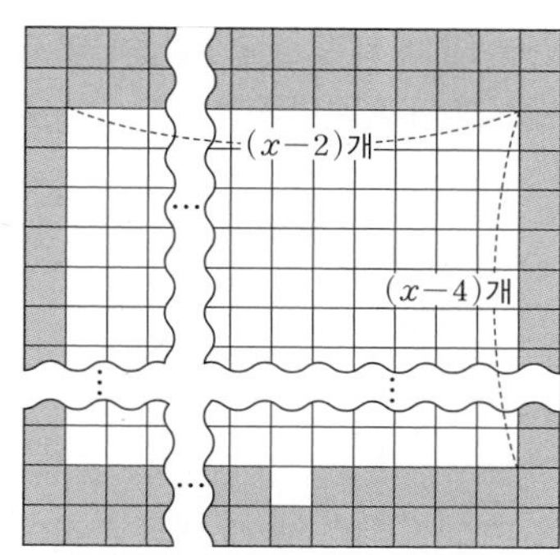

따라서 흰색 타일의 개수는 $(x-2)(x-4)+1=x^2-6x+9$ …… ㉠

x가 짝수일 때 대각선 위의 검은색 타일을 각각 위아래로 배치하면 다음과 같다.

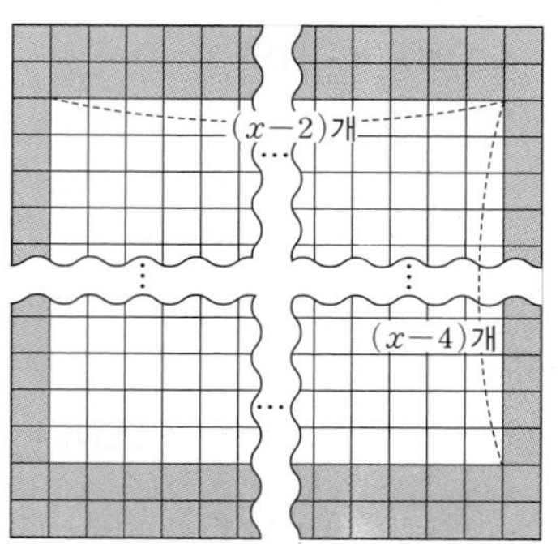

따라서 흰색 타일의 개수는 $(x-2)(x-4)=x^2-6x+8$ …… ㉡

Step 3 x의 값을 구한다.

이때 흰색 타일의 개수가 168이므로 x가 홀수이면 ㉠에서

$x^2-6x+9=168$, $x^2-6x-159=0$

$\therefore x=3\pm\sqrt{(-3)^2-1\times(-159)}=3\pm\sqrt{168}=3\pm2\sqrt{42}$

이때 x는 자연수가 아니므로 조건을 만족시키지 않는다.

같은 방법으로 x가 짝수이면 ㉡에서

$x^2-6x+8=168$, $x^2-6x-160=0$

$(x+10)(x-16)=0$

$\therefore x=-10$ 또는 $x=16$

이때 x는 자연수이므로 $x=16$이고, 16은 짝수이므로 조건을 만족시킨다.

→ x는 타일의 '개수'이니까 자연수이어야 해.

Step 4 검은색 타일의 개수를 구한다.

전체 타일의 개수는 $16^2=256$

따라서 검은색 타일의 개수는 $256-168=88$

20 [정답률 40%]

정답 ②

그림과 같이 $\angle A=90°$, $\overline{AB}=\overline{AC}=3$인 직각삼각형 ABC가 있다. 변 AB 위의 두 점 D, E와 변 BC 위의 점 F에 대하여 삼각형 DEF는 높이가 1인 정삼각형이다. $\angle DCA=x$일 때, $\tan x$의 값은? (단, $\overline{AD}<\overline{AE}$) (4점)

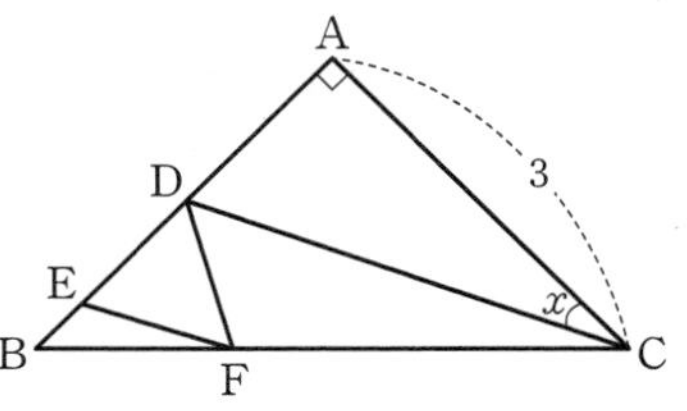

① $\frac{5-\sqrt{3}}{9}$ ② $\frac{6-\sqrt{3}}{9}$ ③ $\frac{5-\sqrt{3}}{6}$

④ $\frac{7-\sqrt{3}}{9}$ ⑤ $\frac{6-\sqrt{3}}{6}$

문제편 114쪽

Step 1 점 F에서 선분 DE에 내린 수선의 발을 H라 놓으면 삼각형 BFH는 직각이등변삼각형이 됨을 이용한다.

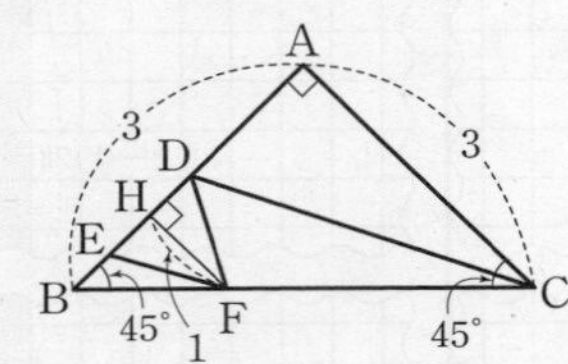

위 그림과 같이 점 F에서 선분 DE에 내린 수선의 발을 H라 하면 선분 FH는 정삼각형 DEF의 높이이므로 $\overline{FH}=1$

삼각형 ABC는 $\overline{AB}=\overline{AC}$인 직각이등변삼각형이므로

$\angle ABC=\angle ACB=45°$ → 이등변삼각형의 두 밑각의 크기는 서로 같아.

이때 삼각형 BFH는 직각삼각형이므로

$\angle BFH=180°-(\angle BHF+\angle HBF)$

$=180°-(90°+45°)=45°$ → $=\angle ABC$

따라서 $\angle BFH=\angle HBF$이므로 삼각형 BFH는 직각이등변삼각형이다.

즉, $\overline{BH}=\overline{FH}=1$이므로 $\overline{AH}=\overline{AB}-\overline{BH}=3-1=2$

Step 2 $\overline{DH}$의 길이를 구한다.

정삼각형의 한 내각의 크기는 60°이므로 $\angle EDF=60°$

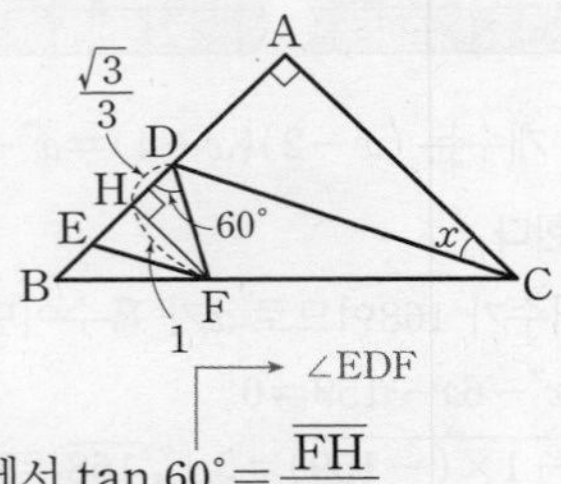

→ $\angle EDF$

직각삼각형 DHF에서 $\tan 60°=\dfrac{\overline{FH}}{\overline{DH}}$

$\therefore \overline{DH}=\dfrac{\overline{FH}}{\tan 60°}=\dfrac{1}{\sqrt{3}}=\dfrac{\sqrt{3}}{3}$

Step 3 $\tan x$의 값을 구한다.

$\overline{AD}=\overline{AH}-\overline{DH}=2-\dfrac{\sqrt{3}}{3}=\dfrac{6-\sqrt{3}}{3}$이므로

직각삼각형 ADC에서

$\tan x=\dfrac{\overline{AD}}{\overline{AC}}=\dfrac{6-\sqrt{3}}{3}\times\dfrac{1}{3}=\dfrac{6-\sqrt{3}}{9}$

($\dfrac{6-\sqrt{3}}{3}$ → $=\overline{AD}$, $\dfrac{1}{3}$ → $=\dfrac{1}{\overline{AC}}$)

21 [정답률 30%]

정답 ⑤

그림과 같이 $\overline{AB}=6$, $\overline{BC}=8$인 삼각형 ABC가 있다. 변 BC의 중점 M과 변 AC의 중점 N에 대하여 두 선분 AM, BN이 점 P에서 서로 수직으로 만날 때, [보기]에서 옳은 것만을 있는 대로 고른 것은? (4점)

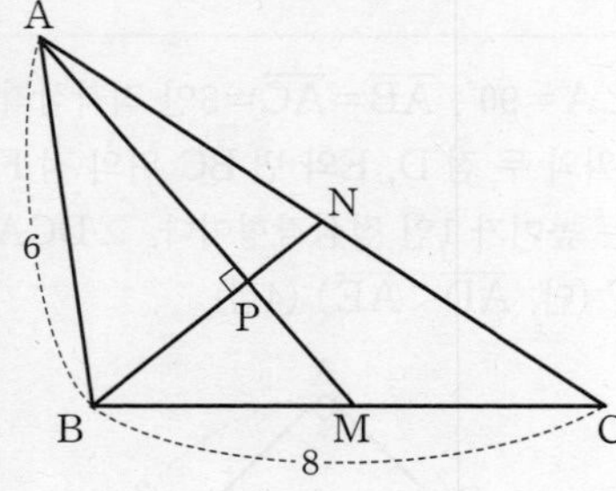

[보기]

ㄱ. $3\overline{AP}=2\overline{AM}$

ㄴ. $\overline{BN}=\sqrt{21}$

ㄷ. 삼각형 ABC의 넓이는 $4\sqrt{35}$이다.

① ㄱ ② ㄷ ③ ㄱ, ㄴ

④ ㄴ, ㄷ ⑤ ㄱ, ㄴ, ㄷ

Step 1 점 P가 삼각형 ABC의 무게중심임을 이용하여 ㄱ의 참, 거짓을 판별한다.

ㄱ. 점 M은 선분 BC의 중점, 점 N은 선분 AC의 중점이므로 점 P는 삼각형 ABC의 두 중선의 교점이다.

→ 삼각형의 한 꼭짓점과 마주보는 변의 중점을 이은 선분을 의미해.

따라서 점 P는 삼각형 ABC의 무게중심이므로

$\overline{AP}:\overline{PM}=2:1$에서 $\overline{AP}:\overline{AM}=2:3$ → $=\overline{AP}+\overline{PM}$

$\therefore 3\overline{AP}=2\overline{AM}$ (참)

→ 무게중심은 중선의 길이를 2 : 1로 나눠.

Step 2 삼각형의 중점연결정리, 피타고라스 정리를 이용하여 ㄴ의 참, 거짓을 판별한다.

ㄴ. 두 점 M, N은 각각 선분 BC, AC의 중점이므로 삼각형의 중점연결정리에 의하여 $\overline{MN}=\frac{1}{2}\overline{AB}=3$

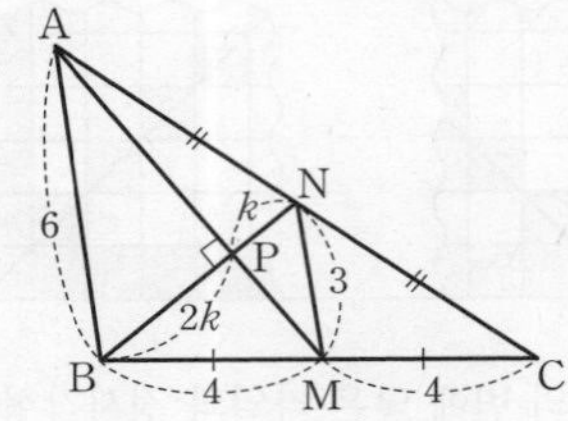

그림과 같이 $\overline{NP}=k$라 하면 점 P가 삼각형 ABC의 무게중심이므로 $\overline{BP}:\overline{NP}=2:1$에서 $\overline{BP}=2\overline{NP}=2k$

두 직각삼각형 BMP, PMN에서 각각 피타고라스 정리를 이용하면

→ △BMP에서 이용

$\overline{PM}^2=\overline{BM}^2-\overline{BP}^2=4^2-(2k)^2=16-4k^2$ → $\overline{BM}=\frac{1}{2}\overline{BC}=4$

$\overline{PM}^2=\overline{MN}^2-\overline{NP}^2=3^2-k^2=9-k^2$ → △PMN에서 이용

두 값이 서로 같아야 하므로 $16-4k^2=9-k^2$, $3k^2=7$

$k^2=\dfrac{7}{3}$ $\quad\therefore k=\sqrt{\dfrac{7}{3}}=\dfrac{\sqrt{21}}{3}$ → k는 선분의 길이이므로 양수!

$\therefore \overline{BN}=\overline{BP}+\overline{NP}=3k=\sqrt{21}$ (참)

($\overline{BP}$ → $2k$, $\overline{NP}$ → k)

Step 3 삼각형 ABN의 넓이를 이용하여 ㄷ의 참, 거짓을 판별한다.

ㄷ. $\overline{BP}=2k=\dfrac{2\sqrt{21}}{3}$이므로 직각삼각형 ABP에서

$\overline{AP}^2=\overline{AB}^2-\overline{BP}^2=6^2-\left(\dfrac{2\sqrt{21}}{3}\right)^2$

$=36-\dfrac{28}{3}=\dfrac{80}{3}$

$\therefore \overline{AP}=\sqrt{\dfrac{80}{3}}=\dfrac{4\sqrt{5}}{\sqrt{3}}=\dfrac{4\sqrt{15}}{3}$

따라서 삼각형 ABN의 넓이는 → $=\frac{1}{2}\times(\sqrt{3}\times\sqrt{7})\times\frac{4\times\sqrt{3}\times\sqrt{5}}{3}$

$\triangle ABN=\dfrac{1}{2}\times\overline{BN}\times\overline{AP}=\dfrac{1}{2}\times\sqrt{21}\times\dfrac{4\sqrt{15}}{3}=2\sqrt{35}$

이때 점 N은 선분 AC의 중점이므로 두 삼각형 ABN, BCN의 넓이가 서로 같다.

→ 두 삼각형의 밑변을 각각 $\overline{AN}$, $\overline{CN}$이라 하면 밑변의 길이가 서로 같고 높이는 공통이 돼.

그러므로 삼각형 ABC의 넓이는

$\triangle ABC=\triangle ABN+\triangle BCN=2\times\triangle ABN=4\sqrt{35}$ (참)

따라서 옳은 것은 ㄱ, ㄴ, ㄷ이다.

22 [정답률 91%]

정답 7

일차방정식 $\dfrac{5-x}{2}=x-8$의 해가 $x=a$일 때, a의 값을 구하시오. (3점)

Step 1 등식의 성질을 이용하여 주어진 일차방정식을 푼다.

주어진 일차방정식을 풀면 $\dfrac{5-x}{2}=x-8$에서 → 양변에 2를 곱해도 등식이 성립

$5-x=2(x-8)$, $5-x=2x-16$

$3x=21$ $\quad\therefore x=7$

따라서 a의 값은 7이다.

문제편 115쪽

23 [정답률 29%] **정답 18**

30 이하의 자연수 중에서 99와 서로소인 자연수의 개수를 구하시오. (3점)

Step 1 99를 소인수분해한다.

99를 소인수분해하면

$$\begin{array}{r|l} 3 & 99 \\ 3 & 33 \\ & 11 \end{array}$$

$\therefore\ 99=3^2\times 11$ → 즉, 3의 배수가 아니면서 11의 배수가 아니어야 해.

따라서 99와 서로소인 자연수는 3과 11을 소인수로 갖지 않아야 한다.

Step 2 조건을 만족시키는 자연수의 개수를 구한다.

30 이하의 자연수 중 3을 소인수로 갖는 자연수는 3, 6, 9, 12, 15, 18, 21, 24, 27, 30으로 10개이다. (→ 3의 배수에 해당!)

30 이하의 자연수 중 11을 소인수로 갖는 자연수는 11, 22로 2개이다. (→ 11의 배수에 해당!)

따라서 30 이하의 자연수 중 99와 서로소인 자연수의 개수는

$30-(10+2)=30-12=18$

24 [정답률 55%] **정답 70**

다음은 어느 편의점에서 30일 동안 판매한 마스크의 일일 판매량을 조사하여 나타낸 히스토그램이다.
이 히스토그램에서 일일 판매량이 30개 이상인 일수는 전체의 a %이다. a의 값을 구하시오. (3점)

(일)
12
10
8
6
4
2
0
10 20 30 40 50 60 (개)

Step 1 각 계급별 도수를 파악한다.

마스크 판매량에 따른 계급의 도수를 파악해보면 마스크 일일 판매량이 (→ 도수: 판매한 마스크의 개수에 해당하는 일수에 해당해.)

10개 이상 20개 미만인 계급의 도수는 2

20개 이상 30개 미만인 계급의 도수는 7 → 마스크가 20개 이상 30개 미만으로 팔린 날이 총 7일이라는 뜻이야.

30개 이상 40개 미만인 계급의 도수는 12

40개 이상 50개 미만인 계급의 도수는 6

50개 이상 60개 미만인 계급의 도수는 3

Step 2 일일 판매량이 30개 이상인 일수의 비율을 구한다.

마스크의 일일 판매량이 30개 이상인 일수는 $12+6+3=21$

따라서 마스크의 일일 판매량이 30개 이상인 일수의 비율은 전체의

$\frac{21}{30}\times 100=\frac{7}{10}\times 100=70(\%)$ $\quad\therefore\ a=70$

→ (비율) $=\frac{(30\text{개 이상인 일수})}{(\text{전체 일수})}\times 100(\%)$

25 [정답률 29%] 오답률 TOP 5 **정답 84**

다음 조건을 만족시키는 정수 a의 개수를 구하시오. (3점)

(가) $-50<a<50$

(나) $\frac{a}{7}$는 정수가 아닌 유리수이다.

Step 1 $\frac{a}{7}$의 값의 범위를 구한다.

조건 (가)에서 $-50<a<50$이므로 $-\frac{50}{7}<\frac{a}{7}<\frac{50}{7}$

$\therefore\ -7.\times\times\times<\frac{a}{7}<7.\times\times\times$ (→ $\frac{49}{7}<\frac{50}{7}<\frac{56}{7}$에서 $7<\frac{50}{7}<8$)

Step 2 조건을 만족시키는 정수 a의 개수를 구한다.

$-50<a<50$을 만족시키는 정수 a는

$\underbrace{-49,\ -48,\ \cdots,\ -2,\ -1}_{49\text{개}},\ \underbrace{0}_{1\text{개}},\ \underbrace{1,\ 2,\ \cdots,\ 48,\ 49}_{49\text{개}}$

이므로 조건 (가)를 만족시키는 정수 a의 개수는 $49+1+49=99$

이때 $\frac{a}{7}$가 정수가 되도록 하는 정수 a는

$\frac{a}{7}=\pm 7$일 때 $a=\pm 49$

$\frac{a}{7}=\pm 6$일 때 $a=\pm 42$

⋮ (각 쌍별로 2개씩!)

$\frac{a}{7}=\pm 1$일 때 $a=\pm 7$

$\frac{a}{7}=0$일 때 $a=0$

이므로 a의 개수는 $2\times 7+1=15$

조건 (나)에서 $\frac{a}{7}$는 정수가 아닌 유리수이어야 하므로 조건을 만족시키는 정수 a의 개수는 $99-15=84$

26 [정답률 33%] **정답 128**

그림과 같이 삼각형 ABC의 변 AB 위의 두 점 D, E와 변 AC 위의 두 점 F, G에 대하여

$$\overline{AD}=\overline{DE},\ \overline{AE}=\overline{EB},\ \overline{AF}=\overline{FG},\ \overline{AG}=\overline{GC}$$

이다. 사각형 DEGF의 넓이가 24일 때, 삼각형 ABC의 넓이를 구하시오. (4점)

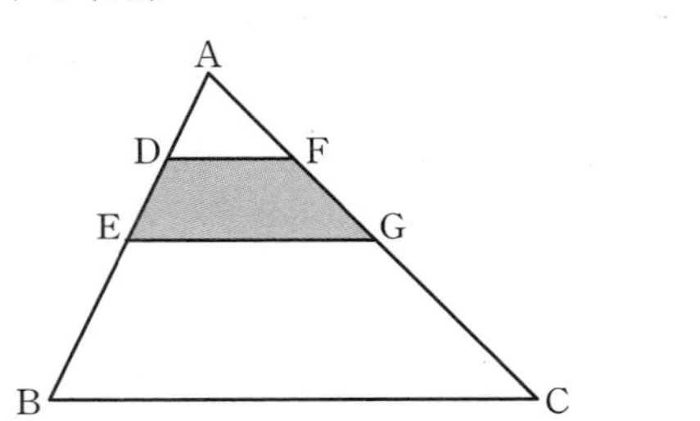

문제편 115쪽

$= \overline{AD}+\overline{DE}=2\overline{AD}$

Step 1 삼각형 AEG의 넓이를 구한다.

두 삼각형 ADF, AEG에서 ($=\overline{AF}+\overline{FG}=2\overline{AF}$)

$\angle A$는 공통, $\overline{AD}:\overline{AE}=\overline{AF}:\overline{AG}=1:2$

이므로 $\triangle ADF \backsim \triangle AEG$(SAS 닮음) → 대응하는 두 쌍의 변의 길이의 비와 끼인각의 크기가 각각 같을 때

따라서 두 삼각형 ADF, AEG의 닮음비가 $1:2$이므로 넓이의 비는 $1^2:2^2=1:4$

그러므로 $\triangle ADF:\triangle AEG=1:4$에서 $4\triangle ADF=\triangle AEG$

이때 사각형 DEGF의 넓이가 24이므로 → 삼각형 AEG의 넓이에서 삼각형 ADF의 넓이를 뺀 값과 같아.

$\square DEGF=\triangle AEG-\triangle ADF=3\triangle ADF=24$

$\therefore \triangle ADF=8$

따라서 삼각형 AEG의 넓이는

$\triangle AEG=4\triangle ADF=4\times8=32$

$=\overline{AE}+\overline{EB}=2\overline{AE}$

Step 2 두 삼각형 AEG, ABC의 닮음비를 구한다.

같은 방법으로 두 삼각형 AEG, ABC에서

$\angle A$는 공통, $\overline{AE}:\overline{AB}=\overline{AG}:\overline{AC}=1:2$ → $=\overline{AG}+\overline{GC}=2\overline{AG}$

이므로 $\triangle AEG \backsim \triangle ABC$(SAS 닮음)

따라서 두 삼각형 AEG, ABC의 닮음비는 $1:2$이다.

Step 3 삼각형 ABC의 넓이를 구한다.

두 삼각형 AEG, ABC의 넓이의 비는 $1^2:2^2=1:4$

이므로 삼각형 ABC의 넓이는

$\triangle ABC=4\triangle AEG=4\times32=128$

암기 닮음비가 $m:n$인 두 도형의 넓이의 비는 $m^2:n^2$

27 [정답률 15%]

오답률 TOP 2 **정답 48**

그림과 같이 이차함수 $y=ax^2\ (a>0)$의 그래프 위의 두 점 $A(p,\ 3)$, $B(q,\ 3)$이 있다. 두 점 $C(-1,\ -1)$, $D(1,\ -1)$에 대하여 사각형 ACDB의 넓이가 자연수가 되도록 하는 자연수 a의 최댓값을 구하시오. (단, $p<q$) (4점)

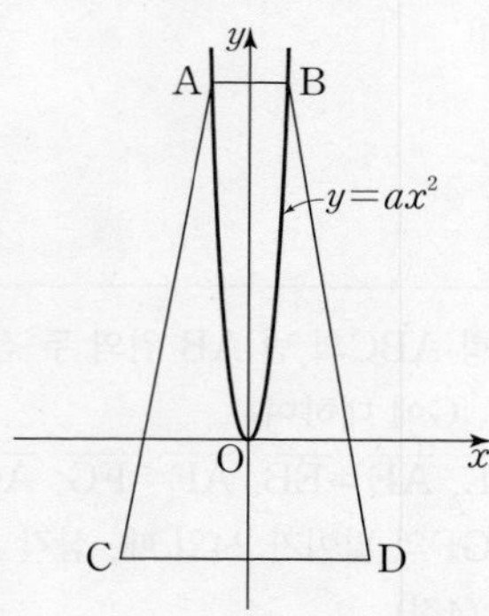

Step 1 p, q의 값을 구한다.

두 점 A, B의 y좌표는 3이고 두 점은 모두 이차함수 $y=ax^2$의 그래프 위에 있으므로 두 점의 x좌표를 구해 보면

$3=ax^2$, $x^2=\dfrac{3}{a}$ $\quad\therefore x=\pm\sqrt{\dfrac{3}{a}}$ → p, q에 해당!

이때 $p<q$이므로 $p=-\sqrt{\dfrac{3}{a}}$, $q=\sqrt{\dfrac{3}{a}}$

점 A의 x좌표 / 점 B의 x좌표

Step 2 사각형 ACDB의 넓이를 구한다.

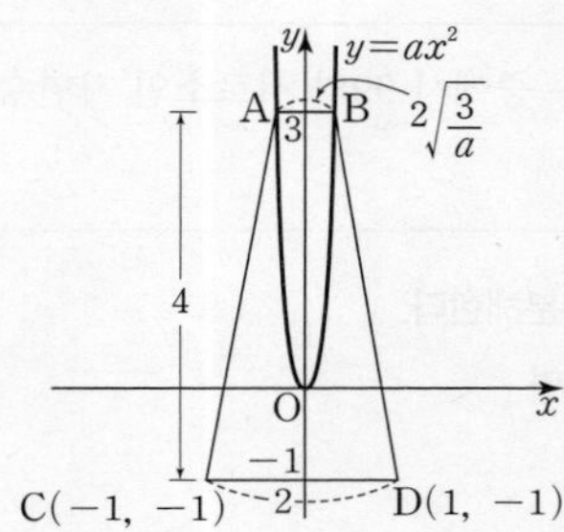

$A\left(-\sqrt{\dfrac{3}{a}},\ 3\right)$, $B\left(\sqrt{\dfrac{3}{a}},\ 3\right)$이므로

$\overline{AB}=\sqrt{\dfrac{3}{a}}-\left(-\sqrt{\dfrac{3}{a}}\right)=2\sqrt{\dfrac{3}{a}}$ → 두 점 A, B의 x좌표의 차

$C(-1,\ -1)$, $D(1,\ -1)$이므로

$\overline{CD}=1-(-1)=2$

사다리꼴 ACDB의 높이는 $3-(-1)=4$ → $\overline{AB}\,/\!/\,\overline{CD}$이므로 사다리꼴이야.

따라서 사각형 ACDB의 넓이는

$\square ACDB=\dfrac{1}{2}\times(\overline{AB}+\overline{CD})\times(\text{높이})$ (윗변, 아랫변)

$=\dfrac{1}{2}\times\left(2\sqrt{\dfrac{3}{a}}+2\right)\times4$

$=4\sqrt{\dfrac{3}{a}}+4$ → $=\sqrt{\dfrac{4^2\times3}{a}}$

$=\sqrt{\dfrac{48}{a}}+4$

Step 3 사각형 ACDB의 넓이가 자연수가 되도록 하는 자연수 a의 최댓값을 구한다.

사각형 ACDB의 넓이가 자연수이려면 $\sqrt{\dfrac{48}{a}}$이 자연수이어야 한다.

즉, $\dfrac{48}{a}=\dfrac{2^4\times3}{a}$이 어떤 자연수의 제곱이어야 하므로 가능한 (→ 분자의 3이 약분되어 사라져야 해.)

a의 값은 $3\times1^2=3$, $3\times2^2=12$, $3\times2^4=48$

따라서 구하는 자연수 a의 최댓값은 48이다.

28 [정답률 17%]

오답률 TOP 3 **정답 25**

그림과 같이 $\angle BCA=90°$, $\overline{BC}=30$, $\overline{AC}=16$인 직각삼각형 ABC가 있다. 변 AB의 중점 M과 변 BC의 중점 N에 대하여 선분 MN의 연장선 위에 $\overline{ND}=9$가 되도록 점 D를 잡는다.

$\angle ADC=x$일 때, $\sin x=\dfrac{q}{p}$이다. $p+q$의 값을 구하시오.

(단, $\overline{MD}>\overline{ND}$이고 p와 q는 서로소인 자연수이다.) (4점)

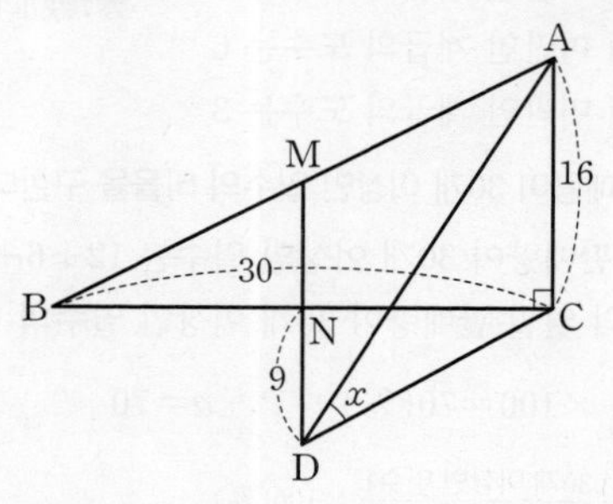

문제편 117쪽

Step 1 두 선분 BC, MD가 서로 수직임을 확인한다.

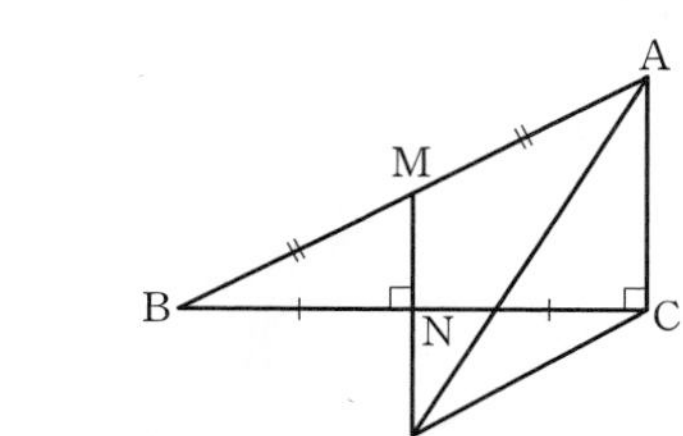

점 M은 선분 AB의 중점, 점 N은 선분 BC의 중점이므로 ($=\overline{AM}+\overline{BM}$)
$\overline{AM}=\overline{BM}$, $\overline{CN}=\overline{BN}=15$ ($\overline{BC}=30$이니까 반으로 나눠주면 돼.)
따라서 두 삼각형 ABC, MBN에서
$\angle B$는 공통, $\overline{AB}:\overline{MB}=\overline{CB}:\overline{NB}=2:1$ ($=\overline{CN}+\overline{BN}$)
이므로 $\triangle ABC \backsim \triangle MBN$(SAS 닮음)
즉, $\angle ACB=\angle MNB=90°$이므로 두 선분 BC, MD는 서로 수직이다.

Step 2 피타고라스 정리를 이용하여 $\overline{AD}$, $\overline{CD}$의 길이를 구한다.

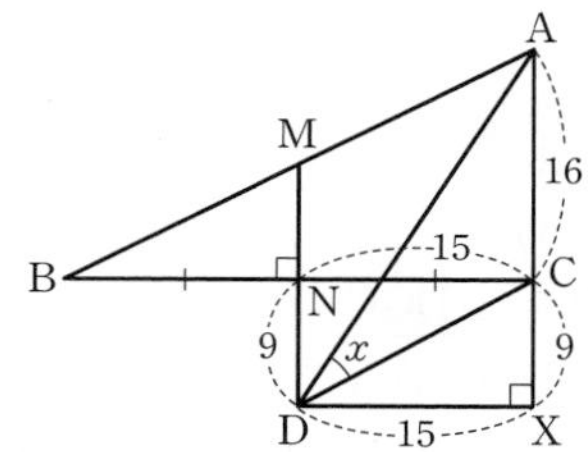

그림과 같이 점 D에서 선분 AC의 연장선에 내린 수선의 발을 X라 하면 사각형 CNDX는 직사각형이므로
$\overline{DX}=\overline{CN}=15$, $\overline{CX}=\overline{ND}=9$
직각삼각형 ADX에서 피타고라스 정리를 이용하면
$\overline{AD}=\sqrt{\overline{AX}^2+\overline{DX}^2}=\sqrt{25^2+15^2}=\sqrt{850}=5\sqrt{34}$ ($=5\times5\times34$)
직각삼각형 CDX에서 피타고라스 정리를 이용하면
$\overline{CD}=\sqrt{\overline{CX}^2+\overline{DX}^2}=\sqrt{9^2+15^2}=\sqrt{306}=3\sqrt{34}$ ($=3\times3\times34$)

Step 3 삼각형의 넓이 공식을 이용하여 $\sin x$의 값을 구한다.

삼각형 ADC의 넓이는
$\triangle ADC=\frac{1}{2}\times\overline{AC}\times\overline{DX}=\frac{1}{2}\times16\times15=120$
이때 다른 방법으로 삼각형의 넓이를 구해 보면
$\triangle ADC=\frac{1}{2}\times\overline{AD}\times\overline{CD}\times\sin x$
$=\frac{1}{2}\times5\sqrt{34}\times3\sqrt{34}\times\sin x$
$=255\sin x$
(삼각형의 넓이) $=\frac{1}{2}ab\sin\theta$
두 값이 같아야 하므로
$255\sin x=120$ $\quad\therefore \sin x=\frac{120}{255}=\frac{8}{17}$
따라서 $p=17$, $q=8$이므로 $p+q=17+8=25$

29 [정답률 23%]

오답률 TOP 4 정답 31

좌표평면에 꼭짓점이 점 A로 일치하는 두 이차함수
$y=-x^2+2x$,
$y=ax^2+bx+c\,(a>0)$
의 그래프가 있다. 함수 $y=ax^2+bx+c$의 그래프가 y축과 만나는 점을 B라 하고, 점 B를 지나고 x축에 평행한 직선이 함수 $y=ax^2+bx+c$의 그래프와 만나는 점 중 B가 아닌 점을 C라 하자. 두 점 A, C를 지나는 직선이 y축과 만나는 점을 D라 할 때, 삼각형 BDC의 넓이가 12이다. $2a-b+c$의 값을 구하시오. (단, a, b, c는 상수이다.) (4점)

Step 1 두 이차함수의 그래프의 꼭짓점이 일치함을 이용하여 a, b, c 사이의 관계식을 구한다.

이차함수 $y=-x^2+2x$의 식을 변형해보면 (이차함수 $y=a(x-p)^2+q$의 그래프의 꼭짓점의 좌표는 (p, q)야.)
$y=-x^2+2x=-(x^2-2x+1)+1=-(x-1)^2+1$
따라서 꼭짓점 A의 좌표는 $(1, 1)$이다.
즉, 이차함수 $y=ax^2+bx+c$의 그래프의 꼭짓점 또한 점 $(1, 1)$이어야 하므로
$y=ax^2+bx+c$
$=a(x-1)^2+1$ (이차항의 계수가 a이고 꼭짓점이 $(1, 1)$인 이차함수의 꼴로 바꿔주었어.)
$=a(x^2-2x+1)+1$
$=ax^2-2ax+a+1$ (두 식이 같은 식이니까 x의 계수, 상수항이 서로 같아야 해.)
에서 $b=-2a$, $c=a+1$ ⋯⋯ ㉠

Step 2 두 점 B, C의 좌표를 구한다.

이차함수 $y=ax^2+bx+c$의 그래프가 y축과 만나는 점이 B이므로 B$(0, c)$ (x좌표가 0이야.)

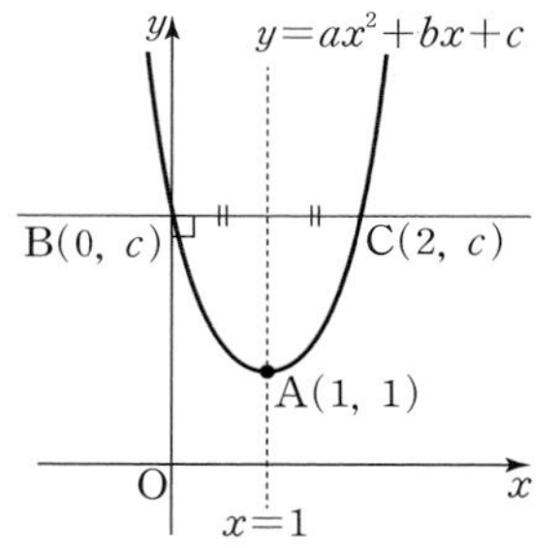

그림과 같이 이차함수 $y=ax^2+bx+c$의 그래프는 직선 $x=1$에 대하여 대칭이므로 점 B를 지나고 x축에 평행한 직선이 함수 $y=ax^2+bx+c$의 그래프와 만나는 점 중 B가 아닌 점 C의 좌표는 $(2, c)$이다.
(꼭짓점의 x좌표가 1이므로 그래프의 대칭축은 $x=1$)
(이 직선 위의 모든 점은 y좌표가 점 B와 같아.)

Step 3 삼각형 BDC의 넓이를 구한다.

두 점 A, C를 지나는 직선의 기울기는 $\frac{c-1}{2-1}=c-1$
따라서 직선의 방정식을 $y=(c-1)x+k$로 놓으면 이 직선이 점 A(1, 1)을 지나므로 (직선의 방정식에 $x=1$, $y=1$ 대입)
$1=(c-1)\times1+k$, $1=c-1+k$
$\therefore k=2-c$
그러므로 두 점 A, C를 지나는 직선의 방정식은
$y=(c-1)x+2-c$
이 직선이 y축과 만나는 점이 D이므로 D$(0, 2-c)$

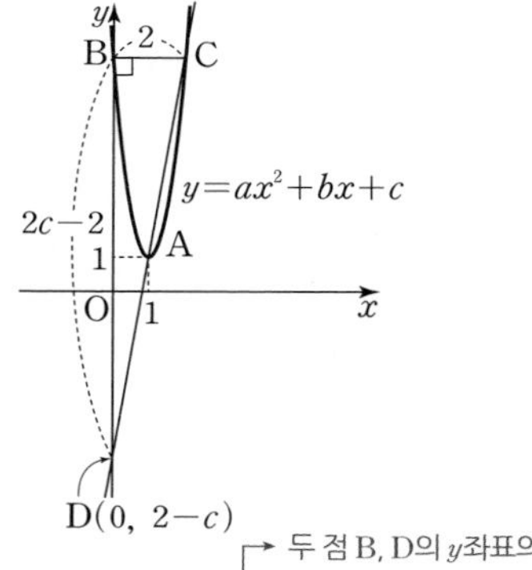

선분 BD의 길이는 $c-(2-c)=2c-2$ (두 점 B, D의 y좌표의 차)
선분 BC의 길이는 2 (두 점 B, C의 x좌표의 차)

문제편 118쪽

따라서 삼각형 BDC의 넓이는

$\frac{1}{2}\times\overline{BC}\times\overline{BD}=\frac{1}{2}\times2\times(2c-2)=2c-2$

Step 4 a, b, c의 값을 구한다.

이때 삼각형 BDC의 넓이가 12이므로

$2c-2=12,\ 2c=14 \qquad \therefore c=7$

따라서 ㉠에서 $a=c-1=6,\ b=-2a=-12$

$\therefore 2a-b+c=2\times6-(-12)+7=12+12+7=31$

30 [정답률 9%]

오답률 TOP ❶ **정답 149**

그림과 같이 $\overline{AB}=\overline{AC}=25,\ \overline{BC}=30$인 삼각형 ABC가 있다. 점 A에서 변 BC에 내린 수선의 발을 D라 하고, 점 B에서 변 AC에 내린 수선의 발을 E라 하자. 선분 DE를 지름으로 하는 원이 변 BC와 만나는 점 중 D가 아닌 점을 F, 변 AC와 만나는 점 중 E가 아닌 점을 G라 하자. 삼각형 GFC의 둘레의 길이가 $\frac{q}{p}$일 때, $p+q$의 값을 구하시오.

(단, p와 q는 서로소인 자연수이다.) (4점)

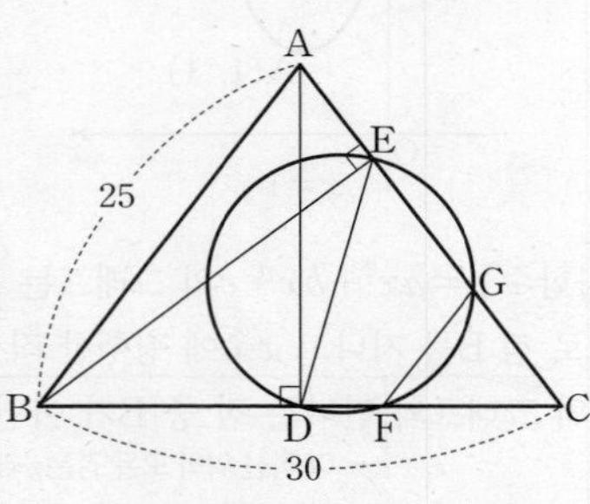

Step 1 피타고라스 정리를 이용하여 $\overline{CE}$의 길이를 구한다.

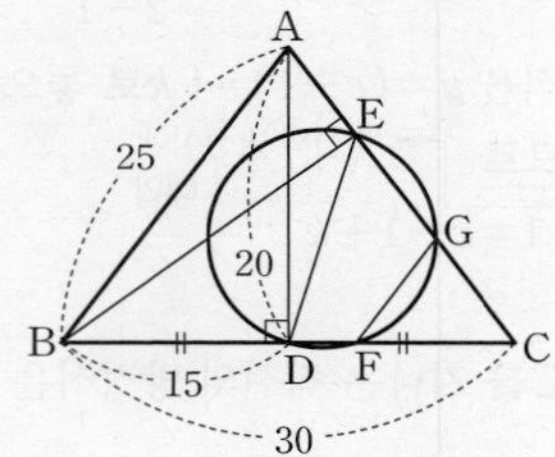

선분 AD는 이등변삼각형의 밑변 BC의 수직이등분선이므로

$\overline{BD}=\overline{CD}=15$

직각삼각형 ABD에서 피타고라스 정리를 이용하면

$\overline{AD}=\sqrt{\overline{AB}^2-\overline{BD}^2}=\sqrt{25^2-15^2}=\sqrt{400}=20$ → $=625-225$

따라서 삼각형 ABC의 넓이를 구하는 식에 의하여

$\triangle ABC=\frac{1}{2}\times\overline{BC}\times\overline{AD}=\frac{1}{2}\times\overline{AC}\times\overline{BE}$에서

→ 두 선분이 수직으로 만나니까 서로 밑변과 높이의 관계가 돼.

$\frac{1}{2}\times30\times20=\frac{1}{2}\times25\times\overline{BE}$

$300=\frac{25}{2}\overline{BE} \qquad \therefore \overline{BE}=24$

직각삼각형 ABE에서 피타고라스 정리를 이용하면

$\overline{AE}=\sqrt{\overline{AB}^2-\overline{BE}^2}=\sqrt{25^2-24^2}=\sqrt{49}=7$

$\therefore \overline{CE}=\overline{AC}-\overline{AE}=25-7=18$

Step 2 지름에 대한 원주각의 크기가 90°임을 이용하여 삼각형 사이의 닮음 관계를 파악한다.

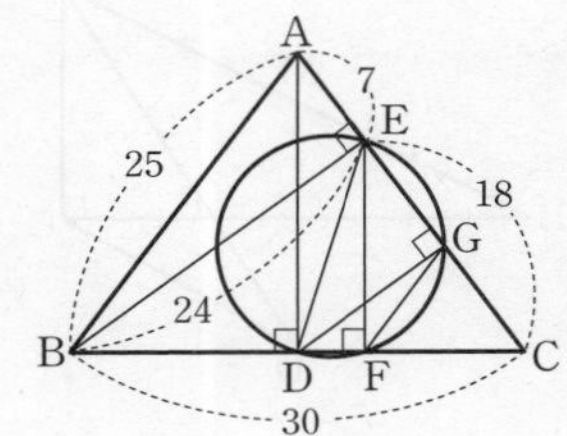

그림과 같이 두 선분 DG, EF를 그어보면 두 점 F, G는 지름이 선분 DE인 원 위의 점이므로 지름에 대한 원주각의 크기의 성질에 의하여 $\angle DFE=\angle DGE=90°$

두 삼각형 ADC, EFC에서 → $=180°-\angle DFE=180°-90°=90°$

$\angle C$는 공통, $\angle ADC=\angle EFC=90°$

이므로 $\triangle ADC \backsim \triangle EFC$(AA 닮음)

이때 $\overline{AC}:\overline{CE}=25:18$이므로 두 삼각형 ADC, EFC의 닮음비는 $25:18$이다.

→ 대응하는 두 변의 길이의 비가 삼각형의 닮음비에 해당해.

따라서 $\overline{CD}:\overline{CF}=25:18$이므로 $25\overline{CF}=18\overline{CD}$

$\therefore \overline{CF}=\frac{18}{25}\overline{CD}=\frac{18}{25}\times15=\frac{54}{5}$

두 삼각형 BCE, DCG에서 → $=180°-\angle DGE=180°-90°=90°$

$\angle C$는 공통, $\angle BEC=\angle DGC=90°$

이므로 $\triangle BCE \backsim \triangle DCG$(AA 닮음)

이때 $\overline{BC}:\overline{DC}=2:1$이므로 두 삼각형 BCE, DCG의 닮음비는 $2:1$이다. ($\overline{BC}=30$, $\overline{DC}=15$)

따라서 $\overline{CE}:\overline{CG}=2:1$이므로 $2\overline{CG}=\overline{CE}$

$\therefore \overline{CG}=\frac{1}{2}\overline{CE}=\frac{1}{2}\times18=9$

Step 3 두 삼각형 ABC, GFC가 닮음임을 이용하여 $\overline{GF}$의 길이를 구한다.

두 삼각형 ABC, GFC에서

$\angle C$는 공통, $\overline{AC}:\overline{GC}=\overline{BC}:\overline{FC}=25:9$

이므로 $\triangle ABC \backsim \triangle GFC$(SAS 닮음)

→ $\overline{BC}:\overline{FC}=30:\frac{54}{5}=30\times\frac{5}{6}:\frac{54}{5}\times\frac{5}{6}=25:9$

따라서 $\overline{AB}:\overline{GF}=25:9$이므로 $25\overline{GF}=9\overline{AB}$

$\therefore \overline{GF}=\frac{9}{25}\overline{AB}=\frac{9}{25}\times25=9$

Step 4 삼각형 GFC의 둘레의 길이를 구한다.

즉, 삼각형 GFC의 둘레의 길이는

$\overline{CF}+\overline{GF}+\overline{CG}=\frac{54}{5}+9+9=\frac{144}{5}$

따라서 $p=5,\ q=144$이므로 $p+q=5+144=149$

문제편 118쪽

9회 2024년 3월 학평 정답과 해설 영어

문제편 p.119

9회 특징

✓ 2023년 3월 학력평가에 비해 약간 어렵게 출제됨.

✓ 지문의 길이와 어휘 수준은 2023년 3월 학력평가와 비슷하지만 글의 소재가 어렵고 문장 구조 파악이 쉽지 않은 문제가 다수 출제되어 학생들의 체감 난이도는 훨씬 높았을 것.

✓ 어법(29번) 문제는 빈출 문법 사항이 출제되어 무난한 수준이었지만 어휘(30번, 42번) 문제는 글의 논리적 흐름을 완벽히 이해해야 반의어 정답을 찾을 수 있는 문제여서 모두 오답률이 높았음.

✓ 32번은 조직의 리더가 내부 반대자(dissenter)의 의견에 귀를 기울여야 할 필요성에 대해 설명하는 글로 지문의 첫 문장에 정답을 유추할 수 있는 내용이 언급되어 있음에도 불구하고 'pro-dissent'의 의미를 이해하지 못한 많은 학생들이 오답을 선택했을 것.

오답률 TOP 5

문항 번호	32	42	39	38	30
분류	빈칸 추론	장문의 이해	주어진 문장 위치 파악	주어진 문장 위치 파악	어휘
난도	최상	최상	상	상	상

정답표

01	⑤	02	②	03	⑤	04	⑤	05	②
06	③	07	⑤	08	④	09	④	10	③
11	③	12	⑤	13	②	14	①	15	①
16	①	17	④	18	③	19	①	20	②
21	①	22	③	23	①	24	⑤	25	③
26	④	27	④	28	④	29	②	30	③
31	②	32	③	33	③	34	⑤	35	④
36	④	37	③	38	①	39	②	40	①
41	①	42	④	43	⑤	44	④	45	②

01 정답률 90% | 남자가 하는 말의 목적 ▶ 정답 ⑤

M: Good afternoon, students! This is your vice principal (교감), Jack Eliot. Due to (~ 때문에) the heavy rain (폭우) last night, there's some damage (손상) on the road and the road condition (상태) is not good. So we decided to make some rearrangements (약간 재조정하다) to the school shuttle bus schedule (학교 셔틀버스 일정). From tomorrow, keep in mind (명심하다) that the bus schedule will be delayed (지연되다(delay: 지연시키다)) by 15 minutes. We want to make sure all of you are safe (안전한). This bus schedule change (변경) will continue (계속되다) for one week. We appreciate (감사하다) your understanding (이해) and cooperation (협조). Thank you for your attention!

해석

남: 안녕하세요, 학생 여러분! 저는 교감인 Jack Eliot입니다. 어젯밤 폭우 때문에, 도로에 약간의 손상이 있고 도로 상태가 좋지 않습니다. 그래서 저희는 학교 셔틀버스 일정을 약간 재조정하기로 결정했습니다. 내일부터, 버스 일정이 15분 정도 지연될 것이라는 점을 명심하십시오. 저희는 여러분 모두의 안전을 확실하게 하고 싶습니다. 이번 버스 일정 변경은 일주일 동안 계속될 것입니다. 여러분의 이해와 협조에 대해 고맙게 생각합니다. 들어주셔서 감사합니다!

① 학교 체육관 공사 일정을 알리려고
② 학교 수업 시간표 조정을 안내하려고
③ 학교 통학 시 대중교통 이용을 권장하려고
④ 학교 방과 후 수업 신청 방식을 설명하려고
⑤ 학교 셔틀버스 운행 시간 변경을 공지하려고

02 정답률 85% | 여자의 의견 ▶ 정답 ②

W: Brian, I heard that you are thinking of buying an electric bicycle (전기 자전거).
M: Yes, that's right.
W: That's good. But be careful (조심하는) when you ride (타다) it.
M: Yeah, I know what you mean. On my way (오는 길에(on one's way)) here I saw a man riding an electric bicycle without wearing a helmet (헬멧을 쓰지 않고 (without V-ing: ~하지 않고, wear a helmet: 헬멧을 쓰다)).
W: Some riders don't even follow (따르다) basic traffic rules (교통 규정들).
M: What do you mean by that?
W: These days many people ride electric bicycles on sidewalks (보도에서).
M: Yes, it's so dangerous (위험한).
W: Right. There should be stricter (더 엄격한(strict)) rules about riding electric bicycles.
M: I totally (전적으로) agree with you.

해석

여: Brian, 네가 전기 자전거를 사는 것을 생각 중이라고 들었어.
남: 응, 맞아.
여: 잘됐네. 하지만 그것을 탈 때 조심해.
남: 그래, 무슨 말인지 알겠어. 여기 오는 길에 헬멧을 쓰지 않고 전기 자전거를 타는 남자를 봤어.
여: 일부 탑승자들은 기본적인 교통 규정을 따르지도 않아.
남: 그게 무슨 말이야?
여: 요즘 많은 사람들이 보도에서 전기 자전거를 타잖아.
남: 그래, 그것은 너무 위험해.
여: 맞아. 전기 자전거를 타는 것에 관한 더 엄격한 규정이 있어야 해.
남: 전적으로 네 말에 동의해.

① 전기 자전거 이용 전에 배터리 상태를 점검하여야 한다.
② 전기 자전거 운행에 관한 규정이 더 엄격해야 한다.
③ 전기 자전거의 속도 규정에 대한 논의가 필요하다.
④ 전기 자전거 구입 시 가격을 고려해야 한다.
⑤ 전기 자전거 이용 시 헬멧을 착용해야 한다.

03 정답률 85% | 여자가 하는 말의 요지 ▶ 정답 ⑤

W: Hello, this is your student counselor (학생 상담사), Susan Smith. You might be worried about (~에 대해 걱정하다) your new school life as a freshman (신입생). You have a lot of things to do in the beginning of the year (연초에). Today, I'm going to give you a tip about time management (시간 관리). Make a to-do list (할 일 목록)! Write down (적다) the tasks you have to do on a list and check off (확인 표시를 하다) what you finish, one by one (하나씩). By doing this, you won't miss (놓치다) the things you need to do. Using a to-do list will help you manage (관리하다) your time efficiently (효율적으로). Good luck to you and don't forget to start (시작하는 것을 잊다 (forget to V: ~하는 것을 잊다)) today.

해석

여: 안녕하세요, 저는 학생 상담사인 Susan Smith입니다. 여러분은 신입생으로서 새로운 학교 생활에 대해 걱정할지도 모릅니다. 여러분은 연초에 해야 할 일이 많습니다. 오늘, 저는 여러분에게 시간 관리에 대한 조언을 해 드릴 것입니다. 할 일 목록을 만드세요! 여러분이 해야 할 일을 목록에 적고 끝마친 일에 하나씩 확인 표시를 하세요. 이렇게 함으로써, 여러분은 해야 할 일들을 놓치지 않을 것입니다. 할 일 목록을 사용하는 것은 여러분이 시간을 효율적으로 관리하는 데 도움을 줄 것입니다. 행운을 빌며 오늘 시작하는 것을 잊지 마세요.

① 학업 목표를 분명히 설정하는 것이 필요하다.
② 친구와의 협력은 학교생활의 중요한 덕목이다.
③ 과제 제출 마감 기한을 확인하고 준수해야 한다.
④ 적절한 휴식은 성공적인 과업 수행의 핵심 요소이다.
⑤ 할 일의 목록을 활용하는 것이 시간 관리에 유용하다.

문제풀이

학생 상담사로서 신입생의 학교 생활에 대해 조언하는 여자는 해야 할 일들을 놓치지 않기 위해 할 일 목록을 만들어 시간을 효율적으로 관리할 수 있다고 말한다. 따라서 답은 ⑤ '할 일의 목록을 활용하는 것이 시간 관리에 유용하다.'이다.

04 정답률 85% | 그림에서 대화의 내용과 일치하지 않는 것 ▶ 정답 ⑤

M: Hi, Amy. I heard that you've joined the English Newspaper Club (영자 신문 동아리).
W: Yes, Tom. I went to the club room yesterday and took a picture of (~의 사진을 찍었다(take a picture of)) it. Look.
M: Wow, the place looks nice. I like the lockers (사물함들) on the left (왼쪽에).
W: Yes, they're good. We also have a star-shaped (별 모양의) mirror (거울) on the wall.
M: It looks cool. What's that on the bookshelf (책장)?
W: Oh, that's the trophy (트로피) my club won (수상했다(win)) for 'Club of the Year'.
M: You must be very proud of (~을 매우 자랑스러워하다) it. There's also a computer on the right side of (~의 오른쪽에) the room.
W: Yeah, we use the computer when we need it.
M: Great. I can see a newspaper on the table.
W: Yes, it was published (발행되었다(publish: 발행하다)) last December.

해석

남: 안녕, Amy. 네가 영자 신문 동아리에 가입했다고 들었어.
여: 응, Tom. 나는 어제 동아리방에 가서 그것의 사진을 찍었어. 봐.
남: 와, 장소가 좋아 보이네. 나는 왼쪽에 있는 사물함이 마음에 들어.
여: 그래, 좋아. 벽에는 별 모양의 거울도 있어.
남: 멋져 보이네. 책장 위에 있는 저것은 뭐니?
여: 오, 우리 동아리가 '올해의 동아리'로 수상한 트로피야.
남: 너는 그것을 매우 자랑스러워하겠구나. 방의 오른쪽에 컴퓨터도 있어.
여: 그래, 우리는 필요할 때 그 컴퓨터를 사용해.
남: 좋네. 테이블 위에 신문이 보여.
여: 응, 그것은 작년 12월에 발행되었어.

05 정답률 90% | 남자가 할 일 ▶ 정답 ②

W: Mike, I think we've got most of the camping supplies(캠핑 용품들) ready now.
M: Yeah, the tent, sleeping bags(침낭들), and cooking tools(조리 도구들) are all set(모두 준비된).
W: Perfect. I bought some easy-to-cook meals(간편식들) and snacks(간식들) for us.
M: Great. What about some warm clothes(따뜻한 옷)? It might get cold(추워지다) at night.
W: I've packed(챙겼다(pack)) some warm jackets for us, too. Anything else we need to consider(고려하다)?
M: We need something fun(재미있는) for the camping night. I already packed some books to read.
W: How about playing board games(보드 게임들)?
M: Nice. I have a chess set(체스 세트) at home.
W: Cool, can you bring(가져오다) it?
M: Of course! I'll take it with me.

해석
여: Mike, 이제 캠핑 용품 대부분이 준비가 된 것 같아.
남: 그래, 텐트, 침낭, 그리고 조리 도구가 모두 준비되어 있어.
여: 완벽해. 나는 우리를 위한 간편식과 간식을 좀 샀어.
남: 좋아. 따뜻한 옷은 어떠니? 밤에 추워질 수도 있어.
여: 내가 우리를 위한 따뜻한 재킷도 챙겼어. 우리가 또 고려해야 할 것이 있니?
남: 캠핑하는 밤을 위한 재미있는 무언가가 필요해. 나는 이미 읽을 책을 챙겼어.
여: 보드 게임을 하는 건 어때?
남: 좋아. **집에 체스 세트가 있어.**
여: 잘됐네, 그것을 가져올 수 있어?
남: 물론이지! **내가 가져갈게.**

① 따뜻한 옷 챙기기
② 체스 세트 가져가기 ✔
③ 읽을 책 고르기
④ 간편식 구매하기
⑤ 침낭 준비하기

06 정답률 85% | 여자가 지불할 금액 ▶ 정답 ③

M: Hello, what can I help you with today?
W: Hi! I want to buy some fruit and vegetables. What's fresh(신선한) today?
M: We just got some apples(사과들) in.
W: How much are they?
M: They are ten dollars for one bag(한 봉지).
W: Fantastic! I'll take two bags of apples.
M: Okay, what else do you need?
W: I'd like to buy some carrots(당근들), too.
M: The carrots are five dollars for one bag. How many do you need?
W: I need two bags of carrots.
M: Okay, you need two bags of apples and two bags of carrots.
W: Right. And I have a coupon(쿠폰). I can get a discount(할인을 받다) with this, right?
M: Yes. You can get a ten percent discount off the total price(총액에서).
W: Good. Here's the coupon and my credit card.

해석
남: 안녕하세요, 오늘은 무엇을 도와드릴까요?
여: 안녕하세요! 과일과 채소를 좀 사고 싶은데요. 오늘은 어떤 게 신선한가요?
남: 방금 사과가 들어왔어요.
여: 얼마죠?
남: **한 봉지에 10달러예요.**
여: 환상적이네요! **사과 두 봉지를 살게요.**
남: 네, 그 밖에 무엇이 더 필요하신가요?
여: 당근도 좀 사고 싶어요.
남: **당근은 한 봉지에 5달러예요.** 얼마나 필요하신가요?
여: **당근 두 봉지가 필요해요.**
남: 네, 사과 두 봉지와 당근 두 봉지가 필요하시군요.
여: 맞아요. 그리고 쿠폰이 있어요. 이것으로 할인을 받을 수 있어요, 그렇죠?
남: 네. **총액에서 10퍼센트 할인 받으실 수 있어요.**
여: 좋네요. 여기 쿠폰과 제 신용카드가 있어요.

① $15 ② $20
③ $27 ✔ ④ $30
⑤ $33

문제풀이
한 봉지에 10달러인 사과 두 봉지와 5달러인 당근 두 봉지를 사면 총액은 30달러이다. 쿠폰을 사용하면 10퍼센트 할인을 받을 수 있다고 했으므로, 여자가 지불할 금액은 30달러에서 3달러가 할인된 27달러이다. 따라서 답은 ③ '$27'이다.

07 정답률 90% | 남자가 체육 대회 연습을 할 수 없는 이유 ▶ 정답 ⑤

W: Hey, Jake! How was your math test(수학 시험) yesterday?
M: Better than I expected(예상했다(expect)).
W: That's great. Let's go and practice(연습하다) for Sports Day(체육 대회).
M: I'm so sorry but I can't make it((모임 등에) 가다).
W: Come on, Jake! Sports Day is just around the corner(얼마 남지 않은).
M: I know. That's why I brought my soccer shoes(축구화).
W: Then, why can't you practice today? Do you have a club interview(동아리 면접)?
M: No, I already had the interview last week.
W: Then, does your leg(다리) still hurt(아프다)?
M: Not really, it's okay, now. Actually, I have to attend(참석하다) a family dinner gathering(가족 저녁 식사 모임) tonight for my mother's birthday.
W: Oh, that's important! Family always comes first(최우선이다). Are you available(시간이 있는) tomorrow, then?
M: Sure. Let's make up for(~을 보충하다) the missed practice.

해석
여: 안녕, Jake! 어제 수학 시험은 어땠니?
남: 예상했던 것보다 더 좋았어.
여: 잘됐네. 가서 체육 대회를 위한 연습을 하자.
남: 정말 미안한데 나는 갈 수 없어.
여: 제발, Jake! 체육 대회가 얼마 남지 않았어.
남: 알아. 그래서 축구화를 가져온 거야.
여: 그럼, 오늘 왜 연습을 할 수 없는 거야? 동아리 면접이 있니?
남: 아니, 이미 지난주에 면접을 봤어.
여: 그럼, 다리가 아직도 아픈 거야?
남: 별로 그렇진 않아, 지금은 괜찮아. 사실, **오늘 밤에 어머니 생신을 위한 가족 저녁 식사 모임에 참석해야 해.**
여: 오, 그건 중요하지! 가족이 항상 최우선이야. 그럼 내일은 시간이 있니?
남: 물론이야. 놓친 연습을 보충하자.

① 시험공부를 해야 해서
② 동아리 면접이 있어서
③ 축구화를 가져오지 않아서
④ 다리가 완전히 회복되지 않아서
⑤ 가족 식사 모임에 참석해야 해서 ✔

08 정답률 85% | Science Open Lab Program에 관해 언급되지 않은 것 ▶ 정답 ④

W: Hey, Chris. Have you heard about the Science Open Lab Program(과학 연구실 체험 프로그램)?
M: Yes, I heard about it. But I don't know what it is exactly(정확히).
W: In that program, we can design(설계하다) any science experiment(실험) we want.
M: That sounds pretty cool. Do you want to join the program?
W: Sure, it's only for freshmen(신입생들) like us. Let's join it together.
M: Great! Do we need to buy some materials(재료들) for experiments?
W: No, they'll prepare(준비하다) everything for us. We just need to send the application form(지원서) online.
M: When is the deadline(제출 기한) for applying?
W: It's tomorrow. We need to hurry(서두르다).
M: Oh, I see. Is there any special prize(특별 상품)?
W: Yes. I heard they're giving out prizes for the most creative(창의적인) projects.
M: Perfect! I'm so excited.

해석
여: 안녕, Chris. Science Open Lab Program(과학 연구실 체험 프로그램)에 대해 들어 본 적이 있니?
남: 응, 들어 봤어. 하지만 정확히 무엇인지는 모르겠어.
여: 그 프로그램에서, 우리는 원하는 어떤 과학 실험이든 설계할 수 있어.
남: 아주 멋진 것 같아. 그 프로그램에 참가하고 싶니?
여: 물론이지, **그것은 우리 같은 신입생만을 위한 거야.** 같이 참가하자.
남: 좋아! **우리가 실험 재료를 사야 하니?**
여: 아니, 우리를 위해 다 준비해 줄 거야. 우리는 지원서를 온라인으로 보내기만 하면 돼.
남: **지원서 제출 기한은 언제야?**
여: 내일이야. 우리 서둘러야 해.
남: 오, 그렇구나. **특별 상품은 있어?**
여: 응. 가장 창의적인 프로젝트에 상을 준다고 들었어.
남: 완벽해! 정말 기대된다.

① 지원 가능 학년 ② 실험 재료 구입 필요성
③ 지원서 제출 기한 ④ 참가 인원수 ✔
⑤ 시상 여부

문제편 119쪽

09 정답률 90% | Volunteer Program에 관한 내용과 일치하지 않는 것 ▶ 정답 ④

W: Hello, students! Are you looking for a chance to help others? Then, I recommend you to join Triwood High School Volunteer Program to help senior citizens. You're supposed to help the senior citizens face-to-face. You teach them how to use their smartphones for things such as sending text messages or taking pictures. You will also teach seniors how to use various apps. The program will require volunteers to participate for two hours every Saturday. If you are interested in joining our program, please send us an application form through email.

chance 기회 / recommend 추천하다 / High School Volunteer Program 고등학교 자원봉사 프로그램 / senior citizens 노인들 / be supposed to help 돕기로 되어 있다 (be supposed to V: ~하기로 되어 있다) / face-to-face 대면으로 / how to use 사용하는 방법 (how to V: ~하는 방법, use: 사용하다) / various 다양한 / require volunteers to participate 자원봉사자들이 참여하도록 요구하다 (require A to V: A가 ~하도록 요구하다, participate: 참여하다) / application form 신청서

해석

여: 안녕하세요, 학생 여러분! 여러분은 다른 사람들을 도울 기회를 찾고 있나요? 그렇다면, 저는 여러분에게 노인들을 도와주는 Triwood High School Volunteer Program(Triwood 고등학교 자원봉사 프로그램)에 참가하는 것을 추천합니다. 여러분은 대면으로 노인들을 도울 예정입니다. 여러분은 그들에게 문자 메시지를 보내거나 사진을 찍는 것과 같은 일들을 위해 스마트폰을 사용하는 방법을 가르칩니다. 또한 노인들에게 다양한 앱을 사용하는 방법도 가르칠 것입니다. 프로그램은 자원봉사자들이 매주 토요일에 두 시간 동안 참여하도록 요구할 것입니다. 저희 프로그램에 참가하는 것에 관심이 있다면, 이메일로 신청서를 보내주세요.

① 노인을 도와주는 봉사 활동이다.
② 봉사자는 대면으로 활동한다.
③ 스마트폰 사용 방법 교육을 한다.
✔ 봉사자는 매주 토요일에 세 시간씩 참여한다.
⑤ 지원자는 이메일로 참가 신청서를 보내야 한다.

10 정답률 85% | 표에서 여자가 주문할 휴대용 선풍기 ▶ 정답 ③

M: Sophie, what are you looking for?
W: I'm trying to choose one of these portable fans as a gift for my friend Cathy.
M: Oh, let me help you. How many speed options do you think she would want?
W: She would like it if the fan has more than two options.
M: Okay, then, what color do you have in mind?
W: Cathy's old one was white. I want to choose a different color.
M: Good idea. Do you want an LED display to show the remaining battery power?
W: Hmm, I don't think she will need it.
M: You're left with two options. Which one do you prefer?
W: Well, I'll take the cheaper one.

portable fans 휴대용 선풍기들 / gift 선물 / speed options 속도 옵션들 / have in mind 생각해 두다 / different 다른 / display 표시등 / remaining battery power 배터리 잔량 / left 남은(leave: 남기다) / prefer 선호하다 / cheaper 더 저렴한(cheap)

해석

남: Sophie, 무엇을 찾고 있니?
여: 내 친구 Cathy를 위한 선물로 이 휴대용 선풍기들 중 하나를 고르려고 해.
남: 오, 내가 도와줄게. 그녀가 몇 개의 속도 옵션을 원할 것 같니?
여: 선풍기에 두 개 이상의 옵션이 있으면 그녀가 좋아할 거야.
남: 알겠어, 그럼 너는 어떤 색상을 생각해 두었니?
여: Cathy의 예전 것은 흰색이었어. 나는 다른 색상을 선택하고 싶어.
남: 좋은 생각이야. 배터리 잔량을 보여주는 LED 표시등을 원하니?
여: 흠, 그녀는 그것을 필요로 하지 않을 것 같아.
남: 두 가지 선택지가 남았어. 너는 어떤 것을 선호하니?
여: 음, 더 저렴한 것을 살게.

휴대용 선풍기

	모델	속도 옵션 개수	색상	LED 표시등	가격
①	A	1개	파란색	×	15달러
②	B	3개	흰색	○	26달러
✔	C	3개	노란색	×	31달러
④	D	4개	분홍색	×	37달러
⑤	E	5개	초록색	○	42달러

11 정답률 80% | 남자의 마지막 말에 대한 여자의 응답 ▶ 정답 ③

M: What's wrong, Jane? You look so upset.
W: I lost my purse! I have been searching for it for an hour, but I can't find it.
M: When did you last have it?
W: (I had it before biology class.)

upset 속상한 / lost 잃어버렸다(lose) / have been searching for ~을 찾고 있었다(search for) / last 마지막으로 / biology class 생물학 수업

해석

남: 무슨 일이야, Jane? 매우 속상해 보여.
여: 내 지갑을 잃어버렸어! 한 시간 동안 찾고 있는데, 찾을 수가 없어.
남: 언제 마지막으로 그것을 가지고 있었니?
여: (나는 생물학 수업 전에 그것을 가지고 있었어.)

① 나는 네가 그것을 찾도록 도울 수 있어.
② 나는 이미 새것을 샀어.
✔ 나는 생물학 수업 전에 그것을 가지고 있었어.
④ 너는 경찰에 신고해야 해.
⑤ 그것은 아빠가 주신 생일 선물이었어.

12 정답률 75% | 여자의 마지막 말에 대한 남자의 응답 ▶ 정답 ⑤

W: Honey, what do you have in mind for lunch this Saturday?
M: I was thinking we should try the new Italian restaurant.
W: Hmm... I heard that it's hard to make a reservation there these days.
M: (That's too bad. Why don't we try another restaurant?)

have in mind 염두에 두다 / Italian restaurant 이탈리아 식당 / hard 힘든 / make a reservation 예약하다

해석

여: 여보, 이번 주 토요일 점심으로 무엇을 염두에 두고 있어요?
남: 새로운 이탈리아 식당에 가봐야겠다고 생각 중이었어요.
여: 흠... 요즘 그곳을 예약하는 게 힘들다고 들었어요.
남: (안타깝네요. 다른 식당에 가보는 게 어때요?)

① 고마워요. 모든 것이 맛있어 보여요.
② 네. 저는 이번 주 토요일에 약속이 있어요.
③ 천만에요. 저는 그것을 아빠의 조리법으로 만들었어요.
④ 좋네요. 몇 시에 예약했어요?
✔ 안타깝네요. 다른 식당에 가보는 게 어때요?

13 정답률 85% | 남자의 마지막 말에 대한 여자의 응답 ▶ 정답 ②

M: Mom! I've started to record audiobooks for kids.
W: That's great! How did you get involved in that?
M: My teacher told me that a local organization is looking for students to record audiobooks.
W: Fantastic! Are you having fun with it?
M: Well, actually, I'm struggling with my voice acting.
W: Oh? Is that so?
M: Yes, it's a bit challenging to get the right tone for kids.
W: I'm sure you'll get better with practice soon.
M: Thanks. I'm trying my best.
W: That's wonderful. Anything I can help you with?
M: Can you recommend a good book for my audiobook recording?
W: (Sure. Let's choose one from your old children's books.)

record 녹음하다 / audiobooks 오디오북들 / get involved in ~에 참여하게 되다(involve: 참여시키다) / local organization 지역 단체 / struggling 고군분투하는(struggle) / voice acting 목소리 연기 / challenging 어려운 / get the right tone for ~에게 맞는 어조로 하다 / get better 좋아지다 / practice 연습 / recommend 추천하다

해석

남: 엄마! 저는 아이들을 위한 오디오북을 녹음하기 시작했어요.
여: 잘됐네! 어떻게 그 일에 참여하게 되었니?
남: 선생님께서 한 지역 단체에서 오디오북을 녹음할 학생들을 찾고 있다고 말씀하셨어요.
여: 멋지다! 그 일은 재미있니?
남: 음, 사실, 목소리 연기 때문에 힘들어요.
여: 오? 그러니?
남: 네, 아이들에게 맞는 어조로 하는 것이 조금 어려워요.
여: 연습하면 곧 좋아질 것이라고 확신해.
남: 감사해요. 저는 최선을 다하고 있어요.
여: 대단하구나. 내가 도와줄 일이 있을까?
남: 오디오북 녹음에 좋은 책을 추천해 주시겠어요?
여: (물론이지. 너의 오래된 아동용 책에서 하나 골라보자.)

① 문제없어. 너는 그 단체에서 다른 프로젝트를 찾을 수 있어.
✔ 물론이지. 너의 오래된 아동용 책에서 하나 골라보자.
③ 축하해. 마침내 너의 첫 오디오북을 만들었구나.
④ 그랬으면 좋겠구나. 너는 멋진 작가가 될 거야.
⑤ 맞아. 아이들은 네가 생각하는 것보다 더 빨리 자라.

문제풀이

아이들을 위한 오디오북 녹음을 하는 남자는 자신의 도움이 필요한지 묻는 여자에게 좋은 책을 추천해 달라고 부탁한다. 이에 대한 여자의 응답은 ② 'Sure. Let's choose one from your old children's books.(물론이지. 너의 오래된 아동용 책에서 하나 골라보자.)'가 가장 적절하다.

14 정답률 85% | 여자의 마지막 말에 대한 남자의 응답 ▶ 정답 ①

W: Hi, Fred. What should we do for our history project?
M: Actually, I was thinking about it. Why don't we divide the roles for the project?
W: Okay. Good idea. We have the research part, the visual material part, and the presentation part.
M: Hmm, is there any part you want to take on?
W: Well, I would like to do the research. I've been collecting news articles about history.
M: Excellent. You are good at gathering necessary information.
W: Thanks. Can you handle the visual material?

history project 역사 과제 / divide 나누다 / roles 역할들 / research 조사 / visual material 시각 자료 / presentation 발표 / take on 맡다 / news articles 뉴스 기사들 / are good at gathering 모으는 것을 잘하다 (be good at V-ing: ~하는 것을 잘하다, gather: 모으다) / necessary 필요한 / handle 다루다

M: Okay. I'll take care of it. I have done it before.
~을 맡다
W: All right. Then, the only part left is the presentation.
남은(leave: 남기다)
M: (Well, let's do the presentation together.)

해석

여: 안녕, Fred. 우리의 역사 과제를 위해 무엇을 해야 할까?
남: 사실, 나는 그것에 대해 생각 중이었어. 과제를 위해 역할을 나누는 게 어떠니?
여: 알겠어. 좋은 생각이야. 조사 부분, 시각 자료 부분, 그리고 발표 부분이 있어.
남: 흠, 네가 맡고 싶은 부분이 있어?
여: 응, 나는 조사를 하고 싶어. 역사에 관한 뉴스 기사들을 수집해 왔거든.
남: 아주 좋아. 너는 필요한 정보를 모으는 것을 잘하잖아.
여: 고마워. 시각 자료를 다룰 수 있겠니?
남: 그래. 내가 그것을 맡을게. 전에 해 본 적이 있어.
여: 알겠어. 그럼, 유일하게 남은 부분은 발표구나.
남: (응, 발표를 같이 하자.)

✔ 응, 발표를 같이 하자.
② 힘내! 나는 네가 최선을 다했다는 것을 알아.
③ 응, 나는 과학에서 좋은 점수를 받았어.
④ 와! 정말 훌륭한 발표였어.
⑤ 맞아. 나는 이미 과제를 끝냈어.

15 정답률 75% | 다음 상황에서 Robert가 Michelle에게 할 말 ▶ 정답 ①

W: Robert and Michelle are attending their high school orientation. After short greetings, the teacher begins to explain student clubs, school activities, and school facilities. Robert is focusing very carefully on the explanation. However, while writing down important things about the school library, Robert drops his pen. Trying to find his pen, Robert misses important information about the opening hours of the library, so now, Robert wants to ask Michelle when the library is open. In this situation, what would Robert most likely say to Michelle?
Robert: (When can I use the library?)

참석하고 있다(attend) / 예비 교육 / 간단한 인사 / 설명하기 시작하다 (begin to V: ~하기 시작하다, explain: 설명하다) / 활동들 / 시설들 / ~에 매우 주의 깊게 집중하고 있다 (focus on: ~에 집중하다, carefully: 주의 깊게) / 적는 도중에(while: ~하는 도중에, write down: 적다) / 학교 도서관 / 떨어뜨리다 / 놓치다 / 개방 시간

해석

여: Robert와 Michelle은 고등학교 예비 교육에 참석하고 있다. 간단한 인사 후에, 선생님은 학생 동아리, 학교 활동, 그리고 학교 시설에 대해 설명하기 시작한다. Robert는 설명에 매우 주의 깊게 집중하고 있다. 하지만 학교 도서관에 대한 중요한 사항들을 적는 도중에, Robert는 자신의 펜을 떨어뜨린다. 펜을 찾으려고 하다가, Robert는 도서관의 개방 시간에 대한 중요한 정보를 놓쳐, 이제 Robert는 Michelle에게 언제 도서관이 문을 여는지 묻고 싶어 한다. 이러한 상황에서, Robert는 Michelle에게 뭐라고 말하겠는가?
Robert: (언제 도서관을 이용할 수 있니?)

✔ 언제 도서관을 이용할 수 있니?
② 어디에서 도서관을 찾을 수 있니?
③ 어떻게 독서 동아리에 가입할 수 있니?
④ 왜 너는 도서관에 가고 싶어 하니?
⑤ 분실물 보관소는 몇 시에 문을 여니?

16~17 1지문 2문항

M: Hello, listeners. Thank you for tuning in to our Happy Radio Show. Are you taking good care of your health in the early spring? Today, I want to recommend some foods that can reduce the symptoms of a cough. Ginger is a popular home remedy for coughs. A cup of hot ginger tea can be helpful for reducing your cough. Lemon is a rich source of vitamin C. Lemon tea can help you relieve your cough. Surprisingly, pineapple is another excellent food to help relieve a cough. When you are suffering from a cough, eating bananas also helps to get rid of the symptoms more easily. These foods are rich in vitamins and they are recommended for people suffering from a cough. I hope you have a healthy week.

(tune in to: ~을 청취하다) / ~을 잘 돌보는 (take care of: ~을 돌보다) / 이른 봄 / 추천하다 / 증상들 / 기침 / 생강 / 민간 요법(remedy: 치료법) / 도움이 되는 / 레몬 / 공급원 / 놀랍게도 / 파인애플 / 완화하다 / ~으로 고통을 받고 있다(suffer from) / ~을 없애다

해석

남: 안녕하세요, 청취자 여러분. Happy Radio Show를 청취해 주셔서 감사합니다. 여러분은 이른 봄에 건강을 잘 돌보고 계신가요? 오늘, 저는 기침의 증상을 감소시킬 수 있는 몇 가지 음식들을 추천하고자 합니다. 생강은 기침에 대한 인기 있는 민간 요법입니다. 뜨거운 생강차 한 잔은 기침을 줄이는 데 도움이 될 수 있습니다. 레몬은 비타민 C의 풍부한 공급원입니다. 레몬차는 기침을 완화하는 데 도움을 줄 수 있습니다. 놀랍게도, 파인애플은 기침을 완화하는 데 도움을 주는 또 다른 훌륭한 음식입니다. 기침으로 고통을 받고 있을 때, 바나나를 먹는 것도 증상을 더 쉽게 없애는 데 도움이 됩니다. 이러한 음식들은 비타민이 풍부하고 기침으로 고통을 받는 사람들에게 추천됩니다. 여러분이 건강한 한 주를 보내시길 바랍니다.

16 정답률 85% | 남자가 하는 말의 주제 ▶ 정답 ①

✔ 기침을 완화하는 데 유용한 음식들
② 적절한 음식 조리법의 중요성
③ 기침 증상의 다양한 원인들
④ 열에 대한 전통적인 민간 요법들
⑤ 날씨와 기침 사이의 연관성

17 정답률 85% | 언급된 음식 재료가 아닌 것 ▶ 정답 ④

① 생강 ② 레몬
③ 파인애플 ✔ 꿀
⑤ 바나나

18 정답률 95% | 글의 목적 파악 ▶ 정답 ③

지문끊어읽기

(1) Dear Ms. Jane Watson,
친애하는 Jane Watson 씨
(2) I am John Austin, / a science teacher at Crestville High School.
저는 John Austin입니다 / Crestville High School의 과학 교사인
(3) Recently I was impressed /
최근에 저는 감명을 받았습니다 /
by the latest book you wrote about the environment.
환경에 관해 당신이 쓴 최신 도서에
힌트 관계대명사 that이 생략된 목적격 관계대명사절이 선행사인 the latest book을 수식함. 선행사에 최상급이 포함되어 관계대명사 that만을 사용할 수 있음.
(4) Also my students read your book /
S V①
또한 제 학생들은 당신의 책을 읽었습니다 /
and had a class discussion about it.
V②
그리고 그것에 관해 학급 토론을 했습니다
힌트 「ask+O+O · C(to V)」의 5형식 구조에서 ask는 목적격 보어로 to부정사를 취함.
(5) They are big fans of your book, / so I'd like to ask you /
5형식V O
그들은 당신의 책의 열렬한 팬입니다 / 그래서 저는 당신께 요청드리고 싶습니다 /
to visit our school and give a special lecture.
O·C① O·C②(to 생략)
저희 학교를 방문하여 특별 강연을 해 주시기를
정답단서 글쓴이는 Jane Watson에게 자신의 학교를 방문하여 특별 강연을 해 달라고 부탁함.
(6) We can set the date and time to suit your schedule.
저희는 당신의 일정에 맞추어 날짜와 시간을 정할 수 있습니다
(7) Having you at our school /
동명사S
당신을 저희 학교에 모시는 것은 /
would be a fantastic experience for the students.
학생들에게 멋진 경험이 될 것입니다
(8) We would be very grateful / if you could come.
저희는 정말 감사할 것입니다 / 당신이 와 주신다면
(9) Best regards, John Austin
안부를 전하며, John Austin

전문해석

(1)친애하는 Jane Watson 씨,
(2)저는 Crestville High School의 과학 교사인 John Austin입니다. (3)최근에 저는 환경에 관해 당신이 쓴 최신 도서에 감명을 받았습니다. (4)또한 제 학생들은 당신의 책을 읽고 그것에 관해 학급 토론을 했습니다. (5)그들은 당신의 책의 열렬한 팬이고, 그래서 저는 당신께 저희 학교를 방문하여 특별 강연을 해 주시기를 요청드리고 싶습니다. (6)저희는 당신의 일정에 맞추어 날짜와 시간을 정할 수 있습니다. (7)당신을 저희 학교에 모시는 것은 학생들에게 멋진 경험이 될 것입니다. (8)당신이 와 주신다면 저희는 정말 감사할 것입니다.
(9)안부를 전하며, John Austin

정답확인

다음 글의 목적으로 가장 적절한 것은?
① 환경 보호의 중요성을 강조하려고(highlight)
② 글쓰기에서 주의할 점을 알려 주려고(inform)
✔ 특강 강사로 작가의 방문(visit)을 요청하려고(ask) 문장(5)
④ 작가의 팬 사인회 일정(schedule) 변경을 공지하려고(announce)
⑤ 작가가 쓴 책의 내용에 관하여 문의하려고(inquire)

어휘암기

☐ recently	부사 최근에, 근래에
☐ impressed	형용사 감명을 받은, 인상 깊게 생각하는
☐ latest	형용사 (가장) 최신의, 최근의
☐ have a discussion	토론을 하다
☐ ask A to V	A에게 ~해 달라고 요청[부탁]하다
☐ lecture	명사 강연, 연설
☐ set	동사 정하다, 설정하다
☐ suit	동사 ~에 맞추다, ~에 적합하게 하다
☐ grateful	형용사 감사하는, 고마워 하는

문제편 120쪽

19 정답률 95% | 심경 파악 ▶ 정답 ①

지문끊어읽기

(1) Marilyn and her three-year-old daughter, Sarah, /
Marilyn과 그녀의 세 살 된 딸 Sarah는 /
took a trip to the beach, / where Sarah built her first sandcastle.
선행사 관계부사절(계속적 용법)
해변으로 여행을 갔다 / 그리고 그곳에서 Sarah는 그녀의 첫 모래성을 지었다

(2) Moments later, / an enormous wave destroyed Sarah's castle.
S V O
잠시 후에 / 거대한 파도가 Sarah의 성을 무너뜨렸다

(3) In response to the loss of her sandcastle, /
그녀의 모래성을 잃은 것에 대한 반응으로 /
tears streamed down Sarah's cheeks / 정답단서 인생 첫 모래성을 파도에 잃은 세 살 난 Sarah는 눈물을 흘리며 슬퍼함.
눈물이 Sarah의 뺨을 타고 흘러내렸다 /
and her heart was broken.
그리고 그녀의 마음은 무너졌다

(4) She ran to Marilyn, /
그녀는 Marilyn에게 달려갔다 /
힌트 분사구문이 주절 뒤에 위치할 경우, 동시동작(=as, ~하면서)이나 연속동작(=and, 그리고 나서 ~하다)을 의미함.
saying [she would never build a sandcastle again].
=and she said [ ]: that 명사절(접속사 that 생략)
그리고 그녀가 결코 다시는 모래성을 짓지 않겠다고 말했다

(5) Marilyn said, / "Part of the joy of building a sandcastle /
Marilyn은 말했다 / 모래성을 짓는 즐거움 중 일부는 /
is [that, in the end, we give it as a gift to the ocean]."
[ ]: 명사절(보어) =a sandcastle
결국에 우리가 그것을 바다에게 선물로 준다는 것이란다

(6) Sarah loved this idea / and responded with enthusiasm /
Sarah는 이 생각이 마음에 들었다 / 그래서 열성적으로 반응했다 /
★중요 문장 (5)에서 Marilyn이 말한 내용("Part of the joy ~ to the ocean.")을 의미함.
to the idea of building another castle /
전치사 to(~에) 동격의 전치사
또 다른 성을 짓자는 생각에 /
— this time, / even closer to the water /
비교급 강조 비교급
이번에는 / 물에 훨씬 더 가까이 /
힌트 종속접속사로 쓰인 so(=so that)는 '~하기 위하여'라는 목적과 의도를 나타내는 부사절 접속사임.
so the ocean would get its gift sooner! 정답단서 Marilyn의 말을 듣고 다시 열성적으로 모래성을 만들게 됨.
=so that(~하도록)
바다가 그것의 선물을 더 빨리 받을 수 있도록

전문해석

(1)Marilyn과 그녀의 세 살 된 딸 Sarah는 해변으로 여행을 갔고, 그곳에서 Sarah는 그녀의 첫 모래성을 지었다. (2)잠시 후에, 거대한 파도가 Sarah의 성을 무너뜨렸다. (3)그녀의 모래성을 잃은 것에 대한 반응으로, 눈물이 Sarah의 뺨을 타고 흘러내렸고 그녀의 마음은 무너졌다. (4)그녀는 Marilyn에게 달려갔고, 그녀가 결코 다시는 모래성을 짓지 않겠다고 말했다. (5)Marilyn은 "모래성을 짓는 즐거움 중 일부는 결국에 우리가 그것을 바다에게 선물로 준다는 것이란다."라고 말했다. (6)Sarah는 이 생각이 마음에 들었고, 그래서 이번에는 바다가 그것의 선물을 더 빨리 받을 수 있도록 물에 훨씬 더 가까이 또 다른 성을 짓자는 생각에 열성적으로 반응했다.

중요구문

(4) She ran to Marilyn, saying [(that) she would never build a sandcastle again]. [ ]: that 명사절
S V
힌트 밑줄 친 부분은 현재분사 saying이 이끄는 능동의 분사구문으로, 뒤에 나온 that 명사절은 현재분사 saying의 목적어임.

정답확인

다음 글에 드러난 Sarah의 심경 변화로 가장 적절한 것은?

✔ sad → excited 슬픈 → 신난
② envious → anxious 시기하는 → 불안한
③ bored → joyful 지루한 → 즐거운
④ relaxed → regretful 편안한 → 후회하는
⑤ nervous → surprised 긴장한 → 놀란

어휘암기

□ take a trip	여행을 가다
□ sandcastle	명사 모래성
□ enormous	형용사 거대한, 막대한
□ destroy	동사 무너뜨리다, 파괴하다
□ in response to A	A에 대한 반응으로, A에 반응하여
□ stream	동사 흐르다, 흘러나오다
□ cheek	명사 뺨, 볼
□ enthusiasm	명사 열성, 열정
□ respond to A	A에 반응하다

20 정답률 80% | 필자의 주장 ▶ 정답 ②

지문끊어읽기

힌트 관계대명사 what은 선행사를 포함하고 있는 관계대명사로 '것'으로 해석됨. 해당 문장에서는 전치사 for의 목적어를 대신하는 목적격 관계대명사와 선행사가 합쳐진 형태임.

(1) Magic is [what we all wish for / to happen in our life]. [ ]: S.C
S V =the thing which
마법은 우리 모두가 바라는 것이다 / 우리 삶에서 일어나기를

(2) Do you love the movie *Cinderella* like me?
여러분은 나처럼 영화 *Cinderella*를 좋아하는가

(3) Well, in real life, / you can also create magic.
음 실제 삶에서 / 여러분도 또한 마법을 만들 수 있다

(4) Here's the trick.
여기 그 요령이 있다
힌트 장소 또는 방향의 부사(구)가 문장의 앞에 쓰이면 '부사(구)+동사+주어'의 어순으로 도치가 됨. 단, 주어가 대명사인 경우 도치가 되지 않음.

(5) Write down all the real-time challenges /
선행사
모든 실시간의 어려움들을 적어 보라 /
[that you face and deal with]. [ ]: 목적격 관계대명사절
여러분이 직면하고 처리하는
주제문 어려움에 관한 진술을 긍정적 진술로 바꿔야 함.

(6) Just change the challenge statement / into positive statements.
change A into B: A를 B로 바꾸다
그저 그 어려움에 관한 진술을 바꾸어라 / 긍정적인 진술로

힌트 Let(사역동사)+me(목적어)+give(목적격보어-동사원형)
(7) Let me give you an example here.
4형식V I.O D.O
내가 여기 여러분에게 예시를 하나 들어보겠다

(8) If you struggle with getting up early in the morning, /
만약 여러분이 아침에 일찍 일어나는 것에 어려움을 겪는다면 /
then write a positive statement /
그렇다면 긍정적인 진술을 써보아라 /
such as "I get up early in the morning at 5:00 am every day."
'나는 매일 일찍 아침 5시에 일어난다.'와 같은

(9) Once you write these statements, /
=positive statements
일단 여러분이 이 진술들을 쓰고 나면 /
get ready to witness magic and confidence. 정답단서 긍정적인 진술을 쓰고 나면, 마법처럼 자신감이 생기는 것을 목격하게 됨.
마법과 자신감을 목격할 준비를 하라

(10) You will be surprised /
여러분은 놀랄 것이다 /
힌트 괄호 친 that절은 앞에 나온 감정 형용사 surprised의 이유를 나타냄.
[that just by writing these statements, / there is a shift /
=positive statements
그저 이러한 진술들을 적음으로써 / 변화가 있다는 것에 /
in the way you think and act]. 정답단서 단순히 어려움을 긍정적인 진술로 바꿔 적음으로써 자신이 생각하고 행동하는 방식이 바뀌는 마법을 경험할 수 있음.
선행사 관계부사절
여러분이 생각하고 행동하는 방식에

(11) Suddenly you feel more powerful and positive.
S V S.C(형용사구)
갑자기 여러분은 더 강력하고 더 긍정적이라고 느낀다

전문해석

(1)마법은 우리 모두가 우리 삶에서 일어나기를 바라는 것이다. (2)여러분은 나처럼 영화 *Cinderella*를 좋아하는가? (3)음, 실제 삶에서 여러분도 또한 마법을 만들 수 있다. (4)여기 그 요령이 있다. (5)여러분이 직면하고 처리하는 모든 실시간의 어려움들을 적어 보라. (6)그저 그 어려움에 관한 진술을 긍정적인 진술로 바꾸어라. (7)내가 여기 여러분에게 예시를 하나 들어보겠다. (8)만약 여러분이 아침에 일찍 일어나는 것에 어려움을 겪는다면, 그렇다면 '나는 매일 일찍 아침 5시에 일어난다.'와 같은 긍정적인 진술을 써보아라. (9)일단 여러분이 이 진술들을 쓰고 나면, 마법과 자신감을 목격할 준비를 하라. (10)여러분은 그저 이러한 진술들을 적음으로써 여러분이 생각하고 행동하는 방식에 변화가 있다는 것에 놀랄 것이다. (11)갑자기 여러분은 더 강력하고 더 긍정적이라고 느낀다.

정답확인

다음 글에서 필자가 주장하는 바로 가장 적절한 것은?

① 목표한 바를 꼭 이루려면 생각(thoughts)을 곧바로 행동(action)으로 옮겨라.
✔ 자신감을 얻으려면 어려움(challenge)을 긍정적인 진술(positive statement)로 바꿔 써라. 문장(6)
③ 어려운 일을 해결하려면(solve) 주변 사람에게 도움을 청하라(ask for help).
④ 일상에서 자신감(confidence)을 향상하려면 틈틈이 마술을 배워라(learn magic).
⑤ 실생활에서 마주하는 도전을 피하지(avoid) 말고 견뎌 내라(endure).

어휘암기

□ real-time	형용사 실시간의
□ challenge	명사 어려움, 난제
□ face	동사 직면하다, 맞서다
□ deal with	~을 처리하다[다루다]
□ statement	명사 진술, 성명서, 진술서
□ struggle with	~에 어려움을 겪다, ~하는 데 고군분투하다
□ get ready to V	~할 준비를 하다
□ witness	동사 목격하다, 보다 / 명사 목격자
□ confidence	명사 자신감, 신뢰, 확신
□ surprised	형용사 놀란
□ shift	명사 변화, 전환 / 동사 바꾸다

21 정답률 55% | 의미 추론 ▶ 정답 ①

글의 내용 파악
인간과 동물의 감각을 다섯 가지로 나눈 Aristotle의 분류 방식에 국한되지 말 것을 제안하는 글이다.

지문끊어읽기

(1) 2 Consider the seemingly simple question /
동사(명령문)
겉보기에 간단한 질문을 생각해보라 /
1 *How many senses are there?*
'얼마나 많은 감각이 존재할까?'라는

(2) 1 Around 2,370 years ago, /
부사(약, 대략) 과거시제 부사구
약 2,370년 전 /
2 Aristotle wrote [that there are five, /
동사(과거) 명사절 접속사 that(wrote의 목적어절을 이끎)
Aristotle은 다섯 가지가 있다고 썼다 /
3 in both humans and animals /
인간과 동물 모두에게 /
4 — sight, hearing, smell, taste, and touch].
시각, 청각, 후각, 미각, 그리고 촉각이라는

(3) 1 However, /
하지만 /
2 according to the philosopher Fiona Macpherson, /
철학자 Fiona Macpherson에 따르면 /
3 there are reasons to doubt it.
to부정사의 형용사적 용법(명사 수식)
그것을 의심해볼 이유가 있다

(4) 1 For a start, /
먼저 /
2 Aristotle missed a few in humans: /
Aristotle은 인간에게서 몇 가지를 빠뜨렸는데 /
4 the perception of your own body /
선행사①
여러분 자신의 신체에 대한 인식 /
3 [which is different from touch] /
주격 관계대명사절①
촉각과는 다른 /
5 and the sense of balance /
선행사②
그리고 균형 감각이다 /
6 [which has links to both touch and vision].
주격 관계대명사절②
촉각과 시각 모두와 관련이 있는

(5) 1 Other animals have senses /
선행사
다른 동물들은 감각들을 지니고 있다 /
비교급 강조 even, a lot, still, far, much: 훨씬
2 [that are even harder to categorize].
주격 관계대명사절(senses 수식) 형용사(harder)를 수식하는 부사적 용법의 to부정사
범주화하기 훨씬 더 어려운

(6) 1 Many vertebrates have a different sense system /
많은 척추동물은 다른 감각 체계를 가지고 있다 /
2 for detecting odors.
전치사 동명사구
냄새를 감지하기 위한

(7) 1 Some snakes can detect the body heat of their prey.
몇몇 뱀들은 자기 먹잇감의 체열을 감지할 수 있다

(8) 2 These examples tell us /
이런 사례들이 우리에게 알려준다고 /
3 [that "senses cannot be clearly divided /
명사절 접속사 that(tell의 직접목적어절을 이끎)
'감각들은 분명하게 나뉘지 않을 수 있다'는 것을 /
4 into a limited number of specific kinds,"] /
A be divided into B: A는 B로 나뉘다
'제한된 개수의 특정 종류로' /
1 Macpherson wrote in *The Senses*.
Macpherson은 'The Senses'에서 썼다

(9) 2 Instead of trying /
instead of V-ing: ~하는 것 대신에
애쓰는 대신 /
1 to push animal senses into Aristotelian buckets, /
동물의 감각을 Aristotle의 양동이로 밀어 넣으려고 /
3 we should study them for what they are.
대명사(= animal senses)
우리는 그것들을 있는 그대로 연구해야 한다

전문해석

(1)'얼마나 많은 감각이 존재할까?'라는 겉보기에 간단한 질문을 생각해보라. (2)약 2,370년 전 Aristotle은 인간과 동물 모두에게 시각, 청각, 후각, 미각, 그리고 촉각이라는 다섯 가지가 있다고 썼다. (3)하지만, 철학자 Fiona Macpherson에 따르면, 그것을 의심해볼 이유가 있다. (4)먼저, Aristotle은 인간에게서 몇 가지를 빠뜨렸는데, (그 몇 가지란) 촉각과는 다른, 여러분 자신의 신체에 대한 인식, 그리고 촉각과 시각 모두와 관련이 있는 균형 감각이다. (5)다른 동물들은 범주화하기 훨씬 더 어려운 감각들을 지니고 있다. (6)많은 척추동물은 냄새를 감지하기 위한 다른 감각 체계를 가지고 있다. (7)몇몇 뱀들은 자기 먹잇감의 체열을 감지할 수 있다. (8)Macpherson은 'The Senses'에서, 이런 사례들이 우리에게 '감각들은 제한된 개수의 특정 종류로 분명하게 나뉘지 않을 수 있다'는 것을 알려준다고 썼다. (9)동물의 감각을 Aristotle의 양동이로 밀어 넣으려고 애쓰는 대신, 우리는 그것들을 있는 그대로 연구해야 한다.

정답풀이

Instead of trying to **push animal senses into Aristotelian buckets**, we should study them for what they are.
= ① sort various animal senses into fixed categories
동물의 다양한 감각을 정해진 범주로 분류하는

인간과 동물의 감각을 다섯 가지로 본 Aristotle의 분류법에는 '빠진 것'이 있고, 그리하여 이 분류법에 의문을 제기해야 한다는 것이 글의 주제이다. 이때 밑줄이 있는 마지막 문장은 'Aristotle의 분류 방식에 갇히는' 대신, 감각을 있는 그대로 연구해 볼 필요가 있다는 내용이다. 따라서 '① 동물의 다양한 감각을 정해진 범주로 분류하는'이 밑줄 친 부분의 의미로 가장 적절하다.

오답풀이

② keep a balanced view to understand real senses
진짜 감각을 이해하기 위해 균형 잡힌 시각을 유지하는
→ 균형 잡힌 시각에 관해서는 언급되지 않았다.

③ doubt the traditional way of dividing all senses
모든 감각을 나누는 전통적인 방식을 의심하는
→ 밑줄 친 부분은 Instead of 뒤에 나오므로 주제와 반대되는 내용이어야 문맥에 어울리는 문장이 된다. 하지만 '전통적인 분류 방식을 의심하라'는 것은 주제에 해당한다.

④ ignore the lessons on senses from Aristotle
Aristotle이 제시한 감각에 대한 교훈을 무시하는
→ 주제와 반대되는 내용이라기보다는 주제에 가까운 진술이다. 나아가 Aristotle의 분류법 자체를 '무시한다'는 표현이 다소 극단적이다.

⑤ analyze more animals to find real senses
더 많은 동물을 분석해서 진정한 감각을 찾는
→ 동물을 더 많이 분석하는 것에 관한 내용은 언급되지 않았다.

어휘암기

어휘	뜻
☐ seemingly	부사 겉보기에
☐ sight	명사 시각, 시야
☐ philosopher	명사 철학자
☐ doubt	동사 의심하다
☐ for a start	먼저, 우선
☐ perception	명사 인식, 지각
☐ have links to	~과 관련이 있다
☐ categorize	동사 범주화하다
☐ detect	동사 감지하다, 탐지하다
☐ prey	명사 먹잇감, 사냥감
☐ be divided into	~으로 나뉘다
☐ specific	형용사 특정한, 구체적인
☐ instead of	~ 대신에
☐ bucket	명사 양동이, 물통
☐ sort A into B	A를 B로 분류하다
☐ ignore	동사 무시하다
☐ analyze	동사 분석하다

22 정답률 85% | 요지 추론 ▶ 정답 ③

지문끊어읽기

(1) When we think of leaders, / we may think of people /
우리가 리더를 떠올릴 때 / 우리는 사람들을 떠올릴지도 모른다 /
such as Abraham Lincoln or Martin Luther King, Jr.
Abraham Lincoln 혹은 Martin Luther King, Jr.와 같은

(2) If you consider the historical importance and far-reaching influence of these individuals, /
만약 여러분이 이러한 인물들의 역사적 중요성과 광범위한 영향력을 고려한다면 /
leadership might seem like a noble and high goal.
리더십은 고귀하고 높은 목표처럼 보일지도 모른다

(3) But like all of us, / these people started out /
그러나 우리 모두와 마찬가지로 / 이러한 인물들은 시작했다 /
as students, workers, and citizens / [who possessed ideas /
선행사 [ ]: 주격 관계대명사절
학생, 근로자, 그리고 시민으로 / 생각을 가졌던 /
about how some aspect of daily life could be improved /
일상생활의 일부 측면이 어떻게 개선될 수 있는지에 대한 /
on a larger scale]. 정답단서 사회의 일원으로서 공동체를 발전시킬 방안을 생각하는 게 리더의 자질임.
더 큰 규모로

○ 문제편 121쪽

(4) Through diligence and experience, /
근면함과 경험을 통해 /
they improved upon their ideas / by sharing them with others, /
병렬①(동명사)
그들은 자신의 생각을 더 낫게 하였다 / 그것을 다른 사람들과 공유함으로써 /
seeking their opinions and feedback /
병렬②(by 생략)
그들의 의견과 반응을 구함으로써 /
and constantly looking for the best way to accomplish goals for a group.
병렬③(by 생략) 형용사적 용법
그리고 끊임없이 집단의 목표를 성취할 수 있는 가장 좋은 방법을 찾음으로써

(5) Thus /
그러므로 /
we all have the potential /
우리는 모두 잠재력을 가지고 있다 /
to be leaders at school, in our communities, and at work, /
형용사적 용법
학교, 공동체, 그리고 일터에서 리더가 될 /
regardless of age or experience. 주제문 누구나 리더가 될 수 있음.
나이나 경험에 상관없이

★중요 리더였던 사람들은 문장 (3)에서 말한 것처럼 일상생활의 개선, 즉 공동체가 발전할 수 있는 방안을 생각하는 것으로 시작함. 그렇기 때문에 그런 생각을 가진 누구나 나이나 경험에 상관없이 리더가 될 수 있다는 내용으로 지문이 마무리됨.

전문해석

(1)우리가 리더를 떠올릴 때, 우리는 Abraham Lincoln 혹은 Martin Luther King, Jr.와 같은 사람들을 떠올릴지도 모른다. (2)만약 여러분이 이러한 인물들의 역사적 중요성과 광범위한 영향력을 고려한다면, 리더십은 고귀하고 높은 목표처럼 보일지도 모른다. (3)그러나 우리 모두와 마찬가지로, 이러한 인물들은 일상생활의 일부 측면이 어떻게 더 큰 규모로 개선될 수 있는지에 대한 생각을 가졌던 학생, 근로자, 그리고 시민으로 시작했다. (4)근면함과 경험을 통해, 그들은 자신의 생각을 다른 사람들과 공유하고, 그들의 의견과 반응을 구하며, 끊임없이 집단의 목표를 성취할 수 있는 가장 좋은 방법을 찾음으로써 자신의 생각을 더 낫게 하였다. (5)그러므로 우리는 모두 나이나 경험에 상관없이 학교, 공동체, 그리고 일터에서 리더가 될 잠재력을 가지고 있다.

정답확인

다음 글의 요지로 가장 적절한 것은?

① 훌륭한 리더는 고귀한(noble) 목표를 위해 희생적인 삶을 산다.
② 위대한 인물은 위기의 순간에 뛰어난 결단력(decisiveness)을 발휘한다.
✔ 공동체(community)를 위한 아이디어를 발전시키는 누구나 리더가 될 수 있다.
④ 다른 사람의 의견을 경청하는 자세는 목표 달성(achievement)에 가장 중요하다.
⑤ 근면하고(diligent) 경험이 풍부한(experienced) 사람들은 경제적으로 성공할 수 있다.

어휘암기

☐ think of	~를 떠올리다, 생각하다, 여기다
☐ importance	명사 중요성
☐ far-reaching	형용사 광범위한, 지대한 영향력을 가져올
☐ noble	형용사 고귀한 / 명사 귀족
☐ scale	명사 규모, 등급
☐ diligence	명사 근면함, 성실함
☐ improve upon[on]	~을 더 낫게 하다[발전시키다]
☐ accomplish	동사 성취하다, 완수하다
☐ regardless of	~에 상관없이

23 정답률 90% | 주제 추론 ▶ 정답 ①

지문끊어읽기

(1) Crop rotation is the process /
윤작은 과정이다 / 선행사
[in which farmers change the crops they grow in their fields /
선행사 목적격 관계대명사절
농부들이 그들의 밭에서 키우는 농작물들을 바꾸는 /
in a special order]. [ ]: 전치사+관계대명사절
특별한 순서로

(2) For example, / if a farmer has three fields, /
예를 들어 / 만약 한 농부가 세 개의 밭을 가지고 있다면 /
he or she may grow carrots in the first field, /
그 또는 그녀는 첫 번째 밭에서 당근을 키울 수 있다 /
green beans in the second, / and tomatoes in the third.
두 번째에서는 녹색 콩을 / 그리고 세 번째에서는 토마토를

(3) The next year, / green beans will be in the first field, /
다음 해에 / 녹색 콩은 첫 번째 밭에 있을 것이다 /
tomatoes in the second field, / and carrots will be in the third.
토마토는 두 번째 밭에 / 그리고 당근은 세 번째 밭에 있을 것이다

(4) In year three, / the crops will rotate again.
3년 차에 / 농작물은 다시 순환할 것이다

(5) By the fourth year, / the crops will go back to their original order.
4년째에 이르면 / 농작물들은 다시 그들의 원래 순서로 돌아갈 것이다

(6) Each crop enriches the soil for the next crop. 정답단서 각각의 농작물이 다음 농작물이 자랄 토양을 비옥하게 함.
각각의 농작물은 다음 농작물을 위해 토양을 비옥하게 한다

(7) This type of farming is sustainable /
이런 종류의 농업은 지속 가능하다 /
because the soil stays healthy. 정답단서 토양이 건강하게 유지되기 때문에 이런 종류의 농업은 지속 가능함.
토양이 건강하게 유지되기 때문에

전문해석

(1)윤작은 농부들이 그들의 밭에서 키우는 농작물들을 특별한 순서로 바꾸는 과정이다. (2)예를 들어, 만약 한 농부가 세 개의 밭을 가지고 있다면 그 또는 그녀는 첫 번째 밭에서 당근을, 두 번째에서는 녹색 콩을, 그리고 세 번째에서는 토마토를 키울 수 있다. (3)다음 해에 녹색 콩은 첫 번째 밭에 있을 것이고, 토마토는 두 번째 밭에, 그리고 당근은 세 번째 밭에 있을 것이다. (4)3년 차에 농작물은 다시 순환할 것이다. (5)4년째에 이르면, 농작물들은 다시 그들의 원래 순서로 돌아갈 것이다. (6)각각의 농작물은 다음 농작물을 위해 토양을 비옥하게 한다. (7)이런 종류의 농업은 토양이 건강하게 유지되기 때문에 지속 가능하다.

정답확인

다음 글의 주제로 가장 적절한 것은?

✔ advantage of crop rotation in maintaining soil health
토양 건강을 유지하는 데 있어서 윤작의 이점
② influence of purchasing organic food on farmers
유기농 식품을 구매하는 것이 농부에게 미치는 영향
③ ways to choose three important crops for rich soil
비옥한 토양을 위해 중요한 농작물 세 가지를 선택하는 방법
④ danger of growing diverse crops in small spaces
작은 공간에서 다양한 농작물을 재배하는 것의 위험
⑤ negative impact of crop rotation on the environment
윤작이 환경에 미치는 부정적 영향

어휘암기

☐ crop rotation	명사 윤작, 돌려 짓기
☐ crop	명사 농작물, 수확량
☐ field	명사 밭, 들판, (동물) 사육장
☐ rotate	동사 순환하다, 교대하다, 회전하다
☐ enrich	동사 비옥하게 하다, 풍부하게 하다
☐ organic	형용사 유기농의, 화학 비료를 쓰지 않은
☐ diverse	형용사 다양한, 다른 종류의

24 정답률 75% | 제목 추론 ▶ 정답 ⑤

지문끊어읽기

(1) Working around the whole painting, /
S
전체 그림에 대해서 작업하는 것은 /
rather than concentrating on one area at a time, /
삽입구
한 번에 한 영역에만 집중하기보다 /
will mean / [you can stop at any point] / [ ]: 병렬①
의미할 것이다 / 여러분이 어떤 지점에서든 멈출 수 있다는 것을 /
and [the painting can be considered "finished."] [ ]: 병렬②
그리고 그림이 '완성'된 것으로 간주될 수 있다는 것을

힌트 접속사 that이 생략된 형태의 목적어절로, 'that you can stop at any point'와 'that the painting can be considered "finished"'로 적을 수 있음.

(2) Artists often find it difficult /
형식상의 목적어
화가들은 흔히 어렵다는 것을 발견한다 /
to know when to stop painting, / and it can be tempting /
내용상의 목적어 형식상의 주어
언제 그림을 멈춰야 할지를 아는 것이 / 그리고 유혹적일 수 있다 /
to keep on adding more to your work. 정답단서 화가들은 그림을 그만 그려야 하는 시기를 모르는 경우가 흔히 있음.
내용상의 주어
자신의 작품에 계속해서 더 추가하는 것이

(3) It is important / to take a few steps back from the painting /
형식상의 주어 내용상의 주어
중요하다 / 그림으로부터 몇 걸음 뒤로 물러나는 것은 /
from time to time / to assess your progress.
부사적 용법
때때로 / 여러분의 진행을 평가하기 위해

(4) Putting too much into a painting / can spoil its impact /
동명사S 병렬①
그림에 너무 많은 것을 넣는 것은 / 그것의 영향력을 망칠 수 있다 /
and leave it looking overworked. 정답단서 그림을 그만 그려야 할 시기를 놓치고 무언가를 계속 추가한다면 작품의 영향력이 떨어지고 과하게 작업된 것처럼 보일 수 있음.
병렬②(can 생략) O O·C
그리고 그것이 과하게 작업된 것처럼 보이게 둘 수 있다

(5) If you find yourself struggling to decide /
5형식V O O·C
만약 여러분이 결정하는 것에 자신이 어려움을 겪고 있음을 발견한다면 /
whether you have finished, / take a break /
여러분이 끝냈는지를 / 휴식을 취하라 / 명령문①(동사원형)
and come back to it later / with fresh eyes.
명령문② =a painting
그리고 나중에 그것으로 다시 돌아와라 / 새로운 눈으로

힌트 leave와 find는 5형식 동사로, '5형식V+O+O·C'의 구조를 취함. 목적어와 목적격 보어의 관계가 능동일 때 목적격 보어로 현재분사 형태가 오고, 관계가 수동일 때는 과거분사 형태가 옴.

(6) Then you can decide /
그러면 여러분은 결정할 수 있다 /
[whether any areas of your painting would benefit /
명사절 접속사
자신의 그림의 어떤 부분이 이익을 볼지를 /
from further refinement]. [ ]: decide의 목적어
더욱 정교하게 꾸미는 것을 통해

9회 2024년 3월 영어

○ 문제편 121쪽

전문해석

(1)한 번에 한 영역에만 집중하기보다 전체 그림에 대해서 작업하는 것은 여러분이 어떤 지점에서든 멈출 수 있고 그림이 '완성'된 것으로 간주될 수 있다는 것을 의미할 것이다. (2)화가들은 흔히 언제 그림을 멈춰야 할지를 아는 것이 어렵다는 것을 발견하고, 자신의 작품에 계속해서 더 추가하는 것이 유혹적일 수 있다. (3)여러분의 진행을 평가하기 위해 때때로 그림으로부터 몇 걸음 뒤로 물러나는 것은 중요하다. (4)그림에 너무 많은 것을 넣는 것은 그것의 영향력을 망칠 수 있고, 그것(그림)이 과하게 작업된 것처럼 보이게 둘 수 있다. (5)만약 여러분이 끝냈는지를 결정하는 것에 (자신이) 어려움을 겪고 있음을 발견한다면, 휴식을 취하고 나중에 새로운 눈으로 그것(그림)으로 다시 돌아와라. (6)그러면 여러분은 자신의 그림의 어떤 부분이 더욱 정교하게 꾸미는 것을 통해 이익을 볼지를 결정할 수 있다.

정답확인

다음 글의 제목으로 가장 적절한 것은?

① Drawing Inspiration from Diverse Artists
다양한 화가들로부터 영감 얻기
② Don't Spoil Your Painting by Leaving It Incomplete
미완성인 상태로 두어 여러분의 그림을 망치지 마라
③ Art Interpretation: Discover Meanings in a Painting
예술 해석: 그림에서 의미 발견하기
④ Do Not Put Down Your Brush: The More, the Better
붓을 내려놓지 마라: 더 많이 그릴수록 더 좋아진다
✔ Avoid Overwork and Find the Right Moment to Finish
과하게 작업하는 것을 피하고 마무리할 적절한 순간을 찾아라

어휘암기

☐ concentrate	동사 집중하다, 전념하다, (한곳에) 집중시키다
☐ at a time	한 번에
☐ consider	동사 간주하다, (~을 …로) 여기다
☐ tempting	형용사 유혹적인, 매력적인, 솔깃한
☐ from time to time	때때로, 가끔, 이따금
☐ assess	동사 평가하다, 가늠하다
☐ progress	명사 진행, 진척 동사 진전을 보이다, 진행하다
☐ spoil	동사 망치다, 못 쓰게 만들다
☐ impact	명사 영향(력), 충격 / 동사 영향을 주다
☐ struggle	동사 어려움을 겪다, 투쟁하다 명사 투쟁, 분투
☐ fresh	형용사 새로운, (기억 등이) 생생한, 신선한
☐ benefit	동사 (~에서) 이익을 보다, 유익하다
☐ further	형용사 더 이상의, 추가의
☐ refinement	명사 정교하게 꾸밈, 개선, 정제

25 정답률 85% | 도표의 이해 ▶ 정답 ③

지문끊어읽기

(1) The above graph shows /
위 그래프는 보여 준다 /
the extent [to which young people aged 16-25 in six countries
선행사 S
had fear about climate change in 2021]. [ ]: 전치사+관계대명사절
2021년에 6개 국가의 16세에서 25세 젊은 사람들이 기후 변화에 대한 두려움을 가지는 정도를

① (2) The Philippines had the highest percentage of young people /
필리핀은 젊은 사람들의 가장 높은 비율을 차지했다 / 선행사
who said they were extremely or very worried, /
주격 관계대명사절
그들이 극도로 혹은 매우 걱정한다고 말한 /
at 84 percent, / followed by 67 percent in Brazil.
분사구문
84퍼센트로 / 브라질이 67퍼센트로 뒤따른
필리핀은 극도로 혹은 매우 걱정한다고 말한 젊은 사람들의 비율이 84퍼센트로 가장 높았고, 그 다음이 브라질로 67퍼센트임.

② (3) More than 60 percent of young people in Portugal said /
S
포르투갈의 60퍼센트 이상의 젊은 사람들은 말했다 /
they were extremely worried or very worried.
그들이 극도로 걱정하거나 매우 걱정한다고
포르투갈의 젊은 사람들은 극도로 걱정하거나 매우 걱정한다고 말한 비율이 65퍼센트이므로 60퍼센트 이상임.

③ (4) In France, / [the percentage of young people /
프랑스에서는 / 젊은 사람들의 비율이 / 선행사
who were extremely worried] / [ ]:S
주격 관계대명사절
극도로 걱정하는 /
was higher / than that of young people who were very worried.
V =the percentage 선행사 주격 관계대명사절
더 높았다 / 매우 걱정하는 젊은 사람들의 그것보다
★중요 프랑스에서 극도로 걱정하는 젊은 사람들의 비율은 18퍼센트, 매우 걱정하는 젊은 사람들의 비율은 40퍼센트로 극도로 걱정하는 젊은 사람들의 비율이 매우 걱정하는 젊은 사람들의 비율보다 더 낮음.

④ (5) In the United Kingdom, / [the percentage of young generation /
영국에서 / 젊은 세대의 비율은 / [ ]:S 선행사
who said that they were very worried] / was 29 percent.
주격 관계대명사절 V
그들이 매우 걱정한다고 말한 / 29퍼센트였다
영국에서 매우 걱정한다고 말한 젊은 세대의 비율은 29퍼센트임.

⑤ (6) In the United States, /
미국에서 /
[the total percentage of extremely worried and very worried youth] / [ ]:S
극도로 걱정하고 매우 걱정하는 젊은이들의 전체 비율은 /
was the smallest among the six countries.
V
6개 국가 중에서 가장 작았다
미국에서 극도로 걱정하고 매우 걱정하는 젊은이들의 전체 비율은 46퍼센트로, 6개 국가 중에서 가장 작음.

전문해석

(1)위 그래프는 2021년에 6개 국가의 16세에서 25세 젊은 사람들이 기후 변화에 대한 두려움을 가지는 정도를 보여 준다. ①(2)필리핀은 극도로 혹은 매우 걱정한다고 말한 젊은 사람들의 비율이 84퍼센트로 가장 높았고, 브라질이 67퍼센트로 뒤따랐다. ②(3)포르투갈의 60퍼센트 이상의 젊은 사람들은 그들이 극도로 걱정하거나 매우 걱정한다고 말했다. ③(4)프랑스에서는 매우 걱정하는 젊은 사람들의 비율보다 극도로 걱정하는 젊은 사람들의 비율이 더 높았다(→ 낮았다). ④(5)영국에서 그들이 매우 걱정한다고 말한 젊은 세대의 비율은 29퍼센트였다. ⑤(6)미국에서 극도로 걱정하고 매우 걱정하는 젊은이들의 전체 비율은 6개 국가 중에서 가장 작았다.

정답확인

다음 도표의 내용과 일치하지 않는 것은?

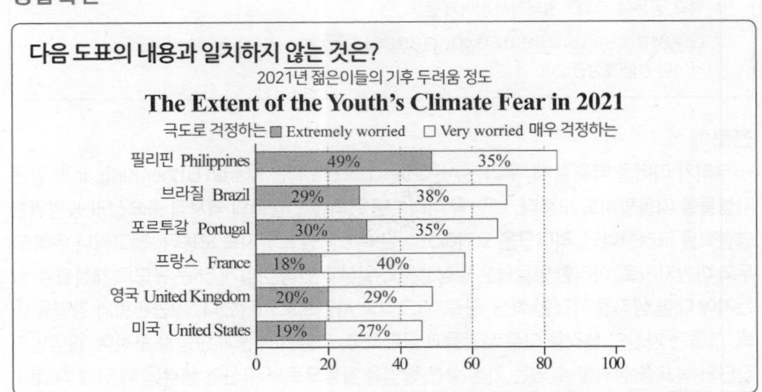

어휘암기

☐ extent	명사 정도, 범위
☐ climate	명사 기후
☐ extremely	부사 극도로
☐ generation	명사 세대

26 정답률 95% | 내용 일치 파악 ▶ 정답 ④

지문끊어읽기

(1) Jaroslav Heyrovsky was born in Prague on December 20, 1890, /
Jaroslav Heyrovsky는 1890년 12월 20일 Prague에서 태어났다 /
as the fifth child of Leopold Heyrovsky.
Leopold Heyrovsky의 5번째 자녀로

(2) In 1901 / Jaroslav went to a secondary school /
1901년에 / Jaroslav는 중등 학교에 갔다 /
called the Akademicke Gymnasium.
과거분사
Akademicke Gymnasium이라고 불리는

(3) Rather than Latin and Greek, /
라틴어와 그리스어보다는 /
he showed a strong interest in the natural sciences. 정답단서-①
그는 자연 과학에 강한 흥미를 보였다
Jaroslav Heyrovsky는 라틴어와 그리스어보다는 자연 과학에 강한 흥미를 보임.

(4) At Czech University in Prague /
Prague의 Czech University에서 /
he studied chemistry, physics, and mathematics. 정답단서-②
그는 화학, 물리학, 그리고 수학을 공부했다
Jaroslav Heyrovsky는 Prague의 Czech University에서 화학, 물리학, 그리고 수학을 공부함.

(5) From 1910 to 1914 /
1910년부터 1914년까지 /
he continued his studies at University College, London. 정답단서-③
그는 런던의 University College에서 그의 학업을 계속했다
Jaroslav Heyrovsky는 1910년부터 1914년까지 런던 University College에서 학업을 계속함.

(6) Throughout the First World War, /
제1차 세계 대전 내내 /
Jaroslav served in a military hospital. 정답단서-④
Jaroslav는 군 병원에서 복무했다
Jaroslav는 제1차 세계 대전 내내 군 병원에서 복무함.

(7) In 1926, /
1926년에 /
Jaroslav became the first Professor of Physical Chemistry /
Jaroslav는 최초의 물리화학 교수가 되었다 /
at Charles University in Prague.
Prague에 있는 Charles University에서

(8) He won the Nobel Prize in chemistry in 1959. 정답단서-⑤
그는 1959년에 노벨 화학상을 수상했다
Jaroslav는 1959년에 노벨 화학상을 수상함.

전문해석

(1)Jaroslav Heyrovsky는 1890년 12월 20일 Prague에서 Leopold Heyrovsky의 5번째 자녀로 태어났다. (2)1901년에 Jaroslav는 Akademicke Gymnasium이라고 불리는 중등 학교에 갔다. (3)그는 라틴어와 그리스어보다는 자연 과학에 강한 흥미를 보였다. (4)Prague의 Czech University에서 그는 화학, 물리학, 그리고 수학을 공부했다. (5)1910년부터 1914년까지 그는 런던의 University College에서 그의 학업을 계속했다. (6)제1차 세계 대전 내내 Jaroslav는 군 병원에서 복무했다. (7)1926년에 Jaroslav는 Prague에 있는 Charles University에서 최초의 물리화학 교수가 되었다. (8)그는 1959년에 노벨 화학상을 수상했다.

○ 문제편 122쪽

정답확인

Jaroslav Heyrovsky에 관한 다음 글의 내용과 일치하지 않는 것은?

① 라틴어와 그리스어보다 자연 과학(natural sciences)에 강한 흥미를 보였다. 문장(3)
② Czech University에서 화학, 물리학 및 수학(chemistry, physics, and mathematics)을 공부했다. 문장(4)
③ 1910년부터 1914년까지 런던에서 학업을 이어 나갔다. 문장(5)
✔④ 제1차 세계 대전~~이 끝난 후~~(내내) 군 병원(military hospital)에 복무했다(serve). 문장(6)
⑤ 1959년에 노벨 화학상(Nobel Prize in chemistry)을 수상했다. 문장(8)
★중요 문장 (6)에서 Jaroslav Heyrovsky가 제1차 세계 대전 내내 군 병원에서 복무했다고 함.

어휘암기

☐ secondary school	중등 학교
☐ rather than	(오히려) ~보다, ~ 대신에, ~가 아니라
☐ interest	명사 흥미, 이익, 이자 / 동사 흥미를 주다
☐ natural science	자연 과학
☐ chemistry	명사 화학
☐ physics	명사 물리학
☐ serve	동사 복무하다, 근무하다, 제공하다
☐ military	형용사 군(대)의, 군사의 / 명사 군대

27 정답률 95% | 내용 일치 파악 ▶ 정답 ④

중요구문

(2) Join us for a delightful Spring Tea Class /
즐거운 봄철 차 교실에 참여하세요 / 선행사
for young people, / where you'll experience the taste of tea /
관계부사 계속적 용법(=and there)
청소년을 위한 / 그곳에서 여러분은 차 맛을 경험할 것입니다 /
from various cultures around the world.
전 세계 다양한 문화의

전문해석

(1)청소년을 위한 봄철 차 교실
(2)청소년을 위한 즐거운 봄철 차 교실에 참여하세요, 그곳에서 여러분은 전 세계 다양한 문화의 차 맛을 경험할 것입니다. Join us for a delightful Spring Tea Class for young people, where you'll experience the taste of tea from various cultures around the world.
(3)수업 일정
(4) • 4월 5일 금요일 (오후 4시 30분 ~ 오후 6시) Friday, April 5 (4:30 p.m. - 6:00 p.m.)
(5) • 4월 6일 토요일 (오전 9시 30분 ~ 오전 11시)
(6)세부 사항
(7) • 우리는 여러분에게 차와 간식을 드릴 것입니다. We will give you tea and snacks.
(8) • 우리는 차 모임을 주최하기 위한 특별한 조언을 제공합니다.
(9)참가비
(10) • 13세 ~ 15세: 인당 25달러 정답단서 Age 13 - 15: $25 per person
(11) • 16세 ~ 18세: 인당 30달러
(12)주의 사항
(13)만약 여러분이 음식 알레르기가 있다면, 여러분은 저희에게 미리 youth@seasonteaclass.com으로 이메일을 보내야 합니다. If you have any food allergy, you should email us in advance at youth@seasonteaclass.com.

정답확인

Spring Tea Class for Young People에 관한 다음 안내문의 내용과 일치하지 않는 것은?

① 수강생은 전 세계 다양한(various) 문화권의 차를 경험할 수 있다. 문장(2)
② 금요일 수업은 오후에 1시간 30분 동안 진행된다. 문장(4)
③ 수강생에게 차와 간식을 제공할(offer) 것이다. 문장(7)
✔④ 15세 이하의 수강생은 ~~30~~(25)달러의 참가비(participation fee)를 내야 한다. 문장(10)
⑤ 음식 알레르기(allergy)가 있는 수강생은 이메일을 미리(in advance) 보내야 한다. 문장(13)

어휘암기

☐ delightful	형용사 즐거운, 매우 기쁜
☐ host	동사 (파티를) 주최하다[열다], 진행하다 / 명사 주인, 숙주
☐ in advance	미리, 사전에

28 정답률 90% | 내용 일치 파악 ▶ 정답 ④

전문해석

(1)2024 의류 업사이클링 대회
(2)여러분은 패션과 환경에 열정이 있으신가요? (3)그렇다면 우리가 여러분을 위한 대회를 개최합니다!
(3) • 참가자
(4)- Lakewood에 살고 있는 11세부터 18세까지 누구나 Anyone living in Lakewood, aged 11 to 18
(5) • 참여 방법
(6)- 여러분의 업사이클된 의류의 전후 사진을 찍으세요.
(7)- 사진은 lovelw@lwplus.com으로 이메일을 보내세요. Email the photos at lovelw@lwplus.com.
(8)- 사진은 4월 14일부터 5월 12일까지 보내세요. Send in the photos from April 14 to May 12.
(9) • 우승 상품
(10)- 지역 상점에서 사용할 수 있는 100달러 기프트 카드 한 장 정답단서 A $100 gift card to use at local shops
(11)- 우승자는 5월 30일에 우리 웹 사이트에 발표될 것입니다. The winner will be announced on our website on May 30.
(12)더 많은 세부 사항을 위해서는 우리의 웹 사이트 www.lovelwplus.com을 방문하세요.

정답확인

Clothes Upcycling Contest 2024에 관한 다음 안내문의 내용과 일치하는 것은?

① Lakewood에 사는 ~~사람이면~~(11세부터 18세까지는) 누구든지(anyone) 참가할(participate) 수 있다. 문장(4)
② 참가자(participant)는 출품 사진을 ~~직접 방문하여~~(이메일로) 제출해야 한다. 문장(7)
③ 참가자는 5월 ~~14~~(12)일까지 출품 사진을 제출할(submit) 수 있다. 문장(8)
✔④ 우승 상품은 지역 상점(local shops)에서 쓸 수 있는 기프트 카드이다. 문장(10)
⑤ ~~지역 신문을~~(웹 사이트를) 통해 우승자를 발표한다(announce). 문장(11)

어휘암기

☐ upcycling	명사 업사이클링, 창조적 재활용
☐ passionate	형용사 열정이 있는, 열심인

29 정답률 70% | 틀린 어법 고르기 ▶ 정답 ②

총평

등위접속사 앞뒤로 동일한 문법적 성분이 연결되는 병렬구조에 주목해야 하는 문제이다.

지문 끊어 읽기

(1) ³ It would be hard to overstate /
가주어 진주어
과장해서 말하기는 어려울 것이다 /
¹ [how important meaningful work is to human beings] /
간접의문문(overstate의 목적어)
인간에게 의미 있는 일이 얼마나 중요한지를 /
★ 주격 관계대명사 that
² — work [that provides a sense of fulfillment and empowerment].
선행사 불완전한 문장
즉 성취감과 권한을 제공하는 일

(2) ¹ Those [who have found deeper meaning in their careers] /
주어 주격 관계대명사절
자신의 직업에서 더 깊은 의미를 찾은 사람들은 /
² find their days much more energizing and satisfying, /
동사① 목적어① 비교급 강조 목적격 보어(형용사구)
자신의 하루하루가 훨씬 더 활기차고 만족스럽다는 것을 알게 된다 /
★ 병렬구조
³ and count their employment /
동사② 목적어②
그리고 자신의 직업을 꼽는다 /
one of + 소유격 + 최상급 + 복수명사: ~ 중 하나
⁴ as one of their greatest sources of joy and pride.
count A as B: A를 B로 꼽다[여기다]
기쁨과 자부심의 가장 큰 원천 중 하나로

(3) ² Sonya Lyubomirsky, /
Sonya Lyubomirsky는 /
¹ professor of psychology at the University of California, /
University of California의 심리학 교수인 /
⁷ has conducted numerous workplace studies /
수많은 업무 현장 연구를 실시해왔다 /
★ 명사를 수식하는 현재분사 (numerous workplace studies와 능동 관계)
⁶ showing / ³ [that when people are more fulfilled on the job, /
명사절 접속사 that(showing의 목적어절을 이끎)
보여주는 / 사람들이 근무 중에 더 많은 성취감을 느낄 때 /
⁴ they not only produce higher quality work and a greater output, /
동사①
그들은 더 양질의 업무와 더 큰 성과를 창출할 뿐 아니라 /
⁵ but also generally earn higher incomes].
동사②
일반적으로 더 높은 소득을 벌어들인다는 것을

(4) ¹ Those (who are) most satisfied with their work /
주어(복수) 과거분사구
자신의 일에 가장 만족하는 사람들은 /
★ 주어와 동사의 수 일치
² are also much more likely to be happier with their lives overall.
be likely to V: ~할 가능성이 있다
또한 전반적으로 자신의 삶에 더 만족할 가능성이 훨씬 더 크다

(5) ² For her book *Happiness at Work*, /
그녀의 저서 'Happiness at Work'를 위해 /
¹ researcher Jessica Pryce-Jones /
주어(= finding의 의미상 주어)
연구자 Jessica Pryce-Jones는 /
³ conducted a study of 3,000 workers in seventy-nine countries, /
동사
79개 국가의 근로자 3,000명을 대상으로 한 연구를 수행했다 /
★ 연속동작의 분사구문 (= and she found)
⁴ finding / ⁵ [that those who took greater satisfaction from their work /
명사절 접속사 that(finding의 목적어절을 이끎)
그리고 발견했다 / 자신의 일로부터 더 큰 만족을 느끼는 사람들이 /
⁶ were 150 percent more likely to have a happier life overall].
전반적으로 더 행복한 삶을 살 가능성이 150퍼센트 더 크다는 점을

전문해석

(1)인간에게 의미 있는 일, 즉 성취감과 권한을 제공하는 일이 얼마나 중요한지를 과장해서 말하기는 어려울 것이다(그만큼 그 중요성 자체가 크다). (2)자신의 직업에서 더 깊은 의미를 찾은 사람들은 자신의 하루하루가 훨씬 더 활기차고 만족스럽다는 것을 알게 되고, 자신의 직업을 기쁨과 자부심의 가장 큰 원천 중 하나로 꼽는다. (3)University of California의 심리학 교수인 Sonya Lyubomirsky는 사람들이 근무 중에 더 많은 성취감을 느낄 때, 그들은 더 양질의 업무와 더 큰 성과를 창출할 뿐 아니라, 일반적으로 더 높은 소득을 벌어들인다는 것을 보여주는 수많은 업무 현장 연구를 실시해왔다. (4)자신의 일에 가장 만족하는 사람들은 또한 전반적으로 자신의 삶에 더 만족할 가능성이 훨씬 더 크다. (5)연구자 Jessica Pryce-Jones는 그녀의 저서 'Happiness at Work'를 (쓰기) 위해 79개 국가의 근로자 3,000명을 대상으로 한 연구를 수행했고, 자신의 일로부터 더 큰 만족을 느끼는 사람들이 전반적으로 더 행복한 삶을 살 가능성이 150퍼센트 더 크다는 점을 발견했다.

정답풀이

② 병렬구조

(2) Those [who have found deeper meaning in their careers] **find** their days much more energizing and satisfying, **and** ~~**to count**~~ their employment as one of their greatest sources of joy and pride.

(Those: 주어 / who: 주격 관계대명사 / find: 동사① / and: 등위접속사 / to count → count: 동사②)

주어 Those(사람들)에 두 개의 동사가 「A and B」 형태로 병렬 연결되어 있다. 따라서 and 뒤의 to count를 count로 고쳐야 한다.

오답풀이

① 주격 관계대명사 that

(1) It would be hard to overstate how important meaningful work is to human beings — **work** [**that** provides a sense of fulfillment and empowerment].

(work: 선행사 / that: 주격 관계대명사 / 불완전한 문장(주어 없음))

선행사가 work이고 뒤에 주어 없이 동사(provides)가 왔으므로 주격 관계대명사 that은 어법상 적절하다.

③ 명사를 수식하는 현재분사

(3) Sonya Lyubomirsky, professor of psychology at the University of California, has conducted **numerous workplace studies** (**showing** that when people are more fulfilled on the job, they not only produce higher quality work and a greater output, but also generally earn higher incomes).

(Sonya Lyubomirsky: 주어 / professor ~: 동격 / has conducted: 동사 / numerous workplace studies: 목적어 / showing ~: 현재분사구)

동사 has conducted의 목적어인 numerous workplace studies를 수식하는 분사가 와야 하고, 수식받는 명사가 '결과를 보여 주는' 의미상 주체이므로, 능동을 나타내는 현재분사 showing은 적절하다.

④ 주어와 동사의 수 일치

(4) **Those** (who are) (most satisfied with their work) **are** also much more likely to be happier with their lives overall.

(Those: 주어(복수) / most satisfied ~: 과거분사구 / are: 동사(복수))

주어가 복수를 나타내는 Those most satisfied with their work이므로, 복수형 동사 are를 쓰는 것이 어법상 적절하다.

⑤ 연속동작의 분사구문

(5) For her book *Happiness at Work*, **researcher Jessica Pryce-Jones conducted** a study of 3,000 workers in seventy-nine countries, **finding** that those who took greater satisfaction from their work were 150 percent more likely to have a happier life overall.

(researcher Jessica Pryce-Jones: 주어(= 분사구문의 의미상 주어) / conducted: 동사 / finding: 분사구문(연속동작: 그리고 ~하다) / those: that절의 주어 / who took ~ work: 주격 관계대명사절 / were: 동사(that절의 주어 those와 수 일치))

문장에 동사가 이미 있으므로, 문장 뒤에는 분사구문으로 연결해야 한다. 문장의 주어이자 분사구문의 의미상 주어인 researcher Jessica Pryce-Jones가 '발견한' 주체이므로, 능동을 나타내는 현재분사 finding이 어법상 적절하다. finding 이하는 의미상 연속동작(그리고 ~하다)을 나타내므로, 등위접속사를 사용해 '~ and she found ~'로 바꿀 수 있다.

어휘암기

☐ overstate	동사 과장해서 말하다
☐ fulfillment	명사 성취
☐ empowerment	명사 권한, 자율권
☐ energizing	형용사 활기찬, 에너지를 북돋우는
☐ satisfying	형용사 만족스러운
☐ count A as B	A를 B로 꼽다[여기다]
☐ conduct	동사 실시하다, 수행하다
☐ workplace	명사 업무 현장, 직장
☐ on the job	근무 중에
☐ quality	형용사 양질의 / 명사 질
☐ output	명사 성과, 산출
☐ earn	동사 벌다, 얻다
☐ income	명사 소득, 수입
☐ be likely to V	~할 가능성이 있다
☐ overall	부사 전반적으로, 종합적으로

오답률 TOP 5

30 정답률 50% | 틀린 어휘 고르기 ▶ 정답 ③

글의 내용 파악

사람이 환경 속 세세한 것을 인식하는 능력은 이동하는 속도에 따라 달라질 수 있다는 내용이다.

지문끊어읽기

(1) [2] The rate of speed / (주어(선행사))
속도는 /
[1] [at which one is traveling] / (전치사 + 관계대명사)
사람이 이동하고 있는 /
[4] will greatly determine the ability /
능력을 크게 결정할 것이다 /
[3] to process detail in the environment. (to부정사의 형용사적 용법(the ability 수식))
환경 안의 세세한 것을 처리하는

(2) [1] In evolutionary terms, /
진화적인 관점에서 /
[2] human senses are adapted to the speed /
인간의 감각은 속도에 적응되어 있다 /
[3] [at which humans move through space / (전치사 + 관계대명사)
인간이 공간을 헤쳐 이동하는 /
[5] under their own power / [4] while walking]. (접속사가 있는 분사구문 (= while they are walking))
자기 힘으로 / 걸으면서

(3) [1] Our ability to distinguish detail in the environment / (to부정사의 형용사적 용법)
환경 속에서 세부 사항을 구별하는 우리의 능력은 /
[2] is therefore ideally suited to movement /
그리하여 이상적으로는 이동에 맞춰져 있다 /
[3] at speeds of perhaps five miles per hour and under. (전치사구)
대략 시속 5마일 또는 그 이하의 속도로 된

(4) [1] The fastest users of the street, motorists, / (동격의 콤마)
가장 빠른 도로 이용자인 운전자는 /
[2] therefore have a much more limited ability /
그렇기에 능력이 훨씬 더 제한적인데 /
[3] to process details along the street / (to부정사의 형용사적 용법(a much more limited ability 수식))
길을 따라 세부 사항을 처리하는 /
[4] — a motorist simply has enough(→ little) time or ability /
운전자는 그저 충분한(→ 적은) 시간 또는 능력이 있다 /
[5] to appreciate design details. (to부정사의 형용사적 용법(time or ability 수식))
디자인적 세부 사항을 감상할

(5) [1] On the other hand, /
반면 /
[2] pedestrian travel, / (주어)
보행자 이동은 /
[3] being much slower, / (분사구문)
훨씬 더 느려서 /
[4] allows for the appreciation of environmental detail. (동사구)

문제편 123쪽

환경적 세부 사항의 감상을 가능하게 해준다

(6) 1 Joggers and bicyclists /
조깅하는 사람과 자전거를 타는 사람은 /
2 fall somewhere in between these polar opposites; /
이 반대 극단의 사이 어딘가에 속해서 /
3 while they travel faster than pedestrians, /
접속사(비록 ~이지만)
그들은 보행자보다는 더 빨리 이동하지만 /
✚ 비교급 수식 부사 (= still, even, far, a lot)
4 their rate of speed is ordinarily much slower /
그들의 속도는 보통 훨씬 더 느리다 /
대명사(= the rate of speed)
5 than that of the typical motorist.
전형적인 운전자의 속도보다

전문해석

(1)사람이 이동하고 있는 속도는 환경 안의 세세한 것을 처리하는 능력을 크게 결정할 것이다. (2)진화적인 관점에서, 인간의 감각은 인간이 걸으면서 자기 힘으로 공간을 헤쳐 이동하는 속도에 적응되어 있다. (3)환경 속에서 세부 사항을 구별하는 우리의 능력은 그리하여 이상적으로는 대략 시속 5마일 또는 그 이하의 속도로 된 이동에 맞춰져 있다. (4)가장 빠른 도로 이용자인 운전자는 그렇기에 길을 따라 (이동하며) 세부 사항을 처리하는 능력이 훨씬 더 제한적인데, 운전자는 그저 디자인적 세부 사항을 감상할 충분한(→ 적은) 시간 또는 능력이 있(기 때문이)다. (5)반면, 보행자 이동은 훨씬 더 느려서, 환경적 세부 사항의 감상을 가능하게 해준다. (6)조깅하는 사람과 자전거를 타는 사람은 이 반대 극단의 사이 어딘가에 속해서, 그들은 보행자보다는 더 빨리 이동하지만, 그들의 속도는 보통 전형적인 운전자의 속도보다 훨씬 더 느리다.

정답풀이

The fastest users of the street, motorists, therefore have a much more limited ability to process details along the street — a motorist simply has ③ ~~enough~~ (→ little) time or ability to appreciate design details.

첫 문장에 따르면, 사람이 환경 안의 세세한 것들을 처리하는 능력은 이동하는 속도에 좌우된다. ③이 포함된 문장은 이동 속도가 빨라서 세부 사항을 처리할 능력이 제한적인 운전자들의 경우를 예로 들고 있다. 이들은 세부 사항을 살펴볼 시간이나 능력이 충분하다기보다는, '적거나 부족할' 것이므로, enough 대신 little을 써야 문맥상 옳다.

오답풀이

① **speed** (n. 속도): 글 첫머리에서 사람의 이동 속도와 환경 안의 세세한 것을 처리하는 능력을 주요 화제로 제시한다. 따라서 인간의 감각에 영향을 미치는 '속도(the speed)'에 대한 언급은 자연스럽다.
② **suit** (v. 맞추다, 적합하게 하다): 앞 문장에서 인간의 감각은 공간을 헤쳐 이동하는 속도에 적응되어 있다고 언급한다. 같은 맥락에서, 환경 안의 세부 사항을 처리하는 능력이 구체적으로 어느 정도의 '속도로 된 이동에 맞춰져(suited to movement at speeds)' 있는지에 관한 설명은 자연스럽다.
④ **appreciation** (n. 감상): 앞에서 이동 속도가 제일 빠른 축에 해당하는 운전자들의 예를 들어, 이들은 환경 속 세부 사항을 '처리하거나(process)' '감상할(appreciate)' 시간과 능력이 부족하다고 한다. 이와 반대로 보행자들은 훨씬 느리기 때문에 '환경적 세부 사항의 감상(the appreciation of environmental detail)'이 가능해진다는 의미이다.
⑤ **slower** (a. 더 느린): 보행자와 운전자의 중간 지점에 위치하는 부류의 예시로 조깅하는 사람들과 자전거 타는 사람들을 언급하고 있다. 이들의 속도는 보행자들보다는 빠르지만 운전자들보다는 '훨씬 더 느리다(much slower)'는 설명이 적절하다.

어휘암기

☐ rate of speed	속도
☐ determine	동사 결정하다, 알아내다, 밝히다
☐ process	동사 처리하다
☐ evolutionary	형용사 진화적인
☐ adapt	동사 적응시키다
☐ ideally	부사 이상적으로
☐ suit	동사 맞추다, 적합하게 하다
☐ motorist	명사 운전자
☐ limited	형용사 제한적인, 한정된
☐ enough	형용사 충분한
☐ appreciate	동사 감상하다
☐ allow for	~을 가능하게 하다
☐ appreciation	명사 감상
☐ fall in	~에 속하다, 빠지다
☐ polar opposite	반대 극단, 완전히 반대인 것
☐ ordinarily	부사 보통

31 정답률 60% | 빈칸 추론 ▶ 정답 ②

지문끊어읽기

(1) Every species has certain climatic requirements /
모든 종은 특정한 기후 요건을 가지고 있다 /
— what degree of heat or cold it can endure, /
그것이 어느 정도의 열이나 추위를 견딜 수 있는지 /
for example.
예를 들어

힌트 every, each는 단수 명사, 단수 동사와 함께 쓰임. '종'이라는 뜻의 species는 단수, 복수 형태가 같지만 이 문장에서는 단수 명사임.

(2) When the climate changes, /
기후가 바뀔 때 /
the places that satisfy those requirements change, too.
선행사, S / 주격 관계대명사절 / V
그런 요건을 만족하는 장소 또한 바뀐다
(3) Species are forced to follow.
종은 따르도록 강요받는다
(4) All creatures are capable of some degree of movement.
모든 생명체들은 어느 정도의 이동을 할 수 있다
(5) Even [creatures that appear immobile, like trees and barnacles,] /
선행사 / 주격 관계대명사절 / [ ]: S
나무와 따개비와 같은 움직이지 않는 것으로 보이는 생명체들조차도 /
are capable of dispersal / 정답 단서 이동할 것 같지 않은 생명체들도 '분산', 즉 '이동'이 가능함.
V
분산이 가능하다 /
at some stage of their life /
그들의 일생의 어느 단계에서 /
— as a seed, in the case of the tree, /
나무의 경우에는 씨앗으로 /
or as a larva, in the case of the barnacle.
혹은 따개비의 경우에 유충으로

힌트 appear는 2형식을 취하는 동사이고, 주격 보어 자리에 형용사가 옴. 해석 시 '~하게'라고 해석해서 '부사'가 온다고 생각하기 쉬우나 주격 보어(주어를 보충 설명)이기 때문에 '형용사'가 와야 함.

힌트 'from A to B'는 'A에서 B까지'로 해석함. 이 문장에서 get은 '이동하다'의 의미로 사용됨.

(6) A creature must get from the place it is born /
선행사 / 관계부사 where 생략
생명체는 그것이 태어난 장소에서 이동해야 한다 /
[— often occupied by its parent —] / [ ]: 과거분사구
종종 그것의 부모에 의해 점유된 /
to a place where it can survive, grow, and reproduce. 정답 단서 생명체는 태어난 장소를 떠나 살아남고 자라고 번식할 수 있는 다른 장소로 이동해야 함.
선행사 / 관계부사절
그것이 살아남고 자라고 번식할 수 있는 장소로
(7) From fossils, / scientists know /
화석으로부터 / 과학자들은 안다 /
[that even creatures like trees moved with surprising speed /
S' / V'
심지어 나무와 같은 생명체조차도 놀라운 속도로 이동했다는 것을 /
during past periods of climate change]. 정답 단서 화석으로부터 과학자들은 기후 변화의 과거 시기 동안 나무와 같은 생명체들이 놀라운 속도로 이동했다는 것을 알게 됨.
[ ]: 명사절(know의 목적어)
기후 변화의 과거 시기 동안

전문해석

(1)모든 종은, 예를 들어 그것이 어느 정도의 열이나 추위를 견딜 수 있는지(와 같은), 특정한 기후 요건을 가지고 있다. (2)기후가 바뀔 때 그런 요건을 만족하는 장소 또한 바뀐다. (3)종은 따르도록 강요받는다. (4)모든 생명체들은 어느 정도의 이동을 할 수 있다. (5)나무와 따개비와 같은 움직이지 않는 것으로 보이는 생명체들조차도, 나무의 경우에는 씨앗으로 혹은 따개비의 경우에 유충으로, 그들의 일생의 어느 단계에서 분산이 가능하다. (6)생명체는 그것이 태어난 장소, 즉 종종 그것의 부모에 의해 점유된 장소에서 그것이 살아남고 자라고 번식할 수 있는 장소로 이동해야 한다. (7) 화석으로부터, 과학자들은 기후 변화의 과거 시기 동안 심지어 나무와 같은 생명체조차도 놀라운 속도로 이동했다는 것을 안다.

정답확인

다음 빈칸에 들어갈 말로 가장 적절한 것은?

① endurance 끈기
② movement 이동 ✔
③ development 발달
④ transformation 변화
⑤ communication 소통

문제풀이

문장 (1)~(3)에 따르면 모든 종은 특정한 기후 요건을 가지는데, 기후가 바뀌어 그 요건을 만족하는 장소가 바뀌면 종은 그저 따르를 수밖에 없다. 이는 기후가 바뀔 때 종이 장소를 이동해야 함을 암시한다. 문장 (5) 이후부터는 이러한 종의 이동이 어떻게 이루어지는지를 언급하는데, 문장 (6)은 생명체가 태어난 장소를 떠나 살아남고 자라고 번식하기에 적합한 다른 장소로 이동해야 한다고 직접적으로 말한다. 또한 문장 (7)에서는 과거 기후 변화 시기에 나무도 이동을 했다는 것을 화석을 통해 알 수 있다고 한다. 따라서 빈칸에는 이러한 내용을 함축적으로 표현한 ② 'movement(이동)'가 적절하다.

어휘암기

☐ species	명사 종(種: 생물 분류의 기초 단위)
☐ certain	형용사 특정한, 어떤, 확실한
☐ climatic	형용사 기후의
☐ satisfy	동사 충족시키다
☐ requirement	명사 요건, 필수 사항, 요구 사항
☐ degree	명사 정도, 학위
☐ endure	동사 견디다, 지속하다
☐ be forced to V	~하도록 강요받다

9회 2024년 3월 영어

○ 문제편 123쪽

□ be capable of	~이 가능하다, ~할 수 있다
□ immobile	형용사 움직이지 않는, 고정된
□ dispersal	명사 분산, 확산
□ larva	명사 유충, 애벌레 (*pl.* larvae)
□ occupy	동사 점유하다, 소유하다
□ reproduce	동사 번식하다, 재생산하다

오답률 TOP 5

32 정답률 30% | 빈칸 추론 ▶ 정답 ③

지문끊어읽기

(1) No respectable boss would say, /
그 어떤 존경할 만한 상사도 말하지 않을 것이다 /
"I make it a point to discourage my staff from speaking up, /
나는 반드시 내 직원이 자유롭게 의견을 내지 못하도록 한다 /
and I maintain a culture /
선행사
그리고 나는 문화를 유지한다 /
[that prevents disagreeing viewpoints from ever getting aired]."
동의하지 않는 관점이 언제든 공개적으로 알려지는 것을 가로막는 [ ]: 주격 관계대명사절

힌트 'discourage/prevent A from V-ing'는 'A(목적어)가 ~하는 것을 막다/방해하다'라고 해석하는 구문임.

(2) If anything, / most bosses even say /
오히려 / 대부분의 상사는 심지어 말한다 /
that they are pro-dissent. 정답 단서 대부분의 상사들은 오히려 반대를 찬성한다고 말함.
그들이 반대에 찬성한다고

힌트 접두사 'pro-'는 '찬성(지지)하는'의 뜻을 나타냄. (↔ anti-)

(3) This idea can be found /
이 생각은 발견될 수 있다 /
throughout the series of conversations with corporate, university, and nonprofit leaders, /
기업, 대학교, 그리고 비영리 리더와의 일련의 대담을 통해 /
published weekly in the business sections of newspapers. 정답 단서
신문의 경제란에 매주 발간되는 과거분사구
이 생각은 신문 경제란에 매주 발간되는 기업, 대학, 비영리 리더와의 대담에서 찾을 수 있음.

(4) In the interviews, /
인터뷰에서 /
the featured leaders are asked about their management techniques, /
과거분사 V①(수동태)
다루어진 리더들은 그들의 경영 기법에 대해 질문을 받는다 /
and regularly claim to continually encourage internal protest from more junior staffers.
V②
그리고 더 많은 부하 직원들에게서 내부적인 저항을 지속적으로 장려한다고 어김없이 주장한다

(5) As Bot Pittman remarked in one of these conversations: /
Bot Pittman이 이러한 대담 중 하나에서 말했듯이 /
"I want us to listen to these dissenters /
5형식V O O·C(to V)
저는 우리가 이 반대하는 사람들에게 귀 기울이기를 원합니다 /
because they may intend to tell you /
왜냐하면 그들은 여러분에게 말하려고 의도할 수 있겠지만 /
why we can't do something, / but if you listen hard, /
우리가 왜 무엇인가를 할 수 없는지 / 그러나 만약 여러분이 열심히 듣는다면 /
what they're really telling you /
관계대명사절, S(단수 취급)
그들이 진정 여러분에게 말하고 있는 것은 /
is [what you must do to get something done]." [ ]: 주격 보어(의문사절)
V(단수) 5형식V O O·C(과거분사)
어떤 것이 이루어지도록 하기 위해 여러분이 무엇을 해야 하는가이기 때문입니다

힌트 'hard'는 부사로 '열심히'라는 뜻을 가지는데, '거의 ~이 아니다, 거의 ~않다'라는 뜻의 부사 'hardly'랑 헷갈리지 않도록 주의해야 함.

전문해석

(1)그 어떤 존경할 만한 상사도 "나는 반드시 내 직원이 자유롭게 의견을 내지 못하도록 하고, 동의하지 않는 관점이 언제든 공개적으로 알려지는 것을 가로막는 문화를 유지한다."라고 말하지 않을 것이다. (2)오히려 대부분의 상사는 심지어 그들이 반대에 찬성한다고 말한다. (3)이 생각은 신문의 경제란에 매주 발간되는 기업, 대학교, 그리고 비영리 리더와의 일련의 대담을 통해 발견될 수 있다. (4)인터뷰에서 (기사로) 다루어진 리더들은 그들의 경영 기법에 대해 질문을 받고, 더 많은 부하 직원들에게서 내부적인 저항을 지속적으로 장려한다고 (더 많은 부하 직원들이 내부에서 반대 의견을 내도록 계속 북돋아준다고) 어김없이 주장한다. (5)Bot Pittman이 이러한 대담 중 하나에서 말했듯이 "저는 우리가 이 반대하는 사람들에게 귀 기울이기를 원합니다. 왜냐하면 그들은 여러분에게 우리가 왜 무엇인가를 할 수 없는지 말하려고 의도할 수 있겠지만, 그러나 만약 여러분이 열심히 듣는다면, 그들이 진정 여러분에게 말하고 있는 것은 어떤 것이 이루어지도록 하기 위해 여러분이 무엇을 해야 하는가이기 때문입니다."

정답확인

다음 빈칸에 들어갈 말로 가장 적절한 것은?

① unconditional loyalty 무조건적인 충성
② positive attitude 긍정적인 태도
✔③ internal protest 내부적인 저항
④ competitive atmosphere 경쟁적인 분위기
⑤ outstanding performance 뛰어난 성과

문제풀이

이 글은 어떤 존경할 만한 상사도 직원이 자유롭게 의견을 내거나 동의하지 않는 관점이 공개적으로 알려지는 것을 막지 않는다고 말하며, 오히려 대부분의 상사는 반대에 찬성한다고 말한다. 신문 경제란에 발간되는 기업, 대학, 비영리 리더의 대담에서 이런 생각이 발견될 수 있기 때문에, 리더들이 인터뷰에서 경영 기법에 대한 질문을 받을 때 그들은 부하 직원들에게 반대하는 의견을 장려한다고 주장할 것이다. 따라서 빈칸에는 ③ 'internal protest(내부적인 저항)'가 적절하다.

오답풀이

② - 문장 (2)에 따르면 대부분의 상사는 반대를 찬성한다고 말한다. 이 글에서는 꾸준히 동의하지 않는 관점, 반대, 반대하는 사람들의 필요성을 리더들이 주장한다고 말하고 있으므로 리더들이 장려하는 것이 '긍정적인 태도'라는 ②는 정답으로 적절하지 않다.

어휘암기

□ respectable	형용사 존경할 만한, 점잖은, 부끄럽지 않은
□ make it a point to V	반드시 ~하게 하다
□ speak up	자유롭게 의견을 내다, 의견을 말하다
□ viewpoint	명사 관점, 견해
□ air	동사 공개적으로 알리다, 방송하다
□ if anything	오히려, 어느 편인가 하면
□ dissent	명사 반대, 의견의 차이
□ corporate	명사 기업, 회사
□ nonprofit	명사 비영리 (법인)
□ publish	동사 발행하다, 출판하다, 발간하다
□ feature	동사 (기사에) 다루다, 특징으로 하다 명사 특집 기사, 특징
□ management	명사 경영, 관리
□ regularly	부사 어김없이, 규칙적으로, 정기적으로
□ claim	동사 주장하다 / 명사 주장
□ protest	명사 저항, 항의 / 동사 저항하다, 항의하다
□ junior	형용사 부하의, 하급의, 청소년의
□ staffer	명사 직원
□ remark	동사 말하다, 언급하다 / 명사 말, 언급
□ dissenter	명사 반대하는 사람, 반대자
□ intend	동사 의도하다, 작정하다

33 정답률 60% | 빈칸 추론 ▶ 정답 ③

지문끊어읽기

(1) [One of the most striking characteristics of a sleeping animal or person] / [ ]: S(단수 취급)
잠을 자고 있는 동물이나 사람의 가장 두드러진 특징 중 하나는 /
is [that they do not respond normally to environmental stimuli].
V 접속사 [ ]: 보어(명사절)
그들이 환경의 자극에 정상적으로 반응하지 않는다는 것이다

힌트 one of + 최상급 + 복수명사: 가장 ~한 것 중 하나
정답 단서 잠을 자는 동물과 사람은 주변 환경의 자극에 정상적인 반응을 하지 않음.

(2) If you open the eyelids of a sleeping mammal /
만약 당신이 잠을 자는 포유동물의 눈꺼풀을 열면 /
the eyes will not see normally / — they are functionally blind.
그 눈은 정상적으로 볼 수 없을 것이다 / 그것들은 기능적으로 실명 상태이다

(3) Some visual information apparently gets in, /
어떤 시각적 정보는 명백하게 들어온다 /
but it is not normally processed /
=visual information
하지만 그것은 정상적으로 처리되지 않는다 /
as it is shortened or weakened; /
병렬①(수동태) 부사절 접속사(이유) 병렬②(is 생략)
그것은 짧아지거나 약화되어서 /
same with the other sensing systems.
다른 감각 체계도 마찬가지이다

힌트 시간·조건의 부사절에서는 현재시제가 미래시제를 대신함.
정답 단서 잠을 자는 포유동물의 눈에 시각 정보는 명백하게 전달이 되나, 정보를 처리하는 기능은 제대로 작동하지 않음.

(4) Stimuli are registered / but not processed normally /
병렬①(수동태) 병렬②(are 생략)
자극은 등록된다 / 하지만 정상적으로 처리되지 않는다 /
and they fail to wake the individual.
=stimuli 명사적 용법(목적어)
그리고 그것들은 개체를 깨우는 데에 실패한다

(5) Perceptual disengagement probably serves /
지각 이탈은 아마도 제공한다 /
the function of protecting sleep, /
동명사(전치사 of의 목적어)
수면을 보호하는 기능을 /
so some authors do not count it /
=perceptual disengagement
그래서 어떤 저자들은 그것을 여기지 않는다 /
as part of the definition of sleep itself.
재귀대명사(강조용법)
수면 자체의 정의의 일부로

(6) But as sleep would be impossible without it, /
~때문에 =perceptual disengagement
하지만 수면은 그것 없이는 불가능할 것이기 때문에 /
it seems essential to its definition.
=perceptual disengagement =sleep's
그것은 그것의 정의에 필수적으로 보인다

힌트 'as'는 전치사와 접속사로 사용할 수 있음. 문장 (6)의 as는 접속사의 역할을 함. 접속사 as는 시간, 이유, 양보 등의 의미를 주절에 더하는데, 문장 (6)에서는 이유를 설명하는 접속사로 사용됨.

(7) Nevertheless, / many animals (including humans) /
그럼에도 불구하고 / (인간을 포함한) 많은 동물들은 /

● 문제편 123쪽

use the intermediate state of drowsiness /
졸음이라는 중간 상태를 이용한다 /

to derive some benefits of sleep /
부사적 용법(목적)
수면의 일부 혜택을 끌어내기 위해서 /

without total perceptual disengagement.
완전한 지각 이탈 없이

전문해석

(1)잠을 자고 있는 동물이나 사람의 가장 두드러진 특징 중 하나는 그들이 환경의 자극에 정상적으로 반응하지 않는다는 것이다. (2)만약 당신이 잠을 자는 포유동물의 눈꺼풀을 열면, 그 눈은 정상적으로 볼 수 없을 것인데, 즉 그것들은 기능적으로 실명 상태이다. (3)어떤 시각적 정보는 명백하게 들어오지만, 그것은 짧아지거나 약화되어서 정상적으로 처리되지 않는데, 이는 다른 감각 체계도 마찬가지다. (4)자극은 등록되지만 정상적으로 처리되지 않고, 그것들(자극들)은 개체를 깨우는 데에 실패한다. (5)지각 이탈은 아마도 수면을 보호하는 기능을 제공해서, 어떤 저자들은 그것을 수면 자체의 정의의 일부로 여기지 않는다. (6)하지만 수면은 그것(지각 이탈) 없이는 불가능할 것이기 때문에, 그것(지각 이탈)은 그것(수면)의 정의에 필수적으로 보인다. (7)그럼에도 불구하고, (인간을 포함한) 많은 동물들은 완전한 지각 이탈 없이 수면의 일부 혜택을 끌어내기 위해서 졸음이라는 중간 상태를 이용한다.

정답확인

다음 빈칸에 들어갈 말로 가장 적절한 것은?

① get recovered easily
쉽게 회복된다
② will see much better
훨씬 더 잘 볼 것이다
✔③ are functionally blind
기능적으로 실명 상태이다
④ are completely activated
완전히 활성화된다
⑤ process visual information
시각 정보를 처리한다

문제풀이

문장 (4)~(6)에 따르면, 잠을 자는 동물과 사람은 잠을 자는 동안에도 주변의 자극을 받아들이기는 하나, 정보를 정상적으로 처리하지는 못한다. 이를 지각 이탈이라고 하는데, 지각 이탈은 수면을 보호하는 역할을 한다. 따라서 빈칸에는 자극을 받아들이지만 처리를 하지는 못한다는 내용의 ③이 적절하다.

어휘암기

□ striking	형용사 두드러진, 눈에 띄는, 현저한
□ characteristic	명사 특징 / 형용사 특유의
□ respond	동사 반응하다, 대응하다, 대답하다
□ stimuli	명사 자극 (*sing.* stimulus)
□ eyelid	명사 눈꺼풀
□ mammal	명사 포유동물
□ apparently	부사 명백하게, 분명히
□ process	동사 처리하다 / 명사 과정, 절차
□ register	동사 등록하다
□ individual	명사 개체, 개인
□ perceptual	형용사 지각의, 지각력의
□ disengagement	명사 이탈, 해방 상태
□ serve	동사 제공하다, 도움이 되다
□ count	동사 여기다[간주하다], 중요하다
□ essential	형용사 필수적인, 극히 중요한
□ intermediate	형용사 중간의, 중급의
□ state	명사 상태, 국가, 나라
□ drowsiness	명사 졸음, 나른함
□ derive	동사 끌어내다, 얻다

34 정답률 60% | 빈칸 추론 ▶ 정답 ⑤

지문끊어읽기

힌트 a number of+복수명사: 많은 ⇒ 복수 취급
the number of: ~의 수 ⇒ 단수 취급

(1) A number of research studies have shown /
V(복수)
많은 조사 연구는 보여 주었다 /

[how experts in a field often experience difficulties /
한 분야의 전문가가 어떻게 어려움을 종종 겪는지를 /

when introducing newcomers to that field].
그 분야로 신입을 입문시킬 때
[ ]: shown의 목적어절

힌트 접속사를 남긴 분사구문으로, 의미상의 주어(experts)와 능동 관계이므로 현재분사를 사용함. 부사절로 전환 시 'when they introduce ~'가 됨.

(2) For example, / in a genuine training situation, /
예를 들어 / 실제 교육 상황에서 /

Dr Pamela Hinds found /
S V
Pamela Hinds 박사는 알아냈다 /

힌트 people과 expert 사이에는 'who were'이 생략되었는데, 주격 관계대명사가 be동사와 함께 쓰였을 때는 이를 생략할 수 있음.

[that people expert in using mobile phones were remarkably less
S' V'
accurate /
휴대 전화기를 사용하는 데 능숙한 사람들이 놀랍도록 덜 정확하다는 것을 /

than novice phone users /
초보 휴대 전화기 사용자보다 /

in judging how long it takes people to learn to use the phones].
[ ]: O(명사절)
사람들이 휴대 전화기 사용법을 배우는 것에 얼마나 오랜 시간이 걸리는지를 판단하는 데 있어서

(3) Experts can become insensitive /
전문가는 둔감해질 수 있다 /

to how hard a task is / for the beginner, /
한 과업이 얼마나 어려운지에 대해 / 초보자에게 /

an effect referred to as the 'curse of knowledge'.
refer to A as B: A를 B로 칭하다
'지식의 저주'로 칭해지는 효과

힌트 우선 밑줄 친 부분의 'an effect'와 'referred to' 사이에는 '주격 관계대명사+be동사(which is)'가 생략되어 있음. 또한 문장 (3)의 콤마 이전의 내용 전체가 콤마 이후의 밑줄 친 부분과 동격임.

정답 단서 전문가가 초보자보다 많이 알고 있기 때문에 생기는 오해에 대해 언급함.

(4) Dr Hinds was able to show / [that as people acquired the skill, /
접속사 접속사(~일 때)
Hinds 박사는 보여 줄 수 있었다 / 사람들이 기술을 습득했을 때 /

they then began to underestimate the level of difficulty of that skill]. [ ]: show의 목적어절
그들이 그 후 그 기술의 어려움의 정도를 과소평가하기 시작했다는 것을

정답 단서 사람들은 기술을 습득하고 난 이후 배운 기술의 난이도를 과소평가하게 됨.

(5) Her participants even underestimated /
그녀의 참가자는 심지어 과소평가했다 /

[how long it had taken themselves to acquire that skill] /
자신들이 그 기술을 습득하는 데 얼마나 오래 걸렸는지를 /

in an earlier session.
이전 기간에

힌트 'it takes+O+시간+to V'는 '~이 …하는 데 (시간)이 걸리다'라는 표현임. 문장 (5)에는 주절의 동사 underestimated보다 더 이전에 일어난 일이므로 과거완료시제 had taken이 사용되었음.

힌트 분사구문으로, 'If we know ~ to learn'으로 바꾸어 쓸 수 있음.

(6) [Knowing that experts forget [how hard it was for them to learn]], /
[ ]: forget의 목적어
형식상의 주어 의미상의 주어 내용상의 주어
전문가가 자신이 학습하는 것이 얼마나 어려웠는지를 잊어버린다는 것을 안다면 /

we can understand the need /
우리는 필요성을 이해할 수 있을 것이다 /

[to look at the learning process through students' eyes], /
형용사적 용법
학생들의 눈을 통해 학습 과정을 바라봐야 할 /

rather than making assumptions about how students 'should be' learning.
학생이 어떻게 학습을 '해야 하는지'에 대한 추정을 하기보다

✱중요 rather than을 기준으로 앞뒤 내용이 반대의 의미를 가지기 때문에, 빈칸은 '전문가가 학생의 학습에 대해 추정한다'라는 rather than 이하의 내용과 반대되는 내용이 와야 함.

전문해석

(1)많은 조사 연구는 한 분야의 전문가가 그 분야로 신입을 입문시킬 때 어떻게 어려움을 종종 겪는지를 보여 주었다. (2)예를 들어, 실제 교육 상황에서 Pamela Hinds 박사는 휴대 전화기를 사용하는 데 능숙한 사람들이 휴대 전화기 사용법을 배우는 것에 얼마나 오랜 시간이 걸리는지를 판단하는 데 있어서, 초보 휴대 전화기 사용자보다 놀랍도록 덜 정확하다는 것을 알아냈다. (3)전문가는 한 과업이 초보자에게 얼마나 어려운지에 대해 둔감해질 수 있는데, 즉 (이것은) '지식의 저주'로 칭해지는 효과이다. (4)Hinds 박사는 사람들이 기술을 습득했을 때, 그들이 그 후 그 기술의 어려움의 정도를 과소평가하기 시작했다는 것을 보여 줄 수 있었다. (5)그녀의 참가자는 심지어 자신들이 이전 기간에 그 기술을 습득하는 데 얼마나 오래 걸렸는지도 과소평가했다. (6)전문가가 자신이 학습하는 것이 얼마나 어려웠는지를 잊어버린다는 것을 안다면, 우리는 학생이 어떻게 학습을 '해야 하는지'에 대한 추정을 하기보다 학생들의 눈을 통해 학습 과정을 바라봐야 할 필요성을 이해할 수 있을 것이다.

정답확인

다음 빈칸에 들어갈 말로 가장 적절한 것은?

① focus on the new functions of digital devices
디지털 기기의 새로운 기능에 집중해야 할
② apply new learning theories recently released
최근 발표된 새로운 학습 이론을 적용해야 할
③ develop varieties of methods to test students
학생을 시험할 다양한 방법을 개발해야 할
④ forget the difficulties that we have had as students
학생으로서 우리가 가졌던 어려움을 잊어야 할
✔⑤ look at the learning process through students' eyes
학생들의 눈을 통해 학습 과정을 바라봐야 할

문제풀이

지문은 '지식의 저주' 효과, 즉 한 분야에서 많은 지식을 가지고 있는 전문가가 흔히 초심자를 입문시킬 때 하는 실수에 대해 연구 결과를 들어 설명한다. 연구에 따르면 전문가들은 초심자가 새로운 것을 학습하는 데 드는 시간을 과소평가하는 경향이 있으며, 심지어 자신들도 예전에 그 분야의 기술의 습득하는 데 얼마나 오래 걸렸는지도 잊어버리고 과소평가한다고 한다. 빈칸이 있는 문장 (6)은 이러한 '지식의 저주'를 교육에 적용하는 내용이다. 전문가의 입장에서는 이제 막 입문한 학생들이 학습 중 겪어야 하는 어려움을 과소평가하는 경향이 있을 것이므로, 빈칸에는 이와는 반대되는 내용, 즉 새롭게 무언가를 공부하는 학생들의 시선에서 학습 과정을 바라보아야 한다는 내용이 들어가야 한다. 따라서 정답은 ⑤ 'look at the learning process through students' eyes(학생들의 눈을 통해 학습 과정을 바라봐야 할)'이다.

어휘암기

□ expert	명사 전문가 / 형용사 전문가의, 숙련된
□ field	명사 분야, 들판
□ newcomer	명사 신입, 새로 온 사람
□ genuine	형용사 실제의, 진실한
□ remarkably	부사 놀랍도록, 주목할 만큼
□ novice	명사 초보, 초심자
□ insensitive	형용사 둔감한, 의식하지 못하는
□ curse	명사 저주, 욕설 / 동사 저주하다
□ underestimate	동사 과소평가하다
□ acquire	동사 습득하다, 얻다

◆ 문제편 124쪽

- [ ] assumption 명사 추정, 상정
- [ ] device 명사 기기, 장치
- [ ] release 동사 발표하다, 풀어주다

35 정답률 80% | 무관한 문장 찾기 ▶ 정답 ④

지문끊어읽기

(1) A group of psychologists studied / 한 심리학자 그룹이 연구했다 /
individuals with severe mental illness / (선행사) 심각한 정신 질환이 있는 사람들을 /
[who experienced weekly group music therapy, / 집단 음악 치료를 매주 경험한 /
including singing familiar songs and composing original songs]. ([ ]: 주격 관계대명사절; 병렬①(동명사구), 병렬②)
친숙한 노래 부르기와 독창적인 곡 작곡하기를 포함한

① (2) The results showed / 그 연구 결과는 보여 주었다 /
that the group music therapy improved the quality of participants' life, / 집단 음악 치료가 참여자의 삶의 질을 개선하였다는 것을 /
with those participating in a greater number of sessions / (=participants) 더 많은 활동에 참여한 사람들이 /
experiencing the greatest benefits. 가장 큰 효과를 경험했기에

힌트 문장 (2)의 'those'는 불특정 다수의 '~하는 사람들'을 의미하는 지시대명사임. '~하는'에 해당하는 내용은 'participating ~ sessions'로, 이 부분이 'those'를 수식함.

힌트 with 분사구문, 즉 'with+명사(구)+현재분사/과거분사'의 형태가 쓰임. 'those ~ sessions'가 명사구에, 분사는 'experiencing' 이하에 해당함. 현재분사가 with 분사구문에 쓰이면 명사(구)에 쓰인 의미상의 주어와 능동 관계를 나타내며, 이때 with 분사구문은 '~한 채로, ~하며' 등의 부대상황과, '~했기 때문에'의 이유의 의미로 해석할 수 있음.

② (3) Focusing on singing, / 분사구문(=As they focused on singing) 노래 부르기에 초점을 두고 /
another group of psychologists reviewed articles / 또 다른 심리학자 그룹은 논문을 검토했다 /
on the efficacy of group singing / ~에 대한 집단 가창의 효능에 대한 /
as a mental health treatment for individuals / 전치사(~로서) 사람들을 위한 정신 건강 치료로서 /
living with a mental health condition in a community setting. 집단 생활의 환경에서 정신적인 건강 문제를 가지고 살고 있는

③ (4) The findings showed / 연구 결과는 보여 주었다 /
[that, [when people with mental health conditions participated in a choir], / (명사절 접속사, S', V'; [ ]: 부사절 삽입)
정신적인 건강 문제를 가진 사람들이 합창단에 참여했을 때 /
their mental health and wellbeing significantly improved]. 주제문 (S, V; [ ]: showed의 목적어절)
그들의 정신 건강과 행복이 상당히 개선되었다는 것을

정신 건강 문제가 있는 사람이 집단 가창에 참여하는 것은 증상 호전에 큰 도움이 됨.

④ (5) The negative effects of music were greater / 음악의 부정적인 효과는 더 컸다 /
than the psychologists expected. 심리학자가 예상했던 것보다

중요 집단 음악 프로그램이 정신 건강 개선에 도움을 준다는 것이 주된 내용이지만 문장 (5)는 음악의 부정적인 효과를 언급하고 있으므로 글의 흐름을 깸.

⑤ (6) Group singing provided enjoyment, / (V①) 집단 가창은 즐거움을 제공했다 /
improved emotional states, / developed a sense of belonging / (V②, V③) 감정 상태를 개선했다 / 소속감을 키웠다 /
and enhanced self-confidence. (V④) 그리고 자신감을 강화했다

전문해석

(1)한 심리학자 그룹이 친숙한 노래 부르기와 독창적인 곡 작곡하기를 포함한 집단 음악 치료를 매주 경험한 심각한 정신 질환이 있는 사람들을 연구했다. ①(2)그 연구 결과는 더 많은 활동에 참여한 사람들이 가장 큰 효과를 경험했기에 집단 음악 치료가 참여자의 삶의 질을 개선하였다는 것을 보여 주었다. ②(3)노래 부르기에 초점을 두고, 또 다른 심리학자 그룹은 집단 생활의 환경에서 정신적인 건강 문제를 가지고 살고 있는 사람들을 위한 정신 건강 치료로서 집단 가창의 효능에 대한 논문을 검토했다. ③(4)연구 결과는 정신적인 건강 문제를 가진 사람들이 합창단에 참여했을 때, 그들의 정신 건강과 행복이 상당히 개선되었다는 것을 보여 주었다. ④(5)음악의 부정적인 효과는 심리학자가 예상했던 것보다 더 컸다. ⑤(6)집단 가창은 즐거움을 제공했고, 감정 상태를 개선했으며, 소속감을 키웠고, 자신감을 강화했다.

어휘암기

- [ ] psychologist 명사 심리학자
- [ ] severe 형용사 심각한, 가혹한
- [ ] mental illness 정신 질환
- [ ] therapy 명사 치료, 요법
- [ ] compose 동사 작곡하다, 구성하다
- [ ] session 명사 활동, 시간
- [ ] efficacy 명사 효능, 효험
- [ ] treatment 명사 치료, 대우
- [ ] condition 명사 문제[질환], 이상, 상태, 조건
- [ ] setting 명사 환경, 설정
- [ ] choir 명사 합창단
- [ ] wellbeing 명사 행복, 복지, 안녕
- [ ] significantly 부사 상당히
- [ ] a sense of belonging 소속감
- [ ] enhance 동사 강화하다, 높이다

오답률 TOP 5

36 정답률 80% | 문장 배열 ▶ 정답 ④

지문끊어읽기

(1) In many sports, / 많은 스포츠에서 /
people realized the difficulties and even impossibilities / (S, V, O①, O②) 사람들은 어려움과 심지어 불가능함을 깨달았다 /
of young children participating fully / (전치사, 동명사(전치사 of의 목적어)) 어린아이들이 완전히 참여하는 것의 /
in many adult sport environments. 정답단서-1 여러 성인 스포츠 환경에

힌트 밑줄 친 부분은 동명사 participating의 의미상의 주어로, young children participating은 '어린아이들이 참여하는 것'으로 해석됨.

사람들은 어린아이들이 성인 스포츠 환경에 완전히 참여하기란 어려우며 심지어 불가능하다는 것을 깨달음.

(C) (6) They found / 그들은 발견했다 /
중요 문맥상 문장 (6)의 내용이 문장 (1)의 내용을 구체적으로 재진술한 것이므로, 문장 (6)의 They는 문장 (1)의 people임을 알 수 있음.
[the road to success for young children is unlikely / 어린아이들에게 있어 성공으로 가는 길이 있을 것 같지 않다는 것을 /
if they play on adult fields, courts or arenas / with equipment / (선행사) 만약 그들이 성인용 운동장, 코트 또는 경기장에서 경기한다면 / 장비들을 가지고 /
[that is too large, too heavy or too fast for them to handle] / ([ ]: 주격 관계대명사절) 너무 크거나, 너무 무겁거나 또는 너무 빨라서 그들이 다룰 수 없는 /
while trying to compete / in adult-style competition]. ([ ]: that 명사절 (접속사 that 생략)) 경쟁하려고 하면서 / 성인 스타일의 경기에서

정답단서-1 사람들은 어린아이들이 다루기도 어려운 성인용 장비로 성인용 환경에서 경기한다면 성공하기 어려울 것임을 알게 됨.

(7) Common sense has prevailed: / 공통된 견해가 널리 퍼졌다 /
different sports have made adaptations for children. 여러 스포츠들이 어린아이들을 위한 조정을 했다

정답단서-2 여러 스포츠들은 결국 어린아이들을 위한 조정을 함.

(A) (2) As examples, / baseball has T ball, / 예시로서 / 야구에는 티볼이 있다 /
중요 성인 야구에서 타자는 날아드는 공을 쳐야 하지만, 티볼에서는 고정된 거치대 위에 공을 올려 놓고 어린아이들이 공을 치는 기술을 안전하게 익힐 수 있음.
football has flag football / 미식축구에는 플래그 풋볼이 있다 /
중요 플래그 풋볼은 상대의 허리춤에 있는 깃발을 뽑는 것이 태클을 대신한다는 점에서 성인용 미식축구보다 더 안전함.
and junior soccer uses a smaller and lighter ball / (병렬①) 그리고 유소년 축구는 더 작고 더 가벼운 공을 사용한다 /
and (sometimes) a smaller field. 정답단서-2 그리고 (가끔은) 더 작은 경기장을 (병렬②)

어린아이들을 위한 조정의 예시로 야구의 티볼, 축구의 플래그 풋볼 등을 언급함.

(3) All have junior competitive structures / [where children play / (선행사) 모두가 유소년 경쟁의 구조를 가지고 있다 / 어린아이들이 경기를 하는 /
for shorter time periods / and often in smaller teams]. ([ ]: 관계부사절; 병렬①, 병렬②) 더 짧은 경기 시간 동안 / 그리고 흔히 더 작은 팀으로

중요 밑줄 친 부분은 '비슷한 방식으로'라는 뜻으로, 문장 (4) 앞에 어린아이들을 위해 스포츠 환경을 조정한 사례가 이미 선행되었음을 암시함.

(B) (4) In a similar way, / 비슷한 방식으로 /
tennis has adapted the court areas, balls and rackets / 테니스는 코트 면적, 공 그리고 라켓을 조정했다 /
to make them more appropriate / for children under 10. 정답단서-3 (5형식V, O, O·C(형용사)) 그것들을 더 적합하게 만들기 위해 / 10세 미만의 어린아이들에게

비슷하게, 테니스도 10세 미만의 어린아이들에게 더 적합하도록 코트 면적, 공, 라켓을 조정함.

(5) The adaptations are progressive / 그 조정은 단계적이다 /
and relate to the age of the child. 그리고 어린아이의 연령과 관련이 있다

중요구문

(4) In a similar way, tennis has adapted the court areas, balls and rackets to make them more appropriate for children under 10. (S, V, O)

힌트 1) to부정사의 부사적 용법으로, '~하기 위해서'라는 목적의 의미 혹은 '~해서 …하다'라는 결과적 의미로 해석할 수 있음. 2) 「make + O + O · C(형용사)」의 5형식 구조가 사용됨.

(6) They found [(that) the road ~ is unlikely if they play ~ with equipment [that is **too** large, **too** heavy or **too** fast for them **to handle**] while trying to compete ~]. (S(=People), V, [ ]: O(that 명사절), =young children, 선행사, [ ]: 주격 관계대명사절)

힌트 「too+형용사/부사+to V」는 '너무 ~해서 …할 수 없다'라는 뜻이며, to부정사인 to handle의 의미상의 주어는 for them, 즉 for young children임.

전문해석

(1)많은 스포츠에서, 사람들은 어린아이들이 여러 성인 스포츠 환경에 완전히 참여하는 것의 어려움과 심지어 불가능함을 깨달았다.
(C) (6)그들은(사람들은) 만약 그들(어린아이들)이 성인 스타일의 경기에서 경쟁하려고 하면서 너무 크거나, 너무 무겁거나, 너무 빨라서 그들이 다룰 수 없는 장비를 가지고 성인용 운동장, 코트 또는 경기장에서 경기한다면, 어린아이들에게 있어 성공으로 가는 길이 있을 것 같지 않다는 것을 발견했다. (7)공통된 견해가 널리 퍼져서 여러 스포츠들이 어린아이들을 위한 조정을 했다.
(A) (2)예시로서, 야구는 티볼이 있고, 미식축구는 플래그 풋볼이 있으며, 유소년 축구는 더 작고 더 가벼운 공, 그리고 (가끔은) 더 작은 경기장을 사용한다. (3)모두가 어린아이들이 더 짧

문제편 124쪽

은 경기 시간 동안 그리고 흔히 더 작은 팀으로 경기를 하는 유소년 경쟁 구조를 가지고 있다. (B) (4)비슷한 방식으로, 테니스는 코트 면적, 공 그리고 라켓을 10세 미만의 어린아이들에게 더 적합하게 만들기 위해 조정했다. (5)그 조정은 단계적이고 어린아이의 연령과 관련이 있다.

정답확인

주어진 글 다음에 이어질 글의 순서로 가장 적절한 것은?
① (A) — (C) — (B)　② (B) — (A) — (C)　③ (B) — (C) — (A)
✔④ (C) — (A) — (B)　⑤ (C) — (B) — (A)

어휘암기

□ realize	동사 깨닫다, 알아차리다
□ impossibility	명사 불가능함, 불가능성
□ unlikely	형용사 있을 것 같지 않은, 가망이 없는
□ arena	명사 경기장, 공연장
□ equipment	명사 장비, 용품
□ handle	동사 다루다, 처리하다
□ compete	동사 경쟁하다, 겨루다
□ competition	명사 경기, 시합
□ common sense	공통된 견해, 상식
□ prevail	동사 널리 퍼지다, 우세하다, 승리하다
□ adaptation	명사 조정, 각색
□ competitive	형용사 경쟁의, 경쟁력 있는
□ structure	명사 구조, 구조물, 건축물
□ adapt	동사 조정하다, 맞추다
□ appropriate	형용사 적합한, 적절한
□ progressive	형용사 점진적인, 단계적인

오답률 TOP 5

37 정답률 60% | 문장 배열 ▶ 정답 ③

지문끊어읽기

(1) With no horses available, / the Inca empire excelled /
이용할 수 있는 어떤 말도 없었기에 / 잉카 제국은 탁월했다 /
at delivering messages on foot. 정답 단서-1 잉카 제국은 사람이 걸어서 메시지를 전달하는 것에 탁월했음.
도보로 메시지를 전달하는 것에

(B) (4) The messengers were stationed / on the royal roads /
전령들은 배치되었다 / 왕의 길에 /
to deliver the Inca king's orders and reports /
부사적 용법(목적)
잉카 왕의 명령과 보고들을 전달하기 위해서 /
coming from his lands. 정답 단서-1 왕의 명령과 왕의 영토로부터의 보고들을 전달하기 위해 왕의 길에 '전령들(messengers)'이 배치되었음.
현재분사구
그의 영토에서 오는 =the messengers

(5) Called Chasquis, / they lived in groups of four to six in huts, /
분사구문(=As they were called Chasquis)
Chasquis라고 불리며 / 그들은 오두막에서 4명에서 6명의 집단으로 생활했다 /
[placed from one to two miles apart along the roads]. 정답 단서-2
길을 따라 1마일에서 2마일 떨어져 배치된 [ ]: 과거분사구 전령들은 Chasquis라고 불렸고, 4~6명이 길을 따라 1~2마일 떨어진 오두막에서 집단으로 생활했음.

(C) (6) They were all young men /
=The messengers
그들은 모두 젊은 남자였다 /
and especially good runners /
선행사
그리고 특히 잘 달리는 사람들이었다 / 전령들은 모두 젊은 남자였으며, 양방향으로 길을 주시하며 잘 달릴 수 있는 사람들이었음. 정답 단서-2
[who watched the road in both directions].
양방향으로 길을 주시하는 [ ]: 주격 관계대명사절

(7) If they caught sight of another messenger coming, /
전치사 의미상의 주어 동명사(전치사의 O)
만약 그들이 또 따른 전령이 오는 것을 발견하면 /
they hurried out to meet them. 정답 단서-3 전령들은 다른 전령이 다가오는 것을 발견하면 그들을 맞이하기 위해 서둘러 나갔음.
그들은 그들을 맞이하기 위해 서둘러 나갔다

(8) The Inca built the huts / on high ground, /
잉카 사람들은 오두막을 지었다 / 높은 땅에 /
in sight of one another.
서로가 보이는 곳에

(A) (2) When a messenger neared the next hut, / he began to call out /
전령이 다음 오두막에 가까워지면 / 그는 소리치기 시작했다 / V①
and repeated the message / three or four times /
V②
그리고 메시지를 반복했다 / 서너 번 /
to the one [who was running out to meet him]. 정답 단서-3
선행사(=the messenger) [ ]: 주격 관계대명사절 전령이 다음 오두막에 가까워지면 그를 맞이하러 오두막에서 나오던 다른 전령에게 반복해서 소리쳐서 메시지를 전달함.
그를 맞이하기 위해 달려 나오던 전령에게

(3) The Inca empire could relay messages /
잉카 제국은 메시지를 전달할 수 있었다 /
1,000 miles (1,610 km) in three or four days /
사나흘 안에 1,000마일(1,610km) 정도 /
under good conditions. 정답 단서-3 상황이 순조롭게 돌아가면 잉카 제국은 사나흘 안에 1,000마일 정도 메시지를 전달할 수 있었음.
사정이 좋으면

전문해석

(1)이용할 수 있는 어떤 말도 없었기에, 잉카 제국은 도보로 메시지를 전달하는 것에 탁월했다. (B) (4)전령들은 잉카 왕의 명령과 그의 영토에서 오는 보고들을 전달하기 위해서 왕의 길에 배치되었다. (5)Chasquis라고 불리며, 그들은 길을 따라 1마일에서 2마일 떨어져 배치된 오두막에서 4명에서 6명의 집단으로 생활했다.
(C) (6)그들은 모두 젊은 남자였으며, 양방향으로 길을 주시하는 특히 잘 달리는 사람들이었다. (7)만약 그들이 또 따른 전령이 오는 것을 발견하면, 그들은 그들을 맞이하기 위해 서둘러 나갔다. (8)잉카 사람들은 서로가 보이는 높은 땅에 오두막을 지었다.
(A) (2)전령이 다음 오두막에 가까워지면, 그는 소리치기 시작했고 그를 맞이하기 위해 달려 나오던 전령에게 서너 번 메시지를 반복했다. (3)사정이 좋으면 잉카 제국은 사나흘 안에 1,000마일(1,610km) 정도 메시지를 전달할 수 있었다.

정답확인

주어진 글 다음에 이어질 글의 순서로 가장 적절한 것은?
① (A) — (C) — (B)　② (B) — (A) — (C)　✔③ (B) — (C) — (A)
④ (C) — (A) — (B)　⑤ (C) — (B) — (A)

문제풀이

주어진 글은 '말이 없었던 잉카 제국에서 도보로 메시지를 전달했다'라는 내용으로, 메시지를 전달하기 위해 왕의 길에 전령들이 배치되었다고 이야기하며 잉카 제국의 메시지 전달에 핵심적인 역할을 하는 '전령들(messengers)'에 대해 소개하는 (B)가 가장 먼저 이어진다. 다음으로 문장 (5)에서 전령들이 Chasquis라고 불렸고 서로 인접한 오두막에서 소규모 집단 생활을 했다는 부연 설명이, 그 다음에는 전령들을 대명사 They로 받으면서 그들에 대한 추가 정보를 제시하는 (C)의 문장 (6)이 이어져야 한다. 마지막으로, 고지대에 지어진 오두막에서 전령들이 다른 전령이 오는 것을 발견하여 서둘러 나갔다는 문장 (7)~(8) 다음에 이러한 메시지 전달 과정을 더욱 구체적으로 기술한 문장 (2)가 오고, 문장 (3)에서 잉카 제국의 도보를 통한 메시지 전달 방식이 성공적이었음을 나타내며 글이 마무리된다. 따라서 정답은 ③ '(B) — (C) — (A)'이다.

어휘암기

□ available	형용사 이용 가능한, 구할 수 있는
□ empire	명사 제국, 제왕의 영토
□ excel	동사 탁월하다, 뛰어나다
□ deliver	동사 전달하다, 전하다
□ on foot	도보로, 걸어서
□ messenger	명사 전령, 전달자
□ station	동사 배치하다, 주둔시키다
□ royal	형용사 왕의, 여왕의
□ order	명사 명령, 지시
□ A be called B	A는 B라고 불리다
□ hut	명사 오두막, 막사
□ place	동사 배치하다, 설치하다
□ especially	부사 특히, 유난히
□ direction	명사 방향
□ catch sight of	~을 발견하다, 찾아내다
□ in sight of	~가 보이는 곳에
□ near	동사 가까워지다, 다가오다
□ call out	소리치다
□ relay	동사 전달하다
□ condition	명사 사정, 상황

문제편 125쪽

오답률 TOP 5

38 정답률 55% | 주어진 문장 위치 파악 ▶ 정답 ①

지문끊어읽기

(2) The tongue was mapped into separate areas /
혀는 개별적인 영역의 지도로 만들어졌다 / 선행사
where certain tastes were registered: /
관계부사
특정 맛이 등록되어 있는 /
sweetness at the tip, sourness on the sides, and bitterness at the back of the mouth. 정답단서 혀는 특정한 맛을 느끼는 특정한 부위로 구분되어 있음.
끝에는 단맛, 측면에는 신맛, 그리고 입의 뒤쪽에는 쓴맛

① (1) Research in the 1980s and 1990s, / however, demonstrated /
S V
1980년대와 1990년대의 연구는 / 그러나 보여 주었다 /
[that the "tongue map" explanation of how we taste /
우리가 맛을 느끼는 방식에 대한 '혀 지도' 설명이 /
was, in fact, totally wrong]. [ ]: 목적어(명사절)
사실은 완전히 틀렸다는 것을
★중요 밑줄 친 부분은 특정한 맛을 느끼는 혀의 영역이 구분되어 있다는 문장 (2)의 설명을 나타냄.

(3) As it turns out, /
알고 보니 /
힌트 'As it turns out'은 '밝혀진 것처럼 / 곧 드러나겠지만 / 나중에 알고 보니 (~이러이러하다)'라는 뜻으로, 알고 있던 정보가 사실은 그게 아닌 상황일 때 사용함.
the map was a misinterpretation and mistranslation of research /
S V S.C
그 지도는 연구에 대한 오해와 오역이었다 /
[conducted in Germany /
독일에서 수행된 /
at the turn of the twentieth century]. [ ]: 과거분사구
20세기 초에
힌트 선행사는 research이고, '주격 관계대명사+be동사'인 which[that] was가 생략되어 과거분사인 conducted만 남은 형태임.
정답단서 '혀 지도'가 틀렸다는 사실에 대한 부연 설명임.

② (4) Today, /
오늘날 /
leading taste researchers believe /
S V
선도적인 미각 연구자는 믿는다 /
[that taste buds are not grouped / according to specialty].
미뢰가 분류되지 않는다고 / 특화된 분야에 따라 [ ]: 목적어(명사절)
★중요 문장 (3)은 이전의 연구가 잘못되었다는 것에 대한 부연 설명이며, 문장 (4)는 오늘날 받아들여지는 맛의 인식 과정에 대한 설명임. 문장 (1)은 이전의 '맛 지도' 연구가 잘못되었다는 내용이고 however로 연결되므로, ②에 들어가면 문장 (3)과 (4)의 흐름을 끊음. 따라서 ②는 정답으로 적절하지 않음.

③ (5) Sweetness, saltiness, bitterness, and sourness can be tasted /
단맛, 짠맛, 쓴맛 그리고 신맛은 느껴질 수 있다 /
everywhere in the mouth, /
입안 모든 곳에서 /
although they may be perceived /
비록 그것들이 인식될 수 있지만 /
at a little different intensities / at different sites.
조금씩 다른 강도로 / 다른 부위마다
★중요 문장 (5)는 입안의 모든 부분에서 서로 다른 강도로 맛을 느낀다는 내용임. 문장 (1)이 ③에 들어가면 문장 (1)의 맛을 인식하는 새로운 방식에 대한 내용과 문장 (5)가 서로 이어지지만, 문장 (4)와의 연결성은 떨어짐. 따라서 ③은 정답으로 적절하지 않음.

④ (6) Moreover, /
게다가 /
the mechanism at work / is not place, but time.
작동 중인 기제는 / 위치가 아니라 시간이다 not A but B: A가 아니라 B
★중요 문장 (6)은 작동 중인 기제가 시간과 관련이 있음을 추가로 제시함. 문장 (1)의 기존에 맛을 느끼는 방식으로 언급되었던 것이 잘못되었다는 내용 이후 문장 (6)이 나오면 맛을 인식하는 방법에 대한 부연 설명이 부족하므로 이런 흐름은 부자연스러움. 따라서 ④는 정답으로 적절하지 않음.

⑤ (7) It's not [that you taste sweetness /
여러분은 단맛을 느끼는 것이 아니라 /
at the tip of your tongue], /
혀끝에서 / [ ]: 병렬①(명사절)
but rather [that you register that perception *first*]. [ ]: 병렬②
오히려 여러분은 그 지각을 '먼저' 등록하는 것이다
힌트 「It is not A but (rather) B」의 구조로, 'A가 아니라 B이다'라고 해석됨.
★중요 문장 (7)은 맛을 혀의 부위로 느끼는 것이 아니라 그 지각을 등록한다는 내용임. 문장 (6)은 작동 중인 기제에서 중요한 것이 시간임을 언급했고, 문장 (7)에서는 'first'라는 단어가 등장했으므로 두 문장의 연결이 자연스러움. 따라서 문장 (1)이 ⑤에 위치하면 글의 흐름이 깨져서 ⑤는 정답으로 적절하지 않음.

중요구문

(1) Research ~ demonstrated [that the "tongue map" explanation of how we taste was, in fact, totally wrong]. [ ]: 명사절(목적어)
S V S' V' S.C'
힌트 전치사 of의 목적어 역할을 하는 절로, 의문사 how가 이끌고 있음.

전문해석

(2)혀는 특정 맛이 등록되어 있는 개별적인 영역의 지도로 만들어졌는데, 즉 끝에는 단맛, 측면에는 신맛, 그리고 입의 뒤쪽에는 쓴맛(으로 되어 있었다). ① (1)그러나 1980년대와 1990년대의 연구는 우리가 맛을 느끼는 방식에 대한 '혀 지도' 설명이 사실은 완전히 틀렸다는 것을 보여 주었다. (3)알고 보니 그 지도는 20세기 초에 독일에서 수행된 연구에 대한 오해와 오역이었다. ② (4)오늘날, 선도적인 미각 연구자는 미뢰가 특화된 분야에 따라 분류되지(모여 있지) 않는다고 믿는다. ③ (5)비록 그것들이 다른 부위마다 조금씩 다른 강도로 인식될 수 있지만, 단맛, 짠맛, 쓴맛 그리고 신맛은 입안 모든 곳에서 느껴질 수 있다. ④ (6)게다가, 작동 중인 기제는 위치가 아니라 시간이다. ⑤ (7)여러분은 혀끝에서 단맛을 느끼는 것이 아니라 오히려 그 지각을 '먼저' 등록하는 것이다.

문제풀이

주어진 문장은 이전의 연구 내용이 잘못되었다는 것을 지적하는 내용이다. 그러므로 이 문장 앞에는 기존에 받아들여지던 잘못된 이론이 언급되어야 하며, 이 문장 뒤에는 새로 받아들여지는 설명이 와야 한다. 문장 (1)은 맛을 느끼는 특정 부위가 있다는 '혀 지도'가 잘못되었다는 내용을 담고 있기 때문에, 특정한 맛을 느끼는 각 영역이 있다는 문장 (2)의 뒤에 와야 한다. 또한 문장 (3)은 '혀 지도'에 대한 부연 설명으로, 이것이 20세기 초 진행되었던 연구를 잘못 해석한 결과임을 지적한다. 이것으로 문장 (1)에서 언급한 '혀 지도(tongue map)'와 문장 (3)의 그 지도(the map)가 자연스럽게 연결되는 것을 확인할 수 있다. 따라서 문장 (2)와 (3) 사이에 주어진 문장이 들어가야 글의 흐름이 가장 자연스러우므로, 주어진 문장은 ①에 들어가야 한다.

어휘암기

- □ map — 동사 지도로 만들다 / 명사 지도
- □ register — 동사 등록하다, 기재하다
- □ demonstrate — 동사 (증거를 들어) 보여 주다, 입증하다
- □ explanation — 명사 설명, 설명서
- □ misinterpretation — 명사 오해, 오역
- □ mistranslation — 명사 오역, 잘못 번역함
- □ conduct — 동사 수행하다, 이끌다
- □ leading — 형용사 선도적인, 가장 중요한
- □ taste bud — 미뢰(혀에 있는 구강 세포)
- □ specialty — 명사 특화된 분야, 전문 분야
- □ intensity — 명사 강도, 강렬함
- □ site — 명사 부위, 위치, 장소, 현장
- □ mechanism — 명사 기제, 구조

문제편 125쪽

오답률 TOP 5

39 정답률 50% | 주어진 문장 위치 파악 ▶ 정답 ②

지문끊어읽기

(2) No two animals are alike.
어떤 두 동물도 똑같지 않다
힌트 alike, asleep, alone, afraid, ashamed, aware 등은 서술 형용사로서 보어 역할로만 사용 가능하고, 명사 앞에서 수식할 수 없음.

① (3) Animals from the same litter /
한배에서 태어난 동물들은 /
will display some of the same features, /
몇몇 똑같은 특성들을 보여 줄 것이다 /
but will not be exactly the same as each other; / therefore, /
하지만 정확히 서로와 똑같지는 않을 것이다 / 그러므로 /
they may not respond / in entirely the same way /
그것들은 반응하지 않을 수 있다 / 완전히 똑같은 방식으로는 /
during a healing session. 정답 단서 한배에서 태어난 동물들이라 하더라도 치료 활동에 모두 동일하게 반응하지는 않음.
치료 활동 중에
★중요 한배에서 태어난 동물들도 서로 정확히 똑같지는 않아서 치료 중 다른 반응을 보일 수 있다는 내용이 문장 (3)에 언급되었고, 문장 (1)에서는 부사 'also(또한)'와 함께 '환경적 요인'도 치료 중에 동물의 반응에 영향을 미칠 수 있다고 설명함.

② (1) Environmental factors can also determine /
환경적 요인들 또한 결정할 수 있다 /
how the animal will respond / during the treatment. 정답 단서
동물이 어떻게 반응할지를 / 치료 중에
'환경' 또한 치료 도중 동물의 반응을 결정하는 요인임.

(4) For instance, / a cat in a rescue center /
예를 들어 / 구조 센터에 있는 고양이는 /
★중요 '구조 센터에 있는 고양이'와 '가정집 환경 내에 있는 고양이'는 각기 서로 다른 환경에 있는 고양이를 나타내므로, 문장 (4)는 '환경적 요인'이 치료 중 동물의 반응을 결정하는 사례에 해당함.
will respond very differently /
아주 다르게 반응할 것이다 /
than a cat within a domestic home environment. 정답 단서 예시로 구조 센터에 있는 고양이는 가정집 환경에 있는 고양이와 아주 다르게 반응할 것이라고 함.
가정집 환경 내에 있는 고양이와는

③ (5) In addition, /
게다가 /
★중요 'In addition(게다가)'과 함께, 문장 (5)은 동물이 가진 질병의 유형이 치료 중 동물 반응에 영향을 미칠 수 있다는 추가적인 정보를 제시함.
animals [that experience healing for physical illness] /
선행사, S [ ]: 주격 관계대명사절
신체적 질병에 대한 치료를 경험하는 동물들은 /
will react differently / than those /
V =animals
다르게 반응할 것이다 / 동물들과는 /
[accepting healing for emotional confusion]. [ ]: 현재분사구
감정적 혼란에 대한 치료를 받아들이는
★중요 '다양한 요인들로 동물들이 치료 중 다르게 반응할 수 있다는 사실'을 나타냄.

④ (5) With this in mind, /
이것을 염두에 두고서 /
every healing session needs to be explored differently, /
every + 단수N
모든 치료 활동은 다르게 탐구되어야 한다 /
and each healing treatment should be adjusted /
each + 단수N
그리고 각각의 치료법은 조정되어야 한다 /
to suit the specific needs of the animal.
동물의 특정한 필요에 맞도록

⑤ (6) You will learn / as you go; /
여러분은 배우게 될 것이다 / 여러분이 진행하면서 /
healing is a constant learning process.
치료는 끊임없는 배움의 과정이다

전문해석

(2)어떤 두 동물도 똑같지 않다. ① (3)한배에서 태어난 동물들은 몇몇 똑같은 특성들을 보여 줄 것이지만, 정확히 서로와 똑같지는 않을 것이고, 그러므로 그것들은 치료 활동 중에 완전히 똑같은 방식으로 반응하지 않을 수 있다. ② (1)환경적 요인들 또한 치료 중에 동물이 어떻게 반응할지를 결정할 수 있다. (4)예를 들어, 구조 센터에 있는 고양이는 가정집 환경 내에 있는 고양이와는 아주 다르게 반응할 것이다. ③ (5)게다가, 신체적 질병에 대한 치료를 경험하는 동물들은 감정적 혼란에 대한 치료를 받아들이는 동물들과는 다르게 반응할 것이다. ④ (5)이것을 염두에 두고서, 모든 치료 활동은 다르게 탐구되어야 하며, 각각의 치료법은 동물의 특정한 필요에 맞도록 조정되어야 한다. ⑤ (6)여러분은 진행하면서 배우게 될 것인데, 치료는 끊임없는 배움의 과정이다.

문제풀이

주어진 문장은 '환경적 요인(Environmental factors) 또한 치료 중에 동물이 어떻게 반응할 것인지를 결정할 수 있다'라는 의미이다. 한편, 구조 센터에 있는 고양이와 가정집 환경에 있는 고양이의 반응이 다를 것이라고 설명하는 문장 (4)의 내용은 '환경적 요인'이 치료 도중 동물의 반응을 결정하는 구체적인 사례에 해당하므로, 주어진 글은 문장 (4) 앞에 위치해야 한다. 또한, '어떤 두 동물도 똑같지 않기에 한배에서 난 동물이라 하더라도 치료 과정에 동일하게 반응하지는 않는다'라는 문장 (2)~(3) 뒤에, 치료 중 동물의 반응에 영향을 미치는 또 다른 요인으로 '환경적 요인'을 언급하는 주어진 문장이 부사 'also(또한)'로 이어지는 것은 자연스럽다. 따라서 주어진 글이 들어가기에 가장 자연스러운 곳은 ②이다.

어휘암기

alike	형용사 똑같은, 꼭 닮은
from the same litter	한배에서 태어난
display	동사 보여 주다, 내보이다
feature	명사 특성, 특징
respond	동사 반응하다, 대응하다, (특정 치료에 대해) 차도를 보이다
healing	명사 치료, 치유
factor	명사 요인, 요소
determine	동사 결정하다, 결정짓다
treatment	명사 치료, 처치, 대우, 처리
rescue center	구조 센터
domestic	형용사 가정(집)의, 국내의
in addition	게다가
physical	형용사 신체적인, 육체적인
illness	명사 질병, 질환
accept	동사 받아들이다, 받다
confusion	명사 혼란, 혼돈, 당혹
with A in mind	A를 염두에 두고[고려하여]
explore	동사 탐구하다, 연구하다
A be adjusted to V	A가 ~하도록 조정되다
suit	동사 ~에 맞다, 어울리다
constant	형용사 끊임없는, 지속적인
process	명사 과정, 절차 / 동사 가공하다, 처리하다

문제편 125쪽

40 정답률 65% | 문단 요약 ▶ 정답 ①

지문끊어읽기

(1) The mind has parts /
마음은 부분을 갖고 있다 /
[that are known as the conscious mind and the subconscious mind]. [ ]: 주격 관계대명사절
의식적 마음과 잠재의식적 마음이라고 알려진

(2) The subconscious mind is very fast to act /
잠재의식적 마음은 매우 빠르게 작동한다 /
and doesn't deal with emotions.
그리고 감정을 다루지 않는다

(3) It deals with memories of your responses to life, your memories and recognition.
그것은 여러분의 삶에 대한 반응의 기억, 기억 및 인식을 다룬다

(4) However, / the conscious mind is /
그러나 / 의식적 마음은 /
the one that you have more control over.
여러분이 더 많은 통제력을 갖고 있는 부분이다

(5) You think.
여러분은 생각한다

(6) You can choose / whether to carry on a thought /
여러분은 선택할 수 있다 / 생각을 계속할지 /
or to add emotion to it / 정답 단서 의식적 마음을 통해 생각을 계속하거나 그 생각에 감정을 더할 수 있음.
또는 그것에 감정을 더할지를 / =a thought
and this is the part of your mind / that lets you down frequently /
그리고 이것은 마음의 부분이다 / 여러분을 자주 실망시키는 /
because — fueled by emotions — you make the wrong decisions time and time again.
감정에 북받쳐 여러분이 반복해서 잘못된 결정을 내리기 때문에

(7) When your judgment is clouded by emotions, /
감정에 의해 여러분의 판단력이 흐려질 때 /
this puts in biases and all kinds of other negativities /
이것은 편견과 그 밖의 모든 종류의 부정성을 자리 잡게 만든다 /
that hold you back.
여러분을 억제하는

(8) Scared of spiders?
거미를 무서워하는가

(9) Scared of the dark?
어둠을 무서워하는가

(10) There are reasons for all of these fears, /
이러한 두려움 전부 이유가 있다 /
but they originate in the conscious mind.
하지만 그것들은 의식적 마음에서 비롯된다

(11) They only become real fears /
그것들은 오직 실제 두려움이 된다 /
when the subconscious mind records your reactions. 정답 단서 잠재의식적 마음이 반응을 기록할 때 실제 두려움이 만들어짐.
잠재의식적 마음이 여러분의 반응을 기록할 때

(12) While the controllable conscious mind deals with thoughts and (A)emotions, /
통제할 수 있는 의식적 마음은 생각과 (A)감정을 다루지만 /
the fast-acting subconscious mind stores your responses, /
빠르게 작동하는 잠재의식적 마음은 여러분의 반응을 저장한다 /
(B)forming real fears.
그리고 이는 실제 두려움을 (B)형성한다

전문해석

(1)마음은 의식적 마음과 잠재의식적 마음이라고 알려진 부분을 갖고 있다. (2)잠재의식적 마음은 매우 빠르게 작동하며 감정을 다루지 않는다. (3)그것은 여러분의 삶에 대한 반응의 기억, 기억 및 인식을 다룬다. (4)그러나 의식적 마음은 여러분이 더 많은 통제력을 갖고 있는 부분이다. (5)여러분은 생각한다. (6)여러분은 생각을 계속할지 또는 그것에 감정을 더할지를 선택할 수 있고 이것은 감정에 북받쳐 여러분이 반복해서 잘못된 결정을 내리기 때문에 여러분을 자주 실망시키는 마음의 부분이다. (7)감정에 의해 여러분의 판단력이 흐려질 때, 이것은 편견과 여러분을 억제하는 그 밖의 모든 종류의 부정성을 자리 잡게 만든다. (8)거미를 무서워하는가? (9)어둠을 무서워하는가? (10)이러한 두려움 전부 이유가 있지만, 그것들은 의식적 마음에서 비롯된다. (11)그것들은 오직 잠재의식적 마음이 여러분의 반응을 기록할 때 실제 두려움이 된다.

⬇

(12)통제할 수 있는 의식적 마음은 생각과 (A)감정을 다루지만, 빠르게 작동하는 잠재의식적 마음은 여러분의 반응을 저장하고, 이는 실제 두려움을 (B)형성한다.

정답확인

다음 글의 내용을 한 문장으로 요약하고자 한다. 빈칸 (A)와 (B)에 들어갈 말로 가장 적절한 것은?

	(A)		(B)		(A)		(B)
✔	emotions 감정	……	forming 형성한다	②	actions 행동	……	overcoming 극복한다
③	emotions 감정	……	overcoming 극복한다	④	actions 행동	……	avoiding 방지한다
⑤	moralities 도덕성	……	forming 형성한다				

문제풀이

이 지문은 의식적 마음과 잠재의식적 마음의 특징과 차이점에 대해 다룬 글이다. 문장 (4)에서 우리가 의식적 마음에 대해 더 많은 통제력을 갖고 있다고 언급되며, 문장 (6)에서 이를 통해 생각을 계속할지 또는 그 생각에 감정을 더할지를 선택할 수 있다고 설명한다. 따라서 (A)에는 'emotions(감정)'가 오는 것이 적절하다. 또한 문장 (10)에서 이런 종류의 두려움이 모두 의식적 마음에서 비롯된다고 언급되지만, 문장 (11)에서 그것들이 실제 두려움이 되기 위해서는 잠재의식적 마음이 우리의 반응을 기록해야 한다고 설명한다. 즉, 잠재의식적 마음이 우리의 반응을 저장함으로써 실제 두려움을 만들어 내는 것이므로 (B)에는 'forming(형성한다)'이 오는 것이 적절하다. 따라서 정답은 ①이다.

어휘암기

□ conscious	형용사 의식적인, 의식하는
□ subconscious	형용사 잠재의식적인
□ recognition	명사 인식, 인정
□ frequently	부사 자주, 흔히
□ judgment	명사 판단력, 판단, 심사
□ cloud	동사 (기억력·판단력 등을) 흐리다 명사 구름
□ bias	명사 편견, 편향
□ negativity	명사 부정성, 소극성
□ hold back	억제하다, 기다리다, 비밀로 하다
□ originate in	~에서 비롯되다[유래하다]

● 지문 구조도

(1) 마음은 의식적 마음과 잠재의식적 마음으로 나뉨.	
잠재의식적 마음(subconscious mind)	의식적 마음(conscious mind)
(2) 매우 빠르게 작동하며 감정을 다루지(deal with) 않음. (3) 삶에 대한 반응의 기억, 기억 및 인식(recognition)을 다룸. (11) 우리의 반응을 기록하여(record) 실제 두려움을 형성함.	(4) 우리가 더 많은 통제력(control)을 갖고 있는 부분임. (6) 생각을 계속하거나 생각과 감정을 더할 수 있는데, 감정적으로 되어 잘못된 결정을 내리게 하기 때문에 우리를 자주 실망시킴(let down). (7) 감정에 의해 판단력이 흐려지면 편견(biases)과 부정성(negativities)을 자리 잡게 만듦. (10) 두려움(fear)은 의식적 마음에서 비롯됨.

문제편 125쪽

41~42 정답률 65% | 45% | 장문의 이해

오답률 TOP 5 ▶ 정답 ① | ④

지문끊어읽기

(1) Norms are everywhere, / [defining what is "normal" / and guiding our interpretations of social life / at every turn].
규범은 어디에나 존재한다 / 무엇이 '정상적'인지를 규정하면서 / 그리고 사회적 생활에 대한 우리의 해석을 안내해 주면서 / 언제나
[ ]: 분사구문(동시동작)

41번 정답 단서: 규범은 언제나 사회적 생활을 위한 정상적인 행동을 안내함.

(2) As a simple example, / there is a norm in Anglo society / to say *Thank you* to strangers / who have just done something to (a) help, / such as open a door for you, point out [that you've just dropped something], or give you directions.
간단한 예로 / 규범이 Anglo 사회에 있다 / 낯선 사람에게 '감사합니다'라고 말하는 / (a) 도움이 될 만한 무언가를 방금 막 해준 / 문을 열어 주거나, 여러분이 방금 무언가를 떨어뜨렸다는 것을 짚어 주거나 혹은 길을 알려주는 것과 같이
선행사 / 주격 관계대명사 / [ ]: 명사절(point out의 목적어)

42번 정답 단서: Anglo 사회에서는 도움을 준 낯선 이에게 감사함을 표현하는 규범이 있음.

(3) There is no law / that forces you to say *Thank you*.
법은 없다 / 여러분이 '감사합니다'라고 말하도록 강요하는
주격 관계대명사절

(4) But if people don't say *Thank you* in these cases / it is marked.
하지만 이런 상황에서 사람들이 '감사합니다'라고 말하지 않으면 / 그것은 눈에 띈다

(5) People expect / [that you will say it]. [ ]: 명사절(expect의 목적어)
사람들은 기대한다 / 여러분이 그렇게 말하기를

(6) You become responsible.
여러분은 책임을 지게 되는 것이다

(7) (b) Failing to say it / will be both surprising and worthy of criticism.
동명사구S
그렇게 말하지 (b) 못하는 것은 / 놀라울 것이고 비판을 받을 만할 것이다

(8) [Not knowing the norms of another community] / is the (c) central problem of cross-cultural communication.
다른 집단의 규범을 모른다는 것은 / [ ]: 동명사구S / V
문화 간 의사소통에서 (c) 중심적인 문제이다

41번 정답 단서: 문화 간 의사소통을 위해 다른 집단의 규범을 아는 것이 중요함.

(9) To continue the *Thank you* example, / even though another culture may have an expression / that appears translatable (many don't), / there may be (d) similar(→ different) norms for its usage, / for example, / such that you should say *Thank you* / only when the cost someone has caused is considerable.
'감사합니다'의 예를 이어 보자면 / 비록 또 다른 문화권이 어떤 표현을 가지고 있다 할지라도 / 번역할 수 있는 것처럼 보이는(대부분 그렇지 않지만) / 그것의 사용법에 대해 (d) 유사한(→다른) 규범이 있을 수도 있다 / 예를 들어 / 여러분이 '감사합니다'라고 말해야 한다는 것처럼 / 누군가가 초래한 대가가 상당할 때만
주격 관계대명사절 / =an expression / 삽입구 / 목적격 관계대명사절

42번 정답 단서: 또 다른 문화권에는 대가가 상당한 경우에만 감사함을 표현하는 규범이 있을 수도 있음.

(10) In such a case / it would sound ridiculous / (i.e., unexpected, surprising, and worthy of criticism) / if you were to thank someone / for something so (e) minor as holding a door open for you.
이런 경우에 / 그것은 우스꽝스럽게 들릴 것이다 / (즉, 예상치 못하게, 놀랍게, 그리고 비판을 받을 만하게) / 만약 여러분이 누군가에게 감사해한다면 / 여러분을 위해 문을 잡아주는 것과 같이 아주 (e) 사소한 일에 대해

힌트 「If S' were to V, S would/could/might + V」의 형태의 가정법 미래 구문임. '만약[혹시라도] ~한다면, …할 것이다'라는 의미로 미래에 발생할 가능성이 낮은 일을 가정할 때 사용함.

전문해석

(1)규범은 무엇이 '정상적'인지를 규정하고 언제나 사회적 생활에 대한 우리의 해석을 안내해 주면서 어디에나 존재한다. (2)간단한 예로, 문을 열어 주거나, 여러분이 방금 무언가를 떨어뜨렸다는 것을 짚어 주거나 혹은 길을 알려주는 것과 같이 (a) 도움이 될 만한 무언가를 방금 막 해준 낯선 사람에게 '감사합니다'라고 말하는 규범이 Anglo(영어권) 사회에 있다. (3)여러분이 '감사합니다'라고 말하도록 강요하는 법은 없다. (4)하지만 이런 상황에서 사람들이 '감사합니다'라고 말하지 않으면 그것은 눈에 띈다. (5)사람들은 여러분이 그렇게 말하기를 기대한다. (6)여러분은 (감사하다고 말하는 것에 대한) 책임을 지게 되는 것이다. (7)그렇게 말하지 (b) 못하는 것은 놀라울 것이고 비판을 받을 만할 것이다. (8)다른 집단의 규범을 모른다는 것은 문화 간 의사소통에서 (c) 중심적인 문제이다. (9)'감사합니다'의 예를 이어 보자면, 비록 또 다른 문화권이 번역할 수 있는 것처럼 보이는(대부분 그렇지 않지만) 어떤 표현을 가지고 있다 할지라도, 그것의 사용법에 대해, 예를 들어, 누군가가 초래한 대가가 상당할 때만 여러분이 '감사합니다'라고 말해야 한다는 것처럼 (d) 유사한(→다른) 규범이 있을 수도 있다. (10)이런 경우에 만약 여러분이 여러분을 위해 문을 잡아주는 것과 같이 아주 (e) 사소한 일에 대해 누군가에게 감사해한다면, 그것은 우스꽝스럽게(즉, 예상치 못하게, 놀랍게, 그리고 비판을 받을 만하게) 들릴 것이다.

정답확인

41. 윗글의 제목으로 가장 적절한 것은?

✔ Norms: For Social Life and Cultural Communication
규범: 사회적 생활과 문화적 소통을 위한 것
② Don't Forget to Say "Thank you" at Any Time
언제든 '감사합니다'라고 말하는 것을 잊지 마라
③ How to Be Responsible for Your Behaviors
여러분의 행동에 책임을 지는 방법
④ Accept Criticism Without Hurting Yourself
비판을 받아들이되 상처받지 말라
⑤ How Did Diverse Languages Develop?
다양한 언어는 어떻게 발달했는가?

42. 밑줄 친 (a) ~ (e) 중에서 문맥상 낱말의 쓰임이 적절하지 않은 것은?

① (a) ② (b) ③ (c) ✔(d) ⑤ (e)

문제풀이

41. 문장 (1)에서 규범이란 무엇이 정상적인지를 규정하고, 우리가 사회에서 어떤 식으로 행동해야 되는지를 안내해준다고 설명한다. 그리고 문장 (2)와 (9)에서 서로 다른 문화권에서 감사를 표현하는 규범을 예시로 들며, 각각의 사회에서 정해진 규범을 따를 필요와 책임이 있으며, 그것을 지키지 않으면 집단 내 다른 사람들로부터 비판을 받거나 이상하게 여겨질 수 있다고 한다. 또한 문장 (8)에서는 다른 집단의 규범을 알지 못하면 문화 간 의사소통에 지장이 있다고 하고 있으므로, 이 지문은 규범의 사회·문화적 역할을 다룬 글로 볼 수 있다. 따라서 정답은 ①이다.

42. 문장 (2)에서 자신에게 도움이 되는 무언가를 해준 상대에게 감사를 표현하는 Anglo 사회의 규범의 예시를 든 것과 달리, 문장 (9)에서는 그와 다르게 감사를 표현하는 문화권의 규범에 대한 예시를 들고있다. 즉, 문장 (9)에서는 누군가에게 도움을 받았다 할지라도 상대가 큰 대가를 치렀을 경우에만 감사를 표현하는 규범을 가정하고 있으므로, 문장 (2)와 (9)의 두 규범은 유사한 것이 아니라 서로 다른 것으로 보는 것이 적절하다. 따라서 정답은 ④이다.

오답풀이

42. ⑤ - 문장 (9)에서 누군가가 초래한 대가가 상당할 때만 감사함을 표현하는 규범이 있을 수 있다는 예시를 들었으므로, 그 대가가 크지 않을 때 감사함을 표현하는 것은 그 규범에 맞지 않는 우스꽝스러운 행동이 될 수 있다. 문장 (10)에서 다른 사람이 문을 잡아주는 행동은 그 대가가 크다고 보기 어려운 행동이므로 'minor(사소한)'은 문맥상 자연스럽다.

어휘암기

어휘	뜻
☐ norm	명사 규범, 표준, 기준
☐ interpretation	명사 해석, 이해, 설명
☐ at every turn	언제나, 어디서나
☐ point out	~을 짚다[지적하다, 가리키다]
☐ responsible	형용사 책임지고 있는, 책임이 있는
☐ worthy	형용사 ~을 받을 만한, 자격이 있는
☐ criticism	명사 비판, 비평
☐ central	형용사 중심적인, 중앙의
☐ cross-cultural	형용사 문화 간의, 여러 문화가 섞인
☐ translatable	형용사 번역할 수 있는, 변환 가능한
☐ cost	명사 대가, 비용
☐ considerable	형용사 상당한, 많은
☐ ridiculous	형용사 우스꽝스러운, 터무니없는
☐ minor	형용사 사소한, 작은
☐ diverse	형용사 다양한, 별종의, 다른

9회 2024년 3월 영어

문제편 126쪽

43~45 정답률 80% | 80% | 80% | 장문의 이해 ▶ 정답 ⑤ | ④ | ②

지문끊어읽기

(A-1) Long ago, / when the world was young, /
오래전 / 세상이 생겨난 지 얼마 되지 않았을 때 /
an old Native American spiritual leader Odawa had a dream /
아메리카 원주민의 늙은 영적 지도자인 Odawa는 꿈을 꿨다 /
on a high mountain. 45번-① 정답 단서 Odawa는 높은 산에서 꿈을 꿈.
높은 산에서

(A-2) In his dream, / Iktomi, the great spirit and searcher of wisdom, /
자신의 꿈속에서 / 위대한 신령이자 지혜의 구도자인 Iktomi가 /
appeared to (a) him / 44번 정답 단서 Iktomi가 Odawa의 꿈속에 나타남.
(a) 그(Odawa)에게 나타났다 /
in the form of a spider.
거미의 형태로 43번 정답 단서 Iktomi가 Odawa에게 말함.

(A-3) Iktomi spoke to him / in a holy language.
Iktomi가 그에게 말했다 / 성스러운 언어로

* (A) 요약: 높은 산에서 잠을 자던 Odawa의 꿈에 위대한 신령인 Iktomi가 거미의 형태로 등장함.

Iktomi가 Odawa에게 삶의 순환에 대해 말해 줌.

(D-1) Iktomi told Odawa / about the cycles of life. 43번 · 45번-⑤ 정답 단서
Iktomi는 Odawa에게 말했다 / 삶의 순환에 대해

(D-2) (d) He said, / "We all begin our lives as babies, /
(d) 그(Iktomi)가 말했다 / 우리는 모두 아기로 삶을 시작한다 /
move on to childhood, / and then to adulthood. 44번 정답 단서 Iktomi가 삶의 순환에 대해 설명함.
유년기로 넘어간다 / 그리고 그 다음 성년기에 이른다

(D-3) Finally, we come to old age, /
결국 우리는 노년기에 이른다 / 선행사
[where we must be taken care of as babies again]."
거기서 우리는 다시 아기처럼 보살핌을 받아야 한다
[ ]: 관계부사절(계속적 용법)

(D-4) Iktomi also told (e) him /
Iktomi는 또한 (e) 그(Odawa)에게 말했다 /
[that there are good and bad forces in each stage of life].
삶의 각 단계에는 좋고 나쁜 힘이 있다고 [ ]: 명사절(목적어)
Iktomi가 Odawa에게 삶의 각 단계에 존재하는 힘에 대해 말함. 44번 정답 단서

(D-5) "If we listen to the good forces, /
만약 우리가 좋은 힘에 귀를 기울이면 /
they will guide us in the right direction.
=good forces
그들은 우리를 올바른 방향으로 인도할 것이다

힌트 조건의 부사절에서는 현재시제가 미래시제를 대신하므로 「if+S'+V'(현재), S+will+동사원형」의 형태를 취함.

(D-6) But if we listen to the bad forces, /
하지만 우리가 나쁜 힘에 귀를 기울이면 /
they will lead us the wrong way / and may harm us," /
=bad forces
그들은 우리를 잘못된 방향으로 이끌 것이다 / 그리고 우리를 해칠 수도 있다 /
Iktomi said.
Iktomi가 말했다

* (D) 요약: Iktomi가 삶의 순환과 삶의 각 단계에는 좋고 나쁜 힘이 존재함을 설명함.

(C-1) When Iktomi finished speaking, / he spun a web /
Iktomi가 말을 끝냈을 때 / 그는 거미집을 짰다 /
and gave it to Odawa. 43번 · 45번-③ 정답 단서 Iktomi가 삶의 지혜에 대한 이야기를 끝내고 Odawa에게 거미집을 짜서 줌.
그리고 그것을 Odawa에게 주었다

(C-2) He said to Odawa, / "The web is a perfect circle /
그는 Odawa에게 말했다 / 그 거미집은 완벽한 원이다 /
with a hole in the center.
가운데에 구멍이 뚫린

(C-3) Use the web / to help your people reach their goals.
그 거미집을 사용해라 / 너의 사람들이 목표에 도달하는 데 도움이 되도록

(C-4) Make good use of their ideas, dreams, and visions.
그들의 생각, 꿈, 그리고 비전을 잘 활용해라

(C-5) If (c) you believe in the great spirit, /
만약 (c) 네(Odawa)가 위대한 신령을 믿는다면 /
the web will catch your good ideas /
그 거미집이 너의 좋은 생각을 잡아 줄 것이다 /
and the bad ones will go through the hole." 43번 · 44번 정답 단서
=ideas
그리고 나쁜 것들은 구멍을 통해 빠져나갈 것이다
Iktomi는 Odawa가 위대한 신령을 믿는다면 자신이 선물한 거미집이 도움이 될 것이라고 함.

(C-6) Right after Odawa woke up, / he went back to his village. 45번-④ 정답 단서 Odawa가 잠에서 깨자마자 마을로 돌아감.
Odawa는 잠에서 깨자마자 / 그는 자신의 마을로 돌아갔다

* (C) 요약: Iktomi가 거미집을 짜서 Odawa에게 선물하면서, 거미집이 좋은 생각은 잡아 주고 나쁜 생각은 통과시키므로 사람들이 목표에 도달하는 데 도움이 되도록 활용하라고 함.

Odawa가 자신의 마을 사람들과 교훈을 나눔.

(B-1) Odawa shared Iktomi's lesson with (b) his people. 43번 · 44번 정답 단서
Odawa는 Iktomi의 교훈을 (b) 그(Odawa)의 마을 사람들과 나누었다

(B-2) Today, / many Native Americans have dream catchers /
오늘날 / 많은 아메리카 원주민들이 드림캐처를 가지고 있다 /
hanging above their beds. 45번-② 정답 단서 현재까지도 많은 아메리카 원주민들이 드림캐처를 침대 위에 걸어 둠.
현재분사
자신의 침대 위에 걸린

(B-3) Dream catchers are believed to filter out bad dreams.
드림캐처는 나쁜 꿈을 걸러낸다고 믿어진다

(B-4) The good dreams are captured in the web of life /
좋은 꿈은 인생이라는 거미줄에 잡힌다 /
and carried with the people.
V②(are 생략)
그리고 사람들이 가져가게 된다

(B-5) The bad dreams pass through the hole in the web /
나쁜 꿈은 거미줄에 있는 구멍을 통해 빠져나간다 /
and are no longer a part of their lives.
그리고 더 이상 그들의 삶의 한 부분이 되지 못한다

* (B) 요약: Odawa는 Iktomi의 교훈을 마을 사람들과 나누었고, 이것이 드림캐처의 유래임.

전문해석

(A)

(1)오래전, 세상이 생겨난 지 얼마 되지 않았을 때, 아메리카 원주민의 늙은 영적 지도자인 Odawa는 높은 산에서 꿈을 꿨다. (2)자신의 꿈에서, 위대한 신령이자 지혜의 구도자인 Iktomi가 거미의 형태로 (a) 그(Odawa)에게 나타났다. (3)Iktomi가 그에게 성스러운 언어로 말했다.

(D)

(1)Iktomi는 Odawa에게 삶의 순환에 대해 말했다. (2)(d) 그(Iktomi)가 말했다. "우리는 모두 아기로 삶을 시작하고, 유년기로 넘어가고, 그 다음 성년기에 이른다. (3)결국, 우리는 노년기에 이르고, 거기서 우리는 다시 아기처럼 보살핌을 받아야 한다." (4)Iktomi는 또한 (e) 그(Odawa)에게 삶의 각 단계에는 좋고 나쁜 힘이 있다고 말했다. (5)"만약 우리가 좋은 힘에 귀를 기울이면 그들(좋은 힘)은 우리를 올바른 방향으로 인도할 것이다. (6)하지만 우리가 나쁜 힘에 귀를 기울이면 그들(나쁜 힘)은 우리를 잘못된 방향으로 이끌 것이고 우리를 해칠 수도 있다."라고 Iktomi가 말했다.

(C)

(1)Iktomi가 말을 끝냈을 때, 그는 거미집을 짰고 그것을 Odawa에게 주었다. (2)그는 Odawa에게 말했다. "그 거미집은 가운데에 구멍이 뚫린 완벽한 원이다. (3)너의 사람들이 목표에 도달하는 데 도움이 되도록 그 거미집을 사용해라. (4)그들의 생각, 꿈, 비전을 잘 활용해라. (5)만약 (c) 네(Odawa)가 위대한 신령을 믿는다면, 그 거미집이 너의 좋은 생각을 잡아 줄 것이고 나쁜 것들은 구멍을 통해 빠져나갈 것이다." (6)Odawa는 잠에서 깨자마자 자신의 마을로 돌아갔다.

(B)

(1)Odawa는 Iktomi의 교훈을 (b) 그(Odawa)의 마을 사람들과 나누었다. (2)오늘날, 많은 아메리카 원주민들이 자신의 침대 위에 걸린 드림캐처를 가지고 있다(침대 위에 드림캐처를 걸어 둔다). (3)드림캐처는 나쁜 꿈을 걸러낸다고 믿어진다. (4)좋은 꿈은 인생이라는 거미줄에 잡히고 사람들이 가져가게 된다. (5)나쁜 꿈은 거미줄에 있는 구멍을 통해 빠져나가고 더 이상 그들의 삶의 한 부분이 되지 못한다.

정답확인

43. 주어진 글 (A)에 이어질 내용을 순서에 맞게 배열한 것으로 가장 적절한 것은?
① (B)—(D)—(C) ② (C)—(B)—(D) ③ (C)—(D)—(B)
④ (D)—(B)—(C) ✔ (D)—(C)—(B)

44. 밑줄 친 (a)~(e) 중에서 가리키는 대상이 나머지 넷과 다른 것은?
① (a) ② (b) ③ (c) ✔ (d) ⑤ (e)

45. 윗글의 내용으로 적절하지 않은 것은?
① Odawa는 높은 산에서 꿈을 꾸었다(have a dream). 문장(A-1)
✔ 많은 미국 원주민(Native American)은 드림캐처를 현관 위에 건다. 침대 문장(B-2)
③ Iktomi는 Odawa에게 거미집(web)을 짜서(spin) 주었다. 문장(C-1)
④ Odawa는 잠에서 깨자마자 자신의 마을로 돌아갔다(go back). 문장(C-6)
⑤ Iktomi는 Odawa에게 삶의 순환(cycles of life)에 대해 알려 주었다. 문장(D-1)

어휘암기

어휘	뜻
☐ spiritual	형용사 영적인, 정신적인
☐ spirit	명사 신령, 영혼, 정신
☐ searcher	명사 구도자, 수색자
☐ wisdom	명사 지혜, 타당성, 지식
☐ appear	동사 나타나다, 발생하다
☐ cycle	명사 순환, 주기
☐ move on	~로 넘어가다, 이동하다
☐ force	명사 힘 / 동사 ~을 강요하다
☐ spin	동사 (거미집을) 짜다[짓다], (실을) 잣다, 회전하다 (spin-spun-spun)
☐ make use of	~을 이용하다, 활용하다
☐ go through	빠져나가다, 통과되다, ~을 살펴보다
☐ lesson	명사 교훈, 가르침
☐ hang	동사 걸다, 걸리다 (hang-hung-hung)
☐ filter out	~을 걸러 내다
☐ capture	동사 잡다, 붙잡다
☐ carry with	~을 가지고 가다
☐ pass through	~을 빠져나가다, 관통하다
☐ no longer	더 이상 ~가 아닌

문제편 126쪽

10회 2023년 3월 학평 정답과 해설 영어

문제편 p.127

10회 특징

✓ 전반적인 난이도는 2022년 3월 학력평가와 비슷하거나 쉬운 수준으로 출제됨.

✓ 의미 추론(21번)과 빈칸 추론(33번, 34번)은 높은 독해력을 요구하는 문제가 출제되었고, 주제 추론(23번)과 어휘(30번)는 경제 관련 소재의 어려운 지문이 제시되어 정답을 고르기가 쉽지 않았음.

✓ 36번은 농경의 시작과 정착 생활에 대해 설명하는 글로 지문의 해석과 이해가 어렵지 않음에도 불구하고 정답의 단서인 'As a result'의 의미를 정확하게 파악하지 못한 학생들이 많아 오답률이 높았음.

오답률 TOP 5

문항 번호	30	36	37	23	33
분류	어휘	문장 배열	문장 배열	주제 추론	빈칸 추론
난도	최상	최상	상	상	상

정답표

01	⑤	02	⑤	03	③	04	⑤	05	②
06	②	07	①	08	③	09	④	10	②
11	②	12	①	13	③	14	①	15	③
16	③	17	④	18	③	19	②	20	⑤
21	⑤	22	①	23	①	24	②	25	⑤
26	⑤	27	③	28	④	29	⑤	30	④
31	①	32	③	33	①	34	②	35	④
36	④	37	②	38	④	39	⑤	40	①
41	②	42	③	43	④	44	④	45	④

01 정답률 80% | 남자가 하는 말의 목적 ▶ 정답 ⑤

M: Hello, Villeford High School students. This is principal(교장) Aaron Clark. As a(~으로서) big fan(열렬한 팬) of the Villeford ice hockey team, I'm very excited about the upcoming(다가오는) National High School Ice Hockey League(전국 고등학교 아이스하키 리그). As you all(~하듯이) know, the first game will be held(열리다(hold: 열다, 개최하다)) in the Central Rink at 6 p.m. this Saturday. I want as many of you as possible to come and cheer(응원하다) our team to victory(승리). I've seen them put in an incredible amount of effort(엄청난 양의 노력) to win(우승하다) the league. It will help them play(경기를 하다) better just to see you there cheering for them. I really hope to see you at the rink. Thank you.

해석

남: 안녕하세요, Villeford 고등학교 학생 여러분. 저는 교장인 Aaron Clark입니다. Villeford 아이스하키 팀의 열렬한 팬으로서, 저는 다가오는 '전국 고등학교 아이스하키 리그'에 매우 흥분하고 있습니다. 모두 아시다시피, 이번 주 토요일 오후 6시에 Central Rink에서 첫 경기가 열릴 것입니다. 가능한 한 많은 분들께서 오셔서 우리 팀이 승리하도록 응원해 주시기 바랍니다. 저는 그들이 리그에서 우승하기 위해 엄청난 양의 노력을 기울이는 것을 보았습니다. 여러분이 그곳에서 그들을 응원하는 것을 보는 것만으로도 그들이 경기를 더 잘 하는 데 도움을 줄 것입니다. 링크에서 여러분을 뵙기를 진심으로 바랍니다. 감사합니다.

① 아이스하키부의 우승을 알리려고
② 아이스하키부 훈련 일정을 공지하려고
③ 아이스하키부 신임 감독을 소개하려고
④ 아이스하키부 선수 모집을 안내하려고
✔ 아이스하키부 경기의 관람을 독려하려고

02 정답률 85% | 여자의 의견 ▶ 정답 ⑤

W: Honey, are you okay?
M: I'm afraid I've caught a cold(감기에 걸렸다 (catch a cold)). I've got a sore throat(목이 아프다 (get a sore throat)).
W: Why don't you go see a doctor(병원에 가다)?
M: Well, I don't think it's necessary(필요한). I've found some medicine(약) in the cabinet(수납장). I'll take it.
W: You shouldn't take that medicine. That's what I got prescribed(내가 처방받은 것 (get A prescribed: A를 처방받다)) last week.
M: My symptoms(증상들) are similar to(~과 비슷한) yours.
W: Honey, you shouldn't take medicine prescribed for others.
M: It's just a cold. I'll get better if I take your medicine.
W: It could be dangerous(위험한) to take someone else's prescription(처방된 약).
M: Okay. Then I'll go see a doctor this afternoon.

해석

여: 여보, 괜찮아요?
남: 감기에 걸린 것 같아요. 목이 아프네요.
여: 병원에 가는 게 어때요?
남: 음, 그럴 필요는 없을 것 같아요. 수납장에서 약을 찾았거든요. 그것을 먹을게요.
여: 그 약은 먹으면 안 돼요. 제가 지난주에 처방받은 것이에요.
남: 제 증상은 당신의 것과 비슷해요.
여: 여보, 다른 사람들에게 처방된 약을 먹으면 안 돼요.
남: 그냥 감기잖아요. 당신의 약을 먹으면 나을 거예요.
여: 다른 사람의 처방된 약을 먹는 것은 위험할 수 있어요.
남: 알겠어요. 그럼 오늘 오후에 병원에 갈게요.

① 과다한 항생제 복용을 자제해야 한다.
② 오래된 약을 함부로 폐기해서는 안 된다.
③ 약을 복용할 때는 정해진 시간을 지켜야 한다.
④ 진료 전에 자신의 증상을 정확히 확인해야 한다.
✔ 다른 사람에게 처방된 약을 복용해서는 안 된다.

03 정답률 80% | 두 사람의 관계 ▶ 정답 ③

W: Hi, Mr. Thomson. How are your preparations(준비들) going?
M: You arrived(도착했다) at the right time. I have something to tell you.
W: Okay. What is it?
M: Well, I'm afraid that we have to change the exhibition room(전시실) for your paintings(그림들).
W: May I ask why?
M: Sure. We have some electrical(전기적인) problems there.
W: I see. Then where are you going to exhibit(전시하다) my works(작품들)?
M: Our gallery(미술관) is going to exhibit your paintings in the main hall(본관).
W: Okay. Can I see the hall now?
M: Sure. Come with me.

해석

여: 안녕하세요, Thomson 씨. 준비는 어떻게 되어 가나요?
남: 제 때에 도착하셨네요. 드릴 말씀이 있어요.
여: 좋아요. 무엇인가요?
남: 음, 당신 그림의 전시실을 바꿔야 할 것 같아요.
여: 이유를 여쭤봐도 될까요?
남: 물론이죠. 그곳에 전기적인 문제가 좀 있어요.
여: 그렇군요. 그럼 제 작품을 어디에 전시하실 건가요?
남: 저희 미술관은 당신의 그림을 본관에 전시할 예정이에요.
여: 알겠어요. 지금 본관을 볼 수 있을까요?
남: 물론이에요. 저와 함께 가시죠.

① 관람객 — 박물관 관장
② 세입자 — 건물 관리인
✔ 화가 — 미술관 직원
④ 고객 — 전기 기사
⑤ 의뢰인 — 건축사

04 정답률 85% | 그림에서 대화의 내용과 일치하지 않는 것 ▶ 정답 ⑤

M: Hi, Grace. What are you looking at on your phone?
W: Hi, James. It's a photo I took when I did some volunteer work(자원봉사). We painted pictures(그림을 그렸다) on a street wall.
M: Let me see. Wow, I like the whale(고래) with the flower pattern(꽃무늬).
W: I like it, too. How do you like the house under the whale?
M: It's beautiful(아름다운). What are these two chairs for?
W: You can take a picture(사진을 찍다) sitting there. The painting(그림) becomes the background(배경).
M: Oh, I see. Look at this tree! It has heart-shaped(하트 모양의) leaves(나뭇잎들).
W: That's right. We named(이름을 붙였다) it the Love Tree.
M: The butterfly(나비) on the tree branch(나뭇가지) is lovely, too.
W: I hope a lot of people enjoy the painting.

해석

남: 안녕, Grace. 휴대전화로 무엇을 보고 있니?
여: 안녕, James. 내가 자원봉사를 할 때 찍은 사진이야. 우리는 거리의 벽에 그림을 그렸어.
남: 어디 보자. 와, 나는 꽃무늬가 있는 고래가 마음에 들어.
여: 나도 그래. 고래 아래에 있는 집은 어떠니?
남: 아름다워. 이 두 개의 의자는 무슨 용도야?
여: 거기에 앉아서 사진을 찍을 수 있어. 그 그림이 배경이 되는 거야.
남: 오, 그렇구나. 이 나무를 봐! 하트 모양의 나뭇잎을 가지고 있어.
여: 맞아. 우리는 그것에 '사랑의 나무'라는 이름을 붙였어.
남: 나뭇가지에 있는 나비도 사랑스러워.
여: 나는 많은 사람들이 그림을 즐겼으면 좋겠어.

문제편 127쪽

05 정답률 85% | 남자가 할 일 ▶ 정답 ②

M: Hi, Stella. How are you doing these days?
W: Hi, Ryan. I've been busy helping (돕느라 바빴다(be busy V-ing: ~하느라 바쁘다)) my granddad with his concert. He made a rock band (록 밴드) with his friends.
M: There must be a lot of things to do.
W: Yeah. I reserved (예약했다) a place (장소) for the concert yesterday.
M: What about posters (포스터들) and tickets (티켓들)?
W: Well, I've just finished designing a poster.
M: Then I think I can help you.
W: Really? How?
M: Actually, I have a music blog (음악 블로그). I think I can upload (업로드하다) the poster there.
W: That's great!
M: Just send (보내다) the poster to me, and I'll post (게시하다) it online.
W: Thanks a lot.

해석
남: 안녕, Stella. 요즘 어떻게 지내니?
여: 안녕, Ryan. 나는 할아버지의 콘서트를 돕느라 바빴어. 할아버지께서 친구들과 록 밴드를 만드셨거든.
남: 할 일이 많겠구나.
여: 그래. 어제는 콘서트를 위한 장소를 예약했어.
남: 포스터와 티켓은?
여: 음, 방금 포스터 디자인을 끝냈어.
남: 그럼 내가 도와줄 수 있을 것 같아.
여: 정말? 어떻게?
남: 사실, 내가 음악 블로그를 가지고 있어. 거기에 포스터를 업로드할 수 있을 것 같아.
여: 잘됐다!
남: 나한테 포스터를 보내주면, 그것을 온라인에 게시할게.
여: 정말 고마워.

① 티켓 디자인하기
✔② 포스터 게시하기
③ 블로그 개설하기
④ 밴드부원 모집하기
⑤ 콘서트 장소 대여하기

06 정답률 75% | 여자가 지불할 금액 ▶ 정답 ②

M: Good morning. How may I help you?
W: Hi. I want to buy a coffee pot (커피포트).
M: Okay. You can choose from these coffee pots.
W: I like this one. How much is it?
M: It was originally (원래) $60, but it's now on sale (할인 판매 중인) for $50.
W: Okay, I'll buy it. I'd also like to buy this red tumbler (텀블러).
M: Actually, it comes in two sizes. This smaller one is $20 and a bigger one is $30.
W: The smaller one would be easier (더 쉬운) to carry around (휴대하다). I'll buy two smaller ones.
M: All right. Is there anything else you need?
W: No, that's all. Thank you.
M: Okay. How would you like to pay?
W: I'll pay by credit card. Here you are.

해석
남: 좋은 아침입니다. 어떻게 도와드릴까요?
여: 안녕하세요. 커피포트를 사고 싶은데요.
남: 알겠습니다. 이 커피포트들 중에서 고르시면 됩니다.
여: 이것이 마음에 드네요. 얼마인가요?
남: 원래 60달러인데, 지금 50달러에 할인 판매 중입니다.
여: 좋네요, 그것을 살게요. 이 빨간색 텀블러도 사고 싶어요.
남: 사실, 그것은 두 가지 사이즈로 나옵니다. 이 작은 것은 20달러이고 큰 것은 30달러입니다.
여: 작은 것이 휴대하기 더 쉬울 거예요. 작은 것 두 개를 살게요.
남: 알겠습니다. 그 밖에 더 필요하신 게 있나요?
여: 아니요, 그게 다예요. 감사해요.
남: 알겠습니다. 계산은 어떻게 하시겠어요?
여: 신용카드로 계산할게요. 여기 있어요.

① $70 ✔② $90
③ $100 ④ $110
⑤ $120

문제풀이
여자는 커피포트 한 개와 작은 텀블러 두 개를 사겠다고 했다. 원래 가격이 60달러인 커피포트는 50달러에 할인 판매하고 있고, 작은 텀블러는 20달러이므로 여자가 지불할 총 금액은 90달러이다. 따라서 답은 ② '$90'이다.

07 정답률 85% | 남자가 지갑을 구매하지 못한 이유 ▶ 정답 ①

[Cell phone rings.]
W: Hi, Brian.
M: Hi, Mom. I'm in line to get on the plane (비행기에 타다).
W: Okay. By the way, did you drop by (~에 들르다) the duty free shop (면세점) in the airport?
M: Yes, but I couldn't buy the wallet (지갑) you asked me to buy.
W: Did you forget the brand name (브랜드명)?
M: No. I remembered that. I took a memo (메모).
W: Then did you arrive late (늦게) at the airport?
M: No, I had enough (충분한) time to shop (쇼핑을 하다).
W: Then why couldn't you buy the wallet?
M: Actually, because they were all sold out (다 팔렸다(be all sold out)).
W: Oh, really?
M: Yeah. The wallet must be very popular (인기 있는).
W: Okay. Thanks for checking anyway.

해석
[휴대전화가 울린다.]
여: 안녕, Brian.
남: 네, 엄마. 저는 비행기에 타려고 줄을 서 있어요.
여: 알겠어. 그런데, 공항 면세점에 들렀니?
남: 네, 하지만 사달라고 부탁하신 지갑을 못 샀어요.
여: 브랜드명을 잊어버렸니?
남: 아니요. 기억하고 있어요. 메모를 했거든요.
여: 그럼 공항에 늦게 도착했니?
남: 아니요, 쇼핑을 할 충분한 시간이 있었어요.
여: 그럼 왜 지갑을 사지 못했니?
남: 사실, 그것들이 다 팔렸기 때문이에요.
여: 오, 정말이니?
남: 네. 그 지갑이 분명 매우 인기 있는 것 같아요.
여: 알겠어. 어쨌든 알아봐줘서 고마워.

✔① 해당 상품이 다 팔려서
② 브랜드명을 잊어버려서
③ 계산대의 줄이 길어서
④ 공항에 늦게 도착해서
⑤ 면세점이 문을 닫아서

08 정답률 80% | Youth Choir Audition에 관해 언급되지 않은 것 ▶ 정답 ③

M: Lucy, look at this.
W: Wow. It's about the Youth Choir Audition (청소년 합창단 오디션).
M: Yes. It's open to anyone aged 13 to 18.
W: I'm interested in (~에 관심이 있는) joining the choir. When is it?
M: April 2nd, from 9 a.m. to 5 p.m.
W: The place for the audition is the Youth Training Center (청소년 수련원). It's really far from here.
M: I think you should leave (출발하다) early in the morning.
W: That's no problem. Is there an entry fee (참가비)?
M: No, it's free (무료의).
W: Good. I'll apply for (~에 지원하다) the audition.
M: Then you should fill out (작성하다) an application form (신청서) on this website.
W: All right. Thanks.

해석
남: Lucy, 이것 좀 봐.
여: 와. Youth Choir Audition(청소년 합창단 오디션)에 관한 거구나.
남: 응. 그것은 13세에서 18세까지 누구에게나 열려 있어.
여: 나는 합창단에 가입하는 데 관심이 있어. 언제야?
남: 4월 2일 오전 9시부터 오후 5시까지야.
여: 오디션 장소는 Youth Training Center(청소년 수련원)야. 여기에서 정말 멀어.
남: 너는 아침 일찍 출발해야 할 것 같아.
여: 그건 문제 없어. 참가비가 있니?
남: 아니, 무료야.
여: 잘됐다. 나는 오디션에 지원할 거야.
남: 그럼 이 웹사이트에서 신청서를 작성해야 해.
여: 알겠어. 고마워.

① 지원 가능 연령 ② 날짜
✔③ 심사 기준 ④ 참가비
⑤ 지원 방법

문제편 127쪽

09 정답률 85% | 2023 Career Week에 관한 내용과 일치하지 않는 것 ▶ 정답 ④

W: Hello, Rosehill High School students! I'm your school counselor(학교 상담사), Ms. Lee. I'm so happy to announce(알리다) a special event(행사), the 2023 Career Week(직업 체험 주간). It'll be held from May 22nd for five days. There will be many programs to help you explore(탐색하다) various future jobs(미래 직업들). Please kindly note(주의하다) that the number of participants(참가자들) for each program is limited to(~으로 제한되다(be limited to)) 20. A special lecture(강연) on future career choices will be presented on the first day. Registration(등록) begins on May 10th. For more information, please visit our school website. I hope you can come and enjoy the 2023 Career Week!

해석

여: 안녕하세요, Rosehill 고등학교 학생 여러분! 저는 학교 상담사인 Lee 선생님입니다. 저는 특별 행사인 2023 Career Week(2023 직업 체험 주간)에 대해 알려드리게 되어 매우 기쁩니다. 그것은 5월 22일부터 5일 동안 열릴 것입니다. 여러분이 다양한 미래 직업을 탐색할 수 있도록 도움을 주는 많은 프로그램이 있을 것입니다. 각 프로그램에 대한 참가자의 수는 20명으로 제한된다는 점을 주의해 주십시오. 미래 직업 선택에 관한 특별 강연이 첫날에 있을 것입니다. 등록은 5월 10일에 시작됩니다. 더 많은 정보를 원하시면, 우리 학교 웹사이트를 방문해 주십시오. 오셔서 2023 Career Week를 즐기시길 바랍니다!

① 5일 동안 열릴 것이다.
② 미래 직업 탐색을 돕는 프로그램이 있을 것이다.
③ 프로그램 참가 인원에 제한이 있다.
✔ 특별 강연이 마지막 날에 있을 것이다.
⑤ 등록은 5월 10일에 시작된다.

문제풀이

5월 22일부터 5일 동안 진행되는 행사 기간 중에서 미래 직업 선택에 관한 특별 강연은 행사 첫날에 있을 것이라고 했으므로 ④ '특별 강연이 마지막 날에 있을 것이다.'는 내용과 일치하지 않는다.

10 정답률 85% | 표에서 여자가 구입할 프라이팬 ▶ 정답 ②

M: Jessica, what are you doing?
W: I'm trying to buy one of these five frying pans(프라이팬들).
M: Let me see. This frying pan seems pretty(꽤) expensive(비싼).
W: Yeah. I don't want to spend more than $50.
M: Okay. And I think 9 to 12-inch frying pans will work for(유용하다) most(대부분) of your cooking(요리).
W: I think so, too. An 8-inch frying pan seems too small for me.
M: What about the material(재질)? Stainless steel pans(스테인리스 스틸 팬들) are good for fast cooking.
W: I know, but they are heavier(더 무거운). I'll buy an aluminum pan(알루미늄 팬).
M: Then you have two options left. Do you need a lid(뚜껑)?
W: Of course. A lid keeps the oil from splashing(기름이 튀는 것을 막다 (keep A from V-ing: A가 ~하는 것을 막다, oil: 기름, splash: 튀다)). I'll buy this one.
M: Good choice.

해석

남: Jessica, 무엇을 하고 있니?
여: 이 다섯 가지 프라이팬 중에 하나를 사려고 하고 있어.
남: 어디 보자. 이 프라이팬은 꽤 비싼 것 같아.
여: 그래. 나는 50달러 이상은 쓰고 싶지 않아.
남: 알겠어. 그리고 9에서 12인치의 프라이팬이 대부분의 요리에 유용할 것 같아.
여: 나도 그렇게 생각해. 8인치 프라이팬은 나한테 너무 작은 것 같아.
남: 재질은 어때? 스테인리스 스틸 팬은 빠른 요리에 좋아.
여: 알지만, 그것들은 더 무거워. 나는 알루미늄 팬을 살 거야.
남: 그럼 두 가지 선택이 남았어. 뚜껑이 필요하니?
여: 물론이지. 뚜껑은 기름이 튀는 것을 막아줘. 이것을 살게.
남: 좋은 선택이야.

프라이팬

	모델	가격	크기(인치)	재질	뚜껑
①	A	30달러	8	알루미늄	○
✔	B	32달러	9.5	알루미늄	○
③	C	35달러	10	스테인리스 스틸	×
④	D	40달러	11	알루미늄	×
⑤	E	70달러	12.5	스테인리스 스틸	○

11 정답률 80% | 남자의 마지막 말에 대한 여자의 응답 ▶ 정답 ②

M: Have you finished your team's short-movie project(단편 영화 과제)?
W: Not yet. I'm still editing(편집하는(edit)) the video clip(동영상).
M: Oh, you edit? How did you learn to do that?
W: (I learned it by myself(혼자(by oneself)) through books.)

해석

남: 너희 팀의 단편 영화 과제는 끝냈니?
여: 아직이야. 나는 여전히 동영상을 편집하고 있어.
남: 오, 너 편집하니? 어떻게 그것을 하는 법을 배웠어?
여: (나는 책을 통해서 그것을 혼자 공부했어.)

① 그때까지 그것을 편집하는 것을 끝낼 수 없을 것 같아.
✔ 나는 책을 통해서 그것을 혼자 공부했어.
③ 이 단편 영화는 매우 흥미로워.
④ 너는 다른 동영상을 만들어야 해.
⑤ 나는 팀 과제에서 A⁺를 받았어.

12 정답률 80% | 여자의 마지막 말에 대한 남자의 응답 ▶ 정답 ①

[Cell phone rings.]
W: Daddy, are you still working now?
M: No, Emma. I'm about to(막 ~하려고 하다) get in(타다) my car and drive home. (be about to V: 막 ~하려고 하다, get in: (차 등을) 타다)
W: Great. Can you give me a ride(나를 태워 주다 (give A a ride: A를 태워주다))? I'm at the City Library(시립 도서관) near your office(사무실).
M: (All right. I'll come pick you up now.)

해석

[휴대전화가 울린다.]
여: 아빠, 지금도 여전히 일하고 계세요?
남: 아니, Emma. 막 차를 타고 운전해서 집에 가려고 했어.
여: 잘됐네요. 저를 태워 주실 수 있어요? 저는 아빠 사무실 근처에 있는 시립 도서관에 있어요.
남: (알겠어. 지금 너를 데리러 갈게.)

✔ 알겠어. 지금 너를 데리러 갈게.
② 미안해. 도서관은 오늘 문을 닫았어.
③ 문제 없어. 너는 내 책을 빌릴 수 있어.
④ 정말 고마워. 지금 너를 내려줄게.
⑤ 맞아. 나는 사무실의 인테리어를 바꿨어.

13 정답률 80% | 남자의 마지막 말에 대한 여자의 응답 ▶ 정답 ③

M: Claire, how's your farm(농장) doing?
W: Great! I harvested(수확했다) some cherry tomatoes(방울토마토들) and cucumbers(오이들) last weekend. Do you want some?
M: Of course. I'd like some very much.
W: Okay. I'll bring you some tomorrow.
M: Thanks. Are you going to the farm this weekend too?
W: Yes. The peppers(고추들) are almost(거의) ready to be picked(따지다(pick: 따다)).
M: Can I go with you? I'd like to look around(둘러보다) your farm and help you pick the peppers.
W: Sure. It would be fun(재미있는) to work on the farm together.
M: Sounds nice. Is there anything I need to prepare(준비해야 하다 (need to V: ~해야 하다, prepare: 준비하다))?
W: (Just wear comfortable(편한) clothes and shoes.)

해석

남: Claire, 네 농장은 어때?
여: 좋아! 지난 주말에 방울토마토와 오이를 수확했어. 좀 줄까?
남: 물론이지. 정말 먹고 싶어.
여: 알겠어. 내일 가져다 줄게.
남: 고마워. 이번 주말에도 농장에 갈 거니?
여: 응. 고추를 딸 때가 거의 되었거든.
남: 같이 가도 될까? 네 농장을 둘러보고 네가 고추를 따는 것을 도와주고 싶어.
여: 물론이지. 농장에서 함께 일하면 재미있을 거야.
남: 좋아. 내가 준비해야 할 것이 있어?
여: (그냥 편한 옷과 신발을 착용하면 돼.)

① 이 토마토와 오이를 먹어봐.
② 나는 고추가 피부에 좋은 줄 몰랐어.
✔ 그냥 편한 옷과 신발을 착용하면 돼.
④ 토마토가 빨간색일 때 딸 수 있어.
⑤ 네가 농장에서 채소를 재배하는 것을 도와줄게.

14 정답률 85% | 여자의 마지막 말에 대한 남자의 응답 ▶ 정답 ①

W: Daniel, what's wrong?
M: Hi, Leila. I had an argument with(~와 말다툼을 했다(have an argument with)) Olivia.
W: Was it serious(심각한)?
M: I'm not sure, but I think I made a mistake(실수를 했다(make a mistake)).
W: So that's why you have a long face(시무룩한 얼굴).
M: Yeah. I want to get along with(~와 잘 지내다) her, but she's still angry(화가 난) at me.
W: Did you say you're sorry to her?
M: Well, I texted(문자 메시지를 보냈다) her saying that I'm sorry.
W: I don't think it's a good idea to express(표현하다) your apology(사과) through a text message.
M: Do you think so? Now I know why I haven't received any response(답장) from her yet.
W: I think it'd be best to go and talk to her in person(직접).

M: (You're right. I'll meet her and apologize.)

해석

여: Daniel, 무슨 일 있어?
남: 안녕, Leila. Olivia와 말다툼을 했어.
여: 심각했어?
남: 확실하지는 않지만, 내가 실수를 한 것 같아.
여: 그래서 시무룩한 얼굴을 하고 있는 거구나.
남: 그래. 나는 그녀와 잘 지내고 싶지만, 그녀는 여전히 내게 화가 나 있어.
여: 그녀에게 미안하다고 말했니?
남: 음, 미안하다고 문자 메시지를 보냈어.
여: 문자 메시지를 통해서 사과를 표현하는 것은 좋은 생각이 아닌 것 같아.
남: 그렇게 생각해? 왜 아직도 그녀에게 아무런 답장을 받지 못했는지 이제야 알겠어.
여: 가서 그녀에게 직접 이야기하는 것이 가장 좋을 것 같아.
남: (네 말이 맞아. 그녀를 만나서 사과할게.)

✔ 네 말이 맞아. 그녀를 만나서 사과할게.
② 네 의견에 동의해. 그래서 내가 그것을 한 거야.
③ 고마워. 사과해 줘서 고마워.
④ 걱정하지 마. 그것은 네 잘못이 아닌 것 같아.
⑤ 유감이야. 나는 너희 둘이 잘 지냈으면 좋겠어.

문제풀이

여자는 남자에게 말다툼을 한 친구에게 문자 메시지로 사과를 하는 것은 좋은 방법이 아니므로 찾아가서 직접 말하라고 조언하고 있다. 이에 대한 남자의 응답으로 가장 적절한 것은 ① 'You're right. I'll meet her and apologize.(네 말이 맞아. 그녀를 만나서 사과할게.)'이다.

15 정답률 75% | 다음 상황에서 John이 Ted에게 할 말 ▶ 정답 ③

M: Ted and John are college freshmen. They are climbing Green Diamond Mountain together. Now they have reached the campsite near the mountain top. After climbing the mountain all day, they have a relaxing time at the campsite. While drinking coffee, Ted suggests to John that they watch the sunrise at the mountain top the next morning. John thinks it's a good idea. So, now John wants to ask Ted how early they should wake up to see the sunrise. In this situation, what would John most likely say to Ted?
John: (What time should we get up tomorrow morning?)

해석

남: Ted와 John은 대학 신입생들이다. 그들은 함께 Green Diamond Mountain을 오르고 있다. 이제 그들은 산 정상 근처의 캠프장에 도착했다. 하루 종일 산을 오른 후에, 그들은 캠프장에서 편안한 시간을 보낸다. 커피를 마시면서, Ted는 John에게 다음날 아침에 산 정상에서 일출을 볼 것을 제안한다. John은 그것이 좋은 아이디어라고 생각한다. 그래서, 이제 John은 Ted에게 일출을 보기 위해 얼마나 일찍 일어나야 하는지 묻고 싶다. 이러한 상황에서, John은 Ted에게 뭐라고 말하겠는가?
John: (우리 내일 아침에 몇 시에 일어나야 하지?)

① 우리 어떻게 가장 좋은 일출 명소를 찾을 수 있을까?
② 왜 너는 그렇게 자주 등산을 하러 가는 거니?
✔ 우리 내일 아침에 몇 시에 일어나야 하지?
④ 우리 언제 산 정상에서 내려와야 하지?
⑤ 우리 밤에 산에서는 어디에서 머물러야 하지?

16~17 1지문 2문항

W: Good morning, everyone. Do you spend a lot of time with your family? One of the best ways to spend time with your family is to enjoy sports together. Today, I will share some of the best sports that families can play together. The first one is badminton. The whole family can enjoy the sport with minimal equipment. The second one is basketball. You can easily find a basketball court near your house. The third one is table tennis. It can be played indoors anytime. The last one is bowling. Many families have a great time playing it together. When you go home today, how about playing one of these sports with your family?

해석

여: 좋은 아침입니다, 여러분. 여러분은 가족과 많은 시간을 보내나요? 가족과 시간을 보내는 가장 좋은 방법 중 하나는 함께 스포츠를 즐기는 것입니다. 오늘, 저는 가족들이 함께 할 수 있는 최고의 스포츠 몇 가지를 이야기하겠습니다. 첫 번째는 배드민턴입니다. 모든 가족이 최소한의 장비로 그 스포츠를 즐길 수 있습니다. 두 번째는 농구입니다. 여러분은 집 근처에서 농구장을 쉽게 찾을 수 있습니다. 세 번째는 탁구입니다. 그것은 실내에서 언제든지 할 수 있습니다. 마지막은 볼링입니다. 많은 가족들이 그것을 함께 하면서 즐거운 시간을 보냅니다. 오늘 집에 가면, 여러분의 가족과 이 스포츠들 중 하나를 해 보는 것은 어떠세요?

16 정답률 90% | 여자가 하는 말의 주제 ▶ 정답 ③

① 노인들에게 좋은 실내 스포츠
② 스포츠에서 규칙을 배우는 것의 중요성
✔ 가족들이 함께 즐길 수 있는 최고의 스포츠
④ 스포츠 경기에서 승리하기 위한 유용한 조언들
⑤ 전통적인 가족 스포츠의 역사

17 정답률 90% | 언급된 스포츠가 아닌 것 ▶ 정답 ④

① 배드민턴 ② 농구
③ 탁구 ✔ 축구
⑤ 볼링

18 정답률 95% | 글의 목적 파악 ▶ 정답 ③

지문끊어읽기

(1) To whom it may concern, /
관계자분께

(2) I am a resident of the Blue Sky Apartment.
저는 Blue Sky 아파트의 거주자입니다

(3) Recently I observed / [that the kid zone is in need of repairs].
S V be in need of: ~가 필요하다 [ ]: O
최근에 저는 알게 되었습니다 / 아이들을 위한 구역이 수리가 필요한 상태라는 것을

(4) I want you to pay attention to the poor condition /
5형식V O O·C(to V)
저는 당신이 안 좋은 상태에 주의를 기울였으면 합니다 /
of the playground equipment in the zone. 정답단서 수신자에게 놀이터 시설의 안 좋은 상태에 주의를 기울이라고 함.
그 구역에 있는 놀이터 설비의

(5) The swings are damaged, / the paint is falling off, /
그네들은 망가졌습니다 / 페인트가 떨어지고 있습니다 /
and some of the bolts on the slide are missing.
그리고 미끄럼틀에 있는 몇 개의 볼트가 사라졌습니다

(6) The facilities have been in this terrible condition /
현재완료
그 시설들은 이런 최악의 상태에 있었습니다 /
since we moved here.
시간의 부사절(과거시제)
우리가 이곳으로 이사 왔을 때부터

(7) They are dangerous / to the children playing there.
그것들은 위험합니다 / 거기에서 노는 아이들에게

(8) Would you please have them repaired? 정답단서 수신자에게 놀이터 시설들을 수리해줄 것을 요구함.
사역V O O·C(과거분사)
그것들을 수리해 주시겠습니까

힌트 사역동사 have 뒤에 목적어와 목적격 보어의 관계가 수동일 때, 목적격 보어는 과거분사 형태로 씀.

(9) I would appreciate your immediate attention /
당신이 즉각적인 관심을 주시면 감사하겠습니다 /
to solve this matter.
to부정사의 부사적 용법
이 문제를 해결하기 위해

(10) Yours sincerely, Nina Davis
Nina Davis 드림

전문해석

(1)관계자분께,
(2)저는 Blue Sky 아파트의 거주자입니다. (3)최근에 저는 아이들을 위한 구역이 수리가 필요한 상태라는 것을 알게 되었습니다. (4)저는 당신이 그 구역에 있는 놀이터 설비의 안 좋은 상태에 주의를 기울였으면 합니다. (5)그네들은 망가졌고, 페인트가 떨어지고 있고, 미끄럼틀에 있는 몇 개의 볼트가 사라졌습니다. (6)우리가 이곳으로 이사 왔을 때부터 그 시설들은 이런 최악의 상태에 있었습니다. (7)그것들은 거기에서 노는 아이들에게 위험합니다. (8)그것들을 수리해 주시겠습니까? (9)이 문제를 해결하기 위해 당신이 즉각적인 관심을 주시면 감사하겠습니다.
(10)Nina Davis 드림

정답확인

다음 글의 목적으로 가장 적절한 것은?
① 아파트의 첨단 보안 설비(equipment)를 홍보하려고
② 아파트 놀이터(playground)의 임시 폐쇄를 공지하려고
✔ 아파트 놀이터 시설의 수리(repair)를 요청하려고 문장(8)
④ 아파트 놀이터 사고의 피해 보상(compensation)을 촉구하려고
⑤ 아파트 공용 시설(facility) 사용 시 유의 사항을 안내하려고

어휘암기

☐ **resident**	명사 거주자, 거주민
☐ **observe**	동사 알아차리다, 관찰하다, 준수하다
☐ **pay attention to N**	~에 주의를 기울이다
☐ **poor**	형용사 안 좋은, 형편없는, 가난한
☐ **condition**	명사 상태, 조건
☐ **equipment**	명사 설비, 장비
☐ **facility**	명사 시설
☐ **immediate**	형용사 즉각적인

○ 문제편 128쪽

19 정답률 85% | 심경 파악 ▶ 정답 ②

지문끊어읽기

(1) On a two-week trip / in the Rocky Mountains, /
2주간의 여행 중에 / 로키산맥에서의 /
I saw a grizzly bear / in its native habitat.
나는 회색곰을 보았다 / 그것의 토착 서식지에서

(2) At first, / I felt joy / 정답단서 땅을 가로질러 걷는 곰을 보게 되어 들뜸.
처음에 / 나는 기분이 좋았다 /
as I watched the bear walk across the land.
(S V O O·C)
나는 곰이 땅을 가로질러 걷는 것을 보았을 때

힌트 'watch'는 지각동사로, 'S+V+O+O·C'의 5형식 문장 어순을 가짐. 이때, 목적격 보어는 목적어와 능동의 관계일 때 동사원형 혹은 V-ing의 형태를 가질 수 있음.

(3) He stopped / every once in a while /
그는 멈췄다 / 이따금 /
to turn his head about, / sniffing deeply.
(to부정사의 부사적 용법 / 분사구문)
고개 방향을 바꾸어 / 코를 깊게 킁킁거리며

(4) He was following the scent of something, /
그는 무언가의 냄새를 따라가고 있었다 /
and slowly I began to realize /
그리고 나는 서서히 깨닫기 시작했다 /
[that this giant animal was smelling me]! [ ]: 명사절(realize의 목적어)
이 커다란 동물이 나의 냄새를 맡고 있었다는 것을

(5) I froze. 정답단서 회색곰이 나의 냄새를 따라오고 있다는 것을 깨닫고 얼어붙음.
나는 얼어붙었다

(6) This was no longer a wonderful experience; /
이것은 더 이상 멋진 경험이 아니었다 /
it was now an issue of survival. 정답단서 목숨에 위협을 느끼며 이제는 생존이 우선이라는 것을 깨달음.
이것은 이제 생존의 문제였다

(7) The bear's motivation was to find meat to eat, /
(to부정사의 명사적 용법 / to부정사의 형용사적 용법)
그 곰의 동기는 먹을 고기를 찾는 것이었다 /
and I was clearly on his menu.
그리고 나는 분명히 그의 메뉴에 있었다

전문해석

(1)로키산맥에서의 2주간의 여행 중에, 나는 토착 서식지에서 회색곰을 보았다. (2)처음에 나는 곰이 땅을 가로질러 걷는 것을 보았을 때 기분이 좋았다. (3)그는 이따금 멈춰서 고개 방향을 바꾸어 코를 깊게 킁킁거렸다. (4)그는 무언가의 냄새를 따라가고 있었고, 나는 이 커다란 동물이 나의 냄새를 맡고 있었다는 것을 서서히 깨닫기 시작했다! (5)나는 얼어붙었다. (6)이것은 더 이상 멋진 경험이 아니었다. 이것은 이제 생존의 문제였다. (7)그 곰의 동기는 먹을 고기를 찾는 것이었고, 나는 분명히 그의 메뉴에 있었다.

정답확인

다음 글에 드러난 'I'의 심경 변화로 가장 적절한 것은?

① sad → angry 슬픈 → 화가 난
✔ delighted → scared 기쁜 → 무서운
③ satisfied → jealous 만족스러운 → 질투하는
④ worried → relieved 걱정하는 → 안도한
⑤ frustrated → excited 좌절스러운 → 신이 난

어휘암기

☐ grizzly bear	회색곰
☐ native	형용사 토착의, 토종의, 태어난 곳의
☐ habitat	명사 서식지, 거주지
☐ every once in a while	이따금
☐ turn about	~의 방향을 바꾸다, 뒤돌아보다
☐ sniff	동사 코를 킁킁거리다, (코를 벌름거리며) 냄새를 맡다[들이마시다]
☐ scent	명사 냄새, (냄새를 통해 남아 있는) 자취, 향기, 향내
☐ realize	동사 깨닫다, 알아차리다, 인식[자각]하다
☐ no longer	더 이상 ~이 아니다
☐ issue	명사 (걱정거리가 되는) 문제
☐ motivation	명사 동기
☐ clearly	부사 분명히, 알기 쉽게, 또렷하게

20 정답률 85% | 필자의 주장 ▶ 정답 ⑤

지문끊어읽기

(1) It is difficult for any of us /
(형식상의 주어 / to부정사의 의미상 주어)
우리 중 누구라도 어렵다 /
[to maintain a constant level of attention /
일정한 수준의 주의 집중을 유지하는 것은 /
throughout our working day]. [ ]: 내용상의 주어
근무일 내내

(2) We all have body rhythms / characterised by peaks and valleys /
우리는 모두 신체 리듬을 가진다 / 정점과 최하점을 특징으로 하는 /
of energy and alertness.
에너지와 기민함의

(3) You will achieve more, / and feel confident as a benefit, /
당신은 더 많이 성취할 것이다 / 그리고 혜택으로서 자신감이 생길 것이다 /
if you schedule your most demanding tasks /
만약 당신이 가장 힘든 일을 하도록 계획한다면 /
at times when you are best able to cope with them. 주제문
(선행사 / 관계부사)
당신이 그것들을 가장 잘 처리할 수 있는 때에
당신이 가장 잘 처리할 수 있는 때에 가장 힘든 일을 한다면, 더 많이 성취하고 자신감이 생김.

(4) If you haven't thought about energy peaks before, /
(현재완료)
당신이 전에 에너지 정점에 대해 생각해 본 적이 없다면 /
take a few days to observe yourself.
며칠 동안 자신을 관찰하라
힌트 try+to V: ~하려고 노력하다 try+V-ing: ~을 시도해보다

(5) Try to note the times / when you are at your best. 정답단서
(선행사 / 관계부사)
그 때를 기록하려고 노력하라 / 당신이 최상의 상태일
당신이 최상의 상태인 때를 파악해야 함.

(6) We are all different.
우리는 모두 다르다

(7) For some, / the peak will come first thing in the morning, /
어떤 사람들에게는 / 정점이 아침에 맨 먼저 온다 /
but for others / it may take a while to warm up.
(형식상의 주어 / 내용상의 주어)
하지만 다른 사람들에게는 / 준비되는 데에 시간이 조금 걸릴 수 있다
힌트 부정대명사 some, others는 불특정 다수 중 일부와 다른 일부를 지칭할 때 사용함.

전문해석

(1)우리 중 누구라도 근무일 내내 일정한 수준의 주의 집중을 유지하는 것은 어렵다. (2)우리는 모두 에너지와 기민함의 정점과 최하점을 특징으로 하는 신체 리듬을 가진다. (3)만약 당신이 가장 힘든 일을 그것들을 가장 잘 처리할 수 있는 때에 하도록 계획한다면, 당신은 더 많이 성취하고 혜택으로서 자신감이 생길 것이다. (4)당신이 전에 에너지 정점에 대해 생각해 본 적이 없다면, 며칠 동안 자신을 관찰하라. (5)당신이 최상의 상태일 때를 기록하려고 노력하라. (6)우리는 모두 다르다. (7)어떤 사람들에게는 정점이 아침에 맨 먼저 오지만, 다른 사람들에게는 준비되는 데에 시간이 조금 걸릴 수 있다.

정답확인

다음 글에서 필자가 주장하는 바로 가장 적절한 것은?

① 부정적인 감정에 에너지를 낭비하지(waste) 말라.
② 자신의 신체 능력에 맞게 운동량을 조절하라(condition).
③ 자기 성찰을 위한 아침 명상(meditation) 시간을 확보하라.
④ 생산적인 하루를 보내려면 일을 균등하게 배분하라(divide).
✔ 자신의 에너지가 가장 높은 시간을 파악하여 활용하라. 문장(3)

어휘암기

☐ constant	형용사 일정한, 꾸준한, 끊임없는
☐ throughout	전치사 ~ 내내
☐ characterise(=characterize)	동사 특징으로 하다
☐ peak	명사 정점, 절정, 꼭대기
☐ valley	명사 최하점, 계곡, 골짜기
☐ alertness	명사 기민함, 경계
☐ demanding	형용사 힘든, 어려운
☐ cope with	~을 처리하다, 대응하다
☐ first thing	맨 먼저
☐ warm up	준비되다, 준비 운동을 하다

21 정답률 50% | 의미 추론 ▶ 정답 ⑤

글의 내용 파악
인간이 더 많은 고급 기술을 받아들이면서 과거보다 육체노동을 피하게 되었고, 이로 인해 더 큰 건강상 위험에 노출되어 간다는 내용이다.

지문끊어읽기

(1) [1] If we adopt technology, /
우리가 기술을 받아들인다면 /
[2] we need to pay its costs.
우리는 그 대가를 치러야 한다

(2) [1] Thousands of traditional livelihoods /
(주어①)
수천 개의 전통적 생계 수단이 /
[2] have been pushed aside by progress, /
(동사①(현재완료 수동태))
진보로 인해 떠밀려났다 /
[3] and the lifestyles around those jobs (have been) removed.
(주어② / 전치사구 / 중복어구 생략 / 동사②(현재완료 수동태))
그리고 그런 직업을 둘러싼 생활 방식은 없어졌다

(3) [1] Hundreds of millions of humans today /

오늘날 수억 명의 사람들은 /
3 work at jobs [(that) they hate], /
선행사 목적격 관계대명사 생략
자신이 싫어하는 직장에서 일한다 /
2 producing things [(that) they have no love for].
분사구문(부대상황) 선행사 목적격 관계대명사 생략
그들이 아무런 애정도 갖지 않는 것들을 만들어내면서

(4) 1 Sometimes /
때때로 /
2 these jobs cause /
이런 일자리들은 일으킨다 /
3 physical pain, disability, or chronic disease.
신체적 고통, 장애, 또는 만성 질환을

(5) 1 Technology creates many new jobs /
선행사
기술은 여러 새로운 일자리를 창출한다 /
2 [that are certainly dangerous].
주격 관계대명사절
확실히 위험한

(6) 1 At the same time, /
동시에 /
2 mass education and media /
대중 교육 및 대중 매체는 /
3 train humans /
5형식 동사 목적어
인간을 훈련시킨다 /
4 to avoid low-tech physical work, /
to부정사①(목적격 보어)
수준이 낮은 기술의 육체노동을 피하도록 /
5 to seek jobs working in the digital world.
to부정사②(목적격 보어) 현재분사구
디지털 세계에서 일하는 직업을 찾도록

(7) 1 The divorce of the hands from the head /
주어(단수) 전치사구
손과 머리의 단절은 /
2 puts a stress on the human mind.
동사(단수)
인간의 정신에 스트레스를 준다

(8) 1 Indeed, /
실제로 /
2 the sedentary nature of the best-paying jobs /
주어(단수) 전치사구
가장 돈을 잘 버는 직업의 주로 앉아서 하는 특성은 /
4 is a health risk /
동사(단수)
건강상 위험이다 /
3 — for body and mind.
신체와 정신의

전문해석

(1)우리가 기술을 받아들인다면, 우리는 그 대가를 치러야 한다. (2)수천 개의 전통적 생계 수단이 (기술) 진보로 인해 떠밀려났으며, 그런 직업을 둘러싼 생활 방식은 없어졌다. (3)오늘날 수억 명의 사람들은 그들이 아무런 애정도 갖지 않는 것들을 만들어내면서, 자신이 싫어하는 직장에서 일한다. (4)때때로 이런 일자리들은 신체적 고통, 장애, 또는 만성 질환을 일으킨다. (5)기술은 확실히 위험한 여러 새로운 일자리를 창출한다. (6)동시에, 대중 교육 및 대중 매체는 인간을 수준이 낮은 기술의 육체노동을 피하고, 디지털 세계에서 일하는 직업을 찾도록 훈련시킨다. (7)손과 머리의 단절은 인간의 정신에 스트레스를 준다. (8)실제로, 가장 돈을 잘 버는 직업의 주로 앉아서 하는 특성은 신체와 정신의 건강상 위험이다.

정답풀이

The divorce of the hands from the head puts a stress on
= ⑤ our increasing use of high technology in the workplace
직장에서 고급 기술을 점점 더 많이 사용하는 것
the human mind.

기술을 받아들일 때 치르는 대가에 관해 설명하는 글이다. 두 번째 문장에서, 수많은 전통적 생계 수단이나 생활 방식은 기술 진보 및 신기술의 수용과 함께 사라졌다고 언급한다. 이어서 여섯 번째 문장에서는 오늘날 디지털 시대의 인간이고도 기술을 요하지 않는 육체노동을 꺼리게 된다고 말한다. 이를 근거로 볼 때, '손과 머리의 단절'이라는 뜻의 밑줄 친 부분은 '점점 더 많은 고급 기술을 받아들이면서' 육체노동이라는 기존 방식을 꺼리게 되었다는 의미로 이해할 수 있다. 따라서 밑줄 친 부분의 의미로 가장 적절한 것은 '⑤ 직장에서 고급 기술을 점점 더 많이 사용하는 것'이다.

오답풀이

① ignorance of modern technology
현대 기술에 대한 무지
→ 기술에 대한 무지를 지적하는 글이 아니다.

② endless competition in the labor market
노동 시장에서의 무한 경쟁
→ 글에서 경쟁은 언급되지 않았다.

③ not getting along well with our coworkers
우리 동료들과 잘 어울리지 못하는 것
→ 글에서 동료들과의 관계는 언급되지 않았다.

④ working without any realistic goals for our career
우리 경력을 위한 아무 현실적 목표도 없이 일하는 것
→ 글에서 목표는 언급되지 않았다.

어휘암기

☐ pay one's cost	~의 대가를 치르다, 비용을 치르다
☐ livelihood	생계 수단
☐ push aside	떠밀다, 밀어서 치우다
☐ progress	명사 진보
☐ hundreds of millions of	수억의
☐ disability	명사 장애
☐ chronic disease	만성 질환
☐ certainly	부사 확실히
☐ mass	형용사 대중의, 다수의 / 명사 대중
☐ train A to V	A를 ~하도록 훈련시키다
☐ health risk	건강상 위험

22 정답률 85% | 요지 추론 ▶ 정답 ①

지문끊어읽기

(1) When students are starting their college life, /
학생들이 대학 생활을 시작할 때 /
they may approach every course, test, or learning task the same way, /
그들은 모든 과목이나 시험, 혹은 학습 과제를 똑같은 방식으로 접근할지도 모른다 /
[ ]: 분사구문
[using what we like to call "the rubber-stamp approach."]
우리가 '고무도장 접근법'이라고 부르고 싶어 하는 방식을 사용하여
힌트 what은 선행사를 포함한 관계대명사로 the thing which[that]와 같은 표현이며, 여기서 what절 전체가 using의 목적어 역할임. 또한 what절 내의 call은 5형식 동사로 call A(목적어) B(목적격 보어)의 형태로 사용되었는데, what이 call의 목적어인 A에 해당함. 따라서 B에 해당하는 "the rubber-stamp approach"만 남게 되었음.

(2) Think about it this way:
그것을 이런 방식으로 생각해 보라

(3) Would you wear a tuxedo to a baseball game? /
여러분은 야구 경기에 턱시도를 입을 것인가 /
A colorful dress to a funeral? /
장례식에 화려한 드레스 /
A bathing suit to religious services? / Probably not.
종교적인 의식에 수영복 / 아마도 아닐 것이다

(4) You know there's appropriate dress /
여러분은 적합한 옷이 있다는 것을 안다 /
for different occasions and settings.
다양한 행사와 상황에

(5) Skillful learners know /
숙련된 학습자는 안다 /
that "putting on the same clothes" won't work / for every class.
'똑같은 옷을 입는 것이' 효과가 있지 않다는 것을 / 모든 수업에
정답 단서 모든 수업에 똑같은 방식이 효과가 있지 않다는 것을 숙련된 학습자는 알고 있음.

(6) They are flexible learners.
그들은 유연한 학습자이다
정답 단서 숙련된 학습자들은 다양한 전략을 언제 사용하는지 알고 있음.

(7) They have different strategies / and know when to use them.
=Skillful learners 의문사+to V(언제 ~하는지): 명사적 용법 =different strategies
그들은 다양한 전략들을 갖고 있다 / 그리고 그것들을 언제 사용해야 하는지 안다

(8) They know / that you study for multiple-choice tests /
접속사
그들은 안다 / 선다형 시험에 대비해 학습한다는 것을 /
differently than you study for essay tests.
~과 다르게
논술 시험을 위해 공부하는 것과 다르게

(9) And they not only know what to do, /
의문사+to V(무엇을 ~하는지): 명사적 용법
그리고 그들은 무엇을 해야 하는지 알고 있을 뿐만 아니라 /
but they also know how to do it.
not only A but also B: A뿐만 아니라 B도 의문사+to V(어떻게 ~하는지): 명사적 용법
그들은 그것을 어떻게 해야 하는지도 알고 있다

전문해석

(1)학생들이 대학 생활을 시작할 때, 그들은 우리가 '고무도장 접근법'이라고 부르고 싶어 하는 방식을 사용하여, 모든 과목이나 시험, 혹은 학습 과제를 똑같은 방식으로 접근할지도 모른다. (2)그것을 이런 방식으로 생각해 보라. (3)여러분은 야구 경기에 턱시도를 입을 것인가? 장례식에 화려한 드레스를 입을 것인가? 종교적인 의식에 수영복을 입을 것인가? 아마도 아닐 것이다. (4)여러분은 다양한 행사와 상황에 적합한 옷이 있다는 것을 안다. (5)숙련된 학습자는 모든 수업에 '똑같은 옷을 입는 것'이 효과가 있지 않다는 것을 안다. (6)그들은 유연한 학습자이다. (7)그들은 다양한 전략들을 갖고 있고 그것들을 언제 사용해야 하는지 안다. (8)그들은 선다형 시험에 대비해 논술 시험을 위해 공부하는 것과 다르게 학습한다는 것을 안다. (9)그리고 그들은 무엇을 해야 하는지 알고 있을 뿐만 아니라 그것을 어떻게 해야 하는지도 알고 있다.

- rubber-stamp approach(고무도장 접근법): 양측의 사실이나 주장을 검토하지 않고 다른 사람의 조언에 따라 내린 결정을 나타낼 때 씀. 여기선 학생들의 똑같은 학습 접근법을 고무도장을 찍는 것에 비유함.

◐ 문제편 129쪽

정답확인

다음 글의 요지로 가장 적절한 것은?
✔ 숙련된 학습자(skillful learners)는 상황에 맞는 학습 전략을 사용할 줄 안다.
② 선다형 시험(multiple-choice tests)과 논술 시험(essay tests)은 평가의 형태와 목적이 다르다.
③ 문화마다 특정 행사와 상황에 맞는 복장 규정(dress code)이 있다.
④ 학습의 양보다는 학습의 질이 학업 성과(academic performance)를 좌우한다.
⑤ 학습 목표(learning objective)가 명확할수록 성취 수준이 높아진다.

어휘암기

□ approach	동사 접근하다 / 명사 접근(법)
□ rubber-stamp	명사 고무도장 동사 잘 살피지 않고 인가하다
□ tuxedo	명사 턱시도
□ funeral	명사 장례식
□ appropriate	형용사 적합한
□ occasion	명사 행사, 의식, 때
□ setting	명사 상황, 환경
□ flexible	형용사 유연한
□ strategy	명사 전략
□ multiple-choice	형용사 선다형의

오답률 TOP 5

23 정답률 50% | 주제 추론 ▶ 정답 ①

지문끊어읽기

(1) As the social and economic situation of countries got better, /
국가들의 사회적이고 경제적인 상황이 나아지면서 /
wage levels and working conditions improved. 정답단서 사회 경제적 상황의 변화로 사람들의 생활 수준이 좋아졌음.
임금 수준과 근로 여건이 개선되었다

(2) Gradually / people were given more time off.
서서히 / 사람들은 휴가를 더 많이 받게 되었다

(3) At the same time, / forms of transport improved / 사회 경제적 상황의 변화와 함께 운송이 발달했음.
동시에 / 운송의 형태가 개선되었다 /
and it became faster and cheaper to get to places. 정답단서
형식상의 주어 / 내용상의 주어(to부정사의 명사적 용법)
그리고 장소로 이동하는 것은 더 빨라지고 더 저렴해졌다

(4) England's industrial revolution / ✶중요 영국의 산업 혁명이 불러온 결과가 곧 문장 (1)~(3)의 내용과 연관됨. 사람들이 여유가 생겼고, 운송이 발달했다는 것은 곧 철도의 발달과 연결됨. 이는 리조트와 같은 관광업의 발달로 이어졌음을 문장 (5)에서 (6)까지가 설명하고 있음.
영국의 산업 혁명은 /
led to many of these changes.
이러한 변화 중 많은 것을 일으켰다

(5) Railways, / in the nineteenth century, /
철도는 / 19세기에 /
opened up now famous seaside resorts /
지금 유명한 해변가 리조트를 열었다 /
such as Blackpool and Brighton.
Blackpool과 Brighton 같이 / 힌트 전치사구(부사구)가 문장 앞으로 나오며 주어와 동사가 도치되었음.

(6) With the railways / came many large hotels.
V S
철도와 함께 / 많은 대형 호텔들이 생겼다

(7) In Canada, / for example, /
캐나다에서 / 예를 들어 /
the new coast-to-coast railway system made possible /
새로운 대륙 횡단 철도 시스템은 가능하게 했다 /
the building of such famous hotels /
이러한 유명한 호텔의 건설을 /
as Banff Springs and Chateau Lake Louise / in the Rockies.
Banff Springs와 Chateau Lake Louise와 같은 / 로키산맥에 있는

(8) Later, / the arrival of air transport / 운송의 발달로 등장한 항공 운송이 또 다른 결과를 가져왔음을 설명함.
이후에 / 항공 운송의 도입은 / 정답단서
opened up more of the world / and led to tourism growth.
세계의 더 많은 곳을 열었다 / 그리고 관광업의 성장으로 이어졌다

전문해석

(1)국가들의 사회적이고 경제적인 상황이 나아지면서 임금 수준과 근로 여건이 개선되었다. (2)서서히 사람들은 휴가를 더 많이 받게 되었다. (3)동시에 운송의 형태가 개선되었고 장소로 이동하는 것은 더 빨라지고 더 저렴해졌다. (4)영국의 산업 혁명은 이러한 변화 중 많은 것을 일으켰다. (5)19세기에 철도는 Blackpool과 Brighton 같이 지금 유명한 해변가 리조트를 열었다. (6)철도와 함께 많은 대형 호텔들이 생겼다. (7)예를 들어, 캐나다에서 새로운 대륙 횡단 철도 시스템은 로키산맥에 있는 Banff Springs와 Chateau Lake Louise와 같은 이러한 유명한 호텔의 건설을 가능하게 했다. (8)이후에, 항공 운송의 도입은 세계의 더 많은 곳(으로 가는 길)을 열었고 관광업의 성장으로 이어졌다.

정답확인

다음 글의 주제로 가장 적절한 것은?
✔ factors that caused tourism expansion
관광업의 확대를 야기한 요인들
② discomfort at a popular tourist destination
인기 있는 관광지에서의 불편함
③ importance of tourism in society and economy
사회와 경제에서 관광업의 중요성
④ negative impacts of tourism on the environment
관광업이 환경에 끼치는 부정적인 영향
⑤ various types of tourism and their characteristics
관광업의 다양한 종류와 그 특성

문제풀이

지문은 관광업이 발달할 수 있었던 요인에 대해 설명하고 있다. 사회 경제적 여건이 나아지면서 사람들이 여유가 생겼고, 동시에 운송 수단이 발달하여 많은 곳을 오고 갈 수 있게 되었다. 특히, 19세기에는 철도가 발달하여 해변가에 리조트나 호텔이 많이 생겼고, 이와 같은 사례는 캐나다의 로키산맥에 있는 호텔에서도 찾아볼 수 있다. 해당 국가 안에서 오고 가는 것뿐만 아니라, 항공 운송의 도입으로 사람들은 더 먼 곳으로도 갈 수 있게 되었고, 이는 더 큰 관광업의 성장으로 이어졌다. 따라서 정답은 ① 'factors that caused tourism expansion(관광업의 확대를 야기한 요인들)'이다.

어휘암기

□ wage	명사 임금, 급료
□ condition	명사 여건, 상태
□ gradually	부사 서서히, 점진적으로
□ time off	명사 휴가, 휴일
□ transport	명사 운송 / 동사 수송하다
□ industrial revolution	산업 혁명
□ railway	명사 철도, 선로
□ coast-to-coast	형용사 대륙 횡단의
□ expansion	명사 확대, 확장
□ discomfort	명사 불편함
□ tourist destination	관광지

24 정답률 70% | 제목 추론 ▶ 정답 ②

지문끊어읽기

(1) Success can lead you / off your intended path /
병렬①
성공은 당신을 이끌 수 있다 / 당신의 의도된 길에서 벗어나 /
and into a comfortable rut.
병렬②
그래서 편안한 틀에 박힌 생활로

(2) If you are good at something / and are well rewarded for doing it, /
만일 당신이 무언가를 잘한다면 / 그리고 그것을 한 것에 대해 보상을 잘 받는다면 /
you may want to keep doing it / even if you stop enjoying it.
keep V-ing: 계속해서 ~하다 / stop V-ing: ~하는 것을 멈추다
당신은 계속해서 그것을 하는 것을 원할지도 모른다 / 심지어 당신이 그것을 즐기는 것을 멈추게 되더라도

(3) The danger is / that one day you look around and realize /
명사절 접속사(주격 보어절을 이끎)
위험한 것은 ~이다 / 언젠가 당신이 주변을 둘러보고 깨달을 것이라는 것 /
힌트 realize 다음에는 명사절 접속사 that이 생략되어 있음. realize 다음부터 문장 끝까지가 동사 realize의 목적어인 that 명사절에 해당함.
you're so deep in this comfortable rut /
당신이 이 편안한 틀에 박힌 생활에 너무도 깊이 빠져 있어서 /
so ~ that ···: 너무 ~해서 ···하다
that you can no longer see the sun or breathe fresh air; /
당신은 더 이상 태양을 보거나 신선한 공기를 호흡할 수 없다 /
the sides of the rut / have become so slippery /
그 틀에 박힌 생활의 측면들은 / 너무 미끄럽게 되어버려서 /
so ~ that ···: 너무 ~해서 ···하다
that it would take a superhuman effort / to climb out; /
형식상의 주어 / 내용상의 주어(to부정사의 명사적 용법)
초인적인 노력을 필요로 할 것이다 / 기어 나오는 것은 /
and, effectively, you're stuck.
그래서 사실상 당신이 갇혀버렸다

(4) And it's a situation / that many working people worry /
그리고 그것이 상황이다 / 많은 근로자들이 걱정하는 /
they're in now.
그들이 현재 처해 있다고
고용 시장이 열악하여, 불만족스럽지만 안정적이거나 심지어 보수도 좋아 보이는 일자리(성공이 가져온 틀에 박힌 생활)를 벗어나지 못하고 '갇혀 있다'고 느끼게 됨. 주제문

(5) The poor employment market / has left them feeling locked /
5형식V O O·C(현재분사)
열악한 고용 시장은 / 그들로 하여금 갇혀 있다고 느끼게 해버렸다 /
in what may be /
=the thing which[that]
~일 수도 있는 것에 /
힌트 밑줄 친 형용사구 두 개가 등위접속사 but을 중심으로 병렬 연결되어 뒤에 나온 명사 job을 수식함.
a secure, or even well-paying — but ultimately unsatisfying — job.
안정적이거나 심지어 보수도 좋지만 궁극적으로는 불만족스러운 일자리

중요구문

(3) The danger is [that one day you look around and realize
S V 명사절 접속사 S' V'① V'②
[(that) you're so deep ~ that you can no longer ~;
[ ]: O'(that 명사절)
the sides of the rut have become so slippery that it would take ~;
and, ~ , you're stuck]]. [ ]: S·C(명사절)
힌트 realize의 목적어인 that 명사절(that은 생략되었음) 안에 3개의 절이 등위접속사 and를 중심으로 A; B; and C 구조로 병렬 관계를 이루고 있음.

(4) And it's a situation [that many working people worry [(that) they're in now]].
선행사
힌트 선행사인 a situation은 뒤에 나온 'they're in'에서 전치사 in의 목적어 역할을 함.

○ 문제편 129쪽

전문해석

(1)성공은 당신의 의도된 길에서 벗어나 편안한 틀에 박힌 생활로 당신을 이끌 수 있다. (2)만일 당신이 무언가를 잘하고 그것을 한 것에 대해 보상을 잘 받는다면, 당신은 심지어 당신이 그것을 즐기는 것을 멈추게 되더라도 계속해서 그것을 하는 것을 원할지도 모른다. (3)위험한 것은, 언젠가 당신이 주변을 둘러보고, 당신이 이 편안한 틀에 박힌 생활에 너무도 깊이 빠져 있어서 당신은 더 이상 태양을 보거나 신선한 공기를 호흡할 수 없으며, 그 틀에 박힌 생활의 측면들은 너무 미끄럽게 되어버려서 기어 나오는 것은 초인적인 노력을 필요로 할 것이고, 그래서 사실상, 당신은 갇혀버렸다는 것을 깨달을 것이라는 것이다. (4)그리고 그것이 (바로) 많은 근로자들이 그들이 현재 처해 있다고 걱정하는 상황이다. (5)열악한 고용 시장은 그들로 하여금 안정적이거나 심지어 보수도 좋을 수도 있지만 궁극적으로는 불만족스러운 일자리에 갇혀 있다고 느끼게 해버렸다.

정답확인

다음 글의 제목으로 가장 적절한 것은?

① Don't Compete with Yourself
당신 스스로와 경쟁하지 말라
✔② A Trap of a Successful Career
성공적인 커리어라는 함정
③ Create More Jobs for Young People
젊은이들을 위한 더 많은 일자리를 창출하라
④ What Difficult Jobs Have in Common
어려운 일자리들이 공통적으로 가지고 있는 것
⑤ A Road Map for an Influential Employer
영향력 있는 고용주를 위한 지침

어휘암기

☐ intended	형용사 의도된, 계획된
☐ path	명사 길, 계획
☐ be good at	~을 잘하다
☐ reward	동사 ~에게 보상하다, 상을 주다 / 명사 보상
☐ superhuman	형용사 초인적인
☐ effectively	부사 사실상, 실질적으로, 효과적으로
☐ stuck	형용사 갇힌, 꼼짝 못하는
☐ secure	형용사 안정적인, 안전한
☐ well-paying	형용사 보수가 좋은
☐ ultimately	부사 궁극적으로, 결국
☐ unsatisfying	형용사 불만족스러운, 성에 차지 않는

25 정답률 80% | 도표의 이해 ▶ 정답 ⑤

지문끊어읽기

(1) The above graph shows the number of births and deaths in Korea /
위 그래프는 한국에서의 출생자 수와 사망자 수를 보여 준다 /
from 2016 to 2021.
2016년부터 2021년까지

① (2) The number of births continued to decrease /
출생자 수는 계속 감소했다 /
throughout the whole period.
전체 기간 내내
2016년의 출생자 수는 40만 6,200명, 2021년의 출생자 수는 26만 500명으로 전체 기간 내내 계속 감소하는 추세임.

② (3) The gap between the number of births and deaths /
출생자 수와 사망자 수 사이의 차이는 /
was the largest in 2016.
2016년에 가장 컸다
2016년의 출생자 수는 40만 6,200명, 사망자 수는 28만 800명이고, 그 차이는 12만 5,400명으로 전체 기간 중 가장 큼.

③ (4) In 2019, /
2019년에는 /
2019년의 출생자 수는 30만 2,700명, 사망자 수는 29만 5,100명으로 출생자 수가 사망자 수보다 조금 더 많고, 그 차이는 7,600명으로 전체 기간 중 가장 작음.
the gap between the number of births and deaths /
출생자 수와 사망자 수 사이의 차이가 /
was the smallest, /
가장 작았다 /
with the number of births slightly larger than that of deaths.
=the number
출생자 수가 사망자 수보다 약간 더 크면서

④ (5) The number of deaths increased steadily /
사망자 수는 꾸준히 증가했다 /
during the whole period, /
전체 기간 동안 /
except the period from 2018 to 2019.
2018년부터 2019년까지의 기간을 제외하고
2018년과 2019년의 사망자 수는 각각 29만 8,800명, 29만 5,100명으로 3,700명 감소하였고, 이를 제외한 전체 기간 동안의 사망자 수는 계속 증가하는 추세임.

⑤ (6) In 2021, / the number of deaths was larger than that of births /
=the number
2021년에는 / 사망자 수가 출생자 수보다 더 컸다 /
for the first time.
처음으로
✶중요 처음으로 사망자 수가 출생자 수보다 컸던 해는 2020년으로, 출생자 수는 27만 2,300명, 사망자수는 30만 4,900명임.

전문해석

(1)위 그래프는 2016년부터 2021년까지 한국에서의 출생자 수와 사망자 수를 보여 준다. ①(2)출생자 수는 전체 기간 내내 계속 감소했다. ②(3)출생자 수와 사망자 수 사이의 차이는 2016년에 가장 컸다. ③(4)2019년에는 출생자 수와 사망자 수 사이의 차이가 가장 작았는데, 출생자 수가 사망자 수보다 약간 더 컸다. ④(5)사망자 수는 2018년부터 2019년까지의 기간을 제외하고 전체 기간 동안 꾸준히 증가했다. ⑤(6)2021년(→ 2020년)에는 처음으로 사망자 수가 출생자 수보다 더 컸다.

정답확인

다음 도표의 내용과 일치하지 않는 것은?

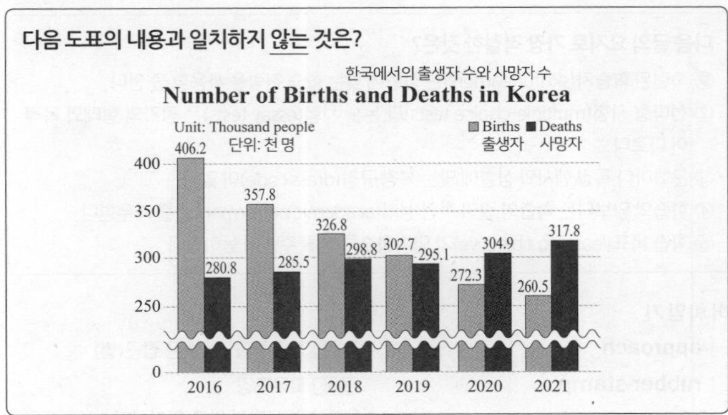

어휘암기

☐ decrease	동사 감소하다
☐ throughout	전치사 ~ 내내, ~ 동안, 도처에
☐ period	명사 기간, 시기
☐ slightly	부사 약간, 조금
☐ increase	동사 증가하다
☐ steadily	부사 꾸준히
☐ except	전치사 ~을 제외하고

26 정답률 90% | 내용 일치 파악 ▶ 정답 ⑤

지문끊어읽기

(1) Lilian Bland was born / in Kent, England in 1878.
Lilian Bland는 태어났다 / 1878년 잉글랜드 Kent에서

(2) Unlike most other girls at the time / she wore trousers /
그 당시 대부분의 소녀들과 다르게 / 그녀는 바지를 입었다 /
and spent her time enjoying adventurous activities /
spend+시간+V-ing: ~을 하며 시간을 보내다
그리고 모험적인 활동을 즐기며 시간을 보냈다 /
like horse riding and hunting. 정답 단서-① Lilian Bland는 승마와 사냥 같은 모험적인 활동을 즐김.
승마와 사냥과 같은

(3) Lilian began her career / as a sports and wildlife photographer /
Lilian은 자신의 경력을 시작했다 / 스포츠와 야생 동물 사진작가로 /
for British newspapers. 정답 단서-② Lilian Bland는 영국 신문사의 스포츠 및 야생 동물 사진작가로 경력을 시작함.
영국 신문사의

(4) In 1910 / she became the first woman /
1910년 / 그녀는 최초의 여성이 되었다 /
병렬②(to 생략)
to design, build, and fly her own airplane. 정답 단서-③ Lilian Bland는 자신의 비행기를 설계하고 제작함.
병렬①(to부정사의 형용사적 용법) 병렬③(to 생략)
자신의 비행기를 설계하고 제작하고 비행한

(5) In order to persuade her to try a slightly safer activity, /
5형식V O O·C(to V)
그녀가 조금은 더 안전한 활동을 하도록 설득하기 위해 /
Lilian's dad bought her a car.
4형식V I·O D·O
Lilian의 아버지는 그녀에게 자동차를 사주었다

(6) Soon Lilian was a master driver /
곧 Lilian은 숙달한 운전자가 되었다 /
and ended up working as a car dealer. 정답 단서-④ Lilian Bland는 자동차 판매원으로 일함.
그리고 결국 자동차 판매원으로 일하게 되었다

(7) She never went back to flying /
병렬①
그녀는 결코 비행을 다시 시작하지 않았다 /
but lived a long and exciting life nonetheless.
병렬②
하지만 그렇더라도 오랫동안 흥미진진한 삶을 살았다

(8) She married, / moved to Canada, / and had a kid.
그녀는 결혼을 했다 / 캐나다로 이주했다 / 그리고 아이를 가졌다

(9) Eventually, / she moved back to England, /
결국 / 그녀는 잉글랜드로 돌아왔다 /
and lived there for the rest of her life. 정답 단서-⑤ Lilian Bland는 잉글랜드로 돌아와 여생을 보냄.
=England
그리고 거기서 여생을 보냈다

전문해석

(1)Lilian Bland는 1878년 잉글랜드 Kent에서 태어났다. (2)그 당시 대부분의 소녀들과 다르게 그녀는 바지를 입었고 승마와 사냥과 같은 모험적인 활동을 즐기며 시간을 보냈다. (3)Lilian은 영국 신문사의 스포츠와 야생 동물 사진작가로 자신의 경력을 시작했다. (4)1910년 그녀는 자신의 비행기를 설계하고 제작하고 비행한 최초의 여성이 되었다. (5)Lilian의 아버지는 그녀가 조금은 더 안전한 활동을 하도록 설득하기 위해 그녀에게 자동차를 사주었다. (6)곧 Lilian은 숙달한 운전자가 되었고 결국 자동차 판매원으로 일하게 되었다. (7)그녀는 결코 비행을 다시 시작하지 않았지만 그렇더라도 오랫동안 흥미진진한 삶을 살았다. (8)그녀는 결혼을 해서 캐나다로 이주했고, 아이를 가졌다. (9)결국 그녀는 잉글랜드로 돌아왔고, 거기서 여생을 보냈다.

○ 문제편 130쪽

정답확인

Lilian Bland에 관한 다음 글의 내용과 일치하지 않는 것은?
① 승마와 사냥 같은 모험적인(adventurous) 활동을 즐겼다. 문장(2)
② 스포츠와 야생 동물(wildlife) 사진작가로 경력을 시작했다. 문장(3)
③ 자신의 비행기를 설계하고 제작했다(build). 문장(4)
④ 자동차 판매원(a car dealer)으로 일하기도 했다. 문장(6)
✓⑤ ~~캐나다~~(잉글랜드)에서 생의 마지막 기간을 보냈다. 문장(9)
★중요 문장 (9)에서 잉글랜드로 돌아와 여생을 보냈다고 함.

어휘암기

□ trousers	명사 바지
□ adventurous	형용사 모험적인
□ wildlife	명사 야생 동물
□ persuade	동사 설득하다
□ slightly	부사 조금, 약간
□ end up V-ing	결국 ~하게 되다
□ dealer	명사 판매원, 상인
□ go back to A	A를 다시 시작하다
□ nonetheless	부사 그렇더라도, 그럼에도 불구하고

27 정답률 95% | 내용 일치 파악 ▶ 정답 ③

전문해석

(1)기사 모집
(2)여러분의 이야기들이 출간되기를 원하나요? (3)<New Dream Magazine>은 미래의 작가를 찾고 있습니다! (4)이 행사는 13세에서 18세까지의 누구에게나 열려 있습니다. (This event is open to anyone aged 13 to 18.)
(5)기사
(6) • 원고의 길이: 300~325 단어
(7) • 기사들은 또한 고화질의 컬러 사진들을 포함하고 있어야 합니다. Articles should also include high-quality color photos.
(8)사례금
(9) • 단어당 5센트
(10) • 사진당 5달러 정답단서 Five dollars per photo
(11)주의 사항
(12) • 여러분은 저희에게 여러분의 원고와 함께 전화번호를 보내야 합니다. (You should send us your phone number together with your writing.)
(13) • 여러분의 원고를 저희에게 이메일 article@ndmag.com으로 보내세요. (Please email your writing to us at article@ndmag.com.)

정답확인

Call for Articles에 관한 다음 안내문의 내용과 일치하지 않는 것은?
① 13세에서 18세까지의 누구나(anyone) 참여할 수 있다. 문장(4)
② 기사는 고화질 컬러 사진(high-quality color photos)을 포함해야 한다. 문장(7)
✓③ 사진 한 장에(per photo) ~~5센트씩~~(5달러씩) 지급한다. 문장(10)
④ 전화번호를 원고와 함께 보내야(send) 한다. 문장(12)
⑤ 원고(writing)를 이메일로 제출해야 한다. 문장(13)

어휘암기

□ article	명사 (신문·잡지의) 기사, 사설
□ look for	~을 찾다, 구하다
□ length	명사 길이, 기간
□ include	동사 포함하다
□ send A B	A에게 B를 보내다

28 정답률 90% | 내용 일치 파악 ▶ 정답 ④

중요구문

(10) We will lend you our roller skates for free.
(4형식V I·O D·O)
롤러스케이트를 무료로 빌려드립니다

전문해석

(1)Greenhill 롤러스케이팅
(2)롤러스케이팅을 즐길 기회를 함께 해요!
(3) • 장소: Greenhill 공원, 351 Cypress Avenue
(4) • 날짜: 4월 7일 금요일 ~ 4월 9일 일요일
(5) • 시간: 오전 9시 ~ 오후 6시 Time: 9 a.m. – 6 p.m.
(6) • 요금: 50분 수업에 인당 8달러 Fee: $8 per person for a 50-minute session
(7)세부 사항
(8)- 입장은 예약 없이 선착순입니다. Admission will be on a first-come, first-served basis with no reservations.
(9)- 10세 미만의 어린이는 반드시 어른과 동행해야 합니다. 정답단서 Children under the age of 10 must be accompanied by an adult.
(10)- 롤러스케이트를 무료로 빌려드립니다. We will lend you our roller skates for free.
(11)더 많은 정보는 주민 센터 013-234-6114로 연락하세요.

정답확인

Greenhill Roller Skating에 관한 다음 안내문의 내용과 일치하는 것은?
① 오전 9시부터 오후 ~~9시~~(6시)까지 운영한다. 문장(5)
② 이용료(fee)는 ~~시간 제한 없이~~(50분 수업에) 1인당 8달러이다. 문장(6)
③ 입장하려면 예약(reservation)~~이 필요하다~~(없이 선착순이다). 문장(8)
✓④ 10세 미만 어린이는 어른과 동행해야(accompany) 한다. 문장(9)
⑤ ~~추가 요금을 내면~~(무료로) 롤러스케이트를 빌려준다(lend). 문장(10)

어휘암기

□ session	명사 수업, 기간
□ admission	명사 입장
□ first-come, first-served basis	선착순
□ reservation	명사 예약
□ accompany	동사 동행하다, 동반하다
□ lend	동사 빌려주다, 대여하다

29 정답률 60% | 틀린 어법 고르기 ▶ 정답 ⑤

총평

수식어구 속에 가려진 핵심주어를 찾아 동사의 수 일치를 판단하는 문제이다.

지문 끊어 읽기

(1) 2 The most noticeable human characteristic / (주어)
가장 두드러지는 인간적 특징은 /
1 projected onto animals / (과거분사구(주어 수식))
동물에게 투영된 /
★ 명사절 접속사 that(is의 주격 보어절을 이끎)
3 is that they can talk in human language. (동사 / 완전한 문장)
그들이 인간의 언어로 이야기할 수 있다는 것이다

(2) 1 Physically, /
신체적으로도 /
2 animal cartoon characters / (주어①)
동물 만화 캐릭터는 /
★ 명사를 수식하는 과거분사(toys 수식)
3 and toys made after animals / (주어②)
그리고 동물을 본떠 만들어진 장난감은 /
4 are also most often deformed / (동사구(수동태))
또한 매우 흔히 변형된다 /
5 in such a way as to resemble humans.
인간을 닮도록

(3) 1 This is achieved /
이것은 이뤄진다 /
★ 전치사의 목적어로 쓰이는 동명사(by V-ing: ~함으로써)
5 by showing them / (전치사)
그들을 보여줌으로써 /
2 with humanlike facial features /
인간 같은 얼굴 특징을 갖고 있는 /
4 and deformed front legs / (과거분사)
그리고 변형된 앞다리를 /
3 to resemble human hands. (to부정사의 형용사적 용법(deformed front legs 수식))
사람 손을 닮은

(4) 1 In more recent animated movies /
더 최근의 만화 영화에서 /
2 the trend has been to show the animals / (주어 / 동사 / 주격 보어(to부정사구))
추세는 동물을 보여주는 것이었다 /
3 in a more "natural" way. (in + a(n) + 형용사 + way: ~하는 방식으로)
더 '자연스러운' 방식으로

(5) 1 However, /
그러나 /
2 they still use their front legs / (주어① 동사①)
그들은 여전히 앞다리를 사용한다 /
★ 전치사 like
5 like human hands / (명사구)
사람 손처럼 /
3 (for example, /
예컨대 /

4 lions can pick up and lift small objects with one paw), /
사자가 한 발로 작은 물체를 집어서 들어올릴 수 있는 것처럼 /
6 and they still talk /
주어② 동사②
그리고 그들은 여전히 이야기한다 /
7 with an appropriate facial expression.
적절한 얼굴 표정으로
(6) 4 A general strategy / 3 [that is used /
주어(단수) 주격 관계대명사
일반적 전략은 / 사용되는 /
1 to make the animal characters more emotionally appealing, /
to부정사의 부사적 용법(목적) make의 목적어 make의 목적격 보어(형용사)
동물 캐릭터를 더 감정적으로 매력 있게 만들고자 /
2 both to children and adults], /
아이에게도 어른에게도 /
★ 주어와 동사의 수 일치
6 is to give them /
주격 보어(to부정사구)
그것들에게 부여하는 것이다 /
5 enlarged and deformed childlike features.
확대되고 변형된 아이 같은 특징들을

전문해석

(1)동물에게 투영된 가장 두드러지는 인간적 특징은 그들이 인간의 언어로 이야기할 수 있다는 것이다. (2)신체적으로도, 동물 만화 캐릭터와 동물을 본떠 만들어진 장난감은 또한 매우 흔히 인간을 닮도록 변형된다. (3)이것은 인간 같은 얼굴 특징과 사람 손을 닮은 변형된 앞다리를 갖고 있는 그들(의 모습)을 보여줌으로써 이뤄진다. (4)더 최근의 만화 영화에서, 추세는 동물을 더 '자연스러운' 방식으로 보여주는 것이었다. (5)그러나, 그들은 여전히 (예컨대 사자가 한 발로 작은 물체를 집어서 들어올릴 수 있는 것처럼) 사람 손처럼 앞다리를 사용하며, 그들은 여전히 적절한 얼굴 표정으로 이야기한다. (6)동물 캐릭터를 아이에게도 어른에게도 더 감정적으로 매력 있게 만들고자 사용되는 일반적 전략은 확대되고 변형된 아이 같은 특징들을 그것들에게 부여하는 것이다.

정답풀이

⑤ 주어와 동사의 수 일치

(6) A general strategy [that is used to make the animal characters more emotionally appealing, both to children and adults], are to give them enlarged and deformed childlike features.
주어(단수) / 주격 관계대명사 / are → is(단수 동사) / 주격 보어(to부정사구)

핵심주어가 단수 명사구인 A general strategy이므로, 복수 동사 are 대신 단수 동사 is를 써야 한다. 주격 관계대명사 that이 이끄는 절이 선행사인 핵심주어를 수식하고 있다.

오답풀이

① 명사절 접속사 that

(1) The most noticeable human characteristic (projected onto animals) is [that they can talk in human language].
주어 / 과거분사구 / 동사 / 접속사

동사 is 뒤에서 주격 보어인 명사절을 연결하는 접속사가 필요하다. 따라서 that이 알맞게 쓰였다.

② 명사를 수식하는 과거분사

(2) Physically, animal cartoon characters and toys (made after animals) are also most often deformed in such a way as to resemble humans.
주어① / 주어② / 과거분사구 / 동사구(수동태)

toys는 동물을 본떠 '만들어지는' 대상이며, made 뒤에 목적어가 없다. 따라서 수식어구 자리에 수동 관계를 나타내는 과거분사 made가 적절히 쓰였다.

③ 전치사의 목적어로 쓰이는 동명사

(3) This is achieved by showing them with humanlike facial features and deformed front legs to resemble human hands.
전치사 동명사

전치사 by의 목적어 역할을 하기 위해 동명사 showing이 알맞게 쓰였다. 「by+V-ing」는 '~함으로써'라는 수단의 의미를 나타낸다.

④ 전치사 like

(5) However, they still use their front legs like human hands (for example, lions can pick up and lift small objects with one paw), and they still talk with an appropriate facial expression.
주어① 동사① / 전치사 명사구 / 등위접속사 주어② 동사②

뒤에 명사구 human hands가 나오므로 전치사 like(~처럼)는 어법상 알맞다. 보어 역할만 하는 형용사 alike(같은, 비슷한)와 혼동하지 않도록 한다.

어휘암기

□ noticeable	형용사 두드러지는, 뚜렷한
□ characteristic	명사 특징
□ project A onto B	A를 B에게 투영하다
□ physically	부사 신체적으로, 물리적으로
□ resemble	동사 닮다
□ facial feature	얼굴 특징, 이목구비
□ lift	동사 들어올리다
□ appropriate	형용사 적절한
□ facial expression	얼굴 표정
□ emotionally	부사 감정적으로
□ appealing	형용사 매력 있는
□ enlarge	동사 확대하다
□ childlike	형용사 아이 같은, 순진한

오답률 TOP 5

30 정답률 35% | 틀린 어휘 고르기 ▶ 정답 ④

글의 내용 파악
산업화가 고도로 진행되면서 생산만으로 수요에 대응할 수 있던 시대는 지나고, 소비자의 개별적이고 다양한 필요를 고려하는 것이 중요해졌다는 내용이다.

지문끊어읽기

(1) 6 The major philosophical shift /
주어
중대한 철학적 변화가 /
5 in the idea of selling / 7 came /
전치사구(주어 수식) 동사
판매 개념에서의 / 생겼다 /
2 when industrial societies became more affluent, /
접속사(시간) 2형식 동사 병렬구문 비교급 형용사①
산업 사회가 더 부유해지고 /
3 more competitive, /
병렬구문 비교급 형용사②
더 경쟁적이 되고 /
4 and more geographically spread out /
병렬구문 비교급 형용사(과거분사)③
지리적으로 더 확산되면서 /
1 during the 1940s and 1950s.
전치사(~ 동안)
1940년대와 1950년대 동안
force A to V: A가 ~할 수밖에 없게 하다
(2) 1 This forced business to develop /
이것은 기업이 발전시킬 수밖에 없게 만들었다 /
2 closer relations with buyers and clients, /
구매자 및 고객과 더 가까운 관계를 /
관계대명사의 계속적 용법(선행사: 앞 문장)
3 which in turn made business realize /
사역동사 목적어 목적격 보어(동사원형)
그리고 결과적으로 이는 기업이 깨닫게 했다 /
가주어
5 that it was not enough /
realize의 목적어절을 이끄는 명사절 접속사
충분치 않다는 점을 /
4 to produce a quality product at a reasonable price.
진주어(to부정사구)
적당한 가격에 질 좋은 제품을 만들어내는 것으로는
(3) 1 In fact, /
사실 /
4 it was equally essential /
가주어
마찬가지로 아주 중요했다 /
3 to deliver products /
진주어(to부정사구)
제품을 내놓는 것이 /
2 [that customers actually wanted].
목적격 관계대명사절(선행사: products)

문제편 131쪽

고객이 실질적으로 원하는

(4) [2] Henry Ford produced his best-selling T-model Ford /
Henry Ford는 가장 많이 팔린 자사의 T-모델 Ford를 생산했다 /
[3] in one color only (black) / [1] in 1908, /
딱 한 가지 색(검은색)으로만 / 1908년에 /
[4] but in modern societies /
하지만 현대 사회에서는 /
[5] this was no longer possible.
이것이 더 이상 가능하지 않았다

(5) [1] The modernization of society /
사회의 현대화는 /
[4] led to a marketing revolution / (선행사)
✚ lead to(전치사): ~로 이어지다
lead + 목적어 + 목적격 보어(to부정사): 목적어가 to부정사 하게 하다
마케팅 혁명을 낳았다 /
[3] [that strengthened(→ destroyed) the view / (주격 관계대명사)
시각을 강화하는(→ 파괴하는) /
[2] [that production would create its own demand]]. (접속사 that이 이끄는 명사절(the view와 동격))
생산이 그 자체의 수요를 창출할 것이라는

(6) [1] Customers, / [2] and the desire / (주어① / 주어②)
고객 / 그리고 욕망이 /
[3] to meet their diverse and often complex needs, / (to부정사의 형용사적 용법(the desire 수식))
그들의 다양하고도 흔히 복잡한 요구에 맞추려는 /
[4] became the focus of business. (동사)
기업의 중점이 되었다

전문해석

(1)1940년대와 1950년대 동안 산업 사회가 더 부유해지고, 더 경쟁적이 되고, 지리적으로 더 확산되면서, 판매 개념에서의 중대한 철학적 변화가 생겼다. (2)이것은 기업이 구매자 및 고객과 더 가까운 관계를 발전시킬 수밖에 없게 만들었고, 결과적으로 이는 기업이 적당한 가격에 질 좋은 제품을 만들어내는 것으로는 충분치 않다는 점을 깨닫게 했다. (3)사실, 고객이 실질적으로 원하는 제품을 내놓는 것이 마찬가지로 아주 중요했다. (4)1908년에 Henry Ford는 가장 많이 팔린 자사의 T-모델 Ford를 딱 한 가지 색(검은색)으로만 생산했지만, 현대 사회에서는 이것이 더 이상 가능하지 않았다. (5)사회의 현대화는 생산이 그 자체의 수요를 창출할 것이라는 시각을 강화하는(→ 파괴하는) 마케팅 혁명을 낳았다. (6)고객, 그리고 그들의 다양하고도 흔히 복잡한 요구에 맞추려는 욕망이 기업의 중점이 되었다.

정답풀이

The modernization of society led to a marketing revolution that ④ **strengthened** (→ destroyed) the view that production would create its own demand.

글의 첫 세 문장을 통해, 기업이 양질의 제품을 생산만 하는 것으로는 충분하지 않고, 소비자가 실질적으로 원하는 제품을 만들어내는 것이 중요해졌음을 알 수 있다. 이는 생산 그 자체로 수요를 만들어낼 수 있다고 생각하는 기존의 시각을 '파괴하는' 상황이다. 따라서 strengthened 대신 destroyed 등을 쓰는 것이 적합하다.

오답풀이

① **closer** (a. 더 가까운): 바로 뒤에 나오는 문장에서 고객들이 실질적으로 원하는 제품을 내놓는 것이 중요해졌다고 언급하는 것으로 보아, 기업이 고객과 '더 가까운 관계(closer relations)'를 추구할 수밖에 없는 상황이 만들어졌다는 설명은 적절하다.
② **essential** (a. 아주 중요한): 앞 문장에서 적당한 가격의 양질의 제품을 만들어내는 것만으로는 충분하지 않다고 했으므로, 고객의 실질적인 요구에 부응하는 것이 '마찬가지로 아주 중요한(equally essential)' 과제가 되었다는 설명은 적절하다.
③ **possible** (a. 가능한): 예전에는 자동차를 한 색깔로만 출시해도 판매가 잘 되었지만, 고객의 다양한 요구에 맞춰야 하는 현대 사회에서는 이것이 '더 이상 가능하지 않게(no longer possible)' 되었다는 설명은 적절하다.
⑤ **meet** (v. 맞추다, 충족하다): 단순한 대량 생산을 벗어나 '그들의 다양하고도 흔히 복잡한 요구에 맞추는 것(meet their diverse and often complex needs)'이 중요해졌다는 설명이 글의 전체 흐름상 적절하다.

어휘암기

☐ **philosophical**	형용사 철학적인
☐ **shift**	명사 변화, 전환
☐ **industrial**	형용사 산업의
☐ **competitive**	형용사 경쟁적인
☐ **geographically**	부사 지리적으로
☐ **spread out**	확산하다, 퍼지다
☐ **in turn**	결과적으로
☐ **reasonable**	형용사 (가격이) 적당한, 합리적인
☐ **equally**	부사 마찬가지로, 똑같이
☐ **essential**	형용사 아주 중요한
☐ **deliver**	동사 내놓다, 산출하다
☐ **no longer**	더 이상 ~ 않다
☐ **modernization**	명사 현대화
☐ **lead to**	~을 낳다, ~로 이어지다, 초래하다
☐ **revolution**	명사 혁명
☐ **strengthen**	동사 강화하다
☐ **meet one's needs**	~의 요구에 맞추다, 필요에 부응하다

문제편 131쪽

31 정답률 60% | 빈칸 추론 ▶ 정답 ①

지문끊어읽기

(1) People differ / (S① V①)
사람마다 다르다 /
in how quickly they can reset their biological clocks / (S' V')
얼마나 빨리 그들의 생체 시계를 다시 맞출 수 있는지는 /
to overcome jet lag, / (to부정사의 부사적 용법)
시차로 인한 피로감을 극복하기 위해 /
and the speed of recovery depends on the direction of travel. (S② V②)
그리고 회복의 속도는 여행의 방향에 의존한다

(2) Generally, / it's easier [to fly westward and lengthen your day] / (형식상의 주어① / 병렬①(to부정사의 명사적 용법) 병렬②(to 생략) [ ]: 내용상의 주어①)
일반적으로 / 서쪽으로 비행해서 하루를 연장하는 것이 더 쉽다 /
than it is [to fly eastward and shorten it]. 정답단서 (형식상의 주어② 병렬① 병렬②(to 생략) =your day)
동쪽으로 비행해서 하루가 짧아지는 것보다 [ ]: 내용상의 주어②
서쪽으로 비행하는 것이 동쪽으로 비행하는 것보다 쉬움.

(3) This east-west difference / in jet lag / is sizable enough /
이런 동-서 차이는 / 시차로 인한 피로감에서 / 충분히 크다 /
to have an impact on the performance of sports teams.
스포츠 팀의 성적에 영향을 줄 만큼
힌트 '형용사/부사+enough+to V'는 '~하기에 충분히 …하다'라는 의미임.

(4) Studies have found / (현재완료)
연구들은 밝혀냈다 /
[that teams flying westward perform significantly better / ([ ]: O S' V')
서쪽으로 비행한 팀들이 상당히 더 잘 경기했다는 것을 /
than teams flying eastward /
동쪽으로 비행한 팀들보다 /
in professional baseball and college football]. 정답단서
프로 야구와 대학 미식축구에서
서쪽으로 비행한 스포츠 팀이 동쪽으로 비행한 팀보다 시차로 인한 피로감에서 더 빨리 회복해 경기력이 더 좋았음.

(5) [A more recent study of more than 46,000 Major League Baseball games] / ([ ]: S)
46,000개 이상의 메이저 리그 야구 경기에 관한 더 최근의 연구는 /
found additional evidence / (V)
추가적인 증거를 발견했다 /
[that eastward travel is tougher than westward travel]. (동격의 접속사 [ ]: additional evidence와 동격)
동쪽으로 가는 비행이 서쪽으로 가는 비행보다 더 힘들다는

전문해석

(1)시차로 인한 피로감을 극복하기 위해 얼마나 빨리 그들의 생체 시계를 다시 맞출 수 있는지는 사람마다 다르고 회복의 속도는 여행의 방향에 의존한다. (2)일반적으로, 동쪽으로 비행해서 하루가 짧아지는 것보다 서쪽으로 비행해서 하루를 연장하는 것이 더 쉽다. (3)시차로 인한 피로감에서 이런 동-서 차이는 스포츠 팀의 성적에 영향을 줄 만큼 충분히 크다. (4)연구들은 프로 야구와 대학 미식축구에서 동쪽으로 비행한 팀들보다 서쪽으로 비행한 팀들이 상당히 더 잘 경기했다는 것을 밝혀냈다. (5)46,000개 이상의 메이저 리그 야구 경기에 관한 더 최근의 연구는 동쪽으로 가는 비행이 서쪽으로 가는 비행보다 더 힘들다는 추가적인 증거를 발견했다.

정답확인

다음 빈칸에 들어갈 말로 가장 적절한 것은?

✔ direction 방향	② purpose 목적	③ season 계절
④ length 길이	⑤ cost 비용	

문제풀이

문장 (2)는 동쪽으로 비행하여 하루가 짧아지는 것보다 서쪽으로 비행하여 하루가 길어지는 것이 더 쉽다고 말한다. 이후 문장 (3)~(5)는 시차로 인한 피로감에 대한 이런 동-서 차이가 스포츠 팀의 성적에 영향을 줄 정도로 크다고 말하고 그 예시로 서쪽으로 비행한 스포츠 팀이 동쪽으로 비행한 스포츠 팀보다 경기 성적이 더 좋았다는 연구 결과를 제시한다. 이는 서쪽으로 비행하는 것이 동쪽으로 비행하는 것보다 회복이 빨리 된다는 것을 의미한다. 따라서 시차로 인한 피로감을 회복하는 속도는 여행의 방향에 의존하므로 빈칸에는 ① 'direction(방향)'이 적절하다.

어휘암기

- reset — 동사 다시 맞추다
- biological clock — 생체 시계
- westward — 부사 서쪽으로 / 형용사 서쪽의
- lengthen — 동사 연장하다, 길어지다
- eastward — 부사 동쪽으로 / 형용사 동쪽의
- shorten — 동사 짧아지다, 단축하다
- sizable — 형용사 큰
- significantly — 부사 상당히, 훨씬, 꽤
- additional — 형용사 추가적인
- evidence — 명사 증거
- tough — 형용사 힘든, 단단한

32 정답률 60% | 빈칸 추론 ▶ 정답 ③

지문끊어읽기

(1) If you want the confidence / [that comes from achieving / [ ]: 주격 관계대명사절
만약 여러분이 자신감을 원한다면 / 성취하는 것에서 오는 /
what you set out to do each day], /
여러분이 매일 하려고 착수하는 일을 /
then it's important [to understand / 형식상의 주어
그렇다면 이해하는 것이 중요하다 /
how long things are going to take]. [ ]: 내용상의 주어
일이 얼마나 시간이 걸릴지를

(2) Over-optimism / about what can be achieved / S
지나친 낙관주의는 / 무엇을 성취할 수 있을지에 대한 /
within a certain time frame / is a problem. V
특정 시간 내에 / 문제다

(3) So work on it.
그러므로 그것을 개선하려고 노력하라

(4) Make a practice / of estimating the amount of time needed / =that is needed
습관을 들여라 / 필요한 시간의 양을 추산하는 /
alongside items on your 'things to do' list, /
여러분의 '해야 할 일' 목록에 있는 항목과 함께 /
and learn by experience /
그리고 경험을 통해 배우라 /
when tasks take a greater or lesser time /
과제가 언제 더 많은 또는 더 적은 시간이 걸리는지를 /
than expected. 정답 단서 해야 할 일을 처리할 때 얼마나 시간이 드는지를 경험하고 그에 따른 습관을 들일 것을 강조함.
예상되는 것보다

(5) Give attention / also to fitting the task / to the available time.
주의를 기울여라 / 또한 과제를 맞추는 것에 / 이용 가능한 시간에

(6) There are some tasks / that you can only set about / 선행사 목적격 관계대명사
몇 가지 과제들이 있다 / 여러분이 오로지 시작할 수 있는 /
if you have a significant amount of time available.
여러분이 이용 가능한 상당한 양의 시간이 있다면

힌트 'there is no point in V-ing'는 '~하는 것은 소용(의미)이 없다'라는 뜻임.

(7) There is no point / in trying to gear up for such a task /
소용이 없다 / 그런 과제를 위해 준비를 갖추려고 애쓰는 것은 /
when you only have a short period available.
여러분에게 이용 가능한 짧은 시간만이 있을 때

정답 단서 일에 따른 시간을 계획하여 일을 처리할 것을 강조함.

(8) So schedule the time / [you need for the longer tasks] / [ ]: 목적격 관계대명사절
그러므로 시간을 계획하라 / 여러분이 더 오래 걸리는 과제를 위해 필요한 /
and put the short tasks / into the spare moments in between.
그리고 짧게 걸리는 과제를 배치하라 / 사이의 남는 시간에

전문해석

(1)만약 여러분이 매일 하려고 착수하는 일을 성취하는 것에서 오는 자신감을 원한다면, 일이 얼마나 시간이 걸릴지를 이해하는 것이 중요하다. (2)특정 시간 내에 무엇을 성취할 수 있을지에 대한 지나친 낙관주의는 문제다. (3)그러므로 그것을 개선하려고 노력하라. (4)여러분의 '해야 할 일' 목록에 있는 항목과 함께 필요한 시간의 양을 추산하는 습관을 들이고, 과제가 예상되는 것보다 언제 더 많은 또는 더 적은 시간이 걸리는지를 경험을 통해 배우라. (5)또한 이용 가능한 시간에 과제를 맞추는 것에 주의를 기울여라. (6)여러분이 이용 가능한 상당한 양의 시간이 있어야만 시작할 수 있는 몇 가지 과제들이 있다. (7)여러분에게 이용 가능한 짧은 시간만이 있을 때 그런 과제를 위해 준비를 갖추려고 애쓰는 것은 소용이 없다. (8)그러므로 여러분이 더 오래 걸리는 과제를 위해 필요한 시간을 계획하고 짧게 걸리는 과제를 사이의 남는 시간에 배치하라.

정답확인

다음 빈칸에 들어갈 말로 가장 적절한 것은?

① what benefits you can get
여러분이 어떤 이득을 볼 수 있을지를
② how practical your tasks are
여러분의 과제들이 얼마나 현실적인지를
✔ how long things are going to take
일이 얼마나 시간이 걸릴지를
④ why failures are meaningful in life
왜 삶에서 실패가 의미 있는지를
⑤ why your leisure time should come first
왜 여러분의 여가 시간이 가장 우선시되어야 하는지를

문제풀이

하고자 하는 일이 있을 때, 일을 하는 데 걸리는 시간이 얼마나 드는지를 확인하는 것이 중요하다는 내용의 글이다. 해야 할 일을 하나 할 때마다 드는 시간을 추산하고, 이에 따라 시간이 얼마나 걸렸는지 예상과 비교해 봐야 한다고 필자는 지적한다. 문장 (4)에서 (8)까지는 실제로 시간 계획을 어떻게 해야 하는지에 대한 설명이며, 이 내용을 요약하는 것이 지문의 빈칸이다. 이 모든 내용은 과제를 하기 위해 걸리는 시간에 대해 파악하고 있어야 한다는 것과 일맥상통하므로, 정답은 ③ 'how long things are going to take(일이 얼마나 시간이 걸릴지를)'이다.

어휘암기

- confidence — 명사 자신감, 확신
- optimism — 명사 낙관주의
- work on — ~을 개선하려고 노력하다
- practice — 명사 습관, 연습
- estimate — 동사 추산하다, 추정하다 / 명사 견적서
- set about — 시작하다, 착수하다
- significant — 형용사 상당한, 중요한
- available — 형용사 이용 가능한, (여유가) 있는
- gear up (for/to A) — (A를 위해) 준비를 갖추다
- spare — 형용사 남는, 여분의 / 동사 할애하다, 면하게 해 주다
- practical — 형용사 현실적인, 실용적인
- leisure time — 여가 시간

오답률 TOP 5

33 정답률 50% | 빈칸 추론 ▶ 정답 ①

지문끊어읽기

(1) In Lewis Carroll's *Through the Looking-Glass*, /
Lewis Carroll의 *Through the Looking-Glass*에서 /
the Red Queen takes Alice on a race / through the countryside.
붉은 여왕은 앨리스를 경주에 데리고 간다 / 시골을 가로지르는

(2) They run and they run, / but then Alice discovers / [ ]: 명사절(discovers의 목적어)
그들은 달리고 또 달린다 / 하지만 그때 앨리스는 알아차린다 /
[that they're still under the same tree / that they started from]. 접속사 / 목적격 관계대명사절
그들이 아직도 같은 나무 아래에 있다는 것을 / 그들이 출발한

(3) The Red Queen explains to Alice: / "here, you see, /
붉은 여왕은 앨리스에게 설명한다 / '여기는' 보다시피 /
it takes all the running you can do, / to keep in the same place." to부정사의 부사적 용법(목적)
네가 할 수 있는 모든 뜀박질을 해야 해 / 같은 장소에 계속 있으려면

정답 단서 '붉은 여왕 효과'의 유래가 되는 말로 곧 핵심임.

(4) Biologists sometimes use this Red Queen Effect /
생물학자들은 종종 이 '붉은 여왕 효과'를 사용한다 /
to explain an evolutionary principle. 정답 단서 '붉은 여왕 효과'는 진화의 원리와 관련이 있음.
to부정사의 부사적 용법(목적)
진화의 원리를 설명하기 위해

★중요 진화의 원리가 '붉은 여왕 효과'의 내용과 연관이 있음을 언급하는 부분으로, '계속 같은 장소에 있기 위해 뛰어야 한다는 내용'을 토대로 빈칸의 내용을 추리해야 함.

(5) If foxes evolve to run faster / so they can catch more rabbits, /
만약 여우들이 더 빨리 달리도록 진화한다면 / 그들이 더 많은 토끼를 잡기 위해 /
then only the fastest rabbits will live long /
그렇게 되면 오직 가장 빠른 토끼들만이 오래 살 것이다 /
enough to make a new generation of bunnies /
새로운 토끼 세대를 만들 만큼 충분히 /
that run even faster / — in which case, / of course, /
훨씬 더 빨리 달리는 / 이러한 경우에는 / 물론 /
only the fastest foxes will catch enough rabbits to thrive / 병렬① to부정사의 부사적 용법(결과)
오직 가장 빠른 여우들만이 충분한 토끼를 잡아 번성할 것이다 /
and pass on their genes. 병렬② 정답 단서 사례를 들어 붉은 여왕 효과를 더 상세히 설명하며, 토끼가 진화하면 여우도 그만큼 진화한다는 내용임.
그리고 그들의 유전자를 물려줄 것이다

(6) Even though they might run, / the two species just stay in place.
그들이 달린다고 할지라도 / 그 두 종은 그저 제자리에 머무를 뿐이다

전문해석

(1)Lewis Carroll의 *Through the Looking-Glass*에서 붉은 여왕은 앨리스를 시골을 가로지르는 경주에 데리고 간다. (2)그들은 달리고 또 달리지만, 그때 앨리스는 그들이 아직도 그들이 출발한 같은 나무 아래에 있다는 것을 알아차린다. (3)붉은 여왕은 앨리스에게 "여기는', 보다시피 같은 장소에 계속 있으려면 네가 할 수 있는 모든 뜀박질을 해야 해."라고 설명한다. (4)생물학자들은 종종 진화의 원리를 설명하기 위해 이 '붉은 여왕 효과'를 사용한다. (5)만약 여우들이 더 많은 토끼를 잡기 위해 더 빨리 달리도록 진화한다면, 그렇게 되면 오직 가장 빠른 토끼들만이 훨씬 더 빨리 달리는 새로운 토끼 세대를 만들 만큼 충분히 오래 살 것이며, 이러한 경우에는 물론 오직 가장 빠른 여우들만이 충분한 토끼를 잡아 번성하고 그들의 유전자를 물려줄 것이다. (6)그들이 달린다고 할지라도, 그 두 종은 그저 제자리에 머무를 뿐이다.

○ 문제편 131쪽

정답확인

다음 빈칸에 들어갈 말로 가장 적절한 것은?

✔ just stay in place
그저 제자리에 머무를 뿐이다

② end up walking slowly
결국 느리게 걷게 된다

③ never run into each other
서로를 절대 마주치지 않는다

④ won't be able to adapt to changes
변화에 적응하지 못할 것이다

⑤ cannot run faster than their parents
그들의 부모보다 빨리 달릴 수 없을 것이다

문제풀이

지문은 붉은 여왕의 말을 인용하여 진화의 원리를 설명한다. '붉은 여왕 효과'는 이 인용구에서 온 것으로, 같은 장소에 머물기 위해 계속 뛰어야 한다는 것, 즉 번성하기 위해서는 계속 진화해야 한다는 뜻이다. 문장 (5)는 이에 대한 예시로, 토끼와 여우의 관계를 설명하는데, 여우가 토끼를 더 많이 잡기 위해 더 빨리 달리도록 진화하면 토끼는 잡히지 않기 위해 더 빨리 달리도록 진화한다는 것이다. 결국 서로 같은 방향으로 진화하기 때문에 상대에게 따라 잡히는 것이 아니라 본래의 위치가 그대로 유지된다. 따라서 정답은 ① 'just stay in place(그저 제자리에 머무를 뿐이다)'이다.

어휘암기

☐ countryside	명사 시골 (지역), 지방, 교외
☐ biologist	명사 생물학자
☐ evolutionary	형용사 진화의, 점진적인
☐ principle	명사 원리, 원칙
☐ generation	명사 세대
☐ thrive	동사 번성하다, 번창하다
☐ gene	명사 유전자
☐ end up V-ing	결국 ~하게 되다
☐ adapt	동사 적응하다, 맞추다

34 정답률 55% | 빈칸 추론 ▶ 정답 ②

지문끊어읽기

(1) Everything in the world around us / was finished /
S(단수) V(단수)
우리 주변의 세상의 모든 것은 / 완성되었다 /
in the mind of its creator / before it was started. 정답 단서 세상의 모든 것은 그것을 만들어 낸 사람의 마음속에서 먼저 완성되었음.
=everything in the world
그것을 만들어 낸 사람의 마음속에서 / 그것이 시작되기 전에

(2) The houses we live in, / the cars we drive, /
우리가 사는 집들 / 우리가 운전하는 자동차들 /
and our clothing / — all of these began / with an idea.
그리고 우리의 옷 / 이 모든 것들은 시작되었다 / 아이디어로

(3) Each idea / was then studied, refined and perfected /
each+단수명사 단수V
각각의 아이디어는 / 그런 다음 연구되고, 다듬어지고, 완성되었다 /
before the first nail was driven / or the first piece of cloth was cut.
첫 번째 못이 박히기 전에 / 또는 첫 번째 천조각이 잘리기 전에

(4) Long before the idea was turned / into a physical reality, /
그 아이디어가 바뀌기 훨씬 전에 / 물리적인 실체로 /
the mind had clearly pictured / the finished product.
마음은 분명하게 그려 냈다 / 그 완제품을

(5) The human being designs / his or her own future /
인간은 설계한다 / 그 또는 그녀 자신만의 미래를 /
through much the same process. 정답 단서 이 세상 모든 것이 그것을 만들어 낸 사람의 마음속에서 완성되었듯, 인간도 마음속에서 먼저 자신의 미래를 설계함.
거의 같은 과정을 통해

(6) We begin / with an idea /
우리는 시작한다 / 아이디어로 /
about how the future will be.
간접의문문(전치사 about의 목적어)
미래가 어떨지에 관한

(7) Over a period of time /
일정 기간에 걸쳐 /
we refine and perfect the vision.
우리는 그 비전을 다듬어서 완성한다

★중요 영어는 대구, 비교, 대조되는 내용이 올 때 똑같이 반복하지 않고 단어나 문장 구조를 바꾸는 경향이 있는데, 이 경우에도 같은 단어를 사용하지만 수동태와 능동태로 변화를 주었음. 문장 (3)~(4)에서 아이디어가 다듬어지고 완성된 다음 물리적인 실체로 바뀐다고 함. 이와 유사한 방식으로 문장 (7)~(8)에서는 미래에 대한 비전을 마음속에서 다듬고 완성한 다음 그것을 실제로 생겨나게 한다는 내용이 전개됨. 아이디어로 시작해 현실에 구현한다는 내용을 before(~전에), over a period of time(일정 기간에 걸쳐), long before(~ 훨씬 전에), before long(머지않아) 등의 다양한 시간 표현을 이용하고 있으므로 순서에 유의해야 함.

(8) Before long, /
머지않아 /
our every thought, decision and activity are all working /
우리의 모든 생각, 결정, 그리고 활동은 모두 작용하게 된다 /
in harmony /
조화롭게 /
to bring into existence /
to부정사의 부사적 용법(결과)
그래서 생겨나게 한다 /

힌트 what은 선행사를 포함한 관계대명사로 'the thing(s) which[that]'과 같으며, '~한 것'이라고 해석됨. 관계대명사 what에 포함된 선행사는 'have ~ concluded'의 목적어임. 원래 'to bring what ~ about the future into existence'인데 what절의 길이가 길어 맨 뒤로 도치되었음.

[what we have mentally concluded about the future]. [ ]: bring의 목적어
우리가 미래에 대해 마음속에서 끝맺은 것을

전문해석

(1)우리 주변의 세상의 모든 것은 그것이 시작되기 전에 그것을 만들어 낸 사람의 마음속에서 완성되었다. (2)우리가 사는 집들, 우리가 운전하는 자동차들, 그리고 우리의 옷, 이 모든 것들은 아이디어로 시작되었다. (3)각각의 아이디어는 그런 다음 첫 번째 못이 박히거나 첫 번째 천조각이 잘리기 전에 연구되고, 다듬어지고, 완성되었다. (4)그 아이디어가 물리적인 실체로 바뀌기 훨씬 전에, 마음은 그 완제품을 분명하게 그려 냈다. (5)인간은 거의 같은 과정을 통해 그 또는 그녀 자신만의 미래를 설계한다. (6)우리는 미래가 어떨지에 관한 아이디어로 시작한다. (7)일정 기간에 걸쳐, 우리는 그 비전을 다듬어서 완성한다. (8)머지않아, 우리의 모든 생각, 결정, 그리고 활동은 모두 조화롭게 작용하여, 우리가 미래에 대해 마음속에서 끝맺은 것을 생겨나게 한다.

정답확인

다음 빈칸에 들어갈 말로 가장 적절한 것은?

① didn't even have the potential to accomplish
달성할 잠재력조차 가지고 있지 않았던

✔ have mentally concluded about the future
미래에 대해 마음속에서 끝맺은

③ haven't been able to picture in our mind
우리 마음속에 상상할 수 없었던

④ considered careless and irresponsible
부주의하고 무책임하다고 여겼던

⑤ have observed in some professionals
몇몇 전문가들에게서 관찰한

문제풀이

본문에 따르면, 창조와 인간의 미래 설계는 비슷한 과정을 거친다. 즉, 먼저 마음속에서 아이디어가 완성된 후 이것이 물리적인 실체로 이어진다. 그런데 문장 (7)은 미래에 대한 아이디어가 완성된 상황을 나타내므로, 빈칸이 있는 문장 (8)에서는 '마음속에서 완성된, 미래에 대한 아이디어'를 물리적 실체로 생겨나게 한다는 내용이 이어져야 한다. 따라서 빈칸에 가장 알맞은 것은 ② 'have mentally concluded about the future(미래에 대해 마음속에서 끝맺은)'이다.

어휘암기

☐ refine	동사 다듬다, 정제하다
☐ perfect	동사 완성하다, 완벽하게 하다 / 형용사 완벽한
☐ drive a nail	못을 박다
☐ turn A into B	A를 B로 바꾸다
☐ physical	형용사 물리적인, 물질의
☐ reality	명사 실체, 본체
☐ picture	동사 그리다, 상상하다
☐ much the same	거의 같은
☐ bring A into existence	A를 생겨나게 하다
☐ conclude	동사 끝맺다, 결론을 내리다

35 정답률 65% | 무관한 문장 찾기 ▶ 정답 ④

지문끊어읽기

(1) [*Whose* story it is] / affects / [*what* the story is]. 주제문
[ ]: S(간접의문문) V [ ]: O(간접의문문)
그것이 '누구의' 이야기인지가 / 영향을 미친다 / 그 이야기가 '무엇'인지에

이야기의 주인공, 즉 이야기의 '관점'이 이야기가 무엇인지에 영향을 미침.

(2) Change the main character, /
주인공을 바꾸어 보라 /
and the focus of the story must also change. 정답 단서 이야기의 주인공, 즉 이야기가 전달되는 '관점'을 바꾸면 이야기의 초점이 바뀜.
그러면 이야기의 초점도 틀림없이 바뀔 것이다

힌트 「명령문(동사원형), and ~」는 '~해라, 그러면 …'이라는 의미이고, 「명령문(동사원형), or ~」은 '~해라, 그렇지 않으면 …'이라는 의미임.

(3) If we look at the events / through another character's eyes, /
만일 우리가 사건들을 바라본다면 / 다른 등장인물의 눈을 통해서 /
we will interpret them differently. 정답 단서 이야기의 '관점'이 바뀌면 이야기에 대한 우리의 '해석'이 바뀜.
=the events
우리는 그것들을 다르게 해석할 것이다 / 다른 결과를

힌트 직역하면 '우리의 공감을 새로운 누군가에게 두다'이지만, '새로운 누군가에게 공감하다'라고 의역할 수 있음.

① (4) We'll place our sympathies / with someone new.
우리는 우리의 공감을 둘 것이다 / 새로운 누군가에게

② (5) When the conflict arises / that is the heart of the story, /
선행사 주격 관계대명사
갈등이 발생할 때 / 이야기의 핵심인 /
we will be praying / for a different outcome.
우리는 바라고 있을 것이다 / 다른 결과를

③ (6) Consider, / for example, /
생각해 보라 / 예를 들어 /
[how the tale of Cinderella would shift /
의문사 S' V'
신데렐라 이야기가 어떻게 바뀔 것인지를 /
if told / from the viewpoint of an evil stepsister].
만약 이야기된다면 / 사악한 이복 언니의 관점에서 [ ]: consider의 목적어절(간접의문문)

힌트 조건 부사절 접속사 if 다음에 '주어+be동사(it is[were])'가 생략되어 과거분사 told만 남아 있음. 생략된 주어는 'the tale of Cinderella'로, 신데렐라 이야기가 말해지는 것이므로 현재분사 telling이 아닌 과거분사 told가 오게 됨.

④ (7) We know / Cinderella's kingdom does not exist, /
우리는 안다 / 신데렐라의 왕국이 존재하지 않는다는 것을 /
but we willingly go there anyway.
하지만 우리는 어쨌든 그곳에 기꺼이 간다

힌트 밑줄 친 부분은 know의 목적어 역할을 하는 that 명사절로, 앞에 명사절 접속사 that이 생략됨.

⑤ (8) *Gone with the Wind* is Scarlett O'Hara's story, /
*Gone with the Wind*는 Scarlett O'Hara의 이야기이다 /
but what if we were shown / the same events /
~이라면 어떨까?
하지만 만약 우리에게 보여진다면 어떠할 것인가 / 동일한 사건이 /
from the viewpoint of Rhett Butler or Melanie Wilkes?
Rhett Butler나 Melanie Wilkes의 관점에서

힌트 'show + 간접목적어(~에게)+직접목적어(~을/를)'의 4형식 구조가 수동태로 전환된 문장으로, 간접목적어가 주어 자리로 이동하고, 직접목적어인 'the same events'가 동사 뒤에 그대로 남아 있음.

10회 2023년 3월 영어

전문해석

(1)그것이 '누구의' 이야기인지가 그 이야기가 '무엇'인지에 영향을 미친다. (2)주인공을 바꾸어 보라, 그러면 이야기의 초점도 틀림없이 바뀔 것이다. (3)만일 우리가 사건들을 다른 등장인물의 눈을 통해서 바라본다면, 우리는 그것들을 다르게 해석할 것이다. ①(4)우리는 우리의 공감을 새로운 누군가에게 둘 것이다(새로운 누군가에게 공감할 것이다). ②(5)이야기의 핵심인 갈등이 발생할 때, 우리는 다른 결과를 바라고 있을 것이다. ③(6)예를 들어, 만약 사악한 이복 언니의 관점에서 이야기된다면 신데렐라 이야기가 어떻게 바뀔 것인지를 생각해 보라. ④(7)우리는 신데렐라의 왕국이 존재하지 않는다는 것을 알지만, 우리는 어쨌든 그곳에 기꺼이 간다. ⑤(8)*Gone with the Wind*는 Scarlett O'Hara의 이야기이지만, 만약 우리에게 동일한 사건이 Rhett Butler나 Melanie Wilkes의 관점에서 보여진다면 어떠할 것인가?

문제풀이

문장 (1)~(5)는 '이야기의 주인공(=관점)'이 바뀌면 '이야기의 초점'과 '이야기를 감상하는 우리의 해석'이 바뀐다는 중심 내용을 반복적으로 제시하고 있다. 한편, 문장 (6)의 '신데렐라'와 문장 (8)의 '*Gone with the Wind*(바람과 함께 사라지다)'의 예시는 모두 주인공을 바꿨을 때 이야기의 초점이 변화할 것임을 나타내기 위한 예시들로서, '신데렐라 왕국의 존재 유무'에 대해 언급하는 문장 (7)이 두 문장 사이에 배치되는 것은 글의 흐름상 어색하다. 따라서 정답은 ④이다.

어휘암기

☐ affect	동사 ~에 영향을 미치다 / 명사 감정
☐ focus	명사 초점 / 동사 초점을 맞추다
☐ interpret	동사 해석하다, 이해하다
☐ place	동사 두다, 놓다
☐ sympathy	명사 공감, 연민, 동정
☐ conflict	명사 갈등, 충돌
☐ arise	동사 발생하다, 일어나다 (arise-arose-arisen)
☐ heart	명사 핵심, 본질
☐ pray for	~을 (몹시) 바라다
☐ shift	동사 바뀌다, 달라지다 / 명사 변화, 교대 근무
☐ viewpoint	명사 관점, 시각
☐ stepsister	명사 이복 언니[누나/여동생], 이복 자매
☐ willingly	부사 기꺼이, 자진하여

오답률 TOP 5

36 정답률 40% | 문장 배열 ▶ 정답 ④

지문끊어읽기

(1) In the Old Stone Age, / small bands of 20 to 60 people /
구석기 시대에는 / 20~60명의 작은 무리가 /
wandered from place to place / in search of food.
이곳저곳을 돌아다녔다 / 식량을 찾아서

(2) Once people began farming, / they could settle down /
접속사
일단 사람들이 농사를 짓기 시작하면서 / 그들은 정착할 수 있었다 /
near their farms. 정답 단서-1 농사를 짓기 시작하면서 사람들은 농경지 근처에 정착함.
그들의 농경지 근처에

(C) (7) As a result, / towns and villages grew larger. 정답 단서-1 정착하게 되면서 도시와 마을이 커짐.
그 결과 / 도시와 마을은 더 커졌다

(8) Living in communities /
동명사S
공동체로 생활하는 것은 /
allowed people to organize themselves more efficiently.
5형식V O O·C(to V)
사람들이 자신들을 더 효율적으로 조직하게 했다

(9) They could divide up the work /
그들은 일을 나눌 수 있었다 /
of producing food and other things they needed. 정답 단서-2 필요한 것들을 생산하는 일을 나누어서 함.
선행사 목적격 관계대명사절
식량과 그들이 필요로 하는 다른 것들을 생산하는

(A) (3) While some workers grew crops, / others built new houses /
접속사
어떤 노동자들이 농작물을 재배한 반면 / 다른 노동자들은 새로운 집을 지었다 /
and made tools. 정답 단서-2 일을 나누어서 하는 것의 예시에 해당함.
그리고 도구를 만들었다

(4) Village dwellers also learned to work together /
to부정사의 명사적 용법(learned의 목적어)
마을 거주자들은 또한 함께 일하는 것도 배웠다 /
to do a task faster. 정답 단서-3 일을 더 빨리 하기 위해서는 함께 일해야 한다는 것도 배움.
to부정사의 부사적 용법(목적)
일을 더 빨리 하기 위해

(B) (5) For example, / toolmakers could share the work /
예를 들어 / 도구 제작자들은 일을 함께 할 수 있었다 /
of making stone axes and knives. 정답 단서-3 함께 일하는 것의 예시에 해당함.
돌도끼와 돌칼을 만드는

(6) By working together, / they could make more tools /
함께 일함으로써 / 그들은 더 많은 도구를 만들 수 있었다 /
in the same amount of time.
같은 시간 안에

전문해석

(1)구석기 시대에는 20~60명의 작은 무리가 식량을 찾아서 이곳저곳을 돌아다녔다. (2)일단 사람들이 농사를 짓기 시작하면서, 그들은 그들의 농경지 근처에 정착할 수 있었다.
(C) (7)그 결과, 도시와 마을은 더 커졌다. (8)공동체로 생활하는 것은 사람들이 자신들을 더 효율적으로 조직하게 했다. (9)그들은 식량과 그들이 필요로 하는 다른 것들을 생산하는 일을 나눌 수 있었다.
(A) (3)어떤 노동자들이 농작물을 재배한 반면, 다른 노동자들은 새로운 집을 짓고 도구를 만들었다. (4)마을 거주자들은 또한 일을 더 빨리 하기 위해 함께 일하는 것도 배웠다.
(B) (5)예를 들어, 도구 제작자들은 돌도끼와 돌칼을 만드는 일을 함께 할 수 있었다. (6)함께 일함으로써, 그들은 같은 시간 안에 더 많은 도구를 만들 수 있었다.

정답확인

주어진 글 다음에 이어질 글의 순서로 가장 적절한 것은?
① (A) — (C) — (B) ② (B) — (A) — (C) ③ (B) — (C) — (A)
✔ (C) — (A) — (B) ⑤ (C) — (B) — (A)

문제풀이

이 지문은 농경의 시작으로 사람들이 정착하게 되면서 노동이 어떻게 이루어졌는지에 대해 설명하는 글이다. 먼저, 문장 (2)에 따르면 사람들은 농사를 짓기 시작하면서 농경지 근처에 정착하게 되었다고 한다. 문장 (7)에서는 어떤 원인으로 인해 도시와 마을이 더 커졌다고 설명하는데, 여기서 그 원인은 문장 (2)에서 언급한 '정착'이라고 할 수 있으므로 주어진 문장 다음에는 (C)가 온다. 이어지는 문장 (9)에 따르면 공동체 생활을 하면서 식량을 포함하여 필요한 것들을 생산하는 일을 나누어서 하게 되었다고 한다. 문장 (3)에서 어떤 노동자들은 농작물 재배를, 다른 노동자들은 집 짓기나 도구 만들기를 담당했다고 하는 내용은 일을 나누어서 하는 것의 예시에 해당하므로 (C) 다음에는 (A)가 온다. 한편, 문장 (4)에서는 일을 더 빨리 하기 위해 함께 일하는 것도 배웠다고 했는데, 문장 (5)에서 도구 제작자들이 함께 돌도끼와 돌칼을 만든다는 내용은 그 예시에 해당하므로 (A) 다음에는 (B)가 온다. 따라서 정답은 ④ '(C) — (A) — (B)'이다.

오답풀이

② - 문장 (5)에서 도구 제작자들이 일을 함께 했다는 내용은 문장 (2)에서 농사를 짓기 시작하면서 정착하게 되었다는 것의 직접적인 예시가 될 수 없으므로 주어진 문장 다음에는 (B)가 올 수 없다. 또한, 문장 (6)에 따르면 함께 일함으로써 일의 효율을 높였다고 했는데, 그 다음에 일을 나누어서 하는 것의 예시를 설명하고 있는 문장 (3)이 이어지는 것은 글의 흐름상 어색하므로 (B) 다음에는 (A)가 올 수 없다. 따라서 ② '(B) — (A) — (C)'는 오답이다.

어휘암기

☐ Old Stone Age	구석기 시대
☐ band	명사 무리, 밴드, 끈
☐ wander	동사 (걸어서) 돌아다니다, 헤매다
☐ in search of	~을 찾아서
☐ farming	명사 농사, 농업
☐ settle down	정착하다, 편안히 앉다
☐ allow	동사 ~하게 하다, 허용하다
☐ organize	동사 조직하다, 준비하다, 체계화하다
☐ divide up	나누다, 분배하다, 분담하다
☐ grow	동사 재배하다, 자라다, 커지다
☐ crop	명사 농작물, 수확량
☐ dweller	명사 거주자
☐ task	명사 일, 과업, 과제 / 동사 과업을 맡기다
☐ share	동사 함께 하다, 공유하다
☐ ax/axe	명사 도끼

오답률 TOP 5

37 정답률 45% | 문장 배열 ▶ 정답 ②

지문끊어읽기

(1) Natural processes form minerals in many ways.
자연 과정은 많은 방식으로 광물을 형성한다

(2) For example, / hot melted rock material, called magma, cools /
예를 들어 / 마그마라고 불리는 뜨거운 용해된 암석 물질은 식는다 /
when it reaches the Earth's surface, /
그것이 지구의 표면에 도달할 때 /
or even if it's trapped below the surface.
또는 심지어 표면 아래에 갇혔을 때조차도

(3) As magma cools, / its atoms lose heat energy, /
=magma's 병렬①
마그마가 식을 때 / 그것의 원자는 열에너지를 잃는다 /
move closer together, / and begin to combine into compounds.
병렬② 병렬③
서로 더 가까이 움직인다 / 그리고 화합물로 결합하기 시작한다
정답 단서-1 마그마가 식을 때, 마그마의 원자가 어떻게 변화하여 화합물을 만드는가를 설명함.

(B) (6) During this process, /
=문장 (3)의 내용
이 과정 동안 /
atoms of the different compounds arrange themselves /
서로 다른 화합물의 원자는 배열된다 /
into orderly, repeating patterns. 정답 단서-1 주어진 글의 마지막 문장과 연결되어 마그마의 화합물 원자에 대해 설명함.
질서 있고 반복적인 패턴으로

(7) The type and amount of elements /
S
원소의 종류와 양은 /
present in a magma / partly determine /
V
마그마에 존재하는 / 부분적으로 결정한다 /

힌트 형용사구인 present in a magma가 elements를 뒤에서 수식하고 있음. 이때, elements를 수식하는 '주격 관계대명사+be동사'가 생략된 것으로 볼 수도 있음.

문제편 132쪽

which minerals will form. 정답단서-2 마그마에서 형성되는 광물의 형성 요인에 대해 설명함.
어떤 광물이 형성될지를

(A) (4) Also, / the size of the crystals that form /
또한 / 형성되는 결정의 크기는 / 선행사 주격 관계대명사절
depends partly on how rapidly the magma cools. 정답단서-2
마그마가 얼마나 빨리 식는지에 부분적으로 달려 있다
Also(또한)로 연결되어 형성되는 결정의 크기가 마그마의 식는 속도와 관련 있음을 설명함.

(5) When magma cools slowly, / the crystals that form /
마그마가 천천히 식을 때 / 형성되는 결정은 /
are generally large enough / to see with the unaided eye.
일반적으로 충분히 크다 / 육안으로 볼 수 있을 만큼
정답단서-3 마그마가 천천히 식을 때 결정의 크기는 육안으로 볼 정도로 크다고 함.

(C) (8) This is because /
=문장 (5)
이것은 ~ 때문이다 /
the atoms have enough time /
원자가 충분한 시간을 갖고 있다 /
to move together and form into larger crystals. 정답단서-3
병렬① 병렬②(to 생략)
함께 이동해 더 큰 결정을 형성할 만큼
힌트 문장 (5)의 '형/부+enough+to부정사'는 '~할 만큼 충분히 …한[하게]'를 뜻하고, 명사와 함께 쓰인 문장 (8)은 'enough+명+to부정사'로 '~할 만큼 충분한 …'으로 해석함.
문장 (5)에서 언급한 결정의 크기가 큰 이유에 대해서 설명함.

(9) When magma cools rapidly, / the crystals that form will be small.
마그마가 빠르게 식을 때 / 형성되는 결정은 작을 것이다

(10) In such cases, / you can't easily see individual mineral crystals.
그런 경우에 / 여러분은 개별 광물 결정을 쉽게 볼 수 없다

전문해석

(1)자연 과정은 많은 방식으로 광물을 형성한다. (2)예를 들어, 마그마라고 불리는 뜨거운 용해된 암석 물질은 지구의 표면에 도달할 때 또는 심지어 표면 아래에 갇혔을 때조차도 식는다. (3)마그마가 식을 때, 마그마의 원자는 열에너지를 잃고, 서로 더 가까이 움직여, 화합물로 결합하기 시작한다.
(B) (6)이 과정 동안, 서로 다른 화합물의 원자는 질서 있고 반복적인 패턴으로 배열된다. (7)마그마에 존재하는 원소의 종류와 양은 어떤 광물이 형성될지를 부분적으로 결정한다.
(A) (4)또한, 형성되는 결정의 크기는 마그마가 얼마나 빨리 식는지에 부분적으로 달려 있다. (5)마그마가 천천히 식을 때, 형성되는 결정은 육안으로 볼 수 있을 만큼 일반적으로 충분히 크다.
(C) (8)이것은 원자가 함께 이동해 더 큰 결정을 형성할 만큼 충분한 시간을 갖고 있기 때문이다. (9)마그마가 빠르게 식을 때, 형성되는 결정은 작을 것이다. (10)그런 경우에 여러분은 개별 광물 결정을 쉽게 볼 수 없다.

정답확인

주어진 글 다음에 이어질 글의 순서로 가장 적절한 것은?
① (A) — (C) — (B) ✔② (B) — (A) — (C) ③ (B) — (C) — (A)
④ (C) — (A) — (B) ⑤ (C) — (B) — (A)

문제풀이

이 글은 광물이 형성되는 자연 과정을 설명한다. 주어진 글의 예시인 문장 (2)와 (3)에서 마그마라 불리는 뜨거운 용해된 암석 물질이 표면에서 식을 때 마그마의 원자들이 열에너지를 잃으면서 결합하여 화합물을 만든다고 한다. 이어서 (B)의 문장 (6)에서 좀 더 구체적으로 화합물의 원자 배열에 대해 언급한 후, 광물이 형성되는 결정 요인을 설명하고 있다. 이후 (A)의 문장 (4)에서 Also라는 연결 부사로 이어져 결정의 크기가 마그마의 식는 속도와 관련 있다고 언급하므로 (B) 다음에 (A)가 온다. 문장 (5)에서 마그마가 천천히 식을 때 결정의 크기는 육안으로 볼 수 있을 정도로 커진다고 하는데, 그 이유를 문장 (8)에서 마그마가 천천히 식을 때 마그마의 원자들이 함께 움직여 큰 결정을 형성하는 것이라고 설명한다. 그러므로 정답은 ②'(B) — (A) — (C)'이다.

오답풀이

③ - (C)는 결정이 큰 이유를 먼저 설명하고 마그마가 빨리 식으면 결정이 작다고 한다. (A)는 결정의 크기가 마그마의 식는 속도에 달려 있어 천천히 식을 때 결정이 크다고 말하는데, (C)의 앞부분과 (A)의 뒷부분이 결정의 크기가 크다는 내용이므로 (C)에서 (A)로 연결되는 것은 자연스럽지 않다. 결정이 크다는 내용으로 끝나는 (A)에 이어서 결정이 큰 이유에 대해 설명하는 (C)로 이어지는 흐름이 더 자연스럽다.

어휘암기

☐ melted	형용사 용해된, 녹은
☐ surface	명사 표면
☐ trap	동사 가두다 / 명사 덫
☐ atom	명사 원자, 미립자
☐ combine	동사 결합하다, 결합시키다
☐ compound	명사 화합물, 복합체
☐ arrange	동사 배열하다
☐ orderly	형용사 질서 있는, 정돈된
☐ element	명사 원소, 요소
☐ present	형용사 존재하는, 출석한, 현재의
☐ crystal	명사 결정(체), 크리스탈
☐ rapidly	부사 빠르게
☐ with the unaided eye	육안으로
☐ individual	형용사 개별적인

38 정답률 60% | 주어진 문장 위치 파악 ▶ 정답 ④

지문끊어읽기

(2) All carbohydrates are basically sugars.
모든 탄수화물은 기본적으로 당이다

① (3) Complex carbohydrates / are the good carbohydrates /
복합 탄수화물은 / 좋은 탄수화물이다 /
for your body. 정답단서 복합 탄수화물은 좋은 탄수화물임.
당신의 몸에

② (4) These complex sugar compounds /
이러한 복합 당 화합물은 /
are very difficult to break down /
V① to부정사의 부사적 용법(형용사 수식)
분해하기에 매우 어렵다 /
and can trap other nutrients /
V②
그리고 다른 영양소들을 가둬버릴 수 있다 /
like vitamins and minerals / in their chains.
비타민과 미네랄과 같은 / 그것의 사슬 안에
★중요 문장 (2)에서 모든 탄수화물은 기본적으로 당이라고 했으므로, 문장 (4)의 '이러한 복합 당 화합물'은 문장 (3)의 '복합 탄수화물'을 의미함.

③ (5) As they slowly break down, /
=complex sugar compounds
그것들이 천천히 분해됨에 따라 /
the other nutrients are also released / into your body, /
병렬①
다른 영양소들은 또한 방출된다 / 당신의 몸으로 /
and can provide you with fuel / for a number of hours.
병렬② =many
그리고 당신에게 연료를 공급할 수 있다 / 많은 시간 동안

④ (1) Bad carbohydrates, / on the other hand, / are simple sugars.
나쁜 탄수화물은 / 반면에 / 단순 당이다
정답단서 단순 당은 나쁜 탄수화물임.

(6) Because their structure is not complex, /
그것들의 구조가 복잡하지 않기 때문에 /
they are easy to break down /
=bad carbohydrates to부정사의 부사적 용법(형용사 수식)
그것들은 분해하기에 쉽다
and hold few nutrients / for your body /
그리고 영양소를 거의 가지고 있지 않다 / 당신의 몸을 위한 /
other than the sugars / from which they are made.
당 이외에는 / 그것들이 만들어지는
힌트 'from which they are made'는 선행사 the sugars를 수식하는 관계사절로, 'be made from(~으로 만들어지다)'의 전치사 from이 관계대명사 which 앞으로 이동하였음.

⑤ (7) Your body breaks down these carbohydrates /
=bad carbohydrates
당신의 몸은 이러한 탄수화물을 분해한다 /
rather quickly / and what it cannot use /
상당히 빠르게 / 그리고 그것이 사용할 수 없는 것은 /
is converted to fat / and stored in the body.
병렬① 병렬②(be동사 생략)
지방으로 전환된다 / 그리고 몸에 저장된다
힌트 what은 선행사를 포함한 관계대명사로, 'the thing(s) which[that]'으로 바꿔 쓸 수 있음. 밑줄 친 what절은 and로 병렬 연결된 두 개의 절 중 두 번째 절의 주어 역할을 하며, 단수로 취급하여 뒤에 동사 'is converted'와 '(is) stored'가 왔음.

전문해석

(2)모든 탄수화물은 기본적으로 당이다. ① (3)복합 탄수화물은 당신의 몸에 좋은 탄수화물이다. ② (4)이러한 복합 당 화합물은 분해하기에 매우 어렵고 비타민과 미네랄과 같은 다른 영양소들을 그것의 사슬 안에 가둬버릴 수 있다. ③ (5)그것들이 천천히 분해됨에 따라, 다른 영양소들은 또한 당신의 몸으로 방출되고, 당신에게 많은 시간 동안 연료를 공급할 수 있다. ④ (1)반면에, 나쁜 탄수화물은 단순 당이다. (6)그것들의 구조가 복잡하지 않기 때문에, 그것들은 분해하기에 쉽고, 그것들이 만들어지는 당(나쁜 탄수화물을 구성하는 단순 당) 이외에는 당신의 몸을 위한 영양소를 거의 가지고 있지 않다. ⑤ (7)당신의 몸은 이러한 탄수화물을 상당히 빠르게 분해하고, 그것(당신의 몸)이 사용할 수 없는 것은 지방으로 전환되어 몸에 저장된다.

문제풀이

'복합 당 화합물(complex sugar compounds)'과 '단순 당(simple sugars)'을 대조하여 설명한 글이다. 문장 (3)~(5)는 '복합 당 화합물'이 좋은 탄수화물이라고 소개하면서, 복합 당 화합물이 우리 몸 속에서 천천히 분해되어 우리 몸에 다른 영양소들과 연료를 공급한다고 설명하고 있다. 그런데 문장 (6)에서는 갑자기 '그것들'이 구조가 복잡하지 않고 분해하기에 쉬워 영양소가 거의 없다며 반대되는 내용을 말하고 있으므로, 문장 (5)에서 (6)으로 넘어가는 부분에 흐름의 단절이 존재한다. 따라서, 문장 (5)와 (6) 사이에는 대조의 연결사인 'on the other hand(반면에)'를 포함하면서 글의 흐름을 좋은 탄수화물인 '복합 당 화합물'에서 나쁜 탄수화물인 '단순 당'으로 전환하는 주어진 문장이 들어가야 한다. 따라서 정답은 ④이다.

어휘암기

☐ carbohydrate	명사 탄수화물
☐ complex	형용사 복합의, 복잡한
☐ compound	명사 화합물, 혼합물
☐ break down	(물질을) 분해하다, 나누다
☐ trap	동사 가두다 / 명사 덫, 함정
☐ nutrient	명사 영양소, 영양분
☐ release	동사 방출하다, 풀어놓다
☐ provide A with B	A에게 B를 공급하다
☐ fuel	명사 연료
☐ hold	동사 가지고 있다, 보유하다
☐ other than	~ 이외에
☐ be made from	~으로 만들어지다
☐ rather	부사 상당히, 오히려
☐ convert	동사 전환하다, 바꾸다
☐ store	동사 저장하다, 보관하다

○ 문제편 133쪽

39 정답률 50% | 주어진 문장 위치 파악 ▶ 정답 ⑤

지문끊어읽기

(2) People commonly make the mistaken assumption / 사람들은 잘못된 가정을 흔히 한다 /
that because a person has one type of characteristic, / 접속사(the mistaken assumption과 동격) 어떤 사람이 한 가지 유형의 특성을 가지고 있기 때문에 /
then they automatically have other characteristics / 그러면 그들이 다른 특성을 자동적으로 가진다는 / 선행사
which go with it. 주격 관계대명사 =one type of characteristic 그것과 어울리는

✱중요 주어진 문장 (1)은 학생들이 강연자가 따뜻하다고 예상했을 때의 결과를 설명함. 그러나 문장 (2)는 잘못된 가정을 하기 쉽다는 경향성만 언급했으므로 ①은 정답으로 적절하지 않음.

① (3) In one study, / university students were given / 한 연구에서 / 대학생들은 들었다 /
descriptions of a guest lecturer / before he spoke to the group. 초청 강사에 대한 설명을 / 그가 그 집단에게 강연을 하기 전에

② (4) Half the students received a description / 학생 절반은 설명을 받았다 /
containing the word 'warm', / '따뜻한'이라는 단어를 포함한 /
the other half were told / the speaker was 'cold'. 나머지 절반은 들었다 / 강연자가 '차갑다'고

힌트 일반적으로 'half of +복수명사'의 형태를 취하지만 'of'가 생략되는 경우도 있음.

✱중요 문장 (3)은 진행된 연구에 대한 설명이며, 문장 (4)는 그 연구에 대한 세부 내용임. 따라서 문장 (1)을 위치시켜 이러한 흐름을 깨는 것은 자연스럽지 않으므로 ②는 정답으로 적절하지 않음.

③ (5) The guest lecturer then led a discussion, / 그러고 나서 초청 강사는 토의를 이끌었다 /
after which the students were asked / 그 후에 학생들은 요청받았다 /
to give their impressions of him. 그에 대한 그들의 인상을 말해달라고

힌트 콤마 다음에 쓰인 which는 관계대명사의 계속적 용법으로 앞 문장 전체의 내용을 가리킴. 여기에 전치사 after의 의미를 덧붙여 앞 문장과 자연스럽게 이어지도록 '그 이후에'로 해석할 수 있음.

④ (6) As expected, / 예상한 대로 /
there were large differences / 큰 차이가 있었다 /
between the impressions formed by the students, / 학생들이 형성한 인상 사이에 /
depending upon their original information of the lecturer. 강연자에 대한 그들의 최초 정보에 따라

✱중요 문장 (5)는 실험의 세부 내용으로 문장 (4)에서 이어져야 가장 자연스러움. 문장 (6)은 실험 결과를 처음으로 설명하는데, 주어진 문장은 실험 결과에 대한 또 다른 언급이므로 문장 (6) 이후에 위치하는 것이 적절함. 따라서 ③과 ④는 정답으로 적절하지 않음.

정답단서 학생들이 가진 정보에 따라 차이가 있음을 언급함.

⑤ (1) It was also found / that those students / 또한 밝혀졌다 / 그 학생들은 / 5형식V' S, 선행사
who expected the lecturer to be warm / 주격 관계대명사 O' O·C'(to V) 강연자가 따뜻할 것이라 예상한 /
tended to interact with him more. V 그와 더 소통하려는 경향이 있었다는 것이

(7) This shows / that different expectations / 이것은 보여 준다 / 서로 다른 기대가 /
not only affect the impressions we form / not only A but also B: A뿐만 아니라 B도 우리가 형성하는 인상에 영향을 줄 뿐만 아니라 /
but also our behaviour and the relationship which is formed. 우리의 행동과 형성된 관계에도

힌트 'not only A but also B' 구문은 A와 B가 병렬로 연결되어야 하기 때문에, 이 문장에서는 B에 해당하는 부분에서 'affect'가 생략된 것으로 보고 해석하는 편이 자연스러움.

정답단서 들은 정보를 토대로 예상한 것이 어떤 결과를 가져오는지를 설명함.

전문해석

(2)사람들은 어떤 사람이 한 가지 유형의 특성을 가지고 있기 때문에, 그러면 그들이 그것과 어울리는 다른 특성을 자동적으로 가진다는 잘못된 가정을 흔히 한다. ① (3)한 연구에서, 대학생들은 초청 강사가 그 집단(학생들)에게 강연을 하기 전에 그(초청 강사)에 대한 설명을 들었다. ② (4)학생 절반은 '따뜻한'이라는 단어를 포함한 설명을 받았고, 나머지 절반은 강연자가 '차갑다'고 들었다. ③ (5)그러고 나서 초청 강사가 토의를 이끌었고, 그 후에 학생들은 그(강사)에 대한 그들의 인상을 말해달라고 요청받았다. ④ (6)예상한 대로 강연자에 대한 그들의 최초 정보에 따라 학생들이 형성한 인상 사이에 큰 차이가 있었다. ⑤ (1)또한 강연자가 따뜻할 것이라 예상한 그 학생들은 그(강연자)와 더 소통하려는 경향이 있었다는 것이 밝혀졌다. (7)이것은 서로 다른 기대가 우리가 형성하는 인상에 영향을 줄 뿐만 아니라 우리의 행동과 형성된 관계에도 영향을 준다는 것을 보여 준다.

문제풀이

지문은 상대에 대해 특정 정보를 가지고 있으면 그 정보에 따라 자연스럽게 상대에 대한 다른 특성을 짐작한다는 내용을 담고 있다. 한 실험을 예로 들며 이를 설명하는데, 이 실험에서는 학생들에게 서로 다른 정보를 준 후 그들의 반응을 살펴보았다. 주어진 문장은 'also'와 함께 실험 결과에 대한 추가 설명을 담고 있기 때문에 그보다 앞에서 실험 결과에 대한 언급이 있어야 한다. 문장 (6)이 실험 결과, 즉 강연자에 대한 인상에 차이가 있음을 처음으로 언급했기 때문에, 주어진 문장은 문장 (6) 바로 뒤에 위치해야 자연스럽다. 따라서 정답은 ⑤이다.

어휘암기

☐ **assumption**	명사 가정, 추정
☐ **characteristic**	명사 특성, 특징, 성격 / 형용사 특유의, 독특한
☐ **automatically**	부사 자동적으로, 반사적으로
☐ **description**	명사 설명, 묘사
☐ **guest lecturer**	초청 강사
☐ **discussion**	명사 토의, 토론
☐ **impression**	명사 인상, 감명
☐ **original**	형용사 최초의, 원래의, 독창적인

40 정답률 55% | 문단 요약 ▶ 정답 ①

지문끊어읽기

(1) To help decide / what's risky and what's safe, / to부정사의 부사적 용법(목적) 결정하는 것을 돕기 위해 / 무엇이 위험하고 무엇이 안전한지 /
who's trustworthy and who's not, / we look for *social evidence*. 누가 신뢰할 수 있고 누가 그렇지 않은지 / 우리는 '사회적 증거'를 찾는다

정답단서 무엇이 안전하고 누구를 신뢰할 수 있는지 결정하는 데 '사회적 증거'가 단서가 됨.

(2) From an evolutionary view, / 진화의 관점에서 /
following the group is almost always positive / 동명사S V 집단을 따르는 것은 거의 항상 긍정적이다 /
for our prospects of survival. 우리의 생존 전망에

정답단서 집단을 따르는 것이 생존 전망에 유리함.

(3) "If everyone's doing it, / it must be a sensible thing to do," / 모든 사람이 그것을 하고 있다면 / 그것은 해야 할 분별 있는 것임에 틀림없다 /
explains famous psychologist and best selling writer of *Influence*, Robert Cialdini. 유명한 심리학자이자 *Influence*의 베스트셀러 작가인 Robert Cialdini는 설명한다

(4) While we can frequently see this today / in product reviews, / 우리는 오늘날 이것을 자주 볼 수 있지만 / 상품평에서 /
even subtler cues within the environment / 환경 내의 훨씬 더 미묘한 신호가 /
can signal trustworthiness. 신뢰성을 나타낼 수 있다

(5) Consider this: / when you visit a local restaurant, / are they busy? 이것을 생각해 보라 / 여러분이 어떤 지역 식당을 방문할 때 / 그들은 바쁜가

(6) Is there a line outside / or is it easy to find a seat? 밖에 줄이 있는가 / 아니면 좌석을 찾기 쉬운가

(7) It is a hassle to wait, / but a line can be a powerful cue / 형식상의 주어 내용상의 주어 선행사 기다리는 것은 번거로운 일이다 / 하지만 줄은 강력한 신호일 수 있다 /
[that the food's tasty, / and these seats are in demand]. 그 음식이 맛있다는 / 그리고 이곳의 좌석은 수요가 많다는 [ ]: a powerful cue와 동격

(8) More often than not, / it's good / 대개는 / 좋다 / 형식상의 주어
[to adopt the practices of those around you]. 여러분의 주변 사람들의 행동을 따르는 것이 [ ]: 내용상의 주어

정답단서 주변 사람들의 행동을 따라하는 게 좋음.

(9) We tend to feel safe and secure in (A)numbers / 우리는 (A)수에서 안전하고 안심된다고 느끼는 경향이 있다 /
when we decide how to act, / 의문사+to부정사(명사적 용법) 우리가 어떻게 행동할지 결정할 때 /
particularly when faced with (B)uncertain conditions. 특히 (B)불확실한 상황에 직면할 때

✱중요 여기서 numbers는 '다수, 많은 사람들'의 의미에 가까움. 여러 사람들 가운데 함께 있는 것이 더 안전하며 나쁜 일의 피해자가 될 가능성이 적다는 가설에서 온 'safety in numbers'라는 표현도 있음.

전문해석

(1)무엇이 위험하고 무엇이 안전한지, 누가 신뢰할 수 있고 누가 그렇지 않은지 결정하는 것을 돕기 위해 우리는 '사회적 증거'를 찾는다. (2)진화의 관점에서 집단을 따르는 것은 우리의 생존 전망에 거의 항상 긍정적이다. (3)'모든 사람이 그것을 하고 있다면, 그것은 해야 할 분별 있는 것임에 틀림없다'라고 유명한 심리학자이자 *Influence*의 베스트셀러 작가인 Robert Cialdini는 설명한다. (4)우리는 오늘날 상품평에서 이것을 자주 볼 수 있지만, 환경 내의 훨씬 더 미묘한 신호가 신뢰성을 나타낼 수 있다. (5)이것을 생각해 보라. 여러분이 어떤 지역 식당을 방문할 때, 그들은 바쁜가? (6)밖에 줄이 있는가 아니면 좌석을 찾기 쉬운가? (7)기다리는 것은 번거로운 일이지만, 줄은 그 음식이 맛있고 이곳의 좌석은 수요가 많다는 강력한 신호일 수 있다. (8)대개는 여러분의 주변 사람들의 행동을 따르는 것이 좋다.

⬇

(9)우리는 우리가 어떻게 행동할지 결정할 때, 특히 (B)불확실한 상황에 직면할 때 (A)수에서 안전하고 안심된다고 느끼는 경향이 있다.

정답확인

다음 글의 내용을 한 문장으로 요약하고자 한다. 빈칸 (A)와 (B)에 들어갈 말로 가장 적절한 것은?

	(A)		(B)
✔	numbers 수	......	uncertain 불확실한
②	numbers 수	......	unrealistic 비현실적인
③	experiences 경험	......	unrealistic 비현실적인
④	rules 규칙	......	uncertain 불확실한
⑤	rules 규칙	......	unpleasant 불쾌한

문제풀이

이 글은 우리가 잘 알지 못하는 상황을 맞닥뜨리게 될 때 어떻게 하는 것이 유리한가에 대한 내용이다. 먼저 첫 문장에서 잘 모르는 것을 결정할 때 우리는 '사회적 증거'를 찾게 된다고 한다. 즉, 집단을 따르는 것이 생존에 유리하다고 문장 (2)~(3)에서 설명한다. 이어 식당을 선택하는 상황으로 예를 들고 있는데, 많은 사람들이 줄을 서서 기다리는 곳이 맛있는 식당이라는 신호일 수 있다고 한다. 다시 말해 여러 사람들이 내리는 결정을 따르는 것이 좋을 수 있다는 것이다. 따라서 우리가 잘 모르는 '불확실한' 상황일 때, 우리가 안정을 느끼는 경우는 집단인 '다수'가 결정한 것을 따르는 경우이므로 ①이 적절하다.

문제편 133쪽

어휘암기

□ risky	형용사 위험한, 모험적인
□ trustworthy	형용사 신뢰할 수 있는
□ evolutionary	형용사 진화의
□ prospect	명사 전망, 가능성
□ survival	명사 생존
□ sensible	형용사 분별 있는, 합리적인
□ psychologist	명사 심리학자
□ frequently	부사 자주, 빈번히
□ subtle	형용사 미묘한
□ cue	명사 신호
□ signal	동사 나타내다, 암시하다 / 명사 신호
□ trustworthiness	명사 신뢰성
□ hassle	명사 번거로운[귀찮은] 일[상황]
□ in demand	수요가 많은
□ more often than not	대개는, 자주
□ adopt	동사 따르다, 받아들이다, 채택하다
□ particularly	부사 특히

41~42 정답률 70% | 50% | 장문의 이해 ▶ 정답 ② | ③

지문끊어읽기

(1) Chess masters / shown a chess board /
체스의 달인들은 / 체스판이 보여진 /
in the middle of a game / for 5 seconds /
게임 도중에 / 5초 동안 /
with 20 to 30 pieces still in play /
20개에서 30개의 말들이 아직 놓여 있는 상태로 /
can immediately reproduce /
즉시 재현할 수 있다 /
the position of the pieces / from memory.
그 말들의 위치를 / 기억으로부터

힌트 과거분사인 shown부터 in play까지의 긴 형용사구가 앞에 나온 명사 Chess masters를 수식함. shown 앞에 '주격 관계대명사+be동사'가 생략되어 있으며, show와 같은 수여동사는 수동태 전환 시 2개의 목적어 중 하나의 목적어가 동사 뒤에 남게 되므로, shown a chess board에서도 직접목적어인 a chess board가 그대로 남아 있는 것을 확인할 수 있음.

(2) Beginners, / of course, / are able to place / only a few.
초보자들은 / 물론 / 기억해 낼 수 있다 / 겨우 몇 개만

(3) Now / take the same pieces /
명령문①
이제 / 동일한 말들을 가져오라 /
and place them on the board randomly /
명령문②
그리고 그것들을 판 위에 무작위로 배치하라 /
and the (a)difference is much reduced.
그러면 그 (a)차이는 많이 줄어든다

힌트 앞에 나온 and는 명령문의 동사원형 take와 place를 병렬 연결하는 등위접속사 and이고, 뒤에 나온 and는 「명령문, and ~」의 and로 '~하라, 그러면 …'이라고 해석됨.

(4) The expert's advantage / is only for familiar patterns /
전문가의 유리함은 / 오직 익숙한 패턴들에 대해서만 있다 /
— those previously stored in memory.
=patterns
이전에 기억에 저장된 패턴들

주제문 '전문가의 유리함'은 이미 저장된 익숙한 패턴들에 대해서만 존재함.

힌트 밑줄 친 부분은 앞에 나온 명사 those(=patterns)를 수식하는 형용사구로서, 앞에 '주격 관계대명사+be동사'가 생략된 것으로 볼 수 있음. 패턴들이 저장이 되는 것이고, store 뒤에 목적어가 없으므로, 과거분사인 stored를 씀.

(5) Faced with unfamiliar patterns, /
분사구문(being 생략)
익숙하지 않은 패턴에 직면하면 /
even when it involves the same familiar domain, /
심지어 그것이 같은 익숙한 분야를 포함하더라도 /
the expert's advantage (b)disappears.
전문가의 유리함은 (b)사라진다

주제문 익숙하지 않은 패턴에 대해서는 '전문가의 유리함'이 사라짐.

(6) The beneficial effects / of familiar structure /
S
유익한 효과는 / 익숙한 구조가 /
on memory / have been observed /
V
기억에 미치는 / 관찰되어 왔다 /
for many types of expertise, / including music.
많은 유형의 전문 지식에서 / 음악을 포함한

★중요 문장 (6)에서 익숙한 구조나 패턴이 기억에 유리하다는 '전문가의 유리함'에 대해 말한 후, 문장 (7)~(10)에서 그 구체적인 사례들을 통해 문장 (6)의 내용을 뒷받침하고 있음.

(7) People with musical training / can reproduce /
S① V①
음악 훈련을 받은 사람은 / 재현할 수 있다 /
short sequences of musical notation /
악보의 짧은 배열을 /
more accurately / than those with no musical training /
비교급 =people
더 정확하게 / 어떠한 음악 훈련도 받지 않은 사람보다 /
when notes follow (c)unusual(→ conventional) sequences, /
음이 (c)특이한(→ 전형적인) 배열을 따를 때 /
but the advantage is much reduced /
S② V②
하지만 그 유리함은 훨씬 줄어든다 /
when the notes are ordered randomly.
음들이 무작위로 배열될 때

★중요 문장 (7)은 but(그러나)라는 등위접속사로 절과 절이 연결되어 있음. 연결된 두 개의 절이 대조 관계를 이루기 위해서는 의미상 밑줄 친 when 종속절의 내용도 대조를 이루어야 함. but 이하에서 '음들이 무작위로 배열될 때'를 가정하고 있으므로, 앞에서는 '음들이 전형적인(conventional) 배열을 따를 때'라고 하는 것이 흐름상 적절함.

42번 정답단서 음들이 전형적인 배열을 따르면 전문가가 초보자보다 더 잘 기억하지만, 음들이 무작위로 배열되면 전문가의 유리함이 훨씬 줄어듦.

(8) Expertise also improves memory /
전문 지식은 또한 기억을 향상시킨다 /
for sequences of (d)movements.
(d)동작의 순서에 대한

(9) Experienced ballet dancers are able to repeat /
숙련된 발레 무용수들은 반복할 수 있다 /
longer sequences of steps /
더 긴 스텝들의 순서들을 /
than less experienced dancers, /
덜 숙련된 무용수들보다 /
and they can repeat / a sequence of steps /
그리고 그들은 반복할 수 있다 / 스텝들의 순서를 /
making up a routine / better than steps ordered randomly.
정해진 춤 동작을 이루는 / 무작위로 배열된 스텝들보다 더 잘

힌트 비교급 표현을 두 번 사용한 문장으로, 첫 번째 비교급은 숙련된 발레 무용수와 덜 숙련된 발레 무용수를 비교하고 있으며, 두 번째 비교급은 정해진 춤 동작의 스텝들과 무작위로 배열된 스텝들을 비교하고 있음.

(10) In each case, / memory range is (e)increased /
각각의 경우에서 / 기억의 범위는 (e)증가된다 /
by the ability / to recognize familiar sequences and patterns.
to부정사의 형용사적 용법
능력에 의해 / 익숙한 순서와 패턴을 인식하는

전문해석

(1)게임 도중에 20개에서 30개의 말들이 아직 놓여 있는 상태로 5초 동안 체스판이 보여진 체스의 달인들은 기억으로부터 그 말들의 위치를 즉시 재현할 수 있다. (2)물론, 초보자들은 겨우 몇 개만 기억해 낼 수 있다. (3)이제 동일한 말들을 가져와서 그것들을 판 위에 무작위로 배치하라, 그러면 그 (a)차이는 많이 줄어든다. (4)전문가의 유리함은 오직 익숙한 패턴들, 즉 이전에 기억에 저장된 패턴들에 대해서만 있다. (5)익숙하지 않은 패턴에 직면하면, 심지어 그것이 같은 익숙한 분야를 포함하더라도, 전문가의 유리함은 (b)사라진다.
(6)익숙한 구조가 기억에 미치는 유익한 효과는 음악을 포함한 많은 유형의 전문 지식에서 관찰되어 왔다. (7)음이 (c)특이한(→ 전형적인) 배열을 따를 때 음악 훈련을 받은 사람은 어떠한 음악 훈련도 받지 않은 사람보다 더 정확하게 악보의 짧은 배열을 재현할 수 있지만, 음들이 무작위로 배열될 때 그 유리함은 훨씬 줄어든다. (8)전문 지식은 또한 (d)동작의 순서에 대한 기억을 향상시킨다. (9)숙련된 발레 무용수들은 덜 숙련된 무용수들보다 더 긴 스텝들의 순서들을 반복할 수 있으며, 그들은 무작위로 배열된 스텝들보다 정해진 춤 동작을 이루는 스텝들의 순서를 더 잘 반복할 수 있다. (10)각각의 경우에서, 기억의 범위는 익숙한 순서와 패턴을 인식하는 능력에 의해 (e)증가된다.

정답확인

41. 윗글의 제목으로 가장 적절한 것은?

① How Can We Build Good Routines?
어떻게 우리는 좋은 습관을 만들 수 있는가?
✔ Familiar Structures Help Us Remember
익숙한 구조는 우리가 기억하는 것을 돕는다
③ Intelligence Does Not Guarantee Expertise
지능이 전문 지식을 보장하지는 않는다
④ Does Playing Chess Improve Your Memory?
체스를 두는 것이 당신의 기억을 향상시키는가?
⑤ Creative Art Performance Starts from Practice
창의적인 예술 공연은 연습에서 시작된다

42. 밑줄 친 (a) ~ (e) 중에서 문맥상 낱말의 쓰임이 적절하지 않은 것은?

① (a) ② (b) ✔(c) ④ (d) ⑤ (e)

문제풀이

42. 문장 (3)~(4)에서 '전문가의 유리함'이 이미 기억에 저장된 익숙한 패턴들에 대해서만 존재한다고 했고, 문장 (7)은 '전문가의 유리함'이 기억에 유리하게 작용하는 한 예시에 해당한다. 문장 (7)에서 '음악 훈련을 받은 사람(=전문가)'이 '어떠한 음악 훈련도 받지 않은 사람(=초보자)'보다 더 정확하게 악보의 배열을 재현하기 위해서는, 그 악보의 배열이 '이미 기억에 저장된, 익숙한 패턴들'에 해당하여야 한다. 따라서 (c)의 밑줄 친 'unusual(특이한)'을 'conventional(전형적인)'으로 고쳐야 옳다.

어휘암기

□ master	명사 달인, 대가, 주인
□ piece	명사 (체스의) 말
□ reproduce	동사 재현하다, 재연하다, 번식하다
□ place	동사 기억해 내다, 배치하다, 두다 / 명사 장소, 위치
□ randomly	부사 무작위로
□ expert	명사 전문가 / 형용사 숙련된
□ advantage	명사 유리함, 이점
□ previously	부사 이전에, 미리
□ be faced with	~에 직면하다
□ unfamiliar	형용사 익숙하지 않은, 낯선
□ involve	동사 포함하다, 수반하다, 관련되다
□ domain	명사 분야, 영역
□ effect of A on B	A가 B에 미치는 효과[영향]
□ observe	동사 관찰하다, 목격하다, 준수하다
□ expertise	명사 전문 지식[기술]
□ sequence	명사 배열, 순서 / 동사 차례로 배열하다
□ musical notation	악보, 기보법
□ accurately	부사 정확하게, 정밀하게
□ order	동사 배열하다, 정리하다, 명령하다 / 명사 순서, 질서

○ 문제편 134쪽

- [ ] **experienced** — 형용사 숙련된, 능숙한
- [ ] **make up** — ~을 이루다[구성하다], ~을 만들다
- [ ] **range** — 명사 범위, 영역
- [ ] **guarantee** — 동사 보장하다, 품질 보증을 하다 / 명사 보증(서)

43~45

정답률 80% | 80% | 85% | 장문의 이해 ▶ 정답 ④ | ④ | ④

지문끊어읽기

(A-1) Once upon a time, / there was a king /
옛날 옛적에 / 한 왕이 있었다 / (선행사)
who lived in a beautiful palace.
(주격 관계대명사)
아름다운 궁전에 사는

(A-2) While the king was away, /
왕이 없는 동안 /
a monster approached the gates of the palace. 45번-① 정답 단서 (왕이 없는 동안 괴물이 궁전 문으로 접근함.)
한 괴물이 궁전 문으로 접근했다

(A-3) The monster was so ugly and smelly /
(so 형용사/부사 that: 너무 ~해서 …하다)
그 괴물이 너무 추하고 냄새가 나서 /
that the guards froze in shock.
경비병들은 충격으로 얼어붙었다

(A-4) He passed the guards / and sat on the king's throne.
(=The monster)
그는 경비병들을 지났다 / 그리고 왕의 왕좌에 앉았다

(A-5) The guards soon came to their senses, / went in, /
(병렬① / 병렬②)
경비병들은 곧 정신을 차렸다 / 안으로 들어갔다 /
and shouted at the monster, /
(병렬③)
그리고 그 괴물을 향해 소리쳤다 /
[demanding that (a)he get off the throne].
(명사절 접속사 / [ ]: 분사구문)
(a)그(monster)에게 왕좌에서 내려올 것을 요구하면서

> 힌트 'demand, require, suggest'와 같은 요구, 제안, 주장 등을 나타내는 동사가 사용되면 목적어인 that절의 동사는 '(should)+동사원형'의 형태를 취함. 이때 should는 생략이 가능하므로 that절의 주어인 he의 동사는 원형인 get이 되었음.

* (A) 요약: 왕이 없는 동안 괴물이 궁전에 들어와서 왕좌를 차지했고, 경비병들은 그 괴물을 쫓아내려고 함.

(D-1) With each bad word the guards used, /
(선행사 / 목적격 관계대명사절)
경비병들이 나쁜 말을 사용할 때마다 /
the monster grew more ugly and smelly. 43번 정답 단서 (앞서 경비병들이 괴물에게 소리친 것에 이어 나쁜 말을 사용할 때마다 괴물은 더 추해지고 냄새가 나게 됨.)
그 괴물은 더 추해졌고 더 냄새가 났다

(D-2) The guards got even angrier /
(비교급 강조부사)
경비병들은 한층 더 화가 났다 /
— they began to brandish their swords /
그들은 그들의 칼을 휘두르기 시작했다 /
to scare the monster away from the palace. 45번-⑤ 정답 단서 (경비병들은 겁을 주어 괴물을 쫓아내려 했음.)
(to부정사의 부사적 용법(목적))
그 괴물을 겁주어 궁전에서 쫓아내려고

(D-3) But (e)he just grew bigger and bigger, /
하지만 (e)그(monster)는 그저 점점 더 커졌다 /
eventually taking up the whole room.
(분사구문)
결국 방 전체를 차지했다

(D-4) He grew more ugly and smelly than ever.
그는 어느 때보다도 더 추해졌고, 더 냄새가 났다

> 힌트 more … than ever: 어느 때보다도 더

* (D) 요약: 경비병들이 괴물에게 나쁜 말과 행동을 할수록 괴물은 더 추해지고 냄새가 나게 됨.

(B-1) Eventually the king returned.
마침내 왕이 돌아왔다
(돌아온 왕은 경비병들이 괴물을 쫓아내려고 할수록 상황이 더 나빠지고 있다는 것을 알아차림.)

(B-2) He was wise and kind / and saw what was happening. 43번 정답 단서
(간접의문문: 의문사(주어)+동사)
그는 현명하고 친절했다 / 그리고 무슨 일이 일어나고 있는지 알아차렸다

(B-3) He knew what to do.
(의문사+to부정사(=의문사+S+should+동사원형))
그는 무엇을 해야 할지 알았다
45번-② 정답 단서 (왕은 미소를 지으며 괴물에게 환영한다고 말함.)

(B-4) He smiled and said to the monster, / "Welcome to my palace!"
그는 미소를 지으며 그 괴물에게 말했다 / "나의 궁전에 온 것을 환영하오!"

(B-5) He asked the monster / if (b)he wanted a cup of coffee.
(명사절 접속사(~인지 아닌지))
그는 그 괴물에게 물었다 / (b)그(monster)가 커피 한 잔을 원하는지

(B-6) The monster began to grow smaller / as he drank the coffee.
(접속사(~하면서))
그 괴물은 더 작아지기 시작했다 / 커피를 마시면서

* (B) 요약: 왕이 궁전으로 돌아와 괴물에게 친절을 베풀자 괴물이 작아지기 시작함.

(C-1) The king offered (c)him / some take-out pizza and fries.
왕은 (c)그(monster)에게 제안했다 / 약간의 테이크아웃 피자와 감자튀김을

(C-2) The guards immediately called for pizza.
경비병들은 즉시 피자를 시켰다

(C-3) The monster continued to get smaller /
그 괴물은 계속해서 더 작아졌다 /
with the king's kind gestures. 43번 · 45번-③ 정답 단서 (왕의 친절한 행동에 괴물은 계속 더 작아짐.)
왕의 친절한 행동에

(C-4) (d)He then offered the monster / a full body massage. 44번 정답 단서 (왕이 괴물에게 전신 마사지를 제안함.)
그러고 나서 (d)그(king)는 그 괴물에게 제안했다 / 전신 마사지를

(C-5) As the guards helped with the relaxing massage, /
(접속사)
경비병들이 편안한 마사지를 도와주자 /
the monster became tiny. 45번-④ 정답 단서 (경비병들이 마사지를 도와주자 괴물은 매우 작아졌음.)
그 괴물은 매우 작아졌다

(C-6) With another act of kindness to the monster, /
그 괴물에게 또 한 번의 친절한 행동을 하자 /
he just disappeared.
그는 바로 사라졌다

* (C) 요약: 괴물에게 친절을 베풀수록 괴물은 작아졌고, 결국 사라짐.

전문해석

(A)

(1)옛날 옛적에, 아름다운 궁전에 사는 한 왕이 있었다. (2)왕이 없는 동안, 한 괴물이 궁전 문으로 접근했다. (3)그 괴물이 너무 추하고 냄새가 나서 경비병들은 충격으로 얼어붙었다. (4)그는 경비병들을 지나서 왕의 왕좌에 앉았다. (5)경비병들은 곧 정신을 차리고 안으로 들어가서 그 괴물을 향해 소리치며 (a)그(monster)에게 왕좌에서 내려올 것을 요구했다.

(D)

(1)경비병들이 나쁜 말을 사용할 때마다, 그 괴물은 더 추해졌고, 더 냄새가 났다. (2)경비병들은 한층 더 화가 났고, 그들은 그 괴물을 겁주어 궁전에서 쫓아내려고 그들의 칼을 휘두르기 시작했다. (3)하지만 (e)그(monster)는 그저 점점 더 커져서, 결국 방 전체를 차지했다. (4)그는 어느 때보다도 더 추해졌고, 더 냄새가 났다.

(B)

(1)마침내 왕이 돌아왔다. (2)그는 현명하고 친절했으며, 무슨 일이 일어나고 있는지 알아차렸다. (3)그는 무엇을 해야 할지 알았다. (4)그는 미소를 지으며 그 괴물에게 "나의 궁전에 온 것을 환영하오!"라고 말했다. (5)그는 그 괴물에게 (b)그(monster)가 커피 한 잔을 원하는지 물었다. (6)그 괴물은 커피를 마시면서 더 작아지기 시작했다.

(C)

(1)왕은 (c)그(monster)에게 약간의 테이크아웃 피자와 감자튀김을 제안했다. (2)경비병들은 즉시 피자를 시켰다. (3)그 괴물은 왕의 친절한 행동에 계속해서 더 작아졌다. (4)그러고 나서 (d)그(king)는 그 괴물에게 전신 마사지를 제안했다. (5)경비병들이 편안한 마사지를 도와주자, 그 괴물은 매우 작아졌다. (6)그 괴물에게 또 한 번의 친절한 행동을 하자, 그는 바로 사라졌다.

정답확인

43. 주어진 글 (A)에 이어질 내용을 순서에 맞게 배열한 것으로 가장 적절한 것은?

① (B) — (D) — (C) ② (C) — (B) — (D) ③ (C) — (D) — (B)
✔④ (D) — (B) — (C) ⑤ (D) — (C) — (B)

44. 밑줄 친 (a)~(e) 중에서 가리키는 대상이 나머지 넷과 다른 것은?

① (a) ② (b) ③ (c) ✔④ (d) ⑤ (e)

45. 윗글의 내용으로 적절하지 않은 것은?

① 왕이 없는 동안 괴물이 궁전 문으로 접근했다(approach). 문장(A-2)
② 왕은 미소를 지으며 괴물에게 환영한다고 말했다. 문장(B-4)
③ 왕의 친절한 행동(kind gesture)에 괴물의 몸이 계속 더 작아졌다. 문장(C-3)
✔④ 경비병(guard)들은 괴물을 마사지해 주기를 ~~거부했다~~ 도왔다. 문장(C-5)
⑤ 경비병들은 겁을 주어(scare) 괴물을 쫓아내려 했다. 문장(D-2)

어휘암기

- [ ] **palace** — 명사 궁전, 대저택
- [ ] **approach** — 동사 접근하다, 다가가다
- [ ] **smelly** — 형용사 냄새[악취]가 나는
- [ ] **guard** — 명사 경비병, 경호원단
- [ ] **freeze** — 동사 얼어붙다, 얼다
- [ ] **throne** — 명사 왕좌, 왕위
- [ ] **come to one's senses** — 정신을 차리다, 의식을 되찾다
- [ ] **demand** — 동사 요구하다
- [ ] **get off** — ~에서 내려오다
- [ ] **brandish** — 동사 휘두르다
- [ ] **sword** — 명사 칼, 검, 무력
- [ ] **scare A away** — A를 겁주어 쫓아내다
- [ ] **take up** — (시간·공간을) 차지하다
- [ ] **wise** — 형용사 현명한, 지혜로운
- [ ] **offer** — 동사 제안하다 / 명사 제안, 제의
- [ ] **immediately** — 부사 즉시, 즉각
- [ ] **call for** — ~을 시키다, ~을 요구하다
- [ ] **continue** — 동사 계속하다, 계속되다
- [ ] **gesture** — 명사 행동, 몸짓, 표현
- [ ] **relaxing** — 형용사 편안한
- [ ] **tiny** — 형용사 매우 작은
- [ ] **disappear** — 동사 사라지다, 없어지다

문제편 134쪽

11회 2022년 3월 학평 정답과 해설 영어

문제편 p.135

11회 특징

✓ 2021년 3월 학력평가에 비해 어렵게 출제됨.

✓ 전체적으로 평이한 수준으로 출제된 과거와 달리 지문의 길이가 길고 높은 수준의 어휘가 포함된 문제들이 다수 출제되어 전반적인 난이도가 상승하는 경향으로 변화하고 있음.

✓ 34번은 스포츠에서 홈 경기장(home field)의 장점과 단점에 대해 설명하는 글로 지문의 요지 및 핵심 단어를 정확하게 파악하기 어렵고 선택지의 의미 또한 이해하기 쉽지 않아 오답률이 가장 높았음.

오답률 TOP 5

문항 번호	34	30	39	31	32
분류	빈칸 추론	어휘	주어진 문장 위치 파악	빈칸 추론	빈칸 추론
난도	최상	최상	최상	상	중상

정답표

01	①	02	③	03	②	04	④	05	④
06	③	07	①	08	③	09	⑤	10	③
11	①	12	⑤	13	②	14	②	15	①
16	④	17	④	18	②	19	③	20	⑤
21	⑤	22	①	23	④	24	②	25	⑤
26	③	27	④	28	⑤	29	③	30	⑤
31	②	32	③	33	①	34	①	35	④
36	③	37	②	38	④	39	②	40	①
41	⑤	42	⑤	43	②	44	④	45	⑤

01 정답률 80% | 남자가 하는 말의 목적 ▶ 정답 ①

M: Good afternoon, everybody. This is Student President (학생회장) Sam Wilson. As you know, the lunch basketball league (점심 농구 리그) will begin soon. Many students are interested in (~에 관심이 있다(be interested in)) joining the league and waiting for the sign-up sheet (참가 신청서) to be handed out (배부되다(hand out: 배부하다)) at the gym. For easier access (접근), we've decided to change the registration method (등록 방법). Instead of going (가는 대신 (instead of V-ing: ~하는 대신)) to the gym to register (등록하다), simply log into (~에 로그인하다) the school website and fill out (작성하다) the registration form online. Thank you for listening and let's have a good league.

해석

남: 안녕하세요, 여러분. 저는 학생회장인 Sam Wilson입니다. 아시다시피, 점심 농구 리그가 곧 시작될 것입니다. 많은 학생들이 리그에 참가하는 데 관심을 가지고 있고 체육관에서 참가 신청서가 배부되기를 기다리고 있습니다. 더 쉽게 접근할 수 있도록, 저희는 등록 방법을 변경하기로 결정했습니다. 등록하기 위해 체육관에 가는 대신, 간단히 학교 웹사이트에 로그인해서 온라인으로 등록 양식을 작성해 주십시오. 들어주셔서 감사하며 좋은 리그를 만들어 봅시다.

✔ 농구 리그 참가 등록 방법의 변경을 알리려고
② 확정된 농구 리그 시합 일정을 발표하려고
③ 농구 리그의 심판을 추가 모집하려고
④ 농구 리그 경기 관람을 권장하려고
⑤ 농구 리그 우승 상품을 안내하려고

02 정답률 90% | 여자의 의견 ▶ 정답 ③

W: Daniel, what are you doing in front of the mirror?
M: I have skin problems (피부 문제들) these days. I'm trying to pop (터뜨리려고 하는 (try to V: ~하려고 하다, pop: 터뜨리다)) these pimples (여드름들) on my face.
W: Pimples are really annoying (짜증나는), but I wouldn't do that.
M: Why not?
W: When you pop them with your hands, you're touching (만지는(touch)) your face.
M: Are you saying that I shouldn't touch my face?
W: Exactly. You know our hands are covered with bacteria (박테리아로 덮여 있다 (be covered with: ~으로 덮여 있다, bacteria: 박테리아)), right?
M: So?
W: You'll be spreading (퍼뜨릴 것이다(spread)) bacteria all over (전체에) your face with your hands. It could worsen (악화시키다) your skin problems.
M: Oh, I didn't know that.
W: Touching your face with your hands is bad for (~에 해롭다(be bad for)) your skin.
M: Okay, I got it.

해석

여: Daniel, 거울 앞에서 무엇을 하고 있니?
남: 나는 요즘에 피부 문제가 있어. 얼굴에 난 이 여드름을 터뜨리려고 하는 중이야.
여: 여드름은 정말 짜증나지만, 나라면 그렇게 하지 않을 거야.
남: 왜?
여: 네가 그것들을 손으로 터뜨릴 때, 얼굴을 만지고 있잖아.
남: 얼굴을 만지면 안 된다는 말이야?
여: 바로 그거야. 너는 우리의 손이 박테리아로 덮여 있는 것을 알고 있잖아, 그렇지?
남: 그래서?
여: 너는 손으로 얼굴 전체에 박테리아를 퍼뜨리게 될 거야. 그것은 네 피부 문제를 악화시킬 수 있어.
남: 오, 나는 그것을 몰랐어.
여: 얼굴을 손으로 만지는 것은 네 피부에 해로워.
남: 그래, 알겠어.

① 평소에 피부 상태를 잘 관찰할 필요가 있다.
② 여드름을 치료하려면 피부과 병원에 가야 한다.
✔ 얼굴을 손으로 만지는 것은 얼굴 피부에 해롭다.
④ 지성 피부를 가진 사람은 자주 세수를 해야 한다.
⑤ 손을 자주 씻는 것은 감염병 예방에 도움이 된다.

03 정답률 85% | 두 사람의 관계 ▶ 정답 ②

M: Excuse me. You're Chloe Jones, aren't you?
W: Yes, I am. Have we met before?
M: No, but I'm a big fan (열혈 팬) of yours. I've watched your speeches (연설들) on climate change (기후 변화), and they're very inspiring (영감을 주는).
W: Thank you. I'm so glad to hear that.
M: And, I also think your campaign about plastic pollution (플라스틱 오염) has been very successful (성공적인).
W: As an environmental activist (환경 운동가), that means a lot to me.
M: May I make a suggestion (제안을 하다)? I thought it'd be nice if more children could hear your ideas.
W: That's what I was thinking. Do you have any good ideas?
M: Actually, I'm a cartoonist (만화가). Perhaps I can make comic books (만화책들) based on (~을 바탕으로) your work.
W: That is a wonderful idea. Can I contact (연락하다) you later to discuss (상의하다) it more?
M: Sure. By the way, my name is Jack Perse. Here's my business card (명함).

해석

남: 실례합니다. 당신은 Chloe Jones죠, 그렇지 않나요?
여: 네, 맞아요. 우리가 전에 만난 적이 있나요?
남: 아니요, 하지만 저는 당신의 열혈 팬이에요. 기후 변화에 관한 당신의 연설들을 봤는데, 그것들은 매우 영감을 줬어요.
여: 감사해요. 그 말을 들으니 정말 기쁘네요.
남: 그리고, 저는 또한 플라스틱 오염에 대한 당신의 캠페인이 매우 성공적이었다고 생각해요.
여: 환경 운동가로서, 그것은 저에게 많은 의미가 있어요.
남: 제가 제안을 해도 될까요? 저는 더 많은 아이들이 당신의 생각을 들을 수 있으면 좋겠다고 생각했어요.
여: 저도 그렇게 생각하고 있었어요. 좋은 아이디어가 있나요?
남: 사실, 저는 만화가예요. 아마도 당신의 활동을 바탕으로 만화책을 만들 수 있을 것 같아요.
여: 그거 멋진 생각이네요. 그것에 대해 좀 더 상의하기 위해 나중에 연락해도 될까요?
남: 물론이죠. 그나저나, 제 이름은 Jack Perse예요. 여기 제 명함이 있어요.

① 방송 작가 — 연출자
✔ 만화가 — 환경 운동가
③ 촬영 감독 — 동화 작가
④ 토크쇼 진행자 — 기후학자
⑤ 제품 디자이너 — 영업 사원

04 정답률 70% | 그림에서 대화의 내용과 일치하지 않는 것 ▶ 정답 ④

W: Yesterday, I decorated (꾸몄다) my fish tank (어항) like a beach (해변).
M: I'd like to see it. Do you have a picture?
W: Sure. Here. *[Pause]* Do you recognize (알아보다) the boat in the bottom left corner (왼쪽 아래 구석에)?
M: Yes. It's the one I gave you, isn't it?
W: Right. It looks good in the fish tank, doesn't it?
M: It does. I love the beach chair in the center (가운데에).
W: Yeah. I like it, too.
M: I see a starfish (불가사리) next to the chair.
W: Isn't it cute? And do you see these two surf boards (서핑 보드들) on the right side of (~의 오른쪽에) the picture?
M: Yeah. I like how you put both of them side by side (나란히).
W: I thought that'd look cool.
M: Your fish in the top left corner (왼쪽 위 구석에) looks happy with its new home.
W: I hope so.

해석

여: 어제, 내 어항을 해변처럼 꾸몄어.
남: 그것을 보고 싶어. 사진이 있니?
여: 물론이지. 여기. *[잠시 후]* 왼쪽 아래 구석에 있는 배를 알아보겠니?

남: 그래. 내가 너에게 준 것이구나, 그렇지 않니?
여: 맞아. 어항에 잘 어울리지, 그렇지 않니?
남: 그래. 나는 가운데에 있는 해변 의자가 마음에 들어.
여: 그래. 나도 마음에 들어.
남: 의자 옆에 불가사리가 보이네.
여: 귀엽지 않니? 그리고 사진의 오른쪽에 이 두 개의 서핑 보드가 보여?
남: 그래. 두 개를 나란히 놓은 게 마음에 들어.
여: 그게 멋져 보일 것이라고 생각했어.
남: 왼쪽 위 구석에 있는 물고기는 새 집에 만족하는 것처럼 보여.
여: 그랬으면 좋겠어.

05 정답률 85% | 여자가 남자에게 부탁한 일 ▶ 정답 ④

[Cell phone rings.]

M: Hello, honey. I'm on the way home. How's setting up (준비하는 것(set up)) Mike's birthday party going?

W: Good, but I still have stuff (일) to do. Mike and his friends will get here soon.

M: Should I pick up (가지러 가다) the birthday cake?

W: No, that's okay. I already (이미) did that.

M: Then, do you want me to put up the balloons (풍선들을 달다) around the doorway (현관) when I get there?

W: I'll take care of (~을 처리하다) it. Can you take the table out to (탁자를 ~로 옮기다) the front yard (앞마당)?

M: Sure. Are we having the party outside?

W: Yes. The weather (날씨) is beautiful so I made a last minute change (마지막 순간에 바꿨다(make a change: 바꾸다)).

M: Great. The kids can play with (~을 가지고 놀다) water guns in the front yard.

W: Good idea. I'll go to the garage (차고) and grab (가져오다) the water guns.

해석

[휴대전화가 울린다.]

남: 여보세요, 여보. 저는 집에 가는 길이에요. Mike의 생일 파티를 준비하는 것은 어떻게 되어 가요?
여: 좋아요, 그런데 아직도 할 일이 있어요. Mike와 그의 친구들이 곧 여기에 도착할 거예요.
남: 제가 생일 케이크를 가지러 갈까요?
여: 아니요, 괜찮아요. 제가 이미 했어요.
남: 그럼, 도착하면 현관 주위에 풍선을 달아줄까요?
여: 그 일은 제가 처리할게요. 당신은 탁자를 앞마당으로 옮겨줄래요?
남: 물론이죠. 우리 밖에서 파티를 하는 거예요?
여: 네. 날씨가 좋아서 마지막 순간에 바꿨어요.
남: 좋네요. 아이들이 앞마당에서 물총을 가지고 놀 수 있겠아요.
여: 좋은 생각이에요. 제가 차고로 가서 물총을 가져올게요.

① 장난감 사 오기
② 풍선 달기
③ 케이크 가져오기
✔④ 탁자 옮기기
⑤ 아이들 데려오기

06 정답률 80% | 남자가 지불할 금액 ▶ 정답 ③

W: Welcome to Green Eco Shop. How can I help you?

M: Hi, do you sell eco-friendly (친환경적인) toothbrushes (칫솔들)?

W: Yes, we have a few types (몇 가지 종류들) over here. Which do you like?

M: Hmm.... How much are these?

W: They're $2 each. They are made from bamboo (대나무로 만들어졌다 (be made from: ~으로 만들어지다, bamboo: 대나무)).

M: All right. I'll take four of them.

W: Excellent choice. Anything else?

M: I also need bath sponges (목욕용 스펀지들).

W: They're right behind you. They're plastic-free (플라스틱이 없는) and only $3 each.

M: Okay. I'll also take four of them. That'll be all.

W: If you have a store membership (매장 회원권), you can get a 10% discount off the total price (총액에서 10% 할인을 받다).

M: Great. I'm a member. Here are my credit and membership cards.

해석

여: Green Eco Shop에 오신 것을 환영합니다. 어떻게 도와드릴까요?
남: 안녕하세요, 친환경 칫솔을 판매하시나요?
여: 네, 여기 몇 가지 종류가 있어요. 어떤 게 좋으세요?
남: 흠.... 이것들은 얼마죠?
여: 한 개에 2달러예요. 그것들은 대나무로 만들어졌어요.
남: 그렇군요. 네 개를 살게요.
여: 훌륭한 선택이에요. 또 다른 건 없으신가요?
남: 목욕용 스펀지도 필요해요.
여: 그것들은 바로 뒤에 있어요. 플라스틱이 없고 한 개에 3달러밖에 안 해요.
남: 알겠어요. 그것도 네 개를 살게요. 그게 다예요.
여: 매장 회원권을 가지고 계시면, 총액에서 10% 할인을 받으실 수 있어요.
남: 잘됐네요. 저는 회원이에요. 여기 제 신용카드와 회원카드가 있어요.

① $14 ② $16 ✔③ $18 ④ $20 ⑤ $22

문제풀이

한 개에 2달러인 친환경 칫솔과 한 개에 3달러인 목욕용 스펀지를 각각 네 개씩 사면 총액은 20달러이다. 매장 회원권을 가지고 있는 남자는 10% 할인을 받을 수 있으므로 지불할 금액은 2달러가 할인된 18달러이다. 따라서 답은 ③ '$18'이다.

07 정답률 85% | 두 사람이 오늘 실험을 할 수 없는 이유 ▶ 정답 ①

[Cell phone rings.]

M: Hey, Suji. Where are you?

W: I'm in the library checking out books. I'll be heading out to (~로 갈 것이다(head out to)) the science lab (과학실) for our experiment (실험) in a couple of minutes.

M: I guess you haven't checked my message yet. We can't do the experiment today.

W: Really? Isn't the lab available (이용할 수 있는) today?

M: Yes, it is, but I canceled (취소했다) our reservation (예약).

W: Why? Are you still suffering from your cold (감기를 앓고 있는(suffer from: ~을 앓다, cold: 감기))?

M: No, I'm fine now.

W: That's good. Then why aren't we doing the experiment today? We need to hand in (제출하다) the science report (과학 보고서) by next Monday.

M: Unfortunately, the experiment kit hasn't been delivered (배달되지 않았다(deliver: 배달하다)) yet. It'll arrive (도착하다) tomorrow.

W: Oh, well. The experiment has to wait one more day, then.

해석

[휴대전화가 울린다.]

남: 이봐, Suji. 어디에 있니?
여: 도서관에서 책을 빌리고 있어. 몇 분 후에 우리의 실험을 위해 과학실로 갈 거야.
남: 네가 아직 내 메시지를 확인하지 않은 것 같구나. 우리는 오늘 실험을 할 수 없어.
여: 정말? 오늘 과학실을 이용할 수 없는 거야?
남: 아니, 이용할 수 있지만, 내가 예약을 취소했어.
여: 왜? 아직도 감기를 앓고 있니?
남: 아니, 지금은 괜찮아.
여: 잘됐다. 그럼 우리 오늘 왜 실험을 안 하는 거야? 우리는 다음 주 월요일까지 과학 보고서를 제출해야 해.
남: 안타깝게도, 실험용 키트가 아직 배달되지 않았어. 그것은 내일 도착할 거야.
여: 오, 그렇구나. 그럼, 실험은 하루 더 기다려야겠네.

✔① 실험용 키트가 배달되지 않아서
② 실험 주제를 변경해야 해서
③ 과학실을 예약하지 못해서
④ 보고서를 작성해야 해서
⑤ 남자가 감기에 걸려서

08 정답률 85% | Stanville Free-cycle에 관해 언급되지 않은 것 ▶ 정답 ③

W: Honey, did you see the poster about the Stanville Free-cycle (무료 순환)?

M: Free-cycle? What is that?

W: It's another way of recycling (재활용). You give away (나눠주다) items (물건들) you don't need and anybody can take them for free (무료로).

M: Oh, it's like one man's garbage (쓰레기) is another man's treasure (보물). Who can participate (참가하다)?

W: It's open to everyone living in Stanville.

M: Great. Where is it taking place (열리는(take place))?

W: At Rose Park on Second Street.

M: When does the event (행사) start?

W: It starts on April 12th and runs (계속되다) for a week.

M: Let's see what we can free-cycle, starting from the cupboard (찬장).

W: Okay. But breakable (깨지기 쉬운) items like glass dishes or cups won't be accepted (받아들여지지 않을 것이다 (accept: 받아들이다)).

M: I see. I'll keep that in mind (그것을 명심하다).

해석

여: 여보, Stanville Free-cycle(Stanville 무료 순환)에 관한 포스터를 봤어요?
남: 무료 순환? 그게 뭐죠?
여: 재활용의 또 다른 방법이에요. 당신이 필요로 하지 않는 물건들을 나눠주면 누구나 그것들을 무료로 가져갈 수 있어요.
남: 오, 한 사람의 쓰레기가 다른 사람의 보물인 것과 같은 거네요. 누가 참가할 수 있어요?
여: Stanville에 사는 누구나 참가할 수 있어요.
남: 잘됐네요. 어디에서 열려요?
여: Second Street에 있는 Rose 공원에서요.

문제편 135쪽

남: 그 행사는 언제 시작하죠?
여: 4월 12일에 시작해서 일주일 동안 계속돼요.
남: 찬장부터 시작해서 우리가 무엇을 무료 순환할 수 있는지 봅시다.
여: 좋아요. 하지만 유리 접시나 컵과 같은 깨지기 쉬운 물건들은 받아들여지지 않을 거예요.
남: 그렇군요. 그것을 명심할게요.

① 참가 대상 ② 행사 장소 ③ 주차 가능 여부
④ 행사 시작일 ⑤ 금지 품목

09 정답률 85% | River Valley Music Camp에 관한 내용과 일치하지 않는 것 ▶ 정답 ⑤

M: Hello, River Valley High School students. This is your music teacher, Mr. Stailor. Starting on April 11th, we are going to have the River Valley Music Camp (음악 캠프) for five days. You don't need to be (~일 필요는 없다 (don't need to V: ~할 필요는 없다)) a member of the school orchestra (학교 오케스트라) to join the camp. You may bring your own (자신의) instrument (악기) or you can borrow (빌리다) one from the school. On the last day of camp, we are going to film (촬영하다) our performance (공연) and play it on screen (그것을 스크린에 상영하다) at the school summer festival (축제). Please keep in mind the camp is limited (제한되다(limit: 제한하다)) to 50 students. Sign-ups (등록) start this Friday, on a first-come-first-served basis (선착순으로). Come and make music together!

해석
남: 안녕하세요, River Valley 고등학교 학생 여러분. 저는 음악 교사인 Stailor 선생님입니다. 4월 11일부터, 우리는 5일 동안 River Valley Music Camp(River Valley 음악 캠프)를 개최할 예정입니다. 캠프에 참가하기 위해서 학교 오케스트라의 단원일 필요는 없습니다. 여러분은 자신의 악기를 가져오거나 학교에서 빌릴 수 있습니다. 캠프의 마지막 날에, 공연을 촬영하고 학교 여름 축제에서 그것을 스크린에 상영할 것입니다. 캠프는 50명으로 인원이 제한되어 있다는 것을 명심하세요. 등록은 이번 주 금요일에 선착순으로 시작됩니다. 오셔서 함께 음악을 만들어 보세요!

① 4월 11일부터 5일 동안 진행된다.
② 학교 오케스트라 단원이 아니어도 참가할 수 있다.
③ 자신의 악기를 가져오거나 학교에서 빌릴 수 있다.
④ 마지막 날에 공연을 촬영한다.
⑤ 참가 인원에는 제한이 없다.

문제풀이
음악 캠프에 참가할 수 있는 인원은 50명으로 제한되어 있다고 했으므로 ⑤ '참가 인원에는 제한이 없다.'는 일치하지 않는 내용이다.

10 정답률 80% | 표에서 여자가 주문할 소형 진공청소기 ▶ 정답 ③

W: Ben, do you have a minute?
M: Sure. What is it?
W: I'm trying to buy a handheld vacuum cleaner (소형 진공청소기) among these five models. Could you help me choose one?
M: Okay. How much are you willing to spend (쓸 의향이 있는 (willing to V: ~할 의향이 있는, spend: (돈을) 쓰다))?
W: No more than $130.
M: Then we can cross this one out (이것을 제외하다(cross out: 제외하다)). What about the working time (작동 시간)?
W: I think it should be longer than 10 minutes.
M: Then that narrows it down to (범위를 ~으로 좁히다) these three.
W: Should I go with one of the lighter (더 가벼운) ones?
M: Yes. Lighter ones are easier to handle (다루다) while cleaning.
W: All right. What about the filter (필터)?
M: The one with a washable (세척 가능한) filter would be a better choice.
W: I got it. Then I'll order this one.

해석
여: Ben, 시간 좀 있니?
남: 물론이지. 무슨 일이야?
여: 이 다섯 가지 모델 중에서 소형 진공청소기를 사려고 해. 하나 고르는 것을 도와줄래?
남: 좋아. 너는 얼마를 쓸 의향이 있니?
여: 130달러 이하야.
남: 그럼 우리는 이것을 제외할 수 있어. 작동 시간은 어때?
여: 10분보다 더 길어야 할 것 같아.
남: 그럼 이 세 가지로 범위를 좁히겠네.
여: 더 가벼운 것 중 하나를 골라야 할까?
남: 그래. 청소할 때 더 가벼운 것이 다루기에 더 편해.
여: 알겠어. 필터는 어때?
남: 세척 가능한 필터가 있는 것이 더 나은 선택이 될 거야.
여: 알겠어. 그럼 이것을 주문할게.

소형 진공청소기

	모델	가격	작동 시간	무게	세척 가능 필터
①	A	50달러	8분	2.5kg	X
②	B	80달러	12분	2.0kg	O
③	C	100달러	15분	1.8kg	O
④	D	120달러	20분	1.8kg	X
⑤	E	150달러	25분	1.6kg	O

11 정답률 75% | 남자의 마지막 말에 대한 여자의 응답 ▶ 정답 ①

M: My eyes are sore (아픈) today.
W: Too bad. Maybe some dust (먼지) got in your eyes.
M: You're probably (아마도) right. What should I do?
W: (Why don't you rinse (씻다) your eyes with clean water?)

해석
남: 오늘 눈이 아파.
여: 저런. 눈에 먼지가 좀 들어갔나 봐.
남: 아마도 네 말이 맞을 거야. 어떻게 해야 하지?
여: (깨끗한 물로 눈을 씻는 게 어때?)

① 깨끗한 물로 눈을 씻는 게 어때?
② 대기 오염에 대해 더 설명해 줄 수 있겠니?
③ 나는 새 안경을 사야 해.
④ 나는 미세먼지가 심각한 문제라는 것에 동의해.
⑤ 우리는 밖에 나가서 산책해야 해.

12 정답률 75% | 여자의 마지막 말에 대한 남자의 응답 ▶ 정답 ⑤

W: Excuse me. Would you mind if I sit (앉다) here?
M: I'm sorry, but it's my friend's seat (자리). He'll be back (돌아오다) in a minute (곧).
W: Oh, I didn't know that. Sorry for bothering (귀찮게 해서 미안하다 (sorry for V-ing: ~해서 미안하다, bother: 귀찮게 하다)) you.
M: (That's okay. I think the seat next to it is available.)

해석
여: 실례해요. 여기에 앉아도 될까요?
남: 죄송한데, 제 친구 자리예요. 그는 곧 돌아올 거예요.
여: 오, 저는 몰랐어요. 귀찮게 해서 미안해요.
남: (괜찮아요. 그 옆의 자리는 비어 있는 것 같아요.)

① 그건 공평하지 않아요. 제가 이 자리를 먼저 예약했어요.
② 고마워요. 제 친구가 그것을 알면 기뻐할 거예요.
③ 천만에요. 뭐든지 물어보세요.
④ 별 말씀을요. 저는 당신과 자리를 바꿔도 상관없어요.
⑤ 괜찮아요. 그 옆의 자리는 비어 있는 것 같아요.

13 정답률 85% | 남자의 마지막 말에 대한 여자의 응답 ▶ 정답 ②

M: Hey, Jasmine.
W: Hi, Kurt. Are you going to be at home tomorrow afternoon?
M: Yeah, I'm going to watch the baseball game (야구 경기) with my friends at home.
W: Good. Can I drop by (잠깐 들르다) your house and give you back the hammer (망치) I borrowed (빌렸다)?
M: Sure. Come over any time. By the way, why don't you join us and watch the game?
W: I'd love to. Which teams are playing?
M: Green Thunders and Black Dragons.
W: That'll be exciting (흥미진진한). What time should I come?
M: Come at five. We'll have pizza (피자를 먹다) before the game.
W: Perfect. Do you want me to bring anything?
M: Maybe some snacks (간식들) to eat while watching the game.
W: (Great. I'll bring chips and popcorn.)

해석
남: 안녕, Jasmine.
여: 안녕, Kurt. 내일 오후에 집에 있을 거니?
남: 그래, 집에서 친구들과 야구 경기를 시청할 거야.
여: 잘 됐다. 내가 네 집에 잠깐 들러서 빌린 망치를 돌려줘도 될까?
남: 물론이지. 언제든지 와. 그런데, 우리와 함께 경기를 보는 게 어때?
여: 그러고 싶어. 어느 팀이 경기를 하니?
남: Green Thunders와 Black Dragons야.
여: 흥미진진하겠다. 몇 시에 가면 될까?
남: 5시에 와. 우리는 경기 전에 피자를 먹을 거야.
여: 완벽해. 내가 뭐 좀 가져갈까?
남: 경기를 보는 동안 먹을 간식이 좀 있으면 좋을 것 같아.
여: (알겠어. 내가 감자칩과 팝콘을 가져갈게.)

① 냄새가 좋다. 피자를 먹어봐도 될까?
② 알겠어. 내가 감자칩과 팝콘을 가져갈게.
③ 문제 없어. 내가 표를 취소할게.
④ 미안해. 나는 야구를 보는 것을 좋아하지 않아.
⑤ 물론이야. 여기 내가 빌린 망치가 있어.

14 정답률 85% | 여자의 마지막 말에 대한 남자의 응답 ▶ 정답 ②

W: Hi, Tom.
M: Hi, Jane. What are you reading?

W: It's a novel by Charles Dickens. I'm going to talk about it with my book club members this weekend.
소설 / 독서 동아리 회원들
M: Oh, you're in a book club?
W: Yes. I joined it a few months ago. And now I read much more than before.
가입했다
M: Really? Actually one of my new year's resolutions is to read more books.
새해 목표들
W: Then, joining a book club will surely help.
분명히
M: Hmm.... What other benefits can I get if I join one?
혜택들
W: You can also share your reading experiences with others.
네 독서 경험을 다른 사람들과 공유하다
M: That'd be nice. (share A with B: A를 B와 공유하다, experience: 경험)
W: Yeah, it really broadens your mind. I really recommend you to join a book club.
넓히다 / 네가 가입하기를 추천하다
(recommend A to V: A가 ~하기를 추천하다)
M: (Sounds cool. I'll join a book club, too.)

해석

여: 안녕, Tom.
남: 안녕, Jane. 무엇을 읽고 있니?
여: Charles Dickens의 소설이야. 나는 이번 주말에 독서 동아리 회원들과 그것에 대해 이야기할 거야.
남: 오, 너 독서 동아리에서 활동하니?
여: 응. 몇 달 전에 가입했어. 그리고 지금은 전보다 훨씬 더 많은 책을 읽어.
남: 정말? 사실 나의 새해 목표 중 하나가 더 많은 책을 읽는 거야.
여: 그렇다면, 독서 동아리에 가입하는 것이 분명히 도움이 될 거야.
남: 흠.... 가입하면 또 어떤 혜택을 얻을 수 있니?
여: 네 독서 경험을 다른 사람들과 공유할 수도 있어.
남: 그거 좋을 것 같아.
여: 그래, 그것은 정말 네 사고방식을 넓혀줘. 나는 네가 독서 동아리에 가입하기를 정말 추천해.
남: (멋질 것 같아. 나도 독서 동아리에 가입할게.)

① 맞아. 이것은 베스트셀러 소설이야.
✔② 멋질 것 같아. 나도 독서 동아리에 가입할게.
③ 그렇진 않아. 책은 좋은 선물이 돼.
④ 새해 목표는 지키기 어려워.
⑤ 네 독서 동아리를 위해 책을 좀 사자.

문제풀이

새해 목표가 많은 책을 읽는 것이라고 말하는 남자에게 여자는 독서 동아리 활동을 통해 얻을 수 있는 여러 가지 혜택들에 대해 설명하며 가입할 것을 추천하고 있다. 이에 대한 남자의 응답으로는 ② 'Sounds cool. I'll join a book club, too.(멋질 것 같아. 나도 독서 동아리에 가입할게.)'가 적절하다.

15 정답률 85% | 다음 상황에서 Brian이 Sally에게 할 말 ▶ 정답 ①

M: Brian and Sally are walking down the street together. A blind man and his guide dog are walking towards them. Sally likes dogs very much, so she reaches out to touch the guide dog. Brian doesn't think that Sally should do that. The guide dog needs to concentrate on guiding the blind person. If someone touches the dog, the dog can lose its focus. So Brian wants to tell Sally not to touch the guide dog without the permission of the dog owner. In this situation, what would Brian most likely say to Sally?
시각 장애인 / 안내견 / 손을 뻗다 / 안내하는 데 집중하다
(concentrate on V-ing: ~하는 데 집중하다, guide: 안내하다)
집중력을 잃다(lose one's focus) / ~의 허락 없이 / 주인
Brian: (You shouldn't touch a guide dog without permission.)

해석

남: Brian과 Sally는 함께 거리를 걷고 있다. 한 시각 장애인과 그의 안내견이 그들을 향해 걸어오고 있다. Sally는 개를 매우 좋아해서, 안내견을 만지기 위해 손을 뻗는다. Brian은 Sally가 그렇게 하면 안 된다고 생각한다. 안내견은 시각 장애인을 안내하는 데 집중해야 한다. 누군가가 안내견을 만진다면, 안내견은 집중력을 잃을 수 있다. 그래서 Brian은 Sally에게 안내견 주인의 허락 없이 안내견을 만지지 말라고 말하고 싶다. 이러한 상황에서 Brian은 Sally에게 뭐라고 말하겠는가?
Brian: (너는 허락 없이 안내견을 만지면 안 돼.)
✔① 너는 허락 없이 안내견을 만지면 안 돼.
② 우리가 음식을 좀 주면 그 개는 좋아할 거야.
③ 나는 그것이 안내견이 될 만큼 충분히 똑똑하다고 확신해.
④ 나는 네가 매일 개를 산책시킬 것을 제안해.
⑤ 유감스럽지만 이곳에는 개가 들어올 수 없어.

16~17 1지문 2문항

W: Hello, everybody. Welcome to the health workshop. I'm Alanna Reyes, the head trainer from Eastwood Fitness Center. As you know, joints are body parts that link bones together. And doing certain physical activities puts stress on the joints. But the good news is that people with bad joints can still do certain exercises. They have relatively low impact on the joints. Here are some examples. The first is swimming. While swimming, the water supports your body weight. The second is cycling. You put almost no stress on the knee joints when you pedal smoothly. Horseback riding is another exercise that puts very little stress on your knees. Lastly, walking is great because it's low-impact, unlike running. If you have bad joints, don't give up exercising. Instead, stay active and stay healthy!
수석 트레이너 / 관절들 / 연결하다 / 신체 활동들 / ~에 부담을 주다 / 운동들 / ~에 비교적 적은 충격을 주다
(relatively: 비교적, impact: 충격, 영향)
수영 / 지탱하다 / 체중 / 자전거 타기 / 거의 / 페달을 밟다 / 부드럽게 / 승마 / 걷기 / 달리기 / 운동하는 것을 포기하다 / 대신 / 활동적인
(give up V-ing: ~하는 것을 포기하다, exercise: 운동하다)

해석

여: 안녕하세요, 여러분. 건강 워크숍에 오신 것을 환영합니다. 저는 Eastwood 피트니스 센터의 수석 트레이너인 Alanna Reyes입니다. 아시다시피, 관절은 뼈를 서로 연결하는 신체 부위입니다. 그리고 특정한 신체 활동들을 하는 것은 관절에 부담을 줍니다. 하지만 좋은 소식은 관절이 좋지 않은 사람들이 여전히 특정한 운동들을 할 수 있다는 것입니다. 그것들은 관절에 비교적 적은 충격을 줍니다. 여기 몇 가지 예가 있습니다. 첫 번째는 수영입니다. 수영하는 동안, 물은 체중을 지탱합니다. 두 번째는 자전거 타기입니다. 부드럽게 페달을 밟을 때 무릎 관절에 거의 부담을 주지 않습니다. 승마는 무릎에 매우 적은 부담을 주는 또 다른 운동입니다. 마지막으로, 걷기는 달리기와 달리 충격이 적기 때문에 매우 좋습니다. 관절이 좋지 않다 하더라도, 운동하는 것을 포기하지 마세요. 대신, 활동적으로 지내며 건강을 유지하세요!

16 정답률 70% | 여자가 하는 말의 주제 ▶ 정답 ④

① 근육을 형성하는 데 도움을 주는 활동들
② 일상생활에서 스트레스를 조절하는 방법들
③ 노인들의 관절 문제 유형들
✔④ 관절이 좋지 않은 사람들을 위한 충격이 적은 운동들
⑤ 체중 조절을 위해 매일 하는 운동의 중요성

17 정답률 85% | 언급된 운동이 아닌 것 ▶ 정답 ④

① 수영 ② 자전거 타기 ③ 승마
✔④ 볼링 ⑤ 걷기

18 정답률 90% | 글의 목적 파악 ▶ 정답 ②

지문끊어읽기

(1) Dear Ms. Robinson,
Robinson 씨께
(2) The Warblers Choir is happy to announce /
감정 형용사 부사적 용법(감정의 원인)
Warblers 합창단은 알려드리게 되어 기쁩니다 /
that we are invited to compete /
명사절 접속사
저희가 실력을 겨루도록 초청받았음을 /
in the International Young Choir Competition.
국제 청년 합창 대회에서
(3) The competition takes place in London on May 20.
대회는 5월 20일 런던에서 열립니다
(4) Though we wish to participate in the event, /
명사적 용법(O)
비록 저희는 대회에 참가하고 싶지만 /
we do not have the necessary funds / to travel to London.
형용사적 용법 전치사
필요한 자금이 없습니다 / 런던에 가는 데
(5) So we are kindly asking you to support us /
5형식V O O·C
그래서 귀하께서 저희를 후원해 주시기를 정중하게 부탁드립니다 /
by coming to our fundraising concert. 주제문 모금 음악회에 참석해 달라고 요청하고 있음.
저희 모금 음악회에 참석하셔서
(6) It will be held on March 26.
=our fundraising concert
음악회는 3월 26일에 개최될 것입니다
(7) In this concert, / we shall be able to show you /
조동사(미래) 4형식V I·O
이 음악회에서 / 저희는 귀하께 보여드릴 수 있을 것입니다 /
[how big our passion for music is]. [ ]: D·O
음악에 대한 저희의 열정이 얼마나 큰지
힌트 'how+형용사/부사+S+V'는 간접의문문으로 'S가 얼마나 ~한지'로 해석함.
(8) Thank you in advance / for your kind support and help.
삽입구
미리 감사드립니다 / 귀하의 친절한 후원과 도움에 대해
(9) Sincerely, Arnold Reynolds
Arnold Reynolds (드림)

전문해석

(1)Robinson 씨께,
(2)Warblers 합창단이 국제 청년 합창 대회에서 실력을 겨루도록 초청받았음을 알려드리게 되어 기쁩니다. (3)대회는 5월 20일 런던에서 열립니다. (4)비록 저희는 대회에 참가하고 싶지만, 런던에 가는 데 필요한 자금이 없습니다. (5)그래서 귀하께서 저희 모금 음악회에 참석하셔서 저희를 후원해 주시기를 정중하게 부탁드립니다. (6)음악회는 3월 26일에 개최될 것입니다. (7)이 음악회에서 저희는 음악에 대한 저희의 열정이 얼마나 큰지 귀하께 보여드릴 수 있을 것입니다. (8)귀하의 친절한 후원과 도움에 대해 미리 감사드립니다.
(9)Arnold Reynolds (드림)

문제편 136쪽

정답확인

다음 글의 목적으로 가장 적절한 것은?

① 합창 대회 결과를 공지하려고(announce)
✔ 모금 음악회 참석을 요청하려고(ask) 문장(5)
③ 음악회 개최 장소를 예약하려고(reserve)
④ 합창곡 선정에 조언을 구하려고
⑤ 기부금 사용 내역을 보고하려고(report)

어휘암기

☐ **choir**	명사 합창단
☐ **announce**	동사 알리다, 공지하다
☐ **compete**	동사 (실력을) 겨루다, 경쟁하다
☐ **take place**	열리다, 개최되다, 일어나다
☐ **participate in**	~에 참가하다
☐ **necessary**	형용사 필요한
☐ **support**	동사 후원하다, 지지하다
☐ **fundraising**	명사 모금
☐ **be held**	개최되다
☐ **in advance**	미리, 앞서

19 정답률 80% | 심경 파악 ▶ 정답 ③

지문끊어읽기

(1) The principal stepped on stage.
교장 선생님이 무대 위로 올라갔다

(2) "Now, / I present this year's top academic award /
"이제 / 올해의 학업 최우수상을 수여하겠습니다 /
to the student [who has achieved the highest placing]."
선행사 / 현재완료(결과) / [ ]: 주격 관계대명사절
최고 등수를 차지한 학생에게"

(3) He smiled at the row of seats /
선행사
그는 좌석 열을 향해 미소를 지었다 /
[where twelve finalists had gathered].
[ ]: 관계부사절 / 과거완료
열두 명의 최종 입상 후보자가 모여 있는

(4) Zoe wiped a sweaty hand on her handkerchief / 정답 단서 Zoe는 손에서 땀이 남.
V①
Zoe는 땀에 젖은 손을 손수건에 문질러 닦았다 /
and glanced at the other finalists.
V②
그리고 나머지 다른 최종 입상 후보자들을 힐끗 보았다

(5) They all looked as pale and uneasy as herself. 정답 단서 Zoe와 다른 입상 후보자들은 모두 불안함.
as+원급+as A: A만큼 ~한
그들은 모두 그녀만큼 창백하고 불안해 보였다

(6) Zoe and one of the other finalists had won first placing in four subjects /
과거완료
Zoe와 나머지 다른 최종 입상 후보자 중 한 명이 네 개 과목에서 1위를 차지했다 /
so it came down to /
전치사
그러므로 그것은 ~로 좁혀졌다 /
[how teachers ranked their hard work and confidence].
선생님들이 그들의 노력과 자신감을 어떻게 평가하느냐 [ ]: 간접의문문(의문사 how가 이끄는 명사절)

(7) "The Trophy for General Excellence is awarded to Miss Zoe Perry," /
"전체 최우수상을 위한 트로피는 Zoe Perry 양에게 수여됩니다." /
the principal declared.
교장 선생님이 공표했다

(8) "Could Zoe step this way, please?"
"Zoe는 이리로 나와 주겠습니까?"

> 힌트 as if/though 가정법은 'S+V, as if/though+S+V'의 형태를 가지며 '마치 ~인 것처럼, 마치 ~인'이라고 해석됨. 주절과 같은 시제를 가정하는 경우 가정법 과거를, 주절보다 한 시제 더 앞선 내용에 대한 가정인 경우는 가정법 과거완료를 쓰는 것을 기억해야 함. 또한 조건절에서 be동사는 주어의 인칭과 관계 없이 were를 쓸 수 있음.

(9) Zoe felt / as if she were in heaven.
Zoe는 ~한 기분이었다 / 마치 천국에 있는 정답 단서 Zoe는 최우수상을 받아 기분이 매우 좋음.

(10) She walked into the thunder of applause / with a big smile.
그녀는 우레와 같은 박수갈채를 받으며 걸어갔다 / 활짝 웃음을 지으며

전문해석

(1)교장 선생님이 무대 위로 올라갔다. (2)"이제, 최고 등수를 차지한 학생에게 올해의 학업 최우수상을 수여하겠습니다." (3)그는 열두 명의 최종 입상 후보자가 모여 있는 좌석 열을 향해 미소를 지었다. (4)Zoe는 땀에 젖은 손을 손수건에 문질러 닦고는 나머지 다른 최종 입상 후보자들을 힐끗 보았다. (5)그들은 모두 그녀만큼 창백하고 불안해 보였다. (6)Zoe와 나머지 다른 최종 입상 후보자 중 한 명이 네 개 과목에서 1위를 차지했으므로, 그들의 노력과 자신감을 선생님들이 어떻게 평가하느냐로 좁혀졌다. (7)"전체 최우수상을 위한 트로피는 Zoe Perry 양에게 수여됩니다."라고 교장 선생님이 공표했다. (8)"Zoe는 이리로 나와 주시겠습니까?" (9)Zoe는 마치 천국에 있는 기분이었다. (10)그녀는 활짝 웃음을 지으며 우레와 같은 박수갈채를 받으며 걸어갔다.

문제편 136쪽

정답확인

다음 글에 드러난 Zoe의 심경 변화로 가장 적절한 것은?

① hopeful → disappointed
희망에 찬 → 실망한
② guilty → confident
죄책감이 드는 → 자신감 있는
✔ nervous → delighted
불안해하는 → 기쁜
④ angry → calm
화난 → 차분한
⑤ relaxed → proud
편안한 → 자랑스러워하는

어휘암기

☐ **present**	동사 수여하다, 주다
☐ **row**	명사 열, 줄
☐ **glance**	동사 힐끗 보다
☐ **pale**	형용사 창백한
☐ **uneasy**	형용사 불안한
☐ **come down to N**	~으로 좁혀지다
☐ **rank**	동사 평가하다, 순위를 매기다
☐ **declare**	동사 공표하다
☐ **applause**	명사 박수갈채

20 정답률 90% | 필자의 주장 ▶ 정답 ⑤

지문끊어읽기

> 힌트 여기서 would+동사원형은 '~하곤 했다'라는 뜻으로 과거의 습관을 나타냄. 참고로 used to V 또한 '~하곤 했다'라는 뜻을 가지는데 used to V는 과거의 습관뿐만 아니라 과거의 계속적인 상태를 나타냄.

(1) When I was in the army, /
내가 군대에 있을 때 /
my instructors would show up in my barracks room, /
교관들이 나의 병영 생활관에 모습을 드러내곤 했었다 /
and the first thing [they would inspect] / was our bed.
S(=선행사) [ ]: 목적격 관계대명사절(관계사 생략) V
그런데 그들이 맨 먼저 검사하곤 했던 것은 / 우리의 침대였다

> 힌트 require A to V(A가 ~하도록 요구하다)라는 5형식 문장이 수동태로 바뀌면서 목적어인 A가 주어 자리에 온 형태임. 목적격 보어인 to부정사(to make)는 그대로 남아 있음.

(2) It was a simple task, / but every morning /
그것은 단순한 일이었다 / 하지만 매일 아침 /
we were required / to make our bed /
5형식V O.C
우리는 요구받았다 / 침대를 정돈하도록 /
to perfection.
완벽하게

> 힌트 'to/by/in/with/without+추상명사'는 부사처럼 쓰일 수 있음. 본문의 경우 '완벽'이라는 뜻의 perfection이 전치사 to와 함께 'to perfection'이라는 전치사구를 이루면서 '완벽하게, 완전히'라고 부사처럼 해석됨.

(3) It seemed a little ridiculous at the time, /
2형식V S.C(형용사)
그것은 그 당시에는 약간 우스꽝스럽게 보였다 /
but the wisdom of this simple act /
하지만 이 단순한 행위의 지혜는 /
has been proven to me / many times over.
나에게 증명되었다 / 여러 차례 거듭하여

(4) If you make your bed every morning, /
여러분이 매일 아침 침대를 정돈한다면 /
you will have accomplished / the first task of the day.
will have p.p: 미래완료(결과)
여러분은 성취한 것이 된다 / 하루의 첫 번째 과업을

(5) It will give you a small sense of pride /
4형식V I.O D.O
그것은 여러분에게 작은 자존감을 줄 것이다 /
and it will encourage you / to do another task and another.
5형식V O O.C
그리고 그것은 여러분에게 용기를 줄 것이다 / 또 다른 과업을 잇따라 이어가도록

(6) By the end of the day, / that one task completed /
하루가 끝날 때쯤에는 / 완수된 그 하나의 과업이 / 주격 관계대명사+be동사 생략
will have turned / into many tasks completed. 정답 단서 작은 일부터 하나씩 완수하면 다른 여러 과업을 완수할 수 있음.
변해 있을 것이다 / 여러 개의 완수된 과업으로

(7) If you can't do little things right, /
작은 일들을 제대로 할 수 없으면 /
you will never do the big things right. 주제문 작은 일부터 하나씩 하다 보면 큰일을 할 수 있다는 지문의 요지를 다르게 표현하여 주제를 강조함.
여러분은 결코 큰일들을 제대로 할 수 없을 것이다

전문해석

(1)내가 군대에 있을 때, 교관들이 나의 병영 생활관에 모습을 드러내곤 했었는데, 그들이 맨 먼저 검사하곤 했던 것은 우리의 침대였다. (2)단순한 일이었지만, 매일 아침 우리는 침대를 완벽하게 정돈하도록 요구받았다. (3)그 당시에는 약간 우스꽝스럽게 보였지만, 이 단순한 행위의 지혜는 여러 차례 거듭하여 나에게 증명되었다. (4)여러분이 매일 아침 침대를 정돈한다면, 여러분은 하루의 첫 번째 과업을 성취한 것이 된다. (5)그것은 여러분에게 작은 자존감을 주고, 또 다른 과업을 잇따라 이어가도록 용기를 줄 것이다. (6)하루가 끝날 때쯤에는, 완수된 그 하나의 과업이 여러 개의 완수된 과업으로 변해 있을 것이다. (7)작은 일들을 제대로 할 수 없으면, 여러분은 결코 큰일들을 제대로 할 수 없을 것이다.

정답확인

다음 글에서 필자가 주장하는 바로 가장 적절한 것은?
① 숙면을 위해서는 침대를 깔끔하게 관리해야 한다.
② 일의 효율성(efficiency)을 높이려면 협동심을 발휘해야 한다.
③ 올바른 습관(habit)을 기르려면 정해진 규칙을 따라야(obey) 한다.
④ 건강을 유지하기 위해서는 기상 시간이 일정해야 한다.
✔ 큰일을 잘 이루려면 작은 일부터 제대로 수행해야(accomplish) 한다. 문장(7)

어휘암기

☐ barracks room	(병영) 생활관
☐ inspect	동사 검사하다, 검열하다
☐ make one's bed	침대를 정돈하다
☐ perfection	명사 완벽
☐ ridiculous	형용사 우스꽝스러운, 말도 안 되는
☐ wisdom	명사 지혜
☐ accomplish	동사 성취하다, 수행하다
☐ pride	명사 자부심, 자존심
☐ complete	동사 완수하다
☐ turn into	~으로 변하다
☐ right	부사 제대로, 옳게

21 정답률 55% | 의미 추론 ▶ 정답 ⑤

글의 내용 파악
구직 활동 시 주도성을 발휘할 필요가 있다는 내용의 글이다.

지문끊어읽기

(1) 1 A job search is not a passive task.
구직은 수동적인 일이 아니다

(2) 1 When you are searching, /
여러분이 구직 중일 때 /
2 you are not browsing, /
여러분은 이리저리 둘러보지 않으며 /
3 nor are you "just looking".
'그냥 보기'만 하지도 않는다
+ 부정어구의 도치 구문 : 부정어 + be동사 + 주어 / 부정어 + 조동사 + 주어 + 동사
+ nor vs. neither 1. nor: 접속사, 부사 2. neither: 한정사, 대명사, 부사 → 접속사로 절대 사용될 수 없음

(3) 1 Browsing is not an effective way /
둘러보는 것은 효과적인 방법이 아니다 /
3 to reach a goal /
to부정사의 형용사적 용법(an effective way 수식)
목표에 이를 /
2 [(that) you claim to want to reach].
목적격 관계대명사 생략(선행사: a goal)
여러분이 이르기를 원한다고 주장하는

(4) 1 If you are acting with purpose, /
만약 여러분이 목적을 갖고 행동한다면 / 동격
2 if you are serious about anything /
선행사
즉 만약 여러분이 어떤 것에 진지하다면 /
3 [(that) you chose to do], /
목적격 관계대명사절
여러분이 하고자 선택한 /
4 then you need to be direct, focused /
여러분은 직접적이어야 하고 집중해야 한다 /
5 and whenever possible, clever.
삽입절
그리고 언제고 가능하다면 영리해야 한다

(5) 1 Everyone else searching for a job /
주어(단수) 현재분사구
일자리를 찾는 다른 모든 이가 /
3 has the same goal, /
동사(단수)
똑같은 목표를 지닌다 /
2 competing for the same jobs.
분사구문
똑같은 일자리를 놓고 경쟁하면서

(6) 1 You must do more /
여러분은 더 많은 것을 해야 한다 /
2 than the rest of the herd.
무리의 나머지 사람들보다
+ It takes + 사람 + 시간 + to V = It takes + 시간 + for + 사람 + to V : (사람)이 ~하는데 …의 시간이 걸리다

(7) 1 Regardless of [how long it may take you /
전치사(~에 상관없이) 간접의문문
여러분이 얼마나 오래 걸리는지에 상관없이 /
2 to find and get the job [(that) you want]], /
선행사 목적격 관계대명사 생략
여러분이 원하는 직업을 찾고 구하는 데 /
5 being proactive will logically get you results faster /
주어(동명사구) 동사구 간접목적어 직접목적어
주도적인 것이 타당하게도 여러분에게 결과를 더 빨리 가져다줄 것이다 /
3 than if you rely only on browsing online job boards /
전치사 동명사①
여러분이 온라인 직업 게시판을 보는 것에만 의존하는 것보다는 /
4 and emailing an occasional resume.
동명사②
그리고 가끔 이력서를 이메일로 보내는 것에만
대명사(= browsing ~ and emailing ~)

(8) 1 Leave those activities to the rest of the sheep.
동사(명령문)
그런 활동들은 나머지 양들이 하게 두라

전문해석

(1)구직은 수동적인 일이 아니다. (2)여러분이 구직 중일 때, 여러분은 이리저리 둘러보지 않으며, '그냥 보기'만 하지도 않는다. (3)둘러보는 것은 여러분이 이르기를 원한다고 주장하는 목표에 이를 효과적인 방법이 아니다. (4)만약 여러분이 목적을 갖고 행동한다면, 즉 만약 여러분이 하고자 선택한 어떤 것에 진지하다면, 여러분은 직접적이어야 하고, 집중해야 하며, 언제고 가능하다면 영리해야 한다. (5)일자리를 찾는 다른 모든 이가 똑같은 일자리를 놓고 경쟁하면서, 똑같은 목표를 지닌다. (6)여러분은 무리의 나머지 사람들보다 더 많은 것을 해야 한다. (7)여러분이 원하는 직업을 찾고 구하는 데 얼마나 오래 걸리는지에 상관없이, 여러분이 온라인 직업 게시판을 보고 가끔 이력서를 이메일로 보내는 것에만 의존하는 것보다는, 주도적인 것이 타당하게도 여러분에게 결과를 더 빨리 가져다줄 것이다. (8)그런 활동들은 나머지 양들이 하게 두라.

정답풀이

Leave those activities to the rest of the sheep.
= ⑤ Be more active to stand out from other job-seekers.
다른 구직자들보다 눈에 띄도록 더 적극적으로 하라.

구직은 수동적으로 행할 일이 아니며, 적극성을 가지고 남들이 하는 것보다 추가로 해야 성공할 수 있다는 내용의 글이다. 바로 앞 문장 '~ being proactive will logically get you results faster ~.'은 위 글의 주제를 제시하며 구직에서의 주도성을 강조하고 있다. 따라서 밑줄 친 부분의 의미로 가장 적절한 것은 '⑤ 다른 구직자들보다 눈에 띄도록 더 적극적으로 하라.'이다.

오답풀이

① Try to understand other job-seekers' feelings.
다른 구직자들의 마음을 이해해보려 노력하라.
→ 다른 구직자들을 이해해보라는 내용보다도 다른 구직자들을 앞서기 위해 어떻게 해야 할지를 조언하는 글이다.

② Keep calm and stick to your present position.
평정심을 유지하고 현재 자리를 고수하라.
→ 현재 자리를 지키는 것이 아닌 구직이 글의 중심 소재이다.

③ Don't be scared of the job-seeking competition.
구직 경쟁을 두려워 말라.
→ 구직 경쟁에 대한 두려움과 그에 관한 조언은 글에서 언급되지 않았다.

④ Send occasional emails to your future employers.
미래의 고용주에게 때때로 이메일을 보내라.
→ 때때로 이력서를 이메일로 보내는 데 그치지 말고 더 적극적으로 행동할 것을 권하는 내용이 글의 요지이다.

어휘암기

☐ passive	형용사 수동적인
☐ browse	동사 둘러보다, 훑어보다
☐ compete for	~을 놓고 경쟁하다
☐ herd	명사 (동물, 사람의) 무리
☐ regardless of	~에 상관없이
☐ proactive	형용사 (상황을 앞서서) 주도적인, 적극적인
☐ logically	부사 타당하게, 논리적으로
☐ occasional	형용사 가끔의, 때때로의
☐ resume	명사 이력서

문제편 137쪽

22 정답률 90% | 요지 추론 ▶ 정답 ①

지문끊어읽기

(1) Many people view / sleep as merely a "down time" /
선행사
많은 사람이 본다 / 수면을 그저 '가동되지 않는 시간'으로 /
[when their brain shuts off / and their body rests].
[ ]: 관계부사절
그들의 뇌가 멈추는 / 그리고 그들의 신체가 쉬는

(2) In a rush /
서두르는 와중에 /
힌트 부사절 'While they are in a rush ~ responsibilities'가 분사구문 '(While being) in a rush ~ responsibilities'로 바뀐 형태임.
to meet work, school, family, or household responsibilities, /
부사적 용법(목적)
일, 학교, 가족, 또는 가정의 책임을 다하기 위해 /
people cut back on their sleep, / thinking it won't be a problem, /
분사구문(=and they think)
사람들은 그들의 수면을 줄인다 / 그것이 문제가 되지 않을 것으로 생각하는데 /
because all of these other activities seem much more important.
비교급 강조
왜냐하면 이러한 모든 다른 활동들이 훨씬 더 중요해 보이기 때문이다

(3) But research reveals / that a number of vital tasks /
명사절 접속사 S'
하지만 연구는 밝히고 있다 / 많은 매우 중요한 과업이 /
carried out during sleep / help to maintain good health /
V'①
수면 중에 수행되는 / 건강을 유지하는 데 도움이 된다는 것을 /
and enable people to function / at their best. 주제문 수면이 건강 유지와 최상의 기능 발휘에 도움이 됨.
V'②(5형식V) O O.C
그리고 사람들이 기능할 수 있게 해 준다는 것을 / 최상의 수준으로

(4) While you sleep, / your brain is hard at work /
여러분이 잠을 자는 동안 / 여러분의 뇌는 열심히 일하고 있다 /
힌트 쉼표(콤마, comma) 없이 사용되었지만 분사구문의 일종으로 주절과 동시에 발생하는 상황을 나타냄.
forming the pathways / [necessary for learning /
병렬①
경로를 형성하느라 / 학습하는 데 필요한 /
and creating memories and new insights]. [ ]: 주격 관계대명사 + be동사 생략
병렬②
그리고 기억과 새로운 통찰을 만드는 데 필요한

(5) Without enough sleep, /
충분한 수면이 없다면 /
you can't focus and pay attention or respond quickly.
여러분은 정신을 집중하고 주의를 기울이거나 빠르게 반응할 수 없다

(6) A lack of sleep / may even cause / mood problems.
수면의 부족은 / 심지어 일으킬 수도 있다 / 감정 문제를

(7) In addition, / growing evidence shows /
게다가 / 점점 더 많은 증거가 보여준다 /
that a continuous lack of sleep increases the risk /
명사절 접속사
계속된 수면의 부족이 위험을 증가시킨다는 것을 /
for developing serious diseases.
심각한 질병이 생길

전문해석

(1)많은 사람이 수면을 그저 뇌가 멈추고 신체가 쉬는 '가동되지 않는 시간'으로 본다. (2)일, 학교, 가족, 또는 가정의 책임을 다하기 위해 서두르는 와중에, 사람들은 수면 시간을 줄이고, 그것이 문제가 되지 않을 것으로 생각하는데, 왜냐하면 이러한 모든 다른 활동들이 훨씬 더 중요해 보이기 때문이다. (3)하지만 연구는 수면 중에 수행되는 많은 매우 중요한 과업이 건강을 유지하는 데 도움이 되고 사람들이 최상의 수준으로 기능할 수 있게 해 준다는 것을 밝히고 있다. (4)잠을 자는 동안, 여러분의 뇌는 학습하고 기억과 새로운 통찰을 만드는 데 필요한 경로를 형성하느라 열심히 일하고 있다. (5)충분한 수면이 없다면, 여러분은 정신을 집중하고 주의를 기울이거나 빠르게 반응할 수 없다. (6)수면이 부족하면 심지어 감정 (조절) 문제를 일으킬 수도 있다. (7)게다가, 계속된 수면 부족이 심각한 질병이 생길 위험을 증가시킨다는 것을 점점 더 많은 증거가 보여준다.

정답확인

다음 글의 요지로 가장 적절한 것은?

✔ 수면은 건강 유지와 최상의 기능(function) 발휘에 도움이 된다(helpful).
② 업무량(workload)이 증가하면 필요한 수면 시간도 증가한다.
③ 균형 잡힌 식단을 유지하면 뇌 기능이 향상된다(improve).
④ 불면증(insomnia)은 주위 사람들에게 부정적인 영향을 미친다(have an impact on).
⑤ 꿈의 내용은 깨어 있는 시간 동안의 경험을 반영한다(reflect).

어휘암기

☐ **view A as B**	A를 B로 보다[여기다]
☐ **merely**	부사 그저
☐ **down time**	가동되지 않는 시간
☐ **shut off**	멈추다
☐ **in a rush**	서둘러
☐ **meet responsibility**	책임을 다하다
☐ **cut back on**	~을 줄이다
☐ **vital**	형용사 매우 중요한, 필수적인
☐ **carry out**	~을 수행하다
☐ **function**	동사 기능하다 / 명사 기능
☐ **at one's best**	최상의 수준으로
☐ **be hard at work**	열심히 일하다
☐ **form**	동사 형성하다 / 명사 유형, 방식
☐ **focus**	동사 정신을 집중하다 / 명사 초점, 주목
☐ **lack**	명사 부족 / 동사 ~이 없다, 부족하다
☐ **risk**	명사 위험

23 정답률 65% | 주제 추론 ▶ 정답 ④

지문끊어읽기

(1) The whole of human society operates /
전체 인간 사회는 운영된다 /
on knowing the future weather. 주제문 기후 지식에 기반해 인간 사회가 운영된다고 하고 있음.
미래의 날씨를 아는 것을 기반으로

(2) For example, / farmers in India know /
예를 들어 / 인도의 농부들은 안다 /
[when the monsoon rains will come next year] /
[ ]: know의 목적어절(간접의문문)
내년에 언제 몬순 장마가 올지를 /
and so they know / when to plant the crops.
의문사+to V(=의문사+S+should+동사원형)
그래서 그들은 안다 / 언제 작물을 심어야 하는지를

(3) Farmers in Indonesia know /
인도네시아의 농부들은 안다 /
there are two monsoon rains each year, /
매년 몬순 장마가 두 번 있다는 것을 /
so next year they can have two harvests.
그래서 이듬해에 그들은 수확을 두 번 할 수 있다

(4) This is based / on their knowledge of the past, / 정답 단서 농사가 과거의 기후 지식에 기반을 두고 있다고 하고 있음.
이것은 기반을 두고 있다 / 과거에 대한 그들의 지식에 /
as the monsoons have always come /
접속사(이유)
몬순은 항상 왔기 때문이다 /
힌트 세미콜론(;)은 and, so, but, because, while 등의 접속사 역할을 하며 본문의 경우 원인(because)으로 해석할 수 있음.
at about the same time each year / in living memory.
매년 거의 같은 시기에 / 살아 있는 기억 속에서

(5) But the need to predict / goes deeper than this; /
형용사적 용법
그러나 예측할 필요는 / 이것보다 더욱더 깊어진다 /
it influences / every part of our lives. 정답 단서 기후 예측이 우리 삶에 많은 영향을 끼친다고 강조함.
그것은 영향을 미치기 때문이다 / 우리 생활의 모든 부분에

(6) Our houses, roads, railways, airports, offices, and so on /
우리의 집, 도로, 철도, 공항, 사무실 등은 /
are all designed / for the local climate.
모두 설계된다 / 지역의 기후에 맞추어

(7) For example, / in England all the houses have central heating, /
예를 들어 / 영국에서 모든 집은 중앙난방을 갖추고 있다 /
as the outside temperature is usually below 20°C, /
접속사(이유)
외부의 기온이 대체로 섭씨 20도 미만이기 때문에 /
힌트 등위접속사 but을 중심으로 절과 절이 연결되어 있는데, but이 이끄는 절에서 반복되는 they have가 생략됨. 즉, 'but (they have) no air-conditioning', 'but (they) rarely (have) central heating'과 같이 생략이 일어남.
but no air-conditioning, /
하지만 냉방기는 없다 /
as temperatures rarely go beyond 26°C, / while in Australia /
접속사(이유)
기온이 섭씨 26도 위로 거의 올라가지 않기 때문에 / 반면 호주에서는 /
the opposite is true: / most houses have air-conditioning /
그 정반대가 사실이다 / 대부분의 집은 냉방기를 갖추고 있다 /
but rarely central heating.
하지만 중앙난방은 거의 없다
힌트 콜론(:)은 앞 문장이나 어구에 대한 부연 설명을 할 때 사용됨. 본문의 경우 'the opposite is true'에 대해 구체적인 예시를 들어 설명하고 있음.

전문해석

(1)전체 인간 사회는 미래의 날씨를 아는 것을 기반으로 운영된다. (2)예를 들어, 인도의 농부들은 내년에 언제 몬순 장마가 올지를 알고 그래서 그들은 언제 작물을 심어야 하는지를 안다. (3)인도네시아의 농부들은 매년 몬순 장마가 두 번 있다는 것을 알고, 그래서 이듬해에 그들은 수확을 두 번 할 수 있다. (4)이것은 과거에 대한 그들의 지식에 기반을 두고 있는데, 살아 있는 기억 속에서 몬순은 매년 항상 거의 같은 시기에 왔기 때문이다. (5)그러나 예측은 우리 생활의 모든 부분에 영향을 미치기 때문에 예측할 필요는 이것보다 더욱더 깊어진다. (6)우리의 집, 도로, 철도, 공항, 사무실 등은 모두 지역의 기후에 맞추어 설계된다. (7)예를 들어, 영국에서는 외부의 기온이 대체로 섭씨 20도 미만이기 때문에 모든 집은 중앙난방을 갖추고 있지만, 기온이 섭씨 26도 위로 거의 올라가지 않기 때문에 냉방기는 없는 반면, 호주에서는 그 정반대가 사실이어서, 대부분의 집은 냉방기를 갖추었지만 중앙난방은 거의 없다.
- monsoon(몬순): 남아시아 및 동남아시아 지역의 장마, 우기 또는 장마를 일으키는 계절풍을 일컬음.

정답확인

다음 글의 주제로 가장 적절한 것은?

① new technologies dealing with climate change
기후 변화를 해결하는 새로운 기술들
② difficulties in predicting the weather correctly
정확하게 날씨를 예측하는 것의 어려움
③ weather patterns influenced by rising temperatures
상승하는 기온에 의해 영향을 받는 기후 패턴
✔ knowledge of the climate widely affecting our lives
우리의 삶에 크게 영향을 미치는 기후 지식
⑤ traditional wisdom helping our survival in harsh climates
혹독한 기후 속에서 우리의 생존을 돕는 전통적인 지혜

○ 문제편 137쪽

문제풀이

이 지문은 기후 지식이 우리의 삶에 크게 영향을 미친다는 내용의 글이다. 문장 (2)~(4)에서 온순 장마에 대한 지식을 활용하는 농부들의 예를 먼저 제시하고, 문장 (5)~(6)에서 기후 예측의 필요성과 기후 예측이 우리 생활 전반에 미치는 영향에 대해서 강조하고 있다. 이어지는 문장 (7)에서 영국과 호주의 예를 통해 각 지역의 기후에 따라 집의 설계가 달라짐을 제시하여 기후 지식이 우리의 삶에 미치는 영향을 한 번 더 보여 주고 있다. 따라서 정답은 ④이다.

어휘암기

☐ whole	명사 전체 / 형용사 전체의, 모든
☐ operate	동사 운영되다, 돌아가다
☐ crop	명사 작물
☐ harvest	명사 수확 / 동사 수확하다
☐ central heating	중앙난방
☐ deal with	(문제·과제 등을) 해결하다, (주제·소재로) ~을 다루다
☐ widely	부사 크게, 널리
☐ harsh	형용사 (날씨·생활 환경이) 혹독한, 가혹한

24 정답률 65% | 제목 추론 ▶ 정답 ②

지문끊어읽기

(1) Our ability / to accurately recognize and label emotions /
S — 형용사적 용법, 병렬① — 병렬②(to 생략)
우리의 능력은 / 감정을 정확하게 인식하고 감정에 이름을 붙일 수 있는 /
is often referred to as *emotional granularity*.
V
흔히 '감정 입자도'라고 불린다

(2) In the words of Harvard psychologist Susan David, /
Harvard 대학의 심리학자인 Susan David의 말에 의하면 /
"Learning to label emotions / with a more nuanced vocabulary /
S
감정에 이름을 붙이는 법을 배우는 것은 / 더 미묘한 차이가 있는 어휘로 /
can be absolutely transformative." 주제문 더 미묘한 차이가 있는 어휘로 감정을 구별해서 부르는 것은 사람을 변화시킬 수 있다고 함.
V
절대적으로 변화시킬 수 있다

(3) David explains /
David는 설명한다 /
that if we don't have a rich emotional vocabulary, /
명사절 접속사(O)
우리가 풍부한 감정적인 어휘를 갖고 있지 않으면 /
it is difficult [to communicate our needs] /
형식상의 주어 [ ]: 내용상의 주어①
우리의 욕구를 전달하는 것이 어렵다고 /
and [to get the support that we need / from others].
[ ]: 내용상의 주어② 목적격 관계대명사절
그리고 우리가 필요로 하는 지지를 얻는 것이 / 다른 사람들로부터

힌트 문장 (4)의 those는 불특정한 다수를 가리키는 부정대명사 같은 역할을 함.

(4) But / those / [who are able to distinguish /
선행사(S)
그러나 / 사람들은 / 구별할 수 있는 /
between a range of various emotions] / [ ]: 주격 관계대명사절
광범위한
광범위한 다양한 감정을 /
"do much, much better /
V
훨씬, 훨씬 더 잘한다 /
정답 단서 다양한 감정을 구분하는 사람들이 모든 것을 흑백 논리로 보는 사람들에 비해 감정 기복을 더 잘 관리한다고 함. (긍정적인 측면)
at managing the ups and downs of ordinary existence /
전치사 전치사의 목적어(동명사)
평범한 존재로 사는 중에 겪는 감정 기복을 관리하는 일을 /
than those / [who see everything in black and white]."
선행사 [ ]: 주격 관계대명사절
사람들보다 / 모든 것을 흑백 논리로 보는
힌트 표현이 다소 생소하지만, 결국 평범한 존재로서 개인이 느끼는 감정 기복을 의미함.

(5) In fact, / research shows /
사실 / 연구는 보여 준다 /
that the process of labeling emotional experience / is related /
명사절 접속사 S' V'
감정적인 경험에 이름을 붙이는 과정은 / 관련되어 있다는 것을 /
to greater emotion regulation and psychosocial well-being.
더 큰 감정 통제 및 심리 사회적인 행복과
정답 단서 감정적인 경험에 이름을 붙이는 과정이 감정 통제 및 행복과 관련이 있음.

전문해석

(1)감정을 정확하게 인식하고 그것에 이름을 붙일 수 있는 우리의 능력은 흔히 '감정 입자도'라고 불린다. (2)Harvard 대학의 심리학자인 Susan David의 말에 의하면, "감정에 더 미묘한 차이가 있는 어휘로 이름을 붙이는 법을 배우는 것은 절대적으로 (사람을) 변화시킬 수 있다." (3)David는 우리가 풍부한 감정적인 어휘를 갖고 있지 않으면, 우리의 욕구를 전달하고 우리가 필요로 하는 지지를 다른 사람들로부터 얻는 것이 어렵다고 설명한다. (4)그러나 광범위한 다양한 감정을 구별할 수 있는 사람들은 "모든 것을 흑백 논리로 보는 사람들보다 평범한 존재로 사는 중에 겪는 감정 기복을 관리하는 일을 훨씬, 훨씬 더 잘한다." (5)사실, 감정적인 경험에 이름을 붙이는 과정은 더 큰 감정 통제 및 심리 사회적인 행복과 관련되어 있다는 것을 연구 결과가 보여 준다.

- granularity(입자도): 세분화의 정도를 나타내는 용어

정답확인

다음 글의 제목으로 가장 적절한 것은?

① True Friendship Endures Emotional Arguments
진정한 우정은 감정적인 논쟁을 견딘다
✔ Detailed Labeling of Emotions Is Beneficial
감정에 상세하게 이름을 붙이는 것은 이롭다
③ Labeling Emotions: Easier Said Than Done
감정에 이름 붙이기: 말이 행동보다 쉽다
④ Categorize and Label Tasks for Efficiency
효율을 위해 일을 분류하고 그것에 이름을 붙여라
⑤ Be Brave and Communicate Your Needs
용기를 내서 당신의 필요를 전달하라

문제풀이

감정을 정확하게 인식하고 그것에 이름을 붙이는 것이 도움이 된다는 이야기를 지문 전반적으로 전달하고 있다. 문장 (2)와 (3)에서 언급한 Susan David의 말은 감정에 이름을 붙이는 행위의 긍정적인 측면을 강조한다. 문장 (4)와 (5) 또한 긍정적인 측면을 다시금 강조하는데, 이전의 문장들에 비해 보다 상세하게 그 내용을 풀어서 설명한다. 감정에 상세한 이름을 붙이는 이들은 모든 것을 흑백 논리로 보는 사람들보다 감정 통제를 더 잘하며, 심리 사회적인 행복에 더 가깝다는 것이다. 따라서 이러한 내용을 담은 제목으로 ②가 적절하다.

어휘암기

☐ be referred to as	~이라고 불리다
☐ label	동사 이름을 붙이다 / 명사 표, 라벨, 상표
☐ nuanced	형용사 미묘한 차이가 있는
☐ transformative	형용사 변화시키는, 변형의
☐ ups and downs	기복, 좋은 일들과 궂은일들
☐ regulation	명사 통제, 규정
☐ psychosocial	형용사 심리 사회적인
☐ beneficial	형용사 이로운, 유익한

25 정답률 70% | 도표의 이해 ▶ 정답 ⑤

지문끊어읽기

(1) The above graph shows / the percentage of people in the UK /
위 도표는 보여 준다 / 영국 사람들의 비율을 / 선행사
who used online courses and online learning materials, /
주격 관계대명사절
온라인 강의와 온라인 학습 자료를 이용한 /
by age group / in 2020.
연령 집단별로 / 2020년도에

① (2) In each age group, / the percentage of people /
각 연령 집단에서 / 사람들의 비율이 / S
who used online learning materials / was higher /
V
온라인 학습 자료를 이용한 / 더 높았다 /
than that of people / who used online courses.
=the percentage
사람들의 그것보다 / 온라인 강의를 이용한
모든 연령 집단에서 온라인 학습 자료를 이용한 사람들의 비율이 온라인 강의를 이용한 사람들의 비율보다 더 높았음.

② (3) The 25–34 age group had / the highest percentage of people /
25세에서 34세 연령 집단은 가졌다 / 사람들의 가장 높은 비율을 /
who used online courses / in all the age groups.
온라인 강의를 이용한 / 모든 연령 집단 중
모든 연령 집단 중에서 25세에서 34세 연령 집단에서 온라인 강의를 이용한 사람들의 비율이 가장 높았음.

③ (4) Those aged 65 and older /
S 주격 관계대명사+be동사 생략
65세 이상인 사람들이 /
were the least likely to use online courses /
V
온라인 강의를 이용할 가능성이 가장 낮았다 /
among the six age groups.
여섯 개의 연령 집단 중
모든 연령 집단 중 65세 이상 연령 집단에서 온라인 강의를 이용한 사람들의 비율이 가장 낮았음.

④ (5) Among the six age groups, / the gap /
여섯 개의 연령 집단 중 / 차이는 / S
힌트 전치사구 between A and B가 주어인 the gap을 수식하고 있는 형태임.
between the percentage of people who used online courses
and that of people who used online learning materials /
=the percentage
온라인 강의를 이용한 사람들의 비율과 온라인 학습 자료를 이용한 사람들의 그것 사이의 /
was the greatest in the 16–24 age group.
V
16세에서 24세 연령 집단에서 가장 컸다
온라인 강의와 온라인 학습 자료를 이용한 사람들의 비율의 차이는 16세에서 24세 연령 집단에서 가장 크게 나타났음.

⑤ (6) In each / of the 35–44, 45–54, and 55–64 age groups, /
대명사(=each age group)
각 연령 집단에서 / 35세에서 44세, 45세에서 54세, 55세에서 64세의 /
more than one in five people used /
S V
다섯 명 중 한 명이 넘는 비율의 사람들이 이용했다 /
online learning materials.
온라인 학습 자료를
★중요 다섯 명 중 한 명이 넘는 비율이라는 것은 20%를 넘는 비율을 말함. 35세에서 44세의 온라인 학습 자료 이용률은 27%, 45세에서 54세의 온라인 학습 자료 이용률은 22%, 55세에서 64세의 온라인 학습 자료 이용률은 17%임. 55세에서 64세의 온라인 학습 자료 이용률은 20%를 넘지 못하므로 틀림.

문제편 137쪽

전문해석

(1)위 도표는 2020년도에 온라인 강의와 온라인 학습 자료를 이용한 영국 사람들의 비율을 연령 집단별로 보여 준다. ①(2)각 연령 집단에서 온라인 학습 자료를 이용한 사람들의 비율이 온라인 강의를 이용한 사람들의 그것(비율)보다 더 높았다. ②(3)모든 연령 집단 중, 25세에서 34세 연령 집단에서 온라인 강의를 이용한 사람들의 비율이 가장 높았다. ③(4)여섯 개의 연령 집단 중, 65세 이상인 사람들이 온라인 강의를 이용할 가능성이 가장 낮았다. ④(5)여섯 개의 연령 집단 중, 온라인 강의를 이용한 사람들의 비율과 온라인 학습 자료를 이용한 사람들의 그것(비율) 차이는 16세에서 24세 연령 집단에서 가장 컸다. ⑤(6)35세에서 44세, 45세에서 54세, 55세에서 64세의(→ 35세에서 44세, 45세에서 54세의) 각 연령 집단에서 다섯 명 중 한 명이 넘는 비율의 사람들이 온라인 학습 자료를 이용했다.

정답확인

다음 도표의 내용과 일치하지 않는 것은?

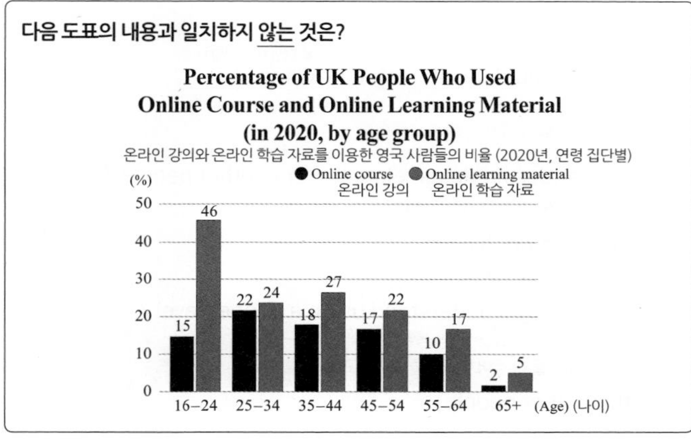

어휘암기

- [ ] course (명사) 강의
- [ ] material (명사) 자료, 재료 / (형용사) 물질적인
- [ ] age group 연령 집단, 연령대

26 정답률 90% | 내용 일치 파악 ▶ 정답 ③

지문끊어읽기

(1) Antonie van Leeuwenhoek was a scientist /
Antonie van Leeuwenhoek는 과학자였다 /
well known for his cell research. 정답 단서-① 세포 연구로 잘 알려진 과학자였음.
주격 관계대명사+be동사 생략
그의 세포 연구로 잘 알려진

(2) He was born in Delft, the Netherlands, on October 24, 1632.
그는 1632년 10월 24일 네덜란드 Delft에서 태어났다

(3) At the age of 16, / he began to learn job skills / in Amsterdam.
명사적 용법
16살에 / 그는 직업 기술을 배우기 시작했다 / Amsterdam에서

(4) At the age of 22, / Leeuwenhoek returned to Delft. 정답 단서-② 22살에 Delft로 돌아왔음.
22살에 / Leeuwenhoek는 Delft로 돌아왔다

(5) It wasn't easy / for Leeuwenhoek to become a scientist.
형식상의 주어 의미상 주어 내용상의 주어
쉽지 않았다 / Leeuwenhoek는 과학자가 되기는

정답 단서-③ 오직 한 가지 언어(네덜란드어)만 알았음.

(6) He knew only one language / — Dutch — /
그는 오직 한 가지 언어만을 알고 있었다 / 네덜란드어 /
which was quite unusual /
계속적 용법(선행사=앞 문장 전체)
그런데 그것은 상당히 드문 것이었다 /
for scientists of his time.
그 당시 과학자들에게는

힌트 대시(—, em dash)는 삽입, 동격, 강조, 부연 설명 등의 역할을 하며 colon(:)이나 comma(,)와 기능이 일부분 중복됨. 본문의 경우 comma와 비슷한 역할을 한다고 볼 수 있음. 따라서 only one language와 Dutch는 동격이며 이어서 나오는 which가 계속적 용법으로 쓰였음을 알 수 있음.

(7) But his curiosity was endless, / and he worked hard.
하지만 그의 호기심은 끝이 없었다 / 그리고 그는 열심히 노력했다

(8) He had an important skill.
그에게는 중요한 기술이 있었다

(9) He knew / [how to make things out of glass]. 정답 단서-④ 유리로 물건을 만드는 법을 알고 있었음.
make A out of B: B로 A를 만들다 [ ]: 의문사+to V (=의문사+S+should+동사원형)
그는 알고 있었다 / 유리로 물건을 만드는 법을

(10) This skill came in handy / when he made lenses /
이 기술은 도움이 되었다 / 그가 렌즈를 만들 때 /
for his simple microscope.
자신의 간단한 현미경에 쓰일

힌트 'with+명사+분사/형용사/전치사구'의 형태를 가진 분사구문의 일종임. 'with+명사+현재분사'는 명사의 능동적 행위를, 'with+명사+과거분사'는 명사의 수동적 행위를 나타냄. 'while blood flowed through them', '피가 그것들(미세한 혈관) 사이를 흐르고 있는 동안'이라고 바꿔 생각하면 이해가 쉬움.

(11) He saw tiny veins / with blood flowing through them.
=tiny veins
그는 미세한 혈관을 보았다 / 피가 흐르고 있는

(12) He also saw / living bacteria / in pond water.
그는 또한 보았다 / 살아 있는 박테리아를 / 연못 물 속에서

(13) He paid close attention / to the things he saw /
V① 선행사 목적격 관계대명사절(관계사 생략)
그는 세심한 주의를 기울였다 / 자신이 본 것들에 /
and wrote down his observations.
V②
그리고 관찰한 것을 기록했다

힌트 전치사 of의 목적어로 선행사를 포함한 관계대명사절이 왔음. 선행사를 포함했기 때문에 what절은 불완전해야 함. 여기서 describe의 목적어가 생략된 것을 알 수 있음.

(14) Since he couldn't draw well, /
그는 그림을 잘 그릴 수 없었기 때문에 /
he hired an artist to draw pictures / of what he described. 정답 단서-⑤ 화가를 고용하여 자신이 설명하는 것을 그리게 했음.
5형식V O O·C
그는 화가를 고용하여 그림을 그리게 했다 / 자신이 설명하는 것의

전문해석

(1)Antonie van Leeuwenhoek는 세포 연구로 잘 알려진 과학자였다. (2)그는 1632년 10월 24일 네덜란드 Delft에서 태어났다. (3)그는 16살에 Amsterdam에서 직업 기술을 배우기 시작했다. (4)Leeuwenhoek는 22살에 Delft로 돌아왔다. (5)Leeuwenhoek는 과학자가 되기는 쉽지 않았다. (6)그는 오직 한 가지 언어, 즉 네덜란드어만을 알고 있었는데, 그것은 그 당시 과학자들에게는 상당히 드문 것이었다. (7)하지만 그의 호기심은 끝이 없었고, 그는 열심히 노력했다. (8)그에게는 중요한 기술이 있었다. (9)그는 유리로 물건을 만드는 법을 알고 있었다. (10)이 기술은 그가 자신의 간단한 현미경에 쓰일 렌즈를 만들 때 도움이 되었다. (11)그는 피가 흐르고 있는 미세한 혈관을 보았다. (12)그는 또한 연못 물 속에서 살아 있는 박테리아를 보았다. (13)그는 자신이 본 것들에 세심한 주의를 기울였고 관찰한 것을 기록했다. (14)그는 그림을 잘 그릴 수 없었기 때문에, 화가를 고용하여 자신이 설명하는 것을 그림으로 그리게 했다.

정답확인

Antonie van Leeuwenhoek에 관한 다음 글의 내용과 일치하지 않는 것은?

① 세포 연구(cell research)로 잘 알려진 과학자였다. 문장(1)
② 22살에 Delft로 돌아왔다(return). 문장(4)
✔ ~~여러 개~~(오직 하나)의 언어를 알았다. 문장(6)
④ 유리로 물건을 만드는 방법을 알고 있었다. 문장(9)
⑤ 화가를 고용하여(hire) 설명하는 것을 그리게 했다. 문장(14)

★중요 문장 (6)에서 그가 오직 네덜란드어, 즉 단 한 가지의 언어만 알고 있었다고 언급함.

어휘암기

- [ ] be known for ~으로 알려지다
- [ ] cell (명사) 세포
- [ ] Dutch (명사) 네덜란드어
- [ ] unusual (형용사) 드문
- [ ] curiosity (명사) 호기심
- [ ] endless (형용사) 끝이 없는
- [ ] come in handy 도움이 되다
- [ ] microscope (명사) 현미경
- [ ] vein (명사) 혈관
- [ ] pay attention to ~에 주의를 기울이다
- [ ] observation (명사) 관찰
- [ ] hire (동사) 고용하다, 빌리다

27 정답률 95% | 내용 일치 파악 ▶ 정답 ④

중요구문

(9) You can sign up for classes / either online or by phone.
either A or B: A나 B
당신은 수업 등록을 할 수 있습니다 / 온라인이나 전화로

(11) To contact, / visit www.rfclass.com / or call 03 – 221 – 2131.
부사적 용법(목적) 병렬① 등위접속사 병렬②
연락하시려면 / www.rfclass.com을 방문하시거나 / 03-221-2131로 전화주세요

전문해석

(1)Rachel의 꽃 교실
(2)인생을 더 아름답게 만드세요!
(3)수업 일정 (매주 월요일부터 금요일까지)

(4)

꽃꽂이	오전 11시 ~ 정오
플라워 박스 만들기 Flower Box Making	오후 1시 ~ 오후 2시 1 p.m. - 2 p.m.

(5)가격
(6) • 각 수업당 $50
(꽃과 다른 재료비 포함) (flowers and other materials included)
(7) • 본인의 가위와 가방을 가져오세요. Bring your own scissors and a bag.
(8)다른 정보
(9) • 온라인이나 전화로 수업 등록을 할 수 있습니다. 정답 단서 You can sign up for classes either online or by phone.
(10) • 수업 당일 취소 시 환불 불가 No refund for cancellations on the day of your class
(11)연락하시려면, www.rfclass.com을 방문하시거나 03 – 221 – 2131로 전화주세요.

정답확인

Rachel's Flower Class에 관한 다음 안내문의 내용과 일치하지 않는 것은?

① 플라워 박스 만들기 수업은 오후 1시에 시작된다. 문장(4)
② 수강료에 꽃값과 다른 재료비가 포함된다(be included). 문장(6)
③ 수강생은 가위와 가방을 가져와야 한다. 문장(7)
✔ 수업 등록(sign-up)은 ~~전화로만~~(온라인이나 전화로) 할 수 있다. 문장(9)
⑤ 수업 당일 취소(cancellation) 시 환불(refund)을 받을 수 없다. 문장(10)

어휘암기

- [ ] flower arrangement (=flower arranging) 꽃꽂이
- [ ] material (명사) 재료
- [ ] sign up for ~을 신청하다, 가입하다
- [ ] refund (명사) 환불 / (동사) 환불하다
- [ ] cancellation (명사) 취소

문제편 138쪽

28 정답률 90% | 내용 일치 파악 ▶ 정답 ⑤

전문해석

(1)야간 궁궐 투어
(2)날짜: 4월 29일 금요일 ~ 5월 15일 일요일
(3)시간
(4)

금요일 Friday	오후 7시 ~ 오후 8시 30분 7 p.m. – 8:30 p.m.
토요일과 일요일	오후 6시 ~ 오후 7시 30분
	오후 8시 ~ 오후 9시 30분

(5)티켓과 예약
(6) • 1인당 15달러(8세 미만 어린이는 무료) $15 per person (free for kids under 8)
(7) • 예약은 투어 시작 2시간 전까지 가능합니다. Bookings will be accepted up to 2 hours before the tour starts.
(8)프로그램 활동
(9) • 투어 가이드와 함께하는 단체 투어 (1시간) Group tour with a tour guide (1 hour)
(10) • 전통 음식과 음료 시음 (30분)
(11)※ 추가 비용 없이 전통 의상을 입어 볼 수 있습니다. 정답단서 You can try on traditional clothes with no extra charge.
(12)※ 더 많은 정보를 원하시면, 저희 웹사이트 www.palacenighttour.com에 방문하세요.

정답확인

Nighttime Palace Tour에 관한 다음 안내문의 내용과 일치하는 것은?
① 금요일에는 하루에 ~~두 번~~(한 번) 투어가 운영된다(be operated). 문장(4)
② 8세 미만 어린이의 티켓은 ~~5달러~~(무료)이다. 문장(6)
③ 예약(booking)은 투어 ~~하루~~(2시간) 전까지만 가능하다. 문장(7)
④ 투어 가이드의 ~~안내 없이~~(안내와 함께) 궁궐을(palace) 둘러본다(look around). 문장(9)
✔ 추가 비용(extra charge) 없이 전통 의상(traditional clothes)을 입어 볼 수 있다. 문장(11)

어휘암기

- ☐ palace 명사 궁궐
- ☐ booking 명사 예약
- ☐ traditional 형용사 전통의, 전통적인
- ☐ try on ~을 입어 보다
- ☐ charge 명사 비용, 요금

29 정답률 60% | 틀린 어법 고르기 ▶ 정답 ③

총평

관계대명사 that과 what의 쓰임을 구별하는 문제이다.

지문끊어읽기

(1) 1 We usually get along best with people / (선행사)
우리는 사람들과 보통 제일 잘 지낸다 /
2 [who (we think) are like us]. (주격 관계대명사절)
우리와 같다고 생각하는

(2) 1 In fact, / 2 we seek them out.
사실 / 우리는 그들을 찾아낸다

(3) 1 It's [why / (선행사 the reason이 생략된 관계부사)
이것이 이유이다 /
2 places like Little Italy, Chinatown, and Koreatown exist]. (주어(복수) / 전치사구 / 동사(복수)) ★ 주어와 동사의 수 일치
리틀 이탈리아, 차이나타운, 코리아타운 같은 장소가 존재하는

(4) 1 But I'm not just talking /
하지만 나는 단지 이야기하는 것이 아니다 /
2 about race, skin color, or religion.
인종, 피부색, 또는 종교에 관해서만

(5) 1 I'm talking about people / (선행사)
나는 이들을 말하는 것이다 /
2 [who share our values / (주격 관계대명사, 동사①)
우리의 가치관을 공유하는 /
3 and look at the world / (동사②)
그리고 세상을 바라보는 /
4 the same way we do]. (관계부사절) ★ 대동사 do(= look at the world)
우리와 똑같은 방식으로

(6) 1 As the saying goes, /
속담에도 있듯이 /
2 birds of a feather flock together.
깃털이 같은 새가 함께 모인다

(7) 1 This is a very common human tendency / (선행사)
이것은 아주 흔한 인간의 경향성이다 /
2 [that is rooted in how our species developed]. (주격 관계대명사절, 선행사 the way가 생략된 관계부사) ★ that vs. what
우리 종이 발전한 방식에 뿌리내린

(8) 1 Imagine [(that) you are walking out in a forest].
여러분이 숲에 나가 걷고 있다고 상상해 보라

(9) 1 You would be conditioned / (동사(조동사 수동태))
여러분은 조건화되어 있을 텐데 /
2 to avoid something unfamiliar or foreign / (주격 보어, avoid의 목적어(단수 명사))
익숙하지 않거나 생소한 것을 피하도록 /
3 because there is a high likelihood / (추상명사)
왜냐하면 가능성이 높기 때문이다 /
4 [that it would be interested in killing you]. (= something unfamiliar or foreign, 동격 명사절(= a high likelihood)) ★ 대명사의 수 일치
그것은 여러분을 죽이는 데 관심이 있을

(10) 1 Similarities make us relate better to other people / ★ 사역동사 make + 목적어 + 목적격 보어(동사원형)
유사점은 우리가 다른 사람들을 더 잘 이해하게 하는데 /
2 because we think /
왜냐하면 우리는 생각하기 때문이다 /
3 [(that) they'll understand us on a deeper level / (명사절 접속사 that 생략(think의 목적어절을 이끎))
그들이 우리를 더 깊이 이해해줄 것이라고 /
4 than other people].
다른 사람들보다도

전문해석

(1)우리는 우리와 같다고 생각하는 사람들과 보통 제일 잘 지낸다. (2)사실, 우리는 그들을 찾아낸다. (3)이것이 리틀 이탈리아, 차이나타운, 코리아타운 같은 장소가 존재하는 이유이다. (4)하지만 나는 단지 인종, 피부색, 또는 종교에 관해서만 이야기하는 것이 아니다. (5)나는 우리의 가치관을 공유하고 우리와 똑같은 방식으로 세상을 바라보는 이들을 말하는 것이다. (6)속담에도 있듯이, 깃털이 같은 새가 함께 모인다(유유상종이다). (7)이것은 우리 종(인간)이 발전한 방식에 뿌리내린 아주 흔한 인간의 경향성이다. (8)여러분이 숲에 나가 걷고 있다고 상상해 보라. (9)여러분은 익숙하지 않거나 생소한 것을 피하도록 조건화되어 있을 텐데, 왜냐하면 그것은 여러분을 죽이는 데 관심이 있을 가능성이 높기 때문이다. (10)유사점은 우리가 다른 사람들을 더 잘 이해하게 하는데, 왜냐하면 우리는 그들이 다른 사람들보다도 우리를 더 깊이 이해해줄 것이라고 생각하기 때문이다.

정답풀이

③ that vs. what

(7) This is a very common human tendency [what is rooted in how our species developed]. (선행사, what → that)

앞에 선행사가 있으므로, 선행사를 포함한 관계대명사 what은 쓸 수 없다. 선행사를 수식하면서 관계사절에서 주어 역할을 하는 주격 관계대명사 that 또는 which로 고쳐야 한다.

오답풀이

① 주어와 동사의 수 일치

(3) It's (the reason) [why places (like Little Italy, Chinatown, and Koreatown) exist]. (관계부사 주어(복수), 전치사구, 동사(복수))

관계부사 why가 이끄는 절의 주어가 복수 명사인 places이므로, 동사 또한 복수형인 exist로 적절하게 쓰였다.

② 대동사 do

(5) I'm talking about people [who share our values and look at the world the same way we do]. (선행사, 주격 관계대명사, 일반동사①, 일반동사②, 대동사(= look at the world))

앞에 나오는 일반동사구 look at the world를 대신하고자 대동사 do가 적절하게 쓰였다.

④ 대명사의 수 일치

(9) You would be conditioned to avoid something (unfamiliar or foreign) because there is a high likelihood [that it would be interested in killing you]. (수식어구, 접속사(이유), 동사, 주어, 동격의 접속사, 대명사(= something unfamiliar or foreign))

앞에 나오는 단수 명사 something unfamiliar or foreign을 가리키기 위해 단수 대명사 it이 적절하게 쓰였다.

문제편 138쪽

⑤ 사역동사의 목적격 보어

(10) Similarities **make** us **relate** better to other people
사역동사 목적어 목적격 보어(동사원형)
because we think (that) they'll understand us on a deeper level than other people.

5형식 사역동사 make는 목적어와 목적격 보어가 능동 관계일 때 동사원형을 목적격 보어로 취한다. 따라서 동사원형 relate가 적절하게 쓰였다.

어휘암기

☐ get along with	~와 잘 지내다, 어울리다
☐ seek out	(공들여) 찾아내다
☐ exist	동사 존재하다
☐ race	명사 인종
☐ religion	명사 종교
☐ be rooted in	~에 뿌리내리다
☐ be conditioned to V	~하도록 조건화되다
☐ likelihood	명사 가능성, 공산
☐ relate to	~을 이해하다, ~에 공감하다

30 정답률 35% | 틀린 어휘 고르기

오답률 TOP 5 ▶ 정답 ⑤

글의 내용 파악
거절에 대한 두려움을 극복할 방법을 조언하는 글이다.

지문끊어읽기

(1) 1 Rejection is an everyday part of our lives, /
형용사(cf. every day: 부사)
거절은 우리 삶의 일상적인 부분이다 /
2 yet most people can't handle it well.
= rejection
하지만 대부분의 사람은 그것을 잘 다루지 못한다
+ so + 형용사/부사 + that + S + V = 형용사/부사 + enough + to V (= painful enough not to ask for ~)
(2) 1 For many, / 2 it's so painful /
많은 사람에게 / 그것은 너무도 고통스러워서 /
3 that they'd rather not ask for something at all /
동사구①
would rather A(동사원형) than B(동사원형): B하느니 (차라리) A하다
사람들은 차라리 아무것도 요청하지 않으려 한다 /
4 than ask and risk rejection.
동사구②
요청하고 거절의 위험을 감수하느니
(3) 1 Yet, / 2 as the old saying goes, /
하지만 / 속담에서도 말하듯이 /
3 if you don't ask, /
여러분이 요청하지 않으면 /
4 the answer is always no.
답은 항상 아니오이다
(4) 1 Avoiding rejection /
주어(동명사구)
거절을 피하는 것은 /
2 negatively affects many aspects of your life.
동사(단수)
여러분 삶의 많은 면에 부정적으로 영향을 끼친다
(5) 1 All of that happens /
그 모든 것은 일어난다 /
2 only because you're not tough enough /
오로지 여러분이 충분히 강하지 않아서 /
3 to handle it.
to부정사의 부사적 용법(정도)
거절에 대처할 만큼
(6) 1 For this reason, /
이런 이유로 /
2 consider rejection therapy.
동사(명령문)
거절 요법을 고려해 보라
(7) 2 Come up with a request or an activity /
명령문(~하라) 선행사(단수)
요청이나 활동을 떠올려 보라 /
1 [that usually results in a rejection].
주격 관계대명사절
대개 거절을 부르는
(8) 1 Working in sales is one such example.
주어(동명사구) 동사(단수)
영업 분야에서 일하는 것이 한 가지 그런 예시이다
(9) 1 Asking for discounts at the stores /
매장에서 할인을 요청하는 것 /
2 will also work.
또한 효과가 있을 것이다
+ 동명사 관용표현(by V-ing: ~함으로써)
(10) 1 By deliberately getting yourself welcomed(→ rejected) /
일부러 스스로를 환영받을(→ 거절당할) 상황에 처하게 함으로써 /
2 you'll grow a thicker skin /
선행사
여러분은 둔감함을 더 키우게 될 것이다 /
allow A to V: A가 ~하게 해주다
3 [that will allow you to take on much more in life, /
주격 관계대명사절 비교급 강조
여러분이 삶에서 훨씬 더 많은 일을 떠맡을 수 있게 해주고 /
+ 연속동작을 나타내는 분사구문 (= and will make)
4 thus making you more successful /
그리하여 여러분이 더 성공적이도록 만들어줄 /
5 at dealing with unfavorable circumstances].
순조롭지 않은 상황을 처리하는 데

전문해석

(1)거절은 우리 삶의 일상적인 부분이지만, 대부분의 사람은 그것을 잘 다루지 못한다. (2)많은 사람에게, 그것은 너무도 고통스러워서 사람들은 요청하고 거절의 위험을 감수하느니 차라리 아무것도 요청하지 않으려 한다. (3)하지만, 속담에서도 말하듯이, 여러분이 요청하지 않으면, 답은 항상 '아니오'이다. (4)거절을 피하는 것은 여러분 삶의 많은 면에 부정적으로 영향을 끼친다. (5)그 모든 것은 오로지 여러분이 거절에 대처할 만큼 충분히 강하지 않아서 일어난다. (6)이런 이유로, 거절 요법을 고려해 보라. (7)대개 거절을 부르는 요청이나 활동을 떠올려 보라. (8)영업 분야에서 일하는 것이 한 가지 그런 예시이다. (9)매장에서 할인을 요청하는 것 또한 효과가 있을 것이다. (10)일부러 스스로를 환영받을(→ 거절당할) 상황에 처하게 함으로써, 여러분은 여러분이 삶에서 훨씬 더 많은 일을 떠맡을 수 있게 해주고, 그리하여 여러분이 순조롭지 않은 상황을 처리하는 데 더 성공적이도록 만들어줄 둔감함을 더 키우게 될 것이다.

정답풀이

By deliberately getting yourself ⑤ ~~welcomed~~ you'll grow
→ rejected
a thicker skin that will allow you to take on much more in life, thus making you more successful at dealing with unfavorable circumstances.

앞에서 영업 일이나 할인 요청 등 의도적으로 대개 '거절당할 상황'을 만드는 거절 요법을 사용하여 거절에 대한 두려움을 극복해볼 것을 조언하고 있다. 따라서 welcomed를 rejected로 바꿔야 한다.

오답풀이

① **risk** (v. 위험을 감수하다): 거절은 너무도 고통스럽기에 '거절의 위험을 감수하느니(risk rejection)' 아무것도 요청하지 않기를 택한다는 설명이 문맥상 자연스럽다.
② **negatively** (ad. 부정적으로): 앞에서 거절이 두려워서 요청하지 않는다면 그 대답은 언제나 '아니오'라고 했으므로, 거절을 피하는 것이 우리 삶에 '부정적으로 영향을 끼친다(negatively affects)'라는 표현은 적절하다.
③ **tough** (a. 강한): 거절을 감당할 만큼 '강하지 않은(not tough)' 것이 문제임을 지적하며 일부러 거절당할 상황을 만들어보라고 조언하는 내용이 문맥상 자연스럽다.
④ **request** (n. 요청): 뒤에 영업 분야에서 일하며 구매를 요청하거나 매장에서 할인을 요청하는 경우가 예로 나오므로, 거절당할 만한 '요청(request)'을 생각해 보라는 진술이 적절하다.

어휘암기

☐ rejection	명사 거절
☐ handle	동사 다루다, 대처하다
☐ risk	동사 위험을 감수하다
☐ negatively	부사 부정적으로
☐ aspect	명사 면, 양상
☐ come up with	~을 떠올리다, 생각해내다
☐ deliberately	부사 일부러, 의도적으로
☐ take on	~을 떠맡다
☐ unfavorable	형용사 순조롭지 않은, 우호적이지 않은
☐ circumstance	명사 상황

11회 2022년 3월 영어

○ 문제편 139쪽

오답률 TOP 5

31 정답률 45% | 빈칸 추론 ▶ 정답 ②

지문끊어읽기

(1) Generalization / without specific examples /
S 선행사
일반화는 / 구체적인 사례가 없는 / 정답단서 구체적인 사례가 글을 인간미 있게 한다고 말함.
that humanize writing / is boring to the listener and to the reader.
주격 관계대명사절 V 병렬① 병렬②
글을 인간미 있게 하는 / 듣는 사람과 읽는 사람에게 지루하다
정답단서 구체적인 사례와 대비하여 상투적인 말을 사용하는 것을 비판함.
(2) Who wants to read platitudes all day?
명사적 용법
누가 상투적인 말을 온종일 읽고 싶어 하겠는가
(3) Who wants to hear the words /
명사적 용법
누가 이런 말들을 듣고 싶어 하겠는가 /
great, greater, best, smartest, finest, humanitarian, /
위대한, 더 위대한, 최고의, 제일 똑똑한, 가장 훌륭한, 인도주의적인 /
on and on and on / without specific examples? 정답단서 구체적인 사례 없이 글을 쓰는 것을 비판하는 저자의 주장을 반복함.
계속해서 끊임없이 / 구체적인 사례 없이
(4) Instead of using these 'nothing words,' /
이런 '공허한 말들'을 사용하는 대신에 / 주제문 구체적인 사례가 없는 말들을 빼고 세부 사항들을 서술하라고 함.
leave them out completely / and just describe the particulars.
그것들을 완전히 빼라 / 그리고 세부 사항들만을 서술하라
(5) There is nothing worse / than reading a scene in a novel /
선행사
더 끔찍한 것은 없다 / 소설의 장면을 읽는 것보다 /
in which a main character is described up front /
전치사+관계대명사(=관계부사 where)
주인공을 대놓고 묘사하는 / 힌트 'describe A as B(A를 B라고 묘사하다)'가 수동태로 바뀌어 'A be described as B'가 됨.
as heroic or brave or tragic or funny, / while thereafter, /
영웅적이다, 용감하다, 비극적이다, 혹은 웃긴다고 / 그런 다음에 /
the writer quickly moves on to something else.
작가가 다른 것으로 빠르게 넘어가는
(6) That's no good, / no good at all.
그건 좋지 않다 / 전혀 좋지 않다
(7) You have to use / less one word descriptions /
당신은 사용해야 한다 / 한 단어 묘사는 덜 / 힌트 의미가 반대되는 두 개의 목적어들을 and로 병렬시키되, 부사 less와 more을 사용하여 대비를 주고 있음.
and more detailed, engaging descriptions /
그리고 세밀하고 마음을 끄는 묘사를 더 많이 /
if you want to make something real. 정답단서 실감나는 글을 위해선 세밀하고 마음을 끄는 묘사를 더 많이 사용해야 한다고 말함. 이는 구체적인 사례들이 글을 인간미 있게 해 준다는 앞선 주장과 일치함.
명사적 용법, 5형식V O O·C
당신이 어떤 것을 실감나게 만들고 싶다면

전문해석

(1)글을 인간미 있게 하는 구체적인 사례가 없는 일반화는 듣는 사람과 읽는 사람에게 지루하다. (2)누가 상투적인 말을 온종일 읽고 싶어 하겠는가? (3)구체적인 사례 없이 위대한, 더 위대한, 최고의, 제일 똑똑한, 가장 훌륭한, 인도주의적인, 이런 말들을 누가 계속해서 끊임없이 듣고 싶어 하겠는가? (4)이런 '공허한 말들'을 사용하는 대신에, 그것들을 완전히 빼고 세부 사항들만을 서술하라. (5)주인공을 대놓고 영웅적이다, 용감하다, 비극적이다, 혹은 웃긴다고 묘사하고, 그런 다음에 작가가 다른 것으로 빠르게 넘어가는 소설의 장면을 읽는 것보다 더 끔찍한 것은 없다. (6)그건 좋지 않다, 전혀 좋지 않다. (7)어떤 것을 실감나게 만들고 싶다면, 한 단어 묘사는 덜 사용하고, 세밀하고 마음을 끄는 묘사를 더 많이 사용해야 한다.

정답확인

다음 빈칸에 들어갈 말로 가장 적절한 것을 고르시오.

① similarities 유사점들 ✔ particulars 세부 사항들 ③ fantasies 상상들
④ boredom 지루함 ⑤ wisdom 지혜

문제풀이

필자는 상투적이고 공허한 묘사, 한 단어로만 된 묘사는 청자와 독자에게 지루함을 줄 뿐이며, 글을 인간미 있고 실감나게 만들기 위해서는 구체적인 사례와 세밀하게 표현된 묘사가 필요하다고 이야기하고 있다. 계속해서 두 가지의 묘사 방법을 대조하면서 글을 전개하고 있으므로 문장 (2)의 'platitudes', 문장 (3)의 'the words ~ without specific examples', 문장 (4)의 'nothing words'에 대비되면서 구체적인 사례 또는 세밀한 묘사와 의미가 유사한 ②가 정답이다.

어휘암기

☐ generalization	명사 일반화
☐ humanize	동사 인간미 있게 하다
☐ platitude	명사 상투적인 말
☐ humanitarian	형용사 인도주의적인, 인도주의의
☐ leave out	빼다, 제외하다, 생략하다, 무시하다
☐ particular	명사 (주로 복수형) 세부 사항 형용사 특정한, 특별한
☐ up front	부사 대놓고, 선불로
☐ heroic	형용사 영웅적인, 대담한
☐ tragic	형용사 비극적인
☐ thereafter	부사 그 다음에
☐ description	명사 묘사, 서술
☐ detailed	형용사 세밀한, 상세한
☐ engaging	형용사 마음을 끄는, 매력적인

오답률 TOP 5

32 정답률 55% | 빈칸 추론 ▶ 정답 ③

지문끊어읽기

(1) Face-to-face interaction is a uniquely powerful /
대면 상호 작용은 유례없이 강력한 ~이다 /
— and sometimes the only — / way /
그리고 때로는 유일한 / 방법이다 /
to share many kinds of knowledge, /
형용사적 용법
많은 종류의 지식을 공유하는 / 힌트 the simplest, the most complex 뒤에는 각각 knowledge가 생략되어 있음. 최상급 뒤의 명사는 종종 생략됨.
from the simplest to the most complex. 주제문 대면 상호 작용은 많은 종류의 지식을 공유할 수 있는 강력한 방법이라고 말하고 있음.
from A to B: A부터 B까지
가장 간단한 것부터 가장 복잡한 것까지
(2) It is one of the best ways /
=Face-to-Face interaction
그것은 가장 좋은 방법의 한 가지이다 / 정답단서 대면 상호 작용은 새로운 아이디어를 자극하는 가장 좋은 방법 중 하나라고 말하고 있음.
to stimulate new thinking and ideas, / too.
형용사적 용법
새로운 생각과 아이디어를 자극하는 / 또한
(3) Most of us would have had difficulty /
would have p.p.(과거에 대한 추측)
우리 대부분이 어려움을 겪었을 것이다 / 힌트 'have difficulty (in) V-ing'는 '~하는 데 어려움을 겪다'라는 의미로 전치사 in이 종종 생략되어 difficulty 바로 뒤에 V-ing 형태가 나오는 것을 유의해야 함.
[learning how to tie a shoelace only from pictures, /
병렬①
그림만으로 신발 끈 묶는 법을 배웠다면 /
or how to do arithmetic from a book]. [ ]: 동명사구
병렬②
또는 책으로부터 계산하는 방법을 배웠다면
(4) Psychologist Mihàly Csikszentmihàlyi found, /
V
심리학자 Mihàly Csikszentmihàlyi는 발견했다 /
while studying high achievers, /
분사구문(동시동작)
높은 성취도를 보이는 사람들을 연구하면서 /
[that a large number of Nobel Prize winners were the students of
명사절 접속사 [ ]: found의 목적어절
previous winners]: 정답단서 다수의 노벨상 수상자가 이전 수상자들의 학생들이라고 함. 이는 이전 수상자들과 새 수상자들 간의 대면 상호 작용이 있었음을 암시함.
다수의 노벨상 수상자가 이전 수상자들의 학생들이라는 것을
(5) they had access to the same literature / as everyone else, /
=the Nobel Prize winners
그들은 똑같은 문헌에 접근할 수 있었다 / 다른 사람들처럼 /
but personal contact made a crucial difference / to their creativity.
하지만 개인적인 접촉이 결정적인 차이를 만들었다 / 그들의 창의성에
(6) Within organisations / this makes conversation /
5형식V O
조직 내에서 / 이것은 대화를 만든다 /
both a crucial factor for high-level professional skills /
O·C①
고급 전문 기술을 위한 매우 중요한 요소로 /
and the most important way of sharing everyday information.
O·C②
그리고 일상 정보를 공유하는 가장 중요한 방식으로 정답단서 대화, 즉 대면 상호 작용은 고급 전문 기술과 일상 정보 공유에 중요한 역할을 한다고 함.

전문해석

(1)대면 상호 작용은 가장 간단한 것부터 가장 복잡한 것까지 많은 종류의 지식을 공유하는, 유례없이 강력하고 때로는 유일한 방법이다. (2)그것은 새로운 생각과 아이디어를 자극하는 가장 좋은 방법의 한 가지이기도 하다. (3)우리 대부분이 그림만으로 신발 끈 묶는 법을 배웠거나, 책으로부터 계산하는 방법을 배웠다면 어려움을 겪었을 것이다. (4)심리학자 Mihàly Csikszentmihàlyi는 높은 성취도를 보이는 사람들을 연구하면서 다수의 노벨상 수상자가 이전 (노벨상) 수상자들의 학생들이라는 것을 발견했다. (5)그들은 다른 사람들과 똑같은 문헌에 접근할 수 있었지만, 개인적인 접촉이 그들의 창의성에 결정적인 차이를 만들었다. (6)이로 인해 조직 내에서 대화는 고급 전문 기술을 위한 매우 중요한 요소이자 일상 정보를 공유하는 가장 중요한 방식이 된다.

정답확인

다음 빈칸에 들어갈 말로 가장 적절한 것을 고르시오.

① natural talent 타고난 재능 ② regular practice 규칙적인 연습 ✔ personal contact 개인적인 접촉
④ complex knowledge 복잡한 지식 ⑤ powerful motivation 강력한 동기 부여

문제풀이

필자는 문장 (1), (2)에서 대면 상호 작용이 지식을 공유하고 새로운 아이디어를 자극하는 강력한 방법이라고 말하고 있다. 뒤이어 노벨상 수상자의 예시가 등장하는 문장 (4), (5)와 조직 내 대화의 중요성을 강조하는 문장 (6)을 통해 자신의 주장을 뒷받침하고 있다. 따라서 빈칸에는 대면 상호 작용과 의미가 유사한 personal contact(개인적인 접촉)이 오는 것이 자연스러우므로 정답은 ③이다.

어휘암기

☐ face-to-face	형용사 대면의
☐ uniquely	부사 유례없이, 독특하게, 유일하게
☐ have difficulty (in) V-ing	~하는 데 어려움을 겪다
☐ shoelace	명사 신발 끈
☐ arithmetic	명사 계산, 산수, 연산
☐ psychologist	명사 심리학자
☐ have access to	~에 접근할 수 있다

○ 문제편 139쪽

- [ ] literature | 명사 문헌(연구의 자료가 되는 서적이나 문서), 문학
- [ ] contact | 명사 접촉, 연락 / 동사 연락하다
- [ ] crucial | 형용사 결정적인, 매우 중요한
- [ ] motivation | 명사 동기 부여

33 정답률 65% | 빈칸 추론 ▶ 정답 ①

지문끊어읽기

(1) Most times / a foreign language is spoken in film, /
관계부사절(when 생략)
대부분의 경우 / 영화에서 외국어가 사용되는 /
subtitles are used / to translate the dialogue for the viewer.
부사적 용법(목적)
자막이 사용된다 / 관객을 위해 대화를 통역하려고

힌트 leave O O·C(O를 O·C인 채로 두다, 처리하다)라는 5형식 문장이 수동태로 바뀌면서 O(목적어)인 foreign dialogue가 주어 자리에 온 형태임. O·C(목적격 보어)인 두 형용사 (unsubtitled, incomprehensible)는 병렬된 채로 그대로 남아 있음.

(2) However, / there are occasions /
선행사
하지만 / 경우가 있다 /
[when foreign dialogue is left unsubtitled /
5형식V O·C①
외국어 대화가 자막 없이 처리되는 /
(and thus incomprehensible to most of the target audience)].
O·C② [ ]: 관계부사절
(그리하여 대부분의 주요 대상 관객이 이해하지 못하게)

(3) This is often done / if the movie is seen /
흔히 이렇게 처리된다 / 영화가 보이는 경우에 /
mainly from the viewpoint of a particular character /
선행사
주로 특정한 등장인물의 관점에서 /
who does not speak the language. 정답단서
주격 관계대명사절
그 언어를 할 줄 모르는
외국어 대화가 자막 없이 처리되는 이유는 그 외국어를 할 줄 모르는 등장인물의 관점에서 영화가 보이도록 하기 위해서임.

(4) Such absence of subtitles / allows the audience to feel /
5형식V O O·C
그러한 자막의 부재는 / 관객이 느끼게 한다 /
a similar sense of incomprehension and alienation /
몰이해와 소외의 비슷한 감정을 /
that the character feels. 정답단서
그 등장인물이 느끼는
자막이 없으면 관객은 그 등장인물이 느끼는 감정과 비슷한 감정을 느끼게 됨.

(5) An example of this is seen / in *Not Without My Daughter*.
이것의 한 예를 볼 수 있다 / *Not Without My Daughter*에서

(6) The Persian language dialogue /
페르시아어 대화에는 / S
spoken by the Iranian characters / is not subtitled /
주격 관계대명사+be동사 생략 V
이란인 등장인물들이 하는 / 자막이 없다 /
because the main character Betty Mahmoody does not speak Persian /
주인공 Betty Mahmoody가 페르시아어를 하지 못하기 때문이다 /
and the audience is seeing the film from her viewpoint.
그리고 관객은 그녀의 시각에서 영화를 보고 있게 된다

전문해석

(1)영화에서 외국어가 사용되는 대부분의 경우 관객을 위해 대화를 통역하려고 자막이 사용된다. (2)하지만 외국어 대화가 자막 없이 (그리하여 대부분의 주요 대상 관객이 이해하지 못하게) 처리되는 경우가 있다. (3)영화가 그 언어를 할 줄 모르는 특정한 등장인물의 관점에서 주로 보이는 경우에 흔히 이렇게 처리된다. (4)그러한 자막의 부재는 관객이 그 등장인물이 느끼는 것과 비슷한 몰이해와 소외의 감정을 느끼게 한다. (5)이것의 한 예를 *Not Without My Daughter*에서 볼 수 있다. (6)주인공 Betty Mahmoody가 페르시아어를 하지 못하기 때문에 이란인 등장인물들이 하는 페르시아어 대화에는 자막이 없으며, 관객은 그녀의 시각에서 영화를 보고 있게 된다.

- Not Without My Daughter(솔로몬의 딸, 1991): 이란인 남편, 딸과 함께 미국에서 살던 Betty는 반이란 정서를 피해 이란으로 갔으나, 자상하던 남편이 돌변하여 이란 문화와 풍습을 강요하여 이를 피해 딸과 함께 도주를 감행하는 영화

정답확인

다음 빈칸에 들어갈 말로 가장 적절한 것을 고르시오.

✔ seeing the film from her viewpoint
그녀의 시각에서 영화를 보고
② impressed by her language skills
그녀의 언어 능력에 감명받고
③ attracted to her beautiful voice
그녀의 아름다운 목소리에 매료되고
④ participating in a heated debate
뜨거운 논쟁에 참여하고
⑤ learning the language used in the film
영화에 사용된 언어를 배우고

문제풀이

본문에 따르면 영화에서 외국어 대화가 자막 없이 처리되는 경우가 있다. 이는 문장 (3)에서 언급하듯이 영화가 그 외국어를 모르는 특정 등장인물의 관점에서 보이도록 하기 위해서이다. 뒤이어 문장 (4)에서 관객은 그 등장인물이 느끼는 감정과 비슷한 감정을 느끼게 된다고 한다. 빈칸이 있는 문장 (6)은 이러한 내용의 구체적인 예시에 대해 말하고 있으므로 빈칸에는 앞의 내용과 같은 맥락의 내용이 와야 한다. 따라서 관객이 페르시아어를 못하는 주인공의 시각에서 영화를 보게 된다고 하는 ①이 정답이다.

어휘암기

- [ ] subtitle | 명사 자막 / 동사 자막을 넣다
- [ ] translate | 동사 통역하다, 번역하다
- [ ] incomprehensible | 형용사 이해할 수 없는
- [ ] audience | 명사 관객
- [ ] viewpoint | 명사 관점, 시각
- [ ] absence | 명사 부재
- [ ] incomprehension | 명사 몰이해(이해하지 못함)
- [ ] alienation | 명사 소외

오답률 TOP⑤

34 정답률 20% | 빈칸 추론 ▶ 정답 ①

지문끊어읽기

(1) One dynamic / that can change dramatically in sport /
S 주격 관계대명사절
한 가지 역학은 / 스포츠에서 극적으로 바뀔 수 있는 /
is the concept of the home-field advantage, /
V 선행사 계속적 용법
홈 이점이라는 개념이다 /
in which perceived demands and resources seem to play a role.
전치사+관계대명사=관계부사 where
여기에서는 인식된 부담과 자원이 역할을 하는 것처럼 보인다
주제문 스포츠에서 홈 이점이라는 개념은 인식된 부담과 자원이라는 요소 때문에 극적으로 바뀔 수 있는 개념임.

(2) Under normal circumstances, /
일반적인 상황에서 /
the home ground would appear to provide /
홈그라운드는 제공하는 것처럼 보인다 /
greater perceived resources (fans, home field, and so on).
더 많은 인식된 자원(팬, 홈 경기장 등)을

(3) However, / researchers Roy Baumeister and Andrew Steinhilber /
하지만 / 연구원 Roy Baumeister와 Andrew Steinhilber는 /
were among the first to point out /
형용사적 용법
처음으로 지적한 사람 중 하나였다 /
힌트 여기서 the first는 명사구로 '최초의 사람/것, 맨 처음 사람/것'이라는 뜻임.
that these competitive factors can change;
명사절 접속사 =the perceived resources
이러한 경쟁력이 있는 요소들이 바뀔 수도 있다고

(4) for example, / the success percentage for home teams /
S
예를 들어 / 홈 팀들의 성공률은 /
in the final games / of a playoff or World Series / seems to drop.
V
마지막 경기에서 / 우승 결정전이나 선수권의 / 떨어지는 것처럼 보인다

(5) Fans can become part of the perceived demands /
팬들은 인식된 부담의 일부가 될 수 있다 /
rather than resources / under those circumstances. 정답단서
A rather than B: B보다는 A
자원보다는 / 이러한 상황에서
일반적으로 긍정적인 효과를 낼 것이라고 생각되는 홈의 팬들이 도움이 되는 '자원'보다는 '인식된 부담'처럼 느껴져 오히려 경기 성공 확률을 떨어뜨릴 수 있음.

(6) This change in perception can also explain /
이러한 인식의 변화는 또한 설명할 수 있다 /
[why a team that's struggling at the start of the year /
왜 연초에 고전하는 팀이 /
will often welcome a road trip /
길을 떠나는 것을 흔히 반기는지 / [ ]: explain의 목적어로 쓰인 간접의문문
to reduce perceived demands and pressures]. 정답단서
부사적 용법
인식된 부담과 압박을 줄이기 위해
'이러한 인식의 변화'는 팬을 자원보다는 인식된 부담으로 느끼는 것을 의미하는데, 연초에 경기 성적이 좋지 않았던 팀은 경기 성적에 부담을 느끼므로 이러한 인식의 변화를 느낄 것임. 이들은 '인식된 부담'으로부터 벗어나기 위해 홈 경기 대신 '원정 경기'를 하기를 원함.

전문해석

(1)스포츠에서 극적으로 바뀔 수 있는 한 가지 역학은 홈 이점이라는 개념으로, 여기에서는 인식된 부담과 자원이 역할을 하는 것처럼 보인다. (2)일반적인 상황에서, 홈그라운드는 인식된 자원(팬, 홈 경기장 등)을 더 많이 제공하는 것처럼 보인다. (3)하지만, 연구원 Roy Baumeister와 Andrew Steinhilber는 이러한 경쟁력이 있는 요소들이 바뀔 수도 있다고 처음으로 지적한 사람 중 하나였다. (4)예를 들어, 우승 결정전이나 (미국 프로 야구) 선수권의 마지막 경기에서 홈 팀들의 성공률은 떨어지는 것처럼 보인다. (5)이러한 상황에서 팬들은 자원보다는 인식된 부담의 일부가 될 수 있다. (6)이러한 인식의 변화는 왜 연초에 고전하는 팀이 인식된 부담과 압박을 줄이기 위해 길을 떠나는 것(원정 경기를 가는 것)을 흔히 반기는지 또한 설명할 수 있다.

정답확인

다음 빈칸에 들어갈 말로 가장 적절한 것을 고르시오.

✔ often welcome a road trip
길을 떠나는 것(원정 경기를 가는 것)을 흔히 반기는지
② avoid international matches
국제 경기를 피하는지
③ focus on increasing ticket sales
티켓 판매를 증가시키는 것에 집중하는지
④ want to have an eco-friendly stadium
친환경적인 경기장을 가지고 싶어하는지
⑤ try to advertise their upcoming games
그들의 다가오는 경기를 알리려고 노력하는지

문제풀이

'홈 이점'은 홈그라운드에서 경기를 할 때의 장점을 말한다. 자기 지역의 경기장을 사용할 수

문제편 140쪽

있고 자기 지역의 관객과 팬이 지켜보는 가운데 경기하기 때문에 홈 경기는 일반적으로 문장 (2)에서 말하는 것처럼 선수들에게 긍정적인 영향을 끼칠 것으로 생각된다. 그러나 문장 (3)부터 홈그라운드에서 경기를 하는 것이 자원보다 부담으로 인식될 수 있다는 내용이 전개된다. 비슷한 맥락으로 우승 결정전이나 (미국 프로 야구) 선수권의 마지막 경기같이 선수들의 심리적 압박이 심한 상황에선 홈 팀의 성공률이 떨어지는 것처럼 보인다고 문장 (4)에서 말하고 있다. 문장 (6)에서 언급된 '연초에 고전하는 팀'도 문장 (4)의 예시와 같이 심리적 압박이 심한 상황이라고 볼 수 있으므로 기존에 선수들에게 자원으로 인식되었던 것은 부담으로 변할 수 있으며 성공률 또한 떨어질 가능성이 높다. 따라서 선수들은 '인식된 부담'을 덜어내기 위해 홈그라운드가 아닌 곳에서의 경기를 원할 것이라고 추론할 수 있다. 그러므로 빈칸에는 ①이 적절하다.

오답풀이

②- 국제 경기는 홈 경기와 마찬가지로 선수들의 입장에서 '인식된 부담'이 있으므로 이러한 국제 경기를 피하는 것이 빈칸에 들어가야 한다고 생각하기 쉽다. 하지만 이 지문에서는 홈 경기가 자원인지 부담인지를 비교하는 것에 중점을 두고 있으므로 국제 경기와 관련된 내용은 빈칸에는 적절하지 않다. (국제 경기는 다수의 나라가 참여하는 경기로 개최되는 장소가 선수들의 홈그라운드인지 홈그라운드가 아닌지는 알 수 없다.)

⑤- 본문에서는 팬 등의 관중이 선수들에게 오히려 인식된 부담으로 느껴질 수 있다고 언급한다. 다가오는 경기를 알리는 것은 관중이나 관심을 이끌어 인식된 부담과 압박을 줄이는 것이 아니라 오히려 증가시키므로 답이 될 수 없다.

어휘암기

☐ **dynamic**	명사 (주로 복수형) 역학
☐ **advantage**	명사 이점
☐ **perceive**	동사 인식하다
☐ **demand**	명사 부담, 요구
☐ **resource**	명사 자원
☐ **play a role**	역할을 하다
☐ **circumstance**	명사 (주로 복수형) 상황
☐ **point out**	지적하다
☐ **competitive**	형용사 경쟁력이 있는
☐ **playoff**	명사 우승 결정전, 결승전
☐ **perception**	명사 인식, 지각
☐ **struggling**	형용사 고전하는, 분투하는
☐ **welcome**	동사 반기다, 환영하다
☐ **advertise**	동사 알리다, 광고하다

35 정답률 60% | 무관한 문장 찾기 ▶ 정답 ④

지문끊어읽기

(1) Who hasn't used a cup of coffee /
누가 커피 한 잔을 이용해 보지 않았을까 /
to help themselves stay awake / while studying?
그들 자신이 깨어 있는 것을 돕기 위해 / 공부하는 동안

(2) Mild stimulants / commonly found in tea, coffee, or sodas /
가벼운 자극제는 / 차, 커피 또는 탄산음료에서 흔히 발견되는 /
possibly make you more attentive and, / thus, /
5형식V O O·C①
여러분을 더 주의 깊게 만들 수 있고 / 따라서 /
better able to remember.
O·C②
더 잘 기억할 수 있게 만든다

① (3) However, / you should know /
하지만 / 여러분은 알아야 한다 /
that stimulants are as likely to have negative effects on memory /
as A as B: B만큼 A한
자극제가 기억력에 부정적인 영향을 미칠 수도 있다는 것을 /
as they are to be beneficial. 주제문 자극제의 부정적 영향에 대해 강조하고 있음.
그것들이 이로울 수 있는 만큼

② (4) Even if they could improve performance / at some level, /
비록 그것이 수행을 향상할 수 있다고 할지라도 / 특정 수준에서 /
the ideal doses are currently unknown.
이상적인 복용량은 현재 알려지지 않았다

③ (5) If you are wide awake and well-rested, /
만약 여러분이 완전히 깨어 있고 잘 쉬었다면 /
mild stimulation from caffeine / can do little /
카페인으로부터의 가벼운 자극은 / 거의 영향을 주지 못할 수 있다 /
to further improve your memory performance.
여러분의 기억력을 더욱 향상하는 데

★중요 차와 커피는 모두 자극제가 들어 있는 음료로 글의 흐름과 관련 있다고 혼동하기 쉬움. 하지만 이 둘은 자극제가 든 음료의 예시로 등장했을 뿐 건강 측면에서 둘을 비교하는 내용은 언급된 적 없으며 자극제의 부정적인 영향을 설명하는 글의 흐름에서 벗어남.

④ (6) In contrast, / many studies have shown /
반면에 / 많은 연구들이 보여 준다 /
that drinking tea is healthier / than drinking coffee.
차를 마시는 것이 건강에 더 좋다는 것을 / 커피를 마시는 것보다 정답 단서 차를 마시는 것이 커피를 마시는 것보다 건강에 더 좋다고 함.

⑤ (7) Indeed, / if you have too much of a stimulant, /
실제로 / 만약 여러분이 자극제를 너무 많이 섭취하면 /
you will become nervous, / find it difficult to sleep, /
형식상의 목적어 내용상의 목적어
여러분은 신경이 과민해질 것이다 / 잠을 자기 어려울 것이다 /
and your memory performance will suffer. 정답 단서 자극제의 부정적 영향에 대한 구체적인 예시를 제시하고 있음.
그리고 여러분의 기억력이 더 나빠질 것이다

전문해석

(1)공부하는 동안 깨어 있는 것을 돕기 위해 커피 한 잔을 이용해 보지 않은 사람이 있을까? (2)차, 커피 또는 탄산음료에서 흔히 발견되는 가벼운 자극제는 여러분을 더 주의 깊게 만들고, 따라서 더 잘 기억할 수 있게 한다. ①(3)하지만, 자극제가 기억력에 이로울 수 있는 만큼 부정적인 영향을 미칠 수도 있다는 것을 여러분은 알아야 한다. ②(4)비록 그것이 특정 수준에서 수행을 향상할 수 있다고 할지라도, (자극제의) 이상적인 복용량은 현재 알려지지 않았다. ③(5)만약 여러분이 완전히 깨어 있고 잘 쉬었다면, 카페인이 주는 가벼운 자극은 여러분의 기억력을 더욱 향상하는 데 거의 영향을 주지 못할 수 있다. ④(6)반면에, 많은 연구에서 커피를 마시는 것보다 차를 마시는 것이 건강에 더 좋다는 것이 밝혀졌다. ⑤(7)실제로 만약 여러분이 자극제를 너무 많이 섭취하면, 신경이 과민해지고, 잠을 자기 어려워지며, 기억력도 저하될 것이다.

문제풀이

이 지문은 카페인과 같은 자극제의 부정적인 영향에 대해 설명하는 글이다. 문장 (2)에서 언급된 자극제의 긍정적 영향과 대비하여 문장 (3)에서는 자극제의 부정적 영향을 강조하고 있다. 덧붙여 문장 (4)~(5)에서 자극제가 긍정적 영향을 미칠 수 있다고 하더라도 이상적인 복용량이 알려지지 않았으며, 가벼운 자극의 경우 몸 상태에 따라 그 영향이 미미할 수 있음을 밝히고 있다. 또한 문장 (7)에서는 구체적인 예시들을 나열하여 자극제의 부정적 영향을 한 번 더 강조하고 있다. 한편, 자극제의 영향이 아니라 자극제가 들어 있는 차와 커피를 비교한 문장 (6)의 내용은 이 글의 흐름과 무관하므로 정답은 ④이다.

어휘암기

☐ **mild**	형용사 가벼운, 순한, 온화한
☐ **stimulant**	명사 자극제
☐ **attentive**	형용사 주의 깊은, 배려하는
☐ **beneficial**	형용사 이로운, 유익한
☐ **performance**	명사 수행, 실적, 공연
☐ **ideal**	형용사 이상적인 / 명사 이상
☐ **dose**	명사 복용량 / 동사 투여하다
☐ **wide**	부사 완전히, 활짝 / 형용사 넓은
☐ **well-rested**	형용사 잘 쉰
☐ **nervous**	형용사 신경이 과민한, 불안해하는
☐ **suffer**	동사 더 나빠지다, 고통받다, 겪다

36 정답률 60% | 문장 배열 ▶ 정답 ③

지문끊어읽기

(1) Toward the end of the 19th century, /
19세기 말이 되면서 /
a new architectural attitude emerged.
새로운 건축학적 사고방식이 나타났다

힌트 여기서 동사 go는 '(이야기 · 속담 · 시 등이) ~라고 하다, 쓰여 있다; (표현 · 문구 등이) (~이라) 되어 있다'라는 뜻으로 쓰임. 예를 들어 as the saying goes(속담에 있듯이), the story goes so(이야기는 그렇게 되어 있다)와 같이 사용될 수 있음.

(2) Industrial architecture, / the argument went, /
=a new architectural attitude
산업 건축은 / 그 주장에 따르면 /
was ugly and inhuman; /
추하고 비인간적이었다 /

힌트 세미콜론(;)은 내용상 긴밀한 관계인 두 절을 이어주는 역할을 하므로 문맥에 따라서 적절한 의미의 접속사를 넣어서 해석하기도 함. 여기서는 '다른 한편으로'라고 해석하는 것이 자연스러움.

past styles had more to do with pretension /
과거의 스타일은 허세와 더욱 관련이 있었다 /
than what people needed in their homes.
명사절
사람들이 그들의 집에서 필요했던 것보다는

정답 단서-1 새로운 건축학적 사고방식에 따르면 산업 건축은 추하고 비인간적임. 또한 과거의 건축 스타일은 사람들이 집에서 필요로 하는 것보다는 허세와 관련이 있음.

(B) (4) Instead of these approaches, / 정답 단서-1 과거의 평범한 시골 건축업자들이 일했던 방식을 살펴볼 것을 제안함.
이러한 접근 대신에 /
why not look at the way /
선행사
방식을 살펴보는 것은 어떠한가 /
ordinary country builders /
관계부사절
평범한 시골 건축업자들이 /
worked in the past?
과거에 일했던

★중요 these approaches는 문장 (2)에서 언급된 새로운 건축학적 사고방식이 산업 건축과 과거 산업 스타일을 향해 가진 비판적인 관점들을 가리킴.

힌트 'Why not 동사원형~?', 'Why don't you/we 동사원형~?'은 상대방에게 제안을 하는 표현으로 '~하는 것은 어떠니/어떠한가?'라는 뜻임. 문장 (4)에서는 이 구문을 사용함으로써 과거 시골 건축업자들이 일했던 방식으로 접근해보자는 저자의 주장을 드러냄.

(5) They developed / their craft skills / over generations, /
=ordinary country builders
그들은 발전시켰다 / 그들의 공예 기술을 / 세대를 거쳐 /
demonstrating mastery / of both tools and materials. 정답 단서-2 과거의 평범한 시골 건축업자들은 도구와 재료 모두에 숙달한 기술을 보임.
분사구문
숙달한 기술을 보이며 / 도구와 재료 둘 다에

정답 단서-2 시골 건축업자들이 사용한 재료들은 지역적이었고 단순하게 사용되었음.

(C) (6) Those materials were local, / and used with simplicity /
그 재료는 지역적이었다 / 그리고 단순하게 사용되었다 /
— houses built this way / 정답 단서-3 건축업자들은 이러한 재료들을 사용해서 집들을 건축함.
S 주격 관계대명사+be동사 생략
이러한 방식으로 건축된 집들은 /
had plain wooden floors and whitewashed walls inside.
V
실내에 평범한 나무 바닥과 회반죽을 칠한 벽을 가졌다

힌트 대시(—, em dash) 뒤의 문장은 앞 문장에 대한 부연 설명임.

(A) (3) But / they supplied people's needs perfectly / and, /
S V①
그러나 / 그것들은 사람들의 필요를 완벽하게 충족시켰다 / 그리고 /
at their best, / had a beauty / 정답 단서-3 지역적이고 단순하게 사용된 재료들로 건축된 집들은 사람들의 필요를 충족시켰고 아름다움을 갖추기도 했다고 함.
V② 선행사
가장 잘 된 경우에는 / 아름다움을 갖추고 있었다 /
[that came from /
~에서 비롯된 /
the craftsman's skill and the rootedness of the house in its locality].
병렬① 병렬② =the house's
[ ]: 주격 관계대명사절
장인의 솜씨와 그 집의 지역에 뿌리내림

★중요 they가 가리키는 것은 문장 (6)에서 언급된 집들(houses built this way)임.

문제편 140쪽

전문해석

(1)19세기 말이 되면서, 새로운 건축학적 사고방식이 나타났다. (2)그 주장에 따르면, 산업 건축은 추하고 비인간적이었는데, 다른 한편으로 과거의 스타일은 사람들이 그들의 집에서 필요했던 것보다는 허세와 더욱 관련이 있었다.

(B) (4)이러한 접근 대신에, 평범한 시골 건축업자들이 과거에 일했던 방식을 살펴보는 것은 어떠한가? (5)그들은 도구와 재료 둘 다에 숙달한 기술을 보이며, 세대를 거쳐 공예 기술을 발전시켰다.

(C) (6)그 재료는 지역적이고, 단순하게 사용되었는데, 이러한 방식으로 건축된 집들은 실내가 평범한 나무 바닥과 회반죽을 칠한 벽으로 되어 있었다.

(A) (3)그러나 그것들은 사람들의 필요를 완벽하게 충족시켰고, 가장 잘 된 경우에는, 장인의 솜씨와 그 집의 지역에 뿌리내림에서 비롯된 아름다움을 갖추고 있었다.

정답확인

주어진 글 다음에 이어질 글의 순서로 가장 적절한 것을 고르시오.

① (A) — (C) — (B) ② (B) — (A) — (C) ✔ (B) — (C) — (A)
④ (C) — (A) — (B) ⑤ (C) — (B) — (A)

문제풀이

이 지문은 19세기의 건축에 대해 설명하는 글이다. 먼저 문장 (1)에서 새로운 건축학적 사고방식이 등장했다고 언급하고, 문장 (2)에서 이 새로운 사고방식이 이전 건축 양식에 대해 가진 비판적인 관점을 소개한다. 먼저 (A)(3)의 '그것들(they)'은 사람들의 필요를 충족시켰고 아름다움을 갖추고 있었다는 긍정적인 내용을 말하는데 문장 (2)에서 언급된 산업 건축과 과거의 스타일은 새로운 건축학적 사고방식이 비판하는 대상이므로 문장 (2) 뒤에 바로 (A)가 오는 것은 부자연스럽다. 또한 (C)(6)의 '그 재료(Those materials)'가 가리킬 만한 내용이 문장 (2)에는 없으므로 (C)도 올 수 없다. 반면 (B)(4)의 these approaches는 문장 (2)에서 언급된 산업 건축과 과거의 건축 스타일에 대한 비판적인 의견들을 가리킨다고 볼 수 있으므로 문장 (2) 다음에는 (B)가 오는 것이 적절하다. 다음으로 (B)의 문장 (5)에서 시골 건축업자들이 도구와 재료에 숙달한 기술을 보인다고 말하는데 (C)(6)에서 '그 재료(Those materials)'에 대한 설명을 하고 있으므로 여기서 those materials는 문장 (5)에서 건축업자들이 숙달한 기술을 보인다고 한 재료들이라고 볼 수 있다. 따라서 (B) 다음에는 (C)가 오는 것이 적절하다. 마지막으로 (A)의 사람들의 필요를 충족시키고 아름다운 것들이 바로 (C)에서 말하는 '이러한 방식으로 건축된 집들(houses built this way)', 즉 지역적이고 단순한 재료들을 사용해서 건축된 집들이다. 이것은 곧 저자가 살펴볼 것을 제안한 건축 방식에 해당되므로 정답은 ③이다.

어휘암기

☐ **architectural**	형용사 건축학의
☐ **attitude**	명사 사고방식, 태도
☐ **emerge**	동사 나타나다, 드러나다
☐ **argument**	명사 주장, 논쟁
☐ **inhuman**	형용사 비인간적인
☐ **have to do with**	~와 관련이 있다
☐ **pretension**	명사 허세, 가식
☐ **approach**	명사 접근(법) / 동사 다가가다
☐ **ordinary**	형용사 평범한, 보통의
☐ **demonstrate**	동사 보여 주다, 입증하다
☐ **mastery**	명사 숙달한 기술, 지배
☐ **whitewash**	동사 회반죽(백색 도료)을 칠하다; 눈가림하려 하다
☐ **craftsman**	명사 장인, (수)공예가
☐ **rootedness**	명사 뿌리내림, 고착
☐ **locality**	명사 지역, 인근

37 정답률 60% | 문장 배열 ▶ 정답 ②

지문끊어읽기

(1) Robert Schumann once said, /
Robert Schumann은 말한 적이 있다 /
"The laws of morals are those of art."
"도덕의 법칙은 예술의 법칙이다." =the laws

(2) What the great man is saying here /
S
여기서 이 위인이 말하고 있는 것은 /
is that there is good music and bad music. 정답단서-1 좋은 음악과 나쁜 음악이 있다고 함.
V 명사절 접속사
좋은 음악과 나쁜 음악이 있다는 것이다

정답단서-1 가장 위대한 음악은 우리를 더 높은 세상으로 데려감.
(B) (5) The greatest music, / even if it's tragic in nature, /
삽입절
가장 위대한 음악은 / 그것이 사실상 비극적일지라도 /
takes us / to a world higher than ours; /
=our world
우리를 데려간다 / 우리의 세상보다 더 높은 세상으로 /
somehow the beauty uplifts us.
어떻게든지 아름다움은 우리를 향상한다

힌트 세미콜론(;)은 내용상 긴밀한 관계인 두 절을 이어주는 역할을 하므로 문맥에 따라서 적절한 의미의 접속사를 넣어서 해석하기도 함. 여기서는 so(그래서)를 넣어서 해석하는 것이 자연스러움.

(6) Bad music, / on the other hand, / degrades us. 정답단서-2 반면 나쁜 음악은 우리를 격하시킴.
나쁜 음악은 / 반면에 / 우리를 격하시킨다
★중요 여기서 'It'은 문장 (6)의 내용인 나쁜 음악이 우리를 격하시킨다는 것을 말함.

(A) (3) It's the same with performances: /
연주도 마찬가지다 /
힌트 콜론(:)은 주로 앞 문장에 대한 부연 설명을 할 때 사용됨.

a bad performance isn't necessarily the result of incompetence. 정답단서-2 나쁜 연주도 나쁜 음악과 마찬가지로 우리를 격하시키는데, 나쁜 연주가 무능의 결과만은 아니라고 함.
나쁜 연주가 반드시 무능의 결과는 아니다

(4) Some of the worst performances occur / when the performers, /
최악의 연주 중 일부는 발생한다 / 연주자들이 ~할 때 /
no matter how accomplished, /
아무리 숙달되었더라도 /
are thinking more of themselves /
more A than B: B보다 A
자기 자신을 더 생각하고 있을 때 /
than of the music they're playing.
목적격 관계대명사 생략
그들이 연주하고 있는 곡보다

정답단서-3 연주자들이 연주하고 있는 곡보다 자신을 더 생각하고 있을 때 최악의 연주가 발생할 수 있다고 하고 있음.

힌트 '아무리 ~할지라도'라는 뜻의 양보의 부사절로 'no matter how accomplished they(=the performers) are'에서 they are이 생략된 형태임. 참고로 양보의 부사절은 'no matter+관계사' 또는 복합관계사가 이끌며 여기서 no matter how는 however로 바꿔 쓸 수 있음.

(C) (7) These doubtful characters / 정답단서-3 이 미덥지 못한 사람들, 즉 문장 (4)의 '곡보다 자신을 더 생각하는 연주자들'은 작곡가가 곡을 통해 말하고자 하는 것을 제대로 듣고 있지 않다고 함.
이 미덥지 못한 사람들은 /
aren't really listening / to what the composer is saying /
명사절(전치사 to의 목적어)
정말로 듣고 있는 것이 아니다 / 작곡가가 말하는 것을 /
— they're just showing off, /
그들은 그저 뽐내고 있을 뿐이다 /
명사절 접속사
hoping that they'll have a great 'success' / with the public.
분사구문(동시동작)
그들이 큰 '성공'을 거두기를 바라며 / 대중적으로

(8) The performer's basic task is /
연주자의 기본 임무는 ~이다 /
to try to understand the meaning of the music, /
병렬①
음악의 의미를 이해하려고 노력하는 것 /
and then to communicate it honestly to others.
병렬② =the meaning of the music
그러고 나서 그것을 다른 사람들에게 정직하게 전달하는 것

전문해석

(1)Robert Schumann은 "도덕의 법칙은 예술의 법칙이다."라고 말한 적이 있다. (2)여기서 이 위인이 말하고 있는 것은 좋은 음악과 나쁜 음악이 있다는 것이다.

(B) (5)가장 위대한 음악은, 그것이 사실상 비극적일지라도, 우리의 세상보다 더 높은 세상으로 우리를 데려간다. 그래서 어떻게든지 아름다움은 우리를 향상한다. (6)반면에 나쁜 음악은 우리를 격하시킨다.

(A) (3)연주도 마찬가지다. 나쁜 연주가 반드시 무능의 결과는 아니다. (4)최악의 연주 중 일부는 연주자들이 아무리 숙달되었더라도 연주하고 있는 곡보다 자기 자신을 더 생각하고 있을 때 발생한다.

(C) (7)이 미덥지 못한 사람들은 작곡가가 말하는 것을 정말로 듣고 있는 것이 아니다. 그들은 대중적으로 큰 '성공'을 거두기를 바라며 그저 뽐내고 있을 뿐이다. (8)연주자의 기본 임무는 음악의 의미를 이해하려고 노력하고서, 그것을 다른 사람들에게 정직하게 전달하는 것이다.

정답확인

주어진 글 다음에 이어질 글의 순서로 가장 적절한 것을 고르시오.

① (A) — (C) — (B) ✔ (B) — (A) — (C) ③ (B) — (C) — (A)
④ (C) — (A) — (B) ⑤ (C) — (B) — (A)

문제풀이

이 지문은 나쁜 음악과 연관 지어 나쁜 연주에 대해 설명하는 글이다. 먼저, 좋은 음악과 나쁜 음악이 있다고 언급한 문장 (2) 이후에 가장 위대한 음악, 즉 좋은 음악이 무엇인지에 대해 설명하는 문장 (5)가 이어지는 것이 흐름상 자연스러우므로 문장 (2) 다음에는 (B)가 온다. 다음으로, 좋은 음악과 나쁜 음악이 무엇인지 각각 설명하는 (B) 다음에는 나쁜 '음악'과 마찬가지인 나쁜 '연주'에 대해 설명하는 (A)가 오는 것이 자연스럽다. (B) 다음에 (C)는 올 수 없는 이유는 (7)의 '이 미덥지 못한 사람들(These doubtful characters)'이 가리키는 것을 (B)의 마지막 문장인 (6)에서 찾을 수 없기 때문이다. 대신 (4)에서 곡보다 자신을 더 생각하는 연주자들을 'These doubtful characters'로 이어받아 부연 설명한다고 보는 것이 적절하므로 (A) 다음에는 (C)가 온다. 따라서 정답은 ② '(B) — (A) — (C)'이다.

어휘암기

☐ **moral**	명사 도덕, 교훈 / 형용사 도덕적인
☐ **tragic**	형용사 비극적인
☐ **in nature**	사실상, 현실적으로
☐ **somehow**	부사 어떻게든지, 왠지
☐ **uplift**	동사 향상하다, 행복감을 주다
☐ **degrade**	동사 격하시키다, 비하하다
☐ **It is the same with ~**	그것은 ~도 마찬가지다
☐ **necessarily**	부사 반드시, 필연적으로
☐ **incompetence**	명사 무능, 기술 부족
☐ **accomplished**	형용사 숙달된, 기량이 뛰어난
☐ **doubtful**	형용사 미덥지 못한, 불확실한
☐ **character**	명사 사람, 등장인물, 성격, 특징
☐ **show off**	뽐내다, 자랑하다
☐ **communicate**	동사 전달하다, 의사소통을 하다

문제편 141쪽

● 지문 구조도

좋은 음악(good music)	나쁜 음악(bad music)
(5) 가장 위대한 음악은 우리를 더 높은 세상으로 데려가며 어떻게든지 아름다움은 우리를 향상함(uplift).	(6) 나쁜 음악은 우리를 격하시킴(degrade). (3) 나쁜 연주도 나쁜 음악과 마찬가지로 우리를 격하시키는데, 나쁜 연주(bad performance)가 무능(incompetence)의 결과만은 아님. (4) 연주자들이 연주하고 있는 곡보다 자신을 더 생각하고 있을 때(thinking more of themselves than of the music they're playing) 최악의 연주(the worst performances)가 발생함. (7) 연주자들은 작곡가가 말하는 것을 제대로 듣고 있는 것이 아니라, 뽐내고 있을(showing off) 뿐임. (8) 연주자의 기본 임무(The performer's basic task)는 음악의 의미를 이해하려고 노력하고 그것을 다른 사람들에게 정직하게 전달하는 것임.

38 정답률 55% | 주어진 문장 위치 파악 ▶ 정답 ④

지문끊어읽기

(2) When an ecosystem is biodiverse, /
생태계에 생물 종이 다양할 때 /
wildlife have more opportunities / to obtain food and shelter.
선행사 형용사적 용법 주제문
야생 생물들은 더 많은 기회를 얻는다 / 먹이와 서식지를 얻을
생태계에 생물 종이 다양할 때 야생 동물들은 먹이와 서식지를 얻을 기회가 더 많다고 함.

(3) Different species react and respond /
V① V②
다양한 종들은 작용하고 반응한다 /
to changes in their environment / differently.
그들의 환경 변화에 / 다르게

① (4) For example, / imagine a forest /
예를 들어 / 숲을 상상해 보라 /
with only one type of plant in it, /
그 안에 단 한 종류의 식물만 있는 /
which is the only source of food and habitat /
계속적 용법(=and the only one type of plant)
그러면 그 식물은 유일한 먹이원이자 서식지이다 /
for the entire forest food web.
숲의 먹이 그물 전체의

★중요 주제문인 문장 (2)를 통해 종 다양성의 이점이 이 글의 소재라는 것을 파악할 수 있음. 그런데 문장 (4)는 단 하나의 종만 생태계에 있을 경우를 예시로 들고 있음. 따라서 글의 흐름상 주제문인 문장 (2)와 같은 맥락인 문장 (1)은 문장 (4)에서 설명하기 시작한 예시가 끝나면 나올 것임을 짐작할 수 있음.

② (5) Now, / there is a sudden dry season / and this plant dies.
이제 / 갑작스러운 건기가 온다 / 그리고 이 식물이 죽는다
=the only one type of plant in the forest

③ (6) Plant-eating animals completely lose their food source /
초식 동물은 그들의 먹이원을 완전히 잃는다 / V①
and die out, / and so do the animals /
V② 선행사
그리고 죽게 된다 / 그리고 그 동물들도 그렇게 된다 /
[that prey upon them]. [ ]: 주격 관계대명사절
=plant-eating animals
그들을 먹이로 삼는

힌트 'so+대동사 do+주어(~도 그러하다)'는 주어와 대동사 do가 도치된 구문으로 여기서 대동사 do는 병렬을 이루고 있는 두 동사(구) 'lose~'와 'die out' 대신 사용됨.

④ (1) But, / when there is biodiversity, /
하지만 / 종 다양성이 있을 때 /
the effects of a sudden change / are not so dramatic.
갑작스러운 변화의 영향은 / 그렇게 극적이지 않다

종 다양성이 있을 때 야생 생물들은 갑작스러운 변화에 크게 영향을 받지 않음. 식물의 종이 하나뿐이고 갑작스러운 변화(건기)가 생겨 숲 전체의 생태계가 망가지는 문장 (4)~(6)의 예시와 대조됨. 정답 단서

(7) Different species of plants respond to the drought differently, /
다양한 종의 식물들이 가뭄에 다르게 반응한다 /
and many can survive a dry season.
그리고 많은 식물이 건기에 살아남을 수 있다 정답 단서

★중요 문장 (7)은 종 다양성이 없는 사례를 설명하는 문장 (4)~(6)과는 상반되는 내용임. 따라서 글의 흐름을 바꿔주는 문장이 문장 (4)~(6)과 문장 (7) 사이에 와야 한다는 것을 짐작할 수 있음. 식물 종이 다양하면 건기와 같은 갑작스러운 변화에 살아남는 식물도 많음.

⑤ (8) Many animals have a variety of food sources /
V①
많은 동물은 다양한 먹이원을 가지고 있다 /
and don't just rely on one plant;
V②
그리고 그저 한 식물에 의존하지는 않는다

(9) now our forest ecosystem is no longer at the death!
더 이상 ~ 아닌
이제 우리의 숲 생태계는 더는 종말에 처해 있지 않다

전문해석

(2)생태계에 생물 종이 다양할 때, 야생 생물들은 먹이와 서식지를 얻을 더 많은 기회를 얻는다. (3)다양한 종들은 그들의 환경 변화에 다르게 작용하고 반응한다. ① (4)예를 들어, 단 한 종류의 식물만 있는 숲을 상상해 보면, 그 식물은 숲의 먹이 그물 전체의 유일한 먹이원이자 서식지이다. ② (5)이제, 갑작스러운 건기가 오고 이 식물이 죽는다. ③ (6)초식 동물은 그들의 먹이원을 완전히 잃고 죽게 되고, 그들을 먹이로 삼는 동물들도 그렇게 된다. ④ (1)하지만 종 다양성이 있을 때, 갑작스러운 변화의 영향은 그렇게 극적이지 않다. (7)다양한 종의 식물들이 가뭄에 다르게 반응하고, 많은 식물이 건기에 살아남을 수 있다. ⑤ (8)많은 동물은 다양한 먹이원을 가지고 있으며 그저 한 식물에 의존하지는 않는다. (9)그래서 이제 우리의 숲 생태계는 더는 종말에 처해 있지 않다!

- food web(먹이 그물): 생태계에서 여러 생물의 먹이 사슬이 그물처럼 복잡하게 이루어져 있는 먹이 관계

문제풀이

생태계에 종 다양성이 있을 때 다양한 동식물들이 서로 다르게 반응하고, 다양한 먹이원을 가지고 있으므로 갑작스러운 환경 변화에도 숲 전체의 생태계가 보전될 수 있다는 내용이다. 지문에서는 종 다양성이 없을 때와 종 다양성이 있을 때를 대조하고 있는데, 문장 (4)~(6)은 숲 생태계에서 단 하나의 종만 있을 때의 사례를, 문장 (7)~(9)는 종 다양성이 있을 때의 사례를 보여 주고 있다. 이때 주어진 문장 (1)은 글의 흐름을 바꾸고 종 다양성이 있을 때의 사례를 도입할 수 있으므로 서로 상반되는 내용이 시작되는 부분인 ④가 정답이다.

어휘암기

□ ecosystem	명사 생태계
□ wildlife	명사 야생 생물, 야생 동물
□ shelter	명사 서식지, 주거지, 대피처
□ species	명사 종
□ habitat	명사 서식지
□ sudden	형용사 갑작스러운
□ prey upon/on A	A를 먹이로 삼다
□ biodiversity	명사 (생물학적) 종 다양성
□ dramatic	형용사 극적인
□ drought	명사 가뭄
□ rely on/upon A	A에 의존하다
□ death	명사 종말, 파멸, 죽음

힌트 혼동할 수 있는 단어로 찬바람, 외풍을 뜻하는 draught[drɑːft]가 있음. drought[draut]의 발음에 유의할 것.

오답률 TOP 5

39 정답률 40% | 주어진 문장 위치 파악 ▶ 정답 ②

지문끊어읽기

(2) We are connected to the night sky / in many ways.
우리는 밤하늘과 연결되어 있다 / 많은 방식으로

① (3) It has always inspired people / to wonder and to imagine.
=the night sky 5형식V O O·C① O·C②
그것은 항상 사람들에게 영감을 주었다 / 궁금해하고 상상하도록

② (1) Since the dawn of civilization, /
문명의 시작부터 /
our ancestors created myths / and told legendary stories /
V① V②
우리 선조들은 신화를 만들었다 / 그리고 전설적 이야기를 했다 /
about the night sky.
밤하늘에 대해 정답 단서

'그러한 이야기의 요소들'은 여러 세대의 정체성에 큰 영향을 주었다고 함. 여기서 '그러한 이야기(those narratives)'는 문장 (1)의 myths and legendary stories를 가리킨다고 볼 수 있음.

(4) Elements of those narratives became embedded /
S 2형식V S·C
그러한 이야기들의 요소들은 깊이 새겨졌다 /
in the social and cultural identities / of many generations.
사회적 그리고 문화적 정체성에 / 여러 세대의

③ (5) On a practical level, / the night sky helped past generations /
실용적인 수준에서 / 밤하늘은 과거 세대들을 도왔다 / 5형식V O
to keep track of time and create calendars /
O·C① O·C②
시간을 기록하고 달력을 만들도록 /
— essential to developing societies /
전치사 동명사
사회를 발전시키는 데 필수적인 /
as aids to farming and seasonal gathering.
농업과 계절에 따른 수확의 보조 도구로서

정답 단서 인간이 밤하늘에 대해 만들어 낸 이야기를 다룬 앞의 내용과는 달리, 'On a practical level'이라는 도입 부분을 통해 문장 (5)부터는 실용적인 측면에서 밤하늘의 역할을 이야기할 것임을 알 수 있음.

힌트 대시(—)는 앞 내용에 대한 부연 설명을 덧붙일 때 사용되며 완전한 문장뿐만 아니라 구와 단어도 대시 다음에 올 수 있음. 본문의 경우 대시 뒤의 내용은 'to keep track ~ calendars'에 대한 부연 설명임.

④ (6) For many centuries, / it also provided a useful navigation tool, /
=the night sky
수 세기 동안 / 그것은 또한 유용한 항해 도구를 제공하였다 /
vital for commerce and for exploring new worlds.
병렬① 병렬②
무역과 새로운 세계를 탐험하는 데 필수적인

힌트 comma(,)는 앞에 있는 단어나 구, 절과 동격인 내용을 덧붙이거나 앞에 있는 내용을 부연 설명하기 위해 종종 쓰임.

⑤ (7) Even in modern times, /
심지어 현대에도 /
many people in remote areas of the planet /
S
지구의 외딴 지역에 있는 많은 사람이 /
observe the night sky / for such practical purposes.
V
밤하늘을 관찰한다 / 그러한 실용적인 목적을 위해

전문해석

(2)우리는 많은 방식으로 밤하늘과 연결되어 있다. ① (3)그것은 항상 사람들이 궁금해하고 상상하도록 영감을 주었다. ② (1)문명의 시작부터, 우리 선조들은 밤하늘에 대해 신화를 만들었고 전설적 이야기를 했다. (4)그러한 이야기들의 요소들은 여러 세대의 사회적 그리고 문화적 정체성에 깊이 새겨졌다. ③ (5)실용적인 수준에서, 밤하늘은 과거 세대들이 시간을 기록하고 달력을 만들도록 도왔고 이는 농업과 계절에 따른 수확의 보조 도구로서 사회를 발전시키는 데 필수적이었다. ④ (6)수 세기 동안, 그것은 또한 무역과 새로운 세계를 탐험하는 데 필수적인 유용한 항해 도구를 제공하였다. ⑤ (7)심지어 현대에도, 지구의 외딴 지역에 있는 많은 사람이 그러한 실용적인 목적을 위해 밤하늘을 관찰한다.

문제풀이

필자는 인간과 밤하늘이 연결되어 있는 두 가지 측면을 이야기하고 있다. 하나는 인간이 밤하늘에 대한 이야기를 만들었으며 이러한 이야기의 요소가 사회·문화적 정체성에 깊이 새겨졌다는 것이다. 다른 하나는 실용적인 측면에서 밤하늘이 농업과 수확의 보조 도구이면서 사회 발전에 필수적인 시간 기록과 달력 제작에 도움을 주었고 항해 도구를 제공했다는 것이다. 주어진 문장을 제외하고 글을 읽었을 때, 문장 (3)에서는 밤하늘이 우리에게 영감을 주었다고 하며 바로 다음 문장 (4)에서는 그러한 이야기들의 요소가 정체성에 깊이 새겨져 있다고 한

○ 문제편 141쪽

다. 여기서 글의 흐름에 있어 어색함이 느껴지는데 문장 (3)에서 '이야기들'로 여겨질 만한 내용이 나왔어야 문장 (4)에서 '그러한 이야기들'(those narratives)로 문장을 시작할 수 있기 때문이다. 그러므로 주어진 문장은 ②에 들어가는 것이 자연스럽다. 또한 주어진 문장에서는 신화(myths)와 전설적인 이야기들(legendary stories)을 언급하고 있는데 바로 이것들이 문장 (4)의 those narratives가 가리키는 것이라고 볼 수 있다. 따라서 ②가 정답이다.

오답풀이

③ - 주어진 문장을 제외하고 글을 읽었을 때, 문장 (4)에서 문장 (5)로 이어지는 흐름은 어색하지 않다. 왜냐하면 '실용적인 수준에서(On a practical level)'라는 대목이 글의 흐름에 변화가 있다는 것을 암시해주기 때문이다. 하지만 만약 주어진 문장이 ③에 오게 된다면, 문장 (4)의 those narratives가 가리킬 만한 명사(구)가 앞선 문장들 중에는 없기 때문에 지문의 연결이 부자연스럽게 된다. 따라서 ③은 정답으로 적절하지 않다.

어휘암기

☐ **inspire**	동사 영감을 주다, (욕구·자신감·열의를 갖도록) 고무하다
☐ **dawn**	명사 시작, 새벽
☐ **civilization**	명사 문명
☐ **ancestor**	명사 선조, 조상
☐ **myth**	명사 신화
☐ **legendary**	형용사 전설의
☐ **element**	명사 요소, 성분
☐ **narrative**	명사 이야기, 묘사
☐ **embed**	동사 깊이 새겨 두다
☐ **identity**	명사 정체성
☐ **practical**	형용사 실용적인
☐ **keep track of**	~을 기록하다
☐ **aid**	명사 보조 도구, 도움, 지원 / 동사 돕다
☐ **gathering**	명사 수확(물), 모임
☐ **navigation**	명사 항해, 운항
☐ **commerce**	명사 무역, 상업
☐ **remote**	형용사 외딴, 먼

40 정답률 55% | 문단 요약 ▶ 정답 ①

지문끊어읽기

(1) The common blackberry (*Rubus allegheniensis*) has an amazing ability /
common blackberry(*Rubus allegheniensis*)는 놀라운 능력이 있다 /
to move manganese / from one layer of soil to another /
형용사적 용법 from A to B
망가니즈를 옮기는 / 토양의 한 층에서 다른 층으로 /
using its roots.
분사구문
뿌리를 이용하여

힌트 for a plant는 to부정사인 to have의 의미상의 주어이며, to부정사구가 앞에 있는 명사구 a funny talent를 수식함.

(2) This may seem like a funny talent / for a plant to have, /
이것은 기이한 재능처럼 보일 수도 있다 / 식물이 가지기에는 /
but it all becomes clear / when you realize the effect /
2형식V S·C 선행사
하지만 그것은 전부 명확해진다 / 당신이 영향을 깨닫고 나면 /
it has on nearby plants.
목적격 관계대명사절
그것이 근처의 식물에 미치는

(3) Manganese can be very harmful to plants, / 정답단서 망가니즈는 식물에 매우 해로운 물질임.
망가니즈는 식물에 매우 해로울 수 있다 /
especially at high concentrations.
특히 고농도일 때

(4) Common blackberry is unaffected /
V①
common blackberry는 영향을 받지 않는다 /
by damaging effects of this metal /
이 금속 원소의 해로운 효과에 /
and has evolved two different ways of using manganese /
V②
그리고 망가니즈를 사용하는 두 가지 다른 방법을 발달시켰다 /
to its advantage.
자신에게 유리하게

common blackberry가 토양의 심층부에서 상층부로 망가니즈를 이동시키므로 상층부의 망가니즈 농도가 증가하게 됨.

(5) First, / it redistributes manganese /
첫째로 / 그것은 망가니즈를 재분배한다 /
from deeper soil layers to shallow soil layers / 정답단서
from A to B
깊은 토양층으로부터 얕은 토양층으로 /
using its roots as a small pipe.
분사구문
뿌리를 작은 관으로 사용하여

(6) Second, / it absorbs manganese / as it grows, /
접속사(~하면서)
둘째로 / 그것은 망가니즈를 흡수한다 / 성장하면서 /
concentrating the metal in its leaves.
분사구문
그리하여 그 금속 원소를 잎에 농축한다

(7) When the leaves drop and decay, /
잎이 떨어지고 부패할 때 /
their concentrated manganese deposits /
S
그것의 농축된 망가니즈 축적물은 /
further poison the soil / around the plant. 정답단서
V
토양을 독성 물질로 더욱 오염시킨다 / 그 식물 주변의

망가니즈가 농축된 common blackberry의 잎들이 땅 위로 떨어지며 토양을 독성 물질로 오염시킴.

(8) For plants [that are not immune /
선행사 [ ]: 주격 관계대명사절
면역이 없는 식물에게 /
to the toxic effects of manganese], / this is very bad news.
망가니즈의 독성 작용에 / 이것은 매우 나쁜 소식이다

(9) Essentially, / the common blackberry eliminates competition /
본질적으로 / common blackberry는 경쟁자를 제거한다 /
by poisoning its neighbors / with heavy metals. 정답단서
그것의 이웃을 중독시켜 / 중금속으로

결국 common blackberry는 주변 토양을 다른 식물에 해로운 물질인 망가니즈로 중독시켜 다른 식물을 제거함.

(10) The common blackberry has an ability /
common blackberry는 능력이 있다 /
to (A)increase the amount of manganese /
형용사적 용법
망가니즈 양을 (A)증가시키는 /
in the surrounding upper soil, /
주변의 위쪽 토양의 / 계속적 용법(=and it)
which makes the nearby soil quite (B)deadly / for other plants.
5형식V O O·C
그런데 그것은 근처의 토양이 상당히 (B)치명적이게 만든다 / 다른 식물에게

전문해석

(1)common blackberry(*Rubus allegheniensis*)는 뿌리를 이용하여 토양의 한 층에서 다른 층으로 망가니즈를 옮기는 놀라운 능력이 있다. (2)이것은 식물이 가지기에는 기이한 재능처럼 보일 수도 있지만, 그것이 근처의 식물에 미치는 영향을 깨닫고 나면 전부 명확해진다. (3)망가니즈는 식물에 매우 해로울 수 있으며, 특히 고농도일 때 그렇다. (4)common blackberry는 이 금속 원소의 해로운 효과에 영향을 받지 않으며, 망가니즈를 자신에게 유리하게 사용하는 두 가지 다른 방법을 발달시켰다. (5)첫째로, 그것은 뿌리를 작은 관으로 사용하여 망가니즈를 깊은 토양층으로부터 얕은 토양층으로 재분배한다. (6)둘째로, 그것은 성장하면서 망가니즈를 흡수하여 그 금속 원소를 잎에 농축한다. (7)잎이 떨어지고 부패할 때, 그것의 농축된 망가니즈 축적물은 그 식물 주변의 토양을 독성 물질로 더욱 오염시킨다. (8)망가니즈의 독성 작용에 면역이 없는 식물에게 이것은 매우 나쁜 소식이다. (9)본질적으로, common blackberry는 중금속으로 그것의 이웃을 중독시켜 경쟁자를 제거한다.

11회 2022년 3월 영어

문제편 141쪽

(10)common blackberry는 주변의 위쪽 토양의 망가니즈 양을 (A)증가시키는 능력이 있는데, 그것은 근처의 토양이 다른 식물에게 상당히 (B)치명적이게 만든다.

정답확인

다음 글의 내용을 한 문장으로 요약하고자 한다. 빈칸 (A), (B)에 들어갈 말로 가장 적절한 것은?

(A)	(B)	(A)	(B)
✔ increase 증가시키는	······ deadly 치명적이게	② increase 증가시키는	······ advantageous 이롭게
③ indicate 나타내는	······ nutritious 영양가 높게	④ reduce 줄이는	······ dry 건조하게
⑤ reduce 줄이는	······ warm 따뜻하게		

문제풀이

본문에 따르면, common blackberry는 다른 식물에게는 해로운 망가니즈를 흡수하고 잎에 농축시키는 능력을 가지고 있다. 그 잎이 땅 위로 떨어져 부패하게 되면, 주변 토양은 망가니즈로 오염되어 경쟁자인 다른 식물은 잘 자랄 수 없게 된다. 따라서 common blackberry는 주변 상층부 토양의 망가니즈 양을 증가시키고, 이러한 토양은 다른 식물에게 치명적이라는 ①이 정답이다.

어휘암기

☐ funny	형용사 기이한, 우스운
☐ concentration	명사 농도, 집중
☐ evolve	동사 발달시키다, 진화하다
☐ to one's advantage	~에게 유리하게
☐ redistribute	동사 재분배하다
☐ concentrate	동사 농축하다, 집중하다
☐ decay	동사 썩다 / 명사 부패
☐ deposit	명사 축적물, 보증금, 예금 동사 침전시키다, 예금하다, ~에 두다
☐ poison	동사 (독성 물질로) 오염시키다, 중독시키다 명사 독
☐ immune	형용사 면역이 있는
☐ toxic	형용사 독성의, 독성이 있는
☐ essentially	부사 본질적으로
☐ eliminate	동사 제거하다
☐ competition	명사 경쟁자, 경쟁
☐ deadly	형용사 치명적인
☐ nutritious	형용사 영양가 높은

41~42 정답률 55% | 60% | 장문의 이해 ▶ 정답 ⑤ | ⑤

지문끊어읽기

(1) The longest journey we will make / is the eighteen inches /
S 목적격 관계대명사 생략 V
우리가 갈 가장 긴 여정은 / 18인치이다 /
between our head and heart.
우리의 머리에서 가슴까지의
41번 정답 단서 머리에서 가슴까지의 여행을 한다면 비참함을 줄일 수 있다고 함.

(2) If we take this journey, / it can shorten our (a) misery in the world.
우리가 이 여행을 한다면 / 그것은 세상에서 우리의 (a) 비참함을 줄일 수 있다

(3) Impatience, judgment, frustration, and anger /
조급함, 비난, 좌절, 그리고 분노가 /
reside in our heads.
우리 머릿속에 있다
41번 · 42번 정답 단서 우리 머릿속의 부정적인 감정에 계속 머물러 있으면 불행해진다고 설명하고 있음.

(4) When we live in that place too long, / it makes us (b) unhappy.
5형식V O O·C
우리가 그 장소에서 너무 오래 살면 / 그것은 우리를 (b) 불행하게 만든다

(5) But when we take the journey /
그러나 우리가 여행을 하면 /
from our heads to our hearts, / something shifts (c) inside.
머리부터 가슴까지의 / (c) 내면에서 무엇인가 바뀐다
힌트 'What if S V'는 'S가 ~한다면 어떻게 될까, 어떨까'라고 해석함. 본문에서 사용된 과거 시제는 과거의 일을 나타내는 것이 아니라 현재와 거리를 둠으로써 특정 상황을 가정하기 위해 사용됨.

(6) What if we were able to love everything /
선행사
만일 우리가 모든 것을 사랑할 수 있다면 어떻게 될까 /
that gets in our way? 41번 정답 단서 우리를 가로막는 것들을 사랑(이해)해 보자고 이야기하고 있음.
주격 관계대명사절
우리를 가로막는

(7) What if we tried loving / 41번 정답 단서 우리에게 나쁜 감정을 일으키는 타인을 사랑하려고 노력한다면 어떨지 묻고 있음.
만일 우리가 사랑하려고 노력한다면 어떨까 /
the shopper / who unknowingly steps in front of us in line, /
병렬①
그 쇼핑객을 / 줄을 서 있는 우리 앞에 무심코 들어온 /
the driver / who cuts us off in traffic, /
병렬②
그 운전자를 / 차량 흐름에서 우리 앞에 끼어든 /
the swimmer / who splashes us with water during a belly dive, /
병렬③
그 사람을 / 배 쪽으로 다이빙하면서 우리에게 물을 튀게 한 수영하는 /
or the reader / who pens a bad online review of our writing?
병렬④
혹은 그 독자를 / 우리의 글에 대해 나쁜 온라인 후기를 쓴

(8) Every person / [who makes us miserable] / [ ]: 주격 관계대명사절
5형식V O O·C
모든 사람은 / 우리를 비참하게 만드는 /
is (d) like us 41번 · 42번 정답 단서 우리를 비참하게 만드는 사람들 또한 우리와 다를 것 없는 사람임. 문장 (6), (7)에서 나오는 필자의 주장에 대한 이유라고 볼 수 있음.
우리와 (d) 같다
힌트 대시(—, em dash)는 문장 (8)을 부연 설명하기 위해 사용되었음.

(9) — a human being, / most likely doing the best they can, /
=probably
인간 / 아마 최선을 다하고 있으며 /
deeply loved / by their parents, a child, or a friend.
깊이 사랑받는 / 부모, 자녀, 혹은 친구로부터

(10) And how many times have we unknowingly stepped /
현재완료(have p.p, 경험) 병렬①
그리고 우리는 몇 번이나 무심코 들어갔을까 /
in front of someone in line?
줄을 서 있는 누군가의 앞에

(11) Cut someone off in traffic?
병렬②
차량 흐름에서 누군가에게 끼어든 적은

(12) Splashed someone in a pool?
병렬③
수영장에서 누군가에게 물을 튀게 한 적은

(13) Or made a negative statement / about something we've read?
병렬④ 현재완료
혹은 부정적인 진술을 한 적은 / 우리가 읽은 것에 대해

힌트 문장 (11), (12), (13)은 모두 문장 (10)에 이어지는 의문문임. 즉, 이어지는 문장 세 개는 각각 (how many times have we) cut someone off in traffic, (how many times have we) splashed someone in a pool, (how many times have we) made a negative statement about something we've read인데, 중복되는 how many times have we가 생략된 형태임.

(14) It helps [to (e) deny(→ remember)] /
자동사
형식상의 주어
(e) 부정하는(→ 기억하는) 것은 도움이 된다 /
that a piece of us resides / in every person we meet]. [ ]: 내용상의 주어
명사절 접속사 목적격 관계대명사절
우리의 일부가 있다는 것을 / 우리가 만나는 모든 사람 속에

전문해석

(1)우리가 갈 가장 긴 여정은 우리의 머리에서 가슴까지의 18인치이다. (2)우리가 이 여행을 한다면, 그것은 세상에서 우리의 (a) 비참함을 줄일 수 있다. (3)조급함, 비난, 좌절, 그리고 분노가 우리 머릿속에 있다. (4)우리가 그 장소에서 너무 오래 살면, 그것은 우리를 (b) 불행하게 만든다. (5)그러나 우리가 머리부터 가슴까지의 여행을 하면, (c) 내면에서 무엇인가 바뀐다. (6)만일 우리를 가로막는 모든 것을 우리가 사랑할 수 있다면 어떻게 될까? (7)만일 줄을 서 있는 우리 앞에 무심코 들어온 그 쇼핑객을, 차량 흐름에서 우리 앞에 끼어든 그 운전자를, 배 쪽으로 다이빙하면서 우리에게 물을 튀게 한 수영하는 그 사람을, 우리의 글에 대해 나쁜 온라인 후기를 쓴 그 독자를 우리가 사랑하려고 노력한다면 어떨까?
(8)우리를 비참하게 만드는 모든 사람은 우리와 (d) 같다. (9)그들은 아마 최선을 다하고 있으며, 부모, 자녀, 혹은 친구로부터 깊이 사랑받는 인간일 것이다. (10)그리고 우리는 몇 번이나 무심코 줄을 서 있는 누군가의 앞에 들어갔을까? (11)차량 흐름에서 누군가에게 끼어든 적은? (12)수영장에서 누군가에게 물을 튀게 한 적은? (13)혹은 우리가 읽은 것에 대해 부정적인 진술을 한 적은 몇 번이었을까? (14)우리가 만나는 모든 사람 속에 우리의 일부가 있다는 것을 (e) 부정하는(→ 기억하는) 것은 도움이 된다.

문제편 142쪽

정답확인

41. 윗글의 제목으로 가장 적절한 것은?

① Why It Is So Difficult to Forgive Others
남을 용서하는 것은 왜 그렇게 어려운가

② Even Acts of Kindness Can Hurt Somebody
친절한 행동도 누군가를 다치게 할 수 있다

③ Time Is the Best Healer for a Broken Heart
시간은 상처받은 마음에 대한 최고의 치유제이다

④ Celebrate the Happy Moments in Your Everyday Life
당신 일상의 행복한 순간들을 축하하라

✔ Understand Others to Save Yourself from Unhappiness
스스로를 불행에서 구하기 위해 남을 이해하라

42. 밑줄 친 (a) ~ (e) 중에서 문맥상 낱말의 쓰임이 적절하지 않은 것은?

① (a) ② (b) ③ (c) ④ (d) ✔ (e)

문제풀이

41. 지문은 머리(head)를 조급함, 비난, 좌절, 분노가 있는 곳이라고 말하면서 우리가 머리에서 가슴(heart)으로 여행을 떠나면 우리의 비참함을 줄일 수 있다고 설명하고 있다. 이는 문장 (6)에서 설명하듯이 우리를 가로막는 모든 것들, 예를 들어 문장 (7)에 나오는 사람들과 같이 우리에게 나쁜 감정을 일으키는 사람을 사랑해보는 것이다. 또한 이런 사람들은 문장 (8)에서 설명하듯이 우리와 별다를 것 없는, 같은 사람들이다. 이와 같이 필자는 지문 전반에 걸쳐 우리에게 부정적인 감정을 들게 하는 사람을 나와 다를 바 없는 같은 사람으로 생각하며 이해할 것을 제안하고 있다. 이러한 과정은 문장 (2)에서 언급한 비참함을 줄일 수 있는 여행에 해당하므로 정답은 ⑤이다.

42. 문장 (8)에서 우리를 비참하게 만드는 사람들은 모두 우리와 같다고 표현했다. 그 이후 문장 (10)부터 (13)까지 우리 또한 그들과 같은 행동을 한 적은 없는지 질문을 던지고 있다. 이는 우리도 모두 자신도 모르게 그런 적이 있었을 것임을 시사한다. 그러므로 우리가 만나는 모든 사람 속에 우리의 일부가 있다, 즉 우리도 그들과 다를 바 없다는 것을 '부정하는(deny)' 것이 아니라 '기억하는(remember)' 것이 우리를 불행에서 지키는 데에 도움이 될 것이다. 따라서 정답은 ⑤이다.

어휘암기

□ **journey**	명사 여정, 여행
□ **misery**	명사 비참함, 고통
□ **impatience**	명사 조급함
□ **judgment**	명사 비난, 비판, 판단
□ **frustration**	명사 좌절, 절망
□ **reside**	동사 (어떤 장소에) 있다, 살다
□ **unknowingly**	부사 무심코, 자신도 모르게
□ **cut off**	끼어들다, 자르다
□ **splash**	동사 (액체류를) 튀기다
□ **pen**	동사 (글을) 쓰다
□ **miserable**	형용사 비참한
□ **statement**	명사 진술
□ **deny**	동사 부정하다

43~45

정답률 70% | 65% | 75% | 장문의 이해 ▶ 정답 ② | ④ | ⑤

지문끊어읽기

(A-1) One day / a young man was walking along a road /
어느 날 / 한 젊은이가 길을 따라 걷고 있었다 /
on his journey from one village to another.
한 마을로부터 다른 마을로의 여행 중에 (뒤에 village 생략)

(A-2) As he walked /
그는 걷다가 /
he noticed a monk / working in the fields. 45번-① 정답단서
그는 한 수도승을 보게 되었다 / 들판에서 일하는
젊은이는 들판에서 일하고 있는 수도승을 봄.

힌트 선행사 a monk를 수식하는 관계대명사절로 '주격 관계대명사+be동사(who was)'가 생략됨. '주격 관계대명사+be동사+분사'에서 '주격 관계대명사+be동사'는 종종 생략됨.

(A-3) The young man turned to the monk / and said, /
그 젊은이는 그 수도승을 향해 돌아보았다 / 그리고 말했다 /
"Excuse me. / Do you mind if I ask (a) you a question?" 43번 정답단서
"실례합니다 / 제가 (a) 당신(monk)께 질문을 하나 드려도 되겠습니까"
젊은이가 스님에게 질문을 해도 될지 물어봄.

(A-4) "Not at all," /
"물론입니다." /
replied the monk.
그 수도승은 대답했다

힌트 Do you mind if I V~?(~해도 되겠습니까?, 제가 ~하면 꺼려하시겠습니까?)는 상대방에게 허락을 구하는 정중한 표현임. mind가 '~을 꺼리다'는 의미이므로 허락을 할 때에는 부정어구를 사용하여 'No, not at all.', 'No, go ahead.'라고 대답하고, 거절할 때는 'I'm sorry.'라고 대답하며 이유를 덧붙이면 됨.

* (A) 요약: 한 젊은이가 여행 중에 한 수도승을 만나고 질문을 해도 될지 허락을 구함.

(C-1) "I am traveling /
"저는 가고 있습니다 /
from the village in the mountains / to the village in the valley /
(from A to B)
산속의 마을로부터 / 골짜기의 마을로 /
and I was wondering / if (c) you knew /
(=whether)
그리고 저는 궁금합니다 / (c) 당신(monk)께서 아시는지 /
what it is like / in the village in the valley." 43번 · 45번-③ 정답단서
(knew의 목적어절)
어떤지 / 골짜기의 마을은"
젊은이는 골짜기의 마을이 어떤지 스님에게 질문을 함.

힌트 'I was wondering if(=whether) S V.(~인지 궁금합니다.)'는 상대방에게 공손하게 요청하는 표현임. 참고로 여기서 if절은 wondering의 목적어절, if절 안의 what 간접의문문은 knew의 목적어절임.

(C-2) "Tell me," / said the monk, /
"저에게 말해 보십시오." / 수도승은 말했다 /
"what was your experience / of the village in the mountains?"
"당신의 경험은 어땠습니까 / 산속의 마을에서의"

(C-3) "Terrible," / replied the young man. 44번 정답단서
"끔찍했습니다." / 그 젊은이는 대답했다
젊은이는 산속의 마을이 끔찍했다고 대답함.

(C-4) "I am glad to be away from there. 45번-⑤ 정답단서
(감정 형용사 부사적 용법(감정의 원인))
"저는 그곳을 벗어나게 되어 기쁩니다
젊은이는 산속에 있는 마을에서 벗어나게 되어 기쁘다고 함.

(C-5) I found the people most unwelcoming.
(5형식V O O·C)
저는 그곳 사람들이 정말로 불친절하다고 생각했습니다

(C-6) So tell (d) me, / what can I expect / in the village in the valley?"
그러니 (d) 저(young man)에게 말씀해 주십시오 / 제가 무엇을 기대할 수 있을까요 / 골짜기의 마을에서"

(C-7) "I am sorry to tell you," / said the monk, / "but I think /
(감정 형용사 부사적 용법(감정의 원인))
"말씀드리기에 유감입니다." / 수도승이 말했다 / "하지만 저는 생각합니다 /
[your experience will be much the same there]." [ ]: think의 목적어절 (명사절 접속사 that 생략)
당신의 경험은 그곳에서도 거의 같을 것 같다고"

(C-8) The young man lowered his head helplessly /
(V①)
그 젊은이는 힘없이 고개를 숙였다 /
and walked on. 43번 · 45번-④ 정답단서
(V② 부사(계속))
그리고 계속 걸어갔다
젊은이는 스님의 대답에 실망함.

* (C) 요약: 젊은이가 산속 마을에서 끔찍한 경험을 했다고 하자, 수도승은 젊은이가 골짜기 마을에서도 비슷할 거라고 말함.

(B-1) A while later / a middle-aged man journeyed down the same road /
(V①)
잠시 후 / 한 중년 남자가 같은 길을 걸어왔다 /
and came upon the monk. 43번 정답단서
(V②)
그리고 그 수도승을 만났다
한 중년 남자가 수도승을 만남.

45번-② 정답단서 중년 남자는 골짜기의 마을로 가는 중임.

(B-2) "I am going to the village in the valley," / said the man.
"저는 골짜기의 마을로 가고 있습니다." / 그 남자는 말했다

(B-3) "Do you know what it is like?" 45번-③ 정답단서
"그곳이 어떤지 아십니까?"
수도승은 골짜기에 있는 마을에 대해 질문받음.

(B-4) "I do," / replied the monk, /
(대동사(=know))
"알고 있습니다" / 그 수도승은 대답했다 /
"but first tell (b) me about the village / where you came from."
(선행사 관계부사절)
"하지만 먼저 (b) 저(monk)에게 마을에 관해 말해 주십시오 / 당신께서 떠나오신"

힌트 관계부사 where가 수식해 주는 명사구가 '출신'을 나타낼 때 전치사 from은 생략하지 않고 쓰임.

(B-5) "I've come from the village in the mountains," / said the man.
"저는 산속의 마을로부터 왔습니다." / 그 남자는 말했다

(B-6) "It was a wonderful experience.
"그것은 멋진 경험이었습니다

(B-7) I felt / as though I was a member /
저는 느꼈습니다 / 마치 제가 일원인 것처럼 /
of the family in the village." 43번 정답단서
그 마을의 가족의"
중년 남자는 산속 마을에서 마을의 일원인 것 같은 느낌을 받고 옴.

힌트 '마치 ~인 것처럼'의 의미로 사용하는 'as if/though+가정법'이 쓰였음. as if/though절은 as if/though절의 시제가 주절과 동일하면 과거형, 주절보다 앞선 시제면 과거완료형을 사용함.

* (B) 요약: 한 중년 남자도 젊은이처럼 산속 마을에서 골짜기 마을로 가고 있었는데, 산속 마을에서 멋진 경험을 했다고 말함.

44번 정답단서 수도승이 중년 남자에게 그 이유를 물음.

(D-1) "Why did you feel like that?" / asked the monk.
"왜 그렇게 느끼셨습니까?" / 그 수도승은 물었다

11회 2022년 3월 영어

(D-2) "The elders gave me much advice, /
4형식V I·O D·O
"어르신들은 저에게 많은 조언을 해 주셨습니다 /

and people were kind and generous.
그리고 사람들은 친절하고 너그러웠습니다

(D-3) I am sad to have left there.
감정 형용사 부사적 용법(감정의 원인)
저는 그곳을 떠나서 슬픕니다

힌트 현재 슬픔을 느끼는 이유를 to 부정사로 표현했음. 이때 현재 슬픈 것보다 마을을 떠난 것이 더 먼저 있었던 일이므로, 완료부정사인 to have p.p의 형태를 취했음.

(D-4) And what is the village in the valley like?" / he asked again.
그런데 골짜기의 마을은 어떻습니까" / 그는 다시 물었다

(D-5) "(e) I think you will find it much the same," / replied the monk.
5형식V O O·C
"(e) 저(monk)는 당신은 그곳이 거의 같다고 생각하실 거로 생각합니다." / 수도승은 대답했다

(D-6) "I'm glad to hear that," / the middle-aged man said smiling /
감정 형용사 부사적 용법(감정의 원인)
"그 말씀을 들으니 기쁩니다." / 그 중년 남자는 미소를 지으며 말했다 /

and journeyed on.
부사(계속)
그리고 여행을 계속했다

* (D) 요약: 수도승은 중년 남자에게 골짜기 마을에서도 비슷하게 멋진 경험을 할 거라고 말함.

전문해석

(A)

(1)어느 날 한 젊은이가 한 마을로부터 다른 마을로의 여행 중에 길을 따라 걷고 있었다. (2)그는 걷다가 들판에서 일하는 한 수도승을 보게 되었다. (3)그 젊은이는 그 수도승을 향해 돌아보며 "실례합니다. 제가 (a) 당신(monk)께 질문을 하나 드려도 되겠습니까?"라고 말했다. (4)"물론입니다."라고 그 수도승은 대답했다.

(C)

(1)"저는 산속의 마을로부터 골짜기의 마을로 가고 있는데 (c) 당신(monk)께서 골짜기의 마을은 어떤지 아시는지 궁금합니다." (2)수도승은 "저에게 말해 보십시오. 산속의 마을에서의 경험은 어땠습니까?"라고 말했다. (3)그 젊은이는 "끔찍했습니다."라고 대답했다. (4)"그곳을 벗어나게 되어 기쁩니다. (5)그곳 사람들이 정말로 불친절하다고 생각했습니다. (6)그러니 (d) 저(young man)에게 말씀해 주십시오, 제가 골짜기의 마을에서 무엇을 기대할 수 있을까요?" (7)"말씀드리기에 유감이지만, 제 생각에 선생님의 경험은 그곳에서도 거의 같을 것 같다고 생각합니다." 수도승이 말했다. (8)그 젊은이는 힘없이 고개를 숙이고 계속 걸어갔다.

(B)

(1)잠시 후 한 중년 남자가 같은 길을 걸어와서 그 수도승을 만났다. (2)그 남자는 "저는 골짜기의 마을로 가고 있습니다."라고 말했다. (3)"그곳이 어떤지 아십니까?" (4)"알고 있습니다만, 먼저 (b) 저(monk)에게 당신께서 떠나오신 마을에 관해 말해 주십시오."라고 그 수도승은 대답했다. (5)그 남자는 "저는 산속의 마을로부터 왔습니다. (6)그것은 멋진 경험이었습니다. (7)저는 마치 그 마을의 가족의 일원인 것처럼 느꼈습니다."라고 말했다.

(D)

(1)그 수도승은 "왜 그렇게 느끼셨습니까?"라고 물었다. (2)"어르신들은 저에게 많은 조언을 해 주셨고, 사람들은 친절하고 너그러웠습니다. (3)그곳을 떠나서 슬픕니다. (4)그런데 골짜기의 마을은 어떻습니까?"라고 그는 다시 물었다. (5)"(e) 저(monk)는 선생님은 그곳이 (산속 마을과) 거의 같다고 생각하실 거로 생각합니다."라고 수도승은 대답했다. (6)"그 말씀을 들으니 기쁩니다."라고 그 중년 남자는 미소를 지으며 말하고서 여행을 계속했다.

정답확인

43. 주어진 글 (A)에 이어질 내용을 순서에 맞게 배열한 것으로 가장 적절한 것은?

① (B) — (D) — (C) ✔② (C) — (B) — (D) ③ (C) — (D) — (B)
④ (D) — (B) — (C) ⑤ (D) — (C) — (B)

44. 밑줄 친 (a)~(e) 중에서 가리키는 대상이 나머지 넷과 다른 것은?

① (a) ② (b) ③ (c) ✔④ (d) ⑤ (e)

45. 윗글에 관한 내용으로 적절하지 않은 것은?

① 한 수도승이 들판(field)에서 일하고 있었다. 문장(A-2)
② 중년 남자는 골짜기(valley)에 있는 마을로 가는 중이었다. 문장(B-2)
③ 수도승은 골짜기에 있는 마을에 대해 질문받았다(be asked). 문장(B-3), 문장(C-1)
④ 수도승의 말을 듣고 젊은이는 고개를 숙였다(lower his head). 문장(C-8)
✔⑤ ~~중년 남자~~(젊은이)는 산속에 있는 마을을 떠나서(be away from) 기쁘다고 말했다. 문장(C-4)

문제풀이

44. (a), (b), (c), (e)는 모두 'monk'를 가리키지만, (d)는 'monk'에게 질문한 'young man'을 지칭한다. (C-3)의 끔찍하다고 대답한 젊은이의 말 뒤에 이어진 대화는 수도승이 한 말이 아니라 이어서 젊은이가 말한 것이다.

어휘암기

☐ **journey**	명사 여행 / 동사 여행하다
☐ **monk**	명사 수도승, 스님
☐ **travel**	동사 (~에서 …로) 가다, 이동하다, 여행하다
☐ **unwelcoming**	형용사 불친절한, 환영하지 않는
☐ **helplessly**	부사 힘없이, 속수무책으로
☐ **come upon**	~을 (우연히) 만나다
☐ **generous**	형용사 너그러운, 관대한

문제편 142쪽

12회 2021년 3월 학평 정답과 해설 영어

문제편 p.143

12회 특징

✓ 배점에 약간의 변화를 준 점을 제외하면 문제 유형 및 배열 순서는 2021학년도 수능과 동일하게 출제되었으며 전반적인 난이도는 2020년 3월 학력평가보다 높았음.

✓ 길이가 길고 구조 파악이 어려운 문장과 까다로운 어휘가 포함된 지문들이 많아 학생들의 체감 난이도는 훨씬 높았을 것.

✓ 학생들이 어려워하는 어법(29번)과 어휘(30번) 문제는 비교적 평이한 수준으로 출제되었으나 빈칸 추론(31번, 34번), 주어진 문장 위치 파악(38번, 39번), 장문에서의 어휘(42번) 문제가 특히 어렵게 출제됨.

✓ 오답률이 가장 높았던 34번은 행동의 실질적 자유(effective freedom)에 관한 글로 추상적인 소재를 다룬 지문의 해석과 이해가 쉽지 않아 정답을 찾기 어려운 문제였음.

오답률 TOP 5

문항 번호	34	38	31	39	40
분류	빈칸 추론	주어진 문장 위치 파악	빈칸 추론	주어진 문장 위치 파악	문단 요약
난도	최상	최상	중상	중상	중상

정답표

01	④	02	④	03	①	04	③	05	④
06	③	07	①	08	②	09	⑤	10	②
11	①	12	①	13	②	14	③	15	④
16	②	17	④	18	④	19	①	20	③
21	②	22	⑤	23	①	24	⑤	25	③
26	⑤	27	⑤	28	④	29	③	30	③
31	⑤	32	④	33	①	34	⑤	35	③
36	②	37	③	38	②	39	④	40	②
41	①	42	⑤	43	②	44	⑤	45	②

01 정답률 90% | 남자가 하는 말의 목적 ▶ 정답 ④

M: Good morning, students. This is Mr. Lewis from the school administration office. Last night there was a heavy rainstorm. The pouring rain left some of the school's hallways wet and slippery. The first floor hallway and the central stairway are especially dangerous to walk on. Please be extra careful when you walk through these areas. You could get seriously hurt if you slip on the wet floor. We're doing our best to take care of the situation. Thank you.

(school administration office 학교 행정실, heavy 심한, rainstorm 폭풍우, pouring rain 호우, left 남겼다(leave), hallways 복도들, wet 젖은, slippery 미끄러운, central stairway 중앙 계단, especially 특히, dangerous 위험한, be extra careful 각별히 조심하다, areas 구역들, get seriously hurt 심각하게 다치다 (get hurt: 다치다, seriously: 심각하게), slip 미끄러지다, doing our best 최선을 다하는 (do one's best), take care of ~을 처리하다, situation 상황)

해석

남: 안녕하세요, 학생 여러분. 저는 학교 행정실의 Lewis 선생님입니다. 지난밤에 심한 폭풍우가 있었습니다. 호우가 학교의 복도 일부를 젖고 미끄러운 상태로 남겨 놓았습니다. 1층 복도와 중앙 계단이 걷기에 특히 위험합니다. 이 구역들을 통과해서 걸을 때 각별히 조심하십시오. 젖은 바닥에서 미끄러지면 심각하게 다칠 수 있습니다. 저희는 상황을 처리하기 위해 최선을 다하고 있습니다. 감사합니다.

① 교내 청소 일정을 공지하려고
② 학교 시설 공사의 지연에 대해 사과하려고
③ 하교 시 교실 창문을 닫을 것을 요청하려고
④ 교내의 젖은 바닥을 걸을 때 조심하도록 당부하려고
⑤ 깨끗한 교실 환경 조성을 위한 아이디어를 공모하려고

02 정답률 85% | 여자의 의견 ▶ 정답 ④

W: Mike, you look very tired today.
M: I am. I'm having trouble sleeping at night these days.
W: What's the matter?
M: I don't know. I just can't fall asleep until late at night.
W: I feel bad for you.
M: I need to find a way to sleep better.
W: Can I share how I handled my sleeping problem?
M: Sure.
W: After I changed my pillow, I was able to sleep much better. Changing your pillow can help you with your sleeping problem.
M: Thanks for the tip. I hope that works for me, too.

(tired 피곤한, having trouble sleeping 잠을 자는 데 어려움을 겪는 (have trouble V-ing: ~하는 데 어려움을 겪다), fall asleep 잠들다, until late at night 밤늦게까지, need to find 찾아야 하다 (need to V: ~해야 하다, find: 찾다), way 방법, handled 처리했다, sleeping problem 수면 문제, pillow 베개, was able to sleep 잠을 잘 수 있었다 (be able to V: ~할 수 있다), tip 조언, works for 효과가 있다)

해석

여: Mike, 너 오늘 매우 피곤해 보여.
남: 피곤해. 나는 요즘 밤에 잠을 자는 데 어려움을 겪고 있어.
여: 문제가 뭐야?
남: 모르겠어. 그냥 밤늦게까지 잠들 수가 없어.
여: 안됐구나.
남: 잠을 더 잘 잘 수 있는 방법을 찾아야 해.
여: 내가 내 수면 문제를 어떻게 처리했는지 말해도 될까?
남: 물론이지.
여: 베개를 바꾼 후에, 나는 잠을 훨씬 더 잘 잘 수 있었어. 베개를 바꾸는 것은 네 수면 문제에 도움을 줄 수 있어.
남: 조언해 줘서 고마워. 그것이 내게도 효과가 있었으면 좋겠어.

① 짧은 낮잠은 업무 효율을 높인다.
② 야식은 숙면에 방해가 될 수 있다.
③ 사람마다 최적의 수면 시간이 다르다.
④ 베개를 바꾸면 숙면에 도움이 될 수 있다.
⑤ 숙면을 위해 침실을 서늘하게 하는 것이 좋다.

03 정답률 90% | 두 사람의 관계 ▶ 정답 ①

M: Hi, I'm Daniel Jones. I'm glad to finally meet you.
W: Welcome. Mr. Harvey told me you're coming.
M: He told me nice things about you.
W: Thanks. I hear that you're holding a party at your house in two weeks.
M: That's right. I'm hoping you could take charge of the food for my party.
W: Sure. You can always depend on a chef like me.
M: Great. Is there anything I need to prepare for you?
W: No need. I'll be taking care of the party food from start to finish.
M: Sounds fantastic.
W: Now let's talk about the menu.

(finally 드디어, holding 주최하는(hold), in two weeks 2주 후에, take charge of ~을 맡다, depend on ~에 의지하다, chef 요리사, need to prepare 준비해야 하다 (need to V: ~해야 하다, prepare: 준비하다), be taking care of ~을 관리하고 있다(take care of), from start to finish 처음부터 끝까지 (from A to B: A부터 B까지), fantastic 환상적인, menu 메뉴)

해석

남: 안녕하세요, 저는 Daniel Jones입니다. 드디어 당신을 만나게 되어 기쁘네요.
여: 어서 오세요. Harvey 씨가 당신이 올 거라고 했어요.
남: 그가 당신에 대해 좋은 얘기를 해 줬어요.
여: 감사해요. 당신이 2주 후에 당신의 집에서 파티를 주최한다고 들었어요.
남: 맞아요. 당신이 제 파티를 위한 음식을 맡아주셨으면 좋겠어요.
여: 물론이죠. 당신은 언제나 저와 같은 요리사에게 의지할 수 있어요.
남: 좋아요. 당신을 위해 제가 준비해야 하는 것이 있나요?
여: 그러실 필요 없어요. 제가 파티 음식을 처음부터 끝까지 관리할 거예요.
남: 환상적으로 들리네요.
여: 이제 메뉴에 대해 얘기해 봐요.

① 파티 주최자 — 요리사
② 슈퍼마켓 점원 — 손님
③ 배달 기사 — 음식점 주인
④ 영양학자 — 식품 제조업자
⑤ 인테리어 디자이너 — 의뢰인

04 정답률 75% | 그림에서 대화의 내용과 일치하지 않는 것 ▶ 정답 ③

W: Is that the photo of our school's new studio?
M: Yes. We can shoot online lectures here.
W: Can I have a look?
M: Sure. Do you see that camera facing the chair? It's the latest model.
W: I see. What is that ring on the stand next to the camera?
M: That's the lighting. It's to brighten the teacher's face.
W: Hmm.... The round clock on the wall looks simple and modern.
M: Teachers can check the time on the clock while shooting.
W: The microphone on the table looks very professional.
M: It really does. Also, I like the tree in the corner. It goes well with the studio.

(photo 사진, shoot 촬영하다, online lectures 온라인 강의들, look 보다, facing 향하는(face), latest 최신의, ring 고리 모양의 것, stand 스탠드, lighting 조명, brighten 밝게 하다, round clock 원형 시계, simple 단순한, modern 현대적인, check 확인하다, microphone 마이크, professional 전문적인, corner 구석, goes well with ~과 잘 어울리다)

해석

여: 그것이 우리 학교의 새로운 스튜디오 사진이니?
남: 그래. 우리는 여기에서 온라인 강의를 촬영할 수 있어.
여: 내가 좀 볼 수 있을까?
남: 물론이지. 의자를 향하고 있는 저 카메라가 보이니? 그것은 최신 모델이야.
여: 그렇구나. 카메라 옆의 스탠드 위에 있는 고리 모양의 것은 뭐니?
남: 그건 조명이야. 선생님의 얼굴을 밝게 하기 위한 것이야.
여: 흠.... 벽에 걸린 원형 시계는 단순하고 현대적으로 보여.

남: 촬영하는 동안 선생님들이 시계의 시간을 확인할 수 있어.
여: 테이블 위에 있는 마이크는 매우 전문적으로 보여.
남: 정말 그렇지. 또한, 나는 구석에 있는 나무도 마음에 들어. 그것은 스튜디오와 잘 어울리거든.

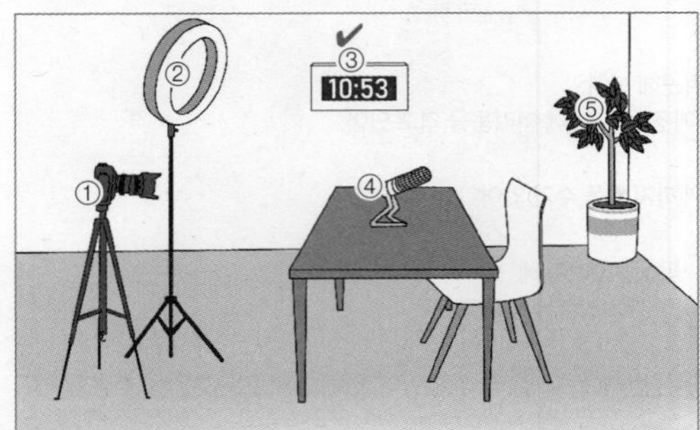

05 정답률 85% | 남자가 할 일 ▶ 정답 ④

M: Hi, Jamie. You remember we're going to the movies later today, right?
기억하다 / 영화를 보러 가는(go to the movies)
W: Of course. I'll see you after class.
M: Didn't you say there's a student discount on the movie ticket?
학생 할인 / 영화 티켓
W: Yes, I did. Don't forget to bring your student ID card.
가져오는 것을 잊다 (forget to V: ~하는 것을 잊다, bring: 가져오다) / 학생증
M: But I've lost my ID. Is there any other way to get the discount?
잃어버린(lose)
W: Probably not. Why don't you go get a new ID card from the school office?
~하는 게 어때? / 학교 사무실
M: Do you know where the office is?
W: Yes. It's on the first floor.
M: Okay. I'll go there right away.
당장

해석

남: 안녕, Jamie. 우리가 오늘 늦게 영화를 보러 가는 거 기억하지, 그렇지?
여: 물론이지. 수업 끝나고 보자.
남: 네가 영화 티켓에 학생 할인이 있다고 말하지 않았니?
여: 응, 그랬지. 네 학생증을 가져오는 것을 잊지마.
남: 하지만 나는 학생증을 잃어버렸어. 할인을 받을 수 있는 다른 방법이 있니?
여: 아마도 없을 거야. 학교 사무실에 가서 새 학생증을 발급받는 게 어때?
남: 사무실이 어디에 있는지 아니?
여: 응. 1층에 있어.
남: 알겠어. 당장 갈게.

① 영화 예매하기
② 지갑 가져오기
③ 시간표 출력하기
✔ 학생증 재발급받기
⑤ 영화 감상문 제출하기

06 정답률 75% | 여자가 지불할 금액 ▶ 정답 ③

W: Hi, I'm looking for camping chairs. Can you recommend one?
캠핑용 의자들 / 추천하다
M: Good morning. This is our bestselling chair. They're $20 each.
가장 잘 팔리는
W: That sounds good. I'll take it.
M: How many do you need?
필요하다
W: I need four chairs.
M: Okay. Is there anything else you need?
W: I also need a camping knife.
캠핑용 칼
M: How about this one? It's $20.
~은 어때세요?
W: That looks convenient. I'll buy one. Do you offer any discounts?
편리한 / 할인을 제공하다
M: Yes. Since your total purchase is over $80, we'll give you a 10% discount on the total amount.
~하기 때문에 / 총 구매액 / 총액
W: That sounds nice. I'll pay with my credit card.
지불하다 / 신용카드

해석

여: 안녕하세요, 저는 캠핑용 의자를 찾고 있어요. 하나 추천해 주시겠어요?
남: 안녕하세요. 이것이 가장 잘 팔리는 의자예요. 개당 20달러예요.
여: 좋은 것 같네요. 그것을 살게요.
남: 몇 개가 필요하신가요?
여: 의자 4개가 필요해요.
남: 알겠습니다. 그밖에 더 필요하신 게 있으신가요?
여: 캠핑용 칼도 필요해요.
남: 이것은 어떠세요? 20달러예요.
여: 편리해 보이네요. 하나 살게요. 할인을 제공하시나요?
남: 네. 손님의 총 구매액이 80달러를 넘기 때문에, 총액에서 10% 할인을 해 드릴게요.
여: 좋아요. 신용카드로 지불할게요.

① $72　② $80　✔ $90
④ $100　⑤ $110

문제풀이

20달러짜리 캠핑용 의자 4개와 20달러짜리 캠핑용 칼 1개를 사면 총액은 100달러이다. 총 구매액이 80달러를 넘으면 10% 할인을 받을 수 있다고 했으므로 여자가 지불할 금액은 90달러이다. 따라서 답은 ③ '$90'이다.

07 정답률 70% | 남자가 보고서를 완성하지 못한 이유 ▶ 정답 ①

M: Hi, Rebecca. What's up?
W: Hey, Tom. Can I borrow your laptop today?
빌리다 / 노트북 컴퓨터
M: Yes, but I have to finish my science report first.
끝내다 / 과학 보고서
W: Really? Wasn't the science report due last week?
~하기로 되어 있는
M: Yes, it was. But I couldn't finish it.
W: What happened? I thought your experiment went well.
실험
M: Actually, it didn't. I made a mistake in the experimental process.
실수를 했다 / 실험 과정
W: Oh, no. Did you have to do the experiment all over again?
처음부터 다시
M: Yes, it took a lot of time. So I haven't finished my report yet.
많은
W: I see. Let me know when you're done.

해석

남: 안녕, Rebecca. 무슨 일이야?
여: 안녕, Tom. 오늘 네 노트북 컴퓨터를 빌릴 수 있을까?
남: 그래, 하지만 나는 과학 보고서를 먼저 끝내야 해.
여: 정말? 과학 보고서는 지난주에 제출하기로 되어 있지 않았니?
남: 응, 그랬지. 하지만 나는 그것을 끝내지 못했어.
여: 무슨 일이 있었니? 나는 네 실험이 잘 되었다고 생각했는데.
남: 사실, 그렇지 않았어. 나는 실험 과정에서 실수를 했어.
여: 오, 저런. 실험을 처음부터 다시 해야 했니?
남: 그래, 많은 시간이 걸렸어. 그래서 아직 보고서를 끝내지 못했지.
여: 그렇구나. 다 하면 나에게 알려줘.

✔ 실험을 다시 해서
② 제출일을 착각해서
③ 주제가 변경되어서
④ 컴퓨터가 고장 나서
⑤ 심한 감기에 걸려서

문제풀이

과학 보고서 작성을 위한 실험 과정에서 실수를 했다는 말을 듣고 여자가 실험을 처음부터 다시 해야 했냐고 묻자 남자는 그렇다고 대답한다. 따라서 남자가 과학 보고서를 기한 내에 완성하지 못한 이유는 ① '실험을 다시 해서'이다.

08 정답률 85% | Spring Virtual Run에 관해 언급되지 않은 것 ▶ 정답 ②

W: Hi, Asher. What are you doing on the computer?
M: I'm signing up for an event called the Spring Virtual Run.
~에 등록하는(sign up for) / 봄 가상 달리기
W: The Spring Virtual... Run?
M: It's a race. Participants upload their record after running either a three-mile race or a ten-mile race.
경주 / 참가자들 / 업로드하다 / 기록 / 3마일 경주 또는 10마일 경주 (either A or B: A 또는 B)
W: Can you run at any location?
지역
M: Yes. I can choose any place in the city.
선택하다 / 장소
W: That sounds interesting. I want to participate, too.
참가하다
M: Then you should sign up online and pay the registration fee. It's twenty dollars.
지불하다 / 등록비
W: Twenty dollars? That's pretty expensive.
꽤 / 비싼
M: But souvenirs are included in the fee. All participants will get a T-shirt and a water bottle.
기념품들 / 포함되다(include: ~을 포함하다) / 물병
W: That's reasonable. I'll sign up.
합리적인

해석

여: 안녕, Asher. 컴퓨터로 무엇을 하고 있니?
남: Spring Virtual Run(봄 가상 달리기)이라고 불리는 행사에 등록하고 있어.
여: Spring Virtual... Run?
남: 그것은 경주야. 참가자들은 3마일 경주 또는 10마일 경주를 한 후에 자신들의 기록을 업로드해.
여: 어느 지역에서나 달릴 수 있는 거야?
남: 그래. 시내의 어느 장소든 선택할 수 있어.
여: 재미있겠다. 나도 참가하고 싶어.
남: 그럼 온라인으로 등록하고 등록비를 지불해야 해. 20달러야.
여: 20달러? 꽤 비싸구나.
남: 하지만 기념품이 등록비에 포함되어 있어. 모든 참가자들은 티셔츠와 물병을 받을 거야.
여: 합리적이네. 나도 등록할게.

① 달리는 거리　✔ 참가 인원　③ 달리는 장소
④ 참가비　⑤ 기념품

09 정답률 75% | Family Night at the Museum에 관한 내용과 일치하지 않는 것 ▶ 정답 ⑤

W: Do your children love adventures? Here's a great adventure for
모험들

문제편 143쪽

you and your children. The Museum of Natural History is starting a
자연사 박물관
special program — Family Night at the Museum. When the regular
특별한 / 가족의 밤
museum hours are over, you and your children get to walk around
박물관 정규 운영 시간 / ~를 돌아다니게 되다
the museum with a flashlight. After your adventure is complete,
손전등 / 완료된
you will sleep under the amazing models of planets and stars.
놀라운 / 모형들 / 행성들
Sleeping bags, snacks, and water will be provided. This program is
침낭들 / 간식들 / 제공되다
for children ages 6 to 13. All those who want to join must register
등록하다
in advance. On-site registration is not accepted. Why not call today
사전에 / 현장 등록
and sign up?
신청하다

해석

여: 여러분의 자녀들이 모험을 정말 좋아하나요? 여기 여러분과 여러분의 자녀들을 위한 멋진 모험이 있습니다. 자연사 박물관은 Family Night at the Museum(박물관에서의 가족의 밤)이라는 특별한 프로그램을 시작할 것입니다. 박물관 정규 운영 시간이 끝나면, 여러분과 여러분의 자녀들은 손전등을 들고 박물관을 돌아다니게 됩니다. 모험이 완료된 후에, 여러분은 놀라운 행성과 별 모형 아래에서 잠을 잘 것입니다. 침낭, 간식, 그리고 물이 제공될 것입니다. 이 프로그램은 6세부터 13세까지의 아이들을 위한 것입니다. 참가하기를 원하는 모든 사람들은 사전에 등록해야 합니다. 현장 등록은 허용되지 않습니다. 오늘 전화해서 신청하시는 것은 어떠십니까?

① 박물관 정규 운영 시간 종료 후에 열린다.
② 행성과 별 모형 아래에서 잠을 잔다.
③ 참가자들에게 침낭이 제공된다.
④ 6세부터 13세까지를 위한 프로그램이다.
✔ 사전 등록 없이 현장에서 참가할 수 있다.

10 정답률 80% | 표에서 여자가 구매할 스마트 워치 ▶ 정답 ②

M: Hi, how can I help you today?
W: Hi, I'm looking for a smart watch.
스마트 워치
M: Sure. We have these five models.
W: Hmm.... I want to wear it when I swim.
착용하고 싶다 / 수영하다
(want to V: ~하고 싶다, wear: 착용하다)
M: Then you're looking for one that's waterproof.
방수의
W: That's right. Do you think a one-year warranty is too short?
1년의 보증 기간
M: Yes. I recommend one that has a warranty longer than one year.
추천하다
W: Okay. I'll take your advice.
조언
M: That leaves you with these two options. I'd get the cheaper one because it's as good as the other one.
남기다 / 선택들 / 더 싼 / ~만큼 좋은
W: I see. Then I'll go with the cheaper one.
M: Good choice.
선택

해석

남: 안녕하세요, 오늘 어떻게 도와드릴까요?
여: 안녕하세요, 저는 스마트 워치를 찾고 있어요.
남: 그렇군요. 저희는 이 다섯 가지 모델을 가지고 있어요.
여: 흠.... 저는 수영할 때 그것을 착용하고 싶거든요.
남: 그럼 방수가 되는 제품을 찾고 계시는군요.
여: 맞아요. 1년의 보증 기간은 너무 짧다고 생각하시나요?
남: 네. 저는 1년보다 더 긴 보증 기간을 가진 제품을 추천해요.
여: 알겠어요. 당신의 조언을 따를게요.
남: 그럼 이 두 가지 선택이 남아요. 저라면 더 싼 제품을 살 텐데 왜냐하면 그것이 다른 제품만큼 좋기 때문이죠.
여: 그렇군요. 그럼 더 싼 제품을 살게요.
남: 훌륭한 선택이에요.

스마트 워치

	모델	방수	보증 기간	가격
①	A	X	2년	90달러
✔	B	O	3년	110달러
③	C	O	1년	115달러
④	D	X	2년	120달러
⑤	E	O	4년	125달러

11 정답률 80% | 여자의 마지막 말에 대한 남자의 응답 ▶ 정답 ①

W: Liam, how did your shopping go?
M: It was good, Mom. I got this shirt at a good price.
셔츠 / 좋은 가격에
W: It looks nice. Wait! It's missing a button.
없는(miss) / 단추
M: (Oh, I should get it exchanged.)
그것을 교환하다(exchange: 교환하다)

해석

여: Liam, 쇼핑은 어땠니?
남: 좋았어요, 엄마. 저는 이 셔츠를 좋은 가격에 샀어요.
여: 멋져 보이네. 잠깐! 단추가 없구나.
남: (오, 저는 그것을 교환해야겠어요.)
✔ 오, 저는 그것을 교환해야겠어요.
② 물론이죠. 제가 당신을 위해 셔츠를 주문할게요.
③ 음, 그것은 저에게 너무 비싸요.
④ 아니요. 더 작은 사이즈로 찾아주세요.
⑤ 죄송하지만, 이 셔츠는 할인 판매하지 않아요.

12 정답률 75% | 남자의 마지막 말에 대한 여자의 응답 ▶ 정답 ①

M: Alicia, these donuts are delicious. Can you tell me where you bought them?
도넛들 / 맛있는 / 샀다(buy)
W: They're from a new donut shop. I can take you there if you want.
데려다 주다
M: That'd be nice. How's today after work?
퇴근 후에
W: (Good. Let's meet around six.)
만나다

해석

남: Alicia, 이 도넛들은 맛있구나. 그것들을 어디에서 샀는지 알려 주겠니?
여: 새로 생긴 도넛 가게에서 산 거야. 네가 원한다면 내가 데려다 줄 수 있어.
남: 그게 좋겠어. 오늘 퇴근 후에 어때?
여: (좋아. 6시쯤에 만나자.)
✔ 좋아. 6시쯤에 만나자.
② 괜찮아. 나는 도넛을 좋아하지 않아.
③ 나는 내 도넛 가게를 열고 싶어.
④ 걱정하지 마. 나는 그것을 혼자 할 수 있어.
⑤ 네 도넛 조리법을 공유해 줘서 고마워.

13 정답률 75% | 여자의 마지막 말에 대한 남자의 응답 ▶ 정답 ②

W: Brandon, I'm sorry I'm late.
늦은
M: That's okay. Let's order our drinks. I'll get my coffee in my personal cup.
주문하다 / 개인의
W: Oh, you brought your own cup?
M: Yes, it is a reusable cup. I'm trying to reduce my plastic footprint.
재사용할 수 있는 / 줄이려고 노력하는 / 플라스틱 발자국
(try to V: ~하려고 노력하다, reduce: 줄이다)
W: What is plastic footprint?
M: It is the total amount of plastic a person uses and throws away.
총량 / 사용하다 / 버리다
W: You care a lot about the environment.
~에 신경을 많이 쓰다 / 환경
M: I do. Plastic waste is a huge environmental problem.
거대한 / 환경 문제
W: I should use a reusable cup, too. What else can I do to reduce my plastic footprint?
M: (You can stop using plastic straws.)
사용하는 것을 중단하다
(stop V-ing: ~하는 것을 중단하다)

해석

여: Brandon, 늦어서 미안해.
남: 괜찮아. 음료를 주문하자. 나는 내 개인 컵에 커피를 받을게.
여: 오, 너 자신의 컵을 가져왔어?
남: 그래, 그것은 재사용할 수 있는 컵이야. 나는 내 플라스틱 발자국을 줄이려고 노력하고 있어.
여: 플라스틱 발자국이 뭐야?
남: 그것은 한 사람이 사용하고 버리는 플라스틱의 총량이야.
여: 너는 환경에 신경을 많이 쓰는구나.
남: 그래. 플라스틱 쓰레기는 거대한 환경 문제야.
여: 나도 재사용할 수 있는 컵을 써야겠다. 내 플라스틱 발자국을 줄이기 위해 그밖에 또 무엇을 할 수 있을까?
남: (너는 플라스틱 빨대를 사용하는 것을 중단할 수 있어.)
① 이 커피 전문점은 매우 인기가 있어.
✔ 너는 플라스틱 빨대를 사용하는 것을 중단할 수 있어.
③ 네가 준비가 되면 내가 음료를 주문할게.
④ 네 음료는 곧 준비가 될 거야.
⑤ 컵은 다양한 색상과 모양으로 나와.

문제풀이

플라스틱 발자국을 줄이기 위해 재사용 가능한 컵을 쓰는 남자를 보고 여자는 자신도 그렇게 하겠다고 말하며 플라스틱 발자국을 줄일 수 있는 또 다른 방법에 대해 묻고 있다. 이에 대해 구체적인 방법을 제시하는 응답이 적절하므로 답은 ② 'You can stop using plastic straws.(너는 플라스틱 빨대를 사용하는 것을 중단할 수 있어.)'이다.

14 정답률 85% | 남자의 마지막 말에 대한 여자의 응답 ▶ 정답 ③

M: Good morning, Kathy. That's a cool helmet.
헬멧
W: Hi, Alex. It's for biking. I rode my bike to school.
탔다(ride)
M: How often do you ride your bike to school?
얼마나 자주
W: I try to do it every day. It's very refreshing.
하려고 하다 / 상쾌한
(try to V: ~하려고 하다)
M: Sounds nice. I'm thinking of riding to school, too.
W: Good! We should ride together.
함께
M: Let's do that, but I'm not very good at biking.
~을 잘하지 못하는

문제편 143쪽

W: It's okay. We can go slowly. Also, remember to wear your helmet.
천천히 / 착용하는 것을 기억하다 (remember to V: ~하는 것을 기억하다, wear: 착용하다)
M: But I don't have a helmet yet.
W: (You really need one for your own safety.)
안전

해석
남: 안녕, Kathy. 멋진 헬멧이구나.
여: 안녕, Alex. 그것은 자전거용이야. 나는 자전거를 타고 등교했어.
남: 얼마나 자주 자전거를 타고 등교하니?
여: 나는 매일 그렇게 하려고 해. 매우 상쾌하거든.
남: 좋은 것 같아. 나도 자전거를 타고 등교할까 생각 중이야.
여: 좋아! 우리 함께 타야겠다.
남: 그렇게 하자, 그런데 난 자전거를 잘 타지 못해.
여: 괜찮아. 우리는 천천히 가면 돼. 또한, 헬멧을 착용하는 것을 기억해.
남: 하지만 나는 아직 헬멧이 없어.
여: (너는 정말로 너 자신의 안전을 위해 헬멧이 필요해.)
① 다행히도, 나는 사고에서 다치지 않았어.
② 나는 새 자전거를 사기에 충분한 돈을 가지고 있어.
✔ 너는 정말로 너 자신의 안전을 위해 헬멧이 필요해.
④ 자전거를 타고 등교한 후에는 졸릴지도 몰라.
⑤ 우리는 학교 주차장에 자전거를 둘 수 있어.

15 정답률 80% | 다음 상황에서 Jasper가 Mary에게 할 말 ▶ 정답 ④

W: Jasper and Mary are trying to form a rock band for the school band competition. Mary plays the guitar, and Jasper is the drummer. They pick a keyboard player through an audition. Now, they need a lead singer. Although the band is not completely formed, they begin their first practice today. Since they don't have a lead singer yet, Mary sings while playing the guitar. Hearing her sing, the other members are amazed. Mary has the perfect voice for rock music! So Jasper wants to tell Mary to be the lead singer for their band. In this situation, what would Jasper most likely say to Mary?
Jasper: (I think you should be our lead singer.)

결성하려고 하고 있다 (try to V: ~하려고 하다, form: 결성하다) / 록 밴드 / 대회 / 드럼 연주자 / 뽑다 / 건반 연주자 / 오디션 / 리드 싱어 / 비록 ~이지만 / 완전히 / 연습 / ~ 때문에 / 놀란 / 완벽한 / 목소리

해석
여: Jasper와 Mary는 학교 밴드 대회를 위해 록 밴드를 결성하려고 하고 있다. Mary는 기타를 연주하고, Jasper는 드럼 연주자이다. 그들은 오디션을 통해 건반 연주자를 뽑는다. 이제, 그들은 리드 싱어가 필요하다. 비록 밴드가 완전히 결성되지는 않았지만, 그들은 오늘 첫 연습을 시작한다. 그들은 아직 리드 싱어가 없기 때문에, Mary가 기타를 연주하면서 노래를 부른다. 그녀가 노래를 부르는 것을 듣고, 다른 멤버들은 놀란다. Mary가 록 음악에 완벽한 목소리를 가지고 있는 것이다! 그래서 Jasper는 Mary에게 밴드의 리드 싱어가 되어 달라고 말하고 싶다. 이러한 상황에서, Jasper는 Mary에게 뭐라고 말하겠는가?
Jasper: (네가 우리의 리드 싱어가 되어야 할 것 같아.)
① 오디션은 어디에서 열리니?
② 네가 직접 곡을 쓰는 게 어때?
③ 이번에는 다른 노래를 연주하자.
✔ 네가 우리의 리드 싱어가 되어야 할 것 같아.
⑤ 우리는 연습이 더 필요하다고 생각하지 않니?

16~17 1지문 2문항

M: Good afternoon, everybody. Today, we'll talk about what our animal companions love: Toys. How do toys help our pets? First, toys play a very important role in keeping your pet happy. A toy like a scratcher helps to reduce your cat's stress. Second, toys are a great tool for a pet to get exercise. For example, a hamster loves to run on a wheel toy. Third, toys build a bond between you and your pet. Playing with a small soft ball will give you and your dog a joyful experience. Lastly, toys help keep your pet entertained. A small hiding tent will make your parrot feel less bored when you are not around. Now let's watch a video of pets playing with their toys.

반려동물들 / 장난감들 / 애완동물들 / ~하게 하는 데 매우 중요한 역할을 하다 (play an important role in V-ing: ~하는 데 중요한 역할을 하다) / 스크래쳐 / 줄이다 / 도구 / 운동하다 / 햄스터 / 바퀴 장난감 위를 달리다 / 유대감을 형성하다 / 즐거운 / 경험 / 마지막으로 / 재미있어하는(entertain) / 앵무새 / 덜 지루한

해석
남: 안녕하세요, 여러분. 오늘, 우리는 우리의 반려동물들이 정말 좋아하는 것, 즉 장난감들에 대해 이야기할 것입니다. 장난감들은 우리의 애완동물들에게 어떤 도움을 줄까요? 첫째, 장난감들은 여러분의 애완동물을 행복하게 하는 데 매우 중요한 역할을 합니다. 스크래쳐와 같은 장난감은 고양이의 스트레스를 줄이는 데 도움을 줍니다. 둘째, 장난감들은 애완동물이 운동을 할 수 있는 훌륭한 도구입니다. 예를 들어, 햄스터는 바퀴 장난감 위를 달리는 것을 매우 좋아합니다. 셋째, 장난감들은 여러분과 애완동물 사이에 유대감을 형성합니다. 작고 부드러운 공으로 노는 것은 여러분과 여러분의 개에게 즐거운 경험을 줄 것입니다. 마지막으로, 장난감들은 여러분의 애완동물을 재미있게 하는 데 도움을 줍니다. 작은 숨는 텐트는 여러분이 주위에 없을 때 여러분의 앵무새가 덜 지루하게 느끼도록 할 것입니다. 이제 장난감들을 가지고 노는 애완동물들의 영상을 봅시다.

16 정답률 80% | 남자가 하는 말의 주제 ▶ 정답 ②

① 애완동물을 위한 친환경 장난감
✔ 애완동물의 행복에 있어 장난감의 역할
③ 애완동물의 특이한 행동 유형
④ 애완동물에게 위험한 음식
⑤ 아이들을 애완동물과 함께 기를 때의 어려움

17 정답률 85% | 언급된 동물이 아닌 것 ▶ 정답 ④

① 고양이 ② 햄스터 ③ 개
✔ 거북이 ⑤ 앵무새

18 정답률 90% | 글의 목적 파악 ▶ 정답 ④

지문끊어읽기

(1) [1]Dear members of Eastwood Library,
Eastwood 도서관 회원들께
(2) [1]Thanks to the Friends of Literature group, /
Friends of Literature 모임 덕분에 /
[2]we've successfully raised enough money /
우리가 충분한 돈을 성공적으로 모았습니다 /
[3]to remodel the library building.
형용사적 용법
도서관 건물을 리모델링하기 위한
(3) [2]John Baker, / [1]our local builder, / [3]has volunteered to help us /
John Baker 씨가 / 우리 지역의 건축업자인 / 우리를 돕기 위해 자원했습니다 /
[4]with the remodelling / [5]but he needs assistance.
리모델링을 / 하지만 그는 도움이 필요합니다
(4) [1]By grabbing a hammer or a paint brush /
망치나 페인트 붓을 쥠으로써 /
정답 단서
[2]and donating your time, / [3]you can help / [4]with the construction.
그리고 여러분의 시간을 기부함으로써 / 여러분은 도울 수 있습니다 / 공사를
(5) [2]Join Mr. Baker / [1]in his volunteering team
Baker 씨와 함께 하십시오 / 그의 자원봉사 팀에서 /
[3]and become a part / [4]of making Eastwood Library a better place!
5형식V O O.C
그리고 참여하십시오 / Eastwood 도서관을 더 좋은 곳으로 만드는 데
(6) [2]Please call 541-567-1234 / [1]for more information.
541-567-1234로 전화해 주십시오 / 더 많은 정보를 원하시면
(7) [1]Sincerely, Mark Anderson
진심을 담아, Mark Anderson (드림)

전문해석
(1)Eastwood 도서관 회원들께,
(2)Friends of Literature 모임 덕분에, 우리가 도서관 건물을 리모델링하기 위한 충분한 돈을 성공적으로 모았습니다. (3)우리 지역의 건축업자인 John Baker 씨가 우리의 리모델링을 돕기 위해 자원했지만, 그는 도움이 필요합니다. (4)망치나 페인트 붓을 쥐고 시간을 기부함으로써, 여러분은 공사를 도울 수 있습니다. (5)Baker 씨의 자원봉사 팀에서 그와 함께 하시고 Eastwood 도서관을 더 좋은 곳으로 만드는 데 참여하십시오! (6)더 많은 정보를 원하시면, 541-567-1234로 전화해 주십시오.
(7)진심을 담아, Mark Anderson (드림)

정답확인

다음 글의 목적으로 가장 적절한 것은?
① 도서관 임시 휴관(closure)의 이유를 설명하려고
② 도서관 자원봉사자(volunteer) 교육 일정을 안내하려고
③ 도서관 보수를 위한 모금(fundraising) 행사를 제안하려고
✔ 도서관 공사(construction)에 참여할 자원봉사자를 모집하려고
⑤ 도서관에서 개최하는 글쓰기(writing) 대회를 홍보하려고

어휘암기

☐ raise	동사 (돈을) 모으다, 올리다
☐ remodel	동사 리모델링하다, 개조하다
☐ builder	명사 건축업자, 건축 회사
☐ assistance	명사 도움, 지원
☐ grab	동사 쥐다, 잡다
☐ hammer	명사 망치 / 동사 두드리다
☐ donate	동사 기부하다, 기증하다
☐ construction	명사 공사, 건설
☐ become a part of	~하는 데 참여하다, ~의 일부가 되다

문제편 144쪽

핵심 Shirley는 새로운 이웃에 대해 알고 싶어 하고, 또래의 여자 아이가 있다는 아빠의 말에 기대감을 드러내고 있음.

19 정답률 95% | 심경 파악 ▶ 정답 ①

지문끊어읽기

(1) [1]On the way home, /
집에 오는 길에 /
[2]Shirley noticed a truck parked in front of the house /
5형식V O O.C(수동)
Shirley는 집 앞에 트럭 한 대가 주차되어 있는 것을 알아차렸다 /
[3]across the street.
길 건너편에

(2) [1]New neighbors!
새로운 이웃이었다

(3) [1]Shirley was dying to know about them. 정답단서
부사적 용법-원인
Shirley는 그들에 대해 알고 싶어 죽을 지경이었다

(4) [3]"Do you know anything / [4]about the new neighbors?" /
아빠는 무언가 알고 계시나요 / 새로운 이웃에 대해 /
[2]she asked Pa / [1]at dinner.
그녀는 아빠에게 물었다 / 저녁 식사 시간에

(5) [1]He said, / [2]"Yes, /
그는 말했다 / 그럼 /
[3]and there's one thing / [4]that may be interesting to you."
선행사 주격 관계대명사절
그리고 한 가지가 있단다 / 너에게 흥미로울 수 있는

(6) [1]Shirley had a billion more questions. 정답단서
Shirley는 10억 개의 질문들을 더 가지고 있었다(더 묻고 싶은 게 엄청 많았다)

(7) [1]Pa said joyfully, / [2]"They have a girl just your age. /
아빠가 기쁘게 말했다 / 그들은 딱 네 나이의 여자 아이가 한 명 있어 /
[3]Maybe she wants to be your playmate."
아마 그녀는 너의 놀이 친구가 되고 싶어 할 수도 있어

(8) [1]Shirley nearly dropped her fork / [2]on the floor.
Shirley는 그녀의 포크를 거의 떨어뜨렸다 / 바닥에

(9) [2]How many times / [1]had she prayed for a friend?
얼마나 많이 / 그녀가 친구를 달라고 기도했던가

(10) [1]Finally, her prayers were answered! 정답단서
마침내 그녀의 기도가 응답받았다

(11) [1]She and the new girl could go to school together, /
그녀와 그 새로운 여자 아이는 함께 학교에 갈 수 있다 /
[2]play together, / [3]and become best friends.
함께 놀 수 있다 / 그리고 가장 친한 친구가 될 수 있다

전문해석

(1)집에 오는 길에, Shirley는 길 건너편 집 앞에 트럭 한 대가 주차되어 있는 것을 알아차렸다. (2)새로운 이웃이었다! (3)Shirley는 그들에 대해 알고 싶어 죽을 지경이었다. (4)저녁 식사 시간에 그녀는 아빠에게 "아빠는 새로운 이웃에 대해 무언가 알고 계시나요?"라고 물었다. (5)그는 "그럼, 그리고 너에게 흥미로울 수 있는 한 가지가 있단다."라고 말했다. (6)Shirley는 10억 개의 질문들을 더 가지고 있었다(더 묻고 싶은 게 엄청 많았다). (7)아빠가 "그들은 딱 네 나이의 여자 아이가 한 명 있어. 아마 그녀는 너의 놀이 친구가 되고 싶어 할 수도 있어."라고 기쁘게 말했다. (8)Shirley는 그녀의 포크를 바닥에 거의 떨어뜨렸다(떨어뜨릴 뻔했다). (9)그녀가 친구를 달라고 얼마나 많이 기도했던가? (10)마침내 그녀의 기도가 응답받았다! (11)그녀와 그 새로운 여자 아이는 함께 학교에 가고, 함께 놀고, 그리고 가장 친한 친구가 될 수 있다.

정답확인

다음 글에 드러난 Shirley의 심경으로 가장 적절한 것은?

① curious and excited 궁금하고 신이 난
② sorry and upset 미안하고 속상한
③ jealous and annoyed 질투하고 짜증이 난
④ calm and relaxed 차분하고 편안한
⑤ disappointed and unhappy 실망하고 불행한

어휘암기

□ notice	동사 알아차리다, 주목하다 명사 주목, 주의, 통지
□ park	동사 주차하다
□ be dying to V	~하고 싶어 죽을 지경이다, 몹시 ~하고 싶다
□ billion	명사 10억
□ joyfully	부사 기쁘게, 즐겁게
□ playmate	명사 놀이 친구
□ nearly	부사 거의, 대략
□ drop	동사 떨어뜨리다, 떨어지다 / 명사 방울
□ pray	동사 (~을 달라고) 기도하다, 빌다
□ prayer	명사 기도, 기원

문제편 144쪽

핵심 출판사나 신문사를 예시로 들며, 이메일을 보낼 때도 전송 버튼을 누르기 전에 주의 깊게 내용을 검토할 것을 제안하는 글임.

20 정답률 90% | 필자의 주장 ▶ 정답 ③

지문끊어읽기

(1) [1]At a publishing house and at a newspaper /
출판사와 신문사에서 /
[2]you learn / [3]the following: /
당신은 알게 된다 / 다음의 것을 /
[5]*It's not a mistake* /
'그것은 실수가 아니다 /
[4]*if it doesn't end up in print.*
결국 인쇄물로 나오지 않으면'

(2) [1]It's the same for email.
그것은 이메일에서도 마찬가지다

힌트 ~thing으로 끝나는 nothing, anything, something, everything과 같은 대명사는 형용사가 뒤에서 수식함.

(3) [3]Nothing bad can happen / [1]if you haven't hit / [2]the Send key.
어떤 나쁜 일도 일어날 수 없다 / 당신이 누르지 않았다면 / 전송 버튼을

힌트 what은 선행사를 포함하는 관계대명사로서, 'the thing(s) which/that'의 의미로 '~하는(한) 것'이라고 해석함.

(4) [1]What you've written / [3]can have /
당신이 쓴 것은 / 있을 수 있다 /
[2]misspellings, errors of fact, rude comments, obvious lies, /
오자, 사실의 오류, 무례한 말, 명백한 거짓말이 /
[4]but it doesn't matter.
하지만 그것은 문제가 되지 않는다

(5) [1]If you haven't sent it, / [2]you still have time / [3]to fix it.
형용사적 용법
당신이 그것을 전송하지 않았다면 / 당신은 아직 시간이 있다 / 그것을 고칠 수 있는

(6) [1]You can correct / [2]any mistake /
당신은 수정할 수 있다 / 어떤 실수라도 /
[3]and nobody will ever know / [4]the difference.
누구도 결코 모를 것이다 / 그 변화를

(7) [2]This is easier said than done, / [1]of course.
이것은 말은 쉽지만 행동은 어렵다 / 물론

(8) [1]Send is your computer's most attractive command.
전송은 당신의 컴퓨터의 가장 매력적인 명령어이다

(9) [1]But before you hit the Send key, / [2]make sure /
그러나 당신이 그 전송 버튼을 누르기 전에 / 반드시 해라 /
[3]that you read your document carefully / [4]one last time. 정답단서
당신이 주의 깊게 문서를 읽는 것을 / 마지막으로 한 번

전문해석

(1)출판사와 신문사에서 당신은 다음의 것을 알게 된다. '결국 인쇄물로 나오지 않으면, 그것은 실수가 아니다.' (2)그것은 이메일에서도 마찬가지다. (3)당신이 전송 버튼을 누르지 않았다면 어떤 나쁜 일도 일어날 수 없다. (4)당신이 쓴 것(글)은 오자, 사실의 오류, 무례한 말, 명백한 거짓말이 있을 수 있지만 그것은 문제가 되지 않는다. (5)당신이 그것을 전송하지 않았다면, 당신은 아직 그것을 고칠 수 있는 시간이 있다. (6)당신은 어떤 실수라도 수정할 수 있고, 누구도 결코 그 변화를 모를 것이다. (7)물론, 이것은 말은 쉽지만 행동은 어렵다. (8)전송은 당신의 컴퓨터의 가장 매력적인 명령어이다. (9)그러나 당신이 그 전송 버튼을 누르기 전에, 반드시 (당신이) 마지막으로 한 번 주의 깊게 문서를 읽어라.

정답확인

다음 글에서 필자가 주장하는 바로 가장 적절한 것은?

① 중요한 이메일은 출력하여 보관(keep on file)해야 한다.
② 글을 쓸 때에는 개요(outline) 작성부터 시작해야 한다.
③ 이메일을 전송하기 전에 반드시 검토(read carefully)해야 한다.
④ 업무와 관련된 컴퓨터 기능(skill)을 우선 익혀야 한다.
⑤ 업무상 중요한 내용은 이메일보다는 직접(in person) 전달해야 한다.

어휘암기

□ publishing house	출판사
□ mistake	명사 실수
□ end up in	결국 ~으로 나오다
□ print	명사 인쇄물
□ misspelling	명사 오자, 잘못 쓴 철자
□ rude	형용사 무례한
□ comment	명사 말, 언급, 논평
□ obvious	형용사 명백한
□ matter	동사 문제가 되다 / 명사 문제
□ fix	동사 고치다
□ correct	동사 수정하다 / 형용사 맞는, 적절한
□ attractive	형용사 매력적인
□ command	명사 명령(어)
□ make sure	반드시 ~하다, 확실히 하다
□ document	명사 문서, 서류
□ carefully	부사 주의 깊게

21 정답률 75% | 의미 추론 ▶ 정답 ②

글의 내용 파악

과거에 했던 일에 대해 후회하기보다는 그 경험을 바탕으로 미래에 대한 계획을 세우는 일이 더 중요하다고 조언하는 글이다.

지문끊어읽기

+ I wish+가정법 과거완료
I wish 뒤에 과거완료시제(had + p.p.)가 나오면 과거에 이루지 못한 소망 또는 하지 못한 일에 대한 아쉬움을 나타낸다.
ex. I wish I had saved some money then. (돈을 그때 좀 모아뒀으면 좋았을걸.)

(1) 1 Get past the 'I wish I hadn't done that!' reaction.
동사(명령문)
'내가 그것을 안 했으면 좋았을 텐데!'라는 반응을 넘어서라

(2) 1 If the disappointment [(that) you're feeling] /
접속사(만일 ~라면) 주어(선행사) 목적격 관계대명사 생략
만일 당신이 느끼고 있는 실망이 /

4 is linked to an exam / 3 [(that) you didn't pass /
동사(수동태) 명사①(선행사) 목적격 관계대명사 생략
시험과 연관되어 있다면 / 당신이 통과하지 못한 /

2 because you didn't study for it], /
당신이 그것을 위해 공부하지 않았기 때문에 /

5 or a job / 7 [(that) you didn't get /
명사②(선행사) 목적격 관계대명사 생략
혹은 일자리 / 당신이 얻지 못한 /

6 because you said silly things at the interview], /
당신이 면접에서 바보 같은 말을 해서 /

8 or a person / 10 [(that) you didn't impress /
명사③(선행사) 목적격 관계대명사 생략
혹은 사람 / 당신이 인상을 남기지 못한 /

9 because you took entirely the wrong approach], /
당신이 완전히 잘못된 접근 방법을 택하는 바람에 /

11 accept [that it's *happened* now].
동사(명령문) 접속사 that이 이끄는 명사절(accept의 목적어)
이제는 그 일이 '벌어졌다'라는 것을 수용해라

(3) 1 The only value of 'I wish I hadn't done that!' /
주어
'내가 그것을 안 했으면 좋았을 텐데!'의 유일한 가치는 /

2 is [that you'll know better what to do next time].
동사 접속사 that이 이끄는 명사절(is의 보어)
당신이 다음에 무엇을 해야 할지를 더 잘 알게 된다는 점이다

(4) 1 The learning pay-off is useful and significant.
배움의 이득은 유용하고 중요하다

(5) 1 This 'if only I ...' agenda is virtual.
이러한 '내가 …하기만 했다면'이라는 의제는 가상의 것이다

(6) 1 Once you have worked that out, /
접속사(일단 ~한다면) 지시대명사(= 앞 문장)
일단 여러분이 그것을 파악했다면 /

2 it's time to translate it /
이제 그것을 바꿀 때이다 /

3 from the past tense to the future tense:
과거시제에서 미래시제로

+ it's time (for A) to V
= it's time that S 과거V
= it's time that S should V
= ~할 때이다
ex. It's time for you to go to bed.
= It's time that you went to bed.
= It's time that you should go to bed.
(네가 자야 할 시간이다.)

(7) 1 'Next time I'm in this situation, /
'다음에 내가 이런 상황이면 /

2 I'm going to try to ...'.
나는 …하려고 해야겠다'

전문해석

(1)'내가 그것을 안 했으면 좋았을 텐데!'라는 반응을 넘어서라. (2)만일 당신이 느끼고 있는 실망이 당신이 그것(시험)을 위해 공부하지 않았기 때문에 통과하지 못한 시험, 혹은 당신이 면접에서 바보 같은 말을 해서 얻지 못한 일자리, 혹은 당신이 완전히 잘못된 접근 방법을 택하는 바람에 인상을 남기지 못한 사람과 연관되어 있다면, 이제는 그 일이 '벌어졌다'라는 것을 수용해라. (3)'내가 그것을 안 했으면 좋았을 텐데!'의 유일한 가치는 당신이 다음에 무엇을 해야 할지를 더 잘 알게 된다는 점이다. (4)배움의 이득은 유용하고 중요하다. (5)이러한 '내가 …하기만 했다면'이라는 의제는 가상의 것이다. (6)일단 여러분이 그것을 파악했다면, 이제 그것을 과거시제에서 미래시제로 바꿀 때이다. (7)'다음에 내가 이런 상황이면, 나는 …하려고 해야겠다.'(를 말할 때이다)

정답풀이

Once you have worked that out, it's time to **translate it from the past tense to the future tense**: 'Next time I'm in this situation, I'm going to try to ...'.
= ② get over regrets and plan for next time
후회를 극복하고 다음번을 계획할

앞에서 어떤 일을 하지 말았어야 한다는 후회는 다음에 무엇을 해야 할지 깨달을 때에만 의미가 있다고 했다. 이것은 과거에 했던 일에 대한 후회를 넘어서서 미래에는 어떻게 할 것인지에 대해 생각해 보는 것이 중요하다는 의미로 이해할 수 있다. 따라서 밑줄 친 부분은 '② 후회를 극복하고 다음번을 계획할'이라는 의미임을 추론할 수 있다.

오답풀이

① look for a job linked to your interest
당신의 흥미와 연관된 일자리를 찾을
→ 글에서 언급되지 않은 내용이다.

③ surround yourself with supportive people
지지해주는 사람들을 가까이 할
→ 글에서 언급되지 않은 내용이다.

④ study grammar and write clear sentences
문법을 공부하고 명료한 문장을 쓸
→ translate, tense 등과 같은 단어를 보고 문법적인 내용을 연상하면 안 된다. 문법 공부와 문장 구사에 대해서는 전혀 언급되지 않았다.

⑤ examine your way of speaking and apologize
당신의 말하는 방식을 검토해보고 사과할
→ 과거 위주로 말하는 방식을 바꿀 필요는 있다고 했지만, 사과해야 한다는 내용은 언급하지 않았다.

어휘암기

□ get past	~을 넘어서다, 지나가다
□ disappointment	명사 실망
□ be linked to	~과 연관되다
□ impress	동사 인상을 남기다, 감명을 주다
□ entirely	부사 완전히, 전적으로
□ pay-off	명사 이득
□ significant	형용사 중요한, 유의미한
□ virtual	형용사 가상의
□ translate	동사 바꾸다, 번역하다

핵심 자신에 대한 의심은 자아 존중감을 떨어뜨리고 자신을 괴롭게 한다는 내용의 글로 후반부에 글의 요지가 드러남.

22 정답률 70% | 요지 추론 ▶ 정답 ⑤

지문끊어읽기

(1) 1 If you care deeply about something, /
당신이 무언가에 깊이 관심을 두면 /

2 you may place greater value /
당신은 더 큰 가치를 둘 것이다 /

4 on your ability to succeed /
성공하기 위한 당신의 능력에 /

3 in that area of concern.
그 관심 영역에서

(2) 3 The internal pressure /
내적인 압박은 / S

2 you place on yourself / 1 to achieve or do well socially /
목적격 관계대명사절(that 생략)
당신이 스스로에게 가하는 / 성취하거나 사회적으로 성공하기 위해 /

4 is normal and useful, /
V
정상적이고 유용하다 /

5 but when you doubt your ability to succeed /
하지만 당신이 성공하기 위한 당신의 능력을 의심한다면 /

6 in areas that are important to you, / 7 your self-worth suffers.
당신에게 중요한 영역에서 / 당신의 자아 존중감은 고통받는다

(3) 2 Situations are uniquely stressful / 3 for each of us /
상황들은 각기 다른 방식으로 스트레스를 준다 / 우리 각각에게 /

1 based on whether or not they activate our doubt.
=situations
그것들이 우리의 의심을 활성화하는지 아닌지에 따라

(4) 2 It's not the pressure to perform / 1 that creates your stress.
it ~ that 강조구문
결코 수행에 대한 압박이 아니다 / 당신의 스트레스를 일으키는 것은

(5) 1 Rather, / 3 it's the self-doubt / 2 that bothers you. 정답 단서
it ~ that 강조구문
오히려 / 자기 의심이다 / 당신을 괴롭히는 것은

(6) 1 Doubt causes you to see /
의심은 당신이 보게 한다 /

2 positive, neutral, and even genuinely negative experiences /
긍정적인 경험, 중립적인 경험, 그리고 심지어 정말로 부정적인 경험들을 /

3 more negatively / 4 and as a reflection of your own shortcomings. 정답 단서
더 부정적으로 / 그리고 자신의 단점을 반영한 것으로서

(7) 1 When you see situations and your strengths /
당신이 상황과 자신의 강점을 바라볼 때 /

2 more objectively, / 3 you are less likely to have doubt /
더 객관적으로 / 당신은 의심을 덜 가질 것이다 /

4 as the source of your distress.
당신의 괴로움의 원천인

전문해석

(1)당신이 무언가에 깊이 관심을 두면, 당신은 그 관심 영역에서 성공하기 위한 당신의 능력에

문제편 145쪽

더 큰 가치를 둘 것이다. (2)성취하거나 사회적으로 성공하기 위해 당신이 스스로에게 가하는 내적인 압박은 정상적이고 유용하지만, 당신에게 중요한 영역에서 성공하기 위한 당신의 능력을 의심한다면, 당신의 자아 존중감은 고통받는다. (3)그것(상황)들이 우리의 의심을 활성화하는지 아닌지에 따라 상황들은 각기 다른 방식으로 우리 각각에게 스트레스를 준다. (4)당신의 스트레스를 일으키는 것은 결코 수행에 대한 압박이 아니다. (5)오히려, 당신을 괴롭히는 것은 자기 의심이다. (6)의심은 당신이 긍정적인 경험, 중립적인 경험, 그리고 심지어 정말로 부정적인 경험들을 더 부정적으로 보게 하고, 자신의 단점을 반영한 것으로서 보게 한다. (7)당신이 상황과 자신의 강점을 더 객관적으로 바라볼 때, 당신은 (당신의) 괴로움의 원천인 의심을 덜 가질 것이다.

정답확인

다음 글의 요지로 가장 적절한 것은?

① 비판적인(critical) 시각은 객관적인 문제 분석에 도움이 된다.
② 성취 욕구는 스트레스를 이겨 낼 원동력(driving force)이 될 수 있다.
③ 적절한 수준의 스트레스는 과제 수행의 효율(efficiency)을 높인다.
④ 실패의 경험은 자존감(self-esteem)을 낮추고, 타인에 의존하게 한다.
✔ 자기 의심(self-doubt)은 스트레스를 유발하고, 객관적 판단을 흐린다.

어휘암기

□ **care**	동사 관심을 두다, 신경 쓰다
□ **concern**	명사 관심, 걱정
□ **internal**	형용사 내적인, 내부의
□ **uniquely**	부사 각기 다른 방식으로, 독특하게
□ **self-doubt**	명사 자기 의심
□ **neutral**	형용사 중립적인, 중립의
□ **genuinely**	부사 정말로, 진정으로
□ **reflection**	명사 반영(한 것), 반사
□ **shortcoming**	명사 단점, 결점
□ **objectively**	부사 객관적으로
□ **distress**	명사 괴로움, 고통

핵심 진솔한 대화와 그렇지 않은 대화를 대조하면서, 거짓을 말할 때 반응이 더 느려지는 이유를 설명한 글임.

23 정답률 70% | 주제 추론 ▶ 정답 ①

지문끊어읽기

(1) [1]When two people are involved /
두 사람이 참여할 때 /
[2]in an honest and open conversation, /
솔직하고 진솔한 대화에 /
[3]there is a back and forth flow /
왔다 갔다 하는 흐름이 있다 /
[4]of information.
정보의

(2) [1]It is a smooth exchange.
그것은 순조로운 주고받기이다

(3) [1]Since each one is drawing on their past personal experiences, /
각자가 자신의 개인적인 과거 경험에 의존하고 있기 때문에 /
[2]the pace of the exchange / [3]is as fast as memory.
주고받는 속도가 / 기억만큼 빠르다

(4) [1]When one person lies, / [6]their responses will come more slowly / (정답 단서)
한 사람이 거짓말하면 / 그 사람의 반응이 더 느리게 나올 것이다 /
[2]because the brain needs / [5]more time /
뇌는 필요하기 때문에 / 더 많은 시간이 /
[4]to process the details of a new invention /
새로 꾸며 낸 이야기의 세부 사항을 처리하는 데에 /
[3]than to recall stored facts.
저장된 사실을 기억해 내는 데 비해

힌트 형용사적 용법으로 쓰인 to부정사 구문 2개가 than을 사이에 두고 병렬로 제시되어, 공통적으로 'time'이라는 명사를 수식함.

(5) [1]As they say, / [2]"Timing is everything."
사람들이 말하듯 / "타이밍이 모든 것이다."

(6) [5]You will notice the time lag /
당신은 시간의 지연을 알아차릴 것이다 /
[4]when you are having a conversation /
당신이 대화를 하고 있으면 /
[3]with someone / [2]who is making things up / [1]as they go.
누군가와 / 이야기를 꾸며내고 있는 / 말을 하면서

힌트 'who is'와 같은 '주격 관계대명사+be동사' 형태는 생략 가능함.

(7) [7]Don't forget / [1]that the other person may be reading /
잊지 마라 / 상대가 읽고 있을지도 모른다는 것을 /
[2]your body language as well, /
당신의 몸짓 언어 역시 /
[3]and if you seem / [4]to be disbelieving their story, /
그리고 만약 당신이 보이면 / 그 사람의 이야기를 믿지 않고 있는 것처럼 /
[5]they will have to pause / [6]to process that information, too.
그 사람은 잠시 멈춰야 한다는 것 / 그 정보를 처리하기 위해 또한

힌트 'Don't forget' 뒤에 목적어로 쓰인 'that 명사절'이 접속사 and로 병렬되었으며, 두 번째 명사절인 'if you~too'에는 접속사 that이 생략되어 있음.

전문해석

(1)두 사람이 솔직하고 진솔한 대화에 참여할 때 왔다 갔다 하는 정보의 흐름이 있다. (2)그것은 순조로운 주고받기이다. (3)각자가 자신의 개인적인 과거 경험에 의존하고 있기 때문에, 주고받는 속도가 기억만큼 빠르다. (4)한 사람이 거짓말하면, 뇌는 저장된 사실을 기억해 내는 데 비해 새로 꾸며 낸 이야기의 세부 사항을 처리하는 데에 더 많은 시간이 필요하기 때문에, 그 사람의 반응이 더 느리게 나올 것이다. (5)사람들이 말하듯 "타이밍이 모든 것이다(가장 중요하다)." (6)말을 하면서 이야기를 꾸며내고 있는 누군가와 (당신이) 대화를 하고 있으면, 당신은 시간의 지연을 알아차릴 것이다. (7)상대가 당신의 몸짓 언어 역시 읽고 있을지도 모른다는 것과 만약 당신이 그 사람의 이야기를 믿지 않고 있는 것처럼 보이면, 그 사람은 그 정보를 처리하기 위해 또한 잠시 멈춰야 한다는 것을 잊지 마라.

정답확인

다음 글의 주제로 가장 적절한 것은?

✔ delayed responses as a sign of lying
거짓말의 표시로서 늦은 반응
② ways listeners encourage the speaker
청자가 화자를 격려하는 방법
③ difficulties in finding useful information
유용한 정보를 찾는 데 어려움
④ necessity of white lies in social settings
사회적 상황에서 선의의 거짓말의 필요성
⑤ shared experiences as conversation topics
대화 주제로서 공유된 경험

어휘암기

□ **involve**	동사 참여시키다, 관련시키다
□ **honest**	형용사 솔직한
□ **back and forth**	왔다 갔다 하는
□ **smooth**	형용사 순조로운, 원활히 진행되는
□ **exchange**	명사 주고받기, 교환 / 동사 교환하다
□ **draw on**	~에 의존하다
□ **pace**	명사 속도
□ **response**	명사 반응
□ **process**	동사 처리하다 / 명사 과정, 진행
□ **invention**	명사 꾸며 낸 이야기, 발명
□ **recall**	동사 기억해 내다
□ **lag**	명사 지연 / 동사 뒤처지다
□ **make up**	~을 꾸며 내다, ~을 지어내다
□ **disbelieve**	동사 믿지 않다, 의심하다
□ **pause**	동사 멈추다 / 명사 멈춤

24 정답률 80% | 제목 추론 ▶ 정답 ⑤

지문끊어읽기

(1) [4]Think, / [3]for a moment, /
생각해 보라 / 잠시 /
[2]about something /
물건에 대해 /
[1]you bought that you never ended up using.
(that: 목적격 관계대명사)
여러분이 사고 결국 한 번도 사용하지 않게 된

(2) [2]An item of clothing / [1]you never ended up wearing?
옷 한 벌 / 결국 한 번도 입지 않게 된

(3) [2]A book / [1]you never read?
책 한 권 / 한 번도 읽지 않은

(4) [2]Some piece of electronic equipment /
어떤 전자 기기 /
[1]that never even made it out of the box?
심지어 상자에서 한 번도 꺼내지 않은

(5) [4]It is estimated /
~로 추산된다 /
[1]that Australians alone spend on average $10.8 billion AUD (approximately $9.99 billion USD) /
호주인들이 단독으로 평균 108억 호주 달러(약 99억 9천 미국 달러)를 쓴다고 /
[2]every year / [3]on goods they do not use /
매년 / 그들이 사용하지 않는 물건에 /
[6]— more than the total government spending /
정부 지출 총액보다도 많다 /
[5]on universities and roads.
대학과 도로에

힌트 It은 가주어, that절이 진주어인데, It is estimated that~은 '~로 추산된다'라고 쉽게 해석할 수 있음.

(6) [1]That is an average of $1,250 AUD (approximately $1,156 USD) /
그것은 평균 1,250 호주 달러(약 1,156 미국 달러)이다 /
[2]for each household.
각 가구당

(7) [1]All the things we buy / [2]that then just sit there /
(All the things: S / that: 주격 관계대명사)
우리가 사는 모든 물건은 / 그러고 나서 그저 그대로 있는 /
[3]gathering dust / [4]are waste / (정답 단서)
(are: V)
먼지를 모으며 / 낭비이다 /
[5]— a waste of money, / [6]a waste of time, /
돈 낭비 / 시간 낭비 /
[7]and waste in the sense of pure rubbish.
그리고 순전히 쓸모없는 물건이라는 의미에서 낭비이다

(8) [1]As the author Clive Hamilton observes, /
작가 Clive Hamilton이 말하는 것처럼 /

12회 2021년 3월 영어

문제편 145쪽

³'The difference /
차이는 / S

²between the stuff we buy and what we use /
우리가 사는 물건과 우리가 사용하는 것의 /

⁴is waste.'
V
낭비이다

★중요 문장 (8)에서 '우리가 사는 물건과 우리가 사용하는 것의 차이'라는 것은 우리가 구매한 물건에서 실제로 사용하는 것을 빼면 문장 (7)에서 언급된 '사고 나서 먼지를 모으며 그저 그대로 있는 물건'인 '낭비'라는 이야기를 다시 말하고 있음.

힌트 'difference between A and B' 구조에서 A에 목적격 관계대명사가 생략된 'the stuff we buy'가, B에 'what we use'가 옴.

전문해석

(1)여러분이 사고 결국 한 번도 사용하지 않게 된 물건에 대해 잠시 생각해 보라. (2)결국 한 번도 입지 않게 된 옷 한 벌? (3)한 번도 읽지 않은 책 한 권? (4)심지어 상자에서 한 번도 꺼내지 않은 어떤 전자 기기? (5)호주인들이 단독으로 매년 평균 108억 호주 달러(약 99억 9천 미국 달러)를 그들이 사용하지 않는 물건에 쓴다고 추산되는데, (이 금액은) 대학과 도로에 (쓰이는) 정부 지출 총액보다도 많다. (6)그것은 각 가구당 평균 1,250 호주 달러(약 1,156 미국 달러)이다. (7)우리가 사고 나서 먼지를 모으며 그저 그대로 있는 모든 물건은 낭비인데, 돈 낭비, 시간 낭비, 그리고 순전히 쓸모없는 물건이라는 의미에서 낭비이다. (8)작가 Clive Hamilton이 말하는 것처럼, "우리가 사는 물건과 우리가 사용하는 것의 차이는 낭비이다."

정답확인

다음 글의 제목으로 가장 적절한 것은?

① Spending Enables the Economy
지출은 경제를 가능하게 한다
② Money Management: Dos and Don'ts
돈 관리: 해야 할 것과 하지 말아야 할 것
③ Too Much Shopping: A Sign of Loneliness
지나친 쇼핑: 외로움의 신호
④ 3R's of Waste: Reduce, Reuse, and Recycle
쓰레기의 3R: 줄이고, 재사용하고, 재활용해라
✔ What You Buy Is Waste Unless You Use It
여러분이 사는 것은 사용하지 않는다면 낭비이다

어휘암기

□ **end up V-ing**	결국 ~하다
□ **electronic equipment**	전자 기기
□ **average**	명사 평균 / 형용사 평균의
□ **billion**	명사 10억
□ **approximately**	부사 약, 대략
□ **goods**	명사 물건, 제품, 상품
□ **government**	명사 정부
□ **spending**	명사 지출
□ **household**	명사 가구, 세대
□ **sit**	동사 (물건·사태 등이) 그대로 있다, 방치되어 있다
□ **in the sense of**	~이라는 의미에서
□ **rubbish**	명사 쓸모없는 물건, 쓰레기
□ **observe**	동사 (의견을) 말하다, 관찰하다
□ **economy**	명사 경제
□ **management**	명사 관리, 경영

25 정답률 80% | 도표의 이해 ▶ 정답 ③

지문끊어읽기

(1) ¹The above graph shows the percentage of students /
위의 그래프는 학생들의 비율을 보여준다 /
⁵from kindergarten to 12th grade /
유치원부터 12학년까지의 /
⁴who used devices /
주격 관계대명사
기기를 사용한 /
³to access digital educational content / ²in 2016 and in 2019.
부사적 용법(~하기 위해서)
디지털 교육 콘텐츠에 접근하기 위해 / 2016년과 2019년에

① (2) ²Laptops were the most used device / ³for students /
to부정사의 의미상의 주어
노트북은 가장 많이 사용한 기기였다 / 학생들이 /
⁴to access digital content / ¹in both years.
디지털 콘텐츠에 접근하기 위해 / 두 해 모두

② (3) ¹Both in 2016 and in 2019, /
2016년과 2019년 모두 /
²more than 6 out of 10 students used tablets.
10명 중 6명이 넘는 학생들이 태블릿을 사용했다

③ (4) ²More than half the students used desktops /
절반이 넘는 학생들이 데스크톱을 사용했다 /
³to access digital content /
디지털 콘텐츠에 접근하기 위해 /
¹in 2016, /
2016년에 /
⁴and more than a third used desktops /
그리고 3분의 1이 넘는 학생들이 데스크톱을 사용했다 /

힌트 일반적으로 all이나 half 다음에는 'of+명사'의 형태가 오고, 이때 of는 생략이 가능하지만 단수명사 또는 대명사 앞에서는 생략될 수 없음. 'more than a third' 다음에는 반복을 피하기 위해 '(of the students)'가 생략되었음.

★중요 그래프에서 2016년에 데스크톱을 사용한 학생들은 49%, 2019년은 34%인 것을 보아, 2016년 데스크톱을 사용한 학생들은 절반 이상이 아닌 절반 미만인 것을 알 수 있음.

⁵in 2019.
2019년에

④ (5) ¹The percentage of smartphones in 2016 /
2016년의 스마트폰 비율은 /
³was the same / ²as that in 2019.
같았다 / 2019년의 그것과

힌트 반복을 피하기 위해서 앞에서 언급한 'the percentage of smartphones' 대신 지시대명사 'that'을 사용함. 'the percentage of smartphones'가 단수이므로 수를 일치시킨 대명사 'that'을 쓴 것에 유의할 것.

⑤ (6) ¹E-readers ranked the lowest / ²in both years, /
전자책 단말기는 가장 낮은 순위를 차지했다 / 두 해 모두 /
³with 11 percent in 2016 and 5 percent in 2019.
2016년에 11퍼센트와 2019년에 5퍼센트로

전문해석

(1)위의 그래프는 2016년과 2019년에 디지털 교육 콘텐츠에 접근하기 위해 기기를 사용한 유치원부터 12학년까지의 학생들의 비율을 보여준다. ①(2)두 해 모두 노트북은 학생들이 디지털 콘텐츠에 접근하기 위해 가장 많이 사용한 기기였다. ②(3)2016년과 2019년 모두, 10명 중 6명이 넘는 학생들이 태블릿을 사용했다. ③(4)2016년에 절반이 넘는(→ 절반 미만의) 학생들이 디지털 콘텐츠에 접근하기 위해 데스크톱을 사용했고, 2019년에 (전체의) 3분의 1이 넘는 학생들이 데스크톱을 사용했다. ④(5)2016년의 스마트폰(이 차지한) 비율은 2019년의 그것(스마트폰 비율)과 같았다. ⑤(6)전자책 단말기는 두 해 모두 가장 낮은 순위를 차지했는데, 2016년에 11퍼센트와 2019년에 5퍼센트였다.

어휘암기

□ **percentage**	명사 비율, 백분율
□ **kindergarten**	명사 유치원
□ **device**	명사 기기, 장치
□ **access**	동사 접근하다, 이용하다 / 명사 접근
□ **laptop**	명사 노트북 (컴퓨터)
□ **e-reader**	명사 (= e-book) 전자책 단말기

26 정답률 90% | 내용 일치 파악 ▶ 정답 ⑤

지문끊어읽기

(1) ¹Elizabeth Catlett was born / ³in Washington, D.C. / ²in 1915.
Elizabeth Catlett은 태어났다 / Washington, D.C.에서 / 1915년에

(2) ¹As a granddaughter of slaves, /
노예의 손녀로서 /
²Catlett heard the stories of slaves / ³from her grandmother.
Catlett은 노예 이야기를 들었다 / 그녀의 할머니로부터

(3) ³After being disallowed entrance /
분사구문 수동: being+p.p.
입학을 거절당한 이후 /
²from the Carnegie Institute of Technology /
Carnegie Institute of Technology로부터 /
¹because she was black, /
흑인이라는 이유로 /
⁴Catlett studied design and drawing at Howard University.
Catlett은 Howard 대학교에서 디자인과 소묘를 공부했다

(4) ¹She became one of the first three students /
그녀는 첫 세 명의 학생들 중 한 명이 되었다 /
³to earn a master's degree in fine arts / ²at the University of Iowa.
형용사적 용법
순수 미술 석사 학위를 취득한 / University of Iowa에서

(5) ¹Throughout her life, / ²she created art /
평생 / 그녀는 예술작품을 창작했다 /
⁴representing the voices of people /
사람들의 목소리를 대변하는 /
³suffering from social injustice.
사회적 부당함으로 고통받는

힌트 현재분사는 문장에서 앞에 나온 명사를 능동 관계로 수식하는 형용사 역할을 함. 이 문장에서 representing은 art를 수식하면서 '사람들의 목소리를 대변하는' 예술 작품이라고 꾸며주는 역할을 하고, suffering은 people을 수식하여 '사회적 부당함으로 고통받는' 사람들임을 설명함.

(6) ¹She was recognized with many prizes and honors /
수동태
그녀는 많은 상과 표창으로 인정받았다 /
²both in the United States and in Mexico.
both A and B: A와 B 모두
미국과 멕시코 모두에서

(7) ¹She spent over fifty years in Mexico, /
그녀는 멕시코에서 50년이 넘는 세월을 보냈고 /
²and she took Mexican citizenship in 1962. 정답 단서
1962년에 멕시코 시민권을 받았다

(8) ¹Catlett died in 2012 / ²at her home in Mexico.
Catlett은 2012년에 생을 마쳤다 / 멕시코에 있는 그녀의 집에서

전문해석

(1)Elizabeth Catlett은 1915년에 Washington, D.C.에서 태어났다. (2)노예의 손녀로서, Catlett은 그녀의 할머니로부터 노예 이야기를 들었다. (3)흑인이라는 이유로 Carnegie Institute of Technology로부터 입학을 거절당한 이후, Catlett은 Howard 대학교에서 디자인과 소묘를 공부했다. (4)그녀는 University of Iowa에서 순수 미술 석사 학위를 취득한 첫 세 명의 학생들 중 한 명이 되었다. (5)평생 그녀는 사회적 부당함으로 고통받는 사람들의 목소리를 대변하는 예술 작품을 창작했다. (6)그녀는 미국과 멕시코 모두에서 많은 상과 표창으로 인정받았다. (7)그녀는 멕시코에서 50년이 넘는 세월을 보냈고, 1962년에 멕시코 시민권을 받았다. (8)Catlett은 2012년에 멕시코에 있는 그녀의 집에서 생을 마쳤다.

- Elizabeth Catlett(엘리자베스 캐틀릿, 1915년~2012년): 1915년 미국 워싱턴에서 태어나 흑인 여성 화가로 활동했다. 일생 동안 나라, 기법, 재료를 아우르는 매우 다양한 형식의 작품을 제작하였으며 자신의 작품에 열성적으로 흑인의 삶을 반영하였다.

○ 문제편 146쪽

정답확인

Elizabeth Catlett에 관한 다음 글의 내용과 일치하지 않는 것은?

① 할머니로부터 노예(slave) 이야기를 들었다.
② Carnegie Institute of Technology로부터 입학(entrance)을 거절당했다.
③ University of Iowa에서 석사 학위를 취득(earn)했다.
④ 미국과 멕시코에서 많은 상(prize)을 받았다.
✔ 멕시코 시민권(citizenship)을 결국 받지 못했다. ★ **중요** 문장 (7)에서 멕시코에서 50년 넘는 세월을 보내고 결국 멕시코 시민권을 받았음을 알 수 있음.

어휘암기

☐ slave	명사 노예
☐ disallow	동사 거절하다, 허가하지 않다
☐ entrance	명사 입학, 입장
☐ master's degree	석사 학위
☐ fine arts	순수 미술
☐ represent	동사 대변하다, 나타내다
☐ voice	명사 목소리
☐ suffer from	~으로 고통받다
☐ injustice	명사 부당함, 부정
☐ recognize	동사 인정하다
☐ honor	명사 표창, 명예
☐ citizenship	명사 시민권

27 정답률 95% | 내용 일치 파악 ▶ 정답 ⑤

중요구문

(2) [1]Our one-day spring farm camp /
저희 일일 봄 농장 캠프는 /
[4]gives / [2]your kid /
4형식V I·O
선사합니다 / 여러분의 자녀에게 /
[3]true, hands-on farm experience.
D·O
진정한, 직접 해 보는 농장 경험을

전문해석

(1)봄 농장 캠프
(2)저희 일일 봄 농장 캠프는 여러분의 자녀에게 진정한, 직접 해 보는 농장 경험을 선사합니다.
(3)언제: 4월 19일 월요일 – 5월 14일 금요일
(4)시간: 오전 9시 – 오후 4시
(5)나이: 6세 – 10세 Ages: 6 – 10
(6)참가비: 1인당 $70 (점심과 간식 포함) (lunch and snacks included)
(7)활동:
(8) • 염소젖으로 치즈 만들기 making cheese from goat's milk
(9) • 딸기 따기
(10) • 집에 가져갈 딸기잼 만들기 making strawberry jam to take home
(11)날씨에 상관없이 열려 있습니다. 정답단서 We are open rain or shine.
(12)더 많은 정보를 위해서는, www.b_orchard.com을 방문하세요.

정답확인

Spring Farm Camp에 관한 다음 안내문의 내용과 일치하지 않는 것은?

① 6세 ~ 10세 어린이가 참가(participation)할 수 있다. 문장(5)
② 참가비에 점심과 간식이 포함되어(lunch and snacks included) 있다. 문장(6)
③ 염소젖(goat's milk)으로 치즈를 만드는 활동을 한다. 문장(8)
④ 딸기잼(strawberry jam)을 만들어 집으로 가져갈 수 있다. 문장(10)
✔ 비(rain)가 오면 운영하지 않는다. 문장(11)

어휘암기

☐ one-day	형용사 일일, 하루 동안의
☐ hands-on	형용사 직접 해 보는, 실제의
☐ participation	명사 참가, 참여
☐ rain or shine	날씨에 상관없이

28 정답률 90% | 내용 일치 파악 ▶ 정답 ④

중요구문

(16) [1]Booking will be accepted /
예약은 받아들여집니다 /
[3]up to 1 hour / [2]before entry.
1시간까지 / 입장 전

전문해석

(1)Great 수족관
(2)운영 시간: 매일 오전 10시 – 오후 6시
(3)마지막 입장 시간은 오후 5시입니다. Last entry is at 5 p.m.
(4)행사

(5)물고기 먹이 주기 Fish Feeding	오전 10시 – 오전 11시 10 a.m. – 11 a.m.
(6)펭귄 먹이 주기	오후 1시 – 오후 2시

(7)티켓 가격

(8)연령	가격
(9)어린이 (12세 이하)	$25
(10)성인 (20세 – 59세)	$33
(11)청소년 (13세 – 19세) (12)노인 (60세 이상) Seniors (60 and above)	$30

(13)★ 티켓 소지자는 무료 음료 쿠폰을 받습니다. 정답단서 Ticket holders will receive a free drink coupon.
(14)티켓 예약하기
(15) • '모든' 방문자는 온라인으로 예약해야 합니다.
(16) • 예약은 입장 1시간 전까지 받아들여집니다(받습니다). Booking will be accepted up to 1 hour before entry.

정답확인

Great Aquarium에 관한 다음 안내문의 내용과 일치하는 것은?

① 마지막 입장(last entry) 시간은 오후 6시이다. 문장(3)
② 물고기 먹이 주기(feeding fish)는 오후 1시에 시작한다. 문장(5)
③ 60세 이상(60 and above)의 티켓 가격은 33달러이다. 문장(12)
✔ 티켓 소지자(ticket holders)는 무료 음료 쿠폰을 받는다. 문장(13)
⑤ 예약(booking)은 입장 30분 전까지 가능하다. 문장(16)

어휘암기

☐ aquarium	명사 수족관
☐ daily	부사 매일, 날마다 / 형용사 매일의 / 명사 일간 신문
☐ entry	명사 입장, 등장, 출입
☐ feeding	명사 먹이 주기
☐ senior	명사 노인 / 형용사 연상의, 상급의
☐ booking	명사 예약
☐ accept	동사 받아들이다, 수락하다

29 정답률 60% | 틀린 어법 고르기 ▶ 정답 ③

총평

동명사구 주어와 동사의 수 일치를 파악하는 문제이다. 구 또는 절로 이루어진 주어는 단수 취급한다.

지문끊어읽기

(1) [1]Although there is usually a correct way /
접속사(비록 ~일지라도)
비록 대개 올바른 방법이 있다고 할지라도 /
[2]of holding and playing musical instruments, /
악기를 잡고 연주하는 /
[4]the most important instruction /
주어
가장 중요한 가르침은 /
[3]to begin with /
우선 /
★ 명사절을 이끄는 접속사 that
[5]is [that they are not toys] /
동사 주격 보어①
그것은 장난감이 아니라는 것이다 /
[6]and [that they must be looked after].
주격 보어②
그리고 그것은 관리되어야 한다는 것이다

✚ 재귀대명사 관용표현
for oneself: 스스로
by oneself: 혼자서
in and of itself: 그것 자체로

★ 문장 구조 파악: 동사 자리
(2) [1](You) Allow children time to explore ways /
간접목적어 직접목적어 to부정사의 형용사적 용법(명사 수식)
아이들에게 방법을 탐구할 시간을 주어라 /
[3]of handling and playing the instruments for themselves /
스스로 악기를 다루고 연주하는 /
[2]before showing them.
전치사 동명사 동명사의 목적어(=ways)
그것을 알려주기 전에

(3) [2][Finding different ways /
주어(동명사구-단수 취급)
다양한 방법을 찾는 것은 /
[1]to produce sounds] /
to부정사의 형용사적 용법(ways 수식)
소리를 만들어 내는 /
★ 주어와 동사의 수 일치
[3]is an important stage of musical exploration.
동사(단수)
음악적 탐구의 중요한 단계이다

12회 2021년 3월 영어

(4) 1 Correct playing comes from the desire /
올바른 연주는 욕구에서 나온다 /
✱ to부정사의 형용사적 용법(the desire 수식)
2 to find the most appropriate sound quality /
to부정사①
가장 적절한 음질을 찾으려는 /
3 and (to) find the most comfortable playing position /
to부정사②
그리고 가장 편안한 연주 자세를 찾으려는 /
✚ 부정대명사 one
one은 '(불특정한) 하나, 한 사람'의 의미 외에도 일반 사람을 나타낼 수 있다.
ex. One should never lie.
(사람은 절대 거짓말하면 안 된다.)
4 so that one can play with control over time.
접속사(~하도록, ~하기 위해)
사람이 시간이 흐르며 잘 다루면서 연주할 수 있도록

(5) 1 As instruments and music become more complex, /
접속사(~함에 따라)
악기와 음악이 더 복잡해짐에 따라 /
2 learning appropriate playing techniques /
주어(동명사구-단수 취급)
알맞은 연주 기술을 익히는 것은 /
✱ 형용사를 수식하는 부사
3 becomes increasingly relevant.
2형식 동사(단수) 주격 보어(형용사)
점점 더 유의미해진다

전문해석

(1)비록 대개 악기를 잡고 연주하는 올바른 방법이 있다고 할지라도, 우선 가장 중요한 가르침은 그것(악기)은 장난감이 아니라는 것과 관리되어야 한다는 것이다. (2)아이들에게 그것(악기를 다루고 연주하는 방법)을 알려주기 전에 스스로 악기를 다루고 연주하는 방법을 탐구할 시간을 주어라. (3)소리를 만들어 내는 다양한 방법을 찾는 것은 음악적 탐구의 중요한 단계이다. (4)올바른 연주는 가장 적절한 음질을 찾고 사람이 시간이 흐르며 (악기를) 잘 다루면서 연주할 수 있도록 가장 편안한 연주 자세를 찾으려는 욕구에서 나온다. (5)악기와 음악이 더 복잡해짐에 따라, 알맞은 연주 기술을 익히는 것은 점점 더 유의미해진다.

정답풀이

③ 주어와 동사의 수 일치

(3) [Finding different ways to produce sounds] are → is
주어(동명사구) to부정사의 형용사적 용법
an important stage of musical exploration.

동명사구 주어는 단수 취급하므로 are를 is로 고쳐야 한다.

오답풀이

① 명사절을 이끄는 접속사 that

(1) Although there is usually a correct way (of holding and playing musical instruments), the most important instruction (to begin with) is [that they are not toys] and [that they must be looked after].
접속사 / 동사 / 주어 / 수식어구 / 주어 / 동사 / 접속사① / 완전한 문장 / 접속사② / 완전한 문장

밑줄 친 that 뒤에 주어(they), 동사(are), 주격 보어(toys)로 이루어진 완전한 문장이 나오므로 접속사 that은 바르게 쓰였다. that이 이끄는 절은 주절의 동사 is의 주격 보어 역할을 하는 명사절이며, 등위접속사 and 뒤에 나오는 that 절과 병렬을 이루고 있다.

② 문장 구조 파악: 동사 자리

(2) (You) Allow children time to explore ways of handling and playing the instruments for themselves before showing them.
동사 / 간접목적어 / 직접목적어 / to부정사의 형용사적 용법

앞에 주어 You가 생략된 명령문이다. 따라서 명령문을 시작하는 동사 Allow가 바르게 쓰였다. 위 문장에서 allow는 '~에게 …을 허락하다'라는 의미의 4형식 동사로 쓰였다.

④ to부정사의 형용사적 용법

(4) Correct playing comes from the desire (to find the most appropriate sound quality) and ((to) find the most comfortable playing position) so that one can play with control over time.
주어 / 동사 / 명사 / to부정사의 형용사적 용법① / to부정사의 형용사적 용법② / 접속사(~하도록, ~하기 위해)

명사 the desire를 수식하기 위해 형용사적 용법의 to find가 바르게 쓰였다. to find는 등위접속사 and 뒤에 나오는 (to) find와 병렬을 이루고 있다. attempt, ability, chance, desire, effort, opportunity 등은 to부정사의 수식을 자주 받는 명사들이다.

⑤ 형용사를 수식하는 부사

(5) As instruments and music become more complex, learning appropriate playing techniques becomes increasingly relevant.
접속사(~함에 따라) / 주어(동명사구) / 2형식 동사(단수) / 부사 / 주격 보어(형용사)

주절의 동사 becomes의 주격 보어인 형용사 relevant를 수식하기 위해 부사 increasingly가 적절하게 쓰였다.

어휘암기

☐ instrument	명사	악기
☐ instruction	명사	가르침, 지시
☐ to begin with		우선, 처음에는
☐ look after		~을 관리하다, 돌보다
☐ explore	동사	탐구하다, 탐험하다
☐ appropriate	형용사	적절한, 알맞은
☐ over time		시간이 흐르며
☐ complex	형용사	복잡한
☐ increasingly	부사	점점 더
☐ relevant	형용사	유의미한, 관련 있는

30 정답률 60% | 틀린 어휘 고르기 ▶ 정답 ③

글의 내용 파악

일상에서 필요한 물건의 가격이 떨어지면 온 세상이 크게 달라질 수 있음을 인공조명의 예로 보여준 글이다. 과거 조명 값은 사람들이 조명을 쓰기 전 가격을 의식할 수밖에 없을 만큼 비쌌지만 오늘날에는 몹시 싸다. 그래서 현대 사람들은 가격에 대한 걱정 없이 어디서든 환한 환경에서 살고 일할 수 있게 되었다는 내용이다.

지문끊어읽기

(1) 1 When the price of something fundamental drops greatly, /
접속사(~할 때) 주어 동사
기본적인 무언가의 가격이 크게 떨어질 때 /
2 the whole world can change.
온 세상이 바뀔 수 있다
✚ 후치 수식을 받는 대명사
'-thing, -one, -body' 등으로 끝나는 대명사는 꾸미는 말이 뒤에 나온다.
ex. someone special(특별한 누군가)
something cold(차가운 것)

(2) 1 Consider light.
동사(명령문)
조명을 생각해 보라

(3) 1 Chances are /
(The) chances are (that) S V : 아마 ~일 것이다
아마 ~일 것이다 /
2 [(that) you are reading this sentence /
명사절 접속사 that 생략(are의 보어절을 이끎)
여러분은 이 문장을 읽고 있다는 것 /
3 under some kind of artificial light].
어떤 인공조명 아래에서

(4) 1 Moreover, /
더구나 /
2 you probably never thought about /
여러분은 아마도 ~에 대해 생각해보지 않았을 것이다 /
be worth + 명사/동명사(V-ing) : ~할 가치가 있다
3 [whether using artificial light for reading was worth it].
접속사 whether가 이끄는 명사절(about의 목적어)
독서를 위해 인공조명을 사용하는 것이 그럴 만한 가치가 있는지

(5) 1 Light is so cheap /
✚ so ~ that …: 너무 ~해서 …하다
조명이 너무 싸서 /
2 that you use it without thinking.
전치사 without의 목적어(동명사)
여러분은 생각 없이 그것을 이용한다

(6) 1 But in the early 1800s, /
하지만 1800년대 초반에는 /
4 it would have cost you /
4형식 동사 간접목적어
비용이 여러분에게 들었을 것이다 /
2 four hundred times [what you are paying now /
배수사 직접목적어(관계대명사 what이 이끄는 명사절)
여러분이 오늘날 지불하고 있는 것의 400배만큼의 /
3 for the same amount of light].
같은 양의 조명에

(7) 1 At that price, /
그 가격이면 /

○ 문제편 147쪽

2 you would notice the cost /
동사①
여러분은 비용을 의식할 것이다 /

3 and would think twice /
동사②
그리고 숙고할 것이다 /

4 before using artificial light to read a book.
전치사 동명사 to부정사의 부사적 용법(목적)
책을 읽으려고 인공조명을 쓰기 전에

(8) 1 The increase(→ drop) in the price of light /
주어 전치사구
조명 가격의 증가(→ 하락)가 /

2 lit up the world.
동사
세상을 밝혔다

(9) 1 Not only did it turn night into day, /
그것은 밤을 낮으로 바꾸었을 뿐 아니라 /

3 but it allowed us to live and (to) work in big buildings /
그것은 큰 건물에서 우리가 살고 일할 수 있게 해 주었다 / 선행사

2 [that natural light could not enter].
목적격 관계대명사절(big buildings 수식)
자연광이 들어오지 못하는

(10) 3 Nearly nothing [(that) we have today] /
선행사 목적격 관계대명사 생략
오늘날 우리가 누리는 것 중에 거의 아무것도 /

4 would be possible /
가능하지 않을 것이다 /

1 if the cost of artificial light /
만약 인공조명의 비용이 /

2 had not dropped to almost nothing.
거의 공짜 수준으로 떨어지지 않았더라면

✚ 부정어구의 도치
부정어를 포함한 부사구가 문장 맨 앞에 나오면 주어와 동사가 도치된다.
ex. Never have I met him before.
(나는 전에 그를 전혀 만난 적이 없다.)
Little do we know of her.
(우리는 그녀에 대해 거의 모른다.)

allow A to V: A가 ~하게 해 주다

✚ 혼합가정법
과거에 행동을 달리했더라면(if S had p.p.) 현재 결과가 달랐을 것이라는(S would/could/might V) 아쉬움을 주로 나타낸다.
ex. If I had followed your advice back then, I wouldn't be in trouble now.
(그때 네 충고를 따랐더라면, 내가 지금 곤경에 처해있지 않을 텐데.)

전문해석

(1)기본적인 무언가의 가격이 크게 떨어질 때, 온 세상이 바뀔 수 있다. (2)조명을 생각해 보라. (3)아마 여러분은 이 문장을 어떤 인공조명 아래에서 읽고 있을 것이다. (4)더구나, 여러분은 아마도 독서를 위해 인공조명을 사용하는 것이 그럴 만한 가치가 있는지에 대해 생각해보지 않았을 것이다. (5)조명이 너무 싸서 여러분은 생각 없이 그것을 이용한다. (6)하지만 1800년대 초반에는, 여러분이 오늘날 같은 양의 조명에 지불하고 있는 것의 400배만큼의 비용이 여러분에게 들었을 것이다. (7)그 가격이면, 여러분은 비용을 의식할 것이고 책을 읽으려고 인공조명을 쓰기 전에 숙고할 것이다. (8)조명 가격의 증가(→하락)가 세상을 밝혔다. (9)그것은 밤을 낮으로 바꾸었을 뿐 아니라, 자연광이 들어오지 못하는 큰 건물에서 우리가 살고 일할 수 있게 해 주었다. (10)만약 인공조명의 비용이 거의 공짜 수준으로 떨어지지 않았더라면 오늘날 우리가 누리는 것 중에 거의 아무것도 가능하지 않을 것이다.

정답풀이

The ③ ~~increase~~ in the price of light lit up the world.
→ drop

글의 서두에 기본적인 물건의 가격이 크게 떨어질 때 세상이 변화한다는 주제문이 제시되어 있다. 조명 가격의 경우에, 1800년대 초반에는 오늘날 우리가 지불하는 비용의 400배 정도로 매우 비쌌지만 현재는 거의 공짜 수준으로 떨어졌는데, 이로 인해 밤이 낮으로 바뀌었고 우리는 자연광이 들지 않는 곳에서도 일하고 살 수 있게 되었다고 했다. 따라서 조명 가격의 '하락'이 세상을 밝혔다는 의미가 되어야 하므로 increase를 drop으로 고쳐야 한다.

오답풀이

① **cheap** (a. (값이) 싼): 앞에서 기본적인 어떤 물건의 가격이 떨어지면 세상을 바꾸는 변화를 가져온다고 언급한 후 조명을 예로 들고 있다. 흔히 우리가 조명에 대해 별다른 생각을 하지 않고 일상적으로 사용하는 이유를 '조명이 너무 싸다(Light is so cheap)'라고 표현해야 자연스럽다.

② **notice** (v. 의식하다, 알아차리다): 앞 문장에 과거에는 조명 가격이 오늘날보다 훨씬 비쌌다는 내용이 나오고, 그런 가격이라면 사람들은 조명을 사용하기 전에 당연히 숙고했을 것이라는 설명이 이어지고 있다. 따라서 '비용을 의식하다(notice the cost)'라는 표현이 적절하다.

④ **natural** (a. 자연의, 천연의): 앞에서 인공조명을 사용함으로써 밤을 낮처럼 밝히게 되었다고 했다. 따라서 '자연광이 들지 않는(natural light could not enter)' 곳에서도 우리가 살고 일하게 되었다고 해야 문맥상 자연스럽다.

⑤ **possible** (a. 가능한): 과거에 비해 인공조명의 가격이 엄청나게 떨어졌기 때문에 오늘날 우리가 많은 것을 누릴 수 있다는 의미의 문장이다. 주어가 Nearly nothing이므로 possible이라는 긍정 형용사와 함께 써야 '거의 아무것도 가능하지 않을 것이다'라는 의미가 완성된다.

어휘암기

☐ **fundamental**	형용사 기본적인, 근본적인
☐ **drop**	동사 떨어지다, 하락하다 / 명사 하락
☐ **(The) chances are (that) ~**	아마 ~일 것이다
☐ **artificial**	형용사 인공적인
☐ **worth**	형용사 ~할 가치가 있는
☐ **amount**	명사 양
☐ **notice**	동사 의식하다, 알아차리다
☐ **think twice**	숙고하다, 망설이다

○핵심 동물을 보살핌에 있어 중요한 것이 무엇인지 본문에서 강조하는 내용에 주목해야 함.

오답률 TOP 5

31 정답률 55% | 빈칸 추론 ▶ 정답 ⑤

지문끊어읽기

(1) 2 One of the most important aspects /
S
가장 중요한 측면 중에 한 가지는 /

1 of providing good care /
좋은 보살핌을 제공하는 것의 /

3 is making sure /
V S.C(동명사)
반드시 ~하는 것이다 /

4 that an animal's needs are being met /
접속사 현재진행수동
동물의 욕구가 충족되도록 /

5 consistently and predictably. 정답단서
일관되게 그리고 예측 가능하게

(2) 1 Like humans, / 2 animals need a sense of control.
사람과 마찬가지로 / 동물은 통제감이 필요하다

(3) 1 So / 2 an animal who may get enough food /
S 주격 관계대명사
그러므로 / 충분한 음식을 제공받고 있는 동물은 /

3 but doesn't know when the food will appear /
하지만 음식이 언제 나올지 모르는 /

4 and can see no consistent schedule / 5 may experience distress.
V
그리고 일관된 일정을 알 수 없는 / 괴로움을 겪을지도 모른다

힌트 의문사 when이 이끄는 명사절로 간접 의문문 형태인 '의문사+주어+동사'의 어순을 따르고 있으며 doesn't know의 목적어 역할을 하고 있음.

(4) 2 We can provide a sense of control /
우리는 통제감을 줄 수 있다 /

1 by ensuring that our animal's environment is predictable:
by -ing: ~함으로써
우리 동물의 환경이 예측 가능하도록 보장함으로써

(5) 1 there is always water available / 2 and always in the same place.
마실 수 있는 물이 늘 있고 / 늘 같은 곳에 있다

(6) 3 There is always food / 1 when we get up in the morning /
늘 음식이 있다 / 우리가 아침에 일어날 때 / 병렬①

2 and after our evening walk.
병렬②
그리고 저녁 산책을 한 후에

(7) 3 There will always be a time and place to eliminate, /
변을 배설할 수 있는 시간과 장소가 늘 있을 것이다 /

2 without having to hold things in / 1 to the point of discomfort.
참을 필요 없이 / 불편할 정도로

(8) 1 Human companions can display consistent emotional support, /
사람 친구는 일관된 정서적 지지를 보일 수 있다 /

2 rather than providing love one moment /
한순간에는 애정을 주기보다는 /

3 and withholding love the next.
그러다가 그 다음에는 애정을 주지 않기보다는

(9) 1 When animals know what to expect, /
동물은 기대할 수 있는 것이 무엇인지 알고 있을 때 /

2 they can feel more confident and calm. 정답단서
그들은 더 자신있고 차분하다고 느낄 수 있다

중요구문

(3)So an animal [who may get enough food but doesn't know when the food will appear and can see no consistent schedule] may experience distress.
선행사(S) 주격 관계대명사 병렬① 병렬② 병렬③ V O

힌트 이 문장의 주어는 an animal, 동사는 may experience이며, who부터 schedule까지 병렬구조로 길게 이어진 관계대명사절이 an animal을 꾸며주고 있음.

전문해석

(1)좋은 보살핌을 제공하는 것의 가장 중요한 측면 중에 한 가지는 반드시 동물의 욕구가 일관되게 그리고 예측 가능하게 충족되도록 하는 것이다. (2)사람과 마찬가지로, 동물은 통제감이 필요하다. (3)그러므로 충분한 음식을 제공받고 있지만 음식이 언제 나올지 모르고 일관된 일정을 알 수 없는 동물은 괴로움을 겪을지도 모른다. (4)우리 동물의 환경이 예측 가능하도록 보장함으로써 우리는 통제감을 줄 수 있다. (5)(즉,) 마실 수 있는 물이 늘 있고, 늘 같은 곳에 있다. (6)우리가 아침에 일어날 때 그리고 저녁 산책을 한 후에 늘 음식이 있다. (7)불편할 정도로 참을 필요 없이 변을 배설할 수 있는 시간과 장소가 늘 있을 것이다. (8)사람 친구는 한순간에는 애정을 주다가 그 다음에는 애정을 주지 않기보다는 일관된 정서적 지지를 보일 수 있다(보이는 것이 좋다). (9)동물은 기대할 수 있는 것이 무엇인지 알고 있을 때, 더 자신있고 차분하다고 느낄 수 있다.

정답확인

다음 빈칸에 들어갈 말로 가장 적절한 것을 고르시오.

① silent ② natural ③ isolated

조용하도록	자연스럽도록	고립되도록
④ dynamic 역동적이도록	✔ predictable 예측 가능하도록	

문제풀이

본문은 동물을 보살필 때 일관성 있고 예측 가능하게 동물의 욕구를 충족시켜주는 것이 그들에게 필요한 통제감을 주는 방법이라고 말하고 있다. 주제문인 문장 (1)에서 consistently and predictably라는 키워드를 활용하거나, 빈칸이 있는 문장 이후 문장 (5)~(7)에서 동물이 물, 식사, 배설 등 기본적인 욕구와 관련된 상황을 예측할 수 있는 예시들로 빈칸의 내용을 유추할 수 있다. 따라서 정답은 ⑤이다.

어휘암기

☐ **need**	명사 욕구
☐ **consistently**	부사 일관되게
☐ **predictably**	부사 예측 가능하게
☐ **distress**	명사 괴로움
☐ **ensure**	동사 ~을 보장하다
☐ **get up**	일어나다
☐ **hold ~ in**	~을 참다
☐ **to the point of**	~할 정도로
☐ **discomfort**	명사 불편함
☐ **companion**	명사 친구, 동반자
☐ **display**	동사 보이다, 나타내다
☐ **withhold**	동사 주지 않다

핵심 음식이 아이들을 달랠 때 사용되는 것에 대한 글임. 빈칸 문장의 'But' 이후에 음식이 이렇게 쓰이면 장기적으로 해롭다는 설명이 이어지고 있으며, 빈칸 다음의 문장을 보면 빈칸에 들어갈 말을 유추할 수 있음.

32 정답률 75% | 빈칸 추론 ▶ 정답 ④

지문끊어읽기

(1) ¹When a child is upset, /
아이가 화가 났을 때 /
³the easiest and quickest way /
가장 쉽고 가장 빠른 방법은 /
²to calm them down /
형용사적 용법(~하는)
그들을 진정시키는 /
⁴is to give them food.
명사적 용법(~하는 것)
그들에게 음식을 주는 것이다

(2) ¹This acts as a distraction / ²from the feelings they are having, /
V①
이것은 주의를 돌리는 것으로 작용한다 / 그들이 가지고 있는 감정으로부터 /
⁴gives them something to do / ³with their hands and mouth /
V②
할 수 있는 무언가를 그들에게 제공한다 / 그들의 손과 입으로 /
⁵and shifts their attention / ⁶from whatever was upsetting them.
V③
그리고 그들의 주의를 옮긴다 / 그들을 화나게 하고 있는 것이 무엇이든 그것으로부터

(3) ¹If the food chosen is also seen as a treat /
선행사 ↑ 과거분사 후치수식
또한 선택된 음식이 특별한 먹거리로 여겨지면 /
²such as sweets or a biscuit, /
사탕이나 비스킷 같은 /
³then the child will feel 'treated' and happier.
그러면 그 아이는 '특별하게 대접받았다고' 느끼고 기분이 더 좋을 것이다

(4) ²In the shorter term / ¹using food like this / ³is effective.
단기적으로는 / 음식을 이처럼 이용하는 것은 / 효과적이다

(5) ¹But in the longer term / ⁴it can be harmful /
하지만 장기적으로는 / 그것은 해로울 수 있다 /
³as we quickly learn /
우리가 곧 알게 되기 때문에 /
²that food is a good way to manage emotions.
음식이 감정을 통제하는 좋은 방법이라는 것을

(6) ¹Then as we go through life, /
그리고 우리가 삶을 살아가면서 /
²whenever we feel annoyed, anxious or even just bored, /
짜증이 나거나 불안하거나, 심지어 그저 지루함을 느낄 때마다 /
⁴we turn to food / ³to make ourselves feel better. 정답 단서
부사적 용법(~하기 위해서)
우리는 음식에 의존하게 된다 / 우리 자신의 기분을 더 좋게 만들기 위해서

전문해석

(1)아이가 화가 났을 때, 그들을 진정시키는 가장 쉽고 가장 빠른 방법은 그들에게 음식을 주는 것이다. (2)이것은 그들(아이들)이 가지고 있는 감정으로부터 주의를 돌리는 것으로 작용하고, 그들의 손과 입으로 할 수 있는 무언가를 그들에게 제공하며, 그들을 화나게 하고 있는 것이 무엇이든 그것으로부터 그들의 주의를 옮긴다. (3)또한 선택된 음식이 사탕이나 비스킷 같은 특별한 먹거리로 여겨지면, 그 아이는 '특별하게 대접받았다고' 느끼고 기분이 더 좋을 것이다. (4)음식을 이처럼 이용하는 것은 단기적으로는 효과적이다. (5)하지만 장기적으로는 음식이 감정을 통제하는 좋은 방법이라는 것을 우리가 곧 알게 되기 때문에 그것은 해로울 수 있다. (6)그리고 우리가 삶을 살아가면서, 짜증이 나거나, 불안하거나, 심지어 그저 지루함을 느낄 때마다, 우리 자신의 기분을 더 좋게 만들기 위해서 우리는 음식에 의존하게 된다.

정답확인

다음 빈칸에 들어갈 말로 가장 적절한 것을 고르시오.

① make friends 친구를 사귀는 ② learn etiquettes 예의를 배우는 ③ improve memory 기억력을 향상시키는
✔ manage emotions 감정을 통제하는 ⑤ celebrate achievements 성취를 축하하는

어휘암기

☐ **upset**	형용사 화난 / 동사 화나게 하다
☐ **calm ~ down**	~을 진정시키다
☐ **act as**	~으로 작용하다
☐ **distraction**	명사 주의를 돌리는 것
☐ **shift**	동사 옮기다, 이동시키다
☐ **treat**	명사 특별한 먹거리 동사 (특별하게) 대접하다
☐ **effective**	형용사 효과적인
☐ **harmful**	형용사 해로운, 유해한
☐ **annoyed**	형용사 짜증이 난, 화가 난
☐ **anxious**	형용사 불안한, 염려하는
☐ **turn to**	~에 의존하다
☐ **etiquette**	명사 예의, 에티켓
☐ **achievement**	명사 성취, 업적

핵심 개구리는 육지에서도 살지만, 생존을 위해서는 물과 긴밀한 관계를 맺고 살아가야 한다는 내용의 글로, 빈칸 이후 개구리가 물에서 얻을 수 있는 것들을 열거하고 있음.

33 정답률 65% | 빈칸 추론 ▶ 정답 ①

지문끊어읽기

(1) ¹Scientists believe /
과학자들은 믿는다 /
²that the frogs' ancestors were water-dwelling, fishlike animals.
개구리의 조상이 물에 사는 물고기 같은 동물이었다고

(2) ¹The first frogs and their relatives /
최초의 개구리와 그 동족은 /
²gained the ability to come out on land /
육지로 나올 능력을 얻었다 / 병렬①
³and enjoy the opportunities / ⁴for food and shelter there.
병렬②
그리고 기회를 누릴 / 그곳에서 먹이와 서식지에 대한

힌트 to부정사의 형용사적 용법으로 and 앞뒤로 병렬을 이루어 ability를 수식하고 있음.

(3) ¹But they still kept / ²many ties to the water.
=frogs
하지만 그것들은 여전히 유지했다 / 물과의 여러 유대관계를

(4) ¹A frog's lungs do not work very well, /
개구리의 폐는 그다지 잘 기능하지 않는다 /
²and it gets part of its oxygen / ³by breathing through its skin.
=a frog by -ing: ~함으로써
그리고 그것은 산소를 일부 얻는다 / 피부를 통해 호흡함으로써

(5) ¹But for this kind of "breathing" / ²to work properly, /
의미상의 주어
그러나 이러한 종류의 '호흡'이 / 제대로 기능하기 위해서는 /
³the frog's skin must stay moist. 정답 단서
개구리의 피부가 촉촉하게 유지되어야 한다

힌트 'to work properly'는 '~하기 위해'라는 뜻의 to부정사이고, to부정사의 의미상의 주어는 'for this kind of "breathing"'임.

(6) ¹And so the frog must remain near the water /
선행사
그래서 개구리는 물 근처에 있어야 한다 /
⁴where it can take a dip / ³every now and then /
관계부사
그것이 잠깐 담글 수 있는 / 이따금 /
²to keep from drying out. 정답 단서
건조해지는 것을 막기 위해

(7) ²Frogs must also lay their eggs in water, / 정답 단서
개구리는 또한 알을 물속에 낳아야만 한다 /
¹as their fishlike ancestors did.
그것들의 물고기 같은 조상들이 그랬던 것처럼

(8) ¹And eggs laid in the water /
그리고 물속에 낳은 알은 /
³must develop into water creatures, / ²if they are to survive.
물에 사는 생물로 성장해야 한다 / 그것들이 살아남으려면

힌트 'be to V'는 문맥에 따라 '예정, 운명, 의도, 가능, 의무'의 뜻을 나타냄. 문장 (8)의 'are to survive'는 문맥상 '의도'를 나타내는 '살아남으려면'으로 해석할 수 있음.

(9) ²For frogs, / ¹metamorphosis thus provides the bridge /
개구리에게 있어서 / 따라서 탈바꿈은 다리를 제공한다 /
³between the water-dwelling young forms /
물에 사는 어린 형체와 /
⁴and the land-dwelling adults.
육지에 사는 성체 사이의

전문해석

(1)과학자들은 개구리의 조상이 물에 사는 물고기 같은 동물이었다고 믿는다. (2)최초의 개구리와 그 동족은 육지로 나올 능력과 그곳에서 먹이와 서식지에 대한 기회를 누릴 능력을 얻었다. (3)하지만 그것들은 여전히 물과의 여러 유대관계를 유지했다. (4)개구리의 폐는 그다지 잘 기능하지 않고, 그것(개구리)은 피부를 통해 호흡함으로써 산소를 일부 얻는다. (5)그러나 이러한 종류의 '호흡'이 제대로 기능하기 위해서는 개구리의 피부가 촉촉하게 유지되어야 한다. (6)그래서 개구리는 건조해지는 것을 막기 위해 이따금 (몸을) 잠깐 담글 수 있는 물 근처

문제편 147쪽

에 있어야 한다. (7)그것들의 물고기 같은 조상들이 그랬던 것처럼, 개구리는 또한 알을 물속에 낳아야만 한다. (8)그리고 물속에 낳은 알은 살아남으려면, 물에 사는 생물로 성장해야 한다. (9)따라서 개구리에게 있어서 탈바꿈은 물에 사는 어린 형체와 육지에 사는 성체 사이의 (이어주는) 다리를 제공한다.

정답확인

다음 빈칸에 들어갈 말로 가장 적절한 것을 고르시오.

✔ still kept many ties to the water
여전히 물과의 여러 유대관계를 유지했다
② had almost all the necessary organs
필요한 거의 모든 장기를 가졌다
③ had to develop an appetite for new foods
새로운 먹이에 대한 식성을 발달시켜야 했다
④ often competed with land-dwelling species
육지에 사는 종과 자주 경쟁했다
⑤ suffered from rapid changes in temperature
급격한 온도 변화로 고통받았다

문제풀이

빈칸이 포함된 문장 (3) 이후로, 개구리가 생존을 위해 물에서 해야 하는 행동 두 가지를 제시하고 있다. 물을 이용해서 호흡을 해야 하고, 알을 물속에 낳아서 어린 개체를 키워내야 한다는 것이다. 따라서 빈칸에 들어갈 말로 가장 적절한 것은 ①이다.

어휘암기

□ ancestor	명사 조상, 선조
□ water-dwelling	형용사 물에 사는, 수생의
□ relative	명사 동족, 친척
□ take a dip	(몸을) 잠깐 담그다
□ every now and then	이따금
□ keep from V-ing	~을 막다, ~하지 않다
□ dry out	건조해지다
□ metamorphosis	명사 탈바꿈, 변형
□ land-dwelling	형용사 육지에 사는
□ appetite	명사 식성, 식욕

핵심 실질적인 자유를 누리기 위해서 필요한 것이 무엇인지 설명하는 글로, 법과 자유와의 관계, 자유와 행동하기 위한 능력 사이의 관계가 핵심임.

오답률 TOP 5

34 정답률 35% | 빈칸 추론 ▶ 정답 ⑤

지문끊어읽기

(1) [4]It is important / [3][to distinguish /
가주어 [ ]: 진주어
중요하다 / 구분하는 것은 /
[1]between being legally allowed to do something, /
어떤 일을 하는 것을 법적으로 허가 받는 것을 / 정답 단서
[2]and actually being able to go and do it].
그리고 실제로 가서 그 일을 할 수 있는 것을

(2) [5]A law could be passed / [4]allowing / [2]everyone, / [1]if they so wish, / [3]to run a mile in two minutes.
5형식V O 삽입구 O·C
법이 통과될 수도 있다 / 허용하는 / 모두가 / 만약 그들이 그러길 바란다면 / 2분 안에 1마일을 뛰도록

힌트 'allowing' 이하는 문장의 주어인 'A law'를 수식하는 말로, 원래 주어 바로 뒤에 위치해야 하지만, 길어서 문장의 맨 뒤에 위치함. 'everyone'은 'allowing'의 목적어, 'to run' 이하는 목적격 보어임.

(3) [2]That would not, / [1]however, / [3]increase their *effective* freedom, / [4]because, / [5]although allowed to do so, / [6]they are physically incapable of it.
삽입구
그것은 그럴 수 없다 / 그러나 / 그들의 '실질적인' 자유를 증가시킬 / 왜냐하면 / 그렇게 하는 것이 허가된다고 해도 / 그들이 물리적으로 그것을 할 수 없기 때문이다 (정답 단서)

힌트 although와 allowed 사이에 being이 생략된 분사구문으로, 분사구문의 주어가 뒤에 나오는 they와 일치하므로 주어도 생략되어 있음. 이 분사구문을 부사절로 바꾸면 'although they are allowed to do so'임.

(4) [1][Having a minimum of restrictions and a maximum of possibilities] /
[ ]: S(동명사)
최소한의 제약과 최대한의 가능성을 두는 것은 /
[2]is fine.
V
괜찮다

(5) [1]But in the real world / (정답 단서)
그러나 현실 세계에서는 /
[2]most people will never have the opportunity /
대부분의 사람들이 기회를 절대 갖지 못할 것이다 /
[4]either to become / [3]all that they are allowed to become, /
병렬①
되거나 / 그들이 되도록 허용된 모든 것이 /
[5]or to need to be restrained / [7]from doing everything /
병렬②
혹은 저지당해야 할 / 모든 일을 하는 것을 /
[6]that is possible for them to do.
주격 관계대명사
그들이 할 수 있는

힌트 'either A or B'의 병렬 구조로, A 혹은(또는) B라고 해석해야 함. 이 문장에서는 A와 B자리에 to부정사가 이끄는 구가 들어가 있으며, 여기서 to부정사는 형용사적 용법으로 앞의 opportunity를 수식하고 있으므로 '~할 기회'라고 해석해야 함.

(6) [1]Their effective freedom depends /
그들의 실질적인 자유는 달려 있다 /
[2]on actually having the means and ability /
실제로 수단과 능력을 갖는 것에 /
[3]to do what they choose.
형용사적 용법(~할)
그들이 선택한 일을 할

전문해석

(1)어떤 일을 하는 것을 법적으로 허가 받는 것과 실제로 가서 그 일을 할 수 있는 것을 구분하는 것은 중요하다. (2)만약 모두가 그러길 바란다면, 모두가 2분 안에 1마일을 뛰도록 허용하는 법이 통과될 수도 있다. (3)그러나 그것은 그들의 '실질적인' 자유를 증가시킬 수 없는데, 왜냐하면 그렇게 하는 것이 허가된다고 해도 그들이 물리적으로 그것을 할 수 없기 때문이다. (4)최소한의 제약과 최대한의 가능성을 두는 것은 괜찮다. (5)그러나 현실 세계에서는 대부분의 사람들이 그들이 되도록 허용된 모든 것이 되거나 혹은 그들이 할 수 있는 모든 일을 하는 것을 저지당해야 할 기회를 절대 갖지 못할 것이다. (6)그들의 실질적인 자유는 실제로 그들이 선택한 일을 할 수단과 능력을 갖는 것에 달려 있다.

정답확인

다음 빈칸에 들어갈 말로 가장 적절한 것을 고르시오.

① respecting others' rights to freedom
다른 사람들의 자유에 대한 권리를 존중하는 것
② protecting and providing for the needy
불우이웃을 보호하고 (필요한 것을) 제공하는 것
③ learning what socially acceptable behaviors are
사회적으로 용인되는 행동이 무엇인지 배우는 것
④ determining how much they can expect from others
그들이 다른 사람들에게서 얼마나 기대할 수 있는지를 결정하는 것
✔ having the means and ability to do what they choose
그들이 선택한 일을 할 수단과 능력을 갖는 것

문제풀이

지문에서 말하는 '실질적인' 자유는 능력에 기반한 것이다. 문장 (1)은 법이 허용하는 범위와 실제로 행동할 수 있는 범위가 다르다는 것을 지적하고 있다. 문장 (3)은 실제 행동할 수 있는 범위가 물리적인 능력으로 인해 제약을 받기 때문에 '실질적인' 자유가 증가하지 못한다고 한다. 문장 (5)는 인간이 능력의 제약으로 인해 할 수 있는 일을 전부 하지 못하기 때문에 그 일을 하거나 저지당하는 등의 기회조차 갖지 못한다는 사실을 전달한다. 따라서, 실제로 인간이 어떠한 일을 하기 위해서는 선택이 필요하며, 그 일을 하기 위한 특정 수단과 능력이 필요하다는 내용이 빈칸에 들어가야 한다. 그러므로 정답은 ⑤다.

오답풀이

① - 지문에서 다른 사람들의 권리에 대해서는 언급된 바가 없으므로 정답이 될 수 없다.
③ - 법적으로 허용되는 것은 지문에서 언급되었다. 그러나 그것이 사회적으로 용인되는 행동인지, 그리고 용인되는 행동을 배우는 것과 관련된 내용은 지문에서 언급되지 않아 정답이 될 수 없다.

어휘암기

□ distinguish between A and B	A와 B를 구분하다
□ legally	부사 법적으로, 법률상
□ effective	형용사 실질적인; 효과적인
□ physically	부사 물리적으로; 자연 법칙에 따라; 신체적으로
□ incapable of	~을 할 수 없는, ~하지 못하는
□ restriction	명사 제약, 제한
□ possibility	명사 가능성, 가능함
□ opportunity	명사 기회
□ restrain	동사 저지하다, 억누르다
□ means	명사 수단; 방법, 방도
□ respect	동사 존중하다; 존경하다
□ right	명사 권리, 옳은 일
□ the needy	불우이웃, 궁핍한 사람들
□ socially	부사 사회적으로
□ acceptable	형용사 용인되는, 받아들일 수 있는
□ determine	동사 결정하다, 확정하다

• 지문 구조도

(1) **구분해야 하는 것**
어떤 일을 하는 것을 법적으로 허가 받는 것 vs 실제로 할 수 있는 일
↓
(2) **예시: 2분 안에 1마일을 뛰는 것을 허용해 주는 법이 있다면?**
(3) 물리적으로 할 수 없기 때문에 허가되어도 실질적으로 할 수 없음
(4) 법의 역할: 최소한의 제약과 최대한의 가능성을 두는 것
↓
현실
(5) 대부분의 사람들이 모든 일을 할 수는 없음 (모든 것이 되거나 되지 못하는 기회, 혹은 모든 일을 하거나 하지 못하는 기회를 절대 모두 가질 수 없음)
↓
결론
(6) 실질적인 자유는 그 일을 하기 위한 수단과 능력이 필요함

12회 2021년 3월 영어

문제편 148쪽

핵심 오늘날의 음악 사업이 예전과 어떻게 달라졌는지 파악해야 함.

35 정답률 70% | 무관한 문장 찾기 ▶ 정답 ③

지문끊어읽기

(1) ¹Today's music business has allowed musicians to take matters into their own hands.
현재완료
오늘날의 음악 사업은 뮤지션들이 스스로 일을 처리할 수 있게 해 주었다.

① (2) ⁵Gone are the days of musicians /
뮤지션들의 시대는 지났다 /
²waiting for a gatekeeper /
문지기를 기다리는 /
³(someone who holds power and prevents you from being let in) /
(권력을 쥐고 사람들이 들어오는 것을 막는 사람) /
¹at a label or TV show / ⁴to say they are worthy of the spotlight.
=musicians
음반사나 TV 프로그램의 / 그들이 주목받을 만하다고 말해주기를

힌트 allow A to V라는 구문은 'A가 ~하도록 해 주다, 허락하다'라는 뜻으로 활용됨. 여기서는 오늘날의 음악 사업(S) 덕분에 뮤지션들(A) 스스로 일을 처리하는 게(V) 가능하게 되었다는 의미임.

② (3) ¹In today's music business, /
오늘날의 음악 사업에서는 /
³you don't need to ask for permission / ²to build a fanbase /
허락을 요청할 필요가 없다 / 팬층을 만들기 위해 /
⁴and you no longer need to pay thousands of dollars to a company /
그리고 더 이상 회사에 수천 달러를 지불할 필요도 없다 /
⁵to do it.
그렇게 하려고

힌트 이 문장은 and 앞뒤로 2개의 절이 병렬을 이룸. 정답단서

③ (4) ³There are rising concerns /
우려가 증가하고 있다 /
²over the marketing of child musicians / ¹using TV auditions.
나이 어린 뮤지션들을 마케팅하는 데에 대한 / TV 오디션을 이용하여

④ (5) ¹Every day, / ²musicians are getting their music out /
매일 / 뮤지션들은 자신들의 음악을 내놓고 있다 /
⁴to thousands of listeners / ³without any outside help.
수천 명의 청취자에게 / 어떤 외부의 도움도 없이

⑤ (6) ¹They simply deliver it to the fans directly, / 정답단서
그들은 간단히 그것을 팬들에게 직접 전달한다 /
⁴without asking for permission or outside help /
허락이나 외부의 도움을 요청하지 않고 /
²to receive exposure / ³or connect with thousands of listeners.
병렬① 병렬②
노출을 얻기 위해 / 또는 수천 명의 청취자와 관계를 형성하기 위해

중요구문

(2) Gone are the days of musicians [waiting for a gatekeeper ~ at a label or TV show to say (that) they are worthy of the spotlight].
S-C V S 현재분사 to부정사의 의미상의 주어 to부정사

힌트 'The days of musicians ~ are gone.'이라는 문장에서 '문지기가 ~해주길 기다리던 뮤지션들의 시대'라는 주어가 너무 길고, 그러한 시대가 지나갔음을 강조하기 위해 보어 gone이 문장 맨 앞에 오고 주어와 동사가 도치되었음.

전문해석

(1)오늘날의 음악 사업은 뮤지션들이 스스로 일을 처리할 수 있게 해 주었다. ①(2)음반사나 TV 프로그램의 문지기(권력을 쥐고 사람들이 들어오는 것을 막는 사람)가 그들(뮤지션들)이 주목받을 만하다고 말해주기를 기다리는 뮤지션들의 시대는 지났다. ②(3)오늘날의 음악 사업에서는 팬층을 만들기 위해 허락을 요청할 필요가 없으며, 더 이상 그렇게 하려고 회사에 수천 달러를 지불할 필요도 없다. ③(4)TV 오디션을 이용하여 나이 어린 뮤지션들을 마케팅하는 데에 대한 우려가 증가하고 있다. ④(5)매일 뮤지션들은 어떤 외부의 도움도 없이 수천 명의 청취자에게 자신들의 음악을 내놓고 있다. ⑤(6)그들은 노출을 얻거나 수천 명의 청취자와 관계를 형성하기 위해 허락이나 외부의 도움을 요청하지 않고, 간단히 그것(자신들의 음악)을 팬들에게 직접 전달한다.

어휘암기

- □ take matters into one's own hands — 스스로[직접] 일을 처리하다
- □ gatekeeper — 명사 문지기, 정보 관리자
- □ prevent A from V-ing — A가 ~하는 것을 막다
- □ let in — ~을 들어오게 하다 (let-let-let)
- □ label — 명사 음반사
- □ spotlight — 명사 주목
- □ ask for — ~을 요청하다
- □ fanbase — 명사 팬층
- □ deliver — 동사 전달하다, 배달하다
- □ exposure — 명사 노출, 매스컴 출연

36 정답률 60% | 문장 배열 ▶ 정답 ②

지문끊어읽기

(1) ¹Almost all major sporting activities /
거의 모든 주요 스포츠 활동들은 /
²are played with a ball.
공을 가지고 행해진다

(B) (3) ¹The rules of the game /
경기의 규칙들은 /
⁵always include rules /
규칙들을 항상 포함한다 /
⁴about the type of ball / ³that is allowed, /
공의 유형에 관한 / 허용되는 /
²starting with the size and weight of the ball.
공의 크기와 무게부터 시작하여
(4) ¹The ball must also have a certain stiffness. 정답단서
공은 또한 어느 정도의 단단함을 가지고 있어야 한다

(A) (2) ¹A ball might have the correct size and weight /
공은 적절한 크기와 무게를 가질 수도 있다 /
²but if it is made as a hollow ball of steel / ³it will be too stiff /
하지만 그것이 속이 빈 강철 공으로 만들어지면 / 그것은 너무 단단할 것이다 /
⁴and if it is made from light foam rubber /
그리고 그것이 가벼운 기포 고무로 만들어지면 /
⁵with a heavy center / ⁶it will be too soft. 정답단서
무거운 중심을 가진 / 그것은 너무 물렁할 것이다

(C) (5) ¹Similarly, / ²along with stiffness, / 정답단서
마찬가지로 / 단단함과 더불어 /
³a ball needs to bounce properly.
공은 적절히 튈 필요가 있다
(6) ¹A solid rubber ball / ²would be too bouncy for most sports, /
순전히 고무로 된 공은 / 대부분의 스포츠에서 지나치게 튈 것이다 /
³and a solid ball made of clay /
그리고 순전히 점토로 만들어진 공은 /
⁴would not bounce at all.
전혀 튀지 않을 것이다

힌트 solid는 '단단한, 고체의'라는 뜻 외에도 '순수한(다른 물질이 섞이지 않은)'이라는 뜻을 가지고 있음. 따라서 밑줄 친 부분은 '순전히 고무로 된 공', '순전히 점토로 만들어진 공'이라고 해석할 수 있음.

중요구문

(2) [A ball might have ~] but [if it is made ~ it will be too stiff and if it is made ~ it will be too soft].
S① V① 조건절① S② V② 조건절② S③ V③

힌트 이 문장은 등위접속사 but과 and로 3개의 문장이 연결됨. but과 and 이하의 문장은 각각 조건절을 포함하고 있음.

전문해석

(1)거의 모든 주요 스포츠 활동들은 공을 가지고 행해진다.
(B) (3)경기의 규칙들은 공의 크기와 무게부터 시작하여, 허용되는 공의 유형에 관한 규칙들을 항상 포함한다. (4)공은 또한 어느 정도의 단단함을 가지고 있어야 한다.
(A) (2)공은 적절한 크기와 무게를 가질 수도 있지만, 속이 빈 강철 공으로 만들어지면 너무 단단할 것이고 무거운 중심을 가진 가벼운 기포 고무로 만들어지면 너무 물렁할 것이다.
(C) (5)마찬가지로, 단단함과 더불어 공은 적절히 튈 필요가 있다. (6)순전히 고무로 된 공은 대부분의 스포츠에서 지나치게 튈 것이고, 순전히 점토로 만들어진 공은 전혀 튀지 않을 것이다.

정답확인

주어진 글 다음에 이어질 글의 순서로 가장 적절한 것을 고르시오.

① (A) — (C) — (B) ✔② (B) — (A) — (C) ③ (B) — (C) — (A)
④ (C) — (A) — (B) ⑤ (C) — (B) — (A)

문제풀이

지문은 스포츠 경기에서 허용되는 공의 유형에 대해 소개하고 있다. 우선 문장 (4)에서는 공의 단단함에 대해 말하고 있고, 문장 (2)에는 그 단단함과 관련된 예시가 나온다. 뒤이어 문장 (5)에서는 '단단함과 더불어(along with stiffness)' 공의 튀는 정도에 대해 이야기하고 있다. 따라서 주어진 글 다음에는 (B) — (A) — (C)의 순서로 이어지는 것이 적절하므로, 정답은 ②이다.

어휘암기

- □ certain — 형용사 어느 정도의, 특정한, 확실한
- □ stiffness — 명사 단단함, 완고함
- □ correct — 형용사 적절한, 올바른
- □ hollow — 형용사 (속이) 빈, 공허한
- □ steel — 명사 강철, 강
- □ stiff — 형용사 단단한, 굳은
- □ foam rubber — 기포 고무, 발포 고무
- □ center — 명사 중심
- □ bounce — 동사 튀다, 튀어 오르다
- □ properly — 부사 적절히, 제대로
- □ solid — 형용사 순수한, 단단한, 고체의
- □ bouncy — 형용사 튀는, 탄력 있는
- □ clay — 명사 점토, 찰흙

핵심 수학에서 기호를 사용하듯 화학에서도 동일하게 기호를 사용한다는 내용의 글임. 수학 공식을 예시로 든 후, 실제로 글에서 말하고자 하는 주제인 화학식으로 넘어가는 단서를 찾아야 함.

37 정답률 65% | 문장 배열 ▶ 정답 ③

지문끊어읽기

힌트 'If+S+동사의 과거형, S+would/could+동사원형'의 형태로, 현재의 사실과 반대되는 일을 가정하기 위해 가정법 과거가 쓰인 문장임. 가정법 과거는 문장 (7)에서도 동일하게 사용되었음.

(1) ¹If you had to write a math equation, /
당신이 수학 등식을 써야 한다면 /
²you probably wouldn't write, /
당신은 아마 적지 않을 것이다 /
³"Twenty-eight plus fourteen equals forty-two." 정답단서
"스물여덟 더하기 열넷은 마흔둘과 같다."

문제편 148쪽

(2) [1]It would take too long to write /
그것은 쓰는 데 너무 오래 걸릴 것이다 /
[2]and it would be hard to read quickly.
그리고 그것은 빠르게 읽기 힘들 것이다

(B) (5) [1]You would write, / [2]"28 + 14 = 42." 정답단서
당신은 적을 것이다 / "28 + 14 = 42."
(6) [1]Chemistry is the same way. 정답단서
화학도 마찬가지다
(7) [1]Chemists have to write chemical equations / [2]all the time, /
화학자들은 화학식을 적어야 한다 / 항상 /
[3]and it would take too long / [5]to write and read /
그리고 너무 오래 걸릴 것이다 / 쓰고 읽는 데 /
[4]if they had to spell everything out.
그들이 모든 것을 다 풀어서 적어야 한다면

(C) (8) [1]So chemists use symbols, / [2]just like we do in math. 정답단서
=use symbols
그래서 화학자들은 기호를 사용한다 / 우리가 수학에서 하는 것처럼
(9) [1]A chemical formula lists all the elements /
병렬① 선행사
화학식은 모든 원소를 나열한다 /
[2]that form each molecule / [3]and uses a small number /
주격 관계대명사 병렬②
각 분자를 구성하는 / 그리고 작은 숫자를 사용한다 /
[4]to the bottom right of an element's symbol /
원소 기호 오른쪽 하단에 /
[6]to stand for the number of atoms / [5]of that element.
부사적 용법(~하기 위해)
원자의 수를 나타내기 위해 / 그 원소의

(A) (3) [1]For example, / [2]the chemical formula for water is H_2O. 정답단서
예를 들어 / 물의 화학식은 H_2O이다
(4) [1]That tells us / [2]that a water molecule is made up /
지시대명사 접속사
그것은 우리에게 알려 준다 / 물 분자가 구성되어 있다는 것을 /
[3]of two hydrogen ("H" and "2") atoms and one oxygen ("O") atom.
두 수소 원자('H'와 '2')와 하나의 산소 원자('O')로

전문해석

(1)당신이 수학 등식을 써야 한다면, 당신은 아마 "스물여덟 더하기 열넷은 마흔둘과 같다."라고 적지 않을 것이다. (2)그것은 쓰는 데 너무 오래 걸리고 빠르게 읽기 힘들 것이다.
(B) (5)당신은 "28 + 14 = 42."라고 적을 것이다. (6)화학도 마찬가지다. (7)화학자들은 항상 화학식을 적어야 하는데, 그들이 모든 것을 다 풀어서 적어야 한다면 쓰고 읽는 데 너무 오래 걸릴 것이다.
(C) (8)그래서 화학자들은 우리가 수학에서 하는 것처럼 기호를 사용한다. (9)화학식은 각 분자를 구성하는 모든 원소를 나열하며, 원소 기호 오른쪽 하단에 그 원소의 원자의 수를 나타내기 위해 작은 숫자를 사용한다(적는다).
(A) (3)예를 들어, 물의 화학식은 H_2O이다. (4)그것은 우리에게 물 분자가 두 수소 원자('H'와 '2')와 하나의 산소 원자('O')로 구성되어 있다는 것을 알려 준다.

정답확인

주어진 글 다음에 이어질 글의 순서로 가장 적절한 것을 고르시오.
① (A) — (C) — (B) ② (B) — (A) — (C) ✔ (B) — (C) — (A)
④ (C) — (A) — (B) ⑤ (C) — (B) — (A)

문제풀이

수학 등식을 쓸 때 아라비아 숫자와 사칙연산 기호를 사용하는 것처럼 화학에서도 그와 비슷하게 기호를 사용한다는 논지의 글이다. 주어진 문장은 수학 등식을 풀어서 쓰지 않는다는 것을 설명하므로, (B)의 문장 (5)에 제시된 등식과 같이 기호를 사용하는 것이 간편하다는 것으로 이어져야 자연스럽다. (B)에서 화학도 이와 동일하다고 했으므로, (C)의 문장 (8)에서 화학식도 기호를 사용하는 것으로 내용이 이어진다. 화학식에서 기호를 사용하는 방식을 문장 (9)에서 설명했으며, 그에 대한 예시는 (A)의 문장 (3)이 된다. 따라서 정답은 ③이다.

어휘암기

☐ equation	명사 등식, 방정식
☐ chemistry	명사 화학, 화학적 성질, 화학 반응
☐ chemist	명사 화학자, 약사
☐ spell out	풀어서 적다, 생략하지 않고 전부 쓰다
☐ symbol	명사 기호, 상징
☐ formula	명사 -식, 공식
☐ element	명사 원소, 요소
☐ molecule	명사 분자
☐ stand for	~을 나타내다, 대표하다
☐ atom	명사 원자
☐ hydrogen	명사 수소
☐ oxygen	명사 산소

핵심 한 순간에 크게 발전하는 것보다는, 장기적으로 매일 조금씩 발전하는 것이 더 의미있다는 내용의 글임. 서로 다른 내용을 대조적으로 설명하고 있다는 점을 파악하여야 함. 오답률 TOP 5

38 정답률 40% | 주어진 문장 위치 파악 ▶ 정답 ②

지문끊어읽기

(2) [4]It is so easy /
가주어
~은 매우 쉽다 /
[1]to overestimate the importance of one defining moment /
진주어①
결정적인 한 순간의 중요성을 과대평가하는 것 /
[2]and underestimate the value of making small improvements /
진주어②
그리고 작은 발전을 이루는 것의 가치를 과소평가하는 것 /
[3]on a daily basis.
매일
(3) [1]Too often, / [2]we convince ourselves /
너무 자주 / 우리는 스스로에게 납득시킨다 /
[3]that massive success requires massive action.
거대한 성공은 거대한 행동을 필요로 한다고
① (4) [1]Whether it is losing weight, / [2]winning a championship, /
체중을 줄이는 것이든 / 결승전에서 이기는 것이든 /
[3]or achieving any other goal, / [4]we put pressure on ourselves /
혹은 어떤 다른 목표를 달성하는 것이든 간에 / 우리는 스스로에게 압박을 가한다 /
[6]to make some earthshaking improvement / 정답단서
깜짝 놀랄 만한 어떤 발전을 이루도록 /
[5]that everyone will talk about.
모든 사람이 이야기하게 될
② (1) [1]Meanwhile, / [2]improving by 1 percent isn't particularly notable, /
한편 / 1퍼센트만큼 발전하는 것은 특별히 눈에 띄지 않는다 /
[3]but it can be far more meaningful / [4]in the long run. 정답단서
하지만 훨씬 더 의미가 있을 수 있다 / 장기적으로는
(5) [3]The difference / [2]this tiny improvement can make /
변화는 / 이 작은 발전이 만들어 낼 수 있는 /
[1]over time / [4]is surprising. 정답단서
시간이 지남에 따라 / 놀랍다
③ (6) [1]Here's how the math works out: /
계산이 이루어지는 방법은 다음과 같다 /
[2]if you can get 1 percent better / [3]each day for one year, /
여러분이 1퍼센트씩 나아질 수 있다면 / 1년 동안 매일 /
[5]you'll end up thirty-seven times better / [4]by the time you're done.
여러분은 결국 37배 더 나아지게 될 것이다 / 여러분이 끝마칠 때 즈음
④ (7) [1]Conversely, / [2]if you get 1 percent worse /
반대로 / 여러분이 1퍼센트씩 나빠진다면 /
[3]each day for one year, / [4]you'll decline nearly down to zero.
1년 동안 매일 / 여러분은 거의 0까지 떨어질 것이다
⑤ (8) [2]What starts / [1]as a small win or a minor failure /
시작한 것이 / 작은 승리나 사소한 패배로 /
[3]adds up to something much more.
쌓여서 훨씬 더 큰 무언가가 된다

전문해석

(2)결정적인 한 순간의 중요성을 과대평가하고 매일 작은 발전을 이루는 것의 가치를 과소평가하는 것은 매우 쉽다. (3)너무 자주, 우리는 스스로에게 거대한 성공은 거대한 행동을 필요로 한다고 납득시킨다. ① (4)체중을 줄이는 것이든, 결승전에서 이기는 것이든, 혹은 어떤 다른 목표를 달성하는 것이든 간에, 우리는 모든 사람이 이야기하게 될 깜짝 놀랄 만한 어떤 발전을 이루도록 스스로에게 압박을 가한다. ② (1)한편, 1퍼센트만큼 발전하는 것은 특별히 눈에 띄지 않지만, 장기적으로는 훨씬 더 의미가 있을 수 있다. (5)시간이 지남에 따라 이 작은 발전이 만들어 낼 수 있는 변화는 놀랍다. ③ (6)계산이 이루어지는 방법은 다음과 같다. 여러분이 1년 동안 매일 1퍼센트씩 나아질 수 있다면, 여러분이 끝마칠 때 즈음 여러분은 결국 37배 더 나아지게 될 것이다. ④ (7)반대로, 여러분이 1년 동안 매일 1퍼센트씩 나빠진다면, 여러분은 거의 0까지 떨어질 것이다. ⑤ (8)작은 승리나 사소한 패배로 시작한 것이 쌓여서 훨씬 더 큰 무언가가 된다.

문제풀이

주어진 문장은 'Meanwhile(한편)'이라는 연결어로 시작하고 있으므로, 주어진 문장 이전과 다소 대비되는 내용이 전개되는 것이 글의 흐름상 자연스럽다. 문장 (2)부터 (4)까지는 한 순간의 결정적인 성공에 관한 내용이지만, 주어진 문장은 장기적으로 조금씩 발전하는 것에 관한 내용이므로 서로 대비된다고 할 수 있다. 또한 문장 (5)의 'this tiny improvement(이 작은 발전)'이 가리키는 것은, 주어진 문장의 'improving by 1 percent(1퍼센트만큼 발전하는 것)'로 보는 것이 가장 적절하다. 따라서 정답은 ②이다.

오답풀이

③ - 주어진 문장이 ③에 들어갈 경우, 문장 (5)의 'this tiny improvement(이 작은 발전)'이 가리키는 것은 문장 (4)의 'earthshaking improvement(깜짝 놀랄만한 발전)'이 되는데, 두 개념은 서로 반대되는 것이므로 이러한 순서는 글의 흐름상 자연스럽지 않다. 또한 문장 (5)와 문장 (6)은 자연스럽게 이어지고 있는데, 문장 (6)에서 문장 (5)의 'The difference'를 구체적인 숫자로 설명해주고 있기 때문이다.
④ - 주어진 문장이 ④에 들어갈 경우, 문장 (6)과 주어진 문장 사이에 'Meanwhile(한편)'이라는 역접의 연결어가 쓰이는 것이 자연스럽지 않다. 문장 (6)과 주어진 문장의 내용은 '작은 발전이 가져올 수 있는 큰 효과'에 관한 것으로 동일하기 때문이다.

어휘암기

☐ overestimate	동사 과대평가하다
☐ defining	형용사 결정적인, 본질적인 의미를 규정하는
☐ underestimate	동사 과소평가하다

☐ on a daily basis	매일
☐ convince	동사 납득시키다, 확신하게 하다
☐ earthshaking	형용사 깜짝 놀랄 만한, 극히 중대한
☐ particularly	부사 특별히, 특히
☐ notable	형용사 눈에 띄는, 주목할 만한
☐ in the long run	장기적으로
☐ conversely	부사 반대로, 역으로

핵심 미지의 땅으로 향하기 전 그 환경에 대한 충분한 조사를 할 것을 권유하는 글임. '조사의 필요성> 조사의 내용 > 조사의 효과'로 이어지는 문맥의 흐름에 주목해야 함.

오답률 TOP 5

39 정답률 55% | 주어진 문장 위치 파악 ▶ 정답 ④

지문끊어읽기

(2) [1]The continued survival of the human race / 인류의 지속적인 생존은 /
[4]can be explained / [3]by our ability / 설명될 수 있다 / 우리의 능력으로 /
[2]to adapt to our environment. 환경에 적응하는

① (3) [1]While we may have lost / 우리가 잃어버렸을지도 모르지만 /
[2]some of our ancient ancestors' survival skills, / 고대 조상들의 생존 기술 중 일부를 /
[4]we have learned new skills / [3]as they have become necessary. 우리는 새로운 기술을 배워왔다 / 그것들이 필요해지면서

② (4) [1]Today, / [6]the gap / [4]between the skills we once had / 오늘날 / 간극이 / 한때 우리가 가졌던 기술과 /
[5]and the skills we now have / [7]grows ever wider / 현재 우리가 가진 기술 사이의 / 어느 때보다 더 커졌다 /
[2]as we rely more heavily / [3]on modern technology. 우리가 더 크게 의존함에 따라 / 현대 기술에

③ (5) [1]Therefore, / [2]when you head off / [3]into the wilderness, / 그러므로 / 여러분이 떠날 때 / 미지의 땅으로 /
[6]it is important / [5]to fully prepare / ~은 중요하다 / 충분히 준비하는 것 /
[4]for the environment. 정답단서 그 환경에 대해

힌트 원래 문장의 주어였던 to부정사 구문이 너무 길어 가주어 it이 대신 쓰임.

④ (1) [1]Before a trip, / [3]research / 떠나기 전에 / 조사하라 /
[2]how the native inhabitants dress, work, and eat. 토착 주민들이 어떻게 옷 입고 일하고 먹는지를

(6) [1]How they have adapted / [2]to their way of life / 정답단서 어떻게 그들이 적응했는가는 / 자신들의 생활 방식에 /
[3]will help you / [4]to understand the environment / 여러분을 도울 것이다 / 그 환경을 이해하도록 /
[5]and allow you / [6]to select the best gear / 그리고 여러분을 허락할 것이다 / 최선의 장비를 선별하도록 /
[7]and learn the correct skills. 그리고 적절한 기술을 배우도록

힌트 allow는 to부정사를 목적격 보어로 취하는 동사로, to select와 (to) learn이 병렬로 제시된 목적격 보어임. allow 외에도 permit, ask, require, encourage, enable과 같은 동사 역시 목적격 보어로 to부정사 형태를 취함.

⑤ (7) [1]This is crucial / [2]because most survival situations arise / 이것은 중대하다 / 대부분의 생존 상황이 발생하기 때문에 /
[4]as a result of a series of events / 일련의 사건들의 결과로 /
[3]that could have been avoided. 피해질 수도 있었던

힌트 '조동사의 과거형+have+p.p.'는 과거사실에 대한 반대나 유감을 표현하므로, 'could have p.p.'는 '~할 수 있었을 텐데'라는 뜻임. 한편, 이 문장에서는 '피해질 수 있었다'의 수동의 의미로 p.p. 자리에 avoid가 수동태로 쓰이면서 be 동사의 과거분사인 'been'이 쓰임.

전문해석

(2)인류의 지속적인 생존은 환경에 적응하는 우리의 능력으로 설명될 수 있다. ① (3)우리가 고대 조상들의 생존 기술 중 일부를 잃어버렸을지도 모르지만, 그것들(새로운 기술)이 필요해지면서 우리는 새로운 기술을 배워왔다. ② (4)오늘날 우리가 현대 기술에 더 크게 의존함에 따라, 한때 우리가 가졌던 기술과 현재 우리가 가진 기술 사이의 간극이 어느 때보다 더 커졌다. ③ (5)그러므로, 여러분이 미지의 땅으로 떠날 때, 그 환경에 대해 충분히 준비하는 것은 중요하다. ④ (1)떠나기 전에, 토착 주민들이 어떻게 옷 입고 일하고 먹는지를 조사하라. (6)어떻게 그들이 자신들의 생활 방식에 적응했는가는 여러분이 그 환경을 이해하도록 도울 것이고, 여러분이 최선의 장비를 선별하고 적절한 기술을 배우도록 허락할 것이다(배울 수 있게 해줄 것이다). ⑤ (7)이것은 대부분의 생존(이 걸린) 상황이 피해질 수도 있었던 일련의 사건들의 결과로 발생하기 때문에 중대하다.

문제풀이

문장 (2)~(5)에서는 우리가 오늘날 현대 기술에 더 크게 의존하기 때문에, 한때 우리가 가졌던 기술을 잃어버렸음을 지적하며, 미지의 땅으로 향하기 전에 그 환경에 대해 충분한 조사를 할 필요가 있다고 서술하고 있다. 한편, 문장 (6)에서는 조사가 우리에게 어떤 도움을 줄 것인지를 설명하고 있다. 따라서 조사의 내용을 설명하고 있는 문장 (1)은 각각 조사의 필요성과 효능을 설명하는 문장 (5)와 (6) 사이인 ④에 위치해야 한다.

어휘암기

☐ survival	명사 생존
☐ human race	인류
☐ adapt to	~에 적응하다
☐ ancestor	명사 조상
☐ gap	명사 간극, 격차
☐ rely on	~에 의존하다, 기대다
☐ heavily	부사 크게, 몹시
☐ head off	떠나다, 출발하다
☐ wilderness	명사 미지의 땅, 황야
☐ native	형용사 토착의, 지방 고유의
☐ gear	명사 장비
☐ crucial	형용사 중대한, 결정적인

핵심 휴대폰의 유무에 따른 참가자들의 관계에 대한 실험 내용을 가장 잘 요약하고 있는 단어를 선택해야 함.

오답률 TOP 5

40 정답률 55% | 문단 요약 ▶ 정답 ②

지문끊어읽기

(1) [1]In one study, / [2]researchers asked / 한 연구에서 / 연구자들은 요청했다 /
[3]pairs of strangers / 여러 쌍의 낯선 사람들에게 /
[4]to sit down in a room and chat. 한 방에 앉아서 이야기하도록 (병렬① sit / 병렬② chat)

(2) [1]In half of the rooms, / [3]a cell phone was placed / 방의 절반에는 / 휴대폰이 놓여 있었고 /
[2]on a nearby table; / [4]in the other half, / [5]no phone was present. 근처 탁자 위에 / 나머지 절반에는 / 휴대폰이 없었다

(3) [1]After the conversations had ended, / 대화가 끝난 후 /
[2]the researchers asked the participants / 연구자들은 참가자들에게 물었다 /
[3]what they thought of each other. 서로에 대해 어떻게 생각하는지를

(4) [1]Here's / [2]what they learned: / 여기에 ~가 있다 / 그들이 알게 된 것 /
[5]when a cell phone was present in the room, / 휴대폰이 방에 있을 때 /
[6]the participants reported / 참가자들은 보고했다 /
[7]the quality of their relationship was worse / 자신들의 관계의 질이 더 나빴다고 /
[4]than those who'd talked / [3]in a cell phone-free room. 대화했었던 참가자들에 비해 / 휴대폰이 없는 방에서

힌트 선행사인 those는 participants를 나타내며, 주격 관계대명사 who 절에는 과거완료 시제인 had talked가 쓰였음.

(5) [2]The pairs who talked / [1]in the rooms with cell phones / 대화한 짝들은 / 휴대폰이 있는 방에서 / (S(선행사) 주격 관계대명사절)
[5]thought / [3]their partners showed / [4]less empathy. 생각했다 / 자신의 상대가 보여주었다고 / 공감을 덜 (V)

(6) [4]Think of all the times / [1]you've sat down / 모든 순간을 떠올려 보라 / 당신이 자리에 앉아 / (병렬①(p.p.))
[2]to have lunch with a friend / [3]and set your phone on the table. 친구와 점심을 먹기 위해 / 당신의 휴대폰을 탁자 위에 놓았던 (병렬②(p.p.))

(7) [1]You might have felt good about yourself / 당신은 아마도 스스로 만족했을지도 모른다 /
[3]because you didn't pick it up / [2]to check your messages, / 당신이 그것을 집어 들지 않았으므로 / 당신의 메시지를 확인하기 위해 /
[4]but your unchecked messages / 하지만 당신의 확인되지 않은 메시지는 /
[5]were still hurting your connection / 여전히 당신의 관계를 아프게 하고 있었다 /
[6]with the person sitting across from you. 정답단서 당신의 맞은편에 앉아 있는 그 사람과의

힌트 '~일지도 모른다'를 뜻하는 약한 추측의 조동사 might가 have p.p.와 함께 쓰이면 '과거 사실'에 대한 추측을 의미하므로, 'might have p.p.'는 '~했을지도 모른다'로 해석됨.

(8) [1]The presence of a cell phone / [5](A)weakens the connection / 휴대폰의 존재는 / 관계를 (A)약화시킨다 /
[4]between people / [3]involved in conversations / 사람들 간의 / 대화에 참여하는 / (선행사 / 'who are'이 생략된 주격 관계대명사절)
[2]even when the phone is being (B)ignored. 심지어 휴대폰이 (B)무시되고 있을 때조차

힌트 'be동사+being+p.p.'는 현재진행 수동태로서, '~가 되는 중이다'라고 해석할 수 있음.

전문해석

(1)한 연구에서 연구자들은 여러 쌍의 낯선 사람들에게 한 방에 앉아서 이야기하도록 요청했다. (2)방의 절반에는 근처 탁자 위에 휴대폰이 놓여 있었고, 나머지 절반에는 휴대폰이 없었다. (3)대화가 끝난 후 연구자들은 참가자들에게 서로에 대해 어떻게 생각하는지를 물었다. (4)여기에 그들이 알게 된 것이 있다. 휴대폰이 없는 방에서 대화했었던 참가자들에 비해, 휴대폰이 방에 있을 때 참가자들은 자신들의 관계의 질이 더 나빴다고 보고했다. (5)휴대폰이 있는 방에서 대화한 짝들은 자신의 상대가 공감을 덜 보여주었다고 생각했다. (6)당신이 친구와 점심을 먹기 위해 자리에 앉아 당신의 휴대폰을 탁자 위에 놓았던 모든 순간을 떠올려 보라. (7)당신은 당신의 메시지를 확인하기 위해 그것(핸드폰)을 집어 들지 않았으므로 아마도 스스로 만족했을지도 모르지만, 당신의 확인되지 않은 메시지는 여전히 당신의 맞은편에 앉아 있는 그 사람과의 관계를 아프게 하고 있었다.

○ 문제편 149쪽

(8)휴대폰의 존재는 심지어 휴대폰이 (B)무시되고 있을 때조차 대화에 참여하는 사람들 간의 관계를 (A)약화시킨다.

정답확인

다음 글의 내용을 한 문장으로 요약하고자 한다. 빈칸 (A), (B)에 들어갈 말로 가장 적절한 것은?

	(A)		(B)		(A)		(B)
①	weakens 약화시키다	……	answered 대답되는	✔②	weakens 약화시키다	……	ignored 무시되는
③	renews 갱신하다	……	answered 대답되는	④	maintains 유지하다	……	ignored 무시되는
⑤	maintains 유지하다	……	updated 최신화되는				

문제풀이

연구자들은 여러 쌍의 낯선 사람들에게 한 방에 앉아서 이야기하도록 했는데, 절반은 휴대폰을 근처 탁자 위에 두게 했고 나머지 절반은 휴대폰을 두지 않도록 했다. 연구 결과, 휴대폰이 근처 탁자 위에 있는 참가자들이 휴대폰이 근처에 없었던 참가자들보다 관계의 질이 더 나빴고, 공감을 덜 보여주었다고 생각했다. 더 나아가 친구와의 점심에서 아무리 휴대폰 메시지를 확인하지 않는다고 하더라도 관계를 아프게 한다고 하므로 정답은 ②이다.

어휘암기

☐ **pair**	[명사] 쌍, 짝
☐ **stranger**	[명사] 낯선 사람, (서로) 모르는 사람
☐ **chat**	[동사] 이야기하다
☐ **present**	[형용사] 있는, 존재하는
☐ **report**	[동사] 보고하다, 전하다
☐ **quality**	[명사] 질
☐ **-free**	[형용사] ~이 없는, ~에서 풀려난
☐ **empathy**	[명사] 공감, 감정이입
☐ **connection**	[명사] 관계, 연결

핵심 행동의 반복과 뉴런의 연결 사이에 어떤 관계가 있는지를 파악하면서 읽어야 함.

41~42

정답률 75% | 65% | 장문의 이해 ▶ 정답 ① | ⑤

지문끊어읽기

(1) [1]As kids, /
아이였을 때 /
[2]we worked hard at learning /
우리는 열심히 배웠다 /
[3]to ride a bike;
자전거 타는 것을

(2) [1]when we fell off, / [3]we got back on again, /
우리가 넘어졌을 때 / 우리는 다시 올라탔다 /
[2]until it became second nature to us.
그것이 우리에게 제2의 천성이 될 때까지

(3) [1]But when we try something new / [2]in our adult lives /
그러나 우리가 새로운 무언가를 시도해 볼 때 / 우리의 성인 시기에 /
[3]we'll usually make just one attempt /
우리는 대체로 딱 한 번만 시도해 보려 한다 /
[4]before judging whether it's (a) worked.
그것이 (a) 잘되었는지 판단하기 전에

(4) [1]If we don't succeed the first time, /
만일 우리가 처음에 성공하지 못한다면 /
[2]or if it feels a little awkward, /
혹은 약간 어색한 느낌이 든다면 /
[3]we'll tell ourselves it wasn't a success /
tell A B: A에게 B를 말하다 A B(that생략)
우리는 그것이 성공이 아니었다고 스스로 말할 것이다 /
[4]rather than giving it (b) another shot.
(b) 다시 시도를 하기보다는

(5) [1]That's a shame, / [3]because repetition is central /
그것은 애석한 일이다 / 반복은 핵심적이기 때문이다 /
[2]to the process of rewiring our brains. 42번 정답단서
동명사
우리 뇌를 재연결하는 과정에서

힌트 동격을 나타내는 접속사 that은 'idea, fact, news' 등과 같은 추상명사 다음에 주어와 동사를 갖춘 완전한 문장을 연결함으로써 앞에 쓰인 추상명사에 대한 자세한 내용을 덧붙여 줌.

(6) [2]Consider the idea /
개념을 생각해 보라 /
[1]that your brain has a network of neurons.
당신의 뇌가 뉴런의 연결망을 가지고 있다는

(7) [3]They will (c) connect with each other /
그것들은 서로를 (c) 연결할 것이다 /
[1]whenever you remember /
당신이 기억할 때마다 /
[2]to use a brain-friendly feedback technique.
뇌 친화적인 피드백 기술을 사용하는 것을

(8) [1]Those connections aren't very (d) reliable at first, /
그 연결은 처음에는 그리 (d) 신뢰할 만하지 않다 /
[2]which may make your first efforts a little hit-and-miss.
계속적 용법 make A B: A를 B로 만들다 A B
그리고 당신의 첫 번째 시도를 다소 마구잡이로 만들 수도 있다

(9) [1]You might remember one of the steps involved, /
당신은 연관된 단계 중 하나를 기억할 수 있다 /
[2]and not the others.
다른 것들을 기억하지 못하고

(10) [1]But scientists have a saying: /
그러나 과학자들은 말한다 /
[2]"neurons that fire together, wire together." 42번 정답단서
S(선행사) 주격 관계대명사절 V
"함께 활성화되는 뉴런들은 함께 연결된다."

(11) [1]In other words, /
다시 말하자면 /
[2]repetition of an action (e) blocks(→ strengthens) the connections /
어떤 행동의 반복은 연결을 (e) 차단한다(→ 강화한다) /
[3]between the neurons involved in that action.
그 행동에 연관된 뉴런들 사이의

(12) [1]That means / [2]the more times you try using /
S V
그것은 의미한다 / 당신이 여러 차례 더 사용해 볼수록 /
[3]that new feedback technique, /
그 새로운 피드백 기술을 /
[5]the more easily it will come to you / [4]when you need it.
S V
그것은 더 쉽게 당신에게 다가올 것이다 / 당신이 그것을 필요로 할 때

힌트 'the more S V, the more S V'는 '~할수록 더욱 ~하다'라는 뜻으로, 두 개의 절이 연결됨에도 불구하고 별도의 접속사가 필요 없는 관용 표현임. 41번 정답단서

전문해석

(1)아이였을 때, 우리는 자전거 타는 것을 열심히 배웠다. (2)우리가 넘어졌을 때 그것이 우리에게 제2의 천성이 될 때까지(자전거를 잘 타게 될 때까지) 우리는 다시 올라탔다. (3)그러나 우리가 우리의 성인 시기에 새로운 무언가를 시도해 볼 때 우리는 그것이 (a) 잘되었는지 판단하기 전에 대체로 딱 한 번만 시도해 보려 한다. (4)만일 우리가 처음에 성공하지 못하거나 약간 어색한 느낌이 든다면, 우리는 (b) 다시 시도를 하기보다는 그것이 성공이 아니었다고 스스로 말할 것이다.

(5)그것은 애석한 일인데, 우리 뇌를 재연결하는 과정에서 반복은 핵심적이기 때문이다. (6)당신의 뇌가 뉴런의 연결망을 가지고 있다는 개념을 생각해 보라. (7)당신이 뇌 친화적인 피드백 기술을 사용하는 것을 기억할 때마다 그것(뉴런)들은 서로를 (c) 연결할 것이다. (8)그 연결은 처음에는 그리 (d) 신뢰할 만하지 않고, 당신의 첫 번째 시도를 다소 마구잡이로 만들 수도 있다. (9)당신은 연관된 단계 중 하나를 기억하고, 다른 것들을 기억하지 못할 수도 있다. (10)그러나 과학자들은 "함께 활성화되는 뉴런들은 함께 연결된다."라고 말한다. (11)다시 말하자면, 어떤 행동의 반복은 그 행동에 연관된 뉴런들 사이의 연결을 (e) 차단한다(→ 강화한다). (12)그것은 당신이 그 새로운 피드백 기술을 여러 차례 더 사용해 볼수록, 당신이 그것을 필요로 할 때 그것은 더 쉽게 당신에게 다가올 것을 의미한다.

정답확인

41. 윗글의 제목으로 가장 적절한 것은?

✔① Repeat and You Will Succeed
반복하면 성공할 것이다
② Be More Curious, Be Smarter
더 호기심을 가지고 똑똑해져라
③ Play Is What Makes Us Human
놀이는 우리를 인간으로 만드는 것이다
④ Stop and Think Before You Act
행동하기 전에 멈춰서 생각해라
⑤ Growth Is All About Keeping Balance
성장은 모두 균형을 맞추는 것에 달려 있다

42. 밑줄 친 (a) ~ (e) 중에서 문맥상 낱말의 쓰임이 적절하지 않은 것은?

① (a) ② (b) ③ (c) ④ (d) ✔⑤ (e)

문제풀이

42. 본문은 어떤 행동의 반복이 가져다 주는 이점에 대해 설명하고 있다. 문장 (5)에서는 우리의 뇌가 재연결되는 과정에서 반복은 핵심적이라고 언급하며, 문장 (10)에서는 함께 활성화되는 뉴런들은 함께 연결된다고 말한다. 따라서 어떠한 행동의 반복이 뉴런들의 연결에 있어서 가져다 줄 영향은 차단(block)과는 거리가 멀다. 즉, 본문에서는 우리가 어떠한 행동을 반복했을 때 그 행동이 나중에 더 쉽게 다가올 것이라고 일관성 있게 전달하고 있으므로 ⑤ blocks(차단하다)보다는 strengthens(강화하다)으로 쓰는 것이 적절하다.

어휘암기

☐ **fall off**	넘어지다
☐ **nature**	[명사] 천성, 자연
☐ **rather than**	~하기보다는
☐ **give it another shot**	다시 시도해 보다
☐ **shame**	[명사] 애석한 일, 수치
☐ **rewire**	[동사] 재연결하다, 전선을 다시 배치하다
☐ **neuron**	[명사] 뉴런, 신경 세포
☐ **reliable**	[형용사] 신뢰할 만한
☐ **hit-and-miss**	[형용사] 마구잡이의, 되는대로 하는

핵심 왕의 행동 변화에 대한 이야기의 흐름을 파악하며 읽어야 함.

43~45

정답률 85% | 85% | 80% | 장문의 이해 ▶ 정답 ② | ⑤ | ②

지문끊어읽기

(A-1) [1]Once upon a time, /
옛날 옛적에 /
[3]there lived a young king /
젊은 왕이 살았다 / 선행사
[2]who had a great passion for hunting.
주격 관계대명사
사냥에 대해 엄청난 열정을 가진

(A-2) [1]His kingdom was located / [2]at the foot of the Himalayas.
그의 왕국은 위치해 있었다 / 히말라야 산맥의 기슭에

(A-3) [1]Once every year, / [2]he would go hunting / [3]in the nearby forests.
매년 한 번씩 / 그는 사냥하러 가고는 했다 / 근처의 숲으로

(A-4) [1](a) He would make all the necessary preparations, /
(a) 그(a young king)는 모든 필요한 준비를 하고는 했다 /
[2]and then set out for his hunting trip.
그리고 그의 사냥 여행을 떠나고는 했다

* (A) 요약: 옛날에 사냥에 열정이 있는 젊은 왕이 살았음.

(C-1) [1]Like all other years, /
다른 모든 해처럼 /
[2]the hunting season had arrived.
사냥철이 왔다

힌트 옛날 이야기의 특성상 이 이야기의 시점은 과거이기 때문에, 사냥철이 왔다는 표현에서 arrive가 현재완료가 아닌 과거완료로 표현됨.

(C-2) [1]Preparations began in the palace /
궁궐에서 준비가 시작되었다 /
[2]and the king got ready for (c) his hunting trip.
그리고 왕은 (c) 그(a young king)의 사냥 여행을 갈 준비를 했다

(C-3) [1]Deep in the forest, / [2]he spotted a beautiful wild deer.
숲 속 깊은 곳에서 / 그는 아름다운 야생 사슴을 발견했다

(C-4) [1]It was a large stag.
그것은 큰 수사슴이었다

(C-5) [1]His aim was perfect.
그의 조준은 완벽했다

(C-6) [2]When he killed the deer / [1]with just one shot of his arrow, /
그가 그 사슴을 잡자 / 단 한 발의 화살로 /
[3]the king was filled with pride.
왕은 의기양양했다

(C-7) [1](d) The proud hunter ordered a hunting drum to be made /
5형식V O O·C(to V)
(d) 그 의기양양한 사냥꾼(a young king)은 사냥 북이 만들어지도록 명령했다 /
[2]out of the skin of the deer.
그 사슴의 가죽으로

* (C) 요약: 사냥 여행을 떠난 왕이 수사슴을 잡아 그 가죽으로 사냥용 북을 만들도록 명령함.

(B-1) [1]Seasons changed.
계절이 바뀌었다

(B-2) [1]A year passed by.
1년이 지나갔다

(B-3) [1]And it was time to go hunting once again.
그리고 또다시 사냥하러 갈 때가 되었다

(B-4) [1] The king went to the same forest as the previous year.
왕은 작년과 같은 숲으로 갔다

(B-5) [1](b) He used his beautiful deerskin drum / [2]to round up animals.
부사적 용법(목적)
(b) 그(a young king)는 아름다운 사슴 가죽 북을 사용했다 / 동물들을 몰기 위해

(B-6) [1]But none came.
그러나 아무도 오지 않았다

(B-7) [2]All the animals ran for safety, / [1]except one doe. 45번 정답 단서
모든 동물들이 안전한 곳으로 도망쳤다 / 암사슴 한 마리 빼고

(B-8) [1]She came closer and closer to the drummer. 45번 정답 단서
그녀(암사슴)는 북 치는 사람에게 점점 더 가까이 다가왔다

(B-9) [1]Suddenly, / [2]she started fearlessly licking the deerskin drum.
갑자기 / 그녀는 겁 없이 사슴 가죽으로 만든 북을 핥기 시작했다

* (B) 요약: 다음해 왕이 사냥을 하러 또다시 숲속을 찾아갔고, 한 암사슴이 다가와 북을 핥기 시작함.

(D-1) [1]The king was surprised by this sight. 43번 정답 단서
이 광경을 보고 왕은 놀랐다

(D-2) [1]An old servant had an answer / [2]to this strange behavior. 44번 정답 단서
한 나이 든 신하가 답을 알고 있었다 / 이 이상한 행동의

(D-3) [1]"The deerskin used to make this drum /
S
이 북을 만드는 데 사용된 사슴 가죽은 /
[2]belonged to her mate, / [3]the deer who we hunted last year.
V = 선행사 목적격 관계대명사
그녀의 짝의 것입니다 / 우리가 작년에 사냥한 그 사슴

(D-4) [1]This doe is mourning the death of her mate," / [2](e) the man said.
이 암사슴은 짝의 죽음을 애도하고 있는 것입니다 / (e) 그 남자(an old servant)는 말했다

(D-5) [1]Upon hearing this, / [2]the king had a change of heart.
이 말을 듣자마자 / 왕의 마음이 바뀌었다

(D-6) [1]He had never realized /
그는 전혀 깨닫지 못했었다 /

힌트 (C) 문단의 첫 번째 문장과 마찬가지로, 여기서도 이야기의 시점이 과거인 것을 고려해서 완료형태가 과거완료로 사용되었음.

[2]that an animal, too, felt the pain of loss.
동물도 역시 상실의 고통을 느낀다는 것을

(D-7) [1]He made a promise, / [2]from that day on, /
그는 약속했다 / 그날 이후 /
[3]to never again hunt wild animals.
결코 다시는 야생 동물을 사냥하지 않겠다고

* (D) 요약: 암사슴의 애도를 깨달은 왕은 그 이후로 사냥을 하지 않겠다고 다짐함.

중요구문

(D-3) "The deerskin [(which was) used to make this drum] belonged to her mate, ~.
S 과거분사 V

힌트 The deerskin을 수식하기 위해 used to make this drum이라는 분사구가 삽입되었으며, used 앞에 주격 관계대명사와 be동사 'which was'가 생략된 형태임.

전문해석

(A)

(1)옛날 옛적에 사냥에 대해 엄청난 열정을 가진 젊은 왕이 살았다. (2)그의 왕국은 히말라야 산맥의 기슭에 위치해 있었다. (3)매년 한 번씩, 그는 근처의 숲으로 사냥하러 가고는 했다. (4) (a) 그(a young king)는 모든 필요한 준비를 하고, 그의 사냥 여행을 떠나고는 했다.

(C)

(1)다른 모든 해처럼, 사냥철이 왔다. (2)궁궐에서 준비가 시작되었고 왕은 (c) 그(a young king)의 사냥 여행을 갈 준비를 했다. (3)숲 속 깊은 곳에서 그는 아름다운 야생 사슴을 발견했다. (4)그것은 큰 수사슴이었다. (5)그의 조준은 완벽했다. (6)단 한 발의 화살로 그가 그 사슴을 잡자, 왕은 의기양양했다. (7)(d) 그 의기양양한 사냥꾼(a young king)은 그 사슴의 가죽으로 사냥(용) 북이 만들어지도록(북을 만들도록) 명령했다.

(B)

(1)계절이 바뀌었다. (2)1년이 지나갔다. (3)그리고 또다시 사냥하러 갈 때가 되었다. (4)왕은 작년과 같은 숲으로 갔다. (5)(b) 그(a young king)는 동물들을 몰기 위해 아름다운 사슴 가죽(으로 만든) 북을 사용했다. (6)그러나 아무도 오지 않았다. (7)암사슴 한 마리 빼고, 모든 동물들이 안전한 곳으로 도망쳤다. (8)그녀(암사슴)는 북 치는 사람에게 점점 더 가까이 다가왔다. (9)갑자기, 그녀(암사슴)는 겁 없이 사슴 가죽으로 만든 북을 핥기 시작했다.

(D)

(1)이 광경을 보고 왕은 놀랐다. (2)한 나이 든 신하가 이 이상한 행동의 답을 알고 있었다. (3)"이 북을 만드는 데 사용된 사슴 가죽은 그녀(암사슴)의 짝, (즉) 우리가 작년에 사냥한 그 사슴의 것입니다. (4)이 암사슴은 짝의 죽음을 애도하고 있는 것입니다."라고 (e) 그 남자(an old servant)는 말했다. (5)이 말을 듣자마자, 왕의 마음이 바뀌었다. (6)그는 동물도 역시 상실의 고통을 느낀다는 것을 전혀 깨닫지 못했었다. (7)그는 그날 이후 결코 다시는 야생 동물을 사냥하지 않겠다고 약속했다.

정답확인

43. 주어진 글 (A)에 이어질 내용을 순서에 맞게 배열한 것으로 가장 적절한 것은?

① (B) — (D) — (C) ✔② (C) — (B) — (D) ③ (C) — (D) — (B)
④ (D) — (B) — (C) ⑤ (D) — (C) — (B)

44. 밑줄 친 (a) ~ (e) 중에서 가리키는 대상이 나머지 넷과 다른 것은?

① (a) ② (b) ③ (c) ④ (d) ✔⑤ (e)

45. 윗글에 관한 내용으로 적절하지 않은 것은?

① 왕은 매년 근처의 숲으로(nearby forests) 사냥 여행을 갔다.
✔② 암사슴은 북 치는 사람(drummer)으로부터 도망갔다.
③ 왕은 화살로 단번에 수사슴(stag)을 맞혔다.
④ 한 나이 든 신하(an old servant)가 암사슴의 행동의 이유를 알고 있었다.
⑤ 왕은 다시는 야생 동물(wild animals)을 사냥하지 않겠다고 약속했다.

어휘암기

☐ locate	동사 위치시키다
☐ preparation	명사 준비
☐ set out	떠나다, 출발하다
☐ stag	명사 수사슴
☐ pass by	(시간이) 지나가다
☐ deerskin	명사 사슴 가죽
☐ round up	~을 몰다
☐ doe	명사 암사슴
☐ fearlessly	부사 겁 없이
☐ sight	명사 광경
☐ servant	명사 신하
☐ belong to	~의 것이다
☐ mate	명사 짝
☐ mourn	동사 애도하다

문제편 150쪽

13회 2024년 3월 학평 정답과 해설 한국사

문제편 p.151

1	②	2	⑤	3	①	4	②	5	①
6	③	7	④	8	②	9	③	10	⑤
11	①	12	④	13	⑤	14	①	15	②
16	③	17	③	18	④	19	③	20	②

1 신석기 시대 정답 ② 정답률 95%

(가) 시대의 사회 모습으로 옳은 것은?

농경과 목축이 시작된 (가) 시대 마을 유적이 김포시에서 대규모로 발굴되었습니다. 이 유적지에는 대략 50~80기 정도의 움집이 있었을 것으로 추정되며, 다수의 빗살무늬 토기 파편이 출토되었습니다.

① 불교가 공인되었다. → 삼국 시대
✔② 간석기가 사용되었다. → 신석기 시대
③ 팔관회가 개최되었다. → 고려 시대
④ 전시과가 운영되었다. → 고려 시대
⑤ 대동법이 시행되었다. → 조선 시대

|자|료|해|설|

'농경과 목축이 시작', '움집', '빗살무늬 토기' 등을 통해 (가) 시대가 신석기 시대임을 알 수 있다. 신석기 시대에 농경과 목축이 시작되면서 정착 생활이 이루어졌고, 음식의 조리 및 저장을 위해 토기가 제작되었다.

|선|택|지|풀|이|

① 고구려는 소수림왕 때에 전진을 통해 불교를 수용하였고, 백제는 침류왕 때에 동진에서 불교를 받아들였다. 신라에는 5세기 초에 고구려를 통해 불교가 전래되었다. 그러나 불교 공인은 법흥왕 때 이차돈의 순교로 이뤄졌다.
② 신석기인들의 움집터에서 출토되는 간석기, 빗살무늬 토기 등을 통해 신석기인들의 생활을 추측할 수 있다.
③ 고려 시대에 왕실은 팔관회, 연등회 등의 불교 행사를 개최하여 왕실과 국가의 안녕을 기원하였다.
④ 고려 시대에 문무 관리에게 전지와 시지를 지급한 토지 제도인 전시과가 운영되었다.
⑤ 조선 후기에 대동법이 실시되면서 정부에 관수품을 대량으로 조달하는 공인이 상권을 주도하였다.

2 고려의 문화유산 정답 ⑤ 정답률 55%

(가) 국가에서 제작된 문화유산으로 옳은 것은? [3점]

강진에는 (가) 청자를 만들었던 가마터들이 남아 있습니다. 그리고 그곳에서 청자 파편 및 청자 제작 흔적이 발견되었습니다. 이를 통해 (가) 초기에 주로 순청자가 만들어졌으며, 이후 12세기 무렵부터 상감 청자가 제작되었다는 사실을 엿볼 수 있습니다.

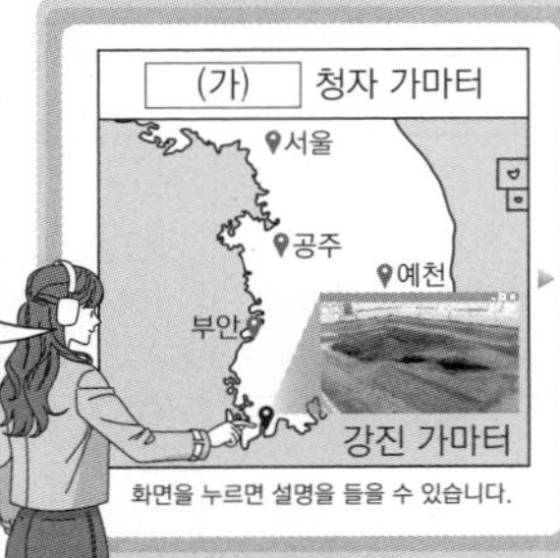

①

산수무늬 벽돌 → 백제

②

이불병좌상 → 발해

③

측우기 → 조선

④

석굴암 본존불상 → 통일 신라

✔⑤

팔만대장경판 → 고려

|자|료|해|설|

고려청자는 신라의 전통 위에 송의 자기 기술을 수용하였다. 기술 수용 이후 순청자, 상감 청자로 발전하였다. 특히 상감 청자는 청자에 상감 기법으로 무늬를 새겨 넣은 것으로 12~13세기에 널리 유행하였다. 따라서 (가) 국가는 고려이다.

|선|택|지|풀|이|

① 도교는 산천 숭배·신선 사상과 결합하여 불로장생을 추구하였는데 대표적인 유물이 백제의 산수무늬 벽돌이다.
② 발해의 이불병좌상은 두 개의 불상이 나란히 앉아 있는 모습으로 고구려의 불상 양식을 계승하였다.
③ 측우기는 조선 세종 때 발명된 강우량 측정 기구로 한양 및 지방에 설치되었다.
④ 통일 신라 시대 경주에 불국사와 석굴암이 건립되었다. 석굴암은 360여 개의 석재를 이용하여 만든 인공 석굴이며, 중심에 본존불상을 안치하였다.
⑤ 고려 무신 집권기에 고려인들은 몽골의 침략으로 초조대장경이 불에 타자 팔만대장경을 조판하며 부처의 힘으로 몽골을 격퇴할 수 있기를 기원하였다.

3 삼국과 가야의 발전 정답 ① 정답률 70%

(가) 국가에 대한 설명으로 옳은 것은?

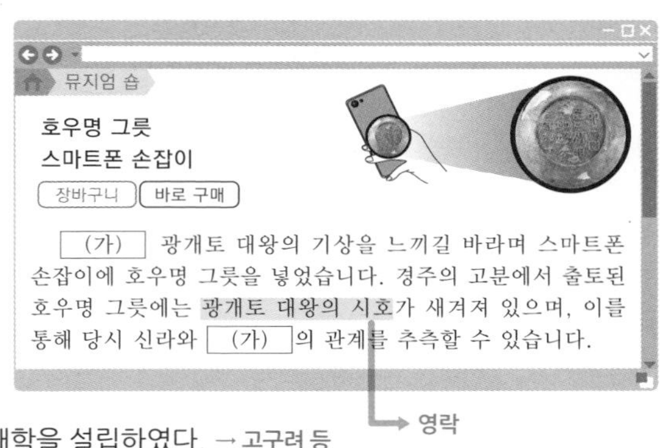

영락

✔① 태학을 설립하였다. → 고구려 등
② 8조법을 제정하였다. → 고조선
③ 집현전을 설치하였다. → 조선
④ 우산국을 정복하였다. → 신라
⑤ 독서삼품과를 시행하였다. → 통일 신라

|자|료|해|설|

자료에 제시된 호우명 그릇은 고구려와 신라의 관계를 파악할 수 있는 유물로, 그릇 바닥에 고구려 광개토 대왕의 명칭이 새겨져 있는 것이 특징이다. 따라서 (가) 국가는 고구려이다.

|선|택|지|풀|이|

① 고구려 소수림왕은 최고 교육 기관인 태학을 설립하여 귀족 자제에게 유학을 가르쳤다.
② 고조선은 사회 질서를 유지하기 위해 8조법을 제정하였다.
③ 조선 세종은 유교적 통치 이념을 확립하기 위해 집현전을 설치하고 훈민정음을 창제하였다.
④ 6세기 전반 신라 지증왕은 이사부를 보내 우산국을 정복하였다.
⑤ 통일 신라 원성왕 때 유교적 능력을 갖춘 인재를 선발하기 위해 국학의 학생들을 대상으로 독서삼품과를 시행하였다.

4 삼국과 가야의 발전 정답 ② 정답률 80%

(가), (나) 시기 사이에 있었던 사실로 옳은 것은? [3점]

> (가) 장수왕이 군대 3만 명을 거느리고 백제를 침공하여 도읍인 한성을 함락시킨 뒤, 왕을 죽이고 남녀 8천 명을 사로잡았다. → 475
> (나) 백제 왕이 관산성을 공격하였다. …(중략)… 신라의 김무력이 군대를 이끌고 나아가 서로 맞붙어 싸웠다. 신라의 장군 도도가 갑자기 공격하여 백제 왕을 죽였다. → 554

① 홍경래가 난을 일으켰다. → 1811
✔② 성왕이 사비로 천도하였다. → 538
③ 정조가 규장각을 정비하였다. → 조선
④ 최승로가 시무 28조를 건의하였다. → 고려
⑤ 김윤후가 처인성에서 몽골군을 격퇴하였다. → 고려

|자|료|해|설|

고구려 장수왕은 475년에 백제를 공격해 한성을 함락시킨 뒤 한강 유역을 확보하였다. 백제 성왕은 한강 하류 지역을 빼앗은 신라를 공격하다가 554년에 관산성 전투에서 전사하였다.

|선|택|지|풀|이|

① 1811년에 몰락 양반인 홍경래가 평안도에 대한 차별 정책과 지배층의 수탈에 반발하는 무리들을 이끌고 난을 일으켰다.

문제편 151쪽

② 백제 성왕은 나라의 중흥을 위해 웅진(공주)에서 사비(부여)로 천도(538)하고, 국호를 남부여로 바꾸었다.
③ 정조는 왕실 도서관이자 학문 연구 기관인 규장각을 설치하였다. 정조는 규장각에 비서실 기능을 부여하고 과거 시험과 관리 교육까지 담당하게 하는 등 강력한 정치 기구로 육성하고자 하였다.
④ 고려 성종 때 최승로는 시무 28조를 제시하여 유교 이념에 따라 통치할 것을 건의하였다.
⑤ 고려 후기에 몽골이 침략하자 승려 김윤후가 처인성의 부곡민을 이끌고 몽골에 맞서 항전하였다. 이때 김윤후는 몽골군을 지휘하는 살리타를 사살하여 몽골군을 격퇴하는 데 크게 기여하였다(1232).

5 조선 전기 과학 기술 | 정답 ① | 정답률 45%

(가)에 들어갈 내용으로 가장 적절한 것은?

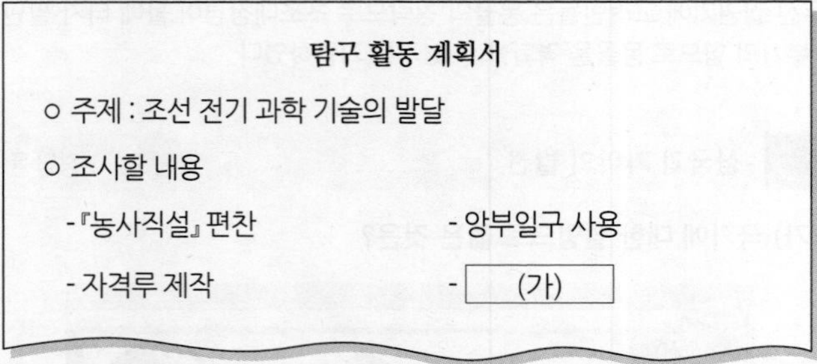
탐구 활동 계획서

○ 주제 : 조선 전기 과학 기술의 발달
○ 조사할 내용
- 『농사직설』 편찬 - 앙부일구 사용
- 자격루 제작 - (가)

① 칠정산 편찬 → 조선 세종
② 수원 화성 축조 → 조선 정조
③ 경주 첨성대 건설 → 신라 선덕 여왕
④ 직지심체요절 간행 → 고려
⑤ 불국사 3층 석탑 건립 → 통일 신라

|자|료|해|설|

조선 세종 때 우리 풍토에 맞는 농사법을 정리한 『농사직설』이 편찬되었고, 앙부일구(해시계), 자격루(물시계), 측우기(강우량 측정 기구) 등 과학 기술을 이용한 발명품들이 제작되었다.

|선|택|지|풀|이|

① 조선 세종은 한성을 기준으로 천체 운동을 계산해 편찬한 우리나라 최초의 역법서인 칠정산을 편찬하였다.
② 조선 후기에 정조는 군사적 방어 기능과 상업적 기능을 함께 고려한 수원 화성을 축조하였다.
③ 신라 선덕 여왕 때 경주에 첨성대가 건립되었다. 첨성대는 신라의 천문 관측대이다.
④ 고려 우왕 때(1377)에 청주 흥덕사에서 직지심체요절이 간행되었다. 이 책은 현존하는 가장 오래된 금속 활자본으로 인정받고 있다.
⑤ 통일 신라의 경주 불국사 3층 석탑은 대웅전 앞에 세운 것으로 조화와 균형미가 뛰어난 전형적인 3층 석탑 양식을 갖추고 있다.

6 신라의 통치 제도 | 정답 ③ | 정답률 50%

(가)에 들어갈 알파벳으로 옳은 것은? [3점]

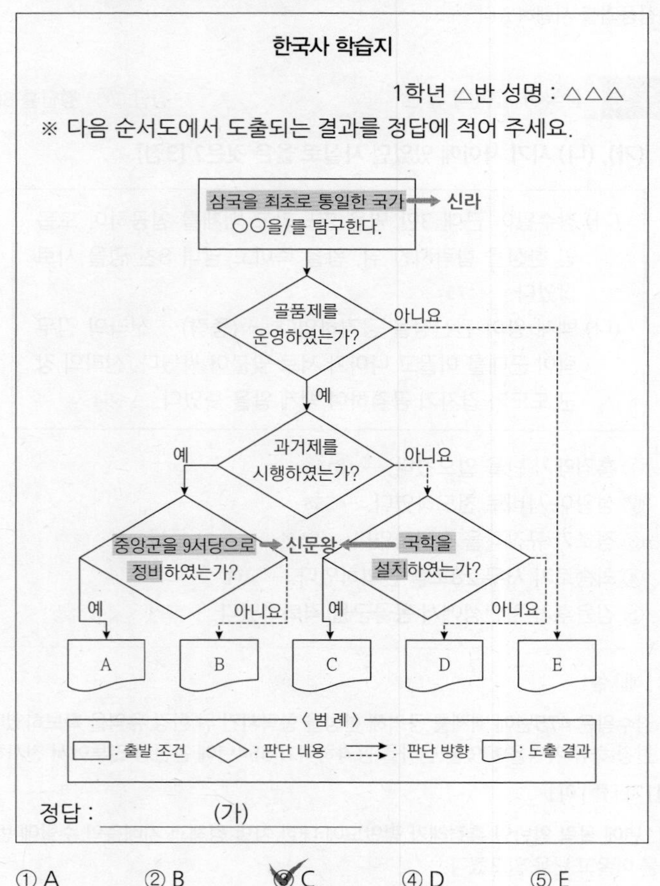

① A ② B ③ C ④ D ⑤ E

|자|료|해|설|

삼국을 최초로 통일한 국가는 신라이다. 신라는 고유의 신분 제도인 골품제를 운영하였다. 통일 신라의 신문왕은 중앙군 9서당, 지방군 10정을 운영하였고, 유교적 능력을 갖춘 인재를 양성하기 위해 최고 교육 기관인 국학을 설립하였다.

|선|택|지|풀|이|

③ 신라에서 골품제를 운영하였으며 '예'로 이동, 고려 광종 때 과거제를 시행하였으므로 '아니오'로 이동, 통일 신라에서 국학을 설치하였으므로 '예'로 이동한다. 따라서 정답은 'C'이다.

7 북벌론과 북학론 | 정답 ④ | 정답률 65%

(가) 인물에 대한 설명으로 옳은 것은?

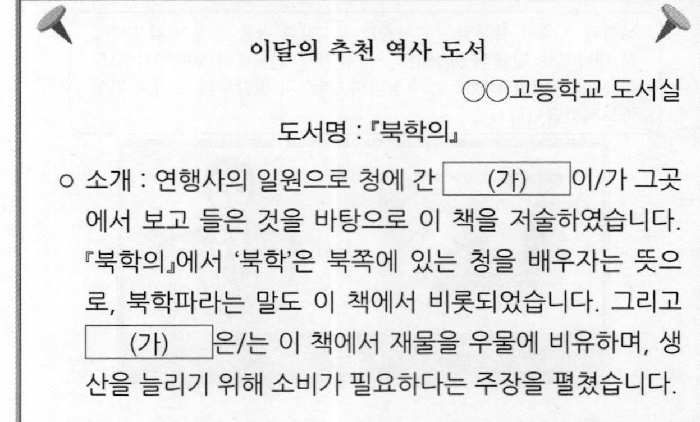
이달의 추천 역사 도서

○○고등학교 도서실

도서명 : 『북학의』

○ 소개 : 연행사의 일원으로 청에 간 (가) 이/가 그곳에서 보고 들은 것을 바탕으로 이 책을 저술하였습니다. 『북학의』에서 '북학'은 북쪽에 있는 청을 배우자는 뜻으로, 북학파라는 말도 이 책에서 비롯되었습니다. 그리고 (가) 은/는 이 책에서 재물을 우물에 비유하며, 생산을 늘리기 위해 소비가 필요하다는 주장을 펼쳤습니다.

① 동학을 창시하였다. → 최제우
② 삼국사기를 저술하였다. → 김부식
③ 독립 협회를 창립하였다. → 서재필
④ 상공업 진흥을 주장하였다. → 박제가
⑤ 살수에서 적군을 물리쳤다. → 을지문덕

|자|료|해|설|

'북학의', '연행사의 일원으로 청에 간', '북학파', '책에서 재물을 우물에 비유하며, 생산을 늘리기 위해 소비가 필요하다는 주장' 등을 통해 (가) 인물이 박제가임을 알 수 있다. 18세기에 북학파 실학자 박제가는 『북학의』를 저술하여 부국강병을 위해 청의 문물을 적극적으로 수용할 것을 주장하였다.

|선|택|지|풀|이|

① 경주 출신의 몰락 양반인 최제우가 1860년에 동학을 창시하였다. 그는 혹세무민(세상과 백성을 현혹함)의 죄명으로 1864년에 처형당했다.
② 고려 인종 때 김부식이 편찬한 『삼국사기』는 현존하는 가장 오래된 역사서로서, 유교적 합리주의 사관에 따라 기전체 형식으로 서술되었다.
③ 미국에서 귀국한 서재필을 중심으로 1896년에 독립 협회가 창립되었다.
④ 조선 후기에 박지원, 박제가 등의 북학파 실학자들은 청과의 교류를 통해 서양의 기술을 적극적으로 수용하자는 상공업 중심 개혁론을 주장하였다.
⑤ 고구려 을지문덕은 살수에서 벌어진 전투를 승리로 이끌어 수나라 군대를 물리쳤다(살수 대첩, 612).

8 고려의 건국과 통치 체제 정비 | 정답 ② | 정답률 65%

(가)에 들어갈 내용으로 옳은 것은?

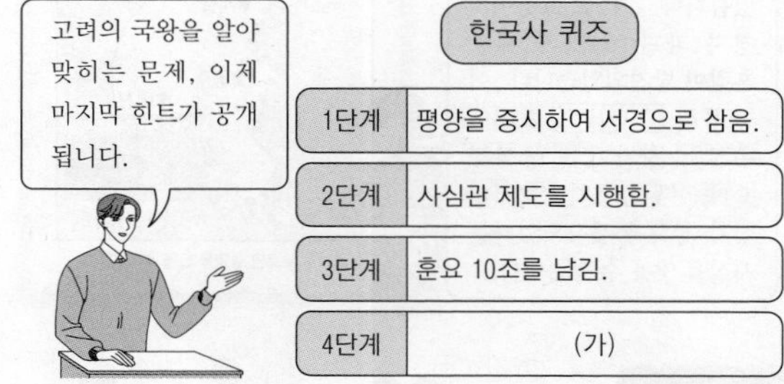

① 균역법을 시행함. → 조선 영조
② 후삼국을 통일함. → 고려 태조
③ 훈민정음을 반포함. → 조선 세종
④ 쌍성총관부를 공격함. → 고려 공민왕
⑤ 대한국 국제를 제정함. → 대한 제국 고종

|자|료|해|설|

고려 태조는 북진 정책을 추진하기 위해 평양을 중시하여 서경으로 삼고, 지방 호족을 통제하기 위해 사심관 제도와 기인 제도를 실시하였다. 또한 훈요 10조를 남겨 후대의 왕들이 지켜야 할 정책의 기본 방향을 제시하였다.

○ 문제편 151쪽

| 선 | 택 | 지 | 풀 | 이 |

① 조선 영조 때 농민의 군포 부담을 줄이기 위해 균역법이 마련되었다. 군포 2필 거두던 것을 1필로 줄이고, 부족분을 충당하기 위해 결작, 선무군관포 등을 징수하였다.
② 태조 왕건은 고려를 건국한 뒤 발해 유민을 적극적으로 포섭하였다. 이어 신라 경순왕의 항복을 받아내고, 후백제를 격파함으로써 후삼국을 통일하였다(936).
③ 조선 세종은 유교의 덕치와 민본 사상을 바탕으로 훈민정음을 창제하여 반포하였다.
④ 고려 공민왕은 원이 다스리고 있던 쌍성총관부를 공격하여 철령 이북 지역을 되찾았다.
⑤ 고종은 1899년에 대한 제국이 자주독립 국가라는 사실과 황제의 권한이 무한하다는 것을 규정한 대한국 국제를 반포하였다.

9 무신 정권의 성립과 사회 변화

정답 ③ | 정답률 55%

다음 상황이 나타난 시기를 연표에서 옳게 고른 것은? [3점]

> 왕이 보현원으로 행차하는 도중에 술자리를 열고 무신들에게 수박희를 시켰다. 대장군 이소응이 수박희를 하다가 도망가자 문신 한뢰가 갑자기 나가서 이소응의 뺨을 때리니 …(중략)… 정중부 등 무신들은 낯빛이 변하고 서로 눈짓을 하였다. …(중략)… 이의방 등 무신들이 보현원으로 먼저 가서 거짓 왕명으로 병사들을 모았고, 보현원 문 앞에서 여러 문신들을 죽였다. → 무신 정변(1170)

	(가)	(나)	(다)	(라)	(마)

원종과 애노의 난 889 | 귀주 대첩 1019 | 이자겸의 난 1126 | 공민왕 즉위 1351 | 병자호란 발발 1636 | 강화도 조약 체결 1876

① (가) ② (나) ③ (다) ④ (라) ⑤ (마)

| 자 | 료 | 해 | 설 |

'보현원', '정중부', '이의방', '여러 문신들을 죽였다' 등을 통해 자료의 상황이 1170년에 일어난 무신 정변에 대한 내용임을 알 수 있다. 이의방, 정중부 등은 무신에 대한 차별 대우에 불만을 품고 정변을 일으켜 정권을 장악하였다.

| 선 | 택 | 지 | 풀 | 이 |

① 신라 말 지배층의 수탈에 항거하여 원종과 애노의 봉기(889) 등이 발생하였다.
② 거란의 제3차 침입 때 강감찬이 이끈 고려군은 귀주에서 거란군을 크게 격파하였다(귀주 대첩, 1019).
③ 고려 예종과 인종 때 왕실과의 중첩된 혼인으로 막강한 권력을 누리던 이자겸은 자신을 견제하려는 반대파를 제거하기 위해 난을 일으켰다(이자겸의 난, 1126). 공민왕(재위 : 1351~1374)은 권문세족의 횡포를 막고 왕권을 강화하기 위해 개혁 정책을 실시하였다.
④ 인조와 서인 정권이 청의 군신 관계 요구를 거절하자 청 태종이 직접 군사를 이끌고 조선을 침략한 병자호란이 발발하였다(1636).
⑤ 조선은 운요호 사건을 계기로 일본과 강화도 조약을 체결(1876)하고 문호를 개방하였다.

10 발해의 성립과 발전

정답 ⑤ | 정답률 65%

(가) 국가에 대한 설명으로 옳은 것은? [3점]

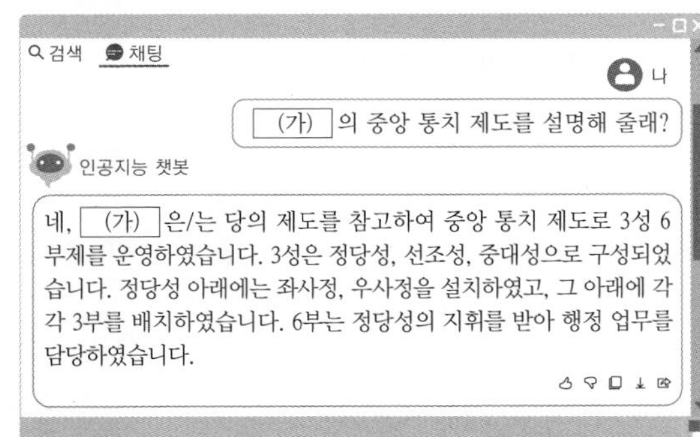

① 화랑도를 조직하였다. → 신라
② 회사령을 제정하였다. → 일제 강점기
③ 단발령을 시행하였다. → 조선
④ 도병마사를 설치하였다. → 고려
⑤ 해동성국이라 불리었다. → 발해

| 자 | 료 | 해 | 설 |

'3성은 정당성, 선조성, 중대성으로 구성', '좌사정, 우사정', '6부는 정당성의 지휘를 받아' 등을 통해 (가) 국가가 발해임을 알 수 있다. 발해는 행정을 담당하는 정당성에 권력을 집중하였다.

| 선 | 택 | 지 | 풀 | 이 |

① 신라 진흥왕은 6세기 중반에 화랑도를 국가적 조직으로 개편하고 적극적인 영토 확장을 추진하였다.
② 조선 총독부는 1910년에 회사령을 제정하여 회사를 설립할 때 반드시 조선 총독의 허가를 받도록 하였다.
③ 을미개혁(1895) 때 상투를 자르도록 하는 단발령이 시행되었다.
④ 고려 시대의 중앙 정치 기구인 도병마사에서는 고위 관료들이 모여 국방 문제와 군사 관련 업무를 논의하였다.
⑤ 발해는 9세기 초 선왕 때 옛 고구려 땅을 대부분 차지하면서 역사상 가장 넓은 영역을 지배하였다. 이 무렵 주변 나라들로부터 '해동성국'이라 불릴 정도로 전성기를 누렸다.

11 조선의 통치 체제 정비

정답 ① | 정답률 55%

(가)에 들어갈 제도로 옳은 것은?

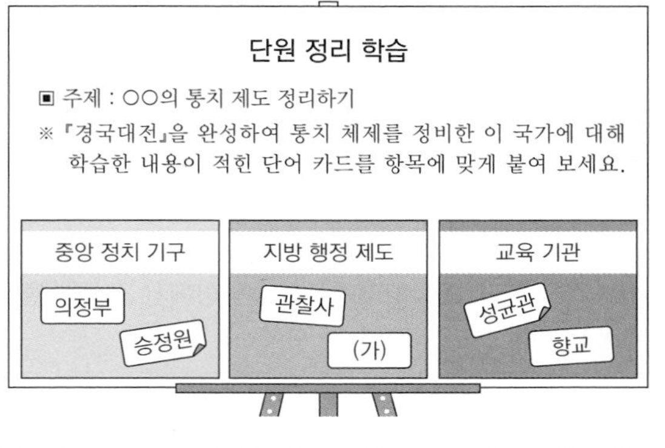

① 8도 → 조선 ② 사출도 → 부여 ③ 22담로 → 백제
④ 9주 5소경 → 통일 신라 ⑤ 5경 15부 62주 → 발해

| 자 | 료 | 해 | 설 |

'경국대전', '의정부, 승정원', '관찰사', '성균관' 등을 통해 ○○이 조선임을 알 수 있다. 조선은 전국을 8도로 나누고 8도에 관찰사를 파견하였다. 또한 모든 군현에 행정·사법·군사·권을 행사하는 수령을 파견하였다. 따라서 (가)에 들어갈 지방 행정 제도는 8도이다.

| 선 | 택 | 지 | 풀 | 이 |

① 조선은 전국을 8도로 나누고 그 아래에 군현을 두었다. 고려와 달리 모든 군현에 지방관을 파견하였다.
② 부여의 마가, 우가, 저가, 구가를 비롯한 여러 가(加)들은 사출도라 불리는 별도의 행정 구역을 다스리며 왕을 견제하였다.
③ 백제 무령왕 때 지방의 22담로에 왕족을 파견하여 지방에 대한 통치를 강화하였다.
④ 통일 신라 신문왕 때 넓어진 영토를 효율적으로 통치하기 위해 9주 5소경 체제를 정비하였다.
⑤ 발해는 9세기 선왕 시기에 최대 영토를 차지하고, 전국을 안정적으로 다스리기 위해 5경 15부 62주의 지방 행정 제도를 마련하였다.

12 새로운 세력의 성장과 고려의 멸망

정답 ④ | 정답률 90%

(가) 인물에 대한 설명으로 옳은 것은? [3점]

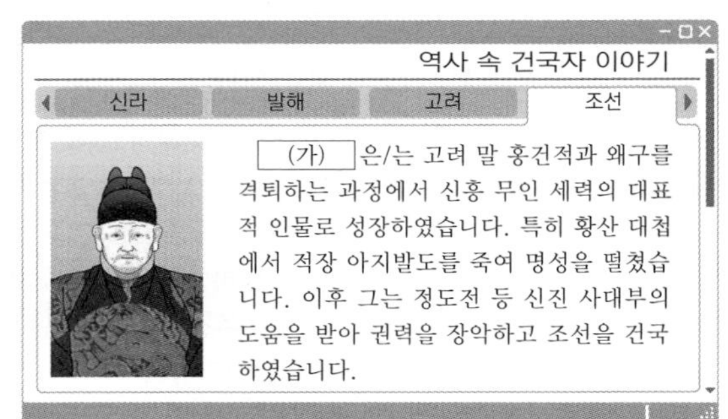

① 동의보감을 편찬하였다. → 허준
② 나당 연합을 성사시켰다. → 김춘추
③ 해동 천태종을 창시하였다. → 의천
④ 위화도 회군을 단행하였다. → 이성계
⑤ 왕오천축국전을 저술하였다. → 혜초

문제편 152쪽

|자|료|해|설|

'고려 말 홍건적과 왜구를 격퇴', '신흥 무인 세력의 대표적 인물', '황산 대첩에서 적장 아지발도를 죽여', '조선을 건국' 등을 통해 (가) 인물이 이성계임을 알 수 있다. 이성계를 중심으로 하는 신흥 무인 세력은 신진 사대부와 손잡고 조선을 건국하였다(1392).

|선|택|지|풀|이|

① 임진왜란 중에 조선 선조의 명을 받아 시작된 허준의『동의보감』편찬은 광해군 때 완료되었다.
② 김춘추의 외교 활동으로 신라와 당의 연합군인 나당 연합군이 결성되었다.
③ 교종 중심의 불교 통합 운동을 전개하였던 의천은 선종을 통합하기 위해 해동 천태종을 창시하였다.
④ 요동 정벌에 나섰던 이성계가 압록강의 위화도에서 군사를 돌려 정변을 일으키고 권력을 장악하였다(위화도 회군, 1388).
⑤ 통일 신라의 혜초가 인도와 서역을 순례하고『왕오천축국전』을 저술하였다.

13 왜란의 발발과 영향 | 정답 ⑤ | 정답률 60%

밑줄 친 '전쟁' 중에 있었던 사실로 옳은 것은?

> ○월 ○일 선비들이 모여 의병 일으킬 일을 의논하기를, "왜적이 쳐들어와 임금께서 난리를 피해 한양을 떠나시니, 바야흐로 뜻있는 선비가 나라와 군왕을 위해 병기를 베개 삼아 전쟁에 나서서 순국할 날이 됐습니다."라고 하였다.
> …(중략)…
> △월 △일 전라 좌수사 이순신이 견내량에서 적선을 불태우고 부숴 버렸다. → 임진왜란(1592~1598)

① 별무반이 조직되었다. → 고려
② 척화비가 건립되었다. → 신미양요(1871) 이후
③ 천리장성이 축조되었다. → 고구려, 고려 등
④ 갑오개혁이 추진되었다. → 1894
⑤ 조·명 연합군이 결성되었다. → 임진왜란

|자|료|해|설|

'왜적이 쳐들어와 임금께서 난리를 피해 한양을 떠나시니', '전라 좌수사 이순신이 견내량에서 적선을 불태우고' 등을 통해 밑줄 친 '전쟁'이 임진왜란(1592~1598)임을 알 수 있다.

|선|택|지|풀|이|

① 고려는 12세기에 윤관의 별무반을 앞세워 여진을 정벌한 이후 동북 지역에 9개의 성을 축조하였다.
② 조선 흥선 대원군은 신미양요(1871) 직후 전국 각지에 척화비를 건립하여 통상 수교 거부 의지를 널리 알렸다.
③ 고구려는 당의 침략에 대비하기 위해서, 고려는 거란과 여진의 침략에 대비하기 위해서 천리장성을 축조하였다.
④ 갑오개혁은 법적으로 신분 제도를 폐지하고 봉건적 악습을 타파하는 등 근대 사회로 나아가는 기틀을 마련하였다.
⑤ 임진왜란 때 결성된 조·명 연합군은 왜군에게 빼앗겼던 평양성을 탈환하였다(1593).

14 사림의 성장과 사화 | 정답 ① | 정답률 65%

밑줄 친 '개혁'의 내용으로 옳은 것은? [3점]

> **한국사 신문**
>
> **기묘년, 사림이 화를 입다** → 기묘사화(1519)
>
> 중종의 총애를 받으며 각종 개혁(→ 현량과 실시, 소격서 폐지, 위훈 삭제 등)을 통해 유교적 이상 정치를 실현하려던 조광조와 그를 따르는 사림 세력이 국정을 어지럽혔다는 죄목으로 유배되었다. 이들은 중종반정 이후 공신에 오른 훈구 세력 가운데 공이 없는 신하들을 공신 명단에서 삭제해야 한다고 주장하였다. 이러한 주장은 중종을 난처하게 만들었으며, 훈구 세력의 반발을 초래하였다.

① 현량과를 실시하였다. → 조광조 등
② 영정법을 시행하였다. → 조선 인조
③ 별기군을 창설하였다. → 1881
④ 교정도감을 운영하였다. → 고려 최충헌
⑤ 군국기무처를 설치하였다. → 1894

|자|료|해|설|

중종은 훈구 세력을 견제하기 위해 조광조를 비롯한 사림을 등용하였다. 조광조의 개혁 정책으로 위기를 느낀 훈구 세력은 조광조를 비롯한 사림을 공격하여 제거하였다(기묘사화, 1519).

|선|택|지|풀|이|

① 조선 중종 때 조광조는 덕이 있는 인재를 추천하여 간단한 시험으로 등용하는 현량과를 건의하였다.
② 조선 인조가 시행한 영정법은 풍흉에 관계없이 전세로 토지 1결당 쌀 4~6두를 징수하도록 한 제도이다.
③ 조선 정부는 개화 정책의 일환으로 군사 제도 개편을 시도하였다. 기존의 5군영을 무위영과 장어영의 2영으로 개편한 뒤 신식 군대인 별기군을 창설하였다(1881).
④ 고려 무신 집권기에 최충헌은 국정을 총괄하고 반대 세력을 제거하기 위해 교정도감을 설치하였다.
⑤ 조선 정부는 교정청을 폐지하고 김홍집을 중심으로 군국기무처를 조직하여 제1차 갑오개혁을 전개하였다.

15 붕당 정치의 전개 | 정답 ② | 정답률 75%

(가)에 들어갈 내용으로 가장 적절한 것은?

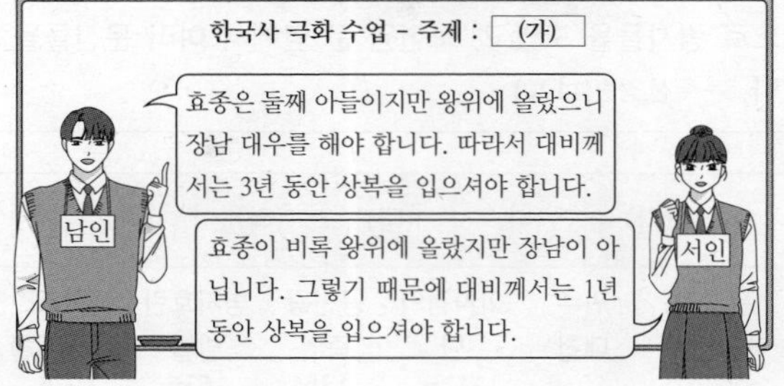

① 녹읍 폐지 → 통일 신라
② 예송의 전개 → 조선 현종 때
③ 탕평책 실시 → 조선 영조, 정조 등
④ 노비안검법 시행 → 고려 광종
⑤ 급진 개화파의 개혁 → 갑신정변을 일으킴

|자|료|해|설|

'남인, 서인' 및 '효종', (대왕)대비의 상복 문제에 대해 3년과 1년으로 대립한 점 등을 통해 (가)에 들어갈 내용은 예송과 관련된 것임을 알 수 있다. 두 차례의 예송으로 인해 서인과 남인의 대립이 심화되었다.

|선|택|지|풀|이|

① 통일 신라 신문왕은 진골 귀족의 경제적 기반을 약화시키기 위해 녹읍을 폐지하였다.
② 조선 후기 현종 때 서인과 남인은 효종과 효종비의 장례를 치르는 과정에서 자의 대비의 상복 문제로 예송을 전개하였다.
③ 조선 영조는 탕평 정책에 동의하는 인물(탕평파)을 등용하여 정국을 운영하고, 붕당의 근거지인 서원을 정리하였다. 정조는 권력이 집중되는 것을 막기 위해 노론과 소론, 남인 등을 고루 관직에 등용하고, 탕평 정치를 실시하였다.
④ 고려 광종은 본래 양인이었다가 노비가 된 사람을 조사하여 원래 신분으로 돌아가게 하는 노비안검법을 실시하여 공신과 호족의 경제적·군사적 기반을 약화시켰다.
⑤ 급진 개화파는 우정총국 개국 축하연을 이용해 권력을 장악한 직후 개화당 정부를 수립하고 개혁 정강을 발표하였다.

16 신분제의 동요 | 정답 ③ | 정답률 90%

자료를 활용한 탐구 주제로 가장 적절한 것은? [3점]

> ○ 비변사에서 보고하기를, "각 도의 납속하는 사람들에 대해 …(중략)… 바치는 곡식의 양에 따라 등급을 매기고, 이에 따라 관직을 내려 널리 곡식을 모으는 길을 마련해야 합니다."라고 하였다.
> (납속, 공명첩 → 신분 상승 방법)
> ○ 신필현이 아뢰기를, "지방의 좀 넉넉한 민가에서는 곡식을 바치고 공명첩을 얻는 바람에 관직을 받은 사람이 많습니다."라고 하였다.

① 신라 말 호족의 성장
② 고려 시대 여성의 지위
③ 조선 후기 신분제의 동요
④ 조선 전기 대외 관계의 변화
⑤ 일제 강점기 근대 문물의 수용

|자|료|해|설|

납속책은 조선 시대에 국가가 부족한 재정을 마련하기 위해 백성에게 곡물을 바치게 하고 그 대가로 일정한 혜택을 주던 정책이다. 또한 공명첩은 이름을 쓰는 곳이 비어 있는 명예 관

문제편 153쪽

직 임명장이다. 따라서 자료를 활용한 탐구 주제로 가장 적절한 것은 조선 후기 신분제의 동요임을 알 수 있다.

|선|택|지|풀|이|

① 신라 말 지방에서는 호족 세력이 성장하여 일정한 지역에 독립적인 지배권을 행사하였는데, 이들은 스스로 성주, 장군이라고 부르며 행정권과 군사권을 장악하였다.
② 고려 시대 여성은 사회 활동은 제한을 받았으나 가족생활에서 조선에 비해 큰 차별을 받지 않았다.
③ 조선 후기에 양반 중심의 신분 질서가 동요하는 가운데 서얼은 납속책과 공명첩을 이용해 관직에 나아갔다.
④ 조선은 왕권 확립과 국가 안정을 위해 명과는 사대 정책, 여진·일본 등과는 교린 정책을 추진하였다.
⑤ 일제 강점기 근대 문물인 철도, 전차 등 교통수단의 발달과 식민지 공업화의 추진으로 도시화가 이뤄졌다.

17 새로운 사상과 서민 문화의 발달 | 정답 ③ | 정답률 80%

밑줄 친 '이 시기' 문화에 대한 설명으로 옳은 것은?

지난 한국사 시간에 여러분은 이 시기에 김홍도의 「서당도」를 비롯한 많은 풍속화가 제작되었으며, 당시 풍속화에는 사람들의 삶의 모습이 생생하게 담겨 있다고 배웠습니다. 오늘 미술 수업에서는 예시와 같이 현재의 생활상을 담은 그림을 그려봅시다.

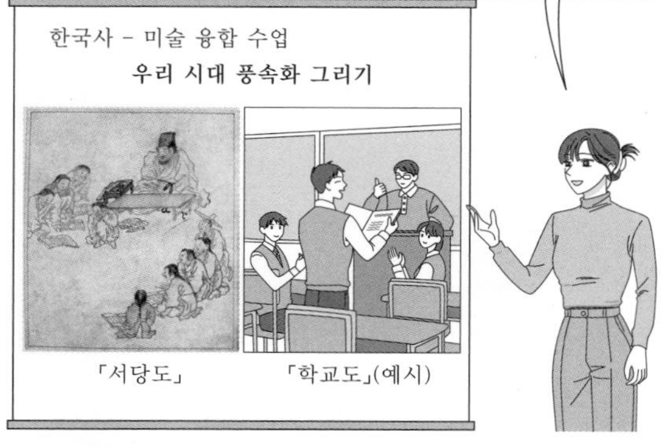

① 삼국유사가 편찬되었다. → 고려
② 무령왕릉이 축조되었다. → 백제
③ 한글 소설이 유행하였다. → 조선 후기
④ 충주 고구려비가 건립되었다. → 고구려
⑤ 부여 정림사지 5층 석탑이 세워졌다. → 백제

|자|료|해|설|

김홍도가 활동한 조선 후기에는 상품 화폐 경제의 발달로 서민들의 사회·경제적 지위가 향상되고, 서당이 널리 보급되어 교육 기회가 확대되었다. 김홍도는 당시 서민들의 일상생활을 풍속화로 남겼다. 따라서 밑줄 친 '이 시기'는 조선 후기이다.

|선|택|지|풀|이|

① 고려 시대 승려 일연이 저술한 『삼국유사』는 『삼국사기』에 빠졌던 고대 설화와 신화를 서술하였고, 단군을 우리 민족의 시조로 내세웠다.
② 백제의 수도였던 웅진에 축조된 무령왕릉은 중국 남조의 무덤 양식(벽돌무덤)이 반영되어 있다.
③ 조선 후기에는 서민들의 솔직한 감정을 표현하고 양반의 위선을 풍자한 한글 소설, 판소리 등이 인기를 끌었다.
④ 충주 고구려비는 고구려가 한반도 중부까지 진출한 사실을 보여주는 유물이다.
⑤ 백제는 부여에 정림사지 5층 석탑, 익산에 미륵사지 석탑을 건립하였다.

18 동학 농민 운동의 전개 | 정답 ④ | 정답률 55%

(가) 운동에 대한 설명으로 옳은 것은?

① 고구려 부흥을 내세웠다. → 고구려 부흥 운동
② 서경 천도를 주장하였다. → 서경 천도 운동
③ 만민 공동회 개최를 요구하였다. → 독립 협회
④ 집강소를 통해 개혁을 추진하였다. → 동학 농민 운동
⑤ 대한매일신보 등 언론의 지원을 받았다. → 국채 보상 운동

|자|료|해|설|

'고부 군수에게 맞서다', '황토현에서 승리', '우금치 전투 패배 이후 전봉준' 등을 통해 (가) 운동이 동학 농민 운동(1894)임을 알 수 있다. 고부 농민 봉기를 계기로 시작된 동학 농민 운동은 황룡촌·황토현 전투에서 승리를 거두기도 했지만 공주 우금치 전투에서 일본군과 관군에게 결정적으로 패배하였다.

|선|택|지|풀|이|

① 검모잠, 안승 등이 이끈 고구려 부흥 운동은 지배층의 내분 등으로 성공하지 못하였다.
② 고려 인종 때 묘청, 정지상 등은 풍수지리설을 내세워 서경 천도를 추진하였고, 이와 함께 칭제 건원과 금국 정벌을 주장하였다.
③ 독립 협회는 만민 공동회를 개최하여 러시아 및 열강의 이권 침탈을 규탄하고, 의회 설립 등 자강 개혁의 필요성을 주장하였다(1898).
④ 동학 농민군은 정부와 전주 화약을 체결한 직후 전라도 각지에 집강소를 설치하여 자치적으로 개혁을 추진해 나갔다(1894).
⑤ 국채 보상 운동은 대한매일신보와 같은 언론 기관과 애국 계몽 운동 단체의 호응으로 전국에 확산되었다.

19 대한민국 임시 정부의 수립 | 정답 ③ | 정답률 90%

(가) 정부에 대한 설명으로 옳은 것은? [3점]

> 자료를 통해 보는 한국사
>
> 유구한 역사와 전통에 빛나는 우리들 대한국민은 기미 3·1 운동으로 대한민국을 건립하여 세계에 선포한 위대한 독립정신을 계승하여 이제 민주독립국가를 재건함에 있어서 …(중략)… 선거된 대표로서 구성된 국회에서 단기 4281년 7월 12일 이 헌법을 제정한다.
>
> -『관보』 제1호 -
>
> 해설 : 이 자료는 제헌 헌법의 전문(前文)이다. 여기에서 제헌 국회는 대한민국 정부가 3·1 운동을 계기로 상하이에서 수립된 (가) 의 독립 정신을 계승하였음을 밝혔다.

① 장용영을 설치하였다. → 조선 정조
② 호패법을 실시하였다. → 조선 태종
③ 민주 공화제를 채택하였다. → 대한민국 임시 정부
④ 영고라는 제천 행사를 열었다. → 부여
⑤ 망이·망소이의 난을 진압하였다. → 고려 무신 집권기

|자|료|해|설|

1919년 3·1 운동 직후 국내외 여러 지역에서 임시 정부가 수립되었고, 통합 운동 결과 대한민국 임시 정부가 외교 활동에 유리한 상하이에서 출범하였다. 따라서 (가) 정부는 대한민국 임시 정부이다.

|선|택|지|풀|이|

① 조선 정조는 왕권을 강화하기 위해 국왕의 친위 부대인 장용영을 설치하였다.
② 조선 태종은 전국의 인구 동태를 파악하기 위해 16세 이상의 모든 남자에게 호패를 발급하는 호패법을 도입하였다.
③ 3·1 운동 직후 출범한 대한민국 임시 정부는 우리나라 최초의 민주 공화제 정부로서, 독립운동의 구심점 역할을 하였다.
④ 부여는 천신 신앙을 바탕으로 영고라는 제천 행사를 열어 집단의 결속력을 다졌다.
⑤ 고려 무신 집권기에 특수 행정 구역인 공주 명학소에서 망이·망소이가 지배층의 수탈과 차별 정책에 저항하는 봉기를 일으켰다(1176).

문제편 154쪽

20 6월 민주 항쟁의 전개

정답 ② 정답률 40%

(가) 민주화 운동에 대한 설명으로 옳은 것은? [3점]

월별로 정리한 (가)

1987년 1월	박종철, 경찰에 강제 연행되어 남영동 대공분실에서 고문을 받다 사망
1987년 4월	4·13 호헌 조치 발표
1987년 5월	천주교 정의 구현 전국 사제단에 의해 박종철 고문치사 은폐·조작 사건 폭로
1987년 6월	이한열, 시위 도중 최루탄에 피격. 민주 헌법 쟁취 국민운동 본부가 주최한 국민대회 개최

① 신탁 통치를 반대하였다. → 신탁 통치 반대 운동
② 대통령 직선제를 요구하였다. → 6월 민주 항쟁
③ 을사늑약 체결에 항의하였다. → 을사의병
④ 3·15 부정 선거를 규탄하였다. → 4·19 혁명
⑤ 시민군을 조직하여 계엄군에 맞섰다. → 5·18 민주화 운동

|자|료|해|설|

박종철 고문치사 사건과 4·13 호헌 조치로 인한 불만이 높아지는 상황에서 1987년 6월 9일 대학생 이한열이 시위 도중 경찰이 쏜 최루탄에 맞아 쓰러지는 일이 벌어졌다. 이에 아랑곳하지 않고 전두환 정부가 6월 10일 노태우를 여당의 대통령 후보로 지명하자, 시위가 더욱 확산되어 6월 민주 항쟁(1987)으로 이어졌다. 따라서 (가) 민주화 운동은 6월 민주 항쟁이다.

|선|택|지|풀|이|

① 모스크바 3국 외상 회의(1945) 이후 신탁 통치 결정 소식이 국내에 알려지자 이에 반대하는 운동이 거세게 일어났다.
② 전두환 정부가 국민의 직선제 개헌 요구를 거부하자 독재 타도와 호헌 철폐를 요구하는 시위가 전국 각지에서 일어났다(6월 민주 항쟁).
③ 일제가 을사늑약을 체결해 대한 제국의 외교권을 빼앗자, 이에 반대하는 을사의병이 전국적으로 일어났다.
④ 3·15 부정 선거를 계기로 자유당과 이승만 정부에 대한 불만이 폭발하여 4·19 혁명이 일어났다(1960).
⑤ 광주 시민들은 신군부와 계엄군의 탄압에 맞서기 위해 시민군을 조직하여 결사적으로 저항하였지만, 결국 진압되었다(5·18 민주화 운동, 1980).

문제편 154쪽

14회 2023년 3월 학평 정답과 해설 한국사

문제편 p.155

1	⑤	2	③	3	②	4	②	5	①
6	⑤	7	①	8	①	9	①	10	②
11	①	12	③	13	②	14	⑤	15	④
16	②	17	④	18	④	19	③	20	③

1 구석기 시대 | 정답 ⑤ | 정답률 90%

(가) 시대 사람들의 생활 모습으로 옳은 것은?

조사 보고서

연천 전곡리 유적

1학년 ○반 ○모둠

▲ 출토된 주먹도끼

1978년 주한 미군 그렉 보웬이 경기도 연천의 한탄강변에서 (가) 시대의 대표 유물인 주먹도끼를 발견하였다. 이 주먹도끼는 뾰족하게 날을 세워 찍개보다 정밀하게 가공한 것으로 동아시아에서 처음 발견되어 세계 고고학계의 주목을 받았다. 이후 추가 발굴을 통해 찍개, 찌르개를 비롯한 다양한 종류의 뗀석기가 출토되었다.

① 고인돌을 축조하였다. → 청동기 시대
② 철제 무기를 사용하였다. → 철기 시대
③ 농경과 목축을 시작하였다. → 신석기 시대
④ 빗살무늬 토기를 제작하였다. → 신석기 시대
⑤ 주로 동굴이나 바위 그늘에서 살았다. → 구석기 시대

|자|료|해|설|

'연천 전곡리 유적', '주먹도끼', '찍개, 찌르개를 비롯한 다양한 종류의 뗀석기가 출토' 등을 통해 (가) 시대가 구석기 시대임을 알 수 있다. 구석기 시대에는 주먹도끼를 비롯한 다양한 종류의 뗀석기를 사용하였다.

|선|택|지|풀|이|

① 청동기 시대에 만주와 한반도 일대에서 고인돌이 만들어지기 시작하였다. 고인돌의 규모와 고인돌 주변에서 출토되는 부장품을 통해 지배층의 무덤이라고 추측할 수 있다.
② 기원전 5세기경 한반도에 철기 문화가 유입되어 본격적으로 철제 무기, 철제 농기구 등이 제작되었다.
③ 신석기 시대에 농경과 목축이 시작되면서 정착 생활이 이루어졌고, 음식의 조리 및 저장을 위해 토기가 제작되었다.
④ 신석기인들은 빗살무늬 토기, 이른 민무늬 토기 등을 만들어 식량을 조리하고 보관하는 용도로 사용하였다.
⑤ 사냥, 채집 등의 방식으로 식량을 확보했던 구석기인들은 무리를 지어 이동 생활을 하였다. 그들은 주로 동굴이나 바위 그늘 등에서 살았다.

2 철기 시대와 여러 국가의 성장 | 정답 ③ | 정답률 80%

(가) 나라에 대한 설명으로 옳은 것은?

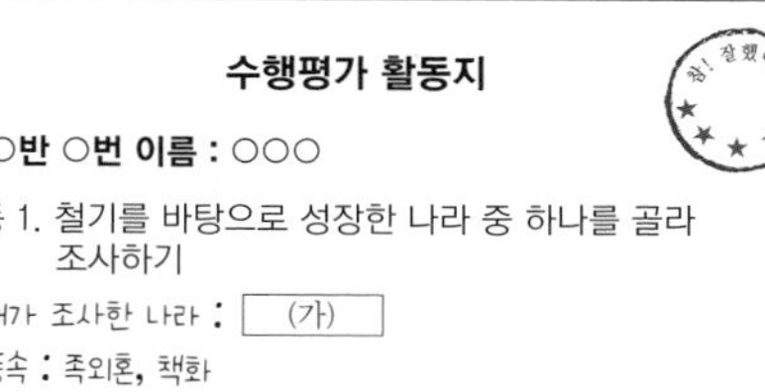

수행평가 활동지

1학년 ○반 ○번 이름 : ○○○

■ 활동 1. 철기를 바탕으로 성장한 나라 중 하나를 골라 조사하기
– 내가 조사한 나라 : (가)
– 풍속 : 족외혼, 책화
– 특징 2가지 : 1. 왕이 없음. 2. 고구려의 간섭을 받음.

■ 활동 2. 조사한 나라의 풍속을 그림으로 표현하기

① 경국대전을 완성하였다. → 조선 성종
② 수도를 강화도로 옮겼다. → 고려 등
③ 무천이라는 제천 행사를 열었다. → 동예
④ 골품제라는 신분 제도를 운영하였다. → 신라
⑤ 위만이 왕위를 차지하여 집권하였다. → 고조선

|자|료|해|설|

'철기를 바탕으로 성장한 나라', '족외혼, 책화', '왕이 없음', '고구려의 간섭을 받음' 등을 통해 (가) 나라가 강해도 동해안에 위치하였던 동예임을 알 수 있다.

|선|택|지|풀|이|

① 조선 성종 때 조선의 기본 법전인 『경국대전』이 완성되었다. 『경국대전』은 6조의 운영에 필요한 각종 제도와 규정을 담고 있어 통치의 근간이 되었다.
② 1231년에 몽골이 고려를 침략하자 최씨 무신 정권은 강화도로 천도(1232)하여 장기 항전을 준비하였다.
③ 동예는 천신 신앙을 바탕으로 무천이라는 제천 행사를 열어 집단의 결속력을 다졌다.
④ 신라는 신분에 따라 개인의 정치적 활동 범위와 가옥의 규모, 장식물 등 일상생활까지도 엄격히 규제했던 고유의 신분 제도인 골품제를 운영하였다.
⑤ 진·한 교체기 고조선으로 들어온 위만은 준왕을 몰아내고 왕위를 차지하여 집권하였다.

3 통일 신라의 발전과 쇠퇴 | 정답 ② | 정답률 35%

밑줄 친 '그'가 활동한 시기의 상황으로 가장 적절한 것은? [3점]

① 벽란도가 국제 무역항으로 번성하였다. → 고려 시대
② 당에 신라인들의 집단 거주 지역이 존재하였다. → 통일 신라 시대
③ 조선이 연행사를 통해 서양 문물을 수용하였다. → 조선 후기
④ 부산, 원산 등 개항장을 중심으로 무역이 이루어졌다. → 개항기
⑤ 고조선이 한과 한반도 남부 사이에서 중계 무역을 하였다. → 기원전

|자|료|해|설|

9세기 초 통일 신라의 장보고는 전남 완도에 군사 기지인 청해진을 설치하고 해적 소탕과 해상 무역 활동을 전개하였다. 따라서 밑줄 친 '그'가 활동한 시기는 통일 신라 시대이다.

|선|택|지|풀|이|

① 고려 시대에는 벽란도가 국제 무역항으로 번성하였다. 이곳을 통해 송 상인과 아라비아 상인 등이 고려에 왕래하며 무역하였다.
② 통일 신라와 당의 교류가 활발해지면서 중국의 산둥반도 연안 등지에 신라인의 집단 거주 지역인 신라방이 세워졌다.
③ 조선 후기에 연행사로 청을 다녀온 박지원, 박제가 등의 북학파 실학자들은 청과의 교류를 통해 서양의 기술을 적극적으로 수용하자고 주장하였다.
④ 조선은 강화도 조약으로 일본에 문호를 개방하여 부산(1876), 원산(1880), 인천(1883)을 차례로 개항하였다.
⑤ 고조선은 한반도 남부의 진과 중국의 한 사이에서 중계 무역으로 이익을 얻어 경제가 성장하였다.

4 삼국의 통일 과정 | 정답 ② | 정답률 75%

(가) 국가에 대한 설명으로 옳은 것은?

> (가) 의 의자왕이 장군 계백에게 결사대 5,000명을 거느리고 황산으로 나가 신라 군사와 싸우게 하였다. 네 번 싸워서 모두 이겼으나 결국에는 군사가 적고 힘이 모자라서 패하고 계백이 전사하였다.

① 장용영을 설치하였다. → 조선
② 수도를 사비로 옮겼다. → 백제
③ 광개토 대왕릉비를 건립하였다. → 고구려
④ 군사 행정 구역으로 양계를 두었다. → 고려
⑤ 교육 기관으로 국자감을 운영하였다. → 고려

|자|료|해|설|

나당 연합군이 백제를 공격하자 의자왕은 계백에게 신라군에 맞서 싸우도록 하였다. 계백은 황산벌에서 결사대를 이끌고 김유신이 지휘한 신라군을 상대로 치열하게 싸웠지만 결국 패배하였다. 따라서 (가) 국가는 백제이다.

|선|택|지|풀|이|

① 조선 정조는 왕권을 강화하기 위해 국왕의 친위 부대인 장용영을 설치하였다.
② 백제 성왕은 나라의 중흥을 위해 웅진(공주)에서 사비(부여)로 천도(538)하고, 국호를 남부여로 바꾸었다.
③ 고구려 장수왕은 정복 전쟁 및 영토 확장 과정에서 활약한 광개토 대왕을 기리는 광개토 대왕릉비를 건립하였다.
④ 고려는 군사 행정 구역인 양계에 주진군을 주둔시키고 북방 민족의 침입에 대비하여 국경을 지키도록 하였다.
⑤ 고려는 수도 개경에 최고 교육 기관인 국자감을 설치하였다. 국자감에서는 유학 교육을 실시하면서도, 국가 운영에 필요한 전문 인력을 기르는 기술 교육도 시행하였다.

5 발해의 성립과 발전 | 정답 ① | 정답률 65%

(가) 국가에 대한 설명으로 옳은 것은? [3점]

▲ 정효 공주 묘 내부 벽화

① 해동성국이라 불렸다. → 발해
② 균역법을 실시하였다. → 조선
③ 대가야를 병합하였다. → 신라
④ 교정도감을 설치하였다. → 고려
⑤ 정림사지 5층 석탑을 건립하였다. → 백제

|자|료|해|설|

발해의 정효 공주 묘에서는 묘지와 벽화가 발굴되었는데, 무덤 양식과 벽화는 당의 영향을 받았지만 천장은 고구려에서 많이 나타나는 양식이 적용되어 있다. 따라서 (가) 국가가 발해임을 알 수 있다.

|선|택|지|풀|이|

① 발해는 9세기 초 선왕 때 옛 고구려 땅을 대부분 차지하면서 역사상 가장 넓은 영역을 지배하였다. 이 무렵 주변 나라들로부터 '해동성국'이라 불릴 정도로 전성기를 누렸다.
② 조선 영조 때 농민의 군포 부담을 줄이기 위해 균역법이 마련되었다. 군포 2필 거두던 것을 1필로 줄이고, 부족분을 충당하기 위해 결작, 선무군관포 등을 징수하였다.
③ 신라 진흥왕은 5세기 후반 이후 가야 연맹을 주도한 고령의 대가야를 병합하였다.
④ 고려 무신 집권기에 권력을 잡은 최충헌은 국정을 총괄하고 반대 세력을 제거하기 위해 교정도감을 설치하였다.
⑤ 백제는 부여에 정림사지 5층 석탑, 익산에 미륵사지 석탑을 건립하였다.

6 고려의 문화유산 | 정답 ⑤ | 정답률 55%

(가)에 들어갈 문화유산으로 가장 적절한 것은?

① 호우명 그릇 → 신라
② 산수무늬 벽돌 → 백제
③ 측우기 → 조선
④ 서당도 → 조선
⑤ 팔만대장경판 → 고려

|자|료|해|설|

'상감 청자', '김부식, 『삼국사기』', '일연, 『삼국유사』', '원으로부터 성리학 수용' 등을 통해 자료의 ○○ 왕조의 문화는 고려 왕조의 문화임을 알 수 있다.

|선|택|지|풀|이|

① 호우명 그릇은 경주 호우총에서 발견된 그릇이다. 밑바닥에 광개토 대왕의 명칭이 새겨져 있어 당시 신라와 고구려의 관계를 짐작할 수 있다.
② 도교는 산천 숭배·신선 사상과 결합하여 불로장생을 추구하였는데 대표적인 유물이 백제의 산수무늬 벽돌, 금동 대향로 등이다.
③ 측우기는 조선 세종 때 발명된 강우량 측정 기구로 한양 및 지방에 설치되었다.
④ 조선 시대 김홍도가 그린 풍속화인 서당도는 당시 서민들의 삶을 담았다.
⑤ 고려 시대 최씨 무신 정권은 부처의 힘으로 몽골의 침략을 물리치겠다는 염원을 담아 팔만대장경을 조판하였다.

7 고려의 건국과 통치 체제 정비 | 정답 ① | 정답률 70%

(가) 인물에 대한 설명으로 옳은 것은? [3점]

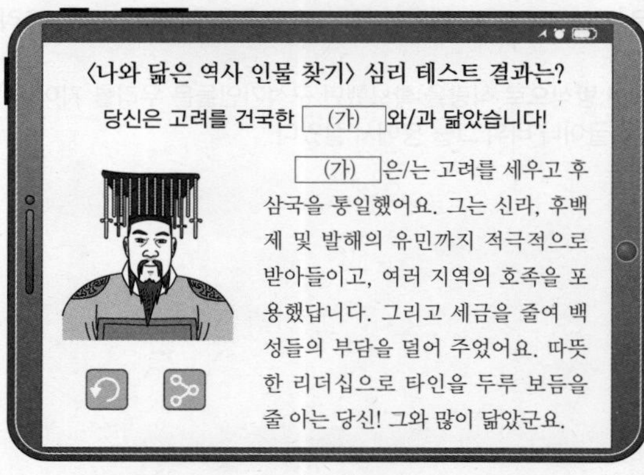

① 훈요 10조를 남겼다. → 고려 태조 왕건
② 규장각을 육성하였다. → 조선 정조
③ 영정법을 시행하였다. → 조선 인조
④ 우산국을 정복하였다. → 신라 지증왕
⑤ 기철 등 친원 세력을 제거하였다. → 고려 공민왕

|자|료|해|설|

'고려를 세우고 후삼국을 통일', '발해의 유민까지 적극적으로 받아들이고', '여러 지역의 호족을 포용' 등을 통해 (가) 인물이 태조 왕건임을 알 수 있다. 그는 고려를 건국한 뒤 발해 유민을 적극적으로 포섭하였다. 이어 신라 경순왕의 항복을 받아내고, 후백제를 격파함으로써 후삼국을 통일하였다(936).

○ 문제편 155쪽

| 선 | 택 | 지 | 풀 | 이 |

① 고려 태조는 훈요 10조를 남겨 후대의 왕들이 지켜야 할 정책의 기본 방향을 제시하였다.
② 조선 정조는 왕실 도서관이자 학문 연구 기관인 규장각을 설치하였다. 정조는 규장각에 비서실 기능을 부여하고 과거 시험과 관리 교육까지 담당하게 하는 등 강력한 정치 기구로 육성하고자 하였다.
③ 조선 인조가 시행한 영정법은 풍흉에 관계없이 전세로 토지 1결당 쌀 4~6두를 징수하도록 한 제도이다.
④ 6세기 전반 신라 지증왕은 이사부를 보내 우산국을 정복하였다.
⑤ 고려의 공민왕은 반원 개혁의 일환으로 기철 등 친원 세력을 제거하였다.

8 실학의 발달 | 정답 ① | 정답률 60%

밑줄 친 '임금'의 재위 시기에 있었던 사실로 옳은 것은?

> 임금께서 『기기도설』을 내려보내 무거운 물건을 끌어 올리는 방법을 강구하도록 하셨기에 나(정약용)는 거중기 도안을 작성하여 바쳤다. …(중략)… 성 쌓는 일을 끝마쳤을 때 임금께서 "다행히 거중기를 사용하여 수원 화성을 쌓는 데 4만 냥을 절약했다."라고 말씀하셨다.

① 탕평책이 실시되었다. → 조선 영조, 정조 등
② 집현전이 설치되었다. → 조선 세종
③ 독립신문이 발행되었다. → 1896
④ 노비안검법이 시행되었다. → 고려 광종
⑤ 불국사 3층 석탑이 조성되었다. → 통일 신라

| 자 | 료 | 해 | 설 |

『기기도설』, '거중기 도안을 작성', '수원 화성' 등을 통해 밑줄 친 '임금'이 조선 정조임을 알 수 있다. 조선 후기 정조 때 정약용이 제작한 거중기는 수원 화성 축조에 이용되었다.

| 선 | 택 | 지 | 풀 | 이 |

① 조선 후기에 붕당 정치가 변질되어 일당 전제화의 경향이 나타나자 영조, 정조 등은 붕당 간의 세력 균형을 꾀하고 왕권을 강화하기 위해 탕평 정치를 실시하였다.
② 조선의 세종은 집현전을 통해 학문과 정책을 연구하도록 하였다.
③ 서재필 등은 정부의 지원을 받아 최초의 순한글 신문인 『독립신문』을 1896년에 발행하였다.
④ 고려 광종은 본래 양인이었다가 노비가 된 사람을 조사하여 원래 신분으로 돌아가게 하는 노비안검법을 실시하여 공신과 호족의 경제적·군사적 기반을 약화시켰다.
⑤ 전형적인 3층 석탑의 양식을 갖추고 있으면서 조화와 균형미가 뛰어난 경주 불국사 3층 석탑은 통일 신라 시기에 조성되었다.

9 고려의 대외 관계 | 정답 ① | 정답률 70%

(가) 국가에 대한 설명으로 옳은 것은? [3점]

① 강동 6주 지역을 확보하였다. → 고려
② 동진에서 불교를 수용하였다. → 백제
③ 에도 막부에 통신사를 파견하였다. → 조선
④ 살수에서 수의 군대를 격퇴하였다. → 고구려
⑤ 일본과 강화도 조약을 체결하였다. → 조선

| 자 | 료 | 해 | 설 |

윤관은 기병 중심의 특수 부대인 별무반을 조직해 여진을 정벌하였고, 동북 지방에 9성을 설치하였다. 이후 고려는 관리의 어려움과 여진의 거듭된 요구로 인해 여진에게 조공을 받는 조건으로 동북 지방의 9성을 돌려주었다. 따라서 (가) 국가는 고려이다.

| 선 | 택 | 지 | 풀 | 이 |

① 거란의 제1차 침입 때 고려의 서희는 거란 장수 소손녕과의 회담에서 북방 지역의 교통로를 확보하면 거란과 교류하겠다고 약속하고, 그 대가로 강동 6주를 확보하였다.
② 백제는 침류왕 때 동진에서 불교를 수용하였고, 다시 일본에 불교를 전파하였다.
③ 조선은 임진왜란 이후 일본 에도 막부의 요청으로 통신사를 파견하였다.
④ 고구려 을지문덕은 살수에서 벌어진 전투를 승리로 이끌어 수나라 군대를 물리쳤다(살수 대첩, 612).
⑤ 조선은 운요호 사건을 계기로 일본과 강화도 조약을 체결(1876)하고 문호를 개방하였다.

10 무신 정권의 성립과 사회 변화 | 정답 ② | 정답률 55%

(가), (나) 시기 사이에 있었던 사실로 옳은 것은? [3점]

> (가) 의종이 보현원 문에 들어서고 신하들이 물러날 무렵에 이의방, 이고 등이 여러 문신을 죽였다. …(중략)… 정중부가 끝내 의종을 거제현으로 추방하고 새로운 왕을 즉위시켰다. → 무신 정변 발발(1170)
> (나) 원종이 도읍을 다시 개경으로 옮겼다. 왕이 장군 김지저를 강화로 보내 삼별초를 혁파하고 그 명단을 가지고 돌아오라 명하였다. → 개경 환도(1270)

① 대조영이 발해를 건국하였다. → 698
② 노비 만적이 봉기를 모의하였다. → 고려 무신 집권기
③ 법흥왕이 금관가야를 병합하였다. → 532
④ 조광조가 현량과 실시를 건의하였다. → 조선 중종
⑤ 이순신이 명량 해전에서 승리하였다. → 1597

| 자 | 료 | 해 | 설 |

이의방, 정중부 등은 무신에 대한 차별 대우에 불만을 품고 정변을 일으켜 정권을 장악하였다(무신 정변, 1170). 고려 정권이 몽골과 강화를 맺고 개경으로 환도(1270)하자 삼별초는 이에 반대하며 제주도로 근거지를 옮겨 항전을 지속하였다(1270~1273).

| 선 | 택 | 지 | 풀 | 이 |

① 고구려 멸망 후 대조영은 고구려 유민과 말갈족을 이끌고 동모산을 근거지로 발해를 건국하였다(698).
② 고려 무신 집권기 신분 차별에 저항하여 최충헌의 사노비로 알려진 만적이 개경에서 봉기를 계획하였으나 실패하였다.
③ 신라 법흥왕은 532년 김해를 중심으로 전기 가야 연맹을 주도한 금관가야를 병합하였다.
④ 조선 중종 때 조광조는 덕이 있는 인재를 추천하여 간단한 시험으로 등용하는 현량과를 건의하였다.
⑤ 이순신은 명량(울돌목)에서 왜의 수군을 대파하였다(명량 해전, 1597).

11 조선 후기의 조세 제도 변화 | 정답 ① | 정답률 20%

(가) 제도에 대한 탐구 활동으로 가장 적절한 것은? [3점]

> 호조가 아뢰기를, "(가) 을/를 경기 지방에 시행한 지 20년이 되어 갑니다. 팔도 전체에 통용시키면 모든 백성들이 그 혜택을 받을 수 있을 텐데, 방납으로 이익을 얻는 무리들이 저지하여 확대하지 못한 지 오래입니다. …(중략)… (가) 을/를 2~3개 도에 추가로 실시하여 공물을 토지 결수에 따라 쌀로 거두면, 수십만 석을 장만할 수 있습니다."라고 하였다.

① 공인이 성장한 배경을 조사한다.
② 과전법이 제정된 목적을 찾아본다.
③ 녹읍 폐지가 끼친 영향을 알아본다.
④ 산미 증식 계획의 결과를 분석한다.
⑤ 금융 실명제 도입의 과정을 파악한다.

문제편 156쪽

|자|료|해|설|
'방납으로 이익을 얻는 무리들이 저지', '공물을 토지 결수에 따라 쌀로 거두면' 등을 통해 (가) 제도가 대동법임을 알 수 있다. 대동법은 집집마다 토산물을 부과하던 공물 납부 방식을 토지 1결당 쌀 12두로 납부하도록 한 제도이다.

|선|택|지|풀|이|
① 조선 후기에 대동법이 실시되면서 정부에 관수품을 대량으로 조달하는 공인이 상권을 주도하였다.
② 이성계와 급진파 신진 사대부는 전시과를 없애고 과전법을 시행하였다. 과전법은 토지를 재분배하기 위하여 제정되었다.
③ 통일 신라 신문왕은 진골 귀족의 경제적 기반을 약화시키기 위해 녹읍을 폐지하였다.
④ 일제는 1920년대부터 자국의 쌀 부족 문제를 해결하기 위해 한국을 일본의 쌀 공급 기지로 만들려는 산미 증식 계획을 추진하였다. 그 결과 한반도의 양곡이 일본으로 유출되었다.
⑤ 김영삼 정부는 1993년에 강력한 개혁 정책의 일환으로 금융 실명제를 실시하였다. 금융 실명제는 가명 또는 차명 거래를 금지함으로써 탈세와 부정부패를 막고자 도입되었다.

12 조선의 건국과 발전

정답 ③ | 정답률 75%

다음 상황이 전개된 시기를 연표에서 옳게 고른 것은? [3점]

> 이성계의 다섯 번째 아들 이방원은 정도전이 재상 중심의 정치를 강조하고 왕권을 제한하려는 것에 불만을 가졌다. 이에 그는 제1차 왕자의 난을 통해 정도전과 남은 및 그들이 지지한 세자 방석을 죽이고 권력을 장악하였다. → 1398

과거제 도입 958	(가)	귀주 대첩 1019	(나)	조선 건국 1392	(다)	중종 반정 1506	(라)	신미 양요 1871	(마)	을미 사변 1895

① (가) ② (나) ③ (다) ④ (라) ⑤ (마)

|자|료|해|설|
왕자의 난은 조선 태조의 왕자들 간에 왕위 계승을 둘러싸고 벌어진 싸움이다. 제1차 왕자의 난(1398)은 이방원을 비롯한 왕자와 종친 세력이 정도전과 세자를 제거한 것이고, 제2차 왕자의 난(1400)은 실권을 장악한 이방원에 대항해 이방간이 일으킨 것이다.

|선|택|지|풀|이|
① 고려 광종은 후주 출신 쌍기의 건의를 받아들여 과거제를 도입하였다(958).
② 거란의 제3차 침입 때 강감찬이 이끈 고려군은 귀주에서 거란군을 크게 격파하였다(귀주 대첩, 1019).
③ 위화도 회군으로 권력을 장악한 이성계를 중심으로 하는 신흥 무인 세력은 신진 사대부와 손잡고 조선을 건국하였다(1392). 조선의 중종은 연산군을 몰아내는 반정(중종반정, 1506)을 통해 즉위하였다.
④ 미국이 제너럴 셔먼호 사건을 구실로 조선에 배상금 지불과 통상 요구를 하였으나 조선 정부가 이를 거부하자 강화도를 침략하였다(신미양요, 1871).
⑤ 을미사변(명성황후 시해 사건)과 단발령 시행에 대한 반발로 을미의병이 일어났다(1895).

13 새로운 사상과 서민 문화의 발달

정답 ② | 정답률 65%

밑줄 친 '이 시기'에 볼 수 있는 모습으로 가장 적절한 것은?

> [시조로 배우는 한국사]
>
> 떳떳할 상(常) 평평할 평(平) 통할 통(通) 보배 보(寶) 자
>
> 구멍은 네모지고 사면(四面)이 둥글어 땍대굴 굴러가는 곳마다 사람들이 반기는구나
>
> 어째서 조그만 금(金) 조각을 두 개의 창[戈]이 다투는지 나는 아니 좋더라
>
> <작품 해설>
> 이 작품은 이 시기에 서민들 사이에 유행했던 사설시조의 하나로, 당시 사람들이 갖고자 했던 상평통보를 묘사하고 있습니다. 상평통보는 장시가 전국적으로 확산되었던 이 시기에 주조되어 유통된 화폐로, 세금이나 소작료 납부 등에 사용되었습니다.

① 주자감에서 공부하는 학생 → 발해
② 판소리 공연을 관람하는 상인 → 조선 후기
③ 황룡사 9층 목탑을 만드는 목수 → 신라
④ 무령왕릉 조성에 동원되는 농민 → 백제
⑤ 석굴암 본존불을 조각하는 장인 → 통일 신라

|자|료|해|설|
'서민들 사이에 유행했던 사설시조', '당시 사람들이 갖고자 했던 상평통보', '장시가 전국적으로 확산되었던' 등을 통해 밑줄 친 '이 시기'가 조선 후기임을 알 수 있다. 장시는 16세기 중엽에 전국적으로 확대되었다.

|선|택|지|풀|이|
① 발해는 최고 교육 기관으로 주자감을 두어 유교를 교육하였으며, 당에 유학생을 보냈다.
② 조선 후기에 '춘향가', '심청가', '흥부가' 등의 판소리가 유행하였다.
③ 신라는 선덕 여왕 때 주변에 위치한 아홉 나라의 침략으로부터 나라를 지키겠다는 의미를 담아 황룡사 9층 목탑을 건립하였다.
④ 백제의 수도였던 웅진에 축조된 무령왕릉은 중국 남조의 무덤 양식(벽돌무덤)이 반영되어 있다.
⑤ 통일 신라 시대 경주에 불국사와 석굴암이 건립되었다. 석굴암은 360여 개의 석재를 이용하여 만든 인공 석굴이며, 중심에 본존불상을 안치하였다.

14 세도 정치와 농민 봉기의 발생

정답 ⑤ | 정답률 75%

밑줄 친 '봉기'에 대한 설명으로 옳은 것은? [3점]

> 지금 봉기를 일으킨 홍경래 등이 정주성을 점거하고 있고 곽산, 용천, 철산 등지에서도 함부로 날뛰면서 산발적으로 노략질을 하고 있습니다. 그러나 그들은 통일된 지휘 계통이 없으니 생각지도 못한 때에 출격하여 그 퇴로를 차단하고 좌우에서 협력하여 공격하면 이 적도들을 없애고 여러 성을 회복할 수 있을 것입니다. → 홍경래의 난(1811)

① 백제 부흥을 목표로 하였다. → 백제 부흥 운동
② 순종의 장례일에 시작되었다. → 6·10 만세 운동
③ 집강소가 설치되는 계기가 되었다. → 동학 농민 운동
④ 대한매일신보 등 언론의 지원을 받았다. → 국채 보상 운동
⑤ 평안도 지역에 대한 차별에 반발하여 일어났다. → 홍경래의 난

문제편 157쪽

|자|료|해|설|

홍경래가 신흥 상공업 세력과 광산 노동자, 빈농 등을 규합하여 봉기하여 청천강 이북의 일부 군현을 점령하였지만 결국 관군에 패배하였다. 따라서 밑줄 친 '봉기'는 홍경래의 난(1811)이다.

|선|택|지|풀|이|

① 흑치상지, 복신, 도침, 부여풍 등은 백제 부흥 운동을 주도하였다.
② 순종이 서거한 뒤 장례일인 6월 10일에 청년, 학생들의 주도로 만세 운동이 일어났다. 이들은 일제의 식민지 수탈과 차별적인 교육에 반대하며 만세 시위를 전개하고, 동맹 휴학을 벌이기도 하였다.
③ 동학 농민군은 정부와 전주 화약을 체결한 직후 전라도 각지에 집강소를 설치하여 자치적으로 개혁을 추진해 나갔다(1894).
④ 국채 보상 운동은 대한매일신보와 같은 언론 기관과 애국 계몽 운동 단체의 호응으로 전국에 확산되었다.
⑤ 1811년에 몰락 양반인 홍경래가 평안도에 대한 차별 정책과 지배층의 수탈에 반발하는 무리들을 이끌고 난을 일으켰다(홍경래의 난).

15 대한민국 임시 정부의 수립

정답 ④ | 정답률 40%

(가) 정부에 대한 설명으로 옳은 것은?

이곳은 3·1 운동을 계기로 1919년 상하이에 수립된 (가) 의 청사 중 하나입니다. 이 청사는 1926년부터 1932년까지 사용되었습니다.

① 칠정산을 편찬하였다. → 조선 세종
② 대한국 국제를 반포하였다. → 대한 제국
③ 이자겸의 난을 진압하였다. → 고려
④ 민주 공화제를 채택하였다. → 대한민국 임시 정부
⑤ 전민변정도감을 설치하였다. → 고려

|자|료|해|설|

3·1 운동(1919) 직후 국내외 여러 지역에서 임시 정부가 수립되었고, 통합 운동 결과 대한민국 임시 정부가 외교 활동에 유리한 상하이에서 출범하였다. 따라서 (가) 정부는 대한민국 임시 정부이다.

|선|택|지|풀|이|

① 조선 세종은 한성을 기준으로 천체 운동을 계산해 편찬한 우리나라 최초의 역법서인 칠정산을 편찬하였다.
② 고종은 1899년에 대한 제국이 자주독립 국가라는 것과 황제의 권한이 무한하다는 것을 규정한 대한국 국제를 반포하였다.
③ 김부식이 이끄는 관군은 서경 천도가 좌절된 후 불만을 품고 반란을 일으킨 묘청 등 서경 세력을 진압하였다.
④ 대한민국 임시 정부는 우리나라 최초의 민주 공화제 정부로서, 독립운동의 구심점 역할을 하였다.
⑤ 고려 말 공민왕 등은 권문세족의 경제 기반을 약화시키고 국가 재정을 확충하기 위해 전민변정도감을 설치하였다.

16 갑신정변의 발발

정답 ② | 정답률 50%

(가)에 들어갈 사건으로 옳은 것은?

> **한국사 신문**
>
> [속보] 김옥균, 파란만장한 삶을 마감하다
>
> 3월 28일, 망명 중이던 김옥균이 중국에서 홍종우가 쏜 총에 맞아 현장에서 숨졌다. 그는 급진 개화파로서 10년 전인 1884년 박영효, 홍영식 등과 함께 근대 국가 건설을 목표로 (가) 을/를 일으켰으나, 청군의 개입으로 거사가 실패하자 조선을 떠나 해외에서 도피 생활을 이어가던 중이었다.

① 임오군란 → 1882 ② 갑신정변 → 1884 ③ 갑오개혁 → 1894
④ 정유재란 → 1597 ⑤ 무오사화 → 1498

|자|료|해|설|

'급진 개화파로서 10년 전인 1884년 박영효, 홍영식 등과 함께 일으켰으나', '청군의 개입으로 거사가 실패' 등을 통해 (가)에 들어갈 사건이 갑신정변임을 알 수 있다. 김옥균, 박영효, 홍영식, 서광범 등의 급진 개화파는 근대 국가를 수립하기 위해 갑신정변을 일으켰다.

|선|택|지|풀|이|

① 신식 군대인 별기군과의 차별 대우에 불만을 품은 구식 군인들이 난을 일으켜, 개화 정책을 추진하던 고위 관리의 집을 공격하고 일본 공사관을 습격하였다(임오군란, 1882).
② 급진 개화파는 일본으로부터의 차관 도입에 실패한 이후 위축된 세력을 만회하기 위해 갑신정변을 일으켰다.
③ 일본이 경복궁을 점령하고 내정 개혁을 강요하자 조선 정부는 김홍집 내각을 수립하고 군국기무처를 설치하여 제1차 갑오개혁을 추진하였다.
④ 왜군의 제의로 명과 일본이 휴전 회담을 진행했으나 결렬되자, 왜군이 재침입하였다(1597).
⑤ 조선 연산군 때 훈구 세력이 사초에 실린 '조의제문'을 문제 삼아 사림을 공격한 무오사화가 발생하였다(1498).

17 호란의 발발과 영향

정답 ④ | 정답률 60%

(가) 전쟁이 끼친 영향으로 가장 적절한 것은? [3점]

〈역사 동아리 답사 계획서〉

- 주제 : (가) 의 현장을 찾아서
- 날짜 : 2023년 3월 ○일
- 경로 : 남한산성 행궁 → 남한산성 서문 → 삼전도비

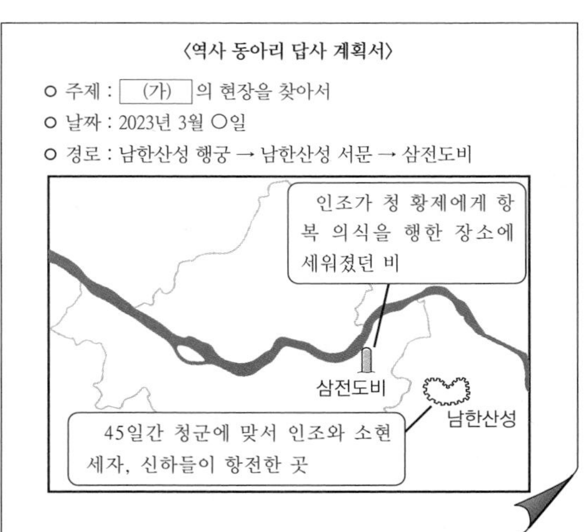

① 후금이 건국되었다. → 1616
② 비변사가 조직되었다. → 조선 중종
③ 쌍성총관부가 설치되었다. → 고려 시대(원 간섭기)
④ 조선에서 북벌론이 대두되었다. → 병자호란 이후
⑤ 전국 각지에 척화비가 세워졌다. → 신미양요 이후

|자|료|해|설|

'남한산성', '삼전도비', '인조가 청 황제에게 항복', '청군에 맞서' 등을 통해 (가) 전쟁이 병자호란(1636~1637)임을 알 수 있다. 조선 인조 때 청은 조선이 군신 관계 요구를 거부한 것을 구실로 대군을 이끌고 침략하였다. 인조 정권은 남한산성에서 40여 일 동안 항전하였으나 결국 청에 항복하고 군신 관계를 체결하였다.

○ 문제편 157쪽

|선|택|지|풀|이|

① 누르하치는 임진왜란·정유재란의 여파로 명의 지배력이 약화된 틈을 타 여진족(이후 만주족으로 개칭)을 통일하고, 후금을 건국하였다(1616).
② 16세기 초 조선 중종 대에 여진과 왜구의 침입에 대비하기 위해 임시 회의 기구인 비변사를 설치하였다.
③ 원은 고려와 강화를 체결한 이후 철령 이북 지역에 쌍성총관부, 서경에 동녕부, 제주에 탐라총관부를 설치하여 직접 통치하였다.
④ 병자호란 이후 청에 당한 치욕을 씻고 명과의 의리를 지키기 위해 청을 정벌하자는 북벌론이 대두되었다.
⑤ 신미양요(1871) 이후 흥선 대원군은 서울 종로를 비롯한 전국의 주요 지점에 척화비를 세워 통상 수교 거부 의지를 강하게 밝혔다.

18 서원과 향약 | 정답 ④ | 정답률 50%

(가)에 들어갈 교육 기관으로 옳은 것은?

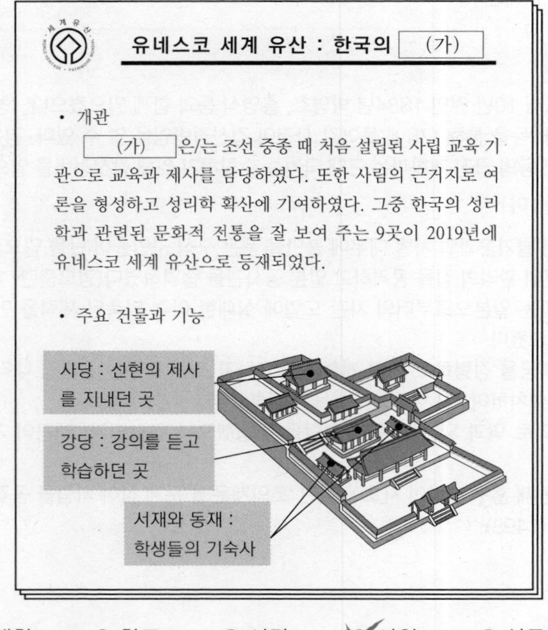

① 태학 ② 향교 ③ 서당 ④ 서원 ⑤ 성균관

|자|료|해|설|

'유네스코 세계 유산', '조선 중종 때 처음 설립된 사립 교육 기관으로 교육과 제사를 담당', '사림의 근거지' 등을 통해 (가)에 들어갈 교육 기관이 서원임을 알 수 있다. 2019년 '한국의 서원' 9곳이 유네스코 세계 유산으로 등재되었다.

|선|택|지|풀|이|

① 고구려 소수림왕은 최고 교육 기관인 태학을 설립하여 귀족 자제에게 유학을 가르쳤다.
② 향교는 지방 군현에 설치되어 유학 교육을 담당하였다.
③ 서당은 초보적 유학 교육을 담당한 장소이다.
④ 서원은 사림의 주도로 설립되어 선현에 대한 제사와 학문 연구·교육 등을 담당하였다.
⑤ 고려 말 최고 교육 기관인 국자감이 성균관으로 개칭되었다. 성균관은 조선 시대까지 이어져 유학을 가르치고 관리를 양성하는 최고 교육 기관으로서 역할을 하였다.

19 조선의 건국과 발전 | 정답 ③ | 정답률 90%

밑줄 친 '전하'의 업적으로 옳은 것은?

① 마한을 병합하였다. → 백제 근초고왕
② 동의보감을 편찬하였다. → 조선 허준
③ 훈민정음을 창제하였다. → 조선 세종
④ 천리장성을 축조하였다. → 고구려, 고려 등
⑤ 김흠돌의 난을 진압하였다. → 통일 신라 신문왕

|자|료|해|설|

조선 세종이 장영실에게 만들게 한 앙부일구(해시계)는 시간 측정 기구로 사람들이 볼 수 있도록 혜정교와 종묘 앞 등에 설치되었다. 따라서 밑줄 친 '전하'는 조선 세종이다.

|선|택|지|풀|이|

① 백제는 4세기 후반 근초고왕의 활약으로 마한 지역을 병합하는 등 영토를 확장하였다.
② 임진왜란 중에 조선 선조의 명을 받아 시작된 허준의 『동의보감』은 광해군 때 완성되었다.
③ 조선 세종은 유교적 통치 이념을 확립하기 위해 집현전을 설치하고 훈민정음을 창제하였다.
④ 고구려는 당의 침략에 대비하기 위해서, 고려는 거란과 여진의 침략에 대비하기 위해서 천리장성을 축조하였다.
⑤ 통일 신라 신문왕은 김흠돌의 난을 진압하면서 진골 귀족 세력을 숙청하고 왕권을 강화하였다.

20 6·25 전쟁의 전개 과정과 영향 | 정답 ③ | 정답률 85%

밑줄 친 '전쟁' 중 있었던 사실로 옳은 것은? [3점]

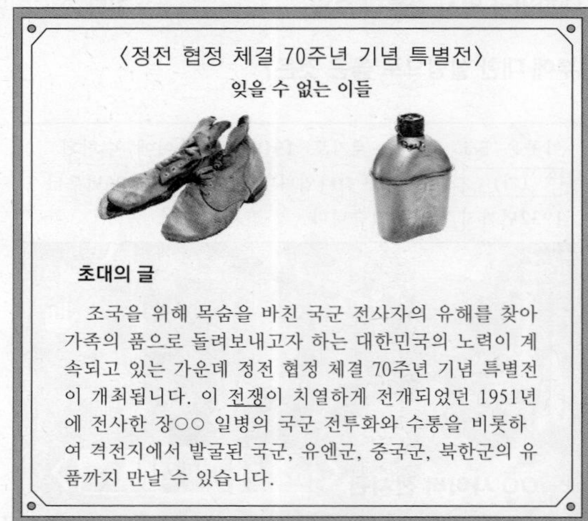

① 4·19 혁명이 일어났다. → 1960
② 대한민국 정부가 수립되었다. → 1948
③ 인천 상륙 작전이 전개되었다. → 1950
④ 7·4 남북 공동 성명이 발표되었다. → 1972
⑤ 남북한이 국제 연합에 동시 가입하였다. → 1991

|자|료|해|설|

'조국을 위해 목숨을 바친 국군 전사자의 유해', '정전 협정 체결 70주년', '국군, 유엔군, 중국군, 북한군' 등을 통해 밑줄 친 '전쟁'이 6·25 전쟁(1950~1953)임을 알 수 있다. 6·25 전쟁은 한국, 유엔, 중국, 북한 등이 참여한 국제전이다.

|선|택|지|풀|이|

① 1960년 3·15 부정 선거를 계기로 자유당과 이승만 정부에 대한 불만이 폭발하여 4·19 혁명이 일어났다.
② 1948년 5·10 총선거를 통해 구성된 제헌 국회가 제헌 헌법을 마련하였고, 이 헌법에 기초하여 대한민국 정부가 수립되었다.
③ 6·25 전쟁 초기에 북한군의 공세에 밀려 낙동강 일대까지 후퇴하였던 국군은 유엔군과 인천 상륙 작전을 전개하여 전세를 역전시켰다(1950).
④ 박정희 정부 때 통일에 관한 최초의 남북 합의문인 7·4 남북 공동 성명이 발표되었다(1972). 남북은 자주, 평화, 민족 대단결의 통일 3원칙에 합의하고, 합의 사항의 실현을 위해 남북 조절 위원회를 설치하였다.
⑤ 1991년에 남북한은 국제 연합[UN]에 동시 가입하였고, 남북 총리급 회담을 개최하여 '남북 사이의 화해와 불가침 및 교류·협력에 관한 합의서(남북 기본 합의서)'를 채택하였다.

문제편 158쪽

15회 2022년 3월 학평 정답과 해설 한국사

문제편 p.159

1	③	2	⑤	3	①	4	①	5	④
6	②	7	④	8	⑤	9	②	10	③
11	①	12	②	13	⑤	14	③	15	④
16	③	17	⑤	18	④	19	⑤	20	④

1 구석기 시대 정답 ③ 정답률 90%

밑줄 친 '유물'로 옳은 것은?

제△△호 ○○신문 △△△△년 △△월 △△일

소리로 듣고 손으로 읽는 역사책 출간

이번에 출간된 『듣고, 느끼는 □□□ 시대 이야기』는 시각 장애인을 대상으로 하였다. 책은 점자로 되어 있고, 소리 펜을 이용해 음성 해설을 듣게 되어 있다. 석기와 불을 사용하기 시작한 시대를 다룬 이 책은 동굴 속 생활과 사냥을 주제로 한 '이야기 하나', 이 시대의 대표적인 유물을 소개한 '이야기 둘' 등으로 이루어져 있다.

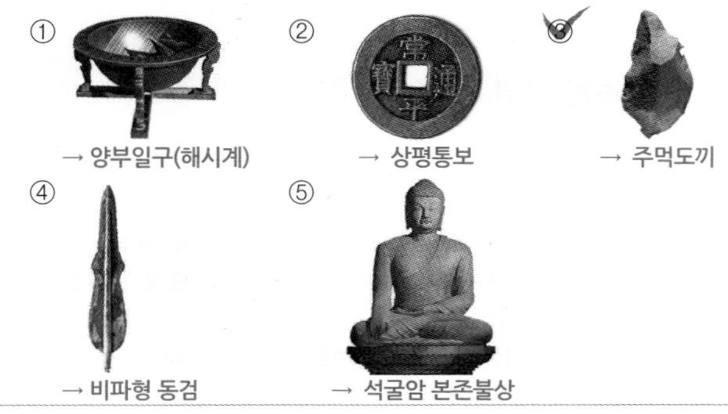
① → 앙부일구(해시계) ② → 상평통보 ③ → 주먹도끼 ④ → 비파형 동검 ⑤ → 석굴암 본존불상

|자|료|해|설|

'석기와 불을 사용하기 시작한 시대', '동굴 속 생활과 사냥'이라는 내용을 통해 밑줄 친 '유물'은 구석기 시대 유물임을 알 수 있다.

|선|택|지|풀|이|

① 조선 세종은 해시계인 앙부일구를 제작하였다.
② 조선 후기에 상품 화폐 경제의 발전과 더불어 화폐 사용이 증가하면서 상평통보가 전국적으로 유통되었다.
③ 구석기인들은 주먹도끼, 찍개 등과 같이 돌을 깨거나 떼어 내어 만든 뗀석기를 사용하였다.
④ 비파형 동검은 거친무늬 거울, 청동 방울 등과 함께 청동기 시대를 대표하는 유물이다. 청동은 주로 지배층의 무기와 제기, 장신구를 만드는 데 사용되었다.
⑤ 통일 신라 시대 경주에 불국사와 석굴암이 건립되었다. 석굴암은 360여 개의 석재를 이용하여 만든 인공 석굴이며, 중심에 본존불상을 안치하였다.

2 삼국과 가야의 발전 정답 ⑤ 정답률 75%

(가) 국가에 대한 설명으로 옳은 것은?

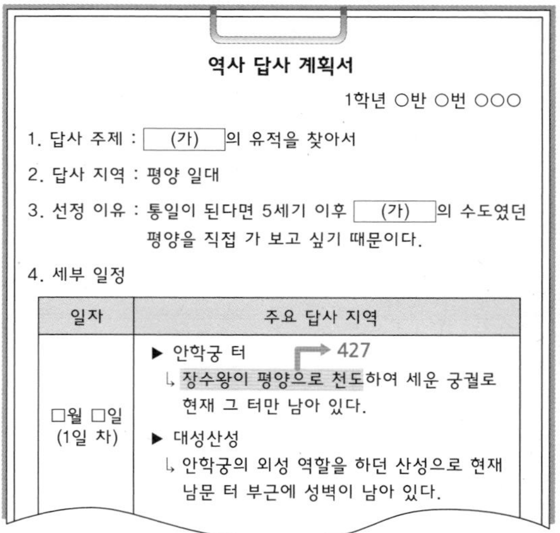
역사 답사 계획서

1학년 ○반 ○번 ○○○

1. 답사 주제 : (가) 의 유적을 찾아서
2. 답사 지역 : 평양 일대
3. 선정 이유 : 통일이 된다면 5세기 이후 (가) 의 수도였던 평양을 직접 가 보고 싶기 때문이다.
4. 세부 일정

일자	주요 답사 지역
□월 □일 (1일 차)	▶ 안학궁 터 ↳ 장수왕이 평양으로 천도하여 세운 궁궐로 현재 그 터만 남아 있다. (→ 427) ▶ 대성산성 ↳ 안학궁의 외성 역할을 하던 산성으로 현재 남문 터 부근에 성벽이 남아 있다.

① 금관가야를 병합하였다. → 신라
② 무령왕릉을 축조하였다. → 백제
③ 일본에 수신사를 파견하였다. → 조선
④ 영고라는 제천 행사를 열었다. → 부여
⑤ 광개토 대왕릉비를 건립하였다. → 고구려

|자|료|해|설|

'5세기 이후', '수도였던 평양', '장수왕이 평양으로 천도' 등을 통해 (가)는 고구려임을 알 수 있다. 고구려 장수왕은 427년 국내성에서 평양성으로 천도하여 남진 정책을 추진하였다.

|선|택|지|풀|이|

① 신라 법흥왕은 532년 김해를 중심으로 전기 가야 연맹을 주도한 금관가야를 병합하였다.
② 백제의 수도였던 웅진에 축조된 무령왕릉은 중국 남조의 무덤 양식(벽돌무덤)이 반영되어 있다.
③ 조선 정부는 개화 정책을 추진하는 데 필요한 기술과 정부를 수집하기 위해 일본에 여러 차례 수신사를 파견하였다.
④ 부여는 천신 신앙을 바탕으로 영고라는 제천 행사를 열어 집단의 결속력을 다졌다.
⑤ 고구려 장수왕은 정복 전쟁 및 영토 확장 과정에서 활약한 광개토 대왕의 비인 광개토대왕릉비를 건립하였다.

3 신라의 발전 정답 ① 정답률 60%

(가), (나) 시기 사이에 있었던 사실로 옳은 것은? [3점]

(가) 지증왕 13년, 우산국이 복속하여 해마다 토산물을 바치기로 하였다. → 512
(나) 신문왕 5년, 거열주를 나누어 청주를 설치하니 비로소 9주가 갖추어졌다. → 685

① 삼국이 통일되었다. → 신라 (676)
② 칠정산이 편찬되었다. → 조선
③ 과거제가 도입되었다. → 고려
④ 경국대전이 반포되었다. → 조선
⑤ 지방에 12목이 설치되었다. → 고려

|자|료|해|설|

지증왕은 신라가 중앙 집권 체제를 갖추어 나가는 6세기 전반, 신문왕은 신라가 삼국 통일을 이룬 이후인 7세기 말에 신라를 지배한 왕이다.

|선|택|지|풀|이|

① 당의 한반도 장악에 맞서 신라는 매소성과 기벌포에서 당군을 물리치고 삼국을 통일하였다(676).
② 조선 세종은 한성을 기준으로 천체 운동을 계산해 편찬한 우리나라 최초의 역법서인 칠정산을 편찬하였다.
③ 고려 광종은 후주 출신 쌍기의 건의를 받아들여 과거제를 도입하였다.
④ 조선 왕조의 기본 법전인 『경국대전』은 세조 때 편찬을 시작하여 성종 때 완성되었다.
⑤ 고려는 중앙 통치 기구를 2성 6부로 정비하였으며, 지방에는 12목을 설치하였다.

4 발해의 성립과 발전 정답 ① 정답률 80%

(가) 국가에 대한 설명으로 옳은 것은?

① 해동성국으로 불렸다. → 발해
② 전국을 8도로 나누었다. → 조선
③ 22담로에 왕족을 파견하였다. → 백제
④ 소도라는 신성 지역을 두었다. → 삼한
⑤ 골품제라는 신분 제도를 운영하였다. → 신라

|자|료|해|설|

대조영은 당의 간섭이 약화된 틈을 타 고구려인과 말갈인을 이끌고 발해를 건국하였다(698).

|선|택|지|풀|이|

① 발해는 9세기 초 선왕 때 옛 고구려 땅을 대부분 차지하면서 역사상 가장 넓은 영역을 지배하였다. 이 무렵 주변 나라들로부터 '해동성국'이라 불릴 정도로 전성기를 누렸다.
② 조선은 전국을 8도로 나누고 그 아래에 군현을 두었다. 고려와 달리 모든 군현에 지방관을 파견하였다.
③ 백제 무령왕 때 지방의 22담로에 왕족을 파견하여 지방에 대한 통치를 강화하였다.
④ 삼한에는 제사장인 천군과 신성 지역인 소도가 있었다. 천군과 소도의 존재는 삼한이 제정 분리 사회였음을 보여준다.
⑤ 신라는 신분에 따라 개인의 정치적 활동 범위와 가옥의 규모, 장식물 등 일상생활까지도 엄격히 규제했던 고유의 신분 제도인 골품제를 운영하였다.

5 공민왕의 개혁 정책 정답 ④ 정답률 50%

(가)에 들어갈 내용으로 가장 적절한 것은? [3점]

[서술형] 다음 자료를 읽고 물음에 답하시오.

> 그는 원에 있으면서 국제 정세를 파악하고, 고려로 돌아와 즉위 후 반원 개혁을 단행하였다. 몽골의 풍습을 금지하고, 기철 등의 친원 세력을 제거하였다.

1. 밑줄 친 '개혁'에 해당하는 정책 한 가지를 10자 내외로 쓰시오. [5점]

(가)

① 경복궁을 중건하였다. → 조선 흥선 대원군
② 홍문관을 설치하였다. → 조선 성종
③ 천리장성을 축조하였다. → 고구려, 고려 등
④ 쌍성총관부를 공격하였다. → 고려 공민왕
⑤ 9서당 10정을 정비하였다. → 통일 신라 신문왕

|자|료|해|설|

'몽골의 풍습을 금지', '기철 등의 친원 세력을 제거' 등을 통해 자료의 왕은 고려 말 반원·자주적인 개혁 정치를 펼쳤던 공민왕임을 알 수 있다.

|선|택|지|풀|이|

① 조선 흥선 대원군은 임진왜란 때 불에 타 터만 남은 경복궁을 중건하여 왕실의 권위를 바로 세우려 하였다.
② 조선 성종 때 홍문관이 설치되었다. 홍문관은 세종 때 설치된 집현전을 계승하여 학술 및 자문 기구의 역할을 하였다.
③ 고구려는 당의 침략에 대비하기 위해서, 고려는 거란과 여진의 침략에 대비하기 위해서 천리장성을 축조하였다.
④ 고려 말 공민왕은 원이 다스리고 있던 쌍성총관부를 공격하여 철령 이북 지역을 되찾았다.
⑤ 통일 신라 신문왕 대에 중앙군 9서당과 지방군 10정이 완성되었다. 9서당에는 고구려, 백제, 말갈족 등을 포함하여 민족의 융합을 꾀하였다.

6 묘청의 서경 천도 운동 정답 ② 정답률 50%

(가) 인물에 대한 설명으로 옳은 것은? [3점]

① 목민심서를 저술하였다. → 정약용
② 금국 정벌을 주장하였다. → 묘청
③ 대동여지도를 제작하였다. → 김정호
④ 현량과 실시를 건의하였다. → 조광조
⑤ 인내천 사상을 강조하였다. → 최제우

|자|료|해|설|

'서경으로 수도를 옮기려다가 실패', '고려가 황제국임을 분명히 하겠다는 신념' 등을 통해 (가) 인물은 서경에서 반란을 일으킨 묘청임을 알 수 있다.

|선|택|지|풀|이|

① 조선 순조 때 정약용은 수령이 지방 통치를 할 때 필요한 도덕적 규율, 행정 지침·방안 및 통치 이념을다룬 목민심서를 저술하였다.
② 고려 인종 때 묘청, 정지상 등은 풍수지리설을 내세워 서경 천도를 추진하였고, 이와 함께 칭제 건원과 금국 정벌을 주장하였다.
③ 조선 후기 김정호는 축척을 이용해 거리를 표시한 대동여지도를 제작하였다.
④ 조선 중종 때 조광조는 덕이 있는 인재를 추천하여 간단한 시험으로 등용하는 현량과를 건의하였다.
⑤ 최제우가 창시(1860)한 동학에서는 '사람이 곧 하늘'이라는 인내천 사상을 바탕으로 인간 평등을 강조하였다.

7 왜란의 발발과 영향 정답 ④ 정답률 70%

(가) 전쟁 중에 볼 수 있는 모습으로 가장 적절한 것은?

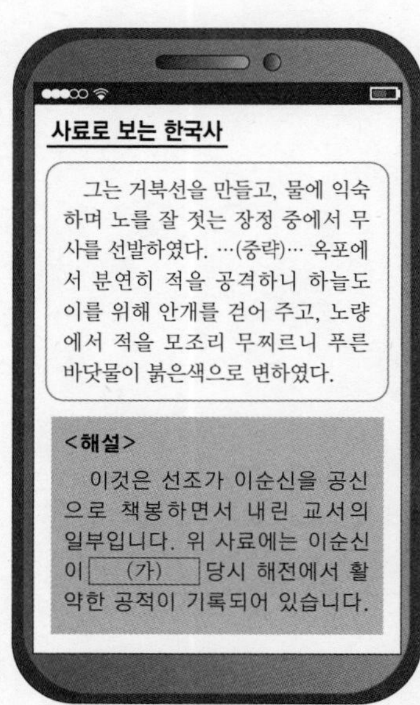
사료로 보는 한국사

그는 거북선을 만들고, 물에 익숙하며 노를 잘 젓는 장정 중에서 무사를 선발하였다. …(중략)… 옥포에서 분연히 적을 공격하니 하늘도 이를 위해 안개를 걷어 주고, 노량에서 적을 모조리 무찌르니 푸른 바닷물이 붉은색으로 변하였다.

<해설>
이것은 선조가 이순신을 공신으로 책봉하면서 내린 교서의 일부입니다. 위 사료에는 이순신이 (가) 당시 해전에서 활약한 공적이 기록되어 있습니다.

① 청해진을 설치하는 장보고 → 9세기 초
② 별무반 편성을 건의하는 윤관 → 12세기
③ 황산벌에서 결사 항전하는 계백 → 660
④ 왜군에 맞서 의병을 이끄는 곽재우 → 임진왜란(1592~1598)
⑤ 살수에서 적의 군대를 물리치는 을지문덕 → 612

문제편 159쪽

|자|료|해|설|

'거북선', '옥포에서 분연히 적을 공격', '노량에서 적을 모조리 무찌르니', '선조가 이순신을 공신으로 책봉' 등을 통해 (가) 전쟁이 임진왜란(1592~1598)임을 알 수 있다.

|선|택|지|풀|이|

① 통일 신라 장보고는 9세기 초 완도에 군사 기지인 청해진을 설치하고 해적 소통과 해상 무역 활동을 전개하였다.
② 고려는 12세기에 윤관의 별무반을 앞세워 여진을 정벌한 이후 동북 지역에 9개의 성을 축조하였다.
③ 백제 계백은 황산벌에서 김유신이 이끄는 신라군에 맞서 결사 항전하였지만 결국 패배하였다(660).
④ 곽재우는 임진왜란이 일어나자마자 고향인 경남 의령에서 의병을 일으켰다. 의령을 거점으로 왜군의 진격로를 공격하여 큰 전과를 올렸고, 위장술이나 매복술이 뛰어나 홍의장군이라는 별명을 얻었다.
⑤ 고구려 을지문덕은 살수에서 벌어진 전투를 승리로 이끌어 수나라 군대를 물리쳤다(살수 대첩, 612).

8 조선 세종의 업적 | 정답 ⑤ | 정답률 40%

(가) 왕에 대한 설명으로 옳은 것은?

① 훈요 10조를 남겼다. → 고려 태조
② 대동법을 실시하였다. → 조선 광해군 등
③ 집강소를 설치하였다. → 1894
④ 순수비를 건립하였다. → 신라 진흥왕
⑤ 4군 6진 지역을 개척하였다. → 조선 세종

|자|료|해|설|

조선 세종은 유교적 통치 이념을 확립하기 위해 집현전을 설치하고 훈민정음을 창제하였다. 『훈민정음』 해례본은 간송 전형필에 의해 보존되었다.

|선|택|지|풀|이|

① 고려 태조는 훈요 10조를 남겨 후대의 왕들이 지켜야 할 정책의 기본 방향을 제시하였다.
② 조선 광해군은 공물을 토산물 대신에 쌀 등으로 거두는 대동법을 경기도에서 처음 실시하였다.
③ 동학 농민군은 정부와 전주 화약을 체결한 직후 전라도 각지에 집강소를 설치하여 자치적으로 개혁을 추진해 나갔다(1894).
④ 신라 진흥왕은 새로 확보한 지역에 4개의 순수비(마운령비, 황초령비, 북한산비, 창녕비 등)를 건립하였다.
⑤ 조선 세종 때 4군 6진을 개척하여 압록강과 두만강 지역까지 영토를 확장하였다.

9 조선 후기 상공업 중심 개혁론 | 정답 ② | 정답률 70%

밑줄 친 '그'의 주장으로 가장 적절한 것은? [3점]

> 연행사의 일원으로 청의 수도 연경(베이징)에 다녀온 그는 『열하일기』에 다음과 같이 썼다. "중국에서 풍부한 재물이 한곳에만 집중되지 않고 골고루 유통되는 것은 수레를 사용하기 때문이다. …(중략)… 조선은 청보다 땅이 작음에도 불구하고 영남 아이들은 새우젓을 모르고, 서북 사람들은 감과 감자를 구별하지 못한다."

① 녹읍을 폐지해야 한다. → 통일 신라 신문왕
② 상공업을 진흥해야 한다. → 북학파
③ 민립 대학을 설립해야 한다. → 조선 민립 대학 기성회
④ 전국에 척화비를 세워야 한다. → 조선 흥선 대원군
⑤ 화랑도를 국가 조직으로 확대해야 한다. → 신라 진흥왕

|자|료|해|설|

'연행사의 일원으로 청의 수도 연경(베이징)', '열하일기', '수레를 사용' 등을 통해 밑줄 친 '그'는 조선 후기 실학자로 상공업 중심 개혁론을 제시한 박지원임을 알 수 있다.

|선|택|지|풀|이|

① 통일 신라 신문왕은 진골 귀족의 경제적 기반을 약화시키기 위해 녹읍을 폐지하였다.
② 조선 후기에 박지원, 박제가 등의 북학파 실학자들은 청과의 교류를 통해 서양의 기술을 적극적으로 수용하자고 주장하였다.
③ 1920년대에 조선 민립 대학 기성회의 주도로 민립 대학 설립 운동이 전개되었다.
④ 조선 흥선 대원군은 신미양요(1871) 직후 전국 각지에 척화비를 건립하여 통상 수교 거부 의지를 널리 알렸다.
⑤ 신라 진흥왕은 6세기 중반에 화랑도를 국가적 조직으로 개편하고 적극적인 영토 확장을 추진하였다.

10 통상 수교 거부 정책과 양요 | 정답 ③ | 정답률 75%

밑줄 친 '거부'로 인해 일어난 사건으로 옳은 것은?

→ 흥선 대원군

두 사람은 부자 관계이면서도 정치적으로 대립하기도 하였습니다. 어린 아들이 왕위에 오른 후 실권을 장악한 아버지는 서양의 통상 요구를 거부하였습니다. 그러나 국왕이 직접 정치를 시작하면서 조선의 외교 정책에도 변화가 나타났습니다. → 고종

① 정묘호란 → 1627
② 갑오개혁 → 1894
③ 신미양요 → 1871
④ 귀주 대첩 → 1019
⑤ 6·10 만세 운동 → 1926

|자|료|해|설|

세도 정치와 삼정의 문란, 이양선의 출몰 등으로 사회 분위기가 혼란스러운 상황에서 고종이 어린 나이에 왕위에 오르자 아버지인 흥선 대원군이 정치적 실권을 장악하고 개혁을 추진하였다. 흥선 대원군은 통상 수교 거부 정책을 시행하였다.

|선|택|지|풀|이|

① 후금은 명을 공격하기 전에 배후를 안정시키기 위해 조선을 침략하여 형제 관계를 요구하였다(정묘호란, 1627).
② 일본이 경복궁을 점령하고 내정 개혁을 강요하자 조선 정부는 김홍집 내각을 수립하고 군국기무처를 설치하여 제1차 갑오개혁을 추진하였다(1894).
③ 미국은 제너럴 셔먼호 사건(1866)을 구실로 강화도를 침략하여 조선 정부에 피해 보상과 통상을 요구하였다(신미양요, 1871).
④ 거란의 제3차 침입 때 강감찬이 이끈 고려군은 귀주에서 거란군을 크게 격파하였다(귀주 대첩, 1019).
⑤ 순종이 서거한 뒤 인산일인 6월 10일에 청년, 학생들의 주도로 만세 운동이 일어났다(6·10 만세 운동, 1926).

11 세도 정치와 농민 봉기의 발생 | 정답 ① | 정답률 55%

다음 자료를 활용한 탐구 활동으로 가장 적절한 것은?

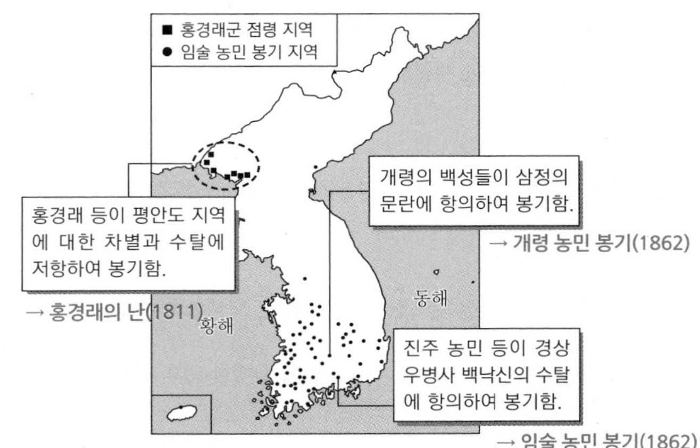

① 세도 정치의 폐단을 조사한다.
② 백제와 고구려의 부흥 운동을 분석한다.
③ 이자겸의 난이 일어난 배경을 알아본다.
④ 항일 의병 운동이 전개된 과정을 정리한다.
⑤ 무신 집권기에 일어난 신분 해방 운동을 찾아본다.

문제편 160쪽

|자|료|해|설|

조선 후기 삼정(전정, 군정, 환곡)의 문란과 지배층의 수탈에 대한 저항으로 홍경래의 난(1811), 임술 농민 봉기(1862) 등이 발생하였다.

|선|택|지|풀|이|

① 조선 후기 세도 정치의 폐단으로 인한 정치적 혼란과 지배층의 수탈, 삼정의 문란 등으로 농민들이 불만이 폭발하여 전국 각지에서 농민 반란이 일어났다.
② 흑치상지, 복신, 도침 부여풍 등이 이끈 백제 부흥 운동과 검모잠, 안승 등이 이끈 고구려 부흥 운동은 지배층의 내분 등으로 성공하지 못하였다.
③ 고려 예종과 인종 때 왕실과의 중첩된 혼인으로 막강한 권력을 누리던 이자겸은 자신을 견제하려는 반대파를 제거하기 위해 난을 일으켰다(이자겸의 난, 1126).
④ 을미사변과 단발령 시행에 대한 반발로 을미의병이 일어났다(1895). 이후 을사늑약에 대한 반발로 을사의병, 대한 제국 군대 해산 등에 대한 반발로 정미의병이 발생하였다.
⑤ 고려 무신 집권기 신분 차별에 저항하여 전주의 관노비가 봉기하였으며, 최충헌의 사노비로 알려진 만적도 개경에서 봉기를 계획하였으나 실패하였다.

12 갑신정변의 발발 정답 ② 정답률 80%

(가) 사건에 대한 설명으로 옳은 것은?

① 순종의 인산일에 일어났다. → 6·10 만세 운동
② 급진 개화파가 주도하였다. → 갑신정변
③ 풍수지리설의 영향을 받았다. → 묘청의 난 등
④ 새마을 운동이 추진되는 배경이 되었다. → 1970년대
⑤ 강화도 조약이 체결되는 결과를 가져왔다. → 1876

|자|료|해|설|

박영효, 서광범, 서재필, 김옥균과 우정총국에서 시작되었다는 점, 3일 천하였다는 점 등을 통해 (가) 사건이 갑신정변(1884)임을 알 수 있다.

|선|택|지|풀|이|

① 순종이 서거한 뒤 인산일인 6월 10일에 청년, 학생들의 주도로 만세 운동이 일어났다(6·10 만세 운동, 1926).
② 급진 개화파는 일본으로부터의 차관 도입에 실패한 이후 위축된 세력을 만회하기 위해 갑신정변을 일으켰다.
③ 고려 인종 때 묘청, 정지상 등은 풍수지리설을 내세워 서경 천도를 추진하였고, 이와 함께 칭제 건원과 금국 정벌을 주장하였다.
④ 박정희 정부는 1970년부터 농촌의 생활 환경 개선을 목표로 새마을 운동을 추진하였다. 새마을 운동 결과 농촌의 환경이 개선되었지만, 실질적인 경제 소득 향상의 효과는 크지 않았다.
⑤ 군함 운요호를 동원한 일본의 무력 시위(운요호 사건, 1875)를 계기로 조선은 일본과 강화도 조약을 체결하고 문호를 개방하였다(1876).

13 대한 제국과 광무개혁 정답 ⑤ 정답률 70%

(가) 정부가 실시한 정책으로 옳은 것은? [3점]

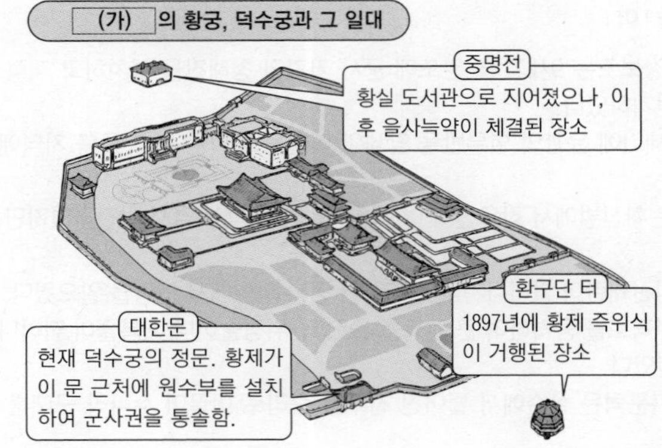

① 태학을 설립하였다. → 고구려 등
② 과전법을 실시하였다. → 고려 말, 조선 초 등
③ 탕평비를 건립하였다. → 조선
④ 웅진으로 천도하였다. → 백제
⑤ 대한국 국제를 반포하였다. → 대한 제국

|자|료|해|설|

'대한문', '중명전', '환구단', '황궁', '원수부를 설치', '황제 즉위식이 거행' 등을 통해 (가) 정부는 대한 제국임을 알 수 있다. 고종은 아관 파천 1년여 만에 경운궁(덕수궁)으로 환궁하여 대한 제국의 수립을 선포하고, 환구단에서 황제 즉위식을 거행하였다(1897).

|선|택|지|풀|이|

① 고구려 소수림왕은 최고 교육 기관인 태학을 설립하여 귀족 자제에게 유학을 가르쳤다.
② 이성계와 급진파 신진 사대부는 전시과를 없애고 과전법을 시행하였다.
③ 조선 영조는 탕평 의지를 알리기 위해 성균관 앞에 탕평비를 세웠다.
④ 백제는 5세기에 고구려의 남진 정책으로 수도 한성을 빼앗긴 후 웅진으로 천도하였다(475).
⑤ 고종은 1899년에 대한 제국이 자주독립 국가라는 것과 황제의 권한이 무한하다는 것을 규정한 대한국 국제를 반포하였다.

14 언론의 발달과 탄압 정답 ③ 정답률 20%

밑줄 친 '신문'이 발행된 시기를 연표에서 옳게 고른 것은? [3점]

조선 건국 1392	(가)	병자호란 발발 1636	(나)	운요호 사건 1875	(다)	국권 피탈 1910	(라)	광주 학생 항일 운동 1929	(마)	8·15 광복 1945

① (가) ② (나) ③ (다) ④ (라) ⑤ (마)

|자|료|해|설|

대한매일신보는 사장인 베델이 일본의 동맹국인 영국의 국민이어서 일본의 검열을 받지 않고 발행되었다. 또한 박은식, 신채호 등이 논설위원으로 활동하면서 일본의 침략과 한국인의 친일 행위를 신랄하게 비판하였다.

|선|택|지|풀|이|

① 위화도 회군으로 권력을 장악한 이성계를 중심으로 하는 신흥 무인 세력은 신진 사대부와 손잡고 조선을 건국하였다(1392).
② 인조와 서인 정권이 청의 군신 관계 요구를 거절하자 청 태종이 직접 군사를 이끌고 조선을 침략한 병자호란이 발발하였다(1636).
③ 조선은 운요호 사건(1875)을 계기로 일본과 강화도 조약을 체결하고 문호를 개방하였다. 일본은 러시아, 영국, 프랑스 등으로부터 한국 병합을 승인받고 한국 병합 조약을 1910년에 강제로 체결하였다.
④ 일본인 학생이 나주역에서 한국인 여학생을 희롱한 사건이 계기가 되어 한일 학생 간 충돌이 벌어졌다. 이는 광주 지역과 인근 지방으로 확산되어 일제의 식민지 수탈과 차별적인 교육에 반대하는 운동으로 발전하였다(광주 학생 항일 운동, 1929).
⑤ 1945년 8월 15일, 연합국에 대한 일본의 항복 선언과 함께 우리나라가 광복을 맞이하였다.

문제편 161쪽

15 1910년대 무단 통치의 실시와 경제 수탈 정답 ④ 정답률 60%

다음 자료의 상황이 나타난 시기에 있었던 사실로 옳은 것은? [3점]

> ㅇ 서울 청운동에 사는 최○○은/는 인왕산에서 네 번 솔잎을 긁어간 일로 경찰서에서 태형 20대의 즉결 처분을 받았다.
> ㅇ 의주부 석군면에서 화전을 경작하던 10명이 헌병 분대에 불려 가 삼림령 위반으로 각각 태형 20대의 처분을 받았다.

→ 1910년대 무단 통치 시기

① 도병마사 설치 → 고려
② 국가 총동원법 공포 → 1938
③ 경부 고속 국도 개통 → 1970
④ 토지 조사 사업 실시 → 1910년대
⑤ 화폐 정리 사업 단행 → 1905

|자|료|해|설|

일제는 1910년대에 헌병 경찰을 앞세운 무단 통치를 실시하였다. 1912년에는 조선 태형령을 제정하여 한국인에게만 태형을 적용하였다.

|선|택|지|풀|이|

① 고려 시대의 중앙 정치 기구인 도병마사에서는 고위 관료들이 모여 국방 문제와 군사 관련 업무를 논의하였다.
② 일제는 중일 전쟁을 일으킨(1937) 직후 침략 전쟁에 필요한 물자와 인력을 동원하기 위해 국가 총동원법을 제정하였다(1938).
③ 박정희 정부 시기에 사회 간접 자본을 확충하려는 노력이 이루어진 결과 경부 고속 국도가 개통되었다(1970).
④ 일제는 식민 통치기인 1910년대 토지 조사 사업을 실시하여 한국의 경제를 수탈하였다.
⑤ 제1차 한일 협약에 따라 대한 제국의 재정 고문으로 임명된 메가타는 대한 제국의 재정과 금융을 장악하기 위해 1905년에 화폐 정리 사업을 추진하였다.

16 3·1 운동의 발발과 흐름 정답 ③ 정답률 70%

다음 자료에 나타난 민족 운동의 배경으로 가장 적절한 것은?

> 판결문
>
> 주문 : 피고인 심○○을/를 징역 6개월, 집행 유예 3년에 처한다.
> 이유 : 심○○은/는 손병희 등이 조선 독립을 모의하였음을 듣고 그 취지에 동의하여 동조하려 하였다. 이에 많은 군중과 함께 3월 1일 탑골 공원에서 조선 독립을 선언하였다. 또한 수천 인의 군중과 함께 만세 시위를 벌이면서 경성부 내의 치안을 방해하였다.

① 단발령이 시행되었다. → 1895
② 임오군란이 일어났다. → 1882
③ 2·8 독립 선언이 발표되었다. → 1919
④ 영국이 거문도를 불법으로 점령하였다. → 1885~1887
⑤ 모스크바 3국 외상 회의가 개최되었다. → 1945

|자|료|해|설|

한일 강제 병합 이후 일제의 가혹한 무단 통치와 수탈에 대한 반발이 높아졌으며, 윌슨의 민족 자결주의 제창과 레닌의 약소민족에 대한 지원 약속 등으로 인한 국제 정세의 변화, 그리고 고종의 죽음 등으로 인해 3·1 운동이 일어났다(1919).

|선|택|지|풀|이|

① 을미개혁(1895) 때 상투를 자르도록 하는 단발령이 시행되었는데, 이는 을미의병의 봉기에 영향을 주었다.
② 신식 군대인 별기군과의 차별 대우에 불만을 품은 구식 군인들이 난을 일으켜, 개화 정책을 추진하던 고위 관리의 집을 공격하고 일본 공사관을 습격하였다(임오군란, 1882) 그 이후 체결된 제물포 조약을 통해 일본 군대의 국내 주둔이 이루어졌다.
③ 일본 도쿄의 조선 YMCA 강당에서 한국인 유학생들이 2·8 독립 선언을 발표하여 일본과 국제 사회에 한국의 독립을 선언하였다. 2·8 독립 선언(1919)은 3·1 운동의 배경이 되었다.
④ 갑신정변(1884) 이후 조선이 청을 견제하기 위해 러시아와 교섭을 시도하자, 러시아가 조선에 진출하는 것을 막기 위해 영국이 거문도를 불법 점령하였다(1885~1887). 이 사건 이후 조선을 둘러싼 국제 대립은 심화되었다.
⑤ 모스크바 3국 외상 회의에서 한반도에 대한 신탁통치를 결정하자, 이를 둘러싼 갈등이 증폭되었다.

17 한국광복군의 창설과 활동 정답 ⑤ 정답률 40%

(가)에 해당하는 조직으로 옳은 것은?

> 광복군 행진곡
>
> 삼 천 만 대 중 부 르 는 소 리 에 젊 은 가 슴 붉 은 피 는 펄 펄 뛰 고
> 반 만 년 역 사 씩 씩 한 정 기 에 광 복 군 의 깃 발 높 이 휘 날 린 다
>
> 이 노래는 (가) 이/가 충칭에서 창설한 한국광복군이 불렀던 군가의 일부이다. 일제에 맞서 싸워 조국의 광복을 쟁취하려는 의지를 담고 있다. 일제가 태평양 전쟁을 일으키자 (가) 은/는 실제로 한국광복군을 연합군의 일원으로 전쟁에 참여하게 하였다.

→ 1940년 조직

① 신간회 → 1927년 조직
② 의열단 → 1919년 조직
③ 독립 협회 → 1896년 조직
④ 조선 건국 동맹 → 1944년 조직
⑤ 대한민국 임시 정부 → 1919년 조직

|자|료|해|설|

연합국의 일원으로 태평양 전쟁에 참전한 한국광복군은 영국군의 요청에 따라 인도·미얀마 전선에 투입되었다. 한편 한국광복군은 미국 전략 정보국[OSS]과 국내 진공 작전을 계획하였으나 일본의 항복으로 실행에 옮기기 직전에 실행하지 못하였다.

|선|택|지|풀|이|

① 6·10 만세 운동은 이후 민족 유일당 운동이 전개되는 데 큰 영향을 주었다. 지도부가 체포되고, 치안 유지법으로 세력이 위축된 사회주의 세력은 비타협적 민족주의 세력과의 연합을 고려하였고, 그 결과 1927년에 신간회가 결성되었다.
② 김원봉의 주도로 결성된 의열단은 신채호가 작성한 「조선 혁명 선언」을 지침으로 삼아 1920년대에 활발한 의열 투쟁을 전개하였다.
③ 독립 협회는 만민 공동회를 개최하여 러시아 및 열강의 이권 침탈을 규탄하고, 의회 설립 등 자강 개혁의 필요성을 주장하였다(1898).
④ 광복 직후 여운형, 안재홍 등은 조선 건국 동맹을 조선 건국 준비 위원회로 재편한 뒤 각 지역의 치안과 행정을 담당하며 국가 건설을 준비하였다(1945).
⑤ 3·1 운동 직후 출범한 대한민국 임시 정부는 우리나라 최초의 민주 공화제 정부로서, 독립운동의 구심점 역할을 하였다.

18 6·25 전쟁의 전개 과정과 영향 정답 ④ 정답률 90%

밑줄 친 '전쟁' 중에 있었던 사실로 옳은 것은? [3점]

> 동포들의 생명과 자유를 적의 수중에 맡긴 채 정부가 수도를 부산으로 옮긴 지도 2개월여가 되었습니다. 전쟁 발발 당시의 불리했던 국면 등을 국군과 유엔군이 극복하였고 …(중략)… 한반도와 극동 평화를 보장하기 위하여 압록강 및 두만강까지 진격할 것입니다.

① 훈련도감이 설치되었다. → 임진왜란(1592~1598)
② 위화도 회군이 일어났다. → 1388
③ 봉오동 전투가 벌어졌다. → 1920
④ 인천 상륙 작전이 전개되었다. → 1950
⑤ 미소 공동 위원회가 개최되었다. → 1946, 1947

|자|료|해|설|

'정부가 수도를 부산으로 옮긴 지도 2개월여가 되었습니다', '발발 당시의 불리했던 국면 등을 국군과 유엔군이 극복' 등을 통해 밑줄 친 '전쟁'이 6·25 전쟁(1950~1953)임을 알 수 있다.

|선|택|지|풀|이|

① 임진왜란(1592~1598) 때 조선 정부는 군제를 개편하여 직업 군인으로 구성된 삼수병 중심의 훈련도감을 새롭게 설치하였다.
② 고려 말에 명이 철령 이북의 영토를 요구하자 우왕과 최영은 이에 반발하여 요동 정벌을 추진하였다. 이에 군대를 이끌고 요동 정벌에 나섰던 이성계는 위화도에서 군대를 돌려 권력을 장악하였다(1388).
③ 홍범도가 지휘하는 대한 독립군을 포함한 독립군 연합 부대는 봉오동 전투에서 일본군을 공격하여 큰 승리를 거두었다(1920).
④ 6·25 전쟁 초기에 북한군의 공세에 밀려 낙동강 일대까지 후퇴하였던 국군은 유엔군과 인천 상륙 작전을 전개하여 전세를 역전시켰다(1950).
⑤ 모스크바 3국 외상 회의의 결과에 따라 1946년 3월 제1차 미소 공동 위원회가 개최되었다.

문제편 161쪽

19 4·19 혁명의 발발 정답 ⑤ 정답률 75%

(가) 민주화 운동에 대한 설명으로 옳은 것은? [3점]

○○ 역사넷 > 현대 > 자료실

대한민국 헌법 개정의 역사

제헌 헌법	1. 배경
1차 개헌	학생들과 시민들은 자유당 정권의 독재와 부패에 맞서 1960년에 (가) 을/를 일으켰다. 그 결과 이승만 대통령이 사임하고 허정 과도 정부가 수립되면서 개헌이 본격적으로 추진되었다. 이 과정에서 대통령 중심제하에서는 독재를 막기 어려워 내각 책임제로 헌법을 개정해야 한다는 목소리가 힘을 얻었다. 더 보기 ▼
2차 개헌	
3차 개헌	
4차 개헌	
5차 개헌	

① 신탁 통치 결정에 반대하였다.
② 6·10 만세 운동을 촉발시켰다.
③ 단독 정부 수립 반대를 내세웠다.
④ 5·18 민주화 운동을 계승하였다.
⑤ 3·15 부정 선거를 계기로 일어났다.

|자|료|해|설|

'자유당 정권의 독재와 부패', '1960년', '이승만 대통령이 사임' 등을 통해 (가) 민주화 운동이 4·19 혁명(1960)임을 알 수 있다.

|선|택|지|풀|이|

① 모스크바 3국 외상 회의(1945) 이후 신탁 통치 결정 소식이 국내에 알려지자 이에 반대하는 운동이 거세게 일어났다.
② 순종이 서거한 뒤 인산일인 6월 10일에 청년, 학생들의 주도로 만세 운동이 일어났다(6·10 만세 운동, 1926).
③ 제주도의 좌익 세력 등이 5·10 총선거를 앞두고 단독 정부 수립에 반대하는 무장 봉기를 일으켰다. 이에 경찰과 군대, 우익 단체들이 대규모 진압 작전을 전개하였고, 이 과정에서 수많은 제주도민이 희생되었다(제주 4·3 사건, 1948).
④ 12·12 쿠데타로 권력을 장악한 신군부는 광주에서 일어난 학생과 시민들의 시위를 무력으로 진압하였다(5·18 민주화 운동, 1980).
⑤ 1960년 3·15 부정 선거를 계기로 자유당과 이승만 정부에 대한 불만이 폭발하여 4·19 혁명이 일어났다. 혁명 결과 이승만이 대통령직에서 물러났다.

20 김대중 정부의 대북 정책 정답 ④ 정답률 80%

다음 연설이 행해진 정부 시기에 있었던 사실로 옳은 것은? [3점]

① 교정도감이 설치되었다. → 고려
② 홍범 14조가 반포되었다. → 조선
③ 남북한 총선거가 결정되었다. → 1948
④ 남북한이 개성 공단 조성에 합의하였다. → 김대중 정부
⑤ 반민족 행위 특별 조사 위원회가 조직되었다. → 이승만 정부

|자|료|해|설|

김대중 정부는 적극적인 대북 화해 협력 정책(햇볕 정책)을 실시하여 남북 관계를 개선하고, 2000년에는 분단 이후 최초로 남북 정상 회담을 추진하였다. 회담 결과 6·15 남북 공동 선언이 발표되어 남북 간 교류가 확대되었다.

|선|택|지|풀|이|

① 고려 무신 집권기에 최충헌은 국정을 총괄하고 반대 세력을 제거하기 위해 교정도감을 설치하였다.
② 조선 정부는 제2차 갑오개혁 때 국가의 전반적인 근대적 개혁의 구상을 담은 홍범 14조를 반포하였다.
③ 유엔 한국 임시 위원단의 접근이 가능한 지역에서 총선거를 실시하기로 한 유엔 소총회의 결정에 따라 우리나라 최초의 보통 선거인 5·10 총선거가 실시되었다(1948).
④ 김대중 정부가 추진한 제1차 남북 정상 회담 이후 경의선 복구 사업, 개성 공단 조성, 이산가족 면회소 설치 등이 합의되면서 남북 관계가 진전되었다.
⑤ 대한민국 정부 수립 이후 제헌 국회는 친일 민족 반역자를 처벌하기 위해 반민족 행위 처벌법(반민법)을 제정하고, 이 특별법에 따라 반민족 행위 특별 조사 위원회(반민특위)를 설치하였다.

문제편 162쪽

16회 2021년 3월 학평 정답과 해설 한국사

문제편 p.163

1	④	2	⑤	3	②	4	⑤	5	①
6	④	7	④	8	③	9	①	10	②
11	⑤	12	③	13	①	14	①	15	③
16	⑤	17	①	18	②	19	⑤	20	②

1 구석기 시대

정답 ④ 정답률 85%

(가) 시대에 볼 수 있는 모습으로 가장 적절한 것은?

① 청동 방울을 지닌 제사장 → 청동기 시대
② 움집에서 불을 피우는 청년 → 신석기 시대
③ 철을 댄 쟁기로 밭을 가는 농민 → 철기 시대
④ 채집과 사냥을 하며 이동 생활을 하는 무리 → 구석기 시대
⑤ 흉년에 대한 책임을 지고 물러나게 된 국왕 → 부여

|자|료|해|설|

구석기인들은 주먹도끼, 찍개 등과 같이 돌을 깨거나 떼어 내어 만든 뗀석기를 사용하였다. 경기도 연천 전곡리는 주먹도끼가 출토된 우리나라의 대표적인 구석기 시대 유적지이다.

|선|택|지|풀|이|

① 청동기 시대에 비파형 동검, 거친무늬 거울, 청동 방울과 같은 다양한 도구들이 제작되었다.
② 신석기 시대에 농경과 목축의 시작으로 생산 경제 단계에 접어들면서 도구(간석기)와 주거 형태(움집) 등 생활상의 변화가 나타났다.
③ 철기 시대에는 철을 댄 쟁기를 비롯한 철제 농기구가 사용되어 농업 생산력이 높아졌다.
④ 사냥, 채집 등의 방식으로 식량을 확보했던 구석기인들은 무리를 지어 이동 생활을 하였다.
⑤ 부여에서는 흉년이 들면 왕에게 책임을 묻기도 하였다.

2 권문세족의 횡포

정답 ⑤ 정답률 70%

(가)에 들어갈 내용으로 가장 적절한 것은? [3점]

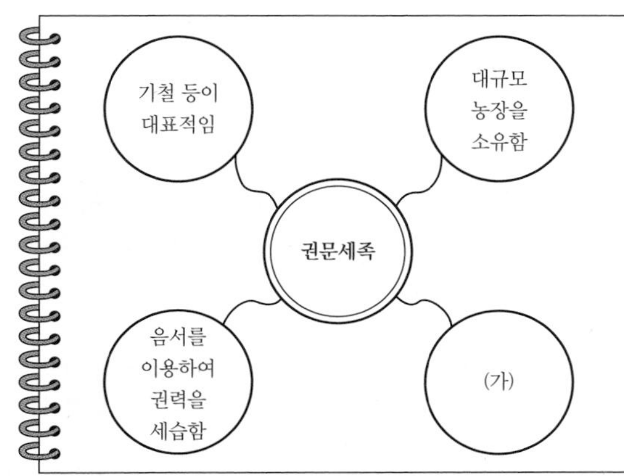

① 북학론을 주장함 → 조선 후기
② 화랑으로 선발됨 → 신라
③ 제가 회의에 참여함 → 고구려 등
④ 백제 부흥 운동을 주도함 → 흑치상지, 복신, 도침, 부여풍 등
⑤ 원 간섭기의 지배 세력임 → 권문세족

|자|료|해|설|

권문세족은 음서를 통해 고위 관직을 독점하였으며, 농민들의 토지와 다른 관리의 수조지를 빼앗아 방대한 농장을 만들었다.

|선|택|지|풀|이|

① 조선 후기에 현실 비판적이고 개혁적인 경향의 실학이 등장하였고, 북학파는 이를 계승하여 부국강병과 토지 제도 개혁을 위한 여러 가지 개혁 방안을 제시하였다.
② 신라 진흥왕은 6세기 중반에 화랑도를 국가적 조직으로 개편하고 적극적인 영토 확장을 추진하였다.
③ 삼국 시대 초기에 왕권이 미약하여 국가 중대사를 왕과 귀족들이 합의하여 처리하였는데, 고구려에서는 제가 회의라고 불렀다.
④ 흑치상지, 복신, 도침, 부여풍 등은 백제 부흥 운동을 주도하였다.
⑤ 원의 영향력이 커지자 다양한 친원 세력이 성장하였다. 이들을 중심으로 원 간섭기의 지배 세력인 권문세족이 등장하였다.

3 왜란의 발발과 영향

정답 ② 정답률 75%

밑줄 친 '전쟁' 중에 있었던 사실로 옳은 것은?

① 이종무가 대마도를 정벌하였다. → 조선 초기
② 이순신이 명량에서 크게 이겼다. → 임진왜란
③ 을지문덕이 살수에서 승리하였다. → 살수 대첩
④ 강감찬이 귀주에서 대승을 거두었다. → 귀주 대첩
⑤ 홍경래가 평안도 지역에서 난을 일으켰다. → 홍경래의 난

|자|료|해|설|

'7년에 걸친 전쟁', '조총으로 부산진을 공격하는 왜군' 등을 통해 밑줄 친 '전쟁'이 임진왜란(1592~1598)임을 알 수 있다. 일본은 약 16만의 군사를 동원하여 조선을 침략하였다. 조선은 전쟁 초기에 부산진과 동래성에서 맞서 싸웠으나 막아내지 못하였다.

|선|택|지|풀|이|

① 고려 말 박위, 조선 초 이종무 등이 왜구를 소탕하기 위해 쓰시마섬(대마도)을 정벌하였다.
② 이순신은 조선 수군을 지휘하여 한산도 대첩, 명량 대첩 등에서 왜군을 크게 격파하였다.
③ 고구려 을지문덕은 살수에서 벌어진 전투를 승리로 이끌어 수나라 군대를 물리쳤다(살수 대첩, 612).
④ 거란의 제3차 침입 때 강감찬이 이끈 고려군은 귀주에서 거란군을 크게 격파하였다(귀주 대첩, 1019).
⑤ 1811년에 몰락 양반인 홍경래가 평안도에 대한 차별 정책과 지배층의 수탈에 반발하는 무리들을 이끌고 난을 일으켰다.

문제편 163쪽

4 무신 정권의 성립과 사회 변화 | 정답 ⑤ | 정답률 75%

(가)에 들어갈 내용으로 적절한 것은? [3점]

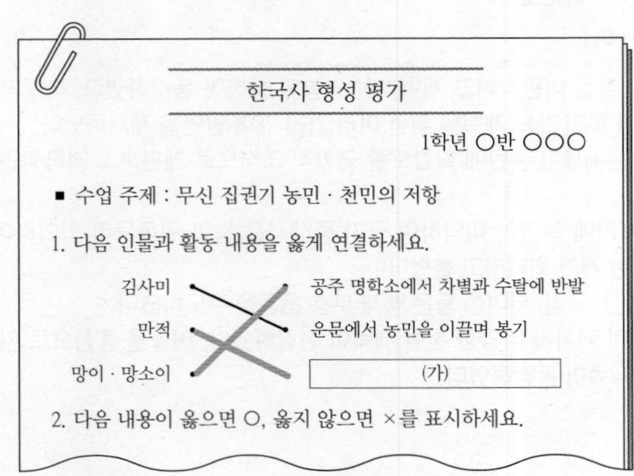
한국사 형성 평가

1학년 ○반 ○○○

■ 수업 주제 : 무신 집권기 농민 · 천민의 저항

1. 다음 인물과 활동 내용을 옳게 연결하세요.

김사미 · · 공주 명학소에서 차별과 수탈에 반발

만적 · · 운문에서 농민을 이끌며 봉기

망이 · 망소이 · (가)

2. 다음 내용이 옳으면 ○, 옳지 않으면 ×를 표시하세요.

① 당의 침입에 맞서 저항 → 안시성 전투 등
② 삼정 문란의 시정을 요구 → 임술 농민 봉기 등
③ 신라 말 지배층의 수탈에 항거 → 원종과 애노의 난 등
④ 외세의 침략과 정부의 개화 정책에 반발 → 위정척사 운동
⑤ 신분 해방을 목표로 노비들을 모아 봉기 도모 → 전주 관노비의 난, 만적의 난 등

|자|료|해|설|

고려 무신 집권기에 특수 행정 구역인 공주 명학소에서 망이·망소이가 지배층의 수탈과 차별 정책에 저항하는 봉기를 일으켰다(1176). 따라서 (가)에는 만적의 난에 대한 내용이 들어가야 함을 알 수 있다.

|선|택|지|풀|이|

① 당 태종이 대규모 군대를 이끌고 고구려를 침략하자, 고구려는 안시성 전투에서 이를 물리쳤다(645).
② 조선 후기 삼정의 문란과 지배층의 수탈에 대한 저항으로 임술 농민 봉기 등이 발생하였다(1862).
③ 신라 말 지배층의 수탈에 항거하여 원종과 애노의 봉기 등이 발생하였다(889).
④ 성리학을 신봉하던 보수적 유생들이 서양 문물에 맞서 성리학적 질서 수호를 강조한 위정척사 운동을 전개하였다.
⑤ 고려 무신 집권기 신분 차별에 저항하여 전주의 관노비가 봉기하였으며, 최충헌의 사노비로 알려진 만적도 개경에서 봉기를 계획하였으나 실패하였다.

5 불교의 수용과 발달 | 정답 ① | 정답률 90%

다음 자료를 활용한 탐구 주제로 가장 적절한 것은?

- 소수림왕 2년에 전진의 왕 부견이 사신과 승려 순도를 보내 불상과 경문을 전하였다.
- 침류왕 1년에 승려 마라난타가 동진에서 오자 왕이 궁궐 안으로 맞아들여 머물게 하였다.
- 법흥왕 14년에 이차돈이 불법(佛法)을 위하여 제 몸을 희생하였다.

① 삼국 시대 불교의 수용
② 고려 전기 유학의 발달
③ 고려 후기 성리학의 확산
④ 조선 전기 유교 윤리의 보급
⑤ 조선 후기 붕당 정치의 전개

|자|료|해|설|

고구려는 소수림왕 때에 전진을 통해 불교를 수용하였고, 백제는 침류왕 때에 동진에서 불교를 받아들였다. 신라에는 5세기 초에 고구려를 통해 불교가 전래되었다. 그러나 불교 공인은 법흥왕 때 이차돈의 순교로 이뤄졌다.

|선|택|지|풀|이|

① 삼국은 중앙 집권 체제를 확립하고 영역을 크게 확장하던 시기에 불교를 수용하였다.
② 고려 전기 과거제 시행으로 유학 교육이 확산되었다. 고려 성종은 유교적 통치 체제를 정비하였다.
③ 고려 말 원에 자주 왕래하던 유학자들에 의해 성리학이 수용되었다. 안향은 원에서 유교 경전을 들여와 고려에 성리학을 본격적으로 소개하였고, 이제현은 충선왕이 원에 세운 만권당에서 원의 학자들과 교류하며 성리학에 대한 이해를 넓혔다.
④ 조선 전기 성리학에 바탕을 둔 관료들은 유교적 제도의 완비와 성리학적 이념의 교육과 보급을 위해 『주자가례』와 『소학』 등을 장려하였다.
⑤ 조선 후기에는 상호 비판과 견제를 통해 붕당 정치의 균형이 유지되었던 초기 모습과 다르게, 예송 논쟁을 거치며 붕당 간의 대립이 치열해졌다.

6 삼국의 통치 질서 | 정답 ④ | 정답률 60%

다음 제도가 시행된 국가에서 있었던 사실로 옳은 것은?

- 진골의 방의 길이와 넓이는 24척을 넘지 못한다.
- 6두품의 방의 길이와 넓이는 21척, 담장은 8척을 넘지 못한다.
- 5두품의 방의 길이와 넓이는 18척, 담장은 7척을 넘지 못한다.
- 4두품에서 백성까지 방의 길이와 넓이는 15척을, 담장은 6척을 넘지 못한다.

→ 신라 골품제

① 별무반이 조직되었다. → 고려
② 과거제가 시행되었다. → 고려, 조선
③ 수원 화성이 축조되었다. → 조선
④ 화백 회의가 개최되었다. → 신라
⑤ 22담로에 왕족이 파견되었다. → 백제

|자|료|해|설|

신라는 신분에 따라 개인의 정치적 활동 범위와 가옥의 규모, 장식물 등 일상생활까지도 엄격히 규제했던 고유의 신분 제도인 골품제를 운영하였다.

|선|택|지|풀|이|

① 고려는 12세기에 윤관의 별무반을 앞세워 여진을 정벌한 이후 동북 지역에 9개의 성을 축조하였다.
② 고려 광종은 후주 출신 쌍기의 건의를 받아들여 과거제를 도입하였다.
③ 조선 후기에 정조는 군사적 방어 기능과 상업적 기능을 함께 고려한 수원 화성을 축조하였다.
④ 신라는 상대등을 중심으로 논의가 진행된 화백 회의에서 국가의 중요한 일을 만장일치로 결정하였다.
⑤ 백제 무령왕은 지방에 대한 통제를 강화하기 위해 전국에 22담로를 두고 왕족을 파견하여 다스리게 하였다.

7 조선의 건국과 발전 | 정답 ④ | 정답률 70%

다음 명령을 내린 국왕의 재위 시기에 있었던 사실로 옳은 것은? [3점]

① 5소경이 설치되었다. → 신라 신문왕
② 천리장성이 축조되었다. → 고구려, 고려 등
③ 노비안검법이 실시되었다. → 고려 광종
④ 국호가 조선으로 정해졌다. → 조선 태조
⑤ 팔만대장경판이 조판되었다. → 고려

|자|료|해|설|

조선 태조 이성계가 도읍으로 정한 한양은 나라의 중앙에 위치해 전국을 다스리기 쉽고, 한강을 끼고 있어 교통이 편리하며 물자가 풍부하였다. 또한 주변이 산으로 둘러싸여 있어 외적을 막는 데에도 유리하였다.

|선|택|지|풀|이|

① 신라 신문왕은 전국을 9개의 주로 나누고, 그 아래 군과 현을 두어 지방관을 파견하였다. 또한 수도 금성(경주)이 동남쪽에 치우친 것을 보완하기 위해 군사 행정상의 요충지에 소경을 두는 제도를 완비하였다(5소경).
② 고구려는 당의 침략에 대비하기 위해서, 고려는 거란과 여진의 침략에 대비하기 위해서 천리장성을 축조하였다.
③ 고려 광종은 본래 양인이었다가 노비가 된 사람을 조사하여 원래 신분으로 돌아가게 하는 노비안검법을 실시하여 공신과 호족의 경제적·군사적 기반을 약화시켰다.
④ 조선 태조 이성계는 고조선을 계승한다는 의미를 담아 국호를 '조선'으로 바꿨다.
⑤ 고려 무신 집권기에 고려인들은 몽골의 침략으로 초조대장경이 불에 타자 팔만대장경을 조판하며 부처의 힘으로 몽골을 격퇴할 수 있기를 기원하였다.

○ 문제편 163쪽

8 조선 세종의 업적 | 정답 ③ | 정답률 95%

(가)에 들어갈 문화유산으로 옳은 것은?

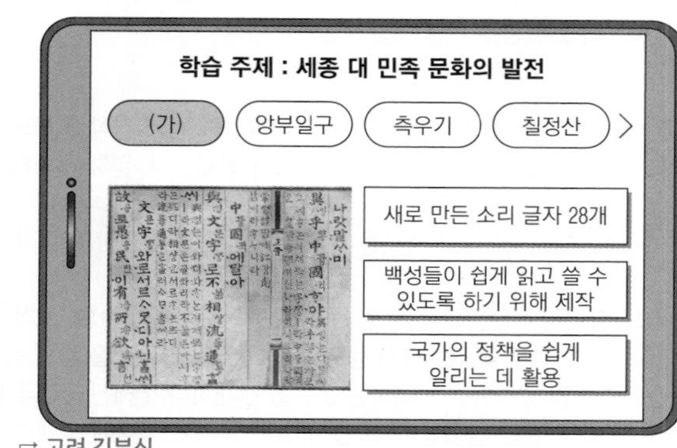

① 삼국사기 (고려 김부식) ② 삼국유사 → 고려 일연 ③ 훈민정음 → 조선 세종
④ 동의보감 → 조선 허준 ⑤ 경국대전 → 조선 성종

|자|료|해|설|

훈민정음은 백성이 문자를 쉽게 익혀 자신의 의사를 표현하게 하기 위함이 창제 목적이었다. 실제로 유교 윤리 보급, 하급 관리의 행정 실무에 이용되었다. 훈민정음이 창제되면서 우리나라도 고유 문자를 갖게 되어 문화 민족의 자긍심이 높아졌다.

|선|택|지|풀|이|

① 고려 인종 때 김부식이 편찬한 『삼국사기』는 현존하는 가장 오래된 역사서로서, 유교적 합리주의 사관에 따라 기전체 형식으로 서술되었다.
② 고려 시대 승려 일연이 저술한 『삼국유사』는 『삼국사기』에 빠졌던 고대 설화와 신화를 서술하였고, 단군을 우리 민족의 시조로 내세웠다.
③ 조선 세종은 유교적 통치 이념을 확립하기 위해 집현전을 설치하고 훈민정음을 창제하였다.
④ 임진왜란 중에 조선 선조의 명을 받아 시작된 허준의 『동의보감』 편찬은 광해군 때 완료되었다.
⑤ 조선 성종 때 조선의 기본 법전인 『경국대전』이 완성되었다. 『경국대전』은 6조의 운영에 필요한 각종 제도와 규정을 담고 있어 통치의 근간이 되었다.

9 발해의 성립과 발전 | 정답 ① | 정답률 85%

(가) 국가에 대한 설명으로 옳은 것은?

> 대저 (가) 의 역사로 말하면, 고구려가 멸망하여 폐허가 되자 대조영(고왕)이 유민 등을 수습하여 나라를 세웠다. 무왕이 중국의 등주를 공격하여 그 자사를 사살하였고 …(중략)… 남쪽으로 일본과 교류하고 서쪽으로 돌궐과 통하였다.

① 해동성국으로 불렸다. → 발해
② 규장각을 설치하였다. → 조선
③ 금관가야를 병합하였다. → 신라
④ 수도를 평양으로 옮겼다. → 고구려
⑤ 지방 행정 구역을 8도로 나누었다. → 조선

|자|료|해|설|

'대조영(고왕)이 유민 등을 수습하여 나라를 세웠다', '무왕이 중국의 등주를 공격하여' 등을 통해 (가) 국가가 발해임을 알 수 있다. 고구려 멸망 후 대조영은 고구려 유민과 말갈족을 이끌고 동모산 근처에서 발해를 건국하였다(698).

|선|택|지|풀|이|

① 발해는 9세기 초 선왕 때 옛 고구려 땅을 대부분 차지하면서 역사상 가장 넓은 영역을 지배하였다. 이 무렵 주변 나라들로부터 '해동성국'이라 불릴 정도로 전성기를 누렸다.
② 조선 정조는 왕실 도서관이자 학문 연구 기관인 규장각을 설치하였다. 정조는 규장각에 비서실 기능을 부여하고 과거 시험과 관리 교육까지 담당하게 하는 등 강력한 정치 기구로 육성하고자 하였다.
③ 신라 법흥왕은 532년 김해를 중심으로 전기 가야 연맹을 주도한 금관가야를 병합하였다.
④ 고구려 장수왕은 427년 국내성에서 평양성으로 천도하여 남진 정책을 추진하였다.
⑤ 조선은 전국을 8도로 나누고, 그 아래에 군현을 두었으며 모든 군현에 지방관을 파견하였다.

10 탕평 정치 | 정답 ② | 정답률 75%

(가)에 들어갈 내용으로 가장 적절한 것은? [3점]

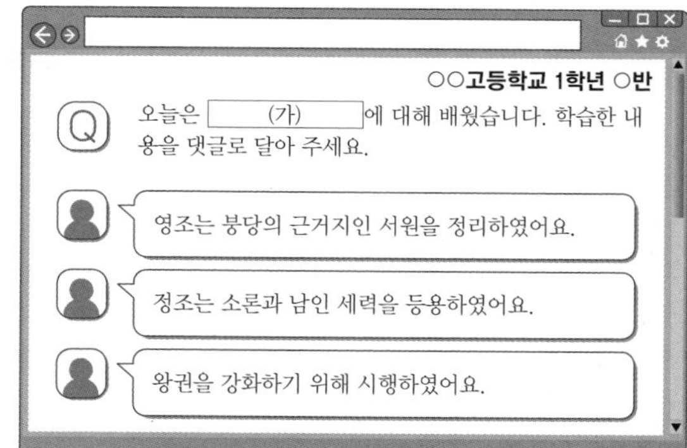

① 사화의 발생
② 탕평책의 추진
③ 삼국 통일의 완성
④ 세도 정치의 폐단
⑤ 서경 천도 운동의 전개

|자|료|해|설|

조선 영조는 탕평 정책에 동의하는 인물(탕평파)을 등용하여 정국을 운영하고, 붕당의 근거지인 서원을 정리하였다. 정조는 권력이 집중되는 것을 막기 위해 노론과 소론, 남인 등을 고루 관직에 등용하고, 탕평 정치를 실시하였다.

|선|택|지|풀|이|

① 조선 시대 훈구파와 사림파의 대립이 격화되었고, 그 결과 무오사화, 갑자사화, 기묘사화, 을사사화 등의 사화가 일어났다.
② 조선 후기에 영조, 정조 등은 붕당의 세력 균형과 왕권 강화를 위해 탕평 정치를 추진하였다.
③ 신라는 매소성 전투(675), 기벌포 전투(676)에서 당의 군대를 물리치고 삼국 통일을 완성하였다.
④ 조선 후기 세도 정치의 폐단으로 인한 정치적 혼란과 지배층의 수탈, 삼정의 문란 등으로 농민들이 불만이 폭발하여 전국 각지에서 농민 반란이 일어났다.
⑤ 고려 인종 때 묘청, 정지상 등은 풍수지리설을 내세워 서경 천도 운동을 전개하였다.

11 국채 보상 운동 | 정답 ⑤ | 정답률 85%

다음 기사의 취지에 따라 전개된 운동에 대한 설명으로 옳은 것은? [3점]

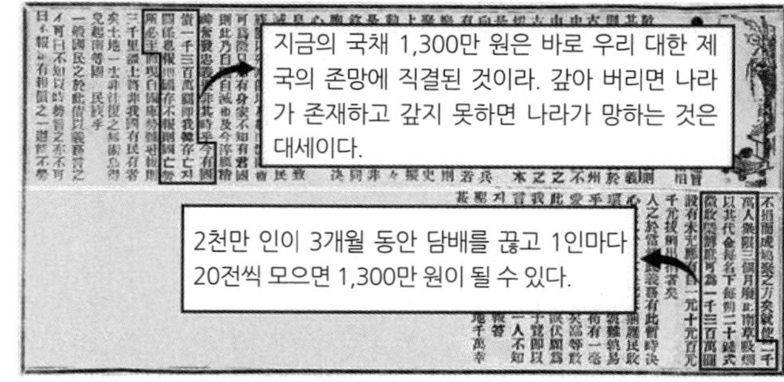

① 서양과의 통상을 반대하였다.
② 수신사의 파견으로 이어졌다.
③ 구식 군인의 주도로 일어났다.
④ 사심관 제도가 시행되는 배경이 되었다.
⑤ 언론의 지원을 받아 전국적으로 확산되었다.

|자|료|해|설|

'국채 1,300만 원은 바로 우리 대한 제국의 존망에 직결된 것', '2천만 인이 3개월 동안 담배를 끊고' 등을 통해 기사의 취지에 따라 전개된 운동이 일본에 진 나랏빚을 갚아 국권을 회복하고자 하였던 국채 보상 운동(1907)임을 알 수 있다.

|선|택|지|풀|이|

① 조선 흥선 대원군은 신미양요(1871) 직후 전국 각지에 척화비를 건립하여 통상 수교 거부 의지를 널리 알렸다.
② 조선 정부는 개화 정책을 추진하는 데 필요한 기술과 정부를 수집하기 위해 일본에 여러 차례 수신사를 파견하였다.
③ 신식 군대인 별기군과의 차별 대우에 불만을 품은 구식 군인들이 난을 일으켜, 개화 정책을 추진하던 고위 관리의 집을 공격하고 일본 공사관을 습격하였다(임오군란, 1882)
④ 고려 태조 왕건은 호족을 통제하기 위해 중앙 고위 관료를 사심관으로 삼아 출신 지역을 다스리게 한 사심관 제도를 실시하였다.
⑤ 국채 보상 운동은 대한매일신보와 같은 언론 기관과 애국 계몽 운동 단체의 호응으로 전국에 확산되었다.

문제편 164쪽

12 동학 농민 운동의 전개 | 정답 ③ | 정답률 80%

다음 자료에서 학생이 선정한 인물에 대한 설명으로 옳은 것은?

수행 평가

1학년 ○반 ○○○

다음에서 한 명의 이름을 선택하고, 해당 인물의 활동을 담은 3행시를 지어 주세요.

김옥균, 박지원, 안중근, 전봉준, 정약용

[학생 답안]

선정 인물	작성한 시
○△□	○주 화약을 체결하고 △기의 뜻을 이루고자 하니 □영한 백성의 뜻이 집강소에서 실현되리라.

① 거중기를 설계하였다. → 정약용
② 갑신정변을 주도하였다. → 김옥균
③ 동학 농민군을 이끌었다. → 전봉준
④ 이토 히로부미를 처단하였다. → 안중근
⑤ 청과의 통상 확대를 주장하였다. → 박지원

|자|료|해|설|

동학 농민군은 정부와 전주 화약을 체결한 직후 전라도 각지에 집강소를 설치하여 자치적으로 개혁을 추진해 나갔다(1894).

|선|택|지|풀|이|

① 조선 후기에 정약용은 거중기를 제작하여 수원 화성 축조에 이용하였다.
② 급진 개화파는 일본으로부터의 차관 도입에 실패한 이후 위축된 세력을 만회하기 위해 갑신정변을 일으켰다.
③ 제1차 봉기 때 정부와 전주 화약을 맺고 해산했던 전봉준이 이끈 동학 농민군은 일본이 경복궁을 점령하고 청일 전쟁을 일으키자 반외세·반침략의 기치를 내걸고 다시 봉기하였다.
④ 국내외에서 의병 활동을 전개하던 안중근은 하얼빈에서 초대 통감 이토 히로부미를 사살하여 민족의 독립 의지를 널리 알렸다(1909).
⑤ 조선 후기에 박지원, 박제가 등의 북학파 실학자들은 청과의 교류를 통해 서양의 기술을 적극적으로 수용하자고 주장하였다.

13 사회주의의 확산과 학생 운동의 전개 | 정답 ① | 정답률 60%

(가) 운동에 대한 설명으로 옳은 것은? [3점]

[연극 동아리 발표회]

11월 3일 '학생 독립운동 기념일'을 맞아 오늘 오후 6시부터 (가) 을/를 소재로 한 연극을 온라인으로 중계하오니, 학교 홈페이지에 접속하셔서 시청 바랍니다.

- 구성 -
⊙ 제1막 : 나주역 사건, 한·일 학생 간 충돌이 일어나다.
⊙ 제2막 : 광주의 학생들, 식민지 노예 교육에 반대하다.
⊙ 제3막 : 학생들의 함성, 광주를 넘어 전국으로 뻗어 가다.

① 신간회의 지원을 받았다. → 광주 학생 항일 운동
② 광무개혁의 토대가 되었다. → 구본신참의 원칙
③ 임술 농민 봉기로 이어졌다.
④ 고종 강제 퇴위에 반대하였다. → 대한 자강회
⑤ 영남 지역의 유생들이 주도하였다. → 영남 만인소

|자|료|해|설|

1929년에 일본인 학생이 나주역에서 한국인 여학생을 희롱한 사건이 계기가 되어 한·일 학생 간 충돌이 벌어졌다. 이는 광주 지역과 인근 지방으로 확산되어 3·1 운동 이후 최대의 항일 민족 운동으로 발전하였다(광주 학생 항일 운동).

|선|택|지|풀|이|

① 신간회는 광주 학생 항일 운동이 일어나자 이를 지원하기 위해 진상 조사단을 파견하였다. 나아가 사건의 진상 보고를 위한 민중 대회를 열고자 하였으나, 일제의 방해로 무산되었다.
② 대한 제국은 '옛것을 근본으로 삼고 새것을 참고한다.'라는 구본신참의 원칙 아래 광무개혁을 추진하였다.
③ 조선 철종 때 세도 정치의 폐단으로 인한 정치적 혼란과 지배층의 수탈, 삼정의 문란 등으로 농민들이 불만이 폭발하여 전국 각지에서 농민 반란이 일어났다(임술 농민 봉기, 1862).
④ 대한 자강회는 고종의 강제 퇴위에 반대하는 운동을 전개하다가 해산되었다(1907).
⑤ 제2차 수신사로 일본에 갔던 김홍집이 『조선책략』을 들여와 국내에 소개하였다(1880). 이만손을 중심으로 한 유생들은 『조선책략』 유포에 반발하여 영남 만인소를 올렸다.

14 독립 협회의 활동과 해산 | 정답 ① | 정답률 60%

(가) 단체에 대한 설명으로 옳은 것은? [3점]

종로 네거리에서 관민 공동회가 열렸는데, 19세였던 나도 학교의 대표로 참가하였다. 여기서 (가) 의 회원들은 철도와 광산을 비롯한 각종 이권을 외국인에게 주지 말 것을 주장하고 헌의 6조를 결의하였다. 이때 회원들은 관리들이 지켜보는 앞에서 정부의 잘못을 비판하였는데, 그 모습은 꽤 인상적이었다.

① 독립문을 건립하였다. → 독립 협회
② 새마을 운동을 이끌었다. → 박정희 정부
③ 한국광복군을 창설하였다. → 대한민국 임시 정부
④ 백운동 서원을 설립하였다. → 주세붕
⑤ 대동법의 시행을 건의하였다. → 조선

|자|료|해|설|

'종로 네거리에서 관민 공동회가 열렸는데', '헌의 6조를 결의' 등을 통해 (가) 단체가 독립 협회임을 알 수 있다. 독립 협회는 관민 공동회에서 국권 수호, 민권 보장 등을 강조하며 관민이 함께 협력할 것을 요구하는 내용을 담은 헌의 6조를 결의한 뒤 고종의 재가를 얻어냈다(1898).

|선|택|지|풀|이|

① 독립 협회는 청 사신을 맞이하던 영은문이 헐린 자리 부근에 국민 성금을 모아 자주독립을 상징하는 독립문을 건립하였다.
② 급속한 산업화의 추진으로 도시와 농촌 간 소득 격차가 심해지자 박정희 정부는 이를 해결하기 위해 1970년대에 새마을 운동을 추진하였다.
③ 대한민국 임시 정부는 충칭에 정착한 직후 중국 국민당의 지원을 받아 지청천을 총사령관으로 하는 한국광복군을 창설하였다(1940).
④ 조선 중종 때 주세붕은 백운동 서원을 설립하였다. 서원은 사림의 주도로 설립되어 선현에 대한 제사와 학문 연구·교육 등을 담당하였다.
⑤ 공물의 징수 과정에서 방납의 폐단이 심해지자 김육은 공납을 쌀 등으로 징수하는 대동법을 실시하였다.

15 통상 수교 거부 정책과 양요 | 정답 ③ | 정답률 75%

(가)에 들어갈 내용으로 가장 적절한 것은?

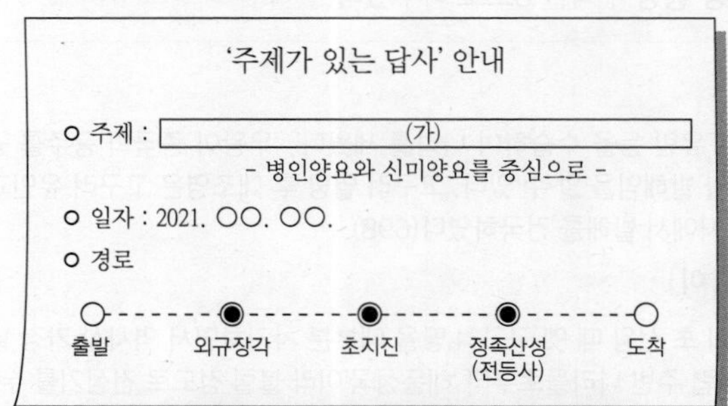

① 삼별초의 항쟁지, 제주도
② 영국의 불법 점령지, 거문도
③ 외침 방어의 요충지, 강화도
④ 조선 수군의 큰 승리, 한산도
⑤ 장보고의 해상 활동 거점, 완도

○ 문제편 165쪽

| 자 | 료 | 해 | 설 |

흥선 대원군이 병인박해로 천주교를 탄압하자 프랑스 군대가 병인박해를 구실로 강화도 침략하였다(병인양요). 미국이 제너럴 셔먼호 사건을 구실로 조선에 배상금 지불과 통상 요구를 하였으나 조선 정부가 이를 거부하자 강화도를 침략하였다(신미양요).

| 선 | 택 | 지 | 풀 | 이 |

① 고려 시대 삼별초는 몽골과의 강화에 반대하여 고려와 몽골의 연합군에 진압될 때까지 항전하였다(1270~1273).
② 갑신정변 이후 조선이 청을 견제하기 위해 러시아와 교섭을 시도하자, 러시아가 조선에 진출하는 것을 막기 위해 영국이 거문도를 불법 점령하였다(1885~1887).
③ 프랑스군이 강화도를 침략하자 한성근 부대가 문수산성에서, 양헌수 부대가 정족산성에서 프랑스군에 맞서 싸웠다. 또한 미군이 광성보를 공격하자 이에 어재연 부대가 결사적으로 항전하였다.
④ 임진왜란 때 이순신의 조선 수군은 한산도 대첩으로 일본군의 수륙 병진 작전을 좌절시켰다(1592).
⑤ 9세기 초 통일 신라의 장보고는 완도에 군사 기지인 청해진을 설치하고 해적 소통과 해상 무역 활동을 전개하였다.

16 1910년대 무단 통치의 실시와 경제 수탈 | 정답 ⑤ | 정답률 80%

다음 신문에 나타난 시기에 있었던 사실로 옳은 것은? [3점]

> 한국사 신문
>
> **토지 조사 사업, 누구를 위한 사업인가**
>
> 조선 총독부는 임시 토지 조사국을 설치한 이후 토지 조사 사업을 밀어붙이고 있다. 이 사업으로 조선 총독부의 지세 수입은 증가하고 있다. 반면, 다수의 소작농은 기존에 관습적으로 인정받던 경작권을 잃게 되는 등 경제적으로 많은 어려움에 처할 것으로 예상된다.

① 비변사가 설치되었다. → 조선 중종
② 호포제가 시행되었다. → 조선 흥선 대원군
③ 균역법이 마련되었다. → 조선 영조
④ 대한국 국제가 반포되었다. → 1899
⑤ 헌병 경찰 제도가 실시되었다. → 1910년대

| 자 | 료 | 해 | 설 |

조선 총독부는 1910년에 임시 토지 조사국을 설치하고, 1912년에 토지 조사령을 공포하여 본격적으로 토지 조사 사업을 시행하였다. 토지 조사 사업은 신고주의 원칙(토지 소유자가 필요한 서류를 구비하여 기일 내에 신고)에 따라 소유권을 인정하였다.

| 선 | 택 | 지 | 풀 | 이 |

① 16세기 초 조선 중종 대에 여진과 왜구의 침입에 대비하기 위해 임시 회의 기구인 비변사를 설치하였다.
② 흥선 대원군은 군정의 폐단을 바로잡기 위해 양반에게도 군포를 징수하는 호포제를 실시하였다.
③ 조선 영조 때 농민의 군포 부담을 줄이기 위해 균역법이 마련되었다. 군포 2필 거두던 것을 1필로 줄이고, 부족분을 충당하기 위해 결작, 선무군관포 등을 징수하였다.
④ 고종은 1899년에 대한 제국이 자주독립 국가라는 것과 황제의 권한이 무한하다는 것을 규정한 대한국 국제를 반포하였다.
⑤ 일제는 1910년대에 헌병 경찰제를 실시하여 공포 분위기를 조성하고 한국인의 일상을 엄격히 통제하였다.

17 무장 독립 전쟁의 전개 | 정답 ① | 정답률 50%

밑줄 친 '이 전투'가 있었던 지역을 지도에서 옳게 고른 것은?

왼쪽의 우표는 이 전투 승리 100주년을 기념하기 위해 발행되었다. 1920년 10월 김좌진, 홍범도 등이 이끄는 독립군 부대가 연합하여 이 전투에서 일본군을 크게 물리쳤다.

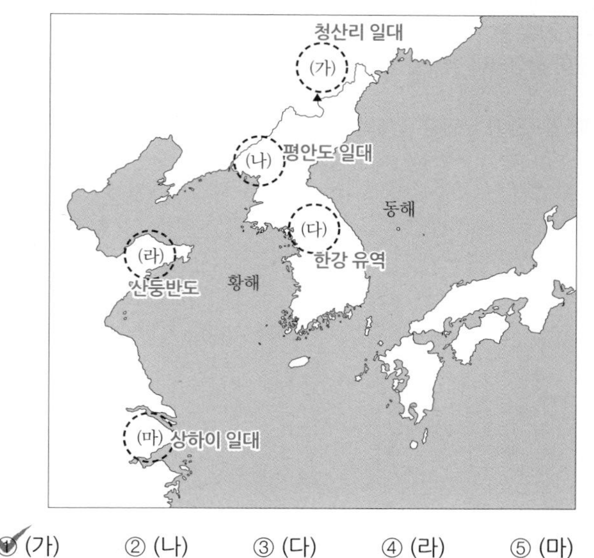

① (가) ② (나) ③ (다) ④ (라) ⑤ (마)

| 자 | 료 | 해 | 설 |

1920년에 북로 군정서(김좌진), 대한 독립군(홍범도) 등의 연합 부대가 청산리 일대에서 일본군을 크게 격파하고 대승을 거두었다(청산리 대첩).

| 선 | 택 | 지 | 풀 | 이 |

① (가)는 청산리 일대로, 청산리 일대에서 일어난 청산리 대첩은 6일 동안 10여 차례의 전투 끝에 일본군을 크게 격파한 전투이다.
② (나)는 평안도 일대로, 홍경래의 난이 일어난 지역이다.
③ (다)는 한강 유역으로, 4~6세기에 삼국이 서로 차지하려 한 지역이다.
④ (라)는 산둥반도로, 발해의 무왕이 장문휴를 통해 당을 공격한 지역이다.
⑤ (마)는 상하이 일대로, 대한민국 임시 정부가 수립된 지역이다.

18 일제의 침략과 국권 피탈 과정 | 정답 ② | 정답률 85%

밑줄 친 '이 늑약'의 결과로 옳은 것은? [3점]

> [용어 사전]
>
> 늑약 (勒 억지로 할 늑, 約 약속할 약)
>
> (의미) 억지로 맺은 조약
> (예문) 1905년 일제가 강요한 이 늑약으로 인하여 대한 제국이 외교권을 빼앗겼다.

① 척화비가 세워졌다. → 1871
② 통감부가 설치되었다. → 1906
③ 개경 환도가 이루어졌다. → 1270
④ 나당 연합군이 결성되었다. → 660
⑤ 4군과 6진 지역이 개척되었다. → 조선 세종

문제편 166쪽

|자|료|해|설|

일제는 군대를 동원하여 고종과 대신들을 위협하고, 한국을 보호국화하는 조약 체결을 강요하였다. 일부 대신들이 반발하자 일제는 이완용, 박제순 등 이른바 을사오적을 앞세워 일방적으로 을사늑약을 체결하였다(1905).

|선|택|지|풀|이|

① 신미양요(1871) 이후 흥선 대원군은 서울 종로를 비롯한 전국의 주요 지점에 척화비를 세워 통상 수교 거부 의지를 강하게 밝혔다.
② 을사늑약이 체결된 이후 통감부가 설치(1906)되고 이토 히로부미가 초대 통감으로 부임하였다. 일제는 통감부를 중심으로 외교뿐만 아니라 내정 전반에 간섭하였다.
③ 고려 최씨 정권이 몽골과 강화를 맺고 개경으로 환도(1270)하자 삼별초는 이에 반대하며 제주도로 근거지를 옮겨 항전을 지속하였다(1270~1273).
④ 나당 연합군이 결성되어 백제를 먼저 공격하여 멸망시켰고(660), 이후 고구려를 멸망시켰다(668).
⑤ 조선 세종 때 압록강과 두만강 일대의 여진을 몰아내고 4군 6진을 개척하여 국경이 안정되었다.

19 6·25 전쟁의 전개 과정과 영향

정답 ⑤ 정답률 60%

다음 결의안이 채택된 시기를 연표에서 옳게 고른 것은?

→ 6·25 전쟁(1950~1953) 발발

> 안전 보장 이사회는 북한군의 무력 침략을 평화를 파괴하는 행위로 규정한다. 전투를 즉각 중지하고 군대를 즉시 38도선 이북으로 철수할 것을 북한에 촉구한다. …(중략)… 안전 보장 이사회는 무력 침략을 격퇴하고 국제 평화와 안전을 회복하는 데 필요한 원조를 대한민국에 제공해 줄 것을 유엔 회원국에 권고하는 바이다.

강화도 조약 체결 1876	(가)	대한 제국 수립 1897	(나)	국권 피탈 1910	(다)	8·15 광복 1945	(라)	대한민국 정부 수립 1948	(마)	6월 민주 항쟁 1987

① (가) ② (나) ③ (다) ④ (라) ⑤ (마)

|자|료|해|설|

소련, 중국과의 비밀 협상을 통해 전쟁 준비를 마친 북한은 1950년 6월 25일 새벽 기습적인 남침을 감행하였다. 전쟁이 일어나자 유엔 안전 보장 이사회는 북한을 침략자로 규정하고 유엔군을 파병하기로 결정하였다.

|선|택|지|풀|이|

① 조선은 운요호 사건을 계기로 일본과 강화도 조약을 체결(1876)하고 문호를 개방하였다.
② 고종은 아관 파천 1년여 만에 경운궁(덕수궁)으로 환궁하여 대한 제국의 수립을 선포하고, 환구단에서 황제 즉위식을 거행하였다(1897).
③ 일본은 러시아, 영국, 프랑스 등으로부터 한국 병합을 승인받고 한국 병합 조약을 1910년에 강제로 체결하였다. 이로 인해 대한 제국의 국권은 피탈되었다.
④ 1945년 8월 15일, 연합국에 대한 일본의 항복 선언과 함께 우리나라가 광복을 맞이하였다.
⑤ 1948년 5·10 총선거를 통해 구성된 제헌 국회가 제헌 헌법을 마련하였고, 이 헌법에 기초하여 대한민국 정부가 수립되었다. 전두환 정부가 대통령 간선제를 유지하겠다는 4·13 호헌 조치를 발표한 데 이어, 6월 10일 여당이 노태우를 대통령 후보로 지명하며 직선제 개헌 요구를 거부하자 독재 타도와 호헌 철폐를 요구하는 시위가 전국 각지에서 일어났다(6월 민주 항쟁, 1987).

20 장면 내각의 수립

정답 ② 정답률 70%

(가)에 들어갈 내용으로 옳은 것은? [3점]

> (가) (으)로 이승만 대통령이 하야함에 따라 허정 과도 정부가 수립되었다. 허정 과도 정부는 국민의 여론에 따라 내각 책임제와 국회 양원제를 골자로 하는 개헌을 단행하였다. 새 헌법에 따라 실시된 총선거에서 민주당이 승리하였고, 장면 내각이 출범하게 되었다.

① 3·1 운동 → 1919
② 4·19 혁명 → 1960
③ 위정척사 운동 → 1860~1890년대
④ 브나로드 운동 → 1930년대
⑤ 5·18 민주화 운동 → 1980

|자|료|해|설|

4·19 혁명으로 이승만이 대통령직에서 물러나고, 이후 허정을 수반으로 하는 과도 정부가 수립되었다. 과도 정부는 양원제 국회 구성과 내각 책임제를 핵심으로 하는 헌법 개정을 단행하였다. 따라서 (가)에 들어갈 내용은 4·19 혁명이다.

|선|택|지|풀|이|

① 일제의 가혹한 식민 수탈과 차별 정책으로 인한 불만이 폭발하여 1919년에 3·1 운동이 일어났다. 학생과 농민, 노동자 등 각계각층의 사람들이 전국 각지에서 만세 시위를 전개하였다.
② 1960년 3·15 부정 선거를 계기로 자유당과 이승만 정부에 대한 불만이 폭발하여 4·19 혁명이 일어났다. 혁명 결과 이승만이 대통령직에서 물러났다.
③ 이항로, 최익현 등은 조선의 전통 질서를 유지하고 천주교 등 서양 문물을 배척하자는 위정척사 운동을 전개하였다.
④ 『동아일보』는 1930년대부터 문맹 퇴치와 농촌 계몽의 구호를 내세워 브나로드 운동을 전개하였다. 농촌에 한글 교재를 보급하고, 강습소와 야학 등을 개최하였다.
⑤ 광주 시민들은 신군부와 계엄군의 탄압에 맞서기 위해 시민군을 조직하여 결사적으로 저항하였지만, 계엄군의 무자비한 탄압으로 진압되었다(5·18 민주화 운동, 1980).

문제편 166쪽

17회 2024년 3월 학평 정답과 해설 탐구영역(사회)

문제편 p.167

1	⑤	2	①	3	③	4	④	5	③
6	②	7	⑤	8	①	9	⑤	10	②
11	③	12	④	13	②	14	⑤	15	③
16	⑤	17	④	18	④	19	②	20	①

1 정보화 시대

정답 ⑤ 정답률 50%

(가)의 주장을 (나)와 같이 나타낼 때, ㉠에 대한 반론의 근거로 가장 적절한 것은? [3점]

(가)	개인이 생산한 정보를 사회 구성원들이 무상으로 공유하는 것은 개인의 소유권을 침해하므로 옳지 않다.
(나)	ㅇ 도덕 원리 : 개인의 소유권을 침해하는 것은 옳지 않다. ㅇ 사실 판단 : [㉠] ㅇ 도덕 판단 : 개인이 생산한 정보를 사회 구성원들이 무상으로 공유하는 것은 옳지 않다.

→ 개인이 생산한 정보를 사회 구성원들이 무상으로 공유하는 것은 개인의 소유권을 침해하는 것이다.

① 정보의 무상 공유는 양질의 정보 생산을 방해한다.
② 정보 생산자에게 창작에 대한 경제적 보상을 해야 한다.
③ 정보 역시 다른 재화처럼 생산자의 소유권을 인정해야 한다.
④ 정보를 생산하는 데에는 개인의 많은 시간과 노력이 투입된다.
⑤ 정보는 기존 정보들을 토대로 생산되므로 배타적 소유권을 인정받기 어렵다.

|자|료|해|설|

(가)는 개인이 생산한 정보를 무상으로 공유하는 것이 옳지 않다는 주장이다. 이 주장에 대한 도덕 원리는 개인의 소유권을 침해하는 것이 옳지 않다는 것이고, 도덕 판단은 개인이 생산한 정보를 사회 구성원들이 무상으로 공유하는 것은 옳지 않다는 것이다. 따라서 (가) 주장에 대한 사실 판단은 '개인이 생산한 정보를 사회 구성원들이 무상으로 공유하는 것은 개인의 소유권을 침해하는 것이다.'가 되어야 한다.

|선|택|지|풀|이|

⑤ ㉠에는 '개인이 생산한 정보를 사회 구성원들이 무상으로 공유하는 것은 개인의 소유권을 침해하는 것이다.'가 들어가야 한다. 이에 대한 반론의 근거로는 정보의 무상 공유가 개인의 소유권을 침해하는 것이 아니라는 내용이어야 한다. 따라서 정보가 기존 정보들을 바탕으로 생산되므로 배타적 소유권을 인정받기 어렵다는 내용은 ㉠에 대한 반론의 근거로 적절하다.

2 다문화 정책

정답 ① 정답률 60%

갑, 을의 입장으로 적절한 것만을 <보기>에서 고른 것은?

> 갑 : 이민자들은 거주국의 문화를 받아들여야 한다. 이민자들의 문화가 거주국의 문화에 동화되면 사회의 단결력을 증진할 수 있기 때문이다. → 동화주의
> 을 : 이민자들의 문화와 거주국의 문화 각각의 정체성을 동등하게 존중해야 한다. 여러 문화가 존중되고 조화를 이루면 문화적 역동성을 증진할 수 있기 때문이다. → 다문화주의

보기
ㄱ. 갑 : 거주국 문화에 이민자 문화를 편입시켜야 한다.
ㄴ. 을 : 다양한 문화가 공존하면 문화적 역동성이 증진된다.
ㄷ. 을 : 단일 문화를 형성하여 사회의 단결력을 증진해야 한다.
ㄹ. 갑과 을 : 여러 문화의 정체성은 동등하게 존중되어야 한다.

① ㄱ, ㄴ ② ㄱ, ㄷ ③ ㄴ, ㄷ ④ ㄴ, ㄹ ⑤ ㄷ, ㄹ

|자|료|해|설|

갑은 이민자들이 거주국의 문화를 받아들여야 함을 주장하고 있고, 을은 이민자들의 문화와 거주국의 문화 각각의 정체성을 동등하게 존중해야 함을 주장하고 있다. 따라서 갑의 입장은 동화주의, 을의 입장은 다문화주의에 해당한다.

|보|기|풀|이|

ㄱ. 동화주의는 이민자 문화를 거주국 문화에 편입시켜야 한다고 본다.
ㄴ. 다문화주의는 다양한 문화의 공존은 문화적 역동성을 증진시킨다고 본다.
ㄷ. 단일 문화를 형성하여 사회의 단결력을 증진해야 한다고 보는 입장은 동화주의이다.
ㄹ. 여러 문화의 정체성이 동등하게 존중되어야 한다고 보는 입장은 다문화주의이다.

3 통일을 위한 노력

정답 ③ 정답률 95%

다음 글의 입장으로 가장 적절한 것은?

> 남북한의 서로 다른 체제를 통합하는 데 드는 통일 비용으로 인해 통일에 부정적인 사람들이 있다. 그러나 통일 비용은 크게 걱정할 문제가 아니다. 분단이 지속되는 한 국방비·외교비와 같은 분단 비용은 계속 발생하지만, 통일 비용은 통일 전후 한시적으로만 발생한다. 장기적으로 볼 때 통일로 인한 이익의 합, 즉 통일 편익이 통일 비용보다 더 크다.

① 통일 비용은 통일 이전에만 한시적으로 발생한다.
② 분단 비용은 통일 이후에도 지속적으로 발생한다.
③ 통일로 얻게 되는 장기적 이익이 통일 비용보다 크다.
④ 통일 편익은 분단 때문에 치러야 하는 소모적 비용이다.
⑤ 분단 비용은 서로 다른 체제를 통합하는 데 드는 비용이다.

|자|료|해|설|

제시문은 통일과 관련된 비용에 대한 내용이다.

|선|택|지|풀|이|

① 제시문은 통일 비용이 통일 전후 한시적으로만 발생한다고 보고 있다.
② 제시문은 분단 비용이 통일 이후에는 발생하지 않는다고 보고 있다.
③ 제시문은 통일 편익이 통일 비용보다 더 크다고 보고 있으므로 통일로 얻게 되는 장기적 이익이 통일 비용보다 크다고 본다.
④ 분단으로 인해 치러야 하는 소모적 비용은 분단 비용이다.
⑤ 서로 다른 체제를 통합하는 데 드는 비용은 통일 비용이다.

4 서양에서의 행복

정답 ④ 정답률 95%

다음 가상 편지에서 강조하는 내용으로 가장 적절한 것은?

> ○○에게
> 요즘 자네가 행복에 이르는 방법에 대해 고민하고 있다고 들었네. 행복은 인간의 영혼 중에서 이성과 관련된 능력을 탁월하게 발휘하는 것을 의미한다네. 따라서 이성을 통해 도덕적 행위가 무엇인지를 파악하고 이를 반복적으로 실천한다면 좋은 품성을 기를 수 있을 걸세. 그러면 인간 행위의 최종 목적인 행복에 다가갈 수 있다네. → 아리스토텔레스

① 현실 세계에서는 행복한 삶에 도달할 수 없다.
② 좋은 품성은 한 번의 도덕적 행위만으로 형성된다.
③ 인간이 추구하는 궁극적인 목적은 존재하지 않는다.
④ 도덕적 행위를 습관화하는 것은 행복에 이르는 데 기여한다.
⑤ 인간의 기능을 탁월하게 발휘하는 것은 행복과 관계가 없다.

|자|료|해|설|

제시된 편지를 쓴 사람은 이성과 관련된 능력을 탁월하게 발휘하는 것을 행복이라고 보고 있다. 이는 아리스토텔레스의 입장에 해당한다.

|선|택|지|풀|이|

① 아리스토텔레스는 현실 세계에서 행복한 삶에 도달할 수 있다고 보았다.
② 아리스토텔레스는 도덕적 행위를 반복적으로 실천함으로써 좋은 품성을 기를 수 있다고 보았다.
③ 아리스토텔레스는 인간이 추구하는 궁극적인 목적을 행복이라고 보았다.
④ 아리스토텔레스는 행복을 인간 삶의 궁극적 목적으로 보았으며, 행복은 이성의 기능을 잘 발휘할 때 달성된다고 보았다. 즉, 아리스토텔레스는 행복을 실현하기 위해 이성을 통한 도덕적 행위의 습관화를 강조하였다.
⑤ 아리스토텔레스는 인간의 기능을 탁월하게 발휘하는 것은 행복과 관련이 있다고 보았다.

5 준법의 근거 | 정답 ③ | 정답률 65%

갑, 을의 입장으로 적절한 것만을 <보기>에서 있는 대로 고른 것은? [3점]

> 갑 : 법을 지켜야 하는 근거는 국민의 동의에 있다. 이러한 동의에는 명시적인 것뿐만 아니라 암묵적인 것도 있다. 예를 들어 단지 한 국가에 거주하고 있는 것만으로도 그 나라의 법을 지켜야 할 의무가 발생한다. → 동의론
> 을 : 법을 지켜야 하는 근거는 국가가 제공하는 혜택에 있다. 만일 국가가 제공하는 평화, 안전, 공공재와 같은 혜택이 사라진다면 국민이 법을 지켜야 할 의무도 사라진다. → 혜택론

보기
ㄱ. 갑 : 명시적 동의만으로는 준법의 의무가 성립할 수 없다.
ㄴ. 갑 : 한 국가에 살고 있는 것만으로 준법의 의무는 발생할 수 있다.
ㄷ. 을 : 국가의 혜택을 누리는 사람은 준법의 의무를 지닌다.
ㄹ. 갑과 을 : 국민은 국가의 법을 무조건 지켜야 한다.

① ㄱ, ㄴ ② ㄱ, ㄹ ③ ㄴ, ㄷ
④ ㄱ, ㄷ, ㄹ ⑤ ㄴ, ㄷ, ㄹ

|자|료|해|설|

갑은 준법의 근거가 국민의 동의에 있다고 보고 있고, 을은 준법의 근거가 국가가 제공하는 혜택에 있다고 보고 있다. 따라서 갑의 입장은 동의론, 을의 입장은 혜택론에 해당한다.

|보|기|풀|이|

ㄱ. 동의론은 명시적 동의만으로도 준법의 의무가 성립한다고 본다.
ㄴ. 동의론은 한 국가에 거주하고 있는 것만으로도 그 나라의 법을 지켜야 할 의무가 발생한다고 본다.
ㄷ. 혜택론은 국가가 제공하는 혜택을 누리는 사람은 준법의 의무가 있다고 본다.
ㄹ. 혜택론은 국가가 제공하는 혜택이 사라지면 준법의 의무가 사라진다고 본다.

6 생태 중심주의 자연관 | 정답 ② | 정답률 95%

다음 신문 칼럼의 입장으로 적절한 것만을 <보기>에서 고른 것은?

> ○○신문 ○○○○년 ○○월 ○○일
> **칼 럼**
> 오늘날 인류는 심각한 환경 위기에 직면해 있다. 자연을 단지 인간의 소유물이자 이익 추구의 수단으로 보고 무분별하게 착취한 결과, 환경이 심각하게 파괴되었고 이로 인해 인류의 삶마저 위협받고 있다. 이제 인간은 자연의 본래적 가치를 존중해야 한다. 인간은 자연의 지배자가 아니며, 자연의 모든 존재는 인간과 평등한 구성원이라는 점을 인정해야만 한다.

보기
ㄱ. 자연의 모든 존재는 평등하다.
ㄴ. 자연은 인간의 소유물로서 존재한다.
ㄷ. 자연은 그 자체로 소중한 가치를 지닌다.
ㄹ. 자연은 인간이 정복하고 지배해야 할 대상이다.

① ㄱ, ㄴ ② ㄱ, ㄷ ③ ㄴ, ㄷ ④ ㄴ, ㄹ ⑤ ㄷ, ㄹ

|자|료|해|설|

제시된 신문 칼럼에서는 자연의 모든 존재가 인간과 평등한 구성원이라는 점을 인정할 것을 주장하고 있다. 이는 생태 중심주의에 해당한다.

|보|기|풀|이|

ㄱ. 생태 중심주의는 자연의 모든 존재가 평등하다고 본다.
ㄴ. 인간 중심주의는 자연을 인간의 소유물로 본다.
ㄷ. 생태 중심주의는 자연은 그 자체로 본래의 가치를 지니고 있다고 본다.
ㄹ. 인간 중심주의는 인간과 자연의 관계에서 인간의 이익이나 행복을 먼저 고려하므로 자연을 인간이 정복하고 지배해야 할 대상으로 본다.

7 죽음 | 정답 ⑤ | 정답률 95%

다음은 사상가 갑, 을의 가상 대화이다. 갑, 을의 입장으로 가장 적절한 것은? [3점]

> 삶도 제대로 모르는데 죽음을 어찌 알겠습니까? 죽음을 아는 것보다는 현실에서 인(仁)을 실천하는 것이 더 중요합니다. 다만 상례(喪禮)에서 슬퍼하는 것은 어진 사람이라면 마땅히 해야 할 도리입니다.

> 죽음은 우리에게 아무것도 아닙니다. 죽음은 경험할 수 없기 때문입니다. 인간이 죽으면 모든 감각은 없어지므로 쾌락과 고통을 느낄 수 없습니다. 따라서 죽음을 걱정하며 현실에서 고통을 느낄 필요가 없습니다.

① 갑 : 도덕적 실천은 살아 있는 사람만을 대상으로 한다.
② 갑 : 죽음은 자연스러운 과정이므로 슬퍼할 필요가 없다.
③ 을 : 인간의 감각은 죽음 이후에도 사라지지 않는다.
④ 을 : 죽음은 인간이 경험하게 되는 가장 큰 고통이다.
⑤ 갑과 을 : 죽음보다 현실의 삶에 더 관심을 기울여야 한다.

|자|료|해|설|

갑은 죽음을 아는 것보다 현실에서 인을 실천하는 것이 중요하다고 보고 있고, 을은 경험할 수 없는 죽음에 대해 두려워하며 현실에서 고통을 느낄 필요가 없다고 보고 있다. 따라서 갑은 공자, 을은 에피쿠로스이다.

|선|택|지|풀|이|

① 공자는 상례에서 죽은 이에 대해 마땅히 슬퍼해야 한다고 보고 있으므로 도덕적 실천이 살아 있는 사람만을 대상으로 한다고 보지 않는다.
② 공자는 상례에서 죽은 이에 대해 마땅히 슬퍼해야 한다고 보고 있으므로 죽음에 대해 슬퍼해야 한다고 본다.
③ 에피쿠로스는 인간이 죽으면 모든 감각이 사라진다고 본다.
④ 에피쿠로스는 죽음은 인간이 경험할 수 없다고 본다.
⑤ 공자와 에피쿠로스는 모두 죽음을 아는 것보다 현실의 삶에 관심을 기울일 것을 주장한다.

8 자연재해 | 정답 ① | 정답률 90%

다음 자료는 어느 자연재해 발생 시 행동 요령의 일부이다. (가)에 대한 설명으로 옳은 것만을 <보기>에서 고른 것은?

보기
ㄱ. 건물의 내진 설계를 통해 피해를 줄일 수 있다.
ㄴ. 해저에서 발생 시 해안에 해일 피해를 줄 수 있다.
ㄷ. (가) 재해에 대비한 전통 가옥 시설로 우데기가 있다.
ㄹ. 기후적 요인에 의해 발생하는 대표적인 자연재해이다.

① ㄱ, ㄴ ② ㄱ, ㄷ ③ ㄴ, ㄷ ④ ㄴ, ㄹ ⑤ ㄷ, ㄹ

|자|료|해|설|

흔들림이 멈출 때까지 책상이나 탁자 아래로 들어가고, 건물에서 멀리 떨어진 공터로 대피해야 하는 자연재해인 (가)는 지진이다. 지진이 발생하면 건물이 붕괴될 수 있고, 간판 등의 부착물이 떨어질 수 있으므로 이에 대비한 행동 요령이 필요하다.

문제편 167쪽

| 보 | 기 | 풀 | 이 |

ㄱ. 내진 설계는 지진 발생 시 건물이 붕괴되지 않고 견딜 수 있도록 건축물을 설계하는 것이다. 따라서 내진 설계를 통해 지진의 피해를 줄일 수 있다.
ㄴ. 해저에서 지진이 발생하면 지진 해일이 발생하여 해안 일대의 건물이 붕괴되거나 침수될 수 있다.
ㄷ. 우데기는 폭설과 강풍 등에 대비한 울릉도의 전통 가옥 구조물이다.
ㄹ. 지진은 지형적 요인으로 발생하는 자연재해이다. 기후적 요인에 의해 발생하는 자연재해로는 호우, 대설, 태풍, 폭염, 한파 등이 있다.

9 독도 | 정답 ⑤ | 정답률 90%

다음은 우리나라의 섬 (가)의 지명이 변천된 과정을 나타낸 것이다. (가)에 대한 설명으로 옳지 않은 것은?

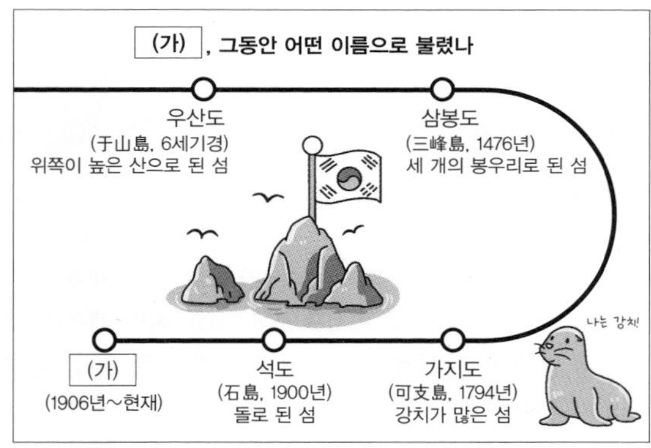

① 섬 전체가 천연 보호 구역이다.
② 행정구역상 경상북도에 속한다.
③ 맑은 날 울릉도에서 육안으로 볼 수 있다.
④ 우리나라에서 가장 동쪽에 있는 영토이다.
⑤ 조선 시대에 우리나라의 영토로 편입되었다.

| 자 | 료 | 해 | 설 |

우산도, 삼봉도, 가지도, 석도 등으로 불린 (가)는 독도이다. 독도에는 독도 강치가 서식하고 있었으나 일제 강점기 때 일본 어부들의 무차별적인 포획으로 현재 멸종된 것으로 알려져 있다.

| 선 | 택 | 지 | 풀 | 이 |

① 독도는 독특한 생태 자원이 잘 보존되어 있고, 화산으로서의 지질적 가치가 높아 1999년 섬 전체가 천연 보호 구역으로 지정되었다.
② 독도는 행정구역상 경상북도에 속한다.
③ 독도와 울릉도의 직선거리는 약 87km로 맑은 날에는 육안으로 바라볼 수 있다. 일본 영토 중 독도와 가장 근접한 오키섬(= 오키노시마섬)에서는 독도를 육안으로 볼 수 없다.
④ 독도는 우리나라 영토 중 가장 동쪽에 위치한다.
⑤ 독도는 6세기 지증왕 때 우산국을 정벌하면서 신라 영토로 편입되었다.

10 기후와 인간 생활 | 정답 ② | 정답률 60%

다음 자료는 어느 여행 프로그램을 소개한 것이다. (가)에 공통으로 들어갈 내용으로 가장 적절한 것은? [3점]

세계 지리 기행 — 그리스 편 '눈부신 섬으로의 여행'	
 (1부) 환상의 섬 산토리니	(가) 이 지역은 하얀 벽과 파란 지붕에 강렬한 햇빛이 내리쬐어 더욱 눈이 부시다. 화산섬에서 새하얀 마을을 산책하고 있노라니 마치 영화 속 장면에 들어온 것 같은 기분이 드는데…….
 (2부) 올리브 나무의 섬 크레타	올리브는 (가) 이 지역에서 수목 농업으로 재배되는 대표 작물이다. 무려 3,000년 이상의 세월을 견딘 것으로 전해지는 올리브 나무를 구경하고 농장에서 갓 만든 신선한 올리브유를 맛보자!

① 겨울이 춥고 건조한 ② 여름이 덥고 건조한
③ 여름이 서늘하고 습한 ④ 일 년 내내 스콜이 내리는
⑤ 연중 봄과 같이 온화한

| 자 | 료 | 해 | 설 |

산토리니와 크레타는 모두 지중해에 위치한 섬으로 지중해성 기후가 나타난다. 산토리니는 여름철 강렬한 태양열로 인한 실내 기온 상승을 방지하기 위해 가옥 벽체를 흰색을 칠하였다. 올리브는 지중해성 기후 지역에서 재배되는 대표적인 농작물이다.

| 선 | 택 | 지 | 풀 | 이 |

① 냉대 겨울 건조 기후의 특징이다.
② 지중해성 기후의 특징이다.
③ 서안 해양성 기후의 특징이다.
④ 열대 우림 기후의 특징이다.
⑤ 열대 고산 기후의 특징이다.

11 문화 차이로 인한 갈등 | 정답 ③ | 정답률 35%

다음 자료의 (가) 국가를 지도의 A~E에서 고른 것은? [3점]

〈 (가) 의 국장〉
사자 문양의 방패가 왕관과 지팡이, 훈장 등으로 장식되어 있다.

(가) 은/는 네덜란드어, 프랑스어, 독일어를 공용어로 사용한다. 국장의 아래쪽에 그려진 리본에는 프랑스어와 네덜란드어로 '단결이 힘이다'라는 문구가 쓰여 있다. 하지만 국장의 문구와는 달리 남부의 프랑스어 권역과 북부의 네덜란드어 권역 간 갈등이 매우 심각하다. 여기에 지역 간 경제 격차까지 커지면서 나라가 남과 북으로 갈라질 위기에 처해 있다.

① A
② B
③ C
④ D
⑤ E

| 자 | 료 | 해 | 설 |

네덜란드어, 프랑스어, 독일어를 공용어로 사용하면서 네덜란드어를 사용하는 북부 지방과 프랑스어를 사용하는 남부 지방 간 갈등이 빚어지는 국가는 벨기에이다. 벨기에는 언어로 인한 갈등뿐만 아니라 북부 지방이 남부 지방보다 소득 수준이 높아 이로 인한 경제적 갈등도 나타난다.

| 선 | 택 | 지 | 풀 | 이 |

① A는 포르투갈이다.
② B는 영국이다.
③ C는 벨기에이다.
④ D는 오스트리아이다.
⑤ E는 폴란드이다.

12 세계화와 지역화 | 정답 ④ | 정답률 85%

다음 자료의 (가)에 들어갈 내용으로 가장 적절한 것은?

세계적으로 유명한 커피 생산국 중 하나인 콜롬비아는 자국 커피의 국제 경쟁력을 높이기 위한 (가) 의 일환으로 '콜롬비아 커피(Café de Colombia)'를 지리적 표시제에 등록하였다. 또한 안데스 산지를 배경으로 커피 농장의 농부와 당나귀의 모습을 담은 마크를 만들었다. 이 마크는 콜롬비아에서 생산된 원두를 100% 사용한 제품에만 표시할 수 있게 함으로써 콜롬비아 커피의 품질에 대한 신뢰도를 높였다.

① 적정 기술 ② 환경 규제 ③ 공간적 분업
④ 지역화 전략 ⑤ 공적 개발 원조

|자|료|해|설|

지리적 표시제는 상품의 품질, 특성 등이 해당 지역에서 비롯되었음을 증명하고 표시하는 제도로 지역 경쟁력을 강화하는 방안 중 하나이다. 다른 지역에서 생산된 상품이 임의로 지리적 표시제 상표권을 사용하면 법적 제재가 가해진다. 따라서 (가)에는 지역의 경쟁력 강화 및 지역 경제 활성화와 관련된 용어가 들어가면 된다.

|선|택|지|풀|이|

① 적정 기술은 해당 사회의 특성을 고려하여 만들어진 기술이다.
② 환경 규제는 법률, 제도 등을 통해 환경에 악영향을 미치는 각종 행위를 제재하는 활동이다.
③ 공간적 분업은 기업의 관리 기능, 연구 개발 기능, 생산 기능 등 각종 기능이 최적 지점을 찾아 각각 다른 장소에 입지하는 것을 말한다.
④ 지역화 전략은 다른 지역과 차별화된 지역 고유의 특성을 내세워 지역의 경쟁력을 높이는 전략이다. 대표적인 지역화 전략에는 지역 브랜드, 장소 마케팅, 지리적 표시제 등이 있다.
⑤ 공적 개발 원조는 선진국이 저개발국에 차관, 기술 등을 제공하여 발전할 수 있도록 지원해주는 것이다.

13 선진국과 개발 도상국의 인구 구조 | 정답 ② | 정답률 85%

다음은 세계의 인구에 대한 수업 장면이다. 교사의 질문에 옳게 대답한 학생만을 고른 것은? (단, A, B는 각각 아프리카, 유럽 중 하나임.) [3점]

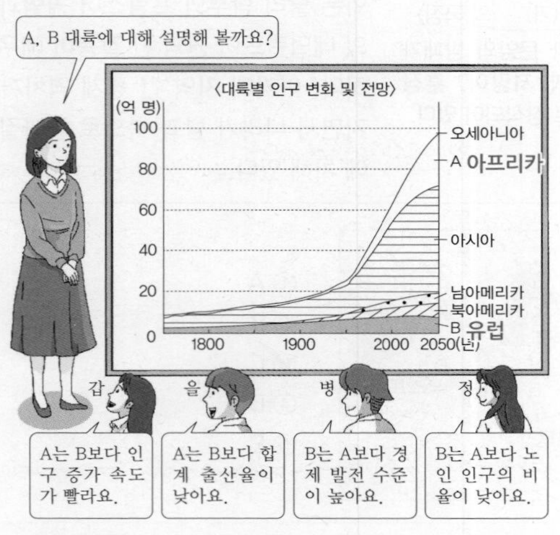

① 갑, 을 ② 갑, 병 ③ 을, 병 ④ 을, 정 ⑤ 병, 정

|자|료|해|설|

인구가 빠르게 증가하는 A는 저개발국의 비율이 높은 아프리카, 인구 증가율이 낮아 2050년에는 인구 감소 추세가 나타나는 B는 선진국의 비율이 높은 유럽이다.

|보|기|풀|이|

갑. 아프리카(A)는 유럽(B)보다 인구 증가 속도가 빠르다.
을. 인구 증가율이 높은 아프리카(A)는 유럽(B)보다 합계 출산율이 높다.
병. 유럽(B)은 아프리카(A)보다 경제 발전 수준이 높다.
정. 경제 발전 수준이 높을수록 노인 인구의 비율은 대체로 높게 나타난다. 따라서 유럽(B)은 아프리카(A)보다 노인 인구 비율이 높다.

14 지위와 역할 | 정답 ⑤ | 정답률 45%

밑줄 친 ㉠~㉤에 대한 설명으로 옳은 것은?

> 법조인이 되기를 바랐던 ㉠ 아버지의 뜻에 따라 로스쿨에서 공부하던 갑은 화가가 되고 싶어 ㉡ 로스쿨을 그만두었다. 그 후 ㉢ 지역 미술 동호회에서 그림의 기초를 배우며 재능을 갈고닦아 과감히 국립미술학교 입학시험에 응시했지만 탈락했다. 갑은 이에 굴하지 않고 ㉣ 박물관, 미술관 등을 다니며 다양한 작품을 보고 꾸준히 연습한 결과 자신만의 독자적인 화풍을 만들어 마침내 ㉤ ○○ 미술 대상을 받았다.

(성취 지위 / 이익 사회 / 역할 행동에 대한 보상)

① ㉠은 귀속 지위이다. (성취)
② ㉡은 갑의 역할 갈등이다. (아니다)
③ ㉢은 공동 사회에 해당한다. (이익)
④ ㉣은 재사회화에 해당한다. (하지 않는다)
⑤ ㉤은 갑의 역할 행동에 대한 보상이다.

|자|료|해|설|

역할 갈등은 한 개인에게 요구되는 역할들이 충돌하여 나타나는 심리적 갈등을 말한다.

|선|택|지|풀|이|

① 아버지는 개인의 능력이나 노력에 의해 후천적으로 얻게 되는 성취 지위에 해당한다.
② 갑이 화가가 되고 싶어 로스쿨을 그만둔 것은 갑에게 요구되는 역할들이 충돌하여 나타나는 심리적 갈등이 아니므로 역할 갈등에 해당하지 않는다.
③ 지역 미술 동호회는 특정한 목적을 달성하기 위해 결합된 이익 사회에 해당한다.
④ 재사회화는 사회 변화나 새로운 환경에 적응하기 위해 이전과는 다른 지식이나 규범, 가치 및 행동 양식 등을 습득하는 과정을 말한다. ㉣은 재사회화에 해당하지 않는다.
⑤ 갑이 ○○ 미술 대상을 받은 것은 화가로서 갑의 역할 행동에 대한 보상에 해당한다.

15 지방 자치 단체 | 정답 ③ | 정답률 50%

다음 대화에 대한 설명으로 옳은 것은? [3점]

> 갑 : 이번 ㉠ 선거에서 당선된 ㉡ 군수가 교통 취약 계층을 위한 정책을 선거 공약으로 제시했었어. 교통 취약 계층이 택시를 한 달에 10회 무료로 이용할 수 있게 하는 이 ㉢ 정책은 곧 시행되겠지?
> 을 : 그게 군수 마음대로 되겠어? 정책이 시행되려면 A에서 ㉣ 조례가 제정되어야 해.

(A → 지방 의회)

① A는 집행 기관에 해당한다. (의결)
② ㉠은 국회 의원 선거이다. (지방 자치 단체장)
③ ㉡은 지방 자치 단체의 장(長)이다.
④ ㉡은 ㉢ 시행에 필요한 예산안을 확정할 수 있다. (없다)
⑤ ㉣은 ㉡이 제정할 수 있는 자치 법규이다. (지방 의회의 의결을 통해)

|자|료|해|설|

우리나라의 경우 지방 자치 단체는 의결 기관인 지방 의회와 집행 기관인 지방 자치 단체장으로 구성된다.

|선|택|지|풀|이|

① 조례는 지방 의회에서 제정되는 자치 법규이다. 따라서 A는 지방 의회이다. 지방 의회는 의결 기관에 해당한다.
② 군수는 지방 자치 단체장이므로 ㉠은 지방 자치 단체장 선거이다.
③ 군수는 군 단위 자치 단체의 장으로, 지방 자치 단체의 장에 해당한다.
④ 예산안을 확정하는 것은 지방 의회의 권한이다.
⑤ 조례는 지방 의회의 의결을 통해 제정되는 자치 법규이다.

16 문화의 속성 | 정답 ⑤ | 정답률 65%

다음 자료에서 가장 두드러지게 나타난 문화의 속성에 대한 진술로 옳은 것은?

> ○○ 지역에서 맨손으로 식사하는 문화가 형성된 배경에는 아래와 같은 다양한 요소들이 관련되어 있다. → 전체성
> ○ 더운 날씨 때문에 국물을 뜨겁게 먹지 않아 별도의 식사 도구가 필요하지 않음.
> ○ ○○ 지역의 쌀이 찰기가 없어 손가락으로 밥을 짓이기듯 뭉쳐서 먹어야 편하고 음식의 질감을 더 잘 느끼게 됨.
> ○ 다섯 손가락이 각각 공간, 공기, 불, 물, 대지를 상징한다고 믿어 맨손으로 식사하면 자연과 연결된다고 생각함.

① 문화는 고정되어 있지 않고 끊임없이 변화한다. → 변동성
② 새로운 삶의 방식들이 더해지면서 문화가 풍부해진다. → 축적성
③ 문화는 후천적인 학습에 의해 향유되는 생활 양식이다. → 학습성
④ 문화는 구성원들의 사고와 행동에 동질성을 갖게 한다. → 공유성
⑤ 문화 요소들은 서로 밀접한 관계를 맺으며 연결되어 있다. → 전체성

○ 문제편 169쪽

|자|료|해|설|

제시된 자료에서는 ○○ 지역에서 맨손으로 식사하는 문화가 다양한 요소들이 유기적으로 관련되어 형성되었음을 보여 준다. 따라서 제시된 자료에서 두드러지게 나타난 문화의 속성은 전체성이다.

|선|택|지|풀|이|

① 문화가 고정되어 있지 않고 끊임없이 변화함을 의미하는 문화의 속성은 변동성이다.
② 새로운 삶의 방식들이 더해지면서 문화가 풍부해짐을 의미하는 문화의 속성은 축적성이다.
③ 문화가 후천적인 학습에 의해 향유되는 생활 양식임을 의미하는 문화의 속성은 학습성이다.
④ 문화의 공유성으로 인해 구성원들의 사고와 행동에 동질성이 형성된다.
⑤ 문화 요소들이 서로 밀접한 관계를 맺으면서 연결되어 있음을 의미하는 문화의 속성은 전체성이다.

17 국회 의원

정답 ④ | 정답률 50%

A, B에 대한 옳은 설명만을 <보기>에서 고른 것은? (단, A, B는 각각 비례 대표 국회 의원, 지역구 국회 의원 중 하나임.) [3점]

> 현행 우리나라 A의 선출 방식이 가진 문제점은 최다 득표자에게 투표한 표만 의미가 있고, 당선되지 않은 후보자에게 투표한 표는 무시된다는 데에 있다. 반면에 B의 선출 방식에서는 작은 정당이 각 지역에서 얻은 적은 수의 표를 전국 단위에서 합산하므로 작은 정당에 투표한 표가 의석으로 연결될 수도 있다.

(A → 지역구 국회 의원, B → 비례 대표 국회 의원)

> **보기**
> ㄱ. A, B의 임기는 5년으로 동일하다. (4)
> ㄴ. A는 지역구 국회 의원, B는 비례 대표 국회 의원이다.
> ㄷ. A와 달리 B는 '특정 지역의 대표'라는 성격을 가진다.
> ㄹ. B를 선출할 때에는 A를 선출할 때와 다른 별도의 투표용지를 활용한다.

① ㄱ, ㄴ ② ㄱ, ㄷ ③ ㄴ, ㄷ ④ ㄴ, ㄹ ⑤ ㄷ, ㄹ

|자|료|해|설|

우리나라 지역구 국회 의원 선거에서는 각 지역구 후보자 중 가장 많은 득표를 한 후보자가 지역구 국회 의원으로 당선되므로 당선되지 않은 후보자에게 투표한 표는 무시된다는 문제점이 있다. 우리나라 비례 대표 국회 의원 선거에서는 정당별 득표율을 바탕으로 비례 대표 국회 의원 의석이 정당별로 배분되므로 작은 정당에 투표한 표가 의석으로 연결될 수도 있다. 따라서 A는 지역구 국회 의원, B는 비례 대표 국회 의원이다.

|보|기|풀|이|

ㄱ. 지역구 국회 의원과 비례 대표 국회 의원의 임기는 4년이다.
ㄴ. A는 지역구 국회 의원이고, B는 비례 대표 국회 의원이다.
ㄷ. 지역구 국회 의원은 자신이 선출된 지역구를 대표하므로 특정 지역의 대표라는 성격을 가진다.
ㄹ. 지역구 국회 의원을 선출할 때 활용하는 투표용지와 비례 대표 국회 의원을 선출할 때 활용하는 투표용지는 다르다.

18 수요의 변화

정답 ④ | 정답률 80%

그림은 X재 시장의 변화를 나타낸 것이다. 그 요인으로 옳은 것은? (단, X재는 수요와 공급 법칙을 따르며, 수요와 공급 중 하나만 변동함.) [3점]

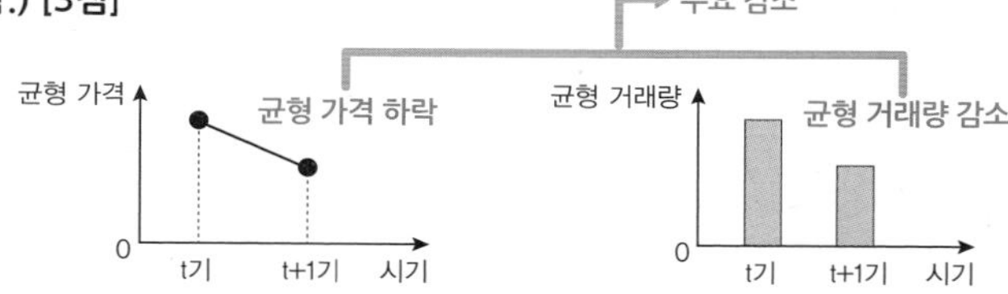

① 인구의 증가
② 생산 기술의 혁신
③ 공급자 수의 증가
④ 소비자의 선호도 감소
⑤ 생산 재료 가격의 상승

|자|료|해|설|

제시된 그림은 X재 시장에서 균형 가격이 하락하고 균형 거래량이 감소한 경우를 보여 준다. 이는 X재 시장에서 수요가 감소할 경우 나타난다.

|선|택|지|풀|이|

① 인구의 증가는 수요 증가 요인이다. 수요가 증가하면 수요 곡선이 오른쪽으로 이동하므로 균형 가격은 상승하고 균형 거래량은 증가한다.
②, ③ 생산 기술의 혁신과 공급자 수의 증가는 모두 공급 증가 요인이다. 공급이 증가하면 공급 곡선이 오른쪽으로 이동하므로 균형 가격은 하락하고 균형 거래량은 증가한다.
④ 소비자의 선호도 감소는 수요 감소 요인이다. 수요가 감소하면 수요 곡선이 왼쪽으로 이동하므로 균형 가격은 하락하고 균형 거래량은 감소한다.
⑤ 생산 재료 가격의 상승은 공급 감소 요인이다. 공급이 감소하면 공급 곡선이 왼쪽으로 이동하므로 균형 가격은 상승하고 균형 거래량은 감소한다.

19 실업

정답 ② | 정답률 80%

갑, 을이 각각 경험한 실업의 유형으로 옳은 것은?

> 갑 : 겨울에 스키 강사를 했었는데 봄이 되어 일자리를 잃었어. 그래서 나는 일자리를 찾아보고 있는데, 너는 회사에 잘 다니고 있니?
> 을 : 아니. 로봇과 인공지능이 산업 전반에 활용되면서 나도 최근에 일자리를 잃었어. 그래서 구직 활동 중이야.

	갑	을
①	계절적 실업	경기적 실업
②	계절적 실업	구조적 실업
③	구조적 실업	경기적 실업
④	구조적 실업	계절적 실업
⑤	경기적 실업	구조적 실업

|자|료|해|설|

갑의 경우 겨울에는 취업자에 해당하지만 봄에는 실업자에 해당한다. 을의 경우 로봇과 인공지능이 산업 전반에 활용되면서 실업자가 되었다.

|선|택|지|풀|이|

①, ③, ⑤ 경기적 실업은 경기 불황으로 인해 발생하는 실업을 의미한다.
② 갑은 계절에 따라 취업자가 되기도 하고 실업자가 되기도 하므로 계절적 실업을 경험했다고 볼 수 있다. 을은 새로운 기술의 도입으로 산업 구조가 변화하면서 실업자가 되었으므로 구조적 실업을 경험했다고 볼 수 있다.

○ 문제편 170쪽

20 국제 사회의 행위 주체 | 정답 ① | 정답률 70%

<자료 1>은 국제 사회의 행위 주체를 학습하기 위한 십자말풀이이고, <자료 2>는 <자료 1>을 활용한 수업 장면이다. 갑~무 중 옳지 않은 진술을 한 학생은? [3점]

<자료 1>

					㉠다	
					㉡국	가
	㉢국				적	
㉣국	제	비	정	부	기	구
	연				업	
	합					

[가로 열쇠]
㉡ 영토, 국민, 주권을 가진 국제 사회의 행위 주체
㉣ 개인과 민간단체가 회원으로 가입할 수 있는 국제기구

[세로 열쇠]
㉠ (가)
㉢ 영어 약자로 UN

<자료 2>
교사 : 힌트 하나 줄까요? ㉠은 '다'로 시작합니다.
갑 : ㉠의 예로 그린피스, 국경 없는 의사회를 들 수 있지요.
을 : ㉡은 '국가'입니다.
병 : ㉢은 정부 간 국제기구의 예에 해당해요.
정 : ㉣은 '국제 비정부 기구'이지요.
무 : (가)에는 '세계 여러 나라에서 생산과 판매를 하며 국제적으로 활동하는 기업'이 들어갈 수 있어요.

✔갑 ② 을 ③ 병 ④ 정 ⑤ 무

|자|료|해|설|

영토, 국민, 주권을 가진 국제 사회의 행위 주체는 국가이고, 개인과 민간단체가 회원으로 가입할 수 있는 국제기구는 국제 비정부 기구이며, 영어 약자로 UN은 국제 연합을 의미한다. 즉, ㉡은 국가, ㉢은 국제 연합, ㉣은 국제 비정부 기구이다. 따라서 ㉠은 다국적 기업이다.

|선|택|지|풀|이|

① 그린피스, 국경 없는 의사회는 국제 비정부 기구에 해당한다.
⑤ 세계 여러 나라에서 생산과 판매를 하며 국제적으로 활동하는 기업은 다국적 기업이다. 따라서 해당 내용은 (가)에 들어갈 수 있다.

문제편 170쪽

18회 2023년 3월 학평 정답과 해설 탐구영역(사회)

문제편 p.171

1	①	2	④	3	③	4	③	5	②
6	⑤	7	①	8	②	9	①	10	③
11	⑤	12	⑤	13	④	14	③	15	④
16	①	17	⑤	18	①	19	②	20	④

1 도덕적 행위 | 정답 ① | 정답률 90%

(사상가 → 칸트)

다음을 주장한 사상가의 입장에서 <문제 상황> 속 A에게 제시할 조언으로 가장 적절한 것은?

> 인간은 모든 사람에게 적용될 수 있는 도덕 법칙을 스스로 수립한다. 동시에 오로지 의무이기 때문에 도덕 법칙을 준수한다는 점에서 인간은 자신이 자율성을 지닌 존엄한 존재임을 확인할 수 있다.
>
> <문제 상황>
>
> 고등학생 A는 친구 B의 이어폰을 식당에서 우연히 보았다. B와 다투었던 A는 자신에게 이어폰의 위치를 묻는 B에게 사실대로 말해 주어야 할지 고민 중이다.

① 자율적으로 수립한 도덕 법칙에 따라 행동하세요.
② 관련된 모든 사람이 행복을 누릴 수 있도록 행동하세요.
③ 자신의 장기적인 이익 최대화를 목표로 하여 행동하세요.
④ 자연스러운 욕망을 도덕 판단 기준으로 삼아 행동하세요.
⑤ 다른 사람들로부터 좋은 평판을 얻을 수 있도록 행동하세요.

|자|료|해|설|

제시문은 의무 의식에 따라 도덕적 행위를 할 것을 강조하고 있다. 이는 칸트의 주장이다.

|선|택|지|풀|이|

① 칸트는 인간은 자율성을 지닌 존엄한 존재로, 의무 의식에 따라 옳은 것을 실천하는 도덕적 행위를 한다고 보았다. 따라서 칸트는 A에게 자율적으로 수립한 도덕 법칙에 따라 행동할 것을 조언할 것이다.
②, ③, ④, ⑤ 칸트가 A에게 제시할 조언으로 적절하지 않다.

2 자유주의적 정의관 | 정답 ④ | 정답률 90%

(사상가 → 롤스)

다음 가상 편지를 쓴 사상가의 입장으로 적절한 것만을 <보기>에서 고른 것은? [3점]

> ○○에게
>
> 자네가 정의의 원칙에 대해 물었기에 나의 생각을 말하겠네. 정의의 원칙은 누구에게도 유리하거나 불리하지 않도록 설정된 가상 상황에서 도출될 때 공정성이 보장된다네. 내가 제시하는 정의의 원칙은 다음과 같다네. 첫째, 모든 사람은 기본적 자유를 평등하게 누려야 한다. 둘째, 사회적·경제적 불평등은 최소 수혜자에게 최대의 이익을 보장하도록, 그리고 공정한 기회균등의 조건 아래 모든 사람에게 개방된 직책이나 직위와 결부되도록 편성되어야 한다. 이러한 정의의 원칙이 적용된다면 공정성이 확보된 정의로운 사회가 될 것이네.

보기
ㄱ. 정의로운 사회에서는 경제적 불평등이 존재하지 않는다.
ㄴ. 정의의 원칙은 누구에게도 유리하거나 불리하지 않은 상황에서 선택된다.
ㄷ. 정의로운 사회 실현을 위해서는 최소 수혜자의 이익을 고려할 필요가 없다.
ㄹ. 정의의 원칙에 의하면 모든 사람의 기본적 자유는 평등하게 보장되어야 한다.

① ㄱ, ㄴ ② ㄱ, ㄷ ③ ㄴ, ㄷ ④ ㄴ, ㄹ ⑤ ㄷ, ㄹ

|자|료|해|설|

제시된 가상 편지를 쓴 사상가는 자유와 평등의 조화를 추구하고 사회적·경제적 불평등을 최소화할 것을 주장한다. 따라서 가상 편지를 쓴 사상가는 롤스이다.

|보|기|풀|이|

ㄱ. 롤스는 정의로운 사회에서도 불평등이 존재할 수 있다고 본다. 즉, 롤스는 사회적·경제적 불평등을 인정한다.
ㄴ. 롤스는 정의의 원칙이 누구에게도 유리하거나 불리하지 않은 상황에서 도출될 때 공정성이 보장된다고 본다.
ㄷ. 롤스는 정의로운 사회 실현을 위해 최소 수혜자의 이익을 고려해야 한다고 본다.
ㄹ. 롤스는 정의의 원칙에 따라 모든 사람이 기본적인 자유를 평등하게 누려야 한다고 본다.

3 삶과 죽음 | 정답 ③ | 정답률 90%

(사상가 → 하이데거)

다음을 주장한 사상가의 입장으로 가장 적절한 것은? [3점]

> 인간의 삶에는 본래 어떤 의미가 주어져 있는 것이 아니라 인간 스스로 자기 삶에 의미를 부여하는 것이다. 진정한 자기의 모습으로 살아가고 싶다면 죽음 앞으로 미리 달려가 보아야 한다. 죽음을 회피하지 말고 죽음을 직시하며 죽음 앞에 서 볼 때 인간은 본래적 실존을 회복할 수 있다.

① 참된 자신의 모습을 발견하기 위해 죽음을 회피해야 한다.
② 인간은 자신의 삶과 죽음에 스스로 의미를 부여할 수 없다.
③ 죽음에 대한 성찰은 삶을 보다 의미 있게 만들어 줄 수 있다.
④ 죽음에 대해 사유하는 누구도 삶의 소중함을 발견할 수 없다.
⑤ 죽음에 관한 숙고는 극복할 수 없는 절망에 이르게 할 뿐이다.

|자|료|해|설|

제시문은 인간은 스스로 자기 삶에 의미를 부여하며 본래적 실존을 회복하기 위해 죽음을 회피하지 않아야 함을 강조하고 있다. 이는 하이데거의 주장이다.

|선|택|지|풀|이|

① 하이데거는 참된 자신의 모습을 발견하기 위해 죽음을 직시해야 한다고 본다.
② 하이데거는 인간은 자신의 삶과 죽음에 스스로 의미를 부여할 수 있다고 본다.
③ 하이데거는 진정한 자기의 모습을 알기 위해서는 죽음을 회피하지 말고 죽음 앞에 미리 달려가 죽음 앞에 서 볼 것을 강조하고 있다. 따라서 하이데거는 죽음에 대한 성찰이 삶을 의미 있게 만들어 준다고 본다.
④ 하이데거는 죽음에 대해 성찰함으로써 삶의 소중함을 발견할 수 있다고 본다.
⑤ 하이데거는 죽음에 대한 숙고는 인간의 본래적 실존을 회복할 수 있는 방법이라고 본다.

4 시민 불복종 | 정답 ③ | 정답률 90%

(강연자 → 소로)

그림의 강연자가 지지할 입장으로 가장 적절한 것은?

> 노예 제도를 시행하고 영토 확장을 위해 전쟁을 벌이는 정부는 정의롭지 않기에 나는 이 정부에 세금을 낼 수 없습니다. 세금을 납부하여 정부가 폭력을 행사하게 하는 것은 법을 어기는 것보다 더 정의롭지 않습니다. 법에 대한 존경심보다 먼저 정의에 대한 존경심을 기르는 것이 바람직합니다.

① 합법적인 절차로 제정된 모든 법을 지켜야 한다.
② 정의롭지 못한 국가의 법에 비판 없이 복종해야 한다.
③ 부정의한 법에 불복종하는 것은 정의 실현에 기여한다.
④ 법을 지키는 것이 정의를 실현하는 것보다 올바른 일이다.
⑤ 국가가 시행하는 정책에 대한 불복종은 정당화될 수 없다.

|자|료|해|설|

제시된 그림의 강연자는 불의한 법과 제도에 대해 저항하고, 법의 준수보다는 정의의 실현이 우선임을 주장하고 있다. 따라서 강연자는 소로이다.

|선|택|지|풀|이|

① 소로는 모든 법을 준수할 것이 아니라 정의에 어긋난 제도와 법에 대해 저항할 것을 강조한다.
② 소로는 정의롭지 못한 국가의 법에 대해 비판적인 시각을 가질 것을 강조한다.
③ 소로는 정의에 어긋난 제도와 법에 대해 저항할 것을 주장함으로써 정의롭지 못한 법에 복종하지 않는 것이 정의를 실현하는 데 기여한다고 본다.
④ 소로는 법을 지키는 것보다 정의를 실현하는 것이 올바른 일이라고 주장한다.
⑤ 소로는 국가가 시행하는 정책에 대해 저항하는 것은 정당화될 수 있다고 본다.

● 문제편 171쪽

5 평화의 의미
정답 ② | 정답률 95%

다음을 주장한 사상가(→ 갈퉁)의 입장으로 적절한 것만을 <보기>에서 고른 것은?

> 모든 사람의 인간다운 삶을 위해 소극적 평화뿐만 아니라 적극적 평화까지 이루어야 한다. 신체적 폭력, 전쟁, 테러 등의 직접적 폭력을 제거할 때 소극적 평화가 실현된다. 또한 빈곤, 기아, 차별 등과 같은 잘못된 사회 제도나 구조에 의한 간접적 폭력이 존재한다. 간접적 폭력은 의도하지 않아도 발생하며 이 폭력마저 사라져야 적극적 평화를 이룩할 수 있다.

보기
ㄱ. 모든 사람은 폭력이 없는 평화로운 삶을 누려야 한다.
ㄴ. 의도 없이 발생한 빈곤이나 차별은 폭력으로 볼 수 없다.
ㄷ. 적극적 평화 실현을 위해 불평등한 제도를 개선해야 한다.
ㄹ. 적극적 평화는 전쟁이 사라지는 것만으로도 실현될 수 있다.

① ㄱ, ㄴ 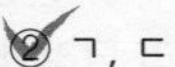 ② ㄱ, ㄷ ③ ㄴ, ㄷ ④ ㄴ, ㄹ ⑤ ㄷ, ㄹ

|자|료|해|설|

제시된 사상가는 소극적 평화뿐만 아니라 적극적 평화까지 이루어야 함을 주장하고 있다. 따라서 제시된 주장을 한 사상가는 갈퉁이다.

|보|기|풀|이|

ㄱ. 갈퉁은 모든 사람이 폭력이 없는 평화로운 삶을 누려야 한다고 주장한다.
ㄴ. 갈퉁은 의도 없이 발생한 빈곤이나 차별은 간접적 폭력에 해당한다고 본다.
ㄷ. 갈퉁은 적극적 평화가 실현되면 빈곤, 기아, 각종 차별 등 억압과 차별이 사라진다고 본다. 따라서 갈퉁은 적극적 평화를 실현하기 위해 불평등한 제도를 개선해야 함을 주장한다.
ㄹ. 갈퉁은 적극적 평화는 전쟁 등과 같은 직접적 폭력뿐만 아니라 간접적 폭력까지 제거될 때 실현될 수 있다고 본다.

6 생태 중심주의 자연관
정답 ⑤ | 정답률 95%

다음 신문 칼럼의 입장으로 가장 적절한 것은?

> ○○신문 ○○○○년 ○○월 ○○일
>
> **칼 럼**
>
> 심각해지는 환경 파괴와 이로 인한 기후 변화 문제에 대응하기 위해 우리는 다음 사상가(→ 레오폴드)의 말에 귀를 기울일 필요가 있다. "인간은 지구라는 생명 공동체의 정복자가 아니라 단지 구성원이자 시민일 뿐이다. 생명 공동체의 온전함과 안정성 그리고 아름다움의 보존에 이바지하는 것은 옳다. 그렇지 않으면 그르다." 이 사상가의 말처럼 인간은 자연과 조화를 이루는 겸손한 구성원으로 살아가야 한다.

① 인간은 이성을 지니므로 본질적으로 자연보다 우월하다.
② 자연은 인간의 행복과 풍요로움을 위한 수단에 불과하다.
③ 자연은 인간에게 유용성을 가져다줄 때만 가치를 지닌다.
④ 자연이 지닌 가치는 오직 경제적 관점에서 평가되어야 한다.
⑤ 인간과 동식물은 생명 공동체에서 상호 의존하는 구성원들이다.

|자|료|해|설|

제시된 사상가는 인간이 생명 공동체의 한 구성원이므로 생태계의 안정을 유지할 의무가 있다고 보고 있으므로 제시된 사상가는 레오폴드이다. 제시된 신문 칼럼은 인간이 자연과 조화를 이루는 겸손한 구성원으로 살아가야 함을 주장하고 있다. 이는 생태 중심주의에 해당한다.

|선|택|지|풀|이|

①, ②, ③, ④ 인간 중심주의의 관점에 해당한다. 인간 중심주의는 인간을 가장 가치 있는 존재로 여기고, 인간과 자연의 관계에서 인간의 이익이나 행복을 먼저 고려한다.
⑤ 인간과 동식물이 서로 상호 의존하는 생명 공동체의 구성원들이라고 보는 관점은 생태 중심주의에 해당한다.

7 기후와 인간 생활
정답 ① | 정답률 90%

그림은 세계 어느 지역에서 운전할 때 조심해야 하는 상황이다. 이 지역의 기후 특성에 대한 설명으로 옳은 것은?

〈눈이나 얼음 위에서 운전할 때〉 〈운전 중 순록을 만났을 때〉

① 겨울이 춥고 길다.
② 일 년 내내 스콜이 내린다.
③ 상록 활엽수의 밀림이 넓게 분포한다.
④ 열대 저기압의 영향을 빈번하게 받는다.
⑤ 여름에 아열대 고압대의 영향을 많이 받는다.

|자|료|해|설|

눈과 얼음으로 덮여 있는 기간이 길고, 순록이 서식하고 있는 지역은 한대(툰드라) 기후가 나타나는 북극해 연안이다.

|선|택|지|풀|이|

① 극지방에서 나타나는 한대(툰드라) 기후는 기온이 낮고 겨울이 길다.
② 열대(열대 우림) 기후 지역에 대한 설명이다.
③ 열대(열대 우림) 기후 지역에 대한 설명이다.
④ 열대 저기압은 열대 해상에서 발생하여 중위도 지방으로 이동한다. 따라서 북극해 연안의 한대(툰드라) 기후 지역에는 영향을 주지 않는다.
⑤ 지중해성 기후 지역에 대한 설명이다.

8 공간적 분업
정답 ② | 정답률 45%

다음 자료의 (가)에 들어갈 내용으로 가장 적절한 것은? [3점]

그림은 휴대 전화가 세계 여러 국가의 협력 업체에서 생산된 부품으로 만들어진다는 것을 나타내고 있습니다. 이는 (가) 의 사례입니다.

① 플랜테이션 ② 공간적 분업
③ 산업 공동화 ④ 지역 브랜드
⑤ 탄소 발자국

|자|료|해|설|

휴대 전화를 생산하기 위해 다양한 국가에서 만든 부품을 이용하고 있다.

|선|택|지|풀|이|

① 플랜테이션은 선진국의 자본과 기술, 저렴한 원주민의 노동력이 결합된 상업적 농업으로 주로 열대 기후 지역에서 행해진다.
② 공간적 분업은 기업의 다양한 기능을 공간적으로 분리하여 최적 지점에 입지시키는 것을 의미한다.
③ 산업 공동화는 생산 시설이 다른 지역으로 이전하면서 해당 지역의 산업이 쇠퇴하는 현상을 의미한다.
④ 지역 브랜드는 해당 지역을 특별한 브랜드로 인식시켜 지역 경쟁력을 높이는 전략을 의미한다.
⑤ 탄소 발자국은 상품을 생산하고 유통, 소비하는 과정에서 발생하는 이산화탄소의 총량을 의미한다.

문제편 171쪽

9 울릉도와 독도 정답 ① 정답률 65%

다음 자료의 ㉠, ㉡에 대한 설명으로 옳지 않은 것은?

포항이나 울진 등에서 배를 세 시간 넘게 타고 가야 하는 ㉠ 울릉도에 공항이 건설되어 화면과 같은 모습으로 바뀔 예정입니다. 울릉도는 경치가 빼어나고 ㉡ 독도로 가는 관문이기도 해 매년 수십만 명이 방문하는 관광 명소입니다.

① ㉠은 우리나라 영토의 가장 동쪽에 위치한다.
② ㉡은 영해 설정 시 통상 기선을 적용한다.
③ ㉠은 ㉡보다 면적이 넓다.
④ ㉠, ㉡은 모두 화산섬이다.
⑤ ㉠, ㉡은 모두 행정 구역상 경상북도에 속한다.

|자|료|해|설|

울릉도와 독도의 특징을 묻는 문항이다.

|선|택|지|풀|이|

① 우리나라 영토의 최동단은 독도이다.
② 울릉도와 독도는 모두 영해 설정 시 통상 기선을 적용한다.
③ 울릉도는 독도보다 면적이 넓다.
④ 울릉도와 독도는 모두 신생대 화산 활동으로 형성된 섬이다.
⑤ 울릉도와 독도는 모두 경상북도에 속해 있다.

10 세계의 문화권 정답 ③ 정답률 85%

다음 자료의 (가) 국가를 지도의 A~E에서 고른 것은?

제가 와 있는 (가) 은/는 국토 면적이 세계에서 여섯 번째로 넓습니다. '애버리지니'라고 불리는 원주민들이 살아왔지만 오늘날 주민들은 대부분 유럽인의 후손으로 영어를 주로 사용합니다. 지금 먹고 있는 피자는 캥거루 고기를 재료로 사용해서 맛이 아주 독특합니다.

① A ② B ③ C ④ D ⑤ E

|자|료|해|설|

제시된 자료에 해당하는 국가를 지도에서 찾는 문항이다. 지도의 A는 알제리, B는 러시아, C는 오스트레일리아, D는 미국, E는 브라질이다.

|선|택|지|풀|이|

① 알제리는 아랍어를 주로 사용하며 이슬람교 신자 비율이 높다.
② 러시아는 세계에서 영토가 가장 넓은 국가로 공용어는 러시아어이다.
③ 오스트레일리아의 원주민은 애버리지니이다. 오스트레일리아는 영국의 식민 지배 영향으로 주로 영어를 사용하고 크리스트교 신자 비율이 높다. 또한 다른 대륙과 오래전에 분리되어 캥거루, 코알라 등 독특하게 진화된 동식물을 볼 수 있다.
④ 미국은 영국 식민 지배의 영향으로 영어를 사용하고 크리스트교 신자 비율이 높다.
⑤ 브라질은 포르투갈 식민 지배의 영향으로 포르투갈어를 공용어로 사용한다.

11 선진국과 개발 도상국의 인구 구조 정답 ⑤ 정답률 75%

다음 글의 ㉠, ㉡ 국가에 대한 옳은 설명만을 <보기>에서 고른 것은? [3점]

국제 연합(UN)은 2022년 11월 15일 세계 인구가 80억 명을 넘어섰으며, 2080년에 104억 명으로 정점을 찍을 것이라고 예측했다. 인구 정점 시기까지 늘어날 세계 인구 24억 명 가운데 출생아는 대부분 ㉠ 콩고 민주 공화국, 에티오피아, 나이지리아 등 개발 도상국에서 태어나는 반면 ㉡ 독일, 일본, 미국 등 선진국에서는 오히려 출생아 수가 꾸준히 감소할 것으로 예상했다.

보기

ㄱ. ㉠은 ㉡보다 합계 출산율을 높이기 위한 정책이 필요하다.
ㄴ. ㉠은 ㉡보다 청장년층 인구의 감소로 노동력 부족 문제가 심각하다.
ㄷ. ㉠은 ㉡보다 이촌향도 현상으로 인해 도시 인구가 빠르게 증가한다.
ㄹ. ㉠은 ㉡보다 각 국가의 총인구에서 유소년층 인구가 차지하는 비율이 높다.

① ㄱ, ㄴ ② ㄱ, ㄷ ③ ㄴ, ㄷ ④ ㄴ, ㄹ ⑤ ㄷ, ㄹ

|자|료|해|설|

개발 도상국인 콩고 민주 공화국과 선진국인 독일의 인구 특성을 비교하는 문항이다.

|보|기|풀|이|

ㄱ. 합계 출산율이 높은 콩고 민주 공화국은 출산율을 낮추기 위한 산아 제한 정책, 합계 출산율이 낮은 독일은 출산율을 높이기 위한 출산 장려 정책이 필요하다.
ㄴ. 청장년층 인구 감소로 노동력 부족 문제가 나타나는 국가는 출산율이 낮은 독일이다.
ㄷ. 도시화의 초기 단계에서 가속화 단계로 넘어가는 콩고 민주 공화국은 이촌향도 현상으로 도시 인구의 급속한 증가가 나타난다. 반면 도시화의 종착 단계에 해당하는 독일은 도시 인구가 거의 정체되어 있다.
ㄹ. 총인구에서 유소년층 인구가 차지하는 비율은 합계 출산율이 높은 콩고 민주 공화국에서 높게 나타난다.

12 지속 가능한 발전을 위한 노력 정답 ⑤ 정답률 95%

다음 자료를 통해 파악할 수 있는 환경 문제를 해결하기 위한 방안으로 가장 적절한 것은? [3점]

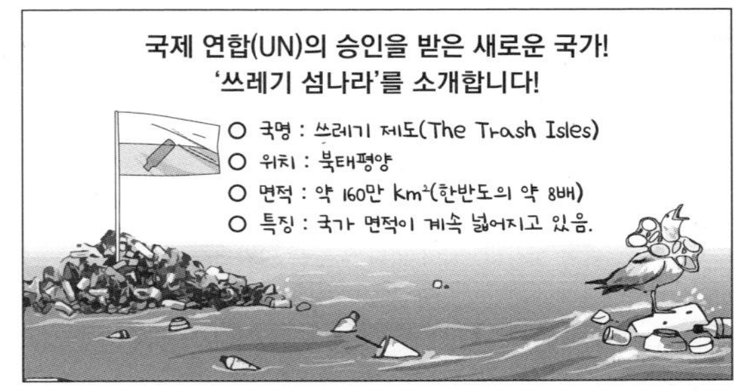

① 나무 심기
② 외출 시 전등 끄기
③ 샤워할 때 물 아껴 쓰기
④ 자가용 대신 대중교통 이용하기
⑤ 일회용 플라스틱 제품 사용 줄이기

|자|료|해|설|

제시된 환경 문제는 폐기물을 해양에 무단 투기하면서 발생한 쓰레기 섬이 바다 생태계를 위협하고 있음을 보여준다.

|선|택|지|풀|이|

① 나무 심기는 사막화 및 지구 온난화 현상을 완화할 수 있다. 또한 나무는 대기 오염 물질을 정화하는 역할도 한다.
② 전등 끄기는 전력 사용량을 감소시키므로 화석 연료 사용으로 인한 지구 온난화 현상을 완화할 수 있고, 화석 연료 연소 시 방출되는 대기 오염 물질을 줄일 수 있다.
③ 물 아껴 쓰기는 물 부족 문제 해결 방안이다.
④ 자가용 이용을 줄이는 것은 화석 연료 사용을 줄이므로 지구 온난화 현상을 완화할 수 있고, 대기 오염을 예방할 수 있다.
⑤ 해양 쓰레기 섬의 원인 물질은 자연 상태에서 분해 속도가 더딘 플라스틱이 대부분이다. 따라서 이러한 환경 문제를 예방하기 위해서 일회용 플라스틱 제품의 사용을 줄이고 해양으로의 무단 투기를 막을 필요가 있다.

문제편 172쪽

13 신·재생 에너지 정답 ④ 정답률 85%

다음 자료의 (가), (나)에 들어갈 신·재생 에너지로 옳은 것은? [3점]

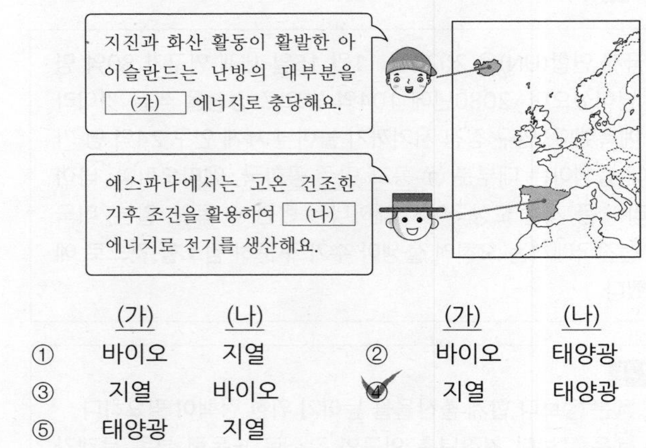

	(가)	(나)		(가)	(나)
①	바이오	지열	②	바이오	태양광
③	지열	바이오	④	지열	태양광
⑤	태양광	지열			

|자|료|해|설|

제시된 국가의 자연환경에서 잠재력이 높은 신·재생 에너지를 찾는 문항이다.

|선|택|지|풀|이|

④ 화산 활동이 활발한 판의 경계에 속한 지역은 지하 마그마를 활용한 지열 발전에 유리하다. 일조량이 풍부한 지중해성 기후 및 건조 기후 지역은 태양광 발전에 유리하다. 따라서 (가)는 지열, (나)는 태양광이다.

14 자산 관리와 금융 생활 정답 ③ 정답률 85%

다음 자료에 대한 설명으로 옳은 것은?

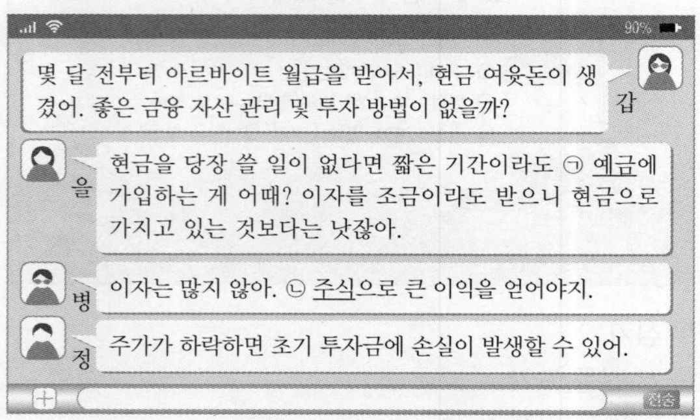

① 갑은 소득보다 지출이 큰 상황일 것이다.
② 을은 병과 달리 수익성을 강조하고 있다.
③ 원금을 잃지 않을 가능성은 ㉠이 ㉡보다 높다.
④ 정은 ㉡을 ㉠보다 선호할 것이다.
⑤ ㉡과 달리 ㉠은 시세 차익을 기대할 수 있다.

|자|료|해|설|

을은 현금을 보유하기보다는 예금 가입을 권유하고 있고, 병은 예금보다 주식을 선호하고 있으며, 정은 주식의 낮은 안전성을 걱정하고 있다.

|선|택|지|풀|이|

① 갑은 현금 여윳돈으로 투자할 수 있는 방법을 모색하고 있다. 이를 통해 갑은 지출보다 소득이 큰 상황임을 알 수 있다.
② 병은 예금보다 주식을 선호하고 있으므로 수익성을 강조하고 있다.
③ 원금을 잃지 않을 가능성은 안전성을 의미한다. 예금은 주식보다 안전성이 높다.
④ 정은 주식의 낮은 안전성을 우려하고 있으므로 예금보다 주식을 선호할 것이라고 볼 수 없다.
⑤ 주식은 예금과 달리 시세 차익을 기대할 수 있다.

15 정부 형태 정답 ④ 정답률 40%

표는 갑국과 을국의 정부 형태를 구분한 것이다. 이에 대한 설명으로 옳은 것은? (단, 갑국, 을국은 각각 전형적인 대통령제, 전형적인 의원 내각제 중 하나를 채택하고 있음.) [3점]

구분	갑국 (→ 의원 내각제)	을국 (→ 대통령제)
국민의 선거로 입법부가 구성되는가? → 대통령제, 의원 내각제	예	㉠ 예
국민의 선거로 행정부가 구성되는가? → 대통령제	아니요	예

① ㉠은 '아니요'이다.
② 갑국의 행정부 수반은 법률안 거부권을 행사할 수 있다.
③ 을국의 행정부는 갑국과 달리 법률안 제출권을 가진다. → 대통령제에서 입법부의 권한
④ 을국의 행정부와 입법부는 갑국보다 엄격하게 분리되어 있다.
⑤ 갑국의 행정부 수반은 임기가 보장되어 을국에 비해 안정적으로 정책을 수행할 수 있다.

|자|료|해|설|

국민의 선거로 행정부가 구성되는 정부 형태는 대통령제이다. 따라서 갑국의 정부 형태는 의원 내각제, 을국의 정부 형태는 대통령제이다.

|선|택|지|풀|이|

① 의원 내각제와 대통령제 모두에서 입법부는 국민의 선거로 구성된다. 따라서 ㉠은 '예'이다.
② 대통령제에서 행정부 수반은 법률안 거부권을 행사할 수 있다.
③ 법률안 제출권은 대통령제에서 입법부의 권한에 해당한다.
④ 대통령제에서는 행정부와 입법부가 엄격하게 분리되어 있다. 의원 내각제에서는 입법부에서 행정부의 내각을 구성한다.
⑤ 대통령제에서는 행정부 수반의 임기가 보장되어 있으므로 안정적으로 정책을 수행할 수 있다.

16 정치 주체 정답 ① 정답률 70%

그림은 정치 주체 A~C를 구분한 것이다. 이에 대한 설명으로 옳은 것은? (단, A~C는 각각 시민 단체, 이익 집단, 정당 중 하나임.) [3점]

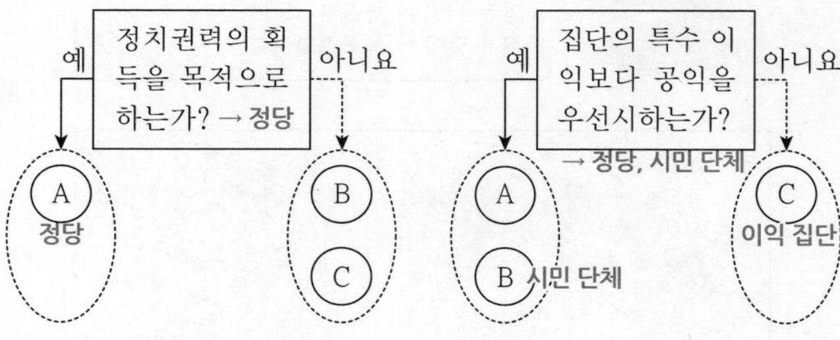

① A는 정치적 책임을 진다.
② B는 공직 선거에 후보자를 공천한다.
③ C는 국가 정책을 수립하고 집행한다.
④ B는 A와 달리 시민의 여론을 수렴하여 법률안을 발의한다.
⑤ C는 B와 달리 시민들이 자발적으로 만든 집단이다.

|자|료|해|설|

시민 단체, 이익 집단, 정당 중 정치권력의 획득을 목적으로 하는 정치 주체는 정당이고, 집단의 특수 이익보다 공익을 우선시하는 정치 주체는 정당과 시민 단체이다. 따라서 A는 정당, B는 시민 단체, C는 이익 집단이다.

|선|택|지|풀|이|

① 정당은 시민 단체, 이익 집단과 달리 정치적 책임을 진다.
② 공직 선거에 후보자를 공천하는 정치 주체는 정당이다.
③ 이익 집단은 국가 정책을 수립하고 집행하지 않는다.
④ 정당은 시민의 여론을 수렴한다. 법률안 발의는 정부와 국회의원이 할 수 있다.
⑤ 시민 단체와 이익 집단은 모두 시민들이 자발적으로 만든 집단이다.

문제편 173쪽

17 헌법과 인권 보장 정답 ⑤ 정답률 90%

밑줄 친 ㉠~㉣에 대한 설명으로 옳지 않은 것은?

> ㉠ 인권은 모든 인간이 마땅히 누려야 할 권리이다. 이를 확인하고 보장하기 위해 헌법에 기본적인 내용을 규정하고 있고, 이렇게 헌법에 보장된 인권을 ㉡ 기본권이라고 한다. 기본권은 누구에게나 인정되고 소중한 것이지만 언제 어디서나 보장되는 것은 아니다. 어떤 사람의 기본권 행사가 다른 사람의 기본권 행사를 침해하거나 ㉢ 공동체의 이익을 해칠 염려가 있으면 국가는 ㉣ 법률로써 기본권을 제한할 수 있다.

① ㉠은 다른 사람에게 양도할 수 없다.
② 자유권과 평등권은 ㉡에 해당한다.
③ 질서 유지와 공공복리는 ㉢에 해당한다.
④ ㉣의 경우라도 기본권의 본질적인 내용은 침해할 수 없다.
⑤ ㉠은 ㉡과 달리 법률에 규정되어 있어야 보장된다.

|자|료|해|설|

인권은 사람이라면 누구나 태어나면서부터 당연히 가지는 기본적 권리를 말하고, 기본권은 인권이 헌법에 성문화되어 규정되는 인권을 말한다.

|선|택|지|풀|이|

① 인권은 국가나 다른 사람이 침해할 수 없으며 남에게 양도할 수 없다는 불가침성이 있다.
② 기본권에는 자유권, 평등권, 참정권, 사회권, 청원권 등이 있다.
③, ④ 기본권은 국가 안전 보장, 질서 유지, 공공복리를 위해 필요한 경우에 한해 법률로써 제한할 수 있으며, 제한하는 경우에도 자유와 권리의 본질적인 내용은 침해할 수 없다.
⑤ 인권은 법률에 규정되어 있지 않다는 이유로 경시되지 않는다. 따라서 인권이 법률에 규정되어 있어야 보장된다고 볼 수 없다.

18 시장 가격의 결정 정답 ① 정답률 60%

그림은 X재 시장에서 수요, 공급의 변화를 나타낸 것이다. 이에 대한 설명으로 옳은 것은? (단, X재는 수요 법칙, 공급 법칙을 따름.) [3점]

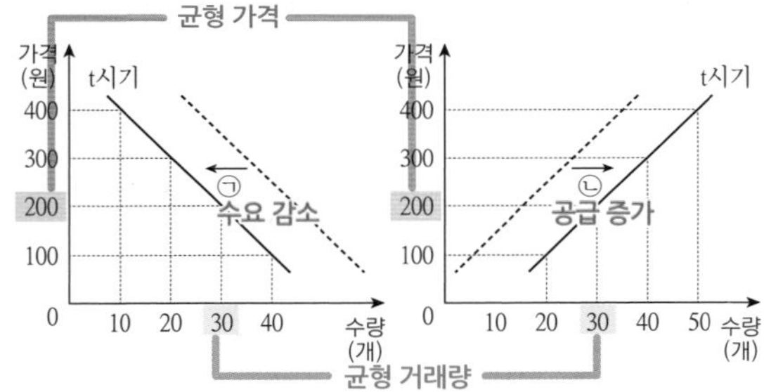

① t시기의 균형 가격은 200원이다.
② t시기의 균형 거래량은 20개이다.
③ 대체재의 가격 상승은 ㉠의 요인이다.
④ 생산 요소의 가격 상승은 ㉡의 요인이다.
⑤ 가격이 300원이면 t시기에 초과 수요가 발생한다.

|자|료|해|설|

t시기에 X재 시장에서는 수요가 감소하였고 공급이 증가하였다.

|선|택|지|풀|이|

① t시기에 X재 시장에서 가격이 200원일 때 수요량과 공급량이 각각 30개로 일치하므로, t시기에 x재의 균형 가격은 200원이다.
② t시기에 균형 거래량은 30개이다.
③ 대체재의 가격 상승은 수요 증가 요인이다.
④ 생산 요소의 가격 상승은 공급 감소 요인이다.
⑤ 가격이 300원이면 t시기에 수요량은 20개, 공급량은 40개이므로 20개의 초과 공급이 발생한다.

19 공법과 사법 정답 ② 정답률 75%

다음 자료의 A, B에 대한 옳은 설명만을 <보기>에서 고른 것은? (단, A, B는 각각 공법, 사법 중 하나임.) [3점]

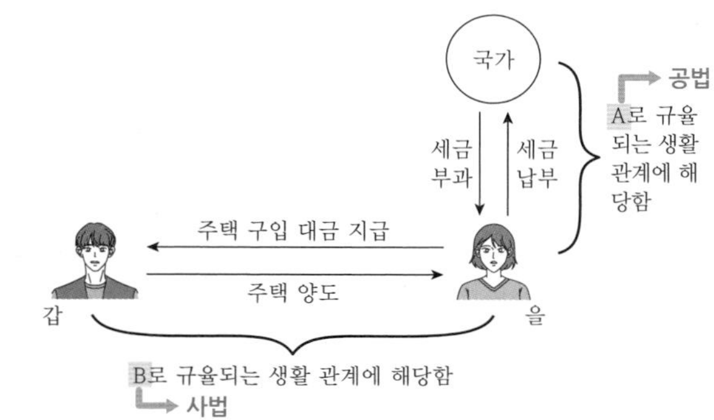

보기

ㄱ. 헌법, 형법은 A에 해당한다.
ㄴ. B는 개인과 국가 간의 공적인 생활 관계를 규율한다.
ㄷ. A와 B의 중간적인 성격을 띤 법은 사회법이다.
ㄹ. A는 사법이고 B는 공법이다.

① ㄱ, ㄴ ② ㄱ, ㄷ ③ ㄴ, ㄷ ④ ㄴ, ㄹ ⑤ ㄷ, ㄹ

|자|료|해|설|

세금 부과와 세금 납부는 납세의 의무와 관련된 것이므로 공적인 생활 관계에 해당하고, 주택 매매는 사적인 생활 관계에 해당한다. 따라서 A는 공법, B는 사법이다.

|보|기|풀|이|

ㄱ. 헌법과 형법은 공적인 생활 관계를 규율하는 공법에 해당한다.
ㄴ. 개인과 국가 간의 공적인 생활 관계를 규율하는 법의 영역은 공법이다.
ㄷ. 사회법은 공적인 생활 영역을 다루는 공법과 개인과 개인 간의 사적인 생활 영역을 규정하는 사법의 중간적 성격을 지닌다.
ㄹ. A는 공법, B는 사법이다.

문제편 174쪽

20 지위, 역할, 사회 집단

정답 ④ | 정답률 60%

다음 자료는 갑의 자서전에 등장하는 장면을 나타낸 것이다. 밑줄 친 ㉠~㉥에 대한 설명으로 옳은 것은?

① ㉠은 구성원의 의지에 따라 인위적으로 형성된 이익 사회에 해당한다.
② ㉥은 갑의 역할 갈등에 해당한다.
③ ㉡은 ㉢과 달리 성취 지위이다.
④ ㉣은 ㉢으로 활동한 갑의 역할 행동에 대한 보상이다.
⑤ ㉤은 ㉠과 달리 구성원 간 친밀한 대면 접촉이 이루어지는 사회 집단에 해당한다.

|자|료|해|설|

가족은 공동 사회이자 1차 집단에 해당하고, 학생회장과 국가 대표 선수는 성취 지위에 해당하며, 축구 협회는 이익 사회이자 2차 집단에 해당한다.

|선|택|지|풀|이|

① 가족은 자연 발생적으로 형성된 공동 사회에 해당한다.
② 은퇴 후 진로로 축구팀 감독과 축구 협회 임원 중에서 고민하는 것은 역할 간 충돌로 인해 나타나는 역할 갈등에 해당하지 않는다.
③ 학생회장과 국가 대표 선수는 모두 개인의 노력이나 능력에 의해 후천적으로 얻게 되는 성취 지위에 해당한다.
④ 최우수 선수상을 수상한 것은 국가 대표 선수로서 갑의 역할 행동에 대한 보상에 해당한다.
⑤ 구성원 간 친밀한 대면 접촉이 이루어지는 사회 집단은 1차 집단이다. 가족은 1차 집단에 해당하고, 축구 협회는 2차 집단에 해당한다.

문제편 174쪽

19회 2022년 3월 학평 정답과 해설 탐구영역(사회)

문제편 p.175

1	⑤	2	①	3	⑤	4	④	5	①
6	④	7	②	8	③	9	④	10	③
11	①	12	③	13	⑤	14	③	15	①
16	①	17	④	18	②	19	②	20	⑤

1 효와 자애 　정답 ⑤ 　정답률 95%

다음 글의 입장으로 적절하지 않은 것은?

> 가족 간의 도리로 효(孝)와 자애(慈愛)를 들 수 있다. 우선 효는 자녀의 도리로서, 부모를 정성껏 공경하는 것이다. 경제적 지원만으로 부모님께 효를 다했다고 생각해서는 안 되며 진심 어린 섬김을 실천해야 한다. 다음으로 자애는 부모의 도리로서, 대가를 바라지 않고 자녀에게 아낌없이 사랑을 베푸는 것이다. 부모는 사랑하는 마음으로 헌신하면서 자녀를 올바른 길로 이끌어야 한다.

① 자녀는 가식적인 마음과 행동으로 부모를 섬겨서는 안 된다.
② 부모와 자녀는 서로를 존중하며 각자의 도리를 다해야 한다.
③ 자녀는 물질적 봉양만으로 도리를 다했다고 여겨서는 안 된다.
④ 부모는 자녀를 위해 헌신하며 아낌없는 사랑을 베풀어야 한다.
⑤ 부모는 자녀의 경제적 보답을 기대하며 사랑을 실천해야 한다.

|자|료|해|설|

제시문은 가족 간의 도리인 효와 자애를 강조하고 있다.

|선|택|지|풀|이|

① 제시문은 자녀가 진심 어린 섬김을 실천해야 한다고 본다. 따라서 제시문은 자녀가 가식적인 마음과 행동으로 부모를 섬겨서는 안 됨을 강조한다.
② 제시문은 자녀는 부모를 정성껏 공경하고, 부모는 사랑하는 마음으로 헌신하면서 자녀를 올바른 길로 이끌어야 함을 강조하고 있다.
③ 제시문은 자녀가 경제적 지원만으로 부모님께 효를 다했다고 생각해서는 안 된다고 보고 있다.
④ 제시문은 부모가 대가를 바라지 않고 자녀에게 아낌없이 사랑을 베풀어야 함을 강조하고 있다.
⑤ 제시문은 부모가 자녀에게 대가를 바라지 않고 아낌없이 사랑을 베풀어야 함을 강조하고 있다.

2 다문화 사회 　정답 ① 　정답률 80%

갑, 을의 입장으로 가장 적절한 것은? [3점]

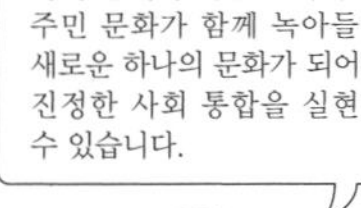

① 갑 : 다양한 문화의 고유한 정체성을 인정해야 한다.
② 갑 : 문화 간의 우열을 구분하여 위계질서를 세워야 한다.
③ 을 : 기존 문화를 버리고 이주민 문화로 대체해야 한다.
④ 을 : 문화의 단일성이 아닌 문화의 다양성을 추구해야 한다.
⑤ 갑, 을 : 이주민 문화를 기존 문화로 흡수하고 통합해야 한다.

|자|료|해|설|

갑은 기존 문화와 이주민 문화가 각각 각자의 특성을 유지할 때 조화로운 사회를 실현할 수 있다고 보고 있는 반면, 을은 기존 문화와 이주민 문화가 함께 섞여 새로운 하나의 문화가 되어야 사회 통합을 실현할 수 있다고 보고 있다.

|선|택|지|풀|이|

③, ④ 을은 기존 문화와 이주민 문화가 통합되어 새로운 하나의 문화가 되어야 한다고 주장하고 있다.
⑤ 갑과 을 모두 이주민 문화를 기존 문화로 흡수하고 통합해야 한다고 보고 있지 않다.

3 도덕적 행위 　정답 ⑤ 　정답률 90%

다음을 주장한 사상가(칸트)의 입장에서 <사례> 속 A에게 제시할 조언으로 가장 적절한 것은?

> 도덕적 행위는 쾌락을 추구하는 경향성이나 욕구를 따르는 행위가 아니며, 단지 불쌍히 여기는 감정에 따라 남을 돕는 행위도 아니다. 도덕적 행위는 의무 의식에 따라 그 자체로 옳은 것을 실천하는 행위이다.

> **사례**
> 아침에 급하게 등교하던 고등학생 A는 길에서 혼자 울고 있는 어린 아이를 보고 도와줘야 할지 고민하고 있다.

① 인간의 자연스러운 감정과 본능적 욕구에 따라 행동하세요.
② 충분한 보상과 대가를 받을 수 있는지 계산하고 행동하세요.
③ 자기 자신과 어린 아이의 이익이 최대가 되도록 행동하세요.
④ 주변 사람들로부터 칭찬받을 수 있는지 따져 보고 행동하세요.
⑤ 인간이라면 마땅히 행해야 할 도덕적 의무에 따라 행동하세요.

|자|료|해|설|

제시문은 의무 의식에 따라 옳은 것을 실천하는 행위가 도덕적 행위임을 강조하고 있다. 이는 의무 의식에 따른 도덕적 행위를 강조한 칸트의 입장이다.

|선|택|지|풀|이|

⑤ 칸트는 인간이라면 마땅히 행해야 할 도덕적 의무에 따른 도덕적 행위를 강조하였다. 따라서 칸트는 길에서 혼자 울고 있는 어린 아이를 보고 도와줘야 할지 고민하고 있는 A에게 도덕적 의무에 따라 행동할 것을 조언할 것이다.

4 생명 존중 사상 　정답 ④ 　정답률 95%

(가)를 주장한 사상가(슈바이처)의 입장에서 볼 때, (나)의 ㉠에 들어갈 내용으로 적절한 것만을 <보기>에서 고른 것은?

(가)	인간은 도울 수 있는 모든 생명체를 도와주고 어떤 생명체에도 해가 되는 행동을 하지 않을 때 비로소 윤리적이다. 윤리적 인간은 생명체가 인간에게 얼마나 이익이 되는지를 묻지 않는다. 생명은 그 자체가 거룩하기 때문에 나뭇잎 하나를 함부로 따지 않고, 어떤 꽃도 망가뜨리지 않으며, 어떤 곤충도 밟아 죽이지 않도록 항상 주의해야 한다.
(나)	학　생 : 생명체를 대할 때 어떤 태도를 지녀야 합니까? 사상가 : ㉠

> **보기**
> ㄱ. 인간에게 유용한 생명체만을 도와야 합니다.
> ㄴ. 동물이나 식물을 함부로 해치지 않아야 합니다.
> ㄷ. 도구적 가치를 근거로 하여 생명체를 보호해야 합니다.
> ㄹ. 생명의 존엄성을 깨닫고 모든 생명체를 사랑해야 합니다.

① ㄱ, ㄴ 　② ㄱ, ㄷ 　③ ㄴ, ㄷ 　④ ㄴ, ㄹ 　⑤ ㄷ, ㄹ

|자|료|해|설|

(가)는 생명은 그 자체로 소중한 가치를 지니고 있으며, 인간은 도울 수 있는 모든 생명체를 도와주고 어떤 생명체에도 해가 되지 않는 행동을 할 때 윤리적임을 강조하고 있다. 이를 주장한 사상가는 슈바이처이다.

|보|기|풀|이|

ㄱ. 슈바이처는 인간이 모든 생명체를 도와야 한다고 본다.
ㄴ. 슈바이처는 생명은 그 자체가 소중하므로 동물이나 식물에 해가 되는 행동을 해서는 안 된다고 본다.
ㄷ. 슈바이처는 윤리적 인간은 생명체가 인간에게 얼마나 이익이 되는지를 묻지 않으므로 도구적 가치를 근거로 하지 않고 모든 생명체를 보호해야 한다고 본다.
ㄹ. 슈바이처는 생명은 그 자체로 소중한 가치를 지니고 있으므로 생명의 존엄성을 바탕으로 모든 생명체를 사랑해야 한다고 본다.

5 정의로운 사회 | 정답 ① | 정답률 90%

롤스

그림의 강연자가 지지할 입장으로 가장 적절한 것은? [3점]

정의는 사회 제도의 제1 덕목입니다. 공정한 사회가 되려면 정의의 원칙이 필요합니다. 정의의 원칙에 따르면 우선 모든 사람은 양심의 자유나 종교의 자유와 같은 기본적 자유를 평등하게 누려야 합니다. 다음으로 사회적 · 경제적 불평등 속에서는 사회적 약자에게 가장 큰 이익이 돌아가야 하고, 모든 구성원은 경쟁에 참여할 공정한 기회를 균등하게 보장받아야 합니다.

① 사회적 약자를 배려하는 제도를 시행해야 한다.
② 소득에 따라 직업에 대한 접근 기회를 제한해야 한다.
③ 특정 계층만이 사회 지도층 자리에 오를 수 있어야 한다.
④ 사회 정의 실현을 위해 빈부 격차가 모두 사라져야 한다.
⑤ 기본적 자유를 개인의 능력에 따라 차등적으로 보장해야 한다.

| 자 | 료 | 해 | 설 |

제시된 주장을 하는 학자는 롤스이다. 롤스는 자유와 평등의 조화를 추구하면서 우연에 의해 발생한 사회적·경제적 불평등을 최소화해야 한다고 주장하였다. 즉, 롤스는 천부적 재능을 타고난 사람들의 능력을 통해 그들에게 수혜된 이익이 능력을 타고나지 못한 사람들을 위해 쓰이는 사회가 정의로운 사회라고 보았다.

| 선 | 택 | 지 | 풀 | 이 |

④ 롤스는 사회적·경제적 불평등을 인정하고 있다. 사회 정의 실현을 위해 빈부 격차가 모두 사라져야 한다고 주장하지는 않았다.

6 과학자의 사회적 책임 | 정답 ④ | 정답률 85%

갑, 을의 입장으로 적절한 것만을 <보기>에서 고른 것은? [3점]

> 갑 : 과학은 자연을 탐구하여 객관적 진리를 발견하는 것에만 주목해야 한다. 따라서 과학자는 자신의 연구가 사회에 미칠 영향에 대해 책임질 필요가 없다.
> 을 : 과학은 자연에 대한 객관적 진리 발견 외에도 인류 복지 증진에 기여해야 한다. 따라서 과학자는 자신의 연구 결과가 사회에 미칠 영향에 대해 책임질 필요가 있다.

보기

ㄱ. 갑 : 과학자는 모든 연구 과정에서 사실 판단을 배제해야 한다.
ㄴ. 을 : 과학자의 연구는 인류의 행복 실현에 이바지해야 한다.
ㄷ. 을 : 과학자는 자신의 연구 결과에 대한 책임으로부터 자유로워야 한다.
ㄹ. 갑, 을 : 과학자의 임무에는 자연에 대한 객관적 진리 탐구가 포함된다.

① ㄱ, ㄴ ② ㄱ, ㄷ ③ ㄴ, ㄷ ④ ㄴ, ㄹ ⑤ ㄷ, ㄹ

| 자 | 료 | 해 | 설 |

갑은 과학자는 자신의 연구가 사회에 미칠 영향에 대해 책임질 필요가 없다고 보는 반면, 을은 과학자는 자신의 연구 결과가 사회에 미칠 영향에 대해 책임져야 한다고 본다.

| 보 | 기 | 풀 | 이 |

ㄱ. 갑은 과학이 객관적 진리를 발견하는 것에만 주목해야 한다고 보고 있으므로 과학자는 모든 연구 과정에서 사실 판단만을 할 것을 강조한다.
ㄴ. 을은 과학이 객관적 진리의 발견뿐만 아니라 인류 복지 증진에 기여해야 한다고 보고 있으므로 과학자의 연구가 인류의 행복 실현에 이바지해야 함을 강조한다.
ㄷ. 을은 과학자는 자신의 연구 결과에 대한 책임으로부터 자유로울 수 없다고 본다.
ㄹ. 갑과 을은 모두 과학자는 자연에 대한 객관적 진리를 발견하는 임무를 가지고 있다고 본다.

7 위도에 따른 기후 | 정답 ② | 정답률 80%

다음 자료의 ㉠을 지도의 A~E에서 고른 것은? [3점]

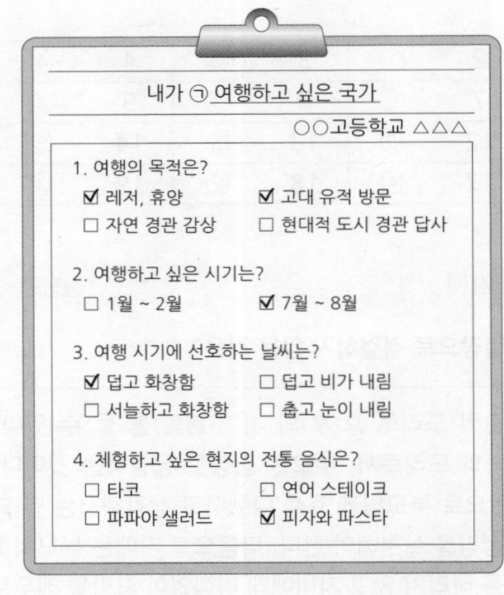

내가 ㉠ 여행하고 싶은 국가

○○고등학교 △△△

1. 여행의 목적은?
☑ 레저, 휴양 ☑ 고대 유적 방문
☐ 자연 경관 감상 ☐ 현대적 도시 경관 답사

2. 여행하고 싶은 시기는?
☐ 1월 ~ 2월 ☑ 7월 ~ 8월

3. 여행 시기에 선호하는 날씨는?
☑ 덥고 화창함 ☐ 덥고 비가 내림
☐ 서늘하고 화창함 ☐ 춥고 눈이 내림

4. 체험하고 싶은 현지의 전통 음식은?
☐ 타코 ☐ 연어 스테이크
☐ 파파야 샐러드 ☑ 피자와 파스타

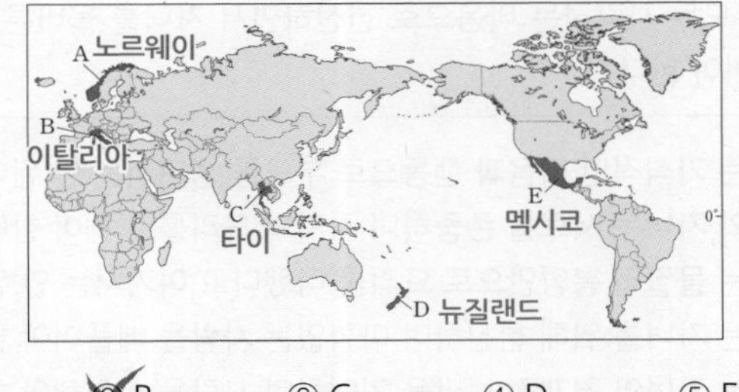

① A ② B ③ C ④ D ⑤ E

| 자 | 료 | 해 | 설 |

지도에 제시된 A는 노르웨이, B는 이탈리아, C는 타이, D는 뉴질랜드, E는 멕시코이다. 여행 희망 국가의 날씨가 덥고, 여행 시기가 7~8월이다. 따라서 7~8월이 여름에 해당하므로 북반구에 속한 국가이다. 특히 여름에 강수량이 적고 화창한 날이 지속되는 기후는 지중해성 기후이다. A~E 국가 중 이를 만족시키는 지역은 B(이탈리아)이다. 이탈리아는 지중해를 끼고 있고 여름철에 맑은 날이 많아 여름 휴가를 즐기기에 적합하다. 또한 콜로세움을 비롯한 로마 시대의 문화유산이 풍부하고 피자, 파스타, 리소토 등의 전통 음식이 있다.

| 선 | 택 | 지 | 풀 | 이 |

①, ④ 노르웨이는 대부분 냉대 습윤 기후, 뉴질랜드는 대부분 서안 해양성 기후 지역으로 연중 습윤한 기후가 나타난다.
③ 타이의 대표적인 전통 음식으로는 똠얌꿍이 있다.
⑤ 멕시코의 대표적인 전통 음식으로는 타코가 있다.

8 열대 우림 기후 | 정답 ③ | 정답률 70%

다음 자료의 (가)에 주민 생활 모습을 표현할 경우 가장 적절한 것은?

A 국가의 화폐(1992년 발행)

① 순록을 유목하는 모습
② 올리브를 수확하는 모습
③ 고무나무에서 수액을 채취하는 모습
④ 라마와 알파카를 대규모로 키우는 모습
⑤ 오아시스 주변에서 대추야자를 재배하는 모습

| 자 | 료 | 해 | 설 |

화폐의 배경으로 해당 국가의 주요 인문 환경, 자연환경 등을 사용한 경우가 많다. 지도에 제시된 A는 대부분 열대 우림 기후가 나타나는 인도네시아이다. 열대 우림 기후 지역에서는 지면의 열기와 습기를 차단하기 위해 고상 가옥을 짓고 천연고무, 기름야자, 바나나, 카카오 등의 플랜테이션이 발달해 있다. 특히 인도네시아를 비롯한 동남아시아 지역은 세계 천연고무 수출량의 70% 이상을 차지하고 있다.

| 선 | 택 | 지 | 풀 | 이 |

① 순록 유목은 툰드라 기후가 나타나는 북극해 연안에서의 전통 생활이다.
② 올리브는 지중해성 기후 지역에서 많이 재배된다.
④ 라마와 알파카는 고산 지역을 중심으로 분포하며, 특히 안데스 산맥에서 많이 사육된다.
⑤ 오아시스 농업으로 대추야자를 재배하는 지역은 사막이다.

문제편 175쪽

9 해안 지형

정답 ④ | 정답률 55%

(가), (나) 지형의 형성 과정을 설명할 때, 공통적으로 포함되는 지형 형성 작용으로 옳은 것은?

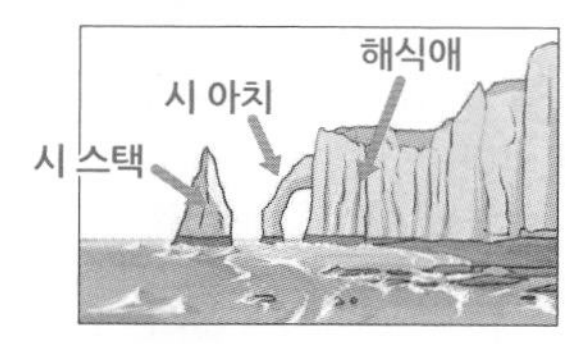

(가) 시 스택과 시 아치(프랑스)

(나) 해안 절벽(제주도)

① 바람의 퇴적 작용
② 빙하의 침식 작용
③ 조류의 퇴적 작용
④ 파랑의 침식 작용
⑤ 파랑의 퇴적 작용

|자|료|해|설|

(가)의 시 스택과 시 아치는 경암부가 파랑의 차별 침식으로 남게 된 지형이다. (나)의 다각형 기둥 모양의 해안 절벽은 주상절리이다. 해안에 형성된 주상절리는 용암의 냉각에 의한 부피 감소로 절리가 형성된 이후 파랑의 침식을 받아 급경사 절벽이 형성되었다.

|선|택|지|풀|이|

② 빙하의 침식 작용으로 빙식곡(U자곡), 호른 등이 형성된다.
③ 조류의 퇴적 작용으로 갯벌이 형성된다.
⑤ 파랑의 퇴적 작용으로 해수욕장으로 이용되는 모래사장이 주로 형성된다.

10 문화 변용

정답 ③ | 정답률 75%

다음 자료의 (가)에 들어갈 내용으로 가장 적절한 것은? [3점]

북부 아프리카에 위치한 국가인 말리에는 독특한 형태의 모스크가 있다. 모스크의 상징인 돔 지붕과 첨탑 대신 평평한 지붕 위에 진흙 탑이 올려져 있고, 초승달과 별 장식 대신 풍요와 번창을 의미하는 타조알 장식이 있다. 이처럼 문화는 다른 지역으로 전파되면서 원래의 모습이 변형되기도 한다. ___(가)___ 도 그러한 사례 중 하나이다.

① 세계 대부분의 국가에서 청바지를 입는 것
② 라틴 아메리카 대부분의 국가에서 에스파냐어를 사용하는 것
③ 멕시코의 과달루페에 검은 머리, 갈색 피부의 성모상이 있는 것
④ 프랑스가 공공장소에서 히잡 착용을 금지하는 법을 제정한 것
⑤ 인도에서 힌디어를 포함한 20여 개 언어를 공용어로 사용하는 것

|자|료|해|설|

제시된 자료는 문화 전파를 통해 문화 변용이 나타난 사례를 보여 준다. 따라서 (가)에는 문화 전파를 통한 문화 변용의 사례가 들어가야 한다. 멕시코의 과달루페에 있는 검은 머리, 갈색 피부의 성모상은 크리스트교가 라틴 아메리카로 전파되는 과정에서 성모상이 원주민 여성의 외모를 가진 모습으로 변화한 것이다. 따라서 이는 문화 전파를 통한 문화 변용의 사례에 해당한다.

|선|택|지|풀|이|

① 문화 획일화의 사례이다.
④ 문화 갈등의 사례이다.
⑤ 문화 공존의 사례이다.

11 자연재해

정답 ① | 정답률 90%

A를 주제로 다큐멘터리를 제작할 때, (가)에 들어갈 장면으로 가장 적절한 것은?

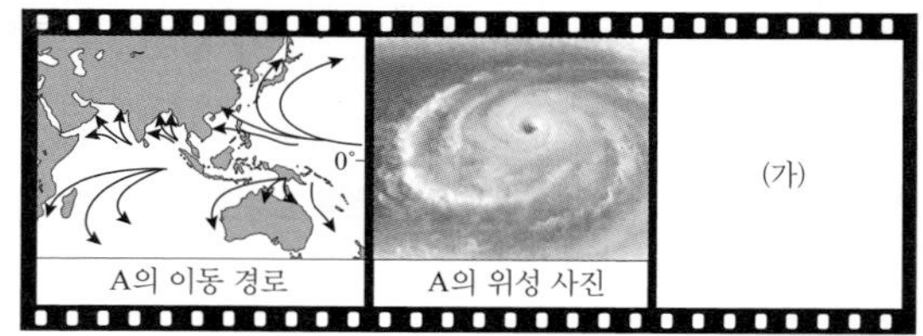

①

침수된 집과 도로

②
물이 말라 갈라진 호수 바닥

③

용암이 흘러내리는 분화구

④

지진으로 갈라진 도로

⑤

도로에 가득 쌓인 눈

|자|료|해|설|

A는 열대 해상에서 발원하여 고위도로 이동하므로 열대 이동성 저기압을 나타낸 것이다. 열대 이동성 저기압은 지역에 따라 명칭이 다른데, 태평양 남서부에서 발원하여 동아시아로 이동하는 열대 이동성 저기압을 태풍이라고 한다. 따라서 (가)에는 태풍과 관련된 장면이 들어가면 된다.

|선|택|지|풀|이|

② 가뭄과 관련된 장면이다.
③ 화산 폭발과 관련된 장면이다.
④ 지진과 관련된 장면이다.
⑤ 폭설과 관련된 장면이다.

12 인구 이동

정답 ③ | 정답률 85%

다음 자료는 인구 이동의 사례이다. 이에 대한 옳은 설명만을 <보기>에서 고른 것은? [3점]

(가) 아프리카 소말리아에 살던 라흐마는 자기 집을 떠나야 했다. ㉠ 지속된 가뭄으로 강바닥이 드러나고 가축에게 먹일 풀이 말라 죽었기 때문이다. 난민촌에 거주하고 있는 그는 고향으로 돌아갈 날을 기다리고 있다.

(나) 베트남에 살던 응옥 뚜엔은 돈을 벌기 위해 ㉡ 싱가포르로 이주하였다. 그녀는 이곳에서 가사 도우미로 일하며 소득의 대부분을 베트남에 있는 가족에게 송금한다.

보기

ㄱ. ㉠의 주요 발생 원인은 인구 증가이다.
ㄴ. ㉡은 인구 유입이 인구 유출보다 활발하다.
ㄷ. (가)는 환경적 요인, (나)는 경제적 요인으로 발생하였다.
ㄹ. (가), (나)는 모두 강제적 이동에 해당한다.

① ㄱ, ㄴ ② ㄱ, ㄷ  ③ ㄴ, ㄷ ④ ㄴ, ㄹ ⑤ ㄷ, ㄹ

문제편 176쪽

|자|료|해|설|

(가)는 가뭄으로 인한 난민이므로 자발적, 환경적 요인에 의한 인구 이동의 사례이다. (나)는 소득을 얻기 위한 이동이므로 자발적, 경제적 요인에 의한 인구 이동의 사례이다. 경제적 요인에 의한 인구 이동은 소득 수준이 낮은 개발 도상국에서 소득 수준이 높은 선진국으로의 이동이 뚜렷하다. 싱가포르(㉢)는 주변국보다 경제 수준이 높은 선진국이므로 인구 유입이 활발한 국가이다.

|보|기|풀|이|

ㄱ. 가뭄(㉠)은 지구 온난화로 대표되는 기후 변화로 인해 발생한다.
ㄹ. (나)는 자발적 이동에 해당한다.

13 지구 온난화

정답 ⑤ | 정답률 90%

신문 기사 내용과 같은 정책이 필요한 이유로 가장 적절한 것은?

> ○○신문 2021년 △월 △일
>
> 최근 우리나라 정부는 2030년까지 이산화 탄소 포집·저장 및 관련 기술 개발에 대규모로 투자할 계획을 발표했다. 이산화 탄소 포집·저장 기술이란 산업 시설에서 배출된 불순물 중 이산화 탄소만을 분리하여 액화한 후 저장하는 것을 말한다. 우리나라에서는 한국에너지기술연구원이 최초로 이산화 탄소 포집 기술을 개발하여 관련 기업에 기술을 이전해 주고 있다.

① 미세 먼지 감소 ② 삼림 파괴 방지
③ 수질 오염 방지 ④ 전자 쓰레기 감소
⑤ 지구 온난화 완화

|자|료|해|설|

대표적인 온실 기체인 이산화 탄소를 포집하는 기술 개발에 대한 투자를 제시하였으므로 다량의 온실 기체 방출로 인한 환경 문제를 찾으면 된다. 다량의 온실 기체 방출은 온실효과를 일으켜 지구 온난화를 발생시킨다. 따라서 이산화 탄소를 포집하는 기술 개발은 지구 온난화를 완화하는 데 도움이 된다.

14 정부 형태

정답 ③ | 정답률 40%

다음은 갑국의 정부 형태의 특징을 정리한 것이다. 이에 대한 설명으로 옳은 것은? (단, 갑국의 정부 형태는 전형적인 대통령제와 전형적인 의원 내각제 중 하나이다.) [3점]

> ㅇ 국가 원수는 국가를 대표하는 상징적 존재이다.
> ㅇ 행정부 수반인 총리(수상)는 의회 의원 중에서 선출된다.
> ㅇ 총리는 내각을 구성하고 행정을 담당한다.

→ 의원 내각제

① 미국에서 채택된 정부 형태이다. → 대통령제
② 행정부 수반은 의회를 해산할 수 없다. (있다)
③ 의회 의원은 내각의 각료(장관)를 겸직할 수 있다.
④ 국가 원수는 독자적으로 국정을 운영할 권한이 있다. (없다)
⑤ 행정부의 내각은 의회 의원 선거 결과와 상관없이 구성된다. (에 따라)

|자|료|해|설|

갑국은 의회에서 선출된 총리에 의해 내각이 구성되어 있다. 따라서 갑국의 정부 형태는 전형적인 의원 내각제이다.

|선|택|지|풀|이|

① 미국에서 채택된 정부 형태는 대통령제이다.
② 의원 내각제에서 총리는 의회를 해산할 수 있고, 의회는 내각을 불신임할 수 있다.
③ 의원 내각제에서 의회 의원 중 총리가 지명한 의원은 각료가 될 수 있으므로 의회 의원은 내각의 각료를 겸직할 수 있다.
④ 의원 내각제에서 국가 원수는 상징적인 존재이므로 국가를 대표할 뿐 국정을 운영할 권한이 없다.
⑤ 의원 내각제에서는 의회 의원 선거의 결과로 다수당의 대표인 총리가 선출되고, 이에 따라 행정부 내각의 구성이 달라질 수 있다.

15 정치 참여 주체

정답 ① | 정답률 55%

자료의 ㉠, ㉡에 들어갈 카드로 옳은 것은? [3점]

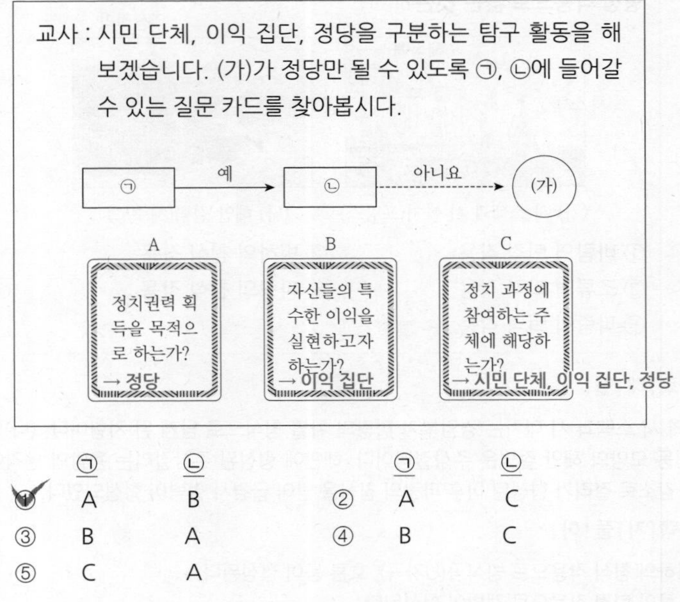

	㉠	㉡		㉠	㉡
①	A	B	②	A	C
③	B	A	④	B	C
⑤	C	A			

|자|료|해|설|

정치권력 획득을 목적으로 하는 정치 참여 주체는 정당이고, 자신들의 특수한 이익을 실현하고자 하는 정치 참여 주체는 이익 집단이다. 그리고 시민 단체, 이익 집단, 정당은 모두 정치 과정에 참여하는 주체에 해당한다. 따라서 카드 A에 대한 답변은 정당, 카드 B에 대한 답변은 이익 집단, 카드 C에 대한 답변은 시민 단체, 이익 집단, 정당이다. (가)가 정당만 되려면 ㉡에는 카드 B가 들어가야 하고, ㉠에는 카드 A가 들어가야 한다.

16 시장 가격의 변동

정답 ① | 정답률 65%

그림은 빵 시장의 변화를 나타낸 것이다. 이에 대한 설명으로 옳은 것은? (단, 떡은 빵의 대체재이다.)

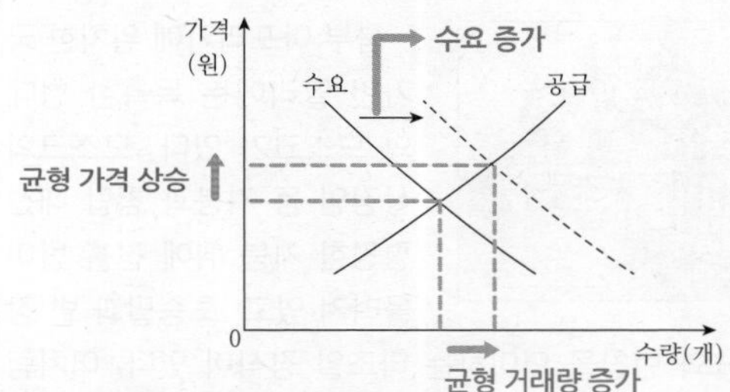

① 빵의 공급량은 증가한다.
② 빵의 판매 수입은 감소한다.
③ 빵의 균형 가격은 하락한다.
④ 떡의 가격이 하락하면 나타날 수 있는 변화이다.
⑤ 빵의 생산 비용이 감소하면 나타날 수 있는 변화이다.

|자|료|해|설|

제시된 그림은 빵 시장에서 수요 곡선이 오른쪽으로 이동한 모습을 보여 준다. 이를 통해 빵 시장에서 수요가 증가했음을 알 수 있다.

|선|택|지|풀|이|

① 빵 시장에서 수요가 증가하면 빵의 균형 거래량이 증가한다. 빵의 균형 거래량 증가는 빵 시장에서 공급되는 빵의 공급량 증가를 의미한다.
② 빵 시장에서 수요가 증가하면 빵의 균형 거래량이 증가하고 빵의 균형 가격이 상승한다. 따라서 빵의 판매 수입은 증가한다.
③ 빵 시장에서 수요가 증가하면 빵의 균형 가격은 상승한다.
④ 빵의 대체재인 떡의 가격 하락은 빵 수요의 감소 요인이다. 빵 시장에서 빵의 수요가 감소하면, 빵의 수요 곡선은 왼쪽으로 이동한다.
⑤ 빵의 생산 비용 감소는 빵 공급의 증가 요인이다. 빵 시장에서 빵의 공급이 증가하면, 빵의 공급 곡선이 오른쪽으로 이동한다.

문제편 177쪽

17 환율 변동

정답 ④ 정답률 80%

그림은 원 / 달러 환율의 변동 (가), (나)에 따른 경제 주체 A, B의 유·불리를 나타낸 것이다. 이에 대한 설명으로 옳은 것은? [3점]

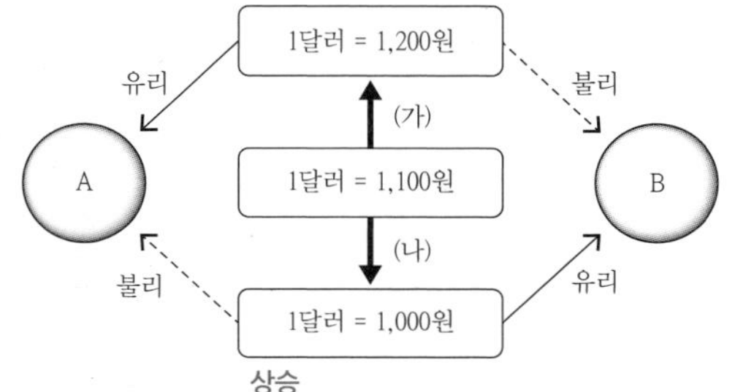

① (가)는 원 / 달러 환율 하락을 의미한다.
② (나)는 원화 대비 달러화 가치의 상승을 의미한다.
③ 미국 여행을 가려는 우리나라 사람은 A에 해당한다.
④ 미국산 원료를 수입하려는 우리나라 기업은 B에 해당한다.
⑤ 달러화를 원화로 환전하려는 우리나라 사람은 B에 해당한다.

| 자 | 료 | 해 | 설 |

(가)는 1달러 = 1,100원에서 1달러 = 1,200원으로 원/달러 환율이 상승한 경우이고, (나)는 1달러 = 1,100원에서 1달러 = 1,000원으로 원/달러 환율이 하락한 경우이다.

| 선 | 택 | 지 | 풀 | 이 |

① (가)는 원/달러 환율 상승을 의미한다.
② (나)는 원/달러 환율 하락을 의미한다. 즉, (나)는 원화 대비 달러화 가치의 하락을 의미한다.
③ 미국 여행을 가려는 우리나라 사람은 원/달러 환율이 상승할 경우 불리해지고, 원/달러 환율이 하락할 경우 유리해진다. 따라서 미국 여행을 가려는 우리나라 사람은 B에 해당한다.
④ 미국산 원료를 수입하려는 우리나라 기업은 원/달러 환율이 상승할 경우 불리해지고, 원/달러 환율이 하락할 경우 유리해진다. 따라서 미국산 원료를 수입하려는 우리나라 기업은 B에 해당한다.
⑤ 달러화를 원화로 환전하려는 우리나라 사람은 원/달러 환율이 상승할 경우 유리해지고, 원/달러 환율이 하락할 경우 불리해진다. 따라서 달러화를 원화로 환전하려는 우리나라 사람은 A에 해당한다.

18 문화의 속성

정답 ② 정답률 80%

다음 사례에서 부각되는 문화의 속성에 대한 옳은 진술만을 〈보기〉에서 고른 것은?

갑국에서 성인들은 얼굴에 강렬한 문신을 한다. 이를 처음 보는 외국 사람들은 매우 낯설게 여기지만 갑국 사람들은 이를 자연스럽게 받아들인다. 갑국의 부모들은 문신의 형태와 의미에 대해 어린 자녀들과 자주 이야기하며 성인이 되면 어떤 문신을 할지 함께 고민한다.

보기

ㄱ. 한 사회의 구성원들은 그 사회의 문화를 공유한다.
ㄴ. 문화는 고정된 것이 아니라 시대에 따라 변화한다.
ㄷ. 문화는 선천적인 것이 아니라 후천적으로 학습된 것이다.
ㄹ. 문화의 한 요소가 변화하면 다른 요소들도 연쇄적으로 변화한다.

① ㄱ, ㄴ  ② ㄱ, ㄷ ③ ㄴ, ㄷ ④ ㄴ, ㄹ ⑤ ㄷ, ㄹ

| 자 | 료 | 해 | 설 |

제시된 사례에서 갑국 사람들은 갑국 성인들이 얼굴에 강력한 문신을 하는 것을 자연스럽게 받아들이고 있으므로 이를 통해 문화의 공유성을 파악할 수 있다. 또한 제시된 사례에서 갑국의 부모들은 대화를 통해 자녀들에게 문신 문화에 익숙해지도록 하고 있으므로 이를 통해 문화의 학습성을 파악할 수 있다.

| 보 | 기 | 풀 | 이 |

ㄱ. 공유성은 한 사회의 구성원들이 그 사회의 문화를 공유하고 있음을 의미한다.
ㄴ. 문화가 고정된 것이 아니라 시대에 따라 변화함을 나타내는 문화의 속성은 변동성이다.
ㄷ. 학습성은 문화가 선천적인 것이 아니라 후천적으로 학습된 것임을 의미한다.
ㄹ. 문화의 한 요소가 변화하면 다른 요소들도 연쇄적으로 변화함을 의미하는 문화의 속성은 전체성이다.

19 지위와 역할

정답 ② 정답률 85%

그림에서 ㉠~㉣은 갑이 자신의 소속 집단에서 차지하고 있는 지위를 나타낸 것이다. 이에 대한 옳은 설명만을 〈보기〉에서 고른 것은?

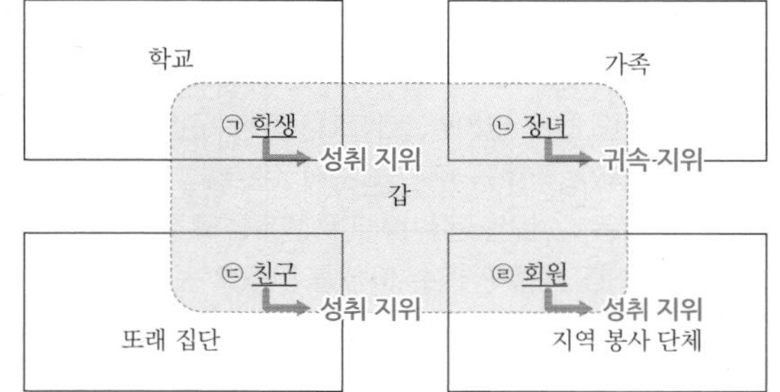

보기

ㄱ. ㉠의 역할 행동에 대한 보상의 예로 모범 학생상 수상을 들 수 있다.
ㄴ. ㉢과 달리 ㉠은 태어날 때부터 자연적으로 주어지는 귀속 지위에 해당한다.
ㄷ. ㉠과 ㉣의 역할을 동시에 수행해야 하는 상황에서 두 역할이 충돌하는 경우는 역할 갈등에 해당한다.
ㄹ. ㉡과 ㉣은 모두 개인의 능력이나 노력으로 얻게 되는 성취 지위에 해당한다.

① ㄱ, ㄴ ② ㄱ, ㄷ ③ ㄴ, ㄷ ④ ㄴ, ㄹ ⑤ ㄷ, ㄹ

| 자 | 료 | 해 | 설 |

㉠, ㉢, ㉣은 모두 개인의 능력이나 노력에 의해 후천적으로 얻게 되는 지위인 성취 지위에 해당하고, ㉡은 태어나면서 자연적으로 주어지는 귀속 지위에 해당한다.

| 보 | 기 | 풀 | 이 |

ㄱ. 모범 학생상을 수상한 것은 학생이라는 지위에 따른 역할 행동에 대한 보상에 해당한다.
ㄴ. 학생과 친구는 모두 성취 지위에 해당한다.
ㄷ. 학생의 역할과 회원의 역할을 동시에 수행해야 하는 상황에서 두 역할 간 충돌이 발생하는 경우는 역할 갈등에 해당한다.
ㄹ. 회원은 장녀와 달리 개인의 능력이나 노력으로 얻게 되는 성취 지위에 해당한다.

문제편 178쪽

20 재판 | 정답 ⑤ | 정답률 60%

그림에 대한 설명으로 옳은 것은? (단, (가), (나)는 각각 민사 소송, 형사 소송 중 하나이다.) [3점]

<(가)의 과정>

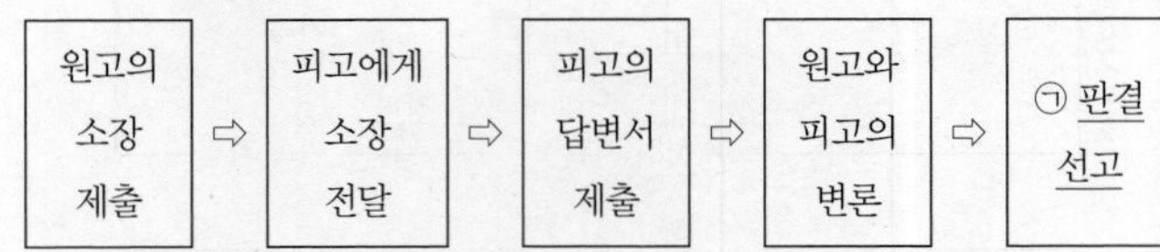

<(나)의 과정>

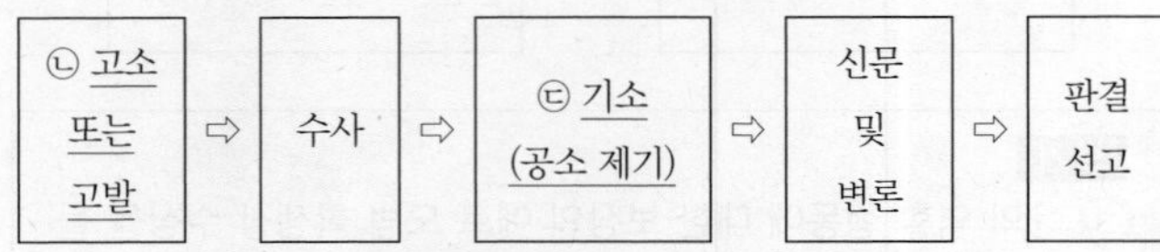

① ㉠에서 판사는 유무죄를 판단한다.
② ㉡의 주체가 (나)에서 원고가 된다.
③ ㉢은 범죄 피해자가 할 수 있다.
④ (가)의 재판에는 배심원이 참여할 수 있다.
⑤ (가)는 민사 소송, (나)는 형사 소송이다.

|자|료|해|설|

형사 소송 과정에는 민사 소송의 과정과 달리 수사와 기소 절차가 포함된다. 따라서 (가)는 민사 소송, (나)는 형사 소송이다.

|선|택|지|풀|이|

① 형사 소송의 판결 선고에서 판사는 유무죄를 판단한다.
② 형사 소송에서 고소의 주체는 범죄 피해자, 고발의 주체는 범죄 사실을 목격한 제3자이다. 형사 소송에서 재판을 요청하는 원고는 검사이다.
③ 형사 소송에서는 검사가 법원에 기소함으로써 재판이 시작된다.
④ 국민 참여 재판 제도에서 일반 국민이 배심원으로 참여할 수 있다. 국민 참여 재판 제도는 형사 재판에서만 가능하다. 즉, 국민 참여 재판 제도가 실시되는 형사 재판에서 배심원이 참여할 수 있다.
⑤ (나)에서는 (가)와 달리 수사와 기소 절차가 포함되어 있다. 따라서 (가)는 민사 소송, (나)는 형사 소송이다.

문제편 178쪽

20회 2021년 3월 학평 정답과 해설 탐구영역(사회)

문제편 p.179

1	⑤	2	⑤	3	①	4	①	5	②
6	⑤	7	③	8	②	9	②	10	④
11	③	12	①	13	⑤	14	④	15	④
16	①	17	③	18	⑤	19	③	20	②

1 도덕적 행위

정답 ⑤ 정답률 95%

다음 갑 사상가의 입장에서 <사례> 속 A에게 제시할 조언으로 가장 적절한 것은?

→ 칸트

갑 : 행위의 옳고 그름은 행위의 결과에 의해 결정되지 않는다. 선하고 옳은 것을 추구하려는 선의지와 도덕 법칙을 준수하려는 의무 의식에 따른 행위만이 도덕적 가치를 지닌다.

<사례>

지하철에서 고등학생 A는 몸이 불편한 사람을 보고 자신의 자리를 양보해야 할지 고민하고 있다.

① 자연적인 욕구를 충실히 따라 행동하세요.
② 사회 전체의 행복 증진을 고려하여 행동하세요.
③ 사람들에게 칭찬을 받을 수 있도록 행동하세요.
④ 다수가 인정하는 사회적 관습에 따라 행동하세요.
⑤ 선한 의지를 바탕으로 도덕적 의무에 따라 행동하세요.

|자|료|해|설|

갑은 선의지와 의무 의식에 따른 행위만이 도덕적 가치를 지닌다고 보고 있다. 따라서 갑은 칸트이다.

|선|택|지|풀|이|

⑤ 칸트는 선하고 옳은 것을 추구하려는 선의지를 바탕으로 도덕 법칙을 준수하려는 의무 의식에 따라 행동할 것을 강조한다. 따라서 칸트는 몸이 불편한 사람을 보고 자신의 자리를 양보해야 할지 고민하고 있는 A에게 선한 의지를 바탕으로 도덕적 의무에 따라 행동할 것을 조언할 것이다.

2 과학 기술자의 윤리적 책임

정답 ⑤ 정답률 90%

다음 글의 입장만을 <보기>에서 고른 것은? [3점]

과학 기술의 영향력이 점점 더 확대되고 있으므로 과학 기술자는 연구 과제 설정과 연구 결과에 윤리적 책임을 져야 한다. 이에 따라 과학 기술자는 자신의 연구 목적이 인류에 이바지하는 것인지 검토해야 하며, 자신의 연구가 사회에 어떤 영향을 가져올 수 있는지 예측하여 이를 공개해야 한다.

보기

ㄱ. 과학 기술자의 연구 결과는 선악 판단의 대상이 아니다.
ㄴ. 과학 기술자는 연구 결과의 부작용을 공개해서는 안 된다.
ㄷ. 과학 기술자는 과학 기술의 사회적 영향력을 고려해야 한다.
ㄹ. 과학 기술자는 연구가 인류 복지에 공헌하는지 검토해야 한다.

① ㄱ, ㄴ ② ㄱ, ㄷ ③ ㄴ, ㄷ ④ ㄴ, ㄹ ⑤ ㄷ, ㄹ

|자|료|해|설|

제시문은 과학 기술자에게 연구 과제 설정과 연구 결과에 대한 윤리적 책임이 있음을 강조하고 있다.

|보|기|풀|이|

ㄱ. 제시문은 과학 기술자가 연구 결과에 대해 윤리적 책임을 져야 한다고 보고 있다. 따라서 제시문은 과학 기술자의 연구 결과는 윤리적 판단의 대상이라고 본다.
ㄴ. 제시문은 과학 기술자의 연구가 사회에 어떤 영향을 가져올 수 있는지 예측하여 공개해야 한다고 보고 있다. 따라서 제시문은 과학 기술자가 연구 결과의 긍정적인 영향뿐만 아니라 부정적인 영향을 예측하여 이를 공개해야 한다고 본다.
ㄷ, ㄹ. 제시문은 과학 기술자는 자신의 연구 목적이 인류에 이바지하는 것인지를 검토하고 자신의 연구가 사회에 어떤 영향을 미치는지 예측해야 한다고 보고 있다. 따라서 제시문은 과학 기술자는 자신의 연구가 인류 복지에 공헌하는지를 검토하고 과학 기술의 사회적 영향력을 고려해야 한다고 본다.

3 갈등의 해결

정답 ① 정답률 95%

그림의 강연자가 지지할 입장으로 가장 적절한 것은?

다양한 사람들과 교류를 하다 보면 갈등이 발생하기 마련입니다. 갈등 상황에 대처할 때, 언어적 · 물리적 폭력으로 상대에게 상처를 주거나 갈등 자체를 외면하기도 합니다. 하지만 견해가 다르더라도 서로를 존중하면서 의사소통하는 자세가 필요합니다. 이런 평화적 과정을 거쳐야 갈등을 근본적으로 해결할 수 있습니다.

① 평화적인 방법으로 대화하면서 갈등을 해결해야 한다.
② 갈등은 해결 불가능하므로 자신의 입장을 고수해야 한다.
③ 자신과 다른 견해를 가진 사람과는 교류하지 않아야 한다.
④ 강압적 방법을 사용하더라도 갈등을 신속히 해결해야 한다.
⑤ 일상생활에서 발생하는 갈등을 해결하기보다 회피해야 한다.

|자|료|해|설|

제시된 그림에서 강연자는 평화적 과정을 통해 갈등을 해결할 것을 강조하고 있다.

|선|택|지|풀|이|

① 강연자는 서로 존중하며 의사소통하는 자세를 가지고 평화적인 방법으로 갈등을 해결할 것을 강조하고 있다.
② 강연자는 평화적 과정을 통해 갈등을 근본적으로 해결할 수 있다고 보고 있다.
③ 강연자는 자신과 다른 견해를 가진 사람과도 교류해야 한다고 보고 있다.
④ 강연자는 강압적 방법이 아닌 평화적 방법을 통해 갈등을 해결해야 한다고 보고 있다.
⑤ 강연자는 일상생활에서 발생하는 갈등을 회피하기보다는 평화적 과정을 거쳐 해결해야 한다고 보고 있다.

4 생태 중심주의 자연관 정답 ① 정답률 95%

다음 가상 편지를 쓴 사람의 입장만을 <보기>에서 고른 것은?

> ○○○ 선생님께
> 선생님, 경제 개발을 위해 그린벨트를 해제한다는 기사를 보고 걱정이 앞섭니다. 자연은 모든 존재가 서로 의존하면서 함께 살아가는 거대한 생태계이며, 인간은 자연의 주인이 아니라 자연의 한 구성원일 뿐입니다. 토양, 물, 식물, 동물 등은 원래 그 자체로 소중한 가치를 지니고 있습니다. 따라서 인간의 경제적 이익을 위해 자연을 무분별하게 이용해서는 안 됩니다. … (후략).

보기
ㄱ. 자연 만물은 상호 의존하는 관계에 있다.
ㄴ. 인간은 자연의 본래적 가치를 존중해야 한다.
ㄷ. 인간의 삶에 도움을 주는 자연만이 가치를 지닌다.
ㄹ. 이성을 지닌 존재인 인간이 자연을 지배해야 한다.

① ㄱ, ㄴ ② ㄱ, ㄷ ③ ㄴ, ㄷ ④ ㄴ, ㄹ ⑤ ㄷ, ㄹ

|자|료|해|설|
제시된 편지를 쓴 사람은 생태 중심주의 입장을 취하고 있다. 생태 중심주의는 인간과 자연은 서로 끊임없이 영향을 주고받는 상호 보완적 관계로서 서로 조화와 균형을 이루어야 함을 강조하고, 자연 그 자체의 가치를 인정해야 한다고 본다.

|선|택|지|풀|이|
ㄷ, ㄹ. 인간 중심주의의 입장에 해당한다.

5 정의로운 사회 정답 ② 정답률 75%

다음을 주장한 사상가(롤스)의 입장으로 적절하지 않은 것은? [3점]

> 정의로운 사회에서 모든 사람들은 표현의 자유, 신체의 자유 등 기본적 자유를 누릴 수 있는 평등한 권리를 가져야 한다. 그리고 사회적 지위나 직책을 얻을 수 있는 기회를 공정하게 보장받아야 한다. 단, 사회적·경제적 불평등은 가장 불리한 여건에 있는 사람들에게 최대 이익이 보장되는 경우에만 허용된다.

① 기본적 자유는 모두가 평등하게 누려야 한다.
② 재화는 모든 사람에게 똑같이 분배되어야 한다.
③ 사회적 약자의 처지를 개선하는 제도가 필요하다.
④ 정의로운 사회에서도 경제적 불평등은 허용될 수 있다.
⑤ 공직자가 될 수 있는 기회는 모두에게 개방되어야 한다.

|자|료|해|설|
제시된 주장을 한 사상가는 롤스이다. 롤스는 정의의 제1원칙으로 '평등한 자유의 원칙', 제2원칙으로 '기회 균등의 원칙'과 '차등의 원칙'을 제시한다.

|선|택|지|풀|이|
② 롤스는 최소 수혜자에게 최대의 혜택이 돌아가는 조건하에서 사회·경제적 불평등은 허용될 수 있다고 주장한다. 즉, 롤스는 모든 사람에게 재화를 똑같이 분배해야 한다고 보지 않는다.

6 완전한 우정 정답 ⑤ 정답률 90%

다음을 주장한 사상가(아리스토텔레스)의 입장만을 <보기>에서 고른 것은? [3점]

> 완전한 우정은 덕에 있어 서로 닮은 선한 사람들 사이의 친함이다. 친구를 위하여 좋은 것을 바라는 사람들이야말로 가장 참된 친구이다. 쾌락이나 유용성 때문에 친구가 된 사람들은 쾌락이나 유용성이 사라지면 쉽게 헤어진다. 서로가 상대방 자체를 위해 친구가 될 수 있는 것은 선한 사람들뿐이다.

보기
ㄱ. 완전한 우정은 이익과 쾌락을 근거로 해야 한다.
ㄴ. 선하지 않은 사람들은 친구 관계를 맺을 수 없다.
ㄷ. 친구를 위하고 아끼는 마음으로 우정을 나누어야 한다.
ㄹ. 선한 사람 간에는 지속적인 교우 관계가 유지될 수 있다.

① ㄱ, ㄴ ② ㄱ, ㄷ ③ ㄴ, ㄷ ④ ㄴ, ㄹ ⑤ ㄷ, ㄹ

|자|료|해|설|
제시문은 완전한 우정을 덕에 있어 서로 닮은 선한 사람들 간의 지속적이고 진정한 우정이라고 보고 있다. 이는 완전한 우정의 조건을 제시한 아리스토텔레스의 입장이다.

|보|기|풀|이|
ㄱ. 아리스토텔레스는 이익이나 쾌락에 근거한 우정은 이익이나 쾌락이 사라지면 지속되기 어렵다고 본다.
ㄴ. 아리스토텔레스는 쾌락이나 유용성 때문에 친구 관계를 맺을 수 있는데, 이러한 우정은 완전한 우정이 아니라고 본다. 즉, 아리스토텔레스는 선하지 않은 사람들도 친구 관계를 맺을 수 있으나, 이러한 관계를 완전한 우정이라고 보지 않는다.
ㄷ, ㄹ. 아리스토텔레스는 선한 사람들 간의 우정은 서로 상대방을 위해 친구 관계를 맺은 것이므로 지속적이며 진정한 우정이라고 본다.

7 다문화 사회 정답 ③ 정답률 85%

다음 신문 칼럼의 입장으로 가장 적절한 것은?

> ○○신문 ○○○○년 ○○월 ○○일
> **칼 럼**
> 다문화 사회에서 조화롭게 살아가기 위해서는 다양한 문화를 이해하고 존중하는 태도가 필요하다. 하지만 명예 살인과 같이 부당하게 생명을 해치거나 인간 존엄성을 훼손하는 문화까지 인정해서는 안 된다. 따라서 다른 문화를 바라볼 때 보편적 도덕 가치에 어긋남이 없는지 살펴야 한다. … (후략).

① 다양한 문화를 하나의 문화로 통합해야 한다.
② 다른 문화에 대한 배타적인 태도를 유지해야 한다.
③ 보편 윤리를 기준으로 다른 문화를 성찰해야 한다.
④ 자기 문화의 관점으로만 다른 문화를 평가해야 한다.
⑤ 어떠한 경우에도 다른 문화를 비판하지 말아야 한다.

|자|료|해|설|
제시된 신문 칼럼에서는 다문화 사회에서 보편 윤리의 중요성을 강조하고 있다. 보편 윤리는 시대와 사회를 초월하여 모든 사람이 존중하고 따라야 할 행위의 원칙을 말한다. 다문화 사회에서는 각 문화가 해당 사회의 맥락에서 고유한 가치를 가진다는 것을 인정하면서 보편 윤리를 통해 문화를 비판적으로 성찰하는 태도가 필요하다.

|선|택|지|풀|이|
② 제시문은 다른 문화를 배척하는 것이 아니라 이해하고 존중하는 태도를 유지해야 한다고 본다.
⑤ 제시문은 다른 문화가 보편 윤리에 어긋나지 않는지 비판적으로 성찰해야 한다고 본다.

문제편 179쪽

8 위도에 따른 인간 생활

정답 ② 정답률 80%

학생의 대답 (가)에 들어갈 내용으로 옳은 것은? [3점]

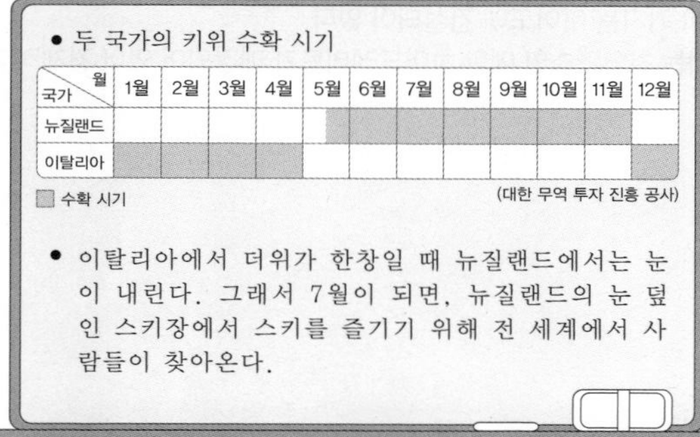

• 두 국가의 키위 수확 시기

국가＼월	1월	2월	3월	4월	5월	6월	7월	8월	9월	10월	11월	12월
뉴질랜드					■	■	■	■	■	■	■	
이탈리아	■	■	■	■								■

■ 수확 시기 (대한 무역 투자 진흥 공사)

• 이탈리아에서 더위가 한창일 때 뉴질랜드에서는 눈이 내린다. 그래서 7월이 되면, 뉴질랜드의 눈 덮인 스키장에서 스키를 즐기기 위해 전 세계에서 사람들이 찾아온다.

뉴질랜드의 키위 수확 시기가 이탈리아와 다르고, 사람들이 7월에 스키를 타러 오는 이유는 무엇일까?

뉴질랜드는 ___(가)___ 때문이야.

① 해발 고도가 높기
② 남반구에 위치하기
③ 섬으로 이루어졌기
④ 편서풍의 영향을 받기
⑤ 날짜 변경선에 가깝기

|자|료|해|설|

이탈리아와 뉴질랜드의 기후가 반대로 나타나는 원인은 위도이다. 따라서 (가)에는 위도와 관련된 기후 요인이 들어가야 한다. 지구는 자전축이 23.5° 기울어진 채로 태양 주변을 공전하기 때문에, 7월에는 북반구의 일사량이 많고 남반구의 일사량은 상대적으로 적다. 그러므로 북반구에 위치한 이탈리아가 7월에 더운 여름인 반면, 남반구에 위치한 뉴질랜드는 7월에 눈이 내리는 겨울이다.

9 건조 기후와 툰드라 기후

정답 ② 정답률 70%

다음 자료는 두 지역의 도로 표지판이다. (가), (나) 지역에 대한 옳은 설명만을 <보기>에서 고른 것은? [3점]

보기

ㄱ. (가)의 전통 가옥은 벽이 두껍고 지붕이 평평하다.
ㄴ. (나)는 일 년 내내 비가 많이 내린다.
ㄷ. (가)는 (나)보다 연평균 기온이 높다.
ㄹ. (가)는 카카오, (나)는 올리브가 대표적인 작물이다.

① ㄱ, ㄴ ② ㄱ, ㄷ ③ ㄴ, ㄷ ④ ㄴ, ㄹ ⑤ ㄷ, ㄹ

|자|료|해|설|

'낙타 주의 표지판'으로 보아 (가)는 건조 기후 지역, '순록 주의 표지판'으로 보아 (나)는 한대 기후 지역이다.

|보|기|풀|이|

ㄱ. 연강수량이 적은 건조 기후 지역의 전통 가옥은 지붕이 평평하며, 외부의 열기를 차단하기 위해 벽이 두껍다.
ㄴ. 한대 기후는 극 고압대의 영향으로 강수량이 적다. 일 년 내내 비가 많이 내리는 기후 지역은 열대 우림 기후 지역이다.
ㄷ. 건조 기후는 한대 기후보다 저위도에 분포하므로 연평균 기온이 높다.
ㄹ. 카카오는 열대 우림 기후, 올리브는 지중해성 기후의 대표 작물이다.

10 문화 변용

정답 ④ 정답률 85%

다음 자료를 통해 옳게 추론한 내용만을 <보기>에서 고른 것은?

'바인 미'는 프랑스의 식민 지배 당시 전해진 빵인 바게트에 속 재료를 넣어 만든 베트남식 샌드위치이다. 밀가루로 만든 바게트에 햄, 치즈, 토마토 등을 넣어 만드는 프랑스식과 달리 바인 미는 밀가루와 쌀가루를 섞어 만든 바게트에 절인 무나 오이, 고수와 각종 고기를 넣어 만든다.

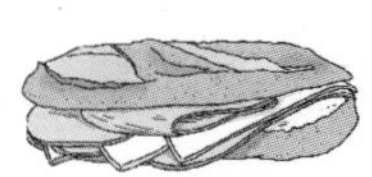
프랑스식 바게트 샌드위치

베트남식 바게트 샌드위치

보기

ㄱ. 서로 다른 문화가 만나면 갈등이 지속된다.
ㄴ. 문화는 한 지역에서 다른 지역으로 전파된다.
ㄷ. 문화는 종교에 따라 지역마다 다르게 나타난다.
ㄹ. 둘 이상의 문화가 만나면 문화 변용이 나타나기도 한다.

① ㄱ, ㄴ ② ㄱ, ㄷ ③ ㄴ, ㄷ ④ ㄴ, ㄹ ⑤ ㄷ, ㄹ

|자|료|해|설|

'바인 미'는 프랑스의 식민 지배를 받았던 베트남에 프랑스의 문화가 전파되면서 새로운 문화가 만들어진 사례에 해당한다. 즉, '바인 미'는 문화 전파를 통한 문화 변용의 사례에 해당한다.

|보|기|풀|이|

ㄱ. '바인 미'는 서로 다른 문화가 만나 새로운 문화가 만들어진 사례이다. 서로 다른 문화가 만나 갈등이 지속되는 사례로는 언어 갈등이나 종교 갈등 등이 있다.
ㄷ. 문화가 종교에 따라 지역마다 다르게 나타나는 사례로는 종교에 따른 음식, 건축 양식 등으로 인한 문화 차이를 들 수 있다.

11 산지 지역의 생활

정답 ③ 정답률 70%

다음 영상 대화의 ㉠~㉤ 중 적절하지 않은 내용을 고른 것은? [3점]

① ㉠ ② ㉡ ③ ㉢ ④ ㉣ ⑤ ㉤

|자|료|해|설|

'높은 산지'로 보아 영상 대화의 주민들은 고산 지대에 거주하고 있음을 알 수 있다. 알프스 산지 부근은 여름철에는 산지에서 가축을 방목하고 겨울철에는 저지대로 가축을 이동시키는 이목이 발달했다. 안데스 산지는 저위도에 위치해 있지만 높은 해발 고도 덕분에 일 년 내내 온화한 기후가 나타난다. 또한 기온의 일교차는 크지만, 저위도에 위치해 있어 계절별 일사량이 일정하기 때문에 월 평균 기온차는 작다.

|선|택|지|풀|이|

③ 벼는 열대 몬순 기후, 온난 습윤 기후 등 계절풍의 영향으로 여름이 고온 다습한 몬순 아시아에서 주로 재배된다.

○ 문제편 180쪽

12 다국적 기업 | 정답 ① | 정답률 85%

㉠ 현상이 중국 후이저우에 미칠 영향으로 옳은 내용만을 <보기>에서 고른 것은?

> **대한민국 기업, 베트남에 대규모 투자**
>
> 
>
>
> 대한민국의 다국적 기업 ○○은/는 중국 후이저우에 공장을 설립하여 2007년부터 스마트폰을 생산해 왔다. 그러나 임금이 상승하고 실적 부진이 계속되자 2019년에 ㉠ 후이저우의 공장 가동을 중단하고 스마트폰 생산 공장을 베트남으로 이전하였다. 베트남의 경우, 생산된 제품의 품질을 유지하면서도 중국보다 저렴한 임금의 생산직 직원을 대규모로 고용할 수 있기 때문이다. 또한 세금 면제나 감세의 혜택도 기대할 수 있다.
>
> -「○○신문」, 2019년 ○월 ○일 -

> **보기**
>
> ㄱ. 일자리가 감소하여 실업 문제가 발생할 것이다.
> ㄴ. 상인들의 매출 감소로 지역 경제가 침체될 것이다.
> ㄷ. 다양한 중소기업들이 들어서면서 인구가 증가할 것이다.
> ㄹ. 금융 자본이 집중되어 다른 국가와의 경제 협력이 강화될 것이다.

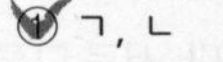 ① ㄱ, ㄴ ② ㄱ, ㄷ ③ ㄴ, ㄷ ④ ㄴ, ㄹ ⑤ ㄷ, ㄹ

|자|료|해|설|

제시문에서는 생산비 절감을 위해 중국에 설립한 공장을 저렴한 임금의 생산직 직원을 채용할 수 있는 베트남으로 이전한 대한민국의 다국적 기업 ○○에 대해 기술하고 있다. 다국적 기업의 생산 공장이 다른 곳으로 이전하면서 중국 후이저후에서는 실업률이 증가할 수 있고, 산업 공동화 현상으로 지역 경제가 침체될 수 있다.

|보|기|풀|이|

ㄷ. 다국적 기업의 생산 공장의 이전으로 인해 부품을 생산하는 중소기업들도 이전함으로써 인구는 감소할 것이다.
ㄹ. 금융 자본이 유출될 수 있다.

13 독도 | 정답 ⑤ | 정답률 70%

다음은 우리나라의 어느 섬에 대한 스무고개 놀이 장면이다. (가)에 들어갈 질문으로 옳은 것은? [3점]

단계	학생	교사
한 고개	우리나라에서 제일 큰 섬입니까?	아니요
두 고개	화산 활동으로 형성되었습니까?	예
세 고개	측화산인 오름을 많이 볼 수 있습니까?	아니요
네 고개	우리 영토의 동쪽 끝에 해당합니까?	예
다섯 고개	(가) ?	예

① 화구호인 백록담이 있습니까 → 제주도
② 행정 구역상 강원도에 속합니까 (경상북도)
③ 영해 설정 시 직선 기선이 적용됩니까 (통상 기선)
④ 종합 해양 과학 기지가 건설되어 있습니까 → 이어도
⑤ 주변 해저에 메탄 하이드레이트가 많이 매장되어 있습니까

|자|료|해|설|

스무고개 놀이를 통해 해당 섬을 찾고, 그 특징을 묻는 문항이다. 우리나라에서 제일 큰 섬인지 묻는 한 고개에서 '아니요'라고 답변하였으므로 해당 섬은 제주도가 아니다. 화산 활동으로 형성된 섬인지 묻는 두 고개에서 '예'라고 답변하였으므로 해당 섬은 울릉도, 독도, 제주도 중 하나인데, 한 고개에서 학생의 질문을 통해 제주도는 제외되었으므로 해당 섬은 울릉도와 독도 중 하나이다. 세 고개의 질문인 오름이 많이 분포하는 섬은 제주도인데, '아니요'라고 답변하였으므로 제주도는 한 고개의 질문에서와 마찬가지로 해당 섬에서 제외된다. 우리 영토의 동쪽 끝임을 묻는 네 고개에서 '예'라고 답변하였으므로 해당 섬은 독도가 된다. 다섯 고개인 (가)의 질문에서 '예'라고 답변하였으므로 (가)에는 독도의 특징이 들어가야 한다.

|선|택|지|풀|이|

① 화구호인 백록담은 제주도의 한라산에 위치한다.
② 독도는 행정 구역상 경상북도에 속한다.
③ 독도는 영해 설정 시 최저 조위선인 통상 기선을 적용한다.
④ 종합 해양 과학 기지는 이어도에 건설되어 있다.
⑤ 독도의 해저에는 천연가스인 메탄 하이드레이트가 매장되어 있어 경제적 가치가 높다.

14 환경 문제 | 정답 ④ | 정답률 85%

다음 자료는 뉴스 보도의 일부이다. (가)에 들어갈 내용으로 적절하지 않은 것은?

① 주민들의 건강이 위협을 받고 있습니다.
② 선진국의 책임을 묻는 여론이 커지고 있습니다.
③ 가나 정부의 환경 비용 부담이 커지고 있습니다.
④ 이산화 탄소 배출량이 감소하고 대기 오염이 완화되고 있습니다.
⑤ 전자 쓰레기의 국가 간 이동 규제에 대한 필요성이 높아지고 있습니다.

|자|료|해|설|

주어진 뉴스는 국가 간 유해 폐기물의 이동에 관하여 보도하고 있다. 선진국의 전자 쓰레기를 개발 도상국에서 처리할 경우 개발 도상국의 환경 비용 부담이 커지고, 주민들의 건강과 대기오염에 악영향을 미친다. 이에 따라 국제 사회에서는 바젤 협약(1989)을 체결하여 유해 폐기물의 국가 간 이동을 규제하고 있다. 따라서 (가)에는 환경 오염의 피해와 관련된 내용이 들어갈 수 있다.

|선|택|지|풀|이|

④ 전자 쓰레기를 태우는 과정에서 이산화 탄소 배출량은 증가하고 대기 오염은 악화될 것이다.

15 생산 요소 | 정답 ④ | 정답률 65%

다음 자료의 밑줄 친 두 시장의 공통점으로 옳은 것은? [3점]

국토교통부 보 도 자 료	고용노동부 보 도 자 료
전월 <u>토지 시장</u> 동향 토지 거래 가격 3.9% 상승, 토지 거래 8.9% 감소	전월 <u>노동 시장</u> 동향 서비스업 고용 증가폭 둔화, 제조업 고용 감소폭 개선

① 공공재가 거래된다.
② 가계가 수요자이다.
③ 정부가 공급자이다.
④ 생산 요소가 거래된다.
⑤ 정부가 가격을 결정한다.

|자|료|해|설|

토지 시장과 노동 시장은 모두 생산 요소 시장에 해당한다. 생산 요소 시장에서는 토지, 노동, 자본 등과 같은 생산 요소가 거래된다.

|선|택|지|풀|이|

① 생산 요소 시장에서는 생산 요소가 거래된다.
② 생산 요소 시장에서 노동, 토지, 자본 등을 구매하는 수요자는 기업이다.
③ 생산 요소 시장에서 공급자는 가계이다.
⑤ 생산 요소의 가격은 생산 요소 시장에서 결정된다.

○ 문제편 181쪽

16 사회법
정답 ① 정답률 35%

A에 대한 설명으로 옳은 것은?

교 사 : 법은 규율하는 생활 영역에 따라 크게 세 가지로 분류됩니다. 법 생활 영역 (A)에 해당하는 법의 종류를 말해보세요. (→ 사법, 공법, 사회법 / → 사회법)
학생 1 : 근로 기준법, 남녀 고용 평등법이 있어요.
학생 2 : 소비자 기본법도 있어요.
교 사 : 모두 옳게 잘 말했어요.

① 공법과 사법의 중간적 성격을 지닌다.
② 혼인과 이혼, 상속, 유언 등을 다룬다. → 사법
③ 현대 복지 국가에서 중요성이 약화되고 있다. (강화)
④ 개인의 자유를 최대한 보장하기 위해 등장했다. (사회 구성원의 최소한의 인간다운 생활을)
⑤ 국민의 권리와 의무, 정부 구성 원리가 담겨 있다. → 공법

|자|료|해|설|

법은 규율하는 생활 영역에 따라 사법, 공법, 사회법으로 분류된다. 근로 기준법, 남녀 고용 평등법, 소비자 기본법은 모두 사회법에 해당한다. 따라서 A는 사회법이다.

|선|택|지|풀|이|

① 사회법은 공적인 생활 영역을 다루는 공법과 개인과 개인 간의 사적인 생활 영역을 규정하는 사법의 중간적 성격을 지닌다.
② 혼인과 이혼, 상속, 유언 등을 다룬 법의 영역은 사법이다.
③ 사회법은 현대 복지 국가에서 중요성이 강화되고 있다.
④ 사회법은 사회 구성원의 최소한의 인간다운 생활을 보장하기 위해 등장하였다.
⑤ 국민의 권리와 의무, 정부 구성 원리가 담겨 있는 법의 영역은 공법이다.

17 현대 사회
정답 ③ 정답률 95%

그림을 통해 추론할 수 있는 현대 사회의 특징으로 가장 적절한 것은?

① 제조업의 비중이 높다.
② 대면적 인간 관계가 보편적이다.
③ 지식과 정보의 습득이 용이하다.
④ 일터와 가정의 경계가 뚜렷하다.
⑤ 생산자와 소비자의 구분이 명확하다.

|자|료|해|설|

제시된 그림은 정보 사회의 모습을 보여 준다. 정보 사회에서는 과학 기술의 발달로 인해 신속하고 정확한 지식과 정보의 수집과 습득이 가능해진다.

|선|택|지|풀|이|

① 산업 사회에 대한 설명이다.
② 정보 사회로 갈수록 비대면적 인간 관계가 늘어난다.
④ 정보 사회로 갈수록 일터와 가정의 경계가 모호해진다.
⑤ 정보 사회로 갈수록 생산자와 소비자의 구분이 모호해진다.

18 국내 총생산의 한계
정답 ⑤ 정답률 85%

그림을 통해 공통으로 추론할 수 있는 내용으로 옳은 것은?

눈길에 넘어져서 병원에 갔더니 치료비가 많이 나왔어요.

동네에 공장이 들어와 일자리가 늘어났지만 공장 출입 차량들 때문에 먼지가 많아졌어요.

① 국내 총생산은 국민의 삶의 질을 반영한다.
② 국내 총생산이 클수록 생활 수준이 높아진다.
③ 국내 총생산의 증가는 행복한 삶의 필요 조건이다.
④ 국내 총생산이 증가하는 과정에서 환경 문제가 발생한다.
⑤ 국내 총생산의 증가와 국민의 행복이 비례하지는 않는다.

|자|료|해|설|

제시된 그림은 부상으로 인한 병원 치료비 지출로 국내 총생산은 증가하지만 삶의 질이 저하된 경우와 일자리 증가로 국내 총생산은 증가하지만 공장 출입 차량들로 인한 먼지 증가로 환경이 악화된 경우를 보여 준다.

|선|택|지|풀|이|

① 제시된 그림을 통해 국내 총생산이 국민의 삶의 질을 반영하지 못함을 추론할 수 있다.
②, ③, ④ 제시된 그림을 통해 공통으로 추론할 수 있는 내용으로 적절하지 않다.
⑤ 제시된 그림은 모두 국내 총생산이 증가되지만 국민의 행복은 증가하지 않고 있음을 보여 준다. 이를 통해 국내 총생산의 증가와 국민의 행복이 비례하지는 않음을 추론할 수 있다.

19 기본권의 제한 요건
정답 ③ 정답률 60%

다음은 ○○시가 주민 갑에게 통보한 문자 내용이다. ○○시가 밑줄 친 조치를 취할 때 유의해야 할 내용으로 적절하지 않은 것은? [3점]

① 법률에 근거해야 한다.
② 질서유지, 공공복리 등을 목적으로 해야 한다.
③ 갑의 권리보다 타인의 권리를 우선시해야 한다.
④ 자유와 권리의 본질적 내용을 침해해서는 안 된다.
⑤ 달성하려고 하는 공익이 침해되는 갑의 이익보다 커야 한다.

|자|료|해|설|

○○시가 갑에게 자가 격리를 명령하는 것은 신체의 자유라는 기본권을 제한하는 조치에 해당한다. 기본권은 국가 안전 보장, 질서유지, 공공복리를 위해 필요한 경우에 한하여 법률로써 제한할 수 있으며, 제한하는 경우에도 기본권의 본질적인 내용은 침해할 수 없다.

|선|택|지|풀|이|

⑤ 기본권을 제한하는 경우 기본권을 제한받는 갑의 피해를 최소화해야 하고, 달성하고자 하는 공익이 침해되는 갑의 이익보다 커야 한다.

○ 문제편 182쪽

20 공직 선거 제도 | 정답 ② | 정답률 55%

대통령 선거, 국회의원 선거, 지방 선거

표는 우리나라의 주요 공직 선거를 정리한 것이다. 이에 대한 옳은 설명만을 〈보기〉에서 고른 것은? [3점]

종류	공직자	
대통령 선거	㉠ 대통령	
국회의원 선거	㉡ 지역구 의원	
	비례 대표 의원	
지방 선거	(가)	시장, 도지사, 구청장, 군수
	지방 의회 의원	㉢ 지역구 의원
		비례 대표 의원
	교육감	

보기

ㄱ. (가)는 지방 자치 단체장이다.
ㄴ. ㉠의 임기는 4년이다.
ㄷ. ㉡의 지역 선거구는 법률에 의해 정해진다.
ㄹ. ㉢은 간접 선거로 선출된다.

① ㄱ, ㄴ ② ㄱ, ㄷ ③ ㄴ, ㄷ ④ ㄴ, ㄹ ⑤ ㄷ, ㄹ

|자|료|해|설|

우리나라의 공직 선거에는 대통령 선거, 국회의원 선거, 지방 선거가 있다.

|보|기|풀|이|

ㄱ. 시장, 도지사, 구청장, 군수는 모두 지방 자치 단체장에 해당한다.
ㄴ. 대통령의 임기는 5년이다.
ㄷ. 지역 선거구는 선거구 법정주의에 의해 특정 정당이나 개인에게 유리하지 않도록 법률에 의해 정해진다.
ㄹ. 지역구 의원은 직접 선거로 선출된다.

문제편 182쪽

21회 2024년 3월 학평 정답과 해설 탐구영역(과학)

문제편 p.183

1	④	2	②	3	③	4	①	5	⑤
6	③	7	⑤	8	④	9	①	10	②
11	④	12	②	13	⑤	14	③	15	①
16	④	17	③	18	②	19	①	20	⑤

1 열의 이동 정답 ④ 정답률 65%

그림은 프라이팬을 가열하여 달걀 요리를 하면서 세 학생이 대화하는 모습을 나타낸 것이다.

제시한 내용이 옳은 학생만을 있는 대로 고른 것은?

① A ② B ③ A, C ④ B, C ⑤ A, B, C

|자|료|해|설|

가열된 프라이팬으로 달걀 요리를 할 때는 접촉에 의해 열이 이동하는데, 이를 열의 전도라고 한다. 열은 고온에서 저온으로 이동하므로 고온의 프라이팬에서 저온의 달걀로 열이 이동하게 된다. 열이 이동하는 또다른 방식은 대류와 복사가 있다.

열의 이동	정의
전도	물체가 접촉했을 때 열이 이동하는 현상
대류	액체나 기체의 입자가 열을 가지고 이동하는 현상
복사	열에너지가 물체를 통하지 않고 빛의 형태로 직접 전달되는 현상

|보|기|풀|이|

학생 A. 오답 : 비열이 큰 물체는 온도가 쉽게 변하지 않고, 비열이 작은 물체는 온도가 쉽게 변한다. 프라이팬 바닥이 빨리 뜨거워지는 이유는 비열이 작기 때문이다.

학생 B. 정답 : 프라이팬은 상대적으로 고온이고, 달걀은 상대적으로 저온이므로 열은 프라이팬에서 달걀 쪽으로 이동한다.

학생 C. 정답 : 손잡이가 쉽게 뜨거워지면 프라이팬을 이용하기 어려워지므로 손잡이에서는 전도에 의한 열의 이동이 잘 일어나지 않아야 한다.

2 뉴턴의 운동 법칙 정답 ② 정답률 45%

다음은 부력과 관련된 실험이다.

[실험 과정]

(가) 용수철저울에 질량이 100g인 추를 매달고 추가 정지한 상태에서 용수철저울의 눈금을 읽는다.

(나) (가)의 추를 물속에 완전히 잠기게 한 후, 추가 정지한 상태에서 용수철저울의 눈금을 읽는다.

(다) 질량이 200g인 추로 바꾸어 (가), (나) 과정을 반복한다.

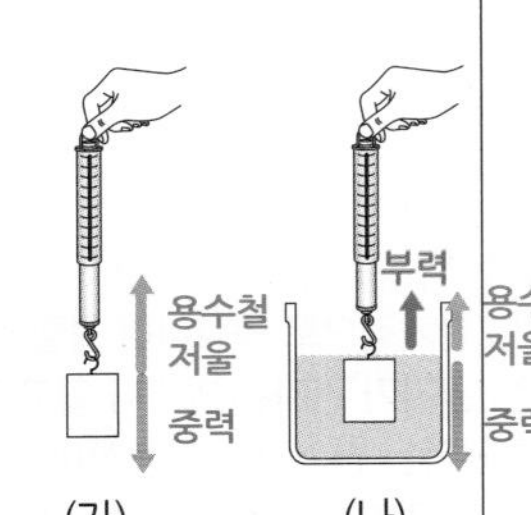

[실험 결과]

추의 질량(g)	(가)에서의 측정값(N)	(나)에서의 측정값(N)
100	ω	㉠ $< \omega$
200	㉡ $= 2\omega$	㉢ $< 2\omega$

이에 대한 옳은 설명만을 <보기>에서 있는 대로 고른 것은?

보기

ㄱ. ㉠, ㉢은 각각의 추에 작용하는 부력의 크기이다.

ㄴ. ㉡은 ω이다.

ㄷ. ㉢은 ㉡보다 작다.

① ㄱ ② ㄷ ③ ㄱ, ㄴ ④ ㄱ, ㄷ ⑤ ㄴ, ㄷ

|자|료|해|설|

(가)에서 용수철저울에 걸리는 힘과 추에 작용하는 중력(= 추의 무게)이 평형을 이루는데, 추에 작용하는 중력을 다르게 표현하면 추의 무게라고도 할 수 있다. 추에 작용하는 중력의 크기 ω는 추의 질량과 중력 가속도(g)를 곱하여 구하므로 추의 질량이 $0.1\text{kg}(= 100\text{g})$일 때 $\omega = 0.1g$이다.

(나)에서는 용수철저울에 걸리는 힘과 물의 부력의 합력이 추에 작용하는 중력과 평형을 이루고 있으므로 부력을 k_1라고 할 때 $\omega =$ ㉠ $+ k_1$이고, ㉠ $< \omega$이다.

|보|기|풀|이|

ㄱ. 오답 : ㉠과 ㉢은 용수철저울에 걸리는 힘이고, 이는 추에 작용하는 중력의 크기에서 부력의 크기를 뺀 값과 같다.

ㄴ. 오답 : (가)에서의 측정값은 추에 작용하는 중력의 크기와 같으므로 추의 질량이 $0.2\text{kg}(= 200\text{g})$일 때 (가)에서의 측정값은 ㉡ $= 2\omega = 0.2g$이다.

ㄷ. 정답 : 추의 질량이 100g일 때와 마찬가지로 (나)에서는 용수철저울에 걸리는 힘과 물의 부력의 합력이 추에 작용하는 중력과 평형을 이루고 있으므로 부력을 k_2라고 할 때 ㉡ $= 2\omega =$ ㉢ $+ k_2$이고, ㉢ $< 2\omega$이다.

3 빛의 굴절 정답 ③ 정답률 55%

그림은 렌즈 A 가까이에 물체를 놓았을 때, 물체보다 크고 바로 선 상이 생긴 모습을 나타낸 것이다. A는 볼록 렌즈와 오목 렌즈 중 하나이다.

A에 대한 옳은 설명만을 <보기>에서 있는 대로 고른 것은? [3점]

보기

ㄱ. 볼록 렌즈이다.

ㄴ. 빛을 모으는 데 이용할 수 있다.

ㄷ. A를 이용하여 물체보다 작고 바로 선 상도 만들 수 있다.

① ㄱ ② ㄷ ③ ㄱ, ㄴ ④ ㄴ, ㄷ ⑤ ㄱ, ㄴ, ㄷ

|자|료|해|설|

빛이 어떤 물질에서 다른 물질로 나아갈 때 경로가 꺾이는 현상을 빛의 굴절이라고 하는데, 렌즈는 빛의 굴절 현상을 이용하여 물질을 실제보다 크거나 작게 보이게 만든다. 오목 렌즈는 물체를 항상 작게 보이게 만들고, 볼록 렌즈는 렌즈와 물체의 거리에 따라 물체가 작게 보이기도 하고 크게 보이기도 한다. 또한 오목 렌즈는 물체가 똑바로 서 보이게 하는 반면, 볼록 렌즈의 초점을 기준으로 물체와 렌즈 사이의 거리에 따라 물체가 거꾸로 보이기도 하고 똑바로 서 보이기도 한다.

렌즈의 종류	렌즈와 물체가 아주 멀 때	렌즈와 물체가 적당히 멀 때	렌즈와 물체가 초점보다 가까울 때
오목 렌즈	바로 선 상태의 축소된 상		
볼록 렌즈	거꾸로 된 상태의 축소된 상	거꾸로 된 상태의 확대된 상	바로 선 상태의 확대된 상

|보|기|풀|이|

ㄱ. 정답 : 물체가 확대되어 보이므로 A는 볼록 렌즈이다.

ㄴ. 정답 : 볼록 렌즈는 빛을 한 지점으로 모으는 성질이 있는데, 이 지점을 초점이라고 한다. 따라서 빛을 모으는 데 A를 이용할 수 있다.

ㄷ. 오답 : A를 이용하여 바로 선 상태로 확대된 상은 만들 수 있지만, 바로 선 상태의 축소된 상은 만들 수 없다.

4 전동기의 원리 | 정답 ① | 정답률 60%

그림은 건전지, 자석, 코일을 이용하여 만든 간이 전동기에서 코일이 자석으로부터 힘을 받아 회전하고 있는 어느 순간의 모습을 나타낸 것이다. P, Q는 코일의 서로 맞은편에 있는 지점이다.

이에 대한 설명으로 옳지 않은 것은?

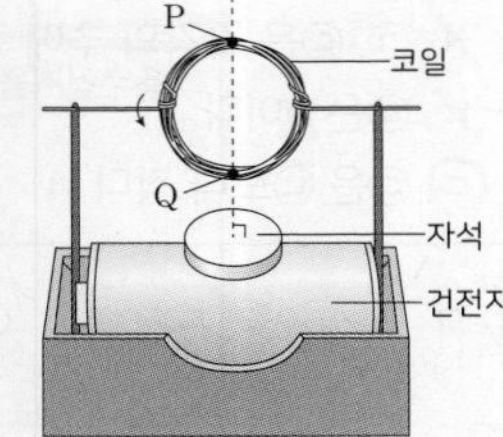

① P와 Q가 자석으로부터 받는 힘의 방향은 같다.
② 전동기에서는 전기 에너지가 운동 에너지로 전환된다.
③ 자석의 극을 반대로 바꾸면 코일의 회전 방향이 반대로 바뀐다.
④ 전지의 극을 반대로 바꾸면 코일의 회전 방향이 반대로 바뀐다.
⑤ 자석을 세기가 더 강한 것으로 바꾸면 코일이 더 빠르게 회전한다.

|자|료|해|설|

전동기는 자기장 속에 있는 도선에 전류가 흐를 때 도선이 받는 힘을 이용하는 장치이다. 이때 도선이 받는 힘의 방향은 플레밍의 왼손 법칙을 통해 알 수 있다. 주어진 그림에서 코일은 하나의 도선을 여러 번 감아둔 것이므로 P와 Q에서 전류의 방향은 반대이고, 자기장의 방향은 같으므로 P와 Q는 서로 반대 방향으로 힘을 받아 코일이 회전하게 된다.

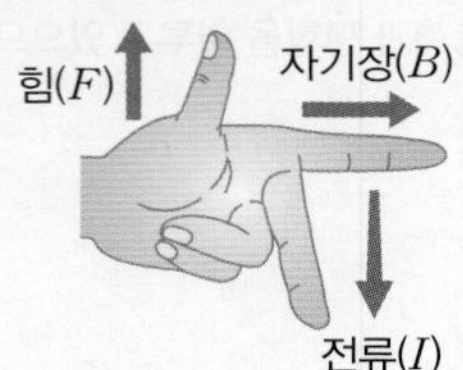

〈플레밍의 왼손 법칙〉

|선|택|지|풀|이|

① 정답 : P와 Q에서 자기장의 방향은 같고, 전류의 방향은 반대이므로 플레밍의 왼손 법칙에 의해 자석으로부터 받는 힘의 방향은 반대이다.
② 오답 : 전동기는 전기 에너지를 이용하여 코일을 회전시키므로 전동기에서는 전기 에너지가 운동 에너지로 전환된다.
③ 오답 : 자석의 극을 반대로 바꾸면 자기장의 방향이 반대가 되고, 플레밍의 왼손 법칙에 의해 힘이 받는 방향도 반대가 되어 회전 방향이 바뀐다.
④ 오답 : 전지의 극을 반대로 바꾸면 전류의 방향이 반대가 되고, 플레밍의 왼손 법칙에 의해 힘이 받는 방향도 반대가 되어 회전 방향이 바뀐다.
⑤ 오답 : 코일의 회전 속도는 전류의 세기가 세지거나 자기장의 크기가 커지면 더 빨라지므로 자석을 세기가 더 강한 것으로 바꾸면 코일이 더 빠르게 회전한다.

5 역학적 에너지 | 정답 ⑤ | 정답률 60%

그림과 같이 지면으로부터 같은 높이에서 테니스공과 야구공을 손으로 잡고 있다가 가만히 놓았다. 질량은 야구공이 테니스공보다 크다.

이에 대한 옳은 설명만을 〈보기〉에서 있는 대로 고른 것은? (단, 공기 저항과 공의 크기는 무시한다.) [3점]

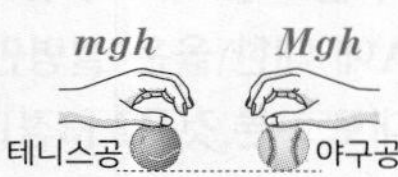

> **보기**
> ㄱ. 떨어지는 동안 테니스공의 역학적 에너지는 일정하다.
> ㄴ. 떨어지는 동안 두 공의 단위 시간당 속력의 변화량은 같다.
> ㄷ. 지면에 도달하는 순간, 운동 에너지는 야구공이 테니스공보다 크다.

① ㄱ ② ㄴ ③ ㄱ, ㄷ ④ ㄴ, ㄷ ⑤ ㄱ, ㄴ, ㄷ

|자|료|해|설|

• 역학적 에너지 = 운동 에너지 + 위치 에너지(중력에 의한 퍼텐셜 에너지)

중력을 제외한 다른 힘이 작용하지 않는 상태에서 물체가 운동할 때 물체의 역학적 에너지는 보존된다. 또한 역학적 에너지는 운동 에너지와 위치 에너지(중력에 의한 퍼텐셜 에너지)의 합과 같고, 공을 가만히 놓았을 때 운동 에너지는 0이므로 이 시점에 역학적 에너지는 위치 에너지와 크기가 같다. 따라서 테니스공의 질량을 m, 야구공의 질량을 M이라고 하고 두 공을 놓은 지점의 높이를 h라고 하면 테니스공의 역학적 에너지는 mgh, 야구공의 역학적 에너지는 Mgh이다.

|보|기|풀|이|

ㄱ. 정답 : 공이 떨어지는 동안 중력 이외에 다른 힘을 받지 않으므로 역학적 에너지는 보존된다.
ㄴ. 정답 : 단위 시간당 속력의 변화량은 가속도의 크기와 같은 의미이고, 두 공의 가속도는 중력 가속도(g)와 같으므로 단위 시간당 속력의 변화량은 서로 같다. 이는 질량에 관계없이 지구상의 모든 물체에서 동일하다.
ㄷ. 정답 : 지면에 도달하는 순간 위치 에너지는 0이므로 물체의 역학적 에너지와 운동 에너지는 같다. 야구공의 운동 에너지는 Mgh이고, 테니스공의 운동 에너지는 mgh이므로 운동 에너지는 야구공이 더 크다.

6 화학 반응에서 열의 출입 | 정답 ③ | 정답률 80%

그림과 같이 삼각 플라스크에 수산화 바륨과 염화 암모늄을 넣고 유리 막대로 섞었더니 플라스크의 바깥쪽 표면에 얼음이 생겼다. 수산화 바륨과 염화 암모늄의 반응에 대한 옳은 설명만을 〈보기〉에서 있는 대로 고른 것은?

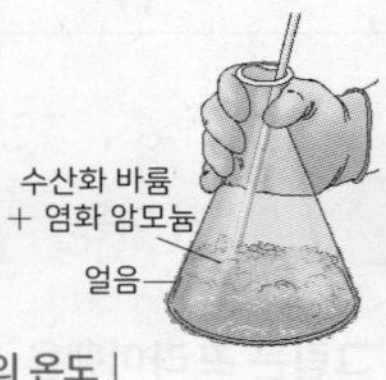

> **보기**
> ㄱ. 반응이 일어날 때 주변의 온도가 낮아진다.
> ㄴ. 반응이 일어날 때 열에너지를 흡수한다.
> ㄷ. 이 반응을 이용하여 손난로를 만들 수 있다.

① ㄱ ② ㄷ ③ ㄱ, ㄴ ④ ㄴ, ㄷ ⑤ ㄱ, ㄴ, ㄷ

|자|료|해|설|

• 발열 반응 : 화학 반응이 일어날 때 외부로 열을 방출하는 반응
• 흡열 반응 : 화학 반응이 일어날 때 주변의 열을 흡수하는 반응

수산화 바륨과 염화 암모늄이 반응할 때 플라스크의 바깥쪽 표면에 얼음이 생기는 것으로 보아 플라스크 바깥쪽에 존재하던 수증기가 열을 빼앗겨 얼음이 된 것을 알 수 있다. 따라서 이 반응은 반응이 일어날 때 열을 흡수하는 흡열 반응이다.

|보|기|풀|이|

ㄱ. 정답 : 수산화 바륨과 염화 암모늄이 반응할 때 주변의 열을 빼앗아 흡수하므로 주변의 온도는 낮아진다.
ㄴ. 정답 : 수산화 바륨과 염화 암모늄의 반응은 열에너지를 흡수하는 반응이다.
ㄷ. 오답 : 손난로에 사용할 수 있는 반응은 반응이 일어날 때 열을 방출하여야 하므로 이 반응을 이용할 수 없다.

7 원자와 이온 | 정답 ⑤ | 정답률 65%

그림은 나트륨 원자가 전자를 잃고 나트륨 이온이 되는 과정을 나타낸 것이다.

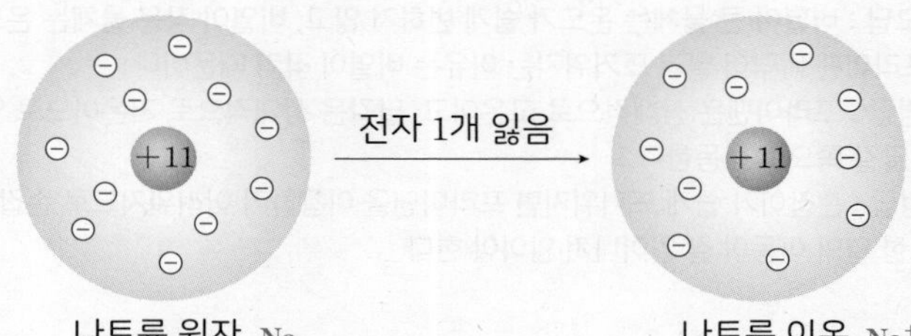

이에 대한 옳은 설명만을 〈보기〉에서 있는 대로 고른 것은?

> **보기**
> ㄱ. 전자는 음(−)의 전하를 띤다.
> ㄴ. 나트륨 이온은 양이온이다.
> ㄷ. 나트륨 원자가 나트륨 이온이 될 때 원자핵의 전하량은 변하지 않는다.

① ㄱ ② ㄴ ③ ㄱ, ㄷ ④ ㄴ, ㄷ ⑤ ㄱ, ㄴ, ㄷ

|자|료|해|설|

• 원자 : 전기적으로 중성이며 물질을 구성하는 입자
• 이온 : 원자가 전자를 얻거나 잃고 전하를 띠게 된 입자

나트륨 원자는 전기적으로 중성이므로 원자핵의 전하량 크기와 전자의 총 전하량 크기가 같다. 나트륨 원자핵의 전하량은 +11이고, 전자 1개의 전하량은 −1이므로 나트륨 원자에서 전자의 수는 11이다. 나트륨 원자는 1개의 전자를 잃고 나트륨 이온이 되므로 나트륨 이온은 양(+)이온이다.

|보|기|풀|이|

ㄱ. 정답 : 전자는 음(−)의 전하를 띠는 입자이다.
ㄴ. 정답 : 나트륨 이온에서 원자핵의 전하량은 +11이고, 전자의 총 전하량은 −10이므로 나트륨 이온은 양(+)이온이다.
ㄷ. 정답 : 나트륨 원자가 나트륨 이온이 될 때 전자의 수만 1개 줄어들고, 원자핵의 전하량은 변하지 않는다.

문제편 183쪽

8 물질의 특성 | 정답 ④ | 정답률 55%

표는 비커 (가)~(다)에 들어 있는 액체에 대한 자료이다. ㉠은 물과 에탄올 중 하나이다.

비커	(가)	(나)	(다)
액체	물	에탄올	㉠
부피(mL)	100	100	200
질량(g)	100	78.9	200

이에 대한 옳은 설명만을 <보기>에서 있는 대로 고른 것은? (단, 액체의 온도는 모두 같다.)

> **보기**
> ㄱ. ㉠은 물이다.
> ㄴ. 질량은 물질의 특성이다.
> ㄷ. 밀도는 물이 에탄올보다 크다.

① ㄴ ② ㄷ ③ ㄱ, ㄴ ④ ㄱ, ㄷ ⑤ ㄱ, ㄴ, ㄷ

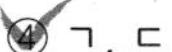

| 자 | 료 | 해 | 설 |

물질은 그 물질만이 갖는 고유한 성질이 있는데 이를 물질의 특성이라고 한다. 물질의 특성에는 냄새, 맛, 색깔 등 겉보기 성질뿐만 아니라 끓는점, 녹는점, 밀도 등이 있다. 이 중 밀도는 단위 부피당 질량을 의미하므로 질량을 부피로 나누어 구한다.

(가)에서 물의 밀도를 구하면 $\frac{100(g)}{100(mL)}=1(g/mL)$이고, (나)에서 에탄올의 밀도를 구하면 $\frac{78.9(g)}{100(mL)}=0.789(g/mL)$이다. 앞서 언급했듯이 밀도는 물질의 특성이므로 다른 조건이 모두 같을 때 물의 질량이 300g이라면 부피는 300mL이어야 하고, 에탄올의 부피가 200mL라면 질량은 157.8g이어야 한다.

| 보 | 기 | 풀 | 이 |

ㄱ. 정답 : ㉠은 물 또는 에탄올이고, (다)의 밀도는 $\frac{200(g)}{200(mL)}=1(g/mL)$이므로 ㉠은 물이다.

ㄴ. 오답 : 질량은 물질의 고유한 특성이 아니므로 물질의 특성이 아니다.

ㄷ. 정답 : 물의 밀도는 1(g/mL)이고, 에탄올의 밀도는 0.789(g/mL)이므로 밀도는 물이 에탄올보다 크다.

9 입자의 운동 | 정답 ① | 정답률 80%

그림 (가)는 삼각 플라스크의 입구를 비눗물로 막고 뜨거운 바람으로 가열할 때 비눗물 막이 부푸는 모습을, (나)는 삼각 플라스크에 작은 드라이아이스 조각을 넣고 입구를 비눗물로 막았을 때 비눗물 막이 부푸는 모습을 나타낸 것이다.

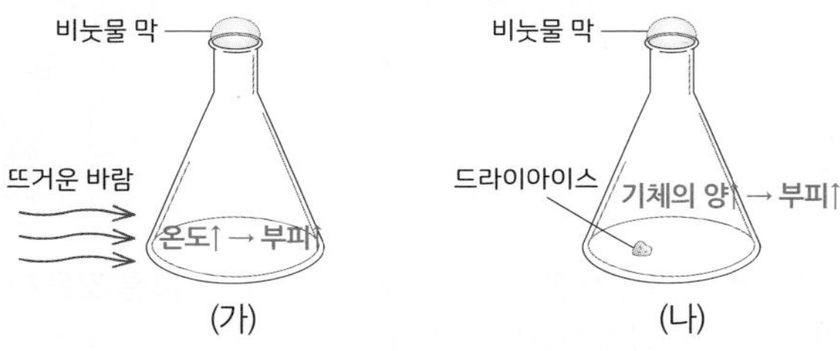

비눗물 막이 부푸는 동안 플라스크 속 기체에 대한 옳은 설명만을 <보기>에서 있는 대로 고른 것은? [3점]

> **보기**
> ㄱ. (가)에서 기체 분자의 운동이 활발해진다.
> ㄴ. (나)에서 기체 분자의 크기가 커진다.
> ㄷ. (가)와 (나)에서 모두 기체 분자의 개수가 많아진다.

① ㄱ ② ㄴ ③ ㄷ ④ ㄱ, ㄴ ⑤ ㄱ, ㄷ

| 자 | 료 | 해 | 설 |

(가)와 (나)에서 비눗물 막이 모두 부푸는 것으로 보아 삼각 플라스크에 존재하는 기체의 부피가 증가했음을 알 수 있다. 이때 부피가 증가하는 이유는 (가)와 (나)에서 서로 다른데, (가)는 플라스크 내부 기체의 온도를 올려 부피를 증가시키는 것이고, (나)는 드라이아이스가 고체 상태에서 기체 상태가 되며 기체의 양 자체가 늘어나 기체의 부피가 증가한 것이다.

| 보 | 기 | 풀 | 이 |

ㄱ. 정답 : (가)에서 뜨거운 바람에 의해 플라스크 내부의 기체 분자 운동이 활발해지고, 이로 인해 기체의 부피가 증가한다.

ㄴ. 오답 : (나)에서 부피가 증가하는 이유는 기체의 양이 많아지기 때문이고, 기체 분자의 크기가 커지는 것은 아니다.

ㄷ. 오답 : (나)에서는 기체 분자의 수가 많아지는 것이 맞지만, (가)에서는 기체 분자의 수가 많아지는 것이 아니라 온도가 상승함에 따라 부피가 증가하는 것이다.

10 화학 반응의 양적 관계 | 정답 ② | 정답률 55%

그림은 온도와 압력이 일정할 때 기체 A와 기체 B가 반응하여 기체 C가 생성되는 반응의 부피 관계를 나타낸 것이다.

반응 전 용기 속 입자 모형이 오른쪽 그림과 같을 때, A와 B가 반응하여 C가 생성된 후 용기 속 입자 모형으로 가장 적절한 것은? [3점]

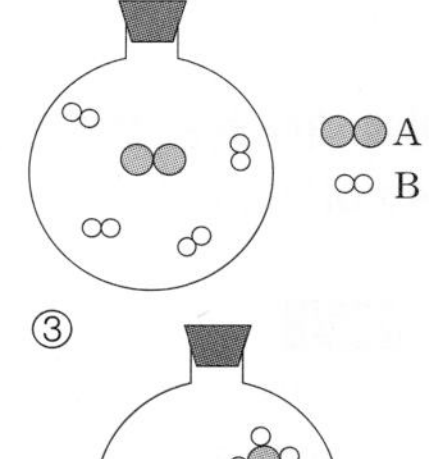

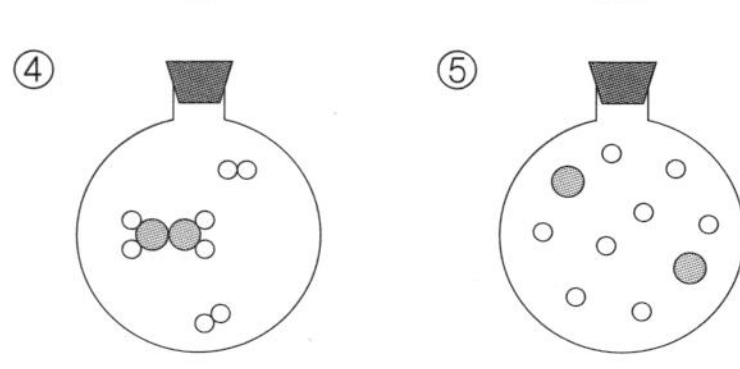

①, ②, ③, ④, ⑤

| 자 | 료 | 해 | 설 |

아보가드로 법칙 : 온도와 압력이 같을 때 기체의 종류에 관계없이 같은 부피 안에는 같은 수의 기체 분자가 들어 있다.

아보가드로 법칙에 의하면 A가 1부피만큼 있을 때 분자 수가 1개라면, B가 1부피만큼 있을 때 분자 수도 1개이다. 만약 A가 1부피만큼 있을 때 분자 수가 n개라면 B가 1부피만큼 있을 때 분자 수도 n개이다. 이를 적용하면 주어진 반응에서 1부피의 A와 3부피의 B가 반응하는 것을 통해 1분자의 A와 3분자의 B가 반응하여 2분자의 C가 되는 것을 알 수 있다.

| 선 | 택 | 지 | 풀 | 이 |

② 정답 : A와 B는 2개의 원자로 이루어진 분자이고, 1분자의 A와 3분자의 B가 반응하여 2분자의 C가 되므로 C는 1개의 A 원자와 3개의 B 원자로 구성된 분자이다. 반응 전 A 분자 수는 1이고, B 분자 수는 4이므로 반응 후 남은 B 분자 수는 1이고, 생성된 C의 분자 수는 2이다. 따라서 이에 해당하는 그림은 ②이다.

11 생물의 분류 | 정답 ④ | 정답률 80%

표는 생물 ㉠~㉢의 특징을 나타낸 것이다. ㉠~㉢은 고사리, 대장균, 침팬지를 순서 없이 나타낸 것이다.

생물	특징
㉠	단세포 생물이다.
㉡	광합성을 한다.
㉢	세포벽이 없는 세포로 구성된다.

이에 대한 옳은 설명만을 <보기>에서 있는 대로 고른 것은?

> **보기**
> ㄱ. ㉠은 고사리이다.
> ㄴ. ㉡의 세포에는 핵이 있다.
> ㄷ. ㉢은 먹이를 섭취하여 영양분을 얻는다.

① ㄱ ② ㄴ ③ ㄱ, ㄷ ④ ㄴ, ㄷ ⑤ ㄱ, ㄴ, ㄷ

| 자 | 료 | 해 | 설 |

과학자들이 생물을 분류하는 방식은 역사적으로 많은 변화를 겪었는데, 현재는 6개의 계로 생물을 분류하고 있다. 고사리, 대장균, 침팬지는 모두 다른 계에 속하는 생물로 고사리는 식물계, 대장균은 원핵생물계, 침팬지는 동물계에 속한다.

구분	고사리	대장균	침팬지
단세포 생물	×	○	×
광합성을 함	○	×	×
세포벽이 없는 세포로 구성됨	×	×	○

| 보 | 기 | 풀 | 이 |

ㄱ. 오답 : ㉠은 단세포 생물에 해당하는 대장균이다.

ㄴ. 정답 : ㉡은 광합성을 하는 고사리이고, 고사리가 속하는 식물계의 생물은 세포에 핵이 있다. 침팬지와 같이 동물계에 속하는 생물의 세포에도 핵이 있고, 대장균이 속하는 원핵생물계의 생물은 세포에 핵이 없다.

ㄷ. 정답 : ㉢은 침팬지로, 먹이를 섭취하여 영양분을 얻는다. 고사리와 같이 광합성을 하는 생물은 포도당을 합성하는 방법으로 영양분을 얻을 수 있다.

문제편 184쪽

12 가계도 분석 | 정답 ② | 정답률 75%

그림은 어떤 집안의 유전병 (가)에 대한 가계도를 나타낸 것이다. (가)는 우성 대립유전자 A와 열성 대립유전자 a에 의해 결정된다.

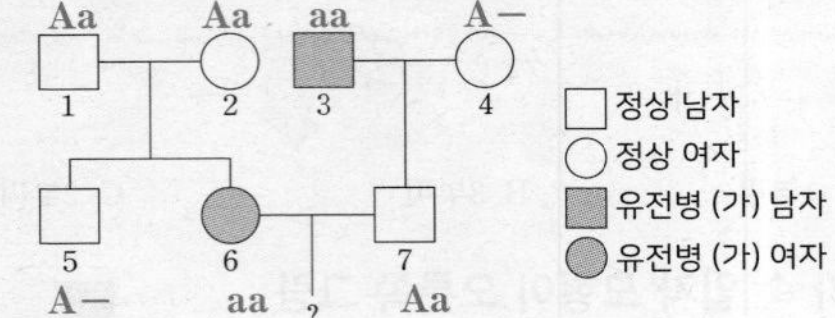

이에 대한 옳은 설명만을 <보기>에서 있는 대로 고른 것은? (단, 돌연변이는 고려하지 않는다.) [3점]

> **보기**
> ㄱ. (가)는 우성 형질이다.
> ㄴ. 2와 7은 (가)에 대한 유전자형이 같다.
> ㄷ. 6과 7 사이에서 아이가 태어날 때, 이 아이에게서 (가)가 발현될 확률은 $\frac{1}{4}$이다.

① ㄱ ② ㄴ ③ ㄱ, ㄷ ④ ㄴ, ㄷ ⑤ ㄱ, ㄴ, ㄷ

|자|료|해|설|
유전병을 가지지 않는 1과 2로부터 태어난 6이 유전병을 가지는 것으로 보아 1과 2는 유전병 유전자를 가지고 있지만 발현이 되지 않는 상태이다. 따라서 유전병을 일으키는 유전자는 a이고, 1과 2의 유전자형은 Aa, 6의 유전자형은 aa이다. 3도 유전병을 가지는 것으로 보아 유전자형은 aa이고, 7은 3으로부터 a를 반드시 하나 받게 되므로 7의 유전자형은 Aa이다. 4와 5는 유전병을 가지지 않으므로 A를 가지고 있는 것은 알 수 있지만 정확한 유전자형은 알 수 없다.

|보|기|풀|이|
ㄱ. 오답 : 1과 2가 유전병 유전자를 가지고 있지만 발현이 되지 않는 것으로 보아 (가)는 열성 형질이다.
ㄴ. 정답 : 2와 7의 (가)에 대한 유전자형은 Aa로 같다.
ㄷ. 오답 : 6의 유전자형은 aa이고, 7의 유전자형은 Aa이므로 6과 7 사이에서 아이가 태어날 때 아이는 6으로부터 a 하나를 반드시 받게 되고, 7로부터 A를 받거나 a를 받게 된다. 따라서 (가)가 발현되는 확률은 7로부터 a를 받는 확률과 같으므로 $\frac{1}{2}$이다.

13 호르몬과 항상성 | 정답 ⑤ | 정답률 45%

그림은 정상인에서 혈당량이 증가했을 때 일어나는 혈당량 조절 과정의 일부를 나타낸 것이다. ㉠은 글루카곤과 인슐린 중 하나이다.

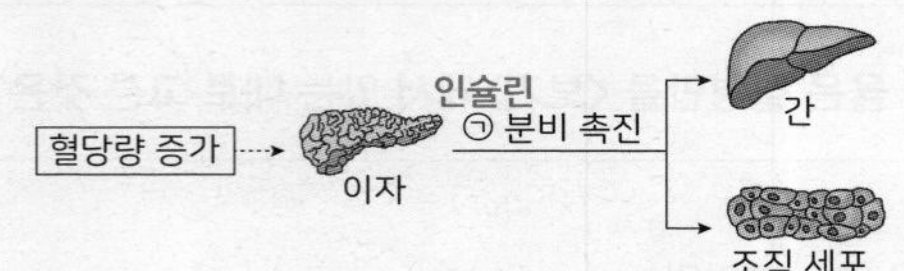

㉠에 대한 옳은 설명만을 <보기>에서 있는 대로 고른 것은?

> **보기**
> ㄱ. 인슐린이다.
> ㄴ. 간에서 글리코젠의 합성을 촉진한다.
> ㄷ. 조직 세포로의 포도당 흡수를 촉진한다.

① ㄱ ② ㄷ ③ ㄱ, ㄴ ④ ㄴ, ㄷ ⑤ ㄱ, ㄴ, ㄷ

|자|료|해|설|
우리 몸은 생명활동을 정상적으로 유지하기 위해 몸의 상태를 일정하게 유지해야 하는데, 이러한 성질을 항상성이라고 한다. 글루카곤과 인슐린은 혈당량을 일정하게 유지하기 위해 사용되는 호르몬인데, 체내 혈당량이 부족하면 글루카곤이 분비되어 혈당을 올리는 방향으로 작용하고 체내 혈당량이 너무 높아지면 인슐린이 분비되어 혈당을 내리는 방향으로 작용한다.

|보|기|풀|이|
ㄱ. 정답 : ㉠은 혈당량이 증가했을 때 혈당을 내리는 역할을 하는 호르몬이므로 인슐린이다.
ㄴ. 정답 : ㉠(인슐린)은 간에서 포도당이 글리코젠으로 합성되는 것을 촉진시켜 혈당을 떨어뜨린다.
ㄷ. 정답 : ㉠(인슐린)은 조직 세포로 포도당이 흡수되는 것을 촉진시켜 혈당을 떨어뜨린다.

14 사람의 소화 과정 | 정답 ③ | 정답률 30%

그림은 소화계에서 일어나는 영양소의 소화 과정을 나타낸 것이다. ㉠과 ㉡은 각각 라이페이스와 아밀레이스 중 하나이다.

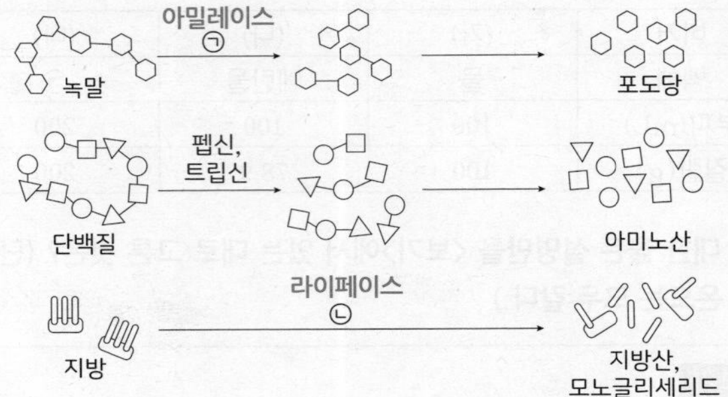

이에 대한 옳은 설명만을 <보기>에서 있는 대로 고른 것은? [3점]

> **보기**
> ㄱ. 침에는 ㉠이 있다.
> ㄴ. 이자에서 ㉡이 분비된다.
> ㄷ. 소장에서 아미노산은 융털의 암죽관으로 흡수된다.

① ㄱ ② ㄷ ③ ㄱ, ㄴ ④ ㄴ, ㄷ ⑤ ㄱ, ㄴ, ㄷ

|자|료|해|설|
아밀레이스와 라이페이스는 체내에서 영양소를 소화시키는 효소이다. 아밀레이스는 녹말을 소화시키는 효소이므로 ㉠이고, 라이페이스는 지방을 소화시키는 효소이므로 ㉡이다. 아밀레이스는 침샘과 이자액에 포함되므로 사람의 입과 소장에서 작용하며, 라이페이스는 이자액에 포함되므로 소장에서 작용한다.

|보|기|풀|이|
ㄱ. 정답 : 침에는 ㉠(아밀레이스)이 있다.
ㄴ. 정답 : 이자액에는 탄수화물, 단백질, 지방을 소화하는 효소가 모두 있다. 탄수화물을 소화시키는 효소는 아밀레이스이고, 단백질을 소화시키는 효소는 트립신, 지방을 소화시키는 효소는 라이페이스(㉡)이다. 따라서 ㉡(라이페이스)은 이자에서 분비된다.
ㄷ. 오답 : 아미노산은 수용성 영양소이므로 소장에서 융털의 모세 혈관으로 흡수된다.

15 세포의 분열 | 정답 ① | 정답률 40%

표는 사람에서 일어나는 세포 분열 Ⅰ과 Ⅱ의 특징을, 그림은 사람의 염색체 1쌍을 나타낸 것이다. Ⅰ과 Ⅱ 중 하나는 감수 분열이고, 나머지 하나는 체세포 분열이다.

세포 분열	특징
Ⅰ	㉠
Ⅱ	2가 염색체가 관찰되는 시기가 있다.

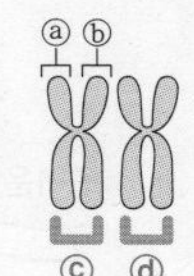

이에 대한 옳은 설명만을 <보기>에서 있는 대로 고른 것은? (단, 돌연변이는 고려하지 않는다.) [3점]

> **보기**
> ㄱ. Ⅱ는 감수 분열이다.
> ㄴ. '딸세포의 염색체 수가 모세포 염색체 수의 절반이다.'는 ㉠으로 적절하다.
> ㄷ. ⓐ는 ⓑ의 상동 염색체이다.

① ㄱ ② ㄴ ③ ㄱ, ㄷ ④ ㄴ, ㄷ ⑤ ㄱ, ㄴ, ㄷ

|자|료|해|설|
세포는 생장하거나 상처를 회복하기 위해 분열하기도 하고, 생식을 위해 분열하기도 한다. 이 중 전자일 때 체세포 분열이 일어나고, 후자일 때 감수 분열이 일어난다. 체세포 분열은 하나의 세포가 동일한 2개의 세포로 분열되는 과정인데, 이때 분열하기 전 세포를 모세포라고 하고 분열한 후 세포를 딸세포라고 한다. 감수 분열은 생식 세포를 만들기 위해 일어나는 과정으로 하나의 모세포에서 세포가 가진 유전자의 양이 절반이 되어 2개의 딸세포로 분열된다. 체세포 분열의 경우에는 모세포와 딸세포의 유전자 양이 같다.

|보|기|풀|이|
ㄱ. 정답 : 2가 염색체는 감수 분열이 일어날 때 관찰되므로 Ⅱ는 감수 분열이다.
ㄴ. 오답 : Ⅰ은 체세포 분열이고 '딸세포의 염색체 수가 모세포 염색체 수의 절반이다.'는 감수 분열에 해당하는 내용이므로 ㉠에 적절하지 않다.
ㄷ. 오답 : ⓐ와 ⓑ는 같은 염색체의 염색 분체에 해당하고, 상동 염색체는 ⓒ와 ⓓ에 해당한다.

문제편 185쪽

16 암석의 종류　정답 ④　정답률 40%

그림은 암석을 분류하는 과정을 나타낸 것이다.

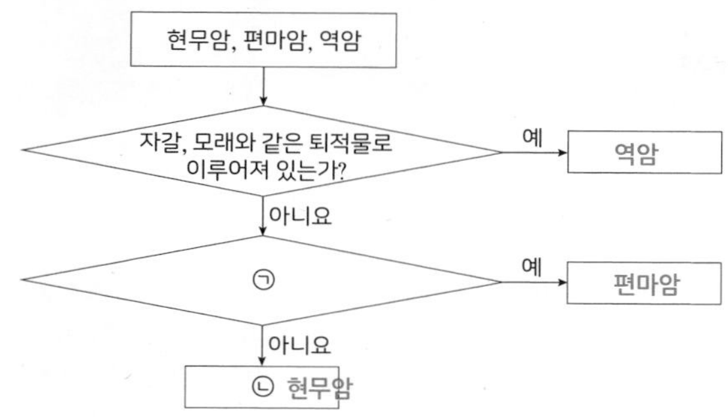

㉠과 ㉡에 들어갈 내용으로 가장 적절한 것은?

	㉠	㉡
①	마그마가 식어 굳어진 것인가?	역암
②	마그마가 식어 굳어진 것인가?	현무암
③	어둡고 밝은 줄무늬가 관찰되는가?	역암
④	어둡고 밝은 줄무늬가 관찰되는가?	현무암
⑤	어둡고 밝은 줄무늬가 관찰되는가?	편마암

|자|료|해|설|

암석	생성 방법
변성암	화성암, 퇴적암, 다른 변성암 등이 변성되어 만들어진 암석
퇴적암	퇴적물이 다져지고 굳어져서 생성된 암석
화성암	마그마가 식으며 생성된 암석 – 화산암 : 마그마가 지표 부근에서 빨리 식어서 만들어진 암석, 결정이 작다. – 심성암 : 마그마가 지하 깊은 곳에서 천천히 식어서 만들어진 암석, 결정이 크다.

|선|택|지|풀|이|

④ 정답 : 주어진 암석 중 역암은 퇴적암에 속하는 암석이고, 편마암은 변성암에 속한다. 현무암은 화성암에 속하는 암석인데, 그중에서도 화산암에 속한다.
첫 번째 질문의 '예'에 해당하는 암석은 역암이다. 두 번째 질문(㉠)이 '마그마가 식어 굳어진 것인가?'라면 '예'에 해당하는 암석이 현무암이므로 ㉡이 편마암인데, 선택지에 없다. 따라서 ㉠은 '어둡고 밝은 줄무늬가 관찰되는가?'이고, '예'에 해당하는 암석은 편마암, '아니요'에 해당하는 ㉡은 현무암이다.

17 해류　정답 ③　정답률 75%

그림은 우리나라 주변의 해류에 대해 세 학생이 대화하는 모습을 나타낸 것이다.

제시한 내용이 옳은 학생만을 있는 대로 고른 것은?

① A　② B　③ A, C　④ B, C　⑤ A, B, C

|자|료|해|설|

그림과 같이 우리나라의 주변에는 쿠로시오 해류로부터 갈라져 나온 황해 난류와 동한 난류가 흐르고, 연해 주 한류로부터 발생한 북한 한류가 흐른다. 이때 난류와 한류가 만나 좋은 어장이 형성되는데, 이를 조경 수역이라고 한다.

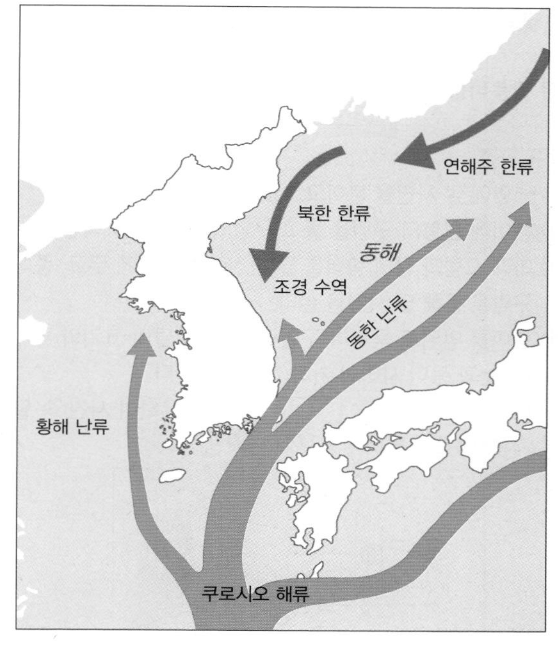

〈우리나라 주변의 해류〉

|보|기|풀|이|

학생 A. 정답 : 동한 난류와 황해 난류는 쿠로시오 해류로부터 갈라져 나와 우리나라 주변을 흐르는 해류이다.
학생 B. 오답 : 북한 한류는 고위도에서 저위도로 흐른다.
학생 C. 정답 : 동해에는 난류와 한류가 만나서 형성된 조경 수역이 있다.

18 연주 시차　정답 ②　정답률 60%

그림은 지구에서 6개월 간격으로 측정한 별 S의 시차를 나타낸 것이다.

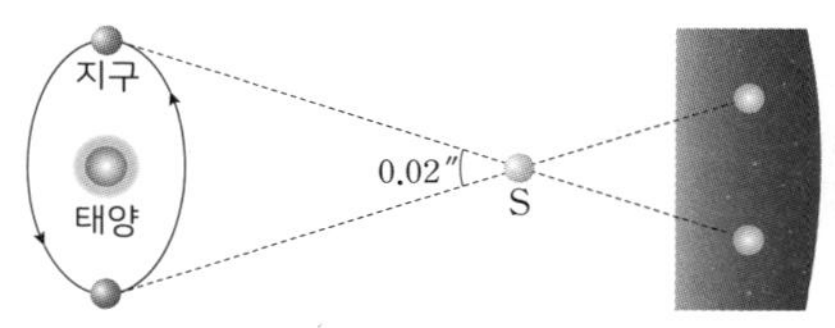

이에 대한 옳은 설명만을 <보기>에서 있는 대로 고른 것은? [3점]

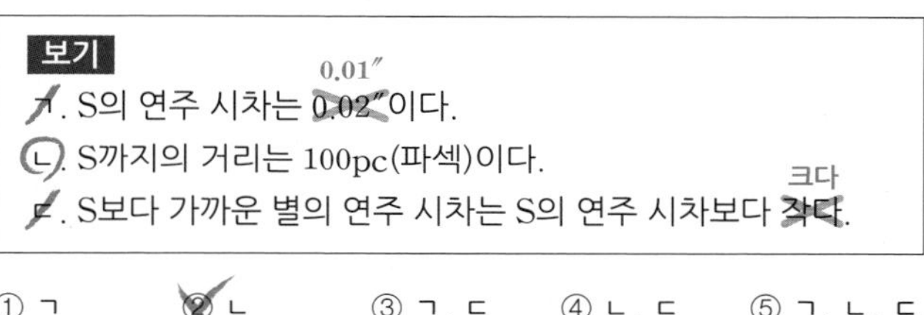

보기

ㄱ. S의 연주 시차는 0.02″이다.
ㄴ. S까지의 거리는 100pc(파섹)이다.
ㄷ. S보다 가까운 별의 연주 시차는 S의 연주 시차보다 작다.

① ㄱ　② ㄴ　③ ㄱ, ㄷ　④ ㄴ, ㄷ　⑤ ㄱ, ㄴ, ㄷ

|자|료|해|설|

연주 시차는 지구 공전 궤도의 양 끝에서 별을 바라보았을 때 나타나는 시차(0.02″)의 절반을 의미한다. 연주 시차를 이용하면 지구에서 별까지의 거리를 직접적으로 잴 수 있는데, 연주 시차가 1″인 별까지의 거리를 1pc(파섹)으로 정의하면,

별까지의 거리(pc) $= \frac{1}{(\text{연주 시차})''}$의 관계를 만족한다.

지구와 태양 사이의 평균 거리를 1AU라고 하는데, S를 중심으로 하고 지구와 S 사이의 거리를 반지름(r)으로 하는 원에서 지구 공전 궤도의 양 끝 사이의 거리 2AU는 r보다 매우 작으므로 중심각이 0.02″인 부채꼴의 호의 길이와 현의 길이는 2AU로 거의 같다. 이때 비율 관계를 이용하면 $2\pi r : 2\text{AU} = 360° : 0.02''$이므로 $r = \frac{(360°)}{2\pi} \times \frac{2\text{AU}}{(0.02)''} = \frac{(360°)}{2\pi} \times \frac{1\text{AU}}{(0.01)''}$이고, $\frac{(360°)}{2\pi}$AU를 1pc(파섹)으로 정의하면, 별까지의 거리(pc) $= \frac{1}{(\text{연주 시차})''}$임을 알 수 있다.

|보|기|풀|이|

ㄱ. 오답 : S의 연주 시차는 0.02″의 절반인 0.01″이다.

ㄴ. 정답 : S까지의 거리는 $\frac{1}{0.01''} = 100$pc(파섹)이다.

ㄷ. 오답 : S보다 가까운 별을 지구 공전 궤도의 양 끝에서 바라보면 나타나는 시차의 크기가 0.02″보다 클 것이므로 연주 시차도 S의 연주 시차보다 크다.

문제편 186쪽

19 달의 크기 측정 | 정답 ① | 정답률 70%

다음은 닮음비를 이용하여 사진 속 달의 크기를 측정하는 탐구이다.

[탐구 과정]

(가) 벽면에 달 사진을 붙이고 3m 떨어진 곳에 선다.

(나) 종이에 원형의 구멍을 뚫고 구멍의 지름(d)을 측정한다.

(다) 아래 그림과 같이 종이를 달 사진에 평행하게 두고, 종이의 구멍을 통해 달 사진을 본다.

(라) 종이를 앞뒤로 움직여 구멍이 사진 속 달의 크기와 일치할 때, 눈과 종이 사이의 거리(l)를 측정한다.

(마) 비례식 ㉠ 을/를 이용하여 사진 속 달의 지름(D)을 구한다.

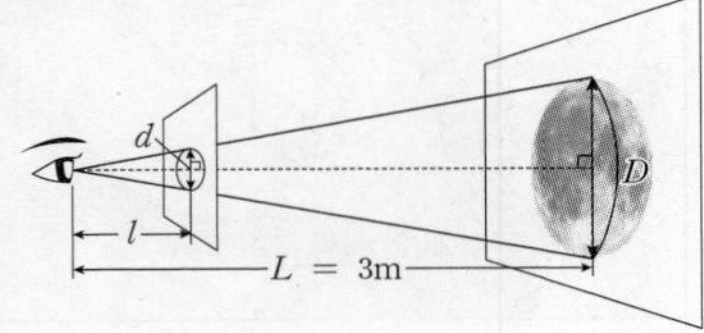

[탐구 결과]

구분	값(cm)
구멍의 지름(d)	1
눈과 종이 사이의 거리(l)	30
사진 속 달의 지름(D)	㉡

이에 대한 옳은 설명만을 <보기>에서 있는 대로 고른 것은? [3점]

보기

ㄱ. '$l : L = d : D$'는 ㉠으로 적절하다.

ㄴ. ㉡은 20이다.

ㄷ. d를 크게 하면 l은 작아진다.

 ㄱ ② ㄴ ③ ㄱ, ㄷ ④ ㄴ, ㄷ ⑤ ㄱ, ㄴ, ㄷ

|자|료|해|설|

닮음비를 이용하면 달의 크기를 측정할 수 있는데, 탐구 과정에서 밑변의 길이가 d인 이등변 삼각형과 밑변의 길이가 D인 이등변 삼각형은 닮음이므로 ㉠은 $l : d = L : D$이다. 탐구 결과에서의 값을 m(미터)로 통일하여 나타내면, $d = 0.01$, $l = 0.3$, $L = 3$이므로 $0.3 : 0.01 = 3 : D$이다. 따라서 $D = 0.1$(m)이고, ㉡ $= 10$(cm)이다.

|보|기|풀|이|

ㄱ. 정답 : ㉠은 $l : d = L : D$ 또는 $l : L = d : D$가 모두 가능하다.

ㄴ. 오답 : ㉠을 이용하여 구한 값은 $D = 0.1$(m)이므로 ㉡ $= 10$(cm)이다.

ㄷ. 오답 : D와 L의 값은 변하지 않으므로 d를 크게 하면 l도 커진다.

20 온대 저기압 | 정답 ⑤ | 정답률 60%

그림은 우리나라 주변의 전선 배치와 강수 구역을 나타낸 것이다.

이에 대한 옳은 설명만을 <보기>에서 있는 대로 고른 것은? [3점]

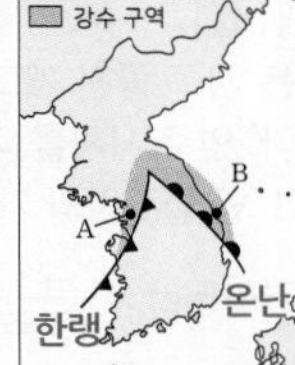

보기

ㄱ. 우리나라는 온대 저기압의 영향을 받는다.

ㄴ. A에서는 소나기성 비가 내린다.

ㄷ. B에서는 층운형 구름이 발달한다.

① ㄱ ② ㄷ ③ ㄱ, ㄴ ④ ㄴ, ㄷ ⑤ ㄱ, ㄴ, ㄷ

|자|료|해|설|

온대 저기압은 중위도나 고위도에서 발생하는 저기압으로 열대 해상에서 발생하는 열대 저기압과 구분하기 위해 온대 저기압이라고 부른다. 온대 저기압은 한랭 기단(차가운 기단)과 온난 기단(따뜻한 기단)이 만나는 지점에서 발생하며 발생 초기부터 전선을 동반하는 특징이 있다.

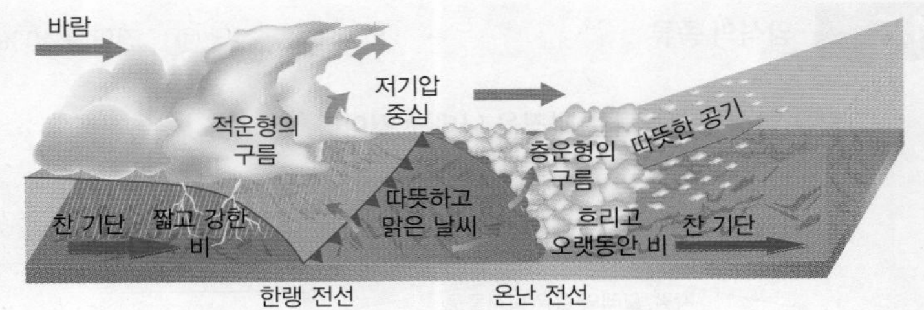

<온대 저기압>

|보|기|풀|이|

ㄱ. 정답 : 주어진 그림의 전선 배치로 보아 우리나라는 온대 저기압의 영향을 받고 있다.

ㄴ. 정답 : A는 적운형 구름이 발달하는 지역으로 짧고 강하게 소나기성 비가 내린다.

ㄷ. 정답 : B는 온난 전선의 앞쪽에 위치하므로 층운형 구름이 발달하는 지역이다.

문제편 186쪽

22회 2023년 3월 학평 정답과 해설 탐구영역(과학)

문제편 p.187

1	②	2	③	3	④	4	①	5	⑤
6	⑤	7	①	8	④	9	③	10	②
11	③	12	⑤	13	③	14	②	15	④
16	⑤	17	③	18	①	19	④	20	⑤

1 전기 회로 | 정답 ② | 정답률 75%

그림은 전구 A, B가 연결되어 빛이 나고 있는 모습을 나타낸 것이다. C는 A에 연결된 전선 위의 점이다.

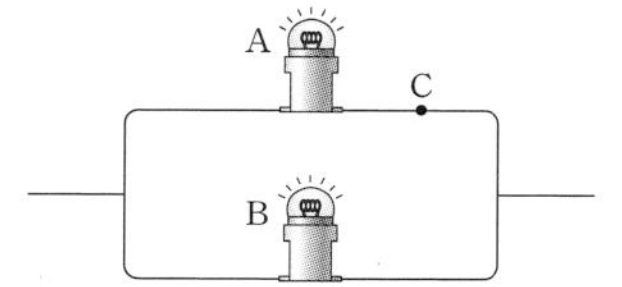

이에 대한 옳은 설명만을 <보기>에서 있는 대로 고른 것은?

보기
ㄱ. A와 B의 연결 방법은 직렬연결이다.
ㄴ. C에서 전선이 끊어지면 A와 B가 함께 꺼진다.
ㄷ. A와 B의 연결 방법은 멀티탭에 꽂혀 작동하는 전기 기구들 사이의 연결 방법과 같다.

① ㄴ  ② ㄷ ③ ㄱ, ㄴ ④ ㄱ, ㄷ ⑤ ㄴ, ㄷ

|자|료|해|설|
A가 있는 회로에 B를 직렬로 연결하게 되면 A에 걸리는 전압이 감소하므로 전구의 밝기는 어두워진다. A가 어두워지지 않게 B를 연결하려면 그림과 같이 A와 B를 병렬로 연결해야 한다. 그림의 A와 B는 병렬연결되어 있으므로 A와 B에 걸리는 전압(V)의 크기는 같고, A와 B의 합성 전류는 A에 흐르는 전류(I_A)의 세기와 B에 흐르는 전류(I_B)의 세기를 더한 것과 같다.

|보|기|풀|이|
ㄱ. 오답 : A와 B의 연결 방법은 병렬연결이다.
ㄴ. 오답 : C에서 전선이 끊어지면 A에는 전류가 흐를 수 없으므로 A는 꺼지고, B에는 전류가 흐를 수 있으므로 B는 꺼지지 않는다.
ㄷ. 정답 : 멀티탭은 전기 기구들을 병렬로 연결하는 장치이므로 A와 B의 연결 방법과 같다. 만약 멀티탭이 전기 기구들을 직렬로 연결한다면 많은 전기 기구를 이용할수록 기구의 성능이 떨어지거나 작동하지 않게 된다.

2 역학적 에너지 | 정답 ③ | 정답률 85%

그림과 같이 점 A에 가만히 놓은 물체가 곡면을 따라 높이가 가장 낮은 점 B를 지나 운동하고 있다. 점 C, D는 곡면상의 점이고, A와 D의 높이는 같다.

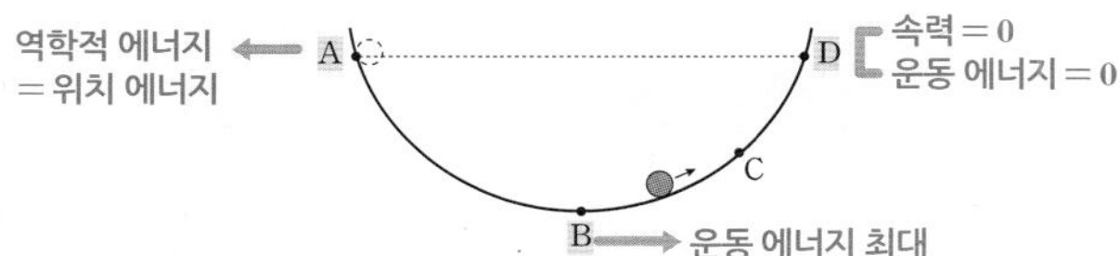

이에 대한 옳은 설명만을 <보기>에서 있는 대로 고른 것은? (단, 물체의 크기, 모든 마찰과 공기 저항은 무시한다.)

보기
ㄱ. D에서 물체의 속력은 0이다.
ㄴ. 물체의 역학적 에너지는 B에서가 C에서보다 크다.
ㄷ. 물체가 A에서 B로 운동하는 동안, 물체의 위치 에너지가 운동 에너지로 전환된다.

① ㄱ ② ㄴ ③ ㄱ, ㄷ ④ ㄴ, ㄷ ⑤ ㄱ, ㄴ, ㄷ

|자|료|해|설|
마찰과 공기 저항을 무시할 때 A에 가만히 놓은 공이 곡면을 따라 B까지 운동하면 물체의 위치 에너지가 운동 에너지로 전환되므로 높이가 최소가 되는 B에서 위치 에너지가 최소가 되고 운동 에너지는 최대가 된다. B를 지나면 운동 에너지가 0이 되는 높이까지 운동하는데, 물체가 운동하는 동안 물체의 운동 에너지가 위치 에너지로 전환되므로 A와 같은 높이인 D까지 운동하게 되고 두 지점에서 역학적 에너지는 위치 에너지와 같다.

|보|기|풀|이|
ㄱ. 정답 : A와 D에서 위치 에너지와 역학적 에너지가 같은데, A에서 운동 에너지가 0이므로 D에서도 운동 에너지는 0이다. 따라서 D에서 물체의 속력은 0이다.
ㄴ. 오답 : 마찰과 공기 저항을 무시할 때 물체의 역학적 에너지는 보존되므로 역학적 에너지는 A, B, C, D 모든 지점에서 같다.
ㄷ. 정답 : 물체가 A에서 B로 운동하는 동안 높이는 감소하고 속력은 증가하며, 물체의 위치 에너지가 운동 에너지로 전환된다.

3 열의 이동 | 정답 ④ | 정답률 30%

그림은 질량이 같은 물체 A, B를 접촉시킨 순간부터 A와 B의 온도를 시간에 따라 나타낸 것이다.
이에 대한 옳은 설명만을 <보기>에서 있는 대로 고른 것은? (단, 열은 A와 B 사이에서만 이동한다.) [3점]

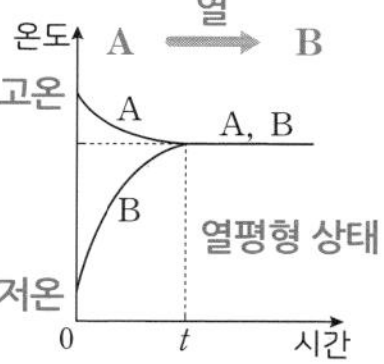

보기
ㄱ. 0부터 t까지 A가 잃은 열량은 B가 얻은 열량보다 작다.
ㄴ. t 이후 A와 B는 열평형 상태에 있다.
ㄷ. A의 비열이 B의 비열보다 크다.

① ㄱ ② ㄴ ③ ㄱ, ㄷ ④ ㄴ, ㄷ ⑤ ㄱ, ㄴ, ㄷ

|자|료|해|설|
온도가 다른 두 물체를 접촉시키면 전도에 의해 열이 이동하는데, 이때 열은 고온에서 저온으로 이동한다. 주어진 그래프에서 A는 상대적으로 고온, B는 상대적으로 저온이므로 전도에 의해 A에서 B로 열이 이동하여 t일 때 열평형 상태가 된다. 열평형 상태에 도달하면 A와 B의 온도가 같아지므로 더 이상 열의 이동이 일어나지 않는다.

|보|기|풀|이|
ㄱ. 오답 : 주어진 조건에서 열은 A와 B 사이에서만 이동하므로 0부터 t까지 A가 잃은 열량은 B가 얻은 열량과 같다.
ㄴ. 정답 : t 이후 A와 B의 온도가 변하지 않는 것으로 보아 A와 B는 열평형 상태에 있다.
ㄷ. 정답 : A, B의 질량이 같고 A가 잃은 열량과 B가 잃은 열량이 같은데, 같은 시간 동안 온도 변화량은 A가 B보다 작으므로 A의 비열이 B의 비열보다 크다.

4 뉴턴의 운동 법칙 | 정답 ① | 정답률 55%

그림 (가)는 용수철저울에 매달린 추가 물에 절반 정도 잠긴 채 정지해 있는 모습을, (나)는 (가)의 추가 물에 완전히 잠긴 채 정지해 있는 모습을 나타낸 것이다.

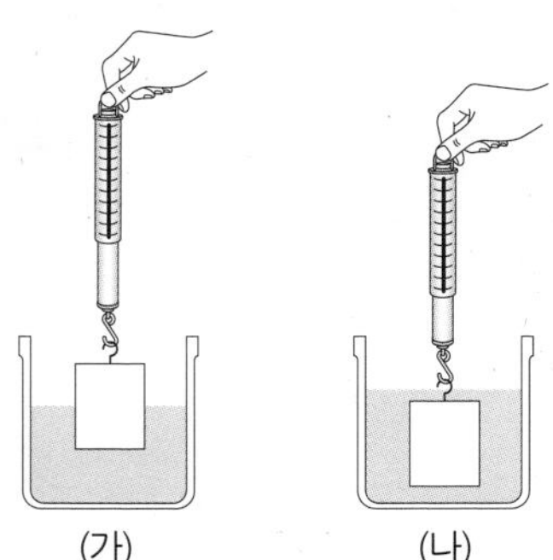

(나)에서가 (가)에서보다 크기가 큰 힘만을 <보기>에서 있는 대로 고른 것은? [3점]

보기
ㄱ. 추에 작용하는 중력 → (가) = (나)
ㄴ. 추에 작용하는 부력
ㄷ. 용수철저울로 측정한 힘 → (가) > (나)

① ㄴ  ② ㄷ ③ ㄱ, ㄴ ④ ㄱ, ㄷ ⑤ ㄱ, ㄴ, ㄷ

문제편 187쪽

|자|료|해|설|
용수철저울은 저울 내부의 용수철에 걸리는 힘을 측정하는 장치이다. 만약 용수철저울 대신 실을 이용하여 물체를 매단다면 실에 걸리는 장력의 크기는 용수철저울로 측정한 힘의 크기와 같다.
그림에서 용수철저울에 걸리는 힘과 물에 의한 부력의 합력은 추에 작용하는 중력과 평형을 이룬다. (가)와 (나)에서 추에 작용하는 중력의 크기는 서로 같고, 부력의 크기는 추가 물에 많이 잠길수록 추가 받는 부력의 크기가 크기 때문에 (나)에서가 (가)에서보다 크다. 따라서 용수철저울에 걸리는 힘의 크기는 (가)에서가 (나)에서보다 크다.

|보|기|풀|이|
ㄱ. 오답 : (가)와 (나)에서 추의 질량이 같으므로 추에 작용하는 중력은 서로 같다.
ㄴ. 정답 : 추가 물에 많이 잠길수록 추가 받는 부력의 크기가 크기 때문에 (나)에서가 (가)에서보다 크다.
ㄷ. 오답 : 용수철저울에 걸리는 힘 + 물에 의한 부력 = 추에 작용하는 중력인데, 중력의 크기가 같고 부력의 크기는 (나)에서가 더 크므로 용수철저울에 걸리는 힘은 (가)에서가 (나)에서보다 크다.

5 빛의 합성 정답 ⑤ 정답률 65%

그림은 빛의 삼원색에 해당하는 빛 A, B, C를 흰색 종이에 비추는 모습을 나타낸 것이다. P, Q는 빛이 겹쳐진 영역의 색이다.

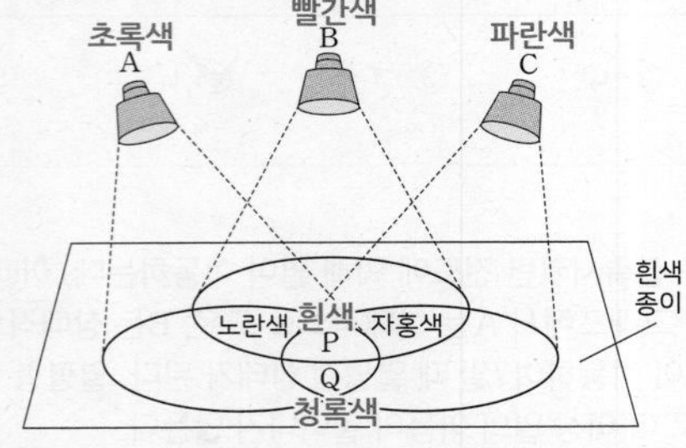

이에 대한 옳은 설명만을 <보기>에서 있는 대로 고른 것은? (단, 종이에 도달하는 A, B, C의 세기는 동일하다.) [3점]

> **보기**
> ㄱ. B는 빨간색 빛이다.
> ㄴ. Q는 청록색이다.
> ㄷ. C의 조명만 끄면 P는 노란색으로 바뀐다.

① ㄱ ② ㄴ ③ ㄱ, ㄷ ④ ㄴ, ㄷ ⑤ ㄱ, ㄴ, ㄷ

|자|료|해|설|
A와 B를 합성했을 때 빛이 노란색이므로 A와 B는 초록색 빛과 빨간색 빛 중 하나이다. 또한 B와 C를 합성했을 때 빛이 자홍색이므로 B와 C는 빨간색 빛과 파란색 빛 중 하나이다. 따라서 B는 빨간색 빛이고, A는 초록색 빛, C는 파란색 빛임을 알 수 있다.

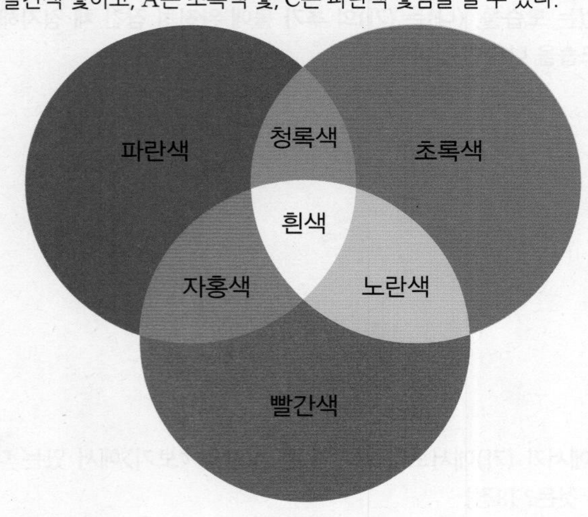

<빛의 합성>

|보|기|풀|이|
ㄱ. 정답 : B는 초록색 빛과 합성되어 노란색 빛을 만들고, 파란색 빛과 합성되어 자홍색 빛을 만들 수 있는 빨간색 빛이다.
ㄴ. 정답 : Q는 초록색 빛과 파란색 빛이 합성되어 만들어지는 청록색 빛이다.
ㄷ. 정답 : A~C가 모두 켜져 있으면 P는 흰색 빛이고, C의 조명만 끄면 P는 빨간색 빛과 초록색 빛을 합성한 빛이 되므로 노란색 빛이 된다.

6 화학 반응에서 열의 출입 정답 ⑤ 정답률 75%

다음은 2가지 화학 반응이 일어날 때의 열에너지 출입에 대한 설명이다.

> (가) 수산화 바륨과 염화 암모늄이 반응할 때 열에너지를 흡수한다. → 흡열 반응
> (나) 산화 칼슘과 물이 반응할 때 열에너지를 ㉠ (방출) 하므로 온도가 높아진다. → 발열 반응

이에 대한 옳은 설명만을 <보기>에서 있는 대로 고른 것은?

> **보기**
> ㄱ. (가)에서 반응이 일어날 때 온도가 낮아진다.
> ㄴ. '방출'은 ㉠으로 적절하다.
> ㄷ. (나)의 반응을 이용하여 즉석 발열 도시락을 만들 수 있다.

① ㄱ ② ㄴ ③ ㄱ, ㄷ ④ ㄴ, ㄷ ⑤ ㄱ, ㄴ, ㄷ

|자|료|해|설|
(가)에서 반응이 일어날 때 열에너지를 흡수하므로 수산화 바륨과 염화 암모늄의 반응은 흡열 반응이다. (나)에서 반응이 일어나면 주위의 온도가 높아지는 것으로 보아 반응이 일어나며 열에너지가 방출(㉠)되므로 산화 칼슘과 물의 반응은 발열 반응이다.

|보|기|풀|이|
ㄱ. 정답 : (가)에서 반응이 일어날 때 주위의 열에너지를 흡수하므로 온도가 낮아진다.
ㄴ. 정답 : (나)에서 일어나는 반응은 발열 반응이므로 ㉠에는 '방출'이 적절하다.
ㄷ. 정답 : 즉석 발열 도시락은 열을 방출하는 반응을 이용하여 만들 수 있으므로 (나)를 이용하여 만들 수 있다.

7 물질의 특성 정답 ① 정답률 90%

다음은 물질의 특성을 이용한 사례 (가)와 (나)에 대한 설명이다.

(가)	(나)
 유출된 기름은 바닷물에 뜨므로 기름막이와 흡착포로 기름을 제거할 수 있다.	소금물에서 신선한 달걀은 가라앉고 오래된 달걀은 뜨므로 구별할 수 있다.

(가)와 (나)에서 공통으로 이용된 물질의 특성으로 가장 적절한 것은?

① 밀도 ② 비열 ③ 용해도 ④ 녹는점 ⑤ 끓는점

|자|료|해|설|
물질이 다른 물질에 뜨거나 가라앉는 것은 물질의 특성 중 밀도에 관련된 특성이다. (가)에서 기름이 바닷물에 뜨는 이유는 기름의 밀도가 바닷물의 밀도보다 작기 때문이고, (나)에서 신선한 달걀은 소금물보다 밀도가 커서 가라앉고 오래된 달걀은 소금물보다 밀도가 작아 뜨게 된다.

|선|택|지|풀|이|
① 정답 : 물질이 다른 물질에 뜨거나 가라앉는 것은 물질의 특성 중 밀도에 관련된 특성이다.

문제편 187쪽

8 원자와 이온 | 정답 ④ | 정답률 60%

그림은 리튬 이온(Li^+)과 산화 이온(O^{2-})을 각각 모형으로 나타낸 것이다.

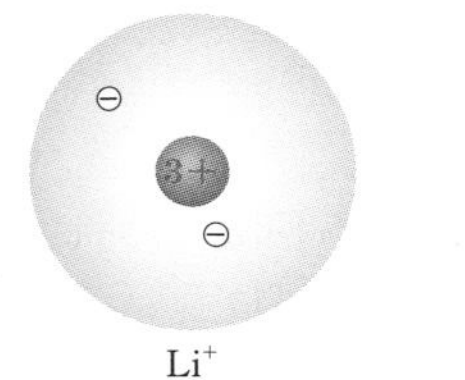

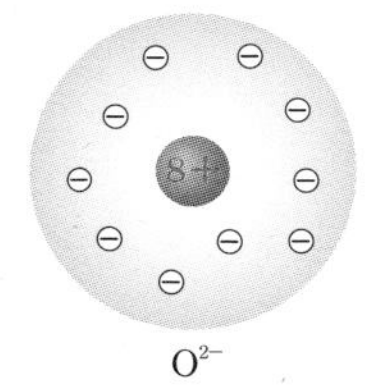

Li 원자의 전자 수(㉠)와 O 원자에서 원자핵의 전하량(㉡)으로 옳은 것은? [3점]

	㉠	㉡		㉠	㉡
①	1	+8	②	1	+12
③	2	+10	④	3	+8
⑤	3	+12			

|자|료|해|설|

이온 표기법에서 우측 상단에 적힌 숫자를 통해 원자핵의 전하량과 전자의 총 전하량 차이를 알 수 있다. 리튬 이온(Li^+)은 전자를 2개 가지는데, 원자핵의 전하량이 1만큼 더 큰 것으로 보아 원자핵의 전하량은 +3이다. 산화 이온(O^{2-})은 전자를 10개 가지는데, 원자핵의 전하량이 2만큼 더 작은 것으로 보아 원자핵의 전하량은 +8임을 알 수 있다.

|선|택|지|풀|이|

④ 정답 : 원자 상태에서는 원자핵의 전하량과 전자의 총 전하량이 같으므로 ㉠은 3이고, O 원자핵의 전하량인 ㉡은 +8이다.

9 입자의 운동 | 정답 ③ | 정답률 75%

그림 (가)는 물이 들어 있는 가는 유리관의 한쪽 끝을 손으로 막은 것을, (나)는 유리관을 손으로 감쌌을 때 물이 빠져나가는 것을 나타낸 것이다.

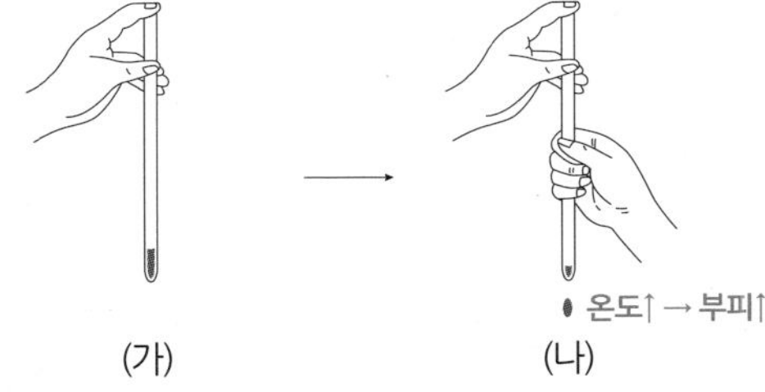

(가)에서 (나)로 될 때, 유리관 속 기체에 대한 옳은 설명만을 <보기>에서 있는 대로 고른 것은? (단, 물의 증발은 무시한다.)

> **보기**
> ㄱ. 부피가 증가한다.
> ㄴ. 분자 수가 증가한다.
> ㄷ. 분자의 운동이 활발해진다.

① ㄱ ② ㄴ ③ ㄱ, ㄷ ④ ㄴ, ㄷ ⑤ ㄱ, ㄴ, ㄷ

|자|료|해|설|

(가)에서 물이 들어 있는 유리관을 손으로 막은 상태에서는 유리관 내부 기체의 압력이 물을 밀어낼 수 있을 정도로 충분히 크지 않기 때문에 물이 빠져나가지 않고 유리관 끝에 매달려 있다. (가)에서 (나)가 되면서 유리관을 손으로 감싸면 체온에 의해 기체의 온도가 올라가게 되어 입자의 운동이 활발해지고, 유리관 내부의 기체 압력이 증가하여 물을 밀어낸다.

|보|기|풀|이|

ㄱ. 정답 : (가)에서 (나)가 되며 유리관 내부의 기체가 물을 밀어내기 때문에 기체의 부피는 증가하게 된다.

ㄴ. 오답 : (가)에서 (나)가 되는 과정에서 기체를 추가로 넣어준 것은 아니므로 분자 수는 변하지 않는다.

ㄷ. 정답 : 체온에 의해 기체의 온도가 높아지므로 기체 분자의 운동이 활발해진다.

10 화학 반응의 양적 관계 | 정답 ② | 정답률 20%

그림은 기체 반응 (가)와 (나)에서 부피 관계를 각각 모형으로 나타낸 것이다.

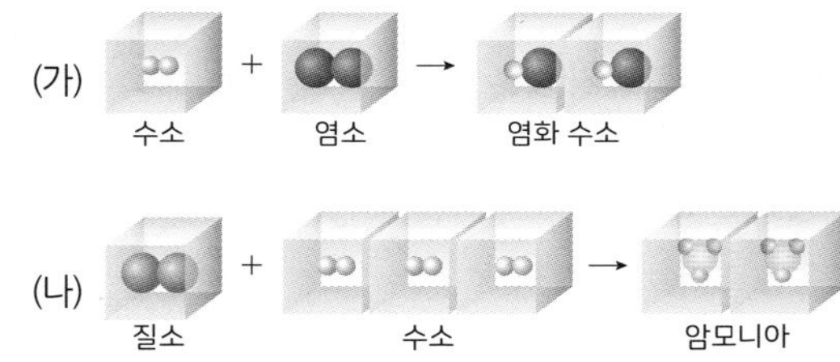

이에 대한 옳은 설명만을 <보기>에서 있는 대로 고른 것은? (단, 기체의 온도와 압력은 일정하다.) [3점]

> **보기**
> ㄱ. (가)에서 수소와 염소는 1 : 1의 질량비로 반응한다.
> ㄴ. 질소와 수소가 반응하여 암모니아를 생성할 때 기체의 부피는 감소한다.
> ㄷ. 암모니아의 분자 모형은 ●●이다.

① ㄱ ② ㄴ ③ ㄷ ④ ㄱ, ㄴ ⑤ ㄴ, ㄷ

|자|료|해|설|

아보가드로 법칙에 의해 기체의 온도와 압력이 일정할 때 기체의 종류와 관계없이 같은 부피의 기체에 존재하는 기체의 분자 수는 같다. 주어진 그림에서 1개의 정육면체를 1부피라고 하면 1부피에는 1개의 분자만 존재할 수 있음을 알 수 있다.

(가)에서 수소와 염소는 각각 1분자씩이 반응하여 2분자의 염화 수소가 되는 것을 알 수 있고, (나)에서는 1분자의 질소와 3분자의 수소가 만나 2분자의 암모니아가 되는데, 반응 전후 원자 수는 보존되어야 하므로 1분자의 암모니아는 1개의 질소 원자와 3개의 수소 원자로 이루어진다.

|보|기|풀|이|

ㄱ. 오답 : (가)에서 수소와 염소는 1 : 1의 부피 비 또는 분자 수 비로 반응한다.

ㄴ. 정답 : 1부피의 질소와 3부피의 수소가 반응하여 2부피의 암모니아가 되므로 기체의 부피는 감소한다.

ㄷ. 오답 : 암모니아의 분자 모형은 1개의 질소 원자와 3개의 수소 원자로 이루어져야 한다.

11 광합성 | 정답 ③ | 정답률 65%

그림은 식물의 잎에서 일어나는 광합성을 나타낸 것이다. A와 B는 각각 산소와 이산화 탄소 중 하나이다.

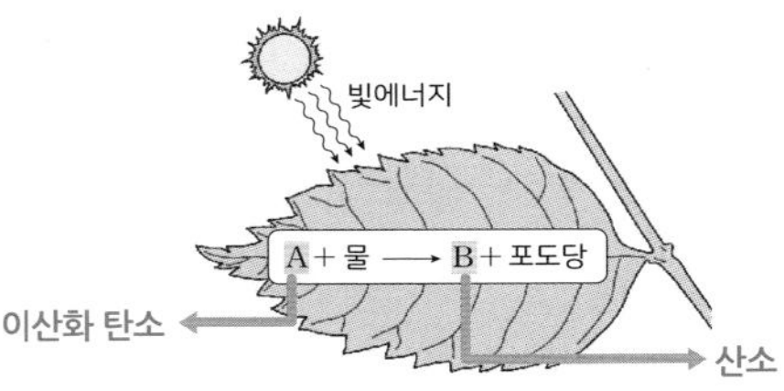

이에 대한 옳은 설명만을 <보기>에서 있는 대로 고른 것은?

> **보기**
> ㄱ. A는 이산화 탄소이다.
> ㄴ. 기공을 통해 A와 B가 출입한다.
> ㄷ. 광합성에서 포도당이 분해된다.

① ㄱ ② ㄷ ③ ㄱ, ㄴ ④ ㄴ, ㄷ ⑤ ㄱ, ㄴ, ㄷ

|자|료|해|설|

식물에서 일어나는 광합성은 빛을 받아 이산화 탄소(A)와 물을 이용하여 산소(B)와 포도당을 만들어내는 과정이다. 광합성은 식물의 세포에 존재하는 엽록체에서 일어나는데, 엽록체는 엽록소라는 색소를 가지고 있어서 대부분 초록색을 띤다. 식물의 잎의 가장 중요한 역할은 광합성을 하는 것이므로 잎에서 햇빛을 받는 쪽에는 많은 엽록체가 몰려 있다.

|보|기|풀|이|

ㄱ. 정답 : A는 이산화 탄소이고, B는 산소이다.

ㄴ. 정답 : 잎에 존재하는 기공은 이산화 탄소와 산소가 드나들 수 있는 통로 역할을 한다.

ㄷ. 오답 : 광합성은 포도당을 합성하는 과정이다.

문제편 188쪽

12 신경계의 구조와 기능 | 정답 ⑤ | 정답률 55%

그림은 사람의 뇌 구조를 나타낸 것이다. A~C는 각각 대뇌, 연수, 중간뇌 중 하나이다.

이에 대한 설명으로 옳지 않은 것은?

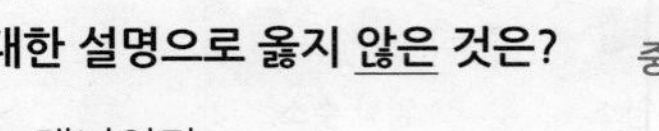

① A는 대뇌이다.
② A에 연합 뉴런이 있다.
③ B는 동공 크기를 조절한다.
④ C는 심장 박동을 조절한다.
⑤ 뇌는 말초 신경계에 속한다.

|자|료|해|설|

기관	기능
대뇌	고차원적인 정신 작용을 담당하며 정보를 종합, 분석하여 명령을 내린다.
중간뇌	안구의 운동을 조절하고 홍채의 작용을 통해 동공의 크기를 조절한다.
연수	호흡, 심장 박동, 소화 운동 등 생명 활동에 연관된 운동을 담당한다.

|선|택|지|풀|이|

① 오답 : A는 좌우 2개의 반구로 이루어진 대뇌이다.
② 오답 : A(대뇌)에는 감각 뉴런과 운동 뉴런 사이에서 신호를 전달하는 연합 뉴런이 있다.
③ 오답 : B는 중간뇌로 홍채를 조절하여 동공의 크기를 조절한다.
④ 오답 : C는 심장 박동과 같은 생명 활동에 연관된 운동을 담당한다.
⑤ 정답 : 뇌는 말초 신경계가 아닌 중추 신경계에 속한다.

13 세포의 분열 | 정답 ③ | 정답률 70%

그림은 어떤 동물에서 체세포 분열이 일어나고 있는 여러 세포를 나타낸 것이다. A와 B는 각각 전기 세포와 중기 세포 중 하나이다.

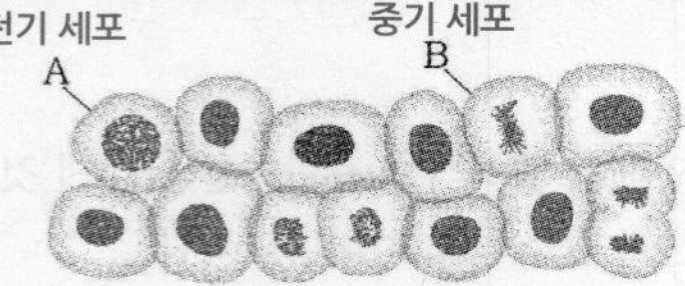

이에 대한 옳은 설명만을 <보기>에서 있는 대로 고른 것은? (단, 돌연변이는 고려하지 않는다.) [3점]

> **보기**
> ㄱ. A는 전기 세포이다.
> ㄴ. B에서 염색체가 관찰된다.
> ㄷ. 체세포 분열 결과 만들어진 딸세포는 모세포보다 염색체 수가 적다.

① ㄱ ② ㄷ ③ ㄱ, ㄴ ④ ㄴ, ㄷ ⑤ ㄱ, ㄴ, ㄷ

|자|료|해|설|

시기	특징
간기	염색체가 염색사의 형태로 핵 속에 풀어져 있어서 관찰되지 않음
핵분열 전기	염색체가 형성됨
핵분열 중기	염색체가 세포의 중앙에 배열됨
핵분열 후기	염색체가 방추사에 의해 염색 분체로 나뉘어져 양극으로 이동
말기	염색 분체가 다시 염색사가 되며 핵과 세포질이 분열됨

|보|기|풀|이|

ㄱ. 정답 : B에서 염색체가 세포의 중앙에 배열되는 것으로 보아 B는 중기 세포이고, A는 전기 세포이다.
ㄴ. 정답 : B는 핵분열이 진행되는 중이므로 염색체가 관찰된다.
ㄷ. 오답 : 체세포 분열이 일어날 때는 유전 물질이 복제되어 2개의 딸세포에 나누어지므로 딸세포와 모세포의 염색체 수는 같다.

14 심장의 구조와 기능 | 정답 ② | 정답률 35%

그림은 사람의 심장 구조를 나타낸 것이다. A와 B는 각각 우심실과 좌심방 중 하나이다.

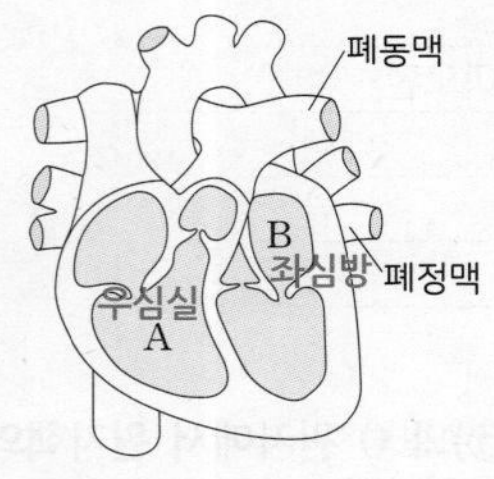

이에 대한 옳은 설명만을 <보기>에서 있는 대로 고른 것은? [3점]

> **보기**
> ㄱ. B는 우심실이다.
> ㄴ. A가 수축할 때 A와 폐동맥 사이의 판막이 닫힌다.
> ㄷ. 혈액의 산소 농도는 폐정맥에서가 폐동맥에서보다 높다.

① ㄱ ② ㄷ ③ ㄱ, ㄴ ④ ㄴ, ㄷ ⑤ ㄱ, ㄴ, ㄷ

|자|료|해|설|

심장의 구조에서 혈액은 심방으로 들어와 심실을 통해 나간다. 전신을 순환한 혈액은 폐를 순환하며 산소를 공급받는데, 폐순환은 우심실 → 폐동맥 → 폐 → 폐정맥 → 좌심방 순서로 이루어진다. 따라서 폐동맥과 연결된 A는 우심실이고, 폐정맥과 연결된 B는 좌심방이다.

|보|기|풀|이|

ㄱ. 오답 : B는 폐정맥과 연결된 좌심방이다.
ㄴ. 오답 : 판막은 혈액의 역류를 막아주는 역할을 한다. A가 수축하면 혈액이 폐동맥 쪽으로 진행되어야 하므로 A와 폐동맥 사이의 판막은 열린다.
ㄷ. 정답 : 혈액의 산소 농도는 폐를 지난 후 시점인 폐정맥에서가 폐를 지나기 전 시점인 폐동맥에서보다 높다.

15 영양소의 검출 방법 | 정답 ④ | 정답률 50%

다음은 영양소 검출 반응 실험이다.

> [실험 과정 및 결과]
> (가) 시험관 A~C에 달걀 흰자액을 각각 10mL씩 넣는다.
> (나) A에 증류수, B에 수단Ⅲ 용액, C에 뷰렛 용액(5% 수산화 나트륨 수용액 + 1% 황산 구리 수용액)을 0.5mL씩 넣는다.
>
> 달걀 흰자액 + 증류수 (A) / 달걀 흰자액 + 수단Ⅲ 용액 지방 검출 (B) / 달걀 흰자액 + 뷰렛 용액 단백질 검출 (C)
>
> (다) 반응 후 각 시험관의 색깔 변화는 표와 같다.
>
> | 시험관 | A | B | C |
> |---|---|---|---|
> | 색깔 변화 | 변화 없음 | ㉠ | 보라색으로 변함 |

이에 대한 옳은 설명만을 <보기>에서 있는 대로 고른 것은? [3점]

> **보기**
> ㄱ. ㉠은 '청람색으로 변함'이다.
> ㄴ. C의 색깔 변화로 달걀 흰자액에 단백질이 있음을 알 수 있다.
> ㄷ. 수단Ⅲ 용액은 지방 검출에 이용한다.

① ㄱ ② ㄷ ③ ㄱ, ㄴ ④ ㄴ, ㄷ ⑤ ㄱ, ㄴ, ㄷ

문제편 189쪽

|자|료|해|설|

음식물에 어떤 영양소가 들어있는지 확인하기 위해 영양소를 검출하는 방법을 이용한다. 실험에 사용된 수단Ⅲ 용액은 지방을 검출하는 용액이고, 뷰렛 용액은 단백질을 검출하는 용액이다. 지방이 포함된 음식물에 수단Ⅲ 용액을 사용하면 시험관은 선홍색으로 변하고, 단백질이 포함된 음식물에 뷰렛 용액을 사용하면 시험관은 보라색으로 변한다.

영양소	용액	색깔
녹말	아이오딘-아이오딘화 칼륨 용액	청남색으로 변함
포도당	베네딕트 용액	황적색으로 변함
단백질	뷰렛 용액	보라색으로 변함
지방	수단Ⅲ 용액	선홍색으로 변함

|보|기|풀|이|

ㄱ. 오답 : 달걀 흰자는 대부분 단백질로 이루어져 있으므로 수단Ⅲ 용액을 첨가해도 시험관의 색깔은 거의 변하지 않는다. 따라서 ㉠은 '거의 변하지 않음'이 적절하다.

ㄴ. 정답 : 뷰렛 용액을 사용했을 때 시험관의 색깔이 보라색으로 변한 것으로 보아 달걀 흰자에는 단백질이 포함되어 있다.

ㄷ. 정답 : 수단Ⅲ 용액은 지방 검출에 이용되는 용액이다.

16 대륙 이동설

정답 ⑤ 정답률 50%

다음은 베게너가 주장한 대륙 이동설의 증거에 대한 세 학생의 대화이다.

제시한 의견이 옳은 학생만을 있는 대로 고른 것은?

① A ② C ③ A, B ④ B, C ⑤ A, B, C

|자|료|해|설|

독일의 과학자 베게너는 약 3억 년 전에는 대륙이 하나였다가 이동하여 현재의 모습이 되었다는 대륙 이동설을 주장하였다. 당시 베게너는 대륙이 어떤 힘에 의해 이동하는지는 설명하지 못하였으나 이후 맨틀 대류설이 힘을 얻게 되면서 대륙 이동설도 다시 주목받게 되었다.

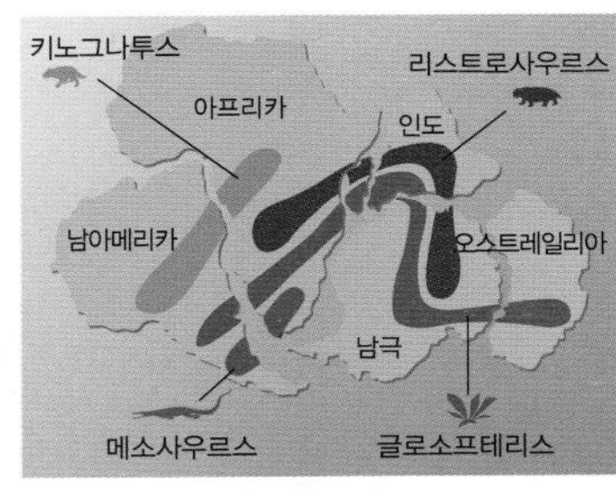

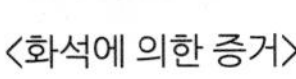
<화석에 의한 증거>

<빙하에 의한 증거>

|보|기|풀|이|

학생 A. 정답 : 베게너는 대륙 간 해안선의 모양이 비슷한 것을 통해 대륙 이동설을 떠올리게 되었고, 이는 대륙 이동설의 증거로 볼 수 있다.

학생 B. 정답 : 지금은 멀리 떨어져 있고, 자연 환경도 다른 남아메리카와 아프리카에서 동일한 화석이 발견되는 것은 대륙 이동설의 증거로 볼 수 있다.

학생 C. 정답 : 지금은 서로 떨어진 대륙을 하나로 모으면 남극을 중심으로 빙하의 흔적이 분포하는데, 이는 대륙 이동설의 증거로 볼 수 있다.

문제편 190쪽

17 수권의 분포

정답 ③ 정답률 75%

그림 (가)는 지구의 수권 분포를, (나)는 육지의 물 분포를 나타낸 것이다.

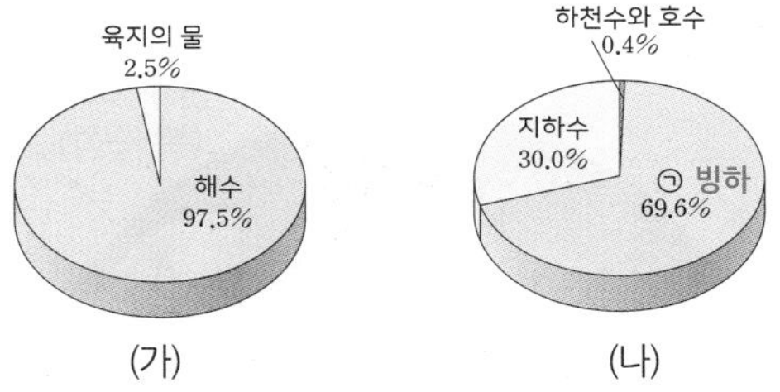

이에 대한 옳은 설명만을 <보기>에서 있는 대로 고른 것은?

보기

ㄱ. 지구의 물은 대부분 해수이다.

ㄴ. ㉠은 빙하이다.

ㄷ. 생활용수로 바로 활용할 수 있는 물이 수권 전체에서 차지하는 비율은 2%보다 크다.

① ㄱ ② ㄷ ③ ㄱ, ㄴ ④ ㄴ, ㄷ ⑤ ㄱ, ㄴ, ㄷ

|자|료|해|설|

물은 생명체가 살아가는 데 중요한 역할을 하는데, 지구 표면의 약 71%를 차지할 정도로 많은 양이 존재하지만 우리나라를 비롯한 많은 나라가 물 부족 국가로 지정되기도 했다. 그 이유는 대부분의 물이 우리가 바로 사용할 수 없기 때문인데, (가)에서처럼 지구의 물 중에서 97.5%는 우리가 바로 사용할 수 없는 해수의 형태로 존재한다. 또한 남은 2.5% 중 69.6%는 빙하(㉠)의 형태로 존재하므로 우리가 바로 사용할 수 있는 물은 전체에서 육지의 물 2.5%, 그중에서도 30.4%밖에 되지 않는다.

|보|기|풀|이|

ㄱ. 정답 : (가)를 통해 지구의 물은 대부분 해수임을 알 수 있다.

ㄴ. 정답 : 육지의 물 중에서 69.6%를 차지하는 ㉠은 빙하이다.

ㄷ. 오답 : 생활용수로 바로 활용할 수 있는 물은 육지의 물 중에서 빙하를 제외한 물에 해당하므로 2.5%와 30.4%를 곱해서 구한다. 따라서 전체 수권의 약 0.8%이므로 2%보다 작다.

18 별의 일주 운동

정답 ① 정답률 50%

그림은 어느 날 우리나라에서 관측한 별의 일주 운동 모습을 나타낸 것이다.

이에 대한 옳은 설명만을 <보기>에서 있는 대로 고른 것은? [3점]

보기

ㄱ. 북쪽 하늘을 관측한 것이다.

ㄴ. 별 A의 일주 운동은 시계 방향으로 일어난다.

ㄷ. 별의 일주 운동은 지구의 공전 때문에 나타나는 현상이다.

① ㄱ ② ㄴ ③ ㄱ, ㄷ ④ ㄴ, ㄷ ⑤ ㄱ, ㄴ, ㄷ

|자|료|해|설|

밤새 북쪽 하늘을 촬영하면 북극성을 기준으로 천체가 하루에 한 바퀴씩 원을 그리면서 회전하는데, 이를 천체의 일주 운동이라고 한다. 천체의 일주 운동은 지구의 자전 때문에 일어나는 현상인데, 지구는 서쪽에서 동쪽으로 자전하므로 천체의 일주 운동은 시계 반대 방향으로 도는 것처럼 보인다.

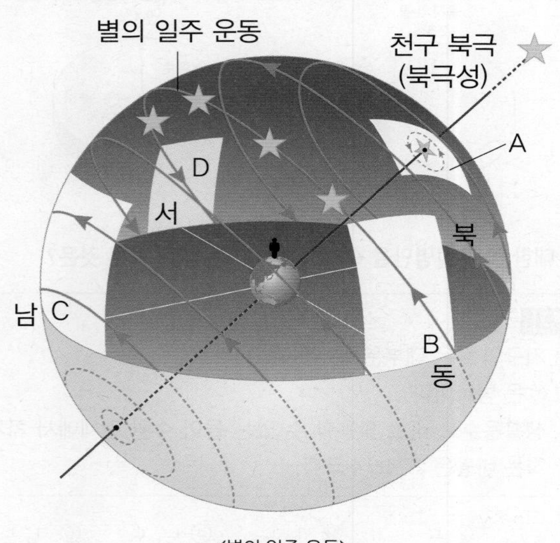

〈별의 일주 운동〉

|보|기|풀|이|

ㄱ. 정답 : 북극성이 보이는 것으로 보아 이는 북쪽 하늘을 관측한 것이다.

ㄴ. 오답 : 북쪽 하늘에서 별의 일주 운동은 시계 반대 방향으로 일어난다. 남쪽 하늘에서는 시계 방향으로 일어난다.

ㄷ. 오답 : 별의 일주 운동은 지구의 자전 때문에 나타나는 현상이다.

19 지구 온난화

정답 ④ | 정답률 80%

그림 (가)는 1955년부터 2020년까지 지구의 평균 기온 변화를, (나)는 이 기간 동안 대기 중 이산화 탄소 농도 변화를 나타낸 것이다.

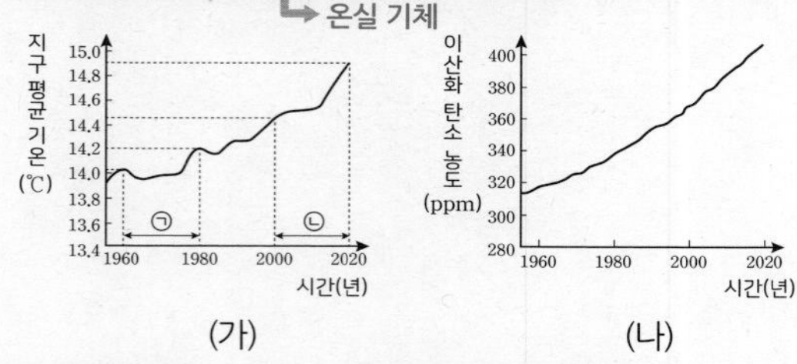

(가) (나)

이에 대한 옳은 설명만을 <보기>에서 있는 대로 고른 것은?

보기

ㄱ. 지구의 평균 기온 변화 폭은 ㉠ 기간이 ㉡ 기간보다 크다.

ㄴ. 이 기간 동안 이산화 탄소 농도 증가는 지구의 평균 기온 상승에 영향을 주었을 것이다.

ㄷ. 이 기간 동안 해수면의 평균 높이는 높아졌을 것이다.

① ㄱ ② ㄷ ③ ㄱ, ㄴ ④ ㄴ, ㄷ ⑤ ㄱ, ㄴ, ㄷ

|자|료|해|설|

온실 기체가 지표면에서 방출되는 지구 복사 에너지를 흡수하여 지구의 평균 온도가 높아지는 현상을 온실 효과라고 한다. 이 온실 효과 때문에 지구의 기온이 계속 오르고 있는데, 이러한 현상을 지구 온난화라고 한다. 대표적인 온실 기체로는 이산화 탄소가 있는데, 문명이 발전함에 따라 화석 연료를 많이 사용하게 되면서 대기 중의 이산화 탄소가 급격히 증가하고 있어 지구 온난화가 가속되고 있다.

|보|기|풀|이|

ㄱ. 오답 : ㉠에서 평균 기온 변화량은 약 0.2℃이고, ㉡에서 평균 기온 변화량은 약 0.4℃이므로 지구 온난화가 가속되고 있는 것을 확인할 수 있다.

ㄴ. 정답 : (나)에서 온실 기체인 이산화 탄소 농도가 급격히 증가하는 것으로 보아 이는 지구의 평균 기온 상승에 영향을 주었을 것이다.

ㄷ. 정답 : 지구 온난화가 가속되면서 녹는 빙하의 양이 증가하였을 것이고, 평균 해수면의 높이는 높아졌을 것이다.

20 우주의 팽창

정답 ⑤ | 정답률 85%

다음은 우주 팽창에 따른 은하 사이의 거리 변화를 알아보기 위한 모형 실험이다.

[실험 과정]

(가) 풍선을 작게 분 다음 ㉠ 스티커 A~D를 붙인다.

(나) A와 B, A와 C, A와 D 사이의 거리를 각각 줄자로 잰다.

(다) 풍선을 크게 분 다음 (나)의 과정을 반복한다.

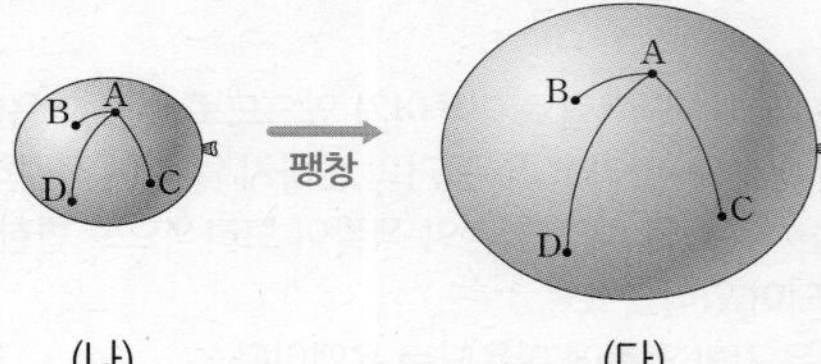

(나) (다)

[실험 결과]

과정	A와 B 사이의 거리(cm)	A와 C 사이의 거리(cm)	A와 D 사이의 거리(cm)
(나)	4 (+4)	8 (+8)	10 (+10)
(다)	8	16	20

이에 대한 옳은 설명만을 <보기>에서 있는 대로 고른 것은? [3점]

보기

ㄱ. ㉠은 은하에 해당한다.

ㄴ. B와 C 사이의 거리는 (나)보다 (다)에서 멀다.

ㄷ. 스티커 사이의 거리가 멀수록 풍선의 팽창에 따른 거리 변화값이 크다.

① ㄱ ② ㄴ ③ ㄱ, ㄷ ④ ㄴ, ㄷ ⑤ ㄱ, ㄴ, ㄷ

|자|료|해|설|

우주의 탄생 과정에 대해 설명하는 빅뱅 우주론은 우주가 한 점에서 대폭발이 일어나 생겨났다는 이론이다. 빅뱅 우주론에 의하면 우주는 계속 팽창하고 있으며, 실험 과정에서처럼 팽창이 일어남에 따라 은하 사이의 거리는 멀어지고 있다.

|보|기|풀|이|

ㄱ. 정답 : 실험에서 풍선은 우주에 해당하고, ㉠은 은하에 해당한다.

ㄴ. 정답 : (나)에서 팽창이 일어나 (다)가 되었으므로 B와 C 사이의 거리는 (나)보다 (다)에서 더 멀다.

ㄷ. 정답 : (나)에서 (다)가 되면서 두 스티커 사이의 거리는 각각 2배가 되므로 거리 변화율이 아닌 거리 변화값을 기준으로 생각하면 (나)에서 스티커 사이의 거리가 멀수록 팽창에 따른 거리 변화값이 크다.

○ 문제편 190쪽

23회 2022년 3월 학평 정답과 해설 탐구영역(과학)

문제편 p.191

1	④	2	④	3	①	4	⑤	5	③
6	⑤	7	③	8	①	9	②	10	②
11	⑤	12	④	13	②	14	⑤	15	③
16	①	17	⑤	18	②	19	③	20	④

1 열의 이동 (정답 ④ 정답률 70%)

그림은 열의 이동과 관련된 현상 A~C를 나타낸 것이다.

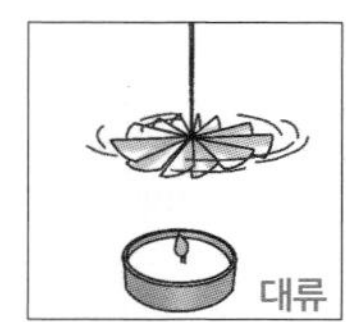

A : 촛불 위에서 바람개비가 돌아간다.

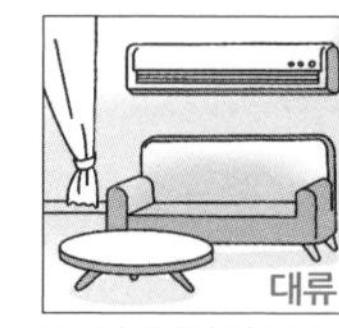

B : 에어컨의 찬 공기가 아래로 내려온다.

C : 난로를 쬐는 손바닥이 손등보다 따뜻하다.

대류에 의한 현상만을 있는 대로 고른 것은?

① A ② B ③ C ④ A, B ⑤ B, C

|자|료|해|설|

열의 이동	정의
전도	물체가 접촉했을 때 열이 이동하는 현상
대류	액체나 기체의 입자가 열을 가지고 이동하는 현상
복사	열에너지가 물체를 통하지 않고 빛의 형태로 직접 전달되는 현상

|보|기|풀|이|

현상 A. 정답 : 촛불의 열에 의해 주위의 공기가 데워지면 공기가 위쪽으로 상승하는 대류 현상이 일어나고, 이로 인해 바람개비가 회전한다.

현상 B. 정답 : 에어컨에서 방출되는 차가운 공기가 아래쪽으로 내려오면서 대류 현상이 일어난다.

현상 C. 오답 : 난로에서 발생한 열이 손바닥에 도달하여 따뜻해지는 것은 복사에 의한 현상이다.

2 대전 (정답 ④ 정답률 50%)

그림은 대전되지 않은 금속구 A와 대전된 금속구 B가 음(−)전하로 대전된 막대 P에 의해 각각 끌려오거나 밀려나는 모습을 나타낸 것이다. A와 B는 절연된 실에 매달려 있다.

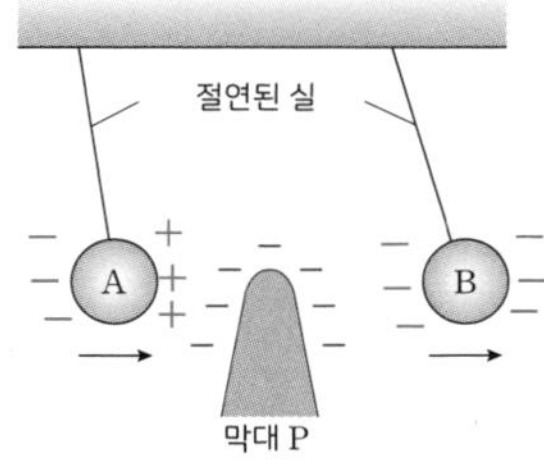

이에 대한 옳은 설명만을 <보기>에서 있는 대로 고른 것은? (단, A, B, P는 서로 접촉하지 않는다.) [3점]

보기
ㄱ. A에서 전자는 P에 가까운 쪽으로 이동한다.
ㄴ. B는 음(−)전하로 대전되어 있다.
ㄷ. P를 제거하면, A와 B에는 서로 당기는 전기력이 작용한다.

① ㄱ ② ㄴ ③ ㄱ, ㄷ ④ ㄴ, ㄷ ⑤ ㄱ, ㄴ, ㄷ

|자|료|해|설|

대전되지 않은 금속구 A를 음(−)전하로 대전된 막대 P에 가까이 하면 A의 내부에서 전자가 P로부터 먼 쪽으로 이동하므로 A에서 P에 가까운 부분은 부분적으로 양(+)전하를 띠고, P에 먼 부분은 부분적으로 음(−)전하를 띠게 되므로 A가 P에 끌려오게 된다. 대전된 금속구 B는 P로부터 밀려나는 방향으로 힘을 받는 것으로 보아 B도 P와 같이 음(−)전하로 대전되어 있음을 알 수 있다.

|보|기|풀|이|

ㄱ. 오답 : P가 음(−)전하로 대전되어 있으므로 A의 내부에서 음(−)전하를 띠는 전자는 P로부터 먼 쪽으로 이동한다.

ㄴ. 정답 : B는 P로부터 밀려나는 방향으로 힘을 받으므로 음(−)전하로 대전되어 있다.

ㄷ. 정답 : P를 제거하면 음(−)전하로 대전된 B의 영향으로 A의 내부에서 전자는 B로부터 먼 쪽으로 이동하므로 A에서 B에 가까운 부분은 부분적으로 양(+)전하를 띠고, B에 먼 부분은 부분적으로 음(−)전하를 띠게 된다. 따라서 A와 B에는 서로 당기는 전기력이 작용한다.

3 역학적 에너지 (정답 ① 정답률 45%)

그림은 두 공 A와 B를 각각 지면으로부터 높이가 $2h$와 h인 지점에서 가만히 놓았을 때, A와 B가 자유 낙하하는 모습을 나타낸 것이다. A와 B의 질량은 각각 m과 $2m$이다.

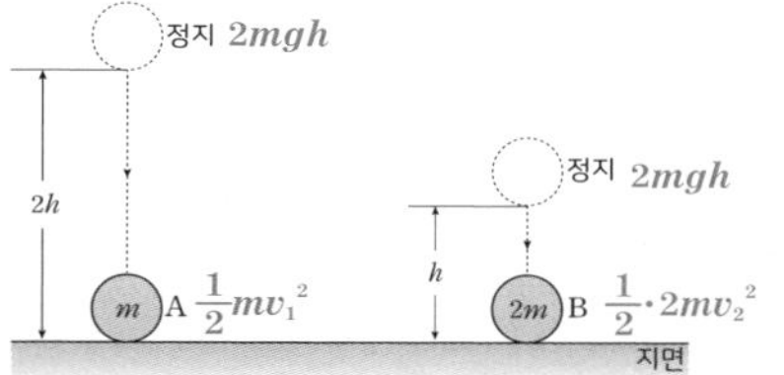

지면에 도달하는 순간, A가 B보다 큰 물리량만을 <보기>에서 있는 대로 고른 것은? (단, 지면에서 공의 위치 에너지는 0이고, 공의 크기와 공기 저항은 무시한다.)

보기
ㄱ. 속력 $v_1 > v_2$ ㄴ. 운동 에너지 ㄷ. 역학적 에너지

① ㄱ ② ㄷ ③ ㄱ, ㄴ ④ ㄴ, ㄷ ⑤ ㄱ, ㄴ, ㄷ

|자|료|해|설|

A와 B를 가만히 놓기 전 A와 B는 정지해 있으므로 운동 에너지는 모두 0이고, 위치 에너지는 $2mgh$로 같다. 역학적 에너지는 운동 에너지와 위치 에너지의 합과 같으므로 A와 B의 역학적 에너지의 크기도 $2mgh$로 같다.
운동이 일어날 때 중력을 제외한 힘을 받지 않으므로 역학적 에너지는 보존되며, 지면에서 A와 B의 속력을 각각 v_1, v_2라고 하면 지면에서 A의 운동 에너지는 $\frac{1}{2}mv_1^2 = 2mgh$이고, B의 운동 에너지는 $\frac{1}{2}\cdot 2mv_2^2 = 2mgh$이다.

구분	A		B	
	놓기 전	지면	놓기 전	지면
운동 에너지	0	$\frac{1}{2}mv_1^2$	0	$\frac{1}{2}\cdot 2mv_2^2$
위치 에너지	$2mgh$	0	$2mgh$	0
역학적 에너지	$2mgh$	$2mgh=\frac{1}{2}mv_1^2$	$2mgh$	$2mgh=\frac{1}{2}\cdot 2mv_2^2$

|보|기|풀|이|

ㄱ. 정답 : A의 운동 에너지는 $\frac{1}{2}mv_1^2 = 2mgh$이고, B의 운동 에너지는 $\frac{1}{2}\cdot 2mv_2^2 = 2mgh$이므로 $v_1 > v_2$가 된다. 따라서 A의 속력이 B의 속력보다 크다.

ㄴ. 오답 : 지면에서 A와 B의 운동 에너지는 $\frac{1}{2}mv_1^2 = \frac{1}{2}\cdot 2mv_2^2 = 2mgh$로 같다.

ㄷ. 오답 : 지면에서 A와 B의 역학적 에너지는 $2mgh$로 같다.

4 소리의 3요소 (정답 ⑤ 정답률 80%)

다음은 소리를 분석하는 실험이다.

[실험 과정]
(가) 서로 다른 두 소리굽쇠에서 발생하는 소리를 각각 녹음한다.
(나) 소리 분석 프로그램을 이용하여 녹음된 소리 A, B를 분석한다.

[실험 결과]

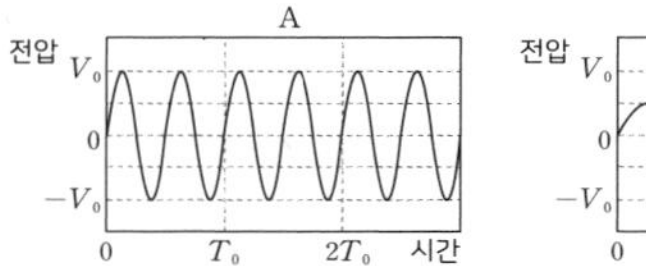

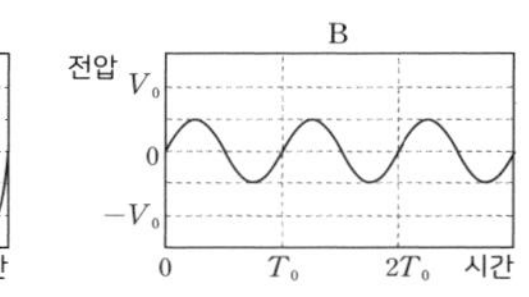

이에 대한 옳은 설명만을 <보기>에서 있는 대로 고른 것은?

> **보기**
> ㄱ. 소리의 주기는 A가 B보다 짧다.
> ㄴ. 소리의 높이는 A가 B보다 높다.
> ㄷ. 소리의 크기는 A가 B보다 크다.

① ㄱ ② ㄴ ③ ㄱ, ㄷ ④ ㄴ, ㄷ ⑤ ㄱ, ㄴ, ㄷ

|자|료|해|설|

소리의 3요소	내용
소리의 세기	진폭에 의해 결정되고, 진폭이 클수록 큰 소리가 난다.
소리의 높이	진동수에 의해 결정되고, 진동수가 클수록 높은 소리가 난다.
소리의 맵시	음색과 같고, 소리의 파형에 따라 결정된다. 소리의 세기와 높이가 같더라도 소리의 파형이 다르면 다른 소리로 들린다.

|보|기|풀|이|

ㄱ. 정답 : 소리의 주기는 1회 진동할 때 걸리는 시간을 의미한다. A에서 주기는 $\frac{1}{2}T_0$이고, B에서 주기는 T_0이므로 주기는 A가 B보다 짧다.

ㄴ. 정답 : 소리의 높이는 진동수에 의해 결정되고, 진동수는 일정 시간 동안 진동한 횟수를 의미한다. 같은 시간 동안 진동한 횟수는 A가 B보다 크기 때문에 소리의 높이는 A가 B보다 높다.

ㄷ. 정답 : 소리의 크기는 진폭에 따라 결정되고, 진폭은 A가 V_0, B가 $\frac{1}{2}V_0$이므로 소리의 크기는 A가 B보다 크다.

5 뉴턴의 운동 법칙

정답 ③ 정답률 50%

그림과 같이 동일한 용수철 A와 B가 연직 아래로 같은 길이만큼 늘어난 채 정지해 있다. A와 B의 탄성력의 크기는 각각 F_A와 F_B이고, 왼손이 A를 직접 당기는 힘과 오른손이 B에 매달린 추를 당기는 힘의 크기는 각각 f_A와 f_B이다.

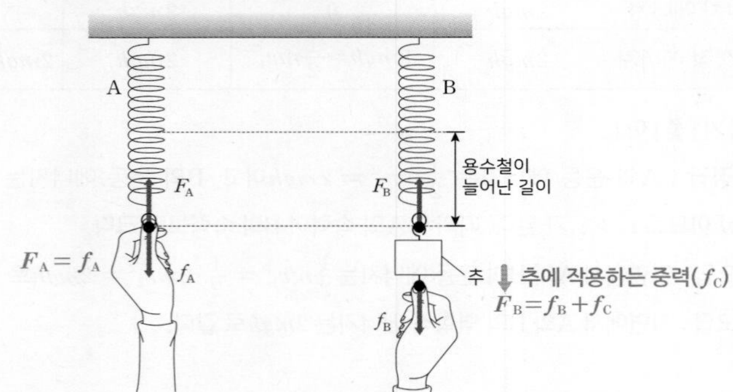

힘의 크기를 옳게 비교한 것은? [3점]

	탄성력의 크기	손이 당기는 힘의 크기
①	$F_A > F_B$	$f_A > f_B$
②	$F_A > F_B$	$f_A < f_B$
③	$F_A = F_B$	$f_A > f_B$
④	$F_A = F_B$	$f_A = f_B$
⑤	$F_A < F_B$	$f_A < f_B$

|자|료|해|설|

동일한 용수철에 걸리는 탄성력은 용수철이 늘어난 길이에만 비례하므로 F_A와 F_B의 크기는 같다. A에서 용수철에 걸리는 탄성력은 손이 용수철을 당기는 힘과 평형을 이루므로 $F_A = f_A$이고, B에서 용수철에 걸리는 탄성력은 손이 용수철을 당기는 힘과 추에 작용하는 중력의 합력과 평형을 이룬다. 따라서 추에 작용하는 중력을 f_C라고 하면 $F_B = f_B + f_C$이다.

|선|택|지|풀|이|

③ 정답 : 동일한 용수철 A와 B의 늘어난 길이가 같으므로 $F_A = F_B$이고, A에서 $F_A = f_A$, B에서 $F_B = f_B + f_C$이므로 $f_A > f_B$이다.

6 입자의 운동

정답 ⑤ 정답률 65%

그림 (가)는 t_1℃에서 실린더에 헬륨(He) 기체가 들어 있는 모습을, (나)는 피스톤 위에 추를 올려놓았을 때의 모습을, (다)는 온도를 t_2℃로 변화시켰을 때의 모습을 나타낸 것이다.

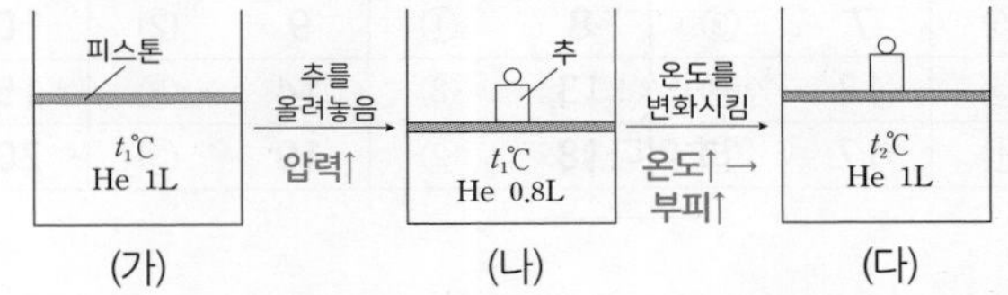

이에 대한 옳은 설명만을 <보기>에서 있는 대로 고른 것은? (단, 대기압은 일정하고, 피스톤의 질량과 마찰은 무시한다.)

> **보기**
> ㄱ. 실린더 속 기체의 압력은 (나) > (가)이다.
> ㄴ. $t_2 > t_1$이다.
> ㄷ. 실린더 속 기체 분자의 운동은 (다)에서가 (나)에서보다 활발하다.

① ㄱ ② ㄷ ③ ㄱ, ㄴ ④ ㄴ, ㄷ ⑤ ㄱ, ㄴ, ㄷ

|자|료|해|설|

(가)에서 피스톤이 고정되어 있지 않은 상태일 때는 외부의 대기압이 피스톤을 누르고 실린더의 헬륨(He) 기체는 피스톤을 밀어 올린다. 이때 피스톤이 움직이지 않는다는 것은 대기압과 헬륨(He) 기체의 압력이 같다는 의미이다.

(나)와 같이 추를 추가하게 되면 피스톤을 누르는 힘이 추가되어 헬륨(He) 기체의 부피가 줄어드는데, 이때 헬륨(He) 기체의 압력은 증가하므로 누르는 압력과 밀어올리는 압력이 같아지는 지점에서 피스톤이 다시 멈춘다.

|보|기|풀|이|

ㄱ. 정답 : (가)에서 실린더 속 기체의 압력은 대기압과 같고, (나)에서 실린더 속 기체의 압력은 대기압과 추에 의한 압력을 더한 것과 같으므로 실린더 속 기체의 압력은 (나) > (가)이다.

ㄴ. 정답 : (나)에서 (다)가 될 때 부피가 늘어난 것으로 보아 온도가 상승하였으므로 $t_2 > t_1$이다.

ㄷ. 정답 : 실린더 속 기체 분자의 운동은 높은 온도에서 더 활발하므로 (다)에서가 (나)에서보다 더 활발하다.

7 물질의 상태 변화

정답 ③ 정답률 15%

그림은 고체 물질 X를 일정한 열원으로 가열할 때 시간에 따른 온도를 나타낸 것이다.

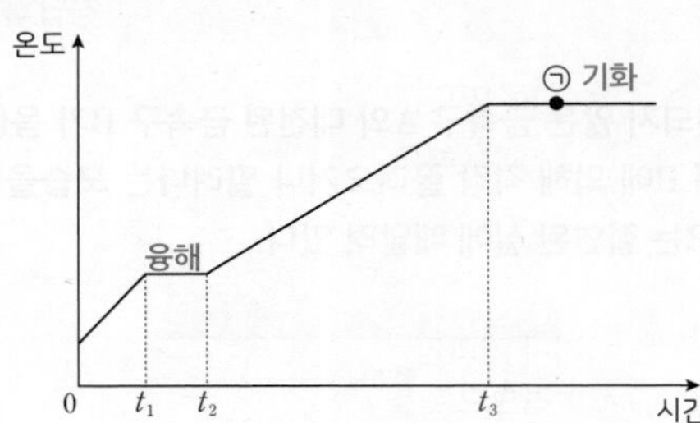

이에 대한 옳은 설명만을 <보기>에서 있는 대로 고른 것은?

> **보기**
> ㄱ. t_1부터 t_2까지 X는 액화된다.
> ㄴ. t_2부터 t_3까지 X가 흡수한 열은 상태 변화에만 이용된다.
> ㄷ. ㉠에서 X는 2가지 상태로 존재한다.

① ㄱ ② ㄴ ③ ㄷ ④ ㄱ, ㄴ ⑤ ㄱ, ㄷ

|자|료|해|설|

고체 물질 X를 계속 가열하면 온도가 상승하는데, 녹는점에 도달하면 고체에서 액체로 상태 변화가 일어나고 다시 온도가 상승하다가 끓는점에 도달하면 액체에서 기체로 상태 변화가 일어난다. 이와 같이 상태 변화가 일어날 때에는 물질이 받은 열에너지가 모두 분자 간 힘을 끊는 것에 이용되므로 온도가 일정하다.

|보|기|풀|이|

ㄱ. 오답 : t_1부터 t_2까지 X는 고체에서 액체로 상태 변화가 일어나므로 융해된다. 액화는 기체에서 액체로의 상태 변화를 의미한다.

ㄴ. 오답 : t_1부터 t_2까지 또는 t_3 이후에 X가 흡수한 열은 상태 변화에만 이용된다.

ㄷ. 정답 : ㉠은 X가 액체에서 기체로 상태 변화가 일어나는 구간이므로 2가지 상태로 존재한다.

문제편 191쪽

8 원자와 이온 | 정답 ① | 정답률 55%

표는 원자 X～Z의 이온에 대한 자료이다.

이온	X^{2+}	Y^{-}	Z^{2-}
전자 수	10	10	10

이에 대한 옳은 설명만을 <보기>에서 있는 대로 고른 것은? (단, X ～Z는 임의의 원소 기호이다.) [3점]

보기
ㄱ. 원자 X가 전자 2개를 잃어 X^{2+}이 된다.
ㄴ. 원자의 전자 수는 Y＞X이다.
ㄷ. 원자핵의 전하량은 Z^{2-}＞Y^{-}이다.

① ㄱ ② ㄴ ③ ㄱ, ㄷ ④ ㄴ, ㄷ ⑤ ㄱ, ㄴ, ㄷ

|자|료|해|설|
이온의 표기법에서 우측 상단에 적힌 숫자를 통해 원자핵의 전하량과 전자의 총 전하량 차이를 알 수 있다. X^{2+}는 원자핵의 전하량이 전자의 총 전하량보다 2만큼 큰 상태이므로 X의 원자핵의 전하량은 +12이다. Y^{-}는 원자핵의 전하량이 전자의 총 전하량보다 1만큼 작은 상태이므로 Y의 원자핵의 전하량은 +9이다. Z^{2-}는 원자핵의 전하량이 전자의 총 전하량보다 2만큼 작은 상태이므로 Y의 원자핵의 전하량은 +8이다.

|보|기|풀|이|
ㄱ. 정답 : 원자 X가 갖는 전자 수는 12개이므로 이온이 될 때 전자 2개를 잃고 X^{2+}가 된다.
ㄴ. 오답 : 원자의 전자 수는 X가 12개, Y가 9개이므로 Y ＜ X이다.
ㄷ. 오답 : 원자핵의 전하량은 Y가 +9이고, Z가 +8이므로 Z^{2-} ＜ Y^{-}이다.

9 물질의 특성 | 정답 ② | 정답률 95%

그림은 스타이로폼 공과 쇠공이 함께 들어 있는 비커에 물을 넣었을 때 공이 분리되는 것을 나타낸 것이다.

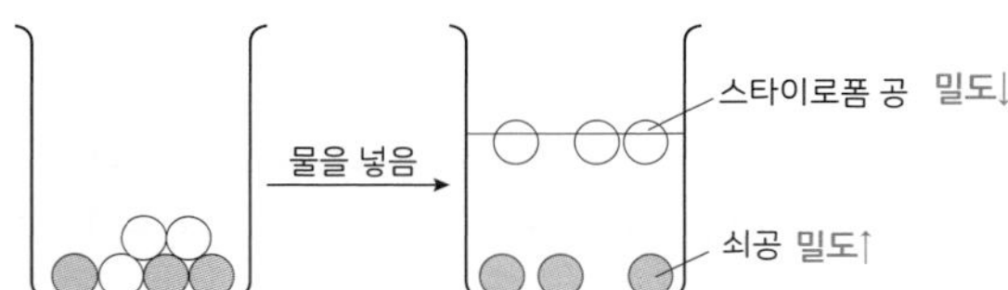

이와 같이 공이 분리된 이유를 설명할 수 있는 물질의 특성으로 가장 적절한 것은?

① 굳기 ② 밀도 ③ 끓는점
④ 녹는점 ⑤ 용해도

|자|료|해|설|
어떠한 물질이 다른 물질에 뜨거나 가라앉는 것은 물질의 특성 중 밀도에 관련된 특성이다. 스타이로폼 공은 물보다 밀도가 작으므로 물에 뜨고, 쇠공은 물보다 밀도가 크기 때문에 가라앉는다.

|선|택|지|풀|이|
② 정답 : 물질의 밀도 차이에 의해 스타이로폼 공은 물에 뜨고, 쇠공은 가라앉는다.

10 화학 반응의 양적 관계 | 정답 ② | 정답률 45%

표는 용기에 X와 Y를 넣고 한 가지 물질이 모두 소모될 때까지 반응시킨 실험 Ⅰ과 Ⅱ에 대한 자료이다. X와 Y가 반응하여 Z가 생성되고, Ⅰ에서 반응 후 남은 반응물의 질량은 2g이다.

실험	반응 전		반응 후
	X의 질량(g)	Y의 질량(g)	Z의 질량(g)
Ⅰ	1	6	5
Ⅱ	3	x	10

x는? [3점]

① 7 ② 8 ③ 11 ④ 12 ⑤ 15

|자|료|해|설|
화학 반응이 일어날 때 반응물의 반응 입자 수 비는 정해져 있고, 입자 1개의 질량은 정해져 있으므로 반응 질량비도 정해져 있다. 예를 들어 수소 기체(H_2)와 산소 기체(O_2)가 만나 물(H_2O)이 생성되는 반응에서는 항상 2분자의 H_2와 1분자의 O_2가 만나 2분자의 H_2O가 생성된다. 이때 1분자의 H_2의 질량은 2g, 1분자의 O_2의 질량은 32g이고, 1분자의 H_2O의 질량은 18g이므로 반응 입자 수 비는 항상 $H_2 : O_2 : H_2O = 2 : 1 : 2$이고, 반응 질량비는 항상 $H_2 : O_2 : H_2O = 1 : 8 : 9$이다. 따라서 어떤 반응에서 H_2O가 180g만큼 생성되었다면 반응한 H_2의 질량은 20g, 반응한 O_2의 질량은 160g이고 다른 경우는 존재하지 않는다.

|선|택|지|풀|이|
② 정답 : Ⅰ에서 반응물이 2g만큼 남았으므로 남은 반응물은 Y이고, 반응 질량비는 X : Y : Z = 1 : 4 : 5임을 알 수 있다. Ⅱ에서 Z가 10g만큼 생성된 것으로 보아 반응한 X의 질량은 2g이고, 반응한 Y의 질량은 8g이다. 이때 X가 남게 되므로 Y의 초기 질량이 8g이어야 Y가 모두 소진되어 반응이 더 이상 일어나지 않게 된다. 따라서 x=8이다.

11 생물의 분류 | 정답 ⑤ | 정답률 20%

표는 생물 (가)와 (나)에서 핵막과 세포벽의 유무를 나타낸 것이다. (가)와 (나)는 각각 대장균과 아메바 중 하나이다.

구분	핵막	세포벽
(가)	있음	없음
(나)	없음	있음

이에 대한 옳은 설명만을 <보기>에서 있는 대로 고른 것은? [3점]

보기
ㄱ. (가)는 아메바이다.
ㄴ. (나)는 단세포 생물이다.
ㄷ. (나)는 원핵생물계에 속한다.

① ㄱ ② ㄴ ③ ㄱ, ㄷ ④ ㄴ, ㄷ ⑤ ㄱ, ㄴ, ㄷ

|자|료|해|설|
생물은 6개의 계로 분류되는데, 이 중 대장균은 원핵생물계에 속하고 아메바는 원생생물계에 속한다. 원핵생물계에 속하는 생물은 핵막이 없고 세포벽이 존재하는 특징이 있고, 원생생물계에 속하는 생물은 핵막을 가지는 특징이 있다. 따라서 (가)는 아메바이고 (나)는 대장균이다.

|보|기|풀|이|
ㄱ. 정답 : (가)는 핵막을 가지는 생물이므로 아메바이다.
ㄴ. 정답 : (나)는 핵막을 가지지 않고 세포벽을 가지므로 대장균이고, 대장균은 단세포 생물이다.
ㄷ. 정답 : (나)에 해당하는 대장균은 원핵생물계에 속한다.

12 신경계의 구조와 기능 | 정답 ④ | 정답률 80%

그림은 뉴런 A～C가 연결된 모습을 나타낸 것이다. A～C는 각각 연합 뉴런, 운동 뉴런, 감각 뉴런 중 하나이다.

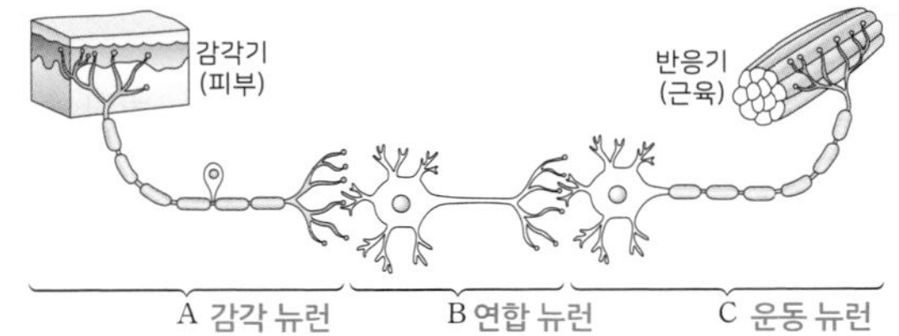

이에 대한 옳은 설명만을 <보기>에서 있는 대로 고른 것은?

보기
ㄱ. A는 운동 뉴런이다.
ㄴ. B는 중추 신경계를 구성한다.
ㄷ. C에 신경 세포체가 있다.

① ㄱ ② ㄷ ③ ㄱ, ㄴ ④ ㄴ, ㄷ ⑤ ㄱ, ㄴ, ㄷ

문제편 192쪽

|자|료|해|설|

종류	기능
감각 뉴런	감각기에서 받아들인 자극을 중추 신경계로 전달한다.
연합 뉴런	중추 신경계를 이루는 뉴런, 감각 뉴런에서 받은 자극을 처리하여 운동 뉴런에 명령을 전달한다.
운동 뉴런	중추 신경계의 명령을 근육과 같은 반응기에 전달한다.

|보|기|풀|이|

ㄱ. 오답 : A는 감각기에서 자극을 받아들이는 역할을 하는 감각 뉴런이다.

ㄴ. 정답 : B는 중추 신경계를 구성하는 연합 뉴런이다.

ㄷ. 정답 : 신경 세포체는 1개의 핵과 많은 돌기로 구성되는 뉴런의 본체이다. C는 뉴런의 한 종류인 운동 뉴런이므로 신경 세포체를 가진다.

13 혈액의 성분 정답 ② 정답률 70%

그림은 혈액의 구성 성분 A~C를 나타낸 것이다. A~C는 각각 혈소판, 적혈구, 백혈구 중 하나이다.

이에 대한 설명으로 옳지 않은 것은?

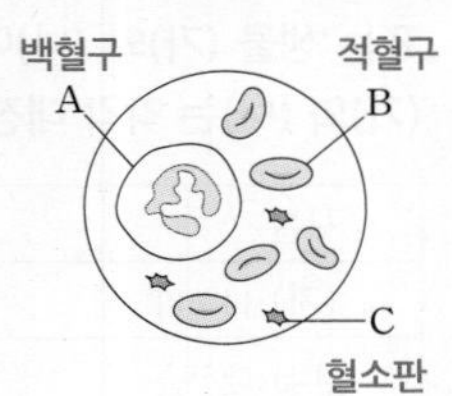

① A는 백혈구이다.
② B는 식균 작용을 한다.
③ B에 헤모글로빈이 있다.
④ C는 혈액 응고에 관여한다.
⑤ A~C는 모두 혈구에 해당한다.

|자|료|해|설|

혈액은 혈장과 혈구로 나뉘는데, 혈장의 90%는 액체 상태인 물이고 이산화 탄소, 영양소, 노폐물, 호르몬 등을 운반하는 역할을 한다. 혈구의 종류는 백혈구, 적혈구, 혈소판이 있는데 백혈구는 식균 작용을 통해 면역 작용에 관여하고, 적혈구는 산소를 운반하는 역할을 하며, 혈소판은 혈액 응고에 관여한다.

|선|택|지|풀|이|

① 오답 : A는 면역 작용에 관여하는 백혈구이다.
② 정답 : 혈액의 구성 성분 중에서 식균 작용을 하는 성분은 A(백혈구)이다.
③ 오답 : B는 적혈구로 헤모글로빈을 가지고, 이로 인해 피가 붉은색을 띤다.
④ 오답 : C는 혈소판으로 혈액 응고에 관여한다.
⑤ 오답 : A~C는 모두 혈구에 속하는 성분이다.

14 광합성 정답 ⑤ 정답률 75%

다음은 검정말을 이용한 광합성 실험이다.

[실험 과정 및 결과]

(가) ㉠ 날숨을 불어넣어 노란색으로 변화시킨 BTB 용액을 시험관 A~C에 넣는다.

(나) 그림과 같이 B와 C에만 검정말을 넣고, C는 빛이 통하지 않도록 은박지로 감싼다.

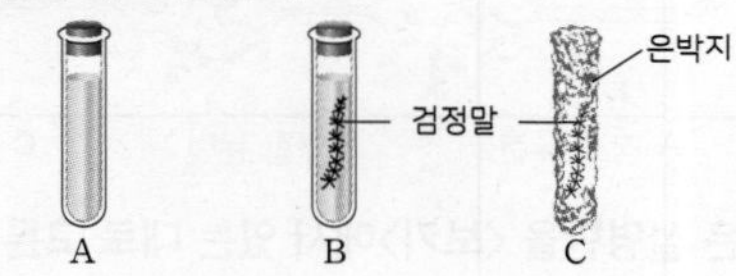

(다) 일정 시간 동안 빛을 비춘 후 A~C의 BTB 용액 색깔을 관찰한 결과는 표와 같다. ⓐ는 노란색과 파란색 중 하나이다.

시험관	A	B	C
색깔	노란색	파란색	ⓐ

이에 대한 옳은 설명만을 <보기>에서 있는 대로 고른 것은? (단, 제시된 조건 이외의 조건은 같다.) [3점]

보기
ㄱ. ㉠에 이산화 탄소가 있다.
ㄴ. (다)의 B에서 광합성이 일어났다.
ㄷ. ⓐ는 노란색이다.

① ㄱ ② ㄷ ③ ㄱ, ㄴ ④ ㄴ, ㄷ ⑤ ㄱ, ㄴ, ㄷ

|자|료|해|설|

광합성이 일어나기 위해서는 빛과 이산화 탄소, 물이 필요하며 식물에서는 엽록체에서 일어난다. BTB 용액을 이용하면 용액의 산성 또는 염기성을 알아낼 수 있는데, 용액에 이산화 탄소가 많으면 산성을 띠고 BTB 용액을 넣었을 때 노란색이 된다. 용액이 염기성을 띠는 경우 BTB 용액을 넣으면 파란색이 된다.

날숨은 이산화 탄소의 비율이 높고, A에서 시험관의 색깔이 노란색인 것으로 보아 용액은 산성을 띤다. A에 검정말을 넣고 빛을 비춰주면 광합성이 일어나므로 B에서 시험관의 색깔이 파란색으로 바뀐다. C에서는 검정말을 넣어주었지만 은박지로 인해 빛을 받지 못하므로 광합성이 일어나지 않는다. 따라서 C의 색깔은 변하지 않아 ⓐ는 노란색이다.

|보|기|풀|이|

ㄱ. 정답 : 날숨(㉠)에는 이산화 탄소의 비율이 높다.

ㄴ. 정답 : (다)의 B에서 이산화 탄소를 이용하여 광합성이 일어나 용액의 액성이 바뀌었다.

ㄷ. 정답 : C에서는 검정말이 빛을 받지 못해 광합성이 일어나지 않으므로 C의 색깔은 변하지 않는다. 따라서 ⓐ는 노란색이다.

15 가계도 분석 정답 ③ 정답률 70%

그림은 아버지, 어머니, 딸, 아들로 구성된 어떤 가족의 유전병 (가)에 대한 가계도이다. (가)는 우성 대립유전자 A와 열성 대립유전자 a에 의해 결정된다.

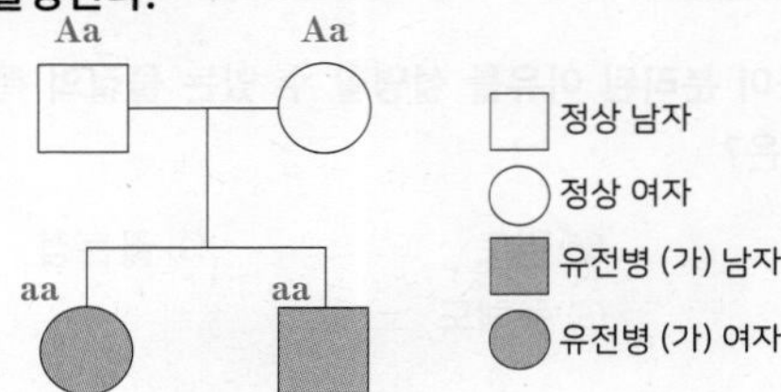

이에 대한 옳은 설명만을 <보기>에서 있는 대로 고른 것은? (단, 돌연변이는 고려하지 않는다.) [3점]

보기
ㄱ. 아버지는 A와 a를 모두 가진다.
ㄴ. 딸과 아들은 (가)의 유전자형이 같다.
ㄷ. 셋째 아이가 태어날 때, 이 아이에게서 (가)가 나타날 확률은 $\frac{1}{2}$이다.

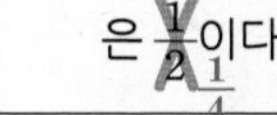

① ㄱ ② ㄷ ③ ㄱ, ㄴ ④ ㄴ, ㄷ ⑤ ㄱ, ㄴ, ㄷ

|자|료|해|설|

아버지와 어머니는 유전병을 가지지 않지만, 자식들은 모두 유전병을 가지는 것으로 보아 아버지와 어머니는 모두 유전병 유전자는 가지면서 발현이 되지 않는 상태이다. 따라서 아버지와 어머니의 유전자형은 모두 Aa, 자식의 유전자형은 모두 aa이고 유전병 (가)는 열성 대립유전자 a에 의해 나타난다.

|보|기|풀|이|

ㄱ. 정답 : 아버지의 유전자형은 Aa이므로 A와 a를 모두 가진다.

ㄴ. 정답 : 딸과 아들의 유전자형은 모두 aa이므로 서로 같다.

ㄷ. 오답 : 셋째 아이가 태어날 때 유전병을 가지려면 아버지로부터 a를 받고 어머니로부터도 a를 받아야 한다. 2가지 사건이 일어날 확률이 각각 $\frac{1}{2}$이므로 2가지 사건이 모두 일어날 확률은 $\frac{1}{2}\times\frac{1}{2}=\frac{1}{4}$이다.

문제편 193쪽

16 지구의 내부 구조

정답 ① | 정답률 65%

그림은 지구 내부의 층상 구조를 나타낸 것이다.

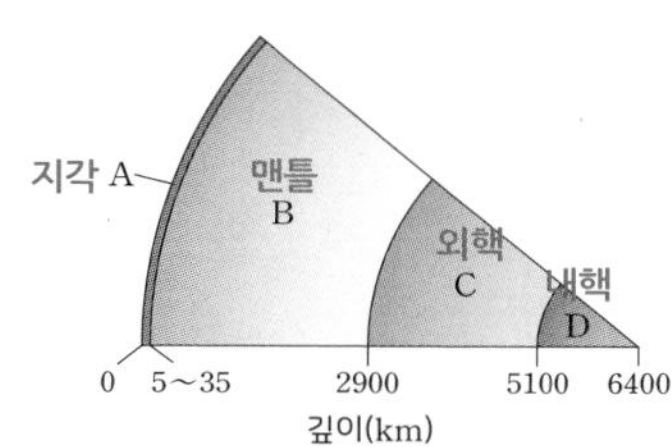

A~D 층에 대한 옳은 설명만을 <보기>에서 있는 대로 고른 것은?

> **보기**
> ㄱ. B는 맨틀이다.
> ㄴ. C는 고체 상태이다.
> ㄷ. 밀도는 A가 D보다 크다.

① ㄱ　② ㄴ　③ ㄱ, ㄷ　④ ㄴ, ㄷ　⑤ ㄱ, ㄴ, ㄷ

|자|료|해|설|

지구 내부 구조를 관찰하기에 가장 직관적인 방법은 지구를 잘라 단면을 관찰하는 것이지만, 이 방법은 불가능하므로 다른 방법을 통해 지구 내부 구조를 알아냈다. 바로 지진파를 이용하는 방법인데, 지진파는 성질이 다른 물질에 부딪히면 반사되거나 굴절되므로 이를 분석하여 지구 내부가 여러 층으로 이루어져 있음을 알아냈다.

층	명칭	특징
A	지각	지구의 가장 바깥 껍질에 해당한다. 단단한 암석으로 구성되며 대륙 지각과 해양 지각으로 구성된다.
B	맨틀	유동성이 있는 고체 상태, 대륙 이동설에 의하면 맨틀의 대류 현상에 의해 대륙이 이동하는 것으로 추정된다.
C	외핵	지진파 중 S파가 통과하지 못하는 것으로 보아 액체 상태로 추정된다. 많은 양의 철로 이루어진 외핵의 대류 현상에 의해 지구 자기장이 만들어지는 것으로 추정된다.
D	내핵	가장 밀도가 높은 부분이고, 철과 니켈 등으로 이루어진 고체 상태로 추정된다.

|보|기|풀|이|

ㄱ. 정답 : B는 유동성이 있는 고체 상태인 맨틀이다.
ㄴ. 오답 : C는 지진파 중 S파가 통과하지 못하는 것으로 보아 액체 상태로 추정하고 있다.
ㄷ. 오답 : 지구 내부 구조 중에서 밀도가 가장 높은 층은 D에 해당하는 내핵이다.

17 별의 밝기와 등급

정답 ⑤ | 정답률 80%

그림은 별 S에서 나온 빛이 거리가 멀어짐에 따라 퍼져 나가는 모습을 나타낸 것이다.

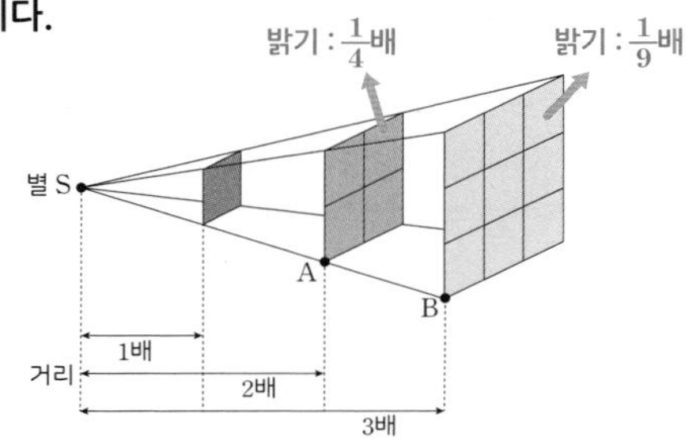

이에 대한 옳은 설명만을 <보기>에서 있는 대로 고른 것은? [3점]

> **보기**
> ㄱ. 거리가 멀어질수록 별빛이 비추는 면적은 넓어진다.
> ㄴ. 거리가 2배 멀어지면 관측되는 별의 밝기는 $\frac{1}{4}$배가 된다.
> ㄷ. 별 S의 절대 등급은 A 지점과 B 지점에서 같다.

① ㄱ　② ㄴ　③ ㄱ, ㄷ　④ ㄴ, ㄷ　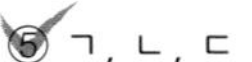⑤ ㄱ, ㄴ, ㄷ

|자|료|해|설|

• 별의 절대 등급 : 별이 10pc(파섹)의 거리에 있다고 가정했을 때 별의 밝기를 기준으로 정한 등급
• 별의 겉보기 등급 : 우리 눈에 보이는 별의 밝기를 기준으로 정한 등급, 절대 등급이 같은 별이라도 멀리 있으면 어둡게 보이고 가까이 있으면 밝게 보인다.

|보|기|풀|이|

ㄱ. 정답 : 그림과 같이 별까지의 거리가 A에서처럼 2배, B에서처럼 3배로 멀어지면 퍼져 나가는 면적은 각각 4배, 9배로 넓어진다.
ㄴ. 정답 : S에서 빛이 방출된 후 빛의 양은 변하지 않는데 별까지의 거리가 2배가 되면서 별빛이 퍼진 면적은 4배가 된다. 따라서 A에서 관측되는 별의 밝기는 거리가 1배일 때의 $\frac{1}{4}$배이다.
ㄷ. 정답 : 별 S의 절대 등급은 거리를 10pc으로 고정시켰을 때 별의 밝기를 나타내므로 A 지점과 B 지점에서 같다.

18 조석 현상

정답 ② | 정답률 75%

그림은 서해안에서 관측한, 조석 현상에 의한 해수면의 높이 변화를 나타낸 것이다.

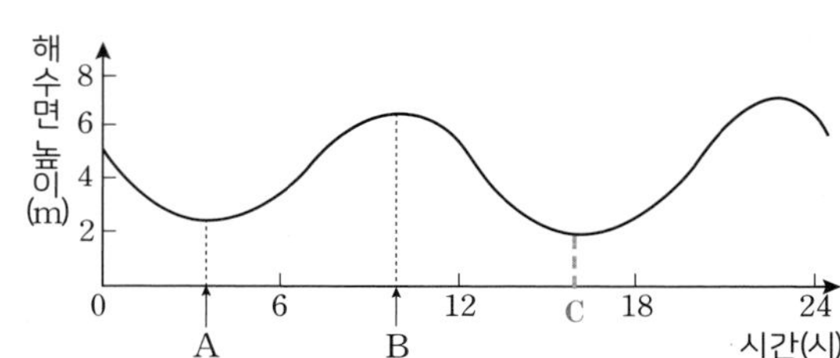

이에 대한 옳은 설명만을 <보기>에서 있는 대로 고른 것은?

> **보기**
> ㄱ. A일 때 만조이다.
> ㄴ. 6시에는 밀물이 나타난다.
> ㄷ. 이날 갯벌이 가장 넓게 드러나는 때는 B이다.

① ㄱ　② ㄴ　③ ㄱ, ㄷ　④ ㄴ, ㄷ　⑤ ㄱ, ㄴ, ㄷ

|자|료|해|설|

• 간조 : 썰물에서 밀물로 변하는 시점에서 해수면이 가장 낮아질 때
• 만조 : 밀물에서 썰물로 변하는 시점에서 해수면이 가장 높아질 때

해수면은 하루에 2번씩 주기적으로 높아졌다가 낮아졌다가 하는데, 이를 조석 현상이라고 한다. 조석 현상은 태양과 지구의 인력, 달과 지구의 인력 때문에 일어나는데 태양에 비해 달이 지구에 매우 가까우므로 달에 의한 영향이 더 크다.

|보|기|풀|이|

ㄱ. 오답 : 그래프에서 A는 썰물에서 밀물로 변하는 시점에서 해수면이 가장 낮아질 때이므로 간조에 해당하고, B는 밀물에서 썰물로 변하는 시점에서 해수면이 가장 높아질 때 만조에 해당한다.
ㄴ. 정답 : 6시에는 해수면의 높이가 높아지는 추세인 것으로 보아 밀물이 나타나는 시점이다.
ㄷ. 오답 : 이날 갯벌이 가장 넓게 드러나는 때는 해수면의 높이가 가장 낮을 때이므로 12시와 18시 사이에서 간조일 때이다.

19 지구 복사 평형

정답 ③ | 정답률 80%

다음은 지구의 복사 평형의 원리를 알아보기 위한 실험이다.

[실험 과정]

(가) 검은색 알루미늄 컵에 온도계를 꽂은 뚜껑을 덮고, 적외선 가열 장치에서 30cm 정도 떨어진 곳에 컵을 놓는다.

(나) 적외선 가열 장치를 켜고 2분 간격으로 컵 안의 온도를 측정하여 그래프를 그린다.

[실험 결과]

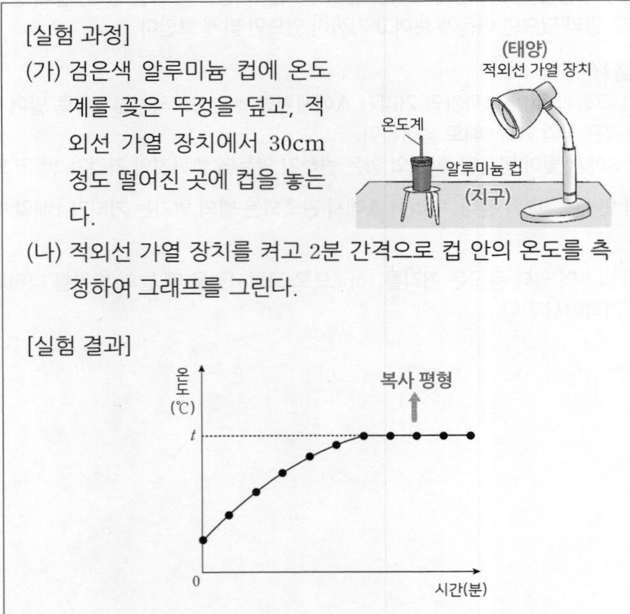

이에 대한 옳은 설명만을 <보기>에서 있는 대로 고른 것은? [3점]

보기

ㄱ. 적외선 가열 장치는 태양에 해당한다.

ㄴ. 컵 안의 온도가 t℃에 도달했을 때 컵이 흡수하는 에너지와 방출하는 에너지의 양은 같다.

ㄷ. 컵과 적외선 가열 장치의 거리를 40cm로 하면 컵 안의 온도는 t℃보다 높은 온도에서 일정해진다. (낮은)

① ㄱ ② ㄷ ③ ㄱ, ㄴ ④ ㄴ, ㄷ ⑤ ㄱ, ㄴ, ㄷ

|자|료|해|설|

• 복사 : 열이 이동하는 방식 중 하나, 물체가 접촉한 상태에서 열이 이동하거나 입자에 의해 열이 이동하는 것이 아니라 빛 에너지의 형태로 열이 이동하는 방식

• 복사 평형 : 물체가 흡수하는 복사 에너지와 물체가 방출하는 복사 에너지의 양이 같아서 온도가 일정하게 유지되는 상태

주어진 실험은 지구의 복사 평형을 알아보기 위한 실험으로 지구에 해당하는 물체는 알루미늄 컵이고, 태양에 해당하는 물체는 적외선 가열 장치이다. 그래프에서 t℃일 때 온도가 일정하게 유지되는 것으로 보아 복사 평형에 도달한 것을 알 수 있다.

|보|기|풀|이|

ㄱ. 정답 : 알루미늄 컵은 지구에, 적외선 가열 장치는 태양에 해당한다.

ㄴ. 정답 : t℃일 때 온도가 일정하게 유지되는 것으로 보아 복사 평형에 도달하였다. 복사 평형에 도달한 물체에서 흡수하는 복사 에너지의 양과 방출하는 복사 에너지의 양은 같다.

ㄷ. 오답 : 컵과 적외선 가열 장치의 거리를 40cm로 더 멀게 하면 알루미늄 컵이 흡수하는 복사 에너지의 양이 줄어들게 되므로 컵 안의 온도가 t℃보다 낮은 지점에서 복사 평형에 도달한다.

20 일식과 월식

정답 ④ | 정답률 65%

그림은 어느 날 일식이 일어났을 때 태양, 달, 지구의 상대적인 위치를 나타낸 것이다.

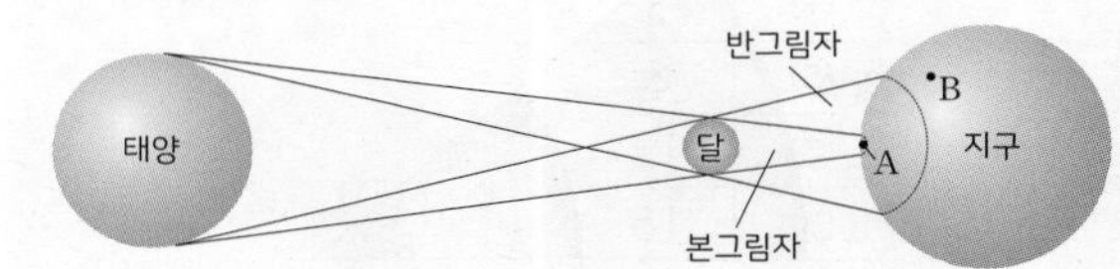

이에 대한 옳은 설명만을 <보기>에서 있는 대로 고른 것은? [3점]

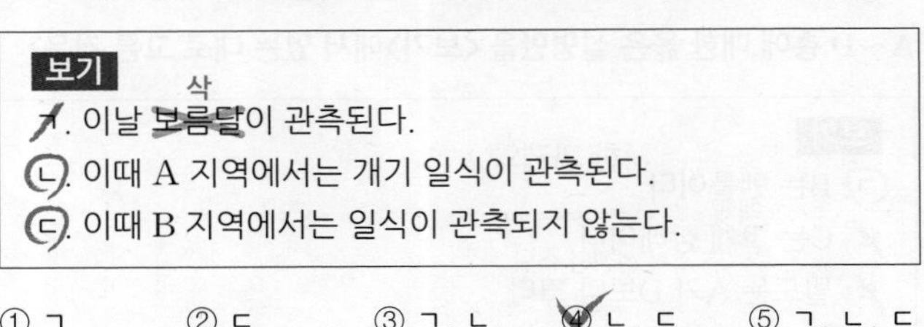

① ㄱ ② ㄷ ③ ㄱ, ㄴ ④ ㄴ, ㄷ ⑤ ㄱ, ㄴ, ㄷ

|자|료|해|설|

• 개기 일식 : 달이 태양을 완전히 가리는 현상

• 부분 일식 : 달이 태양의 일부를 가리는 현상

우리가 태양을 볼 수 있는 이유는 태양에서 방출된 빛이 직진하여 우리의 눈에 도달할 수 있기 때문이다. 우리가 손으로 태양을 가려 빛의 경로를 가로막으면 태양을 볼 수 없는 것처럼 달이 태양을 가려 빛의 경로를 가로막으면 태양의 일부 또는 전체가 보이지 않게 된다.

그림에서 A는 본그림자에 위치하므로 태양 빛이 도달할 수 없는 지역이고, 이 지역에서는 개기 일식이 관측된다. B는 본그림자나 반그림자 중 어디에도 속하지 않으므로 B에서는 일식이 관측되지 않는다. 반그림자에 위치하는 지역에서는 태양 빛의 일부만 도달하지 못하므로 부분 일식이 관측된다.

|보|기|풀|이|

ㄱ. 오답 : 보름달은 지구를 중심으로 달이 태양의 반대편에 있을 때 볼 수 있으므로 이날은 보름달이 관측되지 않는다.

ㄴ. 정답 : A 지역은 태양 빛이 도달하지 못하므로 개기 일식이 관측된다.

ㄷ. 정답 : B 지역은 태양의 그림자에 위치하지 않는 지역이므로 일식이 관측되지 않는다.

○ 문제편 194쪽

24회 2021년 3월 학평 정답과 해설 탐구영역(과학)

문제편 p.195

1	③	2	①	3	④	4	④	5	①
6	①	7	⑤	8	④	9	②	10	②
11	④	12	③	13	⑤	14	②	15	③
16	⑤	17	③	18	①	19	⑤	20	①

1 역학적 에너지 정답 ③ 정답률 80%

다음은 선생님이 제시한 과제와 학생 A, B, C의 답변이다.

답변의 내용이 옳은 학생만을 있는 대로 고른 것은?

① A ② C ③ A, B ④ B, C ⑤ A, B, C

|자|료|해|설|
중력을 제외한 다른 힘을 외부로부터 받지 않는 물체가 운동할 때 역학적 에너지는 보존된다. 역학적 에너지는 운동 에너지와 위치 에너지를 더하여 구하는데, 속력이 빠를수록 운동 에너지가 크고 높이가 높을수록 위치 에너지(중력에 의한 퍼텐셜 에너지)가 크다. 그림과 같이 높이가 변할 때 운동 에너지 변화량과 위치 에너지 변화량은 같으므로 역학적 에너지는 보존된다.

구분	높이가 증가할 때	높이가 감소할 때
운동 에너지	감소	증가
위치 에너지	증가	감소
역학적 에너지	보존	보존

|보|기|풀|이|
학생 A. 정답 : 무동력차의 속력이 증가하므로 운동 에너지가 증가한다.
학생 B. 정답 : 지면을 기준으로 무동력차의 높이가 낮아지므로 위치 에너지가 감소한다.
학생 C. 오답 : 위치 에너지가 감소하는 만큼 운동 에너지가 증가하므로 역학적 에너지는 보존된다.

2 옴의 법칙 정답 ① 정답률 55%

다음은 전압과 전류의 관계를 알아보는 실험 과정이다.

[실험 과정]
(가) 저항값이 100Ω인 니크롬선 A를 전원 장치에 연결한 회로를 구성한다.
(나) 스위치를 닫고 전원 장치의 전압을 증가시키며 니크롬선에 걸리는 전압과 니크롬선에 흐르는 전류의 세기를 측정한다.
(다) (가)에서 A를 저항값이 200Ω인 니크롬선 B로 바꾼 후 (나)를 수행한다.

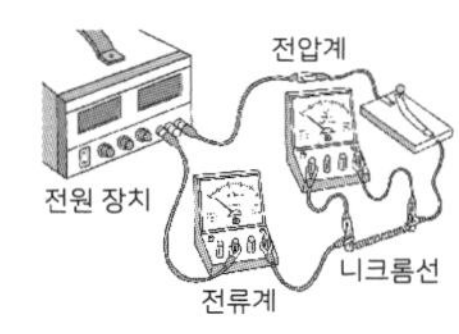

A, B에 흐르는 전류의 세기를 전압에 따라 나타낸 그래프로 가장 적절한 것은? [3점]

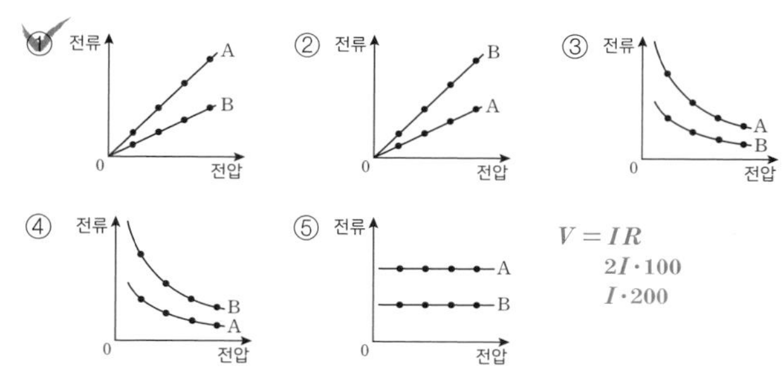

|자|료|해|설|
독일의 물리학자 옴은 도선의 저항(R)에 따른 전류(I)와 전압(V)의 관계에 관한 실험을 진행하였다. 이 실험에 의해 옴은 저항이 일정할 때 전류와 전압은 비례 관계에 있고, 전압이 같을 때 저항이 크면 흐르는 전류의 세기가 작고, 저항이 작으면 흐르는 전류의 세기가 크다는 사실을 알아냈다. 이를 공식으로 나타낸 것을 옴의 법칙($V=IR$)이라고 한다.

|선|택|지|풀|이|
① 정답 : 저항이 일정할 때 전류와 전압은 비례 관계이므로 그래프는 원점을 지나는 직선형이어야 하고, 같은 전압일 때 A의 저항이 B의 저항보다 작으므로 흐르는 전류의 세기는 A가 B보다 커야 한다. 따라서 이에 해당하는 그래프는 ①이다.

3 빛의 합성 정답 ④ 정답률 70%

그림은 빛의 삼원색에 해당하는 빨강, 초록, 파랑 빛이 나오는 화소로 구성된 화면에서 색을 표현할 때, 화면의 각 지점 A와 B를 확대한 모습을 나타낸 것이다. A에서는 초록빛이, B에서는 빨강 빛이 나오는 화소가 꺼져 있다.

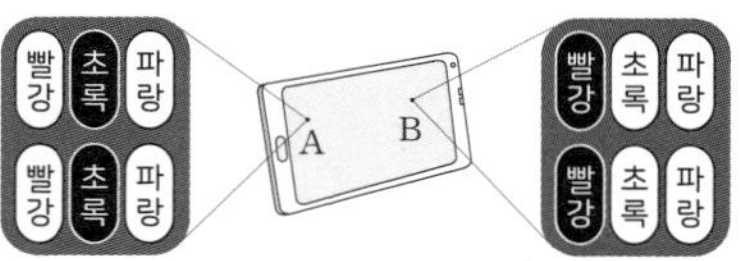

A와 B에서 표현한 색으로 가장 적절한 것은? (단, 켜진 화소의 밝기는 모두 같다.)

	A	B		A	B
①	노란색	자홍색	②	노란색	청록색
③	자홍색	노란색	④	자홍색	청록색
⑤	청록색	자홍색			

|자|료|해|설|
여러 색깔의 빛을 합쳐 다른 색깔의 빛을 만들어 내는 것을 빛의 합성이라고 한다. 빛은 합성할수록 밝아지는데, 빛의 삼원색을 모두 합성하면 백색의 빛이 된다. 스마트폰의 화면은 이러한 성질을 이용하여 다양한 색깔의 빛을 만드는데, 어떤 색깔의 빛을 내는 화소를 켜고 끄는지에 따라 표현하는 색깔이 달라진다.

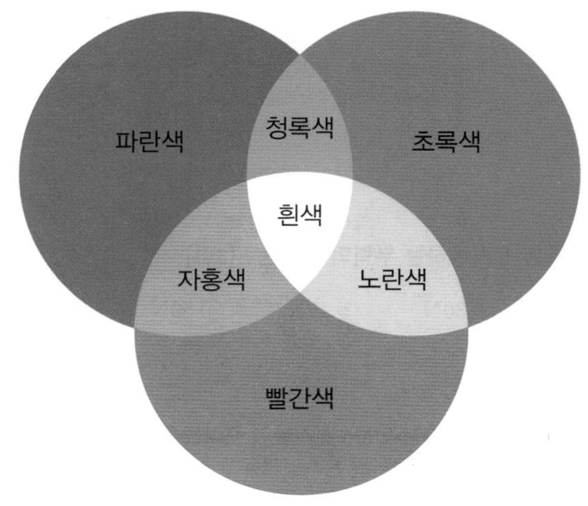

<빛의 합성>

|선|택|지|풀|이|
④ 정답 : A는 빨강 빛과 파랑 빛을 내는 화소가 켜져 있으므로 자홍색 빛이 만들어지고, B는 초록빛과 파랑 빛을 내는 화소가 켜져 있으므로 청록색 빛이 만들어진다.

문제편 195쪽

4 열의 이동

정답 ④ 정답률 80%

그림은 물체 A를 액체 B에 넣은 후, A와 B의 온도를 시간에 따라 나타낸 것이다. t일 때 A와 B의 온도가 같아졌다.

이에 대한 옳은 설명만을 <보기>에서 있는 대로 고른 것은? (단, 열은 A와 B 사이에서만 이동한다.)

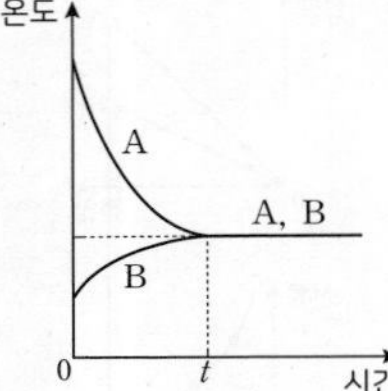

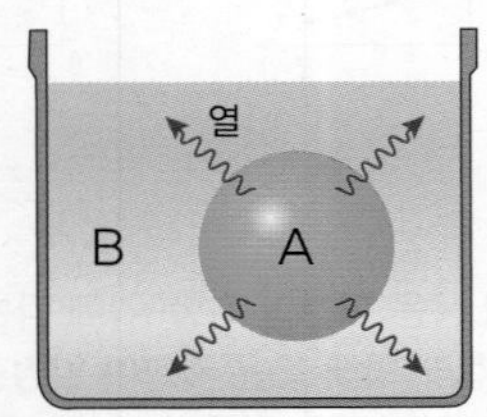

보기

ㄱ. 0부터 t까지 열은 B에서 A로 이동한다.
ㄴ. 0부터 t까지 B의 입자 운동은 점점 활발해진다.
ㄷ. t 이후 A와 B는 서로 열평형 상태에 있다.

① ㄱ ② ㄴ ③ ㄱ, ㄷ ④ ㄴ, ㄷ ⑤ ㄱ, ㄴ, ㄷ

|자|료|해|설|

온도가 다른 두 물체가 접촉하면 고온에서 저온으로 열이 이동하여 두 물체의 온도가 같아지게 되는데, 이 상태를 열평형 상태라고 한다. A를 B에 넣었을 때 A의 온도가 B보다 높으므로 열은 A에서 B로 이동하고, 시간이 t일 때 두 물체의 온도가 같아졌으므로 열평형 상태에 도달한 것을 알 수 있다.

|보|기|풀|이|

ㄱ. 오답 : 0부터 t까지 열은 고온에서 저온으로 이동하므로 A에서 B로 이동한다.
ㄴ. 정답 : 0부터 t까지 B의 온도는 증가하므로 B의 입자 운동은 점점 활발해진다.
ㄷ. 정답 : t 이후 A와 B는 온도가 같아져서 더 이상 열의 이동이 일어나지 않으므로 열평형 상태에 있다.

5 뉴턴의 운동 법칙

정답 ① 정답률 85%

그림 (가)는 물체 A가 용수철저울에 매달려 정지해 있는 모습을, (나)는 (가)의 A를 물에 넣었을 때 A가 물속에서 정지해 있는 모습을 나타낸 것이다. (가)와 (나)에서 용수철저울로 측정한 힘의 크기는 각각 40N, 30N이다.

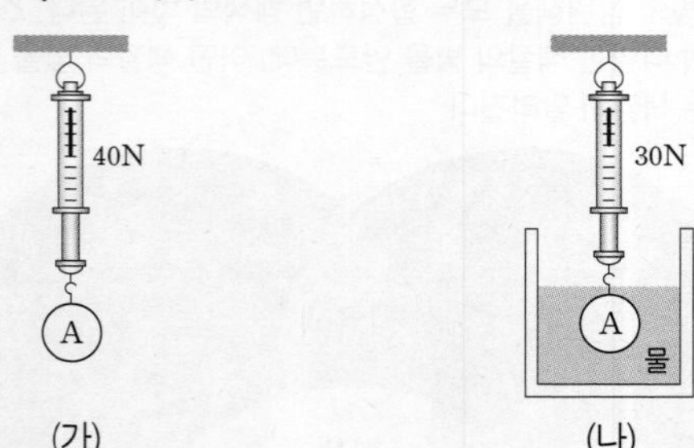

(가) (나)

(나)에서 A에 작용하는 부력의 크기는? [3점]

① 10N ② 30N ③ 40N ④ 50N ⑤ 70N

|자|료|해|설|

그림 (가)에서 A에 작용하는 중력과 용수철저울에 걸리는 힘은 평형을 이루므로 A에 작용하는 중력은 40N이다. 그림 (나)에서는 용수철저울에 걸리는 힘, A에 작용하는 부력의 합력과 A에 작용하는 중력이 평형을 이룬다. 따라서 용수철저울에 걸리는 힘(30N) + A에 작용하는 부력 = A에 작용하는 중력(40N)이므로 A에 작용하는 부력의 크기는 10N이다.

|선|택|지|풀|이|

① 정답 : 그림 (나)에서 용수철저울에 걸리는 힘(30N) + A에 작용하는 부력 = A에 작용하는 중력(40N)이므로 A에 작용하는 부력의 크기는 10N이다.

6 기체의 부피와 압력

정답 ① 정답률 70%

그림 (가)는 감압 용기에 풍선을 넣은 모습을, (나)는 (가)의 감압 용기에서 공기를 빼낸 후의 모습을 나타낸 것이다.

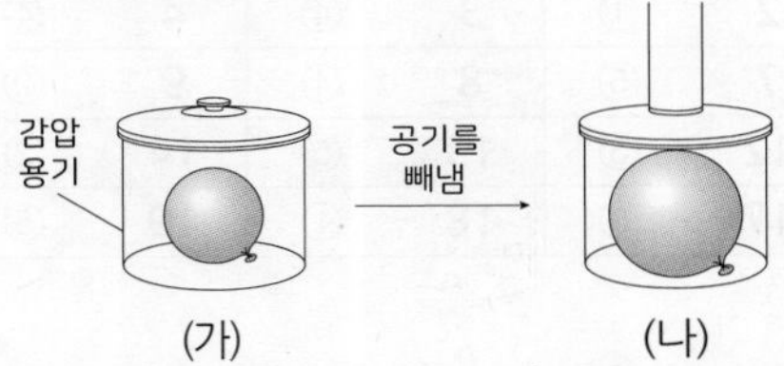

(가) (나)

이에 대한 옳은 설명만을 <보기>에서 있는 대로 고른 것은? [3점]

보기

ㄱ. 감압 용기 속 기체의 분자 수는 (가) > (나)이다.
ㄴ. 풍선 속 기체의 압력은 (가)에서와 (나)에서가 같다.
ㄷ. (나)의 감압 용기에 공기를 다시 넣어 주면 풍선의 부피는 증가한다.

① ㄱ ② ㄷ ③ ㄱ, ㄴ ④ ㄴ, ㄷ ⑤ ㄱ, ㄴ, ㄷ

|자|료|해|설|

(가)에서 (나)가 되면서 감압 용기의 공기를 빼냈으므로 풍선 외부의 압력이 감소하여 풍선의 부피가 증가하였다. 이때 풍선의 부피가 증가하며 풍선 내부의 압력이 감소하는데, 풍선 내부의 압력과 외부의 압력이 같아질 때까지 부피가 증가한다.

|보|기|풀|이|

ㄱ. 정답 : (가)에서 공기를 빼내어 (나)가 되었으므로 감압 용기 속 기체의 분자 수는 (가) > (나)이다.
ㄴ. 오답 : 풍선 속 기체의 압력은 (가)에서가 (나)에서보다 크다.
ㄷ. 오답 : (나)의 감압 용기에 공기를 다시 넣어주면 풍선 외부의 압력이 증가하므로 풍선의 부피는 감소한다.

7 원자와 이온

정답 ⑤ 정답률 75%

그림은 이온 (가)~(다)를 모형으로 나타낸 것이다.

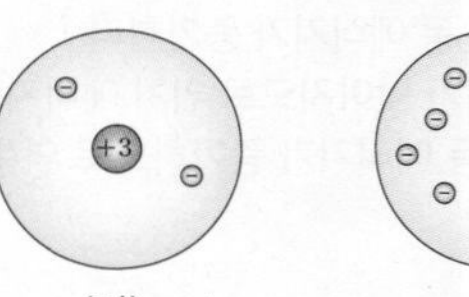

(가) Li^+

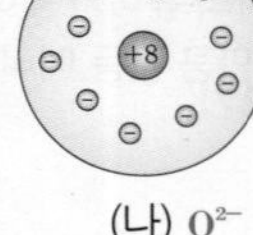

(나) O^{2-}

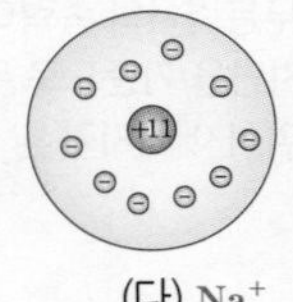

(다) Na^+

이에 대한 설명으로 옳은 것은?

① ⊖ 은 원자핵이다.
② (가)는 음이온이다.
③ (나)는 양이온이다.
④ 원자핵의 전하량은 (가) > (나)이다.
⑤ 원자일 때 전자 수는 (다) > (나)이다.

|자|료|해|설|

원자핵의 전하량을 통해 원소의 종류를 알 수 있다. (가)는 원자핵의 전하량이 +3이므로 리튬(Li)인데 전자가 2개뿐이므로 리튬 이온(Li^+)이고, (나)는 원자핵의 전하량이 +8이므로 산소(O)인데 전자가 10개이므로 산화 이온(O^{2-})이다. (다)는 원자핵의 전하량이 +11이므로 나트륨(Na)인데 전자가 10개이므로 나트륨 이온(Na^+)이다.

|선|택|지|풀|이|

① 오답 : ⊖는 음(−)전하를 띠는 전자이다.
② 오답 : (가)는 원자핵의 전하량이 전자의 총 전하량보다 크므로 양이온이다.
③ 오답 : (나)는 원자핵의 전하량이 전자의 총 전하량보다 작으므로 음이온이다.
④ 오답 : 원자핵의 전하량은 (가)는 +3이고, (나)는 +8이므로 (가) < (나)이다.
⑤ 정답 : 원자일 때 전자 수는 (나)는 8이고, (다)는 11이므로 (다) > (나)이다.

문제편 195쪽

8 화학 반응의 양적 관계 | 정답 ④ | 정답률 65%

그림은 염화 나트륨(NaCl) 수용액 (가)와 질산 은($AgNO_3$) 수용액 (나)를 혼합하였을 때, (나)와 혼합 용액에 들어 있는 이온을 모형으로 나타낸 것이다.

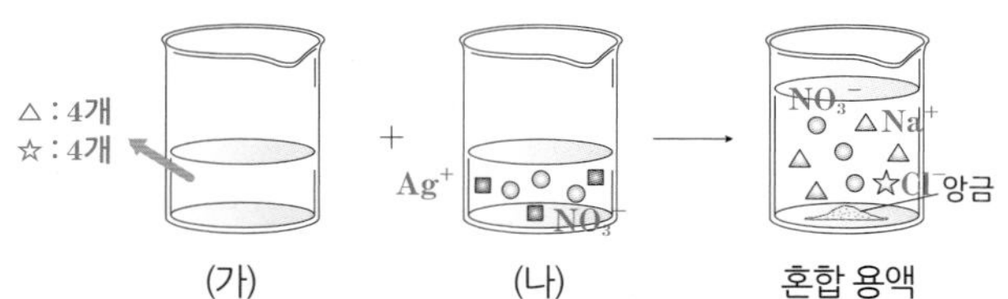

(가)에 들어 있는 이온을 모형으로 옳게 나타낸 것은? [3점]

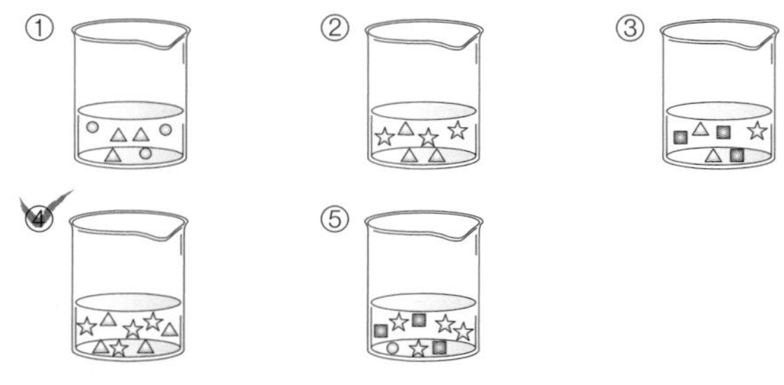

|자|료|해|설|

염화 나트륨(NaCl)과 질산 은($AgNO_3$)은 1 : 1로 반응하여 앙금인 염화 은(AgCl)을 만들고 용액에는 나트륨 이온(Na^+)과 질산 이온(NO_3^-)이 존재하게 된다. 따라서 (나)에 존재하지만 혼합 용액에 존재하지 않는 ■은 은 이온(Ag^+)이고, 그대로 남아 있는 ○은 질산 이온(NO_3^-)이다. 또한 혼합 용액에 존재하는 이온의 수를 통해 △는 나트륨 이온(Na^+)이고, ☆은 염화 이온(Cl^-)임을 알 수 있다.

|선|택|지|풀|이|

④ 정답 : (가)에 들어 있는 이온은 △인 나트륨 이온(Na^+)이 4개, ☆인 염화 이온(Cl^-)이 4개이어야 한다.

9 혼합물의 분리 | 정답 ② | 정답률 35%

그림 (가)는 액체 X와 Y의 혼합물을 가열하여 분리하는 장치를, (나)는 액체 Y와 Z의 혼합물을 분리하는 장치를 나타낸 것이다. (가)에서는 X가, (나)에서는 Y가 먼저 분리된다.

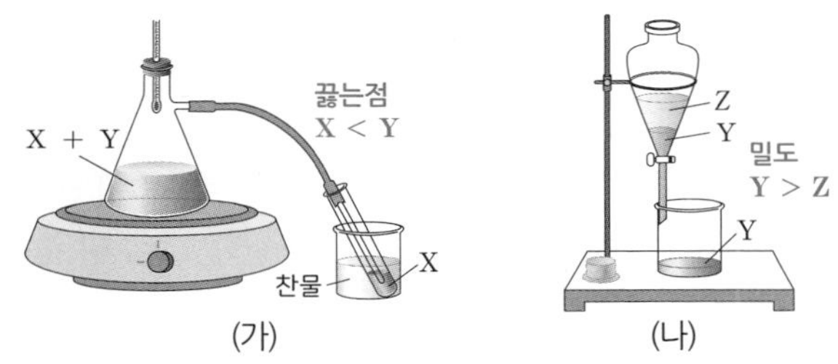

이에 대한 옳은 설명만을 <보기>에서 있는 대로 고른 것은?

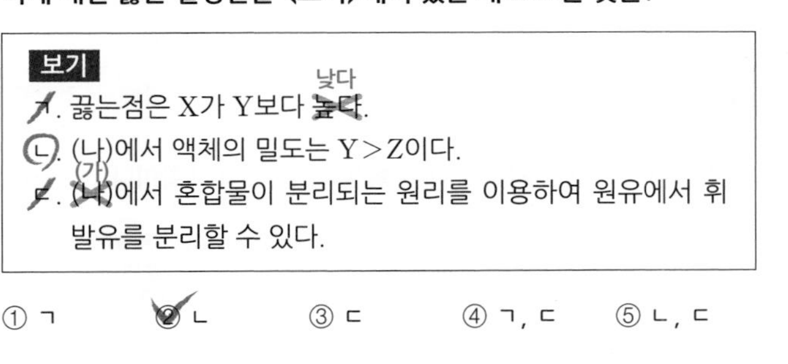

보기

ㄱ. 끓는점은 X가 Y보다 높다.

ㄴ. (나)에서 액체의 밀도는 Y > Z이다.

ㄷ. (나)에서 혼합물이 분리되는 원리를 이용하여 원유에서 휘발유를 분리할 수 있다.

① ㄱ ② ㄴ ③ ㄷ ④ ㄱ, ㄷ ⑤ ㄴ, ㄷ

|자|료|해|설|

(가)는 물질의 끓는점 차이를 이용하여 혼합물을 분리하는 방식이다. X와 Y 중에서 끓는점이 더 낮은 물질은 먼저 끓어 기체가 되고, 시험관에서 찬물에 의해 온도가 내려가 다시 액체가 되며 분리된다.

(나)는 물질의 밀도 차이를 이용하여 혼합물을 분리하는 방식인데, Z와 Y 중에서 밀도가 더 큰 Y가 아래쪽으로 가라앉아 층을 이루기 때문에 아래쪽을 열어 Y를 분리할 수 있다.

|보|기|풀|이|

ㄱ. 오답 : 끓는점이 낮은 물질이 먼저 끓어서 분리되기 때문에 끓는점은 X가 Y보다 낮다.

ㄴ. 정답 : (나)에서 밀도가 더 큰 물질이 아래층으로 가라앉기 때문에 액체의 밀도는 Y > Z이다.

ㄷ. 오답 : 원유에서 휘발유를 분리하는 방식은 끓는점 차이를 이용하는 방식이므로 (가)에 해당한다.

10 화학 반응의 양적 관계 | 정답 ② | 정답률 55%

다음은 마그네슘(Mg)과 산소(O_2)가 반응하여 산화 마그네슘(MgO)이 생성되는 반응의 화학 반응식이다.

$$a\text{Mg} + O_2 \longrightarrow a\text{MgO} \quad (a\text{는 반응 계수})$$

표는 반응 용기에 Mg과 O_2의 질량을 달리하여 넣고, 반응물 중 하나가 모두 소모될 때까지 반응시킨 실험 (가)와 (나)에 대한 자료이다.

실험	반응 전 반응물의 질량(g)		반응 후 남은 반응물의 질량(g)
	Mg	O_2	
(가)	3	3	1
(나)	7	4	1

이에 대한 옳은 설명만을 <보기>에서 있는 대로 고른 것은? [3점]

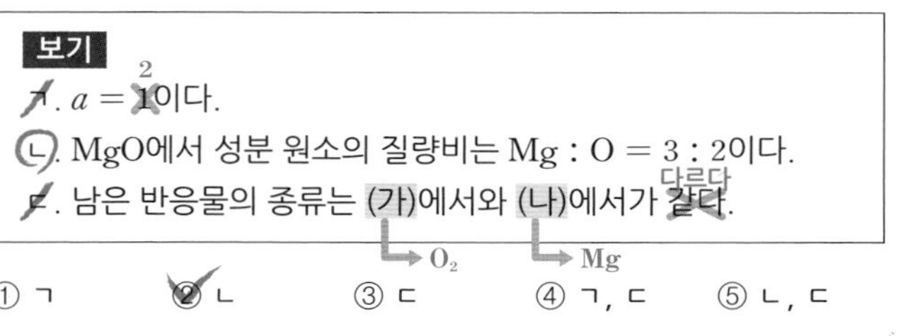

보기

ㄱ. a = 1이다.

ㄴ. MgO에서 성분 원소의 질량비는 Mg : O = 3 : 2이다.

ㄷ. 남은 반응물의 종류는 (가)에서와 (나)에서가 같다.

① ㄱ ② ㄴ ③ ㄷ ④ ㄱ, ㄷ ⑤ ㄴ, ㄷ

|자|료|해|설|

반응 전후 원자의 수는 같아야 하므로 주어진 반응식에서 생성물의 산소 원자 수는 2개이어야 한다. 따라서 a = 2이다. 반응이 일어날 때 반응 질량비는 일정한데, 반응 질량비가 Mg : O_2 = 3 : 2일 때 (가)에서 O_2가 1g만큼 남게 되고, (나)에서 Mg이 1g만큼 남게 된다.

|보|기|풀|이|

ㄱ. 오답 : 주어진 반응식에서 생성물의 산소 원자 수는 2개이어야 하므로 a = 2이다.

ㄴ. 정답 : 반응물의 반응 질량비가 Mg : O_2 = 3 : 2이고, 생성물은 MgO로 1종류이므로 MgO에서 Mg과 O의 질량비는 Mg : O = 3 : 2이다.

ㄷ. 오답 : 남은 반응물의 종류는 (가)에서 O_2이고, (나)에서 Mg이므로 서로 다르다.

11 광합성과 호흡 | 정답 ④ | 정답률 85%

그림은 식물에서 일어나는 반응의 일부를 나타낸 것이다. (가)와 (나)는 각각 광합성과 호흡 중 하나이다.

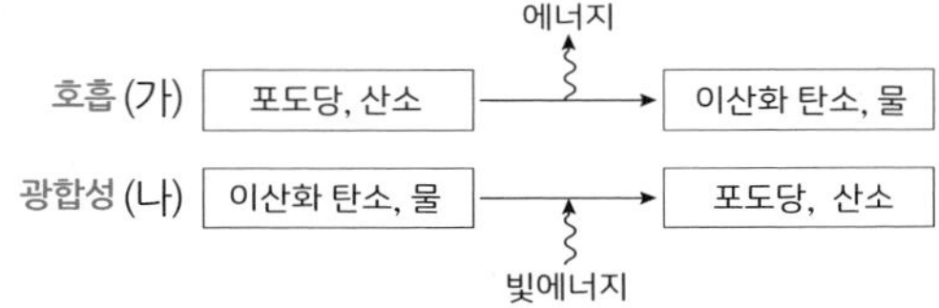

이에 대한 옳은 설명만을 <보기>에서 있는 대로 고른 것은? [3점]

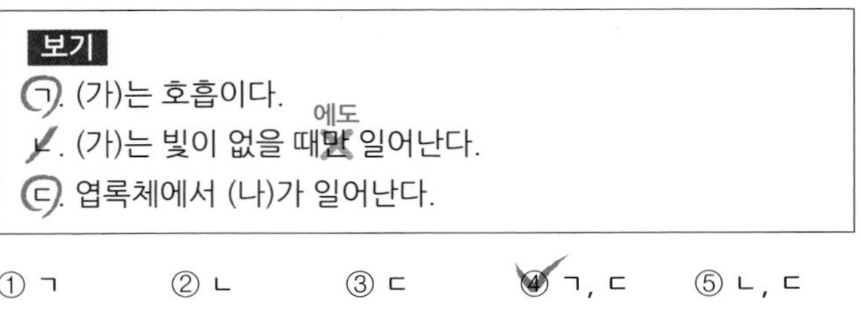

보기

ㄱ. (가)는 호흡이다.

ㄴ. (가)는 빛이 없을 때만 일어난다.

ㄷ. 엽록체에서 (나)가 일어난다.

① ㄱ ② ㄴ ③ ㄷ ④ ㄱ, ㄷ ⑤ ㄴ, ㄷ

|자|료|해|설|

식물에서는 광합성뿐만 아니라 호흡도 일어나는데, 식물의 호흡도 동물의 호흡처럼 포도당과 산소를 이용하여 에너지를 얻고 이산화 탄소와 물을 배출한다. 따라서 (가)가 호흡에 해당하고, (나)는 광합성에 해당한다. 광합성은 빛이 있는 조건에서 이산화 탄소와 물을 이용하여 포도당과 산소를 얻는 과정이다.

|보|기|풀|이|

ㄱ. 정답 : (가)는 호흡이고 (나)는 광합성이다.

ㄴ. 오답 : (가)는 빛이 있는지 여부와 상관없이 일어난다.

ㄷ. 정답 : (나)는 광합성이므로 엽록체에서 일어난다.

문제편 196쪽

12 사람의 감각 기관 | 정답 ③ | 정답률 80%

표는 사람의 감각 기관 A~C의 특징을 나타낸 것이다. A~C는 각각 귀, 눈, 코 중 하나이다.

감각 기관	특징
코 A	후각 세포가 있어 냄새를 맡을 수 있다.
눈 B	주변의 밝기에 따라 ㉠ 동공의 크기가 조절된다.
귀 C	공기의 진동을 자극으로 받아들여 소리를 감지한다.

이에 대한 옳은 설명만을 <보기>에서 있는 대로 고른 것은? [3점]

보기

ㄱ. A는 코이다.
ㄴ. 어두운 곳에서 밝은 곳으로 이동하면 ㉠은 커진다.
ㄷ. C에는 달팽이관이 있다.

① ㄱ ② ㄴ ③ ㄱ, ㄷ ④ ㄴ, ㄷ ⑤ ㄱ, ㄴ, ㄷ

|자|료|해|설|

사람의 감각 기관 중에서 냄새를 맡는 역할을 하는 A는 코이고, 동공을 가지는 감각 기관인 B는 눈이다. 또한 소리를 감지하는 감각 기관인 C는 귀이다.

|보|기|풀|이|

ㄱ. 정답 : A는 냄새를 맡을 수 있는 감각 기관이므로 코이다.
ㄴ. 오답 : 어두운 곳에서 밝은 곳으로 이동하면 빛의 양이 충분하므로 ㉠을 작게 조절한다.
ㄷ. 정답 : C(귀)에는 달팽이관이 있고, 이는 소리를 받아들이는 데 중요한 역할을 한다.

13 생물의 분류 | 정답 ⑤ | 정답률 70%

그림은 고양이의 분류 단계를 나타낸 것이다.

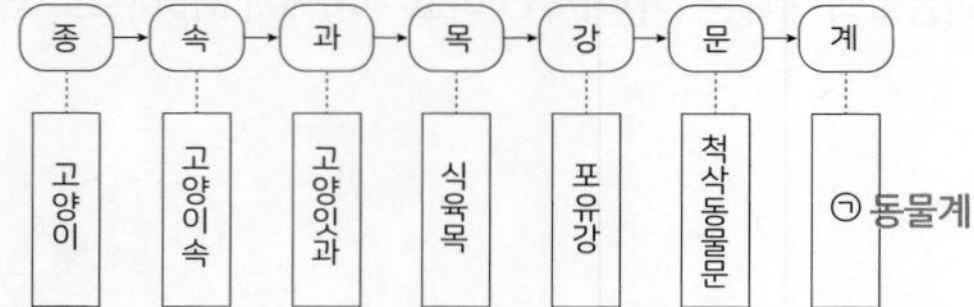

이에 대한 옳은 설명만을 <보기>에서 있는 대로 고른 것은?

보기

ㄱ. ㉠은 동물계이다.
ㄴ. 식육목에 속하는 생물은 척삭동물문에 속한다.
ㄷ. 종은 자연 상태에서 서로 교배하여 생식 능력을 가진 자손을 낳을 수 있는 무리이다.

① ㄱ ② ㄴ ③ ㄱ, ㄷ ④ ㄴ, ㄷ 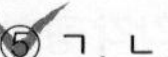 ⑤ ㄱ, ㄴ, ㄷ

|자|료|해|설|

고양이는 동물계에 속하는 생물이므로 ㉠은 동물계이다. 종 → 속 → 과 → 목 → 강 → 문 → 계 쪽으로 갈수록 분류 단계의 범주가 커지고, 포함 관계이므로 식육목에 해당하는 생물은 모두 포유강에 속하고 모두 척삭동물문, 동물계에 속한다.

|보|기|풀|이|

ㄱ. 정답 : 고양이는 동물계에 속하는 생물이므로 ㉠은 동물계이다.
ㄴ. 정답 : 식육목에 속하는 생물은 모두 포유강에 포함되고, 포유강에 속하는 생물은 모두 척삭동물문에 속한다. 따라서 식육목에 속하는 생물은 모두 척삭동물문에 속한다.
ㄷ. 정답 : '자연 상태에서 서로 교배하여 생식 능력을 갖는 자손은 낳을 수 있는 무리'는 종을 나누는 기준 또는 종의 정의이다.

14 소화계의 구조와 기능 | 정답 ② | 정답률 45%

그림은 사람의 기관 A~D를 나타낸 것이다. A~D는 각각 간, 위, 쓸개, 이자 중 하나이다.

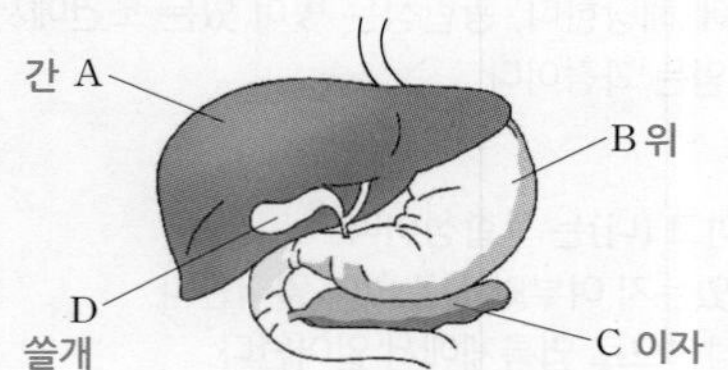

이에 대한 설명으로 옳은 것은?

① A는 위이다.
② B에서 단백질이 소화된다.
③ C에서 펩신이 분비된다.
④ D에서 쓸개즙이 생성된다.
⑤ A~D는 모두 순환계에 속한다.

|자|료|해|설|

기관	기능
간	쓸개즙 생성, 글리코겐 저장
위	위액 분비, 단백질 소화
이자	이자액(아밀레이스, 트립신, 라이페이스) 분비
쓸개	쓸개즙 저장, 분비

|선|택|지|풀|이|

① 오답 : A는 간이다.
② 정답 : B(위)에서 단백질을 소화하는 데 사용되는 효소가 분비되어 단백질의 소화가 일어난다.
③ 오답 : 펩신은 B(위)에서 펩시노젠의 형태로 분비되어 위액의 염산 성분에 의해 펩신으로 활성화된다.
④ 오답 : 쓸개즙은 A(간)에서 형성되고, D(쓸개)에서는 쓸개즙이 저장, 분비된다.
⑤ 오답 : A~D는 모두 소화계에 속한다.

15 가계도 분석 | 정답 ③ | 정답률 70%

그림은 어떤 가족의 유전병 (가)에 대한 가계도를 나타낸 것이다. (가)는 1쌍의 대립유전자에 의해 결정되며, 대립유전자에는 우성 대립유전자 A와 열성 대립유전자 a가 있다.

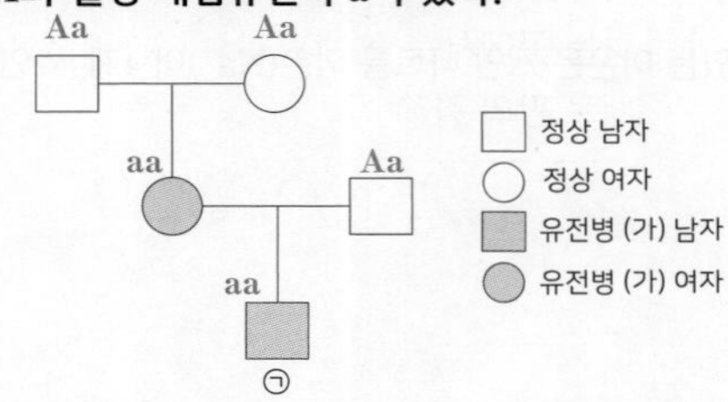

㉠의 동생이 태어날 때, 이 아이에게서 (가)가 발현될 확률은? (단, 돌연변이는 고려하지 않는다.) [3점]

① 0 ② $\frac{1}{4}$ ③ $\frac{1}{2}$ ④ $\frac{3}{4}$ ⑤ 1

|자|료|해|설|

㉠의 외할아버지와 외할머니는 유전병을 가지지 않지만 ㉠의 어머니는 유전병을 가지는 것으로 보아 외할아버지와 외할머니의 유전자형은 Aa이고, 어머니의 유전자형은 aa이다. 또한 ㉠이 유전병을 가지는 것으로 보아 아버지도 a를 가지므로 ㉠의 아버지의 유전자형은 Aa이고, ㉠의 유전자형은 aa이다.

|선|택|지|풀|이|

③ 정답 : ㉠의 동생이 태어날 때 유전병이 발현될 확률은 아버지로부터 a를 받을 확률과 같으므로 $\frac{1}{2}$이다.

16 암석의 종류 | 정답 ⑤ | 정답률 75%

다음은 암석의 생성 과정에 대한 학생 A, B, C의 대화이다.

제시한 내용이 옳은 학생만을 있는 대로 고른 것은?

① A ② C ③ A, B ④ B, C ⑤ A, B, C

|자|료|해|설|

암석은 생성 방법에 따라 변성암, 퇴적암, 화성암으로 나뉜다. 변성암은 화성암, 퇴적암, 다른 변성암 등이 변성되어 만들어진 암석이고, 퇴적암은 퇴적물이 다져지고 굳어져서 생성된

○ 문제편 197쪽

암석이다. 화성암은 마그마가 식으며 생성된 암석인데, 생성된 깊이에 따라 지표 부근에서 빨리 식어서 만들어진 화성암을 화산암이라고 하고, 지하 깊은 곳에서 천천히 식어서 만들어진 화성암을 심성암이라고 한다.

|보|기|풀|이|

학생 A. 정답 : 변성암은 기존 암석이 열이나 압력을 받아 성질이 변한 암석을 말한다.

학생 B. 정답 : 화성암은 마그마가 식어서 만들어진 암석으로 지표에서 만들어진 화성암은 화산암이라고 하고, 지하 깊은 곳에서 만들어진 화성암은 심성암이라고 한다.

학생 C. 정답 : 퇴적암은 자갈, 모래, 진흙 등의 퇴적물이 쌓인 후 다져지고 굳으면서 만들어진다.

17 판 구조론

정답 ③ 정답률 85%

그림은 전 세계의 지진 및 화산 분포와 판의 경계를 나타낸 것이다.

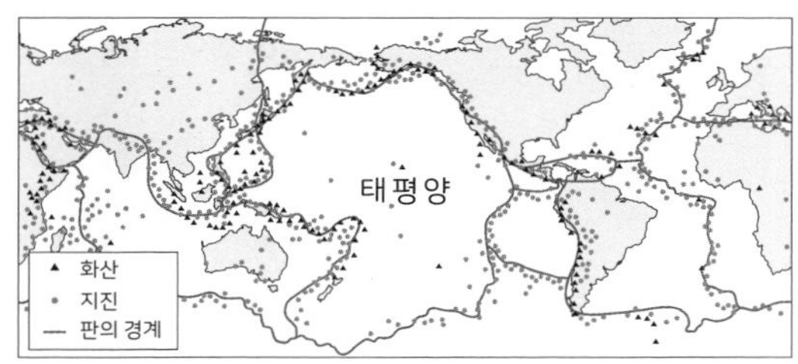

이에 대한 옳은 설명만을 <보기>에서 있는 대로 고른 것은?

보기

ㄱ. 태평양에서 지진은 중앙부보다 가장자리에서 활발하다.

ㄴ. 지진이 발생하는 곳에서는 항상(대체로) 화산이 분출한다.

ㄷ. 지진대는 대체로 판의 경계와 일치한다.

① ㄱ ② ㄴ ③ ㄱ, ㄷ ④ ㄴ, ㄷ ⑤ ㄱ, ㄴ, ㄷ

|자|료|해|설|

판 구조론은 지구의 겉부분이 지각과 일부 맨틀로 이루어진 여러 개의 판으로 구성되고, 여러 판들이 맨틀의 대류에 의해 이동함에 따라 부딪히거나 어긋나며 지진, 화산 활동 등의 지각 변동이 일어난다는 이론이다. 판의 경계에서 암석이 충돌하며 지구 에너지가 방출되는 현상을 지진이라고 하며, 지구 내부의 열이 방출되는 현상을 화산 활동이라고 한다.

|보|기|풀|이|

ㄱ. 정답 : 태평양에서 지진은 중앙부보다 판의 경계에 해당하는 가장자리에서 활발하다.

ㄴ. 오답 : 지진이 자주 발생하는 지역과 화산이 자주 발생하는 지역은 대체로 비슷하지만, 그림에서도 알 수 있듯이 지진이 일어나는 곳에서 항상 화산이 분출되는 것은 아니다.

ㄷ. 정답 : 지진이 자주 발생하는 지역을 지진대라고 하는데, 지진은 판의 경계에서 주로 일어나므로 지진대와 판의 경계는 대체로 일치한다.

18 온대 저기압

정답 ① 정답률 65%

그림 (가)와 (나)는 온난 전선과 한랭 전선 부근의 모습을 순서 없이 나타낸 것이다.

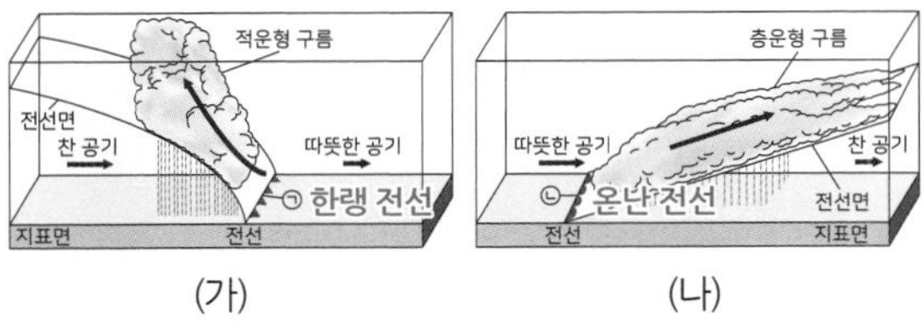

(가) (나)

이에 대한 옳은 설명만을 <보기>에서 있는 대로 고른 것은? [3점]

보기

ㄱ. ㉠은 한랭 전선이다.

ㄴ. (나)(가)에서는 소나기가 내린다.

ㄷ. 전선의 이동 속도는 ㉠이 ㉡보다 느리다(빠르다).

① ㄱ ② ㄷ ③ ㄱ, ㄴ ④ ㄴ, ㄷ ⑤ ㄱ, ㄴ, ㄷ

|자|료|해|설|

(가)는 찬 공기가 따뜻한 공기를 밀어올리며 형성되는 전선이므로 한랭 전선 부근에 해당하고, (나)는 따뜻한 공기가 찬 공기의 위쪽으로 타고 올라가며 형성되는 전선이므로 온난 전선 부근에 해당한다.

전선의 종류	한랭 전선	온난 전선
형성 방식	찬 공기 → 따뜻한 공기	따뜻한 공기 → 찬 공기
강수	좁은 지역에 소나기성 비	넓은 지역에 약한 비
전선면의 기울기	기울기가 급함	기울기가 완만함
이동 속도	상대적으로 빠름	상대적으로 느림

|보|기|풀|이|

ㄱ. 정답 : ㉠은 찬 공기가 따뜻한 공기를 밀어올리며 형성되는 전선이므로 한랭 전선이다.

ㄴ. 오답 : (나)는 온난 전선 부근이므로 넓은 지역에 약한 비가 내린다.

ㄷ. 오답 : 전선의 이동 속도는 한랭 전선(㉠)이 온난 전선(㉡)보다 상대적으로 빠르다.

19 해수의 연직 수온 분포

정답 ⑤ 정답률 65%

다음은 해양에서 혼합층이 형성되는 원리를 알아보기 위한 실험이다.

[실험 과정]

(가) 그림과 같이 온도계의 깊이를 서로 다르게 설치하고 가열 장치로 10분 동안 가열한 후, 깊이에 따른 수온을 측정한다.

(나) 가열 장치를 켜둔 상태에서 3분 동안 선풍기로 수면 위에 바람을 일으킨 후, 깊이에 따른 수온을 측정한다. (→ 혼합층 발달)

[실험 결과]

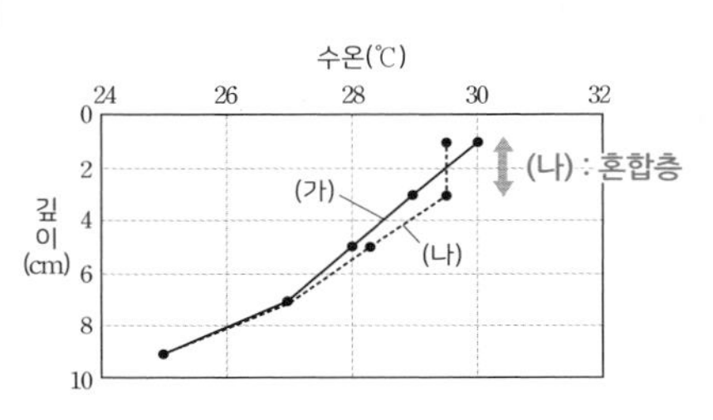

이에 대한 옳은 설명만을 <보기>에서 있는 대로 고른 것은?

보기

ㄱ. 가열 장치는 태양에 해당한다.

ㄴ. 혼합층은 (가)보다 (나)에서 잘 나타난다.

ㄷ. (나)에서 선풍기의 바람을 더 강하게 하면 수온이 일정한 구간의 두께는 증가한다.

① ㄱ ② ㄴ ③ ㄱ, ㄷ ④ ㄴ, ㄷ ⑤ ㄱ, ㄴ, ㄷ

|자|료|해|설|

바닷물의 표면은 태양 복사 에너지를 가장 많이 받으므로 수온이 높고, 심해에는 태양 복사 에너지가 도달하지 못하므로 수온이 낮다. 이와 같이 깊이에 따라 달라지는 수온에 의해 해수의 층을 구분하는데, 표면에서부터 일정 깊이까지 수온이 일정한 혼합층, 기온이 급격하게 변하는 수온 약층, 수온이 낮은 상태로 일정한 심해층으로 구분한다.

해수의 수온 분포는 항상 일정한 것이 아니라 계절이나 날씨, 밤낮에 따라 달라지는데 여름철에는 표층과 심해층의 온도차가 커지므로 수온 약층이 두꺼워지고, 겨울철에는 온도차가 작아지므로 수온 약층이 얇아진다. 혼합층의 두께는 바람에 의해 결정되는데 바람이 강하면 혼합층이 두껍고, 바람이 약하면 혼합층이 얇다.

문제편 198쪽

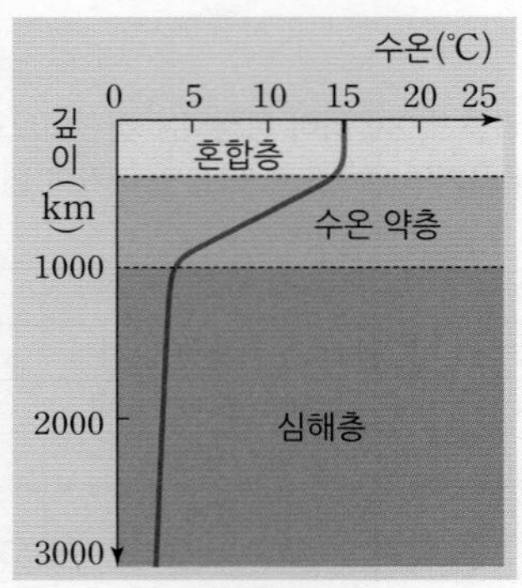

〈해수의 연직 수온 분포〉

|보|기|풀|이|

ㄱ. 정답 : 가열 장치는 바다에 태양 복사 에너지를 공급하는 태양의 역할을 한다.

ㄴ. 정답 : 혼합층은 바람이 강할 때 더 뚜렷하게 나타나므로 (가)보다 (나)에서 더 잘 나타난다.

ㄷ. 정답 : (나)에서 선풍기의 바람을 더 강하게 하면 수온이 일정한 혼합층의 두께는 증가한다.

20 달의 위상 변화

정답 ① | 정답률 35%

그림 (가), (나), (다)는 우리나라에서 7일 간격으로 관측한 달의 모습을 나타낸 것이다.

(가) 상현 (나) 망 (다) 하현

이에 대한 옳은 설명만을 〈보기〉에서 있는 대로 고른 것은? [3점]

> **보기**
> ㄱ. (가)는 상현달이다.
> ㄴ. (나)를 관측한 날에 일식이 일어날 수 있다.
> ㄷ. 태양과 달 사이의 거리는 (다)일 때 가장 멀다.

① ㄱ ② ㄷ ③ ㄱ, ㄴ ④ ㄴ, ㄷ ⑤ ㄱ, ㄴ, ㄷ

|자|료|해|설|

달이 스스로 빛을 내지 못하지만 우리가 달빛을 볼 수 있는 이유는 달이 태양빛을 반사시키기 때문이다. 따라서 달의 모습은 태양과 달, 지구의 위치에 따라 달라질 수밖에 없다. 그림과 같이 달의 어두운 부분만 보일 때를 삭이라고 하며, 흔히 보름달이라고 하는 달의 밝은 부분만 보일 때를 망이라고 한다. 또한 달의 오른쪽 절반 부분만 밝게 보일 때를 상현, 왼쪽 절반 부분만 밝게 보일 때를 하현이라고 한다.

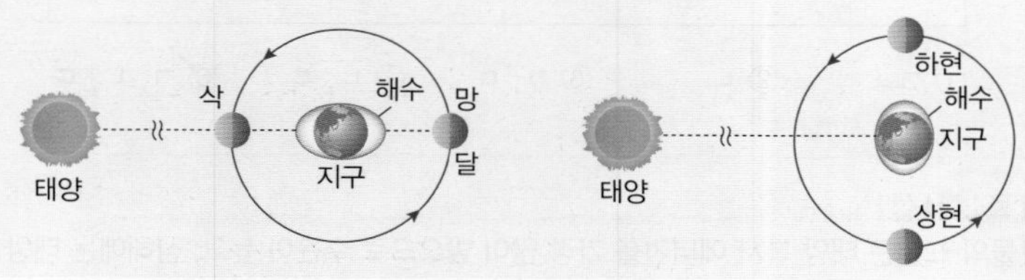

〈달의 위상 변화〉

|보|기|풀|이|

ㄱ. 정답 : (가)는 달의 오른쪽 절반 부분만 밝게 보이므로 상현달이다.

ㄴ. 오답 : (나)는 달의 밝은 부분만 보일 때이므로 망이고, 일식은 삭일 때 일어나므로 (나)일 때는 일어날 수 없다.

ㄷ. 오답 : 태양과 달 사이의 거리는 망에 해당하는 (나)일 때 가장 멀다.

문제편 198쪽

고1 마더텅 고1 전국연합 학력평가 실전용 답안지

① 교시 국 어 영 역

※ 답안지 작성(표기)은 반드시 검은색 컴퓨터용 사인펜만을 사용하고, 연필 또는 샤프 등의 필기구를 절대 사용하지 마십시오.

학 교	고등학교
성 명	

※ 문제지 표지에 안내된 필적 확인 문구를 아래 '필적 확인란'에 정자로 반드시 기재하여야 합니다.

필 적 확인란	

수 험 번 호								
학교번호				학년	반		번호	
				1				

성 명 (빈칸없이 왼쪽부터 기재)

감독관 확 인	(서 명 또는 날 인)	반, 번호 등의 표기가 정확한지 반드시 확인 후 서명 또는 날인

문번	답 란	문번	답 란	문번	답 란
1	① ② ③ ④ ⑤	21	① ② ③ ④ ⑤	41	① ② ③ ④ ⑤
2	① ② ③ ④ ⑤	22	① ② ③ ④ ⑤	42	① ② ③ ④ ⑤
3	① ② ③ ④ ⑤	23	① ② ③ ④ ⑤	43	① ② ③ ④ ⑤
4	① ② ③ ④ ⑤	24	① ② ③ ④ ⑤	44	① ② ③ ④ ⑤
5	① ② ③ ④ ⑤	25	① ② ③ ④ ⑤	45	① ② ③ ④ ⑤
6	① ② ③ ④ ⑤	26	① ② ③ ④ ⑤		
7	① ② ③ ④ ⑤	27	① ② ③ ④ ⑤		
8	① ② ③ ④ ⑤	28	① ② ③ ④ ⑤		
9	① ② ③ ④ ⑤	29	① ② ③ ④ ⑤		
10	① ② ③ ④ ⑤	30	① ② ③ ④ ⑤		
11	① ② ③ ④ ⑤	31	① ② ③ ④ ⑤		
12	① ② ③ ④ ⑤	32	① ② ③ ④ ⑤		
13	① ② ③ ④ ⑤	33	① ② ③ ④ ⑤		
14	① ② ③ ④ ⑤	34	① ② ③ ④ ⑤		
15	① ② ③ ④ ⑤	35	① ② ③ ④ ⑤		
16	① ② ③ ④ ⑤	36	① ② ③ ④ ⑤		
17	① ② ③ ④ ⑤	37	① ② ③ ④ ⑤		
18	① ② ③ ④ ⑤	38	① ② ③ ④ ⑤		
19	① ② ③ ④ ⑤	39	① ② ③ ④ ⑤		
20	① ② ③ ④ ⑤	40	① ② ③ ④ ⑤		

고1 마더텅 고1 전국연합 학력평가 실전용 답안지

① 교시 국 어 영 역

※ 답안지 작성(표기)은 반드시 검은색 컴퓨터용 사인펜만을 사용하고, 연필 또는 샤프 등의 필기구를 절대 사용하지 마십시오.

학 교	고등학교
성 명	

※ 문제지 표지에 안내된 필적 확인 문구를 아래 '필적 확인란'에 정자로 반드시 기재하여야 합니다.

필 적 확인란	

수 험 번 호								
학교번호				학년	반		번호	
				1				

성 명 (빈칸없이 왼쪽부터 기재)

감독관 확 인	(서 명 또는 날 인)	반, 번호 등의 표기가 정확한지 반드시 확인 후 서명 또는 날인

문번	답 란	문번	답 란	문번	답 란
1	① ② ③ ④ ⑤	21	① ② ③ ④ ⑤	41	① ② ③ ④ ⑤
2	① ② ③ ④ ⑤	22	① ② ③ ④ ⑤	42	① ② ③ ④ ⑤
3	① ② ③ ④ ⑤	23	① ② ③ ④ ⑤	43	① ② ③ ④ ⑤
4	① ② ③ ④ ⑤	24	① ② ③ ④ ⑤	44	① ② ③ ④ ⑤
5	① ② ③ ④ ⑤	25	① ② ③ ④ ⑤	45	① ② ③ ④ ⑤
6	① ② ③ ④ ⑤	26	① ② ③ ④ ⑤		
7	① ② ③ ④ ⑤	27	① ② ③ ④ ⑤		
8	① ② ③ ④ ⑤	28	① ② ③ ④ ⑤		
9	① ② ③ ④ ⑤	29	① ② ③ ④ ⑤		
10	① ② ③ ④ ⑤	30	① ② ③ ④ ⑤		
11	① ② ③ ④ ⑤	31	① ② ③ ④ ⑤		
12	① ② ③ ④ ⑤	32	① ② ③ ④ ⑤		
13	① ② ③ ④ ⑤	33	① ② ③ ④ ⑤		
14	① ② ③ ④ ⑤	34	① ② ③ ④ ⑤		
15	① ② ③ ④ ⑤	35	① ② ③ ④ ⑤		
16	① ② ③ ④ ⑤	36	① ② ③ ④ ⑤		
17	① ② ③ ④ ⑤	37	① ② ③ ④ ⑤		
18	① ② ③ ④ ⑤	38	① ② ③ ④ ⑤		
19	① ② ③ ④ ⑤	39	① ② ③ ④ ⑤		
20	① ② ③ ④ ⑤	40	① ② ③ ④ ⑤		

+ OMR 추가 제공 +

마더텅 홈페이지에서 OMR 카드의 PDF 파일을 제공하고 있습니다. 추가로 필요한 분께서는 마더텅 홈페이지에서 내려받을 수 있습니다.

이용방법

① 주소창에 **www.toptutor.co.kr** 입력 또는 포털에서 **마더텅 검색**
② 학습자료실 → 교재관련 자료 → 원하는 교재 → OMR

고1 마더텅 고1 전국연합 학력평가 실전용 답안지

① 교시 국 어 영 역

※ 답안지 작성(표기)은 반드시 검은색 컴퓨터용 사인펜만을 사용하고, 연필 또는 샤프 등의 필기구를 절대 사용하지 마십시오.

학 교	고등학교
성 명	

※ 문제지 표지에 안내된 필적 확인 문구를 아래 '필적 확인란'에 정자로 반드시 기재하여야 합니다.

필 적 확인란	

수 험 번 호									
학교번호					학년	반		번호	
					1				
	0	0	0	0		0	0	0	0
1	1	1	1	1	●	1	1	1	1
2	2	2	2	2		2	2	2	2
	3	3	3	3		3	3	3	3
	4	4	4	4		4	4	4	4
	5	5	5	5		5	5	5	5
	6	6	6	6		6	6	6	6
	7	7	7	7		7	7	7	7
	8	8	8	8		8	8	8	8
	9	9	9	9		9	9	9	9

감독관 확 인	(서 명 또는 날 인)	반, 번호 등의 표기가 정확한지 반드시 확인 후 서명 또는 날인

MOTHERTONGUE 마더텅출판사 since1999.4.1.

성 명 (빈칸없이 왼쪽부터 기재)

문번	답 란
1	① ② ③ ④ ⑤
2	① ② ③ ④ ⑤
3	① ② ③ ④ ⑤
4	① ② ③ ④ ⑤
5	① ② ③ ④ ⑤
6	① ② ③ ④ ⑤
7	① ② ③ ④ ⑤
8	① ② ③ ④ ⑤
9	① ② ③ ④ ⑤
10	① ② ③ ④ ⑤
11	① ② ③ ④ ⑤
12	① ② ③ ④ ⑤
13	① ② ③ ④ ⑤
14	① ② ③ ④ ⑤
15	① ② ③ ④ ⑤
16	① ② ③ ④ ⑤
17	① ② ③ ④ ⑤
18	① ② ③ ④ ⑤
19	① ② ③ ④ ⑤
20	① ② ③ ④ ⑤

문번	답 란
21	① ② ③ ④ ⑤
22	① ② ③ ④ ⑤
23	① ② ③ ④ ⑤
24	① ② ③ ④ ⑤
25	① ② ③ ④ ⑤
26	① ② ③ ④ ⑤
27	① ② ③ ④ ⑤
28	① ② ③ ④ ⑤
29	① ② ③ ④ ⑤
30	① ② ③ ④ ⑤
31	① ② ③ ④ ⑤
32	① ② ③ ④ ⑤
33	① ② ③ ④ ⑤
34	① ② ③ ④ ⑤
35	① ② ③ ④ ⑤
36	① ② ③ ④ ⑤
37	① ② ③ ④ ⑤
38	① ② ③ ④ ⑤
39	① ② ③ ④ ⑤
40	① ② ③ ④ ⑤

문번	답 란
41	① ② ③ ④ ⑤
42	① ② ③ ④ ⑤
43	① ② ③ ④ ⑤
44	① ② ③ ④ ⑤
45	① ② ③ ④ ⑤

고1 마더텅 고1 전국연합 학력평가 실전용 답안지

① 교시 국 어 영 역

※ 답안지 작성(표기)은 반드시 검은색 컴퓨터용 사인펜만을 사용하고, 연필 또는 샤프 등의 필기구를 절대 사용하지 마십시오.

학 교 고등학교 / 성 명

※ 문제지 표지에 안내된 필적 확인 문구를 아래 '필적 확인란'에 정자로 반드시 기재하여야 합니다.

필 적 확인란

수 험 번 호 (학교번호 / 학년 1 / 반 / 번호)

감독관 확 인 (서 명 또는 날 인) 반, 번호 등의 표기가 정확한지 반드시 확인 후 서명 또는 날인

MOTHERTONGUE 마더텅출판사 since1999.4.1.

성 명 (빈칸없이 왼쪽부터 기재)

문번 1–45 답 란 ① ② ③ ④ ⑤

고1 마더텅 고1 전국연합 학력평가 실전용 답안지

※ 답안지 작성(표기)은 반드시 검은색 컴퓨터용 사인펜만을 사용하고, 연필 또는 샤프 등의 필기구를 절대 사용하지 마십시오.

② 교시 수 학 영 역

학 교	고등학교
성 명	

※ 문제지 표지에 안내된 필적 확인 문구를 아래 '필적 확인란'에 정자로 반드시 기재하여야 합니다.

필 적 확인란	

수 험 번 호									
학교번호					학년	반		번호	
					1				

감독관 확 인	(서 명 또는 날 인)	반, 번호 등의 표기가 정확한지 반드시 확인 후 서명 또는 날인

MOTHERTONGUE 마더텅출판사 since 1999.4.1.

문번	답 란
1	① ② ③ ④ ⑤
2	① ② ③ ④ ⑤
3	① ② ③ ④ ⑤
4	① ② ③ ④ ⑤
5	① ② ③ ④ ⑤
6	① ② ③ ④ ⑤
7	① ② ③ ④ ⑤
8	① ② ③ ④ ⑤
9	① ② ③ ④ ⑤
10	① ② ③ ④ ⑤
11	① ② ③ ④ ⑤
12	① ② ③ ④ ⑤
13	① ② ③ ④ ⑤
14	① ② ③ ④ ⑤
15	① ② ③ ④ ⑤
16	① ② ③ ④ ⑤
17	① ② ③ ④ ⑤
18	① ② ③ ④ ⑤
19	① ② ③ ④ ⑤
20	① ② ③ ④ ⑤
21	① ② ③ ④ ⑤

※ 단답형 답란 표 기 방 법

- 십진법에 의하되, 반드시 자리에 맞추어 표기
- 정답이 한 자리인 경우 일의 자리에만 표기하거나, 십의 자리 ⓪에 표기하고 일의 자리에 표기

성 명

22번			23번			24번			25번			26번			27번			28번			29번			30번		
백	십	일	백	십	일	백	십	일	백	십	일	백	십	일	백	십	일	백	십	일	백	십	일	백	십	일

고1 마더텅 고1 전국연합 학력평가 실전용 답안지

※ 답안지 작성(표기)은 반드시 검은색 컴퓨터용 사인펜만을 사용하고, 연필 또는 샤프 등의 필기구를 절대 사용하지 마십시오.

② 교시 수 학 영 역

학 교 고등학교
성 명

※ 문제지 표지에 안내된 필적 확인 문구를 아래 '필적 확인란'에 정자로 반드시 기재하여야 합니다.

필 적 확인란

수 험 번 호 학교번호 학년 반 번호 1

감독관 확 인 (서 명 또는 날 인) 반, 번호 등의 표기가 정확한지 반드시 확인 후 서명 또는 날인

MOTHERTONGUE 마더텅출판사 since 1999.4.1.

문번 답 란 1–21 ① ② ③ ④ ⑤

※ 단답형 답란 표 기 방 법
- 십진법에 의하되, 반드시 자리에 맞추어 표기
- 정답이 한 자리인 경우 일의 자리에만 표기하거나, 십의 자리 ⓪에 표기하고 일의 자리에 표기

성 명

22번 23번 24번 25번 26번 27번 28번 29번 30번 백 십 일

고1 마더텅 고1 전국연합 학력평가 실전용 답안지

※ 답안지 작성(표기)은 반드시 검은색 컴퓨터용 사인펜만을 사용하고, 연필 또는 샤프 등의 필기구를 절대 사용하지 마십시오.

② 교시 수 학 영 역

학 교	고등학교
성 명	

※ 문제지 표지에 안내된 필적 확인 문구를 아래 '필적 확인란'에 정자로 반드시 기재하여야 합니다.

필 적 확인란	

수 험 번 호			
학교번호	학년	반	번호
	1		

감독관 확 인	(서 명 또는 날 인)	반, 번호 등의 표기가 정확한지 반드시 확인 후 서명 또는 날인

MOTHERTONGUE 마더텅출판사 since1999.4.1.

문번	답 란
1	① ② ③ ④ ⑤
2	① ② ③ ④ ⑤
3	① ② ③ ④ ⑤
4	① ② ③ ④ ⑤
5	① ② ③ ④ ⑤
6	① ② ③ ④ ⑤
7	① ② ③ ④ ⑤
8	① ② ③ ④ ⑤
9	① ② ③ ④ ⑤
10	① ② ③ ④ ⑤
11	① ② ③ ④ ⑤
12	① ② ③ ④ ⑤
13	① ② ③ ④ ⑤
14	① ② ③ ④ ⑤
15	① ② ③ ④ ⑤
16	① ② ③ ④ ⑤
17	① ② ③ ④ ⑤
18	① ② ③ ④ ⑤
19	① ② ③ ④ ⑤
20	① ② ③ ④ ⑤
21	① ② ③ ④ ⑤

※ 단답형 답란 표 기 방 법

- 십진법에 의하되, 반드시 자리에 맞추어 표기
- 정답이 한 자리인 경우 일의 자리에만 표기하거나, 십의 자리 ⓪에 표기하고 일의 자리에 표기

성 명			

22번 23번 24번 25번 26번 27번 28번 29번 30번 (백 십 일)

고1 마더텅 고1 전국연합 학력평가 실전용 답안지

※ 답안지 작성(표기)은 반드시 검은색 컴퓨터용 사인펜만을 사용하고, 연필 또는 샤프 등의 필기구를 절대 사용하지 마십시오.

② 교시 수 학 영 역

학 교 고등학교
성 명

※ 문제지 표지에 안내된 필적 확인 문구를 아래 '필적 확인란'에 정자로 반드시 기재하여야 합니다.

필 적 확인란

수 험 번 호 학교번호 학년 반 번호 1

감독관 확 인 (서 명 또는 날 인) 반, 번호 등의 표기가 정확한지 반드시 확인 후 서명 또는 날인

MOTHERTONGUE 마더텅출판사 since1999.4.1.

문번 답 란 1–21 ① ② ③ ④ ⑤

※ 단답형 답란 표 기 방 법
- 십진법에 의하되, 반드시 자리에 맞추어 표기
- 정답이 한 자리인 경우 일의 자리에만 표기하거나, 십의 자리 ⓪에 표기하고 일의 자리에 표기

성 명

22번 23번 24번 25번 26번 27번 28번 29번 30번 (백 십 일)

고1 마더텅 고1 전국연합 학력평가 실전용 답안지

③교시 영어영역

※ 답안지 작성(표기)은 반드시 검은색 컴퓨터용 사인펜만을 사용하고, 연필 또는 샤프 등의 필기구를 절대 사용하지 마십시오.

학교	고등학교
성명	

※ 문제지 표지에 안내된 필적 확인 문구를 아래 '필적 확인란'에 정자로 반드시 기재하여야 합니다.

필적 확인란	

MOTHERTONGUE 마더텅출판사 since 1999.4.1.

수험번호									
학교번호					학년	반		번호	
					1				
	0	0	0	0		0	0	0	0
1	1	1	1	1	1	1	1	1	1
2	2	2	2	2		2	2	2	2
	3	3	3	3		3	3	3	3
	4	4	4	4		4	4	4	4
	5	5	5	5		5	5	5	5
	6	6	6	6		6	6	6	6
	7	7	7	7		7	7	7	7
	8	8	8	8		8	8	8	8
	9	9	9	9		9	9	9	9

성별	
남	1
여	2

성 명 (빈칸없이 왼쪽부터 기재)

감독관 확인 (서명 또는 날인) 반, 번호 및 성별 등의 표기가 정확한지 반드시 확인 후 서명 또는 날인

문번	답란	문번	답란	문번	답란
1	① ② ③ ④ ⑤	21	① ② ③ ④ ⑤	41	① ② ③ ④ ⑤
2	① ② ③ ④ ⑤	22	① ② ③ ④ ⑤	42	① ② ③ ④ ⑤
3	① ② ③ ④ ⑤	23	① ② ③ ④ ⑤	43	① ② ③ ④ ⑤
4	① ② ③ ④ ⑤	24	① ② ③ ④ ⑤	44	① ② ③ ④ ⑤
5	① ② ③ ④ ⑤	25	① ② ③ ④ ⑤	45	① ② ③ ④ ⑤
6	① ② ③ ④ ⑤	26	① ② ③ ④ ⑤		
7	① ② ③ ④ ⑤	27	① ② ③ ④ ⑤		
8	① ② ③ ④ ⑤	28	① ② ③ ④ ⑤		
9	① ② ③ ④ ⑤	29	① ② ③ ④ ⑤		
10	① ② ③ ④ ⑤	30	① ② ③ ④ ⑤		
11	① ② ③ ④ ⑤	31	① ② ③ ④ ⑤		
12	① ② ③ ④ ⑤	32	① ② ③ ④ ⑤		
13	① ② ③ ④ ⑤	33	① ② ③ ④ ⑤		
14	① ② ③ ④ ⑤	34	① ② ③ ④ ⑤		
15	① ② ③ ④ ⑤	35	① ② ③ ④ ⑤		
16	① ② ③ ④ ⑤	36	① ② ③ ④ ⑤		
17	① ② ③ ④ ⑤	37	① ② ③ ④ ⑤		
18	① ② ③ ④ ⑤	38	① ② ③ ④ ⑤		
19	① ② ③ ④ ⑤	39	① ② ③ ④ ⑤		
20	① ② ③ ④ ⑤	40	① ② ③ ④ ⑤		

고1 마더텅 고1 전국연합 학력평가 실전용 답안지

③교시 영어영역

※ 답안지 작성(표기)은 반드시 검은색 컴퓨터용 사인펜만을 사용하고, 연필 또는 샤프 등의 필기구를 절대 사용하지 마십시오.

학교 고등학교
성명

※ 문제지 표지에 안내된 필적 확인 문구를 아래 '필적 확인란'에 정자로 반드시 기재하여야 합니다.

필적 확인란

MOTHERTONGUE 마더텅출판사 since 1999.4.1.

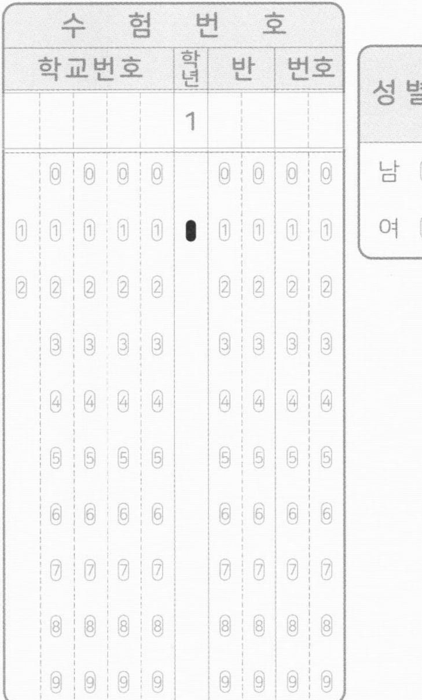

성별 남 1 여 2

성 명 (빈칸없이 왼쪽부터 기재)

감독관 확인 (서명 또는 날인) 반, 번호 및 성별 등의 표기가 정확한지 반드시 확인 후 서명 또는 날인

문번	답란	문번	답란	문번	답란
1	① ② ③ ④ ⑤	21	① ② ③ ④ ⑤	41	① ② ③ ④ ⑤
2	① ② ③ ④ ⑤	22	① ② ③ ④ ⑤	42	① ② ③ ④ ⑤
3	① ② ③ ④ ⑤	23	① ② ③ ④ ⑤	43	① ② ③ ④ ⑤
4	① ② ③ ④ ⑤	24	① ② ③ ④ ⑤	44	① ② ③ ④ ⑤
5	① ② ③ ④ ⑤	25	① ② ③ ④ ⑤	45	① ② ③ ④ ⑤
6	① ② ③ ④ ⑤	26	① ② ③ ④ ⑤		
7	① ② ③ ④ ⑤	27	① ② ③ ④ ⑤		
8	① ② ③ ④ ⑤	28	① ② ③ ④ ⑤		
9	① ② ③ ④ ⑤	29	① ② ③ ④ ⑤		
10	① ② ③ ④ ⑤	30	① ② ③ ④ ⑤		
11	① ② ③ ④ ⑤	31	① ② ③ ④ ⑤		
12	① ② ③ ④ ⑤	32	① ② ③ ④ ⑤		
13	① ② ③ ④ ⑤	33	① ② ③ ④ ⑤		
14	① ② ③ ④ ⑤	34	① ② ③ ④ ⑤		
15	① ② ③ ④ ⑤	35	① ② ③ ④ ⑤		
16	① ② ③ ④ ⑤	36	① ② ③ ④ ⑤		
17	① ② ③ ④ ⑤	37	① ② ③ ④ ⑤		
18	① ② ③ ④ ⑤	38	① ② ③ ④ ⑤		
19	① ② ③ ④ ⑤	39	① ② ③ ④ ⑤		
20	① ② ③ ④ ⑤	40	① ② ③ ④ ⑤		

고1 마더텅 고1 전국연합 학력평가 실전용 답안지

③교시 영어영역

학 교	고등학교
성 명	

※ 문제지 표지에 안내된 필적 확인 문구를 아래 '필적 확인란'에 정자로 반드시 기재하여야 합니다.

필 적 확인란	

수험번호									
학교번호					학년	반		번호	
					1				
	0	0	0	0		0	0	0	0
1	1	1	1	1	●	1	1	1	1
2	2	2	2	2		2	2	2	2
	3	3	3	3		3	3	3	3
	4	4	4	4		4	4	4	4
	5	5	5	5		5	5	5	5
	6	6	6	6		6	6	6	6
	7	7	7	7		7	7	7	7
	8	8	8	8		8	8	8	8
	9	9	9	9		9	9	9	9

성별	
남	①
여	②

성명 (빈칸없이 왼쪽부터 기재)

감독관 확인 (서명 또는 날인) 반, 번호 및 성별 등의 표기가 정확한지 반드시 확인 후 서명 또는 날인

※ 답안지 작성(표기)은 반드시 검은색 컴퓨터용 사인펜만을 사용하고, 연필 또는 샤프 등의 필기구를 절대 사용하지 마십시오.

문번	답란	문번	답란	문번	답란
1	① ② ③ ④ ⑤	21	① ② ③ ④ ⑤	41	① ② ③ ④ ⑤
2	① ② ③ ④ ⑤	22	① ② ③ ④ ⑤	42	① ② ③ ④ ⑤
3	① ② ③ ④ ⑤	23	① ② ③ ④ ⑤	43	① ② ③ ④ ⑤
4	① ② ③ ④ ⑤	24	① ② ③ ④ ⑤	44	① ② ③ ④ ⑤
5	① ② ③ ④ ⑤	25	① ② ③ ④ ⑤	45	① ② ③ ④ ⑤
6	① ② ③ ④ ⑤	26	① ② ③ ④ ⑤		
7	① ② ③ ④ ⑤	27	① ② ③ ④ ⑤		
8	① ② ③ ④ ⑤	28	① ② ③ ④ ⑤		
9	① ② ③ ④ ⑤	29	① ② ③ ④ ⑤		
10	① ② ③ ④ ⑤	30	① ② ③ ④ ⑤		
11	① ② ③ ④ ⑤	31	① ② ③ ④ ⑤		
12	① ② ③ ④ ⑤	32	① ② ③ ④ ⑤		
13	① ② ③ ④ ⑤	33	① ② ③ ④ ⑤		
14	① ② ③ ④ ⑤	34	① ② ③ ④ ⑤		
15	① ② ③ ④ ⑤	35	① ② ③ ④ ⑤		
16	① ② ③ ④ ⑤	36	① ② ③ ④ ⑤		
17	① ② ③ ④ ⑤	37	① ② ③ ④ ⑤		
18	① ② ③ ④ ⑤	38	① ② ③ ④ ⑤		
19	① ② ③ ④ ⑤	39	① ② ③ ④ ⑤		
20	① ② ③ ④ ⑤	40	① ② ③ ④ ⑤		

고1 마더텅 고1 전국연합 학력평가 실전용 답안지

③교시 영어영역

학 교 고등학교 / 성 명

※ 문제지 표지에 안내된 필적 확인 문구를 아래 '필적 확인란'에 정자로 반드시 기재하여야 합니다.

필 적 확인란

수험번호 / 학교번호 / 학년 1 / 반 / 번호

성별 남 ① 여 ②

성명 (빈칸없이 왼쪽부터 기재)

감독관 확인 (서명 또는 날인) 반, 번호 및 성별 등의 표기가 정확한지 반드시 확인 후 서명 또는 날인

※ 답안지 작성(표기)은 반드시 검은색 컴퓨터용 사인펜만을 사용하고, 연필 또는 샤프 등의 필기구를 절대 사용하지 마십시오.

문번 1–45 답란 ① ② ③ ④ ⑤

고1 마더텅 고1 전국연합 학력평가 실전용 답안지

※ 답안지 작성(표기)은 반드시 검은색 컴퓨터용 사인펜만을 사용하고, 연필 또는 샤프 등의 필기구를 절대 사용하지 마십시오.

④교시 한국사/탐구 영역

(사회 / 과학)

학 교	고등학교
성 명	

※ 문제지 표지에 안내된 필적 확인 문구를 아래 '필적 확인란'에 정자로 반드시 기재하여야 합니다.

필 적 확인란	

MOTHERTONGUE 마더텅출판사 since1999.4.1.

수험번호									
학교번호				학년	반		번호		
				1					

성 명 (빈칸없이 왼쪽부터 기재)

감독관 확 인	(서 명 또는 날 인)	반, 번호 등의 표기가 정확한지 반드시 확인 후 서명 또는 날인

한국사 문번	답 란	사 회 문번	답 란	과 학 문번	답 란
1	① ② ③ ④ ⑤	1	① ② ③ ④ ⑤	1	① ② ③ ④ ⑤
2	① ② ③ ④ ⑤	2	① ② ③ ④ ⑤	2	① ② ③ ④ ⑤
3	① ② ③ ④ ⑤	3	① ② ③ ④ ⑤	3	① ② ③ ④ ⑤
4	① ② ③ ④ ⑤	4	① ② ③ ④ ⑤	4	① ② ③ ④ ⑤
5	① ② ③ ④ ⑤	5	① ② ③ ④ ⑤	5	① ② ③ ④ ⑤
6	① ② ③ ④ ⑤	6	① ② ③ ④ ⑤	6	① ② ③ ④ ⑤
7	① ② ③ ④ ⑤	7	① ② ③ ④ ⑤	7	① ② ③ ④ ⑤
8	① ② ③ ④ ⑤	8	① ② ③ ④ ⑤	8	① ② ③ ④ ⑤
9	① ② ③ ④ ⑤	9	① ② ③ ④ ⑤	9	① ② ③ ④ ⑤
10	① ② ③ ④ ⑤	10	① ② ③ ④ ⑤	10	① ② ③ ④ ⑤
11	① ② ③ ④ ⑤	11	① ② ③ ④ ⑤	11	① ② ③ ④ ⑤
12	① ② ③ ④ ⑤	12	① ② ③ ④ ⑤	12	① ② ③ ④ ⑤
13	① ② ③ ④ ⑤	13	① ② ③ ④ ⑤	13	① ② ③ ④ ⑤
14	① ② ③ ④ ⑤	14	① ② ③ ④ ⑤	14	① ② ③ ④ ⑤
15	① ② ③ ④ ⑤	15	① ② ③ ④ ⑤	15	① ② ③ ④ ⑤
16	① ② ③ ④ ⑤	16	① ② ③ ④ ⑤	16	① ② ③ ④ ⑤
17	① ② ③ ④ ⑤	17	① ② ③ ④ ⑤	17	① ② ③ ④ ⑤
18	① ② ③ ④ ⑤	18	① ② ③ ④ ⑤	18	① ② ③ ④ ⑤
19	① ② ③ ④ ⑤	19	① ② ③ ④ ⑤	19	① ② ③ ④ ⑤
20	① ② ③ ④ ⑤	20	① ② ③ ④ ⑤	20	① ② ③ ④ ⑤

고1 마더텅 고1 전국연합 학력평가 실전용 답안지

※ 답안지 작성(표기)은 반드시 검은색 컴퓨터용 사인펜만을 사용하고, 연필 또는 샤프 등의 필기구를 절대 사용하지 마십시오.

④교시 한국사/탐구 영역

(사회 / 과학)

학 교	고등학교
성 명	

※ 문제지 표지에 안내된 필적 확인 문구를 아래 '필적 확인란'에 정자로 반드시 기재하여야 합니다.

필 적 확인란	

MOTHERTONGUE 마더텅출판사 since1999.4.1.

수험번호									
학교번호				학년	반		번호		
				1					

성 명 (빈칸없이 왼쪽부터 기재)

감독관 확 인	(서 명 또는 날 인)	반, 번호 등의 표기가 정확한지 반드시 확인 후 서명 또는 날인

한국사 문번	답 란	사 회 문번	답 란	과 학 문번	답 란
1	① ② ③ ④ ⑤	1	① ② ③ ④ ⑤	1	① ② ③ ④ ⑤
2	① ② ③ ④ ⑤	2	① ② ③ ④ ⑤	2	① ② ③ ④ ⑤
3	① ② ③ ④ ⑤	3	① ② ③ ④ ⑤	3	① ② ③ ④ ⑤
4	① ② ③ ④ ⑤	4	① ② ③ ④ ⑤	4	① ② ③ ④ ⑤
5	① ② ③ ④ ⑤	5	① ② ③ ④ ⑤	5	① ② ③ ④ ⑤
6	① ② ③ ④ ⑤	6	① ② ③ ④ ⑤	6	① ② ③ ④ ⑤
7	① ② ③ ④ ⑤	7	① ② ③ ④ ⑤	7	① ② ③ ④ ⑤
8	① ② ③ ④ ⑤	8	① ② ③ ④ ⑤	8	① ② ③ ④ ⑤
9	① ② ③ ④ ⑤	9	① ② ③ ④ ⑤	9	① ② ③ ④ ⑤
10	① ② ③ ④ ⑤	10	① ② ③ ④ ⑤	10	① ② ③ ④ ⑤
11	① ② ③ ④ ⑤	11	① ② ③ ④ ⑤	11	① ② ③ ④ ⑤
12	① ② ③ ④ ⑤	12	① ② ③ ④ ⑤	12	① ② ③ ④ ⑤
13	① ② ③ ④ ⑤	13	① ② ③ ④ ⑤	13	① ② ③ ④ ⑤
14	① ② ③ ④ ⑤	14	① ② ③ ④ ⑤	14	① ② ③ ④ ⑤
15	① ② ③ ④ ⑤	15	① ② ③ ④ ⑤	15	① ② ③ ④ ⑤
16	① ② ③ ④ ⑤	16	① ② ③ ④ ⑤	16	① ② ③ ④ ⑤
17	① ② ③ ④ ⑤	17	① ② ③ ④ ⑤	17	① ② ③ ④ ⑤
18	① ② ③ ④ ⑤	18	① ② ③ ④ ⑤	18	① ② ③ ④ ⑤
19	① ② ③ ④ ⑤	19	① ② ③ ④ ⑤	19	① ② ③ ④ ⑤
20	① ② ③ ④ ⑤	20	① ② ③ ④ ⑤	20	① ② ③ ④ ⑤

고1 마더텅 고1 전국연합 학력평가 실전용 답안지

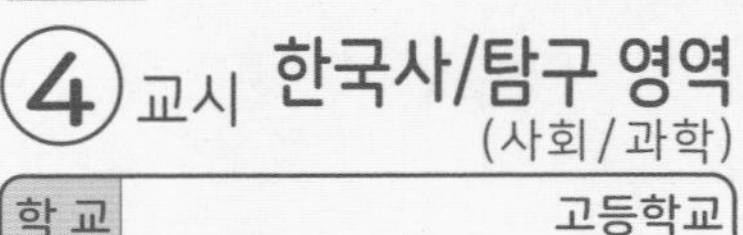

④교시 한국사/탐구 영역 (사회/과학)

학 교	고등학교
성 명	

※ 문제지 표지에 안내된 필적 확인 문구를 아래 '필적 확인란'에 정자로 반드시 기재하여야 합니다.

필 적 확인란	

수험번호									
학교번호					학년	반		번호	
					1				
	0	0	0	0		0	0	0	0
1	1	1	1	1	●	1	1	1	1
2	2	2	2	2		2	2	2	2
	3	3	3	3		3	3	3	3
	4	4	4	4		4	4	4	4
	5	5	5	5		5	5	5	5
	6	6	6	6		6	6	6	6
	7	7	7	7		7	7	7	7
	8	8	8	8		8	8	8	8
	9	9	9	9		9	9	9	9

감독관 확인	(서명 또는 날인)	반, 번호 등의 표기가 정확한지 반드시 확인 후 서명 또는 날인

MOTHERTONGUE 마더텅출판사 since1999.4.1.

성 명 (빈칸없이 왼쪽부터 기재)

※ 답안지 작성(표기)은 반드시 검은색 컴퓨터용 사인펜만을 사용하고, 연필 또는 샤프 등의 필기구를 절대 사용하지 마십시오.

문번	한국사 답란	문번	사회 답란	문번	과학 답란
1	① ② ③ ④ ⑤	1	① ② ③ ④ ⑤	1	① ② ③ ④ ⑤
2	① ② ③ ④ ⑤	2	① ② ③ ④ ⑤	2	① ② ③ ④ ⑤
3	① ② ③ ④ ⑤	3	① ② ③ ④ ⑤	3	① ② ③ ④ ⑤
4	① ② ③ ④ ⑤	4	① ② ③ ④ ⑤	4	① ② ③ ④ ⑤
5	① ② ③ ④ ⑤	5	① ② ③ ④ ⑤	5	① ② ③ ④ ⑤
6	① ② ③ ④ ⑤	6	① ② ③ ④ ⑤	6	① ② ③ ④ ⑤
7	① ② ③ ④ ⑤	7	① ② ③ ④ ⑤	7	① ② ③ ④ ⑤
8	① ② ③ ④ ⑤	8	① ② ③ ④ ⑤	8	① ② ③ ④ ⑤
9	① ② ③ ④ ⑤	9	① ② ③ ④ ⑤	9	① ② ③ ④ ⑤
10	① ② ③ ④ ⑤	10	① ② ③ ④ ⑤	10	① ② ③ ④ ⑤
11	① ② ③ ④ ⑤	11	① ② ③ ④ ⑤	11	① ② ③ ④ ⑤
12	① ② ③ ④ ⑤	12	① ② ③ ④ ⑤	12	① ② ③ ④ ⑤
13	① ② ③ ④ ⑤	13	① ② ③ ④ ⑤	13	① ② ③ ④ ⑤
14	① ② ③ ④ ⑤	14	① ② ③ ④ ⑤	14	① ② ③ ④ ⑤
15	① ② ③ ④ ⑤	15	① ② ③ ④ ⑤	15	① ② ③ ④ ⑤
16	① ② ③ ④ ⑤	16	① ② ③ ④ ⑤	16	① ② ③ ④ ⑤
17	① ② ③ ④ ⑤	17	① ② ③ ④ ⑤	17	① ② ③ ④ ⑤
18	① ② ③ ④ ⑤	18	① ② ③ ④ ⑤	18	① ② ③ ④ ⑤
19	① ② ③ ④ ⑤	19	① ② ③ ④ ⑤	19	① ② ③ ④ ⑤
20	① ② ③ ④ ⑤	20	① ② ③ ④ ⑤	20	① ② ③ ④ ⑤

고1 마더텅 고1 전국연합 학력평가 실전용 답안지

④교시 한국사/탐구 영역 (사회/과학)

학 교	고등학교
성 명	

※ 문제지 표지에 안내된 필적 확인 문구를 아래 '필적 확인란'에 정자로 반드시 기재하여야 합니다.

필 적 확인란	

수험번호									
학교번호					학년	반		번호	
					1				
	0	0	0	0		0	0	0	0
1	1	1	1	1	●	1	1	1	1
2	2	2	2	2		2	2	2	2
	3	3	3	3		3	3	3	3
	4	4	4	4		4	4	4	4
	5	5	5	5		5	5	5	5
	6	6	6	6		6	6	6	6
	7	7	7	7		7	7	7	7
	8	8	8	8		8	8	8	8
	9	9	9	9		9	9	9	9

감독관 확인	(서명 또는 날인)	반, 번호 등의 표기가 정확한지 반드시 확인 후 서명 또는 날인

MOTHERTONGUE 마더텅출판사 since1999.4.1.

성 명 (빈칸없이 왼쪽부터 기재)

※ 답안지 작성(표기)은 반드시 검은색 컴퓨터용 사인펜만을 사용하고, 연필 또는 샤프 등의 필기구를 절대 사용하지 마십시오.

문번	한국사 답란	문번	사회 답란	문번	과학 답란
1	① ② ③ ④ ⑤	1	① ② ③ ④ ⑤	1	① ② ③ ④ ⑤
2	① ② ③ ④ ⑤	2	① ② ③ ④ ⑤	2	① ② ③ ④ ⑤
3	① ② ③ ④ ⑤	3	① ② ③ ④ ⑤	3	① ② ③ ④ ⑤
4	① ② ③ ④ ⑤	4	① ② ③ ④ ⑤	4	① ② ③ ④ ⑤
5	① ② ③ ④ ⑤	5	① ② ③ ④ ⑤	5	① ② ③ ④ ⑤
6	① ② ③ ④ ⑤	6	① ② ③ ④ ⑤	6	① ② ③ ④ ⑤
7	① ② ③ ④ ⑤	7	① ② ③ ④ ⑤	7	① ② ③ ④ ⑤
8	① ② ③ ④ ⑤	8	① ② ③ ④ ⑤	8	① ② ③ ④ ⑤
9	① ② ③ ④ ⑤	9	① ② ③ ④ ⑤	9	① ② ③ ④ ⑤
10	① ② ③ ④ ⑤	10	① ② ③ ④ ⑤	10	① ② ③ ④ ⑤
11	① ② ③ ④ ⑤	11	① ② ③ ④ ⑤	11	① ② ③ ④ ⑤
12	① ② ③ ④ ⑤	12	① ② ③ ④ ⑤	12	① ② ③ ④ ⑤
13	① ② ③ ④ ⑤	13	① ② ③ ④ ⑤	13	① ② ③ ④ ⑤
14	① ② ③ ④ ⑤	14	① ② ③ ④ ⑤	14	① ② ③ ④ ⑤
15	① ② ③ ④ ⑤	15	① ② ③ ④ ⑤	15	① ② ③ ④ ⑤
16	① ② ③ ④ ⑤	16	① ② ③ ④ ⑤	16	① ② ③ ④ ⑤
17	① ② ③ ④ ⑤	17	① ② ③ ④ ⑤	17	① ② ③ ④ ⑤
18	① ② ③ ④ ⑤	18	① ② ③ ④ ⑤	18	① ② ③ ④ ⑤
19	① ② ③ ④ ⑤	19	① ② ③ ④ ⑤	19	① ② ③ ④ ⑤
20	① ② ③ ④ ⑤	20	① ② ③ ④ ⑤	20	① ② ③ ④ ⑤